MÉMOIRES
SUR LA
LANGUE CELTIQUE,

TOME TROISIÉME,

CONTENANT LA SECONDE PARTIE
du Dictionnaire Celtique.

Par M. BULLET, Professeur Royal de Théologie & Doyen de l'Université de Besançon, des Académies de Besançon, de Lyon, Associé de l'Académie Royale des Inscriptions & Belles Lettres.

A BESANÇON,

De l'Imprimerie de CLAUDE-JOSEPH DACLIN, Imprimeur ordinaire du Roi, de l'Académie des Sciences, &c.

M. DCC. LX.
AVEC APPROBATION ET PRIVILÉGE DU ROI.

LETTRE
DE MESSIEURS
DE L'ACADÉMIE ROYALE
DES INSCRIPTIONS ET BELLES-LETTRES,
A L'AUTEUR.

Monsieur,

L'Académie a reçu avec reconnoissance votre grand Dictionnaire Celtique, & Elle m'a chargé de vous en remercier. Ce bel Ouvrage est le fruit d'une érudition immense : Ce sera désormais l'oracle auquel nous aurons recours pour l'explication des mots Celtiques, sur lesquels il survient souvent des disputes. Acceptez, Monsieur, nos complimens sur le succès de votre travail, & soyez persuadé du respectueux attachement avec lequel je suis en particulier,

Votre très-humble & très-obéissant Serviteur, LE BEAU, Secrét. perpét. de l'Acad. R. des Inscr. & B. L.

D

E D & le T se mettent l'un pour l'autre. Voyez la differtation fur le changement des lettres.

Le D & le T s'ajoutent indifféremment au commencement ou à la fin des mots. G. *Tarria* & *Arria* en Basque, pierre. *Débris* en notre Langue, le même que bris; *Desprier* en vieux François, le même que prier; *Défuir*, le même que fuir. Voyez la differtation fur le changement des lettres. Le D fe retranche quelquefois parmi nous, même du milieu du mot: Nous difons *Saint Mard* pour Saint Médard.

D, adverbe pour affirmer en compofition. Voyez *Dy*.

DA, eau. G. & par conféquent rivière, &c. Voyez *Aches*. *Tai* en vieux François, marais; *Dagg*, rofée en Suédois; *Daw*, *Daff*, aqueux, humide en Iflandois & en Suédois; *Tfa*, marais en Tartare du Thibet. Voyez *Dab*.

DA, bon, beau, joli, gentil, poli, mignon, agréable, bien mis parlant d'un homme, utile, avantageux, profitable, bon à quelque chofe, fertile, abondant, gras, le bien, bien adverbe, avantage, biens, facultés. *Da* marque encore la primauté, l'excellence, la diftinction, la noblefle, le domaine, le gouvernement, la domination; *Gwrda*, homme noble, homme de diftinction, des premiers de l'État, Seigneur, homme d'autorité, homme conftitué en dignité, homme qui commande, qui domine. *Da* marque auffi le bien moral, la vertu, la probité; *Da*, homme de probité: on fous-entend *Gwr*, homme. G. *Da*, bon en Langue de Cornouaille & en Irlandois; *Da* eh Breton, joie, plaifir; *Adah* en Perfan, bon; *Tab* en Chaldéen, bon; *Dab* en Arabe, opulence, & *Dal*, richeffes, bonheur, autorité, femme graffe; *Dafen* en Hébreu, gras, abondant, & *Dai*, affez, abondance; *Dabon* en Syriaque, graiffe; *Dahon* en Arabe, gras; *Dehan* en Chaldéen, être gras; *Daian* en Arabe, bénéficence, libéralité; *Tob* en Hébreu, bon; (les voyelles font indifférentes) *Dafenuth*, graiffe en Chaldéen; *Datar* en Arabe, grandes richeffes; *Za* en Grec; bien, beaucoup; *Dah* en Arménien; décent, qui eft bien; *Da*, fecourir, qui fecourt en Tartare du Thibet; *Daya*, mere en Malabare; *Daulat* en Malaye, félicité, profpérité; *Ta* en Chinois, grace; *Da*, plus en Turc; *Datlu*, agréable en Turc, & *Datli*, doux au goût. *Dad*, vertu en Runique; *Daad*, vertu en Iflandois. *Ony Da* eft rendu dans quelques-uns de nos Ecrivains oui bien. Voyez les *Da* fuivans, & *Daionus*, *Daioni*.

DA, çà donc, courage. G.

DA, bon. C. Il fignifie auffi beau. Voyez *Hindá*.

DA, bon. I.

DA, deux. E. I. Voyez *Dau*.

DA, à, de, du, des, par, entre, pour, à caufe, touchant, d'entre, dehors, depuis, de ce que, à caufe que, ce qui fait que, d'où il arrive que, d'où, dès, felon, fuivant. I. Voyez *De*, *Der*, *Dherr*.

DA, deux. I.

DA, le même que *Dae*. De même des dérivés. I.

DA, joie, plaifir, fatisfaction, aife, contentement; *Daic* diminutif; *Ober Daic*, careffer des enfans. B.

DA, interjection. B.

DA; jour. B. *Dág* en Flamand; *Tag* en Allemand; jour.

DA, hazard, imminent. B. De là *Dadus* dans les anciens monumens, dez. *Da* fignifiant imminent, doit fignifier près.

DA, chez. B. *Da* fignifiant chez, doit fignifier habitation, puifque *Chez* eft le même que *Cae* ou *Chae*, habitation. *Tag*, *Taf*, tente, habitation en Perfan; *Da* en Tonquinois, maifon, & *Dach*, muraille; *Teath* en Irlandois, habitation, & *Dae*, maifon.

DA, afin. B.

DA, ton, ta, tien, tienne. B.

DA, eft. Ba. Voyez *Datea*. *Ta*, eft en Irlandois.

DA, craindre. Ba.

DA, cheval. Voyez *Bided*. Les payfans qui conduifent des chevaux attelés difent *Dia*, comme ceux qui conduifent des bœufs attelés difent *Tch*. *Tch* fignifiant bœuf, *Dia* doit fignifier cheval. *Dab* en Arabe, mettre fur une jument, & *Dahalel*, bon cheval; *Ta*, cheval en Tartare du Thibet; *Dahu* cavalerie en Tartare Calmoucq & Mongale; *Taj*, poulain en Turc; *Dathnus*, cheval en Étrufque.

DA. Voyez *Ded*.

DA, bien mis. Voyez *Gwr-Da*.

DA, le même que *Ta*. Voyez *D*.

DA, le même que *De*, *Di*, *Do*, *Du*, *Dw*, *Dy*; Voyez *Bal*.

DA BATH, argent monnoyé. G.

DA DDIGON, très-bon, très-beau. G.

DA DROS BEN, fort bien. G.

DA GOLUD, argent monnoyé. G.

DA IAWN, très-bon. G.

DA IAWN, courage. G.

DAAIDD, le même que Daath. Voyez Gwrdaaidd & Gwrdaath.

DAANA. Voyez Macuru.

DAB, eau, rivière. G. Dabar en Arabe, lieu où dorment les eaux; Dabah en Hébreu, couler; Dub en Chaldéen, couler; (les voyelles sont indifférentes) Dab en Syriaque, couler; Dab en Arabe, couler; Daf en Arabe, humecter; Daphaskj en Chaldéen, étang, ruisseau; Tabou, mer en Tartare Calmoucq.

DABHAC, cuve. I.

DABHADH, le même que Deabhadh. De même des dérivés ou semblables. I.

DABHSA, danse. I. Voyez Dance.

DABHSADH, danser. I.

DABILAN, ayant. Ba.

DABILQUEA, servante de Religieuses. Ba.

DABILTAN. Voyez Errefte & le mot suivant.

DABILTEAN. ERRESTEZ DABILTZAN, reptiles. Ba.

DABLA, DABLAM, pomme. I. Voyez Abal & Ubbla.

DABRE, viens ici, ah, ho, soit pour appeller, soit pour admirer, holà. G. Dabh en Arabe, se hâter en marchant.

DAC, dague, poignard. B. Voyez Dag, Dager.

DAC, particule itérative. B.

DAC, DAG. Je crois que ces mots ont signifié couper, rompre. Voyez Dac, dague; Dacorne, Dag, Dagorne, Dagran Addaf, Dakak ou Dak en Hébreu, mettre en petits morceaux, mettre en poudre, & Dak, petit morceau; Dakak ou Dak en Chaldéen, diminuer, & Dak, menu, grêle; Dak en Syriaque, diminuer, être diminué, & Doke, diminution, poussière; Dak en Arabe, mettre en petits morceaux, mettre en poudre, être menu; Dakar, percer en Hébreu; Dakar en Chaldéen, clou, bâton pointu; Dok en Syriaque, piquer, percer; Dakas en Arabe, nom d'un animal pointillé de taches noires & blanches. Voyez Tach.

DAC, le même que Tac. Voyez Id.

DAC, le même que Dec, Dic, Doc, Duc. Voyez Bal.

DACCLUS, le même que Tacclus. Voyez D.

DACCW, terme pour démontrer, voici, voilà, terme pour indiquer. G. On prononce Dacco; de là le mot populaire de Franche-Comté, Comme Acco, comme cela.

DACH, le même que Mach. I.

DACH, le même que Deach. De même des dérivés ou semblables. I.

DACH, le même que Dath. De même des dérivés ou semblables. I.

DACORCH, réduction. B.

DACOREIN, aboutir. B.

DACOREIN, rendre, vomir. B.

DACORNE, vache qui a une corne rompue. B.

DACORR, produit. B.

DACRA, A. M. dizaine, nombre de dix; de Dac, le même que Decq.

DACUSATA. A. G. ornée, parée; de Dacclus.

DACSAD, tas. B.

DACSON, écho, retentissement, consonance. B. De Dac itératif, & de Sonn.

DACSORCH, rallumer du feu de quelques étincelles restantes; & anciennement ressusciter, qui en est le sens figuré. B. Dac, particule itérative; Zorch en composition a dû faire Torch au simple, & signifier allumer. Nous avons conservé ce mot; nous appellons Torche un gros flambeau.

DACSORH, ressusciter anciennement. B. C'est le même que Dacsorch.

DAD, préposition itérative. G. De Dy, qui en composition augmente; & d'Ad, préposition itérative. Davies. Dad étant une particule itérative, & signifiant encore, signifie par conséquent plus, davantage, haut, élevé. Voyez Dadadeiladu.

DAD, particule négative. G.

DAD, pere. I. Da, Dadda, pere en Brebere. Voyez Tad. Dod en Hébreu, oncle, ami, & Dodah, tante; Dado en Syriaque, oncle; Dad en Anglois; Dada en François, terme enfantin qui signifie pere.

DAD, préposition explétive & superflue. Voyez Dadwyrein.

DAD, particule privative. Voyez Dadboethi, Daddysgu, Dadieno, & Dad, particule négative.

DAD, préposition qui signifie la mauvaise part, le mal. Voyez Dadfarnu.

DAD, le même qu'Ad. Voyez D.

DAD, le même que Tad. Voyez D.

DAD, le même que Da. Voyez D.

DAD, le même que Ded, Did, Dod, Dud, Dwd, Dyd. Voyez Bal.

DAD-DDIRWYN, retordre, dessourdir, défaire un tissu. G.

DAD-DDYSGU, désapprendre. G.

DAD-DDYWEDYD, rétracter, révoquer. G.

DADA, rien, point. I.

DADADEILADU, bâtir dans, ou bâtir sur. G.

DADANHUDDO, déterrer, tirer de dessous terre, exhumer, découvrir, faire voir, déshabiller. G.

DADANNUDD, découvrir, manifester, découverte, action de découvrir, recouvrement, action de recouvrer, retour au même état d'où l'on avoit été violemment tiré, retour au même lieu d'où on avoit été enlevé par les ennemis. G. Dad Annudd.

DADASIO, dessouder. G. Dad Assio.

DADAWCHIO, émousser, reboucher. G.

DADBLANNU, déplanter, arracher ce qui étoit planté. G. Dad Plant.

DADBLETHU, retordre. G.

DADBLYGIAD, repli, action de replier. G.

DADBLYGU, déplier. G.

DADBOETHI, se refroidir. G. Dad, particule privative; Poethi, échauffer.

DADBWYTHO, recoudre. G. Pwytho.

DADCHWYDDO, désenfler. G.

DADEBRU, revivre, se réveiller. G. Debre.

DADENNYLU, débander, détendre, ôter la rondeur à quelque chose. G.

DADFACHU, détacher, détacher sa ceinture, dégraffer. G.

DADFANNU, nettoyer, ôter les tâches. G. Bann.

DADFARNU, condamner. G. Farnu en composition pour Barnu: Dad par conséquent signifie ici mauvaise part.

DADFAWD, sortir d'où l'on étoit plongé. G. Bod en composition Fod ou Fawd.

DADFEICHIO, décharger. G.

DADFERRU, dégeler. G. Fferru.

DADFERU, le même qu'Adferu. G.

DADFLINIAD, action de rétablir, de restaurer, de refaire, de remettre en santé. G. Voyez Dadflino.

DADFLINO, rétablir, restaurer, refaire, remettre en santé. G. Blino.

DADFYCCLU,

DAD.

DADFYCCLU, déboucler. G. *Bwccl.*
DADGWPLYSSU, découpler, dételer, ôter de deſſous le joug. G. *Cwplyſſu.*
DADGYFRODEDDU, retordre. G.
DADGYMMALU, ſe donner une entorſe. G.
DADGYSSYLLTU, déſunir, déjoindre, décoler, découpler, détacher. G. *Cyſſyllu.*
DADH, le même que *Dagh.* De même des dérivés ou ſemblables. I.
DADHEDEG, revenir en volant. G.
DADHMUD. LAN DADHMUD; de bois, *Lignous.* I.
DADHRADN, ſanctifier. I.
DADIAIN, queſtion, procès, action en juſtice, diſpute, débat. G.
DADIEUO, ôter de deſſous le joug. G.
DADL, parole, diſcours, argument, raiſonnement. G.
DADL, le même que *Dadiain.* G.
DADLAITH, ſe fondre, devenir liquide, dégeler. G, *Dad,* derechef ; *Llaith,* liquide.
DADLAMMU, rejaillir, rebondir. G.
DADLAWD, diſpute, débat, dialectique.
DADLEU, procès, diſpute, raiſonnement, plaider, argumenter, raiſonner, cour de juſtice. G.
DADLEUADWY, problématique, ſur quoi l'on peut diſputer. G.
DADLEUDY, Sénat, prétoire, barreau, lieu où ſe font les aſſemblées civiles. G.
DADLEUGAR, querelleur, qui diſcourt, qui traite de quelque choſe, ſur quoi l'on eſt en diſpute. G.
DADLEUWR, plaideur, demandeur en juſtice, avocat, interceſſeur, qui prie pour un autre, vengeur. G.
DADLEWYCHU, éblouir, ôter la vue, aveugler. G.
DADLEWYGU, tomber en défaillance une ſeconde fois, ſe rétablir, reprendre ſes forces ; ſe remettre en vigueur. G.
DADLIFO, répandre de nouveau. G.
DADLITIO, s'appaiſer, ceſſer d'être en fureur. G.
DADLOYWI, éblouir, ôter la vue, aveugler. G.
DADLUDIO, décoller. G. *Lludio* de *Gludio,* coller.
DADLURYGO, décuiraſſer. G.
DADLWRIAETH, diſpute, débat, acte de juſtice. G.
DADLWYTHO, décharger. G.
DADLYDDIAETH, dialectique. G.
DADLYNIO, ſe déborder. G.
DADMER, le même que *Dadlaith.* G. & par conſéquent *Mer,* le même que *Llaith.*
DADMERTH, revivre. G. *Dad,* derechef.
DADMERU, dégeler. G.
DADNYDDU, retordre. G.
DADOA, tôton à jouer. &c. Ba. Voyez *Dadus, Da.*
DADOLWCH, ſatisfaction pour le mal qu'on a fait. G. *Golwch,* prière ; *Dad.*
DADOLYCHU, ſatisfaire à une perſonne irritée & offenſée, être réconcilié. G.
DADREDEG, courir une ſeconde fois. G. *Rhedeg.*
DADREDIAD, retour. G. Voyez *Dadredeg.*
DADREWI, dégeler. G.
DADRODDIAD, reſtitution, action de rendre. G.
DADRODIO, retourner d'un voyage, revenir. G.
DADRWYMO, mettre en liberté, délier, détacher, détacher ſa ceinture. G.
DADWYSTRO, débarraſſer, dégager, délivrer, tirer d'affaire. G.

TOME I.

DAE. 429

DADSAIN, retentiſſement, bruit. G.
DADSEINIO, retentir, réſonner, répondre à la voix, rechanter, faire du bruit, faire un grand bruit. G.
DADSELIO, décacheter, rompre le ſceau. G.
DADSWYNO, déſenchanter, enchanter une ſeconde fois. G.
DADTREIGLO, dérouler. G.
DADTROEDIO, retourner ſur ſes pas. G.
DADUGAD, le même que *Deadugad.* De même des dérivés ou ſemblables. I.
DADUS, A. M. dez. Voyez *Dadoa, Da.*
DADWAEGU, dégraffer, détacher ſa ceinture, déboucler. G.
DADWEDDU, dételer. G.
DADWEINIO, dégainer. G.
DADWEU, déſourdir, défaire un tiſſu. G. *Gwen.*
DADWISGO, déshabiller, dépouiller, mettre à nud, ôter le manteau. G. *Gwiſgo.*
DADWNEUTHUR, refaire, reformer, donner une autre figure. G. *Gwneuthur.*
DADWNIO, recoudre, découdre. G. *Gwnio.*
DADWODDEU, changer de deſſein. G.
DADWRDD, ſon, bruit, grand babil, grand bruit, frémiſſement, murmurer, faire du bruit, faire du tumulte, crever. G. *Twrdd.*
DADWRE, le même que *Dadwyre;* comme *Dwre,* le même que *Dwyre.*
DADWREGYSIO, dégraffer. G.
DADWREGYSU, ôter la ceinture, détacher ſa ceinture. G.
DADWREIDDIAD, déracinement. G.
DADWREIDDIO, déraciner, ſarcler les mauvaiſes herbes. G.
DADWYRAIN, ſe lever, ſe montrer, commencer d'être, commencer à paroître. G.
DADWYRE, DADWIREIN, commencer d'être, paroître au monde, ſe lever parlant des aſtres, reſſuſciter. G.
DADWYRO, recourber. G.
DADWYSTLAD, action de retirer des gages. G.
DADWYSTLO, retirer des gages, dégager, retirer. G.
DADWYSTLWR, qui retire des gages. G.
DADYMCHWELYD, renverſer, détruire, diſſiper. G.
DADYMMTLU, ôter les bords. G.
DADYMSAWD, ſortir d'où l'on étoit plongé. G. *Sawd, Ymſawd.*
DADYRDDUS, qui fait un grand bruit, qui crie, qui menace G.
DADYSGRAWLINGO, décoller. G.
DAE, homme. I.
DAE, maiſon. I. *Dai,* Palais en Tonquinois. Voyez *Da, Daës, Dai.*
DAE. Voyez *Daës.*
DAE, deux. I.
DAE, baldaquin, dais. B. Voyez *Daës.*
DAE ou DAHE, défi. B.
DAEA, défier au combat. B.
DAEAR, terre, ſol. G.
DAEARDY, offices d'une maiſon qui ſont ſous terre, cave, cellier. G.
DAEAROL, de terre. G.
DAEARU, inhumer, enterrer, mettre en terre. G.
DAEL, contrariété, débat, grabuge, diſpute, conteſtation. B. Dans un canton de la Franche-Comté *Da* eſt une prépoſition qui marque l'oppoſition : ou y appelle *Dapreſtre,* un homme qui a de l'oppoſition de l'averſion pour l'état de Prêtre.
DAELAOUEN, larme. B.

N nnnn

DAE.

DAELAOUI, pleurer. B.
DAELUS, pointilleux. B.
DAER, terre. G. Voyez *Daere*.
DAERAOUEN, larme. B.
DAERAOUI, pleurer. B.
DAERAWD, mortuaire, droit de mortuaire. G. De *Daer*.
DAERE, baſſe-marée. B. Voyez *Daer*.
DAERED, mortuaire, droit de mortuaire. G. De *Daer*.
DAES, pavois, mantelet, parapet, dais. B. De là ce dernier mot. *Des*, *Dois*, *Ders* en vieux François, dais. Il paroit par ce mot & par *Das*, que *Dae* a ſignifié couvrir, mettre à couvert. Voyez *Das*. *Day*, couvrir en Tonquinois.
DAES, dégré, marche d'un eſcalier. B.
DAETH, eſt venu. G.
DAETH ſubſtantif formé de *Da*, bon, &c. qui a ſubſtantivement toutes les ſignifications de l'adjectif *Da* dont il eſt formé. Voyez *Gwrdaeth*.
DAETH IM, il m'eſt arrivé. G.
DAETHAM, ſommes venus. G.
DAËZLOU, DAËZROU, larmes. B.
DAF, que l'on prononce *Dan* au Pays de Vannes, gendre. B. Voyez *Daw*.
DAF, main. Voyez *Dafaden*.
DAF, le même qu'*Af*. Voyez D.
DAF, le même que *Taf*. Voyez D.
DAF, le même que *Dab*, *Dap*, *Dav*, *Daw*. Voyez B.
DAF, le même que *Def*, *Dif*, *Dof*, *Duf*, *Dwf*, *Dyf*. Voyez *Bal*.
DAFAD, brebis. G. B. Voyez *Davad*, *Dafas*.
DAFADAN, petite brebis. G.
DAFADEN, verruë. G. Ce mot eſt formé de *Den*, élevation, & *Daf* qui aura ſignifié main. *Adaf* en Gallois, main. L'*a* initial s'ôte indifféremment. *Tap* en Breton, coup donné avec la main; *Dafailla* en Baſque, eſſuye-main.
DAFADENNOG, qui a quantité de verruës. G.
DAFADLYS, herbe propre à guérir les verruës. G.
DAFAILLA, eſſuye-main. Ba. Voyez *Dafaden*.
DAFAN, goutte. G. Voyez *Daf* le même que *Dab*.
DAFAS, brebis. C. Voyez *Dafad*.
DAFAWD, langue. Voyez *Dafawdwſt*.
DAFAWDWST, douleur de langue. G. *Wſt* de *Gwſt*, douleur; *Tafod* ou *Dafod*, *Dafawd*, langue.
DAFERNA, cabaret, taverne. Ba. Voyez *Taffarn* qui eſt le même mot.
DAFFAR, préparer. G.
DAFFARER, aide de maçon, aide de couvreur. G.
DAFN, trame. G.
DAFN, goutte; plurier *Defni*. G. Voyez *Dafan*.
DAFNU, tomber goutte à goutte. G.
DAFYRNU, accumuler, amaſſer, entaſſer. G.
DAG, arrêt. G.
DAG, bon. I.
DAG, dague, poignard. B. *Dager*, dague, poignard en Gallois & en Breton; *Daigear*, *Daigean*, dague, poignard en Irlandois; *Daga* en Baſque, dague, poignard, coutelas; *Dague* en François, dague; *Daga* en Italien, petite épée; *Daga* en Patois Suiſſe, épée; *Degen* en Danois & en Allemand, épée; *Deglin* en Stirien & en Carniolois, épée; *Dek*, lance en Arménien, & *Dagil*, piquer; *Daſcina*, épée en Georgien; *Dakar* en Hébreu, percer; *Dac* en Arabe la pointe de l'eſprit; *Dakkoum*, diſpute, pique en Malabare; *Dikien* en Turc, aiguillon; *Dyka* en Bohemien, poignard; *Dagua* en Eſpagnol; *Dagghe* en Flamand; *Dagger* en Anglois, dague, poignard. On trouve dans les anciens monuments

DAI.

Daga, *Dagarium*, *Dagarius*, *Daggardus*, *Daggarus*, *Diga*, *Daca* pour poignard; & *Daguificare* pour percer à coups de poignard. Je crois que *Dag*, *Dac* a ſignifié pointe en général. 1º. C'eſt le même mot qu'*Ac*, *Ag*, qui ſignifient pointe. (Voyez D.) 2º. *Dague* en vieux François ſignifioit non ſeulement dague, poignard, mais encore les pointes de fer dont les deux bouts d'une hache d'armes étoient garnis. 3º. *Dagues de cerf* en terme de vénerie ſont les petites cornes pointuës du cerf. Comme dans les anciennes Langues les mêmes mots ſignifient pointe, ſommet & montagne, c'eſt de là que *Dag* en Tartare & en Turc, *Dagh* en Arabe & en Perſan, ſignifient montagne. Voyez *Dac*.
DAG, le même qu'*Ag*. Voyez D.
DAG, le même que *Tag*. Voyez D.
DAG, le même que *Da*, *Dac*, *Das*. Voyez *Aru*.
DAG, le même que *Deg*, *Dig*, *Dog*, *Dug*, *Dwg*, *Dyg*. Voyez *Bal*. *Indague* en vieux François, malpropre, mal-mis.
DAG, AN DAG, male-peſte. B.
DAGA, dague, poignard, coutelas. Ba. Voyez *Dag*.
DAGA, DAGARIUM, DAGARIUS. Voyez *Dag*.
DAGAN, bon. I.
DAGAR, vent. I.
DAGER, dague, poignard. G. B. Voyez *Dag*.
DAGERAN, poignard. G.
DAGH, bon. I. Voyez *Da*.
DAGH, le même que *Deagh*. De même des dérivés ou ſemblables. I.
DAGHAR, vent. I.
DAGO, cachette; *Dago-Ena*, en cachette. Ba. Voyez *Teach* & *Dac*.
DAGOANA, malade. Ba.
DAGOCANA, propre, bien mis. Ba.
DAGOCARIA, impoſteur. Ba.
DAGONNER, fripier. B.
DAGOQUERA, attribution. Ba.
DAGORNE, vache qui a une corne rompuë. B.
DAGR, poignard. G. Voyez *Dager*.
DAGR, larmes. G.
DAGRAU ADDAF, piſtache ſauvage ou nez coupé arbriſſeau. G.
DAGREUOL, digne de larmes. G.
DAGUEHELA, envers prépoſition relative. B.
DAGUENNIC, petite goutte. B.
DAGUER, qui étrangle, qui dévore, qui eſt inſupportable pour ſes criailleries, grondeur, qui gronde toujours, grand querelleur. B.
DAGUS, A. M. dais; de *Daës*.
DAH, le même que *Da*. Voyez *Dahut*.
DAH, le même que *Tah*. Voyez D.
DAH, le même que *Deh*, *Dih*, *Doh*, *Duh*, *Dwh*; *Dyh*. Voyez *Bal*.
DAHAL, portion, part. E. Voyez *Dal*.
DAHALM, DEHALM, DEHAL, à droit, au côté droit: c'eſt un terme de charretier. En Léon on dit au même ſens *Daſlaz*, & en Treguier *Deha*. B. Voyez *Dehan*.
DAHONNEENN, frêlon. B.
DAHUT, puiſſance. Voyez *Da*, *Daeth*.
DAI, le même qu'*Ai*. Voyez D. *Dai* en Tonquinois, urine, ſuc, pluie.
DAI, le même que *Tai*. Voyez D.
DAI, le même que *Dei*, *Doi*, *Dui*, *Dwi*. Voyez *Bal*.
DAIAN, poëme. I.
DAJAR, terre. G. *Da*, terre en Runique.

DAI. DAI. 431

DAIARDOR, fosse, canal que creuse dans la terre une eau qui déborde. G.
DAIARDRIG, habitant de la terre. G.
DAIAREN, terre. G.
DAIARBOCHYN, taisson, blaireau. G. Daiar, terre; Fochyn de Mochyn, petit cochon.
DAIARGRYN, tremblement de terre. G. Cryn.
DAIARHWCH, taisson, blaireau. G. Hwch, cochon.
DAIARIAD, enterrement, inhumation. G.
DAIAROL, de terre, qui concerne la terre, terrestre. G.
DAIARU, enterrer, ensouir, creuser. G.
DAIBHSIUGHADH, multiplier. I.
DAIDH, le même que Taigh. De même des dérivés ou semblables. I. De Daidh ou Taidh est venu Tada Latin.
DAIERIN, le même que Daiarol. G.
DAIF, action de brûler. G. Voyez Deisio, Daigh.
DAIGEAN, poignard. I. Voyez Dag.
DAIGEAR, dague, poignard, épée. I. Voyez Dag.
DAIGH, confiance. I.
DAIGH, feu. I. Voyez Daif.
DAIGHIM, brûler. I.
DAIGHIM, donner. I.
DAIGNEACH, ferme. I. Voyez Dain.
DAIGNEACHD, boulevard. I. Voyez Dain.
DAIGNIGHIM, fortifier, assurer, confirmer. I.
DAIGR, larme; pluriel Dagrau. G. Dakrnon, larme en Grec. Voyez Dagr.
DAIL, feuilles. G. Dalioth en Arabe, feuilles; Dali en Turc, rameau, & Dalu, chargé de rameaux.
DAIL, en conjugaison pour Dial. G.
DAIL, fiancer. I.
DAIL, aveugle, louche. I.
DAIL, le même que Dal. I.
DAIL, portion, partie. I. Voyez Dal.
DAIL, fourniture. I.
DAIL DUON DA, la même plante que Ddeilen Du. G. Dail, feuilles, comme Ddeilen; & Duon, le même que Du.
DAIL FFION FFRUYTH, DAIL FFIOLT FFRIDD digitale, meline plante. G.
DAIL T FENDIGAID, toutesaine plante. G.
DAIL T GLORIA, glayeul, flambe, glayeul puant. G.
DAIL T GRON; nombril de venus plante. G.
DAIL T GRON LEIAF, plante appellée en Latin Cimbaria. G.
DAIL T MELFED, bouillon blanc, meline. G.
DAIL T TRYFAN, pétasite. G. A la lettre, feuilles à trois pointes.
DAIL T TWRCH, toutesaine plante. G.
DAILED, fiancer. I.
DAILIM, diviser, partager. I. Voyez Dail.
DAILIM, donner. I.
DAILL, le même que Daoill. De même des dérivés ou semblables. I.
DAILLE, stupidité. I.
DAILLE, chassie, fluxion sur les yeux, aveuglement. I. Voyez Dal.
DAILLINNTINEACH, grossier, stupide, sot, qui a l'esprit pesant, lourdaud, hébété. I.
DAILLTIN, homme de néant & de mauvaise vie. I.
DAILTEOIR, fermier, qui acense. I.
DAILTHE, donné, fourni. I.
DAILTHE, partagé. I.
DAILUS, Voyez Dalus.

DAIMH, maison. I. Voyez Dom.
DAIMHDHEOIR, malgré, en dépit de. I.
DAIMHDHEONADH, forcer, contraindre, nécessiter. I.
DAIMHREIGHEADH, être en dissension, en discorde, en désunion. I.
DAIN, chêne. I. Voyez Den.
DAIN, collines, forteresses, Villes. G. Voyez Daingean.
DAINE, le même que Daoine. De même des dérivés ou semblables. I.
DAINGEAN, tour, château fort, forteresse. I. Voyez Dain.
DAINGEAN, clos, fermé, enfermé, sûr, ferme, stable, fermeté, action de serrer la main en signe d'assurance. I.
DAINGIN, sûreté, assurance, contrat. I.
DAINGION, sûreté, assurance, contrat. I.
DAINGNEADH, fortifier. I.
DAINGNIUGADH, attacher, afficher, arrêter, établir, fixer, serrer la main en signe d'assurance. I.
DAINSEAR, danger. I.
DAINT, dents; & chez une partie des Gallois dent; au pluriel Dannedd. G.
DAINTAIDD, délicat, somptueux. G.
DAINTETHPWYD, partie des chairs offertes en sacrifice. G.
DAINTETHOL, de grand luxe, de grande chére, délicat, délicieux, exquis. G.
DAION, le même que Daionus. Voyez Daioni, Daona. De là sont venus les termes de Tayon, Taye, qui en vieux François désignoient l'ayeul, l'ayeule, & qui se conservent encore aujourd'hui en ce sens en Picardie. Les enfans parmi nous appellent leur grand-mere, ma Bonne. Par analogie on appelle dans quelques Coûtumes les vieux chênes Chênes Tayons.
DAIONI, bonté, bénignité, probité. G. Voyez Da.
DAIONUS, bon, bonne, bénin, de probité. G. Voyez Daioni.
DAIR, chêne. I. Voyez Dero, Derw.
DAIR, enfermer, renfermer. Voyez Llyffethair.
DAIRBHRE, chêne, forêt de chênes, forêt. I.
DAIRE, chêne, forêt de chênes ou chênaye; forêt. I.
DAIRE, suivre quelqu'un, le servir, dépendre de ses ordres. I. De là derrière, dernier; Derrain, Daerain, Daarain en vieux François, dernier.
DAIRI, chêne. I.
DAIRIN, forêt. I.
DAIRNIGH, main, la main étendue. I.
DAIRSE, le même que Daoirse. De même des dérivés ou semblables. I.
DAIRT, motte de terre. I.
DAIRT, génisse, veau. I.
DAIRTEACH, plein de mottes de terre. I.
DAIRVRE, chêne, forêt de chênes, forêt. I.
DAIT, couleur. I.
DAITE, coloré. I.
DAITH, couleur. I.
DAITH, agile, vîte, agissant. I.
DAITH, brûlure, incendie, embrasement, flamme. Voyez Goddaith. Le t & le d se mettant l'un pour l'autre, on a dit Taith ou Taidh comme Daith; de là Tada Latin, torche.
DAITHE, agile, vîte, agissant. I.
DAITIGHAD, habiter, demeurer, croupir. I. Voyez Dae.

DAIVIR, pauvre. I.

DAL, DALE, vallée. G. E. Dal, Tal en Théuton, vallée; Delui, vallée; Dalg, fosse; Daladh, descendre en Gothique; Dal, Dall, Dalur, Doelle, vallée en Runique; Daal, Dacle, vallée en ancien Saxon; Daele, Dalur, vallée en Islandois; Daler, vallée en Danois; Dale, vallée en Anglois; Dal, Delling, vallée; Daal, descendre; Daling, descente en Flamand; Thal en Allemand; Talle en Italien, vallée; Dabla en Ibérien, audessous; Dal en Arabe, descendre quelque chose en bas; Dalle & Dallée dans quelques-unes de nos Coûtumes signifient fosse. Voyez Dol qui est le même mot.

DAL, portion, partie, partage. G. E. I. Dala en Breton, couper; Badal ou Bdal en Hébreu & en Chaldéen, séparer, partager, diviser; Talea en Grec & en Latin, rameau, jet d'arbre; Dal, rameau en Turc, & Dilim, morceau; Dail, partie, portion en Gothique; Dael en ancien Saxon, partie, portion, & Doelan, diviser; Dela, diviser en Islandois & en Suédois; Deal, Dol en Anglois, morceau, partie, portion; Deel en Flamand, morceau, portion; Delen en Flamand, planche; Diele en Allemand, planche; Del, partie, portion en Stirien & en Carinthien, & Delim, diviser, partager; Deil en Carniolois; Dil en Bohémien; Diil en Dalmatien; Theil en Allemand, part, portion; Deleni en Bohémien, partagé, partage; Theelen en Allemand, partager; Uddele en Danois; Deyle en Flamand, Diliti en Esclavon & en Dalmatien, distribuer, partager; Dale, Delle de saumon en Normandie, tranche, morceau, portion de saumon. Ce mot signifie encore dans la même Province une certaine quantité ou portion de terre. Voyez Dala & Ran.

DAL, DALI, tenir, avoir, prendre, reprendre, rattraper. G. Dala, tenir en Breton; Dal marque par conséquent la possession, la conjonction, l'union. Voyez Daly.

DAL, le même qu'Attal. G. Voyez Dala, Dale.

DAL, le même que Tal, haut, élevé, grand. G. Dal en Écossois, colline; Tall, par-dessus en Irlandois; Dale en Tartare, vaste, grand; Dal en Chaldéen, élévation, élevé; Dalal ou Dal en Hébreu, élevé; Deulet, grandeur en Persan. Voyez Tal.

DAL, aveugle. C. B. Dall, aveugle en Irlandois.
DAL, obscur. C.
DAL, commencer. C.
DAL, colline. E.
DAL, portion, partie, partage. I.
DAL, descendans, postérité. I.
DAL, auprès, près. B.
DAL, gobe, attrape. B.
DAL, vaut. B.

DAL. On voit par Dalvez, Dal, Dali, Dala, Dalch, Dalea, Dalb, Daliad, Talbos, Talwas, &c. que Dal, Tal ont signifié ce qui tient, ce qui enferme, ce qui met à couvert, ce qui cache, & par conséquent asyle, refuge, forteresse, habitation.

DAL a signifié creux. Voyez Dala, Dale, Dalle, Delven en Flamand, fouir, enfouir, creuser; Deli en Hébreu; Telia en Grec Attique, seau; Delve en Anglois, creuser, fossoyer.

DAL, DEL ont signifié mince, délié. Voyez Dail, Delin, Delit, Delyus; Délié en notre Langue en vient; Dal en Hébreu, grêle, maigre.

DAL, le même qu'Al. Voyez D.

DAL, le même que Tal. Voyez D.
DAL, le même que Del, Dil, Dol, Dul, Dwl, Dyl. Voyez Bal.
DAL GWG, indisposer, aliéner, se fâcher. G. A la lettre, tenir colere.
DALA, tenir, avoir. G. Voyez Dal.
DALA, le même que Deala. De même des dérivés ou semblables. I.
DALA, DALLA, tarder, tenir, retenir, prendre, recevoir. B. Voyez Dala, tenir, & Dale.
DALA, couper. B. Il a aussi signifié creuser, ainsi qu'on le voit par Delltenniad; Dal, vallée; Dalle, fosse. Il a encore signifié piquer, manger. Voyez Delor. Dail en vieux François, faulx; en Languedoc Daille, faulx; Dailler, faucher; Dail, Daille, faulx en Auvergne; Dalle, tranche, morceau de saumon, &c. en François; Talé en Franc-Comtois, côti, meurtri, contus. De Dala ou Dela sont venus Dolare, Dolabra Latins; Doler, Doloire François. Voyez Dal, portion.

DALADUR, doloire, assette, aisceau. B. Voyez Dala.
DALAIEIN, temporiser. B.
DALAIGHIM, assigner. I.
DALAITTEENN, bandeau. B.
DALAOUI, déplorer. B.
DALCH, ce qui arrête. G.

DALCH, arrêt, ce qui retient, prise, contenance d'un vase, retenue, tenue, action de celui qui tient, délai d'absolution, fief, district, ressort, jurisdiction, territoire, terre seigneuriale. B. Voyez Dala, Dalh qui sont les mêmes que Dalch, & l'article précédent.

DALCHADUR, abstinence; & anciennement continence. B.
DALCHUS, avare. B.
DALE, à invoquer. I.
DALE, vallée. Voyez Dal.

DALE, rivière. G. Delt, humide en Breton; Dalai, la mer en Tartare Calmoucq & Mogol; Thalacco, mer, lac en Cophte, & Thellot, rivière, ruisseau, torrent; Thalasse, mer en Grec.

DALE, fosse dans laquelle on fait écouler les ordures. B. Dale en Auvergne, fosse où l'on fait écouler les ordures; Dale en Normandie, évier, & Dalot, le canal par où sort l'eau; Dala en Espagnol, canal; Dalle en termes de marine, petite auge qui sert à conduire la poudre aux choses combustibles; Dalle en termes de marine, petit canal qu'on met sur le pont du vaisseau pour recevoir l'eau; Dalot en termes de marine est un canal fait pour écouler les eaux; Dalle dans l'usage ordinaire signifie des canaux ou gouttières de pierre qui sont sur les toits des bâtimens; Tallevanes, sont des pots de grès propres à mettre du beurre. Voyez Dalle.

DALE, DALE, retardement, attente, tarder, différer, prolonger, amuser, attendre, retarder, s'arrêter, s'amuser, délai, retardement, amusement, demeurer, séjourner, faire sa demeure. B. Voyez Dal le même qu'Attal. Dal en Arabe, lentement, pesamment; Talab, lac, étang en Persan; Ab, eau; Tal séjournante par conséquent. Tala, je fixe en Tartare Mogol & Calmoucq; Tel, oisif en Tartare du Thibet; Delay en Anglois & en François, délai, remise, prolongation.

DALEA, différer, arrêter, retarder, s'amuser, s'arrêter. B.
DALECQ, A-DALECQ, depuis signifiant la distance. B.
DALED, tenir, prendre. B.

DALEDA,

DAL.

DALEDA, DALLEDA, étendre des hardes, du bled & autres choses au soleil pour les faire sécher. Un vieux Dictionnaire porte Daledaff, nettoyer. B. De Dalled.

DALEDAFF, durer. B. Voyez Daleda, Daleeq.

DALEEIN, tarder, traîner, gagner du temps; retarder, différer. B. Voyez Dal.

DALEET, tardé, retardé, différé. B.

DALEN, feuille. G. B. Pétalon, feuille en Grec; Pe étoit article dans les anciennes Langues.

DALEN MEIWON, plante nommée en Latin Meticulum. G.

DALENNIG, petite page. G.

DALETEENN, mouchoir de col. B.

DALEUS, lent. B.

DALEZ, délai. B. De là ce mot.

DALFA, détention, action de tenir, lieu où l'on prend. G.

DALFYRR, coupure, retranchement, précision; Yn Dalfyrr, en s'abbrégeant, briévement, en se donnant des bornes. G.

DALGHLOL, affinité. I. Voyez Dalch, Dal.

DALH, retenue, prise, retardement, obstacle; recours, fief. B. C'est le même que Dalch.

DALHEDIGHEZ, assujettissement. B.

DALHEIN, arrêter, tenir, soutenir, différer, prolonger. B.

DALI, tenir, prendre. G.

DALIAD, action de retenir, surprise. G.

DALIEDIGAETH, surprise. G.

DALIEIN, arrêter, retarder, s'arrêter, s'amuser. B.

DALIESID, détention, action de tenir. G.

DALIFF, posthume. B.

DALL, aveugle. G. I. B. De Dall ou Tall, Talpa Latin: Les Anciens croyoient la taupe aveugle. Logodan Dal en Breton, chauve-souris.

DALL, louche. I.

DALL, A DALL, depuis signifiant la distance. B. Voyez Dal.

DALL Y CWRWF, laurier. G.

DALLA, aveugler, priver de la vuë, rendre ou devenir aveugle. B.

DALLA, émousser. B.

DALLA. Voyez Dala.

DALLADH, éblouir. I.

DALLADIGOETH, obscurité. B.

DALLAM, aveugler. I.

DALLDWRIAETH, intelligence, pénétration. G.

DALLE, pierre élevée, ou petite auge de cuisine, fosse dans laquelle on fait écouler les ordures. B. Voyez Dale.

DALLED, au large. B. Led.

DALLEDIGHEZ, aveuglement. B.

DALLEIN, aveugler. B.

DALLENTEZ, aveuglement. B.

DALLIDIGHEH, aveuglement. B.

DALLINEZ, aveuglement. B.

DALLOG, jambe. I.

DALLOG, sang-sui. I.

DALLOUDEGUEZ, prix, valeur. B.

DALLRADH, éblouir. I.

DALLRUGADH, rendre pesant ou stupide. I.

DALLRUGTEAS, stupidité. I.

DALLU, aveugler. G. I. B.

DALOGEOU, dalots, terme de marine. B.

DALPEN, sommet. B.

DALTA, DALTAN, nourrisson, disciple. I.

DALTIN, valet, serviteur. I.

TOME I.

DAM. 433

DALVEZ ou DALWEZ, cloison dans une barque ou bâteau qui sépare le logement des matelots de la cargaison. B.

DALYOUDEGUEZ, valeur. B.

DALUS, DAILUS, DAYLA, A. M. signifie une certaine quantité de prés, ainsi nommée de l'instrument avec lequel on les fauche: (voyez Dala) c'est ainsi que nous appellons un arpent de pré une Faulx de pré, de l'instrument avec lequel nous le coupons.

DALUS, A. G. est rendu par Ticio. Je crois que c'est Titio, tison. Voyez Dealan.

DALY, prendre, ravir. C. Voyez Dal, Dali, Dala, Dale.

DAM, préposition qui entre en composition. G. Elle signifie quelquefois autour. Voyez Damblygn, Damgnoi; quelquefois elle est simplement explétive ou superflue. Voyez Damchwa.

DAM, bœuf. I. Damaïs, genisse en Grec.

DAM anciennement en Breton, Seigneur, Monsieur, Sieur. B. Dam, Dame; Damp, Dan, Dant, Dans en vieux François signifioient Seigneur, Sieur. Ce mot s'est conservé en notre Langue dans Vidame. En Franche-Comté les Paysans disent Oui Damé; pour oui Monsieur. On voit par Damesell & Damandrea; que Dam étoit un titre d'honneur, de grandeur, d'élévation pour les personnes de l'un & de l'autre sexe. De Dam ou Tam, est venu l'adverbe Latin Tam, qui marque la grandeur, l'étenduë, la grande quantité. Daman en Grec, dompter; subjuguer, se rendre maître.

DAM, herbe au chat. B.

DAM, morceau, piéce. B. Voyez Tam.

DAM, DEM; un peu, peu, petitement, petit, presque, à demi. B. Voyez Tam. Dami en Patois d'Ornans, un peu; un petit morceau. Dames en vieux François, point; Minimé en Latin signifie très-peu & point.

DAM, le même qu'Am. Voyez D.

DAM, le même que Tam. Voyez D.

DAM, le même que Dan. Voyez Dom, Don.

DAM, le même que Dem, Dim, Dom, Dum; Dwm, Dym. Voyez Bal.

DAM, le même que Dab. Voyez B.

DAMAL, coupable. Voyez Didamal.

DAMANDREA, Dame, maîtresse. Ba. On voit par ce mot, par Damasna, Damansia; Damenguisa, Damra; que Dam signifioit Dame. Damra, épouse en Étrusque. Voyez Damesell.

DAMANT, pitié, compassion, souci, soin. B.

DAMANT, plaindre. B. Se Démenter en vieux François, s'affliger de quelque chose; Damahhh, prononcez Damagn en Hébreu, en Chaldéen, en Syriaque, en Arabe, pleurer.

DAMANTUS, indulgent, sensible, compatissant, soigneux, délicat, qu'on peut toucher, qu'on peut attendrir. B.

DAMANTUS, pitoyable, digne de compassion. B.

DAMANY, domaine. B. Demaine, Demaisne en vieux François; Demain en Anglois, domaine.

DAMANYA, soigner, avoir soin. B.

DAMAT, brebis. B. Voyez Davat.

DAMATUA, efféminé. Ba. Voyez Damandrea.

DAMAUSIA, Demoiselle. Ba. Voyez Damandrea.

DAMAWIDN, ayeule. C.

DAMAYSELLA, A. M. Demoiselle; de Damesell.

DAMBA, bruit, le bruit que fait une porte que l'on ferme sans précaution. Ba.

DAMBACA, chanceler, vaciller. Ba.

Ooooo

DAMBATOCOA, choc de deux corps durs. Ba. Voyez Tocqa.

DAMBLYGU, entortiller, plier autour. G. *Plygu*, en composition *Blygu*, plier ; *Dam*, par conséquent autour.

DAMBONAER, pacifique, paisible. B. De là débonnaire en notre Langue.

DAMBONAERADUR, pacification. B.

DAMBREZEIN ou DIAMBREZEIN, répéter ce qu'un autre a dit pour s'en moquer. B.

DAMCHWA, souffle, haleine, vent. G. *Chwa*, souffle, haleine.

DAMCHWAIN, arriver, avenir, fortune, destinée, sort, hazard, accident, évènement, symptome. G. *Daham* en Arabe, arriver à l'imprévu.

DAMEIGIUM, A. M. dommage ; de *Doumaich*.

DAMENGUISA, efféminé. Ba. *Dam Guls*.

DAMERA, manières efféminées. Ba. Voyez *Damandrea*.

DAMESELL, Demoiselle. B. De *Dam*, qui étoit un titre d'honneur pour l'un & l'autre sexe, ainsi qu'on le voit par ce mot & par nos anciens chroniqueurs. De *Dam* on a fait *Damesell*, *Damzel*, qui se sont donnés autrefois aux jeunes personnes de condition de l'un & de l'autre sexe. *Damsel* en Anglois, jeune fille.

DAMGNOI, ronger autour. G. *Cnoi*, ronger.

DAMH, bœuf. I.

DAMHAN, bœuf. I.

DAMHEGOL, énigmatique. G.

DAMHGARADH, affliger. I.

DAMHLAN, étable à bœufs. I.

DAMICELLA, A. M. Demoiselle ; de *Damesell*.

DAMLEWYCHIAD, illumination, action d'illuminer. G.

DAMLEWYCHU, briller, luire, avoir de l'éclat, éclaircir, expliquer, briller tout autour, reluire de toutes parts. G.

DAMMEG, parabole, énigme. G.

DAMMEGWR, qui explique les énigmes. G.

DAMMOUCHEIN, chiffonner, bouchonner le linge, soupir. B.

DAMMOUL, moite, un peu mouillé. B. *Dam*, un peu ; *Moul*, par conséquent mouillé.

DAMNA, DAMNAFF, condamner. B. *Damnadh* en Irlandois ; *Damno* en Gallois, condamner ; de là *Damno*, *Damnum* Latins ; *Damn* en Anglois, damner, condamner ; *Damner*, *Condamner* en François ; *Dannare*, *Condannare* en Italien ; *Dannar*, *Condemnar* en Espagnol ; *Verdamnen* en Allemand ; *Verdoemen* en Flamand ; (*Ver*, préposition dans ces Langues) *Ferdamati* en Carniolois ; (*Fer*, préposition) *Ferdomde* en Danois, (*For*, préposition) damner, condamner.

DAMNADH, damner, condamner, damnation. I.

DAMNEDIG, condamné, damné. G.

DAMNO, condamner, damner. G.

DAMNORIA, tristesse, chagrin. Ba. Voyez *Damua*.

DAMOUCHEIN, chiffonner. B.

DAMUA, douleur, pénitence, repentir. Ba. Voyez *Damant*.

DAMUBAGUEA, impénitence. Ba. *Bagnea*, sans, *Damua*.

DAMUNAW, souhaiter. G.

DAMUNED, priére, instante priére, demande, souhait. G. De là nos mots François demande, demander.

DAMUNEDIC, optatif. G.

DAMUNO ; mieux DYMUNO, dit Davies, prier, prier avec instance. G.

DAMUQUIOA, pénitence vertu. Ba. Voyez *Damna*.

DAMUR, dolemment. Ba. Voyez *Damna*.

DAMURIC, fourbe. Ba.

DAMWAIN ; peut-être mieux DAMCHWAIN, dit Davies, accident, évènement ; *Drwgddamwain*, malheur, évènement fâcheux. G.

DAMWAIN, selon Thomas Guillaume, conjoncture heureuse, temps heureux, la bonne heure, évènement heureux, auspice. G. On voit en comparant ces deux articles que *Damwain* après avoir originairement signifié évènement en général, a été pris pour évènement heureux.

DAMWAIN, arriver. G.

DAMWAIN, fortune. G.

DAMWEIN, évènement, accident. G.

DAMWEINIO, arriver. G.

DAMWEINIOL, fortuit, imprévu, accidentel, casuel, contingent. G.

DAMUS, malgré. Ba. Voyez *Damna*.

DAN, vallée, profond, bas, plus bas, sous, dessous, au dessous. G. *Deine* en Irlandois, le soir, le temps où le soleil baisse ; *Danon* en Breton, le fonds, la partie la plus basse, abysme ; *Dan* en Arabe, inférieur, qui est plus bas, vil, méprisable, s'abaisser, être bas ; *Danan* en Éthiopien, s'abaisser, abaissement ; *Dagn*, vallée en Arménien, & *Idanyl*, descendre ; *Ndene* en Albanois, sous, dessous ; *Den* en Anglois, caverne ; *Den* en ancien Saxon, & *Dena* en Anglois, vallée ; *Dam* en ancien Saxon, vallée ; *Dan*, en bas en vieux François, & *Dens*, bas ; *Danze*, petit fonds en Esclavon ; *Daan*, serviteur en Runique, & en Islandois ; *Tan*, serviteur en ancien Saxon, & en Anglois ; *Dan* en Tonquinois, vassal, sujet, fouler une chose pour l'écraisser ; *Than* en Tonquinois, client, serviteur, vassal, terme qu'on employe pour marquer la soumission. De *Dan*, bas, pris au figuré pour vil, méprisable, on a fait *Dandin* en François. (*Dyn*, homme) On dit parmi le peuple en Franche-Comté qu'une femme, qu'une fille est une *Denne*, lorsqu'elle est lâche, nonchalante. Voyez *Don*, *Nan*, qui sont le même mot.

DAN, DEN, DIN, DON, DUN, dans les différens dialectes du Gallois, montagne, G. & par conséquent sommet, faîte, cime, principal, excellent, chef, tête, &c. Comme *Don* & tous les termes qui signifient élévation. (Voyez *Bal*, *Ben*, *Can*, *Pen*, *Serr*. &c.) *Tanne* en François, petite bube durcie qui vient sur la peau ; *Tan* en Tonquinois, titre que l'on donne aux premières personnes de l'État après le Roi, & *Dan*, dégré ; *Dana*, homme principal en Talenga ; *Dan*, premier en Tartare du Thibet ; *Danik*, le grenier, le haut de la maison en Arménien ; *Dan*, admirable en Turc. Voyez *Don*.

DAN, Ville. G. *Dan* en Talenga, Ville. Voyez *Don* qui est le même que *Dan*.

DAN, en, dans. G. De là ce dernier mot. *Dan* en Turc, boëte ; *Dan* en Persan, boëte, poche, tout ce dans quoi on met quelque chose ; *Pethen* en Cophte, secret, caché ; *Pe*, article.

DAN, en, tel qu'il se met devant le gérondif ; *Dan Ebedeg* en volant. G.

DAN, vîte, promptement. G. De là notre mot François soudain. *Dan*, feu en Breton : les mots

DAN.

qui signifient feu, se sont pris en Celtique au propre & au figuré. Voyez *Berw. Denuedo* en Espagnol, promptitude, vigueur, agilité, hardiesse.

Dan, ouvrage. I.

Dan, vers, poëme, chanson. I.

Dan, le même que *Dean*. De même des dérivés ou semblables. I.

Dan, pays. B. *Danan* en Théuton, adverbe qui marque le lieu, le Pays.

Dan, feu. B. *Dann*, ardeur, chaleur en Islandois. Voyez *Danerrea*.

Dan, gendre. B. *Damad*, gendre en Persan & en Danois; *Eyden*, gendre dans l'Autriche; *Daned*, gendre en Hébreu.

Dan, lui. B. *Den* en Chaldéen, lui. Voyez *Den*.

Dan, mer. Voyez *Lydan. Tanta*, goutte d'eau en Basque, & *Tanoa*, eau croupie de la sentine d'un navire; *Dan*, rivière en Malabare, & *Danni, Tani*, eau; *Dam*, marais en Tartare du Thibet; *Denis*, mer en Tartare de Crimée; *Denyz, Denyut, Dengis*, mer en Turc; *Tenger* en Hongrois, mer; *Patan* en Indien, Ville au bord de la mer. Voyez *Tan* qui est le même mot.

Dan, doit signifier pointe. Voyez *Dannod, Danwared, Dant, Ten, Tin*; ce qui se prouve encore parce qu'ils signifient cime, pointe de montagne.

Dan, agréable. Voyez *Hadan*.

Dan, pain. Voyez *Brechdan*.

Dan, le même qu'*An*. Voyez *D*.

Dan, le même que *Tan*. Voyez *D*.

Dan, le même que *Den, Din, Don, Dun, Dwn, Dyn*. Voyez *Bal*.

Dan, Tan, ont dû signifier coupé, coupure, partage. *Tanu* en Gallois, disperser; *Tam* en Gallois, morceau, pièce; *Tenn* en Gallois, coupé; *Dam & Darn* en Breton, morceau, pièce; *Dendaria*, tailleur en Basque; *Dan* en Tonquinois, couper; *Zadanil* en Arménien, séparer. Voyez l'article suivant.

Dan, le même que *Dam*. Voyez *Dom, Don*.

Dan Gudd, en cachette. G.

Dan-Munith, vallée. G.

Dan Sang, d'une manière serrée, les rangs serrés près à près. G.

Dana, hautain, fier, orgueilleux, impudent, audacieux, vaillant, courageux, hardi, libre, téméraire, extravagant, fol. I.

Dana, s'échauffer, commencer à se mettre en colere. B. Voyez *Dan*.

Dana, être fin, menu, délié, subtil, étroit. B. *Tesny* en Bohémien; *Stenos* en Grec, étroit.

Dana, taille. Ba. Voyez *Don*.

Danach, qui a le front grand, qui a le visage soucieux I.

Danachd, hardiesse, liberté. I.

Danadl, ortie. On écrivoit anciennement *Dynad*. G. *Dyn* en Dacœ, ortie.

Danaighim, oser, tenter. I.

Danar, étranger. I.

Danardha, insigne, grand, rigide, sévére, austère, infame. I.

Danardhas, rigidité, austérité, sévérité. I.

Dance, danse. B. *Dabsa* ou *Dansa*, & *Downsy* en Irlandois; *Dantza* en Basque; *Danse* en François; *Danza* en Italien; *Dança* en Espagnol; *Tantz* en Allemand; *Dance* en Anglois; *Tancz* en Hongrois; *Dans* en Flamand; *Tanez* en Stirien & en Carniolois; *Tanec* en Bohémien; *Taniec* en Polonois; *Tanac* en Dalmatien; *Tanzanje, Tanaz* en

DAN. 435

Esclavon; *Dans* en Islandois, danse. Voyez *Dawni*

Danceball, Danceat, danser. B.

Danda, le même que *Danta*. Voyez *D*.

Dandha, fatal. I.

Dandwng, sous serment. G. *Dan*, sous; *Twng*.

Danegoa, réel. Ba.

Danerrea, holocauste. Ba. Voyez *Dan*.

Daneu, montagnes. G.

Danevel, conter, raconter, révéler, faire une description. B.

Danfhir, danois. I.

Danfon, envoyer; *Danfon At*, commander; donner ordre; *Danfon Tmaith*, éloigner, exiler, bannir, chasser. G.

Danger, danger. B. De là ce mot. *Daingear* en Irlandois; *Danger* en Anglois; *Dangier* en vieux François, danger.

Dangerium, A. M. danger; de *Danger*.

Dangeruss, périlleux, dangereux. B. De là ce mot.

Dangio. Voyez *Dunjo*.

Dangos, fournir, donner, livrer, indiquer, montrer, faire voir, annoncer, raconter, faire le récit, considérer. G. *Dan* en Tonquinois, montrer.

Dangosawl, démonstratif. G.

Dangoseg, Dangoser, démonstratif, qui montre, indice. G.

Dangosiad, démonstration, indication, montre, action de montrer, déclaration, narration, récit. G.

Dangoswr, qui indique, qui montre. G.

Danhadlen, ortie. G. Voyez *Danadl*.

Danhadlen Ddal, ortie qui ne pique point, scrophulaire. G.

Danhadlen Sarw, ortie qui ne pique point, scrophulaire. G.

Danhadlen Wen, concombre sauvage. G.

Danheddhir, qui a de grandes dents. G.

Danheddog, qui a des dents, qui a de grandes dents. G.

Danheddu, pousser les dents, commencer à avoir des dents. G.

Danhoua, goûter. B.

Danjo. Voyez *Dunjo*.

Danmanamach, de loin. I.

Dann, bien, effets, matière, temporel. B.

Dannedd, dentelé, qui a des dents. G.

Dannevel, le même que *Danevel*. B.

Dannheddgoll, édenté. G. *Coll*.

Dannhedog, dentelé, qui a des dents, qui a de grandes dents. G.

Dannod, reproche, reprocher. G.

Dannodiaeth, reproche, blâme. G.

Dannogen, bétoine. G.

Dannogen y Dwr, grande scrophulaire, petite consoude, brunelle, pâquerette. G.

Dano, dessous. G. Voyez *Dan, Danon*.

Danodd, dessous. G.

Danon, le fonds, la partie la plus basse, abyssme. B. Je crois que *Danon, Dan*, ont aussi signifié petit, parce que cette signification est fort analogue à bas: d'ailleurs *Bas* en Celtique signifie bas & petit: il a de même l'une & l'autre signification dans notre Langue.

Danquia, être. *Ens* en Latin. Ba.

Danquidea, entité. Ba.

Dansa, danser. B. Voyez *Dance*.

Dansang, fouler, presser, comprimer, fouler aux pieds. G. Voyez *Dan Sang*.

DANSARE, A.M. danser; de Dansa.
DANSATOR, A. M. danseur; de Dansa.
DANSON, bruit tel que fait une porte lorsqu'elle est fermée rudement. B. De Ten ou Den & Son.
DANT, dent. G. B. Adamn en Arménien; Danda & Dendan en Persan; Anton en Malaye; Than en ancien Saxon; Tand en Danois; Tant en Flamand; Zahn en Allemand; Dens en Latin; Dent en François; Diente en Espagnol; Dente en Italien, dent.
DANT, éléphant. G.
DANT, fourchon. B.
DANT Y CI, chicorée sauvage, dent de lyon. G. A la lettre, dent de chien.
DANT Y LLEW, dent de lion, chicorée sauvage; Dant Y Llew Lleiaf, sorte de carotte, corne de cerf, chien-dent, pied de lion. G.
DANTA, mordre, piquer, piquer au vif, outrer, élancer, aiguillonner. B.
DANTADUR, piquure, petite blessure. B.
DANTECG, DANTECQ, qui a de grandes dents. B.
DANTEIDRWYDD, délicatesse des viandes. G.
DANTEIL, dentelle. B. De là ce mot.
DANTEN, pierre d'attente. B. De Dant.
DANTER, médisant. B. De Dant. Voyez Danter-Caer.
DANTER, tablier. B.
DANTER-CAER, homme qui mange beaucoup, qui mange excessivement. B. A la lettre, beau mangeur.
DANTOSTAFF, premier. B.
DANTUSS, mordant, satyrique. B. Voyez Dant.
DANTZA, danse. Ba. Voyez Dance.
DANTZAGA, équilibre. Ba.
DANTZATU, danser, Ba. Voyez Dantza. Dançar en Espagnol, danser.
DANVAD, OBER AN DANVAD, faire le chien couchant. B. A la lettre, faire la brebis. Voyez l'article suivant.
DANVADES, brebis. B.
DANVAT, brebis. B.
DANVAYOUR, messager. B.
DANUEDD, matière. B. C'est le même que Danvez.
DANVEZ, matière, aptitude, disposition, matière étoffe au sens que les artisans prennent ce mot, c'est-à-dire matière propre à recevoir la forme que leur art méchanique peut lui donner par ses règles. Il signifie encore du bien, des moyens de vivre à son aise, patrimoine; Cavout Danvez, avoir de quoi vivre; Danvez Da Guerza, de quoi payer ce que l'on veut acheter. B.
DANWAREDD, piquant, satyrique. G.
DANYS, dain. G. De Dan, vite; de là Dama Latin, (l'm & l'n se mettent l'une pour l'autre) & Dain François.
DANZA, A. M. danse. Voyez Dance.
DANZEAT, bien nourri, qui a profité de la nourriture, qui a de l'embonpoint: Il se dit des hommes & des bêtes. B.
DAO, monosyllabe, coup de quelque chose qui fait du bruit en frapant ou en heurtant; Rei Dao, donner un coup, fraper avec bruit. Un homme habile en Breton veut que ce mot signifie seulement le bruit du coup. B.
DAOED, biens, richesses, grands biens. G. Diet en ancien Allemand, biens, richesses.
DAOFIN, Dauphin. B.
DAOILL, jambe. I.
DAOINE, les hommes, le genre humain. I. Voyez Dyn.

DAOINEACH, peuplé. I.
DAOIRGHIOLLA, esclave. I.
DAOIRSE, servitude, faim, disette. I.
DAOIRSNACH, criminel. I.
DAOIRSEACHD, faim, disette. I.
DAOIRSEOIR, barguigneur. I.
DAOIRSIN, servitude. I.
DAON, deux. B.
DAONA, humain. I. Voyez Daion.
DAONAIGNE, unanime. I.
DAONAS, hospitalité, philanthropie. I.
DAONCZAL, danser. B.
DAONNEIN, damner. B.
DAOR, cher, aimé, ami, précieux, de grand prix. I.
DAOR, esclave. I.
DAORADH, condamner, condamnation, désapprouver, improbation. I.
DAORARA, esclave. I.
DAORBHANOGLACH, apprentif. I.
DAORBHODACH, esclave. I.
DAORDALACH, rigoureux, rude, sévère. I.
DAORDHAIL, rigueur, sévérité. I.
DAOROGLACH, esclave. I.
DAOROGLACH, apprentif. I.
DAOROTRUS, écrevisse. I.
DAOU, deux. B. Voyez Dau.
DAOUARN, DAOUARN, mains. B.
DAOUDEC, prononcez DAOUZEC, douze. B. De Daou Dec.
DAOUGAN, homme à qui sa femme est infidelle. B.
DAOULAGAD, LOUSAOUEN AN DAOULAGAD, euphraise, chélidoine. B.
DAOULAGAT, cligner. B.
DAOULIN, les deux genoux. B. Daou Glin.
DAOUILINA, s'agenouiller, s'accouder. B.
DAOUNI, damner. B.
DAOUR, eau. B.
DAOUST, DAUST, c'est ce que les Bretons disent en donnant la liberté de choisir. B.
DAOUST DA, quoique, nonobstant. B.
DAOUZ, deux. B.
DAOUZECQ, douze. B. Voyez Daoudec.
DAP, le même que Dab. Voyez B. Dap en Tonquinois, mouiller.
DAPAR, cuire. B. De là Dapinare victum alicui dans Plaute, préparer un repas à quelqu'un; de là Dapes en Latin, mets; de là dans les anciens monumens Dapifer, réfecturier, cellerier, celui qui est chargé des repas, des provisions de bouche; Dapificus, cuisinier; Dapifcida, écuyer tranchant. Voyez l'article suivant & Daphar.
DAPAR, A. M. repas. Voyez l'article précédent.
DAPAX, DAPATICUS, DAPTICUS, A. G. Dapax, homme que les alimens pris ont rendu causeur & éloquent; Dapaticus, Dapticus, libéral, magnifique, manifeste, propre à; Dapatice, magnifiquement, libéralement, abondamment. Voyez les deux articles précédens, le suivant; Dapsibiliter, Dapsilis.
DAPERE, A. G. être à un festin. Voyez les trois articles précédens.
DAPERES, ferule. B. Voyez Daf.
DAPHAR, préparer, préparatif, appareil. G. Dap, réparer en Tonquinois.
DAPHAR, cuire. B.
DAPSIBILITER, A. M. le même que Dapsiliter. Voyez le mot suivant.
DAPSILIS, A. G. libéral, ou qui donne abondamment à manger, libéral principalement dans

DAP.

la nourriture ; *Dapſilitas*, libéralité ; *Dapſiliter*, libéralement, abondamment. *Dapſilis* n'aura d'abord ſignifié que libéral à donner de la nourriture ; enſuite il aura été étendu à toutes ſortes de libéralités. Voyez *Dapax*.

D A P U R U A, commencement. Ba.

D A Q U I R A S G A R R I A C, lettres teſtimoniales. Ba.

D A Q U I R A S T E A, témoignage. Ba.

D A R, prépoſition qui entre dans les mots compoſés : Elle eſt compoſée elle-même, ſelon Davies, de *Dy*, prépoſition augmentative, & d'*Ar*, prépoſition augmentative pareillement. G. Ajoutez que *Dar* eſt le même qu'*Ar*, élévation, élevé, &c. (Voyez D) *Terron* en Eſpagnol, motte, élévation de terre ; *Terah* en Hongrois ; *Terb* en Eſclavon, grandeur ; *Deiras* en Grec, lieu élevé ; *Thear* en Arménien, Seigneur ; *Toren* en Hébreu, mât de navire, & *Tarbith*, accroiſſement ; *Thura* en Chaldéen ; *Thoura* en Perſan, montagne ; *Dohoor* en Javanois, haut ; *Dayr*, Empereur en Japonois ; *Stor* en Danois ; *Sthur* en Norvégien, grand ; *Turgeo* en Latin, s'élever ; *Tertre* en François, petite élévation.

D A R, chêne ; au pluriel *Deri*. G. C. E. I. Voyez *Der*, *Deru*, *Derw*.

D A R, ſous, deſſous. G. *Darac* en Hébreu, fouler aux pieds, marcher ; *Darac* en Chaldéen, faire marcher, & *Derica*, action de marcher, de fouler aux pieds ; *Diroc* en Syriaque, être foulé aux pieds, & *Diroci*, action de fouler aux pieds ; *Daras* en Arabe, fouler aux pieds, & *Daraz*, vil, mépriſable ; *Dere* en Perſan, vallée ; *Dere*, vallée en Turc, & *Derin*, profondeur, abyſme, profond.

D A R, forêt. I.

D A R, le même que *Daor*. I.

D A R, le même que *Dear*. De même des dérivés ou ſemblables. I.

D A R, pierre élevée, ou petite auge de cuiſine, égoût de cuiſine ou autre cloaque. B. *Adala* en Baſque, canal : l'*l* & l'*r* ſe mettent l'une pour l'autre.

D A R, débris d'édifice, gravois, menues démolitions, piéce, fragment, morceau. B. *Taraph* en Hébreu, déchirer, mettre en piéces. *Dar* étant le ſynonime de *Darn*, on a dû dire *Dara* comme *Darna*.

D A R, petit. B.

D A R, jour. B.

D A R, larme. B. *Tar*, larmes en Runique. Voyez *Dartuen*.

D A R, turbulent, rude, bruſque, prompt, vîte, vif, impétueux. B. *Dare Dare* ſignifie encore en notre Langue précipitamment, avec vîteſſe ; *Hedart* en vieux François, vif, actif, leger en parlant d'un cheval ; *He* paragogique ; *Dar*, *Dara* en Arabe, fondre avec impétuoſité, & *Daraz*, aller vîte ; *Drai*, *Dradi* en Théuton, impétuoſité, vîteſſe ; *Dare*, avoir la hardieſſe, oſer en Anglois ; *Daare*, témérairement en Iſlandois ; *Nhar*, véhémence, impétuoſité en Tartare du Thibet : l'*n* & le *d* ſe ſubſtituent réciproquement.

D A R, eau, rivière. Voyez *Dar-Went*.

D A R, avant. Voyez *Daryſed*, *Darbod*, *Darogan*.

D A R, çà & là, de tous côtés, tout à l'entour. Voyez *Darymred*, *Dargnoi*, *Dor*, peau en Grec. On appelle *Darſine* ſur la méditerranée, la partie d'un port de mer la plus avancée dans la Ville, bordée d'un quai, & fermée d'une chaîne, qui ſert à retirer les bâtimens de mer, & à tenir à

TOME I.

DAR. 437

flot les bâtimens déſarmés ; de *Dar*, de tous côtés ; *Cin*, ceint, enfermé. Voyez *Penddar*.

D A R, prépoſition diminutive. Voyez *Dargud*, *Darhun*, & *Dar*, petit. *Dar*, étroit en Turc.

D A R, prépoſition explétive ou ſuperflue. Voyez *Darllain*, *Darlwng*.

D A R, arbre. Voyez *Darvoet*.

D A R, *DARMERTH*, *DARFAR* ſignifient préparer, & *Darlaw*, braſſer la biére. Ces mots ne conviennent que dans la ſyllabe *Dar* ; il faut donc que cette ſyllabe ſignifie préparer ; ce qui rend ma conjecture évidente eſt *Dare*, qui ſignifie prêt.

D A R doit ſignifier pointe. Voyez *Ar*, piquer, qui eſt le même que *Dar*. *Darban* en Hébreu, pointe, aiguillon, & *Darder*, chardon, pointe piquante ; *Tarnie* en Dalmatien, hallier ; *Tera*, pointe en Finlandois ; *Dar*, aigu, aiguiſer en Tartare du Thibet.

D A R doit ſignifier feu. 1º. *Dareuein*, *Darieuein*, cuire. 2º. *Dar* ſignifie prompt, ce qui eſt chaud au figuré ; or tous les mots qui ſignifient chaleur au figuré, la ſignifient au propre. Voyez *Berw*, *Call*, *Dan*, *Tan*. 3º. *Dar* eſt le même qu'*Ar*, chaleur : *Darab* en Arabe, animoſité, courage, audace, chaleur au figuré ; *Daretha* en Chaldéen, poële ; *Doruho*, flamme en Syriaque ; *Thero* en Grec, échauffer ; *Diaro*, flamme en Tartare Mogol & Calmoucq. Voyez *Daro*.

D A R, le même qu'*Ar*. Voyez D. *Dir*, près en Tartare du Thibet.

D A R, le même que *Tar*. Voyez D.

D A R, le même que *Dard*, *Darti*. Voyez D.

D A R, le même que *Der*, *Dir*, *Dor*, *Dur*, *Dwr*, *Dyr*. Voyez Bal. *Darat*, terre en Malaye.

D A R M A R E, entre chien & loup. B.

D A R - W E N T, par craſe *Darent* ; *Dour-Went*, eau, rivière qui fait des courbures, des ſinuoſités. G. *Dar-Went* étant le ſynonime de *Dour-Went*, *Dar* eſt le ſynonime de *Dour*, eau, rivière. *Oder* en Vandale ; *Eider* en Cimbrique, eau.

D A R A, chêne. I.

D A R A, le même que *Darna*. Voyez *Dar*.

D A R A B H A L, noix de Galle, pomme de chêne. I.

D A R A C H, chêne. I.

D A R A D U R, doloire, herminette. B. Voyez *Daladur*.

D A R A G, chêne. I.

D A R A M E L A, qui porte. Ba.

D A R A N, terme pour diminuer ou affoiblir. G. C'eſt le même que *Darn* ; *Dar*, terme diminutif.

D A R A N. Voyez *Cuthdaran*.

D A R A O U E N, larme. B.

D A R A O U T, pleurer. B.

D A R A S, habitation. I. Voyez *Dar*, le même que *Der*.

D A R A T, porte. C. Voyez *Dar*, le même que *Dor*.

D A R B A R, bled. I.

D A R B A R E R, *DARBAROUR*, aide de maçon, aide de couvreur. B.

D A R B O D, conſidération, attention, prévoir, pourvoir, avoir ſoin. G.

D A R B O D, fragment de pot, teſt. B. *Dar Podi*.

D A R B O D A E T H, prévoyance, providence. G.

D A R B O D E R, donneur d'avis, entremetteur de mariage. B.

D A R B O D U S, qui pourvoit, qui a de la prévoyance, qui examine, qui peſe les raiſons, qui conſidère. G.

P p p p p

DARBORDER, le même que Darboder. G.
DARC, rouge. I.
DARCAIN, gland fruit du chêne. I.
DARCHAFF, fraper. B.
DARCHANT, fraper. B. Dar en Espagnol, fraper.
DARCHAUT, fraper; Darchaut Gênt, donner un coup. B.
DARCHAW, DARCHO, fraper. B. Voyez Taraw.
DARCREIZ, milieu. B. Dar, superflu.
DARD, dard, javelot. G. B. I. Derdoa, lance en Basque; Dardara en Basque, action de lancer; Dard en François; Dardo en Espagnol & en Italien; Dart en Anglois; Darda en Dalmatien & en Hongrois; Dar, Dars en vieux François; Daradou en Tamoulique, dard; Darda, broche, trait en Stirien & en Carniolois; Darda en Dalmatien & en Hongrois, épieu, lance; Dar, arme offensive en Tartare du Thibet, & Daa, trait, flèche; Dardoſui en Grec dans Héſychius, lancer. Dans le Nivernois, le Berri, le Poitou, la Basse Normandie, Dard se prend pour une faulx à faucher. Voyez Darda, Dardi, Daredein, Dart. Il paroit par là que Dard a signifié lancer, jetter en général.
DARDA, A. M. dard; de Dard.
DARDAL, tempête. I.
DARDARA, vibration, action de lancer, de jetter, action de chanceler. Ba. Voyez Dard.
DARDD, origine. Voyez Broderion.
DARDI, lancer. B. Voyez Dard.
DARDIARIUS, A. M. soldat armé d'un dard; de Dard.
DARDUS, A. M. dard; de Dard.
DARE, imminent, prêt, à la veille, mûr, auprès, proche, hazard; Dare Da, sur le point. B.
DARED, dard. B.
DARED. Voyez Dareden.
DAREDEIN, darder, lancer. B.
DAREDEN, éclair sans tonnerre, éclair. Ce mot signifie encore les feux folets ou exhalaisons, & ces apparences d'étoiles qui semblent se détacher du ciel; au pluriel Dared, Daret. B.
DAREMPREDI, DAREMFREDIFF, fréquenter. B.
DAREMPREDD, êtres d'une maison. B.
DAREMPRET, fréquentation. B.
DAREMPTEIN, fréquenter. B.
DARENNEIN, larmoyer. B.
DAREO, chênes. G. Voyez Dar.
DARERSAH, épiphora terme de médecine. B.
DAREUEIN, cuire. B. Voyez Dar.
DAREUEN, larme; au pluriel Daren, Darr. B. Dakruo en Grec, pleurer. Voyez Dar.
DAREVI, DAREVI, cuire, mûrir, approcher, apprêter, préparer. B.
DARFIN MA, afin. B.
DARFOD, devenir vieux, sécher, devenir sec, être fini, être consumé, être consommé. G. Dar, en deux sens; Bod.
DARFODADWY, qui se perd, qui se gâte, qui se corrompt.
DARFODEDIG, qui sèche de langueur, qui est sec de langueur, passager. G.
DARFODEDIGAETH, consomption, phthisie, maladie de consomption. G.
DARFU, est fait, est consommé, est fini, est péri. G.
DARGN, partie, lot. B. Voyez Darn.
DARGNA, ébrécher, entamer une chose. B.
DARGNOI, ronger tout à l'entour. B. Cnoi, ronger.

DARGREIZ, le milieu du corps, rein, ceinture. B.
DARGUD, leger sommeil; Dargudi, s'assoupir, dormir legérement. B. Ces deux mots étant synonimes à Darhun, Darhuno, Cud, en composition Gud, doit signifier sommeil comme Hun; & Cudi, dormir, comme Hune; Dar, petit.
DARGUT. Dom le Pelletier ignore la signification de ce mot, il conjecture qu'il signifie court. Dom le Pelletier dans un autre endroit explique Dargut par manchot.
DARGWSG, sommeil leger, état d'un homme à demi endormi, avoir envie de dormir, s'accroupir, cligner les yeux, commencer à sommeiller, s'endormir. G. Dar, petit; Cwsg, sommeil.
DARGWSG, dormir profondément, être tout endormi. G. Dar, particule augmentative; Cwsg.
DARGYSGU, avoir envie de dormir, s'accroupir, cligner les yeux. G.
DARHAUGANT, battre. B. Voyez Darchaut Gan.
DARHUN, dormir profondément. G.
DARHUN, sommeil leger, l'état d'un homme à demi endormi, s'endormir, commencer à sommeiller. G. Hun, sommeil.
DARHUNO, s'endormir, commencer à sommeiller. G.
DARI, AR DARI, pic oiseau. I.
DARIA, chêne. I.
DARIAOU, jeudi. B. Voyez Deirion.
DARIPOENNT, trepoint. B.
DARIVEIN, cuire. B. Dariole en vieux François, sorte de gâteau.
DARKAIN, gland. I.
DARLEISIO, retentir. G.
DARLLAIN, lire. G. De Lleu, lire, dit Davies; Dar est donc ici une particule explétive. Voyez Darllen.
DARLLAW, être aubergiste, brasser de la biére, tenir cabaret. G.
DARLLAWYDD, aubergiste, vendeur de biére. G.
DARLLEAD, action de lire. G.
DARLLEAW, DARLLEU, lire. G. Lleu, lire; Lleaw par conséquent synonime de Lleu.
DARLLEAWDR, lecteur. G.
DARLLEN, lire. G.
DARLLEU, lire. G. Voyez Darllain.
DARLLEYDD, lecteur. G.
DARLWNGE, le même que Tarlwnge. G.
DARLYNGCU, avaler, gober, engloutir. G.
DARMADHTHA, annulé, cassé. I.
DARMERTH, préparation, appareil, préparer. G.
DARMERTHAD, appareil, préparatif. G.
DARMERTHWR, pourvoyeur. G.
DARN, part, portion, parcelle, morceau. G. B. Deanad en Irlandois, mettre en piéces; Darne en Toulousain, partie, portion, morceau, tranche; Darne en Bourguignon; Dane en Franc-Comtois ont le même sens; Darne en François, tranche, morceau de saumon, d'alose, &c. Voyez Dar, Tarh.
DARN, main. C. Voyez Dorn.
DARN, classe. I.
DARN, partie, piéce, lot. On dit an Darn, pour dire quelques-uns; comme en François Partie d'eux, pour quelques-uns d'eux. B.
DARNA, partager, entamer, ébrecher une chose. B.
DARNAOUET, participe de Darnaoui, divisé, partagé, coupé; & au sens figuré, lassé, fatigué, ennuyé. B.
DARNAOUI, diviser, partager, couper par morceaux, s'ennuyer. B.

DAR.   DAS.   439

DARNZ, portion, part, morceau. G. B.
DARNEIN, diviser, partager. B.
DARNET, participe de *Darna*, partagé, entamé. B.
DARNICH, petit vol d'oiseau. B. *Nich*, vol.
DARNIGEAL, voler bas, voleter. B. *Nigeal* ou *Nifal*, voler.
DARNIO, partager, couper en morceaux, mettre en piéces, raboter, rapiécer, empaqueter. G.
DARNIOG, plein de morceaux, plein de piéces. G.
DARNNVIHUEIN, vivoter. B.
DARNOU, las. B. Voyez *Darnaouet*.
DARNOUS, ennuyeux. B.
DARNYA, entamer, ébrécher une chose. B.
DARNYAL, entamure. B.
DARNYER, celui qui fait les lots. B.
DARO, mûr, cuit. B. Voyez *Dar*.
DAROFYN, procurer. G.
DAROG, chêne. I.
DAROGAN, prédiction, oracle, prophétie, augure, deviner, prédire, présager. G. De *Dar*, avant ; *Can*, *Gan*, dire.
DAROGANAWE, qui contient des prophéties. G.
DAROGANOL, qui pronostique. G.
DAROGANU, deviner, présager, prédire. G.
DAROGANWR, devin, augure, prophète. G.
DAROGENYD, devin. C.
DAROSTWNG, agiter ou remuer ce qui est dessous, mettre dessous, appaiser, retenir, modérer. G.
DAROSTYNGEDIG, soumis, sujet. G.
DAROSTYNGEDIGAETH, soumission. G.
DAROSTYNGIAD, soumission. G.
DAROSTYNGWR, qui met sous le joug, qui dompte. G.
DAROU, larmes. B.
DARPAR, préparation, appareil, préparer. G.
DARPARU, préparer. G.
DARPARWR, pourvoyeur, qui prépare, qui a le soin de trouver ce qu'il faut. G.
DARRACH, chêne en Ecossois du nord; *Darrag* en Ecossois du couchant.
DARRACH, isle du chêne. E. *Dar*, chêne ; *Ach* par conséquent isle.
DARRE, clignoter, avoir envie de dormir. G.
DARREIN, être tout endormi. G.
DARREN, clignoter, avoir envie de dormir, commencer à sommeiller, s'endormir. G.
DARRI, rouge. I.
DARRICH, forêt de chênes. I.
DARRUIG, chêne. I.
DARRUS, A. M. le même que *Dardus*.
DARSTAIN, sonner, faire du bruit, résonner, retentir, G.
DARSYLLU, contempler. G.
DART, javelot, dard. G. B. Ce mot en Breton signifie encore un harpon ou dard à croc que l'on lance sur les gros poissons. Voyez *Dard*.
DARTAN, troupeau. I.
DARVOÈDEN, dartre.
DARVOET; singulier *Darvoèden*, moëlle des arbres. B. *Voeden* pour *Boeden*, nourriture, aliment ; la moëlle est la nourriture des arbres ; *Dar* signifie donc arbre en général. Voyez *Dar*, *Derw*.
DARVOUD, accident, évènement fortuit, occasion, conjoncture, rencontre. B.
DARVOUDUS, fortuit. B.
DARWAIN, sourdre, palpitation. G.
DARWEDD, couler de tout côté, se répandre, bondir, palpiter. G.

DARWEDEN, le même que *Derveeden*. B.
DARWEIN, action de sourdre, couler de tout côté, se répandre, bondir, palpiter. G.
DARYFED, boire le premier, boire avant. G. *Yfed* boire.
DARYMERTH, préparation, appareil. G.
DARYMRED, se promener autour, courir ça & là ; écoulement, débordement, flux de ventre. G. *Rhedeg*, courir ; *Ym*, pronom personnel ; *Dar* par conséquent ça & là.
DARYSGYFLU, le même qu'*Ysgyflu*. G.
DARZ, évier, pierre élevée ou petite auge de cuisine. B. Voyez *Dar*.
DARZ, dard, poisson de rivière. B.
DARZ, A DARZ, à plomb. B.
DAS, ce qui contient, ce qui enferme, ce qui couvre, ce qui entoure. G. *Das* en Arabe, cacher. Voyez *Daës*.
DAS, propre à. G. Voyez *Deas*, *Addas*.
DAS, pour *Dys*, chez une partie des Gallois. G.
DAS, tas, monceau. G. B. *Da* en Tonquinois, tas. Voyez *Tas*.
DAS, le même que *Deas*. De même des dérivés ou semblables. I.
DAS ou DAZ, particule itérative usitée seulement en composition. B. Voyez *Dad* qui est le même. *Dasa* en Turc, plus, davantage. *Das* signifiant monceau, tas, la réitération ou augmentation a dû signifier sur, dessus, élévation. *Monceau* en François est formé de *Mont*, élévation.
DAS, le même qu'*As*. Voyez D.
DAS, le même que *Tas*. Voyez D.
DAS, le même que *Des*, *Dis*, *Dos*, *Dus*, *Dws*, *Dys*. Voyez *Bal*.
DASAS, chaleur, ardeur, empressement, ferveur ; violence, humeur hautaine, fierté, orgueil. I.
DASASACH, ardent, violent, empressé, hautain, fier, orgueilleux, téméraire, imprudent. I.
DASCORR, vomir. B. Voyez *Dacorein*.
DASESAN, se rétracter, chanter la palinodie. Ba. *Das*. *Can*. Voyez *Dat*.
DASG, le même que *Tasg*. Voyez D. De là *Dace* en vieux François, imposition.
DASGUNEADH, DASGNUDH, maudire, faire des imprécations. G.
DASKERIA, DASKIRIA, ruminer comme font les bœufs, les moutons, &c B. De *Das*, particule itérative ; *Cara*, manger.
DASONET, DAZONET, avenir, l'avenir, le futur B. De *Da*, à ; *Donet* en composition *Zonet*, venir.
DASORCH, ressusciter, revivre, faire revivre, rallumer, relever un homme tombé. B.
DASPRENA, racheter, délivrer. B. *Das Prena*.
DASPRENADUREZ, rachat, rédemption, délivrance. B.
DASPRENER, DASPRENEUR, libérateur, rédempteur. B.
DASPUGN, DASPUIGN, DASPUN, accumuler, amasser, assembler, entasser, ramasser, cueillir, recueillir. B. Voyez *Das*.
DASQIRIAT, ruminer. B. Voyez *Daskeria*.
DASTA, action de goûter, de tâter quelque chose. Ba. Le *s* & le *d* se mettant l'un pour l'autre, on a dit *Tasta* comme *Dasta* ; de là notre mot François tâter.
DASTAE, terme dont use un laboureur lorsqu'il veut faire tourner à droite les bêtes qui tirent la charruë. B.
DASTUM, collection, monceau, tas, amas de

choses ou de personnes, assembler, amonceler, entasser, accumuler, recueillir, emballer. B.

DASTUMEIN, accumuler, rassembler. B. Voyez *Dastum*.

DASTUMI, le même que *Daspugn*. B.

DASWRN, tas, monceau. G. Voyez *Das*.

DASYLU, entasser, amonceler, arranger. G.

DASYRNU, entasser, amonceler. G. Voyez *Daswrn*.

DAT, pied. I.

DAT, couleur; *Dat Breigh*, fard. I.

DAT, préposition explétive ou superfluë. Voyez *Datgan*.

DAT, préposition itérative. Voyez *Datied* & *Dad*.

DAT, préposition qui marque l'opposition. Voyez *Datbrawf*, *Datbrofi*.

DAT, préposition privative. Voyez *Datgylchu*, *Datglymmu*, *Dattod*.

DAT, le même qu'*At*. Voyez D.

DAT, le même que *Dad*. Voyez D.

DAT, le même que *Tat*. Voyez D.

DAT, le même que *Det*, *Dit*, *Dot*, *Dut*, *Dwt*, *Dyt*. Voyez *Bal*.

DAT, le même que *Da*. Voyez D.

DÂT, datte fruit du palmier. G. Voyez *Datila*.

DATA, DATIO, DACIO, A. M. tribut, ce que le Prince ou le Seigneur recueille de ses sujets. *Dace* en vieux François. Voyez *Dasg*.

DATACH, le même que *Deatach*. De même des dérivés ou semblables. I.

DATBRAWF, réfutation. G. *Prawf*, preuve; *Dat*, contre par conséquent.

DATBROFI, réfuter. G. Voyez *Datbrawf*.

DATBYNIO, décharger. G. *Pwn*.

DATCEINIAD, qui chante souvent. G. *Can*.

DATEA, réalité. Ba.

DATEGUEANA, possible, qui se peut faire. Ba. *Datea Eguin*.

DATES, A. M. dattes fruits du palmier. Voyez *Dat*.

DATEZQUETA, chimère. Ba. *Datea*, réalité, *Ezqueta* sans.

DATGAMMU, recourber. G. *Cammu*.

DATGAN, chanter, raconter, prononcer, déclarer, annoncer, divulguer. G. *Can*, dire, chanter; ainsi *Dat* est ici superflu.

DATGANIAD, narration, déclaration, aveu, répétition. G.

DATGANWR, qui raconte, qui expose. G.

DATGAU, ouvrir, fendre, entrouvrir. G.

DATGEINIAD, qui chante souvent. G.

DATGLADDU, exhumer, déterrer, tirer de terre, ouvrir. G. *Claddu*. Voyez l'article suivant.

DATGLOI, ouvrir. G. *Cloi*, fermer; *Dat* par conséquent particule privative; *Datgloi* étant synonime de *Datgloi*, il faut par conséquent que *Claddu* ait aussi signifié enfermer.

DATGLYMMIAD, action de dénouer.

DATGLYMMU, dénouer, délier, détacher, renouer. G. *Clymmu*, nouer, *Dat* par conséquent particule privative.

DATGUDDIAD, révélation, manifestation, découverte, indice, action de déceler. G.

DATGUDDIEDIG, découvert. G.

DATGUDDIO, découvrir, exposer à la vuë, indiquer, dénoncer. G. *Cuddio*.

DATGYDDIO, ouvrir. G. C'est le même que *Datguddio*.

DATGYFRODEDDU, défourdir, défaire un tissu. G.

DATGYLCHU, ôter la rondeur à quelque chose. G.

DATGYMMALU, déboiter, disloquer, démettre. G.

DATH, couleur. I.

DATH CHLODHACH, qui change de couleur, qui est de différentes couleurs. I.

DATHADH, action de teindre. I.

DATHAMH, teindre. I.

DATHAMHAS, décent. I.

DATHAMHLAS, vigueur, feu, vivacité, ornement. I.

DATHAMHUIL, agréable, qui plait, décent, bienséant. I.

DATHAMMHUL, délicat. I.

DATHOIR, teinturier. I.

DATHOL, brave, vaillant, hardi, vigoureux, généreux. I.

DATHUGHAD, teindre I.

DATHUL, le même que *Dathol*. I.

DATILA, datte fruit du palmier. Ba. Voyez *Dât*.

DATILMORDOA, branche du palmier arrachée avec le fruit. Ba.

DATOL, le même que *Dathol*. I.

DATORQUIANA, propre. B.

DATSAF, le même qu'*Argat*. G.

DATTOD, fondre, liquefier, résoudre, dissoudre, défourdir, défaire un tissu, développer, découdre, délier, détacher, lâcher, relâcher, expliquer, retordre, renouer. G. De *Dad*, *Dodi*, dit Davies. On écrit *Dathod* chez une partie des Gallois; *Dad* ou *Dat* se prend donc dans ces mots itérativement & privativement. Voyez les mots précédens & *Daz*.

DATTODIAD, dissolution, action de développer, action de délier, action de lâcher, discussion, examen. G.

DATTROI, tourner, dérouler. G. *Troi*.

DAU, deux. G. B. *Da*, *Do* en Écossois; *Da*, *Doo* en Irlandois; *Duo* en Grec, en Latin, en Italien; *Dos* en Espagnol; *Zwo* en Allemand; (*z* pour *d*) *Two* en Anglois; (*t* le même que *d*) *Twee* en Flamand; *Tho* en Danois; *Dua* en Esclavon & en Dalmatien; *Dwa* en Polonois & en Lusatien; *Twa* en Bohémien; *Tua* en Tartare; *Dua* en Moluquois; *Tole* en Langue de Congo; *Du* en ancien Persan; *Du* en Persan moderne, deux. *Dau* signifiant deux, doit signifier partage. Voyez *Dou*, *Du*.

DAU, DAV, eau, rivière. G. Voyez *Dab*, *Dauw*, rosée en Flamand; *Dau* en Tonquinois, pluie, suc.

DAV, cerf. E.

DAV, bœuf, bouvillon. I.

DAV. Voyez *Daveein*.

DAU, le même qu'*Au*. Voyez D.

DAV, le même qu'*Av*. Voyez D.

DAU, DAV, le même que *Tau*, *Tav*. Voyez D.

DAU, le même que *Deu*, *Diu*, *Dou*, *Du*. Voyez *Bal*.

DAU-UGUENT, quarante B. A la lettre, deux vingt.

DAU-WYNEBOG, jacée noire. G.

DAVACH, tonneau. I.

DAUAD, DAVAD, brebis. B. Voyez *Davat*.

DAVADES, brebis. B.

DAVANCHER, tablier, bavette. B. On dit *Devantier* pour tablier en Franche-Comté; on disoit *Devantau* en vieux François; les Espagnols disent *Devantal*.

DAVANGER, tablier. B.

DAUAR, le même que *Daear*. G. Voyez *Daiar*, *Douar*.

DAVARER,

DAV.

DAVABER, aide de maçon. B.
DAVAS, brebis. C. Voyez Davad.
DAVAT, DAUAT, brebis. B.
DAVATA TERRAE, Davat de terre signifie en Écossois une certaine quantité de terre : il a été étendu à signifier aussi une baronnie. Voyez Davede.
DAVAY, congédier. B.
DAVAYEIN, envoyer, répercuter. B.
DAUDDEALL, GAIR DAUDDEALL, équivoque, mot qui a deux sens. G.
DAUDDYBLYG, double. G.
DAUDROEDIOG, qui a deux pieds. G. Troed.
DAVEDE pour DABEDE ou DABETE, jusqu'à ; ou mot à mot, à jusques. B. De Da, à ; Bete Bede, jusques.
DAVEEIN, différer, retarder, prolonger, surseoir, renvoyer. B. Ce mot signifiant le délai, le retard, l'arrêt, doit signifier aussi la demeure, le séjour ; parce que 1°. C'est un sens entièrement analogue. 2°. Aras signifie retard & habitation. 3°. Moror en Latin signifie retarder, séjourner, demeurer.
DAVEIRIOG, trompeur. G. A la lettre, homme à deux paroles ; Dau, Air de Gair.
DAVETR, le même que Davede. B.
DAUFEU, turlupinades. B.
DAUFFURFAWL, qui a deux formes. G.
DAUFINIOG, le même qu'Annieu. G.
DAUFISYRIED, qui a deux mois. G. Mis.
DAUG, cours, durée. B.
DAUGERIUM, A. M. le même que Dangerium.
DAVIANA ou DABIHANA, au moins, du moins, pour le moins. B. Da Biana superlatif de Bihan, petit.
DAULIWIOG, de deux couleurs. G.
DAUN, crase de Davon, selon Baxter. G.
DAUN, dam peine des damnés. B.
DAUNAW, dix-huit. G. A la lettre, deux neuf.
DAUNI, damner. B.
DAUNUS, A. G. stupide, sot, fol. Voyez Donus.
DAVON, rivière. G. C'est Avon avec le d préposé. Baxter. Voyez D.
DAUPENNIOG, qui a deux têtes. G. Dau Pan.
DAUPENNIOG, le même qu'Annieu. G.
DAUPENNOG, qui a deux têtes. G.
DAUPHIN, dauphin poisson. B.
DAW, gendre ; pluriel Davon. G. C. B. mieux peut-être, dit Davies, Dawf; pluriel Dofion.
DAW, deux. G.
DAW, le même que Daf, main. Voyez dans la dissertation sur le changement des lettres, l'v & l'f mis l'un pour l'autre.
DAW, le même que Tew. Voyez ce mot.
DAW, le même qu'Aw. Voyez D.
DAW, le même que Taw. Voyez D.
DAW IM, il m'est arrivé. G.
DAWD, lieu où l'on met quelque chose. G.
DAWD, donné. Voyez Cardawd.
DAUVEU, turlupinades. B.
DAWF, gendre. G.
DAWN, don. G. De Dawn sont venus Donum ; Dono Latins, don, donner François. On a dit en vieux François Guerdon, Guerdoner pour don, donner ; Guer, beau, ajouté. Danos en Grec, don ; Tanah en Hébreu, donner.
DAWNS, danse, danse en trépignant. G.
DAWNSIO, danser. G. Dounsy en Irlandois ; Dançar en Espagnol ; Dansen en Flamand ; Dantzen, Tantzen en Allemand ; Dance en Anglois ; Dancare en Italien ; Tanczati en Dalmatien ; Tanczuie en Polonois ; Tanczolni en Hongrois ;

TOME I.

DE. 441

Tancewati en Bohémien, danser. Voyez Dancz.
DAWR, importe. G.
DAWRN, poing. C. Voyez Dorn.
DAUWYNEBOG, qui a deux visages. G.
DAUWYNEBOG, le même qu'Annieu. G.
DAYAR, terre. G. Dayar en ancien Saxon ; Daras en Javonois, terre. Voyez Daear, Daiar.
DAYLA. Voyez Dalus.
DAZ, ton, ta, B.
DAZ, un peu, petit, particule diminutive. B.
DAZ, particule itérative. B.
DAZ, particule explétive ou superflue. B.
DAZ, le même qu'Az. Voyez D.
DAZ, le même que Taz. Voyez D.
DAZ, le même que Dez, Diz, Doz, Duz, Dwz, Dyz. Voyez Bal.
DAZA, est couché. Ba.
DAZBÉVA, vivoter. B.
DAZCOMPRA, embarrasser une rue. B. Daz superflu. Voyez Combri & Diincombrein.
DAZCOR, vomir, rendre. B. Voyez Dascorr.
DASCOZ, vieillot. B. Coz.
DAZCREIGNAT, ruminer, remâcher. B.
DAZCRENA, DAZGRENA, trembloter, être en émotion, être dans le trouble, dans l'effroi. B.
DAZCRIGNUS, corrosif. B.
DAZGRENA. Voyez Dazcrena.
DAZLAOU, larmes. B. C'est le pluriel de Dazlaouen.
DAZLAOUEN, larme. B.
DAZLAOUI, DAZLAOUIFF, pleurer. B.
DAZLAOUUS, déplorable. B.
DAZLARD, petit lard. B. Lard.
DAZLARDA, entrelarder. B.
DAZLOU, larmes. B.
DAZONET. Voyez Dasonet.
DAZORCH, rallumer, ressusciter. B. Voyez Dasorch.
DAZPRENA, racheter. B. Voyez Dasprena.
DAZPRENER, rédempteur. B.
DAZQILYAT, ruminer, remâcher. B. Voyez Dasqiryat, l'l pour l'r.
DAZQIRYAT, ruminer, remâcher. B. Voyez Daskeria.
DAZRE, basse marée. B.
DASREVELLA, parler plusieurs ensemble, conversation de femmelettes & gens semblables qui parlent confusément & sans s'entre-entendre. B.
DAZROU, larmes. B.
DDIGCO-VLAN, couvert de laine. G.
DDOE, Dieu. G. Dea, nom de Rhea en Étrusque. Voyez De.
DE, particule ajoutée à la fin du mot ou pour ornement seulement, ou pour augmenter, ou pour changer la signification. G.
DE, jour. C. B. Daye en Anglois, jour.
DE, à, de, du, des, par, entre, pour, à cause, touchant, d'entre, dehors, depuis, de ce que, à cause que, ce qui fait que, d'où il arrive que, d'où, dès, selon, suivant, en. I.
DE, Dieu. I. De là le Latin Deus. Voyez Dhew.
DE, le même que Das. De même des dérivés ou semblables. I. De est aussi le génitif de Dia, Dieu. I.
DE, noir. I. Voyez Dec.
DE, préposition peu connue, séparée des autres, cependant fort en usage en composition, valant la Latine Ad ; on en supprime l'e devant les voyelles comme Doch pour De Och, à vous ; & devant les consonnes on insère a entre deux ; d'A-Brest pour de Brest, à Brest. B.

Q qqqq

DE, préposition superfluë. Voyez *Dehasta*.
DE, particule privative. Voyez *Delw*, & *De* Gallois.
DE, le même que *Te*. Voyez D.
DE, le même que *Da*, *Di*, *Do*, *Du*, *Dw*, *Dy*. Voyez *Bal*.
DE, jour. B. Voyez *De*.
DEABADH, combat. I.
DEABHAM, combattre. I.
DEABRUA, DEABRUYA, le diable. Ba.
DEACH, meilleur, le plus excellent, le principal, le premier. I. C'est le comparatif de *Duch*.
DEACH, hier. B.
DEACHAIR, séparation. I.
DEACHRA, séparé, plus difficile. I.
DEACHRAD, difficulté. I.
DEAD, coûtume, manière, façon de vivre. G.
DEADARCA, applaudissement. Ba.
DEADARCATU, j'applaudis. Ba.
DEADARRA, applaudissement, acclamation, exclamation. Ba.
DEADLA, hardi. I.
DEADUGHAD, parer, orner. I.
DEAGH, en composition bon, bien, beau. I.
DEAGHAILT, partage, divorce, séparation, partager, diviser, séparer, sevrer. I.
DEACHAINE, bienveillance. I. Voyez *Deagh*.
DEAGHBULASDA, délicieux, doux au goût. I. *Deagh Blas*.
DEAGHBHOLADH, bonne odeur, odorant. I. *Deagh* bonne; *Boladh*, par conséquent odeur.
DEAGHCHAINT, élégance. I.
DEAGHCHOINGIOL, intégrité, probité. I.
DEAGHCOMTHA, brave, vaillant, hardi. I.
DEAGHLA, salut. I.
DEAGHLA, de peur que. I.
DEAGHLUAIDIOS, bienveillance. I.
DEAGHMAISEACH, somptueux. I.
DEAGHNACH, dernier. I.
DEAGHNOS, décence, bienséance, tempérance. I.
DEAGHNOSACH, décent, bienséant, tempérant. I.
DEAGHOIBREAG, bienfait. I.
DEAGHRUNDA, sage, prudent, entendu. I.
DEAGHSOLARTACH, frugal. I.
DEAGHTHASG, renom, renommée, réputation. I.
DEAGNAD, déplorer. I.
DEAIGHBEASAC, brave, vaillant, hardi. I.
DEAITH, vent. I.
DEAKAR, difficile. I. Voyez *Deachra*.
DEALA, action de nier, négation, refus. I.
DEALACHD, divorce. I.
DEALAGHADH, séparation, schisme. I. Voyez *Dal*.
DEALAN, charbon ardent. I.
DEALAN, petit tour de tourneur. I. Voyez *Deil*.
DEALBH ou DEALVH, image, statuë, visage. I. Voyez *Delw*.
DEALBHADH, façonnant, traçant, dessinant, formant une statuë, une image. I.
DEALBHADHAN, le même que *Dealbhadh*. I.
DEALBHADHAN, moule. I.
DEALBHORACH, délinéation, tracement. I.
DEALBHTHOIR, statuaire. I.
DEALG, pointe, aiguillon, épine. I.
DEALGACH, pointu, plein d'épines. I.
DEALL, entendement, intelligence, comprendre, concevoir, pénétrer, remarquer, appercevoir, être attentif, s'appliquer, pressentir, prévoir, se douter. G.

DEALLAWL, intellectuel. G.
DEALLGAR, qui apprend aisément, intelligent, docile. G.
DEALLRACH, DEALLRACHRIS, éclatant. I.
DEALLRADH, brillant, éclatant, clarté, rayon, expliquer. I.
DEALLUS, intelligent, prudent. G.
DEALV, statuë, idole. I. Voyez *Delw*.
DEALUGADH, divorce. I.
DEALUIGHIM, séparer. I. Voyez *Dal*.
DEALUIGHTHE, séparé. I.
DEAMAN, démon. I.
DEAMHNOIR, sorcier. I.
DEAN, Doyen. G. B.
DEAN, homme. C.
DEAN, couleur. I.
DEAN, gendre. B. Voyez *Dan*.
DEAN, forêt comme *Dan*. Puisqu'on a dit *Dan Dean*, gendre, on a dû par la même raison dire *Dan Dean*, forêt; on a encore dit *Tan Teay*, étain.
DEAN CLODACH, de diverses couleurs. I.
DEANACUMHADH, regretter, plaindre, gémir, lamenter. I.
DEANAD, mettre en pièces. I. Voyez *Dan*.
DEANAD, rendre, faire, fabriquer, façonner. I.
DEANAD, exaggérer. I.
DEANAM, façon. I.
DEANGAN, fourmi. I.
DEANMHAD, effet. I.
DEANMHUS, effet. I.
DEANMHUSACH, fastueux, joli. I.
DEANMHUSNEITH, du verre. I.
DEANN, homme. C.
DEANN, couleur, fard. I.
DEANNA, rendre, faire, fabriquer, façonner. I.
DEANNAM, colorer. I.
DEANNCHLODHACH, de diverses couleurs, qui change de couleur. I.
DEANTUS, fabrique. I.
DEAR, son, bruit, sonner, faire du bruit. G.
DEAR, chêne. E. I. Voyez *Dar*.
DEAR, fille. I.
DEAR, grand. I.
DEAR, négation, refus. I.
DEAR, larme. I. *Tear*, larme en Anglois. Voyez *Dar*.
DEAR, impétueux, rude, turbulent, brusque, vif, prompt, vîte. B. Voyez *Tear*.
DEARACH, triste, mélancolique, fâcheux. I.
DEARAIDHEACHD, exil. I.
DEARBH, sûr, certain. I.
DEARBHADH, DEARBHAM, assurer, garantir, prouver, preuve, expérience. I.
DEARBHART, pierre de touche. I. *Art*, pierre.
DEARBHRATHAIR, oncle. I.
DEARBUTA, certain, assuré. I.
DEARBUTAS, assurance. I.
DEARC, œil, regard. I.
DEARCABHALL, noix de Galle, pomme du chêne. I.
DEARG, rouge; *Dearg-Uadh*, roux. I.
DEARG, œil. I.
DEARGAN, rougir. I.
DEARGAN, puce. I.
DEARGHAN, rouge. I.
DEARGNUT, puce. I.
DEARK, œil. I.
DEARMAD, oubli. I.
DEARMHAIL, très-grand. I.
DEARMHUD, oubli, oublier, mettre en oubli. I.

DEARNA, la paume de la main. I.
DEARNAD, puce. I.
DEARSAIGHIM, veiller, garder. I.
DEARYSHIUR, sœur. I.
DEAS, beau, joli, bien mis, net, propre, décent, délicat, uni, droit, adroit, réglé, commode, propre à, juste, équitable, ramassé, pressé, serré, nettement, proprement, adroitement. I. Voyez *Deau*.
DEAS, midi. I. Voyez *Dean*.
DEAS, qui est à droite. I. Voyez *Dean*.
DEASAIGHIM, ranger, mettre en ordre, préparer. I.
DEASAM, s'arrêter, séjourner, demeurer. I.
DEASGA, DEASGAD, lie. I.
DEASUGAD, orner, parer, embellir, habiller, mouler, faire sur un modéle, réparation, radoub, réparer, réformer, redresser, s'amender, se corriger. I.
DEASUGHTHE, correct. I.
DEASUGHTHEOIR, savetier. I.
DEASUIGHIM, ranger, mettre en ordre, préparer. I.
DEATACH, fumée, vapeur. I.
DEATAIGHIM, fumer. I.
DEATUGHAD, enfumer, noircir de fumée. I.
DEAU, DEHAU, qui est au côté droit, la droite, vent du midi. G. Les Hébreux se servoient aussi du même mot pour désigner toutes ces choses. *Jamin* en Hébreu, la droite & le midi; *Semol*, la gauche & le septentrion. Cette façon de parler vient de ce qu'en regardant le levant, le midi est à droite; *Deau* en Irlandois, midi. Les chartiers disent encore *A Dia*, pour à droite. On voit par *Deheu*, qui est le même mot que *Dehau*, que ce dernier terme a encore signifié habile à, propre à; de là *Dehait*, *Dehet*, qui en vieux François signifioient adroit, alerte, entendu, habile à tout, propre à tout. Nous disons encore, en conservant la même métaphore, qu'un homme est *Gauche*, quand il est mal-adroit, qu'il fait mal ce qu'il fait. Voyez *Deas*, *Deha*.
DEAU, deux. C. Voyez *Dau*.
DEAU, le même que *Tew*. Voyez *Boudedeau*, *Boudetew*.
DEAUG, dîme. B.
DEAUGA, DEAUGAFF, dîmer. B.
DEAUGUER, DEAUGUOUR, décimateur. B.
DEAZ, corniche. B.
DEBADIG, débat, dispute. B. Voyez *Debat*.
DEBAT, dispute, débat, grabuge, réprimande. B. De là débat en François. Voyez *Debhadh*.
DEBATABILIS, A. M. contentieux, dont on dispute; de *Debat*.
DEBATTEIN, disputer. B.
DEBATUM, A. M. débat; de *Debat*.
DEBATUS, celui qui est sujet à agacer, à disputer. B.
DEBEAIRH, contingence. B.
DEBECUA, défense. Ba.
DEBED, arrive. G.
DEBEDEA, sentence, décision. Ba.
DEBHADH, le même que *Deabhadh*. De même des dérivés ou semblables. I. Voyez *Debat*.
DEBIL, foible. B.
DEBINARE, A. M. borner; de *Bonna* ou *Binna*.
DEBITBREAH, amoindrissement. B. De là *Débit*, grande vente en détail en notre Langue.
DEBITT, appauvrissement. B.
DEBLAUQUI, absolument, tout-à-fait. Ba. Voyez *Blot*.

DEBRADUR, demangeaison, morsure, endroit où l'on a mordu, & la place de ce qui a été mangé, élision. B.
DEBRE, approchez donc, avancez donc, hé! venez donc. G.
DEBREIN, manger, croquer, demanger. B.
DEBRER, mangeur, grand querelleur. B.
DEBRI, manger. B.
DEBRIAT, grand mangeur. B.
DEBRIGUIAH, mordacité. B.
DEBRON, demangeaison, gratelle. B.
DEBRONUS, curieux. B.
DEBROUR, mangeur. B.
DEBRU. Voyez *Dadebru*.
DEBRUAN, demangeaison, gratelle. B.
DEBRYAD, grand mangeur. B.
DEBUCCED, semblable. G.
DEBYCCED, semblable. G.
DEC, beau. G. De là *Decet*, *Decens*, *Decor* Latins. *Deck* en Anglois, orner, parer, embellir; *Decorar* en Espagnol, orner, parer. Voyez *Tec* qui est le même mot, & *Duisc*.
DEC, dix. G. B. *Deich* en Irlandois, dix; *Deka* en Grec; *Decem* en Latin; *Diez* en Espagnol; *Dieci* en Italien; *Deche* en Patois d'une contrée de la Franche-Comté; *Dix* en François; *Deset* en Esclavon & en Bohémien; *Desseth* en Dalmatien; *Thi* en Danois; *Tyz* en Hongrois; *Zehen* en Allemand; *Dessiate* en Russien, dix. (le z pour le d) Voyez *Deg*.
DEC, le même qu'*Ec*. Voyez *D*.
DEC, le même que *Tec*. Voyez *D*.
DEC, le même que *De*, *Deg*, *Des*. Voyez *Arn*.
DEC, le même que *Dac*, *Dic*, *Doc*, *Duc*, *Dwe*; *Dyc*. Voyez *Bal*.
DECACHA AOUR, écacher l'or. B.
DECACHER, écacheur. B.
DECARGARE, A. M. décharger. Voyez *Carga*, *Discarga*.
DECEDI, décéder. B.
DECEFF, tromper. B. De là *Decipio* Latin, *Décevoir* François. Voyez *Decevi*.
DECENTARIUS, DICENTARIUS, A. G. qui a de l'adresse, de l'esprit, subtil, prompt, prêt, expérimenté, abondant, fertile, gras. Voyez *Deas* & *Dec*.
DECENTRIX, A. G. vaisseau orné, vaisseau paré. Voyez *Dec*.
DECENTUM, A. M. concert d'instrumens. Voyez *Dec*.
DECEO, tromper. B.
DECEPTARE, A. M. tromper; de *Deceff*.
DECEPTIOSUS, A. M. plein de tromperie. Voyez *Deceptare*.
DECEPTUS, A. M. manquant, dépourvu; de *Deceff*.
DECEUEIN, tromper. B.
DECEVI, tromper. B. *Deceive* en Anglois, *Décevoir* en François, tromper.
DECGENEZER, décurion. B.
DECH, le même que *Deach*. De même des dérivés ou semblables. I.
DECH, hier. B.
DECH, le même que *Tech*. Voyez *Arn*. *Decorer*; *Decorir* en vieux François, couler. Voyez encore *Adeg*, qui est le même que *Dech*.
DECH, le même qu'*Ech*. Voyez *D*.
DECH, le même que *Dach*, *Dich*, *Doch*, *Duch*. Voyez *Bal*.
DECHARGIARE, A. M. décharger. Voyez *Decargare*.

DEC.

DECHIFFRAEE, A. M. déchiffrer. Voyez Di-chyffra.

DECHREU, principe, commencement, origine, exorde, commencer, préluder, essayer, faire essai avant que de commencer, ourdir. G.

DECHREUAD, commencement, principe, origine, exorde, prélude, essai avant que de commencer, action de commencer, entreprise, projet. G.

DECHREUOL, originel, d'origine, qui a été produit le premier. G.

DECHRYS, le même que Dychrys. G.

DECHU, le même que Tachu. G.

DECIDERE, DECIDI, A. M. décéder, mourir. Voyez Decedi.

DECIDUUS, A. G. paresseux, négligent; de Desidhim, comme Desiduus.

DECIUM, A. G. beau, bon; de Dec.

DECIUS, A. M. dez; de Decz. On appelloit Deycier en vieux François, celui qui faisoit des dez.

DECLARI, déclarer. B.

DECLURE, A. G. être paré; de Dec.

DECORATOR, A. M. qui lave, foulon; de Dec.

DECOSTAMENTUM, A. M. dépense. Voyez Costus.

DECOSTARE, DECOUSTARE, A. M. dépenser. Voyez Costus.

DECQ, dix. B. Voyez Dec.

DECQET, dîme, dixième. B.

DECUET, dîme, dixième. B.

DECUM, A. M. digue, le même que Diceus. Voyez ce mot.

DECUSATIM, A. M. honorablement, convenablement. Voyez Dec.

DECUSSARE, DECUSARE, A. G. orner, parer, honorer. Voyez Dec.

DECUSSATIM, A. M. décemment. Voyez Dec.

DECZ, le même que Dicz. Voyez Bal. Detz en vieux François, dez; en François Dez.

DECZAOUEIN, élever du plant. B.

DECZAU, plant, éducation. B.

DECZEN, DECZIN, dessein. B.

DED, cheval. Voyez Bided.

DED, le même qu'Ed. Voyez D.

DED, le même que Det. Voyez D.

DED, le même que Ted. Voyez D.

DED, le même que Dad, Did, Dod, Dud. Voyez Bal.

DEDAN, dessous. B.

DEDDF, loi, statut, droit, cérémonie. G. Voyez Dedyf.

DEDDFOL, légal, légitime, permis, licite. G.

DEDDFOLDEB, attachement à la Religion. G.

DEDDYW, le même que Daeth. G.

DEDIA, dédier, dévouer. B.

DEDONHAA, apprivoiser. B. De, superflu.

DEDRYD, parole pleine de vérité, sentence, jugement, enquête. B.

DEDUCTIO, DEDUCTUS, A. M. divertissement; en vieux François Deduit. Voyez Deduy.

DEDUGAD, le même que Deadugad. De même des dérivés ou semblables. I.

DEDWYD, heureux, favorable. G.

DEDWYD, tomber. G.

DEDWYDDOL, heureux, favorable. G.

DEDWYDDWCH, DEDWYDDYD, bonheur, félicité. G.

DEDUY, charme, attrait, divertissement. G. Voyez Deductus, Dedwyd. Se Deduire ou Deduyer en

DEF.

vieux François, se récréer; Deduit, passe-temps, divertissement. On a dit Duire en vieux François pour plaire, faire plaisir : Cela me Duit, pour cela me fait plaisir. Ennuy est composé d'An ou En privatif, & de Duy ou Nuy, plaisir, agrément : On voit par là qu'on a dit Duy comme Dednuy.

DEDY, dévouement. B.

DEDYF, commandement, loi. C. Voyez Deddf.

DEE, noir. G. Voyez De.

DEEN, le même que Den, homme, &c. B.

DEF, habitation. Voyez Haddef.

DEFAID, brebis au pluriel. G. Le singulier est Dafad.

DEFALTA, DEFALTUM, A. M. défaut, négligence; Defalte en Anglois; de Deffaut.

DEFAOT, incivilité. B.

DEFEIDIAU, plusieurs troupeaux de brebis. G.

DEFEIDTY, écurie de brebis, crèche. G.

DEFFAUT, imperfection, défaut, faute, disette, absence. B. En vieux François Defaulte; Default, faute, défaut en Anglois; Défaut en François, imperfection, défaut.

DEFFOL, le même que Dethol. G. Et par conséquent Effol, le même qu'Ethol.

DEFFRI. Voyez Defri.

DEFFRO, veillant, qui veille, qui ne dort pas, éveiller, s'éveiller, être éveillé, exciter, émouvoir. G. Dy Effro. Davies.

DEFFYGIO, être défectueux. G.

DEFIAL, défier. G.

DEFNI, goutte qui tombe, gouttes, gouttière. G.

DEFNIYN, goutte. G.

DEFNYDD, substance, matière, matériaux, toutes sortes de bois coupés, ouvragés ou non ouvragés. G.

DEFNYDDADOEDD, ancien pluriel de Defnydd. G.

DEFNYDDFAWR, qui pese beaucoup. G.

DEFNYDDIAD, charpente d'un bâtiment. G.

DEFNYDDIO, préparer la matière. G.

DEFNYDDIWR, ouvrier, artisan. G.

DEFNYDDWAITH, matière, matériaux, toutes sortes de bois coupés, ouvragés ou non ouvragés. G.

DEFNYDDWYDD, le même Defnyddwaith. G.

DEFNYDIOL, matériel. G.

DEFNYN, petite goutte. G.

DEFNYNNIAD, action de faire distiller goutte à goutte, action de dégoutter, gouttière. G.

DEFNYNNOG, qui tombe goutte à goutte, plein de gouttes. G.

DEFNYNNU, tomber goutte à goutte. G.

DEFOD, coûtume, cérémonie. G.

DEFODI, s'accoûtumer. G.

DEFODOL, accoûtumé. G.

DEFOLARE, A. M. blesser, fraper. Voyez Affulare & Desoula.

DEFORTHARE SE, DEFORTIARE, DEFORTIATIO, A. M. éviter d'être saisi, action par laquelle on évite d'être saisi; de Fors; De privatif.

DEFOUI, défi, braver. B.

DEFOUIEIN, provoquer, défier. B.

DEFOULA, abolir, déroger. B.

DEFOULANCE, abolissement. B.

DEFRA, sein. C.

DEFRI ou DEFRI; & selon les anciens livres Deffri, sérieusement, tout de bon, sans raillerie, sérieux. B. Voyez Difrif.

DEFUET, brebis. B.

DEG.

DEG.

DEG, dix. G. B. C. Voyez *Dec*.
DEG, décade, dixaine. G.
DEG, le même qu'*Adeg*. Voyez ce mot.
DEGALLGARWCH, intelligence, pénétration. G.
DEGANIA, A. M. doyenné, mot formé originairement du nombre de dix ; *Deganus*, qui préside à dix familles ; de *Deg*, comme *Decania* & *Decanns* de *Dec*.
DEGFED, dîme, dixième. G. B.
DEGU, le même que *Deagh*. De même des dérivés ou semblables. I.
DEGHDEANTA, net, propre. I.
DEGHMEAS, caractére, témoignage, réputation. I.
DEGHMIAN, bienveillance, affection. I.
DEGHMIANNACH, conscientieux. I.
DEGHNIOMH, bienfait, grace, faveur. I.
DEGLE, hola, ho, écoutez. G.
DEGOUEHEIN, déchoir. B.
DEGPWYS, dix livres pesant. G.
DEGUASTARE, A. M. ravager, détruire. *Goafla* ; *De*, superflu.
DEGUERMER, acceptation, accepter. B.
DEGUEYRA, A. M. dixaine ; de *Deg*.
DEGWM, dîme. G.
DEGYMMU, décimer, prendre la dîme. G.
DEGYMMWR, qui prend la dîme. G.
DEHA, le même que *Dehalm*. B.
DEHAE, qui est à droite. G.
DEHASTA, dépêcher, hâter d'aller, de sortir. B. *De* est ici superflu. Voyez *Hafta*.
DEHAU. Voyez *Deau*. G.
DEHE, leur. B.
DEHEHYOL, méridional. G.
DEHEU, habile à, propre à. G.
DEHEU, midi. C. Voyez *Deau*.
DEHEU, côté droit. B. Voyez *Deau*.
DEHEU-ORLLEWIN. GWYNT DEHEU-ORLLEWYN, zéphyre. G.
DEHEUBARTH, partie qui est au midi, côté du midi. G. *Parth*.
DEHEUBARTHEG, langue du côté du midi. G. On sous-entend *Iaith*, langue, langage.
DEHEUBERTHIG, qui est du côté du midi. G.
DEHEUDDWYREINWYNT, sud-est. G.
DEHEUG, qui est à droite. G.
DEHEUIG, qui est à droite. G.
DEHEULAW, la main droite. G.
DEHEUOL, qui est du côté du midi. G.
DEHEURWYDD, dextérité, adresse. G.
DEHEUWYNT, vent du midi. G.
DEHEY, droite, le midi. C.
DEHMOD, coûtume. G. *Defmos* en Langue de Cornouaille.
DEHOE, midi. G. Voyez *Deau*.
DEHOL, exil, envoyer en exil. G.
DEHOL, chasser, mettre dehors. C.
DEHOU, droite, côté droit, qui est à droite. G. C. B.
DEHOUYAD, droitier. B.
DEHREZ, & par abus DELEZ, degré ; plurier *Dehrezon*, *Diariz*. B.
DEHROU ou DEZROU, prononcez *Derou*, commencement. B. Voyez *Dechreu*.
DEHUIGEIN, déchoir, perdre haleine. B.
DEI, deux. Voyez *Deilo*.
DEI. Voyez *Deiau*.
DEIA, ajournement, assignation à comparoître, proclamation de mariage, avertissement. Ba. Voyez *De*, *Deix*, *Deitu*.
DEJANNEIN, DEJANDEIN, se moquer, goguenarder, contrefaire quelqu'un, ou répéter ce qu'il dit

DEI.

pour le faire moquer, ce qui s'appelle parmi le peuple *Rejanner*. B. En Patois de Franche-Comté on dit *Dejanner* & *Rejanner*, lorsque pour se moquer de quelqu'un on répète ce qu'il a dit d'un ton de mépris.
DEJANUSÉ, fatyrique, goguenard, railleur. B.
DEIARTEA, interpellation. Ba. Voyez *Deia*.
DEIAU. YN DEIAU, de maison en maison, par les maisons, en chaque maison. G. *Dei*, le même que *Tei*, maison.
DEICARIA, vocatif. Ba. Voyez *Deia*.
DEICARRIA, réclame. Ba. Voyez *Deia*.
DEICH, dix. I. Voyez *Dec*.
DEIERA, citation, citation d'Auteur. Ba. Voyez *Deia*.
DEIFIAD, action de brûler, brûlure, cuisson, hâle. G.
DEIFIO, brûler, rôtir, griller, hâler, brûler tout à l'entour, brûler un peu, être brûlé, être brûlé tout à l'entour, être un peu brûlé, éclairer, jetter des éclairs, faire des éclairs, être éclairé, être éclairé par des éclairs. G. *Deba* en Théuton, brûler. Voyez *Deifir*.
DEIFIR, célérité, vîtesse, expédition, dépêche, hâte, diligence, promptitude. I. Voyez *Deifio* & *Berw*.
DEIFNIAW. Davies demande si ce n'est point le même que *Dafnu?* Je crois que c'est le même ; l'analogie de la Langue y est entière.
DEIFNIOG, ordinairement DEINIOG, DEINIOL. Davies dit que ce mot est formé ou de *Dafn*, ou de *Dyfn*.
DEIFR, eaux G.
DEIFR, les Deires, peuple du nord de l'Angleterre. G.
DEIFRIGHIM, hâter. I.
DEIGHDHICIOL, adresse, discrétion. I.
DEIGHEANACH, depuis peu, dernièrement. I.
DEIGHINEAS, approbation. I.
DEIGHIOMCHAIR, bonne conduite, complaisance, gaieté, enjouement. I.
DEIGHMEASADH, approuver. I.
DEIGHMEASDAS, probité. I.
DEIGHMHEIN, sincérité, candeur. I.
DEIGHMHIANAS, sincérité, candeur. I.
DEIGHNE, linéament, trait, trait de visage. I.
DEIGHNIUGNADH, solliciter, pousser. I.
DEIGHTHEISD, louange. I.
DEIGR, larme. G. *Dakruo* en Grec, pleurer.
DEIGRYN, petite larme, petite goutte. G.
DEIGRYNNIAD, action de faire distiller goutte à goutte. G.
DEIGRYNNU, tomber goutte à goutte. G.
DEIL, baguette, branche. I.
DEIL, tour de tourneur. I.
DEIL, le même que *Teil*. Voyez *D*.
DEIL, le même que *Dail*, *Doil*, *Duil*. Voyez *Bal*.
DEIL. On voit par les quatre articles suivans que *Deil* signifie deux.
DEILBHEALACH, endroit où deux chemins se croisent. I.
DEILCHEANACH, qui a deux têtes. I.
DEILEADANACH, qui a deux fronts. I.
DEILEALA, espace de deux jours. I.
DEILEN, feuille. G. B.
DEILEN DDU, plante que Davies n'explique pas G. A la lettre feuille noire.
DEILEOIDHCHE, espace de deux nuits. I.
DEILGIONNADH, désert. I.
DEILGIONNAIM, dévaster, ravager. I.
DEILGNE, aigu, d'épine, épineux. I.

DEILIAD, client. G.
DEILIAID. Voyez Maon. G. Deiliaid de Dail, comme Tyaid de Ty.
DEILIN, petit tour de tourneur. I.
DEILIO, feuiller. G. B.
DEILIOG, couvert de feuilles, touffu, épais, qui ressemble au pampre, chevelu. G. Il se dit au propre d'un arbre; & par métaphore d'une chevelure, d'une crinière; ensorte que Deiliog se dit d'un homme qui a une chevelure épaisse, d'un animal qui a une crinière touffuë.
DEILL, le même que Daoill. I.
DEILLIAD, action de s'avancer, d'aller en avant. G.
DEILLIAW, couler, découler, s'avancer, aller au-delà, sortir. G. Thallo en Grec, sourdre.
DEILO, deux mains. G. Dei, deux; Law ou Lo, main.
DEILW, la plus petite partie de la jambe. G.
DEILW, lacet pour prendre des oiseaux. G.
DEIMHE, obscurité. I.
DEIMHIN, DEIMHIR, vrai, assuré, certain. I.
DEIMHNEACH, pur, franc, vrai. I.
DEIMHNIGHIM, affirmer, assurer, prouver. I.
DEIMHNIUGHADH, affirmation, affirmer, assurer, attester, prouver. I.
DEIN, le même que Den, homme, &c. B.
DEIN, sommet, promontoire. G. Voyez Den, Din, Don.
DEIN, profond. I. Voyez Tin, Don, Doun.
DEIN, chevreuil. B. Voyez Dan.
DEIN, le même que Den. Voyez Gaodein.
DEINCODYN, pepin, semence; pluriel Deincod. G.
DEINCRYD. Voyez Deintgrwyd.
DEINE, ardeur au propre & au figuré, violence, hâte, empressement. I. Voyez Dan.
DEINE, soir. I.
DEINE, le même que Daoine. I.
DEINEACH, le même que Daoineach. I.
DEINEACHDACH, âpre, rude, violent. I.
DEINEAS, force, contrainte, violence. I.
DEINEASACH, farouche, vite, agile. I.
DEINMEAS, vanité, néant de quelque chose. I.
DEINMHEAC, vuide. I.
DEINMHIGHIM, être vain, être vuide. I.
DEINTGRWYD, DEINTGRYD, ordinairement DEINCRYD, claquement de dents, tremblement de dents, secousse des dents, horreur. G. Dant Cryd.
DEINTIO, mordre, denteler. G. B.
DEINTIOG, qui a des dents, qui a de grandes dents. G.
DEINTWR, qui tient le soc de la charrue. G.
DEINTWR, outil pour étendre les draps. G.
DEINTWS, petite dent. G.
DEIOL, horloge. G.
DEIR, jour. Voyez Deirion.
DEIRADH, fin. I.
DEIRBSHIUR, sœur. I.
DEIRG, fosse, mine, abysme. I.
DEIRC, aumône. I.
DEIRCOIR, aumônier, qui fait l'aumône. I.
DEIRDIS, ils parlent. I. De Deirim.
DEIRE, fin, extrémité, arrière, derrière. I. De là Derrains, Derraine, Derrenier en vieux François moderne. On dit en Patois de Franche-Comté Darrie pour dernier.
DEIREADH, fin, extrémité, expiration, catastrophe. I.

DEIREANDACH, le même que Deiridh. I.
DEIREANNACH, dernier. I.
DEIRGE, couleur rouge, rougeur. I.
DEIRGEAS, couleur rouge. I.
DEIRGHE, se lever. I.
DEIRGHIOLLA, le même que Daoirghiolla. I.
DEIRIDH, fin, bout, extrémité, conclusion, dernier, qui est après, postérieur, qui est derrière, secret, derrière. I.
DEIRIM, parler. I.
DEIRIM, relâcher, laisser aller. I.
DEIRIONACH, DEIRIONNACH, dernier, postérieur, tardif, dernièrement. I.
DEIRIOU, jeudi, pour Deizion, Deiz, jour; Iou, jupiter. B.
DEIRLI, don, récompense. I.
DEIRRID, secret substantif, caché. I.
DEIRRIDEACH, clos, fermé, caché. I.
DEIRSE, DEIRSEACH, DEIRSEOIR, DEIRSIN, les mêmes que Daoirse, Daoirseach, Daoirseoir, Daoirsin. I.
DEIRSE. SROTH DEIRSE, embouchure. I. Sroth, rivière.
DEIRTON, T DDEIRTON, fièvre. G.
DEIRYD, appartenir, être parent de quelqu'un. G.
DEIS, droit, du côté droit; An Lamh Deis, la main droite. I.
DEIS, après. I.
DEISCEART, midi. I. Voyez Dean, Deiseach.
DEISDEAN, abomination, dégoût. I. De là dédain.
DEISDEANACH, dégoûtant, qui se dégoûte, délicat, foible. I.
DEISDEANADH, avoir du dégoût. I.
DEISDES, suivre quelqu'un, le servir, dépendre de lui. I. Voyez Deis.
DEISDINEACH, sale, vilain. I.
DEISE, décence, bienséance, beauté, propreté; netteté, dextérité, adresse. I. Voyez Dec.
DEISEACH, droit, du côté droit, du côté du midi. I. Voyez Deisceart.
DEISEAS, ornemens, beaux habits. I.
DEISGIOBAL, disciple. I. Voyez Dysgu.
DEISIDUIM, rester, séjourner, demeurer. I. De là Desidia Latin.
DEISMIREACH, délicat. I.
DEISMIREAS, pointe jeu de mots. I.
DEISMIRIOCH, bijou, curiosité. I.
DEISTEAN, haine. I.
DEISTION, engourdissement. I.
DEISYF, demande, désir. G. Deisis en Grec, prière.
DEISYFIAD, souhait, désir, passion, envie, empressement, demande, supplication, prière très-humble, prière publique, ce qu'on souhaite. G.
DEISYFU, désirer, souhaiter avec ardeur, être passionné, demander, prier. G.
DEISYFWR, intercesseur, qui prie pour un autre. G.
DEITASQUINA, appeau pour appeller les oiseaux. Ba. Voyez Deia, Deim.
DEITATUA, fameux. Ba. Voyez Deia.
DEITHIDE, séparation. I. Voyez Deil.
DEITHIDE, soin. I.
DEITHNEAS, vitesse. I.
DEITU, j'appelle, je conduis; Deiuna, appellé, conduit, averti. Ba.
DEITZA, appel, vocation à un état. Ba. Voyez Deia.
DEJUNI, déjeûner. B.

DEI. DEL. 447

DEIWIO, dissiper, consumer, abolir très-promptement ou en rasant ou en brûlant. G.
DEIZ, jour. B. Voyez De.
DEL, DÈL, fâcheux, désagréable, difficile, homme qui forme des difficultés sur tout, capricieux, bizarre, méchant, effronté, insolent, impudent. G. Delan en Patois Romand, le chagrin ; Delu, Deli en Turc, fol, & Delir, courageux, brave, hardi ; Tall, Teul en Irlandois, voleur, brigand.
DEL, vient. G.
DEL, feuille d'arbre & d'herbe. B. Dal, feuillage en Turc.
DEL, le même que Destl. Voyez ce mot.
DEL, ce qui tient, ce qui contient. Voyez Caritell.
DEL, le même qu'El. Voyez D.
DEL, le même que Tel. Voyez D.
DEL, le même que Dal, Dil, Dol, Dul, Dwl, Dyl. Voyez Bal.
DELA, le même que Deala. De même des dérivés ou semblables. I.
DELAHEIN, flanquer. B. Voyez Delés.
DELAJUS, remise, délai. Ba. Voyez Dale.
DELBREN. Davies ne l'explique pas. Je crois que c'est le même que Dialbren, parce que Dial en se conjuguant fait Dail. G.
DELCHER, tenir. B.
DELCIO, feuille. C. Voyez Del.
DELE, collier. G.
DELE, dette. B.
DELE, vergue ; plurier Deleou. B.
DELE, le même que Tele. Voyez D.
DELE, le même que Dale, Dile, Dole, Dule, Dwle, Dyle. Voyez Bal.
DELED, avienne. G. Voyez Del
DELEDAWC, libéral. C.
DELEN, feuille. B.
DELEOUR, débiteur. B.
DELÈS, DELEZ, en vieux François près, auprès, à côté : C'est le même que Lés, Lez superflu.
DELESEIN, abandonner, délaisser. B. De là ce mot.
DELESEL, abandonner, délaisser. B.
DELEZ, vergue, antenne ; plurier Delezou. B.
DELEZ, Voyez Derhez.
DELEZ, Voyez Delés.
DELF, paysan. P. Voyez Delff.
DELFF, sauvage, agreste, barbare, paysan. G. Voyez Delf.
DELFFAIDD, d paysan. G.
DELFFEIDDRWDD, rusticité. G.
DELFIN, dauphin. B.
DELGW, image. †.
DELGWE, statuë des Dieux du paganisme. G.
DELI ; singulier Dien, feuille d'arbre ou d'herbe ; plurier Delion. B
DELIA, pousser de feuilles. B. Voyez Del.
DELIAOUI, pousser des feuilles. B.
DELIAU-RIT, lire. B.
DELIAUEN, feuille d'arbre & d'herbe ; plurier Deliau. B.
DELIAVUS, feuillu, touffu. B.
DELICANTIA, AM. délicatesse. Voyez Delicat.
DELICARE, A. Gdélirer ; de Del.
DELICAT, délicat. De là Delicat en François ; Delicate en Anglois ; Delicado en Espagnol, délicat. Voyez Destl.
DELICATUS, A. D délicieux. Voyez Delicius.
DELICATUS, Voyez le second Delicius.
DELCIA, A.M. ce, barrière ; de Licz, lice ; De superflu.

DELICIA dans Festus, poutre creusée pour écouler les eaux, placée dès le faîte du couvert jusqu'aux dernières tuiles ; on appelle aussi Deliciares Tegula, continue cet Auteur, les tuiles creusées. De Dalle ou Delle.
DELICIARI, A. M. manger délicieusement. Voyez Delicius.
DELICIOSUS, A. G. nourricier ; de Deliciari, qui ayant d'abord signifié manger délicieusement, aura été étendu dans la suite à signifier manger en général.
DELICIUS, délicieux. B. De là Delicieux en François ; Delicious en Anglois, délicieux. De là Delitia en Latin ; Deliz, plaisir, délices en vieux François, & Delitenx, Delicieux, agréable, délicieux ; Delight en Anglois, plaisir, joye.
DELICIUS, A. G. enfant qui fait les délices de sa mere, serviteur qui fait les délices de son maître : par extension on trouve Delicatus dans les anciens monumens pour serviteur, domestique en général. Voyez l'article précédent.
DELIEIN, devoir, être débiteur, être endetté. B.
DELIEN, feuille d'arbre & d'herbe ; plurier Deliou. B.
DELIN, fusil à faire du feu. B.
DELION, feuille d'arbre & d'herbe.
DELIS, feuille d'arbre & d'herbe. B.
DELITIARI, A. M. le même que Deliciari.
DELITIOSUS, A. G. domestique né dans la maison ; c'est le même que le second Delicius ; ces domestiques nés dans la maison étoient ordinairement plus chers à leurs maîtres que les autres.
DELITIUS, A. M. le meme que le second Delicius.
DELL, délié, menu, petit. Voyez Dellten ; de là Delié en François ; de là Tela Latin, toile.
DELLA, valoir. B.
DELLEZA, valoir. B.
DELLEZOUT, mériter, avoir du mérite. B.
DELLI, aveuglement. G. Voyez Dall.
DELLICQ, le même que Destl. Voyez ce mot.
DELLID, DELLIT, importance, valeur, mérite. B.
DELLIONÈS, A. G. tyrans ; de Del.
DELLT, humide, moite, mouillé ; Dellta, rendre ou devenir tel. B. Voyez Dal.
DELLTEN, petit soliveau, petite planche, latte, copeau, éclat de bois, recoupe, barreau, balustre, balustrade ; plurier Dellt. G. Ten bois ; Dell aura donc signifié menu, délié, petit ; ce qui se prouve encore parce que Delyus en Breton ; Delié en notre Langue, signifieront délié, & Delien en Breton, feuille.
DELLTENNIAD, action de fendre, fente, crevasse. G.
DELLTENNU, couper & être coupé en petits soliveaux, en petites planches, en lattes, en copeaux, en éclats, en barreaux, en balustres, en balustrades. G.
DELLTU, griller, treillisser, fermer de barreaux ; mettre des jalousies, fermer de palissades. G.
DELO, viendra au futur du subjonctif. G.
DELOR, oiseau qui mange les abeilles, pic oiseau ; G. Del de Dala qu'on voit par ce mot avoir signifié piquer, manger comme couper.
DELPHIN, pied d'alouette plante. B.
DELSID, action de tenir, détention. G. C'est une crase de Daliesid.
DELT, humide, moite, mouillé ; Delta, rendre tel ou devenir tel. B. Voyez Del, le même que Dal.

DELTA, Voyez Delt.
DELU, le même que Dlu, truite, comme on dit Dele & Dle, dette.
DELUBRUM. Les Anciens, dit saint Isidore, donnoient ce nom aux Temples qui avoient des fontaines ; nous donnons aujourd'hui ce nom aux Églises qui ont des fonts baptismaux. Voyez Delw.
DELUCH, déluge. B.
DELW, image, figure, effigie, statuë, idole, masque, manière. G. Servius dit que Delubrum en Latin désigne une statuë de bois : Ce mot est formé de Delw, statuë ; Bren ou Brun, bois. On étendit ensuite ce terme à signifier le Temple où étoit la statuë ; on s'en servit après pour désigner un Temple où il y avoit des fontaines ; & par imitation, une Église où il y avoit des fonts baptismaux.
DELW, pâle, sans couleur. Voyez Delwi.
DELWAD, image, représentation, figure, forme, masque, impression, extérieur des choses matérielles. G.
DELWI, pâlir, faire pâlir, rougir, avoir honte. G. Deluw en Flamand, pâle, blême.
DELWN, viennent. G.
DELYAOUEN, feuille. B.
DELYAU, lierre. B.
DELYEN, feuille. B. Voyez Del.
DELYN, fusil à faire du feu. B.
DELTUS, délié anciennement. B. De là ce mot.
DEM, un peu, presque, à demi, demi, demi en terme de mépris. B. De là Demi en François ; Demochar en Espagnol, accourcir en coupant, diminuer ; Demuth en Allemand ; Deomuati en Théuton, humilité, soumission. Voyez Dim.
DEM paroit avoir signifié habitation. Voyez Demi, Demeurance, demeure, demeurer en notre Langue ; & Domus Latin, qui est formé de Dem, Dom.
DEM, le même qu'Em. Voyez D.
DEM, le même que Tem. Voyez D.
DEM, le même que Den. Voyez Dom, Den.
DEM, le même que Dan, Dim, Dom, Dum, Dwin, Dym. Voyez Bal.
DEM-DOUCZ, douceâtre. B.
DEM-ROUS, fauve. B.
DEM-RUZ, rougeâtre. B.
DEM-ZOUE, demi-Dieu. B.
DEMANDA, A. M. demande ; de Damunad.
DEMANDARE, A. M. demander. Voyez Demanda.
DEMANTEIN, plaindre, se plaindre. B.
DEMATACH, DEMATECH, DEMATEOCH, bonjour. B. De, jour ; Matach, Matech, Mateoch, bon.
DEMBORA, temps, durée. Ba. De là Tempus Latin.
DEMCHLAS, verdâtre. B. Dem Clas.
DEMEI, A. M. demi ; de Dem.
DEMESELL, Demoiselle. B. Voyez Dam.
DEMEURA LONGA, A. M. longue demeure, long séjour. Voyez Demeurance.
DEMEURANCE, demeure, appartement, habitation. B. On voit par Chom Breton, Morer Latin, Demeure François, que le même mot a souvent signifié le lieu où l'on demeure, & le temps de la demeure.
DEMEZI, DIMEZI, DIMIZI, marier, épouser, fiancer, fiançailles. B.
DEMFAUTA, fêler. B. Dem Fauta.
DEMI, édifice, tente. Voyez Ardemi.

DEMM, dain. B. De là Dama Latin ; Dam Allemand ; Dain François ; Daino Italien ; Dainken Flamand ; Danuel, Danyel Bohémien. Voyez Dan.
DEMMES, biche. B.
DEMMESICQ, petit dain. B.
DEMMICQ, petit dain. B.
DEMORARE, DEMORARI, A. M. demeurer. Voyez Demeurance.
DEMPEN, blanchâtre. B. Dem Ven.
DEMUSSARE, A. G. dissimuler, se taire, sommeiller ; de Mux, couvrir, cacher. Musser en vieux François, cacher ; De superflu.
DEMZU, brun, noirâtre. B. Dem Du.
DEN, montagne, élévation. Voyez Dan. G.
DEN, homme. C. B. Dên en Gallois, homme ; Dune, Duine en Irlandois, homme ; Adam en Hébreu, en Chaldéen, en Syriaque, en Arabe, en Éthiopien, homme ; Ten, homme en Persan ; Adam, homme en Tartare Calmoucq & en Tartare de Crimée ; Dan, homme en Tamoulique ; Dan, homme en Tonquinois ; Adem, homme en Turc ; Tanuc en Arménien, jeune homme ; Deina en Grec, certain homme indéfiniment, & Ethnos, Ethenos, nation, peuple ; Dhegn, homme en Runique ; Xen en Phrygien, homme ; (Xen étoit le même que Zen dans cette Langue, comme on le voit par Axen, Azen, barbe ; le z & le d d'ailleurs se mettoient l'un pour l'autre) Den en Chaldéen ; Tenos en Grec Dorique ; Then en Théuton ; Den en Flamand ; Thaene en ancien Saxon ; Thana en Gothique ; Ten en Bohémien & en Polonois, pronom masculin lui. De Den, homme, est venu Denken, qui en Allemand & dans les Langues du nord signifie penser & produire toutes les opérations de l'ame. Then, hommes, nation en Iroquois.
DEN, paysan. C.
DEN, le même que Daon. I.
DEN, le même que Dean. De même des dérivés ou semblables. I.
DEN, homme, mari, personne. Den tout seul se dit comme en François personne négativement. B. Voyez Dyn, Denc.
DEN, en. B. Voyez Dan.
DEN, dans. Ba. Voyez Dan.
DEN, bois. Voyez Dellten ; le l & le t se mettent l'un pour l'autre. Den a aussi signifié forêt. 1º. Dans le Celtique les termes qui signifient bois, signifient aussi forêt. Voyez Coad, Gwig, Gwydd. 2º. Arden en Celtique, forêt ; Ar, article ; Den, forêt. Voyez ce mot. Le terne de Den ou Ten s'est conservé dans notre Langue, Bouctein ou Bouctin est un bouc qui vit dans les forêts, un bouc de forêt. Gourdin en terme populaire est un fort bâton ; Gwrdd, fort ; Din, bâton, bois ; Din & Den sont le même mot. On retrouve encore Den ou Don pour bâton, bois, dans Bourdon. Voyez Burdonus. Tanrêtre en Franc-Comtois, lierre ; de Tan, arbrisseau ; Rhwystro, qui s'entortille. Tenou en Languedocien, chantier ou pièces de bois sur lesquelles on pose les tonneaux ; Tenau en Patois de Besançon, gros bâton ; Hhhden en Hébreu, forêt, selon la version de Symmaque ; Adamah en Hébreu, terre plantée d'arbres ; Adan en Chaldéen, homme de forêt ; Miureden en Éthiopien, verger ; Stan en Persan, verger, & Timas, chênaye, forêt épaisse, forêt ; Carasdan en Arménien, forêt, & Doung, arbrisseau ; Outan en Malaye, forêt, & Tanam, planter ; Toni, arbre en Siamois ; Tan en Chinois, bois ;

DEN. DEO. 449

bois, substance de l'arbre, & nom d'un arbre dans la même Langue; *Donh*, arbre en Tartare du Thibet, & *Den*, table; *Odun*, bois en Turc; *Lassu* en Cophte, forêt, épaisseur d'arbres; *Nissen*, arbres dans la même Langue. (*Ni*, marque du pluriel) & *Oessen*, arbre : (*Oe* article) l's & le *d* se mettent l'un pour l'autre. *Tana* en Esclavon; haye, buissons; *Tan* en ancien Saxon, arbrisseau; *Tanti*, écorce d'arbre en Finlandois, & *Tammi*, chêne; *Ttene*, forêt en ancien Anglois; *Dendron*, arbre en Grec, & *Thamnos*, *Temenos*, forêt, *Tempe* en Grec, lieu planté d'arbres, selon Hésychius; *Tignus* en Latin, chevron. Voyez *Burritanici*, *Hardinea*, *Tensa*, *Deunydd*.

DEN, le même qu'*En*. Voyez *D*.

DEN, le même que *Ten*. Voyez *D*.

DEN, le même que *Dan*, *Din*, *Don*, *Dun*, *Dwn*, *Dyn*. Voyez *Bal*. *Den*, palais en Tonquinois; *Tang*, *Tank*, haye, clôture en Arménien; *Daingnead*, fortifier en Irlandois; *Ostena* en Finlandois, Ville; *Tenne*, ici en Finlandois. Voyez *Dinas*, *Din*.

DÊN, homme. G. Voyez *Denc*, *Denicq*.

DEN-BLEIZ, loup-garou. B, A la lettre, homme loup.

DEN-DISPLED, faquin. B.

DEN-IYNK, jeune homme. C. Voyez *Dyn-Yvane*.

DEN-MAWR, Grand de l'État. B.

DENA, tetter, succer. B. Voyez *Dysun*.

DENA, DENNA, A. M. partie de forêt plantée de chênes; de *Dan*, le même que *Tan*.

DENAIRADA, DENARATA, DENARIATA, A. M. prix d'une chose mis en deniers ou en argent monnoyé quelconque. Voyez *Dener*.

DENARIATUS, DENARIATA AGRI, VINEÆ, A. M. la quantité de champ, de vigne que valoit un denier; de *Dener*.

DENC, homme. I. Voyez *Dên*.

DENDA, taverne, boutique. Ba. Voyez *Den*, le même que *Din*, *Tinell*.

DENDAISCA, sonde de chirurgien. Ba. Voyez *Tempti*.

DENDARIA, tailleur. Ba.

DENDAZARIA, cabaretier. Ba.

DENDERA, tentative, essai. Ba. Voyez *Tempti*; de là *Tentare* Latin.

DENECHEIN, approcher. B. De *Nes* ou *Nech*; *De* superflu.

DENECHEIN, approcher. B. Voyez *Denechein*.

DENEDEAU, fluxion sur les yeux. B.

DENER, denier, argent monnoyé en général. Voyez *Pewtner*; de là *Adnerer* en vieux François, apprécier, mettre à prix d'argent. *Denarius* en Latin; *Denaro* en Italien; *Dinero* en Espagnol; *Danar* en Carinthien; *Denaar* eu Albanois, pièce de monnoie, argent monnoyé.

DENESIUM. Voyez *Devesium*.

DENESSEIN, approcher, accoster, joindre. B.

DENEVEL, contrefaire quelqu'un. B. De *Den Hevel*.

DENFYDD, matière. G. C'est le même que *Deunydd*.

DENG, homme. I. Voyez *Dên*.

DENGLWYD, qui a dix ans. G. *Blwyd*, an. *Deng* pour *Deg*. Voyez encore les mots suivans.

DENGMIL, le nombre de dix mille. G.

DENGWAITH, dix fois. G.

DENGWRIAD, décurion. G.

DENGYN, sauvage, barbare, inhumain, opiniâtre, mutin, agreste, rustique. G.

DENIAD, attrait, charme, appas, ce qui attire, attraits, amorce, allèchement, sollicitation, poursuite, séduction, demangeaison, gratelle. G. Voyez *Denu*.

DENICQ, petit homme. B. Voyez *Dên*.

DENN, le même que *Tenn*. Voyez *D*. *Dan*, prononcez *Den*, rapide en ancien Suédois; *Dona*, rapide en Suédois & en Islandois; *Dana* en Irlandois, hardi, téméraire, fol, extravagant; *Danr* en Arménien, pesant, fâcheux.

DENNA. Voyez le second *Dena*.

DENNADH, variation, changement. I.

DENNEIN, foncer parlant d'un tonneau. B.

DENPEUS, un assez bel homme. B.

DENS, A. M. doyen; de *Deng*. Voyez *Denglwyd*.

DENTEIL, dentelle. B. De là ce mot. Voyez *Dant*.

DENU, attirer par des caresses, faire plaisir, réjouir, solliciter, porter à. G. Apparemment de *Dên*. En Hébreu *Tirer avec des liens d'hommes*, c'est attirer par douceur, par caresses, par amour : *In vinculis Adam traham eos*.

DENVES, contrefaire quelqu'un. B.

DENVESER, qui contrefait quelqu'un. B.

DENVET, brebis. B.

DENVIAT ou DEVIAT, grand mangeur, goulu, gourmand. B.

DENVLEIZ, loup-garou. B. *Bleiz*.

DENUNCHUT, étranger. I.

DENWR, qui attire, qui insinue, qui pousse à, qui sollicite. G.

DEO, Dieu. B. Voyez *De*, *Dew*.

DEO, le même qu'*Eo*, *Ew*, *Est*. B.

DEO, le même que *Teo*. Voyez *D*.

DEOC, DEOCH, boisson, cidre, coup à boire, trait de boisson, boire. I.

DEOIRSEACH, esclave. I.

DEOL, exil, exiler, envoyer en exil; *Gwrdeol*, exilé. A la lettre, homme d'exil. G. Les Hébreux disent de même *un homme de douleurs* pour un homme souffrant. Voyez *Pryn*.

DEOL, succer, tetter. I.

DEOLIAD, exil, bannissement, proscription. G.

DEOLWR, qui envoye en exil. G.

DEON, donneur. G. Voyez *Dawn*.

DEON, mieux DEAN, dit Davies, doyen. G. L'un & l'autre sont bons, puisque les voyelles se mettent l'une pour l'autre. Voyez *Bal*.

DEON, fond de quelque vaisseau, tel qu'un fond de tonneau, d'une cuve, d'un baquet, &c. B. C'est le même que *Don*, profond. Voyez *Endeon*.

DEONACHD, chose honteuse. I.

DEONAGHADH, approbation. I.

DEONAIGHIM, approuver. I.

DEONGL, interpréter, expliquer; *Deongliad*, interprétation, explication; *Deonglwr*, qui interprète, qui explique, devin. G.

DEONIAETH, doyenné. G. Voyez *Deon*.

DEONTACH, volontairement. I.

DEOR, faire éclorre des poulets, action par laquelle on fait éclorre des poulets, par laquelle on les fait sortir dehors de la coque. G. De là *Dehors* en notre Langue. L'*s* se mettant pour l'*h*, on a dit *Defors* comme *Dehors*; les paysans disent encore *Defo*; par apocope on a dit *Hors* & *Fors*, comme on le voit dans *Forban*, qui est hors du ban. De *Fors* est venu *Foras* Latin. L'*h* se changeant en *s*, on a fait *Sors*; de là *Sortir* en notre Langue. Voyez *Deoradh*, *Deoraidha*, *Deorata*, *Deoranta*.

DEOR, goutte, larme. I.

DEORADH, hôte, convié, étranger. I.

DEORAIDHE, exilé. I.
DEORAIDHEACHD, exil. I.
DEORAIGHIM, envoyer en exil. I.
DEORANTA, chassé, étranger. I.
DEORATA, étranger. I.
DEORIAD, action de couver, de faire éclorre. G.
DEORREIN, clignoter, être tout endormi. G.
DEORUGHEAS, aliénation. I.
DEOUEIN, dépêcher. B.
DEPACTARE, A. M. dévaliser, dépouiller; *Pacq*; *De* privatif.
DEPALARE, A. M. échalasser une vigne; *Pal*; *De* superflu.
DEPANARE, A. G. déchirer de l'étoffe; de *Pann*, drap, étoffe. On a dit en vieux François *Dépanné* pour déchiré. Voyez le mot suivant.
DEPANNIS, A. G. gueux, sans habit; *De* privatif; *Pann*, drap, étoffe.
DEPANTA, être dépendant. B. Voyez *Pant*.
DEPECH, dépêcher. B. De là ce mot, Voyez *Despacho*.
DEPECHI, dépêcher. B. Voyez le mot précédent.
DEPECIARE, A. M. mettre en pièces; *Pec*, pièce; *De* superflu. Nous disons encore *Dépecer*. On a dit en vieux François *Depies de membre* pour mutilation.
DEPENDENTIA, A. M. dépendance. Voyez *Depanta*.
DEPENDERE, A. M. dépendre. Voyez *Depanta*.
DEPESCARE, A. M. mettre en pièces. Voyez *Depeciare*.
DEPILARE, A. M. peler, arracher les cheveux, la barbe; *Pilio*; *De* superflu.
DEPILARE, A. M. piller, prendre dans les écrits des autres. *Pilha*; *De* superflu.
DEPITARE, A. M. mettre en pièces; de *Pic*, le même que *Pec*. Voyez *depeciare*.
DEPLICARE, A. M. déplier; *De* privatif, *Plyg* ou *Plyc*, pli.
DEPOLLARE, A. G. dépouiller. Voyez *Dibouilha*, *Dipouilha*.
DEPORT, attendre. B.
DEPORTA, attendre, patienter. B.
DEPRETIARE, A. M. dépriser; *De* privatif; *Pris*, pris.
DEPUTI, députer. B.
DEQARCHARE, A. M. décharger. Voyez *Dechargiare*, *Carg*.
DEQUITATIO, A. M. rachat. *Quyta*; *De* superflu.
DER, chêne. G. E. I. *Dero*, chêne en Breton, Voyez *Derw*.
DER, porte. G. Voyez *Dor*.
DER, beaucoup, très, fort marque du superlatif, G. & par conséquent au-dessus. *Ter* en Persan & en Arabe, marque du comparatif; *Teros* en Grec, marque du comparatif; *Der* en Arménien, maître, Seigneur; *Adar* en Hébreu, grand, magnifique; *Dara* en Persan, Seigneur.
DER, fort, roide, difficile, rude, âpre, rapide, furieux, mauvais, violent, opiniâtre, impudent, insolent, effronté, qui ne rougit de rien. G. *Adar* en Hébreu, fort, robuste; *Dar* en Arabe, mauvais; *Deraon* en Hébreu, cruauté; *Der* en ancien Persan, qui contraint, qui force; *Deroft* ou *Deroft* en Persan, féroce, cruel; *Terw* en Persan, scabreux; *Dras* en Malaye, fort, & *Douraca*, méchant, pervers; *Derbal* en Turc, d'abord, sur le champ; *Theros* en Grec, bête farouche; *Dert*, *Tert* en Turc, douleur, peine; *Dhrek*, force en Runique; *Terawa*, âpre en Finlandois, & *Teras*; acier; *Terd*, *Ofter* en Esclavon, âpre, rude, vaillant; *Darabos* en Hongrois, âpre, rude; *Dire* en Anglois, terrible, cruel; *Dirus* en Latin, cruel; *Derb* en Allemand, dur; *Dertel* en Flamand, insolent, pétulant, fier, arrogant, & *Terren*, irriter; *Thier* en Allemand; *Diur* en Danois, bête sauvage; *Deroué*, trompeur en vieux François. Voyez *Dar*, *Teas*. De *Der* ou *Ter* ont été formés les mots Latins *Dirus*, *Teter*, noir, cruel; *Tetricus*, triste, chagrin; *Ater*, noir; *Atramentum*, encre; ce qui fait voir que *Der*, *Ter* ont aussi signifié noir. Voyez *Dera*.

DER, mis pour *Dwr* selon Baxter. G.
DER, à, de, du, des, par, entre, pour, à cause, touchant, d'entre, dehors, depuis, de ce que, à cause que, ce qui fait que, d'où il arrive que, d'où, dès, selon, suivant, C. Voyez *De*.
DER, le même que *Daor*. I. La même crase se fait pour les dérivés de *Daor*.
DER, le même que *Dear*. De même des dérivés ou semblables. I.
DER, préposition explétive ou superfluë. Voyez *Derbi*.
DER, jour. Voyez *Dergwener*.
DER, le même qu'*Er*. Voyez D.
DER, le même que *Ter*. Voyez D.
DER, le même que *Dar*, *Dir*, *Dor*, *Dur*, *Dwr*, *Dyr*. Voyez *Bal*. *Deria*, lac en Persan; *Dairad*, *Dairag* en Arménien, mutiler; *Deros* en vieux François, rompu.
DERA, T DDERA, le diable, le mal, les furies, mal de tête, frénésie, vertige. G. Voyez *Der*. *Ozert* en Bohémien, diable.
DERBI, le même que *Derfi*, fera. G. *Dor*, préposition superfluë. Voyez *Bi*.
DERBIOSUS, A. M. qui a des inégalités, scabreux; de *Der*.
DERBYN, prendre, recevoir, admettre, accueillir, retirer chez soi, recueillir, ramasser, concevoir, écrire ce qui est dicté. G. D. superflu. Voyez *Erbyn* & *D*.
DERBYN, contre, contraire. G. C'est *Erbyn*, avec le d initial paragogique. Voyez D.
DERBYN TN FYNYCH, accepter, agréer. G.
DERBYNIAD, réception, action de prendre, de cueillir, de ramasser, de recueillir quelque chose, récipient, vase qui sert à recevoir, receveur, qui écrit ce qu'on lui dicte, qui prend. G.
DERBYNIAD, le même que *Dyrntol*. G.
DERBYNIAWDR, récipient, vase qui sert à recevoir, réceptacle, tout ce qui est propre à recevoir quelque chose. G.
DERBYNIAWL, DERBYNIER, qu'on reçoit. G.
DERC, chêne. I. Voyez *Der*.
DERC, rouge. I. L'*s* se met pour le *c*; de là *Derson* poisson qui a les nageoires rouges.
DERCH, qui est & se tient élevé, de bout & tout droit. B. Voyez *Dyrchafu*.
DERCHEFU, derechef. G. De là ce mot, *Dereco* en vieux François, derechef.
DERCHEL, selon le P. de Rostrenen, contenir, renfermer, tenir, soutenir, arrêter, conserver, obliger; selon Dom le Pelletier, tenir, retenir, sous-entendant élevé & debout. B. Voyez *Ankelber*.
DERCHENT, avant-hier, veille. B.
DERDOA, lance. Ba. Voyez *Dard*.
DERDRI, le même que *Derilyd*. G. Davies n'expli-

DER.

que ni l'un ni l'autre de ces mots. *Derdri* étant synonime à *Derllyd*, doit être formé de *Der*, fort ; *Dru*, *Dri*, gras, abondant.

DERE, commodité, bienséance, bienséant, assorti, convenable, décent, avenant, gracieux, beau, propre. B. *Ederra*, beau, joli, charmant, bienfait en Basque ; *Dar* en Hébreu, beau, *Hadar* ou *Hdar* en Hébreu, parer, orner, honneur, majesté, beauté, ornement principalement dans les habits ; *Haderah* ou *Hderah* en Chaldéen, honneur, gloire, majesté, beauté ; *Hadoro* ou *Hdoro* en Syriaque, beau, illustre, excellent ; *Derb* en Théuton, utile, bon, honnête, utilité ; *Dereit*, bien, comme il convient en Albanois, & *Ndeer*, honneur ; *Ndeeria*, honnêteté ; *Dirn*, Saint en Malabare ; *Deere* en Anglois ; *Dier* en Flamand, précieux ; *Zieren* en Allemand, orner, parer, embellir, & *Zierd*, parure, ornement ; (le z & le d se mettent l'un pour l'autre) *Zir* en Esclavon, parure, ornement ; *Cier* en Flamand, joli, beau ; *Deresnié* en vieux François, mérite.

DERE, origine, commencement, commencer. B.

DERE, escalier. B. *Darega* en Chaldéen, dégré, échelle ; *Maderega*, dégré en Hébreu ; (*m* paragogique) *Dareyo* en Syriaque, dégré ; *Darag* en Samaritain, dégré, état, condition ; *Darach* en Arabe, dégré, & *Darag*, monter par dégré. De *Dere* en inférant le g est venu notre mot dégré.

DERE, le poisson de la mer qui reste sur le rivage, sur la vase & parmi le gouemon quand la marée est fort basse & qu'il n'y a plus d'eau pour nager & pour se retirer : en Bas Léon sur la côte on prononce *Derez*. B. *Deurez* de *Deser*. (Voyez *Deserta*) laisser, abandonner. De là *Desero* Latin.

DEREAD, bienséant, assorti, convenable, décent, avenant, gracieux, beau, propre. B. Voyez *Dere*.

DEREADEGUEZ, bienséance. B.

DEREADIG, agréable, gentil. B.

DEREAT, le même que *Deread*. B.

DERECHEA, occasion. Ba. Voyez *Dere*.

DERECTARIUS, A. G. qui brise les portes pour voler ; de *Der*, porte, *Tar*, briser.

DEREIN, DEREINEIN, trainer. B.

DEREMAD, étrennes. B. *Dere*, commencement ; *Mad*, bon.

DEREN. Voyez *Derendiguez*.

DERENDIGUEZ, propreté. B. & par conséquent *Derm*, le même que *Deread*. Voyez *Dereadeguez*.

DERES, atteindre. B.

DERESA, atteindre, parvenir. B.

DEREVAL, bâtir. C.

DEREZ, escalier, dégré, dégré de parenté. B.

DERFF. Voyez *Derw*.

DERFI, DERFYDD, sera. G. Voyez *Derbi*.

DERG, chêne. E. I. Voyez *Der*.

DERG, rouge. I.

DERGAN, rouge. I.

DERGAY, DERGUEY, escalier. B. De là par une transposition commune dégré.

DERGWENER, vendredi. B. A la lettre, jour de Vénus ; *Gwener*, Vénus.

DERH, chêne chez les Écossois occidentaux. Voyez *Der*, *Derhuecq*.

DERHEL, tenir, contenir, renfermer, soutenir, conserver, arrêter, obliger, amuser. B. C'est le même que *Derchel*.

DERHOUYDEN, dartre. B.

DERHUECQ, chênaye. B. Voyez *Derh*.

DERI, de Dieu, divin. I. Voyez *De*.

DER. 451

DERIDEIN, accourir. B. Voyez *Rhed*, *Rhedec*, *Rhedeg*.

DERIVERE, A. G. faire un dénombrement. Je crois que c'est une faute & qu'il faut lire *Denivere*, de *Niver*, nombre ; *De* superflu.

DERKAN, chêne. I. Voyez *Der*.

DERKOMA. Voyez *Corma*.

DERLLYD, DERLLYDU. Davies n'explique pas ce mot ; il paroit formé de *Der*, fort, beaucoup, & de *Llydw*, gras, fertile, abondant. G. Voyez *Derdri*.

DERLUE, en haut. B. Voyez *Der*.

DERNYN, petite piéce, parcelle, petite partie. G. C'est le diminutif de *Darn*.

DERO. Voyez *Derw*.

DEROBARE, DISROBARE, DERUBARE, DERUFARE, A. M. dérober ; & *Derobaria*, *Derrobatio*, *Derobatio*, *Disrobatio*, vol ; de *Diroba*.

DEROCHATURA, A. M. coupure de roche ; de *Der*, roch.

DEROPLYG, porte. G.

DEROUEN, chêne. B.

DERR, paysan. E. Voyez *Der* & l'article suivant.

DERR, bizarre, bourru, de mauvaise humeur, difficile à contenter, grossier, rustre, impoli. G. *Dervé*, *Deve* en vieux François, sot, fol.

DERRY, chênaye, forêt. I. Voyez *Der*.

DERU, chêne. G. Voyez *Der*.

DERV. Voyez *Derw*.

DERV, le soir. B.

DERVEDEN, le même que *Dervoeden*. B.

DERVEEN, chêne. B. Voyez *Derw*.

DERVEN, DERUEN, chêne. B.

DERVESUM, DERVUM, A. M. forêt. Voyez *Derw*.

DERVEZ, journée, durée d'un jour. B.

DERVEZOUT, vouloir. B.

DERVOED. LOUSAOEN AN DERVOED, petite chelidoine plante. B. A la lettre ; herbe des dartres. Voyez *Dervoeden*.

DERVOEDEN, dartre, & une autre ou même sorte de mal qui incommode les bœufs & les vaches. B.

DERW, DERV, DERO, DERFF, chêne arbre ; singulier *Derwen*, *Derven* ; plurier *Dervo*, *Dervenned*. Un Breton habile en sa Langue assure que l'on nomme ainsi tout gros arbre dur & sain. De *Derw* les Bretons font régulièrement *Derwis*, qui signifie habitans des chênayes ou des forêts. B. *Derw* en Gallois ; singulier *Derwen*, chêne ; *Der* en Écossois & en Irlandois, chêne ; *Derou*, chêne en Provençal ; *Derw* en Anglois, chêne ; *Thersah*, chêne en Hébreu ; *Drus*, chêne en Grec ; *Atronia* en Cophte, chêne, hêtre ; *Tserfa*, chêne en Hongrois ; *Drylle* en vieux François, gland d'une espèce de chêne ; *Drylle* en vieux François, chêne femelle ; *Druen* en Esclavon ; *Drenno* en Lusatien ; *Drzewo* en Polonois, chêne ; *Derw* a été pris pour arbre en général. Voyez *Bloneg T'Derw* ou *Darw*, signifie forêt dans un ancien historien du Châlonnois, cité par Dom Mabillon, dans la vie de S. Bercaire. *Dursta* en ancien Espagnol, trône de bois. (Suétone vie d'Auguste.) *Dery* en Irlandois, forêt ; *Drumelis* ou *Dervoremelis* en Hébreu, forêt ; *Der*, table en Tartare du Thibet ; *Dervens* en Turc, montagne couverte de bois ; *Dar*, arbro en Arménien, & *Andar*, forêt ; *Der* en Théuton, arbres ; *Drun* en Albanois, bois ; *Triu*, arbre en Gothique ; *Tru*, arbre en Runique ; *Treew* en ancien Saxon ; *Trie* en Islandois ; *Trae* en Suédois ; *Taers* en Flamand, arbre ; *Triv* en Gothique ;

452 DER.

Tryv en ancien Saxon ; *Træa* en Anglois ; *Trie* en Iſlandois, bois ; *Traa*, poutre en Albanois ; *Tree* en Anglois, arbre ; *Derw*, *Drevv* & *Drson* en Eſclavon, arbre ; *Druno* en Luſatien ; *Drzeune* en Polonois ; *Tree* en Anglois ; *Træ* en Danois ; *Termenſa* en Hongrois ; *Tzarh* & *Dar* en Arménien, arbre ; *Dervo*, *Drevo*, bois en Stirien & Carinthien, & *Druſi*, ſauvage qui vit dans les forêts ; *Trowa*, bois dans la Langue des Venédes, & *Drawenen*, une bûche ; *Drevo* en Bohémien ; *Drivo* en Dalmatien ; *Drzewo* en Polonois ; *Drun* en Eſclavon ; *Træ* en Danois, bois ; *Madera* en Portugais & en Eſpagnol, bois ; (m paragogique) *Drus* dans Homére & dans les anciens Auteurs Grecs, ſignifie non-ſeulement chêne, mais encore arbre en général. Nous avons conſervé le mot de *Der*, bois, dans quelques termes de notre Langue : *Madrier* eſt une grande pièce de bois ; ce mot eſt formé de *Mar*, grand, & *Der*, bois ; *Poutre* eſt une grande piéce de bois ; ce mot eſt formé de *Pou*, grand, *Ter* ou *Tre*, bois. *Chantier* ſignifie ces grandes piéces de bois ſur leſquelles on poſe les tonneaux de vin & un tas de bois ; ce mot eſt formé de *Chan*, long, quantité, & *Ter*, bois. *Travo* en Franc-Comtois eſt un ſolivcau. *Dervuſum*, *Dervum*, *Dervus*, ſe trouvent dans les anciens monumens pour forêt. On voit par tout ce qu'on vient de dire qu'on a attribué le nom d'une eſpèce d'arbre au genre, ainſi qu'il s'eſt fait en Latin. *Pomus*, pommier, a été mis pour toutes ſortes d'arbres fruitiers. Servius ſur le douziéme livre de l'Énéide nous apprend que les Latins donnoient le nom de *Gramen* à toutes ſortes d'herbes, le nom de *Robur*, chêne, à toutes ſortes de bois, quoiqu'ils n'en fuſſent qu'une eſpèce. *Omnis herba gramen vocatur, ſicut robur omne lignum, cum ſit & ſpecies.* *Derwen* me paroit formé de *Der*, beau, *Wen*, arbre. De *Derwen* par aphéréſe on a fait *Derw* ; & par le changement réciproque des lettres *Devo*, *Derff*, *Derg* ; enfin par une ſeconde aphéréſe, on a fait *Der*. Voyez ce mot.

DERWEN. Voyez *Derw*.

DERWEN GÆRUSALEM, chamædrée ou germandrée, petit chêne ou chenette. G.

DERWEN T DDAIAR, verveine, chamædrée ou germandrée. G.

DERWEN. T DERWEN FENDIGAID, verveine, chamædrée ou germandrée. G.

DERWENT, rapide. I.

DERWENT, dans un dialecte du Gallois, le même que *Dirwyn* ſelon Baxter. G.

DERWIN, de chêne. G.

DERWIS. Voyez *Derw*.

DERWLLWYN, DERWLWYN, LLWYNDERW, chênaye. G.

DERWREINYN, dartre vive, feu volage. G. Davies dit que *Dyſwreinyn* ſeroit mieux.

DERWYDD, druide ; ſage, devin, augure ; plurier *Derwyddon*. G. Voyez *Druides*.

DERWYDD. Voyez *Dryidheachd*, vers, mots meſurés. I.

DERYNT, ont péri, ont fini. G.

DERYW, eſt fait, eſt conſommé, eſt fini. G. Voyez *Deire*. I.

DES, terre. I.

DES, champ. I.

DES, le même que *Deus*. De même des dérivés ou ſemblables. I.

DES, droit l'oppoſé de gauche. I.

DES en Baſque, particule qui ſignifie le mal ;

DES.

ce qui n'eſt pas bien, ce qui n'eſt pas droit. Voyez *Deſerra* & pluſieurs autres.

DES en Baſque, particule privative. Voyez *Deſadina*. *Des*, eſt auſſi privatif en François. Voyez *Dis*.

DES en Baſque, particule ſuperfluë. Voyez *Deſarreta*.

DES, le même qu'*Es*. Voyez *D*.

DES, le même que *De*, *Dee*, *Deg*. Voyez *Aru*.

DES, le même que *Das*, *Dis*, *Dos*, *Dus*, *Dws*, *Dyt*. Voyez *Bal*.

DESADINA, intempérance. Ba. *Adina*, tempérance ; *Des* privatif.

DESAISINA, A. M. deſſaiſiſſement ; *Deſaiſire*, deſſaiſir ; *De* privatif ; *Seſya*, ſaiſir.

DESALAIA, abatement, défaillance. Ba. Voyez *Deſoli*.

DESALAITU, j'abats le courage, j'ai peur ; *Deſalaitua*, abattu, découragé, vaincu. Ba. Voyez *Deſoli*.

DESALPEGO, impétuoſité. Ba. *Des* privatif ; *Alpego*, lenteur.

DESAMATU, je hais. Ba. *Des* privatif ; *Amatu*.

DESAMPARARE, A. M. déſemparer. Voyez *Deſamparoa*.

DESAMPAROA, abandon, déſertion. Ba. Voyez *Ampara*.

DESARGUIERA, obſcurité. Ba. *Des Arguia*.

DESARITETA, diſſertation. Ba. *Des Arreta*.

DESARRETA, pareſſe, inertie. Ba. *Des* ſuperflu. Voyez *Arreta*.

DESAURAQUIDA, diſpute, procès. Ba.

DESAZALDEA, action d'enlever le poil, d'ôter l'écorce. Ba.

DESBABILLARIA, moucheur de chandelles. Ba.

DESBECALDEA, diſparité. Ba.

DESCARGA, décharge. Ba. Voyez *Carg*.

DESCARGA, DESCHARGA, DESCHARGIA, A. M. décharge. Voyez l'article précédent.

DESCARGARE, A. M. décharger ; de *Deſcarga*.

DESCATIBERA, loiſir. Ba.

DESCLEDARE, A. M. ôter les clayes ; *Des* privatif. Voyez *Cledare*.

DESCONFIANZA, défiance. Ba.

DESCORTEZA, groſſiéreté, ruſticité. Ba. Voyez *Corteza*.

DESDIA, déſolation, dévaſtation, évacuation. Ba.

DESDINA, mépris, dédain. Ba. De là *Dédain* en notre Langue ; *Des* privatif ; *Din*.

DESEGOBIA, détermination. Ba.

DESEGUILEA, deſtructeur, exterminateur. Ba.

DESEGUITEA, ruine. Ba. *Des Eguin*.

DESEIGOA, peſte, carnage, ravage, ravage des moiſſons. Ba.

DESENARTA, luxation, déboîtement. Ba. *Des Nerth*.

DESENCUSA, diſſimulation. Ba.

DESENDATZALLEA, défenſeur. Ba.

DESEQUIDA, deſtruction. Ba. Voyez *Deſeguita*.

DESERA, intempérie de l'air. Ba.

DESERADALTUA, déraiſonnable. Ba.

DESERAGOA, diſconvenant. Ba.

DESERRANA, abjuration. Ba.

DESERTARE, A. M. déſerter. Voyez *Deſerii*.

DESERTARE, A. M. ſaccager, dépeupler, rendre déſert. Voyez *Deſerá*.

DESERTI, déſerter. B.

DESERTU, je relègue, j'exile. Ba. Voyez *Deſera*.

DESERZ, déſert. B. *Diſert* en Irlandois ; *Deſert* en François & en Anglois ; *Deſertum* en Latin ; *Deſerto* en Italien ; *Deſierto* en Eſpagnol, déſert.

DESESANA, abjuration. Ba.

DESESATEA,

DES.　　　　　　　DEV.　　　　453

DESESATEA, rétractation. Ba.
DESESCOUTZA, divorce. Ba.
DESESIARE, A. M. deffaifir; De privatif; Sezya.
DESESIRE, A. M. faifir, deffaifir; au premier sens De fuperflu; au fecond De privatif; Sezya.
DESEV, créance, opinion; & anciennement deffein.
DESEVOUT, croire, avoir opinion. B.
DESFAILH, défaillant, défobéiffant. B.
DESGRACIA, difgrace. Ba. Des Graca.
DESGUARNIRE, A. M. dégarnir; Des Goarnieza.
DESI, occidental. I. Voyez Dech.
DESIDIUM pour DESIDIA, A. M. pareffe; l'un & l'autre de Deifidhim.
DESIDIUS, A. G. pareffeux. Voyez Defidium.
DESIGOLDEA, inégalité. Ba. Des Igoldea.
DESIR, paffion, défir. B. De là ce mot. On a dit Defirier, Defirer en vieux François, pour défir; Defire en Anglois, défir.
DESIRAINA, fatisfaction pour une injure. Ba.
DESIRUM, A. G. bien avantageux; de Defir.
DESLAITUA, négligent, pareffeux. Ba. Voyez l'article fuivant.
DESLAYA, négligence, pareffe. Ba. Voyez Diles.
DESLEVALA, déloyal, perfide. Ba.
DESLOITUA, ouvert, débouché. Ba. Voyez Des Loitu.
DESLOTSA, hardieffe, impudence, audace. Ba. Des Lotfa.
DESLOTSATIA, impudent. Ba.
DESLOTU, abfoudre. Ba. Des Lotu.
DESLOTURA, abfolution. Ba.
DESMENEERA, aliénation d'efprit. Ba. Voyez Menera.
DESMORIA, délire, frénéfie. Ba.
DESMOS, coûtume. C. Voyez Dehmod.
DESNAIQUIDA, ennui. Ba.
DESNAYA, déplaifir, chagrin. Ba.
DESO, but, deffein, fin. B.
DESOHORAGARIA, ignominieux. Ba.
DESOHORATU, rendre méprifable, déshonorer. Ba.
DESOHOREA, déshonneur, infamie. Ba. Des Ohorea.
DESOLATIARI, A. M. défoler. Voyez Defoli.
DESOLI, défoler. B. Voyez Defalaia.
DESONESTIA, obfcéne. Ba. Des Oneft.
DESONGONDEA, difcorde. Ba. Ongondea.
DESORDUAN, mal-à-propos. Ba. Orduan.
DESORENA, heure indûë, contre-temps. Ba.
DESORONDEA, perverfion. Ba.
DESPACHO, dépêche. Ba. Voyez Depech.
DESPAILH ou DESPAILL, qui ne vient pas à temps, tard, tardif, qui arrive tard, ce qui fe fait trop tard; Defpaill-A-Ra, il tarde, il eft tard. Ce mot fignifie auffi retardement. B. Voyez Difpill & Desfailh.
DESPAILHA, tarder, preffer, être empreffé de faire quelque chofe. B.
DESPALARE, A. G. arracher; Des Pal.
DESPED, DESPET, dépit. B. De là ce mot. Defpitt en vieux François, courroucé. Voyez Defpitus.
DESPEDIDA, départ. Ba.
DESPENDERE, A. M. dépenfer; de Difpign ou Difpin.
DESPENSATU, dépenfer. Ba. Voyez Difpign, Difpenn.
DESPES, dépit. B.
DESPET, dépit. B.

TOME I.

DESPETUS, fujet à fe dépiter. B.
DESPITUS, fujet à fe dépiter. B.
DESPOLIARE, DISPOLIARE, A. M. dépouiller; de Dibouilha ou Depouilha.
DESQADUREA, éducation. B. Voyez Defqi.
DESQEIN, apprendre, enfeigner. B. De là Difce. Voyez Dyfgn.
DESQI, enfeigner, inftruire, avertir, régler, difcipliner. B. Voyez Dyfgn.
DESQIEL, docile. B.
DESQUIRTENDUA, à qui on a coupé les oreilles. Ba.
DESROBARE, A. M. le même que Derobare.
DESSAISINA, DESSAISINATIO, A. M. deffaififfement. Voyez Defaifina.
DESSAU, éducation; Deffauein, élever, donner l'éducation, élever des plantes. B.
DESSIN, droit, l'oppofé du gauche. I.
DESTA, A. G. goutez au participe. Voyez Dafta.
DESTAPOA, évènement, accident; Deftapean, par cas fortuit. Ba.
DESTATU, difpofer, ordonner, régler. Ba.
DESTEGUIA, diffolution. Ba.
DESTINADUR, deftinée, deftin. B.
DESTL, délicat, douillet, propre, fomptueux. G.
DESTLUS, délicat, douillet, propre, fomptueux, joli, mignon, agréable, bien fait. G.
DESTLUSRWYDD, propreté, délicateffe, délicateffe des viandes. G.
DESTLUSWAITH, recherché, exquis, choifi. G.
DESTOLETA, action de plier. Ba.
DESTRIS, contraindre. B. De là notre mot François détreffe.
DESTUA, conjecture. Ba.
DESTUMI, ramaffer, recueillir, rallier. B.
DESTURBIUM, A. M. empêchement, trouble; en vieux François Deftourbier, Deftor, Deftourbement, Deftourber, caufer du trouble, & Deftourbeur, perturbateur; de Twrf ou Twrb; Des fuperflu.
DESVENTURA, infortune. Ba.
DESUGHAD, préparer, orner, parer. I.
DESUGHE, orné, paré, préparé. I.
DET, jour. C.
DET, vouloir. Ba. Voyez Dethol, Defo, Detinée en vieux François, permiffion.
DETACH, le même que Deatach. De même des dérivés ou femblables. I.
DETAILH, détail. B. De là ce mot.
DETAILLUM, DETALH, DETALLIUM, DETALLUM, A. M. détail; de Detailh.
DETHOL, choifir. G. Voyez Det.
DETHROU, principe, commencement, origine, exorde. G.
DETIUM, A. M. le même que Decium.
DETIUS, A. M. le même que Decius.
DETZEN, domptant, qui eft dompté. Ba.
DEU, Dieu. G. C.
DEU, deux. G. B.
DEU, qui eft à droite. G. C'eft une crafe de Dehau.
DEV, le même que Tav, rivière. G.
DEÜ, deux. B.
DEU, le même que Du. Voyez Deuart, Deual, Duard.
DEU, le même qu'Eu. Voyez D.
DEU, le même que Teu. Voyez D.
DEU, le même que Dau, Don. Voyez Ral.
DEVAERREIN, récréer. B.
DEVAIRR, fonction, devoir. B. De là ce mot.
DEVAIRRANEUSS, converfable. B.

Ttttt

DUAL, noir. C. Voyez Du.
DUAL, aveugle. B. Voyez Dall.
DEVAL, descente, val, vallée, rabais. B.
DEVALADUR, penchement. B.
DEVALAENN, basse terme de manége. B.
DEVALARE, DEVALLARE, A. M. descendre, abaisser ; de Devalein.
DEVALEENN, côteau, colline. B.
DEVALEIN, abaisser. B. On disoit Devaler en vieux François ; on le dit encore en Patois de Franche-Comté.
DEVALENNIC, vallon. B.
DEVALLIS, A. G. vallée en pente ; de Deval.
DEVARICARE, A. G. pousser, faire avancer ; de Debre ou Devre.
DEUARN, mains. B.
DEUART, noir. B.
DEUBARTHU, partager en deux. G.
DEUBEN, à deux têtes. G.
DEUBI, DEUBYDD, viendra, est futur. G.
DEUBWYS, le poids de deux livres. G.
DEUBYDD, sera, viendra, est futur. G.
DEUC. Voyez Doc.
DEUCANT, deux cens. G.
DEUCANWAITH, deux cens fois. G.
DEUCQ, durée. B.
DEUDDEG, douze, douzaine. G.
DEUDDEGFED, douzième. G.
DEUDDULL, qui a deux formes. G.
DEUDDYDD, deux jours. G.
DEUDENGWAITH, douze fois. G.
DEUDON, diphtongue. G.
DEVED, brebis au plurier. B.
DEVEH, journée. B.
DEUEHAN, dernier. B.
DEUEHAT, tardif, lent. B.
DEVEHOUR, journalier. B.
DEVEIN, pondre. B.
DEVEND, brebis au plurier. B. Deved, l'n inserée.
DEVENSUM, A. M. le même que Devesum.
DEUER, brebis au plurier. B.
DEVER, obligation, devoir. B. De là ce dernier mot.
DEVERIUM, A. M. devoir ; de Dever.
DEVERRANCE, passe-temps. B.
DEVERRUS, divertissant. B.
DEVERTICUS, divertissant. B.
DEVES, DEVESIA, DEVESUM, DEVESIUM, DEVENSUM, DEFENSA, A. M. champ, pré, bois où il est défendu de faire entrer le bétail. On a dit Deffais, Deffois en vieux François. Deveer, défendre en vieux François ; de Dewi, cacher, fermer, rendre inaccessible ; ou de Difen, Diven, Deven, défendre.
DEUET, brebis au plurier. B.
DEUES, journée. B.
DEVES, journée. B.
DEVES, DEVESIUM, DEVESIUS, A. M. les mêmes que Deves.
DEVESOUR, journalier. B.
DEVESVAT, journalier. B.
DEUFATH, double, de deux espèces, de deux façons. B.
DEUFF, gendre. G.
DEUFFRWYTH, qui porte deux fruits dans l'année. G.
DEUFFURF. PETH DEUFFURF, qui a deux formes. G.
DEUFINIOG. BWIAL DEUFINIOG. hache à deux tranchans. G. Fin, en composition pour Min ; Finiog pour Miniog.
DEUFIS. PETH DEUFIS, qui a deux mois. G. Fis pour Mis.
DEUFODD. MEWN DEUFODD, en deux façons. G. Fod pour Mod.
DEUFOR. PETH DEUFOR, qui est entre deux mers. G.
DEUFOR GYFARFOD, confluent. G. Cyfarfod, rencontre ; Deu, deux ; For, en composition pour Mor, eau, rivière.
DEUG, portée, étendue, longueur, durée. B. Voyez Doug.
DEUGAIN, quarante. G. Deu Ugain.
DEUGEINFED, quarantième. G.
DEUGEINWAITH, quarante fois. G.
DEUGORN, qui a deux cornes. G.
DEUGVEN, quarante. G.
DEUI, viendras. G. Voyez l'article suivant.
DEUI, venir ; Deuer, on vient. B. Voyez l'article précédent.
DEVI, brûler passif & actif. B. Voyez Deifio.
DEVI, pondre. B.
DEVINA, conjecturer, deviner. B.
DEVINOUR, devin. B.
DEVIS, parler, causer, conter, narrer, déduire ; le parler, conversation. B. Deviser en François, parler, vient de là.
DEVISAMENTUM, A. M. devise ; de Divis.
DEVISETT, préfix, précis. B.
DEVISIA, A. M. le même que Deves.
DEVIZETT, mentionné. B.
DEULIN, les deux genoux. B. De Deu Glin.
DEULUEIDD. YN DEULUEIDD, humainement, modestement, honnétement. G. Voyez Teuluwriaeth.
DEUN, fonds, le fonds, la partie la plus basse ; abysme, approfondir, creuser plus avant. B.
DEUN, gendre. G.
DEUNAW, dix-huit. G. Deu Naw.
DEUNE, couleur. G.
DEUNGAROTZADUA, blâmé. Ba. Voyez Deunguea.
DEUNGAROTZALLEA, délateur, accusateur. Ba.
DEUNGAROTZAT EMATEA, blâme. Ba.
DEUNGAROZADU, je blâme. Ba.
DEUNGUEA, méchant, mal-honnête homme. Ba. Voyez Dongaro.
DEUNGURO EGUINTZAT EMAN, je blâme Ba.
DEUNYDD, matière, matériaux, toutes sortes de bois coupés, ouvragés ou non ouvragés. G. C'est le même que Defnydd. Voyez Dun.
DEUO, viendra au futur du subjonctif. G.
DEUOARN, mains. B.
DEUOEDD, plurier de Dau, ordinairement Deuwedd, deux à deux, l'un & l'autre. G.
DEUPO, le même que Delo ou Byddo, dit Davies, qui n'explique aucun de ces mots. G. Delo & Byddo signifient viendra au futur du subjonctif, ainsi que nous l'avons trouvé dans un autre Auteur Gallois.
DEUR, eau. G. B. Deus en Grec ; Dew en Anglois ; Daw en Théuton, j'arrose ; Deawe en ancien Saxon, rosée, & Deawin, arroser. Voyez Dour.
DEUR, eau, liqueur, & suc des fruits & des herbes. B.
DEUR, il importe. B. Voyez Dawr.
DEUR, le même qu'Eur. Voyez D.
DEUR, le même que Teur. Voyez D.

DEU. DI.

DEUR, le même que Daur, Dawr, Dewr. Voyez Bal.
DEUR-DERV ou DERW, gui de chêne. B.
DEURA, DEUREIN, arroser, abbreuver. B.
DEURADUR, liquefaction. B. Voyez Deur.
DEURAGH, aigade. B.
DEUREC, fluide, liquide. B.
DEÜREN, suc. B.
DEVRU, le même que Debru. Voyez B. De là Devoro Latin.
DEURVEOUT, DEURVEZOUT, DEURVOUT, daigner, vouloir. B.
DEVRY, réfléxion, attention. B.
DEURYW, double, de deux espèces, de deux façons. G.
DEUS, A. M. deux; de Deu.
DEUS ARI, ne faisant rien. Ba.
DEUSAIN, diphtongue. G. Deu, deux; Sain son.
DEÜST, nonobstant, néanmoins, malgré. B.
DEUSTON, nonobstant, malgré. B.
DEUTAL, qui a deux faces, qui a deux visages. G. Tal signifie donc face, visage.
DEW, eau. &c. Voyez Aw. G.
DEW, Dieu. G. Voyez Duw.
DEW, le même qu'Ew. Voyez D.
DEW, le même que Tew. Voyez D.
DEW pour DEWR. Voyez Cadarndew, Croendew.
DEVAINT, le temps le plus calme de sa nuit, temps de la nuit où chacun repose, nuit avancée. G.
DEWBANOG. T DEWBANOG, bouillon blanc ou méline plante. G.
DEWBANOG. T DEWBANOG, fechan herbe de paralysie. G. Fechan en composition pour Bechan, petite.
DEWBANOG. T DEWBANOG WENN WRRYW, blanches feuilles plante. G.
DEWEDD, dureté. Voyez Croendew, Croendewedd.
DEWI, le même que Tewi. Voyez D.
DEWIN, augure, aruspice, devin, magicien, prophète, théologien. G.
DEVINDAB, DEWINDABAETH, DEWINDABETH, prophétie, prédiction, divination, augure, magie, sorcellerie. G.
DEWINDABU, deviner, prédire, prophétiser. G.
DEWINES, devineresse, empoisonneuse. G.
DEWINIAETH, augure, présage, divination, prédiction. G.
DEWINIAETH WYNEB, l'art de conjecturer les passions par le visage. G.
DEWINIO, deviner, prédire, augurer. G.
DEWINIOL, qui contient des prophéties. G.
DEWINIWR, devin. G.
DEWINLLE, endroit où les augures faisoient leurs observations. G.
DEWINWRAIG, enchanteresse, devineresse. G.
DEWINYDDIAETH, théologie. G.
DEWIS, choix, choisir, ce qui est choisi, ce qui est le meilleur, souhait, variété, diversité. G. De là Devis en François. De là en vieux François Devise, volonté, testament; de là Devise en François, sentence choisie que l'on s'appropie.
DEWISAIR, suffrage, voix que l'on donne. G. Dewis Air.
DEWISEDIG, choisi. G.
DEWISGAMP, excellent. G.
DEWISIAD, action de choisir, choix, élite. G.
DEWISION, les choses choisies, les meilleures choses. G.

DEWISOL, choisi, excellent, exquis, qui est au-dessus du commun. G.
DEWISWR, électeur. G.
DEWR, eau. G.
DEWR, fort, hardi, vaillant. G. Thor en Islandois, Tharro en Grec, hardiesse. Voyez Dewred.
DEWR, DEW, dur. Voyez Croendew, Cadarndew.
DEWRARFOG, grand guerrier, vaillant, belliqueux, puissant en armes. G.
DEWRDDRUD, hardi, courageux, brave, intrépide, fort, robuste, constant, ferme, inébranlable. G. C'est un pléonasme.
DEWRDER, forcé, courage, audace, hardiesse à entreprendre. G.
DEWRED, robuste. C.
DEWREDD, force, vertu, vigueur, audace, hardiesse. G.
DEWRGADR, courageux, vaillant, brave, vigoureux. G. pléonasme Dewr Cadr.
DEWRWYCH, fort, robuste. G. pléonasme Dewr Gwych.
DEUWN, viendrois à la première personne. G.
DEUZ, le même que Tenz. Voyez D.
DEUZECQ, douze. B.
DEYA, proclamation d'un ban, fonction d'Avocat, vocation à un état. Ba. Voyez Deia.
DEYFR, eaux. G.
DEYN, femelle du dain. B.
DEYNICQ, petit dain, il se dit du mâle & de la femelle. B.
DEYSCEART, DEYSCEERTH, méridional. I.
DEYTHEY, être venu. G.
DEZ, jour. B. De là Dies Latin.
DEZ, escabeau d'enfant, marche d'escalier. B.
DEZAN, absolument. B.
DEZE, DEZEU, DEZO, leur. B.
DEZEU, le même que Desev. B.
DEZGWEZ, que l'on prononce Dezvez, Dévez, Dervez, journée, durée d'un jour. B. Voyez Dez.
DEZRAOU, origine, commencement, commencer. B.
DEZRAOUI, commencer, étrenner un marchand. B.
DEZRE, décent, bienséant; Dezreat, décence, & comme verbe être décent & convenable, être agréable; Dezreout, être bienséant, bienséant; Dezread'guez, bienséance. B. Voyez Dere.
DEZROU, principe, commencement, origine, exorde, commencer. B.
DEZROUI, commencer. B.
DEZROUMAD, étrennes. B.
DEZVEZ, journée, durée d'un jour. B.
DEZVEZOUR, journalier. B.
DEZVI, brûler. B. Voyez Devi.
DEZVI, poudre. B. Voyez Devi.
DEZVUS, combustible. B.
DHEW, Dieu. G. Voyez De.
DHO, auprès, près, touchant. C.
DHO, monter. C.
DHONI, synonime de Dour, eau, rivière. Voyez Basdhoni.
DHORR, à, de, du, des, par, entre, pour, à cause, touchant, d'entre, dehors, depuis, de ce que, à cause que, ce qui fait que, d'où il arrive que, d'où, dès, selon, suivant. C. Voyez Der.
DHUNIN, notre. I.
DHWR, coulant de rivière. G.
DI, particule privative ou négative. G. B. Les Latins ont conservé cette préposition en ce sens: Difficilis, Difformis, difficile, difforme.

DI, sans. G. B.
DI, division, séparation. G. Voyez *Di*, ôter, rompre; & *Di*, deux.
DI, brillant. G. Voyez *Di*, lumière.
DI, deux. I. Voyez *Di*, division; & *Di*, deux plus bas.
DI, lumière, anciennement jour. B. De là *Diane*, point du jour en François; *Di*, jour; *Han*, tête, commencement; *Diana* en Espagnol, le point du jour; *Dis*, jour en vieux François; *Di*, jour en Picard. Voyez *Di*, brillant; *Dia*, jour. De *Di*, *Dies* Latin.
DI, à; *Di Me*, à moi; *Di Te*, à toi. B.
DI, ôter, rompre. B. Voyez *Di*, division.
DI, particule itérative. Voyez *Difwyn*, *Diwyn*.
DI, particule augmentative. Voyez *Diever*, *Dy*. *Dia* en Étrusque, particule augmentative; *Dia* en Basque, plusieurs; *Di* en Hébreu, abondance; *Diz*, grand, haut en Turc; *Dizman* en cette Langue, homme fort grand, homme de haute stature; *Dir*, beaucoup en Arménien; *Dai* en Tonquinois, grand, long, & *Di* magnanime ou de grand cœur; *Ti* en Chinois, souverain, qui est au plus haut degré, & *Tie*, tas, accumuler.
DI, particule ou préposition explétive & superflue. Voyez *Diameth*, *Dichlais*, *Didreu*, *Digoddiant*.
DI, particule qui marque qu'on ôte. Voyez *Digoessa*, & *Di*, ôter.
DI, particule qui marque le mal. Voyez *Dinidor*.
DI, contre. Voyez *Dibred*.
DI, dans ou sur. Voyez *Diadeiliaw*, *Dilenwi*.
DI, fin. Voyez *Difoar*.
DI, deux. Voyez *Dichida*, *Disida*, *Divaluen*, *Dwy*; & *Di*, division.
DI, le même que *I*. Voyez *D*.
DI, le même que *Ti*, maison, habitation. &c. Voyez *D*. *Di* en Tonquinois, maison.
DI, le même que *Da*, *De*, *Do*, *Du*, *Dw*, *Dy*. Voyez *Bal*.
DI, le même que *Den*. Voyez *Digentil*.
DIA, division, séparation. G. On voit par ce mot comparé avec *Di*, division, séparation, qu'on a dit indifféremment *Di* & *Dia*.
DIA, Dieu. I.
DIA, jour. I. Ba. *Dia*, jour chez les anciens Candiots. Macrobe L. 1. c. 15. *Dia*, jour dans les anciens Poëtes Italiens; *Dia*, jour en Espagnol; *Dia*, Ciel en ancien Persan; *Die*, Ciel en Tartare Mogol. Voyez *Di*.
DIA, terme de charretier. B. C'est le même que *Da*, cheval. Voyez ce mot.
DIA, jour. Ba. Voyez *Di*.
DIA a signifié monceau, tas, troupeau, plusieurs. *Diabilla*, régiment, faction; *Diacoa*, plurier; *Dialda*, troupe de soldats; *Diadell*, troupe, assemblée, compagnie, multitude, troupeau; *Diamenea*, gouvernement de plusieurs; (*Menea*, puissance, autorité; *Dia* par conséquent plusieurs;) *Diandea*, armée; *Diapea*, famille; *Diapilla*, assemblée de compagnons, d'amis; *Diaquida*, amas; *Diasquia*, multiplicité; *Diauta*, légion. Voyez *Di*.
DIABAFFI, déniaiser. B. *Di Abaff*.
DIABAFFI, revenir de son étonnement, de son étourdissement, se reconnoître, reprendre ses esprits. B. *Di Abaff*.
DIABAL, démon. I. Il vient de *Diabolus*.
DIABARS, DIABARZ, le dedans, au dedans, intérieurement. B.
DIABELL, loin, de loin. B. *Pell* ou *Bell*.

DIABILLA, régiment, faction. Ba.
DIABRED. Ce mot, dit Davies, est formé d'*Abred* & de *Di*. G.
DIACHAR, qui n'est pas aimable. G. *Achar*.
DIACHLES, qui est sans défense. G. *Achles*.
DIACHLUDD, qui n'est pas caché, découvrir. G. *Achludd*.
DIACHOR, qui n'est pas petit, qui n'est pas grêle, qui n'est pas menu, qui n'est pas mince. G. *Corr*.
DIACHOS, sans cause, sans sujet. G.
DIACHWAITH, qui a du goût, qui a de la saveur. G.
DIACOA, plurier. Ba.
DIACOURSEIN, déshabituer. B. On voit par là que *Cours* a aussi signifié habitude.
DIADAVI, manquer d'haleine, de respiration, étouffer, défaillir. B. Voyez *Adaw*.
DIADDURN, sans ornement, sans ajustement. G.
DIADEILIAW, bâtir dans ou sur. G. *Adeiliaw*, bâtir.
DIADELL, troupe, assemblée, compagnie, multitude, troupeau. G.
DIADELLU, rassembler, joindre en corps. G.
DIADFYW, qu'on ne peut faire revivre. G.
DIADHA, divin, religieux, dévot. I.
DIADHADH, finir, achever, conclure, fermer, serrer, tenir serré. I.
DIADHAS, déité, divinité, piété, dévotion, religion. I.
DIADHAVAIL, divin. I.
DIADLAM, d'où l'on ne sçauroit se retirer, d'où l'on ne peut revenir, d'où on ne sçauroit faire revenir, qu'on ne peut rappeller, irrévocable. G.
DIADRAN, DIADRAON, DIADRE, DIADRES, DIADREFF, DIADREN, cul, derrière, la partie postérieure d'un animal, croupe de cheval. B.
DIADWYTH, qui n'a point de mal, qui n'a reçu aucun dommage, indemnité, dédommagement. G.
DIAES, DIAEZ, difficile, mal-aisé, incommode, mésaise, mal-aise. B. De là *Diese* en terme de chant.
DIAEZA, incommoder. B.
DIAEZA, s'évaporer, s'exhaler. B. *Di* superflu; *Aez*.
DIAFIECHYD, sain. G.
DIAFL, DIAFOL, DIAFWL, diable. G. Du Latin *Diabolus*.
DIAFLAN, qui n'a point été violé, qui n'a point été profané, qui n'a point été souillé. G. *Di* privatif; *Aslan*.
DIAFRDWL, le même qu'*Afrdwl*. G.
DIAGHENT, ci-devant, au-devant de, au-devant. B.
DIAGOITZA, camp de troupes. Ba. Voyez *Dia*.
DIAGON, Diacre. B. Du Latin *Diaconus*.
DIAGUEITA, supplément. Ba.
DIAGUENT, avant, ci-devant, précédemment. B. *Dia*, *Kent*.
DIAHOUEEIN, désavouer. B.
DIAHUELEIN, barbeier terme de marine. B.
DIAIGH, fin, extrémité. I.
DIAIL, DIAILLAN, agile, vîte. I.
DIAINMILLE, annihilation. I.
DIAIS, incommode, difficile, mal-aisé, pénible. B.
DIAISA, incommoder. B.
DIAL, vengeance, venger G.
DIAL. Voyez *Dialwch*.
DIALAETH, vengeance, peine, punition, châtiment. G.
DIALEEN, devancer. B.

DIALBENNA,

DIA.   DIA.   457

DIALBENNA, devancer, prévenir, obvier. B.
DIALBREN, gibet, G. bois de vengeance, dit Davies; *Dial*, vengeance.
DIALCHUEZER, qui crochete les serrures. B.
DIALDA, troupe de soldats. Ba.
DIALED, vengeance. G.
DIALEDBOEN, torture, tourment, supplice. G. Poen.
DIALEDDU, venger, punir. G.
DIALEDDWR, vengeur. G.
DIALENA, les Grands d'un État, les premiers de l'État, supérieurs d'une société. Ba. Voyez *Dialhue*.
DIALERCH, d'après. B. Voyez *Lerch*.
DIALHUE, haut, le haut. B. Voyez *Dialena*.
DIALHUEZA, ouvrir. B.
DIALLAID, selle de cheval. I.
DIALLOUEDU, ouvrir. G.
DIALLU, impuissant, impossible, fort foible, qui ne se possède pas lui-même, qui n'est pas maître de lui-même. G. *Di* privatif.
DIALPEN, devancer. B.
DIALWCH, solitude, désert, comme *Ynialwch*; & par conséquent *Dial*, qui est désert, qui est solitaire, qui est inhabité, comme *Ynial*. G.
DIALWR, bourreau. G.
DIAMAD, demande. I.
DIAMAES, de dehors, par dehors, dehors, extérieurement; c'est le contraire de *Diabare*: Il est composé de *Di*, & *Amaes* pour *Maes*, champ, les champs, la campagne, tout le terrein hors de la maison. On prononce communément *Diavaes*, *Diaves*; & en Léon *Diaveas*. On trouve *Diaves* pour *hors*; de là *Diavesiat*, étranger. B. Voyez *Diameth*.
DIAMAND, diamant. B. *Diamantea* en Basque.
DIAMANN, pied. I.
DIAMARE, A. M. aimer beaucoup; de *Di*, particule augmentative. On trouve aussi dans la bonne Latinité *Deamare* en ce sens.
DIAMARRA, relâcher. B. *Di Amarr*.
DIAMBARQUAMAND, débarquement. B. Voyez *Barcq*.
DIAMBREZEIN. Voyez *Dambrezein*.
DIAMBROUC, ramener. B. Voyez *Ambroug*.
DIAMDIAWD, fécond, très-abondant, magnifique, somptueux, splendide, très-abondamment. G.
DIAMEIN, qui n'est pas à la commodité, qui n'est pas à la bienséance. B. Voyez *Amein*.
DIAMENEA, gouvernement de plusieurs. Ba. Voyez *Dia*.
DIAMETH, le même qu'*Ameth*. G.
DIAMHAIR, abstrus, caché, difficile à comprendre, énigmatique, couvert, secret. I.
DIAMHAR, le même que *Diamhair*. I.
DIAMHASLADH, blasphémer. I.
DIAMICUS, A. M. fort ami. Voyez *Diamare*.
DIAMMAU, manifeste, évident, indubitable, certain. G. *Di* privatif; *Ammau* comme *Ammheus*.
DIAMMHURO, épurer, clarifier. G. De *Puro*.
DIAMPEAISEIN, désampeser. B.
DIAMPEICH, dégagé, débarrassé. B.
DIAMPREIN, démembrer. B.
DIAMSATHR, où il n'y a point de chemin, où l'on ne peut passer, qui n'est point pratiqué, qui n'est point battu, impraticable, inaccessible. G.
DIAMSERI, être hors de saison, avoir passé son temps, être vieilli, consumé de vieillesse, usé.

On le dit au participe d'un homme, d'une bête de service, d'un meuble. B. *Di* privatif; *Amser*.
DIAN, agile, vite, véhément, empressé, ardent au propre & au figuré, violent, constant, ferme. I.
DIAN, après. B.
DIAN, pauvre, indigent. B.
DIAN, préposition explétive ou superflue. Voyez *Dianhael*, *Dianhywedd*.
DIANA, sans manque, sans défaut. B. Voyez *Dianaf*.
DIANA. Voyez *Dianus*.
DIANAESTAED, indigence. B. Voyez *Dianez*.
DIANAF, sans manque, sans défaut; *Glan Dianaf*, pur, sans manque, sans défaut, c'est-à-dire très-pur, parfaitement pur. B.
DIANAF, non mutilé. G. *Di* négatif.
DIANAFF, ambigu, obscur. B.
DIANAGUSIA, Préposé, Président, Évêque, Prélat. Ba.
DIANAIR, où l'on ne peut trouver à redire, qui est sans tache. B.
DIANATRM, lieu de refuge. I.
DIANALEIN, DIANALOIN, respirer. B. D'*Anal*.
DIANANNSAS, embrassade. I.
DIANAOUDECQ, ingrat. B.
DIANAOUEDEIN, désenrouer, s'échauffer. B.
DIANATICUS, A. M. du matin. Voyez *Di*.
DIANAUDEGUEZ, ingratitude. B.
DIANC, égaré, hors de son chemin; *Dianca*, égarer; *Dianket*, égaré. B. Je crois ce mot formé de *Hendt* ou *Hendt*, chemin, & *Di* privatif. Voyez encore *Diange*, qui paroit être le même.
DIANCHARN, forteresse. I.
DIANCQ, égarer, perdre une chose pour un temps, égaré. B.
DIANCQA, DIANCQOUT, égarer, perdre une chose pour un temps. B.
DIANCRAFF, ôter l'ancre. G.
DIANDEA, armée. Ba. *Dia Andea*.
DIANDEGUIA, Général d'armée. Ba.
DIANDLAWD, mieux DIAMDLAWD, dit Davies, abondant, fécond, très-abondant, magnifique, somptueux, splendide, ample, vaste, spacieux, très-abondamment. G. De *Di* privatif; *Amdlawd*, très-pauvre, dit Davies. Je ne trouve pas que cette étymologie rende le sens du mot; je crois qu'il est plus naturel de le tirer d'*Amlhau*, accroître, multiplier, amplifier, abonder, &c. *Amledd*, abondance, fécondité, &c. & de *Di*, particule explétive ou augmentative.
DIANEAUST, automne. B. *Dian*, après; *Eaust*, moisson.
DIANEU, disette. B. De là *Denué* en François; dépourvu.
DIANEVEL, conter, raconter, faire une description. B.
DIANEZ, disette. B.
DIANPODDOG, propice, favorable, indulgent. G.
DIANGAICH, dégagé, détaché. B.
DIANGC, échapper, fuir, s'enfuir, arracher; sauver, action de se sauver. G. *Di* pour *Dy*, particule augmentative en composition; & Ang. Davies.
DIANGEN, immortel. G.
DIANGERDD, lâche, mol. G.
DIANGFA, lieu pour s'enfuir. G.
DIANGHENU, suffire, être suffisant. G.
DIANGHOFUS, qui n'a point oublié. G. *Di An*, deux négations; *Cofus*.
DIANGHYMMORTH, auxiliaire, secourable. G.

DIANGODD, A DDIANGODD, survivant, qui est resté en vie. G.
DIANGOL, sauvé, libre, sûr, hors de danger, qui ne nuit point, qui ne fait point de mal, impuni, dont on n'a point pris vengeance, qui n'a reçu aucun dommage, survivant, qui est resté en vie. G.
DIANGOLL, qui est entier, qui est en bon état. G. Angoll, perte, mutilation; de Coll avec l'article. An; Di privatif.
DIANGORI, lever l'ancre. G.
DIANGRADH, mignon, mignonne. I. Voyez Grad; Dian, superflu.
DIANHAEL, libéral, généreux. G. Hael signifie la même chose; ainsi Dian est une préposition explétive.
DIANHYWEDD, clément, débonnaire, doux. G. Hywedd signifiant docile, accoutumé au joug, on voit que Dian est ici une préposition explétive.
DIANLLAD, continent. B.
DIANLLADRWYDD, continence. G.
DIANLOSACH, captieux, trompeur. I.
DIANMHAITEAS, probité. I. Dian, superflu.
DIANNAOU, plus bas, au-dessous. B.
DIANNAOUT, méconnoître. B.
DIANNEH, indigence, disette, gueuserie. B.
DIANNEU, bas. B.
DIANNEZ, le même que Dianneh. B.
DIANNEZ, TI DIANNEZ, maison abandonnée. B. A la lettre, démeublée. Voyez Annez.
DIANNEZA, démeubler, déménager, déloger, piller une maison. B.
DIANNEZET, inhabité. B.
DIANNOD, non prémédité, ce qui n'est pas différé; Tn Ddiannod, tout-à-coup, soudain, sur le champ, d'abord. G. Di privatif; Anoed. Davies. Il suppose donc qu'Anoed est le même qu'Oed, délai; An, article ou préposition explétive.
DIANNOEDEIN, échauffer. B.
DIANNUDD, découvert. G. Di Anhudd.
DIANQA, égarer, perdre une chose pour quelque temps. B.
DIANRHYDEDD, qui n'est point honoré. G. Di privatif.
DIANRHYDEDU, déshonorer. G.
DIANSAV, dédire, désavouer. B. Di privatif.
DIANT, maigre. Voyez Addiant.
DIANTEG, sans tache, pur. B. Di privatif.
DIANVAES, DIANVEZ, le dehors, l'envers, la surface, dehors; Dianvezour, étranger. B. Voyez Diamaes.
DIANVEZOUR, étranger. B.
DIANUS, DIANA. On lit dans la vie de saint Césaire d'Arles que les Paysans Gaulois appelloient Dianus un certain démon qui menoit des hommes & des femmes à cheval sur certaines bêtes à des assemblées nocturnes; c'est ce que nous appellons aujourd'hui le sabbat. Ce démon est nommé Diana dans d'autres monumens; Dia, cheval, aura fait Dian, mener à cheval.
DIANWADAL, ferme, qu'on ne peut faire changer. G.
DIANWADALWCH, constance, affermissement, fermeté. G.
DIANZAOUT, désavouer, renier, cacher. B.
DIANZAVET, désavoué, disconvenu. B.
DIAOUL, diable. B. Du Latin Diabolus.
DIAPEA, DIAPECA, famille. Ba. Voyez Dia.
DIAPECA. Voyez Diapea.

DIAPECO, style familier. Ba. Voyez Diapea.
DIAPILLA, assemblée de compagnons, d'amis. Ba.
DIAQIPEIN, déséquiper.
DIAQUIDA, amas. Ba. Voyez Dia.
DIAR, son, bruit, sonner, faire du bruit. G. Davies dit que Dyar seroit mieux.
DIAR, après. B.
DIAR, le dessus. B. Voyez Ar.
DIARAOC, le même que Diaraucq. B.
DIARAUCQ, avant, devant, le devant, au devant, auparavant, avance, frontispice. B.
DIARAUGUI, précéder. B.
DIARBED, libéral, abondant. G. Di Arbed.
DIARBEN, précéder, anticiper, aller à la rencontre. B. Voyez Arben.
DIARBENA, aller à la rencontre, doubler le pas pour en devancer un autre, ou prendre un chemin plus court pour couper celui qui le fait. B.
DIARCHAR, intrépide, qui ne craint rien, sans peur, sans crainte. G. Di est ici privatif; il faut donc qu'Archar signifie crainte, peur. Argarz en Breton signifie horreur.
DIARCHEN, déchaux, déchaussé. G. B. Voyez Archen.
DIARCHENAD, DIARCHENOG, déchaussé. G.
DIARCHENU, déchausser. G. B.
DIARCHENU, dépouiller, mettre à nud. G.
DIARCHOLL, qui n'a reçu aucune blessure. G.
DIARDRAN, revers, ce qui est au dos, derrière; Diardran Ur Ian, croupe de cheval; Diardran Ur Lestr, pouppe de vaisseau. B.
DIAREB, proverbe, sentence. G. Di Ar Eb ou Heb, ce qui est si vrai qu'on ne peut rien dire contre. Davies. A la lettre, sans contre parler ou dire. Voyez le mot suivant.
DIAREBAIR, axiôme, maxime certaine, sentence reçue, approuvée. G. Air, parole, sentence. Voyez Diareb.
DIAREBOL, proverbial. G.
DIAREBU, dire des proverbes. G.
DIARF, qui est sans armes. G.
DIARFFORDD, où il n'y a point de chemin, par où l'on ne peut passer, impraticable, inaccessible. G. Di privatif; Arffordd pour Ffordd; Ar, article.
DIARFFORDDIE, détour, sentier détourné. G.
DIARFFORDI, s'égarer. G.
DIARFOGI, désarmer. G.
DIARFU, désarmer. G.
DIARGEL, qui n'est pas caché, manifeste. G. Di privatif; Argel pour Gel, caché. Voyez Diarhawl.
DIARGYSSWR, intrépide, sans crainte. G. Di privatif.
DIARGYWEDD, qui n'a point de mal, qui n'a reçu aucun dommage, innocent, qui n'est point coupable, qui n'est point criminel, où l'on ne peut trouver à redire. G.
DIARGYWEDDWCH, disposition à ne point nuire. G.
DIARHAWL, le même que Dihawl; G. & par conséquent Arhawl, le même que Hawl.
DIARHEB, mot, parole, terme, expression. G.
DIARI, délier. B. Di privatif.
DIARIAL, lâche, mol. G. Di privatif.
DIARIANNAID, désargenté. G.
DIARIANNU, désargenter. G.
DIARIZTEA, prédication. Ba.
DIAROC, le même que Diaraucq. B.
DIAROGL, qui est sans odeur. G. Di privatif.

DIA.

DIARRA, DIARRAD, désirer, souhaiter, demander. I.
DIARROS, descente rude, tertre. B. Voyez Diar.
DIARSWYD, intrépide, qui ne craint rien, qui ne se trouble point, qui ne s'émeut de rien. G. Di privatif.
DIARTEA, le vulgaire. Ba. Voyez Dia.
DIARTEGOA, vulgaire. Ba.
DIARW, doux, qui n'est point rude. G. Arw de Garw & Di.
DIARWYBOD, ignorant, qui ne sçait pas, qui n'a point de connoissance, clandestin. G.
DIARYG, rouge. E.
DIAS, exclamation, cri. G.
DIAS, vengeance, peine. G.
DIAS, deux. I.
DIAS, épi. I.
DIAS, bas, le bas, en bas. B. C'est le même que Diaz.
DIASBEDAIN, faire des acclamations. G.
DIASCREN, demeurer renversé sur le dos sans pouvoir se relever ni se retourner. B. Diase Crain. Voyez Diatzac.
DIASE, assiette, situation, position. B. Voyez Diatzac.
DIASEEIN, poser, asseoir, établir, affaisser, s'affaisser. B.
DIASEZ, base, assiette, situation, tranquille. B.
DIASEZA, poser, asseoir, établir, affaisser, s'affaisser. B.
DIASG par corruption, dit Davies, pour Diosg. G.
DIASGEN, sain, qui n'a point de mal, qui n'a reçu aucune blessure, qui n'a reçu aucun dommage, impuni, dont on n'a point pris de vengeance, qui ne nuit point, qui ne fait point de mal. G.
DIASPAD, cri, bruit, craquement, son, retentissement. G.
DIASPEDAIN, crier beaucoup & souvent, crier, craquer, faire du bruit, retentir. G.
DIASQUIA, multiplicité. Ba. Voyez Dia.
DIASQUIEA, multiplication. Ba.
DIASTEENNEIN, décendre. B.
DIATHRAIMH, desert, abandonné, désolé. I.
DIATTREDI, ôter les vuidanges. B. Attred.
DIATTREG, non prémédité, sans retard, sans délai, sur le champ. G.
DIATZAC, il est couché. B. Voyez Diase, Diaseren.
DIAU, jour, jours. G.
DIAU, adverbe pour affirmer, ouï. G.
DIAU, certain, indubitable; Yn Ddiau, certainement. G. Di, privatif; Au de Gau. Davies.
DIAU, tant, tellement, si fort, jusques-là. G.
DIAVAES, le dehors, écorce, apparence. B.
DIAVAESYAD, externe, extérieur. B.
DIAVANCE, reculer. B. Di privatif.
DIAVAES, le même que Diavaes. B.
DIAVELA, lever le fort. B.
DIAVES, le même que Disvaes & Diamaes. B.
DIAVESIAT, étranger. B.
DIAVIS, écervelé, mal-avisé. B. Di privatif.
DIAUL, diable. B. De Diabolus Latin.
DIAULED, démoniaque. B.
DIAUSEIN, désajuster. B. Voyez Ausa.
DIAUTA, légion. Ba. Voyez Dia.
DIAWDRYDD, yvre. G. A la lettre, boisson libre; Diod Rhydd, dit Davies.
DIAWDURDODI, dégrader. G.

DIB.

DIAWG, le même que Diog. G.
DIAWGSWRTH, négligent, paresseux, fainéant, nonchalant. G. pléonasme.
DIAWL, diable. G. De Diabolus Latin.
DIAWLAIDD, démoniaque, du démon. G.
DIAZ, le bas, le sol, le fondement, le bas d'une maison: En Diaz, en bas. B.
DIAZ ou DIHAZ, terme de laboureur ou de charretier qui sert à faire entendre aux bêtes qu'il faut tourner à droite. B.
DIAZAYA, recteur. Ba. Voyez Dia.
DIAZE, établissement, avalage. B.
DIAZEEIN, le même que Diasein. B.
DIAZEREAH, action de poser. B.
DIAZEZ, le même que Diaz. B.
DIAZEZ, la première assise des pierres dans le fondement d'une maison. B. Voyez Dias, Diase.
DIAZNAOUEIN, méconnoître. B.
DIAZNAÜDICHEZ, ingratitude. B.
DIBAB, élite, choisir, démêler, éplucher, examiner. B.
DIBABET, exquis. B.
DIBABI, le même que Dibab. B.
DIBABOUS, bavette de petit enfant qui empêche la bave de tomber sur leurs habits. B. Di privatif, Baw.
DIBACQA, déballer. B. Pacqa.
DIBAID, continuel, continu, perpétuel, qui ne finit point, sans retard, sans délai; Yn Ddibaid, incessamment. G. Di privatif; Paidio, en composition Baidio.
DIBALL, qui ne manque point. G. Di privatif.
DIBANNHYLU, dérider, ôter les rides. G.
DIBAOT, rare, non commun, non fréquent, non abondant, non épais, peu. B. Di privatif, Baus, Baot, Paot.
DIBAQEIN, déballer. B. Voyez Pacq.
DIBARA, qui ne dure pas, qui passe. G. Di privatif; Para, en composition Bara.
DIBARA, DIBARRA, DIVARRA, décombrer, ôter le comble, raser une mesure, raser, applanir & au figuré céder. B. Di privatif, Bar.
DIBARABLUS, qui ne s'énonce pas bien. G. Parabl.
DIBARCH, qui n'est point honoré, qui est sans honneur, vil, méprisable, qui manque de respect. G. Di Parch.
DIBARESS, exact, régulier, ponctuel. B.
DIBARFED, défectueux, badin, écervelé, variable. B.
DIBARTH, indivisible. G. Di Parth.
DIBARZ, choisir. B.
DIBATROUS, TOUD DIBATROUS, bouillie & lait sans mélange. B.
DIBAUCH, débauche. B. De là ce mot; & Debauch en Anglois.
DIBAUT, singulier, rare. B. Di Baut.
DIBEADHACH, négation. I.
DIBEALL, vieux. I.
DIBEARTHA, mince. I.
DIBEARTHACH, exilé. I.
DIBECH, dépêcher. B.
DIBEENNEIN, échopper, travailler avec des échoppes. B.
DIBEIRT, défaire, mettre en déroute. I.
DIBELLIO, A. M. duel; Di Bell.
DIBELRHE. Davies n'explique pas ce mot, il doit signifier sans chagrin; Di privatif; Pelrhe, en composition Belrhe, chagrin.
DIBEN, fin, extrémité, terme, conclusion, évé-

460 DIB.

nement. G. Davies dit que ce mot est formé de *Dy*, particule augmentative, & *Pen*, en composition *Ben*, & que de là est venu *Anniben*, infini. Mais *Ben* signifiant seul, fin, extrémité, terme, il me paroit plus naturel de dire que *Di* est ici une particule explétive ou superfluë.

DIBEN-EAUST, DIBEN-EST, automne. B. A la lettre, fin de la moisson.

DIBENDOD, transaction. G.

DIBENNADEIN, dissuader. B. *Di* privatif; *Ben*, tête.

DIBENNAETHIAETH, anarchie. G. *Di* privatif; *Ben*, chef.

DIBENNAT, dissuasion. B.

DIBENNI; & dans les anciens livres DIPENNA, DIPENNAF, décapiter, décoller. A la lettre, priver de la tête. B. *Di* privatif; *Ben*, *Pen*, tête.

DIBENNIAD, exercice d'un emploi, acquit d'un emploi, accomplissement, achevement, consommation, perfection. G.

DIBENNU, finir, achever, accomplir, conclure, borner, déterminer, parfaire, mettre dans sa perfection; *I Ddibennu*, enfin, à la fin. G.

DIBENNU, décoller. B.

DIBENNUS, fini, achevé. G.

DIBENNWR, celui qui acheve, celui qui finit. G.

DIBENYDD, peine, punition. G.

DIBERC, marque que l'on portoit jusqu'à ce qu'on eût exécuté une entreprise, espèce de stigmates, au moyen desquelles on se croyoit sûr du succès & hors de danger par l'opération du démon. I.

DIBERCHEN, qui est sans maître. G. *Di* privatif; *Perchen*.

DIBERDERR, fainéant. B.

DIBERFEDDU, éventrer, arracher les entrailles. G.

DIBERYGL, sûr, où l'on n'a rien à craindre, qui n'est point mal-faisant; *Yn Ddiberygl*, témérairement. G. *Di* privatif; *Perygl*.

DIBETRUS, indubitable, assuré, constant, manifeste, évident. G. *Di Petrus*.

DIBHADH, le même que *Deabhadh*. De même des dérivés ou semblables. I.

DIBHE, négation, refus. I.

DIBHE, sans; *Dibhe Alaigh*, sans passage. I.

DIBHEACH, fourmi. I.

DIBHEARTA, banni, exilé. I.

DIBHEIRT, exil, bannissement, rélégation, aliénation, exclusion, bannir. I.

DIBHIRT, le même que *Dibheirt*. I.

DIBHRIM, conduire, mener, pousser, chasser. I.

DIBILHADUR, émondeur d'arbres. B.

DIBILHER, émondeur d'arbres. B.

DIBILHONA. EN EM DIBILHONA, se remuer. B.

DIBILHONA, se pendre ou suspendre. B. Voyez *Dispilh*, *Dimillona*.

DIBILHOUR, émondeur. B.

DIBIN, élevé. G.

DIBINE, extrémité. I.

DIBIRYN, qui mérite les étrivières. G.

DIBISTICQ, qui n'est point estropié, sans défaut, net. B. *Di* privatif, *Pistic*, que l'on voit par ce mot avoir aussi signifié tache, souillure, imperfection, défaut.

DIBL, bord, la salissure de bouë qui est à l'extrémité des habits. G. *Bl* est une syncope de *Blaen*; *Di* explétif ou superflu. *Dibl* pour *Diblaen*.

DIBLACZ, mouvement. B. *Di Placz*.

DIBLACZA, partir, s'en aller. B.

DIB.

DIBLACZEIN, déplacer, débusquer, débuter, partir. B. Voyez *Placz*.

DIBLAEN. Voyez *Dibl*.

DIBLAM, DIPLAM, sans blâme, irréprehensible, sans charge, déchargé, exempt de soin & de peine. B. *Di* privatif, *Blam*.

DIBLANT, stérile, qui n'a point d'enfant; qui ne peut point avoir d'enfant. G. *Di Plant*.

DIBLANTEIN, arracher. B. Voyez *Plant*.

DIBLAS, insipide, sans goût & sans saveur, dégoûtant, désagréable, fâcheux. B. Voyez *Dislat*.

DIBLASDER, désagrément du goût. B.

DIBLE, bord des habits, extrémités. G. Voyez *Dibl*.

DIBLEO, sans poil. B. *Di* privatif.

DIBLER, plat. E. *Doubler* en Anglois; *Doublier* en vieux François. Voyez *Dwbler*.

DIBLESQAT, DIBLESQEIN, écailler, ôter les écailles, la peau, la coque, peler. B. pour *Diblusqa*.

DIBLEVI, ôter le poil. B.

DIBLIGH, vil. I.

DIBLO, salir avec de la bouë les extrémités des vêtemens. G. Voyez *Dibl*.

DIBLU, qui n'a point de plumes, plumé. G. *Plu*.

DIBLUA, plumer. B.

DIBLUSQA, écaler, éplucher, égousser, éclorre ou faire sortir de la coque. B.

DIBLYG, qu'on ne peut plier, qu'on ne peut faire pencher, inflexible. B.

DIBLYGU, déplier, développer. G. *Di* privatif, *Plygu*.

DIBOAN, commode, aisé, facile. B. *Di Poaen*.

DIBOANNYA, appaiser la douleur. B.

DIBOANNYER, libérateur. B.

DIBOBLAD, dégât, sac, ravage, désolation. G. *Pobl*.

DIBOELL, furieux, insensé, fol. B. *Di Poell*.

DIBOËLL, rage, furie, extravagance, dérèglement, déréglé, sans frein. B. *Di Poell*.

DIBOELLA, devenir ou rendre fol, insensé, furieux. B.

DIBOELLET, fol, extravagant, furieux, déréglé, libertin. B.

DIBOELLI, enrager, devenir enragé. B.

DIBOEN, qui est sans peine. G. *Poen*.

DIBOEN, fainéant. B.

DIBOËS, soulagement. B. *Di Poës*.

DIBORTH, pauvre. G. *Porth*.

DIBORTHI, refuser son secours, ne point aider. G.

DIBOTAILHA, lever les barres, crocheter les serrures. B. De *Potailh*.

DIBOTAILHER, celui qui leve les barres, qui crochete les serrures. B.

DIBOUFFA, dénicher, débusquer, s'esquiver. B. De là le terme populaire *S'épouffer de quelque endroit*, pour sortir de cet endroit.

DIBOUIL, inconstant. B. C'est le même que *Diboell*.

DIBOUILH, dépouille, butin. B.

DIBOUILHA, dépouiller, priver. B.

DIBOUILLETT, inappliqué. B.

DIBOUILLTRONNEREAH, bravoure, valeur. B.

DIBOULICZ, brut, âpre, raboteux. B. *Poulicza*.

DIBOULOUDENNA, rompre les mottes. B.

DIBOURCHO, dépouiller, ôter les habits. B.

DIBOURVAE, dépourvu. B.

DIBOURVAIADUR, vacance. B.

DIBOUTI, exclure. B. De là *Débouter*, terme de Palais.

DIBR.

DIB.

DIBB, selle de cheval. B.
DIBRA, seller, mettre la selle sur le dos du cheval. B.
DIBRAWF, réfutation. G. *Di Prawf*, contre la preuve.
DIBRAWF, qui n'a pas été expérimenté. G.
DIBRED, contre-temps. B. *Pred*, temps; *Di*, contre.
DIBREDER, fainéant, sans souci. B.
DIBREDEROUEZ, fainéantise, volupté. B.
DIBREDET, fainéant. B.
DIBRENNA, débarrer, se débrailler, se découvrir trop la poitrine. B. *Pren*, *Bron*, *Di*.
DIBREPOSS, déraisonnable. B.
DIBRER, sellier, ouvrier qui fait les selles, & valet qui selle les chevaux. B.
DIBRES, tranquille. B. *Prés*.
DIBRESS, fainéant. B.
DIBRI, manger. C. B.
DIBRIAT, grand mangeur. B.
DIBRIFF, manger. B.
DIBRIM, détruire. I.
DIBRIN, abondant, fécond, fertile, libéral. G. *Prin*.
DIBRIN, manger. B.
DIBRIOD, qui vit sans femme, célibataire. G.
DIBRIODAS, célibat. G.
DIBRIS, vil, méprisable, abject, sans honneur, humble, bas, frivole, de peu de conséquence, trivial, vulgaire, bagatelles, choses de rien. G. *Pris*.
DIBRISIO, mépriser, rejetter. G.
DIBRISIWR, méprisant, dédaigneux. G.
DIBRISU, mépriser. G.
DIBROFFESS, dont on n'a point donné la déclaration. G.
DIBROFITT, infructueux. B. Voyez *Profid*, *Profit*.
DIBROI, dépayser, bannir, chasser du Pays. B. *Di* privatif; *Bro*.
DIBROL. YN DOIBROL, brusquement, tout-à-coup, à l'improviste. G. *Di Prol*.
DIBROP, maussade, salé. B. *Prop*.
DIBROPOS, démesuré. B.
DIBRYA, manger beaucoup. B.
DIBRYAD, grand mangeur. B.
DIBRYD, qui est sans grace, sans agrément. G.
DIBRYDER, négligent, nonchalant, peu soigneux, exempt de soin, exempt de souci. G.
DIBRYDERWCH, négligence, nonchalance, défaut de soin. G.
DIBRYDWCH, manque d'agrément, mauvaise grace. G.
DIBRYN, qui n'a point été acheté. G.
DIBUNA, DIBUNAF, dévider. B.
DIBUNAN, dévideur. B.
DIBUNER, dévideur. B.
DIBUNOUER, dévidoir. B.
DIBUNOUR, dévideur. B.
DIBUAO, affoiblir. G.
DIBWDR, incorruptible. G. *Pwdr*.
DIBWYLL, fol, déraisonnable, qui n'a point de raison. G. *Pwyll*.
DIBYN, précipice, qui pend, pendant, penchant, qui va en baissant, roide, haut, escarpé, de difficile accès, qui est en précipice; *Yn Nibyn*, qui fait des ondes, qui fait des vagues, qui s'éleve par vagues. G.
DIBYNFA, précipice, abysme. G.
DIBYNNU, pencher, pencher sur le devant, être

DIC.

pendu, pendre d'en haut, pendre droit en bas. G.
DIC, sans. Voyez *Dichaul*.
DIC, le même que *Ic*. Voyez *D*.
DIC, le même que *Tic*. Voyez *D*.
DIC, le même que *Dac*, *Dec*, *Doc*, *Duc*, *Dwc*; *Dyc*. Voyez *Bal*.
DIC, le même que *Di*, *Dig*, *Dis*. Voyez *Aru*.
DICACE, ramener. B. *Di Cace*.
DICC ou DISS, dez à jouer. B. Voyez *Dis*.
DICCOU, dez; pluriel de *Dicc*, & jouer aux dez. B.
DICCRA, fluet, maigre. G. crase de *Dicera*.
DICCRAWCHC, dégoût, aversion, répugnance. G.
DICCUS, A. M. digue; de *Dig*, *Dic*.
DICERA, qui mange peu. G. *Di Car*.
DICERVAL, sans cervelle. B.
DICEULEIN, estraper, scier le chaume qui reste après le sciage des bleds. B.
DICH, fort, puissant. G. *Dicht* en Allemand, solide, ferme, compact, épais, serré, bien joint; *Dicht* en Flamand, solide, bien clos & serré ensemble; *Dick* en Allemand, gros, épais; *Dik* en Flamand, gros, épais; *Dik* en Hébreu, forteresse; *Midac* ou *Mdac* en Arabe, homme fort & robuste.
DICH, le même que *Dach*, *Dech*, *Doch*, *Duch*. Voyez *Bal*.
DICH, le même que *Tich*. Voyez *D*.
DICH, le même que *Ich*. Voyez *D*.
DICH, le même que *Deach*. De même des dérivés ou semblables. I.
DICHABOUS, débat. B. On dit en Patois de Besançon *Se Chaipouta*, pour se disputer.
DICHAFRANTA, DICHAFRANTI, arracher, déchirer, tirer par force, déchiqueter. B. *Di Kefrann*.
DICHAIRREIN, défermer. B.
DICHAL, le reflux de la mer. B.
DICHANGRA, échancrer. B.
DICHAUL, lieu à couvert du soleil, ombrage. B. *Haul*, soleil; *Dic* signifie donc sans. Voyez *Di*.
DICHEAL, oubli. B.
DICHEALTAIR, lance, hampe d'une javeline, bâton. I.
DICHEALTHAIR, enceinte. I.
DICHEANN, qui a la tête coupée. I. *Chean*, en composition pour *Cean*, tête; *Di* par conséquent privatif.
DICHEANNAD, DICHEANNIM, couper la tête. I.
DICHEANNTHA, sans tête. I.
DICHEC, fier. B. Voyez *Dicheeq* qui est le même.
DICHECANA, accessoire. Ba.
DICHECQ, qui est rude en paroles, rustique. B. *Di Chuec*. Voyez *Dicec*.
DICHEILLIDHE, imprudent, qui n'est pas politique, inconsidéré, maniaque. I.
DICHELL, fourberie, tromperie, ruse, finesse, embûches. G. *Degal* en Chaldéen & en Syriaque, tromper.
DICHELLGAR, rusé, fin, qui dresse des embûches. G.
DICHELLGARWCH, ruse, tromperie, fourberie, finesse, subtilité, pénétration d'esprit. G.
DICHELLION, embûches, embuscade. G.
DICHENED, disgracié de la nature. B.
DICHEZCARIAG, attachement. Ba.
DICHIAL, phrénésie, manie. I.
DICHIDA, duel. Ba. *Di Cad*.
DICHIOLL, effort, industrie, soin, adresse. I.

DICHIOLLAC, induſtrieux, ſoigneux. I.
DICHLAGN, débordement de rivière, inondation. B. Di Clagn.
DICHLAGNA, inonder. B.
DICHLAIGN, le même que Dichlagn. B.
DICHLAISDYDD, le même que Clais Dydd. G.
DICHLAN, débordement de rivière, inondation. B. Di Clan.
DICHLUD, porter, tranſporter. G. Cludo.
DICHLUDEDD, tranſport, action de porter, de tranſporter. G.
DICHLYN, ſoigneux, prudent, curieux; Yn Ddichlyn, artiſtement, en perfection. G.
DICHOANT, dégoût, averſion, indifférence, indifférent, indolent, inſenſible. B. Di privatif; Choant.
DICHOANTAT, dégoûter. B.
DICHOISGITE, implacable. I.
DICHON, pouvoir, avoir la puiſſance, être fort. G. Il a auſſi ſignifié fort. Voyez Dich & Digon qui ſont le même mot.
DICHONI, pouvoir, avoir la puiſſance. G.
DICHOURDI, dégourdir les mains. B. De là ce mot.
DICHRACZ, rétif, mauſſade, impoli. B.
DICHREIDEADH, douter, ſoupçonner. I.
DICHREIDIOMH, doute, ſoupçon. I.
DICHWAIN, évènement. G.
DICHWANT, qui eſt ſans déſir, qui ne déſire pas, manquement de déſir. G. Di privatif.
DICHWARAU, ſérieux, grave. G.
DICHWEL, face, viſage, mine, air de viſage, action de tourner, tour. G.
DICHWEN pour DICHWAIN, évènement. G.
DICHWERTHIN, qui ne rit jamais. G.
DICHWERW, doux. G.
DICHWITH, adroit. G. Di privatif.
DICHYN, le même que Dichon. G.
DICOCHENA, éplucher. B. Di privatif.
DICOCHI, éplucher. B. Di privatif.
DICOFRIT, A. M. eſpèce de travail qu'on devoit au Seigneur. Ce mot ne vient-il point de Dicombri ou Dicobri, Dicofri, enlever les pierres, les arbres abatus, les épines qui empêcheroient une terre, un champ de produire.
DICOUFHA, oublier. B. Di privatif; Couf, Coff.
DICRA, dégoûté, qui ne trouve rien de bon, qui ne prend plaiſir à rien. G. Craſe de Dicera.
DICRIEIN, diffamer, décréditer. B.
DICRYER, diffamateur. B.
DICTIS, petite iſle. G. C'eſt Iclis avec le d préposé, dit Baxter.
DICUZI, DIHUZI, découvrir. On s'en ſert pour exprimer l'action de ceux qui ſe montrent après s'être cachés. B. Di privatif; Cuzi & Huzi, cacher; Huz, par conſéquent le même que Cuz.
DICZ, dez, B. Dice en Angloiſ, dez au pluriel; Diſle en Irlandois, dez au ſingulier & au pluriel. Voyez Dis.
DICZIN, deſſein de peintre. B.
DICZIVOUD, héréſie anciennement. B.
DICZIVOUDER, novateur. B.
DICZOLLIT, libertin. B.
DICZOLUDD, diſſolu. B.
DICZOLVI, diſſoudre. B.
DICZON, qui eſt ſans bruit. B.
DICZONICQ, qui eſt ſans bruit. B.
DICZUL, Dimanche. B.
DICZUMULA, diſſimuler. B.
DID, net. G.

DID, mamelle. I. Voyez Didan.
DID. Voyez Tit.
DID, le même qu'Id. Voyez D.
DID, le même que Tid. Voyez D.
DID, le même que Dad, Ded, Dod, Dud, Dwd, Dyd. Voyez Bal.
DIDA, A. M. nourrice ; de Did, mamelle.
DIDACH, être caché. G. Di explétif; Tachu, dit Davies.
DIDACHEIN, défenclouer. B. Voyez Tach.
DIDACHWR, qui eſt caché, qui cherche à ſe cacher, coureur de nuit, qui cherche les ténèbres. G.
DIDADLEU, faire avouer, convaincre. G.
DIDAFOD, qui n'a point de langue. G. Tafod.
DIDAFODIO, couper la langue. G.
DIDAILH, qu'on ne peut ſoumettre, laid, difforme, ſale, mal-propre. B. Di privatif.
DIDAL, qui n'eſt pas payé, qu'on ne peut payer, qu'on ne peut récompenſer, qui n'a point de dot. G. Tal.
DIDALA, défoncer. B. Tala.
DIDALCHUS, impudique anciennement. B.
DIDALLOUGUEZ, fainéantiſe. B.
DIDALVE, DIDALVES, DIDALUEZ, méchant, vaurien, fainéant. B. Di privatif; Dal.
DIDALVEDIGUIAH, brigandage. B.
DIDALVEZA, faire le fainéant. B.
DIDALVOUDEGUEZ, non valeur, fainéantiſe. B. Voyez Didalve.
DIDALVOUT, DIDALUOUT, fainéant. B.
DIDAMAL, qui n'eſt pas coupable. B. Tamal.
DIDAMMER, emporte-piéce. B. Tam.
DIDAN, ſous, deſſous, en. B.
DIDAN-ENVOR, par cœur, de mémoire. B.
DIDANA, éteindre. B. Di privatif; Tan, en compoſition Dan, feu.
DIDANGC, paix. G. Tangc.
DIDANNA, deſſous lui. B. Didan.
DIDANNA, mettre deſſous. B. Didan.
DIDANVEZ, néceſſiteux, qui n'a rien, pauvre, indigent. B. Di privatif; Danvez.
DIDANWCH, adouciſſement, allégement. G.
DIDARF, intrépide, qui ne craint point. G. Di privatif; Tarf ſignifie donc crainte. Voyez encore Tarfu.
DIDARHEIN, apoſtumer, s'ouvrir, pulluler, ſortir, paroître, éclorre. B. Di Tarh.
DIDARZA, le même que Didarhein. B. Di Tarz.
DIDATIM, A. G. par diviſions; de Di.
DIDAWL, qui ne ceſſe point, aſſidu, infatigablement, ſans ſe laſſer, inceſſamment. G.
DIDDADL, réfutation. G.
DIDDADLU, réfuter, infirmer. G.
DIDDAIARU, exhumer. G.
DIDDAIL, qui n'a point de feuilles. G.
DIDDAN, qui a des graces, qui a de l'agrément, agréable, joli, enjoué, plaiſant, qui conſole, qui adoucit la peine. G.
DIDDANIAD, action de ſe réjouir. G.
DIDDANNED, édenté. G.
DIDDANNHEDDU, édenter, caſſer les dents. G.
DIDDANU, réjouir, conſoler, encourager. G.
DIDDANWCH, joye, allégreſſe, plaiſir, volupté, agrément, conſolation, ſoulagement. G.
DIDDANWR, conſolateur. G.
DIDDARBOD, imprudent, inconſidéré, qui agit ſans prendre conſeil, pareſſeux, lâche, négligent, nonchalant, peu ſoigneux, qui manque de pré-

DID. DIB. 463

voyance, qui eſt dans la ſécurité, qui ne pourvoit à rien, qui ne penſe à rien. G. *Di Darbod.*
DIDDARBODAETH, imprudence. G.
DIDDARBODI, avoir peu de ſoin, déſeſpérer. G.
DIDDAWN, qui n'a point de dot, ſtérile, qui eſt ſans agrément, qui eſt ſans graces. G.
DIDDAWR, le même que *Dawr.* G.
DIDDEALL, brute, ſtupide, bête, ſot, hébété, inſenſé, fol, qui n'a ni ſens ni eſprit. G.
DIDDEFNYDD, bagatelles, vetilles, niaiſeries, ſot, ſtupide. G.
DIDDESTL, qui n'eſt pas délicat, qui n'eſt pas douillet, qui n'eſt pas propre, qui n'eſt pas ſomptueux, négligé. G.
DIDDIAL, impuni. G.
DIDDIG, paiſible, doux, tranquille, qui n'eſt point agité, qui n'eſt point ému. G.
DIDDIGIO, s'appaiſer, ceſſer d'être en colere, ceſſer d'être en fureur. G.
DIDDILLADU, déshabiller, ôter le manteau. G.
DIDDIM, rien, nullement. G.
DIDDINCOD, participe paſſif du verbe *ôter les grains de raiſin.* G. Voyez *Dincod.*
DIDDIWEDD, infini. G. *Di* privatif.
DIDDOLI, le même que *Didoli.* G.
DIDDONAF, ſevrer. B.
DIDDOS, étanché, ſans gouttière. G. *Di* privatif. *Dos.* Davies.
DIDDOS, toit. G.
DIDDOSI, étancher, boucher, arrêter, empêcher qu'il n'y ait des gouttières. G.
DIDDRWG, ſans malice. G.
DIDDWFR, ſans eau. G.
DIDDUW, athée, impie. G. *Di* privatif.
DIDDWYN, porter. G. *Di* ſuperflu.
DIDDYBLYG, ſimple, qui n'eſt pas double. G.
DIDDYCHRYN, intrépide. G.
DIDDYFNU, ſevrer, ſéparer, déſunir. G.
DIDDYFOD, d'où l'on ne ſçauroit revenir. G.
DIDDYM, choſe de néant, rien, néant, pauvre. G. Voyez les mots ſuivans.
DIDDYMANSER, moment. G. *Amſer*, temps.
DIDDYMIAD, action d'effacer, rature, abrogation, action de réduire à rien, de ne rien laiſſer, action de caſſer, d'annuller, privation. G.
DIDDYMIO, anéantir, rendre nul, affoiblir, amoindrir, diminuer. G.
DIDDYMMU, anéantir, réduire au néant, abolir, abroger, regarder comme rien, vieillir. G.
DIDDYRYSSU, débrouiller, démêler, développer. G.
DIDDYSG, ignorant, illitéré, qui n'a aucune érudition. G.
DIDDYWEDDI, qui vit dans le célibat. G.
DIDEAN, protection, réfuge, aſyle, conſervation, garde, défenſe, forterreſſe, protéger. I.
DIDEAN, gain. I.
DIDEANADH, retirer, recevoir, loger chez ſoi. I.
DIDEANOIR, protecteur. I.
DIDEG, qui n'eſt pas ſerein. G. *Di* privatif, *Teg.*
DIDEIO, faire le dégat, ſaccager, ravager. G. Voyez *Didwn.*
DIDEN, mamelle, mamelon. G. *Did* en Irlandois, mamelle ; *Duddaim,* en Hébreu ; *Daddin* en Chaldéen, mamelle ; *Dad* en Hébreu, mamelle ; *Daddjan* en Gothique, tetter. Voyez *Teth.*
DIDENNA, ſuſciter. B. *De Tan.*

DIDENNOG, qui a de groſſes mamelles. G.
DIDEONNAIGHIM, protéger. I.
DIDERFYN, qui n'eſt point borné, qui n'a point de terme, infini. G. *Di* privatif, *Terfyn.*
DIDEU, déplacer. G. *Di* privatif, *Teu* par conſéquent place, lieu. Voyez *Diduo & Tu.*
DIDIN, couverture. I.
DIDINVA, DIDINVI, DIDIVA, ſortir, faire ouverture pour ſortir, pouſſer parlant des arbres & des herbes, germer, pulluler, éclorre parlant des fleurs. B. *Di Tinva.*
DIDION, le même que *Dideanadh.* I.
DIDIONOIR, protecteur, celui qui retire, qui loge chez ſoi. I.
DIDIRIO, être exilé. G. De là *Adiré* en vieux François, égaré.
DIDLWS, qui n'eſt point élégant, mal fait, impoli, mal tourné. G. *Di Tlws.*
DIDNIGHTEOIR, protecteur. I.
DIDO, ſans couvert, expoſé à l'air. G. *Di* privatif ; *Do To.*
DIDOI, découvrir. G. *Toi.*
DIDOLC, plain, uni. G. *Di Tolc.*
DIDOLCIO, dérider, ôter les rides, ôter les inégalités, ce qui rend un champ, un chemin ſcabreux, inégal. G.
DIDOLI, ſéparer. G.
DIDOLIAD, ſéparation, action de ſéparer. G.
DIDOLIANT. *YN DDIDOLIANT*, inceſſamment. G.
DIDOLL, entier. G.
DIDOLL, exempt de tribut. G. *Di Toll.*
DIDOM, ſans boue. G. *Di Tom.*
DIDOMMI, ôter la boue, les excrémens. G.
DIDONNAU, tranquille, calme, ſans agitation. G. *Di Tonneau.*
DIDOR. *YN DDIDOR*, inceſſamment. G. *Di* privatif ; *Torr*, fracture, interruption. Voyez *Didorr.*
DIDOR, infatigable ou non fatigué. B.
DIDORETH, ſtérile. G. *Di Toreth.*
DIDORETHOGRWYDD, ſtérilité. G.
DIDORR, qu'on ne coupe point, qui n'a pas été coupé, qu'on ne peut couper, qui ne peut ſe rompre, indiviſible, entier, tenant, joignant, qui ſe touche, continu, continuel, aſſidu, perpétuel. G. *Di Torr.*
DIDORRADUR, indiſſolubilité. B. Voyez *Torr, Torri.*
DIDRA, néceſſiteux, qui n'a rien. G. *Di Tra.*
DIDRAFFERT, oiſif, pareſſeux, qui n'eſt chargé de rien. G.
DIDRAFICQ, ſimple, naïf. B.
DIDRAHA, humble, ſans orgueil, ſans ambition, d'un eſprit toujours égal. G. *Di Traha.*
DIDRAHAUS, d'un eſprit toujours égal. G.
DIDRAI, perpétuel. G.
DIDRAIM, le même que *Train.* G.
DIDRAMGWYDD, qui n'a point été ruiné, qui n'a point été abatu, qui n'a point été offenſé, qui n'a ſouffert aucun tort, qui ne ſe couche point. G.
DIDRAMWY, où il n'y a point de chemin, qui n'eſt point pratiqué. G. *Di Tramwy.*
DIDRANG, le même que *Trang.* G.
DIDRANGC, immortel, perpétuel, qui n'a point de terme. G. *Di Trange.*
DIDRAS, qui ne ſont point unis par la parenté. G.
DIDRAUL, frugal, tempérant. G.
DIDRE, traverſer. B.
DIDREF, inhabitable. G. *Tref.*

DIDREFN, confus, qui est pêle-mêle, déréglé, sans ordre. G. *Trefn.*
DIDREFTADU, deshériter. G.
DIDREIGL, inévitable. G. *Treiglo.*
DIDREN, au-delà. B.
DIDRES, sans affaire, sans travail. G. *Tres.*
DIDRETH, exempt, franc, libre. G. *Di* privatif, *Treth* signifie donc charge. Voyez *Tres.*
DIDREU, au-delà, de l'autre côté ; *Treu Didreu*, de part en part, d'outre en outre. B. *Y Tu Draw*, outre en Gallois, à la lettre, le côté d'au-delà.
DIDREU, transpercer. B.
DIDREULGAR, qui est sans ambition. G. *Treulgar.*
DIDRIGIAS, vagabond, errant. G. *Trig.*
DIDRIST, qui chasse la tristesse. G.
DIDRO, détour, écart, égarement, erreur, difformité, imperfection, défaut, qui ne peut tourner, qu'on n'a pas déroulé. G. *Di Tro.* Davies.
DIDROADI, démancher. B. *Troad.*
DIDROED, oiseau qui n'a point de pieds. G. *Di Troed.*
DIDROEDIO, supplanter, donner le croc en jambe. G.
DIDROETH, libre, exempt. G.
DIDROUCHER, découpeur, déchiqueteur, fendeur. B.
DIDROUS, pacifique, paisible, doux, sans bruit. B. *Trous.*
DIDRUEZ, impitoyable. B. *Truez.*
DIDRUGAREDD, sans pitié, cruel, inhumain. G.
DIDRWCH, heureux, favorable. G. *Tiwch.*
DIDRWM, diligent. G. *Trwm.*
DIDRWST, sans bruit, qui ne rend point de son, taciturne, qui ne se trouble point, qui ne s'émeut de rien. G.
DIDRWYNO, ôter le nez. G. *Trwyn.*
DIDRUZA, dégraisser. B.
DIDRYF, religion monastique ou érémitique, abstinence de manger : il paroit, dit Davies, signifier proprement désert ; de *Didref*, hors de Ville. G. *Tryf* pour *Tref.*
DIDRYFWR, & quelquefois par crase *Ditriwr*, *Titriwr*, hermite, religieux. G.
DIDUCHAN, qu'on ne pleure point. G. *Tuchan.*
DIDUDYDD, exilant, faisant sortir quelqu'un de son pays. G. *Di* privatif ; *Dud* en composition pour *Tud*, terre, pays. Davies.
DIDUEDD, qui ne penche ni d'un côté, ni d'un autre, intégre. G. *Tuedd.*
DIDUEL, amusement, hochet. B.
DIDUELLA, amuser. B.
DIDUGAD, le même que *Deadugad.* De même des dérivés ou semblables. I.
DIDUI, occupation non sérieuse, divertissement, amusement. B. Voyez *Deduy, Dedwyd.*
DIDUO, déplacer, ôter d'une place, chasser de la maison. G. *Di* privatif ; *Tu*, en composition *Du*, doit donc signifier place, lieu, maison. Voyez *Diden.* Le grand étymologique Grec dit que *Dido* en Phénicien signifie vagabond, errant, & que c'est de là que la Reine Didon a tiré son nom. Voyez *Tu.*
DIDWLL, qui n'est point creux, massif. G. *Twll.*
DIDWN, terrible. C.
DIDWNG, qui n'a point fait de ferment. G. *Twng.*
DIDWNN, entier, qui n'est point brisé. G. *Twnn.*
DIDWRF, qui ne fait point de bruit. G. *Twrf.*
DIDWYLL, qui est sans tromperie, sans dol, simple, infaillible. G. *Twyll.*

DIDYMMESTL, tranquille, calme, sans agitation. G. *Tymmestl.*
DIDYO, faire le dégat, ravager, saccager. G.
DIDYRR, qu'on ne coupe point. G. C'est le même que *Didorr.*
DIDYWODI, ôter le sable. G. *Tywod.*
DIE, jour. G. De là *Dies* Latin.
DIEBRYD, le même que *Diabred.* G.
DIEBRYD, attaque, assaut. G.
DIERYD, impétuosité, violence, choc. G.
DIEC, paresseux, stupide. B. *Di*, sans ; *Ac, Ec* en composition, action.
DIECHWNG, auprès. G. *Di* superflu.
DIECHYR ; pluriel de *Diacher.* G.
DIECQAT, s'engourdir parlant de l'esprit, être paresseux. B.
DIED, boisson. B. Voyez *Diod.*
DIEDFYDD, certainement, sans doute. G. Voyez *Dieu.*
DIEDLAES, lâche, relâché. G. *Di Ed*, deux prépositions explétives. Voyez *Laes.*
DIEDMIG, honneur. G. *Di* superflu.
DIEFLIG, diabolique. G.
DIEG, paresseux, négligent, fainéant, lent, pesant, endormi. B. *Di* privatif ; *Eg*, action. Voyez *Diog, Diegat.*
DIEGAR, être paresseux. B.
DIEGAT, cruel. B.
DIEGAT, être paresseux, languissant, lâche, foible. B.
DIEGUI, paresse, être paresseux. B.
DIEGUS, le même que *Dieg.* B.
DIEGUY, paresse, lâcheté. B.
DIEILFYW, qu'on ne peut faire revivre. G.
DIEIRDA, diffamé. G.
DIEITHR, étranger, monstrueux, qui a de l'aversion, qui est à autrui. G. *Di Eithr.* Voyez *Eithrad.*
DIEITHR, conjonction exceptive, sinon, excepté. G.
DIEITHRAD, exemption, exception, falsification, étranger. G.
DIEITHRAID, étrangers. G.
DIEITHRAID, bouclier. G.
DIEITHRAWL, exceptif. G.
DIEITHRDDYN, étranger, pélerin, voyageur. G.
DIEITHRFA, retraite, lieu à l'écart. G.
DIEITHRFWYD, ce qui croit dans un autre pays. G.
DIEITHRIAITH, quand on joint un mot étranger avec un naturel à la Langue dans laquelle on s'exprime. G.
DIEITHRO, aliéner, détourner, distraire, céler, cacher, feindre, dissimuler, transfigurer, donner une autre figure. G.
DIEITHROL, qui est à autrui, inusité, qui n'est pas en usage. G.
DIEITHRSANG, parenthèse, interposition. G.
DIELCHAT, essouffler, perdre haleine. B.
DIELL, farouche, horrible, qui porte la crainte. G.
DIELW, méprisable, vil, inutile, ignoble. G. *Di Elw.*
DIELWANT, bassesse. G.
DIELWEDD, mépris, bassesse, bassesse de naissance. G.
DIELWI, mépriser, rendre bas, estimer peu, perdre, ruiner, détruire, anéantir. G.
DIELWIG, vil, méprisable. G.
DIEMIG, petit enfant. G. *Di* superflu.
DIEMPEN, badin, folâtre, écervelé. B. De là en vieux François *Andemné*, badin, folâtre à l'excès

DIE. DIF.

l'excès, lascif; *Di* privatif; *Empen*, cervelle.

DIEMWNT, diamant. G.

DIEWYTH, laboureurs, ceux qui cultivent la terre. G.

DIEN, ruine entière, perte, carnage, massacre, meurtre, mort violente. G. C'est le même que *Dihenydd*, qui a souffert une apocope.

DIEN, beau, agréable. G.

DIEN, serviteur. G. *Dienen* en Allemand, servir, être valet; *Thenian* en ancien Saxon; *Thinon*, *Thionon*, *Deonon* en Théuton; *Diener*, serviteur, valet en Allemand; *Dienaar* en Flamand, serviteur, servant; *Dienar*, serviteur en vieux François.

DIEN adjectivement pris. Davies demande si ce mot signifie certain, manifeste? Il est très-probable qu'oui. Il paroit formé de *Di*, sans; *Anaf*, en composition *Enaf*; & par une apocope qui se trouve dans presque tous les mots composés *En*, erreur. D'ailleurs *Dieu* signifie certain, & on voit par *Dieu-Air* que *Dieu* & *Dien* se disent indifféremment. Davies demande encore si ce mot ne signifie pas agréable, vif? On ne peut douter qu'il ne signifie agréable, ainsi qu'on le voit dans l'article précédent, pris du Dictionnaire de Thomas Guillaume. Les phrases que Davies rapporte montrent que ce mot signifie aussi vif. G.

DIEN, crème, le plus gras du lait. B.

DIENAID, inanimé, qui est sans ame. G.

DIENAOUI, désennuyer. B. *Di* privatif; *Enaoui*, ennuyer.

DIENAU, qui n'a point de bouche. G. *Di Genau*.

DIENBYD, sûr, où l'on est en assurance, qui est hors de danger. G. *Di* privatif.

DIENECQ, indigent. B.

DIENEIDIO, tuer. B.

DIENEZ, besoin, indigence, disette, pauvreté, misère, manquement. B. Voyez *Diannez*.

DIENI, mourir. G. *Di* privatif; *Geni*, comme *Denascor* en Latin.

DIENIG, DIENNIG, calomnie, médisance, outrage. G. *Di* superflu.

DIENIWO, dédommager. G. *Di* privatif.

DIENLLIE, qui est sans tache, où l'on ne peut trouver à redire. G. *Di* privatif.

DIENN, crème, le plus gras du lait. B.

DIENN ou DIEN a une autre signification qui m'est inconnue, dit Dom le Pelletier dans la tragédie de la destruction de Jérusalem, où il se trouve plusieurs fois écrit à l'ancienne mode *Dyen*. Il rapporte quelques passages où ce mot est employé pour qu'on en découvre le sens. Tant par les passages ici indiqués, que par l'article *Dien*, il paroit que *Dienn* ou *Dien*, ou *Dyen* (car c'est le même mot) signifie certain, certainement.

DIENNAH, besoin, indigence, manquement. B.

DIENNIG, le même que *Dienig* & *Diymarbed*. G.

DIENNIUM, A. G. l'espace de deux ans; *Dy*, deux.

DIENTENT, gâte-métier. B.

DIENW, anonyme. G. *Di* privatif.

DIENWOGI, obscurcir. G.

DIENYDDU, tuer. G.

DIEPPIL, stérile. G. *Di* privatif.

DIEREB ou DIEREP, opposé; *An Tu Diereb*, à l'opposite, contre. B.

DIEREIN, délier. B.

DIEREW, délier, relâcher, débrouiller, démêler, développer. B. *Di* privatif; *Ere*, lien.

DIERGRYD, intrépide, qui ne craint point. G.

DIERGRYN, le même que *Diergryd*. G.

TOME I.

DIERONDEA, République. B. Voyez *Dia*.

DIERRIA, nation. B. Voyez *Dia*.

DIERWINO, adoucir, appaiser, fléchir. G. *Di Gerwin*.

DIES, le même que *Diez*. Voyez *Arw*.

DIESA ou DIAESA, s'évaporer, s'exhaler. B. *Di* superflu; *Aes*, vapeur, exhalaison.

DIESGEULUS, lâche, mol. G. Voyez *Dies*.

DIESGIDIAU, déchaussé. G.

DIESGIDIO, déchausser. G.

DIESGUS, inexcusable. B.

DIESGYRN, qui n'a point d'os. G.

DIESGYRNU, désosser. G.

DIET, boisson. B. Voyez *Diot*, *Died*.

DIET, habitation. Voyez *Dietas*.

DIETA, diete, peu manger. Ba. De *Di Ed* ou *Et*.

DIETAS, A. G. maison; de *Diet*, de *Tys* ou *Tyet*.

DIETIFEDDU, déshériter. G.

DIEU, certain. G. Voyez *Dihen*.

DIEU-AIR, proverbe. G. *Dieu* pour *Dien*; *Gair*.

DIEUBI, débarrasser. B.

DIEUCQAT, se relâcher. B.

DIEVES, DIEVEZ, mal-avisé, inconsidéré; impertinent, qui n'a aucun soin, négligent, imprudent, qui n'est pas attentif à ce qu'il doit faire ou dire. B. *Di* privatif; *Evez*.

DIEUESDET, DIFEZDER, DIVEEDET, imprudence, inadvertance, négligence. B.

DIEUGUI, paresse, nonchalance. B.

DIEUL, diable. B. Voyez *Diaul*.

DIEUOEDD, jours. G.

DIEUOG, qui n'est point coupable, innocent; qui ne sçait rien d'un dessein. G. *Di* privatif.

DIEUOGRWYDD, innocence, état d'un homme qui n'est pas coupable. G.

DIEURUSTAITT, infélicité. B. Voyez *Eurus*.

DIEURWYDD, certitude. G.

DIEWYNNU, ôter l'écume, énerver, affoiblir. G.

DIEYTHR-DDYN, étranger. G. Voyez *Dieithr*.

DIEZ, mésaise. B.

DIEZCONTEA, polygamie. Ba.

DIEZNEZ, indigence, disette, besoin. B.

DIF pour DYDD. Voyez *Difiau*. G.

DIF, le même qu'*If*. Voyez D.

DIF, le même que *Tif*. Voyez D.

DIF, le même que *Daf*, *Def*, *Dof*, *Duf*, *Dyf*. Voyez *Bal*.

DIFA, détruire, consumer, ravager, dévorer, manger. G.

DIFACEA, effacer. G.

DIFAD, orphelin. Voyez *Enevad*.

DIFADU, priver. Voyez *Ymddifadu*, *Ymddifad*; *Enevad*.

DIFAECON, laid. B.

DIFAEDD, perte, ravage, dévastation, dégât; pillage. G.

DIFAGL, qui n'est point souillé. G. *Magl*.

DIFAI, sans faute, innocent, irréprochable; qui n'est point criminel. G. *Di Bai*.

DIFALCH, sans ambition, humble. G. *Balch*.

DIFALEISRWYDD, simplicité. G. *Malais*.

DIFALIS, qui est sans malice. G. *Malais*.

DIFALLDRAIN, ravager. G.

DIFALWCH, diligence. G. *Fall* de *Ball*, manquement, défaut; *Di* privatif.

DIFAM, orphelin de mere. G. *Mam*.

DIFAMEIN, diffamer, salir. B.

DIFAN, qui se dissipe, qui s'évanouit, méprisable, de nul prix. G.

Y y y y y

DIFANCOLL, perte, ruine, destruction, anéantissement. G. Pléonasme *Difant Coll.*
DIFANCOLLI, s'évanouir, se dissiper, se perdre. G.
DIFANN, qui est sans tache. G. *Di Bann.*
DIFANNU, disparoître, se dissiper, s'évanouir, s'écouler, se passer, se perdre, venir à rien, manquer, s'envoler. G.
DIFANT, manquement, cessation de paroître, cessation d'être, qui se dissipe, qui s'évanouit, qui s'écoule, méprisable, de nul prix. G.
DIFANW, qui se dissipe, qui s'évanouit, détruire, rendre méprisable, mépriser. G.
DIFANWL, négligé. G.
DIFARF, sans barbe. G. *Barf.*
DIFARLE, débrailler. B.
DIFARLEA, déferler les voiles. B. De là ce mot,
DIFARNIAD, condamnation, damnation. G.
DIFARNU, condamner, convaincre. G. *Barnu.*
DIFARNWR, Juge qui condamne. G.
DIFARW, immortel. G. *Marw.*
DIFASIA, reprendre, corriger. B. *Di* privatif; *Fasia.*
DIFAUT, sans défaut, accompli, parfait. B. *Faut*; *Di* privatif.
DIFAUTA, rendre correct. B.
DIFAWL, qui est sans réputation, sans estime. G.
DIFAWR, glouton, goulu, goinfre, gourmand, qui dévore, dissipateur, débauché. G.
DIFAZYA, rendre correct, châtier. B.
DIFDEDD, dégât, sac, ruine, désolation, ravage. G.
DIFEDDIANNU, priver quelqu'un de son autorité, dépouiller, priver. G. *Meddiant.*
DIFEDDU, priver, dépouiller, déposséder. G.
DIFEDDW, sobre. G.
DIFEDDWL, imprudent, étourdi, fol, peu soigneux, négligent, nonchalant. G. *Meddwl.*
DIFEDDWR, qui prive.
DIFEDI, privation. Voyez *Ymddifedi*, *Ymddifadu.*
DIFEIAD, correction, amendement. G. *Bai.*
DIFEINYD, Théologien. G.
DIFEIO, corriger. G. *Difai.*
DIFEISTR, qui est sans maître. G. *Meistr.*
DIFEN, défendre, défense. B. Voyez *Diffyn*; de là le Latin *Defendo*, le François *Défendre.*
DIFENN GOUEL, célébrer une fête. B.
DIFENNER, défendeur. B.
DIFENNI, défendre. B. Voyez *Difen.*
DIFENNOUR, défendeur. B.
DIFENWAD, outrage, affront, blasphême. G.
DIFENWI, médire, outrager de paroles, calomnier. C'est ainsi qu'on le prend ordinairement, dit Davies, comme composé de *Di* privatif, & *Enwi*; mais il signifie plutôt, continue le même Auteur, estimer peu, mépriser. G.
DIFENWI dans Thomas Guillaume signifie médire, diffamer, perdre d'honneur, déshonorer, faire des reproches, blasphêmer, corrompre, gâter. G.
DIFERIAD, action de dégoutter, de faire tomber goutte à goutte. G. *Berya.*
DIFERIOG, dégouttant, distillant. G.
DIFERION, goutte qui tombe, liqueur, suc, jus. G.
DIFERLIF, flux, écoulement. G.
DIFERLINCQEIN, déferler les voiles, se débrailler. B.
DIFERLING, débrailler. B.
DIFERLINQ, décolleté. B.

DIFERLLYD, qui tombe goutte à goutte. G.
DIFERMEIN, ouvrir. B.
DIFEROL, qui coule. G.
DIFERU, dégoutter, distiller. G. B. *Di Mer.* Davies.
DIFERU, couler, s'écouler. G.
DIFERWST, fluxion, catarre. G.
DIFESUR, immense, infini, immodéré. G. *Mesur.*
DIFESURI, nombre infini, multitude innombrable. G.
DIFETH, sans défaut. G.
DIFETHA, corrompre, perdre, ruiner, détruire, piller, ravager, tuer. G.
DIFETHIAD, assassinat, meurtre, massacre. G.
DIFETHWR, corrupteur. G.
DIFEURMEIN, ôter la forme. B.
DIFEWYD, qui n'est point paresseux. G. *Mewyd.*
DIFFAETHWCH, désert, solitude. G.
DIFFAITH, désert, solitude, inhabitable, abandonné, méprisable, bas, vilain, déshonnête, honteux. G. *Di* superflu; *Paith.*
DIFFAITHIO, ravager, saccager, faire le dégât, dépeupler. G.
DIFFALESCERE, A. G. dissiper. Voyez *Difaldrain.*
DIFFARANCE, différence. B.
DIFFAWD, malheureux. G.
DIFFEITHIO, rendre désert, ravager, désoler. G.
DIFFEITHLE, désert. G.
DIFFEITHWCH, désert, mal-honnêteté. G.
DIFFEITHWR, qui mérite le fouet. G.
DIFFENN, DIFFENNI, défendre. B. Voyez *Diffyn.* De là *Defendo* Latin.
DIFFENNER, défendeur. B.
DIFFER, défendre. G.
DIFFERTH, défendre. G.
DIFFIRMARE, A. M. ouvrir; de *Difermein.*
DIFFLAIS, certain, sûr, assuré, sain. G. *Di* privatif, *Flais*, *Flaggio.*
DIFFODD, éteindre, appaiser. G. *Di* privatif, & *Fo*, qui a dû signifier feu. *Fo* en Breton, feu.
DIFFODI, éteindre. G.
DIFFODIAD, action d'éteindre. G.
DIFFORCH, avortement.
DIFFORCH, mal bâti, contrefait, vilain. B.
DIFFORCHA, avorter. B.
DIFFORCIARE, A. M. prendre par force. *Force.*
DIFFORDD, où il n'y a point de chemin. G. *Ffordd.*
DIFFORGH, fantasquement, impertinent, malotru. B.
DIFFORH, triage. B.
DIFFORHEIN, distinguer, distribuer, séparer, spécifier. B.
DIFFORHETT, distinct. B.
DIFFRA, avancer, hâter. B.
DIFFRAEA, avancer, presser. B. *Di* paroît superflu. Voyez *Pres*, *Ffraeth*, *Ffren.*
DIFFRAIEIN, expédier. B.
DIFFRAPPA, arracher, ôter par force, tirer par force. B. Voyez *Diframa.*
DIFFRAWD, qui est sans désir. G. *Di* privatif, *Ffrawd* par conséquent désir.
DIFFRE, avancer, presser. B. Voyez *Diffraea.*
DIFFREIDIAD, défenseur. G.
DIFFREIDIAWG, défenseur. G.
DIFFREIE, précipitation, vitesse, promptitude. B. Voyez *Dyfrys*, *Pres.*
DIFFREIEA, parler, agir, marcher avec vitesse, se précipiter, se hâter. B. Voyez *Diffreie.*
DIFFREN, naseaux. B.

DIF.

DIF.

DIFFRETA, dreffer le linge blanchi. B.
DIFFRWYN, à qui l'on n'a point mis de frein, qui eft fans frein, déréglé, défordonné, fans retenuë, fans modération. G.
DIFFRWYTH, ftérile, inefficace, qui ne fait rien, qui ne produit rien, languiffant, mol, flafque, fané, flétri. G.
DIFFRWYTHDER, ftérilité, langueur, abatement, épuifement de forces. G.
DIFFRWYTHDRA, engourdiffement. G.
DIFFRWYTHO, devenir languiffant, languir, énerver, engourdir, rendre efféminé, fe faner, abroger, déroger, aller contre une partie de la Loi. G.
DIFFRYD, défendre. G.
DIFFRYN, vallée. G.
DIFFUANT, qui n'eft point diffimulé, franc, fincére. G. Ffuant.
DIFFUG, le même que Diffuant. G. Ffug.
DIFFUN, viendrois. G.
DIFFWYN, défendre. G.
DIFFWYS mieux DIPHWYS, dit Davies, efcarpé, coupé, précipice. G.
DIFFYDD, infidéle. G. Di privatif.
DIFFYG, défaut, manquement, befoin, indigence, éclipfe. G.
DIFFYGIO, fatigue, laffitude, fe laffer, fe fatiguer, être fatigué, être las, manquer. G.
DIFFYGIOL, défectif, qui manque. G.
DIFFYN, défendre. G. Voyez Difen.
DIFFYNIAD, défenfe, protection, action de préferver, refuge G.
DIFFYNIAWDR, défenfeur, protecteur. G.
DIFFYNWR, défenfeur. G.
DIFFYRTH, défendre. G. Peut-être, dit Davies, de Dy & Porth.
DIFIAU pour DYDD IAU, jour de Jupiter, jeudi. G.
DIFILA, défiler. B.
DIFILIEIN, effiler, détortiller. B.
DIFIN, fin, bout. B.
DIFIN, émouffé. G.
DIFIOG, pétulant, querelleur, emporté, toujours prêt à quereller ou à battre, effréné, farouche, indompté. G. Rhywiog ou Rhyfiog fignifie doux, clément, affable. En comparant Difiog & Rhyfiog on voit que Fiog ou Wiog fignifie doux, clément, affable, & que Di dans le premier eft une prépofition privative, & Rhy dans le fecond une prépofition augmentative ou explétive.
DIFLACH, fe remuer, fe mouvoir, changer de place ou de pofture. B. Di fuperflu.
DIFLACQET, élanqué. B. Di explétif.
DIFLAEN, faîte, cime, pointe, extrémité, fommet, la plus fine pointe de ce qui eft pointu. G. Di explétif, Blaen.
DIFLAICH, le même que Diflach. B.
DIFLAIS, le même que Difflais. G.
DIFLAN, qui fe diffipe, qui s'évanouit, qui s'écoule, qui paffe bientôt, périffable. G. Ce mot eft fynonime à Difan, & par conféquent Flan à Fan. Fan en compofition vient de Ban : Flan en compofition doit venir de Blan ; effectivement Blaen, dont Blan paroit formé, a une fignification fort analogue à celle de Bann.
DIFLANNEDIG, le même que Diflan. B.
DIFLANNU, fe diffiper, s'évanouir, difparoître, fe paffer, fe perdre, venir à rien, perdre fon luftre, s'affoiblir. G.
DIFLAS, fade, infipide, fat, fot, niais, innocent, dupe, qui n'eft bon à rien, fort amer. G. Di Blas.

DIFLASRWYDD, infipidité, fatuité, fotife. G.
DIFLASU, devenir fade, devenir infipide, regarder comme infipide, regarder comme fade, abhorrer. G.
DIFLATR, droit, fincére, vrai ami abfent comme préfent. B. Di privatif, Flatra.
DIFLEW, chauve, fans cheveux. G. Blew.
DIFLIN, infatigable, rude, fâcheux, cruel, violent. G. Blin.
DIFLODEUO, ôter la fleur. G. Blodeuo.
DIFLONHEGU COED, ôter l'aubier ou l'aubour. G. Bloneg.
DIFLOSQEIN, lever l'écorce, écorcher, éclifer. B. Di privatif, Blofq par conféquent écorce, peau.
DIFLYSIG, qui eft fans défir. G. Blys.
DIFOAR, la fin de la foire. B. Foar, foire, Di par conféquent fin.
DIFOELTR, foudre. B.
DIFONCI, défoncer. B.
DIFONCZA, défoncer. B.
DIFONN, lent, qui n'avance pas. B. Di privatif ; Bonn par conféquent vîte ; c'eft une crafe de Buon.
DIFOR, la fin de la foire. B. Voyez Difoar.
DIFORCH, divifer, avortement. B.
DIFORCH, malicieux, difforme, laid, fale, mal propre. B.
DIFORGET, défiguré. B.
DIFORHUSS, diftinctif. B.
DIFORWTNO, féduire une fille. G.
DIFOSOT, A. M. efpéce de travail dû au Seigneur. Je crois que c'étoit le travail de foffoyer. Ffofi.
DIFOUNCZA, enfoncer violemment. B.
DIFOURQA, débufquer. B.
DIFRADW, DIFRADWYOG, qui n'eft pas brifé. G.
DIFRAEUS, diligent. B.
DIFRAM, arrachement. B.
DIFRAMMA, arracher, tirer par force; En Em Diframma, échapper. B. Voyez encore Fram.
DIFRAU, qu'on ne fçauroit rompre. B.
DIFRAUSTADUR, défrichement. B.
DIFRAW, qui ne craint rien. G. Di privatif, Braw.
DIFRAW, lâche, mol, négligent, nonchalant, peu foigneux. G. Di privatif, & Braw, brave.
DIFRAW-WCH, négligence, fécurité. G.
DIFRAWCH, négligence, nonchalance, défaut de foin. G.
DIFRAWD, défolation, ruine entière, perte, dégât, pillage, ravage, fac, brigandage, volerie, prodigalité, profufion, dépenfe, confomption des chofes qui fe mangent. G.
DIFRAWR, qui détruit, qui confume, qui ravage. G.
DIFRAWU, négliger, avoir peu de foin. G.
DIFRAX, A. G. qui a deux vifages. Dy, deux ; Facz, vifage, l'r inférée.
DIFREG, qui n'eft pas brifé. G. Breg.
DIFREGU, prier. Voyez Ymddifregu.
DIFREGWAWD, férieux, qui agit férieufement. G.
DIFREHEIN, crever, écrafer. B.
DIFREI, défrayer. B.
DIFREINIO, priver, priver de fon état, caffer, débouter, refufer d'adjuger. G. Di Braint.
DIFRES, contrefaire quelqu'un pour fe moquer. B.
DIFRETA, dreffer l'écheveau avec deux bâtons. B.
DIFREUS, bréche faite par violence. B.
DIFREUZA, crever, rompre, mettre en piéces, fracaffer, brifer, écrafer. B.
DIFREUZER, qui dévore. B.

DIFRES ou DIFRAS, contrefaire pour se moquer. B.

DIFRES ou DIFRAS, celui qui ne rompt ou ne déchire rien, qui conserve les choses en leur entier ; par exemple, un enfant qui a soin de ses habits ensorte qu'il ne les déchire pas. B. *Di* privatif ; *Fres*, rupture, déchirement.

DIFRI, véhément, impétueux, violent, fort. G. *Fri* de *Brys*.

DIFRIF, sérieux, grave, qui agit sérieusement. G. *Di* privatif, & *Frif*, en composition pour *Brif*, que nous voyons par ce mot avoir été aussi pris au figuré pour un étourdi, un folâtre qui agit sans réflexion.

DIFRIF, YN DDIFRIF, ardemment, vivement, passionnément, extrêmement, éperdument. G.

DIFRIFO, devenir sérieux, faire le sérieux. G.

DIFRIFOL, YN DDIFRIFOL, tant, tellement, si fort, ardemment. G.

DIFRIFWCH, véhémence, choses sérieuses. G.

DIFRIGO, couper entièrement, ôter entièrement en coupant, couper les têtes des arbres. G. *Brigo*.

DIFRISG, qui n'est point pratiqué, qui n'est point battu, égaré, qui a perdu son chemin. G. *Di* privatif, *Brisg*.

DIFRIW, qui n'a point reçu de blessure, qui est sain & entier, qui n'a point été endommagé, qui n'a point été offensé, qui ne nuit point, qui ne fait point de mal, impuni, dont on n'a point tiré vengeance. G. *Briw*.

DIFRIYN, méchant. G.

DIFRIZEIN, défriser. B.

DIFRO, exilé. G. *Di*, *Bro*. Davies.

DIFROD, dégât, pillage, ravage, sac, profusion. G.

DIFRODARTH, dégât, pillage, sac, ravage. G.

DIFRODI, DIFRODO, ravager, dévaster, désoler, dépeupler, rendre désert, ruiner, saccager, piller, dissiper, prodiguer, dépenser follement, dépenser. G.

DIFRODUS, désolé, ravagé, prodigue. G.

DIFRODWR, qui pille, qui ravage, qui fait le dégât, qui consume, qui détruit, qui saccage, qui ruine, dissipateur. G.

DIFROEDD, exil. G. Voyez *Difro*.

DIFROEZA, rompre, briser, fracasser, écraser. B.

DIFROI, être exilé. G.

DIFRON, narines. B.

DIFRONCQ, sanglot. B.

DIFRONCQA, souffler du nez. B.

DIFRONQEIN, ébrouer terme de manège. B.

DIFROUEZ, stérile. B. *Di* privatif.

DIFRWYSG, qui ne boit pas de vin, sobre. G. *Brwysg*.

DIFRYCH, sans tache, point souillé. G. *Brych*.

DIFRYCHEU, nettoyer, ôter les taches. G.

DIFRYCHEULYD, sans tache, net, point souillé. G.

DIFRYS, lent, paresseux. G. *Brys*.

DIFU, est venu. G.

DIFUDD, inutile, infructueux, vain. G. *Budd*.

DIFUDDIAD, DIFUDDIANT, privation. G. *Buddiant*.

DIFUDDIO, priver, dépouiller, déposséder, frustrer, se dépouiller, se démettre, renoncer. G.

DIFUDDIWR, qui prive. G.

DIFUL, impudent, effronté. G. *Mul*.

DIFUSGRELL, diligent. G. *Musgrell*.

DIFUSTLO, charger quelqu'un d'outrages, faire affront à quelqu'un, lui dire des paroles injurieuses, lui dire des paroles outrageantes. Voyez *Ymddifasllo*. G. Je crois ce verbe formé de *Bussl* pris au figuré.

DIFWG, qui ne fume point. G. *Mwg*.

DIFWRIAD, imprudent, inconsidéré, qui ne prend pas garde. G. *Bwriad*.

DIFWSOGLI, ôter la mousse. G. *Mwsogl*.

DIFWYD, capable de faire mourir, mortel. G. *Biw*.

DIFWYDIONI, ôter la moële. G. *Mwydion*.

DIFWYN, inutile, de nul usage, de nul avantage. G. *Di Mwyn*. Davies.

DIFWYN, DIWYN par crase, compensation, satisfaction. G. *Di* itératif ; *Mwyn*, jouissance, usage, avantage, ensorte que *Difwyn* soit un avantage recouvré, une jouissance reprise : C'est là l'idée que nous présentent les mots de satisfaction, compensation.

DIFWYNIAD, action de violer, profanation. G.

DIFWYNIANT, dommageable, incommode. G.

DIFWYNO, rendre inutile, vicier, dépraver, corrompre, jetter par terre, abattre, renverser, abolir, ruiner, inquiéter, chagriner. G.

DIFYAL, défier. B.

DIFYFYR, sans préméditation, non prémédité. G. *Myfyr*.

DIFFYGWL, intrépide, qui ne craint point, qui ne se trouble point, qui ne s'émeut de rien, qui ose. G. *Bygwl*.

DIFYN, morceau, parcelle, petite tranche. G.

DIFYNIAD, action de couper, de déchirer. G.

DIFYNIO, couper, couper en morceaux, briser, mettre en pièces. G.

DIFYR, bref, court ; de *Dy* & *Byrr*, court, dit Davies. Ce mot signifie encore joyeux, réjouissant, agréable, parce que la joie semble abbréger le temps, continue le même Auteur. G. Voyez l'article suivant, qui est pris du Dictionnaire de Thomas Guillaume.

DIFYRR, agréable, délectable, qui fait plaisir, charmant, attrayant, engageant, joyeux, enjoué, divertissant, fait pour le plaisir, propre pour se réjouir, chose agréable, chose qui plaît ; *Yn Ddifyrr*, comiquement, d'une manière plaisante, d'une manière réjouissante. G.

DIFYRRU, abbréger. G. B.

DIFYRRU, réjouir, faire plaisir, être joyeux. G.

DIFYRRWCH, plaisir, volupté, jeu, divertissement, joie, plaisanterie, raillerie, mot pour rire. G.

DIFYSGI, tumulte, confusion, mélange. G. *Mysg*.

DIFYUS, défiant. B.

DIFYWYD, inanimé. G. *Byw*.

DIG, colere, promptitude, emportement, pointe de colere, fâché, en colere. G. Je crois que ce mot a aussi signifié feu, chaleur au propre. 1°. Les termes n'ont été transportés au sens métaphorique qu'après avoir été usités au propre. 2°. *Dychinrn* signifie allumer, être allumé. 3°. *Digeri* Breton, *Digere* Latin, *Digérer* François, sont formés de *Dig*. 4°. *Digraid* en Gallois, incendie.

DIG, le même que *Dieg*. I. De là la digue.

DIG, sans. B.

DIG, fosse, creux. B.

DIG, fin, pointu, pointe. Voyez *Dich*.

DIGA, A. M. le même que *Dager*.

DIGABAL, accompli, parfait, sans défaut, bien adverbe. B. *Dig Aball*.

DIGABL, irréprochable, qui est sans tache, où l'on

DIG.

l'on ne peut trouver à redire. G. C'est le même que *Digabal*.

DIGAC, DIGACZ, apporter, adresser, amener, attirer à foi, emmener, engendrer, produire, susciter. B.

DIGACCA, le même que *Digac*. B.

DIGADLRNYD, qui n'est point fortifié. G.

DIGAEAD, découvert. G. *Caead*.

DIGAERAU, qui n'est point fortifié, qui est sans murailles. G.

DIGAETH, libre. G. *Caeth*.

DIGAETHIVO, délivrer. G.

DIGAGEIN, dégager, débarrasser. G. De là *dégager*.

DIGAIS, faîte, cime. I.

DIGALED, qui n'est pas dur. G. *Caled*.

DIGALEDI, amollir. G.

DIGALON, lâche, couard, sot, insensé, fol, hébêté, qui n'a ni sens ni esprit. G. *Di* privatif; *Calon*, cœur. Les Hébreux mettoient de même le cœur pour l'esprit.

DIGALONNI, manquer de courage, décourager, humilier, vaincre, dissuader. G.

DIGAMPEEN, montagneux. B.

DIGAMPEENN, âpre, déréglé, fantastiquement, hétéroclite, immodéré, incongru, irrégulier. B.

DIGAMPEENNAGH, débandade. B.

DIGAMPENN, libertin. B.

DIGANT, le même qu'*Ygan*. G.

DIGANT, de, du, des, par, prépositions. B.

DIGANT DOUE, de la part de Dieu. B. A la lettre, d'avec Dieu. On le dit encore en Franc-Comtois.

DIGAOUI, dédommager. B. *Di* privatif; *Gaou*, tort.

DIGAR, qui n'aime pas, sans amitié, âpre, cruel, qui n'a rien d'aimable. G. *Car Di*.

DIGAR, austère, impitoyable. B.

DIGARAD, qui ne doit point faire de pitié, indigne de compassion, négligé, dont personne ne prend soin, abandonné, désert, désolé, sans défense, inculte, inhabité. G.

DIGARDD, le même que *Cardd*, captif, esclave. G. *Di* explétif.

DIGARDD, non captif, non esclave. G. *Di* privatif.

DIGARE, prétexte, détour, biais. B.

DIGAREI, pallier. B.

DIGAREZ, prétexte, excuse frivole, excuse, raison bonne ou mauvaise pour excuser une action ou une omission, première cheville de la latte de la charruë. B.

DIGAREZI, feindre, prétexter, colorer, pallier, s'excuser. B.

DIGARGUEIN, désemplir. B.

DIGARIAD, qui n'aime pas. G.

DIGARRA, démonter ou être démonté de sa voiture. B. *Di* privatif; *Car*, en composition *Garr*.

DIGARREGU, ôter les pierres d'un champ. G. *Carreg*.

DIGARU, haïr. G. *Caru*.

DIGARZA, défricher une terre. B. *Di* superflu; *Cars*, *Carz*, *Carza*.

DIGAS, indifférent. B.

DIGASOG, qui hait, qui a en aversion, odieux, haï, préjudiciable, contraire. G. Voyez *Cas*.

DIGAUCHA, décrotter. B. *Cauch* signifie donc aussi bouë.

DIGAUGEADUR, disconvenance. B.

DIGE, potion, boisson. I.

DIGEINGCIO, tailler, émonder, élaguer les arbres. G. *Cainge*.

DIG.

DIGEL, qui n'est pas caché. G. *Cel*.

DIGELFYDD, ignorant. G. *Celfydd*.

DIGELLWAIR, sérieux, grave. G. *Cellwair*.

DIGENER, décurion. B.

DIGENEZ, dizaine. B.

DIGENNU, écailler. G. *Cenn*, qui par conséquent signifie aussi écaille, tout ce qui couvre.

DIGENTIL, Gentilhomme. B. On dit autrement *Den-Gentil*, ce qui fait voir que *Di* est synonime de *Den*.

DIGERI, digérer. B.

DIGERYDD, irréprochable, impuni, qui n'est point châtié. G. *Cerydd*.

DIGH, le même que *Deagh*. De même des dérivés ou semblables. I.

DIGHEAUTA, sortir de l'herbe comme les épis, graines & boutons de fleurs. B.

DIGHEIS, DIGHIS, DIGHICH, épeller les lettres. B.

DIGHEMENNI ou DIKEMENNI, anciennement *Dyguemenni*, commandement, commander. B.

DIGHERI, ouvrir. B.

DIGHIGHEIN, décharner. B.

DIGHIS. Voyez *Ghis*.

DIGHOANA, DIGWANA, DIHOANA, DIHWANA, sortir de terre comme les herbes à la fin de l'hyver. B.

DIGIBO, égousser. G. *Cib*.

DIGIGO, mettre la chair en piéces. G. *Cig*.

DIGIO, se mettre en colere. G. Voyez *Diglawn*.

DIGLAIGNA, déborder. B. *Di* privatif, & *Glaign*, qu'on a dit comme *Claign*. Voyez *Dichlagna*.

DIGLAWN, qui a de l'aversion, de la haine. G. On voit par ce mot que *Dig* n'a pas seulement signifié colere, mais encore haine, aversion ; *Lawn Dig*. Voyez *Digllon* qui est le même. *Dig* signifie aussi courage, valeur. Voyez *Digosaint*.

DIGLEFYDD, sain. G. *Clefydd*.

DIGLIST, bitume, brique. G.

DIGLLON, fâché, en colere, ennemi, contraire, qui n'est pas favorable. G. *Dig Llawn*, plein.

DIGLLONEND, colere, promptitude, emportement, indignation, dépit. G.

DIGLLONI, le même que *Diglloneadd*. G.

DIGLOCHEDI, désagraffer. G. *Cloched*.

DIGLOD, que personne ne loue, indigne de louange, qui est sans gloire, qui est sans réputation, qui est sans estime. G. *Clod*.

DIGLOERA, éclorre. B. *Cloer*.

DIGLOI, ouvrir. G.

DIGLON, indigné. G.

DIGLORA, éclorre. B. *Digloera*.

DIGLOREIN, éplucher. B.

DIGLUCH, DIGLUD, temps où les poules quictent le juc. B.

DIGLUST, essorillé, sans oreilles. G.

DIGLWM, sans nœud. G. *Clwm*.

DIGLWYF, sain. G. *Clwyf*.

DIGLYMMU, ôter les nœuds. G. *Clymmu*.

DIGN, digne. G. De là *Dignus* Latin. Voyez *Din*.

DIGNAIF, non tondu. G. *Cnaif*.

DIGNERIUM, DISNERIUM, DISNARIUM, A. M. dîner ; de *Dinear* ; par crase *Diner*, *Dinar*, *Dinner* en Anglois ; *Diner* en François, le dîner ; *Thinem*, repas en Étrusque.

DIGNEWYLL, dont le noyau n'est pas dur. G.

DIGNEWYLLIN, affoibli, sans force, sans vigueur. G.

DIGNEWYLLIO, tirer l'amande du noyau. G. *Cnewyll*.

DIGNWD, stérile, qui ne rapporte rien. G. *Cnwd.*
DIGNYDIOLRWYDD, stérilité. G.
DIGOAENNA, écrêmer. B. Voyez *Coaen* & *Cohen.*
DIGOAIVRENNEIN, décrêmer. B. Voyez *Coonv.*
DIGOAN, espérance, attente. B.
DIGOANA, jetter ou faire sortir de l'estomac. B.
DIGOAR, DIWAR, DIHOAR, dessus. B. Voyez *Digwar.*
DIGOAR, droit, le contraire de *Goar*, tordu, &c. B. *Di Goar.*
DIGOARA, dresser, rendre droit. B. Voyez *Digoar.*
DIGOARI. Voyez *Dioari.*
DIGOCHA est proprement nettoyer les petits enfans. C'est improprement, & dans le discours un peu burlesque, décrasser, tirer de la bouë, décroter, rendre propre; *Digocha* au sens figuré, donner de l'éducation. B. *Di Coch*, excrément. Voyez *Digochen*, *Digochenna.*
DIGOCHEN, ébauche. B. Voyez *Digocha.*
DIGOCHENNA, dégrossir. B. Voyez *Digocha.*
DIGODDIANT, le même que *Coddiant.* G.
DIGOED, qui n'a point de feuilles. B.
DIGOEHOUT, arriver, avenir, expirer, échoir, dépérir. B.
DIGOEL, infidéle. G. *Coel.*
DIGOELGREN, qui n'a point été tiré au sort. G. *Coelbren.*
DIGOENTRA, fendre, diviser, séparer avec effort. B. *Goentra* signifie donc joindre; *Di* privatif.
DIGOENVI, désenfler. G.
DIGOEZET, pupilles ou mineurs qui n'ont pas encore reçu leurs partages. B. Voyez *Digwez.*
DIGOEZOUT, le même que *Digoehont.*
DIGOFAINT, colere, emportement, indignation, dépit, courage, valeur. G. *Dig* s'est donc pris aussi pour courage, valeur.
DIGOFHAU, le même que *Hennu.* G.
DIGOFUS, irrité, en colere, colere adjectif, emporté, indigné. G.
DIGOL, indemnité. B. *Coll.*
DIGOLL, représailles. B. *Coll.*
DIGOLL, qui ne s'est pas perdu. G. *Coll.*
DIGOLLED, qui n'a reçu aucun dommage. G.
DIGOLLEDRWYDD, indemnité, dédommagement. G.
DIGOLLEDU, garantir, tenir lieu. G.
DIGOLMA, dénouer. B. *Di* privatif; *Colma.*
DIGON, abondant, abondance, abondamment, assez, suffisant, excellemment, extrêmement, très, fort en tous sens, opulent. G. Voyez *Dichon.*
DIGONEND, abondance, affluence, foison, opulence, rassasiement, satiété, réplétion. G.
DIGONFORT, sans consolation. B.
DIGONI, suffire, rassasier, satisfaire, payer, agir en homme, agir avec courage, avoir soin, faire ce qui suffit. Chez les Anciens il est synonime à *Dichon*, & signifie pouvoir, valoir, prévaloir, faire. G.
DIGONIANT, valeur, puissance, action, victoire, triomphe, action de triompher, célébrité du triomphe, prise de force, prise d'assaut. G.
DIGONNAR, corne de cerf plante. G. *Connar*, rage. Voyez *Digounnar.*
DIGONOL, abondant, fécond, fertile, opulent, suffisant, ce qui suffit, rassasié, saoul, assez, suffisamment, abondamment, à foison. G.
DIGONOLDEB, abondance, fertilité, fécondité, suffisance, satiété, rassasiement, réplétion. G.

DIGONOLI, suffire, rassasier, enrichir, rendre opulent. G.
DIGONOLRWYDD, le même que *Digonoldeb.* G.
DIGONSOL, sans consolation. B.
DIGONWR, vainqueur, victorieux. G.
DIGOR, orifice, ouverture, ouvert, épanoui. B. *Gor* signifie donc clôture. Voyez *Agori*; *Digori.*
DIGORADUR, défrichement. B.
DIGOREIN, ouvrir, trouer. B. *Corein*, *Gorein*, fermer. Voyez *Digueri*, *Digor.*
DIGORI, ouvrir. B. Voyez *Digor.*
DIGORPH, incorporel. G. *Corph.*
DIGOSP, impuni, qui n'est point châtié. G. *Cosp.*
DIGOSTE, entrailles. B.
DIGOTA, empeser, battre le linge dans les mains. B.
DIGOUALL. Voyez *Diouall.*
DIGOUAN, pousser, germer. B. Voyez *Diguana.*
DIGOUEZ, échéance. B. Voyez *Couez.*
DIGOUEZ, compétent. B.
DIGOUEZA, échoir, tomber, arriver fortuitement. B. *Di* superflu; *Coueza.*
DIGOUEZET, échu. B.
DIGOUEZOUT, le même que *Digoezout.* B.
DIGOULMA, DIGOULMAFF, dénouer. B. *Di Coulma*, *Coulmaff.*
DIGOUNNAR, corne de cerf ou chasse-rage. (plante) B. Voyez *Digonnar.*
DIGOURAICH, poltron. B. *Di* privatif; *Couraich.*
DIGOURS, contre-temps. B. *Cours.*
DIGOUSK, insomnie. B. *Di Cousq.*
DIGOUSKEIN, réveiller. B. Voyez *Digousk.*
DIGOUSSTIUSS, laxatif. B.
DIGOUST, indemnité, impuni. B. *Cost.*
DIGRAID, incendie, action de brûler selon les uns; lance selon les autres. G. Il signifie l'un & l'autre; rien de si commun dans toutes les Langues que ces termes à double sens. Voyez *Graid* & *Ankeler*; *Dig*, sans; *Rhaid*, lance. Voyez *Dig*, feu.
DIGRAIN, erreur. G. Ce mot paroit formé de *Di* privatif, & *Guir Guireu*, qui signifie encore en Breton vrai, droit.
DIGRAWN, libéral. G. *Di* privatif; *Crawn.*
DIGRAWNI, faire sortir le pus d'un abscès. G.
DIGRED, infidéle. G. *Cred.*
DIGREEDIG, incréé. G.
DIGREFFT, qui n'a point d'art, qui n'a point de métier. G. *Creffi.*
DIGREFYDD, qui est sans religion, impie. G.
DIGREIFIANT, miséricordieux. G.
DIGREULONI, s'appaiser, s'adoucir. G. *Creulon.*
DIGRIBDEIL, retenu, modéré. G. *Cribdeilio.*
DIGRIBIN, décrouser terme de teinture. B.
DIGRIF, agréable, gracieux, qui a des graces, qui a de l'agrément, enjoué, plaisant, divertissant, burlesque, bouffon, risible, flateur, caressant, qui dit des douceurs, qui dit des choses agréables, qui dit des paroles obligeantes, chose agréable, chose qui fait plaisir; *Yn Ddigrif*, coniquement, d'une manière plaisante, d'une manière réjouïssante. G.
DIGRIFAIR, expression agréable, grace, politesse du discours, plaisanterie, bon mot, enjouëment, mot pour rire, raillerie fine, délicate, polie, mot piquant, trait satyrique, raillerie, brocard, railleur, plaisant, homme enjoué, homme à bons mots. G.
DIGRIFDDOETH, agréable, enjoué, plein de sel, qui raille finement, ingénieux, spirituel. G.

DIG. DIG. 471

DIGRIFDDOETHIAD, enjouëment agréable, raillerie fine. G.
DIGRIFDEG, fort plaisant, fort enjoué. G. *Teg* marque ici le superlatif.
DIGRIFGALL, agréable, enjoué, qui raille finement, plein de sel, ingénieux, spirituel. G.
DIGRIFHAAD, divertissement. G.
DIGRIFHAU, réjouir, divertir, faire plaisir, consoler. G.
DIGRIFLAN, agréable, beau, gracieux. G.
DIGRIFSON, qui a le son de voix agréable. G.
DIGRIFWAS, railleur, plaisant, rieur, enjoué, bouffon, homme à bons mots. G.
DIGRIFWCH, agrément, plaisir, volupté, joie, enjouëment, plaisanterie, raillerie, mot pour rire, désir, envie, volonté. G.
DIGRIFWYCH, fort agréable, fort enjoué, fort plaisant. G. *Gwych* marque ici le superlatif.
DIGRINTACH, libéral. G. *Crintach.*
DIGRIZIENA, arrachez. B. *Grizien.*
DIGROEN, sans peau. G. *Croen.*
DIGROENI, ôter la peau, causer des ulcéres, filouter adroitement. G.
DIGROENIAD, ulcération. G.
DIGROËSELLET, désanché. B.
DIGROESO, où l'on n'accorde point d'hospitalité. G. *Croesaw.*
DIGROGUEIN, déprendre, détacher. B.
DIGRONNI, le même que *Cronni.* G.
DIGRONNIAD, libéral, généreux, abondant. G. *Di* privatif, *Cronni.*
DIGROTTEIN, décroter. B.
DIGRWN, plain, uni. G. *Di* privatif.
DIGRWYDR, qui n'est point errant. G. *Crwydr.*
DIGRYBWYLL, dont on n'a jamais oui parler. G.
DIGRYD, intrépide, qui ne craint point. G.
DIGTER, colere, emportement, promptitude, saillie, colere subite. G.
DIGU, qui n'a rien d'aimable. G. *Cu.*
DIGUDD, découvert, non caché. G. *Cudd.*
DIGUEA, singulier, unique. Ba.
DIGUEAUTA, DIHESDA, sortir de l'herbe, comme les épis, graines & boutons de fleurs. B. *Di Gueant.*
DIGUECH, épeller; *Diguech Ar Bater*, dire le Pater à rebours. B.
DIGUEICH, pur. B.
DIGUEIS, DIGUIS, DIGUICH, épeller. B.
DIGUELLETT, impuissant. B.
DIGUELLOUDEC, impuissant. B.
DIGUEMEN, mander, commander, commandement. B. Voyez *Dikemenni.*
DIGUEMENNI, le même que *Diguemen.* B.
DIGUEMER, traitement, réception, accueil, abord, accès, approche. B.
DIGUENIGUEIN, mésoffrir. B.
DIGUERI, ouvrir, se dilater, s'épanouir, lever les barres. B. *Gueri*, fermer, enclorre. Voyez *Digorein* & *Guer.*
DIGUESTAD, côtes. B.
DIGUEVATAL, disproportionné. B.
DIGUEVREDIGUIAH, incompatibilité. B.
DIGUICH. Voyez *Digueis.*
DIGUIGA, DIGUIGEIN, décharner. B.
DIGUIS. Voyez *Digueis.*
DIGUISEIN, dissimuler, déguiser. B. De là ce mot.
DIGUIZA, déguiser. B.
DIGUN, déjeûner. B.
DIGUOANA, DIGWANA, DIHOANA, DIHWANA, sortir de terre, pousser, germer, jetter ou faire sortir de l'estomac. B.
DIGUS, en colere, fâché, indigné. G.
DIGUST. Davies n'explique pas ce mot; la phrase qu'il cite paroit indiquer qu'il a la même signification que *Digus.*
DIGUSTUM, hors d'usage, aboli, inusité, extraordinaire B. *Custum.*
DIGWADA. Voyez *Gwat.*
DIGWALL. Voyez *Dioual.*
DIGWANA, le même que *Diguoana.* B.
DIGWANOU. Voyez *Diouanou.*
DIGWAR, dessus. B. *Di* superflu.
DIGWARI. Voyez *Dioari.*
DIGWELCHI. Voyez *Gwalch.*
DIGWEZ, familier, privé, poli, humain, instruit, sçavant, civilisé. B. *Di* privatif; *Gwez*, sauvage.
DIGWEZ, ignorant, sans science ni connoissance. B. *Di* privatif; *Gwez*, sçavoir.
DIGWEZ, héritage, succession. B. *Di* superflu; *Couez*, échûte. Voyez *Digwydd.*
DIGWEZOUT, arriver par accident, survenir. B. Voyez *Digwez.*
DIGWILYDD, impudent, effronté. G.
DIGWI, sans faute. G. *Cwl.*
DIGWMMWL, sans nuage. G. *Cwmmwl.*
DIGWSG, qui veille, qui ne dort pas. G. *Cwsg.*
DIGWYDD, accident, contingent, évènement, fortune, symptome, mort, échoir; *T Clwyf Digwydd*, mal-caduc. G. *Cwyddo.*
DIGWYDDO, échoir, arriver, tomber. G.
DIGWYDDOL, contingent. G.
DIGWYL, remarquer, appercevoir, prendre garde, être attentif, s'appliquer. G.
DIGWYMP, qui ne se couche point. G.
DIGWYN, non pleuré. G. *Gwyn.*
DIGWYN, qui n'est pas blanc. G. *Gwynn.*
DIGWYNOS, qui n'a pas soupé. G. *Cwynos.*
DIGYDWR, qui n'est point participant. G. *Cydwr.*
DIGYDYMAITH, qui est sans compagnie. G.
DIGYFADDEF, dont on n'a point donné sa déclaration. G.
DIGYFARCH, non averti. G.
DIGYFEILLACH, qui n'est point participant, incompatible, inalliable. G. *Cyfeillach.*
DIGYFFELYB, incomparable, sans égal. G.
DIGYFFINYDD, qui n'a point de terme. G.
DIGYFFLUD, qui n'a aucun empêchement. G.
DIGYFFRO, immobile, qui n'a point été ému, qui ne s'émeut de rien, qui ne se trouble point, qui n'est point troublé, qui n'a point été attaqué, qui n'agit pas, qui est sans action, doux, tranquille, paisible, appaisé, calme, égalité d'esprit. G.
DIGYFIEUO, séparer deux animaux qui étoient ensemble sous le joug. G.
DIGYFLEU, déplacer. G. *Cyfleu.*
DIGYFLUDD, libre de tout empêchement. G.
DIGYFNEWID, immuable. G.
DIGYFOETH, pauvre. G. *Cyfoeth.*
DIGYFOETHI, priver, dépouiller. G.
DIGYFRAITH, qui vit sans loi. G.
DIGYFRAN, qui n'a point de part. G.
DIGYFRIF, homme dont on ne fait point de cas. G. A la lettre, qu'on ne compte pas.
DIGYFRWNG, le même que *Digyfwng.* G.
DIGYFWNG, joignant, qui se touche, immédiat, continu, continuel. G. Ce mot étant synonime de *Digyfrwng*, on voit par là qu'on a dit *Cyfwng* comme *Cyfrwng.*

DIGYFWRDD, qui n'a point été touché. G.
DIGYLCHYNU, entourer. G. *Di* superflu. *Cylchynu.*
DIGYMMAR, sans compagnie, sans pair, incomparable, sans égal, propre, particulier. G.
DIGYMMELL, qui n'est point contraint, qui fait de gré. G. *Cymmell.*
DIGYMMORTH, importun, incommode. G.
DIGYMMUNO, excommunier. G.
DIGYMMWL, qui n'est point couvert de nuages. G.
DIGYMMYLOG, le même que *Digymmwl.* G.
DIGYMMYSC, sans mélange, pur, simple, net. G.
DIGYMRODEDD, discorde. G.
DIGYNDRYGEDD, état d'un homme qui est sans malice. G.
DIGYNGOR, qui agit sans prendre conseil, inconsidéré, téméraire, lâche, poltron, paresseux. G. *Cyngor.*
DIGYNGYD, qui ne peut souffrir aucun délai. G.
DIGYNNEN, pacifique. G. On voit par là que *Cynne* a été aussi employé au figuré.
DIGYNNHORTWY, le même que *Digarad.* G.
DIGYNNIWAIR, qui n'est point fameux, dont on ne fait point de mention avantageuse. G.
DIGYNNIWEIR, qui n'est pas fréquent. G.
DIGYNNWR, doux, tranquille, paisible, adouci, appaisé. G.
DIGYNNWRF, qui demeure tranquille, qui ne se donne point de mouvement, qui ne s'émeut de rien, qui ne se trouble point, qui n'a point été ému, qui n'a point été attaqué. G.
DIGYNNYDU, décroître. G.
DIGYNNYSGAEDD, qui n'a point de dot. G.
DIGYRRITH, libéral. G. *Di Cyrrith.*
DIGYSGADUR, qui ne dort point. G.
DIGYSSEGRU, profaner, rendre profane. G.
DIGYSSELT, qui n'est pas le premier. G. *Cyffelt.*
DIGYSSUR, lâche, poltron. G.
DIGYSSWLLT, non lié, déjoint. G. *Di* privatif.
DIGYSSWLLTY, tenant, joignant, qui se touche. G. *Di* explétif.
DIGYSTAL, incomparable. G. *Cyftal.*
DIGYTHRYFWL, qui ne se trouble point, qui n'est point troublé, qui ne s'émeut de rien. G.
DIGYWAIR, négligence, manque de soin, négligé, mal en ordre, mal habillé, inculte. G.
DIGYWILYDD, effronté, impudent, pétulant, insolent, impudique. G.
DIGYWILYDD-DRA, impudence, effronterie. G.
DIHA, terme de charretier. B.
DIHADEIN, égrener. B.
DIHAELHETT, haletant. B.
DIHAESSG, intarissable. B.
DIHAFARCH, qui ne peut souffrir aucun délai, diligent, soigneux, fort, vaillant. G. *Di* privatif.
DIHAFARCHU, lutter. Voyez *Ymddihafarchu.*
DIHAIDD. Davies n'explique point ce mot : il paroît par la phrase qu'il rapporte qu'il est le même que *Haid.*
DIHAIGUEIN, déchoir, décliner, dépérir, perdre haleine. B.
DIHAIOUR, éplucheur. B.
DIHALEN, fade, insipide. G. A la lettre, sans sel.
DIHALHUE, amont. B.
DIHALLOUT, impuissance. B.
DIHALOG, sans taches, sans souillure, non sali, incorruptible, pur, inviolable, qui n'a point été violé, qui n'a point été profané, qui n'a point été endommagé. G. *Halog.*

DIHAMPRADUR, rupture. B. *Hampradur* par conséquent union, jonction.
DIHAMPRED, disloqué. B.
DIHANGEIN, fournir à une affaire. B. *Di Ancqen.*
DIHANVAL, DIHAVAL, différent, dissemblable. B. *Di Hanval.*
DIHARES, le même que *Diareb.* G.
DIHARFARCHRWYDD, diligence. G. Voyez *Dihafarch.*
DIHARNAESEIN, désharnacher. B.
DIHAS UR BUGUEL, amuser un enfant. B.
DIHATRU, déshabiller, dépouiller, mettre nud. G. *Di* étant ici sûrement privatif, comme le sens du mot le montre, il faut qu'*Hatru* signifie habiller, & *Hatr*, habit. C'est une crase d'*Atourn*, atour.
DIHAVAL. Voyez *Dihanval.*
DIHAWL, déchargé, dégagé. G. *Hawl.*
DIHEDD, qui ne peut demeurer en paix, qui n'a point de repos, inquiet, agité. G. *Hedd.*
DIHEDDAWG, le même que *Dihedd.* G.
DIHEENTEIN, s'égarer. B. *Di Hendt.*
DIHEGAR, est l'opposé d'*Hegar.* Voyez ce mot.
DIHEIDD, DIHEIDDWCH, les mêmes que *Dihaidd.* G.
DIHELBUL, non troublé, non inquiété. G.
DIHELHEIN, essouffler. B.
DIHELHET, essoufflé, qui n'en peut plus. B.
DIHELL, titre, charte; pluriel *Dihellou*; dans un Dictionnaire *Diellou*, régistre. B.
DIHEN, crême. B.
DIHENYDD, ruine entière, perte, carnage, massacre, meurtre, mort violente. G.
DIHENYDDWR, bourreau. G.
DIHENYDU, tuer, supplicier, faire mourir. G.
DIHEODA. Voyez *Digneauta.*
DIHER, sans hoirs, sans héritiers. B. *Her.*
DIHEU, certain. C. Voyez *Dieu.*
DIHEUDDYD PEN. Davies n'explique pas ce mot. *Pen* signifie tête; *Heud* en Breton, signifie entraves, *Heuda*, empêtrer, enchevêtrer : par où il paroît que *Dihenddydd Pen* est l'action d'ôter le chevêtre ou licol de la tête d'un animal.
DIHEURAD, justification, action de se disculper. G.
DIHEURO, montrer que quelqu'un n'est pas coupable d'un crime. G. *Di* est ici sûrement privatif, *Heur* doit donc signifier crime; *Hort* en Gallois, calomnie, outrage.
DIHEUROI, qui sert à expier. G.
DIHEURRWYDD, certitude. G. *Dieu.*
DIHEWYD, volonté, désir, inclination, affection, attachement, dévouement. G.
DIHEWYDUS, dévoué, penché, porté à faire quelque chose. G.
DIHIDLON, excrément. G. *Hidl.*
DIHINCHA, quitter son chemin pour en prendre un autre. B. *Hynt.*
DIHINEDD, mauvais temps, tempête, orage. G. *Di* privatif ; *Hinedd* est donc beau temps. Voyez *Hin.*
DIHIR, déshonnête, infâme, messéant, méchant. G. *Di* est ici sûrement privatif ; *Hir* signifie donc honnête, convenable, séant, bon ; *Guir* en Breton, bon, vrai, droit, équité, justice ; *G* ou *Gu* & l'*h* se mettent l'un pour l'autre.
DIHIREN, DIHIROG, méchante, courtisane. G.
DIHIROG, déshonnête. G.
DIHIRVAS, qui mérite le fouet. G.
DIHIRWCH, mal-honnêteté, méchanceté. G.

DIHIRYN,

DIH. DIL.

DIHIRYN, fourbe, affronteur, fripon, qui sçait couvrir ses tours d'adresse, qui impose par ses ruses, méchant, qui ne vaut rien, bouffon. G.

DIHOALL, garantir, exempter, conserver, protéger. B.

DIHOAN, germer, éclorre parlant des fleurs. B.

DIHOANA. Voyez Diguoana.

DIHOANT, dégoût. B. Hoant.

DIHOARNEIN, déferrer. B. Di Hoarn.

DIHOARNISSEIN, dégarnir. B. Hoarnissein pour Goarnissa, Goarnissein.

DIHOCCED, simple, sans art, sans artifice. G. Hocced.

DIHOENI, se flétrir, se faner, se passer, perdre son éclat, languir, sécher, devenir sec, sécher de langueur, se consumer. G. Di privatif; Hoen, joie, visage gai. Ce verbe nous fait voir qu'Hoen se prenoit aussi pour marquer tout ce qui étoit bien dans son état.

DIHOENIAD, phthisie, maladie de consomption. G.

DIHOERI. Voyez Dioari.

DIHOL, exclure. G. On voit par là qu'Hol signifioit enfermer, contenir; c'est le même que Col.

DIHORT, sans ignominie, sans tache. G. Hort.

DIHOSCALEIN, essarter. B.

DIHOSCULEIN, arracher les chardons. B. Voyez Ascolen.

DIHOUALL. Voyez Diouall.

DIHOUEIN, secouer la poussière des habits. B.

DIHOUEOURR, housseur. B.

DIHOUINOUR, gladiateur, bretteur, ferrailleur. B.

DIHUALA, débrouiller. B. Hual.

DIHUEN, défense, protection. B.

DIHUENNEIN, maintenir, soutenir, défendre. B.

DIHUENNEIN, maintenir, soutenir, défendre. B.

DIHUENNOUR, défendeur. B.

DIHUERNEIN, démâter. B.

DIHUIDIGUIAH, fatigue. B.

DIHUIGUEIN, déchoir, perdre haleine. B.

DIHUINOUT, deviner. B.

DIHUN, qui ne dort pas, qui ne dort point. G. Hun.

DIHUN, réveil, éveillé, veillant, qui veille. B.

DIHUNA, éveiller, veiller, être ou rendre éveillé, dégourdir la jambe. B.

DIHUNO, éveiller, s'éveiller, être éveillé. G.

DIHUS, goût, jugement, fantaisie, choisir, amuser. B.

DIHUSQ, qui n'est pas habillé. B.

DIHWANA. Voyez Diguoana.

DIHWANOU. Voyez Diouanou.

DIHUYTEIN, déchoir. B.

DIHUZI. Voyez Dieuzi.

DIHYDER, qui manque de hardiesse, qui manque de courage. G.

DIHYRIN, déshonnête. G.

DIJA, bientôt, déja, presque, peu s'en faut. B. De là Déja François.

DIJAICQ, le même que Dija. B.

DIJAUGEALL, inégal. B.

DIJAUGH, immodéré, impertinent. B.

DIJAYN, aisé en ses manières. B. Di privatif.

DIIEUO, ôter de dessous le joug. G.

DIIEUOG, qui n'a porté le joug. G.

DIJEUTEIN, décomposer. B.

DIJN, divin. B.

DIINCOMBREIN, débacler, débarrasser, décombrer. B. De là ce mot.

DIJODT, joués. B.

DIJOUCH, absence d'esprit, abstraction. B.

DIIR, acier. B.

DIJUN, déjeûner. B.

DIJUMI, déjeûner verbe. B.

TOME I.

DIKA, DIKATUS, A. M. les mêmes que Diecus.

DIKEMENNI, commander, commandement. B. Voyez Kemenn.

DIKEMMERI, exercer l'hospitalité. B. Di, maison; Kemmeri, prendre, accueillir.

DIKIS, difforme, défiguré, déguisé, étrange, déréglé, démesuré, énorme; Dikisa, défigurer, déguiser, &c. On écrivoit autrefois Digis. B. Di Qis. Voyez encore Ghis, de là le mot François Déguiser.

DIL, rayon de miel. G.

DIL, grêle, menu, foible, délié, mince. Voyez Eiddil. Dal, menu, mince en Hébreu; Dille en vieux François, le fausset ou dousil; Dil en Arabe, grêle, maigre, vil; Dal en Chaldéen, serviteur, valet; Dal en Hébreu, épuisé de forces, maigre, foible, malade, languissant, pauvre. Dal signifie la même chose en Chaldéen, comme on le voit par ses composés.

DIL en Basque paroit signifier corde, lien, parce que Dillindaria signifie qui est suspendu au bout d'une corde; Indara, force; Indera, tenir; Dil, par conséquent corde; Dildallua, collier. Voyez Dilaith.

DIL, le même que Diol. De même des dérivés ou semblables. I.

DILA, le même que Deala. De même des dérivés ou semblables. I.

DILACER, libérateur. B.

DILACHAR, sans crainte, intrépide. G. Di est ici privatif, ainsi qu'on le voit par le sens du mot; Llachar signifie donc crainte.

DILACHR, sans crainte, intrépide. G. C'est une crase de Dilachar.

DILACZA, dégager, débarrasser, tirer d'intrigue, tirer d'embarras, délivrer. B. Lacz.

DILAETHU, sévrer. G. Laeth.

DILAID, sans bouë. G.

DILAIN, DILEN, les mêmes, si je ne me trompe, dit Davies, que Dilaith, Laith, carnage, meurtre, mort violente. G. Il ne se trompe pas, puisqu'on trouve dans le Dictionnaire de Thomas Guillaume Dilain, mort, trépas. Dilain, Dilen étant synonimes à Dilaith, Lain, Len sont synonimes à Laith; Di n'est ici qu'une particule explétive. Voyez Dilaith.

DILAITH, meurtre, mort violente, carnage, massacre, mort, ruine entière, perte. G. Laith signifie la même chose, ainsi Di est superflu.

DILAITH, corde dont on tire les bœufs. G.

DILAMBREC, lâche, indolent, imbécille. B.

DILAMET, réjaillir. B. C'est le même que Dilamma.

DILAMMA, sauter, s'échapper, s'évader, réjaillir. B. C'est le même que Dilamet. Voyez Lam.

DILAR, le même que Dilear. I.

DILARDA, dégraisser. B. Lard.

DILASTEIN, ôter les herbiers, délester, ôter le lest d'un navire, selon Dom le Pelletier; sarcler, selon le Pere de Rostrenen. B.

DILASTER, propre & à son aise, qui ne sent point la misère, ou celui qui en est délivré. B.

DILASTEZA, purger une terre ensemencée de tout ce qu'il y a de mauvaises herbes & vermines. B. Di Laster.

DILASTOUR, DILASTRER, délesteur, celui qui tire le lest du vaisseau. B.

DILAU, abri, où l'on est à couvert de la pluie. B. Glau.

DILAVAR, muet. B. Lavar.

DILAWEN, désagréable. G.

Aaaaa

DILAWN, vuide. G.
DILDALLUA, collier. Ba. Voyez Dil.
DILE, amour. I.
DILEAD, rature, action d'effacer, d'annuller, de casser, d'abroger. G.
DILEAGHADH, coction, digérer. I.
DILEAGLAIM, révérer. I.
DILEAGRA, adresse. I.
DILEAGRAD, adresser. I.
DILEAMAOIN, amour. I.
DILEAR, aimé, cher. I.
DILEAS, orphelin. I. Voyez Dilés.
DILEAS, accommodé à, rendu propre à. I.
DILECHI, disloquer. B. Lech.
DILED, qu'on ne peut élargir. G.
DILEDACH, noble, de condition. G. Lledach.
DILEDCHWAITH, qui a du goût, qui a de la saveur. G.
DILEDDF, sans obliquité, directement. G.
DILEDFRYD, prudent. G. Lledfryd.
DILEDLEF, bon terme, bonne façon de parler où il n'y a rien qui ressente le mauvais langage, homme qui parle en bons termes, qui parle correctement, dans le discours duquel il n'y a rien contre les régles, rien qui ressente le mauvais langage. G. Di privatif; Lled, particule qui marque le mal, l'imperfection, le défaut; Llef, parole.
DILEDRYW, noble, de condition, sans mésalliance, parfaite noblesse. G, Di Lledryw.
DILEN, ignorant. G.
DILEN, Voyez Dilain.
DILEN, tirer quelque chose de l'eau; par exemple, une huitre de l'eau qu'elle a dans sa coquille, & d'autres choses qui sont dans l'eau en quelque quantité que ce soit. B. Di privatif; Len, eau.
DILENN, élite, choix, élire, choisir, éplucher. B.
DILENWI, se décharger dans, couler dans, influer. G.
DILER, le même que Dilear. I.
DILERCH, après, derrière. On dit aussi A Dilerch. B. Lerch.
DILES, abandon, cession de biens, renonciation, abolissement, déport. B. De là délaisser. Voyez Dileas.
DILES, inutile, infructueux, vain, incommode, dommageable. G. Lles.
DILESEL, abandonner, délaisser. B.
DILESEREAH, abandon, délaissement. B.
DILESETT, aboli. B.
DILESG, diligent, fort. G. Llesg.
DILESTAIR, ne pouvoir point être retenu. G.
DILETHAI, qu'on ne peut faire pencher. G. Di privatif, Voyez Llethr.
DILETTEUGAR, où l'on ne peut loger, qui ne reçoit point les étrangers. G.
DILETTY, où l'on ne peut loger. G.
DILETTYB, qui n'est pas soupçonné, qui n'est pas suspect. G.
DILEU, déplacer, effacer. G. De là Deleo Latin. Di Lle ou Lleu.
DILEUAD, qui est sans lune. G.
DILEWYCH, sans lumière. G.
DILEUERI, envoyer un exprès, députer. B. Voyez Leuzri.
DILHAD, hardes. B. Voyez Dillad.
DILIAMA, délier. B. Di privatif.
DILIBERI, délibérer, arrêter. B.
DILICAT, délicat, douillet. B. De là délicat.
DILIF, inondation, ravine d'eau. G. Llif.

DILIGARE, A. G. prouver; de Dilijs.
DILIGENT, diligent. B. Voyez Dilesg.
DILIGNEZ, qui n'a point de famille, qui ne ressemble pas à ceux de sa famille. B.
DILIGNEZA, dégénérer. B.
DILIGUERNEIN, ternir. B.
DILIJS, certain. G. Voyez Dilys.
DILIN pour DILYFN, ainsi que pensent quelques-uns, dit Davies, nouveau, récent. G.
DILINDARIA, qui est attaché & suspendu au bout d'une corde. Ba. Voyez Dil.
DILINDOCA, pendant, suspendu. Ba.
DILINN, mer. I.
DILIOS, ferme, stable, fidéle, loyal. I.
DILIR, le même que Dilear. I.
DILISIOL, privé, particulier. I.
DILISTU, DILISTEA, lentille. (légume) Ba.
DILITHR, immobile. G. Di Llithr.
DILIU, DILIV, blême, pâle. B. Di Liu.
DILIUEIN, ôter la couleur. B.
DILIVRA, livrer. B. On dit encore délivrer au même sens.
DILIW, inondation, ravine d'eau. G.
DILL, ride, pli. G. Dill en Turc, pli, courbure, sinuosité parlant de la mer.
DILLA, tromper. C. Voyez Twyll.
DILLAD, vêtement. G. B. Voyez Dilhad.
DILLAD, ornement, parure. G. Atuillare en Italien, parer, & Atuillato, paré; Atildar en Espagnol, parer, orner.
DILLADU, vêtir, orner, parer, ajuster, agencer, embellir. G.
DILLADWISG, vêtement, ornement, parure. G.
DILLAT, hardes, linges, habits, sur tout ceux que l'on a pour changer, habit. B. Voyez Dillad.
DILLEACHD, orphelin. I.
DILLEACHDACH, état d'orphelin. I.
DILLEDYDD, tailleur. G.
DILLEDYN, vêtement, habillement. G.
DILLIOG, ridé, plissé. G.
DILLUN, le même que Dillyn. G.
DILLWNG, le même que Gillwng. G.
DILLY, Loi. I.
DILLYN, bien mis, propre, joli, beau, brillant, poli, qui a de belles manières, fort, vigoureux. G. Deiligt en Danois, élégant, bien mis, beau.
DILLYNDER, ajustement de bon goût, propreté, netteté, splendeur, éclat. G. Il est formé de Dillyn, ainsi il en doit avoir tous les sens.
DILLYNES, le même que Dillyn. G.
DILLYNION, joyaux. G. C'est le pluriel de Dillyn.
DILO, rendre mince, amoindrir. Voyez Eiddil, Eiddilo.
DILOGEA, chasser un locataire. B.
DILOH, dégel. B.
DILOHEIN, dégeler. B.
DILORNI, reprocher, faire des reproches. G.
DILOSC, incombustible, qui ne brûle pas, qui empêche l'inflammation; Y Ddilosg, petite joubarbe. (plante) G. Llosg.
DILOST, extrémité; Dilost-Ag-Er-Blé, arrière-saison; Dilost-Han, automne. (Han, été) B.
DILOST, qui n'a pas de queuë; Qy Dilost, chien sans queuë. B.
DILOSTA, écouer. B.
DILOSTET, écoué. B.
DILOSTHAN, automne. B.
DILOUADI, déniaiser. B.

DIL. DIN. 475

DILOUZIN, désinfecter. B.
DILOUIEIN, débarrasser. B.
DILOYWI, obscurcir. G.
DILUCH, déluge. B. Voyez *Diluw*.
DILUD, suivre. G.
DILUD, prêt, que rien n'arrête, qui ne peut souffrir aucun délai. G.
DILUDDED, infatigable. G.
DILUDDEBU, rétablir, restaurer, refaire, remettre en santé, rétablir en vigueur. G.
DILUDDIO, ne pouvoir être retenu. G.
DILUIA, débrouiller, démêler. B. Voyez *Luia*.
DILUICH, déluge. B.
DILUN, difforme. G. *Di* privatif, *Llun*.
DILUN, lundi. B.
DILUSC, vîte. G. *Di* est ici privatif ; *Lusc* signifie donc lenteur, retard ; ce qui se prouve encore par *Lucy*, qui en Breton signifie retardement.
DILWCH, petitesse, délicatesse, foiblesse. Voyez *Eiddil, Eiddilwch*.
DILWFR, qui n'est pas lâche, qui n'est pas paresseux, qui n'est pas foible, fort, hardi, vaillant, courageux, vigoureux, soigneux, diligent. G. *Llwfr*.
DILWGR, sans tache, sans altération, sans corruption, non violé, non profané, pur, incorruptible. G.
DILUW, déluge, débordement d'eau, inondation ; mieux *Dilyf*, dit Davies. G. L'un & l'autre sont bons ; *Di* augmentatif ; *Lw, Luch* & *Llif*, eau ; de là *Diluvium* Latin.
DILWYBR, où il n'y a point de chemin, par où l'on ne peut passer, impraticable, inaccessible, égaré, qui a perdu son chemin. G. *Di Llwybr*.
DILWYDD, malheureux. G. *Llwydd*.
DILWYDD. *Y DDILWYDD FELEN*, chélidoine ou grande éclaire, (plante.) G.
DILWYNO, éreinter. G.
DILUYER, débrouilleur. B.
DILYD, suivre, poursuivre. G.
DILYED, Loi, Ordonnance, Droit. G.
DILYGEIDIO, arracher les yeux. G.
DILYN, suivre, poursuivre, imiter, s'attacher à quelque chose, à quelqu'un, suivre quelqu'un. G.
DILYNIAD, suite, succession. G.
DILYNOL, imitable. G.
DILYNWR, qui suit, successeur. G.
DILYS, indubitable, certain, certifier, qui ne craint rien, plein d'assurance. G.
DILYS, certainement, sûrement. C.
DILYSIANT, qui n'est pas rejetté, que l'on ne peut réfuter, reçu, admis. G.
DILYSIEUO, arracher les herbes. G.
DILYSRWYDD, certitude, évidence, clarté, sécurité, stabilité, solidité, fermeté, appui, soutien, ce qui fortifie, ce qui rend solide. G.
DILYSU, ne pas rejetter, accepter, recevoir, rendre certain. G.
DILYTH, non foible, non méprisable, non rejetté, que l'on ne peut point réfuter, reçu, admis. G.
DILYW, déluge. G.
DIM, particule négative, nul, nulle, rien. G. *Dam* ou *Dim* en Arabe, blâmer, regarder comme vil.
DIM, quelque chose, chose. G.
DIM, mouton. G.
DIMAI, moitié d'obole. G.
DIMAT, DIVAT, mauvais, fâcheux, incommode, désagréable, cruel, sans bien. B. *Di* privatif ; *Mat, Vat*.
DIMEEN, mariage. B. Voyez *Demezy*.

DIMEH, effronté. B. *Di Meh*.
DIMEIGN, mariage. B.
DIMENN, mariage. B.
DIMENPRAFF, disloquer. B.
DIMEZEIN, fiancer. B. Voyez *Demezi*.
DIMEZI. Voyez *Demezi*.
DIMH, le même que *Damh*. I.
DIMHA, DIMHAN, bouvier. I.
DIMHEAS, DIMHEASAD, mépris, dédain ; rebut, mépriser, dédaigner, rejetter, dépriser, mésoffrir, tourner en ridicule, se jouer, se moquer. I.
DIMHEASDA, méprisable, vil. I.
DIMHEASDAS, abjection, bassesse. I.
DIMHEASTA, dédaigneux, orgueilleux. I.
DIMILLONA. *EN EM DIMILLONA*, se remuer souvent, frétiller, s'inquiéter, se tourmenter. B. On dit *se demener* en Franche-Comté.
DIMINU, diminution. B.
DIMISNICHTE, abêti, infatué. I.
DIMISNIUGADH, décourager. I.
DIMUIN, mépris. I.
DIMIZY, mariage. B.
DIMMAI, obole, pièce de monnoie de la valeur de trois oboles, pièce de la valeur de trois as Romains. G.
DIMUNU, diminution. B.
DIMUS, A. G. de deux ans ; de *Di*.
DIN, particule négative. G.
DIN, au pluriel *Dain*, montagne, sommet, promontoire, colline, montagne fortifiée, lieu élevé, fermé, forteresse, Ville, Cité, enclos, enceinte, haye. G. *Din* a signifié originairement une élévation ; & comme les premiers habitans se plaçoient sur des élévations pour leur sûreté, & qu'ils s'y fermoient du mieux qu'ils pouvoient, on étendit la signification de *Din*, & on employa aussi ce mot pour désigner une fortification faite sur une montagne, une enceinte faite sur une élévation, une forteresse dans un lieu élevé ; ensuite on l'employa pour signifier forteresse, enceinte, enclos en général ; enfin Ville, Cité, parce que les Cités & les Villes sont fermées de murs. *Din*, colline, montagne en Irlandois ; *Din* en Phrygien, sommet ; (*Dindyme*, montagne de Phrygie, ainsi nommée de ses deux sommets, dit Philostephanus dans Apollonius ; *Din*, sommet ; *Dy*, deux ;) *Dinh*, sommet en Tonquinois ; *Tingy* à Malaca, haut ; *Ardyan*, sommet, faîte en Arménien, & *Idin*, suprême, le plus élevé ; *Tinus*, tas de bled en Persan ; *Dingia*, tas en Islandois ; *Tien, Ting*, Palais royal en Chinois ; *Den*, Palais en Tonquinois, & *Dinh Dang*, maison ; *Dinh* en Tonquinois, habitation du Gouverneur de la Province avec ses soldats, maison publique, & *Thon*, Village ; *Tinghal* en Malaye, habiter, demeurer, & *Dinding*, muraille ; *Tineet*, habitation, demeure en Arabe ; *Tim*, hôtellerie en Persan ; *Dimi*, Ville, Village en Cophte; *Mdinah* en Hébreu ; *Mdina* en Arabe ; *Mdin* en Persan ; *Mdino* en Syriaque, Ville ; (*m* paragogique) *Dinh*, jardin, endroit fermé où il y a des légumes en Tartare du Thibet ; *Tan*, maison en Arménien, & *Tang, Tank*, haye, clôture ; *Tansane*, auberge en Turc ; *Setan*, domicile en Esclavon ; *Ostena* en Finlandois, mur ; *Tine* en Albanois, caché, secret ; *Den* en ancien Saxon, chaumière ; *Din*, Village en ancien Suédois ; *Demizen* en Anglois, citoyen. Voyez *Den* qui est le même mot. Voyez encore *Dinas, Tinell*.
DIN, le même que *Dun*. G.

DIN, bas. G. *Din* signifie aussi le plus bas. Voyez *Dinceirdiol*. *Din*, les fesses en Breton. Voyez *Tin*. Voyez *Don*, qui de même que *Din* signifie haut & bas. *Din* & *Don* sont le même mot.

DIN, colline, montagne. I.

DIN, agréable, délicieux. I. *Din*, beau; *Dina*, aimable en Breton; *Ding* en Théuton, joyeux, gai; *Adin*, *Azin*, ornement en Persan; *Zini*, beau en Brebére; *Tanh*, aimable en Tartare du Thibet; *Donatmak* en Turc, orner, parer, comme qui diroit faire beau; *Atmak* ou *Etmek*, faire; *Zheden* en Esclavon; *Naredan* en Dalmatien, élégant, bien mis, beau; *Tin*, blanc en Bresilien. (Voyez *Can*) *Godin* en vieux François, beau, mignon, joli; *Go* diminutif ou superflu.

DIN, le même que *Dean*. De même des dérivés ou semblables. I.

DIN, bien adverbe. B.

DIN, capable, digne, aimable. B. De là *Dignus* Latin; *Digne* François. Voyez *Dinadia*.

DIN, les fesses. B. Voyez *Tin*.

DIN, beau. Voyez *Addien*.

DIN, extrémité. Voyez *Benboeth*. *Din* en Arabe, terme.

DIN, le même que *Dion*. De même des dérivés ou semblables. I.

DIN, le même qu'*In*. Voyez *D*.

DIN, le même que *Tin*. Voyez *D*.

DIN, le même que *Dim*. Voyez *Dom*, *Don*.

DIN, le même que *Dan*, *Den*, *Don*, *Dun*, *Dwn*, *Dyn*. Voyez *Bal*.

DINA; aimable, digne. B. Voyez *Din*.

DINACH, DINACHA, nier, refuser. B. *Nac*.

DINADIA, dignité. Ba. Voyez *Din*, *Dina*.

DINAF, le même que *Dinam*. G.

DINAG, libéral, généreux. G. De *Nag*, que l'on voit par ce mot avoir été employé pour avare.

DINAH, déni, désaveu. B.

DINAIRADA, A. M. le même que *Denairada*. Voyez *Diner*.

DINAM, sans défaut, sans faute, sans tache, sans exception, au dessus de toute exception, indubitable, certain, au dessus de toute limitation. G. *Di* privatif, *Nam*.

DINAM, sans défaut, non estropié, sans faute, sans tache ni ordure, net, pur, entier, beau, agréable, illustre. B.

DINAMHEDD, certitude. G.

DINAN, agréable, délicieux. I. Voyez *Din*.

DINAN, digne. B. Voyez *Din*.

DINAOU, pente. B.

DINAOUI, couler, écouler, découler, verser, distiller, tomber peu à peu, goutte à goutte d'un vaisseau, d'un étang, &c. & au sens métaphorique sortir, pulluler, être cause, avoir pour origine, pour cause ou occasion comme quand nous disons: cela sort, part ou coule de telle ou telle cause. Ce verbe se prend aussi comme actif pour faire écouler, faire distiller. B. Voyez *Dinaou*, *Dineu*.

DINAQUIDA, condignité. Ba. Voyez *Dina*.

DINARO, adéquatement. Ba. Voyez *Dinam*.

DINAS, promontoire. G. Voyez *Din*.

DINAS, Ville, Cité; au plurier *Dinasedd*, *Dinesidd*. G. C. Voyez *Din*.

DINAS, palais, château anciennement en Breton. Voyez *Din*.

DINAS GAEROG, Ville. G. A la lettre, habitation murée. On voit par là que *Dinas* a signifié habitation en général.

DINASAIDD, de Ville, qui demeure à la Ville, civil, de citoyen, qui concerne la police. G. Il signifie aussi poli, qui a les manières des Villes. Voyez *Anninasaidd*, c'est l'*Urbanus* des Latins.

DINASDREF, Ville, Cité. G. *Dinas*; *Tref* pléonasme.

DINASFRAINT, droit de Cité. G. *Braint*.

DINASIA, DINASTA, troupe d'hommes sans ordre. Ba. *Dyn*, hommes; *Tas*, tas.

DINASWR, citoyen, bourgeois, qui a le droit de Cité. G.

DINATUR, dénaturé. B.

DINATURI, dénaturer, ternir. B.

DINAZ, forteresse, Ville. C. Voyez *Dinas*.

DINBOETH, arroche, persicaire, chanvre sauvage. G.

DINBOETH, petit oiseau qui a la queuë rouge en été. G. *Din* de *Tin*, extrémité, queuë; *Boeth* en composition pour *Poeth*, ardente, rouge.

DINCEIRDIOL, qui est du plus bas dégré. G. *Din*, *Cerdd*.

DINCODIN; plurier *Dincod*, grain ou pepin de tout fruit à grappe. G. Le même que *Daincod*; comme si l'on disoit *Deint Gawd*, offense, agacement de dents. Davies.

DINCODLYD, qui a beaucoup de grains ou de pepins. G.

DINCZ, dez. B. Voyez *Dicz*.

DINDAN, dessous, en. B.

DINDAYA, tintement. Ba. De là notre mot *Tinter*.

DINDEA, proportion. Ba.

DINDIRRIA, pituite. Ba.

DINE, génération, âge. I.

DINE, commencement. I.

DINEAD, effusion, épanchement. G.

DINEADACH, froc, fourreau d'enfant. I.

DINECZAAT, approcher, fréquenter. B.

DINEDEENNEIN, défiler. B.

DINEIN, DITHE DINEIN, dîner. I. Voyez *Dignerium*, *Dinear*.

DINEIN, tetter, succer, épuiser. B.

DINEIZA, dénicher. B.

DINEN, salle, succès. B.

DINER, denier, obole. B.

DINERAT, denrée. B. De *Diner*, *Dener*, argent monnoyé; *Dinerat*, ce qu'on achete.

DINERATA, A. M. le même que *Denairada*.

DINEREAH, suction. B.

DINERH, foible, sans force, caduque. B.

DINERHEIN, affoiblir. B.

DINERIC, petit denier, maille petite monnoie. B.

DINERICQ, diminutif de *Diner*. B.

DINERIUM, A. M. le même que *Dignerium*.

DINERTH, impuissant, foible, débile, inefficace. B.

DINERTHU, affoiblir. G.

DINERZ, caduque, foible. B. De là *Iners* Latin.

DINERZA, affoiblir. B.

DINES, le même que *Nes*. Voyez les articles suivans.

DINESID, de Ville, qui demeure à la Ville, civil, de citoyen, qui concerne la police. G.

DINESSAA, approcher, accoster, joindre. B. *Nes*. Voyez *Dynessu*.

DINESSAAD, approche. G. *Di* superflu.

DINESSAAT, approche, jonction. B. *Nes*.

DINESSU, approcher. B. *Nes*.

DINESYDD, citoyen, bourgeois, qui a le droit de Cité. G.

DINEU, répandre. G.

DINEU, écoulement. B.

DINEU,

DINEU, montagnes. G.
DINEUS, vain. B.
DINEWR, qui verse, qui répand. G.
DINEUZ, vain. B.
DINEUZ. Voyez Neuz.
DINEZ, détors, qui n'est pas tors. B. Voyez Neddu.
DINGIM, presser, pousser, solliciter. I.
DINGIR, garde substantif. I.
DINIAT, casque. l.
DINIDOR, A. G. mauvaise odeur. On voit par ce mot que Di signifiant le défaut, le manquement, a été étendu à signifier le mal, qui est une signification fort voisine de la première.
DINIDR, qui ne diffère point, sans délai, promptement, G. Nidr.
DINIEWED, veau. G. A la lettre, qui n'est pas mis sous le joug.
DINIEZ, foible. B.
DINIM, boire, s'imbiber. I.
DINISTRADWY, qu'on peut saccager. G.
DINISTRIAD, dégat, sac, ravage, destruction, désolation, ruine. G.
DINISTRIWR, destructeur, qui ruine, qui renverse, qui saccage, qui ravage, qui fait du dégât. G.
DINIWEDD, qui n'a point de mal, hors de danger, sûr. G. Niweid.
DINIWEID, innocent, qui n'est point criminel, sans malice, simple, qui n'a reçu aucun dommage, qui n'a souffert aucun tort. G. On voit par ces deux mots que Niweid ou Niwed a signifié non seulement le mal physique, mais encore le moral ; qu'il signifie même le danger.
DINIWEIDRWYDD, disposition à ne point nuire, action par laquelle on préserve quelqu'un de dommage, état d'un homme qui est sans malice, simplicité. G.
DINLLWYD. YN DINLWYD, potentille, aigremoine sauvage, argentine, herbe utile aux maladies des aines. G.
DINN, montagne, colline. I.
DINOAS, DINOAZ, qui ne nuit point, pacifique, paisible, commode. B. Voyez Noaz, Noasa.
DINOCH, aimable, digne. B.
DINOD. GWR DINOD, homme qui n'est pas de marque, homme ignoble. G. Di Nod.
DINODD, sans suc. G. Nodd.
DINODDED, non protégé. G. Nodded.
DINODI, abolir. G.
DINOE, diligence. B.
DINOEA, diligenter. B.
DINOES, qui ne nuit point, pacifique. B.
DINOETHI, dépouiller, mettre nud, découvrir, manifester. G.
DINOU, DINOUI, verser, couler, sortir, pulluler, être cause. B. Voyez Dinaou.
DINOURS, qui désennuye. B.
DINS, dez. B. Voyez Dincz.
DINSAL, DINSEIN, tinter. B.
DINVAD, impétueux, violent. B.
DINVADT, pénible. B.
DINVAT, âpre. B.
DINVAT, le même que Dimat. B.
DINWYF, privatif de Nwyf. G.
DINYSTR, destruction, ruine entière, perte. G.
DINYSTRIO, détruire, renverser, démolir. G.
DIO, particule négative ou privative. G. Voyez l'article suivant.

TOME I.

DIO, sans. I. Voyez l'article précédent.
DIO, préposition explétive. Voyez Diolaith.
DIO, lac. Voyez Dioar, lac.
DIOALCHANCEIN, déguignoner. B. Terme populaire dont on se sert pour dire n'être plus malheureux, commencer à être heureux.
DIOAR, l'ac d'en haut. B. Oar, haut, en haut.
DIOARENEP, DIWARENEP, DIVARENEP; l'envers de quelque chose. B. Enep.
DIOARI, DIGOARI, DIGWARI, DIHOERI; abstenir ; En Em Digwari, s'abstenir. En Cornouaille on entend par ce verbe être superflu, surpasser la mesure nécessaire, le besoin. B. Ce mot est formé de Diwar ou Dioar, dessus, au-dessus.
DIOBAITH, qui est sans espérance, qu'on ne peut espérer. G. Gobaith.
DIOBEITHIO, désespérer. G.
DIOBELL, fureur. B.
DIOBH, sans. I.
DIOBHAIL, outrage, tort, préjudice, dommage, mal, incommodité, dépens, frais, dépravation, perte, grief, plainte, abus, dont on se plaint. I.
DIOBHALADH, nuire, incommoder, faire tort, outrager, retrancher, accourcir, diminuer. I.
DIOBHALL, vieux. I.
DIOBHARTA, exilé. I.
DIOBHRATA, ouvert. I.
DIOBLAS, prodigalité. I.
DIOBLASACH, prodigue, impudique, débauché. I.
DIOC'H, à proportion. B.
DIOC'H, arracher. B.
DIOCHAIRDIOCH, dépourvu d'amis, qui est sans amis. I. Dio, sans.
DIOCHAIRTIM, perdre son écorce, être écorcé. I. Dio, sans.
DIOCHARADRADH, désunion, désunir. I. Dio, sans.
DIOCHLAONADH, déclinaison. I.
DIOCHOMAIRLIOCH, impudique, débauché, dissolu. I.
DIOCHONAIRE, impraticable, sans chemin, par où on ne peut passer, qui ne peut passer. I.
DIOCHRA, diligence. I.
DIOCHTU, continu. B.
DIOCHUR, diligence. I. Voyez Diog.
DIOCSA, haut, ferme. I.
DIOD, boisson, coup à boire ; Diod-Haidde; bière. A la lettre, boisson d'orge. G. Deoc en Irlandois, boisson,
DIOD, chez une partie des Gallois & chez les anciens Auteurs de la Nation, est le même que Diosg, déshabiller, dépouiller. G. Diod, comme qui diroit Dided ; de Di privatif ; Dodi, mettre. Davies.
DIOD, folâtre. B.
DIODA, se former en épi. B.
DIODDEF, souffrir, supporter, porter, endurer patiemment, patience, souffrance. G. Di superflu ; Goddef.
DIODDEFAINT, souffrance, passion. G.
DIODDEFGAR, patient, indulgent, doux, paisible. G.
DIODDEFGARWCH, patience, patience à supporter, patience à souffrir, grande patience, indulgence, condescendance. G.
DIODDEFUS, patient, passible. G.
DIODDES, le même que Dioddef. Voyez Annie-defgarweh.
DIODDEU, propos, dessein. G. Godden.

Bbbbbb

DIODHATAM, ôter la couleur. I.
DIODI, donner à boire. G.
DIODI, déshabiller, dépouiller. G.
DIODMA, forteresse. I.
DIODOR, sans interruption, continuel, perpétuel, continu. G. *Di Godorr.*
DIODORR, qui ne peut se rompre, auquel on ne peut résister, tenant, joignant, qui se touche, continu. G. *Dio* privatif ; *Torr* ou *Dorr.*
DIODTA, boire ensemble. G.
DIODUNEATA, abêti, infatué. I.
DIOED, sans délai, sans retardement, sur le champ, tôt, vîte, promptement, tout-à-l'heure, prompt. G. *Di Oed.*
DIOER, sans doute, certainement, oui adverbe pour affirmer. G. Comme qui diroit *Di-Or,* c'est-à-dire *Di-Os,* car *Or* chez une partie des Gallois est *Os ; Si,* particule de doute. Davies.
DIOFAL, qui ne prend pas garde, négligent, qui se croit en sûreté, qui ne pense à rien, nonchalant, indifférent, imprudent, inconsidéré, lâche, mol. G. *Di Gofal.*
DIOFALHAU, décharger. G.
DIOFALWCH, négligence, sécurité, défaut de soin, nonchalance, gaieté. G.
DIOFN, DIOFNOG, sans crainte, intrépide. G. *Di Ofn.*
DIOFREGEDD, grave, sérieux, G.
DIOFRYD, ordinairement *Diowryd,* abjuration. G.
DIOFRIDAWG, voué. G.
DIOFRYDBETH, anathême, exécration. G.
DIOFRYDU, abjurer, renoncer au jurement. G.
DIOFWY, qu'on n'a point visité. G. *Di Gofwy.*
DIOG, lâche, paresseux, tardif, sans vigueur, languissant, assoupi, endormi, qui ne fait que dormir. G. Davies demande si ce mot n'est point formé de *Di* privatif, & *Awch,* vigueur ? Il y a grande apparence, d'autant plus qu'*Awch* s'écrit aussi *Awg,* qui est le même qu'*Og.* On voit par ce mot qu'*Og* a signifié diligence, promptitude, vivacité, ce qui se confirme parce qu'*Og* signifie pointe. (Voyez *Awch, Hoggi, Occa.*) Or nous appelons encore la vivacité pointe. *Okus* en Grec, vîte ; *Ocyor* en Latin, plus vîte.
DIOG, digne. I.
DIOG, fosse, tranchée, digue, rempart, mur fort. I.
DIOGAM, renfermer d'un fossé, fortifier. I.
DIOGAN, auquel on ne peut trouver à redire, qui est sans tache. G. *Di Gogan.*
DIOGANTA, farouche. I.
DIOGEL, sûr, à couvert de tout danger, ferme, stable, solide, certain, indubitable, oisif, paresseux. G. Ce mot paroit formé de *Di* privatif, & de *Gogel,* que nous connoissons par ce terme être synonime de *Gochel,* qui signifie éviter, prendre garde, se précautionner ; d'ailleurs *Gogel* & *Gochel* sont le même mot, écrit différemment. *Diogel* signifie donc un homme qui n'a rien contre quoi il doive se précautionner, qui est en sûreté, & qui par conséquent reste tranquille sans rien faire, d'où lui est venu la signification d'oisif, paresseux. Voyez *Diouguell.*
DIOGELFA, fortification, refuge, asyle, retraite. G.
DIOGELRWIDD, certitude. G.
DIOGELU, mettre quelqu'un en sûreté, munir, fortifier, préserver, sauver, affermir, rendre solide, décharger. G.
DIOGELWCH, ce qui fortifie, ce qui rend solide, appui, soutien, sûreté, stabilité, fermeté, solidité, certitude, caution. G.
DIOGHAD, malheur. I.
DIOGHAIL, offense, faute, injure, outrage. I.
DIOGHAILTH, vengeance. I.
DIOGHALAIM, punir, venger. I.
DIOGHALTACH, DIOGHALTOIR, vengeur. I.
DIOGHALTUS, vengeance. I.
DIOGHARTAIM, trancher la tête. I.
DIOGHBAIL, destruction, mal, blessure, offense, faute. I.
DIOGHLUIM, glanant. I.
DIOGHLUM, glaner. I.
DIOGI, lâcheté, paresse, devenir lent, être lâche, être lent, être paresseux, être mol, être foible, être languissant. I.
DIOGLYD, désespéré. G. *Di Goglyd.*
DIOGRAIS, amour, amitié, affection, bonté, qualité qui nous fait gagner le cœur. I.
DIOGWYDD, qui ne penche ni de côté ni d'autre. G. *Di Gogwydd.*
DIOGYN, paresseux, négligent, nonchalant. G.
DIOHEB, ce à quoi on ne peut répondre. G. *Di Goheb.*
DIOHIR, sans retardement, sans délai, sur le champ. G. *Di Gohir.*
DIOI, le même qu'*Ol,* vestige, trace. G.
DIOL, fin, extrémité. I.
DIOL, capture, prise, butin, distribution, partage, don, fief. I.
DIOL, paye, vendre, débiter. I.
DIOL, propitiation. I.
DIOL, vénérable. I.
DIOL, dignement, justement. I.
DIOLADH, décharger sa colère sur quelqu'un. I.
DIOLAIDHEACHD, payement. I.
DIOLAIHIN, absence. I.
DIOLAITH, le même que *Llaith,* massacre. G.
DIOLAM, payer. I.
DIOLAM, renouveller. I.
DIOLANTAS, âge viril. I.
DIOLASCHOIMHEAD, protection. I.
DIOLASCHOMHAIDE, gardien, défenseur. I.
DIOLBREIN, essarter. B.
DIOLCH, féliciter, congratuler, se conjouir avec. G.
DIOLCH, action de graces, remerciment ; il se dit aussi *Diolwch,* & mieux selon Davies ; de *Dy* particule augmentative & *Iolwch,* continue le même Auteur. G.
DIOLCHGAR, reconnoissant, qui félicite, qui prend part à la joie de quelqu'un, favori, favorisé, agréable. G.
DIOLCHGARWCH, reconnoissance, gratitude, gratification, congratulation, faveur, plaisir, action de graces. G.
DIOLCHOMAN, confédération. I.
DIOLCHUAN, boutique. I.
DIOLCHURAN, négociation. I.
DIOLCHUS, reconnoissant, qui félicite, qui prend part à la joie de quelqu'un, G.
DIOLEU, sans lumière. G. *Di Goleu.*
DIOLFHASGADH, embrasser, embrassade. I.
DIOLFHULANGACH, austére, sévère. I.
DIOLGAM, renvoyer, relâcher. I.
DIOLI, effacer les vestiges, les traces. Voyez *Ymddioli.*
DIOLO, le même qu'*Anolo.* G.
DIOLOSACH, innocent. I.
DIOLTA, content. I.

DIOLTOIR, vendeur. I.
DIOLTOIR, sot, badaud. I.
DIOLUGHEAS, procuration. I.
DIOLUGHIOS, paie. I.
DIOLUIM, glaner. I.
DIOLUNTA, viril, fort. I.
DIOLWCH. Voyez *Diolch*.
DIOMBNAN, passager. I. C'est le même que *Diombuan*.
DIOMBUAN, volage, changeant, leger, inconstant. I. C'est le même que *Diombnan*.
DIOMBUANAS, legéreté, inconstance, mutabilité. I.
DIOMBUDHEACHUS, ingratitude. I.
DIOMDHA, indignation. I.
DIOMHALTAS, caution. I.
DIOMHAOIN, vain, inutile, oiseux, oisif, paresseux, négligent, impertinent. I.
DIOMHAOINEAS, oisiveté, vanité. I.
DIOMHART, privé, secret. I.
DIOMHCHAR, échalasser, appuyer, soutenir. I.
DIOMUOGADH, liberté. I.
DIOMHOGAM, délivrer. I.
DIOMHRACHD, obscurité. I.
DIOMHRAN, mystére, cellule, hermitage. I.
DIOMMEDD, rien. G.
DIOMOLADD, blâme, blâmer, déshonorer, diffamer. I. *Dio Moli*.
DIOMRAC, temple. I.
DIOMULT, gâter, action de gâter. I.
DIOMUS, arrogance. I.
DION, chaume. I.
DION, conservation, garde, protection, abri, logement, mettre à couvert, couvrir. I.
DIONADH, couvrir de chaume. I.
DIONADH, mettre à couvert, couvrir. I.
DIONCOSNADH, garnison. I.
DIONCOSNAM, mettre garnison. I.
DIONGMHALA, absolument. I.
DIONGMHALTA, pur, vrai, franc. I.
DIONGMHALTAS, pouvoir absolu. I.
DIONGVALA, digne. I.
DIONLONGPHORT, garnison. I.
DIONMHAR, riche, qui est à son aise. I.
DIONN, montagne. I. Voyez *Don*.
DIONNAN, petite montagne. I.
DIONUGHTHEOIR, sauteur, protecteur, patron. I.
DIOPA, rigide, sévére, austére. I.
DIOR, sans bord. G. *Di* privatif.
DIOR, loi. I.
DIORACH, juste, légitime, conforme à la Loi. I.
DIORACHRACH, injustice. I.
DIORAWEN, désagréable. G.
DIORBLEIN, émonder. B.
DIORCHUDD, qui n'est pas caché, découvert. G.
DIORCHUDDIO, découvrir, dévoiler, déshabiller. G.
DIORCHWYLEDD, impudent, effronté. G.
DIORCHWYLUS, qu'on a rendu impudique. G.
DIORGEIN, vomir, dégorger. I.
DIORGHADH, direction, conduite. I.
DIORGUS, droiture, qualité d'être droit. I.
DIORHOEN, désagréable. B. *Di Gorhoen*.
DIORIOC, ferme, constant, qui ne change point. G.
DIORMA, troupeau, multitude. I. Voyez *Dirma*.
DIORNA, quantité. I.
DIORPHWYS, qui est en peine, inquiet. G.
DIORREN, nourrir, élever, instruire; *Plant*, élever du plant; *Diorren Guez*, cultiver des arbres. G.
DIORROADUR, éducation. B.

DIORRUSG, brusque, téméraire, imprudent. I.
DIORRUSGIOS, brusquerie, humeur brusque. I.
DIOS, DI-OS, indubitable. G. A la lettre, sans, si.
DIOSC, stérile. I.
DIOSCALEIN, échardonner, ôter les chardons. B.
DIOSCAN, stérile. I.
DIOSCAN, grinçant les dents, frémissant. I.
DIOSG, déshabiller, dépouiller. G. On a donc dit *Gosg* comme *Gwisg* ou *Goisg*, habit ; *Di* privatif ; *Osg* en composition pour *Gosg*, habit.
DIOSGADH, bruit aigu, querelle, grincement de dents. I.
DIOSGAM, grincer les dents. I.
DIOSGANAIM, grincer les dents. I.
DIOSGAR, populace, peuple. I.
DIOT, amende, délit. I.
DIOT, badin, sot, stupide, hébété, impertinent, fat, niais, puéril. B. De là *Idiot* en François ; *Dioltoir* en Irlandois, sot, badaud ; *Dot* en Tonquinois, ignorant, idiot.
DIOT, le même que *Diod*. Voyez D. & *Diotta*.
DIOTAAT, badiner. B.
DIOTAICH, babiole, badinerie, sotise, impertinence, extravagance, discours vuide de sens. B.
DIOTALUGAD, accuser. B.
DIOTH, défaut, privation, négation, vice, faute, imperfection, désavantage, perte, délit, amende. I.
DIOTH, particule privative, négative, sans. Voyez *Diothairbioch*, *Diotharmtha*.
DIOTHADH, ruiner, saccager I.
DIOTHAIRBIOCH, désapprouvé. I.
DIOTHARMTHA, désarmé. I.
DIOTHCHAOINE, regret, plainte, gémissement, lamentation. I. Voyez *Caoineadh*.
DIOTHCHUIRIM, contraindre. I.
DIOTHCHUSIOCH, insigne, infâme, grand. I.
DIOTHDAOINEADH, dépeupler. I.
DIOTHLAITHRIUGHADH, destruction, annihilation. I.
DIOTHOIR, perdant. I.
DIOTHRAM, désert, lieu sauvage. I.
DIOTHUGADH, nuire, incommoder, ruine. I.
DIOTTA, boire souvent, chercher à boire, fréquenter les cabarets, être toujours au cabaret, action de boire. G.
DIOTTWR, buveur. G.
DIOU, deux au féminin. B.
DIOUADA, saigner. B. *Gouad*.
DIOUALCH, insatiable. B. *Goualch*.
DIOUALHADUR, insatiabilité. B. C'est le même que *Diwalladur*.
DIOUALL, DIHOUALL, DIGOUALL, DIGWALL, exempter & défendre du mal, prendre garde qu'il n'arrive du mal, préserver. B. *Di* privatif ; *Goal*, *Gwall*, mal.
DIOUANOU, DIHWANOU, DIGWANOU, pierres d'attente. B.
DIOUARNISSEIN, démunir. B.
DIOUCH, comme, selon, conformément, à proportion, vers ; *Diouch-Ma*, à proportion que. B.
DIOUCH-TU, continu. B.
DIOUCHOT, joues. B.
DIOVER, excédent, privation. B. *Di* au premier sens est augmentatif ; privatif au second ; *Over*, avoir. Voyez *Dioüeri*.
DIOÜER, DIOVER, privation, disette, se passer. B.
DIOVEREIN, manquer. B.
DIOVEREREAH, diette. B.
DIOÜERI, perdre, cesser d'avoir, être privé du

secours de ses parens, sur tout de pere & de mere. B.

DIOUGAN, prédiction. B. Voyez Diougani.

DIOUGANER, devin. B.

DIOUGANI, prédire, promettre, menacer, selon le Pere de Rostrenen. Dom le Pelletier explique ainsi ce terme, Diougani, prédire, pronostiquer, dire la bonne aventure; & selon un homme habile en Breton, c'est le même terme qu'en Latin *Præsagire*: il ajoûte que c'est aussi annoncer une nouvelle fâcheuse. *Diougan* se trouve dans les anciens livres Bretons pour prédiction de malheur, prédiction comminatoire. B.

DIOUGUELL, sûr, assuré, ferme, à couvert de tout danger, certain. B. Voyez *Diogel*.

DIOUGUELLER, anciennement protecteur. B.

DIOUGUEN, apporter, apport, rapporter, emporter. B.

DIOUGUEREZ, sûreté, assurance. B.

DIOUHINEIN, bretter. B.

DIOUIAGH, malhabileté. B.

DIOUIEC, ignare, malhabille. B.

DIOUINA, dégainer. B. *Di Gouin*.

DIOUINOUR, estafier. B.

DIOURIENNEIN, extirper, arracher. B.

DIOURIENNOUR, extirpateur. B.

DIOUST, dégoût, dépravation, nonobstant. B.

DIOUSTEIN, assadir. B.

DIOUT, dégoût. B.

DIOUT, de, d'avec, d'auprès, de contre. B.

DIOWD, le même que *Diod*. Voyez le mot suivant.

DIOWDLESTR, aiguiére, verre, gobelet, tasse, vase à boire. G. *Diowd* pour *Diod*; *Llestr*, vase.

DIOWDWYDD, laurier. G.

DIOWG, le même que *Diog*. Voyez *Diowgswrth*.

DIOWGSWRTH, paresseux, lâche, négligent, oisif, nonchalant, fainéant, léthargique, poltron. G. C'est un pléonasme, *Diog Swrth*.

DIOWRYD, le même que *Diosryd*. G.

DIOWT, le même que *Diot*. Voyez *Diowtty*.

DIOWTTY, cabaret, taverne. G. *Diowt* pour *Diot*, *Ty*.

DIOUZ, le même que *Diouch*. B.

DIPARFET, imparfait. B.

DIPENNA, DIPENNAF, décoller. B. *Di*, *Pen*.

DIPHWYS, qui va en montant, lieu escarpé, précipice, escarpé, coupé. G. Ce mot est formé comme *Assan*, *Affwys* dont il est en partie synonime.

DIPICOUSA, guérir les yeux chassieux ou les nettoyer. B. Voyez *Picous*.

DIPR, le même que *Dibr*. B.

DIPROB, mal-propre. B. Voyez *Propr*.

DIPUTET, député. B.

DIPUTI, députer. B.

DIR, beaucoup. G.

DIR, le plus haut. G. *Diryl*, règner en Arménien.

DIR, fonds, terre, héritage, domaine; *Breyrdir*, fonds, terre, héritage, domaine de Baron ou de noble. G. Voyez *Tir*.

DIR, particule négative. G.

DIR, contrainte, violence, nécessaire, certain, ce dont on peut sûrement disposer. G. De là *Adiré* en vieux François, égaré: Ce qui est égaré n'est plus en notre disposition.

DIR, le même que *Dear*. De même des dérivés ou semblables. I.

DIR, acier; singulier *Diren*, morceau d'acier, l'acier ou le tranchant d'un outil, fusil à faire du feu. B. *Dur* en Gallois, acier. On voit par là que l'on a dit indifféremment *Dur* & *Dir*; d'ailleurs les voyelles se substituent mutuellement. Voyez *Bal*. On voit encore par *Dursing* que le terme qui signifioit acier s'est pris pour dureté, rudesse, âpreté, tant au propre qu'au figuré. *Diri*, affreux en Talenga; *Dirus* Latin.

DIR, étroit. Voyez *Beidir*.

DIR, enfermer, renfermer. Voyez *Llyssethdir*.

DIR, particule explétive ou superflue. Voyez *Dirgel*.

DIR, particule augmentative. Voyez *Dirgaru* & *Dirsawr*; & *Dir*, beaucoup, le plus haut.

DIR, particule privative. Voyez *Dirmyg*, *Dirwest*, & *Dir* particule négative.

DIR paroit avoir signifié aigu, pointu, taillant. Voyez *Direnn*, *Tired*, *Tiere* en ancien Persan, aigu; *Tigr* en ancien Persan & en Méde, fléche; *Tiar* en ancien Persan, couverture de téte ou bonnet qui se terminoit en pointe; *Tir* en Persan, fléche.

DIR, le même qu'*Iv*. Voyez D.

DIR, le même que *Dior*. I.

DIR, le même que *Tir*. Voyez D. *Edir*, terre en Écossois.

DIR, le même que *Dar*, *Der*, *Dor*, *Dur*, *Dwr*, *Dyr*. Voyez *Bal*.

DIR-IOU, jeudi. *Dir* pour *Di*. B. Voyez *Deir*.

DIR-YW, il est à propos. G, *Yw*, est.

DIRA, argent monnoyé. Ba.

DIRARAT, tenant, qui ne veut rien rabbatre. B.

DIRAC, vis-à-vis, en présence, devant, avant. B.

DIRADDIO, DIRADIO, dégrader. G. *Di Grad*.

DIRÆ, A. G. col supérieur, ou finissant en s'étrécissant, éminence, orgueil. De *Dir*.

DIRAG, le même que *Dirac*. B.

DIRAGOR, commun, qui est en commun, qui n'est affecté à aucun particulier, qui n'est pas distinct, qui est confondu avec l'autre, ordinaire, indifférent. G. *Rhagor*.

DIRAGORIAETH, indifférence. G.

DIRAGRITH, sans altération. G.

DIRAGRITHRWYDD, qualité exempte de mélange ou d'altération. G.

DIRAIANU, ôter le sable. G. *Graian*.

DIRAN, indivisible. G. *Ran*. C'est le même que *Dirann*.

DIRANGUEIN, déranger. B. Voyez *Rancq*.

DIRANN, indivis. B. C'est le même que *Diran*.

DIRANN, qui n'a point de part. G.

DIRANVA, égrener, détacher la graine de sa tige: Il se dit particuliérement de la graine du lin. Voyez *Ranvel*.

DIRAPORD, distinct. B.

DIRAS, méchant, vicieux, débauché, criminel. G.

DIRASQA, étouffer. B.

DIRASRWYDD, impiété, crime, mauvaise action. G.

DIRAVA, égrener. B. Voyez *Diranva*.

DINAZOUN, en ma présence. B.

DIRBERCHI, vénérer, respecter. G. *Perchi*.

DIRBOEN, tourment. G. *Poen*.

DIRBOENI, infliger une peine, tourmenter, tourmenter fort, affliger, faire de la peine. G.

DIRBRYNU, racheter. G. *Prynu*.

DIRCHWANT, ardente affection, passion. G.

DIRCHWYDDO, enfler, grossir, s'enfler, s'élever. G.

DIRDRA, la plus grande oppression, la plus grande injure. G. *Dir Draha*. Davies.

DIRDRAIS, oppression. G.

DIRDYNNIAD, extension, enlevement de force, action d'arracher. G.

DIRDYNNU

DIR. DIR. 481

DIRDYNNU, ôter, arracher, tirer, emmener de force. G.

DIREAC, DIREACH, juste, légitime, conforme à la Loi, équitable, droit adjectif, sincère, frugal, qui est à droite, réel. I.

DIREAGUEIN, dessaisonner. B.

DIREAS, le même que Direac. I.

DIREBECH, qui n'est point coupable, innocent, intégre. B.

DIREDEIN, déroidir. B.

DIREDI, courir, parcourir, venir en courant, traverser avec vitesse. B. Di superflu. Voyez Rhedeg.

DIREEN, bouclier. B. Voyez Diren.

DIREER, qui pleure. B.

DIREIDI, méchanceté, grande méchanceté, grand crime, pétulance, insolence, lasciveté. G.

DIREIDIACH, pire. G.

DIREIN, le même que Direiz. B.

DIREIHEIN, détraquer, déranger. B.

DIREIZ, DIREIS, déréglement, déréglé, anomal, irrégulier, atroce, énorme, mal en ordre, déraisonnable, indocile. B. Di privatif; Reiz, ordre.

DIREIZA, débaucher. B.

DIREIZAMAND, abus. B.

DIREME, où il n'y a point de chemin. I.

DIREN, amener, attirer à soi, ramener. B.

DIREN, le même que Dir, acier, &c. B.

DIREN, lame, plaque. B.

DIREN MEL, rayon de miel. B. Voyez Dil; l'r & l'l se mettent l'une pour l'autre.

DIRENER, qui ramene.

DIRENN, le tranchant d'un outil, d'un couteau, fusil à faire du feu. B.

DIREOL, déréglé. G. Di privatif.

DIREOL, déréglé, déréglement. B.

DIREPOS, inquiet, importun, chagrin. B.

DIRES, atteindre, parvenir. B.

DIRES, le même que Diried. Voyez Ymddiried. G.

DIRESOUN, absurde. B.

DIRESWM, absurde, impertinent, ridicule, déraisonnable, qui n'a point de raison, fou, insensé, dont la conséquence est nulle. G.

DIRESYNI, qualité d'un homme sans miséricorde, sans pitié. G.

DIREUSTLA, débrouiller, démêler, débarrasser. B. Voyez Diroestla.

DIREUSTLER, débrouilleur. B.

DIREWEDIG, qui ne gele point. G.

DIRFAWR, très-grand, immense; Yn Ddirfawr, ardemment, vivement, extrêmement, passionnément, éperdument. G. Mawr.

DIRGE, sincérité, droiture. I.

DIRGEL, couvert, caché, secret, mystique. G. De Di ou Dir, Cel, caché. Davies.

DIRGELEDD, secret, caché, mystère. G.

DIRGELEDIG, caché. G.

DIRGELFA, lieu caché. G. Ma ou Fa.

DIRGELIAD, dissimulation, feinte. B.

DIRGELU, cacher, dissimuler, feindre. G.

DIRGELWCH, secret, chose cachée, mystère. G.

DIRGRYNU, trembler. G. Crynn.

DIRGWYNO, déplorer, plaindre, se lamenter. G. Cwyno.

DIRHYWIOG, qui n'est pas naturel, qui n'est pas vrai, qui n'est pas sincère, qui dégénère. G.

DIRI, forêt. E. Voyez Der, Derwen.

DIRIAD, mauvais. G. C'est le même que Diriaid.

DIRIAD, contrainte, action de subjuguer, impulsion. G.

TOME I.

DIRIAID, méchant, criminel, scélerat, lascif, fou, sot, fat. G. Reiz ou Reid, ordre, loi.

DIRIAWR, qui contraint, qui presse, qui nécessite, qui pousse fortement & avec impétuosité à quelque chose. G. Voyez Dir.

DIRIBIN, délicat, sensible, qui incline, qui est en pente. G.

DIRIBINEZ, sensibilité. B.

DIRIED, cruel. G. C'est le même que Diriaid.

DIRIED, confier, espérer, mettre confiance, espérance, confiance. Voyez Ymddiried.

DIRIED, manquement. Voyez Anymddiried.

DIRIEID, méchant. G.

DIRIFEDI, nombre infini, multitude innombrable. G. Rhyfedd.

DIRIFF, derive, biaisement du vaisseau. B.

DIRIO, nécessiter, contraindre, presser, pousser fortement à quelque chose, engager à, porter à, inciter, exciter. G.

DIRIOCH, consciencieux, sincère. I. C'est le même que Direach.

DIRIOG, le même que Diriawr. G.

DIRISGLO, DIRISGO, ôter l'écorce. G. Rhisgl.

DIRIVERE, A. G. nombrer, compter; de Rhyfedd; Di superflu. De là est venu Diribere Latin, distribuer.

DIRIUGAD, adresser, diriger. I.

DIRIWR, le même que Diriawr. G.

DIRMA, troupe I. C'est le même que Diorma.

DIRMYG, mépris, état bas, méprisable. G. Myg pour Myged, honneur; Dir privatif. Davies.

DIRMYGU, mépriser, déshonorer. G.

DIRMYGUS, méprisable, vil, abject, méprisé, outrageux, outrageant, insultant, têtu, opiniâtre. G.

DIRMYGWR, méprisant, dédaigneux. G.

DIRNAD, concevoir, comprendre, pénétrer, expliquer, interpréter. G.

DIRNADU, pleurer, faire des lamentations, pousser des cris en se plaignant. G.

DIRNADWR, qui se mêle d'interpréter, les songes par exemple. G.

DIRO, chauffer. Voyez Ymdiro.

DIROBA, dérober. B. De là ce mot.

DIROCH, râlement, ronflement. B.

DIROCHAT, ronfler, râler. B.

DIRODRES, sans ambition. G. Godres.

DIROESTA, débrouiller, démêler, débarrasser. B. De Di Roest, Roestl. Voyez Dirwystro.

DIROESTLA, DIROESTRA, les mêmes que Diroesta. B.

DIROGEA, déroger. B.

DIROH, ronflement. B.

DIROHEIN, ronfler, râler. B.

DIROLL, déréglé, déréglement. B.

DIROLL, débandade, dissolution, intempérance. B.

DIROLL, débauché, déréglé, non sociable, incommode, déréglement; Dirolla, débaucher, dérégler. On lit dans un livre Breton: Cheu dirollet va chapelet coant, voilà mon beau chapelet défilé. B. Ce mot est formé de Di privatif; Reul, régle. Voyez Direiz. De Diroll est venu dans le moyen âge Draulus, drôle, qui se prenoit alors pour un débauché.

DIROLLER, débaucheur. B.

DIRONTEIN, déranger. B.

DIROUD, déroute. B. De là ce mot.

DIROUESTA, débrouiller, démêler, débarrasser. B.

DIRPER, devoir. G.

Ccccc

DIRPRWYO, tenir la place d'un autre, remplir l'emploi d'un autre, faire quelque chose pour un autre, aider, secourir. G. Voyez *Dirwy*.

DIRPRWTWR, Procureur, Substitut. G.

DIRRAS, sans grace, sans agrément. G. *Dir* privatif; *Gras*, grace, agrément.

DIRRAS, le même que *Dyrras*. G.

DIRRWYN, DIRWYN, mettre en peloton, entortiller. G.

DIRRY, forêt. E. Voyez *Der*.

DIRU, argent monnoyé. Ba.

DIRUBENE, A. G. être surpris, être étonné. Voyez *Dirybudd*, *Dirybydd*.

DIRUS, intrépide, qui ne craint point. G.

DIRUSQEN, écorce. B. *Di* superflu.

DIRWASGU, serrer de près, poursuivre vivement. G.

DIRWEST, jeûne, abstinence. G. *Gwest*, repas.

DINWESTU, jeûner, faire abstinence. G.

DIRWY, amende, peine pécuniaire. G.

DIRWYM, délié. G.

DIRWYN, mettre en peloton, entortiller, amasser, assembler en rond. G.

DIRWYNLATH, machine dont on se sert pour charger & décharger les vaisseaux, poulie, moufle. G.

DIRWYO, imposer une amende, punir. G. Voyez *Dirwy*.

DIRWYSTR, qui n'est pas embarassé, qui n'est pas embrouillé, libre, exempt, qui n'est chargé de rien, qui ne peut souffrir aucun délai ; *Yn Ddirwystr*, clairement, nettement, sans difficulté, sans obscurité. G.

DIRWYSTRO, déplier, développer, étendre, débarrasser, dégager, délivrer, tirer d'affaire. G.

DIRWYTH, sans murmure. G. *Girwyth*.

DIRY, escalier. B.

DIRYBUDD, soudain, subit, imprévu. G.

DIRYBYDD, inespéré, qu'on n'attendoit pas, qui arrive à l'improviste. G.

DIRYCHU, dérider, ôter les rides. G. *Rhych*.

DIRYDU, dérouiller, nettoyer, purifier. G. De *Rhwd*, en composition *Rhyd*.

DIRYFYG, humble. G.

DIRYM, sans force, foible, fort foible, affoibli, énervé, infirme, invalide, languissant, qui a une mauvaise santé, inefficace, lâche, imbécille, vain, frivole, de nulle valeur. G. *Grym*.

DIRYMIAD, abrogation, action de casser, action d'annuller. G.

DIRYMIO, affoiblir, infirmer, casser, annuller, anéantir, abolir, détruire. G. De là *Dirimo* Latin.

DIRYMMU, abroger. G.

DIRYMMU, le même qu'*Hénu*. G.

DIRYNIAD, action de tordre. G.

DIRYNNU, mettre en peloton, entortiller. G.

DIRYWIO, dégénérer. G. *Rhyw*.

DIS, particule négative. G. B. Les Latins & les François ont pris cette particule du Celtique ; *Dispar* en Latin, qui n'est pas pareil ; *Dissemblable* en François, qui n'est pas semblable.

DIS, grand. G.

DIS, cube, dez. G. *Die* en Anglois, dez. Voyez *Diste*, *Dicz*.

DIS, deux, paire, couple. I.

DIS, misérable. I.

DIS, le même que *Deas*. De même des dérivés ou semblables. I.

DIS, anciennement jour. B. Voyez *Di*, *Die*.

DIS, terre ou terrestre. B. Voyez *Dù*.

DIS, contre. B.

DIS, particule explétive, augmentative, privative. B.

DIS, particule explétive. Voyez *Disgogan*.

DIS, particule augmentative. Voyez *Disgreth*.

DIS, particule privative. Voyez *Dublygn*, *Disgar*. *Des*, particule privative en Basque.

DIS, divers. Voyez *Disliw*.

DIS, particule de mépris, d'imperfection, de mal. Voyez *Disas*, *Discana*.

DIS, le même qu'*Is*. Voyez *D*.

DIS, le même que *Tis*. Voyez *D*.

DIS, le même que *Di*, *Dic*, *Dig*. Voyez *Aru*.

DIS, le même que *Das*, *Des*, *Dos*, *Dus*, *Dws*, *Dys*. Voyez *Bal*.

DISACH, éboulement, brêche. B.

DISACHA, se former en épi. B.

DISACUN, âpre, désagréable, fade. B.

DISACZUN, âpre, fade, insipide. B.

DISAFAR, taciturne. B. *Afar*.

DISAFFORESTARE, A. M. mettre une forêt en champs ou en prés. *Dis Fforest*.

DISAFN, sans bouche. B. *Safn*.

DISAHELLET, ébranché. B.

DISAISIRE, DISAISISCERE, A. M. désaisir. Voyez *Desaisina*.

DISALA, désaler. B.

DISALBADEIN, saccager. B.

DISALBATT, débandade. B.

DISALL, fade, insipide. B.

DISALW, non vil. B.

DISALYER, qui dissuade. B.

DISAMARRA, délier. B.

DISAN, misérable. I.

DISAN, loisir. B.

DISANAOUT, méconnoître. B. *Anaout*.

DISANG, libre, non gêné ni retenu. Il est dans le Breton synonime de franc. B. *Dis* privatif ; *Ang* ou *Anc*.

DISANT, sans dents. B.

DISANTET, sans dents. B.

DISANVEZ, nécessiteux, qui n'a rien. B.

DISAOUR, fade, insipide, sans saveur. B.

DISAOUTREN, DISAOTREN, nettoyer, décroter. B. *Di* privatif ; *Saotr*, souillure, ordure.

DISAOUZAN, résolu, hardi, déterminé, indication d'une chose perdue. B.

DISARAT, terser. B.

DISARRUG, indulgent. G. *Sarrug*.

DISART, pente ou penchant de colline ou de montagne. G.

DISAS, vil, de basse condition, de la lie du peuple. G. *As* est le même qu'*Ach*, race, *Dis* est par conséquent une particule de mépris, d'imperfection, de mal comme la particule Greque *Dus*, qu'on prononce *Dys*.

DISATHR, qui n'est pas foulé aux pieds, qui n'est point pratiqué, qui n'est point battu, où il n'y a point de chemin. G.

DISAVAR, le même que *Disafar*. B.

DISAWR, sans odeur. G.

DISAUZAN, hardi. B.

DISBADDU, châtrer, faire eunuque, séparer, arracher, déjoindre. G. Voyez *Spad*.

DISBANNIRE, DISBANDIRE, A. M. lever le ban, de *Bann*.

DISBEAGADH, abbaisser, mépriser. I.

DISBEIDIAD, relâche. G. *Paidio*.

DISBEIRT, double. I.

DISBEROD, erreur ; *Mynet Ar Ddisberod*, errer. G.

DISBINIO, dépouiller. G. *Dis* est ici évidemment

DIS. DIS. 483

une particule privative; *Pin*, en composition *Bin*, doit donc signifier habit. Voyez *Pann*, *Piner*.
DISBLYGU, déplier. G. *Dis* privatif, *Plygu*.
DISBORTHIANT, atrophie. G. De *Porthi* qu'on voit par ce mot signifier nourrir en général.
DISBOSCATIO, A. M. extirpation de forêt. *Boscus*.
DISBOURBELLA. Voyez *Bourbellec*.
DISBOURBELLET. Voyez *Bourbellet*.
DISBRIGARE, A. M. affranchir de toute contestation. De *Briga*.
DISBROFI, réfuter. G. *Profi*.
DISBUR, impur. G. *Pur*, *Dis* privatif.
DISBUR, pur, sans mélange, sans altération. G. *Dis* superflu.
DISBWYLL, discrétion, prudence. G. *Dis* superflu, *Pwyll*.
DISBWYLLO, rendre prudent, faire mention, se souvenir, penser à quelqu'un, rendre sain, guérir. G.
DISBYDU, le même que *Dyhysbyddu*. G.
DISC, eau. G.
DISC, doctrine, science. G.
DISCABELLA, décheveler, décoüffer. B.
DISCAMPI, décamper. B. Voyez *Camp*.
DISCANA, détonner, chanter mal. B.
DISCANNEIN, muer. B.
DISCANNEIN, se dédire. B.
DISCANNEIN, enlever ou laisser la peau comme fait la couleuvre. B. *Dis* privatif; *Cann* comme *Cenn*, peau.
DISCANTA, écailler. B.
DISCANTARE, A. G. chanter fort. *Dis* augmentatif.
DISCANTER, éplucheur. B.
DISCAR, descente, chûte, renversement; *Discar Al Loar*, décours de la Lune, diminution de la lune. B.
DISCAR, abatre, abaisser, abatis, déchet, ravilir. B.
DISCARA, descendre, baisser, abbaisser, abatre, renverser, supplanter. B.
DISCAREIN, subvertir. B.
DISCARG, décharge. B.
DISCARGA, crever parlant d'un froncle, d'un bubon. B.
DISCARGA, A. M. décharge. *Discarg*.
DISCARGARE, DESCARGARE, A. M. décharger. *Discarg*.
DISCAROUR, abateur. B.
DISCARR, caducité, abatis, abatre, démolir, renverser, faire tomber; *Discarr Amser*, automne; à la lettre, chûte de l'an, diminution des jours. B. On voit par ce mot qu'*Amser* a signifié an.
DISCARRADUR, abatis. B.
DISCARREIN, déchoir. B.
DISCARRER-QEUNEUD, bucheron. B.
DISCEDIG, disciple; *Yn Discedyg*, doctement. G.
DISCHLAO, abri qui met à couvert de la pluie. B. *Clao*, pluie.
DISCHOULOU, contre-jour. B.
DISCI, enseigner, apprendre. G. De là *Disco* Latin.
DISCIBL, disciple. G.
DISCIPULARE, A. M. enseigner. *Disci*, *Discibl*.
DISCLACZ, dégel. B.
DISCLACZA, dégeler. B.
DISCLAERIA, déclarer. B. *Claer*.
DISCLEDARE, A. M. ôter les claies. *Cleda*.
DISCLEMER, interprète. I.
DISCLERIA, interpréter, déclarer. B.

DISCLOSSEIN, déboëtter. B.
DISCOCHA, le même que *Digocha*. B.
DISCOEIN, montrer, indiquer, signifier. B.
DISCOGUELLA, arracher, secouer pour arracher, ou pour tirer ce qui est serré & engagé dans un lieu étroit, secouer en général. B.
DISCOLPA, couper. B. *Dis* superflu.
DISCOMBERT, revêche. B.
DISCOMBRARE, A. M. ôter les arbres abatus qui ferment le chemin. Voyez *Combri*.
DISCONFORT, sans consolation. B.
DISCONTA, lever le sort par des prières. B.
DISCORN, dégel. B.
DISCORNI, dégeler, écorner. B. *Scorn*, *Corn*.
DISCOULMA, dénouer. B.
DISCOULTR, non émondé. B.
DISCOULTRA, émonder, ébrancher. B.
DISCOUPLA, découpler. B.
DISCOUR, DISCOUREIN, dépendre, détacher ce qui étoit suspendu. B.
DISCOURN, dégel. B.
DISCOURRA, émonder, ébrancher. B.
DISCOUVYA, congédier, donner honnêtement le congé. B.
DISCRAB, révérence. B.
DISCRED, soupçon. B. *Dis* privatif, *Cred*.
DISCREDEIN, soupçonner, se défier. B. Voyez *Discred*.
DISCREDI, soupçonner, se défier; *Discredic*, défiant, incrédule. B. Voyez *Discred*.
DISCREDIC, défiant, incrédule. B.
DISCREIDEACH, privé, particulier. I.
DISCRIDI, soupçonner, ne pas croire. B.
DISCRIFAN, écrire. B.
DISCRIFF, description. B.
DISCRIVA, décrire. B.
DISCUCHEIN, délasser. B. Voyez *Discueh*.
DICUDA, couper une haye. B. *Cud* signifie donc haye. Voyez *Cuddyo*.
DISCUDA, découvrir. B. *Dis* privatif; *Cuda*, couvrir.
DISCUEH, relâche, délassement. B. *Dis Cueh*, fatigue, travail.
DISCUESI, le même que *Discus*. B.
DISCUEUS, montrer. B.
DISCUEZ, montrer. B.
DISCUIH, relâche, délassement. B.
DISCUISA, délasser. B.
DISCUIZ, relâche, délassement. B.
DISCULYA, divulguer, publier, découvrir, montrer, déclarer, expliquer. B. *Cul* signifie donc caché. Voyez *Cuh*, *Cuz*, *Cul*, *Cel*.
DISCULYER, index doigt. B.
DISCURLU, infect anciennement. B.
DISCUS. Dom le Pelletier dit que ce mot est employé dans un livre Breton comme synonime de *Jolys*, beau, ou son équivalent; car Jesus-Christ y est qualifié de *Jolys Ha Discus*, beau, & *Discus*. Je crois au contraire que ce passage fait voir que *Discus* ne signifie pas beau, car on ne dit pas beau & beau. *Discus* signifie aimable; *Dis* superflu ou augmentatif, & *Cuh*, *Cus*, aimable.
DISCUS, DISCUSI, montrer, faire voir, rendre visible, rendre public. B. *Dis* privatif; *Cus*, *Cuz*.
DISCUTA, découvrir. B. Voyez *Discuda*.
DISCUYR, DISCUYZ, délassement, relâche. B.
DISCYN, descendre. G.
DISDONARE, A. G. donner différentes choses; de *Dis*, divers.

DISEAOL. Voyez *Eaul.*
DISECHA, DISEHEIN, épuiser l'eau, dessécher. B.
DISEG, pere dans l'Isle de Mona.
DISEGAL, disproportionné, anomal. B.
DISEGUR, qui s'occupe, qui n'a point de repos. G.
DISEIBIANT, qui n'a point de repos, inquiet, agité. G. *Seibiant.*
DISEIT. BLOAS DISEIT, année sans bled, année stérile. B. *Dis*, sans; *Eit*, bled; de là disette en François.
DISELEIFF, découvrir. B. *Cel.*
DISEMPERI, défaillir, manquer. B.
DISEMPRET, abandonné. B.
DISENA, sevrer. B. *Dena.*
DISENT, désobéissant. B.
DISENW, sans honneur, méprisable. G.
DISERCH, qui n'aime pas, qui n'a rien d'aimable. G.
DISEREN, délier. B. *Eren.*
DISERFYLL, ferme, constant. G. *Di* privatif.
DISERIA, périr, manquer. Il se dit du bled semé qui ne leve point hors de terre. B. *Di* privatif; *Ser*, élévation, que nous voyons par ce mot avoir aussi signifié lever, élever.
DISERIER, certain gros ver qui étant sous la terre coupe la racine du bled & le fait périr. B. De *Diseria.*
DISERRA, lever les barres, ouvrir. G. *Di* privatif.
DISERTH, désert, inhabité, inculte. G. I. De *Di* particule augmentative, & *Serth*, Davies.
DISEUR, revers de fortune. B.
DISEUR, funeste, fatal. B.
DISEURI, dégainer. B. C'est une crase de *Disseuri.*
DISFEURI, dégainer. B. *Dis* privatif, *Feur.*
DISFIZYUS, défiant. B.
DISFLANQET, efflanqué. B.
DISFONCZA, défoncer. B.
DISG, plat de balance, disque. B. De là *Discus* Latin.
DISGAGIARE, A. M. dégager. *Digagein.*
DISGAMMAR, dispersé, répandu. G.
DISGAR, DISGARAD, qui n'est pas aimé, haï. G. *Car.*
DISGETHRIN, âpre, rude, austére. G. *Dis* augmentatif, & *Cethr.* Davies. *Cethr* se prend donc aussi au figuré.
DISGIR, subit. I.
DISGLAIR, brillant, luisant, éclatant, resplendissant. G. *Claer*, *Dis* augmentatif.
DISGLAIRIA ou DISCLAERIA, déclarer. B. *Dis* superflu; *Claer.*
DISGLAIRIO, être plein d'ardeur, être plein de feu. G.
DISGLAO, abri qui met à couvert de la pluie. B.
DISGLAW, le même que *Disglao.* B.
DISGLEINIO, reluire, briller, éclater. G. *Glan.*
DISGLEIRDEB, éclat, splendeur, lueur, clarté, incendie, embrasement, ardeur, passion vive. G.
DISGLEIRIAD, illumination, action d'illuminer. G.
DISGLEIRIO, avoir de l'éclat, être luisant, être brillant. G.
DISGLEIRIO, expliquer. B.
DISGLEIRLATHR, brillant, luisant, resplendissant. G.
DISGLEIRLOYW, fort transparent, fort luisant, fort brillant, éclatant, clair, brillant, luisant. G.

DISGOGAN, DISGOGANT, deviner, augurer, prédire. G. *Gogan* signifie la même chose.
DISGOGANAF, le même que *Disgogan.* G.
DISGOMBERARE, A. M. ôter les obstacles; en Italien *Disgombrare.* Voyez *Combri*, *Discombrare.*
DISGOUFFYA, le même que *Disconvia.* B.
DISGRAB, anemone fleur simple & sauvage, qui croît dans les bois en Bretagne. Ce mot signifie aussi demangeaison, gratelle, & tout ce qui oblige de se grater, ce que fait, dit-on, ladite plante. *Disgrab* signifie encore la manière de saluer d'un païsan, qui se grate la tête d'une main après l'avoir découverte de l'autre. *Disgraba*, grater. B. *Dis* superflu. Voyez *Crab*, en composition *Grab.*
DISGRATIA, A. M. disgrace. *Dis Gras.*
DISGRAWLINGO, dégluer, décoller. G.
DISGRETH, grand cri. G. *Dis*, grand, & par conséquent *Creth*, en composition *Greth*, cri.
DISGRETHAIN, crier beaucoup & souvent, pousser de grands cris. G.
DISGRIAW, pousser de grands cris, faire des lamentations. G.
DISGROGNA EZENT, montrer ses dents en riant ou en menaçant & grondant comme font les chiens. B.
DISGUARNIRE, A. M. dégarnir. *Goarnicza*, *Dis.*
DISGUIBL, disciple. B.
DISGUIR, perfide. B.
DISCULIA, montrer, déclarer, expliquer. B. *Dis* privatif; *Cul.* Voyez *Disculya.*
DISGWAR, droit, sans courbure; *Disgwara*, redresser ce qui est courbé. G.
DISGWENTRA, DISIOENTRA, DISIOENTA, disloquer. B. *Dis* privatif; *Goentra.*
DISGWIL, garder. G.
DISGWILIAD, veille, veillée, action de veiller, garde, attente. G. *Gwylio.*
DISGWILIED, faire attention, voir, considérer. G.
DISGWILIWR, qui regarde, qui contemple, observateur, espion. G.
DISGWYL, garder, veiller à la conservation, être en sentinelle, regarder, voir, considérer, observer, attendre, demeurer, s'arrêter, désirer, souhaiter, attendu. G.
DISGWYLFA, guérite, échauguette, action d'être en sentinelle. G.
DISGWYLIAD, action d'être en sentinelle, attente. G.
DISGWYLIAID, garde, sentinelle, guet, gardes. G.
DISGYBL, disciple. G. *Discipulus* en Latin; *Discepolo* en Italien; *Discipulo* en Espagnol; *Disciple* en Anglois, disciple. Voyez *Disc.*
DISGYBLAETH, instruction, enseignement. G.
DISGYFRITH, austére, féroce, cruel. G.
DISGYN, descendre. G. B.
DISGYNFA, descente, descente dans les lieux souterrains. G.
DISGYR. Davies demande si ce mot est formé de *Dis Gyr.* I.
DISGYRNU DANNEDD, le même qu'*Ysgyrnyga Dannedd.* G.
DISGYWEN, manifeste, clair, éclatant, brillant, illustre. G.
DISHAEREN, délier. B.
DISHANOUAL, DISHANUAL, DISHANVAL, dissemblable, différent. B.
DISHANUDIGUEZ, différence. B.
DISHAVAL, dissemblable, différent. B.

DISHEAUL.

DIS. DIS. 485

DISHEAUL, lieu à couvert du soleil, ombre, ombrage. B.
DISHEAULIA, ombrager. B.
DISHECQ, paysan. B.
DISHENE, méconnoître. B. Voyez Ezne.
DISHERITA, dépeupler. B.
DISHERTADUR, dépérissement. B.
DISHEVEL, différent, contraire, autre. B.
DISHEVELEBET, have, défiguré. B.
DISHEVELERI, contrefaire. B.
DISHILIAN, DISHILIO, s'échapper, fuir. Les paysans Bretons s'en servent pour dire que le bled s'échappe d'un sac percé, d'un épi ou d'une gerbe, quand la sécheresse l'en fait tomber par grains. B. Dis superflu; Cilio, fuir, échapper, qu'on voit aussi par ce mot avoir été prononcé Hilio, le c & l'h se mettant l'un pour l'autre.
DISHILLAN, DISHILLON, le dernier flot de la mer montante. B.
DISHILYA, égrener. B. Voyez Dishilian.
DISHILYADUR, dépérissement. B.
DISHOLHEIN, tremper & laver le linge pour le mettre à la lessive. B.
DISHUALAFF, désentraver, débarrasser, dégager des empêchemens de marcher. B. Voyez Huala.
DISHUN, réveil, éveillé, veillant, vif. B.
DISIDA, duel. Ba. Voyez Dichida. De là Dissidium, Dissideo Latins.
DISIEN LAEZ, lait écrémé. B. Dienn Di.
DISIFFRWD, qui ne se trouble point, qui ne s'émeut de rien. G. Cyffro.
DISIFYD, soudain, subit, qui arrive à l'improviste. G. Di paroit ici superflu; car de Syfyd ou Sybyd on a fait le Latin Subito. Voyez Diffyd.
DISIGL, ferme, immobile, inébranlable. G. Di privatif.
DISIMEZY, démarier. B. Di Dimezy.
DISIOM, infaillible. G. Di privatif.
DISIOMGAR, qui ne se trouble point, qui ne s'émeut de rien. G.
DISIOTEIN, déniaiser. B. Di Diot.
DISISIO, A. M. division. De Dis.
DISIVINA, desseller un cheval. B. Fuin.
DISIWR, qui joue aux dez. B.
DISK, plat; Diska, servir dans un plat. B. Voyez Dysel; de là Discus Latin.
DISKENN, descendre. B. Disgyn.
DISKI, apprendre, enseigner & être enseigné. B. Voyez Dysg.
DISKIDIC, qui apprend bien. B.
DISKIENT, privé de bon sens, insensé, folie, extravagance. B.
DISLAOUERR, parapluie. B.
DISLAREIN, dédire, désavouer. B.
DISLAVARET, dédire, désavouer. B.
DISLE, propriété, I.
DISLE, dez à jouer; au pluriel Distide. I.
DISLEAL, déloyal, perfide. B.
DISLEAS, fidélité. I.
DISLEBER, chetif, contrefait, difforme, défait, décharné, exténué, défiguré. B.
DISLEVIGHEN, DISLEVIGUEN, DISLEVIHEN, bailler. B. Voyez Dylyfu Gen.
DISLEVY, rendre difforme. B. En Patois de Besançon on appelle Dailaiva une personne mal propre, mal mise. Voyez Distipa, Distiv, Distiva.
DISLYOS, fidélité, loyauté. I.
DISLIPA, souiller. B.
DISLIV, décoloré, terni, qui a perdu sa couleur, blême, pâle, livide. B. Dis privatif; Liv, couleur.
DISLIVA, ôter la couleur, flétrir. B.
DISLIUGHADH, rendre propre à, décliner; dégrader, adoucir, lénifier. I.
DISLIW, de diverses couleurs. B. Dis par conséquent divers.
DISLONCQA, vomir. B. Dis Lonega, avaler.
DISLOUNCQA, vomir. B.
DISLYVA, ternir. B.
DISMANARE, A. M. démener, se démener, se remuer, remuer, ne pas laisser tranquille; de Dis privatif; Man, lieu, place.
DISMAND, dégât. B. Voyez Dismant.
DISMANT, dégât, ravage, destruction. B.
DISMANTA, s'amortir, s'éteindre, dépérir, écarter, disperser, épuiser, dépenser, absorber, dissiper, consumer, faire le dégât, disparoître. B.
DISMANTA, A. M. nom injurieux, formé du mot précédent.
DISMANTADURR, perdition. B.
DISMANTEIN, prodiguer, dissiper, ravager; détruire, délabrer, mettre en pièces. B.
DISMANTET, défait, maigre, chetif, exténué, défiguré, languissant. B.
DISMANTI, diminuer, disparoître. B.
DISMANTRA, écarter, disperser. B.
DISMASATUS, A. M. sol où il n'y a point d'édifice. Dis Mas, édifice.
DISMEGANCE, déshonneur, honte, affront, opprobre, impudence, insolence. B. Dis privatif; Megance, par conséquent honneur comme Myged; ou de Mes, Meg. Voyez Aru.
DISMOELI, faire devenir chauve, peler la tête. G.
DISMYTHU, s'évanouir, se dissiper, disparoître. G. Dis explétif, Methu.
DISNARE, A. M. dîner; Disnarium, Disnerium, le dîner. Voyez Disnerium.
DISNEDEIN, effiler, défiler. B.
DISNEUDENNA, DISNEUDI, effiler. B.
DISNEVEL, raconter, contrefaire quelqu'un. B.
DISNEUX, vil. B. Voyez Disneuzy.
DISNEUZY, maigrir. B. Voyez Disneux.
DISOANYUS, qui désennuye. B.
DISOBER, défaire. B.
DISOBERI, détruire, défaire, mettre en pièces. B.
DISODEIN, désinfatuer. B.
DISOLEI, montrer, faire connoître. B.
DISOLEIN, montrer, déceler. B.
DISOLFI, pleurer. B.
DISOLID, DISOLIT, insolent, dissolu. B. En comparant ce mot avec Solem, on voit qu'on a dit Solid, Solit comme Solem.
DISOLO, naïf, déceler, découvrir, produire. B.
DISOLUT, insolent. B.
DISON, qui ne rend point de son, qui ne fait point de bruit, qui ne dit mot, taciturne, paisible, tranquille. G.
DISONA, sevrer. B. Dona comme Dena.
DISONCH, abstraction. B.
DISORN, qui n'a point de main, dégel. B. Au premier sens de Dorn, au second de Scorn.
DISORNI, dégeler. B.
DISOTHACH, net, propre, sans ordure. G. Gothac a donc signifié ordure. Voyez Goth & Aru.
DISOUCH, qui ne craint point ce qui est à craindre. B.
DISOUCH, relâche, relâcher. B.
DISOUCHA, éveiller. B.
DISOUJUS, le même que Disouch. B.

DISOUNA, sevrer, détacher quelqu'un de ce qui faisoit son plaisir habituel. B.
DISOUNCH, distraction, imprudence. B.
DISOURCY, indifférent, indifféremment, négligent, endormi. B.
DISQURN, qui n'a pas de mains. B.
DISPAC, effacer. B.
DISPACH, remuement de terre, & au sens métaphorique émeute, émotion, &c. B.
DISPACHA, remuer la terre avec une bêche, un croc; & au sens métaphorique remuer, écarter, disperser. B.
DISPACHET, épars. B.
DISPACKARE, A. M. dépaqueter, déballer. Dispacqa.
DISPACQA, dépaqueter, déballer, délier un paquet, un fagot, une gerbe. B.
DISPADDU, châtrer. G. Les autres mots qui commencent par Disp. Voyez les A Dib. Ce sont les paroles de Davies.
DISPAFALAT, DISPAFALA, voler bas, voltiger sur la terre. B.
DISPAFALLA, se rouler sur la terre, marcher sur ses mains, se trainer. B. Pafal, paume de la main.
DISPAG ou DISPAK, délier un paquet, un fagot, une gerbe. B.
DISPAID, eunuque, châtré. G. Di superflu. Voyez Spaz.
DISPAILLET, défaillant, manquant. B. Voyez Desfailh.
DISPAK. Voyez Dispag.
DISPANCER, dépensier officier claustral. B.
DISPANCIEF, dépenser. B.
DISPANCE, dispense. B.
DISPAR, différent, impair, incomparable, accompli, parfait, sans défaut. B.
DISPARAICH, disparité, différence. B.
DISPARARE, A. M. déparer. De Para.
DISPARBOUILHET, épars, délabré. B.
DISPARBUILHA, se délabrer. B.
DISPAREIN, dépareiller. B.
DISPARILIARE, DISPARILIRE, A. G. distribuer. De Dispartya.
DISPARISSA, disparoître. B.
DISPARLA, lever les barres. B.
DISPARTI, divis, écart. B.
DISPARTYA, distribuer, séparer, partir, s'en aller. B.
DISPEGA, décrocher. B.
DISPEIDIAD, relâche, cessation de travail, exemption de travail, repos après le travail, action d'arrêter. G.
DISPEIDIAW, se reposer. G.
DISPEN, DISPENNI, couper par morceaux, découper, dépecer, entamer, déchirer, briser, blesser, perdre, dépenser. B. Voyez Dispenn qui est le même.
DISPENCE, dispense. B.
DISPENDERE, A. M. dépenser. De Dispanciff. On dit encore en Franche-Comté Dépendre en ce sens.
DISPENN, démolir, abatre, renverser, dissoudre. B. Voyez Disn.
DISPENNEIN, rompre, déchirer. B.
DISPENNER, qui dévore. B.
DISPENNI. Voyez Dispen.
DISPENSA, A. M. dépense & chambre où l'on met les provisions de bouche. De Dispanciff.
DISPENSARE, A. M. dépenser, Dispensarius, dépensier; de Dispanciff, Dispancer.

DISPEROD. MYNED AR DDISPEROD, s'égarer. G.
DISPEX, A. G. qui a une vuë perçante. Di particule augmentative, Spy.
DISPIGN, DISPIGNOUT, dépenser, dissiper, absorber, consumer, user les denrées, dépense. B.
DISPIGN, entretien. B.
DISPILH, suspendu, pendant, suspendre. B.
DISPING, dépens, dépenser. B. Voyez Dispign qui est le même.
DISPINGN, le même que Dispign. B.
DISPISCARI, A. M. pêcher contre tout droit. Dis & Piscari, de Pysgo.
DISPLANTA, arracher, supplanter. B.
DISPLED, abject. B.
DISPLEDEDD, abjection. B.
DISPLEGA, étendre. B.
DISPLEITH, désavantage. B. Voyez Blith.
DISPLET, vil, abject. B.
DISPOERI, cracher. G.
DISPOS, alerte, dispos, disposer. B. Voyez Paoues.
DISPOURBELLA, émousser. B.
DISPRIS, mépris. B.
DISPRISANCZ, mépris. B.
DISPRISIO, mépriser, estimer peu, dépriser. G.
DISPUD, dispute. B.
DISPYDDU, vuider, répandre, désemplir, jetter dehors, épuiser. G. Dis est ici sûrement privatif; ainsi Pydd ou Pwd doit signifier vase, vaisseau. Voyez Podi.
DISQEH, reposoir. B.
DISQEMANTT, apprentissage, instruction. B.
DISQEMENN, contremander. B.
DISQEN, avaler, descendre, abaisser. B.
DISQENN, descente. B.
DISQI, enseigner, apprendre, instruire. B.
DISQIANTET, fou. B.
DISQIBL, disciple. B.
DISQIBYAN, disciple. B.
DISQIENTEIN, rendre fou. B.
DISQIENTETT, maniaque. B.
DISQOEIN, manifester, représenter, faire voir, montrer, désigner. B.
DISQORN, sans cornes. B.
DISQUEAFF, ôter la haye. B. Que ou Kae, haye.
DISQUEZ, le même que Disquoein. B.
DISQUIT, A. G. il écoute, il connoit; de Disqui ou Disquez.
DISQUZ, le même que Disquoein. B, Cuz.
DISQYANT, dépourvu d'esprit, dépourvu de jugement, insensé. B.
DISQYANTA, devenir fou. B.
DISRAEIN, sans épines. B. Drain.
DISREINA, défricher. B.
DISREVEL, conter, raconter, faire une description, révéler. B.
DISREYNA, essarter. B.
DISROBARE, A. M. le même que Derobare.
DISRONNEIN, démailloter, déplier, dérouler, développer. B. Dis privatif; Ronnein par conséquent rouler, plier, emmailloter.
DISSACRI, dégrader; il ne se dit que d'un Prêtre condamné au dernier supplice. B.
DISSAFAR, paisible. B.
DISSAGIRE, A. M. défaisir. Voyez Desfaisina.
DISSAISIRE, DISSASIARE, DISSASIRE, A. M. défaisir. Voyez Desfaisina.
DISSEUBREAH, siccité. B.
DISSEOURREIN, dépendre. B.

DIS.   DIS.   487

DISSEATH, désert. G. Voyez *Diserth*.
DISSODEIN, déniaiser. B. *Dis* privatif, *Sot*.
DISSONTEIN, perdre pied dans l'eau. B. *Dis* privatif; *Sont*, fond.
DISSOUCHA, s'éveiller. B.
DISSUDD, plongé. G. *Dis* superflu, *Suddo*.
DISSUM, A. G. simple, entier, sincère. Voyez *Disyml*.
DIST, pieu, poutre, solive, tout gros bois de charpente. G.
DISTACQ, agile, résolu, hardi, délibéré, vif, actif, dispos, dégagé, dételé, détaché : on le dit des bêtes de travail qui étant détachées s'échappent pour courir & sauter ; il signifie aussi entièrement. B. Voyez *Distag* qui est le même.
DISTADL, vil, méprisable, de basse condition, qui n'est point honoré. G. *Dis* particule de mépris ; *Stad*, état.
DISTADLEDD, état méprisable, bassesse. G.
DISTAG, agile, robuste. B. Voyez *Distacq* qui est le même, & *Distaga*.
DISTAGA, détacher, dégager. B. *Staga*, *Dis*.
DISTAGUEIN, ôter une ceinture. B.
DISTAGUEIN, désintéresser. B.
DISTAGUER, débiteur de nouvelles. B.
DISTAIN, préfet, préposé, œconome, censeur. G.
DISTALEIN, débarrasser. B.
DISTALM, fureur, emportement. B.
DISTALMEIN, s'emporter, s'empresser, ruer. B.
DISTAMMER, emporte-pièce. B.
DISTANA, éteindre au propre & au figuré, pacifier, amortir. B. *Tan*.
DISTANCA, déboucher. B. *Di* privatif ; *Stanc*, bouchon.
DISTANNEIN, DISTAOUEIN, appaiser, calmer, adoucir, fléchir. B. C'est le même que *Distana*.
DISTANTEREAN, ischurie terme de médecine. B.
DISTATLAF, le plus méprisable, le plus vil, le plus bas. B. Voyez *Distadl*.
DISTAUL, retourner. B.
DISTAW, qui ne dit mot, taciturne, qui garde le silence, tranquille. G. *Dis* superflu, *Taw*.
DISTAWRWYDD, silence, taciturnité, réticence, tranquillité. G. Chez les Hébreux le même mot signifioit aussi silence & tranquillité.
DISTAWU, se taire. G.
DISTEENN, relâcher, déroidir, débander. B.
DISTEIN, le même que *Distain*. G.
DISTELL, goutte, petite goutte. B.
DISTELLU, distiller, dégoutter, tomber goutte à goutte. G. De là *Distiller*. Voyez *Distilla*.
DISTEMPERARE, A. M. détremper ; de *Distempra*.
DISTEMPRA, détremper. B.
DISTENNA, étendre par force. B. *Tenna*.
DISTENNADUR, débandement. B.
DISTER, celui qui est de peu d'apparence, qui a petite mine, méprisable, chétif, frivole, pitoyable, inutile, mince, de basse naissance, de peu de valeur, insuffisant, bibus. Le verbe est *Disteraa*, *Disteraat*, dépérir, devenir chétif. &c. *Disterueu*, non valeur, dépérissement : *En Disteran*, le fretin, le rebut, mot pour mot le plus chétif. Tut ou Tud *Dister*, petites gens, canaille. B. *Distyr* en Gallois, mépris ; *Ystyr*, considération ; *Di* privatif.
DISTERAAT, dépérir. B. Voyez *Dister*.
DISTERACH, babiole. B. Voyez *Dister*.
DISTERADUR, infériorité. B.
DISTERAG, qualité d'être menu. B.

DISTERAGIC, minutie. B.
DISTERAN, le rebut de l'étoffe. B. Voyez *Dister*.
DISTERDEIN, détendre, lâcher, déroidir. B. *Di* privatif ; *Sterdein*, étendre.
DISTERNEIN, désourdir, dégager, délivrer, lever, ôter les empêchemens. B. *Di* privatif ; *Starn*, *Starna*.
DISTEROH, inférieur. B.
DISTERVEZ, petitesse. B. Voyez *Dister*.
DISTEUEIN, DISTEFIN, déboucher. B. *Di* privatif ; *Steuein*, boucher.
DISTEVIA, déboucher. B. Voyez *Disteuein*.
DISTEURL, réfléchir, renvoyer. B. *Teurl*.
DISTEWI, se taire, garder le silence. G.
DISTIL, beau. B.
DISTIL, débit de paroles. B. Il paroit que c'est le sens figuré de *Distilla*.
DISTILL, conjuguer. B.
DISTILLA, DISTILLAFF, distiller. B. Voyez *Distellu*.
DISTILLARIUS, A. M. qui distille, qui vend des liqueurs distillées ; de *Distilla*.
DISTILLEIN, s'énoncer bien. B. Voyez *Distil*.
DISTINA, A. G. espace de temps ; d'*Estyn*.
DISTINARE, A. G. repousser. *Dis*, contre, *Tenna*.
DISTLABEZA, nettoyer, ôter les ordures. B. *Di* privatif ; *Stlabez*, ordure.
DISTLIPPA, enfoncer. B.
DISTON, cassaille terme de labourage. B.
DISTONEIN, appaiser ; il signifie encore passer la charrue sur la terre au mois de mars pour y semer en octobre. B. De *Tonn*, rompre, pris dans la première signification au figuré ; dans la seconde au propre. *Dis* superflu.
DISTONI, détonner. B.
DISTORNATUS, A. M. détourné. *Torn*.
DISTORTUS, A. G. détour ; de *Tort*.
DISTOUFFA, déboucher. B.
DISTRAPA, tirer par force. B. *Strap*.
DISTRAQEIN, décroter. B. *Stracq*.
DISTRAWCH, écume. G.
DISTRE MEINE, cloison. B.
DISTREAHEIN, dissoudre. B.
DISTREI, détourner, distraire, dissuader. B.
DISTREMEIN, dépasser. B.
DISTREMP, détrempe. B. De là ce mot.
DISTREMPA, détremper, délayer. B. De là ce mot.
DISTREULIO, laver, arroser, humecter, mouiller beaucoup, nettoyer, effacer. G. *Dis* augmentatif, *Treulio*. Davies.
DISTREWI, éternuer. G. *Dis* superflu, *Trewi*.
DISTRIBILH, suspendu, pendant. B.
DISTRIBILHA, ISTRIBILHA, suspendre, donner attention, être attentif à quelque discours ; c'est au sens figuré comme nous disons qu'un Orateur tient ses auditeurs *Pendentes ab ore*, pour dire qu'il les tient fort attentifs ; *En Em Distribilha*, se suspendre, se pendiller, se balancer étant suspendu. B. *Di* superflu, *Stribilh*.
DISTRIBUI, distribuer. B.
DISTRO, détour, lieu retiré, désert, solitude, coin, déclin, retourner. B.
DISTRO, interruption. B.
DISTROERR, tuer. B.
DISTROEZA, essarter. B. Voyez *Distroueza*, qui est le même.
DISTROI, retourner, prendre un tour dans son chemin. G.
DISTROI, retourner. B.

DISTRONCQET, livide, défiguré, défait, maigre, exténué. B.
DISTROPA, défiler. B. *Strop.*
DISTROPIRE, A. M. estropier; d'*Estropya*; *Di* superflu.
DISTROPP, sans frein. B.
DISTROUBBA, ôter les ronces, défricher, essarter. B. *Di Strouex.*, ronces, halliers, épines.
DISTROUILL, égoût de cuisine, d'étable, d'écurie, &c. cloaque. B. *Di Strouill.*
DISTROÜS, sinueux. B. Voyez *Distroi.*
DISTRUGEIN, anéantir. B.
DISTRUICH, DISTRUJUS, qui n'est pas fertile. B.
DISTRUIGEA, DISTRUGEA, abolir, détruire, dépérir. B.
DISTRYCH, écume. G. C.
DISTRYW, DISTRYWEDIGAETH, destruction, ruine, renversement, sac, désolation, ruine totale, perte, dégât, ravage. G.
DISTRYWIAD, le même que *Distryw.* G.
DISTRYWIO, détruire, ruiner, perdre. G. De là *Destruo* en Latin; *Distruggere* en Italien; *Destruyr* en Espagnol; *Destroy* en Anglois; *Détruire* en François, détruire.
DISTRYWIWR, DISTRYWUR, qui détruit, qui ruine, qui ravage, qui saccage, qui pille, qui fait le dégât. G.
DISTU. DOUAR DISTU, terre en friche, désert, terre froide. B.
DISTYLL, le reflux de la mer, l'épanchement de la mer, goutte. *Distyll For*, mer coulante. G.
DISTYLLIAD, distillation, action de faire distiller goutte à goutte. G.
DISTYLLIO, distiller, couler goutte à goutte. G.
DISUCH, qu'on ne peut soumettre. B.
DISUDD, qui est sans suc. B.
DISPE, détors participe de détordre. B.
DISVELL, qu'on ne voit pas. B. *Guell.*
DISVEO, DISVEV, sans s'enyvrer. B. *Meo*, *Mev.*
DISUG, qui est sans suc. G.
DISVINCQA, regimber. B. *Guinca.*
DISVINCQER, qui frape souvent des pieds sans sujet. B.
DISVOASQ, détors participe de détordre. B.
DISURDOES, qui est sans levain. G.
DISURZ, abus, débandade, bouleversement. B.
DISWN, qui ne rend point de son. B.
DISVUNT, début. B.
DISWRTH, diligent. G. *Di privatif.*
DISWTTA, soudain, subit, qui arrive à l'improviste, soudainement, subitement, à l'improviste, sur le champ, vite, promptement, d'abord, incontinent, tout-à-coup. G.
DISWYDD, homme privé, qui n'a point d'emploi. G. *Di, privatif.*
DISWYDDO, dégrader, priver d'un emploi, d'une charge, se démettre d'un emploi, d'une charge. G.
DISWYDDYMGAIS, qui est sans ambition. G.
DISWYNIAD, flétrissure, tache, action de flétrir. G.
DISWYNWR, qui ruine, qui renverse, destructeur. G.
DISYCH, qui n'est pas sec. G.
DISYFYD, imprévu, subit, soudain, auquel on ne s'attend pas, subitement, à l'improviste. G. Voyez *Disisyd.*
DISYLWEDD, délié, mince, menu, vil, bas, méprisable. G. *Sylwedd.*

DISYML, simple. G. *Di superflu.*
DISYMMUD, immobile, stable. G. *Di privatif.*
DISYMMWTH, subit, soudain, imprévu, à quoi on ne s'attend pas, inopiné, inespéré, qui arrive à l'improviste, qui n'est point médité, qui se fait en se dit sur le champ sans préparation, qui va vite, sur le champ, tout-à-coup, subitement, soudain, vite, promptement, à l'improviste. G.
DISYNHWYR, fou, fat, sot, stupide, innocent, extravagant, insensé, hébété, sans sens, sans esprit, insensible, qui ne tombe pas sous les sens. G. *Di privatif.*
DISYRCH, qui n'est pas aimé. G. *Di privatif*; *Sirch* pour *Serch.*
DISYRTH, qui ne sort point. G.
DIT, le même que *Tit.* Voyez ce mot.
DIT, le même que *Das, Det, Dot, Dut, Dwt.* Voyez *Bal.*
DIT, le même qu'*It.* Voyez *D.*
DITU, défaut, manquement, indigence, perte. I.
DITHACH, le même que *Deatach.* I.
DITHID, manger. I.
DITHIGTHE, annullé, cassé. I.
DITHMISNIUGHADH, surprendre, étonner. I.
DITHREABACH, DITHREAVACH, anachorete, hermite. I.
DITHREAV ou DITHREAB, solitude. I.
DITHREIVE, désert, solitude. I.
DITRIWR, par crase pour *Didryfwr.* G.
DITTAIN. Y DDITTAIN, dictame; Y *Ddittain Leiaf*, l'herbe dont on fait le parfum appelé *Costum.* G.
DITTAYN, dictame plante. B.
DIU, Dieu. G. Ausone nous apprend que ce mot est Celtique:

Divona Celtarum Lingua fons addite Divis.

De là les Latins *Divus, Divinus, &c.* Voyez *Divona.*
DIV, eau. G.
DIU, noir; *Mis Diu*, novembre. C. B. Voyez *Duiu, Du.*
DIU, sombre, brun. C.
DIU, long. I. De là *Diù* Latin.
DIV, DIU, deux. B. De là *Diversus, Divide* Latins, *Div* en Chaldéen & en Syriaque, deux; *Dhiuiou* en Langue de Madagascar, briser, rompre, diviser.
DIVABOUZ, bavette. B.
DIVACH, DIVACH, croc instrument pour travailler à la terre. B. *Bach.*
DIVACHA, ébrancher, émonder. B.
DIVACHER, émondeur. B.
DIVAD, âpre d'humeur. B. *Di privatif; Mad.* C'est le même que *Dimat.*
DIVADEZ, infidèle, tout homme qui n'a pas été baptisé. B. *Di privatif; Badez, Vadez*, baptême. On lit dans un Catéchisme Breton *Mab-Divadez*, pour dire un esprit familier, un lutin. Je crois qu'en ce sens *Divadez* est le même que *Divad.*
DIVAG, qui n'est point nourri, maigre faute de nourriture. B. *Mag.*
DIVAHAIGN, non estropié. B. *Mahaign.*
DIVALAV, affreux, rude. Il ne se dit que du temps. B.
DIVALO, fainéant, vaurien, caimand, invalide. B. *Di privatif; Gallu.*
DIVALUEN, sourcils. B. *Di Maluen.*
DIVAMPRAG, démembrement. B. *Di privatif; Mempr, Vempr*, membre.

DIVANDANAFF,

DIV.   DIU.

DIVANDANAFF, déboucher. B. *Di* privatif; *Bandanaff* de *Banden*. On dit encore *Bonden* pour bouchon.

DIVANEGA, dessiller, ouvrir les yeux. B. *Di* privatif; *Maneg*, *Vaneg*, couvrir.

DIVANNE, sans pluie. B. *Banne*.

DIVANO, ôter la mousse. B. *Man*.

DIVANTA, débander. B. *Banta*.

DIVANYELL, indifférent. B.

DIVAOUEIN, dégourdir. B.

DIVAQ, le même que *Divag*. B.

DIVAR, dessus. B. *Di* superflu.

DIVARBENN. SENNI DIVARBENN, sonner à coups, ou tinter. B.

DIVARCHA, démonter, proprement faire tomber ou descendre de cheval, & aussi démonter une porte, la mettre hors de ses gonds; & au sens figuré démonter un homme, l'empêcher de continuer son discours & de soutenir ce qu'il a avancé, débaucher, dérégler. B. *Di* privatif; *March*, *Varch*, cheval.

DIVARE, hors de saison, qui se fait ou arrive hors de son temps. B. *Di* privatif; *Mare*, *Vare*, temps.

DIVARICARE, A. G. déchirer, disperser, répandre, diviser; de *Divarra* par analogie.

DIVARRA, ébrancher. B.

DIVARRENA, lever les barres. B. *Barren*.

DIVARRER, émondeur, qui ébranche. B.

DIVARVA, DIVARVEIN, ébarber. B. *Barv*.

DIVASQUELL, DIVAESQUELL, aîle d'oiseau. B.

DIVAT. Voyez *Dimat*.

DIVAVA, dégourdir les mains. B. De *Bava* qu'on voit par ce mot avoir signifié engourdir en général.

DIVAUTA, dégourdir les mains. B. *Banta*.

DIUBLADH, refuge. I.

DIUCE, Duc. I.

DIUCHENAID, qu'on ne pleure point. G. *Di* privatif.

DIUDAN, caprice, fantaisie. I.

DIVE, détors participe de détordre. B.

DIVEA, désourdir. B. *Gwe*.

DIVEAOUEIN, désenyvrer. B.

DIVEAT, tard. B.

DIVEGA, tondre des buissons de bouis. B.

DIVEH, effronté, résolu. B. *Meh*.

DIÜEHAT, tard. B.

DIVELLIO, A. M. duel; de *Dy Bell*.

DIVELOPI, développer. B.

DIVELQINEIN, échigner. B.

DIVEMPRA, disloquer. B. *Di* privatif; *Mempr*, *Vempr*, membre.

DIVENN, maintenir, soutenir, garantir, exempter, conserver, protéger, défendre. B.

DIVENNER, défenseur, protecteur. B.

DIVER, action de couler, écoulement. B. *Ber*.

DIVERA, couler, distiller, découler, ruisseler. B. *Bera*.

DIVERADEN, goutte. B.

DIVERCHABURR, radiation, action de raturer. B.

DIVERCHEIN, effacer, rayer. B. *Aterchein* de *Marc*.

DIVERCLA, dérouiller. B. *Mercl*.

DIVERER, distillateur. B.

DIVERGLA, dérouiller. B.

DIVERGLER, fourbisseur. B.

DIVERGONDT, attentat. B.

DIVERGONT, qui a perdu toute honte, insolent, impertinent, pétulant, hagard. B. *Di* privatif. On dit encore *Devergondé* parmi le peuple.

DIVERRAAT, accourcir; *Diverraat An Amser*, passer le temps, se divertir, proprement accourcir le temps; *Diverramand*, *Diverramant*, passe-temps, récréation, divertissement, amusement. B.

DIVERRADUR, contraction, abbrégé. B. *Berradur*.

DIVERRAMAND, DIVERRAMANT. Voyez *Diverraat*.

DIVERRAT, abbréger. B.

DIVERRUS, divertissant. B.

DIVERTICZUS, divertissant. B.

DIVERTISSA, divertir. B.

DIVERZ, imperceptible. B.

DIUESCAR, les deux jambes. B.

DIVESET, qui a perdu quelque doigt de la main. B.

DIVEUD, qui est sans pouce. B. *Maud*, *Meud*.

DIVEUDEGG, DIVEUDET, qui est sans pouce. B.

DIVEUEIN, désenyvrer. B. *Meuin*.

DIVEULUS, déshonorant. B. *Mawl*.

DIVEUS, les levres. B.

DIVEZ, qui a perdu toute honte, insolent. B. *Mez*.

DIVEZ, fin, bout. B.

DIVEZ, DIVEZA, tard, tardif, qui tarde, dernier. B. Voyez *Diwedd*, *Diweddaf*.

DIVEZAA, tarder, être, venir ou faire trop tard. B. *Divez*.

DIVEZAT, tard, lent. B.

DIVEZDER, DIVEZDET, inadvertance, négligence. B. Voyez *Dievez* dont il est formé.

DIVEZVI, désenyvrer. B. *Mezvi*.

DIVIDAFF, diviser. B. De *Div*.

DIVILU, suspendu, pendant. B.

DIVIN, divin. B.

DIVINA, augurer, conjecturer, prédire. B.

DIVINADELL, énigme. B.

DIVINER, devin. B.

DIVIRADUR, égout. B.

DIVIREIN, écouler. B.

DIVIRIDIGUIAH, fluidité. B.

DIVIRT, exil. I.

DIVIS, narration, conférence, accord, condition, convention, pacte, ligue, choisir, parler exquis. B. De là deviser, conférer, parler ensemble, devise mot que l'on choisissoit & que l'on se rendoit propre. *Devise* en vieux François, volonté, testament; *Divisa* en Italien, livrée, parce qu'on la prenoit à son goût. On disoit *Diviser* en vieux François pour parler ensemble.

DIVIS. Voyez *Diwis*.

DIVISA, dicter, s'aboucher, conférer avec quelqu'un. B.

DIVISA, A. M. arbitrage. *Divis*.

DIVISAFF, diviser. B.

DIVISCA, déshabiller. B. *Guisq*. Voyez *Diwisca*.

DIVISER, A. M. arbitre. Voyez *Divisa*.

DIULAM, succer. I.

DIVLAM, qui n'est point coupable, pur, net, sans défaut, irréprochable, intégre, parfait, irréprochablement. B. *Blam*.

DIVLAOUEIN, dépiler. B.

DIVLAS, dégoût, déboire, mauvais goût, fade, insipide. B. *Blas*.

DIVLEAOUEIN, quiosser terme de tanneur. B.

DIVLEAU, sans poil. B. *Bleau*.

DIVLENA UR-KEIGHEL, filer une quenouillée toute entière, achever de vuider quelque chose que ce soit. B. *Di Lenn*, plein.

DIVLÉU, chauve. B.

DIVLEVI, ôter le poil. B.

DIULTA, négation. I.

DIULTADH, refus, négation, refuser, nier, dénier, désavouer, renoncer. I.

DIULTAM, nier. I.
DIULTOIR, fot, badaud. I.
DIUNGOR, ourdi, tissu. G.
DIVOAD, hémorragie. B. Goad.
DIVOALCH, insatiable. B. Goalch.
DIVOALH, boulimie. B.
DIVOAN, pulluler, germer, pousser hors de terre. B.
DIVOCH, les joues. B.
DIVODER, excès, qui est sans retenue. B.
DIVOËD, qu'on ne peut rassasier. B. Boed.
DIVOED, hémorragie. B. Goed.
DIVOEDA, faire des cannelures. B.
DIVOEDE, creuseur de jattes, d'écuelles. B.
DIVOELL BARA, pain sans levain. B.
DIVOELLEIN, ôter les boyaux. B.
DIVONA, fontaine des dieux. Ce mot Celtique nous a été conservé par Ausone. *Div*, Dieu; *Van* ou *Vonan*, fontaine.

Divona Celtarum Lingua fons additte Divis.

DIVONTEIN, démonter. B.
DIVOREDI, s'éveiller. B. *Moredi.*
DIVORER, qui dévore. B.
DIVORFILLA, s'éveiller. B. *Morfilla* étant synonime de *Moredi* (Voyez *Divoredi*) signifie donc dormir.
DIVORZA, dégourdir la jambe. B.
DIVOTAOU, déchaux. B. *Bottaou.*
DIVOTEU, déchaux. B.
DIVOULCH, non entamé. B. *Boulch.*
DIVOURQUILHER, débrouilleur. B. *Di* sûrement privatif; ainsi *Bourouilha*, brouiller; *Bourouilher*, brouilleur. De là ces mots.
DIVOUTOU, déchaux. B.
DIVOUZELLA, enfoncer. B.
DIVRANGA, ébrancher. B. *Brancq.*
DIVRASA, ébaucher, raboter, dégrossir, débrutir. B. De *Bras* que l'on voit par ce mot avoir été pris aussi au figuré pour grossier, rustre, brute.
DIVRASADUR, grossièreté. B.
DIVRASEIN, écarrer. B.
DIURDDO, dégrader. G.
DIVRES, contrefaire quelqu'un. B.
DIVRO, sans patrie, qui est d'un pays inconnu à lui-même, vagabond, qui est hors de son pays, banni, exilé, relégué; *Divroi*, dépayser, bannir, chasser du pays. B. *Di* privatif; *Bro.*
DIVROAD, vagabond. B. Voyez *Dibro*, qui est le même.
DIVROET, banni, dépaysé. B.
DIVROUCZER, ébourgeonneur. B. *Broucz.*
DIUS. Voyez *Divus.*
DIUS, discernement. B.
DIUSA, choisir. B.
DIUSAPL, qui peut être choisi. B.
DIW, DYW, Dieu, jour. G. *Tiw* en Arménien, Dieu.
DIW, deux au féminin. B. De là *Divido*, diviser.
DIW. Voyez *Aw.* G.
DIW, le même que *Tew*; G. de là *Dives* Latin.
DIWA, détruire. C.
DIVUA, argent monnoyé. Ba.
DIWAD, renoncer, renier. Voyez *Ymddiwad* & l'article suivant.
DIWAD, le même que *Gwadn.* G. *Di* superflu.
DIWADDOD, sans lie, sans ordure, pur. G. *Di* privatif; *Gwaddod.*
DIWADDOD, qui est sans levain. G. *Gwaddod* signifie donc aussi levain.

DIWADDODI, épurer, clarifier, ôter les féces; tirer la lie. G.
DIWADDOL, sans dot. G. *Gwaddol.*
DIWADNU, donner le croc en jambe, supplanter. G. *Gwadn.*
DIWAED, qui n'a point de sang. G. *Gwaed.*
DIWAEDDODI, ôter la lie, tirer de dessus la lie. G. Voyez *Diwaddodi.*
DIWAEDLYD, non sanglant. G.
DIWAELODI, le même que *Diwaddodi.* G. *Gwaelod.*
DIWAETHAF, le dernier de tous. G. *Gwaeth.*
DIWAGSAW, modeste, modéré, retenu. G. *Gwagsaw.*
DIWAGSAW, fort modeste. G.
DIWAGSAWRWYDD, modestie, modération, retenue. G.
DIWAHAN, DIWAHANOL, qui n'est pas distingué, qui n'est point séparé, inséparable, indissoluble, indivisible, commun, qui est en commun, qui n'est affecté à aucun particulier. G. *Gwahan.*
DIWAHARDD, ne pouvoir point être retenu. G. *Gwahardd.*
DIWAINA, dégainer, tirer de la gaine, du fourreau. B. *Di* privatif; *Gwain.*
DIWAIR, chaste, modeste, pudique, plein de pudeur, plein de retenue. G. *Di* superflu, & *Gwair* de *Gwahardd.*
DIWAITH, fainéant, paresseux, oisif, qui ne fait rien, peu soigneux, négligent, qui n'est point exercé, qui n'a point d'ouvrage. G. *Gwaith.*
DIWAL, sans malice, préservez, défendez, prenez garde qu'il n'arrive du mal. B. Voyez *Diwala.*
DIWALA, insatiable, inépuisable, avide, avidité. G. *Gwala.*
DIWALA, préserver, défendre, prendre garde qu'il n'arrive du mal. B. *Di* privatif; *Gwall.*
DIWALDRAIN, manger son bien, le dissiper. G.
DIWALL, opulent, qui ne manque de rien, abondant, saoul, achevé, fini. G. *Gwall.*
DIWALLA, grand mangeur. G.
DIWALLIAD, subvention, fourniture. G.
DIWALLRWYDD, satiété, abondance, opulence. G.
DIWALLTRAIN, disperser. G.
DIWALLTU, arracher, couper les cheveux. G.
DIWALLU, subvenir, fournir, suffire, rassasier, saouler, enrichir, rendre opulent. G.
DIWANFA, erreur; *Mined Ar Ddiwanfa*, errer. G.
DIWAR, dessus. B. *Di* superflu.
DIWARNOD, le même que *Diwrnod.* G.
DIWASGAR, qui n'est point séparé. G. *Gwasgar.*
DIWEDD, fin, terme, conclusion, évènement, impôt, tribut; *Or Ddiwedd*, *Yn Ddiweddaf*, à la fin, enfin. G. Voyez le mot suivant.
DIWEDD, dernier. G.
DIWEDDAF, qui est à l'extrémité, le dernier, qui est après tous les autres. G. B.
DIWEDD-DWF, addition d'une syllabe à la fin d'un mot. G.
DIWEDDAR, tardif, lent, nouveau, récent; *Yn Ddiweddar*, il y a longtemps. G.
DIWEDDARACH, postérieur, qui vient après. G.
DIWEDDARWCH, lenteur. G.
DIWEDDCHWEDL, péroraison. G.
DIWEDDFA, fin, extrémité. G.
DIWEDDGLO, connexion, conséquence. G.
DIWEDDIAITH, épiphonème. G.
DIWEDDLEF, épiphonème. G.

DIW.   DIY.   491

DIWEDDU, finir, terminer, conclure. G.
DIWEDDYG, finir. G.
DIWEDYDD. Une partie des Gallois se sert de ce terme pour *Diwedd Dydd*, la fin du jour, le jour tombant, le soir. G.
DIWEIR, fidéle, chaste. C. Voyez *Diwair*.
DIWEIRDEB, chasteté, pudicité, continence. G.
DIWELI, non blessé. G. *Gweli*.
DIWELLIG, le même que *Gwellig*. G.
DIWELY, qui est sans lit, sans ordures. G. *Di* est ici sûrement privatif; *Cwely* signifie donc lie, ordures.
DIWES, déesse. G.
DIWESTL. Davies n'explique point ce mot, ni *Gwestl* dont il est formé; mais on voit par le Breton & par la phrase qu'il cite, qu'il signifie fiel. *Guestl*, fiel en Breton.
DIWETHAF, dernier, qui est à l'extrémité. G.
DIWEUS, sans levres. G.
DIWEZ, fin, terme. G.
DIWEZAT, tardif, dernier. G.
DIWEZET, traineur, qui tarde. B.
DIWG, qui n'est pas colere, paisible. G. *Gwg*.
DIWG, le même que *Diwygio*. G.
DIWIBIAUC, stable, ferme. G. *Gwibio*.
DIWIES, déesse. G.
DIWIN, qui ne boit point de vin. G.
DIWIS, choisir. G.
DIWIS, DIVIS, DIVUS, choix, élection. B. Voyez *Dewis*.
DIWISCA, DIVISCA, déshabiller, dépouiller. B. *Di Gwisca*.
DIWISG, sans vêtemens, déshabiller. G.
DIWISGO, déshabiller. G.
DIWLADAIDD, impudent, effronté. G.
DIWLADEIDDRWYDD, effronterie, impudence. G.
DIWLITH. *Y Ddiwlith*, chelidoine ou grande éclaire. G.
DIWMOD, saison, temps. G.
DIVUNA, s'éveiller, dégourdir sa jambe. B.
DIVUNI, éveiller. B.
DIWNIAD, sans couture. G. *Gwniad*.
DIVUNT, début. B.
DIWOHART, espèce de corvée en usage chez les Bretons. *Di* superflu; *Goad*, garde. B.
DIWRAIDD, déracinement, extirpation, sans racine. G. *Gwraidd*.
DIWREGYS, sans ceinture. G. *Gwregys*.
DIWREIDDIO, déraciner, extirper, couper, tailler, ôter le bois inutile de la vigne, des arbres, raboter. G.
DIWRES, exilé. C.
DIWRIO, rendre eunuque. G.
DIWRNOD, jour, jour fixé, espace d'un jour. G.
DIWRNODAWL, du jour, journalier. G.
DIWRTHEBAIR, axiome, maxime certaine, sentence reçue, approuvée. G.
DIWRTHLADD, auquel on ne peut résister. G.
DIWRYSIG, qui n'a point de feuilles. G. De *Gwrych*, que nous voyons par ce mot avoir aussi signifié feuilles.
DIVUS, DIVUZ, DIUS, DIUZ, amuser, divertir, badiner, jouer comme les petits enfans pour se réjouir, amusement. B. *Di* superflu; *Vus* pour *Mus*. Voyez *Musal*.
DIVUSUR, excès, extrême, extrêmement. B.
DIVUT, début. B.
DIWYBOD, ignorant, qui ne sçait rien, sans expérience. G. *Gwybod*.
DIWYD, industrieux, adroit, soigneux, exact,

assidu, obligeant, officieux, soumis, complaisant, condescendant. G. *Gwydd*.
DIWYDRWYDD, adresse, habileté, exactitude, assiduité, soin, diligence. G.
DIWYG, sans vice, qui a bonne grace, qui a de l'agrément, d'une bonne constitution, bien fait. G. *Di Gwyg*. Davies.
DIWYG, habillement, parure, ornement. G.
DIWYGIAD, correction, amandement, rétablissement, réparation, moyen d'apporter du reméde, censure office de censeur, expiation, satisfaction pour une faute, ornement, parure. G.
DIWYGIO, corriger, réformer, réparer, rétablir, satisfaire, compenser, récompenser, orner, parer, embellir, ajuster. G.
DIWYGIOL, correct; *Yn Ddiwygiol*, correctement. G.
DIWYGIWR, correcteur. G.
DIWYGU, corriger. G.
DIWYGUS, sans vice, d'une bonne constitution; beau, qui a bonne grace, qui a de l'agrément, orné, ajusté, paré, bien mis, gras, riche. G. Voyez *Diwyg*, qui est le même.
DIWYLL, culte, honorer, adorer, cultiver. G. *Gwyllio*.
DIWYLLIAD, culture, labeur. G.
DIWYLLIAWDR, qui adore, qui honore, qui cultive. G.
DIWYLLIEDIG, cultivé. G.
DIWYLLIO, honorer, adorer, cultiver; cultivé. G.
DIWYLLIWR, qui adore, qui honore, qui cultive. G.
DIWYN, inutile, d'aucun usage, qui ne peut être bon à rien, perdu, ruiné, détruit. G. C'est une crase de *Difwyn*.
DIWYN, satisfaction. G.
DIWYNO, perdre, ruiner, détruire, dépouiller; priver de ses biens, altérer, falsifier, corrompre, contrefaire, déshonorer, se passer, perdre sa force, perdre son éclat, salir, souiller, gâter, polluer, profaner, violer, rendre vilain, rendre crasseux, chansir, moisir, satisfaire, frotter, oindre, graisser avec, oindre tout autour, enduire, teindre. G.
DIWYNWR, falsificateur. G.
DIWYRNAWD, jour, jour fixé, espace d'un jour. G.
DIWYTHL. *Y Ddiwythl*, chelidoine ou grande éclaire. G.
DIWYTTAF, plus diligent. G.
DIVUZ, Voyez *Divus* & *Diwis*.
DIUZ. Voyez *Divus*.
DIYDDFU, décoller. G.
DIYMADFERTH, lâche, poltron. G.
DIYMADRODD, qui se tait. G.
DIYMARBED, qui ne pardonne pas. G.
DIYMAROS, inconsideré, imprudent, étourdi. G.
DIYMATTAL, qui est sans frein. G.
DIYMBIL, qu'on ne peut obtenir par priéres, ou qu'on ne peut émouvoir par priéres. G.
DIYMDDIFFYN, qui ne s'est point défendu, qui n'est point muni, qui n'est point fortifié. G.
DIYMDRO, qu'on n'a pas déroulé, qu'on ne peut tourner. G.
DIYMGEL, qui n'est pas caché, qui ne se cache pas. G. *Gel* de *Cel*; *Ym* préposition souvent superflue.
DIYMGELEDD, le même que *Digarad*. G.
DIYMGUDD, non caché. G. De *Cud*, *Ym* superflu.
DIYMGYNCH, qui n'est point fameux, dont on

ne fait point de mention avantageuse. G. On voit par ce mot qu'*Twgyreh* & *Cyrch*, dont il est formé, ont signifié réputation, renommée.

DIYMHANNERCH, qui n'est pas salué. G.

DIYMMENNYDDIO, démonter la cervelle, faire perdre le jugement. G.

DIYMMOD, immobile. G.

DIYMMYR, à quoi l'on n'a pas touché, qui n'a point été endommagé, qui est entier, qui s'abstient. G. *Di* privatif; *Ymmyr*, formé de *Myr*, qui s'est conservé dans *Miret* & *Mirein* Bretons.

DIYMMYRRAETH, vuide, espace vuide. G.

DIYMSATHR, le même que *Disathr*. G.

DIYMWAD, qu'on ne peut nier, certain, manifeste, que l'on ne peut réfuter, auquel on ne peut résister. G. *Ym* superflu; *Gwad*.

DIYMWARED, qui est sans remède. G. *Gwared*.

DIYMWASG, désuni. G. *Gwasgar*.

DIYMWEL, qu'on n'a point visité. G. On voit par ce mot que *Gweled*, dont *Ymwel* est formé, signifie aussi visiter.

DIYMYL, sans bord. G. *Di* privatif; *Ymyl* signifie donc bord : C'est *Ym* superflu, & *Ael* ou *El*, bord.

DIYMYR, qui est sans tache. G. Je crois que c'est le même que *Diymmyr*.

DIYNIAL, qu'on n'a point abandonné. G. *Di* privatif.

DIYSGOD, ferme. G. Voyez le mot suivant.

DIYSGOG, ferme, constant, persévérant, qui ne change point, inébranlable, qu'on ne peut faire changer, immobile. G. *Gogwydd*; *Ys* superflu.

DIYSGOGEDD, DIYSGOGRWYDD, fermeté, persévérance. G.

DIYSPRYD, sans esprit, sans sens, sot, lourdaud, hébété, mort. G. *Di* privatif.

DIYSPYDDU, évacuer, vuider, puiser, tirer, boire tout. G.

DIYSPYTTY, où l'on n'accorde point l'hospitalité. G.

DIYSTRWCH, humilité. G.

DIYSTYR, méprisable, outrageant, insultant, étourdi, imprudent. G. *Di* privatif.

DIYSTYRAF, dernier. G.

DIYSTYRU, mépriser. G.

DIYSTYRWCH, mépris. G.

DIYSTYRWR, méprisant, dédaigneux. G.

DIZALBADOUR, qui fait du dégât. B.

DIZANAU, inconnu. B.

DIZANANDIGUEZ, ingratitude. B.

DIZEANNEIN, effoncer. B.

DIZELIA, éveiller. B.

DIZELIA, arracher les feuilles. B. *Di* privatif; *Delia*.

DIZEMEZ, célibataire. B.

DIZEMPRA, détremper. B.

DIZENEZ, dizaine. B.

DIZERE, désagréable, délié. B.

DIZERERE AH, hoirie. B.

DIZEUR, à merveille, exorbitant, horriblement, infiniment, misérablement. B. Voyez *Eur*.

DIZIBRA, desseller, ôter la selle. B. *Di* privatif; *Dibr*.

DIZISPEENNADUR, indissolubilité. B.

DIZISQUEDEREAH, infatigabilité. B.

DIZIZERRREAH, indigestion. B.

DIZON, sevrer. B. Voyez *Dizouna*.

DIZORN, manchot. B. *Dorn*.

DIZOUG, intrépide, courageux. B.

DIZOUGUEN, rapporter, restituer, apporter. B. *Di Douguen*.

DIZOUNA, sevrer. B. *Douna*.

DIZOURA, couler. B.

DIZRA, qui n'a rien, pauvre. B. *Dra*.

DIZREINA, DIZREINAFF, ôter les ronces, ôter les épines. B. *Drain*.

DIZREMEN, repasser. B. *Dremen*.

DIZREVEL, DIZREVELLA, raconter. B.

DIZRUEIN, dégraisser. B. *Druin*.

DLAIGH, cheveu. I.

DLAIMH, obscurité. I.

DLASG, grive. B.

DLE, dette. B. Voyez *Dleu*, *Dliyim*.

DLEAT, devoir, obligation, engagement. B. Voyez *Dled*.

DLED, dette, devoir. G.

DLEDDUS, juste, dû. G.

DLEDSWYDD, DLEDSWYDDAU, charge, office, emploi. G.

DLEDWR, débiteur. B.

DLEEUR, débiteur. B.

DLEOU, dettes, affaires, embarras. B.

DLEOUR, débiteur. B.

DLEOUT, devoir, être tenu, être chargé de dettes. B.

DLEU, DLEVI, devoir verbe. B. G.

DLEUS, habitué à avoir des dettes. B.

DLEYZEN, penne de serrure, loquet. B.

DLI, droit substantif. I. Voyez *Dle*, *Dleat*.

DLIDALT, A. M. espèce d'habit; de *Dinth* ou *Dlidh*, ce qui couvre.

DLIGEAD, séparations I.

DLIGHE, loi, droit. I.

DLIGIM, séparer. I.

DLISDIONAS, légitimation. I.

DLIYIM, devoir verbe. I.

DLOCH, DLOCHDAN, couloire, passoire. I.

DLORTA, ajugé. I.

DLOUTHAM, approcher. I.

DLOUTHVOUYNE, forêt. I.

DLUDH, tribut. I. Voyez *Dleu*.

DLUH, truite; singulier *Dluhen*; pluriel *Dluhes*. Par la conversion réciproque du *d* & du *t* on a dit *Tluh* comme *Dluh*, & par transposition *Tul*, *Tul*; d'où est venu *Tulpenn*, *Tulipesan* en Breton, tulippe (*Tul*, varié; *Penn*, tête; *Pech* ou *Pes*, sommet, tête;) *Tavelé* en François tacheté. Par la conversion réciproque de l'*r* & de l'*l* on a dit *Dru*, *Tru* comme *Dlu*, *Tlu*; de là *Truta*, truite; *Madrure* en François, moucheture; & par transposition on a dit *Tur*; d'où est venu *Turdus*, grive. On dit *Dlasq* & *Drasq*, grive.

DLUIMH, obscurité. I.

DLUITHIMCHIOLLAD, assiéger, environner. I.

DLUITHIN, cabinet, parc, enclos. I.

DLUIY, nuée. I.

DLUMH, abondance, épais. I.

DLUS, contiguité, ajoint, joint, ajouté. I.

DLUTH, enclos, clôture, clos, fermé, ce qui ferme, ce qui couvre, qui touche, contigu, uni, serré, pressé, épais, ferme, ramassé. I.

DLUTHAD, action d'ajouter, de joindre, fermer, serrer, tenir serré, presser, serrer de près. I.

DLUTHAM, fermer. I.

DLUTHAN, le même que *Dluth*. I.

DLUTHCARA, adhérent. I.

DLUTHCEANGAL, ligue. I.

DLUTHEAS, approche. I.

DLUTHFIDE, suite, connéxion, liaison. I.

DLUTHID, ajouté. I.

DLUTHSGLAMMAD, mainmortable. I.

DLW,

DLW, devoir. Voyez *Ariandlws*.
DLWS, dû. Voyez *Ariandlws*.
DLWB, truite, tourterelle; singulier *Dluen*; pluriel *Dluan*. B.
DLUBAICH, rousseurs de visage, lentille, tache. B. On voit par ce mot que *Dlu* signifie tache, & que la truite a été appellée *Dluz* parce qu'elle est tachetée.
DLUZET, tacheté, tavelé. B.
DLYED, dette. G.
DO, couvert, toit, âge, siécle, les hommes de chaque âge, de chaque siécle qui se suivent les uns les autres, qui se couvrent ainsi les uns les autres, si l'on peut s'exprimer de cette sorte, dit Davies; ordre de choses mises les unes sur les autres, les unes couvrant ainsi par ordre les autres. G. *Doc* en Syriaque, hospice; *Dor* en Hébreu & en Chaldéen, génération ou les hommes de chaque âge; *Dori* en Arabe, génération ou les hommes de chaque âge; *Do* en Tonquinois, écorce, & *Du*, dais, Voyez *Doare*.
DO, adverbe pour affirmer, oui, oui da cela est arrivé, certainement, mais, même, au contraire. G. I.
DO, deux. E. I. Voyez *Dau*.
DO, à, de, du, des, par, entre, pour, à cause, touchant, d'entre, dehors, depuis, de ce que, à cause que, ce qui fait que, d'où il arrive que, d'où, dès, selon, suivant, en I.
DO, particule négative ou privative en composition. I.
DO, mauvais. I.
DO, près. I.
DÔ, brûler, embraser. I.
DO, le même que *Ban*. Voyez *Dosbarth*; ce n'est qu'une différente manière d'écrire.
DO, le même qu'*O*. Voyez D.
DO, le même que *To*. Voyez D.
DO, le même que *Doc*, *Dog*, *Dos*. Voyez *Arn*.
DO, le même que *Da*, *De*, *Di*, *Du*, *Dw*, *Dy*. Voyez *Bal*. *Dos*, pluie en Venède.
DOA, A. M. fosse, fossé d'un château, qui s'appelle encore *Douvs* en François; de *Douei*, *Dez*. Voyez encore *Doga*, *Douves*.
DOAGAT, apprivoiser. B.
DOAHAT, apprivoiser. B.
DOAIN, don. Ba. Voyez *Don*.
DOAIREOURE, nouvelliste. B. Voyez *Doare*.
DOAN, ennui, déplaisir, chagrin. B. Voyez *Dygn* ou *Dwgn*.
DOANIA, ennuyer, chagriner. B.
DOAR, Voyez *Dothar* & *Dor*.
DOAR, terre, le continent. B. Voyez *Daiar*.
DOARE, ce qui se passe de notre temps, les évènemens journaliers, état des choses, nouvelle, conduite, état, les êtres d'une maison. B. Voyez *Do*.
DOAREA, mettre en état, renouveller. B.
DOB. Voyez *Dub*.
DOB, profond. Voyez *Dobi*.
DOB, le même que *Dof*. Voyez ce mot.
DOB, le même que *Dom*, *Dop*, *Dov*. Voyez B.
DOBHAM, maçonner, faire des murs avec du mortier, enduire de ciment, plâtrer. I.
DOBHAR, eau. I. Voyez *Deur*. C'est le même que *Dobur*.
DOBHAR, DOBHARAN, obscur. I.
DOBHOR, frontière du pays, borne du pays. I.
DOBHRON, triste, affliction, langueur. I.
DOBHRONACH, triste, mélancolique, plaintif, fâcheux, déplorable, lugubre, languissant. I.

TOME I.

DOBI, DOBIW, eau profonde. G. I, *Iw*, eau.
DOBLA, double. Ba.
DOBLARE, A. M. doubler; de *Dobla*.
DOBLEADIA, sémidouble. Ba. Voyez *Dobla*.
DOBLERIUS, A. M. Voyez *Doblo*.
DOBLO, A. M. une pistole; en vieux François un doublon; en Espagnol *Doblen*; en Italien *Dobbla*. De *Dobla*. De là le vieux mot François *Doublier* qui signifioit bourse, & le terme *Doblerius* de la basse Latinité, qui signifioit bourse, petit sac.
DOBRY, terme pour démontrer, voici, voilà. G.
DOBUR, eau, rivière, fleuve. I. C'est le même que *Dobhar*.
DOC ne se dit guères qu'avec *Cam*, *Deis*, *Pen*. On dit *A Deccam*, à pas comptés, attentivement, avec soin: *Ha Ma Debret Doc Cam*, & si vous mangez lentement. Au pays de Vannes & dans la haute Cornouaille on prononce *Deus*. Il faut remarquer que selon ce qui précède ce mot, il se prononce *Doc*, *Zoc*, *Toc*, *Deuc*, *Zeus*, *Teuc*: par exemple *E Toc An Deis*, *A Zoc An Deis*, dans la durée du jour. B. Voyez *Deucq*, *Docq*.
DOCAMHAL, difficulté. I.
DOCAMHLACH, difficile. I.
DOCANTA, hymne. Ba. Voyez *Doe*, Dieu; *Can*.
DOCHA. Voyez *Doga*.
DOCHAIREAS, dommage, mal, incommodité, outrage, injure, blessure. I.
DOCHAL, grogner parlant des pourceaux. B.
DOCHAR, le même que *Dothar*. De même des dérivés ou semblables. I.
DOCHAR, le même que *Dochaireas*. I. Voyez *Dokar*.
DOCHARACH, nuisible, malfaisant. I.
DOCHAS, confiance, espérance. I.
DOCHASACH, confiance. I.
DOCHMA, DOCHMAN, foible. I.
DOCHRACH, sévère. I.
DOCHRAITH, concupiscence, convoitise. I.
DOCHT, serré, étroit, fermé. I.
DOCHTAM, serrer. I.
DOCHTRAIL, luxure. I.
DOCHUM, berceau. I.
DOCHUMUSIGHTHE, qui ne peut être borné. I.
DOCHURAIR, DOCHURLEIS, appliquer. I.
DOCHUS, dépendance, espérance, confiance. I.
DOCK, tronc. C.
DOCQ, durée, espace. B.
DOCRACH, nuisible. I.
DOCZER, dossier. B.
DOD, posé, mis. G.
DOD, le même qu'*Od*. Voyez *Od* & D.
DOD, le même que *Tod*. Voyez D.
DOD, le même que *Dad*, *Ded*, *Did*, *Dud*, *Dwd*, *Dyd*. Voyez *Bal*.
DODDEDIG RUDD. T DODDEDIG RUDD, rose du soleil, rosée du soleil plante. G.
DODDEDIG WENN. T DODDEDIG WENN. Davies ne dit pas quelle est cette plante; il paroit qu'elle doit être semblable à la précédente, à la couleur près, qui doit être blanche G. *Gwenn*.
DODDOND, étoit venu, fut venu. G.
DODDYW, est venu. G. Les Horlogeurs appellent *Doddine* l'allée & la venüe du balancier. *Dodiner* en Normandie, remuer le berceau d'un enfant, le bercer. *Dodeliner* en Anjou, remuer la tête. *Dodelinar* a signifié originairement en notre Langue remuer le berceau d'un enfant, le bercer; & comme on fait une chose agréable à un enfant de

le bercer ou dodiner, de là *Dedeliner*; *Dediner* quelqu'un signifie le mignarder.

DODHADH, le même que *Doghadh*. I.

DODHRA, le même que *Doghra*. De même des dérivés ou semblables. I.

DODI, poser, mettre, planter, donner; *Dodi At Dodi Wrth*, ajouter, augmenter, accroître, joindre, appliquer une chose à une autre, l'approcher. G.

DODIAD, action de placer, de donner. G.

DODREFN, ustensiles, meubles; au singulier *Dodrefnyn*, ustensile, instrument; *Dodren*, poëtiquement. Rhesus prétend qu'il faut dire *Dysodren*. G.

DODWAD, ponte, action de pondre. G.

DODWY, pondre, enfanter. G.

DOE, hier, le jour d'hier. G.

DOE, Dieu. B.

DOEAS, divin, devin. B.

DOEEL, divin, devin. B.

DOEKLES, divinité. B.

DOEES, déesse. B.

DOEIN, pondre. B.

DOEN, porter, port ou action de porter. On dit aussi *Doen Fez*, avoir foi ou confiance. B.

DOERE, conduite, nouvelle. B.

DOES, doute anciennement. B.

DOETH, est venu. G.

DOETH, sage, prudent, consulté, agréable, enjoué, plein de sel, qui raille finement. G. Les Mages dont il est parlé dans saint Mathieu sont appellés *Doethion* dans la version Galloise.

DOETHAIR, apophtegme, sentence, bon mot. G. *Doeth Air*.

DOETHBARABL, éloquence, le bien dire. G.

DOETHBRUDD, prudent. G. pléonasme, *Doeth Prudd*.

DOETHDER, sagesse, prudence, habileté. G.

DOETHGALL, enjoué, spirituel, agréable. G. *Doeth Call*.

DOETHINEB, sagesse, prudence, habileté. G.

DOETHWERS, parole mémorable, sentence. G. *Gwers*.

DOEVA, apprivoisé. B.

DOEVAPL, qu'on peut dompter. B.

DOEWAN. *MWYAR DOEWAN*, framboisier. G.

DOEZRAHAT, embellir. B. Voyez *Dezre*.

DOF, gendre. G.

DÔF, apprivoisé, dompté, doux, tranquille. G. Le *b* & l'*s* se substituant, on a dit *Dob* comme *Dof*; de là *Daube*, sorte de cuisson qui rend la viande fort tendre. L'*m* & le *b* se mettant l'un pour l'autre, on a dit *Dom* comme *Dof*; de là *Domo* Latin, dompter; *Dop* en Tonquinois, digue.

DOFAETH. Davies n'explique pas ce terme. Il paroit par la phrase qu'il rapporte, & par l'analogie du mot, qu'il signifie dompté. G.

DOFAGALA, rare. I.

DOFF, Voyez *Down*.

DOFFT, pieu, poutre, solive, tout gros bois de charpente. G.

DOFI, dompter, apprivoiser, adoucir, s'adoucir, devenir doux. G. Voyez l'article suivant.

DOFI, dompter. B. *Dobitak*, victoire en Dalmatien.

DOFIAD, action de dompter. G.

DOFR, eau. G. Voyez *Dwr*, *Deur*.

DOFRAETH, DOFRETH, tribut, impôt, capitation. G.

DOFWR, qui dompte. G.

DOFYDD, qui dompte. G. C'est une des épithètes que l'on donne à Dieu, dit Davies.

DOG, dogue. G. De là ce mot. *Dog* en Anglois; *Dock* en ancien Saxon; *Degg* en Flamand; *Dugg* en Suédois; *Madog* en Irlandois, chien. Voyez *Dogues*.

DOG pour DAG, épée. Voyez *Bidog*. *Dolk* en Flamand; *Dolch*, *Dolk* en Théuton; *Dolgur* en Islandois, poignard. Voyez *Dag*.

DOG, le même qu'*Og*. Voyez *D*.

DOG, le même que *Tog*. Voyez *D*.

DOG, le même que *Dot*, *Dos*, *Do*. Voyez *Ara*.

DOG, le même que *Dag*, *Deg*, *Dig*, *Dug*, *Dwg*, *Dyg*. Voyez *Bal*.

DOG, le même que *Diog*. I.

DOGA, DOCHA, DOVA, DOUVA, A. M. fosse, fossé que nous appellons encore *Douve* en François; de *Dog*, le même que *Diog*, ou de *Deus*. *Dug* en Anglois, fossoyé.

DOGA, DOVA, A. M. douve de tonneau; de *Duvellen*. On dit *Dovelle* en Normandie, *Douelle* en Anjou.

DOGAN, époux d'une femme infidelle. B.

DOGHADH, incendie. I.

DOGHRA, tristesse. I.

DOGHRADH, soupir. I.

DOGHRANN, angoisse, calamité, dureté, difficulté, rigueur, sévérité, impossibilité. I.

DOGHRONG, le même que *Doghrann*. I.

DOGHRUNG, le même que *Doghrann*. I.

DOGHRUNGIOCH, rigide, sévère, austère. I.

DOGHTHADH, brûler. I.

DOGN, mesure, mesure de grains ou d'autres choses qu'on donnoit chaque mois pour salaire, quantité dûe. Les anciens s'en servoient, dit Davies, pour *Digon*, assez, satiété. G.

DOGN FYNAG. Ce mot, dit Davies, paroit signifier une annonce pleine & assez claire de quelque chose, comme si l'on disoit: *Digon O Fynag*. G. *Fynag de Mynng*, indication; *Digon*, suffisante. Voyez l'article précédent.

DOGNED, la quantité ou mesure de grains ou d'autres choses qu'on donnoit chaque mois pour salaire, satiété. G.

DOGNI, taxer, donner la mesure de grains ou d'autres choses assignée pour salaire chaque mois. G.

DOGUES, dogue. B. Voyez *Dog*.

DOH, à proportion, côté, endroit, vers. B. En confrontant ce mot avec *Doida*, *Doigni*, *Doignia*, on voit qu'il a signifié proportion, idonéité, aptitude, convenance, ce qui est convenable. Par là s'explique le vieux mot François *Deauté*, qui se trouve dans le Roman de la Rose, qu'on n'a point expliqué jusqu'ici:

> Si tu te tiens en loyauté,
> Je te donray tel deauté,
> Que tes playes te guerira.

c'est-à-dire: Je vous donnerai un remède ou quelque chose de si convenable, de si propre, de si bon, qu'il guérira vos plaies. De *Doh* est venu *Dose* en Anglois & en François, *Dosis* en Espagnol.

DOHA, A. M. le même que *Doga*, fosse, &c.

DOHAIN GATE, malheur. Ba.

DOHAINIC, gratis. Ba. Voyez *Don*, *Doain*.

DOHATSU, heureux. Ba.

DOHATSU, tomber. Ba.

DOHAEQUEN, marchant. Ba.

DOI, deux. I.

DOI, particule privative en composition. I.
DOI, brûler, embraser. I.
DOI, faire ses petits parlant des bêtes, pondre. B.
DOI, proportion. Voyez *Doida*, *Doigusa*, *Doiqui*, *Doitu*.
DOIB, plâtre. I.
DOICH, deux. Voyez le mot suivant.
DOICHCANNACH, qui a deux têtes. I. *Can*, tête.
DOICHEANSA, contumace, obstiné, rébelle, opiniâtre, dissolu, débauché, impudique. I.
DOID, main. I.
DOIDA, proportion. Ba. Voyez *Doh*.
DOIDH, le même que *Doigh*. De même des dérivés ou semblables. I.
DOIDHEANTA, impossible. I.
DOIDHEANTAS, impossibilité. I.
DOIDHREANN, duel, combat particulier. I.
DOIGH, conjecture, confiance. I.
DOIGHAN, consumer, dévorer, brûler, griller, flamber. I.
DOIGHEAR, javelot. I.
DOIGHIM, consumer, dévorer, brûler, griller, flamber. I.
DOIGHIM, espérer. I.
DOIGHTE, brûlé; *Jondoite*, incombustible. I.
DOIGUEA, disproportion. Ba. *Egnea* privatif; *Doi*, proportion.
DOILCIR, DOILCIRAN, obscur. I.
DOILEIGHIS, incurable. I.
DOILEOG, petite pierre. I. *Leog* apparemment de *Lech* ou *Leg*, pierre, & *Doi*, diminutif.
DOILGHE, malade, qui souffre. I.
DOILGHIOS, peine, embarras, incommodité, mal, misère, douleur, malheur, traverse, chagrin, affliction, regret. I.
DOILGHIOSAC, triste, fâcheux, mélancolique, lugubre, dolent, affligeant. I.
DOILGHIN, déplorer, lamenter, regretter. I.
DOILGHIS, plainte, lamentation. I.
DOILIDH, malade, qui souffre. I.
DOILIGH, DOILIGAN, difficile. I.
DOILIGH, DOILIGHAN, triste, dolent, qui souffre. I.
DOILLE, obscurité. I.
DOIM, pauvre. I.
DOIN, le même que *Tuaim*. I.
DOIMAN, pauvre. I.
DOIMHIN, profond, profondeur, creux, enfoncé. I.
DOIMHIN, le même que *Doimhein*. I.
DOIMHIN, stupide, lourd. I.
DOIMHNE, le même que *Doimhein*. I.
DOIMHNEADAS, profondeur. I.
DOIMHNIODUS, profondeur. I.
DOIN, brun; *Doin Dearg*, brun rouge. I.
DOINEIMH, le même que *Doimhein*. I.
DOIQUI, bien exactement. Ba.
DOIQUIA, aptitude, idonéité. Ba.
DOIRR, tentative. I.
DOIRCIOS, obscurité. I.
DOIRE, forêt, buisson. I. Voyez *Der*.
DOIREACH, plein de forêts. I.
DOIREAMA, broussailles, lieu où l'on ne peut passer. I.
DOIRIANTHA, chagrin, de mauvaise humeur, têtu, opiniâtre. I.
DOIRIARDHA, difficile. I.
DOIRIATA, impudique, débauché. I.
DOIRIATAS, perversité. I.

DOIRIONTHA, implacable. I.
DOIRLIOCHADH, égorger. I.
DOIRSEOIR, portier. I. Voyez *Der*.
DOIRTEAL, évier, écoulement. I.
DOIRTHEACH, répandu. I.
DOIRTIM, répandre. I.
DOITE, brûlé. I.
DOITHEAGAISG, fou. I.
DOITHIM, brûler, griller, flamber. I.
DOITUA, adapté, assorti. I.
DOITUS, A. M. canal ou petit lac; de *Douci*. Les Normands appellent *Doüit* ou *Duit* une eau dormante où ils lavent le linge & rouissent le chanvre. On a appelé *Dois*, *Doye* en vieux François un canal; *Douet* en Angevin, un conduit, un canal.
DOIVEIS, immense. I. *Doi* privatif, *Veis* par conséquent mesure.
DOKAR, difficile. I.
DOKHAR, dommage. I.
DOKLACH, difficile. I.
DOL, DOLDIR, plaine au pied des montagnes, lieu ou terrein bas, plain, cultivé, fertile, plein de pâturages, plein de prairies, plaine remplie de pâturages, de prairies. Ce terme désigne le terrein opposé aux lieux élevés & montueux. G. *Dir*, terre. Voyez les deux articles suivans.
DOL, vallée. G. *Dal* en Arabe, descendre en bas; *Dalah* en Hébreu, tirer d'en bas, tirer du fond; *Dabla* en Georgien, bas; *Tul*, bas en Tartare du Thibet; *Dal* en Irlandois; *Dale* en Anglois; *Dol* en Vandale; *Doli* en Lusatien; *Dolina* en Esclavon & en Polonois; *Ardol* en Venéde; *Dolieza* en Stirien & en Carinthien; *Andol*, *Udoli* en Bohémien; *Dolina* en Illyrien; *Dale* en Anglois; *Talle* en Italien; *Dol* en Théuton & en Runique; *Daal* en ancien Saxon; *Dalei* en Gothique; *Datur* en Cimbrique & en Islandois; *Dall*, *Daleo* en Danois; *Dæle* en Islandois; *Dal* en Flamand; *Dal*, *Tal* en Allemand, vallée. *Dolina* en Esclavon; *Udoli* en Bohémien, vallée, plaine environnée de montagnes; *Tal* en Théuton; *Thal* en Allemand; *Talle* en Italien, vallée; *Del* en Esclavon, profond; *Dol*, descente, pente, & *Dole*, au-dessous, au bas en Stirien & en Carinthien. *Doli*, *Dolu* en Esclavon; *Doli* en Dalmatien; *Dolu* en Lusatien; *Dole* en Bohémien; *Dolie* en Polonois, bas. *Dalath* en Gothique, descendre, bas, le bas, le sol. *Doli* en Esclavon, en Dalmatien, en Lusatien; *Dole* en Bohémien; *Dolie* en Polonois, sous, dessous. *Tell* en Allemand, pente de montagne ou de colline; *Dolmgiti* en Bohémien, descendre; *Talar*, *Talari*, pré en Arménien; *Doli*, abondant, fertile en Turc. L'*s* & le *d* se mettant l'un pour l'autre, on a dit *Sol* comme *Dol*, ce qui se prouve parce que *Sol* signifie vallée de même que *Dol*. Le *d* initial s'omettant, on a dit *Ol* ou *Hol* comme *Dol*; de là *Hol* en Allemand, bas; *Holstein*, pays bas; *Stein* de *Stan*, pays. Voyez *Holme*, *Dale*, *Dai*, *Til*, *Dole*, l'article précédent & le suivant.
DOL, lieu bas & fertile. B. Voyez les deux articles précédens.
DOL, courbure, anse, courbe, crochu, sinueux, serpentant. G. *Toleßa*, pli en Basque, & *Theßquia*, inflexion.
DOL, espace, distance. I.
DOL, fraude, dol. B. *Dolos* en Grec, *Dolus* en Latin; *Dol* en François, dol, fraude. *Dolos* en vieux François, tromperie; *Dolos* en Samaritain, agir avec fraude, avec dol; *Dalas* en Arabe

tromper; *Telas* en Cophte, dol, fraude; *Dolab* en Turc, dol, fourberie; *Dolo* en Espagnol, dol, fraude, tromperie; *Dolen* en Flamand, errer, égarer. Voyez *Dolorra*, *Dolia*.

DOL, douleur. G. B. *Dolas* en Irlandois; *Dolor* en Latin; *Douleur* en François, douleur, *Dol*, douleur; *Se Doloir*, être dans la douleur; *Dolafer*, se plaindre en vieux François; *Doleful* en Anglois, triste, lamentable; *Doler* en Espagnol, causer de la douleur, & *Dolor*, douleur; *Dulden* en Allemand & en Flamand; *Duid* en Théuton; *Thulan* en Gothique; *Tholian* en ancien Saxon; *Dolen*, *Tholen* en Théuton; *Talan* en Grec; *Tola*, *Taala* en Suédois & en Danois, souffrir; *Thol* en Islandois, souffrance; *Tolerare* en Latin, souffrir. Voyez *Dolua*, *Dolur*.

DOL, le même qu'*Ol*. Voyez D.
DOL, le même que *Tol*. Voyez D.
DOL, le même que *Dal*, *Del*, *Dil*, *Dul*, *Dwl*, *Dyl*. Voyez *Bal*.

DOLAIDH, dommage, préjudice. I.
DOLAIMGHEN, épée à deux mains. I. C'est le même que *Dolaivgen*, que je trouve rendu épée à deux tranchans.
DOLAIS, plainte, lamentation. I.
DOLAIVGEN, épée à deux tranchans. I.
DOLAMHACH, ambidextre. I.
DOLAS, calamité, malheur, désolation, affliction, douleur, déplaisir, peine, chagrin, incommodité, mal, regret, lamentation. I.
DOLASACK, malade, triste, chagrin. I.
DOLASADH, lamenter, plaindre. I.
DOLBH, magie. I.
DOLBHADH, fiction. I.
DOLDIR, Voyez *Dol*.
DOLE, plaine au bord de la mer ou d'une rivière. G. Voyez *Dol*.
DOLEF, cri, criaillerie, tintamarre de paroles. G.
DOLEFAIN, crier, crier beaucoup & souvent. G.
DOLEN, courbe, courbé, recourbé, sinueux, courbure, cercle, rond, corde dont on tire les bœufs. G.
DOLEN, le même que *Dol*, lieu bas & fertile. B.
DOLENNIAD, courbure, tortuosité, sinuosité, détour, sentier détourné, entrelacement de broderie, peinture ou gravure faite par des lignes qui vont en tournant. G.
DOLENNOG, tortueux, plein de détours, qui a des sinuosités, qui fait plusieurs plis, qui se recourbe, qui a des plis & des replis, courbé. G.
DOLENNU, courber, tournoyer, aller en serpentant, faire des plis & replis, refaire un tour, arrondir, tracer en rond, compasser. G.
DOLIUM. M. du Cange dit qu'il ne sçait pas ce que signifie *Dolium* dans une charte rapportée dans l'histoire des Évêques de Maguelone. Il signifie canal, & il vient de *Twll*, prononcez *Toll* ou *Doll*.
DOLL, féminin de *Dwll*. G.
DOLLA, tromper. C. Voyez *Dol*.
DOLLMHUGHADH, cuire, bouillir. I.
DOLLWELT, foin. I.
DOLOIN, courbure de rivière. G.
DOLOM, le même que *Dol*, lieu bas & fertile. B.
DOLORNA, fin, rusé, coquin, méchant, vil, méprisable. Ba. Voyez *Dol*.
DOLUA, douleur, chagrin, affliction, pleurs, Ba. Voyez *Dol*.
DOLUB, douleur, chagrin, inquiétude. G. B. Voyez *Dol*.

DOLURBOEN, tourment, supplice, douleur violente. G. *Dolur Poen*.
DOLURIO, être dans la douleur, dans l'inquiétude, dans le chagrin, avoir du regret. G.
DOLURUS, qui fait de la peine, qui cause de la douleur, qui tourmente, malade, infirme, languissant. G.
DOLUS, A. G. douleur; de *Dol*.
DOLWELLT, foin. G. De *Gwellt* que l'on voit par ce mot avoir signifié foin.
DOLYHWETA, fermer. G.
DOLYSTUMAD, courbure, sinuosité, détour. G.
DOLYSTUMIAD, entrelacement de broderie, peinture ou gravure faite par des lignes qui vont en tournant. G.
DOLYSTUMMO, courber, se courber, aller en serpentant, devenir courbé. G.

DOM, CLERT DOM, les plus méprisables, les plus ignorans musiciens. G. De *Tomm* ou *Domm* qu'on voit par ce mot avoir été pris au figuré. *Dam* ou *Dom* en Arabe, vil, méprisable, & *Damal*, fumier, excrémens; *Domen* en Hébreu, fumier, excrémens; *Dami* en Turc, écurie; *Dom*, pauvre, & *Domhunte*, méchant en Irlandois; *Don*, le mal en Irlandois; *Domen* en Arabe, fumier, laid, difforme; *Dung* en Anglois, fumier, fiente, ordure; *Dungen* en Allemand, fumer une terre; *Dumba* en Théuton, stupide; *Dom* en Flamand, stupide; *Thumb* en Allemand, insipide, fade; *Dumpf* en Allemand, mauvaise odeur, relant; *Dung* en Anglois; *Dyngan* en ancien Saxon; *Dyngia* en Suédois, fumer un champ.
DOM, particule négative. I.
DOM, le même que *Doim*. I.
DOM, le même que *Tuaim*, logis, habitation, métairie, lieu, village. I. *Dam* en Hébreu, demeurer, rester; *Dam* en Arabe, demeurer, rester; *Don* en Hébreu, habiter, demeurer; *Doma*, maison en Syriaque; *Thumo*, maison en Syriaque; *Dimi* en Égyptien, Ville, Village, métairie; *Tun*, camp; *Tong*, habitation, & *Tan*, temple en Chinois; *Donata* en Japonois, maison; *Thon* en Tonquinois, maison, hameau, & *Dang*, maison; *Thon*, maison en Langue de Madagascar; *Tanalan* en Persan, habitation; *Tana* en Arabe, habiter, habitation; *Tina* en Arabe, habitation; *Duhn*, *Doun*, *Toun*, *Tan* en Arménien, maison; *Doma* en Géorgien, habitation; *Dam* en Turc, maison, habitation, couvert, couverture, enclos; *Tambos*, palais en Pérouan; *Dum* en Scythe, habitation, car *Ulurdum* signifioit Ville en cette Langue, *Ulu*, grand, d'où il suit que *Dum* signifioit habitation. *Dun* en ancien Saxon, Ville, & *Tun*, maison, enclos, Village; *Dum*, maison en Vandale; *Thun* en Frison, enclos; *Thum*, maison en Théuton; *Dom*, maison en Stirien & en Carinthien; *Dom*, maison en Esclavon; *Dum*, *Dum* en Tonquinois, couvrir; *Doun* en Arménien, toit; *Tung*, bâtir en Langue de Congo; *Tun* en Flamand, enclos; *Den* en ancien Saxon, chaumière, chambre, & *Tun*, *Ton*, Ville, Village, métairie, habitation, enclos; *Dum* en Bohémien, & *Duom*, *Dom*, *Domu* en Polonois; *Dom* en Lusatien; *Domhixa* en Dalmatien, maison, domicile; *Towne* en Anglois, Ville; *Tun* en vieux François, maison; *Doumis*, maison en Auvergnac; *Doma* en Grec dans Hésychius, habitation, *Dun* en Irlandois, Ville, forteresse; *Dunck* en Écossois, Ville. On se rappellera en lisant cet article que le *d* & le *t*, l'*m* & l'*n* final se substituent mutuellement & que les

voyelles

DOM. DON. 497

voyelles se mettent indifféremment les unes pour les autres. Voyez *Don* qui est le même mot que *Dom*. Du *Dom* Celtique est venu le Latin *Domus*. La racine de *Dom* est *Do*, couvrir.

DOM, Sieur, Seigneur, Dom, dôme. B. On voit par le sens de ce mot, qui signifie ce qui est élevé au propre & au figuré, qu'il est le même que *Don*. D'ailleurs l'*m* & l'*n* se mettent l'une pour l'autre à la fin du mot. De *Dom* est venu le Latin *Dominus*; *Us*, terminaison Latine; *In*, terminaison Celtique indifférente. *Dam*, *Dom*, *Damp*, *Domp*, *Dant* se sont conservés longtemps dans notre Langue dans le sens de Sieur, Seigneur. *Dom* est encore en usage dans quelques ordres religieux & en Espagne, c'est un titre réservé aux nobles. Ces termes sont entrés dans le nom de plusieurs Villages. *Dommartin*, *Dammartin*, *Dompierre*, *Dampierre*, *Damgillon*, *Domfront*, &c. ont été ainsi nommés de *Saint Martin*, de *Saint Pierre*, de *Saint Front* ou du *Seigneur*, comme *Damgillon*. On commença dans le quatrième siècle à donner le titre de *Dom* aux Saints. On lit dans la relation de l'invention des reliques de Saint Étienne *Domnus Stephanus* pour *Sanctus Stephanus*. Dans le douzième siècle & les suivans on leur donna le titre de Monseigneur. On trouve dans nos chroniqueurs *Monseigneur S. Denis*, *Monseigneur S. Martin*. Les paysans disent encore *Monsieur Saint Pierre*, *Monsieur Saint Jacques*. Voyez *Domnach*.

DOM, Voyez *Don*, apprivoisé. &c.
DOM, le même que *Tom*. Voyez D.
DOM, le même que *Dof*. Voyez ce mot.
DOM, le même que *Dob*. Voyez B.
DOM, le même que *Don*. Voyez *Don*, *Dom*, apprivoisé.
DOM, le même que *Dam*, *Dem*, *Dim*, *Dum*, *Dwm*, *Dym*. Voyez *Bal*.
DOMA, A. G. couvert, toit; de *Do*. Voyez *Dom*. On a ensuite employé ce mot à signifier une maison; *Tectum* en Latin a eu aussi ces deux sens. *Doma* fut après étendu à signifier les champs attachés à une maison; *Métairie* se prend aussi en ce sens parmi nous. Enfin on se servit de *Doma* pour désigner un parvis non couvert, ce qui est diamétralement opposé à sa première signification. Il se trouve en ce dernier sens dans le glossaire de Papias.

DOMACH, dommage. B. De là ce mot, *Don* ou *Dom* en Irlandois, mal; *Damage* en Anglois, dommage.
DOMÆNIUM, A. M. domaine. *Domany*.
DOMANIUM, A. M. domaine. *Domany*.
DOMANY, domaine. B. *Demain* en Anglois, domaine. Voyez *Dom*.
DOMBLASDA, insipide. I. *Blas*, goût; *Dom*, négatif.
DOMBLASDAS, insipidité. I.
DOMBLUS, fiel. I.
DOMGIO, DOMPJONUS, DOMNIO, DOMNIONO, A. M. les mêmes que *Dunjo*.
DOMHAN, DOMHUN, le globe terraqué. I.
DOMHAR, eau. I.
DOMHARBHTHA, immortel. I.
DOMHARBHTHAS, immortalité. I.
DOMHNADH, hébéter, rendre stupide. I.
DOMHUN. Voyez *Domhan*. I.
DOMHUNTE, méchant, insigne, infame, grand. I.
DOMICELLA, A. M. fille de Roi, de Prince, de Grand, de Seigneur, de Baron, diminutif de *Dom*, qui comme *Dam* étoit un titre d'honneur pour les deux sexes.

TOME I.

DOMICELLUS, A. M. fils de Roi, de Prince, de Grand, de Seigneur, de Baron; de *Dom*. Voyez *Domicella*.
DOMINUA, lieu où reposent les reliques des Sts. Ba. Voyez *Dom*, Sieur. &c.
DOMINUA, bulle. Ba.
DOMIK, garder. B. Voyez *Dom*.
DOMNACH, Ville. I. Voyez *Dom*.
DOMNACH, du Seigneur, seigneurial. I.
DON, élévation, colline, montagne, forteresse; Ville; au pluriel *Donien*. G. C'est le même que *Din* & *Dun*. Voyez ces mots.
DON, élevé, grand. Voyez *Gwiddon*.
DON, Seigneur. Voyez *Arddunaw*.
DON, profond. G. B. *Adon* en Hébreu, base, fondement; *Thom* en Hébreu; *Thoma* en Chaldéen; *Thuma* en Syriaque, profondeur, abysme; *Dom* en Hébreu, bas, profond; *Dumah* en Hébreu, bas, profond; *Dun* en Éthiopien, le bas; *Douna* en Arabe, dessous; *Den* en Arabe, inférieur, & *Dun*, plus bas; *Tondi*, pente en Persan; *Tunh*, petit; *Tonh*, *Tunh*, plus petit, moindre; *Tinh*, profond, abysme; *Tonh*, gouffre d'eau en Tartare du Thibet; *Antounik*, précipice en Arménien; *Tunagos* en Grec, fosse pleine d'eau, mare; (*Agos*, eau; *Tun*, fosse) *Dina* en Grec, gouffre d'eau; *Dunentos Tou Theou* dans Appien, le soleil se couchant; *Diun* en Gothique, profond; *Down*, bas en Anglois; *Dogni* en Esclavon, bas, & *Tumf*, gouffre; *Dno* pour *Dono* en Dalmatien & en Polonois, fond; le fond de quelque chose; *Dno* en Esclavon, le fond, & *Tonnuti*, aller au fond. *Ndene*, sous en Albanois. (*n* paragogique en cette Langue) *Dno*, le fond, le bas en Stirien & en Carinthien; *Douin* & *Doun* en Irlandois, profond.
DON, creux. Voyez *Donnat*.
DON, rivière d'un lit profond avec peu d'eau. G.
DON, port. I.
DON, noir, brun, bay ou châtain. I.
DON, mal substantif. I.
DON, *DÔN*, *DONH*, *DOM*, apprivoisé, privé, domestique, docile, doux, familier, ami, mignon; *Donaa*, *Donha*, *Donva*, *Dôva*, *Doma*, apprivoiser. B.
DON, anciennement don. B. Voyez *Dawn*, *Donagh*; de là *Donum*, *Dono* Latins; *Don*, François.
DON, UR CHREG ADON, femme de mérite. B. *Chreg* de *Grecg*, femme; *Don*, mérite, distinction, excellence. De *Don*, mérite, est venu *Idoneus* Latin.
DON, forteresse. Voyez *Tonnach*.
DON, Voyez *Toun*.
DON en Basque a signifié souverain, auguste, Roi, saint, ce qui est digne de respect, ainsi qu'on le voit par *Done*, *Dona*, *Donecarra*, *Doncella*.
DON, Voyez *Dan*.
DON, le même que *Dan*, *Den*, *Din*, *Dun*, *Dwn*; *Dyn*. Voyez *Dan* & *Bal*. *Don*, bois en Tonquinois.
DON, le même que *Dom*. Voyez *Don*, apprivoisé.
DON, le même qu'*On*. Voyez D.
DON, le même que *Ton*. Voyez D.
DONA, pire, corrompu, malheureux, mauvais, méchant, qui n'est pas bon, qui ne vaut rien. I.
DONA, Dame. Ba. De même en Espagnol & en Italien.
DONA, tetter, succer. Voyez *Didona*.
DONAA. Voyez *Don*, apprivoisé.

Ggggg

DONABERAC, plaintes, lamentations; *Donaberavarria*, ténèbres de la semaine sainte. Ba.
DONAGH, donné. I. Voyez *Don*.
DONAIDHE, pire. I.
DONAIGHIM, détruire. I.
DONAN, le même que *Donaidhe*. I.
DONANTSIA, sacrilége. Ba. Voyez *Don*, *Donan*.
DONAQUIA, sacré. Ba. Voyez *Don*.
DONAS, misère, calamité, stupidité, lourdise. I.
DONATIA, sacré. Ba.
DONCA, le même que *Tonca*. Voyez D.
DONCELA, fils de Roi. Ba. Voyez *Dom*.
DONCELA, qui est dans l'âge de puberté, jeune homme. Ba. Ce mot, qui dans son origine signifioit un jeune homme de condition, a été étendu dans la suite à tout jeune homme & à toute jeune personne de l'un & de l'autre sexe. Voyez l'article suivant.
DONCELLA, fille, vierge, servante, suivante. Da. Voyez *Dom*, *Domicella* & l'article précédent.
DONCELLUS, A. M. le même que *Domicellus*.
DONCICQ, doucement. B.
DONDAIT, cavité. B.
DONE, DONEA, saint. Ba. Voyez *Don*. L'*n* & le *d* se substituant, on a dit *Noné* comme *Doné*; de là *Nonnus*, saint en Latin; *Nonne*, religieuse en François. Voyez *Donedea*, *Donepilla*.
DONECARRA, auguste, souverain. Ba. Voyez *Don*.
DONED-VAD, bienvenue. B.
DONEDEA, religion. Ba. Voyez *Doné*.
DONEGUEA, impie, irréligieux. Ba. *Doné*; *Eguea* privatif.
DONEPILLA, ordre religieux. Ba.
DONEQUIDA, DONEQUIDEA, consécration, Prêtrise. Ba.
DONESA, sainteté. Ba.
DONESCANIA, oblation. Ba.
DONESOAITA, procession. Ba.
DONASON, don. B. Voyez *Don*.
DONESTEA, sanctification. Ba.
DONET, venir. B.
DONET, dompter. B.
DONET, DONET DA VEZA, devenir. B.
DONETUA, sacré. Ba. Voyez *Doné*.
DONG, le même que *Donagh*, dont il est la crase. I.
DONGA, le même que *Donca*. Voyez *Aru*.
DONGAGURA, malveillance, haine, malveillant, qui hait. Ba. Voyez *Donger*.
DONGARIA, criminel, coupable. Ba.
DONGARO, abus. Ba.
DONGER, aversion de quelques mets, nausée, bondissement de cœur, dégoût provenant de la malpropreté des mets ou d'une réplétion de bile, horreur, répugnance, abomination. B.
DONGIO, A. M. le même que *Dunjo*.
DONGUEA, abus, très-mauvais. Ba.
DONGUEDEA, superstition. Ba.
DONGUITEA, dédicace. Ba.
DONIA, le même que *Doania*. B.
DONIAD, action de donner. G. Voyez *Don*.
DONIEU. Voyez *Don*.
DONIO, donner, faire un présent, doter. G.
DONJO, DONJONNUS, DONJONUS, A. M. les mêmes que *Dunjo*.
DONIOG, qui fait des dons, libéral, qui a, qui possède, doté, doué, orné. G.
DONIWR, qui donne, donneur. G.
DONN, rouge brun, obscur, noir, ténébreux. I.
DONNA, sombre, brun. I.

DONNA, dompter, apprivoiser, rendre docile, &c. B. Voyez *Don*.
DONNA, A. M. Dame. Voyez *Dom*.
DONNART, amadouer. B.
DONNAT, approfondir, creuser plus avant. B.
DONNAT, le même que *Donna*, dompter, &c. B.
DONNEDIGUEZ, avènement. B.
DONNET, DONT, venir. B.
DONNRUADH, bay, de couleur bay. I.
DONNRUADU, enceinte, grosse. I.
DONNSA, sot, badaud. I.
DONNUS, A.M. Sieur, Seigneur. Voyez *Dom*, & *Don*.
DONORAD, anoblir. I. Voyez *Don*, *Dom*.
DONSA, sot, badaud. I.
DONT, le même que *Donet*, venir. B.
DONVA, DONVAAT, DONVAT, DONVI, dompter, apprivoiser, &c. B. Voyez *Don*.
DONVAPL, qu'on peut dompter, &c. B. Voyez *Donva*.
DONUGE, misérable, digne de compassion. I. Voyez *Donus*.
DONUGH, le même que *Donagh*. I.
DONUS, le même que *Donas*. I.
DOO, deux. I.
DOOUNUS, de probité. G. On sous-entend homme.
DOR, porte. G. B. On trouve aussi ce mot Celtique dans la vie de saint Oyand, écrite au cinquième siécle. L'Auteur de cette vie dit qu'*Ysarnodor* signifioit en Celtique porte de fer; *Ysarn*, fer; *Dor*, porte; *Doras*, *Dorus*, porte en Irlandois; *Daur* en Gothique; *Dora*, *Dur*, *Dure*; *Duru* en ancien Saxon; *Duc*, *Dure*, *Thur* en Théuton; *Dur* en Cimbrique; *Deur*, *Theur* en Flamand; *Dor* en Suédois & en Danois; *Door*, *Dore* en Anglois; *Dera* en Albanois; *Dauri* en Esclavon; *Duri* en Carinthien; *Duere* en Bohémien; *Dueri* en Servien; *Duira* en Lusatien; *Dyr* en Islandois; *Dor*, *Der* en Persan; *Thor* en Allemand; *Thera* en Syriaque & en Phénicien; *Therahh* en Chaldéen; *Thura* en Tartare; *Tourn* en Arménien; *Dau* en Mandingo; *Thura* en Grec, porte; *Toori*, *Tori* en Japonois, portail; *Torij*, *Tori*, porte dans la même Langue; *Dora* signifie ouverture en général. Voyez *Giordaor*. *Tourey*, port en Tamoulique; *Dor* s'est pris au figuré pour embouchure, comme *Ostium* Latin.
DOR, eau, rivière. G. *Dere*, fleuve, torrent en Turc & en Persan; *Deria*, mer, lac, étang en Persan; *Ter*, humide, mouillé en Persan; *Der*, *Ter*, sueur en Turc, & *Deria*, mer; *Nithori*, saules en Cophte; *Ni*, marque du pluriel: On sçait que ces arbres croissent au bord des rivières & dans les endroits aquatiques. *Doo*, eau en Japonois. *De* en Tartare Mogol & Calmouck paroît signifier eau, puisque *Dohla* en cette Langue signifie je fais boire, j'abbreuve, & *Dolgo*, flots, vagues. Voyez *Donr*, *Or*, *Our*, qui sont le même mot que *Dor*.
DOR, suivre, aller. G.
DOR, terre. C. C'est une crase de *Donar*.
DOR, verrouil, barre. I.
DOR, couverture. Voyez *Breder*, *Do*.
DOR, habiter, habitation. Voyez *Breder*. *Dor* en Hébreu & en Chaldéen, habitation; *Der* en Hébreu, habiter, & *Tor*, enclos, forteresse; *Der* en Syriaque, habiter, & *Dera*, habitation; *Dar*, palais en ancien Persan; *Dar*, maison en Arabe & en Persan; *Daur* en Arabe, Village; *Dar* en Punique, maison; *Dar* en Persan, demeure, Ville; *Ador* en Éthiopien, maison; *Dire* en

DOR. DOR. 499

Syriaque, maifon; *Dar* en Égyptien, maifon; *Tur* en Africain; *Adhar* en Chaldéen; *Mdor* en Éthiopien & en Chaldéen, maifon; *Hhadara* en Éthiopien, habiter, & *Mhhadare*, habitation dans la même Langue; *Athar* en Chaldéen; *Ater* en ancien Perfan, lieu, habitation; *Adouar*, Village en Maure; *Do* en Tartare du Thibet, habitation; *Dor* en Tartare, maifon; *Turak* en Turc, habitation, maifon, & *Durmak*, habiter; *Idor* en ancien Saxon, maifon; *Dort* en Théuton, adverbe qui marque le lieu où l'on demeure; *Dorp* en ancien Saxon, Village, & *Thorp*, métairie, Village; *Dorp* en Flamand, Village; *Dorff* en Théuton & en Allemand, Village; *Thorp* en Anglois, Village; *Dorp* en Danois, métairie, Village; *Dvor* en Efclavon & en Dalmatien; *Dwnr* en Bohémien, falle, palais; *Duori* en Dalmatien; *Dwnr* en Bohémien en Lufatien; *Uduar* en Hongrois, grange, métairie; *Daer* en Flamand, adverbe qui marque le lieu, la demeure; *Aldear* en Efpagnol, Village. On voit qu'on a ajouté indifféremment le *p* ou l'*f* à la fin du mot, & qu'on a dit *Dorp*, *Dorf*, comme *Dor*.

DOR, fouce. Voyez *Dwre*.

DOR, élévation, élevé. Voyez *Dorguen*, *Tor*, *Tur*, *Turumel*, *Twrr*, *Dorrea*. *Tor*, élevé, Roi; *Dar*, Seigneur, deffus; *Dara*, Roi; *Doar*, Gouverneur; *Der*, deffus, au-deffus, particule augmentative en Perfan; *Torcim*, Roi en ancien Perfan; *Tur* ou *Dur*, montagne en Arabe; *Doru*, *Doruk*, faîte, cime en Turc; *Doré*, Monfieur en Malabare; *Dohoor* en Javanois, haut.

DOR, contrée, pays. Voyez *Douar*, *Tyr* & *Dor*, terre.

DOR, le même qu'*Or*. Voyez D.

DOR, le même que *Tor*. Voyez D.

DOR, le même que *Dar*, *Der*, *Dir*, *Dur*, *Dwr*, *Dyr*. Voyez *Bal*.

DOR-ALHUE, ferrure. B.

DOR. AN DOR, en bas. G.

DOR-DAL, la grande porte. B. *Tal*.

DORACH, ténébreux. I.

DORAIS, porte. I.

DORAN, petite porte, volet de fenêtre. B.

DORANTA, indivifible. I.

DORAS, porte. I. Voyez *Dor*.

DORCAD, brun. I.

DORCHA, noir, brun, obfcur, fombre, couvert, épais, groffier, caché, abftrus, difficile à comprendre, énigmatique. I.

DORCHADH, brun, fombre, obfcur, caché, rendre obfcur. I.

DORCHADAS, confufion, chaos, nuit. I.

DORCHADHAS, confufion, chaos, nuit. I.

DORCHADUS, obfcurité, éclipfe, brouillard. I.

DORCHATAR, noir. I.

DORCHAIDIM, obfcurcir. I.

DORCHAS, obfcurité, ténébres, baffluë, obfcurciffement de la vuë. I.

DORCHEMLADHA, porte. I.

DORCHUDAS, la foirée. I.

DORCHUGADH, éclipfe, éclipfer, obfcureir. I.

DORCINFA, à, touchant, de, du, des, par, entre, pour, à caufe. I.

DORCO, A. G. avide, glouton; de *Dorr*, ventre.

DORDAM, bourdonner. I.

DORDAN, bruit, rumeur, difpute, querelle. I.

DORDHUILE, porte brifée, pliante. I.

DOREADENN, dorade poiffon. B.

DOREIR, comme, en qualité de, entant que, auffi que, près. I.

DORESS, porte. I.

DORF. Voyez *Dor*.

DORFAGL. *T Dorfagl*, euphraife (plante) G.

DORGUEN, butre, petit tertre. B. Voyez *Doroezen*.

DORHELL, loupe, ferrure. B.

DORIG, petite porte, volet de fenêtre. G.

DORINA. A. M. Du Cange n'explique pas ce mot. Il paroit par la phrafe qu'il rapporte, que c'étoit une couverture; *Dor*, couverture.

DORIQUEL, battant de porte. B.

DORISS, porte I.

DORLE, A. M. pour *Orle*, bord. Le *d* fe prépofoit indifféremment à la tête du mot. Nous difons encore *Orle*, *Ourle*, *Ourlet* pour bord. Les Italiens difent *Orlo*. *Or*, bord.

DORLLWYD, DORLLWYDIG. *T Dorlwyd*, *T Dorllwyd*, *T Dorllwydig*, ive mufcate, ou chamæpitis plante. G.

DORLO, felon le Pere de Roftrenen, manier beaucoup. *Dorlo Toas*, pétrir à la lettre, manier beaucoup la pâte. Dom le Pelletier explique ainfi ce mot. *Dorlo*, *Dorloi*, *Dorlohi*, au fens propre & naturel, c'eft couvrir la pâte & la tenir chaudement afin qu'elle fe leve; il fe dit auffi au fens figuré pour careffer avec la main; *Dorlo Un Den*, careffer un homme comme on fait aux enfans, aux chiens, aux chats & aux autres bêtes. Ce verbe eft compofé de *Dorn*, main, & *Llochi*. B.

DORLOCA, DORLOTA, careffer de la main. B. De Dom le Pelletier.

DORLOTA, dorloter, mignarder, careffer, cherir, manier. B. Du Pere de Roftrenen. *Dorelas* en vieux François, mignard, enfant gâté: il fe dit encore en Poitou.

DORN, main. C. I. B. De là *Dognoier* en vieux François, s'ébattre; *Dora*, main en Albanois; *Tyrn* en Arménien, main. Voyez *Dwrn*.

DORN, poing, poignée, manche d'outil, coup, fouflet, fouffleter. I.

DORN, anfe. I. C. C'eft ainfi que nous appellons main la groffe boucle d'une porte, parce qu'on y met la main.

DORN. Voyez *Dwran*.

DORN, le même que *Torn*. Voyez D.

DORN, le même que *Darn*, *Dern*, *Dirn*, *Durn*; *Dwrn*, *Dyrn*. Voyez *Bal*.

DORNA, DOURNA, battre, fraper, maltraiter. B. Voyez *Dyrnu*.

DORNACH, du poing. I.

DORNADEN. Voyez *Dornat*.

DORNAN, poignée, plein la main. I.

DORNAT, poignée, plein la main, coup de main; finguilier *Dornaden*. B.

DORN-ATEREZ, badinage avec la main, folâtrerie de la main. B.

DORNCHUR, manche d'outil, poignée d'épée. I.

DORNCLEIDD, la main gauche. B. Voyez *Dorngledd*.

DORNECQ, qui a de grandes mains. B.

DORNELL, manche de la charruë, manchon. B.

DORNEN, batteur de bled. B.

DORNGLEDD, la main gauche. C. Voyez *Dorncleidd*.

DORNOG, gravier, caillou rond, petite pierre. I.

DORNOG, le même que *Dornec*. I.

DORNOU; plurier de *Dorn*, main. B.

DOR.

DOROCEEN, butte, petit tertre, hauteur de terrain, colline. B.
DOROJOU; pluriel de *Dor*, porte. B.
DOROSSEN, massuë. B.
DORÒSSEN, le même que *Doroezen*. B.
DORP. Voyez *Dor*.
DORPE, fâcheux. Ba. *Torpe* en Espagnol.
DORPEA, ravissant, ravisseur. Ba.
DORR, ventre. G. *Dor* en Arabe, rond.
DORR, âpre, enroué, dur, I.
DORR, le même que *Torr*. Voyez D.
DORRA, eau, mer. Voyez *Chidurra*, *Dor*.
DORRACH, âpre, enroué, dur. I.
DORRAN, âpre, enroué, dur. I.
DORRDA, âpre, enroué, dur, austére, ingrat. I.
DORRDHA, farouche, cruel, chagrin, refrogné, rechigné. It
DORREA, tour. Ba. Voyez *Tor*.
DORRI, le même que *Torri*. Voyez D.
DORRIN, le poing. I.
DORRIQELL, guichet. B.
DORRLLWYD. T DORRLLWYD, potentille, aigremoine sauvage, argentine herbe utile aux maladies des aines. G.
DORSAN, sauterelle. I.
DORSENNUS, A. G. parasite; de *Dorr*, ventre; *Den*, en composition *Zen*, homme.
DORTA, infusion. I.
DORTADU, verser, répandre, effusion. I.
DORTHA, noir. I.
DORUS, porte. I. Voyez *Dor*.
DORUSLIS, portique. I.
DORWN, le même que *Dawr*. G.
DORZELL, serrure. B.
DOS, goutte. G.
DOS, allez, vas, marches. G. *Dos* en Syriaque, fouler la terre aux pieds; *Dusc* ou *Dosc* en Hébreu & en Chaldéen, fouler aux pieds. Voyez *Donet*.
DOS, préposition qui marque la fréquence. G.
DOS, préposition augmentative. G. C'est le même que *Dossen*.
DOS, buisson, hallier. I. *Dorn* en Allemand, épine.
DOS, écume. I.
DOS, le même qu'*Os*. Voyez D.
DOS, le même que *Tos*. Voyez D.
DOS, le même que *Das*, *Des*, *Dis*, *Dus*, *Dws*, *Dys*. Voyez *Bal*.
DOSAN, boiter. I.
DOSAN, buisson, hallier. I.
DOSASDA, insatiable. I.
DOSASUGHTHE, implacable, insatiable. I.
DOSBARTH, distribution, disposition, arrangement, ordre. G.
DOSBARTHIAD, division, désunion pour ce qui regarde l'esprit, alignement ou mesure d'un plan. G.
DOSBARTHU, distribuer, partager, donner partie à l'un, partie à l'autre, diviser, séparer, ordonner, disposer, ranger, arranger. G.
DOSBARTHWR, qui prend des alignemens ou des mesures d'un plan. G.
DOSCAINLEA, sacrificateur. Ba.
DOSCANIA, sacrifice. Ba.
DOSGUDAS, chagrin, mauvaise humeur. I.
DOSGUGAS, extravagance. I.
DOSGUGHACH, insigne, grand. I.
DOSIS, A. M. canal d'eau; de *Doz*; *h*, eau.
DOSPARTH, division, distinction, discernement, discrétion, séparation, analyse. G.

DOU.

DOSPARTHEDIG, séparé. G.
DOSPARTHIAD, action de séparer, de mettre à part, de faire les parts, d'arranger, distribution. G.
DOSPARTHOL, séparé. G.
DOSPARTHU, partager, diviser, séparer, distribuer, départir, arranger, disposer, mettre en ordre, discerner. G.
DOSPARTHUS, ordonné, rangé, disposé, discret, prudent. G.
DOSPARTHWR, ordonnateur. G.
DOSSAWG, goutteux, qui dégoutte. G.
DOSSEN, butte de terre. B.
DOSTIRODICA, comique. Ba.
DOSTIRUDIARRA, comédien, farceur. Ba.
DOT, vouloir verbe. Ba. Voyez *Det*.
DOTCE, pays, la campagne. I.
DOTEQUIAC, biens dotaux. Ba.
DOTHADH, embrasser. I.
DOTHAR, fleuve, rivière. I. Le *Th* s'ômet, & on prononce *Doar*.
DOTHARCLAIS, canal, tube. I.
DOTHCHUS, DOTHCHUSAGH, espérance, confiance. I.
DOTHOMAISTE, immense. I.
DOTHOVAIS, immense. I.
DOTHUGHSE, stupidité, lourdise. I.
DOTHUGHSEANA, caché. I.
DOTHYW, est venu. G.
DOTTRYN, doctrine. B. Voyez *Doeth*.
DOTU, jeu de jeunes garçons, qui s'appelle en François jeu de la crosse. Ce mot est formé d'*Oh Tu*, à votre côté. Ceux qui jouent à ce jeu crient souvent *Doh Tu*, vers vous, y ayant deux bandes qui jouent l'une contre l'autre. B.
DOU, deux. G. E. B. *Dou* en Persan, deux. Voyez *Dau*, *Du*.
DOU, noirâtre, verdâtre. G.
DOV, profond. G. Voyez *Dovain*.
DOU, maison de campagne, métairie. I. *Dova*.
DOV, le même que *Dof*. Voyez ce mot & *Dova*.
DOVA, apprivoiser, dompter, rendre docile. B.
DOVA. Voyez *Doga*, 1, 3.
DOVAIN, profond. E. I.
DOUAN, Ville. I.
DOVAR, eau, rivière. I. Voyez *Dour*.
DOUAR, terre. I. Il se prend aussi pour pays, contrée. Nous prenons le mot de terre dans ce sens, qui est très-analogue, & il s'est pris de même dans toutes les Langues. Voyez *Daear*, *Dauar*.
DOUAR STU, terre préparée pour recevoir de la semence. B.
DOUARA, prendre terre, aborder, aterrer, terrasser, renverser, abatre, jetter par terre. B.
DOUARAICH, débarquement. B.
DOUAREC, riche en terres. B.
DOUAREN, petit-fils. B.
DOUARENES, petite-fille. B.
DOUARUS, riche en terres. B.
DOUBIER, nappe. B. On a dit *Toubier* en vieux François.
DOUBL, double. B.
DOUBLA, copier, contrefaire, imiter. B.
DOUBLAETT, subgronde. B.
DOUBLER, copiste. B.
DOUBLERIUM, A. M. serviette; en vieux François *Doubliere*; de *Doubier*, l'*i* inférée.
DOUCQ, durée. B.

DOUCS,

DOU.   DOU.   501

DOUCE, doux, accommodant, accordant, débonnaire, facile, galant, amoureux, maîtresse par rapport à un amant. B.

DOUCEAAT, alléger. B.

DOUCEAT, appaiser, modérer, tempérer. B.

DOUCEDER, douceur. B.

DOUDHE, leur. B.

DOUE, divinité, Dieu; *Heyz Doue*, orge mondée, orge sans filet & sans balle. B. A la lettre, orge de Dieu: C'est ainsi que les Hébreux donnoient l'épithéte de Dieu à tout ce qui excelloit dans son genre; *des montagnes de Dieu* étoient de hautes montagnes; *des cédres de Dieu* étoient de beaux cédres. Le petit peuple a conservé parmi nous cette façon de parler: Il appelle du bon pain, *du pain de Dieu*; du bon vin, *du vin de Dieu*.

DOUEES, déesse. B.

DOUEN, action de porter. B. Voyez *Douguen*.

DOUER, eau anciennement. B. Voyez *Aches*, *Dour*.

DOUES, déesse. B.

DOUES, fosse, fossé. B. Voyez *Douet*.

DOUES, fosse, fossé. B.

DOUET, canal ou conduite d'eau, bassin de fontaine ou autre amas d'eau claire où l'on lave les hardes. B. *Toe*, tuyau en Tartare Mogol & Calmoucq. Voyez *Doitus*.

DOUET, doute. B.

DOUETUS, douteux, flottant, chancelant, ambigu, contingent. B.

DOUF. Voyez *Doun*.

DOUFELL, duel. B. *Don Bell*.

DOUFF. Voyez *Doun*.

DOUFFES, fossés de château. B. Voyez *Douver*.

DOUFN, profond; *Dounfna*, approfondir, creuser; *Dounfader*, profondeur. B. Voyez *Dwfn*.

DOUFOUN, profond. G.

DOUG, support, porter; & anciennement duc. B.

DOUG, la durée des choses. B.

DOUGA, porter. B. C'est le même que *Douguen*.

DOUGAFF, craindre. B.

DOUGANCZ, peur. B.

DOUGEA, craindre, être soumis, agir & obéir par crainte. B.

DOUGEANCZ, peur. B.

DOUGEAPL, formidable. B.

DOUGEUS, DOUJUS, timide, docile par crainte servile. B. *Dougé* en vieux François, fin, délié; *du fil Dougé*, du fil fin.

DOUGUEN, porter, supporter, mouvoir, émouvoir, exciter, produire, donner naissance, contenir, renfermer; *Donguen Minichi*, assister les affligés. B. *Doucom*, porter quelqu'un en Malaye.

DOUGUEREAH, propension. B.

DOUGUET, enclin. B.

DOUHE, Dieu. B.

DOUJA, le même que *Dougea*. B.

DOUJAPL, redoutable. B.

DOUILH, prononciation de *Duyl*, *Dol*, tromperie. B.

DOUILLE, feuillage. I.

DOUIN, profond. I.

DOUL, douleur. B. En Patois de Franche-Comté on dit *Gran-Don*, pour grande douleur, grand regret. Voyez *Dol*.

DOULSIEL, horloge d'eau. B.

DOUMAICH, dommage. B.

DOUMN, profond. B. C'est le même que *Doufn*.

DOUN, montagne. E. Voyez *Don*.

DOUN, creux, profond. B. Voyez *Don*, *Douna*, *Donnaat*, & *Doun* plus bas.

DOUN, avant. B.

DOUN, DOUF, DOUFF, DOFF, je suis. B.

DOUN, profond. C. I.

DOUNA, tetter, sucer. Voyez *Dizonna*. B.

DOUNAAT, approfondir, creuser plus avant. B.

DOUNEDIGUEZ, avènement. B.

DOUNESON, don. B.

DOUNHAAT, apprivoiser. B.

DOUNIA, le même que *Doania*. B.

DOUNOCH, synonime de *Pelloch*. B.

DOUNZI, danser. I. Voyez *Dancz*.

DOUP, le petit bout de chandelle qu'on met sur le binet pour achever de la brûler. E.

DOUPENNEG, qui a deux têtes. B.

DOUR, eau, rivière. G. C. Voyez *Aches*.

DOUR, eau, rivière, jus, suc; plurier *Dourou*; *Douriou*, *Doureür*; & anciennement paume de la main. B.

DOVR, eau. G. *Dovar*, eau en Irlandois; *Dour*, eau en Cornouaille; *Hyder*, eau en Phrygien; *Udor*, eau en Grec; *Thourh* en Hébreu, humide, mouillé; *Chidor*, eau en Hébreu de Rabbin; *Tur*, fontaine en Arabe; *Dsour*, *Zurn* en Arménien, eau; *Dzou* en Arménien, mer; *Son* en Tonquinois, eau; *Doo* en Japonois, eau; *Doub* en Hébreu, en Chaldéen, en Syriaque, en Samaritain, couler; *Thuy* en Tonquinois, eau; *Douw* en Flamand, rosée, & *Doopen*, plonger dans l'eau dans la même Langue; *Thuruh* en ancien Saxon, canal d'eau; *Too* en Hongrois, lac; *Tiorn* en Islandois, étang, lac; *Dourgue*, cruche à eau dans quelques Provinces de France; *Douts* en Languedocien & en Gascon, source d'eau; *Doys* en vieux François, fontaine; (Voyez *Dwr*) *Douse* en Anglois, plonger dans l'eau; *Doral* en Espagnol, un oiseau marécageux; *Dwur Udome*, gouttière en Bohémien; *Tur* en ancien Persan, nom d'une rivière; *Tonna*, eau en Galibi; *Dour*, eau en ancien Anglois; *Aldere Si*, eau en Lappon, en Finlandois & en Morduine; *Tsou*, mer en Tartare du Thibet.

DOUR, le même que *Twrr*, excroissance, congestion, tas, amas. Voyez *Dour-Dero*.

DOUR. Dans un monument du treizième siécle on voit qu'on appelloit dans le Blaisois *Dour* un reliquaire fait en forme de petite tour; de *Twr*, tour, le *d* & le *t* se mettant l'un pour l'autre. Voyez *Dorrea*.

DOUR CHACH, eau dormante. B.

DOUR CHAG, eau dormante. B.

DOUR-DERO, DOUR-DERV, gui de chêne. B. Le gui de chêne est une excroissance de chêne; ainsi *Dour* signifie ici excroissance; il est le même que *Twrr*, prononcez *Tour* ou *Dour*, congestion, amas, tas.

DOUR GOULAR, eaux minérales. B.

DOUR HAV, eau minérale. B.

DOUR HOUARN, eau minérale. B. A la lettre; eau de fer; *Houarn*, fer.

DOUR-MARO, eau de vie. B.

DOUR-MEAL, eaux minérales. B. *Meal*, transposition de *Mael*, fer: les eaux minérales sont ferrugineuses. Voyez *Dour Houarn*.

DOUR MELAR, eaux minérales. B. *Mel* pour *Mael*, fer; *Melar*, ferrugineux, de fer. Voyez le mot précédent.

DOUR METAL, eaux minérales. B. *Metal* est le même que *Meal*, la *t* inséré. Voyez *Dour Meal*.

Tome I.   H h h h h

DOUR SACH, eau dormante, mare. B. Comme on a dit *Sach* pour *Chach*, on a dû dire *Sag* pour *Chag*. Voyez *Dour Chach*, *Dour Chag*.

DOUR SAO, DOUR SAV, eau de source. B.

DOUR SECH, mare. B. *Sech de Sach*.

DOUR-WENT, eau ou rivière qui fait des courbures, des sinuosités. G. *Dour*, eau, rivière; *Gwent*, en composition *Went*, tortueuse.

DOURA, eau & suc des fruits & des herbes. B.

DOURA, abbreuver, arroser, imbiber, faire boire. B.

DOURAER, porteur d'eau, le sabot où se met la dalle pour aiguiser la faulx. B.

DOURCHLAN, limon d'eau. B.

DOURECQ, lieu plein d'eau. B.

DOURENN, suc, huile tirée de quelque chose, essence. B. C'est le même que *Dour*; *En*, terminaison indifférente.

DOURGHI, loutre. B. Voyez *Dourgon*.

DOURGON, loutre. B. *Dour*, *Qon*, chien. On voit par ce mot que *Qon*, chiens, a été aussi mis pour chien, de même que *Ci*, en composition *Ghi*.

DOURGOUN, loutre; & au figuré, homme inhumain, cruel, dur & violent.

DOURGUEN, anse de pot. Quelques-uns entendent ce mot d'une anse d'eau, ou petit golfe de mer ou de rivière. B.

DOURIAR, poule d'eau, râle d'eau, volatile qui se nourrit dans l'eau. B.

DOURLECH, abbreuvoir. B. *Dour Lech*.

DOURLONCA, avaler de l'eau. B. *Dour Loncqa*.

DOURM, anse. B.

DOURN, main. B.

DOURNA, fraper, battre le bled. B. C'est le même que *Dorna*.

DOURNAT, poignée, plein la main. B.

DOURNER, DOURNOUR, batteur de bled. B.

DOUROCQ, qui a du jus, lieu plein d'eau. B.

DOURQY, loutre. B. *Dour Qy*, chien.

DOURRONCA exprime l'action d'un homme qui étant plongé sous l'eau, en reçoit dans sa bouche & la rejette, ce qui fait bouillonner la surface de l'eau au-dessus de lui. B. *Dour Roncha*.

DOURYAR, poule d'eau. B. *Yar*, poule. Voyez *Douriar*.

DOUS, chauve. B.

DOUSOLIA, DOUZOLIA, raccommoder, refaire, relever des souliers, y mettre des semelles neuves. B. *Dou*, deux; *Sol*, semelle.

DOUSTER, affabilité, bénignité, débonnaireté, modération, aménité. B.

DOUT, doute. B. De là ce mot. Voyez *Duda*, *Duta*.

DOUTA, A. M. le même que *Tolta*; en vieux François *Toulte*, *Toute*, exaction injuste; *Tolio*.

DOW, bœuf dans l'Isle de Mona. Voyez *Dav*.

DOW, le même que *Tew*. Voyez *Dowyll*. On a donc dit *Tow*.

DOW, eau, &c. Voyez *Aw*. G. Voyez *Du*.

DOUVA. Voyez *Doga*, 1, 3.

DOUVELL, duel. B. *Dou Bell*.

DOUVES, plurier *Douverion*, douves ou fossés remplis d'eau. B. *Dov*.

DOWN, élévation, montagne, colline. I.

DOWN, profond. B.

DOWN pour *Dawn*. Voyez *Downus*. G.

DOWNUS, de probité. G. *Down* pour *Dawn*.

DOWR, eau, rivière. G. Voyez *Dovr*, *Dour*.

DOUWE, Dieu. B. Voyez *Duw*.

DOWYD, couches, enfantement. G. De *Dodwy*.

DOWYDDU, être près du terme des couches, être enflé. G.

DOWYLL, obscur, opaque, épais, ombragé. G.

DOUZECQ, DOUZEG, douze. B.

DOUZEGUET, douzième. B.

DOY en un dialecte du Gallois, deux. G.

DOYA, propre à, précis, fixe, ponctuel. Ba. On dit *Dwire* en François, être propre à. Voyez *Duiquina*, *Doh*.

DOYUSQUIA, espace qui est entre chaque triglyphe de la frise de l'ordre dorique, cavités où sont posés les bouts des solives ou des chevrons. Ba.

DOZ, fossé, fosse. B.

DOZTAZEA, badiner. B.

DOZVI, pondre, faire des petits parlant des animaux. B. Voyez *Dodwi*.

DRA, le même que *Tra*. G.

DRA, chose. B.

DRA, par. B.

DRA. Voyez *Dranoeth*.

DRA, le même que *Ra*. Voyez *D*.

DRA, le même que *Tra*. Voyez *D*.

DRA, le même que *Drac*, *Drag*, *Dras*. Voyez *Aru*.

DRA, le même que *Dre*, *Dri*, *Dro*, *Dru*, *Drw*, *Dry*. Voyez *Bal*.

DRA. AN DRA, pendant. B.

DRAB, tache, défaut. I.

DRABILAGU, faisons tourner. Ba.

DRACH est la préposition françoise de. G.

DRACHEFN, DRACHGEFN, de nouveau, derechef, une seconde fois. G. Comme qui diroit *Dra Chefn*, *Drach Cefn*. Davies.

DRACHYMMYSG, mêlé. G.

DRACQ, eau de vie burlesquement. B.

DRACUS, A. M. nom d'une espèce de démons que l'on voyoit en Provence sous la forme d'hommes & qui demeuroient dans les cavernes. Voyez *Tracones*. *Drac*, *Drag* en Languedoc signifient une fée.

DRADIFRIF. IN DRADIFRIF, fort sérieusement, avec grande attention, avec grand soin. G.

DRAEN, DRAENEN, épine, hallier. G. B. *Dracja* en Esclavon, épine, hallier; *Dorn* en Allemand; *Dorn*, *Thorn* en Théuton; *Thaurn* en Gothique; *Thorn*, *Thyrn* en ancien Saxon; *Doren*, *Doernen* en Flamand; *Thorne* en Anglois; *Tern* en Esclavon; *Trn* en Bohémien; *Tarnye* en Dalmatien, épine. Tous ces mots sont une transposition & une altération de *Draen*. *Dorn* en Islandois, agraffe, parce que les peuples du nord se servoient d'épine pour agraffe: *Tegumen omnibus sagum, fibula aut (si desit) spina consertum*. Tacite, des mœurs des Germains, chapitre 17.

DRAEN, arrête de poisson, détente. B. Voyez *Draenog*.

DRAENBLU, poil follet. G. *Draen Plu*. Davies.

DRAENECQ, bar ou barbeau poisson. B.

DRAENEN. Voyez *Draen*.

DRAENEN, prunier sauvage. G.

DRAENLLWYN, lieu plein de halliers, de buissons épineux. G.

DRAENOG, épineux, hérisson, espèce de muge poisson. G. Il paroit par ce mot que *Draen* a signifié en général pointe, piquant.

DRAENWYDD, prunier sauvage. G.

DRAFF, guichet, porte cachée, claye, cloison d'ais, tour de religieuses, demi porte. B.

DRAG, feu, colere, fureur. I.

DRAG, drague instrument à draguer les huitres & les soles. B. De là ce mot. Voyez *Dragio*.

DRA.   DRA.   503

DRAGALN, draguer. B. Voyez le mot précédent.
DRAGART, pierre à feu, toute matière séchs propre à prendre le feu, amorce, mèche. I.
DRAGEIA, DRAGEYA, DRAGIA, A. M. dragée; *Dragerium*, drageoir. Voyez *Dragez*.
DRAGEZ, dragée. B.
DRAGHAIGHEAN, pêle à feu. I.
DRAGIO, déchirer. G. *D* superflu, *Rag*, coupé en Gallois; *Roga*, mettre par lambeaux en Breton. On a dit *Tragio* & *Trangio* comme on le voit par *Tracones*, trancher, tranchant, tranchée.
DRAGIOG, déchiré. G.
DRAGON, serpent. G. *Drach*, *Drack* en Allemand; *Draak* en Flamand, dragon; *Dragon* en Espagnol, en François & en Anglois; *Drakon* en Esclavon; *Draco* en Latin; *Dracone*, *Drago* en Italien; *Dragen* en Danois; *Drakyn* en Croatien; *Drookyn* en Esclavon; *Drak* en Bohémien, serpent, dragon. Voyez *Dragoun*, *Draice*.
DRAGON, le même que *Dragart*. I.
DRAGON-VOR, vive poisson. B. A la lettre dragon ou serpent de mer.
DRAGOUN, dragon. B.
DRAGULUM, A. M. drague; de *Drag*.
DRAICE, dragon. I. Voyez *Draig*, dragon.
DRAIG, dragon. G.
DRAIGHEAN, épine. I.
DRAIGHEIGHEAN, réchaut. I.
DRAIGHNEOG, épine noire. I.
DRAILH; singulier *Drailhen*; plurier *Drailhou*, copeaux, morceaux, fragmens de la matière sur laquelle ou travaille avec un outil coupant; *Drailha*, faire des copeaux en travaillant de cette manière, *item*, travailler grossièrement, dégrossir, ébaucher. B. De Dom le Pelletier.
DRAILHA, briser, mettre en petits morceaux, hacher, faire des copeaux, fendre, déchiqueter. B. Du Pere de Rostrenen. *Drillean* en Irlandois; *Drill* en Anglois, forêt, petite tarière; *Drell* en Allemand; *Treillis* en François, treillis. Voyez *Drailh* & *Dryll*.
DRAILHACH, guenille. B.
DRAILHENN, échantillon, retaille, morceau, chiffon, vieux morceau. B. Voyez *Drailh*.
DRAILHER, découpeur, déchiqueteur, fendeur. B.
DRAILHEÜR, découpure, colifichet. B.
DRAILLAGH, retailles. B.
DRAILLOU, sarmens de vigne coupés. B.
DRAIN, le même que *Draen*, épine. B. G. Voyez *Draineach*.
DRAIN TSPINYS, épine vinette. G.
DRAINEACH, plein d'épines. I.
DRAINEC, DRAINOC, épineux; bar ou barbeau poisson. B. Voyez *Draenec*, *Draenog*.
DRAINEN, le même que *Draenen*, épine. B.
DRAINTAGA, étrangler avec une arrête ou épine qui demeure au gosier. B.
DRAJOUN, bourgeon. B.
DRAM, en grande quantité, abondant. I.
DRAM, médecine, potion, dose, dragme. B.
DRAM, javelle, poignée de ce que l'on coupe avec la faucille, soit de bled soit d'herbe verte; plurier *Dramau*: *Endrami*, mettre en poignée ou par poignées dans un tas. B. Voyez *Seldrem*.
DRAM, le même que *Ram*. Voyez D.
DRAM, le même que *Tram*. Voyez D.
DRAM, le même que *Drem*, *Drim*, *Drom*, *Drum*. Voyez *Bal*.
DRAMOUILLEIN, chiffonner, farfouiller. B.
DRAMOUR, apothicaire, drogueur. B.

DRAMBELL, œillade. B.
DRAN, nombre, cadence, harmonie, mésure. I. De là *Trantran*, terme populaire qui désigne une certaine façon usitée.
DRAN, dos. Voyez *Ardran*, *Adren*.
DRAN, le même que *Tran*. Voyez D.
DRAN, le même que *Dren*, *Drin*, *Dron*, *Drun*. Voyez *Bal*.
DRANOETH, demain. G. A la lettre, au-delà ou après la nuit.
DRANOG, le même que *Dran*. I.
DRANT, gai, enjoué, dispos, alerte, éveillé, qui se tient droit & ferme sur ses pieds. B.
DRANTADH, gronder, machurer, salir, noircir. I.
DRANTICQ, enjoué. B.
DRANTUGHADH, le même que *Drantadh*. I.
DRAOC, certaine mauvaise herbe qui croit parmi le bled, sur tout parmi le seigle. B. De Dom le Pelletier. Le Pere de Rostrenen met *Dreauc*, yvraie. Voyez *Droug*.
DRAOI, DRAOIDH, DRAOITH, magicien; sage, druide. I. Voyez *Druides*.
DRAOIDH. Voyez *Draoi*.
DRAOIDHEACHDH, magie. I.
DRAOIDHEASADH, enchanter, ensorceler, charmer. I.
DRAOIGH, magicien, sage, druide. I.
DRAOIGHEAS, DRAOIGHEASADH, enchanter, ensorceler, charmer. I.
DRAOIGHION, épines. I.
DRAP, drap. Voyez *Draper*. *Drappo* en Italien; drap.
DRAPA, A. M. drap; *Draparia*, lieu où l'on garde les draps; de *Drap*.
DRAPELL, drapeau vieux morceau d'étoffe ou de linge. B. De là ce mot.
DRAPENN, le même que *Drapell*. B.
DRAPER, drapier. B. On voit par là qu'on a dit Drap comme *Trap*; d'ailleurs le *d* & le *t* se substituent. De *Draper* est venu *Drapier* en François, *Draper* en Anglois.
DRAPPUS, DRAPPIUS, DRAPERUS, DRAPERIA, A. M. drap; *Draperia*, draperie, boutique de draps; *Draperius*, *Drapperius*, drapier, marchand de draps; *Drapparius*, *Draperius*, drapier, faiseur de draps; de *Drap*.
DRASCA, craquer, petiller. B.
DRASCAL, petiller, craquer. B.
DRASCUS, DRASQUA, A. M. orge dont on a tiré la biére en la froissant; *Drague* ou *Drachs* en François; de *Dragio*.
DRASK, grive ou mauvais oiseau; *Draskgoat*, grive de forêt qui a quelque ressemblance au pigeon; *Draskaot*, grive de rivage, de côte maritime, qui a la poitrine rougeâtre & une marque blanche au-dessus de la queuë; *Drask-Bihan*, petite espèce de grive dite autrement *Bisrac*. B. Cet article est de Dom le Pelletier.
DRASQ, grive. B. *Dresso* en Italien; *Drossel* en Allemand, grive.
DRASQAL, courir çà & là comme un homme fort affairé. B. Voyez *Drasqla* qui est le même mot. *Dralo* en Polonois, soldat armé à la legère. *Astralos* en Thessalien, vîte;
DRASQL, grive. B. *Trastes* en vieux François, grive.
DRASQLA, petiller, étinceler. B.
DRASTA, retenir, arrêter. B.
DRAULIA, A. M. ce que les officiers des Seigneurs exigeoient sans raison des coupables & des accusés; de *Draw*, injuste.

DRAULUS, A. M. fou, débauché. Voyez *Dirol.*
DRAW, terme pour indiquer. G.
DRAWS, travers, de travers, injuste. G.
DRE, lieu, siége, demeure. I.
DRE, au travers, à travers, travars. B.
DRE, par. B.
DRE. A DRE, d'entre. B.
DRE. A DRE QEIN, arrière, en arrière, en reculant. B.
DRE, droit. B. De *Dred.*
DRE. A DRE, derrière. B.
DRE, le même que *Re.* Voyez *D.*
DRE, le même que *Tre.* Voyez *D.*
DRE, le même que *Dra, Dri, Dro, Dru.* Voyez *Bal.*
DRE-ZE, donc. B.
DREAAN, roitelet oiseau. I. Voyez *Dryw.*
DREACH, figure, statuë. I.
DREACHAM, figurer. I.
DREACHDA, troupe. I.
DREACHDAM, faire connoître. I.
DREAM, nation, tribu, famille. I.
DREAMHAN, fureur, rage. I.
DREAMHANAC, furieux. I.
DREAMHNAIM, être furieux, être enragé. I.
DREAN, mauvais, farouche, combat, bataille. I.
DREAN, épine, arrête, détente. B. Voyez *Draen, Dreas.*
DREANGCUD, puce. I.
DREANNAM, combattre. I.
DREANOIR, augure. I.
DREAS, lieu, station. I.
DREAS, hallier, ronce, buisson ; *Dreas Choill, Dreas Mhun,* lieu plein de buissons, de halliers, de ronces. I. *Mun* est mis là comme synonime de *Coil,* forêt. Voyez *Drean.*
DREASOG, buisson, ronce. I.
DREATH, gravier, sable ; *Dreath Leuch,* bancs de sable. C. Voyez *Treath, Traeth.*
DREATH, le même que *Dreach.* De même des dérivés ou semblables. I.
DREAU, un peu gai, gaillard, presque yvre. B. Voyez *Drew.*
DREAU, coqueluche maladie. B.
DREAUCQ, yvraie. B.
DRECEA, dresser, rendre droit. B.
DRECEEIN, accommoder, arranger. B. De là est venu notre façon de parler dresser un repas, dresser un dessert.
DRECBOUER, buffet. B. De là le terme populaire dressoir en ce sens.
DRED, équité, droit. B. De là ce dernier mot, *Derecho* en Espagnol, droit, juste, équitable.
DRED, étourneau. B.
DRED, un peu gai, gaillard. B. Voyez *Drean.*
DREFA, vingt-quatre. G.
DREFF, derrière. B.
DREG, pic (oiseau.) I.
DREI, par. B. Voyez *Drwy.*
DREILH, treille. B.
DREILL. C'est ainsi que les Gallois prononcent *Dryll.* G.
DREIM, effort. I.
DREIMHNE, militaire. I.
DREIMIM, tenter. I.
DREIMINE, échelle. I.
DREIN, épines. B. C'est le pluriel de *Drean.*
DREIN-BERTH, lieu plein de buissons épineux. G.
DREINEG, buisson, touffe de petits bois remplie souvent de ronces & d'épines. B.

DREINENQ ronce. B.
DREINIOG, plein d'épines, plein de buissons épineux, qui porte des épines, épineux, d'épine, couvert de broussailles, plein de buissons. G.
DREINLLWYN, endroit plein de halliers, d'épines. G.
DREINNAITTH, sichure terme de marine, c'est une espèce de trident. B.
DREIST, par-dessus, au-dessus, dessus, au-delà, outre, beaucoup. B. Voyez *Treis.*
DREIZEN, la grosse & principale arrête d'un poisson qui occupe toute la longueur du corps & de la queuë, selon Dom le Pelletier ; arrête en général, selon le Pere de Rostrenen. B.
DREIZEN, ronce, cremaillière. B. *Driss* en Irlandois ; *Drix* en Ecossois ; *Dryssen* en Gallois, ronce.
DREL, rustique, agreste, barbare, inhumain, crasseux. G.
DREL, paysan. E.
DRELYN, rustique, agreste, barbare, inhumain, crasseux. G.
DRELYN, fourbe, affronteur, fripon, qui sçait couvrir ses tours d'adresse, qui impose par ses ruses. G. Voyez *Drilhant.*
DREM, hésiter. B.
DREM, vuë, vision, regard. G. Voyez l'article suivant.
DREM, selon Dom le Pelletier & un sçavant Breton, est équivalent à l'*Acies* des Latins ; c'est pourquoi *A-Vul-Drem,* à vuë d'œil, est proprement d'une vuë perçante & attentive. Ce sçavant Breton ajoûte que l'on dit *Drem* du tranchant du couteau, *Acies Gladii* ; mais l'usage ordinaire est pour exprimer un regard attentif & appliqué : On dit à un homme, *Tochit Eus Va Drem,* fuis de ma vuë ; *Selit En E Zrem,* regardez son regard, remarquez sa mine : On en a fait le verbe *Drema,* avoir la mine, le regard. *Drem,* selon le Pere de Rostrenen, visage, air de visage, face, mine, physionomie, façon, tranchant d'outil. B. *Drimss* en Grec, la pointe, la vivacité des sens ; *Drimus Blemma,* regard fier & perçant ; *Drimis Blepon,* regardant fierement & avec vivacité dans la même Langue. Voyez l'article précédent.
DREM-RUZ, visage plein de boutons. B. A la lettre, visage rouge.
DREMEDAL, dromadaire. B.
DREMM, œil, mine. B.
DREMROST, nom donné à un Roi de la petite Bretagne à cause de ses yeux brûlés ou de son visage brûlé. Davies.
DREMPELL, horison. B.
DREN, pivot. B.
DREN, détente d'une arme à feu. B.
DREN, le même que *Drwn.* B. Voyez *Dram.*
DREN, derrière. B.
DREN, dos. Voyez *Adren.*
DREN, le même que *Ren.* Voyez *D.*
DREN, le même que *Tren.* Voyez *D.*
DREN, le même que *Dran, Drin, Dron, Drun.* Voyez *Bal.*
DREN. Voyez *Dwran.*
DRENC, pic (oiseau.) I.
DRENCH, DRENG, A. M. homme attaché à la terre qu'il cultivoit, paysan, laboureur ; de *Druz,* ou de *Dre,* de *Tre.*
DRENEN, ronce. B.
DRENG, rustre, grossier, impoli, bourru, capricieux, bizarre, fâcheux, chagrin, difficile, rude,

DRE.

rude, dur, rigoureux, sévére, de mauvaise humeur. G. *Drengen* en Allemand; *Dringen* en Flamand; *Thringan* en ancien Saxon; *Drangen*, *Thrangen* en Théuton; *Traengia* en Suédois; *Throng* en Anglois, presser, pousser, chasser, opprimer; *Dreng*, *Treng*, souci en Persan. En Franche-Comté le peuple se dit qu'on l'*Etrange*, lorsqu'on lui fait une proposition qu'il trouve dure ou déraisonnable.

DREO, agile, gaillard. B. Voyez *Drew*.
DREOGHADH, faire pourrir, faire corrompre. I.
DREOITEAS, mauvais goût, odeur relante; *Dreoithe*, qui a ce mauvais goût, cette odeur. I.
DREOLAN, moineau, roitelet. I.
DREON, derrière. B.
DRES, au-dessus. B. Voyez *Dreist*.
DRES, le même que *Drus*. Voyez ce mot.
DRES, le même que *Res*. Voyez D.
DRES, le même que *Tres*. Voyez D.
DRES, le même que *Dre*, *Dree*, *Dreg*. Voyez *Aru*.
DRES, le même que *Dras*, *Dris*, *Dros*, *Drus*, *Drws*, *Dryt*. Voyez *Bal*.
DRESPED, dépit, indignation. B.
DRESQIS, rigole, passage de l'eau au travers d'une terre cultivée. B.
DRESQISEIN, faire une rigole, un passage à l'eau à travers une terre cultivée. B.
DRESSIFF, dresser. B.
DRESSORIUM, DRESSATORIUM, A. M. dressoir; de *Dreezouer*.
DREST, au-dessus. B. Voyez *Dreist*.
DRESTE, A. M. traite; de *Traid* ou *Drait*.
DRET, étourneau. B.
DRET, équité, droit. B. De là ce dernier mot.
DREU, un peu gai, gaillard, presqu'yvre. B. Voyez *Drew*.
DREVA, mot Gallois latinisé, qui se trouve dans les Loix d'Hoel, Roi de Galles. Il paroit signifier largeur. Voyez *Dreus*.
DREUCQ, yvraie. B.
DREUS. AVEL DREUS, vent coulis. B.
DREUS, le même que *Treus*. Voyez D.
DREW, que l'on prononce *Dreo*, gai, gaillard, joyeux, dispos, alerte, dru. On a écrit autrefois *Dreu*, *Dreau*, B.
DREWEDIG, puant, qui sent mauvais, désagréable. G.
DREWGOED, bois puant. G.
DREWI, puanteur, mauvaise odeur, puer, sentir mauvais, avoir de l'odeur, sentir. G.
DREWIANT, puanteur, odeur de rance, odeur de relant, odeur de moisi & par métaphore puant. G.
DREWLLYD, puant, qui sent mauvais. G.
DREUZ. A DREUZ, de travers, en travers, à travers, travers. B.
DREY, A. M. droit; de *Dré* ou *Dred*.
DREYS, DREYST, les mêmes que *Dreist*. B.
DREZ, épine. B. Voyez *Dreizen*.
DREZ. A DREZ, de travers, en travers, à travers, travers. B.
DREZEN, ronce, hallier, buisson, crémaillière, arrête. B.
DREZIAN, buisson. C.
DREZIANNEU, par le bas. B. *Dre Diannen*.
DRI, le même que *Ri*. Voyez D.
DRI, le même que *Tri*. Voyez D.
DRI, le même que *Dric*, *Drig*, *Dris*. Voyez *Aru*.
DRI, le même que *Dra*, *Dre*, *Dre*, *Dru*, *Drw*, *Dry*. Voyez *Bal*.
DRICC, dragon. I. Voyez *Dragon*.

TOME I.

DRO.

DRICH, glacé de miroir, miroir. B.
DRICQED, loquet. B.
DRICS, cordage de vaisseau. B.
DRIDAL, se trémousser, tressaillir de joye. B.
DRIDEREZ. Voyez *Drit*.
DRIHUE, toux, rhume de cerveau. B.
DRILHANT, enjoué, gai. B. De là *Drille*, terme populaire.
DRILLEAN, forêt, petite tarière. I.
DRIM. Voyez *Drym*.
DRIM, le même que *Rim*. Voyez D.
DRIM, le même que *Trim*. Voyez D.
DRIM, le même que *Dram*, *Drem*, *Drom*, *Drum*, *Drwm*, *Drym*. Voyez *Bal*.
DRIN. Voyez *Dwran*.
DRING, dégré, montera, monte; action de monter. G.
DRINGC, montera, monte, action de monter. G.
DRINGFA, escalier. G.
DRINGHEDYDD, monteur. On appelle ainsi en Gallois les bêtes qui défendent leur vie en montant, comme la martre & l'écureuil. G.
DRINGIAD, ascension, élévation, action de monter. G.
DRINGO, monter. G.
DRINGOL, oseille. G.
DRIOUGHT, fasciné, enchanté. I.
DRIS, DRISHEACH, DRISHEOG, DRISEOG, DRISLEOG, ronces, épines, hallier. I.
DRISPAM, grimper. I.
DRISSE, cordage de vaisseau. B.
DRIT, DRIDEREZ A CALON, épanouissement de cœur, grande joye. B.
DRITHLE, étincelle. I. *Driller* en vieux François, étinceler.
DRITHLIGHIM, étinceler. I.
DRIVEIN, dériver. B.
DRIX, épine, hallier. E. Voyez *Dris*, *Drezen*.
DRIX, ronce. I.
DRO, le même que *Droch*. I.
DRO, le même que *Ro*. Voyez D.
DRO, le même que *Tro*. Voyez D.
DRO, le même que *Droc*, *Drog*, *Dros*. Voyez *Aru*.
DRO, le même que *Dra*, *Dre*, *Dri*, *Dru*, *Drw*, *Dry*. Voyez *Bal*.
DRO. AR-DRO, EN-DRO, VAR-DRO, en rond, autour, à l'entour, aux environs. B.
DRO. BOUILHEN-DRO, fondrière, terre molle & tremblante où l'on enfonce. B.
DROBHLACH, gros bâton ou perche pour porter quelque chose à deux. I.
DROCH, mauvais, méchant, féroce. I. Voyez *Drwg*, *Drog*, *Drone*, *Drug*.
DROCH, obscur. I.
DROCH. Voyez *Drwch* qui est le même mot.
DROCHAD, pont. I.
DROCHAGH, misère. I.
DROCHAIGNIDH, malice. I.
DROCHAIL, médisance, calomnie. I.
DROCHAINT, abus. I.
DROCHAN, obscur. I.
DROCHND, obscur. I.
DROCHED, pont. I.
DROCHLUADAR, chicane. I.
DROCHLUADRACH, méchant, infame, insigne, grand. I.
DROCHMHRUNTE, pétulant. I.
DROCHTHEAD, pont. I.
DROED, équité, droit. B.
DROEDRUDD, Y DROEDRUDD, bec de grue

Iiiiii

(plante) G. A la lettre, pied rouge.
DROET, équité, droit. B. De là ce dernier mot.
DROG, mauvais. C. C'est le même que *Drwg*.
DROGA, aromates, drogues. Ba. Voyez *Drogour*.
DROGAN, prédiction. G. C'est le même que *Darogan*.
DROGHEDA, pont. I.
DROGHET; singulier *Ur Drogheden*, habillement des petits enfans tant garçons que filles, lequel les couvre depuis les épaules jusqu'aux talons. B. De Dom le Pelletier. Voyez *Drogued*.
DROGHNI, mal, malignité. I.
DROGOUR, droguiste. B.
DROGUE, tissu de fil. B. De là *Droguet*, étoffe faite avec du fil & de la laine.
DROGUED, DROGUET, robe de femme. B. Cet article est du Pere de Rostrenen. Voyez *Drogue* & *Droghet*.
DROGUÈDEEN, épaulette. B.
DROGUEER, droguiste. B.
DROGUEREZOU, drogue. B.
DROICH, mauvais, méchant, féroce. I.
DROICH, mal, mal-à-propos. I.
DROICHCIOMCHAIR, de mauvais naturel, de mauvaise humeur. I.
DROICHCIOMCHAR, énormité, humeur fâcheuse, humeur incommode, désobéissance, conduite perverse. I.
DROICHCIOMCHOIR, insolent, impudent. I.
DROICHDEANTA, maladroit. I.
DROICHEAD, pont. I.
DROICHGNIOMH, maléfice. I.
DROICHIM, nuire. I.
DROICHINTLEAS, stupidité, lourdise. I.
DROICHIOTT, pont. I.
DROICHMEASDA, insigne, grand, infâme. I.
DROICHMHEAS, haine. I.
DROICHMISNIUGAD, décourager. I.
DROID, étourneau. I.
DROIDHEACHDH, magie. I.
DROIGHNEACH, épines, hallier. I.
DROITH, DROTH, les mêmes que *Droich*, *Droch*. De même des dérivés & semblables. I.
DROITHECOIN, augure. I.
DROL, baye, plaisanterie, tromperie. I. De la nôtre mot François *Drôle*, & *Droll* en Anglois, railler, bouffonner.
DROM, dos. I. Voyez *Drum* qui est le même.
DROM, front. Voyez *Dromgad*.
DROM, le même que *Rom*. Voyez D.
DROM, le même que *Trem*. Voyez D.
DROM, le même que *Dram*, *Drem*, *Drim*, *Drum*, *Drwm*, *Drym*. Voyez *Bal*.
DROMA; plurier *Dromana*, dos. I.
DROMAIN, dos. I.
DROMCHLA, superficie. I.
DROMGAD. T DROMGAD, le front de l'armée. G. *Gad*, armée, en composition pour *Cad*; *Drom*, front au figuré. Voyez *Drom*, superficie, surface.
DROMON, dans le glossaire de Saint Isidore, est un grand vaisseau, ainsi nommé parce qu'il est plus grand que les autres. Nous voyons effectivement dans l'histoire que les *Dromons* étoient de grands vaisseaux de charge ou de guerre; on les y appelle indifféremment *Dromones*, *Dromundus*, *Dromos* en Latin, & *Dromon*, *Dromoni* en François; de *Drom*, le même que *Drym*, fort, & *Aon* ou *On*, très.
DROMORA, grand dos de colline ou grande pente. I.
DRON, droit adjectif, sûr. I.

DRON. Voyez *Dwran*. *Drown* en Anglois, noyer; inonder, submerger.
DRON, le même que *Ron*. Voyez D.
DRON, le même que *Tron*. Voyez D.
DRON, le même que *Dran*, *Dren*, *Drin*, *Drun*, *Drwn*, *Dryn*. Voyez *Bal*.
DRONADH, direction, qualité d'être droit. I.
DRONAN, droit adjectif, sûr. I.
DRONCHROICHTE, perpendiculaire. I.
DRONDUANAM, fermer, rendre fixe. I.
DRONG, troupe, bande, compagnie, peuple. I.
DRONNAM, DRONNAN, dos. I.
DROS, pour, à cause. G.
DROS, dans. G.
DROS, préposition qui marque le mouvement. G.
DROS, le même que *Ros*. Voyez D.
DROS, le même que *Tros*. Voyez D.
DROS, le même que *Dro*, *Droc*, *Drog*. Voyez *Aru*.
DROS, le même que *Dras*, *Dres*, *Dris*, *Drus*, *Drws*, *Drys*. Voyez *Bal*.
DROS BEN, au-dessus, dessus, sur, par dessus; *Da Dros Ben*, fort bien. G.
DROSODD, synonime de *Dros*. G.
DROSTO, dessus, par-dessus. G. *Drosso* en Allemand, gouverneur, préposé; *Drottin* en Islandois; *Druhtin*, *Truhtin* en Théuton; *Drithen* en ancien Saxon, Seigneur.
DROU, le même que *Trou*. Voyez D.
DROU, le même que *Droue* ou *Droucq*, *Droug*, *Drous*. Voyez *Aru*.
DROUC, adjectif: méchant, nuisible, pernicieux; substantif: mal, malice, malignité; plurier *Droueou*, maux. B. Voyez *Droucq*, *Droug*, *Drwg*, *Droch*.
DROUC-CHRACE, disgrace. B.
DROUC-COMPSER, médisant. B.
DROUC-SPERED, démon. B.
DROUCQ, mal, douleur, colique, brouillerie; dissention, mauvais. B. Voyez *Drouc*.
DROUCRANCE, discorde, tumulte, dissension. B.
DROUDIGUIAH, violence. B.
DROUG, mal. B.
DROUG, indigne. B.
DROUG-AVEL, vent subit, violent & de peu de durée, tourbillon. On donne aussi cette dénomination à un mal dont on ne connoit pas la cause, mal-caduc, épilepsie, toute maladie surprenante. B.
DROUG-RANC, discorde, dissension. B.
DROUG-SANT, présage, pressentiment; *Drougsantein*, pressentir. B.
DROUGGOR, mal couvé. B.
DROUGPEDEN, imprécation. B. A la lettre, mauvaise prière.
DROUGUIEZ, malice, malignité, discorde, haine, animosité, aversion. B.
DROUH, gras. B.
DROUIDIM-LEIS, approcher. I. Voyez *Les*.
DROUILHEN, DROUINE, havresac de chauderonniers, & par métaphore grosse fille ou femme. B.
DROUIM, dos. I. Voyez *Drom*, qui est le même.
DROULACE, DROULANCE, adversité, malheur. B.
DROULIN, courbure de rivière. G. *Lin*, rivière.
DROUSCANTH, prénotion. B.
DROUYANEZ, mal habillé. B. *Drou Annez*.
DROUYN, DROUINE, havresac de chauderon-

DRU.

niers, fac, malle, havrefac en général, carnaciere, gibeciere. B. De là *Drouine.*

DRU, abondant, dru, épais, gras. B. *Druge, Drugi* en patois du pays Romand, fumier, engrais de la terre; *Endrugi*, fumer, engraisser la terre; *Drefene* en terme de jardinier, terre graffe, bien pénétrée des fucs du fumier; *Adros* en Grec, abondant, gras, fertile, riche. Voyez *Druein.* Les payfans en Franche-Comté difent que le bled truche lorfqu'il croit en touffes & fort épais.

DRU, druide. B. Voyez *Druides.*

DRU, le même que *Ru.* Voyez D.

DRU, le même que *Tru.* Voyez D.

DRU, le même que *Drud.* Voyez D.

DRU, le même que *Dra, Dre, Dri, Dro, Dry,* Voyez *Bal.*

DRUADH, magicien. I. C'eft le même que *Draoidh.*

DRUAN, le même que *Truan.* Voyez D.

DRUANT, le même que *Truant.* Voyez D.

DRUATHAM, commettre le péché de fornication. I.

DRUAYLIA, A. M. petit prefent que l'on ajoutoit au prix de la chofe achetée par politeffe, par amitié: ce prefent eft appellé *Drouilles* dans les ordonnances de Breffe; de *Dru*, ami, *Druayl*, ce qui fe donne par amitié. Voyez encore *Druilla.*

DRUBH, habitation. I.

DRUBH, chariot. I.

DRUBHOIR, charron. I.

DRUCH, le même que *Druih.* De même des dérivés ou femblables, I.

DRUCHD, DRUCHDAN, DRUICHDIN, DRUCHT, rofée. I.

DRUCQ, mauvais. B. Voyez *Droucq.*

DRUD, fort, vaillant, hardi, véhément, impétueux, violent, dur, rude, fevere, conftant, ferme, fidéle, inébranlable, cher, précieux. G. *Drud,* fidéle dans l'ancienne hiftoire Britannique. *Drudes, Drudi* dans les anciens monumens, amis, hommes de confiance qui ont donné leur foi à un Seigneur. Ceux qui dans les Édits de nos Rois font nommés Féaux étoient anciennement appellés *Drus, Druts,* & les femmes *Drues, Drud*, anciennement en Breton, illuftre; *Drud* en Breton, aimé; *Drud, Drude* en Auvergnac, homme de confiance; *Drud* en vieux Provençal fignifioit la même chofe; *Drut, Druyt, Draut* en Théuton, avoit le même fens; *Dru* en vieux François, ami, amant; *Drue*, amie, amante; *Druerie*, amitié. On a auffi appellé *Drup* en vieux François, un homme en qui l'on pouvoit placer fa confiance; *Drudo* en Italien, ami; *Druthe* en Théuton, l'ami de l'époux, que l'époux prioit d'être fon paranymphe; *Drudaria* dans les anciens monumens, amitié, fonds dont on accorde l'ufage à quelqu'un par amitié, en vieux François *Druerie, Drurie; Dru* en termes de fauconnerie, fe dit des oifeaux qui font prêts à s'envoler du nid, qui font affez forts pour commencer à voler. *Dru* en vieux François, fignifioit gaillard. On employe ce mot à Paris pour brave, courageux, hardi, alerte, entreprenant; *Druement* en vieux François, fortement. De *Drud*, fidéle, eft venu le mot Latin *Trutina.* Voyez *Drudaire.*

DRUD, illuftre anciennement. B.

DRUD, aimé. B.

DRUD, fermer, ferrer, tenir ferré, embraffer, boucher, empêcher, clôture, clos, enclos. I. *Drudge* en Anglois.

DRUD, marque du fuperlatif. Voyez *Creulawndrud.*

DRUDAIRE, le même que *Drugaire.* I.

DRU. 507

DRUDAN, le même que *Drud.* Voyez *Drudaniaeth.*

DRUDANIAETH, amitié, amour, force, valeur, hardieffe, violence. G. formé de *Drudan;* de *Drud.*

DRUDARIA. Voyez *Drud.*

DRUDES. Voyez *Drud.*

DRUDLEW, fort. G.

DRUDTE, fermé, clos. I.

DRUDWY, DRUDWEN, étourneau. G. *Drozd* en Polonois, étourneau. Voyez *Drud.*

DRUEIN, engraiffer. B. Voyez *Dru.*

DRUG, mal, méchant, mauvais. G. *Dracq,* mauvais en Breton; *Druken* en Flamand; *Druchen* en Théuton; *Triccan* en Saxon; *Tryckja* en Suédois, opprimer; *Drucken* en Allemand, preffer, opprimer, fouler, affliger; *Druff* en Théuton & en Allemand, chagrin; *Drufe*, ulcere en Allemand; *Truga* en Suedois; *Drouva* en Théuton; *Drohen, Drowen* en Allemand, menacer; *Dros* en ancien Saxon; *Droff* en Anglois, & *Dregs, Truofo* en Théuton, *Droeffem* en Flamand; *Dragg* en Suédois; *Trux, Truges* en Grec, lie, ordures; *Dryt* en Flamand, fumier; *Truska* en Bohémien, rebut. De *Drug*, méchant, mauvais, font venus *Trux, Atrox* Latins; de là *Druge* en vieux François, fouris animal nuifible.

DRUGAIRE, valet, efclave, valet employé aux plus bas offices. I.

DRUGEAL, badiner; *Drujet,* enjoué. Ce mot eft en ufage dans les Provinces voifines de Bretagne, où l'on dit qu'un homme eft *Druge* lorfqu'il eft enjoué & badin. B.

DRUGET. Voyez *Drugeal.*

DRUH, gras. B. C'eft le même que *Dru.*

DRUH, druïde. B. Voyez *Dru, Druides.*

DRUHAT, graiffer, engraiffer. B.

DRUHEIN, le même que *Druhat.* B.

DRUHONNI, graiffe. B.

DRUIDES. Céfar en parle ainfi au livre fixieme de la Guerre des Gaules: » Les Druïdes ont l'inten-
» dance du culte des dieux & de la religion,
» avec la direction des affaires tant publiques que
» particulieres: Ils font auffi chargés de l'inf-
» truction de la jeuneffe. S'il fe fait quelque
» meurtre ou quelque crime; s'il y a procès
» pour une fucceffion, ou quelque autre différend,
» ce font eux qui le décident, & qui ordonnent
» les peines & les récompenfes. Et lorfque quel-
» qu'un ne veut pas acquiefcer à leur Jugement,
» ils lui interdifent l'entrée de leurs myftéres.
» Ceux qui font frapés de cette foudre paffent
» pour fcélerats & pour impies; chacun fuit leur
» rencontre & leur entretien: S'ils ont quelques
» affaires, on ne leur fait point de juftice; ils ne
» font point admis aux charges ni aux dignités;
» & meurent fans honneur & fans crédit.

» Les Druïdes ont un Souverain Pontife dont
» l'autorité eft abfolue. Après fa mort, le plus
» confidérable des autres lui fuccede; & s'il y en
» a plufieurs qui y prétendent, la chofe eft remife
» à l'élection, & quelquefois fe décide par les
» armes.

» Ils s'affemblent tous les ans dans l'État de
» Chartres, qui eft comme le milieu des Gaules,
» en un lieu confacré & deftiné à cet ufage, où
» ceux qui ont quelque procès ou quelque diffé-
» rend fe rendent de toutes parts, & en paffent
» par ce qu'ils ordonnent. On croit que leur inf-
» titution vient de la Bretagne; & ceux qui veulent

» avoir une plus parfaite connoissance de leurs
» mystéres, y font un voyage.

» Ils ne vont point à la guerre, & sont exempts
» de toutes sortes d'impôts & de servitudes, ce
» qui est cause que plusieurs s'y rangent, & cha-
» cun tâche d'y mettre son fils ou son parent. On
» leur fait apprendre par cœur un grand nombre
» de vers, car il est défendu de les écrire, soit
» pour exercer leur mémoire, qui autrement se
» néglige & se relâche, ou pour ne point pro-
» faner les mystéres en les divulguant ; de sorte
» qu'ils sont quelquefois vingt ans au Collége.
» Dans les autres choses ils se servent de l'écriture,
» & usent de caractéres Grecs.

» Leur principal dogme est que les ames ne
» meurent point, mais qu'elles passent en d'autres
» corps : Ils estiment que rien n'est plus propre à
» faire mépriser la mort & à inspirer du goût pour
» la vertu que cette créance. Ils ont un grand
» nombre d'opinions sur la nature de l'univers &
» le pouvoir des dieux, qu'ils communiquent à la
» jeunesse dont on leur confie l'éducation.

Pline croit que ces Philosophes ont pris leur nom du mot Grec *Drus*, chêne, parce qu'ils n'estimoient rien tant que cet arbre. A supposer son étymologie véritable, il se tromperoit dans la source où il la puise. Un Peuple ne va pas chercher dans le langage d'une Nation éloignée le terme qu'il employe pour désigner les premières personnes de l'État. Ce qui a trompé Pline, c'est qu'il n'a pas sçu que *Drus* signifioit un chêne en Celtique de même qu'en Grec, cette expression Celto-Scythe s'étant conservée dans les deux Langues, ainsi qu'un grand nombre d'autres, comme on le peut voir dans ce Dictionnaire ; *Derwydd*, dont on voit que *Druyd* est une crase fort naturelle, signifie encore en Gallois sage, devin. *Draoidh* en Irlandois signifie sage, magicien ; *Druidim* en Irlandois, conduire, diriger. Dans la version Irlandoise du Nouveau Testament les Mages sont appellés *Druides* : Voilà l'étymologie de ce fameux terme Gaulois. Les Druides étoient originairement les Sages qui étoient les Instituteurs, les Précepteurs, les Directeurs de la Nation ; ils s'adonnerent ensuite à la divination & à la magie, & voilà pourquoi le nom de *Druide* signifia non seulement un sage, mais encore un devin, un magicien. Nous voyons dans Vopiscus, vies d'Aurélien & de Numérien ; dans Lampridius, vie d'Alexandre Sévére, que les femmes Gauloises qui se mêloient de prédire l'avenir, s'appelloient *Dryades*. Encore aujourd'hui en Frise on appelle *Drus* (ce mot est synonime de *Derwydd*) un homme qui a commerce avec le démon. *Druten* en Allemand, magiciens, sorcières, spectres, incube ; *Druden* en Franconie & en Suisse, sorcières, & *Drutner*, enchanteurs, magiciens ; *Drasgo* en Espagnol, esprit follet, lutin ; *Drus* en Breton, démon, esprit malin.

On pourroit encore tirer l'étymologie de *Druide* du terme *Drud*, illustre, respecté. César assure que les Druides sont le premier ordre de l'État, & qu'ils étoient infiniment respectés de toute la Nation. Les autres Historiens nous apprennent que les Druides étoient habillés magnifiquement, & qu'ils portoient des colliers d'or. Dion Chrysostome dit que les Rois ne pouvoient ni projetter ni exécuter aucune entreprise sans l'aveu des Druides ; de façon que ces Sages avoient véritablement l'autorité souveraine, & que les Rois n'étoient que les exécuteurs de leurs ordres. Je préférerois toutefois l'étymologie que nous venons de donner, & je croirois que *Drud*, qui est le même mot que *Druid* ou *Derwydd*, n'a originairement signifié que sage, & qu'ensuite on l'a étendu à signifier illustre, respecté, à cause des honneurs & des respects que l'on rendoit à ceux qui le portoient.

DRUIDIM, conduire, diriger. I.
DRUIDIM, fermer, enfermer. I.
DRUILL. Voyez *Druilla*.
DRUILLA, découper, mettre en piéces, mettre en petits morceaux. B. En comparant ce mot avec *Dryll*, on voit que *Druill* a signifié piéce, petit morceau. Dans quelques Provinces du Royaume on appelle *Drolées* les petites choses que l'on se réserve en faisant un bail. On appelle en Franche-Comté, parmi le peuple, *Droleries*, de petites choses.
DRUILLA, battre, fraper sans ménagement, briser. B. De Dom Le Pelletier.
DRUIM, superficie, surface, terrein, sol, dos, le derrière de quelque chose, sommet, élévation. I. Voyez *Trum*.
DRUIM, DRUIMAN, pauvre, indigent. I.
DRUJOUR, badin, folâtre. B.
DRUIS, fornication, convoitise. I.
DRUISEACH, incontinent. I.
DRUISIM, être luxurieux. I.
DRUISLANN, mauvais lieu. I.
DRUISTEOIR, fornicateur. I.
DRUM, dos. G. E. I.
DRUM, le derrière de quelque chose. I.
DRUM, faite. G. C'est le même que *Trum*. Voyez D. *Druna*, Principauté en Étrusque.
DRUM, le même que *Rum*. Voyez D.
DRUM, le même que *Trum*. Voyez D.
DRUM, le même que *Dram*, *Drim*, *Drim*, *Drom*, *Drym*, *Drym*. Voyez *Bal*.
DRUMAGH, tambour. I.
DRUMCHLADH, toit. I.
DRUMON, A. M. le même que *Dromon*.
DRUMUS, A. G. bois épais ; de *Drym*, *Drum*. Voyez ce mot. On appelle encore *Drome* dans les forges un bois fort épais qui renvoye le coup du marteau.
DRUNG, nation, peuple, tribu, troupe. I.
DRUNGUS, A. M. troupe de soldats ; *Drungarius*, le chef de cette troupe ; de *Drung*.
DRUNI, graisse, engrais. B.
DRUPH, le même que *Drubh*. I.
DRUS, rosée. I.
DRUS, impudicité, fornication, convoitise, cupidité, désir, appétit. I.
DRUS, gras, fécond, abondant, fertile, dru. B.
DRUS, druide, démon, esprit malin. B. Voyez *Druides*.
DRUS, anciennement chêne. B. Voyez *Derw*.
DRUS, le même que *Rus*. Voyez D.
DRUS, le même que *Trum*. Voyez D.
DRUS, le même que *Dru*, *Druc*, *Drug*. Voyez *Aru*.
DRUS, le même que *Dras*, *Dres*, *Dris*, *Dros*, *Drws*, *Drys*. Voyez *Bal*. De là *Drésenne*, terre engraissée.
DRUSDHAILTIM, débauché contre nature. I.
DRUSEACH, DRUSIOCH, dissolu, déréglé, débauché, impudique. I.
DRUSEAMHLAS, folâtrerie, badinage. I.
DRUSEAMHUL, lascif, impudique, débauché, dissolu. I.
DRUSIOCH. Voyez *Druseach*. I.

DRUSMHAR

DRUSMMAR, couvert de rosée. I.
DRUSONI, graisse, fertilité, abondance. B.
DRUSUS, A. G. patient, ou sévére, ou opiniâtre. De *Drud*, qui en prenant une terminaison, change le *d* final en *z*.
DRUTH, fille ou femme de mauvaise vie, maquerelle. I.
DRUTH LANN, créche. I.
DRUTHLANN, mauvais lieu, lieu de débauche. I.
DRUTOIR, fornicateur. I.
DRUV, chariot. I.
DRW, fidéle dans l'ancienne Histoire Britannique. Voyez *Drud*.
DRW, le même que *Derw*. Voyez *Druides*.
DRWCH, travers, à travers, injuste. G.
DRWG ou DROG, mal, méchant, farouche, cruel, barbare, obstiné, implacable, qu'on ne peut fléchir, qu'on ne peut adoucir; *T Drwg*, le diable. G. Nous disons d'une chose de peu de valeur que c'est de la drogue. *Drog* en Persan, mensonge.
DRWGABSEN, médisance, calomnie, critique, coup de dent. G.
DRWGANWYDAU, colere, emportement. G.
DRWGANWYDUS, colere, emporté, qui est de mauvaise humeur. G.
DRWGARFERU, abuser. G.
DRWGAROGL, puanteur, mauvaise odeur. G.
DRWGAROGLI, puer, sentir mauvais. G.
DRWGDAFODIOG, médisant. G. *Tafod*.
DRWGDAMWAIN, accident malheureux. G.
DRWODDIWEDD, mauvais succès, disgrace, malheur funeste, perte entière. G.
DRWGDYB, soupçon. G.
DRWGDYBIO, soupçonner, pressentir quelque malheur. G.
DRWGDYBUS, soupçonneux. G.
DRWGDYNGED, infortune, accident malheureux. G.
DRWGENLLIB, calomnie. G.
DRWGENW, mauvaise réputation, infamie. G.
DRWGEWYLLISIOL, qui a mauvaise volonté, malveillant. G.
DRWGFOESAWG, qui a de mauvaises mœurs. G.
DRWGFOESOL, outrageux, outrageant, insultant, effronté, insolent, impudent, pétulant. G.
DRWGGYNGHORUS, qui donne de mauvais conseils, qui porte à de mauvaises actions. G.
DRWGLIWIOG, décoloré, qui a perdu sa couleur. G.
DRWGNATURIAETH, mauvaise humeur, humeur difficile. G.
DRWGNAWSUS, DRWGNOWSUS, emporté, colere, bilieux, de mauvaise humeur, difficile à contenter. G.
DRWGSAWRUS, qui sent mauvais. G.
DRWGSRINIAWG, qui rend un mauvais son. G.
DRWGSEINIO, rendre un mauvais son. G.
DRWGWEITHREDD, action mauvaise, action criminelle, péché commis, crime, forfait, faute, maléfice, pente au mal, inclination à mal faire. G.
DRWODD, à travers. G.
DRWODD, TORRI DRWODD, briser entièrement, rompre tout-à-fait. G.
DRWODD, synonime de *Drosodd*. G.
DRWODD, abondamment. Voyez *Trwodd*. G.
DRWS, porte. G. *Drwi* en Bohémien, porte. Voyez *Dorut*, dont ce mot est une crase.
DRWY, par, à travers, pourvu que, dès, de, d'entre. G.

TOME I.

DRWY, chênes. G.
DRWYDDO, d'outre en outre, de part en part, à travers, tout-à-fait, entièrement. G.
DRUYLHAD, peloton de monde. B.
DRUYN, drouine havresac de chauderonniers. B.
DRUS, gras, fertile, abondant, dru. B.
DRUSA, engraisser. B.
DRUSONNY, graisse. B.
DRYC-HINNOG, orageux, sujet aux tempêtes. G.
DRYCH, face, mine, air de visage, image, représentation, effigie, figure. G.
DRYCH, miroir, vue, vision, regard. G.
DRYCH, le même que *Drwch*. G.
DRYCHAFU, élever, lever, relever. G.
DRYCHIOLAETH, apparition, vision, spectre, fantôme, action de voir, imagination, fantaisie. G.
DRYCHIOLI. Voyez *Ymddrychioli*.
DRYDAL, tressaillir de joie, se trémousser. B.
DRYDEN, outre adverbe. B.
DRYDON. T DRYDON, aigremoine plante. G.
DRYC-DDYN, scélerat. G. *Drwg*, en composition *Dryg* ; *Dyn*, en composition pour *Dyn*, homme.
DRYG-HIN, mauvais temps. G.
DRYGAIR, médisance, calomnie, invective, accusation, malédiction, mauvaise réputation, infamie. G.
DRYGANIAETH, malice, grande méchanceté, grand crime. G.
DRYGCHWANT, passion déréglée. G.
DRYGDDYN, méchant, scélerat. G.
DRYGDYN, marqué avec un fer chaud. G. C'est le même que le mot précédent.
DRYGEDD, malignité, méchanceté. G.
DRYGFLAS. Ce terme à la lettre semble signifier mauvais goût, *Blas* signifiant saveur, goût, & les deux termes qui le suivent comme synonimes dans le Dictionnaire de Thomas Guillaume signifiant mauvais goût; cependant il pourroit bien signifier mauvaise odeur. 1°. Parce que le terme qui le précede comme synonime dans ce Dictionnaire signifie mauvaise odeur. 2°. Le terme Latin *Virus*, dont il est la traduction, signifie aussi mauvaise odeur. 3°. *Sawr*, qui signifie goût, saveur, signifie aussi odeur, ce qui peut faire croire que *Blas*, saveur, a aussi l'autre signification. 4°. En Patois de Franche-Comté *Fla* signifie odeur.
DRYGFOES, action honteuse, action pleine d'infamie, affront, outrage. G.
DRYGFRI, affront, outrage. G.
DRYGFRWNT, infect, puant, pourri, corrompu. G.
DRYGIOG, scélerat, malfaisant, qui fait du mal, qui cause du dommage. G.
DRYGIONI, méchanceté, malignité, malice, vice impudicité. G.
DRYGIONUS, DRYGIONIS, mauvais, méchant scélerat, malin, vicieux, criminel, débauché, impur, impudique. G.
DRYGLAM, infortune, malheur, évènement malheureux. G. *Drwg*, mauvais; *Lam* doit donc signifier évènement.
DRYGLEISIO, frémir, faire grand bruit. G. *Cleisio*.
DRYGLIWIO, tacher, faire une tache, faire perdre la couleur. G.
DRYGNAD, cri, glapissement. G.
DRYGNADU, frémir, faire grand bruit, hurler, pousser des cris lamentables, gémir, braire comme un âne, rugir comme un lion. G.

Kkkkkk

DRYGNAWS, mauvaise humeur, humeur difficile, caprice, bizarrerie, fantaisie, boutade, mauvaise constitution du corps. G.

DRYGNAWSUS, bizarre, bourru, capricieux, fantasque, d'humeur chagrine, de mauvaise humeur, difficile à contenter. G.

DRYGSAWR, mauvaise odeur, puanteur, odeur forte d'une chose qu'on brûle. G.

DRYGSAWRUS, puant. G.

DRYGU, faire du mal, mal-faire, faire de la peine, chagriner, blesser, endommager. G.

DRYGWAITH, méchante action, dégat, dommage, maléfice. G.

DRYGWAS, sujet au fouet. G. *Drwg Gwas*. Voyez *Drygdyn*.

DRYGWR, méchant homme, mal-faiteur, mal-faisant. G.

DRYGWYNT, puanteur, odeur forte d'une chose qu'on brûle. G.

DRYGYPERTHU, faire des lamentations, pousser de grands cris en se plaignant, se lamenter, gémir, pleurer, hurler. G.

DRYGYRFERTH, lamentations, cris poussés dans l'affliction, grands cris de plainte, deuil, pleurs, affliction qui fait verser des larmes. G.

DRYI, DRYIDHE, DRYITHE, devin, magicien. I. Voyez *Draoi*.

DRYIDHEACHD, vers, discours en mesure. I.

DRYLL, morceau, part, portion. G. On appelle *Drille* en Franche-Comté un petit morceau de linge. Voyez *Druill.*

DRYLLIAD, action de déchirer, de couper, de broyer. G.

DRYLLIEDIG, détruit. G.

DRYLLIO, déchirer, mettre en morceaux, raboter. G.

DRYLLIOG, couvert de lambeaux, déchiré, escarpé, coupé, détruit, plein de morceaux, rude, raboteux. G. On appelle en Franche-Comté *Drilleux* un homme dont les habits sont en lambeaux.

DRYLLYN, parcelle, petit morceau. G.

DRYM, force, vigueur, fort, robuste, pesant. G. Voyez *Dromon*.

DRYMMU, peser. G.

DRYMYNIAWG. Davies demande si c'est le même que *Trumyniawg*. Il pourroit aussi être formé de *Drym*.

DRYNTOL, anse, petite anse. G. *Dyrntol* comme qui diroit *Dyrndol*, c'est-à-dire *Dôl Dwrn*. Davies.

DRYS, dont le singulier est *Drysien*. G.

DRYSAN, petite porte. G. Voyez *Drws*.

DRYSI, le même que *Mieri*; il fait au singulier *Drysien*. G. Voyez *Drix, Drez.*

DRYSIEN, buisson, épines, hallier. G. E.

DRYSLLWYN, lieu où il y a quantité de buissons épineux. G.

DRYSOR, portier, qui garde l'entrée. G. Voyez *Drws*.

DRYSU, syncope de *Dyrysu*. G.

DRYTHYLL, lascif, lubrique, obscène, pétulant, G.

DRYTHYLL, lascif. C.

DRYTHYLLFAB, débauché, intempérant, qui aime le luxe, prodigue, dissipateur, dépensier, farceur, bateleur. G.

DRYTHYLLWCH, lubricité, passion déréglée, débauche, débordement, pétulance, insolence, impudence, effronterie, magnificence, somptuosité. G.

DRYW, roitelet. G.

DU, deux. G. B. De là *Dubius* Latin; *Du By*. *Dw*, deux en Albanois. Voyez *Dau*.

DU, Dieu. G.

DU, eau. G. *Deuo* en Grec, arroser; *Dewe* en Anglois; *Douwe* en Flamand; *Taw* en Allemand, rosée; *Dumane* en Turc, brouée petite pluie; *Douv* en Arménien, mer. Voyez *Dour, Dur*.

DU, noir, encre, noirâtre, obscur, de couleur minime ou tannée, verdâtre, adverbe qui marque le mal, mauvais. G. *Du*, noir en Ecossois & en Breton; *Dw*, noir dans l'Isle de Mona; *Duff*, noir en Ecossois; *Du, Duf, Dubh, Duach*, noir en Irlandois; *Duawe*, noir en Langue de Cornouaille; *Diu* en Hébreu; *Demha, Duha* en Chaldéen, encre; *Dua* en Hébreu, noir, car *Chudua* en cette Langue signifie jonc noir; *Chu*, jonc d'*Achu*, par conséquent *Dua*, noir; *Diuo* en Syriaque, encre; *Duvla* en Arabe, encre; *Tuach* en Hébreu, obscur; *Dua* en Punique, noir; *Tourma*, nom du mois de décembre en ancien Persan; (ce mois étoit appellé *Mii Du*, mois noir, par les Gaulois) *Zuan* en Persan, nom d'une herbe qui vient parmi le froment & qui a des grains noirs; *Toutysan*, encre en Malaye; *Dances*, nom Grec d'une plante dont parle Théophraste qui a la racine noire; *Tuta*, nuit, & *Dud* fumée en Persan; *Douh* en Arménien, fumée, & *Touh*, noir; *Dawat*, encre en Malaye, & *Douca*, tristesse; *Du*, mauvais; *Duc*, douleur; *Dui*, plaie en Tonquinois; *Dus*, fâcheux, déplaisant en Persan; *Tu*, fumée, triste en Tartare du Thibet, & *Duk*, affliction, ennui, rigueur, plus mauvais; *Tun*, nuit en Tartare Jakut; *Tonen*, nuit en Tartare de Tobolsk; *Dut, Duk*, noir; *Dus*, fâcheux, déplaisant; *Dud, Tut*, meure fruit noir; *Dutun, Duchan*, fumée; *Duman*, brouillard; *Tumani*, taye en Turc; *Dus* en Grec, particule qui marque le malheur, le mal; *Ydu* en ancien Saxon, noir, & *Dustern*, obscur; *Dock*, noir dans l'ancienne Langue du Nord; *Doker* en vieux Islandois, noir, & *Dokve*, noirceur; *Tusche* en Allemand, noirceur; *Dunckel* en Allemand; *Donker* en Flamand, noir, ténébreux, obscur; *Tulluach*, corbeau en Groenlandois; *Duister* en Flamand, de couleur obscure, brun; *Duster* en Allemand, obscur, sombre. *Du* s'est conservé dans notre mot François deuil. On disoit *Deuil* en vieux François. On a dit en vieux François *Adueiller* pour causer du chagrin. *Duolo* en Italien, deuil; *Duolo*, deuil, douleur, mauvais état; *Dua*, servitude; *Duar*, maison ou logette de paille, habitation de miserable; *Duende*, lutin, follet en Espagnol. De *Du* ou *Tu*, noir, est venu *Touquet*, nom que nous donnons à un oiseau qui a le haut de la tête noir, les aîles & la queuë noires, le bec, les jambes, les pieds, les ongles noirs, son dos & son col approchant de la couleur cendrée. L'*u* & le *d* se substituant, (Voyez *Naoulin*) on a dit *Nu*, comme *Du*; de là *Nubes* Latin; *Nuée*, François; *Nuve* en Allemand; *Nue* en Punique, nuée. De là *Nux* en Latin, noix, (l'écorce de ce fruit noircit) *Nuez* en Espagnol; *Nuff* en Allemand; *Nutte* en Anglois; *Nucte, Note* en Flamand; *Noce* en Italien; *Noix* en François, noix. Il a été fort commun parmi les peuples d'appeller noir ce qui étoit mauvais, laid, désagréable, triste, fâcheux; c'est ainsi qu'une mer est appellée noire à cause des tempêtes fréquentes qu'on y essuye, & non de l'obscurité de ses eaux qui sont aussi claires que dans les autres mers. Par la même raison il étoit fort ordinaire dans les anciennes Langues de se servir du même terme pour désigner le blanc, le beau & l'agréable; *Gwynn* en Gallois, blanc, beau, agréa-

DU. DUD. 511

ble ; *Albus*, *Candidus* en Latin, blanc, heureux, favorable. Voyez les deux articles suivans & *Dussi*.

DU, noir, obscur, sombre, trouble : il signifie aussi novembre, parce que le Ciel est obscur dans ce mois là. B.

DU, CANOL DU, FROUD DU, canal noir ou canal dont l'eau est profonde. B.

DU, terre, contrée, région, Ville, Village, maison de campagne, métairie. I. Voyez *Tu*.

DU, part, partie, dette ; *Du*, participe de devoir pris pour nom, présent. I.

DU, noir. E.

DU, le même que *Tu*. Voyez *T*.

DU, le même que *Dus*, *Dug*, *Dus*. Voyez *Aru*.

DU, le même que *Da*, *De*, *Di*, *Do*, *Dw*, *Dy*. Voyez *Bal*.

DU-BOD, noir à l'excès. B.

DU-IAWN, noirâtre, qui tire sur le noir. G.

DU-PECQ, noir à l'excès. B.

DU-VOD, noir à l'excès. B.

DUA, vers préposition. G.

DUA, noircir. B.

DUACH, noir. I.

DUADH, exercice, travail, peine. I.

DUADHAMHUL, laborieux. I.

DUADHMHLAS, dureté, rigueur, fatigue. I.

DUADHMHUR, difficile, dangereux. I.

DUACH, peine, fatigue, embarras, incommodité, mal. I.

DUAHEIN, dresser, former, instruire. B.

DUAIL, part, partie, dette, présent. I.

DUAILE, propriété. I.

DUAIM, le même que *Tuaim*. I.

DUAIN, chanson, ode, poëme. I.

DUAIS, action de récompenser. I.

DUAL, part, partie, dette, présent. I.

DUAL, boucle de cheveux, frisure. I.

DUALAIDHE, sculpteur. I.

DUALAM, sculpter. I.

DUALGAS, tribut. I.

DUALGUS, fief. I.

DUAN, Ville, Cité, Municipe, Ville libre. I.

DUAN, vers discours mesuré. I.

DUAN, bled noirci en dedans ; *Duanen* singulier, un des grains de ce bled. B. On voit par ce mot & par *Duanen*, que *Duan* est synonime de *Du*.

DUAN AIRTEACH, Sénateur. I. Voyez *Duan*, Ville.

DUANACH, Ville. I.

DUANAM, fermier. I.

DUANEN, jadelle sorte de canard. B. De *Duan*, noir ; *Een* ou *En*, oiseau. Cet oiseau est noir.

DUANGHAOIS, police. I.

DUARD, brun, noirâtre, basané ; *Duardes*, brode ou petite femme dont le teint est un peu noir ; *Duardesc*, petite brune. B.

DUARDRYIDHEADH, enchantement. I.

DUART, brun, noirâtre, basané. B.

DUAWC, noir. C.

DUB, noir. I. Voyez *Du*.

DUB. Voyez *Dubh*.

DUB, le même que *Duf* ou *Duff*, *Dum*, *Dup*, *Dwo*. Voyez *B*.

DUB, le même que *Tub*. Voyez *D*.

DUB, le même que *Dab*, *Deb*, *Dib*, *Dob*, *Dwb*, *Dyb*. Voyez *Bal*.

DUBE, pigeon pattu. B. *Duve* en ancien Saxon ; *Dabo* en Gothique ; *Dufa* en Runique ; *Dub*, *Tub* en Suisse. *Taub* en Allemand ; *Duyve* en Flamand ; *Dove* en Anglois ; *Due* en Danois, pigeon.

DUBEA a deux significations assez différentes. On le dit communément au sens d'éplucher ou d'arracher le duvet, la plus petite plume des oiseaux ; & de plus il signifie quelquefois ôter le plus dur des plumes que l'on met dans les oreillers pour n'y laisser que les plumes les plus molles. B. De là *Duvet*.

DUBENUS chez les anciens étoit le même que *Dominus*, Seigneur ; ce sont les paroles de Festus. Voyez *Dubbain*.

DUBH, noir. I. Voyez *Du*.

DUBH, grand. I. au propre & au figuré comme les autres termes qui signifient grand, haut.

DUBH paroit avoir signifié canal, tube. Voyez *Dubhach*, *Dubla*, tube ; de là *Tubus* Latin ; *Tube* François ; *Dovelen* Anglois, tube.

DUBH CHOSACK, capillaire (herbe.) I.

DUBH DHEADACH, qui a les dents blanches. I.

DUBH LOCH LOINNACH, Danois. I.

DUBHACH, tube, canal. I.

DUBHACH, encre. I.

DUBHACHUS, triste, fâcheux, tristesse. I.

DUBHADH, pleurs, deuil. I.

DUBHAIGEAN, DUBHAIGEIN, profondeur. I.

DUBHAIN, les reins. I.

DUBHAIN, DUBHAN, grand. I. au propre & au figuré. Voyez *Dubh*.

DUBHAIN, DUBHAN, noir. I.

DUBHALLADH, défaut, manquement. I.

DUBHALTA, douteux, double. I.

DUBHAN, hameçon, crochet, agraffe. I.

DUBHAN. Voyez *Dubhain*.

DUBHCHUIL, battoir de blanchisseuse. I.

DUBHDHON, brun, couleur brune. I.

DUBKE, noirceur. I.

DUBHEAGAN, profondeur. I.

DUBHEALAHARTOIR, magicien. I.

DUBHEAN, mouette oiseau. I.

DUBHGHORMAN, teindre en noir ou en bleu. I.

DUBHLANADH, oser, avoir la hardiesse. I.

DUBHLANTAS, défi, opposition. I.

DUBHLEANTACH, mélancolique. I.

DUBHLIN, DUVELIN, DUIBHLIUN, canal noir ou canal où l'eau paroit noire à cause de sa profondeur. I.

DUBHLUGADH, doubler. I.

DUBHNEALACH, couvert, sombre, obscur. I.

DUBHOG, lac. I.

DUBHSHULIOCH, qui a les yeux noirs. I.

DUBIUS, A. M. le même que *Dubenus*. Voyez *Dubh*.

DUBLA, DUBLAD, foureau. I.

DUBRON, déplaisir, regret, chagrin, affliction, langueur. I.

DUC, le même que *Du*, *Dug*, *Dus*. Voyez *Aru*.

DUC, le même qu'*Uc*, *Tuc*. Voyez *D*.

DUCAS, le droit d'aînesse. I.

DUCH, le même que *Duach*. I.

DUCHON, guerre. I. Voyez *Dychon*.

DUCHON, DUCHAN, DUCHIN, noiraut. I.

DUCHON, le même que *Dychon*. G.

DUCICULUS, DUCILLUS, DUCIOLUS, DOCILLUS, A. M. douzil, fausset ou petite fosse ; en Auvergnac dosil ; de *Dwsel*, *Dosel*.

DUCONE, hièble en Gaulois. Dioscoride nous a conservé ce terme. L'hièble porte des baies noires, *Duach* ou *Duch*, noir.

DUD, oreille. I.

DUDA, doute. Ba.

DUDDRAENEN, prunier sauvage ou prunellier. G. Du Draenen.
DUDEA, doute. Ba. Voyez Duda.
DUDER, noirceur, hâle de visage. B.
DUDI-E, il est bon. B. Dudi, bon. Voyez Dudy. De Dudi ou Dodi est venu Dodu.
DUDOG, corne. I.
DUDY, attrait, charme, divertissement. B.
DUE, Dieu. B.
DUED, noirceur. B.
DUEG, rate. G.
DUEIN, hâler. B. Voyez Du.
DUEL ou DUHEL; singulier Duellen, robinet, canelle de tonneau. B. Voyez Dwsel.
DUELLIO, A. M. duel & celui qui se bat en duel; de Duvell.
DUELLIO, A. G. rébelle; de Duellium, guerre.
DUELLIUM, A. M. duel & par extension guerre; de Duvell.
DUEM, dain, chevreuil; Duemmes, la femelle. B.
DUERO, folie. Ba.
DUF, le même que Dub, Dubh. I. Voyez Duff.
DUF, le même que Dub, Dum, Dup, Duv. Voyez B.
DUF, le même que Daf, Def, Dif, Dof. Voyez Bal.
DUFAT. Voyez Duffen.
DUFELL, duel. B. Du Bell.
DUFF, lieu bas, profond. G. Voyez Duffen.
DUFF, noir. E. Voyez Duf.
DUFFEN, profond. G. Camden dit que ce mot signifie en Gallois des lieux bas au pied des collines. C'est le même que Duff. Dubina, profondeur en Esclavon; Dubok en Dalmatien & en Esclavon, creux, profond; Diup en Gothique; Deop en ancien Saxon; Dyb, Dybt en Danois; Deep en Anglois; Diep en Flamand; Tiuf, Tieff en Allemand, profond; Dub, tronc creusé; Dubem, creuser; Duben, creusé en Stirien & Carinthien. Voyez Dwfn.
DUFFEN, DUFEN, DUFEN, TUVEN; pluriel DUFAT, TUVAT, douves, douvelles de tonneau, en général du merrein. B.
DUFRYCH, le même qu'Ardufrych, comme Du est le même qu'Arddu. G.
DUFUN, profond. G. Voyez Duffen.
DUFYRRHA, lieu élevé & qui est en pente. G.
DUG, il a porté, il a emporté, il a enlevé. G. Voyez Donguen.
DUG, celui qui tient le premier rang, Duc, conducteur. B. Voyez Dug.
DUG, obscurité, ténèbres, brouillards. Voyez Caddug.
DUG, impétuosité, véhémence. Voyez Addug.
DUG, le même qu'Ug. Voyez D.
DUG, le même que Tug. Voyez D.
DUG, le même que Du, Dus. Voyez Aru.
DUG, le même que Dag, Deg, Dig, Dog, Dwg, Dyg. Voyez Bal.
DUG, Général, Commandant, Chef de troupe, Duc, petit Roi, roitelet. G. Voyez Dug. Dioca en Irlandois, Duc; Duk en Hébreu, avoir soin de quelqu'un, & Dok en Syriaque; Doccan en Persan & en Arabe, lieu élevé; Ducos en Chaldéen, Duc, Général; Doge, Tuge, Duc, Prince en Turc, & Tuk, plus, davantage; Tongs en Arménien, Prince, Duc; Duche en Albanois, Duc, Commandant; Doukas en Grec vulgaire; Duca en Italien; Doge à Venise; Duques en Espagnol; Duke en Anglois; Duc en François, Duc. Hertoge en Flamand, & Hertzog en Allemand, Duc, sont formés d'Hert ou Herte, terre, & Tog, Dug, Chef. Tucka, crête en Finlandois. En vieux François on disoit Dus pour Duc. De Dug ou Duc Celtique sont venus Dux, Duco Latins.
DUGALIA, A. M. fosses ou côtés des fosses. Voyez le premier Doga.
DUGARIA, A. M. fosse ou canal. Voyez le premier Doga.
DUGAS, le même que Dygas. G.
DUGES, héroïne. G.
DUGIAD, trajet. G. Tugia, coulant d'eau en Persan. Voyez Du.
DUGIAETH, dignité de Duc. G.
DUGLAIS, meurtrissures, couleur livide ou plombée, pâleur; le même que Clais. G.
DUGLAYS, le même que Duglais. G.
DUGLEISIO, meurtrir, être meurtri, être livide, être plombé, être noirâtre. G.
DUGLWYD, T DDUGLWYD, arrêtebœuf plante, selon Davies, qui dit que d'autres veulent qu'il signifie oreille de rat plante. G.
DUGUES, Duchesse. B.
DUH, noir. E. Voyez Du.
DUHAT, brunir. B. Voyez Du.
DUI, Dieu. G.
DUIBH, noir. I.
DUIBHE, noirceur, encre. I.
DUIBHELMACH, négromancien. I.
DUIBHGEANN, épée. I.
DUIBHGEINTE, Danois, peuple noir. I. Noir se prend là au figuré. Voyez Du. Les maux que les Danois ont faits en Irlande, leur auront fait donner ce nom par les Irlandois.
DUIL, amour, désir. I.
DUIL, division, partage. I. Voyez Dul.
DUILE, feuille. I. Voyez Del.
DUILEAMH, Dieu. I.
DUILEAMHANACDH, divinité. I.
DUILEAMHANTA, divin. I.
DUILEASG, algue, goemon. I. Dilesg, Dilis dans l'Isle d'Anglesey.
DUILEOGA, porte. I.
DUILIGH, aime à la troisième personne du singulier du présent de l'indicatif. I.
DUILL, poignée, petit paquet aisé à empoigner. B.
DUILLE, rameau verd, feuille, feuilles. I.
DUILLEABHAIR, feuilles, feuillage. I.
DUILLEABHAIREACH, couvert de feuilles, de feuillages. I.
DUILLEACHAN, feuilles de livre. I.
DUILLEAN, lance. I.
DUILLEIN, feuille. I.
DUILLEOG, feuille. I.
DUILLEOGACH, couvert de feuilles. I.
DUILLEUIR, de feuilles. I.
DUILLIGIM, pousser des feuilles. I.
DUILLIUM, A. G. tyrannie. Voyez Delliones.
DUINE, homme. I. Voyez Dyn, Dune, Don.
DUININ, petit homme. I.
DUIQUINA, industrie; Dnitus, rendre adroit, industrieux; Dnitua, adroit, industrieux; Duia, adroit, agile; Duya, dextérité. Ba. Duire en François, dresser, accoutumer à quelque chose, être propre à, accommoder, convenir. Voyez Doh.
DUIR, chêne. I. Voyez Der.
DUIRLEAGADH, égorger. I.
DUIS, corneille. I.

DUISCHILL,

DUI.   DUN.

DUISCHILL, sanctuaire. I. Voyez *Dui Cill*.
DUISGILLA, DUISGIOLLA, client. I.
DUIT. Voyez *Deduy*, *Duiquina*.
DUITU. Voyez *Duiquina*.
DUIU, noir. G. Voyez *Du*.
DUJUN, déjeûner nom. B.
DUL, coup, G. & brisure, partage, puisqu'il est la racine de *Dulio*. Voyez *Duil*.
DUL, aller, marcher; *Dul Ar Each*, aller à cheval. I.
DUL, désir, appétit, goût, dessein, propos, résolution, entreprise. I.
DULA, clou, aiguillon, pointe. I.
DULAS, noir tirant sur le bleu ou sur le verd, de couleur de fer, verd noir, d'un roux obscur, noirâtre, plombé, livide, meurtri. G. *Du Glas*.
DULEAMHUL, avide. I.
DULEEN, nombril plante. B.
DULIAD, contusion, meurtrissure. G.
DULIO, battre, briser, piler, broyer, se fraper la poitrine par un mouvement de douleur. G.
DULL, caverne. I.
DULL, figure, forme, effigie, apparence, trait, linéament de visage, coûtume, geste, condition, état, pli, pli d'habit, ride, sinus, sinuosité, séparation par parties, division par pelotons. G.
DULLANAG, défier quelqu'un. I.
DULLE, DULLEOG, feuille. I.
DULLIAD, pli. G.
DULLIO, plier, courber, aller en serpentant. G.
DULLIOG, tortueux, plié, courbé, plein de détours, qui a des sinuosités, qui fait plusieurs plis; qui se recourbe, qui a des plis & des replis, divisé par parties, séparé par pelotons, dentelé, frangé, fait en forme de frange, frisé, bouclé. G.
DULLNEWIDDIAD, transformation, métamorphose, transfiguration. G.
DULMARBADH, égorger. I.
DULOYW, fort noir. I.
DULWYD, brun minime, de couleur tannée, enfumé. G.
DULYS, persil noir. G.
DUM, en-deçà. B.
DUM, duvet. B. L'*v* & l'*m* se substituant, on a dit *Duv* comme *Dum*; de là *Duvet* en François. Les Angevins, les Poitevins & les Normands disent encore *Dumet* pour *Duvet*. Voyez *Dube*, *Dumet*.
DUM, le même que *Dub*. Voyez B.
DUM, le même que *Tum*. Voyez D.
DUM, le même que *Dun*. Voyez *Don*, *Dom*.
DUM, le même que *Dam*, *Dem*, *Dim*, *Dom*, *Dwm*, *Dym*. Voyez *Bal*.
DUMA, orgueilleux, dédaigneux. G.
DUMA, en-deçà. B.
DUMA, A. M. duvet, De *Dum*.
DUMAN, en-deçà. B.
DUMBADU, retentissement. Ba.
DUMBOTSA, bruit. Ba.
DUMES, biche. B.
DUMET, duvet. B. Voyez *Dum*.
DUMGIO, DUMJONUS, A. M. Voyez *Dunjo*.
DUMMA, orgueilleux, dédaigneux. G.
DUN, montagne, colline, élévation en ancien Gaulois, selon Clitophon: Il avoit la même signification dans l'ancien Breton, au rapport de Béde. *Dun* en Gallois, montagne, colline, éminence, élevé, Seigneur; *Dun* en Écossois, montagne, colline, élévation; *Dun* en Irlandois, colline; *Dun*, *Tun*, *Tunyen* en Breton, colline; *Tunyeeq*

montagneux; *Dom*, Seigneur, & *Don* en Breton, distingué, éminent; *Dun* en Basque, élévation; *Don* en Basque, Souverain, Roi, Monarque, le plus haut, le plus élevé dans l'État; *Dun* en ancien Saxon, montagne, colline, & *Aldon*, Souverain; *Al* article; *Dun* en Vandale, dessus, la partie la plus élevée; *Don* en Anglois, montagne; *Down* en Anglois, colline, *Downes* en Anglois; *Duynes* en Flamand; *Thinai* en Grec; *Dune* en Italien; *Dunes* en François, éminences, élévations de sable au bord de la mer; *Then*, *Them* en Théuton, montagne; *Dinn* en Gothique, haut; *Dunsen* en Allemand & en Flamand, grossir, s'enfler, s'élever; *Duynen* en Frison, grossir, s'enfler, s'élever; *Dun* dans la basse Saxe, colline, montagne, & *Dunen*, grossir, s'enfler, s'élever; *Thunden* en ancien Saxon, grossi, enflé, élevé; *Domb* en Hongrois, tertre, colline; *Dounos* en Grec, colline; (*Os* terminaison) *Dunastes* en Grec, Seigneur, Prince; *Dum* en Esclavon, Seigneur; *Dun* en Frison, élévation de sable; *Dingia* en Islandois, monceau; *Domh* en Hébreu, élevé; *Thom* en Hébreu, cime, sommet; *Adon* en Hébreu, Seigneur; *Don*, *Adon* en Phénicien, Seigneur; *Doun* en Arabe, dessus, la partie supérieure, noble, excellent; *Tun* en Arabe, colline, élévation; *Ton* en Égyptien, montagne; *Doen* en ancien Persan, lieu élevé; *Dun* en Persan, puissant, constitué en autorité, placé au-dessus des autres; *Doino* en Syriaque, Juge, homme constitué en autorité, placé au-dessus des autres; *Dun* en Hébreu, juger, avoir la souveraine autorité, être à la tête de l'État; *Doma* en Suédois & en Danois, juger, être élevé au-dessus des autres pour terminer avec autorité leurs différends; *Donjam* en Gothique, juger, être élevé au-dessus des autres pour terminer avec autorité leurs différends; *Dom* en ancien Saxon; *Duome* en Théuton; *Domes* en Anglois, jugement, décision portée par celui ou ceux qui sont élevés au-dessus des autres pour terminer leurs différends avec autorité; *Dan* en Hébreu & en Chaldéen, celui qui est à la tête de l'État, qui occupe le rang le plus élevé dans l'État; *Dan*, nom d'une dignité éminente chez les Persans; *Tanck*, cime de montagne, & *Tanalh*, colline en Persan; *Tanaf* en Arabe, cime de montagne; *Tinara* en Chaldéen, montagne; *Din* en Hébreu, hauteur, élévation; *Don* en Arabe, noble, excellent, qui est au plus haut dégré; *Doma* en Samaritain, le principal, le meilleur, qui est au plus haut dégré; *Doma* en Georgien, appartement du dessus; *Dung*, haut en Tonquinois; *Dung*, sommet en Tonquinois; *Dong*, titre de dignité en Tonquinois; *Dun*, grenier, dessus de maison en Tonquinois; *Dun* en Tonquinois, augmenter, accroître; *Tung* en Chinois, l'accroissement, la montée de l'eau; *Douna*, Seigneur en Tamoulique; *Cartoundou*, Seigneur, & *Dinoudou*, Souverain en Talenga; *Don*, protecteur, & *Ton*, haut, élevé, puissant, élever en Tartare du Thibet; *Katoun*, Dame en Tartare Mogul & Calmoucq, & *Dunto*, grand, élevé dans la même Langue; *Atun*, grand, élevé, supérieur en Pérouan; *Dom*, Prince en Czeremisse; *Hatun*, grand en Persan; *Dian*, Souverain, Prince dans la Langue de Madagascar; *Tuinghi*, beaucoup, en quantité dans la Langue de Congo, & *Tunene*, grand dans la même Langue; *Dahr*, grand en Arménien; *Batoni*, Seigneur en Georgien; *Tun*,

Ten, *Dun* signifie en Turc, grand, élevé ; j'en juge ainsi par les mots suivans : *Tenlik*, grand ; *Lik*, terminaison ; *Tangri*, Dieu ; *Altun*, Duché ; *Kadun*, Dame. *Then* a signifié élevé au propre & au figuré en Cophte ; *Etoin* en cette Langue, dominer ; *Afiomi*, elle s'est levée ; *Aftomk*, vous vous êtes levée ; *Tonk*, levez-vous ; *As Thons*, il s'est levé. *Adon* en Chaldéen, Seigneur ; *Odoni*, Dieu en Syriaque ; *Adonai*, Dieu en Hébreu ; *Tunn*, Dieu en Islandois ; *Duen* en ancien Indien, Roi ; *Deun* en Malaye, Seigneur ; *Dini*, *Tinghi*, haut en Malaye ; *Thin* dans la Langue des Manilles, montagne ; *Tumen* en Chinois, haut ; *Tsong*, supérieur, qui est au-dessus dans la même Langue ; Les Chinois se plaisent à insérer l'*s* après le *t* ; *Toni* en Japonois, éminence, élévation ; *Ton*, principal, qui est au plus haut dégré ; *Tono*, Prince, Souverain ; *Tundè*, supérieur dans la même Langue ; *Donac* dans la Langue de l'Isle de Madagascar, la maison du Seigneur qui est plus élevée que les autres ; *Tuneno* en Langue de Congo, grand ; *Taino* dans l'Isle Espagnole, noble ; *Duna* en Italien, pâturage sur le haut d'une montagne ; *Don*, Seigneur en Espagnol ; *Ton* en Espagnol, grand ; (Voyez *Arch*.) *Davno* en Dalmatien, *Dawno* en Bohémien ; *Dannay* en Esclavon, grandement, longuement ; *Donec* en Latin usité ; *Dominum* en ancien Latin, particule qui marque la hauteur, la grandeur, l'étendue ; *Dum*, particule Latine de même signification ; *Tumeo* en Latin, j'enfle, je grossis, je m'élève ; *Tumulus* en Latin, tertre, élévation ; *Dominus* en Latin, maître, Seigneur, Souverain ; *Dominor*, je commande ; *Dôme* en François, ouvrage d'architecture qui s'élève au-dessus d'un bâtiment. On appelle *Dunges* ou *Danges* deux éminences qui sont près de Sublaine en Anjou. *Tombe*, *Tombel* dans le Diocèse de Noyon, signifie élévation ; *Dunette* en François est l'étage le plus élevé de la poupe du vaisseau ; *Donjon* en François, la partie la plus élevée d'un château bâti à l'antique. *Donjon* se dit aussi en notre Langue de la partie la plus élevée d'un bâtiment particulier. *Done* en vieux François, Demoiselle, fille noble ; *Bedon* dans le langage populaire, signifie un homme qui a un gros ventre, un ventre élevé ; *Dondon* se dit parmi le peuple d'une grosse femme ; *Ton* dans les anciens Glossaires Latins, élévation. (On se rappellera en lisant cet article que le *t* & le *d* se substituent réciproquement, & que de même les voyelles se mettent l'une pour l'autre.) Voyez *Don*, *Dunum*.

Dun, montagne, colline, éminence, forteresse, Ville, plurier *Donien*. G. Voyez *Don* & les articles suivans.

Dun, union. G. Voyez *Dundeb*.

Dun, montagne ou rocher. E. Voyez *Tunenn*, *Dunenn*.

Dun, tertre, colline, élévation, éminence, Ville, lieu élevé fermé, haye, enceinte, enclos. E. *Town* en Anglois, Ville ; *Tynen* en Allemand, munir, fortifier. Voyez *Don*.

Dun, *Dunyn*, vallée. E. Voyez *Don* & les articles suivans.

Dun, colline, Ville, lieu élevé fermé, forteresse, haye, enceinte, enclos. I.

Dun, colline. B.

Dun, profond. B.

Dun, Seigneur. Voyez *Arddunaw*.

Dun, élevé. Voyez *Gwiddon* & les articles précédens.

Dun, le même qu'*Un*. Voyez *D*.

Dun, le même que *Tun*. Voyez *D*.

Dun, le même que *Dum*. Voyez *Don*, *Dem*.

Dun, le même que *Dan*, *Den*, *Din*, *Don*, *Dun*, *Dyn*. Voyez *Rai*.

Dun, le même que *Dyn*, parce qu'on se sert indifféremment en Gallois de l'*u* & de l'*y*.

Duna, forteresse. I.

Duna, élévation. Voyez *Achaquidunna*.

Duna, gros. Voyez *Aurdunna*.

Dunadh, éminence fermée de murs ou de haye, clôture, enclos, enceinte, haye. G. Voyez *Dun*.

Dunadh, camp, maison, habitation, fermer, boucher, empêcher, serrer, serrer la main pour assurer ; *Dunadh Suas*, cicatriser. I. Voyez l'article précédent.

Dunam, fermer, boucher, empêcher. I.

Dunaras, maison, habitation. I.

Dunc, colline. I. Voyez *Dun* & *Aru*.

Dunck, Ville. E. Voyez *Don*.

Dundeb, consentement, unité, concorde. B. Voyez *Dun*, union.

Dunder, profondeur. B. Voyez *Dun*, *Don*, profond.

Dunduraria, qui applaudit. Ba.

Dune, homme. E. I. Voyez *Duine*.

Duneamhul, humain, brave. I.

Dunenn, dune, levée de terre ou rochers escarpés, rocs, falaise. B.

Duneun, promontoire. B. Voyez *Dun*, *Don*.

Dunfurt, se refaire, s'étendre, s'engraisser. I.

Dung, le même que *Donagh*. I.

Dungeo, *Dungio*, A. M. les mêmes que *Dunjo*.

Dunjo, A. M. donjon la partie la plus élevée d'un château bâti à l'antique, & par extension château bâti sur une éminence ; de *Dun*, élevé ; *Iawn*, le plus, très.

Dunlios, palais. I. Voyez *Dun* & *Llys*.

Dunn, obscur, brun, sombre. I. *Dun* en Anglois, brun. Voyez *Dwn*.

Dunnadh, maison, habitation. I. C'est le même que *Dunadh*.

Duno pour *Dyuno*, unir, être d'accord, consentir. G. *Tum*, ensemble en Chinois. Voyez *Dundeb*.

Dunsa, lourdaud, sot, bête. I. *Dunce* en Anglois, lourdaud.

Dunte, fermé, clos. I.

Dunum. Clitophon cité dans le livre des fleuves attribué à Plutarque, nous apprend que ce terme en Gaulois signifie montagne, colline. Eric dans la vie de Saint Germain, dit que *Dun* en Gaulois signifie montagne. On trouve la même chose dans d'anciennes notes faites sur l'itinéraire de Bordeaux. Bede & les anciens Ecrivains Anglois traduisent le mot de *Dun*, usité dans l'ancienne Langue Britannique, par montagne. Nous avons prouvé que l'ancien Breton étoit le même que le Gaulois. On voit aisément qu'*Um* dans *Dunum* est une terminaison que les Latins ont ajoutée. Les nouveaux Editeurs du glossaire de Ducange disent qu'il est surprenant qu'on ne trouve plus le mot de *Dun*, pris pour élévation dans le Gallois, mais seulement dans une signification opposée, sçavoir, pour profond. La surprise de ces doctes Religieux cessera s'ils veulent bien lire les articles *Don* & *Dun* de ce Dictionnaire. Voyez *Dan*, *Don*, *Dun*.

Duo, noircir, obscurcir, offusquer. G.

Duoe, Dieu. G.

DUO. DUV.

DUON, noir. G.
DUONUS dans Festus, bon; de *Daionus*.
DUOT, charbon dans le bled. B. Voyez *Du*.
DUOU, deux. Voyez *Duodec*.
DUOUDEC, douze. B. De *Dec*, dix, & *Duou*, deux.
DUP, noir. I.
DUPAIN, DUPAN, DUPIN, noiraud. I.
DUPH, le même que *Dubh*. I.
DUPLA, A. M. double; de *Dwbl*.
DUPLARE, A. M. doubler; de *Dwbl*.
DUPLARIUM, A. M. bourse, petit sac. C'est le même que *Doblerius*.
DUPLARIUM, A. M. copie, double; de *Dwbl*.
DUR, eau, mer, rivière. G. *Dwr*, eau en Breton. Voyez *Dwr*, *Dour*.
DUR, dur au propre & au figuré. G. *Durus* en Latin; *Dur* en François; *Duro* en Italien & en Espagnol; *Twrdy* en Bohémien, *Twardi* en Polonois & en Lusatien; *Tvard* en Dalmatien; *Terd* en Esclavon, dur; *Turns*, *Turt*, *Tursu*, âpre, fâcheux, austére en Persan. Voyez *Dûr*, *Durfing*, *Duraidd*.
DUR, chêne. I. Voyez *Der*.
DUR, abêti, infatué, grossier, stupide, qui a l'esprit pesant, négligent, paresseux. I.
DUR, eau. I. B.
DUR, acier. B. Voyez *Dûr*.
DUR, le même que *Dru*. Voyez *Duryonny*.
DUR, le même qu'*Ur*. Voyez *D*.
DUR, le même que *Tur*. Voyez *D*.
DUR, le même que *Dar*, *Der*, *Dir*, *Dor*, *Dyr*, *Dwr*. Voyez *Bal*.
DÛR, acier, fer qu'on a aceré. G. Voyez *Dur*, acier.
DURADH, fermer. I.
DURAIDD, dur, sévére, rude. G.
DURAM. CLYCH DURAM, orvale (plante) G.
DURANDAL. Voyez *Caliburne*.
DURAWD, d'acier. G.
DURBHATH, hermitage. I.
DURC, poignard, petite épée. I.
DURCHROIDHEACH, abject, méprisable, bas, lâche, honteux, faquin, vilain. I.
DURCO, A. M. bateau ou vaisseau de rivière; de *Dw*.
DURETA, petit siége. Ba. Suétone dans la vie d'Auguste nous apprend que ce terme signifioit en Espagnol trône de bois. Voyez *Dur*, *Der*.
DUREW, gelée, froid glaçant. I.
DURFENYG, menotes. G. *Dur Menyg*.
DURFING, d'acier; dur, austére, sévére, rude, difficile, fâcheux, violent, véhément, fort, impétueux, farouche, cruel, barbare, obstiné, inflexible, implacable, aigu, pointu. G.
DURFINGDER, rigueur, rudesse. G.
DURIN, DURIU, confluent de deux ruisseaux. B.
DURIO, aiguiser avec l'acier. G.
DURIONNI, graisse, engrais. B.
DURN, main, poing. B.
DURN, main. B. Voyez *Dorn*.
DURN, le même qu'*Addurn*. Voyez ce mot.
DURODACH, sot, badaud. I.
DURONY, graisse. B.
DURPILUM dans la Loi Salique, jambage ou pieu sur lequel est posée la porte. *Dur* de *Dor*, porte, & *Pil* de *Pal*, pieu. On a déja remarqué que le Théuton avoit beaucoup d'affinité avec le Celtique.
DURR, le même que *Dorr*. I.
DURTACH, temple. I.
DURTAS, soin, exactitude. I.
DURTASACH, exact, soigneux. I.

DURTHEACH, hermitage. I.
DURUNDARIA, qui applaudit. Ba.
DURUNDIA, tintement. Ba. Voyez *Twrd* ou *Dwrd*.
DURYN, bec, trompe d'éléphant. G. *Dorom* en Syriaque, bec.
DURYN, tranchant; *Cledyf-Deu-Duryn*, épée à deux tranchans. G.
DURYONNY, le même que *Druhonny*, B. & par conséquent *Dur* le même que *Dru*. Voyez *Toreth*.
DURYONY, graisse. B.
DUS, forteresse. I.
DUS, le même qu'*Us*. Voyez *D*.
DUS, le même que *Tus*. Voyez *D*.
DUS, le même que *Du*, *Duc*, *Dug*. Voyez *Arn*.
DUS, le même que *Das*, *Des*, *Dis*, *Dos*, *Dws*, *Dys*. Voyez *Bal*.
DUSAIT, lieu de refuge. I.
DUSARA, DUSARRA, client. I.
DUSAS, éveiller, éveillé. I.
DUSCHUMHAL, cliente. I.
DUSGAGH, éveiller, réveil, action d'éveiller. I.
DUSIUS. Saint Augustin, livre XV de la Cité de Dieu, c. 23, nous apprend que les Gaulois appelloient *Dusii* une espèce de démons. Saint Isidore dans son glossaire traduit *Dussus* par démon; de *Deuc*, qui en Breton signifie esprit folet, lutin. Les Paysans en Franche-Comté appellent encore le démon le *Dess*; *Deis* en Persan, diable.
DUSOGTACH, client. I.
DUSRHEANUD, agonie. I.
DUSTUM-ETRE-E-DIURECH, accoller. B.
DUT, le même que *Tut*. Voyez *D*.
DUT, le même que *Dat*, *Det*, *Dit*, *Dot*, *Dwt*, *Dyt*. Voyez *Bal*.
DUTCHUS, lieu de la naissance. I.
DUTHADH, patrie. I.
DUTHAIDH, DUTHAIGH, terre, pays, contrée, village, métairie. I.
DUTHCHAS, nature. I.
DUTHCHASACH, du pays, habitant. I.
DUTHCHE, contrée, pays. I.
DUTHIDHE, terre, contrée, pays, campagne. I.
DUTHIGHE, terre, contrée, pays, campagne I.
DUTHRAS, diligence, ardeur, ferveur, industrie, adresse, soin. I.
DUTHRASACH, diligent, ardent, pressant. I.
DUTIA, adroit, agile. Ba. Voyez *Duiquina*.
DUTIEZA, maladroit. Ba. *Dutia*, adroit; *Eza*, par conséquent privatif.
DUV, noir. G. I. & dans l'isle de Mona.
DUV, le même que *Dub*, *Duf*, *Dup*. Voyez *B*.
DUV-RUADH, roux. I.
DUVA, A. M. douve; de *Duvad*.
DUVAD, douves. B.
DUVAD CREN, bardeau. B.
DUVAHILA, DOVAHILA, A. G. serviette à essuyer les mains, encore aujourd'hui en François *Touaille*; de *Touailh* ou *Douailh*, grosse serviette. *Dwael* en Flamand, essuyemains; & *Dweil*, torchon.
DUVAR, lieu couvert de buissons & de halliers. I.
DWBL, double, doublé. G. *Double* en François & en Anglois; *Doppel* en Allemand; *Doble* en Espagnol, double. Voyez *Dubhalta*.
DWBLED, robe de femme double ou doublée. G.
DWBLER, plat substantif. G.
DWIN, le même que *Dwfn*. G.
DWNDER, le même que *Dwfnder*. G.
DUVE, noir. I.

DWÆDYG, finir. G.
DUVELL, duel. B. *Duel* en François ; *Duelo* en Espagnol, duel.
DUVELLEN, douve. B. *Duela* en Espagnol, *Douve* en François, douve.
DUVEN. Voyez *Duffen*.
DUVER, DWER, eau. G.
DWFN, profond, profondeur, abysme, gouffre. G. *Dupfen*, *Tauffen* en Allemand ; *Dyppan* en ancien Saxon ; *Dampgan* en Gothique ; *Doopen* en Flamand ; *Debe* en Danois, plonger. *Dw*, puits en Islandois & en Runique, Voyez *Duffen*.
DWFNDER, profondeur. G.
DWFNGLODDIO, creuser profondément. G.
DWFR, eau ; plurier *Dyfr*, *Dyfroedd*. G.
DWFWN, profond. G. *Dwfyr*, eau. G.
DWG ; porte troisième personne du singulier du present de l'indicatif du verbe porter. G. Voyez *Dwg*.
DWG. Voyez *Dyafor*.
DUVGLAS, livide. I.
DUVHACH, encre. I. *Duvh*, noire ; *Ach*, eau. Voyez *Achos*.
DWI, eau, rivière. G. C'est *Wi*, avec le *d* préposé, dit Baxter, *Duyker*, plongeon en Flamand.
DWI, Jupiter. Voyez *Wi* & *Dui*.
DWIN, profond. G.
DWINTROSODD, traverser. G.
DWISC, eau. G. C'est *Wise* avec le *d* préposé, dit Baxter.
DWL, émoussé, obtus, engourdi, hébété, stupide. G. Il signifie aussi lourd, pesant. Voyez *Amaddwll*, *Afrddwl*. *Dull* en Anglois, pesant, stupide, sot, & *Dolt*, sot, badaud, stupide ; *Doll* en Allemand, insensé, enragé, extravagant, déraisonnable, bizarre, fantasque, plaisant, drole ; *Dol* en Flamand, enragé, hors de sens, furieux ; *Tol* en Allemand, sot, stupide ; *Dul* en Anglois, lâche, tardif ; *Dull* en Anglois ; *Dole*, *Dwila*, *Dwala*, *Dyala* en Gothique ; *Doll* dans la basse Saxe ; *Dalivus* dans la Langue des Osques ; *Deli* en Turc ; *Telich* en Tartare, fol ; *Tylfa*, hébété en Finlandois ; *Donil*, *Touil* en Arménien, lâche, paresseux, languissant, qui manque de force. De *Dwl* ou *Dol* est venu le mot François niquedouille. Le *t* se mettant pour le *d*, on a dit *Twl* comme *Dwl* ; de là *Stultus* Latin. *Tule*, *Entule* en vieux François, sot, benais, fat ; *Entouiller* en vieux François, embarrasser, empêcher, mêler, salir, tacher souiller, gâter ; *Entretouiller*, mêler, confondre ; *Idulis* en Étrusque, brebis.
DWLL, trou. Voyez *Dylluan*, & troué. Voyez *Twll*.
DWN, sombre, brun, noirâtre, qui tire sur le noir, obscur, ténébreux, hâlé. G. Voyez *Dunn*.
DUVN, profond. G. Voyez *Dwfn*.
DWN, le même que *Dwfn*. G.
DWN, élévation. Voyez *Byftwn*, *Dun*.
DWN, bois substance qui compose le corps des arbres. Voyez *Paftwn*.
DWN, le même que *Wn*. Voyez *D*.
DWN, le même que *Twn*. Voyez *D*.
DWN, le même que *Dan*, *Den*, *Din*, *Don*, *Dun*, *Dyn*. Voyez *Bal*.
DWNN, brun, noirâtre, tanné, de couleur d'aigle, de couleur minime. G. Voyez *Dunn*.
DUVOD, noir à l'excès. B.
DWR, eau, humeur, liqueur, bras de mer, détroit, manche, pas, coulant. G. *Dwr*, eau en Langue de Cornouaille ; *Dur*, eau en Irlandois, Voyez *Dour*. Voyez *Achos*.

DWR, eau. C.
DWR, fontaine. G.
DUVR ISC, pays, contrée d'eau. Baxter traduit encore *Dwr Is*, lieu où passe une rivière & qui est placé d'ailleurs près d'une grande étenduë d'eau. G.
DWR WI, coulant d'eau. G.
DWR Y MOR, onde, flot. G.
DWRAN, ruisseau. G. Ce mot, dit Baxter, a pu être prononcé *Dren*, *Drin*, *Tren*, *Tern*, *Trin*, & peut-être aussi *Dron* & *Dorn* dans les autres Dialectes des Gaulois.
DWRDD, son, bruit. G.
DWRDD, querelle. C.
DWRN, poing, poignée. G. Voyez *Dorn*.
DWRWERN, fleuve rapide, selon Camden. G.
DWSEL, robinet, cannelle, dousil. G. On a dit *Dousil* en vieux François pour dousil. *Doxel* en Anglois ; *Doufil* en François moderne.
DWSMEL, harpe, lyre, luth, instrument de musique à cordes.
DWTHWN, jour. G.
DUW, DEW, Dieu ; plurier *Duwiau*, & chez les anciens *Dwywan*. G. *Deu* en Langue de Cornouaille, Dieu ; *Doue*, *Due* en Breton, Dieu ; *Dia*, Dieu en Irlandois ; *Dev*, Dieu en Tamoulique ; *Divi*, Dieu en Talenga ; *Denta* en Indien, Dieu, divinité, & *Deura*, temple des Dieux ; *Thent*, *Thont*, Dieu en Cophte ou ancien Égyptien ; *Devel* en Égyptien moderne ; *Zeul*, Dieu en Valaque ; *Duw*, *Dew* signifient obscur, invisible. Le Prophéte Isaïe, c. 45, parle à Dieu en ces termes : *Vous êtes vraiment le Dieu caché*. L'Apôtre Saint Paul appelle Dieu *l'invisible Roi des siècles*. Le Dieu inconnu des Athéniens présentoit la même idée. La Souveraine, la première divinité, le premier Dieu chez les anciens Égyptiens se nommoient *Cneph*, c'est-à-dire, caché ; *Celi*, nom de Dieu en Gallois, signifie caché. De *Dew* ou *Deo* ou *Teo* est venu le *Theos* Grec, Dieu ; le *Zeus*, Jupiter ; *Deus* Latin.
DUWAL, cruel, furieux, forcené. G. C.
DUWDOD, divinité, déité. G.
DUWELW, livide, plombé, meurtri, noirâtre. G. De *Du Gwelw*.
DUWER, eau. G.
DUWGAR, aimé de Dieu. G.
DUWIAU, Saints. G.
DUWIES, déesse, chez les anciens *Dwywes*. G.
DUWIOL, divin, saint, sacré, consacré, religieux, pieux, qui a de la religion ; chez les anciens *Dwywol*. G.
DUWIOLAETH, divinité. G.
DUWIOLDEB, sainteté, piété. G.
DWY, noir. G. Voyez *Du*.
DWY, deux au féminin. G. *Dui* en vieux François, deux ; *Dwa*, deux en Russien.
DWY, deux. E.
DWY, eau. Voyez *Cyfrdwy* & *Dwi*. G.
DWY, le même qu'*Ardwy*, protection. Voyez ce mot.
DWYADEINIOG, qui a deux aîles. G.
DWYBIG, qui a deux pointes. G. *Pig*.
DWYDDOR, PETH DWYDDOR, qui a deux portes. G.
DWYFFORCH, PETH DWYFFORCH, fourchu, qui a deux fourchons. G.
DWYFFORDD, O DWYFFORDD, de deux côtés, de deux manières, de deux moyens. G.
DWYFLWYD, PETH DWYFLWYD, qui a deux ans. G.
DWYFOL, divin, pieux, dévot. G.

DWYFOLDER,

DWY.   DYB.

DWYFOLDER, piété, dévotion. G.

DWYFOR, PETH DWYFOR, qui est entre deux mers. G.

DWYFOR, confluent. G. *Dwy Mor*.

DWYFRON, poitrine, estomach. G. *Bron*.

DWYFRONFAWR, qui a une large poitrine. G.

DWYFRONNEG, gorgerette, ce qui couvre la poitrine. G.

DWYLIW, DWYLYW, l'un & l'autre gouvernement, l'une & l'autre partie. G. *Dwy*, *Lliwed*, nation, troupe, *Llywedd iaeth*, gouvernement.

DWYLL, synonime de *Dwyn*. Voyez *Cynwyll*. G.

DWYLO, mains. G. *Dwy Llaw*.

DWYN, porter, attirer, mener, conduire, faire aller. G.

DWYN AT, pousser, chasser, amener, faire aller. G.

DWYN HYNT I LE, voyager, partir. G.

DWYN I BEN, amener. G.

DWYN YMAITH, emmener, enlever, emporter, ôter de sa place. G.

DWYNFYG Davies demande s'il est formé de *Myg*? je réponds que cela paroît être ainsi ; cette formation supposée, il paroît signifier qui porte de l'honneur, du respect. G.

DWYRAIN, orient, lever des astres. G.

DWYRAN, PETH DWYRAN, qui a deux parties. G.

DWYRE, commencer d'être, commencer à paroître, sourdre, se lever, elever, lever, enlever en haut, dresser, enlever, transporter, emporter, tirer dehors. G. Le *d* s'est perdu & on a dit *Wyre*, prononcez *Oyre*, ainsi qu'on le voit par *Orior* Latin.

DWYREWR, monteur, qui monte, qui éleve, qui hausse. G.

DWYREYN, orient. C.

DWYS, pesant, massif, qui n'est point creux, serré, resserré, sévére. G.

DWYS, plein, rempli. Voyez *Argoedwys*. G.

DWYS. Voyez *Cynnwys* son composé. G.

DWYS, dans. Voyez *Dwyfonoi*. G.

DWYSBWYLLED, sévérité. G. *Pwyll*.

DWYSDER, pesanteur, sévérité. G.

DWYSDREM, contemplation. G.

DWYSGNOI, entamer, ronger, mordre dans. G. *Cnoi*.

DWYSIR, deux pays, deux contrées. G. *Dwy*, deux ; *Sir* par conséquent contrée.

DWYSO, presser, serrer. G.

DWYWAITH, deux fois. G.

DWYWAU, dieux chez les anciens. G.

DWYWAWL, divin, de nectar. G.

DWYWES, déesse chez les anciens. G.

DWYWOL chez les anciens, devot, pieux, religieux, qui a de la religion, saint, divinement. G.

DWYWOLDEB, sainteté. G.

DWYWOLDER, divinité, dévotion, piété. G.

DUX, A. M. doussl, sausset ; de *Dwfsl*.

DUY, le même que *Deduy*. Voyez ce mot.

DUYA, dextérité. Ba. Voyez *Duiquina*.

DUYCHORM, livide. I.

DUYLH, peloton. B.

DUYLHAD, peloton de monde. B.

DUYLL, fraude, dol. B.

DUYN, gouffre, abysme dans une rivière ou dans la mer anciennement. B.

DUYN, noir. Voyez *Penddwyn* & *Duen*.

DUYWES, déesse. G.

DUZE, DU-ZE, de là. B.

TOME I.

DY, préposition qui signifie ce qui est fâcheux mauvais, désagréable, qui équivaut à la préposition Grecque *Dus*. G. Voyez *Du*.

DY préposition qui en composition augmente la signification du mot auquel elle est jointe. G. *Ty*, qui est le même que *Dy*, marque en Basque le grand nombre ; *Citia*, à plusieurs pointes ; *Ci*, pointe ; *Dia*, trop en Géorgien ; *Didi*, grand en Géorgien ; *Dia* en ancien Persan, grand, illustre ; *Diras* en Persan, long ; *Diu* en Latin, longtemps ; *Dyl*, distance, espace en Bohémien, *Tiu*, en Hongrois, Magistrat.

DY, ton, ta. G. Il est mis pour *Tau*.

DY, deux. G.

DY, D adverbe pour affirmer en composition. G.

DY, préposition qui marque la fréquence. G.

DY, particule privative. Voyez *Dybryd*, *Dysal*. G.

DY, particule itérative. Voyez *Dychwelyd*. G.

DY, préposition explétive ou superflue. Voyez *Dyblyg*. G.

DY, logis, maison, habitation ; y adverbe de lieu. B. Y est encore un adverbe de lieu dans notre Langue. Voyez *Ty*, qui est le même.

DY, le même que *Da*, *De*, *Di*, *Do*, *Du*, *Dw*. Voyez *Bal. Di*, marais, étang en Tonquinois.

DY, le même que *Ty*. Voyez *D*.

DYAD, coutume, manière, façon de vivre. G.

DYALL, entendement, intelligence, comprendre, concevoir. G.

DYALLGAR, intelligent, prudent. G. *Dyall*, & *Gar* de *Car*. Remarquez ce sens : car aimant est mis ici pour ayant.

DYALLGARWCH, intelligence. G.

DYALLUS, intelligent, prudent. G.

DYANTECQ, exempt de tout défaut. B. *Anteq*.

DYAR, son, bruit, sonner, faire du bruit. G.

DYBALU, le même que *Dyfalu*. Voyez *Ymddybalu*, *Ymdyfalu*.

DYBI, sera. G.

DYBLAD, action de mettre deux à deux. G. *Dwbl*.

DYBLIAD, action de doubler, redoublement, reduplication, duplique. G.

DYBLU, doubler, redoubler. G.

DYBLYG, double. G.

DYBLYG, pli. G. De *Plyg*. Davies. *Dy* est donc ici une préposition explétive.

DYBLYGIAD, redoublement, reduplication, duplique. G.

DYBLYGU, doubler, redoubler, plier. G.

DYBOELLET, détaché. B. *Di* privatif, *Poell*.

DYBOERI, cracher dessus, couvrir de crachats. G. De *Poeri*.

DYBORTHI, faire bouillir. G. *Poethi*.

DYBORI, paître souvent. G. *Pori*, paître.

DYBORTHI, porter, transporter. G. *Porthi*.

DYBORTHWR, crocheteur, porte-faix. G.

DYBR, selle. B.

DYBRUNAWG, DYBRYNAWG, méritoire. G. De *Prynu*. Davies.

DYBRYD, difforme, laid, informe, mal-fait, sans graces, qui est de mauvaise grace, fort absurde, très-impertinent, tout-à-fait hors de propos. G. *Bryd* vient sûrement de *Pryd*, beauté ; *Dy* est donc ici une particule privative. Voyez *Dybrys*.

DYBRYDEDD, difformité, laideur. G.

DYBRYNAWG. Voyez *Dybrunawg*. G.

DYBRYT, vilain, difforme, infâme. C. Voyez *Dybryd*.

M m m m m

DYAU, est venu; *Dybuam*, sommes venus. G.
DYBUCHO, désirer ardemment. G. *Pucho*.
DYBYDD pour *Bydd*, sera, viendra. G.
DYBYNNU, vouloir. G.
DYCH, le même qu'*Tch*. Voyez *D*.
DYCH, particule explétive. Voyez *Dychlammu*.
DYCHAN, satyre, poëme satyrique, invective, insulte, outrage. G. *Can*.
DYCHANU, outrager en vers, invectiver, dire des injures, outrager de paroles. G.
DYCHANUS, satyrique. G.
DYCHANWR, qui injurie, qui fait de faux reproches. G.
DYCHEWELEDIC, réciproque. G.
DYCHLAMMU, sauter, danser, palpiter. G. De *Llammu*, sauter, dit Davies; *Dych* est donc ici une particule explétive.
DYCHLUD, porter, transporter, voiturer. G. *Cludo*.
DYCHRAIN, de *Dy*, préposition augmentative, & *Crain*. Davies. G.
DYCHREU, croasser. G. *Creu*.
DYCHRYN, crainte, peur, tremblement, horreur, dernière frayeur, agonie. G. *Crynu*.
DYCHRYNDOD, le même que *Dychryn*. G.
DYCHRYNEDIG, craintif, peureux, timide, effrayé, tremblant, horrible, affreux, qui fait peur. G.
DYCHRYNLLYD, craintif, timide. G.
DYCHRYNNEDIG, consterné, effrayé. G. C'est le même que *Dychrynedig*.
DYCHRYNU, craindre, trembler, frissonner de crainte, faire trembler, effrayer, consterner. G.
DYCHRYSIO, de *Dy* augmentatif, & *Crisiaw*. Davies. G.
DYCHWEDL, le même que *Chwedl*. G.
DYCHWEL, retour. Voyez *Attychwel*.
DYCHWEL pour *Dychwelyd*. Voyez *Attuychwel*.
DYCHWELIAD, retour, retour au même endroit, action de ramener, de reconduire. G.
DYCHWELYD, revenir, retourner sur ses pas, retourner, tourner vers *ou* du côté, convertir. G. *Chwel*, *Chwyl*, tourner.
DYCHWYDU, vomir. G.
DYCHWYSU, être tout en sueur, suer de tous côtés. G.
DYCHWYTHU, souffler, pousser dehors en soufflant. G.
DYCHYFARFOD, aller à la rencontre. G. *Cyfarfod*.
DYCHYFFY, mouvra, troublera. G. *Cyffroi*.
DYCHYFYD, se levera, commencera à paroître. G. De *Dy* & *Cyfyd*, dit Davies, qui n'explique pas ce dernier terme. Je le crois formé par retranchement de *Cyfwirain*.
DYCHYMMELL, contraindre. G. *Cymmell*.
DYCHYMMYG, invention, découverte, chose inventée, invention d'esprit, problème, énigme, conjecture, chose controuvée, action d'inventer, d'imaginer, de trouver à force de penser, inventer, imaginer, machiner, conjecturer, trouver après y avoir bien pensé, altérer, falsifier, controuver, corrompre, contrefaire. G.
DYCHYMMYGIAD, supposition, feinte. G.
DYCHYMMYGOL, imaginaire, feint. G.
DYCHYMMYGU, feindre, controuver. G.
DYCHYMMYGWR, inventeur, auteur, qui découvre le premier, qui invente à force de réflexions, qui explique les énigmes, ouvrier, artisan, qui controuve. G.
DYCHYMMYSG, mélange, mêler. G. *Cymmysg*.
DYCHYNNAU, allumer, être allumé. G. *Cynnau*.

DYCHYRCH, choc, attaque. G. *Cyrch*.
DYD, ah ah! G.
DYD, DYDDYT, termes pour avertir. G.
DYD. Voyez *Tü*.
DYDD, lumière. G.
DYDD, jour; pluriel *Dyddiau*, *Dieuoedd*. G. B. C.
DYDD PENNOD, jour fixé. G.
DYDDBRAWD, jour de jugement. G. *Brawd*.
DYDDELWI, le même que *Delwi*. G.
DYDDERBI, sera. G. *Dydder*, superflu.
DYDDERFYDD, sera. G.
DYDDFU, manquer, sécher. G.
DYDDGED, pitance qu'on donnoit par jour à un esclave, étape d'un soldat. G. *Dydd Ced*.
DYDDGWAITH, ouvrage d'un jour. G.
DYDDHAU, faire jour, il fait jour. G.
DYDDIAWL, journalier, du jour. G.
DYDDIO, arbitrer un procès. G.
DYDDIOL, du jour, de jour. G.
DYDDIWR, arbitre, pacificateur. G.
DYDDODDYW, le même que *Doddyw*. G.
DYDDON, DYDDIAU DYDDON, jours de vacance pour le Palais, jours où l'on ne plaide point. G.
DYDDORI, avoir soin. G.
DYDDORIAD, soin, application. G.
DYDDWOBR, salaire d'une journée. G. *Gwobr*.
DYDDWYN, porter, transporter, voiturer. G. *Dwyn*.
DYDDWYREIN, commencer d'être, commencer à paroître. G. *Dwyre*.
DYDDYM, chose de néant, néant. G.
DYDDYMU, chose de néant, néant, anéantir. G.
DYDI, toi. G.
DYEGUS, négligent, endormi. B. *Dy*, privatif; *Eg*, action.
DYELL AR GEOL, écroue. B.
DYEN, crême. B.
DYENNA, écrêmer. B.
DYFACHU, accrocher. G. *Bach*.
DYFAIS, invention, finesse, moyen pour réüssir; adresse, ressort, artifice, invention d'esprit, chose controuvée, conte fait à plaisir. G.
DYFAL, assidu, soigneux, exact, diligent, prévoyant, industrieux, adroit, habile, obligeant, officieux. G. *Dy* privatif; *Fal*, faute, défaut, manquement.
DYFAL, ressemblance, semblable, énigme, moquerie, raillerie, conjecture, soupçon. G. *Dy* superflu; *Fal* en composition pour *Mal*, ressemblance.
DYFAL, rude, fâcheux. G. *Fal* de *Mal*, de *Maleisus*, mauvais.
DYFALCHWILIAD, recherche exacte, enquête soigneuse. G.
DYFALGAIS, recherche soigneuse, discussion exacte, perquisition, recherche. G. *Cais*.
DYFALGEISIO, se donner des soins pour trouver. G.
DYFALIAD, conjecture. G.
DYFALU, ressembler, moquer, railler, conjecturer. G. Davies veut que ce mot soit une crase de *Dyhafalhau*, comme *Cyfalhau* de *Cyhafalhau*: N'est-il pas plus simple de dire que ce mot vient de *Dyfal 2*? Voyez *Tmddyfalu*.
DYFALWCH, assiduité, exactitude, soin, diligence, adresse, industrie. G.
DYFALWR, qui se mêle d'interpréter, les songes par exemple. G.
DYFARNU, juger, rendre des sentences. G. *Barnu*.

DYF.   DYG.

DYFEISIO, inventer, machiner. G.

DYFEISIWR, qui invente, qui controuve. G.

DYFERWI, bouillir, cuire, digérer, faire souvent cuire. G. *Berwi.*

DYFFESTIN, le même que *Difforthi.* G.

DYFFO, viendra; DYFFONT, viendront au futur du subjonctif. G.

DYFFORTHI, le même que *Dyporthi,* qui se dit mieux. G.

DYFFRYD, le même que *Diffryd.* G.

DYFFRYN, DYFFRYNT, vallée. G. C.

DYFFRYNDIR, terre de vallée. G. *Tir.*

DYFFWN, viendrois à la première personne. G.

DYFFYR, eau en Gallois, selon Camden. Voyez *Dysr.*

DYFI, le même que *Tywy,* rivière. G.

DYFI, sera. G. *Dy* superflu ; *Bi.*

DYFLOEN, morceau, copeau, éclat, recoupe, toutes sortes de planches propres à faire des portes. G. De *Dy* superflu, & *Flaw.* Davies.

DYFN, flots. G. Voyez *Dwn.*

DYFN-GLODDIO, creuser profondément. G.

DYFNAF, le plus bas, le plus profond. G. *Dwfn.*

DYFNAID, le même que *Gorddyfnaid.* G.

DYFNDDYSG, philosophie. G.

DYFNDER, abysme, profondeur, gouffre. G.

DYFNFOR, océan. G. *Dwfn,* profonde ; *Mor,* eau.

DYFNFOR, la mer tranquille. G.

DYFNIAD, qui tette. G.

DYFNU, tetter, sucer, puiser, tirer, attirer. G.

DYFNVOR, océan. G.

DYFOD, venir; *Dyfod At,* arriver, aller à ; *Gwr Dyfod,* étranger. G.

DYFODEDIGAETH, arrivée. G.

DYFODIAD, venue, arrivée, approche, qui vient, qui arrive, qui vient d'ailleurs, étranger ; *Dyn Dyfodiad,* voisin, qui demeure près d'un lieu. G.

DYFODREN, le même que *Dodrefn.* G.

DYFOL paroit signifier plein, saoul, rassasié. Voyez *Ymddyfolli.*

DYFOLLI, remplir. Voyez *Ymddysfalli.*

DYFR, eaux ; c'est le plurier de *Dwfr.* G.

DYFR-ASTILLEN, saillie, avance. G.

DYFR-IAR, cercelle. G.

DYFRDONWY, la Dée rivière. Voyez *Dyfrdwy.*

DYFRDWY, la Dée rivière d'Angleterre. G. De *Dwfr, Dyfr,* eau ; *Dwy* de *Dowyll,* obscure, sombre ; ou de *Du, Dwy,* noir.

DYFREFU, mugir. G. *Brefu.*

DYFREG, cruche, pot à eau. G.

DYFRFFOS, canal, fossé, rigole, fosse, mare, aqueduc. G.

DYFRFINT, menthe aquatique. G. *Mintys.*

DYFRGI, loutre. G. De *Ci.*

DYFRGLWYD, hydropisie, hydropique. G.

DYFRGYMMLAWD, prompt & agile à la chasse des loutres. G.

DYFRHAAD, arrosement, action de macérer quelque chose dans l'eau. G.

DYFRHAU, arroser, abbreuver, macérer, faire tremper, baptiser, faire sa provision d'eau. G.

DYFRIAR, poule d'eau, foulque, mouette, francolin espèce de faisan, corbeau d'eau. G.

DYFRLESTR, cruche, pot à eau. G.

DYFRLIDIART, clos dans une rivière, entouré d'une rivière. G. *Dyfr,* rivière ; *Llidiart* par conséquent clos, enceinte; *Llyd,* bord.

DYFRLLE, canal, aqueduc, lit de rivière. G.

DYFRLLESTR, vase à mettre de l'eau, pot à eau, aiguière. G.

DYFRLLAW, de couleur de verd de mer. G.

DYFRLLYD, aqueux, arrosé, humide, aquatique; marécageux, naturellement humide, pluvieux, de pluye. G.

DYFRLLYDRWYDD, perfidie. G.

DYFRLLYS, *Alisma, Angustifolia, Potamogeton,* sauge sauvage. G.

DYFRLYNN, hydromelle. G.

DYFRMEIDR, serpent d'eau, hydre, vipère femelle. G.

DYFROED, eaux. G. C'est le plurier de *Dwfr.*

DYFROED, deux rivières ou ruisseaux. G. *Dy;* deux ; *Ffroed,* de *Ffrwd,* que nous voyons par ce mot avoir aussi signifié ruisseau, rivière. G.

DYFROEDD, bains chauds. G.

DYFROL, aqueux. G.

DYFRSARPH, hydre, serpent aquatique. G.

DYFRWR, porteur d'eau. G.

DYFRWREINYN, dartre vive, feu volage. G.

DYFRWYS, qui arrose par ses eaux. G.

DYFRWYS, arrosé. Voyez *Amddyfrwys.*

DYFRY, terme pour démontrer, voici, voilà. G.

DYFRYD, désagréable. G. *Pryd,* agrément.

DYFRYDEDD, DYFRYDWCH, désir, attente, selon Llyn, plutôt désagrément, dit Davies. G.

DYFRYDIO, cuire, échauffer, être échauffé, être bouillant, faire bouillir, s'échauffer, s'emporter, se mettre en colere, se laisser aller à la vivacité, être fort ému. G. C'est le même que *Brydio* dont il est composé.

DYFRIS, hâte, précipitation, diligence, promptitude, grande diligence. G. *Bryt.*

DYFRYSIO, se hâter. G.

DYFWRW, jetter quantité. G. *Bwrw.*

DYFWYNWR, violateur, corrupteur, profanateur. G.

DYFWYO, multiplier, augmenter, abonder. G. De *Mwy* en Breton & en Gallois, plus grand. Davies. *Mwy* en Breton, signifie encore davantage, plus.

DYFYDDI, viendras G.

DYFYN, avertissement, citation, citer, charge d'huissier, de sergent. G.

DYFYNNEDIG, cité, appellé. G.

DYFYNNOL, cité, appellé. G.

DYFYNNU, vouloir. G.

DYFYNWALLAW, mieux, dit Davies, *Dysnwallaw,* de *Dyfnu Gwallaw.* G.

DYFYNWR, huissier, sergent, qui avertit, celui qui va porter les ordres de la part d'une compagnie. G.

DYFYR, le même que *Difyr.* G.

DYFYRRU, abbréger, accourcir, raccourcir. G.

DYFYRRWCH, désir, envie, volonté, action de se réjouir. G.

DYFYSGI, mélange, confusion, tumulte. G. *Mysg.*

DYFYSGI, destruction. C.

DYFYSGU, mêler, confondre. G.

DYGAS, haï, exécrable, abominable, méchant, scélérat. G. *Cas Dy.*

DYGASEDD, haine, inimitié, abomination, exécration. G.

DYGASOG, odieux. G.

DYGEGIAD, action de gargariser. G. *Ceg.*

DYGEGU, étrangler, gargariser. G. *Ceg.*

DYGEN, porter, transporter, voiturer. G. Voyez *Dug* & *Dongwn.*

DYGIAD, action de porter, transport, action de voiturer, agitation. G.
DYGIAWDR, porteur, brancard, chaise à porteur, enseigne, guidon, cornette, porte-étendard. G.
DYGIEDIC, relatif. G.
DYGLUDO, porter, transporter, voiturer. G. *Cludo*.
DYGLYW, le même que *Clyw*, écoute. G.
DYGLYWED, écouter, ouir, entendre. G. *Clywed*.
DYGN, ennuyeux, fâcheux. G.
DYGN-GASSAU, détester, avoir en horreur, en exécration. G.
DYGNAWD, le même que *Dygnedd*. Voyez *Erddygnawd*.
DYGNBOEN, ennui, chagrin, embarras chagrinant, incommodité, grande peine, travail pénible. G. *Poen*.
DYGNBOENI, tourmenter, affliger, faire de la peine. G.
DYGNEDD, chagrin, ennui, souci, affliction, tristesse, inquiétude, importunité, difficulté, dernière extrémité. G.
DYGNFLIN, fâcheux, chagrinant, qui fait de la peine, dommageable. G. *Blin*.
DYGNFLINDER, dégât, ravage. G.
DYGNFLINO, inquiéter, affliger, tourmenter, faire de la peine, causer du chagrin, incommoder, fatiguer, endommager, gâter, nuire, ravager, tourmenter fort, tourmenter cruellement. G.
DYGNGAS, détestation, exécration, abomination, horrible, affreux. G. *Cas*.
DYGNGASAU, abhorrer. G.
DYGNU, ennuyer, chagriner, inquiéter. G.
DYGOCHI, rougir. G. *Cochi*.
DYGODD, il a porté. G. Voyez *Dug*.
DYGOSEL, embûches. G. *Gochel*, qui est le même que *Gosel*, signifie prendre garde, éviter.
DYGRINHOI, le même que *Crynhoi*. G.
DYGWR, qui voiture. G. Voyez *Dug*, *Dygen*.
DYGWYMPO, broncher, chanceler. G. *Cwympo*.
DYGYFARTH, aboyer fort, crier après. G.
DYGYFOR, tumulte, agitation des flots, bruit des eaux, être agité par les flots, faire du bruit. G. *Dygy* de *Dygiad*; *For* de *Mor*.
DYGYFOR, assemblage d'eaux, avoir en abondance. G. On voit par ce mot que *Dyg* en composition, *Dwg* au simple a signifié assemblage, tas, abondance. *Twf* ou *Dwf*, signifie augmentation, accroissement.
DYGYMMOD, contrat, convention, accord, condition, conciliation, alliance, réconciliation, être d'accord, consentir, être convenable. G. *Cymmod*.
DYGYMMODI, contracter, passer contrat. G.
DYGYMMODWR, qui fait un accord. G.
DYGYMMYSGU, mêler, confondre. G.
DYGYNNWL, ramasser, recueillir. C.
DYGYRCH, impétuosité, violence, véhémence, assaut, attaque. G. *Cyrch*.
DYGYRCHU, attaquer, fréquenter, aller voir souvent, être fréquemment, venir, accourir de tous côtés. G.
DYGYRRRYDDWCH, tendre, étendre, atteindre G.
DYGYSGU, s'endormir, s'assoupir. G. *Cysgu*.
DYHAEDD, tendre, étendre, atteindre. G. *Haeddu*.
DYHEAD, palpitation, action de respirer, respirer en palpitant, haleter, respirer avec peine. G.
DYHED, indécent. C. *Dy* privatif, *Hed*, décent. Voyez *Ederra*.
DYHEDD, le même que *Hedd*, paix, trève; il signifie aussi le contraire, dissension, discorde, division, débat, guerre. G. *Dy* au premier sens superflu, au second privatif.
DYHEU, palpiter, respirer en palpitant, haleter, respirer avec peine. G.
DYHINEDD, intempérie, mauvaise disposition de l'air, pluie, pluie soudaine qui tombe avec impétuosité, orage, tempête. G. *Dy* privatif; *Hin* d'*Hinon*, temps serain; *Hinedd*, sérénité, beau temps.
DYHIRYN, le même que *Dihiryn*. G. Voyez les autres mots commençans en *Dyh* à *Dih*, dit Davies.
DYHOL, chasser, mettre dehors. C.
DYHUDDAI, qui appaise. G.
DYHUDDIANT, adoucissement, consolation, action d'appaiser, pacification, ce qu'on fait pour appaiser, ce qui fléchit. G.
DYHUDDO, appaiser, pacifier, consoler. G. comme si l'on disoit *Dyheddu*, dit Davies. Voyez *Dyhedd*.
DYHUDDWR, DYHUDDAI, pacificateur. G.
DYHYNT, le même que *Hynt*. G.
DYHYSBYDDU, évacuer, épuiser d'eau ou d'une autre liqueur, épuiser; de là *Disbydd*, épuisé, évacué, manquant de suc, de liqueur. G. Ce mot est formé d'*Hysp*, en composition *Hysb*, *Dy* superflu.
DYICHAFAEL, élevation. G. Voyez *Archafael*.
DYLAIN, le même que *Dilain*. G.
DYLAITH, meurtre, mort violente, massacre, carnage, mort. G. *Llaith*.
DYLAITH, corde dont on tire les bœufs. G.
DYLAITH, le même que *Dolen*. G.
DYLAN, mer. G. Davies dit que ce mot est formé ou de *Dy Glann*, parce que la mer couvre ses rivages, ou de *Dy Llanw*, de son flux & reflux. Ne pourroit-on pas dire que ce terme est formé de *Dy* augmentatif, & *Lan*, étang, lac, eau ?
DYLAN, nom propre d'homme. G. Apparemment formé de *Dy Glan*.
DYLANW, écoulement, influence. G.
DYLANWAD, écoulement, influence. G.
DYLE, le même que *Tyle*. G.
DYLED, DYLÊD, DYLYED, DLÊD, dette, devoir. G.
DYLEDAWC, homme noble. C.
DYLEDION, ce qui reste dû. G.
DYLEDOG, héritier, grand, héroïque, magnifique, noble, généreux, comme étant celui, dit Davies, à qui le premier rang, le gouvernement, la succession est dûe. G.
DYLEDOGION, les Nobles, les Grands, les premiers d'un État. G.
DYLEDOGRWYD, noblesse. G.
DYLEDOGRWYD, noblesse, excellence d'origine, générosité. G.
DYLEDOWGRYW, noble, de la race des nobles. G.
DYLEDRYW, noblesse, noble. G. *Rhyw*.
DYLEDSWYDD, charge, emploi, ministère. G.
DYLEDUS, dû, qui mérite. G.
DYLEDWR, débiteur. G. *Dyled*.
DYLEFAIN, crier. G. *Llefain*.
DYLEITHIO, tuer. G. *Llaithio*.
DYLEU. Voyez *Dyln*.
DYLI, constitution du corps, bonne ou mauvaise santé, presque le même que *Diwyg*. G. De là *Maudoulé* en vieux François, mal-adroit. Ce mot est encore en usage dans le Boulenois.
DYLIF, trame. G.
DYLIFO, faire la trame. G.
DYLIFO, couler, couler ensemble, joindre ses eaux,

eaux, faire un confluent. G. De *Dy* augmentatif ; *Llifo*. Davies.

DYLLEST, hibou, chat-huant. G.

DYLLIOG, frisé. G.

DYLLUAN, TYLLUAN, hibou, chat-huant. G. Davies demande si ce mot n'est pas formé de *Dall Huan*, aveugle soleil, parce que le hibou ne voit pas lorsque le soleil paroît. Je croirois plutôt ce mot formé de *Twll*, *Dwll*, *Dyll*, avec une terminaison, trou, parce que cet oiseau demeure dans les creux d'arbres. La chouette en Breton est nommée *Cavan*, le chat-huant *Qaouen*; l'un & l'autre de *Cav*, *Qaou*, creux ; *Hen* ou *Han*, arbre.

DYLOETH, mort. G.

DYLOFI, DYLWF, manier. G. *Lloſi*.

DYLOFYN, poignée, floccon. G.

DYLU, DYLEU, devoir verbe. G.

DYLUDIAD, action de battre le bled. G.

DYLUDO, battre le bled, poursuivre, poursuivre avec ardeur. G.

DYLUDWR, qui suit les opinions & les sentimens d'un autre. G.

DYLWF, manier, poignée, floccon, faisceau, paquet, fagot. G. Voyez le mot suivant.

DYLWYF dans quelques exemplaires des Loix d'Howel le bon Roi de Galles, est synonime à *Goſgymmon*, menus bois secs, matière propre à allumer le feu ; dans d'autres il est synonime à *Dywſ*, poignée, floccon. G.

DYLYED, mérite. Voyez *Annylyedus*, *Dyledus*.

DYLYEDUS, méritant, qui mérite. Voyez *Annylyedus*, *Dyledus*.

DYLYFU, lécher. G. *Dy* superflu.

DYLYFUGEN, baailler. G. *Gen* est mis ici pour *Genau*, bouche.

DYLYN, suivre, poursuivre, s'attacher. G. *Dy Glynn*. Davies. Il signifie aussi imiter. Voyez *Annylynol*.

DYLYNAWR, successeur. G.

DYLYNIAD, suite, conséquence, séquelle, tout ce qui suit, tout ce qui est à la suite, imitation, qui suit les opinions & les sentimens d'un autre. G.

DYLYNIAWDR, successeur. G.

DYLYNOL, suivant, qui suit, conséquent. G.

DYLYNU, être adhérent, tenir à quelque chose. G.

DYLYNWR, sectateur. G.

DYLYSG, mieux *Dyluſg*, dit Davies, action de tirer. G. *Dy Lluſgo*. Davies.

DYLYSG T MOR, algue, mauvaise herbe. G.

DYM, le même que *Dim*. G.

DYMA, terme pour indiquer. G.

DYMBI, DYMYDD, me sera. G. D'*Ym*, moi ; *Bi*, *Bydd*, sera. Davies.

DYMCHWELIAD, catastrophe ou renversement de l'état des choses en bien ou en mal. G.

DYMCHWELYD, renverser, abatre, jetter par terre, démolir, ruiner, détruire, dissiper, supplanter, donner le croc en jambe, tourner, tendre, étendre, allonger ; couvrir, enterrer, enfouir. G.

DYMCHWYDD, enflure, tumeur. G.

DYMDWYN, conception, génération des animaux au sein de la mere, concevoir, engendrer. G.

DYMHERUS, YN DYMHERUS, modérément. G. Voyez *Tymmer*.

DYMMA, terme pour démontrer, voici, voilà. G.

DYMMA, orgueilleux, dédaigneux. I.

DYMMAN, le même qu'*Ymman*. G.

DYMMYR, DYMMER, les mêmes qu'*Ardymyr*. G.

DYMUNAW, souhaiter. G.

DYMUNED, souhait, désir, envie, volonté, passion, prière, demande, désir ardent. G.

DYMUNEDIG, désiré. G.

DYMUNIAD, désir, passion, cupidité, prière, invitation, ce qu'on souhaite. G.

DYMUNO, prier, demander avec instance, briguer, ambitionner. G.

DYMUNOL, désiré, désirable. G.

DYMUNWR, intercesseur, qui prie pour un autre. G.

DYN, homme ; pluriel *Dynyon* ; chez les anciens *Dyniadon* ; dans un Écrivain Breton du quatorzième siécle *Dynionan*. G. *Den* en Breton. Les anciens & les Bretons écrivoient *e* pour *y*, dit Davies.

DYN, le même que *Din*. G. B.

DYN, union. G. Voyez *Dynn*.

DYN-GAR, qui aime les hommes, obligeant, doux, affable. G. *Car*.

DYN-GARWCH, amour des hommes. G.

DYN-GAS, misantrope. G. *Cas*.

DYN-YWANC, jeune homme. G. Voyez *Ieuange*.

DYNA, terme pour indiquer. G.

DYNA, voilà la. G. *Dy Yna*. Davies.

DYNAD, DYNADL, ortie. G. Voyez *Danadl*.

DYNAN, femme méprisable, femme vile. G.

DYNDAWD, DYNDID, humanité. G.

DYNERS, force. B.

DYNESSAU, être près, approcher. G. C. *Nes*.

DYNESSU, arriver, approcher, aborder, prendre terre. G.

DYNG, union. G. Voyez *Dyn*.

DYNIADAWL, humain. G.

DYNIEWED, veau d'une année, bouvillon, jeune taureau, genisse. G.

DYNION, hommes ; chez les anciens *Dyniadon* ; dans un Auteur *Dynionau*, une fois seulement. G.

DYNIONACH, hommes de rien. G. *Ach* particule de mépris.

DYNO, homme méprisable, homme vil. G.

DYNOD, collines. G. Voyez *Dyn*.

DYNOE, retard. B.

DYNOETH, nud, sans habits. G.

DYNOETHI, déshabiller, mettre nud. G.

DYNOL, humain, de l'homme. G.

DYNOLIAETH, humanité ou condition des hommes, personne, humanité ou douceur. G.

DYNSELIAD, espion, observateur. G. *Selu*.

DYNWARED, imitation, imiter, contrefaire, altérer, falsifier, corrompre. G. Voyez *Dynwaret* qui est le même.

DYNWAREDIAD, imitation. G.

DYNWAREDOL, imaginaire, feint. G.

DYNWAREDWR, imitateur, qui contrefait, qui copie, sectateur, falsificateur. G.

DYNWARET, piquant, satyrique. G. Voyez *Dynwared* qui est le même.

DYNY, homme dans l'Isle de Mona. Voyez *Dyn*.

DYNYDDU, tordre, filer. G.

DYNYN, petit homme, pauvre homme. G.

DYOLCHI, laver, passer & repasser dans l'eau. G. *Golchi*.

DYPENNA, décapiter. B. *Di* privatif ; *Pen*.

DYPHRIN, vallée. G.

DYPORTHI, porter, transporter, voiturer. G. *Porthi*.

DYQEMMERET, prendre, recevoir, accueillir, cueillir. B. *Dy* superflu.

DYR, eau, rivière. G.

DYRAG, en présence. G.

DYRAIN, lubricité, être lascif. G.

DYRAITH. Un Auteur Gallois dit que ce mot signifie sans fruit. Davies demande s'il n'est point composé de *Dy* augmentatif, & *Rhaith*.

DYRANNU, partager. G. *Rhannu.*
DYRASRWYDD, méchanceté. G. Voyez *Dyrras.*
DYRATHU, froter. G.
DYRAWR, lascif, lubrique, porté à l'incontinence. G.
DYRCHAB, DYRCHAF, les mêmes que *Dyrchafu.* G.
DYRCHAFAD, action de monter, d'élever. G.
DYRCHAFAEL, le même qu'*Archafad*, action de monter, d'élever, qui monte, qui éleve, monter, lever, élever. G.
DYRCHAFEDIC, élevé, haut. G.
DYRCHAFEL, se lever. C.
DYRCHAFEL, monter. G.
DYRCHAFIAD, action de monter, d'élever, ascension, élévation, promotion, élévation aux charges. G.
DYRCHAFU, lever, élever, monter, élever aux charges, élever par des louanges. G.
DYRE, lubricité, passion déréglée; *Dire Meirch*, chaleur des jumens. G. Davies dit que *Dyre* a une signification approchante de celle de *Chwarae.*
DYRE chez une partie des Gallois, approche à l'impératif. G.
DYRE, il est nécessaire, il faut. G.
DYRED chez une partie des Gallois, approche à l'impératif; *Dired Ima*, viens ici. G.
DYRED, accourir, course d'un lieu à un autre. B.
DYREW, gelée. G.
DYRFLESTER, outre vaisseau. G. *Dyrf* pour *Dysr.*
DYRLLYDD, le même que *Derllydd.* G.
DYRN, Roi. Voyez *Dyrnas.*
DYRNAID, poignée. G. *Dwrn.*
DYRNAS, royaume. G. Voyez *Tyern.* On a donc dû dire par la même raison *Dyrn*, Roi.
DYRNCHWITH, gaucher. G.
DYRNDWNN, manchot, qui n'a qu'une main. G. *Twnn.*
DYRNEIDYN, poignée, plein la main. G.
DYRNFOL, gands. G. *Fol* pour *Mol*; de *Moled.*
DYRNFOLAU, mitaines. G.
DYRNIAD, action de battre le bled. G.
DYRNOD, coup proprement de poing, coup, blessure, plaie. G.
DYRNODIAU, marques des coups de fouet. G.
DYRNODIO, fraper, battre, donner des coups de fouet. G.
DYRNTOL, anse, poignée, manche d'un vase ou d'autre chose. G.
DYRNU, battre le bled. G.
DYRNWR, batteur de bled. G.
DYRNYN, poignée, plein la main. G.
DYRO, donne à l'impératif. G. *Dyroddi.*
DYRODDI, donner. G. *Rhodio.*
DYRODDIAD, action de donner. G.
DYRRAS, méchant, scélerat, mauvais. G. *Racaille* en Breton; *Racha* en Hébreu, terme de mépris.
DYRRASACH, pire, plus mauvais. G.
DYRRASEDD, DYRRASWCH, méchanceté, scéleratesse. G.
DYRRAU. YN DYRRAU, à tas. G. *Tyrru.*
DYRRU. Une partie des Gallois se sert de ce terme pour *Gyrru*, comme si on disoit *Dy-Yrru.* Davies. G.
DYRRYLAU. YN DYRRYLAU, à tas. G. *Tyrru.*
DYRWEN, le même que *Dirwen.* G.
DYRWYF, DYRRWYF. Davies demande s'il vient de *Dyre.* G.
DYRYDD, donnera. Il est encore synonime à *Rhydd.* G.

DYRYNNU, amasser en rond, mettre en pelotons. G.
DYRYS, buisson, hallier. G.
DYRYS, embarrassé, brouillé, entrelassé, couvert de broussailles, plein de buissons, désert inhabité, inculte, plein de difficultés, rempli d'embarras, perplex. G.
DYRYS-LWYN, MIERIN LLWYN, lieu couvert de broussailles, de buissons, d'épines, de halliers. G.
DYRYSBLETH, embarrassé, embrouillé. G.
DYRYSGLWM, nœud inextricable. G.
DYRYSI, lieu plein de halliers, plein de ronces; lieu inégal, lieu raboteux, perpléxité. G.
DYRYSIAD, embrouillement, embarras. G.
DYRYSLE, lieu raboteux, lieu inégal, lieu couvert de broussailles, de buissons, d'épines. G.
DYRYSNI, désert, perpléxité. G.
DYRYSU, quelquefois *Dryfu* par crase, embrouiller, embarrasser. G.
DYRYSWCH, le même que *Dyryfi.* G.
DYS, particule augmentative. G.
DYS, préposition qui marque la fréquence. G.
DYS, superflu. Voyez *Dysgwrthel.*
DYSBEIDIAD, cesse, cessation, interruption. G. *Peidio.*
DYSG, doctrine, science, érudition, littérature, instruction. G.
DYSGADWY, qu'on peut apprendre. G.
DYSGAMMAR, le même que *Disgammar.* G.
DYSGAWDR, docteur, précepteur, maître, qui enseigne. G.
DYSGEDIG, sçavant, instruit, enseigné. G.
DYSGEIDIAETH, érudition, doctrine, science, littérature, instruction, enseignement, précepte, la fonction d'enseigner. G.
DYSGL, plat. G. *Diskos* en Grec; *Discus* en Latin; *Dish* en Anglois, plat; *Dila* en Dalmatien, écuelle.
DYSGLAN, petit plat, écuelle. G.
DYSGODRES, maîtresse, celle qui enseigne. G.
DYSGOGAN, oracle, prédiction, augure, prophétie, présage, pressentiment. G.
DYSGU, enseigner & apprendre. G. B. De là le Latin *Disco.*
DYSGWEDWN. Voyez, dit Davies, s'il n'est point formé de *Dys* & *Gwyddun.* On ne trouve point ces mots dans son Dictionnaire, ni dans celui de Thomas Guillaume; on lit seulement dans le premier *Gwiddon*, sorcière, donneuse de maléfices. On voit d'ailleurs que *Dys* est superflu.
DYSGWEINID, de *Dys* & *Gweini*, dit Davies. Voyez le mot précédent.
DYSGWEYD, de *Dys* & *Gwen*, dit Davies. On ne trouve point ce dernier mot dans son Dictionnaire, on y lit seulement *Gweus*, levres. Voyez les deux mots précédens.
DYSGWRTHES, répondre. G. *Dys* superflu.
DYSPADDU, le même que *Dispaddu.* G.
DYSPAID, cessation, interruption. G. *Paid.*
DYSPEIDIAD, discontinuation, relâche, cession, abandon. G.
DYSPEIDIO, cesser, discontinuer, interrompre; faire une pause. G.
DYSTREULIO, laver, nettoyer en lavant, ôter les taches. G.
DYSYCHU, sécher, dessécher, se sécher, devenir sec, devenir aride. G.
DYSYFYD. YN DDYSYFYD, tout-à coup, subtilement, soudain, sur le champ. G.

DYS. DZH.

DYSTLU, accumuler, amasser, entasser. G.
DYSYNNI, sonore, résonnant. G.
DYTDYT, adverbe dont on se sert pour faire éviter. G.
DYTH, assidu. G.
DYUN, joint, uni, union. G.
DYUNDER, unité, union, concorde, accord, convention, consentement. G.
DYUNO, joindre, unir, s'accorder, être d'accord, convenir, consentir. G.
DYVR, eau. G.
DYW, Dieu en un dialecte du Gallois.
DYW pour Dydd. Voyez Heddyw.
DYWAD, le même que Gwadu. G.
DYWADU, nier absolument. G. Gwadu.
DYWAL, cruel, furieux, forcené. G. C.
DYWALDER, cruauté, fureur, transport furieux, tyrannie. G.
DYWALLAW, verser, répandre; les Gallois disent aujourd'hui Tywallt. G. Gwallaw.
DYWALLDRAIN, consumer, dissiper. G.
DYWASG, compression. G. Gwasgu.
DYWASGU, serrer. G.
DYWIDDI, épousailles, mariage. G. Gwedd.
DYWEDDIO, mettre sous le joug, mettre sous le même joug, marier. G.
DYWEDDIOL, marié, conjugal, de fiançailles. G.
DYWEDGAR, railleur, plaisant, enjoué, qui dit de bons mots. G.
DYWEDGARWCH, abondance superflue de paroles. G.
DYWEDIAD, mot, parole, diction, expression, élocution, énonciation, le parler, prononciation, action de prononcer, narration, récit. G.

DYWEDWR, grand parleur, qui dicte. G.
DYWEDYD, parler, dire, dicter, se quereller, avoir des paroles, parlez, dites à la seconde personne du pluriel du present de l'indicatif. G.
DYWELLING, le même que Diwall. G.
DYWELW, livide. G.
DYWELWI, devenir pâle. G. Gwelwi.
DYWENYDD, plaisir, volupté. G. Dy augmentatif, Awenydd. Davies.
DYWETGAR, grand parleur. G.
DYWETHGURWCH, caquet, babil, long discours. G.
DYWIGIOL, qu'on ne peut expier. G.
DYWOD, venir. G.
DIWOE, divin. B.
DYWOSIWN, religion. G.
DYWRTHRED, de Dy Gwrthred. Davies. G.
DYWU, est venu. G.
DYWYDD, DYWYDDU, les mêmes que Dowydd, Dowyddu. G.
DYWYG, DYWYGIO, les mêmes que Diwig, Diwigio. G.
DYWYGIWR, censeur. G.
DYWYLL, ténébreux, obscur. G. Gwyll.
DYWYLLIAW, &c. Voyez Diwylliaw, &c. G.
DYWYNNU, DYWYNNYGU, les mêmes que Tywynnu, Tywynnygu, éclater, se montrer, paroître. G.
DYWYNNYG, clair, évident, qui paroit, briller, éclater, reluire. G.
DYWYNNYGU. Voyez Dywynnu. G.
DYWYSGI ou DYFYSGI, destruction. C.
DZHARN, jardin. C.

E

ES voyelles se mettent l'une pour l'autre. Voyez *Bal*.
E, particule qui se met à la tête du mot sans rien ajoûter à sa signification ni en rien ôter. G. On s'en sert de même en Breton. Voyez *E Cuz*, *E Leiz*, *E Nes*.
E, particule privative, non. G. On la trouve en ce sens dans *Enormis* Latin.
E, lui. G. B.
E, article chez les anciens Gallois, article dans la Langue de Cornouaille. G. C.
E, il. I. *He* en Anglois.
E, le même qu'*Æ*. I.
E, il, son, sa pronoms. B.
E, en, dans, chez. B.
E, tu. B.
E est la syncope d'*Ew* ou *Eo*, est, il est ; *Mad E*, il est bon, pour *Mad Ew*. B.
E, préposition qui marque le bien. Voyez *Elavar*.
E, eau. Voyez *Banne*, *Bannath*.
E, terre. Voyez *Eyenen*.
E BYAOU, E BYOU, outre, à côté. B.
E COURS, à temps, à propos. B.
E CUZ, derrière. B.
E FETT, concernant, touchant. B.
E HALLE, peut-être. B.
E LEIZ, abondamment. B.
E MAES, dehors. B.
E MESQ, parmi. B.
E NES, proche. B.
E PAD, tandis, pendant, durant. B.
E PEEN, outre, au-delà. B.
E QEHYD, tandis. B.
E QEVER, concernant, touchant. B.
E QICHAN, E QICHAON, E QICHENN, auprès. B.
E TAL, auprès. B.
E TI, E TY, chez. B.
E TOUEZ, parmi. B.
EA, particule privative. Voyez *Eadaimin*.
EA AGUDO, courage, alerte, dépêche-toi. Ba.
EA BADA, or sus, courage. Ba.
EA LASTER, allons, courage. Ba.
EABRADH, fer. I.
EACH, champ, campagne. I.
EACH, cheval. I. Voyez *Ech*.
EACH, allions. B. C'est le même qu'*Eamp*.
EACH, excrément, merde, répugnance, dégoût. B.
EACHACH, riche en chevaux. I.
EACHD, condition. I.
EACHDAM, agir, faire. I.
EACHDRANACH, étranger. I.
EACHLASG, baguette. I. De là notre mot *Échalas*.
EACHRADH, chevaux. I.
EACHRANN, ronce. I.

EACHRUS, maison, famille. I.
EACHT, condition. I.
EACORACH, erroné. I.
EAD, EADA, envie, jalousie. I.
EADACH, habit, habillement, ornement, parure, couverture. I.
EADADH, habit, habillement. I.
EADAG, le même qu'*Eadach*. I.
EADAIGHIM, vêtir, couvrir. I.
EADAIL, gain, capture, prise. I.
EADAILLEACH, Italien. I.
EADAL, proye. I.
EADALACH, lucratif, utile. I.
EADAN, front, face, visage, mine, contenance, devant. I.
EADAN, gain. I.
EADANACH, qui a un front. I.
EADARGHADH, intercéder. I.
EADE, cap, promontoire. I.
EADEN, aîlé. E. I. Voyez *Adain*.
EADHADH, tremble (arbre.) I.
EADHALACH, lucratif, utile. I.
EADHARBUASAS, legéreté, inconstance. I.
EADMHAR, jaloux, envieux. I.
EADHMEACDH, jalousie. I.
EADMHUIRE, jalousie. I.
EADOCHAS, désespoir. I.
EADOIMIN, qui n'est pas profond. I. *Doimbin*, profond.
EADUGHADH, parer, orner, parure, ornement, atour. I.
EAG, mort substantif. I.
EAG, dentelure, coche, entaille. I.
EAG, particule privative. Voyez *Eagcomhthrom*.
EAGACH, profond. I.
EAGALACH, honteux, modeste, plein de pudeur. I.
EAGAM, mourir. I.
EAGAN EIN, jabot. I. *Ein* oiseau.
EAGEOIR, outrage, tort, préjudice. I.
EAGCOMHTHROM, impair, nompair. I. *Comhthrom*, pair ; *Eag* par conséquent privatif.
EAGCORACH, outrageux, injurieux. I.
EAGCRUADH, infirme, malade. I.
EAGCRUAS, infirmité, maladie. I.
EAGH, mort substantif. I.
EAGLA, peur, frayeur, crainte, terreur. I.
EAGLAC, EAGLACH, timide, peureux, qui a peur, défiant, terrible, propre à donner de la crainte, à donner de la terreur, horrible, qui fait horreur, effroyable, épouvantable. I.
EAGLAIM, craindre. I.
EAGLAIS, Église, temple. I. E. Du Latin *Ecclesia*.
EAGLAN, morsure. I.
EAGLUGHADH, surprendre, étonner, intimider, surprise, étonnement. I.

EAGNA,

EAG.

EAGNA, sagesse, ingénuité, franchise. I.
EAGNACH, prudent. I.
EAGNADH, science. I.
EAGNUDE, sage, judicieux, expert. I.
EAGRUD, adresse, direction. I.
EAGSAMHLAS, variété. I.
EAGSAMHUIL, divers, varié. I.
EAH, horreur. B.
EAHUS, effrayant, hideux. B.
EAIH, abomination, peur. B.
EAIHUS, abominable, affreux, épouvantable. B.
EAL, Ange. B.
EAL, poulain. B. Voyez Ealan, Eala.
EALA, cygne. I.
EALA, agneler, véler. B. Voyez Eal.
EALA, jour. Voyez Deileala.
EALACH, lune. E. Voyez Gealach.
EALADH, cygne. I.
EALADH, EALADHA, science, art, adresse, artifice, ruse, finesse, métier, fonction. I.
EALADHANTA, factice, fait à plaisir. I.
EALAN, cygne. I.
EALAN, poulinier. I.
EALAR, sel. I. Voyez Hal.
EALBHA, troupeau. I.
EALLACH, bétail. I.
EALLACH, terre. I.
EALLACH, combat. I.
EALOGHADH, fuir, se sauver, s'échaper. I.
EALUGHTHEACH, fugitif. I.
EAMP, allions; Beza Et Eamp, nous allions; à la lettre, être, nous allions; Beza, être; Et, nous; Eamp, allions. B.
EAN, oiseau. I. Voyez Ean, Ien.
EAN, eau. I.
EAN, en composition Un, même. I.
EAN, effroi. B.
EAN, lui. D.
EAN, Ciel. B.
EAN, repos, pause, cessation. B.
EANADOIR, oiseleur. I.
EAND, EEND, aillent. B. De là Eant Latin.
EANG, rang. I.
EANG, ample, large, étendu, qui n'est pas étroit, qui n'est pas serré, libre, affranchi. G. E superflu, Ang.
EANGWR. Voyez Iangwr.
EANLATHOIR, oiseleur. I.
EANN, droit, qui n'est ni panché ni courbé. B.
EANT, le même qu'Eamp. B.
EAOL, EAOLIA, EAOUL. Voyez Eaul.
EAQUINDEA, exhortation. Ba.
EAR, air. B.
EAR, héritier. I.
EAR-LAV, Grand de l'État. I.
EARB, chevreuil. I.
EARBALL, EARBULL, queue. I.
EARC, impôt, tribut. I.
EARCH, neige. B.
EAREA, EAREN, lier. B. Voyez Eren.
EARGAIM, bâtir. I.
EARGH-NAIDEACH, héros. I.
EARIWRCH, chevreuil. I.
EARK, Ciel. I.
EARK, bœuf. I.
EARK, tribut, cens. I.
EARKCHOULA, cataracte. I.
EARL, Comte. I. Voyez Maor.
EARLAIV, les Grands de l'État. I.
EARLOA, hérisson de chataigne. Ba.

EAU.

EARMA, EARMAIDHEASA, le galop. I.
EARMPEA, passion, souffrance. Ba.
EARN, EARNA, EARNE, grand. I.
EARNACH, fer. I. Voyez Haiarn, Honarn, Harnés.
EARR, queue. I.
EARRADHA, marchandise. I.
EARRADHADH, attelage, harnois. I.
EARRAID, colere, dépit, atrocité, aveuglement; erreur, grief, plainte, abus dont on se plaint, ignorance, violence que l'on souffre. I. De là Erro Latin, parce qu'on a dit Erraid comme Earraid.
EARRUDHE, commodité. I.
EAS, particule négative. Voyez Eascoin.
EASA, cataracte. I.
EASAIDHIM, se révolter. I.
EASAL, queue. I.
EASAM, faire. I.
EASAONTA-AS-AGHADH, dissension. I.
EASAONTACH, contraire. I.
EASARD, schisme, division, querelle, sédition; différence, élancement. I.
EARSARGAN, tumulte. I.
EASARLAS, charme, enchantement. I.
EASBADH, défaut, vice, imperfection. I.
EASBAIN, Espagne. I.
EASC, eau. I. Voyez Aches.
EASC, EASCAN, vieux, ancien. I.
EASCAOIN, rude. I. Voyez Caoin.
EASCARA, adversaire, ennemi. I.
EASCONG, eau. I.
EASCONN, lune. I.
EASCONN, vieillard. I.
EASGA, lune. I.
EASGA, EASGAN, agile, vîte, soudain, leger; rapide, propre à. I.
EASGAIDH, facile, aisé. I.
EASGAINE, course. I.
EASGAL, bruit, querelle, dispute. I.
EASGAN, EASGANN, anguille. I.
EASGUDEAS, agilité. I.
EASGUL, flot, vague. I.
EASLAIN, mal adjectif, mauvais; Easlainte, folie. I.
EASLAIN, malade. I.
EASLAN, malade. I.
EASNADH, chant. I.
EASNADH, côte. I.
EASOG, belette. I.
EAT, allé. B. Voyez Aeth.
EATAL, combat. I.
EATH, huit. C. Voyez Elth.
EATHAR, navire. I.
EATHRAN, le même qu'Eachran. I.
EATHRUS, le même qu'Eachrus. I.
EATLAIM, combattre. I.
EATON, géant chez les Anglois septentrionaux; il y a apparence que c'est un terme Écossois qu'ils ont conservé.
EATORTHADH, entre, parmi. I.
EATTROM, capricieux, leger, legerement fait, fait à la hâte. I.
EATTROMADH, décharger. I.
EATTROMAS, caprice, boutade, legereté, inconstance. I.
EAU, eau. Voyez Podteau. Eauer en ancien Anglois, aiguière.
EAUCQ, saumon. B.
EAUFE, mémoire. B.
EAUG, mûr. B.

EAUQ, saumon. B. Camden nous apprend qu'il y a un lac en Irlande que l'on nomme *Eaugh*, qui est abondant en saumons. Voyez *Esoc*.

EAUGUI, rouir. B.

EAUL, EAOUL, EAOL, soleil; *Eaolia*, exposer au soleil; *Diseaol*, sans soleil, ombre, qui est à l'ombre. B. Voyez *Haul*.

EAURAICH, mouillage.

EAÜST, dissyllabe; *Mis-Eauſt*, mois d'août; *Eaüſt*, moisson; *Eaüſti*, moissonner; *Eaüſt* signifie aussi mûr; *Eaüſti*, mûrir. B. *Eoſch*, moisson en Cophte.

EAUSTIFOEN, faner le foin, le faire sécher. B.

EAUSTICG, rossignol. B. On voit par *Eaws*, que *Ticg* n'est qu'une terminaison.

EAUSTICG-BAILL, petit oiseau que Dom Le Pelletier dit qu'il ne connoit pas. Son nom, ajoûte le même Auteur, exprime un rossignol qui a une marque blanche sur la tête.

EAUT, le même que *Gueau*. Voyez *Aru*.

EAWS, rossignol. G.

EAUZEN, Yves nom d'homme. B.

EAZ, plaisir, commodité, aise, aisé. B.

EAZ, singulier *Eazen* & *Ezen*, vapeur chaude, exhalaison, petit vent doux & agréable. B. Voyez l'article précédent.

EB, je dis; *Eb* ou *Heb*, il dit. G. *Epo* Grec, je dis. Voyez *Atteb*.

EB, sans. G.

EB, près, sur. B. *Hesb*, près en Turc.

EB pour *Ebach*. Voyez *Moreb*.

EB. On voit par *Ebeuil*, *Ebul*, poulain; *Ebod*, *Ebodn*, fumier de cheval; (*Bodn* de *Bodden*, ventre, & *Eb*, cheval) *Ebran*, nourriture de cheval, (*Eb Ran*) qu'*Eb* a signifié cheval. Le *p* & le *b* se mettant l'un pour l'autre, on a dit *Ep* comme *Eb*. (Voyez *Eporedix*.) De là *Ippos* en Grec, cheval.

EB, le même qu'*Es*, *Ep*, *Ev*. Voyez *B*.

EB, le même qu'*Ab*, *Ib*, *Ob*, *Ub*. Voyez *Bal*.

EBACARTEA, intersection. Ba.

EBACH, golfe, sinuosité, pli, repli, tortuosité, angle, cul de sac. G. E superflu; *Bachiad*.

EBAD, bien substantif & adverbe, plaisir, divertissement, bienfait. B. E superflu; *Bad*. d'*Ebad*. *Ebandir*, *Ebandir* en vieux François, se divertir, se réjouir. On trouve encore dans nos vieux Romanciers *Enbait*, espèce de joûte; *Esbanoy*, *Esbanoye*, *Esbat*, joye, tournois; *Esbanoier*, *Esbarnir*, *Esbarnoir*, se réjouir. Voyez *Ebaea*, *Ebat*.

EBAEA, plaisir, appétit, goût. Ba. Voyez *Ebad*.

EBAINA, foible. Ba. On diroit également *Evaina*, *Avaina*. On dit en Franche-Comté *Avaini* pour affoibli.

EBAISTEN, qui ravit, qui prend, qui vole. Ba.

EBAL, A. G. tas de pierres; *Al*, pierre; *Eb* signifie donc tas.

EBAN, le même qu'*Aban*. G.

EBAQUI, couper, creuser, raser, tondre, brouter. Ba.

EBAQUIA, creusé. Ba.

EBAR. Voyez *Ebargofus*.

EBAR, le même qu'*Abar*. Voyez *Bal*.

EBARGOFI, oublier. G.

EBARGOFIAD, oubli. G.

EBARGOFUS, qui oublie aisément. G. Ces trois derniers mots sont formés de *Cof*, en composition *Gof*, mémoire; *Ebar* doit donc être une particule privative. Voyez *Eb*.

EBARH, EBARZ, dans, devant. B.

EBASLEA, ravisseur. Ba. Voyez *Aball*.

EBASTALITU, faire un nouveau créancier, en empruntant de lui pour payer un autre. Ba.

EBAT, bon, ébat, jeu, divertissement, amusement; & comme adverbe, pendant, durant, en l'espace, en la durée. B. Voyez *Pat*. D'*Ebat* est venu ébat François. Voyez *Ebad*.

EBATA, se divertir, jouer comme les enfans, badiner. B.

EBATER, badin. B.

EBATSIREN, qui volera, qui ravira. Ba.

EBBA, A. M. le reflux de la mer. *Ebe*.

EBE, le reflux de la mer. B. *Ebbe*, *Ebba* en ancien Saxon; *Ebbe* en Anglois; *Ebbe* en Normand & en Flamand, le reflux de la mer.

EBEDD, le même qu'*Evedd*. Voyez *B*.

EBEDIW, tout ce qui se paye à l'occasion de la mort de quelqu'un. G. Spelman explique ce mot de la somme que l'héritier d'un mort étoit obligé de payer après la mort de celui dont il héritoit au Seigneur suzerain, pour pouvoir tenir le fief à la possession duquel il avoit succédé. L'explication que nous avons donnée est celle de Davies.

EBEN, l'autre en parlant au féminin; le masculin est *Egille*, *Eguille*. B.

EBEN, en tête, sa tête. B. D'*E Ben*.

EBESTR, le même qu'*Ebill*. G.

EBET. GUER EBET, pas un mot; *Hep Fot Ebet*, sans faute; à la lettre, sans faute aucune. On voit par là qu'*Ebet* signifie aucun, nul. B.

EBET, le même qu'*Ebedd*. Voyez *D*.

EBEUIL, EBEUL, EREWL, EBUL, EUBUL, UBUL, poulain; *Ebulic*, petit poulain; *Ebuléſ*, pouliche; pluriel *Ebeulet*, *Ebulien*. B.

EBHADH, tremble (arbre). I.

EBIL, IBIL, cheville de bois; singulier *Ebilen*, *Ibilen*; pluriel *Ebilien*, *Ibiliou*. B.

EBIL, détour, chicane, sophisme. B. Voyez *Ebili*.

EBIL, marchant. Ba.

EBILI, qui a erré, qui a tourné. Ba. Voyez *Ebil*.

EBILIA, IBILIA, IBILIAF, doit signifier, dit Dom Le Pelletier, commettre un péché grief, car il est mis au rang des différentes espèces de magie. B. Ne seroit-ce point tourner le tamis? Voyez *Ebili*.

EBILL, tarière, trépan, touret. B.

EBILLIO, percer avec la tarière, avec le trépan. B.

EBIOU, à côté, auprès. B. Voyez *Piaou*.

EBIS, A. G. sot, stupide, étourdi; d'*Eb*, sans, particule privative.

EBOD, EBODN, fumier de cheval. C. Voyez *Eb*.

EBODNI, chier, se vuider. Il se dit d'un cheval qui se vuide. G.

EBOL, poulain. G. Ce mot paroît avoir été étendu à signifier tout petit d'animal; car en plusieurs Provinces du Royaume on appelle *Effail* l'accroit du bétail; *Effol* en vieux François l'accroit du bétail: (*Effol* est le même qu'*Ebol*. Voyez *B*) *Abolentia* dans la moyenne Latinité, lignée, race, famille. Nous Voyons par *Ebeul* & *Paul* Bretons, & *Poulain* François, qu'on a ôté l'*e*, & qu'on a dit *Pol*, *Bol*, *Polen*, *Bolen*. (Voyez *Eporedica*) *Poles* en Grec, poulain; *Fola* en ancien Saxon, en Suédois & en Islandois; *Fula* en Gothique; *Fulin* en Théuton; *Fole* en ancien Saxon & en Anglois; *Fol*, *Fole* en Danois; *Vole* en Allemand; (prononcez *Fole*) *Polen*, *Veulen* en Flamand; (prononcez *Folen*, *Feulen*) *Poulain* en François, poulain; *Pullus* en Latin, tout petit

EBO. ECH. 527

d'animal ; *Bullicare* dans la moyenne Latinité, se fouiller du sang d'un enfant ; *Pollo* en Espagnol ; *Fol* en Danois ; *Falu* en Punique, pouffin.

EBOLES, féminin d'*Ebol*, pouliche. G.

EBOLFARCH, poulain. G. *Farch de March.*

EBOLGARNT GARDDAU, cabaret ou nard sauvage (plante.) G. *Garn de Carn.*

EBOLUDD, d'abord. G. *Heb Oludd de Ludd*, sans empêchement, sans retard. Davies.

EBOROCH, Yorck Ville. I.

EBOWLFARCH, poulain. G. Voyez *Ebolfarch*.

EBR, le même qu'*Eur*, eau, selon Baxter. G.

EBRAN, nourriture de cheval, fourniture de maison. G.

EBRANNU MEIRCH, donner la nourriture aux chevaux. G.

EBREIL, qui ouvre, avril mois. B.

EBREL, avril. B.

EBRILL, avril. G.

EBRON, ciel. C. Voyez *Es*.

EBRU, le même que *Bru*, ventre. Voyez *Cyfebru*.

EBRWYDD, vîte, prompt, qui se hâte. G.

EBRWYDDO, se hâter. G.

EBRYFYGU, oublier. G.

EBULUM, A. G. ellébore. *Ever* ou *Evol*, *Ebol*.

EBWCH, gémissement, sanglot, lamentation, cris pouffés dans l'affliction. G.

EBYCHIAD, action de soupirer. G.

EBYCHIO, gémir, sangloter, soupirer. G.

EBYCHIOL, qui a coûtume de soupirer. G.

EBYCHU, gémir, faire des lamentations, poufler des cris en se plaignant. G.

EBYDH, airain. G.

EBYR, pluriel d'*Aber*. G.

EBYSTR, le même qu'*Ebill*. G.

Ec, action. B.

Ec, particule qui marque la sortie, l'absence, l'exception, le défaut. B. De là *Ex* Latin.

Ec ou EK, pointe, piquûre. Je ne lui connois, dit Dom Le Pelletier, cette signification que par ses composés, & par cette expression *Ober-An-Ec*, chagriner, affliger, irriter, provoquer. B. Voyez *Ac*, *Awch*, *Ecaitsa*.

Ec, le même qu'*Eg*, *Es*. Voyez *Arn*.

ECABILDARIA, Professeur. Ba. Voyez *Cabillis*, *Cabl*.

ECACHA, orage, tempête. Ba.

ECADOYA, Juge, Justice. Ba.

ECAGUN GABEA, inconnu. Ba.

ECAIRA, obstacle, empêchement. Ba.

ECAITA, administration. Ba. Voyez *Ec*.

ECAITSEA, chagrin, douleur. Ba. Voyez *Ec*.

ECAITZA, orage, tempête. Ba.

ECAN, ECAND, encan. B. De *Can*, *Æcan*, *Ecan*, *Ican* en ancien Saxon, augmenter.

ECANDA, attrait, charme. Ba.

ECANZA, figure, image, simulacre. Ba.

ECANZATUA, imprimé. Ba.

ECAR, mettant, posant. Ba.

ECARDOIDEA, intégrité. Ba.

ECARIC, os. Ba.

ECARION, bon pour passer. Ba.

ECARLEA, conducteur. Ba.

ECARRAYA, aimer, amour. Ba. Voyez *Car*.

ECARRERA, loyer. Ba.

ECARRY, amener. Ba.

ECARTEN, produisant, engendrant, mettant, posant. Ba.

ECAUTA, députation. Ba.

ECAYA, obstacle, empêchement, but, dessein, intention, matière. Ba. Voyez *Ec*, *Eceva*.

ECCEAS, ECES, poëte. I.

ECCELSI, exercer. B.

ECEA, humidité, humide. Ba. Voyez *Aches*, *Ech*.

ECEINERA, personne. Ba.

ECEN, mais. Ba.

ECEQUIA, refus. Ba.

ECEREZA, rien. Ba.

ECERTU, défendre, empêcher. Ba.

ECEVA, excepter. B. De là *Eschevtr* en vieux François, éviter, échaper.

ECG, forêt. Voyez *Eg*.

ECH, préposition superflue. G.

ECH, cheval. I. De là *Equus* Latin ; de là *Echiele*, qui en vieux François signifioit escadron, troupe de cavaliers ; *Aigus* en Auvergnac, jument. De là écurie en François ; *Ech*, chevaux ; *Uri*, habitation ; *Hest* en Danois, en Suédois, en Islandois ; *Hengst* par épenthése en ancien Allemand & en Flamand, & par une nouvelle épenthése *Hengest* en ancien Saxon, cheval. On lit *Chengisto* dans la Loi Salique pour un cheval hongre. Voyez *Ecian*.

ECH, le même qu'*Each*. De même des dérivés ou semblables I.

ECH, eau. Voyez *Bannech* & *Ach*.

ECH. Voyez *Echdos*.

ECHA, selon Baxter, le même qu'*Tchav*, élevé. G. *Ike*, grand en Tartare Calmoucq & Mongale.

ECHA, maison, habitation. Ba. Voyez *Chai*. *Enchia* en Hongrois, chaumière ; *Icha*, cuisine à Monteau en Franche-Comté. Voyez *Ecq*.

ECHACIABEZTA, plan d'un bâtiment. Ba.

ECHAD, cavalier. I.

ECHADIA, village, tribu. Ba.

ECHAI. On voit par *Echa*, *Eche*, *Chai*, qu'on a dit *Echai* comme *Chai*, maison, habitation.

ECHAIAINCOAC, penates, lares. Ba.

ECHALATUS, A. M. échalas ; de *Enschlag*.

ECHALODEEN, échalotte. B. De là ce mot.

ECHAMUGA, séparation de deux maisons contiguës. Ba.

ECHAN, cavalier. I.

ECHANDIA, cour, palais. Ba. *Echa Andia*.

ECHANDREA, mere de famille, matrone, maîtresse du logis. Dame. Ba.

ECHANGIUM, A. M. échange. Voyez *Changia* & *Echwyn*.

ECHAPEA, toit. Ba. De là notre mot échope.

ECHARETIA, domestique, client. Ba.

ECHARZ, le même qu'*Eharz*. B.

ECHDOE, avant-hier. G. *Doe*, hier ; *Ech* par conséquent avant.

ECHDYWYNNEDIG, brillant, resplendissant, éclatant. G.

ECHDYWYNNU, luire, éclairer, briller, être éclatant, faire briller comme un éclair. G. *Ech* superflu ; *Tywynnu*.

ECHDYWYNNYGU, resplendir, reluire. G.

ECHE, dans Ba.

ECHE, ECHS, ECHEA, ECHA, ICHEA, maison, habitation, foyer ; *Echs*, de maison en maison. Ba. Voyez *Echa*.

ECHEAREN, ustensiles. Ba.

ECHEIPIANT, aissieu. G.

ECHEIN, bœufs, bœuf. Ba.

ECHEINIAD, étroit. G. En confrontant ce mot avec *Eching* son synonime, on voit qu'*Ech* est une préposition superflue, (*Iad* terminaison ;) & par conséquent *Ein*, qui dans *Echeiniad* répond à *Ing*, signifie étroit comme ce mot.

ECHEL, aissieu. G.

ECHEL, peut-être. B.
ECHEN. Davies dit qu'on voye si c'est le même qu'*Achen*. Je le croirois aisément, l'*e* & l'*a* se mettant l'un pour l'autre.
ECHEN, cavalier. I.
ECHEN. Voyez *Egen*.
ECHEQUIDURA, empêchement. Ba.
ECHERP, écharpe. B. De là ce mot. On disoit *Escherpe* en vieux François, & *Escherper*, mettre en écharpe.
ECHETLE, A. G. bois droit de la charruë, que le laboureur tient en labourant, & dont il pousse la charruë ; *Chet*, bois.
ECHEVINUS, A. M. échevin; de *Schwyn*, *Chwyn*, *E* paragogique.
ECHIAS, ECHIAZ, doigt. Ba.
ECHING, étroit. G. *Ech* superflu ; *Ing*. Voyez *Echeiniud*.
ECHLYS, cause, occasion. G.
ECHLYSION, pernicieux, funeste, préjudiciable. G.
ECHLYSUR, cause, occasion. G.
ECHOAS, repos du bétail pendant la grande chaleur. B.
ECHOEDER, alouette. B.
ECHOLA, cabane, chaumière, gargote, ombrage. Ba. Voyez *Echa*.
ECHOLETAN, se mettre à couvert dans une chaumière, dans une gargote. G.
ECHON, ample, grand, spacieux. B.
ECHRE, mais, même, au contraire. G.
ECHRE, dis-je. G.
ECHRE, au contraire, plutôt. G.
ECHRYD, horreur. G. Voyez *Cryd*, *Echryt*.
ECHRYN, crainte, peur, tremblement, horreur. G. Voyez *Crynu*.
ECHRYS, impiété, méchanceté, état d'une chose exécrable, lésion, tort, dommage, mal, infortune, crime. G.
ECHRYS, terreur. C. Voyez *Echryd*.
ECHRYS-HAINT, maladie, maladie des arbres causée par une mauvaise influence. G.
ECHRYSLAWN ou ECHRYSLON, nuisible, offensant, pernicieux, funeste, dommageable, qui fait de la peine, très-horrible, fort effrayant, malfaisant, mal-facteur, méchant, débauché, vicieux, criminel, scélérat, exécrable. G.
ECHRYSLONI, rendre scélérat. G.
ECHU, cavalier. I.
ECHUDD, le même que *Cudd*. G. *E* superflu. Davies.
ECHUEDES, alouette. B.
ECHUNA, couché. Ba.
ECHUNARACI, ECHUNERAZO, envoyer coucher. Ba.
ECHUR, maladie. G.
ECHURUBEA, gouttière, cour où tombe l'eau des toits. Ba.
ECHWEDER, alouette. B.
ECHWNG, poulain. G. Voyez *Ech*.
ECHWNG, le même qu'*Wng*. G.
ECHWYD, le soir, au soir, sur le soir. G.
ECHWYDD, tard. G.
ECHWYN, prêt, échange. G.
ECHWYNA, prêter, emprunter. G.
ECHWYNIAD, emprunt. G.
ECHWYNOL, d'emprunt. G.
ECHWYNWR, celui à qui l'on prête. G.
ECHWYRTH, fol, insensé, qui a perdu le sens, qui a perdu la raison. G. *E* privatif, *Chwyrth* par

conséquent sens, raison. Voyez encore *Lledechwyrth*.
ECHYNG, étroit. G. Voyez *Ebing*.
ECHYNG, pluriel d'*Echwng*, prochain. G.
ECHYNGU, le même qu'*Echwng*. G.
ECI, dompté. Ba.
ECIAN, cavalier. I.
ECICENA, raillerie, chicane, supercherie. Ba.
ECIGAITZA, férocité. Ba.
ECIN, immobile, ferme. Ba.
ECINA, impuissance, impossible. Ba.
ECITEZA, indompté. Ba. *Ecin Eza*.
ECITU, dompter, dompter des chevaux, apprivoiser. Ba.
ECITUA, dompté, apprivoisé. Ba.
ECKARCEN, porter. Ba. Voyez *Carg*.
ECLAFFA, A. M. soufflet, coup sur la jouë. Voyez *Clap*.
ECLAS, serrure. I. Voyez *Clas*.
ECLEAU, écho. B.
ECLEAU, joubarbe (plante.) B.
ECLUSA, A. M. écluse. E, eau, *Clos* ou *Clus*, clôture, arrêt.
ECOLA, boutique, école. Ba. Voyez *Echola*, *Scol*.
ECOMENA, honneur, réputation. Ba.
ECONDEA, effet. Ba. Voyez *Ec*.
ECONES, A. G. Prêtres rustiques, Prêtres de la campagne. Voyez *Aegones*.
ECOTALDIA, séjour, résidence. Ba.
ECOTEGUIA, la région des élémens. Ba.
ECQ, lieu, habitation. Voyez *Foenneeq*, *Melleeq*, *Echa*.
ECRAM, écran. B. De là ce mot.
ECREIS, au milieu. B. Voyez *Creis*.
ECVEZANCZ, absence. B. *Ec* privatif, *Beza*.
ECVEZAND, absent. B.
ECURTEA, obéissance, service. Ba.
ECUSCARIA, spectacle. Ba.
ECZAIM, essain. B.
ECZEMPL, exemple. B. Voyez *Esempl*, *Siampl*, *Eisiomplair*.

ED, abondance. G.
ED, préposition explétive ou superfluë. G.
ED, gain, défense, protection. I.
ED, le même qu'*Ead*. De même des dérivés ou semblables. I.
ED, bled. B. *Yd* en Gallois, bled ; *Huede* en Danois ; *Wete*, prononcez *Ouete* en Anglois, bled.
ED, particule itérative, second. Voyez *Edfryd*.
ED, manger. Voyez *Cyfedd*. De là *Edo* Latin. *Idet*, manger en Tartare Mogol & Calmoucq; *Etan* en Gothique & en ancien Saxon, & en Islandois ; *Eten* en Flamand ; *Ade* en Danois ; *Eat* en Anglois ; *Eszim* en Hongrois ; *Edein*, *Ethein*, *Esthein*, *Esthiein* en Grec ; *Aeta* en Suédois ; *Ezzan* en Théuton ; *Essen* en Allemand, manger. Voyez *Ed*, bled.
ED, agréable, beau, désirable, bon. Voyez *Broaid* & les deux articles suivans.
ED, le même qu'*Edus*. Voyez *Guedd*.
ED, plaisir, souhait. Voyez *Gwled*, *Hedta*, *Euddun*.
ED, avec, &c. le même que *Gued*. Voyez *Aru* & *Gand*. De là notre mot François aide. *Aid* en Anglois, aide ; *Aid* en Arabe, affermir, fortifier, aider.
ED, diminutif. Voyez *Twred*. De là notre diminutif *Et*.
ED, ET, se mettent par épenthèse ; *Annudd An-nuddid*, voile.
ED, abondant, fertile, *Tdw*, fertile, se dit *Yd* par syncope ; il y a même raison pour la syncope d'*E*, d'*Edw*. Voyez *Ed*, abondance.

ED.   EDO.   529

ED, EDA a signifié eau; ainsi qu'on le voit par *Edagalea*, suif; *Edalea*, buveur; *Edaleta*, papier qui boit; *Edaquizuna*, potable; *Edaran*, *Edaneraxo*, abbreuver; *Edaseratua*, abbreuvé; *Eden*, buvant. *Ad. Edel.* Voyez rivière en Tartare.

EDA, A. G. basterne char Gaulois; d'*Ed*, agréable. La basterne étoit une voiture douce & agréable dont se servoient les Dames.

EDAFEDDOC, plein de filamens, plein de filets. G.

EDAIN, le même qu'*Adain*. G.

EDAMEA, courroie. Ba.

EDAN, dessous. B.

EDANEN, qui boira, qui doit boire. Ba.

EDANERAZO, abbreuver. Ba.

EDANOR, oiseleur. C. Voyez *Edn*, *Eden*.

EDARAN, abbreuver. Ba.

EDARIEMALLEA, grand bouteiller, grand échanson. Ba.

EDASLEERE, verbeux, parleur. Ba.

EDASTEA, parole, discours. Ba.

EDATEA, action de boire. Ba.

EDATERA, à boire; *Lagona Edatera*, camarade à boire. Ba.

EDAU, fil; plurier *Edafedd*. G.

EDD, habitation, maison. Voyez *Cyntedd*. Voyez *Edean*.

EDD, le même qu'*Aid*. Voyez *Carnedd*.

EDDEIFNIAD, qui succe, qui puise, qui attire. G. *Adyfnu*.

EDDESTR, cheval, poulain. G.

EDDESTYR, cheval. G. C'est le même qu'*Eddestr*.

EDDEWID, plurier d'*Addewyd*. G.

EDDI, poil de bête, frange. G.

EDDIGOR, le même qu'*Arglwydd*. G.

EDDIWRTH, de, du, des, dès préposition. G.

EDDRAIN, le même qu'*Edrinaw*. G.

EDDWYD, es allé.

EDDYL. Je crois, dit Davies, qu'il signifie nation, peuple, parens, hommes. G. *Edil* en Allemand, famille, race.

EDDYSTR, poulain. G.

EDDYW, passé, écoulé G.

EDEA, étenduë. Ba. Voyez *Hed*.

EDEAN, retraite, asyle. I. Voyez *Edd*.

EDEF, fil. G.

EDEFYN, fil, charpie qu'on met dans une playe. G.

EDEN, oiseau. G. Voyez *Edn*, *Ezn*, *En*.

EDEN, aile. G.

EDEN, buvant. Ba.

EDEN, le même que *Den*. Voyez *E*.

EDENA, poison, venin. Ba.

EDENN, grain de bled. B. Voyez *Ed*.

EDERA, orné, propre, beau. Ba. *Edera* en Gascon, beau. Voyez *Dere*.

EDERANSIA, embellissement. Ba.

EDERATERA, abbreuver. Ba.

EDERATOQUIA, abbreuvoir. Ba.

EDERATU, abbreuver. Ba.

EDERCAYA, EDERGAIA, EDERGALLUA, ornement. Ba.

EDERGARRI, ornement; *Edergarri Arroizat*, déguisement, fard. Ba.

EDERGARRI, meuble de vil prix. Ba.

EDERGUI, bien, proprement. Ba.

EDERQUI, bien, proprement; *Ederqui Erixatua*, ceint de petits galons, de petits rubans. Ba.

EDERRA, beau, joli, charmant, bienfait, efféminé. Ba. Voyez *Edera*.

EDERRESTEA, amour. Ba.

TOME I.

EDERRETA, beauté. Ba.

EDERRETZIA, qui aime. Ba.

EDERTASSUNA, beauté. Ba.

EDERTU, j'orne, je pare, je frise; *Ederina*, orné, paré, frisé, efféminé. Ba.

EDERTZEA, déguiser son visage. Ba.

EDEU, fil. G.

EDFRYD, action de rendre, restitution, rendre, restituer, rapporter, rembourser ou rendre les dépens, refaire, rétablir, restaurer, rajuster, raccommoder, réparer, remettre sur pied. G.

EDFYN, EDFYNT, pleurs, désir ardent. G.

EDGYLLACH, désir. G.

EDGYLLAETH, pleurs, désir ardent. G.

EDH, le même qu'*Aedh*. I.

EDHERE, le même qu'*Aodhere*. I.

EDHR, le même que *Aezr*. B.

EDI, il est. Voyez *Idouf*.

EDIA, A. M. aide. Voyez *Aid*, *Ed*.

EDIF, EDIFAR, repentant, pénitent; *Edifar Gennyf*, je me repens. G.

EDIFARHAU, EDIFARU, se repentir, avoir du regret. G.

EDIFEDD, héritier. G.

EDIFEIRIANT, repentir, regret. G.

EDIFEIRIOG, EDIFEIRIOL, qui se repent, qui a du regret, pénitent, repentant. G.

EDIFEIRWCH, EDIFEIRIAINT, EDIFARWCH, repentir, regret, pénitence. G.

EDIFICZA, bâtir. B.

EDIM, prendre. I.

EDIR, terre. E. Voyez *Dir*.

EDIVICZA, bâtir. B.

EDLAES, lâche, relâché. G. *Ed* superflu.

EDLID, le même que *Llid*. G.

EDLIN, petit roi, roitelet. G. *Ed* diminutif; *Lin* signifie donc Roi. Voyez encore l'article suivant.

EDLING, EDLIN, héritier royal. G. *Edeling* en Théuton, fils de Roi; *Aetheling* en ancien Saxon, fils de Roi, héritier royal. Voyez *Li*.

EDLIW, reprocher, blâmer, outrager. G. C'est une transposition de *Lliwied*. Davies.

EDLIWGAR, outrageant, insultant, honteux, infame, couvert d'ignominie. G.

EDLIWIAD, EDLIWIANT, reproche, blâme, reproche injurieux, affront, outrage, parole outrageante. G.

EDLIWIWR, qui reproche. G.

EDLYM, le même que *Llym*. G.

EDLYNU. Davies dit qu'on voye si ce n'est point *Eddlynu*, enduire, crépir, oindre froter de quelque chose qui reste dessus. La phrase que Davies rapporte me semble prouver la vérité de sa conjecture.

EDMYC, EDMYG, honneur, ordre, gloire, honoré. G. *Ed* superflu.

EDMYGU, louer, honorer. G..

EDN, oiseau; au plurier *Ednain*, *Ednaint*. G.

EDN, étroit. C.

EDNOGYN, moucheron, mouche. G. C. *Edn*. *Gyn* apparemment petit, qui étant en composition doit faire *Cyn* au simple.

EDNYDD, jambage. G.

EDOGAISTOCOA, qui se porte bien ou mal. Ba. Il y avoit dans le Celtique des mots de signification opposée, & cela n'étoit pas particulier à cette Langue. Voyez le second chapitre de la première partie des Mémoires sur la Langue Celtique.

EDOJOAN, j'approche. Ba.

EDOITU, ODEITU, se couvrir de nuages. Ba.

Pppppp

EDONCIA, tasse ; *Edontzia*, verre à boire. Ba. Voyez *Edan*.

EDOPORIUM, A. G. vivres ou nourriture. *Ed* & *Por*, aliment, vivres, nourriture. C'est un pléonasme.

EDOQUITEN, qui est à la mammelle, qui succe le lait. Ba.

EDOSQUI, succer. Ba.

EDOËN, je suis. Voyez *Idouf*.

EDOZAGUIAC NEURRITU, mesurer des tonneaux. Ba.

EDRIFAW, le même que *Rhifo*. G. *Ed* superflu.

EDRIN, le même que *Trin*. G.

EDRINAW, le même que *Trino*. G.

EDRYBEDD, EDRYBOD, histoire. G. *Adrybedd*.

EDRYCH, voir, regarder. G.

EDRYCHIAD, aspect, regard, vuë, œillade, action de regarder, action d'être en sentinelle, contemplateur, ce qui fait connoître, face, mine, visage, air de visage. G.

EDRYCHUN, voir. G.

EDRYCHWR, spectateur, sentinelle. G.

EDRYD, parenté, race, reprise ou répétition de mot. G.

EDRYDD, qui raconte, qui fait connoître. G.

EDRYF, parenté, race. G.

EDRYNAW, combattre. C.

EDRYSEDD, le même que *Rhyfedd*. G.

EDRYWAN, EDRYWANT, d'*E*, préposition explétive, & *Trywann*. G. Davies.

EDRYWEDD, odeur, le flairer, action de sentir, le sentiment qu'éprouvent les chiens de chasse en flairant la piste des bêtes qu'ils poursuivent, le frai que les bêtes laissent, action des chiens de chasse pour trouver ce frai. G.

EDRYWEDDU, sentir, flairer, avertir en abboyant sur les voies du gibier. G.

EDUQUIAC, saisis, affligés. Ba.

EDUS, fécond, fertile, abondant. B. *Edus* en Grec, agréable, qui fait plaisir ; *Ead* en Anglo-Saxon, bonheur, félicité ; *Hedhen*, *Hedhnah* en Hébreu, volupté, plaisir ; *Edone* en Grec.

EDW, fécond, fertile, abondant. G.

EDWAD, langueur. G.

EDWI, languir, se flétrir, se faner, se sécher, s'aigrir. G.

EDWIN, languissant, flétri, fané, sec. G.

EDWINO, le même qu'*Edwi*. G.

EDWYN, a connu. G.

EDUYN. Le Pere de Rostrenen dit que ce mot a signifié anciennement sçavoir en Breton. C'est le même que le mot précédent.

EDYN, oiseau. C. Voyez *Eden*.

EE, foie. I.

EE, ciel. B.

EEIREU, berger, pasteur, séparer. Ba.

EEN, ciel, oiseau, *Yves* nom d'homme. B.

EENES, poulette. B.

EER, or dans l'Isle de Mona.

EER, oiseau, air. B.

EERCH, neige. B.

EERH, neige. B.

EERREINA, Reine. Ba. Voyez *Rei*.

EF, EFE, EFO, lui, il, cet, celui, celui-là, elle, celle-là ; *Ef Ehunan*, soi-même. G.

EFA, boire. C.

EFA, EFAFF, EFAN, boire. B. Voyez *Yfed*.

EFEASACH, effectif, réel. I.

EFELL, le même que *Gefell*. Voyez *Aru*.

EFELLGYR. Davies dit qu'on voye si c'est le même qu'*Efyll* qu'il ne rapporte point. G.

EFELYCHU, le même que *Hefelychu*. G.

EFF, aussi. B. Voyez *Hefyd*.

EFF, ciel en ancien Breton ; pluriel *Effou*, *Evou*, *Effaou* ; *Hef*, élever en Islandois, & *Effre*, *Effiur*, suprême, supérieur ; *Heofen*, *Hafen*, élevé en ancien Saxon.

EFF, lui. B.

EFF, eau. Voyez *Podieau*. B.

EFFA, boire. B. Voyez *Yfed*, *Efa*, *Eva*.

EFFACI, effacer. B.

EFFED, effet. B.

EFFEIRIAD, le même qu'*Offeiriad*. G.

EFFER, buveur. B.

EFFET, buveur. B.

EFFL, peupliers, trembles. B.

EFFLECH, buvette. B.

EFFLEN, peuplier, tremble. B.

EFFLOUT, mort aux chiens (plante.) B.

EFFN, oiseau. B. Voyez *Edn*.

EFFN, direct, droit. B. *Effen* en Flamand, juste, égal, plain, uni ; *Eben* en Allemand, juste, égal, uni, plat, plain ; *Ebene*, plaine dans la même Langue.

EFFOL, le même qu'*Ethol*. Voyez *Deffol*. G.

EFFREIS, effroi, frayeur, terreur, épouvante. B. Voyez *Effreiz*.

EFFREIS, déchiré, rompu. B. Voyez *Freis*, *Fres*.

EFFREIZ, effroi. B. *Effreour* en vieux François, peur, effroi. Voyez *Efris*. De là effroi, effrayer, frayeur. On voit par ce dernier mot qu'on a dit *Freiz*, comme *Effreiz*.

EFFREIZET, effrayé. B.

EFFRO, qui veille, veillant. G.

EFFROI, veiller, s'éveiller, éveiller. G.

EFFROS, euphraise herbe. G.

EFGUERRAC, actions de graces. Ba

EFNYS, ennemis. G.

EFO, boire. B. Voyez *Efa*.

EFO, lui. G.

EFORY, demain. G.

EFOUR, buveur. B.

EFRAI, Langue hébraïque. G.

EFRAU, yvraie. G.

EFRE, yvraie. G.

EFREWYSION, Hébreux. G.

EFRISED, le même qu'*Afrised*. G.

EFRLLID, mérite. G.

EFRYDD, mutilé, manchot, boiteux. G.

EFYDD, airain. G.

EFYDDAID, d'airain, de cuivre, de bronze. G.

EFYDDEN, tout ce qui est d'airain, comme chauderon, coquemar, &c. G. Les Latins ont de même nommé un chauderon *Ahenum* ; d'*Æs*.

EFYDDLAIS, sonnant comme l'airain. G.

EFYDDU, couvrir ou garnir de cuivre, d'airain, de bronze. G.

EFYDDWAITH, tout ce qui est fait de cuivre, de bronze, d'airain. G. *Efydd Gwaith*.

EFYDDYN, chauderon, chaudière d'airain, de cuivre, généralement tout ce qui est de cuivre, d'airain. G.

EG, action. B.

EG, eau. Voyez *Eguer*, *Gwaneg*, *Aches*. *Egail*, rosée en François.

EG, lieu. Voyez *Rhedyneg*. G. C'est *Ac*.

EG diminutif. Voyez *Padelleg*. G.

EG, bœufs, vaches. Voyez *Gwartheg*. *Egela* en Hébreu, genisse ; *Egel* en Hébreu ; *Egela* en Chaldéen ; *Okor* en Hongrois, veau.

EG.

EG, forêt ; *Onn*, frêne ; *Onneg*, frênaye ou bois de frênes ; *Deru*, chêne ; *Derhuecq*, chênaye. B. Voyez aussi *Ag*, *Egur*.

EGA, piquer, pointiller, froter, & figurément chagriner. B.

EGA, branler. B.

EGAA, EGALA, EGOA, aîle, aîle déplumée. Ba.

EGAACHOA, petite aîle. Ba.

EGAAGARIA, volatile. Ba.

EGAARIA, mobile. Ba. Voyez *Egaff*.

EGAATSUA, aîlé. Ba.

EGAATU, je vole. Ba.

EGACHIBIA, calmar poisson. Ba.

EGAFF, remuer. B. Voyez *Egaaria*.

EGAL, égal. B.

EGALA, aîle, aîle déplumée, auvent. Ba.

EGALCHOA, petite aîle. Ba.

EGALDATSEN, volant. Ba.

EGALDIA, vol d'oiseau. Ba.

EGARICA, agitation des aîles. Ba.

EGARRI, qui a soif. Ba. On dit *Essarri* en Patois de Franche-Comté.

EGARRIA, soif. Ba.

EGARRIAC, avoir soif, avoir chaud. Ba.

EGARRY, cuir. G.

EGARTU, porter, conduire. Ba.

EGAS, chagrinant, fâcheux, incommode. B. Voyez *Ega*.

EGATSA, aîle, plume. Ba.

EGASTERRENA, paon. Ba. Il est ainsi appellé à cause de son beau plumage ; *Egaz*. d'*Egatsa* ; *Terren*, beau. Voyez *Eder*, *Dere*.

EGASTIA, EGASTINA, oiseau. Ba.

EGASTIAE ASMATEALLA, augure. Ba.

EGE, le même qu'*Age*. I.

EGEA, branler. B.

EGEN, EJEN, ECHEN, EUGEN, EUJEN, EUCHEN, bœuf ; plurier *Ohen*, *Ouhen*, *Egenet*. B.

EGENGE, peut-être. Ba.

EGHETAU, ERGHETAOU, ERGHENTAOU, tantôt parlant du temps passé. B.

EGHIS. Voyez *Ghis*.

EGHLYN, adhérent. G.

EGILE. Voyez *Eben*.

EGIN, germe, grain semé commençant à sortir de terre, bourgeon d'arbre ; singulier *Eginen* ; plurier *Eginou*. *Egina*, germer, pousser dehors parlant des plantes, bourgeonner. B.

EGINAT, terme dont on se sert dans le Diocèse de Léon pour demander ses étrennes. On dit *Eghin-An-Eit* à Morlaix, ce qui signifie le bled germe. B.

EGINO, germer, pousser, croître en herbe. G.

EGINYN, au plurier *Egin*, germe, herbe que poussent d'abord les grains. G.

EGL, aigle. B.

EGLEAU, joubarbe plante. B.

EGLECOPALA, marne dont les Gaulois se servoient pour fertiliser leurs champs. Pline, *liv. XVII, c. 8*, nous a conservé ce mot Celtique ; *Clai*, terre, avec l'E préposé. (Voyez E) *Eglai* à cause de cette composition ; *Copal*, graisse ; *Eglaicopa* ou *Eglecopal*, terre grasse, terre qui engraisse. Voyez *Coipea*.

EGLIN, coude. B.

EGLUR, clair, resplendissant, éclatant, illustre. G.

EGLURDES, EGLURDER, clarté, splendeur éclat, évidence. G.

EGLURHAAD, action d'éclairer, illumination, explication. G.

EGO. 531

EGLURHAU, découvrir, dévoiler. G.

EGLURIAD, explication, interprétation, déclaration, aveu. G.

EGLURLATHR, EGLURLAWN, clair, luisant, éclatant. G.

EGLURLOYW, clair, brillant, serein, sans nuages, évident. G. *Eglur*, *Gloyw* pléonasme.

EGLURO, éclairer, illuminer, expliquer, manifester. G.

EGLWG, le même qu'*Eglur*. G. Il paroit, dit Davies, avoir une signification fort approchante d'*Amlwg* & *Golwg*.

EGLWR, insigne, considérable, illustre. G.

EGLWYS, Temple, Église ; *Eglwysleidr*, sacrilége ; à la lettre, voleur d'Église ; *Egwysfwr*, Prédicateur, Ecclésiastique, Prêtre. G. D'*Ecclesia* Latin.

EGLYN, attaché, adhérent ; *Tr Eglyn*, saxifrage, œnanthe espèce de *Filipendula*, lys du soleil. G.

EGNI, effort véhément, passion, désir, zéle, tentative, force, vigueur, effort. G.

EGNIO, verbe formé d'*Egni*. Voyez *Ymegnio*.

EGNIOL, qui fait effort, qui fait son possible, qui s'efforce, fort, robuste. G.

EGNIUS, le même qu'*Egniol*. G.

EGOA, aîle. Ba.

EGOA, le midi, le vent du midi. Ba.

EGOBIA, indifférence. Ba.

EGOCAITZA, inquiet, remuant. Ba.

EGOCAYA, matière. Ba.

EGOERA, posture, situation. Ba.

EGOIA, le même qu'*Egoa*. Ba.

EGOILE, faisant, ayant soin. Ba. Voyez *Eg*.

EGOITEA, demeurer. Ba.

EGOITZA, habitation, séjour, résidence, camp, situation, posture. Ba.

EGOIZVE, jet, action de jetter. Ba.

EGOIZTEN, qui jette. Ba.

EGON, or particule. B.

EGON, qui a demeuré ; *Egonten*, qui demeure ; *Egonen*, qui demeurera. Ba.

EGONA, séjour, domicile. Ba.

EGONDEA, camp. Ba.

EGONES, A. G. Voyez *Ægones*.

EGONIUM, A. M. piscine, endroit où l'on lave ; d'*Eg*, eau.

EGONTEA, séjour, domicile. Ba.

EGOPEA, substance. Ba.

EGOQUI, insulter. Ba.

EGOQUIA, soin, obligation, qualité, propriété. Ba.

EGOQUIBADEA, absurdité. Ba.

EGOQUIDA, importance, constance. Ba.

EGOQUITZA, procuration. Ba.

EGOQUITZALLEA, Procureur, Intendant, qui a beaucoup d'attention. Ba.

EGOQUITZATU, procurer avec soin. Ba.

EGOR, ouvrir. G.

EGORED, qui peut s'ouvrir, qui s'ouvre, qui bâille, qui s'entr'ouvre, qui est ouvert, qui est entr'ouvert, dissolu, mol. G.

EGOREDIGAETH, action d'ouvrir. G.

EGORI, ouvrir, bâiller, avoir la bouche ouverte. G. *Oghir*, clef en Irlandois.

EGORIAD, action d'ouvrir. G.

EGORTEA, mission. Ba.

EGORYD, ouvrir. G.

EGOS, presque, approchant de, près de. B. Voyez *Agos*.

EGOSIA, cuisson. Ba.

EGOTEA, ému. Ba.

EGOTE, qui jette. Ba.
EGOTZI, se livrer à son feu, être emporté. Ba.
EGOTZI, qui a déposé, qui a déjetté. Ba.
EGOTZIA, intrépide, plein de courage, plein de feu. Ba.
EGOTZIA, proscrit. Ba.
EGOTZIREN, qui mettra. Ba.
EGOYA, le vent du midi. Ba. Voyez *Egoia*.
EGR, acide, âcre, aigre. G. De là ce dernier mot. *Cager*, aigre en Anglois.
EGR, aigre. B.
EGRAICH, verjus. B.
EGRAS, sauvageon, arbrisseau sauvage. B.
EGREFIN, EGLEFIN, nom Anglois & Écossois d'un poisson. On le nomme en François, au rapport de Nicot, *Eglefin* ou *Egrefin*. Rondelet dit qu'il a le bec aquilin, la tête grosse, la bouche grande; *Egl*, aigle; *Fin*, extrémité, bec.
EGRETTE, espèce d'oiseau. B.
EGRI, aigrir. B. *Agri*, douleur en Turc.
EGROES, fruits sauvages produits dans les forêts, comme pommes, poires, &c. singulier *Egroesen*; plurier *Egroesennon*. B. D'*Egr*, acide, âcre.
EGROESEN, nœud d'épine, fruit d'églantier; plurier *Egroes*. B.
EGRU, s'aigrir, devenir aigre, chansir, moisir. G.
EGRUNUM, A. M. acidité; d'*Egru*. On a dit *Aigrun* pour acidité en vieux François. On appelle en Franche-Comté du verjus fait avec des raisins verds, du verjus d'*Egrun*.
EGRYGI, le même que *Drwg*. G.
EGRYN, crainte, peur, tremblement. G. De *Cryn*, qui fait *Gryn* avec l'*e* préposé. Voyez *Crynn*.
EGUANZA, aurore. Ba.
EGUER, aiguière. B. De là ce mot. On dit *Aguére* en Patois de Franche-Comté.
EGUERDIA, midi. Ba. D'*Eguerea Di*.
EGUEREA, splendeur, éclat. Ba.
EGUET, pour. B.
EGUET, que après le comparatif. B.
EGUETAU, tantôt parlant du temps passé. B.
EGUETI, dot. G. C'est le même qu'*Egweddi*.
EGUEYRIA, A. M. aiguière; d'*Eguer*.
EGUI, agir, action. B. Voyez *Eguiera*.
EGUIA, vérité, ingénuité. Ba.
EGUIATIA, vrai, véridique. Ba.
EGUIAZ, vraiment. Ba.
EGUICARRIA, affaire. Ba.
EGUIERA, action. Ba. Voyez *Egui*.
EGUIGOA, opposition. Ba.
EGUILE, autre. B.
EGUILICA, calament (plante.) Ba.
EGUILLEA, faiseur, agissant, actif. Ba.
EGUIN, germe du grain semé commençant à sortir de la terre, bourgeon d'arbre; singulier *Eguinen*; *Eguina*, germer, pousser dehors parlant des plantes, bourgeonner. B. Voyez *Eginyn*.
EGUIN, voûter, bâtir en voûte. Ba.
EGUIN, je tonds. Ba.
EGUIN, fait, faite. Ba.
EGUINA, action, coup donné par surprise, acte, date. Ba. Voyez *Eg*.
EGUINDA, corde de chanvre. Ba.
EGUINDEA, EGUINDURA, action noble, action héroïque. Ba.
EGUINDERAC, faits, gestes. Ba.
EGUINTARRIA, acteur, agissant. Ba.
EGUIQUERRA, activité, efficace. Ba.
EGUIQUIDA, coopération. Ba.

EGUIRUDIA, vraisemblable. Ba.
EGUIS, comme, selon. B.
EGUITATZIA, vérification. Ba.
EGUITEA, action, faire. Ba.
EGUITEA, j'épouvante. Ba.
EGUITECOA, faits, gestes. Ba.
EGUITURA, œuvre, réparation. Ba.
EGUITZA, narration. Ba.
EGUIUNEA, union, paix. Ba.
EGUIYA, colline, éminence. Ba.
EGUIYAS, être obliquement. Ba.
EGUN, jour, aujourd'hui. Ba.
EGUNDANO, jusqu'ici. Ba.
EGUNDO, jusqu'ici. Ba.
EGUNDU, je luis. Ba.
EGUNO, jusqu'ici. Ba.
EGUR, bois substance de l'arbre & forêt. Ba.
EGUBALDIA ONDU, calmer, apaiser, adoucir, rendre serein. Ba.
EGURALDIAZ JOAN, céder au temps. Ba.
EGURASA, récréation. Ba.
EGURPILLA, monceau de bois. Ba. *Egur Pill*.
EGURTZE, forêt. Ba.
EGUS, agissant. G. Voyez l'article suivant, & *Egui*.
EGUS, actif. B. Voyez l'article précédent, & *Egui*.
EGWAN, foible, languissant, éreinté, abatu, infirme, imbécille, mol, un peu délié. G. E superflu. Voyez *Gwan*.
EGWEDDI, dot. G.
EGWYD, cheville du pied, la plus petite partie de la jambe, piége, lacet. G.
EGWYDDOR, alphabet, rudimens, catéchisme, élémens d'un art d'une science, commencemens d'un art, d'une science, initiation, instruction. G.
EGWYDDORI, initier. G.
EGWYDDORIG, qui est à l'alphabet. G.
EGUZQUIA, soleil. Ba. A la lettre, faiseur de lumière.
EH, eau. Voyez *Goch*.
EHAH, époux. B. *Ehe* en Allemand, mariage.
EHAITU, moudre. Ba.
EHAL, jument. C.
EHAN, interruption, pause, délassement, halte, repos, cessation. B.
EHAN, Jean nom d'homme. B.
EHANA, s'arrêter, se reposer, se délasser, interrompre son travail, cesser, se désister, se tenir en repos. B.
EHANG, ample, vaste, spacieux, étendu, grand, large, qui n'est pas étroit, qui n'est pas serré, libre, affranchi, libéral, qui fait des largesses, dissolu. G. C'est le même qu'*Eang*.
EHANG, large, vuide. C.
EHANGDER, ampleur, grandeur, étenduë, largeur, grand espace. G.
EHANGRWYDD, capacité, étenduë. G.
EHARMAC, arbre généalogique. Ba.
EHARRIA, petit cochon. Ba.
EHARTATU, greffé. Ba.
EHARTATUAC, planté avec. Ba.
EHARZ, auprès, tout proche, tout contre, vis-à-vis. B.
EHAWN, hardi. C.
EHE, foie. I.
EHED, EHEDEG, voler; *Maen Ehed*; *Ehedfaen*, aimant. G. A la lettre, pierre qui fait voler. E superflu. Voyez *Hedu*.
EHEDIAD, vol, volée, action de voler, ce qui vole, volatil. G.
EHEDYDD, alouette, alouette hupée. G.

EHEEN,

EHE.

EHEH, époux. B. Voyez *Eha*.
EHEGR, vîte, prompt, qui se hâte, d'abord, sîtôt, sur le champ. G. *Higre*, fuite en Turc; *Hegire* en Arabe.
EHEH, époux. B.
EHEINE; pluriel *Dijonn*, bœuf. B.
EHEL BEZA, peut-être ; *E*, Il; *Hell* pour *Guell*, pouvoit ; *Beza*, être ; *Ehel-Beza*, peut-être pour le temps passé ; comme *Martexe* pour l'avenir. B.
EHELAETH, ce qui vole, volatil. G.
EHELAETH, ample, vaste, spacieux, étendu, grand, large, libéral, magnifique, qui fait des largesses, dissolu. G.
EHENG, le même qu'*Ehang*. G.
EHENGU, amplifier, étendre, aggrandir, élargir, découvrir à tout le monde. G.
EHETTO. A EHETTO, volatile. G. Voyez *Ehed*.
EHEUG, saumon. B.
EHFAL, haut. C. Voyez *Ehoual*.
EHINA, facile. Ba. *Ayna* en Espagnol, facilement, vîte, sîtôt.
EHINARA, EHINQUI, très-facilement. Ba.
EHO, EOTU, moudre. Ba.
EHOA, EHOAZ, le repos des bêtes à midi. B.
EHOAZ, privé, apprivoisé ou apprivoisement, docilité, douceur, tranquillité. B.
EHOAZA, se reposer. B.
EHOAZA, apprivoiser. B.
EHOÊG. Davies dit qu'on voye si ce mot signifie verd, couleur verte. Je réponds que les phrases qu'il rapporte semblent l'indiquer. D'ailleurs Thomas Guillaume dit qu'*Hoyw* signifie verd : tous ceux qui ont quelque connoissance du Gallois, voyent combien la substitution mutuelle d'*Hoyw* & d'*Hoeg* est facile en cette Langue. (*E* dans *Ehoeg* est superflu.) *Hoeg Hoyw*, aura non-seulement signifié verd, mais encore herbu, herbe, pré, comme *Gwyrdd* & *Ir*, qui signifient l'un & l'autre ; d'ailleurs on voit l'analogie qui est entre tous ces sens. *Hoeg* par une crase fort naturelle aura fait *Hog* ou *Aug*, ainsi qu'on le voit par *Aug* en Gallois, prairie, & *Augia*, *Auge* en ancien Allemand, pré. *Hoyw* aura souffert le retranchement de sa dernière lettre dure à prononcer, c'est ce qui se voit par *Hoy*, qui dans une partie du Comté de Bourgogne (à Ornans, à Moutier) signifie encore prairie. D'*Hoyw* par une crase fort naturelle, on aura dit *How* ou *Ow*, *Auw*, ainsi qu'on le voit par *Av*, *Au*, qui en ancien Allemand signifioient pré. De là *Houx*, arbrisseau toujours verd.
EHOIL, grand. Ba.
EHOITZA, digestion. Ba. Voyez *Eho*.
EHOM, besoin. B.
EHOMECQ, nécessiteux, qui est dans le besoin. B.
EHORI, oiseau. Ba.
EHORTH, le même qu'*Eorth*. G.
EHORZLEA, corbeau ou enterreur de morts. Ba.
EHOUAL, haut. G. Voyez *Ehuel*.
EHUD, crédule, facile à être trompé, inconsidéré, imprudent, téméraire, étourdi, fou, qu'on peut persuader, licentieux, qui prend trop de liberté. G.
EHUDRWYDD, témérité, inconsidération, imprudence, précipitation, audace, hardiesse. G.
EHUEDIH, alouette. B.
EHUEL, haut. B. Voyez *Ehoual*.
EHUN, merle; pluriel *Ehunez*. B.
EHUN, cent. Ba.
EHUNMISIG, juste. C. Voyez *Enn*.

TOME I.

EID.

EHUS, étonnant, surprenant, merveilleux, épouvantable, horrible. G.
EHWAS, inaccessible, impraticable. B.
EI, son, sa, de lui, d'eux. G.
EI, Isle dans les orcades. Voyez *Ew*.
EI, eau, rivière. Voyez *Aches*.
EI, particule explétive ou superflue. Voyez *Eiddil*.
EI, avoir accoutumé. Ba.
EIACA, vîte. Ba. Voyez *Ewig*, *Eoig*.
EJAN, bœuf. B.
EIBH, le même qu'*Aoibh*. I.
EICH, vôtre. G. *Eigen* en Allemand & en Flamand, propre, à soi.
EICH, cheval au génitif. I.
EICHIN, mammelon. I.
EID, fruits. G.
EID, tribut. I.
EIDD, préposition explétive. Voyez *Eiddwng*.
EIDDEW, lierre; EIDDEW-'R DDAIAR, lierre terrestre, rave sauvage. G.
EIDDEWOG, plein de lierres. G.
EIDDI, son, sa. G.
EIDDIG, jaloux. G.
EIDDIGEDD, jalousie. G.
EIDDIGEDDU, être jaloux, être envieux. G.
EIDDIGEDDUS, jaloux, envieux. G.
EIDDIGOR, le même qu'*Eddigor*. G.
EIDDIGUS, jaloux, envieux. G.
EIDDIL, subtil, délié, mince, menu, petit, grêle, foible, leger, inconstant. G. Je crois qu'*Ei* est ici une préposition explétive, parce que *Dell* signifie mince, menu, petit. Voyez *Adill*.
EIDDILO, rendre mince, amoindrir. G.
EIDDILWCH, taille menuë; délicate, grêle, déliée, petitesse, foiblesse, délicatesse, contraction, rétrécissement, resserrement. G.
EIDDIOG, près, prochain, presque. G.
EIDDIORWG, lierre. G.
EIDDO, propre, appartenant, son, sa, pronom possessif universel. G. *Idios*, propre en Grec.
EIDDOCH, vôtre. G.
EIDDOF, mien, mienne. G.
EIDDOM, nôtre. G.
EIDDOT, ton, ta. G.
EIDDUDD, ses, leur. G.
EIDDUN, vœu promesse, vœu désir, désirable. G.
EIDDUNASWN, désir. Voyez *Euddunswn*.
EIDDUNAW, vouer. G.
EIDDUNED, vulgairement *Aduned*, vœu promesse, vœu désir, dévouement, envie, volonté, demande, supplication, prière très-humble & très-instante. G.
EIDDUNEDU, dévouer, dédier, consacrer. G.
EIDDUNIAD, dévouement, dédicace, action de dédier. G.
EIDDUNO, vouer, dévouer, dédier, consacrer, désirer, demander, prier, supplier très-humblement. G.
EIDDUNOL, désiré, dévoué. G.
EIDDWNO, près, auprès, prochain. G. *Eidd* superflu, *Wng*. Davies.
EIDDYNT, ses, leur. G.
EIDEADH, appareil, armure en général. I.
EIDEADHACH, armé. I.
EIDEN. Voyez *Eit*.
EIDERGUEA, irrévérence, malhonnêteté. Ba. *Eder Eguea*.
EIDHE, le même qu'*Aoidhe*. I.
EIDHE-INRAN, EIDHE-INEOG, EIDHEAN, lierre. I.

Q qqqqq

EID.

EIDHES, biche. B.
EIDHIDHE, le même qu'*Asidhidhe*. I.
EIDHIM, le même qu'*Eighim*. I.
EIDHREATA, EIDHRIDH, gelé. I.
EIDIOG, courageux, vif, vigoureux. G.
EIDION, bœuf. G.
EIDION, le même que *Swrn*. G.
EIDIONNAIDD, qui a des cornes de bœuf. G.
EIDIORRHUASACH, capricieux. I.
EIDIORLUAS, bruit, tumulte, précipitation. I.
EIDIR, entre. I.
EIDIRDHEALAM, séparer, I.
EJEN. Voyez *Egen*.
EIFEAS, effet. I.
EIG, lune. I.
EIGCEART, tort, injustice, outrageux, injurieux. I.
EIGCRIONNA, imprudent, qui n'est pas politique. I.
EIGEAN, contrainte, violence qu'on souffre, outrage, il faut. I.
EIGEANACH, obligé, contraint. I.
EIGEANTA, qui restraint, qui assujettit. I.
EIGH, biche. I. Voyez *Ewig*.
EIGHIM, crier. I.
EIGHREATA, froid, glacé. I.
EIGIAN, le même qu'*Igian*. G.
EIGIAWN, océan. I.
EIGIN, difficile, difficilement, à peine. I.
EIGION, océan, mer. G.
EIGION, abysme, gouffre, profond. G.
EIGLIDE, maigre, foible, caduc, languissant, fragile, abject, méprisable. G.
EIGLIDEACH, foiblesse, langueur, fragilité. I.
EIGLIDIOS, foiblesse, incapacité, insuffisance. I.
EIGNE, saumon. I.
EIGNIUGHADH, ravir, ravissement. I.
EIGREU, bottines sans éperons. G.
EIGSEACH, école. I.
EIGSI, art, science. I.
EIH, huit. B.
EIJONN, bœuf. B.
EIL, sangle, courroie. I.
EIL, le même qu'*Aoil*. I.
EIL, autre, second, un aide. B.
EILBLAWD, fleur de farine de froment. G.
EILCAN, rétractation. G.
EILCHWYL, de nouveau, une seconde fois. G.
EILCYRCH, action de réitérer. G.
EILEACH, le même qu'*Aoileach*. I.
EILEACHDAM, aliéner. I.
EILEIM, dépouiller, enlever. I.
EILFAM, autre mere. I. *Mam*.
EILFF WYLION, lutins, lémures. G.
EILFPURF, réformation. G.
EILFYDD, second, semblable. G.
EILFYW, qui revient en vie. G.
EILIAD, action de plier. G.
EILID, EILIDAN, sauvage qui habite dans les forêts. I.
EILIER, tente. G.
EILIG. Davies n'explique pas ce mot. Il se contente de rapporter cette phrase Galloise : *Eilig Pysg Yn Llyn*. *Pysg* signifie poisson ; *Yn*, dans ; *Llyn*, eau ; je crois qu'*Eilig* signifie se pliant, d'*Eilio*, plier.
EILIGH, le même qu'*Aoiligh*. I.
EILIMH, le même qu'*Eiliomh*. I.
EILIO, plier. G.
EILIOMH, justice, droit, prétention, demande,

EIN.

plaidoyer, raisons sur lesquelles on appuye sa demande en Justice, poursuite, brigue. I.
EILIOTRUM, cercueil, litière. I.
EILIT, sauvage, qui habite dans les forêts, biche. I.
EILIUGHADH, défier, faire un défi, provoquer, prétendre, avoir des prétentions à, accuser, récuser. I.
EILIW, fard, apparence, couleur. G. *Eil Lliw*. Davies.
EILIW, EILIWEDD, EILIWOEDD, opprobre, outrage. G.
EILL. Voyez *Ill*.
EILLIAD, vol, larcin, brigandage, pillage. G.
EILLIEDYD, qui racle. G.
EILLIO, raser, tondre. G.
EILLIWR, qui racle, pillard, qui vole, qui extorque. G.
EILNECIA, A. M. aînesse. Voyez *Ainescia*.
EILON, cerf, jeune cerf, faon. G. *Eilen* en Allemand ; *Illan* en Théuton, se hâter, aller vîte. Voyez *Elain*, *Allya*.
EILRHWYM, action de lier de nouveau, G.
EILSAIG, confitures, pâtisseries, tout ce qu'on sert à table au dessert. G.
EILTRIN, action de retoucher son ouvrage. G.
EILUN, image, statuë, idole, copie, apparence, fantaisie, imagination. G.
EILUNAID, imaginaire, feint. G.
EILWAITH, derechef, de nouveau, une seconde fois. G.
EILWERS, derechef, de nouveau, une seconde fois ; *Bob Eilwers*, alternativement. G.
EILWIN, piquette. G. A la lettre, second vin.
EILYDD, autre, second. G.
EIM, beurre. I.
EIMIL, queuë. I.
EIMHIM, crier. I.
EIMSIR, temps. I. Voyez *Amser*.
EIN, nôtre. G.
EIN, le même qu'*Aoin*. I.
EIN, oiseau. B. Voyez *En*.
EIN, paragogique. Voyez *Einoes*.
EIN, étroit. Voyez *Echtiniad*.
EINA, vîte. Ba.
EINCADURR, resserrement, restriction. B.
EINCHINEADH, de la même famille. I. *Ein Cintead*.
EIN en composition, un, même. I.
EINEACH, face, apparence. I.
EINEBOUR, antagoniste, contradicteur. B.
EINECIA, EINESCIA, EINECIUS, A. M. aînesse. Voyez *Ainescia*.
EINEP, contraire. B.
EINGION, enclume. G.
EINGL, étrangers, ennemis. G. Il paroit, dit Davies, que ce mot désigne les Anglois Saxons qui ont été longtemps ennemis des Bretons, & qu'ils ont été ainsi nommés, parce qu'ils habitoient au commencement dans un angle de l'Isle ; car les Bretons appellent un angle *Ongl*.
EINHUE, Ciel. B.
EINI. Voyez *Einoes*.
EINIAWN, justice. G.
EINIOES, âge. G. *Eini* superflu. Voyez *Oes*.
EINION, enclume. G.
EINIWO, nuire, faire du tort, causer du dommage. G. *Ei* superflu. Voyez *Niwedd*.
EINO, son, sa. G.
EINOCH, vôtre. G.

EIN.

EINOD, ton, ta. G.
EINOES, vie. G. Voyez Einioes.
EINOF, mon, ma, mien, mienne. G.
EINON, nôtre. G.
EINOT, ton, ta. G.
EINWCH, vôtre. G.
EINWYD, ton, ta. G.
EINWYF, mon, ma. G.
EINYM, nôtre. G.
EJON, bœuf. B.
EIR paroit signifier beau. 1°. *Eirian*, *Eiroes*, *Eirys* signifient beau. Ils ne sont semblables que par *Eir*; donc *Eir* signifie beau. 2°. *Haer* signifie beau. 3°. *Ir* signifie verd; je remarque qu'*Hoyw* qui signifie verd signifie aussi beau.
EIRA, neige. G.
EIRCH, plurier d'*Arch*, demande. G.
EIRCHIAD, demandeur, qui appelle, qui invite. G.
EIRE, Irlande. I.
EIRE, charge. G.
EIRF, plurier d'*Arf*. G.
EIRGHE, levant, orient. I.
EIRGHIM, se lever, être levé, se lever contre, se révolter. I.
EIRGUEILA, EIRGHEILA, reculer. B. Voyez *Arguila* qui est le même, & *Erchyllu*.
EIRI, nombre. Voyez *Aneiri*. G.
EIRIACH, épargne, épargner, pardonner. G.
EIRIACHOL, épargnant. G.
EIRIAN, beau. G.
EIRIAS, braise du feu, charbons allumés, flamme, incendie, bucher, le bois qui soutient les autres buches du bucher. G.
EIRIASDAN, incendie, bucher, le bois qui soutient les autres buches du bucher. G.
EIRIF, nombre. G.
EIRIGH, se lever. I. De là *Erigo*.
EIRIM, chevaucher. I.
EIRIN; singulier *Eirinen*, prune. G. B.
EIRIN, fruits. G.
EIRIN, Irlande. I.
EIRIN GWION, bryone, bryone blanche, couleurée, couleurée blanche. G. *Eirin*, prunes; *Gwion* doit donc signifier blanche; de *Gwyn*.
EIRIN GWLANOG, pêche fruit. G. A la lettre, prune laineuse.
EIRIN MAIR, groselier. G.
EIRIN PERTHI, prune sauvage. G. A la lettre, prune de buisson.
EIRIN Y CI, espèce de satyrion, serpentaire. G.
EIRINBERTH, prunier, prunellier, prunier sauvage. G.
EIRINBREN, prunier. G. *Eirin*, prunes; *Bren* en composition pour *Pren*, arbre.
EIRINEN, prune. G. B.
EIRINEN, figue sauvage. G.
EIRINLLYS, mieux *Eurinllys*, millepertuis, ascyron. G.
EIRIOES, beau, belle. G.
EIRIOG, neigeux. G.
EIRIOL, invitation, exhortation, persuasion, allégation, excuse, exhorter, presser, solliciter, intercéder, prier, ambitionner, briguer. G. De *Gair* & *Ioli*. Davies.
EIRIOLED, EIRIOLEDD, prière, intercession. G.
EIRIOLI, exhorter. G.
EIRIOLWR, intercesseur, qui persuade. G. On appelle en Franche-Comté *Entrioleur* un homme qui persuade ce qu'il veut.

EIRIONYN, frange, bandelette, bord de drap; *Eirionyn Tir*, borne de champ. G.
EIRIONYNU, entrelacer l'un dans l'autre. G.
EIRIONYNU, plier. G.
EIRIS, EIRISAN, ami. I.
EIRIZET. GREC-EIRIZET, épouse. B.
EIRK, corne. I. Voyez *Erk*.
EIRLE, EIRNE, fragment, morceau. I.
EIRNE. Voyez *Eirle*.
EIROED, lorsque. G.
EIRSCE, tronc d'arbre. I.
EIRTHIAW, le même qu'*Irthiaw*. G.
EIRW, cataracte. G.
EIRY, neige. G.
EIRYAWL, de neige. G.
EIRYOG, de neige, plein de neige. G.
EIRYS, beau, belle. G. Les Poëtes donnent souvent le nom d'Iris à leurs maîtresses réelles ou chimériques. On ne voit rien dans la déesse fabuleuse qui porte ce nom qui ait pu occasionner cette allusion; n'est-il pas naturel de croire que ce terme nous est resté de la Langue de nos ancêtres, & qu'*Iris* est le même mot qu'*Eirys*, qui signifie belle? On voit dans les chartes que les Bretons préposoient autrefois l'épithète de belle aux noms des Dames dont ils parloient.

EIS.

EIS, huit. B.
EIS, troupe, bande, troupeau. I.
EIS, trace, vestige. I.
EIS-DORR, d'*Ais-Torri*, dit Davies. G. C'est-à-dire, morceau de planche.
EISDEAS, audience, écouter. I.
EISDECUSE, essai. I.
EISEAS, efficace. I.
EISEN, côte. G.
EISEN, le même qu'*Asen*. G.
EISEN, le même qu'*Ais*. G.
EISFET, EISVET, huitième. B.
EISGEIRTHE, libre, exempt. I.
EISGLIN, piscine. I.
EISGLWYF, pleurésie. G. *Eisen Clwyf*.
EISIAMENTUM, EISSANCIA, A. M. aisance. *Act*.
EISIAU, EISIOU, indigence, manquement, pauvreté. G.
EISILLYDD, postérité, descendans. G. Voyez *Sill*.
EISIM, suivre à la trace. I.
EISIN, son partie la plus grossière du bled. G.
EISINGRUG, tas de son. G. *Crug*.
EISINLLYD, plein de son. G.
EISINOG, de son. G.
EISIO, griller, treilliser, fermer de barreaux, mettre des jalousies. G.
EISIOMPLAIR, EISIOMLAIR, exemple. I. Voyez *Eexempl*.
EISIWED, indigence, manquement, pauvreté. G.
EISIWEDIG, indigent, pauvre. G.
EISOES, mais, cependant conjonction adversative; déja, depuis longtemps, jusqu'ici. G.
EISOR, semblable, pareil. G.
EISSILLING, EISILLYD, enfans, postérité. G. *Sill*.
EISSIOES, conjonction redditive. G.
EISTE WRTH, assiéger. C.
EISTEDD, s'asseoir, être assis. G.
EISTEDD GER LLAW, être couché ou être placé

auprès de quelqu'un, soit à table, soit en quelque autre occasion. G.

EISTEDDFA, lieu où l'on s'asseoit, siége, chaise. G.

EISTEDDFAINGC, siége, chaise. G.

EISTEDDFOD, séance commune à plusieurs, assemblée publique, compagnie qui tient conseil, assemblée. G. Fod de Bod, qu'on voit par ce mot & par Bonin avoir signifié plusieurs.

EISTEDDIAD, action de s'asseoir, action d'être couché ou assis auprès de quelqu'un, soit à table, soit dans quelque autre occasion. G.

EISTEDDIAL, s'asseoir & se rasseoir souvent. G.

EISTEDDLLE, siége, chaise. G.

EISTEDDWR, qui est assis, sédentaire, qui est assis avec un autre. G.

EISTR, huitres. B.

EISTREN, huitre. B. Voyez Oestren.

EISVET, huitième. B.

EISWAYW, pleurésie. G. Eis, côté, côte; Gwayw, lance, qu'on voit par ce mot avoir été pris au figuré.

EISYDDYN, le même que Syddyn. G.

EISZEC, dix-huit. B.

EIT, pour, à cause. B.

EIT, bled; singulier Eiden, un seul grain de bled. On lit Eth, bled dans un Dictionnaire; & Yd, Yth, bled dans un ancien livre Breton. Il se dit en général de toutes les espèces de bleds. B.

EIT-DU, bled noir. B.

EITAG, dix-huit. C.

EITE, EITEOG, EITOG, aîle. I. Voyez Hed.

EITEACCAIL, volatile. I.

EITEALLACH, volant. I.

EITECEN, ont fait. Ba.

EITEOG. Voyez Eite.

EITH, froment. G. Voyez Eit.

EITH, huit. B.

EITHAF, suprême, extrême, au-dessus, dernier, très-éloigné, le plus reculé, qui est à l'extrémité, fin, bout, extrémité, achevement, perfection. G. En comparant ce mot avec Topp, qui en Gallois signifie faîte; Tap, qui en Languedocien signifie tertre, on voit qu'Ei est ici superflu.

EITHAF. OR EITHAF, conjonction diminutive. G. On voit par ces deux significations qu'Eithaf est le même que Braidd, & que comme ce mot il signifie extrémité en général, le haut & le bas.

EITHAFBELL, éloigné, qui est loin. G.

EITHAFBETH, le plus intérieur, qui est le plus avant, intime. G.

EITHAFEDD, bord. G.

EITHAFIG, qui est au bout, qui est à l'extrémité. G.

EITHAFIGION, ceux qui habitent sur les frontières, aux extrémités d'un pays. G.

EITHAFON, extrémité. G. C'est le même qu'Eithaf avec la terminaison indifférente On.

EITHAW, le même qu'Eithaf. G.

EITHEACH, chêne. I.

EITHEOIR, qui se parjure, menteur. I.

EITHIN, jan espèce de genêt. G. Voyez Attin.

EITHIN FFRENGIG, nerprun. G.

EITHIN YR IAIR, arrêteboeuf ou bugronde. G.

EITHINAN, espèce de genêt. C.

EITHINEN, au pluriel Eithin. Davies n'explique pas ce mot; mais j'ai trouvé ailleurs qu'Eithin en Gallois signifioit jan, espèce de genêt; Eithinan en langage de Cornouaille, espèce de genêt;

enfin Thomas Guillaume met dans son Dictionnaire Eithinen pour synonyme à Mieren.

EITHINFYW, sabine (plante.) G.

EITHIOCH, fausseté. I.

EITHR, si avec une négation, sinon, si ce n'est, excepté, hormis, toutefois, néanmoins, cependant, mais, hors, outre, au reste, à la réserve; Eithr Od, que si, mais si. G.

EITHRAD, exception, exemption. G.

EITHREOG, glace. I.

EITHRIAD, aliénation. G.

EITHRGWARET, mais. G.

EITIM, danger. I.

EITIOLLACH, volant. I.

EITIOLLADH, vol, volée. I.

EITLEADH, vol, volée. I.

EITLEDAN, ETLEDAN, HETLEDAN, HETHLEDAN, que quelques-uns prononcent Heledan, plantain (plante.) B.

EITLEOCHADH, vol, volée. I.

EITLEOGAIM, voler. I.

EITLEORACHD, vol, volée. I.

EITO, au reste. G.

EITOG. Voyez Eite.

EIZ, huit. B.

EIZ, eau. Voyez Guynteis.

EIZA, chasse aux oiseaux, chasse. Ba.

EIZAREA, lacet, embûche. Ba.

EIZVED, octave. B.

EK. Fauchet dans son livre de l'origine de la Langue Françoise, chap. 2. dit que ce mot est bas-Breton, & qu'il signifie saumon : Si cela est, c'est une crase d'Eucq.

EKIT, durant, pendant. B. Eke, grand en Tartare Calmoucq.

EKEN, à cause, pour. Ba.

EKETAW, tantôt au passé. B.

EKICHEN, près, proche, auprès ; Ekichennic diminutif sert de superlatif. B.

EL, haut, hauteur, colline, sommet. G. Hol, montagne en ancien Suédois selon Rudbeck ; Elion en Phénicien, très-haut ; Alon, Dieu en Punique ; Ili en Syriaque, haut. Voyez Al, qui est le même mot.

EL, le même qu'Aol. I.

EL, comme. B.

EL, isle. B.

EL, Ange. B.

EL, manche de charruë. B. C'est une crase d'Heul.

EL diminutif. Voyez Cronell.

EL Voyez Elf.

EL d'Ael, comme Al d'Ael.

EL, privation, sans. Voyez Elboet.

EL ou ELL paroit avoir été pris pour épaule. Voyez Elin, Camailh.

EL, le même qu'Al, Il, Ol, Ul, All, Oll. Voyez Bal.

EL, le même que Cel, Gel, Sel. Voyez Aru. Le sçavant Mendoza dans sa défense du Concile d'Elvire, dit qu'El signifioit Ville en ancien Espagnol.

ELA, cygne. I.

ELA. Voyez Ella.

ELAETH, grand. G.

ELAIN, cerf dans un Dictionnaire Gallois; femelle de daim dans un autre ; petit daim, faon de biche dans un autre ; Elanedd au pluriel. G. Voyez Ankeler.

ELAN, isle. E. I. Eiland en Flamand ; Alendi en Théuton ; Egland en ancien Saxon, isle.

ELAN-

ELA.

ELAN, élan bête sauvage. B.
ELAR, biére, cercueil. C. C'est le même qu'*Elor*.
ELARGARE, A. M. élargir, faire sortir de prison; *Elargatio*, élargissement, sortie de prison, augmentation; de *Larg*.
ELARRIA, excellent. Ba.
ELAS, gesier, foie. B.
ELAU, orme. G.
ELAVAR, éloquent, bien disant. B. Ce mot est formé de *Lavar*, *Lavaret*, parole, & d'*E*, apparemment pour *Eu*, qui aura signifié ce qui est bien en Celtique comme en Grec.
ELAW, pinces ou serres des cancres & écrevisses. G.
ELAW, le même qu'*Elaw*. Voyez *Elw*.
ELAWER. Voyez *Elw*.
ELAYA, hirondelle. Ba.
ELBARIA, affoiblissement de nerfs, perclus, estropié, difforme. Ba.
ELBARITUA, manchot, débile. Ba.
ELBIC, émulation, à qui mieux mieux. B.
ELBOEST, famine, faim, affamé. B. *Boet*, aliment; *El* signifie donc privation, sans.
ELC, mauvais. I.
ELCAR, ALCAR, ensemble, s'unir. Ba.
ELCARDUNA, mutuel, réciproque. Ba.
ELCARGANATU, terminer un procès. Ba.
ELCARGOA, ligue, conspiration, haine, inimitié cachée. Ba. *Elcar*; *Goa* privatif.
ELCARROSQUIA, symphonie. Ba. Voyez *Elcar*.
ELCARTEA, union, concorde, accord, consentement, harmonie du discours. Ba.
ELCARTU, accorder. Ba.
ELCAYA, poignée, manche. Ba.
ELCYSEN, pluriel *Eleys*, oie sauvage. G.
ELD, plus grand. G. Voyez *El*, *Ald*.
ELDEA, maladie épidémique. G.
ELDERA, maturité, fin, perfection. Ba.
ELDIAN, près. Ba.
ELDU, prendre, tenir. Ba.
ELDU, venir; *Eldu-Cen*, il faisoit jour : A la lettre, le jour étoit venu. Ba.
ELDU, passant, entrant. Ba.
ELDUA, pris par force, entêté. Ba.
ELEA, troupeau de gros bétail, haras de chevaux. Ba. *Ele*, troupeau en Grec. Voyez *Elu*.
ELEA, fable. Ba.
ELEAN, ELEAND, mauvais. I.
ELECH, pierre, tuile, bardeau. G. Voyez *Lech*.
ELED, allez à l'impératif. G.
ELEIFF, couvrir. B.
ELEIS, beaucoup. B. Voyez *Leit*.
ELEMEND, élément. B. Voyez *Elfen*.
ELEN, année; *Eleni*, l'année présente, l'année courante, cette année. G. Voyez *Helene*.
ELENITH, élevé. G.
ELENNITH, cimes des marais. G. *El*, cime; *Lenn*, marais.
ELEPHANDD, éléphant. B.
ELEPHANT, éléphant. G.
ELERCH, cygne. C. Voyez *Alarch*.
ELESE, en ce lieu là. B.
ELESSIOR, A. G. qui cajole, qui donne de fausses louanges; de *Les*, cajolerie.
ELESTR, pluriel *Eleftron*, iris, lys, acorus. G.
ELESTR, iris, glayeul selon Dom Le Pelletier; pavot selon le Pere Maunoir. B.
ELETARRA, pâtre, berger, bouvier. Ba.
ELEZ, Anges. B.
ELF, ELFE, fée. E. *Elf* en Anglois, lutin, esprit follet.

TOME I.

ELL.

ELF, bluette de cendre volante. B.
ELF, bardeau, petite planche de bois, ais. B.
ELF, nerf. B. Je crois que ce mot a aussi signifié force, vigueur, puissance; *Neuron* en Grec signifie nerf & force. De *Nerth*, force, puissance en Breton, est venu le Latin *Nervus*. D'*Elf* au sens de puissance est venu *Helpen*, *Helffen* en Allemand, secourir; *Ellen* en ancien Saxon; *Elend*, *Ellend* en Théuton, force, vigueur, puissance.
ELF, ELV, ELW, ELO, EL, EWE, tremble (arbre.) Voyez *Ethlen*.
ELFEN, bluette de feu. B.
ELFEN, élément. G.
ELFENN, élément. B.
ELFO, délire. B.
ELFYDD, pluriel *Elfyddau*, élément de la terre, pays, terre, contrée; *Elfyddgelau*, terre ou contrée près du ruisseau nommé *Gelan*. G.
ELFYDD, second, semblable. G.
ELFYDDEN, élément de la terre, pays, terre, contrée. G.
ELFYDDU, être semblable, imiter. G.
ELGAITEA, fiévre. Ba.
ELGETH, menton. G. C. B.
ELGETH, machoire. G. B.
ELGUET, ELGUEZ, menton, machoire inférieure. B.
ELHURRA, neige. Ba.
ELI, onguent, médicament, remède, emplâtre. G.
ELI, ILI, Oihenart (*not. utr. Vasc.*) dit qu'*Eli*, *Ili* dans l'ancienne Langue Espagnole signifioient Ville, & *Berri* nouvelle. Voyez *El*.
ELIA, troupeau. Ba. Voyez *Elea*.
ELIAW. Voyez *Elio*.
ELIB. Voyez *Gyff*.
ELYBER, petite poire sauvage de bois & de hayes. B.
ELICOUS, oui da. B.
ELIET, affamé. B.
ELIN, coude. G. B. *Ulyn*, coude en Irlandois; *Elin*, *Helin* en Théuton; *Elu* en ancien Saxon; *Alleina* en Gothique; *Olene* en Grec; *Elle* en Flamand; *Ell* en Anglois; *Alma* en Espagnol & en Italien, aune, coudée, coude. D'*Ulyn* ou *Uln* Celtique sont venus *Ulna* Latin, *Auve* en François, parce que la première mesure qui se présente naturellement à l'homme est jusqu'à son coude.
ELIN, bras. G.
ELIN adjectif d'*Eli*. G.
ELINAT, coudée; singulier *Elinaden*, une mesure de coudée. B.
ELINOG GOCH, arroche, persicaire, chanvre sauvage. G.
ELIO, oindre. G.
ELLO, ELIAW, ILIAW, lierre plante reptile. B.
ELISTUNA, bleu. Ba.
ELITH, biche. I.
ELITHEIR, ELITHER, étranger. I.
ELIX, A. G. sillon pour faire écouler l'eau; du *Lix*.
ELL, élévation, motte. G. Voyez *El*.
ELL préposition itérative. G.
ELL, danger, combat, choc. I.
ELL, partie, membre s'entend des principales parties du corps, comme bras, jambes; on le dit même en particulier des jambes : c'est ainsi que Dom Le Pelletier explique ce mot. Selon le Pere de Rostrenen *Ell* signifie membre, ergot. B. Voyez *Ankeler*. Voyez *Ell Araur*.
ELL, lieu. Voyez *Priddell*.

ELL diminutif. Voyez *Cronell*, *Pibell*, *Linell*.
ELL, autre. Voyez *Ellmyn*.
ELL préposition explétive. Voyez *Ellael*.
ELL-ARAER, manche de la charruë; *Ellat*, *Ella*, *Ela*, tenir & conduire la charruë par le manche; *Eller*, celui qui tient ainsi la charruë. B. Voyez *Healer*.
ELLA. Voyez *Ell-Araer*.
ELLAEL, sourcil. G. *Ael*, sourcil.
ELLAN, île. I. Voyez *Illan*.
ELLAN, élan bête sauvage. B.
ELLANU, île. I. Voyez *Illan*.
ELLDREWYN, belle-mere. G. *Alldraw*.
ELLER, Voyez *Ell-Araer*.
ELLIET, affamé, qui a grande faim. B.
ELLMYN, Allemands: On l'employe pour désigner toutes sortes d'étrangers. G. *Ell* comme *All*, autre; *Man*, homme.
ELLTYDD, forêt en plusieurs cantons du Pays de Galles. G.
ELLTYDD. Voyez *Allt*.
ELLUATUS, A. G. sale; d'*Halawg* ou *Halaws*, sale, souillé.
ELLUDIES, A. G. action de labourer. Voyez *Ellat*, *Ellint*, *Ellud*.
ELLUMI, allumer. B. *Eluu*, éclair en Géorgien; *Elude*, *Ailude*, éclair en Franc-Comtois. Voyez *Elv*.
ELLWNG, le même que *Gellwng*. G.
ELLYLEDIG, qui a l'esprit troublé comme s'il avoit vu quelque spectre. G.
ELLYLL, spectre, lemures, lutins, fantômes hideux, esprits follets, idole. G. *Elil* en Hébreu, idole.
ELLYLL, spectre. C.
ELLYLLDAN°, feu follet. G. *Dan*, feu.
ELLYLLES, féminin d'*Ellyll*. G.
ELLYLLON, le même qu'*Ellyll*. G.
ELLYN, rasoir. G.
ELLYN, an; *Ellynedd*, l'an passé. G. Voyez *Elen*.
ELMETUS, A. M. heaume; d'*Helm*, *Elmette* en Italien, heaume.
ELMUS, A. M. le même qu'*Elmetus*.
ELO, Voyez *Elf*.
ELOCADA, chiquenaude. Ba.
ELOD, membre. G. Voyez *Ell*.
ELOGA, A. G. commencement, exorde. *Heileg*.
ELOR, GELOR, biére, cercueil. G.
ELORRIA, prunier sauvage; épine. Ba.
ELORRISCO, d'épine. Ba.
ELORWYD, biére, cercueil. G.
ELOTRISEA, genêt arbrisseau. Ba.
ELS, beau-fils à l'égard d'un beau-pere ou d'une belle-mere, fils d'un autre lit. G. *Ell*, autre.
ELSES, belle-fille à l'égard d'un beau-pere ou d'une belle-mere, fille d'un autre lit.
ELTON, penchant, en pente. I.
ELTZALLEA, qui prend par force. Ba.
ELTZEA, pot, marmite. Ba.
ELTZOA, moucheron. Ba.
ELU, troupeau. G. Voyez *Elea*.
ELV, bluette de feu volante. B. Ce mot aura aussi signifié bluette de feu, ainsi qu'on le voit par *Elven* qui est le même mot. D'*Elv* ou *Elo* est venu *Eloise* en vieux François; *Elude* en Patois de Franche-Comté, éclair. Voyez *Ellumi*.
ELV. Voyez *Elf*.
ELVA, démon. E. *Alf* en Islandois; *Aelf*, *Elf* en ancien Saxon, bon ou mauvais génie.
ELUAN, pâturage. I. Voyez *Elu*.

ELUBIUM, A. G. inondation. De *Llib* ou *Linb*. E superflu.
ELVEN, élément. G. Voyez *Elfen*.
ELVEN, bluette de feu. B.
ELVEN TAN, étincelle, bluette de feu. B.
ELUENNA, ELUENNAFF, ELVENNA, étinceller, jetter des étincelles. B.
ELUMEA, troupeau. Ba. Voyez *Elu*.
ELUMI, allumer, exciter, émouvoir. B.
ELUR, ELURA, neige. Ba. *Erwry*, neige en Gallois; l'*l* & l'*r* se substituent.
ELURCE, neiger. Ba.
ELURPELLA, boule de neige. Ba.
ELURTEA, abondance de neige. Ba. *Elur*, neige; *Tea* par conséquent abondance. Voyez *Tew*, *Teo*.
ELUSEN, ELUSENI, aumône. G.
ELUSENDY, hôpital. G.
ELUSENWR, aumônier. G.
ELW. Voyez *Elf*.
ELW, gain, profit, salaire, honoraire, solde. G. Voyez *Elwa*.
ELWA, gagner, faire du profit, augmenter, mériter, se rendre digne. G. *Elw* doit par conséquent signifier accroissement, augmentation. Ajoutez qu'*Aelaw* signifie richesses, biens en abondance; *Elwaid*, riche, opulent; *Llawer*, ce qui est en grand nombre, multitude, quantité, abondance; *Elawer* composé d'*e*, & *Llawer* doit donc signifier fort abondant, en fort grande quantité, qui croit beaucoup.
ELWACH, ELVACH, bardeau, merrein. B.
ELWAID, riche, opulent. G.
ELWANT, gain. G.
ELWCH, joie, consolation, soulagement, allégement. B.
ELWEZEN, ELWEZAN, ELCH'WEZAN, ravenelle plante. B.
ELWEZEN. Voyez *Allwein*.
ELWIG, apparence, figure, forme. G.
ELY, huile anciennement. B.
ELYB pour *Elfydd*. Voyez *Cyffelyb*.
ELYDN, airain, étain, or où il y a un cinquième d'argent. G.
ELYDR, airain, étain, or où il y a un cinquième d'argent, électre métal. G.
ELYENEN, bluette de feu. B.
ELYF, ELYFF, ELYFFU, oppression, violence, maladie contagieuse, calamité. G.
ELYSTAN, juge suivant quelques Auteurs Gallois; mais Davies dit qu'il est synonime d'*Elyw* qu'il n'explique pas. G.
ELYW. Voyez *Elystan*.
EM, bord. I.
EM, se, lui, il pronoms; *Em*, par ma foi, pour; *En*, ma. B. Voyez *Ema*.
EM. Voyez *Embann*.
EM, le même qu'*Am*, *Im*, *Om*, *Um*, *Ym*. Voyez *Bal*.
EM, le même que *Cem*, *Gem*, *Sem*. Voyez *Aru*.
EMA, il est. B. *Em*, il, *Ma*,
EMA, femme. Voyez *Emaguina*, *Emasoilla*, & *Am*.
EMACORRA, qui s'appuise aisément. Ba.
EMACUMERO, d'une manière efféminée. Ba.
EMACUMETU, je rends efféminé, j'énerve. Ba.
EMAEEGARRIA, implacable. Ba.
EMAGARRIA, anodim. Ba.
EMAGUINA, sage-femme. Ba. *Ema Geni*.
EMAGURIA, affabilité, civilité, agrément, affable, agréable, favori, reconnoissant. Ba.
EMAILLEA, libéral, magnifique. Ba. Voyez *Mael*, *Mailh*.

EMA.

EMAITEN, mettant, pofant. Ba.
EMAITZA, don. Ba.
EMAITEA, efprit. Ba.
EMALOPA, pavot. Ba.
EMALOPEA, opium. Ba.
EMAN, voici adverbe de temps & de lieu. B.
EMAN, annoncer, donner, embraffer, fervir de caution. Ba.
EMAN, qui a donné. Ba.
EMANA, qui donne caution, action de donner. Ba.
EMANA, donné. Ba.
EMANAYA, libéral. Ba.
EMANEN, qui donnera. Ba.
EMANO, A. M. voifinage, près. Les Sçavans qui ont donné la nouvelle édition du gloffaire de Ducange ont bien vu par la fuite du difcours qu'*Emano* fignifioit au voifinage ; mais ne connoiffant pas l'origine de ce mot, ils ont cru qu'on avoit lu *Emano* pour *E Vicino*. On ne s'eft point trompé en lifant *Emano* ; ce terme fignifie au voifinage, près. Voyez *Eman*, *Eme*, *Emetou*, *Emeiniag*.
EMANQUITADEA, émancipation de fils de famille. Ba. *Eman Quyt*.
EMARCARIA, pere. Ba.
EMARCUM, terme dont les Gaulois, au rapport de Columelle l. III. c. 2, défignoient un cep qui produifoit du vin médiocre. *Amhare* en Irlandois, faute, défaut. Voyez *Emax*, *Eme*.
EMARQUIA, femme forte. Ba.
EMARTEA, EMARTZA, génération. Ba.
EMASCANIA, offre. Ba.
EMASQUIDA, diftribution. Ba.
EMASTE, femme, époufe ; *Emafte Efcondua*, femme qui n'eft pas mariée, concubine. Ba.
EMATEA, j'accommode. Ba.
EMATEA, annonciation. Ba.
EMATIA, libéral. Ba.
EMATU, j'adoucis, je dompte, je rends fouple, j'appaife. Ba. De là *Mater*.
EMAX, A. G. petit, délié, maigre. d'*Eme*.
EMAYA, don, préfent. Ba.
EMAZEA, femme. Ba.
EMAZTETU, je rends efféminé, j'énerve, j'amollis. Ba.
EMBANAN, cri public, publication, publier, proclamer, bannir, faire demander. B. *Em* fuperflu. Voyez *Bann*.
EMBANNER, crieur public. B.
EMBAT, divertiffement. B. Voyez *Ebat*.
EMBATEA, agitation des flots de la mer. Ba. *Embate* en Efpagnol, choc, action de fe heurter, *Em Battu*.
EMBER, près. B.
EMBLYT. TAOU EMBLYT, jeudi abfolu, grand jeudi. B. Voyez *Amblyt*.
EMBOT, médifance. B.
EMBOUDONNER, faifeur d'entes. B.
EMBRA, femme. Ba. Voyez *Ema*.
EMBREA, femme. Ba.
EMBREGA, EMBREGUER, embraffer, manier, tatonner, prendre avec les mains ou avec les bras, agir, travailler, entreprendre, emmailloter. B. De là embraffer.
EMBROUC, mener, conduire, guider. B.
EMBRUM, A. G. homme d'affaires, homme intrigant, homme rufé. Voyez *Embrega*, *Embrouc*. Comme les gens d'affaires, les hommes intrigans font penfifs, de là vient qu'en vieux François on appelloit *Embron* un homme penfif, un homme qui cherchoit à tromper. En Patois de Franche-Comté

EMI.

on dit d'un homme qui eft penfif, qui ne dit mot parce qu'il rêve à quelque chofe, qui n'a pas le vifage ouvert, qu'il eft *Ambronchie*.
EMBUCHIM, A. M. embûches. De *Buch*, couvrir, cacher ; *Em*, foi.
EMBUTOA, entonnoir. Ba. L's fe mettant pour le t on a auffi dit *Embufoa* ; de là en Patois de Franche-Comté *Embouffie* pour entonner.
EMCAN, combat, bataille. B. *Em* fuperflu.
EMDIVAD, orphelin. B.
EMDYVAT, abandonné. B.
EME, bord. I. Voyez l'article fuivant.
EME, autour, environ. B.
EME, petit enfant. Ba. En confrontant ce mot avec *Emax*, on voit qu'il a fignifié petit en général. D'ailleurs les termes qui fignifient petit enfant en Celtique fignifient petit en général. Voyez *Ab*. Voyez *Emig*.
EME, femelle, femme. Ba.
EME-VE, dis-je. B.
EMEA, femelle, femme, mere. Ba. Voyez *Am*.
EMEA, doux, modefte. Ba.
EMEAS, hors. B.
EMEITH ; pluriel d'*Amaeth*. G.
EMELLOUT. EN EM EMELLOUT, fe mêler ; s'ingérer. B.
EMELUA, étoupe. Ba.
EMENDA, A. M. amende. *Emendio*.
EMENDAMENTUM, A. M. mélioration. *Emendio*.
EMENDAMENTUM. PANIS DE EMENDAMENTO, A. M. pain de moindre qualité : nous difons quelquefois *Amender* pour diminuer le prix de quelque chofe ; d'*Emendio* qu'on voit par là avoir été pris non-feulement pour corriger ou changer en mieux, mais encore pour changer en général.
EMENDIC, à l'avenir. B.
EMENDIO, corriger. G. De là *Emende* Latin. Voyez *Aman*, *Emienda*, *Emendamentum*.
EMENDIOA, addition, augmentation. Ba. Voyez *Mendi*.
EMENEN, beurre. B. Voyez *Emenyn*.
EMENNYDD, cerveau. G. *Emi*, fcience en Cophte.
EMENYN, beurre. G. Voyez *Emenen*.
EMERAUDEN, émeraude. B.
EMES, dehors. B. C'eft le même mot que *Mes*, *Maes*.
EMETASSUNA, douceur, débonnaireté, modeftie Ba. Voyez *Emea*.
EMETI AURRA, à l'avenir. Ba.
EMETIC, de là. Ba.
EMETOU, proche, environ. B.
EMEZA, dit-il. B. Voyez *Medd*.
EMEZQUIA, fubornation. Ba.
EMGAFFOUT, trouver. B. Voyez *Caffout*.
EMGAN, combat, bataille, joûte, difpute. B. Voyez *Can*.
EMICHANCE, apparemment, vraifemblablement. B.
EMIENDA, amendement. Ba. Voyez *Emendio*.
EMIG. Davies dit qu'on voit s'il fignifie petit enfant ; je réponds qu'oui. 1°. La phrafe qu'il rapporte paroit l'indiquer. 2°. *Eme* en Bafque fignifie petit enfant.
EMINIOG, frontière, feuil d'une porte. G. Voyez *Ellin*.
EMISSARIUS, AMISSARIUS, A. M. étalon. d'*Amws*, avec une terminaifon *Amyt*.
EMISSUS, A. G. cerf en rut. D'*Amws*, avec une terminaifon *Amys*.
EMISTIS, Voyez *Amiftid*.

EML.

EMLAS, tuerie, carnage, combat sanglant où l'on se tue mutuellement. B. *Em Lasa.*
EMLASA, se tuer soi-même ou mutuellement. B.
EMLYN, suivre, poursuivre. G.
EMLYNIAD, le même qu'*Ymlyniad.* G.
EMOCH, bruit des oiseaux à l'équinoxe, chasse, chasser. B.
EMOLCHAT, EMOLCHIAT, EMOLCHER, chasseur; pluriel *Emolchidi, Emolcherien.* B.
EMOLCHET BUOCH, vache poursuivie par le taureau & devenuë pleine, vache ramenée de son égarement à l'étable. B. *Mouthy* en Irlandois, vache qui a souffert le taureau.
EMOLCHI, chasser. B.
EMOLOGARE, A. M. confirmer, louer, approuver. De *Moli.* De là notre mot homologuer.
EMON, donner. Ba. Voyez *Eman.*
EMORS, attrait, amorce. B. De là ce dernier mot.
EMP, le même qu'*Eamp.* B. C'en est la crase.
EMPACHA, empêché. Ba. Voyez *Ampeich.*
EMPALAER-VOR, empereur poisson. B.
EMPAN, paume de la main. G.
EMPARA, action de mettre en séquestre, dépôt. Ba.
EMPARA, EMPARAMENTUM, EMPARANTIA, A. M. protection, défense. D'*Empara.*
EMPARARE, A. M. défendre, garder, protéger. D'*Empara.*
EMPENHA, A. M. empeigne, le dessus du soulier; *Empenha* en Espagnol; de *Penn,* dessus & d'*Em* superflu ou paragogique.
EMPENN, cerveau, cervelle. B. *En Penn.*
EMPENNI, entêter, donner ou mettre dans la tête, avoir des entêtemens. B. *En Penn.*
EMPENOA, gage, promesse. Ba. Voyez *Empenni.*
EMPHIS, à l'ablatif, A. G. terreurs, outrages. *Ambass* ou *Ampass,* étourdissement. *Empesir* en vieux François, fâcher.
EMPLASSEARE, A. M. emplacer; de *Place.*
EMPLASTRUM, A. M. sol à bâtir; de *Place,* place; *Try* ou *Tru,* habitation. On a aussi dit *Plastrum,* en vieux François *Plastre* en ce sens. Voyez *Em* superflu.
EMPLEIA, A. M. emploi. *Impla.*
EMPLET, emplette. B. De là ce mot.
EMPREN, rayon de charrette, raye que fait la rouë de la charrette. B.
EMPRENDIMENTUM, EMPRENEMENTUM, A. M. usurpation, action de s'emparer. Voyez *Empret.*
EMPREST, emprunt. B. De là ce mot. Voyez *Empresti.*
EMPRESTI, emprêter, emprunter. B. De là ce mot.
EMPRET, emparé. Voyez *Disempret.* De là *Emparer.*
EMPRESTA, A. M. entreprise, dessein, effort pour s'emparer; *Emprise* en vieux François, entreprise, dessein. Voyez *Emprendimentum.*
EMRA, ambre. I. B.
EMRAIN, le même qu'*Ymrain.* G.
EMSER, temps. I. Voyez *Amser.*
EMVELL, entrevuë, conférence. B.
EMPER, près. B. De là *Environ.*
EMWRYS, louange selon Llyn & Powell, Auteurs Gallois. Davies prétend qu'il signifie combat, combattre, & qu'il est mis pour *Ymwrys* formé de *Gwrys.* G. Voyez *Ankleir.*
EMYEGUES, sage-femme. B. Voyez *Ems, Emie.*
EMYL, mieux *Ymyl,* dit Davies, bord. G. L'un

ENA.

& l'autre est bon puisque les voyelles se substituent. Voyez *Em.*
EMYN, hymne. G.
EMYS, étalons. G. C'est le pluriel d'*Amws.*
EMYTH, douter selon Llyn, Auteur Gallois. Davies dit qu'il se trompe; car, ajoûte-t'il, *Emyth* & *Emeith* est le pluriel d'*Amaeth.* G. Donnez-lui les deux sens. Voyez *Ankeler.*
EMBINGAD, EMBIVAD, EMBINVAT, EMBIVAT, orphelin. B.
EN, eau, rivière, source, fontaine. G. *Anna* en Cimbrique, eau, rivière.
EN, isle. G. *Even* en Islandois, isle. Voyez *Ents, Enit.*
EN, sur, dessus, élévation. G. *En,* excellent en Irlandois; *En, Ena,* Seigneur, Dame en Bearn, en Arragon, en Catalogne, en Languedoc; *En* dans nos vieux romans, Monsieur; *En,* ciel en Breton; *En* marque du comparatif, plus en Basque; *En* marque du superlatif en Turc; *Einah,* monter en Brebére. Voyez *An, Hen.*
EN, non. G.
EN, autour. G.
EN en composition *Un,* même. I.
EN, le même qu'*Aon.* I.
EN, ciel. B. Voyez *Ensis, Enwiss.*
EN, oiseau. I. B.
EN, lui. B.
EN, dans, en, chez. B. *Hen* en Cophte; *Eni* en Grec; *Tn* en Chinois; *Endo* en vieux Latin; *In* en Latin; *En* en François; *Ein, In* en Théuton *Ein, In* en Allemand; *In* en Italien & en Anglois; *En* en Espagnol; *Ina* dans la Langue de Congo, dans.
EN, marque du comparatif à la fin du mot. Ba.
EN, particule privative. Voyez *Enwir* & *En,* non; *Ein* particule privative en Runique.
EN signifie la mauvaise part. Voyez *Enllib.*
EN, préposition explétive. Voyez *Encil.*
EN, terminaison indifférente. Voyez *Brin, Brinm; Scod, Scoden.*
EN, arbre. Voyez *Miaren, Mouaren, Avalenn; Aine, Aynet,* petite baguette dans laquelle on enfile les harengs. Voyez *Hen.*
EN, tête. Voyez *Cwlen* & *Hen.*
EN, petit, diminutif. Voyez *Iaen, Croenett, Piben, Lloeren.*
EN, frêne. Voyez *Enweddan* & *On.*
EN, Voyez *Enwydd.*
EN, le même que *Den, Ten.* Voyez *D.*
EN, le même que *Cen, Gen, Sen.* Voyez *Aru.*
EN, le même qu'*An, In, On, Un, Wh, Yn.* Voyez *Bal.*
EN, le même que *Hen.* Voyez *En,* arbre.
EN, moitié, demi. Voyez *Harren.*
EN ANDRED, envers. B.
EN DERLICH, dernièrement. B.
EN-DES-ALL, dernièrement. B.
EN-DIVEN, enfin, à la fin. B.
EN-DRO, autour, aux environs. B.
EN EM STLEGEA, ramper. B.
EN HARC, auprès. B.
EN TAL, auprès. B.
EN TU HONT, outre. B.
EN TU MA, en-deçà. B.
EN TU MAN, en-deçà B.
EN UN DRUILHAD, pêle-mêle. B.
EN UN DUILHAD, pêle-mêle. B.
ENACH, amende ou satisfaction que l'on fait à quelqu'un pour une injure. *Enach* veut dire outrage, injure en Breton.

ENACH,

ENA.

ENACH, le même qu'*Aonach*. I.
ENAD, Davies doute si c'est le synonime d'*Ynad*, Juge, ou s'il vient de *Geni*, naître, & signifie naturel, né avec nous. On voit par là qu'on a dit ou qu'on a pu dire *Eni* comme *Geni*. G.
ENADA, espèce d'hirondelle un peu plus grosse que l'ordinaire. Ba.
ENAEN, tel, un tel; un certain homme que l'on ne nomme pas, un quidam. B.
ENAEN. UN ENAEN, un tel. B.
ENAFERIA, omission, indolence. Ba. Voyez *Alper*, *Alsen*; *En* superflu. Voyez *Encargua*.
ENAFF, aîné. B.
ENAID, ame; *Enaid Fadden*, digne de mort; *Fadden* en construction pour *Madden*; *Perchen Enaid*, animé. G.
ENAL, animal. B.
ENAM-GOULOU, ombre, privation de lumière, & communément de celle de la chandelle; car quoique *Goulou* soit de la chandelle allumée, il signifie cependant proprement en général la lumière, la clarté: *Enam* signifie donc défaut, privation; c'est par conséquent le même que *Nam* avec un *e* paragogique. B.
ENAOUI, animer. B.
ENAOUI, ennuyer. B. De là *Ennui*, *Ennuyer*.
ENAOUR, aîné. B.
ENAP, contre. C. Voyez *Enep*.
ENARGIA, A. M. paroît signifier misère; *Anwr*, misérable; *Aner*, corvée, redevance, servitude.
ENAS, isle en un dialecte du Gallois. Baxter. G.
ENBROUDATUS, A. M. brodé; de *Brodie*.
ENBROUED, les porte-lames du tissier. B.
ENBYD, dangereux. B.
ENBYD, danger. Voyez *Dienbyd*.
ENBYDRWYDD, danger, épreuve, essai. G.
ENBYDUS, dangereux, pernicieux. G.
ENC, étroit, resserré, dans l'angoisse. B. Voyez *Eng*, *Ing*. Ce mot signifie encore oppression & coin. Voyez *Enca*.
ENCA, ENCAT, ENCQEIN, étrécir, serrer, mettre à l'étroit, mettre dans l'angoisse, opprimer, oppresser, coigner, serrer dans un coin. B. Voyez *Enc*, *Anc*.
ENCANTARE, A. M. vendre à l'encan; *Incantare* en Italien; d'*Ecand*.
ENCANUM, A. M. encan; *Incanta* en Italien; d'*Ecand*.
ENCARD, écart. B. De là *écart*, *écarter*, *s'écarter*; de là aussi égarer.
ENCARDA, carder. B. De là ce mot.
ENCARDER, cardeur & fileur de laine. B.
ENCARGUA, charge, ordre. Ba. Voyez *Cargua*, *Carga*, *Carg*.
ENCDET, affliction. B.
ENCE, manière, forme, façon. Ba. De là ainsi. Ou disoit *Ains* en vieux François pour ainsi, & il se dit encore en Patois de Franche Comté.
ENCEL. Voyez *Encil*.
ENCENGIA. Voyez *Andecinga*.
ENCERCARE, ENCALCARE, A. M. chercher; *Circa*, *Enclasq*.
ENCERNA, ceindre, enceindre, entourer. B.
ENCHELP, écharpe. B.
ENCHERAMENTUM, A. M. enchère; de *Car*.
ENCIL, action de se retirer, action de reculer en arrière, fuite, retraite, refuge, asyle, lieu de sûreté, lieu écarté, solitude. G. *Cil* est le même qu'*Encil*, par conséquent *En* est superflu. Comme

TOME I.

END.

on a dit *Cil*, *Cel*, *Cul*, *Culis*, on a dû dire par la même raison *Encel*, *Enceul*, *Enculis*. G.
ENCILIAD, suite, fugitif, qualité qui fait qu'on fuit aisément, action de reculer en arrière. G.
ENCILIO, fuir, s'enfuir, se retirer, s'en aller, aller dans un lieu écarté, aller dans la solitude, aller en arrière, aller à reculons. G.
ENCIMUM, A. M. action de fraper une femme enceinte, de laquelle suit la mort de l'enfant & de la mere: On a dit en vieux François *Enceis*; *Enca*, *Encqa*.
ENCLAOUI, enclaver. B. *Enclaves* en vieux François, limites, frontières; & *Enclaveure de porte*, clôture.
ENCLASQ, rechercher, chercher avec diligence, s'informer. B.
ENCLASQER, qui cherche, qui s'informe, qui recherche. B.
ENCLOCH, croc en jambe. B.
ENCOMBRARE, A. M. empêcher. Voyez *Combri*. *Encombré* en vieux François, accablé d'affaires; *Escombré* en Languedocien, tas de terre inutile; *Encombrement* en vieux François, accablement d'afflictions; *Encombrier*, malheur, adversité; *Encombrer* un homme d'affaires, c'est l'en accabler; *Encombrer* un homme de faire quelque chose, c'est l'en empêcher, & *s'Encombrer* c'est succomber.
ENCQ, étroit, resserré, peine d'esprit. B. Voyez *Anc*, *Enc*.
ENCQA, accabler, accourcir, fermer, resserrer. B. De là *s'Engouer*, se suffoquer en mangeant.
ENCQAAT, accourcir, resserrer. B.
ENCQRES, ENCRES, chagrin, embarras, consternation, inquiétude, affliction, peine d'esprit. B.
ENCREST, affliger, avoir ou faire de la peine. B. *Engriset* en vieux François, envie, jalousie, & *Engrois*, fâché.
ENCUL, ENCULIS. Voyez *Encil*.
ENCULE, auditeur. Ba.
ENCUMBRARE, A. M. le même qu'*Encombrare*.
ENCUN, qui a ouï; *Encunie*, qui entend; *Encuta*, ouï, entendu. Ba.
ENCYD, loisir, délai. G.
END, chemin. B. Voyez *Ravend*, *Hend*.
ENDA, oiseau. I. Voyez *En*.
ENDA, solitaire, unique. I.
ENDACH, le même qu'*Aondach*. I.
ENDALCH, obligation. B. De *Dalch*.
ENDAM, ENDAN, dessous, sous. B.
ENDATH, le même qu'*Aondath*. I.
ENDEFFOUT, posséder, avoir. B. De là *Endévé* en vieux François, forcené, comme qui diroit possédé du démon. Voyez *Endevont*.
ENDELLUS, ENDENS, A. M. Voyez *Andena*.
ENDEON, au fond. B. *En*, dans; *Deon*, fond.
ENDER, jeune. Voyez *Enderig*.
ENDERCHEL, obliger. B.
ENDERF, ENDERV, ENDERU, l'espace de temps qui s'écoule depuis trois heures après midi jusqu'à la nuit. B. *En Darfu*.
ENDERIG, bouvillon, jeune bœuf. G. *Ig* ou *Tch*; bœuf.
ENDEVEZOUT, posséder, avoir. B.
ENDEUN, tout franc, franchement. B. *En*, sans; *Teun*, fausseté, fourberie.
ENDEUN, au fond. B.

ENDEVOUT, posséder, avoir. B.
ENDEWAIS, ai écouté ; Endewis, a écouté. G.
ENDO, A. G. doux, accommodant, qui se plie aux volontés des autres. Endan.
ENDOCLUSUS, A. G. enfermé ; Endo, dans. Voyez En.
ENDRA, tandis, durant, pendant que. B.
ENDRAMI, ENDRAM, ENDRAMM, mettre en poignées ou par poignées dans un tas, enjaveler, engerber, mettre en javelle. B. En Dram.
ENDROMIS. Martial nous apprend dans une de ses épigrammes du livre neuvième, que l'on faisoit chez les Séquanois des robes appellées Endromis d'un terme Lacédémonien, qui étoient pesantes & grossières.

Hanc tibi Sequanica, pinguem textricis alumnam
Quae Lacedemonium, barbara nomen habet
Sordida, sed gelido non aspernenda decembri
Dona peregrinam, mittimus Endromida.

Martial se trompe lorsqu'il croit qu'Endromis est un nom Grec, il est Celtique. Andrwm, prononcez Androm, signifie fort pesante : telle étoit l'Endromis, qui étoit une robe de dessus ou espèce de manteau fait d'une étoffe fort grossière pour se défendre de la pluie ou du froid. Voyez Trwm.
ENDUA, enduire. B. De là ce mot.
ENDUAMAND, fomentation. B.
ENDUIF UN GOULY, étuver une plaie. B.
ENE, pluriel d'Hian, oiseau. I.
ENE, sans. Voyez Enevad.
ENE, ame. B. Han, ame en Chinois ; Anni, je comprends en Tartare Calmoucq & Mogol.
ENEB, visage, contre, empeigne. B.
ENEBARR, douaire d'une veuve, terrage espèce de droit. B.
ENECEA, A. M. aînesse. Voyez Ainescia.
ENEFF, ame anciennement en Breton.
ENEIDIO, animer, donner l'ame. G.
ENEIDIOL, animé, animal. G.
ENEIDRWYDD, tempes. G.
ENEIRCHIAWG. Voyez, dit Davies, s'il vient d'Arch, Erchi. Je ne vois point de racines d'où il puisse plus naturellement se former.
ENEITEU, ames. C. Voyez Ent.
ENEOU, ames. B. Voyez Enev.
ENEP, visage, face, contre, à l'opposite, à la rencontre, à rebours. B.
ENEP-BOTES, empeigne de soulier. B.
ENEP-CLEW, écho, voix ou bruit réfléchi. B.
ENEP, AR ENEP TU, à l'envers. B.
ENEP-GUERCH, don de nôces. B.
ENEP, RAC ENEP, tout droit. B.
ENER, Prince selon Llyn Auteur Gallois ; mais Davies dit qu'il paroit signifier né, naturel, de Geni. Les phrases que Davies rapporte ne permettent pas de douter que ce mot n'ait le sens qu'il lui donne ; mais il ne suit pas de là qu'il n'ait pas l'autre, puisque Ner signifie Seigneur en Gallois ; E s'ajoûte au commencement du mot. G. Voyez Ankeler.
ENES, isle ; pluriel Enesi, Inesi. B. Nesos, isle en Grec ; Os terminaison ; Cahena, isle en Canadois ; Nossi, isle en Madagascarois ; Tnesos, isle en Cophte ; T article. Voyez Enis, Ynis.
ENES, poulette. B.
ENESAD, insulaire. B.
ENESEN, ENESENN, isle. B.

ENESOUR, insulaire. B.
ENESYAD, insulaire. B.
ENET, carnaval, les trois jours gras qui précèdent le carême ; en Tréguier, ce mot signifie les Quatre-Temps. B. Voyez Tnyd, Innid.
ENETAT, chasser aux oiseaux. B.
ENETEIN, chasser aux oiseaux. B.
ENEV, ame ; pluriel Enevou, Enenvou, Enteou. B.
ENEU, bouche, embouchure. G.
ENEVAD, orphelin. B. Enevad, Inevad. Disad ou Tmddisad en Gallois, orphelin ; Tm superflu, comme on le voit, parce que Disad signifie sans pere ; Di, sans ; Vad, Fad ; Fad de Bad ou Pad signifie donc pere ; de là Padre, Pater.
ENEVAL, animal. B.
ENEVALIGUIAH, bestialité. B.
ENEYA, A. M. aînesse. Voyez Ainescia.
ENEZ, isle. B. Voyez Enes.
ENFADOA, chagrin. Ba. Voyez Fata, Fatig, où En privatif ; Fad de Mad.
ENFOD, noble. G.
ENFYS, ENFYSG, arc-en-ciel. G. C. En, ciel ; Bis, en composition Fis, courbe, courbure, arc.
ENG, étroit. G. De là Anxius Latin, Eng en Flamand & en Allemand, étroit ; Aggun, Angun, étroit en Gothique ; Inge, délié en Turc.
ENG, la foule, le commun du peuple. G. De là Ens, Ensement en vieux François, ensemble. De là notre mot ensemble.
ENGALV, appel à un Juge supérieur. B.
ENGANNA, fraude, tromperie. Ba. L'Italien dit Inganna, dans les anciens monumens Engannare, tromper ; Engannum, Ingannum, Inganum, Ingan, Imgan, Ingenium, tromperie ; Ingeniosè, avec tromperie, avec fraude ; Engannar en Espagnol, tromper, & Enganno, tromperie ; Engana en Languedocien, tromper ; Enganer, Enganner, Engigner, Engeigner, Enginer en vieux François, tromper, & Engin, tromperie ; de là ce mot si commun dans les anciens monumens Latins malum ingenium, & dans nos vieux chroniqueurs François Mal Engin pour mauvaise tromperie.

Tel Cuide Engeigner autrui.

On a aussi dit en vieux François, Engaigner pour tromper ; Engignement pour finesse ; Enginé, charmé, ensorcelé, enchanté ; & Enginière, trompeur. On a dit encore Enguener, Enguiner, tromper. Voyez Engi.
ENGI, être à l'étroit, être gêné, être enfermé, être contenu. G.
ENGI, enfanter. G. De là Engeance. Enger de vermine, remplir de vermine, faire produire de la vermine en vieux François ; Desenger en vieux François, détruire l'espèce, détruire l'engeance ; Enger en vieux François, peupler, provigner, multiplier l'espèce.
ENGIR, admirable, insupportable, cruel. G. En, Girad, cruel.
ENGIRIAWL, le même qu'Engir. G.
ENGIRIOL, admirable, surprenant. G. C'est le même qu'Engiriawl.
ENGLEN, adhérent, attaché. B.
ENGLENA, adhérer, s'attacher, se joindre, être attaché, attacher ensemble. B. De là Englaner, glane. Voyez Glynn.
ENGLENAFF, le même qu'Englena. B.
ENGLIN, ENGLYN, attaché, adhérent. G.
ENGOESTLAFF, cautionner. B.
ENGRAFFI, graver. B.

ENG.   ENT.   543

Engraffouer, burin. B.
Engravi, graver. B.
Engroes, foule. B.
Enguehenta, engendrer, concevoir, produire. B. Voyez *Ganet*.
Engyl, Ange. Il se prend ordinairement pour feu, parce qu'on croit communément que le feu est descendu du Ciel, dit Davies. G. Voyez *En*.
Engylion, Anges; c'est le pluriel d'*Engyl*. G.
Engyll, épaules, bras au pluriel, c'est le pluriel d'*Angell*. G.
Engyrth, le même qu'*Engir*. G.
Enh, Ciel. B.
Enheur, d'abord. B.
Enhor, ancre de navire. B.
Eni, né. G.
Eni, là, en ce lieu là. B.
Eni, le même que *Geni*. Voyez *Enad*, *Heiniar*. G.
Eni, isle. G.
Enian, *Eniaw*, *Eniawn*, droit, juste. G. *En* superflu; *Iawn*, juste. On voit par ces mots qu'*Ian* & *Iaw* se sont dits comme *Iawn*.
Enibra, A. G. contraires. D'*Eneb*.
Enica, A. G. adultère au féminin. *Enig*, outrage; *Enica* apparemment femme qui outrage son mari.
Enig, outrage, calomnie, médisance. G.
Enigmaneum, A. G. genre masculin. *Eni*, *Man*.
Enion, droit, juste. G.
Enis, Voyez *Anes*, isle. G.
Enis, isle. C. I.
Enitia Pars, A. M. droit d'ainesse. *Ainesseg*.
Eniwed, *Eniweid*, dommage, tort, préjudice, perte. B. *E* superflu. Voyez *Niweid*.
Eniwo, nuire, causer du dommage. G.
Enkeler, le même qu'*Ankelher*. B.
Enkin, pointe de fer qui s'ajoûte au fuseau pour le mieux tourner. On le dit aussi des autres pointes & spécialement des pointes de glace pendantes aux toits des maisons & ailleurs. B.
Enllib, calomnie, médisance, outrage. G. Je crois que *Lib* est le même que *Lliw*, & que l'*En* marque la mauvaise part.
Enllibaid, ignominieux. G.
Enllibio, diffamer, perdre d'honneur, médire, calomnier, outrager. G.
Enllibiwr, calomniateur, médisant, homme qui diffame. G.
Enllibus, calomnieux, outrageant, insultant, ignominieux, couvert d'ignominie, perdu d'honneur, infâme, diffamé, honteux. G.
Enllyn, ragoût, assaisonnement. G. Davies dit qu'il paroit formé de *Llyn*.
Enllynio, pardonner. B.
Enn, isle. G. *Even* en Islandois, isle.
Enn, *Enne*, ancien. B. De là *Ainé*.
Enn a plusieurs significations. Premièrement il se dit des mottes de terre dont on fait du feu, & sur tout de celles que les laboureurs font pour brûler les terres qu'ils veulent ensemencer. Il signifie aussi la crême du lait. Il signifie encore les coquilles des pélerins de Saint Jacques. Le pluriel est *Ennon*. B.
Enn, long. Voyez *Baraenn*.
Enn, demeure, habitation, séjour. Voyez *Lenn*, *En*, *An*.
Ennaint, bains chauds; onguent. Il signifie aussi eaux. G.
Ennaoui, allumer, mettre le feu. B. Voyez *Ennyn*.
Enneinfa, endroit où l'on frotoit d'huile les athlètes. G.

Enneiniad, onction, ce dont on oint. G.
Enneinio, oindre. G. *Anoynt* en Anglois, oindre. Voyez *Ennaint*.
Enneiniog, oint. G.
Enneiniwr, *Enneinwr*, qui oint. G.
Ennes, le même qu'*Ynnes*. Voyez *Bal*.
Ennien, fille dans l'Isle de Mona.
Ennis, isle. C. Voyez *Enes*.
Ennoi, ennui. B.
Ennoier, ennuyer. B.
Ennon, source, fontaine. Voyez *Ynnon*.
Ennos, A. G. qui demeure ou profondeur. *Enn*, habitation. Dans le second sens il paroit venir d'*Annwn*. *Annon*.
Ennyd, espace de temps, repos, vacance. G.
Ennyl, le même qu'*Annyl*. G.
Ennyn, allumer, mettre le feu, enflammer, faire brûler. G.
Ennynfa, inflammation, incendie. G.
Ennynnu, enflammer, brûler. G.
Eno, nom, réputation, renommée. G.
Eno, là, en ce lieu là. B.
Enoar, génisse. B.
Enoë, ennui. B. *Enojo* en Espagnol, ennui.
Enoi, ennuyer. B.
Enon, là adverbe de lieu; *A Enon*, de là, de ce pays là. B.
Enor, honneur, adoration. B. Voyez *Henor*.
Enorra, verruë. Ba.
Enorus, honorable, adorable. B.
Enoui, ennuyer. B.
Enpenn, cerveau. B.
Enqa, *Enqat*, boucher, fermer. B.
Enqeler, *Enquelezr*, fantôme, spectre, géant. B.
Ensalada, salade, vinaigrette. Ba.
Ent, chemin. B. Voyez *Hynt*.
Enta, donc, par conséquent or, or ça. B.
Enta, A. M. habitation, maison. *Enn*, *Ant*.
Entacea, enlasser. B. De là ce mot.
Entaich, tache, marque, souillure. B. *Entechié* en vieux François, entacher.
Entaigh, le même qu'*Aontaigh*. I.
Entail, Voyez *Etail*.
Entalliatus, A. G. entaillé. *Taelio*.
Entalum, A. M. alun coupé. *Taelio*.
Entamiff, entamer. B.
Entamin, étamine. B.
Entammi, entamer. B. De là ce mot. Voyez *Tam*.
Entana, embraser, brûler, boute-feu. B. Voyez *Tan*.
Entanouer, entonnoir. B. De là ce mot.
Entaper, étaper. B.
Entassator, A. M. qui entasse. *Entacea*.
Entendamant, entendement. B. Voyez *Entent*.
Entent, entendre, concevoir. B. De là *Entendre*.
Enterramentum, A. M. enterrement. *Enterri*.
Enterri, enterrer. B. *En Ter*. De là ce mot.
Enteun, car, mais particule adversative. B.
Enthardiz, hardiment. B.
Entima, signifier, intimer. B. De là ce dernier mot.
Entocq, estoc. B. De là ce mot.
Entoff, étoffe. B. *Stoff*, étoffe en Flamand. Voyez *Tstoff*. *Estofa* en Espagnol, étoffe. *Stuffatni* dans les Ordonnances de Robert premier Roi d'Écosse signifie garni, équippé, pourvu. *Etoff* se lit dans Froissart au même sens, & il se dit encore aujourd'hui,

ENT.

ENTOFFER, ouvrier en drap. B.
ENTONARE, A. M. entonner, chanter le premier. Entoni.
ENTONI, entonner, chanter le premier. B.
ENTORTITIUS, A. M. torche. Torz.
ENTRA, le même qu'Andra. B.
ENTRAILHOU, entrailles.
ENTRANAC, les entrailles. Ba. Voyez Entrailhou.
ENTRAPER, attraper, B. selon Ménage. De là Entraper, embarrasser, arrêter en vieux François; il se dit encore en ce sens en Franc-Comtois & en Messin. De là Entraves en François.
ENTRE, parmi, au milieu, entre. B. De là ce mot.
ENTRE, tandis, pendant, durant, au temps. B. De là notre façon de parler entre-temps pour durant ce temps.
ENTREGA, propre à. Ba.
ENTRENOS, lendemain. B.
ENTRETANT, entrefaites. B.
ENTREW, éternument. G.
ENTREWI, éternuer. G.
ENTREZE, vers préposition. B.
ENTRYCH, ENTYRCH, sommet. G. Voyez, dit Davies, s'il vient de Drychafu.
ENTZUNLEA, ENZULEA, auditeur, qui écoute; ENZM, qui a l'ouie. Ba.
ENV, Ciel. B.
ENVEL, EVEL, semblable. B.
ENVELL, entrevuë, conférence. B.
ENUMET, bœufs. B.
ENVOEI, ennuyer. B.
ENVOH, mémoire, ressouvenir. B.
ENVOR, EVOR, bourdaine arbuste. B.
ENVORI, chercher de la bourdaine, couper de la bourdaine. B.
ENW, nom, renommée, réputation. G.
ENWAD, action de nommer, dénomination, appel, le nom qu'on donne à une chose. G.
ENWAEDIG, écorché. G.
ENWEDDAN, frêne. C. Voyez Gweddan.
ENWEDIG, nommé, principal. G. Yn Enwedig, expressément, en termes formels. G.
ENWEDIGAWL, appellatif. G.
ENWERYS, louange. G.
ENWEZ, ENVEZ, anneau que l'on fait entrer de force sur le manche d'un outil, d'un couteau, &c. B.
ENWI, nommer, appeler. G.
ENWIR, injuste, vicieux, méchant, inique, impie. G. En privatif, Guir, Gwired, vérité, justice, équité, droit.
ENWIRED, injustice, iniquité, méchanceté. G.
ENWISG, arc-en-ciel. G. Voyez Enfis.
ENWM, nom. G.
ENWOG, illustre, fameux. G. Comme qui diroit nommé.
ENWOGCAF, sérénissime. G.
ENWOGI, illustrer, rendre illustre, louer, vanter. G.
ENWOGRWYDD, réputation, renommée, estime, état d'un homme qui mérite le titre de sérénissime. G.
ENWYDD, frêne. C. En comme Oen, Gwydd ou Wydd, arbre.
ENWYN, petit lait. G.
ENZUTEN, méprisant. Ba.
EO, arbre. I.
EO, if. I. Voyez Yw.
EO, saumon. I.
EQ, queuë, aiguillon, clou, épine, pointe de quelque chose que ce soit. I.

EOR.

EO, particule affirmative qui répond au mot vulgaire Sifais. B.
EO, EW, EOU, EU, est, il est; Mad Eo, il est bon. B. Voyez Yw.
EO, moudre. Ba. Voyez Ehe.
EO, eau. Voyez Poteo.
EOA, tissu, tressé. Ba.
EOCH, cheval. I.
EOCHAID, cavalier. I.
EOCHAIL, rameau, jet de plante, pousse de plante, la première pousse d'une plante. I.
EOCHAIR, le même qu'Eochail. I.
EOCHAIR, bord. I.
EOCHOD, cavalier. I.
EOERA, tissure. Ba.
EOFN, intrépide, hardi. G. Ofn, crainte; E par conséquent privatif.
EOFNDER, intrépidité, hardiesse. G.
EOG, saumon, truite saumonée. G. Voyez Eaug.
EOG, mûr, amolli, attendri. B.
EOGUI, mûrir. B.
EOGUIN, oiseau. I.
EOIDHCHE, nuit. Voyez Dileoidhche.
EOIN, oiseau. I.
EOINEALGAIRE, oiseleur. I.
EOL, science, art. I.
EOL, volonté. B.
EOL, huile. B. Elaion en Grec; Oleum en Latin; Oglio, prononcez Ollio, en Italien; Ol en Allemand; Olie en Flamand; Oile en vieux François; Oyle en Anglois; Huile en François moderne; Olo en Esclavon; Olei en Polonois; Oleg en Bohémien; Alew en Gothique; Ele en ancien Saxon; Olie en Danois; Olio en Espagnol, huile. Voyez Oleu.
EOL, le même que Gweol. Voyez Arn.
EOLACH, sçavant, habile, expérimenté, brave, vaillant, hardi. I.
EOLAIDHE, directeur, chef, général. I.
EOLAS, science, art. I.
EOLECH, tremble, peuplier. I.
EOLGACH, qui sçait, sçachant. I.
EOLUDHE, EOLUIDHE, directeur, conducteur, général. I.
EOLUS, science, connoissance, direction. I.
EOMP, allons. B.
EON, intrépide, hardi. G. C'est une crase d'Eofn; comme le remarque Davies.
EON, oiseau. I. Voyez Ean.
EON, Jean nom propre d'homme. I.
EON, direct, droit. B. Voyez Lawn.
EONA, écumer, faire de l'écume, devenir écume. B. Voyez Eonn.
EONADAN, cage. I.
EONDER, hardiesse, courage à entreprendre. G.
EONDRAOIGHIM, prendre les augures. I.
EONN, écume. B. Voyez Ewyn, Ewen.
EONNEN, écume. B.
EONNENA, le même qu'Eona. B.
EONSHAIGHIM, prendre les augures. I.
EONT, allons. B.
EONTARRAIGHIM, prendre les augures. I.
EONTR, oncle. B.
EOR, eau, rivière. G. Voyez Or, Eorta.
EOR ou ENHOR, ancre de navire. B.
EOR, mémoire. B. Voyez Enver.
EORIA, ancrer, jetter l'ancre. B.
EORLA, orge. I.
EORTA, goutte. Ba. Voyez Ror.
EORTH, studieux, zélé, qui recherche avec passion.

fion, foigneux, diligent, attaché, affidu, exact. G. De là *Hortor* Latin.

EORTZUMEA, pofthume. Ba.
EOS, roffignol; *Eofig*, petit roffignol. G. Voyez *Eaws*.
EOTARPEA, la meule inférieure du moulin. Ba.
EOTARRIA, meule de moulin. Ba.
EOTHAIL, le même qu'*Eochail*. I.
EOTU, moudre. Ba.
EOTU, treffer. Ba.
EOUAN, Yves nom propre d'homme. B.
EOUL, huile. B. Voyez *Eol*.
EOUL, EOULL, volonté, fouhait, défir; plurier *Eoullon*. B.
EOULLECQ, volontaire. B.
EOULLI, vouloir. B.
EOUTR, oncle. B. Voyez *Ewythr*.
EP, fans. B. Voyez *Hep*.
EP, cheval. B. Voyez *Ebeuil*, *Kenep*.
EP, Voyez *Eppa*, *Eppil*.
EP, le même qu'*Eb*. Voyez B.
EPAGAYA, tranchant. Ba. Voyez *Epaitza*, *Spatha*.
EPAD, EPAT, durant, pendant. B. Voyez *Pad*.
EPAICHOA, petit vafe, verre. Ba. *Choa*, petit; *Epa* d'*Efa*.
EPAIRA, coupure, mutilation, déchirure. Ba. Voyez *Epaitza*.
EPAISCAC, braffelets. Ba.
EPAITZA, le même qu'*Epaira*. Ba. Voyez *Spaz*, *Spatha*.
EPAITZA, tronc, petit coffre troué. Ba.
EPALLERIA, boucherie au propre & au figuré, halle, marché. Ba.
EPAQUI, couper, fendre, retrancher, raccourcir. Ba. Voyez *Spah*.
EPAURA, le même qu'*Epaira*. Ba. On dit en Patois de Befançon *Daipouera* pour déchiré.
EPEA, jour affigné, temps déterminé, terme. Ba.
EPEEN, outre adverbe. Ba.
EPELA, tiéde. Ba.
EPELDEA, tiédeur. Ba.
EPELDUA, tiéde. Ba.
EPER, le même qu'*Aper*. Voyez *Bal*.
EPERDIA, feffes. Ba. Voyez *Epurdia*.
EPERDICARA, hochequeuë oifeau. Ba.
EPERRA, perdrix. Ba.
EPHAN, juin. C. Voyez *Even*.
EPHRUDEN, gai. B.
EPINA, épine. Ba. De là ce mot & *Spina* Latin. Voyez *Pin*, pointe.
EPOREDIX, bon dreffeur de cheval, Pline, *lib*. *III*, *c*. *17*, nous a confervé ce mot Gaulois: *Eporedicas Galli bonos equorum domitores vocant*. *Ep*, cheval; *Redya*, dompter, dreffer.
EPPA, finge, guenon. G. C'eft le même qu'*Ab*.
EPPIL, EPPILED, enfans, poftérité. G. De *Hil*, dit Davies, & *Ep* d'*Ap* ou *Ab*; c'eft un pléonafme. *Pillet* en Hébreu, engendrer; *Pillur*, enfant en Runique; *Epelir* en vieux François, éclorre, fortir de la coque. D'*Eppil* on a fait *Pil* ou *Fil*; de la *Filius* Latin, Fils François.
EPPILIAD, génération, production, accouchement. G.
EPPILIAETH, génération, production. G.
EPPILIO, engendrer, faire des enfans. G.
EPPILIWR, qui engendre, qui produit. G.
EPROUFF, éprouver. B.
EPURCHULOA, fondement ou anus. Ba.
EPURCOLOCA, femme vive & prompte. Ba.

TOME I.

EPURDIA, feffes. Ba.
EPURMAGUILLA, croupière. Ba.
EPURTAGUIA, ver luifant. Ba.
EQEIT, pendant. B.
EQENVER, côte à côte. B.
EQUERA, EQUERBIA, action, exercice, pratique. Ba. Voyez *Eg*.
EQUI, avec. Ba.
EQUI, action. Voyez *Equigoa*.
EQUIA, foleil. Ba. Voyez *Arguia*.
EQUICHULOA, brêche. Ba.
EQUIDA, fabrique, conftruction, action de bâtir. Ba.
EQUIDALA, faculté, puiffance. Ba.
EQUIDARAUA, méthode, ftatut, ordonnance. Ba.
EQUIDARIA, ouvrier, architecte. Ba.
EQUIDEITZA, parjure. Ba.
EQUIDERA, action, pratique. Ba.
EQUIDORA, inventaire. Ba.
EQUIGOA, mauvaife action. Ba. *Goa*, mauvaife; *Egui* par conféquent action. Voyez *Eguin* ou *Equin*, & *Equina*.
EQUILENGOA, prédéceffeur. Ba.
EQUIN, avec. Ba.
EQUINA, ouvrier. Ba.
EQUINAYA, diligence. Ba.
EQUINTZA, miniftére, devoir. Ba.
EQUIYA, fuffrage, approbation. Ba.
ER, montagne, haut, extrémement, particule qui entre en compofition & qui augmente la fignification. G. *Er*, fur, deffus en Breton; *Er*, noble, grand en Irlandois; *Er*, le long en Langue de Cornouaille. *Eri*, particule Grecque qui entre en compofition & qui augmente la fignification; *Erto*, haut en Italien, & *Erta*, haute, éminence, chemin haut, fentier où l'on monte; *Er* en ancien Allemand, Seigneur; *Ehr* en Allemand, honneur, dignité; *Eer* en Flamand, honneur, dignité, primauté; *Herorin*, plus haut en Théuton. Voyez *Ar*, qui eft le même mot.
ER, de, du, des articles; dès prépofition; *Er Tu Ymma*, de ce côté là. G.
ER, oui adverbe pour affirmer felon des Auteurs Gallois. Davies rend ainfi ce mot: *Er*, affirmation chez une partie des Gallois, comme *Ti* chez une autre partie. G. Voyez *Ere*.
ER, conjonction adverfative. G.
ER, article. G. C. C'eft le même qu'*Ar*.
ER. Baxter affure que ce mot fignifioit terre chez les anciens Bretons: Il parle des habitans de la Grande Bretagne. Le Pere de Roftrenen dit que ce terme fignifioit terre chez les anciens Bretons: Il parle des habitans de la Petite Bretagne. Ce mot s'eft confervé en ce fens dans *Eryen*. *Ertz* en Hébreu; *Artha* en Chaldéen; *Artho* en Syriaque; *Eriofs* en Cophte; *Ere* en Arabe; *Ert* en Punique; *Ier* en Turc; *Ercir* en Arménien; *Airtha*, *Airdha* en Gothique; *Erde* en Théuton; *Erd* en Allemand; *Earth* en Anglois; *Eerd* en Flamand; *Eard*, *Eord* en ancien Saxon; *Jord* en Danois & en Suédois; *Era* en Grec; terre; *Era*, fol en Efpagnol; *Hertha*, terre chez les anciens Germains, au rapport de Tacite.
ER, le long. C. *Heri* en Arménien, éloigné; *Erech*, *Aruch*, long en Hébreu; *Erree* en Antongilois, plus, davantage. Voyez *Hir*.
ER, neige. C.
ER, aigle. C. B.
ER, grand, noble. I.
ER, fur, deffus. B. C'eft le même qu'*Ar*.

Ttttt

ER, dans. B.
ER, heure. B.
ER, air. B.
ER, homme, B. selon le Pere Pezron. Ce sçavant Religieux a raison, car dans le Breton on met indifféremment Er ou Our pour homme. Voyez Qaour. Er, Ar, Ir, homme en Tartare. Voyez Gwir. Er, homme en Turc.
ER, maison, habitation B. dans la vie de Saint Gildas ; Erbi, habitation, demeure en Cophte ; Ara, lieu, chambre en Turc. Voyez Moer, Colomer.
ER, préposition explétive ou superflue. Voyez Erbarch, Erfad, Erregue, Erromeroa.
ER, particule privative. Voyez Erfai.
ER, particule qui marque le bien. Voyez Erglywedd.
ER, long, grand. Voyez Erwydden.
ER, eau. Voyez Geer. Erbi en Cophte, étang, mer ; Erks en Finlandois, lac.
ER, le même que Der, Ter. Voyez D.
ER, le même qu'Ar, Ir, Or, Ur, Wr, Tr. Voyez Bal.
ER, le même que Cer, Ger, Ser. Voyez Arn.
ER-FAD, bien. B. Fad.
ER-FIN, enfin. B.
ER-HYNNY, bien que, encore que, quoique, mais, au reste. G.
ER-MAD, bien. B. Mad.
ER-MAINT, combien peu, quelque peu. G.
ER-MOED, le même qu'Erited, c'est-à-dire, Er Mau Oed. G.
ER-MWYN, parce que. G.
ERA, manière, façon, état, forme, façon d'être, temps, durée, commodité. Ba. Voyez Erra.
ERA, à préposition de mouvement. Ba. Errer en vieux François, aller, marcher, & Erre, chemin ; Ire en Latin. Voyez Err.
ERA, A. M. aire, sol ; d'Er.
ERABACIA, IRABACIA, gain, profit, j'acquiers. Ba.
ERABAGUEA, informe. Ba. Era Baguea.
ERABAQUI, je prends la résolution. Ba.
ERABAQUIA, jugé, résolu, sentence, arrêt. Ba.
ERABAQUITHALLEAC, Juge. Ba.
ERABASTE, acquisition. Ba.
ERABEA, pudeur. Ba.
ERABEA, ennemi. Ba.
ERABEDEA, solution, décision. Ba.
ERABELARA, jusquiame. Ba.
ERABERA, puberté. Ba.
ERABESATU, vomir, rejetter. Ba.
ERABESTA, exemplaire, original. Ba.
ERABICOA, à deux visages. Ba.
ERABILCOA, fourgon de boulanger. Ba.
ERABILI, j'administre. Ba.
ERABILLIA, mouvement. Ba.
ERABILLIAC, agité. Ba.
ERABILTEA, mélange. Ba.
ERABOTATUA, qui retombe. Ba.
ERACAITEA, difforme. Ba. Era.
ERACARRI, j'acquiers. Ba.
ERACARRI, je retire en arrière. Ba.
ERACASI, j'enseigne. Ba.
ERACAYA, cause, motif, titre, raison. Ba.
ERACHI, baisser, abbaisser, pencher, renverser. Ba.
ERACITEN, qui fait. Ba.
ERACUTSIREN, qui indiquera. Ba.
ERAGARRIA, billet, obligation par écrit. Ba.
ERAGOA, utilité. Ba.
ERAGOA, chroniques, annales. Ba.
ERAGOALDIA, passe-temps. Ba.

ERAGODEA, plaisir, amusement. Ba.
ERAGOQUIA, éloquence, persuasion, instance. Ba.
ERAGOQUIA, futilités, bagatelles. Ba.
ERAGOSCARRIA, ERAGOSQUETA, empêchement, obstacle. Ba.
ERAGOSGUEA, expédition navale. Ba.
ERAGUEA, négligence. Ba.
ERAGUIN, exceller. Ba. Voyez Er Aguin.
ERAIGORA, exclamation. Ba.
ERAISCUNA, ERAISQUINA, addition. Ba.
ERALDAYA, transformation. Ba. Era.
ERALDEA, raison. Ba.
ERALDERA, transaction. Ba.
ERALDETARRA, raisonnable. Ba.
ERALDEZA, déraisonnable. Ba.
ERALDIA, certain espace de temps. Ba.
ERALGUDEA, dissertation. Ba.
ERALGUEA, folie, sophiste. Ba.
ERALLEA, assassin. Ba.
ERALORRA, printemps. Ba.
ERAMAITEN, qui transporte, qui enleve. Ba.
ERAMAN, conduit, transporté, enlevé, je conduis. Ba.
ERAMPEA, tolérance. Ba.
ERAN, grand. I.
ERAN, anachronisme. Ba.
ERANQLES, insatiable. B.
ERANSIA, attaché, annexé. Ba. Voyez Eren.
ERANSUERA, réponse, riposte. Ba.
ERANZA, image, effigie. Ba.
ERANZUQUIA, réponse, riposte, apologie. Ba
ERAPEA, soumission, état de pupille. Ba.
ERAPECOA, pupille. Ba.
ERAQUIA, forme, modéle. Ba.
ERAQUIDA, conformité. Ba.
ERAQUIDEA, conforme, uniforme. Ba.
ERAQUILLA, timon. Ba.
ERAQUIN, chaud. Ba.
ERAQINEZARO, j'enflamme. Ba.
ERAQUINTEA, efficace, énergie. Ba.
ERAR, commode, accommodé, ajusté. Ba.
ERARA, comme, de même que, selon. Ba.
ERARATU, j'accommode.
ERARO, commodément. Ba.
ERARTA, façon d'agir, conduite. Ba.
ERARTEA, intervalle. Ba.
ERASO, j'attaque, j'insulte. Ba.
ERASQUINAC, attachement. Ba.
ERATENU, je mens. Ba. Voyez Errel.
ERATZAN, envoyer coucher. Ba.
ERAUNSI, j'attaque. Ba.
ERAUNTSI, qui a soufflé. Ba.
ERAUSTI, je jase, je cause. Ba. Voyez Air.
ERAUSIA, babil, conversation. Ba.
ERAUSIAC, hablerie. Ba.
ERAUTSA, poussière. Ba.
ERAUTSI, je détruis, je renverse. Ba.
ERAYO, je cherche mon mal. Ba.
ERAZ, bien, proprement. Ba.
ERAZALDUA, effronté, sans pudeur. Ba.
ERAZALQUIA, racloir. Ba.
ERAZAUTSAC, raclure. Ba.
ERAZCAYA, fardeau. Ba.
ERAZOA, contrainte, nécessité. Ba.
ERAZTEA, formation. Ba.
ERBALA, languissant, valétudinaire, fragile. B. Voyez Ball.
ERBALDUS. Valafride Strabon rapporte ce mo Théuton, & nous apprend qu'il signifioit homm

hardi. C'est aussi précisément ce qu'il signifie en Celtique. *Er*, homme, *Bald*, hardi.

ERBARCH, le même que *Parch*. G. *Er* par conséquent particule explétive.

ERBARRUTIA, district, pays. Ba.

ERBED, épargner, conserver, garder. B. Voyez *Arbed*.

ERBED, exhortation, recommandation. B.

ERBEDER, intercesseur. B.

ERBEDI, prier pour un autre, recommander une personne à une autre. B. *Erbitten* en Allemand, fléchir par prières.

ERBERA, ésophage, gourmandise. Ba. On appelle l'ésophage en Patois de Besançon *Arbere*.

ERBERCH, abri, couvert. B.

ERBERGAMENTUM, A. M. logement. D'*Erberch*.

ERBIA, liévre. Ba.

ERBIEN, tout d'un coup. Ba. Voyez *Buan*.

ERBYLU, le même que *Pylu*. G.

ERBYN, par, contre, envers; *Yn Erbyn*, contre. G.

ERBYN, recevoir, admettre, accueillir, écrire sous la dictée. G.

ERBYNIAD, receveur, qui prend, qui écrit ce qu'on lui dicte. G.

ERBYNNU, ERBYNNUEID, contrarier. G.

ERC, grand. I.

ERC. Voyez *Ergotus*.

ERCAN, grand. I.

ERCH, brun, noirâtre, tirant sur le brun. G.

ERCH, horrible; *Nanterch*, torrent horrible; *Nteintyrch* au pluriel. G. *Erch* en Autriche est le nom de Mars dieu de la guerre.

ERCH, nom propre d'une rivière. G.

ERCH, neige. B. Voyez *Irch*, *Er*, *Eiry*.

ERCH, diminutif. Voyez *Llannerch*.

ERCHAIS, prier, demander. G. *Cais*.

ERCHATU, je viole. Ba.

ERCHAUALA, spatule d'apothicaire. Ba.

ERCHEN, observateur. E.

ERCHI, demander, appeler, enjoindre, commander, ordonner. G. *Archo* en Grec, commander.

ERCHILL, playes. G. Voyez *Archoll*.

ERCHWYN, ERCHWYNN, bois de lit, bord de lit. G.

ERCHWYS, chiens chassans. G.

ERCHYLL, cruel, détestable, abominable, terrible: c'est aussi le pluriel d'*Archoll*, plaie. G.

ERCHYLLRWYD, cruauté. G.

ERCHYLLU, être saisi d'horreur. G.

ERCHWYNNEDIGAETH, transmigration, action d'aller demeurer ailleurs. G.

ERCIERA, dissection. Ba.

ERCILLA, urne. Ba.

ERD, ordre. G.

ERDALIRIA, colonie. Ba.

ERDARA, Langue vulgaire des Espagnols, romance. Ba.

ERDASOMORA, qui fuit la lumière. Ba.

ERDDIGAN, harmonie, chant. G. *Erd Can*.

ERDDRYM, force, vigueur, fort, vigoureux, robuste. G.

ERDDYGNAWD, ennui, inquiétude, chagrin, dernière extrémité. G.

ERDEA, qui crache, qui bave. Ba.

ERDEAN, réceptacle. I.

ERDEERA, étranger. Ba.

ERDI-ICAN, à accouché. Ba.

ERDIA, la moitié, le milieu. Ba.

ERDIBERRIA, accouché. Ba.

ERDICOA, corps de discours. Ba.

ERDILLA, à demi-mort. Ba.

ERDIRATUA, coupé, rompu, cassé. Ba.

ERDIREN, qui accouchera, qui enfantera. Ba.

ERDITEA, enfanter. Ba.

ERDITZA, couches; *Erditze Gaitza*, avortement. Ba.

ERDITZALLEA, féconde. Ba.

ERDITZEA, pourriture. Ba.

ERDIURDINDEA, blanc de vieillesse. Ba.

ERDO, adverbe pour affirmer, oui. G.

ERDOILDU, rouillé. Ba.

ERDOILDURAC, rouille. Ba.

ERDOILLA, rouille, ordures. Ba.

ERDOYA, ORDOYA, rouille, ordures. Ba.

ERDOYALA, gorgerette. Ba.

ERE, grand. I.

ERE, Irlande. I.

ERE, attache, lien, liasse. B. Voyez *Ari*.

ERE, BERE, PERE, aussi, oui. Ba. Voyez *Er*.

EREA, lier. B.

EREADUR, liaison. B.

EREBOIRT, poids, charge. I.

ERECAR, qui a fait venir. Ba.

ERECARTEA, faire venir, retirer. Ba.

ERECARTEN, tirant. Ba.

ERED, aigles. B. C'est le pluriel d'*Er*.

EREDD, ERET, noces, épousailles; pluriel *Eredeu*. B. D'*Ere*.

EREDEIN, épouser. B.

EREEDIGUEZ, liaison, connexion, amitié. B.

EREEN, lier, garotter, lien, attache, ligature. B.

EREGACH, glace. I.

EREGI, épouser. B.

EREILLEA, qui seme. Ba.

EREIN, Irlande. I.

EREIN, lier, garotter. B.

EREITE, semer. Ba. *Er Eith*.

EREITEA, semaille. Ba.

EREITEN, qui seme. Ba.

ERELL, autre. B.

ERELLA, ERELLAT, chanceler, trembler de peur, ébranler, agiter, faire branler, sécouer, hocher. B.

EREMATEA, fin, extrémité. Ba.

EREMUA, désert, dépeuplé. Ba. Voyez *Ermus*; Arm. *Eremos* en Grec; *Eremus* en Latin, désert.

EREN, lier, garotter. B.

EREN, chronologiste. Ba. Voyez *Era*.

ERENA, troisième. Ba.

ERENACH, Irlandois. I.

ERENAISALA, péritoine. Ba.

ERENEN, source. B.

ERENEP, opposé. B. Voyez *Enep*.

ERENESAVA, bisaïeul. Ba.

ERENUA, royaume. Ba.

ERER, ERERED, aigles. B. C'est le pluriel d'*Er*.

ERES, admirable; *Eres*, *Yw Gennif*, j'admire. G. On a aussi dit *Ires*. Voyez *Irdang* & *Bal*.

ERES, dégoût, haine, aversion pour les personnes, envie, froideur, division. B.

ERESI, hair, porter envie. B.

ERESIA, désir ardent. Ba.

ERET, nôce; pluriel *Ereden*; *Eredein*, épouser. B.

ERETENN, planche de jardin, couche. B.

ERETRI, action de labourer. G. *Er*.

ERFAI, le même que *Difai*, sans faute. G.

ERFAWR, le même que *Mawr* dont il est composé. G.

ERFID paroit être le pluriel d'*Arfod*, dit Davies. G.

ERFID. PEN YN ERFID, dispute, lorsque quelqu'un saute à la tête d'un autre. G.

ERFIN, longue rave. B.

ERFIN; singulier *Erfinen*, navet. G. B.
ERFYDD, par. G.
ERPYLL; plurier d'*Arfoll*. G.
ERFYN, demander, désirer, demande. G.
ERFYNIAD, prière. G.
ERFYNIED, demander, supplier très-humblement. G.
ERFYNIWR, qui prie pour un autre, intercesseur, solliciteur, avocat. G.
ERG, grand. I.
ERG. Voyez *Ergotus*.
ERGAICOA, instantané. Ba.
ERGAITZURA, oreillon, tumeur qui vient autour de l'oreille. Ba.
ERGAUTOUR, ergoteur, qui pointille sans cesse. B.
ERGAYA, moment, instant. Ba.
ERGID, ERGIT, jet, action de jetter. G.
ERGLYWEDD, entendre, ouir, action d'entendre, écouter favorablement. G. *Clywedd*.
ERGOTUS, pointilleux. B. Il paroit par le mot d'*Ergot* qui s'est conservé dans notre Langue & qui signifie un éperon ou pointe dure qui nait au derrière de la jambe du coq, que ce mot a aussi signifié autrefois pointe au propre, quoiqu'il ne se soit conservé dans le Breton qu'au figuré. Il paroit par notre mot *Herfs* qu'*Erc*, *Ers*, *Erg* signifioient pointe.
ERGRYDD, crainte, horreur, tremblement. G. *Cryd*.
ERGRYN, crainte, horreur, tremblement. G. *Cryn*.
ERGRYNEDIG, tremblant. G.
ERGRYNU, trembler, frissonner de crainte. G.
ERGUELA, tendre, délicat. Ba.
ERGUENTAOU, ERGUENTAU, ERGUETAOU, tantôt parlant du temps passé. B. *Er Kent* ou *Guent* à la lettre, il y a peu de temps.
ERGUERZ, pas, voyage à pied. B.
ERGUIA, lumière. Ba.
ERGYD, jet, action de jetter. G. *Er* préposition superflue, puisque nous disons encore jet, jetter. Voyez *Ergid*, *Ergit*.
ERGYDIAD, jet, action de jetter, de lancer. G.
ERGYDIO, jetter, lancer. G. *Ergippa*, jetter en Groenlandois.
ERGYDIOL, qu'on jette, qu'on lance, qu'on darde. G.
ERGYDIWR, qui jette, qui lance, qui darde. G.
ERGYR, contre, vis-à-vis. G.
ERGYR, impulsion. G.
ERGYR, le même qu'*Ergyd*. G.
ERGYRWAYW, impulsion à coups de lance. G. *Gwayw*.
ERHAITEAC. GUICA ERHAITEAC, homicides. Ba.
ERHAZ TUMBAT, anneau. Ba.
ERHAZTUN, anneau. Ba.
ERHO, fou. Ba.
ERHOTASSUNA, folie. Ba.
ERHOUALCH, ERHOUALH, assez. B.
ERI, ERIA, infirme, malade, languissant, valétudinaire. Ba.
ERI, mal. Voyez *Offo*.
ERIA, prendre l'air, se mettre au frais. B.
ERIA, maladie, infirmité. Ba.
ERIA, doigt. Ba.
ERIA, profusion. Ba.
ERIA, ville, village. Ba.
ERIAC, malades. Ba. C'est le plurier d'*Eria*.
ERIANDEA, profusion, prodigalité. Ba.

ERIC, aiglon. B. Voyez *Er*.
ERICEN, malade. Ba.
ERICIUS, A. M. herse porte de ville qui s'abaisse; d'*Erc*, pointe.
ERICORRA, maladif. Ba.
ERICOTA, valétudinaire. Ba.
ERIDEN, trouvé. Ba.
ERIDOVEN, femelle fruit de l'épine blanche. B.
ERIGEA, ériger, dresser. B. Voyez le mot suivant.
ERIGH, ériger, dresser. B. Voyez le mot précédent; de la *Erigo*.
ERILDEA, défaillance, perte. Ba.
ERIN, Irlande. I.
ERIOA, carnage, mort. Ba.
ERIOED pris affirmativement signifie toujours pris négativement signifie jamais; il se dit toujours du temps passé. Il paroit composé, dit Davies, d'*Er Oed*, *à saculo*, c'est-à-dire, dès le commencement du temps. G.
ERIOED, lorsque. G.
ERIOL, appeller. G. Voyez *Eiriol*.
ERIOLUS, A. M. rigole; de *Rigol* ou *Riol*.
ERION, Irlande. I.
ERIOTARACO, mortel. Ba.
ERIOTZA, mort, carnage. Ba.
ERIOZ, mort, carnage. Ba.
ERIOZCOA, funeste. Ba.
ERIPEA, proscription. Ba.
ERIRY, neige. G. Voyez *Er*, *Erch*.
ERISMATEA, crise. Ba.
ERITASSUN, maladie. Ba.
ERITEZGARRIA, invulnérable, à couvert des maladies. Ba.
ERITSIA, chêne, chêne verd. Ba.
ERITU, je rends malade, je suis malade, malade. Ba.
ERITUDO, A. G. état de maître. *Herr*.
ERK, corne dans l'Isle de Mona & en Écossois; *Eirk*, en Irlandois.
ERLABIOA, bourdon, mouche, guêpe. Ba.
ERLABIOA, examen. Ba.
ERLADIA, essain d'abeilles. Ba.
ERLASTUA, rauque, enroué. Ba.
ERLEA, abeille. Ba.
ERLECGUEZ, prêt *mutuum*. B.
ERLECOA, petite abeille. Ba.
ERLESAIA, ERLESAINA, qui éleve des abeilles, qui a soin des abeilles. Ba.
ERLID, poursuite, persécution, suite sans interruption, suivre, poursuivre. G.
ERLIGIOA, religion. Ba.
ERLLYFASU, le même que *Llyfasu*. G.
ERLLYNEDD, lorsque. G.
ERLLYRIAD, grand plantain. G.
ERLUSTUA, rauque, enroué. Ba.
ERLYN, poursuite, persécution, suite sans interruption, poursuivre, suivre, chasser, persécuter. G.
ERLYN, suivre. C.
ERLYN, année. G. Voyez *Erlynedd*.
ERLYNEDD, l'an passé. G. Il est synonime d'*Ellynedd*.
ERLYNEDIGAETH, poursuite, persécution. G.
ERLYNWR, qui poursuit, qui persécute, persécuteur, qui suit les opinions, les sentimens d'un autre. G.
ERLYT, poursuivre. C.
ERMA TERRA, A. M. Voyez *Ermui*.
ERMANA, A. G. calamité; d'*Arm*.
ERMES, dehors. B.
ERMESDI, ERMESIDI, étrangers. B. *Ermei*.

ERMIDI

ERM.

ERMID, anachoréte, hermite. G. B. Voyez *Eremus*.

ERMIDDEDD, vie érémitique. G.

ERMIDEDDAWG, qui mene la vie érémitique. G.

ERMOED, lorsque. G. *Er Moed*.

ERMUS, A. M. inculte, stérile, qui ne produit rien; on a aussi dit *Eremus*. On a dit en vieux François *Terre Herme* pour terre inculte. Voyez *Arm*, *Eremua*. Ermar en Espagnol, gâter, détruire, mettre en désert. Voyez *Ermid*, *Ermuturra*.

ERMUTURRA, solitaire. Ba. Voyez *Ermid*.

ERMYD, hermite. B.

ERMYG, instrument. G.

ERN, arrhes. G.

ERN, le même que *Wern*. G.

ERN, orge. I.

ERN, fer. I. Voyez *Haiarn*.

ERN, le même qu'*Arn*, *Irn*, *Orn*, *Urn*, *Yrn*. Voyez *Bal*.

ERNAGUIA, fruit ou grain tardif. Ba.

ERNAIDA, vigilance. Ba.

ERNAN, de fer. I.

ERNARIA, ERNAYA, éveillé, attentif. Ba.

ERNEGARIA, qui abjure. Ba. Voyez *Nag*.

ERNEGUA, blasphême, exécration. Ba.

ERNEN, ERNENE, de fer. I.

ERNES, arrhes. G. *Earnest* en Anglois.

ERNES, fougue, fougade, emportement, fureur. B. Voyez *Arnen*.

ERNESIUM, A. M. arrhes; *Ernes*.

ERNIN, de fer. I.

ERNIO, boutonné, germé, poussé. Ba.

ERNIWED, dommage, perte, préjudice, G. *Niweid*.

ERNIWO, nuire, faire du tort. G.

ERNO, synonime d'*Arno*. G.

ERNOC, de fer. I.

ERNYW, ERNYWED, ERNYWIANT, ERNYWAF, tort, dommage. G.

ERO, étable. I.

ERO, sillon. B.

EROA, fou, insensé. Ba.

EROAN, porter, conduire. Ba.

EROANGARRIA, supportable. Ba.

EROBITCHELA, mouchoir. Ba.

ERODASA, point commencement de la quantité. Ba.

ERODEA, quantité, grandeur. Ba.

EROG, glace, I.

EROGARRIA, supportable. Ba.

EROGOA, ignorance. Ba.

EROITZORRIA, laurier rose. Ba.

ERONDEA, ERONDOA, régence, gouvernement. Ba.

ERONE, vers, de côté. Ba.

ERORCORA, caduque. Ba.

ERORI, je tombe, je croule, est tombé. Ba.

ERORQUEA, décadence, tache. Ba.

EROSALTEGUIA, fripier, brocanteur, friperie. Ba.

EROSGOA, achat. Ba.

EROSTA, plainte. Ba.

EROSTARIA, pleureuse d'enterrement. Ba.

EROSTEN, achetant. Ba.

EROTZARRA, fou, insensé. Ba.

EROUAL, largement. B. Voyez *Rholl*, *Rhull*.

EROUAN, Yves nom d'homme. B.

ERPTIA, A. M. herse. Voyez *Erciatu*.

ERPURUA, pouce. Ba.

ERQUITUA, maigre, languissant. Ba.

ERR, le même que *Cerr*. Voyez *Arn*.

TOME I.

ERR. 549

ERR, empressement, précipitation, hâte; *Errbees* désir passionné de manger. B. *Erramment*, *Erramment* en vieux François, promptement, sans délai.

ERRA, A. M. arrhes, *Erres*.

ERRABACHATOUZ, rabaissent, mettent au rabais. Ba. Voyez *Erran* & *Bachan*.

ERRABOILA, bulbe, oignon de plante. Ba.

ERRACAYA, caustique. Ba.

ERRAGOA, l'ardeur du soleil. Ba.

ERRAGOSCAA, friture. Ba.

ERRAGOSIA, fricassée. Ba. De là *Ragoût*.

ERRAIQUIA, les entrailles. Ba.

ERRALDAIRA, transmigration. Ba.

ERRALDATU, je transporte. Ba.

ERRAMAITEN, offrant, portant. Ba.

ERRAMENTA, A. M. erremens, dernier état d'un procès; d'*Era*.

ERRAMUA, laurier. Ba.

ERRAN, assurer. Ba. Voyez *Eren*.

ERRAN, qui a parlé; *Erras*, parles, dis; *Erraitea*, parler, dire; *Errai*, dit, appellé. Ba. Voyez *Air*.

ERRAN COMUNA, proverbe, axiome. Ba. Voyez le mot précédent.

ERRANA, bru, belle-fille. Ba.

ERRANDIA, ostentation. Ba.

ERRAPEA, tetine de truye qui allaite depuis deux jours, mammelle en général. Ba.

ERRAPENA, incendie. Ba. *Erre*.

ERRARNOA, ânesse sauvage. Ba.

ERRASQUIDUNA, aphorisme. Ba.

ERRATEHAGO, plus facile. Ba.

ERRATEQUIA, forge. Ba. *Erre*.

ERRATILLUA, écuelle, jatte, plat. Ba.

ERRATZA, genêt. Ba.

ERRATZAC, bruyeres, broussailles. Ba.

ERRATZE, brûler. Ba.

ERRATZECO, incendie. Ba.

ERRATZEN, brûlant. Ba.

ERRAULIA, mouche cantharide. Ba.

ERRAUNSI, soufflant, qui a soufflé. Ba.

ERRAUSTIA, poule qui ne pond point. Ba.

ERRAUTSA, cendre. Ba.

ERRAYAC, les entrailles. Ba.

ERRAYCOYA, intime. Ba.

ERRAYETATIC, auspice. Ba.

ERRAZ, facile. Ba.

ERRE, sur, dessus. Voyez *Errecarga*, *Ar*, *Er*.

ERRE, ardeur, chaleur. Ba.

ERRE, je brûle, je suis brûlé, j'enflamme; *Errea*, brûlé, desséché. Ba.

ERRE, le même que *Serre*. Voyez *Arn*.

ERRE ICATUA, être brûlé. Ba.

ERREBAITA, est desséché. Ba.

ERREBASATUA, mauvais naturel. Ba.

ERREBATOA, incursion des ennemis. Ba.

ERREBELATUA, errant. Ba.

ERREBOTA, rabot. Ba. De là ce mot.

ERREBOTATU, je dole, je polis, j'applanis. Ba.

ERRECA, ruisseau, rivage. Ba. Voyez *Rec*, *Reg*.

ERRECACHOA, ruisseau. Ba.

ERRECARGA, surcharge. Ba. Voyez *Carg*.

ERRECELOA, crainte, soupçon. Ba.

ERRECHINOLETA, rossignol. Ba.

ERRECUA, étable. Ba. Voyez *Ero*.

ERREDOBLEA, redoublement, répercussion. Ba.

ERREDURA, combustion. Ba.

ERREDURA, incendie. Ba.

ERREECINA, incombustible. Ba.

V vvvvv

ERREVAUA, raifort, groffe rave. Ba.
ERREFAUACIA, rapine. Ba.
ERREGIDOREA, action de parcourir. Ba.
ERREGUA, demande. Ba.
ERREGUE, Roi. Ba. Voyez Reg, Er superflu.
ERREJA, grille de fer. Ba.
ERRENA, boiteux. Ba.
ERRENA, bru. Ba.
ERRENCA, continu. Ba.
ERRENCA, démarche d'un homme qui contrefait le boiteux. Ba.
ERRENCADA, ligne. Ba. Voyez Rheng.
ERRENTA, rente, revenu. Ba. De là le premier de ces mots.
ERRENTARIA, fermier. Ba.
ERRENUTARRA, regnicole. Ba.
ERREQUEA, ruisseau, torrent. Ba. Voyez Rec.
ERREQUIA, hachis de viande. Ba.
ERREQUIETA, couper. Ba.
ERREREN, qui brûlera. Ba. Voyez Erre.
ERRES, ERRES, arrhes. B. Nous disons encore Erres. Voyez Erresa.
ERRESA, gages. Ba. Voyez Erres.
ERRESA, le reste. Ba.
ERRESAC, les restes. Ba.
ERRESINATIA, résineux. Ba.
ERRESMA, rame de papier. Ba.
ERRESPETOA, respect, vénération. Ba.
ERRESTA, le reste. Ba. De là ce mot.
ERRESTEZ EBILTE, reptile. Ba.
ERRESTOA, renvoi d'une paume. Ba.
ERRETA, bâton. Voyez Erretacoa.
ERRETACOA, bâton court. Ba. Coa, court.
ERRETARIA, qui défie, qui appelle au duel. Ba.
ERRETATUA, appelé en duel. Ba.
ERRETENA, canal, fossé. Ba.
ERRETIRVA, lieu retiré, solitude. Ba.
ERRETOA, défi, appel au duel. Ba.
ERRETZALLEA, incendiaire. Ba.
ERRETZEA, combustion. Ba.
ERRETZEN NAIZ, se brûler. Ba.
ERREZOA, prières. Ba.
ERRHAZ, facilement. Ba.
ERRI, terre. Ba. Voyez Er.
ERRI, Ville. Ba. Voyez Er, Ery.
ERRI, ERRIA, habitation, maison. Voyez Baserria, Ery.
ERRI, dans. Ba.
ERRIA, patrie, pays natal, contrée, pays, terre. Ba. Voyez Er.
ERRIARTEA, qui est entre deux terres, Mediterraneus. Ba.
ERRIBERA, rivage. Ba.
ERRICVA, terrestre. Ba.
ERRIERTA, querelle, dispute. Ba.
ERRIFA, échéance par le sort. Ba.
ERRIMBOMBA, bourdonnement. Ba.
ERRIO. OTSO-ERRIO, tueur de loups. Ba. Otso, loup.
ERRIOA, fleuve, rivière. Ba. Voyez Ri.
ERRITARTEA, demeure, domicile. Ba.
ERRO, foux. Ba. Voyez Errol.
ERROA, racine, tige. Ba.
ERROBILLOA, petite roue. Ba.
ERROBILLOA, cylindre de bois. Ba.
ERROCINOA, cheval hongre. Ba. Voyez Rhwnsi.
ERRODELA, boucher. Ba.
ERROETA, racine. Ba.
ERROIDUA, tumulte. Ba.
ERROITE, dire. Ba. Voyez Erran.

ERROIZTEA, précipitation. Ba.
ERROL, erreur. B.
ERROLBOA, volume. Ba.
ERROLER, raisonneur, qui réplique. B.
ERROLLATUA, robuste. Ba.
ERROMATARRA, romain. Ba.
ERROMERIA, pélérinage. Ba. Ainsi nommé de Rome, qui étoit le pélérinage le plus commun.
ERROMEROA, romain. Ba.
ERRONA, ordre, suite. Ba. Voyez Reu.
ERRONCA, menaces. Ba.
ERRONCAYA, lien. Ba.
ERRONDALLA, le dernier. Ba.
ERRORIA, languissant, foible. Ba.
ERROSELA, rouget. Ba.
ERROSELCHIQUIA, rouget (poisson de mer.) Ba.
ERROTA, racine. Ba.
ERROTA, meule de moulin. Ba.
ERROTATEGUIA, lieu où il y a beaucoup de moulins. Ba.
ERROTIC, de la racine, jusqu'à la racine. Ba.
ERROTIC, j'extirpe. Ba.
ERROTITZA, extirpation. Ba.
ERROUN, disant. Ba. Voyez Erran.
ERRU, venir, revenir, vient, échu. B. De là Erre en vieux François, départ, route. Voyez Era, Err.
ERRUA, force, vigueur. Ba.
ERRUA, énergie. Ba.
ERRUA, faute. Ba.
ERRUA, crachat. Ba.
ERRUET, venir, arriver, vient, échu. B.
ERRUMESA, pauvre, indigent. Ba.
ERRUN, pondre. Ba.
ERRUNCA, liste, catalogue. Ba.
ERRUNTARIA, fauvette. Ba.
ERRUOUT, le même qu'Erruet. B.
ERRUQUIQUIDA, commisération. Ba.
ERRUSTARIA, cracheur. Ba.
ERRUTEGUIA, nid de poule. Ba.
ERRUTIA, robuste. Ba. Voyez Rust.
ERRUZ, courageusement. Ba.
ERS. Voyez Ergoius.
ERSCAYA, serrure, verrouil, cadenas. Ba.
ERSCONA, vigueur. Ba.
ERSCONT, affermi. Ba.
ERSENA, symptome. Ba.
ERSEZAZUE, liez à l'impératif plurier. Ba.
ERSI, j'afflige, je chagrine. Ba. Voyez Hirz.
ERSIA, étroit. Ba. D'Ersia ou Ersia est venu Aritus Latin.
ERSIA, succint. Ba.
ERSIA, affligé. Ba.
ERSIA, affermi. Ba.
ERSIA, étang, piscine. Ba.
ERSITU, j'afflige, je chagrine. Ba.
ERSLEA, qui poursuit. Ba. Voyez Erlyn. De là notre mot Harceler.
ERSTEA, je ferme, j'affermis. Ba.
ERSTEN, fermant. Ba.
ERSTURA, endroit fermé, endroit serré, lieu étroit, angoisse. Ba.
ERT, mauvais, imparfait. Voyez Erthyl.
ERTALDIA, sortie imprévue sur les ennemis. Ba.
ERTEGUI CAMPOCOA, excentrique. Ba.
ERTEGUIA, le milieu des choses. Ba.
ERTHREFIG, demeurant. G. Voyez Tref.
ERTHWCH, ERTHWICH, sanglot, souffle & respiration qui se fait avec grand effort, respira-

ERT.

tion faite avec peine, frémissement. G. De là *Tussis* Latin, *Toux* François.

ERTHYCHAIN, soupirer, sangloter, haleter, respirer avec peine, respiration faite avec peine, avoir bonne haleine, respirer avec facilité, frémir violemment, mugir. G.

ERTHYL, avorton. G. *Hyl*, enfant; *Er* signifie donc mauvais, imparfait. *Harr* en Breton, mauvais.

ERTHYLIAD, avortement. G.

ERTHYLU, avorter. G.

ERTHYST. Voyez, dit Davies, s'il est formé d'*Er Tyst*. Je ne vois pas qu'il puisse venir d'ailleurs.

ERTRAI, reflux de la mer. G. C'est le même que *Trai*.

ERTSEN, qui est serré. Ba.

ERTSI, enfermé. Ba.

ERTSI, lier fortement. Ba. Voyez *Ere*.

ERTSI, envenimer, irriter. Ba.

ERTSI ERABILLI, poursuivre les bêtes féroces. Ba.

ERTSIA, obscur, difficile. Ba.

ERTSIA, bien barbu. Ba.

ERTSIA, quittance générale. Ba.

ERTSIRIC, fermant. Ba.

ERTSIRO, absolument, tout-à-fait. Ba.

ERTZ EDERREZ EGUINNA, ceint de petits rubans. Ba.

ERTZA, bords, frange. Ba.

ERTZA, bord d'un vase. Ba.

ERTZA, orle, bord, levre. Ba.

ERTZARGUIA, apostille, addition à la marge. Ba.

ERTZATU DIRADE, en venir à l'abordage. Ba.

ERTZATUA, qui a abordé. Ba.

ERTZATUA, abordé, confié. Ba.

ERTZAZ, ERTZARI ALDERATUA, abordé, confié. Ba.

ERV, ERVENN, ERUEN. Voyez *Erw*.

ERUBEA, scorpion. Ba.

ERVEZ, ERUEZ, tel, selon, par. B.

ERULI, A. G. maîtres; d'*Herr*. Voyez *Erus*.

ERUNS, vers, de côté. Ba.

ERUS, A. G. maître; d'*Herr*.

ERUSCAYA, médicament, remède. Ba.

ERUSQUINNA, médecin. Ba.

ERUSTAITT, béatitude. B.

ERUTSALDIA, parachronisme. Ba.

ERUTUDO, A. G. état de maître. Voyez *Erus*.

ERUTZA, santé. Ba.

ERW, champ, arpent; au pluriel *Erwi*. G. De là *Aruum* Latin.

ERW, ERO, ERV, ERVENN, ERUEN, sillon de terre labourée & tout terrain qui a la forme d'un sillon, planche de jardin, couche; au pluriel *Irwi*, *Irvi*, *Ernen*, *Ervy*. B.

ERWAIN, Yves nom d'homme. B.

ERWAINT, barbe de bouc (plante.) G.

ERWAN, le même qu'*Egwan, Gwan*. G.

ERWYDD, singulier *Erwydden*, perche. G. *Er*, long; *Gwydden*, arbre, bois.

ERWYDEDD. Voyez, dit Davies, s'il vient de *Gwydd*. G.

ERWYR, le même que *Gwyr*. G. D'*Er Gwyr*. Davies.

ERUYA, liévre. Ba.

ERY, ERYS, il demeurera, il séjournera, il s'arrêtera. G. Futur d'*Aros*.

ERY, Irlande. I.

ERY, habitation. Voyez *Merery*.

ERYEN, ERYENEN, petite source qui sort de terre après les grosses pluies. B. *Er*, terre; *Yen, Yenen*, source. P. de Rostrenen.

ESC.

ERYF, ERYFAIN, ERYFOEDD, cultiver, avoir soin. G.

ERYL, cultiver, avoir soin. G.

ERYR, aigle. G. B. Voyez *Er*.

ERYR. TR ERYR ou ÉRYRI, herpe inflammation corrosive qui couvre la peau de petites pustules ou de petits ulcères. G.

ERYRES, aigle au féminin. G.

ERYRI, ceinture. G.

ERYS. Voyez *Er*.

ERYSI, substantif d'*Eres*, admirable. G.

ERYSTALM, c'est-à-dire *Er Ts Talm*. G.

ERYTHIOLAF, prier, demander, louer, glorifier, rendre graces. G. *Iolaf*.

ERZA, A. M. herse; d'*Ers*. *Erse* en Italien, herse.

ES, préposition comme *Er, Erys*. G.

ES, préposition explétive, & qui peut-être signifie le même qu'*Ys*, dit Davies. Cet Auteur dit ailleurs qu'*Es* se trouve une fois pour *Ys*, c'est-à-dire *Ydys*. G.

ES, eau, coulant. G.

ES ou ÆS, le même qu'*Aos*. I.

ES, préposition usitée seulement en composition, où il ne reste le plus souvent que la lettre S. B.

ES, préposition souvent superflue. B.

ES, aise, aisé, facile, commode. B.

ES, non particule privative. Ba.

ES, article. Voyez *Esan*.

ES, particule privative. Voyez *Esbyd*.

ES. Voyez *Eus*.

ES, le même qu'*As, Is, Os, Us, Ws, Ys*. Voyez *Bal*.

ESABIURRA, palinodie. Ba.

ESACAYA, discours. Ba.

ESAGUEIDA, emphase. Ba.

ESALDEA, énonciation. Ba.

ESALEA, railleur, plaisant, enjoué. Ba.

ESAMENTUM, A. M. aisance. Et.

ESAMPL, exemple. G. Voyez *Eccempl*.

ESANA, amphibologie. Ba.

ESANGUIA, proverbe, axiome. Ba.

ESANZA, parole, expression. Ba.

ESAQUIA, axiome. Ba.

ESARTEA, interdit substantif. Ba.

ESASCODUNA, aphorisme. Ba.

ESASTEA, exorde. Ba.

ESATEA, périphrase. Ba.

ESBARDARE, A. M. couvrir de bardeaux; *Barda* en Espagnol, bardeau; de *Bardell*.

ESBATHAMENTUM, A. M. ébat, divertissement, *Ebat*.

ESBERG, non chaleur. Ba. Voyez *Es Bero*.

ESBETA, qualité de l'étoffe. Ba.

ESBIA, EXBIA, A. M. canal pour écouler les eaux croupissantes. *Es Pid* ou *Pi, Bi*, canal. Voyez *Bedum*.

ESBORTHIAID, nourriciers. G. De *Porthi*. Davies.

ESBORTHIANT, nourriture. G. *Porthi*.

ESBORTHION, le même qu'*Tiborthion*. G.

ESGYD, étrangers, hôtes. G. On voit par ce mot & par *Esgar*, qu'*Es* est une particule privative. *Byd* doit venir de *Bwth*, en composition *Byd*.

ESC, eau, rivière. G.

ESC, pays, contrée. G.

ESC, troupe. G.

ESCA, demande. Ba.

ESCA, A. M. certaine quantité de terre labourable; d'*Ese*.

ESCABECHEA, saumure faite avec un certain poisson. Ba.

ESCABIDEA, action en Justice. Ba. *Efca.*
ESCABRA, requête, demande. Ba.
ESCALA, échelle. Ba. De là *Scala* Latin, *Echelle* François. Voyez *Scalyer, Cal.*
ESCALEA, pauvre. Ba.
ESCALLARDUM, A. M. échalas. Voyez *Echalatus.*
ESCALT, peut-être dans un dialecte du Gallois, dit Baxter, le même qu'*Escuit* Breton. G.
ESCAMBIUM, A. M. échange. *Esgem.*
ESCAMET, billot ou grosse masse de bois propre à s'asseoir. B. Voyez *Scan.*
ESCANIA, invitation. Ba.
ESCANBARRIA, grand bouteiller, échanson. Ba.
ESCAPIUM, A. M. fuite, évasion, action d'échapper. *Escape* en Anglois, fuire; *Escapada* en Espagnol, fuite; *Escapar*, fuir. Voyez *Achap.*
ESCAPREMIA, mendicité. Ba.
ESCAR, A. M. quay. *Es*, eau; *Car* de *Caer*, clôture.
ESCARCHA, bruine. Ba.
ESCARDA, petit ulcère qui vient aux ongles, envie. Ba.
ESCARIA, prière, supplication. Ba.
ESCARLATA, pourpre, écarlate. Ba.
ESCAROLA, chicorée. Ba.
ESCARRA, gland. Ba.
ESCAS, avec épargne. Ba.
ESCASA, perte, pauvreté, qui vit avec épargne, court. Ba.
ESCASAYA, maître d'école. Ba.
ESCASEBA, épargne. Ba.
ESCATA, écaille. Ba.
ESCATERA, exaction. Ba.
ESCATIMA, dispute. Ba. Voyez *Cad.*
ESCATZEN, demandant. Ba.
ESCAUDEIS, A. M. échaudé. *Porcus Escaudeis,* porc échaudé, porc dont on a enlevé le poil avec de l'eau chaude: ce qui paroit parce qu'il est mis en opposition avec le cochon dont on a brûlé le poil qu'on appelle *Porcus Ustlatus* pour *Ustulatus. Scaut* ou *Scaud*, chaud; *Scaudeis*, échaudé.
ESCAUTERIA, demandeur. Ba.
ESCAYA, tapisserie. Ba.
ESCEIR, jambes. C. Voyez *Esgair.*
ESCENGIA, A. M. cens qu'on percevoit en bled. *Ed*, en composition *Es*, bled; *Cens*, cens.
ESCENLA, A. M. escengle ou bardeau. D'*Eisn, Llay*, petit.
ESCHAFFAUDUS, A. M. échaffaud. *Chaffaldus.*
ESCHALLA, A. M. échelle. Voyez *Escala.*
ESCHALMAMENTUS, A. M. la partie supérieure du tronc où l'arbre se divise en rameaux. *Scalfa* ou *Scalma*, se fourcher.
ESCHANGIARE, ESCHANGIRE, A. M. échanger; *Eschangium*, échange. Voyez *Changium, Esgem.*
ESCHANTILLARE, ESCHANDILLARE, A. M. échantillonner, confronter les mesures aux mesures publiques; *Eschandilia, Eschandelbo,* échantillon mesure publique sur laquelle on doit confronter les autres. De *Standilhon*, échantillon morceau de drap par où l'on s'assure de la qualité de la piéce. Ce mot a été ensuite étendu à signifier la mesure publique par laquelle on s'assuroit de la justesse des mesures particulières.
ESCHARA, A. M. échalas ou écharas. Voyez *Echalatus.*
ESCHASSAE, A. M. échasses; de *Scaxel.*
ESCHAUDATUS, A. M. échaudé Voyez *Escaudeis.*
ESCHAUN, cours de la rivière. G.

ESCHIPP, esquif. B. *Esquise* en Espagnol, esquif.
ESCHIPARE, A. M. équiper. *Agipa.*
ESCHOCHARE LINUM, A. M. broyer le lin. *Chocat.*
ESCHOT, A. M. écot, la part que chacun paye pour un repas. *Escot.*
ESCIT, A. G. lent. *Es* privatif; *Cuit, Cis.*
ESCITHRAWC, qui a de grandes dents. G.
ESCITR, dent. G.
ESCLABOA, serf, esclave. Ba. De là ce mot. Voyez *Sclav.*
ESCLIMBA, épingle. Ba.
ESCOB, Evêque. B.
—ESCOBATU, je nettoye; *Escobilla*, petit balay. Ba. Voyez *Tsgwbo.*
ESCOD, écot, la part que chacun paye pour un repas. B.
ESCODA, qui sert à secouer. Ba.
ESCOLA, école. Ba. Voyez *Tsgoll.*
ESCONDUREN, qui se mariera. Ba.
ESCONTZAIDEAC, parent, allié. Ba.
ESCOP, seconde cheville de la latte de la charruë, le tortoir du tissier. B.
ESCOP, Evêque. B.
ESCOT, écot, la part que chacun paye pour un repas. B.
ESCOT, A. M. le même que le précédent.
ESCOTA, couet, cordage qui sert à porter le voile d'un bord à l'autre. Ba.
ESCOZUILLEA, chandelier. Ba.
ESCOZUYA, cierge. Ba.
ESCRA, petit vase. I.
ESCRIBAVA, écrivain. Ba. Voyez *Tsgryffennu.*
ESCRINIUM, A. M. escrin. Voyez *Crineum, Tsgrin.* On a appelé par analogie en vieux François une petite maison, *Escrine, Escraigne.*
ESCUA, main, domaine, puissance, droit. B.
ESCUADRA, escadron. Ba. De là ce mot.
ESCUBAREA, hoyau, rateau, van. Ba.
ESCUBICIARRA, ouvrier. Ba.
ESCUCHARRANCHA, peigne à carder la laine. Ba.
ESCUCOA, manuel. Ba. Voyez *Escua.*
ESCUCOERA, liberté, libre arbitre. Ba.
ESCUDANCITIA, licencieux. Ba.
ESCUDERIUS, A. M. écuyer. *Tsgwyd* ou *Esgwyd.* écu, bouclier. *Escudo.*
ESCUDO, sorte de petit bouclier échancré. Ba. Voyez *Tsgwyd.*
ESCUELLA, A. M. écuelle. *Scudell.*
ESCUERA, mesure en termes de musique. Ba.
ESCUGARBITEA, bassin à laver. Ba.
ESCUGARRIA, traitable, sociable. Ba.
ESCUILLA, manchot. Ba.
ESCUINA, main droite, droite, la droite. Ba.
ESCUIT, leger, vîte, agile. B. Il paroit qu'*Es* est ici explétif & superflu, parce qu'on disoit *Cuite* en vieux François: on dit *Conite* en Bourguignon pour hâte: *Couite* ou *Couete* en Patois de Franche-Comté, hâte; *Couita* en Toulousain, & en Limosin, avoir hâte; *Kueti* en Turc, véhément, impétueux. De *Cuite, Citus* Latin. Voyez *Esgwid.*
ESCUMAGUILLA, bâton. Ba.
ESCUMATOR, A. M. écumeur de mer; de *Scum.*
ESCUMENA, faisseau, gerbe. Ba.
ESCUPERATU, j'adjuge.
ESCUPETIC, escoupette arme. Ba.
ESCUQUINTEA, manufacture. Ba.
ESCUS, excuse. Ba.
ESCUSA, excuse. Ba.
ESCUSAVAC, essuye-main. Ba. *Esgwa.*

Escusi

ESC.

ESCUSI, ESCUSEIN, excuser. B.
ESCUTARIA, écuyer. Ba. Voyez *Escudo*.
ESCUTUM, A. M. écu, Voyez *Escuderius*.
ESCUYA, la droite, droit. Ba.
ESCUYERONZ, à gauche, à droite. Ba.
ESCUZALDIA, cheval docile, souple. Ba. Voyez *Escua*.
ESCUZAPIA, essuye-main. Ba.
ESCYN, monter. G.
ESDU, mois de décembre. B. *Es* article, *Du*, noir; *Esdu*, le noir.
ESEA, courroie, lien. Ba. *Eser* en Hébreu, lier.
ESEL, le même qu'*Asel*.
ESELL, membre. B. C.
ESENCIA, A. M. aisance. *Aisantia*.
ESEQUIA, pendu, suspendu, pendule. Ba.
ESEQUIGOA', dépendance, dais, tapis. Ba.
ESEQUIGOBAGUEA, indépendance. Ba.
ESERCI, exercer. B.
ESERGARRIAC, les fesses. Ba.
ESERIA, assis. Ba.
ESERLECUA, siége pour s'asseoir. Ba.
ESERREA, insulte. Ba.
ESG, anguille chez les Écossois septentrionaux. Voyez *Easgan*.
ESGA, lune. I.
ESGAIR, jambe. G. B. Voyez *Gar* & *Es*. Ce mot se prend aussi au figuré en terme de charpentier.
ESGAN. Voyez *Scan*.
ESGAR, ennemi, adversaire; plurier *Esgarant*, *Esgeraint*. G. *Es* privatif, *Car*, *Gar*, ami. Voyez *Etsayari*.
ESGARDIUM, A. M. égard ou sentence d'un Juge portée avec connoissance de cause. Ce mot de même que regard est formé de *Goard*, *Goarda*.
ESG'ARM, cri, clameur. B. Voyez *Garm*, *Tsgarm*.
ESGEULUS, assoupi, endormi, qui ne fait que dormir, négligent. G.
ESGEULUSDER, ESGEULUSDRA, négligence, paresse. G.
ESGEULUSO, négliger, laisser échapper, mépriser, estimer moins. G.
ESGEULUSTRA, négligence, paresse, défaut de soin. G.
ESGEULUSWR, méprisant, dédaigneux. G.
ESGEULUSYN, négligé. G.
ESGEULYS, négligent, qui est sans souci, qui ne songe à rien. G.
ESGID, soulier. G. Voyez *Esgiz*.
ESGIDIAU, chaussure. G.
ESGIDIAU'R GOG, violette purpurine, hyacinthe pourprée. G.
ESGIDIWR, cordonnier. G.
ESGIZ, soulier. C. Voyez *Esgid*.
ESGLYWYN, défendre. G.
ESGOAR, douleur causée par le froid, & la foiblesse que cause la faim, douleur en général : on prononce plus doucement *Eshoar*. B. Voyez *Goer*.
ESGOB, Évêque. G. B. du Latin *Episcopus*.
ESGOBAETH, épiscopat; *Esgobaid*, épiscopal; *Esgobawd*, Évêché; *Esgobion*, Évêque; *Esgobty*, Église, Cathédrale. G.
ESGOR, enfanter, enfantement, abandonner, laisser; *Esgor An Gylch*, enfanter un grand nombre d'enfans. G. *Gylch* en construction pour *Cylch* marque ici la quantité, le grand nombre. *Es* paroit être ici une préposition explétive, parce que *Gorad* signifie couvée.
ESGOR, réparer, guérir. Voyez *Arescor*.
ESGOREDIGAETH, ESGORFA, enfantement. G.

TOME I.

ESM.

ESGORIAD, couches. G.
ESGORWRAIG, sage-femme. G.
ESGUD, diligent, soigneux. G. Voyez *Esgut*, *Esgwyd*.
ESGUDLYM, ESGUDLYMM, diligent, agile, prompt, prêt sur le champ, très-diligent. G.
ESGUDRWYDD, diligence, exactitude. G.
ESGUEZ, mendiant. Ba. De là *Egeo* Latin.
ESCURAW, le même que *Curaw* ou *Curo*. G.
ESGUS, excuse. G. B.
ESGUS, prétexte. G.
ESGUSO, excuser, prétexter. G.
ESGUSOD, excuse. G. B.
ESGUSOD, apologie. G.
ESGUSODI, excuser. G.
ESGUSODWR, qui excuse. G.
ESGUT, le même qu'*Esgud*. G.
ESGUT, rapide. C. Voyez *Esgud*.
ESGWID, YSGWYD, prompt, leger, dispos, dégagé. B. Voyez *Esgud*, *Escuit*. Es paroit ici superflu, puisque notre mot vite semble venir de *Gwid*, *Gwit*.
ESGWN, le même que *Nerth*. G.
ESGYNFA, montée, escalier, dégré, échelle. G.
ESGYNIAD, action de monter, ascension, élevation. G.
ESGYNN, ESGYNNU, monter. G.
ESGYR, jambe. G. Voyez *Esceir*, *Esgair*.
ESGYR, dos. G.
ESGYRN, enflure des amygdales. G.
ESGYRNDY, charnier. G.
ESGYRNGWLM, squelete. G.
ESHURRA, os. Ba.
ESIA, clôture faite avec une haye, fortification. Ba.
ESILARA, nerprun ronce. Ba.
ESILL, ESILLDYDD, ESILLYDD, ESSILTYD, par contraction *Silltydd*, enfans, postérité. G. Ces mots sont formés d'*Es* article ou préposition explétive, & *Hil*. Davies.
ESION, lui, le. I.
ESITAMENTUM, A. M. aisance. *Es*.
ESKAVY, pasteur, berger. G.
ESKEM, troc, échange. B. De là ce mot. Es superflu. Voyez *Kem*.
ESKEMA, échanger, troquer. B.
ESKEMMENT est en Cornouaille ce que l'on appelle en Leon *Escamet*, avec cette différence qu'en Cornouaille on donne aussi ce nom à une grosse masse de bois posée sur trois pieds, telle qu'on en voit dans les cuisines pour couper la viande cruë. B.
ESKEN; singulier *Eskenen*, morceau de quelque chose que ce soit : ou un peu d'une chose dont on veut user, soit de pain ou autre nourriture. Un homme habile en Breton explique ce mot par nourriture. B. De là *Esca* Latin.
ESKERB, coupure oblique & de biais; *Eskerbi*, couper de cette manière. B.
ESKET, abscès, apostume, froncle; plurier *Eskidi*. Un homme habile en Breton prétend que ce mot signifie le mal dit *Bulbuen*. Voyez *Bulbuen*.
ESKIPARE, A. M. équiper; *Equip* en Anglois, équiper; d'*Aqipa*.
ESLAGIUM, A. M. le même qu'*Aslagium*.
ESLAVEIDIUM, A. M. les eaux qui inondent les champs par les grandes pluyes. Les Paysans du Pays de Dombes disent *Laveides*, *Availles*. *Awed*.
ESMAE ou ESMAHE, étonnement, motion, souci, inquiétude. B. De là *Emay*, *Esmoy* en vieux François, étonnement; & *Emayer*, étonner. On dit en Patois de Franche-Comté *Emahi* pour

X xxxxx

étonné. L'*m* se changeant en *b*, d'*Emahi* est venu le mot *Ebahi*.

ESMAEA, effrayer anciennement. B.

ESMAGIUM. Les Sçavans qui nous ont donné la nouvelle édition de Ducange, se contentent de dire que c'étoit un droit commun au Duc de Bretagne & à l'Évêque de Nantes. Il paroit par la lecture du titre qu'ils rapportent, que c'étoit le droit de *Minage* ou d'*Eminage*, comme on prononce encore en plusieurs endroits du Royaume. D'*Esminagium* formé du Celtique *Min*, mesure, on aura fait par crase *Esmagium*.

ESMAN, mine, semblant, apparence. B. *Es* superflu. Voyez *Man*.

ESMENDA, A. M. le même qu'*Emendu*.

ESMHAR, le même qu'*Aosmhar*. I.

ESMOA, trouble, effroi, émotion. B.

ESMWYTH, aisé, facile, qui est à la main, doux, paisible, tranquille, mol. G. *Es* superflu. Voyez *Mwyth*.

ESMWYTHAAD, adoucissement, soulagement, allégement, adoucissement dans la douleur, action d'appaiser, de calmer, lénitif, caresse, flaterie, relâche, repos, rétablissement. G.

ESMWYTHAU, ESMWYTHO, alléger, soulager, adoucir la douleur, consoler, donner du relâche. G.

ESMWYTHDER, douceur, humeur douce, mollesse. G.

ESMWYTHDRA, adoucissement, lénitif, repos. G.

ESMWYTHGASGLU, recueillir, amasser. G.

ESMWYTHO, ESMWYTHAU, soulager, appaiser, être appaisé, amollir, rendre mol, devenir mol. G.

ESMWYTHYD, action de se calmer, repos. G.

ESNEA, lait. Ba.

ESNETIA, A. M. aînesse. Voyez *Ainescia*.

ESO, A. M. saumon. *Esoc*.

ESOAIN, ESOAN, Yves nom propre d'homme. B.

ESOC, saumon. G.

ESOCIUS, A. G. saumon. *Esoc*.

ESOEN, Yves nom propre d'homme. B.

ESOGRYN, le même qu'*Esgyrn*. G.

ESOM, besoin, manquement, indigence. B. De là notre mot *besoin*, parce que le *b* se préposoit.

ESOMEC, nécessiteux, indigent, pauvre, qui a besoin. B.

ESOMECAA, être ou devenir, ou rendre indigent. G.

ESON, A. M. saumon. *Esoc*.

ESONDARIA, qui donne des conseils. Ba.

ESONDREA, conseil. Ba.

ESONDU, je donne conseil, je demande conseil. Ba.

ESOX, A. G. saumon. *Esoc*.

ESPA, querelle, plainte. Ba.

ESPADA, le derrière du dos. Ba.

ESPAERIUS, A. M. faiseur d'épées. *Espata*.

ESPAILH, le même que *Despailh*; *Espailha*, le même que *Despailha*. Voyez D.

ESPANTAGARRIA, horrible. Ba.

ESPARAGOA, asperge. Ba. Voyez *Asperjus*.

ESPARBELA, épervier filet. Ba.

ESPARCOA, vol. Ba.

ESPARSUA, forte de jonc. Ba.

ESPATA, épée. Ba. Voyez *Spatha*. D'*Espata* sont venus nos mots *Espade*, *Espadron*, *Epée*.

ESPATA, A. M. épée. Voyez l'article précédent.

ESPATGIUM, ESPAVA, A. M. droit de s'approprier un animal égaré dont le maître est inconnu. *Epava*.

ESPEA, suppression, retranchement. Ba. Voyez *Spah*.

ESPECA, pieu, levier de bois, appui, soutien. Ba. Voyez *Spech*.

ESPEDURIAETH, hospitalité. G. D'*Esbyd*, dit Davies, & par conséquent *Bed* pour *Byd*. Voyez encore *Bui*.

ESPER, espérance; *Espera*, espérer. B.

ESPERANCE, espérance. B.

ESPERANZA, espérance. Ba.

ESPERCH, aspersoir. B.

ESPERGN, épargne. B. De là ce mot.

ESPERN, épargne. B.

ESPERNI, épargner. B.

ESPERO, éperon. B. De là ce mot. Voyez *Per*.

ESPERVERIUS, A. M. épervier. *Sparsell*, *Sparvell*, *Sparver*.

ESPIA, espion. Ba. *Espia* dans les anciens monumens & en Espagnol; *Espion* en François, espion. On disoit *Espie* en vieux langage; *Espy* en Anglois, appercevoir quelque chose. Voyez *Spy*.

ESPILLAN SARTU, attrouper. Ba.

ESPILLU, miroir concave; *Espillus*, miroir. Ba. Voyez *Spy*.

ESPILLUCOA, sonde de chirurgien, lunette. Ba. Voyez *Spy*.

ESPINARTY, épinars. B.

ESPINGLA, A. M. épingle; de *Spill*.

ESPLECTUM, ESPLEITUM, ESPLETUM, EXPLETUM, ESPLENCHA, ESPLENCHIA, ESPLETA, EXPLECHIA, A. M. signifient les différentes utilités que l'on peut tirer d'un terrein, d'y faire paître s'il y croit de l'herbe, d'y chasser si c'est un lieu propre à la chasse, d'y couper du bois si c'est une forêt, d'y pêcher si c'est une rivière; de *Spleid*, profit, utilité. Il y a auprès de Besançon un terrein considérable qu'on appelle *les Planches*, parce que tout particulier peut y faire paître.

ESPLET, exploit, assignation. B. De là *Exploit*.

ESPOSATEA, époux. Ba.

ESPOSAYAC, fiançailles. Ba.

ESPREIZA, surprendre, épouvanter. B. Voyez *Effreix*.

ESPRES, exprès. B.

ESPRIMA, exprimer. B.

ESQELL, aîle. B.

ESQEM, échange. B. Un Dictionnaire Breton met *Esqem*, inégalité.

ESQEN, point du tout d'aliment, morceau, tranche. B.

ESQENNAT, scier. B.

ESQERB, écharpe de femme. B. De là ce mot.

ESQEUNAT, scier. B. *Esquerde* en vieux François, buche très-petite.

ESQIFF, esquif. B. De là ce mot. Voyez *Scaff*, *Sqiff*.

ESQIGNAT, agacer, provoquer, irriter. B.

ESQOB, pêle de bois, écope. B. De là ce mot.

ESQUEA, bourse, quête. Ba. *Cais*.

ESQUELA, billet. Ba.

ESQUELETO, squelette. Ba. Voyez *Sceleto*, *Esqern*.

ESQUEMEN, chantier, chevalet de charpentier. B.

ESQUEN, scie. B.

ESQUER EMATEA, remerciment, action de graces; *Esquerac*, action de graces. Ba.

ESQUERGUA, ingrat. Ba.

ESQUERGUA, démesurément grand. Ba.

ESQUERGUEA, grand, excessif. Ba. Voyez *Ger*.

ESQUERGUILLA, ESQUERGUINA, agréable. Ba. Voyez *Caer*, *Gaer*.

ESQUERN, os au pluriel. B. Voyez *Asgyrn*.

ESQ.

ESQUERRA, remerciment, action de graces, grace, faveur. Ba.
ESQUERREGUYN, ESQUERREMAN, je fais plaisir, j'oblige, je favorise. Ba. Voyez Esquerra.
ESQUERREMALLEA, agréable. Ba. Gaer Mallea.
ESQUERTIA, ESQUERTSUA, agréable. Ba.
ESQUESIA, rempart, retranchement. Ba. Voyez Qae.
ESQUET, charbon, abscès. B.
ESQUEZ, mendiant, pauvre. Ba.
ESQUIBERA, dédain. Ba.
ESQUIBOILLA, pavillon, rideau. Ba.
ESQUILASOA, espèce d'alouette. Ba.
ESQUIPARE, A. M. équiper; d'Aqipa.
ESQUYT, habile, diligent. B.
ESS, eau, rivière en Gallois; car *A* dans *Essa* n'est qu'une terminaison Latine. Voyez *Axa*. Voyez aussi *Et*.
ESS, bas, plus bas, profond. I.
ESS, vaisseau, navire. I.
ESS. Voyez *Essing*.
ESSA, ESSAEA, ESSEA, essayer, éprouver. B.
ESSAIA, essayer. B. De là ce mot.
ESSAIM, essain. B. *Esciame* en Italien, *Essain* en François, essain.
ESSAIUM, A. M. essai. Voyez *Essaia*.
ESSAN, bas, plus bas, profond. I.
ESSARTARE. Voyez *Exartare*.
ESSAVERIA, A. M. digue d'étang par laquelle on retient & on fait élever les eaux; de *Sauein*, *Savein*.
ESSAYAMENTUM, A. M. essai. *Essaia*.
ESSAYATOR, A. M. essayeur. *Essaia*.
ESSEA, essayer. B.
ESSEDIN, ou , comme on écrit aujourd'hui; *Tsydyn*, siège. G.
ESSEDUM, ESSEDA, char dont se servoient les Gaulois & les Bretons. Ciceron, César, Properce, Servius, les anciens Glossaires nous ont conservé ce terme Celtique. Un de ces Glossaires nous dit que ce char étoit ainsi appellé parce qu'on y étoit assis. Voyez *Essedin*.
ESSEGRAD, sacré en un dialecte du Gallois. Baxter. G.
ESSENDOLA, A. M. le même qu'*Escendola*.
ESSERTA, A. G. le même qu'*Esseda*. Voyez *Essedum*.
ESSETUS, A. M. Les Sçavans qui nous ont donné la nouvelle édition de Ducange n'expliquent pas ce mot. Je croirois, à la vuë du passage qu'ils rapportent, que ce terme signifie ais, planche. *Ais*.
ESSING, étroit. G. *Ess* superflu; *Ing*, étroit.
ESSONIA; A. M. excuse pour empêchement. En vieux François *Essoine* ou *Exoine*. Voyez *Asswyn*.
ESSONIUM, A. M. empêchement. Voyez *Asswyn*.
ESSOULLA; A. M. bardeau, aisseau, échandole. D'*Ais* on a dit *Essil* en vieux François. On dit *Aissole* en Patois de Franche-Comté. On dit *Essente* en Normandie & dans le Maine.
ESSUENT, ESUENT, opiniâtre, indocile, désobéissant, mutin. On le dit principalement des enfans. On dit plus généralement *Amsent* & *Disent*. Voyez ces mots. B. *Es* privatif; *Sent*.
ESSYDDYN chez une partie des Gallois, le même que *Syddyn*. G.
ESSYLHAUC, belliqueux, féroce. G.
EST, moisson. B. *Ogst* en Flamand; *Hosten* en Danois, moisson.
EST, le même qu'*Ass*. Voyez *Bal* & *Estow*.
ESTA, le même qu'*Aosta*. I.

EST.

ESTACADA, lute. Ba. Voyez *Steeq*.
ESTACHADA BATALIA, A. M. combat promis ou lié. *Staga*.
ESTACHARF, A. M. attacher. *Staga*.
ESTAER, le même que *Star*. Voyez E, *Estarim*.
ESTAGERIUS, ESTAGIRIUS, A. M. qui à sa demeure, sa maison dans un lieu. *Stagia*.
ESTAGIUM, A. M. étage, maison, demeure, résidence. Voyez *Aestaich*, *Stagia*.
ESTAGIUM, A. M. stage. Voyez *Stagium*, *Stag*.
ESTALAGIUM, ESTALLAGIUM, A. M. droit qu'on payoit pour pouvoir vendre en boutique. *Stal*, boutique; de là *Etaler* en notre Langue.
ESTALARIUS, A. M. enceinte faite dans une rivière avec des pieux plantés dans le fond pour pêcher. Voyez *Estalia*.
ESTALBIA, sable Ba.
ESTALERA, dissimulation. Ba. Voyez *Estalia*.
ESTALGANA, fourberie. Ba. Voyez *Estalia*.
ESTALI, voile. Ba.
ESTALIA, couvert, caché, occulte, ceint, entouré, obscur, difficile. Ba. Voyez *Stalaph* & *Estalpea*.
ESTALLUM, A. M. boutique; de *Stal*. Nous disons encore *Etal* ou *Etau* en ce sens. Nous disons aussi étaler; *Estallar* en Espagnol, éclater, faire du bruit; c'est le figuré d'*Etaller*.
ESTALMARQUIA, tapis. Ba. *Estalia*.
ESTALPEA, protection, mystére. Ba. Voyez *Estalia*.
ESTALPETUA, secret, mystérieux. Ba.
ESTALQUI, voile, amict. Ba.
ESTALQUIA, couvercle, coëffure, tapisserie. Ba. Voyez *Estalia*.
ESTALTZEA, se couvrir d'un bouclier. Ba. *Estalia*.
ESTAMINA, ESTAMINETUM, A. M. étamine. *Entamin*.
ESTAMPA, image, effigie, estampe. Ba. Voyez *Stamp*. De là estampe.
ESTANCHIA, A. M. digue pour arrêter les eaux. Nous disons encore *Etanche* en ce sens, & *Etancher*; de *Stancq*, *Stancqa*.
ESTANDERAZO, je casse, je brise. Ba.
ESTANUA, étain. Ba. Voyez *Staen*, *Ystaen*.
ESTAPULA, A. M. marché, place remplie de boutiques. Voyez *Stal*.
ESTAQUIAC, tripe, boudin. Ba.
ESTARE, A. M. maison, habitation; *Estar* en Espagnol, être, demeurer en quelque lieu; d'*Ess*.
ESTARGOA, gourmandise, voracité. Ba.
ESTARRERA, réception; *Essartegnia*, salle à recevoir. Ba.
ESTAS, extase. B.
ESTEA, intestin. Ba. De là *Exta* Latin.
ESTECAILLUAC, chaînes, liens. Ba.
ESTECATUA, chargé de chaînes. Ba.
ESTECHA, A. M. pieu. Voyez *Estachamentum*.
ESTELL, dévidoir; B. d'*Astell*, parce que cette machine est composée de plusieurs petits ais.
ESTELLEN, au plurier *Estellenon*, deux limandes de la charrette. B. Voyez *Estell*.
ESTEPA, vessie, kiste. B.
ESTERA, natte. Ba.
ESTERIA, colique. Ba. *Estea*.
ESTERIUM, A. M. canal par où la mer monte & descend. *Estier*.
ESTEUZET, maigre, défait, exténué. B. Voyez *Steuzet*.
ESTEUZI, éteindre. B.

ESTEUZIFF, diminuer anciennement. B. *Steuzi.*
ESTIBA, centre d'appui, appui. Ba.
ESTICQ, rossignol. B.
ESTIER, flux de la mer, une barre dans laquelle il n'y a de l'eau qu'au temps du flux de la mer. B. Voyez *Star.*
ESTIGIA, A. M. droit de logement; d'*Est*, ou de *Tyie* ; *Tyig.*
ESTIMA, croyance. Ba. Voyez *Estimum.* Nous disons encore *Estimer* pour croire.
ESTIMACIOA, estime. Ba. Voyez *Estimout.*
ESTIMAGARIA, estimable. Ba.
ESTIMASIA, pêcher arbre. Ba.
ESTIMIUM, A. G. estime, jugement. *Estimout.*
ESTIMOUT, estimer, priser. B. *Timao* en Grec.
ESTINUS, étonnant, merveilleux, surprenant, épouvantable. B.
ESTIRA, extension, tiraillement, douleur. Ba. De là tirer. Voyez *Estyn*, *Stigna.*
ESTLAM, étonnement, surprise, admiration, frayeur, terreur, épouvantable, violent ; *Estlamus,* étonnant, effroyable, effrayé, étonné ; *Estlami,* épouvanter ou être épouvanté ; participe passif *Estlamet, Estlamdet,* le même qu'*Estlam.* B.
ESTOFFATUS, A. M. étoffé au figuré pour bien conditionné. Voyez *Entoff, Tstoff, Stof.*
ESTOFFERIUS, A. M. faiseur d'étoffes, en vieux François *Etoffeur. Entoff, Tstoff, Stof.*
ESTOLO, eau pour les tanneurs. Ba.
ESTOMAGOA, estomac. Ba. Voyez *Maga.*
ESTON, beaucoup, en quantité, très marque du superlatif. B. *Es* superflu. Voyez *Don, Ton.*
ESTONN, étonnement, surprise. B. De là *Etonnement.* Voyez *Stonn.*
ESTONNI, étonner, suprendre, causer de la surprise. B. De là *Estonner, Etonner* & le verbe Latin *Attono* qu'on trouve dans Ovide au même sens. D'*Estonni* est aussi venu le participe Latin *Attonitus*; l'Espagnol *Attonado*; l'Anglois *Astonied* ; l'Italien *Attonito* ; le François *Etonné.* Voyez *Stonn.*
ESTOPPARE, A. M. étouper. De *Stoupein.*
ESTOQUEA, espèce de dard court & mince, épée. Ba. De là *Estoc.* Voyez *Stocqi, Stocq.*
ESTOR, A. G. mangeur, glouton. Voyez *Estargoa.*
ESTOR, A. G. le clou par lequel on joint le timon au joug. D'*Estu.*
ESTORAPILLA, miserere espèce de colique. Ba. *Estea.*
ESTORAQUIA, styrax arbre odoriférant. Ba. Voyez *Tstor.*
ESTORM. Voyez *Stourm.*
ESTOVERIUM, A. M. en vieux François *Estovier*; *Estovoir* signifie quelquefois la faculté de prendre dans une forêt tout le bois dont on a besoin. D'*Etew.* Voyez *Eteau.*
ESTOW, lieu, habitation, demeure. C. Voyez *Est, Tstor.*
ESTRA, A. M. galerie ; de *Tra.*
ESTRABIA, crèche. Ba.
ESTRADA, A. M. ruë. *Strada* en Italien ; *Estrada* en Espagnol, ruë. De *Stread.*
ESTRADUA, lit, chaise, siége. Ba. De là *Estrada* en Espagnol, lieu où s'asseient les femmes, & *Estrado,* siége de Justice ; de là *Estrade* en François.
ESTRADUAC, sale du conseil. Ba.
ESTRAGON, estragon. B.
ESTRASERIAE, EXTRAHERA, EXTRAHITURA, EXTRAHURA, EXTRAHURATA, A. M. en vieux François *Estrahiere, Estrahere, Estrajer, Estrajere, Estrejure, Extrajure, Estrajeure, Astrajere,* épaves,

biens qui sont échuë, proprement des étrangers, aubaine. *Estran.*
ESTRAINCH, ESTRANCH, beaucoup, étrange, surprenant, grief. B. De là *Etrange* en François ; *Estrano* en Espagnol ; *Estranio* en Italien, étrange.
ESTRAN, étranger. B. De là ce mot. *Estrano* en Espagnol, étranger, sauvage, & *Estrangero,* étranger.
ESTRANGLI, étrangler. B.
ESTRANJOUR, étranger. B.
ESTRE, entre, parmi, au milieu. B.
ESTRE, davantage, plus, outre. B. Voyez *Tra, & Es.*
ESTRE. Voyez *Estref.*
ESTRE-EGUED, ESTRE-EVIT, davantage, plus, outre. B.
ESTREB. Voyez *Estref.*
ESTRECIATUS, A. M. étréci. On appelloit en vieux François un défilé une *Estreite,* & *Estrif,* une situation gênante ; de *Streh, Strih.*
ESTREF, ESTRE, ESTREB, ESTREV, doivent être les mêmes que *Tref, Tre, Treb, Trev.* Voyez *Esfair.* De là nos villages nommés *Estrai, Estrées.*
ESTREM, extrême, grand au dernier point. B. Voyez *Estre.*
ESTREN, privation anciennement. B.
ESTREN, étranger. B. Voyez *Estron.*
ESTRENCH, étrange. B.
ESTRENVAN, détresse, abbois, extrêmité d'une personne. B.
ESTREV. Voyez *Estref.*
ESTREVAN, le même qu'*Estrenvan.* B.
ESTRIBUA, étrier. Ba. Voyez *Trydd.*
ESTRIBUAREN HALAC, la courroie de l'étrier. Ba.
ESTROH, plus, davantage, en outre, outre. B. De là notre mot trop. *A Estros* en vieux François, à coup ; *Tout A Estros,* tout-à-coup ; *A Estrous* en vieux François, sûrement, certainement ; *Tont Bel Estrous* en Languedocien, tout net.
ESTRON, étranger, qui n'est pas de la même nation, qui n'est pas de la même race, qui est à autrui. G.
ESTRONEIDDIO, ESTRONI, aliéner. G.
ESTRONOL, qui est à autrui. G.
ESTROPUA, succès, événement. Ba.
ESTROPYA, estropier. B. De là ce mot, & l'Italien *Stroppiare.*
ESTRUGAN, esturgeon. B.
ESTU, je lie, j'enchaine. B. De là *Estuet* en vieux François, il faut, il convient. Voyez *Steüein.*
ESTUA, affliction, chagrin. Ba.
ESTUAZ, rétréci. Ba.
ESTUDIOA, étude. Ba. Voyez *Astud, Study.*
ESTUERA, pression, compression. Ba.
ESTUFFAMENTUM, A. M. étoffe. *Entoff.*
ESTUGERUM, ESTUGIUM, A. M. étui. D'*Etui.*
ESTUMEA, maigre. Ba. Voyez *Stum.*
ESTURA, rétrécissement. Ba. Voyez *Estuaz.*
ESTUTA, toux. Ba. Voyez *Ertwch.*
ESTUTU, je serre fortement, j'afflige, je chagrine, j'étonne, j'épouvante. Ba. Voyez *Estu, Estuaz.*
ESTUTUA, serré, forcé, contraint, affligé, affermi. Ba.
ESTUTZALLEA, qui poursuit Ba.
ESTWICT, ancienne ortographe. D'*Tstwyth.* G.
ESTYLLEN, le même qu'*Astell*, au pluriel *Estyll* G.
ESTYN, étendre, tendre, don, presente à cause qu'il se fait en étendant la main, dit Davies. G. *Attain* en Anglois, atteindre ; *Then* en Islandois, étendre ; *Tinh* en Tartare du Thibet, étendre,
& *Tei*

EST. ETA. 557

& *Ten*, étendu, extension ; *Estenes* en Grec, long.
ESTINNEDIG, qui peut s'étendre. G.
ESTYNNIAD, action d'étendre. G.
ESU. Voyez *Yfu*.
ESUS, un des noms de Dieu chez les Gaulois, dont on fit un Dieu particulier dans la suite. *Es*, très ; *Us*, haut.
ESWAIN, yves nom propre d'homme. B.
ESYN, ânes. G. Voyez *Afen*.
ET, moisson sur pied. B. Voyez *Eth*, *Yth*.
ET, allé. B. C'est la crase d'*Eat*.
ET, épenthése. Voyez *Ed*.
ET, le même que *Gued*. Voyez *Gand* ; de là *Et* en Latin, *Et* en François particule conjonctive ; de là *Etiam* en Latin, *Et* en vieux François, avec. Voyez *Eta*.
ET, agréable, beau, désirable. Voyez *Enddan*.
ET, le même que *Cet*, *Get*, *Set*. Voyez *Aru*.
ET, le même qu'*At*, *It*, *Ot*, *Ut*, *Wt*, *Yt*. Voyez *Bal*.
ETA, donc, or, or çà, par conséquent. B.
ETA, ET particule conjonctive. Ba. *Eti* particule affirmative & unitive en Cophte. Voyez *Et*.
ETA, à préposition de mouvement. Ba.
ETABLI, établir. B.
ETACH, étage. B. De là ce mot.
ETACO, à cause. Ba.
ETAFF, donc, or, or çe, par conséquent. B.
ETAIL, ENTAIL, semblablement, également : on le dit aussi pour peut-être. B.
ETAL, auprès. B. *Etalacanni*, vis-à-vis, devant en Langue de Congo.
ETALLUM, A. M. boutique, étal, étau ; de *Stal*.
ETANG, étang. Ba. Voyez *Stancq*.
ETARTUA, admis. Ba.
ETARTZEA, réception, passion, qualité opposée à l'action. Ba.
ETARZEA, action d'être admis. Ba.
ETAU. En comparant *Etal*, auprès, *Tauft*, auprès, on voit qu'on a dû dire *Etau* comme *Etal*.
ETAUTSIA, qui dégénère. Ba.
ETCHEA, maison. Ba. *Hetchine*, Ville en Tartare Mantcheou.
ETCHERA, maison. Ba. Voyez *Kaer*, *Caer*. Voyez *Echea*.
ETCHIA, maison. Ba.
ETCHOLAC, cabanes. Ba. Voyez *Eche*, *Etchea*.
ETCYR ; plurier d'*Aicor*. G.
ETEA, maison. Ba. Voyez *Eft*.
ETEAU, ETEO, ETEW, grosse buche, tison. B. De là *Etay*. Voyez *Etewyn*, *Devi*, *Etala* en Patois Suisse, toute buche de grosseur ordinaire.
ETEHECO, domestique. Ba.
ETENDURA, fente, ouverture. Ba.
ETEWYN, tison, flambeau, torche, fallot. G. *Aitine Teine*, en Irlandois, tison ; *Eithe* en Théuton ; *Ait* en ancien Allemand, feu ; *Haixe* en Gothique, torches, flambeaux ; *Atefch* en Persan ; *Adar* en Chaldéen ; *Efch* en Hébreu, feu ; *Aitho* en Grec, brûler ; *Eyfa* en Islandois, charbons ardens ; *Ad Aad* en ancien Saxon, bucher ; *Aidt-Stein* en Suisse, pierre qui se peut brûler ; (*Stein*, pierre) *Efsa* en Théuton, forge, fourneau ; *Eftia* en Grec, foyer, fourneau. Voyez *Ethan*, *Eteau*.
ETH, bled. B. Voyez *Yth*.
ETH, le même qu'*Aoth*. I.
ETHA, le même qu'*Eta*. B.
ETHACH, cavalier. I.
ETHAF, pour *Eithaf*. Voyez le mot suivant.
ETHAFBEN, extrémité, fin. G. *Ethaf* pour *Kithaf*, *Ben* pléonasme.

TOME I.

ETHAN, bouillant. G.
ETHENCEN, qui est rompu, qui se rompt. Ba.
ETHIN, herbu, pâturages en vieux François. Voyez *Taus*.
ETHLEDAN, plantain. B.
ETHLEN, tremble arbre. B.
ETHLYN, nom de lieu. G. apparemment ainsi appellé des trembles. Voyez *Ethlen*.
ETHNE, roux. I. Voyez *Tin*.
ETHOL, choisir. G. C.
ETHOLEDIG, choisi, excellent, qui est au-dessus du commun, exquis. G.
ETHOLEDIGAETH, choix. G.
ETHOLIAD, choix, élite, action de choisir. G.
ETHOLWAITH, chose d'importance, chose qui en vaut la peine. G.
ETHOLWR, électeur. G.
ETHR, le même qu'*Uthr*, *Uther*. Voyez *Uthr*, être. *Bal*.
ETHRA, très-petit. I.
ETHRIN, combat, travail, occupation, maniment, action de se servir, usage d'une chose, peine, chagrin. G. *E* superflu, *Trin*.
ETHRYE, cause, occasion, conjonction causale. G.
ETHRYCHWIL, ver luisant. G.
ETHRYCHWYLLT, impétueux. G.
ETHRYLITH, le même qu'*Aithrylith*. G.
ETHRYWYN, le même qu'*Aithrywyn*. G.
ETHSAGUT, science. Ba.
ETHWYF, suis allé. G.
ETUY, éperon. G.
ETHYW, suis allé, est allé. G.
ETIFEDD, héritier, enfans. G.
ETIFEDDIAETH, héritage, patrimoine, succession. G.
ETIVE, de, dès prépositions. Ba.
ETIVY, grosses buches, tisons. B. C'est le plurier d'*Eteau*. De là le mot Poitevin *Etepe*, qui signifie un pieu qui sert à soutenir une treille ; de là *Etay*, *Etayer* en notre Langue. Une étaye est appellée *Stava* dans la Loi Salique. Voyez *Eteau*, *Etewyn*.
ETLEDAN. Voyez *Eitledan*.
ETNACH, jan espèce de genêt. I.
ETOA, ETOYA, traître. Ba.
ETOC, le même, selon Baxter, que *Wihwe* ou *Gwibwc*, embouchure, G.
ETOC, pendant, durant, le long, dans l'espace. B. *Toc*.
ETOIRA, trahison. Ba.
ETONDEA, profit, utilité, émolument. Ba.
ETONTZEA, le même qu'*Etondea*. Ba.
ETORQUIA, étranger. Ba.
ETORQUIZ, la nature. Ba. Voyez *Qic*.
ETORRI, j'arrive, j'accours. Ba. Voyez *Etto*.
ETORRIA, qui retombe en enfance, vent, arrivée. Ba. Voyez *Etorri*.
ETORTEA, augmentation de la fiévre. Ba. Voyez *Etto*.
ETORTECOEC, l'avenir. Ba.
ETORTHEA, venir, s'approcher. Ba.
ETORTZEA, origine, source. Ba.
ETOÜES, ETOUEZ, parmi, au milieu, entre. B. *Touex*.
ETOYA, traître. Ba.
ETRE, entre, parmi, au milieu. B.
ETRECEA, vers préposition. B.
ETRETANT, cependant. B.
ETREZE, vers préposition. B.
ETRYT, réparer. C.
ETSAIPIETEA, antipéristase. Ba.

Yyyyyy

ETSAIRO BALLERATUAC, des factieux, des séditieux, des perturbateurs. Ba.
ETSAYA, ennemi, rival, émule. Ba.
ETSAYARI, le même qu'Etsaya. Ba.
ETSEA, clôture. Ba. Voyez Eichen.
ETSEACHT, bas, plus bas, profond. I.
ETSERATU, j'infeste, je fais des actes d'hostilité. Ba.
ETSIA, désespoir. Ba.
ETSIGOA, désespoir. Ba.
ETSIRO, en désespéré. Ba.
ETTO, conjonction redditive. G.
ETTO, encore, cependant, néanmoins, mais, toutefois, derechef, aussi, allons, ferme, courage. G. On dit en Patois de Franche-Comté *Etton* pour aussi. *Eti*, *Authis* en Grec, derechef.
ETTON, encore, derechef, aussi. G.
ETUFFEEN, étuvée. B. Voyez *Stoufailh*.
ETUI, étui. B. De là ce mot. Voyez *Tui*, *Tuin*, *Estuche*, étui en Espagnol.
ETUNIARE, A. M. rendre propre, rendre idoine. De *Don* ou *Tan*, mérite; de là *Idoneus* Latin, & *Etuniare*.
ETUV, chaud, Voyez *Twym*. De là étouffer, empêcher la respiration par une chaleur excessive. *Stube* en Allemand; *Stofa* en ancien Saxon; *Stove* en Anglois; *Stufa* en Islandois; *Stufwa* en Suédois; *Stwa* en Sorabe; *Stufa* en Italien; *Estufa* en Espagnol, étuves. Voyez *Stoufailh*, *Etuffeen*.
ETWA, encore, derechef, aussi. B.
ETWAETH, encore, derechef, aussi. G.
ETUVI, étuver. B.
ETZAN, être couché. Ba.
ETZAUNTZA, lieu où l'on couche, lit. Ba.
ETZAUNTZA ARTU, je campe, je dresse les tentes. Ba.
ETZAYORIC, personne. Ba.
ETZINA, couché. Ba.
ETZINA, porté à. Ba.
ETZINERAZO, envoyer coucher. Ba.
ETZITEA, inclination du corps. Ba.
EU, son, ses, de lui, d'eux, leur, & particule conjonctive. G.
EU, toujours. G. *Aiw* en Gothique, toujours; *Enno* en Théuton, éternellement; *Ævum* en Latin, durée perpétuelle; *Ewig* en Allemand, éternel; *Eeuwig*, éternel en Flamand.
EV, avide. G.
EU, jusques. G.
EU, foie. B.
EU, crime, faute. Voyez *Enog*.
EU, eau. Voyez *Podiso*. *Eüe*, eau, rivière en vieux François.
EU, particule qui marque le bien. Voyez *Euduc*, *Eved*, *Eu* en Grec a le même sens. *Hien* en Chinois, heureux; *Ein* ou *Ew* en Turc, bien adverbe.
EV, le même qu'*Av*. Voyez *Even*.
EVA, boire. B. *Ivoin*, boire en Finlandois.
EVACH, potion, buvette. B.
EUAD, ver long & plat qui s'engendre dans le corps humain. G. C'est ce qu'on appelle le ver solitaire.
EUAD, selon quelques Auteurs Gallois, la même plante que T *Ddeilen Ddu*. G.
EVAGH, breuvage, potion, boisson. B.
EVAL. Voyez *Evel*.
EVANTAIGIUM, A. M. avantage. D'*Avantaich*.
EUANTIFF, éventé. B.
EUBUL, poulain. B.
EUBI, embarrasser une rue. B.

EUCACHA, pole. Ba.
EUCACHEGOA, polaire. Ba.
EUCALDIA, récréance, jouissance par provision d'une chose qui est en litige. Ba.
EUCH, cheval. L. Voyez *Ech*.
EUCHAD, cavalier. I.
EUCHEN. Voyez *Egen*.
EUCQ, lieu, Voyez *Foennecq*. *Euwi*, maison en Persan; *Evy*, maison en Arabe; *Eff*, *Euf*, maison en Turc. Voyez *Auc* & *Bal*.
EUCQ, saumon. B.
EUD, jalousie. I.
EUD, bled. Voyez *Ambleudi*, *Ed*.
EUD. Voyez *Euddun*.
EUDAH, habit, habillement. I.
EUDAN, gain. I.
EUDDON, calendres, charançons, insectes qui rongent le bled, ciron, mite. G.
EUDDUN, désir, vœu, désirable, comme il paroît par *Euddunfun*. On voit par *Hedt*, *Hetus*, *Heta*, *Aid*, qu'*Eud*, *Ed*, *Edt*, *Et* ont signifié désirable, aimable, agréable.
EUDDUNSWN pour *Eiddunafwn*, que Davies n'explique pas. Je juge par l'analogie qu'il a avec *Eidduno*, qu'il signifie désir.
EUDUC, bon chef, bon capitaine. B. *Duc*, chef, capitaine.
EVE, Yves nom d'homme. B.
EÜE, aussi. B.
EVEC, garde, précaution, guet, vigilance. B. Voyez *Evez*.
EVECZAAT, surveiller, remarquer, observer. B.
EVEDD, le même que *Mevedd*. G.
EÜEH, précaution, attention. B.
EÜEHEIN, surveiller. B.
EUEHET, EVET, alerte. B.
EUEIN, boire. B.
EUEIT, pour, à cause. B.
EVEL, EUEL, EVAL, HENVEL, HAVAL, HENVAL, semblablement, de même, comme; *Evelhont*, ressembler, sembler; *Evel Bout*, être semblable; *Am-Henvel*, ce me semble. B. Voyez *Hafal*, qui est le même qu'*Haval*, &c. *Even* en Anglois, égal, pareil. Voyez *Fal*, qu'on prononce *Val*.
EVEL MA, comme si. B.
EVEL PA, comme si. B.
EVEL ZE, donc. B.
EUELEN, ainsi, comme cela. B.
EUHELEN, ainsi, comme cela. B.
EUELHONT, ainsi, comme cela. B.
EVELSE, ainsi, comme cela. B.
EVEN, Yves nom d'homme. B.
EVEN, le même qu'*Aven*, comme *Ev* le même qu'*Av*. Voyez *Bal*.
EVEN. MEZ-EVEN, juin. B. *Ephan*.
EVENTARE, A. M. éventer. Voyez *Euantiff*.
EVENTURA, A. M. avanture. *Avantur*.
EVER, buveur. B.
EVES. Voyez *Eni*.
EVET, EUET, les mêmes qu'*Ebet*. B.
EVEX, A. M. surveillant, garde. *Evez*, *Evet*.
EVEZ, EUEZ, précaution, attention, soin, sollicitude, vigilance, garde, guet, ménagement, attention des yeux, aguets, action de garder. Un homme habile en Breton dit qu'*Evez* signifie remarque, & *Eveziat*, prendre garde. B.
EVEZADUR, action de garder. B.
EVEZR. AMSER EVEZR, beau temps. B.
EVEZYAD, surveillant. B.

EVE.   EUR.

EVESYAND, surveillant. B.
EVESHAAT, prendre garde. B.
EUFEDD, le même que *Meufedd*. G.
EUFR, ciel. B. Voyez *Ef*.
EURFR, œuvre. B. Voyez *Ober*.
EUFREAL, rêver. B.
EUFRET, nôces. B.
EUGALA, aîle. Ba.
EUGAM, mourir. I.
EUGEN, bœuf. B. Voyez *Egen*.
EUGUI, action. B.
EUHAGES. Ammien Marcellin, *L. 15*, nous apprend qu'il y avoit chez les Gaulois des Philosophes nommés *Euhages*, qui s'occupoient à considérer l'ordre & les secrets de la nature : *Euhages verò scrutantes seriem, & sublimia naturæ pandere conabantur*. La racine de ce mot se trouve dans le Breton ; *Euch* en cette Langue signifie attention.
EUHELET, alouette. C.
EVIDOMP, devanciers. B.
EUJEN. Voyez *Euchen*.
EVIGN, boire. B.
EVIN, ongle. B.
EVIT, pour, à cause, afin; & dans les comparatifs que : Il signifie aussi comme. B.
EVIT MA, afin. B.
EVIZIQEN, à l'avenir, désormais. B. C'est le même qu'*Aivizigen*.
EUL, huile. B.
EUL, suivre. B. Voyez *Elyn*.
EULACH, frêne selon le Pere de Rostrenen; *Evlach*, *Ewlach*, *Ewelech*, *Eoulach*, *Eoulech*, *Uloch*, selon Dom Le Pelletier, ormeau. B. Voyez *Ankeler*.
EVLACH, matrice. B.
EULE, lieu, demeure. Voyez *Azalenle*, *Wl*.
EULEA, tisserand, rubannier. Ba.
EULECHEN, orme. B.
EULED, foie. B.
EULEN, bourdaine arbrisseau. B.
EULI, suivre, marcher après. Quelques livres mettent *Heuli*, *Heulia*, un desquels l'explique par conquerir & suivre. B. Voyez *Elyn*, *Hely*, *Ol*.
EULIA, mouche. Ba.
EULIJALEA, gobe-mouches (oiseau.) Ba.
EULITZARRA, taon. Ba.
EULTZA, lit de rivière. Ba.
EULN par corruption pour *Eilun*. G.
EUN, oiseau. I. Voyez *Eun* plus bas.
EUN, lui. B.
EUN, merle. B.
EUN, *EÜN*, droit, direct, uni, applani, non courbé, ni convexe, ni concave, ni oblique au propre & au figuré. B. Voyez *Iawn*, *Unqui*, *Ennder*.
EUN, cent. Ba.
EUN, oiseau, poulet. B. Voyez *Eun* plus haut.
EÜN, peur, effroi, horreur, transe. B.
EUNA, dresser, rendre droit, unir, applanir. B.
EUNDER, droiture, bonne foi, candeur, bonté sincére. B.
EUNETAN, cent fois. Ba.
EUNGUIA, siécle. Ba.
EUNICQ, craintif, peureux. B.
EUNTEA, centurie, nombre de cent. Ba.
EUNUS, qui est sujet à la peur. B.
EVO, bourdaine (arbrisseau.) B.
EVO, boire. B.
EVOD, vers larges qui se trouvent dans le foie des moutons. B.

EUOD DBU & *EUOD GOCH*. Davies explique ces plantes en Anglois par ces mots : *The Blake And Res Yles*; c'est-à-dire, noire & rouge *Yles*. Je ne trouve point ce mot *Yles* dans les Dictionnaires Anglois, ainsi je ne peux indiquer cette plante en François.
EVODI, être ou devenir épi. B.
EVOG, coupable, criminel, complice. G. *Evog* est un possessif, ainsi *Eu* doit signifier crime, faute.
EUOGRWYDD, état d'un criminel. G.
EVON, vers infectes. G.
EVOR, bourdaine (arbrisseau.) B.
EVOR, *ENVOR*, *EFOR*, *EVO*, bourdaine (arbrisseau) hellébore, mémoire. B.
EVORI, chercher de la bourdaine, couper de la bourdaine. B.
EVORI, délibérer. B.
EVOU, cieux. B. Voyez *Ef*.
EUQUERA, texture. Ba.
EUQUI, avoir pitié. Ba.
EUQUIA, adopté. Ba.
EUQUIDA, modération. Ba.
EUQUIDAGOA, continence. Ba.
EUQUIDEZAGOA, incontinence. Ba.
EUQUITZEA, tension. Ba.
EUR, rivière, eau. G. Voyez *Wr*, *Euria*.
EUR, heure. B.
EUR, couple ou paire. B.
EUR, félicité, bonheur. B. De là le vieux mot François *Heur*, qui signifioit la même chose, & dont nous avons fait *bonheur* par un pléonasme. Voyez *Eurus*.
EUR, le même qu'*Aur*. Voyez *Eurliw* & *Bal*.
EÜR, or. B. Il signifie aussi blond. Voyez *Eurwallt*.
EUR-OY, orfévre. B. *Of* de *Gof*.
EUR-VAD, *EÜR-VAD*, bonheur. B.
EURAGUI, beaucoup. Ba.
EURAID, d'or, doré, orfévre. B.
EURAWC, plein d'eau. G.
EURAWG, d'or. G.
EURBYSG, sorte de poisson de mer, G. apparemment ainsi appellé de sa couleur d'or; *Bysg* en composition pour *Pysg*.
EURCHAT, grogner parlant des porcs. B.
EURD, ordre. B. Voyez *Urddas*.
EURDDE, doré. B.
EURDDRAIN, espéce d'épine appellée en Latin *Agni Spina*. G.
EURDDRAIN DUON. Davies rend ce mot par *Rhibes*, qui ne se trouve point. Ce doit être une épine de même espèce que la précédente, à la couleur près, qui doit être noire, à cause du mot *Duon* qui est ajoûté. G.
EURDED, épousailles, nôces. B.
EÜRDED, bonheur. B.
EURDLWS, collier. G.
EURDORCH, collier. G. *Torch*.
EURE, ton, ta. Ba.
EURED, *EVRET*, épousailles, nôces ; singulier *Eureden*; plurier *Euregeou*. B.
EUREGI, épouser. B.
EVREIN, rêve. B.
EVREUCHAN, hérisson. B.
EVREUCHIN, loir, hérisson. B.
EVREUD, épousailles. B.
EUREUGI, épouser. B. Voyez *Eregi*.
EURGEFN, sorte de poisson de mer. G. *Eur Cefn*.
EURGRAWN, trésor. G. *Eur Crawn*.

EURGRWYDR, de couleur d'or, qui approche de l'or. G.
EURIA, URIA, pluie. Ba. Voyez Wr, Eur.
EURIJASA, nuage. Ba.
EURIN, EURINAWL, d'or. G.
EVRINEIN, rêver. B. Voyez Evrtin.
EURINLLYS. Voyez Eirinllys.
EURITU, pleuvoir. Ba. Voyez Euria.
EURLIW, de couleur d'or, d'un jaune doré. G. Liw, couleur; Eur, Aur.
EURLLEN, tapis, tapisserie. G.
EURLLID, le même qu'Efyllid, mérite. G.
EURO, dorer. G.
EUROF, le même qu'Eurych. G.
EUROFAINT, orfévres. G.
EURON, eaux, fleuves. G. C'est le pluriel d'Eur.
EUROPAD, européen. B.
EUROPARRA, européen. Ba.
EUROUR, doreur. B.
EURUS, heureux, bienheureux, fortuné, prospère. B. Eran en Arménien, heureux; Urus, Hurus, heureux en Irlandois.
EÜRUS, heureux. B. De là ce mot.
EURUSDET, EURUSDER, EURUSTETT, bonheur, félicité. B.
EURWALLT, qui a les cheveux blonds. G. Gwallt.
EURYCH, orfévre, ouvrier en or, ouvrier fabriquant en général. G.
EURYCHAETH, orfévrerie, fabrique, art, métier. G.
EUTSUA, le reste Ba.
EURYCHOD, orfévres. G.
EURYCHWAIT, tout ce qui est fait de cuivre, de bronze, d'airain. B.
EURYN, petite monnoie d'or. G.
EUS, préposition de ou du. B. On écrivoit autrefois Evas.
EUS, est, troisième personne du verbe être: On prononce Es à Vannes, Os à Treguier. B. Voyez Oes.
EUS, le même qu'Eucq. Voyez Arn.
EUSANGARRA, chenille qui a plusieurs pieds. Ba.
EUSCALDUNAG, les Basques. Ba.
EUSCARRIA, poignée d'épée, espèce de boule, fermoir d'un livre. Ba. Voyez Efcu.
EUSEN, Yves nom d'homme. B.
EUSLEA, petite fourche. Ba.
EUSPEA, reddition, tradition. Ba.
EUSTEA, attachement. Ba. Voyez Efin.
EUSUS, déjà. G.
EUTA, EUTALDIA, toile; Entarra, toile qui est d'un triple tissu; Euteguia, métier, profession de tisserand. Ba.
EUTASTIA, gobe mouche oiseau. Ba. En pour Eulia; Taftia, gober, manger.
EUTERVOUT, dédaigner. B.
EUTEUR, vouloir. B.
EUTHYM, le même qu'Athwyf, suis allé. G.
EUTR, le même qu'Uthr, Uther. Voyez Uthr.
EUTRU, monsieur. B.
EUTSI, je prends, je tiens. Ba. Voyez Efin.
EUTSIA, tenace, entêté. Ba.
EW, isle, eau, rivière. G. Ewer, eau en Anglois; Eume en Patois de Chablais, eau. Voyez Aw.
EUV. Voyez Ewlen.
EWAINT, jeunesse. G.
EWAIS, syncope d'Endewais, j'ai entendu. G.
EWEN, écume; Ewenenni, écumer, faire ou devenir écume. B. Voyez Ewyn.
EWIG, biche. G. On prononçoit Eoig.
EWIG LWYD, daim, chevreuil. G.

EWIG. Voyez Tyg.
EWIN, ongle. G.
EWIN ARLLEG, épi. G.
EWINALLT, précipice qu'on ne peut monter qu'en fichant ses ongles, qui va en montant. G. Ewin, ongle; Allt, montée.
EWINFACH, crochet. G.
EWINOG, qui a des ongles. G.
EWINOR, excroissance de chair qui couvre l'ongle, engelure ou mule aux talons. G. Ewin, ongle; Or, dessus.
EWINOR, sorte d'abscès qui vient à la racine des ongles. G.
EWINWASG, sorte d'abscès qui vient à la racine des ongles. G.
EUFLEN, le plus subtil du lin, le coton du lin que l'on peigne. B. Lin ou Len, lin.
EUFLEN, étincelle, bluette de feu. B. Voyez Eluen, Elven.
EWOFIAU GWYLLTION, plante appellée en Latin Ronilla. G.
EUVRAICH, ouvrage. B. De là ce mot.
EWYBR, promptement, vîte, prompt. G.
EWYDD, cuivre. G.
BWYDN, le même que Gwydn. G. E superflu.
EWYLLYS, volonté. G. Volo en Latin; Volere en Italien; Wollen en Allemand; Willen en Flamand; Will en Anglois, vouloir; Will en Allemand & en Anglois; Wille en Flamand; Villie en Danois; Wilga en Gothique; Voilja en Esclavon; Volja en Dalmatien; Vola en Lusatien; Wult en Bohémien, volonté. Voyez Welys, Eoul, Eoulli.
EWYLLYSCHWANT, désir. G.
EWYLLYSGAR, voulant, voulant de bon cœur, qui fait de bon gré, qui n'est point contraint, délibéré, dispos, alégre; Yn Ewyllyfgar, également, de la même manière. G.
EWYLLYSIO, vouloir, souhaiter. G.
EWYLLYSIOL, qui veut du bien à quelqu'un. G.
EWYN, écume; Ewyn Hallt, écume salée qui s'attache comme une espèce de laine aux herbes & aux roseaux des marais pendant la sécheresse; Ewyn Y Salt Petr, écume ou fleur de nitre. G.
EWYNGANT, écume, blancheur de l'écume. G. Ewyn, Cant, en composition Gant, blancheur.
EWYNNOG, écumeux, plein d'écume. G.
EWYNNU, écumer. G.
EWYTHR, oncle; au pluriel Ewythredd. G.
EWYTHR BRAWD HENDAID, le frere de la trisayeule. G.
EWYTHR FRAWD TAID Y TAID, le frere du trisayeul. G.
EUZ, horreur, frayeur, épouvante, peur, terreur, aversion. B.
EUZ, horreur, abomination, nausée. B. Efen en Scythe, infame.
EUZ, mol, amolli, qui n'est ni solide, ni ferme; le diminutif Emzic répond au François mollet. B.
EUZEN, EÜZEN, yves nom d'homme. B.
EUZICQ, hideux, abominable, violent, énorme, terrible, épouvantable, horrible. B.
EUZIL, suie. B.
EX, eau, rivière. G. Voyez Axa, Exa. A terminaison des Latins.
EXACON, nom que les Gaulois au rapport de Pline, l. 25. c. 6. donnoient à la centaurée, parce que lorsqu'elle est prise en infusion elle fait sortir par le bas tous les mauvais remédes qu'on peut avoir pris. Ec particule qui marque la sortie, ce qui fait sortir; Agon ou Acon, force, vigueur.

EXADUM

EXA.   EZC.

EXADUM, A. M. espèce de char. C'est le même qu'*Essedum*.
EXALODIS, A. M. le même qu'*Alodis*.
EXARTARE, ESSARTARE, ASSARTARE, SARTARE, A. M. essarter. Voyez *Sartare*, qui est le même.
EXBIA, A. M. le même qu'*Esbia*.
EXBRANCHIARE, A. M. ébrancher. *Es* privatif, *Brancq*.
EXBRIGARE, A. M. mettre hors de cour & de procès. *Es Briga*.
EXCALDARE, A. M. échauder. Voyez *Escaudeis*.
EXCANGIUM, EXCHANGIA, A. M. échange. Voyez *Esqem*, *Changium*.
EXCHUCARE, A. M. essuccer. *Sug*, suc. Voyez encore *Chucatu*.
EXCLUSA, ECLUSA, CLUSA, SCLUSA, SLUSA, A. M. écluse. *Clos* ou *Clus*.
EXCUSA, A. M. excuse. *Excusare*, excuser. *Escus*.
EXECUTARE, A. M. exécuter. Voyez *Executi*.
EXECUTI, exécuter. B.
EXEDA, A. G. c'est le même qu'*Esseda*. Voyez *Essedum*.
EXEMPL, exemple. B. Voyez *Eccempl*.
EXERCI, exercer. B.
EXFORCIARE, A. M. faire violence. *Forz*, violence.
EXGARDIUM, A. M. le même qu'*Esgardium*.
EXILEIN, exiler. B. Voyez *Cil*.
EXOINA, EXOIMNA, A. M. en vieux François *Exsoine*, *Essoine*, excuse. Voyez *Essonium*.
EXONIA, A. M. le même que le précédent.
EXPIARE, A. M. épier. *Espia*.
EXPIRA, expirer. B.
EXPLECHA, EXPLECHIA, EXPLECIA, EXPLETA, EXPLETUM, EXPLEMENTUM, A. M. les mêmes qu'*Explectum*. De là *Explectare Sylvam*, exploiter une forêt, la couper pour la vendre.
EXPLET, exploit, assignation. B.
EXPRESSITAS, A. M. diligence, vitesse, hâte; en Italien, *Prezza*; de *Pres*.
EXPRIMA, exprimer. B.
EXQUAMIARE, A. M. changer. *Esqem*.
EXSCHAPIUM, A. M. le même qu'*Escapium*.
EXTENDARIUM, Voyez *Standardum*.
EXTERIUM, A. M. le même qu'*Esterium*.
EXTOLNEARE, A. M. délivrer de l'imposition. De l'Anglois *Toln*, imposition, qui vient de *Toll*.
EY, rivière, eau. G. Voyez *Aches* & l'article suivant.
EY, eau. E.
EYA, Isle dans les Orcades. Voyez *Ew*, *Ai* en Hébreu; *Ey* en ancien Saxon & en Islandois; *Oia* en Suédois; *Eia* en Latin du bas âge, isle.
EYA, étable à cochons. Ba.
EYACA, prompte suite. Ba.
EYAGA, vite. Ba. Voyez *Eyan*.
EYAGOA, course. Ba.
EYAGORA, cri élevé. Ba.
EYAGORA, criant. Ba.
EYAN, vite adjectif. G.
EYAR, aride, sec. G.
EYARTUA, brûlé, desséché. Ba.
EYATEGUIA, hippodrome, manège. Ba.
EYENEN, petite source qui sort de terre après les grosses pluyes. B. Voyez *Eryenen*.
EYER, baguette. Ba.

TOME I.

EYGACIUM, EYGUATGIUM, A. M. canal, lit de rivière, de ruisseau. D'*Eg*. Voyez *Aches*.
EYGYAWN, océan. C.
EYHAR, aride, sec. Ba.
EYLNESCIA, EYNEIA, A. M. les mêmes qu'*Ainescia*.
EYLUN, idole. G.
EYNAN, seul. B.
EYNIGIUS, A. M. aîné. Voyez *Ainescia*.
EYRIOG, neigeux. G.
EYRYCH, potier de terre. G.
EYSIAMENTUM, A. M. aisance. Voyez *Aisancia*.
EYSTENEY, extension. B.
EYTE, A. G. isle ou lieu bas humide & marécageux. Voyez *Ey*, *Eya*.
EYTHIR, vraiment. G.
EZ, particule qui répond au *Que* François entre deux verbes. B.
EZ, particule qui étant mise devant un adjectif lui donne la force du superlatif; *Autron Ez Bras*, seigneur très-grand. B.
EZ, tu. B.
EZ, non particule négative. Ba.
EZ, superflu. Voyez *Ez Nez*.
EZ, eau, liqueur. Voyez *Bannez*, *Goez*.
EZ A BE TRA, de quoi. B.
EZ NEZ, proche. B. *Ez* superflu.
EZA, EZAFF, lui. B.
EZA, particule privative Voyez *Dutieza* & *Ez*.
EZACH, EZAECH, maris; pluriet d'*Ozach*. B.
EZACOCHA, petite truie. Ba.
EZACOCHA, cloporte, chenille. Ba.
EZADEA, suc. Ba.
EZADITUA, inouï. Ba.
EZAGUERA, souvenir, connoissance. Ba.
EZAGUNA, connu. Ba.
EZAGUNEZA, inconnu, ignoré. Ba.
EZAINDARIA, qui salit. Ba.
EZAITU, je gâte. Ba.
EZAMILLUA, anet herbe odoriférante. Ba.
EZAN, je vais, je vas. B.
EZAN, Yves nom propre d'homme. B.
EZANNA, difformité, laideur. Ba.
EZAQUEA, grossier, hébété. Ba.
EZAQUEA, grossiéreté, &c. Ba.
EZAQUIA, humeur. Ba.
EZARCASIA, dogme. Ba.
EZARRAC, mettez. Ba.
EZARRIA, en voûte. Ba.
EZARTEA, interjection. Ba.
EZAUDEA, exclusion, exception. Ba.
EZCABIA, alopecie, teigne. Ba.
EZCAIDA, folie, sottise. Ba.
EZCARDA, envie qui vient à la racine des ongles. Ba.
EZCARRAYA, anomaux. Ba.
EZCATA, écaille de poisson. Ba.
EZCAYA, thim. Ba.
EZCERIA, misère. Ba.
EZCOA, cire. Ba.
EZCON, se mariant; *Exonces*, se marier. Ba.
EZCONECINNA, impuissant. Ba.
EZCONDU, je me marie. Ba.
EZCONGAITEA, célibat. Ba.
EZCONGAYA, nubile. Ba.
EZCONGUEA, qui n'est pas marié, célibataire. Ba.
EZCONGUEA, célibat. Ba.
EZCONGUILLEA, paranimphe. Ba.
EZCONTEA, mariage. Ba.
EZCORRA, flambeau, cierge. Ba.

EZCOZUYA, flambeau, cierge. Ba.
EZCOBUZIA, flambeau. Ba.
EZCURDUIA, bois de peuplier. Ba.
EZCURQUIA, espèce de chêne Cerrus. Ba.
EZCURRA, rouvre espèce de chêne. Ba.
EZCUTARMA, bouclier. Ba.
EZCUTA, valvule, soupape. Ba.
EZCUTAPE, Sacrement de pénitence. Ba.
EZCUTAPEA, tortuë militaire. Ba.
EZCUTARI GUISAEOA, qui est doué d'un heureux naturel. Ba.
EZCUTARMA, écu d'armoiries. Ba.
EZCUTARMA, courroie. Ba.
EZCUTATUA, couvert d'un bouclier. Ba.
EZCUTATUA, caché. Ba.
EZCUTATUA, obscur, difficile. Ba.
EZCUTATZEA, évasion, fuite, se cacher tout d'un coup. Ba.
EZCUTUCOA, secret. Ba.
EZDEUSTU, réduire à rien. Ba.
EZDEUTUREN, qui évacuera, qui vuidera. Ba.
EZDINA, indigne. Ba. Voyez *Din*.
EZDINDEA, indignité. Ba.
EZE. Voyez *Neze*.
EZEGOQUI, il n'aime pas constamment. Ba.
EZEGOQUINA, inconstance. Ba.
EZEL, membre, partie du corps; pluriel *Issili*. B.
EZELCARGOA, incompatible, incompatibilité. Ba.
EZEMPTI, exempter. B.
EZEN, vapeur chaude, exhalaison. B. *Ez* pour *Atz*, *En* épenthèse. Voyez *Eaz*.
EZEN, Yves nom propre d'homme. B.
EZERA, incommodité.
EZERAGUILLEA, inefficace. Ba.
EZESCUGARRI, intraitable. Ba.
EZEZEA, négation, refus. Ba.
EZEW, cercle, anneau ou boucle servant à attacher les bœufs à la charruë, à la charrette; pluriel *Iziwi*, *Iziwi*. B.
EZEZTATU, j'abjure une erreur. Ba.
EZEZTATZEA, abjuration. Ba.
EZEZTEA, contradiction. Ba.
EZEZTU, je nie. Ba.
EZGARRIA, sans. Ba.
EZGUINTZA, mépris. Ba.
EZHIAN, bœuf. B.
EZITEA, jetter. Ba.
EZL. Voyez *Elf*.
EZLA, eau pour les tanneurs. Ba.
EZLEN, tremble (arbre.) B. Voyez *Ethlan*. *Ellen* en ancien Saxon, aune.
EZMEA, suc, jus, crême.
EZN, oiseau, volaille, volatile; pluriel *Eznet*. B. Voyez *En*.
EZNARRAYA, veau marin.
EZNE est le primitif & le présent de l'indicatif du verbe *Aznavout*, connoître; *Ezne*, *Ezneuf*, connois à la premiere personne : on trouve aussi *Disezne*, méconnoître; *Dis* privatif. B.
EZNEA, lait. Ba.
EZNEO, jours gras, carnaval. B.
EZNES est le féminin d'*Ezn*, & signifie spécialement une poulette; pluriel *Eznesi*, *Iznisi*; *Eznes Gonez*, gelinotte. B.
EZNETA, chasser aux oiseaux; *Eznetaer*, qui chasse aux oiseaux, chercheur de volaille. B.
EZNETEA, qui tette, qui est à la mammelle. Ba.
EZOM, besoin. B.
EZOMEGATA, appauvrir. B.

EZOP, hyssoppe. B.
EZPAINA, bord, frange, extrémité, levre. Ba. Voyez *Penn*.
EZPAINTSUA, lippu, qui a des grosses levres. Ba.
EZPAITA, dispute, controverse. Ba.
EZPALA, planche. &c. Ba.
EZPANA, levre. Ba. C'est le même qu'*Ezpaina*.
EZPARTZUAGA, lieu planté de genêts d'Espagne. Ba.
EZPATA, épée. Ba. Voyez *Spatha*, *Espata*.
EZPATAREN AOA CHOROISTU, polir la pointe d'un fer. Ba.
EZPATIYA, la masse (plante.) Ba.
EZPELA, bouis. Ba.
EZPERE, autrement. Ba.
EZPROYA, ESPROINA, éperon. Ba. Voyez *Spor*.
EZQUELA, louche, état de celui qui louche. Ba.
EZQUERERONZ, à gauche, à droite. Ba.
EZQUERO, après que. Ba.
EZQUERRA, gaucher. Ba.
EZQUERRA, la main gauche. Ba.
EZQUIA, aune (arbre,) peuplier. Ba.
EZQUILLA, clochette. Ba.
EZR, le même qu'*Heur*. B.
EZREPEL, raconter. B.
EZREVENT, EZREVEN, les diables en général. B. C'est le pluriel d'*Ezrouent*.
EZRON. Voyez *Hez*.
EZROUENT, diable, adversaire, ennemi. B. C'est le même qu'*Azrouani*. Ce mot à d'abord signifié diable, ensuite il a été étendu à toute sorte d'ennemi.
EZTA CEREGUINNIC, tout est fait, il n'y a plus rien à faire. Ba.
EZTABILEA, j'affermis. Ba. De là *Stabilio* Latin.
EZTAGOQUEA, incompétence. Ba.
EZTAICANTA, épithalame. Ba.
EZTALI, voile, ombragé; *Eztalian*, en cachette; *Eztalquia*, voile. Ba.
EZTARJOA, soufflet coup sur la jouë. Ba.
EZTARRIA, gosier. Ba.
EZTAYAC, les nôces. Ba.
EZTAYONDOAC, renouvellement de nôces. Ba.
EZTEN DEU, année. Ba.
EZTENA, stilet, poinçon, aiguillon. Ba.
EZTERA, pierre à aiguiser. Ba.
EZTERACIA, fiction, dissimulation, feinte, ironie. Ba.
EZTERATUA, aigu. Ba.
EZTERATZALLEA, Général d'armée. Ba.
EZTIA, miel. Ba.
EZTIA, doux. Ba.
EZTICOLIA, sorte de parfum. *Tesnum*. Ba.
EZTIGOSIA, sorte de gâteau fait au miel, le miel cuit. Ba.
EZTIJARIOA, qui coule du miel. Ba.
EZTITEGUIA, lieu où l'on éleve des mouches à miel, où l'on conserve le miel. Ba.
EZTITU, j'ente. Ba.
EZTONDEA, profanation. Ba.
EZTONDETZEA, profanation. Ba.
EZTOYA, lit nuptial. Ba.
EZTU VALIO PELAT BAT, qui ne vaut rien, qui ne vaut pas un zest. Ba.
EZTULA, la toux. Ba.
EZUL, moële. Ba.
EZURA, os. Ba.
EZURDIA, ossemens. Ba.
EZURQUINDEA, ostéologie. Ba.
EZURRA, OZURRA, des os. Ba.

F

AVIES dit que cette lettre se prononce en Gallois, lorsqu'elle est seule, comme v, & elle ne commence seule qu'un très-petit nombre de mots Gallois ; c'est pourquoi il écrit avec une double ff les termes qui commencent par cette lettre. On se conformera à la régle qu'il donne, & on donnera les mots Gallois commençant par une double ff après avoir placé les termes des autres dialectes Celtiques dans lesquels l'f simple a le même son & la même valeur que la double ff Galloise.

F se met pour B, P, V. Voyez B.
F se met pour l'M. Voyez Fa.
FA, lieu. G. Voyez l'article suivant.
FA, lieu anciennement en Breton, dit le Pere de Rostrenen. Il est encore en usage dans le Gallois. (Voyez l'article précédent.) *Phai*, ici en Cophte ; *Phao* en Tonquinois, chambre ; *Fam* en Chinois, maison, pays.
FA, à, de, du, des, dès, d'où, dehors, depuis. I.
FA, bon. B. C'est le même que *Ma*. Ce mot, & un grand nombre d'autres qu'on pourroit citer, montrent qu'en Celtique l'F & l'M se mettoient l'une pour l'autre ; *Faida*, utile en Turc. De *Fa* est venu le Latin *Fas*, permis, licite, bon.
FA, FAO, feves ; c'est le pluriel de *Faffen*. B. On nomme en Normandie *Favas* la tige des feves, (*As*, tige;) *Papu*, feve en Finlandois. Voyez *Ffa*.
FA, sous, dessous. I.
FA, Voyez *Bychan*.
FA BRIZ, feves bariolées. B.
FA MUNUD, haricot. B.
FA ROM, petite feve, feverole, haricot. B.
FAAR, le même que *Feaar* ; de même des dérivés ou semblables. I.
FAB, le même que *Bab*, *Mab*, *Pab*, *Vab*. Voyez B.
FABCOLL ou FAFGOLL, galliote, benoîte, nard sauvage. G.
FABEUS, A. G. petit garçon ; *Fabea*, petite fille ; de *Fab*.
FABH, le même que *Feabh* ; de même des dérivés ou semblables. I.
FABHAL, expédition. I.
FABHRA, voile. I.
FABLEN, fable. B. *Fabel* en Allemand, fable ; *Fabel*, *Fableau*, *Fabliau*, *Flabe*, discours feint, fable, roman en vers, poëme ; *Favele*, mensonge ;

Flavelle, faux discours en vieux François. On appelle à Metz une fable un *Flaveau* ; c'est une transposition de *Fabl* ou *Favl*.
FABLICQA, fabriquer, bâtir. B.
FABLICQER, fabricateur. B.
FABLYCQA, bâtir, construire. B.
FABOREA, faveur. Ba. Voyez *Fa*, *Ffafor*.
FABOURZ, fauxbourg. B. *Fa* de *Far*, de *Var* devant.
FAC, le même que *Bac*. Voyez B.
FACA, arrogance, vanité. Ba.
FACCES, A. M. petit vase à mettre de l'eau ; *Fac* de *Bac*, petit vase ; *Es*, eau. Voyez *Bach*. *Facque*. *Fasque* en vieux François, étui, pochette ; *Fach* en Allemand, étui, petite bourse ; *Faisselle* en vieux François, vaisseau à faire les fromages.
FACCO. A FACCO, qui nourrit. G. De *Magu*, *Macu*.
FACEGUA, repos. Ba.
FACH. Voyez *Bychan*.
FACH, le même que *Bath*, *Pach*, *Vach*. Voyez B.
FACH, le même que *Mach*. Voyez *M*.
FACH, le même que *Fech*, *Fich*, *Foch*, *Fuch*, *Fych*. Voyez *Bal*.
FACHA, animer, exciter, fâcher, irriter, se fâcher, se cabrer. B. Ce mot a dû aussi signifier échauffer au propre. 1°. Dans le Celtique les mots qui signifient échauffer, ont toujours le sens propre & le figuré. Voyez *Berw*. 2°. *Ffaglu*, qui est le même que *Facha*, signifie brûler. De *Fach* ou *Ffag* est venu *Fax* Latin. De *Facha* est venu fâcher en François ; *Bacha* en Hébreu, pleurer ; *Bakch*, pleurs en Phénicien. Voyez *Fachau*.
FACHAN. Voyez *Bychan*.
FACHATU, fâcher. Ba. Voyez *Facha*.
FACHEMANTT, colere. B. Voyez *Facha*.
FACHERIA, A. M. métairie ; de *Fach*, le même que *Mach*, champ, campagne ; & *Er*, habitation.
FACHERIS, brouillerie. B.
FACHET. Voyez *Bychan*.
FACHIA, A. M. forêt, apparemment de hêtres ; comme *Fagia*. Voyez ce mot.
FACHON. Voyez *Bychan*.
FACHOT. Voyez *Bychan*.
FACHOU. Voyez *Bychan*.
FACHYN. Voyez *Bychan*.
FACIL, aisé, facile. B.
FACIUM, A. M. faisseau. Voyez *Baich*, *Ffasgau*. *Faxina* en Espagnol ; *Fascina* en Italien ; *Fascine* en François, fagot, fascine.

FAÇON, façon. B. De là Façon en François; Facion en Espagnol, façon. Voyez Faeceun.

FACTUM, A. M. métairie; de Faeth, le même que Maeth, champ, campagne; & Dom ou Tom, habitation.

FACES, face, visage. B. De là Facies Latin, Face François; Fachleid, face en Albanois.

FACE-LOARE, jouffu. B. A la lettre, face de lune. Nous difons encore d'un homme joufflu, d'un homme qui a un gros & large visage, que c'est une pleine lune.

FACE-QINVYET, face sur laquelle la mortification est peinte. B.

FACEAD, soufflet coup sur la joue. B.

FACEET, qui a une grande face. B.

FAD, grandeur, taille, longueur, long. I.

FAD, le même que Bad, bon. Voyez B. Fad en Arabe, utilité, fruit, profit, gain; Fata en Arabe, surpasser les autres en libéralité, & Fati, libéral.

FAD, le même que Bad, sot, étourdi, stupide, fat. Voyez B. De là Fadaise, Fade, Fat en François; de là Fatuus Latin. Fada en vieux François, languissant, triste; Fatrouler, manier ou s'occuper à des choses de néant; Fatrouiller, Fatrouilleur, qui s'occupe à des niaiseries; Fatras, bagatelles, fadaises, choses vaines & inutiles; Fettement, follement; Phatha en Hébreu, fat, sot; Pataha en Syriaque, fat, sot; Pata en Chaldéen, enfant.

FAD, le même que Bad, Pad, Vad; Voyez B.

FAD, le même que Mud. Voyez F.

FAD FELEN, basilic (plante) selon quelques Auteurs Gallois. G.

FAD-HYLACH, perpétuel. I.

FADA, long, grand, haut. I.

FADA, FADUS, A. M. fée. I. de Fadh.

FADAIGHIM, prolonger, allonger. I.

FADAIM, allumer le feu, le faire flamber. I.

FADALACH, long, lent, ennuyeux, lassant. I.

FADAN, long, grand, haut. I.

FADEHLUASACH, à longues oreilles. I.

FADH, prophète, devin, magicien. I. De là Fada dans les anciens monumens; Fatna dans Arnobe; Fadé en Languedocien; Fada en Espagnol; Fada, Fate en Italien, fée. On a dit en vieux François Faie comme fée. On a appelé Faé un enchanteur, un magicien, un homme ensorcelé, enchanté; Faerie étoit l'art des fées; Fair en Écossois, fée. De Fadh est venu Farfadet en notre Langue, dans lequel il signifie un lutin, un esprit follet qui fait des choses surprenantes. Fairyes en Anglois, esprit follet. Voyez Faidh, Faigh, Fais, Faist. De Fad ou Fath Vat sont venus Vates Latin & Fatum.

FADHA, magie. I.

FADHA, le même que Feadha. I.

FADHEIRE, arrière, derrière. I.

FADHLAIM, distinguer. I.

FADHT, haleine, respiration. I.

FADHPACH, bossu. I.

FADO, deux fois. I.

FADOGHADH, allumer. I. Voyez Fadaim.

FAÉ, indignation, dédain, mépris, moquerie. B. Voyez Fah.

FAEA, dédaigner, mépriser. B.

FAECZ, les chasses, le batant du tissier. B.

FAECEOUN, façon, air, phisionomie, ressemblance, apparence, surface. B. Voyez Faitsin, Faisiun.

FAED, fait substantif. B.

FAEH, capot. B. Voyez Faes.

FAEHEIN, vaincre.

FAEHET, capot, vaincu. B.

FAËL, imperfection, défaut, manquement. B. Voyez Ffail.

FAEN, seve. B. Voyez Faven.

FAES, FES, FEAS, vaincu par la dispute; Faesa, vaincre, convaincre, surpasser un homme à sa confusion, faire honte à quelqu'un en l'interrogeant sur ce qu'il ignore; Faeset, vaincu, surpassé confondu. On lit dans les anciens livres Fesiff, Faesaff, vaincre, surmonter. B. Voyez Fah.

FAETHO. A FAETHO, qui nourrit. G. Faeth en composition pour Maeth.

FAEUS, dédaigneux. B.

FAEZ, capot. B. Voyez Faes.

FAEZA, vaincre, dompter. B.

FAEZEN, air, façon. B.

FAFF, seve. B. De là Faba Latin. Voyez Fa.

FAFFEN, seve. B.

FAG, le même que Bag, Pag, Vag. Voyez B.

FAG, le même que Mag. Voyez F.

FAG. Voyez Fah.

FAG. Voyez Bychan.

FAGAM, abandonner, laisser. I.

FAGBHAIL, abandon, retraite, abandonner, laisser, quitter. I.

FAGBHAM, abandonner, laisser. I.

FAGETUM, A. M. bois de hêtres. Voyez Fagia.

FAGHAIL, gagner, acquerir, obtenir, impétrer, gagner en jouant. I.

FAGHAIL AMACH, trouver, apprendre. I.

FAGHALTAS, gain. I.

FAGHE CRANN, foyard. I. Voyez Fagia, Phyges en Grec, hêtre.

FAGIA, FAGIUM, FAIA, A. M. forêt de hêtres; de Ravenn ou Fagenn, hêtre; Fag au pluriel. De là Fagus Latin; Faggio Italien. Le g dans Fag s'étant changé en i, on a dit Faie, Faiette en François, bois de hêtres. Voyez Faghe.

FAGIA, A. M. fagot. Voyez Ffagod.

FAGILUM, A. M. le même que Fagetum.

FAGINA, A. M. faîne fruit du hêtre. Voyez Fagia.

FAGIOLUM, A. M. fagot. Voyez Ffagod.

FAGL, flamme anciennement en Breton. Voyez Ffagl.

FAGOD, marchandise de fraude. B. c'est-à-dire marchandise empaquetée pour qu'elle ne soit pas vue. Fagetto en Italien, paquet; & Fagotare, empaqueter. Voyez Pacq ou Facq, Fag.

FAGOD, singulier Fagodenn, fagot & hablerie. B. Voyez Ffagod, Fagoid, Fagot. On dit en Franche-Comté d'un homme qui raconte des choses fausses, qu'il dit des fagots, qu'il conte des fagots. Fagot en Anglois; Fagot en François; Fagina en Espagnol, fagot.

FAGOID, fagot. I.

FAGOT, fagot. I.

FAGOTUS, A. M. fagot; Fagus, droit de faire des fagots dans une forêt; Fagotarius, qui fait des fagots. De Fagot.

FAGWYR. LLISIAU'R FAGWYR, petite joubarbe. G. Fagwyr, en construction pour Bagwyr, pointu; Les feuilles de la joubarbe sont oblongues & pointues.

FAGWYR. T FAGWYR WEN, nenuphar ou nymphea. G.

FAH, fi. B. De là Fastidio Latin, parce que l'h se changeoit en s. Le g & l'h se mettant l'un pour l'autre

FAH.   FAL.   565

l'autre, on a dû dire *Fag* comme *Fab*; de là *Fagumas*, mauvaise odeur. Voyez *Fai*.
FAH, Voyez *Bychan*.
FAH, le même que *Fach*. Voyez la dissertation préliminaire sur le changement des lettres au premier volume des Mémoires sur la Langue Celtique.
FAH, le même que *Mah*. Voyez F.
FAH, le même que *Bah*, *Pah*, *Vah*. Voyez B.
FAHAN. Voyez *Bychan*.
FAHEN. Voyez *Bychan*.
FAHON. Voyez *Bychan*.
FAHOT. Voyez *Bychan*.
FAHOU. Voyez *Bychan*.
FAHYN. Voyez *Bychan*.
FAI, le même que *Bai*. Voyez B.
FAIA, A. M. hêtre, bois de hêtres. Voyez *Fagia*. *Faine* en Picardie, hêtre; *Feiar* en Languedocien, hêtre; *Faine* en François, le fruit du hêtre.
FAIC, étincelle. I. Voyez *Fagl*.
FAICEALACDH, évidence. I.
FAICIA, A. M. le même que *Fachia*, *Fagia*, *Faia*.
FAICIM, voir. I.
FAICSE. SO FAICSE, qui se voit aisément. I.
FAICSIN, contenance, mine. I. Voyez *Faecsinn*, *Faicuin*.
FAICSIONACH, voyant. I.
FAICUIN, contenance, mine. I.
FAIDE, éloigné. I.
FAIDEOG, évènement, chance. I.
FAIDH, FAIDHE, prophète, devin, magicien. I. Voyez *Fadh*.
FAIDHE, prédiction, présage. I.
FAIDHEADOIR, prophète, devin. I.
FAIDHEAMHUIL, prophétique. I.
FAIDHFANN, ignorant. I.
FAIDHIM, prédire. I.
FAIGH, prophète, devin, magicien. I.
FAIGHE, augure, présage. I.
FAIGHE CRANN, foyard. I. Voyez *Fagia*.
FAIGHEOIRREAS, augure, présage. I.
FAIGHIN, parler. I.
FAIGHLEAD, entretien, conversation. I.
FAIGNE, pré. I.
FAIL, rocher. I. Voyez *Bilyen*.
FAIL, anneau, collier. I.
FAIL, hoquet. I.
FAILBHE, vanité, légéreté, état d'une chose qui n'a rien en soi de solide, concavité. I. Voyez *Ffail*.
FAILHANCE, FAILHANS, excrément. B. Voyez *Ffail*.
FAILIGHTEACH, secret, clandestin, endormi, assoupi, engourdi. I.
FAILLIDHE, faute, défaut, manquement, bévûe, lenteur, négligence, froideur. I. De là notre mot *Faillite*. Voyez *Ffail*.
FAILLIGHE, faute, paresse, négligence, omission. I.
FAILLIGHTEACH, paresseux. I.
FAILLIGHTHEADH, faillir, omettre. I.
FAILMHE, vuide, le vuide, concavité. I.
FAILMHIDH, vanité, inutilité. I.
FAILTE, bien-venuë, bien-venu. I.
FAILTID, invitation. I.
FAIN, FAN, terminaisons superfluës. Voyez *Cwynfan*.
FAIN, anneau. I.
FAIN, le même que *Main*. G. Voyez encore. F.
FAIN, le même que *Bain*, *Pain*, *Vain*. Voyez B.
FAINCH, FAINCE, François nom d'homme. B.

FAINE, verruë. I.
FAINNADH, poil. I.
FAINNE, bague, virole, maille. I.
FAINTEA, tunique, membrane. Ba.
FAIR, fée. E. Voyez *Fadh*.
FAIR, homme; *Fair-Hear*, mâle. I.
FAIRE, garde, guet, vigilance, garder; *Nim Faire*, guetter, garder; *Luchd Faire*, homme du guet. I.
FAIRG, FAIRGE, mer. I.
FAIRGEOIR, marinier. I.
FAIRIGH, paroisse. I.
FAIRIGHIM, guetter. I.
FAIRNEADH, montagne. I. Voyez *Bern*.
FAIRRGE, mer. I.
FAIRSEANG, le même que *Fairsing*. I.
FAIRSING, large, spacieux, ample. I.
FAIRSINGE, étenduë, abondance, libéralité, largesse. I.
FAIRSNIGHIM, accroître. I.
FAIS, prophète, devin, magicien. I. De là *Fascino* Latin.
FAISANA, faisan. Ba.
FAISANT, faisan. B.
FAISCEAD, parc d'animaux, palis. I.
FAISDINEADH, présager. I.
FAISG, parc d'animaux, palis. I.
FAISGEAN, ceinture, presse, pressoir. I.
FAISGIM, serrer, presser, comprimer. I.
FAISGTHE, pressé. I.
FAISGTHEAN, presse, pressoir. I.
FAISIGHIM, rester, demeurer. I.
FAISIUN, mode, manière, façon. I. Voyez *Facon*.
FAISNEIGHIM, prouver, rendre certain. I.
FAISSUS, A. M. faisceau. Voyez *Ffasgau*.
FAIST, prophète, devin, magicien. I.
FAISTEANOIR, prophète, devin, augure. I.
FAISTIN, FAISTINE, prédiction, prophétie; *Fear-Faistine*, *Luchd Faistine*, devin, augure. I.
FAISTINEACH, devin, sorcier. I.
FAITH, champ. I. Voyez *Maeth*.
FAITH, chaleur. I.
FAITHCHE, plaine verte, endroit verdoyant, endroit verd, boulingrin. I.
FAITHCHEAS, FAITHCHIOS, crainte, peur, frayeur, terreur, timide. I.
FAITHCHIM, bord, couture, suture. I.
FAITHCHIOMADH, border. I.
FAITHEACH, FAITHEAS, timide. I.
FAITHIM, bord, orée, frontiere. I.
FAITHIRLEOG, vaneau (oiseau.) I.
FAITHNIDH, verruë. I.
FAITSE, midi; *Faitseach*, méridional. I.
FAIXA, A. M. le même que *Faicia*.
FAL, comme, semblable. G. De *Mal*, dit Davies.
FAL, parc, palis, haie, enclos, rempart; *Falbeo*, haie vive; *Faldhos*, haie d'épines. I. Voyez *Bal* qui est le même.
FAL, fente, cavité. I. Voyez *Fall*.
FAL, abondance. I.
FAL, Roi, Prince. I. Voyez *Bal* & *Fselaig*.
FAL, pierre, roc. Voyez *Bilyen*.
FAL, le même que *Bal*, *Pal*, *Val*. Voyez B. De *Fal* pour *Bal*, paquet, enveloppe, sac, vient le terme Normand *Fale* qui signifie jabot. Voyez *Falach*.
FAL, le même que *Mal*. Voyez F.
FAL, le même que *Fel*, *Fil*, *Fol*, *Ful*. Voyez *Bal*.

TOME I.   Aaaaaa

De *Fal* pour *Ffol* est venu notre terme *salot*, petit sol, folâtre.

FAL. Voyez *Bal.*

FALHYN, ainsi, G.

FALA, petite querelle, pique, démêlé. I.

FALA, le même que *Bala*. Voyez B.

FALACH, enveloppe, voile, couverture, couvercle, manteau, cachette, couvert, retraite, habitation, action de cacher, action de couvrir, envelopper, cacher, couvrir, mettre à couvert, colorer une chose, la déguiser, s'absenter ; *Falachcliobach*, capote Irlandoise, manteau velu. I. Voyez *Fall.*

FALADH, animosité, rancune. I.

FALAIGHE, caché, couvert. I.

FALAIGHIM, couvrir, envelopper, cacher, enfermer. I.

FALAMH, FOLAMH, vuide, vuidé, cave, concave, creux, vacant, nul, invalide, sans force, qui ne vaut rien, dépourvu, privé, qui n'a rien de solide, vain, leger, qui est à jeun, cavité, excavation, vacance, loisir ; *Ugh Falamh*, œuf sans germe. I. Voyez *Fal.*

FALAMHNEIGHADH, domination. I.

FALANGA, A. G. gros bâton ou bois rond dont on se sert pour lancer les navires à la mer ; on trouve aussi *Pallingus* & *Walenga* en ce sens dans les anciens monumens : on a dit *Palangue* en vieux François, De *Pal* ou *Fal.*

FALANGIARIUS, A. M. qui porte des pieux. De *Pal* ou *Fal.*

FALANGUS, *Falangus*, *Phalingus*. Giraldi dans sa description Latine de l'Irlande, dit que les Irlandois en place de manteaux portent des phasanges ou phalingues noires ; de *Fallainge.*

FALAOUETA, chercher les oiseaux dans les toits de glé pendant l'hyver. On se sert aussi de ce mot pour désigner ceux qui perdent le temps à des bagatelles. B.

FALARASA, marchant, avançant. I.

FALATAS, châtiment. I.

FALBHE, le même que *Failbhe*. I.

FALCA, A. M. faisceau. *Efafgau.*

FALCH, faulx. B. De là *Falx* Latin. On a appellé *Fauchon* en vieux François, une espèce d'épée qui étoit courbée en forme de faulx ; & *Faussard*, un sabre recourbé comme une faulx.

FALCH, le même que *Balch*. Voyez B.

FALCHA, faucheur. B.

FALCHAN, faucon. B. Voyez *Falchun.*

FALCHECQ, espèce d'araignée nommée *Faucheux.*

FALCHER, faucheur. B.

FALCHUN, faucon. B. Cet oiseau a pris son nom de ses ongles recourbés. (Voyez *Falch.*) On ne doutera pas que les Latins n'ayent pris leur *Falco* de ce mot. 1°. On trouve la racine de ce mot dans *Falch* Breton. 2°. *Gwalch* ou *Walch*, qu'on peut prononcer *Falch*, signifie aussi faucon en Gallois. 3°. Aucun Auteur Latin avant Julius Firmicus ne s'est servi du mot *Falco*, pas même ceux qui écrivant l'histoire des animaux avoient tant d'occasions de l'employer. *Falk* en Allemand ; *Faluche* en Théuton ; *Valk*, prononcez *Falk* en Flamand ; *Phalkon* en Grec ; *Valur* en ancien Saxon ; *Falcon* en Espagnol ; *Falco* en Latin ; *Falcone* en Italien ; *Faucon* en François, faucon.

FALCHUNER, fauconnier. B.

FALCO, A. M. le même que *Falfo.*

FALCUN, faucon. B. Voyez *Falchun.*

FALDA, frange, bord, bas, queuë. Ba. Voyez *Ffald*. *Falda* en Italien, pli, bord, piéce, morceau, lambeau, lez de robe, pan de manteau, basque de pourpoint ; *Falda* en Espagnol, pan d'habit.

FALDAO, A. M. siège ou chaise enfermée par des bras. Voyez *Ffald.*

FALDEN, A. M. couvercle. Voyez *Ffald.*

FALDIA, A. M. robe de femme ; *Falda* en Italien ; de *Ffald.*

FALDISTORIUM, FALDESTORIUM, FALDESTORUM, FAUDESTOLA, FALDESTOLUM, A. M. fauteuil, chaise à bras : on a dit en vieux François *Faudestuef, Faudestuel, Faudesteuil*, d'où s'est formé fauteuil, Voyez *Faldao.*

FALDO, PALDO, A. M. vêtement de laine ; de *Ffald.*

FALEADH, clôture, ferrement. I. Voyez *Ffald.*

FALERIAN. Y *FALERIAN*, valeriane (plante.) G.

FALESCERE, A. M. faillir ; de *Ffal*, *Fall.*

FALESENN, falaise, dune au bord de la mer, rocher au bord de la mer. B.*Falaise* en ancien François, levée au bord de la mer, rocher au bord de la mer. Les falaises dans la Picardie sont les côtaux maritimes.

FALESIA, A. M. falaise, roc élevé au bord de la mer : on a dit en vieux François *Faloise*, *Falife* ; de *Falefenn.*

FALH, le même que *Falch*. B.

FALHANN, faucon. B.

FALHANNOUR, fauconnier. B.

FALHOUR, faucheur. B.

FALINGUS. Voyez *Falangus.*

FALIO, A. M. le même que *Faldo.*

FALL, défaut, vice, manquement, fausseté, fraude, caduc, foible, mauvais, chetif, de peu de valeur, malheureux, scélerat, malin, gâté, corrompu, malingre, indigne. B. *Ffal* en Gallois, défaut, manquement, fausseté, erreur, fourberie ; *Falligh* en Irlandois, manquer, défaillir, s'affoiblir, devenir mauvais ; *Vala* en Hébreu, manquer, cesser ; *Faelan* en ancien Saxon ; *Fella* en Théuton, détruire ; *Fall* en Allemand, décadence, ruine, destruction, chûte, défaut, manquement, perte, faute, péché, erreur ; *Fallen* en Allemand & en Flamand ; *Fall* en Anglois ; *Falde* en Danois, tomber ; *Fayle* en Anglois, manquer, défaillir ; *Fayling* en Anglois, faute, manquement ; *Faule* en Anglois, crime, faute ; *Fall*, chûte en Islandois ; *Fall*, chûte, ruine en Runique, & *Fals*, fraude ; *Falim*, errer en Stirien & Carniolois ; *Falla* en ancien Latin ; *Fales* en Bohémien ; *Fallacia* en Latin & en Italien ; *Fallace* en vieux François, fraude, tromperie ; *Falfe* en Anglois ; *Falfch* en Allemand; *Falsh* en Carniolois ; *Fals* en Polonois ; *Falfus* en Latin, faux ; *Fatl* en Flamand ; *Fallo* en Italien, erreur ; *Fallare* en Italien ; *Fahlen* en Allemand ; *Faellere* en Flamand ; *Falati* en Carinthien, errer; *Fallo* en Latin, tromper ; *Faulte*, faute, défaut, falour, sot ; *Felonese*, terre stérile ; *Foloyer*, s'égarer en vieux François, De *Fall* sont venus nos termes faillir, faute, felon, félonie, féler, Voyez *Ball*, *Ffael*, *Ffail*, *Fals*, *Efals*, *Fallat*, *Falfca*, *Falfoa*, *Ffal*.

FALL, Y *FALL*, mal, diable, furie, G.

FALLA, superlatif de *Fall*. B.

FALLA, vouloir. B.

FALLA, domination, loi. I.

FALLA, faisceau de verges. Ba. Voyez *Bala.*

FAL.   FAN.   567

FALLAA, affoiblir, amoindrir, gâter, corrompre, rendre pire, devenir pire. B.
FALLAAT, le même que *Fallaa*. B.
FALLACIA, A. M. faute; de *Fall*.
FALLACIUM, A. M. tromperie; de *Fall*.
FALLACR, deshonnête, vilain, infame, sale, mal-propre, souillé, affreux, hideux, laid, difforme, sordide, malheureux, scélérat, nigaud. B. *Fall Acr*.
FALLAENN, défaillance, pâmoison, éclipse. B.
FALLAGRYEZ, fraude, vilenie, laideur, difformité, malignité. B.
FALLAIN, sain, qui se porte bien. I.
FALLAINE, *FALLAINEAS*, santé. I.
FALLAING, manteau. I.
FALLAMHNAGHADH, domination, loi. I.
FALLAN, sain, qui se porte bien, entier, ferme, salubre, sauf. I.
FALLANTE, fausseté. I.
FALLASACH, erroné. I.
FALLASIA, A. M. le même que *Falesia*.
FALLAT, affoiblir, devenir pire, rendre pire, amoindrir, gâter, corrompre, & anciennement tromper. B.
FALLAVNOIR, recteur. I.
FALLEIN, vouloir. B.
FALLENTEZ, foiblesse, affoiblissement, méchanceté. B.
FALLERE, *FALLIRE*, *FALLESIRE*, A. M. faillir, cesser, finir; de *Fall*.
FALLETRA, A. G. paroles de flaterie; de *Fall*, parce qu'on trompe ceux qu'on flate.
FALLGALOUNI, manquer de cœur. B. *Fall Caloun*.
FALLIA, A. M. manquement; de *Fall*.
FALLIARE, A. M. déjetter quelqu'un de son emploi, de son rang; de *Fall*.
FALLIBILIS, A. G. fin, rusé, qui tend des piéges; de *Fall*.
FALLIGH, manquer, défaillir, s'affoiblir, devenir mauvais. I.
FALLIMENTUM, A. M. faute; de *Fall*.
FALLIN, capuce. I.
FALLITUS, A. M. qui a manqué à sa parole; de *Fall*.
FALLNOS, tromperie, mauvaise foi, amusement, moquerie, action de bafouer. I. Voyez *Fall*, *Foll*.
FALLOCH, comparatif de *Fall*. B.
FALLONI, méchanceté, malice, perfidie, tromperie. B.
FALLOUR, délinquant. B. *Falour* en vieux François, sot.
FALLOUT, vouloir. B.
FALLSA, faux, controuvé. I. Voyez *Fals*.
FALLSACHD, paresse, oisiveté, négligence. I.
FALLSAN, paresseux, oisif, négligent. I.
FALLT, cheveu. E. Voyez *Folt*.
FALLUM, A. M. faute, défaut; de *Fall*.
FALMHUGADH, évacuer, vuider, épuiser. I.
FALO, A. M. flamme qui paroit; de *Fsagl*. Nous appellons *Falot* une grande lanterne.
FALON, pierre, roc. Voyez *Bilyen*.
FALPEN, le même que *Felpen*. B.
FALS, faucille. B. Voyez *Falch*.
FALS, faux, mauvais, qui diminue. B. Voyez *Fall*, *Falsa*, *Ffals*, *Falsa*.
FALS-TRAP, chausse-trape. B.
FALSA, faux. I. Voyez *Fals*.
FALSA, paresseux. I. Voyez *Fall*.

FALSARE, A. M. tromper; de *Fals*.
FALSARE JUDICIUM, A. M. décliner le jugement. Voyez *Fals*, *Fall*.
FALSARIA, faussaire. Ba. Voyez *Fals*.
FALSARIUS, *FALSADOR*, A. M. poignard, espèce de couteau : on l'appelloit en vieux François *Faussart*. Voyez *Falch*.
FALSEIN, corrompre, devenir pire. B.
FALSENTEZ, fausseté. B.
FALSER, calomniateur. B.
FALSETUM, A. M. fausset, ton aigu; de *Faucxed* ou *Faucxet*. Voyez *Faucetum* qui est le même.
FALSIA, *PALSIA*, fausseté. Ba. Voyez *Fals*.
FALSO, *FALSONUS*, A. M. espèce de lance appellée en vieux François *Fauchon*. Voyez *Falch*, *Foss*.
FALSOA, trompeur, de faux. Ba.
FALSORDIA, finesse. Ba.
FALTA, *PALTA*, indigence, manquement. Ba. Voyez *Fall*.
FALTASY, fantaisie, imagination. B.
FALTUS, A. M confluent de rivières, embouchure d'une rivière dans une autre; de *Falta*, manquement, fin.
FALVEOUT, vouloir; *Falvrout Dezan*, vouloir absolument. I.
FALUEZET, vouloir. B.
FALVEZOUT, vouloir. B.
FALUGHE, caché, abstrus, difficile à comprendre. I.
FALYEN, roc, pierre. Voyez *Bilyen*.
FALYN, roc, pierre. Voyez *Bilyen*.
FALYON, roc, pierre. Voyez *Bilyen*.
FALZ, le même que *Balz*. Voyez *Bilyen*, *Bal*.
FAM, le même que *Bam*, *Pam*, *Vam*. Voyez *B*.
FAM, le même que *Mam*. Voyez *F*.
FAM, le même que *Fan*. Voyez *Don*, *Dom*.
FAM, sous moi. I. Voyez *Fan* pour *Fa An*.
FAMA, *FAMEA*, renommée, réputation. Ba. De là *Fama* Latin. Voyez *Fuaim*.
FAMASIA, fameux. Ba.
FAMATU, fameux, illustre; *Famatua*, rendre fameux, rendre illustre; *Ramataltea*, qui acquiert une grande réputation; *Famoso*, illustre. Ba.
FAMBUL, retour ou fin de travail. I.
FAMELL, femelle. B.
FAMELLA, A. M. petite servante; *Famellus*, petit valet. Ces mots, de même que *Famulus*, viennent de *Familh*; *Famul* en Osque, serviteur, valet.
FAMENAGIUM, A. M. famille. Voyez *Familh*.
FAMILH, famille B. On a appellé famille non seulement les enfans, mais encore les domestiques de l'un & de l'autre sexe.
FAMILYER, familier. B.
FAN, dessus. I. Voyez *Fan*, le même que *Ban*; *Phan* en Tonquinois Mandarin; *Fan* en Gothique; *Pan* en Grec, en Polonois, en Bohémien, en Hongrois, Seigneur.
FAN, pente, fosse. I.
FAN pour *Fa An*, dessous. I. Voyez *Ffan*.
FAN, propre, penchant, porté à. I.
FAN, le même que *Ban*, *Pan*, *Van*. Voyez *B*.
FAN, le même que *Man*. Voyez *F*.
FAN, le même que *Fen*, *Fin*, *Fon*, *Fun*, *Fwn*, *Fyn*. Voyez *Bal*.
FANA, propre, penchant, porté à; *Fana Cnuc*, pente, penchant de colline, descente; *Fana Fairneadh*, penchant de montagne. I.

FANADH, pente, descente, précipice. I.
FANALA, phare, fanal. Ba. De là Fanal en François; Fanale en Italien; Phanas en Chaldéen, lanterne; Phonofo en Syriaque, chandelle, éclat de la lampe; Fanus en Arabe, lanterne, phare.
FANAM, demeurer, s'arrêter. I. Voyez Fa.
FANAMHUN, attendre. I.
FANAN, propre, penchant, porté à. I.
FANARIUM, A. M. fanal. Voyez Fanala.
FANCAIER, bourbier. B. Voyez Fancq.
FANCHA, courbe, courbé. I.
FANCQ, limon, bouë, fange, ordure, crote. B. Voyez Fang.
FANCULUM, A. G. crafe de Faniculum, fenouil. Voyez Fanouilh.
FANDAUGOA, trepignement, danse. Ba.
FANDON. T FANDON, garance sauvage. G.
FANE, maigre. I. De là fané, desséché, flétri.
FANEAC, chaînes. Ba. Voyez Pennafq.
FANELLA, flanelle. B.
FANEST, fenêtre. B.
FANG, limon, bouë, fange. B. De là ce dernier mot. Fani en Gothique; Fenn en ancien Saxon; Venni en ancien Allemand; Fango en Italien, bouë, fange; Fàngus en Auvergnac & en Languedocien, fange, bouë, & Fangas, bourbier; Fangos en vieux François, bourbier; Fenn en ancien Saxon & en Anglois; Fen en Iflandois, en Gothique & en Théuton, marais, terrain marécageux; Fangus en vieux François; Faigne en Flamand, marécage.
FANGA, FANGIA, FANGUS, A. M. limon, bouë, fange; de Fang.
FANGUEC, margouillis. B.
FANGUIGUELLEIN, patrouiller. B.
FANIA, A. M. bois de hêtres. On dit Faigne, Fagne en Hainaut; Fain en ancien François; Faine en nouveau, le fruit du hêtre. Voyez Fauenn, Fagina.
FANKEN, sole poisson de mer. B. ainsi nommé parce qu'il se nourrit de limon. Voyez Fancq.
FANKIGUELL, marre, houe outil. B.
FANN, le même que Bann, Pann, Vann. Voyez B.
FANN, le même que Mann. Voyez F.
FANN, infirme, malade, foible. I.
FANNA, FANNAN, infirme, malade, foible. I.
FANNA, prier. I.
FANNATIO, A. M. le temps où les daims font leurs petits. Voyez Fahon, & Fan de Man, petit.
FANNFHATH, ignorant. I.
FANNUIDHIDEACH, négligent. I.
FANO. A FANO. Comme dans cette phrase Galloise: *Bendith Ddůw A Fano It*, Davies, après avoir rapporté cette phrase, demande si *Fano* est synonime à *Ffynnu* & à *Tyccio*, qui signifient prospérer, faire du profit, être de grand rapport? Je réponds qu'oui. 1°. Les phrases qu'il rapporte paroissent l'indiquer. 2°. Fano n'est autre que Manu, qui change son m en f lorsqu'il est en composition; ainsi la phrase Galloise qu'on a transcrite signifie: La bénédiction de Dieu les fasse prospérer. Ajoutez à cela que *Ffanngl* signifie prospérité. *Fanahhh* en Arabe, avoir des biens, des troupeaux en quantité, augmentation, accroissement, abondance de biens.
FANO, A. M. drapeau, étendard, bannière, gonfanon; de Penwn, Penon, Fenon, Fanon, étendard.
FANO, A. M. linge, nappe, serviette, toile, drap,

étoffe. On appelloit en vieux François *Fenon* le manipule ou serviette que le Prêtre met à sa main gauche; C'est une extension de la signification du terme *Fano*. Voyez l'article précédent.
FANON, A. G. falot, lanterne; de Fan, de Ban, lumière. On a dit autrefois Fanos pour falot.
FANOUILH, fenouil. B.
FANQIGUEL, bourbier. B.
FANREITHI. AH DA FANREITHI, terme d'un homme qui loue. G. Voyez *Ah Da Banreithi.*
FANT, priant. I.
FANT, Françoise nom propre de femme. B.
FANTAN, fontaine; plurier Fantanyo. B. Voyez Fentan.
FANTAOU, Françoise nom propre de femme. B.
FANTASY, boutade, fantaisie. B.
FANTILIA, A. M. le même que Fanalia.
FANUM, A. M. lac, marais. Voyez Fang.
FANWEAIDD, sorte de robe de chambre traînante à l'usage des femmes. G.
FANWYLYD, galiotte, benoite, nard sauvage. G.
FAO, hêtre. B.
FAO, hêtres, plurier de Fivenn. B.
FAO LAMBALA, feves bariolées. B.
FAOBHAR, haie, bord, bordure. I.
FAOBHRACH, piquant, aigu, pointu. I.
FAOBHRADH, border. I.
FAOBHRAIM, aiguifer, rendre aigu. I.
FAOCH, champ. I.
FAODH, voix. I.
FAOI, bas, en bas, là bas, au dessous de, sous, dessous. I.
FAOIDH, voix. I.
FAOIDHEAM, envoyé, député. I.
FAOIDHIN, envoyer. I.
FAOILEAN, mouette oiseau de rivière. I.
FAOILLIDH, février. I.
FAOINAM, pardonner. I.
FAOINEALACH, folie. I.
FAOISEADH, secours. I.
FAOL, renard. I.
FAOL, patience. I.
FAOLODENN, orpin ou herbe de Saint Jean. B.
FAON, FAONAN, vuide. I.
FAOS, faux. B.
FAOSGLA, FAOSGLAD, fente, crevasse. I.
FAOSSI, fausser. B.
FAOT, faute. B. De là ce mot.
FAOU, hêtres; plurier de Fauenn. B. De là par crafe Fou, hêtre en vieux François; Fouet diminutif. Voyez Fenea, Fau.
FAOUED, FAOUEDEG, faye ou bois de hêtres; diminutif Faouedice. B.
FAOUEN, hêtre. B.
FAOUEN, fève. B.
FAOUL, foule. B. De là ce mot.
FAOUTAFF, fendre. B.
FAQUIN. Voyez Bychan.
FAR, le même que Faar & Fear. De même des dérivés ou semblables. I. Voyez Far suivant & Fa.
FAR, ragout de village composé de plusieurs sortes de choses agréables au goût, que l'on met dans un petit sac de toile pour le faire cuire dans l'eau ou entre deux plats; C'est un régal délicieux pour les Bretons. B.
FAR, le même que Bar, Par, Var. Voyez B.
FAR, le même que Mar. Voyez F. De là *Farrura* en Latin, engrais.
FAR, le même que Fer, Fir, For, Fur. Voyez Bd.

FAR.

Fara, marteau. I.
Fara, le même que *Bara*. Voyez B.
Fara, A. M. métairie. C'est le même que *Fera*.
Fara est un mot Lombard qui signifie un nombre d'hommes descendus d'une même souche sans mélange d'étrangers ; ce nom se communiquoit à leur habitation. *Far de Bar*, parens.
Fara, A. M. naulage. *Far de Bar*, vaisseau.
Farachaca, marteau. I.
Farah, frape. I. De là *Ferio* Latin.
Farallaim, porter, voiturer. I.
Faramalla, chicane. Ba.
Farautea, interprete, internonce, roi d'armes, héraut. Ba. De là *Fari* Latin.
Farc, le même que *Marc*. Voyez F.
Farcal, baguenauder, folâtrer, se moquer ; *Farcal Epquen*, galanterie, manière de parler. B.
Farcer, bouffon, farceur. B. De là ce dernier mot.
Farch, le même que *March*. Voyez F & le mot suivant.
Farcilh, farcin maladie de chevaux. B. *Farcin* en François ; *Farcina* en Italien, farcin. Ce mot paroit formé de *Farc*, cheval.
Farcinia, A. M. espèce d'habit farci ou rempli de quelque chose pour être plus épais ; de *Farsa*.
Farçus, drôle, plaisant, enjoué. B.
Farcz, conte, moquerie. B.
Farczer, conteur. B.
Fard, corde de navire. B.
Farda, préparer, ajuster, accommoder, farder, charger, remplir. B. On appelle *Farton* en Franche-Comté celui qui peigne, qui prépare le chanvre pour en faire de la filasse. *Fair*, beau en Anglois. Voyez *Ffard*.
Fardal, *Fardign*, aller vite, aller avec empressement après quelqu'un ; le participe est *Fardet*. B.
Fardd, fard. B. De là ce mot ; de là *Cafard* ; *Can*, parole ; *Fardd*, fardé.
Fardell, fardeau. B. Voyez *Ffardd*, porter. De *Fardell* est venu *Fardel* en Anglois, paquet, balle, ballot ; *Fardel* en Espagnol, paquet, fardeau ; *Fardlo* en Italien, paquet, fardeau ; & en François *fardeau*.
Fardellarius, A. M. qui porte un fardeau ; de *Fardell*.
Fardellus, A. M. fardeau ; de *Fardell*.
Fardet. Voyez *Fardal*.
Fardign. Voyez *Fardal*.
Farbala, bord, falbala. B. De là autrefois en François *Farbala* & aujourd'hui falbala. *Falbala* en Espagnol, falbala.
Farfulla, vain, de nulle valeur, leger. Ba. On a dit *Farbulla* comme *Farfulla*. (Voyez B.) De là *Fariboule*, *Faribole* en notre Langue. Voyez *Fari*, *Fariel*, *Baluts*, *Farvell*.
Farg, le même que *Fearg*. De même des dérivés ou semblables. I.
Farga, *Fargia*, A. M. forge. En Auvergnac, *Farge*. Voyez *Forgia*.
Fari, faillir, manquer, périr, se perdre, fourvoyer, erreur, perte, manquement. B. Voyez *Bar*. *Farga*, perdre en Runique ; *Faar*, danger en Islandois.
Fariel, niaiserie, chose vile, mot qui signifie le *Flocci* des Latins ; *Ne Dal Ket Ur Fariel*, il ne vaut pas la moindre chose. B.
Fariett, effaré. B.
Farigi, mer. I.

TOME I.

FAS. 569

Farlauden, dondon, gagui, hommasse. B.
Farlea, ferler, plier les voiles. B. De là *Ferler*. *Freler* en vieux François, plier, détendre.
Farlodi, falsifier, freleter. B.
Farlota, *Farloti*, falsifier, freleter. B.
Farn, le même que *Fearn*. I.
Farn, le même que *Barn*, *Parn*, *Varn*. Voyez B.
Farn, le même que *Marn*. Voyez F.
Farn, le même que *Fern*, *Firn*, *Fern*, *Furn*. Voyez Bal.
Farnaria, A. M. fonderie ; de *Farn*, le même que *Forn*. Voyez l'article suivant.
Farnum, A. M. four ; de *Farn*, le même que *Fern*.
Faro, A. M. le même que *Baro*. Voyez B.
Faroac, braffelet, collier, bague. Ba.
Farra, ris, action de rire. Ba. Voyez *Fars*.
Farragarica, chose ridicule. Ba. Voyez *Farra*.
Farragium, *Farrago*, *Forrago*, A. M. fourage ; de *Fouraich*.
Farran, violence, force. I.
Farranta, grand, énorme. I.
Farrasta, rapide. Ba. Voyez *Farran*.
Farregue, mer. I.
Fars, farce de volaille. B. *Farce* en François ; *Farsata* en Italien, farce de volaille ; *Farsales* en Espagnol, farci. Voyez *Far*.
Fars, farce de théâtre. B. De là *Farce* en François ; *Farca*, *Farsa* en Espagnol ; *Farsa* en Italien, farce, comédie. Voyez *Barc*.
Farsa, remplir. B. De là *Farcio* Latin, *Farcir* François.
Farsa, A. M. tumeur, élévation ; de *Far*, de *Bar*.
Farsa, *Fansia*, A. M. mélange dont on remplissoit, on farcissoit, on paraphrasoit certaines prières ; de *Fars*.
Farsadur, réplétion. B.
Farsatura, A. M. farce de volaille ; de *Fars*.
Farsatus, *Farsitus*, A. M. farci ; de *Fars*.
Farserez, réplétion. B.
Fart, le même que *Feart*. I.
Farta, admirable. I. Voyez *Berth*, *Ferth*.
Farta, le même que *Farda*. Voyez D.
Fartellus, A. M. le même que *Fardellus*.
Farto, *Fartorium*, A. M. endroit où l'on tue les bêtes & où l'on en prépare les viandes pour être vendues. *Farda*, *Farta*.
Fartor, A. G. celui qui suggéroit au candidat les noms de ceux dont il devoit demander les suffrages, ainsi nommé parce qu'en secret il farcissoit l'oreille du candidat de ces noms ; ce sont les paroles de Festus. De *Farsa* ou *Farta*
Fartum, A. M. métairie où se trouve tout l'appareil nécessaire pour la culture des terres ; de *Farda* ou *Farta*.
Farvell, bouffon, jongleur, charlatan, falot, grotesque, grand parleur, babillard, indiscret en ses paroles. B.
Farus, A. G. qui soupe, endroit où l'on soupe ; de *Far*, de *Bar*, manger.
Faryein, manquer, se tromper, bibus. B. Voyez *Fari*.
Fas, vuide. I. De là *Vas*, vase, vaisseau. *Faß* en Allemand ; *Faz* en Théuton, vase, tonneau, barrique.
Fas, accroissement, action de croître, cru, aggrandissement, action de germer, de pousser, végétation, croître, germer, pousser, se faire, devenir. I. De là *Facio* Latin.
Fas, le même que *Feas*. I.
Fas. Voyez *Bychan*.
Fas, le même que *Bas*, *Pas*, *Vas*. Voyez B.

Bbbbbbb

FAS.

FAS, le même que Fes, Fis, Fos, Fus. Voyez Bal.
FAS, le même que Fach. Voyez la dissertation préliminaire sur le changement des Lettres dans le premier volume des Mémoires sur la Langue Celtique.
FASACH, bord, haie. I.
FASACH, chemin. I.
FASACH, désert, solitude, désert adjectif, abandonné, désolé. I.
FASAD, enflure. I.
FASAIGH, forêt. I.
FASAIGH. CRIOCH FASAIGH, GLEANN FASAIGH, désert, solitude. I.
FASAM, croître. I.
FASAMHUL, désolé. I.
FASAN, vuide. I.
FASAN. Voyez Bychan.
FASCEMINA, FASCENNINA, FASCENNIA, A. M. fortification faite avec des fascines ; en Italien Fascinata. Voyez Fascia.
FASCHOLL, caverne, cavité. I.
FASCIA, FASCIUM, A. M. faisceau, fagot. Voyez Facium.
FASCINO, A. G. tromper en louant. Voyez Fasi.
FASCINO, A. G. charger ; de Faich, de Baich.
FASCLH, flamme, fusée. B. Voyez Ffaglu.
FASCULUM, A. G. petit vase ; Fas, vase, Cul diminutif.
FASCULUM, A. M. fossoir ; de Fas, vuider, creuser ; Fasg ou Fasc, cave.
FASET. Voyez Bychan.
FASFHOLUMH, désolé, ruiné ; Cathair Faisfholumh, Ville détruite. I.
FASG, cave, cavité. I.
FASGADAN, forteresse. E.
FASGADAN, abri, couvert, parasol. I.
FASGADH, refuge, abri. I.
FASGADH, poignée, presser, serrer, comprimer. I.
FASGNAIM, purger. I.
FASI, erreur, égarement, faute, méprise, bévuë ; Fasia, s'égarer, se tromper, errer, manquer, tomber en faute. B. Fasser en termes de marine signifie manquer à ce que l'on attend, chanceler. On dit que les voiles fasient lorsque le vent ne donne pas dans les voiles, & que la ralingue vacille incessamment. On appelle Fasi ou Faisi dans les forges en Franche-Comté le charbon de rebut, qui est trop petit pour en faire usage.
FASON. Voyez Bychan.
FASOR, A. G. qui engraisse. Fas de Bas.
FASOT. Voyez Bychan.
FASOU. Voyez Bychan.
FASSUS, A. M. faisceau. Voyez Baich, Faich, Fais.
FAST P'ESQ, entrailles de poisson. B.
FASTA, A. G. ce qu'on fait ou dit pour se faire honorer ; Fasto en Espagnol, faste, orgueil ; Fasto en Italien, faste, orgueil ; Hvasta en Esclavon, faste ; Fasu en Arabe, être fastueux, montrer du faste; Fast en Allemand, beaucoup. Voyez Faca, Fasa.
FASYN. Voyez Bychan.
FAT, le même que Bat, Pat, Vat. Voyez B.
FAT, le même que Mat. Voyez F.
FAT, le même que Fet, Fit, Fot, Fut. Voyez Bal.
FATA, pâmer, évanouir, s'évanouir, tomber en défaillance. B.
FATADUR, défaillance, pâmoison. B.
FATET, évanoui. B.
FATH, cause, raison, science, connoissance, entreprise, dessein, fantaisie, humeur. I.
FATHACH, géant. I.

FAU.

FATHACH, sincére, qui garde le silence. I.
FATHOIDE, maître d'école. I.
FATICA, A. M. fatigue ; de Faticq.
FATICQ, fatigué, fatigue. B. Voyez Aticq.
FATICQUS, fatiguant. B.
FATIG, affliction, peine du corps, fatigue. B. De là ce dernier mot. Fatiga en Espagnol ; Fatica en Italien ; Phat en Tonquinois, châtier.
FATIGA, A. M. fatigue ; Fatigare, fatiguer ; de Fatig.
FATIM, A. G. beaucoup, abondamment. De ce mot s'est formé Affatim au même sens ; de Fas, de Bat, abondant. Voyez Feticq.
FAU, FAV, hêtres. B. C'est le plurier de Favenn. Fau en Auvergnac & en Patois du Pays Romand, foyard ; Fau dans les montagnes de Franche-Comté ; Fou dans le plat Pays de cette Province, hêtre ; Fau, Fauto, Fayant, Fœulx, Fayard en vieux François, hêtre ; Fo en Bourguignon ; Fau en Dauphinois ; Fao en Limosin ; Fau, Fai en Languedocien ; Foe en Anglois, hêtre. Voyez Ffawith, Faou, Fouea, Favaighis, Fawa.
FAU, comme Bau, rocher. Voyez Bal.
FAU, le même que Bau, Pau, Vau. Voyez B.
FAV, feve. B.
FAÜA, stérile. Ba.
FAVA, A. M. feve ; en Italien Fava ; en Espagnol Hava, Haba. Faven.
FAVACZ, provision de feves ; pâte ou pain fait de feves. B.
FAVAIGHIS, forêt. I. Voyez Fawa.
FAVAS, tige de feve. B. As, tige. On se sert encore en Normandie du mot Favas en ce sens.
FAUCEDAR, sabord. B.
FAUCHETUM, A. M. fourche ; de Fforch.
FAUCOUN, faucon. B
FAUCZED, fausset voix aiguë, & petite cheville pointue qu'on met dans un tonneau. B.
FAUCZEIN, corrompre, devenir pire. B.
FAVECG, plurier Favegou, faye bois de hêtres ; diminutif Favegnicq. B.
FAVEN, hêtre, feve, lampas tumeur qui vient au palais du cheval. B. Fayant, hêtre en vieux François.
FAVEN PUDT, charme (arbre.) B.
FAÜENN, hêtre. B.
FAVENNECG, faye bois de hêtres. B.
FAVER, saveur. B.
FAUNA, stérile, vain, superbe. Ba.
FAUNUS, A. M. démon que le peuple croyoit demeurer dans les bois.
FAUNUS, A. M. faon. Voyez Fahon.
FAVOR, faveur. B. Voyez Ffasor, Faborea.
FAUS, faux, illusoire, imaginaire, injuste. B.
FAUS. Voyez Baus.
FAUS, A. M. le même que Fagia ; de Fau.
FAUSETUM, A. M. fausset voix aiguë. Voyez Faucxed.
FAUSILLUM, A. M. bois de chauffage ; de Fu. Voyez Fawa.
FAUSSONNI, duplicité, fausseté. B.
FAUSTITUDO, A. M. félicité. Ce mot est formé de Faustus, qui vient de Ffawd ou Ffawt.
FAUT, fente, faute. B. De là ce dernier mot.
FAUTA, fendre. B. Faulture en vieux François, fente, crevasse.
FAUTADECQ, fenderie. B.
FAUTEIN, faillir. B.
FAUTER, fendeur ; Fauter-Quennend, bucheron. B.
FAUTEREZ, fenderie. B.

FAU.

FAUTOUT, falloir être néceffaire. B. Nous difons encore il faut *pour* il eft néceffaire.
FAUTUS, défectueux. B.
FAW, le même que *Baw*, *Paw*, *Vaw*. Voyez *B*.
FAW ou FAO, hêtre. B. Voyez *Fawa*.
FAWA, FAWAT, fendre du bois. B. On voit par ce mot que *Faw* a été étendu à fignifier du bois en général.
FAWR, le même que *Mawr*. Voyez *F*.
FAX, A. G. joie ; de *Fa*.
FAXANUS, A. M. faifan. Voyez *Faifant*.
FAXINA, A. M. fafcine. Voyez *Fafcia*.
FAXIS, FAXIUS, A. M. faifceau. Voyez *Faftis*, *Baich*, *Faich*, *Fais*.
FAYAN, errer, manquer, fe tromper, s'égarer. B. Voyez *Bai*.
FAYEIN, faillir, manquer, fe tromper, s'égarer. B.
FAYI, deffous. I.
FAZENDA, A. M. métairie; de *Fach*, le même que *Mach*, champ, campagne ; & d'*Ant* ou *And*, habitation.
FAZY, abus, erreur, égarement. B.
FAZYA, faillir, manquer, fe tromper. B.
FAZYAND, délinquant. B.
FAZYER, délinquant. B.
FB, adverbe pour affirmer. G.
FE, lui. G. *Efe*.
FE, haie, parc, enclos. I.
FE, foi. B. On voit par *Fedataya*, *Fedea*, qu'on a dit *Fed* ; de là *Fides* Latin. Voyez *Fe* plus haut.
FE, feu. Voyez *Qeulfe*.
FE. Voyez *Bychan*.
FE, le même que *Fa*, *Fi*, *Fo*, *Fu*. Voyez *Bal*.
FE-ALLAI, adverbe de doute. G.
FEAAR, bon. I.
FEAARAN, bon. I.
FEABH, puiffance, faculté. I.
FEABHSACH, induftrie, fcience. I.
FEABHUS, beauté, fplendeur. I.
FEAC, épée. I.
FEACAM, courber en arc. I.
FEACH, voici, voilà, regard, vuë. I.
FEACHA, regarder, voir. I.
FEACHADH, bêche, hoyau. I.
FEACHADOIR, infpecteur, devin. I.
FEACHAIN, infpection. I.
FEACHAM, FEUCHAM, voir, regarder. I.
FEACHD, viciffitude, tour, fort, hazard ; *An Einfeachd*, par un hazard. I.
FEACHDA, effayé. I.
FEACHT, voyage. I. Voyez *Beath*.
FEACHTA, envoyé. I.
FEACHUN, appercevoir, voir, regarder. I.
FEACHUN, l'air du vifage. I.
FEACHUNANDIAIG, effayer. I.
FEACZ, les chaffes, le battant d'un tifferand. B.
FEAD, un fait ; *Eftad* , en matière de. B.
FEAD, jonc. I.
FEADAM, pouvoir verbe. I.
FEADAN, canne, canal, pipe à fumer. I.
FEADANAC, fumeur. I.
FEADANAIM, canne, flute. I.
FEADGLUILLE, lamentation. I.
FEADH, FEADHAN, long, étendu ; *An Feadh*, durant, pendant. I.
FEADHA, forêts ; *Inis Na Fhiobhuidhe*, ifle pleine de forêts, nom qu'on donne à l'Irlande. I.
FEADHADH, relation. I.
FEADHAM, rapporter. I.

FEA.

FEADHAN, troupeau, troupe. I.
FEADHAN, FEADHAMIANACH, fauvage, farouche. I.
FEADHEHROTH, venaifon. I. *Feadh*, bête fauve; *Broth* par conféquent viande, chair. Voyez *Fiadh*, qui eft le même que *Feadh*.
FEADHEHUA, venaifon. I.
FEADHMA, fervice. I.
FEADHMACH, puiffant. I.
FEADHMADH, ferme, fûr. I.
FEADHMADOIR, qui a l'ufage de quelque chofe. I.
FEADHMAM, fe fervir de quelque chofe. I.
FEADHMANNACH, gouverneur, furintendant. I.
FEADHMANNACH, ferviteur, fervante. I.
FEADHMANTACH, gouverneur, furintendant. I.
FEADHMANTAS, FEADHMANTUS, furintendance. I.
FEADHMGHLACAM, fe rendre propre quelque chofe par la poffeffion. I.
FEADOG MONA, pluvier. I.
FEADUM, FEADUN, je peux. I.
FEAG, braffe, la mefure des bras étendus d'un homme. I.
FEAGHA, le même que *Feadha*. I.
FEAGHAN, le même que *Feadhan*. I.
FEAHEIN, vaincre, dompter, foumettre, fubjuguer. B.
FEAL, fidéle, féal, da. B. De là notre mot *féal*, celui-ci de *Fe*.
FEAL, FEALAN, FELIN, mauvais. I.
FEALCAIDH, rude, ingrat. I.
FEALL, trahifon, tromperie, meurtre, homicide. I. Voyez *Fall*.
FEALLAM, tromper. I.
FEALLSAMH, philofophe. I.
FEALLSAMHNAC, fophifte. I.
FEALSI, délivrer, dégager. B.
FEALTOIR, traitre. I.
FEAM, queuë. I.
FEAMACHAS, fuperfluité. I.
FEAMNACH, le bord de la mer, mouffe de mer; algue, goëmon. I.
FEANCA, FEANCHA, courbe, courbé. I.
FEANCADH, courbure. I.
FEANNADH, écorcher ; *Feanntoir*, écorcheur. I.
FEANNY, poil, cheveu. I.
FEAR, herbe, herbage, pâturage. I.
FEAR, homme, mari, le mâle I. Voyez *Fer*.
FEAR-ASAL, âne mâle. I.
FEAR-DRUTH, impudique. I.
FEAR-FAIRRIGHE, matelot. I.
FEAR-LOT, impudique. I.
FEARAMHACHT, puiffance, force. I.
FEARAMHALACDH, humanité. I.
FEARAMHLAS, valeur. I.
FEARAMHUIL, FEARAMHUL, humainement; humain, viril. I.
FEARAN, pigeons. I.
FEARANDA, laboureur, fermier. I.
FEARANN, champ, région, maifon de campagne; campagne, terre. I.
FEARASOIR, charlatan, comédien. I.
FEARB, chevreuil, bœuf. I.
FEARB, bouton. I.
FEARBHAIRE, pafteur, garde de troupeau. I.
FEARBHOLG, fourreau, gaine. I.
FEARBOG, chévre fauvage. I.
FEARBOLG, haut de chauffes. I.
FEARCHUR, courage. I.

FEARDANA, poëte. I.
FEARDHA, mâle, viril. I.
FEARDHACDH, FEARDHAS, virilité. I.
FEARG, colère, dépit, rage. I.
FEARG, maladie, douleur. I.
FEARG, irritation, petite querelle, pique, démêlé. I.
FEARG, soldat, guerrier. I.
FEARGACH, colère, dépit, furieux, passionné, incommode, pervers, chagrin, de mauvaise humeur, fâcheux, méchant, malade. I.
FEARGACHD, maladie, douleur. I.
FEARGAIM, tourmenter, rendre malade. I.
FEARMUR, herbu. I.
FEARN, aune (arbre.) I.
FEARN, bon. I.
FEARN, bouclier. I.
FEARNOG, aune (arbre.) I.
FEARPOSTA, mari. I.
FEARR, le premier, le principal, le plus excellent, le meilleur, meilleur. I.
FEARREATHA, page, domestique. I.
FEART, caverne. I.
FEART, herbu. I.
FEART, bucher. I.
FEARTA, admirable. I.
FEARTH, champ. I.
FEARTHAIN, pluie. I.
FEARTHAN, centaurée (plante.) I.
FEARTHANACH, pluvieux. I.
FEARTHE, herbu. I.
FEARU, bouclier. I.
FEAS, connoissance. I.
FEAS. Voyez Fasi.
FEASACH, connu. I.
FEASDA, banquet, festin, fête. I.
FEASOG, barbe, petit poil, petite plume & autre chose de cette nature qui s'attache aux habits. I.
FEASTA, banquet, festin, fête. I.
FEAT, musique, harmonie. I.
FEATRAM. INILT FEATRAM, pâturage. I.
FEAZ, capot. B.
FEAZA, dompter, vaincre, convaincre, confondre. B.
FEBH, le même que Feabh. De même des dérivés ou semblables. I.
FEBHAR, le même que Faobhar. I.
FEBHRAIM, le même que Faobhraim. I.
FEBRACH, le même que Faobrach. I.
FEBRADH, le même que Faobradh. I.
FECH, FY, FOUY, FOI, FOY, FACH, termes qui expriment le déplaisir, le dégoût, l'aversion, l'horreur que l'on a de quelque chose, de quelque action ou de quelque parole. De là sont venus notre Fy François & le Pouy Comtois. Les Irlandois disent aussi Fi pour témoigner du mépris d'une chose. B. Voyez Ffi, Fi.
FECH. Voyez Bychan.
FECHAN. Voyez Bychan.
FECHET. Voyez Bychan.
FECHIN, pere d'une famille ou race sacerdotale. I.
FECHON. Voyez Bychan.
FECHOT. Voyez Bychan.
FECHOU. Voyez Bychan.
FECHYN, fort. I.
FECHYN. Voyez Bychan.
FECON, mode, manière, façon. B.
FED chez une partie des Gallois, jusques, jusqu'à, jusqu'à ce que, longueur, extrémité. G.
FED, dur, rude, difficile. I.

FED, le même que Bed, Ped, Ved. Voyez B.
FED, le même que Med. Voyez F.
FED, le même que Fad, Fid, Fod, Fud, Voyez Bal.
FED, foi. Voyez Fe.
FED, T FED, pied, racine. Voyez Fedwen. Fed de Bedd.
FEDA, A. M. foi ; de Fed, Feid, foi en Allemand.
FEDACAYA, caution, sûreté. Ba. Voyez Fe.
FEDAGUEA, payen, infidéle. Ba.
FEDALDATA, prosélite. Ba.
FEDASENA, symbole de foi. Ba.
FEDASTEA, fiançailles. Ba.
FEDATSAYA, hérétique. Ba.
FEDAUSTEA, perfide, infidélité, prévarication. Ba.
FEDAZAYA, inquisiteur de la foi. Ba.
FEDDALAI, T FEDDALAI, mauve. G. Feddalai avec l'article T pour Meddalai, de Meddal.
FEDDWEN CHWERW, selon quelques Auteurs Gallois Fedd-Don ou Fedon Chwerw, sauge sauvage ou eupatoire. G.
FEDEA, foi. Ba.
FEDEBAGUEA, payen, infidéle. Ba.
FEDECABEA, perfide, perfidie. Ba.
FEDERUSTEA, fidéicommis. Ba.
FEDH, le même que Faodh. I.
FEDHA, le même que Feadha. I.
FEDHAN, vol d'oiseau. I.
FEG, le même que Beg, Peg, Veg. Voyez B.
FEG, le même que Meg. Voyez F.
FEG, le même que Fag, Fig, Fog, Fug. Voyez Bal.
FEGIS, comme, semblable. G. De Megis.
FEH. Voyez Bychan.
FEH, Voyez Fehahein.
FEHAHEIN, vaincre, surpasser, furmonter, subjuguer. B. De Fach : on voit par là qu'on a dit Feh comme Fach.
FEHAN. Voyez Bychan.
FEHET. Voyez Bychan.
FEHON. Voyez Bychan.
FEHOT. Voyez Bychan.
FEHOU. Voyez Bychan.
FEHYN. Voyez Bychan.
FEI, le même que Faoi. I.
FEIBTHEOIR, spectateur. I.
FEICH, nerf, force. I.
FEICH, le même que Feith. De même des dérivés ou semblables. I.
FEID, heureux. I.
FEIDAN, heureux. I.
FEIDH, le même que Feigh. De même des dérivés ou semblables. I.
FEIDHIM, le même que Faoidhim. I.
FEIDHM, usage, emploi. I.
FEIDHM, CHEASAM, usurper. I.
FEIDHM FEALMHAIGHIM, prescription, usucapion. I.
FEIDIOG. T FEIDIOG LAS, lierre terrestre; rave sauvage, pied de lion, patte de lion, alchimille plante, T Feidiog Lwyd, armoise, matricaire. T Feidiog Rudd, flammula (plante.) G.
FEIDIR, être habile, être capable, pouvoir. I.
FEIGE, faîte, cime. I.
FEIGH, pointu. I.
FEIGHE, le sommet d'une maison, d'une montagne. I.
FEIL, secret ; Bhfeil, en secret. I.
FEILE, libéralité, bonté, hospitalité. I.

FEILEAN

FEILEAN, le même que *Faoilean*. I.
FEILH, ou FEILL, chûte. B.
FEILHANCE, fayence. B.
FEILHENN, feuillet. B.
FEILIOGAN, hanneton. I.
FEILIOS, vanité, bouffonnerie. I.
FEILIOSACH, vain, bouffon. I.
FEILMHIANN, conspiration, conjuration, complot. I.
FEILTEOG, gouffe de légume. I.
FEILYG, étoile chez les Écoffois occidentaux. E.
FEIN, *I FEIN*, elle-même. I.
FEINAM, le même que *Faoinam*. I.
FEINEALACH, le même que *Faoinealach*. I.
FEINTA, feindre. B. De là ce mot.
FEIR, génitif de *Fear*. I.
FEIRA, A. M. foire; de *Ffair*.
FEIRCAD, furet. I.
FEIS, assemblée. I.
FEISDON. T FEISDON, côte, rivage, bord de la mer. G.
FEISEADH, le même que *Faoifeadh*. I.
FEISTEAMHLAS, gaieté, enjouement. I.
FEITH, nerf. I.
FEITHEAMH, attendre, guetter. I.
FEITHIOMH, créancier. I.
FEITHIOMH, fervice, obéissance, respect, soumission, attendre, servir. I.
FEITHIS, ramasser, convoquer. I.
FEITHME, servi, respecté, obéi. I.
FEIZ, foi, créance, fidélité. B.
FEIZIOUT, FEIZOUT, avoir foi, avoir confiance, se fier. B.
FEL, bataille, querelle. I. Voyez *Bell*.
FEL, le même que *Faol*. I.
FEL, semblable, comme, autant, auffi, tant, tellement, si fort, jufques-là, de même. G. De *Mel*, *Mal*.
FEL, élevation. G. E. C'eft le même que *Bel*.
FEL. Voyez *Bal*. G.
FEL, pierre, roc. Voyez *Bilyen*. *Felis* en Théuton; *Fels* en Allemand, roc; *Phelleus* dans Suidas signifie en Grec lieux pierreux.
FEL, jaune. Voyez *Bel*, *Belen*.
FEL, le même que *Bel*, *Pol*, *Vel*. Voyez B. *Fel* en vieux François, orgueilleux.
FEL, le même que *Mel*. Voyez *F*.
FEL, le même que *Fal*, *Fil*, *Fol*, *Ful*. Voyez *Bal*. FEL. Voyez *Belly*.
FEL, chaud. Voyez *Boyl*.
FEL NA, conjonction prohibitive. G.
FELAX, A. G. chatte; de *Fel*, celui-ci de *Ffel*, fin, rusé.
FELCH, rate partie du corps. B. Voyez *Melch*.
FELEACAN, papillon. I.
FELEL, le même que *Fellell*. B.
FELEN, jaune. Voyez *Bel*, *Belen*.
FELENA, A. G. biche, ainsi nommée de son poil roussâtre. *Felen*.
FELENGU. T FELENGU, espèce de pédiculaire purpurine. G. De *Melen*.
FELENWYDD. T FELENWYDD, hiéracium (plante.) G. De *Melen*.
FELGAWAD. T FELGAWAD, suc dont les abeilles font le miel. G. De *Mel*.
FELHER, faucilles. B. C'eft le plurier de *Falch*.
FELHT, le même que *Felly*. G.
FELHYN, le même que *Felly*. G.
FELHYN, terme pour démontrer voici, voilà. G.
FELIATUM, A. G. courbé; de *Falh*.

TOME I.

FELIN, FELOG, chevrefeuille. I.
FELIS, A. M. oie sauvage. De *Ffel*, fin, rusé. Voyez dans les naturaliftes la finesse de ces animaux.
FELD, montagne. E. Voyez *Bal*.
FELL, excrément, merde. B. *Felmé* en Patois de Franche Comté eft le nom que l'on donne à l'escarbot, parce qu'il eft toujours dans les excrémens, comme qui diroit merdeux.
FELL, guerre, combat. Voyez *Bell*, & *Fel*. *Fel*, *Fells*, *Felon* en vieux François, cruel, colere; *Felonesse*, cruelle; *Felonie*, colere; *Felonessement*, cruellement. *Fell* en vieux François, mauvais. Voyez *Fall*.
FELLA, vouloir. B. De là la *Velle* Latin, l'*f* fe prononçant en *v*.
FELLELL, manquer, défaillir, s'affoiblir, devenir foible, devenir mauvais. B. Voyez *Falla*. *Fellement*, méchamment, mal adverbe en vieux François. Voyez *Fell*.
FELLER, délinquant. B. De *Fall*.
FELLIBILIS, A. G. trompeur, fourbe, amer. Voyez *Fell*, *Fall*.
FELLO, A. M. écrouelles; de *Fel*, élevation, tumeur; les écrouelles font des tumeurs squirreuses.
FELLO, FELO, A. M. felon, perfide, rébelle; de *Fellon*.
FELLON, FELON, felon, perfide, rébelle. B. De *Fall*.
FELLY, oüi, auffi, même, de même, ainsi, de la sorte, comme, autant, tant, tellement, si fort, jufques-là, femblable. G.
FELLY. Voyez *Belly*.
FELLY, terme pour indiquer. G.
FELLYN, ainsi. G.
FELLYN, terme pour démontrer voici, voilà. G.
FELONIA, A. M. félonie, perfidie, rébellion; de *Fellon*.
FELONITIA, A. M. vanité; de *Fel*.
FELPEN, grosse pièce, morceau, pièce, éclat d'un corps, échantillon. B.
FELSUGN. T FELSUGN, espèce de pédiculaire purpurine (plante.) G.
FELTR, feutre. B. De là *Felt* en Anglois, feutre; *Feltre*, feutre en Espagnol; *Feaulte* en vieux François, feutre en François moderne. Voyez *Feltrum*, *Feutre*.
FELTR eft une espèce de chapeau ou bonnet de feutre que les vieilles femmes Bretones de la campagne portent fur leurs coëffes, du moins en temps de pluie & en hyver. B. Voyez l'article précédent.
FELTRA, feutrer, mettre du feutre quelque part. B.
FELTRA, verser, répandre, régorger parlant des folides, éparpiller, féparer, jetter en l'air plusieurs petits corps, comme poussière, graines, sable & choses semblables. B.
FELTRUM, FILTRUM, FILTRUS, PHELTRUM, PHILTRUM, FEUTRUM, FUTRUM, FILTURUM, VILTRO, A. M. feutre, laine preffée; de *Feltr*. On a dit en vieux François, *Feutre*, *Fautre*, *Fautere*. Nous n'avons confervé que le premier de ces mots.
FELU, excrément. B.
FELU MOR, algue forte d'herbe marine. B.
FELU. Voyez *Belu*, de là *Fluet*: on difoit anciennement *Flouet* & *Flou*, dont *Flouet* eft le diminutif; de là *Floible* qui en Picardie & parmi le petit peuple de Paris fignifie foible; de *Floueible* nous avons fait foible. On difoit auffi autrefois *Feuble*. *Faufelus* en vieux François, moqueries; *Faufelnes*, ba-

C ccccc

FEL.

gatelles, fotifes ; *Flebs* en vieux François, foible ; *Fleup*, *Flouet* en vieux François, fluet.

FELYEN, pierre, roc. Voyez *Bilyen*.

FELYN, pierre, roc. Voyez *Bilyen*.

FELYN, le même que *Melyn*, jaune. Voyez *Bel*.

FELYNLLYS. T *FELYNLLYS*, forte d'ortie qui ne pique point. G. A la lettre, herbe jaune.

FELYNYS. T *FELYNYS*, la grande Bretagne, isle. G. *Ynys*, isle ; *Fel*, apparemment des rocs dont elle est bordée vis-à-vis la France ; ou *Fel* pour *Pel*, étenduë, grande.

FELYON, pierre, roc. Voyez *Bilyen*.

FELYSIG. T *FELYSIG*, aigremoine plante. G.

FEMELL, femelle. B.

FEMELLA, *FEMILLA*, A. M. femelle. *Femell* ; de *Fam*, de *Mam* ; d'où vient aussi le *Femina* des Latins.

FEN, le même que *Ben*, *Pin*, *Ven*. Voyez *Penn* & *B*.

FEN, avant. Voyez *Fennos*, *Fenn*.

FEN, d'*Afen*, comme *Ben*, d'*Aben*. *Fen*, eau, *Feni*, marais en Gothique.

FEN, le même que *Men*. Voyez *F*.

FEN, le même que *Faon*. I.

FEN, blanc. I.

FEN, char, chariot. I. Voyez *Benna*.

FENCA, *FENCHA*, courbe, courbé. I.

FENCHEAP, cercle d'une rouë. I.

FEND, blanc. I.

FENE, fermière. I.

FENES, A. M. engrais que l'on donnoit à une terre en la parquant pour y faire coucher des moutons ; de *Fano*, ou de *Fan*, de *Man*.

FENESTR, fenêtre. B. Ce mot se trouvant dans le bas Breton & le Gallois, désignant une chose d'usage parmi ces peuples, étant le seul terme qui la signifie, je crois pouvoir en conclure que ce mot est originairement Celtique, & que les Latins l'ont emprunté des Gaulois. On ne doutera pas de ce que j'avance si l'on considére 1°. Que les Gaulois & les Bretons étoient deux grands peuples tout formés avant les Latins. 2°. Que les Latins ont pris leur Langue partie de la Grecque, partie de la Gauloise. Voyez la premiere partie de nos Mémoires & la préface du Dictionnaire. 3°. L'étymologie naturelle de *Fenestr* se trouve dans le Celtique : *Fen* en composition pour *Fan*, de *Ban*, lumière ; *Es* article ; *Tri*, maison ; *Fencstri*, lumière de la maison ; *Fonster* en Allemand, fenêtre ; *Fonster* en Suédois, fenêtre ; *Venster* en Théuton & en Flamand ; *Fenestra* en Italien ; *Finiestra* en Espagnol, fenêtre. Voyez *Ffenestr*.

FENN, tête. B. *Fenn* & *Fen* sont les mêmes que *Pen* & *Penn*. (Voyez *B*.) Ainsi on peut leur attribuer toutes les significations de ces mots.

FENN. Voyez *Choan*.

FENNA, régorger, répandre par-dessus les bords, répandre lorsqu'un vaisseau est trop plein. B.

FENNOS, *FENOS*, avant la nuit. B. *Nos*, nuit.

FENOIR, charton. I.

FENTAN, fontaine. C.

FENTAN, blanc. I.

FENTE, blanc. I.

FENYTWYD, pin. C. *Wyd*, arbre.

FEOCHAD, jetter des flammes, brûler. I.

FEOCHAN, déchet, diminution, décadence, déclin, ruine. I.

FEODACHAD, se faner, se flétrir, sécher. I.

FEODAID, dur, ferme. I.

FEODALGH, féodal. B. De *Fé*, *Fed*.

FER.

FEODHTE, qui pend, qui n'est pas ferme. I.

FEODIUM, A. M. fief. Voyez *Feodalch*, *Ferdum*.

FEOGACHAD, se flétrir, passer. I.

FEOIL, viande. I.

FEOL, viande. I.

FEOLADOIR, boucher. I.

FEOLEHAR, charnu. I.

FEOLMACH, boucherie. I.

FEOLMHAR, charnu. I.

FEON, bonshommes (fleur.) I.

FEOR, herbe, herbage, pâturage. I.

FEORAN, plaine verte, vallée, terre arrosée d'un ruisseau. I. De *Feor*.

FEOTHAN, chardon. I.

FER, homme. E. I. *Ferfiu* en Hongrois ; *Er* en Turc ; *Æor* en Scythe ; *Ere* en Tartare ; *Air* en Arménien, homme. Voyez *Er*.

FER, le même que *Fear*. De même des dérivés ou des semblables. I.

FER, le même que *Feaar*. De même des dérivés ou des semblables. I.

FER, lentille. B.

FER, fertile. Voyez *Beras*, *Berfa*. *Fharah* en Hébreu, être fertile, être abondant, produire du fruit, & *Peri*, fruit ; *Periah* en Chaldéen, production de fruit ; *Peroh* en Syriaque, croître, multiplier ; *Farax* en Arabe, faire des petits pulluler, croître ; *Fary* en Éthiopien, fructueux.

FER, confluent. J'en juge ainsi parce que 1°. *Ferryer* signifie confluens au pluriel. 2°. *Fer* & *Ber* sont le même mot.

FER, le même que *Ber*, *Per*, *Ver*. Voyez. R. *Far* en Arabe, refuge ; *Pferds*, cheval en Allemand.

FER, le même que *Mer*. Voyez *F*.

FER, le même que *Far*, *Fir*, *For*, *Fur*. Voyez *Bal*.

FER-KREIN, laboureur. E.

FERA, A. M. foire ; de *Ffair*.

FERA, A. M. métairie ; de *Ferh* de *Berh*, ou *Fer* de *Ferm*.

FERA, A. M. laye femelle de sanglier ; *Ferus*, un sanglier ; de *Ffer*, farouche.

FERANCUS, A. M. féroce ; de *Ffer*.

FERBA, champ. I.

FERÇON, dalle. B.

FERDEA, *FERDIA*, verd. Ba.

FERDELLUS, A. M. fardeau ; de *Fardell*.

FERDIGRES, verd de gris. G.

FEREN, cuisse. I.

FERENN, ceinture. I.

FERFAEN. T *FERFAEN*, verveine. G. De là *Verbena* Latin, *Verveine* François. Voyez *B*. La verveine fait sortir les pierres ou calculs ; *Fer* de *Ber*, porter, charrier ; *Faen* de *Maen*, pierre.

FERFF, farouche, cruel anciennement en Breton, selon le Pere de Rostrenen. Voyez *Ffer*.

FERG, le même que *Fearg*. I. De là *Fergus*, nom commun chez les anciens Irlandois & Écossois.

FERG. Voyez *Berh*.

FERGATH, fregate. B. De là ce mot.

FERGEAI, fresaie. B.

FERGOBRETHER. Voyez *Freath*.

FERH. Voyez *Berh*.

FERI, le même que *Feary*. I. De là *Feri*. Voyez *Bal*.

FERIÆ, A. M. foires ; de *Ffair*.

FERIFERUS, A. G. qui est en fureur ; de *Ffer*.

FERITAS, A. M. forteresse ; de *Ferh*. De là le nom si commun de *La Ferté* en vieux François, un château fortifié, une forteresse.

FERIUM, A. M. métairie. Voyez *Fera*.

FER.   FES.   575

FERLA, A. M. bâton sur lequel on s'appuye ; de *Fer*, de *Ber*, porter.

FERLINGQEIN, serler, plier les voiles. B.

FERM, solide, ferme, stable, metairie, loyer ou prix du louage d'une maison. B. F*serm*, métairie en Gallois ; *Fermoy* en Irlandois, enceinte, château ; *Fermutua* en Basque, affermi. De là notre mot ferme solide, ferme métairie. Le mot *Ferm* est formé de *Ferh*, de *Berh*, défendu, fortifié, enclos, enfermé : Les fermes ou métairies étoient entourées de hayes ou de rameaux entrelassés soutenus de pieux. (Voyez *Plessis*.) De là le verbe Breton *Fermein*, le François *Fermer*, qui signifie enfermer, mettre en sûreté. *Fermer*, dit M. de Casenueve, dans sa première & naturelle signification se prenoit pour fortifier. *Ferm* ayant d'abord signifié métairie, fut pris ensuite pour le loyer que l'on en retiroit, après pour loyer en général ; de là le verbe Breton *Ferms*, & nos termes François *Fermier*, *Affermer*. De *Ferm* sont venus les mots Latins *Firmus*, *Firme*, *Confirmo*, *Affirmo*, *Obsirmo*, *&c*. Voyez F*serm*.

FERMA, A. G. métairie prise à louage ; *Fermarius*, celui qui prend la métairie à louage ; de *Ferm*.

FERMEILLETUM, A. M. boucle, agrafe ; autrefois *Fermail*. Voyez *Ferm*, *Fermein*.

FERMEIN, fermer. B.

FERMES, FERMIS, A. M. caution, répondant ; de *Ferm*.

FERMEUR, locataire d'une maison. B.

FERMI, donner à louage. B.

FERMIFF, fermer. B.

FERMILION, vermillon espèce de rouge. G. *Ferw*. Voyez *Berw*.

FERMOUR, le même que *Fermeur*. B.

FERMOY, enceinte, château. I. Voyez *Ferm*.

FERMUGUITA, ratification, approbation. Ba.

FERMUTUA, affermi. Ba. Voyez *Ferm*.

FERMUTZU, j'affermis. Ba.

FERN, le même que *Fearn*. De même des dérivés ou semblables. I.

FERN, le même que *Bern*, *Pern*, *Vern*. Voyez *B*.

FERN, le même que *Farn*, *Firn*, *Forn*, *Furn*. Voyez *Bal*.

FERNAGL. Y F'ERNAGL. *Duw Yw 'R Fernagl Drwy Farnwyr* : Davies se contente de rapporter cette phrase d'un Auteur Gallois sans l'expliquer. Il me semble qu'elle signifie : Dieu est celui qui juge par les Juges : *Duw*, Dieu ; *Yw*, est ; *'R* pour *Ar* article ; *Fernagl* en construction pour *Barna*, juger ; *Drwy* en construction pour *Trwy*, par ; *Farnwyr* en construction pour *Barnwyr*, pluriel de *Barnwr*, Juge.

FERNIER, pluriel de *Fern*, four. B.

FERNISIUM, A. M. vernis ; de *Fernais*, de *Bernais*.

FERO, fier anciennement en Breton selon le Pere de Rostrenen ; de là *Fier* en François ; *Fiero* en Espagnol, *Fiero* en Italien, fier. Voyez F*ser*.

FERO, FERW, FEROU, FERU, pour *Cherw*, *Chwero*, amer, âcre, rude ; & au sens moral, austère, sévère, rigide, farouche, cruel, fervent. B. De là *Fera*, *Ferus*, *Ferox* en Latin ; *Feroz* en Espagnol ; *Fero*, *Fiero* en Italien, cruel, féroce, farouche ; *Ferrein* en vieux François, cruel, sauvage, & *Fier* rude, cruel ; *Pherec* en Hébreu, férocité, & *Pere*, sauvage, farouche, cruel. Voyez F*ser* & *Aberea*.

FEROGA, approuver. Ba. Voyez F*ser*.

FERR, ser. B. De là *Ferrum* Latin. Voyez F*ser*, *Fori*.

FERR, lentille. B.

FERR, le même que *Berr*. Voyez *B*.

FERRAGO, A. M. le même que *Farrago*. Voyez *Farragium*, & *Fer*, herbe.

FERRYER, confluens. B.

FERSA, A. M. gale, la farce. Voyez *Farcilh*.

FERT, miracle, admirable, pur. I.

FERTA, admirable. I.

FERTA, cuisse. I.

FERTHI, le même que *Cyserthi*. Voyez ce mot.

FERTUM, A. M. foire ; de F*sair*.

FERVANT, fervent. B. Voyez *Fero Berw*.

FERULA, A. M. bâton sur lequel on s'appuye ; de *Fer*, de *Ber*, porter.

FERULENN, férule. B.

FERVORIUM, A. G. chauderon. Voyez *Ferw*.

FERW, le même que *Berw*. Voyez ce mot, & *F*.

FERVURA, A. G. inflammation. Voyez *Ferw*.

FERZ. Voyez *Berz*.

FES, bouche, entrée, porte. I.

FES. Voyez *Faes*.

FES. Voyez *Bychan*.

FES, le même que *Bes*, *Pes*, *Ves*. Voyez *B*.

FES, le même que *Mes*. Voyez *F*.

FES, le même que *Fas*, *Fis*, *Fos*, *Fus*. Voyez *Bal*.

FES-GREIG, pierre. I.

FES-ORDLACH, pouce. I.

FESAN. Voyez *Bychan*.

FESCAT, gerbe. B.

FESER, vainqueur. B. Voyez *Fesin*.

FESET. Voyez *Bychan*.

FESGLA, le même que *Faosgla*. I.

FESI, FESIA, les mêmes que *Faesia*. B.

FESIFF. Voyez *Faes*.

FESIN, baiser nom. I.

FESON. Voyez *Bychan*.

FESOR, vainqueur. B. Voyez *Fesia*.

FESOT. Voyez *Bychan*.

FESOU. Voyez *Bychan*.

FESQAD, gerbe. B.

FESQEN, gerbe, paquet, fagot. B.

FESQEN, FESQENN, fesse ; pluriel *Fesq*. B.

FESSÆ, A. M. fesses ; de *Fess*, de *Fesq*. Voyez *Aru*. De là notre mot François.

FESSAGH, brosses. B.

FESSANT, faisan. B.

FESSEIN, amasser. B.

FEST. Ce mot, dit Dom Le Pelletier ; signifie empressé. Il se prend encore dans un autre sens en cette phrase : *A Ben Fest*, de propos délibéré. Selon le Pere de Rostrenen ce terme signifie banquet, festin, fête, danse, & anciennement il signifioit fixe, arrêté, déterminé. B. Il faut conserver à ce mot tous les sens que lui donnent ces deux Religieux. Voyez *Ankeler*. *Ffest* en Gallois, vîte, prompt, qui se hâte ; *Feasta* en Irlandois, banquet, festin, fête ; *Feast* en Anglois, fête ; *Festine* en Italien, festin ; de là le *Festus* des Latins, les *Fête*, *Festin* du François. *Ffestin* en Gallois, défense, fortification, fort, fortifié, qui défend ; qui fortifie, qui munit ; *Vest*, prononcez *Fest*, ferme, solide en Allemand & *Vestung*, prononcez *Festing*, forteresse ; *Fæst*, *Fast* en ancien Saxon ; *Fast* en Anglois ; *Fasto*, *Vest*, prononcez *Festi*, en Théuton ; *Vast* en Flamand, prononcez *Fast*, ferme, stable, immobile ; *Fastira* en Théuton, lieux munis, lieux fortifiés ; *Vesten*, prononcez *Festen*, en Flamand, fortifier ; & *Vest*, prononcez *Feſt*, fortifié ; *Feſten* en Théuton & en ancien Saxon, fortifier, affermir, rendre solide ; *Feſtiir* en Albanois, difficilement. De *Veſt* dans la baſſe Latinité on a nommé *pactum veſtitum* un contrat confirmé par ſerment ; de là *Inveſtire*, inveſtir, mettre en poſſeſſion ferme & ſtable de quelque fonds ; *Veſte* en Allemand, prononcez *Feſte*, forteresſſe, lieu fortifié ; *Faſten* en ancien Saxon, mur, château, fortereſſe ; *Veſt*, prononcez *Feſt*, en Théuton, mur, fortereſſe ; *Faſtina* en Théuton, fortereſſes, lieux de retraites ; & *Feſti*, aſyle, refuge ; *Veſt* en Théuton, prononcez *Feſte*, maiſon ; *Veſt* en Théuton, prononcez *Feſt*, fort, robuſte, vaillant, courageux, intrépide, brave, hardi, ferme, conſtant, fidéle à ſa parole ; *Feſt* en ancien Saxon, homme de probité ; *Faſtan* en Gothique, garder, conſerver, obſerver ; *Faſten* en Allemand, tenir, garder. Voyez *Feticz*. *Feſt* a d'abord ſignifié fixe, arrêté, déterminé ; & comme les fêtes ſont fixées, on aura étendu ce terme à les ſignifier. Les fêtes étoient chez les anciens des jours de régal & de réjouiſſance ; de là ce mot recevant une nouvelle extenſion, aura ſignifié feſtin, danſe, jeu, ſpectacle. Voyez *Feſtac*.

FEST, le même que *Beſt*. Voyez ce mot.
FESTA, fêter. B.
FESTAC, jeux, ſpectacles. Ba. Voyez *Feſt*.
FESTAËR, coureur de danſes. B.
FESTAGIUM, A. M. droit de feſtin ; de *Feſt*.
FESTAGIUM, le même que *Fetagium*.
FESTINANTIA, A. M. pour *Feſtinatio*, hâte, vîteſſe ; l'un & l'autre de *Feſtino*, & celui-ci de *Feſt*.
FESTINANTIA, A. M. ſerment ; de *Feſt*, fixe, arrêté.
FESTINARE, FESTIVARE, A. M. donner un feſtin ; de *Feſt*.
FESTIVOSUS, A. M. prompt, vîte ; de *Feſt*.
FESTIZARE, A. M. donner des jeux publics ; en Italien *Feſteggiare*, donner une fête. *Feſt*, *Feſtac*.
FESTUM, A. M. feſtin ; de *Feſt*.
FESYN. Voyez *Bychan*.
FET, matière, fait, *En Fet*, en fait. B.
FĖT, le même que *Feſt*. Voyez *Feticz*.
FET, pendant, avec. Voyez *Fet Noſ*.
FET, le même que *Fed*. Voyez *D*.
FŪT, le même que *Bet*, *Pet*, *Vet*. Voyez *B*.
FET, le même que *Met*. Voyez *F*.
FET, le même que *Fat*, *Fit*, *Fot*, *Fut*. Voyez *Bal*.

FET NOS, de nuit. B. *Nos*, nuit ; *Fet* ſignifie donc pendant. On voit par *Fetepanez* qu'il ſignifie encore avec.

FETAGIUM, FESTAGIUM, A. M. droit d'élever une maiſon ; de *Fet*, de *Bet*, maiſon.
FETAN, fontaine. B. Voyez *Fentan*.
FETEIS, aujourd'hui, déſormais. B.
FETEIZ, déſormais, avant la nuit, ſelon les PP. Maunoir & de Roſtrenen, aujourd'hui ſelon d'autres. B.
FETEN, fontaine. B.
FETETANCZ, FETEPANZ, guet-appens. B. De là *Apens* en vieux François, penſée ; *Appenſer*, ſonger, penſer, faire quelque choſe de guet-appens, c'eſt-à-dire, après y avoir penſé, de propos délibéré. D'*Appenſer* eſt venu notre mot *penſer*, le tout de *Pen*, tête. *Fete* ou *Fet* ſignifie donc avec.

FETICZ, ſolide, épais, maſſif, figé. B. Delà en vieux François *Faitic*, gros, groſſier ; *Afaitier* un pont, le raccommoder ; *Faitis*, gentil, bon ; *Fetis*, fait exprès ou depuis peu, c'eſt-à-dire, fait avec ſoin, ſolide, bon ; *Fett*, graiſſe, gras, gros en Allemand ; *Faet* en ancien Saxon ; *Faeit* en Iſlandois ; *Fett* en Suédois ; *Fat* en Anglois ; *Vet*, prononcez *Fet*, en Flamand ; *Fetis* en Théuton, gras ; *Phathem* en Hébreu, engraiſſer ; *Pathma* en Syriaque, graiſſe ; *Phthi* en Cophte, gras gros.

FETICZAT, condenſer. B.
FETICZDIGUEZ, coagulation, condenſation. B.
FETIS LYEN, toile qui n'eſt ni groſſe ni fine. B. *Lyen*, toile.
FETT, E FETT, concernant, touchant. B.
FEUCA, foin. I.
FEUCHAM, FEUCHUN, voir, regarder. I.
FEUCQAURE, porter une botte à quelqu'un. B.
FEUDUIM, être habile, être propre à. I.
FEUDUM, FEAUDUS, FEODUS, FEUM, FEUDUS, FEVUS, FEIDUM, A. M. fief ; de *Fe*, foi ; *Udd*, Seigneur. Celui qui tenoit un fief promettoit foi & fidélité à celui de qui il le tenoit.
FEUL, alerte, éveillé, vigilant, fringant. B.
FEULTR, feutre. B. En vieux François *Feultre* ; de là *Frutre*. Voyez *Feltr*.
FEUNTEUN, FEUNTUN, fontaine. B. Voyez *Fentan*.
FEUR, herbe, foin. I.
FEUR, dit Dom Le Pelletier, eſpace de temps ou nombre déterminé pour faire une tâche, un ouvrage entrepris, une certaine meſure réglée & remplie au juſte. Quelques-uns veulent que ce ſoit le prix juſte & réglé des choſes vénales. B. Voyez l'article ſuivant, qui eſt du Pere de Roſtrenen.
FEUR, peau d'agneau, fourrure, fourreau, marché, lieu public pour le commerce, taux ; & anciennement foire, tribunal. B. Nous diſons encore *Feur* pour taux ; nous le diſons auſſi pour proportion, à *feur* & à meſure. On a dit en vieux François *For*, *Fuer*, *Fueur*, pour taux, & *Affeurer*, taxer, mettre à un certain prix. De *Feur*, fourrure, ſont venus nos mots *Fourrer*, *Fourrure* ; *Forro* en Eſpagnol, fourrure ; *Foretta* en Italien, doublure ; *Feurré* en vieux François, garni, couvert, revêtu ; *Feu*, toit, couvercle en Chinois. De *Feur*, fourreau, eſt venu ce mot dans notre Langue, & *Fuerre*, fourreau en vieux François. *Fwdr*, fourreau en Théuton ; *Fodr* en Danois ; *Voeder*, prononcez *Foeder*, en Flamand, fourreau. De *Feur*, marché, tribunal, eſt venu le *Forum* des Latins. Voyez *Feuxr*.

FEUR, A FEUR MA, à proportion. B.
FEURA, fourrer, garnir de fourrure. B.
FEURCHA, grenier à foin. I.
FEURCHER, fouilleur, qui cherche avec ſoin, ſcrutateur. B.
FEVRER, février. B.
FEURLAN, FEUBLER, grenier à foin. I. A la lettre, *Lan*, habitation ; *Feur*, foin ; *Ler*, ſynonime de *Lan*.
FEURM, métairie, loyer de maiſon. B. Voyez *Ferm*.
FEURMOUR, fermier, locataire d'une maiſon. B.
FEUTA, FEUTEIN, crevaſſer, fêler, fendre, couper. B.
FEUTOUR, fendeur. B.
FEUTRUM, A. M. feutre ; de *Feultr*.
FEUTUR, étain. B.

FEWE.

FEW.   FIC.   577

FEWN, dans. G.
FEWRLR, FEUVRER, février. B.
FEUZR, fourrure, habillement. B.
FEUZRET, fourré. B.
FEZ, foi. B. Voyez Fe.
FEZA, subjuguer, vaincre; Fezet, Voar Un Torfet, atteint d'un crime. B.
FHACID A SPIORAD SUAS, il a rendu l'esprit. I.
FHIORMAM, millet. I.
FHLACHA, débiteur. I.
FI, terme qui marque le mépris, le dégoût d'une chose. I. Voyez Fech. Fiiki, fumier en Turc; Pui en Turc; Pfuy en Allemand, fi; Phi en Chinois, exclamation qui marque l'indignation, le désaveu, le reproche; Fi en Chinois, murmurer; Fi en Chinois, non, sans.
FI, maladie, colere, mauvais, corrompu. I.
FI, le même que Bi, Pi, Vi. Voyez F.
FIABRUS, fièvre. I.
FIACAIL, FIACAL, dent. I.
FIACH, corbeau, corneille. I.
FIACH-MARA, corbeau aquatique. I.
FIACH MOR, cormorant. I.
FIACHA, qui vaut, qui mérite, digne, dû. I.
FIACHADH, dette, taxe, taux, prix, valeur. I.
FIACLACH, qui a de grandes dents. I.
FIACUL, dent. I.
FIADACH, plein de bois. I.
FIADH, FIADHAN, région, seigneur. I.
FIADH, forêt. I.
FIADH, aliment. I.
FIADH, bête fauve, sauvage, farouche. I.
FIADHABHAL, arboisier. I.
FIADH'AC, venaison. I.
FIADHACH. NIM FIADACH, chasser. I.
FIADHAIN, fier, farouche, cruel, sauvage. I.
FIADHAN, le même que Fiadhain. I.
FIADHAN, seigneur, région. I.
FIADHANTAS, fierté, férocité, cruauté. I.
FIADHANTAS, phrénésie, manie. I.
FIADHCULLACH, sanglier. I.
FIADHFIONN, daim. I.
FIADHGHA, épieu. I.
FIADHIN, FIADHTA, sauvage, cruel. I.
FIADHLORGHA, épieu. I.
FIADHNAISE, veneur, piqueur. I.
FIAFACARIA, assassin. Ba.
FIAGACH, chasser, être à la chasse. I.
FIAGH, le même que Fiadh. De même des dérivés ou semblables.
FIAGHNUGHADH, attestation, attester, évidence, mettre en évidence, approbation, témoignage, certifier. I.
FIAGHNUSE, attestation. I.
FIAIGH, une bête fauve. I.
FIAÌGHPHEACHANTACH, égaré. I.
FIAILBEARTA, clémence. I.
FIAILBEARTACH, hospitalier, qui exerce l'hospitalité. I.
PIAL, libéral, bon. I.
FIALAI, parenté. I.
FIALAN, FIALIN, bon. I.
FIALLACH, FIANLAOCH, chevalier errant. I.
FIALMAITEAS, libéralité, largesse. I.
FIALMHAR, excellent. I.
FIALMHUIRE, libéralité. I.
FIAMH, trace, vestige, chaîne. I.
FIAMH, abominable, horrible. I.
FIAMHADH, qui suit les vestiges, suivant. I.

TOME I.

FIAMHAN, crime odieux. I.
FIAN, petit. Voyez Fiambhoth.
FIAMBHOTH, cabane, petite maison, tente. I. Bhoth, maison, habitation; Fian par conséquent petite.
FIANS, fontaine. I.
FIANZA, caution; Fianza Eguin, servir de caution. Ba. Voyez Fe. Fianca, caution en Espagnol; Fiance en vieux François. De là le terme populaire Fiance qui signifie la même chose que confiance. De là nos mots François Confiance, Fiancer, Fiançailles.
FIAR, pervers, mauvais, oblique, courbe. I.
FIARA, paître. I.
FIARAM, tourmenter, courber. I.
FIARLAN, de travers, de côté. I.
FIATAMHUL, synonime de Fiadhain. I.
FIATH, le même que Fiach. De même des dérivés ou semblables. I.
FIATZALLEA, caution, répondant. Ba.
FIBH, le même que Feabh. De même des dérivés ou semblables. I.
FIBL, boucle de porc. B.
FIBLA, battre, battre à bons coups. B.
FIBLEIN, boucler le grouin. B.
FIBU, le même que Fubu. B.
FIC, le même que Feac. De même des dérivés ou semblables. I.
FIC, le même que Bic, Pic, Vic. Voyez B.
FIC, le même que Mic. Voyez F.
FIC, le même que Fac, Fec, Foc, Fuc. Voyez Bal.
FICH, accommodé, orné, agencé, ajusté. B. Voyez Ficha.
FICH, fistule, ulcére, ortie morte. B. De là Fic, excroissance qui jette une sanie fort puante. Voyez Fsi & Fech qui est le même que Fich & Fsi.
FICH, mouvement. β.
FICH, le même que Fiach. I.
FICH-FICH, qui remue sans cesse, fourgonneur de feu. B.
FICHA, FICRA, FIJA, préparer, accommoder, orner, parer, agencer, décorer: il signifie encore forger, ébranler, remuer, ficher. B. De là Affiquets, parure de femme, colifichet. De là Figo Latin. Fichar en Espagnol; Ficare en Italien; Ficher en François. De là par métaphore afficher, mot populaire pour assurer, affirmer fortement quelque chose. Voyez Fichim.
FICHADUREZ, ajustement, agencement. B.
FICHAL, remuer, se trémousser, remuer fortement. B.
FICHEIN, fourgonner le feu, se mouvoir, hober. B.
FICHELL, ficelle. B. De là ce mot.
FICHELLA, ficher. B.
FICHELLEIN, fourgonner le feu. B.
FICHELLENN, ficelle. B.
FICHELLER, qui remue sans cesse, fourgonneur de feu. B.
FICHELOST, fretillant. B.
FICHEN, fiche. B.
FICHER, fretillant. B.
FICHET CAËR, mal ordonné, ridicule. B. C'est une ironie.
FICHETATT, pochée. B.
FICHIM, mettre, placer. I. Voyez Ficha.
FICILIS, A. G. couteau de cordonnier. Voyez Fico.
FICO, espèce de soulier à l'usage des religieux, dont il est beaucoup parlé dans les vies des Saints d'Irlande. I. De même en ancien Saxon.

D dddddd

FICTIED, peints. G.
FICUS, A. G. fic maladie : on a dit *Fiex* en vieux François ; on dit *Fico* en Italien. Voyez *Fich*.
FICZELL, pinceau. B.
FICZEN, figue. B.
FID, le même que *Bid*, *Pid*, *Vid*. Voyez B.
FID, le même que *Fead*. De même des dérivés ou semblables. I.
FIDATU, je me fie, je me confie. Ba.
FIDATUQUIBO, confidemment. Ba. Voyez *Fed*.
FIDEL, fidéle. B. Voyez *Fiela*, *Fidatu*.
FIDELLA, blanche. I.
FIDH, FIDHE, forêt. I.
FIDHE, le même que *Fighe*. De même des dérivés ou semblables. I.
FIDHIGHIM. Voyez *Fighim*.
FIE, cerf. E. Voyez *Fieigh*.
FIECH, le même que *Fiach*. I.
FIECH, FIECHA, les mêmes que *Fiacha*. I.
FIEDICUS, A. G. prophéte. Voyez *Faidh*.
FIEIGH, cerf dans l'Isle de Mona. G. Voyez *Fie*.
FIEIN, confier. B. De là nos mots François ; *Fer*, *Confier*.
FIELA, fidéle ; *Fielasuna*, fidélité. Ba. *Fiel* en Espagnol, fidéle. Voyez *Fidel*.
FIENS, A. M. fiente, fumier : on a dit *Fiens* en vieux François pour *Fientes* ; de *Ffi*. De là est aussi venu *Fimus* Latin.
FIERTR, FIERTRE, brancard. B. De là ce premier mot.
FIESEN, figue ; au plurier *Fies*. *Fiefen Real*, datte. B. *Fifin*, figue en Irlandois. Voyez *Figy*.
FIESSUM, A. M. propre. De *Fiech* le même que *Fiacha*, ce qui est dû, ce qui appartient.
FIFFER, fifre. B. Voyez *Pib* ou *Pif*. *Fife* en Anglois ; *Pfeiffe* en Allemand ; *Pipe* en ancien Saxon ; *Pyp* en Flamand & en Suédois ; *Piva* en Italien, fifre, flute.
FIFI, fy. I. Voyez *Fech*.
FIFILA, bouger, changer de place. B. Voyez *Finval*.
FIG, le même que *Big*, *Pig*, *Vig*. Voyez B.
FIG. Voyez *Bychan*.
FIGEA. Voyez *Ficha*.
FIGH, le même que *Fidh*. De même des dérivés ou semblables. I.
FIGHEACAN, guirlande, tissu, toile. I.
FIGHEADOIR, tisserand. I.
FIGHEADORA, trame. I.
FIGHIM, FIDHIGHIM, FIGHE, tresser, faire un tissu. I.
FIGIN, figue. I. Voyez *Fiesen*, *Figuezenn*.
FIGMENTARE, A. G. feindre, dissimuler ; *Figmentum*, dissimulation, prétexte, feinte. De *Ffug*, qui en s'augmentant fait *Fig*.
FIGNOL, filleul. B.
FIGNOLEIN, fredonner. B.
FIGUA, A. M. figue. *Figuezenn*.
FIGUEZENN, figue. B. *Figg* en Anglois ; *Figue* en François ; *Feigen* en Allemand ; *Vighe* en Flamand ; *Fige* en Esclavon ; *Figa* en Polonois ; *Fiik* en Dalmatien ; *Fwge* en Hongrois ; *Ficus* en Latin ; *Fico* en Italien ; *Higo* en Espagnol, figue. Les Espagnols mettent l'*h* pour l'*f*.
FIGUR, figure. B. *Fiogair* en Irlandois, figure ; *Figur* en Allemand ; *Figura* en Latin, en Italien, en Espagnol, en Bohémien, figure ; en François *Figure*. Voyez *Esgur*.
FIGUS, FIGUE, délicat, qui ne mange pas de tout, difficile & délicat au boire & au manger, friand, sensuel. B.
FIL. Voyez *Bal*. G.
FIL, pierre, roc. Voyez *Bilyen*.
FIL, fil. Voyez *Filocher*. De là *File*, *Fil* en François ; *Filum* Latin.
FIL, le même que *Mil*. Voyez F.
FIL, le même que *Fal*, *Fel*, *Fol*, *Ful*. Voyez *Bal*.
FIL, le même que *Bil*, *Pil*, *Vil*. Voyez B.
FIL, le même que *Feal*. De même des dérivés ou semblables. I.
FILA, A. M. certain espace de terre ainsi nommé du filet ou cordeau avec lequel on le mesuroit ; de *Fil*. Nous appellons encore *perche de terre* un terrein mesuré avec une perche.
FILA, filer le cable. B.
FILA, A. M. matériaux de bois ; de *Pill*.
FILACIUM, A. M. filasse, filet à prendre des oiseaux ; de *Fil*.
FILDA, FILDOAC, habit, vêtement. Ba.
FILE BARDE, armure de cheval. I.
FILE BARDE, poëte. I.
FILE FOGLAMTHA, poëte, sçavant. I.
FILEADHACHD, poësie. I.
FILERIA, A. M. filière ou grande poutre. *Pill*.
FILFYW, Y FILFYW, bled sauvage, petite scrofulaire, petite chelidoine. G.
FILHOL, FILHOR, filleul. B.
FILIARE, A. M. piller ; de *Pilha*, *Filha*. De là *Filo* dans les anciens monumens pour pillard ; de là *Filou* dans notre Langue. Voyez *Filouter*.
FILIDH, poëte. I.
FILIDRILISSA, A. M. herbe qui naît sur le tronc d'un chêne. Ce n'est point de *Filia*, fille, & *Drus*, chêne en Grec ; c'est de *Fil* pour *Pill*, tronc ; & *Drw*, en composition *Dry*, chêne.
FILIGRANATUA, délicat. Ba. De là notre *Filigranne*.
FILIM, être. I.
FILIT, sorte de goëmon ou algue longue comme une corde, & fort grasse. B.
FILL, faulx. C. Voyez *Fills*, *Fall*.
FILLEAG, FILLTE, pli. I.
FILLEN-COAR, rayon de miel. B. Voyez *Follen-Coar*.
FILLEN-PAPER, feuille de papier. B.
FILLIDH, enveloppe, pli. I. *Falte* en Allemand, pli ; *Fold* en Anglois ; *Falda* en Italien ; *Feald* en ancien Saxon ; *Falda* en Théuton, pli, ride. Voyez *Fillte*.
FILLIDIGUEZ, relâchement, diminution de force, de ferveur, fragilité, foiblesse, infirmité, défaillance. B. De *Fall*.
FILLIGHIM, tourner, retourner. I.
FILLO, FILO, A. M. étourdi, homme sans cervelle ; de *Ffol*, le même que *Ffol*. Voyez *Bal*.
FILLO, A. M. voleur. Voyez *Filiare*.
FILLS, faulx. C. Voyez *Falch*, *Fals*, *Filsyer*.
FILLTE, pli. I.
FILO. Voyez *Filiare*.
FILOCHEN, retailles. B.
FILOCHER, filotier, qui prépare le fil. B. *Fil* par conséquent fil en Breton.
FILOSUS A. M. paroit être un brigand qui vole sur les grands chemins. Voyez *Pilha*, *Filha* & *Filouter*.
FILOUTER, filou. B. De là ce terme. Voyez *Pilha*, *Filha*, *Filiare*.
FILSYER, faucilles, c'est le plurier de *Fals*. B. Voyez *Filli*.

FIL. FIO. 579

FILTRUM, FILTRONIUM, FILTUR, A. M. les mêmes que *Feltrum*.

FILVA, A. M. espèce de petit bateau. De *Pil*; *Wa* pour *Wag*.

FILVIGEN, FILVIJEN; singulier *Filvigenen*, *Filvigenanon*; plurier *Filvijennou*, faine fruit du hêtre. B.

FILY, pierre, roc. Voyez *Bilyen*.

FILYEN, pierre, roc. Voyez *Bilyen*.

FILYN, pierre, roc. Voyez *Bilyen*.

FILYON, pierre, roc. Voyez *Bilyen*.

FILYOR, filleul. B.

FILZ comme *Falz*. Voyez *Bily*.

FIM, boire. I.

FIMACHAS, le même que *Feamachas*. De même des dérivés ou semblables. I.

FIMBL, boucle de porc. B. Voyez *Fibl*.

FIMBLEIN, boucler le grouin. B.

FIN, nation. I.

FIN, blanc, clair, luisant. I.

FIN, fin, bout, terme. I. B. Ba. *Ffin* en Gallois, fin, bout, terme. De là *Fin* en François; *Finis* en Latin; *Fin* en Anglois; *Fyn* en Flamand; *Fino* en Italien & en Espagnol, fin, bout, terme. Voyez *Pin*, *Ffin*.

FIN adjectif signifie, de même qu'en François, délié, délicat, délicieux, fin, menu, pur, exquis, ce qui excelle dans son genre, ce qui est au plus haut dégré dans son genre, ce qui est parfait dans son genre, épuré, subtil, adroit, ingénieux, rusé; *Guynou Fin* sont des vins délicats, exquis, délicieux. B. De là est venue cette manière populaire de parler en notre Langue : *Au fin fond*, pour absolument au fond; *tout fin seul*, pour absolument seul. De *Fin* est venu notre mot *Fignoler*, qui signifie raffiner, vouloir par vanité surpasser les autres dans ce qu'on fait, enchérir sur eux par des manières affectées. De *Fin* sont venus nos mots *Fin*, *Finesse*, *Affiner*, *Raffiner*. *Fino* en Espagnol, fin, pur, rusé, & *Fineza*, finesse, perfection, excellence, subtilité; *Fino* en Italien, bon, excellent, fin, rusé; *Fin* en Anglois; *Fyn* en Flamand; *Fein* en Allemand, excellent en son genre; *Fen* en Turc, stratagême, dol, fourberie. Voyez *Ffynan*, *Fineza*, *Fin*.

FIN, fin, bout, terme. Ba.

FIN, fin, délié. Ba.

FIN, le même que *Bin*, *Pin*, *Vin*. Voyez *B*.

FIN, le même que *Min*. Voyez *F*.

FIN, le même que *Fan*, *Fen*, *Fon*, *Fun*. Voyez *Bal*.

FINABILITER, A. M. entièrement, absolument, tout-à-fait. Voyez *Fin*.

FINAN, blanc, clair, luisant. I.

FINANCIA, A. M. somme d'argent. Voyez *Financz*.

FINANCZ, finance. B. De là ce mot. *Finanz* en Allemand; *Financas* en Espagnol, finance.

FINARE, A. M. donner de la finance. Voyez *Financz*.

FINARTECOA, médiocre. Ba.

FINAT, raffiner. B.

FINCADH, le même que *Feancadh*. I.

FINCHA, feindre, contrefaire. B. De là *Fingo*, le *g* & le *c* se mettant l'un pour l'autre.

FINCHAD, chaleur. B.

FINCHEN, affiche. B.

FIND, blanc. I. C'est le même que *Fin*.

FINDAN, blanc. I.

FINDE, blanc. I.

FINE, tribu, nation, famille. I.

FINEACHUS, hérédité. I.

FINEADH, race. I.

FINEADHACHUS, peuple, nation. I.

FINEAL, fenouil. I.

FINEALL, bouclier. I.

FINEALTA, brave, vaillant, hardi. I.

FINEALTA, collation d'enfans. I.

FINEALTAS, décence, bienséance. I.

FINEAMHUN, vigne. I. Voyez *Vin*, *Wyn*.

FINES, finesse, astuce. B. De là le premier de ces mots.

FINETENUS, A. M. entièrement, absolument, perpétuellement. Voyez *Finabiliter*.

FINEUR, race. I.

FINEZA, pureté. Ba. Voyez *Fin*.

FINFIN. MYNED FINFIN, baiser verbe. G.

FINGHE, le même que *Fighe*. De même des dérivés ou semblables I.

FINGLICH, sçavant, docte. I.

FINIAN, blanc, clair, luisant. I.

FINIDH, race. I.

FINIDHEACH, sage, prudent. I. Voyez *Fin*.

FINIGEN, faine. I.

FINISSA, finir. B. Voyez *Fin*.

FINN, blanc, lait. I.

FINNELL, bouclier. I.

FINNEN, bouclier. I.

FINNGHEINTE, Norvégien. I.

FINNIDDWYDD, pin. C. *Wydd*, arbre; Pin François; *Pinus* Latin; de *Finnid*.

FINNIN, mésange. I.

FINOUCHELLA, fouir la terre à la manière des cochons. Le participe est *Finouchellet*, qui se dit de la terre que ces animaux ont labourée, ou qui a été legèrement travaillée avec la charruë. B. *Fin* pour *Finval*, remuer; *Ouch*, cochon.

FINTA ou FINDA, feindre. B. De là ce mot.

FINTAN, blanc. I.

FINTIN, blanc. I.

FINVAL, se remuer, se mouvoir, remuer, changer de place, fretiller. B.

FINVER, fretillant. B.

FINVEZ, fin, bout, terme. B.

FINVEZA, périr, défaillir, languir, mourir de langueur. B. De *Fin Beza*.

FINVOTH, camp. I.

FINUS, A. M. ce qui est excellent, ce à quoi on ne peut rien ajoûter, qui est au dernier dégré de perfection en son genre. Voyez *Fin*.

FIO, qui vaut, qui mérite, digne. I. On dit *Fiou* parmi le peuple pour témoigner la grande estime que l'on fait d'une chose.

FIOBHAR, pointe. I.

FIOCH, véhémence, force, violence, colere, cruauté, barbarie, humeur sauvage, fâché, irrité, affligé, malade. I.

FIOCHAN, irrité, affligé, malade. I.

FIOCHDA, maladie. I.

FIOCHMAIREAS, fierté, férocité, cruauté. I.

FIOCHMHAR, fier, cruel, farouche, violent, furieux, véhément, inhumain, execrable, barbare, fâcheux, chagrin, incommode, de mauvaise humeur, pervers, méchant, hautain, fier, orgueilleux, semblable aux soies de cochon, de sanglier. I.

FIOCHMHUR, le même que *Fiochmhar*. I.

FIOCHRA, FIOCHRAN, irrité, affligé, malade. I.

FIOD, couvert de forêts; *Fiodfa*, forêt. E. Voyez *Fiodh*.

FIODADH, ris. I.
FIODAM, rire. I.
FIODH, le même que Fiogh. De même des dérivés ou semblables. I.
FIODH, FIODH-UAIGH, FIODH-OUAYRE, forêt. I.
FIODHACH, rejetton, arbustes. I.
FIODHRNADH, forêt, hallier. I.
FIODOINEAS, tissure. I.
FIOG, rempart. I.
FIOG, doux. Voyez Difiog.
FIOGH, tresse, boucle de cheveux. I.
FIOGH, le même que Fiodh. De même des dérivés ou semblables. I.
FIOGHAIR, figure, forme. I. Voyez Ffigur.
FIOGHDOIR, tisserand. I.
FIOL, phiole. B. Fiole en Flamand ; Phile en Chaldéen ; Pily en Éthiopien ; Pileso en Syriaque ; Phiole en François, phiole.
FIOLA, A. M. phiole. Voyez Fiol.
FIOLAR, aigle. I.
FIOLED. T FIOLED, violette, pensée fleurs. G.
FIOLED. T FIOLED FELEN AUAF, violier blanc ou giroflée. G. Felen, en construction pour Melen, qui signifie ici blanc, ainsi qu'on le voit ; Auaf en construction pour Gauaf. Voyez Melyn Gauaf.
FIOLED. T FIOLED FRAITH, bled sauvage, petite scrofulaire, petite chelidoine. G.
FIOLEN, phiole. B.
FION, FIONACH, vieux, antique. I.
FION, boire. I. Pio en Grec, je bois.
FION, vin. I. Piot en Argot signifie vin. Voyez Ffion.
FION, lait. I.
FION-AVALL, raisin. I. On voit par ce terme qu'Avall a été pris pour fruit en général ; car Fion-Avall signifie à la lettre le fruit du vin ou le fruit qui produit le vin. Voyez Aval.
FION-CYR, raisin. I.
FIONACH, vieux, antique. I.
FIONALL, amende. I.
FIONEN, faine. B.
FIONN, FIONNAN, blanc, pâle, petit. I.
FIONNAD, char. I.
FIONNADH, cheveu, poil, crin. I.
FIONNADHGHABHAR, poil de chèvre. I.
FIONNADHLIATH, cheveux gris. I.
FIONNADHMATHACH, poil de lièvre. I.
FIONNADHMHACH, qui a beaucoup de cheveux. I.
FIONNAM, regarder, examiner, être sage. I.
FIONNAN, blanc, pâle, petit. I.
FIONNAOBH, luisant, brillant. I.
FIONNAOTTA, blanchi. I.
FIONNFHUARADH, tremblement de froid. I.
FIONNFUAR, FIONNFUAS, frais, un peu froid. I.
FIONNLOCHLONNACH, Norvégien. I.
FIONNS, puits, fontaine. I.
FIONOG, corneille oiseau. I.
FIONOUR, affineur. B.
FIONSGOCH, fleur. I.
FIOR, particulier ; & Fioran, vrai, insigne. I.
FIORADH, prouver, vérifier. I.
FIORAN. Voyez Fior.
FIORANN, colombe. I.
FIORGHLAN, pur, sincère. I.
FIORGHNATHADH, assiduité. I.
FIOS, art, science, vision, intelligence. I.

FIOSACH, qui connoit, qui sçait. I.
FIOSADH, apprendre. I.
FIOSAIGHIM, connoître, sçavoir. I.
FIOT, rouge. I.
FIOTH, le même que Fioch. De même des dérivés ou semblables. I.
FIOTHNAISE, magie. L.
FIPLA, fraper, battre. Fiplas au singulier ; Fipladen, coup ; comme qui diroit Frappade, diminutif Fipladic, petit coup. B.
FIR, le même que Bir, Pir, Vir. Voyez B.
FIR, le même que Fear. De même des dérivés ou semblables. I.
FIR, sage, prudent. G. C. B.
FIR, le même que Fiar. I.
FIR ; pluriel de Fear, hommes, mâles. I.
FIR, vrai, insigne, véritable. I.
FIR, le même que Mir. Voyez F.
FIR, le même que Far, Fer, For, Fur. Voyez Bal.
FIRAAT, être sage. B.
FIRAN, vrai, véritable, insigne. I.
FIRB, FIRBAN, rapide, prompt, vîte. I.
FIRBHEAG, fort petit. I.
FIRBHEASACH, galant, poli. I.
FIRBOUCH, qui remue sans cesse. B.
FIRBOUCHA, remuer, fourgonner : c'est dans l'usage des côtes maritimes remuer les pierres du rivage de la mer pour en faire sortir les anguilles & autres poissons qui s'y cachent. B.
FIRBOUCHER, qui remue sans cesse. B.
FIRBOUCHEREZ, remuement. B.
FIRCHEANSACHTH, sincérité. I.
FIRDHRIS, épines, hallier. I.
FIRE, FIREACHD, vrai. I.
FIREAN, bouc. I.
FIREAN, ce qui est juste. I.
FIREANDA, juste, équitable. I.
FIREANN, FIRIONNACH, viril, mâle. I.
FIREANN. FIADH FIREANN, cerf. I.
FIREANNACHD, âge viril. I.
FIREATT, furet animal. I. Voyez Ffured.
FIREOLACH, sçavant, docte. I.
FIREUNAN, prouver, rendre juste. I.
FIREUNTA, juste, droit, fidéle, équitable, réel, vrai, franc. I.
FIRINNE, probité, vérité. I.
FIRINNEACH, juste, droit, fidéle, équitable, réel, vrai, franc. I.
FIRINNIOCH, vrai, propre, naturel, sincère. I.
FIRION, mâle. I.
FIRMA, A. M. métairie. Voyez Ferm.
FIRMACULUM, A. G. fermail. Voyez Fermein.
FIRMATIO, FIRMATURA, FIRMITAS, A. M. forteresse ; fermeté, serté, fierté en vieux François ; de Fermein. Comme les métairies étoient enfermées, (Voyez Ferm.) on a étendu aux métairies les termes de Firmatio, Firmatura, Firmitas, fermeté, serté, fierté.
FIRVARR, faîte. I.
FIS, le même que Bis, Pis, Vis. Voyez B.
FIS, le même que Feas. De même des dérivés ou semblables. I.
FISA, poli, net, propre, bien vêtu, mignonnement vêtu. Ba. Voyez Ficha.
FISIN, figue. I. Voyez Fiesen.
FISQ, fisc. B. Fiscus en Latin ; Fisco en Italien ; Fisk en François, fisc.
FISTIA, lavandière, blanchisseuse. Ba.
FISTILH, babil, caqueterie, causerie, discours déréglés, médisance. B.

FISTILHER

FIS.

FISTILHER, babillard. B.
FISTILLA, fretiller, babiller, médire, tenir des discours déréglés. B.
FISTOCH, grandes galettes. B.
FISTOUPER, filotier qui prépare le fil. B.
FIT, le même que Feat. De même des dérivés ou semblables. I.
FITE, vîte. Ba. De là ce mot.
FITETZ, vîte, promptement. Ba.
FITHMHE, Ville. I.
FITORA, FITORIA, FICTORIA, A. G. corruption de l'estomac, estomac gâté, qui ne digére pas & qui renvoye des nausées désagréables ; de Fit.
FITRAUS, A. M. de feutre. Voyez Filtrum.
FITSA, paille. Ba.
FITUR. étain. B.
FIU, qui vaut, qui mérite, digne, vénérable, tout, semblable. I.
FIUN, FIUNNAS, valeur. I.
FIUNTES, dignité. I.
FIUNTUS, hospitalité. I.
FIZ, A. M. fic maladie. Voyez Fich.
FIZYANCE, confiance B.
FIZYOUT, fier, confier. B.
FL, pierre, roc. Voyez Bilyen. Flu, Flue, rocher en ancien Allemand.
FL pour Wl, par le changement naturel du w en f ; Fl prend souvent un u comme il paroit par Plou Breton qui est le même mot. Flegard dans la coûtume de Boulenois signifie un lieu public comme un marché, une rue, une commune.
FLA, rocher. Voyez Bilyen.
FLA, FLAU a signifié trou, ouverture, creu, ainsi qu'on le voit par Flaut, Flach, Flacoun, Pla, Plau.
FLA, le même que Bla, Pla, Vla. Voyez B.
FLA, le même que Fle, Fli, Flo, Flu. Voyez Bal.
FLAC, foible, fatigué, lassé, abbatu de fatigue ; épuisé, vuidé. B. De là Flaccidus Latin. Flac, Flache, Flasque en vieux François, énervé de travail ; Flaco en Espagnol, foible, languissant, malade par foiblesse, maigre, décharné, lâche, imbécille, flasque ; Floco en Italien, lâche, mol, flasque, efféminé ; Vlace, prononcez Flaec en ancien Saxon ; Flav en Flamand, lâche ; Flaque en Franche-Comté, foible, abbatu de fatigue. Voyez Eflaggio, Flacoa.
FLACH, le creux de la main, main, bâton, béquille, échasse, se mouvoir, se remuer, changer de place ou de posture, mouvoir, mouvement. B.
FLACH, fille. B.
FLACHA; singulier Flachaden, coup de main, la poignée d'un bâton, une poignée, ce qui est contenu dans la main. B.
FLACHADIG, une petite poignée. B.
FLACHIA, A. M. flaque d'eau ; on dit encore Flache en Bourgogne & en quelques endroits de la Flandre Françoise. Voyez Flaquet.
FLACO, A. M. flaque d'eau. Voyez Flacqet.
FLACO, A. M. flacon ; de Flacoun. Flax en ancien Saxon, bouteille.
FLACOA, maigre. Ba. Voyez Flac.
FLACOADA, foible. Ba. Voyez Flacoa, Flacq.
FLACOUN, flacon. B. Flagon en Anglois, flacon. Voyez Fflacced.
FLACQ, fade, insipide. B.
FLACQET, flasque. Voyez Disflacqet. De là on a

TOME I.

FLA.
581

dit Flasque d'eau pour désigner une eau qui ne remue point, qui ne coule point. On a appellé un marais en vieux François Flachis, Flachier, parce que l'eau n'y coule point. Voyez Flachis.
FLACTA, A. G. bouteille, petite bouteille. Flacoun.
FLACTRA, A. M. flaque d'eau. Voyez Flacqet.
FLACUA, maigre, foible. Ba. Voyez Flac.
FLAELLUM, A. M. fleau à battre le bled ; en vieux François Flael, Flaiel ; de Fraith : l're se change en l. Flail en Anglois, fleau. Voyez Flan.
FLAEN, le même que Blaen, Plaen, Vlaen. Voyez B.
FLAERN, O FLAEN, avant, devant. G. Voyez Blaen.
FLAER, mauvaise odeur, puanteur. B. On a dit Blaer comme Flaer, ainsi qu'on le voit par Blaireau. Voyez Flaeruss.
FLAERIA, être de mauvaise odeur. B.
FLAERUS, suave, d'une odeur suave. B. On voit par ce mot que Flaer a également signifié la bonne & la mauvaise odeur ; de là notre mot Flairer, qui signifie sentir une bonne ou une mauvaise odeur.
FLAERYAFF, répandre de l'odeur. B. De là Flairer, en vieux François Flaerier. En Patois de Besançon Fla signifie odeur.
FLAERYUS, puant, infect. B.
FLAG, le même que Flac. Voyez Aru.
FLAGO, A. M. flacon. Voyez Flaco.
FLAGORNER, rapporteur. B.
FLAGORNI, faire de mauvais rapports pour se mettre bien dans l'esprit de quelqu'un. B. On disoit Flagorner en vieux François ; Flacargne, calomnie en vieux François & brocard ; Flagorneur en vieux François, délateur, parasite ; Flagorner faire métier de délateur ou de parasite ; Flagornerie, délation, quête de franches lippées.
FLAHATT, jointée. B.
FLAHUT, le même que Flehut. B.
FLAICH, se mouvoir, se remuer, mouvoir. B.
FLAIG, se mouvoir, se remuer, mouvoir, couler, distiller. B.
FLAINCH, frange. B.
FLAINCH, marchand de franges. B.
FLAIOLED, flageolet. B.
FLAIR, mauvaise odeur, puanteur. B.
FLAIS, mouvoir, ébranler. Voyez Disflais. Flaig.
FLAITH, Prince, Seigneur. I. Voyez les deux mots suivans.
FLAITHCHISTE, trésor royal. I. A la lettre ; coffre, caisse du Roi.
FLAITHEAMHNUS, FLAITHEAS, Royaume ; & Ciel. I.
FLAM, sang. I.
FLAM, flamme, face rouge (face est sous-entendu.) B. Flam, flamme en Gallois ; Flam, sang, & Flann, rouge en Irlandois ; de là Flamma en Latin ; Flamme en François ; Flamme en Allemand ; Flamme en Anglois ; Vlam, prononcez Flam ; en Flamand ; Plam en Esclavon ; Plamen en Esclavon, Dalmatien, Bohémien ; Plomien en Polonois ; Fiamma en Italien ; Llamma en Espagnol, flamme, (cette dernière Langue évite l'f.) Phlemma en Grec dans le dialecte dorique, flamme ; Flacha, flamme en Albanois. Voyez Flamboezen.
FLAM, naissant, qui commence à paroître. B.
FLAM, parfaitement, tout-à-fait ; Nevez Flam, parfaitement neuf, tout neuf ; A Nevez Flam, tout de nouveau, tout récemment ; Iaouanc Flam,

Eeeeee

tout jeune ; *Flam* signifie auſſi entier, complet, illustre, ou quelqu'autre épithète honorable ; car dans un livre Breton on lit : *Han Roe Flam Charlamen*, l'illuſtre Roi Charlemagne. B. On dit populairement en Franche-Comté, *tout flambant nûf*, pour dire entièrement, tout-à-fait neuf. *Flamante* en Eſpagnol, tout neuf.

FLAMBEU, flambeau. B. De là ce mot.

FLAMBESEN, flambeau. B.

FLAMBOËZEN; pluriel *Flambōēz*, framboiſe. B. De là ce mot, l'*r* & l'*l* ſe mettant l'une pour l'autre. Ce terme eſt formé de *Boeden*, en compoſition *Boezan*, aliment, nourriture ; & *Flam*, rouge.

FLAMPLIM, FLAMPLIMIN, qui ne fait que de naître, tout nouveau. B.

FLAMIO, enflammer. B.

FLAMM, flamme, flamboyant, incarnadin. B.

FLAMM, flammula (plante.) B.

FLAMM, neuf. B.

FLAMM, tout-à-fait, entièrement ; *Flamm Nēuez*, tout neuf. B.

FLAMMA, flamber, briller. B.

FLAMMEA, A. G. lance, ainſi nommée de ce qu'elle ſe termine en pointe comme la flamme : On appelle encore flamme, flammette, la lancette d'un maréchal pour la même raiſon. Voyez *Flammula*.

FLAMMICHUS, flamboyant. B.

FLAMMULA, A. M. étendard, bannière qui ſe terminoit en pointe comme la flamme. Voyez *Flammea, Flamm*.

FLAMOAD, tithymale (plante.) B.

FLAMYUS, flamboyant. B.

FLAN, ſang, rouge. I. Voyez *Flamm*. *Flond* en vieux François, vermeil.

FLAN, le même que *Blan, Plan, Vlan*. Voyez B.

FLAN, le même que *Flen, Flin, Flon, Flun*. Voyez *Bal*.

FLANAS, Ciel. E.

FLANCHA, A. M. frange ; de *Flainch*.

FLANCQ, flanc. B. De là *Flanc* en François ; *Flancks* en Allemand ; *Fianco* en Italien, flanc. (Cette dernière Langue change l'*l* en *i* après le *b*, l'*f* le *p*.)

FLANCQA, flanquer. B. De là ce mot.

FLANCUS, A. M. flanc ; de *Flancq*.

FLANELLA, flanelle. B.

FLANKET, efflanqué, qui manque de force. B.

FLANM, ſang. I.

FLANN, rouge, roux. I.

FLANNAN, rouge, roux. I.

FLANNIN, rouge, roux. I.

FLANTO, FLATO, FLADO, FLAUDO, A. M. flan eſpèce de mets. Les Limoſins l'appellent *Flauniard* ; les Comtois, *Flandelait* ; les Angevins, *Flandrelet* ; les Languedociens, *Flaone, Flonne, Flauſou, Flauſon* ; en quelques endroits du Royaume on le nomme *Flavet, Flange* ; dans le Comté de Foix, *Flauzon* : On l'appelloit en vieux François, *Flaon*. Les Eſpagnols le nomment *Flaon* ; les Allemands, *Fladen* ; les Flamands, *Vlaade*, prononcez *Flaade*. On diſoit en Théuton, *Flado*. Voyez *Blan*.

FLAOUIT, flûte. B.

FLAOUITIC, flageolet. B.

FLARNIS, A. M. flan, le même que *Flanto*.

FLASCA, FLASCO, A. M. flacon ; *Flaceum*.

FLASCOA, bouteille, flacon, caraffe. Ba. Voyez *Flacoun*.

FLASCULA, FLASCHETTINUM, A. M. diminutifs de *Flaſca*.

FLASK adjectif eſt de même ſignification que *Flac* & que le terme François *Flaſque* : comme ſubſtantif c'eſt une bouteille plate, enſorte que *Flask* ſignifie poire à poudre & flacon. B. Voyez *Flaſcea, Fſlaced*.

FLASTATA, A. M. le même que *Fletiata*.

FLASTRA, écraſer, froiſſer contre une muraille, piler, broyer, briſer, meurtrir, fouler, incommoder & bleſſer en preſſant, accabler. B. De là *Flatrer*, imprimer avec un fer chaud ; de la *Flétrir* en tous ſes ſens.

FLASTREIN, le même que *Flaſtra*. B.

FLATAST, flater. B. De là ce mot. Voyez *Bladar*.

FLATEIN, faire de mauvais rapports pour ſe mettre bien dans l'eſprit de quelqu'un. B.

FLATER, flateur. B.

FLATH, Prince, Roi, Seigneur. I. Voyez *Flaith*.

FLATHA, ceſſion. I.

FLATRA, médire, faire des rapports déſavantageux, calomnier, mettre la diſcorde entre des amis, faire de mauvais rapports pour ſe mettre bien dans l'eſprit de quelqu'un, flater, accuſer, donner des avis. B. Ce verbe eſt pris dans un livre Breton pour inſpirer, pouſſer à faire. Voyez *Fſladr*.

FLATRER, médiſant, rapporteur des fautes des autres, ſemeur de diſcorde, flateur. B.

FLATREREZ, flaterie. C'eſt auſſi le féminin de *Flatrer*. B.

FLATRIQUERA, bourſe, gibbecière. Ba.

FLATTEREZ, flaterie. B.

FLATTI, flater. B.

FLAU, fleau à battre le bled anciennement en Breton, ſelon le Pere de Roſtrenen. De là ce mot.

FLAU. Voyez *Fla*.

FLAU, le même que *Blau, Plau, Vlau*. Voyez B.

FLAUD, fraude. B.

FLAUDEN, flûte. B.

FLAUDEREZ, fraude. B.

FLAVO, A. M. le même que *Flanto*.

FLAÜT, flûte. B. De là *Flûte* en François ; *Fluit* en Flamand ; *Flauto* en Italien ; *Flauta* en Eſpagnol ; *Flöte* en Allemand, flûte. Dans Feſtus *Flater* eſt un joueur de flûte, & dans Arnobe *Flatare*, jouer de la flûte. On a dit *Flauteis* pour *Flûtes* en vieux François.

FLAUT, ſonde pour éprouver ſi le beurre eſt ſemblable. B.

FLAUTA, A. M. flûte ; de *Flaüt*.

FLAWR, le même que *Blawr, Plawr, Vlawr*. Voyez B.

FLAUZO, A. M. le même que *Flanto*.

FLAXARE, A. G. courir les veillées ; de *Flach*.

FLE, le même que *Ble, Ple, Vle*. Voyez B.

FLE, le même que *Fla, Fli, Flo, Flu*. Voyez *Bal*.

FLEA, verſer parlant des bleds. B.

FLEADH, banquet. I.

FLEADHAM, banqueter, fêter. I.

FLEAGH, le même que *Fleadh*. I.

FLEAR, mauvaiſe odeur, puanteur, corruption, pourriture. B. Ce mot me paroît compoſé de *Fall*, en compoſition *Fell*, mauvais, & *Ar* odeur, puiſqu'il eſt ſynonime à *Chuez Fall*, mauvaiſe odeur. J'ajoute qu'*Arogli* ſignifie odeur.

FLEASC, couronne, anneau, collier. I.

FLEASG, humidité, humeur. I.

FLEBILIS, FLEVILIS, A. M. foible, infirme. On a dit *Fleble* en vieux François ; de *Foibl*, dont ce mot eſt une tranſpoſition.

FLE.

FLEBILITAS, A. M. foibleſſe. Voyez *Flebilis*.

FLEC, A. M. morceau de lard; de *Fſlechen*. *Flec*, *Fleck* en Allemand, piéce, morceau; *Flecks* en Danois, couper; *Flicce* en ancien Saxon; *Flitch* en Anglois, piéce de lard. De là *Flock* en Allemand; *Floccus* en Latin; *Flacca* en ancien Saxon; *Floche* en Théuton; *Flaks* en Anglois; *Floca* en Espagnol; *Flaks* en Iſlandois; *Fiocco* en Italien; floccon, petite partie de laine, de neige, &c. Nous diſons encore une *fleche* de lard. *Floche* en vieux François, morceau de haillons, & *Floccianx*, floccons. Voyez *Flocbas*.

FLECHA, fendre du bois en long, ſoit pour brûler, ſoit pour quelques ouvrages. B. Voyez *Fſlochen*.

FLECHA, A. M. floche; de *Flecha*.

FLECHARIUS, FLECHERIUS, FLECHIARIUS, A. M. faiſeur de fleches: On a dit *Flegier* en vieux François. Voyez *Flecba*.

FLECIATA, A. M. couverture de lit; de *Fled*. *Flaſſaie* en vieux François, loudier.

FLED, couchette, grabat. B. Voyez *Flet*, qui eſt le même.

FLEHUT, flûte. B.

FLEM, phlegme. B. *Fluim* en Flamand, phlegme; *Flema* en Eſpagnol, phlegme; *Flemma* en Italien.

FLEMM, aiguillon, le piqueron d'une mouche, la pointe de la langue d'un ſerpent. B. Voyez *Fſlaim*.

FLEMM-DOUAR, fumeterre. B.

FLEMMA, FLEMMI, piquer, piquer au vif, aiguillonner, élancer, outrer, animer, exciter, provoquer, pouſſer, preſſer, irriter, outrager. B. Voyez *Flemmer*.

FLEMMER, médiſant. B.

FLEMMETER, fumeterre. B.

FLEMMICHUS, flamboyant. B.

FLER, odorat. B.

FLERYADEN, courtiſanne. B.

FLESGACH, garçon. I.

FLESSIATA, A. M. le même que *Fleciata*.

FLET, partie intérieure de la maiſon principale. E. *Flet* en ancien Saxon, maiſon, habitation; *Flet* en Breton, couchette, grabat.

FLET, couchette, grabat, lit tout ſimple & petit; plurier *Fledon*. B.

FLETA, A. M. flette eſpèce de petit vaiſſeau. Le Dictionnaire de Trevoux dit que la flette eſt un coche d'eau ou un bateau dans lequel il y a une cabane. Il paroit par cette définition que flette vient de *Flet*.

FLETCHABAT, arc. Ba.

FLEU, le même que *Effreu*. Voyez *Flemm*.

FLEUDEN, flûte. B.

FLEUDEN, femme qui a la langue mauvaiſe. B.

FLEUDENNA, médire. B.

FLEUDENNER, médiſant. B.

FLEVILIS, A. M. le même que *Flebilis*. Les Picards diſent encore *Fleve*, les Italiens *Fievole*.

FLEUM, le même que *Freum*, & *Fleu*, le même que *Freu*, l'l & l'r ſe ſubſtituant réciproquement. De là *Flno*, *Flumen*, *Fluvius* Latins, & *Fluin*, *Flum* en vieux François, rivière; *Flon* en Patois Romand, ruiſſeau.

FLEUMA, A. M. phlegme. Les Picards diſent *Fleum*. Voyez *Flem*.

FLEUR, fleur. B. Voyez *Eſlwr*.

FLEURISSA, fleurir. B.

FLEUT, FLEÜT, flûte. B.

FLEUTATOR, A. M. flûteur; de *Fleut*.

FLEUV, le même que *Freuv*. Voyez *Flemn*.

FLO.

FLEXA, A. M. plié; *Flexare*, plier; *Flexia*, *Flexura*, pli, courbure; de *Pleg*, *Plegus*, d'où eſt auſſi venu *Flette* Latin.

FLEXUS, A. M. morceau de terre. Voyez *Fles*.

FLICHE, phlegme, humidité. I.

FLICHEACHD, humidité, humeur. I.

FLICHES, FLICHIA, FLOCHIA, A. M. morceau de lard; en vieux François *Fliche*, aujourd'hui *Fleche*; en Picard *Fliqne*. Voyez *Flec*.

FLICHIDEAS, humeur, liquidité, liqueur. I.

FLIM, FLIMIN, tout, abſolument. Voyez *Flamſtim*, *Flam*.

FLIN, le même que *Blin*. Voyez *Blan*, *Blaen*.

FLIN, le même qu'*Ulynt*. Voyez ce mot.

FLIN, le même que *Blin*, *Plin*, *Vlin*, Voyez B.

FLINT, le même qu'*Ulynt*. Voyez ce mot.

FLIOCHAN, jus, ſuc. I.

FLIOS, Prince. I.

FLIPPA, fripper, gripper, ravir ſubtilement. B.

FLIPSAUS, léche-plat. B. *Flip*; *Saus* ſauſſe.

FLIREAM, arroſer. I.

FLISTRA, faire une injection. B.

FLISTRADENN, réjailliſſement. B.

FLIUCH, qui a trempé dans l'eau, humide; mouillé, arroſé, liquide. I.

FLIUCHAM, humecter, mouiller. I.

FLO, garçon. C.

FLOCARE, A. G. *Floccus*, petite maſſe de neige ou de laine; *Floccare*, faire tomber ces petites maſſes ou floccons; de *Fſlochen*, morceau. Voyez *Flech* & *Flichs*.

FLOCH, écuyer nom d'office ou de dignité. Il ſignifie auſſi un galant qui ſert d'écuyer à des dames en voyage; plurier *Flich*. B. Cet article eſt pris de Dom Le Pelletier.

FLOCH, noble. B.

FLOCHAS, floccon de laine, de poil, de cheveux. I. Voyez *Floc*.

FLOCHIA. Voyez *Fliches*.

FLOCHONS, A.M. ce que les anciens ajoûtoient aux traits pour qu'ils volaſſent avec plus d'impétuoſité: On l'appelloit anciennement *Floc*; de *Blawd*, *Flawd*, vîte.

FLOCUS, FLOCCUS, A. M. froc habillement de religieux dont les manches ſont fort amples, robe large; *Flocclius*, diminutif de *Flocus*; *Floccata Cucalla*, coule ample; *Frocus*, *Froccus*, les mêmes que *Flocus*, *Floccus*, par le changement de l'*l* en *r*; de *Fſtwch*, au féminin *Flocb*, large.

FLODA, careſſer, cajoler, enjoler; *Floder*, cajoleur, enjoleur; féminin *Floderes*. B.

FLODA, A. M. étang, canal; de *Flodt*. En ancien Saxon, *Flod*, inondation; *Flode*, lagune, mare, amas d'eau; *Floda* en Suédois, inonder; *Flod* en Gothique, inondation.

FLODDUS, A. M. flot; de *Flodt*. *Floud*, flot en Anglois; *Fleotan* en ancien Saxon, flotter; *Fliota* en Iſlandois; *Flota* en Gothique; *Vlotten* en Flamand; *Flow* en Anglois; couler; *Flod*, fleuve en ancien Suédois ſelon Rudbeck; *Flood*, le flot ou flux de la mer en Iſlandois & en Runique; *Flauſtur*, vaiſſeau, navire en Runique; *Flotter*, *Flotar* en Eſpagnol, flotter; *Fiotto* en Italien, flot, flux; *Flood* en Anglois, en Danois, en Iſlandois, inondation; *Flut* en Allemand, flot, onde, flux de la mer, inondation; *Flod* en ancien Saxon, fleuve.

FLODER. Voyez *Floda*.

FLODT, flotte, flot une quantité d'eau ſuffiſante pour ſoutenir le vaiſſeau, le flux de la mer, flot, onde, vague. B. Voyez *Flota*, *Floda*, *Floddus*, *Flette* en vieux François, troupe, quantité d'hommes : il se dit encore parmi le peuple en ce sens.

FLODTANTEN, surtout, habit de dessus. B.

FLOGEA, FLOJA, flotter, être flottant, être tremblant comme certaines terres marécageuses. B. De *Flodt*.

FLOH, petit garçon. C.

FLOMER, A. M. champ labouré ; de *Flemm*.

FLONDRENN, vallée, nouë. B.

FLOQUETUS, A. M. diminutif de *Flocus*.

FLORA, A. M. fleur de farine ; de *Fleur*.

FLOSCULUS, A. M. diminutif de *Flocus*.

FLOTA, flotte. Ba. Voyez *Flodt* & le mot suivant.

FLOTA, A. M. flotte, Flota en ancien Saxon ; Flotte en Allemand & en François ; Flota en Espagnol ; Flotta en Italien ; Vloet, prononcez Floet en Flamand ; Fleet en Anglois ; Ploos en Grec, flotte. Voyez le mot précédent.

FLOTANTEN, jaquette de paysan, surtout. B. On appelle en François une longue robe une robe flottante.

FLOTARE, A. M. flotter ; de *Flodt*.

FLOTTA, A. M. train en François, Ratis en Latin ; de *Flodt*.

FLOU, le même que *Blou, Plou, Vlou*. Voyez B.

FLOUR, fleur, fleur de farine ; *Guin Flour*, vin gris ; *Lyes Flour*, teint fleuri ; *Foenn Flour*, foin pur & sans joncs. B.

FLOUR, uni, poli, joli, beau, agréable selon Dom le Pelletier ; douillet, doux à l'attouchement selon le Pere de Roftrenen. B. Voyez *Ffur*. Flou en vieux François, fluet, délicat. Nous apprenons d'Orderic Vital, que l'on donna à Louis le jeune le surnom de Florus à cause de sa beauté. C'est ainsi que cet Auteur qui a écrit en Latin a rendu le terme Celtique *Flour*. On voit par là que la Langue Celtique étoit encore en usage parmi nos ancêtres dans le douzième siécle. De *Flour* ou *Fleur*, beau, est venu le surnom si commun de *fleuri* qui est un diminutif de *fleur*, & qui répond à notre terme joli.

FLOUR, potelé. B.

FLOURAICH, fleurs des champs ou de jardin. B.

FLOURENN, petit pré où l'on coupe de l'herbe pour les bêtes. B.

FLOURON, fleuron. B. De là ce mot.

FLOURRAAT, polir. B.

FLU, le même que *Plu*. Voyez F.

FLUCZ, flux, écoulement d'humeurs. B. Voyez *Fluss*.

FLUEN, plume. B.

FLUGSA, flux, écoulement. I.

FLUMA, A. M. phlegme ; *Flume* en Picard. Voyez *Flumm*.

FLUMINEN, bluette de feu. B.

FLUMM, phlegme. B.

FLURAN, serrure. C.

FLUSG, FLUSGA, flux. I. Voyez *Flutz, Fluss*.

FLUSS, écoulement d'une chose liquide, flux, dyssenterie. B. *Flusc* en Théuton, action de couler ; *Fluss* en Allemand, rivière, fleuve ; *Flowan, Fleowan* en ancien Saxon, couler ; *Fleozan, Fliozan* en Théuton & en Allemand ; *Flow* en Anglois ; *Flyta* en Suédois ; *Vlooyen*, prononcez *Flooyen*, en Flamand, couler ; *Fluxo* en Espagnol, flux, action de couler ; *Flux* en François ; *Fluxus* en Latin ; *Flusso* en Italien, flux ; *Fludde* en Anglois ; *Flod* en Danois ; *Fluvius* en Latin ; *Fluin, Flum* en ancien François ; *Vloet*, prononcez *Floet*, en Flamand, rivière, fleuve ; *Flon* en vieux François, flux de ventre ; *Flood*, innondation d'eau ; *Flyt*, couler en Islandois. Voyez *Flusg, Fleuv, Fluta*.

FLUSTRA, le même que *Flastra*. B.

FLUTA, confluent. Ba. Voyez *Fluss*.

FLUTERICQ AN DOUAR, vesse de loup, (plante.) B.

FLUTRENNI, soustraire, enlever. B.

FLUV, eau. Voyez *Fleuv, Flu*.

FLUUTA, A. M. le même que *Flotta*.

FLY, pierre, roc. Voyez *Bilyen*.

FLYM, vermeil. B. Voyez *Flam, Flim*.

FLYN, pierre, roc. Voyez *Bilyen, Flynt*.

FLYNT, caillou, roc. G. *Flynt*, pierre à feu en Breton ; *Flinstein* en Théuton, caillou, & *Vlins*, pierre à feu ; *Stone Flynt* en Anglois, caillou ; *Flin* dans notre Langue signifie, selon Nicot, la pierre de foudre dont les fourbisseurs se servent pour polir les épées ; *Flint* en ancien Saxon, en Anglois & en Danois, rocher. Voyez *Bilyen*.

FO, lui. G. Voyez *Ese*.

FO, sous, dessous, dans, en, chez, auprès. I. Ce mot est diminutif en Irlandois comme *Sub* en Latin. Voyez *Fo-Ruadh*.

FO, bon. I.

FO, Roi, Seigneur. I.

FO, chaleur, ardeur de maladie, vîtesse, promptitude. B. Voyez *Affo* & *Berw*.

— FO, ardeur de feu, & anciennement feu, dit le Pere de Roftrenen. B. De là *Focus, Foveo, Fomes* Latins ; de là *Fougue* François ; de là *Folere* en Franche-Comté ; *Foltere* à Dijon, feu de joie ; *Fouailler* en Normandie, bucher. De là *Fuec* en vieux François, *Fuego* en Espagnol ; *Foco, Fusco* en Italien ; *Foc, Fios* en Languedocien ; *Fec* dans le Quercy, feu. De là *Foleur, Folour*, cuisson, ardeur en vieux François ; & *Foga* en Italien, fougue ; *Phos* en Grec, lumière ; *Fon* en Gothique ; *Four* en Chinois, feu. Les termes qui signifient feu ont signifié rouge, roux. (Voyez *Berw*.) De là *Fouine*, animal dont le poil est rougeâtre ; *Fourmi*, animal rougeâtre ; *Fauve* en François ; *Fulvus* en Latin. *Fouaille* en François, curée que l'on fait aux chiens, ainsi nommée parce qu'elle se fait sur le feu.

FO, herbe. Voyez *Fogagium*.

FO, le même que *Bo, Po, Vo*. Voyez B.

FO, le même que *Mo*. Voyez F.

FO-RUADH, un peu roux. I.

FOACIA, FOASSA, A. M. fouace ; de *Foac*.

FOACZ, fouace, échaudé. B. Voyez *Focacius*.

FOAFOA, faste. Ba.

FOAGIUM, FOCAGIUM, A. M. droit du Seigneur sur chaque feu de ses sujets ; de *Foaich*.

FOAGIUM, A. M. chauffage ou droit de prendre du bois dans une forêt pour se chauffer ; de *Fo*.

FOAICH, fouage droit du Roi sur chaque feu. B. Voyez *Fo*.

FOALLIA, A. M. tout ce qui sert à entretenir le feu. *Fu Allya*.

FOAN, hydropisie. B.

FOANOUEIN, tuméfier. B.

FOAR, foire, marché extraordinaire ; *For*, tribunal. B. Voyez *Ffair*.

FOARAICH, fourage. B. Voyez *Fear, Pori*.

FOASSA. Voyez *Foacia*.

FOBHAILTE, qui demeure dans le fauxbourg. I.

FOBIA, A. M. fusse, creux ; de *Ffau*. *Poupi* en vieux François, troué.

FOC, obscur. I.

FOCACIUS, A. G. pain cuit sous la cendre, gâteau, fouace. On trouve aussi dans les anciens monumens

FOC.

monumens au même sens *Fogaca*, *Fogacia*, *Fogata*, *Fogaza*, *Fogasa*, *Fogassa*, *Fogaceus*, *Foguaces*, *Fouaces*, *Fouacha*, *Fuacia*, *Fugacia*, *Fugatia*. Les Bulgares appellent *Fugace* ce gâteau ; les Auvergnacs *Fougasse*, *Fouasse* ; les Provençaux *Fougasse* ; les Comtois *Fouaisse* : On dit *Fonache* en plusieurs Provinces du Royaume. *Fogasseria*, qui fait des fouaces ; *Fogaterius*, qui cuit des fouaces ; *Focacia* en Italien ; *Pogaccia* en Esclavon, fouace ; de *Foacz*.

FOCAGIUM. Voyez *Foagium*.

FOCAL, parole, mot, promesse, promettre. I.

FOCALE, FOCALIUM, A. M. chauffage ou droit de prendre du bois dans une forêt pour se chauffer ; de *Fo*.

FOCALE, A. G. pierre à feu ; de *Fo*, feu ; *Cal*, pierre.

FOCAN, obscur. I.

FOCANEA, A. M. chauffoir ; de *Fo Can*.

FOCAPA, FOCAPA, A. M. les mêmes que *Focacius*.

FOCARIA, A. M. chauffage ou droit de prendre du bois dans une forêt pour se chauffer ; de *Fo*.

FOCARIS PETRA, A. G. pierre à feu ; de *Fo*.

FOCARIUM, A. M. foyer ; de *Fo*.

FOCATA, FOCARIA, A. M. droit que l'on paye pour le bois de chauffage qu'on entre dans une Ville. On a dit *Fouée* dans les anciennes Coutumes ; de *Fo*.

FOCATIUS, A. M. le même que *Focacia*.

FOCH, le même que *Boch*, *Poch*, *Voch*. Voyez B.

FOCH, le même que *Moch*. Voyez F.

FOCHA, le même que *Fotha*. De même des dérivés ou semblables. I.

FOCHAIR, avec. I.

FOCHALL, boue. I.

FOCHAN, nourriture, aliment. I.

FOCHAR, vent. I.

FOCHRAS, fonds ou terrein, sein, sinuosité. I.

FOCLOIR, vocabulaire. I.

FOCMHUDE, dérision, raillerie. I.

FOCOSITAS, A. M. chaleur véhémente ; de *Fo*.

FOCUM, FOCUS, A. M. feu, incendie, fer chaud, foyer, famille, maison ; de *Fo*.

FOCUS, A. M. feu, torche, brandon ; de *Fo*.

FOD, le même que *Fad*, *Fed*, *Fid*, *Fud*. Voyez Bal.

FOD, le même que *Bod*, *Pod*, *Vod*. Voyez B.

FOD, le même que *Mod*. Voyez F.

FOD, science, art. I.

FOD, gazon, motte de terre avec l'herbe. I.

FOD, sol, terrein, région. I.

FOD, FODAN TALMHAN, motte de terre. I.

FODACH, qui sçait, sage. I.

FODH, connoissance. I.

FODHAIL, le même que *Foghail*. De même des dérivés ou semblables. I.

FODHUINE, laboureur, fermier. I.

FODORUS, A. M. fourreau ; de *Feur*. *Fodra*, fourreau en Italien. Voyez *Fodra*.

FODR, nourriture. Ba. *Fodan*, paître en Gothique.

FODRA, A. M. habit doublé ou fourré ; de *Feur*, le d inféré. *Fodra* en Italien, doublure, fourrure. Voyez *Fodratus*, *Fourra*.

FODRATURA, FODERATURA, A. M. fourrure. Voyez l'article précédent.

FODRATUS, FODERATUS, FURRATUS, A.M. fourré ; de *Feur*. Voyez *Fodra*, *Fourra*.

FODRUM, FODRIUM, FODERUM, FRODUM, (transposition de *Fodrum*,) A. M. fourages, étapes ; *Fuerre*, *Foarre*, *Foerre* en vieux François ;

FOG.

Foderare, *Forrare*, exiger, lever ces fourages, ces étapes ; *Fodrarii*, *Forrarii*, ceux qui exigeoient ou levoient ces fourages, ces étapes, en vieux François, *Forrier*, *Fourrier* ; (de là notre mot de *Fourrier* pour signifier celui qui précéde un Prince ou un grand Seigneur pour lui préparer un logement.) *Foriarii*, en vieux François *Forriers*, *Fourriers*, les soldats qui alloient piller dans la campagne pour se procurer des vivres ; *Fodr* en ancien Saxon, aliment, nourriture ; *Fodder*, *Forrage* en Anglois, fourage ; *Foraggio*, fourage en Italien ; de *Fodr*, *For*, *Feur*, *Fourraich*.

FOECZ, échaudé. B. Voyez *Foace*.

FOEDERATUS, A. M. fourré. Voyez *Fodratura*.

FOEDRIUM, A. M. fourrure. Voyez *Fodratura*.

FOEINHUE, hidropisie. B.

FOELDREIN, fulminer. B. Voyez *Foeltr*.

FOELTRE, foudre. B. De là ce mot. Voyez le suivant.

FOELTREIN, briser. B.

FOËNN, foin. B. De là le Latin *Fœnum*.

FOENNA, faire le foin. B.

FOENNECQ, pré. B.

FOENNEUCQ, pré. B.

FOENNEYER, prairie. B.

FOENNOCQ, pré. B.

FOER, foire excrément liquide de la diarrhée ; foire marché extraordinaire. B. De là ce mot.

FOERELL, foire l'excrément liquide de la diarrhée. B.

FOERIUM, A. M. le même que *Fodrum*.

FOESQ, FOEST, mol. B.

FOËT BOUTICQ, dissipateur, prodigue. B. A la lettre, qui consume son fonds, sa boutique. En Patois de Franche-Comté, on employe encore ce mot en ce sens : on dit *Tout Ot Foetta*, pour tout est perdu, tout est dissipé, tout est consumé.

FOET. Voyez *Glaw-Foet*.

FOËTERESIC, hoche-queue. B.

FOËTLOST, cuistre. B.

FOETT, appareil, pompe, éclat. B.

FOETT, fouet. B. De là ce mot.

FOETTA, FOETTEIN, battre, fouetter. B. De là ce mot.

FOEY, sy. B. Voyez *Fech*.

FOFHIADA, parc, enclos. I.

FOG, le même que *Mog*. Voyez F.

FOG, le même que *Bog*, *Pog*, *Vog*. Voyez B.

FOG, le même que *Fag*, *Feg*, *Fig*, *Fug*. Voyez Bal.

FOGACIA, FOGACEUS, FOGAGA. Voyez *Focacia*.

FOGAGIUM dans les Loix Latines d'Écosse signifie l'herbe qui n'a pas été broutée l'été & qui croît pendant l'hyver. *Fo* de *Foenn*, & *Gauaf*, hyver.

FOGAGIUM, A. M. le même que *Focagium*.

FOGAS, voisin. I.

FOGEA, terser, donner un troisième labour aux vignes. B.

FOGEIN, creuser, percer. B.

FOGERARE, A. M. creuser la terre avec le museau ; de *Fogein*.

FOGH, le même que *Fodh*. De même des dérivés ou semblables. I.

FOGHAIL, voler, dérober, ravir. I.

FOGHAIR, ton, accent. I.

FOGHAL, tout. I.

FOGHAR, voix, son. I.

FOGHARACH, résonant. I.

FOGHLAIM, docte. I.

FOG.

FOGHLAMA, docte. I.
FOGHLASAM, pâlir. I.
FOGHLOMAIM, apprendre, enseigner. I.
FOGHLUGADH, saccager, piller. I.
FOGHLUM, doctrine, apprendre; *Foghlumhta*, sçavant, docte. I.
FOGHMAR, automne, moisson, récolte. I.
FOGHNAIM, servir, suffir. I.
FOGHA, A. M. précipice, fosse, gouffre, *Ffan*, *Fogoin*.
FOGLAS, bleu. I. Voyez *Glas*.
FOGLAIM, lâcher, relâcher, délier, dégager, délivrer. I.
FOGLUDE, qui pille, qui vole. I.
FOGRA, mandement, loi. I.
FOGRADH, conjurer, adjurer, conjuration, adjuration. I.
FOGRAIM, mander, statuer. I.
FOGUS, proche, près, auprès, voisin, adjacent, qui est près, prochain; *Fogusghte*, approché. I. Voyez *Fech*.
FOI. Voyez *Fech*.
FOJADURR, boutis. B.
FOIBL, foible. B. De là ce mot.
FOICIA, A. M. le même que *Fortia*, fort, forteresse.
FOID-GLASS, terrein couvert d'herbe. I. Voyez *Foiltchib*.
FOIGDE, patience; *Foigdeadh*, avoir de l'indulgence. I.
FOIGE, faîte. I.
FOIGHDE, patience; *Foighdeach*, patient. I.
FOIGSE, contiguité, proximité, proche. I.
FOIGSEAS, contiguité, proximité. I.
FOIGSI, proche. I.
FOIL, temps, espace, fois. I.
FOILEIM, saut. I.
FOILLEANAM, suivre, poursuivre. I.
FOILLEACHDACHD, recherche. I.
FOILLEACHT, vestige. I.
FOILLIGHEACH, négligent. I.
FOILLIM, FOIRIGHIM, demeurer, tarder. I.
FOILLSIGHIM, révéler. I.
FOILLSIUGHADH, dénoncer, découverte, annoncer, informer, faire enquête, explication, déclaration, déclarer. I.
FOILTCHIB, herbe. I.
FOINEAL, petite nuée, brouillard. I.
FOINS, le même que *Tobar*. Voyez *Fothragfhoint*.
FOIR, foire marché extraordinaire. B.
FOIR, FOIRE, A. M. les mêmes que *Fodrum*.
FOIRCEAN, fin. I.
FOIREIGION, sollicitation, action de pousser. I.
FOIRFE, vieux, antique. I.
FOIRGHIOL, déclaration. I.
FOIRGNEAM, fabrique, construction. I. Voyez *Fairgnighim*.
FOIRGNEAMHADH, ériger, dresser, fabriquer, fabrication. I.
FOIRGNIGHIM, FOIRGNEAM, construire, édifice, bâtiment. I.
FOIRGNIYM, bâtir. I.
FOIRIGHIM. Voyez *Foillim*.
FOIRIGHTIN, FOIRIN, secours. I.
FOIRIM, bénir, faire bienheureux. I.
FOIRIMEALACK, front, extrinséque, extérieur. I.
FOIRIMIL, partie qui est au-delà. I.
FOIRLIONAD, abonder, être en abondance, accomplissement. I.
FOIRM, forme, modéle, fabrique. I. Voyez *Form*.

FOL.

FOIRNEARTH, véhémence, force. I. Voyez *North*.
POIRNEIS, fournaise. I. Voyez *Fornes*.
FOIRSHEIDE, hydropisie. I.
FOIRSID, herser, casser les mottes. I.
FOIRTIL, habile, propre à. I.
FOIS, oisiveté, repos, vacances; *Ar Fois*, oisif, qui est en repos, qui est en vacances. I.
FOISEATT, douzil. I.
FOISGE, AS FOISGE, qui est en deçà, qui est de ce côté. I.
FOISIM, être en repos, arrêter, fixer. I.
FOL. Voyez *Bal*.
FOL, le même que *Bol*, *Pol*, *Vol*. Voyez *B*.
FOL, le même que *Mol*. Voyez *F*.
FOL, le même que *Fal*, *Fel*, *Fil*, *Ful*. Voyez *Bal*.
FOLA, un peu de temps. I.
FOLA, couverture, voile, manteau. I. Voyez *Fol* le même que *Bol*.
FOLA, sang au génitif. I.
FOLA, A. G. poulain; de *Fol* le même que *Pol*.
FOLACH, couvert, secret. I.
FOLADH, couverture, toit, puissance. I.
FOLAGIUM, A. M. redevance qu'on paye avec de la farine folle; de *Foll*.
FOLAICHIM, couvrir. I.
FOLAMH, vuide. I. Voyez *Falamb*, qui est le même.
FOLARAIM, commander. I.
FOLARE FŒNUM, A. M. amonceler le foin, le mettre en tas; de *Fol*, le même que *Bol*.
FOLARICIUM, A. M. moulin à foulon; de *Fonlein*.
FOLARTHOIR, Commandant, Empereur. I.
FOLAS, soulier. I.
FOLATHEIR, Empereur, Commandant. I.
FOLAV, vuide, creux. I.
FOLCACH, populace. G. *Folkos*, peuple en Grec; *Vulgus* en Latin; *Folk* en Esclavon & en Carinthien; *Volk* en Allemand & en Flamand, prononcez *Folk*, peuple, nation; *Fouc* en vieux François, troupe; *Phule* en Cophte, tribu; & *Polsee*, Ville.
FOLCAM, abbreuver. I.
FOLEAH, démence, extravagance. B. Voyez *Fol*.
FOLEIA, A. M. endroit où l'on se divertissoit, où l'on jouoit. Voyez *Foleya*, *Folleh*.
FOLERATURA, A. M. fourrure. Voyez *Fodratura*.
FOLERIA, A. M. le même que *Foleya*.
FOLEYA, A. M. maison de divertissement, maison de plaisance, maison de récréation; de *Folleh*. De là tant de maisons de campagne qui s'appellent *Folie*.
FOLH, cheveux. I.
FOLIATI CALCEI, A. M. souliers qui s'enflent comme un soufflet. Voyez *Follere*.
FOLIATUM, A. G. courbé; de *Fol*, de *Bol*.
FOLL, fou, insensé, extravagant, impétueux, turbulent. B. *Ffôl* en Gallois; *Follia*, folie en Italien; *Folia* en Espagnol, folie; *Fol* en François; *Fool* en Anglois; *Folo*, *Folle* en Italien, fou; *Fel*, furieux en Flamand; *Phaulos* en Grec, badin, mauvais. (Voyez *Folleh*.) *Foller*, *Follet* en vieux François, faire le fou, passer le temps; *Foloyance* en vieux François, folie; & *Foul*, *Fox*, fou. Le terme *Foll* est le même que *Fall*. Charles le Simple est indifféremment surnommé dans nos anciens Ecrivains *Stultus*, *Simplex*, *Fallus*, *Follus*,

Le terme *Foll* signifioit encore badin, folâtre. Voyez *Folleh*.

FOLL, défaut, manquement. Voyez *Aball*, *Aboll*, *Folliv*. On dit en Franche-Comté *tu auras la fiole*, pour dire, tu feras trompé dans tes espérances, tu n'auras pas ce que tu espères, tu n'auras rien. On y a appelle *Fafiolet* un jeune homme qui s'en fait accroire, & qui n'a aucun mérite, ou bien peu. *Fiolant* en vieux François, qui fait le brave sans l'être ; *Fiolant* en Bourguignon, fanfaron, préfomptueux. Voyez *Folentia* & *Fall*, qui eft le même que *Foll*. De là *Affolé* en vieux François, qui eft fans force & fans vigueur.

FOLL, couverture. Voyez *Bronfoll*, *Dyrnfoll*. De là en vieux François, *Affuler*, *Affubler*; (ce mot fe dit encore) *Affluber*, couvrir ; & *fe Défuler*, fe découvrir. De là *Infula*, *Infulare* en Latin.

FOLL MEL, rayon de miel. B.

FOLL MICQ, fou à lier. B.

FOLLA, A. M. foule ou foulerie ; de *Foulein*.

FOLLADH, gouvernail. I.

FOLLAIN, fain, en bonne fanté, falubre, falutaire, comme il faut. I.

FOLLAMHNUGHAM, gouverner. I.

FOLLAS, évident, public, remarquable. I.

FOLLEH, badinage, folâtrerie. B. *Folia* en Espagnol, badinage ; & *Folga*, récréation. Nous difons encore d'un homme qui fait quelque chose de plaifant pour faire rire, qu'il fait le fou. Voyez *Foll*, *Fallnos*.

FOLLEN-COAR, rayon de miel. B.

FOLLENN, feuille de papier. B.

FOLLENTIA, A. G. vanité, orgueil ; de *Fol*, de *Bol*.

FOLLENTIA, A. G. folie ; de *Foll*.

FOLLERATURA, A. M. le même que *Foleratura*.

FOLLERATUS, FOLERATUS, A. M. les mêmes que *Fodsratus*. Voyez *Foleratura*.

FOLLERE, A. M. s'enfler comme un soufflet. Ce mot, de même que *Follis* Latin, vient de *Fol*, de *Bol*, ventre.

FOLLES, folle. B. Voyez *Foll*.

FOLLESCERE, A. M. le même que *Follere*.

FOLLESCERE, A. M. faire le fou ; de *Foll*.

FOLLETUS, A. M. follets ; diminutif de *Foll*.

FOLLEX, A. G. fac de cuir, ventre de la cheminée ; *Fol de Bol*, ventre.

FOLLEZ, le même que *Folleh*. B.

FOLLIA, A. G. brocard. Nous difons encore *dire* ou *chanter folie* pour lâcher des brocards. *Follier* en vieux François, brocarder ; de *Foll*, *Fallnos*.

FOLLIC, petit fou. B. Voyez *Foll*.

FOLLICANS, FOLLIGANS, A. M. habit ample ; *Caliga Follicans*, foulier enflé. Voyez *Follere*.

FOLLICARE, A. M. s'enfler comme un soufflet. Voyez *Follere*.

FOLLICIA, A. G. folie ; de *Foll*.

FOLLICIA, A. G. vanité, orgueil. Voyez *Follentia*.

FOLLIFF, vuide. I.

FOLLIGUEN-MAE, bécaffine de mer. B.

FOLLINUS, A. G. ouvrier, ainfi nommé de *Follit*, fon foufflet. Voyez *Follere*.

FOLLINUS, A. G. vuide ; de *Folliv*.

FOLLIS. Jean Diacre, dans la vie de Saint Gregoire, l. IV. c. 96. dit que *Follis* eft un mot Gaulois : *At ille, more Gallico, fanctum fenem increpitans Follem*. Guillaume, Abbé de Metz, dans sa troifième lettre affure que *Follis* étoit un terme ruftique ou ufité parmi les Payfans dans les Gaules : *Follem me verbo ruftico appellafti*. Nous voyons par nos autres anciens Écrivains que ce mot fignifioit fou. Un ancien Gloffaire dit que *Follis* fignifie vain, fuperbe ; un autre, qu'il fignifie fou. (Il écrit *Fox à feurre*, c'eft-à-dire, fou à s'habiller de paille,) ou fot, ou vain. Voyez *Foll*, *Follentia*.

FOLLITIA, A. G. vanité, orgueil, folie. Voyez *Follentia*, *Follis*.

FOLLIV, vuide. I.

FOLLIVA, vuider. I.

FOLLSIGHIM, manifefter. I.

FOLLUS, clair, apparent, évident, public, remarquable. I.

FOLMHACH, vuidé. I.

FOLMHAIGHIM, vuider. I.

FOLONIA, A. M. foule ou foulerie ; de *Foulein*.

FOLONITIA, A. G. vanité. Voyez *Follentia*.

FOLRARE, A. M. fourrer ; *Foiratura*, fourrure. Voyez *Foleratura*.

FOLRERIUS, A. M. fourrier. Voyez *Fodrum*.

FOLT, poil, cheveu. E. I.

FOLT, cheveux. I.

FOLUAR, efcabeau des pieds. I.

FOM, le même que *Bom*, *Pom*, *Vom*. Voyez B.

FOM, le même que *Mom*. Voyez F.

FOM, le même que *Fam*, *Fem*, *Fim*, *Fum*. Voyez *Bal*.

FOMANTA, brave, vaillant, généreux. I.

FOMHAR, moiffon, automne. I.

FOMHARDA, d'automne. I.

FOMHORACH, pirate. I.

FOMOS, déférence, refpect, égard, confidération ; devoir, eftime, réputation, honneur, foumiffion, obéiffance, preftation du ferment de fidélité à fon Prince, hommage. I.

FOMOSACH, augufte, vénérable, fimple, doux, aimable, de bonne humeur, obéiffant. I.

FON. Voyez *Fonn*.

FON, le même que *Bon*, *Pon*, *Von*. Voyez B. *Fon*, fontaine en Auvergnac, en Limofin & en Languedocien ; *Fen*, puits en Iflandois ; *Fo*, fontaine en Chinois. Voyez *Font*.

FON, le même que *Mon*. Voyez F.

FON, le même que *Fan*, *Fen*, *Fin*, *Fun*. Voyez *Bal*.

FONAI, abondance. I. Voyez *Fonn*.

FONAIL, froidure, dureté. I.

FONCE, cul. B.

FONCZA, foncer. B. De là ce mot.

FOND, fonds, terrein qui produit. B. Voyez *Fonn*. De là *Fundus* Latin.

FOND, fond ou profondeur. B. *Fund*, profond en Albanois ; *Fondo* en Efpagnol, le fond ; *Fondo*, le fond, profond en Italien.

FONDEMEAD, fondation. I. Voyez *Fondus*.

FONDREDA, A. M. fondrière ; de *Fond*.

FONDUS, fondamental. B. *Found* en Anglois ; *Fundare* en Latin ; *Fonder* en François, fonder. Voyez *Fond*, *Fondemead*.

FONN, terre, pays, champ. I. Voyez *Fond*.

FONN, joie, chant, défir, appétit, goût. I.

FONN ou FON, abondance ; *Fonna*, abonder ; être ou avoir en abondance ; *Fonnas*, abondant, abondamment, épais ; *Fonnufder*, abondance ; *E-Fon*, abondamment ; *Ar-Fon-Muya*, le plus abondamment ; *Fon-A-Ra*, il abonde. B. Voyez *Fonai*. *Fonda* en Italien, abondance ; & *Fondo*, épais.

FONNADH, voyage. I.

FONNEIN, avanger. B. Je n'ai pas trouvé ce terme François dans le Dictionnaire de Trevoux.

FONODACH, captiosité, raillerie, moquerie. I.
FONODUGE, mime, bateleur. I.
FONOMHAD, FONOMHUD, moquerie, tromperie, dérision, raillerie, ridicule. I.
FONSA, troupe. I.
FONSEVUS REDDITUS, A. M. rente foncière; Fonsseria Justitia, Justice foncière; de Fonsus, & celui-ci de Fond.
FONSUS, A. M. fonds; de Fond, Fonz, avec une terminaison.
FONT, fontaine. B. Fountain en Anglois; Font en vieux François; Fontaine en François moderne; Fontein en Flamand; Fuente en Espagnol; Fonte en Italien; Fonte en Portugais; Fons en Latin; Fon en Dauphinois, en Auvergnac, en Languedocien & en Limosin; Fontana en Latin Barbare & en Italien, fontaine. Voyez Fon, Fontan, Bon.
FONTIGUELL, fondrière. B.
FOR, chemin, route; plurier Furu. C. Voyez Fford.
FOR, devant, avant. E. I. Voor, prononcez Foor, en Flamand; Fore en Anglois, devant; Forder, de devant en Allemand. For en vieux François signifioit avant, ainsi qu'on le voit par Forbourg, qui est le terme par lequel on désignoit un fauxbourg, & duquel est venu ce dernier mot. For, avant; Bourg, Ville. Voyez Vor.
FOR, le même que Feor. I. Voyez Foar, Fodr, Pori.
FOR, foire marché extraordinaire, for tribunal. B.
FOR, le même que Fawr. Voyez Clodfori.
FOR, sur. Voyez Forainm.
FOR, sommet. Voyez Forcuth.
FOR, hors. Voyez Forhein. De là Foras, Foris Latins; Fuera en Espagnol, hors, déhors.
FOR, le même que Bor, Por, Vor. Voyez B.
FOR, le même que Mor. Voyez F.
FOR, le même que Far, Fer, Fir, Fur. Voyez Bal.
FORA, forêt. Ba. De là tant de bois appellés Forée, Fourée. Voyez Fforest.
FORAC, forêt. Ba.
FORACH, forêt. I.
FORAG, forêt. I.
FORAGARE, FORAGINARE, A. M. les mêmes que Ferrare. Voyez Fodrum.
FORAGERIUS, A. M. le même que Fodrum.
FORAGIUM, A. M. le même que Fodrum.
FORAGIUM, FORUM, A. M. droit que le Seigneur avoit sur le vin que l'on vouloit transporter hors de sa terre; de For, hors.
FORAIGH, FORAIGHIS, forêt. I. Voyez Fforest, Forest.
FORAIGHIM, avoir attention, garder. I.
FORAILLIM, offrir. I.
FORAIMH, voyage. I.
FORAINM, surnom. I. Ainm, nom.
FORAIRE, gardien. I.
FORALAIM, commander. I.
FORALE, A. M. fort, forteresse; de Forz.
FORALE, A. M. droit qu'on perçoit sur les foires. de For.
FORALIS, A. G. champ excellent qui rapporte beaucoup; de Foras.
FORAOSOGLACH, vieux. I.
FORARIA, A. M. le même que Fodrum.
FORAS, accroissement, augmentation. I.
FORAS, loi, fondement. I.
FORAS, vieux. I.
FORASTA, A. M. forêt. Voyez Fforest.

FORATICUM, A. M. le même que Fodrum.
FORATURA, A. M. le même que Fodratura.
FORBAN, excès. B.
FORBAN, corsaire, pirate. B.
FORBANA, exiler. B. De For, hors, & Bann.
FORBANNEIN, reléguer. B.
FORBANNIRE, A. M. exiler. Voyez Forbana.
FORBUET, cheval qui a la fourbure. B. De là ce mot.
FORC, fourche. I. Voyez Forch.
FORC, ferme. I. Voyez Forz.
FORCA, A. M. fourches, gibet; de Forch.
FORCA, A. M. force; de Forz.
FORCAGIUM, FORCIAGIUM, FORTAGIUM, FORTIAGIUM, FORTIGIUM, A. M. tribut que l'on payoit au Seigneur pour la construction ou entretien de son château ou forteresse; de Forz, Forc.
FORCAIADELLA, A. M. forteresse; de Forc, Forc.
FORCAN, ferme. I.
FORCAPIUM. Voyez Foriscapium.
FORCAR, violence. I. Voyez Forci.
FORCARE, A. M. forcer. Voyez Forcar.
FORCELLETUM, A. M. petite forteresse; de Forz, Forc, & Cel.
FORCERR, chétron, tiroir. B.
FORCH, fourche. B. De là Furca Latin, Fourche, François. Voyez Forc, Ffwrch, Forcheta.
FORCH, forge. B. De là ce mot. Voyez Forgi.
FORCH, confluent. B.
FORCHA, A. M. fourche; de Forch.
FORCHAONGRA, ordre, ce qui est ordonné, ce qui est commandé. I.
FORCHELL-LAN, fourchette de bois pour la bruyere à couper. B.
FORCHETA, fourchette. Ba. De là ce mot. Voyez Forch.
FORCHOIMEADH, garder. I.
FORCHONGRAIM, commander. I.
FORCI, forcer. B. Voyez Forcar.
FORCIA, A. M. forteresse; de Forz, Forc.
FORCIAGIUM. Voyez Forcagium.
FORCIARE, A. M. forcer; de Forci.
FORCMAID, naissance. I.
FORCMAID, superfluité. I.
FORCRAIDH, naissance. I.
FORCRAIDH, superfluité. I.
FORCUTH, sommet de la tête. I. Cuth, tête, For par conséquent sommet.
FORDARIUM, A. M. le même que Foraria.
FORDHABH, toit, couvercle. I.
FORE, trou. Voyez Forediff.
FORED, forêt outil à percer. B. De là ce mot.
FOREDIFF, percer. B. Fore a donc signifié trou; de là les mots Latins Forus, trou; Foro, trouer.
FORELLUS, A. M. fourreau; de Feur.
FOREST, forêt. E. B. Voyez Fforest.
FORESTA, FORESTE, FORESTUM, A. M. forêt; de Fforest.
FORESTARIUS, FORESTERIUS, FORISTARIUS, A. M. forétier ou garde de forêt, & par extension messier ou garde de jardins, vignes & champs; de Forest.
FORF, gardien. I.
FORFAIRE, FORFAIREACH, gardien. I.
FORFASOIR, qui tend des embûches. I.
FORG, le même que Bwrg. Voyez Forz.
FORG, le même que Farg, Ferg, Firg, Fwrg. Voyez Bal.

FORGEA.

FORGEA, forger, inventer. B. On a aussi dit *Borgea*, (Voyez B.) De là en Patois de Franche-Comté, on dit *Borgie* & *Forgie*. *Forja* en Espagnol ; *Forge* en François & en Anglois, forge ; *Forgiare* en Italien, forger.
FORGEAPHL, malléable, qu'on peut forger. B.
FORGEOU, forges. B. C'est le pluriel de *Forch*.
FORGEOUR, forgeron. B.
FORGER, forgeron. B. De là ce mot.
FORGI, forger. B.
FORGIA, A. M. forge. Voyez *Forgi*, *Forgeou*.
FORH, fourche. B. C'est le même que *Forch*.
FORH, forme. B.
FORII, le même que *Fore*. B.
FORHAFF, se fourcher, & anciennement s'égarer, dit le Pere de Rostrenen. B.
FORHEIN, priver, sevrer. B. Voyez *Forcilim*.
FORIA dans Nonnius, foire excrément liquide ; dans Isidore latrines ; de *Foer*.
FORIA, A. M. foire marché extraordinaire ; de *For*.
FORICA, A. G. latrines. *Foricarius* qui loue des latrines ou qui les cure ; de *For*.
FORICATUS, A. M. fourré. Voyez *Fodratura*, *Feur*.
FORICUS, A. M. fourrure, ainsi qu'il paroit par la phrase que rapporte du Cange. *Feur*.
FORISBANNIRE, FORBANISARE, FORSBANIZARE, FORSBANNIRE, A. M. bannir, exiler. On a dit *Forbannir*, *faire Forbannu* en vieux François ; *Forbannitus*, banni, exilé. On a dit en vieux François *Fourbenni*, *Forbannitio*, *Forbannum*, exil, bannissement. On a dit en vieux François *Forban*, *Forbins*, *Forbanie*. *For*, *Bann*.
FORISBARIUM, A. M. fauxbourg ; de *For*, avant, *Barr*, barres ou enclos de la Ville.
FORISCAPIUM, FORCAPIUM, FORCHEAPUM, A. M. exaction, tribut levé sans droit. On voit par ce mot, par *Foriscelatus*, *Forisconciliare* qu'on a étendu le mot de *For* à signifier ce qui étoit hors de la régle, hors du droit, tout ce qui étoit mal.
FORISCELATUS, A. M. caché malicieusement & frauduleusement. Voyez *Foriscapium*.
FORISCONSILIARE, FORSCONSILIARE, FORCONSILIARE, A. M. mal conseiller, donner un mauvais conseil. Voyez *Foriscapium*.
FORISPACERE, FOREFACERE, FORIFACERE, A. M. offenser, nuire, faire du mal, mal-faire. On a dit en vieux François, *Forfaire*, *Forisfactura*, *Forfaitura*, crime, délit, forfait. Voyez *Foriscapium* & *Fforfed*.
FORIUM, A. M. le même que *Fodrum*.
FORIZATIO, A. M. commerce, négoce, trafic ; de *For*.
FORLACUM, A. M. fort, forteresse ; de *Forz* ; & *Lac*, lieu.
FORLAN, véhémence, force, puissance, excès. I.
FORM, forme, figure. B. *Form* en Anglois, forme ; *Form* en Allemand, forme ; *Forma* en Espagnol, en Bohémien & en Latin ; *Furm* en Esclavon ; *Forme* en Italien ; *Foirm* en Irlandois ; *Forme* en François, forme. Voyez *Ffurf*.
FORMATICUM, FORMATIS, FORMELLUS, A. M. fromage. Il est appellé *Formage*, par transposition *Fromage*, de la forme dans laquelle on le fait. Voyez *Fourmaich*.
FORMEUS, A. G. sang chaud. Il paroit par *Formus*, *Formosus*, *Formidus*, que *Sanguis* est ici sousentendu. Voyez *Forn*.
FORMIDUS, A. M. chaud. Voyez *Forn*.

TOME I.

FORMNA, beaucoup. I.
FORMOS, A. M. feu, chaleur. Voyez *Forn*.
FORMOSUS, A. G. chaud. Voyez *Forn*.
FORMUS, A. M. chaud. Voyez *Forn*.
FORN, four. B. Voyez *Ffwrn* ; de là *Furnus*, *Fornax* Latins. *Forno*, four en Italien ; *Forn* en Arabe, four ; *Pourn* en Arménien, fournaise ; *Phornos* en Cophte ; *Phournos* en Grec ; *Furun* en Turc, four, fournaise ; *Furne*, four en Albanois.
FORN, le même que *Born*, *Bron*. Voyez ces mots.
FORN, feu. Voyez *Forniguell*. *Formus*, chaud en ancien Latin ; & par le changement de l'*n* en *m*, on a aussi dit *Formus*, *Formeus*, *Formidus*, *Formosus*, chaud, & *Formos*, feu, chaleur.
FORNACALIA, A. G. instrumens de fournaise. Voyez *Fornés*.
FORNACIRE, A. G. faire une fournaise ou cuire dans une fournaise. *Fournés*.
FORNACULA, A. G. petite fournaise. *Fornés*.
FORNACIA, FORNAGIA, FORNAGIUM, A. M. ce que l'on paye pour cuire dans un four ; en vieux François, *Fournage* ; de *Forn*.
FORNAMENTUM, A. M. tout ce qu'on doit fournir à quelqu'un. *Fournicza*.
FORNARIUS, A. M. fournier. *Forn*.
FORNASERII, A. M. tuiliers, ainsi nommés de ce qu'ils font cuire les tuiles dans une fournaise. *Fornés*.
FORNATICUM, A. M. le même que *Fornagium*.
FORNEART, force, violence, contrainte. I.
FORNELA, A. M. forge, fourneau ; de *Fornés*.
FORNELLADA, A. M. fourneau de charbonnier ; de *Fornés*.
FORNELLERIUS, A. M. diminutif de *Fornerius*.
FORNELLUM, A. M. cheminée, chambre à cheminée, chambre à feu. Voyez *Forn*, feu.
FORNERIA, A. M. fournée ; de *Forn*.
FORNERIUM, A. M. le même que *Fornagium*.
FORNERIUS, A. M. fournier. *Forn*.
FORNÉS, fournaise. B. *Foirneis* en Irlandois ; *Furnace* en Anglois ; *Forneis* en Flamand ; *Fornace* en Italien ; *Fournaise* en François, fournaise.
FORNIGUELL, couvre-feu. B. On voit par ce mot que *Forn* a signifié feu ; car *Cuell*, *Guell* signifient cacher, couvrir. Voyez *Cub*, *Cubedell*, *Cuz*, *Cuziadell*, *Cel*.
FORNILLA, A. M. le même que *Fornagium*.
FORNILLUM, A. M. fournil, l'endroit où est le four. *Forn*.
FORNIMENTUM, A. M. le même que *Fornamentum*.
FORNIRE, A. M. fournir. *Fournicza*. *Furnish* en Anglois, fournir.
FOROGU, ennuyeux, déplaisant, fâcheux. Ba.
FORONIA, A. G. voleuse, larronesse. *Fur*, *For*.
FORRAGIUM, FORRAGO, A. M. fourrage. Voyez *Farrago*, *Fouraich*.
FORRAID, vers (préposition.) I.
FORRANTA, brave, vaillant, hardi. I.
FORRARE, FORRERIUS. Voyez *Fodrum*.
FORRATUS. Voyez *Furratus*.
FORRDRIS, églantier odorant ; *Dris*, ronce, églantier. I.
FORRE, A. M. le même que *Fodrum*.
FORREILIM, briller hors. I.
FORS, A. M. force, violence, *Forfare*, forcer ; *Forfatus*, forcé ; de *Forz*.
FORSANNAM, briller. I.
FORSARIUS, A. M. coffre où l'on mettoit son

argent; en vieux François *Forchier*; de *Forz*, parce que ce coffre étoit fort.
FORSIA, A. M. force. *Forz*.
FORSITA, A. M. forteresse, fortifications. *Forz*.
FORSULA, A. M. château, lieu fortifié; de *Forz* & *Wl*.
FORTACHD, secours. I.
FORTACIA, A. M. fort, forteresse. *Forz*.
FORTAGIUM. Voyez *Foreagium*.
FORTALITAS, FORTALITIA, FORTALITIUM, A. M. fort, forteresse. *Forz*.
FORTAN, FIRTHEAN, attaché, lié. I.
FORTARA, A. M. force; *Fortare*, rendre fort; de *Forz*.
FORTAREZA, A. M. forteresse. *Forz*.
FORTARICIA, FORTARICIUM, A. M. forteresse. *Forz*.
FORTAS, litière, paille. I.
FORTECIA, FORTEDA, A. M. forteresse. *Forz*.
FORTELESIA, FORTELICIA, FORTERESSIA, A. M. forteresse. *Forz*.
FORTERINA, FORTERITIA, A.M. forteresse. *Forz*.
FORTHAN, abondance. I.
FORTIA, FORCIA, A. M. puissance, domination, autorité; de *Forz*.
FORTIA, FORCIA, A. M. force, violence. *Forz*, *Forci*.
FORTIA, FORCIA, A. M. fort, forteresse; *Fortiare*, *Infortiare*, *Inforciare*, *Fortificare*, fortifier. *Forz*, & *Ty*, habitation.
FORTIA, A. M. troupes, forces. *Forz*.
FORTIAGIUM. Voyez *Foreagium*.
FORTIALITIUM, A. M. fort, forteresse. *Forz*.
FORTICIA, FORTITIA, A.M. fort, forteresse.*Forz*.
FORTICULUM, A. M. le même que *Forcelletum*.
FORTIFIA, affermir, fortifier. B. *Forz*.
FORTIFICARE, A. M. affermir, fortifier. Voyez *Fortifia*.
FORTILICIA, FORTILICIUM, A. M. fort, forteresse. *Forz*.
FORTILIGATUM, A. M. fort, forteresse. *Forz*.
FORTITER, A. M. fort, beaucoup; de *Forz*.
FORTITIUM, FORTITUDO, A. M. fort, forteresse. *Forz*.
FORTUN, hazard, fortune. B. De là *Fortuna* Latin; *Fortune* François. Voyez les deux articles suivans, & *Ffortun*.
FORTUN, chance, hazard. I. Il signifie aussi félicité, bonheur, ainsi qu'on le voit par le mot suivant.
FORTUNACH, heureux. I.
FORTUNXA, s'établir, se marier. B.
FORUGARE, multitude. I.
FORULUS, A. G. fourreau, & par extension bourse, écritoire, caissette, tout ce qui sert à cacher quelque chose. On a appelé un fourreau en vieux François *Fuere*, *Feure*, *Feurre*; de *Feur*.
FORUM, A. M. foires; de *Feur*.
FORUM, A. M. taux, prix ou feur; de là on l'a étendu à signifier achat, commerce; de *Feur*.
FORUM ou VILLA FORENSIS, A. M. Ville qui a droit de foires; de *For*.
FORUM, A. M. droit de demeurer dans une Ville; de *Forh*, lieu fermé, Ville.
FORUM, A. M. droit que le Seigneur avoit sur le vin que ses sujets vouloient transporter hors de sa Terre; de *For*, hors.
FORUM, A. M. parvis; de *For*, devant.
FORUM, A. M. le même que *Fodrum*.
FORUS, A. M. foire; de *For*.
FORUS, A. M. taux, prix, feur; de *Feur*.

FORUS ou FORI, A. M. loi ou coûtume municipale, loi ou coûtume de la Ville; de *Forhville*, lieu fermé. *Forus* a plusieurs significations suivant les anciens Glossaires. 1°. Il signifie le marché, l'endroit où l'on tient les foires; (de *For*, foire.) 2°. Le for ou le barreau, l'endroit où les Magistrats ont coûtume de juger; (de *For*, tribunal.) 3°. Les ponts du navire, le tillac, parce que c'est la place d'assemblée dans un vaisseau, comme la place du marché dans une Ville, ainsi il a dans cette signification la même étymologie que dans la première. 4°. Un pressoir, un endroit où l'on foule, où l'on presse la vendange; (de *Forz*.) 5°. Un trou; (de *Forz*.)
FORUSDA, brave, vaillant, hardi. I.
FORVUS, A. G. chaud. C'est *Formus*, par le changement de l'*n* en *v*. Voyez *Form*.
FORZ, FORH, beaucoup, fort, très marque du superlatif, plusieurs, grand nombre, quantité, contrainte, violence, force. B. Ce mot est Celtique d'origine. 1°. Nous le trouvons dans plusieurs dialectes du Celtique; dans le Breton, où nous trouvons encore *Fortifia*, fortifier, affermir; dans le Basque *Forza*, force, violence; dans l'Irlandois *Forc*, ferme; *Forcar*, violence; *Phurt* ou *Purt*, fort; dans le Gallois *Porth*, qui est le même que *Forth*, aide, secours. On disoit en vieux François *Forment* pour fortement; ce qui prouve que cet adverbe venoit du Celtique *Forh*, & non du Latin *Fortiter*. 2°. Ce mot a une plus grande étendue de significations, un plus grand nombre de sens dans le Breton que dans le Latin, preuve certaine qu'il est originairement Celtique & non pas Latin; car on n'étend pas la signification des mots qu'on emprunte d'une Langue étrangère. Il signifie en Breton, & dans notre Langue qui en est formée, beaucoup, fort, très, quantité, plusieurs, forteresse, sens qu'il n'a point chez les Latins; car si l'on trouve *Fortiter* pour signifier fort, beaucoup, il ne se trouve en ce sens que dans une Charte Latine de Bretagne du quatorzième siécle, rapportée par Dom Lobineau. On voit aisément que c'est le *Forz* Breton, auquel l'Auteur de la Charte a donné une terminaison latine. 3°. L'*f* & le *b* se mettant l'un pour l'autre, on a dû dire *Forg*, *Fourg*, *Furg*, comme *Borg*, *Bourg*, *Burg*, qui sont les mêmes que *Berg*, *Berh*, *Berc*, (Voyez *Burg*) pour lesquels on a dit *Ferh*, *Fer*. (Voyez *Ferm*.) Tous ces mots, ou, pour mieux parler, toutes ces manières de prononcer le même mot signifient ferme, fortifié. Tous ces mots sont sûrement Celtiques, donc le mot de *Forg*, *Forh*, *Forc* est originairement de la même Langue. De *Forz* les Latins ont fait leur *Fortis*, fort. On voit par tout ce que nous venons de dire que *Forz*, *Forh*, *Forg*, *Fourg* signifient aussi un lieu fermé, fortifié. Nous appellons encore un endroit fortifié un *Fort* en notre Langue; *Fourche* en Dauphiné signifie un défilé, un endroit où l'on passe avec peine. Les fameuses fourches Caudines étoient pareillement des défilés, des endroits d'où l'on avoit peine à sortir. *Forz*, *Forh*, *Forg* ont dû signifier aussi fort adjectivement, puisque nous voyons que les Latins les ont pris de nous en ce sens. Voyez *Forza*.
FORZA, violenter, forcer; *Hem Forza*, s'efforcer. B. *Forza*, force, violence en Basque; *Formart*, force en Irlandois; *Forcar* en Espagnol, forcer; *Forza* en Italien, force; *Forzare* en Italien, contraindre, presser; *Force* en François, force, &

FOR.

Forcer, contraindre, forcer; *Fort* en Albanois, beaucoup, & *Forzuum*, fortifier; *Fort* en Allemand, adverbe qui marque la continuation, l'accroissement, l'augmentation. Voyez *Fort*.

FOREA, force, violence. Ba.

FOREARIA, qui fait violence. Ba.

FOS, muraille. C. I.

FOS, camp. I.

FOS, encore. I.

FOS, fosse. B. Voyez *Fso*. De là *Fossa* Latin & *Fodio*; *Fosse* François; *Fossa* Italien; *Foss* en Albanois; *Piphossa* en Cophte, fosse. (*Pi* article) & *Foi*, canaux.

FOS, levée, digue, terrasse, enclos fait autour d'un champ avec de la terre, tranchée militaire, retranchement. B. Voyez plus haut.

FOS, le même que *Bos*, *Pos*, *Vos*. Voyez B.

FOS, le même que *Mos*. Voyez F.

FOS, le même que *Fas*, *Fés*, *Fis*, *Fus*. Voyez *Bal.*

FOS FALACH, saye, robe. I.

FOS RYDACH, verd de mer. I.

FOS UAINE, verd de mer. I.

FOSADH, étonné, frapé d'étonnement. I.

FOSAM, être arrêté, être en repos. I.

FOSELAIM, ouvrir. I.

FOSELL, fosse. B.

FOSER, fossoyeur. B.

FOSEUILTE, ouvert. I.

FOSGLADH, découvrir, déceler. I.

FOSLONG, demeure, habitation. I.

FOSLONGAM, habiter. I.

FOSLONGPHURT, château. I. C'est-àdire, habitation forte.

FOT, faute, vice. B.

FOT, le même que *Bot*, *Pot*, *Vot*. Voyez B.

FOT, le même que *Mot*. Voyez F.

FOT, le même que *Fat*, *Fét*, *Fit*, *Fut*. Voyez *Bal.*

FOTHA, fondement; *Fotha Subha*, matière. I.

FOTHANNAN, chardon. I.

FOTHCHAITHREACHA, fauxbourgs. I.

FOTHORGADH, purification. I.

FOTHRAGADH, fomenter. I.

FOTHRAGFHOINS, bain. I. *Foins* est donc synonime de *Tobar*. Voyez le mot suivant.

FOTHRAGTHOBAR, bain. I.

FOTHROM, clameur. I.

FOU. Voyez *Faou*.

FOU, le même que *Bou*, *Pou*, *Vou*. Voyez B.

FOU, le même que *Mou*. Voyez F.

FOU, le même que *Fau*, *Feu*. Voyez *Bal.*

FOUACES. Voyez *Focacia*.

FOUACH, fouage. B. Voyez *Fo*.

FOUACHA. Voyez *Focacia*.

FOUAGIUM, A. M. le même que le premier *Foagium*.

FOUAN, bouffissure. B.

FOUANE, tumeur, enflure. B.

L'OUANHUEIN, bouffir. B.

FOÜANUADUR, tumeur. B.

FOUANVEIN, enfler de maladie, enfler, gonfler. B.

FOUEA, foyard, hètre. Ba. Voyez *Faou*, *Fau*.

FOUELTR, foudre. B.

FOUELTRA, foudroyer, briser. B.

FOVERARE, A. M. pour *Foderare*. Voyez *Fodrum*.

FOVERIC, blet. B.

FOUET. Voyez *Faou*.

FOUETA ne signifie pas seulement fouetter ou fraper sur les fesses; il signifie encore battre, fraper en général, & sur tout avec un bâton. B. De là notre mot *Fouetter*.

FOU.

FOUGACERES, vanterie, bravade. B.

FOUGACZER, fanfaron. B.

FOUGACZI, faire le fanfaron. B.

FOUGUE, appareil, pompe, éclat, fougue. B. De là ce dernier mot.

FOUGUEAL, faire le brave, faire le fanfaron. B.

FOUGUEËR, fanfaron. B.

FOUGUEUS, fastueux. B.

FOUILDREIM, briser, fracasser, délabrer, dissoudre. B. Voyez *Foeltr*.

FOUILDREREAH, fracas. B.

FOUILHA, fouiller, chercher quelque chose en des lieux particuliers, chercher sur quelqu'un. B. De là *Fouiller*.

FOUILHE-MARD, fouille-merde, escarbot au propre, & au figuré marmiton, tourne-broche. B.

FOUILHER, fouilleur. B. De là ce mot.

FOUL, ou FOULL, foule, presse, troupe confuse & pressée, multitude, beaucoup. B. De là notre mot *foule*. *Polus* en Grec, plusieurs; *Folla* en Espagnol, troupe, foule, assemblée; *Fola* en Italien, foule; & *Folta*, presse, foule, épaisseur; *Fulle* en Allemand, plénitude, abondance; *Fulls* en Gothique, plein; *Full* en ancien Saxon, plein; *Fol* en Allemand; *Fuld* en Danois; *Fullur* en Islandois & en Cimbrique; *Full* en Anglois; *Poln* en Esclavon; *Puln* en Dalmatien; *Vol* en Flamand, prononcez *Fol*, plein, rempli; *Fullen* en Théuton; *Fulljan* en Gothique; *Fyllan* en ancien Saxon; *Vullen* en Flamand, prononcez *Fullen*; *Fill* en Anglois; *Fylla* en Suédois & en Islandois; *Buloun* en Grec, remplir.

FOULA, fouler. B. De là ce mot. De là *Follare* en Italien, fouler; *Foupir* en vieux François, froisser, chiffonner.

FOULANCZ, oppression. B.

FOULARE, A. M. fouler; de *Foula*.

FOULDRACZER, jureur effroyable. B.

FOULER, foulon. B.

FOULERIA, A. M. foulerie. *Foula*.

FOULIGAH, bouleversement. B.

FOULIGAHEIN, bouleverser. B.

FOULINA, entonner. B.

FOULINENN, fourrure, pelisson, robe de chambre faite de peaux fourrées. B.

FOULTR, foudre. B. De là ce mot.

FOULZ, faulx. C. Voyez *Falch*.

FOUNDED, FOUNDER, abondance. B. Voyez *Fon*.

FOUNILL, entonnoir. B.

FOUNILLA, entonner. B.

FOUNINARE, A. M. mettre bas ses petits; de *Founna*.

FOUNN, abondant, fertile, fécond, qui dure long-temps. B. Le *b* & l'*f* se mettant l'un pour l'autre, (Voyez B.) on a dit *Bounn* comme *Founn*, auquel on a ajouté l'*a* paragogique. (Voyez *A*.) ainsi qu'on le voit par le mot Latin *Abundo* & le mot François *Abonder* qui en sont formés. *Pukyes* en Grec, abondant; *Phnephon* en Cophte, abondant; *Phen*, répandre en cette Langue.

FOUNNA, fournir quelque chose, abonder, être abondant, être fertile, être fécond. B.

FOUNNUS, abondant, fertile, fécond, qui dure long-temps. B.

FOUNTA, fonder, établir. B. De là le Latin *Fundo*, le François *Fonder*.

FOVORACH, pirate. I.

FOURAD AVEL, coup de vent. B. Le *b* & l'*ff* se mettant l'un pour l'autre, on a dit *Bourad* comme *Fourad*, ainsi qu'on le voit par nos mots *Bourrade*, *Bourrasque*, *Bourrée*.

FOURADURAE, doublure. Ba. Voyez *Fourra*, *Feur*.

FOURAICH, fourage. B. De là ce mot. Voyez *For*, *Feur*.

FOURARE, A. M. fourrer, garnir de fourrures. Voyez *Fouret*, *Fourra*.

FOURAT AVEL, coup de vent. B.

FOURBISAFF, ou FOURBISA, polir, fourbir. B. De là ce dernier mot. *Furbish* en Anglois; *Forbire* en Italien; *Farben* en Théuton, nettoyer, polir.

FOURCHAD, enjambée, espace entre les deux jambes étendues. B.

FOURCHECQ, homme extraordinairement haut. B.

FOURCHETES, fourchette. B. Voyez *Forcheta*.

FOURDOUILHAT, fourgonner, patrouiller. B.

FOUREAU, fourreau. B. De là ce mot, *Fodr*, *fourreau* en Gothique. Voyez *Feur*.

FOURG. Voyez *Forz*.

FOURGA, fougère. Ba.

FOURGACZ, tracas, agitation. B. On appelle en Franche-Comté un *Foureas*, un homme qui s'agite beaucoup. Voyez *Cacx*.

FOURGADENN, frégate. B. Voyez *Fragata*, *Fergath*.

FOURM, peur, frayeur, crainte, épouvante. B. De là *Formido* Latin.

FOURM, forme, siége, petit banc, escabeau, B. Nicot nous apprend que *Forme* en vieux François est une longue selle. C'est encore une chaise de chœur.

FOURMAICH, fromage. B. De *Furm*, *Form*. De là par transposition *Fromago* chez les Latins, & *Fromage* parmi nous. On trouve *Fromago* dans Varron & Columelle.

FOURMUS, formidable. B. Voyez *Fourm*.

FOURN, four; *Fourn-Red*, four libre où va cuire qui veut. B.

FOURNES, fournaise. B. De là ce mot.

FOURNICZ, ample, grand, étendu, accompli, parfait, sans défaut parlant d'une chose, entier, rempli. B.

FOURNICZA, fournir, suppléer. B. De là *Fournir*. *Fornir*, *Fornescer* en Espagnol, fournir.

FOURNIS, épais, fécond. B.

FOURRA, se fourrer, s'engager dans une affaire, remplir, fourrer, faire entrer par force, remplir en pressant. B.

FOURRAD AVEL, coup de vent, bouffée de vent. B. Voyez *Ffrwd*.

FOURRADUS, impétueux, turbulent. B.

FOURRAGIUM, A. M. le même que *Fodrum*. Voyez *Fourraich*.

FOURRAICH, fourage. B.

FOURRAD-AVEL, coup de vent subit & violent qui est de peu de durée. B. Voyez *Fourad Avel*.

FOURRATURA, A. M. fourrure. *Fourra*.

FOURREN, fourrure, garniture pour remplir un vuide. B.

FOURRET, fourré, garni de fourrures. B. *Forrado* en Espagnol, fourré.

FOURROD, fourreau. B.

FOURROGER, faiseur de fourreaux. B.

FOURURA, A. M. fourrure. *Fourra*.

FOUTHANNAN, chardon. I.

FOUTINNEN, pelisson, robe de chambre faite de peaux fourrées. B.

FOUTOUILHAT, barbotter parlant des canards. B.

FOUTOUILHECQ, épars. B.

FOUTOUILLECQ, touffu. B.

FOWRHOEN. Voyez *Trwy Fowrhoen*.

FOUY, fy. B. On dit *Pouy* en Franc-Comtois. Voyez *Fech*.

FOUYER, fougon, foyer d'un vaisseau. B.

FOUYN, fauvette oiseau, B. ainsi appellé de sa couleur rouge ou de feu. De là aussi le nom de la fouine.

FOX, A. M. avenue, entrée, passage étroit; de *Boch*.

FOY. Voyez *Fech*.

FOY, nargue. B.

FOY, le même que *Fay*. Voyez *Bal*. De là *Foyard*.

FOYASSIA, A. M. le même que *Focacius*.

FOYL, le même que *Boyl*, *Poyl*, *Voyl*. Voyez B.

FR, en composition pour *Prés*. Voyez *Gwifr*.

FRA, le même que *Bra*, *Pra*, *Vra*. Voyez B.

FRAAGIUM, A. M. le même que le premier *Foagium*.

FRAC, le même que *Brac*, briser. Voyez ce mot.

FRACAC, PRACAC, haut de chausses, caleçon. Ba. C'est le même que *Bratae*.

FRACASSARE, A. M. rompre, briser, détruire, fracasser; de *Frac*. *Fracassare* en Italien, rompre, briser; *Fracassar* en Espagnol, fracasser, briser; *Fraccare* en Italien, briser, fracasser; *Fracasser* en François, briser, fracasser.

FRACERE dans Nonnius signifie être broyé, être pulvérisé, tomber en pièces & en pourriture de vétusté. *Fraces* dans Vitruve est la mare des olives broyées. *Fracere* dans Pappias signifie être sale. Ce mot est formé, continue cet Auteur, de *Fracelli*, qui sont les égoûts du fumier, les petits tas d'ordures. Il est bien plus naturel de dériver *Fracere*, *Fraces* de *Frac*, briser, broyer : On aura ensuite étendu *Fracere*, *Fraces* à signifier ordure, saleté, parce que le mare des fruits broyés paroit mal-propre & dégoûtant.

FRACTA, A. M. destruction; de *Frac*.

FRACTELLUM, A. G. dégoût de fumier, de latrines. Voyez *Fracelli* à *Fracere*.

FRACTILATA VESTIS, A. M. habits à larges fissures ou fentes pour sentir l'air en été. *Frac*.

FRACTILIS, A. M. fragile. *Frac*.

FRACTITIUM, A. G. qu'on peut briser aisément; de *Frac*.

FRAE, dépens, frais. B. De là ce mot.

FRAEA, frayer. B. De là *Fray*, *Frayer*. *Frayer*, *Fraiwr* en Gothique, semence; *Frie* en Anglois, fray de poissons ou de grenouilles; *Fro* ou *Fri*, semence en Danois; *Freza* en Espagnol, fray de poissons. Voyez *Brag*.

FRAËA, fouler. B.

FRAEA, avancer, presser. Voyez *Diffraea*.

FRAEDETT, perclus, maléficié. B.

FRAEG, FRÆG, FRACH, FRÆCH, qui a une touffe de cheveux. I.

FRAES. Voyez *Fret*.

FRAES, cul. B.

FRAEZ, FREAZ, FRES, distinctement, clairement, distinct, clair; *Frace Brezonecq*, très-bon Breton parlant de la Langue. B. Voyez *Ffraeth*.

FRAFF, corneille picottée de blanc fort goulue, anciennement, dit le Pere de Rostrenen. B.

FRAG, le même que *Brac*, briser. Voyez ce mot.

FRAG, FRAGH, femme, épouse. I.

FRAGATA.

FRA.   FRA.   593

FREGATA, frégate, brigantin. Ba. Voyez *Fergath*. De là *Frégate* en François ; *Fregata* en Italien. *Fyrkata*, frégate en Turc.

FREGIATUS, A. M. brisé ; de *Frag*.

FRAGLIA, A. M. fraternité, confrérie. *Frailea*.

FRAI, frere. B.

FRAICH, touffe de cheveux, touffe. I.

FRAIDEA, *FRAIDIA*, frere. Ba.

FRAIG, touffe de cheveux, touffe. I.

FRAILEA, frere. Ba.

FRAILH, fleau à battre le bled, fente. B.

FRAILHA, fracasser, briser, fendre. B.

FRAILL, fente ; *Frailla*, fendre, rompre, crever, casser. B. De là notre mot *Frêle*.

FRAINCH, frange. B. *Frinfid* en Irlandois ; *Fringe* en Anglois, frange. *Franse*, frange en Allemand ; *Franjen*, *Frongien*, frange en Flamand ; *Franja* en Espagnol ; *Frangia* en Italien ; *Frange* en François.

FRAINCE, frange. B.

FRAINGE, France. I.

FRAINT, le même que *Braint*. Voyez ce mot.

FRAIRASCA, *FRAIRESCA*, *FRAIRESCHIA*, A. M. fraternité ; de *Frai*.

FRAITERIUS, A. M. qui brise, qui ravage ; de *Frailh*, *Frailha*. On a dit *Freindre* & *Freitter* en vieux François pour briser.

FRAITH, le même que *Fraich*. De même des dérivés ou semblables. I.

FRAM, banc de village. I. Voyez *From*.

FRAM, près, proche. Voyez *Brem*. *Apprimer* en vieux François, approcher.

FRAM, le même que *Flam*. Voyez *Flamboezen*.

FRAM ou *FRAMM*, jointure, liaison, piéce de charpente ou de menuiserie disposée pour être jointe à une autre & entrer en construction d'un ouvrage, boisage d'une maison, charpente, pierre taillée pour l'architecture d'un édifice ; *Fram An-Ti*, le cordon d'une maison ; *Fram Al-Lestr*, le vibord d'un navire. On dit d'une piéce de charpente & d'une pierre taillée posée en sa place ou ordre, qu'elle est *Var E Fram*, sur son *Fram*, en la place qui lui est destinée. *Frama* ou *Framma*, assembler & joindre les piéces selon qu'il convient au dessein de l'ouvrier, unir, joindre en général ; *Diffiramma*, démembrer, déjoindre & séparer les piéces assemblées, jointes, unies. B. *From* en ancien Saxon, fort ; *Framur* en Théuton, hardi ; *Vromm* en Flamand, affermi ; *Fromm* en Allemand, bon, excellent, plein de probité. En comparant *Framm*, *Framma* avec *Brema*, être près, se toucher, on voit que c'est le même mot diversement modifié, sur tout si l'on fait attention que l'*f* & le *b* se mettent l'un pour l'autre. Voyez *Frama*.

FRAMA se dit du pis d'une vache, d'une chevre, d'une brebis, lorsqu'il est bien plein de lait ; *Frametew An Déven*, le pis est rempli de lait. Cette expression fait juger que *Fram* signifie plénitude, perfection, accomplissement, dit Dom Le Pelletier. B. Je pense comme lui ; parce que je crois que *Fram* ici est le même que *Flam*, l'*r* & l'*l* se mettant l'une pour l'autre.

FRAMMADUR, union, réunion. B.

FRAN, le même que *Bran*. Voyez B. *Fran* dans les montagnes de Franche-Comté est le nom du diable, parce que *Bran* ou *Fran* signifie noir. Le francolin est un oiseau dont le plumage est semé de taches noires.

FRANC. Voyez *Franq*.

TOME I.

FRANCACH, françois. I. Ce nom s'ajoûte comme épithéte aux choses qui sont d'une grandeur extraordinaire. *Caoileach Frangach* ; coq-d'Inde ; *Luchfrancach*, rat, souris françoise ; *Encifrancach*, noix ; *Attinfrancach*, espèce de grand genet. Voyez *Franq*.

FRANCALANI, A. M. les libres possesseurs de quelque fonds. Voyez *Francqiz*.

FRANCALIA, A. M. champs libres de tout cens & de toute redevance. Voyez *Francqiz*.

FRANCAT, évaser. B.

FRANCBORDUS, A. M. libre bord, libre enceinte. Voyez *Francqiz*.

FRANCDAD, A. M. champ libre de tout cens & de toute redevance. Voyez *Francqiz*.

FRANCHAMEN, A. M. librement, à sa volonté, sans dépendance. Voyez *Francqiz*.

FRANCHERIUS, A. M. exempt des charges municipales. Voyez *Francqiz*.

FRANCHESA, A. M. le même que le premier *Franchisia*.

FRANCHESIA, A. M. affranchissement, action de donner la liberté à un esclave, à un serf. Voyez *Francqiz*.

FRANCHIARE, A. M. le même que *Franchire*.

FRANCHIATURA, A. M. affranchissement, franchise. Voyez *Francqiz*.

FRANCHILANUS, A. M. le même que *Francalanus*, en vieux François *Fraunclein*. Voyez *Francalani*.

FRANCHIMENTUM, A. M. exemption, immunité, franchise. Voyez *Francqiz*.

FRANCHIRE, A. M. affranchir, rendre un esclave, un serf libre ; accorder exemption de redevance, de corvée, de travail. Voyez *Francqiz*.

FRANCHISARE, A. M. accorder exemption de redevance. Voyez *Francqiz*.

FRANCHISIA, *FRANCHESA*, A. M. fonds tenu en franchise : on a dit en vieux François *Tenir Franquiesmes* pour tenir en franchise. Voyez *Francqiz*.

FRANCHISIA, A. M. territoire, district auquel on a accordé des immunités, des priviléges. Voyez *Francqiz*.

FRANCHISIA, A. M. liberté, droit, privilége, immunité, franchise. Voyez *Francqiz*.

FRANCHISIA, A. M. affranchissement, liberté accordée à un esclave, à un serf. *Francqiz*.

FRANCHITAS, A. M. le même que le troisième *Franchisia*.

FRANCHUS, A. M. libre, exempt des charges & des redevances des serfs. *Francqiz*.

FRANCITAS, A. M. liberté, franchise, immunité. Voyez *Francqiz*, *Franq*.

FRANCOLENSIS, A. M. le même que *Franchilanus*.

FRANCOTASUNA, abondance. B.

FRANCQ, fiente. B.

FRANCQ A HOUQ, glouton. B. A la lettre, large du gosier.

FRANCQAAT, élargir, guérir, alléger. B.

FRANCQIS, issuë, sortie d'un Village, espace attenant au Village. B.

FRANCQIS, le même que *Francqiz*. B.

FRANCQIZ, liberté, franchise, dégagement. B. *Franchileches* en vieux François, franchise, exemption de redevance. Voyez *Franq*.

FRANCUS, A. M. franc, libre, celui qui n'est point serf, qui n'est point esclave : de *Franq*.

H hhhhh *h*

FRANGIA, A. M. frange. Voyez *Franja*.
FRANGON. Voyez *Fregon*.
FRANGOQUI, publiquement. Ba.
FRANJA, FRANJEA, frange. Ba. Voyez *Fraineh*.
FRANQ ou FRANC, ample, spacieux, ouvert, ouvertement, grand, étendu, franc, libre, délivré, dégagé. B. *Fraineac*, *Francis*, franc, libre en Irlandois ; *French* en Anglois ; *France* en Italien ; *Franca* en Espagnol ; *Frank* en Théuton ; *Vrank* en Flamand, franc, libre ; *Franga* en Gothique, Seigneur ; *Frey* en Allemand ; *Frija* en Gothique ; *Freo*, *Freoh*, *Freah*, *Frig* en ancien Saxon ; *Frie* en Théuton ; *Free* en Anglois ; *Fry* en Suédois ; *Vry* en Flamand, libre. Hesychius dit que *Briga* en Thrace signifie libre. Voyez *Francach*.
FRANQAA, FRANQAAT, affranchir, délivrer, dégager. B.
FRANQISS, franchise. B.
FRANQUERIA, A. M. le même que le troisième *Franchisia*.
FRANQUESIA, A. M. le même que le second & le troisième *Franchisia*.
FRANQUITAS, A. M. le même que *Francitas*.
FRAO, FRAU, FRAW, selon Dom le Pelletier, chouette ; selon le Pere de Rostrenen, corneille picotée de blanc fort gouluë. Le Pere Maunoir varie sur ce nom, mettant dans un endroit corneille *Frao* ; & dans un autre, *Frao* chouette. Un homme habile en Breton veut que ce mot signifie corneille ou petit corbeau. (Voyez *Ankelber* ;) le plurier de ce mot est *Frawu*, *Fravet*. B.
FRAO-LOUET, corneille grise. B.
FRAOCH, bruyere. I.
FRAOIRCHEACH, poule de bruyere. I. *Ceare*, poule ; *Fraoir* par conséquent bruyere comme *Fraoch*.
FRARAGIUM, FRARECHIA, FRARIESIA, A. M. fraternité. Voyez *Frai*.
FRAS, fraises, plurier de *Fresen*. B.
FRAS, guillée, pluie d'orage. I.
FRAS, fruit. Voyez *Frasach*.
FRASACH, qui porte du fruit. I. Et par conséquent *Fras*, fruit en cette Langue.
FRASCA, FRASCHA, A. M. feuillée, fascine ; de *Frac*. Les Espagnols appellent *Frascas* les rameaux secs ; par extension de ce mot on a appellé *Frascarium*, *Frascata*, un lieu planté d'arbustes ; *Frasca* en Italien, rameau.
FRASENUM, A. M. petit rameau ; diminutif de *Frasca*.
FRASILH, fraisi ou fraisil. B.
FRASIUM, A. M. frais, coût, dépense. Fré.
FRASSA, A. M. fraise de veau. Voyez *Fresenu Lue*.
FRATALEA, FRATALIA, A. M. confrérie. Voyez *Frai*, *Frailea*.
FRATEA, A. M. société de conjurés. Voyez le mot précédent.
FRATHMHAR, qui a de l'aversion. I.
FRATT, le même que *Bratt*. Voyez ce mot.
FRAU, beau, leste, propre en habits. B. Voyez *Ffrau*.
FRAU, le même que *Brau*. Voyez *Brac*.
FRAUDH, fraude, tromperie, contrebande, contravention. B.
FRAUDOUR, fraudeur, trompeur. B.
FRAUS, fraude, tromperie. Ba. *Ffrawd* en Gallois ; *Fraudh* en Breton, fraude, tromperie. De là *Fraus* Latin ; *Fraude* François ; *Fraude* Italien.
FRAUST. DOUAR FRAUST, friche, terre froide, selon le Pere de Rostrenen ; *Frauft* & *Frouft*, stérile.

non fécond, selon Dom le Pelletier ; *Douar Frauft*, terre inculte & novale. B. On trouve dans les coûtumes *Fraux*, *Fros*, *Frees*, *Froux*, *Freches* pour terres incultes, terres en friches. Par le changement facile & commun de l'*ren l*, on a dit *Flot*, *Flos*. On trouve aussi ce terme en ce sens dans les coûtumes.
FRAUSTAICH, friche, communaux. B.
FRAUSTUM ou FRAUSTA TERRA, A. M. friche, terre en gast. *Frauft*.
FRAWUS, le même que *Brawus*. Voyez ce mot.
FRAWYCHU, le même que *Brawychu*. Voyez ce mot.
FRAX, A. G. lie, marc du vin. Voyez *Fraces* dans *Fracere*.
FRE, frais, dépens. B.
FRE, avancer, presser. Voyez *Diffre*.
FRE, le même que *Fra*, *Fri*, *Fro*, *Fru*. Voyez *Bal*.
FRE, le même que *Bre*, *Pre*, *Vre*. Voyez *B*.
FREA, A. G. puissance, autorité, tutelle, & par extension celle qui est en tutelle. Ce mot vient de *Freas*, qui paroit avoir signifié en Irlandois supériorité, soin. Voyez *Freasc*, *Freasdal*.
FREACAR, usage, pratique, travail. I.
FREACARAN, académie. I.
FREACHNUGHADH, exercice. I.
FREACHRAGHADH, exercice. I.
FREACHRAIGHIM, s'acquitter, exercer. I.
FREAGNAIM, travailler. I.
FREAGNAMH, travail. I.
FREAGNARCAIM, parler ensemble. I.
FREAGRA, réponse. I.
FREAGRADH, réplique, réponse, répliquer, répondre, être en correspondance. I.
FREAGRAIM, répondre. I.
FREALS, adouci, appaisé, consolé. B.
FREALSA, déchirer à force de bras, séparer, retirer, délivrer. B. Voyez *Fraill*, *Freux*.
FREALSER, consolateur. B.
FREALSI, consoler, soulager, fortifier. B.
FREALSIDIGUES, consolation, soulagement. B.
FREAMH, FREAMHACH, racine, source d'une famille. I.
FREAMHAM, déraciner. I.
FREAMHSRALLAIM, extirper. I.
FREAMHUINCAN, rejetton. I.
FREAS, fraises, plurier de *Fresen*. B.
FREAS, supériorité, soin. Voyez *Frea*.
FREASC, en haut. I.
FREASDAL, ayant soin, servant. I.
FREASGAM, monter. I.
FREAT, racine. I.
FREATH. FEAR GO FREATH, homme qui juge. I. Il y a apparence que c'est de là qu'il faut expliquer le mot Irlandois *Fergobrether* que Toland rapporte sans l'expliquer. I. Voyez *Breath*, *Breatham*, & *Vergobres* qui est le même que *Fergobrether*.
FREAV, racine, origine, source. I.
FREAZ. Voyez *Freez*.
FRECH. Y FRECH, tache de rousseur sur le visage, taches, gale, rogne ; Y *Frech Fawr*, maladie honteuse ; Y *Frech Wen*, pustules, petite verole. G.
FRECIARE, A. M. fraiser, entourer de pieux pointus ; de *Frealfi*, fortifier.
FRECTAGIUM, A. M. le fret ; de *Fret*.
FREDONNI, fredonner. B.
FREDT, plurier *Frediou*, cercles sur les deux bouts du moyeu. B.
FREFELYS. Y FREFELYS, pouliot. G.

FRE.   FRI.   595

FREGA, déchirer; c'est le même que Frealfa. B. Voyez Breg.
FREGON, houx frélon. B. De là Frangon, qui se trouve dans la vie de la bienheureuse Isabelle de France, pour désigner ce dont elle se servoit pour prendre la discipline. Voyez Frescon.
FREGON, brusque. B.
FREHEIN, froisser, écraser, crever, briser, B. & déchirer. Voyez Frega.
FREHEIN, féconder. B.
FREHEN, fruit. B.
FREHIGUEIN, féconder. B.
FREHIGUIAH, production. B.
FREILH, fleau à battre le bled, coin; Freilh Dibardon, fleau de fer. B.
FREIS, le même qu'Effreis. Voyez Effreix. De là Fresaye, oiseau de nuit qui jette un cri effroyable. On l'appelle aussi Effraie.
FRELATI, frelater. B. De là ce mot.
FRELU. Voyez Belu.
FREM, près, proche. Voyez Brem.
FREMI, frémir. B. Freinte, bruit en vieux François.
FRENAGIUM, A. M. le même que Fornagium.
FRENCZ. AVALOU FRENCZ, pommes de francatu. B.
FRENGC, étable à cochons. G.
FRENN, odorat, narine. B. Rin en Grec, nez.
FRENOA, frein. Ba. Efrwyn en Gallois; de là Frenum Latin.
FREON, bonshommes (fleur.) B.
FREPATÆ VESTES, A. M. habits troués, usés, frippés. De là nos mots de Frippier, celui qui vend de vieux habits; Fripperie, l'endroit où l'on les vend. On a dit en vieux François Ferpe, Ferperie pour Fripperie. Ce mot vient de Brebad, Frepadh, corrompre, gâter; Frappare en Italien, user un habit, tailler, découper, hacher; Fripparo, frippier; Fripperia, la fripperie.
FRERESCA, A. M. fraternité; de Frer, de Brer.
FRES, FRAES, monosyllable; Freas, déchirement, lacération. B.
FRES, le même que Bres. Voyez Berw.
FRES, plurier de Fresenn; Fresa en Espagnol, fraise.
FRES, A. M. frange. Voyez Frainch ou Frains. En Espagnol Freso, petite frange; Fregio en Italien, fraise, bordure; Frisare en Espagnol, approcher. On dit Friser en François pour approcher bien près. Près en François, toucher, être attenant, border. On voit par là que Fres, Pres, Fris, ont signifié près, proche. Voyez Bres.
FRESA, déchirer, rompre. B.
FRESA, cabeçon. Ba.
FRESATUS, A. M. ridé, froncé. Voyez Fresenn Lue, Frisa, Frisen.
FRESATUS, A. M. frangé; de Fret.
FRESCAERA, rafraichissement. Ba. Voyez Fresq.
FRESCHERIUM, FRESCHEIUM, FRESCHIUM, FRISCUM, A. M. champ inculte, champ en friche; d'Havrecq, prononcez Hafrecq, par aphérése Frecq, terre en friche; de là notre mot François Fricht. Voyez Frichium, Frych.
FRESCHUS, A. M. frais; en Italien Fresco, Fresq.
FRESCO, neuf. Ba. Voyez Fresq.
FRESCON, le même que Fregon dans les deux sens. B.
FRESCONNEIN, petit houx. B.
FRESCORO, récemment. Ba. Voyez Fresq.
FRESCUS, A. M. le même que Frescherium.

FRESEELL, fresaie. B.
FRESELLA, A. M. fraise ornement du col. Voyez Fresenn Lue, dont cette fraise est une imitation.
FRESEN, fraise fruit; Fres au plurier. B. De Bres, feu, couleur de feu.
FRESENN LUE, fraise de veau. B. Dom Le Pelletier met Fresenn tout seul en ce sens. Voyez Frisa, Frisen.
FRESIA, A. M. espèce de métairie; de Pres.
FRESIUM, FREZIUM, FRESSUM, FRESUS, FRESUM, A. M. frange. Voyez Fret.
FRESQ, frais, récent, nouvellement fait ou préparé, reposé, délassé; Fresqiff, renouveller. B. En Espagnol & en Italien Fresco, frais; Fresch en Anglois; Frisch en Allemand. Voyez Fresco, Ffrith.
FRESQEIN, FRESQYFF, rafraichir, renouveller. B.
FRESQONNI, fraicheur. B.
FRESUS, A. G. froissé. Voyez Freza.
FRET, fret. B. De là ce mot. Fraight, fret en Anglois; Flete en Espagnol; Fretto en Italien; Fretten en Allemand, charger.
FRET, le même que Bratt. G.
FRET, le même que Bret. Voyez ce mot.
FRET, le même que Frat, Frit, Frot, Frut. Voyez Bat.
FRETA, froter. B.
FRETA, A. M. le même que Franstum.
FRETATIO, A. M. fret; de Fret.
FRETHYN, le même que Brethyn. Voyez ce mot.
FRETTE, frète lien de fer du moyeu de la charrette. B. En François Frette signifie toute bande de fer qui unit deux bois. En Normandie c'est cette longue bande qui sert à emmailloter un enfant.
FRETTA, A. M. fret; Frettare, fréter un navire; de Fret.
FRETTYN, le même que Brettyn. Voyez ce mot.
FRETUM, A. M. canal ou bras d'eau, en vieux François Fraite; de Ffrwd ou Ffrwt, racine Ffreu. Voyez Freum.
FREUM, coulant d'eau, ruisseau. E. Voyez Ffreu, Ffreum.
FREUNAIDHIM, fonder, établir. I.
FREUSA, FREUZA, froisser, briser, rompre, mettre en pièces, fracasser, écraser, défaire, démolir, détruire. B.
FREUSELL, le même que Freuzell. B.
FREUV, coulant d'eau, ruisseau. E. Voyez Freum.
FREUZ, breche faite par violence. B.
FREUZELL, herse, B. ainsi nommée de Freuza, parce qu'elle brise les petites mottes de terre.
FREUZR, frere. B. C'est le même que Breuzr.
FREZ, breche faite par violence, action de déchirer, action de briser, action de rompre. B.
FREZ, aisément, distinctement, franchement, franc. B. Voyez Fraez.
FREZ, selon un homme habile en Breton, vaincu. B.
FREZA, briser, rompre, froisser. B. De là ce dernier mot; de là Fressen en Allemand; Freta en Gothique; Fretan en ancien Saxon; Frazzn en Théuton, dévorer, manger goulument.
FREZA, A. M. mets de feves. Nous appellons en François des feves dépouillées de leur peau, feves fresées. De Freza, briser, rompre, diviser.
FRI, le même que Bri. Pri, Vri. Voyez B.
FRI, nez; plurier Friou. B. Voyez Frigan.
FRIA. Voyez Frita.
FRIA, A. M. la fraye des poissons. Voyez Fraea.

FRI.

FRIAND, friand, appétiffant. B. De là le premier de ces mots.
FRIANTACE, bonbon, friandife. B.
FRIANTICQ, terme ironique dont on fe fert pour défigner une mafette ou cheval ruiné. B.
FRIANTIS, friandife, gourmandife. B.
FRIBRAS, grand nez. B. Fri Bras.
FRICA, écrafer, brifer, faire une contufion, rendre plat en preffant. B. Voyez Frega.
FRICAM, nez courbé ou aquilin. B.
FRICARE, A. M. frire, fricaffer ; de Frigaffa.
FRICATA, A. M. poêle à frire. Voyez Fricare.
FRICHIUM, A. M. le même que Frescherium.
FRICO, A. M. froteur. Voyez Fricqa.
FRICQA, mettre en piéces, rompre, brifer, fracaffer, écrafer, accabler, ferrer. B. Frigaler en vieux François, fe grater ou froter.
FRICQER, pointe de douleur. B.
FRIET, mari, époux. B. Voyez Pryed.
FRIFLAIRIUS, punais, nez puant. B.
FRIGACE, menue boue, celle qui eft fur la furface de la terre. B.
FRIGACZER, fricaffeur au propre; diffipateur, prodigue au figuré. B.
FRIGADELL, urine des animaux. B.
FRIGALION, étable. B.
FRIGALION, l'avant-proüe. B.
FRIGASSA, fricaffer. B. De là Fricaffea en Italien, Fricaffée en François.
FRIGAU, FRIGAW, nez. C. Voyez Fri.
FRIM, verglas, frimat. B. De là ce dernier mot.
FRIMA, verglacer. B.
FRINGA, FRINGAL, divertir, réjouir, danfer, gambader, ruer ; En Em Fringa, fe divertir en gambadant, en fautant, en danfant. B. De là Fringant.
FRINGALION, proüe. B.
FRINGINA, caffer. B.
FRINGOL, fredon. B.
FRINGOLI, fredonner en chantant. B.
FRINGOTERES, fredon. B.
FRINGOTI, fredonner, fringoter. B. De là ce dernier mot.
FRINGUER, celui qui gambade, qui faute. B. Springen en Allemand, fauter.
FRINGUS, fringant. B.
FRINSIDH, bordure, frange. I. Voyez Frainch.
FRINTADEELL, falmigondis. B.
FRINTZA, peau. Ba.
FRIOCHNAMH, foin. I.
FRIOCHNAMHACH, diligent. I.
FRIOL, prodigue, diffipateur de fon bien. B.
FRIOTAIL, interprétation. I.
FRIOTHOLAM, fervice. I.
FRIPA, FRIPAL, prendre les penfées, les expreffions des Auteurs, ou être plagiaire. B.
FRIPARIUS, A. M. frippier. Voyez Frepatas.
FRIPEIN, gripper, ravir fubtilement. B.
FRIPON, fripon. B. De là ce mot.
FRIPONELL, coquette, friponne. B.
FRIPONI, friponner, voler, efcroquer. B.
FRIPONN, fripon, fourbe, méchant, débauché. B.
FRIPONNACH, friponnerie. B.
FRIPONNAT, friponner, voler, efcroquer. B.
FRIPONNEIN, friponner, voler, efcroquer. B.
FRIPONNER, fripon, fourbe, méchant, débauché. B.
FRIPONNEREH, FRIPONNEREZ, friponnerie. B.
FRIPPAL, manger goulument, manger tout. B. On dit encore Fripper en ce fens.

FRO.

FRIPPONNEIN, friponner, voler, efcroquer. B.
FRIQA, brifer. B.
FRIQETAS, friquet uftenfile de cuifine. B.
FRIQETTH, écumoir. B.
FRIS. Voyez Fres.
FRIS, le même que Bris, Pris, Vris. Voyez B.
FRIS, le même que Fras, Frei, Frot, Frus. Voyez Bal.
FRISA, frifer. B. De là ce mot ; de là Frifare en Italien.
FRISATURA, A. M. frangé. Voyez Fres, Frinfidh.
FRISATUS, A. M. frange. Voyez Fres, Frinfidh.
FRISCHIUM, A. M. le même que Frescherium.
FRISCIM, efpérer. I.
FRISCIS, efpérance. I.
FRISCUM, A. M. le même que Frescherium.
FRISCUS, A. M. frais. Voyez Frefq.
FRISEN eft proprement une forte d'étoffe dite en François frife & ratine : mais au fens injurieux & diffamant, c'eft une fille de mauvaife conduite, dont les mœurs ne font pas régulières. On lit auffi Fris en ce fens.
FRISENN, manteline. B.
FRISEUR, frifure. B.
FRISII PANNI, A. M. draps frifés ; de Frifa.
FRISIUM, A. M. frange. Voyez Fres, Frinfidh.
FRISSATUS PANNUS, A. M. drap frifé ; de Frifa.
FRISUM, A. M. frange. Voyez Frifum.
FRITA, FRIA, fricaffer, frire. B. Frijten en Flamand ; Frire en François ; Freyr en Espagnol ; Frittare en Italien, frire, fricaffer. Voyez Ffria.
FRITADEN, fricaffée, friture. B.
FRITELLA, A. G. croute de pain frite ; de Frita.
FRITER, fricaffeur, apprenti de cuifine au propre; & au figuré celui qui dévore, qui diffipe fon bien. B.
FRITEUR, friture, ce qui eft frit & ce avec quoi on frit. B.
FRITH, le même que Brith. Voyez ce mot & B.
FRITHOLAIM, je fers. I.
FRITILLA, A. G. mets frit, en vieux François Friteau ; de Frita.
FRITTET, perdu, ufé, ruiné. B. C'eft le participe de Frita pris au figuré.
FRIXA, A. G. charbonnée ; Frixatura, Frixura, action de frire & ce qu'on frit ; de Fria.
FRIXIATUS, A. M. frangé. Voyez Frifatus.
FRIXIUS PANIS, A. M. pain frit. Voyez Fria.
FRIXORIUM, A. M. poêle à frire ; de Fria.
FRIXUM, A. M. le même que Frifum.
FRIXURA. Voyez Frixa.
FRIZ. MEZER FRIZ, frife ou ratine étoffe. B. Voyez Frifen.
FRIZIUM, A. M. frange. Voyez Frifum.
FRLOCH-TEGMHAIL, affaut. I.
FRO, moût. B.
FRO, le même que Brw. Voyez ce mot & Brwd.
FRO, le même que Bro, Pre, Vro. Voyez B.
FRO, le même que Fra, Fre, Fri, Fru. Voyez Bal.
FRO, A. M. chemin. C'eft une tranfpofition de Fford.
FROCARIUS, A. M. Voyer ; Froqueur en vieux François ; de Fro.
FROCCUS, FROCHIA, FROCUS, A. M. froc ; de Frocq.

FROCCUS

FRO.

FROCCUS, FROCUS, A. M. terre en friche. Voyez *Frauſt*.

FROCQ, froc. B. De là ce mot, & *Frock* en Anglois. Voyez *Frog*.

FROD, le même que *Brwd*. Voyez ce mot.

FRODUM, A. M. le même que *Fodrum*. C'eſt la tranſpoſition de ce mot.

FROEDIG, le même que *Cyffroedig*. Voyez *Cyffro*.

FROËHEN, fruit. B.

FROÈSA, le même que *Froesa*. B.

FROES, le même que *Frouez*. B.

FROEZA, froiſſer, mettre en piéces, rompre, briſer, écraſer. B. De là *Froiſſer*; de là *Effrouer* en vieux François, émier, égruger ; de la *Fruſtum*, *Fruſtra* Latins. Voyez *Freuſa*.

FROG, coqueluche. B.

FROGA, expérience. Ba.

FROGABIDEA, probabilité. Ba.

FROGAMBA, le même que *Froga*. Ba.

FROIRADURA, A. M. le même que *Fodratura*.

FROIRATUS, A. M. le même que *Fodratus*.

FROIRE, A. M. le même que *Fodratura*.

FROM, plénitude, réplétion ; *Fromet*, rempli, réplet, trop gras, enflé. Comme on dit du pis d'une bête, *Fromet Ew*, il eſt rempli, je ne doute point, dit Dom Le Pelletier, que ce ne ſoit ici le même mot que *Fram* dans un autre dialecte. On trouve ſouvent dans un livre Breton *Fromet* pour enflé de maladie. B.

FROM, banc de village. B. *Fram* en Irlandois, banc de village.

FROMADH, expérience, expérimenter, preuve, épreuve, éprouver, eſſai, épreuve, eſſayer. I. *Froomur*, homme de bien en Iſlandois.

FROMAGERIA, A. M. lieu où l'on fait le fromage. Voyez *Fourmaich*, *Formaticum*.

FROMAM, goûter. I.

FROMM exprime le bruit que fait une pierre jettée avec une fronde ou par un bon bras. B. *Bromos* en Grec ; *Rombo* en Italien, ſignifient frémiſſement, bruit, bruiſſement, bourdonnement. Voyez *Ffromm*. Je crois que notre mot *Fronde* vient de là.

FROMMI, frémir. B. G. De là *Fremo*.

FRON, narine. B. De là *Frogner*, *Refrogner*. *Shrone*, nez en Irlandois.

FRON, le même que *Bron*. Voyez ce mot.

FRONCIATUS, A. M. froncé. Voyez *Froncza*.

FRONCICA, A. M. fronçure. *Froncza*.

FRONCZA, froncer. B. *Fruncar* en Eſpagnol ; *Froncer* en François, viennent de là.

FRONDENN, cravate. B.

FRONGUEIN, piſſer parlant des bêtes. B.

FRONSAL, renifler, attirer en dedans & en reſpirant la pituite qui devroit ſortir par le nez. B.

FRONSATA, A. M. froncée. *Froncza*.

FRONSITURA, A. M. fronçure, pli. *Froncza*.

FRONSITUS, FRONSSATUS, A. M. froncé. *Froncza*.

FRONT, certaine herbe qui a la vertu de faire crever les froncles ou apoſtumes. B. Voyez *Fronnt*.

FRONTA, prompt, vîte. Ba. Voyez *Frouden*.

FRONTAL, généreux, libéral. B.

FRONTALITEH, munificence. B.

FRONTECQ LAES, lait gras qui file. B.

FRONWST. T FRONWST, bled ſauvage, petite ſcrofulaire, petite chelidoine. G.

FRONWYS. T FRONWYS, bled ſauvage, ſcrofulaire, petite ſcrofulaire, petite chelidoine. G.

FROS, FROSAN, FROSIN, obſcur, ténébreux. I.

TOME I.

FRU.

FROSCUS, FROSTUS, A. M. les mêmes que *Frauſtum*.

FROSITE, inculte. B.

FROSTACH GASTINE, champ en friche. B.

FROT, détroit de mer. C. Voyez *Froud*.

FROTA, oindre, froter. B. De là ce mot.

FROTARE, A. M. froter. *Frota*.

FROTER, froteur. B.

FROTET, qui a reçu des coups de bâton. B. C'eſt une expreſſion métaphorique. On dit encore populairement qu'un homme a été bien *frotè* quand il a été bien battu.

FROTOUR, froteur. B.

FROU, le même que *Bron*. Voyez B.

FROUD, torrent, courant d'eau, eau rapide ; *Froud-Avel* ; ſingulier *Frouden-Avel*, vent impétueux, tempête, tourmente. Entre l'Iſle d'Oueſſant & la terre ferme il y a un courant ou *ras* que les gens du pays nomment *Froud-Meur*, grand courant : Ce nom eſt donné à pluſieurs lieux où il y a des eaux rapides. Le nouveau Dictionnaire porte *Frouden*, mouvement, promptitude. B. Cet article eſt de Dom Le Pelletier ; voyez le ſuivant, qui eſt du Pere de Roſtrenen. *Efrwd* en Gallois, détroit, torrent.

FROUD, nappe d'eau, eau peu profonde qui coule ſur un terrein uni, canal, lit d'un ruiſſeau ; *Froud-Vor*, bras de mer. B. Voyez *Ffroed*, *Ffrwd*, *Frot*.

FROUD, le même que *Frouden* qui ſuit B.

FROUDEN, ardeur, paſſion, boutade, verve, fougue, manie, quinte, caprice, impétuoſité, mouvement, promptitude. B. *Friuna* en Albanois, tempête.

FROUDENNUS, bizarre, bourru, homme à boutades, fougueux, précipité, impétueux, capricieux, fantaſque. B.

FROUDOU, pluriel de *Froud*, nappe d'eau, &c. B.

FROUDUSS, coulant, fluide, limpide. B.

FROUESA, briſer, rompre, froiſſer, crever. B.

FROUEZ, fruit. B. Voyez *Efrwyth*, *Fruta*. De là *Fructus* Latin.

FROUEZA, fructifier, produire du fruit, produire, donner naiſſance à quelque choſe, abonder, crever de plénitude. B.

FROUEZEN, fruit. B.

FROUEZUS, fécond, fertile, abondant en fruits. B.

FROUGADELL, urine des animaux. B.

FROUGUEIN, uriner, parlant des animaux. B.

FROUJOU, pluriel de *Froud*, nappe d'eau, &c. B.

FROUNELL, narine. B.

FROUNELLER, nazilleur. B.

FROUNN, narine. B.

FROUNT, morelle plante. B. Voyez *Front*.

FROUST. Voyez *Frauſt*.

FROUT, jailliſſement. B.

FROUT, le même que *Froud*. Voyez D.

FROUZUS, A. M. le même que *Frauſtum*.

FROYRAGE, A. M. fourage. Voyez *Forrage*.

FROYRE, A. M. le même que *Fodrum*. Voyez le mot précédent.

FROZ AN FROZ, le flux de la mer. C. Voyez *Frot*.

FRU, le même que *Fra*, *Fre*, *Fri*, *Fro*. Voyez *Bal*.

FRU, le même que *Bru*, *Pru*, *Vru*. Voyez B.

FRUGADELL, urine des animaux. B.

FRUSCA TERRA, A. M. le même que *Frauſtum*.

FRUSSURA, A. M. terre rompuë, briſée, froiſſée ; de *Frouesa*.

FRUTA, fruit. Ba. Voyez *Frouez*. *Fruta* en Espagnol, fruit.
FRUTARRA, ver qui s'engendre dans le bois. Ba.
FRUTBA, fruit. Ba.
FRUTUA, fruit. Ba. Voyez *Efrwyth*.
FRUTUEGARLEA, fruitier. Ba.
FRWTH, ruisseau. B.
FRY, groin, nez; *Fry-Ruz*, nez plein de boutons; à la lettre, nez rouge. B.
FRY, dessus, de dessus, d'enhaut, par enhaut. G.
FRYACQ, Fiacre nom d'homme. B.
FRYANT, friand, gaillard. B.
FRYBERR, camard. B. A la lettre, nez court.
FRYCH, bruyere. E.
FRYECQ, qui a un grand nez. B.
FRYNGUER, celui qui se donne du bon temps. B.
FRYOL, filleul, drole, espiégle; *Pautred Fryol*, celui qui sene les lices. B.
FRYPLAD, camard. B. A la lettre, nez plat.
FRYS, AR FRYS, vîte, plus vîte, très-vîte. G. C'est *Brys*.
FRYSQ, le même que *Fresq*. B.
FRYTALTOUS, nez camard. B. A la lettre, nez émoussé.
FRYTOUIGN, nez camard. B. A la lettre, nez émoussé.
FRYTTING ROTAE, A. M. frête ou cercle de fer qui tient la rouë. Voyez *Fredt*.
FRYTURCQ, camard. B.
FTAIDEAMHLAS, magnificence. I.
FU, abondamment. B.
FU. BLEUD FU, farine folle, farine qui se répand par tout le moulin. B. On appelle en Franche-Comté *Futil* un enfant qui s'enfuit de la maison paternelle, & qui en reste éloigné.
FU, le même que *Bu*, *Pu*, *Vu*. Voyez B.
FU, feu. Voyez *Fulen*, *Fumag*.
FU, le même que *Bychan*. Voyez ce mot.
FU, le même que *Fa*, *Fe*, *Fi*, *Fo*. Voyez Bal. *Fum*, fertile en Chinois.
FUACH, le même que *Fuath*. De même des dérivés ou semblables. I.
FUACHASACH, caverne, fosse. I.
FUACHD, froidure, crainte. I.
FUACHDA, graveur. I.
FUACIA, A. M. le même que *Focaria*.
FUADACH, pillage, prendre, piller, voler, arracher. I.
FUADAM, balayer, entraîner. I.
FUADH, FUATH, haine, dégoût, mépris, aversion. I.
FUADHACH, rapacité, prendre, piller, voler. I.
FUADHMHAR, odieux. I.
FUADHUIGHEACH, qui ravit, ravisseur. I.
FUAGAIRT, conjuration, adjuration. I.
FUAGH, le même que *Fuadh*. De même des dérivés ou semblables. I.
FUAGHAM, coudre, attacher. I.
FUAGRADH, dire, commander, ordonner, commandement. I.
FUAGRAIM, avertir, proclamer. I.
FUAIDRIM, chanceler. I.
FUAIM, bruit, éclat, coup, clameur, son. I. Voyez *Fama*.
FUAIMEAMHUL, battre avec des verges, avec un bâton, battre. I.
FUAIMSROTHA, murmure. I.
FUAIRE, froidure, crainte. I.
FUAIRIM, trouver. I.

FUAL, urine, eau. I.
FUALIUM, A. M. broussailles séchées pour allumer le feu. On dit *Fouailles* en François. Voyez *Foallia*.
FUAN. TN FUAN, à la hâte, vîte, plus vîte, très vîte; *Sugne Tn Fuan*, qui boit beaucoup ou qui boit facilement; *Llong Fuan*, felouque, brigantin, galiotte, fregate legere. G. De *Buan*, vîte.
FUAN, habit, voile. I.
FUAN, rude, fâcheux, mauvais. I.
FUANAM, couvrir, voiler. I.
FUAR, froid, glacé, froidure. I.
FUARADH, froidure. I.
FUARAIGHIM, avoir froid. I.
FUARALACH, froidure. I.
FUARAN, source, origine. I.
FUARAN, source d'eau, fontaine. E. I.
FUARAN, van. I.
FUARANTA, froidure. I.
FUARBHODHRADH, FUARCHAPRADH, FUARMHARBHADH, engourdir, rendre impotent. I.
FUARCHAS, froidure. I.
FUARIUM, A. M. le même que *Fodrum*.
FUARLAOID, froidure, négligence. I.
FUARMHARBHADH, engourdir, rendre impotent. I.
FUAS, froidure. I.
FUASAN, mule au talon. I.
FUATH, haine, aversion, dégoût, mépris. I.
FUATHADH, haine, aversion, détestation, hair, détester, maudire, avoir du dégoût, être dégoûté, envier le bonheur d'autrui. I.
FUATHAIS, caverne, antre. I.
FUATHAM, hair. I.
FUATHMAIREAS, horreur, abomination, aversion, haine, émulation, envie. I.
FUATHMAR, qui a en horreur, qui hait, qui envie. I.
FUATHMHAR, odieux, envieux, énorme. I.
FUATHMHUR, qui a de l'aversion, dégoûtant. I.
FUATHUGAD, abhorrer, détester, hair, envier, avoir en horreur, être mal intentionné pour quelqu'un, avoir du dégoût, faire quelque chose à l'envi, tâcher d'égaler ou de surpasser quelqu'un, horreur, détestation, aversion, haine. I.
FUATHUGHE, abhorré, détesté, hai. I.
FUATHUR, odieux. I.
FUBAL, tente. I.
FUBU, FIBU, CHWEBU, CHWIBU, moucheron, mouche; singulier *Fubuen*, *Fibuen*, *Chwebuen*, *Chwibuen*, un seul moucheron, une seule mouche; plurier *Fubuet*. B.
FUCH, le même que *Buch*, *Puch*, *Vuch*. Voyez B.
FUCH. Voyez *Bychan*.
FUCHAN. Voyez *Bychan*.
FUCHET. Voyez *Bychan*.
FUCHPEIR, mulot rat de terre. I.
FUCHON. Voyez *Bychan*.
FUCHOT. Voyez *Bychan*.
FUCHOU. Voyez *Bychan*.
FUCHYN. Voyez *Bychan*.
FUCO, A. M. trompeur; de *Ffug*, *Ffuc*.
FUD. Voyez *Bod Milan*.
FUD, le même que *Bud*, *Pud*, *Vud*. Voyez B.
FUD, le même que *Mud*. Voyez F.
FUD, le même que *Fad*, *Fed*, *Fid*, *Fod*, Voyez Bal.
FUDEN, peur, terreur, frayeur, épouvante. B.
FUDNAIL, coudre, brocher, piquer. I.

FUE.   FUN.   599

FUE, abondamment. B. *Fum* en Chinois, fertile, & *Fui*, colline fertile. Voyez *Fui*.
FUERUS, A. M. le même que *Forus* 3°.
FUG. Voyez *Bychan*.
FUG, le même que *Bug*, *Pug*, *Vug*. Voyez B.
FUG, le même que *Mug*. Voyez F.
FUG, le même que *Fag*, *Feg*, *Fig*, *Fog*. Voyez *Bal*.
FUGACIA, FUGATIA, A. M. le même que *Focacia*.
FUGHAIL, couture, future. I.
FUGHEAL, action de laisser, de quitter. I. De là *Fuga*, *Fugio* Latins.
FUGHEAL, entrailles, reste. I.
FUGILLUS, A. G. fusil, acier à faire du feu ; de *Fusilh*.
FUGINARE, A. G. tromper quelqu'un, l'empêcher par de fausses louanges de faire quelque chose. *Efug*.
FUH. Voyez *Bychan*.
FUHAN. Voyez *Bychan*.
FUHET. Voyez *Bychan*.
FUHON. Voyez *Bychan*.
FUHOT. Voyez *Bychan*.
FUHOU. Voyez *Bychan*.
FUHYN. Voyez *Bychan*.
FUI, abondamment. B. Voyez *Fue*, *Fwy*, *Pnill*.
FUI, se répandre subtilement comme la farine dans un moulin. B. De là notre mot *Fuir*.
FUIAGIUM, A. M. droit de couper du bois dans une forêt pour son chauffage. Voyez *Foagium*.
FUIDHIR, parole, mot. I.
FUIGHEAL, abandonné, laissé, le reste, reliques, chose jugée. I.
FUIGHIM, laisser. I.
FUIGHIOL, abandonné, laissé, le reste, reliques. I.
FUIGHLEAC, le même que *Fuighiol*. I.
FUIGHLIM, parler, dire. I.
FUIL, sang. I. *Phul* dans l'Isle de Mona.
FUILCACH, de sang. I.
FUILH, crêpu, frisé, crépi. B.
FUILHA, friser doucement, créper. B.
FUILIATH, de sang. I.
FUILIM, être, exister. I.
FUILLA, brouiller, mêler des choses filées ou à filer, emporter, transporter. B.
FUILTEACH, ensanglanté, cruel. I.
FUIN, terme, bord, frontière, extrémité, fin. I. Voyez *Ffin*.
FUINAC, cerveau. Ba. Voyez *Pin*.
FUINE, cuire. I. Voyez *Fu*, de *Fo*.
FUINIM, finir, terminer, conclure. I.
FUINN-SHEAN, FUINN-SHEOG, frêne. I.
FUINQUILIA, ruade coup de pied. Ba.
FUINTEOIR, boulanger. I.
FUINTEORACHD, métier de boulanger. I.
FUIREACH, demeure, mansion, habitation. I.
FUIREANN, peuple. I.
FUIRMHID, difficile. I.
FUISTALLUM, A. M. futaille, tonneau pour le vin ; de *Fustailh*.
FUITH, drap, étoffe. I.
FUITHIR, terre, contrée, région, champ. I.
FUL, le même que *Boyl*. Voyez ce mot. Voyez *Fulen*.
FUL, le même que *Bul*, *Pul*, *Vul*. Voyez B.
FUL, le même que *Mul*. Voyez F.
FUL, le même que *Fal*, *Fel*, *Fil*, *Fol*. Voyez *Bal*.

FULANG, prison, fondation, action de permettre, de favoriser, admettre, recevoir, impliquer, envelopper, renfermer, souffrir, supporter, endurer, soutenir, porter, permettre, être indulgent, avoir de l'indulgence. I.
FULANGAIM, admettre, recevoir, sustenter, soutenir, souffrir, endurer. I.
FULAT. Voyez *Fulen*.
FULCUS, A. M. partage, coupure ; de *Fwlch*.
FULEN, bluette de feu, étincelle ; pluriel *Fulat*. B. Voyez *Ulw*. De là *Fulgeo* Latin.
FULENNADURR, scintillation. B.
FULIA, furie, rage, impétuosité, violence. Ba. Voyez *Fulor*.
FULIEN, bluette de feu, étincelle. B.
FULINA, A. G. cuisine ; *Fulinare*, faire la cuisine ; *Fulinarius*, cuisinier ; de *Ful*, de *Boyl*.
FULINEN, peau. B.
FULLA, joie, danse. I.
FULLATORIUM, A. M. moulin à foulon. *Foula*.
FULLENCIUM, A. M. moulin à foulon. *Foula*.
FULLERICIUM, FULLERICUM MOLENDINUM, A. M. moulin à foulon. *Foula*.
FULLONARIUM MOLENDINUM, A. M. moulin à foulon. *Foula*.
FULLONIA PANNORUM, A. M. action de fouler les draps. *Foula*.
FULLONIUM, FULLONUS, FULLUS, A. M. moulin à foulon. *Foula*.
FULNARIUS, A. M. fournier ; de *Ffwrn*, *Ffuln*.
FULOR, fureur. B. Voyez *Fulia*.
FULORUS, furieux, forcené. B.
FULVIDUS, A. G. impétueux ; de *Fulia*.
FUM, le même que *Bum*, *Pum*, *Vum*. Voyez B.
FUM, le même que *Fam*, *Fem*, *Fim*, *Fom*. Voyez *Bal*.
FUMAG, fouage droit du Roi sur chaque feu. B. De *Fu Mag*.
FUMAGIUM, A. M. bois nécessaire pour le feu de la maison. *Fo* ou *Fu*, bois ; *Mag*, maison.
FUMAGIUM, A. M. droit sur chaque feu. On trouve *Fumagé* en ce sens ; de *Fumag*.
FUMALE, A. M. le même que le second *Fumagium*.
FUMANS, A. M. maison, famille ; de *Fu*, de *Fo*, *Man*.
FUMANTERIA, A. M. cens qu'on leve par maison, par famille. Voyez *Fumans*.
FUMARIA, A. M. cheminée. *Ffumer*.
FUMARIUM, A. M. cheminée ; *Fumariolum*, petite cheminée. *Ffumer*.
FUMATICUM, A. M. le même que le second *Fumagium*.
FUN, terre, sable. I.
FUN, longue corde. B. De là *Funis* Latin.
FUN, le même que *Bun*, *Pun*, *Vun*. Voyez B.
FUN, le même que *Mun*. Voyez F.
FUN, le même que *Fan*, *Fen*, *Fin*, *Fon*. Voyez *Bal*.
FUNALIA, A. G. flambeau tors en façon de corde. *Fun*.
FUNDALIA BONA, A. M. biens en fonds. *Fundamen*, fonds ; de *Fond*.
FUNDARE, A. M. enfoncer, pousser au fond ; de *Fond*, profond.
FUNDARIUS, FUNDANUS, A. G. qui cultive un fonds ; de *Fond*.
FUNDATA, A. M. fonds. *Fond*.
FUNDEMEAD, fondement.
FUNDEMINT, base, fondement. I.
FUNDORA, A. M. fonds. *Fond*.

FUN.

FUNDULUS, A. M. petit fond, & petit poisson qui se tient au fond de l'eau ; de *Fond*.
FUNEADH, paîtrir. I.
FUNEOG, fenêtre. I.
FUNID, action de paîtrir. I.
FUNN, chant. I.
FUNSEOG, frêne. I.
FUNT, fontaine. B. Voyez *Fentan*.
FUNT, A. G. poids, livre. *Pwn*.
FUNTSA, racine. Ba. Voyez *Bon*.
FUNTUN, fontaine. B. Voyez *Fentan*.
FUO, abondamment. B. Voyez *Fué*.
FUR, avisé, prudent, sage, habile, fin, rusé, matois, discret, prude, docteur, anciennement voleur, dit le Pere de Rostrenen. B. Voyez *Efwr*. De là le *Fur* des Latins ; de là *Fourbe* en notre Langue ; de là *Futé* ; *Furbo*, fourbe en Italien ; *Afurer* dans le Maine, c'est tromper.
FUR, le même que *Bur*, *Pur*, *Vur*. Voyez *B*.
FUR, le même que *Mur*. Voyez *F*.
FUR, le même que *Far*, *Fer*, *Fir*, *For*. Voyez *Bal*.
FURA, A. M. furet. Voyez *Efwred*.
FURA, FURAFF, superlatif de *Fur*. B.
FURAGIUM, A. M. le même que *Fodrum*.
FURAIL, ce qui est offert. I.
FURALAIM, offrir. I.
FURBANNITUS, A. M. banni, exilé. *Foris-bannire*.
FURCHER, curieux, furet. B.
FURCHOIMEADH, se garder, se donner de garde, prendre garde. I.
FURCUAID, s'abstenir. I.
FURECTUS, A. M. furet. *Fured*.
FURED, furet au propre & au figuré. B. Voyez *Efwred*. *Ferret*, furet en Anglois ; *Fireatt*, furet en Irlandois ; *Foret*, *Fret*, furet en Flamand.
FURELLUS, A. M. fourreau. *Fourean*, *Feur*.
FURET, curieux. B.
FURETUS, A. M. furet. *Fured*.
FURFOGRADH, avertir, avertissement, allarme, donner l'allarme, précaution. J.
FURGEIN, fouiller, chercher quelque chose en des lieux particuliers, chercher sur quelqu'un. B.
FURIA, furie, rage. Ba. Voyez *Fulia*. L'r & l'l se mettent l'une pour l'autre ; de là *Furor* Latin. Voyez aussi *Furluoq*.
FURIARIA, A. M. furie, fureur ; *Furiatus*, plein de furie, qui est en fureur. *Furia*.
FURIELLA, A. M. temps orageux, orage. *Fur-luoq*, *Furia*.
FURLUOC, inconstant, volage, vagabond, qui change souvent de pays. B. Cet article est de Dom Le Pelletier. Voyez le suivant, qui est du Pere de Rostrenen.
FURLUOQ AMSER, temps orageux. B. *Amser*, temps.
FURLUQIN, bouffon, baladin, tabarin, folâtre, homme facétieux. B.
FURLUQINEREAH, tabarinage. B.
FURM, figure, représentation, forme, façon. B. Voyez *Foirm*, *Form* & l'article s. ivant.
FURM, bon ordre, arrangement, forme, figure. I.
FURMER, FURMIST, formier, faiseur de formes pour les souliers. B.
FURMI, donner la forme. B.
FURMIUGADH, action d'éclorre. I.
FURNAGIUM, A. M. ce qu'on paye pour cuire dans un four ; *Furnairo*, *Furnarius*, fournier ; *Furnare*, enfourner ; *Furnarium*, four bannal ; *Fur-*

FUS.

nata, fournée ; *Furnaticum*, ce qu'on paye pour cuire dans un four. *Ffwrn*.
FURNAIDHE, mansion, habitation. I.
FURNE, prudence, sagesse. B.
FURNELLUM, A. M. le même que *Fornellum*.
FURNELLUS, A. M. fourneau pour faire sauter les murailles d'une Ville qu'on assiege. *Ffwrn*.
FURNERIUS, A. M. fournier, celui qui a soin du four. *Ffwrn*.
FURNESS, ménagement, prudence, sagesse. B.
FURNESIUM, A. M. fournaise. *Fornes*.
FURNEZ, prudence, sagesse. B.
FURNILE, FURNILIUS, FURNILLUM, A. M. les mêmes que *Fornillum*.
FURNIRE, A. M. fournir. *Pournicla*.
FURNULUS, FURNILIA, A. M. les mêmes que *Furnile*.
FURNUS, A. M. le même que *Furnellus*.
FURO, A. G. furet ou furon. *Fured*.
FURRA, A. M. fourrure ; *Furr* en Anglois, fourrure ; de *Feur*.
FURRAGIUM, A. M. le même que *Fodrum*.
FURRATUS, FORRATUS, A. M. fourré. *Fourra*.
FURRERA, FURRURA, A. M. fourrure. *Fourra*.
FURRUM, A. M. le même que *Fodrum*.
FURRURATURA, A. M. le même que *Furrera*.
FURRURIA, A. M. le même que *Furrera*.
FURS, merveille, prodige. I. Voyez *Burand*.
FURSEUS, des merveilles. I.
FURT, le même que *Phurt*, I.
FURTACHD, aide. I.
FURTAIGHIM, aider. I.
FURTAS, soulager. I.
FUS. Voyez *Bychan*.
FUS, le même que *Bus*, *Pus*, *Vus*. Voyez *B*.
FUSA, A. M. fusée de filasse ; *Fusare*, tirer le fuseau ; *Fusarius*, fuselier ou faiseur de fuseaux ; de *Fusus* Latin, & celui-ci de *Fust*.
FUSAN, FUSEN. Voyez *Bychan*.
FUSENN, fusée piéce de feu d'artifice. B.
FUSEOG, alouette. I.
FUSET. Voyez *Bychan*.
FUSIER. Voyez *Bychan*.
FUSILA, fusil. Ba. Voyez *Fusilh*.
FUSILH, fusil. B. De là *Focil*, *Fucil* en Espagnol, fusil ; *Fucile* en Italien ; *Fusil* en François, fusil. Voyez *Fusila*.
FUSOR. Voyez *Bychan*.
FUSOU. Voyez *Bychan*.
FUST, brigantin, bâton, manche de fleau, futaille, anciennement pêle de bois, dit le Pere de Rostrenen. Selon quelques Bretons *Fust* signifie tout le fleau. B. De là *Fustis* Latin. Voyez *Fusil*, *Fusta*, *Ffust*. *Fusta* en Espagnol, fuste forte de vaisseau, brigantin ; *Fusta* en Italien, fuste espèce de vaisseau.
FUST-MUST, eau de vie en termes burlesques. B.
FUSTA, battre. B.
FUSTA, A. M. fût, merrein, piéce de bois, bois propre à faire des tonneaux, bois à bâtir, bois propre à toutes sortes d'ouvrages, futaille, poutre ; de *Fust*. *Fusto* en Provençal, poutre ; *Fusta* en Espagnol, bois scié fort délié ; *Fuste*, bois, fût ; *Fusto* en Italien, tige tronc d'arbre.
FUSTAILH, futaille. B. De là ce mot.
FUSTAILLIA, A. M. futaille. *Fustailh*.
FUSTAINUS, A. M. futaine. *Fustenn*.
FUSTAIRIA, A. M. lieu où travaillent les ouvriers en bois. Voyez *Fusta*.
FUSTANA, FUSTANIUM, FUSTANUM,

Fusti-

FUS. FWY. 601

FUSTIA, FUSTIAN, FUSTIANUM, FUSTINUS, FUSTANEUM, FUSTANETUM, FUSTANIA, FUSTANICUS, FUSTEIN, FUSTONYM, A. M. futaine. *Fuftannium, Fuftannium*, habit de futaine. *Fuftenn*.

FUSTARE, A. M. donner des coups de verges ou de bâton. *Fuft, Fuftein, Fufta*.

FUSTARIA ARS, A. M. menuiserie. *Fuft*.

FUSTEJARE, A. M. couper du bois pour bâtir. *Fufta*.

FUSTEIN, donner des coups de bâton. B.

FUSTENN, futaine. B. De là *Fuftein* en Flamand ; *Fuftan* en Espagnol ; *Fuftagno* en Italien ; *Futaine* en François, futaine.

FUSTER, donneur de coups de bâton. B.

FUSTERARE, A. M. le même que *Fuftejare*.

FUSTERIUS, A. M. ouvrier en bois ; *Fuftié* en Provençal ; *Fufté* en Béarnois. *Fufta*.

FUSTEUS, A. M. de bois. *Fuft*.

FUSTIA, FUSTIAN, FUSTIANUM. Voyez *Fuftana*.

FUSTINUS, A. M. Voyez *Fuftana*.

FUSTIS, A. M. arbre, bois, bâton, espèce de vaisseau. Voyez *Fuft, Fufta*. De là notre mot *Fuftaye* ou *Futaye*, qui se dit de la tige d'un arbre.

FUSTUM, A. M. pièce de bois, *Fuft*.

FUSUILH, fusil. B.

FUSY. Voyez *Bychan*.

FUSYN. Voyez *Bychan*.

FUT, futaille. B. *Fut* en François, vaisseau à mettre du vin. Voyez *Futis*.

FUT, retirez-vous, ne m'en parlez pas. B.

FUT, le même que *But, Put, Vut*. Voyez B.

FUTHA, dessous. I. *Fufce*, vallées en Albanois.

FUTIS, FUTUM, A. G. espèce de vase. Voyez *Fut*, que l'on voit par ce mot avoir été étendu à signifier vase, vaisseau.

FUTRUM, A. M. le même que *Feltrum*.

FW, le même que *Bw*, noir. Voyez ce mot & B.

FWA, le même que *Bwa*. Voyez B.

FWDYLAU. YN FWDYLAU, à tas. G. De *Mwdylu*.

FWL. Voyez *Bal*. G.

FWLCH, le même que *Bwlch*. Voyez ce mot.

FWY, plus. G. Voyez *Fui*.

FWYAF. YN FWYAF, beaucoup, fort. G. De *Mwyaf*.

FUX, A. M. le même que *Fox*.

FY, mien, mienne. G. De *Mau*, Davies.

FY, Voyez *Bychan*.

FY, Voyez *Fech*.

FY, le même que *By, Py, Vy*. Voyez B.

FYCH. Voyez *Bychan*.

FYCHAN. Voyez *Bychan*.

FYCHET. Voyez *Bychan*.

FYCHON, FYCHOT, FYCHOU. Voyez *Bychan*.

FYCHYN. Voyez *Bychan*.

FYDD, foi, confiance. B.

FYDDARLLYS. Y FYDDARLLYS, est un des noms de la grande joubarbe que Davies n'explique point. *Fyddar* avec l'article est mis pour *Byddar*.

Je crois *Byddar* formé de *Byth* ou *Bydd*, toujours. *Llys* signifie herbe, plante ; en sorte que *Byddarllys* signifie une plante qui dure toujours. Les Latins en l'appellant *semper vivum*, lui ont donné un nom qui signifie la même chose. G.

FYDDIO, se fier. B.

FYEIN, se fier. B.

FYER, audacieux, effronté. B. De là *Fier*.

FYERTR, brancard, & cercueil anciennement, dit le Pere de Roftrenen. B. De là *Fiertre*, cercueil, châsse en vieux François.

FYESEN, figue ; au pluriel *Fycs*. B.

FYG FAG, confusément, sans ordre. G. C'est le mot de *Mic Mac*, que le Peuple conserve encore, car l'm en Gallois se change en *f*.

FYH. Voyez *Bychan*.

FYHAN. Voyez *Bychan*.

FYHARD. Voyez *Bychan*.

FYHET. Voyez *Bychan*.

FYHON. Voyez *Bychan*.

FYHOT. Voyez *Bychan*.

FYHOU. Voyez *Bychan*.

FYI GUAIRTH, autour. I.

FYICHRANN, arbrisseau. I.

FYNGUS. YN FYNGUS, en hésitant, en bégayant. G. De *Myngus*.

FYNNONUS, source. C. Voyez *Ffynnon*.

FYNNU, prospérer. B. Voyez *Ffynnu*.

FYNU. Y FYNU, sur, dessus ; *Codi I Fynu*, dresser, lever tout droit, se lever, relever, hausser, soulever ; *Cynnal I Fynu*, appuyer ou soutenir par dessous ; *Gosod I Fynnu*, dresser, lever tout droit, hausser, relever ; lever en haut ; *Gosod A I Wyneb I Fynu*, se coucher le visage en haut ; *Hedeg I Fynu*, voler ou s'envoler en haut ; *Tyfu I Fynu*, se lever ; *Tu Ag I Fynu, Ar I Fynu*, en haut. G. *Fynu*, le même que *Byn*, élévation.

FYNYCH. YN FYNYCH, quelquefois. G. De *Mynych*.

FYOL, phiole. B.

FYRR, sapin. G.

FYRR. YN FYRR, YN FYRRDER, pour une fois. G. De *Byrr*.

FYRTH, sein, golfe, détroit. E.

FYS. Voyez *Bychan*.

FYS, le même que *Bys, Pys, Vys*. Voyez B.

FYSAN. Voyez *Bychan*.

FYSET. Voyez *Bychan*.

FYSON. Voyez *Bychan*.

FYSOT. Voyez *Bychan*.

FYSOU. Voyez *Bychan*.

FYSYN. Voyez *Bychan*.

FYTH, vîte. Voyez *Byshtiad* & B.

FYWFYTH. Y FYWFYTH, grande joubarbe ; Y *Fywfyth Lleiaf*, petite joubarbe. G. De *Byw Byth*. Voyez *Fyddarllys*.

FYWLYS. Y FYWLYS FWYAF, grande joubarbe. G. *Bywllys*, plante vivante. Voyez *Fyddarllys*. *Fwyaf* de *Mwyaf*.

FYWN, dans. G. De *Mywn*.

Tome I. Kkkkkk

FF

FFA, fèves ; *Ffa Frengig* ou *Ffrenging*, faseoles, à la lettre, fèves Françoises ; *Ffa'R Moch*, jufquiame ou hannebane, fèves de loup. G. Voyez *Ffaen*, *Fa*.

FFA, lieu, place. Voyez *Ffaig*, *Fa*.

FFACCED, préfure. G.

FFAEL, erreur, tromperie. G. Voyez *Fall*.

FFAELU, errer, fe tromper. G.

FFAEN, fève ; au plurier *Ffa*. G. Voyez *Faffen*, *Faven*.

FFAETH, fuivant d'autres *Ffyeth*, mol, mûr, doux. G.

FFAETHDER, molefle, maturité, douceur. G.

FFAETHU, amollir, meurir, s'adoucir, devenir doux. G.

FFAFOR, faveur, grace. G. *Faborea* en Basque, faveur. De là *Favor* en Latin & en Espagnol ; *Favore* en Italien ; *Fovour* en Anglois ; *Faveur* en François. Voyez *Ffawr*.

FFAFRIO, favorifer, donner, accorder, octroyer. G.

FFAGAL, **FFAGL**, **FFAGLEN**, flamme, flambeau, fallot, torche. G. *Fagl* anciennement en Breton, flamme ; *Faecele* en ancien Saxon ; *Fachala* en Théuton ; *Faklia* en Polonois ; *Fackel* en Allemand ; *Fakule* en Bohémien ; *Fackel* en Flamand ; *Fax* en Latin ; *Face* en Italien ; *Fallot* en François, flambeau, torche. *Pêcher à la Faille* en Franche Comté, c'eft pêcher à la lueur de la flamme pendant la nuit.

FFAGLAWR, qui enflamme. G.

FFAGLU, flamber, jetter des flammes, brûler. G.

FFAGLWR, incendiaire. G.

FFAGODEN, faifleau, fagot ; au plurier *Ffagod*. G. Voyez *Fagodenn*.

FFAIG, en place. G. Voyez *Fa*.

FFAIL, ruine, chûte, caducité, manquement, défaut. G. *Faillidhe* en Irlandois ; *Faile* en Anglois, manquement, faute ; *Fall* en Anglois, chûte ; *Faal* en Flamand, faute, défaut ; *Fall* en Allemand, faute, chûte, ruine ; *Falla* en Espagnol, faute, difette, défaut ; *Fallo* en Espagnol, faute, défaut, erreur ; *Fal* en Arabe, rompre, cafler, être privé de fes biens. Voyez *Fall*.

FFAINT, arbre, bois. Voyez *Celffaint*.

FFAIR, marché, foire. G. *Fair* en Anglois ; *Feyres* en vieux François ; *Foires* en François moderne ; *Feria* en Espagnol ; *Fiera* en Italien, foire. Voyez *Foar*.

FFAL, fauffeté, erreur, fourberie, défaut, manquement. G. Voyez *Ffael*, *Ffail*.

FFAL, le même que *Ffald*. Voyez *D*.

FFALD, étable, parc, enceinte. G. *Fald* en ancien Saxon & en Suédois ; *Fold* en Anglois ; *Faude* en vieux François, écurie, parc, enceinte en général, claye pour former cette enceinte. Les Flamands appellent encore *Faulde* ou *Faude* un fourneau à charbon enfermé de clayes. *Feld*, enceinte en Allemand. On a étendu le mot de *Ffald* à tout ce qui couvre ; c'eft ce que nous voyons par le mot de *Faldes*, qui dans Saint Gelais fignifie haut-de-chauffes. En effet *Ffald* eft le même que *Bal*. (Voyez *Bal* & *D*) qui fignifient en général ce qui enferme, ce qui couvre. *Falie* en Théuton, robe de femme, mante de femme qui enveloppe tout le corps. *Palt-Rok* en Théuton, le même que *Falie* ; *Falda* en Espagnol, mante de femme ; *Bala* en Hébreu, couvrir. Voyez *Faleadh*, *Faldao*, *Falden*, *Faldia*.

FFALLACH, le même que *Ffollach*. G.

FFALM. *GWYNT FFALM*, vent véhément, zéphir. G.

FFALS, faux. G. De là *Falfus* en Latin ; *Falfch* en Allemand ; *Falfe* en Anglois ; *Falık* en Suédois ; *Falskur* en Iflandois ; *Fals* en Théuton ; *Valfch*, prononcez *Falfch* en Flamand, faux. Voyez *Fals*.

FFALSEDD, fauffeté. G. Voyez *Ffals*.

FFALST, faux. G.

FFALT, le même que *Ffald*. Voyez *D*.

FFAN, bas. G.

FFANNUGL, profpérité.

FFARAON. Davies dit qu'il a lu une fois ce mot dans les Auteurs Gallois, que peut être il fignifie Roi. G. Ce terme en ancien Égyptien fignifioit Roi.

FFARDD, porter. G. Voyez *Farda*.

FFASGAU, faifleaux. G. Voyez *Ffagoden*.

FFATT, coup. G. Voyez *Baeddu*, *Baettu*, battre.

FFATTIO, battre, fraper. G.

FFAU, caverne, antre, grotte, fofle, creux, cave, fond, retraite des bêtes fauvages, cachette. G. *Pholeos* en Grec, fofle ; *Bova* en Vénitien, canal ; *Faude* en vieux François, le creux d'une chaire, giron ; de là *Faudiere*, *Fandal*, tablier de femme, & *Fauder*, enfoncer en guife de giron. En Franche-Comté *Fauffer* une couverture de lit, c'eft l'enfoncer fous le matelas pour qu'elle ne tombe pas. De *Ffau* eft venu *Favus* Latin. On a dit *Ffou* comme *Ffau*, (Voyez *Bal*) d'où eft venu *Fovea* Latin ; *Four* en vieux François ; *Fouir* en François moderne, creufer fouir ; *Foueur* en vieux François, fofloyeur. Voyez *Fos*.

FFAU eft le même qu'*Arglwyd*, Seigneur, felon Llyn Auteur Gallois. Davies prétend qu'il fe trompe & qu'il fignifie honneur, gloire. Les phrafes que rapporte Davies prouvent effectivement que ce mot fignifie honneur & gloire ; mais il peut aufli avoir le premier fens, d'autant plus que *Faur* fignifie grand. Voyez *Ankeler*.

FFAWD, bonheur, profpérité, bonne fortune. G. Par une phrafe que Davies cite, il paroit que ce mot fignifie aufli la fortune. Ma conjecture fe change en certitude, puifque Thomas Guillaume dans fon Dictionnaire le traduit ainfi. De *Ffawd*, *Fatum*, en fupprimant l'*u* ; *Fauftus* en inférant une *s*, *Ffawd* a dû aufli fignifier abondant, fertile en Celtique, parce que le mot qui fignifie heureux à ces deux fens dans les langues qui s'en font formées. *Hortus Felix* en Latin un jardin, fertile ; *Campania Felice* en Italien, campagne fertile. Nous difons un climat heureux, une année heureufe pour un climat fertile, une année abondante. *Fatoy* heureux en Albanois ; *Fo* en Chinois, heureux, bonheur, profpérité. Voyez *Fa*, *Fad*.

FFAWIT, hetres. G. Voyez *Faw*.

FFAWR, le même que *Ffafor*. G.

FFAWYDDEN, hêtre ; au plurier *Fawydd*. G.

FFEI, fi. G. *Feo* en Espagnol, vilain, obscène; *Fealdad*, ordure, saleté. Voyez *Ffi*.
FFEIDIO, fermer. G.
FFEL, fin, rusé, adroit. G. De là *Felis*, chat animal fin & rusé.
FFELAIG, Empereur, Général. G. Voyez *Bal*.
FFELLELL, manquer, nier. B.
FFELLYCH, souliers ou chaussures des philosophes. On les désigne encore en Gallois par cette périphrase : *Esgidiau Disowdl*. G.
FFELRWYD, le même que *Ffraetheiriau*. G.
FFENESTR, fenêtre. G. Voyez *Fenestr*.
FFENESTROG, où il y a des fenêtres. G,
FFENIGL, fenouil; *Ffeniol Helen Lwyddog meum*, plante; *Ffenigl T Cwn*, fenouil sauvage; *Ffenigl T Moch*, romarin, queuë de pourceau; *Ffenigl T Mor*, crithmon. G.
FFER, rusé G.
FFER, roide. G. Voyez *Ferff, Fero, Fferdod, Ffern*.
FFER, robuste, fort, selon Llyn Auteur Gallois; selon d'autres synonime d'*Arglwyd*. G. *Foer*, fort en Runique; *Fier*, rude en vieux François.
FFER, synonime d'*Uphern* & d'*Ankle*, qui est traduit comme ces deux mots par *Ephuron* en Grec, lequel terme Grec signifie arrosoient. G.
FFER, le même que *Berw*. Voyez *Ffrio*.
FFER, les os qui composent le col du pied, la cheville du pied. G.
FFERDOD, gelée, congélation, grand froid. G.
FFERLYD, qui a froid, qui a grand froid. G.
FFERM, métairie. G. Voyez *Ferm*.
FFERN, avoir grand froid, geler de froid. G.
FFERR, FFERRDOD, grand froid, froidure piquante. G. *Fua're* en Irlandois, froidure; *Freeze* en Anglois; *Fryfaen* chez les Scandinaviens; *Fryfan* en ancien Saxon; *Vriezen* en Flamand, geler.
FFERREDIG, gelé. G.
FFERRIAD, congélation, gelée. G.
FFERRU, se geler, se glacer, éprouver un grand froid, durcir G.
FFERYLL, FFERYLLT. CELFYDDYDD FFERYLL, chimie selon Thomas Guillaume. G. *Celsyddydd*, art.
FFEST, vîte, prompt, qui se hâte. G. De là *Festinus* Latin.
FFESTA, se hâter. G. *Phetahhh* en Hébreu, sur le champ.
FFESTIN, défense, fortification, fort, fortifié, qui défend, qui fortifie, qui munit. Voyez *Penffestin*.
FFESTINIAW. Davies demande s'il signifie se hâter. Je crois qu'oui, & que de là est venu le *Festino* des Latins. Voyez *Ffest*.
FFETTAN, sac. G. *Faet* en ancien Saxon, sac.
FFETTANWR, faiseur de sacs. G.
FFEUTUR, étain. G.
FFI, fi, interjection pour marquer le dégoût & l'aversion. Elle a aussi marqué le malheur : *Ffi Hono*, malheur à eux. G. Ce mot a aussi signifié puanteur, ce qui cause de l'horreur, de l'aversion, du dégoût, des soulevemens de cœur, ce qui est digne de mépris, puant, vilain, dégoûtant. Voyez *Ffuid, Ffscid, Fy, Fich, Fech, Fi, Ffi, Ffi*. L'interjection de *Ffi* s'est conservée chez les Italiens, qui disent *Fi* comme nous; chez les Anglois, qui disent *Fy*; chez les Allemands, qui disent *Fey*; chez les Espagnols, qui disent *Fay*; chez les Flamands, qui disent *Focy*. Pasquier dit qu'on a appellé maître *Fifi* celui qui fait métier de curer les latrines. Voyez ses recherches, l. 8, c. 26. Nous appellons *Fi* une maladie des bœufs qui est à ces animaux ce que la ladrerie est aux porcs : On nommoit en vieux François cette maladie des bœufs *Fil* ou *Fi*. *Fi* en Irlandois, si; *Feig* en Allemand, poltron, lâche, timide; *Feigo*, sic maladie de l'anus en la même Langue; *Fien* en Théuton & en Allemand, avoir de l'aversion; *Fiant* en ancien Saxon; *Fijan* en Gothique, avoir de l'aversion; *Faida* en Lombard, aversion, inimitié, haine; *Fede* en ancien Allemand; *Foed* en Islandois; *Foehth* en ancien Saxon; *Feud* en Anglois; *Veede* en Flamand; *Faida* dans les monumens de la basse Latinité, inimitié, haine, aversion; *Fiand* en Gothique; *Feind* en Allemand, ennemi, homme qui nous hait; *Feo* en Espagnol, laid, vilain, deshonnête; *Fiatore* en Italien, puanteur; *Fiatoso*, puant; *Fieto*, relent mauvaise odeur. *Phi* marque le mépris en Tonquinois; *Phigul* en Hébreu, abomination, abominable, puant; *Phigel* en Chaldéen, rendre puant; *Pisag* en ancien Persan, lépreux, homme dont les anciens Persans avoient une grande horreur; *Pis* en Persan moderne, lépreux; *Fisah* dans la même Langue, homme impur dont on a horreur; *Fi* dans la basse Saxe, interjection qui marque l'aversion; *Fian, Figan* en ancien Saxon; *Fijan* & *Figan* en Gothique; *Fien, Figen* en Théuton; hair; *Feide, Fede* en Théuton, haine, inimitié; *Fu* en Latin, interjection qui marque l'aversion : On disoit *Phy* en ancien Latin, comme on le voit dans Plaute ; *Phy i in malam crucem*. On peut prouver la même chose par *Fimus*, fiente, fumier, qui en a été formé. *Fic* en François; *Ficus* en Latin, maladie de l'anus.
FFIAID, dégoûtant, abominable, détestable. G.
FFIC, le même que *Ffi*. Voyez ce mot.
FFIEID, FFIEIDD, maudit, chargé de malédictions, abominable, obscène. G.
FFIEIDD-DOD, dégoût, aversion, répugnance. G.
FFIEID-DRA, FFIEIDD-DRA, soulevement de cœur, dégoût, détestation, abomination, exécration. G.
FFIEIDDPRWNT, sale, crasseux, purulent. G.
FFIEIDDIAD, aversion, dégoût. G.
FFIEIDDIO, avoir des soulevemens de cœur; éprouver des envies de vomir, refuser, rejetter, détester, avoir en horreur, avoir en exécration. G.
FFIEIDGAS, détestable, horrible, affreux, abominable. G. *Cas*.
FFIEIDIO, avoir de l'aversion, avoir du dégoût; faire peu de cas, mépriser, dédaigner, avoir en abomination, abhorrer. G.
FFIGUR, forme, figure. G. Voyez *Figur*.
FFIGYSBREN, figuier. G.
FFIGYSEN, figue; au plurier *Ffigys*. G.
FFIGYS-LLWYN, lieu planté de figuiers. G.
FFIGYSWYDDEN, figuier. G.
FFILOG est synonime d'*Adain* & d'*Eboles*; il signifie aussi une femme de mauvaise vie. G. *Phillegesh* en Hébreu, femme de mauvaise vie.
FFILOR, homme qui joue d'un instrument à cordes. G.
FFILOREG, babil, caquet, discours inutile. G.
FFIN, fin, terme, borne, amende. G. Il signifie aussi terre, terrein. Voyez *Cyffin*. On dit encore en Franche-Comté *une Fin* pour un sol. Voyez *Fin*.
FFINIO, donner une amende. G.
FFINNADWY, heureux, favorable. G.
FFIOGEN, lapin. G.

FFIOL, phiole. G. *Phial* en Chaldéen. Voyez le mot suivant, & *Fiolen*.

FFIOL FFESYCH, écuelle. G. *Brefych*, chou. On voit par ce mot & par le suivant, que *Ffiol* a signifié vase en général.

FFIOL LLYN, gobelet, verre, vase à boire. G.

FFIOL Y FFRIDD, Voyez *Dail Ffiol Frwyth*. G.

FFION, rouge, rubicond. G. Voyez *Fion*. *Fiot* dans les montagnes de Franche-Comté signifie un sapin rouge.

FFITHLEN. Davies n'explique pas ce mot; mais par la phrase qu'il rapporte je conjecture qu'il signifie verge, baguette. Voyez *Fuft*, *Fut*.

FFL, FFLEU, grand. Voyez *Amryffleu*. C'est une transposition de *Fel*.

FFLACCED, bouteille, outre, cruche, flacon. G. Voyez *Flacoun*. *Flafche* en Allemand, flacon, bouteille; *Flefchs*, flacon, bouteille en Flamand; *Vlafcun* en Théuton, outre, *Flafca*, bouteille en Théuton; *Flaska*, bouteille en Runique; *Flafca* en ancien Saxon, bouteille; *Flagon* en Anglois; *Flafcon*, flacon en François; *Flafca* en Espagnol; *Fiafco*, *Fiafcone* en Italien; *Flasha* en Polonois; *Flaffe* en Bohémien; *Palafzk* en Hongrois, bouteille; *Phlaskon* en Grec dans Hesychius, espèce de vase; *Flaska* en Esclavon, bouteille; *Flache*, *Flafque* en vieux François, flacon.

FFLADR, conteur de fadaises, diseur d'impertinences, causeur, babillard, fou, sot, stupide. G. Voyez *Flatra*.

FFLADRED, FFLADREDD, fadaises, impertinences, sotises, folie, stupidité, fatuité, sotise. G.

FFLAGGIO, languir, perdre la force, devenir flasque, se faner, se flétrir, devenir languissant. G.

FFLAIM, lancette, chirurgien qui saigne. G. On appelle encore *Flame* la lancette dont on saigne les chevaux.

FFLAIR, puanteur chez les bas Bretons, dit Davies. Voyez ce mot par l'F simple.

FFLAIS, peu sûr, peu solide. Voyez *Difflais*.

FFLAM, flamme. G. Voyez *Flam*.

FFLAMBOER, qui jette, qui vomit des flammes. G.

FFLAMDWYN, qui porte la flamme. G.

FFLAMGOED, la même plante que *Llyfiau 'R Cyfog*. G.

FFLAMMIAD, embrasement, incendie. G.

FFLAMMIO, enflammer, être enflammé. G.

FFLAMMYCHIAD, embrasement, incendie. G.

FFLAMYCHU, jetter des flammes, brûler. G.

FFLAMYCHEDIG, enflammé. G.

FFLANGELL, fouet. G. De là *Flagellum* Latin.

FFLANGELLU, fouetter. G.

FFLAW, fracture, rupture, selon Thomas Guillaume; rognure, retaille, pièce, selon Davies: Selon d'autres il est synonime à *Banniar*. G.

FFLED. Davies n'explique pas ce mot, & je n'en ai point trouvé la signification dans aucun Auteur Gallois. C'est le même que *Fled* Breton, les deux ff Galloises étant la même lettre que l'f Bretonne.

FFLEIMIO, déchiqueter la peau, scarifier. G. De *Fflaim*.

FFLEIRIO, sentir, jetter de l'odeur; *Fflaeraf Droug*, sentir mauvais; *Fflaeraf Mad*, avoir une bonne odeur en bas Breton, dit Davies. Voyez ces mots par l'F simple.

FFLEM, phlegme. G.

FFLEM, le même que *Ffreu*. Voyez *Ffreu*.

FFLEU, le même que *Ffreu*. Voyez ce mot.

FFLEU. Voyez *Ffl*.

FFLIWEH, chevelure. G.

FFLOCCYSYN, bourre. G.

FFLOCH, écuyer. G.

FFLOCH, féminin de *Fflwch*. G.

FFLOCHEN, copeau, placage, pièce, morceau. G.

FFLOYW, le même que *Gloyw*. G.

FFLU, le même que *Ffru*. Voyez *Ffreu*.

FFLUR, FFLUR, beauté, sérénité. G. Voyez *Flour*.

FFLURREG, proue. G.

FFLWCH, ample, vaste, spacieux, étendu, grand, large, abondant, libéral, qui fait des largesses, exact, soigneux, attaché, appliqué, diligent, vigilant, sçavant; *Yn Fflwch*, abondamment, suffisamment, à foison. G. Les Picards disent lorsqu'un habit est fort ample, fort large, que cet habit *floque*.

FFLWD, le même que *Ffrwd*. Voyez *Ffreu*.

FFLWR a signifié or. Voyez le mot suivant.

FFLWRING, d'or. G. De là le mot *Florin*.

FFLUWCH, chevelure, tour de cheveux, boucle de cheveux. G.

FFO, feu. Voyez *Diffod*.

FFO, fuite, fuir. G. *Phot* en Cophte, fuyez.

FFOADUR, fuyard, déserteur, transfuge, qui fuit aisément, qui passe vite, leger à la course. G.

FFOADURIAETH, fuite, qualité qui fait qu'on fuit aisément. G.

FFOADURUS, fugitif. G.

FFOAWD, sortir. G. *Fo* en Franc-Comtois, hors.

FFODIOG, heureux, fortuné. G. Voyez *Ffawd*.

FFOEDIG, fugitif. G.

FFOEDIGAETH, fuite. G.

FFOL, fou, sot, stupide, niais. G. Voyez *Fol*.

FFOL, Voyez *Pwl*.

FFOLCH. Voyez *Fflwch*. G.

FFOLED, folie, sotise, stupidité. G.

FFOLEN, fesses. G.

FFOLHAELDER, prodigalité, profusion. G.

FFOLI, rendre fou. G.

FFOLINEB, folie. G.

FFOLLACH, brodequin, chaussure, soulier, bottines, guêtres. G. *Falat*, croute en Hongrois. Voyez *Fol*.

FFOLYN, fat, sot, niais, impertinent. G.

FFON, bâton, bois de lance. G.

FFONDORIO, bâtonner, battre. G.

FFONN Y BUGAIL, jusquiame ou hannebanne, feve de loup. G.

FFONNEDIAD, bastonade, volée de coups de bâton. G.

FFONNHELA, épieu. G. *Ffon Hely*.

FFONNIG, petit bâton, verge, houssine. G.

FFONNOD, coup, action de battre. G.

FFONNODIO, bâtonner. G.

FFONNODIWR, exécuteur qui donnoit les coups de bâton aux criminels. G.

FFONNWAYW, bois de lance. G. *Ffonn Gwayw*.

FFORCH, fourche. G. Voyez *Forch*.

FFORCHDROED, fourchu, fendu en deux pointes. G.

FFORCHIG, petite fourche. G.

FFORCHOG, fourchu, fendu en deux pointes, qui a deux fourchons. G.

FFORCHOGI, rendre fourchu, être fourchu. G.

FFORDD, chemin, route, avenue, passage, entrée. G. *Ffordd*, chemin en Langue de Cornouaille; *Ferd* en ancien Saxon, trajet; *For*, *Ferd*, chemin en Islandois, & *Far*, aller, marcher; *Far*, *Ferd*, chemin

chemin en Runique, & *Fara*, marcher; *Furt* en Allemand, gué; *Furagra* en Espagnol, chemin, rude, scabreux, plein de rochers & de précipices; *Fur*, chemin, de *For*; & *Agra* d'*Agarw*, *Garw* Voyez *For*.

FFORDDAWL, de chemin, qui concerne les chemins. G.

F'ORDDGLUDO, chemin. G.

FFORDDIAD, introduction. G.

FFORDDIO, conduire quelqu'un dans une route. G.

FFORDDOL, voyageur. G.

FFORDDRYCH, heureux, prompt dans sa route, violent, impétueux. G. *Trych*, *Trech*.

FFORDOL, voyageur, guide. G.

FFOREST, forêt. G. *Forest* en Breton; *Foraigh* en Irlandois; *Forest* en Écossois, en Anglois, en François; *Fora*, *Forac* en Basque; *Foresta* en Italien; *Foreest* en Flamand; *Forst* en Allemand & en Théuton; *Hores* en Hébreu; *Floresta* en Espagnol; *Vorsth* en Carniolois, forêt. On a dit *Forcon* en vieux François pour forêt. On voit par ce mot qu'on a fait une crase de *Forest*, & qu'on a dit *Fors* & *Forc*. (On dans *Forcon* est une simple terminaison.) *Forest* en Théuton, forêt.

FFORESTWR, forêtier, garde-bois. G.

FFORFED, amende, peine pécuniaire, confiscation, peine. Ce mot signifie à la lettre, dépouille de biens; *Ffor*, hors; (Voyez *For*) *Fed*, biens. Nous avons fait passer ce terme de la signification du châtiment à celle du crime qui le mérite; nous disons un *Forfait* en ce sens. *Forfeit* en Anglois, amende, délit; *Forfatto* en Italien, forfait.

FFORFETTIO, confisquer. G.

FFORIO, épier. G. *Phor*, *Phoros* en Grec, espion.

FFORIWR, espion. G.

FFORRIOR, larron. G.

FFORTUN, fortune. G. Voyez *Fortun*.

FFORTUNIOL, FFORTUNUS, fortuné. G.

FFÔS, fosse. G. Voyez *Fos*.

FFOSIG, petite fosse. G.

FFOSLE, fosse. G.

FFOSOG, plein de fosses, plein de mares. G.

FFOSS, FFOSSWN, épée. G.

FFOSSIG, petite fosse. G.

FFOSSOD, FFOSSAWD, coup d'épée. G.

FFOST, femme de mauvaise vie. G.

FFOSWAD, creuser. G.

FFOTHEL, pustule. G.

FFOU. Voyez *Ffau*.

FFOURE, mont de refuge. G. Davies demande si ce mot est composé de *Ffo* & de *Bre* : Je crois qu'oui, parce que *Bre* se change en *Vre*.

FFR, le même que *Berw*. Voyez *Ffrio*.

FFRAETH, âcre, âpre, aigre, fort piquant, ardent, pressant, éloquent, disert. G. Il signifie aussi subtil. Voyez les mots suivans & *Goledsfraeth*. De là en vieux François *Fredaines*, moqueries : Ce mot est encore usité en ce sens en Languedoc. Voyez *Brathu*.

FFRAETHDOR, ardeur, éloquence, pensées fines, pointes d'esprit, raisonnemens subtils, G.

FFRAETHEIRIAU, pensées fines, pointes d'esprit, raisonnemens subtils. G.

FFRAU, écoulement, flux, couler doucement. G.

FFRAUMA, flux. G. Voyez *Ffreum*.

FFRAUTUR, monastère de Freres ou de Religieux. G. *Ffrawt* est ici le même que *Brawd* ou *Brawt* ; (Voyez *B*.) *Ur* doit donc signifier demeure, habitation. Voyez *Uri*.

TOME I.

FFRAW, courant d'eau, ruisseau. G.

FFRAW, beau. G. De là le nom de la rivière de Ffraw dans l'Isle de Mona, dit Davies. *Frei* en Allemand, beau, aimable; *Fro*, *Frau*, *Frou* en Théuton; *Vro*, prononcez *Fro*, en Flamand, joyeux, gai; *Ffraai* en Flamand, beau; *Fron* en Théuton, beau, & *Freuen*, se réjouir; *Freude* en Allemand, joie, & *Freudig*, joyeux, gai. De là *Freund* en Allemand; *Freond* en ancien Saxon; *Friunt* en Théuton; *Friend* en Anglois; *Vriend* en Flamand; *Frijonds* en Gothique, ami, homme qui plait, qu'on voit avec joie.

FFRAWD, hâte. G.

FFRAWD, tort, dommage. G.

FFRAWD, désir. Voyez *Diffrawd*.

FFRAWDDUS, nuisible. G.

FFRECC, babil, caquet. G.

FFREGWAWD, étourdi, badin, folâtre. Voyez *Difregwawd*.

FFREN, courant d'eau. G.

FFRENGIG, François. G.

FFREU, corneille ou choucas. G.

FFREU, écoulement, flux, couler doucement. G. On a dit *Breu* comme *Ffreu*, ainsi qu'on le voit par *Bru*, (Voyez encore *B*) & par conséquent *Bren* comme *Ffren*, *Breum* comme *Ffreum*, *Brewv* comme *Ffrewv*, *Brwd* comme *Ffrwd*. L'*r* se changeant en *l*, on a dit *Ffleu*, *Fflen*, *Fleum*, *Fleuv*, *Flu*, *Flwd*, ainsi qu'on le voit par *Plu* Celtique, *Pluo* Latin. *Phreein*, couler en Grec du dialecte Éolique.

FFREUAW, couler, découler. G.

FFREUM, courant d'eau, ruisseau. G.

FFREUO, couler, s'écouler. G.

FFREWYLL, fouet. G.

FFREWYLLIO, fouetter. G.

FFRIDD, fruit. G.

FFRIO, frire. G. Il paroit par ce mot qu'après avoir fait *Ferw* de *Berw*, (Voyez *B*.) on a fait *Ffer* de *Ferw*, & par crase *Ffr*; ainsi *Ffer*, *Ffr* ont la même signification que *Berw*. *Fria* en Breton, frire; *Phrugo* en Grec; *Frigo* en Latin; *Friggere* en Italien; *Freir* en Espagnol; *Frire* en François; *Frye* en Anglois; *Fryten* en Flamand, frire.

FFRISTIAL, FFRISTIOL, cornet à jouer aux dez. G. De là *Fritillus* Latin.

FFRITH, FFRIDD. Davies n'explique point ces mots. J'ai trouvé dans le Dictionnaire de Thomas Guillaume que *Ffridd* signifie fruit, & par conséquent que *Ffrith*, que Davies rapporte comme son synonyme, a le même sens. G. Voyez aussi l'article suivant.

FFRITH, frais. Voyez *Llefrith*.

FFRIW, visage, front. G.

FFRO, le même que *Cyffro*. Voyez ce mot.

FFROAD, le même que *Cyffroad*. Voyez *Cyffro*.

FFRODD, le même que *Cyffrodd*.

FFROED, plurier de *Efrwd*. Voyez *Dyfrwd*.

FFROEN, narine. G.

FFROENFOLL, qui a les narines fort ouvertes. G.

FFROENI, FFROENIO, souffler du nez. G.

FFROENSUR, qui est refrogné. G.

FFROI, le même que *Cyffroi*. Voyez *Cyffro*.

FFROMDDIG, qui est irrité, qui est en colere. G.

FFROMDER, colere, emportement. G.

FFROMM, qui est en colere, qui est irrité, qui est plein d'indignation, qui frémit. G. De là *Fremo* Latin. *From* en ancien Saxon, fort, vaillant, brave; *Framur* en Théuton, hardi.

Lllllll

FFROMMI, être en colere, être rempli d'indignation, frémir. G.
FFROMWYLLT, furieux. G. *Gwyllt*.
FFRONGC, le même que *Cutt Gwyddan*. G.
FFRONGC, lieu où l'on engraisse les animaux. G.
FFROST, ostentation, vanterie, vaine gloire, vanité, orgueil, action de se glorifier, faste, orgueilleux, superbe. G.
FFROSTIO, se vanter, faire parade, faire montre, marquer de la vanité, de l'orgueil. G.
FFROSTIWR, homme vain, qui se vante, qui se glorifie, qui fait vanité, qui est enflé de gloire, qui est bouffi d'orgueil, diseur de bons mots, bouffon, charlatan. G.
FFROSTUS, glorieux, qui se glorifie, qui est enflé de gloire, orgueilleux, vain, fanfaron, injuste. G.
FFROUS, le même que *Cyffrous*. Voyez *Cyffro*.
FFROWR, le même que *Cyffrowr*. Voyez *Cyffro*.
FFROYN, frein. G. *Frenum* en Latin; *Freno* en Espagnol & en Italien, frein, bride.
FFRU, le même que *Bru*. Voyez *Ffreu*.
FFRUSTIAL, le même que *Ffristial*. G.
FFRW, le même que *Brw*. Voyez ce mot.
FFRW, le même que *Ffrwd*, comme on le voit par *Ffreu* & *Bru*.
FFRWD, coulant d'eau, ruisseau, rivière, détroit, bras de mer, torrent. G. De là *Fretum* Latin.
FFRWD, le même que *Brwd*, vîte. Voyez ce mot & *Ffwst*, & *Berw*. *Froet*, *Froout* en Cophte, prompt.
FFRWD, le même que *Brwd*, bruit. Voyez *Siffrwd*.
FFRWST, vîtesse, hâte, empressement, précipitation, promptitude, grande diligence, diligence. G. En Franc-Comtois on dit *Frou Frou*, pour marquer la vîtesse. *Fretta* en Italien, presse, hâte; *Fleuz* en Flamand, sur le champ; *Phut* en Tonquinois, sur le champ. Voyez *Efrwd*.
FFRWYN, frein.
FFRWYNDOF, apprivoisé. G.
FFRWYNIAD, action de retenir, de réprimer. G.
FFRWYNIG, licol pour une bête. G.
FFRWYNO, mettre un frein, arrêter, réprimer. G.
FFRWYTH, fruit, profit, utilité, avantage. G. *Frucht* en Allemand; *Fruitte* en Anglois; *Frutto* en Italien; *Fruht* en Carniolois; *Fruga* en Croatien; *Frutto* en Espagnol, *Vrucht* en Flamand; *Fructus* en Latin; *Fruit* en François, fruit.
FFRWYTHFAWR, fertile, fécond, de grand rapport. G.
FFRWYTHGOLL, qui perd son fruit. G. *Coll*.
FFRWYTHLAWN, fécond, fertile, fructueux, riche, qui rend fécond. G.
FFRWYTHLON, le même que *Ffrwythlawn*. G.
FFRWYTHLONDEB, FFRWYTHLONDER, fertilité, fécondité, abondance. G.
FFRWYTHLONI, fertiliser, rendre fécond, faire porter. G.
FFRWYTHO, fructifier, produire du fruit. G.
FFRUYN, frein, bride anciennement en Breton, dit le Pere de Rostrenen. C'est *Ffrwyn*.
FFRYD, FFRYDIAD, les mêmes que *Cyffryd*, *Cyffrydiad*. Voyez *Cyffro*. *Frit* dans Nicot, panchement de muraille en dedans vers le haut.
FFRYDIAD, flux, écoulement. G. *Ffrwd*.
FFRYDIAW, FFRYDIO, sourdre, sortir parlant de l'eau, couler, découler, se répandre parlant des liqueurs. G.
FFRYDIOL, fluide. G.
FFRYSTELLACH, hâte, précipitation, vîtesse, promptitude, diligence. G.

FFRYSTIO, se hâter, se presser, courir vîte. G. *Ffrwst*.
FFUANT, hypocrisie, dissimulation, feinte. G.
FFUANTU, feindre, contrefaire, déguiser, dissimuler, faire semblant, faire accroire, faire l'hypocrite, chercher un prétexte pour couvrir ou pour excuser, flater. G.
FFUANTUS, d'hypocrite. G.
FFUANTWR, hypocrite, faussaire, qui dissimule, flateur, patelin. G.
FFUCHES, noir. Voyez *Briih Y Fuches*. G. De là *Fuscus* Latin.
FFUDAN, hâte, vîtesse, précipitation, promptitude, diligence. G.
FFUDANU, se hâter. G.
FFUDANUS, actif, agissant, qui se donne du mouvement, occupé, embarrassé, plein d'affaires. G.
FFUG, fard, mensonge, feinte, prétexte, flaterie. G. *Bugia* en Italien, mensonge; *Fucare* en Italien farder; *Puch* en Hébreu; *Phukos* en Grec; *Fucu*, en Latin, fard.
FFUGIAD, feinte, dissimulation, déguisement, faux semblant, supposition. G.
FFUGIO, farder, alterer, falsifier, corrompre, contrefaire, feindre, mentir, déguiser, dissimuler, faire semblant, faire l'hypocrite. G.
FFUGIOL, fardé, masqué, contrefait, falsifié, faux, menteur, coupable. G.
FFUGIWR, faussaire, qui feint, qui déguise, qui dissimule, hypocrite; pluriel *Ffugwyr*. G.
FFUGL, vent. G.
FFULL, hâte, vîtesse, précipitation, promptitude, diligence. G.
FFULLIO, se hâter. G.
FFUMER, cheminée, fournaise. G. De là *Fumus* Latin; *Fumée* François.
FFUN, haleine, respiration, poignée, faisseau. G.
FFUNEGL, sillon. G.
FFUNELL, petit faisseau, fenouil. G.
FFUNEN, bandelette. *Ffunennig* diminutif. G.
FFUNENNU, attacher avec des bandelettes. G.
FFUNUD, manière, figure. G.
FFUNYD, manière, figure, forme, façon, sorte. G.
FFUR, sage, sçavant, circonspect, prudent. G. Voyez *Fur*.
FFURB, le même que *Ffurf*. G.
FFURS, espèce. G.
FFURED, furet. G. *Foret* en Flamand; *Foretta* en Italien; *Ferret* en Anglois; *Frett* en Allemand, furet petit chien qui fait sortir les lapins de leur tanière; de là *Furet* au figuré dans notre Langue un curieux, un homme qui fait toute sorte de recherches, qui veut tout sçavoir; d'où nous avons fait le mot *Fureter*. *Furet* est aussi en notre langue une espèce de tarière. *Furo* en Hongrois, tarière.
FFURF, forme, figure. G. Voyez *Furm* qui est le même mot.
FFURFAFEN, FFURFAFENT, ciel, firmament. G.
FFURFAVEN, ciel, firmament. G.
FFURFEIDDGRWNN, rond. G.
FFURFEIDDIAD, conformation. G.
FFURFEIDDIO, former. G.
FFURFEIDDIWR, qui forme, qui façonne. G.
FFURFIAD, conformation. G.
FFURFIO, former, donner la forme, façonner, figurer, donner le tour, tracer, dessiner, faire le portrait. G.
FFURFIOL, qui est dans les formes. G.
FFURMENTI, froment. G. De là *Frumentum* Latin; *Froment* françois.

FFURN, fournaife. G. Voyez *Ffwrn.*
FFUST, fouet. G.
FFUSTIAD, volée de coups de bâton, baftonade. G.
FFUSTO, fuftiger, bâtonner, fouetter, battre. G. Voyez *Fuft*; de là *Fuftiger.*
FFUSTWIAIL. Davies n'explique pas ce terme. *Ffuft*, fouet ; *Gwial* ou *Gwiail*, plurier de *Gwialen*, verge, le g initial fe perd en compofition ; *Ffuftwiail*, fouet de verges.
FFUSTWR, exécuteur qui donnoit les coups de bâton aux criminels. G.
FFW, feu. Voyez *Ffwrn, Forn, Fo. Fue* dans les montagnes de Franche-Comté, fapin d'un rouge foncé.
FFWD, vîte. Voyez *Bytheiad.*
FFWLBART, furet (outil.)
FFWLCH, au féminin *Ffolch*, brifé, brifure. G.
FFWN, fontaine. Voyez *Ffynn, Font.*
FFWRCH, fourche. G. *Forch* en Breton ; *Forc* en Irlandois, en ancien Saxon, en Anglois ; *Vork*, prononcez *Fork* en Flamand ; *Forca* en Italien ; *Furca* en Latin ; *Fourche* en François, fourche.
FFWRG, le même que *Bwrg*. Voyez ce mot & B.
FFWRN, fourneau, fournaife. G. *Forn* en Arabe ; *Phournos* en Grec, fourneau. Voyez *Forn, Fornés.*
FFWYR eft le même que *Gwafgar* ou *Brwydr*, felon Llyn & Tew Auteurs Gallois ; pour moi, dit Davies, je crois qu'il fignifie tort, dommage ou quelque chofe de femblable. G. Tous ces fens font bons, le même mot dans toutes les Langues, principalement dans les anciennes, ayant plufieurs fignifications différentes & quelquefois oppofées. Voyez la premiere partie des mémoires fur la Langue Celtique.
FFWYS, le même qu'*Affwys*. G.
FFYD, vîte. Voyez *Bytheiad.*
FFYDAN, vîteffe. Voyez *Bytheiad.*
FFYDD, foi, naturel, fincére. G. Voyez *Fed, Fé.*
FFYDLON, fidéle, religieux. G.
FFYDLONDEB, FFYDLONDER, fidélité, confiance, fûreté. G.
FFYETH, doux, mur, mol. Voyez *Ffaeth.*
FFYGL, vent. G.
FFYN, fontaine, fource. G.
FFYN, corde. G. Voyez *Fun.*
FFYN, le même que *Pin.* Voyez B.
FFYNAU, prévaloir, avoir le deffus, être meilleur. G.

FFYNBONWYS, fontaine. G.
FFYNIANT, profpérité. G.
FFYNN, fontaine, fource. G.
FFYNN Y PLANT, typha ou maffe (plante) G.
FFYNNADWY, heureux, profpére, favorable. G.
FFYNNEDIG, heureux, profpére, favorable. G.
FFYNNHONNELL, petite fontaine. G.
FFYNNHONNIG, petite fontaine. G.
FFYNNHONWYS, fontaine, puits, lieu rempli de fontaines. G.
FFYNNIDWYDDEN, fapin ; au plurier *Ffynnidwydd.* G. *Wydden*, arbre.
FFYNNON, fontaine, fource, puits. G.
FFYNNU, profpérer, être utile, être avantageux ; plaire, prévaloir. G. Voyez *Fynnu.*
FFYNWEWYR ELLYLLON, typha ou maffe (plante.) G.
FFYNWEWYR Y PLANT, typha ou maffe (plante.) G.
FFYRDD, plurier de *Ffordd.* G.
FFYRF, ferme, folide, épais, gros. G.
FFYRFDER, fermeté, folidité, épaiffeur, groffeur. G.
FFYRFEIDDGRWN, mufculeux, plein de mufcles. G.
FFYRFHAU, FFYRFO, affermir, fortifier, rendre folide. G.
FFYRLING, liard, demi-obole. G.
FFYRNIG, rufé, adroit, fin, habile, prudent ; cruel, farouche. G. Il paroit par *Ffyrnigrwyd* que *Ffyrnig* a encore fignifié fornicateur. Voyez *Ffûr.*
FFYRNIGDDRUD, cruel. G.
FFYRNIGO, rufer, agir en homme fin, en homme adroit, être cruel, être farouche, traiter avec cruauté. G.
FFYRNIGRWYDD, rufe, adreffe, habileté, cruauté, férocité, fornication. G.
FFYRV, ferme. G.
FFYSG, hâte, précipitation, vîteffe. G. Il paroit par les mots fuivans que *Ffyfg* a fignifié braveure, valeur, force.
FFYSGIAD, qui fe hâte, vîte, brave, vaillant. G.
FFYSGIOLIN, fort, robufte, libéral, qui donne facilement, bénin. G.
FFYTAN, vîteffe. Voyez *Bytheiad.*

G.

 Initial est indifférent dans le Celtique dans les mots où il est suivi par une voyelle : Il s'ôte ou se laisse sans altérer ces termes. Voyez *Aru*. Les Grecs, les Latins, les Italiens, les Espagnols, les François ajoutent quelquefois le G aux mots qui commencent par une voyelle. *Ge* ou *G*, préposition superflue en Gothique, en ancien Saxon, en Allemand, en Flamand.

G initial est indifférent dans les mots où il est suivi par W. Voyez *Gwabr*, *Gwaghen*, *Gwerch*, *Gwar*, *Gwesch*, *Gwingal*, *Gwinoen*, &c.

G, le même que *C*, *K*, *Q*, *S*. Voyez *Aru*.

GA, lance, javelot, pointe, aiguillon ; *Ga Beag*, javelot, dard, fleche. I. Voyez *Goaff*, *Gwayw*.

GA, cause, matière. I.

GA, avec. Ba. Voyez *Gad*.

GA, le même qu'*A*, *Ca*, *Sa*. Voyez *Aru*.

GAAGNAGIUM. Voyez *Gagnagium*.

GAAWR, chevre dans l'Isle de Mona, qui fait partie du Pays de Galles. Voyez *Gavr*, *Gavar*.

GAB, privation. Ba. Voyez *Gau*.

GAB, le même qu'*Ab*, *Cab*, *Sab*. Voyez *Aru*.

GAB, le même que *Goap*, plaisanterie, moquerie, raillerie. Voyez *Brigwn*, *Gaber*, *Gabeler* en vieux François, moquer ; & *Gabe*, *Gaberie*, *Gabois*, plaisanterie, raillerie, moquerie, fanfaronade, vanterie ; *Bailler la Gabatina* en vieux François, se moquer, tromper ; *Gabba* en Italien, moquerie, raillerie ; *Gaz* en Albanois, moquerie, raillerie piquante ; *Hgav* en Arabe, lancer des traits satyriques. Je conjecture que de *Gab* ou *Jab* est venu le terme populaire *Jabadri*, qui signifie une habitation mal construite, une habitation ridicule. (*Dri*, habitation.) L'*v* & le *b* se substituant réciproquement, on a dit *Gav* comme *Gab* ; de là *Gausser* en notre Langue, & *Gaudir* en vieux François, moquer ; *Gabb*, jouet en Runique ; *Gabba* en Théuton, se moquer.

GABA, A. M. chemin, ainsi nommé parce qu'il est creux ou plus bas que les terres voisines. *Gaba* est mis pour *Cava*, & *Gabata*, *Gavata* pour *Cavata*, à cause de la substitution mutuelle du *g* & du *c*, du *b* & de l'*v*. *Gabata*, *Gavata* a signifié une patene, un plat, un plat de balance, une espèce de vase, parce qu'ils sont creux.

GABAIL, agrément, approbation, acte d'accepter, de recevoir, admettre, recevoir, agréer, prendre, attraper, surprendre. I. Voyez *Gabhail*, qui est le même.

GABAIL, écume de la biére quand elle cuve. I.

GABAL, le même qu'*Abal*, *Cabal*. Voyez *Aru*, *Digabal*.

GABALUM, A. M. gabelle, imposition, tribut. Voyez *Gabell*.

GABANE, espèce de casaque propre à parer le froid de la nuit. Ba. Voyez *Gabac*. *Gaban* en François, manteau de feutre à longs poils.

GABAR, A. G. paroit être un habillement de soldat & de goujat ou valet d'armée. Voyez *Gabane*.

GABATA. Voyez *Gaba*.

GABATOR, GABITOR, A. G. homme plaisant ; de *Gab*.

GABAZ, pendant la nuit. Ba.

GABBIA. Voyez *Gubia*.

GABEA, privation, défaut, pauvreté, indigence ; vuide. Ba. Voyez *Gabal*.

GABED, le même que *Gobed*. Voyez ce mot.

GABEISIO. Voyez *Gambeso*.

GABELA, gabelle, tribut. Ba. Voyez *Gabell*. *Gafel* en Allemand ; *Gafol*, *Gaful* en ancien Saxon, tribut.

GABELL, gabelle. B. De là ce mot. Voyez *Gabela*.

GABELLA, A. M. gabelle ; de *Gabell*.

GABER, le même qu'*Aber*. Voyez *Aru*.

GABERA, sans, manquant. Ba.

GABERA, avant que. Ba.

GABERDIA, le temps de la nuit où les coqs chantent. Ba.

GABETZEA, destitution. Ba.

GABHA, forgeron ; pluriel *Gabhan*. I.

GABHAD, danger. I.

GABHADAN, réceptacle, lieu où l'on met quelque chose à couvert. I.

GABHAIL, poignée, empoigner, prendre, se saisir de. I. Voyez *Gabail* qui est le même.

GABHAL, fourche, appui, pieu, jambage. I.

GABHALA, voyageur ; *Fear Gabbala*, passant ; voyageur. I.

GABHALA, conquête ; *Fear Gabbala*, conquerant ; à la lettre, homme de conquêtes. I. C'est ainsi que dans l'Hébreu on dit un homme de douleurs, pour un homme qui souffre.

GABHALTAS, conquête, prise, acquisition, gain. I.

GABHALTAS, ferme substantif. I.

GABHALTUDE, fermier. I.

GABHAM, prendre, recevoir. I.

GABHAM, fraper, battre. I.

GABHAM, passer, aller plus avant. I.

GABHANN, prison, prison d'esclaves, parc, enclos pour le bétail. I.

GABHAR

GAB.   GAD.   609

GABHAR, GOBHAR, cheval. I. Voyez les deux articles suivans.

GABHAR, bouc. I.

GABHARLANN, étable, écurie. I. Il paroît par ce mot & par les deux précédens, que *Gabhar* a signifié animal domestique en général.

GABHELOG, fourche. I.

GABHLA, javelot, dard, épieu. I. Voyez *Gavlod*.

GABHLACH, fourchu. I.

GABHLAIM, pousser, sourdre, jetter des branches. I.

GABHLAN, rameau. I.

GABHTA, pris, saisi, gagé, admis, reçu; saisie, prise. I.

GABIA, GABBIA, A. M. cage, & par extension prison. Voyez *Cabia*. De *Gabia* est venu notre mot François *Gabion*, espèce de cage ou de panier rond & élevé que l'on remplit de terre.

GABICOA, monceau de fagots ou de fascines. Ba.

GABICOTU, je ramasse des fagots ou des fascines. Ba.

GABICOTUA, des fascines ramassées. Ba.

GABICOTZEA, se ramasser par troupes. Ba.

GABILLA, monceau de fagots ou de fascines. Ba. *Gabilla* signifie aussi gerbe. Voyez les deux mots suivans.

GABILLAC EGUIN, ramasser en gerbes. Ba.

GABILLATU, je ramasse en gerbes, je ramasse des fagots, des fascines, je comble de fascines. Ba.

GABILLATZEA, se ramasser par troupes. Ba.

GABINETUM, A. G. cabinet. Voyez *Cabined*.

GABIOLA, A. M. diminutif de *Gabia*, d'où est venu notre mot *Geole*.

GABITOR. Voyez *Gabator*.

GABL, le même que *Gasl*. Voyez ce mot.

GABLAGIUM. Voyez *Gablum*.

GABLOG, fourche. I.

GABLUM, GAULUM, GABLAGIUM, GABLAIGIUM, GABALUM, GABULUM, GAVELUM, GAVULUM, HAGABULUM, A. M. gabelle, imposition; de *Gabell*, *Gafel*, *Gafol* en ancien Saxon, gabelle.

GABOILCHEA, peson. Ba.

GABOILDUA, fait au tour. Ba.

GABOILLA, tour à tourner. Ba.

GABOR, ce qui couvre, ce qui met à couvert. I.

GABOTSANDEA, sérénade. Ba.

GABR, chevre. G. De là *Capra*, par la substitution du *c* & du *p* pour le *g* & pour le *b*.

GABRAN, bouc. G. De là *Caper*. Voyez *Gabr*. *Kapros*, bouc en Grec.

GABUSIA, A. M. chou cabus; de *Cab*.

GABUTA, A. M. crosse épiscopale. Voyez *Cambuta*.

GAC, chaque. I. De là ce mot, le *ch* & le *g* se mettant l'un pour l'autre. Voyez *Gach*.

GAC, le même qu'*Ac*, *Cac*, *Sac*. Voyez *Aru*.

GACA, sel. Ba.

GACH, chaque, chacun, un chacun, tous deux, l'un & l'autre, tout, ensemble. I.

GACH, le même que *Gath*. De même des dérivés ou semblables. I. De là *Jaculum*, *Jacio* Latins.

GACH, le même qu'*Ach*, *Cach*, *Sach*. Voyez *Aru*.

GACHA, mal substantif. Ba. Voyez *Goac*, *Caccen*, *Caca*. *Kakon*, mal en Grec.

GACHAON, chaque, chacun, un chacun, tout. I.

GACHEN, gâteau. B. On a dit *Gache* en vieux François.

GACHES, le même qu'*Aches*. Voyez ce mot & *Aru*.

GACHFEUR, herbe. I.

GACHI, se coucher à terre. Ba.

GACIA, salé, acide. Ba. Voyez les mots suivans qui en sont formés, par lesquels on connoît que *Gacia* a signifié encore âpre, aigre, âcre.

GACIGNOA, aigret, un peu aigre. Ba. *Choa* diminutif.

GACIGARRA, âpreté, aigreur, acrimonie. Ba.

GACIGARRATZU, je m'aigris. Ba.

GACITASUNA, acrimonie. Ba.

GACITUA, salé. Ba.

GACOA, clef. Ba.

GACOBILA, fausse-clef. Ba. *Bil* par conséquent faux.

GACOP, dousil. I.

GACOZAINA, qui garde les clefs. Ba.

GAD, toucher. I. *Jad* en Hébreu, main.

GAD, licol. I. Voyez *Gadan*.

GAD, lance. I. Voyez *Ga*.

GAD, bigle. B.

GAD, lièvre. B. Voyez *Gadaw*.

GAD, par, par le moyen, avec, ensemble. B. *Agaz* en Basque, avec; *Gach*, ensemble en Irlandois; *Jadhau* en Hébreu, ensemble; *Gaderen* en Théuton, assembler, mettre ensemble; *Gadailans* en Gothique, compagnons, participans; *Gedan* en Arabe, beaucoup, grandement; *Gaton* en Brésilien, beaucoup, grandement; *Chadouthi*, abondance en Arménien. Voyez *Gand* qui est le même.

GAD, le même qu'*Ad*, *Cad*, *Sad*. Voyez *Aru*.

GADA, toucher. I.

GADA, vol, larcin. I.

GADAEL, abandonner, laisser, être indulgent. G. Il signifie aussi éloigner, écarter. Voyez *Ymadael*.

GADAIDHE, larron, voleur. I.

GADAIM, toucher. I.

GADAL, selon Dom Le Pelletier, fou, volage; immodeste, déréglé en ses paroles & actions, sans retenue, sans pudeur; selon le Pere de Rostrenen, damoiseau, impudique, coquet, galant, qui aime une personne du sexe & qui en est aimé, immodeste, courtisane. B. Voyez *Aukeler*.

GADALEDD, luxure, incontinence. B.

GADALES, courtisane, personne du sexe qui rit immodestement, bergere. B.

GADALES, A. M. courtisane. Voyez l'article précédent.

GADALUS, impudique. B.

GADAN, lien de bois entortillé en forme de cercle ou boucle pour attacher les bœufs à la charrette ou à la charrue. B. Voyez *Gad*, licol.

GADARN, le même que *Cadarn*, puisqu'on a dit *Gadernydd* comme *Cadernid*. Voyez aussi *Aru*.

GADAW, laisser, abandonner, abdiquer, renoncer, quitter, permettre, souffrir. G. Baxter conclut de ce que ce verbe signifie laisser, qu'il signifie aussi fuir. Il ajoute que les lièvres sont appellés *Gadow* en Breton, comme qui diroit fuyards.

GADAWIAD, délaissement, abandon. G.

GADAYE, voleur. I.

GADDAW, permettre. G.

GADDAW & GADDEWID, par corruption pour *Addawid*, dit Davies. G.

GADDIUM, A. M. gage; de *Gadaw*, laisser.

GADERES, A. M. haye. Voyez *Cader*, *Gadernydd*.

GADERNYDD, forteresse. G.

GADES, hase femelle du lièvre. B.

GADES, A. M. haye, & par extension la garde des Princes, parce qu'elle les entoure & les enferme. Voyez *Cad*, *Cader*.

TOME I. Mmmmmm

GADCIUM, A. M. gages, salaire ; de *Gaddaw*, le même qu'*Addewid*.
GADH, danger, péril. I.
GADH, combat. I. Voyez *Câd*.
GADHA, graisse. Voyez *Galha*.
GADHAR, chien. I.
GADIARE, A. M. donner un gage. Voyez *Gaddium*.
GADIARIUS, A. M. caution. Voyez *Gadiare*.
GADIATOR, A. M. exécuteur testamentaire, celui qui a promis de faire exécuter les volontés du défunt ; de *Gaddaw* le même qu'*Addewid*.
GADIC, petit bigle. B.
GADIERIUS, A. M. le même que *Gadiator*.
GADIUM, A. M. gué ; de *Gnevded*, par apocope *Gnevd*. Voyez *Guadum*, *Gue*. *Ga* en Languedocien ; *Va* en Patois de Besançon ; *Gaz* en Illirien & en Chaldéen ; *Vad* en Islandois ; *Vath* en Saxon ; *Waela* en Latin, barbare ; *Wade* en Allemand ; *Vé* en vieux François ; *Veza* en Patois des Paysans du côté de Dole en Franche-Comté, gué.
GADIUM, A. M. gage, caution. Voyez *Gaddium*.
GADO, exceller, être au-dessus, faire des largesses, donner avec libéralité. G. De là *Cadeau* en notre Langue.
GADOIN, prélonge. B.
GADON, hablerie, tromperie. G.
GADONA, chasser aux liévres. B.
GADONNAËR, hableur, trompeur. B.
GADOUARD, vuidangeur. B. Il se dit encore en notre Langue.
GADU, abandonner, quitter. G.
GADUGHE, voleur, pillard. I.
GADUGHEAS, larcin. I.
GADUIGHE, voleur. I.
GADUIGHIM, voler. I.
GADUS, A. M. gué. Voyez *Gadium*.
GADW, abandonner, laisser. G.
GADWYN, combat. G. Davies prétend que c'est une corruption de *Cadwent* ; ce n'est point une corruption, l'un & l'autre se disent également. Voyez *Gadh* & *Aru*.
GAË, gai, gaillard, joyeux, agréable, gaiement. B. De *Gaë* est venu le cri de joie *Gué*, *oh Gué*, qui sert de refrain à plusieurs chansons. *Gaio* en Italien ; *Gay* en Flamand ; *Gaw* en Hollandois, gai ; *Gaidar* en Arménien, gai, joyeux ; *Cayes*, beau en Sarrasin ; *Gair*, ris, joie en Irlandois. Voyez *Gai*.
GAED, GAETH, biens. G.
GAEDER, gaieté. B.
GAEL, gras, fertile, abondant. B. Voyez *Galba*.
GAEM, hyver. C.
GAENAGIUM, Voyez *Gagnagium*.
GAER, Ville. G. B. *Gairan* en Irlandois ; *Gar* en Hébreu, en Persan & en Chaldéen, habitation ; *Gar* en Hébreu, Ville ; *Gert* en Hébreu, en Chaldéen & en Syriaque, fermer, environner de murailles, clôture ; *Hgar* en Arabe, Ville, Village ; *Gherd* en Arabe & en ancien Persan, Ville ; *Gard* en ancien Persan, Ville ; *Garas*, habitation en Arabe ; *Garat*, bâtir en Persan ; *Gair* en Chaldéen, Ville ; *Qerac* en Syriaque, forteresse ; *Hgar* en Éthiopien, Ville ; *Jargh* en Arménien, habitation ; *Gaiaran*, *Gaiark* en Arménien, habitation ; *Aearu*, forteresse dans la même Langue ; *Gerke* en Tartare, enclos ; *Gerr*, *Girr*, chambre, maison en Tartare Mogol & Calmoucq ; *Jer* en Turc, habitation ; *Naghari*, Ville en Tamoulique ; *Nagaram*, Ville en Talenga ; *Gara* en Islandois & en Suédois, Ville ; *Gard* en Islandois, Ville ; *Gard*, Ville en Runique ; *Gard*, *Grad* en Esclavon, Ville, forteresse, château ; *Gorod*, *Grad* en Russien, Ville, château ; *Gard* en ancien Allemand, Ville, château ; *Gards*, maison en Gothique ; *Gartyr* maison en Cymbrique ; *Gardur*, maison, forteresse en Cymbrique. L'*o* se met pour le g. *Were* en Théuton, château, forteresse ; *Var* en Gothique, château ; *Var* en Hongrois, Ville, Bourg, forteresse ; *Varos* en Turc, Fauxbourg ; *Varost* en Illyrien, Fauxbourg ; *Wara*, habitans en ancien Saxon. Voyez *Caer*, *Kaer*, *Guaer*, qui sont le même mot que *Gaer*. Voyez encore *Gardd*, *Garh*, *Garz*, qui viennent de la même racine.
GAER, le même qu'*Aer*, *Caer*, *Saer*. Voyez *Aru*.
GAEROG, Ville. G.
GAERU, parler. G. Voyez *Neutaeru*.
GAES, moquerie anciennement. B. Voyez *Gab*.
GAES. Voyez *Gessum*.
GAETH, biens. G.
GAETH, le même qu'*Aeth*, *Caeth*, *Saeth*. Voyez *Aru*.
GAETHAN, réceptacle. I.
GAFAEL, prise, saisie, gage. G.
GAFAELFACH, agraffe. G. *Fach* de *Bach*.
GAFAELGADR, qui tient fortement. G. *Cadr*.
GAFAELGAR, avare, tenant, tenace. G.
GAFAELGI, chien. C. *Gafael Ci*.
GAFAELGRYF, constant, ferme. G.
GAFAELIAD, prise, saisie. G.
GAFAELU, prendre, tenir, avoir. G.
GAFAELUS, qui tient fortement, tenace, avare, tenant. G.
GAFAL, avoir. C.
GAFALA, le même que *Gafael*. Voyez *Ysgafala*.
GAFAR, chevre. C. Voyez *Gaffr*, *Gabr*.
GAFAR-DDAN, chevreuil, daim. G.
GAFEL, le même que *Gafael*.
GAFETH, le même que *Gafael*. Voyez *Ysgafael*.
GAFFLAW, digne. G.
GAFFR, chevre. G. Voyez *Gafr*.
GAFFRAN, bouc. G.
GAFL, GAWL, GAUL, la séparation des cuisses ; *Gaflgam*, *Gaulgam*, boiteux des deux jambes, des deux cuisses. *Gafl* signifie encore la séparation des branches. G.
GAFLACH, faulx, dard, javeline, javelot. G.
GAFLACHAWG, armés de javelot. G.
GAFLAW, petit saumon, espéce de saumon. G.
GAFLGAM, qui a les jambes courbées en déhors. G.
GAFLGYFYNG, qui a les cuisses serrées. G.
GAFLRWTH, écarté, élargi, ouvert en marchant. G.
GAFR, bouc, chevre. G. Voyez l'article suivant.
GAFR, GAUR, chevre ; pluriel *Ghefr*, *Gheer*. B.
GAFR VOR, chevre de mer ; écrevisse. B.
GAER Y DWR, certain ver d'eau. G.
GAFRADH, peuple. I.
GAFRAIDD, de bouc. G.
GAFRAN, petite chevre. G.
GAFRDY, étable de chevres. G.
GAFRFWCH, bouc. G. Pléonasme. *Bwch*.
GAFRGARW, bouc-cerf, animal qui tient du bouc & du cerf. G.
GAFRWYLLT, chevre sauvage. G. *Gwyllt*.
GAG, fente, crevasse, trou, ouverture. I. Voyez *Gagau*.
GAG, le même que *Geag*. De même des dérivés ou semblables. I.
GAG, GAGOÜIL, bégue qui a de la peine à parler, & qui à force de parler vite prononce mal ses paroles ; *Un Den Gagoüil*, un bredouilleur. B.
GAGACH, ruineux. I.

GAG.   GAI.

GAGADH, fente, crevasse, trou, ouverture. I.

GAGAN, fente, crevasse, trou, ouverture. I.

GAGAU, fentes, crevasses, trous, ouvertures. G. C'est le pluriel de *Gagen* : il faut qu'on ait dit *Gag* comme *Gagen*, puisque le pluriel est *Gagan*. On aura par la même raison dit *Ag* comme *Agen*, & *Agau* comme *Gagau*. *Gag* Irlandois démontre la vérité de ma conjecture.

GAGEA, louer ou donner à loyer, prendre à loyer. B. On dit *Engager* un domestique.

GAGEN, le même qu'*Agen*, fente, crevasse, trou, ouverture. G. *Chaghev* en Hébreu, fente, crevasse.

GAGENDORR, grand creux, grande ouverture, gouffre, abysme. G.

GAGENNOG, plein de crevasses, de fentes, de trous. G.

GAGENNU, le même qu'*Agennu*, trouer, rechercher soigneusement, fureter, examiner. G.

GAGERIA, A. M. gage ou chose donnée en gage, mise en séquestre ; de *Gagh*.

GAGGA, A. M. jauge ; de *Jauch*, *Jaug*.

GAGH, assurance, gage. B. De là ce mot.

GAGH, le même que *Gadh*. De même des dérivés ou semblables. I.

GAGHENNA, perdre la voix à force de crier ou parler trop haut. B.

GAGHILAUDEIN, GAGHILAUT, bredouiller. B.

GAGIARE, GAGGIARE, A. M. gager, enlever un gage ; *Gajamentum*, *Gajarium*, gage ou chose donnée en gage ; de *Gagh*.

GAGIARIUS, A. M. gagier ou sacristain, celui qui est chargé du soin de l'Église moyennant salaire ; de *Gagea*.

GAGIATA, A. M. payement ; de *Gagea*.

GAGIATOR, GAGGIATOR, A. M. celui qui enleve un gage, celui qui gage ou qui fait gager ; de *Gagh*.

GAGIO, GAGIUM. Voyez *Gajum*.

GAGIUM, A. M. gage. Voyez *Gagh*.

GAGIUM, A. M. salaire, récompense, prix, amende. Voyez *Gagea*.

GAGNAGIUM, GAAGNAGIUM, GAAGNIA, WAGNAGIUM, WANNAGIUM, A. M. animaux & instrumens nécessaires pour le labourage, mais principalement champ labouré & semé, que l'on nommoit en vieux François *Gaignages*, *Gaaingnages* ; de *Gwen*, gain, que l'on prononçoit en vieux François *Gaaing* & *Gaigne*. On trouve dans un vieux Glossaire que *Gaignage* signifie agriculture. Dans nos anciens Auteurs *terres gaagnables & non gaagnables* sont les terres cultivées & non cultivées. On a dit aussi *Gaignales*, *Gaigner*, *Gaaignier les terres*, c'est les cultiver ; *Gaigneur*, c'est le cultivateur. *Gaanneria*, *Gaigneria*, qui se trouvent dans les anciens monumens, signifient un champ cultivé qu'on appelloit en vieux François *Gagnerie*. On trouve aussi *Gaenagium*, *Gagnagium* en ce sens. *Gagnagium*, *Gaignagium* se prennent aussi pour les levées ou fruits des champs, qui sont nommés en vieux François *Gagnage* & *Gaaingnage*. Enfin dans un ancien Glossaire l'automne est appellé *Gains*, parce que c'est le temps de la récolte. On dit encore en notre Langue : *Les pigeons s'en vont aux Gains & aux Gagnages*, c'est-à-dire aux moissons. Plusieurs Coûtumes parlent de *Prez Gagneaux*, qui sont apparemment ceux dont on recueille du foin, par opposition à ceux qui n'en produisent pas ou qui sont broutés en herbe. *Gagn*, utilité, profit en Islandois ; *Gageigan*, gagner en Gothique.

GAGNIA, A. M. le même que *Gagnagium*, *Gagnerie*, champ cultivé. Voyez *Gagnagium*.

GAGOUILH, bègue, arrêté à la parole. B.

GAGOUILHA, bégayer, barbouiller. B.

GAGOUILHAICH, bégayement. B.

GAGUENNA, perdre la voix à force de crier, ou parler trop haut. B.

GAGUILHAUD, bègue. B.

GAGUILHAUDAG, balbuciment, bégayement, grasseyement. B.

GAGUILHAUDEIN, bredouiller. B.

GAGUILHAUT, bègue. B.

GAI, lance. I. Voyez *Ga*.

GAI, apt, propre à. Ba.

GAI, forêt ; c'est le même que *Cai*. Voyez *Arn*, *Gueh*, arbres en Breton ; *Gaj* en Esclavon, forêt, & *Gaich*, petite forêt ; *Gai*, forêt en Illyrien, en Stirien & en Carniolois ; *Gajah*, bois en Arabe. Voyez *Hai*.

GAI, joyeux, gai, gaillard, agréable, gaiement. B. De là nos mots François *Gai*, *Gaillard*. *Gaa* en Tartare du Thibet, gai, jubilation, tressaillement de joie, & *Ghè*, ris. Voyez *Gaï*.

GAI. Voyez *Chwai*.

GAI. Voyez *Ysgai*. *Gwer*, suif en Gallois ; *Gayot*, cochon dans les montagnes de Franche-Comté ; *Cayon*, cochon à Lyon.

GAI, le même qu'*Ai*, *Cai*, *Sai*. Voyez *Arn*.

GAIA, A. G. geai ; de *Gair*. On apprend à parler à cet oiseau.

GAJA, A. M. cage ; de *Caga*.

GAJAMENTUM, GAJARIUM. Voyez *Gagiare*.

GAJARIUS, A. M. le même que *Gagiarius*.

GAICAITZAC, bagatelles, brimborions. Ba.

GAICENDA, titre, inscription. Ba. Voyez *Gair*.

GAICHTAGUIN, voleur. Ba.

GAICHTOA, GAICHTOAG, mauvais, méchant. Ba.

GAID, prendre. I.

GAID, pere ; *Gaidmor*, ayeul. I.

GAID, GAIDA, A. M. caution. Voyez *Gaddium*.

GAIDA, GAIDIA, A. M. guède, pastel. Voyez *Guasdum*.

GAIDEAN, pere. I.

GAJE. Voyez *Gajum*.

GAJERIA, A. M. gage. Voyez *Gageria*.

GAIGHEAR, chien. I.

GAIGN, charogne, courtisane, rosse. Ce mot se dit aussi d'une bête languissante & demi-morte ; il s'est dit autrefois d'un homme caduc. B.

GAIGNAGIUM. Voyez *Gagnagium*.

GAIGNARD, qui sent ou qui tient de la charogne. B.

GAIL, vapeur. I.

GAIL, valeur, bravoure, courage. I.

GAILCIA, épieu. Ba. Voyez *Gai*, *Gailliain*.

GAILE, estomac. I.

GAILH. Voyez *Gailhard*.

GAILHARD, joyeux, gaillard, agile, dispos ; sain, qui se porte bien. B. *Gailhard* est formé d'*Ard*, naturel, & de *Gail*, qu'on a dit pour gai. *Ghal* en Hébreu, tressaillir de joie, & *Calahh*, gaieté ; *Calahh* en Arabe, sourire ; *Agalliaxein* en Grec, tressaillir de joie ; *Gala* à la Cour de Vienne est un jour de fête, un jour de réjouïssance ; c'est un mot Italien qu'elle a adopté, qui signifie allégresse, réjouïssance. *Gagliardo*, prononcez *Gaillardo*, gaillard en Italien ; *Gale* en vieux François, réjouïssance, joie, plaisir, & *Goliard*, *Gouliard*, *Joliard*, bouffon.

GAILHARTATT, revivre. B. Voyez *Gailhard*.

GAILHARTIS, gaieté. B.
GAILIM, évaporer, s'évaporer. I.
GAILIN, paraître. I.
GAILINEACHD, flaterie. I.
GAILL, brochet. I.
GAILLARDUS, A. M. bouffon, plaisant; de Gaillard.
GAILLCHEARK, renard. I.
GAILLEAC, joue. I.
GAILLEACH, ouverture de la bouche. I.
GAILLIAIN, dard. I. Voyez Gailcia.
GAILLIAN, dard. I.
GAILLIM, fraper, heurter. I.
GAILORA, ornement. Ba.
GAIN, coin. G. E.
GAIN, capacité, étendue. G. Voyez Gaincusa.
GAIN, vingt. G. C'est une aphérèse d'Ugain.
GAIN, sable, arene. I.
GAIN, GAINE, GAINEAN, GAINERA, GAINEZ, dessus, au-dessus, sur, sommet. Ba. Voyez Cen, Gen.
GAIN, le même que Gwain, parce qu'on écrit indifféremment G ou Gw en Gallois.
GAIN, le même qu'Ain, Cain, Sain. Voyez Aru.
GAINA, A. M. gaine; de Gain ou Gwain.
GAINCUSA, surface. Ba. Voyez Gain.
GAINDADIA, mystère. Ba.
GAINDEA, hauteur, éminence, élévation au propre & au figuré. Ba. De là Gainder, élever en haut. Voyez Gain.
GAINDERA, antonomasie. Ba.
GAINDIA, excellence, hauteur, inondation. Ba. C'est le même que Gaindea.
GAINDIRO, GAINTIRO, hautement, profondément. Ba. Voyez Don.
GAINE, faim. I.
GAINE, fleche; Gaine Eisg, nageoire de poisson. I.
GAINEAMH, sable, arene. I.
GAINEAMHART, tuf, pierre sabloneuse. I.
GAINEAN, sur, dessus. B.
GAINEAR, sable, arene. I.
GAINEOIR, sagittaire, qui combat avec des fleches. I.
GAING, coin. G. Voyez Gain.
GAINGN, le même que Gaign. B.
GAINIMH, banc de sable, sable, sablon. I.
GAINIMHE, sable, sablon. I.
GAINMHEIN, sablonneux. I.
GAINNE, inférieur. I.
GAINNE, roseau, jonc. I.
GAINNEACH, lieu où il croit des roseaux. I.
GAINNEACH, sable, arene. I.
GAINQUIDATUA, conversation, commerce. Ba.
GAINSARIA, augmentation de paye. Ba.
GAINTA, tromperie, finesse. Ba.
GAINTEMANA, surérogation. Ba.
GAINTIRO, Voyez Gaindiro.
GAINTUA, surpassé, vaincu. Ba. Voyez Gaintiro.
GAIO, Voyez Gajum.
GAJOLA, A. M. géole, prison. Voyez Gabiola, Geol.
GAIR, parole, action d'annoncer quelque chose, d'en porter la nouvelle; Y Gair, renommée, bruit que fait une chose dans le monde. G. Gair en Irlandois, crier; Guer en Basque, parole. Voyez Lotsaguerriae. Kara en Hébreu & en Chaldéen, appeller; Karo en Syriaque, appeller; Kara en Arabe, lire, invoquer, appeller à son aide; Carac en Chaldéen, crier; Carc en Syriaque, prêcher, publier; Caraz en Arabe, prêcher; Gerus en Grec, prononcer Gairus, parole;

Keruffein en Grec, publier, prêcher, parler en public. De Gair est venu Garrio Latin, babiller, causer, jaser, parler beaucoup, (Rhy, beaucoup.) Comme on dit Vair aussi bien que Gair, de là est venu Verbum chez les Latins; Woerds en Flamand; Worde en Anglois; Wort en Allemand, parole. De Gair sont venus dans notre Langue les termes Jar, Jargon; Geai, oiseau qui parle; Gavot, (Gair, langage; Baut, Vaut, trivial, commun;) Gehir dans Monstrelet, c. 23, dire; Goren, parler dans la Langue des Venédes. Voyez l'article suivant, & Guer.
GAIR, cri, huée, querelle, dispute, bourdonnement, bruit, éclat, salve d'artillerie, crier. I. De Gair ou Qair sont venus le Queri des Latins, Querelle, Quereller François. Voyez l'article précédent.
GAIR, le même qu'Air, Cair, Sair. Voyez Aru.
GAIRAN, forteresse. I. Voyez Gaer.
GAIRBEEL, gravier. I.
GAIRBHCHRE, gravier, gravelle. I.
GAIRBHE, âpre, rude, grossier, grossièreté. I. C'est le même que Garw.
GAIRBHEADACH-ADAIGH, habillement rustique. I.
GAIRBHEAL, gravier, gravelle. I.
GAIRBHFION, amertume, aigreur, âpreté. I.
GAIRDEAS-DEACHUS, joie. I.
GAIRDIGHEADH, réjouissant. I.
GAIRDIM, rendre joyeux. I. Voyez Gai.
GAIRDIN, jardin. I. Voyez Garten, Gaer.
GAIREADH, voûte, cri, appel. I. Voyez Gair.
GAIRICÆ, A. M. terre en friche; de Havrecq ou Gavrecq. Voyez Garrica.
GAIRID, bref, court. I.
GAIRIM, crier, appeller. I.
GAIRLEOIGIDH, ail. I.
GAIRM, nom, titre, appel, invocation, invoquer. I. On voit par Gairmghiolla que ce mot signifie aussi cri. Voyez Garm.
GAIRME, fonction, office, emploi, Principauté. I.
GAIRMGHIOLLA, crieur public. I.
GAIRMMONA, les Apôtres. I.
GAIRMONORACH, Baron, Grand de l'État. I.
GAIRRAIM, abbrégé. I.
GAIRSEAMHUL, gai, joyeux. I.
GAIRTEAL, GAIRTEIR, jarretière. I. Voyez Garr.
GAIRWIRED, sincérité, amour du vrai. G. Gair Gwired.
GAIS, torrent. I.
GAIS, noble, de bonne famille. I.
GAISDA, GAISDO, A. M. guède ou pastel. Voyez Guasdum.
GAISDE, filets, rets, trape. I.
GAISDIDH, trape, trébuchet. I.
GAISGE, chevalerie; Luchd Gaisge, jeunes hommes. I.
GAISGEADH, valeur. I.
GAISGEADHACH, champion, athlète. I.
GAISGEAMHUIL, vaillant, guerrier. I.
GAISGIDH, AN GAISGIDH, de valeur. I.
GAISGIDHEACH, GAISGIDHECH, champion, athlète. I.
GAISIN, couler. I.
GAISINDUS, A. M. le même que Gasindius.
GAISOA, misérable, malheureux. Ba.
GAISOSAMAR, valétudinaire. Ba.
GAISQUINDUA, énergumène. Ba.

GAISQUIZ

GAI.

GAISQUIZ, mauvais. Ba.
GAISTA, méchant. Ba.
GAISTALLA, tapisserie. Ba.
GAISTAQUIDEA, complice d'un crime. Ba.
GAISTE, rets, filets. I.
GAISTOA, mauvais, méchant. Ba.
GAISTOTZEA, dépravation. Ba.
GAISYO, je suis malade. Ba.
GAISYOCORRA, maladif. Ba.
GAISYOTASUNAC, qui a une mauvaise constitution, un mauvais tempérament. Ba.
GAISYOTIA, valétudinaire. Ba.
GAITA, A. M. guet ; en vieux François, Gaite ; de Gued ou Guet.
GAITAGIUM, A. M. cens, rétribution pour le guet. Voyez Gaita.
GAITARE. A. M. guetter. Voyez Gaita.
GAITH, coup. G.
GAITSERIZCOA, haïr, détester. Ba. Voyez Gaitsa, Cas.
GAITUA, pimprenelle. Ba.
GAITZEA, mal, difficulté. Ba. C'est une transposition de Gaitsa.
GAITZA, haleine, respiration ; Ba. d'Aitza, le g initial ajouté.
GAITZEGSIAC, odieux. Ba.
GAITZEGOQUIA, malheur, calamité. Ba.
GAITZERESTEA, GAITZERIZCOA, haine. Ba.
GAITZERRAILE, médisant. Ba.
GAITZERRAITECAC, blasphème. Ba.
GAITZERUA, cube. Ba.
GAITZESIA, GAITZESITUA, haï, détesté. Ba.
GAITZESTEA, détestation. Ba. Gaitza.
GAITZESU, je hais, j'abhorre. Ba.
GAITZETEA, calamité, malheur. Ba.
GAITZETSI, je hais, j'abhorre. Ba.
GAITZONDEA, supplice. Ba. Gaitza.
GAITZURU, boisseau. Ba.
GAJULARIUS, A. M. géolier. Voyez Gajola.
GAJUM, GAJE, GAGIUM, GAJO, GAGIO, GAO, A. G. A. M. forêt épaisse, forêt ; de Gai.
GAIUS, A. M. geai. Voyez Gair.
GAIZ, mal adverbe. Ba.
GAIZCOTSA, malédiction. Ba. Gaisoa.
GAIZCUTA, stellionat. Ba.
GAIZGUERTAMENA, accusation. Ba.
GAIZGUERTU, j'accuse. Ba.
GAIZQUI, se précipiter au milieu des ennemis. Ba.
GAIZQUI, mal adverbe. Ba.
GAIZQUI USATZEA, j'abuse. Ba.
GAIZQUICOYA, valétudinaire. Ba.
GAIZQUIETORRIA, adversité, malheur. Ba.
GAIZQUITIC LIBRETZAT, j'absous. Ba.
GAIZQUITU, je deviens malade. Ba.
GAIZQUITZALLEA, délateur, accusateur. Ba.
GAIZQUIZAT, je blâme. Ba.
GAIZTAQUERIA, crime, scélératesse. Ba.
GAIZTEA, jeune, qui n'est pas âgé. Ba.
GAIZTESIERA, haine. Ba.
GAIZTOA, méchant. Ba.
GAIZTOPA, entreprise téméraire. Ba.
GAIZTRATA, véxation. Ba.
GAL, le même que Bal. G. Gal en Hébreu, source.
GAL, étranger dans l'ancienne Langue des Bretons, selon Baxter, qui en parle dans un autre endroit comme d'un mot en usage parmi les Gallois. Voyez Gald.
GAL, sang. I.
GAL, militaire. I.
GAL, fumée, vapeur. I.

TOME I.

GAL. 613

GAL, le même que Gailh. Voyez Gailhard & Galantas.
GAL, bois. Voyez Goalenn ; de là Gailer en vieux François, battre, étriller. Voyez Galer, Gaul.
GAL, vîte. Voyez Calopare.
GAL, bon. Voyez Galoer, Calus, Gall. Qualli en Méxicain, bon.
GAL, gras, graissé, comme Cal. Voyez ce mot & Galb.
GAL, le même que Cal, pierre, caillou. Voyez Callestr, Galb, rocher en Arabe.
GAL, le même que Cal, beau. Voyez ce mot & Gale, Galant, Gallanta.
GAL a signifié mal. Voyez Galla, Goal, Galdu, Galoisa, Galoisidea, Galquera, Galquida.
GAL. Voyez Galdn.
GAL, le même que Gall.
GAL, le même que Gel, Gil, Gol, Gul. Voyez Bal.
GAL, le même qu'Al, Cal, Sal. Voyez Aru, Gal ; tas, monceau en Hébreu.
GAL, stade, tour, borne, extrémité, bord, poste, demeure, lieu où l'on demeure, lieu où l'on s'arrête. G. On dit en François avoir le Gal, pour dire avoir l'avantage. Cette expression métaphorique est prise d'un jeu des enfans où ils appellent Gal le but vers lequel ils poussent une balle. Ce sont les paroles du Dictionnaire de Trevoux. En jouant au Galet, on dit qu'un palet est Galet, lorsqu'il est à l'extrémité de la table sur laquelle on pousse les palets. En Franche-Comté les enfans dressent une petite pierre qu'ils appellent Galline, à laquelle ils butent. De Gal est venu Galonce, galon, qui est un bord mis sur un chapeau, sur un habit. Iali, Ialu, rivage en Turc.
GAL. Davies demande s'il ne signifie pas ennemi ; il paroit se décider pour l'affirmative en disant que Gal paroit être le primitif du pluriel Galon, ennemis, du singulier Gelyn, ennemi ; de Galanas, inimitié. G Le sentiment de ce Sçavant peut se confirmer par Gal, étranger ; Gall, barbare, étranger, & par le terme Irlandois, Galann qui signifie ennemi.
GAL, gale. B. De là ce mot. De là Galle, qui en François signifie une tumeur, une excrescence qui vient sur les feuilles & sur l'écorce d'une espèce de chêne. Voyez Gal le même qu'Al.
GALA, bonne grace à faire quelque chose. Ba. Voyez Gal, beau.
GALACH, bravoure, valeur, courage, vaillant. I.
GALAD, le même que Galli. Voyez ce mot.
GALAEA, A. M. galére, de Gale.
GALAERIUM, A. M. biens ; de Galoer.
GALAETH, par corruption pour Alaeth, dit Davies. G. Ce n'est pas une corruption, c'est un dialecte différent. Voyez Aru & Galoer.
GALAFON, milieu. C.
GALAGOA, langueur, affoiblissement. Ba. Goall.
GALALDIA, extirpation. Ba. Goall.
GALAN, sceau. Voyez Curryhalan.
GALAN, le même qu'Alan, Calan, Salan. Voyez Aru.
GALANAS, inimitié, homicide, la somme que l'on payoit quand on avoit commis un homicide. G. Galann en Irlandois, ennemi ; Jal. haine ; Jalen, envieux en Stirien & en Carniolois.
GALANASDRA, inimitié.
GALANASTRA, inimitié, hostilité. G.
GALANN, ennemi. I. Voyez Galanas.
GALANN, valeur, courage. I. Voyez Gal, Galb.

Nnnnnnn

GAL.

GALANNA, étrennes. B.
GALANT, coquet, damoiseau, galant, amant. B. Nous avons conservé ce mot parmi nous; & comme un galant est poli, se pare, cherche à plaire, Galant se dit aussi pour poli, élégant, agréable. Voyez l'article suivant & Gallanta.
GALANT, orné, paré, élégant, beau. Ba. On a dit en vieux François Galandé pour orné. Voyez l'article précédent, & Gallanta.
GALANTAS, gaillardise, gaieté, allégresse, joie, I. Voyez Gailhard.
GALANTGAIA, ornement, parure. Ba.
GALANTGARRI, ornement, parure. Ba.
GALANTO, élégamment. Ba.
GALANTU, j'orne. Ba.
GALANTUA, orné. Ba.
GALAR, affliction, fâcherie, tristesse, ennui, chagrin, plainte, pleurs, deuil. G. Voyez l'article suivant, & Galaru.
GALAR, maladie. I.
GALARBAIR, affligeant, qui cause des gémissemens. G.
GALARGWYN, plaintes, gémissemens, lamentations, cris, marques d'une douleur excessive, élégie. G.
GALARNAD, lamentations, élégie, chanson lugubre, chant plaintif. G.
GALARTHACH, industrieux, adroit. I.
GALARU, se plaindre, pleurer, être en deuil. G.
GALARUS, affligé, triste, chagrin, morne, mélancolique, gémissant, soupirant, lamentable, lugubre. G.
GALARWAWD, petite élégie, élégie, chanson lugubre. G.
GALARWISG, habits de deuil. G. Gwisg.
GALARWR, pleureur. G.
GALATAS, galetas. B. De là ce mot.
GALATIA, A. M. espèce de vaisseau; de Gale.
GALATINA, A. M. jus gras dans lequel on conserve la viande, le poisson; de Gal, gras, graisse.
GALATOERH, galetoire. B.
GALATOR, A. M. pour Balator, sauteur, danseur. Voyez Gal le même que Bal.
GALATZA, ouvrage en relief, relevé en bosse. Ba.
GALATZA, ange poisson de mer. Ba.
GALAWC, étranger. G. Voyez Gal.
GALAYA, jeune, qui n'est pas âgé, amoureux, amant, galant. Ba. Voyez Galant.
GALAZA, grenier, moisson. Ba.
GALB, pifre, homme gros & gras anciennement, dit le Pere de Rostrenen. B. On dit encore aujourd'hui en Dauphiné que celui-là est un bon Galb qui a beaucoup de santé & d'embonpoint. On a appellé Galbe en François la partie du devant du pourpoint, laquelle couvre le ventre & paroit presque toujours enflée, même dans ceux qui ne sont pas fort gros. Kalff en Flamand, gras; Kalon en Turc, gros, épais, gras; Calaba en Galibi, huile; Cheleb, graisse en Hébreu; Salou en Esclavon; Szalo en Dalmatien; Sadlo en Bohémien, graisse; Salben en Allemand; Salven en Flamand; Shalbati, Scalbati en Carniolois, oindre, froter de graisse ou d'huile; Salb en Allemand; Salve en Flamand; Salueff en Danois; Shalba en Carniolois; Masaln en Croatien, ce dont on oint; Chalbana en Hébreu; Chemchalbeni en Arabe; Chalbane en Grec; Galbani en Grec vulgaire; Galbano en Italien & en Espagnol; Galban en Allemand, en Polonois, en Bohémien, galbanum liqueur grasse qui découle d'une plante; Kankalou

en ancien Indien, gomme grasse & aromatique qui sort d'un arbre; (Kan, arbre; ainsi Kalou signifie liqueur grasse;) Calfas ou Calfat en François, radoub d'un vaisseau, dont on enduit les trous avec du suif, de la poix ou du goudron. Le terme Hébreu Misceman, gras, se prend métaphoriquement pour les puissans, les riches; ainsi il est dit dans le Pseaume 77, que Dieu fit mourir les gras d'Israël, c'est-à-dire, les puissans, les riches, les premiers du Peuple. Gabigs en Gothique, riche. Voyez Galba, Galha, Galbanoa.
GALBA. Suétone dans la vie de Galba nous dit que ce terme est Gaulois, & qu'il signifie gras. Voyez Galb.
GALB, rigueur, dureté. I.
GALBA, A. M. galbanum. Voyez Galb, Galbanoa.
GALBA, A. M. pour Garba, gerbe. L'l s'est souvent mise pour l'r.
GALBAETU, je tamise, je crible. Ba.
GALBAICHIM, être chaud. I.
GALBANA, indolence, paresse, indolent, paresseux. Ba.
GALBANOA, galbanum. Ba. Voyez Galb.
GALBARIAZ, GALBARITU, je tamise, je crible. Ba.
GALBAYA, crible, tamis. Ba.
GALBIDEA, pauvreté. Ba.
GALBURRU, prodigue. Ba.
GALCATUA, plein, rempli. Ba.
GALCH, tout. I. Voyez Gal le même qu'Al.
GALCHAGORRI, diable, mauvais esprit. Ba.
GALCHERIA, A. M. blanchisserie de toiles; de Gaalchi.
GALCHURIA, la fleur du froment. Ba. Voyez Galha.
GALCHURIAC, culottes. Ba.
GALCORRA, caduc, qui tombe en ruine. Ba.
GALD, barbare, étranger. E. Voyez Gal.
GALDA, action de se chauffer. Ba. Voyez Cald.
GALDEA, demande, interrogation, question. Ba. Voyez Galv, Galutin.
GALDEQUINA, demandé, prêté. Ba.
GALDRIST, espèce de satyrion, serpentaire plante. G.
GALDU, macreuse. B.
GALDU, renverser, détruire. Ba. Gal.
GALDU, perdre. Ba.
GALDU, en composition Gal, perdu. Ba.
GALDU, être brûlé du soleil. Ba. Voyez Galda.
GALDUA, fille prostituée. Ba. Voyez Galdu, perdu.
GALDUA, être affligé d'un cancer. Ba.
GALDURO, méchamment, malicieusement. Ba.
GALE, rabot. B.
GALE, galere. B. Galera en Italien; Gallera en Espagnol; Galere en François; Galbe en Allemand; Galey en Anglois; Galeye en Flamand; Galea en Carniolois; Galia en Dalmatien; Galya en Hongrois, galere. Gallita en Parian & en Curianan, navire; Gallerim en Arménien, radeau; Galée, Galie en vieux François, galere, vaisseau.
GALE, le même que Bale, marcher. Le g & le b se mettant l'un pour l'autre, (Voyez Gal le même que Bal) on a dit Gale comme Bale, ainsi qu'on le voit par Galeri.
GALEA, désir, cupidité. Ba.
GALEA, A. M. galere, vaisseau; de Gale.
GALEAD, chiourme, B.

GAL. GAL. 615

GALEARE, A. M. défendre avec un casque. Voyez *Gal* le même que *Bal.*
GALEARIA, A. G. chapeau, tiare; de *Gal* pour *Bal*, tête.
GALEARII, A. M. le même que *Calones*, le *g* & le *c* se mettent indifféremment l'un pour l'autre. Il signifie aussi galériens. Voyez *Galo.*
GALEARIUS, A. M. faiseur de casques. Voyez *Galeare.*
GALEASIA, GALEATIA, A. M. galeasse; de *Galo.*
GALECEA, bled humide. Ba.
GALEDELLUS, A. M. espèce de vaisseau; de *Galo.*
GALEGLAS, piéton. I.
GALEIA, A. M. le même que *Galeida.*
GALEIDA, A. M. espèce de galere ou vaisseau; de *Galo.*
GALEIN, galer. B.
GALELOA, cruche, vase, vase de bois. Ba. Voyez *Galleta.*
GALEN, le même qu'*Alen.* Voyez *Aru.*
GALEN, gale. B.
GALENUM, A. G. vase, vaisseau à mettre du vin; de *Galwyn.*
GALEO, A. M. galion; de *Galo.*
GALEOLA, A. G. le même que *Galenum.*
GALEONUS, A. M. le même que *Galeo.*
GALEOTA, GALEOTUS, A. M. espèce de vaisseau; de *Galo.*
GALER, battre. G. Voyez *Gal*, bois.
GALERA, perte, diminution. Ba.
GALERA, refuge, prison des femmes ou filles de mauvaise vie. Ba.
GALERA, A. M. galere; de *Galo.*
GALERI, galerie. B.
GALERIA, A. M. galerie; de *Galeri.*
GALERNA, espèce de vent qu'on appelle en François *Galerne.* Ba. Voyez *Goalern.*
GALERUS, A. M. chapeau, calotte; de *Gal* le même que *Bal*, tête.
GALESTROLLUS, A. M. espèce de vaisseau; de *Galo.*
GALET, le même que *Calet*, *Salet*, *Alet.* Voyez *Aru.*
GALETA, GALETUS, A. M. Voyez *Galo.*
GALETESEN, galette. B. De là ce mot.
GALEZGARRIA, inamissible. Ba.
GALFREZEN, gaufre. B. De là ce mot.
GALGADH, courageux, brave. I.
GALGARRIA, qui ravage, prodigue, dissipateur, ruine. Ba. *Goal.*
GALGIARE, A. M. payer. Voyez *Gagea.*
GALGUINAC, balle ou petite paille qui enferme le grain de bled. Ba.
GALGUIROA, vice, défaut. Ba.
GALHA, gras en Celtique. Voyez *Antigalha.* De *Galha* on a fait *Calha*, comme on a dit indifféremment *Calb* & *Galb.* L'*l* & le *d* se mettant l'un pour l'autre, on a fait *Gadha* & *Cadha.* On lit dans un ancien Glossaire *Cada*, graisse. On trouve encore des vestiges de ce mot dans notre Langue: Nous appellons *Cadeau* un festin, un grand repas. Les anciens faisoient consister la bonne chere dans des viandes grasses. Le pere de l'enfant prodigue voulant donner un festin pour le retour de son fils, fait tuer le veau gras; ainsi *Cadeau* est un repas exquis, un repas où l'on sert des viandes grasses. *Gail* en Théuton, gras, fertile, abondant. Voyez *Gael*, qui fait *Gai* par crase.

GALHOUT, puissance. B.
GALHUDUS, puissant. B. Voyez *Gallu.*
GALHUT, puissance. B.
GALIA, A. M. galere, vaisseau; de *Galo.*
GALIARDUS, A. M. bouffon, railleur, rieur; de *Gailhard.*
GALIDA, A. M. petit vase. C'est un diminutif de *Galo.* Voyez *Galleta.*
GALIMACHEU, haut de chausses. B.
GALIO, GALIOTA, A. M. les mêmes que *Galeo*; *Galeota.*
GALIONUS, GALIOTUS, A. M. les mêmes que *Galea.*
GALIOUT, pouvoir, puissance. B.
GALIT, A. G. il périt; de *Galla.*
GALITIUM, A. M. moulin à foulon. Voyez *Galer.*
GALL, étranger, barbare. E. Voyez *Gal.*
GALL, nom général des Anglois & des Ecossois du plat Pays, des François, de tous les étrangers. I.
GALL, pierre, rocher. I. Voyez *Gal.*
GALL, blanc, cygne. I.
GALL, gage, gageure, pari, garantie, amende. I.
GALL, étranger. I. Voyez *Gal.*
GALL, coq. I. De là *Gallus* Latin.
GALL, Gaulois. B.
GALL, meilleur. B. Il paroit que ce mot a signifié beaucoup en général, puissant, grand, excessif, & que de là est venu notre mot *Faimvale*, faim excessive; *Vale* pour *Gall.* De là aussi seront venus nos termes populaires *Galafra*, *Galefretier*, *Gall Fara*, *Gall Fra*, grand mangeur. Voyez *Galla.*
GALL anciennement en Breton, fameux guerrier, vaillant, selon le Pere de Rostrenen. B. Ce mot a aussi signifié puissance & force, comme il paroit par *Galla.* *Gallania* en Irlandois, brave, vaillant, généreux; *Galante* en Italien, brave; *Galip* en Turc, vainqueur, victorieux; *Iala* en Turc, tuteur, défenseur; *Callife* en Turc & en Sarrasin, Prince; *Aliani*, fort en Georgien; *Al*, fort en Hébreu; *Güala* en Lusacien, vertu, puissance, force; *Gwalt* en Polonois; *Kwalt* en Bohémien; *Gewalt* en Allemand & en Flamand, violence, force; *Valcae* en Polonois, combattre; *Cahal* en Chaldéen, pouvoir, valeur à sa puissance, avoir la force, puissant; *Cahal* en Ethiopien, avoir la puissance, fort, robuste; *Cahal* en Arabe, puissant, être dans la force de l'âge; *Guelu*, puissant, fort en Turc. Voyez *Gallad*, *Gallu*, *Gallanta*, *Gallendea*, *Gallouid.* On trouve dans une vieille chronique *bon Galois* pour synonime à *fort vaillant.* *Galentir* en vieux François, fortifier, & *Galantement*, vaillamment. De là *Valeo* Latin; *Vaillant* François.
GALL, peste. B. Voyez *Goal*, *Galla.*
GALL ou *Gàl*, gale, mal sur la peau. B.
GALL particule qui marque l'imperfection, la diminution, demi, moitié. Voyez *Gallmarw*, *Goal.* *Galier* en François signifie une rosse, une haridelle, un mauvais cheval, un homme misérable, un pauvre hére. *Gail*, stérile en Allemand; *Gall* en Théuton & en Islandois, fol; *Gallos* en Grec, eunuque; *Gall*, amer, mauvais en Allemand.
GALL, chasse. Voyez *Geligi* & *Gal*, vîte.
GALL, *MALV GALL* ou *GALLECQ*, mauve cultivée. B.
GALL, *FOENN GALL*, sainfoin, foin de la meilleure qualité. B.
GALL. Voyez *Galloglas*, & *Gal*, militaire.
GALL, bon. Voyez *Gal*, *Galoer*, & l'article précédent.

GALLA, chien. E.
GALLA, blancheur. I. *Gall*, splendeur en Allemand; *Gela*, splendeur en Grec, & *Gala*, lait.
GALLA, pouvoir verbe, avoir le pouvoir, avoir la puissance. B. Voyez *Gallu*.
GALLA, perte. Ba. Voyez *Gall*, *Goal*, *Coll*.
GALLA, A. G. outil de cordonnier avec lequel il ratifie le cuir; De *Gal* le même que *Cal*, couper.
GALLA, A. M. galere, vaisseau; de *Gale*.
GALLA, A. M. gale; de *Gall*.
GALLADELLA, GALLADELLUS, A. M. espèce de petit vaisseau; de *Gale*.
GALLAEL, avoir la puissance. G. Voyez *Galla*.
GALLALDIA, prérogative, privilége. Ba. Voyez *Gallael*.
GALLAN, rocher, pierre. I. Voyez *Gall*.
GALLANDUS, A. M. muni; *Galendé* en vieux François, muni, orné. Voyez *Galant*, *Gall*, *Gwall*.
GALLANTA, galant, poli, bienfait, beau, joyeux, gaillard, de bonne humeur, hardi, brave, vaillant, vigoureux. I. On dit encore parmi nos troupes d'un homme brave que c'est un galant homme. Voyez *Galant*, *Gall*.
GALLANTAS, beauté, bienséance. I.
GALLARCIA, rouvraye, chenaye. Ba.
GALLARDETEA, girouette. Ba.
GALLARIUS, A. M. cordonnier, ainsi nommé de l'outil appellé *Galla*. Voyez *Gulla*.
GALLBA, dureté. I.
GALLEA, A. M. galere, vaisseau; de *Gale*.
GALLEDIC, potentiel terme de grammaire. G. Voyez *Gallu*.
GALLEL, avoir la puissance. G. Voyez *Gallael*.
GALLENDEA, prééminence. Voyez *Gal Andi*.
GALLESCERE, A. G. se réjouir; de *Gailth*.
GALLETA, cruche, vase, vase de bois. Ba. Voyez *Galo*, *Galwyn*.
GALLETA, A. M. mesure pour le vin. Voyez l'article précédent.
GALLICA, GALLICULA, A. M. galoche; de *Galochen*.
GALLICARII, A. M. faiseurs de galoches; de *Gallica*.
GALLICARIUS, A. G. cordonnier; de *Galla* comme *Gallarius*. Voyez aussi *Galochenn*.
GALLICULA. Voyez *Gallica*.
GALLICULA, A. M. couverture de tête; *Gâl*, tête; *Cul*, couverture.
GALLIEN, aiguille, poinçon. B.
GALLIGESSUS, A. M. homme vaillant; de *Gall* & *Gwas*, en composition *Gwes* ou *Ges*.
GALLIONUS, GALLIOTA, A. M. les mêmes que *Galie*, *Galeota*.
GALLIRE, A. G. périr; de *Galla*.
GALLMA, dureté. I.
GALLMARW, demi-mort, homme que vous jugeriez devoir bientôt mourir. G. *Marw*, mort, *Gall* est donc une particule qui marque la diminution, l'imperfection, demi, moitié.
GALLODIUS, A. M. le même que *Galetus*.
GALLOGLAS, soldat à cheval, soldat à pied armé pesamment; *Gall*, soldat; *Glas* a signifié armé pesamment: ce terme est le contraire de *Kern*, soldat armé à la legére, soldat d'une troupe legére, qui en combattant ne garde pas son rang. I. Voyez *Gall*.
GALLOUDECQ, GALLOUDUS, puissant, qui a la puissance, qui a le pouvoir, habile à, propre à, capable de, ferme. B. Voyez *Gallu*.
GALLOUDES, puissance, autorité. B.

GALLOUDUS. Voyez *Galloudec*.
GALLOUID, le même que *Gall*, *Galluog*, *Galluus*. F.
GALLOUIN, moineau. I. Voyez *Golven*.
GALLOUT, pouvoir verbe & nom, puissance. B.
GALLRADU, infecter. I.
GALLT, le même qu'*Allt*, montée de montagne. G. On a aussi dit *Callt*, ainsi que nous le voyons dans *Calade*, terme de manége, qui signifie la pente d'une éminence, d'un terrein élevé, par où l'on fait descendre plusieurs fois un cheval au petit galop pour lui apprendre à plier les hanches & à former son arrêt. *Calata* en Italien signifie la même chose que notre *Calade*; *Gal* en Hébreu, tertre, élévation; *Gal* en Syriaque, élévation; *Gelima* en Chaldéen, colline; *Galem* en Samaritain, colline; *Maghala* en Georgien, dessus, ou-dessus; *Kalña*, grenier en Groenlandois; *Walt* en Théuton, Commandant; *Vallda*, commander dans l'ancienne Langue du Nord. Voyez *Sallt* & *Aru*.
GALLT, le même que *Gall* Gaulois, brave, vaillant: Ce qui se prouve 1°. Parce que les Gaulois sont indifféremment nommés chez les anciens *Galli* & *Galatæ*. 2°. Parce que *Gallu*, qui est la racine de *Galli*, se dit aussi également *Galluud*, *Galluet*, *Gallont*. 3°. Le *t* s'ajoute indifféremment à la fin du mot. Voyez D. 4°. *Gall* & *Gallta* signifient également Gaulois en Irlandois. 5°. *Gall* est le synonime de *Kelt* ou *Celt*. Le *g*, le *k* & le *c* se substituant réciproquement, on a donc dû dire *Gelt*, *Galt*, comme *Gall* & *Kelt*, *Gelten* en Allemand, valoir, être en crédit, en autorité, en estime; *Gels*, argent monnoyé: Ce mot doit avoir signifié valeur, ainsi qu'il paroit par *Gelten*, & parce que l'argent est la valeur, le prix des choses. *Held*, héros en Théuton; *Helden*, héros en Allemand; l'*h* & le *g* se substituent réciproquement, de même que le *d* & le *t*. *Walt* en Théuton, puissance, puissant; *Walten*, pouvoir verbe.
GALLTA, Gaulois, à présent François. I.
GALLU, puissance, pouvoir, autorité, domination, empire, richesses, force, valeur, avoir la puissance, pouvoir, pouvoir beaucoup, avoir de la force, être puissant, fort, robuste, vigoureux, troupes, forces, armée, Province dont on a le domaine. G.
GALLU, pouvoir verbe. I.
GALLU, pouvoir, pouvoir beaucoup, avoir la puissance, être puissant, fort, robuste, vigoureux, valoir. B. Voyez *Gall*, *Gallt*.
GALLUDDOG, fort, puissant. G.
GALLUDECH, puissant. B.
GALLUDOCH, puissant. C.
GALLUED, GALLUET, puissance, pouvoir, valeur. G.
GALLUOD, puissant, vaillant. G.
GALLUOEDD, armées. G.
GALLUOG, puissant, fort, robuste, vigoureux, qui n'a point été vaincu, possible, qui possède, qui jouit, doué, riche, opulent. G.
GALLUOG, puissant, vaillant. G.
GALLUOWGRWYDD, puissance, souveraineté. G.
GALLUT, pouvoir verbe. B. C'est le même que *Gallu*.
GALLUUS, puissant, fort grand. G.
GALLUUS, puissant, vaillant. B.
GALLYOD, le même que *Galluod*. G.
GALNUS, A. M. jaune; de *Janus*, l'*i* insérée. *Gane* en Picard, jaune.
GALO, GALONA, JALO, JALLEIA, GALETA, GALLETA, GARLETA, A. M. certaine mesure des liquides;

GAL.   GAM.   617

liquides. De *Galwyn*, prononcez *Galoyn*. On appelle encore *Galon* en Franche-Comté du côté de la Saône une mesure de vin. *Galon* en Angleterre est une mesure de huit pintes. Ce mot a été étendu à signifier une certaine mesure de bled. On trouve en ce sens *Jalo*, *Galetas* dans les chartes : on y lit même *Galetus Terra* pour une certaine quantité de terre ou de champ, sçavoir pour l'espace de terre qu'on pouvoit ensemencer avec un *Galet* de bled. C'est ainsi qu'en Franche-Comté les laboureurs appellent une quarte de terre, un champ qui peut être ensemencé avec une quarte ou mesure de bled. *Jallay*, *Jallaye* dans les Coûtumes d'Orléans & de Tours, certaine mesure de vin. *Jalois* en Picardie, une mesure de bled. Voyez *Galleta*. Iarl. *Galo*.

GALOA, gâteau, tourte. Ba. Voyez *Galetesen*.
GALOBAN, nain. I.
GALOC, tout. B.
GALOCHA, sabot, bamboche. Ba. Voyez *Galochenn*.
GALOCHENN ; plurier *Galochennou*, *Galochou*, galoches, souliers dont le dessous est de bois & le dessus de cuir. B. Ce mot s'est pris aussi pour signifier ce qu'on met sur la jambe, ce dont on couvre la jambe ; car en Franche-Comté on appelle *Galoiches*, *Goleches*, les guêtres dont les Paysans couvrent leurs jambes. Le *g* & le *c* se mettant l'un pour l'autre, on a dit *Calochon*, *Caloch*, *Catch*, d'où est venu *Calcei*, qui dans Saint Isidore signifie guêtres de soldat ; *Calcia*, chausse qui se lit dans les anciens monumens ; *Caluga* qui signifie en Latin une espèce de bottines. Nous avons en François changé *Cal* en *Cau*, *Chau*, & le *ch* en *s* ; ainsi de *Calch* nous avons fait chausse. De *Calch* pris pour ce qui couvre le pied, on a fait les mots Latins *Calceus*, *Calceamentum*, &c. Voyez *Galoig*.
GALOE, tout. B.
GALOER, biens meubles ou immeubles, biens en général. B. On a dit *Galoiz* en vieux François. *Galonhad* en Arménien, les biens.
GALOIG, galoches. B. Voyez *Galochenn*.
GALOMP, galop. B. De *Gal*, excellent dans son genre, & *Omp*, allure. Voyez *Galopatu*.
GALON, ennemis, étrangers. Voyez *Gal*.
GALON. HAINTT GALON, flux de ventre, dyssenterie, lienterie. G.
GALONCZ, galon. B. De là ce mot. Voyez *Gal*, *Galant*.
GALOPATU, je galope. Ba. Voyez *Galomp* ; de là *Galoper*.
GALOPINA, galopin, marmiton, froteur. Ba. De *Galopatu*, parce qu'on fait courir ces sortes de gens pour servir. On trouve *Galopin* pour serviteur, valet, dans nos anciens Auteurs François.
GALORDEA, nourriture. Ba.
GALORIUM, A. M. pour *Galoer*.
GALOSTEA, infame. Ba. Voyez *Gal*.
GALOT, tout. B.
GALOTZA, courtisanne, femme perdue, infame. Ba. Voyez *Galostea*.
GALOTSIDEA, diffamation. Ba. Voyez *Galotst*.
GALOUP, galop. B. Voyez *Galomp*. On a changé l'*m* en *u* dans *Galoup*.
GALOUX, galeux. B. Voyez *Gal*.
GALQUERA, ruine. Ba. Voyez *Gal*.
GALQUIDA, corruption. Ba. Voyez *Gal*.
GALSUNA, bottine. Ba. Voyez *Galochenn*.
GALTZARBEA, aisselle. Ba.
GALTZE, perdre Ba. Voyez *Galla*.
TOME I.

GALTZETA, bas, chaussette. Ba.
GALV, appeller en criant fort. B.
GALV ou GALO, appel à un Juge supérieur. B. On voit par *Galw*, *Galvaden*, *Galvat*, que ce mot a signifié appel en général, cri. *Call* en Anglois, appeller ; *Kaleo* en Grec, appeller ; *Kala* en Chaldéen ; *Caul* en Arabe ; *Kol* en Hébreu ; *Col* en Éthiopien & en Indien ; *Jalia* en Crétois, voix ; *Gale* en Islandois, crier ; *Gala*, chanter en Théuton.
GALVADENN, huchée. B.
GALVAT, appeller, appel. B.
GALVEIN, appeller, nommer. B.
GALUEIN, appeller, qualifier. B.
GALVET, appel. B.
GALVIDELL, huchée. B.
GALVIDEN, huchée. B.
GALUM, A. M. bois, forêt ; de *Gal*.
GALUM, A. M. le même que *Galo*, mesure de liquides.
GALUMNA, A. M. couverture de tête ; de *Gal*, tête.
GALUNNA, A. M. le même que *Galumna*.
GALUS, galeux. B. Voyez *Gal*.
GALUSA, vieux, inusité, caché, désaccoûtumance. Ba. *Gal* de *Cal*, caché.
GALUSARIA, antiquaire. Ba. Voyez *Galusa*.
GALW, appeller, appeller en criant fort, nommer, invoquer. G. B. Voyez *Galv*.
GALW, le même que *Garw*. Voyez ce mot.
GALWAD, appel, appellé, mandé. G.
GALWAI, qui appelle, crieur public, celui qui chasse les bœufs lorsqu'ils labourent. G. *Galw*.
GALWEDIGAETH, appel, action d'appeller. G.
GALWEDIGAWL, appellatif, vocatif. G.
GALWYN, conge mesure pour les liquides qui contient trois pintes de Paris. G. Voyez *Galo*.
GALWYNAID, la quantité de liqueur qu'il faut pour remplir un conge. G.
GALYOTA, A. M. galérien ; de *Gale*.
GALYOUN, galion. B. Voyez *Gale*.
GALYURRA, creneau de muraille. Ba.
GALZU, je perds. Ba.
GAM, courbe, courbé, bossu, tortu. G. Il s'est pris pour tout ce qui est défectueux & moindre. Voyez *Cam* qui est le même mot ; de là *Gamé*, terme dont on se sert en Franche-Comté pour désigner la moindre espèce de raisin.
GAM, jambe. Voyez *Gamaichenn*.
GAM, le même qu'*Am*, *Cam*, *Sam*. Voyez *Aru* ; de là *Gamell*.
GAM, le même que *Gem*, *Gim*, *Gom*, *Gum*. Voyez *Bal*.
GAMA, A. M. game, échelle sur laquelle on apprend à entonner juste les notes de la musique ; de *Gam* le même que *Cam*, dégré, échelle.
GAMACHA, A. M. gamache. Voyez *Gamachen*.
GAMACHEU. Voyez *Gamaichenn*.
GAMAICHENN ; plurier *Gamaichennou*, *Gamaichou*, *Gamachen*, gamaches. B. *Gam* ou *Cam*, jambe ; *Aichen* pour *Achen*, ce qui couvre, ce qui garantit. Voyez *Campagus*, *Gambagus*. Voyez *Gamaschis*.
GAMAGIUM BOUM, A. M. couple de bœufs ; de *Gam* le même que *Cam*, ensemble.
GAMASCHIS, gamaches. I. Voyez *Gamaichenn*.
GAMASSA, espèce de terre. Ba. Voyez *Gamhann*.
GAMASUS, A. G. courageux, brave, fort ; de *Gam* le même que *Cam*, combat.
GAMASUS, A. G. agile ; de *Gam*, jambe.

Ooooou

GAMB, le même que *Camb*, *Amb*, *Samb*. Voyez *Aru*.

GAMBA, A. M. jambe; de *Gam*, jambe. On a ajoûté le *b*, ainsi qu'on le voit par nos mots *Jambe*, *Jambon*, & par *Gambaron*, qui en vieux François signifie jambe courte, & non pas jambe ronde, comme l'explique le sçavant Ducange. *Gamb*, jambe; *Rom*, petit, court.

GAMBA, A. M. vase. Voyez *Gambilla*.

GAMBACIUM. Voyez *Gambeso*.

GAMBAGUS, A. M. le même que *Campagus*.

GAMBARA, GAMBARRA, cabinet retiré & secret, chambre. Ba. Voyez *Cam*.

GAMBARA, voûte. Ba. Voyez *Gamb*.

GAMBARIUS. Voyez *Gambeso*.

GAMBARUS, A. M. écrevisse, cancre; de l'Italien *Gambaro*, qui signifie la même chose, & qui vient de *Gamb* ou *Camb*, tortu, courbe.

GAMBAYCHO. Voyez *Gambeso*.

GAMBE, creux. Voyez *Gamberoteen*. *Cambe* est le même que *Gambe*, à cause de la substitution réciproque du *c* & du *g*. D'ailleurs on dit indifféremment *Gam*, *Cam*, *Gamb*, *Camb*, courbe, tortueux; ainsi *Cambe* signifie creux: On voit bien que c'est le même mot que *Combe*, vallée, lieu creux.

GAMBELA, crèche. Ba.

GAMBERGA, GAMBERIA, GAMBRIA, A. M jambière, armure de jambe : on a dit *Gambière* en vieux François. De *Gam*, jambe; *Berg*, défendre, couvrir.

GAMBEROTEEN, ornière. B. L'ornière est le creux que font les roues; *Rod* ou *Rot*, roue; *Gambe* signifie donc creux.

GAMBESO, GAMBESUM, GAMBESIO, GAMBESA, GAMBACIUM, GAMBARIUS, GAMBAYCHO, GAMBISO, WANBASIUM, GAMBASIO, A. M. & en vieux François, *Gambison*, *Gobison*, *Gambeson*, *Gambaison*, *Gaubeson*, *Goubison*, *Wanbais*, *Hambais*, espèce d'habit de garniture faite de laine douce & molle, de la hauteur de la cuirasse, qui se mettoit sous cette armure pour être plus à couvert des coups dans un combat; de *Cam* ou *Gam*, combat; *Buch* ou *Bus*, en composition *Bys*, couverture, ce qui couvre; *Gambys*, couverture de combat ou ce qui couvre dans un combat. *Berh* signifiant défendre, mettre à couvert comme *Buch*, on a dit *Gambarius* comme *Gambiso*.

GAMBETTA, A. M. bâton qui tient lieu de jambe à un boiteux, à un malade; de *Gamba*, dont il est le diminutif.

GAMBIAQUIDA, troc, changement. Ba.

GAMBIATU, prêter à usure, ou emprunter à usure. Ba. Voyez *Gambioa*, de là *Cambium*.

GAMBILLA, amas de plusieurs vases mis ensemble. Ba.

GAMBIOA, troc, échange. Ba. Voyez *Gambiatu*.

GAMBISO. Voyez *Gambeso*.

GAMBLYT, DEIZ IOU GAMBLYT, le grand jeudi. B. C'est le même qu'*Amblyt*.

GAMBO, A. M. jambon; de *Gamba*. Voyez *Jambon*.

GAMBOILLA, parasol. Ba.

GAMBOSUS, A.M. qui a des nœuds à la jambe, qui a la jambe nouée; de *Gamba*.

GAMBRIA. Voyez *Gamberga*.

GAMBUSI, teindre. Ba.

GAMBUSIA, couleur, teinture, teint une seconde fois. Ba. Voyez *Gambusi*.

GAMBUTTA, GAMBUCTA, A. M. les mêmes que *Cambutta*.

GAMEA, fleur de vin. Ba.

GAMEL ou CAMEL, pièce de bois courbe qui entre dans la construction d'un navire. B. A la lettre, une courbe : Nos ouvriers s'expriment encore ainsi. On voit par là que *Gamel*, *Camel* signifient courbe. Voyez *Gam*, *Cam*, *Camel*.

GAMEL-VAOUT, allonge de cornière. B.

GAMEL, le même que *Camel*. Voyez *Aru*.

GAMELL, gamelle. B. Ce mot est encore en usage dans la marine & parmi les troupes.

GAMELUA, chameau. Ba. Voyez *Gamel* le même que *Camel*.

GAMH, hyver. I.

GAMHANN, boue. I.

GAMUNA, veaux. I.

GAMMADD, GAMMEDD, les mêmes que *Cammadd*, *Cammedd*. Voyez *Aru*.

GAMP, le même que *Camp*. Voyez *Aru*.

GAN, avec, parce que, puisque, car, auprès, à l'opposite. G. Voyez *Gana*. *Gar* en Tonquinois, voisin.

GAN, cause, source, naissance. G. Voyez *Gana*.

GAN, secours, aide. G.

GAN, avec C.

GAN, hors, sans, si, ne, à moins que, sinon, si ce n'est. I.

GAN, avec, de, à, au pouvoir, par. B. *Gan* en Allemand, ensemble.

GAN, grand ; *Huuegan*, grand dormeur en Breton; *Huu*, sommeil; *Gan* signifie donc grand, long. De *Gan* ou *Can* sont venus les mots Latins *Quantus*, *Quantitas*. Voyez *Gana*. *Ian*, grande étendue, grande ampleur en Tartare du Thibet; *Gams*, montagne, tas en Tamoulique.

GAN, sur, dessus, haut adverbe. Ba Voyez *Gana*.

GAN, le même qu'*An*, *Can*, *San*. Voyez *Aru*.

GAN, le même que *Gen*, *Gin*, *Gon*, *Gun* Voyez *Bal*.

GAN, jambe comme *Gam*. Voyez *Dom*, *Don*. *Gan* en ancien Saxon, en Théuton, en Flamand; *Kan* en Allemand; *Geen* en Tartare de Crimée, aller.

GAN préposition explétive. Voyez *Gangylchwy*.

GAN, le même que *Gand*, *Gant*. Voyez *D*.

GAN. En comparant *Gana*, *Gandia*, *Ganugarria*, on voit que *Gan* a signifié excès, plénitude surabondance. De là *Ganeum*, taverne, lieu de débauches & d'excès; *Ganeo*, débauché.

GANA, engendrer. B. Voyez *Gan*.

GANA, haut, sommet, cime, faîte, comble. Ba. Voyez *Gan*, *Ganga*, *Chan*.

GANA, désir. Ba.

GANA, près, auprès, à, au en verbe de mouvement. Ba.

GANAPUS, A. G. synonime de *Gamasus*, fort agile. Voyez *Gan* le même que *Gam*.

GANAGIUM. Voyez *Gagnagium*.

GANAIL, enclos, parc. I.

GANAISELA, prépuce. Ba.

GANANCA, cuisse. Ba. Voyez *Gan* le même que *Gam*.

GANANCIA, A. M. gain, profit. Voyez *Gagnagium*.

GANAOU, bouche. C. Voyez *Ganau*, *Gen*.

GANARBEA, clef d'une voûte, dôme, lanterne d'un dôme. Ba.

GANARE, A. M. gagner, acquérir; de l'Espagnol *Ganar*. Voyez *Gagnagium*.

GANARQUIA, splendeur. Ba. *Can* ou *Gan*, & *Arguia*.

GANAS, GANES, traître, fourbe, perfide. B.

GAN.

De là *Ingannare* en Italien ; *Engeigner* en vieux François, tromper. Il y a lieu de croire que c'est de là que nos Romanciers ont formé le nom de *Ganelon*, qu'ils ont donné à celui qu'ils ont écrit avoir trahi Charlemagne.

GANATA, A. M. troupeau ; de l'Espagnol *Ganado*, troupeau ; *Ganadero*, pasteur. Voyez *Gagnagium*.

GANAU dans un dialecte Gallois le même que *Ganeu*, & *Anau* le meme qu'*Eneu*, bouche, embouchure, dit Baxter. G.

GANAU, bouche. C.

GANAUZQUIA, surface. Ba.

GANCES. Voyez *Ganta*.

GANCHIGORRA, menu bois sec, broutilles. Ba. Voyez *Gor*.

GANCHURIA, couverture de calice. Ba.

GANCZ, gance. B. De là ce mot. Voyez *Gan*.

GAND, GAN, GAD, GANT, GAT, GUED, ensemble, par, par le moyen, avec. B. Le c & le g se mettant l'un pour l'autre, on a dit *Can*, *Cand*, *Cant*, *Cad*, *Cat*, *Ked*, *Ket* ; de là *Cud*, *Coud*, (les voyelles se mettent l'une pour l'autre, Voyez *Bal*.) confluent, union, jonction. Voyez *Condat*. On a dit *Gond*, *God*, *Got* comme *Gand*, *Gad*, *Gat* ; de là est venu *Gond* en François, pièce qui unit la porte au jambage. Le *e* initial s'ôtant. (Voyez *Aru*) on a dit *Au*, *And*, *At*, *Oud*, *Ou*, *Ot*, *Ed*. Et ; de là les vieux mots François *Andeux*, *Andui*, qui signifient ensemble ; *Et* particule conj. active en Latin & en François ; *And* en Anglois ; *Ende* en Flamand ; *Enida* en Turc ; *Und* en Allemand, et, particule conjonctive. Tous ces mots désignant l'union, signifient par conséquent touchant, auprès ; *Hithe* en ancien Saxon, touchant, auprès. Voyez *Gant*.

GAND, le même qu'*And*, *Cand*, *Sand*. Voyez *Aru*.

GANDAL, le mâle de l'oie. I. Voyez *Gana*.

GANDAYA, oisiveté, loisir. Ba.

GANDENGA, A. M. habillement de jambe ; de *Gan* le même que *Gam*.

GANDIA, excès. Ba. Voyez *Andi*, *Andia*.

GANDRYLL, TN GANDRYLL, par éclats, par morceaux, par copeaux. G.

GANEDICQ, natif, originaire. B.

GANEDIGAEH, GANEDIGUEAH, naissance, nativité. B.

GANEIN, enfanter, accoucher, naître. B. Voyez *Gan*.

GANELL, claquet de moulin. B.

GANEO, A. G. débauché. Voyez *Gan*.

GANERTZA, imposte terme d'architecture. Ba.

GANES. Voyez *Ganas*.

GANET, né. B.

GANETA, lieu élevé. Ba.

GANEUM, A. G. taverne. Voyez *Gan*.

GANEZTEA, abondance, superfluité. Ba. Voyez *Gana*.

GANFHALACH, nud, découvert. I.

GANFEIDM, annullé, cassé. I.

GANGA, épiglotte. Ba.

GANGAID, faussété. I. Voyez *Ganas*.

GANGAIDEACHD, fourberie, friponnerie. I.

GANGARRA, gosier. Ba.

GANGRENN, loupe, gangrene. B. De là ce mot. *Gagraina* en Grec, gangrene.

GANGRUAG, chauve. I.

GANGYLCHWY, bouclier. G. *Gan* préposition explétive, car *Cylchwy* signifie bouclier.

GAN.

GANHEWIN, Y GANHEWIN, renouée, sanguinaire, sang de dragon plante. C'est la même que *Canelwm*. G.

GANHYN, GANNYNHY, donc, pourquoi. G.

GANIAGIUM, A. M. gain, gagnage, ce que gagne un Ecclésiastique en assistant au chœur. Voyez *Gagnagium*.

GANIU, de, du préposition. Ba.

GANIVED, canif, toile d'araignée. B.

GANMWYAF, presque, quasi, presque toujours, ordinairement. G.

GANN, conjonction causale, car, parce que. G.

GANN, avec, cause. G. Voyez *Gan*.

GANN, court, bref, petit, maigre, rare, en petite quantité, étroit, serré, avare. I.

GANNACH BUOCH, vache sans lait. B. *Buoch*, vache ; *Gannach* signifie donc qui manque.

GANNAIL, barreaux, treillis. I.

GANNATUM, A. M. le même que *Ganata*.

GANNEDD comme *Annedd*. Voyez *Aru*.

GANNIN, court, bref, &c. le même que *Gann*. I.

GANNIUM, A. G. taverne. Voyez *Ganneo*.

GANNMWYAF, le même que *Ganmwyaf*. G.

GANNO, source. G. Voyez *Gan*.

GANOU, synonime de *Geneu*, bouche, selon Baxter. G.

GANRA, oie. I.

GANSÆ. Voyez *Gants*.

GANSAIL, maigre. I.

GANT, auprès, à l'opposite, vis-à-vis. G.

GANT, davantage, plus. B.

GANT, avec, de, à, au pouvoir, par, lors. B. Les mariniers Bretons qui parlent un peu François, disent *Aganter* pour joindre, atteindre. Voyez *Gand*.

GANT, le même que *Cant*, *Sant*, *Ant*. Voyez *Aru*. *Gant* en vieux François, beau.

GANT, le même que *Gan*, *Gand*. Voyez *D*.

GANT, le même que *Gout*, *Giut*, *Gont*, *Gunt*. Voyez *Bal*.

GANTA, davantage, plus. B.

GANTÆ. Pline, l. 10, c. 22, nous dit, que dans la Germanie on appelloit *Gantæ* (plusieurs manuscrits portent *Gansæ*) une espèce d'oies sauvages qui étoient blanches & plus petites que les autres. Le Pere Hardouin remarque fort bien que par la Germanie il ne faut pas entendre ici l'ancienne Germanie qui est renfermée entre le Danube & le Rhin, mais les deux Provinces des Gaules appellées Germaniques, dans lesquelles étoient Mayence, Strasbourg, Cologne, Tongres, parce que Pline dit d'abord après, que les Commandans des Troupes Romaines qui bordoient le Rhin pour mettre les Gaules à couvert des incursions des Germains, envoyoient quelquefois des cohortes entières à la chasse de ces oies. Nous voyons en effet le mot de *Ganta* en usage dans les Gaules & la Grande Bretagne encore bien des siécles après Pline. Fortunat nomme ces oies parmi les oiseaux qui couvroient la Meuse :

> *Ant Mosa dulce sonans, quo Grus,*
> *Ganta, Anser, Olorque*
> *Triplice merce ferax, alite, pisce, rate.*

Adson dans la vie de Saint Valbert Abbé de Luxeuil au septième siècle, dit que ce Saint empecha miraculeusement le ravage que les oies sauvages faisoient dans sa Terre de Nant en Brie, lesquelles oies étoient appellées par les Paysans *Ganta* à cause de leur blancheur ou du son de leur voix : *Anseres agrestes, quas à candore vel sonitu vocis more rustico Gantas vocant;* (la seconde étymologie n'est pas bonne.) On voit le terme *Ganta* encore en usage dans les Pays-Bas au huitième siécle; car on lit dans la vie de Sainte Pharaïlde de Gand, que par un miracle elle fit cesser la désolation que causoient dans les campagnes les oiseaux que le peuple appelle *Ganta: Quas vulgus Gantas vocat*. Il est encore parlé de ces oiseaux dans la vie de Sainte Amalberge, qui vivoit en Flandre au huitième siécle; on y dit qu'on les appelloit communément *Gances: Quos communi vocabulo Gances appellari solet*. On trouve aussi ce mot usité dans le Quercy, car on lit dans le livre des miracles de Saint Genulfe, écrit vers l'an 1000, qu'un pauvre homme, par la protection de ce Saint, prit à la main plusieurs de ces oiseaux que le peuple appelle *Genta: Quas vulgus Gentas vocat*. Dans les actes manuscrits de Saint Samson, Évêque de Dol en Bretagne au sixième ou septième siécle, on rapporte un miracle que le Saint fit sur les *Gantes*, *de Gantibus in custodia traditis*. Ce terme se conserva aussi en Angleterre, puisqu'on raconte dans la vie de Sainte Werebuge, qui vivoit au septième siécle, que cette Sainte chassa par ses prières de ses champs une multitude infinie d'oies sauvages qu'ils appellent *Ganta: Quas Gantas vocant*. Giraldi dans sa description de l'Irlande, faite dans le onzième siécle, dit que les Irlandois appellent *Gantes* les petites oies blanches. Ce mot étoit encore en usage en France du temps de nos premiers Romanciers; car on lit dans le roman manuscrit de Garin :

Gruet, Gentes, & oës, & poucins,
....
Gruet & Gentes orent a lor plessir.

Cet oiseau a été ainsi nommé de sa blancheur; ainsi que l'insinue Pline & que le dit Adson; *Gant*, blanche. Voyez *Cant. Gans, Ganz* en Allemand & en Flamand; *Ganso* en Espagnol & en Italien, oie. Voyez *Garz, Goaz.*

GANTAN, davantage, plus. B.

GANTHUDD, GANTHU, GANTHYNT, avec eux, G. *Hynt, Hudd, Hu,* eux; *Gant,* avec. Voyez *Gan, Gant.*

GANTITÉ, quantité. B. Voyez *Gan, Ganta.*

GANTULA, A. M. diminutif de *Ganta,* oie sauvage. &c. Voyez *Ganta.*

GANTY, davantage, plus. B. Voyez *Gan, Gana.*

GANTY, synonime de *Gand.* B.

GANTZA, graisse, tout ce avec quoi l'on oint. Ba.

GANTZATIA, gras. Ba. *Gantza.*

GANTZOREA, pâté. Ba.

GANTZUERRA, onction, action d'oindre. Ba.

GANUGARRIA, surabondance. Ba. Voyez *Gana, Gandia.*

GANUS, jaune. Voyez *Galnus.*

GANUSTARRA, séculier, homme mondain. Ba. Voyez *Ganutsa.*

GANUTSA, le monde, profanation. Ba.

GANWRAID, secourable aux femmes. G. *Wraid* pour *Wraig,* en composition pour *Gwraig,* femmes; *Gan,* secours.

GANWRAID LWYD, armoise, matricaire. G.

GANWYD, est né. G.

GANWYLL, PRY'R GANWYLL, ver luisant. G.

GANUZTAYA, arc de triomphe. Ba.

GANYDOEDD, est né. G.

GANE, oie anciennement en Breton, dit le Pere de Rostrenen. B. Voyez *Ganta.*

GANEIUM, A. M. le même que *Ganeum.*

GANZUA, fausse clef. Ba.

GAO, GAU, cajoler, enjoller; *Gaon,* tous monosyllabes, fable, mensonge, fausseté, calomnie, blâme, tort, injure, injustice, perte, dommage; plurier *Ghevier, Gheier, Gueyer; Gao Ara An Treu,* la poutre n'est pas droite. B. *Gava* en Hébreu, faire tort; *Gavahhh* en Hébreu, défaillir. Dans quelques Provinces voisines de Bretagne on dit vulgairement : *Vous avez gaudiveré,* pour, vous avez menti : C'est pour *Gan Livirit,* vous dites faux ; *Liviris de Lavar.* Voyez *Gaou.* On voit par la phrase Bretonne que l'on a rapportée, que ce mot signifie tout ce qui n'est pas droit, tout ce qui n'est pas bien au propre & au figuré. Voyez *Gaodein, Gau.*

GAO. Voyez *Gajum* & *Gaot.*

GAOD, coûtume, ordre. I.

GAODEIN, petit homme sans mine, nain, mal-bâti. B. *Dein* pour *Den,* homme.

GAOIDEANTA, oisif. I.

GAOIDHEAN, fausse couleur, faux prétexte. I. Voyez *Gao.*

GAOIDHILL, Irlandois. I.

GAOIDHILL, priant. I.

GAOIDHIOL, Irlandois, Écossois montagnard. f.

GAOIL, nation, famille; *Fear Gaoil,* parent. I.

GAOILAG, Langue Irlandoise. I.

GAOINE, bon, bonté. I.

GAOINEAN, bon. I.

GAOIS, sagesse, prudence. I.

GAOITHREOG, souffle. I.

GAOL, connexité, liaison, rapport, relation. I.

GAOLA, A. M. prison. Voyez *Geol.*

GAOLAIM, GAOLAIS, souffle de vent, brise. I.

GAOLMHAR, parent. I.

GAOLOD, fourche à trois fourchons. B.

GAOLTADH, parenté. I.

GAOR, chevre. B.

GAORSTE, tourbillon de vent. I.

GAOT, forêt, bois. B.

GAOTH, mer. I.

GAOTH, vent; *Gaoth Ruadh,* bouffée de vent. f.

GAOTH, larcin. I.

GAOTHAG, venteux. I.

GAOTHADH, javeline. I.

GAOTHANACH, venteux. I.

GAOTHMHAR, GAOTHMHUR, venteux. I.

GAOTHRAN, van. I.

GAOU. Voyez *Gao.* De là *Gouaille,* mensonge en terme populaire.

GAOUI, mentir. B.

GAOUIAT, GAOUIER, menteur. B.

GAOUR, chevre; *Gaour-Vor,* chevrette de mer. B.

GAOUYAD, GAOUYER, menteur. B.

GAP, PENN-GAP, garniture de cuir que l'on met sur le manche & sur la gaule du fleau. B.

GAP, le même que *Goap.* Voyez *Gobed. Gap* en Allemand, se moquer.

GAP, le même que *Gab, Gaf, Gav.* Voyez B.

GAP, le même que *Gep, Gip, Gop, Gup.* Voyez *Bal.*

GAPARROA, supputation frauduleuse. Ba. *Gap,* le même que *Gav.* Voyez *Gao.*

GAPIRIOA, poutre, solive. Ba.

GAPO, A. M. crampon, crochet. Voyez *Goaff, Gaff.*

GAR équivaut à la préposition Latine de repos *in*, & à

& à la préposition Françoise de repos, au, aux, à la. G.

GAR, près, auprès. G. I. *Karab* en Hébreu, en Syriaque, en Arabe, en Éthiopien, être proche, approcher ; le *k* & le *g* se substituent. Voyez *Car*, près, auprès. & *Gar*, prochain.

GAR, beau. G. *Argarria*, beau en Basque. Voyez *Car*.

GAR, cuisse. G. Voyez *Garr*, & *Gar* plus bas.

GAR, prochain I.

GAR, rapide anciennement en Breton, dit le Pere de Rostrenen. Voyez *Garu*, *Garw*.

GAR, jambe. C. B. Voyez *Gar*, cuisse.

GAR, flamme.

GAR, le même qu'*Ar*, *Car*, *Sar*. Voyez *Aru*. *Gar* en Allemand, marque du superlatif.

GAR, le même que *Ger*, *Gir*, *Gor*, *Gur*. Voyez *Bal*.

GAR, aiguillon. Voyez *Gargrenn* & *Garhoncin*.

GAR. En confrontant *Gard*, *Goarant*, & nos mots François *Gare*, terme dont nous nous servons pour avertir qu'on se garde, *se garer* pour se garder, se garantir, on voit que *Gar* a signifié garde, de même que *Gard* le signifie. D'ailleurs le *d* final se supprime indifféremment.

GAR, le même que *Gard*, *Gart*. Voyez *D*.

GAR, CAR me paroissent avoir signifié rouge, roux, jaune ; (les mêmes termes en Celtique signifioient rouge, roux, jaune. Voyez *Ruz*) *Gar*, flamme en Basque ; *Garance*, plante dont la racine est d'un rouge qui tire sur le jaune, & qui sert à teindre en rouge ; *Garon*, arbrisseau qui porte un fruit rouge ; *Garouille*, drogue propre à la teinture de couleur fauve ; *Carotte*, plante dont la racine est tantôt d'un rouge ordinaire, tantôt d'un pourpre foncé, plus souvent jaune. Voyez *Garanza*.

GAR, bois. Voyez *Garach*. *Garri*, chêne en Auvergnac.

GAR-BRONN, devant, en présence. G.

GARA, voisin, prochain, utile, facile, commode I.

GARA, flamme ; *Gar*, *Gorri*, flamme ardente, flamme rouge. Ba.

GARA, chou. Ba.

GARA, A. M. nourriture en général. *Gar*, le même que *Car*.

GARAAD, opprobre, outrage. G.

GARABATOA, attrait, amorce, appas. Ba.

GARACH, voisin, prochain, commode, propre à. I.

GARACH, plein de bois. I. *Gar* par conséquent bois.

GARACHD, utile, facile, commode. I.

GARACHIUM, A. M. gachere, gueret ; en Provençal, *Garach*. Voyez *Wareclum*.

GARACIA, A. G. champ en friche. Voyez *Garachium*.

GARAD, le même que *Carad*. Voyez *Aru*.

GARADAISCA, arroche plante. Ba.

GARADH, grace, libéralité. I.

GARAGARQUIA, tisane. Ba.

GARAGARRA, orge. Ba.

GARAGERREDARIA, tisane. Ba.

GARAI, dessus, le haut, le plus haut. Ba. *Garding* chez les Goths d'Espagne signifioit un Grand de l'État. *Garegara*, tas en Arménien ; *Gariour*, principal en Arménien.

GARAICOLA, les débouchés des canaux. Ba.

GARAILEA, vainqueur. Ba.

GARAIPENA, victoire. Ba.

GARAISARIA, prix des vainqueurs. Ba.

GARAISENA, trophée. Ba.

GARAITA, victoire, vaincre, vainqueur, victorieux, qui prévaut. Ba.

GARAITEA, supériorité. Ba.

GARAITIC, contre. Ba.

GARAITONDEA, triomphe. Ba.

GARAITZEN, qui vaint. Ba.

GARAIUSTEA, mystére. Ba.

GARAIUSTEDUNA, mystique. Ba.

GARAM, donner, donner gratuitement. I.

GARAMALLA, toge, robe longue. Ba. De *Garr* ; jambe ; *Mal*, couvrir.

GARAN, grue. C. G. B. *Geranos* en Grec ; *Gerab* en Bohémien ; *Crane* en Flamand & en Anglois ; *Krauch* en Allemand, grue.

GARAN, voisin, prochain, bref, court, utile, facile, commode. I.

GARAN, bouton, pustule. I.

GARAN, rabot, varlope, jabloire, rainure, chantepleure, fente faite dans une muraille qui soutient une terrasse, tanière, trou de lapin. B. De là *Garenne*. Voyez *Goarem*.

GARANA, faire des rainures, joindre des planches par des rainures B.

GARANCIA, A. M. garance plante ; de *Garancza*.

GARANCZA, garance plante. B.

GARANDIA, A. M. garantie ; *Garandiare*, *Garandire*, *Garandifare*, garantir ; *Garandisa*, garantie ; *Garandizator*, *Garandus*, *Garanius*, garant ; *Garantandire*, *Garantiare*, garantir ; *Garantia*, *Garantificatio*, garantie ; *Garantiare*, garantir ; de *Goarant*.

GARANEUS, A. M. couleur qui approche de la couleur de la garance. Voyez *Garancza*.

GARANNA, GARANNIA, A. M. garenne ; de *Goarem*, *Garan*.

GARANTIA, WARENTIA, A. M. garance. Voyez *Garencia*.

GARARIUS, A. M. coupeur de bois, faiseur de fagots. De *Gar*, bois ; *Garras* en vieux François, fagots. Voyez *Garrotada*.

GARARNOA, biere boisson. Ba. Voyez *Garagarra*.

GARATUS, A. M. le même que *Garrotus*.

GARAW, rapide. G.

GARAWYS, carême. G.

GARAYA, qui est au-dessus. Ba.

GARAYAN, au-dessus Ba.

GARAYTUM, A. M. gueret, terre qui se repose une année de deux. Voyez *Wareclum*.

GARBA, A. M. gerbe, on a dit *Jarbe* ; les Picards disent *Garbe*, les Languedociens, *Garbo* ; de *Carrai*, *Garvai*, lier.

GARBANACH, rude, crud, ignorant. I.

GARBAYA, repentir, pénitence. Ba.

GARBET, qui a les jambes écartées, trop ouvertes & tournées en dehors. B. *Gar*, jambes ; *Bet*, éloignées.

GARBH, le gros, comme dans ces phrases : le gros d'une armée, vendre en gros. I.

GARBH, rude, difficile, grossier, robuste, brutal ; & en composition, violent, fâcheux ; *Garbionn* flot véhément ; *Gairbsionn*, tempête, vent violent. I. Voyez *Garu*, *Garw*.

GARBHAIT, lieu rude. I.

GARBHCHODODH, couverture rude. I.

GARBHCHULAIGH, frise, grosse étoffe. I. On voit par ce mot que *Culaigh* ne signifie pas seulement habit, mais encore étoffe.

GARBHGHAINEABH, gravier. I.

GARBHLOCC, lieu rude. I.

GARBIA, lavé, pur, sans mélange, homme sincére. Ba.

GARBIGARRIA, enquête, information. Ba.
GARBINTZIA, bassin à laver. Ba.
GARBIQUETA, action de laver. Ba.
GARBITOQUIA. Le mot Latin par lequel on rend ce mot Basque signifie *Bain*, & le mot Castillan est *Fregador*, frotoir. Voyez *Garbia*. Ba.
GARBITU, purifier, nettoyer, laver, purifier de l'or. Ba.
GARBITZALLEA, qui purifie, qui cuit, qui fait cuire. Ba.
GARBITZE, laver, nettoyer. Ba.
GARBITZEA, excuse, justification, correction. Ba.
GARBOA, bonne grace. Ba.
GARCAGIUM, A. M. *Garcage* en vieux François. Je crois qu'il signifie enclos; de *Garz*.
GARCH, le même qu'*Arch*. Voyez *Aru*.
GARCHUA, lentisque arbre. B.
GARCIA. Voyez *Gars*.
GARCIANUS, GARCIFER. Voyez *Garcio*.
GARCIO, A. G. goujat, homme à gages, valet qui suit la Cour & porte l'eau dans un camp, marmiton, valet de cuisine. On lit dans les anciens monumens, *Garcio*, *Garso*, *Garzo*, *Garsis*, *Gartio*, *Guarcio*, *Garco*, *Garcon*, *Garconium*, *Garcus*, *Garcifer*, *Garcyfer*, pour valet, serviteur. Ce mot vient du Gallois *Gwas* ou *Gas*, dans lequel on a inséré une *r*, (ce qui étoit très-commun) & ajouté la terminaison indifférente *On*; ou de *Gars*, mâle, garçon, qu'on aura ensuite étendu à signifier un valet. *Garçon* se prend encore parmi nous pour un valet. Voyez *Gwas*, *Gars*. Nos anciens Romanciers se servent du mot *Garson*. Garçon en ce sens. Comme les goujats ou valets d'armée sont ordinairement des gens de rien, des gens sans mœurs, des débauchés, nous voyons dans les anciens monumens le mot de *Garcio* mis quelquefois pour un homme de néant, un débauché, un garnement.
GARCO, rude. G. Voyez *Garg*.
GARD, garde. B. De là *Regarder*.
GARD, le même qu'*Ard*, *Card*, *Sard*. Voyez *Aru*.
GARDA, conservation, garde. I. Voyez *Gard*.
GARDA, A. M. garde; de *Gard*. Voyez aussi *Guarda*.
GARDACHUS, gaieté, enjouement. I.
GARDACORSIUM, A. M. garde-corps, garderobe. C'est la partie de l'habit d'une femme qui lui couvre la poitrine. Voyez *Garda*.
GARDADH, garde. I.
GARDAGIUM, A. M. l'obligation où sont les habitans d'une Ville, d'un château, d'une contrée, à garder cette Ville, ce château. Voyez *Garda*.
GARDAMINGERIUS, Voyez *Guardamanzerius*.
GARDARE, A. M. garder; de *Gard*.
GARDARIUS, A. M. garde, gardien; de *Gard*.
GARDAROBA, GARDEROBA, A. M. vestiaire, endroit où l'on garde les habits, les robes; de *Gard* & *Roba*.
GARDAS, GARDYS, jarretière. G. De *Garr*.
GARDD, jardin, G. jardin, verger. B. *Gardine* en Irlandois, jardin; *Gardu*, *Garto* en Théuton; *Gardur* en Islandois; *Giard*, *Gart* en Danois; *Garden* en Anglois; *Garten* en Allemand; *Gaerde* en Flamand; *Kerthen* en Hongrois; *Vart* en Illyrien; *Gardine*, *Giardino* en Italien; *Jardin* en Espagnol & en François; *Gardiu* en Picard, jardin. *Ker* à Mouthier en Franche-Comté est un nom appellatif de verger; *Jar* en Punique, arbre, & forêt en Hébreu. On voit par *Gardwenyn* que *Gardd* a signifié tout enclos, toute habitation; *Geard* en ancien Saxon, haye, clôture; *Gaard* en Danois, métairie, jardin, endroit fermé; *Gardur* en Cymbrique, métairie, maison, forteresse; *Gardur*, métairie, maison en Runique; *Gærda* en Suédois, entourer, enclorre, & *Gardas*, entouré, enclos; *Gorodc*, *Grodz* en Polonois, enclos, enceinte; *War* en ancien Saxon, fortifié, fermé, enclos; & *Waer*, enceinte; *Gard* en Islandois, métairie, maison de campagne, palais d'un Prince; *Gards* en Gothique, maison, vestibule, cour avant la maison; *Gerra* en Latin, claye. Voyez *Gaer*, *Jardd*.
GARDD, dur, mauvais, difficile. B. Voyez *Hardd*, *Gar*. On voit par *Gardin* qu'il a aussi signifié vil, méprisable.
GARDDWR, jardinier. G. *Gardener* en Anglois; *Gartner* en Allemand; *Giardiniers* en Italien; *Jardinero* en Espagnol, jardinier.
GARDDWY, chervis ou carvi plante. G. Voyez *Carbia*.
GARDERIUS, A. M. garde, gardien; de *Gard*.
GARDEROBA. Voyez *Gardaroba*.
GARDEROBARIUS, A. M. valet de garde-robe. Voyez *Garderoba*.
GARDDI, appentis, remise de charrette. B. *Gar* comme *Carr*; *Di* de *Ty*.
GARDIA, GARDIAGIUM, A. M. garde; de *Gard*.
GARDIA, soin, souci, sollicitude. Ba. Voyez *Gard*.
GARDIANATUS, GARDIANIA, A. M. office de gardien; *Gardianus*, *Gardiarius*, gardien; de *Gard*.
GARDIARE, A. M. garder; de *Gard*.
GARDIATOR, A. M. protecteur, défenseur, tuteur, garde, gardien; de *Gard*.
GARDIAU, peigne. G.
GARDIGNAGIUM, GARDIGNUM, A. M. les mêmes que *Gardinium*.
GARDIN, le même que *Cardin*. Voyez *Aru*.
GARDIN, un homme de la lie du peuple, gredin. B. De là notre mot *Gredin* par une transposition facile; *Din*, homme. *Gard*.
GARDINARIUS, GARDINIARIUS, A. M. jardinier. Voyez *Gardinium*.
GARDINE, jardin. G.
GARDINIUM, GARDINUM, GARDINUS, JARDINUS, A. M. jardin. Voyez *Gardd*.
GARDIO, carder. G.
GARDIO. Giraldi Gallois appelle ainsi dans sa description d'Irlande le poisson que nous nommons *Gard* ou *Gardon*. A Paris on dit en proverbe, *frais & sain comme un gardon*. Voyez *Gardis*.
GARDIOLA, A. M. garde, gardien; de *Gard*.
GARDIRE, A. M. garder; de *Gard*.
GARDIS, agile, gaillard, alégre, dispos, joyeux, suivant le Pere de Rostrenen. Voici comme Dom Le Pelletier explique ce mot: *Gardis*, rude, âpre, âcre, piquant, aigu; *Amser Gardis*, saison froide & sèche; de vent âpre & piquant; *Boden Gardis*, buisson ou touffe d'épines fort piquantes. Dans un Auteur Breton *Paotr-Gardis* signifie garçon vif, dispos, ardent, prompt en ce qu'il fait. Il se trouve aussi pour promptement. B.
GARDITIO, A. M. droit de garde; de *Gard*.
GARDIZ AMSER, mauvais temps. B. Voyez *Gardd*, *Gardis*.
GARDO, A. M. garde de troupeau; de *Gard*.
GARDONIUM, A. M. pour *Gardinium*.

GAR.

GARDROPIA, A. M. le même que *Garderoba*.
GARDWENYN, le même que *Gwenynlle*. B.
GAEDYS. Voyez *Gardas*.
GARE, rapide anciennement en Breton, selon le Pere de Roftrenen. B. C'eft *Garu*.
GARECTUM, A. M. jarret; de *Garr*. *Garetto* en Italien, jarret.
GAREDON, récompense. B. On difoit en vieux François *Guerdon*. *Garathinx* en Lombard, don.
GAREGNA. Voyez *Garenna*.
GAREH, blâme. B.
GARELI, brenache ou bernache, oifeau de mer. B. C'eft le même que *Garrely*.
GAREN, trou de lapin. B. Voyez *Goarem*.
GAREN, jable, entaille que les tonneliers font dans les douves pour placer le fond. B.
GARENA. Voyez *Garenna*.
GARENARIUS, A. M. garde. Voyez *Gar*.
GARENDARE, A. M. le même que *Garandiare*. Voyez *Garandia*.
GARENDIA, A. M. le même que *Garandia*.
GARENERE, A. M. garantir. Voyez *Garandia*.
GARENNA, GARENA, A. M. garenne. Voyez *Garen*.
GARENONA, en un lieu à l'accufatif. Ba.
GARENS, A. M. garant; de *Goarant*.
GARENT, fentier, petit chemin, traces de charrette. B. *Hent*, chemin.
GARENTARE, GARENTIARE, GARENTIRE, A. M. garantir; *Garentitor*, *Garentius*, garant; *Garenza*, garantie; de *Goarant*.
GARESTI, chérement. Ba. *Gar de Car*.
GARESTIA, cherté. Ba. *Gar de Car*.
GARF, le même que *Garw* B. De *Garf* ou *Jarf* on a fait *Jafr* par tranfpofition, qui se dit encore à Befançon pour âpre.
GARG, féroce, farouche, cruel, févére, auftére. I. Voyez *Garw*, *Garco*.
GARG ou GARGA. En comparant *Gargaden*, *Gargalia*, *Gargara*, *Gargarifa*, *Gargoul*, *Garguezorn*, *Garguffen*, *Gargouilhat*, on voit que *Garg* ou *Garga* a fignifié gofier, gorge. On appelle en Patois de Befançon le gofier *Gargouble*. De *Garg* eft venu notre mot François gorge. *Gargara* en Hébreu, gofier; *Gargareon* en Grec; *Garganta* en Efpagnol; *Gurgel* en Allemand, gofier. Voyez *Gargalia*.
GARGACHD, férocité, cruauté. I.
GARGADEN, gorge, gofier, œfophage. B.
GARGADEN, goujon poiffon, gardon poiffon. B.
GARGAILLUS, A. M. le trou du tonneau par lequel on entonne le vin; de *Garg* ou *Garga* pris figurément. *Gargouille*, gouttière, canal par où s'écoule l'eau de la pluie, vient pareillement de *Garg* pris au figuré.
GARGALIA, A. M. gofier, œfophage; de *Garg* ou *Garga*. Les Touloufains appellent le gofier *Gargaillol* ou *Gargante*, les Gafcons *Garganuila*; on le nommoit en vieux François *Gargamele*, ce qui fe dit encore en burlefque. Voyez *Garg*.
GARGAM, boîteux, jambe torte. B. *Gar Gam*.
GARGAN, le même que *Garg*. I.
GARGARA, gargarifme. Ba.
GARGARARE, A. M. parler d'une voix enflée, parler du gofier; de *Garg*.
GARGARISA, gargarifer. Ba.
GARGARISARE, A. M. gargarifer; de *Gargarifa*.
GARGATA PORTUS, A. M. la gorge du port, l'entrée du port; de *Garg* ou *Garga*.
GARGATEN, gorge, gofier. B.

GAR. 623

GARGOAT, jambe de bois. B. *Gar Goat*.
GARGOCIL, A. M. gofier; de *Garg*.
GARGOUILHAT, gargarifer. B. En Patois de Befançon, *Gargonillie*.
GARGOUL, gargarifer. B.
GARGOZOA, feu faint Elmo, feu qui court dans l'air & s'attache aux mâts des vaiffeaux. Ba.
GARGUCZEEN, GARGUSSEN, gofier, gorge. B.
GARGUELL, houx. B.
GARH, haye, haye plantée fur une terre élevée du foffé. B. Voyez *Gar*, *Gardd*.
GARHEU, aiguillon. B.
GARHOUASC, mal très-douloureux qui vient aux doigts, prefque femblable au panaris. B.
GARHOUASCA, ferrer, étreindre, faifir & tenir fortement, donner la torture, donner la queftion. B. Dom Le Pelletier dit que cette dernière fignification eft la plus propre à ce verbe, compofé de *Gar*, jambe, & de *Gwafca*, ferrer, comprimer: On donne la queftion, dit-il, en ferrant les jambes du criminel avec violence. Il me paroit que ce mot eft compofé plus naturellement de *Gar*, rude, fort, & *Gwafca*.
GARHOUEIN, aiguillon. B.
GARHPREN, aiguillon. B.
GARIA, bled, froment. Ba. Voyez *Gar*.
GARIC-CAM, *VAR* GARIC-CAM, à cloche-pied, fur un pied, l'autre étant levé, & la jambe étant comme raccourcie par le pli du genou, enforte que la jambe levée paroit courte; ce qui eft exprimé par ces deux paroles, *Garic*, jambette, petite jambe, & *Cam*, courbée. B.
GARICÆ, A. M. terres en friche. Voyez *Warectum*.
GARID, guerite. B. Voyez *Gar*.
GARIDON, gueridon. B.
GARIELA, mois de juillet. Ba. Apparemment de *Garia*, bled.
GARIGORRIA, bled rouge. Ba. *Garia Gorria*.
GARILLÆ, A. M. Les doctes continuateurs de Ducange croyent qu'il faut lire *Garrice*; mais il n'y a aucune raifon de faire un pareil changement. Je crois que par *Garilla* il faut entendre les champs à bled; *Garilla* paroit venir de *Garia*, bled, & *Lle*, lieu. Ajoutez que dans le texte rapporté dans Ducange on fait l'énumération des terres différentes que l'on donne; on nomme les vignes, les prés, les bois, les jardins, & on n'y parleroit point des champs fi on ne les défignoit pas par le mot de *Garilla*.
GARIMENTUM, A. M. garantie; *Gariment* en vieux François. Voyez *Goar*, *Goarant*.
GARINECQ, homme qui a de longues jambes. B.
GARIOLA, A. M. paroit être le même que *Garilla*, dont *Garilla* eft le pluriel. Voyez *Garilla*.
GARIRE, A. M. garantir, défendre; de *Gar*. On a dit en ce fens *Garir* en vieux François. De là notre mot *Guérir* pour garantir, délivrer de maladie.
GARISATEA, les rogations. Ba. Voyez *Garia*.
GARITA, GARRITA, A. M. guerite; en vieux François *Garite*; *Garita* en Efpagnol. De *Garid*.
GARITOA, jeu public, maifon où l'on joue. Ba.
GARLACH, enfant, garçon. I.
GARLACH, vagabond, oifif. I.
GARLACHA, acide. Ba.
GARLANDA, GARLANDELLUS, A. M. guirlande; de *Garlantez*. *Garland* en Anglois, guirlande.
GARLANDEZ, guirlande, danfes, felon le Pere

de Roſtrenen. Je crois qu'il eſt à propos de rapporter l'explication de ce mot donnée par Dom Le Pelletier. (*Garlantez*, guirlande, couronne de fleurs que les galans de Village mettent ſur la tête de leurs maîtreſſes ou des nouvelles mariées. C'eſt auſſi un cercle ou collier de fleurs qui ſe met au cou ſur les épaules. Les vieux Dictionnaires portent *Garlantez*, guirlande, chapeau de fleurs. On donne auſſi ce nom à l'ouverture d'une baratte à faire le beurre, qui eſt comme un cercle. Davies n'a point ce compoſé, mais il nous en montre les parties, qui ſont *Carl*, ruſtique, & *Cant*, cercle; ce qui dans une bouche Bretonne ſonne *Carl-Hant* & *Carlant*, cercle ruſtique ; & le dérivé féminin *Carlantez* ou *Carlantes*, (je lis tous les deux dans les vieux livres) *Cerclade* ou *Cerclée*, ſi cela ſe diſoit , ou bien *Couronnade*. Le Pere Maunoir a mis *Garlantes*, danſes ; ce plurier marque ou peut marquer que c'eſt à cauſe qu'il y a des filles ornées de guirlandes dans les danſes de Village, ou bien parce que les aſſiſtans forment un cercle autour de la danſe.) B. *Garlanda* en Latin barbare ; *Ghirlanda* en Italien, guirlande.

GARLATEA, homme d'un génie vif. Ba.

GARLESEN, ſole poiſſon. B. Voyez *Garliezenn*.

GARLETA. Voyez *Galo*.

GARLIEZENN, GARLISEN, ſole poiſſon de mer ; & ſelon quelques-uns plie autre poiſſon un peu reſſemblant à la ſole. Ce nom eſt compoſé de *Gar*, âpre, rude, & de *Liſen*, plie ; ce qui convient à la ſole, dont la peau eſt rude.

GARLINCQ, calingue d'un vaiſſeau. B.

GARLLEG, ail, mets fait avec de l'ail. G.

GARLOPARIA, qui dole, qui polit, qui rabotte. Ba.

GARLOPATU, je dole une doloire, je polis, je rabotte. Ba. De là notre mot *Varlope*.

GARLOPATZALLEA, le même que *Garloparia*. Ba.

GARLOPATZEA, action de doler, de polir, de rabotter. Ba.

GARLOSTEN, perce-oreille inſecte. Le nouveau Dictionnaire porte *Garloſten*, ſauterelle. B. Voyez *Ankelhar*.

GARM, cri, grand cri. G. De là *Guermenter* en vieux François, ſe plaindre, jetter des cris de douleur. Voyez *Gairm*.

GARM, cri, clameur, grand cri, cri qu'on jettoit avant le combat, vacarme. B. De là *Carmen*, pris dans Virgile pour cri.

GARMAIN, GARMAN, jambage, poteau, poutre ; *Garman Croch*, potence, gibet. I.

GARMASIA, A. M. paroit être une botte ou bottine ; de *Garr*, jambe, & *Mach*, *Mas*, défendre, couvrir.

GARMELED, GARMELOD, GARMELET, GARMELOT, freſaye oiſeau de nuit. B. Les Gaulois l'ont ainſi nommé de ſon cri effroyable ; *Garm Aeled*.

GARMER, petit criailleur parlant d'un enfant. B. Puiſqu'on a dit *Carm* comme *Garm*, on a dû dire *Carmer* comme *Garmer*.

GARMEREZ, cri des petits enfans, cri des renards. B.

GARMERICQ, le même que *Garmer*. B.

GARMI, crier, criailler comme font les enfans, pleurer. B.

GARMLAIS, cri, criaillerie, tintamarre de paroles. G. A la lettre, voix de cri.

GARMUS, fulminant. B.

GARMWYN, plurier *Garmwynon*, ſoldats, chevaliers. G.

GARN, le même que *Carn*, *Sarn*, *Arn*. Voyez *Arn*.

GARNA, A. M. les rameaux des pins dont on chauffe les fours, en Auvergnac ; *de la Garna*. Voyez *Garranchoa*, *Gar*.

GARNACHA, robe de Sénateur, robe longue. Ba. De *Garr*, jambe; *Nach*, cacher, couvrir. Voyez *Garnachia*.

GARNACHIA, GARNACIA, GUARNACIA, GUARNACEA, GUARNATIA, GUASNACIA, GARNARIA, A. M. robe longue, robe qui vient juſqu'aux talons. On a dit *Garnache* en vieux François : on dit *Guarnaccia*, *Guarnacea* en Italien ; de *Garnacha*.

GARNACHIA, VERNACIUM, A. M. eſpèce de boiſſon que nos vieux Auteurs François appellent *vin de Garnache*. N'eſt-ce point quelque vin âpre, piquant ; de *Gar*. Voyez *Garo*, *Garra*.

GARNADH, lance. I.

GARNARIA. Voyez *Garnachia*.

GARNATIA. Voyez *Garnachia*.

GARNERIA, A. M. garniture ; de *Goarnicza*.

GARNESIA, A. M. garniſon ; de *Goarniſon*.

GARNESTURA, A. M. en vieux François *Garneſture*, tout ce qui eſt néceſſaire, ſoit en vivres, ſoit en armes pour la défenſe d'une place ; de *Goarnicza*.

GARNIAMENTUM, A. M. garniture d'habit ; en vieux François garnement ; de *Goarnicza*.

GARNIMENTUM, GUARNIMENTUM, GUERNIMENTUM, A. M. garniture en général, appareil de guerre ; *Guarnimento* en Italien ; *Garniſſement* en vieux François ; de *Goarnicza*.

GARNIRE, A. M. garnir, fournir ; *Guarnire* en Italien ; *Garen* en Théuton, garnir, fournir ; de *Goarnicza*. Voyez *Guarnire*.

GARNISIO, A. M. le même que *Garneſtura*. On a dit en vieux François *Garniſon* & *Gariſon* en ce ſens. On a étendu ce mot à déſigner les endroits où l'on cachoit les habits, les meubles, la vaiſſelle d'une maiſon royale.

GARNISO, A. M. jaſeran, côte de mailles ; de *Goarnicza*.

GARNISONES SERVIENTIUM, A. M. huiſſiers que l'on met en garniſon dans la maiſon d'un débiteur pour y vivre juſqu'à ce qu'il paye ; de *Goarniſon*.

GARNISTURA, A. M. le même que *Garneſtura*.

GARNUA, GARNURA, urine. Ba.

GARO, cruel. C. B.

GARO, âpre, rude, rigide, aigre d'humeur & de paroles. B. *Garo* eſt le même que *Garw* ; il a auſſi ſignifié agreſte, ainſi qu'on le voit, parce que *Garo* ſignifie parmi nous ruſtique, payſan ; de *Garo*, loup garou ; *Haro*, amertume, aigreur en Perſan ; *Iar*, rude, âpre en Turc ; *Angara*, ſévére en Finlandois.

GAROA, heureux. Ba.

GAROID, bruit, cliquetis, vacarme, déſordre. I.

GARONNER, bouvet, feuilleret. B.

GAROSSA, A. M. jarrouſſe eſpèce de veſſe, diſent les continuateurs de Ducange. N'eſt-ce point cette veſſe ſauvage qu'on appelle veſſeron ? De *Garo* ou *Garw*, *Garo*.

GARPÆ, A. M. maladie des chevaux qui leur vient dans les jointures des jambes auprès des pieds, qu'on appelle *Grappes* en François, & *Garpa* en Italien ; de *Garr*, jambe.

GARPIRE, A. M. le même que *Guerpire*.

GARPRENN, aiguillon de laboureur. B. A la lettre, aiguillon de bois, *Prenn*, bois.

GAR.

GARR ou GÀR, jambe. B. *Jarretier* en François celui qui a les jambes torses en dedans ensorte que les genoux s'entretouchent. *Joreh* en Turc, cuisse; *Isairi*, jambe en Galibi; *Sarabara* en ancien Persan, vêtement des jambes; (*Garr* ou *Sarr*, jambe; *Bar*, dessus.) De *Garr*, jambe, est venu le mot *Gargaisse*, culotte : on a dit en vieux François, *Garguesques*, *Greguesques*, *Gregues*. Ce dernier mot signifie culotte & chausses. *Gargaisse* est formé de *Garr*, jambe, qu'on a aussi étendu à cuisse, (ainsi qu'il paroit par ces mots & par l'Irlandois *Karhu*, cuisse,) comme nous le verrons étendu à jarret dans l'article suivant ; & de *Cas* ou *Cais*, en composition *Gais*, cacher, couvrir. De *Garr*, par transposition *Gra*, on a fait en vieux François, *Greves*, *Grevettes*, bottines de fer dont on se couvroit les jambes dans les batailles. *Garr* étant le synonime de *Berr*, jambes, doit en avoir toutes les significations. Voyez *Zaragollac*.

GARR, jarret. G. De là ce mot. *Garr* en Anglois ; *Carleto* en Italien, jarret ; *Gairteir* en Irlandois, jarretière ; *Garon* en Languedocien, jarret ; & *Garouliere*, jarretière. De *Garr* est venu jarretière.

GARR-DREUZ, jambe torse. B.
GARR-GAM, jambe torse. B.
GARR-GOAD, jambe de bois. B.
GARRA, austérité, âpreté, âpreté du vin. Ba. Voyez *Garo*. On voit par *Garrazin* que *Garra* en Basque a aussi signifié amertume.
GARRA, flamme. Ba.
GARRACHA, acide. Ba. Voyez *Garra*.
GARRAITE, le derrière de la tête. Ba. Voyez *Garai*.
GARRAITETUA, arbre taillé en rond. Ba.
GARRAITONCIA, traineau. B.
GARRALIUM, A. M. le même que *Garachium*.
GARRAN, haquenée. I.
GARRAN, caverne, fosse, forteresse. I.
GARRANCHOA, branche d'arbre. Ba. *Gar*, bois.
GARRANDIA, A. M. garantie ; de *Goarant*.
GARRANDIRE, A. M. garantir, défendre ; de *Goarant*.
GARRANGACLA, trident, croc. Ba. *Gar* de *Car*, pointe. *Garrapata* en Italien, croc, harpon ; *Garrapata* en Espagnol, poux dont la morsure est fort piquante.
GARRANSIA, importance. Ba.
GARRASCOTZ, grincement de dents. Ba.
GARRASQUIRO, cruellement. Ba. Voyez *Garo*.
GARRATUM, A. M. le même que *Garralium*.
GARRATZA, cruel. Ba. Voyez *Garo*, *Garra*.
GARRATZA, homme d'esprit vif. Ba.
GARRAYATU, je porte. Ba. Voyez *Garrayoa*.
GARRAYATEALLEA, porteur. Ba.
GARRAYOA, voiture, transport. Ba.
GARRAZTASUNA, acrimonie, âpreté, cruauté. Ba. Voyez *Garrazia*.
GARRAZTU, rendre amer. Ba. Voyez *Garra*.
GARRAZTUA, amer. Ba. Voyez *Garrazia*.
GARRDA, GARRDHADH, jardin. I. Voyez *Gardd*.
GARRE, flamme. Ba.
GARREG, le même que *Carreg*. Voyez *Aru*.
GARRELY, brenache oiseau de mer. B.
GARRENS, A. M. garant ; de *Goarant*.
GARRERASO, j'enflamme. Ba. De *Garra*.
GARRI, jardin. I.
GARRICÆ, GARRICIÆ, GARICÆ, GARRACIÆ, GARACIÆ, GARRIGÆ, A. M. terres incultes ; *Garries*, *Garriges*, *Garrigues* dans nos Auteurs. Voyez *Waretium*.

TOME I.

GAR. 625

GARRIDOR, A. M. garant. Voyez *Gar*.
GARRIGUELL, jarretière anciennement en Breton selon le Pere de Rostrenen ; de *Garr*.
GARRIORA, odeur de rance. Ba.
GARRISA, canne sorte de roseau. Ba.
GARSLACH, enfant. I.
GARRLACH, bâtard. E.
GARROCHA, fleche. Ba.
GARROCHATU, j'attaque à coups de fleches, je perce de fleches. Ba. De *Gar*, piquant. De là *Garrot*, *Garreau* anciennement, trait d'arbaléte ; aujourd'hui *Carreau*.
GARROFA, A. M. carouge ; en Espagnol *Garouva* ; de *Gar*, jaune.
GARRONDO, col. Ba.
GARRONDOAN, tuer quelqu'un en le frapant sur l'occiput. Ba.
GARROTADA, coup de bâton. Ba.
GARROTEA, étranglement. Ba. De là *Garroter* ; *Garot*, corde, lien.
GARROTUS, A. M. garrot trait d'arbalette ; en vieux François *Garros*. Voyez *Garrocha*.
GARROTZARRA, bassin, plat de balance. Ba.
GARRY, jardin. I.
GARS, GARZ, le mâle de l'oie ; pluriel *Ghirsi*, *Ghirzi*. B. Ce mot a signifié tout mâle, comme il paroit par notre terme *Garçon*. On aura donc d'abord appellé un mâle, un *Gars*; & par l'analogie de l'espèce humaine, *Garse*, *Garce* une fille, comme *Vir*, *Vira*, *Virago*. Les Paysans ont conservé ce terme en ce sens en plusieurs Provinces. On dit en Patois de Franche-Comté, *Garçote* ou *Gachote* pour désigner une petite fille. Le mot de *Garse* a été pris dans la suite en mauvaise part pour une fille de mauvaise vie. Nous trouvons *Garcia*, *Garsia*, *Gartia*, *Garzona* en ce sens dans les anciens monumens. Voyez *Jari*.
GARSIA, Voyez *Gars*.
GART, roc. G. C'est le même que *Garth*.
GART, tête. I.
GART, le même que *Cart*. Voyez *Aru*.
GART, le même que *Hart*. Voyez ce mot.
GARTAC, les quatre-temps. Ba.
GARTAN, chapeau. I.
GARTERIUM, A. M. jarretière ; de l'Anglois *Garter* ; celui-ci de *Garr*, jambe.
GARTH, lieu, habitation. G.
GARTH, donjon, échauguette, guerite. G. *Wart* en Allemand, *Warta* en Bohémien, endroit où l'on place une sentinelle. Voyez *Gard*, *Garid*.
GARTH, promontoire, mont, colline, lieu élevé, lieu inégal, raboteux, de difficile accès, couvert de buissons, de ronces, lieu destiné à prendre les augures, lieu entouré de collines couvertes de bois dont il est difficile d'approcher. G. *Garad* ou *Gard* en Arabe, colline ; *Gargara* en Phrygien le sommet du mont Ida ; *Guate* en Persan ; *Gate* en Tartare Mogol, montagne. Voyez *Guarth*.
GARTH, rempart. C.
GARTH, tête. I.
GARTHA, cri. I.
GARTHAN. On trouve ce mot Gallois sans explication ; il paroit que c'est le même que *Garth*, *An* n'étant qu'une terminaison.
GARTHOIR, criant, crieur public. I.
GARTHON, aiguillon. G.
GARTIA, Voyez *Gars*.
GARTIO, Voyez *Garcio*.
GARTZEA, inflammation. Ba. Voyez *Garra*.
GARTZUERA, vertébre. Ba.

Q qqqqqq

GARU, le même qu'*Aru*.
GARU, inhumain. B. Voyez *Garv*.
GARV, fâcheux, chagrin, difficile. I.
GARV, âpre, rude, rigide, aigre d'humeur & de paroles, étrange. B. C'est le même que *Garo*.
GARV-BLEIZ, loup garou. Ba.
GARUA, le même que *Sarua*. Voyez *Aru*.
GARVEN, balay de houx. B. *Garv*.
GARVENTER, âpreté. B. Voyez *Garv*.
GARW, âpre, rude, dur, grossier, agreste, raboteux, scabreux, inégal, rude à monter, difficile, roide dans tous ses sens, rapide dans tous ses sens. G. Il a aussi signifié barbare, sauvage, cruel, sévère. Voyez *Garwguchiog*, *Garwguwch*. *Jar* en Turc, rivage élevé & escarpé ; *Jawus* en Turc, sévère, terrible, féroce, cruel ; *Gardr*, dur en Arménien ; *Garph* en Arabe, rapide ; *Garuz* dans la même Langue, ruisseau qui tombe des montagnes après des pluies abondantes ou la fonte des neiges, qui est, comme on le sçait, fort rapide & fort impétueux dans son cours. De *Garw* est venu *Hagard* en notre Langue. L'*l* se mettant pour l'*r*, on a dit *Galw* comme *Garw*, ainsi qu'on le voit par *Galvauder*, terme populaire qui signifie dire à quelqu'un des paroles dures & méprisantes. Voyez *Garo*.
GARW, GARO, GARY, GARF, âpre, rude. B. *Giar* en Irlandois, aigre, âcre, & *Giaru*, irriter. Voyez *Garwentez*.
GARW, ver que les pêcheurs tirent du rivage de la mer pour servir d'appât aux poissons ; plurier *Garwet*, *Garvet*, achées vers de terre longs & rouges, en Latin *Lumbrici*. Ceux dont il s'agit ici sont plats & plus ridés que les autres, ce qui leur a fait donner le nom de *Garw*, âpre, rude. B.
GARW, le même que *Trwsgl*. G.
GARWAU, rendre âpre, rude, raboteux. G. C'est un verbe formé de *Garw*.
GARWBIGOG, hérissé, couvert de piquans, de pointes. G. De *Garw Pigog*.
GARWBYSG, ange poisson de mer. G. *Garw Pysg*.
GARWDDIG, austére, sévère, dur. G.
GARWDER, âpreté, rudesse, austérité, sévérité, rigueur. G.
GARWDOST, fort rude. G. *Garw Tost*.
GARWDROED, patu, qui a de la plume jusques sur les pieds. G. *Garw Troed*.
GARWDUTH. MARCH GARWDUTH, cheval qui secoue fort. G. *Garw Tuthio*.
GARWEDD, âpreté, rudesse, âpreté au toucher, au goût, rigueur. G. Voyez *Garw*.
GARWENTEZ, âpreté, rudesse ; & selon un vieux Dictionnaire, vigueur. B. Il est formé de *Garw*.
GARWFLEWOG, plein de longs poils rudes. G. *Garw Blewog*.
GARWFOR, tourmente, tempête, agitation de la mer, flot, vague. G. *For de Mor*.
GARWGAN Y GIGFRAN, croassement, cri du corbeau. G.
GARWGENNOG, plein d'écailles. G. *Cennog Garw*.
GARWGREIGIAU, rochers. G. De *Craig*.
GARWGUCHIOG, barbare, sauvage, grossier, cruel, sévère, refrogné, austère, facheux, rigoureux, hautain, très-sévére. G. *Cuchiog*.
GARWGUWCH, barbarie, manières sauvages, grossièreté. G. *Cuwch*.
GARWLLE, lieu inégal, lieu raboteux. G.
GARW-WLAN, qui n'est point tondu, qui a toute sa laine. G. *Gwlan*.

GARWN, rapide. G. Voyez *Garw*.
GARY, rude, hérissé, velu. I. Voyez *Garu*.
GARZ. Voyez *Gars*.
GARZ, haye, clôture de jardin. B.
GARZ MARY, palis, séparation faite avec des pieux & branches d'arbres.
GARZATOR, A. M. cardeur. Voyez *Garzou*.
GARZELL, ratelier. B. Voyez *Garz*.
GARZIO. Voyez *Garcio*.
GARZOU, aiguillon. B.
GAS, rameau, tige d'une plante. I.
GAS, avec. Ba.
GAS, le même que *Vaes*. Voyez ce mot.
GAS, A. G. lance. Voyez *Goaff*, *Gesum*.
GAS signifie l'imperfection, le mal. Voyez *Gaswperu*, *Gassat*.
GAS, le même que *Gwas*, puisque, comme remarque Davies, il est indifférent d'écrire *G* ou *Gw*. G.
GAS, le même que *Glas*. Voyez ce mot, *Azgas*, verdâtre, bleuâtre, & *Gass*.
GAS, le même qu'*As*, *Cas*, *Sas*. Voyez *Aru*.
GASA, A. M. pour *Casa*. De *Gas*, de *Cas*.
GASAM, pousser d'une plante. I.
GASENDIUS, GASINDIUS, A. M. domestique, valet ; *Gasindium*, *Gasidium*, le domestique ; *Gwas* ou *Gas* ; (car, comme le remarque Davies, on écrit indifféremment en Gallois *G* ou *Gw*.) serviteur, domestique ; *Gwessin* au plurier ; *Gesinde* en Allemand, le domestique. Nous voyons par les anciens monumens qu'on a étendu le mot *Gasendius*, *Gasindius*, aux vassaux & aux amis. *Goas* Breton, qui est le même que *Gwas* Gallois, signifie aussi vassal.
GASPREEN, curoir. B.
GASQUT, mal. Ba.
GASRADH, la populace. I.
GASS, le même que *Glas*. I.
GASSAT, mauvais. Voyez *Goasta*.
GAST, chienne. G.
GAST, vieille. I.
GAST, embuches. I.
GAST, courtisane, femme débauchée. B.
GAST, mauvais. Voyez *Goasta*.
GASTA, vieille. I.
GASTA, GASTAN, GASTIN, diligent, prompt, vîte, courageux, qui a de l'esprit, commode, propre à, propre, bien mis, beau, élégant, noble, généreux. I.
GASTAN, petite chienne. G.
GASTAOUER, adonné aux femmes, qui fréquente les femmes débauchées. B.
GASTAOUI, fréquenter les femmes débauchées. B.
GASTATATOA, bignets, gaufres. Ba. *Goastell*.
GASTELLUS, A. M. gâteau ; de *Goastell*.
GASTERIUS, A. M. mestier, celui qui garde les vignes & les moissons : Il est nommé *Gastier* dans la Coûtume d'Auvergne. De *Gas* le même que *Vaes*.
GASTINA, A. M. dégat, dévastation ; de *Goasta*. *Gastine* en François signifie un mauvais terrein, un sol stérile ; *Gastina* en Latin Barbare signifie la même chose ; *Woestine* en Flamand, *Vostenie* en ancien Saxon, désert. Voyez *Gastum*.
GASTUA, consomption, dépense, frais. Ba. Voyez *Goasta*.
GASTUM, A. M. dégat, amende pour le dégat. Voyez *Gastina*. On a dit *Gast* en vieux François.
GASTUM, VASTUM, A. M. terre en gast, terre en friche. Voyez *Gastina*.
GASTY, voûte. B.

GAS.

GASUPA, saut, danse. Ba.
GASWENWYN. Y GASWENWYN, mors de diable plante. G.
GASWPPERU, souper à demi. G. *Gas Swppern*.
GAT, avec, de, à, au pouvoir, par. B.
GAT ou *GAD*, liévre; plurier *Ghedon*. B.
GAT, bois comme *Cat*. Voyez *Goel* & *Aru*.
GAT, le même qu'*At*, *Cat*, *Sat*. Voyez *Aru*.
GATA, emmener. B. Voyez *Gatabua*.
GATA, GATUS, A. M. machine. Voyez *Cata*; *Caini*.
GATA, A. M. gâteau; de *Gateuen*.
GATABUA, cercueil, biére, brancard. Ba.
GATALDIA, petit souper, collation. Ba.
GATEUEN, gâteau. B. *Gattung*, gâteau en Allemand.
GATGERIA, GATGIUM, A. M. gage. Voyez *Gagium*.
GATH, dard, javelot, javeline. I.
GATH, le même que *Gach*. De même des dérivés ou semblables. I.
GATHACIA, lieu semé. Ba.
GATHIBU, captif. Ba. De là *Captivus* Latin.
GATJARE, A. M. prendre un gage. Voyez *Gatgeria*, *Gagh*.
GATIC, à cause. Ba.
GATNADH, lance. I.
GATTA, GATTUS, GATUS, A. M. chat. Voyez *Cath*.
GATTA, GATUS, A. M. machine de guerre. Voyez *Catta*.
GATZA, sel. Ba.
GATZASTEA, alkali. Ba.
GATZASUA, embryon. Ba.
GATZEZ GORGOTUA, salé. Ba.
GATZONTZIA, salière. Ba.
GATZORDOYA, fleur du sel. Ba.
GATZUA, nitre. Ba.
GAU, mensonge, fausseté, faux. G. Notre mot *Gauche* paroît venir de là. Nous appelons encore le faux, *Gauche*. Nous disons qu'un Auteur donne à gauche lorsqu'il ne dit pas la vérité. Nous avons, selon toute apparence, pris cette façon de parler de nos péres les Gaulois, qui par conséquent ont pris *Gau* pour faux & pour gauche. En Latin *Levus*, *Sinister*, signifient *Malus*. Le *g* & le *c* se mettant l'un pour l'autre, de même que le *b* pour l'*u*, on a dit *Cau*, *Cav*, *Cab*, comme *Gau*, ainsi qu'on le voit par *Cabas*, *Cabasse*, qui en vieux François signifient tromperie, & *Cabasser*, tromper; *Kavei*, mensonge en Malabare. Voyez *Gas*, l'article suivant & *Gaunach*. *Gauch* en Théuton, fat, insensé, sot, stupide.
GAU, mauvais. Voyez *Gofid*, *Gogan*, *Gogann*.
GAU, excrément. G.
GAU, Voyez *Eao*.
GAV, le même que *Gab*. Voyez ce mot.
GAU, GAV, les mêmes qu'*Au*, *Av*, eau, rivière. De là *Gauger* à Besançon, mettre le pied dans l'eau; *Gava*, rivière en Japonois; *Gave*, rivière dans le Béarnois.
GAU, herbe. Voyez *Au*.
GAU. On a dit *Gau*, *Gav*, bois; de *Gaud*, ainsi qu'on le voit par *Gaviteau*. *Hhhab*, ou *Hhhav*, ou *Gav*, forêt en Hébreu; *Go* en Tonquinois, bois; *Algana* en Espagnol, bois, forêt; (*Al* article;) *Gavet*, fagot en Auvergnac. Voyez *Ffasgau*.
GAU. Voyez *Gay*.
GAU doit être le même que *Cau*, comme *Gar* est le même que *Car*. Voyez *Aru*.
GAU, A. M. petite épée. Voyez *Goaff* ou *Goav*.

GAU.

GAUA, nuit. B.
GAPA, ouvrier en fer. I.
GAVADH, danger. I.
GAUAF, hyver. G. B. C.
GAUAFAIDD, d'hyver. G.
GAUAFU, hyverner, passer l'hyver. G.
GAVAGIUM, A. M. le même que *Cavagium*.
GAVAL, fourche. I.
GAVALA, voyageur. I.
GAVALTAS, victoire. I.
GAVALUM, GAVALLUM, GAVALUS, A. M. le même que *Gablum*. Voyez *B*.
GAVAM, prendre, saisir. I. Voyez *Gafael* ou *Gavael*, *Gafal* ou *Gaval*.
GAVAR, chevre. I.
GAVAR-OG, chevreau. I.
GAUARRA, barque, nacelle. Ba.
GAVAS, GAVE, nom appellatif de rivière; *Gavaret*, diminutif en Béarnois; c'est le même qu'*Av*. Voyez *Aru*. *Gav* en Arabe, petit fleuve; *Gabait*, courant d'eau dans la même Langue; *Gava*, rivière en Japonois, & *Cava*, fleuve dans la même Langue; *Givi* en Arabe, rivière; *Gaba* ou *Gava*, marais en Hébreu; *Gabos* en Grec, marais, petit lac; *Gibe* en Espagnol, citerne.
GAUAS, le même que *Gauaf*. Voyez *Gauasle*.
GAUASLE, habitation pour l'hyver. G. *Lis*, habitation.
GAUAZ, pendant la nuit. Ba.
GAUAZCO, nocturne. Ba.
GAUBA, nuit. Ba.
GAUBERDINTZA, équinoxe. Ba.
GAUBILLARIA, ceux qui font la ronde pendant la nuit. BR. *Ganba*.
GAUC, le même qu'*Auc*. Voyez *Aru*.
GAUCA, chose. I.
GAUCH, excrément, merde. G. Voyez *Gaudy*.
GAUCHORIA, oiseau de nuit. Ba. *Gaua*.
GAUCIGANA, mante, capote, couverture. Ba.
GAUD, le même que *Caud*, bois, substance de l'arbre, forêt. Voyez *Aru*. *Gau*, *Gaud*, *Gaut*, *Ganlt* en vieux François, forêt, bois; *Gava*, bois en Espagnol; *Waud*, *Wod*, *Walt* en ancien Saxon, forêt; *Wood* en Anglois; *Woud* en Flamand; *Waut* en ancien Allemand; *Wald* en Allemand moderne & en Théuton, forêt. Voyez *God*.
GAUDDUWIAETH, idolâtrie. G.
GAUDED, le même que *Canded*, joie. Voyez *Aru*. De là *Gaudeo* Latin. Voyez *Gay*, *Gaudissa*.
GAUDET, le même que *Caudet*. Voyez *Aru*.
GAUDICZEIN, goguenarder. B.
GAUDICZEREH, dérision. B.
GAUDIMONIUM, A. M. le même que *Gaddium*.
GAUDINA, A. M. forêt, *Gaudine* en vieux François; *Gaud*, forêt, *In*, terminaison indifférente; *Gaudine* en vieux François, boccage, bosquet; (les fourches Caudines étoient couvertes de bois;) le *c* & le *g* se mettent indifféremment l'un pour l'autre. Voyez *Gaud* le même que *Caud*, bois, forêt.
GAUDISSA, railler, se moquer, se réjouir & se divertir aux dépens des autres. B. De là *Gaudir* s'Égaudir en vieux François. Je crois que *Gaudeo* Latin en est venu, parce qu'on trouve aussi *Gwawd*, ou *Gawd* en ce sens dans le Gallois.
GAUDIUS, A. M. le même que *Gaddium*.
GAUDUM, A. M. guesde. Voyez *Guaisdium*.
GAUDUS, A. M. forêt; de *Gaud*.
GAUDY, latrine, cloaque. G. *Dy*, en composition pour *Ty*, lieu; *Gau*, *Gauch*, *Cauch*, excrément.

GAVE, jardin dans l'Isle de Mona, qui fait partie du Pays de Galles. G.
GAVE. Voyez Gavas.
GAVED, machoire. B.
GAUERDIA, minuit. Ba. *Gaua Erdia*.
GAUEIRIOG, qui ne fait que mentir. G. De *Gau*; *Air de Gair*, parole.
GAVEL, A. M. gabelle. *Gabell*.
GAVELET, fonds donné à cens. I. Voyez *Gabhaltas*.
GAVELLA, A. M. javelle; *Gavelle* en Picard; *Gabel*, *Gabelo* en Languedocien. De *Gabilla*, *Gavilla*.
GAVELLI, A. M. faisseau de sarmens; de *Gavilla*.
GAVELOC, javelot. E. *Gaveloc* en Anglois, javelot. Voyez *Gavlod*.
GAVELOCES dans Mathieu Paris, javelots. Cet Auteur dit que les Frisons appellent ainsi ces armes. Ils sont nommés de même dans une ancienne charte d'Angleterre. De *Gaveloc*.
GAVELUM. Voyez *Gablum*.
GAVEN, le même qu'*Aven*. Voyez *Aru*.
GAUFFREZEN, gaufre. B. De là ce mot.
GAUFR, chevre. B.
GAUFRA, A. M. golfe de mer. *Gau de Cau*.
GAUG ou CAUG; singulier *Caughen*, colline, bute, élevation de terrein, montée rude, tertre; plurier *Cangbon*, *Caughennou*. B. *Kauche* en Grec, jactance, fanfaronade, orgueil. C'est le sens figuré.
GAUGETUM, A. M. ce qui se paye pour le jaugeage; de *Jauch*.
GAUCHE, tromperie, bourde, fourberie, injure, ou affront causé par tromperie, ou faute d'effectuer ce qui a été promis. B. Voyez *Gau*.
GAUGIA, A. M. jauge; de *Jauch*.
GAUGIATOR, A. M. jaugeur. Voyez *Gaugia*.
GAUGREFYDD, hérésie, superstition. G. *Gau Crefydd*.
GAUHAF, hyver. G.
GAVIARE, A. M. le même que *Gagiare*, & *Gaviator* le même que *Gaggiator*.
GAVILLA, le même que *Gabilla*. Ba.
GAUL, bâton; *Gaul An Arazr*, queuë de la charrue. B. En comparant ce mot avec *Cal*, bois, & *Gal*, forêt en ancien François, qui est le même que *Gaul*, on voit que *Gaul* a aussi signifié bois, forêt. De *Gaul*, bâton, est venu gaule, baguette en notre Langue; *Kaulos*, bois de lance dans Homere.
GAUL, courbe, tortu. Voyez *Gaulgam*, *Gauli*.
GAUL, grand. Voyez *Gauloch*.
GAUL, le même qu'*Aul*, *Caul*. Voyez *Aru*.
GAUL-GAM, boiteux. B.
GAUL UR VEZEN, fourchon d'un arbre, l'endroit où les branches se divisent. B.
GAULA, A. M. Je crois qu'il signifie colle; de *Coll* ou *Caul*.
GAULAFARIAD, menteur, qui assure des faussetés. G. De *Gau Llafar*.
GAVLEIN, javeline. B. Voyez *Gaveloc*.
GAULI, se fourcher. B. Voyez *Gaul*.
GAVLIN, javeline. B. De là ce mot.
GAULITH, hérésie. G. *Gau*, fausse; *Llith*, leçon.
GAULOCH, homme extraordinairement grand. B. *Och* étant une terminaison augmentative, étant la marque du comparatif & signifiant plus, il faut que *Gaul* soit le positif & signifie grand.
GAVLOD, GAVLOT, javelot. B. De là ce mot. Voyez *Gavlein* & *Gaveloc*.

GAVLOG, fourche. I.
GAULUM. Voyez *Gablum*.
GAUN, rocher. Voyez *Agaunus*.
GAUNACH. Voyez *Gaunech*.
GAUNECH, GAUNACH, GOUNECH; singulier *Gaunechen*, bête femelle qui est un an sans porter de fruit, comme une jument, une vache, &c. stérile, non féconde; on le dit même d'une femme: plurier *Gaunechou*, *Gaunechennou*. B. Ce mot est formé de *Gana*, engendrer, & *Nach* négation.
GAUNECHEN. Voyez *Gaunech*.
GAVOTTEN, gavotte. B. Voyez *Gaw*.
GAUR, aujourd'hui. B.
GAVR, chevre. B. Voyez *Gavar*, *Gawr*.
GAVR, grue. B.
GAVR-GOEZ, chamois. B.
GAVR-VOR, écrevisse de mer. B.
GAVRICQ, chevreau. B.
GAUSAN, vermine qui s'engendre sur le fromage, dans le bled, la farine, le chenevi, &c. C'est ce que nous appellons mite; le singulier *Gausanen*; le plurier *Gausanet*. B. Les Espagnols nomment un ver, *Gusano*, prononcez *Gousano*. Voyez *Gazna*.
GAUT, bois. Voyez *Caud*, *Got*. Favyn prétend que c'est de là que vient le nom de *Gauthier*, qu'il signifie homme de bois, homme vivant dans les bois.
GAUTARNA, nocturne. Ba. *Gaua*.
GAUTARRA, barque, nacelle. Ba.
GAW, eau. &c. Voyez *Aw*.
GAW, vîte, prompt. Voyez *Caw*; de là *Gavote*, danse gaie & vive. Voyez *Gavotten*.
GAW, bois comme *Caw*. Voyez *Gau*.
GAWCI, corneille. B.
GAWD, bois comme *Cawd*. Voyez *Gau*, *Llogawd*.
GAVULUM. Voyez *Gablum*.
GAWN, rassasiement, celui qui rassasie, puissant, fort, viril. G.
GAWR, chevre. G. Voyez *Gaawr*, *Gavar*, *Gavr*, *Gour*.
GAWR, cri, cri de joie, acclamation, applaudissement, cri d'indignation. G.
GAWR, le même que *Cawr*. Voyez *Aru*.
GAWRI, crier, crier fort, faire des acclamations, des cris d'applaudissement ou d'indignation. G. En Franc-Comtois on appelle le cochon *Gouri*, apparemment à cause des grands cris qu'il pousse.
GAVUS, A. G. leger en paroles, qui parle aisément, qui est prompt à parler; de *Gaw*.
GAWYN, gaine, fourreau. G. Voyez *Gwain*.
GAUZ ASCO EGUITZA, j'embrasse. Ba.
GAUZA, cause, chose. Ba. Voyez *Caus*, *Cauza*.
GAUZACHOA, petite chose. Ba.
GAUZARIC ONENA IZANGC DA, il vaudra mieux. Ba.
GAY, forêt. G. *Gay* en Dalmatien, petit bois.
GAY, le même que *Gat*. Voyez ce mot. *Gao* en Chinois, rire, se divertir. L'y se prononçant aussi en *u* on a dit *Gau*, ainsi qu'il paroit par le langage du peuple, qui appelle *Gau* un plaisir; *le Gau des Gaus*, le plaisir des plaisirs; *être à Gogo*, phrase populaire qui signifie être bien à son aise; *Goberger*, mot populaire qui signifie bien traiter; *Joe* ou *Goe* en Breton, joie. Le d final s'ajoûtant indifferemment, (Voyez *D*) on aura dit *Gaud*; de là *Gaudeo*, *Gaudium* des Latins.
GAY, propre à, habile à, adroit. Ba. Nous disons encore qu'une serrure est gaie, lorsqu'elle joue aisément.

GAY EGUIN.

GAY.

GAY EGUIN, rendre propre à. Ba.
GAYA, sujet, matière, argument. Ba.
GAYA SCIENTIA, A. M. l'art poëtique ; de Gay, gaye, agréable.
GAYARE, A. M. prendre un gage ; de Gagiare.
GAYAV, hyver. G. Voyez Gauaf.
GAYDDELW, idole. G.
GAYDUM, A. M. le même que Guaifdum.
GAYEAR, chien. I.
GAYERA, entendement, pénétration. Ba. De Gay.
GAYETA, A. M. sentinelle. Voyez Gueda, Gueta, Gayta.
GAYEZA, inhabile, inepte, inutile, immatériel. Ba. Gay, Eza privatif.
GAYNERIOS, A. M. gainier, faiseur de gaines. Voyez Gaina.
GAYOA, plongeon oiseau de rivière. Ba.
GAYOLA, A. M. prison, géole. Voyez Galoa.
GAYOMBA, genêt de jardin. Ba.
GAYONA, utile. Ba. De Gay.
GAYRANTIA, A. M. garantie. Voyez Garandia.
GAYRO, adroitement, avec esprit, ingénieusement. Ba. De Gay.
GAYRYM, appeler. I. Voyez Gair.
GAYSIOTU, je suis malade. Ba.
GAYTA, GAYTIA, A. M. guet, sentinelle. On a dit Gaite pour sentinelle en vieux François ; de Gueda, Gueta.
GAYTARE, A. M. être en sentinelle. Gayta.
GAYTASUNA, habileté, adresse, génie. Ba. Gay.
GAYTUS, A. M. le guet. Gueda, Gueta.
GAZ ou CAZ, CAZLEN ? chat de mer, poisson ressemblant à la loche de mer, selon un sçavant Breton, qui ajoute que ce poisson est ainsi nommé à raison de ses moustaches, ou de sa barbe, faite à peu près comme celle d'un chat. En effet Caz est un chat, & Len est un étang, & se dit de la mer. B.
GAZA, doux. Ba.
GAZA, sot, fat, niais, stupide, hébété. Ba.
GAZA, A. M. pie. Voyez Gazzecoat.
GAZARNIA, A. M. le même que Gesum.
GAZEN, gaze. B.
GAEMUNA, hypocrite. Ba.
GAZNA, fromage. Ba. Voyez Cafw, Gaufan.
GAZOUILHA, chanter parlant des oiseaux. B. De là Gazouiller.
GAZPINASQUIA, espèce de sauce ; Salsilago en Latin. Ba. Gatza, sel.
GAZTA, fromage. Ba. Voyez Gazna.
GAZTATZEA, se couvrir d'un bouclier, couvert de cuir. Ba. Gas de Cas.
GAZTEA, jeune homme. Ba. Voyez Gwas.
GAZTE-ADINECOA, adulte. Ba.
GAZTE-DEMBORA, jeunesse. Ba.
GAZTEBAT, jeune. Ba.
GAZTECOA, jeune. Ba.
GAZTERA, GAZTERNERA, jeunesse. Ba.
GAZTELUA, fort, citadelle. Ba. Castell.
GAZTELUCOA, château. Ba. Castell, Coa diminutif.
GAZTENAC, plus jeune. Ba.
GAZTETASUNA, jeunesse. Ba. Gaztea.
GAZTETUA, adulte. Ba.
GAZURA, petit lait. Ba.
GAZZATUM, A. M. gaze. Voyez Gazen.
GAZZE-COAT, pivert. B. Gazza en Italien, pie. Voyez Cafec-Coat.
GE, par où. I. On appelle Gé dans nos montagnes une coulisse par où l'on jette le bois qui croît sur des montagnes d'où il seroit trop difficile de le voiturer.

GEA.

GE, le même qu'E, Ce, Se. Voyez Aru.
GE. Voyez Geban.
GE paroit signifier deux. Voyez Gefail, Gefell.
GE-TIAR, fesses. I.
GEABAIRE, GEABSAIRE, homme incommode qui trouve toujours à redire. I.
GEAD, fesse. I.
GEADH, oie. I.
GEAG, rameau, bras au propre & au figuré. I.
GEAGACH, chargé de rameaux. I.
GEAGAM, pousser des rameaux. I.
GEAGAN, rameau, petit rameau, bras au propre & au figuré. I.
GEAGH, rameau. I. C'est le même que Geag.
GEAGOC, petit rameau. I.
GEAIRAD, GEAIRTA, coupé. I. Voyez Gear.
GEAL, blanc, net, propre, pur. I. Gale en Tartare Mogol, blanc.
GEAL, gage. I.
GEALA, blancheur. I.
GEALACH, lune. I. Voyez Geal, Ealach.
GEALADH, blanchir. I.
GEALAIGHIM, blanchir. I.
GEALAN, blancheur. I.
GEALCADH, GEALGADH, blancheur. I.
GEALL, gage, garantie, amende, gageure ; pari. I.
GEALLADH, engagement, fiançailles, vœu, promettre, donner sa parole. I.
GEALLAM, promettre, chose promise. I.
GEALLAMHNAS, chose promise. I.
GEALLAMHUIN, promesse, vœu. I.
GEALOG, anguille. I.
GEALTACH, lâche, timide. I.
GEALTAIGHIM, craindre. I.
GEALVAN, GEALUN, moineau. I.
GEAM, petit. Voyez Geamshulioch.
GEAMCHAOCH, qui a la vûe basse ou courte. I.
GEAMNUDE, chaste, pudique, civil, poli. I.
GEAMSHULIOCH, qui a de petits yeux. I. Syllu ou Sullu signifie voir en Gallois, d'où je conclus que Geam signifie petit.
GEAN, sourire, faveur. I.
GEAN, femme. I.
GEANACH, avide, goulu, glouton, vorace. I.
GEANAIDHIM, se rire, se moquer. I.
GEANAMHALACHD, beauté, agrément. I.
GEANAMHUIL, GEANAMHUL, aimable, délicat, fort bon. I.
GEANAS, GEANASACH, chaste, modeste. I.
GEANCIFF, gentiane. B.
GEANGAM, fraper. I.
GEANGIACHD, beauté. I.
GEANMCHNU, chataigne. I.
GEANMHUN, engendrer. I.
GEANMNAID, pur, chaste. I.
GEANMNUGHE, continent, pudique. I.
GEANMNUGHEAS, continence, pudicité. I.
GEANN, femme. I.
GEANNACHD, chasteté. I.
GEANT, géant. B. De là ce mot. Voyez Gan, Goiantea.
GEAR, âpre au goût, aigre, aigu, pointu, rude, perçant, âcre, pénétrant, subtil, adroit, satyrique. I.
GEAR, GEARR, court, petit, bref, étroit, rare. I.
GEARAIGHIM, rendre court. I.
GEARAIM, aiguiser. I.

GEARAIT, faint, vierge, prudent, sçavant. I.
GEARAM, aiguifer. I.
GEARAN, le même que Gear. I.
GEARAN, foupir, plainte, se plaindre, gémir, plaindre. I.
GEARANAIM, accufer. I.
GEARB, aigre. I.
GEARB, gale, gratelle, rogne. I.
GEARBA, gratelle, demangeaifon, craffe de la tête. I.
GEARBAID, gale, gratelle. I.
GEARBAM, nuire, incommoder, fraper, bleffer. I.
GEARBH, gale, gratelle. I.
GEARBHACH, galeux, rude, âpre. I.
GEARBHLASTA, aigre. I.
GEARBOG, écarre, cicatrice. I.
GEARDADH, graver, tailler. I.
GEARG, farouche, cruel, rude, auftére, févére. I.
GEARGA, trait, javelot. I.
GEARGADH, fécher, devenir maigre. I.
GEARGAN, le même que Gearg. I.
GEARLANAM, perfécuter, tourmenter. I.
GEARMAIREACH-HOU, efpèce de vaiffeau. I.
GEARR. Voyez Gear.
GEARR FIADH, liévre. I.
GEARRA, retrancher, accourcir, diminuer, incifion, plaie, bleffure. I.
GEARRADH, tribut, cens, faire une balafre, hacher, couper, tailler, déchirer, déchiqueter, mettre en piéces. I.
GEARRAM, couper. I.
GEARRAM, cheval de louage. I.
GEARRAN, le même que Gearr. I.
GEARRCHA, javelot. I.
GEARROG, le deftin, la fortune. I.
GEARTHOIR, coupeur, tailleur. I.
GEARUDEAS, plainte. I.
GEARUGHEAS, âpreté, aigreur, amertume. I.
GEARVIGHIM, aiguifer. I.
GEASA, conjuration magique. I.
GEASAD, divination, conjecture. I.
GEASADAN, rejetton d'arbre, arbufte. I.
GEASADOIR, augure, devin. I.
GEASAM, deviner. I.
GEASROGADH, fuperftition. I.
GEASTOIR, forcier, magicien. I.
GEAT, lait. I.
GEATA, porte. I. Gate en Anglois.
GEAUCH, afforti, convenable. B.
GEAUGEACH, afforti, convenable. B.
GEAUGEIN, appareiller, apparier, affortir. B.
GEBAN, élevé. G. C'eft le même que Ban, dit Baxter, qui ajoûte que chez les anciens la fyllabe Ge étoit mife au commencement des mots, ou comme article, ou pour en augmenter la fignification.
GEBARA, A. M. fleur du moulin, Voyez Bara & Ge.
GECZEMY, jafmin. B.
GED, abondant. G.
GED, oie. I.
GED ou GEDD, le même que Gwedd. G.
GED, le même que Gaod. I.
GED, bois comme Ced. Voyez Goet. & Aru.
GED. Voyez Gwed. B.
GEDN, coin. C.
GEDOWRACH, morelle plante; Gedowrach Leiaf, petite morelle. G.
GEDUCH, lâchez. G.

GEE, vent dans l'Ifle de Mona, qui fait partie du Pays de Galles.
GEECH NO ARVAR, moiffon fur pied. I.
GEFAIL, tenailles, pincettes, cifailles, forces, cifeaux. G. B.
GEFAIL, boutique de forgeron, de taillandier, de ferrurier. G.
GEFEILDAN, pincettes pour le feu. G. Gefail Tan.
GEFEILYDD, forgeron, taillandier, ferrurier. G.
GEFELL, gemeau. G. De là Gemellus Latin.
GEFELLIAID, gemeaux. G.
GEFYN, menote, chaîne ou fers qu'on met aux pieds. G.
GEFYNNAU, menotes. G.
GEFYNNU, mettre les fers aux pieds. G.
GEG, feuillage. I.
GEG, le même que Geag. De même des dérivés ou femblables. I.
GEGID FECHAN, coucou. G.
GEGUER, GEGUI, coqs. C'eft le pluriel de Qoeg. B.
GEHIAN, cul, feffes. I.
GEIACH, vent dans l'Ifle de Mona, qui fait partie du Pays de Galles.
GEIBHIM, prendre, faifir. I.
GEIBHION, fers, chaînes. I.
GEIBHIS, vallée. I.
GEIDEANTA, le même que Gaoideanta. I.
GEIDHEAN, le même que Gaoidhean. I.
GEIGIN, petit rameau. I.
GEIL, le même que Gaoil. I.
GEILL, hommage, foumiffion, obéïffance. I.
GEILLE, fers, chaîne. I.
GEILLE, rendre, action de rendre. I.
GEILLEAMHUL, pliant. I.
GEILLIDH, honneur. I.
GEILLIGHIM, fervir. I.
GEILLIOS, parenté, affinité, liaifon. I.
GEILLSIRE, parenté, affinité, liaifon. I.
GEILT, pâturage. I. Voyez Gwelt.
GEILWAD, GEILWOD, qui appelle, crieur public, celui qui appelle les perfonnes dont les noms font fur une lifte, celui qui chaffe les bœufs lorfqu'ils labourent. G. De Galw.
GEIMEADH, crier. I. De là Gemere Latin; Gémir François; Se Guementer en vieux François, fe plaindre.
GEIMHEAN, refferré, étroit. I.
GEIMHLEACHD, lien, chaîne. I.
GEIMHRE, GEIMHREADH, hyver. I.
GEIMNIG, mugiffement. I.
GEIN, race, enfans. I. Voyez Geni.
GEINE, le même que Gaoinc. I.
GEINEADH, génération, naiffance, engendrer, produire, caufer, naître. I.
GEINEALACH, généalogie. I.
GEINEAMHUN, naiffance, génération, engendrer, produire, caufer, naître. I.
GEINEIGHIM, engendrer, enfanter. I.
GEINIOLACH, famille. I.
GEINTOIR, qui feme, qui plante. I.
GEIR, fuif. I. Voyez Gwer.
GEIR. Voyez Geirw.
GEIR, le même que Ger. Voyez Geir-Bron.
GEIR-BRON, devant, en préfence. G. C'eft le même que Ger-Bron.
GEIRBER, qui parle agréablement, qui dit des paroles gracieufes, qui parle avec douceur, qui a le parler agréable, facétieux, enjoué, plaifant,

GEI.

divertiſſant, réjouiſſant, qui a le mot pour rire; badin, goguenard. G. *Gair*, en compoſition *Geir*, parole; *Ber* pour *Per* en compoſition, douce.

GEIRDA, louange, éloge, recommendation, approbation, renommée, réputation, eſtime. G. *Gair Da.*

GEIRDEG, le même que *Gwenieithus*. G.

GEIRE, âcre, acide, âpre. I.

GEIREACH, graiſſé, ſuifé. I.

GEIREACHD, âcre, acide, âpre. I.

GEIREAN, le même que *Geire*. I.

GEIREIM, aiguiſer, rendre acide, devenir acide. I.

GEIRFFLWCH, grand parleur. G. *Gair Fſlwch.*

GEIRFFUG, menteur, qui affirme des fauſſetés. G. *Gair Ffug.*

GEIRFHIADH, liévre. I.

GEIRGEN, poignard. I.

GEIRIAWL, verbal. G.

GEIRID, qualité d'être aigu, d'être pointu. I.

GEIRIGHIM, aiguiſer, rendre acide, devenir acide. I.

GEIRIOG, orateur, verbeux. G.

GEIRIOS, amertume, âpreté, aigreur. I.

GEIRLLAES, lent à parler. I.

GEIRLONN, facétieux, enjoué, plaiſant. G. *Gair Lonn.*

GEIRNEAL, GEIRNEAN, grenier. I.

GEIRRE, accourciſſement, abbréviation, abbrégé. I.

GEIRSEACH, couronne, ceinture. I.

GEIRSGAITH, eſpèce de petit bouclier. I.

GEIRSHEASCH, jeune fille. I.

GEIRW, le même que *Tonn*, ondes. G. Il ſemble, dit Davies, être le plurier de *Garw*, à cauſe de l'inégalité des ondes.

GEIRWIR, qui dit vrai, véritable, ſincère, qui ne ment point. G. *Gair Wir.*

GEIS, cygne. I. Voyez *Gy.*

GEIS, loi, coûtume, ordre. I.

GEISTUM, GEIXTUM, A. M. Voyez *Giſtum.*

GEL, le même que *Gaol*. De même des dérivés ou ſemblables. I.

GEL, le même que *Gal*, *Gil*, *Gol*, *Gul*. Voyez *Bal.*

GEL, le même qu'*El*, *Cel*, *Sel*. Voyez *Aru.*

GEL, animal. Voyez *Anghyngel.*

GEL, jaune, puant. Voyez *Gelheſg.*

GEL, guetre. Voyez *Bangel*, *Gelyniaeth*, *Gell*, *Gal.*

GEL, ſangſue; plurier *Gelod*. G. *Egel* en Allemand, ſangſue. Voyez *Gelaouen*, *Ghelaou.*

GEL. Voyez *Bal.*

GELA, gelée. Ba. De *Gal*, dur. De là *Gelu* Latin.

GELAIM, le même que *Gaolaim*. I.

GELAIS, le même que *Gaolais*. I.

GELAOUEN, ſangſue. B. Voyez *Gel.*

GELCHI, laver. G.

GELDARE, A. M. payer tribut. Voyez *Gild.*

GELDONIA, GELDUM, A. M. Voyez *Gildum.*

GELEDD, avoir attention. G. Voyez *Ymgeledd*, *Guelled.*

GELEN, coude, coudée, aune. C. C'eſt le même qu'*Elin.*

GELF, levre. C.

GELFIN, bec. C.

GELFYDD. YN GELFYDD, artiſtement, en perfection. G. De *Celfydd.*

GELHESG, glayeul jaunâtre, glayeul puant, glayeul, flambe. G. *Heſg* ſignifiant jonc, il eſt probable

GEM.

que *Gel* ſignifie ici jaunâtre, puant. Voyez *Galela* & *Gell.*

GELIMA, A. G. gerbe; de *Gelina*, l'*n* ſe changeant en *m.*

GELINA, GLENA, GELUNA, A. M. gerbe; de *Glen*, liaiſon.

GELL, brun, noirâtre, de couleur baye. G.

GELL, vîte. Voyez *Calarav* & *Gil.*

GELL, petit. Voyez *Gellgi*, *Cel*, *Cil.*

GELL, chaſſe. Voyez *Gellgi.*

GELLA, A. M. bouteille, vaſe à vin. Voyez *Galo.*

GELLAGIUM, A. M. jaugeage. Voyez *Grauch, Jauch.*

GELLAST, féminin de *Gellgi*. G. *Gell Caſt*, chienne.

GELLEGFA, verger. G.

GELLGI, petit chien.

GELLGI ou CELLGI, chien de chaſſe, chien qui a l'odorat ſubtil, chien qui a le nez bon, dogue, gros & grand chien, mâtin. G. *Gi* en compoſition pour *Ci*; *Gell*, *Cell*, courir, chaſſer.

GELLO, GELLUNCULUS, GELLUS, A. M. les mêmes que *Galo.*

GELLWNG, le même que *Gollwng*. G.

GELLYG; ſingulier *Gellygen*, poire. G.

GELLYG SURION, poire ſauvage. G. Voyez *Gellygen.*

GELLYGBREN, GELLYGWYDEN, poirier. G. *Gellyg*, *Prenn*, *Gwydden.*

GELLYGEN WYLLT, poirier ſauvage. G. *Gwyllt.*

GELLYNGDAWD, le même que *Gollyngdod*. G.

GELMUS, A. M. le même que *Helmus*, heaume; de *Gel*, tête.

GELO. Voyez *Gillo.*

GELOR, biére, cercueil de bois. G.

GELOSITAS, A. M. jalouſie; *Geloſia* en Italien. De *Celoac* ou *Geloas*, jalouſie; *Jalous*, jaloux. On a dit *Goulouſe* en vieux François; *Celos*, jalouſie en Eſpagnol.

GELQENN, morceau, rouelle. B.

GELTA, A. M. le même que *Gella.*

GELTINA, A. M. gelée. Voyez *Gela.*

GELU, le même qu'*Argelu*, que *Celu*. Voyez *Gel* le même que *Cel.*

GELUNA, A. M. le même que *Gelina.*

GELWAIN, crier, appeller ſouvent, crier beaucoup & ſouvent. G. *Galw*, *Ain* pour *Fain.*

GELWCH, le même qu'*Argelwch*. Voyez ce mot. Voyez encore *Gelu.*

GELWID, appellation. G. De *Galw.*

GELY, cacher comme *Cely*. Voyez *Aru.*

GELYN, ennemi.

GELYNIAETH, inimitié, hoſtilité. G.

GELYNIAETHOL, d'ennemi. G.

GELYNIAETHUS, oppoſé, contraire. G.

GEM, perle, écaille, bouteille qui s'éleve ſur l'eau lorſqu'il pleut ou lorſqu'elle bout. G. De là *Gemma.*

GEM, le même que *Cem*. Voyez *Gemmades* & *Aru.*

GEMBA, A. M. le même que *Gamba.*

GEMELLA, GEMELLIO, A. M. gamelle; de *Gamell.*

GEMMADES MULIERES LUCÆ DOMINICÆ LINGUA GALLICA, dans le gloſſaire de Saint Iſidore. J'explique ces mots par *femmes de la priére du Dimanche*; c'eſt-à-dire, femmes qui ont mis leurs plus beaux habits, leurs plus beaux ornemens pour aſſiſter au Service divin le Dimanche. Le Peuple dit encore, en voyant une femme miſe de ſon mieux, qu'elle eſt *endimanchée. Lluch* ſignifie priére en Gallois; *Gemmadis* ſignifie donc une femme parée. *Gem* de *Cem.*

GEMM, écaille, pierre précieuse, perle. G. Voyez *Gem* qui est le même.

GEMMEN, diminutif de *Gemm*. G.

GEMMOG, plein de pierreries, orné de perles ou de bayes d'arbres, couvert d'écailles, qui a des écailles, liqueur sur laquelle il s'élève de petites bouteilles. G.

GEMMYDD, lapidaire, jouaillier. G.

GEN, menton. G. C. B. joue, machoire. G. *Genion* en Grec, menton; *Gânak*, *Jsnak*, joue en Turc; *Gena*, joue en Latin; *Cene* en Turc; *Kinn* en Gothique; *Cinn* en ancien Saxon; *Kinno* en Théuton; *Kinn* en Cimbrique; *Kinne* en Flamand; *Kind* en Danois; *Chinne* en Anglois, machoire; *Kinn* en Islandois; *Kannum* en Malabare, joues; *Kinn* en Allemand; *Kinne* en Flamand; *Chinne* en Anglois; *Sechen* parmi les habitans du fleuve de Saint Julien en Amérique, menton; *Kinag*, visage en Groenlandois; *Ganache* en François, la machoire inférieure du cheval.

GEN, bouche, porte, entrée. G. *Ken* en Chinois, orifice; *Kan* en Chinois, bouche étendue; *Kanera*, bouche en Groenlandois. On dit en Patois de Franche-Comté *Rejana*, pour dire répéter ce qu'un autre a dit & du même ton. Voyez *Genau*, *Geneu*. De *Gen*; *Janua* Latin. Voyez *Genau*, *Gene*.

GEN, source. G.

GEN, produit, revenu. G. De *Geni*.

GEN, avec, de préposition, depuis, dehors. C.

GEN, notre. C.

GEN, glaive, épée, blessure. I.

GEN, engendré, né. I. Voyez *Geni*.

GEN, aliment. I.

GEN, joue & anciennement menton. B.

GEN, selon Baxter & Camden, passage. G. Voyez *Gen*, porte, entrée.

GEN, coin. B. Voyez *Gedn*.

GEN, homme. Voyez *Hurthgen*. *Gona*, jeune garçon en Hottentot; *Gin*, homme en Chinois; *Gind*, nation en Albanois. Voyez *Gendea*. Nous disons encore *les Gens* pour dire les hommes; *les Gens de bien* pour les hommes de bien; *les Gens de guerre* pour les hommes de guerre.

GEN, le même qu'*Agen*. Voyez ce mot.

GEN, arbre, arbrisseau. Voyez *Trogen*, *Pisgen*, *Guen*. *Pissen*, arbre en Cophte; *Pi*, article; *Ganni*, bois substance de l'arbre en Japonois.

GEN, le même qu'*Angen*. Voyez ce mot; de là *Guenaud*, gueux en vieux François.

GEN pour *Gwain*. Voyez *Gwaedogen*.

GEN, le même que *Gwen*, beau; parce que, comme le remarque Davies, le *g* & le *Gw* se mettent indifféremment l'un pour l'autre. Le *t* s'ajoutant à la fin, on a dit *Gent* pour beau en vieux François, d'où est venu *Gentil*. *Genqi*, beau en Auvergnac.

GEN, le même que *Gan*, *Gin*, *Gon*, *Gun*. Voyez *Bal*.

GEN, le même que *Cen*, *Sen*, *En*. Voyez *Aru*.

GEN-GNU, barbe, G. *Gen*, menton; *Cnn*, toison, poil.

GENAOUET, bouchée. B.

GENAU; plurier *Geneau*, bouche, orifice. G. Voyez *Gen*.

GENAU-GOEG, lezard. G. *Gorg* pour *Coeg* en construction. Voyez *Geneu-Goegion*.

GENCHRIOS, ceinture. I.

GENDEA, nation, peuple, troupe. Ba. Voyez *Gen*. De là *Gens* Latin.

GENDEABHAM, fermer de remparts. I.

GENDEAMHAN, escrimer. I.

GENDEDIA, troupe multitude. Ba.

GENDETSEA, troupe. Ba.

GENDREANAIRE, GENDREANNAM, escrimeur. I.

GENE, bouche. C. Voyez *Gen*.

GENEALACH, origine. I.

GENECTUM, A. M. je crois que c'est du jan ou jean, arbrisseau qui ressemble au genevrier; de *Jan*.

GENEDIG, engendré. G. Voyez *Geni*.

GENEDIGAETH, naissance, nativité, race. G.

GENEDIGAETHFRAINT, droit d'ainesse. G. *Braint*.

GENEDIGOL, natal, de naissance, né avec nous. G.

GENEFAEUS, GENEFAUS, dédaigneux. B.

GENER, genre. B.

GENER, A. G. commencement; de *Gen*, porte, entrée.

GENERAL, général. B. De *Gen* ou *Cen*, chef, tête.

GENETEARIUS, A. G. celui qui garde l'appartement des personnes du sexe; de *Geneth*.

GENETEUM, A. G. appartement des personnes du sexe; de *Geneth*.

GENETH, vierge, jeune fille. G.

GENETHAIDD, plurier de *Geneth*. G.

GENETHAN, diminutif de *Geneth*; il en est aussi le synonime. G.

GENETHIG, diminutif de *Geneth*. G.

GENEU, GENEV, bouche, embouchure, porte entrée. G.

GENEU-GOEGION, espèce de lézard ennemi du serpent. G.

GENEUAID, bouchée. G.

GENEVRECQ, GENEREG, genevrier. B. De là ce mot.

GENFA, on écrit ordinairement *Gwenfa*, frein, espèce de frein, licol. G.

GENGAM, partie intérieure de l'âpre-artère. G.

GENGI. Voyez *Genni*, G.

GENHIR, qui a un grand menton. G.

GENI, naître. G. *Gen* en Irlandois, engendré, né; *Geinead* en Irlandois, engendrer, produire, causer; *Cine*, *Cineal* en Irlandois, race, famille; *Gin* en Turc, race, genre; *Cynne* en ancien Saxon; *Kin* en Runique; *Kun* en Gothique, *Kunne* en Théuton; *Kunn* en Allemand, race; *Con* en Syriaque, être créé, être produit; *Con* en Éthiopien, être fait; *Can* en Arabe, créer, faire, engendrer; *Genos* en Grec; *Genus* en Latin, race; *Gin*, épouse, femme en Arménien; *Asin*, fils dans la Langue des Huns; *Kani*, fruit en Malabare.

GENIALIS, GENIATUS, A. G. agréable, qui fait plaisir; *Degeniatus*, désagréable; de *Gen*, beau.

GENICUS, GENEKOS en Grec, A. G. général; de *Gen*, chef. Voyez *Général*.

GENIPERETA, A. M. Je crois qu'il signifie un lieu plein de jan; de *Jan*, *Berth* ou *Perth*. Voyez *Genetium*.

GENITIARIA, A. G. personne du sexe qui demeure dans un *Geneteum*. Voyez ce mot.

GENNI, être contenu, être renfermé, être pris, être serré, être à l'étroit, être gêné. Les anciens disoient *Gengi* selon Davies. G. De là *Gêner*.

GENNOG, le même qu'*Agennog*. Voyez *Agen*, *Agennog*.

GENOE, bouche. G. Voyez *Gen*.

GENOETH, vierge, jeune fille. G.

GENOFLEN, giroflée fleur, œillet. B.

GENOFLES, giroflée. B.

GENOU

GENOU, bouche. B.
GENRHI GOCH, petite centaurée, centaurée mâle. G. *Goch* pour *Coch*.
GENT, tête, bord. G. C'est le même que *Gen*. Voyez ce mot & *D*.
GENT, le même que *Gant*, courbure, selon Baxter. G.
GENT, beau. Voyez *Gen*.
GENTA, A. M. le même que *Ganta*. Voyez *Ganta*.
GENTIL, joli, bienfait, agréable, mignon, sage, prude. B. Ce mot a aussi signifié noble, ainsi qu'on le voit par notre terme *Gentilhomme*, usité chez nos plus anciens Ecrivains pour désigner un homme noble.
GENTILDED, gentillesse. B.
GENTILES, A. M. les habitans d'un pays, les naturels d'un pays; de *Gendea* ou *Gentea*.
GENTILIS, A. M. beau, bien mis, qui a des manières polies; de *Gentil*. Le peuple dit encore qu'un enfant est *Gentil* lorsqu'il se comporte bien.
GENU, bouche. B. Voyez *Genou*.
GENWAIR, chalumeau. G.
GENWEIRIWR, pecheur à la ligne. G.
GEOCACH, glouton; *Geocaighim*, être célébre par sa gloutonnie; *Geocam*, dévorer; *Geocamhail*, prodigue, glouton. I.
GEOD, oie. I.
GEOILREANN, éventail. I.
GEOIN, GEOINAN, fou. I.
GEOIN, tumulte, bruit, bourdonnement. I.
GEOL, prison, géole. G. B. *Jaula* en Espagnol; *Ghiole* en Flamand, cage. Ce mot étant le même que *Gol*, *Col*, a signifié comme ces termes tout endroit fermé, toute enceinte, toute habitation. De *Geol* est venu notre terme *Géole*.
GEOLA, GAOLA, GAYOLA, A. M. prison; de *Geol*.
GEOLAGIUM, A. M. droit qu'on paye au géolier; de *Geol*.
GEOLARIUS, GAJULARIUS, A. M. géolier; de *Geol*.
GEOLWR, géolier. G.
GEOLYER, géolier. G.
GEOSADAN, canne, roseau, fleche. I.
GEOSAN, ventre. I.
GEOTH, vent. I.
GER, prononcez *Guer*, guerre. G. B. De là ce mot. *Guerla*, *Guerra*, *Guerrea* en Basque, guerre. *Kerab* en Hébreu, combat; *Ghrih* en Arménien, guerre, & *Ghriou*, discorde; *Haer* en Danois; *Heer* en Allemand, armée; *Guerra* en Italien & en Espagnol, guerre, combat; *Guerra*, guerre en Albanois; *Werre*, *Warre* en Anglois; *Geir* en Théuton; *Geira* en Runique, guerre; *Ceri*, soldat en Turc.
GEA, auprès, près. G. *Gé*, près en Turc; *Guird* en Persan, les environs.
GER, eau. G.
GER, pus, sanie. G.
GER, parole. C. B. Voyez *Gair*.
GER, cher. C.
GER, petit. E.
GER, aigu, mordant. I.
GER, le même que *Gear*. De même des dérivés ou semblables. I.
GER, le même que *Gerr*.
GER, Voyez *Geri*.
GER, petit. Voyez *Gerloch*, & *Gerr*.
GER, le même que *Cer*, *Er*, *Ser*. Voyez *Aru*.
GER, le même que *Gar*, *Gir*, *Gor*, *Gur*. Voyez *Bal*.

GER-BRON, devant, en présence, aux yeux. G.
GER-LLAW, près, auprès. G.
GERAIN, GERAN, crier comme une grue, faire des lamentations, jetter des cris en se plaignant, crier comme les enfans au berceau. G.
GERAN, le même que *Gearan*. I.
GERBA, A. M. le même que *Garba*.
GERBHYD, après. G.
GERBLH, rablure ou jarlot terme de marine. B.
GERC, le même que *Derc*, chêne. Voyez la dissertation sur le changement des lettres. De là le *Quercus* Latin; *Guerche* en vieux François, chêne. On disoit indifféremment en vieux François *Dermensier* & *Guermensier*. Voyez *Gerwynt*.
GERDD, débat, contestation, démêlé. G. De là *Certo*.
GERDYANS, action d'honorer. C.
GERENAL, général. B. Transposition de *General*.
GERFALCHUS, GERFAUDUS, A. M. gerfau faucon de la plus grosse espèce; *Ger*, grand; *Falch*, faucon.
GERFYDD, après, par. G.
GERFYDD EI LAW, à la droite. G. Périphrase égale à *Erbyn Ei Law*.
GERG, GERGAN, rouge. I.
GERI, bile jaune, colere. G. En comparant ce mot avec *Gwrid*, rougeur; *Gurlaz*, lezard; (*Lar* ou *Las* signifiant verd, *Gur* doit signifier jaune, roux, puisque le lezard est verd & jaune;) *Guria*, beurre en Basque, (le beurre est jaune;) *Cwr*, cuir, (le cuir est roux;) *Cran*, sang, (de *Cr* ou *Cra*, rouge; *An* liqueur, comme *Goad*;) *Cremoisy*, cramoisi; *Cra*, écarlate; *Cornouille*, fruit rouge, on voit que *Ger*, *Geri*, *Guri*, *Gur*, *Cwr*, *Cor* ont signifié jaune, roux, rouge; on a aussi dit *Ceri*, *Seri*; (le *g*, le *c*, & l' *s* se substituant mutuellement; Voyez *Aru*.) De là le nom de *Serin* oiseau de couleur jaune. Voyez *Geri* qui est le même que *Geri*.
GERLANDA, A. M. le même que *Garlanda*.
GERLLAW, auprès, près, de près, joignant, tout contre, qui est sur le point d'arriver, habiter ou demeurer près d'un lieu, en être voisin. G.
GERLOCH, petit golfe. E. *Ger*, petit; *Loch*, golfe. Voyez *Llocc*.
GERM, bleu dans l'Isle de Mona. G.
GERMAIN, crier beaucoup & souvent, crier fort, crier fréquemment, criailler, faire des lamentations, pousser des cris en se plaignant, faire des acclamations, des cris d'applaudissement ou d'indignation. G. De *Garm Fain*.
GERMIN, germe du grain semé commençant à sortir de terre. B. C'est le synonime d'*Heguin*; de là le Latin *Germino*.
GERO, le même qu'*Agero*. Voyez ce mot.
GEROFALCO, A. M. le même que *Gerfalchus*.
GEROR, bord. G.
GERPIRE. Voyez *Guerpire*.
GERR, petit. Voyez *Gerran*; de là *Guerres* en notre Langue; *Gair* particule négative en Turc; de là *Gerra*, bagatelles en Latin.
GERR, le même que *Cerr*. Voyez *Aru*.
GERRÆ, A. M. clayes. *Gerr* de *Serr*. Voyez *Aru*.
GERRAN, nain. G. *Gerr*, petit; *An* pour *Den*, homme, comme dans *Lean*. Voyez *Ger*.
GERRIA, le même que *Jarria*. Ba.
GERRIGH. BO GERRIGH, vache pleine. I.
GERRIRE, A. G. avoir une passion violente, désirer quelque chose avec ardeur; de *Guerra*.
GERSA, A. M. certaine maladie de cheval qui

consiste dans une tumeur ; *Ger*, élévation. *Sast.*
GERVEL, appeller. B.
GERW, le même qu'*Agerw*. Voyez ce mot.
GERW, le même que *Garw*. Voyez *Bal.*
GERWIN, âpre, rude, raboteux, dur, rigide, cruel, fâcheux, chagrin, difficile. G. De *Garw* ou *Gerw.*
GERWINDER, âpreté, rudesse, âpreté au toucher, rigidité, rigueur, sévérité, barbarie, manières sauvages, grossiereté. G.
GERWYNEB, en présence. G. Voyez *Ger Wyneb* & *Gerbron.*
GERWINLLAIS, qui rend un son effroyable. G. Voyez *Llain.*
GERWINO, rendre rude, âpre, raboteux, avoir de l'horreur, éprouver de l'horreur, être aigri, être irrité, aiguiser. G.
GERWYNT, le même, selon Baxter dans un dialecte du Gallois, que *Derwent*. G.
GES, ventre. Voyez *Gesig.*
GES, le même que *Gaos*. De même des dérivés ou semblables. I.
GES. Voyez *Gessum.*
GESA, GESARA. Voyez *Gessum.*
GESATÆ, GÆSATÆ, soldats qu'on enrolle pour de l'argent. Polybe, *l. 2*, nous a conservé ce mot Gaulois ; voici ses paroles : Ils envoyent sur le champ chez les Gaulois qui habitent au-delà des Alpes, au bord du Rhône, & qui sont appellés *Gesates* à cause qu'ils portent les armes pour de l'argent ; car c'est ce que signifie ce terme. On lit dans un ancien glossaire *Gesata*, soldats mercenaires, soldats enrollés pour de l'argent. *Gwas* ou *Gas*, homme à gages, *Ges* avec une terminaison. *At* terminaison.
GESDIUM, A. M. guesde. Voyez *Guaisdium.*
GESI, dard, Ba. *Glaive de Gest* dans petit Jean de Saintré.
GESI, A. M. hommes vaillans. Voyez *Gessum.*
GESIG, ventru. G.
GESINA, GESMA, A. M. temps des couches ; de l'ancien mot François *Gesine*, celui ci de *Gesir*, l'un & l'autre de *Giz*. On a dit aussi *Giez*, comme on le voit par *Gesta*.
GESSARA. Voyez *Gessum.*
GESSIÆ, A. M. richesses ; de *Geth* avec une terminaison. *Ges.*
GESSUM, GÆSUM, lance, dard, javelot en Celtique ou Gaulois. Ce mot nous a été conservé par Servius, qui sur ce vers du septième livre de l'Enéïde,

Pila manu, savosque gerunt in bella dolones,

s'exprime ainsi : *Pilum propriè est hasta romana, at gessa Gallorum, sarissa Macedonum, undè & viros fortes Galli Gasos vocant, quod hujusmodi hastis in prelio uterentur.* Pilum signifie proprement la lance romaine, comme *Gessa* celle des Gaulois, & *Sarissa* celle des Macédoniens ; c'est pourquoi les Gaulois appellent les hommes vaillans *Gasos*, parce qu'ils se servent dans les combats de cette espèce de lance. Servius doit être écouté sur la signification d'un mot Celtique, parce que cette Langue étoit encore en usage de son temps. Il parle en cette occasion comme témoin ; mais il ne mérite pas la même déférence pour la raison qu'il donne. Les hommes vaillans ne sont point tels, parce qu'ils se servent d'une arme plutôt que d'une autre. On trouve dans le Gallois la véritable raison pourquoi les Gaulois appelloient les vaillans *Gaes*, *Ges* :

Gwas ou *Gas* en cette Langue signifie vaillant. On trouve dans un ancien Glossaire *Gisi*, hommes vaillans. On voit par là, & par le passage de Servius, qu'on a dit *Gaes*, *Ges* comme *Gas*. En Patois de Besançon *Gessi* signifie force. Les soldats sont appellés *Gens* dans Froissart ; *Ghaes*, combattant ; & *Geiss*, armée en Turc & en Tartare. Papias dans son Glossaire met *Gesa*, glaive, épée ; *Gessara*, lance. On lit dans un autre glossaire *Gesara*, lance. *Ar* est une terminaison indifférente, comme on le voit par le texte de Servius; ainsi le terme pur & primitif est *Gesi*, qui signifie encore dard en Basque ; *Kasia*, trait en ancien Suédois.
GEST, chienne. C. Voyez *Gast.*
GEST, geste, action. G.
GEST, le même que *Cest*. Voyez *Gestog* & *Aru.*
GESTA, GESTIUM, GESTUM, A. M. gîte. Voyez *Gistum.*
GESTOG, bouteille. G. De *Gest*, qu'on voit par ce mot s'être dit comme *Cest.*
GESTR, geste, niche, tour. B.
GESTRAOUER, déclamateur. B.
GESTWNG, pencher, baisser, abaisser, modérer, retenir, appaiser. G. De là *Gestio* Latin, avoir une passion, un penchant.
GESUM. Voyez *Gessum.*
GET pour *Ged*, bois, Voyez *Coed*, *Goed.*
GET, frange. B.
GETA, A. M. jet, contribution, cueillette ; de *Jedi.*
GETH, biens. Voyez *Cyweth.*
GETH, le même que *Gaoth*. De même des dérivés ou semblables. I.
GETHLYD, coucou chez une partie des Gallois. G.
GETTA, guetter. B.
GETTOER, GETTOUER, jetton. B.
GEU-GRED, hérésie, hérétique. G. *Geu* de *Gau*; *Cred.*
GEUBETH, fausseté. G. De *Gau.*
GEUBORTH, fausse-porte. G. *Porth.*
GEUDAD, qui est cru pere d'un enfant sans l'être. G. *Tad.*
GEUDDELW, idole. G. *Ddelw.*
GEUDEB, fausseté. G. De *Gau.*
GEUDWNG, qui jure faussement. G. *Twng.*
GEUDY, latrines. G. De *Gau Ty.*
GEVEIL, gemeaux. G. Voyez *Gefeil.*
GEUER, gendre. B.
GEUFRAWD, faux frere. G. *Brawd.*
GEUGOEL, superstition. G. *Coel.*
GEUHIATT, menteur. B. Voyez *Gau.*
GEULW, parjure, faux serment, qui jure faussement. G. De *Gau Llw.*
GEUOG, faux, menteur, qui ne fait que mentir. G.
GEUOL, falsifié, contrefait. G.
GEUR, GEURON, les mêmes que *Gear*. I.
GEUS, levre. B.
GEUSIÆ, A. M. joues ; *Jeues* en Picard. De *Jods* avec une terminaison. *Jos*, *Jous.*
GEW, eau, &c. Voyez *Aw.*
GEWAHANU, séparer. G.
GEWAI, goinfre, débauché, atténué de maigreur, qui n'a que la peau & les os. G. *Gava* en Arabe, qui a faim.
GEWENEYGR, fable. G.
GEWYN, GIEUYN, nerf ; au pluriel *Gewynnau*, *Giun*. G. *Jin* en Hongrois, nerf. Voyez *Gewynnog* & *Gieuyn.*
GEWYNNOG, nerveux, plein de muscles. G.
GEXTUM, A. M. Voyez *Gifta.*
GEYLEYSIO, chatouiller. G.

GEY.

GEYR, de préposition. C.
GEYPEAN, serrure. I.
GHALLT, Gaulois. I.
GHAVANNA, enclume. I.
GHEAOT. Voyez *Gheant*.
GHEAOTEC. Voyez *Gheaut*.
GHEAR, logis, maison. B.
GHEAU, monosyllabe, joug; *Ar-Hicau*, & plus court *Ar-Iau*; plurier *Gheaviou*, *Ghevion*. B.
GHEAUT ou GHEAOT, après l'article *Ar, Hiaut*, l'herbe en général, mais principalement celle qui est le pâturage des bêtes. On trouve dans les vieilles écritures *Guieaut*, & *Gheaotec*, *Geaotec*, fertile en pâturages; singulier *Gheauten*, une herbe, un seul pied d'herbe; *Gheauta*, en Latin *Herbascere*, devenir herbe, dont le participe *Gheautes* devient fort en usage quand on parle d'un lieu couvert d'herbe, ce qui ne s'entend que de celle qui a racine en terre. B. *Jotte* en François, herbe potagère qu'on appelle *Bette* ou *Poirée*.
GHEDA, guetter, attendre quelqu'un avec assiduité, vigilance & attention. La racine est *Ghet*, en François *Guet*. B. Voyez *Gueda*.
GHEE, oie. I.
GHEFFR, le même que *Keff*, tronc d'arbre, &c. B.
GHEGHIN, geai oiseau; plurier *Gheghinet*: on le trouve écrit au plurier *Quequin*, plusieurs prononcent *Keghit*. B. Voyez *Cegid*.
GHEI, paitrir. B.
GHELAOU, singulier *Ghelaouen*, sangsue; plurier *Ghelaouet*. B. De *Goed*, sang, & *Lawn*, *Laon*, pleine. Voyez *Gil*.
GHELFIN, nom que l'on donne généralement à tous les petits oiseaux qui mangent le bled. B. Voyez *Gylfin*.
GHELHER, lectique, bancs & tréteaux sur lesquels on pose les corps morts pendant les cérémonies funèbres. B. Voyez *Gelor*.
GHELL, bay, de couleur de chataigne, basané; *Hiell* après l'article *Ar*. B. Voyez *Gell*.
GHEN, joue, machoire; plurier *Ghenou*, la bouche, la joue, les machoires; *Ghenaouec*, qui a une grande bouche, de grandes machoires; *Ghenaoui*, bâiller; *Ghenaouat*, bouchée, plein la bouche; *Gheneu*, bouche. *Ghenaouec* signifie aussi un niais, un nigaud, & *Ghenaoui* signifie encore niaiser, s'ennuyer, être oisif. B. Voyez *Gen*. *Genuus*, vieux mot Latin qui signifioit goulu, vient de *Ghenou*; *Genus* en Grec, menton.
GHENE, avec, de, à, au pouvoir, par. B.
GHENEL, dit Dom Le Pelletier, est un nom qui doit signifier génération ou enfantement, duquel on a voulu par abus ou par ignorance faire un infinitif de verbe, qui est *Gana*, peu usité, dont le participe est *Ganet*, & *Ghinivelez*, naissance. B. Voyez *Geni*.
GHENN, coin à fendre de gros bois, & à faire entrer par force en quelque ouverture étroite, à mettre sous la culasse d'un canon; plurier *Ghennou*; *Ghenna*, fraper sur un coin, coigner. B. Voyez *Cyn*, *Gen*, *Gedn*.
GHENTEREE, van. B.
GHENWER, GHENVER, janvier mois. B.
GHEOUAN. Voyez *Ghezan*, *Gheonit* & *Gwe*.
GHER, ou GAIR, ou GHEIR, mot, parole, diction; plurier *Gherien*. B. Voyez *Gair*. *Gerus*, voix en Grec, & *Geruein*, parler.
GHERUEL, GHERUEL, appel, cri, clameur. On le dit comme verbe, mais ce n'est qu'un nom, selon Dom Le Pelletier, formé de *Gher*, parole;

GIA.

Uchel, haut. B. On voit par là qu'on a aussi dit *Uhel*, *Uel*. *Geruein* en Grec, se plaindre.
GHERR, petit. E. Voyez *Ger*.
GHES. Voyez *Ghezan*.
GHET, avec. B.
GHETTA, guetter. B. Voyez *Gheda*.
GHEVA, GHEWA, mettre le joug. B.
GHEURE, GEURE, GUEUREU, fis aoriste irrégulier du verbe *Gra*, faire. B.
GHEZAN, GHEOUAN, GHIS, GHES, valent notre François si, si fait; & *Ne Ghezan*, non fait: On prononce *Gsan*. B.
GHIAU, monosyllabe; *Ar-Hiau*, joug. B. Voyez *Gheau*.
GHIFFR, le même que *Gheffr*. B.
GHINIDIC, natif, né en quelque lieu. B.
GHINIVELEZ, naissance, jour de fête établi pour célébrer une naissance. B. *Gheni Gwel*.
GHIRI. Voyez *Gor*, *Ghori*.
GHIRLANDA, A. M. guirlande. C'est un mot Italien. Voyez *Garlanda*.
GHIS. Voyez *Ghezan*.
GHIS, guise, manière, mode, façon de faire; trace, train, voie; *Kisa* ou *Ghisa*, reculer, retourner sur ses pas, rencontrer; *Ghis* & *Eghis* comme adverbes signifient de la manière, en la manière, de même que; plurier *Ghision*, *Ghision*, *Kisiou*. De ce nom, & du privatif *Di*, on a fait *Dighis* ou *Dikis*, énorme, excessif, sans régle & sans mesure, déréglé, extrême. B. De là notre mot François déguiser, cacher sa façon, sa forme; de là *Guise*.
GHLAC, poing. I.
GHORI, GHIRI, suppurer, devenir abscès. B. Voyez *Gor*.
GHUIN, beau, belle. G. C'est *Gwin*.
GHWIN, blanc. G. C'est *Gwin*.
GHYDA, guider. B. De là ce mot.
GI, le même que *Gui*; *Gia*, lieu en Persan; *Giai*, habitation, pays, monde en Tonquinois.
GI, eau, rivière. G. De là *Giboulée*. *Ghia*, mer en Tartare du Thibet; *Giang*, fleuve en Tonquinois. Voyez *Gil*.
GI, bois. Voyez *Gibel*.
GI, forêt. Voyez *Hi*.
GI, le même que *Ci*, *Si*, *I*. Voyez *Aru*.
GI, petit. Voyez *Giach*, *Gir*, *Gill*.
GI paragogique. Voyez *Gigant*.
GIA, le même qu'*Ia*. Voyez *Aru*. De là *Gie blanc* pour gelée blanche à Besançon.
GIABUAIR, prostituée. I.
GIACH TOARREN HADURAC, méchans jeunes garçons. Ba.
GIACH, synonime de *Biach*, bécassine; G. & par conséquent *Gi* synonime de *Bi*, petit.
GIALL, joue, gencive, ouverture de la bouche, action de couper. I.
GIALL, otage. I.
GIALLA, gage. I.
GIALLA, le poli, le doux au toucher. I.
GIAND, géant anciennement en Breton; c'est le même que *Gan*, *Gand*, *Gant*, *Gon*, *Ion*, (l'*o* & l'*a* se mettant l'un pour l'autre;) ainsi on aura dit *Gian*, *Gion*, *Giond* comme *Giand*; & tous ces termes, qui sont le même, auront signifié géant, grand, haut, élevé, &c.
GIAR, poule. E. Voyez *Iar*.
GIAR, âcre, aigu. I.
GIARA, A. M. espèce de vase; de l'Italien *Giara*; celui-ci de *Jarl*.
GIARDINARIUS. Voyez *Gardinarius*.

GIA.

GIARU, irriter. I.

GIAU, nerfs. C'est le pluriel de *Gieuyn*. G.

GIB, le même que *Cib*. Voyez ce mot & *Arn*.

GIB. Voyez *Gibdall*.

GIBACH, velu. I.

GIBAIRE, le même que *Geabaire*. De même des dérivés ou semblables. I.

GIBASSERIUS, A. M. gibbecière. De *Gibicerenn*.

GIBBA, A. M. bosse, tumeur. De *Gwb*, qui avec une terminaison fait *Gyb*.

GIBBEROSUS, GIBBOROSUS, GIPOROSUS, A. G. qui a des tumeurs. De *Gibba*.

GIBBETUM, A. M. gibet, potence. De *Gibel*.

GIBDALL, borgnesse, qui ne voit que d'un œil. G. *Dall* signifie aveugle, *Gib* doit donc désigner à moitié, à demi, comme *Gir*.

GIBEL, potence. B. De *Guy*, bois; *Bel*, élevé. On disoit déja *Gibet* du temps de Mathieu Paris: *Gabalum crucem dici veteres voluerunt*, Nonius Marcellus.

GIBER, gibier. B. De là ce mot.

GIBERIA, A. M. gibbecière. De *Gib*, *Giber*.

GIBETUM, A. M. le même que *Gibbetum*. *Giubeto* en Italien.

GIBHIS, vallée. I.

GIBICERE, A. M. chasser; en vieux François *Gibecer*. Nous disons encore *Giboyer*. De *Giber*, *Gibece*.

GIBICERENN, gibbecière. B. De là ce mot.

GIBLOTENN, fricassée. B. On appelle en Patois de Besançon *Giboulot* un certain ragoût.

GIBOECH, chasse. B.

GIBOSTARE, A. M. le même que *Gibicere*.

GICOTRIA, fourberie. Ba.

GIDA, GIDAG, avec. G.

GIEULYD, nerveux. G. Voyez *Giau*.

GIEUYN, nerf. G. Voyez le mot suivant.

GIEWYNNOGRWYDD, force, vigueur, vertu. G.

GIG, le même que *Geag*. I.

GIGANT, géant. B. *Gi* paragogique comme *Ge*.

GIGANTE, géant. Ba.

GIGARUS. C'est ainsi que les Gaulois appelloient la plante que les Grecs nommoient *Dracontion*, que l'on croit être une espèce de concombre. C'est Marcellus qui nous a conservé ce terme.

GIGAS, géant anciennement en Breton; de là *Gigas* Latin: On a aussi dit *Gigans*. Voyez *Gigante*.

GIGATOR, A. M. gagier, homme à gages. De *Gagea*.

GIGER, gésier. B. De là ce mot; l's se mettant pour le *g*. Voyez *Giceria*.

GICERIA, A. M. gésier. De *Giger*.

GIGILT, chatouiller. I.

GIGOD, gigot. B. De là ce mot.

GIGWAIL, levain; *Gigwailligh*, pain où il y a du levain. I.

GIL, Voyez *Bal*.

GIL, fuyard. Voyez *Cil*. On a dit autrefois *Gille* pour lâche, stupide. *Gille* sur nos théatres est un personnage qui fait le benais, le stupide. On a dit en vieux François *donner la Guillée* pour faire fuir. Nous appellons encore *Guillée* une ondée de pluie qui surprend & qui fait fuir pour se mettre à couvert. *Faire Gille* en style populaire, c'est fuir. De là *Guiller*, aller, marcher en Patois de Besançon; & *Guilland*, homme qui aime à marcher; *Gila*, départ en Arabe. Voyez *Cil*, qui est le même que *Gil*. De *Gil* est venu *A͡ilis*, agile, (*A* paragogique;) *Anguilla*, anguille poisson qui s'échappe des mains; *Glu* en Grec vulgaire, vite.

GIL.

GIL, demi, moitié. Voyez *Gilgocq*. Il a aussi signifié petit, ainsi qu'on le voit par *Guilleri*, qui en Patois de Franche-Conté signifie le petit doigt; & par *Aube Guillerole*, qui dans le même Patois signifie le premier rayon, le plus petit rayon de l'aurore. *Guildin* en Anglois, cheval coupé. Voyez *Cil*.

GIL, eau. I. *Sil*, torrent, coulant d'eau en Persan; *Gilga*, ruisseau en Tartare Tobolsk; *Goll*, ruisseau, rivière en Tartare Calmoucq & Mogol; *Col*, petite rivière en Chinois. Voyez *Gill*.

GIL, le même que *Gaul*. Voyez *Gilcam*.

GIL, le même que *Cil*, *Il*, *Sil*. Voyez *Arn*.

GIL, le même que *Gal*, *Gel*, *Gol*, *Gul*. Voyez *Bal*.

GIL, le même que *Geal*. De même des dérivés ou semblables. I.

GILARUM, GELARUM, serpolet en Gaulois. Marcellus nous a conservé ce terme.

GILBERS. Voyez *Gilvers*.

GILBOGUS. Nous trouvons ce terme dans les statuts de l'Evêque de Sodore dans l'Isle de Man, faits en 1229, où il est ainsi expliqué: *Gilbogus est quis, si unius tantùm noctis statis extiterit & habendum bona ordinatus, aut in bonis possessus exist.at, si obierit, Ecclesia tunc suum debitum obtinebit*. *Gilbog* est celui qui n'ayant même vécu qu'une nuit, étoit destiné à posséder du bien, ou même s'en est trouvé posseffeur pendant le court espace qu'il a vécu, s'il vient à mourir, il payera à l'Eglise son droit mortuaire. Ce mot est Gallois, puisqu'il étoit usité dans l'Isle de Man. *Gil*, petit, enfant. Voyez *Gillomichael*.

GILBOSUS, A. M. bossu. Voyez *Gibba*.

GILCAM, boiteux. B. C'est le *Gaulcam Gasigam*. *Gil* de *Kil*, jambe; *Cam*, courbe, tortue.

GILD, écot, argent que l'on donne pour sa quotepart d'un repas, d'une société. G. *Gild* en ancien Saxon, payement, prestation, tribut; *Gild* en Gothique, tribut, cens; *Gilda* en ancien Anglois; *Gelde*, *Gildi* en Théuton, société pour boire; *Gildan* en ancien Saxon, *Gelden* en Théuton & en Flamand, *Gelten* en Allemand, payer; *Gelt* en Allemand, argent; *Geli*, bourse en Géorgien; *Gilde* en Islandois, prix; & *Gelld*, payer une dette; *Gild* en ancien Saxon; *Gilde*, *Gelde* en Théuton, toute espèce de société. Voyez *Geldare*, *Gildum*.

GILDA, GILDIA, GULDAGIUM, GULDA, GYLDA, GULDAGIUM, GELDONIA, GILDONIA, GUILDIONIA, A. M. confrérie, société, assemblée dans laquelle chacun contribue aux communs frais pour sa quotepart, l'argent que chacun des associés paye pour sa quotepart. De *Gild*, on a dit *Gelde* en vieux François en ce sens, & *Geldon* celui qui étoit membre d'une pareille société, qui payoit sa quotepart des frais communs de la société.

GILDIO, payer la dépense qu'on a faite en buvant. G.

GILDO, CONGILDO, CONGILDA, A. M. celui qui est d'une *Gilda*, & qui étoit appellé en vieux François *Geldon*. Voyez *Gilda*.

GILDUM, GELDUM, A. M. payement, prestation, tribut, amende, compensation du délit, prix de la chose; *Gildare*, *Geldare* verbes; de *Gild*.

GILGAM, boiteux. B.

GILGOCQ, coq à demi coupé. B. *Cocq*; *Gil*, par conséquent à demi.

GILI-VARY, charivary. B.

GILK, GILKOD, GILKOG, roseau. I.

GILL, eau en petite quantité, petit ruisseau. G. *Gilles*, torrent dans la Province de Cumberland. Voyez *Gil*.

GILL,

GIL.

GILL, gageure. I.
GILLA, GILLAN, serviteur. I.
GILLAS, service. I.
GILLO, GELLO, GELO, GELLUS, GELLUNCULUS, GUILLO, A. M. les mêmes que Galo. Gulla en Hébreu, vase rond comme une phiole ou comme une coupe.
GILLOMICHAEL, A. M. Michel enfant ; de Gil, petit. Voyez Gilbegus.
GILLONARIUS, dans les Loix des Visigots bouteiller ; de Gillo.
GILLWNG, le même que Gellwng. G.
GILOURT, alouette. B.
GILOURTENN, girouette. B.
GILOUFLEE, giroflée. B.
GILVERS, ou GILBERS, opiniâtre, entêté. B. Gil, tête.
GILYDD, EI GILYDD, mutuellement, réciproquement, l'un l'autre. G.
GIMBOSUS, A. M. pour Gibbosus, bossu ; Gimbus pour Gibbus, bosse. Voyez Gilbosus.
GIMCHAOCH, le même que Geamchaoch. I.
GIMLEAD, foret, vrillette, petite tarière. I. Voyez Guimeled.
GIN, né. I. Voyez Gen.
GIN, vieux. I.
GIN, coin. I. Voyez Gen.
GIN, blanc, beau. B. Peut-être qu'on appelloit Gin l'ellebore en vieux François à cause qu'il est blanc.
GIN, auteur. G.
GIN, Voyez Gingroen.
GIN, le même que Gean. De même des dérivés ou semblables. I.
GIN, le même que Cin, In, Sin. Voyez Arz.
GIN, le même que Gan, Gen, Gon, Gun. Voyez Bal.
GIN-GROEN FECHAN, linaire plante. G.
GINELL, bataillon, escadron pointu. I. Voyez Gen.
GINESTUS, A. M. genet ; de Jan.
GING, boutade, raillerie. I.
GING, bois, arbres. Voyez Gweilging.
GINGIVA, A. G. gencive ; de Gen.
GINGLA, A. G. parotide ; de Gen, joue.
GINGRIBA, A. M. espèce de son de la trompette qui imite le cri des oies, lequel cri est appellé Gingritus, Gingrum ; de Gent ou Gint, & Gri de Cri.
GINGROEN. Davies demande si ce mot vient de Ginio : il y a bien de l'apparence qu'il en est formé, il doit signifier peau pelée. Groen, en composition Groen, peau.
GINGULA, A. G. gencive ; de Gen.
GINIEDIG, chauve, qui est sans poil. G. De Ginio.
GINIM, pousser des branches, des bourgeons. I.
GINIO, le même que Hifio, arracher la laine, le poil, peler, raser, tondre, dépiler. G.
GINN, GWLAN GINN, laine arrachée. G.
GINOFLENN, œillet. B.
GINPLA, A. M. guimpe ; de Guympl.
GINTA, auteur. G.
GIODGACH, tout déchiré, qui tombe en piéces, couvert de haillons. I.
GIOBYN, le même que Siobyn. Voyez Arz.
GIOIA, A. M. joye ; de Jos.
GIOLC, GIOLCA, GIOLCAC, GIOLGACH, GIOLCOG, roseau, canne, tuyau de roseau. I.
GIOLCACH, endroit plein de roseaux. I.
GIOLGAMHAIL, de roseau. I.

GIR.

GIOLLA, GIOLLAN, jeune, serviteur, valet de pied. I.
GIOLLAMHAIL, de serviteur. I.
GIOLLAN. Voyez Giolla.
GIOLLAS, service. I.
GIOLMHAM, avoir soin. I.
GION, volonté, amour. I.
GION, bouche. I. Voyez Gen.
GION, non. I.
GIORAG, querelle, tumulte. I.
GIORACAIM, babiller, causer. I.
GIORRA, plus court. I.
GIORRUGAD, abbréger, accourcir, abbrégé. I.
GIORTA, lien, ceinture. I.
GIORTAD, ceinture, sangle. I.
GIORTAIL, ceindre, sangler. I.
GIOSD, écume de la biére lorsqu'elle cuve. I.
GIOSTA, fermentation. I.
GIOTA, addition. I.
GIOVAIR, fille ou femme de mauvaise vie. I.
GIP, jet. G.
GIPIO, jetter. G.
GIPO, A. M. pourpoint, jupon ; de Jupon, Gipona. En quelques endroits de la Franche-Comté on appelle Guipe, un jupon, une jupe.
GIPONA, pourpoint. Ba. Voyez Jupon.
GIPOROSUS, Voyez Gibberosus.
GIPPERIUS, A. M. plâtrier, de Gyp.
GIPPONUS, A. M. pourpoint, jupon ; de Gipona.
GIPPUS, A. M. pour Gibbus. Voyez Giporosus.
GIPPUS, A. G. voleur ; de Cipio ou Gipio.
GIPURA, frange. Ba. Guipure en François, dentelle faite avec de la soye tortillée autour d'un autre cordon de soye ou de fil ; Guipoir, outil dont se servent les passementiers pour faire des franges torses.
GIQEENNAD, chiquenaude. B.
GIR, le même que Gear. De même des dérivés ou semblables. I.
GIR, demi, moitié, diminutif. Voyez Girfoll & Ger.
GIR, cruel. Voyez Engir, Girad.
GIR, le même que Cir, Ir, Sir. Voyez Arz.
GIR, le même que Gar, Ger, Gor, Gur. Voyez Bal.
GIRA, tourner, rouler. Voyez Giraca, Giratu, Gireguequia. De là Gyro Latin. Gira est le même que Vira.
GIRABOILLA, tourbillon. Ba.
GIRACA, faire tourner. Ba. Voyez Vira, Gyreuest.
GIRAD, cruel, inhumain, impitoyable. G.
GIRAGORA, machine propre à tirer ou à soulever des poids considérables : apparemment par le secours d'une roue. Ba.
GIRAT, terrible. I.
GIRATU, rouler. Ba. Voyez Giraca.
GIRDELLA, dans les Loix des Bourgs d'Écosse paroit signifier une roue à tirer de l'eau ; Girdl en ancien Saxon ; Girdle en Anglois, ceinture ; de Gira, tourner, & Del, en composition pour Dal, eau. Voyez Giraca.
GIREGUEQUIA, héliotrope, tournesol. Ba.
GIRENS, A. M. garant ; de Gearant.
GIRESTUS, A. M. cornet à jouer aux dez, ainsi nommé de Gira, tourner, rouler, parce qu'on roule & tourne les dez dans le cornet avant que de les jetter.
GIRFALCO, GIRFALCUS, A. M. le même que Gerfalcus.
GIRFOLL, demi fol, folâtre, badin. B.
GIRGILLUS, A. G. dévidoir, poulie ; de Gira.

GIRO. Voyez *Gyre*.
GIROFALCO, GIROFALCUS, A. M. le même que *Girfalco*.
GIRPISCERE, A. M. le même que *Guerpire*.
GIRWIR, conducteur de troupeau. G.
GIS, mode. B. De là *Guife*, parce que le *g* Breton se prononce comme *Gu*.
GISA, le même que *Geafa*. De même des dérivés ou semblables. I.
GISARMA, A. M. dard, javelot; en vieux François *Gifarme*, *Guifarme*, *Juifarme*, *Jufarme*; & *Guifarmier* celui qui portoit cette arme. C'est le même que *Geffum*; ce qui se confirme par un ancien Glossaire, qui porte *Gefa Jufarme*, manière de glaive.
GISSIUM, A. G. *Labium*, *Terminus*, *Finitio*; levre, terme, finition. Je traduis barbarement le Latin *Finitio*. Voyez *Giffus*.
GISSUM, A. M. pour *Gypfum*; en Italien *Geffo*; en Espagnol *Teffo*. De *Gyp*.
GISSUS, A. G. définition, levre ou terme; de *Gens* ou *Geys*, levre. Voyez *Giffium*.
GIST, le même que *Giftbridd* & *Priddgift*, terre de potier. G. Remarquez que dans cette syncope on omet un mot essentiel, qui est *Pridd*, argile terre de potier. Remarquez encore *Gift* pour *Cift*.
GIST, cidre. B.
GISTA, A. M. jet. Voyez *Geta*. Les voyelles se mettent l'une pour l'autre. Voyez encore *Gita*.
GISTUM, GISTIUS, A. M. gîte, droit de gîte; de *Guys* ou *Gys*. Voyez *Guyc*.
GISTR, cidre. B.
GIT, le même que *Geat*. De même des dérivés ou semblables. I.
GITA, A. M. jet ou imposition. Voyez *Gifta*.
GITTEN, bouc, chevre. G.
GIV, cheveu. I.
GIVAS, bord, extrémité, frange. I. Voyez *Gipura*.
GIVOG, cheveu. I.
GIUS, CRANN-GIUS, pin. I. Voyez *Tw*.
GIW, eau. G.
GIW, trajet, traversée. G.
GIZ, demeure, habitation, maison. Voyez *Qengiz*. *Gi*, petite métairie en Hébreu, selon les Septantes; *Ghir* en Persan, chaumière.
GIZAL, fuseau. C.
GIZERIA, A. M. le même que *Gigeria*.
GLAC, main. I.
GLAC, fourche. I.
GLACACH, fourchu. I.
GLACADAN, table ou buffet où l'on arrange les plats, trésor, endroit où l'on dépose quelque chose. I.
GLACADH, accepter, recevoir, admettre, prendre quelque chose, l'agréer, acceptation, approbation, agrément, empoigner, prendre avec la main, coller, poignée. I.
GLACADOIR, qui reçoit. I.
GLACALACH, faisceau. I.
GLACAM, prendre, recevoir, palper, toucher. I.
GLACAN, fourche. I.
GLACANACH, fourchu. I.
GLACH pour *Lach*, pierre, roc. Voyez *Aru*.
GLACHAR, regret, douleur, affliction de la perte ou séparation de ce que l'on aime; *Glacharic*, petit regret, petite bouteille que l'on s'en sert pour retenir encore un peu de temps à table ceux qu'on ne laisse sortir qu'à regret; *Glachari*, regretter; *Glacharat*, regretté; *Glacharus*, qui regrette, qui est naturellement sujet aux regrets, lugubre. B. On voit par *Dilachar*, intrépide, composé de *Di* privatif, & *Lachar* de *Glachar*, que ce mot a aussi signifié crainte.
GLACOIN, faisceau. I.
GLACTHA, touché, pris. I.
GLACUGHTE, admis, reçu. I.
GLAD, pays, contrée. G. *Blad*, pays en Persan.
GLAD, bien, héritage, possession. B. De là le Latin *Gleba*, fonds, héritage.
GLADT, PAOUR GLADT, pauvre comme Job, homme sans bien. B.
GLAEFF, GLAEV, épée & toute arme tranchante anciennement en Breton; de là *Glaive*.
GLAEVIA, A. G. pour *Gleba*. Voyez *Glad*.
GLAEVO, A. M. pour *Gleba*. Voyez *Glad*.
GLAFA, large, libéral. I.
GLAFAIDD, YN GLAFAIDD, mal-aisément, difficilement. B.
GLAFAR, querelle, bruit. I.
GLAFF, pluie, pleuvoir. B.
GLAFOER, salive. G.
GLAFOERIO, jetter de la salive, baver, écumer. G.
GLAFOERION, écume de la bouche. G.
GLAFOERLLYDD, plein de salive. G.
GLAFOID, querelle, bruit. I.
GLAFR, le même que *Clafr*. Voyez *Aru*.
GLAFRLLYS, selon d'autres *Benlas Wen*, scabieuse, bluet sauvage, aulnée. G.
GLAGARTHA, coulant. I.
GLAHAR, affliction d'esprit, regret, douleur. B. C'est le même que *Glachar*.
GLAHARUS, lugubre. B.
GLAIAD, singulier *Gladiaden*, fumier de bœuf séché. I.
GLAIARLLYS, guesde ou pastel, laitue sauvage qui sert à teindre en bleu; quelques-uns disent que c'est la petite joubarbe. G. *Llys*, herbe; *Glaiar* est donc le même que *Glas*.
GLAICE, poignée. I.
GLAID, rivière. G. C'est *Llaith* ou *Llaid*, rivière, avec le *g* paragogique. Voyez *Aru*.
GLAIF, faulx. G. *Gleave*, faulx en Anglois.
GLAIF, épée & toute arme tranchante anciennement en Breton.
GLAIM, querelle, cri. I. Voyez *Clem*.
GLAIMSEOIR, qui dit des paroles injurieuses. I.
GLAIN, verre. G. I.
GLAIN, globe, petit globe, petite boule, pierre précieuse, marque dont on se servoit pour faire connoître qu'on étoit d'un parti; *Glain Cefn*, épine du dos. G.
GLAIN, clair, pur, sincère. I.
GLAINE, clarté, éclat, décence, bienséance, verre. I.
GLAINE, qualité d'être pointu, d'être aigu, subtilité. I.
GLAINMIANACH, chaste, pudique. I.
GLAINNE, éclat, splendeur, propreté, netteté. I. Voyez *Glan*.
GLAIOLIA, A. M. glayeul; de *Glaiv* ou *Glaio*. Cette plante a la figure d'une petite épée; elle est aussi nommée *Gladiolus* en Latin.
GLAIS, serrure, chaîne, fers aux pieds. I.
GLAISE, verdure. I.
GLAISE, plus verd. I.
GLAISEACH, verdure. I.
GLAISLIATH, grisâtre. I.
GLAISSE, serrure, chaîne, fers aux pieds. I.

GLA.

GLAM, le même que Glan. Voyez Aflam.
GLAMHSAN, murmure. I.
GLAMHSOIR, qui murmure habituellement. I.
GLAN, bord de rivière, rivage. G. C. I. B. Voyez Clan.

GLAN, GLÂN, pur, propre, net, beau, séant, convenable, honnête, sincére, saint. G. De Glan on a fait Blan, comme de Bras on a fait Gras, ainsi qu'on le voit par les anciens monumens, où nous lisons Blancus, Blanca, blanc, blanche; & par notre mot François Blanc, qui signifie blanc & net; ce qui se prouve encore par le terme Breton Blem, qui signifie blême, blanc de colere, pâle. Le g initial s'ôtant, (Voyez Arn) on a dit Lan comme Glan, auquel on a joint l'a paragogique. De là Alan, Alen, Alin. Aliner un vaisseau, c'est ce qu'on dit en Latin Adornare navem, équipper un vaisseau. Une femme alignée en vieux François est une femme bien mise. De Glan est venu le mot Galant; Agalanar en Espagnol, parer, orner, enjoliver, embellir, beau, net, pur, clair; Clan, Claene en Anglois, beau, net, pur, clair; Clannyffa, netteté, propreté; Glenga, ornemens en ancien Saxon; Klein en Théuton, précieux; Glantzen en Allemand, reluire. Voyez les articles suivans.

GLAN, clair, blanc, pur, net, propre, évident, limpide, poli, fourbi, serein, sincére, beau, bien mis, élégant, distinct, différent. I.

GLAN, délicat, pudique, chaste. I.

GLAN, net, pur, sans tache, sans mélange, qui n'est point coupable, exempt de péché, saint, vierge. B.

GLAN, vallée. I. Voyez Glynn.

GLAN, le même que Glean. De même des dérivés ou semblables. I.

GLAN, irrépréhensible. B. Voyez Glan Gallois.

GLAN, entièrement, absolument, totalement, tout absolu; Gourchemen Glan, commandement irrévocable, absolu; Naon Glan, faim sans espérance de soulagement; Chede Y Glan, les voici tous, sans manque; Pan Vet Debret Glan, quand tout fut mangé. De Glan pris en ce sens est venu notre mot Glaner, recueillir entièrement, totalement. Glan signifie aussi attentivement; Sellet Glan, regardez attentivement. B. Ces significations suivent de la première. Voyez Glan Buro.

GLAN, laine. B. C'est une crase de Gloan. Le g initial s'ôtant, (Voyez Arn) on a dit Lan; de là Lana Latin; Laine François.

GLAN, bord, rebord. B.

GLAN, malade. B.

GLAN, le même que Glen, Glin, Glon, Glun. Voyez Bal.

GLAN, le même que Clan, Lan, Slan. Voyez Arn.

GLAN-BURO, nettoyer entièrement, purifier absolument, purger parfaitement. G. Pur.

GLAN-DOUR, limon d'eau, dit le Pere de Rostrenen. Dom Le Pelletier s'explique ainsi: Glan-Mour pour Gloandour, ainsi qu'un sçavant Breton l'écrivoit, limon flottant sur l'eau, où il est formé par la chaleur du soleil comme une espèce de laine verte, ce que marque son nom, composé de Gloan, laine, & Dour, eau. B.

GLAN-GARTHU, synonime de Glan-Buro. G. Garthu.

GLAN-HUR, fort net. G.

GLAN-NADDOU, doler. G.

GLANA, A. M. glane. De Glen.

GLA. 639

GLANADH, nettoyer, cribler, polir, fourbir, purifier, froter, écurer, laver, purification. I.
GLANADH, glaner. I. Voyez Glan.
GLANADH, blancheur. I.
GLANAM, laver. I.
GLANBUR, net, pur. G.
GLANDEG, propre, proprement ajusté. G. Glan Teg.
GLANFUCHEDDOL, saint. G. Buched.
GLANG, épaule. I.
GLANHAAD, action de nettoyer, de purifier, de purger. G.
GLANHAI, GLANHAU, laver, nettoyer, purifier, purger. I.
GLANHIADUR, émonctoires, mouchettes. G.
GLANHIDLO, filtrer. G.
GLANLACH, rempart, mur fort, digue. I.
GLANLAIGHIM, fermer de remparts. I.
GLANN, rivage, bord. G. B. Glann Y Mor, rivage de la mer. G.
GLANN, plurier Glannion, petits sillons réservés pour couvrir le grain semé sur les grands; Glanna An Erw, couvrir de cette terre le sillon ensemencé. B.
GLANN ou GLAN, particule négative telle que les nôtres point, pas, brin, miette, après des négatives; Ne M'eus Glann, je n'ai pas. B.
GLANN, vallée, bas, creux, Voyez Glyn & Glan.
GLANOLCHI, laver. G. Golchi.
GLANRUNDA, sincére. I.
GLANSOLUS, de verre. I.
GLANSYCHU, essuyer, essuyer bien. G.
GLANVEITHIO, nettoyer, purifier, écurer, moucher, rendre net, purger, nettoyer entièrement, purger parfaitement. G.
GLANWAITH, propre, proprement, ajusté, fort net. G. Gwaith, qu'on voit par ce mot avoir signifié fort, bien, beaucoup. Voyez Gued.
GLANWEITHDRA, netteté, propreté. G.
GLAO, pluie. B. Clouds en Anglois; Mgla en Polonois; Megla en Esclavon, broüée, petite pluie. Voyez Glaw, qui est le même.
GLAO BEO, braise. B. Glao de Glaou, charbons; Beo, vifs, que nous voyons par ce mot avoir signifié ardens.
GLAODH, glu. I.
GLAODH, appel, acte d'appeler. I.
GLAODHAM, crier, appeller. I.
GLAOIDH, tas. I.
GLAOU, pluie. B. Voyez Glaw.
GLAOUAËR, charbonnier. B.
GLAOUËN, GLAOUEN, plurier Glaou, charbon. B.
GLAOUR, bave. B.
GLAOURECQ, baveux. B.
GLAOURENN, glaire, humeur visqueuse qui ne se détache qu'avec peine. G. De là Glaire en notre Langue.
GLAOUROUS, glaireux. B. Glebrich en Allemand.
GLAS, verd, verd de mer, verd mêlé de blanc, verdâtre, un peu blanc, bleu azuré, bleu céleste, bleu de mer, bleu, toute couleur moyenne ou foible, violet, jaune, pâle, livide, de couleur de cendres. Il signifie aussi fauve, blond; car Gildas interprète Cuniglaß, de couleur fauve. Dans d'autres exemplaires on lit un noir boucher. Dans un autre endroit il dit que Cuneglasus signifie un boucher blond. G. Glas dans la même Langue signifie encore un verre, parce qu'il est de couleur verte; Glas, bleu en Langue de Cornouaille;

GLASS, bleu en Écossois; Glas, bleu, verd, pâle, gris, herbe en Irlandois; Glas en Breton, bleu, azur, bleu céleste, bleu de mer, verd, verd de mer, verd mêlé de blanc, verdâtre, gris-verd ou gris d'eau, violet, bay, pâle, blême ou blanc de colere, livide, verre. Glas a aussi signifié blanc. Voyez Glas-Goludd. Glas en ancien Saxon & en Allemand, verre; Glas en ancien Saxon, pastel herbe qui teint en bleu; Lasad, verd en Hébreu. Glaukos en Grec; Glaucus en Latin, bleu; Gleson en vieux François, gazon, morceau de terre couverte d'herbe; Terre Glaise en François, terre bleuâtre ou grise; Gleissend en Allemand, blanc. La glace ressemble beaucoup au verre; de là Glacies en Latin, Glace en François. Le g initial se perdant, (Voyez Aru) on a dit Las comme Glas; de là Lacertus Latin, Lésard en François, animal verd; (Las avec une terminaison fait Les) de là Lilas, arbrisseau dont les fleurs sont ordinairement bleues, quelquefois blanches ou cendrées & comme argentées; de là Lacalus, diminutif de Lacus, Lazuli, pierre bleue. L'l de Las s'étant perdue, on a dit Azur en François, Azul en Espagnol, bleu. L'r & l'l se substituant réciproquement, on a dit Gras de même que Glas, comme on le voit par Grassette, plante; Graisset, espèce de grenouille verte en François; Grassote en Patois de Besançon, doucette ou maches espèce de plante; Grass en Allemand, en Flamand, en Islandois, en Gothique; Grasse en Anglois; Graas en Suédois; Gress en Danois, herbe. De Gras, herbe, est venu le mot Latin Gramen, qui signifie la même chose. L'l s'est perdue dans Glas, & on a dit aussi Gas, comme on le voit par Gazon. Le c & le g se substituant réciproquement, on a dit Cas comme Gas, comme on le voit par Casse, geai & pivert. Cameline en François est une fausse verte & jaune; Melyn, jaune; Ca par conséquent verte. Voyez Guas.

GLAS, guesde ou pastel, laitue sauvage qui sert à teindre en bleu. G. Voyez Glasum & Glas plus haut.

GLAS, vallée. I.

GLAS, crud. I.

GLAS, serrure, chaîne, fers des pieds. I.

GLAS, douleur, mal, crampe, goutte, affliction, peine d'esprit, cri ou son lugubre. B. On dit Glesu en Patois de Besançon pour perdu, détruit; Sathan et Glesu, sathan est perdu, son empire est renversé; Glas en François, son de cloche qu'on tinte lorsqu'une personne agonise ou vient d'expirer. On dit Lesse en Champagne. Le b & le g se substituant réciproquement, on a dit Blas comme Glas, ce qu'on voit par Blaser, se Blaser, qui signifient en François gâter, altérer, dessécher, être mal, être desséché, être sans embonpoint, sans vigueur, sans force, être affoibli, être languissant. Blas en Allemand, pâle, blême.

GLAS, eau. E. Voyez Glaw, Glao.

GLAS, terre, ainsi qu'on le voit par Penvenlas, qui dans le Pays de Cornouaille signifie promontoire, fin de la terre.

GLAS, superflu. Voyez Glas-Lange.

GLAS, préposition qui marque l'imperfection, la diminution, la petitesse. Voyez Glaschwerthin, Glaswenn, Glasgroen.

GLAS, le même que Clas, Las, Slas. Voyez Aru.

GLAS, le même que Gles, Glis, Glos, Glus. Voyez Bal.

GLAS-GOLUDD, les menus boyaux. G. Il faut que Glas, qui signifie un peu blanc en Gallois, & blanc de colere en Breton, ait aussi signifié blanc simplement; car Glas-Goludd de Coludd signifie les intestins que les Latins appelloient Lactea, à cause d'une humeur blanche qu'on y voit. Voyez Glasa.

GLAS-GROEN, petite peau, peau délié, qui enveloppe, membrane. G.

GLAS-LANGC, jeune homme. G.

GLAS-OED, la puberté. G.

GLAS-WELLTYN, gazon, verdure, l'herbe que la terre produit naturellement. G. Gwellt.

GLASA, être verd, rendre verd, devenir verd, reverdir. B.

GLASA, pâlir, blêmir, blanchir, devenir vieux, causer de la douleur, s'émouvoir, être ému, se mettre un peu en colere, incommoder de façon à être presque blessé, haïr, avoir de la haine & de l'aversion. B.

GLASAM, verdir. I.

GLASAMHUIL, verdoyant, pâlissant. I.

GLASAN, verd. I.

GLASANACH, crépuscule. I.

GLASAOUR, loriot oiseau dont le plumage est verd-jaunâtre. B. Glas, verd; Aour, Or, pour jaune.

GLASAR, c'est, dit Davies, Glas & Ar particule augmentative. G.

GLASARD, lésard, selon le Pere de Rostrenen. Dom Le Pelletier dit que Glasart est un lésard verd, dont le pluriel est Glasardet. Il ajoute que selon quelques-uns Glasart signifie la grenouille. Il dit enfin que plusieurs donnent ce nom également aux lésards gris. B. Glasard vient de Glas. Voyez l'article suivant.

GLASARD, bleuâtre, verdâtre. B.

GLASBHAN, pâle. I.

GLASCHWERTHIN, souris, sourire. G. Chwerthin, rire; Glas équivaut donc à notre particule sous & au Sub des Latins, qui lorsqu'elles sont préposées marquent imperfection ou diminution.

GLASCHWERZIN, souris, ris forcé & feint. B. Voyez l'article précédent.

GLASDER, verdure. B.

GLASEIN, reverdir, blêmir, haïr. B.

GLASEN, taie sur l'œil. B. De Glas, blanc.

GLASENN, pelouse. B.

GLASENTEZ, haine. B. Voyez Glasein.

GLASFEDD, hydromel. G. Medd.

GLASFEUR, herbe. I.

GLASGARN, royaume. C.

GLASGOATH, endroit verdoyant, endroit verd. I

GLASICQ, crampe. B.

GLASIEN, verdure, c'est une place couvert d'herbe. B. Voyez Glas.

GLASIN, verd. I.

GLASLA, verdir. B.

GLASLANGC, le même que Llange. G. Glas est donc ici une préposition superflue.

GLASLANNERCH, verger. G. Glas, verd; Llannerch pour Llan.

GLASLWYN, forêt. G.

GLASLYS, guesde. G. Voyez Glas.

GLASNAYM, verdir. I.

GLASOG, bergeronnette ou hochequeue. I.

GLASS, bleu. E.

GLASS, herbe. I.

GLASS, pauvre. I.

GLASS. Voyez Gallglass.

GLASSAN, espèce de truite en Irlande. Voyez Gyraldi dans sa description de l'Irlande; elle est apparemment grise, puisque Glas en Irlandois signifie gris.

GLASIUS,

GLA.

GLASSUS, GLASUS, A. M. le son de toutes les cloches à la fois, ce qui forme un son lugubre, effrayant; de *Glas*.

GLASTAN, GLASTANEN, chêne, yeuse. C.

GLASTAN, chêne dans le langage populaire d'une contrée de l'Angleterre. Voyez *Glastennen*, & l'article précédent.

GLASTEN, GLASTREN, jeune chêneau transplanté & commençant à pousser des branches; un sçavant Breton dit que ce mot signifie chêne jeune & verd. B. Voyez *Ankelber*.

GLASTENNEN, chêne verd, yeuse, cochenille. B.

GLASTORCH, levraut. G.

GLASTREN, branches de chêne, jeune bois qui vient sur les souches de chêne. B. Voyez *Glasten*.

GLASTUM, herbe dont les Bretons se servoient pour se teindre le corps. Voyez César de la guerre des Gaules, l. 5, & Pline, l. 20, c. 27, c'est le pastel ou guesde; de *Glas*.

GLASU, verdoyer, reverdir, blanchir, devenir blanc, pâlir, devenir pâle, blêmir. G. De *Glas. Glasu* signifie verdoyer ou devenir verd & reverdir; les Hébreux se servoient aussi du même mot pour exprimer l'action & la répétition de l'action. *Natah* en cette Langue signifie planter & replanter.

GLASUAINE, verd. I.

GLASUILEACH, qui a les yeux gris. I.

GLASUS. Voyez *Glassus*.

GLASWELLT, herbe. G. *Glas Gwellt*.

GLASWELLT Y CWN, œil de chien. G. *Cwn* mis au singulier.

GLASWELLTOG, plein d'herbes, fertile en herbe. G.

GLASWELW, pâle, un peu pâle, blême, de couleur de cuir, livide, plombé, noirâtre, meurtri. G. *Glas Gwelw*.

GLASWELWDER, pâleur. G.

GLASWENU, sourire. G. *Gwenu*.

GLASWYDD, forêt. G. *Gwydd*.

GLASWYN, pâle. G. *Gwyn*.

GLASWYNNI, pâleur. G.

GLASWYNNU, devenir pâle. G.

GLASWYRDD, verd, verdoyant. G. *Gwyrdd*.

GLAT, GLOAT, biens temporels, possessions, richesses, terres, fonds. B.

GLATH, pays, contrée. G.

GLAV, GLAU, GLAO, GLAFF, pluie. B. On a aussi ôté le g ainsi qu'on le voit par *Lavo* Latin. (Voyez encore *Aru*.) *Lav*, *Lau* ont donc signifié eau en général. Voyez l'article suivant.

GLAU, glaire humeur visqueuse. B.

GLAÜ, ou GLAW, pleuvoir. B.

GLAVA, pleuvoir. B.

GLAVA, GLAVEA, A. M. dard, javelot ou lance; de *Glavu*.

GLAVANEUS, A. M. bleu; de *Glas*.

GLAUIN, pente, vallée, descente, lieu bas. I. Voyez *Glynn*.

GLAUOED, bouse ou fiente préparée pour être brûlée. B.

GLAW, pluie. E.G.B.C. plurier en Breton *Glawejer*.

GLAW-FOET, nielle, brouillard, rosée maligne, ou espèce de rouille jaune qui gâte les bleds prêts à mûrir. B. *Foet*, détruire.

GLAW-MUNUD signifie la même chose que *Glaw-Foet*. B. *Munud*, petite.

GLAWEG, pluvieux, sujet à baver. B.

GLAWET, singulier *Glaweden*, bouse de vache que les pauvres gens de la campagne préparent & font sécher au soleil pour faire du feu dans les cantons où le bois est rare. B. Voyez *Glasnen*, charbon, *Glaiad*, *Glaiaden*.

GLAWIA, pleuvoir. B.

GLAWIO, pleuvoir. G. B.

GLAWIO, pleuvoir dessus, pleuvoir auprès. B.

GLAWLYD, pluvieux, de pluie. G.

GLAWOG, pluvieux. B.

GLAWOG, pluvieux, de pluie, qui répand la pluie humide. G.

GLAWOGYDD, pluies. G. Voyez *Glaw*.

GLAWREN ou GLAUREN, bave, pituite, salive, humeur qui découle de la bouche des petits enfans, des insensés & des hommes yvres. &c. *Glawri*, baver. B. De *Glaw Ren*, flux, écoulement.

GLAZA, hair. B. Voyez *Glas*.

GLE, GLÈ, bon. I.

GLE, pur, clair. I.

GLE, ouvert. I.

GLEAB, fluide. C. Voyez *Gleb*.

GLEACAIM, lutter. I.

GLEACAIRE, athléte. I.

GLEACH, eau. B Voyez *Gleab*.

GLEACHAS, galerie. I.

GLEACUDE, querelleur. I.

GLEACUDEAS, querelle, différend. I.

GLEADHCHAINT, raillerie. I.

GLEAGHLAN, clair, luisant. I.

GLEAL, très-luisant, fort blanc. I.

GLEALAIGHIM, blanchir. I.

GLEAM, le même que *Glean*, vallée. I.

GLEAN, vallée. I. Voyez *Glan*.

GLEAN, bon, pur, clair, ouvert. I.

GLEAN, adhérer, être joint. I. Voyez *Glen*.

GLEANA, GLEANACH, GLEANTA, de vallée. I.

GLEANAM, adhérer, être joint. I.

GLEANTAMHAIL, qui va en baissant. I.

GLEANTAN, vallée. I.

GLEAS, ornement, parure, ordre, coûtume. I.

GLEASAM, préparer, rendre facile. I.

GLEASANN, magasin. I.

GLEASCOIRIGHTE, ornement, embellissement. I. Voyez *Gleas* & *Corughad*.

GLEASTA, provisions. I.

GLEASTA, ordonné, rangé, propre à, commode, propre, bien mis, beau, élégant. I.

GLEASTACHD, propreté, netteté. I.

GLEAU, rare. B.

GLEB, humide, mouillé. C. B.

GLEBA, mouiller. B.

GLEBA, A. M. fonds qui produit, héritage, terre. Voyez *Glad*.

GLEBA, A. M. le même que *Glans*; de *Glen*.

GLEBI, GLEBIA, mouiller, rendre humide, devenir humide; *Glebet*, *Glibiet*, mouillé. B.

GLEBO, A. G. laboureur; de *Gleba*.

GLEBOR, mouillé, pluvieux, humidité. B.

GLEBOROG, humide. B.

GLEBYAF, baigner. B.

GLECH, eau. B.

GLECHI PIS ou LACQAT PES E GLEACH ou E GLECH, mettre tremper des pois. B.

GLED, GLEDE, GLEZ, bled que le métayer ou fermier laboureur doit fournir à son maître, soit rente, soit chef rente. En haute Bretagne *Glé* ou *Glez* est le chaume qui reste sur pied après que le bled est coupé. B. En François *Gini* est de la grosse paille. Voyez *Glad*, *Gladi*, *Glat*.

GLEDAWN, rivière. G. Voyez Gledhen.
GLEDD, épée dans un dialecte des Gallois. G.
GLEDDE, épée. C.
GLEDHEU ou GLEDDEU, épées & métaphoriquement rivières. G.
GLEDIAU, rivière. G. Voyez Gledhen.
GLEDR, Seigneur. Voyez Argledr.
GLÉDY, rivière. G.
GLEF, épée & toute arme tranchante anciennement en Breton. B.
GLEGNIOMACH, brave, vaillant, hardi. I.
GLEIC, combat. I.
GLEIGHEAL, très-blanc, très-clair. I.
GLEILE, GLEILEACHD, blancheur. I.
GLEILIM, laver, nettoyer. I.
GLEINATOR, GLEYNATOR, A. M. glaneur; de Glana.
GLEINION, plurier de Glan. G.
GLEIRE, abondant, en quantité, beaucoup. I.
GLEISIAD, saumon, truite saumonée. G.
GLEISION, plurier de Glas. G.
GLEN, le même que Gloan. I.
GLEN, motte, & anciennement fonds de terre qui produit. B.
GLEN, liaison, adhésion. B. De là Glane en François; Clam en Flamand; Clammy en Anglois, tenace, qui tient fort. Voyez Glyn.
GLEN, le même que Glyn, petite vallée selon Baxter. G.
GLEN. Dom Le Pelletier dit qu'il ne sçait pas ce que veut dire ce mot dans cette phrase qu'on adresse à Dieu : Roue An Glen Man, comme si on le qualifioit Roi de ce monde ci ou d'ici bas. Je n'y trouve pas de difficulté : cette phrase signifie Roi de tout homme; Glen pour Glan, tout : rien de si commun, sur tout en construction, que de mettre l'e pour l'a. B. Voyez Glân.
GLÊN, pays. B.
GLEN, vallée. B.
GLEN, rivage. B. Voyez Glan.
GLEN, sauvage. Voyez Rosglen, rose sauvage. B.
GLÊN. Dom Le Pelletier dit qu'il ne sçait pas ce que signifie ce mot dans cette phrase : Map Doe Nep Hon Croeas Judas En Guerzas Glên Bguyt Tregont Dyner. Je l'explique ainsi : Judas vendit le Fils de Dieu qui nous a créés pour trente deniers pour tout prix; Glen signifie là que tout ce que Judas eut pour prix de son infâme trahison fut la somme de trente deniers. Glên pour Glan, tout, totalement. Voyez Glen.
GLENA, GLENNA, A. M. glane, faisceau; de Glen, liaison, adhésion.
GLENDID, GLENDYD, pureté, propreté, beauté. G.
GLENNA. Voyez Glena.
GLEO, colle, glu. I.
GLEODHAM, laver, nettoyer. I.
GLEOIS, babil. I.
GLEOISEAD, babiller. I.
GLER, le même que Cler, Ler, Sler. Voyez Aru.
GLESCERE, A. M. pour Glebescere, produire parlant de la terre; de Gleba.
GLESKET, grenouille. B. Voyez Glas.
GLESNI, verdure, verdure de mer, pâleur. G.
GLESQER, graisset grenouille de haie. B. De Glas, parce qu'elle est verte.
GLESYN T COED, consoude moyenne. G.
GLETON, colle, glu. I.
GLEV, épée & toute arme tranchante anciennement en Breton. B.

GLEVARIA, A. M. digue faite avec des faisceaux Voyez Gleba.
GLEÜEN, charbon; plurier Gleu. B.
GLEURCH, galettoire vaisseau pour faire des galettes. B.
GLEUSAM, préparer. I.
GLEUSTA, préparé, facile. I.
GLEW, fort, brave, vaillant. G.
GLEW ou GLEO, le manche d'une charrue : C'est aussi, selon quelques-uns, la principale partie de la charrue. B.
GLEWDER, GLEWDID, GLEWYD, force, valeur. G.
GLEWDRUD, fort. G. Trud.
GLEZ. Voyez Gled.
GLEZ. PAOUR GLEZ, le même que Paour Glad. Glez est donc le même que Glad. Voyez ce mot.
GLEZINUS, A. M. le même que Glizzum.
GLIAD, guerre, combat. I.
GLIADAR, babil, caquet, discours. I.
GLIB, humide. B. Voyez Gleb.
GLIBIA, mouiller, baigner, tremper. B.
GLIBIADENN, rosée, petite pluie. B.
GLIBS, chevelure tressée. I.
GLIC, brave, vaillant, hardi, généreux, civil, poli, expert, adroit, subtil, fin, rusé, net, propre, adroitement, nettement. I.
GLIGEIR, bruit comme d'une montre en mouvement. I.
GLIGINTEAS, faire un bruit comme de plusieurs sonnettes ensemble. I.
GLIN, genouil. G. B. Gloune, Glune en Irlandois; Kolino en Dalmatien; Koleno en Bohémien; Kolenu en Esclavon; Kolano en Polonois, genouil.
GLIN, dégré de génération. I.
GLIN, le même que Clin, Lin, Slin. Voyez Aru.
GLIN, le même que Glan, Glen, Glon, Glun. Voyez Bal.
GLIN-GUL, qui a les genoux tournés en dedans. G. A la lettre, genoux serrés. De Cul.
GLIN-GYFYNG, qui a les genoux tournés en dedans. G. A la lettre, genoux serrés; de Cyfyng.
GLING, parent, frere en ancien Irlandois.
GLINIM, suivre. I.
GLINN, GLYNN, vallée, vallée plantée d'arbres. G. I.
GLINN, forteresse. I.
GLINNES, vallée. I. Voyez Glynn.
GLIOCUS, adresse, esprit, connoissance, finesse, dextérité, sçavoir. I. Voyez Glic.
GLIOMACH, écrevisse de mer. I.
GLIOSGAR, le même que Gliginteas. I.
GLIS, le même que Glas, Gles, Glos, Glus. Voyez Bal.
GLIS, le même que Clis, Lis, Slis. Voyez Aru.
GLIS, eau, rivière. Voyez Glisen, Gliz.
GLIS, A. G. terre glaise, grasse, humide, blanchâtre. De Glise.
GLIS. Voyez Gliz.
GLISC, blanc. G. Gleyssen en Allemand, être éclatant. Voyez Gliscere.
GLISCERE, A. G. être éclatant, geler; de Glise. On voit par ce mot que Glise a signifié, de même que Gan, blanc, éclatant, beau. Comme ce qui éclate est poli, de là est venu notre mot Glisser, parce qu'on glisse, qu'on ne marche pas sûrement sur ce qui est poli. Il a aussi signifié Glace, parce

qu'elle est transparente. Voyez *Glas, Lis*, glace en Gothique.

GLISCHROMARGA, A. M. marne, espèce de terre blanche. De *Glise Marg*.

GLISERIA, A. M. marnière, endroit plein de marne ou terre blanchâtre. De *Glise*.

GLISICQ, petit saumon. B.

GLISIEN, rosée. B. Voyez le mot suivant.

GLISYEN, goutte-crampe. B. On voit par ces deux mots qu'on a dit *Glis* comme *Lis* pour eau, humeur, & par conséquent rivière, & *Lisen Glisien*. Voyez *Aru*.

GLITOSUS, A. M. de terre glaise. Voyez *Glis*.

GLIUD, colle, glu. I.

GLIZ, GLIS, rosée du ciel, serein; singulier *Glizen*, une seule goutte de rosée. B. *Gwlith*, rosée en Gallois.

GLIZENN, rosée. B. Voyez *Glisien*.

GLIZIC, anchois. B.

GLIZIEN, goutte maladie. Les Paysans, dit Dom Le Pelletier, n'étant pas sujets à ce mal, & ceux de Bretagne étant les dépositaires de la Langue Bretonne, ils ne donnent ce nom ordinairement qu'à la goutte-crampe, qui les incommode beaucoup. B.

GLIZIGUEN, anchois. B.

GLIZUS, temps qui donne ordinairement de la rosée. B.

GLIZZUM, GLIZUM, GLISDUM, A. M. toile fort blanche. De *Glise*.

GLO, effets mobiliers, biens meubles. G.

GLO, au singulier *Gloyn*, *Gloen*, au pluriel *Gloion*, charbon, charbon allumé. G. B. Il signifie encore en Gallois pierre noire, charbon de terre, terre noire bonne à brûler, tourbe. G. *Glonna* en Lusatien; *Glownia* en Polonois; *Glaunia* en Esclavon; *Glaunrya* en Dalmatien; *Hlawne* en Bohémien, tison éteint; *Glut* en Théuton, charbon; *Coal* en Anglois, charbon; *Collier*, charbonnier; *Gal* en Irlandois, charbon.

GLOAN, laine B. C.

GLOAN, étain. B.

GLOANNER, ouvrier en laine. B.

GLOAR, gloire. B.

GLOAS, affliction, peine d'esprit, détresse, douleur, mal, souffrance, plaie, blessure, peine de corps. B. Voyez *Glas*.

GLOASA, causer de la douleur, causer de la peine, faire mal. B.

GLOASOU, angoisse. B.

GLOAT. Voyez *Glat*.

GLOBELLUM, A. G. petit globe. De *Globyn*.

GLOBOSITAS, A. G. rondeur. De *Globyn*.

GLOBOSITAS, A. G. montosité, dit l'Auteur; c'est-à-dire, élévation. De *Globyn*.

GLOBWLL, mine de charbon de terre. G. *Glo Pwll*, fosse.

GLOBYN, globe, petit globe. G. De là *Globus*.

GLOBYN, globe, sphère anciennement en Breton, dit le Pere de Rostrenen. C'est le mot de l'article précédent.

GLOCCA, A. M. cloche. De *Clocc*.

GLODDEST, débauches de cabaret, vie de débauché, bruit de gens qui boivent, fréquenter les cabarets, boire au cabaret, être toujours au cabaret, boire beaucoup, faire débauche. B.

GLODDESTWR, qui va faire débauche ou un grand repas, qui aime la table, goinfre, débauché, pilier de taverne, pilier de cabaret, dissipateur, dépensier, prodigue, qui aime le luxe. G.

GLODDIWYD, A GLODDIWYD, fossile. G. De *Cloddio*.

GLODUS, A. M. clou. De *Clao*, *Clo*.

GLOEBA, GLOEBEIN, mouiller, baigner, tremper. B. Le *g* s'ôtant, comme on voit par *Glechi* & *Glis*, on aura dit *Loeba*, *Loebein* comme *Gloeba*, *Gloebein*. Voyez *Aru*.

GLOEN. Voyez *Glo*.

GLOEN-DUW, papillon. G. Voyez *Gloyn Duw*.

GLOES, agonie, dernière frayeur, défaillance, syncope, ce que l'on rend par la bouche. G.

GLOES, le même que *Gloas*, mal, &c. B.

GLOES, verd. B. Voyez *Glas*.

GLOESIO, vomir. G.

GLOESION, T GLOESION, T GLOESION MAWR, T GLOESION LLEWYG, mal caduc, épilepsie. G.

GLOESQER, graisset grenouille verte. B. Voyez *Glesger*.

GLOESTR, vase, vaisseau. B. Voyez *Llestr*.

GLOESTR, gage, vœu, dévouement, oblation. B.

GLOESTRADUR, consécration. B.

GLOESTREIN, consacrer. B.

GLOESYCDOD, défaillance. G.

GLOESYCTOD, abbatement de forces, épuisement, langueur. G.

GLOESYGU, être en défaillance. G.

GLOEZUSS, attristant. B.

GLOFOERION, le même que *Glafoerion*. G.

GLOGGA, A. M. le même que *Glocca*.

GLOIN, GLOINE, verre. I.

GLOINEADH, lustrer. I.

GLOINIDH, verre. I.

GLOIOU. Voyez *Glo*.

GLOISTR, vase, vaisseau. B.

GLONAIDH, multitude. I.

GLONMRURIOS, fard. I.

GLONN, vallée, creux, bas. Voyez *Glynn*.

GLONRADH, lustrer, glorifier. I.

GLOR, parole, discours I.

GLORA, A. G. terre. De *Lura*. Voyez *Aru*.

GLORAM, rendre un son, faire du bruit. I.

GLORIA. Voyez *Loria* & *Glormar*.

GLORMAR, glorieux, plein de gloire. I.

GLOS, fauve. B.

GLOSARD, fauvet. B.

GLOSTOA COST, herbe. Ba.

GLOTHAIM, fond, lieu bas. I.

GLOTHINEB, lieu de débauche, cabaret. G. Voyez *Glout*.

GLOU, charbons. C. B. En Irlandois *Gouil*, qu'on prononce *Goul*. C'est une transposition.

GLOUAHENN, latte. B.

GLOUEH, rosée. B. Voyez *Gliz*.

GLOUEHAENN, vaisière. B.

GLOUEHEN, rosée. B.

GLOUN, genouil. I. Voyez *Glin*.

GLOUST, glouton. B. Voyez *Glothineb*, *Glout*.

GLOUT, glouton, goulu, gourmand, débauché. B. De là *Glouton*. Voyez *Glwth*.

GLOUTONNECQ, gourmand. B.

GLOUTONY, débauche, gloutonnie, gourmandise, avidité de manger. B. Voyez *Glwth*.

GLOW, GLOWI, beau. G.

GLOWR, charbonnier. G. Voyez *Glo*.

GLOYN. Voyez *Glo*.

GLOYN, brillant, éclatant. Voyez l'article suivant.

GLOYN DUW, papillon. B. Je crois *Gloyn* le même mot que *Gloyw*, éclatant, brillant; *Duw*, Dieu; *Gloyn Duw*, brillant de Dieu, éclatant de

Dieu ; c'est-à-dire, fort brillant, fort éclatant. C'est ainsi que les Hébreux se servoient du nom de Dieu comme d'une épithéte pour marquer l'excellence d'une chose en son espéce : *Des montagnes de Dieu* étoient chez eux des montagnes fort hautes.

GLOYW, resplendissant, éclatant, brillant, luisant, clair, limpide. G. *Glour*, or en Phrygien.

GLOYWDDU, noir, obscur, ténébreux. G. *Du*, noir.

GLOYWDDUO, obscurcir, rendre noir, rendre ténébreux. G.

GLOYWDEG, serein, sans nuages. G. *Teg*.

GLOYWDER, clarté, splendeur, éclat, lueur, transparence, évidence, propreté, netteté. G.

GLOYWEDIG, resplendissant. G.

GLOYWGOCH, de couleur d'écarlate. G.

GLOYWI, être brillant, être éclatant, être clair, être limpide, être transparent, luire, être évident, rendre éclatant, rendre brillant, rendre clair, rendre limpide, rendre transparent, rendre évident. G.

GLOYWLYS, eufraise plante. G.

GLU, colle. I. Voyez *Glud*, *Glut*, *Gludio*, *Glind*.

GLUAIS, mouvement. I.

GLUAIS, explication. I.

GLUAISIM, mouvoir. I.

GLUAISTE, mû. I.

GLUAN. BARV GLUAN, poil folet. B.

GLUAN, le même que *Gloan*, laine. Voyez *Bal*.

GLUASACHD, geste, mouvement. I.

GLUASADH, expliquer. I.

GLUASOG, hochequeuë. I.

GLUB, humide, mouillé. B. Voyez *Gloeba*, *Glubein*.

GLUBEIN, baigner, tremper, mouiller. B. *Glub* a donc signifié eau.

GLUD, glu. G. De là *Gluten* Latin ; *Glu* en François ; *Glue* en Anglois ; *Engludo* en Espagnol ; *Gloios* en Grec ; *Klob* en Allemand ; *Kley* en Polonois ; *Kleg*, *Kli* en Bohémien, glu. Voyez *Gludennecq*. *Glu* en Irlandois, colle. Voyez aussi *Gludio*.

GLUD, tenace, patient, assidu, constant, ferme, inébranlable, fort, violent, impétueux, véhément. G.

GLUDA, mettre de la glu, gluer. B.

GLUDEC, GLUDOG, glutineux. G.

GLUDENNECQ, glaireux, glutineux ; *Gludennecq Douar*, terre glaise. B. *Glud* a donc signifié tout ce qui est visqueux, & on a dit *Gluden* comme *Glud*.

GLUDENNEREAH, viscosité. B.

GLUDIO, coller, souder, devenir pliant. G.

GLUDIOG, gluant, froté de glu, visqueux, qui s'attache fortement, flexible, pliant. G.

GLUDOC. Voyez *Gludec*.

GLUDON, pluriel *Gludonon*, les menues branches, les cimes de certains arbres que l'on frote de glu pour prendre les oiseaux. B.

GLUEBA, GLUEBEIN, baigner, tremper, mouiller. B. *Glueb* le même que *Glub*. Voyez *Glubein*.

GLUEN, rosée, serein, humidité qui tombe vers le coucher du soleil. B. Voyez *Gluih*.

GLUEHEN, le même que *Glueh*. B.

GLUES, verd. Voyez *Gloes*.

GLUESQER, graisset grenouille verte. B.

GLUIH, le même que *Glueh*. B. Voyez *Gliz*.

GLUIHEN, le même que *Gluih*. B.

GLUIZ, le même que *Gluih*. B.

GLUIZEN, le même que *Gluiz*. B.

GLUIZUS, temps qui donne ordinairement de la rosée. B.

GLUN, GLUNE, genouil. I. Voyez *Glin*.

GLUN, dégré de génération. I.

GLUN, adhérent. Voyez *Cyllell Glun*, *Glud* & *Glen*.

GLUNAIM, fléchir le genouil. I.

GLUNN, vallée, bas, creux. Voyez *Glynn*.

GLUR, clair. Voyez *Eglur*.

GLUT, glu. B. Voyez *Glud*.

GLUTAIRE, gourmand. I. Voyez *Gluth*.

GLUTH, gourmand, goulu, glouton. B. De là *Glute*, *Glutens*, *Glutio*, *Glavia*. De là *Glou* en vieux François, glouton, vorace. Voyez *Glwth*, *Glutaire*.

GLUTIS, A. G. terre tenace, terre gluante, terre visqueuse. De *Glut*.

GLUTO, GLUTTO, A. G. gourmand, glouton, goulu, grand mangeur, dissipateur, prodigue, débauché. On a dit *Glous* en vieux François ne ce sens. De *Gluth*, *Glousi*.

GLUTTUUS, GLUTTUS, A. M. gorge, gosier. On voit par *Gluth* que ce mot a été pris en ce sens chez les Gaulois.

GLUTUM, GLUTIS, A. G. glu. De *Glut*.

GLWTH, goulu, glouton, gourmand. G. *Gluth*.

GLWTH, lit, grabat ; *Glwth Gorphywys*, lit de repos. G.

GLWYDD, Seigneur ; *Glwyddes*, Dame. Voyez *Arglwydd*, *Arglwyddes*.

GLWYDDIAETH, domination, domaine. Voyez *Arglwyddiaeth*.

GLWYDDIWR, celui qui domine. Voyez *Arglwyddiwr*.

GLWYS, pur, net, beau, agréable, éclatant, charmant, doux, saint. G. Voyez *Glise*, *Gluys*.

GLWYSGAIN, clair, éclatant, brillant, luisant. G.

GLWYST, GLWYSTL, le même que *Gwystl*. Voyez *Cyngwystl*.

GLUYS, éclatant. G. Voyez *Glwys* qui est le même.

GLYDHAM, appeller. I.

GLYDIOG, bitume. G.

GLYMM, le même que *Clymm*. Voyez *Aru*.

GLYMMOG, Y GLYMMOG, renouée plante. G. de *Clymmog*.

GLYN, adhérence, liaison, union d'une chose à une autre. G. Voyez *Glen*.

GLYN, petite vallée, dessous. G. Voyez *Glyan*.

GLYNN, vallée, vallée plantée d'arbres, petite vallée. G. I. Le *c* & le *g* se mettant l'un pour l'autre, on a dit *Clynn* comme *Glynn*. Comme les vallées sont basses, *Clyn* a aussi signifié bas, baissement, ainsi qu'on le voit par *Clin d'œil*, baissement de paupière, *Cligner*, baisser la paupière. De là *Clino* en Latin, incliner, pencher, baisser. On en Patois de Franche-Comté *Cligna*, *Clegna* pour baisser, pencher. *Glin* en Breton a signifié genouil, parce que les genoux en se pliant font baisser l'animal. On voit par *Gleane* en Irlandois, *Llane* en Gallois, vallée, qu'on a dit *Glan* en Gallois comme *Glynn*. On voit par *Llane* que *Glan* a perdu son *g* (Voyez *Aru*) ainsi on a dit *Llyn* comme *Llan*, *Llane*. *Glen* en ancien Saxon, vallée.

GLYNNE, vallée. I.

GLYNU, être attaché. I.

GLYSENN, vache qui passe un an sans donner de veau. B.

GLYTHNI, GLYTHNINES, gourmandise, appétit dévorant, habitude de manger beaucoup. G. De *Glwth*.

GLY.

GLYW, Roi, Souverain, Gouverneur: il paroît aussi être quelquefois adjectif, & signifier puissant, fort. G. Voyez Glwydd, Glew.

GNABAT signifie en Langue Celtique, au rapport de Saint Isidore, né, engendré, fils, créé, enfanté; de Gnaws. Voyez ce mot. Knab en Allemand; Cnap en ancien Saxon, enfant.

GNAER, habitation. B. De Gaer, l'n inférée.

GNAMHUIL, particulier. I.

GNAOI, contenance. I.

GNAOI, plaisant, agréable. I.

GNARITUR, A. G. est connu; de Gneni, Gnòn. Voyez Gnoritur.

GNARURAT, A. G. il fait connoître; de Gneni.

GNARURIS, A. G. connu; de Gneni.

GNATH, coûtume, manière, mode, usage, loi, commun; De Gnath, toujours, éternellement. I. Voyez Gnawd.

GNATHACH, commun, accoûtumé, usité, continuel, coûtume. I.

GNATHADH, impôt. I.

GNATHAIGHIM, accoûtumer, s'accoûtumer. I.

GNATHAMH, coûtume, habitude, façon, mode. I.

GNATHAS, expérience. I.

GNATHCHAOI, route battue, route fréquentée, route par où on a coûtume de passer. I.

GNATHCHYI, chemin, route. I.

GNATHEOLUS, expérience. I.

GNATHUGAD, s'accoûtumer, s'habituer, hanter, fréquenter. I.

GNAWD, coûtume, qui est accoûtumé, usité. G.

GNAWS. Davies demande si c'est la racine de Naws, nature, qui est aujourd'hui en usage? Il paroit qu'oui, & que ce mot est formé de Geni. De Geni on aura fait Genaws, Gnaous, ensuite Naws. De Gnaws, Gni, les Latins ont fait leur Gnatus; & de Naws, leur Nascor; Natus.

GNE, couleur. G. I.

GNE, coûtume, forme, manière. I.

GNEIDIDIDH, se refrogner. I.

GNENI, paroître anciennement en Breton. B.

GNES, le même que Gne. G.

GNI, voix. I.

GNIA, connoissance. I.

GNIA, GNIAEO, arbre. I.

GNIC, connoissance. I.

GNIDHIM, faire, effectuer. I.

GNIF, GNIFF, douleur, inquiétude, chagrin, peine, travail. G.

GNIOM, GNIOMH, action, acte, coup, fois. I.

GNIOMHACH, actif, practique. I.

GNIOMHADH, action, acte, coup, fois. I.

GNIOMHARTA, actions. I.

GNIOMHTHOIR, acteur, agissant. I.

GNIOMHUGAD, achever, accomplir, effectuer; faire, commettre. I.

GNISIM, GNISGHIM, agir, faire. I.

GNO, fameux. I.

GNOD, pratique, coûtume, usage. I.

GNODAWL, accoûtumé. G. Gnawd.

GNODHTHUGHEACH, ardemment, avec feu, avec passion. I.

GNOGADH, GNODHUGHADH, gain. I.

GNOGHAIGHIM, gagner. I.

GNOIDHTIGH, affaire, occupation. I.

GNORITUR, A. G. est connu; de Gnou.

GNOT, A. G. a connu; de Gnou.

GNOTHAIGH, travail, occupation. I.

GNOTHAIGHEACH, qui travaille, occupé. I.

TOME I.

GO.

GNOTHUDS, affaires, intérêts, tout ce qui nous touche. I.

GNOTTAAD, coûtume. G. Gnawd.

GNOTTAF, très-accoûtumé. G.

GNOTTAI, cercle qui paroit quelquefois autour du soleil & de la lune. G.

GNOTTAU, s'accoûtumer, être accoûtumé. G.

GNOTUS, A. G. connoissance; Gnotu, à connoître; de Gnou.

GNOU, clair, évident. B. Voyez Gneni, Gnont.

GNOUT, manifeste, déclaré, publiquement connu; notoire. B. Know en Anglois, connoître, & Known, connu; Gnotos en Grec; Notus en Latin, connu.

GNUACH, plein de fentes, plein de crevasses. I.

GNUIS, face. I.

GNUIS, péril. I.

GNUIS, fente, cran. I.

GNUMH, comble. I.

GNUMHAM, combler. I.

GNUSAIGHTHE, traits du visage. I.

Go, préposition qui dans la composition équivaut au Sub des Latins, & s'explique en François par un peu; Godenau, un peu délié; Gofudg, un peu honteux, &c. Les anciens, dit Davies, écrivoient Gwo. Gor se prend quelquefois dans la même signification; Gorwyn, un peu blanc; Gorddu, un peu noir, &c. Go ou Gor, mis devant un substantif, le rend diminutif, ainsi Gobant, petite vallée; Gofron, petite montagne; Gorddor, petite porte. G. Go en Breton est aussi une particule diminutive: il signifie petit en Basque, ainsi qu'on le voit dans Arrichoa, petit caillou; Arri, caillou; Co ou Go, en composition Cho, petit. Il signifie aussi mauvais en cette Langue. Arropachaa, haillons, mauvais habit; Arropa, habit; Equigoa, mauvaise action; Equi, action. Go signifie petit & mauvais en Breton; (c'est le même que Gau.) Go a conservé ces significations dans notre Langue. Nous appelons Godenot, une petite figure, une marionnette, un homme mal-fait; Go, petit, mal-fait; Den, homme; Gobille, petite boule de pierre; Go, petite; Bill, boule; Godelle en Lorraine; Godaille en Franche-Comté, mauvais vin; Godale en François, petite biere; Go de pain signifie en Patois de Franche-Comté, un petit morceau de pain, une bouchée de pain; Ghogho, petite fille en Géorgien; Ge, particule diminutive en Turc; Xao, peu en Chinois.

Go, à, par, proche. I.

Go, que adverbe. I.

Go, beaucoup, fort adverbe. I.

Go avant un adjectif le fait adverbe. I.

Go est le signe optatif. I.

Go, au dedans. I.

Go, mer. I.

Go, lance, dard. I. Go, diviser, division en Tartare du Thibet.

Go, taupe. B.

Go, maréchal, forgeron. B. Voyez Gof.

Go, levain, ferment, ce qui cause la fermentation de la pâte, fermenté, levé, qui est de levain; Re-Ho pour Re-Go, trop fermenté, trop levé. B.

Go, le même que Gao, Gaou, puisque ceux-ci sont monosyllabes; & par conséquent Goiat, Goiet comme Gouiat, Gouiet.

Go, dessous. Voyez Goglywed, Gewibio.

Go, particule qui signifie le mal. Voyez Gofidie.

Go, préposition explétive. Voyez Gobwyllo.

Go, moitié, milieu, à demi. Voyez Goamrwd.

Go, particule qui augmente. Voyez Godyner, Gofeddal, Gofyrr.

X xxxxxx

GO.

GO, en haut, dessus, par-dessus, élevation. Voyez *Gostodi*, *Gohedec*, *Goag*. Go, colline en Tonquinois; *M' Go*, faîte en Tartare du Thibet.

GO, eau. Voyez *Golch*, *Goel*, *Gan*, *Gav*, qui sont les mêmes qu'*Au*, *Av*. Voyez *Aru*.

GO, petit. Voyez *Goeh*, *Goer*, *Gouer*. *Golen*.

GO, mauvais, pernicieux, dommageable. Voyez *Gogan*, *Cob*, *Coz*.

GO, herbe. Voyez *Au*.

GO, avant, auparavant. Voyez *Gogan*.

GO, auprès, près. Voyez *Ingo*.

GO, le même que *Gau*, puisque ce n'est qu'une différente façon d'écrire. Go, bois en Tonquinois.

GO, le même que *Co*, *O*, *So*. Voyez *Aru*.

GO-EGWAN, un peu languissant, tant soit peu affoibli. G.

GO-ENLLIBUS, un peu outrageux. G.

GO-OER, un peu froid. G.

GO-UCHEL, qui s'élève un peu. G.

GO-WNI, crayon, essai, ébauche, esquisse. G.

GOA, oie. B.

GOA, hélas. B.

GOA, dague, poignard, dard, javelot. B. Voyez *Goaff*.

GOA, le même *Gwa*, *Goao* en Grec, gémir.

GOA, particule privative, méchant, mauvais. Voyez *Equigoa*, *Elcargoa*, *Artzucoa*.

GOAB, le même que *Goap*. Voyez *Brigwn* & B.

GOAC, pire. B.

GOAC, mol, doux au toucher, douillet. B.

GOACAAT, amollir. B.

GOACGREN, molière, fondrière. B.

GOACHAL, crier, criailler comme les petits enfans. B.

GOACHAT, croasser, crier comme des petits enfans. B.

GOACHUL, un peu maigre. G. *Achul*.

GOACOLL, hausse-col, bourlet de cheval. B.

GOACOLYER, bourrelin. B.

GOACQ, mol, doux au toucher, douillet. B.

GOACZAAT, amoindrir, gâter, rendre mauvais, rendre pire, corrompre, aigrir, irriter. B. De *Goac*.

GOACZAN, très-mauvais. B. *Goacz An*.

GOACZOCH, pire. B. *Goacz Och*.

GOAD, le même que *Coad*. Voyez *Goez*.

GOAD, sang, race. B.

GOADA, saigner. B.

GOADECQ, ensanglanté. B.

GOADEGUEN, boudin. B. *Goad*.

GOADEREAH, saignée. B.

GOADIA, connoissance. Ba.

GOADIGUEN, boudin. B. *Goad*.

GOADRAMBA, qui secoue fort. Ba.

GOAF ou GOHAM, que l'on prononce *Gohan*, hyver, saison d'hyver. Les vieux Dictionnaires portent *Gouaff*, l'hyver; *Gohanva*, *Gouáva* ou *Goama*, hyverner, passer l'hyver.

GOAFF. Voyez *Gwa*.

GOAFF, lance. B. De là *Gaffe*, croc de fer dont on se sert sur les vaisseaux. Voyez *Go*.

GOAFF, hyver. B.

GOAFFER, lancier. B.

GOAFLAN, un peu sale, un peu crasseux, un peu vilain, un peu honteux, un peu deshonnête. G.

GOAG, vague, flot. B. Go, élevation; *Ag*, eau. De *Goag* nous avons fait *Vague*, *Voguer*.

GOAGHAT, crier comme les corbeaux. B.

GOAGOU, flots, ondes, vagues. C'est le pluriel de *Goag*. B.

GOAGREN, vague, flot. B.

GOA.

GOAGREN, loupe, émonctoire, glande. B.

GOAGUEN, vague, flot, onde. B.

GOAGUENNA, ondoyer. B. Voyez *Goaguen*.

GOAGUENNOUER, calandre. B.

GOAGWEN, flot, onde, vague. B.

GOAH, pire. B.

GOAH, marécage. B.

GOAHADUR, corruptibilité. B.

GOAHAT, GOAHEIN, devenir pire, aggraver, rendre plus coupable. G.

GOAHENNIC, petite veine. B.

GOAIDIN, saigner. B.

GOAITA, garde, sentinelle. Ba. Voyez *Gued Guet*.

GOAITARGUIERA, transparence. Ba. Voyez *Arguia*.

GOAL, grief. B.

GOAL, bois. Voyez *Goalenn*.

GOAL-VIR, maletôte. B. De *Goall Gwir*.

GOALAS, herbe longue en forme d'aiguillettes qui croit sur la vase de la mer. B.

GOALCH, assez, abondamment, saoul. B. C'est le même mot qu'*Ahoalch*, assez, abondamment, le *g* & l'*h* se mettant l'un pour l'autre.

GOALCHA, rassasier. B.

GOALEEN, aune mesure. B. Voyez *Goalen*.

GOALEEN, anneau. B. Voyez *Goalen*.

GOALEIGNER, les quatre gaulettes ou baguettes qui se mettent dans le dévidoir pour tenir le fil. B.

GOALEN, tube. B.

GOALEN, aune mesure. B. Voyez *Goalenn*, *Gwalen*.

GOALEN, bague. B. Voyez *Gwalen*.

GOALENN, gaule, tige, baguette. B. *En* est un diminutif, ainsi *Goal* a signifié bois. Le *c* & le *g* se mettant l'un pour l'autre, on a aussi dit *Coalenn*, ainsi qu'on le voit par *Cal*. La crase s'étant faite dans *Cal*, on la doit admettre par la même raison dans *Gal*, *Gol*, *Col*. Voyez *Gwalen*.

GOALENNIC, baguette. B.

GOALERN, galerne nom d'un vent qui souffle du nord-ouest. B.

GOALH, foison. B. Voyez *Gwall*.

GOALH, le même que *Goalch*. B.

GOALHEIN, gonfler, rassasier, assouvir. B.

GOALL, mauvais, méchant, injuste, triste avanture, faute, bagatelle. B. *Gaal* en Hébreu; *Kaleti* en Bohémien, souiller; *Schalkeit*, malice en Allemand; *Quellen* en Flamand, vexer, tourmenter. De *Goall* est venu le mot de *Goilles*, qui en Patois de Franche-Comté signifie du mauvais linge tout déchiré, tout en lambeaux. *Coaille* en vieux François, grosse laine; *Goltemelle*, terme injurieux en Patois de Besançon.

GOALLECQ, négligent. B.

GOALLER, corrupteur. B.

GOALLUS, funeste. B.

GOALORN, le même que *Goalern*. B.

GOAM, femme en terme de mépris. B.

GOAMA. Voyez *Goaf*.

GOAMRWD, moitié crud. G.

GOAN, hyver. B.

GOAN, foible, malingre, frêle, flasque, souple, débilement, foiblement, charogne. B. Voyez *Goana*.

GOAN, terme diminutif comme *Go*. Voyez *Goamaddas*, *Goanfoddhan*, &c.

GOANA, blesser, presser. B.

GOANACQ, espérance anciennement en Breton. B.

GOA.

GOANADDAS, un peu impertinent, un peu ridicule. G.
GOANEISMYTH, un peu fâcheux, un peu chagrinant. G.
GOANFODDHAU, déplaire un peu. G.
GOANGHYMMESUR, un peu impertinent. G.
GOANHHARD, un peu laid, un peu difforme. G.
GOANHYDYN, un peu opiniâtre. G.
GOANHYFRYD, un peu désagréable, un peu trop libre, un peu trop hardi. G.
GOANHYNAWS, un peu bizarre, un peu difficile, un peu fâcheux. G.
GOANHYWETH, synonime de *Goanhynaws*. G.
GOANNATT, mollir. B. Voyez *Goann*.
GOANNEIN, affoiblir. B.
GOANNIGRIF, un peu trop libre, un peu trop hardi. G.
GOANVENN, engelure. B.
GOANYNAD, un peu bizarre, un peu fâcheux, un peu difficile. G.
GOAO, lance. B. Voyez *Goaff*, *Go*.
GOAP, raillerie, moquerie, plaisanterie ; c'est le contraire de sérieux : Il signifie aussi dissimulation, ironie. B.
GOAPA, GOAPAT, railler, plaisanter, badiner, se moquer, berner. B.
GOAPAER, railleur, moqueur. B.
GOAPAER-FLEMMUS, railleur. B. *Flemmus* est inutile.
GOAPAÜS, ridicule, ironique. B.
GOAPOUR, railleur, gausseur. B.
GOAPUS, ironique. B.
GOAR, lenteur. B.
GOAR, sçais à la première personne. B. Voyez *Gwar*.
GOAR, aise, facilité. B.
GOAR, tors, tortu, courbé, voûté, cintré. B.
GOAR. On voit par *Goarand*, *Goarchadw*, *Goard*, qu'on a dit indifféremment *Goard* & *Goar*. Voyez *Gar* & *D*.
GOAR, préposition diminutive comme *Go* & *Goan*. Voyez *Goarfoel*.
GOARAC, arc. B.
GOARAGOU, deux chevilles qui passent dans le soc de la charruë. B.
GOARALLU, être tantôt supérieur, tantôt inférieur. G. *Go Arallu*.
GOARAND, garant. B. De là ce mot.
GOARANTETT, valable. B.
GOARANTI, garantir, assurer, autoriser, donner pouvoir. B.
GOARATENN, ruisseau. B.
GOARCHADW, conserver, défendre, garder, garantir, préserver. G. *Cadw*, *Goar*.
GOARCZAD, garcée mesure de bled. B.
GOARD, garde, aguets, tuteur, conservateur, conservation, garde, tutelle. B. On appelloit anciennement à Paris *Maîtres Egards* ceux qui avoient inspection sur les autres Maîtres. *Guarda* en Espagnol ; *Guardia* en Italien, garde. Voyez *Gard*, *Varth*, *Goarda*.
GOARDA, observance, attention, garde, conservation. Ba. Voyez *Goard*. De là *Egard* en notre Langue pour attention, considération.
GOARDATZU, je garde. Ba.
GOARDAZAYA, sauve-garde. Ba.
GOARDEU, garde-fou. B.
GOAREA, espèce de cymbale. Ba.
GOAREC, arc, cintre. B. Voyez *Goarega*.
GOAREGA, tirer de l'arc, tirer de l'arbalète. B.

GOA. 647

GOAREGUER, arbalétrier, archer, ho quêton. B.
GOAREN, caverne, grotte, terrier, garenne, petit bois ou bruyère où l'on a mis des lapins varenne, plaine qui ne se fauche ni ne se laboure. B.
GOAREMMEIN, miner. B.
GOARENNEIN, jabler. B.
GOAREQEAH, lenteur. B.
GOARFOEL, à moitié chauve, chauve pardevant. G. *Foel* de *Moel*, chauve.
GOARLAUCA, petite fortification. Ba.
GOARNATION, conservation, garde, maintien. B.
GOARNEIN, gouverner, observer, réserver. B.
GOARNICZA, garnir. B. De là ce mot. Voyez *Goarnida*.
GOARNICZEIN, munir. B. Voyez *Goarnicza*.
GOARNIDA, GOARNITA, munition, défense, protection, ornement, garniture. B. Voyez *Goarnicza*, *Goarnison*.
GOARNISON, garnison. B. De là ce mot.
GOARPEA, secret. Ba. Voyez *Goar*.
GOARSENGI, presser, fouler, opprimer. G.
GOARSWYDDO, un peu à craindre. G.
GOARW, un peu rude au toucher. G.
GOAS, serviteur, valet, esclave, homme à gages, sujet, vassal, homme d'un autre, homme, garçon. B. Voyez *Gwas*, qui est le même.
GOASET, hommes, garçons. B. Plurier de *Goas*.
GOASQ, pressoir, action de presser, foule. B.
GOASQA, presser, serrer, comprimer, opprimer, blesser. B.
GOASQADECQ, foule. B.
GOASQADEN, défaillance, pâmoison, éclypse, entorse. B.
GOASQED, couvert, abri. B.
GOASQEDEN, coulis de viande. B.
GOASQEIN, oppresser. B. Voyez *Goasqa*.
GOASQELL, pressoir, caveçon. B.
GOASQENN, rhume de poitrine. B.
GOASSAAT, corrompre, abâtardir, s'abâtardir, devenir pire. B.
GOASSAT, mauvais. Voyez *Goasta*.
GOAST, mauvais. Voyez *Goasta*.
GOASTA, gâter, altérer, abâtardir, rendre mauvais. B. *Goasta*, *Goassaat*, gâter, rendre mauvais de *Goaz*, pire, nous font voir que *Goast* ou *Goassat*, ou *Gast*, *Gassat*, *Vast*, *Vassat*, ont signifié mauvais ; *Guastare* en Italien, corrompre, gâter ; *Gastar* en Espagnol ; *Wast* en Anglois, consumer, perdre, gâter ; *Vasto* en Latin, ravager ; *Gatauran*, rompre ; *Gataura*, rupture, déchirure en Gothique. De *Goasta* est venu l'ancien mot François *Gast*, & le moderne *Dégat*, qui signifient l'un & l'autre la même chose.
GOASTADOUR, qui fait du dégât, pionnier. B. De là l'ancien mot François *Gastadour*, pionnier.
GOASTAER, qui fait du dégât. B.
GOASTLENN, gaufre. B. Diminutif de *Goastell*.
GOASTELL, gâteau. B.
GOASTER, GOASTOUR, corrupteur, dissipateur, prodigue. B.
GOAT. Voyez *Gohat*.
GOAT, préposition diminutive comme *Go*, *Goan*, *Goar*. Voyez *Goatgas*.
GOATGAS, un peu odieux, un peu hai. G. *Gas* en composition pour *Cas*, odieux, hai.
GOATH. *BENNEN GOATH*, vieille ou vieille femme. C. *Bennen*, femme.
GOAYA, canal, lit de rivière. Ba. Voyez *Goayen*.

GOA.

GOAZEN, bras de mer ou ruiſſeau froid, veine. B. Voyez Goaya.
GOAZ, ruiſſeau. B. Voyez Goaz-Vor.
GOAZ, oie. B. Kaz en Turc, oie; Gaas, Gas, oie en Iſlandois; Gas en Théuton, oie.
GOAZ, pire. B.
GOAZ, le même que Goas. B.
GOAZ-VOR, bras de mer. B.
GOAZEN-VOR, bras de mer. B.
GOAZEN, veine, rayon; Goazen-Vor; Goazyem-Vor, bras de mer. B. Go en Patois de Beſançon, veine, ſource. Voyez Goazh-Vor.
GOAZEN-VRAS, artére. B.
GOAZREDEN, ruiſſeau. B.
GOAZIZI. Voyez Gwazrizi.
GOAZSAAT, croître, augmenter. B.
GOAZTEIN, couler. B.
GOAZUNYEZ, hommage. B.
GOAZY. LOUSAOUEN AR GOAZY, argentine plante. B.
GOAZYEN, bras de mer ou ruiſſeau froid, veine. B.
GOB, bec, bouche. I. De là Gobeau en vieux François, morceau. De là en notre Langue Gobe, Gober, Gobet, Dégobiller. Voyez Gwp.
GOB, gobelet. B. De là ce mot.
GOB, le même que Goap. Voyez Brigwn.
GOBAC, qui a un grand bec, qui a une grande bouche, qui a un petit bec, qui a une petite bouche. I.
GOBADEA, leſſive. Ba. Voyez Bad.
GOBAITH, eſpérance. G. Batahh en Hébreu, eſpérer.
GOBAM, pouſſer des boutons. I.
GOBAN, le même que Gobac. I.
GOBANT, petite vallée. G. Go Pant.
GOBAR, gabare ou chaland bâteau plat. B.
GOBED, la ſixième partie d'un quart. B.
GOBED, ſynonime de Brigwn. Voyez ce mot. Comme de Gob, provenant de Goap, on a fait Gobed, de Gab, provenant de Goap, on a dû faire Gabed. Le c & le g ſe mettant indifféremment l'un pour l'autre, on a dû dire également Cab, Cob, Cap, Cop, Cabed, Cobed, Caped, Coped. Le d & le t ſe ſubſtituant réciproquement, on a dit Cabet, Cobet, Copet, Capet ; ce dernier eſt le ſurnom d'un de nos Rois. M. Ménage dit que dans une chronique manuſcrite qui eſt dans la bibliothéque du Roi, cottée 1227, il eſt dit que Hue Capet fut ainſi ſurnommé, parce que comme il étoit enfant il ne ceſſoit d'ôter aux enfans leurs chaperons, c'eſt-à-dire qu'il étoit hargneux. Encore aujourd'hui en Auvergne on appelle Chapets ceux qui tourmentent les autres par jeu & en badinant ; (il s'eſt conſervé un grand nombre de mots Celtiques dans l'Auvergnac.) Les Écoſſois uſent encore à préſent du mot Capet, pour ſignifier têtu, opiniâtre. Kobalos en Grec, railleur, folâtre. De Gab on a fait Gav ; de là Gauſſer. De Cab on a fait Cav, d'où eſt venu Cavillor Latin. Voyez Gobelinus.
GOBEDI, tinter. B.
GOBELLIO, cribler par-deſſus. B.
GOBEITH, eſpérance, confiance. G.
GOBEITHIO, eſpérer. G.
GOBEITHIOL, qui eſpére, qui ſe fie, qui ſe confie, qui met ſa confiance, qu'on peut eſpérer. G.
GOBEL, A.M. gobelet. De Gob & Gobelet.
GOBELET, gobelet. B. De là ce mot. Voyez Gob.
GOBELETTUS, GOBELETUS, A. M. gobelet. De Gobelet.

GOB.

GOBELINUS, A. M. eſprit follet, démon qui ſe plait à faire des niches. De Gobylyn.
GOBELL, ſelle de cheval. G.
GOBELL, un peu éloigné. G. Go Pell.
GOBELLUS, A. M. gobelet. De Gob, Gobelet.
GOBENNYD, couſſin, oreiller. G. De Ben, tête; Go, ſous.
GOBENNYD, terminaiſon. G. De Ben, fin, extrémité ; Go ſuperflu.
GOBENNYD, GOBENNYDIAD, piéce qui avance hors d'une muraille, & qui ſert à ſoutenir quelque choſe. G.
GOBER, récompenſe, prix. G.
GOBER, faire, agir. G. Voyez l'article ſuivant.
GOBER, faire, agir, opérer, produire, fabriquer, exécuter, accomplir, réſoudre, arrêter, œuvre, action, opération, affaire, accompliſſement, exécution. B. Voyez l'article précédent & Ober.
GOBERAIDD, un peu doux, douceâtre, doucereux. G. Go Peraidd.
GOBERAN. Voyez Coſper.
GOBERCOAP, amuſer, ſe moquer. B.
GOBET, la ſixième partie d'un quart. B.
GOBETRUS, un peu douteux. G. Go Petrus.
GOBHAR, cheval. I.
GOBINETUS, A. M. ſynonime de Gobelettus.
GOBIS, ſorte d'herbe garnie de grains, de la groſſeur & forme d'un pois rond. B. De Gao, faux ; Pis, pois.
GOBLYGIAD, entortillement, entrelaſſement. B.
GOBLYGU, entortiller, entrelaſſer. G. Go Plygu.
GOBR ou GWOBR, récompenſe, prix ; Præmium & Pretium. G. B. Il ſignifie tout payement en général en Gallois. Voyez Amobrydd. Copher en Hébreu, prix.
GOBRGTE, qui a un grand bec, qui a une grande bouche. I.
GOBRIN, épargnant, meſquin. I.
GOBROU, dot. Voyez Argobron.
GOBRUDD, un peu triſte, mélancolique ou chagrin. G. Go Prudd.
GOBRWY, récompenſe, prix, ſalaire. G.
GOBRWYAD, action de récompenſer, récompenſe d'un ſervice, reconnoiſſance d'un bienfait. G.
GOBRWYO, récompenſer, donner un prix. G.
GOBRWYOL, méritoire. G.
GOBRWYWR, qui gagne un prix, un ſalaire. G.
GOBRYDFERTH, beau, brillant, gentil, joli, mignon. G. Go Prydferth.
GOBRYN, récompenſe, mérite. G.
GOBRYNU, mériter, gagner, louer ou prendre à louage. G. Go Prynu. Davies.
GOBUR, preſque tout pur. G. Go Pur.
GOBWDR, qui eſt un peu rance, qui a un petit goût de relent. G. Go Pwdr.
GOBWRS, bourſe de cuir. G. A la lettre, petite bourſe.
GOBWYLLO, pourvoir, avoir ſoin. G. Pwyllo ſignifie la même choſe ; ainſi Go eſt ici une particule explétive.
GOBWYSFAWR, un peu peſant. G.
GOBYLIN, eſprit follet, eſprit familier, loup garou. B. Gobelin eſt uſité de toute ancienneté en Normandie dans la ſignification d'eſprit follet. Orderic Vital, Moine Normand du douzième ſiécle, parlant du démon que Saint Taurin, Évêque d'Evreux, chaſſa du temple de Diane, & qui ne laiſſa pas de continuer ſon ſéjour dans la même Ville, ajoûte qu'il y demeuroit encore de ſon temps & que

GOB.

peuple le nommoit *Gobelin. Hunc vulgus Gobelinum appellat. Kobold* en Allemand, esprit follet.

GOBYLINED, esprit follet. B.

GOBYN, interroger. G.

GOCH, merde. Voyez *Coddin*.

GOCH, le même que *Coch*, *Soch*, *Och*. Voyez *Arn* & *Coch*.

GOCH, le même que *Gwych*. Voyez ce mot.

GOCH, le même que *Goth*. De même des dérivés ou semblables. I.

GOCHACH, vacillant, chancelant, qui a un mouvement d'oscillation. I.

GOCHAWN. Voyez, dit Davies, s'il vient de *Go*, & *Cawn* de *Cael*. Je ne trouve rien qui puisse guider ma réponse.

GOCHEDEA, dessein, délibération. Ba.

GOCHEL, éviter, fuir, préserver, garantir, prendre garde. G. Cel.

GOCHELADWY, évitable, dont on peut se parer. G.

GOCHELFFORDD, lieu écarté, lieu à l'écart, solitude, retraite. G.

GOCHELGAR, avisé, circonspect, prévoyant, qui a de la prévoyance, qui prend beaucoup de précaution, très-circonspect. G.

GOCHELIAD, action d'éviter. G.

GOCHELU, GOCHELUD, les mêmes que *Gochel*. G.

GOCHELWR, qui pourvoit à la sûreté, qui prend des assurances, qui prend garde. G.

GOCHELYD, par crase *Gochlyd*, le même que *Gochel*. G.

GOCHERROA, réglisse. Ba.

GOCHLAS, orvale plante. G.

GOCHLYD. Voyez *Gochelyd*.

GOCHRWM, un peu courbe. G. *Go Crwm*.

GOCHWAETHU, n'avoir pas tout-à-fait le goût; ne goûter pas bien. G.

GOCHWERW, un peu amer. G.

GOCHWIBL, un peu aigre, aigret, suret, un peu acide. G.

GOCHWITHO-ARNO, être un peu étonné. G.

GOCHWYS, ce qui se fait avec tant de peine qu'on est tout en sueur. G.

GOCICOA, joie. Ba.

GOD, rayon de miel. G.

GOD, le même que *Goid*. I.

GOD, le sein, c'est-à-dire, l'intérieur des habits sur la poitrine. B.

GOD, froncis. B.

GOD, poche. Voyez *Godell*.

GOD, auprès, près. Voyez *Yngod*, *Yngo*.

GOD, le même que *Go*. Voyez D.

GOD, le même que *Cod*, bois. Voyez *Goez*. *Gofd* en Esclavon; *Gora* en Croatien, petite forêt; *Wand* en ancien Saxon, forêt; *Go*, bois substance de l'arbre en Tonquinois; *Goda* en Chaldéen, haye, bois substance de l'arbre, *Goza* ou *Guza* dans la même Langue, arbre, bois substance de l'arbre. Voyez *Gand*.

GOD. Voyez *Goch*.

GOD, le même que *Gand*. Voyez ce mot.

GOD, le même que *Got*, *Goth*. Voyez *Godeb* & *D*. De là *Godine*, *Godinette* en vieux François, femme de mauvaise vie, fainéante, amante, maîtresse; de là *Godelurean* en notre Langue.

GOD, GODID paroissent avoir signifié bon. Voyez *Godidog*, & *Odid*, qui, comme le remarque Davies, est le même que *Godid*. *God*, *Godb*, le bien, Dieu en Gothique, & *Gods*, *Goda*, bon; *God*, bon

TOME I.

GOD.

en Danois; *Gut*, bon en Allemand; *Gots*, Dieu en Islandois & en Suédois; *Gudb*, Dieu en Suédois; *Gud*, Dieu en Islandois; *Cot*, Dieu en Théuton; *Choda*, Dieu en Persan; *Koda*, Dieu, Seigneur en Persan.

GOD, préposition diminutive comme *Go*. Voyez *Godebyg*.

GOD, le même que *Gad*, *Ged*, *Gid*, *Gud*. Voyez *Bal*.

GOD, le même que *Cod*, *Od*, *Sod*. Voyez *Arn*.

GODACELUS, assez poli. G.

GODADIA, ordre, ordonnance, messager, exprès. Ba. Voyez *Godden*.

GODAL, caqueter, le bruit que font les poules dès qu'il est jour. B.

GODARIA, chocolat. Ba.

GODARTARIA, protecteur. Ba.

GODARTEA, protection. Ba.

GODAURQUEA, avant-garde. Ba.

GODAWEDOG, un peu taciturne. G. *Tawedog*.

GODDAITH, brûlure, action de brûler, embrasement, incendie, flamme. G.

GODDEALL, avoir quelque pressentiment. G.

GODDEF, porter, supporter, souffrir, permettre, être indulgent, pardonner, admettre, recevoir, faire des largesses, donner avec libéralité. G.

GODDEFADWY, supportable, tolérable. G.

GODDEFAINT, passion, souffrance. G.

GODDEFEDD, patience. G.

GODDEFIAD, tolérance, passion, souffrance, permission, congé. G.

GODDEFUS, patient. G.

GODDEG. Voyez, dit Davies, si c'est par corruption pour *Gofeg*, il me semble qu'oui; la phrase qu'il rapporte, & le sens de *Godden* paroissent l'indiquer.

GODDEIFIO, brûler un peu. G.

GODDEITHIO, brûler, faire brûler, embraser; brûler tout à l'entour, brûler un peu. G.

GODDENU, inviter en quelque manière. G.

GODDEU, propos, dessein, résolution. G. Voyez *Godadia*.

GODDIFFAITH, un peu sale, un peu honteux. G.

GODDIFLAS, un peu sot. G.

GODDIFOES, qui a des manières un peu grossières. G.

GODDIGLON, un peu fâché, un peu en colère. G.

GODDIGYWILYDD, un peu impudent. G.

GODDIRIAID, un peu lascif. G.

GODDISGLAIR, un peu transparent, qui est d'un roux un peu ardent. G.

GODDISTAW, un peu taciturne. G.

GODDIWEDYDD, le même que *Diwedydd*. G.

GODDIWES, GODDIWEDDYD, atteindre, acquérir, prendre, saisir, tenir, obtenir, devancer. G.

GODDREWLLYD, qui sent un peu mauvais, qui est un peu rance. G.

GODDULAS, un peu livide. G.

GODDWYS, un peu pesant. G.

GODDYFN, GODDYN, très-profond. G. *Go Dwfn*; *Dwn*.

GODDYGN, un peu fâcheux. G.

GODDYN. Voyez *Goddyfn*.

GODDYSGEDIG, demi sçavant, qui sçait peu de chose. G.

GODDYSGU, enseigner tellement quellement. G.

GODEB. Voyez, dit Davies, s'il vient de *Gott*. Il paroit en venir. L'analogie est entière; on dit indifféremment *God* ou *Got*. *Godineb* paroit même n'être qu'une épenthèse de *Godeb*. G.

Y yyyyyy.

GODEBERTUS, GODEBERTUS, A. M. espèce d'habillement militaire, *Godebert* en vieux François. C'est une cotte d'armes ou cotte de mailles que nous appellons *Hauber* & *Haubergeon*. Il vient d'*Alberch*, le *g* initial ajouté : ainsi on a dit *Gaubert* comme *Haubert*, que l'on a rendu dans le Latin du moyen âge par *Godbertus*, *Godebertus*. Voyez *Alberch*.

GODEBYG, un peu semblable. G. *Tebyg*.

GODECH, être à demi caché, se cacher, être caché. G. *Techu*.

GODECHIAL, être à demi caché, se cacher, se tenir caché, demeurer, s'arrêter, cesser, discontinuer, faire quelque chose avec négligence, avec lâcheté, avec paresse, cessation, interruption, repos. G.

GODECHWR, qui se tient caché, qui aime à être caché, paresseux, négligent, nonchalant, fainéant, vagabond, soldat qui après avoir battu la campagne revient au quartier. G.

GODEITU, détourner. Ba.

GODELL, poche. B. On voit par *Gota* que *God*, *Got* ont signifié poche comme *Godell*, *Cwd*. Voyez *Godetus*.

GODELL, troussis. B.

GODENAU, un peu mince, un peu menu, un peu délié, un peu petit. G. *Tenau*.

GODENEU, le même que *Godenau*. G.

GODETUS, A. M godet vase à boire. De *God*, *Godell*, qu'on voit par ce mot avoir signifié ce qui contient en général. Voyez *Cod*, *Cand*, qui sont les mêmes que *God*.

GODEYA, appel, provocation. Ba. Voyez *Cawd*.

GODIAD, élévation ou rang élevé au propre & au figuré. G. Voyez *Coddi*, *Goudhag* & *Gouid* en Arménien, tas.

GODICZA, gausser, railler. B.

GODICZER, railleur, cajoleur. B.

GODICZER-DANTUS, railleur. B.

GODID, bon, rare. Voyez *God*, *Godidog*.

GODIDAWG, excellent. G.

GODIDOG, GODIDOWG, excellent, très-bon; plutôt rare; d'*Odid*, dit Davies. G. L'un & l'autre de ces sens sont vrais. Voyez *Godidawg* qui est le même, & *Godidowgrwydd*.

GODIDOWGRWYDD, excellence, grandeur, dignité, G.

GODIDOWGWAITH, chose d'importance, chose qui en vaut la peine. G.

GODIF, jetter. C.

GODIN. Voyez *Din*. G.

GODIN, le même que *Gwedd*. Voyez ce mot. De là *Godin* en vieux François, beau, mignon, joli. Voyez *Godirion*.

GODINEB, fornication, incontinence, adultère. G.

GODINEBU, commettre le péché de fornication, commettre un adultère, débaucher, corrompre, se laisser aller aux infâmes plaisirs, se laisser aller aux voluptés, violer, souiller. G.

GODINEBUS, porté aux infâmes plaisirs, porté à la débauche des femmes, porté aux voluptés, débauché. G.

GODINEBWR, impudique, fornicateur, adultère, qui ravit l'honneur d'une femme ou d'une fille, corrupteur, qui débauche, qui corrompt. G.

GODINEBWRAIG, femme adultère. G.

GODIRION, joli, mignon, gentil. G. Voyez *Godin*.

GODISSA, courtiser, cajoler. B. Voyez *Godiczer*.

GODIWED, renverser. C.

GODLAWD, un peu pauvre. G. *Tlawd*.

GODODIN, le même que *Godor*. G.

GODOR, couchette, lit de verger, cabane de verger pour garder les fruits. B.

GODOG. *Y GODOG CHRITMONT*, fenouil marin, saxifrage, bassile ou bacile. G.

GODOL, aigle. Voyez le mot suivant.

GODOLPHIN ou GODOLCAN, aigle blanche. C. *Can* & *Pin*, blanc ; *Godol*, aigle par conséquent.

GODOR, GODORR, retard, empêchement, interruption, discontinuation. G. De *Go* & *Torri*, rompre. Davies.

GODORRI, rompre par-dessous. G.

GODORUN, le même que *Godwrdd*. G.

GODOWYLL, basané. G.

GODRAHAUS, un peu arrogant. G.

GODRE, pluriel *Godreon* & *Godreen*, frange, vieux lambeaux, guenillons, bords, frontières. G.

GODREIGLO, rouler dessous. G. *Treiglo*.

GODREM, GODREMYD, aspect, vue, vision, regard. G.

GODREMMYDD, vue, vision, regard, aspect. G.

GODREON, frange, bord, extrémité. G.

GODRIG, demeure, résidence, habitation, séjour en un lieu, retard, retardement, délai. G. De *Go Trig*. Remarquez que le même mot signifie retard & habitation, comme *Moror* en Latin.

GODRIGAW, GODRIGO, séjourner, demeurer, demeurer souvent, rester, s'arrêter, temporiser, différer, retarder, user de remise, ne se presser pas. G.

GODRIST, un peu triste, mélancolique ou chagrin. G.

GODRO, traire. G.

GODRUDD, armé. G.

GODRUTHIO, flater un peu. G. *Go Truthio*.

GODRWM, un peu pesant. G. *Go Trwm*.

GODRWSGL, un peu rustique, qui a des manières un peu grossières. G. *Trwsgl*.

GODRWSGLAIDD, un peu rustique, un peu grossier. G.

GODRWYN-GAM, un peu camard. G.

GODRWYNBANT, un peu camard. G. De *Pant*; qu'on voit par ce mot avoir signifié aussi bas; *Depressus* en Latin.

GODRWYTH, décoction, liqueur de choses qu'on a fait bouillir. G. *Trwyth* ; *Go* superflu.

GODRYLOYW, un peu transparent. G. *Go*, un peu; *Try*, à travers. *Gloyw*.

GODRYSTIO, faire quelque bruit. G. *Trwst*.

GODRYTHILL, un peu lascif. G. *Trythill*.

GODWRDD, GODWRF, son, bruit, tumulte, trouble, murmure, bruit confus, grand bruit, frémissement, lamentation. G. *Go*, *Twrd*, *Twrf*.

GODYB, opinion. G.

GODYNER, tout-à-fait tendre, fort tendre. G. *Go*, particule augmentative. *Tyner*.

GODYNN, un peu serré, un peu resserré, un peu restreint. G. *Tynn*.

GODYWYLL, un peu obscur, brun, brun-roux, de couleur tannée, minime, enfumé, noirâtre, un peu noir, tirant sur le noir, tors ou tortu. G. *Tywyll*.

Goë, sauvage. B.

Goë, anciennement Dieu en Breton.

Goë-HESQ, herbe longue qui coupe la main & qui croît dans les lieux marécageux. B.

GOED, forêt, bois substance de l'arbre. G. *Algaida* en Espagnol, bois, hallier; *Al*, article. Voyez *Coed*.

GOE. GOF.

GOED, prononciation. De *Gwedd*. G.
GOED, fang. B. *Goh* de *Cob*, rouge ; *Ad*, en composition *Ed*, par conséquent liqueur.
GOEDECQ, enfanglanté. B.
GOEDRWYD, GOEDWYADD, pyrole plante ; selon d'autres *Godrwyth*, melilot. G.
GOEDFRON, *T GOEDVRON*, le devant de la forêt. G. *Bron*, qu'on voit par ce mot avoir aussi signifié devant.
GOEDWYRDD. Voyez *Goedrwydd*.
GOEDWYS, couvert de bois, rempli de bois. Voyez *Argoedwys*.
GOEGUELEN, bruse arbrisseau, houx, frélon. B. *Guelenn*, houx ; *Goe*, sauvage.
GOEH, ruisseau. B.
GOEHTEN, veine. B.
GOEIDDIL, un peu délié. G.
GOEL, eau. B. *Gol*, *Giol*, lac, étang en Turc ; *Gouillet* en Franc-Comtois, petite mare d'eau boueuse ; de là *Gouilland* en style populaire, un homme sale, crasseux ; *Gouille*, boue en Patois Bourguignon.
GOEL, forge de forgeron. B.
GOEL, voile, rideau, bandeau pour les yeux ou pour le visage. B.
GOEL, fête. B.
GOEL, levain. B.
GOEL, le même qu'*Argoel*. G.
GOELAF, pleurer. B.
GOELCHI, laver, gargariser, nettoyer. B.
GOELE, lit. B.
GOELED, le fond, la partie la plus basse, le fond du pot, abysme. B.
GOELEDENN, cotillon, jupe. B.
GOELEDI, se précipiter parlant des herbes bouillies. B.
GOELER, pleurard. B.
GOELET, bas adjectif. B.
GOELL, forge. B.
GOELL, levain. B.
GOELVAN, lamentation. B.
GOELVANUS, déplorable. B.
GOELVAD, danses aux jours de fêtes. B.
GOELVAN, lavure. B.
GOEN, vallée. Voyez *Bren-Goen*. On dit en Franc-Comtois *Engoncé* pour enfoncé. *Engoncer* se prend au même sens en François ; *Cau*, creux ; *Com*, *Con*, *Cun*, vallée ; ainsi on a dû dire *Coen* comme *Goen*, & *Goen* aura signifié bas comme vallée, de même que *Val*. Voyez ce mot. *Goo*, vallée en Tartare Calmoucq. Voyez *Cun*.
GOEN, arbre ; c'est le même que *Gwen*, l'w se prononçant en o.
GENA, orifice, bouche. G. Voyez *Gen*.
GOENT, GONT, GOND, les mêmes que *Cond*, *Cand*, *Gand*, comme on le voit par *Goentra*, *Aru*, *Bal* & D.
GOENTRA, joindre, unir. B.
GOENVI, se faner, flétrir. B.
GOENVI, enfler. B.
GOER. Une partie des Gallois se sert de ce mot pour *Oer*, froid. G. *Ker* en Hébreu, froidure ; *Kor* en Éthiopien, froid, froidure ; *Kor* en Arabe, froid, *Kor* en Chaldéen a dû signifier froidure, puisque *Karat* ou *Kar* signifie refroidir en cette Langue, qui employe l'*a* par préférence.
GOER, ruisseau. B. Voyez *Gouer*.
GOERCHES, vierge. B. Voyez *Guerches*.
GOERCHYLL, un peu affreux. G. Go *Erchyll*.
GOERO, traire. B.

GOES, sauvage. B. Voyez *Gwes*. *Choes*, rustique en Persan.
GOESTELL, gâteau. B.
GOESTL, vœu, dévouement, gage, solvable. B.
GOESTLA, engager, mettre en gage. B.
GOET, bois substance de l'arbre, forêt. B. Voyez *Coet*.
GOET, fang. B.
GOETEBETAM, généralement. B. Voyez *Gwitibunan*.
GOEVI, se ternir, se faner. B.
GOEZ, ruisseau. B. Voyez *Goer*.
GOEZ, sauvage. B. Ce mot est formé de *Goed* ; en composition *Goez*, & *Zy* en composition pour *Ty*, habitation. Sauvage, en Latin *Sylvestris*, qui habite les bois ; Sauvage en François, de *San* pour *Gan*, forêt, (Voyez *Aru*) & *Vag* de *Mag*, habitation. Par là, quand nous ne le sçaurions pas d'ailleurs, nous voyons qu'on a dit *Goed* comme *Coed*, même hors de régime. Il faut en dire autant de *Goad*, *Goat*, *Goet*, *Goit*, *God*, *Got*, par rapport à *Coad*, *Coat*, *Coet*, *Coit*, *Cod*, *Cot*, &c. Voyez *Goes* & *Aru*.
GOEZ-IRVIN, coloquinte. B.
GOEZ-RADEN, capillaire. B.
GOEZA. Voyez *Gwez*.
GOEZDER, air effarouché. B.
GOEZMELL, panis. B.
GOEZREU, fluxion sur les yeux. B.
GOEZVI, se faner, se flétrir. B.
GOEZZAAT, effaroucher. B.
GOF, forgeron, taillandier, maréchal, serrurier ; plurier *Gofaint*. G. B. *Gof Près*, *Gof Coppr*, ouvrier en cuivre, en airain, en bronze. G. *Kovazi* en Dalmatien ; *Kovach* en Hongrois ; *Kowal* en Polonois ; *Kovazh* en Esclavon ; *Kowarz* en Bohémien ; *Goeda* à Malaca, maréchal. *Gof* se prononce *Go*.
GOF, auprès, près. Voyez *Yngof*, *Yngo*.
GOF, le même que *Cof*. Voyez *Aru*.
GOF-DIOW, ouvrier en fer. C.
GOFAIN, un peu mince, un peu menu, un peu délié, un peu petit. G.
GOFAL, soin, sollicitude, dépense, frais, coût. G.
GOFALEGEN, adresse, industrie. G.
GOFALEDD, soin, attention qu'on donne à quelque chose. G.
GOFALGUR, soin, application. G.
GOFALU, avoir soin, donner attention. G.
GOFALUS, soigneux, exact, circonspect, attentif, qui est fait avec soin. G.
GOFALWR, qui a le soin. G.
GOFANIAETH, métier de forgeron, de taillandier, de maréchal, de serrurier. G. *Gof*.
GOFAWR, un peu grand. G. *Mawr*.
GOFEDDAL, un peu mol, tout-à-fait tendre. G. Go *Meddal*.
GOFEG, esprit, entendement. G.
GOFEILIANT, plurier *Gofeiliaint*, soin, attention. G.
GOFEL, forge de forgeron. B.
GOFELUS, un peu doux, douceâtre, doucereux. G. Go *Melus*.
GOFELYN, jaunâtre, un peu jaune, roussâtre, un peu roux, un peu blond, qui tire sur le blond. G. Go *Melyn*.
GOFELYNU, verbe de *Gofelyn*. G.
GOFER, ruisseau qui sort de la source, ruisseau, écoulement d'une source, écoulement, ce qui coule, distillation. G. Go *Mer*.

GOFER, ruisseau. B. Voyez Gouer.
GOFERFYNNON, fontaine. G.
GOFERIAD, dérivation. G.
GOFERINI, espèce d'herbe ou de plante que Davies n'explique pas : Elle est apparemment ainsi nommée parce qu'elle croit près des ruisseaux. G.
GOFERU, couler, découler, couler goutte à goutte, s'écouler, dériver, tirer, faire venir. G. De *Gefer*.
GOFF, ventre; *Goff Ar Gâr*, le gras de la jambe, parce qu'il en est comme le ventre; *Goff An Dour*, étang, mare; à la lettre, ventre d'eau; *Goff Bihan*, bas ventre. B.
GOFF, forgeron, maréchal. B.
GOFFAT, ventrée; *Anter Goffat*, jumeau; à la lettre, demi-ventrée. B.
GOFFEC, ventru, qui a un gros ventre. B.
GOFFELL, forge. B.
GOFFRI, rendre honorable, décorer, donner à quelqu'un un rang, un grade qui le distingue. G.
GOFFRI, friser les cheveux. B.
GOFID, passion, souffrance, langueur, abbatement de forces, peine, affliction, chagrin, misére. G. *Go* est *Gau*, qu'on voit par ce mot ne pas avoir seulement signifié faux, mais encore mauvais. *Fid* de *Bid*, être, état.
GOFIDIAW, pousser des lamentations. G. C'est le même que le suivant.
GOFIDIO, avoir du regret, être touché de douleur, affliger, causer du chagrin, fâcher, causer de la peine, tourmenter, ulcérer, blesser, humilier, accabler, opprimer.
GOFIDIS, misérable. G. C'est le même que *Gofidus*.
GOFIDLAWN, chagriné, affligé, accablé de maux. G.
GOFIDUS, chagriné, affligé, accablé de maux, misérable, rude, âpre, sur, acide. G.
GOFLAWD, farine mouillée. G, *Blawd*; *Go*, eau.
GOFLEW, poil follet. G. *Blew*; *Go* diminutif.
GOFLEWYN, poil. G.
GOFLIN, un peu las, un peu fâcheux. G. *Blin*.
GOFLODEUOG, beau, brillant. G. *Blodeuog*.
GOFLODI, mouiller la farine. G. Voyez *Goflawd*.
GOFLODI, cribler par-dessus. G.
GOFRAENLLYD, un peu rance. G. *Braenllyd*.
GOFRAISG, grandelet. G. *Braisg*.
GOFRAS, un peu gras, un peu graissé. G. *Bras*.
GOFRON, petite montagne, petite colline. G. *Go*, petite; *Bron*.
GOFRWNT, un peu sale, un peu crasseux, un peu rance, qui a un petit goût de relent, un peu honteux, un peu obscène. G. *Brwnt*.
GOFRWY, vœu dans les deux sens, désir, demande. G.
GOFRWYSG, à demi yvre, qui a trop bû. G. *Brwysg*.
GOFUD, le même que *Gofid*. G.
GOFUDR, un peu sale, un peu crasseux, un peu vilain, un peu honteux, un peu deshonnête, très-vilain, très-honteux. G. *Budr Go*.
GOFUNED, vœu dans les deux sens, désir, demande. G.
GOFUNEDU, vouer, désirer, demander. G.
GOFWY, GOFWYAD, visite. G.
GOFWYO, visiter, aller voir, faire visite. G.
GOFYD, le même que *Gofid*. G.
GOFYDDAR, un peu sourd. G. *Hyddar*.

GOFYGED, le même que *MygED*. G. *Go*, préposition explétive.
GOFYN, demande, question, interrogation, enquête, information, problème, question problématique, question douteuse, demander, interroger, prier. G.
GOFYNAG, GOFYNAIG, vœu, espérance, confiance. G.
GOFYNAIS, prier. G.
GOFYNIAD, demande, question, interrogation, enquête, information, prière. G.
GOFYNLAD, demande, interrogation. G.
GOFYNNAIS, demander, prier. G.
GOFYNNWR, demandeur, qui redemande, stipulateur. G.
GOFYRR, fort court. G. *Byrr*.
GOG, satyre, raillerie, plaisanterie. B. De là *Gauch* en Allemand, baladin, charlatan; de là *Jocus*, *Joculator* en Latin. Voyez *Gogusa*.
GOG, le même que *Cog*, *Og*, *Sog*. Voyez *Aru*.
GOG, le même que *Goug*. Voyez *Gogailhes*, *Gougailhés*.
GOG, le même que *Gag*, *Geg*, *Gig*, *Gug*. Voyez *Bal*.
GOGABERA, tendresse. Ba.
GOGAEAD, à demi fermé. G. *Caead*.
GOGAICIOA, ennui. Ba.
GOGAILHES, bonne chére, gogaille. B. De là ce dernier mot. Voyez *Galha*.
GOGAITARACI, ennuyer, être à charge. Ba.
GOGAITEA, fureur, rage. Ba.
GOGAITERAGUIN, ennuyer, être à charge. Ba.
GOGAITU, je m'ennuye. Ba.
GOGAITUA, accablé d'ennui. Ba.
GOGAITZEA, ennui. Ba.
GOGALED, un peu dur, un peu difficile. G.
GOGALEDU, durcir un peu. G.
GOGALEIA, soupçon. Ba.
GOGALLADH, glousser. I.
GOGAMMU, courber, plier en arc. G.
GOGAN, médisance, calomnie, blâme, reproche, réprimande, satyre, censure, blasphême, honte, deshonneur, infâmie, mauvaise réputation, petit mot, petite voix. G. Il a aussi signifié raillerie. Voyez *Goganwr*. De *Go*, mauvais, petit; *Gan* de *Can*. De la *Gogue* en vieux François, raillerie, plaisanterie; de là *Goguettes*, *Goguenard*, *Goguenettes*. Voyez *Egogui*, *Gogusa*, & *Gogan* plus bas.
GOGAN, qui dit des mots piquans. G.
GOGAN, chez les anciens Gaulois, prédire, présager. G. *Can*, parler, dire; *Go* a donc signifié avant, auparavant.
GOGAN, raillerie, moquerie. B. Voyez *Gogusa*.
GOGAN, le même que *Gogawn*. Voyez *Anogan*.
GOGAN, puissant, robuste, fort, viril. Voyez *Anogan*.
GOGANA, railler, moquer, critiquer, contrefaire par dérision. B.
GOGANAIR, médisance, calomnie, invective, accusation, infâmie, mauvaise réputation. G. *Air* de *Gair*, pléonasme. Voyez *Gogan*.
GOGANCHWEDL, médisance, calomnie, invective, accusation. G.
GOGANDDYN, indigne de louanges, sans mérite. G.
GOGANDRYLL, usé par-dessous. G.
GOGANER, railleur, moqueur, qui critique, qui contrefait par dérision. B.
GOGANGERDD, satyre, poëme satyrique. G. *Cerdd*.

GOGANNAID,

GOG.
GOG. 653

GOGANNAID, blanchâtre, un peu blanc, qui tire sur le blanc, tant soit peu luisant. G. *Cannaid.*

GOGANU, médire, railler, calomnier, dire du mal, dire des injures, outrager de paroles, diffamer, perdre d'honneur, blâmer, censurer, reprocher, reprendre, piquant, satyrique, satyre, poëme satyrique. G.

GOGANUS, blâmable, honteux, infâme, couvert d'ignominie, perdu d'honneur, diffamé, ignominieux, souillé, deshonoré, digne de reproche, coupable, criminel, très-infâme. G.

GOGANWAWD, invective. G.

GOGANWR, médisant, calomniateur, qui injurie, qui fait de faux reproches, qui blâme, qui censure, qui reprend, qui réprimande, railleur. G.

GOGAQUIDA, sympathie, consentement. Ba.

GOGAQUIDARIA, instinct. Ba.

GOGAQUIDEA, unanime. Ba.

GOGAQUINA, ame, pensée. Ba.

GOGARACO, qui plaît, agréable, de grace. Ba.

GOGARTA, propos. Ba.

GOGARTATZEA, préméditation. Ba.

GOGARTEA, méditation. Ba.

GOGARTH. Davies n'explique pas ce mot qu'il rapporte sous *Garth.* Mais il doit signifier petit promontoire, petit mont, *Garth.* G.

GOGAS, un peu odieux, un peu haï. G. *Cas.*

GOGATZU, persuader. Ba.

GOGAU LLYGAID, cligner les yeux. G.

GOGAWN, GWOGAWN, rassasiement, celui qui rassasie, puissant, fort, viril. G. Davies demande si ce mot vient de la même racine que *Digaws,* (c'est le même que *Digon*) & s'il a la même signification. Je ne crois pas qu'on en puisse douter, puisque *Digon* signifie assez, & *Digoni,* rassasier, satisfaire, faire ce qui suffit, être en pouvoir, être en grand pouvoir, se comporter en homme. En confrontant ensemble *Digawn* ou *Digon* & *Gogawn,* on voit que *Gon* ou *Gawn* est la racine du mot, & que *Di* & *Go* sont des prépositions explétives. De *Gogawn Gogo, être à Gogo,* avoir tout en abondance ; *Gogoyer,* donner en abondance : ce sont des expressions populaires.

GOGAWR, moissons, grains qui sont encore sur la terre. G.

GOGEL, synonime de *Gochel.* Voyez *Diogel.*

GOGELU, protéger. C.

GOGELYD, le même que *Gochelyd.* G.

GOGEN, GOJEN, jeune taureau, bouvillon. B. *Go Egen.* On a dit *Godin* en vieux François.

GOGETHIN, noirâtre, qui tire sur le noir brun. G. *Cethin.*

GOGETHINO, être un peu étonné. G. Voyez *Gogethin.*

GOGH, rouge. G.

GOGHEER, railleur, moqueur. B. De *Goggair.* Voyez *Gogan.*

GOGHEI, railler, plaisanter, moquer. B.

GOGHEWR, railleur, moqueur. B.

GOGHYDEDD, équateur. B.

GOGLAIAR, un peu tiéde. G.

GOGLAIS, chatouillement, gratelle G.

GOGLAWD, petite fosse, petit rempart. G.

GOGLEDD, nord; *Gwynt Gogledd-Orlewyn,* vent de nord-ouest; *Gogledd-Dawyreinwynt,* la bise; *Gogled-Wynt,* aquilon, vent du nord. G. C.

GOGLEDD, petite fosse, petit rempart. G.

GOGLEDDAWL, GOGLEDDIG, GOGLEDDOL, septentrional. G.

GOGLEISIAD, chatouillement. G.

GOGLEISIO, chatouiller. G.

GOGLODDIO, creuser dessous. G.

GOGLOFF, boiteux. G. *Cloff.*

GOGLUD, GOGLYD, confiance, espérance. G.

GOGLYWED, sous-entendre. G.

GOGNEIFIO, tondre par-dessous. G. *Cneifio.*

GOGO, prier. G. Voyez *Gogoz.*

GOGO-ANDITASSUN, magnanimité. Ba.

GOGOA, pensée, mémoire, affection, amour, volonté. Ba.

GOGOCH, rougeâtre, un peu rouge, tirant sur le rouge, roussâtre, un peu roux. G.

GOGOCHI, être un peu rouge, devenir roux. G.

GOGOCHIPILACOAC, pusillanimes. Ba.

GOGOF, cave, fosse, antre, caverne. G. Voyez, dit Davies, si *Ogof* ne seroit pas mieux. Les deux sont bons, le g initial est indifférent. Voyez *Aru.*

GOGOFAWG, caverneux. G.

GOGOLACIA, A. M. espèce de filet à prendre le poisson : apparemment celui que les pêcheurs appellent *Varvone* qui a la forme d'un petit antre. De *Gogof.*

GOGOLADH, chanter comme une poule lorsqu'elle a fait son œuf. I.

GOGONED, couvert de gloire, glorieux en bonne & mauvaise part. G.

GOGONEDDIAD, action de se glorifier, ostentation, vanité, vanterie. G.

GOGONEDDU, glorifier. G.

GOGONEDDUS, couvert de gloire, fameux, remarquable, considérable, glorieux en bonne & mauvaise part G.

GOGONI, puissance. G. Voyez *Gogawn.*

GOGONIANNUS, glorieux en bonne & mauvaise part. G.

GOGONIANT, gloire en bonne & mauvaise part, petite gloire, foible gloire, legère gloire. G.

GOGOR, lumière. I.

GOGOR, dur. G.

GOGOR-RHYWCH, rempart, mur fort. G.

GOGORA, austère, dur. Ba.

GOGORBAT, dur. Ba.

GOGORQUIRO, cruellement. Ba.

GOGORRA, dur, cruel, fort, dureté. Ba. *Garo.* Voyez le mot suivant.

GOGORTASSUNA, aveuglement. Ba.

GOGORTASUNA, cruauté, sévérité, acrimonie, dureté au propre. Ba.

GOGORTU, saler, qui a endurci. Ba.

GOGORTU, aveuglé. Ba.

GOGOSETIA, goulu. Ba.

GOGOTIA, avide. Ba.

GOGOTIC, volontiers. Ba.

GOGOTSUA, bénévole. Ba.

GOGOUAWG, plein de trous, de cavernes. C.

GOGOZ, je désire. Ba. Voyez *Gogo, Gogoa.*

GOGOZ, clément. Voyez *Gogozatia.*

GOGOZATIA, clément. Ba.

GOGOZEZA, qui n'est pas clément. Ba. *Eza* privatif; *Gogoz,* clément. Voyez *Gogozatia.*

GOGR, crible. G.

GOGRASAREN, un peu subtil. G. *Crasaren.*

GOGRINO, devenir un peu sec. G. *Crin.*

GOGRISBIN, un peu aride. G. *Go Crispin.* Davies.

GOGRWR, faiseur de cribles. G.

GOGRYCH, qui a les cheveux un peu crépus, G. *Crych.*

GOGRYDD, faiseur de cribles. G.

GOGRYF, qui a quelque force. G. *Cryf.*

GOGRYG, un peu enroué. G.

GOG.

GOGRYNU, cribler. G. Gogr. On appelle Gringalet, une espèce de crible dont on se sert pour cribler de la terre, du sable & en séparer les petites pierres ; Galet, petite pierre, il faut qu'on ait dit Grynu comme Gogrynu.

GOGRYSBYNNU, devenir un peu sec. G. Cryspin.

GOGUEITA, intension. Ba. Voyez Gogyhyd.

GOGUES, le mâle de la vieille poisson. B.

GOGUIROA, tempérance. Ba.

GOGUL, un peu maigre. G.

GOGURPILLA, pompe. Ba.

GOGURRIA, tempérance. B.

GOGUSA, folâtrer, bateler, faire des plaisanteries, des jeux devant le peuple. G. Voyez Gog.

GOGWIG, sommeil leger, état d'un homme à demi endormi. G.

GOGWTTA, fort court. G.

GOGWYD, inclinaison, pente, penchant, inclination, déclinaison, pli, courbure, détour. G.

GOGWYDDEDIG, courbé, convéxe. G.

GOGWYDDIAD, déclinaison, action de détourner, inclinaison, pente, penchant, inclination, action de se courber, courbure, convéxité, pli, détour. G.

GOGWYDDO, incliner, pencher, se courber, se plier, s'abbaisser sur ses jambes, s'accroupir, fléchir, être penché, être plié, être courbé, être courbe, pencher vers, être tourné vers, plier, courber, replier, recourber, tordre, décliner, se détourner, chanceler ; Gogwyddo At, pencher, incliner, faire ses efforts. G. Cette dernière signification vient de ce qu'on se courbe quand on veut faire ses efforts pour pousser quelque chose.

GOGWYDDOL, courbé, penché, incliné en devant. G.

GOGWYMPO, pencher. G.

GOGWYS pour Gwys ; de Gwyddys, on sçait, il est sçu. G.

GOGYCHWYN, commencer un peu. G. Cychwyn.

GOGYD, le même que Gogyhyd. G.

GOGYDRYW, homogène, qui est de même genre. G. De Cydryw.

GOGYFADAW, promettre, compromettre, passer un compromis, menacer, menacer fortement, faire de grandes menaces. G.

GOGYFARCH, interrogation. G.

GOGYFFELYB, un peu semblable, semblable, égal. G. Cyffelyb.

GOGYFIAW, le même que Cyfiaw. G.

GOGYFLED, largeur égale. G.

GOGYFLIW, qui est de même couleur. G. Cyfliw.

GOGYFLUN, conforme. G. Cyf Llun.

GOGYFNODI, remarquer tacitement. G. Cyfnodi de Cyfnod ; Go diminutif exprime le tacitement.

GOGYFNOS, le soir, au soir, sur le soir, crépuscule. G. Cyfnos paroit être ici le même que Nos, nuit ; Go diminutif.

GOGYFOED, de même âge, de même temps, contemporain. G. Cyfoed ; Go superflu.

GOGYFRWYS, un peu subtil. G. Cyfrwys.

GOGYFURDD, égal, pareil, semblable, pair, d'un rang égal parlant des personnes. G. Cyfurdd ; Go superflu.

GOGYFWCH, GOGYFUWCH, égal, pareil. G.

GOGYFWRDD, atteindre, toucher. G. Cyfwrdd.

GOGYFWRDD, Y GOGYFWRDD, les grands, les puissans. G.

GOGYFYSTLYS, qui a les côtés égaux. G.

GOGYHUDDO, accuser en quelque manière. G.

GOGYHYD, GOGYD, de même longueur. G.

GOI.

C'est une crase de Gogyshyd ; Go superflu ; Cyf, égal, même ; Hyd, longueur.

GOGYHYDU, égaler en longueur. G. Gogyhyd.

GOGYLC, circonférence. C.

GOGYLCHED, circuit, environnement, circonférence. G. Cylched.

GOGYMMAINT, fort égal, très-juste, égal, juste, pareil. G. Cynmaint.

GOGYMMEDR, proportionné, assorti, convenable, propre à. G. Voyez Cymmedr, qui est le même.

GOGYMMEDROL, médiocre, modéré, réglé, retenu, modeste. G.

GOGYMMEDROLI, égaler. G.

GOGYMMHWYSDER, égalité. G.

GOGYMMHWYSDRA, égalisation. G.

GOGYMMRAFF, d'égale grosseur. G. Cym, égale ; on a donc dit Braff comme Bras.

GOGYMMYLOG, un peu nébuleux. G. Cymmylog.

GOGYNDYN, un peu opiniâtre. G.

GOGYNFIGENNUS, un peu odieux. G. Cynfigen.

GOGYSGU, s'endormir, commencer à sommeiller, être tout endormi. G.

GOGYSTAL, égal, pareil, semblable, fort égal, très-juste. G. Cystal.

GOGYSTALEDD, égalité. G.

GOGYWED, le même que Cywed. G.

GOH pour Goeh. Voyez Goeien.

GOHALLT, un peu salé. G. Hal.

GOHAM, GOHAN. Voyez Goaf.

GOHANVA. Voyez Goaf.

GOHAT, fiévre ; Ur Gohat Terihan, un accès de fiévre ; Goat Furi, fougue. Gohat signifie proprement l'accès de fiévre ou de fureur ; c'est le même que Caouat, B.

GOHEB, parler. G. Heb ou Eb, parler ; Go. Davies.

GOHEBU, parler, dire. G.

GOHEDEG, voler ou s'envoler en haut. G. Hedeg, voler ; Go par conséquent en haut, haut.

GOHEN, un peu vieux. G.

GOHEN, GWOHEN, obliquité. G.

GOHENAID, un peu vieux. G.

GOHIR, délai, retard, retardement, répit, prolongation, allongement. G. Hir ; Go superflu.

GOHIR, un peu long. G. Go diminutif ; Hir.

GOHIRIAD, délai, retard, remise, prolongation, continuation. G.

GOHIRIO, retarder, différer, remettre, prolonger, tirer en longueur, allonger, étendre. G. De là Goir, jouir en vieux François ; & de Goir est venu jouir.

GOHIRWR, temporiseur, qui diffère, qui retarde, qui use de remise, de délai. G.

GOHUS, de front, à côté l'un de l'autre. I.

GOHUWYR, l'étoile de Venus lorsqu'elle suit le coucher du soleil. G. Go, presque ; Hwyr.

GOHYBU, le même qu'Hybu. G.

GOHYEN. Voyez Goeien.

GOHYLL, un peu affreux. G.

GOI, fermenter, digérer. B. Voyez Goia, Go.

GOI, le même que Gwi, parce que l'w se prononce en o.

GOIA, hauteur, élevation, haut. Ba. Voyez Goi.

GOIA, A. M. espèce de faulx, en vieux François Goie. On appelle en Franc-Comtois Goies, Goisset, un couteau recourbé dont on coupe le raisin. Voyez Gayw, Goaff, Goithne.

GOIANTEA, géant. G. Voyez Geant.

GOIAT. Voyez Go.

GOIBALIA, recherché, délicat. Ba.

GOISIN, baiser nom. I.
GOICEA, le matin. Ba.
GOICECO, du matin. Ba.
GOICOBECO, cercle, circuit. Ba.
GOIET. Voyez Go.
GOIGOA, promotion. Ba. Voyez Goia.
GOIL, le même que Coil, Oil, Soil. Voyez Aru & Coil.
GOILAN, espèce d'oiseau de mer. B.
GOILART, A. M. Voyez Goliardus.
GOILE, estomac. I.
GOILEAMHAIN, pesant, acide, âpre. I.
GOILIM, être pesant, être ou devenir acide. I.
GOILL, étrangers. I.
GOILLINE, diable. I.
GOIMBILTARIA, chevalier. Ba.
GOIN, aiguillon, coup, blessure, piquer, tourmenter, faire mal, causer de la peine. I.
GOIN, haut. Ba. Voyez Goi.
GOIR, ulcére, pus. G. B. Gorre en Normandie, verole.
GOIR, GOIRTAN, GOIRTIN, salé. I.
GOIRE, près, auprès. I. Voyez Ger.
GOIREAS, état d'une chose serrée. I.
GOIRID, court espace, petit espace. I.
GOIRIM, GAIRIM, crier, appeller. I. Voyez Gair.
GOIRMIN, guesde ou pastel. I.
GOIRMRIADACH, verd de mer. I.
GOIRTE, salure, qualité d'etre salé. I.
GOIRTHE, chaud. I.
GOISABIRIBILLAC, amande confite. Ba.
GOISGALEA, action de goûter une seconde fois. Ba.
GOISTELL, gâteau. B.
GOIT, bois, forêt. Voyez Goet & Coit. Voyez Aru.
GOITALDIA, gravité affectée. Ba.
GOITANDIA, sublime. Ba.
GOITANDITZEA, élévation, sublimation. Ba.
GOITARGUIA, phare. Ba. Arguia, Goiti.
GOITASSEAC, lambris, plancher du dessus. Ba.
GOITERIA, vanité. Ba.
GOITHNE, lance, dard, javelot. I.
GOITI, au-dessus, en haut, élévation, montagne; Goiti-Erri, montagnard. Ba.
GOITIA, arrogant. Ba.
GOITICO, au reste. Ba.
GOITICOA, superflu, redondant, plus abondant. Ba.
GOITITURIC, qui élevent, qui haussent. Ba.
GOITOTSA, son grave. Ba.
GOITUSTEA, vanité. Ba.
GOIP, dans. I.
GOIZ, jour. Ba.
GOIZ, avant le temps. Ba.
GOIZA, le matin. Ba.
GOIZCHOA, le point du jour. Ba.
GOIZETA, esturgeon poisson. Ba.
GOIZTARRA, précoce, prématuré. Ba.
GOIZTIA, qui s'est éveillé avant le jour. Ba.
GOL, élévation. G. Gola, montagne en Tartarie Mogol & Calmoucq.
GOL. Voyez Bal. G.
GOL, bois. Voyez Goalenn.
GOL. En comparant Goeled avec Sol, on voit qu'on a dit Gol pour Goeled.
GOL. En comparant Golsi, Golo, avec Cilio, Cil, Gil, on voit que Gol a été synonime de Gil, & Col de Cil par la même raison. Voyez encore Bal.
GOL, col. Voyez Golabuta.

GOL, jaune. Voyez Goleno & Gold. De là Gold, or en Allemand.
GOL, le même que Col, Ol, Sol. Voyez Aru.
GOL, le même que Gal, Gel, Gil, Gul. Voyez Bal.
GOLABUETA, décollation. Ba. Voyez Col. On voit par là qu'on a dit Gol comme Col.
GOLAES, lâche, mol. G.
GOLAETH, laitue. G.
GOLAFARLYM, un peu subtil. G. Lafarlym signifie donc subtil.
GOLAITH, humide, liquide, plein de suc, succulent. G. Llaith.
GOLAITH, un peu humide. G.
GOLAITH, le même que Llaith, mort. G.
GOLAMBACH, sautiller, faire des petits sauts. G.
GOLARDOA, GOLARDOYA, prix, récompense. Ba. Voyez Golo.
GOLAS, un peu livide. G. Go, Glas.
GOLAS, livide, plombé, meurtri, noirâtre. G. Go superflu; Glas.
GOLASWELW, un peu pâle, un peu livide. G.
GOLATHRAIDD, assez poli. G.
GOLATEAC, ouvrage relevé en bosse. Ba. Gol.
GOLAWEN, un peu gai. G.
GOLCH, bain, urine. G. Voyez Goel.
GOLCHED, couette. B. Colcha en Espagnol, loudier, courte-pointe; Coltra en Italien; Culkt en Flamand, courte-pointe, couverture piquée. Voyez Colchia.
GOLCHEDENN, panneau sorte de selle. B. Voyez Golchet.
GOLCHET, singulier Golcheden, couette lit de plume. Un vieux Dictionnaire porte Golches, coutil ; l'usage & le nouveau Dictionnaire donnent ce nom a une espèce de bât de bête de charge que l'on nomme vulgairement en François Panneau. B. Cuilt en Irlandois, lit. Cet article est pris de Dom Le Pelletier.
GOLCHET, lavé. B.
GOLCHFA, bain, lieu où l'on se baigne, bains publics, lieu où l'on lave. G.
GOLCHI, laver. G. B. Goet dans la Province de Lincoln signifie fosse, mare où l'eau se ramasse; Gos en Tartare Mogol, action de laver.
GOLCHI, baptiser. G.
GOLCHIAD, action de laver, baptême. G.
GOLCHION, ravine, écoulement d'immondices ; écoulement d'égoût, crasse, ordure, saleté. G.
GOLCHLESTR, vase à laver. G.
GOLCHURIES, lavandière. G.
GOLCHWRAIG, lavandière. G.
GOLCHYDDES, lavandière. G.
GOLCORA, sein. Ba.
GOLD, souci fleur jaune. G.
GOLD MAIR, souci fleur. G.
GOLDARIA, laboureur. Ba.
GOLDASPECA, manche de la charrue. Ba.
GOLDEA, charrue, arpent, journal de terre. Ba.
GOLDORTEA, soc de charrue, charrue. Ba.
GOLECHU, être à demi caché. G.
GOLED, le même que Go diminutif. Voyez les articles qui suivent.
GOLEDFFRAETH, un peu subtil. G. Goled, un peu ; Fraeth signifie donc subtil.
GOLEDHWRTH, un peu stupide. G. Goled, un peu ; Wrth, stupide.
GOLEDSUR, tant soit peu aigre. G.
GOLEDSYTH, un peu arrosé & un peu sec. G.
GOLEDWAN, un peu languissant. G. Goled Gwan.

GOLEI, cacher, céler, couvrir. B. Goluf, imposteur, trompeur, pipeur en Esclavon. Voyez Gol.
GOLEIN, recéler. B. Voyez Golci.
GOLEISIO, chanter la contre-partie, chanter la basse. G.
GOLEITHIO, flater. Voyez Tmoleithio.
GOLEITHYDD. Voyez Tmoleithydd, Tmoleithio.
GOLEMMAIN, sautiller, faire des petits sauts. G.
GOLEN, petit lac. B. De Go Lenn. Gullen, marais en Allemand.
GOLENA, A. M. petit lac. De Golen.
GOLERIUM, A. M. col, collet d'habit; en vieux François Gollo, Gollée. De Gol, Col.
GOLESG, un peu délié. G.
GOLEU, aurore, jour, lumière, luminaire. B.
GOLEU, lumière, luminaire, plein de lumière, resplendissant, clair, évident, manifeste. G.
GOLEU. Voyez Gwawl.
GOLEUAD, lumière, luminaire, corps lumineux. G.
GOLEUDAN, incendie. G. Goleu Tan.
GOLEUDDREM, euphraise. G.
GOLEÜDE, aube du jour. B.
GOLEUDEG, luisant, éclatant, clair. G.
GOLEUDER, lueur, splendeur, éclat, clarté, évidence. G.
GOLEUEN, chandelle. B.
GOLEUET, clair, éclatant, resplendissant. G. Voyez Goleno.
GOLEUHER, ciergier, chandelier, qui vend des chandelles. B.
GOLEULAS. LLIW GOLEULAS, couleur de bleu céleste. G.
GOLEULWYS, luisant, éclatant, brillant. G.
GOLEUNI, lumière, luminaire. G. B.
GOLEUO, luire, éclairer, mettre en évidence. G. L'l & l'r se mettant l'une pour l'autre, on a dit Gereuo comme Goleuo, ainsi qu'on le voit par Gwawr, aurore; par Jor, qui se dit encore en quelques Provinces du Royaume pour jour, d'où est venu ce mot. De Gwawr, aurore, on a fait Awr, d'où sont venus Aurora Latin, Aurore François. Or en Hébreu, lumière; Or en Arménien; Courita en Galibi, jour. Nous voyons par Gold & Goleu que Gol a signifié jaune, & par la même raison Gor, Gwawr, Or, Awr; de là Aurum, or métal jaune.
GOLEURWYDD, le même que Llcurwydd. G.
GOLEW, qui a quelque force. G. Go Glew.
GOLEWYCHU, luire un peu. G.
GOLEYDDAN, incendie. G.
GOLF, golfe, goufre. B. De là le premier de ces mots. Voyez Gwlf.
GOLF-MER, goufre. B.
GOLFAN, moineau. B. De Gol, caché; Fan de Man, maison.
GOLFAZ, battoir pour laver. B. Faz de Bac.
GOLFEZ, battoir pour laver. B. Voyez Golfaz.
GOLFFUS, GOLFUS, A. M. golfe. De Golf. Golfo en Italien, golfe.
GOLH, lotion, lavage, action de laver. B.
GOLHED, couette. B. Voyez Golched.
GOLHEIN, laver, gargariser, nettoyer, aiguser. B.
GOLHEREAH, lotion. B.
GOLHETT, couette. B.
GOLHOUR, laveur. B.
GOLHYED, couette. B.
GOLIA, A. G. tortue animal qui porte son couvert. De Gol, Golo.

GOLIARDIA, A. M. la profession de baladin, de comédien, &c. Voyez Gailhard.
GOLIARDUS, A. G. bouffon, histrion, baladin, comédien. On a dit Gouliart en vieux François, Joliard, Jouliard, Juliard. Voyez Gailhard.
GOLINIO, pousser du coude ou de genouil. G. De Glin, dit Davies. J'observerai que Glin ne signifie que genouil.
GOLITHIO, inviter en quelque manière. G.
GOLIU, vuide. B.
GOLL, dommage, perte, perdre, corrompre. Voyez Amrigoll & Golla.
GOLL, le même que Coll, Oll, Soll. Voyez Arn.
GOLL, le même que Gall, Gell, Gill, Gull. Voyez Bal.
GOLLA, manquer, perdre, corrompre. G. Voyez Coll.
GOLLEICHIAWG, dévot, religieux, qui aime prier. G.
GOLLEVIN, le couchant. G.
GOLLI, perdre, corrompre, manquer. G. C. De là Gauler en vieux François, perdre.
GOLLIW, un peu coloré. G. Go Lliwus.
GOLLWNG, remettre, relâcher, lâcher, délivrer, racheter, délier, absoudre. G.
GOLLWNG, puiser. G.
GOLLYCHU, prier. G.
GOLLYNGDOD, relâche, renvoi, affranchissement, délivrance, liberté, congé, licenciement, absolution, relâchement. G.
GOLLYNGER, mis dehors, jetté. G.
GOLLYNGIAD, rémission, pardon. G.
GOLMAN, moineau. G. Golmis en Grec. Voyez Colman.
GOLO, cache, couverture, cacher, couvrir, parer, tapisser une muraille, couvercle. B. Dom Le Pelletier met Golo; singulier Goloen; plurier Goloennon, couverture ou couvercle de vaisseau, de livre & autres choses.
GOLO, jour, lumière. B. Voyez Goles.
GOLO, GWOLO, richesses selon Powel, Auteur Gallois. Davies croit qu'il signifie utile, commode, avantageux, utilité, être utile, profiter. G. L'une & l'autre de ces significations doivent être retenues. Voyez Golud & Ankelher. Gelue en Flamand, fortune, bonheur; Onlin, richesses en Tartare Mantcheou.
GOLOA, hydropique. Ba. Gol, élevation, tumeur.
GOLOCHWYD, cachette. G.
GOLOCHWYD, le même que Golychwyd, prière, cachette. &c. G.
GOLOCHWYDDOL, dévot. G.
GOLOE, lumière. G. Voyez Golo.
GOLOED, adjectif de Golo, Gwolo. G.
GOLOEN, couverture, tente, chapiteau; Goloes Gwenan, ruche; à la lettre, couverture d'abeilles.B.
GOLOËT, couvert, obscur, ambigu, équivoque. B.
GOLOFF, couvrir. B.
GOLOI, couvrir. B.
GOLOI, verbe formé de Golo, Gwolo. G.
GOLOLA, A. G. le même que Golia.
GOLOSGI, brûler un peu, brûler, rotir, griller, fricasser, frire, brûler tout à l'entour, hâler. G.
GOLOSGIAD, brûlure, cuisson, hâle. G.
GOLOSQED, brûlure, action de brûler. G.
GOLOU, lumière. C. Voyez Golo.
GOLP, le même que Colp. Voyez Arn.
GOLPEA, COLPEA, coup. Ba.
GOLS, chevelure. C.
GOLTA, A. M. joue. Jods.

GOLVAN.

GOL. GOR. 657

GOLVAN, moineau. B. Voyez *Golfan*.
GOLVAZ. Voyez *Golvez*.
GOLUCH, richesses. G.
GOLUD, richesses, abondance. G.
GOLUD, prunelle de l'œil. G.
GOLUDD, intestins. G.
GOLUDD, empêchement. G.
GOLUDDEDIG, un peu las. G.
GOLUDDIAS, retarder, retenir. G.
GOLUDDIO, empêcher. G.
GOLUDOG, riche, opulent. G.
GOLVIC, meule. B.
GOLVEN & COLVEN; plurier *Golvennet*, diminutif *Golvennic*, se dit de plusieurs espèces de petits oiseaux. Le Pere Maunoir, le Pere de Rostrenen & un Dictionnaire l'appliquent en particulier au moineau ; un sçavant Breton du haut Leon assure que dans son pays *Golven*, plurier *Chelvin*, n'est ni moineau, ni aucune autre espèce d'oiseau en particulier, mais en général toutes les espèces de petits oiseaux qui mangent le bled & autres semences. Dom Le Pelletier dit qu'il a trouvé qu'on donnoit le même sens à ce mot dans le bas Leon. B. Voyez *Golfan*, *Golvan*, *Gallouia*. Je crois que ce mot a dans son origine signifié uniquement moineau, & que dans la suite il n'aura étendu à signifier tous les petits oiseaux qui mangent le grain comme le moineau. Voyez *Colvan*.
GOLVEZ & GOLVAZ, battoir à battre le linge ou une étoffe que l'on lave ; plurier *Golvizi* & *Golvezeirr*. B. De *Golhein* & *Baz*, bâton.
GOLWCH, prière. G.
GOLWC, aspect, vuë, vision, regard, œil, spectacle, jeux publics, fantôme ; plurier *Golygon*. G.
GOLWRCH, boête, petite boëte. G.
GOLWYD, un peu rance, qui a un petit goût de relent. G.
GOLWYTH, morceau, mets, soupe, membre. G.
GOLYCHU, prier. G.
GOLYCHWYD, prière, dévotion, piété, cache, cachette. G.
GOLYCHWYDOL, qui aime à prier, dévot, religieux, qui a de la religion. G.
GOLYD, richesses, biens. G.
GOLYER, géolier. B.
GOLYGAWD, aspect, vuë, regard. G.
GOLYGIAD, aspect, vuë, regard, œillade, action de regarder, action d'être en sentinelle, contemplateur, spectacle, jeux publics, ce qui fait connoître. G.
GOLYGIAETH, contemplation, spéculation, inten lance, préfecture. G.
GOLYGU, regarder, surveiller. G.
GOLYGUS, visible, beau, décent, insigne, considérable, illustre. G.
GOLYGWR, spectateur, sentinelle, surveillant, qui a le soin, préposé, curateur, procureur, Évêque. G.
GOLYGWRIAETH, curatelle, intendance. G.
GOLYMMU, aiguiser. G.
GOLYRCHAID, boête. G. Voyez *Golwrch*.
GOM, gomme. B.
GOM, GOMRO, synonime de *Cymro* en Gallois, & par conséquent *Gom* le même que *Cym*. G.
GOMENDATIA, qui recommende. Ba.
GOMENDIOA, recommendation. Ba.
GOMENDIPAITA, usufruitier. Ba.
GOMER, prendre. G.
GOMMACH, jambe. G. *Gamaschis* en Irlandois, gamache.
GOMMEDD, négation, nier. G.

GOMMI, gomme. B.
GOMPORTI. HEM GOMPORTI, se comporter. B.
GON, maréchal. B.
GON, le même que *Con*, *On*, *Son*. Voyez *Arn*.
GON, le même que *Gan*, *Gen*, *Gin*, *Gun*. Voyez *Bat*.
GON, le même que *Gond*, *Gont*. Voyez *D*.
GON, abondant. Voyez *Gogawn*.
GON, assez. Voyez *Gogawn*.
GON, rocher. Voyez *Againus*.
GONADH, action de lancer, piquer, tourmenter ; faire du mal. I.
GONAM, darder, percer, piquer, fraper, creuser. I. On voit par ce mot, par *Gonadh* & *Go*, qu'on a dit *Gon* comme *Go*, pour lance, dard.
GONAREIN, pester, endêver, acharner. B.
GOND, le même que *Gand*. Voyez ce mot.
GOND. Voyez *Goent*.
GOND, gond. B. De là ce mot.
GOND. Voyez *Gund*.
GONDUA, profit, gain, émolument, utilité. Ba. Voyez *Gun*.
GONELLA, GONELLUM, A. M. Voyez *Gunna*.
GONFANO, GUNTFANO, A. M. gonfanon, bannière, étendard ; de *Gon*, lance, & *Penwn* ou *Penon*, en composition *Fenon* ou *Fanon*, drapeau. Le gonfanon étoit une pièce d'étoffe ou drapeau attaché au haut d'une lance : Ce nom s'est étendu aux bannières d'Église, à cause de leur ressemblance avec les gonfanons.
GONGAINNE, difficile. I.
GONI, le même que *Digoni*. Voyez ce mot, *Gogwawn*, *Gogawn*, *Agonia*.
GONIANT pour *Digoniant*, comme *Goni* pour *Digoni*.
GONIDOG, valet. G. C.
GONJO, A. M. crase de *Gambeso*.
GONN, charogne. B. Voyez *Goan*.
GONNA, GONNELLA, A. M. Voyez *Gunna*.
GONOI pour *Digonoi*, comme *Goni* pour *Digoni*.
GONONUS, A. M. gerbe. Voyez *Cona*.
GONT, tête, bord. G.
GONT, le même que *Gand*. Voyez ce mot.
GONT. Voyez *Goent*.
GONTE, blessé. I.
GONUM, A. M. Voyez *Gunna*.
GONVOR. DREIST GONVOR, au-dessus de la mesure. B. *Dreist*, au-dessus ; *Gonvor*, par conséquent mesure.
GONWYFUS, un peu lascif. G.
GOP, le même que *Goap*. Voyez *Gobed*.
GOPATA, choc, collision. Ba. Voyez *Cob*.
GOPET, le même que *Gobed*. Voyez ce mot. Voyez *Gopozin*.
GOPORRA, verre à boire. Ba. Voyez *Cop*.
GOPOZTU, folâtrer, badiner. Ba. De là *Gaupa* ; *Gauper*, habiller ridiculement.
GOPPA, le même que *Coppa*. Voyez *Arn*.
GOPR, loyer, gages, salaire, prix, récompense du travail. B. *Guebra* en Espagnol, salaire d'un journalier. Voyez *Gobr*.
GOPRA, GOPRAA, récompenser, payer, prendre à louage. B.
GOPRAER, mercenaire, manœuvre, journalier. B.
GOPRAOUR, locataire, mercenaire, manœuvre, journalier. B.
GOR, devant. G.
GOR, au bord, bord. G. Voyez *Gourlen*.
GOR, préposition qui en composition signifie sur ;

au-dessus, plus que. G. Elle signifie aussi fort, beaucoup. Voyez *Gorchaled*. Elle signifie encore haut, élevé. Voyez *Goror*. *Ger*, marque du superlatif en Langue de Cornouaille; *Gor*, tumeur, bosse, élévation en Breton; *Gora*, au-dessus, élevé, haut en Basque; *Gorm*, noble, illustre, Grand de l'État en Irlandois; *Gori* en Esclavon, haut, dessus, & *Gore*, lieu élevé; *Gori* en Dalmatien, par-dessus; *Gori* en Carinthien, sur, dessus; *Gora* en Stirien & en Carniolois, montagne, au-dessus, monter; *Gora* en Esclavon, en Dalmatien, en Polonois, en Lusatien, montagne; *Gor*, montagne en Moscovite; *Gur*, bosse en Tartare du Thibet; *Hora*, montagne en Bohémien; *Sgoru* en Lusatien, par-dessus; *Wgore*, *Kugorze* en Polonois, en haut, & *Gorahegy*, cap, promontoire; *Gorongyek* en Hongrois, petite élévation; *Wori*, montagne en Finlandois; *Korkin*, haut en Lappon & en Finlandois; *Ghurur* en Arabe, orgueil, ambition; entasser; *Gor*, *Gar*, montagne en Arabe; *Gar* en Éthiopien, haut; *Agari* en Japonois, je monte; *Gauros* en Grec, superbe, orgueilleux, élevé; *Gur* ou *Gour*, le principal, le plus grand en Tartare; *Gorre*, *Gaure* en vieux François, superbe, orgueilleux, hautain; *Gorre* en vieux François, pompe, braverie, pompeux, brave en ses habits; *Gorrier* en vieux François, pompeux, & *Gorriere*, pompeuse; *Gorse*, élévation dans la Coûtume de la Marche. De *Gor* ou *Ior* est venu le comparatif Latin *Ior*. De *Gor* ou *Cor* est venu notre mot François *Encore*. Voyez *Cor*, *Ior*, *Or*, qui sont les mêmes que *Gor*.

GOR, en composition très. C.

GOR, abscès, pustule, apostume, froncle, tumeur, bosse. B. De là *Gourmet*. Voyez *Gôr*.

GOR, chaleur couverte & étouffée, digestion, bois à chauffer le four; *Gori*, *Ghiri*, *Gwiri*, chauffer, échauffer, couver parlant d'une poule. B. *Gur* en Irlandois, couver, & *Goram*, échauffer; *Zoritu* ou *Coritu* en Basque, qui est séché; *Gorar* en Espagnol, couver parlant d'une poule; *Schoor* en ancien Allemand, feu, ainsi qu'on le voit par *Schoorsteen*, foyer; *Gorak* en Esclavon; *Horki* en Bohémien, chaud; *Goreti* en Esclavon; *Goriti* en Dalmatien; *Goritzi* en Lusatien; *Gorim* en Stirien & en Carniolois; *Goram* en Polonois; *Horeti* en Bohémien, brûler; *Goracy* en Polonois, bouillant, brûlant; *Kor*, charbon ardent en Turc; *Gor*, promptitude en Tartare du Thibet; *Cuarica*, échauffer en Langue de Congo; *Cor*, *Cyr*, soleil en ancien Persan, & *Chour* en Persan moderne; *Chores* en Hébreu du Talmud, soleil; *Or* en Phénicien, en Hébreu & en Chaldéen, feu; *Ho*, feu en Chinois; *Gor*, bois, forêt en Tartare Mogol & Calmoucq.

GOR, cordon, menue corde qui sert à en faire une plus grosse. B.

GOR, gain. I.

GOR, préposition qui a quelquefois la signification de *Go*, un peu, petit, marquant la diminution, l'imperfection, le mal. G.

GOR, libéral. Voyez *Anghawr*. On voit par ce mot & par *Goralw*, que *Gor* signifie abondant. Voyez *Iori*, *Ioria*.

GOR, uni, avec. Voyez *Gorair*.

GOR, fréquemment. Voyez *Goralw*.

GOR, préposition explétive. Voyez *Gorchwirio*.

GOR, hors. Voyez *Gorchorddion*, *Gormant*.

GOR, Voyez *Gwair*.

GOR, bon. Voyez *Gorau*.

GOR, particule privative. Voyez *Gorffwyll*.

GOR, jaune, luisant, brillant, clair, évident. Voyez *Goleuo*. Il signifie aussi rouge. Voyez *Gwres*, *Gorri*, *Gorria*, *Coria*, *Cori*, or en Persan.

GOR, dessous. Voyez *Gor-Tylin*.

GOR, eau; c'est le même que *Gwr*, puisque l'*w* se prononce en *o*. *Ioor*, *Iaur*, *Iourwi*, eaux, lac en Islandois & en Suédois.

GOR, le même que *Cor*, *Or*, *Sor*. Voyez *Aru*, *Ior*, aqueduc, canal en Tartare du Thiber.

GOR, le même que *Ior*, *Ior*. Voyez la dissertation préliminaire sur le changement des lettres.

GOR, le même que *Gord*, *Gort*. Voyez D.

GOR, le même que *Gar*, *Ger*, *Gir*, *Gur*, *Gwr*. Voyez *Bal*.

GOR, pus, sanie. G. *Ichor* en Grec, sang meurtri, sang venant de corruption, sang gâté, pus; *Gor* en ancien Saxon & en Islandois, fumier, excrément. On voit par ce mot & par *Gourd*, que *Gor* a signifié toute liqueur qui ne coule pas.

GÔR, bord de quelque vaisseau. B. Voyez *Gor*.

GOR-IRO, oindre en frottant. G.

GOR-TSTYN, étendre dessous. G. *Tstyn*, étendre.

GORA, au-dessus, élevé, haut, sommet. Ba. Voyez *Gor*.

GORA, cher. Ba.

GORA, A. G. étranger, de dehors. De *Gor*.

GORABILLA, anneau qui a un manche. Ba.

GORAD, engeance, couvée, volée de pigeons éclos dans un même mois. B.

GORADA, élévation. Ba.

GORADAIN. Davies demande s'il signifie aîlé. Les phrases qu'il rapporte semblent l'indiquer. *Gor Adain*.

GORADEN, feu couvé, couvée d'œufs. B.

GORADII, chauffer, action de chauffer, brûler. I.

GORAERA, augmentation. Ba. Voyez *Gora*.

GORAFENIS, joyeux, gai. G.

GORAFUN, mieux *Gwrafun*, dit Davies, & par craie *Gwrafun*, défendre. G.

GORAGARRIA, qui excite à vomir, vomitif. Ba.

GORAGO, au-dessus, plus haut. Ba.

GORAGOEN, plus haut. Ba.

GORAIN, crier beaucoup & souvent. G.

GORAINCIA, souvenir nom. Ba.

GORAIR, adverbe. G. L'adverbe est ainsi appelé parce que c'est une partie d'oraison qui se joint au verbe; ainsi *Gor* signifie ici uni, avec. *Gor*, *Air* pour *Gair* en composition, verbe.

GORAIR, particule terme de Grammaire. G. Les particules se joignent aux verbes. Voyez l'article précédent.

GORAIRA, élévation. Ba. Voyez *Goraera*.

GORALLT, qui va en montant, qui va en pente, penchant de montagne. G. Ce qui va en montant envisagé d'un côté, va en pente envisagé de l'autre.

GORALW, appeller souvent, nommer fréquemment. G. *Galw*, en composition *Alw*, nommer, appeller; *Gor* doit donc signifier fréquemment.

GORALW, demander, interroger. Voyez *Tmorol*.

GORAM, échauffer, brûler. I. Voyez *Gor*.

GORANDEA, augmentation. Ba. Voyez *Gora*, *And*.

GORARATZ, roux. Ba.

GORARIANNU, argenter. G.

GORATASSUNA, hauteur. Ba.

GORATHUPEN, élevé. Ba. Voyez *Gora*.

GORATUA, levé, élevé. Ba.

GORATBEA, élévation. Ba. Voyez *Gora*.

GOR.

GORATZEN, élevant ; *Goratzen Da*, il a monté. Ba.
GORAU, très-bon. G. *Au* pour *Af*, marque du superlatif, & par conséquent *Gor*, bon.
GORAWDNUS, alégre, dispos. G.
GORAWEN, joie, tressaillement de joie, mouvement de joie violent, cri de joie, bond saut que l'on fait pour marquer sa joie, allégresse, enjouement, vivacité. G. *Gor Llawen* ; de *Llawenydd*.
GORAWENUS, joyeux, qui saute, qui danse, qui bondit de joie, gai, enjoué, fort agréable. G.
GORAWYLLOG, fou, insensé. G. Voyez *Gorfwyll*.
GORCE, lentement. B.
GORCHAIN, petite carogne ou charogne : c'est une injure atroce pour une jeune fille, car c'est au sens moral une jeune prostituée. B. De *Gor Caign*. Cet article est pris de Dom Le Pelletier.
GORCHALED, fort dur, très-âpre, très-roide ; très-escarpé, très-difficile. G. *Caled*, en composition *Chaled*, dur, *Gor* par conséquent très, fort, beaucoup.
GORCHAN, enchantement. G. De *Gor Can*, dit Davies.
GORCHARFANEDD, gencive. G.
GORCHAST, synonime de *Gorchain*. B. Voyez *Gast*.
GORCHAW, fils ou fille de l'arrière-petit fils ou de l'arrière-petite-fille. G. Les Gaulois vivoient un grand âge, puisqu'ils avoient un nom propre pour distinguer leurs descendans à la quatrième génération.
GORCHEIFN ; plurier *Gorcheifnaint*. Davies n'explique point ce mot. Suivant l'analogie de la Langue il doit signifier les premiers de l'État, les premiers d'une Ville. *Cefn*, en composition *Chefn*, & par adoucissement *Cheifn*, signifie la partie supérieure de quelque chose ; *Gor*, signifie bon ; *Gorchefn*, ce qui est très-bon, ce qui est excellent, ce qui est au-dessus des autres ; ainsi en Latin *Optimates* marque les premiers de l'État.
GORCHEINIAD, enchanteur, magicien. G. De *Gorchan*, en composition *Gorchen*, & par adoucissement *Gorchein*.
GORCHEST, excellence. G. Voyez *Gor*.
GORCHEST, belle action, action noble, action hardie, action généreuse, noble effort, belle & grande tentative, & par abus grand crime. G. Voyez *Gest*.
GORCHEST, demande, interrogation, problème, question problématique, question douteuse. G.
GORCHEST, exercice. G.
GORCHESTOL, excellent. G.
GORCHESTU, verbe formé de *Gorchest*. Voyez *Tmorchestu*.
GORCHFANAD, GORCHFANAU, GORCHARFANAU, gorge, gosier, palais, gencives, G.
GORCHFANEDD, gencive. G.
GORCHFYGADWY, qu'on peut prendre de force. G. Voyez *Gorchfygu*.
GORCHFYGIAD, action de subjuguer, de contraindre. G.
GORCHFYGU, vaincre, surmonter, surpasser, convaincre. G. Davies dit qu'il semble qu'on devroit écrire *Goruchfygu* ou *Gorchyfygu*, comme il se lit quelquefois. Voyez *Goruch* ; *Gorchy* en seroit une transposition.
GORCHFYGWR, vainqueur, conquerant, preneur de Villes. G.
GORCHGUDDIO, cacher. G.
GORCHMYNN, commander. G. C'est une crase de *Gorchymmyn*.
GORCHORDDION, étrangers, hôtes, ceux qui ne sont pas de notre domestique, de nos clients, de notre peuple, selon Thomas Guillaume ; mais Davies veut qu'on examine s'il ne signifie pas préposés, surveillans, Eveques ; de *Gor*, sur, au-dessus. Il peut avoir le sens que conjecture Davies, en ce cas ce mot seroit formé de *Gorch*, crase de *Goruch*; mais quand il l'auroit, il n'en faudroit pas conclure qu'il n'auroit pas le sens que lui donne Thomas Guillaume, Gallois très-habile dans sa Langue dont il nous a donné un Dictionnaire plus ample que celui de Davies ; on en devroit seulement inférer que ce terme a ces deux significations, ce qui lui seroit commun avec plusieurs autres. Voyez *Ankeler*. *Gorchorddion* est opposé, selon Thomas Guillaume, à *Gosgordd* ; ce mot signifie le domestique ; il est formé de *Gwas* ou *Goas* par crase, *Gos*, serviteur, & *Cordd*, en composition *Gordd*, maison ; *Gorchorddion* signifie donc à la lettre ceux qui ne sont pas de la maison ; *Chordd*, en composition pour *Cordd*, maison ; *Gor* signifie donc hors. Ce mot ayant d'abord signifié ceux qui ne sont pas de la maison, aura été ensuite étendu à signifier ceux qui n'avoient aucune liaison avec la maison, qui n'étoient pas les clients du maître de la maison, enfin ceux qui n'étoient pas de la nation, du pays ; & cela d'autant plus aisément, que *Cor* signifie pays & habitation.
GORCHRAIN. Davies n'explique pas ce mot ; il dit seulement qu'il est formé de *Gor Crain* ; ainsi, selon lui, il doit signifier *Superjacens*, *Superius jacens*, couché au-dessus.
GORCHRAWN ; de *Gor*, sur, au-dessus, plus que, & *Crawn*. G.
GORCHUDD, couverture, voile, couvercle, toit, enveloppe. G.
GORCHUDD, action de couvrir, de voiler, d'envelopper. G.
GORCHUDDIAD, action de couvrir, de voiler, d'envelopper. G.
GORCHUDDIO, couvrir, cacher. G. *Gor* superflu. *Cuddio*.
GORCHWILIWR, inspecteur. G. *Chwiliwr*.
GORCHWIRIO, vérifier, attester. G. *Gor* superflu ; *Chwirio* pour *Gwirio*.
GORCHWY. Davies n'explique point ce terme ; il se contente de rapporter deux phrases Galloises dans lesquelles il est employé. Après les avoir examinées, je conjecture que *Gorchwy* signifie sert, est utile.
GORCHWYDD, chûte. G. *Gor* superflu. *Cwydd*.
GORCHWYL, œuvre, ouvrage. G.
GORCHWYLEDD, pudeur, modestie, retenue, honnête honte, timidité, honte. G.
GORCHWYLIAETH, intendance, préfecture. G.
GORCHWYLIWR, ouvrier. G.
GORCHWTLUS, qui a de la pudeur, de la modestie, de la retenue, une honnête honte, modeste, fort modeste, modéré, retenu, timide, honteux. G.
GORCHWYLWRAIG, ouvrière. G.
GORCHY. Voyez *Gorchfygu*.
GORCHYFARWY, crépuscule du soir, le soir près de la nuit. G.
GORCHYFLUG. Davies n'explique pas ce mot. Il dit qu'on examine s'il vient de *Llug* ; il n'apporte aucune phrase où il soit employé. S'il vient de *Llug*, ce mot joint à *Gorchy* doit signifier lumière du dessus.
GORCHYFYGU. Voyez *Gorchfygu*. G.
GORCHYMMYN, commandement, précepte

édit, ordonnance, interdit, défense, instruction; enseignement, commander, action de publier un édit. G. *Gor Cymmynnu.*

GORCHYMMYNIAD, commandement, ordre, mandement. G.

GORCHYMMYNWR, précepteur. G.

GORD, le même que *Gor.* Voyez *D.*

GORD. Voyez *Bodre.*

GORD, le même que *Cord, Ord.* Voyez *Asu.*

GORD, le même que *Gard, Gerd, Gird, Gurd.* Voyez *Bal.*

GORD, le même que *Gort.* Voyez *D.*

GORDACAYA, défense, fortification. Ba. *Goard.*

GORDACAYA, fruit qu'on conserve dans des pots. &c. Ba. *Goard.*

GORDAPEA, tortuë militaire. Ba.

GORDARIA, qui garde, qui conserve. Ba, *Goard.*

GORDARTEA, antre, caverne, cachette. Ba. *Goard.*

GORDD, maillet ou mailloche, marteau. G. Voyez *Gorddio, Gordhan.*

GORDD, le même que *Gorydd,* dont il est la crase. G.

GORDDAN, petit marteau. G. *Gordd.*

GORDDEN, concubine, maîtresse. G.

GORDDERCH, concubine, maîtresse, fille ou femme de mauvaise vie. G.

GORDDERCHFAB, bâtard. G. *Gordderch Mab.*

GORDDERCHIAD, concubinage. G.

GORDDERCHU, être épris d'un amour impudique, corrompre, débaucher, commettre le péché de fornication, commettre un adultère, se laisser aller aux voluptés, rechercher l'amour, la faveur de quelqu'un. G.

GORDDERCHWR, amant, galant, corrupteur, débauché, impudique, fornicateur. G.

GORDDERCHWRAIDD, concubine. G.

GORDDERCHWRAIG, cuisinière. G.

GORDDERCHWRAIG, concubine. G.

GORDDERCHWRIAETH, concubinage. G.

GORDDETHOL, choisir. G. *Gor* superflu; *Dethol.*

GORDDIFANW, le même que *Difanw.* G.

GORDDIFER; de *Gor* & *Difern,* dit Davies, qui ne l'explique pas. G. *Gor* superflu. Voyez *Difern.*

GORDDIFYNT, état, condition, disposition, qualité. G.

GORDDIG, fâché. G. *Gor* superflu. *Dig.*

GORDDIG, un peu fâché, un peu en colere. G. *Gor* diminutif.

GORDDIGAN, chant de celui qui chante devant. G.

GORDDIGOR, état, condition, disposition, qualité. G.

GORDDILLWNG, de *Gor* & *Dillwng,* dit Davies, qui ne l'explique pas. *Gor* superflu. Voyez *Dillwng.*

GORDDIN, flux, écoulement, épanchement. G. De *Gor* & *Dineu,* dit Davies. *Gor* est donc ici superflu.

GORDDINEAD, effusion, épanchement. G.

GORDDINEU, répandre, verser, jetter en fonte. G. *Gor* superflu. *Dineu.*

GORDDIO, affermir à coups de hie. G. De *Gordd,* que l'on voit par ce mot avoir aussi signifié hie.

GORDDIOG, un peu lent. G. *Gor* diminutif. *Diog.*

GORDDISGYN; pente de montagne, de colline, abbaissement, action d'abbaisser. G.

GORDDIWES, atteindre, rattraper, reprendre, acquerir, obtenir, devancer, prevenir. C'est le même que *Godd'wes.* G.

GORDDOR, petite porte, fenêtre. G. *Gor* diminutif; *Dor,* que l'on voit par là avoir signifié ouverture en général. Voyez *Torri.*

GORDDRWS, petite porte. G. *Gor,* petite; *Drws.*

GORDDU, un peu noir, noirâtre, tirant sur le noir, un peu livide. G. *Gor* diminutif. *Du.*

GORDDULAS, un peu livide. G.

GORDDUO, obscurcir, noircir. G.

GORDDWERCH, affranchie. G.

GORDDWFN, gouffre, abysme, profond, très-profond. G. *Gor Dwfn.*

GORDDWR, eau supérieure, eau d'en-haut. G. *Gor,* haut; *Dwr,* eau.

GORDDWY, oppression, action de presser, violence; *Porth Orddwy,* secours contre l'oppression, contre la violence. G.

GORDDWYN, marteau, maillet ou mailloche, hie, espèce de panache que produisent les roseaux, le millet, les amandiers, les coudriers, &c. dans lequel est enfermée une semence. G.

GORDDWYO, presser, opprimer. G. Il doit aussi signifier fabriquer avec le marteau, battre avec le marteau, puisque *Gorddwyn* signifie marteau.

GORDDWYWR, oppresseur. G.

GORDDYAR, son, tumulte, bruit; *Gorddyar Tarw,* mugissement du taureau; *Gorddyar Mor,* frémissement, bruit de la mer. G. *Gor* superflu, *Dyar.*

GORDDYAR, faire du bruit. G.

GORDDYFNAID, le même que *Gorddyfnu*; *Gorddyfnaid Gwaed,* tirer du sang. *Gorddyfnaid* signifie encore désir, coûtume. G.

GORDDYFNU, succer, tirer dehors, s'accoûtumer, être accoûtumé. G. Voyez *Gorddyfnaid.*

GORDEA, caché, secret, entassé. Ba. *Goard, Gor.*

GORDERIC, en cachette. Ba.

GORDETHOLWYR, les mieux choisis des hommes. C.

GORDETZEA, se couvrir d'un bouclier. Ba. *Goard.*

GORDHAN, marteau. I. Voyez *Gordd.*

GORDINA, verd non mûr, crud non cuit. Ba.

GORDU, très-noir. G.

GORDUS, A. M. endroit resserré d'une rivière pour y prendre des poissons. On a dit en vieux François *Gort, Guort, Gorz, Gord, Regort. Gord* en Anglois, canal; de *Cordd,* enceinte. Voyez *Gorddwy.*

GORDUS, A. M. abysme ou grande profondeur d'eau, profondeur d'eau dormante dans une rivière, mare d'eau fort profonde, vivier; de *Gourd,* engourdi, qui ne se meut point. *Goure* en Auvergnac, eau dormante; *Goure* à Besançon & dans plusieurs endroits de la Franche-Comté, signifie une profondeur d'eau dormante dans une rivière; *Goure* dans quelques Provinces du Royaume est un creux profond & plein d'eau.

GORDWY, opprimer, excéder. C.

GORE, carbonelle. B. Je n'ai pas trouvé ce mot dans les Dictionnaires François.

GORE, truie en Celtique selon Dom Pezron.

GORE, bouillon plante médicinale; *Gore-Venn,* bouillon blanc; *Gore-Du,* bouillon noir. B. Cette plante s'appelle *Gordolobo* en Espagnol.

GOREC, lent, paresseux sur tout à marcher & à travailler; *Monet Gorec,* aller tout doucement comme un piéton qui a des ampoules aux pieds. B. *Corhig* en Irlandois a la même signification.

GORED, petit cochon de lait. B. On l'appelle encore parmi le peuple *Goret.* On appelle le pourceau *Goret* en plusieurs Provinces du Royaume;

GOR.

GOURI, Gouri en Franche-Comté; Gouri en Périgord; Gorri, pourceau en Géorgien. Voyez Gore.

GOREDEN, la braise tirée du four. B.

GOREDIG, qui suppure, qui est en apostume. G.

GOREILID, charge pesante, ce qu'on porte avec peine, action d'appesantir. G.

GOREILITTIO, peser, être à charge. G.

GOREIN, apostumer, abscéder, s'enfler, s'enflammer. B.

GOREIN, lever, élever. B.

GOREIN, fermer. Voyez Digorein. B. On a donc dit indifféremment Gor & Cor, enceinte.

GOREISTEDDWR, qui est assis, qui travaille assis. G.

GOREN, froncle, apostume, abscès. B.

GORENA, le souverain bien. Ba. Voyez Gor.

GORENETEN, dans le plus haut. Ba.

GOREO, A. G. certainement, sans doute; de Gor.

GOREQEH, lenteur. B.

GOREREAH, action de couver. B.

GORESCO, haut adverbe. Ba.

GORESCYN, conquerir. C. Voyez Goresgyn.

GORESGYN, surpasser, surmonter, convaincre, recouvrer, prise de force, d'assaut. Ce mot chez une partie des Gallois signifie posséder, possession. G. Gor Esgyn.

GORESGYNNADWY, qu'on peut prendre de force. G.

GORESGYNNWR, vainqueur, triomphateur, qui remporte la victoire les armes à la main, pilleur, destructeur, qui ravage, qui fait le dégat. G.

GORESGYNNYDD, synonime de Goresgynnwr. G.

GORESGYNNYDD, arrière-petit-fils, arrière-petite-fille, petit fils de l'arrière-petit-fils ou de l'arrière-petite-fille. G.

GORESGYNWR, qui dompte, qui met sous le joug. G. Goresgyn.

GORETEN, dans le plus haut. Ba.

GORETH, tente ou charpie qu'on met dans une playe, plumaceau. G. Voyez Gore, Gor.

GOREU, a fait. G.

GOREU, principal, très-bon; Goreuon au pluriel, les très-bonnes choses. G. Voyez Goran.

GOREUGWYR, les premiers d'un état. G. Goreu; Gwyr, hommes.

GOREUO. Voyez Goleuo.

GOREURAD, instrument propre à tirer l'or, ou à le purifier. G.

GOREURAID, doré. G.

GOREURO, dorer. G. Gor, dessus, Eur.

GOREURWR, batteur d'or. G.

GOREWEN, bouillon blanc plante. B.

GOREWIN, petit ongle, onglet. G. Gor Ewin.

GOREWYDD, le même que Rhewydd. G.

GORFAINGC, branches de certains arbres qui s'étendent en manière de banc où l'on attache la vigne. G.

GORFARAN. Davies n'explique pas ce mot. Il doit signifier une force supérieure; Baran, en composition Faran, force, Gor, supérieure. Voyez Gorfawred.

GORFAWRED, grandeur étonnante, excès, énormité. G. Mawred, grandeur, en composition Fawred; Gor, supérieure.

GORFEDD, le même que Gorwedd. G.

GORFEDDAWD. Voyez, dit Davies, s'il vient de Bedd, sépulcre. Il ne rapporte point de phrase par où on puisse résoudre la question qu'il propose. Si ce mot est formé de Bedd, il signifie ce qui est sur le sépulcre.

TOME I.

GOR.

GORFELYN, de couleur de coing. G.

GORFERW, écume d'une liqueur qui bout; écume crasse ou ordure du métal, écume. G. Ger Berw.

GORFERWI, bouillir. G. Berwi.

GORFFEIGIO, le même que Gorchfygu. G.

GORFFLAWD, plus prompt ou plus diligent que les autres. G. Gor, plus; Blawd.

GORFFRAETH, très-éloquent, très-véhément. G. Gor augmentatif. Voyez Ffraeth.

GORFFUGIO, farder G. Gor superflu.

GORFFWYLL, folie, rage. G. De Gor & Pwyll, sens, prudence, dit Davies: il faut donc que Gor soit ici particule privative.

GORFFWYR, le même que Efwyr. G.

GORFLAWD, le même que Blawd. G. Gor superflu.

GORFLWCH, coupe, tasse, vase à boire. G. De Gor & Blwch, boëte, dit Davies, à cause de sa ressemblance avec une boëte.

GORFLWNG, austère, bizarre, chagrin, difficile; G. Gor superflu; Blwng.

GORFLYCHIAID, ce qu'il faut de liqueur pour remplir un vase à boire, verre plein. G. De Gorflwch.

GORFOD, vaincre, surmonter, surpasser, convaincre, victoire, trophée. G. C. De Gor & Bod, dit Davies, être au-dessus.

GORFOD, trop. G. Gor, sur; Modd.

GORFODAETH, victoire, trophée. G.

GORFODAWG, vainqueur, victorieux, triomphateur, séquestre, déposition, gardien d'une chose contestée. G.

GORFODOCCAU, séquestrer, mettre en réserve, mettre à part. G.

GORFODOGAETH, séquestre ou dépôt, tutelle, curatelle. G.

GORFODOGI, séquestrer. G.

GORFODOGWR, qui remporte la victoire les armes à la main, qui surmonte, qui surpasse, qui a surpassé. G.

GORFODTREF. Davies n'explique pas ce mot, il se contente de le définir en Gallois; je traduis sa définition. C'est celui qui est préposé pour partager les biens communs d'une Ville entre les particuliers qui la composent; qui doit régler les bornes de ce qu'il adjuge à chaque particulier, & terminer les différends qui pourroient naître à cette occasion. G. A la lettre, le Supérieur de la Ville.

GORFOLEDD, allégresse, tressaillement de joie, gayeté excessive, mouvement de joie, violent, bond haut qu'on fait pour marquer sa joie, cri de joie, triomphe, action de triompher. G. Voyez l'article suivant.

GORFOLEDD, applaudissement. G. Gor Moledd. Il paroît par l'article qui précède, par celui qui suit, & par Gorboen, que Moledd n'a pas seulement signifié louange, mais encore joie.

GORFOLEDDU, se réjouir, triompher. G.

GORFUCHEDDU, survivre. G. Gor Bucheddu.

GORFUOST, as vaincu. G.

GORFWYLL, le même que Gorphwyll. G.

GORFWYLLANGC, folie. G. Voyez Gorfwylli.

GORFWYSO, le même que Gorphwyso. G.

GORFYDO. Voyez Gorpho.

GORFYDDWR, qui remporte la victoire les armes à la main. G.

GORFYGED, le même que Myged. G. Gor superflu.

GORFYGU, le même que Gorchfygu. G. De Myg, dit Davies.

GORFYN, GORFYNT, les mêmes que Cyngherfynt. G.

B bbbbbbb

GORFYNAWG, de *Gor* & *Mynawg*, dit Davies. G.
GORFYNNAWG, envieux. G.
GORG, cruel, farouche. I.
GORG. Voyez *Gorgereden*. De là *Gorge* en François ; de là *Gurges* Latin ; *Gourgoux* en vieux François, gosier.
GORGAN, cruel, farouche. I.
GORGEREDEN, collet de femme, linge dont une femme se couvre la gorge. B. *Gorg*, qui est le mot dont *Gorgereden* est formé, a donc signifié gorge.
GORGERIA, A. M. gorgerin ou gorgière arme défensive dont on se couvroit la gorge. Voyez *Gorgereden*.
GORGHAIGHIM, fraper. I.
GORGHLANTOIR, farcleur. I.
GORGIA, A. M. gorge, jabot ; de *Gorg*.
GORGO, A. G. le même que *Gorso*.
GORGRETA, A. M. le même que *Gorgeria*.
GORGUAZ, A. M. gouttières ; de *Gorg*, gorge, canal.
GORGUS, A. G. certain ; de *Gorge*.
GORHARATZ, roux. Ba.
GORHENDAD, bisaïeul, trisaïeul. G.
GORHENDAID, quadrisaïeul. G.
GORHENFAM, bisaïeule. G. *Fam* de *Mam*.
GORHENNAIN, trisaïeule. G. Voyez *Nain*.
GORHENVAM, bisaïeule. C. *Vam* de *Mam*. Voyez *Gorhenfam*.
GORHEWG, servile, qui tient de l'esclave. G.
GORHEWG, tendre, délicat, un peu mol. G. *Gor* diminutif, *Hewg* signifie donc mol.
GORHINOUR, athléte. B.
GORHMENNA, commander. C.
GORHOEN, joie, gayeté. G. *Gor* superflu.
GORHOEN, le même que *Gorfoledd*. G.
GORHOENUS, joyeux, gai. G.
GORHOFF, qui aime extrêmement. G. *Gor* augmentatif.
GORHOFF, aimé, chéri. G. *Gor* superflu.
GORHOFFEDD, grand amour. G. *Gor* augmentatif.
GORHOFFI, aimer fort, aimer extrêmement, aimer tendrement, affecter, aspirer, prétendre, rechercher avec trop de soin. G. *Gor* augmentatif.
GORHYDRI, arrogance, insolence, gloire. G. Voyez *Hydr*.
GORHYDRI. Voyez *Gwrhydri*.
GORI, jetter du pus, suppurer. G. *Gor*.
GORI. Voyez *Gor*.
GORI, fermer. Voyez *Agori*, *Digori*, *Gorein*.
GORIA, femme de mauvaise vie. Ba.
GORIAIN, crier fréquemment. G. *Gawri*, *Gori*, crier, *Ain* de *Maint*, *I'm* perdue en composition.
GORIAU, plurier de *Gawr*, cri. G.
GORICAFIOETH, victoire. G.
GORIDIC. Voyez *Gwiridic*.
GORIG, ai fait à la premiere personne singulière du préterit de l'indicatif. G.
GORIS, au-dessous. G.
GORISEL, bas, abbaissé, le plus bas, le plus méprisable, sujet à plier sous. G.
GORLANN, cimetière. C.
GORLANO, la plus haute marée & sa plénitude. B. *Gor Lano*.
GORLANW, flux de la mer. G. *Gor* superflu.
GORLLAWES, menottes. G.
GORLLAWN, abondant. G.
GORLLENWI, remplir, être rempli, régorger. G.
GORLLEUN, pleine mer, la plus haute marée. B.
GORLLEWEN, occident, couchant. C.
GORLLEWIN, zéphire. G.

GORLLEWIN, couchant ; *Gwynt Gorllewin*, le vent de nord-ouest. G.
GORLLEWINAWL, occidental. G.
GORLLEWYD, couchant. G.
GORLLIF, surabondance. G.
GORLLIFO, couler par-dessus, régorger, inonder. G.
GORLLITHRO, tomber. G.
GORLLIW, la première couche de peinture. G.
GORLLUD, empêchement. G. *Gor* superflu.
GORLLWNG. Davies n'explique pas ce mot, il se contente de dire qu'il vient de *Gor Llyngcu*. On voit par les termes dont ce mot est formé que *Gorrllwng* signifie l'action de manger avec excés, de dévorer, d'engloutir.
GORLLWYDD, le même que *Llwydd*. G.
GORLLWYN, poursuivre. G.
GORLLYD, plein de pus, purulent. G.
GORLLYFNAD, caresse avec la main, caresse, flaterie. G.
GORLLYFNIAD, le même que *Gorllyfnad*. G.
GORLLYFNU, polir, unir, applanir, égaliser, froter doucement, toucher doucement, caresser avec la main, flater de la main, caresser, flater, traire. G.
GORLLYFU, lécher. G.
GORLONCA, GORLOUNCA, GOURLONCA, avaler trop à la fois, ensorte que ce que l'on veut avaler ressort : C'est comme si l'on disoit sur-avaler, trop avaler. Ce verbe, composé de *Gor*, au-dessus, & de *Lonca*, avaler, se dit particulièrement de l'action de ceux qui en se baignant, mettant la tête sous l'eau, font semblant d'avaler de l'eau & la repoussent, & pareillement de ceux qui se gargarisent la bouche. Le Pere Maunoir a mal écrit en deux endroits *Corroncat* & *Corronqua*, se baigner. B. Cet article est de Dom Le Pelletier. Je ne voudrois pas adopter la censure qu'il fait du Pere Maunoir, parce que le Pere de Rostrenen, Breton fort sçavant dans sa Langue, a mis, de même que le Pere Maunoir, *Couronca*, *Gouronqedi*, se baigner dans la mer ou dans une rivière. Ajoutez que *Coner*, *Gouer*, *Cour*, *Gour*, par une crase fort facile & fort naturelle, signifient ruisseau ; ce qui me fait croire que le Pere Maunoir ne s'est pas trompé, & que *Couronca*, *Corroncat* est un verbe différent de *Gorlonca*. Voyez *Gorllwng*.
GORM, pâle, bleu, verd, rouge, noble, illustre. I.
GORMA, vomissement. Ba.
GORMAIL, oppression, action de vaincre, action de surmonter. G.
GORMAIM, devenir bleu ou pâle. I.
GORMAN, le même que *Gorm*. I.
GORMANT, selon Llyn & Thomas Guillaume, Auteurs Gallois, est le même que *Dieithraid*, étrangers. Mais, dit Davies, voyez si ce n'est point plutôt grand, immense, élevé, comme qui diroit *Germaint*. Je le trouve, continue cet Auteur, joint à ces mots : *Ariant*, argent ; *Teyrn*, Roi ; *Draig*, dragon, serpent ; *Creiriau*, plurier de *Crair*, qui signifie ce qu'on touche de la main en faisant un serment ; *Sant*, saint ; *Gour*, homme. G. Il faut retenir l'une & l'autre significations. Le témoignage de deux Gallois, habiles dans leur Langue, ne permet pas de douter de la première ; d'ailleurs elle est entièrement dans l'analogie du langage ; *Gor*, hors, dehors ; *Man* ou *Mant*, hommes. Les exemples que cite Davies font voir

GOR.
GOR. 663

que *Gormant* a auſſi le ſens que lui donne ce Sça-vant, ou, pour mieux dire, qu'il ſignifie ce qui eſt excellent, ce qui eſt le plus haut dans ſon genre, ce qui eſt le meilleur, le plus étendu, le plus grand, le plus élevé ; en un mot c'eſt une marque du ſuperlatif, une marque d'une grande multitude, d'une grande quantité, de la plus grande qualité. *Gor Maint.*

GORMAS, vainqueur, oppreſſeur. G. Voyez *Gormes, Gormeſu.*

GORMEILIO, opprimer. G. *Gormail.*

GORMEILO, ſurpaſſer, ſurmonter, vaincre. G. *Gormail.*

GORMEILWR, oppreſſeur. G.

GORMES, oppreſſion, violence, ravage, dégât, pillage, peſte, malheur. G. Voyez *Gormeſol.*

GORMESDEYRN, tyran. G.

GORMESOL, qui opprime, qui pille, qui fait de la peine, dommageable, qui dévore tout, qui mange tout. G.

GORMESU, dévorer, avaler ſans mâcher, en-gloutir, piller, opprimer. G. De *Gor Ym*, & *Eſu* pour *Yſu*, dit Davies.

GORMESWR, grand mangeur, oppreſſeur. G.

GORMHGLAS, verd de mer, bleu, couleur de mer. I.

GORMOD, gourmand anciennement en Breton. Voyez *Gormodd.*

GORMOD, le même que *Gormodd.* G.

GORMODD, ſuperflu, ſurabondant, qui eſt trop abondant, immodéré, exceſſif, trop, ſurplus, ſuperfluité, trop grande abondance, excès, in-dulgence. G.

GORMODDCHWANT, concupiſcence, déſir ar-dent. G. *Gormodd Chwant.*

GORMODDCHWEDL, hyperbole. G. *Gormodd Chwedl.*

GORMODDDRAUL, profuſion, prodigalité, luxe, intempérance. G. *Gormodd Traul.*

GORMODDFFROST, hyperbole, exagération. G.

GORMODDIAITH, hyperbole, diſcours ſuperflu. G.

GORMODEDD, ſurplus, ſuperfluité, trop grande abondance, excès, affluence, abondance, luxe, prodigalité, profuſion, intempérance, grandeur étonnante, énormité, excès dans l'eſpèce. G.

GORMOLA, louange. C. Voyez *Moli.*

GORMWYTH, peſanteur de tête, catarre, fluxion, débordement de l'humeur du cerveau, rhume, rhumatiſme. G.

GORMWYTHOG, qui a des peſanteurs de tête. G.

GORNE, couleur. G. *Gor* ſuperflu ; *Ne* de *Gne.*

GOROBER, au-deſſus de tout prix, hors de prix. G. *Gor Gober.*

GORE, premier, principal. G.

GORONZ, en haut, en bas. Ba.

GOROR, le canton du pays le plus élevé, pays montueux. G. *Gor*, élevé ; *Or* de *Cor*, pays.

GOROR, bords, confins. G. Voyez *Gor.*

GOROR, contrée, pays. G.

GOROSTIA, houx. Ba.

GOROTZA, fiente, excrément. Ba.

GOROU, luette enflammée. B. De *Gor.*

GOROZTEGUIA, fumier, ou lieu où l'on ramaſſe le fumier. Ba.

GORPHAN, juillet. C.

GORPHELL, éloigné. G. *Gor* ſuperflu ; *Pell.*

GORPHEN, ſelon Davies, conſommation, fin, finir, conſommer ; ſelon Thomas Guillaume, commencer. G. Il faut retenir ces deux ſignifica-tions. Ce mot eſt compoſé de *Gor* ſuperflu, & de *Pen*, en compoſition *Phen*, qui ſignifie extrémité en général, l'une & l'autre extrémités, le com-mencement & la fin.

GORPHEN, l'exercice d'un emploi, l'acquit de ſon devoir. G.

GORPHENNAF, le mois de juillet. G.

GORPHENIAITH, épilogue concluſion d'un diſ-cours. G.

GORPHENNIAD, achevement, accompliſſe-ment. G.

GORPHENNWR, celui qui achève. G.

GORPHERCHI, honorer beaucoup, reſpecter beau-coup, honorer, reſpecter, vénérer. G. *Gor Perchi.*

GORPHERIGL, fort périlleux, périlleux. G. *Gor Perygl.*

GORPHO, GORPO, le même que *Gorfyde* ; de *Gorfod*, dit Davies, qui n'explique point *Gorfyde*, qui ne le rapporte même point dans ſon Dictionnaire ; mais nous voyons par *Gorfod*, qui en eſt la racine, & par *Gorfyddwr*, qui en eſt le dérivé, que *Gorfyde* a ſignifié vaincre, ſurmonter.

GORPHOWYS, s'arrêter, ſe repoſer, ceſſer, diſ-continuer, être oiſif. G.

GORPHWYLL, ſtupidité, ſotiſe, folie, délire, manie, phrénéſie, fureur, tranſport furieux. G. *Pwyll*, ſens, prudence ; *Gor* eſt donc privatif.

GORPHWYLLO, faire le ſot, faire le fat, faire le fou, badiner, extravaguer, rêver, radoter, de-venir fou, être fou. G.

GORPHWYLLOG, fou, inſenſé, extravagant, hors de ſens, furieux, furibond, forcené, maniaque, phrénétique. G.

GORPHWYLLUS, le même que *Gorphwyllog.* G.

GORPHWYLLUS, de folie, de délire. G.

GORPHWYS, s'arrêter, faire une pauſe, diſcon-tinuation, relâche, repos, oiſiveté, lâcheté, non-chalance, pareſſe. G.

GORPHWYSDER, jour de repos. G.

GORPHWYSDRA, repos, relâche, repos après le travail. G.

GORPHWYSFA, lieu de repos, ſéjour, repos, buffet. G. *Gorphvys, Fa*, lieu ; de *Ma.*

GORPHWYSO, repoſer, ſe repoſer, être couché, être étendu de ſon long, ſe replacer. G. *Pwyſo.*

GORPHWYSOL, qui eſt en repos. G.

GORPIRE, A. M. le même que *Guerpire.*

GORPO. Voyez *Gorpho.*

GORR, charbon. I.

GORRA, foin. C. Voyez *Gwair.*

GORRA, ſommet. Ba. Voyez *Gor.*

GORRA, ſourd. Ba. Voyez *Gourd.*

GORRE, recette. B.

GORRE, deſſus, le deſſus, ſuperficie, ſurface ſelon le Pere de Roſtrenen ; ſupérieur, plus élevé, plus haut ſelon Dom Le Pelletier. Le nouveau Dictionnaire porte *Ar-Gorreou*, les élévations, les lieux hauts. On dit *Gorreker*, haute Ville, haut Village. B.

GORRECQ, poſé, tardif, lâche, lent, doucement ſans ſe preſſer. B.

GORREGOUSI, machine qui ſert pour lever la meule ſupérieure d'un moulin. Ce mot eſt com-poſé de *Gorre* & de *Gouſi, Gouſia*, baiſſer ; ce ſeroit donc en François à la lettre, *hauſſe-baiſſe*, ce qui convient parfaitement à cette machine. B.

GORREGUIC, doucement, lentement. B.

GORREN, GORROI, lever, élever, hauſſer, ſerrer, ramaſſer avec ſoin & à deſſein de conſer-ver ; *Gorein E Uhel*, lever en haut, guinder ; *Ne Hallan Gorret An-Dra-Se*, je ne puis lever cela ; ce qui est traduit : je ne puis rien au-dessus de cela, c'est-à-dire, je ne puis rien davantage. B.

GORREN, fluxion. B. *Gorre.*

GORRERA, surdité. Ba. Voyez *Gorra.*

GORRIA, rouge, rubicond. Ba. Voyez *Gor, Gurrio, Gorringoa.* De là *Garance*, plante dont la racine est rouge & sert à teindre en rouge.

GORRIBELCHA, couleur entre noir & rouge. Ba.

GORRIBERTUA, couleur brune qui approche du noir. Ba.

GORRIDA, A. G. choses terribles, choses à craindre. De *Gor*, mal.

GORRIGANTT, nabot, bamboche. B.

GORRINGOA, jaune d'œuf. Ba. On voit par là que *Gorria* en Basque a aussi signifié jaune.

GORRIZE, rougir. Ba. Voyez *Gor.*

GORROA, crachat. Ba.

GORRODI. Voyez *Gorren.*

GORROSQUILA, lyre, guitarre. Ba.

GORROTAGARRIA, haïssable, ennemi. Ba.

GORROTATU, je hais, je déteste. Ba.

GORROTATUA, haï, odieux, insupportable. Ba.

GORROTOA, haine, aversion, antipathie, haïr, détester. Ba.

GORRYMES, le même que *Gormes.* G.

GORSAF, pause, cessation, discontinuation, relâche, repos, séjour, demeure, endroit où l'on s'arrête. G. *Gor* superflu.

GORSED, tribunal, cour, tertre, ancien tombeau. C.

GORSEDD, habitation, Ville. G. Voyez l'article suivant.

GORSEDD, salle pleine de siéges tout autour, salle d'assemblée, siége, tribunal, séance commune à plusieurs. G. *Gor* paroit ici superflu de même qu'à *Gorsaf*, puisque *Seath* en Écossois signifie siége, & *Sedy*, qui est le même que *Sedy* en Breton, signifie s'asseoir. De *Sedd* est venu le Latin *Sedes* ; l'Italien *Sede, Sedio* ; le Théuton *Settl, Sedal*, l'Allemand *Sitz, Sidel* ; le Gothique *Sitl* ; l'ancien Saxon *Seotol, Setl* ; le Flamand *Settel* ; l'Anglois *Seat*, siége. De là le Latin *Sedeo* ; l'Italien *Sedere* ; le Gothique *Sitan* ; l'ancien Saxon *Sittan* ; l'Allemand *Sitzan* ; le Théuton *Sitzan* ; le Flamand *Sitten* ; l'Anglois *Sitte* ; l'Esclavon *Sideti, Seisti* ; le Dalmatien *Stiditi* ; le Polonois *Siedze* ; le Bohémien *Sedit* ; le Lusatien *Schenzti*, être assis ; *Nsdil* en Arménien, être assis. *Gorsedd* ou *Sedd* signifie également siége & habitation, c'est pourquoi les Latins, en prenant ce mot des Gaulois, lui ont conservé l'un & l'autre sens. Voyez l'article précédent & *Seddaf, Seat, Suidhe.*

GORSEDDFA, siége, lieu où l'on tient le conseil. G.

GORSEDDFAINGC, thrône, lieu où l'on tient le conseil. G. *Gorsedd Maingc.*

GORSEDDIAD, action de s'asseoir. G.

GORSEDDIG, petit siége. G.

GORSEDDOG, tribunal, où l'on peut s'asseoir. G.

GORSEDDOL, où l'on peut s'asseoir. G.

GORSEDDU, s'asseoir, être assis, être assis auprès, siéger sur un tribunal, habiter. G.

GORSEFYLL, s'arrêter, rester, se tenir ou rester à, demeurer, résider, séjourner, demeurer ferme. G. Voyez *Gorsaf.*

GORSEFYLL, penchant, qui va en baissant. G.

GORSEOTEA, sourdaud qui a l'oreille dure. Ba.

GORSIN, jambages, piliers. G.

GORSINGAU DRWS, jambages, piliers qui sont aux côtés de la porte. G.

GORT, CORT, CORID, champ, campagne. I.

GORT, faim. I.

GORT. Voyez *Avall-Gort.*

GORT, le même que *Cort, Got, Sort.* Voyez *Ara.*

GORT, le même que *Gart, Gert, Girt, Gurt.* Voyez *Bal.*

GORT, bruit, éclat. Voyez *Ysgort.*

GORTA, lieu infâme. Ba. De là le Latin *Scortum.*

GORTA, faim. I.

GORTACH, famélique, affamé. I.

GORTADH, faim. I.

GORTAIN, faim. I.

GORTAN, famélique, affamé. I.

GORTE-JAUNBAT, un petit Roi. Ba.

GORTEA, Cour royale. Ba.

GORTEIN, le même que *Gorto.* B.

GORTESEN, le même que *Gortosen.* B.

GORTHIR, terre ou pays le plus élevé. G. *Gor*, élevé ; *Tir*, terre. Davies.

GORTHO, voile, couverture, toit, couvercle. G. *Gor* superflu ; *To.*

GORTHO, patience. G. De *Gor Taw.* Davies.

GORTHOEDIG, couvert. G.

GORTHOGADH, nuire, incommoder. I. C'est le même que *Gorthugadh.*

GORTHOI, couvrir, protéger. G. *Gor* superflu ; *Toi.*

GORTHORCH, collier. G. *Gor* superflu ; *Torch.*

GORTHORRI, battre, briser, couper. G. *Torri* ; *Gor* superflu.

GORTHORRIANT, action de briser. G.

GORTHOWR, qui enduit les murailles. G. *Gorthoi.*

GORTHRECH, action de presser, d'opprimer, oppression, dominant, supérieur. G.

GORTHRECHU, presser, opprimer, vaincre, devenir plus fort. G. *Verdrucken* en Flamand, opprimer.

GORTHURWM, pesant, fort pesant, qui est rempli de chagrin, où il n'y a que peines & que misères. G. *Gor Trwm.*

GORTHRYCH, GORTHRYCHIAD pour *Gwrtrych* ; mais mal, dit Davies. G.

GORTHRYMDER, pesanteur, action de presser, affliction. G.

GORTHRYMIAD, oppression. G.

GORTHRYMMU, être pesant, être fort pesant, s'appesantir, charger, opprimer, accabler, fouler aux pieds, écraser, affliger, avoir de la peine à supporter avec peine. G. Voyez *Gorthrwm.*

GORTHRYMMWR, oppresseur, tyran. G.

GORTHUDTHE, dupé, trompé. I.

GORTHUGADH, GORTHUGHA, coup, oppression, mal, tourment, blessure, nuire, incommoder, affliger, tourmenter, ulcérer, faire du mal, causer de la douleur, opprimer, blesser, pincer, sentir de la douleur, tromperie, tromper. I.

GORTHWF, le même qu'*Airwf.* G.

GORTHYFU, naître sur.

GORTO, attendre, patienter en attendant. Il se dit principalement de ceux qui attendent à la porte sans entrer ni s'en retourner. B.

GORTOG, naine. I.

GORTOS, demeurer. B.

GORTOZ, GORTOZ, le même que *Gorto.* B.

GORTOSEN, GORTOZENN, le goûter des ouvriers, petit repas que les gens de la campagne font afin d'attendre avec plus de patience l'heure du souper & la fin de leur travail. B. De *Gortos.*

GORTRECHWR, oppresseur. G. Voyez *Gorthrechu.*

GORUCH,

GORUCH, au-deſſus, ſur, ſupérieur, dégré ou rang de ſupérieur, domination, autorité, pouvoir. G.

GORUCHAF, le plus élevé, le très-élevé. G. *Af* marque du ſuperlatif.

GORUCHAFIAETH, élévation, principauté, promotion, élévation aux charges, dignité, rang, titre honorable, charge, ſouveraine puiſſance, lorſque quelqu'un devient ſupérieur à un autre, ſupériorité, victoire. G.

GORUCHDER, élévation, ſublimité, excellence. G.

GORUCHEL, élevé, haut, d'enhaut, fort élevé. G.

GORUCHEL, très-haut. C. *Gor Uchel.*

GORUCHELDER, élévation, hauteur, ſouveraineté, ſouveraine puiſſance. G.

GORUCHELION, météores. G.

GORUCHELWYR, ceux qui ſont d'un rang plus élevé. G.

GORUCHIO, être plus haut, excéder. G.

GORUCHION, météore, météores. G.

GORUCHWILIAETH, intendance. G.

GORUCHWILIO, rendre à chaque action ce qu'elle mérite. G.

GORUCHWILIWR, intendant, prépoſé, qui a le ſoin, fermier, métayer. G.

GORUCHYSTAFELL, chambre haute. G.

GORUDDGOCH, noirâtre, qui tire ſur le noir, brun. G.

GORUETAN, filer. Ba. Voyez *Gwerihyd.*

GORVEZ. Voyez *Gorwez.*

GORUG, a fait. G.

GORUGAW, le même que *Gorchfygu.* G.

GORUN. Voyez, dit Davies, s'il ſignifie ſupérieur; de *Gor Vn.* Il me paroit qu'oui ſuivant l'analogie de la Langue.

GORVOR, glorieux, illuſtre. I.

GORWACDER, le même que *Gorwagedd.* G.

GORWAEDRO, extravagance, folie, égarement de bon ſens, impertinence, ſotiſe. G.

GORWAERED, GOWAERED, GWAERED, montant d'une colline, pente, penchant de colline, précipice, pente, penchant. G.

GORWAG, vuide, vain; inutile, ſuperflu, de peu d'importance, bagatelles, vetilles, de bagatelles, de vetilles, de bouffon, qui a l'eſprit un peu leger. G. *Gor* eſt ici ſuperflu. Voyez *Vac*, *Vag.*

GORWAGGLOD, vaine gloire. G. *Gorwag Clod.*

GORWAGEDD, vuide, eſpace vuide, inanition, inutilité, vanité, bouffonneries, grandes badineries. G. Voyez *Gorwag.*

GORWAGRWYDD, bouffonnerie, baſſeſſe. G.

GORWEDD, GORFEDD, être couché. G. *Fedd* & *Wedd* de *Bedd*, qu'on voit par ce mot avoir non ſeulement ſignifié tombeau, mais encore lit. Voyez *Gorweddfa.*

GORWEDDFA, lit, étable. G.

GORWEDDIAD, action de ſe coucher, le coucher, poſture d'une perſonne couchée, proſternement. G.

GORWEDDLE, lit. G.

GORWEIDDIOG, malade qui eſt obligé de garder le lit. G.

GORWER, nuée. G.

GORWEZ, GORVEZ, ſe coucher tout de ſon long. B. Voyez *Gorwedd.*

GORWLAD, Province. G.

GORWREGYS, ceinturon. G.

GORWU, pour *Gorfu*, a vaincu. G.

GORWUCH, plus haut, plus élevé. G.

GORWYD, a vaincu. G.

GORWYDD, cheval. G. C. *Gourram*, cheval en Talenga.

GORWYDDAWD, cheval. G.

GORWYDDFARCH, cheval. G. Pléonaſme. *March.*

GORWYLLT, féroce, farouche, ſauvage, indompté. G. *Gor* ſuperflu, *Gwyllt.*

GORWYLLTIO, rendre ſauvage, rendre farouche. G.

GORWYN, blanchâtre, un peu blanc, tirant ſur le blanc, pâle, bleme, un peu pâle. G. *Gor* diminutif; *Gwyn.*

GORWYN, très-blanc. C. *Gor*, *Gwyn.*

GORWYNNION, qui habitent plus haut. G. *Gor*, haut, plus haut; *Gwynn* eſt donc habitation. Voyez *Gwyck.*

GORWYNNU, devenir blanc, blêmir, pâlir. G.

GORWYNWELW, livide, plombé, meurtri, noirâtre. G.

GORWYR, arrière-petit fils du fils ou de la fille; *Gorwyr O Ferch*, arrière-petite-fille de la fille ou du fils. G.

GORWYRAIN, le même qu'*Arwyrain.* G.

GORWYTHAWG, fâché, plein d'indignation, ſujet à ſe fâcher, ſujet à ſe mettre en colère. G. *Gor* ſuperflu, *Gwythawg.*

GORY, ſupérieur. G. Voyez *Gor.*

GORYDD, libre en quelque façon, affranchi, mercenaire homme qui travaille pour de l'argent, d'affranchi. G.

GORYFYGUS, un peu arrogant. G.

GORYM, dominant. G.

GORYMDDAITH, GORYMDDEITH, marcher, ſe promener, aller de côté & d'autre, courir çà & là. G.

GORYMDDWYN, priſe, capture, ſaiſie, ſaiſiſſement, ſaiſir, concevoir. G.

GORYMDDWYN, intercalation, intercalaire. G.

GORYMDDWYN, ſynecdoche. G.

GORYN, puſtule, échauboulure, dartre, feu ſauvage. G. Voyez *Gor.*

GORYSGWR, action de preſſer. G. *Gor Uſgwr.* Davies.

GORYSGWYDD, ſaillie, avance. G.

GORYW, a vaincu, a fait. G.

GOS, près, auprès, preſque. B.

GOS, le même que *Gwas.* Voyez *Goſgordd.*

GOS, diminutif. Voyez *Goſmala.*

GOS, le même que *Cos*, *Os.* Voyez *Aru.*

GOS, le même que *Gas*, *Ges*, *Gis*, *Gus.* Voyez *Bal.*

GOSAIL, fondement, fondation, baſe, étai, étançon, échalas. G. *Go* ſuperflu.

GOSALDU, je déjeune. Ba.

GOSARDEA, faveur. Ba.

GOSARRERA, inſinuation. Ba.

GOSARRUG, un peu difficile, un peu fâcheux, un peu bizarre. G. *Go* diminutif.

GOSARTA, entendement. Ba.

GOSBAITH. Voyez, dit Davies, s'il vient de *Paith.* G.

GOSCORDY, famille, maiſonnée. C.

GOSDA, fantômes nocturnes, lutins, ſpectres. I.

GOSE, qui a faim, qui a eu faim; *Goſe Cedin*, il a eu faim. Ba.

GOSEA, avidité. Ba.

GOSEB, GWOSEB, don, étrenne. G. G, *Gw* ſuperflus. Voyez *Oſeb.*

GOSEILIO, fonder, poſer des fondemens, poſer une baſe, appuyer, ſoutenir, affermir. G. *Goſail.*

GOSEIMLYD, un peu plus graiſſé. G.

GOSEL, le même que *Gochel.* Voyez *Dygoſel.* G.

GOSERTHFRWNT, un peu obſcène. G.

GOSETEA, faim. Ba.
GOSETIA, famelique, affamé. Ba.
GOSG, habit, habillement. Voyez Diosg, Gwisg.
GOSGED, forme, espèce. C.
GOSGEDD, GOSGETH, air du visage, mine, apparence, forme, figure, stature, modéle, idée, exemple. G. On voit par *Gosgeddig* que ce mot a aussi signifié beauté.
GOSGEDDIG, GOSGEIDDIG, beau. G. *Gosgedd*.
GOSGETH. Voyez *Gosgedd*.
GOSGO, GWOSGO, oblique, obliquité. G. G. Gw superflu. Voyez *Osgo*; de *Gwosgo Guingoit*.
GOSGORDD, le domestique, les clients, le cortége. G. *Gos* pour *Gwas*; *Gordd* de *Cordd*.
GOSGRYN, GWOSGRYN, de *Go Ys Crynu*, dit Davies. G.
GOSGYMMON, toute matière qui prend feu aisément. G.
GOSGYMMON, incendie. G.
GOSIARADUS, un peu causeur. G. *Go Siaradus*.
GOSICQ, presque. B. De là quasi presque en Franche-Comté. Les Paysans disent *Quosi*.
GOSLE, gorge, gosier. G.
GOSLE, GOSLEF, le même qu'*Oslef*. G.
GOSMAITHIO, Voyez *Gosymddeithio*.
GOSMALA, un peu puant, un peu pourri. G. *Mall*, pourri; *Gos* par conséquent diminutif.
GOSOD, mettre, placer, établir, affermir, enfoncer, planter, ficher, position, situation, assiette, affermissement, confirmation, ordonnance, statut, règlement, position, thèse, proposition. G.
GOSOD, entreprise. G.
GOSOD, assaut, assaillir, attaquer. G. *Go* superflu, *Sawd*.
GOSOD At UN, aller trouver quelqu'un. G.
GOSOD WRTH, joindre, appliquer une chose à une autre, l'approcher. G.
GOSODAU, statuts, ordonnances, règlemens. G.
GOSODEDIG, placé, arrêté, fixé. G.
GOSODEDIGAETH, ordonnance, statut, règlement. G.
GOSODIAD, action de placer, situation, position, assiette, état, construction, action de planter, loi, ordonnance, statut, règlement. G.
GOSODWR, qui place, qui plante. G.
GOSPER, soir. G. B.
GOSSILIA, A. M. habits faits de matière grossière & de peu de prix. De *Go* diminutif; *Dilad*, en composition *Silad*.
GOSSODIAD, assiette, situation, pause. G. Voyez *Gosodiad*.
GOSSON. De *Go* & *Son*, dit Davies. Ces mots signifient petit son, petit bruit, &c. Voyez *Son*. G.
GOSSUM, A. M. tumeur, enflure. De *Gott* avec une terminaison. *Goss*.
GOSSYMDDEITHIAW, nourrir. G.
GOST, le même que *Gosod*. G.
GOSTADHA, fantôme nocturne, spectre, lutin, esprit follet, fantôme hideux. I.
GOSTADIC. Voyez *Goustat*.
GOSTEG, silence, réticence, repos. G.
GOSTEGIAD, action d'appaiser. G.
GOSTEGU, se taire, faire taire, appaiser, pacifier. G.
GOSTEGWR, crieur public qui fait faire silence. G.
GOSTWNG, appaiser, retenir, modérer, descendre, pencher, etre penché, humilier, être humilié. G.
GOSTYGHEDIG, soumis, sujet. G.

GOSTYNGEDIG, bas, complaisant, condescendant, humble, soumis, obéissant. G.
GOSTYNGEDIGAETH, inclination, action de se courber, de se plier. G.
GOSTYNGEIDDRWYDD, abbaissement, soumission, obéissance, modestie. G.
GOSTYNGIAD, abbaissement, enfoncement, humiliation. G.
GOSWGA, un peu sale, un peu crasseux, tant soit peu sale ou honteux. G. *Go*, un peu.
GOSYCHU, devenir un peu sec. G.
GOSYMDDAITH, GOSYMMAITH, vivres, distributions de vivres, provision de ce qui est nécessaire pour le voyage. G.
GOSYMDDEITHIAW, faire provision pour le voyage. G.
GOSYMDDEITHIG, alimentaire, de voyage, qui concerne le voyage. G.
GOSYMDDEITHIO, GOSYMMEITHIO, GOSMEITHIO, donner des vivres. G.
GOSYMDDEITHIOL, de voyage, qui concerne le voyage. G.
GOSYML, simple. G. *Go* superflu.
GOSYMMAITH, Voyez *Gosymddaith*. G.
GOSYMMEITHIO, Voyez *Gosymddeithio*. G.
GOSYMMERTH, le même que *Got*. G.
GOSYNN, un peu stupide. G.
GOSYNNU, être un peu étonné. G.
GOSYTH, un peu sec, un peu arrosé. G.
GOT, GOTH, orgueil, suivant un Auteur Gallois. Davies veut qu'on examine s'il ne signifie pas aussi adultère, fornicateur, duquel mot, pris en ce sens, seroit venu *Godineb*. Dans les deux phrases que rapporte cet Auteur, *Got* ou *Gott* paroit avoir ce dernier sens; d'ailleurs Thomas Guillaume, dans son Dictionnaire Latin-Gallois, dit que *Got* signifie orgueilleux & adultère, homme qui viole la fidélité conjugale; ainsi on ne peut douter que ce terme n'ait les deux significations. On a dit *God* comme *Got*, comme Davies le fait remarquer, en observant qu'il est la racine de *Godineb*. On le voit encore par *Godelureau*, qui signifie en notre Langue jeune fanfaron, glorieux, piaffant; par *Goddon*, qui en vieux François signifioit un homme fort riche, qui a toutes ses aises & qui vit dans la joie & dans les plaisirs. *God* en Runique signifie l'amour. *Got*, *Goth*, *God* ayant signifié orgueil, qui est élevation au figuré, ont dû le signifier au propre, parce que le figuré suppose toujours le propre. *Gode*, homme grand chez les Sueves; *Jutun* en Gothique, géant. De là le nom des Goths, que Procope a remarqué être tous de grande taille: *Cutis omnibus candida, flava cæsaries, corpus procerum*. De bello Vand. l. 1, c. 2. *Good*, excellent en Anglois; *Go* en Hébreu, orgueil, pompe; *Gheuth* ou *Ghæth* en Hébreu, orgueil; *Gate* dans le Royaume de Decan, montagne, élévation; *Choda*, Dieu en Persan; *Gott* en Allemand; *Goods* en Flamand; *Goad* en Anglois; *Gud* en Danois, Dieu. Voyez *Guthicia*. Voyez *God*, *Gotolenc*.
GOT pour *Cot*, bois, forêt. Voyez *Goet*, *Pengoat* & *Aru*. *Gaut* en vieux François, bois; *Got* en Tartare, arbre, bois substance de l'arbre.
GOT, le même que *Gand*. Voyez ce mot.
GOT, poche. Voyez *Godell*.
GOT, le même que *Cot*, *Ot*, *Sot*. Voyez *Aru*.
GOT, le même que *Go*, *God*. Voyez D.
GOT, le même que *Gat*, *Get*, *Git*, *Gut*. Voyez *Bal*.

GOT. GOU. 667

GOTH, lance, javelot, dard. I.
GOTH. Voyez Got.
GOTHACH, ordure, souillure. Voyez Difotach.
GOTHANACH, injurieux. I.
GOTHNADH, javelot, dard. I.
GOTHORQUI, difficilement parlant d'ouir. Ba.
GOTHUS, orgueilleux. G. Voyez Got.
GOTIAR, éperon. G.
GOTOLEAR, ouvrage relevé en bosse. Ba. Got.
GOTORRA, charnu, musculeux, sérieux, grave. Ba.
GOTRE. Voyez Bodre.
GOTS, rayon de miel. G.
GOTTOYW, éperon. G.
GOTTYER, concupiscence, convoitise. G. Voyez Got.
GOTZURRIA, oiseau aquatique. Ba.
GOU, mensonge, fable. C. Voyez Gao.
GOU, élevation, haut. B. Voyez Go, qui est le même.
GOU, jeune. B.
GOU, jupiter. B.
GOU, le même que Gau. Voyez Aru.
GOV, le même que Gôf; plurier Goves, Gonet. B.
GOUA, hyver. B.
GOUAC, mol. B.
GOUACH, le même que Gwa. B.
GOUACH, mol. B.
GOUACHAT, amollir. B.
GOUAD, sang. G.
GOUADEGUEN, boudin. B.
GOUADH, patrie. B. Gowe, Goo, Gaw, Gw, Goy, pays, contrée en Flamand; Got en Frison; Gauge en Gothique; Kovei, royaume en Chinois.
GOUAF, hyver. C.
GOUAFF, hyver. B.
GOUAGRENN, glande. B.
GOUAGUENN, vague, flot, onde. B. Gou, élevation ; Ag, eau. Voyez Goag.
GOUAIRECQ, GOUARECQ, arc. B.
GOUAL, eau. B.
GOUAL, pustule, vessie. B.
GOUAL MAMMEC, marâtre, belle-mere de mauvaise humeur. B.
GOUAL, GOÛAL, mauvais. B. Voyez Goal.
GOUAL, préintes. B.
GOUALCH, saoul, abondamment, assez. B.
GOUALCHA, saouler, rassasier, assouvir. B.
GOUALCHI, laver. B.
GOUALEN, verge. B. Voyez Goalen.
GOUALFIN, rusé, fin, adroit. B.
GOUALH, saoul, abondant, abondamment, assez. B. L's & le g se mettant l'un pour l'autre, (Voyez Aru) on a aussi dit Soualh, ainsi qu'on le voit par notre mot saoul, qui en est une transposition.
GOUALL, indigne. B.
GOUAM, femme en terme de mépris. B.
GOUAN, hyver. B.
GOUANNATT, atténuer. B.
GOUAPAER, comédien. B. Voyez Goap.
GOUAR, cheval. I. Voyez Jan.
GOUARA, bossuer la vaisselle. B.
GOUARECQ, oisif. B.
GOÛAREN, garenne. B.
GOUARN, gouverner, garder, conserver. B.
GOUARNATION, accomplissement, fidelle observation. B.
GOUARNER, gouverneur. B.
GOUAS, jeune garçon. B. Voyez Gwas.
GOUASCADENN, défaillance. B.
GOUASCELL, pressoir. B.
GOUASQED, abri. B.

GOUASTELL, gâteau. B.
GOUAT, sang. B.
GOUAT, AR-GOUAT, & dans la prononciation Ar-Houat, tanésie plante. B.
GOUAVA. Voyez Goaf.
GOUAZ, ruisseau. B.
GOUAZ, pire. B.
GOUAZ DOUAR, gué. B.
GOUAZEN, nerf. B.
GOUAZHAT, devenir pire. B.
GOUAZREDEN, ruisseau. B. Pléonasme.
GOUBYON, froidure burlesquement. B.
GOUCHIN, gaine, fourreau. B.
GOUCQ, col. B. Voyez Goucq.
GOUCZAAT, gâter, corrompre, rendre mauvais; amoindrir. B.
GOUCZI-MECHER, gâte-métier. B.
GOUD, vice. B. Voyez Gao.
GOUD, le même que Gand, bois substance de l'arbre, forêt. Voyez Bal. De là Jou, nom appellatif de forêt en certains cantons de la Franche-Comté. On trouve aussi Jouet au même sens dans de vieux titres. Voyez Goet, Goüe, Goüen.
GOUDASQ, sauvage. B.
GOUDE, après, ensuite, derriere, depuis B. Hhhod ou Gol en Hébreu, après, ensuite, encore. Voyez Gwedi.
GOUDESE, par après, après cela, enfin. B.
GOUDESQ, sauvage. B.
GOUDOUT, art. B.
GOÜE, arbres. B. Voyez Goüen.
GOÜE, sauvage, féroce. B.
GOUEAFF, tisserand. B.
GOUEC, GOUOC, menteur. C. Voyez Gao.
GOUECH, fois. B.
GOÜECHAL, anciennement, autrefois. B.
GOUED, forêt. B.
GOUEDD, sauvage, qui vit dans les forêts. B.
GOUEDD, prononciation de Gwedd. G.
GOUEFFEN, sçais à la première personne. B.
GOUEFFET, sçait. B.
GOÜEHE, GOÜEE, GOUHEZ, bru. B.
GOUELA, pleurer, déplorer. B. On dit Couela en Patois de Besançon.
GOUÊLE EL LOÜE, arriere-faix de la vache. B.
GOUËLEADH, planche de jardin. B.
GOUELET, situé, placé. B.
GOUELET, voir. B.
GOUELL, GOVELL, forge. B.
GOÜELL, levain. B.
GOUELL, fête, férie. B. Voyez Gwyll. On voit par Goulien, Goulle ou Gouell en signifiant fête, férie, a signifié toutes sortes de féries, ou fériation, cessation, repos; ce qui se confirme par Gouillet, qui en Patois signifie une petite piéce d'eau dormante; Gouil, dormante, arrêtée; Laith, eau. Voyez Gouil.
GOUELLAAT, GOUELLAU, meilleur. B.
GOUEMON, goémon. B.
GOUEMON, A. M. goémon. Voyez l'article précédent.
GOUEN, arbre, plurier Goue. B. Il signifie aussi bois. Voyez Calnedd.
GOUEN, engeance, génération, lignée, race, généalogie. B.
GOUEN, blanc. B. Voyez Gwen.
GOUENPI, flétrir. B.
GOÜER, GOVER, GOFER, GOER; singulier Geveren, Goüeren, ruisseau, eau courante. B. Ce mot paroit composé de Go, petit, & Mer, ori

GOU.

composition *Ver*, eau, rivière. *Couer*, *Chouer*, sont le même mot. *Goüer*, *Gover* peuvent encore être formés de *Govera*, fluer, couler. Voyez *Bera*, qui avec une préposition fait *Vera*. *Goure* en Languedocien, ruisseau ; *Gourd*, *Gourt* en vieux François, torrent, ruisseau, bouillon d'eau ; *Gurre* en Albanois, fontaine ; *Jeor*, *Jor* en Hébreu, ruisseau ; *Cor*, *Cur* en Persan, petite rivière ; *Jarro* en ancien Égyptien, fleuve ; *Ju*, rivière en Chinois : ce Peuple ne fait pas usage de l'*r*. Voyez *Chorro*.

GOUER. Voyez *Gwar*.
GOVERA, fluer, couler. B.
GOUEREIN, traire les vaches. B.
GOVEREN, ruisseau. B. Voyez *Gouer*.
GÒUÉRENN, ruisseau. B. Voyez *Gouer*.
GOÜERH, vierge. B.
GOUERO, juillet. B.
GOUES, verd. B.
GOUESPEDEN, GOUESPEL, guêpe. B. De là ce mot.
GOUESQLE, graisset grenouille verte. B. Voyez *Glesger*.
GOUESTLA, mettre en gage, faire une gageure, vouer. B.
GOUET, sang. B. Voyez *Goed*, *Gouat*.
GOUÉZ, sauvage, farouche, lourdaud, fou. B.
GOUEZ ou GOUEZIC-DOUR, ruisseau. B. *Guez*, ruisseau en vieux François. Voyez *Goreza*.
GOUEZ, gué. B. De là ce mot.
GOUEZ, connu. B.
GOVEZA, fluer, couler. B.
GOÑEZA. Voyez *Gwez*.
GOUEZAAT, effaroucher. B.
GOUEZERE, GOUEZRE, juillet. B.
GOUEZET. Dom Le Pelletier dit qu'il peut être traduit abandonné. B. Voyez *Gwezel*.
GOUEZGUIFF, se flétrir. B.
GOUEZUIFF, se flétrir. B.
GOUFFR, gouffre. B. De là ce mot.
GOUG, gosier, gorge. B.
GOUGAILHÉS, bonne chére, gogaille. B. De *Goug* ; de là la *Gogaille*.
GOUGEON, boulon, grosse cheville de fer pour soutenir le fleau d'une porte cochère. B.
GOUHAEYN-VRAS, artère. B.
GOURAN, GOURANVEIN, endurer, souffrir. B.
GOUHEE, bru. B.
GOUHERE, GOUHEREFF, juillet. B.
GOUHEZ, femme de frere, sœur du mari, bru. B.
GOUHIN, GWHIN, gaine, fourreau, étui d'épée, de couteau ; *Gouhina*, engainer ; *Diwina*, *Digwina*, dégainer. B.
GOUI, le même que *Gwi*, parce que le *w* se prononce en *ou*.
GOVIANNA, hyverner. B.
GOUJARD, goujat. B.
GOUICH, gouge outil de menuisier. B. De là ce mot. *Gouet*, couteau en Anjou, & en Perche *Gouifot*.
GOUIEC, étendu, verré. B.
GOUIENDER, fraîcheur. B. De *Go* diminutif ; *Iender*, froideur.
GOUIHIAN, hyver ; *Calan Gouihian*, novembre, la Toussaints ; à la lettre, commencement d'hyver. B.
GOUIHOUT, sçavoir. B.
GOUIL, fais à la première personne singulière du présent de l'indicatif. C.
GOUIL, prononcez *Goul*, charbon. I. Voyez *Glo*, *Glou*.

GOUIL, ferment, levain. B. Voyez *Goüell*.
GOUIL, fête, solemnité. B. Voyez *Goüell*.
GOUILAN, GOILAN, espèce d'oiseau. B.
GOUILEIN, pleurer. B.
GOUILH, larron de nuit. B. Voyez *Gwyll*.
GOUILHIM, pleurer. I. Voyez *Gouilein*.
GOUILYAD, danses aux jours de fetes. B. Voyez *Gouil*.
GOUIN, fourreau, gaine. B.
GOUIN, vin. B.
GOUJONN, goujon cheville de fer. B.
GOUÏS, truie, courtisane. B.
GOUIVAGH, âpreté. B.
GOUIVEIN, flétrir, faner, ternir. B.
GOUÏZECQ, sçavant, homme entendu. B.
GOUIZIEGUEZ, capacité, science. B.
GOUL, goulier. B. De là ce mot.
GOUL. Voyez *Gueunl*. De là *Gouliffa* en vieux François, galafre, glouton.
GOUL. Voyez *Goulahenn*.
GOULAHEIN, rafraîchir un instrument tranchant, en raccommoder le fil. B.
GOULAHENN, latte. B. Voyez *Goalenn*, qui est le même. On voit par là & par *Houletre*, qu'on a dit *Goulet*, *Goul*.
GOULAOU, GOÜLOÜ, GOLEU, lumière, luminaire, chandelle, illumination, éclaircissement ; *Goulaou-Deiz*, point du jour, la première clarté du jour. B.
GOULAOUI, luire, poindre, commencer à paroître. B.
GOULAOUYER, chandelier vendeur de chandelles. B.
GOULAR, fade, insipide, désagréable au goût, amer. B.
GOULAR. DOUR GOULAR, eau minérale. B.
GOULARZ, ambre. B.
GOULAZA, synonime de *Goulahein*.
GOULAZENN, latte, clavin, bardeau. B.
GOULCHER, couvercle. B.
GOULE, vuide. B.
GOULEC ou GOULLEC après l'article ; *Ar Hioullec* lieu poisson de mer.
GOULEN, prier, demander, implorer, interroger, prière, demande, requête. B.
GOULEN, GOILAN, oiseau. B.
GOULENNER, demandeur. B.
GOULENNI, demander. B.
GOULERCH, tarder, rester après les autres, & les suivre de loin. B. De *Go Lerch*.
GOULI, GOULIA, les mêmes que *Gouly*, *Goulya*. B.
GOULIADUR, vuidanges. B.
GOULIAT, danses, divertissemens. B. Voyez *Goüilyad*.
GOULIAW, GOURIAW, pièce ou planche de bois attachée au travers d'une porte en dedans pour la fortifier. B.
GOULIEN, GOULIMEN, tertre ou espace de terre non labourée entre la haie & les sillons. B. De *Goule*, vuide.
GOULIGH, yeux. I.
GOULIHDETT, vacuité. B.
GOULIHUE, vuide, vacant. B.
GOULIHUEIN, vuider. B.
GOULIMEN. Voyez *Goulien*.
GOULLO, vuide. B.
GOULLOADUR, vuidanges, évacuation. B.
GOULLOET, évacué, vuidé. B.

GOULLOI,

GOU.

GOULLOI, vuider, désemplir, évacuer. B.
GOULLONDER, vuider, désemplir, épuiser. B.
GOULOU, jour, lumière, chandelle. B.
GOULOU, dot. B. Voyez *Argoulou, Gourou*.
GOULOU DEIZ, le point du jour. B.
GOULOUI, luire. B.
GOULIENN, fanon de bœuf. B.
GOULY, plaie, blessure, coup, plaie invétérée, ulcère. B. Voyez *Gweli*.
GOULYA, blesser, faire une plaie, ulcérer. B.
GOULYEN, le même que *Goulya*. B.
GOULYON, lavure. B.
GOULYUS, sujet à blesser quand il frape. B.
GOUM, GOUMA, gomme. B.
GOUMM, houle, B.
GOUMON, goémon. B.
GOUMON, A. M. goémon. Voyez l'article précédent.
GOUN, je fçais, je connois ; *Ne-On*, je ne fçais. B. Voyez *Gwnn*.
GOUNEZET, gagné ; ce qui montre que le verbe est *Gounez*, gagner, fait de *Gounez*, gain. B.
GOUNHERS, chasseur. B. De *Coun*, chiens ; *Hers d'Hersal*, pousser, exciter ; *Gounhers* à la lettre, pousse chiens comme *Kunegos*, *Kunelates* en Grec.
GOUNI, GOUNIT, GOUNIZ, gagner, B.
GOUNID, gain, profit, avantage ; *Douar Gounid*, gagnages terres labourées ou à labourer. B. *Gain* en François ; *Gaine* en Anglois ; *Gewin* en Flamand & en Allemand. *Ganancia* en Espagnol ; *Guadagno* en Italien, gain.
GOUNIDEC, DOUAR GOUNIDEC, gagnages terres labourées ou à labourer. B.
GOUNIDECQ, journalier, laboureur. B.
GOUNIDEG, cultivateur. B.
GOUNIDEG DOUAR, laboureur. B.
GOUNIDIGUEZ, profit, gain. B.
GOUNIT, gagner, acquerir, cultiver, méliorer une terre, gain. B.
GOUNIT, terre cultivée & fertile : c'est ce que les hauts Bretons appellent *Gagnerie*, & les François, *Gagnage* ; plurier *Gounidou*. B. Voyez *Gounid*.
GOUNNICQ. AR GOUNNICQ, nargue terme de mépris. B.
GOUNYEIN, soumettre. B.
GOUR, manière, instituer. B.
GOUR, chevre. E. Voyez *Gavr*.
GOUR ; plurier *Goured*, *Gwyr*, robuste, viril, mâle, puissant, vigoureux, fort, nerveux. B. Voyez *Gwr*.
GOUR, anciennement petit en Breton. B.
GOUR, presque. Voyez *Gour-Enés*.
GOUR, diminutif en composition. B. Voyez *Gor*, *Gour-Enés*, *Gournich*.
GOUR, dessus, au-dessus. Voyez *Gormod*, *Gourdaden*.
GOUR, bord, rivage. Voyez *Gourlen*.
GOUR. On voit par *Gouris*, *Gouriz*, que *Gour* comme *Cour* a signifié environer, entourer, enceindre, enfermer. Voyez encore *Aru*.
GOUR, petit. Voyez *Gournich*, *Gourdren*.
GOUR, le même que *Cour*, *Our*, *Sour*. Voyez *Aru*.
GOUR, malice couverte, inimitié cachée, amitié feinte, rancune ; plurier *Gourou*. B. On dit en Franc-Comtois *Agourer* un homme pour le tromper par des feintes, par des belles paroles.
GOUR, homme, personne : je ne l'ai oui, dit Dom Le Pelletier, qu'après la négative au moins supposée ; car si on demande à une porte : y a-t-il quelqu'un au logis ? s'il n'y a personne on répond

TOME I.

GOU. 669

N'eus *Gour*, ou simplement *Gour*, personne, en Latin *Nemo*. On dit aussi *Gour* pour rien parlant de toutes choses avec négative. (Voyez l'article suivant. C'est un abus du langage. B. On le trouve dans *Gourbed* & dans *Gwr*.
GOUR, négative. B.
GOUR-ENÉS, presqu'isle. B. *Enés*, isle. *Chersonesos*, *Cherronesos*, presqu'isle en Grec.
GOUR-HED, la grandeur ordinaire d'un homme. B. *Hed*, grandeur.
GOUR-MAN, homme viril, formé, fort & robuste. B.
GOURAL, corail. B.
GOURAOUI, enrouer. B.
GOURAZ, tiédeur, chaleur modérée. B.
GOURCHEMENN, commander, commandement, précepte, compliment. B.
GOURCHEMENNAF, GOURCHEMENNI, commander. B.
GOURCHEMENNEU, chommable. B.
GOURCHEMENNOU, complimens. B.
GOURD, roide au propre & au figuré, engourdi. B. *Gurdus* en Latin, sot, étourdi. Quintilien dit que c'est un mot Espagnol qui s'est introduit dans la Langue Latine. On voit par là l'affinité de l'ancienne Langue Espagnole avec la Celtique. De *Gourd* sont venus nos termes engourdir, dégourdir. On dit encore populairement qu'on n'a pas le bras *Gourd*, pour exprimer qu'on n'a pas le bras engourdi. Dom Le Pelletier explique ainsi ce mot : (*Gourd* ou *Gourt*, roide, rude, difficile à plier & à manier ; *Gourd Ew Ar Mor*, la mer est rude & impraticable ; *Gourd Ew Al-Lien*, la toile est mal-aisée à manier.) Voyez *Gwrdd*. Les Espagnols & les Italiens disent *Gordo* pour gros & épais. Voyez *Gordus*.
GOURDADEU, GOURDADIEU, aïeux, grandperes. B. *Daden* de *Tadeu* ; *Gour*, dessus, audessus.
GOURDD, le même que *Gourd*. B.
GOURDENN, calebasse. B. De là *Gourde*.
GOURDI, engourdir. B.
GOURDON, habiter, habitué, versé. B.
GOURDOUS, GOURDROUS, menace, querelle, menacer. B.
GOURDOUZEIN, tanser. B.
GOURDOUZERN, quereller, menacer. B.
GOURDREN, petit croc ou piqueron qui fait partie du hameçon & retient le poisson pris. B.
GOURDROUS, colere avec menaces ; *Gourdrousi*, menacer en colere, menacer. B.
GOURDT, obstiné anciennement en Breton. B. Voyez *Gourd*.
GOURE, le dessus, la partie supérieure. B. Voyez *Gor*.
GOURED, brasse. B.
GOUREL, gruau. B.
GOUREM. Voyez *Courem*.
GOUREN, sourcil ; *Gourennou*, sourcils selon Dom Le Pelletier ; *Gourennou*, paupières suivant un autre Auteur Breton. B. Voyez *Gourin*, *Gourren*.
GOUREN ou GOURREN, lutte, combat de seul à seul, sans armes, ni coups donnés. *Gourenna*, lutter. Il signifie aussi agiter, par exemple, un tamis pour faire passer la farine : il signifie encore élever. B.
GOURENN, lutter. B.
GOURENNER, lutteur, athlete. B.
GOURENNOU. Voyez *Gouren*.
GOUREY, synonime de *Gouil*. C.

D ddddddd

GOURFENN, impudent, insolent, qui a perdu toute honte. B.
GOURFOULEIN, chiffonner. B.
GOURGAM, boiteux. Il signifie aussi ce qu'on appelle en François *Zig Zag*, c'est-à-dire, une machine composée de plusieurs triangles ou de plusieurs figures de *z*, d'où lui vient ce nom. B.
GOURGLE, fossés à demi ruinés. B. *Gour Cle.*
GOURGOUS, gosier, gorge. B. En quelques Provinces voisines de Bretagne on dit *Gourgousser* pour murmurer, parler du gosier & entre les dents. Voyez *Gorg.*
GOURGRECHANT, humeur ou pus qui s'amasse où sont les cirons. B. De *Gor*; *Grechant* de *Grech.*
GOURGREINNEIN, trembloter. B.
GOURHAMBL, avide, goulu, glouton. B.
GOURHEA, devenir ladre parlant des cochons. B. De là peut-être le nom de *Gouri* qu'on donne en Franc-Comtois au cochon, parce qu'il est sujet à devenir ladre.
GOURHED, toise. B.
GOURHED, fuseau. B.
GOURHEDA. Voyez *Gourher*.
GOURHEDAFF, mesurer. B.
GOURHEDOUR, faiseur de fuseaux. B.
GOURHELIN, juillet. B.
GOURHEMEN, compliment. B.
GOURHEMENEIN, commander. B.
GOURHENEUN, juillet. B.
GOURHET, brassée, brasse, la mesure de deux bras étendus; *Gourheda*, étendre les bras comme pour mesurer une brasse. B.
GOURHET, fuseau; plurier *Gouredi*. B.
GOURHIAIMENN, ordonnance, commandement, injonction, statut. B.
GOURHIDOUR, faiseur de fuseaux. B.
GOURHOUS, le même que *Gourgous*. B.
GOURICE, bandages dans les hernies. B.
GOURIAW. Voyez *Gouliaw*.
GOURIEIN, coudre. B. De là notre mot *coudre*, par l'insertion du *d*.
GOURIER, couturier. B.
GOURIGIA, hennir. B.
GOURIN, linteau, le haut d'une porte & d'une fenêtre, soit de pierre, soit de bois; plurier *Gourinou*. B.
GOURIN, sourcil. B.
GOURIS, ceinture. B. Voyez *Gwregis*, *Gouriz*, *Gwry*.
GOURISAFF, ceindre. B.
GOURJVIN, petite peau qui vient à la racine des ongles. Ce mot signifie encore l'ongle supérieur des chiens, & un certain nœud au bas de la jambe des chevaux, bœufs, &c. B.
GOURIFIN, courbe pièce de navire. B.
GOURIZ, ceinture. B. *Criss* en Irlandois, ceinture. Voyez *Gouris*, *Gwry*.
GOURIZA, GOURISA, ceindre. B.
GOURIZAT ou GOURISAT, GOURIZADEN ou GOURISADEN, une ventrée; à la lettre, une ceinturée.
GOURIZIAT, hennir. B. Voyez *Gorwyd*.
GOURLAIN, haute mer, haute marée. B. Voyez *Gourlan*.
GOURLAN, synonime de *Gourlain*. B. Voyez *Lano*.
GOURLANCHEN, gosier, œsophage. B.
GOURLEN, rivage de la mer, & même les ordures que la pleine mer laisse en se retirant le long du rivage, ce qui montre jusqu'où elle a monté. B.

GOURLENO, pleine mer. B. Voyez *Lano.*
GOURLEUN, haute marée. B.
GOURLOST, coyau ou chanlate. B.
GOURMACHEIN, gourmander, quereller. B.
GOURMANDIZ, avidité, gourmandise. B. De là ce mot.
GOURMANT, gourmand, avide. B. De là notre mot *gourmand*.
GOURMOD, anciennement gourmand en Breton.
GOURNAT, sasser avec le gros sas. B.
GOURNEIJAL, voleter, voler bas. B.
GOURNER, le plus gros crible, le gros sas. B.
GOURNICH, petit vol. B. *Nich*, vol.
GOURNIJAL, GOURNICHAL, voler bas; &, selon un sçavant Breton, voler haut sans mouvoir les ailes, se tenir élevé & comme suspendu en l'air sans avancer. B. Au premier sens *Gour* est pris pour petit, bas; au second sens pour dessus, haut, élevé; *Nicha*, voler en l'air. Voyez *Scournijal* & *Ankeler*.
GOURNIZ, selon le Pere de Rostrenen, arrière-petit-fils; *Gournizés*, arrière-petite-fille; Selon Dom Le Pelletier *Gourniz*, petit neveu, arrière-neveu, neveu de fils ou de neveu; *Gournizes*, petite nièce, &c. B.
GOURON, dot. B.
GOUROU, dot. B.
GOUROUS, gorge, gosier. B.
GOURRADEN, GOUEZ-RADEN, GAOURADEN, polypode plante simple. B.
GOURRE, dessus. B. Voyez *Goure*.
GOURREN, sourcil. B.
GOURREN, hausser. B.
GOURRIZYAT, hennir. B. Voyez *Gouriziat.*
GOURSAILLEN, gosier. B.
GOURSAOT, ruiné, perdu; *Goursaota*, perdre; ruiner. B. *Goûr* négative; *Saot*, bétail: Le bétail étoit autrefois la principale richesse. Voyez *Aberca.*
GOURSEZ, retardement, lenteur; *Gourseza*, tarder, différer, surseoir. B.
GOURT, roide, inflexible, rigide, engourdi, qui ne remue point. B. Voyez *Gourd.*
GOURTADIEU, aïeux, ancêtres, bisaïeul; *Gourgourtadieu*, trisaïeul. B. De *Gour*, sur; *Tadieu*, plurier de *Tad* comme *Tadiou.*
GOURT-CLAUDD, rempart, digue. G.
GOURTH-VIL, bête. C.
GOURTOS, le même que *Gorto*. B.
GOURVEEIN EN E HED, se vautrer. B.
GOURVENN, synonime de *Gourjvin*. B.
GOURVENN, envie, haine, rancune, maligne disposition envers un autre; *Gourvennus*, envieux, &c. B.
GOURVENN, regard fier, ou celui qui regarde fièrement. B.
GOURVENTA au sens propre signifie se mettre sur un lieu élevé pour venter le bled en le laissant tomber d'un crible sur une berno ou grosse toile; au figuré s'énorgueillir, se vanter. *Gourventer* au propre, celui qui vente le bled comme on vient de le dire; au figuré superbe, vain, fier; *Gourventus*, dédaigneux. B. De *Gour*, au-dessus; *Gwent*, *Went*, vent.
GOURVENTEZ, synonime de *Gourjvin.* B.
GOURVEZ, ruer. B.
GOURVEZ, ou plutôt GOURVEZA, dit Dom Le Pelletier, se coucher, se mettre au lit; *Gourvez*, selon le Pere de Rostrenen, coucher, se coucher, croupir. B. Voyez *Gorwedd.*
GOURY, un point d'aiguille. B.

GOU. GOZ.

GOURYADENNEIN, raciner. B. On voit par ce mot qu'on a dit *Gouryaden* comme *Gouryen*.
GOURYEN, racine. B.
GOURYER, couturier, tailleur. B.
GOURZEN, petit homme. B. De *Gour, Den*.
GOUSCOUDE, toutefois, néanmoins. B.
GOUSEL, GOUSER, les mêmes que *Gouzell*. B.
GOUSIA, GOUSSIA, GOUZIEIN, baisser, abbaisser. B.
GOUSOUT, sçavoir verbe. B.
GOUSPER, le soir ou la veille, la veille de la foire. B. Voyez *Gosper*.
GOUSQADEN, défaillance, pâmoison. B.
GOUSSA, A. M. gousse. Voyez *Gussa*.
GOUSSONY, ordure, immondice. B.
GOUSTAD, GOUSTADIC, doucement, lentement. B.
GOUSTAT, qui va doucement. B.
GOUSTAT, GUSTAT, doucement, sans précipitation, sans bruit ; *Goustadie, Gostadie*, tout doucement, fort doucement. B.
GOUSTIHUEIN, engouer. B.
GOUSTILH, poignard. B.
GOUT, qu'on écrit *Gouir*, y ajoutant *Bunnin*, écrevisse. I.
GOUT, sçavoir verbe. B.
GOUT, forêt comme *Cout*. Voyez *Aru*.
GOUTOU, goutte maladie. B.
GOW, jeune. G.
GOW, jupiter. G.
GOW, eau, &c. Voyez *Aw*.
GOWAEDLYD, un peu sanglant. G. *Gwaedlyd*.
GOWAERED, le même que *Gorwaered*. G.
GOWD, le même que *Gwowd*. G.
GOUPEA, ruisseau. G.
GOUVEEG, entendu. B.
GOWELW, un peu livide. G. *Gwelw*.
GOWENU, sourire. G. *Gwenu*.
GOWHEREFF, juillet. G.
GOWIBIO, crier par-dessous. G. *Gwibio*.
GOWINAU, noirâtre, qui tire sur le noir, brun. G.
GOWINEU, brun-roux. G.
GOWLADAIDD, un peu rustique, qui a des manières un peu rustiques. G. *Gwladaidd*.
GOWLYCHU, verser, répandre. G.
GOWNA, A. M. Voyez *Gunna*.
GOWNI, pièce, morceau d'étoffe propre à rapiécer un habit. G.
GOWNI, couture, suture legère. G. *Go* diminutif ; *Gwni*. Davies.
GOWNIO, coudre par-dessous, rapiécer. G. *Gowni*.
GOWR, chèvre. G.
GOWRESOG, un peu chaud. G. *Go Gwresog*.
GOWREU, dot, mariage. B.
GOWRI, crier, faire des acclamations. G.
GOWRIDOG, rougeâtre, un peu rouge, tirant sur le rouge. G.
GOWRIOG, cri. G.
GOWRNI, arrière-neveu en bas-Breton, selon Davies. B. Voyez *Gournie*.
GOWRTHUN, un peu vilain, un peu laid, un peu difforme, un peu honteux, un peu deshonnête, un peu impertinent, un peu sot, qui a des manières un peu grossières. G.
GOWT Y LLAW, goutte à la main. G.
GOWYCH, un peu propre. G. *Go Gwych*.
GOWYRDD, un peu verd. G.
GOUYAN, hyver. B.
GOUYD, diaphane, transparent. B.
GOUYNECQ, docte, sçavant. B.

GOUYHENDER, fraîcheur. B. *Guien*.
GOUYL, voile. B.
GOUYLIM, pleurer. I.
GOUZAFF, GOUZAV, GOUZAN, GOUZANV, souffrir, endurer, endurer patiemment, supporter, porter. B.
GOUZAW, GOUZAWI, GOZAOI, avertir, donner avis, signifier, susciter ; *Gouzawer*, avertisseur. B.
GOUZAVUS, patient. B.
GOUZELL, paille, litière pour les bêtes. B.
GOUZER, le même que *Gouzell*. B.
GOUZERIA, faire la litière. B.
GOUZIA, éparpiller quelque chose que ce soit ; *Gouzias*, singulier *Gouziaden*, couche de paille, de roseaux, de joncs, &c. que l'on destine à être foulée aux pieds & à faire pourrir pour engraisser les champs : C'est ce que nous dirions *éparpillade* ou *éparpillée*. B.
GOUZIA. Voyez *Gousia*.
GOUZIEN NOS, le serein. B.
GOUZIFYAD, GOUZIFYAT, épieu. B.
GOUZIZA, tomber parlant du vent, abbaisser. B.
GOUZOUCQ, gorge, col. B. De là le mot Franc-Comtois *Gouzean*, pour morceau de pain ou de viande, comme qui diroit gorgée ; *Goz* ou *Gouz* en Hébreu & en Chaldéen, morceau.
GOUZOUGUEN, collerette, bavolet. B.
GOUZOUT, sçavoir, connoître. B.
GOUZVEZ, sçavoir. B.
GOUZY, baisser. B. Voyez *Gouzyein*.
GOUZYADENN, synonime de *Gouzell*. B.
GOUZYEIN, abbaisser, affaler, mollir. B.
GOUZYEN, le serein. B.
GOY, forêt. B.
GOYA, hauteur. Ba. Voyez *Go*.
GOYADIERA, sens mystique de l'Écriture sainte. Ba.
GOYAINGERUA, Archange. Ba.
GOYANCIA, revêtu. Ba.
GOYARAZURAC, les os pariétaux. Ba.
GOYAREA, sommet, cime, faîte, pinacle, creneaux de murailles. Ba. Voyez *Goya*.
GOYENDEA, dignité, honneur. Ba. *Goya Andi*.
GOYF, hyver. C. Voyez *Gouaff*.
GOYFED, boire un peu. G. *Go Yfed*.
GOYGWY, écarlate blanche. G. Qu'on ne soit pas surpris de ceci ; il y avoit autrefois de l'écarlate de plusieurs couleurs. Froissart, liv. 2, chap. 182, parle d'une écarlate blanche ; Marot, d'une écarlate verte ; & Matthieu dans la vie d'Henri IV, *page* 170, parle d'une écarlate violette. Horace, liv. 4, ode 1, appelle les cygnes qui portent le char de Venus, *purpureos olores*, cygnes de pourpre ; & Albinovanus, dans son élégie à Livie, donne la même épithéte à la neige, *purpuream nivem*. On voit par là que chez les anciens pourpre signifioit toute couleur éclatante. Voyez *Gra*.
GOYSGAFN, un peu leger au propre & au figuré. G. *Go Ysgafn*.
GOYSTWYTH, un peu lâche, un peu relâché, moitié mol. G.
GOYUNEZ, voeu religieux anciennement en Breton. B.
GOYZAGUIA, le point du jour. Ba.
GOZ, taupe. B.
GOZ, le même que *Guz, Gaz*. Voyez *Bal*.
GOZ. Voyez *Gozien*.
GOZA, A. M. le même que *Gussa*.
GOZAERA, douceur, affabilité. Ba.
GOZAGAINA, friandises, bonbons. Ba.

GOZAGAINDU, confite au fucre. Ba.
GOZAGAINTEGUIA, marché de friandifes. Ba.
GOZAGARRIA, lénitif, adouciffant. Ba.
GOZAGUEA, dureté, cruauté. Ba.
GOZAINA, aorte nerf. Ba.
GOZALDIA, récréation. Ba.
GOZAMENA, délectation, plaifir. Ba.
GOZAMENARIA, ufufruitier. Ba.
GOZANDECOA, civil, oppofé à criminel. Ba.
GOZAQUERA, affabilité. Ba.
GOZAR. Voyez Gozo.
GOZARD, qui a le teint & les cheveux noirs. B. De Goz, taupe.
GOZAROTU, je flate. Ba.
GOZASIA, fraifier plante. Ba.
GOZATSUA, affable, délicat. Ba.
GOZATU, adoucir, fe rendre affable, furmonter les obftacles. Ba.
GOZATUA, interrompu doucement, entrecoupé. Ba.
GOZEA. Voyez Gozo.
GOZIEN, GOHYEN, ruiffeau découlant d'une fource : Après l'article Ar on prononce Hoyen, Hozien. B. Goz de Goez ; Yen, fource, & Goh pour Goth.
GOZITZA, bonne grace. Ba.
GOZO, GOZEA, GOZAR, poffeffion. Ba.
GOZOA, joie. B. Voyez Joa.
GOZORO AUTSIA, entrecoupé doucement. Ba.
GOZORO TA EMEQUI, interrompre, entrecouper fon difcours. Ba.
GOZORO TRATATEALLEA, officieux. Ba.
GOZORO TRATATERA, devoir, humanité. Ba.
GOZORIGUELLAT, tordre, rendre tortu. B.
GOZRO, prononcez Goro, traire les vaches, les chevres, &c. B. Voyez Goddro.
GOZVOLAT, barboter parlant des canards. B.
GOZURIA, incarnat couleur. B.
GRA, écarlate blanche. G. Voyez Goygwy.
GRA, écarlate, pourpre. G.
GRA, autrefois Groa, fais, fait ; première, feconde & troifième perfonnes de faire. B.
GRA, le même que Cra, Ra, Sra. Voyez Aru.
GRA, le même que Gré, Gri, Gro, Gru. Voyez Bal.
GRAA, gré, plaifir, agrément, confentement. I. Voyez Grat, Grad.
GRAANTARE, A.M. garantir. Voyez Goarant.
GRABA, gravier, fable. Ba. Voyez Gro.
GRABACH, entaillé, crenelé. I.
GRABAM, dévorer, engloutir. I.
GRABAN chez une partie des Gallois le même que Gold. G.
GRABANOU. MONT VOAR GRABANOU, aller à chatons ou fur fes genoux. B.
GRABATA, A. G. le même que Gabata, l'r inférée. Voyez encore Grabach.
GRABATUS, A. M. féretre, brancard. De Grabaz.
GRABAZ. Voyez Gravaz.
GRABBA, férieux, grave. Ba. De là ce dernier mot.
GRABHALADH, fculpture, gravure. I.
GRABHLOCHDH, tache, faute. I.
GRABOT. Voyez Grabotum.
GRABOTENNIC, ragot, de petite taille renforcée. B.
GRABOTUM, A. M. les plus legers grains de froment qui font rejettés par le van avec la balle. De Grabotennic, Grabot, que nous voyons par ce mot avoir fignifié tout ce qui eft moindre en fon efpèce.

GRACH, vieille ou vieille femme. G. C'est une crafe de Gwrach.
GRACH, élévation, boffe, tumeur. B. Voyez Grachelle qui eft le même, puifqu'il en eft formé, & que monceau vient de Mont.
GRACH, cloporte. B.
GRACH, vieille femme, décrépite, vieille poiffon. B. Voyez Gwrach dont Grach eft la crafe.
GRACH, étincelle de feu ; au fingulier Grachen ; au plurier Grachet. B. Voyez Cras.
GRACH-COZ, vieille, décrépite. B.
GRACHAT, flétrir. B.
GRACHEL, monticule. C. B.
GRACHELL, monceau. B.
GRACHELLA, entaffer, amonceler. B.
GRACHELLAT, flétrir. B.
GRACIA ONA, agrément, civilité. Ba. Voyez Graa, Grad.
GRACIA ONECOA, favori. Ba.
GRACILIS, A. M. efpèce de trompette qui rendoit un fon aigu ; on a dit Graille, Greille, Grefle, Grifle en vieux François ; de Cracq.
GRACIUS, complaifant, courtois. B.
GRACIUSI, gracieufer. B.
GRACZ, abolition, grace. B.
GRAD, grace. G. C'eft une crafe de Garad, aimable, ainfi on ne peut douter que ce mot ne foit originairement Celtique, & que de ce terme les Latins n'ayent fait leur Gratus, Gratia, Grattes, &c. Voyez Agradatu, l'article fuivant, Grataat & Graa. Agradatu en Bafque, je plais ; Agradat en Efpagnol, agréer, plaire ; Agradable, agréable, plaifant ; Gré, agrément en François, ce qui plait ; Gonhard en Arménien, agréable. Voyez Grat Gradh.
GRAD, acceptation, gré. B. Voyez Graidithe.
GRAD, le même que Crad, Crat. Voyez Aru & D.
GRADABL, recevable, qui plait, agréable. B.
GRADALE, grêle. I.
GRADALE, poêle, gril. I.
GRADARE, A. M. juger, rendre jugement ; de Graddio.
GRADARIUM, A. M. efcalier ; de Gradd.
GRADD, dégré. G. De là Gradus Latin. On voit par Graddio & Gradur que ce mot a été employé au propre & au figuré. On le voit auffi par Craz, par Grette, qui en Patois de Befançon fignifie une élévation. De Gradd eft venu Gradior, marcher, avancer. Gré en vieux François, dégré.
GRADD-IAITH, gradation figure de rhétorique. B.
GRADDIO, élever à quelque rang, créer ou établir un Magiftrat, donner une charge. G.
GRADELA, gril. I.
GRADELL, claye, grille. G. De là Crates Latin.
GRADELLA, A. M. gril ; Gradella en Italien ; Greil en vieux François ; de Gradela.
GRADH, amour, amitié, affection, gré, charité, bonté, grace. I. Voyez Grad.
GRADHACH, aimant, aimé, bon, de bon naturel, affectionné. I.
GRADHADH, dorloter, mignarder, aimer, affectionner. I.
GRADHUGAD, affectionner, aimer. I.
GRADHUIGH, GRADHUIGHTHE, aimé, agréable. I.
GRADILIS, A. M. le même que le dernier Gradus.
GRADILIS PANIS, A. M. pain du dégré, ainfi nommé parce qu'il fe diftribuoit fur des dégrés ; de Gradd.

GRADINGUS,

GRA. GRA. 673

GRADINGUS, A. M. personne constituée en dignité; de Graddio.
GRADMAR, affection, aimé, chéri, bon, civil, obligeant. I.
GRADUATIO, A. M. promotion aux dégrés dans les universités; de Gradd, au figuré.
GRADUATUS, A. M. gradué dans une université; de Gradd, au figuré.
GRADUR, Seigneur, Prince. G. Voyez Graddio.
GRADUS, A. M. ambon, jubé, ainsi nommé parce qu'on y arrivoit par des dégrés; de Gradd.
GRADUS, A. M. sentence, jugement. Voyez Gradare.
GRADUS, A. M. trajet de mer, passage étroit de la mer, d'une rivière, embouchure de rivière, de lac, port, lieu où l'on peut aborder; de là vient qu'on appelle les ports de l'Asie mineure les échelles du levant. Les habitans des rives du Rhône appellent ses différentes embouchures les Gras du Rhône. Les Languedociens appellent Gran tout endroit où l'on peut aborder avec un vaisseau, & Cran l'embouchure d'un torrent. Les Espagnols nomment Grau le passage d'un fleuve, les passages ou gorges des Pyrénées. Tous ces sens viennent de Gradd, dégré, parce que comme les dégrés servent à traverser l'espace qui est de bas en haut, ces passages servent à traverser les fleuves. Les embouchures sont aussi la route par où une rivière se rend dans une autre : Les ports sont des endroits par où on arrive à terre.
GRAE, rivage plat & sablonneux de la mer ou des rivières, greve. B De là ce mot. Gra en ancien Saxon, rivage; Gray en vieux François, gravier. Voyez Graian.
GRAECHEN, colline. B.
GRAEN, GRAENDDE, lamentable, déplorable. G.
GRAESAW, le même que Croesaw. G.
GRAET, fait. B.
GRAFA, GRAFADH, greffe d'arbre. I. De là ce mot.
GRAFCHIURIM, greffer. I.
GRAFFA, A. M. croc, harpon, main de fer; de Craf, Grabiti, prendre, ravir en Stirien & en Carniolois.
GRAFFILUM, A. M. agraffe, crochet. Voyez Graffa.
GRAFFIOLUM, A. M. greffe d'arbre; de Grafa.
GRAG, querelle, cri. I. Voyez Gragailhat.
GRAG, Voyez Graguella.
GRAGAILHAT, crier comme les femmes. B. Greg.
GRAGAIRE, gouffre, glouton. I.
GRAGAM, crier, faire du bruit. I.
GRAGAN, le fond de quelque chose, sein, village, habitation. I.
GRAGH, troupeau. I. Voyez Gre; de là Grex Latin.
GRAGH, le même que Gradh. De même des dérivés ou semblables. I.
GRAGNOSEIN, rechigner. B.
GRAGUELL, monceau, tas. B.
GRAGUELLA, entasser. B. Voyez Grachella : on a donc dit Grag comme Grach.
GRAGUELLATT, entasser. B.
GRAHANTUM, GRANTUM, A. M. caution, garantie; de Goarant.
GRAI, vieux, ancien en Breton, selon Pezron.
GRAI, GRAIG, GREZ, les mêmes que Craig. Voyez ce mot & Aru.
GRAIAN, sable, gravier. G. On voit par Graianog & Grai qu'il a aussi signifié pierre. Voyez Grian.

TOME I.

GRAIANBWLL, sablonnière. G. Pwll.
GRAIANDIR, sable. G. Tir.
GRAIANOG, plein de sable, sablonneux, plein de graviers, pierreux. G.
GRAID, incendie, brûlure selon Thomas Guillaume, lance selon d'autres. G. L'un & l'autre sens sont bons. Voyez Anksler.
GRAIDH, troupeau. I.
GRAIDITHE, GRAIDTHE, aimé, bien-aimé, chéri, agréable. I. De là notre mot regret ; Re, opposé, contraire; Graidithe, aimé, chéri, agréable; Regret, ce qui n'est pas aimé, ce qui n'est pas agréable.
GRAIENYN, petit gravier, menu gravier, gravelle, petite pierre. G.
GRAIFF, miséricordieux, débonnaire G.
GRAIFNE, action d'aller à cheval. I.
GRAIG, le même que Craig. Voyez Aru.
GRAIGHIM, aimer. I.
GRAIGIN, glouton. I.
GRAIGINEAS, gloutonnerie. I.
GRAIGNOUSS, taquin. B.
GRAILHEN, graillons restes des viandes d'un grand repas. B. De là ce mot.
GRAIN, le même que Gorwedd, selon Llyn; le même que Crain, selon Davies. G. Voyez Anksler.
GRAIN, difformité. I.
GRAIN. Voyez Grainch.
GRAINCE, mépris, haine ; Grainsinghim, mépriser. I.
GRAINCH, grange. B. De Grain comme Grawn; & Ch pour Chs; de Gi, lieu comme Gi. Voyez Mengui.
GRAINEADH, haïr, avoir du dégoût, être dégoûté. I.
GRAINEAMHOL, énorme. I.
GRAINEAMHUIL, GRAINEAMHUL, abominable, qui a de l'aversion, énorme, dégoûtant, odieux. I.
GRAINEAMLAS, abomination, énormité. I.
GRAINEN, graine, petite goutte. B.
GRAINEOG, hérisson. I.
GRAING, grange. B. Voyez Grainch. De là ce mot.
GRAINIGAD, abhorrer, détester, haïr. I.
GRAINNIDH, grain. I. Voyez Grainen.
GRAISG, la populace, le vulgaire. I.
GRAISGEAMHAIL, vulgaire, de la populace. I.
GRAM, courbe, inégal, raboteux. E. Voyez Crwm. Gramel.
GRAM, le même que Crau. Voyez ce mot.
GRAM, le même que Cram, Ram. Voyez Aru.
GRAM, le même que Grem, Grim, Grom, Grum. Voyez Bal.
GRAMASGAR, troupe, troupeau. I.
GRAMASIA, GRAMATA, GRAMICIA, A. M. bord; de Gran. Voyez Don.
GRAMEL, synonime de Crogherés. B.
GRAMHAISG, la populace, le vulgaire. I.
GRAMMENNOG, bluet sauvage. G.
GRAMPLA, monter. C. De là Grimper.
GRAN, synonime d'Ael. G.
GRAN, sourcil anciennement en Breton.
GRAN, grue machine faite pour monter les matériaux les plus pesans sur un édifice. B. C'est la crase de Garan.
GRAN, grêle. I. De là Grando Latin.
GRAN, grain, bled. I. De là Granum Latin. Voyez Grainen.

E eeeeee

GRAN, pierre. Voyez *Granella*, *Graniciti*, *Graian*, *Grena*.

GRAN, le même que *Cran*, *Ran*, *Sran*. Voyez *Arn*.

GRAN, le même que *Gren*, *Grin*, *Gron*, *Grun*. Voyez *Bul*.

GRAN ATHAIR, beau-pere. I.

GRANCADH, se refrogner, avoir un air refrogné. I.

GRANGEA, GRANCHIA, GRANCIA, GRANTIA, A. M. grange ; de *Grainch*.

GRANDEUR, grandeur. B. Je crois que les Bretons ont pris ce mot ainsi terminé du François ; mais *Grandis* Latin & *Grand* François sont formés des mots Celtiques *Ger* And, par crase *Grand*. Les pléonasmes n'étoient pas rares dans le Celtique.

GRANDNA, difforme, laid, vilain. I.

GRANEA, GRANIA, A. M. grange ; crase de *Grancea*.

GRANELLA, A. M. sable ; de *Graian*.

GRANERERA, orge. Ba.

GRANERIA, GRANARIUM, A. M. grenier ; de *Gran*.

GRANGEA, grange. Ba. Voyez le mot suivant.

GRANGH, grange. B. Voyez la mot précédent. De là le mot François *Grange*. *Gren* ou *Gran*, grange en Hébreu.

GRANGIA, GRANGICA, GRANGUA, A. M. grange ; de *Grang*.

GRANI, GRENONES, GRENONEAE, GREUNONES, CRINONES, GRANONES, A. M. moustaches ; en vieux François *Grenons*, *Guernons* ; de *Greann*.

GRANICA, A. M. le même que *Grancea*.

GRANICIES, A. M. bornes ; de *Gran*, bord, extrémité.

GRANLACH, grain, bled. I.

GRANN, paupière, cil. G.

GRANNA, difforme, laid, vilain, odieux. I.

GRANNEN, graine, petite goutte. B.

GRANNI, boucle de cheveux. I.

GRANNTEL, grenier. B. Voyez *Gran*.

GRANT, courbure en sinuosité, courbure en rond. G.

GRANT, chenu, blanc, gris. I.

GRANT, A. M. espèce de démon dont l'apparition sous la forme d'un poulain annonçoit un incendie ; de *Gre*, cheval.

GRANTAN, chenu, blanc, gris. I.

GRANTARE, A. M. garantir. Voyez *Graantare*.

GRANTUM, A. M. garantie. Voyez *Grantare*.

GRANZ, courbe, inégal, raboteux. E.

GRAOSTA, obscène, déshonnête. I.

GRAOSTAS, obscénité, turpitude. I.

GRAOUNEN, point du tout d'aliment. B.

GRAP, appui. B.

GRAP. Voyez *Crap*. De là *Grape* en François, Voyez *Grapude*.

GRAPADH, grimper. I. De là *Gravir*. Voyez *B*.

GRAPERIUM, A. M. le même que *Crapinum*. Voyez *Grap*.

GRAPILA, A. M. action de voler. Voyez *Grapina*, *Crap*.

GRAPIN, risson. B.

GRAPINA, voler par petites sommes. B. *Grap*.

GRAPPUS, A. M. grappe, grappe de raisin, agraffe ; de *Grap*, *Crap*. Voyez *Grapude*.

GRAPUDE, raisin. I. Voyez *Grap*.

GRAS, grace, bienfait. G. On voit par *Grasol* que ce mot a signifié aussi agrément, graces. On voit par *Anras* qu'il a signifié prospérité, heureux évènement. *Krasnos* en Esclavon, beauté ; *Kraasan*, beau en la même Langue. Voyez *Grad*.

GRAS, Voyez *Glas*.

GRAS, le même que *Cras*. Voyez *Arn*. De là *Graisler*, rotir, cuire en vieux François.

GRAS, Voyez *Gradus*.

GRAS, le même que *Cras* ; de *Bras*. Voyez *Craspis*, *Bras*, *Greisg*.

GRAS, A. G. gras. Voyez *Bras*.

GRAS DUW, gratiole plante. G.

GRASA, grace. I.

GRASAMHUL, gracieux. I.

GRASOL, gracieux, qui a de l'agrément, des graces. G.

GRASPABUR, excoriation. B.

GRASPEIN, effleurer. B.

GRASPEIS, GRASPIS, A. M. pour *Graspicis* ou *Craspicis*, gros poisson. Voyez *Craspicis*.

GRASSAMEN, A. M. grosseur, épaisseur. Voyez *Gras*.

GRASSARE, A. G. devenir gras ; de *Gras*.

GRASSEDO, A. M. le même que *Grassamen*.

GRASSUS, A. G. gras, gros, épais ; de *Gras*.

GRASSUS, A. M. embouchure du Rhône. Voyez le dernier *Gradus*.

GRASUS, gracieux. G.

GRASUSOL, gracieux, favori, favorisé, agréable. G.

GRAT, compromis. B.

GRAT, le même que *Crat*, *Crad*. Voyez *D*, & *Arn*.

GRAT, gré, plaisir, agrément, consentement. B. Les Irlandois disent *Graa* au même sens. Voyez *Grad*, *Gras*.

GRAT. Voyez *Granat*.

GRATA, grille, treillis. I. Voyez *Gradell*.

GRATA, A. M. claie. Voyez l'article précédent.

GRATAAT, agréer, approuver, trouver bon, goûter. B.

GRATARE, A. M. grater. Voyez *Granat*.

GRATARE, A. M. garantir. C'est une crase de *Grantare*. Voyez ce mot.

GRATEIN, promettre. B.

GRATEREAH, promesse. B.

GRATH, toujours. I.

GRATH, le même que *Gradh*. I.

GRATICULA, A. M. le même que *Craticula*. Voyez ce mot & *Grata*.

GRATOIR, rape. I.

GRATULA, A. M. claie ; de *Grata*.

GRATUM, GRATUS, A. M. garantie, caution. Voyez *Gratare*.

GRATUS. Voyez le dernier *Gradus*.

GRAV, le même que *Crav*. Voyez *Crag*.

GRAU, le même que *Crau*. Voyez *Arn*.

GRAVAH, civière. B.

GRAVARE, A. M. graver. De *Gravi*.

GRAVARIUM, A. M. gravier, lieu plein de graviers. Voyez *Crag*.

GRAVAT & GRAT, les mêmes que *Cravat*, comme on le voit par notre mot François *Grater*, & par le terme Irlandois *Gratoir*. Voyez *Arn*.

GRAVATA, A. G. creusée. De *Gran*, *Crav*, creux. Voyez *Gravi*.

GRAVAZ, GRABAZ ou CRABAZ, civière, machine pour servir à transporter des pierres & autres choses ; pluriel *Grabazion*. B.

GRAVEIRA, A. M. gravier. Voyez *Crag*.

GRAVELL, gravelle. B. De *Grav*, pierre ; *Ell* diminutif.

GRAVELLA, A. M. gravier, sable. Voyez *Gravell*, *Crag*.

GRAVELLATUS, A. M. gravé. De *Gravi*.

GRAVER, graveur. B. On voit par ce mot qu'on a dit *Graver* comme *Engraver*, & par conséquent *Gravi* comme *Engravi*.

GRA.

GRAVERIA, GRAVERO, A. M. gravier, lieu plein de graviers. Voyez *Crag* & *Gravia*.

GRAVI, graver. Voyez *Graver*.

GRAVIA, gravier. Ba. *Gravarium*, *Graveira*, *Gravella*, lieu fablonneux dans la baffe Latinité; *Gravele*, fablon en vieux François; *Gravel*, fable en Anglois. Voyez *Crag*, *Grae*, *Graian*.

GRAVIA, A. M. gravier. Voyez *Crag* & *Gravia*.

GRAUN, grain. B. Voyez *Grawn*. De là *Granum* Latin; de là *Grenade*. *Gren Aid* ou *Ad*.

GRAW, le même que *Garw*. Voyez *Carw*.

GRAWN, grains. G.

GRAWN, le même que *Crawn*. Voyez *Aru*.

GRAWN PARADWYS, GRAWN PARIS, graine de paradis, cardamome, malaquette. G.

GRAWN Y PERTHI, bryone, bryone blanche, couleuvrée, couleuvrée blanche. G. A la lettre, grains de buiffon.

GRAWN YR HAUL, efpèce de plante que Davies n'explique point. G. Son nom fignifie à la lettre grains du foleil.

GRAWNSWP, grappe de raifin. G.

GRAWNUSION, paille, chaume, fouarre. G.

GRAWNWIN, raifins. G. C'eft un mot, dit Davies, compofé par les modernes fans attention aux régles de la Langue. On auroit dû dire *Gwin-Rawn*; mais parce que ce mot n'eft pas aifé à prononcer à caufe du concours de l'n & de l'r, on ne l'a pas employé. Les anciens n'ont point connu ce terme, & ils ont dit *Grawn Gwin*. Je trouve dans Thomas Guillaume *Grawnwin* pour raifin au fingulier. De *Grawnwin* font venus *Rannegoum*, *Ragin*, *Rafin*, *Refin* en vieux François; enfin *Raifin*.

GRAWYS, le même que *Garawys*. G.

GRAYALE, A. M. gril. De *Greil*.

GRAYAM, aimer. I. Voyez *Graa*.

GRAZUED, gradué. B. Voyez *Gradd*.

GRE, troupeau de jumens felon la plûpart des Auteurs Gallois. Il femble cependant, dit Davies, qu'il fignifie troupeau en général. *Gre* en Breton, continue t'il, fignifie troupe, troupeau. G. Thomas Guillaume penfe comme Davies, & donne à *Gre* le fens de troupeau en général. De là le *Grex* des Latins, qui s'eft pris pour troupe & pour troupeau, comme on le voit par *Gregarius Miles*. *Grey* en Efpagnol; *Gregge* en Italien, troupeau. On voit par *Gregare* que *Gre* a fignifié jonction, union; *Chredo*, troupeau en Stirien & en Carniolois.

GRE, troupe, multitude. B. Dom Le Pelletier s'explique ainfi fur ce mot: (*Gre*, troupe, multitude. Le nouveau Dictionnaire porte *Ur-Rebonton*, une paire de fouliers; il fignifie donc deux: Je ne l'ai jamais lu écrit *Gre*, mais toujours *Re*, parce que fuivant toujours l'article ou autre diction le *g* fe perd. Ilfert de plurier devant les adjectifs qui n'en ont point, & devant les particules *Man* & *Se*. *Ar-Re-Mat*, les bons; *Ar-Re-Man*, ceux d'ici, ceux-ci; *Ar-Re-Se*, ceux-là; *Ar-Re-An-Ti*, ceux de la maifon. Voici un endroit d'un livre Breton où il femble que *Re* foit pour compagnie, affemblée: *Mar D'ouch Uy Dreys Pep Re Derrat*, fi vous êtes au-deffus de tout ordre bien établi; & un autre livre Breton porte: *Piou Eo An Re Ount A Hia Dirazomp-Ny?* Qui font ceux-là qui vont devant nous?. Plus, à la lettre: Qui eft cette compagnie (ou troupe) qui marche devant nous?)

GRE, cheval. Voyez *Yfere* & le premier *Gre*.

GRE.

GRE, le même que *Cre*. Voyez *Cretan* & *Aru*. *Grelon*, ride en Patois d'Alface.

GRE, agréable, plaifant. Voyez *Grad*, *Greance*, *Greapl*; *Greanman*, homme plaifant, agréable, divertiffant en Irlandois; *Man*, homme.

GRE. On a dit *Gré* comme *Cré* pour fort, &c. ainfi qu'on le voit par *Agretiffement*, qui en vieux François fignifioit affoibliffement; *A* privatif. Voyez *Cretaat* & *Aru*.

GRE, le même que *Cre*, *Re*, *Sre*. Voyez *Aru*.

GRE, le même que *Gra*, *Gri*, *Gro*, *Gru*. Voyez *Bal*.

GREADAM, griller ou faire rotir fur le gril, tourmenter. I.

GREADANTA, brûlant, chaud. I.

GREADOG, gril. I.

GREADTHA, fec, grillé, brûlé. I.

GREAGACH, la grande femme, follet, lutin. I.

GREAGIUM, A. M. aveu, approbation, agrément; en vieux François *Greage*. De *Gré*.

GREAL eft un certain livre Gallois qui contient différentes hiftoires. G.

GREALLACH, bouë. I.

GREALLAIGH, bouë, terre graffe. I.

GREAMAIGHIM, attacher, être attaché. I.

GREAMAND, agrément, ornement. B.

GREAMANNADH, éclat, petit morceau. I.

GREAMHUGHADH, prendre. I.

GREAN, agréable, plaifant, divertiffant. I. Voyez *Gré*, agréable.

GREAN, A GREAN, abfolument, entièrement. B. *Grean* a dû fignifier entier, parfait, achevé. Voyez *Agrean*, *Gren*.

GREANACH, GREANNACH, chevelu. I.

GREANCZ, agrément, ornement. B. De là en vieux François *Agreanter*, agréer.

GREANGHAIRBHEAS, abondance de cheveux. I.

GREANN, raillerie, mot pour rire, agréable, plaifanterie, joie, gaillardife, gaieté, allégreffe. I.

GREANN, GREANNMHUR, barbe. I.

GREANNMAR, burlefque, plaifant, comique, facétieux, enjoué, divertiffant. I.

GREAPL, agréable. B. Voyez *Gré*.

GREAS, hôte. I.

GREASAILT, hôtellerie. I.

GREASAIRE, hôtelier. I.

GREASAS, exciter, émouvoir, provoquer, provocation. I.

GREAT, fait. B.

GREAWR, gardien du troupeau, berger. G. *Gre*.

GREC, vieux, ancien en Breton, felon Pezron.

GREC, WREC, & anciennement *Gouree*, femme. B. De *Gwr*, comme *Ifca* en Hébreu d'*Ife*.

GRECG, femme. B. *Grue*, femme en Albanois.

GRECG FALL, courtifane. B.

GRECG GADAL, courtifane. B.

GRECG-OZACH, femme forte & hommaffe. B.

GRECG-VAD, femme bonne. B.

GRECH, le même que *Crech*. De là *Egregius*. Voyez *Aru*.

GRECH, noix. I.

GRECH, ciron. B. Voyez *Grechouad*.

GRECHOUAD, farcelle B. En comparant ce mot avec le précédent, je crois que *Grech* fignifie petit; *Grech*, petit; *Houad*, canard.

GRED, le même que *Cred*. Voyez *Aru*.

GREDARIUM, A. M. efcalier. De *Gradd*.

GREDDF, nature, naturel, génie. G.

GREDDFU, naître dans, lorfque l'on eft tellement accoutumé à quelque chofe qu'elle femble naturelle. G.

GREFA, greve., vexer. B.
GREFF, greffe. B. De là ce mot.
GREFFI, greffer. B. De là ce mot.
GREFFOUR, amplificateur. B. Voyez Crefhat.
GREG, femme. B.
GREGACH, jargon, galimatias. B.
GREGAICH, le même que Gregach. B.
GREGAILH, gravois, menues démolitions de bâtimens. B.
GREGAR, glouffer. G.
GREGARE, A. G. attrouper, affembler, unir, joindre. De Gre. De là Congregare, Aggregare.
GREGARIA, A. M. étable. De Gre Gaer.
GREGARIUS, A. M. berger. De Gre.
GREGIA, A. M. le même que Griechia.
GREGON, prune fauvage. B.
GREGONNEN, prunes fauvages. B.
GREGUELL, féminin. B.
GREIDHM, GREIDHIM, morceau que l'on emporte en mordant, action de couper. I.
GREIDIAWL, armé de lance. G.
GREIDIOL, gril. I. Voyez Gradell.
GREILH, A. M. gril. Voyez Grilh.
GREILIDIAW, crafe de Goreilithio. G.
GREILIDIAW, vaincre. G.
GREILLEAN, poignard, dague. I.
GREIM, bois, boccage, bouchée, morceau; pluriel Greamanna. I.
GREINBHEACH, zodiaque. I.
GREINPHEREN, zodiaque. I.
GREIS, le même que Creiz. Voyez ce mot & Aru.
GREISG, graille; Greifgidh, engraiffer. I.
GREISGHIOLLA, vaffal, client. I.
GREIT, GREITAN, champion. I.
GRELIATH, GREANNLIATH, cheveux blancs. I.
GRELING, grelin petit cable. B.
GRÈLLEIN, cribler. B.
GRELYN, lac, lac propre à abbreuver les troupeaux. G. C. De Gre Llyn, dit Davies.
GREM, murmure, action de ruminer, de remâcher ce que l'on a mangé, le bruit des dents d'une bête qui mange ou qui rumine. G. De là Gremeler, Gromeler; Greme, colere fubftantif en Runique.
GREM, fente: On le dit particulièrement des fentes d'un navire qui ont befoin être calfatées. B. De là Gremiller, Égremiller en François; De là Rima Latin, le g initial fe perd Gremir dans le Maine, brifer, écrafer, rompre; Gremer en Patois de Befançon, écrafer.
GREM chez les ouvriers en bois eft la vive arrête du bois. B.
GREMIAL, le même que Grymial. G.
GREMILL, GROMILL, caffe-pierre, perce-pierre plante fimple, en Latin Saxifraga, laquelle croit dans les fentes & fractures de rocher, & même dans les jointures des pierres ſur les murailles, & cela fur les côtes maritimes. B. Ce nom eft formé de Grem, fente, & Mill, pierre. Voyez Bily.
GREN. A GREN, tout-à-fait, abfolument, entièrement. B. Voyez Grean.
GREN. BOUILHEN GREN, fondrière, terre molle & tremblante dans laquelle on enfonce. B. Voyez Cren.
GRENA, difpute, combat, choc. Ba. Curena en Efpagnol.
GRENA, A. M. fable, gravier. De Graian.
GRENARIUM, GRENERIUM, A. M. grenier. De Grean.
GRENCHIA, A. M. paroit le même que Granchia.

GRENERIUM. Voyez Granarium.
GRENICIA, A. M. le même que Granicies.
GRENIDA, A. M. grenier. De Graun.
GRENNAID, forte de mefure. G. Graun.
GRENONES, GRENNIONES. Voyez Grani.
GRENOZELL, grofeille. B.
GREOL, le même que Bloneg Y Ddaiar. G.
GREON. Voyez, dit Davies, fi c'eft le plurier de Gre, troupeau. Il n'apporte rien qui puiffe fervir à réfoudre la queftion qu'il fait. Tout ce que je peux dire, c'eft que dans l'analogie de la Langue Gre fait Greon au plurier. G.
GREOU UL LESTRE, agrèts d'un navire.
GREPIA ANCHORÆ, A. M. la prife de l'ancre, ce par quoi on la prend. De Grap.
GRES, fâcheufes extrémités, dure néceffité, état malheureux. G.
GRES, relaxation, abolition, grace. B. Voyez Gracz.
GRES. Voyez Creiz.
GRESACH, commun. I.
GRESEUS, A. M. gris; en Anglois Gray. De Gris.
GRESI, être dans de fâcheufes extrémités, dans une dure néceffité, dans un état malheureux. G. Voyez l'article fuivant.
GRESI, le même qu'Ingrefi, petit efpace de lieu ou de temps, fâcheufes extrémités. G.
GRESILH, grêle. B, De là Grefil, & par crafe grêle.
GRESILHA, A. M. gtil. De Gradell, Gratell.
GRESILLONS, A. M. menotes de fer. On s'en eft fervi en ce fens en vieux François. Voyez Grifilhonn.
GRESSAW chez une partie des Gallois le même que Croefawn. G.
GRESSIUS, GRESSUS, A. M. grès pierre, De Graig, Grais.
GRESTLE, gage. B.
GRESUS, A. M. gris. Voyez Grefus.
GRESYN, évènement fâcheux, accablant, déplorable, digne de compaffion, douleur. G. Grefi.
GRESYNDOD, mifère, pitié, compaffion. G.
GRESYNOL, miférable. G.
GRESYNU, être affligé, être miférable, compâtir, avoir pitié. G. De là Gredin terme populaire.
GRETT, ardeur, vivacité, ferveur. B.
GRETTE, le même que Creth. Voyez ce mot.
GREV comme Grav de Crav, ainfi qu'on le voit par greve, fable, & par Grevell.
GREVA, grever, vexer, opprimer, accabler. B. De là notre mot grever.
GREVA, A. M. greve, fable. De Grev.
GREVELL, gravelle. B. Voyez Gravell.
GREVENTEZ, accablement, oppreffion, vexation. B. De là en vieux François Accrevanter, rompre, brifer avec effort; Aggravanter, accabler de fatigue; Agravan, renverfé, étendu, couché. En Patois de Befançon Accraivanta fignifie accabler de fatigue, de travail.
GREVET, maigre, éthique. B.
GREUGIA, A. M. grief, chofe dont on eft grevé, dont on fe plaint. En Béarnois Creuge; Gregier dans les Coûtumes de Touloufe, fe plaindre; Grochier, Groucher, Grocer, fe plaindre en vieux François. De Greva. Voyez Greufa.
GREVI, grever, vexer, opprimer, accabler. B.
GREVIA, A. M. greve, fable. Voyez Greva.
GREULYS. Y GREULYS, chicorée fauvage, feneçon. G.

GREULYS

GREULYS. Y GREULYS FENYW, [seneçon, mouron d'eau. G.

GREUN, graine ; singulier Greunen. B. Le vulgaire des Provinces voisines de Bretagne prononce Greune pour graine. Voyez Grann.

GREUN, ladrerie de pourceaux. B. La ladrerie des pourceaux se manifeste par des grains sur la langue.

GREUNADES, grenade fruit. B. Voyez Grann.

GREUNEN, grain. B.

GREUNNA, grogner parlant des cochons. B. De là ce mot.

GREUNO. Voyez Grani.

GREUNYA, frayer parlant du poisson. B.

GREUOL, GREUOLEN, le même que Bloneg Y Ddaiar. G.

GREUSA, GREUSIA, GREUGIA, A. M. grief sujet de plainte. On dit Grenge en Béarnois & Greuse en Patois de Franche-Comté ; de Grevus.

GREVUS, atroce, énorme, important, grave, aggravant.

GREVUS, A. G. épais, De Gré, de Cré.

GREYAGH, apparaux terme de marine. B.

GREYEIN, agréer un navire. B.

GREZA, mitre. Ba.

GREZN, dispos, alerte, vif, d'un tempérament chaud. I.

GRI, couture. B.

GRI, particule diminutive. Voyez Cnoi.

GRI, le même que Gra, Gre, Gro, Gru. Voyez Aru.

GRI, le même que Cri, Ri. Voyez Bal.

GRIA, coudre. B. Griasi en Irlandois, cordonnier.

GRIAGIUM, GRIAGIA. Voyez Gruarius.

GRIAN, soleil. I. Voyez Gryen.

GRIAN, sable, fond de la mer ou d'un fleuve. I. Voyez Graian.

GRIAN, motte de terre. I.

GRIAN, champ. I.

GRIAN RAIGHIM, sécher au soleil. I.

GRIAN-STAD, solstice. I.

GRIANCHLOCH, montre solaire. I.

GRIANGAMHSTAD, solstice d'hyver, jour très-court. I.

GRIANLOSGADH, brûler, rotir. I.

GRIASI, cordonnier. I.

GRIAT, coudre. B.

GRIB, vîte, agile. I.

GRIBHEAN, GRIBHINGNEACH, griffon. I.

GRIC, espèce d'impératif pour imposer silence ; & comme nom, mot, petit mot : Ne Liviris Gric, ne dites pas le mot. Le moindre petit mot. Gric signifie donc mot, parole, & ne marque le silence que lorsqu'il est seul & en supposant une négative. B. Voyez Gair.

GRIDA, GRIDAGIUM, A. M. proclamation par le crieur public. Voyez Crida.

GRIDARE, A. M. crier. C'est un mot Italien qui est formé de Crida.

GRIDDFAN, gémir, gémissement, lamentation, affliction qui fait verser des larmes. G.

GRIDHIEN, racine. B.

GRIECHIA, A. M. grief, chose dont on est grevé. De Griev.

GRIEF, douloureux, piquant, grief. B. En Franc-Comtois on appelle la douleur que l'on ressent d'avoir quitté une personne, un lieu qu'on aimoit, Grieffe. On dit : Il lui est Grie de son pays, pour dire qu'il ressent de la douleur d'en être dehors. Gruhya en Dalmatien, ennui.

TOME I.

GRIF, le même que Crif. Voyez ce mot & Aru.

GRIFALCO, A. G. faucon ravisseur ; Grifaus en François. De Griff, Crip. De là le mot de Grifaigne, Griffaigne, dont nos anciens Poëtes se servent pour désigner un homme hardi & qui a l'air menaçant. Voyez Grif le même que Crif. Grifalco peut être aussi une transposition de Girfalco. Voyez ce mot.

GRIFF, Seigneur. G.

GRIFF, main. Voyez Ysgriffennu. On voit par Griffonn & Griffou qu'il a aussi signifié griffe, serre ; & par Grip, Griped, Crip, qu'il a signifié saisie, prise, saisir, prendre. On dit encore populairement Agrifer, Agriper, Griper, pour prendre. Gryp en Runique, prendre, saisir. Voyez Graf, Craf.

GRIFFO, A. M. espèce de monnoie, apparemment ainsi nommée parce qu'elle portoit l'empreinte d'un griffon. Voyez le mot suivant.

GRIFFONN, GRIFFOUN, griffon animal fabuleux. G. Voyez Griffwn.

GRIFFOU, griffes. B.

GRIFFT, petite grenouille qui n'est pas encore bien formée. G.

GRIFFWN, griffon. G. Grups ou Gryps en Grec ; Gryphus en Latin ; Griffon en Italien ; Grypho en Espagnol ; Greiff en Allemand ; Gryffoen en Flamand ; Grype, Gryffon en Anglois ; Gryf en Bohémien ; Gryf en Polonois ; Grifmadar en Hongrois ; Griffon en François, griffon.

GRIFUS, A. M. orgueilleux, opiniâtre. De Griff. Voyez Gripus.

GRIG, le même que Gric. B.

GRICHEL. Voyez Gwarighell.

GRIGIONYW, fourmi. G.

GRIGIS, ceinture. C. Voyez Gwregis.

GRIGNEL, le même que Grignol. B.

GRIGNOCEAT, grincer les dents. B.

GRIGNOL, grenier, grand coffre dans lequel les Villageois gardent leur provision de bled. B. Voyez Grainen, Greun.

GRIGNOLAICH, séparation de la charge d'un navire. B.

GRIGNOTEIN, croustiller. B. De là le mot populaire Grignoter.

GRIGNOUS, chagrin, de mauvaise humeur, querelleur, bourru, farouche. B. On dit Grigne en ce sens en Franc-Comtois. Voyez Gryngian. On a dit Grogneux en François.

GRIGNOUSA, gronder, se plaindre comme font souvent les vieilles gens. B.

GRIGONCE, pomme sauvage & toutes sortes de petites pommes âcres. B.

GRIGONCE, cartilage. B.

GRIGONCEAT, GRIGONCEA, GRIGONCEAL, grincer les dents. B.

GRIGONCEUS, coriace. B.

GRILH, grillon écrevisse de mer ; pluriel Grilhou. B. De là Grillus Latin ; de là Grillon. Grill, grillon en Allemand.

GRILH, gril ; pluriel Grilhou, B.

GRILH-DOUAR, cigale. B. A la lettre, grillon de la terre.

GRILH-VOR, écrevisse de mer. B. Mor, Vor ; mer.

GRILHICQ-VAEN, gremil plante. B.

GRILL, bruit, craquement, claquement, bruit aigu. G. En Franc-Comtois on dit Griller pour faire du bruit ; de là Grelot en François. On dit Grailler les chataignes pour les faire cuire dans la

Ffffffff

braise, à cause de l'éclat ou craquement qu'elles font lorsqu'elles se fendent en cuisant.

GRILL, claie, gril. B.

GRILLARE, A. M. verbe qui exprime le cri du grillon. De Grill.

GRILLIAN, craquer, claquer, petiller, faire un bruit éclatant, rendre un son éclatant, faire du bruit, faire un bruit aigu, rétentir, résonner fort. G.

GRILLIEDIG, qui fait un bruit aigre, qui fait un bruit perçant. G.

GRILLIONES, A. M. fer des pieds; Grillos en Espagnol. Voyez Grisilhonn, dont ce mot est une crase.

GRIM, robuste, fort, vigoureux. G. Krim en Tartare de Crimée, fort, forteresse. Voyez Grym.

GRIM, guerre, combat. I. Voyez Grym.

GRIMACZ, affeterie, grimace. B. De là ce mot.

GRIMANDELL, instrument de fer servant de fausses clefs pour ouvrir les portes, armoires, &c. lequel est appellé en François rossignol de serrurier. B.

GRIMEAMHUIL, militaire, belliqueux. I.

GRIMILH, casse-pierre plante. B.

GRIMLICHOR, A. G. cruel. De Grim.

GRIMM, grimace. B.

GRIMOT, dit Dom Le Pelletier, est un terme de mépris que je n'ai pas entendu, mais lu dans un seul livre, où je le soupçonne être notre Grimand. B. Voyez Grymyalog.

GRIMPA, grimper. B. De là ce mot.

GRIMPA. Voyez Guimpa.

GRIN, synonime de Greann, agréable, &c. De même des dérivés ou semblables. I.

GRIN, le même que Crin, Rin, Srin. Voyez Aru.

GRIN, le même que Gran, Gren, Gron, Grun. Voyez Bal.

GRINA, penchant, pente, propension. Ba. Voyez Crain.

GRINA, dispute, combat, choc. Ba. Voyez Grim.

GRINACH, le même que Greanach. I.

GRINAITUA, exigé. Ba. Voyez Grinaya.

GRINAYA, exigence. Ba.

GRINCZAL, grincer les dents. B.

GRINGHELL. Voyez Gwarighell.

GRINGONZAL, grincer les dents. B.

GRINIOL, fond. I.

GRINIOSUS, A. M. paroit être le même que Grignous.

GRINN, forteresse. I.

GRINN, barbe. I.

GRINN, propre, bien mis, beau, joli. I.

GRINNEACH, jeune. I.

GRINNEAL, fonds de terre. I.

GRINNIOL, lit d'une rivière, canal, fonds de terre. I.

GRIOLLSAM, fraper. I.

GRIOMCHALLOIRE, héraut. I.

GRIOMH, serres, griffes. I.

GRION, soleil. I.

GRIONACH, échauffé par le soleil. I.

GRIONGALACH, industrieux. I.

GRIONGALE, soin, assiduité. I.

GRIONGLACHD, diligence. I.

GRIONNOININ, tournesol. I.

GRIONRACHD, chaleur du soleil. I.

GRIOSACH, charbon de terre éteint & à demi consumé. I.

GRIOSAD, inciter, animer, encourager, soutenir, appuyer, favoriser, supporter, prendre le parti, aigrir, irriter, fâcher, aigreur, provocation. I.

GRIOSGADH, frite, fricasser. I.

GRIOTH, soleil. I.

GRIP. Voyez Griped.

GRIPED, piége, grapin. B. Grip a donc signifié saisir, prendre. Voyez Griff, qui est le même.

GRIPHUS, GRIPPIS, A. G. griffon animal fabuleux. Voyez Griffon.

GRIPIRE, A. M. Voyez Guerpire.

GRIPPUS. Voyez Gripus.

GRIPPY, griffon animal fabuleux, génie soit mauvais soit bon. B. Je crois que ce mot n'aura originairement signifié que les mauvais génies & non les bons.

GRIPUS, GRIPPUS, dans le glossaire d'Isidore, superbe, orgueilleux, velu : dans celui d'Ugution & de Jean de Gènes, orgueilleux, outrageant, c'est pourquoi, continuent ces glossateurs, on appelle Gripp, les petits chiens, les chiens qui n'ont point de bonnes qualités, parce qu'ils sont plus orgueilleux que les autres : dans un autre ancien glossaire on lit Grifus, orgueilleux, opiniâtre : dans les actes de Saint Basile, Évêque d'Amasée, Krippos mot Grec signifie un filet ; Gripus, Grippus, Grifus viennent de Griff ; Krippos de Grip, Crip.

GRIS, gris. G. B. De là ce mot.

GRIS, dégré. G.

GRIS, feu, charbon. I.

GRISARD, grisâtre. B.

GRISELLUS, A. M. gris ; de Gris.

GRISENGUS, A. M. gris ; de Gris.

GRISENS, A. M. gris ; de Gris.

GRISETUS, A. M. grisette, drap de couleur grise ; de Gris.

GRISEUM, GRISIUM, GRISUM, A. M. peau d'un animal qui s'appelle Vair, ou petit gris parce que sa peau est grise ; de Gris.

GRISEUS, GRISIUS, GRISUS, GRYSEUS, A. M. gris ; de Gris.

GRISIAL, cristal, ambre jaune. G.

GRISIANT, cristal. G.

GRISIAS, fervent, ardent, bouillant. B. Voyez Gris.

GRISIEN, racine ; plurier Grisiennou. B. Ris en Anjou, racine ; Riza en Grec, racine ; le g initial se perd.

GRISIENNA, prendre racine, enraciner. B.

GRISILH, grêle. B.

GRISILHON, grelot. B.

GRISILHONN, menotes ; Grisilhouna, mettre les menotes. B. De là Grezillons, Grillons en François.

GRISILH, qui est le même que Grisilh, signifie selon Dom Le Pelletier cette même grele que nous appellons Gresil d'un nom qui est le même que Grisil. B. Griseln en Allemand, grêler.

GRISITAS, A. M. couleur grise ; de Gris.

GRISOLAC, truffes. Ba.

GRISTILHAT, hennir. B.

GRISP, doigt. I.

GRITA, A. M. montagne, colline. Voyez Grette le même que Crech.

GRITH, science. I.

GRITHEACH, sçavant, habile, sage. I.

GRIUN, hérisson. I.

GRIZEIN, ratatiner, recoquiller, racornir. B. Voyez Cris.

GRIZIAT, coudre. B.

GRIZYAZ, griéche, qui est rude, piquant, importun. B.

GRI.

GRIZYEN, racine, chicot. B.
GRIZYENA, enraciner. B.
GRIZEYEZ, le même que Grieyau. B.
GRO, fable, gravier. G. C'est le même que Grav, pierre; de là Groife, éclats de pierre. Grioot, pierres en Islandois. Voyez Groa.
GRO, greve, rivage couvert de gros gravier. B. Chro, rivage en Cophte.
GRO, le même que Gra, Gre, Gri, Gru. Voyez Bal.
GRO, le même qu'Agro. Voyez ce mot.
GRO, le même que Cro, Ro, Sro. Voyez Aru.
GROA. Voyez Gra. B.
GROA, rivage plat & sablonneux de la mer ou des rivieres, greve. B. Voyez Gro, Cro, Cro, Croa en Anglois, marais; Groof, marais en Islandois; Gruova, lac, marais en Théuton; Groba dans les anciens monumens, fosse, cloaque; Groëve en Flamand; Grobos en Gothique; Grube en Allemand, fosse, cloaque; Gronna en ancien Saxon, marais.
GROA, GROUA, A. M. marais, terre marécageuse; de Cro. Voyez Groa.
GROACH, vieille décrépite. B.
GROACHELLA, GROACHELLAT, se flétrir, se faner, se gâter, perdre son lustre & sa beauté. B.
GROAH, vieille décrépite. B.
GROAH-COR, vieille décrépite. B.
GROAHEIN, flétrir. B.
GROAN, gros sable, gravier, sablon. B. Grant, gravier en Allemand.
GROANEC, GROANIC, sablonneux. B.
GROBIS, homme riche, gros seigneur. B. De là Rominagrobis terme populaire. Voyez Rom. On a dit Grobis en vieux François pour riche, pour seigneur.
GROBWLL, sablonnière. G.
GROCERUS, A. M. grossier ou marchand grossier, qui ne vend qu'en gros; de Groczer.
GROCZ, gros. Voyez Groczer.
GROCZEN, grossier qui ne fait que de la grosse besogne. B. On voit par là que Grocz ou Gross a signifié gros.
GROD, vite. I.
GRODAN, barque. I.
GRODHTHUTHIM, broncher, trébucher. I.
GRODIR, sable. G.
GRODIR, sablonneux. G.
GROEC, femme; pluriel Groaguez. I.
GROEC, vieux, ancien selon Pezron en Breton.
GROECG, femme. B.
GROEC'H, ciron. B.
GROEH, ciron. B.
GROEIT, fait. B.
GROEL, gruau. B. De là ce mot. Gruhe en Allemand, gruau.
GROES, hale, ardeur, chaleur, chaleur ardente, sur tout celle du soleil, ardent, chaud, âpre à; singulier Groesen. B. C'est une transposition de Gwres ou Gores.
GROESUS, chaud, qui a de la chaleur: c'est l'équivalent de Grifias. B.
GROEZELL, flanc, hanche. B.
GROG, poil, cheveu, cheveux, chevelure. I.
GROG, caverne, grotte. B.
GROG-EDAU, Y GROG-EDAU, filipendule plante. G.
GROH, caverne, grotte, repaire, tanière. B. De là Grotte.
GROHENNEIN, craqueter, petiller. B.
GROHIC, réduit. B. Voyez Groh.

GRO.

GROIGH, troupeau de jumens. I. Voyez Gre.
GROIGN, groin museau de porc. B.
GROIGNA, gronder comme les porcs. B. Voyez Grwgnach, Grignons.
GROIGNER, grondeur, grogneur. B. De là ce dernier mot.
GROIGNOGNOURE, le même que Groigner. B.
GROIGNON, le grain cotonné du drap. B.
GROIGNON-RAICH, grain de gratelle. B.
GROIGNONNI, friser un drap. B.
GROILHENN, graillons restes de viande d'un grand repas. B.
GROILLA, fendre avec du bruit, se fendre avec éclat; Groillet, fendu de cette manière. B. Voyez Grillan.
GROIN, museau de cochon, groin. B. De là ce mot. Groin en Irlandois, groin.
GROINCH, menton. B.
GROINGEA, s'accouder, s'appuyer sur ses coudes; (ayant apparemment ses mains sous le menton.) B. De Groinch.
GROINGNAL, gronder, grogner. B.
GROINUM, GRUINUM, A. M. les grains de bled qui tombent dans la grange quand on met les gerbes dans le grenier. En Flamand, Gronin; de Grawn.
GROLL, courtisane. B. Voyez l'article suivant.
GROLL, truie qui a des petits, femme ou fille qui a une grosse gorge & qui la découvre immodestement selon le Pere de Rostrenen. Dom Le Pelletier s'explique ainsi sur ce mot: Groll est une injure qui offense fort les femmes. En Cornouaille ce mot sert seul à exprimer une truie qui a des petits comme si on vouloit dire une truie nourrice. B.
GROLL-GOS, vieille truie grasse. B. Gos de Coz.
GROM. Voyez Gromel.
GROM, gourmette de bride, & le mal des chevaux qu'on nomme la gourme. B.
GROMEL, GROUMEL, GROUMMEL, haie faite avec des branches recourbées, le gros bout étant fiché en terre & les cimes entrelaffées. B. De Crom, Croum. On voit par ce mot qu'on a dit Grom, Grouw comme Crom, Croum.
GROMELLAT, parler entre les dents. B. De là le mot populaire Gromeler.
GROMELLER, grogneur, grondeur, qui parle entre les dents. B.
GROMIL, saxifrage, œnante espèce de filipendule, lys du soleil. G.
GROMM, gourmette. B. De là ce mot.
GROMMED, gourmet. B. De là ce mot.
GROMNA, A. M. le même que le second Gronna.
GRON, grains. B.
GRON DODDAID, nombril de venus plante. G.
GRONC, absolument. B. Voyez Groncz qui est le même.
GRONCE, effectivement. B.
GRONCH, menton, groin. B.
GRONCZ, absolu, souverain, impérieux, résolu; absolument, entièrement. B.
GROND, réprimande, querelle, bruit, grosse voix. B.
GRONDAL, gronder. B. De là ce mot.
GRONDER, grondeur. B.
GRONDOUR, criailleur, criard, grondeur. B.
GRONDT, murmure. B.
GRONDTER, grondeur. B.
GRONEN, grain. B.
GRONGEIN, synonime de Groingea. B.
GRONGNAL, grouder. B.

GRONN, quantité réunie de quelque chose que ce soit ; *Gron-Neud*, fil amassé sur un fuseau ; *Gronn-Lin*, lin attaché en paquet à une quenouille ; *Gronna*, réunir, mettre ensemble & en monceau plusieurs petites parties, amasser, ramasser, envelopper, empaqueter, emmaillotter, assubler, serrer entre ses bras, trousser en parlant des habits trop longs ; *Gronna An Eit*, mettre le bled en monceau. B. *Crunailt* en Irlandois, amasser, trousser. Voyez *Crawn*.

GRONNA. Voyez *Gronn*. B.

GRONNA, GRONNIA, GRUNNA, A. M. marais d'où on tire les tourbes ; *Gronnosus*, marécageux ; de *Grunn*. Voyez *Groa*.

GRONNAD, paquet, floccon. B.

GRONNAT, empaqueter. B. Voyez *Gronna* qui est le même.

GRONNEIN, ceindre, entourer, renfermer, enveloper. B.

GRONNEIN, le même que *Gronna*. B.

GRONSS, résolu, fier, déterminé, libre, disposé, hardi en paroles & en actions. On l'employe comme adverbe en disant par exemple : *Terri Gronss*, rompre brusquement, casser tout net ou tout d'un coup. B.

GRONSS, menton. B.

GRONTACH, corpulent. I.

GRONTAIL, action de grogner, plainte, se plaindre, grogner. I.

GRONTAL, gronder. B.

GRONYN, grain. G. Voyez *Gron*.

GRONYNNOG, plein de grains, grené. G.

GROPPA, A. M. mot Italien qui signifie croupe ; de *Cropa*.

GROPPS, A. M. crochet. De *Cropat*.

GROS, le même que *Gras*, *Gres*, *Gris*, *Grus*. Voyez *Bal*.

GROS, le même que *Cros*, *Ros*, *Sros*. Voyez *Aru*.

GROSEL, GROSOL, gravier. B.

GROSMOLAT, parler entre ses dents. B. Voyez *Crosmolat*.

GROSOL. Voyez *Grosel*.

GROSOLECQ, graveleux. B.

GROSSA, A. M. grosse, copie d'un acte écrite en plus gros caractéres ; *Grossare*, grossoyer, écrire une copie en plus gros caractéres ; *Grossarius*, *Grossator*, celui qui écrit ainsi. Voyez *Groczer*.

GROSSARE, A. M. acheter en gros. Voyez *Groczer*.

GROSSARIUS, A. M. marchand grossier ; *Grossarius Faber*, ouvrier qui ne fait que de la grosse besogne. Voyez *Grocerus*, *Groczer*.

GROSSITAS, A. M. grossiéreté, rudesse. Voyez *Groczer*, *Gross* pris au figuré.

GROSSITIES, A. M. crasse, saleté. De *Cracz*, *Crocz*.

GROSSITIES INGENII, A. M. stupidité, grossiéreté. Voyez *Groczer*, *Gross* pris au figuré.

GROSSITUDO, A. M. grosseur. Voyez *Groczer*.

GROSSUM, A. M. le gros d'un bénéfice ; *Vendere in Grosso*, vendre en gros. Voyez *Groczer*.

GROSSUM, A. M. tumeur, grosseur. Voyez *Groczer*.

GROSSUS, A. G. gros, épais ; *Grossescere*, devenir gros, devenir épais. Voyez *Groczer*.

GROSSUS, A. G. grossier, ignorant, rustique. Voyez *Groczer*, *Gross* pris au figuré.

GROT, lait caillé. I.

GROT, le même que *Grat*, *Gret*, *Grit*, *Grut*. Voyez *Bal*.

GROT, le même que *Crot*, *Rot*, *Srot*. Voyez *Aru*.

GROTHAL, sable, gravier, pierres. I. Voyez *Gro*.

GROTTA, A. M. grotte. De *Grotten*.

GROTTEN, grotte. B. De là ce mot.

GROU, glace anciennement en Breton ; *Grau* en Scythe, neige ; *Congreer* en vieux François, se cailler, se congeler ; *Congreement*, coagulation, congelation.

GROUA, A. M. marais. Voyez *Groa*.

GROUAHENN, ride. B.

GROUAN, GROVAN, gros sable, gravier, sable ; *Maen Grouan*, pierre de grain. B.

GROUANECQ, graveleux. B.

GROUANNEN, GROVANEN, gros sable, gravier, sable. B.

GROUCQ. *Ar Groucq*, malepeste imprécation ; nargue terme de mépris. B.

GROUECQ, femme. B.

GROUGNAL, gronder. B. *Grous*, chien en vieux François.

GROUGOUCZAT, roucouler. B.

GROUÏCG, femme. B.

GROUIGNAL, gronder. B.

GROUIN. Voyez *Grouinum*.

GROUINCH, groin, menton. B.

GROUINUM, A. M. confluent : *Juxtà Grouinum seu rostrum duarum aquarum, ubi Vigenna Crosam fluvium recipit*. On voit par ce passage qu'on a appellé bec (on dit encore le bec d'Allier en ce sens) la pointe de terre qui est au confluent de deux riviéres, & qu'on a pris *Grouin* pour synonime à bec ; ainsi *Grouin* a signifié bec. Voyez *Groin*.

GROUISEIN, ceindre. B.

GROUIZ, ceinture, cordon. B.

GROUM, gourme. B.

GROUM, Voyez *Gromel*.

GROUMETTEN, gourmette. B.

GROUYAT, coudre. B.

GROUYENN, racine. B.

GROZVOLAT, parler entre les dents, grogner entre les dents. B.

GRU, gruë. B. De là ce mot. *Gru* en Italien, gruë.

GRU. Voyez *Gruc*.

GRU, le même que *Cru*, *Ru*, *Sru*. Voyez *Aru*.

GRU, le même que *Gra*, *Gre*, *Gri*, *Gro*. Voyez *Bal*.

GRUA, A. M. gruë. De *Gru*.

GRUADH, joue. I.

GRUAG, femme. I. Voyez *Grwag*, *Greg*.

GRUAG, cheveu, poil, crin, cheveux, chevelure, petit poil, petite plume, & autre chose de cette nature qui tient aux habits. I.

GRUAGACH, la grande femme, follet, lutin. I.

GRUAGACH, chevelu. I.

GRUAIDH, joue. I.

GRUAIM, tors, tordu. I.

GRUAIRE, chevelure. I.

GRUAMA, tors, tordu, tortueux. I. Voyez *Crum*.

GRUAMA, GRUAMACH, obscur, nuageux, chagrin, difficile, rechigné, refrogné. I.

GRUAMACHD, sévérité, humeur difficile. I.

GRUAMADH, valet. I.

GRUAMAN, le même que les deux *Gruama*. I.

GRUAN, gravier. B. Voyez *Groan*.

GRUARIUS, GRUERIUS, GRUIERIUS, A. M. gruyer, officier de forêt ; *Gruarium*, *Griaria*, *Griagium*, *Gruagium*, grûrie, gruage ; *Gruaria*, *Grueria*, office de gruyer. De *Gru*. Voyez *Gru*.

GRUARIUS, A. M. épervier dressé à prendre les gruës. De *Gru*.

GRU.

GRUC, monceau, tas. G. Voyez *Crug*.

GRUC, bruyere. G. Les bruyeres sont des arbrisseaux, de petits arbres sauvages qui croissent sans culture dans des terres abandonnées. C de Co, petit; *Gru* signifie donc arbre : Il a aussi, par un sens très-analogue, signifié forêt, ainsi qu'on le voit par nos mots *Gruyer*, officier de forêt; *Grûrie*, *Gruage*, droit utile ou de garde que le Roi a sur les forêts. (Le *Grou* en France, dit PierrePithou sur le tit. X, art. IX de la Coûtume de Champagne, même à l'entour de Paris, s'appelle tout le fruit de la forêt, comme la glanée, les chataignes, les pommes & poires sauvages, &c. qui s'afferment sous ce mot *Gru* par le *Gruyer*.) En changeant l'*u* en *a* on a dit *Grayer* comme *Gruyer*. Voyez *Gruma*, *Gruta*.

GRUDD, joue. I.

GRÂDD, machoire, joue. G. De là *Gruger*, terme populaire pour manger.

GRUDDWLYS, GRUDDWLYCH, qui répand des larmes. G.

GRUECG, femme anciennement en Breton.

GRUECH, ciron. B. Ce mot étant synonime de *Grech*, a par conséquent signifié aussi petit; de là est venu notre mot *Gruger*, *Égruger*, mettre quelque chose en très-petites parcelles, en poussière.

GRUEGUELL, féminin. B.

GRUEL, gruau. B. De là ce mot.

GRUELLUM, A. M. gru, gruau. De *Gruel*.

GRUERIA, GRUERIUS, Voyez *Gruarius*.

GRÛG, bruyere. G.

GRUG, bruyeres. G.

GRUG, ride, pli. I.

GRUG, GRUGAN, d'humeur difficile, foible. I.

GRUGACH, ridé. I.

GRUGIAIR, espèce d'oiseau. Davies le nomme en Latin *Sali*. G.

GRUGIONYN, fourmi. G.

GRUGLWYN, tamarin plante. G.

GRUGNUM, A. M. groin; *Grugno* en Italien. De *Groinch*, *Groin*.

GRUID, grain moulu pour faire de la biére. I.

GRUIERIUS. Voyez *Gruarius*.

GRUINUM. Voyez *Groinum*.

GRUIRE, A. M. verbe qui marque le cri de la grüe. De *Gru*.

GRULLU, bled noirci intérieurement, que l'on dit en François *bied foudré*, comme brûlé & frapé de la foudre. *Grullu* signifie aussi bouillon noir. B. *Llu* est évidemment là mis pour noir. Voyez *Llwg*, *Llwyd*.

GRUMA, A. G. la croute que le vin forme dans les tonneaux; en Italien *Gromma*; de *Grunen*. L'*n* se change souvent en *m*, ainsi on a pu dire *Grumen* comme *Grunen*; *En*, terminaison indifférente. De *Grum* sont venus *Grumus* Latin, *Grumeau* François.

GRUMA, A. M. forêt. De *Gru*.

GRUMADH, valet. I.

GRUMLUIL, se plaindre. I.

GRUMUSAT, barboter, parler entre ses dents. B.

GRUMUSER, grogneur. B.

GRUMUZAT, grogner comme les cochons. B.

GRUNDIRE, GRUNNIRE, A. M. gronder; *Groiguer*, grogner. De *Grwn*; *Grydian*.

GRUNEN, croute. G.

GRUNGH, grugeoir. B. De là ce mot.

GRUNN, marais, endroit aquatique. I. Voyez *Gronna*.

GRUPES, A. G. griffon. Voyez *Grippys*.

TOME I.

GRY.

GRUS, A. M. le même que *Gruellum*.

GRUT, lait caillé. I.

GRUT, certaine pierre sablonneuse. G. Voyez *Gro*.

GRUTA. Gyraldi dans sa description d'Irlande faite dans le douzième siécle, dit que les Irlandois appellent *Gruta* une poule de bois. De *Gru*.

GRUTARIA, A. M. dragées, ainsi nommées apparemment de leur ressemblance avec des grains de gravier. Voyez *Grut*.

GRUTARIUS. Voyez *Grutum*.

GRUTHADH, se cailler, se figer, se prendre. I.

GRUTUM, A. M. aile, ce dont on fait la biére. On trouve aussi *Grudum*, *Grutdum* dans le même sens. On a dit *Grū* en vieux François. *Grutarius*, qui vend l'aile; *Grutl*, *Gruit*, le tribut qu'on paye pour la biére; de l'ancien Saxon *Grut*, qui signifie aile, & celui-ci de *Gruid*.

GRW, gravier. G. C. C'est le même que *Gro*.

GRWAG, femme. G. Voyez *Gruag*.

GRWGACH, GRWGNACH, murmure, murmurer, action de parler à l'oreille, ce qui ne se dit qu'à l'oreille, bruit que l'on fait en parlant bas, petit murmure, bruit sourd, faire du bruit en grinçant les dents. G. *Gronas*, *Gromphas* en Grec, truie Voyez *Groignal*.

GRUVIUM, A. M. le même que *Gruinum*.

GRWN, roucoulement des pigeons. G. On voit par *Grwnach* qu'il a signifié bruit sourd, murmure, petit murmure.

GRWN, élevation, inégalité de terrein. G.

GRWNACH, le même que *Grwgnach*. G. De *Grwn*, dit Davies.

GRWNDWAL, fondement. G.

GRWNN, sillon de champ. G.

GRUWLYS, Y GRUWLYS DDU, Y GRUWLYS LWYD, deux plantes que Davies n'explique pas. G.

GRWY, couture B.

GRWYO, coudre. B.

GRWYTH, murmure. G.

GRWYTHO, murmurer, grogner, gronder comme un cochon. G.

GRUY. NEUD-GRUY, fil retors. B.

GRUYACIUM, A. M. le même que *Gruaria*. Voyez *Gruarius*.

GRUYAT, coudre. B.

GRUYENN, racine. B.

GRUYER, cordonnier. G.

GRY, point de tailleur, couture; *Neud Gry*, fil retors. B.

GRYAT, coudre. B.

GRYAT, instant, moment; *En Un Gryat*, en un instant, en un moment. B, Voyez *Gry*.

GRYD, combat, bataille, choc. G.

GRYDIAN, murmurer, murmure, gronder, faire un bruit en frémissant, frémir, grogner comme les cochons, faire du bruit en grinçant les dents. G. *Grundio* en ancien Latin, gronder, grogner.

GRYDWST, murmurer, gronder, marmoter, parler dans ses dents, grogner comme les cochons, grognement de cochon. G.

GRYEN, soleil dans l'Isle de Mona. Voyez *Grian*.

GRYENN, racine. B.

GRYFENU, écrire. G. Voyez *Griff*.

GRYFFITH, croyant, fidéle. G.

GRYFO, A. M. griffon. Voyez *Griffoun*.

GRYM, force, vigueur, fort, robuste, vigoureux. G. On voit par *Blerym* que ce mot a aussi signifié taillant, tranchant : Ce terme paroit être une crase de *Gwrym*. Le *g* initial s'est ôté de *Grym*, ce qui est très-commun, & on a dit *Rym*; c'est ce qu'on

GRY.

voit par *Rhiwedd*, force. *Grim* en Allemand, fier, courageux ; *Grimmur*, féroce en Islandois. Voyez *Grim*.

GRYM, le même que *Crym*, *Rym*. Voyez *Aru*.

GRYMIAL, murmurer, marmoter, parler dans ses dents, se quereller. G. De *Grem*, dit Davies.

GRYMIALOG, GRYMIALUS, qui murmure, qui gronde, qui dit des injures, qui outrage de paroles, qui se plait à contester, querelleur. G. De là *Grimaud*, enfant qui pleure souvent en notre Langue ; *Grimonner* en Franc-Comtois, murmurer. Voyez *Grimot*.

GRYMIO, être fort, être vigoureux, être robuste. G.

GRYMIOL, fort, vigoureux, robuste, ferme, efficace, qui a la force, qui a la vertu, qui est propre à, qui fait effet. G.

GRYMMUS, le même que *Grymiol*. G.

GRYMMUSDER, force. G.

GRYN. DALAR-GRYN, fosse, canal que creuse dans la terre une eau qui déborde. G. De *Grwn*.

GRYNFA, prise, saisie, saisissement, G.

GRYNGIAN, murmurer, murmure, gronder entre ses dents, grogner comme les cochons. G. De là *Grigne*, *Engrigner*, termes populaires qui signifient chagrin, chagriner, de là *Aigrin* en vieux François, chagrin adjectif & substantif, chagriner ; de là *Chagrin* en notre Langue ; *Greinen* en Allemand, gronder.

GRYNIO, sillonner, faire des sillons dans un champ qu'on laboure. G.

GRYNNIO, le même que *Grynio*. G.

GRYNOL, grenier. B.

GRYNU. Voyez *Gogrynu*.

GRYPA, A. M. griffon. Voyez *Grippus*.

GRYPED, filets pièges pour prendre les bêtes sauvages. B.

GRYPUS, A. G. orgueilleux, opiniâtre, petit. Pour les deux premières significations c'est le même que *Gripus*, la dernière vient de *Gri* particule diminutive, peu, petit.

GRYR, héron, petit héron. G.

GRYSEUS, A. M. le même que *Griseus*.

GRYZIENN, racine. B. De là notre mot racine, le *g* initial se perdant. *Rayz* en Espagnol ; *Ryza* en Grec, racine.

GRYZIEZ, douloureux, grief. G.

GU, cher. I. C'est le même que *Cu*.

GU, le même que *Go*. Voyez *Bal*.

GU, le même que *Cu*, *Su*, *U*. Voyez *Aru*.

GU, élévation. Voyez *Guagren*. *Gu* en Hébreu, éminence, excellence. B. Voyez *Guch*.

GUACCIA, A. M. le même que *Guaitia*.

GUAD, le même que *Gued*. B.

GUADDIMONIUM, GUATDIMONIUM, GUADEMONIUM, GUADIA, GUADIUM, GUADIMONIA, A. M. gage, caution ; *Guadiare*, donner un gage, cautionner ; *Guadiator*, exécuteur testamentaire. Voyez *Onddium*.

GUADUM, A. M. gué. Voyez *Gadium*.

GUAER, logis, habitation. Ville. B. *Jer*, lieu en Turc ; *Gerr*, maison en Tartare Mogol & Calmoucq. Voyez *Gaer*, *Caer*, *Kaer*.

GUAGERIA, GUAGIUM, A. M. gage ; *Guagiare*, donner un gage ; de *Gagh*.

GUAGNAGIUM, GUAIGNALIS. Voyez *Gagnaginm*.

GUAGREN, flot, onde. B. *Agren*, eau ; *Gu* par conséquent élévation. Voyez *Goaguen*, *Goagren*.

GUAGUEIN, bégayer. B.

GUA.

GUAILLIONE, compagnon. I.

GUAINARIUS, A. M. gainier, qui fait des gaines ; de *Gwain*.

GUAIRE, noble. I.

GUAIRE, chevelure, soie de cochon. I.

GUAIREADU, hérisser. I.

GUAIREAN, noble. I.

GUAIS, fatigue, danger. I.

GUAIS, le même que *Gais*. I.

GUAISDIUM, GUAISDO, GAISDO, GUADAS, GUEDA, GUESDIUM, WAISDA, GUATT, GUATUM, A. M. guesde, voide ou pastel dont on se sert pour teindre en bleu ; de *Gwed*. On appelloit le pastel en vieux François *Waisde* & *Guerde*. On le nomme *Waide* en Picard ; *Voueds* en Normand ; *Weed* en Flamand ; *Weyd* en Allemand ; *Weys* en Bohémien ; *Wad* en Anglois ; *Guado* en Italien. Il est appelé *Glastum* dans Pline : ce mot est formé du Gaulois *Glas*, bleu. Monsieur de Saumaise a lu dans cet Auteur *Guastum* pour *Glastum* : ces deux mots ont pu également être en usage ; *Guastum* aura été formé de *Gwed* comme *Gwaisdo*, *Guatum*. Voyez *Weddlys*.

GUAITIA, A. M. droit de garde, ou ce qu'on payoit pour ce droit ; de *Gued* ou *Guet*.

GUAL, le même que *Gwal*. G.

GUAL, charbon, feu. I. *Coal* en Anglois, charbon.

GUAL, mauvais. B.

GUALA, épaule. I.

GUALA BRAND, tison. I.

GUALADH, épaule. I.

GUALADH, calciner, calcination. I.

GUALDA, GUALDUM, A. M. guesde. En Espagnol & en Italien, *Gualda*. Voyez *Guaisdium*.

GUALDUM, GUALDUS, GAUDUS, WALDUS, WALDA, WALDORA, GUALTINA, A. M. forêt. On a dit *Gal*, *Gaud*, *Gaut*, *Gaudine* en vieux François ; *Vald* en ancien Saxon & en Allemand ; de *Gal* ou *God*.

GUALEA, A. M. le même que *Galea*, espèce de navire.

GUALEN, baguette. B. Voyez *Gwyalen*.

GUALL, fortification faite avec des pieux. B. Voyez *Gal*, *Gwal*.

GUALOER, biens en général, soit meubles, soit immeubles. B. Voyez *Galoer*.

GUALOPPARE, A. M. galoper ; *Guallopare* en Italien. Voyez *Galopatu*.

GUALTINA. Voyez *Gualda*.

GUANACH, leger. I.

GUANASCHIA. Voyez *Garnachia*.

GUANATH, froment. C. Voyez *Gwenith*.

GUAO, javelot, lance. B. Voyez *Gao*.

GUAP, moquerie, raillerie, plaisanterie. B.

GUAPAT, nez. B.

GUAPEA, courageux, vaillant. Ba.

GUAR, mol. B.

GUAR, sur, dessus, près, auprès. G. Voyez *Var*.

GUARADANAU, GUARADAVANT, A. M. gare, cri pour avertir celui qui est devant de prendre garde à lui. Voyez *Gar* & *Gard*. *Aware* en Anglois, gare, prenez garde, prévoyant, prudent, avisé.

GUARANDIA, A. M. garantie ; de *Goarant*.

GUARANDIZATOR, A. M. garant, caution ; de *Goarant*.

GUARANTIA, A. M. garantie ; *Guarantor*, garant, caution ; de *Goarant*.

GUARBA, A. M. le même que *Garba*.

GUARCIANUS, GUARCIFER, GUARCIO, A. M. valet. Voyez *Garcio*.

GUA. GUD. 683

GUARDA, GARDA, A. M. droit qu'on payoit pour être gardés & défendus ; de *Gard*.

GUARDA, A. M. garde, gardien ; de *Gard*.

GUARDA, A. M. lieu où l'on étoit en sûreté, où l'on pouvoit se retirer pour éviter l'ennemi, pour se garder de ses violences ; de *Gard*.

GUARDA, A. M. le même que *Gualda*, guesde. Voyez ce mot & *Gaisdium*.

GUARDAGIUM, A. M. garde, protection, défense ; de *Gard*.

GUARDAMANZERIUS, GARDAMINGERIUS, A. M. officier qui avoit soin du manger ; *Gard*, manger.

GUARDAROBA, A. M. le même que *Gardaroba*.

GUARDATOR, GUARDERIUS, A. M. gardien, défenseur ; de *Gard*.

GUARDEROBA, A. M. le même que *Garderoba*.

GUARDIA, A. M. garde, protection ; de *Gard*.

GUARDIANA, gardien. Ba.

GUARDIANUS, A. M. garde, gardien, tuteur ; de *Gard*, *Guardiana*.

GUARDIATOR, A. M. exécuteur testamentaire ; de *Gard*.

GUARDIO, A. M. gardien ; de *Gard*.

GUARENA, A. M. garenne ; de *Garen*, *Goarem*.

GUARENTAGIUM, GUARENTIA, GUARENTIGIA, A. M. garantie, caution ; *Guarentizare*, garantir ; *Guarentus*, garant ; de *Goarant*.

GUARERAFFAU, mot Gallois qui se trouve dans les loix d'Hoel le Bon, Roi de Galles. *Rhaff* signifie corde en Gallois ; *Guar* dans la même Langue signifie sûr, près, auprès ; & en Breton mol ; *Gwar* en Gallois, doux.

GUARETES, gardienne, conservatrice. G. *Es* marque du féminin.

GUARIMENTUM, A. M. garantie ; en vieux François *Gariment* ; de *Gar*, *Goarant*.

GUARINA, A. M. asyle, endroit où l'on est à couvert de l'ennemi ; *Guarida* en Espagnol ; de *Gar*, *Gard*.

GUARIRE, A. M. garantir, guérir ; de *Gar*. Comme guérir c'est garantir, délivrer du mal, c'est pour cela qu'on s'est servi du même mot pour désigner ces deux choses. Voyez *Gusrif*.

GUARNACIA, A. M. le même que *Garnachia*.

GUARNAZONUS, A. M. espèce d'habillement ; de *Guarnacia*.

GUARNELLUM, A. M. espèce d'habillement ; de *Guarnacia*.

GUARNIAMENTUM, A. M. le même que *Garniamentum*.

GUARNIRE, GUARNISARE, A. M. fournir, garnir, orner. Voyez *Garnire*.

GUARPISCERE. Voyez *Guerpire*.

GUARRELLUS, A. M. quarreau espèce de trait. Voyez *Quarellus*.

GUARRICA, A. M. pour *Garrica*, terre en friche. Voyez *Garica*.

GUARSH, parole injurieuse, parole outrageante. G.

GUARTH, garnison, garde. G. Voyez *Goard*.

GUARTH, calomnie, parole injurieuse, parole outrageante. G.

GUAS, danger, hazard. I.

GUAS, homme, garçon. B.

GUAS. En comparant *Guaso*, *Guazo*, *Guelz*, *Guesqle*, notre mot François *Gazon*, *Vaes*, pré ; *Guer*, verres ; *Gueer*, couleur de fougère, on voit que *Guas*, *Gues*, *Guer*, *Gueer*, *Vaes*, *Vas* ont signifié verd ; *Gwyrdd*, verd en Gallois, & *Gwydr*, verre, transposition de *Gwyrd* ; cela se confirme parce que *Glasgur* & *Guesqle* sont synonimes ; ainsi *Guas* signifie verd comme *Glas*. Voyez *Glas*.

GUASACHD, danger. I.

GUASACHDACH, terrible. I.

GUASAR, aventure, hazard, risque, danger. I.

GUASASADH, abattre, accabler. I.

GUASCAPUS, A. M. espèce de vêtement ; de *Guisca*.

GUASNACIA, A. M. le même que *Garnachia*.

GUASO, A. M. gazon. Voyez *Guas*.

GUASS, fatigue, danger. I.

GUASTARE, A. M. gâter, piller, ruiner ; *Guastare* en Italien ; *Guastator*, qui gâte, qui pille, qui ruine ; *Guastatore* en Italien ; de *Goasta*.

GUASTELLUS, A. M. gâteau ; de *Goastell*.

GUASTUM, A. M. dégât. En Italien *Guasto* ; Voyez *Goasta*.

GUASTUS, A. M. dévasté, ruiné ; de *Goasta*.

GUATA, A. M. le même que *Gata*, *Gatus*.

GUATGERIA, A. M. gage. Voyez *Gatgeria*.

GUATGIUM, A. M. gage, salaire. Voyez *Gagea*.

GUATH, pire B.

GUAVAD, patrie. G.

GUAYA, gémissement, lamentation. Ba.

GUAYS, le même que *Guais*. I.

GUAYTA, GAYTAGIUM, GUAYTARE, A. M. garde, droit pour la garde, faire garde. Voyez *Gaita*.

GUAZMOR, détroit. B.

GUAZO, A. M. le même que *Guaso*.

GUB, le même que *Cub*. *Ub*. Voyez *Aru*.

GUBA, A. M. citerne ; de *Cuba*.

GUBHA, deuil, bataille. I.

GUBIARIA, arbalétrier, sagittaire, archer. Ba. *B'wa Bya*.

GUBIATZEA, se courber. Ba.

GUBIOA, gourmandise. Ba.

GUBMAN, algue, goémon. C.

GUBY, lugubre. I.

GUCH, haut, élevé. G. Voyez *Uch* & *Cuch*. *Gueh* en Chinois, élevé, honoré, règner ; *Gusch*, motte de terre en Hébreu. L'*j* étant le même que le *g*, on a dit *Juch* comme *Guch* ; de là *Juc*, *Juchoir*, *Jucher* en François.

GUCHIAGO, davantage, plus, plus abondamment, plus souvent, mieux. Ba.

GUCHIERA, GUTIERA, diminution, détriment. Ba.

GUCIA, tout. Ba.

GUCIA QUICOA, commun, universel, bienvenu de tout le monde. Ba.

GUCIARRA, total. Ba.

GUCIERACOA, universel. Ba.

GUCINEURCAYA, pantomètre instrument de géométrie. Ba.

GUCIRO, absolument, adæquatement, tout-à-fait. Ba.

GUCIROCO ERAUSIAC, propositions absolues ; propositions non restraintes. Ba.

GUCIZ, beaucoup. Ba.

GUCIZANDIA, fort grand. Ba.

GUCIZCOA, superlatif, de toutes les façons. Ba.

GUCIZCO, tout-à-fait Ba.

GUD, habitation. Voyez *Cwtt*.

GUD, bois, forêt. Voyez *Caluedd*.

GUD, fréquemment. Voyez *Heigud*. C'est une crase de *Gued*.

GUDA, goujon poisson. I.

GUDA, GUDUA, combat, duel, lutte, procès, dispute, contention, envie, émulation. Ba. Voyez *Cad*.

GUDANTEA, stratagême. Ba.
GUDARIA, soldat, lutteur, athléte, rival. Ba.
GUDARTEA, milice, guerre, art militaire. Ba.
GUDATEGUIA, champ de bataille, lice, arene. Ba.
GUDAUREA, assaut, attaque, escarmouche, petit combat. Ba.
GUDD, le même qu'Udd. Voyez Aru.
GUDDIEDIG. YN GUDDIEDIG, en cachette. G. De Cuddiedig ; de Cudd.
GUDEN, le même que Cuden. Voyez Aru.
GUDESIA, lutte, arene, lice, rempart. Ba.
GUDH, le même que Guth. I.
GUDONDARTEA, triomphe. Ba.
GUDUA. Voyez Guda.
GUDUM, A. M. le même que Guadum.
GUE, gué. B. De là ce mot, Guado en Italien ; Vado en Espagnol ; Vadum en Latin ; Waden en Flamand, gué. Voyez Guadum.
GUE, gai. B. Voyez Gaê.
GüE, arbres. B. Voyez Guen.
GUE, bonne. B.
GUEA, tistre, faire de la toile ou des étoffes sur un métier. B.
GUEA, fumée. Ba.
GUEA. On voit par Bridaguea, Guedeitza, Gueza, Guezurcina, que Gue ou Guea est une particule privative en Basque. De là Gueux en François, pauvre, celui qui n'a rien. On a dit Guenaux en vieux François. Le g initial s'omettant, on a aussi dit en vieux François Veu, Veus ; Geusen en Flamand, pauvre. Voyez Guen.
GUEACH, fois. B.
GUEACHAL, autrefois, anciennement. B.
GUEADEN, entortillé, tordu, torquette chaîne de bois faite de chaînes retorses, qui attache la latte au chariot. B.
GUEADUR, entortillement. B.
GUEAFFE, tistre, faire de la toile ou des étoffes sur un métier. B.
GUEAICH, voyage. B.
GUEAICHEUR, voyageur. B.
GUEAN, le même que Guen, blanc. B.
GUEAR, Ville. B. Voyez Guaer, Gaer.
GUEAU, joug. B.
GUEAUD, herbe ; Gueand Gall, sainfoin ; à la lettre, bonne herbe, meilleure herbe ; Donar Gueand, jachère. B. Voyez Gueaut.
GUEAUL, gueule, bouche. B. Gula en Latin ; Gola en Italien ; Gullet en Anglois ; Golt en Esclavon, gorge ; Joli en Turc, canal. De Gueaul sont venus Guleron en vieux François ; Gouleron en François usité, la bouche d'un vase. On dit aussi Goulot en Franc-Comtois pour orifice d'une bouteille, d'un vase. On a dit Gueul, Goul comme Gueaul, comme on le voit par Gueule, Goulet, Goulot.
GUEAUT, GUEAUTEN, herbe. B. Cao en Chinois ; Sio en Japonois, herbe ; Coticza, Cotiata, herbe en Valaque ; Co , herbe en Tonquinois ; Koo, verd en Tartare Mogol & Calmoucq. Je crois que Gueaud, Gueaut ont aussi signifié verd, parce que ce sont les mêmes qu'Taut, Tw ou To, qui signifient herbe & verd. Voyez Gwellt, qui est le même mot.
GUEAUTER, vendeur d'herbes. B.
GUEBENDU, je défends. Ba.
GUECH, fois. B.
GUECHAL, autrefois, anciennement. B.
GUECHABALL, autrefois. B.
GUECIA, trait, fleche, dard. Ba.
GUECITEGUIA, carquois. Ba.

GUECURA, mensonge. Ba.
GUED, faction, garde, sentinelle, guet, corps-de-garde. B. De là la Vedette, Guet, Aguets. Aguayta en Espagnol, guet, aguet ; Aguaytar, guetter dans la même Langue. Voyez Gueda, Guedal.
GUED, par, par le moyen, ensemble, avec, abondamment. B. De là Guedé en vieux François, saoul, plein de vin, plein, rempli. On dit Godé à Dijon, Guende, société en vieux François.
GUED, Guz, beau. B. Dans une charte rapportée par Dom Lobineau, Guedel, Guzel, belle isle ; El, isle.
GUED, prononciation de Gwedd. G.
GUEDA, GUEDAL, être aux aguets, attendre, épier, faire sentinelle, garder. B.
GUEDA. Voyez Guaisdinm.
GUEDAL. Voyez Gueda.
GUEDD, bois, forêt. Voyez Caluedd.
GUEDED, équinoxe. B.
GUEDEITZA, révocation, abrogation. Ba.
GUEDEITZATUA, inutile, abrogé. Ba.
GUEDEN, levain de lait. B.
GUEDER, celui qui garde, émissaire. B.
GUEDEYA, révocation, abrogation. Ba.
GUEDEZ, équinoxe. B.
GUEDHAN, arbre. C.
GUEDICG, guerite. B.
GUEDUS, épiant. B.
GUEENN, masque. B.
GUEENNER, faiseur de masques. B.
GUEER, tordeur. B.
GUERES, tortelle plante. B.
GUEFFDED, gué. B.
GUEFOUT, trouver. B.
GUEFR, chevre. B.
GUEGUIN, geai. B.
GUEH, fois ; Gueh-Arall, Gueh-Erell, autrefois, anciennement. B.
GUEHA, dia terme de chartier. B.
GUEHIEN, meilleur. Ba.
GUEHYDELL, équinoxe. B.
GUEIA, augmentation. Ba. Gued.
GUEIAGOTU, augmenté, aggrandi, amplifié. Ba.
GUEIRECHIA, syllabe. Ba.
GUEICARGA, surcharge. Ba.
GUEICH, fois. B.
GUEICHAL, autrefois, anciennement. B.
GUEIDEA, prochain, parent. Ba.
GUEIDIA, excellence. Ba.
GUEIEGUI, d'une taille gigantesque. Ba.
GUEIEGUI ERRE, se brûler, se rotir. Ba.
GUEIEGUI ERREA, brûlé, roti. Ba.
GUEIEGUI ERRETEALLEA, qui fait brûler, qui fait trop rotir. Ba.
GUEIEGUIA, excès, superfluité. Ba.
GUEIEN, souverain. Ba.
GUEIHORA, surabondant. Ba.
GUEIN, champ. C.
GUEIN, échine, dos. C. B.
GUEIRUDIRO, affectation. Ba.
GUEIRUDITU, j'étudie, j'affecte. Ba.
GUEIRUDITUA, affecté. Ba.
GUEISARIAC, émolumens. Ba.
GUEITA, A. M. garde, guet. De Gaitta.
GUEITARIOA, surabondance. Ba. Gued.
GUEITEA, luxe, excès, dérèglement, pluralité, multitude, abondance. Ba. Gued.
GUEITEDA, prorogation. Ba. Gued.
GUEITERA, propagation. Ba. Gued.
GUEITONIRISTEA, prédilection. Ba.

GUEITU.

GUE.   GUE.   685

GUZITU, j'amplifie, je grossis. Ba. *Gued.*

GUEITURDINA, pierre précieuse de couleur de bleu céleste. Ba.

GUEITZALLEA, qui amplifie, qui étend. Ba.

GUEIYAGOTZEA, accumuler des richesses. Ba.

GUEIZCO, très. Ba.

GUEL, tané, bai. B.

GUEL, élevé, sur, dessus, plus. B.

GUELA, lit. Ba. Voyez *Guele.*

GUELA, chambre. B. Ba. Voyez *Guell.*

GUELA, commode, propre à. Ba.

GUELACHOA, chambre. Ba.

GUELAOUENN, sangsue. B.

GUELCH, défectueux. B.

GUELCH, partialement. B.

GUELCHADURR, partialité. B.

GUELCHEIN, se voiler. B.

GUELCHEIN, gauchir. B.

GUELCHI, laver. B.

GUELD, indompté. B. Il se prenoit aussi au figuré pour inhabité.

GUELDARRIA, retardement, délai, remore poisson. Ba.

GUELDARTEA, retardement, délai. Ba.

GUELDI, peu à peu, doucement, qui est en repos. Ba.

GUELDIA, lenteur, lent, accent grave. Ba.

GUELDICOYA, spondée. Ba.

GUELDIERA, suspension. Ba.

GUELDIGOA, retardement, délai. Ba.

GUELDIRO, lentement, peu à peu. Ba.

GUELDITU, cessant, qui a cessé de se mouvoir ou d'être mû, qui s'arrête; *Gueldi Cedin,* il se seroit arrêté. B.

GUELDITZEA, station, action d'être debout. Ba.

GUELDOA, flamme, étincelle. Ba.

GUELDOTSA, musicien qui chante la basse. Ba.

GUELE, aspect. B.

GUELE, lit. B. Voyez *Guela.*

GUÈLE, lit, affut. B.

GUÈLE AL LUE, arrière-faix de la vache. B.

GUELEAD, planche de jardin. B.

GUELEDELL, entrevue de parens & des deux parties pour un mariage. B.

GUÉLEICQ, couchette. B.

GUELENN, houx. B.

GUELEOUD, accouchement. B.

GUELER en Breton, le même qu'*Elor* en Gallois. B.

GUELET, vuë, revuë. B.

GUELELENN, sangsue. B.

GUELEVUS, éclatant, brillant. B.

GUELHAFF, le même que *Gwellaa.* B.

GUELIA, chair de bœuf. Ba.

GUELIENEN, mouche. B.

GUELL, élevé, sur, dessus, plus. B.

GUELL, meilleur. B.

GUELL, tané, bai, roux, rousseau, fauve. B.

GUELL, vuë, vision, action de voir. B.

GUELL, bon. B.

GUELL, enfermer. B. *Jala,* palissade en Caraibe; *Ngul* en Hébreu, lieu fermé; *Ghalagi* en Géorgien, Ville; *Well, Wedel,* maison chez les anciens Germains; *Wl* en Gallois, lieu, habitation. Voyez *Koel,* qui est le même mot. Voyez encore *Guela.*

GUELLA, A M. couleur de pourpre, gueules en termes de blason; de *Gueaul,* bouche, parce que la bouche est rouge.

GUELLAAT, guérir. B.

GUELLADENN, synonime de *Gueledell.* B.

GUELLADUR, curation. B.

GUELLAENN, culture. B.

GUELLAHENN, rétablissement. B. Voyez *Guellaat.*

GUELLAN, meilleur, principal. B. Voyez *Guell.*

GUELLAT, rendre meilleur, devenir meilleur. B.

GUELLED, vuë, vision. B.

GUELLEDIGUIAH, possibilité. B.

GUELLEIN, GUELLET, voir, remarquer, considérer. B.

GUELLET, droit, pouvoir, autorité. B.

GUELLOCH, meilleur. B.

GUELLOU, revuë. B.

GUELLYD, attention. G.

GUËLT, herbe. B.

GUELTANV, GUELTROU, GUELTLE, GUËLTRE, GUËLTREZ, ciseaux, forces. B.

GUELTREZ, GUËLTREZEN, guêtre. B.

GUELTROU, guêtre. B. De là ce mot.

GUELYN, ennemi. G.

GUELZ, herbe. C. Voyez *Guas.*

GUELZ, sauvage, qui demeure dans les forêts. C. Voyez *Goés.*

GUEMENEREZ, lingere. B.

GUEMINUM, A. M. chemin. Voyez *Cheminus.*

GUEMPEN, s'ajuster, s'agencer, se parer. B.

GUEN, arbre; plurier *Güe.* B. Il signifie aussi bois substance de l'arbre. Voyez *Cainedd. Geneth, Ienee* en Turc, verger; *Chen* en ancien Égyptien; *Ssen* en Cophte, arbre; (*Chen* & *Ssen* sont le même mot différemment prononcé) *Ken* en Chinois, racine tronc d'arbre; *Kan* en Chinois, tronc d'arbre; *Quen* en Chinois, pieu, bois de lance; *Gan* en ancien Cypriot; *Gam* en Babylonien; *Gan* en Hébreu, verger; *Quant,* arbre en Langue de Guatimala; *Megan,* arbre en Écossois; *Sang,* bois en Tonquinois; *Gengueha,* pays de bois en Persan; (*Genguel,* bois) *Ahquem,* arbre en Brésilien; *Alyquen,* arbre en Langue de Chili; *Ganni* en Japonois, bois substance de l'arbre, & *Jamma* ou *Gamma,* forêt dans la même Langue; *Ischen* en Arabe, arbre; *Gau* en Turc, verger, lieu planté d'arbres; *Kina* ou *Quina,* arbre en Pérouan; *Kanad,* forêt en Persan.

GUEN, vin. B.

GUEN, beau, blanc. B. Il paroit par le nom de *Guenael* que les Bretons donnent aux bons Anges, que *Guen* a aussi signifié chez eux bon, agréable, & par conséquent *Du,* noir, a dû signifier chez eux désagréable, fâcheux, mauvais. Voyez *Guenqiz.*

GUEN, coin à fendre du bois. B.

GUEN, bouche, anciennement joue & menton. B. De là *Gena* Latin. C'est le même que *Gen, Ken* en Tartare du Thibet, gencive.

GUEN BUNAN, tous. B.

GUEN-CAN, bien blanc, luisant. B. Pléonasme qui tient lieu du superlatif.

GUENAEN, verrue. B.

GÜENAER, GÜENAËZR, piqueur, chasseur, qui donne du cor. B.

GUENAN, abeilles. B.

GUENANEN, abeille. B.

GUENANEN, verrue. B.

GUENAOU, bouche. B.

GUENAOUECQ, GUENAOUEZ, homme à grande bouche, joufflu. B.

GUENAOUI, avoir la bouche béante. B.

GUENASDEA, GUENASTEA, trouble, sédition. Ba.

GUE.

GUENASIA, turbulent. Ba.
GUENASTA, tumulte, trouble, sédition. Ba.
GUENAU, bouche. B.
GUËNDARD LAES, lait mari. B.
GUENDR, goutte maladie. B.
GUENDT, odeur anciennement en Breton.
GUENE, avec, de, à, au pouvoir, par. B.
GUENEER, piqueur, chasseur, qui donne du cor. B.
GUENEHUËNN, sangsue. B.
GUENEL, accoucher. B. Voyez *Geni*.
GUENELYEZ, naissance. B.
GUENER, vendredi. B.
GUENGAND, chenu. B.
GUENGOLO, septembre. B. De *Guen*, vin ; *Colo*, cacher.
GUENHOLE, septembre. B. *Hole* par conséquent le même que *Col*. Voyez *Guengolo*.
GUENN, blanc, beau. B.
GUENNA, absoudre, décharger d'une accusation. B. De *Guen*, blanc. Nous disons encore qu'on rend blanc un homme que l'on décharge d'une accusation.
GUENNA, coigner. B.
GÜENNAËN, verrue. B.
GÜENNARD, blanchâtre. B.
GUENNAT, blanchir. B.
GUENNECQ, sol, blanc espèce de monnoie. B.
GUENNECQ, merlan. B. De *Guenn*. Ce poisson est blanc.
GÜENNELY, hirondelle. B.
GUÉNNENN, taye. B.
GÜENNER, blanchisseur ; *Guenneres*, blanchisseuse. B.
GUENNIC, arbuste. B.
GÜENNICG, saumon blanc, gardon poisson. B.
GÜENNOUR, blanchisseur. B.
GUËNODENN, GUËNOGUEN, sentier. B.
GUENOU, bouche. B.
GUENOUIALEN, érable. I.
GUENQIZ, maison de plaisance. B. *Qiz*, maison.
GUENT, avant, ancêtres. B.
GUENTA, premier. B.
GUENTACH, cribler du bled. B.
GUENTADUR, criblure. B.
GUENTAOU, ER GUENTAOU, tantôt parlant d'un temps passé depuis peu d'heures. B.
GUENTAT, cribler du bled. B.
GUENTEL, leçon. B.
GUENTER, qui crible du bled. B.
GUENTL, tranchées de ventre. B.
GUËNTLE, GUENTLEZ, ciseaux, forces. B.
GUENTOU, cribler du bled. B.
GUËNTR, éperon, douleur, douleur de nerf. B. *Kentron* en Grec, éperon.
GUENTRAT, précoce, tôt. B.
GUENVER, janvier premier mois de l'année. B. Voyez *Ien*.
GUENVEUR, le même que *Guenver*. B.
GUENVIDEN, araignée. B.
GUENVIDIC, heureux, bienheureux dans le Ciel. B.
GUEOL, grande bouche. B. Il a aussi signifié bouche comme on le voit par *Gueule*, & *Gauler* terme populaire, jetter en sable, gober, ce qui fait voir qu'on a dit *Guol* comme *Gueol*.
GUEOLECQ, homme à grande bouche. B.
GUEOUDEN, chevrefeuille. B.
GUER, rapide. G.
GUER, ville, maison, maison de campagne, mé-

GUE.

tairie. B. On voit par là que ce mot a signifié habitation en général.
GUER, parole, mot, devise B. Voyez *Gair*.
GUER, pluriel de *Guerr*, verte. B. Voyez *Guas*.
GUERALDIA, vacation, congé. Ba.
GUERANN, muletier. B.
GÜERAOUR, vitrier. B.
GUERBA, A. M. gerbe. Voyez *Garba*.
GÜERBL, glandes, glandes de laine, émonctoires de laine enflées. B.
GUERBLENN, glande. B. Voyez *Gwerbl*.
GUERC. Voyez *Gere*.
GÜERCH, vierge. B.
GUERCHAT, chercher. B.
GUERCHDED, virginité. B.
GÜERCHES, vierge. B.
GUERC'HI, héron. B.
GUERE, hauteur, lieu élevé, guerite. B.
GUERE, cordonnier. B.
GUEREIN, abeilles. B. Voyez *Guerenen* son singulier.
GUERIZA, ombre. Ba.
GUERELAOUENN, l'étoile du matin. B.
GUERENEN, abeille. B.
GUERERE, A. M. chercher. C'est une altération de *Quarere* Latin, qui vient du Celtique *Qerhat*.
GUERESEN, cerise. B.
GUERGATËNN, pharynx terme de médecine. B.
GUERH, vers. B. Voyez *Guers*.
GUERHEIN, vendre. B.
GUERHEN, chanson. B.
GUERHES, vierge. B.
GÜERHID, fuseau. B.
GUERHOUR, vendeur. B.
GÜERHTAITT, continence, pudicité. B.
GUERI, fermer, enclore. Voyez *Digueri*, *Guer*.
GÜERIDON, guéridon. B.
GUERIF, guérir. G. De là ce mot.
GUERINAGIUM, A. M. vernage. *Verguer* en François, c'est assurer les bords des rivières en y plantant des aunes, des saules, ou en y mettant des pieux ; de *Guern* aunes : On a dit aussi *Vern*.
GUERIR, médecin. C.
GUERIT, habitation. G. Voyez *Guer*.
GUERLA, guerre. Ba. Voyez *Ger*.
GUERN, rapide. G.
GUERN, aunaie, aunes, varenne humide & aquatique, plaine qui ne se fauche ni ne se laboure, communaux. B. Voyez *Gwern*, *Guernen*.
GÜERN, mât. B.
GUERN MELIN, trémie de moulin. B.
GUERNA, A. M. aunaye ; de *Guern*.
GUERNABL, gornable terme de marine. B.
GUERNECQ, aunaye. B.
GUERNEN, aune arbre ; pluriel *Guern*. B. Voyez *Gwern*.
GUERNIER, ouvrier qui fait les mâts. B.
GUERNIMENTUM. Voyez *Garnimentum*.
GUERNOUR, ouvrier qui fait les mâts. B.
GUERO, après. B.
GUEROC, nous-mêmes. Ba.
GUEROCA, suivant, suivantes, après. Ba.
GUEROSQUELA, billet. Ba.
GUERPEA, sorte de petit habillement de fille, corset. Ba. Voyez *Guerbes*.
GUERPILLUM, A. M. déguerpissement. Voyez *Guerpire*.
GUERPIRE, GERPIRE, GURPIRE, GRIPIRE, GUILPIRE, GUIPIRE, GUIRPISCERE, GURPISCERE, GUARPISCERE, *Werpire*.

GUE. | GUE. 687

Wirpire, *Wilpire*, *Wipire*, A. M. déguerpir. On lit *Gulpir* en ce sens dans la coûtume d'Auvergne. *Guerpitio*, *Guirpitio*, *Gurpimentum*, *Guirpimentum*, *Gurpina*, *Gurpizo*, *Guirpe*, *Guerpus*, *Werpitio*, déguerpissement. On lit *Gulpine* en ce sens dans la coûtume d'Auvergne. *Gurpitoria*, *Warpituria*, charte ou piéce d'écriture qui contient le déguerpissement. Comme on ne se déguerpit qu'en faveur de quelqu'un, le terme qui désigne le déguerpissement a quelquefois signifié don. C'est pourquoi dans une charte de la maison de Vergy, on lit *Wirpitio sive donum*, déguerpissement ou don. On trouve en ce sens *Guerpison* & *Gurpizon* dans la coûtume de Bordeaux ; *Guerpie* dans celle de la Marche ; *Werp* dans celle de Térouanne & de Lisle. Le sçavant M. Ducange dérive *Guerpire* de l'ancien Saxon ; *Gurpan* ou *Georpan*, abandonner, être abandonné. J'ai de la peine à me rendre à la décision de cet illustre Auteur. L'ancien Saxon n'a été connu que dans la Normandie, parce que les Souverains de cette Province ayant conquis l'Angleterre, il y a eu pendant longtemps une étroite liaison entre ces deux peuples ; & l'on trouve le mot *Guerpire* dans des chartes ou monumens de toutes les Provinces du Royaume ; ce terme doit donc avoir une autre source que le Saxon. Il faut qu'il soit Celtique d'origine. Je crois que la vraie prononciation de ce mot est *Guilpir*, que les Auvergnacs, chez qui l'on trouve bien des restes du Celtique, ont conservé avec une légère altération dans *Gulpir*. *Guilpir* est formé de *Gil* ou *Guil*, qui signifie laisser, & *Pwr*, en composition *Pyr* de *Pwrcas*, acquis, possédé. De *Guilpir* par la substitution réciproque de l'*r* & de l'*l* on aura dit *Guirpir*, *Guerpir*, d'où sont venus tous les termes que nous avons rapportés qui ne sont que des modifications de celui-ci.

GUERRA, aimer, vouloir, ce qui plaît. B. Voyez *Gar*.

GUERRA, GUERREA, guerre. Ba. Voyez *Ger*.

GUERRA, WERRA, A. M. guerre. Voyez l'article précédent.

GUERRAER, vitrier. B. Voyez *Guer*.

GUERRARE, GUERREARE, GUERREGIARE, GUERREIARE, GUERRIFICARE, GUERRIRE, GUERRISARE, WERRIRE, A. M. faire la guerre ; *Guerregiare* en Italien ; de *Guerra*.

GUERRARIDIA, troupes, armée. Ba.

GUERRARIUS, GUERRATOR, GUERRERIUS, A. M. guerrier ; en Italien *Gueriere*. Voyez *Guerra*.

GUERRATIA, belliqueux. Ba. Voyez *Guerra*.

GUERRAZCODIA, caravane de Chevalier de Malte. Ba. Voyez *Guerra*.

GUERRENA, broche. Ba.

GUERRI, s'enfler, s'enflammer, apostumer. B.

GUERRIA, les reins. Ba.

GUERRICATURA, ceint. Ba.

GUERRICOA, ceinture, baudrier, autour. Ba. Voyez *Gwregys*, *Gourix*.

GUERRINUS, WERRINUS ; A. M. de guerre ; de *Guerra*.

GUERRUNCE, reins. Ba.

GUERS, vers, chansons. B.

GUERSA, trahir. B.

GUERSO, longtemps. B.

GUERTACUNTZA, succès, issue. Ba.

GUERTAERA, évènement imprévu, accident. Ba.

GUERTAETU, j'accommode. Ba.

GUERTALDIA, occasion, succès. Ba.

GUERTAPENA, évènement imprévu. Ba.

GUERTATU, il arrive. Ba.

GUERTHAID, chasteté. B.

GUERTOYA, danger. Ba.

GUERTZA, ombre. Ba.

GUERVEL, qualifier, appeller. B.

GUERY, couver. B.

GUERYN, rivière. B.

GUERZA, vendre. B.

GUERZEEN, chanson, conte, histoire. B.

GUERZER, vendeur. B.

GUERZID, fuseau, vis B.

GUERZIDER, faiseur de fuseaux. B.

GUERZIDY, fusain. B.

GUERZOURR, poëte. B.

GUERZYD, qui a les jambes grêles. B. De *Guerzid*, fuseau.

GUES, lèvre, & par une métaphore reçue dans toutes les Langues, bord, rivage. B. Voyez *Min*. On dit en Franche-Comté faire les *Gesses* quand on montre à quelqu'un quelque chose de bon que l'on mange pour lui en faire naître l'envie, sans vouloir le contenter, parce que celui qui envie cette chose témoigne son désir en remuant les lèvres.

GUES, truie, cochon. B.

GUES, le même que *Guis*, manière. Voyez *Dervez*.

GUES, Voyez *Gnas*.

GUESALA, sang corrompu, pus. Ba.

GUESDUM. Voyez *Guaisdum*.

GUESECQ, lippu. B.

GUESEN, cochon, truie. B.

GUESPA, A. M. mouche, guêpe. Voyez *Guesped*, *Guêpe* en François ; *Vespa* en Latin, en Italien ; en Espagnol ; *Wesp* en Flamand ; *Waspe* en Anglois ; *Wefze* en Allemand, guêpe.

GUESPED, guêpe, mouche, abeille. Voyez *Guespetaer*.

GUESPETAER, guêpier qui mange les abeilles. B. De *Taern* & *Guesped*, abeille, mouche, guêpe. Voyez *Guezpedenn*.

GUESQUELP, serrer, presser, comprimer. B.

GUESQLE, GUESCLE, graisset grenouille verte B. Voyez *Glesger*, par où il paroît que *Gles*, en composition pour *Glas*, est mis pour synonime à *Gues*, en composition pour *Gnas*.

GÜEST, veste. B. On voit par l'article suivant que ce mot a signifié en général tout ce qui couvre, habitation, habit, &c. Voyez *Cas*.

GUEST GUENNAN, ruche. B. *Guennan*, abeilles ; *Guest* par conséquent habitation.

GUEST. Voyez *Gnas*.

GUESTL, fiel, & colere par métaphore. B.

GUESTOA, mauvais, méchant. B.

GUET, bois, forêt. Voyez *Caluedd*.

GUET, le même que *Gued*. Voyez *Gand*.

GUETA, GUETTA, A. M. garde, guet. Voyez *Gaita*.

GUETAGIUM, A. M. tribut pour la garde ; pour le guet. De *Gueta*.

GUETARE, A. M. faire la garde, faire le guet, guêter. De *Gueta*.

GUETEU, ER GUETTEU, tantôt parlant d'un temps qui s'est écoulé depuis peu d'heures. B.

GUETREN, guêtre. B.

GUETROU LYEN, chaussette. B.

GUETUS, GUETTUS, A. M. guet, garde. Voyez *Gaita*.

GUËU, dommage, perte, fausseté. B. *Griffe* en Turc, mal, misère, peine, chagrin. Voyez *Gne*.

GUEUDED, gué. B.
GUEVELL, jumeau. B.
GUEVELL, grosses tenailles, mordache, étangues, davier instrument de chirurgie. B.
GUEVELLEIN, tenailler. B.
GUEUL, bouche. &c. Voyez Gueanl.
GUEUN, varenne humide, marécage. B.
GUEUNA, poil folet, duvet. Ba.
GUEVRED, sud-est. B.
GUEUREN, GUEVREN, part, partie. B. Voyez Ran.
GUEVRET, ensemble. B.
GUEUS, levre, B. & bord. Voyez Gues.
GUEUS, tortueux, sinueux. B.
GUEUS, regret. B.
GUEUSECQ, lippu. B.
GUEUTAD, GUEUTARD, menteur. B. Voyez Gueu.
GUEVTEREZ, mensonge. B.
GUEYD, chant parlant des oiseaux. B.
GUEYDA, chanter parlant des oiseaux. B.
GUEYEGUIA, luxe dans les habits. Ba.
GUEYER, menteur. B.
GUEYTARE, A. M. le même que Guetare.
GUEYZ, chant parlant des oiseaux. B.
GUEYZA, chanter parlant des oiseaux. B.
GUEZ, fois. B. Voyez Guech, Gueach.
GUEZ, arbres. B. C'est le pluriel de Guezen. Hhheti ou Guets, arbre en Hébreu, en Chaldéen & en Ethiopien; Chés en Samaritain, arbre; Guz en Arabe, arbre, & Chas, un verger dans la même Langue; Gais, bois substance de l'arbre en Arabe; Gazi, arbre en Persan, & Gazin, forêt dans la même Langue; Guza en Chaldéen, arbre; Guzh en Arabe, tronc d'arbre; Ghas en Indien, arbre; Hae, arbre en Géorgien; Cais, Cayon, bois en Malaye; Cayou, bois en Javanois; Agetsch, arbre en Turc; Xu ou Ku, arbre en Chinois; Hué, Hue, bois en Galibi; Ghas, arbre en Ceylanois; Gesud, bois, arbre droit en Persan.
GUEZ, truies. B.
GUEZA, fot, fat, niais. Ba.
GUEZA, GAZA, doux. B.
GUEZA, douce parlant de l'eau. Ba.
GUEZAL, anciennement, autrefois. B. Voyez Guez, Guechal.
GUEZAN, arbre. C. Voyez Guezen.
GUEZAN, oui. B.
GUEZARCINA, parjure substantif. B.
GUEZECQ, lieu abondant en arbres. B.
GUEZED, connoître. G.
GUEZEGUELL, vessie. B.
GUEZEN, arbre. B. Il signifie aussi bois substance de l'arbre. Voyez Caluedd. Voyez Guezan.
GUEZEN, truie. B.
GUEZENNECQ, lieu abondant en arbres. B.
GUEZEN, pliant, flexible, insinuant, adroit, politique, mol, sans fermeté. B.
GUEZNA, message. Ba.
GUEZNAZAIA, messager. Ba.
GUEZNODIN, pied-sente plante. B.
GUEZPEDEN, guêpe. B.
GUEZR, couleur de fougère. B.
GUEZR, verre. B.
GUEZREN, verre. B.
GUEZRENN UR MELLEZOUR, glace de miroir, B. c'est-à-dire, verre de miroir.
GUEZRER, vitrier. B.
GUEZTARA, dent mâchelière. Ba.
GUEZVOUDEN, chevrefeuille. B.
GUEZURRA, mensonge. Ba.

GUEZURROSCO, menteur. Ba.
GUEZURTI, menteur. Ba.
GUFA, A. M. espèce de robe. Voyez Cwsl.
GUG, insolent, superbe anciennement en Breton. C'est Gugg.
GUGG, fier, arrogant. G.
GUGNAPIE, A. M. le même que Gunna.
GUHAVE, quelquefois. B.
GUHIR, pays, contrée. G.
GUI, eau. B. Gini en Persan, fleuve. Voyez Gwi.
GUI, lieu, habitation. Voyez Mengui, Ariegui, Uchi, maison en Japonois; Kia, maison en Japonois; Kio, Ville en Japonois; Cyte, chaumière en ancien Saxon.
GUI. En comparant Arguia, Beguia, Gnicenguia Basques; Guid, Guignal, Guignen, Guilgat, Guinvidicq, Guion, Guir, Guizecq, Gwyn, Gyp Bretons; Gwy, Gwir, Gwybed, Gwych, Gwydd, Gwyl, Gwilio, Gwilied, Gwymp, Gwynn, Gwynfid, Gwyngen, Gwynnygiaw Gallois, on voit que Gui a signifié lumière, éclat, connoissance, science, vérité, vue, éclatant, blanc, beau, heureux, gai, joyeux. Giosli, œil en Turc; Quibhenro, clarté en Langue de Congo; Quilumbu, jour dans la même Langue; Chi en Chinois, sçavoir; Qui, blanc en Mandingo; Vitan, voir, sçavoir en Gothique; Gila, éclat, splendeur en Arabe. De Gui, Guid est venu Video, viser; de Gui, Sgni, Sci, Scio Latin. De là Guigner, voir, regarder du coin de l'œil; de Gwych le vieux mot François Guichard, fin, rusé.
GUI. Voyez Guiff.
GUIA, conducteur, chef, capitaine. Ba. Ce mot signifie aussi lumière, &c. Voyez Gui. Quiacasa, diligence en Langue de Congo.
GUIAD, toile. B.
GUIADER, tisserand. B.
GUIALEN, baguette. B.
GUIARE, GUIATICUM. Voyez Guida.
GUIARRAOA, beau-pere. Ba.
GUIAS pour Dias, bas; Den Guias, en bas. B.
GUIAT, toile. B.
GUIAUT, herbe. B. Voyez Gueaut.
GUIAUTER, vendeur d'herbes B.
GUIAUTRENN, gazon. B. Voyez Gniaus.
GUIBALECO, poupe. Ba.
GUIBEL, derrière, qui est derrière. Ba.
GUIBELERONZ, devant, derrière. Ba.
GUIBELETT, guimbelet ou perce-vin. B. De là ce mot.
GUIBER, goupille. B.
GUIBER, pluriel Guiberou, les esses chevilles de fer aux deux bouts de l'aissieu. B.
GUIBLEN, girouette. B.
GUIC. Voyez Gwic.
GUICENA, gras, plein. Ba. Voyez Saim, Guicq.
GUICENDUA, engraissé, mis à l'engrais. Ba.
GUICENGUIA, lumineux, net. Ba.
GUICERALLEA, homicide adjectif. Ba.
GUICERLEA, bourreau. B.
GUICH. Voyez Gwic.
GUICHAT, crier comme les poussins. B.
GUICHIQUERIA, chose de vil prix. Ba.
GUICIA, A. M. le même que Guaitia. Voyez ce mot.
GUICK. Voyez Gwic.
GUIÇON, homme. Ba.
GUICQ. Voyez Gwic.
GUICQ, chair. B. C'est le même que Cig.
GUICQEQ, embonpoint. B.

GUIDA.

GUIDA, A. M. guide ; *Guida* en Italien ; *Guia* en Espagnol ; *Guidare*, *Guiare*, guider, aller devant, montrer, enseigner. On a dit *Guier* en ce sens en vieux François. De *Guidaria*.

GUIDAGIUM, GUIDATICUM, A. M. sauvegarde, garde, défense, protection. De *Gueda*.

GUIDARIA, chef, conducteur. Ba. Voyez *Gui*, *Guia*.

GUIDATIONES, A. M. arbres plus grands que les autres que l'on laisse dans les forêts pour distinguer les cantons qui appartiennent à différens Seigneurs. Voyez *Guida*.

GUIDEL, gord. B.

GUIDEME, A. M. guitarre ; *Guitarra* en Espagnol ; *Ghiterra* en Italien ; *Guiterre*, *Guitarne* en vieux François. De *Guita*.

GUIDEROCH, petit cochon. B.

GUIDERRA, anse. Ba.

GUIDHE, GUIDHEAD, prière, implorer. I.

GUIDHIM, prier. I.

GUIDO, A. M. guidon, enseigne. De *Guida*.

GUIDONAGIUM, GUIONAGIUM, GUISATICUM, WIONAGIUM, GUINAGIUM, WINAGIUM, VINAGIUM, WIENAGIUM, WIENATIUM, A. M. droit que l'on paye pour passer sûrement, pour être gardé en passant, droit de guide. On a dit en vieux François *Guionage*, *Winage*, *Wienage* en ce sens. On a étendu dans les chartes les termes de *Vinagium*, *Guionagium*, *Wienagium*, *Wienatium*, à signifier toutes sortes de redevances. *Guidonagium*, dont tous les autres termes que nous avons rapportés sont des crases, vient de *Guida*, *Gueda*.

GUIDOR, le dernier des enfans, le dernier reçu de quelque compagnie, ou de quelque corps. B.

GUIEAUT, herbe. Voyez *Gheant*.

GUIEN, froid. B. *Chin*, froid en Persan.

GUIENNAAT, rallentir, réfroidir. B.

GUIERRA, viande maigre. Ba.

GUIFF, sauvage. B. Je crois que ce mot signifie qui habite dans les bois ; *Gui* de *Gwydd*, bois, forêt ; F en composition pour M ; de *Manu*.

GUIFFL, chevron, solive. B.

GUIFFLA, faire des chevrons ou les mettre en œuvre. B.

GUIFFLEN, lambourde B.

GUIFFR, tronc d'Église. B.

GUIG, viande. B. Voyez *Cig*.

GUIGADENN, torquette chaîne de bois faite de branches retorses qui attachent la latte au chariot. B.

GUIGENN, complexion, tempérament. B.

GUIGHE, le même que *Guidhe*. De même des dérivés ou semblables. I.

GUIGNADUR, clignement de l'œil pour faire signe à un autre. G.

GUIGNAL, guigner. B. Voyez *Guigner*.

GUIGNEL, hirondelle. B.

GUIGNEN, aubier, ou aubien, ou aubourg, bois blanc qui est entre le vif de l'arbre & l'écorce. B. Voyez *Gwynn*.

GUIGNER, celui qui guigne quelqu'un, qui cligne, qui fait signe des yeux à quelqu'un. B.

GUIGOUR, bruit d'une charrette. B.

GUIGOURA, GUIGOURAT, faire du bruit. B.

GUIGUET, charnu. B.

GUIHA, dia terme de chartier. B.

GUIL, habitation. B. Voyez *Vil*.

GUIL A-GUIL, arrière, en-derrière, en reculant. B. On voit par là qu'on a dit *Guil* comme *Gil* ; c'est effectivement le même mot, il n'y a que l'orthographe différente.

TOME I.

GUILAER, GUILAR, issue, sortie d'un village, espace attenant au village ; pluriel *Guilaerion*, *Guilaryon*. B.

GUILBRICQIN, vilebrequin. B.

GUILCHAT, tondre ; *Guilchat Foen*, couper le foin. B.

GUILCHER, tondeur. B.

GUILD, yvraie. E.

GUILDA, qui demeure dans les bois. De *Gwyll*.

GUILDIONIA. Voyez *Gildum*.

GUILENTIA, A. M. garantie, assurance d'une chose. De *Gwytio* par extension.

GUILGADUR, clignement, action de guigner. B.

GUILGAT, cligner, guigner. B.

GUILHAOU, nom burlesque du loup & du démon, en ajoûtant vieux pour ce dernier. B. De *Gwyll*.

GUILHAOU, GUILLOU, oiseau de mer. B.

GUILHAT, tondre. B.

GUILHDER, embonpoint. B.

GUILHER, tondeur. B.

GUILHERM, rabot, guillaume espèce de rabot. B. Voyez *Guillamau*.

GUILHOU, nom burlesque du loup & du démon, en ajoûtant vieux pour ce dernier. B. Voyez *Guilhaou*.

GUILIM, lamenter. I.

GUILL, arrière ; *Voar Eguill*, à la renverse. B.

GUILL, petit. Voyez *Gil*, *Kill*. On dit en Franc-Comtois *Aube Guillerole* pour le petit point de l'aurore ; on nomme le petit doigt *Guill erl*.

GUILLA, A. M. quille. De *Quill*.

GUILLAMARIA, qui polit, qui dole. Ba. *Guilhat*.

GUILLAMATU, je rabote, je polis, je dole. Ba. Voyez *Guilherm*.

GUILLAMATUA, raboté, dolé, poli. Ba.

GUILLAMATZALLEA, qui polit, qui dole. Ba.

GUILLATOR, A. M. trompeur. On a dit en vieux François *Guille*, *Gille*, *Ghille* en ce sens, & *Guiller*, tromper. De *Gwyll*.

GUILLO. Voyez *Gillo*.

GUILPIRE. Voyez *Guerpire*.

GUILSEA, rivage. Ba.

GUILTZA, alouette hupée. Ba.

GUILYOUD, couches de femme. B.

GUILYOUDI, accoucher. B.

GUIM, regain. B. De là *Prez Guimaus* en vieux François, prés que l'on fauche deux fois ; *Guaimé* en Italien, regain.

GUIMBALETA, tarière, vrille. Ba.

GUIMILY, hirondelle. B.

GUIMILYED. *LOUSAOUEN AR GUIMILYED*, chelidoine plante ; à la lettre, herbe d'hirondelles. B.

GUIMPA, GRIMPA, GUIMPLA, WIMPLA, A. M. guimpe ; en vieux François *Guimple*, *Gimple*, *Wumple*. De *Guympl*.

GUIN, clair, luisant. G.

GUIN, femme. I.

GUIN, vin. B.

GUIN, blanc, beau. B. G. Voyez *Addwyn*.

GÜINAËR, GÜINAEZR, qui donne du cor, piqueur. B.

GUINARREBA, beau-pere ; *Amaguinarreba*, belle-mere. Ba. *Ama*, mere.

GUINCA, GUINCAL, GUINCQAL, ruer, regimber, ginguer. B. De là ce dernier mot.

GUINDA. Voyez *Gunna*.

GUINDAS GUINDA, virevau. B.

GUIMENEEN, abeille ; pluriel *Guinein*. B.

GUINENTH, blanc. G.

GUINER, vendredi. B. Voyez *Gwener*.

GUINEU, bouche. B.
GÜINEER, synonime de Güinaër. B.
GUINGA, cerisier aigre. Ba.
GUINGUERÇON, broquette. B.
GUINGUILLAC, écrouelles. Ba.
GUINIATOR, GUINITOR, A. M. celui qui exige le guionage. Voyez Guidonagium.
GUINIDICQ, natif, originaire. B.
GUINIDIGUES, naissance, origine. B.
GUINIEN, vigne plante qui produit le raisin. B. Voyez Gwinien.
GUÏNITH, GUINIZ, froment. B.
GUINILY, hirondelle. B.
GUINIM, piquer. I.
GUINITH, froment. B.
GUINIVELES, naissance, origine. B.
GUINIZEN, un grain de bled. B.
GUINQAL, synonime de Guinca. B.
GUINSUAD, cicatrice, piquûre. I.
GUINT, levis. B.
GUINTAL, guinder, élever. B. De là Guinder.
GUINTEIN, regimber. B.
GUINTEIZ, cigogne machine pour puiser l'eau. B.
GUINTEIZ, levis, retroussé, guindé, élevé. B.
GUINTEREZ, bascule. B.
GUINTERIZ, levis. B.
GUINVER, écureuil. B.
GUINVIDICQ, heureux. B.
GUÏNY, sarment. B.
GUINYENN, vigne plante qui produit le raisin. B. Voyez Gwinien.
GUINYENN-VENN, coulevrée. B.
GUÏNYER, vigneron. B.
GUÏNYER, GUINYEN, vigne plante qui produit le raisin. B. Yn pour Guez, comme Yen pour Guen. Voyez Gwinien.
GUIO. Voyez Gwiw.
GUIOCH, bécassine. B.
GUIONAGIUM. Voyez Guidonagium.
GUIOU, gai. B.
GUIOU, le même que Gwyw.
GUIPAD, petit lait. B.
GUIPELA, soie. Ba.
GUIPIDATU, j'épargne, je fais peu de dépense. Ba.
GUIPIRE. Voyez Guerpire.
GUIR, vrai, réel, justice, équité, droit, redevance, pouvoir. B. Aguiria en Basque, manifeste, découvert, plain, ras. Voyez Guiryon.
GUIR, mot. B. Voyez Gair.
GUIR-HEVEL, vraisemblable, probable. B.
GUIRAER, GUIRAOUR, qui leve les redevances. B.
GUIRENS, GUIRENTUS, A. M. garant; de Goarant.
GUIRENTIA, A. M. garantie; de Goarant.
GUIRHES, vierge. B.
GUIRI, apostumer, s'enfler, s'enflammer, chauffer, échauffer, couver parlant d'une poule. B.
GUIRIDICG, sensible, délicat, dolent. B.
GUIRIFF, le même que Guiri. B.
GUIRIN, tache. I.
GUIRLANDA, amaranthe. Ba.
GUIRLING, galingue d'un vaisseau. B.
GUIROA, saison. Ba.
GUIROURR, vocabuliste. B.
GUIRPIRE, GUIRPITIO. Voyez Guerpire.
GUIRTAINA, anse, manche. Ba.
GUIRYON, vrai, certain, réel. B.
GUIRYONEZ, vérité. B.
GUIRYOU, prééminence. B.
GUIREYER, haies. B.

GUIS, truie, vieille truie. B.
GUIS, manière, mode, guise. B. De là ce dernier mot; Guisa, coûtume en Italien; Quisa, coûtume en Langue de Congo; Quissunga, mémoire en Langue de Congo. Voyez Guisa.
GUIS, hommager. B. Voyez Gwas, Goas.
GUISA, cacher. Ba. Voyez Cuz.
GUISA, manière, façon, mode, guise, comme. Ba. Voyez Guis.
GUISACH, qui coule parlant d'un vaisseau troué I.
GUISACOLOMAC, figure à laquelle on fait supporter les saillies des corniches. Ba.
GUISAEZARRI, bâtir en voute. Ba.
GUISAGIUM. Voyez Guida.
GUISARMA. Voyez Gisarma.
GUISATUM, A. M. guise; de Guis.
GUISCAMANT, habit. B. Voyez Gwisg.
GUISCARDUS, A. M. fin, rusé; Guischard en vieux François. Voyez Gui.
GUISCONNEIN, conduire. B.
GUISIEN, esclaves, sujets, vassaux, clients, valets, hommes d'un autre, garçons. B. C'est le pluriel de Gwas.
GUISIM, couler I.
GUISON, homme. Ba.
GUISPEDEN, guêpe. B.
GÜISPEREN, nèfle. B.
GUISPETER, synonime de Guespetaer. B.
GUISPID, biscuit. B.
GUISPON, guipon sorte de gros pinceau. B.
GUISPONA, enduire. B.
GUISQ, couche de couleur. B. On voit par l'article suivant qu'il signifie proprement vêtement.
GUISQA, vêtir. B.
GUISQON, le même que Guispon. B.
GUITA, luth. Ba.
GUITEAR, canal. I.
GUITH, séparation. G.
GUITON, guidon, enseigne, drapeau. B.
GUITSON, homme. Ba.
GUITZURA PEAU, boisseau. Ba.
GUIVRAGENN, membrure terne de menuiserie, solive. B.
GUIZ, manière, mode, façon, guise; E Guiz, comme. B.
GUIZACHARRA, homme de peu de conséquence. Ba.
GUIZACOYA, prostituée. Ba.
GUIZADINA, toise de six pieds. Ba.
GUIZAMETA, colosse. Ba.
GUIZAMPA, homme court & réplet, homme charnu, musculeux. Ba.
GUIZANCHA, petit homme, pauvre homme. Ba.
GUIZAROA, virilité. Ba.
GUIZARRA, homme. Ba.
GUIZECQ, sçavant. B.
GUIZER, homme. Ba.
GUIZERDIA, demi homme. Ba.
GUIZIGUIAH, hommage. B.
GUIZONA, homme. Ba.
GUIZONOARCABEA, imprudent. Ba.
GUIZURZOA, mensonge. Ba.
GUIZYEN, le même que Guisien. B.
GUIZYEN, ruisseaux. B.
GUIZYEN, oies. B.
GUL, pleurer, verser des larmes, lamenter, lamentation. I. De là le Latin Ejulo.
GUL, vuë. B. Voyez Gweled.
GUL paroit signifier cul en Irlandois. Voyez Mol. Gul.

GUL.

GUL, le même que *Gal*, *Gel*, *Gil*, *Gol*. Voyez *Bal*.
GUL, le même que *Cul*, *Sul*, *Ul*. Voyez *Aru*.
GULA, A. M. gueule terme de blason, couleur rouge ; de *Gul*, *Gueaul*, gueule, bouche ; la bouche est rouge.
GULA AUGUSTI, A. M. commencement du mois d'août ; *le Gule d'August* dans un Réglement d'Édouard III ; de *Gul*, *Gueaul*, bouche, pris métaphoriquement pour entrée, ouverture.
GULA FLUVII, A. M. embouchure de fleuve ; de *Gul*, *Gueaul*, bouche, embouchure.
GULA MANTELLI, A. M. la partie supérieure du manteau, de l'habit par où on passe la tête ; l'ouverture de dessus de l'habit. On a dit en vieux François *Goule*, *Gule* ; l'habit qui avoit une pareille ouverture étoit dit *Engoulé*, *Engolé* ; de *Gul*, entrée, ouverture. Voyez l'article précédent.
GULAN, latte. C.
GULATOR, A. G. glouton ; de *Gul*, *Gueaul*.
GULB, bouche. I.
GULE, lit. B.
GULE EL LE, arrière-faix de la vache. B. *Gule* pour *Guile*, *Guil* ce qui est derrière, ce qui vient derrière.
GULED, vuë. B.
GULBIG, grabat. B. Voyez *Guele*.
GULERUM, A. M. le même que *Gula Mantelli*. Les Picards appellent encore aujourd'hui *Gouleron*, & les François *Goulet* ou *Goulot*, le col ou orifice d'une bouteille. Voyez *Gula Mantelli*.
GULEVADEIN, enfanter. B.
GULFUS, GULPHUS, A. M. golfe ; en Allemand *Golpe*, en Anglois *Gulpe*, en Flamand *Golpon* ; de *Golf*.
GULGARTHA, lamentation. I.
GULGHEARAIN, plainte ; *Gulghearanach*, plaintif. I.
GULIS, GULO, A. G. glouton ; de *Gul*, *Gueaul*.
GULPA, bouche. E. Voyez *Gulb*.
GULVOUD, couches de femme. B.
GULVOUDEIN, accoucher. B.
GULVOUDEREAH, accouchement. B.
GULYOUD, synonime de *Gulvoud*. B.
GUMENA, cable de navire. Ba. *Gumena* en Espagnol & en Italien, cable de navire.
GUMENAE, A. M. gumenes, gumes, cordes de vaisseau ; de *Gumena*.
GUMHERZ, chasseur. B.
GUN, le même que *Gan*, *Gen*, *Gin*, *Gon*. Voyez *Bal*.
GUN. Voyez *Cun*, vallée.
GUN, le même que *Cun*, *Sun*, *Un*. Voyez *Aru*.
GUN, champ. C. Voyez *Gundam*.
GUNA, robe. I. Voyez *Gunna*.
GUND. Les nouveaux Éditeurs du glossaire de Ducange, disent au mot *Jondrarius* que *Gond* ou *Gund* signifie en Celtique cens, tribut.
GUNDAM, fonds du seigneur. G. *Dam*, seigneur.
GUNER, froment. B.
GUNER, torrent. C. Ce mot paroit formé de *Gu*, petite, & *Ner*, rivière.
GUNER, vendredi. B. Voyez *Gwener*.
GUNUH, GUNUH, froment. B.
GUNINEZ, tourment. B. Voyez *Gwyn*.
GUNITETICQ, commode, propre à. B.
GUNLANN, prison. I.
GUNN, emprisonné. I.
GUNNA, GUNNADH, robe, habit long, manteau, cappe. I. *Gown* en Anglois, robe.
GUNNA, GONNA, GOUNA, GUNA, GUINDA, A. M. vêtement de peau ; *Gunarius*, celui qui vend

GUR.

ces vêtemens ; *Gunatus*, celui qui en est revêtu ; *Gunella*, *Gonella*, *Gonellus* diminutif de *Guna*, *Gonna* ; de *Gwn*. On a appelé ce vêtement de peau en vieux François *Gonne* ; en Anglois, *Gown* ; le diminutif en vieux François s'est *Gonelle*, *Gonnelle* : les Languedociens appellent une cotte de femme, un cotillon, *Gonnel*, *Gounelo* ; en Patois de Besançon on dit *Gouné*, il se prend même pour tout habit de dessus ; *Gonna*, *Gonella* en Italien, cotillon ; *Goëne* en Patois d'Alsace, juppe de femme ; *Kaunakes* ou *Gaunakes* en Babylonien & en ancien Persan, espèce de rôbe de peaux. Les Grecs ont emprunté ce mot des Persans, & ont désigné par *Kaunake* un vêtement vil & grossier, un manteau ; *Caunaca*, *Gannaca*, *Gaunace*, *Gaunacum* chez les Latins ont signifié la même chose. Les Grecs ont aussi employé le mot de *Kaunakas* pour désigner des couvertures de lit velues d'un côté. Voyez *Guna*, *Gunna* plus haut.
GUNNCHA, prison. I.
GUNT, confluent. G.
GUNTFANO. Voyez *Gonfano*.
GUNYNEZ, tourment. B. Voyez *Gwyn*.
GUOALCHI, laver. B.
GUOLATIA, A. M. le même que *Golia*.
GUOL, le même que *Gueol*. Voyez ce mot.
GUORDD, descente. G.
GUOYA, A. M. serpe ; en vieux François *Goie*. Voyez *Gwayw*, *Goaye*.
GUP, vautour. B.
GUPIDA, CUPIDA, compassion, pitié. Ba.
GUPIDA, pardonnant. Ba.
GUPP ; pluriel *Guppan*, bec d'oiseau. B.
GUR, homme. G.
GUR, belliqueux. I.
GUR, court, bref. I. C'est le même que *Gear*.
GUR, couver, éclorre. I. Voyez *Gor*.
GUR, anciennement en Breton, homme.
GUR, petit. B. Voyez *Gwr*.
GUR, jaune, roux, rouge. Voyez *Geri*.
GUR, le même que *Gar*, *Ger*, *Gir*, *Gor*. Voyez *Bal*.
GUR, le même que *Cur*, *Sur*, *Ur*. Voyez *Aru*.
GUR-HYD, homme de grande taille. I.
GURA, volition. Ba. Voyez *Cur*, *Guraria*.
GURADH, couver, éclorre. I.
GURAIGEAC, tenailles. Ba.
GURARIA, désir, appétit, souhait. Ba.
GURASOA, pere ; *Gurasoac*, parens. Ba.
GURASONCARRIA, patrimoine. Ba.
GURABILEUSQUIA, ce avec quoi l'on enraye une roue dans une descente. Ba.
GURBILIO, A. M. corbillon, petite corbeille ; de *Corbell*.
GURCARTUA, adoré. Ba.
GURCILA, roue de chariot. Ba.
GURDIA, char, chariot, charrette. Ba.
GURDONICUS, A. M. grossier, ignorant. Voyez *Gurdus*.
GURDURIA, turpitude. Ba.
GURDUS, A. G. émoussé, sourd, inutile, inepte, sot, stupide, grossier. On a dit *Gourt* en vieux François ; de *Gourd*.
GUREA, notre. Ba.
GUREG, femme. C. Voyez *Gwraig*.
GUREIC, lieu d'exercice pour les jeunes gens. G. De *Gur*, *Guric* diminutif.
GURENAC, écrouelles. Ba. *Gore*.
GURENCHERRA, tumeur, glande, grosseur qui vient sous le cou. Ba.

GURENDA, victoire. Ba.
GURENDU, j'augmente. Ba.
GURENNER, athléte. B. Voyez Gur.
GURERDA, écrouelles. Ba. Gore.
GURESECQ, chaud. B. Voyez Gwrés.
GURG, viergé. I.
GURGA, GURGES, GURGUS, A. M. gouffre d'eau. De Gorg, pris métaphoriquement parce qu'un gouffre ou tournant d'eau engloutit. En Italien, Gorge.
GURGARRIA, adorable. Ba.
GURGO, A. M. vierge, jeune fille; de Gurg.
GURGUITA, soumission. Ba.
GURGULIO, A. G. gorge, gosier; de Gorg.
GURGULIO, A. M. glouton; de Gorg.
GURGULOAC, écrouelles. Ba.
GURGUNEO, A. G. glouton; de Gorg.
GURGUR, A. G. vîte; de Gwres, chaleur pris au figuré. Voyez Berw.
GURGUSTIUM, A. G. gorge, gosier. De Gorg.
GURI, jaune, roux, rouge. Voyez Geri.
GURIA, beurre. Ba.
GURIA, chaleur. Ba. Voyez Gwres.
GURIAQUEA, inquiet. Ba.
GURINCHAC, amygdales. B. Voyez Gurinchoa.
GURINCHOA, petite glande. Ba. Choa, petite; Gurin par conséquent glande. Voyez Gor.
GURINONDA, le pancréas. Ba.
GURLAR, lésard. B. Voyez Geri. Gur, jaune; Lar, verd.
GURO, fouet. G.
GURPILDU, je roue. Ba.
GURPIMENTUM, GURPIRE. Voyez Guerpire.
GURTAGAYA, poutre. Ba.
GURTEA, adoration. Ba.
GURTERCASIA, supplication. Ba.
GURTIAU. TN GURTIAU, amplement, en abondance, à tas. G. Voyez Curt.
GURTURU, pencher. Ba.
GURTZALLEA, adorateur. Ba.
GURTZEA, vénération. Ba.
GURUA, autour. Ba.
GURUM ou GIRUM, A. M. poussière de moulin; c'est la farine folle. De Guir, tourner.
GURUTZEA, croix; Gurutzetna, croisade pour la Terre sainte; Guruziltzatna, crucifix. Ba.
GURY, angle. G.
GURZUN, navette outil de tisserand. B.
GUS, mort substantif. I.
GUSCON, péne. B.
GUSQ, habit. Voyez Gusqein.
GUSQEIN, vêtir. B. Gusq par conséquent habit. Voyez Gwisc.
GUSSA, A. M. gousse; de Gus, le même que Cus, ce qui cache, ce qui envelope.
GUSTARD, oiseau d'Ecosse plus gros que le cygne, qui a le plumage & le goût de la perdrix. E.
GUSTAT. Voyez Goustat.
GUT, bois. Voyez Caluedd.
GUTACH, court, bref. I. Voyez Guti, Cwtta.
GUTEDA, prétention. Ba.
GUTEGORTEAC, démissoire. Ba.
GUTH, voix. I.
GUTHA, voyelle. I.
GUTHICIA, concupiscence. Ba. Codicia en Espagnol. Voyez Goth & Guticia, qui sont les mêmes que Guthicia.
GUTI, peu, en petit nombre. Ba. Voyez Cwt, Cwtta.
GUTIAGO, moins. Ba.

GUTICIA, cupidité, désir d'avoir. Ba.
GUTICIATU, qui a désiré. Ba.
GUTIRO, sobrement, avec épargne. Ba. Guti.
GUTISTEA, abbrégé. Ba. Guti.
GUTRIM, de verre. I. Voyez Witrim.
GW, préposition explétive. Voyez Gwosge.
GW, le même que Go, puisque Gw se prononce Go.
GW, le même que Cw, Sw, W. Voyez Aru.
GWA, préposition explétive. Voyez Gwasged.
GWA, GWAE, exclamation plaintive, voix & cri de gémissement; Gwa-Me, malheur à moi. Dans un ancien livre Breton ce mot est écrit Goa, Goaff. B. Voyez Gwae.
GWABR, CWABR, WABR, nuée, nuage. B.
GWAC, mol, qui n'est ni dur ni ferme, tendre. Un sçavant Breton lui attribuoit la signification de doux & de mol; Gwacder, mollesse; Gwaca, mollir, amollir, rendre ou devenir mol, attendrir. Il signifie aussi faire une concavité au dehors d'un vaisseau d'étain, de cuivre, d'airain. B. Voyez Gwagsaw. De Gwac sont venus gacher, gachis.
GWACA. Voyez Gwac.
GWACCAAD, évacuation. G.
GWACCAU, vuider, épuiser. G.
GWACDER. Voyez Gwac.
GWACDER, vuide, espace vuide. G.
GWACHA, crier, criailler comme les petits enfans. B.
GWACHUL, atténué de maigreur; pour Go Achul, dit Davies. G. Go est donc ici superflu.
GWACT, selon Baxter, le même que Gwill, petite isle. G.
GWAD, négation. G.
GWAD, nier. G.
GWAD, sang. B.
GWADA. Voyez Gwat. B.
GWADAL, constant, solide. Voyez Anwadal.
GWADALEDD, GWADALRWYD, constance, solidité. Voyez Anwadaledd.
GWADAN, le même que Gwadn. G.
GWADD, taupe. G.
GWADDOD, aller au fond. G.
GWADDOG, sédiment des liqueurs, lie, dépôt, féces. G.
GWADDOG, levain. Voyez Diwaddog.
GWADDOL, dot. G.
GWADDOLI, doter. G.
GWADDOLYD, de mare, plein de lie, qui a beaucoup de lie. G.
GWADEC, boudin; singulier Gwadeghen; pluriel Gwadeghennon. B. Voyez Gwadogen.
GWADN, fondement, base, plante du pied, sandale. G. Vaddgn, fondement en Gothique.
GWADN, foible. C. Voyez Gwan.
GWADNOG, qui porte des sandales. G.
GWADNO, poser des fondemens, poser une base, mettre des sandales. G.
GWADNWR, faiseur de sandales. G.
GWADU, nier, s'opposer à une loi, à une résolution d'assemblée publique. B.
GWAE, malheur à. G. B. De là Va Latin; Wai en Chaldéen; Guay en Hébreu; Ouai en Grec; malheur; Vai en Etrusque, malheureux.
GWAE FINNAU, ho! interjection. G.
GWAEBI, terme qui marque la douleur. G.
GWAED, sang. G. B.
GWAED, richesses. G.
GWAED T GWYR, hyeble. G.
GWAEDAWG, de sang. G.
GWAEDD, son. Voyez Gwaeddfan.

GWAEDD.

GWA. GWA. 693

GWAEDD, cri, lamentation, plainte poussée avec de grands cris. G.

GWAEDDFAN, qui sonne haut, qui a un son clair. G. Fan, haut; Gwaedd veut donc dire son.

GWAEDDGAR, qui crie, brailleur, clabaudeur, piailleur. G.

GWAEDDGRYG, qui a un son enroué. G.

GWAEDDI, crier, appeller, se lamenter, pousser de grands cris, faire des acclamations, faire des cris d'applaudissement ou d'indignation. G.

GWAEDDOLEF, crier, criailler, crier fort, faire une exclamation, cri, exclamation. G. De Gwaedd Dolef. Davies.

GWAEDERW, arpent de sang, arpent couvert de sang. G. Gwaed Erw.

GWAEDLING, GWAEDLIF, flux de sang. G. Gwaed, sang; Llif, écoulement: Lling est ici synonime de Llif.

GWAEDLIW, de couleur de sang. G.

GWAEDLYD, de sang, sanguinaire, qui se plait au sang, ensanglanté, sanguin, sanglant, sanguinolent. G.

GWAEDOGAETH, extraction, race, sang. G.

GWAEDOGEN, boudin, saucisse, saucisson, tripailles, tripes, boyaux, gros boyau, tout ce qui s'envelope dans des boyaux. G. Gwaed, sang; Gwain, gaine, fourreau. Ce mot aura d'abord signifié boudin, ensuite seront venues les autres significations.

GWAEDOLIAETH, parenté. G.

GWAEDRAIDD. De Gwaed Rhaidd, dit Davies, qui n'explique pas ce mot. Il doit signifier besoin de sang. G.

GWAEDRYAR, cri, plainte poussée avec de grands cris. G.

GWAEDU, ensanglanter, couvrir de sang, avoir le flux de sang. G. B.

GWAEDU, saigner, jetter du sang, tirer du sang. G.

GWAEDWYLLT, impétueux, téméraire, bilieux, colerique, déréglé, désordonné, sans retenue, sans modération. G. Gwyllt.

GWAEFY, terme qui marque la douleur. G.

GWAEG, agrafe, boucle, fermoir, brasselet que les femmes portoient au haut du bras. G.

GWAEGU, boucler. G.

GWAEL, vil, ignoble, de la lie du peuple, trivial, vulgaire, commun, humble, bas, inconstant, leger. G.

GWAEL, plurier Gweyll, Gwehyll, fer à friser, longue aiguille de fer ou de bois, clou. G. De Gwan, dit Davies.

GWAELACH, inférieur, plus bas, postérieur, qui vient après, le dernier de deux. G.

GWAELAF, le plus vil, le plus méprisable, dernier, moindre. G.

GWAELBETH, chose méprisable, bagatelles, vetilles, bourre qui se fait entre deux étoffes dont l'une double l'autre, rêverie, imagination, fantaisie, vision. G.

GWAELBETHAU, choses de rien, sotises, niaiseries, pauvretés, caquets, babils, entretiens de badineries, de niaiseries, de bagatelles, de sornettes. G.

GWAELDDYN, petit homme, pauvre homme, homme de peu. G.

GWAELEDD, bassesse, état bas, basse condition. G.

GWAELEDDAWG, le même que Gwaelod. G.

GWAELL NEIDR. Davies n'explique pas ce mot: Il paroit signifier entortillement de serpent.

TOME I.

GWAELLU, GWAHELLU. Davies n'explique pas ce mot: Je crois qu'il signifie friser. Voyez Gwael.

GWAELOD, fondement, le fond de quelque chose, le lest d'un vaisseau, la lie, le sédiment. G.

GWAELODI, aller à fond, aller au sond, se déposer. G.

GWAELODION, lie, sédiment, dépôt, féces, le lest d'un vaisseau, le fond de quelque chose, fondement. G.

GWAERED, descendre, pente, penchant, montant d'une colline. G.

GWAERED, le même que Gorwaered. G.

GWAESAF, secours. G.

GWAESAF, le même que Gwarant. G.

GWAETGLAIS, meurtrissure. G.

GWAETH, dernier, pire. G. Voyez Gaichted.

GWAETHAF, le dernier de tous, très-mauvais, très-méchant. G.

GWAETHEROEDD. Voyez Gweitheroedd.

GWAETHL, procès. G.

GWAETHLFAN, vuide, inutile, vain. G.

GWAETHLU, plaider. G.

GWAETHU, GWAETHAU, GWAETHYGU, rendre pire, devenir pire, être pire. G. B.

GWAETHWAETH, pire. G.

GWAETHYGIAD, action d'ébranler, de renverser, de faire tomber. G.

GWAETHYGU, Voyez Gwaethu.

GWAETHYGU, décliner, devenir moindre, se renouveller, reprendre des forces. G.

GWAEW, épieu. C.

GWAF, hyver. C. Voyez Ganaf.

GWAG, faim. G.

GWAG, marais mouvant. G.

GWĀG, vuide, inutile, vain. G. De là Vacuus Latin; de là vague de l'air. Voyez Vacq.

GWAG-OGOGIANNUS, fou, insensé, qui a perdu le sens. G. Gogoniant.

GWAGBETH, vetille, bagatelle, niaiseries, amusemens de rien, sornettes. G.

GWAGCAU, évacuer, vuider, désemplir. G.

GWAGCHWEDL, diseur de bagatelles, diseur de riens, discours impertinens, paroles inutiles. G.

GWAGCHWEDLAU, sornettes, bourdes. G.

GWAGCREFYDDOL, superstitieux. G.

GWAGDER, vuide, espace vuide. G.

GWAGEDD, espace vuide, inutilité. G.

GWAGEIRIAU, contes, sornettes, balivernes. G.

GWAGELAWG, prudent, circonspect, attentif, précautionné. G.

GWAGELYD, le même que Gochelyd. G.

GWAGFOLACH, vaine gloire. G. Molach.

GWAGFOST, vaine gloire, ostentation, faste, vanité. G. Bost.

GWAGFREUDDWYDD, songe, rêve. G.

GWAGHAU, évacuer, vuider, rendre inutile. G.

GWAGUEN, vague, flot. B. Vague en François, le g initial se perdant; de là Vaguer, Wogen, flot en Allemand; Vego en Gothique; Waeg en ancien Saxon; Waege en Suédois; Vag en Islandois, flot, vague.

GWAGIAITH, discours inutile. G.

GWAGLAW, vuide. G.

GWAGLWYF, tilleul. G.

GWAGLWYFEN, tilleul. G.

GWAGOGONIANT, vaine gloire. G.

GWAGONEDD, GWAGGONEDD, inutilité. G.

GWAGR, crible. G.

GWAGR, singulier Gwagren; plurier Gwagron & Gwagrennou, glandes, glandules: ce sont propre-

Kkkkkkk

ment les parotides. Il signifie de plus une petite tumeur que l'on fait lever sur les bras au-dessus du poignet en le frotant avec le pouce, ce qui fait relever la luette tombée. B.

GWAGSAW, leger, vain, qui a l'esprit un peu leger, immodeste, un peu mol, fou, insensé, qui a perdu le sens. G. De *Gwag*. *Saf* ou *Saw*, situation, assiette ; comme qui diroit qui est dans une situation vaine. Davies.

GWAGSAW, de vetilles, de bagatelles, de badineries. G.

GWAGSAWRWYDD, bouffonneries, grandes badineries, immodestie, mollesse, méchanceté. G.

GWAGSIARAD, babil, caquet, parler à tort & à travers, discourir inconsidérément, dire beaucoup de riens, diseur de riens, diseur de bagatelles. G.

GWAGSIARADWR, diseur de riens, conteur de sornettes, badin, folâtre. G.

GWAGYSPRYD, fantôme, spectre. G.

GWAHAD. GWR GWAHAD, convié. G.

GWAHAN, GWAHANRED, séparation, distinction. G. Voyez *Arwahan*.

GWAHAN, épars. C.

GWAHAN-GLWYF, lépre. G. A la lettre, maladie de séparation.

GWAHANAWL, disjonctif. G.

GWAHANEDIG, séparé. G.

GWAHANEDIGAETH, division. G.

GWAHANGLWYFUS, lépreux. G.

GWAHANIAD, GWAHANNOD, séparation, division, action de fendre, de diviser. G.

GWAHANIAETH, division, distinction, différence, action de faire les parts, partage, diversité, divorce, schisme, séparation. G.

GWAHANNU, le même que *Gwehynnu*. G.

GWAHANOL. Y CLWYF GWAHANOL, lépre ; ladrerie. G. De *Gwahanu*.

GWAHANRED, différence, action de faire les parts. G.

GWAHANREDAWL, propre, particulier. G.

GWAHANREDOL, séparé, disjonctif, distinguer. G.

GWAHANREDOLIAETH, distinction. G.

GWAHANU, séparer, distinguer. G.

GWAHANWR, qui sépare. G.

GWAHARDD, interdit, défense, prohibition ; défendre, empêcher. G.

GWAHARDDEDIG, défendu, qui n'est pas permis. G.

GWAHARDDEDIGAETH, défense, interdiction. G.

GWAHARDDIAD, défense, inhibition. G.

GWAHARDEDIG, illicite. G.

GWAHAWDD, GWAHODD, inviter, invitation. G.

GWAHELL, le même que *Gwael*. G.

GWAHELLU, bouclier. G.

GWAHENNU, tirer, puiser, épuiser, jetter dehors, verser dedans. G.

GWAHIEN, veine, nerf. B. Voyez *Gwazien*.

GWAHIEN, rayon de soleil. B.

GWAHODD, GWAHODDIAD, invitation. G.

GWAHODDWR, qui invite, qui appelle, convié, celui qui est couché ou assis auprès de quelqu'un soit à table, soit dans quelque autre occasion. G.

GWAIG, le même que *Gwisgi*. G.

GWAIN, champ. C.

GWAIN, fourreau, gaine, boête. G. B. *Guaina* en Italien ; *Vayna* en Espagnol ; *Vagina* en Latin ; *Gaine* en François, gaine, fourreau. C'est le même que *Gen*, ainsi il en a tous les sens.

GWAINTEN, printemps. C.

GWAIR, foin. G. *Car* en Hébreu ; *Tschair* en Turc, pré. Il paroit que de *Gwair* ou *Goair*, on a fait *Ger* & *Cor*, car on appelle en plusieurs endroits de Franche-Comté le regain, *Recor*. Je croirois aussi que de *Gwair*, on a fait *Gwain*, d'où est venu *Regoin* ; de *Gwain* est venu *Wain*, *Voyin*, *Revoyin* en Patois de Franche-Comté, regain ; *Revoin* en Normandie, regain. *Regain* ne peut-il point venir aussi de *Guim* ?

GWAIR, chaste, pudique. Voyez *Diwair*.

GWAIR, GWEIR, le même que *Cyweir*. G.

GWAIS, plurier de *Gwas*. G.

GWAITH, fois. G. B.

GWAITH, ouvrage, œuvre, opération, besogne ; travail d'un artisan, boutique. G. Comme on dit parmi-nous travail pour boutique, endroit où l'on travaille.

GWAITH, fort, bien, beaucoup. Voyez *Glanwaith*.

GWAITH Y GWENYN, ouvrage de marqueterie. G.

GWAITHEROEDD, le même que *Gweitheroedd*. G.

GWAITHFUDDIG, vainqueur, victorieux, qui remporte la victoire les armes à la main. G. *Buddig*.

GWAITHGARUCH, pratique d'un art. G.

GWAL, abondant. G.

GWAL, GWALY, GWALTEID, assez, satiété, rassasiement, suffisance chez une partie des Gallois. G. Le g initial s'omettant on a fait *Wal*, *Oual*, duquel par transposition on a fait *Aoul*, (*Aoulach* en Breton,) *Aouiller*, saouler en vieux François. D'*Aoul* nous avons fait *Saoul*, l's s'ajoutant.

GW'AL, mur, rempart, retranchement. Les anciens disoient *Gwawl*. G. *Wall* en Anglois & en ancien Saxon, muraille ; *Wall* en Allemand ; *Wal* en Polonois ; *Vallum* en Latin, rempart, fortification ; *Waly* en Bohémien ; *Wal* en Polonois, digue ; *Vala* en Provençal, fossé ; *Val*, fortification, rempart, forteresse en Finlandois. Voyez *Gwalio*.

GWAL, lit, couchette, tapis qu'on étend par terre. G.

GWAL SAETHU, but où l'on tire avec des flèches. G.

GWALA, abondance, satiété, rassasiement, réplétion, suffisance, assez, abondamment. G.

GWALADER, seigneur, qui domine. G.

GWALADR, seigneur ; de là *Cadwaladr*, celui qui domine dans la guerre, qui commande dans la guerre. G.

GWALAED, GWALAETH, GWALAER, temps serein. G.

GWALC, chevelure. G.

GWALCH, épervier, faucon. G. *Valke* en Flamand ; *Valur* en Islandois ; *Falck* en Allemand ; *Phalkon* en Grec ; *Falco* en Latin ; *Falcon* en Espagnol & en Anglois ; *Falcone* en Italien, faucon. Le g initial se perdant, on a dit *Walch* ; l'*v* se changeant en *f*, on a dit *Falch*.

GWALCH, lavage ou lavoir ; *Gwalchi*, laver ; *Digwelchi*, rinser, laver ; & au figuré examiner. B. Voyez *Golch*.

GWALCHLYS, grand hieracium, laituë sauvage. G. De *Gwalch Llys* ; à la lettre, herbe des éperviers.

GWALCHYN, faucon. G.

GWALEDDAWG, le fond de quelque chose, le lest d'un vaisseau, la lie. G.

GWALEN, verge, baguette, houssine, menu bâton, aune à mesurer, le bâton d'un fleau à battre le bled, bague ou anneau tout simple que nous appellons en François un jonc. On trouve souvent ce mot

GWA.

écrit *Goalen* pour signifier une verge à châtier; *Coalen Doe*, fleau de Dieu; *Gwalennas*, mesure ou longueur d'une aune, comme qui diroit *Aunée*. B. Voyez *Gwialen*, *Goalenn*.

GWALEN-SPARL, la partie d'une charrette où l'on attache les cordages, *Ar-Zughellon*, qui servent à la tirer. B.

GWALES. Voyez, dit Davies, si c'est le même que *Gwâl* & *Gwely*. G.

GWALEZ, vent du nord, ou en général mauvais vent. B. De *Gwall*, mauvais.

GWALGOFI, être fanatique, extravagant, fol, visionnaire. G. De *Gwall Cof*.

GWALIO, fortifier, murer, remparer, palissader. G. Voyez *Gwal*.

GWALL, défaut, besoin, & quelquefois négligence. G. De là en Latin ancien *Calvi*, *Calvor*, dépeupler; *Calvere*, tromper, rendre chauve; *Calvitur*, faire manquer, rendre inutile, s'échapper; en Franc-Comtois lorsqu'on a donné parole à quelqu'un, & qu'on manque à la tenir, on dit qu'on a donné une *Gouaille*.

GWALL, mauvais, nuisible, pernicieux, mal, faute, vice, défaut. B. *Qualick*, mal adverbe en Flamand.

GWALL-LEGAD, négligent. G.

GWALLADER, GWALLADR, seigneur, dominant. G.

GWALLARN, vent de galerne ou nord-ouest. B. De *Gwal Arnen*.

GWALLAW, tenir cabaret. G.

GWALLAW, GWALAWR, verser, répandre, mettre dehors, tirer dehors. C. G. Il signifie aussi cuire la biere.

GWALLAWFWR, celui qui verse, dépensier, célerier, brasseur de biere. G.

GWALLAWGAIR, homme qui intente un procès pour qu'on lui remette le droit qu'on auroit de l'actionner pour sa négligence. G. C'est ainsi que je traduis la phrase Galloise par laquelle Davies explique ce mot, qu'il n'a point rendue en Latin.

GWALLGOF, folie, extravagance, manie. G.

GWALLGOFI, devenir fou, être fou, avoir perdu le sens. G.

GWALLGOFUS, fou, extravagant, maniaque. G.

GWALLGYNGOR, inconsidération, manque de réflexion, imprudence. G.

GWALLOFAIN, indigence, besoin, défaut. G.

GWALLOFIAD, le même que *Gwallawfwr*. G.

GWALLSYNWYR, folie, stupidité, incapacité, ignorance. G.

GWALLT, cheveux. G. De là *Vellus*. Voyez *Gwalltog*, *Wal* en Allemand, cheveu.

GWALLT-GWENER, cheveux de venus, capillaire. G.

GWALLT-HIR, chevelu. G.

GWALLT Y DDAIAR, cheveux de venus, capillaire. G.

GWALLT Y FORWYN, cheveux de venus, capillaire. G.

GWALLTDU. Voyez *Penloyn*.

GWALLTGOLL, chauve. G.

GWALLTGRYCH, frisé. G.

GWALLTLAES, qui a beaucoup de cheveux, qui n'est pas tondu. G.

GWALLTLWYDO, devenir blanc. G.

GWALLTOG, qui a beaucoup de cheveux, chevelu, qui a les cheveux longs, qui a les cheveux épais, crépu, couvert de poil, touffu. G.

GWALLTU, pousser des cheveux. G.

GWA. 695

GWALLUS, négligent, nonchalant, peu soigneux. G.

GWALLUS, mauvais, nuisible, pernicieux. B.

GWALLUSDRA, négligence. G.

GWALLWI, répandre. C.

GWALLYGIAW, manquer, avoir besoin. G.

GWALLYGU, négliger, avoir peu de soin. G.

GWALLYGUS, indigent. G.

GWALOER, biens en général; meubles ou immeubles. B.

GWALTHIR, qui a beaucoup de cheveux. G.

GWAMMAL, changeant, leger, inconstant, volage, pétulant, insolent, de bouffon. G.

GWAMMALDER, GWAMMALIAETH, GWAMMALRWYDD, inconstance, légéreté. G.

GWAMMALIAETH, pétulance, insolence. G.

GWAMMALRWYDD, pétulance, insolence, impudence, effronterie. G.

GWAN, percé. G. Voyez *Tmwan*.

GWAN, pointe, aiguillon. C.

GWAN. On voit par *Gwan-Galon*, *Gwangred*, que ce mot a signifié privation, défaut.

GWAN, la taille d'un homme: un savant Breton vouloit que ce ne fût que le corps de l'homme depuis les hanches jusqu'aux aisselles, ce qui se nomme aussi la taille. B. De là *Quantus* Latin. Voyez *Gwaneg*.

GWAN, menu, délié, grêle. Il se dit particulièrement du bled en herbe dont la tige est trop foible & ne peut se soutenir n'étant pas nourrie. B. Voyez *Gwann*.

GWAN, ponction, piquûre, coup de trait, l'action de trouer. G.

GWAN-GALON, lâche, sans cœur. G.

GWAN-GOEL, superstition. G.

GWAN-GOELIO, soupçonner, croire suspect. G.

GWAN-GOELUS, superstitieux. G.

GWAN-GRED, défiance; *Gwan-Credu*, se défier. G.

GWAN-PWYT, foiblesse. G.

GWANA, presser, serrer, étreindre, faire mal, affliger, incommoder, châtier, punir, mortifier. B. Voyez *Gwanu*.

GWANAF, ordre, rang. G.

GWANAFOG. On appelle ainsi communément, dit Davies, un homme bizarre, chagrin, difficile, fâcheux, bilieux, colere, qui se fâche aisément, qui se met en colere pour peu de chose, de mauvaise humeur. On diroit mieux *Gwynafog*; de *Gwyn*. G.

GWANAN, abeille. C.

GWANAR, seigneur. G.

GWANAS, croc, crochet, agrafe, appui. G.

GWANASCIAID, énergumène. G.

GWANATH, froment. C. Voyez *Guinith*.

GWAND, grand. G.

GWANDER, GWENDID, foiblesse, imbécillité. G.

GWANEC, mol, souple, pliant. B. Voyez *Gwann*.

GWANEG, apparence, forme. G.

GWANEG, flot, onde; pluriel *Gwenyg*. G.

GWANEGH, vache qui est une année sans donner de veau. B. Voyez *Gwann*.

GWANEGU, couler, découler, se répandre, inonder. G.

GWANFFYDDIO, se défier. G.

GWANGC, appétit dévorant, grand appétit, habitude naturelle de manger beaucoup. G.

GWANGC, méchanceté. G.

GWANGCIAD, gourmandise, goinfrerie. G.

GWANGCIO, faire la débauche, goinfrer, manger avec avidité. G.

GWANGCUS, glouton, gourmand, gros mangeur, vorace, goulu, qui eſt à jeun, raviſſeur, raviſſant, qui emporte. G.

GWANGOF, foible ou courte mémoire. G.

GWANHAU, GWANNHYCHU, affoiblir, être affoibli. G.

GWANHYCHU, couper les nerfs, déſarmer. G.

GWANIC, menu, délié, grêle. B. Voyez Gonâu.

GWANIGHELL, homme ou femme de belle taille. B. Voyez Gwan.

GWANN, charogne. B.

GWANN, foible, infirme, imbécille. G.

GWANU, trouer, fraper. C.

GWANU, piquer, percer, trouer, déchirer. G.

GWANWYN, printemps; Gwaeanhwyn, ſelon un Auteur Gallois. G.

GWANWYNO, pouſſer, reverdir, ſe renouveller au printemps. G.

GWANWYNOL, printanier. G.

GWANWYT, foibleſſe. G.

GWAO, lance. B. Voyez Gôao.

GWAR, ou plutôt Gwara, dit Dom Le Pelletier, ſçavoir, connoître. On écrivoit anciennement Goar & Goüer; Me Goüer, je ſçais; Ne Gouaran-Ket, & Ne Waran-Ket, je ne ſçais pas. B.

GWAR, prépoſition ſur, deſſus: On prononce War, Ouar, Voar, Oar, Var, Ar. B. Voyez Ar.

GWAR, courbe, courbé, tout ce qui n'eſt pas droit, courbure; Gwara, courber, ou rendre courbé, ou devenir courbé. B. Voyez Gwar Gallois, qui eſt au ſens moral ce qu'eſt le Gwar Breton au ſens phyſique, ſçavoir, ce qui eſt facile à ſe courber. Voyez Gwyr.

GWAR, clément, débonnaire, doux, pliant, traitable, apprivoiſé. G. War en Allemand; Uuar en Théuton, doux, clément.

GWAR, prépoſition explétive. Voyez Gwarchad.

GWAR, quarré. Voyez Tſgwar.

GWAR, tête. Voyez Gwarrgaled.

GWARADWYDD, reproche, honte, deshonneur, infamie. G.

GWARADWYDDIAD, action de faire des reproches. G.

GWARADWYDDO, deshonorer, faire des reproches. G.

GWARADWYDDUS, honteux, infame, couvert d'ignominie, obſcène. G.

GWARAE, jeu, divertiſſement. G. Gwarae ſe prononce Goarae; de là Jouer en François. Voyez Gwarau, Choary.

GWARAE HISTORI, comédie. G.

GWARAE PALED, lutte. G.

GWARAFUN, défenſe, interdiction, prohibition, défendre, prohiber, empêcher, défendre l'abord, empêcher l'entrée. G.

GWARAFUNOL, qui défend, qui empêche. G.

GWARAI, dompter. G.

GWARANDAW, écouter, garantir. G. Voyez Gearant.

GWARANDO, pouſſer, pourſuivre. G.

GWARANRWYDD, cautionnement, garantie, affranchiſſement, délivrance. G.

GWARANT, libérateur, ſauveur, protecteur, défenſeur, vengeur, cautionnement, garantie, action de venger, autorité. G. Voyez Goarant.

GWARANT, garant, caution, aſſureur, garde, protecteur; Gwarenti, garantir. B. Gawehren en Allemand, garantir.

GWARAU, GWARAE, GWARE, jouer, jeu, action de jouer, plaiſanterie, badinage; Gwarae Minddumanddell, jouer à la moure; Gwarae Argae Coed, tournois. G.

GWARCHAD, GWARCHADW, GWARCHOD, garder, veiller à la conſervation. G. De Go Ar Cadw, dit Davies, qui ajoute que dans tous les mots de cette façon l'o ſe change en w. Go & Ar ou Gouar, ſont ici prépoſitions explétives.

GWARCHAE, enfermer, aſſiéger, empriſonner, action de renfermer. G. Gwar ſuperflu; Cae, en compoſition Chae.

GWARCHAEAD, action de renfermer. G.

GWARCHAI, enfermer. G. C'eſt le même que le ſuivant.

GWARCHAU, fermer, clorre, enclorre, renfermer, fermer l'entrée, enfermer, entourer, ceindre, aſſiéger. G.

GWARCHEIDWAD, gardien, garde, ſentinelle, eſpion, tuteur; Gwarcheidwaid qui en eſt le plurier, ſignifie la garde ou garniſon d'une place, les gardes, le guet, ſentinelle. G.

GWARCHODAETH, la garde ou garniſon d'une place, guet, ronde, patrouille, ſentinelles. G.

GWARCHODAETH, conſidération, égard, reſpect. G.

GWARD, garde, gardien, tuteur, curateur; plurier Gwardet. B. Voyez Gwarth, Gwarchad, Goard, Werh, garde en Allemand, & Weren gardar; Waeran en ancien Saxon; Uuericu en Théuton; Weeren en Flamand, garder, défendre, protéger.

GWARDDOF, dompté, entièrement dompté, apprivoiſé, doux, traitable, docile, paiſible. G. Gwar, Dof pléonaſme.

GWARDOFI, dompter, dompter entièrement. G.

GWARDER. Voyez Gwaredd.

GWARDOF, dompté. G. Voyez Gwarddof.

GWAREC, arc à tirer des flèches, arcade, voûte qui couvre une fontaine & qui eſt ouverte d'un côté pour y puiſer de l'eau; Gwarec Glaw, arc en ciel; à la lettre, arc de pluie; plurier Gouaregon, Gwaragou, qui ſe dit auſſi des chevilles qui joignent le manche de la charrue à la plus groſſe partie, qui eſt dite la latte; Gwaregher, archer, qui tire de l'arc; Funun Gwarec, fontaine couverte d'un arc ou petite voûte, fontaine dont le ruiſſeau remonte en ſe courbant vers l'orient. Il y a des ſuperſtitions groſſières en baſſe-Bretagne ſur ces deux ſortes de fontaines. B. Voyez Gwar.

GWAREC, étang, lac, grande mare d'eau dormante. B.

GWARED, délivrer, racheter, ôter, ravir, enlever de force, venger, abſoudre, action de ſe ſauver, délivrance, rachat, enlevement, dénouement, remède. G.

GWAREDD, GWARDER, clémence, douceur, humeur douce, manières douces, naturel paiſible, tranquillité. G.

GWAREDDAWG, GWAREDDOG, clément, doux, débonnaire, humain, traitable, accommodant, paiſible, tranquille. G.

GWAREDDOWGRWYDD, le même que Gwaredd. G.

GWAREDIGENUS, clément, débonnaire, doux, traitable, accommodant, paiſible, humain. G.

GWAREDOG, libérateur, délivré, dégagé. G.

GWAREDOG, doux, aimable. C.

GWAREDU, délivrer, ſauver, racheter, ôter, ravir, enlever de force, venger, abſoudre. G.

GWAREDWR, GWAREDYDD, libérateur, rédempteur,

GWA.

dompteur, fauveur, confervateur, défenfeur, protecteur. G.

GWAREIDDIO, s'adoucir, devenir doux. G. Voyez *Gwaredd.*

GWAREM, GWABAM, garenne, parc où il ne croit que genêt, bruyère, halliers, &c. & où les lapins fe logent; plurier *Gwaremon*: Il fignifie auffi tanière. B.

GWARETH, tente de charpie. G.

GWAREU, jouer ou fe divertir, paffer le temps à quelque jeu, badiner, folâtrer. G.

GWAREWR, joueur. G.

GWAREYDD, comédien, farceur, baladin, bouffon, danfeur. G.

GWAREZ, abri, protection. B. Voyez *Gwar.*

GWARGRED, qui refte, reftes. G.

GWARGRWM, front fillonné. G.

GWARHAAD, action de dompter. G.

GWARHAU, dompter, dompter entièrement, adoucir, apprivoifer. G.

GWARHAWR, qui dompte. G.

GWARIGHELL, arc; *Gwarighella*, aller obliquement: Il y en a qui prononcent *Gringhell* & *Grighell* pour *Gwarighell*; c'eft une crafe. B. Voyez *Gwarœ* dont ce mot eft formé.

GWARIO, donner, dépenfer, pefer. G.

GWARN, aune arbre. G. Voyez *Guern.*

GWARNISSA, garnir. B. Voyez *Goarnicza.*

GWAROGAETH, GWRIOGAETH, hommage, action de fe rendre. G.

GWARON, guerrier felon Baxter. G. Voyez *Ger.*

GWARR, cou, chignon du cou, derrière de la tête. G.

GWARRAC, arc. C. Voyez *Goareeq.*

GWARAGALED, têtu, obftiné, mutin. G. *Galed*, en compofition pour *Caled*, dur, roide; *Gwar*, cou, C'eft ainfi que les Hébreux appelloient un homme obftiné, un homme difficile à changer, un homme d'un cou roide.

GWARRGRWM, qui a la tête courbée. G.

GWARROG, joug. G.

GWARROGAETH, foumiffion. G.

GWARROGI, mettre fous le joug, fubjuguer. G.

GWARRSYTH, têtu, mutin, obftiné. G.

GWARSAT, mefure qui contient deux boiffeaux. G.

GWARSENGU, opprimer. G.

GWARTH, Camden dit que ce mot fignifie en Gallois garnifon. Je l'en croirois aifément, quoique je ne trouve point ce mot dans mes Dictionnaires & livres Gallois, parce que *Gwarth* eft le même que *Gward*. D'ailleurs voyez *Gwarthol*.

GWARTH, calomnie, outrage, deshonneur, honte, infâmie. G. Voyez *Gwarthrudd.*

GWARTH, prépofition explétive. Voyez *Gwarthflawdd.*

GWARTHARRYN, fommet, cime de montagne. G.

GWARTHAF, cime, faîte, fommet. G. Voyez *Garth.*

GWARTHAF, fommet, furface. C.

GWARTHAFL, le même que *Gwrthafl*. G.

GWARTHAU, deshonorer. G. C'eft le verbe formé de *Gwarth.*

GWARTHAU, piquant, fatyrique. G.

GWARTHEG, bœufs, vaches. G.

GWARTHEGOG, abondant en gros bétail. G.

GWARTHFLAWD, le même que *Blawd*. G. *Gwarth* par conféquent prépofition explétive.

GWARTHOL, caution, cautionnement, affurance. G.

TOME I.

GWA. 697

GWARTHRUDD, honte, deshonneur, infâmie, ignominie, reproche injurieux, outrage, calomnie. G.

GWARTHRUDDIAD, action de faire des reproches. G.

GWARTHRUDDIO, invectiver, faire des reproches, deshonorer. G.

GWARTHUS, honteux, infâme, couvert d'ignominie, digne d'être rejetté. G.

GWARWYFA, théatre. G.

GWAS, efclave, ferviteur, valet, homme à gages. G. B. Chez les anciens Gallois, dit Davies, il fignifioit jeune, jeune homme, homme ; *Gwas Yftafell*, valet de chambre, celui qui a foin de faire les lits. G. Lorfque Davies dit que *Gwas* chez les anciens fignifioit jeune, jeune homme, homme, il ne faut pas l'entendre en ce fens qu'il n'ait pas auffi fignifié chez les anciens efclave, ferviteur, valet, homme à gages; car on voit le contraire par *Gwas* & *Goas* Bretons, (ce dernier eft le même que *Gwas*) & par *Gos* Gallois ; mais il faut entendre Davies en ce fens, que ce mot chez les anciens, outre fes premières fignifications, avoit encore les fecondes. De *Gwas* ou *Was*, qui eft le même que *Gwas*, font venus nos mots François *Vas*, *Vaffeur*, *Vaffal*, le diminutif *Vaffelet*, & par crafe *Valet*, qui fignifioit autrefois un Écuyer ou Gentilhomme qui n'étoit pas encore armé Chevalier, un Écuyer tranchant; il fe donnoit même aux fils des Souverains & des plus grands Monarques. Il a auffi fignifié, de même que *Valleton* fon diminutif, fils en général ; *Vacelle* ou *Vachelle*, fervante en Champenois. *Gwas* ayant fignifié homme, a par conféquent fignifié courageux, fort; car dans toutes les Langues le terme qui fignifie homme, fignifie auffi courageux. *Vir* en Latin ; *Aner* en Grec ; *Gwr* en Gallois ; *Homme* en François, fignifient homme & courageux. Voyez *Goffum. Ghazi*, héros en Turc ; *Vafal* en Irlandois, brave, vaillant, généreux ; *Cafmill*, miniftre, ferviteur en Étrufque ; *Geis* foldats en Arabe. Voyez *Vafal*, *Vais*, *Gafla.*

GWAS, homme. C.

GWAS, jeune. C.

GWAS, avoir. C.

GWAS, garçon, mâle dans l'efpèce humaine, homme ; vaffal, ferviteur ; plurier *Gwifien* ; *Gwafet*, *Gwafot*, petit garçon, petit valet. B.

GWAS, le même que *Gwag*, vuide, vain, inutile. Voyez *Aru.*

GWAS-IRVIN, le même que *Gwœirvin.* B.

GWASAIDD, d'efclave, fervile. G.

GWASANAETH, efclavage, condition de valet. G. B.

GWASANAETH, le domeftique. G.

GWASANAETHFERCH, fervante. G.

GWASANAETHGAR, foumis, complaifant, condefcendant, officieux, obligeant, toujours prêt à rendre fervice. G.

GWASANAETHGARUCH, foumiffion, complaifance, condefcendance. G.

GWASANAETHU, fervir, être valet, être efclave. G.

GWASANAETHWR, valet, ferviteur, efclave ; diacre. G.

GWASANOETH, fervice, emploi de ferviteur. G. C'eft le même que *Gwafanaeth.*

GWASARN, paille, chaume, tout ce dont on fait litière, tout ce qu'on met fous les animaux pour qu'ils fe couchent deffus, tapis qu'on étend. G.

GWASARNU, étendre ou mettre deffous, fouler

aux pieds, refouler, fouler une seconde fois. G.
GWASAWL, serviteur. G.
GWASCA. Voyez Gwask.
GWASCAETH, esclave. G.
GWASCAT. Voyez Gwask.
GWASCAWD, ombre. G.
GWASCAWD, pressé. G.
GWASDATTIR, champ. G.
GWASDEWR, homme fort, courageux, vaillant, vigoureux. G.
GWASG, compression, resserrement. On employe aussi ce mot pour marquer la place de la ceinture, parce que c'est dans cet endroit que les habits sont serrés. G. Voyez Gwask.
GWASGAR, dispersion, dissipation, effusion, épanchement, dispersé, séparé. G.
GWASGAREDIG, répandu. G.
GWASGARFA, dispersion, dissipation, effusion, épanchement. G.
GWASGAROG, répandu. G.
GWASGARU, répandre, épandre, jetter de côté & d'autre, déjoindre, diviser, disperser, dissiper, séparer, disperser de côté & d'autre, raboter. G.
GWASGAWDWYDD, lieu ombragé, ombrage, lit, fait d'herbes ou de joncs sur lequel les anciens se mettoient à table, lieu plein de verdure, lieu plein d'arbres, verger, action du jardinier par laquelle il taille les arbrisseaux de manière à leur faire représenter diverses sortes de figures. G.
GWASGBREN, arbre d'un pressoir. G. Pren.
GWASGEDIG, serré. G.
GWASGFA, tranchée douleur d'entrailles, esquinancie suffocation de gorge. G.
GWASGIAD, action de presser. G.
GWASGOD, ombre, ombrage, figure. G. On l'a étendu à ce dernier sens parce que l'ombre représente la figure du corps qui la fait. Gwa est ici superflu, car Squead, Squed en Breton signifient ombre.
GWASGODFA, lieu ombragé, opacité, ombre. G. Fa, en composition pour Ma.
GWASGODFAWR, où il y a de l'ombre, ombragé. G.
GWASGODI, ombrager, mettre à l'ombre. G.
GWASGODIAD, action de mettre à l'ombre. G.
GWASGRWYM, ceinture, ceinturon, bande, bandelette, cordon de soye. G. Rhwym.
GWASGU, presser, resserrer. G.
GWASGWYCHDER, force, courage, valeur, vigueur, virilité. G.
GWASHERLOD, jeune garçon. G.
GWASK, presse, compression; Gwasca, presser, comprimer, serrer, resserrer, étreindre; Gwasket, pressé, comprimé, serré, resserré, étreint & même Abrié; Gwascat; singulier Gwascaden, défaillance, angoisse, en Latin Angustia, Pressura. En quelques cantons voisins de Bretagne, le vulgaire dit Gaschir, presser & faire mal en pressant, & Gasche, un pain plat, qui a été pressé avant que d'être cuit. & une Gasche pour une rame qui est plate. B. Voyez Gwasg.
GWASKELL, pressoir à faire le vin, le cidre &c. B. Voyez Gwask.
GWASKELL, abri. B. Voyez Gwasket.
GWASKET, abri, ombre, personne ou chose qui est à l'abri, personne ou chose qui est à l'ombre. B. Voyez Gwasgod.
GWASNAETHU, servir. G.
GWASNAETHWR, serviteur. G.
GWASNORTH-VERCH, servante. G.

GWASOD. BUWCH WASOD, il se dit de la vache en chaleur. G.
GWASON. Voyez Gwasoniez.
GWASONIEZ, hommage. B. De Gwason, pour Gwas. Voyez Gwasanaeth.
GWASSARN, action de fouler aux pieds. G.
GWASSONI, le même que Goussoni, ordure, souillure. &c. B.
GWASTA, gâter, perdre, ravager, ruiner, dissiper, disperser, diminuer. B. De là Vasto Latin. Voyez Gwastraffu, Gwastraff, Goasta.
GWASTAD, plain, égal, constant, équitable. G.
GWASTADBLYMIO, niveler. G.
GWASTADEDD, plaine, équité. G.
GWASTADFAES, plaine. G. Maes.
GWASTADFAN, plaine. G. Man est donc ici synonime de Maes.
GWASTADFEDDWL, d'esprit égal. G. Meddwl.
GWASTADFOD, affermissement, demeure constante, séjour constant, constance, repos. G. Bod.
GWASTADFOR, la mer tranquille. G.
GWASTADFRYD, qui est d'un esprit toujours égal. G. Bryd.
GWASTADHWYS, équilibre. G. Hwys de Pwys.
GWASTADLYFN, plain, uni, égal, juste, équitable. G.
GWASTADOL, continuel, qui se fait sans interruption, perpétuel, qui dure toujours, de longue durée. G.
GWASTADOLRWYDD, durée continuelle, durée non interrompue. G.
GWASTADRWYDD, l'uni, surface unie, égalité, équité, justice, constance, facilité. G.
GWASTADTIR, plaine, campagne, champ. G.
GWASTADVAES, plaine. G.
GWASTADWEDD, plain, uni, égal, équitable, juste. G.
GWASTATAU, unir, applanir, égaler, égaliser, rendre pareil, dépiler, reposer. G.
GWASTATTIR, plaine. G.
GWASTAVEN, crème legère qui se forme sur le lait doux chauffé, la superficie grasse & blanche de quelque liqueur. B. Gwastad, Ven, blanc
GWASTELL, gâteau sorte de pain plat & uni. B. de Gwastad.
GWASTRAFF, profusion. G.
GWASTRAFFU, dissiper, dépenser avec profusion, dissiper mal-à-propos. G.
GWASTRAFFWR, dissipateur. G.
GWASTRAWD, serviteur. G.
GWASTRAWD, palfrenier, valet d'écurie, muletier. G. De Gwas Trawd.
GWASTRAWD AFWYN, valet de pied, valet qui tient la bride. G.
GWASTY, serviteur, domestique, valet qui sert à la maison. G.
GWASWOBR, salaire. G. Gwobr.
GWAT, sang; Gwada, saigner, perdre son sang; Digwada, tirer du sang, saigner, faire une saignée. B. Voyez Gwaed.
GWATHFREW, combat. C.
GWATWAR, GWATWOR, jouer quelqu'un, se moquer de lui, le railler, moquerie, raillerie, plaisanterie, mot pour rire. G. Voyez Gwatwor.
GWATWARETH, ridicule, sot, impertinent. G.
GWATWARGERDD, ironie. G. Cerdd.
GWATWARUS, plaisant, divertissant, burlesque, bouffon, risible. G.
GWATWOR, jouer quelqu'un, se moquer, railler, duper, attraper, imposer, prendre pour dupe

GWA. GWE. 699

dérision, moquerie, risée, raillerie, ironie, plaisanterie, mot pour rire. G.

GWATWORAIR, raillerie, moquerie, plaisanterie. G. de Gair.

GWATWORGAR, qui se fait par jeu, par divertissement. G.

GWATWORGEDD, raillerie, moquerie, risée, jouet, plaisanterie, bouffonnerie, mot pour rire. G.

GWATWORUS, tout riant, en se moquant, en se raillant de quelqu'un. G.

GWATWORWR, railleur, moqueur, grand rieur, farceur, bouffon, bateleur, trompeur, grossier, stupide, dupe, étourdi. G.

GWAU, faire un tissu, ourdir. G. Weaus en Anglois; Weven en Flamand; Waben en Allemand, faire un tissu, ourdir. Voyez Gwe.

GWAUD, belle-fille, femme du fils. G.

GWAUNWYN, printemps. G.

GWAWD, raillerie, moquerie, risée, dérision, ironie, jouet, plaisanterie, mot pour rire, éloge, poëme, poëme de louange. G. De là les Latins Gaudium, Gaudeo.

GWAWDD, belle-fille, bru. G.

GWAWDIO, se moquer, se railler, se rire, duper, attraper, imposer, prendre pour dupe, plaisanter, railler agréablement. G.

GWAWDYDD, faiseur de vers, poëte, panégyriste. G.

GWAWL, mur, rempart. G. Voyez Gwal.

GWAWL, lumière; pluriel Gwoleu, dans l'usage présent Goleu. G.

GWAWN, plaine de montagne. G. Goma en Arabe, montagne qui s'élargit; Gomi, montagne en Japonois.

GWAWN, toile d'araignée sur les arbres & les herbes. G.

GWAWN WLYB, marais. G. A la lettre, plaine aquatique.

GWAWR, héros. G.

GWAWR, aurore. G. Aur en Hébreu; Aura en vieux Grec, lumière.

GWAWR, jaune. Voyez Goleuo.

GWAWRIO, le même que Cleisio. G.

GWAYLEN, baguette. G. Voyez Goalenn.

GWAYN, champ. G. Voyez Guein.

GWAYN-WLIB, marais. G.

GWAYW, lance, javelot, maladie aigue. (On voit par là & par Eisfwayw, que ce mot a été pris au figuré comme au propre;) pluriel Gwaywyr, vulgairement Gwewyr; Gwewyr Boly, tranchées, douleur aiguë dans les intestins. G. De là Goie en vieux François, serpe, & Goiart, serpette; Goy, Gouy, Gouyso en Bourguignon, serpette de vignerons; Gouy, Gouisut, serpette de vignerons en Franc-Comtois; Gouet en Touraine, serpette; Goisse, serpe dans les montagnes de Franche-Comté Gwayw se prononce Goyao.

GWAYW' R BRENIN, asphodéle, ou asfrodille, ou ache royale plante. G.

GWAYWAWR, lancier. G.

GWAYWFFON, bois de lance, lance, demi-pique, javelot. G.

GWAZ, homme. C.

GWAZ, ruisseau; Gwaz-Redan, ruisseau courant avec rapidité; Gwaz-Vor, bras de mer; singulier Gwazen, Gwazien, Gwahien; pluriel Gwaziou. B. Voyez Goaz.

GWAZ, pire, de moindre valeur soit en qualité, soit en quantité, plus mauvais; le superlatif Gwaz-za; le verbe Gwazaa, empirer, devenir pire ou moindre. B. Voyez Gwa, Goaz.

GWAZ, oie; Un-Hwaz, une oie; Gwazic, oison; pluriel Gwizi. B.

GWAZELL, terrein où passe un ruisseau qui rend une vallée fertile en pâturages. Ce nom se donne aussi à des lieux marécageux abandonnés au gros bétail pour le pâturage. Plusieurs prononcent Gwezell. B.

GWAZEN. Voyez Gwaz.

GWAZEN-HEAUL, rayon de soleil. B.

GWAZIEN, nerf, veine. B. Voyez Goazien.

GWAZNA, homme. C.

GWAZRED; singulier Gwazreden, courant d'eau, ruisseau rapide, torrent, source vive & abondante qui fait un gros ruisseau rapide. B.

GWAZRIZI, GWARISSI, jalousie, amour excessif, crainte inquiete de perdre ce que l'on chérit. Le Pere de Roftrenen écrit ce mot Goazrizi, & lui donne une autre signification, qui est celle d'envie contre le prochain, & l'on l'entend aussi, dit-il, des défiances qu'un mari a de sa femme, ce qui est la plus forte jalousie. B.

GWAZVEN, le même que Gwaslaven. B.

GWB, le même que Cwb, comme Gib, le même que Cib. Voyez Aru.

GWB, le même que Gwp. Voyez B. Il signifie aussi bouche comme on le voit par Gobe, amorce; Gober, dégobiller.

GWCCW, chant du coucou. G.

GWCH, le même que Wch. Voyez Aru.

GWDD, oie. C.

GWDDF, gosier, gorge. G.

GWDDF, cou, chignon de cou, assez souvent Gwddwg, communément Gwddw. G.

GWDDFLIAIN, gorgerette. G. Lliain.

GWDDI, sarcloir, rabot, varlope, faulx. G. Davies prétend que Gwyddi seroit mieux dit, de Gwydd.

GWDDOR, pont. G.

GWDDW. Voyez Gwddf.

GWDDWG. Voyez Gwddf.

GWDDYF, esophage, gosier, isthme. G. Voyez Gwdhv.

GWDEN, lien, verge torse. Davies prétend que Gwydden seroit mieux dit, de Gwydd. G. Gourdaine en vieux François, lien, chaîne, menottes.

GWDEN T COED, lizeron. G. A la lettre, lien du bois.

GWDHV, cou. G.

GWDZH, sans. C. Voyez Gwad.

GWE, toile, couverture; Gwê 'R Coppyn, toile d'araignée, maille, écusson, petite piéce de l'écorce d'un arbre qu'on leve quand on veut enter en écusson, substance petite, maigre, séche. G. Gewepp en Allemand; Webbe en Flamand & en Anglois, toile.

GWE, toutes sortes d'ouvrages tissus, brochés ou faits à l'aiguille, & particulièrement bonnets, bas, gants, &c. Plusieurs prononcent Gué d'une syllabe; Gwea, Guea. Textere en Latin, faire quelque ouvrage tissu; item, tordre; Gwiat, Gwiet, piéce de toile ou autre étoffe tissue; Gwiader, tisserand; Gwiat Gheonit, toile d'araignée. B. Voyez l'article précédent.

GWE, terre. Voyez Gweryd, Gweal, Gwein.

GWEA. Voyez Gwe.

GWEAD, tissure, action de faire un tissu, action d'entrelasser. G.

GWEADWR, tisserand. G.

GWEAL, champ. C. Voyez Gwe.

GWED, le même que Gwep. Voyez ce mot.
GWEDD, farouche, sauvage. C. Voyez Goez.
GWECCRY, foible, infirme. G.
GWED, badiner. Voyez Cymwed.
GWED, pastel, guesde. G. Voyez Weddlys.
GWED, Voyez Gweden.
GWEDD, idée, modéle, exemple. G.
GWEDD, apparence, forme, manière. G.
GWEDD, joug. G. Le mot Latin *Jugum* signifie aussi cime : Je crois qu'il a eu de même l'une & l'autre significations en Celtique, parce que Gwedd signifie extrémité.
GWEDD, fin, terme, conclusion. Voyez Diwedd.
GWEDD, bois. Voyez Crogwedd, Gweddan.
GWEDD, beau, agréable. Voyez Broaid. De là *Edus*, qui a dû faire *Ed* ; de là *Hedt*, *Hedtanz*. Voyez Gweddaidd, Gweddai & Gweddus.
GWEDD-NEWIDIAD, transfiguration, transformation. G.
GWEDD-WAITH, tissu. G.
GWEDDA, venir. Voyez Adweda.
GWEDDAI, convient ; *E Veddai*, il convient. G.
GWEDDAID, beau, orné, ajusté, paré. G.
GWEDDAN, arbre. C. Voyez Gwedd.
GWEDDAWG, marié. G. De Gwedd.
GWEDDEIDD-DRA, ornement, parure, ajustement, beauté, décence, bienséance, honnêteté. G.
GWEDDEIDDLAN, beau. G. Glan.
GWEDDEIDDRWYDD, beauté, bonne grace, agrément, décence, bienséance, honnêteté. G.
GWEDDEIDIO, embellir, orner, parer. G.
GWEDDGYFNEWID, transfiguration, transformation. G.
GWEDDI, prière, vœu promesse faite à Dieu, prière publique. G.
GWEDDILL, restes, laisser. G.
GWEDDILLION, excrémens. G.
GWEDDIO, prier. G. Voyez Gweddi.
GWEDDIODD, demander. G.
GWEDDIWR, envoyé pour demander quelque chose. G.
GWEDDNEWIDIAD, métamorphose. G.
GWEDDOG, mis sous le joug, qui est propre au joug, qui tient sous le joug, conjugal, apparié. G.
GWEDDOL, décent, propre, commode. G.
GWEDDU, être convenable. G.
GWEDDU, mettre le joug. G.
GWEDDU, être ensemble. Voyez Ynweddu.
GWEDDUS, beau, décent, séant, convenable, digne d'un honnête homme, qui sent son bien, considérable, honorable, illustre, libéral. G.
GWEDDUSDEG, orné, ajusté, paré. G. Teg.
GWEDDUSDER, beauté, bonne grace, agrément. G.
GWEDDW, veuf, veuve. G. De là *Vidua* en Latin ; *Vedoua* en Italien ; *Viuda* en Espagnol ; *Witwe* en Allemand ; *Weduwe* en Flamand ; *Wedow* en Anglois ; *Vdoua* en Esclavon ; *Wdowa* en Polonois & Bohémien ; *Vdovicza* en Dalmatien, veuve. Le g initial se conserve ou s'omet indifféremment en Celtique.
GWEDDWI, rendre veuf, rendre veuve, frustrer, priver. G.
GWEDDWDOD, viduité. G.
GWEDEN, lien de quelque espèce de fagot que ce soit, hart. *Gweden* est régulièrement le singulier de *Gwet* pour tissu, tissu & tors. B. *Guedejas* en Espagnol ; cheveux bouclés. Voyez Gwden.
GWEDEN, levain ; *Laët Gwedennec*, lait fermenté, lait aigri. *Gweden*, que l'on peut écrire *Geeden*,

est régulièrement le singulier de *Goet*, levé, fermenté. B. Voyez Ge, Goi.
GWEDER, verre. G. Voyez Guezr.
GWEDGAR, soumis, sujet. G.
GWEDI, GWEDY, après. G. B.
GWEDI, bouilli. G.
GWEDN. Voyez Gwydn. G.
GWEEDIG, tissu, tressé. G.
GWEEN. Voyez Gwen.
GWEFER, ambre. G.
GWEFL, levre. G.
GWEFL-LIPPA, qui a de grosses levres ou lippes, lippu. G.
GWEFLDEW, qui a de grosses levres, lippu. G. Tew.
GWEFLOG, qui a de grosses levres, lippu. G.
GWEFLYN, qui a de grosses levres, lippu. G.
GWEFR, ambre jaune. G.
GWEFR, bleu. Voyez Gwefrliw.
GWEFRLIW, bleu. G. Lliw, couleur.
GWEFUS, GWEUS, levre, petite levre. G. B.
GWEGA, & par abus Gwegal, dit Dom Le Pelletier, mugir comme une vache ou son veau lorsqu'ils sont séparés. B.
GWEGI, vuide, espace vuide, inanition, inutilité, bagatelles, legereté. G. Gwag.
GWEGIL, derrière de la tête, cou, chignon du cou. G. Voyez les articles suivans & Gwar.
GWEGILGAM, qui a la tête courbée. G. Gam de Cam, courbé.
GWEGILSYTH, de cou droit, de cou roide, têtu, obstiné, mutin. G.
GWEH. Voyez Gwez.
GWEHELYTH, souche de quelque tribu ou la tribu même, parenté, famille. G.
GWEHILION, la canaille, les gens de néant ; balayeures, paille, lie, scorie, haillons, guenilles ; *Gwehilion Y Bobl*, lie du peuple. G. De Gwehilion se sont formés nos mots haillons, guenilles. Voyez Hailton.
GWEHYDD, tisserand. G.
GWEHYDD-DY, lieu où travaille le tisserand. G.
GWEHYDDIAETH, métier de tisserand. G.
GWEHYN, qui verse, qui répand, qui évacue. G.
GWEHYNNU, répandre, évacuer, jetter, exclure. G.
GWEIDDI, crier, se lamenter, pousser de grands cris, crier comme les enfans au berceau, faire des acclamations, faire des cris d'applaudissement ou d'indignation. G.
GWEIDI, appeller. G.
GWEIGION, choses de rien. G.
GWEIL, grand, long, étendu. Voyez Gweilgi.
GWEILCHYDD, fauconnier. G.
GWEILCU, torrent. C.
GWEILGI, mer, océan. G. C. *Gi* de *Gui*, eau ; *Gweil* doit donc signifier grand, long, étendu. Voyez Gweilging & Guel.
GWEILGING, poutre, perche. G. De *Gyn* ou *Gen*, arbre, bois, & *Gweil*, long, étendu. Voyez Gweilgyn.
GWEILGYN, poutre, solive, perche. G.
GWEILI, vuide. G.
GWEILIG, pressoir, perche d'oiseleur. G.
GWEILYDD, vuide, vain, inutile, volontaire, automate machine qui se remue par des ressorts. G.
GWEILX, herbe. C.
GWEIN, champ. G. C.
GWEINI, servir, être esclave, être domestique, suffire. G.

GWE. GWE.

GWLINIAD. Voyez *Gweinydd*.
GWEINIDES, servante. G.
GWEINIDOG, serviteur, ministre, diacre. G.
GWEINIDOGAETH, servitude, service, administration, ministére. G.
GWEINIDOGAWL, avec quoi ou dans quoi l'on sert. G.
GWEINIDOGES, GWEINIDOWGFERCH, servante. G.
GWEINIDOGOETH, le même que *Gweinidogaeth*. G.
GWEINIFIAD. Voyez, dit Davies, si c'est le même que *Gweinydd*, *Gweiniad*, *Gweinidog*. Il y a apparence qu'oui, l'analogie le demande. G.
GWEINRHED, vîte, qui va vîte. G.
GWEINYDD, GWEINIAD, serviteur, ministre, administrateur. G.
GWEINYDDES, servante. G.
GWEINYDDU, servir, être esclave, être domestique, suffire, fournir, donner, G.
GWEIR, hommes. G. C'est le pluriel de *Gwr*.
GWEIR, petit. Voyez *Gweirfforch*.
GWEIRFFORCH, petite fourche. G. *Fforch*, fourche ; *Gweir* par conséquent petite.
GWEIRGLODD, pré, pâturage. G. *Gwair*, en composition *Gweir*.
GWEIRHWELLT, herbe. G.
GWEIRIO, devenir foin. G.
GWEIRWELLT, foin, gazon, verdure, l'herbe que la terre produit naturellement. G. *Gwair*, *Gwellt*.
GWEIRYN, foin. G.
GWEIS, tente selon Llyn, Auteur Gallois ; Davies croit que c'est le pluriel de *Gwas*. G. Il peut signifier l'un & l'autre très-naturellement. *Gwas*, suivant l'analogie de la Langue, peut faire *Gweis* au pluriel. *Gweis* au premier sens vient de *Gwe*, toile, & *Hws* ou *Hys*, habitation, demeure. Voyez *Ankeler*.
GWEIS, serviteurs, valets. C. Voyez l'article précédent.
GWEISGION, ce qui est pressuré, le marc pressuré, excrémens. G, *Gwasgu*.
GWEISGIONI, écorcer. G.
GWEISION, serviteurs. G. C'est le pluriel de *Gwas*.
GWEISTION, synonime de *Gweision*. G.
GWEITDDY, carrière, endroit où l'on taille la pierre. G. Ce mot a d'abord signifié boutique, attelier en général. Voyez *Gweithdy*.
GWEITH, combat. C.
GWEITHDY, boutique, attelier, lieu où travaillent les ouvriers, échoppe. G. De *Gwaith Ty*.
GWEITHEROEDD ou GWAETHEROEDD chez une partie des Gallois le même qu'*Tsywaeth* ; chez une autre partie chose déplorable, ce qui est le plus digne de compassion. G.
GWEITHGAR, qui a de l'expérience, qui est assez travaillé, où l'on voit de l'art. G.
GWEITHIAD, action de faire quelque chose, action d'exercer. G.
GWEITHIO, faire, fabriquer, travailler, construire, bâtir, édifier. G.
GWEITHIWR, ouvrier, auteur, qui invente. G.
GWEITHRED, acte, action, fait, ouvrage, travail, faute, crime, forfait, péché commis. G.
GWEITHREDIAD, efficace, force, vertu, force d'agir, vigueur, propriété, puissance, production, opération, ouvrage, exercice, occupation. G.

GWEITHREDU, faire, travailler. G.
GWEITHWR, ouvrier, artisan. G.
GWEITHWRAIG, ouvrière. G.
GWEITHWYR, manœuvres, manouvriers, gens de journée. G.
GWEITHYDD, ouvrier. G.
GWEL, voile de navire ; pluriel *Gwelion*. B. C'est le même que *Hwyll*, le *g* & l'*h* se mettant indifféremment l'un pour l'autre. De là *Velum* Latin. *Gwel* vient de *Gwe*.
GWEL, fête, solemnité. B. Voyez *Gwyl*.
GWEL, vûe, regard, aspect. B.
GWEL, pleurs, larmes. B. *Gollo* en Irlandois ; larme, & *Gull*, pleurer.
GWELA, pleurer, répandre des larmes. B.
GWELA, voir. B.
GWELAN, racine, baguette. C. Voyez *Goalen*.
GWELAN, pluriel *Gweleni*, oiseau de mer qui a le même nom parmi ceux qui parlent François. Davies écrit *Gwylan Fulita*, *Gavia Cinerea*, *Larus Cinereus*, *Cepphus*. Un sçavant Breton vouloit que ce nom fût composé de *Gwela*, oie, & de *Lan*, mer, étang, lac & tout amas d'eau. Il est vrai que cet oiseau a le plumage d'une oie, mais son nom vient de son cri, qui est comme d'un homme qui crie en pleurant : Il est simplement dérivé de *Gwela*, pleurer. Cet article est pris de Dom Le Pelletier. B.
GWELE, GWELEH, GWELECH, lit. B. Voyez *Gwely*.
GWELE-LAÖEN, l'étoile du matin. B.
GWELEAT, airette de jardin ; c'est un dérivé de *Gwele*, lit, & vaut autant que *litée*, si ce mot étoit permis, c'est-à-dire, une couche de melons ou autre chose de jardinage. Thomas Guillaume, dans son Dictionnaire Latin-Gallois, explique par périphrase le Latin *Area* en ces termes : *Gwelé Mewn Gardd*, lit dans jardin. B.
GWELED, GWELET, fond, bas, inférieur. B. Voyez *Gwaeled*.
GWELED, voir, regarder. G. B. Voyez *Gul*.
GWELED, vûe, sens de la vûe. G.
GWELED, visiter. Voyez *Diymwel*.
GWELEDEN, jupe de femme. B.
GWELEDIAD, vûe, aspect, regard. G.
GWELEDIG, visible. G.
GWELEDIGAETH, vision, fantaisie, imagination. G.
GWELELAOUEN, AR GWELELAOUEN, l'étoile du matin. B.
GWELEOUDI, accoucher, enfanter. B.
GWELEOUT, accouchement, enfantement. B.
GWELET, vûe. B.
GWELEZEN, lie, bouë, vase qui se forme au bas d'une eau dormante, toute immondice qui se forme au bas d'un vaisseau ou quelque liqueur croupie. B. C'est un dérivé de *Gweled*.
GWELHIEN, GWELCHIEN, GWELIEN, GWELCHEN, lavures, proprement celles de la cuisine. B. *Guelchi*, *Golchi*.
GWELI, plaie, ulcére. G. C.
GWELIDICHU, régner. C.
GWELIO, blesser, ulcérer, causer des ulcéres. G. Voyez *Gouly*.
GWELIOG, blessé, couvert de plaies, couvert d'ulcéres. G.
GWELL, meilleur, le mieux. G. B. *Vel* en Danois ; *Wel* en Flamand ; *Weel* en Anglois ; *Wol* en Allemand ; *Unol* en Théuton, bien adverbe. Voyez les articles suivans.

TOME I.

M mmmmmmm

GWELL, mieux. G. B. *Gwel-Ve*, il vaut mieux. B.
GWELL, plus heureux. G.
GWELL NA'R AUR, valériane, chélidoine ou grande éclaire plante. G. A la lettre, meilleure que l'or.
GWELLA, superlatif de *Gwell*; *Ar Gwella*, le meilleur. B. C.
GWELLA, GWELLHAU, méliorer, corriger, devenir meilleur, être méliore. G.
GWELLA-HEN, amélioration. B.
GWELLAA, rendre meilleur, devenir meilleur. B.
GWELLAIF, tenailles, forces. G.
GWELLEIF, GWELLEIFYN, tenailles, forces, cisailles, ciseaux, pincettes. G.
GWELLEIFDY, boutique de barbier. G.
GWELLEIFIAD, action de tondre, de raser. G.
GWELLEIFIO, tondre, raser. G.
GWELLHAAD, mélioration, correction. G.
GWELLIG, GWELLING, défaut. G. *Gwal*. Davies.
GWELLT, paille, chaume dont on fait la litière. B. On voit par les articles suivans qu'il a aussi signifié herbe.
GWELLT; singulier *Gwelltyn*, paille, chaume dont on fait la litière aux bêtes, gazon, verdure, l'herbe que la terre pousse naturellement. G.
GWELLT, foin. Voyez *Dolwellt*.
GWELLT-GLAS, herbe, gazon, verdure, l'herbe que la terre produit naturellement. G.
GWELLT T'DDAEAR, GWELLTGLAS, GLASWELLT, gazon, verdure, l'herbe que la terre produit naturellement. G. Je crois que *Gwellt* signifie aussi verd comme *Tw*, qui signifie herbe & verd, & *Gwir*, foin; *Gwyrdd*, verd: D'ailleurs *Gwellt* est le même que *Gwesut*.
GWELLTOG, plein d'herbes, fertile en herbes, abondant en herbes, couvert de gazon, d'herbe verte, de gazon, de paille, de chaume. G.
GWELLWELL, meilleur meilleur. G.
GWELLYG, le même que *Gwall*, dont il est formé. G.
GWELLYGIAW, faire que quelqu'un souffre quelque manquement, estimer peu, manquer. G.
GWELLYGUS, négligent. G.
GWELLYNIAWG, heureux. G.
GWELOFEN, hirondelle. G.
GWELTROU, GWELTREZOU, guêtres. B.
GWELVAN, affliction, deuil, pleurs, gémissemens, lamentation. B. Voyez *Gwel*.
GWELVANUS, fort affligé, consterné. B. De *Gwelvan*.
GWELW, pâle, de couleur d'eau. G.
GWELWDER, pâleur. G.
GWELWGAN, pâle. G.
GWELWGOCH, d'un rouge éclatant, d'un rouge d'écarlate. G.
GWELWLIW, pâleur. G.
GWELWR, pâle. G.
GWELY, lit, couchette, grabat; *Gwely Dydd*, lit de repos; à la lettre, lit de jour. G.
GWELY, lie, ordures. G.
GWELYAN, lit. G.
GWELYDDON, le même que *Gwelygordd*. G.
GWELYFAN, lieu du lit, lit. G. *Fan* de *Mann*, lieu.
GWELYFOD, lieu du lit, lit. G. *Fod* de *Bod*.
GWELYFOD, grabat. G.
GWELYGORDD, race, généalogie, lignée, famille, parenté, naissance, extraction, souche de la tribu, tribu. G. *Cordd*.

GWELYGORDHEU, tribu. G.
GWELYGORDHIS, tribus. G.
GWEMON, algue, goémon. B.
GWEN, beau, blanc, clair, plein de lumière, lumineux. G. *Gen* est le même que *Gwen*; de là *Agencer* en François. *Gent* dans l'ancien langage, beau, joli, mignon; *Gentil*, beau, joli, mignon. On voit par *Agencer* qu'on a dit *Agen* comme *Gen*. On voit par *Gweniaith*, & par l'article suivant, que *Gwen* a aussi signifié agréable, gracieux, obligeant, qui sont des sens fort analogues à beau. *Ghien* en Tartare du Thibet, ornement; *Ergen*, blanc en Tartare Calmoucq. Voyez *Ven*.
GWEN, ris, souris, bon visage, bon accueil. G.
GWEN, plaine. C.
GWEN, beau. B.
GWEN, pliant, souple, maniable, liant ou propre à lier, comme est l'osier. Un sçavant Breton écrivoit *Gween*. B.
GWEN, arbre. Voyez *Bedwen*, *Guen*.
GWEN, race, extraction, espèce, germe. B. *Coin* en vieux François, semence, germe. Voyez *Gen*.
GWENAN, abeille; singulier *Gwenanen*. B. Voyez *Gwenyn*. Voyez *Gwennaen*.
GWENCI, belette, fouine, furet. G.
GWENDER, blancheur. B.
GWENDID, abatement de forces, épuisement, langueur, foible, infirme, imbécille. G.
GWENDRAETH, sable blanc. G. *Traeth*.
GWENER, venus. G. B. *Gwenar* en Cornouaille.
GWENFA pour *Genfa*, morailles; de *Gen*, bouche. G. *Fa* de *Ma*, de *Mathru*.
GWENFA, licou pour une bête. G. Voyez l'article précédent.
GWENGOLO, septembre. B. Je crois ce mot formé de *Gwen* pour *Gwin*, vin, & *Colo*, en composition *Golo*, cache; *Gwengolo*, mois où l'on cache le vin, où l'on entonne le vin, où l'on fait vendanges.
GWENHIEITHIO, flatter, caresser. G.
GWENHIEITHWR, flateur, patelin. G.
GWENHWYSEG, dialecte de la Province de Gwent ou Wenstland. G.
GWENHWYSON, les habitans de la Province de Gwent ou Wenstland. G.
GWENIAITH, flaterie, caresse, discours obligeant, plaisanterie, bouffonnerie. G. *Iaith*, langage, discours.
GWENIEITHGAR, de flaterie, de caresses. G.
GWENIEITHUS, de flaterie, de caresses, caressant, flateur, qui dit des douceurs, qui dit des paroles obligeantes, qui tient des discours obligeans. G.
GWENIEITHWRAIG, écornifleuse. G.
GWENITH, le plus pur froment, épeautre, froment. G. B. *Ith*, froment; *Gwen*, blanc, froment dont le pain est blanc.
GWENITH T'DDAIAR, bled sauvage, petite scrophulaire, petite chélidoine. G. A la lettre, bled de la terre.
GWENITH T'GOG, espèce de scrophulaire. G.
GWENITH TR YSGYFARNOG. Davies n'explique pas cette plante. Le nom Gallois signifie à la lettre, froment de lièvre. G.
GWENN, blanc; *Gwenn-Can*, blanc brillant & éclatant, très-blanc. B. Voyez *Gwynn*.
GWENNA, blanchir, rendre blanc, devenir blanc. B.
GWENNA, hirondelle. G. *Gwen*, blanc. Voyez *Gwennol*.

GWE.   GWE.   703

GWENNAEN, verrue, porreau, en Latin *Verruca*. On écrit auſſi *Gwenanen*. B.

GWENNEC, merlan; pluriel *Gwennighet*. B. De *Gwenn*, blanc. Ce poiſſon eſt blanc.

GWENNEC, petite monnoie de Bretagne dont il y a deux eſpèces, le grand blanc & le petit blanc; auſſi ce nom, comme le précédent, marque ce qui eſt blanc. Aujourd'hui on entend par ce mot douze deniers monnoie de France. On voit pareillement dans le Gallois *Ceiniog*, denier, formé de *Cain*, blanc. Blanc s'eſt dit anciennement dans le Royaume d'une monnoie de billon : ce terme ſe conſerve encore en Franche-Comté & dans pluſieurs Provinces du Royaume. B.

GWENNELI, GWENNILI, GWINMILI, hirondelle oiſeau. B. Voyez *Gwenfol*, *Gwennol*.

GWENNEN, taie ſur l'œil. B. De *Gwenn*, blanc.

GWENNIC, jeune ou petit ſaumon dont la chair n'eſt pas encore rouge étant cuite, mais pâle. Les Vannetois donnent ce nom au gardon, autre eſpèce de poiſſon. B. De *Gwenn*, blanc.

GWENNO, fantaſque, capricieux, remuant, inconſtant, volage. B.

GWENNOL, GWENFOL, ſelon d'autres, hirondelle, G. ainſi appellée de ſon ventre blanc; *Gwen*, blanc, *Fol* de *Bol*, ventre.

GWENNOL Y DWR, hirondelle aquatique. G.

GWENNOL Y GWYDD, navette de tiſſerand. G.

GWENODEN, ſentier, petit chemin bien battu. B.

GWENT, vent, ſouffle, air agité; *Gwenta*, venter; *Gwenta An-Eit*, venter le bled, le jetter ou laiſſer tomber de haut au vent qui en emporte les ordures les plus legéres. B. De là le François *Vent*; le Latin *Ventus*; l'Italien *Vento*; l'Eſpagnol *Viento*; le Gothique *Winds*; l'ancien Saxon *Wind*; le Théuton *Unind*; l'Iſlandois *Wind*; l'Allemand, le Flamand, l'Anglois *Wind*; l'Eſclavon *Veiter*; le Dalmatien *Vitaar*; le Luſatien *Watre*, le Polonois *Wiatr*; le Bohémien *Witr*. Voyez *Gwynt*.

GWENT, le même qu'*Went*, tête. G.

GWENT, tortueux. G.

GWENTLE, grands ciſeaux de tailleur d'habits, de jardinier, les forces d'un gantier. B. Voyez *Gwellaif*. Voyez *Gwentr*.

GWENTR; pluriel *Gwentreou*, toutes ſortes de douleurs violentes que nous ſentons dans les inteſtins, tranchées Il ſe dit plus particuliérement des douleurs de l'enfantement. Il ſe trouve écrit *Gwent-Lou* dans un ancien livre Breton. Un ſçavant Breton écrivoit *Gwentlou*, & le ſingulier *Gwentl*, mal de ventre, douleurs de nerf, tranchées pour accoucher. Pluſieurs Bretons donnent à *Gwentle* les ſignifications de tranchées & de grands ciſeaux. B. Voyez *Gwyn*.

GWENU, rire, ſourire, faire bon viſage. G. *Gwen*.

GWENVI. Voyez *Gwevi*.

GWENWISG, habit blanc, ſurplis, mante, manteau, G. *Gwiſg*.

GWENWYN, venin, poiſon. G. *Venym* en Breton, venin. De là *Venenum* en Latin, *Veneno* en Italien; *Venim* en Anglois; *Venlym* en Flamand, *Venen* en François, venin.

GWENWYN, fureur, tranſport furieux. G.

GWENWYNDRA, venin, poiſon. G.

GWENWYNIG, contagieux; G.

GWENWYNIG, ſorte de poiſon. G.

GWENWYNLLYD, venimeux, empoiſonné, peſtilentiel. G.

GWENWYNO, empoiſonner. G.

GWENWYNSAWR, odeur infecte. G.

GWENWYNWR, empoiſonneur. G.

GWENWYNWRAIG, empoiſonneuſe. G.

GWENYG, pluriel de *Gwaneg*. G.

GWENYM, venin. G.

GWENYN; ſingulier *Gwenynen*, abeille. G.

GWENYNDDAIL, méliſſe. G. A la lettre, feuilles d'abeille.

GWENYNEN, fard. G.

GWENYNEN, ormes. G.

GWENYNLLE, l'aſſemblage des ruches d'abeilles; lieu où les ruches ſont placées, rucher. G.

GWENYNLLESTR, ruche. G. *Lleſtr*.

GWENYNOG, ruche, rucher. G.

GWENZ, vent. C.

GWEP, face, viſage, bec. G. *Gob* en Irlandois, bec, par où on voit qu'on a dit *Gweb* ou *Goeb* comme *Gwep*. Voyez *Gweppa*.

GWEP, courbe. G.

GWEPIA, guêpier qui mange les abeilles. G.

GWEPPA, bouche, face, viſage. G. *Gulpa* en Écoſſois, *Geba* en Polonois, bouche.

GWER, GWERN, rapide. G.

GWER, gras du lard qui tient au cuir & dont on fait des lardons. G.

GWER, graiſſe, jus, ſuc qu'on exprime d'une choſe, d'une viande, coulis. G. Le *c* & le *g* ſe mettant l'un pour l'autre, on a dit *Cwer*, *Coer* pour *Gwer*, ainſi qu'on le voit par *Coiraux* qui en vieux François ſignifioit gras.

GWèR, ſuif. G. Le *g* initial ſe perdant on a dit *Wer* comme *Gwer*, *Vira* en Pérouan, ſuif.

GWER, eau, rivière. Voyez *Gwern*.

GWERACH, jeune fille, pucelle, vierge. B. Voyez *Gwyryf*.

GWERBL, tumeur douloureuſe qui ſe forme dans l'aine, ſous les aiſſelles & ailleurs, glande. B.

GWERC'H, vierge tant du garçon que de la fille; mais rarement de celle-ci qui eſt dite au féminin *Gwerchés*. On trouve dans un Auteur Breton *Paper Gwerch*, papier neuf, blanc & net qui n'a jamais ſervi. Un Dictionnaire Breton porte *Gwerh*, vierge, en parlant d'un garçon, *Gwerhies*, d'une fille, *Gwuerhtet*, *Gwerchted*, virginité. B. De là le Latin *Virgo*, l'Italien *Vergine*, *Virgine*; l'Eſpagnol *Virgen*, le François *Vierge*.

GWERCHYR, couvercle, couverture. G. B. Il ſignifie encore en Gallois couvrira, étui, gaine, coffret, caiſſette, & quelquefois aine. G.

GWERDDYR, aine. G.

GWEREN, aiguière. B. C.

GWEREN, jus, ſuc qu'on exprime d'une choſe. G. Voyez *Gwer*.

GWERET, terre. C.

GWEREZ, chaleur étouffante, telle qu'au temps d'orage & de tonnerre : d'autres Bretons diſent *Gwererez*, au même ſens. B. Voyez *Gwret*.

GWERGLODD, pré. G. C. Voyez *Gwairglodd*.

GWERGLODDED, de pré. G.

GWERGRANGC, tanne bouton qui s'élève ſur la peau qui eſt plein d'une matière graſſe qui reſſemble à du ſuif. G. Voyez *Gwêr*.

GWERGRUG, le même que *Gwergrange*. G.

GWERH. Voyez *Gwerch*.

GWERH, verd. B. Voyez *Gwyrdd*.

GWERIN, hommes, troupe, multitude d'hommes, peuple, homme du plus bas rang. G.

GWERIN, petit homme. G.

GWERIO, enduire de ſuif, frotter de ſuif. G.

GWERLIN, seigneur. G. Gwer est apparemment là pour Gwerin ; Lin signifie donc seigneur, maître, supérieur, qui est au-dessus. Voyez Li, Llin, Llyw.

GWERLLYD, plein de suif, gras, gros. G.

GWERN, singulier Gwernen, aune arbre. G. C. Gerr, bouclier fait d'osier en ancien Persan ; Gwern, paroît formé de Gwer, Gouer, eau ; & n de Nes, prés. Voyez Gouer.

GWERN, GWERNLLE, aunaie. G. Voyez Gwerneg.

GWERN, aune arbre ; singulier Gwernen ; pluriel Gwernou ; Gwernec, autrefois Gwernlech, aunaie, lieu planté d'aunes. B. De là Vergne en vieux François. On dit Vâne en Franc-Comtois. Le b & l'v se mettant l'un pour l'autre, on a dit Bern comme Vern, ainsi qu'on le voit par l'Auvergnac Berni, saule.

GWERN, rapide. G.

GWERN, mât ; Gwernen Lestr, mât de navire. B.

GWERNAN, aune arbre. G.

GWERNANT, rivière des aunes. G.

GWERNEG, aunaie. B.

GWERNEN, aunaie. B.

GWERNLLE, aunaie, aunoie. G.

GWERNOG, marécageux. G.

GWEROG, plein de suif. G.

GWERS, vers. G. Versus en Latin ; Verso en Espagnol & en Italien ; Verss en Allemand ; Veers en Flamand ; Verse en Anglois ; Versta en Esclavon ; Wiers en Polonois ; Vers en Hongrois, vers, ouvrage de poësie.

GWERS, précepte que l'on donne, enseignement, instruction maxime, lecture. G. Ce mot signifie proprement vers ; mais comme les Gaulois mettoient en vers les préceptes ou instructions qu'ils donnoient, il est arrivé de là que le même mot a signifié vers & instruction.

GWERS, vers, cantique, chanson, poëme, toutes sortes de poësies ; Gwersiou plurier ; Gwersic diminutif. B. De Gwyro ou Gwero, tourner.

GWERS, vente, trafic, débit de marchandise, appréciation ; Gwersa, Gwerza, vendre, trafiquer, troquer, apprécier, trahir & livrer. Les anciens Bretons écrivoient Gverzhaff ; Gwerz signifie aussi prix de ce que l'on achete. Gwerzidighez, vente, action de vendre. B. Voyez Gwerth.

GWERS, figure de rhétorique par laquelle on fait entendre autre chose que ce que l'on dit. G.

GWERS-GWENTL, colique subite & violente, tranchées aiguës, mais de peu de durée. B.

GWERSIC, diminutif de Gwers. Voyez ce mot.

GWERSIG, diminutif de Gwers. G.

GWERSIT, fuseau instrument qui sert à filer en le tournant avec les doigts. B. De Gwyro, Gwero, tourner.

GWERSIT, les os de l'épaule, dont le grand est Gwersit-Bras, le petit Gwersit-Bihan. B. Ce nom leur est donné de ce qu'ils servent à tourner le bras. Voyez l'article précédent.

GWERSU, faire des vers, répéter des vers. G.

GWERSYLL, GWERSYLLT, camp, tentes, campement, garnison, garde. G.

GWERSYLLU, disposer un campement. G.

GWERTH, prix, valeur, récompense. G. Werthe en Anglois.

GWERTHEDIGAETH, vente. G.

GWERTHEFIN, fuseau. G.

GWERTHFAWR, précieux, qui est de grand prix. G.

GWERTHIAD, vente. G.

GWERTHU, vendre. G. B. Gwerth.

GWERTHWR, facteur, commissionnaire, courtier. G.

GWERTHYD, fuseau. G. B. Goruetan, filer en Basque.

GWERTHYD, cheville d'une poulie, essieu, petit essieu. G.

GWERTHYD-AID, tâche besogne que l'on donne à faire à quelqu'un pour une journée. G.

GWERTHYDD, le même que Gwerth. Voyez Cywerthydd.

GWERUEL, appeller. G.

GWERWELS, pâturage. C.

GWERYD, remède, délivrance, rachat, enlevement, dénouement ; Ni Werid Iddo, ne lui sera pas utile à la lettre, non remède à lui. G. De là Guérir.

GWERYD, terre creusée, terre relevée d'un sillon qu'on a fait pour planter. G. De là Gueret. Ryd ou Red, ou Ret, signifie sillon, trace, canal ; Gwe par conséquent signifie terre. Comparez encore Gweryre, Rych, Rychdir.

GWERYD, mousse des ruisseaux, des arbres, éponge d'eau douce plante. G. Voyez Yguerra.

GWERYD, aine. G.

GWERYD, GWERYT, terre. C.

GWERYDRE, terre, pays. G.

GWERYRE, le même que Tiroed. G.

GWERYRFREF, le braire d'un âne, le rugissement d'un lion. G.

GWERYRIAD, hennissement de cheval. G.

GWERYRU, hennir, braire, rugir. G.

GWERZEEN, histoire, conte, chanson ; c'est le singulier de Gwers, vers, &c. ce qui vient de l'ancien usage des Gaulois, qui avoient des bardes ou poëtes & chanteurs qui racontoient ou chantoient les histoires de leurs héros. B.

GWES, forêt. Voyez Bestfil.

GWES. Voyez Gwez.

GWES, le même que Gwas. Voyez Gesi.

GWESCH, GWESH, GWEZ, GWECH, GWES, GWEIS, GWEICH, fois, occasion, rencontre ; plurier Gweschou, Gweziou ; A Gweziou, par fois. Du plurier on a fait le diminutif Weschouic, quelque peu d'occasions, rarement. B. Voyez Gwath.

GWESCLE, GWESCLEF, GWESCLER, GLESKEI, grenouille. B.

GWESCRYDD, GWESGRYN, les mêmes que Gusgryn. G.

GWESKEL, presse, compression, impression : Il se dit aussi de l'anneau ou boucle qui attache les bœufs à la charrue ou charrette. B.

GWESKEN, mors de licou, où le licou passe dans la bouche du cheval ; Gweskenna, passer le licou dans la bouche du cheval pour le conduire, en lui tenant la bouche pressée & serrée. B. C'est un dérivé de Gwaska.

GWESKERC'H, certaine herbe sauvage qui croît parmi le bled. B. Gwes, sauvage ; Kerch, avoine ; c'est-à-dire, avoine sauvage.

GWESPET, singulier Gwespeden, guêpe. B. De là Vespa Latin, Guêpe François.

GWESSIN, plurier de Gwas. G.

GWEST, repas, auberge, hôtellerie, hospice, hôte, loger, être logé, pâturage ; plurier Gwesti. G. Vesteis, nourriture dans les Tables Eugubines ; Estho en Grec, manger ; Gostii, repas, festin en Albanois ; Gast en Gothique ; Gast en Théuton ; Gaest, Gest en ancien Saxon ; Gest en Anglois ; Giest en Danois ; Giestur en Islandois ; Goss en Lusatien ; Gust en Carniolois ; Goost en Dalmatien ; Gazda en Hongrois ; Goest en Runique ; Gast en Allemand & en Flamand ; Gost en Croatien ; Gust en

GWE.

en Efclavon, convive, hôte; *Kwas* en Bohémien, feftin, repas; *Goftiti* en Efclavon, donner l'hofpice; *Goftinica*, hofpice en la même Langue; *Gofti* en Dalmatien; *Gifti* en Bohémien; *Jeifti* en Efclavon, manger. Voyez *Feft*, qui eft le même que *Gweft* ou *Geft*. Voyez *Bal* & *Gwebaith*.

GWEST, forêt. Voyez *Gweftfil*.

GWEST, habit. Voyez *Cymydweft*.

GWESTA, faire feftin.

GWESTAI, hôte, convié, convive, ordinairement celui qui vient à un repas fans être invité, écornifleur. G.

GWESTAI, le même que *Gwaboddw*. G.

GWESTEL, ôtage. C. B.

GWESTVA, hofpice, auberge, hôtellerie, invitation à un repas, feftin, repas. G.

GWESTFIL, bête fauvage, bête féroce. G. *Fil* de *Mil*; *Gweft* fignifie donc forêt. Voyez *Guez-Beftfil*.

GWESTIFIANT paroit fignifier, dit Davies, hofpice, auberge, hôtellerie. G.

GWESTL, gage, engagement, parole donnée, promeffe, vœu; *Gweftla*, gager, engager, promettre, vouer. B. Voyez *Gwyftl*.

GWESTL. Davies n'explique point ce mot; il fe contente de rapporter une phrafe où il est employé, & de dire que de ce mot font formés *Diweftl*, *Hyweftl*, *Gweftlawg*, que de même il n'explique point. En confultant le dialecte Breton, je crois pouvoir expliquer ce terme. *Gweftl* en Breton fignifie colere; ce fens convient à la phrafe que Davies rapporte: ainfi *Diweft* eft un homme fans colere, qui ne fe met pas en colere; *Hyweftl*, qui fe met aifément en colere; *Gweftlawg*, colerique. G. Voyez *Gwethle*.

GWESTLAWG. Voyez l'article précédent. G.

GWESTLE, hofpice, auberge, hôtellerie. G.

GWESTVA, le même que *Gweftle*. G.

GWESTWR, le même que *Gweftai*. G.

GWESTYNG, fujétion. G.

GWESYN, diminutif de *Gwas*. G.

GWETEBETAM. Voyez *Gwitibunan*.

GWETH, le même que *Cyfoeth*. Voyez ce mot.

GWETHL, procès. Voyez *Cywethl*.

GWETNLU, plaider. Voyez *Cywethlu*.

GUVETTA, GUVUS, A. M. chouette. De *Caoued*, *Caouet*.

GWEU, ourdir, faire un tiffu. G.

GWÉVET, GWENVET, pâle, trifte, mauvais vifage d'un homme qui penfe & eft porté à mal faire. C'eft le participe de *Gwévi*. B.

GWEVI, GWENVI, flétrir, fe flétrir, fe gâter, fe corrompre quant à l'extérieur, être ridé, faire la grimace. B. Voyez *Gwyw*, *Gwywo*, *Gwévet*.

GWEUN, pliant, fouple, maniable, fubtil. B. Voyez *Gwen*.

GWEUS, levre; *Diweus*, les levres. B. Voyez l'article fuivant.

GWEUS. Voyez *Gwefus*. G.

GWEWR, tifferand. G.

GWEWYR Voyez *Gwayw*. G.

GWEWYR, lancier. C.

GWEYDD, GWAEYDD, tifferand. G.

GWEYRYN, foin. G.

GWEZ, GWYZ, GWEN, fauvage, ruftique, féroce; farouche. Il fe dit au pluriel *Gouezet*, fauvages comme fubftantif. B. Voyez *Gwydd*.

GWEZ eft un nom auquel joignant *Out* pour *Bout*, on en a fait le verbe irrégulier *Gwezout* & *Gouezout*, fçavoir, connoître, avoir connoiffance; & cependant *Gwez* fe conjugue comme verbe régulier: car on dit *Me Gwezo*, je fçaurai; *Gwez*, fçache; *Gwezit*, fçachez, &c. Dans un livre Breton *Goeza Gohiza* font employés en forme d'infinitif au fens de fçavoir, connoître. B. Voyez *Gwybod*.

GWEZ, arbre; fingulier *Gwezen*; pluriel *Gwezennou*. B. Voyez *Gwydden*, *Gweft*.

GWEZ, GWES, GWEIS, GWEIB, GWYS; GWIS, truie femelle du porc; pluriel *Gwezed*, *Gwizi*, *Gwifi*. B.

GWEZELL dans un endroit de Bretagne fe dit d'un enfant abandonné qui ne peut s'aider en rien, & qui eft hors d'état de fubfifter. *Bugueill Gwezell*, enfant tout petit, tendre & foible. Dans une autre contrée de Bretagne *Gwezell* eft un enfant tout nouveau né, lequel ne peut avoir foin de foimême, & *Diwezella*, *Divezella* fignifient prendre foin d'un tel enfant & l'alaiter pendant que fa mere eft en couches, & qu'apparemment elle ne peut le foigner & l'alaiter elle-même. B. Voyez *Gweddw*.

GWEZIRVIN eft en Cornouaille une plante fimple qui fert de remede à la fièvre. Un Botanifte Breton m'a dit que c'eft la ravenelle, & un autre veut que ce foit le fenevé. Quoiqu'il en foit, ce nom fignifie navets fauvages, étant compofé de *Gwez*, fauvage, & d'*Irvin*, navet. Le fingulier eft *Gwezirvinen*, pluriel *Gwezirvinou*. B. Dom Le Pelletier.

GWEZR, verre à boire & à vitres; pluriel *Gwezrou*; *Gwezrer*, verrier, marchand ou faifeur de verres; *Gwezrerez*, verrerie On a dit autrefois *Gwezr* pour la couleur du verre, pour verd. B. Voyez *Gwydr*.

GWEZRADEN, GWAZRADEN, efpèce de polypode felon un fçavant Breton. En Cornouaille c'eft une efpèce de pariétaire; à la lettre, fougere fauvage; fingulier *Gwezradenen*. B.

GWEZWINIEN, viorne arbufte; à la lettre, vigne fauvage. B.

GWFL, proie, butin, capture. Voyez *Yfgwfl*.

GWG, proprement l'état ridé du front, colere, indignation, regard menaçant, regard affreux, arrogance, orgueil, hauteur, fierté, rigueur, févérité exceffive; *Dal Gwg*, fe fâcher. G.

GWHIEN, guêpe. C.

GWHIN. Voyez *Gwin*.

GWI, eau, rivière, fleuve, onde, flot. G. *Giets* en Arménien, rivière; *Gioll*, étang en Turc; *Givy* en Turc; *Gini* en Perfan, fleuve.

GWI, dommage, mal. Voyez *Gwiddon*.

GWI, jupiter, Voyez *Wi*, *Gwô*.

GWI. Voyez *Gwialen*.

GWI. Voyez *Gwic*.

GUVIA, A. G. gouge outil de menuifier. De *Gouich*.

GWIADER. Voyez *Gwe*.

GWIAL, verge, baguette, houffine; fingulier *Gwialen* pluriel *Gwialou*, *Gwialennou*. Un fçavant Breton prétend que *Gwial* fe dit principalement d'un brin d'ofier. B.

GWIALEN, pluriel *Gwial*, *Gwiail*, verge tout bois qui fe plie dont on peut faire des liens; *Gwialen Alw*, houlette. G. *Alw* d'*Alweft* $ *Gwi* pour *Gwydd*, bois.

GWIALENFONN, baguette. G.

GWIALENNIG, petite verge. G.

GWIALENNOD, coup de verge, action de fraper avec une verge. G. En Franc-Comtois on dit *donner la feguille*, pour donner le fouet.

GWIALENNODIAU, marques des coups de verge. G.
GWIALENNODIO, fouetter. G.
GWIALENNODIWR, fouetteur. G.
GWIALENNOG, vergé, rayé. G.
GWIALOG, vergé, rayé. G.
GWIAT, piéce de toile toute entière. B. Voyez *Gwead*.
GWIB, course çà & là, vagabond, impétuosité. G.
GWIBAN, mouche. C.
GWIBDDYN, vagabond. G.
GWIBDDYNION, le même que *Hudolion*. G.
GWIBER, vipére. G. De là *Viper* en Anglois ; *Vipera* en Latin, en Italien, en Hongrois ; *Vipere* en François, vipére.
GWIBER, écureuil. Quelques Bretons prononcent *Gwicher*. B. Voyez *Gwiwair*.
GWIBER, ABER-WIBER, vipére. B.
GWIBER, cheville ou goupille qui se met au bout de l'essieu d'une charrette pour retenir les roues. B.
GWIBIAD, vagabond. G.
GWIBIAWC, changeant, inconstant, qui n'est pas stable. G.
GWIBIAWDR, vagabond. G.
GWIBIO, courir çà & là, courir de tout côté, n'avoir point de route certaine. G.
GWIBIOG, vagabond. G.
GWIC. Voyez *Gwig*.
GWIC, bourg, bourgade. C'est le même terme qui dans les autres Dictionnaires est écrit *Guic*, *Guich*, *Guick*, *Guicq*, *Guyc*. Il équivaut aussi aux mots Latins *Gens* & *Grex*, c'est-à-dire qu'il signifie une nation, un troupeau. B. Voyez *Gwy*.
GWICA, GWICAT, GWICHA, GWICHAL, se plaindre, gémir, crier en gémissant comme les petits enfans, les poussins, &c. *Gwicharan*, criard, qui crie & se plaint souvent & sans sujet. B. Voyez *Gwichio*.
GWICH, bruit perçant, bruit aigu. G.
GWICHAP, éviter, prendre garde. B.
GWICHELL T GOG. Davies n'explique point ce mot. *Cog* signifie cuisinier ; ainsi en faisant venir *Gwichell* de *Gwichaff*, je croirois que ce mot signifie l'endroit où le cuisinier cache ses viandes pour les mettre à couvert des chats. Voyez *Guich*, *Gwichiad*.
GWICHER. Voyez *Gwiber*.
GWICHET, la moitié supérieure d'une porte qui s'ouvre en deux parties, l'une haute & l'autre basse. On donne aussi ce nom à une espèce d'armoire pratiquée dans l'épaisseur du mur. Après l'article *Ar*, on dit *Wichet* ou *Hwichet*. B. Dans le Maine on dit *Huisset* pour une demi porte : c'est comme le diminutif d'*Huis*, porte. On dit encore *Guichet* pour petite porte de prison, & Richelet a marqué *Guichet*, fenêtre d'armoire. *Wicket* en Anglois & en Flamand, petite porte, petite ouverture. *Huys* vient de *Hwich* qui est la prononciation de *Gwich* après l'article.
GWICHET, petite porte de derrière. B.
GWICHIAD, escargot, limaçon. B.
GWICHIEDIG, qui fait du bruit, qui craque, qui fait un bruit aigre, qui fait un bruit perçant. G.
GWICHIO, faire un bruit perçant, faire un bruit aigu, faire du bruit. G.
GWICHLAIS, bruit aigre, bruit perçant, bruit éclatant. G.
GWICHLEISIO, faire un bruit aigre, faire un bruit perçant, craquer, craqueter, faire du bruit, mugir. G.

GWID, prompt, leger, dispos. Voyez *Esgwid*, *Gwidre*.
GWIDDEC, qui sçait. B.
GWIDDIEN, racine. B.
GWIDDOG, remarquable. G.
GWIDDON, géant, géante. G. De *Gwys* ; *Don*, grand, haut, élevé.
GWIDDON, sorcière, femme qui donne des maléfices. G. *Gwi* de *Guen*, en composition *Gwei*, mal, dommage, *Dawn* ou *Don*, don.
GWIDER, verre. G.
GWIDI, sauvage. G. De *Gwydd*.
GWIDILUS, tortu, entortillé, & au sens figuré ambigu, qui n'est pas franc en ses paroles. B. Voyez *Gwe*.
GWIDN, blanc, pâle. C. Voyez *Gwin*.
GWIDOROC, GWIDOROC'H, dernier né tant des hommes que des bêtes & particulièrement des petits d'une truie. B. *Guidor* est le même.
GWIDRE, prononcez *Gwidré*, malice ingénieuse, espiéglerie, tour malicieux, ruse, activité, industrie, adresse, subtilité. B. Voyez *Gwid*.
GWIF, sauvage. B. De *Gwig*, bois ; *Fa*, demeure.
GWIF, vindas, cabestan, guindeau, virevaut, levier, rouleaux sur lesquels on transporte de pesans fardeaux, singe. G.
GWIFIAU, pluriel de *Gwif*, rouleaux sur lesquels on transporte de pesans fardeaux. G.
GWIFL, soliveau. On prononce *Gwinfl* en Cornouaille. B.
GWIFR, fil d'airain. G. *Gwi* de *Gwe*, fil ; *Fr* de *Prés*, airain.
GWIG, forêt. G. De là *Gwic*, *Gwis*, *Gwi*, *Cwic*, *Cwis* par la substitution réciproque de ces lettres. Voyez *Aru*.
GWIGFA, forêt. G.
GWIGNEL, hirondelle. B. C'est *Gwennli*.
GWIGNEN, aubour. B. De *Gwynn*, blanc, comme *Alburnum*, qui est le terme Latin, vient d'*Albus*.
GWIGOURA, CHOURICAT, faire du bruit comme une porte dont les gonds sont rouillés, & comme une charrette dont l'essieu n'est pas graissé. B. Voyez *Cogor*.
GWIGYN, sauvage, qui vit dans les bois. G.
GWIHAN, pervenche plante. C.
GWIL, GWILFF, GWILOG, jument. G. Il paroit par *Gwilwst*, que *Gwil* a signifié cheval des deux genres.
GWIL. Voyez *Ysfwil*.
GWILI, lit. C.
GWILIAD, sentinelle, vedette, guet. G. *Gwilio*.
GWILIADWRIARTH, veille, veillée, action de veiller, la disposition à veiller, garde, guet, patrouille, sentinelle. G.
GWILIADWRUS, GWILIADWRIS, qui veille, qui veille presque toujours, qui veille toujours, qui ne dort point, attentif. G.
GWILIAID, garde, gardes, guet, patrouille, sentinelle. G. Voyez *Gwilio*.
GWILIAT, danses, divertissemens. B.
GWILIED, veiller, s'éveiller, ne dormir pas, garder, veiller à la conservation. G.
GWILIO, voir. G.
GWILIO, GWILIAID, les mêmes que *Gwylio*. G.
GWILIOUT, GULVOUT, accouchement, enfantement ; *Gwiliondi*, accoucher, enfanter. B. Voyez *Gwelevout*.
GWILIWR, sentinelle, vedette, guet, garde, gardien. G.

GWILL, GWILLIAD, coureur de nuit, vagabond. G. De Gwyll. Davies. De là le vieux mot François Vilotier, coureur, errant, vagabond.

GWILL. On voit par l'article précédent, par Gwilliad, par Gwillmer, que Gwill a signifié voleur. De là il a été étendu à signifier trompeur, ainsi qu'on le voit par Guillator, par Guille, qui en vieux François signifient tromperie; Guiller, tromper; Guillon & Villon, trompeur; Beguiler en Anglois, tromper. Voyez Guillator, & Gwyll, qui est le même que Gwill.

GWILLASTREN, menue branche de chêne toute verte pour servir de houssine. B. Gwial Glastren.

GWILLIAD, ravisseur de bétail. G.

GWILLIAD. Voyez Gwill.

GWILLIOURI, être friand, aimer & rechercher avec empressement les bons morceaux, les friandises. B.

GWILLMER, c'est-à-dire, Gwillmyr, dit Davies, pirate. G. De Gwill, vagabond; Myr, mer, dit Davies. Il me semble que l'étymologie de Davies ne rend pas le sens du mot, & qu'il seroit mieux de la tirer de Gwill, voleur. Mer signifie mer comme Myr.

GWILOG, jument. G. Guyl, cheval en Flamand.

GWILWST, cheval.

GWILWYR, garde, gardes, guet, sentinelle, officier ou soldat qui fait la ronde, archer du guet. G.

GWILYM, espèce d'oiseau. G.

GWIMMON, le même que Gwmmon. G.

GWIMPL, voile de femme, guimpe. B.

GWIN, clair, plein du lumière, lumineux, agréable. G. Voyez Gwen, & Gwin Ar Taf, & Adwyn.

GWIN, (monosyllabe) vin. G. B. On a dit Win comme Gwin, ainsi qu'on le voit par Winwydden. Vini dans les Tables Eugubines; Ghbuino en Géorgien; Kini en Arménien; Oinos en Grec; Jajin en Hébreu; Vainon en Arabe; Jon en Indien & en Éthiopien; Vinum en Latin; Vino en Italien & en Espagnol; Wein en Allemand, en Gothique & en Flamand; Unin en ancien Saxon & en Théuton; Vijn en Danois; Wyne en Anglois; Vinu en Esclavon; Vino en Dalmatien; Wino en Bohémien & en Lusatien; Winne en Polonois; Ibuna, prononcez Ibyna en Crétois; Weyna en Venède; Wiina en Finlandois; Wiin en Suédois; Zin en Tartare du Thibet; Vin en François, vin.

GWIN, GWHIN, GOUCHIN, COUCHIN, gaine, fourreau, étui d'épée & de couteau; Gwhina, engainer; Diwina, Dihwhina, dégainer. B. Voyez Gwain.

GWIN, blanc. C.

GWIN AR TAF, maison blanche près du Taf. G. Remarquez que le substantif maison est sous-entendu.

GWIN-FEL, vin miellé. G. Fel de Mel.

GWIN-GAR, qui aime le vin. G.

GWIN-WETF, pressoir. G. Gwin, vin; Gwryf doit donc signifier pressoir.

GWINAU, bay, brun, tirant sur le noir. G.

GWINCADEN. Voyez Gwingal.

GWINCAL. Voyez Gwingal.

GWINDASE, machine propre à élever ce qui est trop pesant; en François Guindal. B.

GWINDY, cabaret, taverne, lieu où l'on vend le vin. G.

GWINE, bleu. G.

GWINEDU, sombre, brun. G.

GWINEGR, vinaigre. G. B. Gwin. Egr.

GWINEDRFWYD, tout mets apprêté avec du vinaigre. G. De Bwyd.

GWINEU, de couleur baye ou brune, sombre, brun, noirâtre, ténébreux, hâlé. G.

GWINEU-LAS, bay. G.

GWINEUDDU, sombre, brun, noirâtre, ténébreux, hâlé. G.

GWINEUGOCH, d'un rouge éclatant, d'un rouge d'écarlate, de couleur baye ou brune, brun roux. G.

GWINEULWYD, noir, noirâtre. G. Llwyd.

GWINEUO, obscurcir, brunir, rendre noir ou ténébreux. G.

GWINGAFN, pressoir. G. De Cafn.

GWINGAL, GWINWAL, mouvoir, remuer, agiter, ébranler. Le 1. uveau Dictionnaire Breton porte Gwincal, ruer; Gwincaden, ruade; item regimber; Gwingal Ar Ben, remuer la tête. Il y a des Bretons qui prononcent Wangal & Wingal pour Gwangal & Gwingal, & expriment par là l'ébranlement des cloches en tintant, sonnant ou carillonnant. B. Voyez Gwingo.

GWINGAL AN LAGAD, cligner les yeux, clignoter. G.

GWINGAL AN PEN, s'abaisser sur ses jambes s'accroupir. G.

GWINGO, ruer, regimber, donner des coups de pied, se mouvoir, s'agiter, se remuer souvent. G.

GWINGOG, qui rue, qui regimbe, qui donne du pied, qui jette par terre, qui renverse, qui bronche en marchant parlant d'un cheval. G.

GWINIDOG-TY, serviteur.

GWINIEN, vigne sans distinction de l'arbre & du territoire dit vignoble. B. Je crois que Gwinien a d'abord signifié le cep qui produit le raisin, & qu'il est formé de Gwin, vin, & Guen ou Gen, arbre. L'i & le g se mettant l'un pour l'autre, on aura dit Gwinien; on aura ensuite étendu ce mot à signifier vignoble.

GWINIS, froment; Ur-Gwinisen, un seul grain de bled. On dit aussi Guinith, froment. B. Voyez Gwenith.

GWINISEC, champ semé de froment. B.

GWINLAN, vigne. G.

GWINLESTR, bouteille. G. Llestr.

GWINLLANN, plan de vigne, vigne. G.

GWINLLANNWR, vigneron. G.

GWINLLYD, vineux. G.

GWINNOG, venteux. G. Gwynt.

GWINOE, sombre, brun. G.

GWINOEN, WINOEN, GWINOEN E TAL AL LAGAT, fistule lacrymale. B.

GWINSANG, pressoir. G. Sang.

GWINT doit signifier élévation, haussement, dit Dom Le Pelletier, puisque l'on dit Gwinta, lever, élever, hausser. De plus on dit Pore Gwint, pont levis, pont qui se leve. On dit même communément Gwin-A-Ra, il hausse, il leve, il se hausse, il s'éleve; mot à mot, il fait élévation. Gwinta au sens figuré signifie ôter du monde, tuer, (de medio tollere en Latin) enlever, ravir. B. Voyez Cwynnu. De là Guinder, Guindal, Guindas, Guindeau, Guindant en François. Voyez Gwindask.

GWINTAS, souliers élevés, chaussure élevée, sandale, pantoufle, escarpins. G. Gwint signifie élevé. Voyez Guint, Gwinal. On trouve aussi dans un Dictionnaire Gallois Gwintas, soulier.

GWINVAL, le même que Gwingal. B.

GWINWAL. Voyez Gwingal.

GWINWASGREN, pressoir. G. Gwasgu, Pres.

GWINWASGWR, celui qui conduit le pressoir. G.
GWINWA, vigneron. G.
GWINWYD, singulier Gwinwydden, cep de vigne. G.
GWINWYDDEN, vigne. G.
GWIO, dans la description d'Irlande faite par Gyraldi, Gallois, dans le douzième siécle, goujon. De Gwion, blanc.
GWION, blanc, blanchâtre. G.
GWIPAA, GWIPAAT, GWIPAT, aigrir, aigri, aigre; Laet Gwipat, lait aigre, tourné, caillé, fermenté sous la crême. B. Voyez Chwibl.
GWIPIA, le même que Gwepia. G.
GWIPPA, bouche, face, visage. G.
GWIR, homme. De là Vir en Latin; Veir, hommes dans les Tables Eugubines; Virum, homme en Étrusque; Air en Arménien; Er en Turc; Aior en Scythe; Var en Gothique; Wer en ancien Saxon, homme. Voyez Gwr & Er.
GWIR, pluriel de Gwr, homme.
GWIR, vérité, vrai, droit. G. Verus en Latin; Vero en Italien; Verdado en Espagnol; Waerachtich en Flamand; Warhafftig en Allemand, vrai.
GWIR, (monosyllabe) vrai, véritable, fidéle, juste, droit, sincére, équitable; Gwirion, le même; & servant d'adverbe, il signifie vraiment, véritablement; Gwirionez, vérité, sincérité, équité, justice, droiture morale. B. De là Verus & Merus en Latin. L'm & l'v se substituant mutuellement, on a dit Veir pour Vrai en vieux François; Wahr en Allemand, vrai, & Unar en Théuton.
GWIR, justice. Voyez Enwir. Viram, loi en Talenga.
GWIR, fidéle. Voyez Cywir. Wire, fidélité en Persan.
GWIRAG, GWIREG, GWIREUG, GWIROG, nom possessif qui exprime celui qui a, ou qui est ce que le primitif Gwir signifie. B.
GWIRAIN, vérité. Voyez Digrain.
GWIRAIR, sincérité, amour du vrai, discours véritable, paroles sincéres, véritable, sincére, qui ne ment point, étymologie. G.
GWIRAWD, le même que Gwirod. G.
GWIRAWDLYN, boisson. G.
GWIREDD, GWIRIONEDD, vérité; G. B. chez les anciens Gallois, justice. G.
GWIREDIC. Voyez Gwiridic.
GWIRFOD, O WIRFOD, volontiers, de bon cœur. G.
GWIRGAR, qui aime la vérité. G.
GWIRHAU, vérifier. G.
GWIRI, chauffer, échauffer, mettre le feu dans le four, échauffer les œufs en les couvant pour la production de l'espèce. B. Voyez Gor.
GWIRIAD, affirmation. G.
GWIRIDIC, GORIDIC, plaintif, qui se plaint pour peu de mal, trop sensible, délicat, foible, fragile. Gwiredic, Gwiridic marquent un petit oiseau sortant de la coque. B. Voyez Gwiri.
GWIRIN, maladie causée par les vers. G.
GWIRIO, affirmer, vérifier, assurer. G.
GWIRION, innocent; chez les anciens Gallois, juste. G.
GWIRION, sans malice. G.
GWIRIONDEB, innocence, éloignement de tout crime, état d'un homme qui est sans malice. G.
GWIRIONEDD. Voyez Gwiredd.
GWIRIONFFOL, simple, qui n'a pas de génie. G.
GWIRLAFARIAD, qui dit vrai. G.
GWIRO, courber. G.

GWIROD, boisson. Il se prend ordinairement pour boisson, & festin ou repas où plusieurs se réjouissent. G.
GWIS, GWISG, vêtement, habit, le vêtement. G.
GWIS. Voyez Gwig.
GWIS-GOA, vêtu d'écarlate. G. Gwis, vêtu; Gra écarlate.
GWISCA, vêtir, habiller; Gwiscamant, habillement, vêtement; Diwisca, deshabiller. B.
GWISG. Voyez Gwis.
GWISGAD, le vêtement. B.
GWISGAD, action de s'habiller. G.
GWISGAD, tout ce qui sert à couvrir le corps, comme habit, robe, manteau, voile, &c. G.
GWISGAD, action de broyer, de piler, d'écraser. G. Voyez Gwisgo.
GWISGADUR, chaussure. G.
GWISGADUR, vêtement. G.
GWISGDDU, habillé de noir. G.
GWISGI, mûr, prêt, prompt, facile. On emploie ce mot pour les noix mûres lorsqu'on les dépouille aisément de leurs coques, d'une épée qui se tire aisément, d'un homme qui fait quelque chose adroitement & diligemment. G.
GWISGIO, ôter les noix de leur coque, ôter une épée de son fourreau. G.
GWISGLAES, robe. G.
GWISGO, habiller, vêtir. G. B. Gwisg.
GWISGO, vêtir d'une tunique. G.
GWISGO, frotter contre, user en frottant, perdre son poil, devenir ras, montrer les cordes, devenir vieux. G.
GWISGO, porter. G.
GWISGO, orner. Voyez Amwisgo.
GWISPER, nèfle, néflier. On dit aussi Mesper. B.
GWIT, prompt, leger, dispos. Voyez Esgwid.
GWITH, petite isle. G.
GWITHIG, agréable, beau, bien mis, bien fait. Voyez Tmwithig & Gwych.
GWITIBUNAN, GUITIBUNAN, GUYTEROTAN, GUYTEROMTAM, chacun, un chacun, tous. Gutebetam, généralement. B.
GWITOT LEAH, lait clair, petit lait. B.
GWITR, verre. Voyez Gwitrin.
GWITRAC. UR WITRAC, un certain petit oiseau ainsi nommé parce qu'il forme ce son en criant. B.
GWITRIN, de verre. G.
GWIW, digne; Nid Gwiw, il ne sert de rien. G.
GWIW, utile, avantageux, bon. G. Voyez Guiw, qui est le même mot. On peut aussi prononcer Guio.
GWIWAIR, l'animal appellé en Latin Viverra, qu'on croit être le furet. G. Viverra; de Gwiwair.
GWIWBARCH, honorable, vénérable, honoré. G.
GWIWDEB, dignité, excellence, élévation, prééminence. G.
GWIWDLWS, joli, mignon, élégant, poli, bien fait, bien tourné, bien mis, très-poli, très-bien mis. G.
GWIWDRAUL, prodigue. G.
GWIWFAUL, louable. G.
GWIWGAMP, victoire remportée dans les cinq exercices de la lutte, du saut, de la course, du pugilat & du jet du disque, excellence, prééminence, élévation, action de vertu, action pleine de droiture. G.
GWIWGLOD, louable. G.
GWIWGOF, digne de mémoire. G.
GWIWGRYF, très-fort. G.
GWIWGWYN, déplorable. G.

GWIWNE.

GWI. GWN.

GWIWNE, le même que Gws. G.
GWIWO, sécher, devenir sec. G.
GWIWOUT, chevrefeuille. B.
GWIWRRYW, noble, de condition. G.
GWL. Voyez Bal. G.
GWLAD, village. G. C.
GWLAD, pays, contrée, province. G. Galah en Hébreu, habiter.
GWLAD, terre, patrie; Gwlad-Yn, patrie. G.
GWLAD, ville. Voyez Cywlad.
GWLADAIDD, rustique, champêtre, de paysan, de la campagne, incivil, qui a de la pudeur, qui rougit, qui a de la honte, qui a de la retenue, qui a une honnête honte. G.
GWLADEDD, barbare. I.
GWLADEIDD-DRA, GWLADEIDDRWYDD, rusticité, grossiéreté, pudeur, honnête honte. G.
GWLADIDDIO, rougir, avoir de la pudeur, avoir de la retenue, avoir une honnête honte, être honteux, avoir honte. G.
GWLADEIDDRWYDD. Voyez Gwladeidd-Dra.
GWLADOG, rustique, champêtre, du pays. G.
GWLADWAHARDD, exilé. G.
GWLADWARE..., exilé. G.
GWLADWR, du pays, qui gouverne le pays. G.
GWLADWRIAETH, gouvernement, republique. G.
GWLADYCHIAD, royauté. G.
GWLADYCHU, règner, gouverner un pays, demeurer en quelque pays. G.
GWLADYDDU, le même que Gwladychu. G.
GWLADYDDU, rougir. G.
GWLAN, laine. G. B. Lenos en Grec commun; Lanos en dialecte Dorique; Lana en Latin & en Espagnol, laine. Le Gw initial, qui est le même que le G, se perd également. On voit par Gwlanbren que Gwlan signifie aussi coton.
GWLAN-GROEN, toison. I.
GWLANBREN, cotonnier. G. Pren, arbre.
GWLANEN, drap délié, clair, leger, peu serré. G.
GWLANEN, synonime de Tenllif. G.
GWLANOG, laineux, qui a de la laine. G.
GWLANWR, qui apprête les laines, lainier. G.
GWLAT, le même que Gwlad. G.
GWLED, festin. G.
GWLEDDA, faire un festin, être à un festin, faire debauche. G.
GWLEDDFA, lieu où l'on faisoit collation. G.
GWLEDDOEDD, festin de corps, festin de compagnie, festin dont le jour est réglé. G.
GWLEDDWR, qui fait un festin, qui aime les festins. G.
GWLEDIG, rustique, champêtre, grossier, paysan, de paysan, de la campagne. Ce mot signifie aussi Seigneur, & quelquefois encore Roi, Gouverneur, Commandant de Province. G.
GWLEDYCH, royaume, administration, gouvernement. G.
GWLEIDDIADON, les habitans du pays, de la contrée G.
GWLENIG, qui a de la laine, laineux. G.
GWLENYN, petit floccon de laine. G.
GWLIF, GWLIW, entaille, cran : Il se dit des crans ces arcs & des fleches. Voyez Golf.
GWLITH, petite peau qui couvre le grain. G.
GWLITH, rosée. G. B. Gw, Go ; Lith, eau.
GWLITHEN, filou qui dérobe adroitement. G.
GWLITHLAW, legère aspersion. goutte. G.
GWLITHO, verbe qui marque la chûte de la rosée. G.

GWLITHOG, de rosée. G.
GWLITHYN, goutte de rosée. G.
GWLIWYD. A GWLIWYD, rejetté, qu'on rejette. G. De Cwlio.
GWLW. Voyez Gwlf.
GWLYB, humide, trempé, mouillé, liquide. G. B. Guleb en Arabe, boisson.
GWLYB, marécageux, naturellement humide. G.
GWLYB, liqueur. G.
GWLYB-HIN, pluie. G.
GWLYBANIAETH, humidité liqueur. liquidité. G.
GWLYBHAU, humecter, arroser, tremper, mouiller. G.
GWLYBIO, mouiller, être mouillé, tremper, être trempé, humecter, être humide. G.
GWLYBWR, humidité, liquidité, liqueur, humeur, suc. G.
GWLYBYROG, humide, qui cause de l'humidité, pluvieux. G.
GWLYCH, toutes sortes de sauces. G.
GWLYCH, action de mouiller, action de tremper, liqueur. G.
GWLYCHIAD, arrosement. G.
GWLYCHU, mouiller, être mouillé, tremper, être trempé, humecter, être humide, liquéfier. G.
GWLYDD, herbe. G. Gw paroit ici superflu, parce que Llys signifie herbe.
GWLYDD, doux, debonnaire, mot fréquent chez les anciens Gallois : C'est le terme opposé à Garw. G.
GWLYDD, mouron, mors de poule plante. G.
GWLYDD MAIR, mouron rouge. G.
GWLYDD Y GEIFR. Davies n'explique pas cette plante. Son nom Gallois signifie herbe de chevres, ou mouron de chevres.
GWLYDDEIDDIO, devenir moite, devenir humide, humecter, être humide, tremper, mouiller, dégoutter de sueur, jetter une liqueur goutte à goutte comme en suant. G.
GWLYPPAU, arroser. G. Voyez Gwlyb.
GWM, gomme. G. Gummi en Latin, en Allemand, en Polonois; Kommi en Grec; Gomma en Italien; Goma en Espagnol; Gumme en Flamand & en Anglois; Gomme en François, gomme.
GWM, le même que Cwm & Swm. Voyez Aru.
GWMMON, GWMMUN, GWIMMON, algue, goémon, mauvaise herbe qui est sur la mer. G.
GWMPASGRON I FERCH, sorte de robe de chambre trainante à l'usage des femmes.
GWN, union, G. & par conséquent avec, joignant, touchant. Voyez Gan.
GWN, robe. G. Gonne en Anglois, robe; Gonna, Gonella en Italien, robe de femme; Schugna en Lusatien, tunique; Sukne en Bohémien; Suknia en Polonois; Gnant en Carniolois, habit. Voyez Guna.
GWN, le même que Cwn. Voyez Aru.
GWN, le même que Gwyn. Voyez Gwnned & Gwnnon.
GWNA, robe. G. Voyez Guna, Gunna.
GWNA, sont troisième personne du plurier de faire. G. De Gwneuthur.
GWNADDOEDD, a fait. G.
GWNAETH, a fait. G.
GWNAETHANT, ont fait. G.
GWNAETHUM, ai fait. G.
GWNEDD, honneur, gloire, selon Llyn & Thomas Guillaume, Auteurs Gallois; faire, selon Davies. G. Conservez les deux sens. Voyez Ankeler.

GWN.

GWNEDDWYF, ai fait. G.
GWNEDDWYNT, ont fait. G.
GWNEDDYW, a fait. G.
GWNEITHUR, le même que *Gwneuthur*. G.
GWNEITHURWR, qui fait, qui agit. G.
GWNEL, fait troisième personne du verbe faire. G.
GWNER, ruisseau. C. *Gw*, petit; *Ner*, rivière.
GWNEUTHUD, le même que *Gwneuthur*. G.
GWNEUTHUR, faire, créer, construire, bâtir, édifier, façonner, donner la forme, donner le tour, s'employer avec soin. G.
GWNEUTHUREDIG, fait. G.
GWNEUTHURIAD, action de faire quelque chose, création, composition, confection, ouvrage, besogne, travail d'un artisan, conformation, exercice, occupation, construction, boutique, administration, maniment. G.
GWNEUTHURWR, créateur, faiseur, auteur, fondateur, ouvrier, artisan, qui forme, qui façonne. G.
GWNI, GWNIAD, couture. G.
GWNIADFERCH, couturière. G.
GWNIADUR, doigtier, dé à coudre. G.
GWNIADWRAIG, couturière. G.
GWNIEDIG, cousu. G.
GWNIEDIGAETH, métier de couturier. G.
GWNIEDYDD, couturier. G.
GWNIO, coudre. G.
GWNN, sçais à la première personne. G.
GWNNOD, pour *Gwynnod*, petit lait. G. *Gwn* pour *Gwyn*, blanc. Voyez l'article suivant.
GWNNON pour *Gwynnon*, bois blancs & secs propres à brûler. G. De *Gwyn*, blanc.
GWOBAITH, le même que *Gobaith*, parce que les anciens Gallois, dit Davies, écrivoient presque toujours par *Gwo* ce que les modernes écrivent par *Go*. G.
GWOBER, le même que *Gober*. G.
GWOBER, récompense, prix. G.
GWOBR, récompense, prix. G.
GWOBRI, récompenser, gagner, faire gagner. G.
GWODRUDD, le même que *Godrudd*. G.
GWOERGLODD, pré. G. *Gwoer* par conséquent le même que *Gwair*. Voyez *Gwairglodd*.
GWOETH, richesses, biens, abondance. Voyez *Cywoeth*.
GWOG, marais mouvant, marais. G.
GWOGR, mouvement, agitation des flots. G.
GWOHEN, obliquité. G.
GWOLO, richesses. Davies dit qu'il croit que ce mot signifie ce qui est utile, utilité, commodité, être utile, profiter. G. Voyez *Ankeler*.
GWOROD, descente. G.
GWOSGO, oblique, obliquité. G. *Osgo* signifiant la même chose, *Gw* est ici superflu.
GWOSGRYN. Voyez *Gosgryn*.
GWOUDAIR, mot piquant, raillerie, brocard, ironie, plaisanterie, mot plaisant. G.
GWOWDIAITH, ironie. G.
GWOWDIN, moqueur, railleur, piquant. G.
GWOWDIO, se moquer, se railler, bouffonner, plaisanter. G.
GWOWDIWR, railleur, piquant, moqueur. G.
GWOWDYDD, panégyriste. G.
GWP, courbe. G.
GWP, bec. G.
GWR, homme. G. B. C. Voyez *Ur*, *Wr*.
GWR, homme, mâle. G. *Jure* en Tartare Mogol & Calmoucq, homme. Voyez *Ur*, *Wr*.
GWR, fort, brave. G. Voyez *Gour*. *Pigori*, robuste

GWR.

en Cophte; *Pi*, article; *Vu* en Chinois, vaillant, courageux; *Hur* en Tartare du Thibet, fort; *Curd*, fort, vaillant en Turc.
GWR, être sur les œufs, les couver. I. Voyez *Gur*, *Gor*.
GWR, mari, époux. C.
GWR, petit. Voyez *Gwrthaft*.
GWR, coup. Voyez *Gwiffon*, *Cwr* & l'article suivant.
GWR, action de battre, d'attaquer, impétuosité, courage, force. Voyez *Twwr*.
GWR, le même que *Cwr*, *Swr*, *Wr*. Voyez *Arn*.
GWR-AFR, bouc. G.
GWR-DA, homme bien mis. G. *Gwr*, homme; *Da* par conséquent bien mis.
GWR-EANG, affranchi. G.
GWR-MAWR, grand de l'État. G.
GWR-NÔD, homme de marque, homme noble. G.
GWR-PWYS, époux. G.
GWR-RHIF, homme enrôlé pour la milice, homme du peuple. G.
GWR-WRAIG, hermaphrodite. G.
GWR-TVANC, jeune homme. G. Voyez *Jeuang*.
GWRA, se marier, prendre un mari. G.
GWRAB, singe. G.
GWRACH, vieille femme; pluriel *Gwrachion*. G. B.
GWRACH Y LLUDW, cloporte. G.
GWRACHAN, petite vieille femme. G.
GWRACHIAID, de vieille, qui concerne les vieilles. G.
GWRACHIEIDDRWYDD, vieillesse de femme. G.
GWRADNAN, corbeau. C.
GWRADWYDD. Voyez *Gwaradwydd*.
GWRADWYDDO, deshonorer. G.
GWRADWYDDUS, qui deshonore, qui est honteux, qui est digne d'être rebuté, qui est digne d'être rejetté. G.
GWRAF pour *Gwrolaf*. G.
GWRAFUN pour *Gorafun*. G.
GWRAGEDACH, femme méprisable. G.
GWRAGEDDWR, adonné aux femmes, adultére, débauché à l'égard des femmes, qui suit les ordres d'une femme. G.
GWRAGEDHOS, femme méprisable. G.
GWRAGEIDDRWYDD, passion violente pour les femmes. G.
GWRAGEIDIO, efféminer. G.
GWRAGEN, courbe, courbure. G.
GWRAH, vieille. G. C.
GWRAID, viril, mâle. G.
GWRAIDD, pluriel de *Gwreiddyn*. G. B.
GWRAIDD, fort. G.
GWRAIDDBENNIOG, bulbeux. G.
GWRAIG, femme, épouse; pluriel *Gwragedd*. G. B. C.
GWRAIG, matrone. G.
GWRAIG-PWYS, épouse. G.
GWRAIGEIDDIO, s'efféminer. G.
GWRAINT, singulier *Gwreinyn*, vermisseau, tigne, dartre vive, gratelle, feu volage, pou. G.
GWRAL, ambre. B.
GWRANDAWIAD, auditoire. G.
GWRANDAWLLE, auditoire, sale d'audience. G.
GWRANDAWR, auditeur, écoutant. G.
GWRANDO, écouter, ouïr, être attentif, *holho* approchez, écoutez. G.
GWRANG, homme libre. G. Voyez *Gwr Eang*.
GWRAWL, mâle. G.
GWRCATH, chat. G.
GWRD, dur, roide. C. Voyez *Geurd*.

GWR.

GWRDA, grand d'un État, homme de distinction, homme du premier rang. G. *Gwr Da.*
GWRDAAETH. Voyez *Gwrdaeth.*
GWRDAAIDD, dominant. G.
GWRDAETH, GWRDAAETH, domination, pouvoir, autorité, état d'un grand, état d'un des principaux d'une Ville, d'un État, état d'un grand seigneur. G.
GWRDD, fort, robuste, vaillant, courageux, viril, mâle. G. Voyez *Gwrd*, *Gourdd.*
GWRDDFAN, fort & grand. G. *Fan de Ban.*
GWRDDLING, GWRLING, mieux *Gwyrdding* ou *Gwyrddling*, mirthe sauvage. G.
GWRECHIG, naine. G.
GWREDA, racine. C.
GWREDD, virilité. Voyez *Hywredd.*
GWREDDAN, racine. C.
GWREG, épouse. C.
GWREGYS, ceinture, bande, bandage. On lit aussi *Gweregys* G. Voyez *Gouriz.*
GWREGYSIAD, ceinture. G.
GWREGYSU, ceindre, mettre une ceinture. G.
GWREGYSWR, faiseur de ceintures. G.
GWREIC, âge de puberté, puberté. G.
GWREICCA, prendre femme. G.
GWREICDRA, état de femme. G.
GWREICHION ; au singulier *Gwreichionen*, étincelle, braise, cendres rouges de feu, petit feu : il se dit aussi *Gwreichion* au singulier. G. Ce mot vient, dit Davies, de *Goruchion*, météore. Davies auroit dû remarquer que *Goruchion* est formé de *Gor Uchion* pour *Uch*. Il est plus naturel de le faire venir de *Gwres.*
GWREICHIONEN. Voyez *Gwreichion.*
GWREICHIONI, étinceller. G.
GWREICHIONIAD, étincellement. G.
GWREICTRA, état de femme. G.
GWREIDD-DRA, virilité, air ou contenance mâle, ferme, courageuse. G.
GWREIDDIACH, filets qui tiennent aux racines des plantes. G.
GWREIDDIO, prendre racine, pousser des racines, enraciner, être enraciné. G.
GWREIDDIOG, qui a beaucoup de racines. G.
GWREIDDIOL, radical ; *Pechod Gwreiddiol*, péché originel. G.
GWREIDDRUDD, Y WREIDDRUDD, garance plante. G.
GWREIDDRWYDD, force, virilité. G.
GWREIDDYN, racine, souche; plurier *Gwraidd.* G. B.
GWREIDWYCH, vigoureux, brave, vaillant, courageux, fort. G.
GWREIGAIDD, de femme, féminin, efféminé, un peu mou, qui suit les ordres d'une femme. G.
GWREIGAN, petite femme, petite épouse, naine. G.
GWREIGAWL, de femme, féminin, qui suit les ordres d'une femme. G.
GWREIGDDA, femme de qualité, de distinction. G *Da.*
GWREIGEIDD-DRA, état de femme. G.
GWREIGEIDDIO, rendre efféminé. G.
GWREIGFARDD, femme qui fait des vers. G. *Bardd.*
GWREIGIOG, marié. G.
GWREIGNITH, petite femme, petite épouse, femme, épouse, femelle. G. *Gwraig*, femme ; *Nith* par conséquent petite.
GWREIGOED, femme. G
GWREIGTY, appartement de femmes. G.

GWI.

GWREINYN, tigne ver. G.
GWRENG, hommes qui sont sous la conduite d'officiers municipaux, hommes du peuple, hommes du plus bas rang. T *Gwreng*, canaille. G.
GWRENG, le même que *Gwrang.* G.
GWRENGYN, diminutif de *Gwreng.* G.
GWRES, ardeur, chaleur, tiedeur ; *Haint Gwres*, fièvre ardente. G. Il signifie aussi brûler. Voyez *Tragwres.* Il faut prendre ce mot au propre & au figuré. Voyez *Bres*, *Berw*. Le *g* & le *c* se mettant l'un pour l'autre, on a dit *Cwres* comme *Gwres* ; de là *Courroux* en François. Le *g* initial s'omettant, on a dit *Wres* ou *Oures*, d'où est venu *Aoureer* en vieux François, se jetter sur quelqu'un avec feu, avec impétuosité, avec colère. D *W. es*, *Uro*, *Ira* Latins *Gwres* est le même que *Gor*, *Gore*, l'*w* se prononçant en *o.* Ainsi *Gwres*, *Cwres* a signifié rouge, jaune comme *Gor.* De *Cwres* est venu écureuil François ; *Sciurrus* Latin. Ce petit animal est d'un poil rouge. *Cur* en Hébreu, *Gwreng*; *Surur* en Étrusque, bruler ; *Giures* en Turc, combat ; *Agurtua* en Basque, brûlé, desséché ; brûler. (L's & le *e* se mettent l'un pour l'autre) *Gorjeti* en Esclavon, bruler ; *Goruuchi*, *Goruusti*, brûlant dans la même Langue ; *Wrath* en Anglois ; *Vrede* en Danois, colere ; *Gures* en Turc, soleil. Voyez *Ouria.* On appelle *Gaures* ou *Guebres* les restes des anciens Persans, adorateurs du feu. *Gwres* peut se prononcer *Gores* & *Gbres.* Voyez *Gwrid.*
GWRESOG, chaud, ardent, brûlant, bouillant. G. Voyez *Gwres.*
GWRESOG, bains chauds. G. On sous entend bains.
GWRESOGI, échauffer, être échauffé, s'échauffer, devenir ardent. G.
GWRESOWCDY, poêle, étuve. G.
GWRFFON, coup. G. Voyez *Cur.*
GWRFORWYN, hommasse, amazone. C.
GWRHAL, navire, esquif C.
GWRHAU, prendre un mari, se rendre à quelqu'un, se donner, faire hommage, promettre fidélité. G.
GWRHYD, brasse, aune mesure. G. B.
GWRHYDRI, virilité, valeur, courage, vigueur, air ou contenance mâle, forme, courageuse, pétulance, insolence. G. De *Gwr Hydr*, dit Davies, qui ajoûte que l'on lit aussi quelquefois *Gorhydri*, de *Gor* & *Hydr*. Il auroit dû ajoûter encore que *Gor* n'est qu'une prononciation de *Gwr.*
GWRIAL, agir en homme, choc d'hommes. G.
GWRIAWR, viril, mâle. G.
GWRID, rougeur proprement de visage. G.
GWRIDCOCH, rouge. G.
GWRIDO, rougir proprement de visage, rougir de honte, devenir rouge. G.
GWRIDOG, qui est rouge de visage. G. *Gorria* en Basque, rouge.
GWRIDOGI, le même que *Gwrido.* G.
GWRIEUANGC, jeune. G. *Ieuangc.*
GWRINGELL, mouvement fréquent. G.
GWRINGHELLU, remuer souvent. G.
GWRIO, battre, attaquer, être impétueux, être vaillant, être courageux, être brave, être fort. G.
GWRIOG, mariée. G.
GWRIOGAETH, hommage, promesse de fidélité, obligation d'un vassal envers un seigneur, action de se rendre. G. C.
GWRLING. Voyez *Gwrddling.* G.
GWRLLYS, serviteur. G.
GWRM, GWRUM, noir, noirâtre. G.
GWRNERTH, véronique mâle, l'herbe de Llywelyn, ainsi nommée de Llywelyn fils de Gwrneth. G.

GWR.

GWROGAETH, le même que Gwriogaeth. G.
GWROGAETHEDIG, soumis, sujet. G.
GWROL, viril, mâle. G.
GWROLAETH, virilité, force, vigueur, air ou contenance mâle, ferme, courageuse. G.
GWROLAF, superlatif de Gwrol. G.
GWROLDER, courage, force, vigueur, air ou contenance mâle, ferme, courageuse. G.
GWROLGAMPE, force, puissance. G.
GWROLIAETH, virilité, force. G.
GWROLWYCH, force, courage, sentiment mâle & généreux. G.
GWRON, héros. G. Gwr, homme; On doit donc signifier excellent; ce qui se prouve encore parce que Con en Gallois signifie excellent, principal. Les Gallois ôtoient ou mettoient indifféremment le c initial; une partie l'ôtoit, une autre le mettoit. (Voyez Aru.) D'ailleurs On en Basque signifie bon.
GWRR comme Cwrr, bord. Voyez Aru.
GWRAWYDD, mâle. C.
GWRRYW, mâle. G. Cwr Rhyw.
GWRTAITH, action d'engraisser la terre par le fumier, culture & tout ce qui rend les champs fertiles. G.
GWRTEDRYCH, jetter la vuë sur. G.
GWRTEITHIAD, action de fumer les champs. G.
GWRTEITHIO, fumer les champs, les rendre fertiles en les engraissant avec le fumier, en y mettant l'eau, en les engraissant de quelque manière que ce soit. G.
GWRTEITHIO CURANAU, adoucir ses bottines avec de l'huile. G.
GWRTH, commencement. G.
GWRTH, après. Il est en usage à présent en construction pour signifier par, & alors il perd son g initial. Gwrth en composition signifie contre, en arrière, par derrière, à rebours, à reculons. Ce même mot en composition signifie aussi la fréquence ou réitération. G. Voyez Wrth, qui est le même mot.
GWRTH, contraire. Voyez Gwrthrawd, Gwrthchwa, Gwrthcwyth. Gorthogad en Irlandois, nuire, incommoder.
GWRTH, avec. Voyez Gwrthchwaran. G.
GWRTH, bois substance de l'arbre, forêt. Voyez Gwrth-Aing, Gwrth-Hoel, Gwrthfil.
GWRTH, recourbé, courbé, courbe. Voyez Gwrthmin, &c.
GWRTH, prompt. Voyez Gwrthred. Voyez Gwrei.
GWRTH, mauvais. Voyez Gwrthnaws.
GWRTH, le même que Cwrth, Swrth, Wrth. Voyez Aru.
GWRTH-AING, coin de bois. G. De Gwrth Gaing, dit Davies. Gwrth signifie donc ici bois. Voyez Gwrth-Hoel.
GWRTH-HOEL, coin de bois. G. Hoel, coin; Gwrth signifie donc ici bois. Voyez Gwrth-Aing.
GWRTHAFL, étrier. G. Gwr, petite; Taft, table.
GWRTHAIR, antiphrase, contre-verité, contradiction. G.
GWRTHALLT, qui va en pente. G.
GWRTHALWAD, rappel. G. Gwrth Galwad.
GWRTHATTEB, répliquer, réplique. G.
GWRTHBAN, grosse couverture de lit faite de laine, couverture de lit, natte de paille ou de joncs. G. De là courte-pointo en François.
GWRTHBENNYN, petite natte. G.
GWRTHBETH, ce qui est opposé. G.

GWR.

GWRTHBETHAU, choses opposées, choses distinguées, qui sont différentes en quelque point sans être absolument opposées. G.
GWRTHBLAID, adversaire, ennemi. G. Plaid.
GWRTHBLYGU, replier. G. Plygu.
GWRTHBRAWF, réfutation. G.
GWRTHBROFI, réfuter. G.
GWRTHBWYTH, présent fait par reconnoissance, don réciproque, restitution, reddition, talion. G. Gwrth, itératif; Pwyth. Davies.
GWRTHCHWA, vent contraire. G.
GWRTHCHWARAU, se jouer avec. G.
GWRTHCHWYTH, vent contraire. G.
GWRTHCHWYTHU, souffler au contraire. G.
GWRTHDADLEU, réfuter. G.
GWRTHDAITH, retour, action d'aller en arrière. G.
GWRTHDARAW, refraper, rebattre. G. Taraw.
GWRTHDARAWIAD, répercussion, secousse réitérée, nouvel ébranlement, rappel. G.
GWRTHDARO, refraper, repousser en frapant. G.
GWRTHDADL, réfutation, contradiction. G.
GWRTHDADLEU, réfuter, reprendre, blâmer, faire des reproches, résister. G.
GWRTHDDIOLCH, récompense du bienfait reçu. G.
GWRTHDDRYCHIAD, visage. G.
GWRTHDDYWEDIAD, contradiction. G.
GWRTHDDYWEDYD, contredire, nier, demander l'établissement d'une loi qui en abroge une autre. G.
GWRTHDRENNYDD, communément Wrth Drennydd, avant-hier. G.
GWRTHDRIO, qui demeure derrière. G.
GWRTHDRO, inversion, renversement, retour, antistrophe, apostrophe. G.
GWRTHDROI, retourner à l'envers, détourner, renverser sur le dos, tourner vers, tourner de côté. G.
GWRTHDRYCH, figure, effigie, représentation, chose mise au-devant pour servir d'obstacle. G.
GWRTDRYCHIAD, représentation, image, effigie, figure, face, mine, air de visage, chose mise au-devant pour servir d'obstacle. G.
GWRTHDRYCHIO, présenter, rendre présent. G.
GWRTHDYWEDIORD, action de se récrier contre. G.
GWRTHDYWEDYD, crier contre, réclamer. G.
GWRTHDYWEDYDD, contredire. G.
GWRTHEB, opposer, répondre, réponse. G. Gwrth Eb. Davies.
GWRTHEHEDEG, voler contre, revenir en volant. G.
GWRTHEILLIO, ratisser. G.
GWRTHEIRIAU, répliques, contredits. G. Air.
GWRTHFACH, croc, crochet. G. Bach.
GWRTHFERU, GWRTHFRYD, restituer. G. Gwrth itératif; Feru, Feryd, Fryd, de Bern, Beryd, porter.
GWRTHFFRYDIO, se déborder. G. Ffrwd.
GWRTHFIL, bête sauvage. C. Fil, en composition pour Mil, bête; Gwrth par conséquent forêt. Voyez Gwyddfil, Gwrth-Aing, Cwrt-Hoel. Les mots qui en Celtique signifient bois substance de l'arbre, signifient aussi forêt. Voyez Coad, Coed, Den.
GWRTHFIN, croc, crochet. G. Fin de Min; Gwrth, recourbée. Voyez Gwrthmin.
GWRTHFUR, contre-mur. G.
GWRTHFURMUR, murmurer contre. G.
GWRTHFYN, le même que Derbyn, recevoir, accueillir. Il est opposé au terme Gwrthod, refuser, rejetter, réprouver, récuser. G.

GWRTHGAE

GWRTHGAE, action de fermer contre. G.
GWRTHGAMMU, recourber. G.
GWRTHGAN, antienne chant à deux chœurs, palinodie, désaveu. G.
GWRTHGANU, chanter de l'autre côté, chanter à l'opposite. G.
GWRTHGAU, fermer contre, boucher. G. Cau.
GWRTHGERDD, qui va à reculons. G. Cerdd.
GWRTHGIL, action de reculer en arrière. G.
GWRTGILIAD, action d'aller en arrière, de reculer en arrière, apostasie. G.
GWRTHGILIO, aller en arrière, aller à reculons. G.
GWRTHGIS, répercussion. G. Cis.
GWRTHGLAWD, tranchée. G. Clawd.
GWRTGODI, se lever, s'élever. G.
GWRTHGRI, réclamation, contradiction, action de se récrier contre. G. Cri.
GWRTHGRIST, antechrist. G.
GWRTHGRWYDR, action d'aller en arrière, qui va en arrière, qui va à reculons, course çà & là. G. Crwydr.
GWRTHGRYW, nasse instrument d'osier propre à pecher. G.
GWRTHGURO, refraper, rebattre. G. Curo.
GWRTHGWYMP, apostasie. G. Cwymp.
GWRTHGWYN, récrimination, accusation réciproque. G.
GWRTHGYFARTH, aboyer après. G.
GWRTHGYFLEAD, opposition. G.
GWRTHGYLCHSAF, antipéristase. G.
GWRTHGYNGHORI, dissuader. G. Cynghori.
GWRTHGYRCHU, saillir contre, sauter contre. G.
GWRTHIAITH, contradiction. G. Iaith.
GWRTHLADD, s'opposer, résister, faire obstacle, former opposition, être contraire, répugner, être opposé, aller au-devant. G. Gwrth Lladd.
GWRTHLAIS, écho, antienne chant à deux chœurs. G.
GWRTHLEF, action de se récrier contre. G.
GWRTHLEFAIN, crier contre, réclamer. G.
GWRTHLIF, reflux. G.
GWRTHLIF, trop grande abondance, excès. G.
GWRTHLIPEIRIO, refluer, remonter contre sa source. G.
GWRTHLIFO, refluer, remonter contre sa source, déborder, régorger. G.
GWRTHLWYDD, rébellion, révolte. G.
GWRTHLWYDDA, se révolter. G.
GWRTHLWYDDWR, rébelle. G.
GWRTHLYS, tussilage ou pas d'âne plante. G.
GWRTHMIN, pointe recourbée. G. Min, pointe.
GWRTHMINIOG, qui a une pointe recourbée. G.
GWRTHNAWS, antipathie, perversité, malignité, effronterie, impudence, insolence. G. Naws, nature, naturel ; Gwrth par conséquent mauvais.
GWRTHNEIDIO, faillir contre, sauter contre. G. Voyez le suivant, qui est le même.
GWRTHNEITIO, sauter en arrière, réjaillir, rebondir. G.
GWRTHNEU, le même, dit Davies, que Llysu ou Gwrthod. G.
GWRTHNOFIO, nager contre, nager à la rencontre. G.
GWRTHNYDDU, retordre. G.
GWRTHNYSIG, réfractaire, opiniâtre, obstiné, effronté, impudent, insolent, arrogant, audacieux, pervers, méchant. G. De Gwrth Naws, comme qui diroit Gwrth-Nawsig. Davies.
GWRTHNYSIGRWYDD, obstination, opiniâtreté, effronterie, impudence, insolence. G.

GWRTHNYSSIG, qui a perdu l'esprit. G.
GWRTHOD, laisser, quitter, abandonner, abdiquer, renoncer, répudier, rejetter, récuser, repousser, exclure, chasser, mettre dehors, ne pas recevoir, improuver, enlever, ôter. G. De Gwrth & Dodi, comme qui diroit Gwrth-Dod. Davies.
GWRTHODDODIAD, aversion, dégout, dédain. G.
GWRTHODEDIG, rejetté, réprouvé, abandonné, exposé. G.
GWRTHODIAD, abandon, délaissement, abdication, refus, action de rejetter, de rebuter, d'improuver, de désavouer, opposition qu'on trouve. G.
GWRTHODWRDD, faire du bruit. G.
GWRTHODWYD, A WRTHODWYD, rejetté, qu'on rejette. G.
GWRTHOGANU, chanter de l'autre côté, chanter à l'opposite. G.
GWRTHOL, retour, rétrograde, par derrière, en arrière, à rebours, à reculons. G. Gwrth Ol.
GWRTHOSSOD, opposition, action de mettre quelque chose au-devant pour servir d'obstacle. G.
GWRTHRAN, le même que Gwrth. G.
GWRTHRAWD, troupe opposée, troupe contraire, troupe ennemie. G.
GWRTHRED, retour, action d'aller en arrière, course rétrograde. G.
GWRTHRED, course prompte, incursion, invasion. G. Red, course ; Gwrth signifie donc prompte.
GWRTHREGU, rendre injure pour injure. G.
GWRTHRIN, se révolter, résister, s'opposer, révolte, rébellion, résistance, opposition, répugnance, débat, dispute. G. Trin.
GWRTHRINGAR, rébelle. G.
GWRTHRUDIAW, piquant, satyrique. G.
GWRTHRYCH, GWRTHRYCHIAD, représentation, effigie, figure, image, statue, objet proprement de la vue, aspect, héritier. G.
GWRTHRYFEL, rébellion. G.
GWRTHRYFELU, se révolter. G.
GWRTHRYFELUS, GWRTHRYFELWR, rébelle. G.
GWRTHSEPYLL, résister, s'opposer, être contraire. G.
GWRTHSEINIO, crier contre, réclamer. G.
GWRTHSON, antienne chant à deux chœurs. G.
GWRTHSWYNO, ôter un maléfice. G.
GWRTHUN, sale, plein d'ordures, crasseux, malpropre, laid, difforme, sans beauté, qui n'est pas encore formé, qui est honteux, deshonorant, absurde, impertinent, ridicule. G.
GWRTHUNI, mal-propreté, saleté, crasse, difformité, laideur, infamie, turpitude. G.
GWRTHUNIAITH, solécisme. G.
GWRTHUNO, salir, souiller, gâter, défigurer, rendre difforme, rendre laid, deshonorer, rendre infame. G.
GWRTHWAEDD, action de se récrier contre. G.
GWRTHWAEDDI, crier contre, réclamer. G.
GWRTHWASGOD, action de mettre quelque chose au devant pour servir d'obstacle. G.
GWRTHWN, le même que Gwrthun. G.
GWRTHWYNEB, contrariété, opposition, répugnance, résister, aversion, haine, adversité, malheur, disgrace, contraire, opposé, incompatible ; Gwrthwyneb Cylla, soulevement de cœur ; Yn Y Gwrthwyneb, au contraire. G.
GWRTHWYNEBEDD, répugnance, contrariété. G.
GWRTHWYNEBOL, contraire, opposé, contrariant, contredisant. G.
GWRTHWYNEBOL, le même que Gwrthbethu. G.

GWR.

GWRTHWYNEBU, être contraire, s'opposer, résister, être opposé, répugner, refuser, rejetter, faire ferme contre, s'opposer à une loi, s'opposer à une résolution d'assemblée publique, avoir de l'aversion, avoir de la haine, aller au devant, saillir contre, sauter contre, se ruer, se jetter dessus, attaquer, assaillir.

GWRTHWYNEBUS, contraire, opposé, différent, divers, ennemi, qui a de l'aversion, qui agit malgré soi. G.

GWRTHWYNEBWR, adversaire, ennemi; Gwrthwynebwraig, ennemie, adversaire. G.

GWRTHWYNT, vent contraire. G.

GWRTHWYNTIO, souffler au contraire. G.

GWRTHYF, le même qu'Wrthif, à moi. G.

GWRTHYMAFLYD, résister, faire effort contre. G.

GWRTHYMDRECH, résister, lutter contre, tenir tête, faire effort contre.

GWRTHYMEGNIAD, résistance. G.

GWRTHYMAGNIO, résister, faire effort contre. G.

GWRTHYMMWTH, résistance. G.

GWRTHYMRYSSON, résister, lutter contre, tenir tête. G.

GWRTHYRRU, chasser, éloigner, repousser. G.

GWRTHYSGRIFENN, contre-lettre. G.

GWRTHYSGRIFENNU, récrire. G.

GWRTTALLT, penchant de montagne. G.

GWRW, mâle. G.

GWRWAND, un homme grand & fort. G. Gwr, fort. Wand. Voyez Mundi.

GWRWEC, autour. G.

GWRWGAWN, espèce de plantes que Davies n'explique pas.

GWRWM, noir, noirâtre. G.

GWRWMDE, robe tannée ou minime selon Llyn Auteur Gallois; vêtu d'une robe tannée ou minime selon Davies. G.

GWRWRACH, vieille décrépite. C.

GWRY, tour, ceinture. G. Voyez Gourie.

GWRYCH, poil long & rude des animaux, poil de cochon, haie vive, haie, clôture faite avec une haie. G.

GWRYCH, fort. G.

GWRYCHIN, poil long & rude des animaux. G.

GWRYCHOG, plein de longs poils rudes, couvert de poil, velu. G.

GWRYCHIO, se hérisser le poil. G.

GWRYD, le même que Gwrhyd. G.

GWRYF, pressoir. G.

GWRYFIO, comprimer, presser, serrer fort. Il est synonime à Gwasgu. G.

GWRYFIWR, celui qui conduit le pressoir. G.

GWRYGIANT, vigueur, force, virilité, air ou contenance-mâle, ferme, courageux. G.

GWRYGIO, donner de la vigueur, devenir vigoureux, prendre des forces, être en vigueur, être dans la force, devenir homme, devenir mâle, devenir fort, augmenter, croître, être florissant, verdir, reverdir, corriger. G. De Gwr, comme Mawrygu de Mawr, dit Davies.

GWRYM, couture, frange, vieux lambeau, guenillon. G.

GWRYM, le même que Grymmus. G.

GWRYMIO, coudre. G.

GWRYMIOG, dentelé, frangé, fait en forme de franges. G.

GWRYMSEIRCH, de Gwrym Seirch, dit Davies. G.

GWRYS, dispute, débat, combat, bataille. G. De là Cywryt, Cywrysed, Cysfrysed & Ymrysson, comme qui diroit Ymwryssen. Tous ces mots sont synonimes à Gwrys. Davies.

GWRYSG; singulier Gwrysgen, rameau. G.

GWRYSGENNOG, qui pousse plusieurs rejettons, qui pousse plusieurs rameaux. G.

GWRYSGENNU, pousser, produire des rejettons, des rameaux. G.

GWRYSCRIN; de Gwrys Crinn, dit Davies, qui n'explique pas autrement ce mot. Il doit signifier qui tremble aux approches du combat. G.

GWRYSIO, contester, plaider. G.

GWST, maladie, souffrance, douleur. G.

GWTH, impulsion, action de pousser, action de repousser. G. Il signifie aussi contre. Voyez Gwthsefyll.

GWTHIAD, impulsion, action de pousser, action de repousser, refus, opposition qu'on trouve G.

GWTHIO, pousser, presser fort, contraindre, couvrir, cacher. G.

GWTHIWR, qui chasse, qui bannit. G.

GWTHR, contraire. G. Voyez Gwrth.

GWTHSEFYLL, s'opposer. G.

GWTHWC, bouche, gorge, gosier, embouchure. G. De là Guttur Latin.

GU WEIDEN, racine. C.

GWY, Ville, habitation. G. Alquia, gargote en Basque; Al article; Gui, Ville en Tartare; Kni en Persan, village; Gui en Hébreu, peuple, & Guir, Ville dans la même Langue; Gi, Ville, métairie en Hébreu; Gia, maison en Tonquinois; Chi, village en Arabe; Xi, palais en Chinois; Ginxo, habitation en Japonois; Aguia, village en Grec; Hi, maison en Cophte; Hix, maison en Illyrien. Voyez Gie, Guick.

GWY, eau, rivière. G.

GWY, gai, agréable. G.

GWY, pour Dwy, deux, comme Ge pour De; de Da, deux.

GWYACH, est une espèce d'oiseau de mer. G.

GWYAR, sang. G.

GWYARLLYD, sanguin, sanguinolent, sanglant, ensanglanté, couvert de sang. G.

GWYAROG, de sang, sanglant, ensanglanté, couvert de sang, sanguinolent. G.

GWYBEDYDD, sçavant, habile. G.

GWYBEDYN; plurier Gwybed; Gwyddbed, moucheron. G.

GWYBOD, sçavoir, connoître, pressentir, prévoir, se douter, science, connoissance. G.

GWYBODAETH, science, connoissance. G.

GWYBODAWL, dont les mœurs sont réglés. G.

GWYBODUS, sçachant, sçavant comme s'il l'eût reconnu. G.

GWYBYDDIAD, témoin oculaire, témoin, qui connoit. G.

GWYBYDDIAETH, connoissance, notion, idée, attestation. G.

GWYBYDDWR, qui connoit. G.

GWYCH, fort, robuste, vigoureux, vaillant, courageux, intrépide. G. Aguitza en Basque, ferme, robuste; Cuch en Hébreu, force, puissance, vigueur; Cuch en Chaldéen, puissance; Cuch en Arabe, subjuguer, vaincre; Quick en Anglois, vaillant; Viseku, beaucoup, grandement, fort en Esclavon. De Gwych, le g initial se perdant, on a fait Wych; de là en Latin Vis, Vigne, Vigor. Voyez Wych.

GWYCH, beau, gai, agréable, joli, propre, bien mis, bien tourné, poli, somptueux, splendide, magnifique. G.

GWY.

GWYCH, sain. Voyez *Byddwych*.
GWYCH, marque du superlatif. Voyez *Dirifwych*.
GWYCHDER, ornement, parure, ajustement, propreté, bonne grace, agrément, beauté. G.
GWYCHDER, valeur, force. G.
GWYCHR, fort, vigoureux, vaillant, brave, ardent, prompt, vîte. G.
GWYCHU, orner, parer, ajuster, embellir, arranger proprement, polir. G.
GWYCHYR, le même que *Gwychr*. G.
GWYCHYR, force. G.
GWYD, vice, péché, faute, manquement, défaut. G. De là *Vitium* en Latin ; *Vitio* en Italien ; *Vice* en Anglois ; *Vistepek* en Polonois ; *Vetek* en Hongrois, vice. Voyez *Gwyg*.
GWYD, arbres. C. Voyez *Gwydd*.
GWYD, sang. C.
GWYD, barre de bois pour fermer. G.
GWYD, champ. Voyez *Cynwyd*. *Gais*, région, contrée en Arménien ; *Ge* ou *Gi*, terre en Grec.
GWYD, prompt, leger, dispos. Voyez *Esgwyd*.
GWYD, GYDWYD, jetter, lancer, ébranler, secouer. Voyez *Ysgwyd*. De là *Jetter*.
GWYDD, arbre. G. & bois substance de l'arbre. Voyez *Crogwydd*, *Gwydd*.
GWYDD, arbres, arbustes, plantes, forêts, bois substance qui forme le corps des arbres. G. De là *Cui*, *Cuis*, *Cuise*, forêt en vieux François ; *Guida*, arbre en Arabe. De là *Vitis* en Latin ; *Vid* en Espagnol ; *Vite* en Italien, cep de vigne ; *Vidur*, bois, arbre en Runique ; *Widxa*, verge en Finlandois. Voyez *Ysgwyd*.
GWYDD, sauvage, farouche ; *Tir Gwydd*, terre qu'on laisse reposer un an. G. B.
GWYDD, présence ; *Yn Gwydd*, en présence. G.
GWYDD, oie. G.
GWYDD, métier de tisserand. G.
GWYDD pour *Gwehydd*, tisserand. G. Voyez *Gwe*.
GWYDD, le même qu'*Arwydd*. G.
GWYDD, élevé, haut. G.
GWYDD, emploi. Voyez *Diswydd*.
GWYDDAFR, chevre sauvage. G.
GWYDDAN, petite oie. G.
GWYDDAWG, qui sçait. G.
GWYDDBED. Voyez *Gwybed*. G.
GWYDDBEDYN, moucheron. G.
GWYDDBWYLL, GWYDDBWLL, jeu d'échecs ; *Clawr Y Wyddbwyll*, table d'échecs, échiquier ; *Gwerin Y Wyddbwyll*, échecs. G. *Gwerin* pour petits hommes.
GWYDDOD, connoître. G. Voyez *Guida*.
GWYDDEL, d'Irlande. G.
GWYDDELEG, Langue Irlandoise. G.
GWYDDEN, arbre, arbuste. G. B. Il signifie aussi bois substance qui compose le corps des arbres. Voyez *Caluedd*, *Llumwydden*, *Guedhan*, *Gwydd*.
GWYDDFA, cimetière, lieu de sépulture, sépulcre, tombeau, mausolée ; comme si l'on disoit *Gorwedfa*, endroit où l'on est couché. Davies. G.
GWYDDFID, chevrefeuille, muguet, pariétaire, liset, liseron, campanelle. G.
GWYDDFIL, bête sauvage. G. *Fil de Mil*. G. B.
GWYDDGUN, rabot, varlope. G.
GWYDDGWN, petits renards, petits loups. G. De *Gwydd Cwn*.
GWYDDI, rabot, varlope, sarcloir, faulx, crochet. G.
GWYDDI ou GWYDDING chez une partie des Gallois, haie vive, haie, clôture faite avec une haie. G.

GWY. 715

GWYDDIEU, forêts. G. C'est le pluriel de *Gwydd*.
GWYDDLWDN, bete sauvage. G. *Llwdn*.
GWYDDLWYN, pimprenelle. G.
GWYDDO, verbe qui marque lorsque la terre labourée se rendurcit. G.
GWYDDOG, élevé, haut. G.
GWYDDWAL, GWYDDWELI, GWYDDELI, lieu couvert de buissons, de ronces, de halliers, lieu couvert d'arbrisseaux. G. *Gwal*.
GWYDDWYDD, le même que *Gwydifid*. G.
GWYDEN. Voyez *Gwden*, *Guden*.
GWYDH, sauvage, farouche. G. C'est *Gwydd* écrit différemment. Ce mot ayant d'abord signifié forêt, a été étendu à signifier sauvage, qui habite les forêts ; ainsi dans le Latin, *Sylvestris* est formé de *Sylva*.
GWYDHWCH, sanglier. C. *Gwydd*, sauvage ; *Hwch*, cochon.
GWYDIO, commettre un péché, faire une faute. G. Voyez *Gwyd*.
GWYDN, qui tient fortement, gluant, visqueux, flexible, pliant, qui ressemble à la salive, opiniâtre ; féminin *Gwedn*. G.
GWYDNEDD, qualité de tenir quelque chose fortement, humeur gluante & visqueuse, facilité de se plier, opiniâtreté. G.
GWYDNHAU, devenir gluant, devenir mou, devenir pliable. G.
GWYDR, verre. G. De là *Vitrum* en Latin, *Vidrio* en Espagnol ; *Vetro* en Italien ; *Wittrim*, *Gutrim*, de verre en Irlandois ; *Vidriera*, vitre en Basque.
GWYDRAIDD, verre, de couleur de verre. G.
GWYDRAWG, plein de verres. G.
GWYDRIN, de verre, petit verre. G.
GWYDRLIW, de couleur de verre. G.
GWYDRO, vitrifier. G.
GWYDROL, de verre. G.
GWYDRWR, vitrier, verrier. G.
GWYDUS, vicieux. G.
GWYDYN, flexible, pliable. G.
GWYDYR, verre. G. Voyez *Gwydr*.
GWYE. Voyez *Gwyelas*.
GWYELAS, couleur de pourpre blanchâtre. G. *Las* de *Glas*, blanchâtre ; *Gwye* signifie donc couleur de pourpre, rouge. Voyez *Gwyar*, sang.
GWYF, chevalet. G.
GWYFYN, ciron, mitte, teigne. G.
GWYG, vesce légume ; pluriel *Gwychys*. G. *Bikion* en Grec ; *Unicha* en Theuton ; *Vicia* en Latin ; *Wicken* en Allemand ; *Visse* en Flamand ; *Wika* en Lusatien ; *Wyka* en Polonois ; *Wikew* en Bohémien ; *Vezza* en Italien, vesce. Le g initial s'omet en Gallois. Voyez *Vec*, *Becc*.
GWYG, vice, défaut. G.
GWYG OCHRUS, espèce de pois. G.
GWYG Y MOR, goëmon, algue, mauvaise herbe de la mer. *Gwyg* se met aussi tout seul en ce sens. G.
GWYL, qui a de la pudeur, pudique, modeste. G. *Wil* en Flamand, honteux, vilain, obscène.
GWYL, fête, férie. G. B.
GWYL. On voit par *Gwylio* & *Gwylfa* que *Gwyl* a signifié veille.
GWYL, partie. Voyez *Gwylfwyd*.
GWYLAETH, laitue, G. comme qui diroit plante de lait ou laiteuse.
GWYLAN, foulque, mouette, poule d'eau. G.
GWYLDER, pudeur, retenuë, honnête honte, modestie, timidité. G.

GWRTHWYNEBU, être contraire, s'opposer, résister, être opposé, répugner, refuser, rejetter, faire ferme contre, s'opposer à une loi, s'opposer à une résolution d'assemblée publique, avoir de l'aversion, avoir de la haine, aller au devant, saillir contre, sauter contre, se ruer, se jetter dessus, attaquer, assaillir. G.

GWRTHWYNEBUS, contraire, opposé, différent, divers, ennemi, qui a de l'aversion, qui agit malgré soi. G.

GWRTHWYNEBWR, adversaire, ennemi ; Gwrthwynebwraig, ennemie, adversaire. G.

GWRTHWYNT, vent contraire. G.

GWRTHWYNTIO, souffler au contraire. G.

GWRTHYF, le même qu'Wrthif, à moi. G.

GWRTHYMAFLYD, résister, faire effort contre. G.

GWRTHYMDRECH, résister, lutter contre, tenir tête, faire effort contre. G.

GWRTHYMEGNIAD, résistance. G.

GWRTHYMEGNIO, résister, faire effort contre. G.

GWRTHYMMWTH, résistance. G.

GWRTHYMRYSSON, résister, lutter contre, tenir tête. G.

GWRTHYRRU, chasser, éloigner, repousser. G.

GWRTHYSGRIFENN, contre-lettre. G.

GWRTHYSGRIFENNU, récrire. G.

GWRTTALLT, penchant de montagne. G.

GWRW, mâle. G.

GWRWAND, un homme grand & fort. G. Gwr, fort, Wand. Voyez Mendt.

GWRWEC, autour. G.

GWRWGAWN, espèce de plante que Davies n'explique pas. G.

GWRWM, noir, noirâtre. G.

GWRWMNE, robe tannée ou minime selon Llyn Auteur Gallois ; vêtu d'une robe tannée ou minime selon Davies. G.

GWRWRACH, vieille décrépite. C.

GWRY, tour, ceinture. G. Voyez Gourie.

GWRYCH, poil long & rude des animaux, poil de cochon, haie vive, haie, clôture faite avec une haie. G.

GWRYCH, fort. G.

GWRYCHIN, poil long & rude des animaux. G.

GWRYCHOG, plein de longs poils rudes, couvert de poil, velu. G.

GWRYCHIO, se hérisser le poil. G.

GWRYD, le même que Gwrhyd. G.

GWRYF, pressoir. G.

GWRYFIO, comprimer, presser, serrer fort. Il est synonime à Gwasgu. G.

GWRYFIWR, celui qui conduit le pressoir. G.

GWRYGIANT, vigueur, force, virilité, air ou contenance-mâle, ferme, courageuse. G.

GWRYGIO, donner de la vigueur, devenir vigoureux, prendre des forces, être en vigueur, être dans la force, devenir homme, devenir mâle, devenir fort, augmenter, croître, être florissant, verdir, reverdir, corriger. G. De Gwr, comme Mawrygu de Mawr, dit Davies.

GWRYM, couture, frange, vieux lambeau, guenillon. G.

GWRYM, le même que Grymmus. G.

GWRYMIO, coudre. G.

GWRYMIOG, denté, frangé, fait en forme de franges. G.

GWRYMSEIRCH, de Gwrym Seirch, dit Davies. G.

GWRYS, dispute, débat, combat, bataille. G. De là Cywryst, Cywryssed, Cyssrysed & Ymrysson, comme qui diroit Ymwrysson. Tous ces mots sont synonimes à Gwrys. Davies.

GWRYSG ; singulier Gwrysgen, rameau. G.

GWRYSGENNOG, qui pousse plusieurs rejettons, qui pousse plusieurs rameaux. G.

GWRYSGENNU, pousser, produire des rejettons, des rameaux. G.

GWRYSGRIN ; de Gwrys Crinn, dit Davies, qui n'explique pas autrement ce mot. Il doit signifier qui tremble aux approches du combat. G.

GWRYSIO, contester, plaider. G.

GWRST, maladie, souffrance, douleur. G.

GWTH, impulsion, action de pousser, action de repousser. G. Il signifie aussi contre. Voyez Gwrthsefyll.

GWTHIAD, impulsion, action de pousser, action de repousser, refus, opposition qu'on trouve. G.

GWTHIO, pousser, presser fort, contraindre, couvrir, cacher. G.

GWTHIWR, qui chasse, qui bannit. G.

GWTHR, contraire. G. Voyez Gwrth.

GWTHSEFYLL, s'opposer. G.

GWTHWC, bouche, gorge, gosier, embouchure. G. De là Guttur Latin.

GUWEIDEN, racine. C.

GWY, Ville, habitation. G. Alquia, gargote en Basque ; Al article ; Gui, Ville en Tartare ; Kui en Persan, village ; Gui en Hebreu, peuple, & Guir, Ville dans la même Langue ; Gi, Ville, métairie en Hébreu ; Gia, maison en Tonquinois ; Chi, village en Arabe ; Xi, palais en Chinois ; Giuxo, habitation en Japonois ; Aguia, village en Grec ; Hi, maison en Cophte ; Hix, maison en Illyrien. Voyez Giz, Guick.

GWY, eau, rivière. G.

GWY, gai, agréable. G.

GWY, pour Dwy, deux, comme Ge pour De ; de Da, deux.

GWYACH, est une espèce d'oiseau de mer. G.

GWYAR, sang. G.

GWYARLLYD, sanguin, sanguinolent, sanglant, ensanglanté, couvert de sang. G.

GWYAROG, de sang, sanglant, ensanglanté, couvert de sang, sanguinolent. G.

GWYBEDYDD, sçavant, habile. G.

GWYBEDYN ; pluriel Gwybed ; Gwyddbed, moucheron. G.

GWYBOD, sçavoir, connoître, pressentir, prévoir, se douter, science, connoissance. G.

GWYBODAETH, science, connoissance. G.

GWYBODAWL, dont les mœurs sont réglés. G.

GWYBODUS, sçachant, sçavant comme s'il l'eût reconnu. G.

GWYBYDDIAD, témoin oculaire, témoin, qui connoit. G.

GWYBYDDIAETH, connoissance, notion, idée, attestation. G.

GWYBYDDWR, qui connoit. G.

GWYCH, fort, robuste, vigoureux, vaillant, courageux, intrépide. G. Aguitza en Basque, ferme, robuste ; Cuch en Hébreu, force, puissance, vigueur ; Cuch en Chaldéen, puissance ; Cuch en Arabe, subjuguer, vaincre ; Quick en Anglois, vaillant ; Visckw, beaucoup, grandement, fort en Esclavon. De Gwych, le g initial se perdant, on a fait Wych ; de là en Latin Vis, Vigeo, Vigor. Voyez Wych.

GWYCH, beau, gai, agréable, joli, propre, bien mis, bien tourné, poli, somptueux, splendide, magnifique. G.

GWYCH, sain. Voyez *Iyddwych*.

GWYCH, marque du superlatif. Voyez *Dignofwych*.

GWYCHDER, ornement, parure, ajustement, propreté, bonne grace, agrément, beauté. G.

GWYCHDER, valeur, force. G.

GWYCH, fort, vigoureux, vaillant, brave, ardent, prompt, vîte. G.

GWYCHU, orner, parer, ajuster, embellir, arranger proprement, polir. G.

GWYCHYR, le même que *Gwychr*. G.

GWYCHYR, force. G.

GWYD, vice, péché, faute, manquement, défaut. G. De là *Vitium* en Latin ; *Vitio* en Italien ; *Vice* en Anglois ; *Vysupok* en Polonois ; *Vetek* en Hongrois, vice. Voyez *Gwy*.

GWID, arbres. C. Voyez *Gwydd*.

GWID, fang. C.

GWID, barre de bois pour fermer. G.

GWID, champ. Voyez *Cymyd*. *Guis*, région, contrée en Arménien ; *Ge* ou *Gi*, terre en Grec.

GWID, prompt, leger, dispos. Voyez *Efrwyd*.

GWID, GYDWID, jetter, lancer, ébranler, secouer. Voyez *Ifgwyd*. De là *Jetter*.

GWYDD, arbre, G. & bois fubstance de l'arbre. Voyez *Croegwydd*, *Gwydd*.

GWYDD, arbres, arbustes, plantes, forêts, bois fubstance qui forme le corps des arbres. G. De là *Cui*, *Cuis*, *Ooife*, forêt en vieux François ; *Guida*, arbre en Arabe. De là *Vitis* en Latin ; *Vid* en Espagnol ; *Vite* en Italien, cep de vigne ; *Vidur*, bois, arbre en Runique ; *Widza*, verge en Finlandois. Voyez *Ifgwyd*.

GWYDD, fauvage, farouche ; *Tir Gwydd*, terre qu'on laiffe repofer un an. G. B.

GWYDD, préfence ; *Yn Gwydd*, en préfence. G.

GWYDD, oie. G.

GWYDD, métier de tifferand. G.

GWYDD pour *Gwehydd*, tifferand. G. Voyez *Gwe*.

GWYDD, le même qu'*Arwydd*. G.

GWYDD, élevé, haut. G.

GWYDD, emploi. Voyez *Difrwydd*.

GWYDDAFR, chevre fauvage. G.

GWYDDAN, petite oie. G.

GWYDDAWC, qui fait. G.

GWYDDED. Voyez *Gwybod*. G.

GWYDDEDYN, moucheron. G.

GWYDDEWYLL, GWYDDBWLL, jeu d'échecs ; *Clawr Y Wyddbwyll*, table d'échecs, échiquier ; *Gwerin Y Wyddbwyll*, échecs. G. *Gwerin* pour petits hommes.

GWYDDED, connoître. G. Voyez *Guida*.

GWYDDEL, d'Irlande. G.

GWYDDELEG, Langue Irlandoife. G.

GWYDDEN, arbre, arbufte. G. B. Il fignifie auffi bois, fubftance qui compofe le corps des arbres. Voyez *Calmedid*, *Llumrwyddon*, *Gwidban*, *Gwydd*.

GWYDDFA, cimetière, lieu de fépulture, fépulcre, tombeau, maufolée ; comme fi l'on difoit *Garmedfa*, endroit où l'on eft couché. Davies. G.

GWYDDFID, chevrefeuille, muguet, pariétaire, lifet, liferon, campanelle. G.

GWYDDFIL, bête fauvage. G. *Fil* de *Mil*.

GWYDDGUN, rabot, varlope. G.

GWYDDGWN, petits renards, petits loups. G. De *Gwydd Cwn*.

GWYDDI, rabot, varlope, fancioir, faulx, crochut. G.

GWYDDI ou GWYDDIG chez une partie des Gallois, haie vive, baie, clôture faite avec une haie. G.

GWYDDIEU, forêts. G. C'eft le pluriel de *Gwydd*.

GWYDDLWDN, bête fauvage. G. *Lwdn*.

GWYDDLWYN, pimprenelle. G.

GWYDDO, verbe qui marque lorfque la terre labourée fe rendurcit. G.

GWYDDOG, élevé, haut. G.

GWYDDWAL, GWYDDWELI, GWYDDELI, lieu couvert de buiffons, de ronces, de halliers, lieu couvert d'arbriffeaux. G. *Gwydd Gwal*.

GWYDDWYDD, le même que *Gwyddfid*. G.

GWYDEN. Voyez *Gwden*, *Guden*.

GWYDN, fauvage, farouche. G. C'eft *Gwydd* écrit différemment. Ce mot ayant d'abord fignifié forêt, a été étendu à fignifier fauvage, qui habite les forêts ; ainfi dans le Latin, *Sylveftris* eft formé de *Sylva*.

GWYDNWCH, fanglier. C. *Gwydd*, fauvage ; *Hwch*, cochon.

GWYDIO, commettre un péché, faire une faute. G. Voyez *Gwyd*.

GWYDYN, qui tient fortement, gluant, vifqueux, flexible, pliant, qui reffemble à la falive, opiniâtre ; féminin *Gwedn*. G.

GWYDNEDD, qualité de tenir fortement quelque chofe fortement, humeur gluante & vifqueufe, facilité de fe plier, opiniâtreté. G.

GWYDNHAU, devenir gluant, devenir mou, devenir pliable. G.

GWYDR, verre. G. De là *Vitrum* en Latin, *Vidrio* en Efpagnol ; *Vetro* en Italien, verre ; *Witrim*, *Gutrim*, de verre en Irlandois ; *Vidriera*, vitre en Bafque.

GWYDRAIOD, verre, de couleur de verre. G.

GWYDRAWC, plein de verres. G.

GWYDRIN, de verre, petit verre. G.

GWYDRLIW, de couleur de verre. G.

GWYDRO, vitrifier. G.

GWYDROL, de verre. G.

GWYDRWR, vitrier, verrier. G.

GWYDUS, vicieux. G.

GWYDYN, flexible, pliable. G.

GWYDYR, verre. G. Voyez *Gwydr*.

GWYE. Voyez *Gwyelas*.

GWYELAS, couleur de pourpre blanchâtre. G. *Las* de *Glas*, blanchâtre ; *Gwye* fignifie donc couleur de pourpre, rouge. Voyez *Gwyar*, fang.

GWYF, chevalier. G.

GWYFYN, ciron, mitte, teigne. G.

GWYG, vefce légume ; pluriel *Gwychys*. G. *Bikion* en Grec ; *Unichs* en Théuton ; *Vicia* en Latin ; *Wickon* en Allemand ; *Vift* en Flamand ; *Wiks* en Lufatien ; *Wyka* en Polonois ; *Wikew* en Bohémien ; *Vezza* en Italien, vefce. Le *g* initial s'omet en Gallois. Voyez *Veg*, *Becz*.

GWYG, vice, défaut. G.

GWYG OCHRUS, efpèce de pois. G.

GWYG Y MOR, goémon, algue, mauvaife herbe de la mer. *Gwyg* fe met auffi tout feul en ce fens. G.

GWYL, qui a de la pudeur, pudique, modefte. G. *Wil* en Flamand, honteux, vilain, obfcène.

GWYL, fête, férie. G. B.

GWYL. On voit par *Gwylio* & *Gwylfa* que *Gwyl* a fignifié veille.

GWYL, partie. Voyez *Gwylfwyd*.

GWYLAETH, laitue, G. comme qui diroit plante de lait ou laiteufe.

GWYLAN, foulque, mouette, poule d'eau. G.

GWYLDER, pudeur, retenuë, honnête honte, modeftie, timidité. G.

GWYLEDD, le même que Gwylder. G.
GWYLFA, veille continuelle, veille, action d'être en sentinelle, garde, guet, narro ille, sentinelles. G.
GWYLFWYD, partie des chairs offertes en sacrifice. G. Bwyd.
GWYLIADWRIAETH, veille. G.
GWYLIADWRUS, veillant. G.
GWYLIAID, le même que Gwylie. G.
GWYLIO, veiller, faire sentinelle, être de garde, garder, attendre. G.
GWYLIWR, qui prend garde, sentinelle. G.
GWYLL, voleur, filou. G. Beguile en Anglois, tromper.
GWYLL, ténèbres, ténébreux; de là Tywyll, de Ty pour Dy & Gwyll, dit Davies, Tngwyll T Nos, crépuscule du soir. G.
GWYLL, lamie, loup garou, esprit follet, lutin, fantôme, spectre, sorte d'oiseau de nuit. G.
GWYLL, noir. Voyez Acilus.
GWYLL, fleurs de gland, selon Llyn Auteur Gallois. Il se trompe, dit Davies. Ce qui l'a induit en erreur, est la phrase Gwyll Coed, ombre ou ténèbres des arbres. G. Voyez Ankeler.
GWYLL. Je crois que ce mot a signifié forêt. 1º. Gil, qui est le même que Gwyll, signifie bois. 2º. Gwyl ou Goil est le même que Coil, forêt. Voyez Aru.
GWYLLH, le même que Gwylls, Voyez Hywylh.
GWYLLIAD, qui aime les ténèbres. G.
GWYLLON, qui fuyent la lumière, qui cherchent les ténèbres, qui aiment l'obscurité, qui haïssent le jour, manes, ombres, ames des morts. G.
GWYLLT, campagne. G.
GWYLLT, qui demeure dans les bois, sauvage, farouche, indompté, furieux, furibond, agreste. G. Vilt en Danois, agreste; Wild en Allemand, en ancien Saxon, en Théuton; Willt en Flamand, sauvage; Wiltheyt en Flamand; Wyldneffe en Anglois, vie sauvage; & Wildt, féroce, farouche.
GWYLLT, arbres, arbrisseaux, bois substance qui compose le corps des arbres, forêt. Voyez Gwyll, Gwllitio. D'ailleurs Gwyllt signifiant sauvage, qui demeure dans les bois, comme Gwydd, paroit devoir signifier bois comme Gwydd. Voyez ce mot.
GWYLLTEWYLL, furieux, furibond, licencieux, qui prend trop de liberté. G. Pwyll.
GWYLLTGEIRCH, coquiole sorte de mauvaise herbe qui fait mourir l'orge, sorte d'oignon. G.
GWYLLTINES, humeur sauvage, naturel farouche, férocité, fureur. G.
GWYLLTIO, pousser trop de bois, jetter une foret de bois. G.
GWYLLITIO, devenir farouche, exercer sa cruauté, se montrer cruel. G.
GWYLLTION, le même que le premier Gwyllt. G.
GWYLLTNAWS, audace, témérité, présomption, audacieux. G.
GWYLITRUTHR, impétueux. G.
GWYLNOS, veillée, action de veiller, garde, guet, patrouille, sentinelles, veillant, qui veille. G.
GWYLT, campagne, champs. G.
GWYMMON, le même que Gwmmon. G.
GWYMP, beau, bien mis. G.
GWYN, agréable. Voyez Gwynfydu, Gwin & Addwyn.
GWYN, habitation, lieu, endroit, terrain. Voyez Collwyn, Gorwynnion.

GWYN, affection mouvement du cœur, disposition, passion, souffrance, trouble, douleur qui tourmente, emportement furieux, violence, fureur. G. De là Guignon, malheur en Patois de Franche-Comté.
GWYN. Voyez Gwyn-Ias.
GWYN-GALCHU, plâtrer, crépir, enduire. G.
GWYN-IAS, chaud. G. Je crois que c'est un pléonasme comme le suivant, d'autant plus que Gwyn signifiant emportement, fureur, qui sont chaleur au figuré, a dû signifier chaleur au propre, le figuré ayant toujours supposé le propre.
GWYN T MERCHED, potentille, aigremoine sauvage, argentine, herbe utile aux maladies des aines. G.
GWYN-WELW, blanchâtre. G. Gwrlw.
GWYNAFOG, le même que Gwanafog. G.
GWYNAFRWYDD, colere, emportement. G.
GWYNAWL, adjectif de Gwyn. Voyez Awynawl.
GWYNBLWMM, ceruse, blanc de plomb. G.
GWYNDDAIL, blanchefeuilles plante. G.
GWYNDER, blancheur. G.
GWYNDODE, Vannetoise, ou du Diocèse de Vannes. G.
GWYNDODEG, la Langue Vannetoise. G.
GWYNDODIG, qui appartient aux Vannetois. G.
GWYNDYD, les Vannetois. G.
GWYNETH, chasseur. G.
GWYNFYD, félicité, béatitude. G. De Gwynn & Byd, dit Davies. Gwynn, heureux; Byd, en composition Fyd, être, état.
GWYNFYDEDIG, heureux, fort heureux. G.
GWYNFYDEDIGRWYDD, le même que Gwynfyd. G.
GWYNFYDIAD, émulation. G.
GWYNFYDIG, heureux. G.
GWYNFYDIG, qui tâche d'égaler. G.
GWYNFYDRWYDD, émulation, envie. G.
GWYN YDU, envier. G.
GWYNFYDU WRTH, avoir de l'émulation, tâcher d'égaler. G.
GWYNFYDWR, émule, envieux, jaloux. G.
GWYNGALCHIAD, action de plâtrer, d'enduire avec de la chaux, crépissure, enduit avec de la chaux, plâtre, stuc. G.
GWYNGALCHU, plâtrer, crépir, enduire. G.
GWYNGALCHWR, plâtrier. G.
GWYNGEN, souris. G. De Gwynn Gen. Davies.
GWYNGNES, couleur blanche. G. Gne.
GWYNHAU, blanchir, devenir blanc. G.
GWYNHAUD, blancheur. G.
GWYNIAD, petit saumon. G.
GWYNIAS, chaud, très-chaud, ardent, bouillant. G. Voyez Gwyn-Ias.
GWYNIAS, blanc. G.
GWYNIASU, blanchir. G.
GWYNIAU, éprouver une douleur aiguë. G. De Gwyn.
GWYNION, blanc. G.
GWYNLAS, pâle. G.
GWYNLLIW, de couleur de coing. G. Lliw, couleur.
GWYNLLWYD, blanchi de vieillesse. G.
GWYNN, blanc. G. B. Il signifie encore ce qui plait, agréable, chose désirée, désir, qui vient à souhait, heureux. G.
GWYNN, GWYNNWY, tache blanche qui vient sur l'œil. G.
GWYNN FYMYD, cri de joie, ah! bon. G.
GWYNN WY, blanc d'œuf. G. B.
GWYNN T DILLAD,

GWYNN Y DILLAD, ciguë, cerfeuil musqué. G.
GWYNN Y LLYGAD, le blanc de l'œil. G.
GWYNNACH, quelque chose de blanc. G.
GWYNNDWNN, mieux Gwynndonn, de Gwynn & Tonn, dit Davies, terre qui n'est pas labourée. G. Gwynn, blanche ; Tonn, surface, croute.
GWYNNED, désirer avec ardeur ; Caseg Y Winned, jument en chaleur. G.
GWYNNIAR, le même que Gwynt, vent. G.
GWYNNING, aubier partie tendre qui est entre l'écorce & le bois de l'arbre. G.
GWYNNOD, laitage. G.
GWYNNOG, venteux. G.
GWYNNON. Voyez Gwnnon.
GWYNNU, blanchir activement & passivement, devenir blanc, blêmir, pâlir, être blanchâtre. G.
GWYNNWY, tache blanche qui vient sur l'œil. G.
GWYNNYGIAW, être brillant, apparoître. G. De là Tywynnn, Dywynnyg, &c. dit Davies.
GWYNNYGU, le même que Gwynnygiaw. G.
GWYNT, vent, respiration, souffle, odeur que le vent emporte, odeur. G. Voyez Gwent.
GWYNTCHWYD, ventosité, enflure. G.
GWYNTIAD, action de respirer, action de vanner. G.
GWYNTILLIO YD, vanner du bled. G.
GWYNTIO, souffler, respirer, odorer, vanner, lancer, darder, jetter avec force. G.
GWYNTIWR, vanneur. G.
GWYNTOG, venteux, flatueux, pneumatique, qui agit, qui se meut par le moyen du vent. G.
GWYNTOGRWYDD, ventosité. G.
GWYNTYLL, van. G.
GWYNTYLLIO, vanner. G.
GWYNWELW, pâle, blanchâtre. G.
GWYR, pluriel de Gwr, homme. G.
GWYR, courbe, courbé, recourbé, qui est oblique, qui est de travers, difforme, laid. G. Kir, tourner autour en Tartare du Thibet. Le g initial se perdant, on a dit Wyr, ainsi qu'on le voit par Vira Breton, & Virer François ; Gird ; cercle, circuit en Persan. De Gwyr, Gyrus Latin.
GWYR, justice, équité, droit. Voyez Cyferwyr, Gwir.
GWYR, vertu, pouvoir. Voyez Fagwyr.
GWYR, le même que Gwyran. Voyez ce mot.
GWYR-DIRIED, mauvais. G.
GWYR-DRAUS, oblique. G.
GWYR-GAM, oblique. G.
GWYRAIN, cravan espèce d'oie fort rusée, canard d'Écosse. G.
GWYRAN, espèce d'herbe, foin. G. Voyez Gwyrennig. On voit par Ir & Gwair, qu'on a dit Gwyr comme Gwyran. Il y a encore des Provinces en France où l'on appelle le regain ou second foin Revivre, Re Wyr.
GWYRD, verd, herbu. G. Viridis en Latin ; Verde en Italien & en Espagnol ; Vertho en Albanois ; Biron en Javanois ; Verd en François, verd.
GWYRDA, GWYRDAV, les grands, les principaux d'un État, d'une Ville. G. Gwyr Da.
GWYRDD-DER, verdure. G.
GWYRDDING. Voyez Gwrddling. G.
GWYRDDLAS, verdâtre, de couleur de verd de mer, d'un verd mêlé de blanc. G.
GWYRDDLESNI, verdure. G.
GWYRDDLING. Voyez Gwrddling. G.
GWYRDDWYN, verdâtre. G.
GWYRDGLAS, verd de mer. G.

TOME I.

GWYREDRAWS, courbé, tortueux, oblique, plein de détours, qui a des sinuosités, qui fait plusieurs plis, qui se recourbe, qui a des plis & des replis. G.
GWYRDRI, mis par erreur, dit Davies, pour Gwrhydri. G.
GWYREDD, courbure, tortuosité, pli & repli, obliquité, enfoncement, déclinaison, inclinaison, descente, pente, penchant, difformité, vice de conformation, extravagance, folie, sotise, impertinence, égarement de bon sens. G.
GWYRENNIG, fleuri, joli, charmant, vif, alerte. G. de Gwyran.
GWYRF, nouveau, récent. G. Syncope de Gwyris.
GWYRF, vierge. G. Syncope de Gwyrif.
GWYRF-FERCH, vierge. G.
GWYRGAM, tortueux, tordu, tortillé, courbe, courbé, recourbé, sinueux, oblique, qui va en tournoyant, qui a des détours ; Gwyrgam Iawn, crochu. G. Gwyr, Cam pléonasme.
GWYRGAMMU, courber. G. Cammu.
GWYRGEMMI, courbure, tortuosité, pli & repli. G.
GWYRIAD, action de courber. G.
GWYRIF, nouveau, récent, frais, sans corruption, entier ; chez une partie des Gallois on dit Gwyra ; Dwfr Gwyra, (le même que Croyw,) eau douce, non salé ; Ymenyn Gwyrf, beurre frais, non salé. G.
GWYRIOS, homme méprisable. G. Ios particule de mépris par conséquent.
GWYRN, maladie causée par les vers. G.
GWYRNI, obliquité. G.
GWYRO, devenir courbe, courber, mettre de côté, poser de biais, faire aller de travers, placer obliquement, incliner, pencher, décliner, corrompre, gâter. G.
GWYROS, troêne arbrisseau. G. Il a pris son nom François de Troi.
GWYRTH, vertu en tout sens, force, miracle ; pluriel Gwyrthiau. G. De là Virtus Latin, le g initial se perdant. Gir, fort, robuste en Arménien ; Ghir en Mogol, conquerant.
GWYRTHFAWR, de grande vertu, qui a de grandes propriétés, qui a de grandes qualités. G.
GWYRY, hommes. G.
GWYRYDD. Voyez Gwyryf.
GWYRYF, vierge ; il se prend aussi adjectivement ; pluriel Gwyryson & Gwyrriddon de Gwyrydd. Davies. G. On voit par là que Gwyrydd est synonime de Gwyrif. Voyez Gwyryf qui est le même.
GWYRYFAWL, virginal. G.
GWYRYFDAWD, virginité. G.
GWYRYNG, petits vers qui se trouvent sur le dos d'un bœuf. G.
GWYRYRE, le même que Gweryre. G.
GWYS, syncope de Gwyddys, il est sçu, il est connu. G. Les Prêtres du Royaume de Macaçar s'appellent Agguys.
GWYS, connu, célèbre. C.
GWYS, citation, avertissement, invitation, la charge d'huissier, la charge de sergent, citer, faire connoître. G.
GWYS, sillon. G.
GWYS. TINSIGL Y GWYS, hoche-queue. G. Tin, queuë ; Siglo, hocher : Je crois que Gwys est ici un adjectif formé de Gwy, eau, rivière, & signifie aquatique, parce que cet oiseau est toujours au bord des rivières ou étangs.
GWYS, habitant. Voyez Monwyssion.

Qqqqqqq

GWYS. Il paroît par *Gwysawyr* & *Gwysiaid*, que ce mot signifie élévation, tumeur. De là le *Guy* de chêne qui est une excroissance de cet arbre.

GWYSAWYR, tumeur qui vient autour des oreilles. G.

GWYSIAID, pustules. G.

GWYSIO, citer, inviter. G.

GWYSIWR, qui avertit, huissier, sergent, qui va porter les ordres de la part d'une compagnie. G.

GWYSTL, caution, répondant, ôtage, gage, arrhes, hypothèque. G. B. *Gysel* en Flamand ; *Geisel* en Allemand, ôtage.

GWYSTLAD, action de mettre en gage. G.

GWYSTLEIDIAETH, action de mettre en gage, gage. G.

GWYSTLO, mettre en gage, se donner en ôtage. G.

GWYSTLORAETH, action de mettre en gage, gage. G.

GWYSTN, fané, flétri, sec, aride, flasque, mou, languissant, sans vigueur, plié, courbé. G.

GWYSTNO, sécher, se flétrir, se faner. G.

GWYSTYS, ôtage. G.

GWYTH, forêt. G.

GWYTH, colere, indignation. G. Il a aussi signifié feu. D'ailleurs tous les termes qui ont signifié colère, qui est chaleur au figuré, ont signifié chaleur au propre, parce que le figuré suppose le propre. Voyez *Bres*, *Berw*. *Gwyth* se prononce *Goith*, *Coith*. De là *Costiver*, *Costiver* en vieux François, échauffer, entretenir chaud, fomenter.

GWYTH-HWCH, sanglier. G. A la lettre, cochon de bois.

GWYTHAINT, colere, indignation. G. *Haint*.

GWYTHAWD, colere, indignation. G.

GWYTHAWG, fâché, indigné, sujet à se fâcher, sujet à se mettre en colere. G.

GWYTHEN, veine. G. B.

GWYTHENNIG, petite veine. G.

GWYTHENNOG, GWYTHENNUS, veineux, plein de veines. G.

GWYTHI. T CWLWM GWYTHI, extension de nerfs. G.

GWYTHLANDER, colere. G.

GWYTHLAWN, qui est en colere. G.

GWYTHLON, courageux, brave. G.

GWYTHLONDER, fureur, transport furieux, valeur, courage. G.

GWYTHLONEDD, colere, indignation. G.

GWYW, sec, aride, flasque, mou, languissant. G.

GWYW, le même que *Syw*. Voyez *Arm*.

GWYWDER, sécheresse, aridité, langueur. G.

GWYWEDIG, fané, flétri. G.

GWYWLWYDD, prospere, favorable, heureux. G.

GWYWO, devenir sec, se flétrir, se faner, sécher, maigrir, devenir étique, avoir la maladie de consomption, devenir flasque, devenir languissant, languir, perdre ses forces, devenir vieux. G.

GUY, forêt. G.

GUY, arbre. Voyez *Guyber*, *Gwydd*, & l'article précédent.

GUY, Voyez *Gwys*.

GUYAD, toile ; *Guyad Ar Chond*, le fil du bois. B.

GUYADENN, toile. B.

GUYADER, tisserand. B.

GUYAL, osier. B.

GUYALENN, verge, gaule. B.

GUYAT, tuile, toile d'araignée. B.

GUYBERLED, forêt (outil.) B.

GUYBER, écureuil. G. De *Ber*, sur ; *Guy*, arbre.

GUYCQAD, citoyen, bourgeois. B.

GUYDDEL, litière qu'on met pourrir pour faire du fumier. B.

GUYDILUS, tortueux. B.

GUYDN, blanc. C. Voyez *Guin*.

GUYDOR, le petit doigt. B.

GUYE, le même que *Gwye*. Voyez ce mot. De *Guye* ou *Guys* sont venus les mots *Gisse*, *Gesir*, *Aguis*, en Grec, rue.

GUYEOT, herbe. B.

GUYES, chienne. B.

GUYMELED, perce vin, forêt, vrillette. B.

GUYMPAD, petit lait. B.

GUYMPL, guimpe. B. De là ce mot.

GUYN, blanc, beau. B. Voyez *Guin*, *Gwyn*.

GUYN, chagrin, de mauvaise humeur. B. Voyez *Gwynn*.

GUYNAERY, vénerie. B.

GUYNED, homme chagrin, triste d'habitude. B.

GUYNER, maître chasseur, veneur. B.

GUYNIENN, couleuvrée plante. B.

GUYNTA, élever, hausser. B.

GUYNTERICZ, cicogne machine pour puiser de l'eau. B.

GUYOCH, bécassine. B.

GUYOU, enjoué. B. Voyez *Gwyw*.

GUYOUDEN, chevrefeuille. B.

GUYPP, grenouille fer de porte. B.

GUYPIDICQ, délicat, sensible, dolent. B.

GUYRION, droit, équité, bonne foi ; E *Guyrion* bonnement, simplement. B.

GUYRIONNA, réalité. B.

GUYRZYER, pluriel de *Garz*. B.

GUYS, truye. B.

GUYSA, A. M. façon, manière, guise ; de *Guis*.

GUYSEL, ciseau. B.

GUYTIBUNAN, tous les gens de bien, tous & un chacun B.

GUYTOT, petit lait. B.

GUYUPHER, écureuil. B. *Usher*, le même que *Ba* Voyez *Guyber*. L'h a été insérée dans *Usfer*, parce que ce mot est en composition.

GUYEOUDEN, chevrefeuille. B.

GUZ, bois. Voyez *Caluedd*.

GUZ, beau. Voyez *Guedd*.

GUZ, le même que *Cuz*. Voyez *Goz* & *Arm*.

GUZTIA, tout. Ba.

GUZURRA, mensonge. Ba.

GUZURTIA, fourbe, menteur, imposteur, séducteur, trompeur. Ba.

GY, le même que *Guy*. Voyez *Gyp*.

GY, le même que *Cy*. Voyez *Arm*.

GY, le même que *Gwy* ; car il est indifférent d'écrire *Gy* ou *Gwy*. G.

GYBER, venaison. B. De là *Gibier*.

GYBI, cohorte. G. *Coib* en Irlandois, troupe cohorte.

GYBYRGOLL, condamner. G.

GYD, avec. G. Voyez *Gued*.

GYD. I GYD, généralement. G.

GYD, jet. Voyez *Ergyd*.

GYDâ, avec, auprès ; la préposition latine *Ab*, la françoise *par*. G.

GYDâ HYNNY, outre cela, de plus, davantage. G.

GYDAG, avec ; *Gydag Attal*, avec attache, en s'attachant, en hésitant, en bégayant. G.

GYDDFAN, le canal d'une machine qui va en s'étrécissant. G.

GYDDFGAM, qui a la tête courbée, qui a la tête penchée d'un côté. G. De *Gwddf*.

GYD.

GIDEAFR, chevre fauvage. G.
GYEN, bouche. I. Voyez Gen.
GYFAGOS. YN GYFAGOS, de près. G.
GYFAIR. AR GYFAIR, à l'opposite, vis-à-vis, contre, envers. G.
GYFARED, le même que Cyfared. G.
GYFARWYDD. Y GYFARWYDD, ver luisant, lune qui éclaire pendant la nuit, falot, lanterne, rat des champs. G.
GYFARWYNEB, contraire, opposé, contre. G.
GYFARYSTLYS, de côté. G. Voyez Cyfaryslys.
GYFEIR. AR GYFEIR, au contraire, contre, envers, à l'égard, à l'endroit. G. Voyez Cyfair.
GYFEIRWYNEB, contre. G.
GYFERBYN, contre, au contraire, à l'opposite, vis-à-vis, envers, à l'égard, à l'endroit. G.
GYFF. YN GYFF-ELIB, ressemblance. G.
GYFFELIB. YN GYFFELIB, comme. G. Voyez Cyffelyb, Gyff.
GYFLAWN. YN GYFLAWN, abondamment, à foison, suffisamment. G. Voyez Cyflawn.
GYFLYM. YN GYFLYM, vîte, plus vîte, très-vîte. G.
GYFYNG. Voyez Glin-Gyfyng. G.
GYFYRGOLL, condamner. G.
GYPYSTLYS, cube. G. Yfilys, côté; Gyf, par conséquent égal.
GYGUS, qui est en colere, qui se ride le front, qui est refrogné, qui a un regard menaçant, qui a un regard affreux, qui est rude, qui est difficile. G.
GYHOEDD. AR GYHOEDD, publiquement. G. Voyez Cyhoedd.
GYL, le même que Gwyl, forêt. Voyez ce mot.
GYL, le même que Gwyl, ténèbres, ténèbreux, pour la même raison que le premier Gyl. Il étoit d'ailleurs indifférent d'écrire Gw ou G simple. Voyez Gobr.
GYLCH, autour. G. Voyez Cylch.
GYLCH. AR GYLCH, alternativement, tour à tour. G.
GYLF, bec d'oiseau. G.
GILFANT, bec. C.
GYLFIN, bec d'oiseau. G.
GYLFIN, bec. C.
GYLFINHIR, cigogne, courlis. G. Gylfin, bec; Hir, long.
GYLL, bois. Voyez Bryfgyll.
GYLLA, serviteur. I.
GYLVAN, moineau. C.
GYLYP, bec. C.
GYM, le même que Cym. Voyez Aru.
GYMDEITHAS, continuation de faire une chose, constance. G.
GYMGYRIC, perdrix. C.
GYML, le même que Syml. Voyez Aru.
GYMMAINT. YN GYMMAINT, tant, tellement, si fort, jusques là. G. Voyez Cymmaint.
GYMMAL, I GYMMAL, O GYMMAL, YN GYMMALUS, par articles, avec méthode. G. Cymmal.
GYMMEDROL. YN GYMMEDROL, également, de la même manière. G. Cymmedrol.
GYMMERER. A GYMMERER, qu'on reçoit. G.
GYN, bois, arbre. Voyez Gwailging.
GYN, le même que Cyn. Voyez Aru.
GYNAN, petite robe. G. Diminutif de Gwn.
GYNGHAFOG. Y GYNGHAFOG, lizeron, pariétaire plante. G. Voyez Cyngaf. Cyngaf. Y Gynghafog, désignant des plantes qui s'attachent, qui accrochent. J'en conclus que Cyng ou Cynga,

GYR.

leur racine, signifie s'attacher, accrocher.
GYNGLWYST, combat à qui remporteroit le prix dans les exercices publics. G.
GYNOWHEDDOL, décent, propre. G. Gwyn, Gweddus pléonasme.
GYNGWYSTL, le même que Gynglwyst. G.
GYNNADAR, semeur. C.
GYNNAG, le même que Bynnag. G.
GYNNAL, soutenir. G. Voyez Cynnal.
GYNNAU, bombardes machines de guerre. G.
GYNNEU, il y a déja longtemps, il n'y a pas longtemps, il n'y a guères, nouvellement, dernièrement. G.
GYNNIS, isle. I. Voyez Ynis.
GYNNY, le même que Cynny. Voyez ce mot & Aru.
GYNNYDD, le même que Cynnydd. Voyez ce mot & Aru.
GYNNYSIO, parler entre ses dents, marmoter, murmurer, mugir doucement, mugir. G.
GYNOG, vêtu d'une robe. G. Gwn.
GYNT, autrefois, avant, auparavant, premier, lorsque. G. Voyez Cynt.
GYNTAF, le même que Gynt. G. Voyez Cyntaf.
GYP. MAEN GYP, gyp pierre transparente comme le talc, plâtre. B. Gypsen en Allemand, en Flamand, en Bohémien, en Polonois; Gipso en Italien; Gypsum en Latin; Gupes, Gypes en Grec; Gidg en Arménien; Gi, Gifsn en Arabe; Giam en Persan; Gubsis en Chaldéen, plâtre. On dit encore Gyp pour plâtre en Franche-Comté : Gui de Flandre est un très-fin plâtre.
GYPSEÆ FENESTRÆ, A. M. fenêtres faites avec une espèce de talc qui se trouve dans le gyp. Voyez Gyp.
GYPSOPLASTES, A. M. qui fait des ouvrages de gyp. De Gyp; Plastes est Grec.
GYR-WYNEB, vis-à-vis. G.
GYRAMEN, A. M. tour, circuit, contour. De Gwyr.
GYRARE, A. M. tourner autour. Gwyr.
GYRATOR, A. M. qui tourne autour. Gwyr.
GYRDD-DER, force. G. Voyez Gwr.
GYRFA, course, stade, lieu où se faisoient les exercices de la course. G. Voyez Gyrr.
GYRFALCUS, A. M. le même que Gyrofalco.
GYRFARCH, cheval de poste. G. Voyez Gyrr.
GYRFEYDD, coureur, qui court dans le stade, qui s'exerce à la course, cheval de poste. G.
GYRO, GIRO, A. M. contour de murailles. De Gwyr.
GYROFALCO, A. M. le même que Gerofalco.
GYROUET, girouette. B. Voyez Gwyr.
GYRR, troupeau que l'on chasse ensemble, impulsion, impétuosité, course, contrainte, action forcée, troupeau. G.
GYRRFA, lieu où se faisoient les exercices de la course, course. G.
GYRRFARCH, cheval de poste. G.
GYRRIAD, course, impulsion, contrainte, motif, aiguillon. G.
GYRRIEDYDD, conducteur de bétail. G. Gyrr, Gyrru.
GYRRAU, pousser, inciter, porter à, engager à, contraindre, presser, envoyer; Gyrrn At, pousser, chasser, faire aller devant soi; Gyrrn Ymaith, écarter, éloigner, rejetter, repousser. G.
GYRRWR, conducteur de bétail, qui chasse, qui bannit; Girrwr Lladrad, ravisseur de bétail. G.
GYRRWYNT, grand coup de vent, vent impétueux. G.

GYRTH, action de pousser, attouchement. G. On voit par *Gyrthiaw*, *Gyrr*, *Gyrru*, *Gyrriad*, que *Gyrth* a signifié impétuosité. Voyez D.

GYRTH, cruel. Voyez *Engyrth*, *Engir*.

GYRTHIAW, pousser, heurter, choquer, beliner, ou heurter comme font les béliers, toucher. G.

GYRWYNT, tourbillon de vent, coup de vent. G.

GYRWYS, pâtres conducteurs de troupeaux. G.

GYSA, A. M. le même que *Guyssa*.

GYSARUM. A. M. le même que *Gisarma*.

GYSP, vertiges, frénésie. G.

GYSTAL. YN GYSTAL, également, de la même manière. G. *Cystal*.

GYTH, GYTHE, vent. I.

GYTTRYM. YN GYTTRYM, dès que, aussitôt; *Ut primùm* en Latin. G. *Gyttrym* en composition a dû faire *Cyttrym* hors de composition dans l'état absolu : *Cyttrym* a dû signifier soudain, sur le champ, comme on le voit par ce mot & par *Cytthrawl*, *Cytthrwd*.

GYW, le même que *Syw*. Voyez *Aru*.

GYWEIRDABUS. YN GYWEIRDABUS, correctement, parfaitement. G. *Cyweirdabus*.

GYWRAINT. YN GYWRAINT, artistement, en perfection. G. *Cywraint*.

FIN du second Tome des Mémoires sur la Langue Celtique.

ADDITIONS

ADDITIONS ET CORRECTIONS.

A

AB, Seigneur : Ajoûtez *Aapa*, *Apu* en Pérouan, Capitaine, Général, Supérieur en quelque office que ce soit ; *Abam*, en Tartare de Kanski ; *Abba* en Tartare de Tangut, pere.
ABANDON, abandon. B.
ABANDONNEIN, abandonner. B.
ABARESCU, rouge, roux, blond, jaune. Ba.
ABEÇANT, absent. B. Voyez *Absèn*.
ABER, troisième : Ajoûtez *Hhavar* en Arabe, embouchure de rivière.
ABER, pag. 4, col. 1, lign. 57, 58, *Amari* ou *Avarliers* ; lisez *Amarr* ou *Avarr*, lien.
ABERTH : Ajoûtez Voyez *Tuadh*.
ABHAIM, grand fleuve. I.
ABIL, docte. B. Voyez *Abyl*.
ABIMEIN, abysmer. B.
ABINOUR, gardien établi par Justice. B.
ABISSA, aviser. Ba. Voyez *Avis*, *Avisa*.
ABOICZANCZ, dépendance, docilité, soumission. B.
ABOICZANT, docile. B.
ABOICZEIN, se soumettre, être soumis. B.
ABON, rivière, &c. Ajoûtez *Ab* en ancien Persan, eau.
ABONDANCZ, abondance. B.
ABOR, long. I.
ABOURHAGH, abordage. B.
ABRI, abri. B. Voyez *Abry*.
ABRICODEN, abricot, abricotier. B. Voyez *Abriqesen*.
ABUN, rivière. I.
ABUTEIN, abuter. B. Voyez *But*.
ACAMELUA, hiéble forte d'herbe. Ba.
ACCORD, connexion. B.
ACCORDANCZ, connexion. B.
ACCORDATEA, accorder. Ba. Voyez *Accordi*.
ACCORDEIN, raccommoder une personne avec une autre. B.
ACCORT, traité. B.
ACCOURSEIN, accoûtumer. B.
ACCOUSTUMEIN, accoûtumer. B.
ACH, lieu, habitation. I.
ACH, sy. Corrigez : sy doit être en romain.
ACHES : Ajoûtez *Aca*, sorte de liqueur en Pérouan ; *Ack*, lac en Iroquois.
ACHIHUE, ACHINUEIN, achever, consommer, finir, complet. B.
ACHIMANT, accomplissement, complément, conclusion, extinction. B.
ACHIQUITU, avoir, tenir. Ba.
ACHITAMACHIA, papillon. Ba.
ACMITI, outre, avant, en avant. Ba.
ACIA, épaule. Ba.
ACOMENDAGARRIAC, rayons de miel. Ba.
ACOTATU, citer, ajourner. Ba.
ACQUE, agonie. B.
ADAERN, méan terme de salines. B.
ADAIGH, habit, habillement. I.
ADRESSEIN, adresser. B. Voyez *Adreusn*.

ADRODD : Ajoûtez Voyez *Ymadrodd*.
AEBR, firmament. B.
ÆGONES : Ajoûtez ou d'*Ejon*, *Egon*, bœuf ; *Egones*, bouviers. Les paysans, qui furent les derniers qui conserverent l'idolâtrie, se choisirent parmi eux des Prêtres ou Sacrificateurs à qui l'on donna le nom d'*Ægones*.
AERIONNEIN, ourler. B.
AERROUANT, puchot ou trombe terme de marine. B.
AESEMANT, soulagement. B. Voyez *Æz*.
AESQUAET, représentation. B.
AESS, accordant. B.
AESTOUR, moissonneur. B.
AF, été. Voyez *Gouaf*. Corrigez, Voyez *Haff*, H.
AFANTUA, mur, muraille. Ba.
AGA, forêt : Ajoûtez *Agag* en Turc, arbre ; *Aeghial* en Arabe, forêt ; *Hagen*, forêt en ancien Allemand ; *Ag* en Hébreu & en Syriaque ; *Agab* en Chaldéen, bois substance de l'arbre. Voyez *Eg*.
AGH, mais. I. Voyez *Hagen*, *Hoghen*.
AGREEIN, convenir. B.
AHALA, pouvoir. Ba. Voyez *Allu*.
AHAMENA, morceau, bouchée. Ba.
AHEDEIN, allonger, prolonger. Ba.
AHOALGH, abondamment. B.
AHOPALDIAC, bouche, entrée. Ba.
AHUEL, air, vent. B.
AHUELEIN, airer. B.
AHUELETEAH, éventement. B.
AHURTEIN, obstiner. B.
AI, rivière : Ajoûtez *Hai*, mer en Chinois.
AIBR, nuées. B.
AICEAGO, aise, facilité. Ba.
AIETZA, chêne verd. Ba. *Aich*, chêne en Theuton.
AIGREIN, aigrir. B.
AIL, rocher. I.
AION, abondamment. B.
AIRGE, pâturage d'été dans les montagnes. E.
AIRGEIRE, chaîne de montagne. I.
AIRNA, isle. Voyez *Triairna*.
AIRTHER, contrée, région orientale. I.
AISEMANT, aisance, allégement. B.
AISIA, oisiveté. Ba.
AISIT, facile, aisé. Ba.
AISS, aisé, facile. B.
AIVRADUR, action de manger. B.
AIVREIN, avaler. B.
AL, ancien. Il faut effacer cet article, parce qu'*Al* ne signifie pas ancien en Celtique.
ALABASTR : Ajoûtez Voyez *Albastr*.
ALABISTR, cahin-caha. B.
ALAPIDEA, chemin libre. B.
ALAYOA, semblable, pareil. Ba.
ALAZAGUINA, demangeaison. Ba.
ALBA : Ajoûtez *Alvar* en Espagnol, tout bois blanc, comme le peuplier, le tremble, &c.

ADDITIONS

ALBENIA, ourler. Ba.
ALCARRIA, village ou grange. Ba. Alcarria en Espagnol, grange. Voyez Caer, Kaer.
ALCHA, haut. Ba. Voyez Al.
ALDACA, côté, flanc. Ba.
ALDEA, village : Ajoûtez Aldear, village en Espagnol.
ALDECOR, partial. Ba.
ALDIAN, près, auprès. Ba.
ALDIONA, saison, temps. Ba.
ALEIN, faonner. B.
ALEMANT, mention. B.
ALHADURA, répréhension. Ba.
ALHATU, je reprends. Ba.
ALIACA, passe-temps. B.
ALIAZE, placer, cacher. Ba. Voyez Lech.
ALMOR, vallée, vallon. G. C'est le même qu'Allmar.
ALMUTEA, motif. Ba.
ALOGADU, je loue, je prends ou donne à louage. Ba.
ALP, blanc : Ajoûtez de là le Latin Albus.
ALVEEN, jantille. B.
ALVEN, aileron d'une roue de moulin à eau. B.
ALUMEIN, allumer. B.
ALUMETTEN, allumette. B.
AM, dans, en. G. selon Camden.
AM, mere : Ajoûtez Amma en Tartare de Tangut; Imam en Tartare de Kanski, mere.
AMAMERUA, huissier. Ba.
AMARAUA, AMARAUNA, toile d'araignée. Ba.
AMAREREAH, amarage. B. Voyez Amar.
AMARRUA, malice. Ba.
AMASA, haleine, respiration. Ba.
AMBASSADE, ambassade. B. Voyez Ambact.
AMBIENNOUR, gardien établi par justice. B.
AMBRINDET, gourmé. B.
AMEIN, abaisser. B.
AMEIN, commodité, bienséance. B.
AMEINEIN, soumettre. B.
AMEXA, espèce de chênes dont les feuilles sont veloutées. Ba.
AMI, fréquent. G.
AMI, ami. B. Voyez Amiapl.
AMIA, tyran. Ba.
AMISEGUIAH, contiguïté. B.
AMISIGUIAH, proximité. B.
AMITUA, transi. Ba.
AMODIOS, folie. I.
AMOEDIGUIAH, sotise. B.
AMOET, idiot, jauru. B.
AMORANTEAC, amoureux. Ba.
AMORANTIA, amourachement. Ba.
AMORATU, je rends amoureux. Ba.
AMOUAEDIGUIAH, ineptie, manie. B.
AMOUAIDIGUIAH, abrutissement, absence d'esprit, ignorance crasse. B.
AMOUAITT, sot, benet, dandin, fanatique. B.
AMOUEDIGUIAH, étourderie. B.
AMOUET, imbécile, étourdi. B.
AMOUIDIGUIAH, bêtise. B.
AMPOIGN, haper, croquer. B.
AMPOIGNEIN, haper, croquer. B.
AMPREHON, reptile. B. Voyez Amprevan.
AMUDAN, mal-adroit. I.
AMUI, secours. B. Voyez Amis, Amug.
AMURRAYA, truite. B. Corrigez, Ba.
AMURUSAC, amoureux. Ba.
AMURUSIA, galant. Ba.

AN, dans, en, G. selon Camden.
ANAM, ame. I.
ANDEENNADUR, canelure. B.
ANDEENNEIN, caneler. B.
ANDIZURA, honneur. Ba.
ANDRAURA, matrone. Ba.
ANDRUHEIN, fertiliser. B. Voyez Dru.
ANDUEIN, souffrir. B.
ANGELIN, engrener. B.
ANGERDOLL, torrent. G.
ANGUELUA, pavé, plancher. Ba.
ANGUILLEN, anguille poisson. B.
ANHUNE, insomnie. B.
ANNAIEIN, ennuyer. B.
ANNAIUS, ennuyant. B.
ANOR, ANNOUER, génisse. B. Voyez Annoer, Anner.
ANQUEU, fantôme, revenant. B.
ANQUIN, repentir. B.
ANROTT, ornière. B.
ANSIATU, j'afflige, je tourmente. Ba.
ANTELIN, entier. B.
ANTRAET, onguent. B.
ANTULER, chandelier. B.
ANVEDEIN, aouster. B.
ANZATSUA, habile. Ba.
ANZATSUSU, je rends habile. Ba.
AOUEIN, convenir. B.
AOUILTR, avorton. B.
AOUIT, mules, ophtalmie. B.
AOULTR, Sion. B.
AOZTEGUIA, paillasse. Ba.
APAELEIN, syllaber, épeler. B.
APARTENANCE, appartenance. B.
APEEL, épeler. B.
APERT, agile. B.
APERTISSE, activité, agilité, diligence. B.
APICQUEIN, apiquer. B.
APOTUM, abscès. B.
APRESTEIN, accommoder, préparer. B.
APROQUEIN, éprouver, avérer. B.
APUCATU, j'adviens, j'arrive. Ba.
AQUIPAGH, attirail. B. Voyez Aqipaich.
AR, pierre, &c. Ajoûtez Wara, rocher en Finlandois
ARA, très marque du superlatif. Ba. Voyez Ar haut, élevé.
ARANA, prune de damas noire. Ba.
ARANSIA, prunier. Ba. Ce mot est formé d'Aran prune, & Sia, arbre.
ARASTELUA, van. Ba.
ARATZA, pur, net. Ba.
ARBA, ARBOLA, arbre. Ba. De là le Latin Arbor; l'Italien Arbore; l'Espagnol Arbol; François Arbre.
ARBEENNEIN, obvier. B.
ARBINDU, j'étrécis. B.
ARBOUELL, le même qu'Arbuilh. B.
ARD, artifice. B. C'est le même qu'Art.
ARDAL, monarchie, principauté. G. Voyez Ar
ARDANCOYA, yvrogne, yvre. Ba.
ARDEMY, édifice, tente. G. Eerd en ancien Saxon habitation; Ard en Arménien, métairie.
ARDEO, devers, environ. Ba.
AREAGO, plus, davantage. Ba.
AREAN, rien. Ba.
ARECHA, rouvre arbre. Ba.
AREIN, arrher. B.
ARESTA, reste. Ba. Voyez Resta.
ARESTE, résolution. B.
ARESTEIN, fixer. B.

ET CORRECTIONS.

ARFAUEIN, temporiser. B.
ARFLEU, fureur. B.
ARFLEUEIN, s'acharner. B.
ARGANDEIN, argenter. B.
ARGARHEREAN, détestation. B.
ARGOUPRERKAN, dotation. B.
ARH, bahut, caisse. B.
ARIEIN, bander, lier. B.
ARIEREAN, action de nouer. B.
ARIMEIN, agencer. B.
ARITSIA, chêne, chêne verd. Ba.
ARLEHUADUR, instauration. B.
ARLEHUEIN, carreler des souliers. B.
ARLERH, postérieurement. B.
ARLOTA, pauvre. Ba.
ARMARIOA, armoire, malle. Ba. Voyez *Almari*.
ARMENER, armoire. B.
ARMORA, mur, muraille, parois. Ba.
AROLL, massacre, tuerie, carnage. I.
ARPISTR, alpiste. B.
ARREST, décision. B.
ARRESTEIN, arrêter. B.
ARRIACA, lieu pierreux. Ba.
ARRIARTEA, rocher. Ba.
ARRIBA, arriver. Ba. Voyez *Arriv*.
ARRIHUÉ, aborder quelqu'un, aboutir. B.
ARRISILOVA, caverne. Ba. A la lettre, creux de rocher.
ARRITU, je querelle, je dispute. Ba.
ARROCHINA, poix résine. Ba.
ARRONT ITU. Ce mot Basque est rendu par le terme Espagnol *Adocenar*, qui ne se trouve pas dans les Dictionnaires.
ARRONTERA, commun, ordinaire. Ba.
ARROUSEIN, arroser B.
ARROUSET, arrosoir. B.
ARSAOUEIN, sursoir B.
ARSAU, halte, cessation, pause, station, intermission, intervalle, cesser, attendre. B. Voyez *Ar*, *Araf*, *Arot*.
ARSAUEIN, discontinuer. B.
ARTE, entre. Ba.
ARTISANT, artisant. B. Voyez *Art*.
ARTUA, malade. Ba.
ARVAR, irrésolution, perplexité. B.
ARVAREREAH, vacillation. B.
ARVARUS, prétendu, scrupuleux. B.
ARPON : Ajoûtez *Ar* en ancien Persan, fleuve ; *Arbo* dans la Langue de Bénin paroit signifier rivière.
ASACATU, je finis, j'acheve. Ba.
ASCLEDAEN, attelles. B.
ASEDDAF : Ajoûtez Voyez *Gorsedd*.
ASGWIN GRUDD, machoire. G.
ASPERTU, je venge, je prends vengeance. Ba.
ASPIGH, le loquet d'une porte. I.
ASPILLA, un plat. Ba.
ASQUIETSI, satisfaire. Ba.
ASQUIETSIA, satisfait, content. Ba.
ASQUITSUA, suffisant. Ba.

ASSAI, efforcer. B.
ASSAITH, solage. B.
ASSAMBLEIN, convoquer, assembler. B. Voyez *Assamble*.
ASSAYEIN, essayer, tenter. B. Voyez *Essama*.
ASSCLEDEN, bille de gros bois. B.
ASSELEDEN, attelles. B.
ASSEMBLAGH, assemblage. B.
ASSIEGEIN, assiéger. B.
ASSOLVEIN, adjuger. B.
ASSOLVEREAH, adjudication. B.
ASSORTEMANT, assortissement, égal. B.
ASSOTEIN, assotir, abâtardir. B.
ASSPERG, asperge. B. Voyez *Asperjus*.
ASSQUELLIEN, croisée d'une Eglise. B.
ASSTEENNEIN, allonger, étendre. B. Voyez *Estyn*.
ASSTISSEIN, exciter. B.
ASSTISSUS, excitatif. B.
ASSUREIN, affirmer, assurer. B.
ASSURET, certainement. B.
ASSWY : Ajoûtez Voyez *Sou*.
ASTOA, caution, répondant. Ba.
ASTRAU, changer, reculer, retourner. I. Voyez *Tro*.
AT : Ajoûtez *Atai*, pere en Tartare de Tobolsk.
ATARTEA, portail. Ba.
ATHOPOUR, négociateur. B.
ATTAHINEREAH, irritation. B.
ATTAHINIC, picoterie. B.
ATTAQUBIN, assaillir. B.
ATZAGA, fin, but. Ba.
ATZEA, le dos, le derrière, l'envers, la partie de derrière. Ba.
ATZEAN, par derrière. Ba.
ATZGUILLEA, demangeaison. Ba.
AVALL : Ajoûtez Voyez *Fion-Avall*.
AVEN : Ajoûtez *Vvang*, rivière en Chinois.
AVENICOA, accord, convenance. Ba.
AUHENA, soupir. Ba.
AUHENDU, je soupire. Ba.
AUNA, abboyement. Ba.
AURGUINA, occasion Ba.
AURIZQUITU, je calme, j'appaise. Ba.
AURQUIENTEA, part, partie. Ba.
AUSARTATU, j'ose, j'enhardis. Ba.
AUSINA, ortie. B
AUTEMAN, chercher diligemment. Ba.
AUTSAILLEA, qui rompt & brise. Ba.
AUTUA, élection. Ba.
AWE, rivière. I.
AUENARTU, je ronge. Ba.
AY, brebis. I.
AYENA, pampre. Ba.
AYUBIA, huée, cri lamentable, épouvantable. Ba.
AZAMA, gouvernante d'enfans. Ba.
AZAROA, rosée. Ba.
AZCARRA, fort, vigoureux. Ba.
AZCARTOSUNA, vigueur, force. Ba.

B

BACASTA, tiquet petit insecte. Ba.
BACOCHIA, les nones de chaque mois. Ba.
BAE, baye : Ajoûtez *Boya* en Caraibe, port.
BAEDDU, battre, &c. Ajoûtez *Beatan* en ancien Saxon ; *Pautjas* en Gothique ; *Batten* en Allemand, battre, fraper ; *Batten* en Allemand ; *Pata* en ancien Scythe, tuer, fraper de telle sorte que la mort s'ensuive. Voyez *Bat*, *Baz*.
BAIMENA, licence. B.
BAIMENDUA, licence. Ba.
BAL, vase. I.
BAL, haut, &c. Ajoûtez *Fiall*, montagne en Lappon ;

ADDITIONS

Ma en Pérouan, tête; *Mal*, montagne en Albanois.
BAL, tête, &c. Ajoûtez *Poullak*, source en Tartare Mantcheou.
BAL, arbre : Ajoûtez l'*f* & le *b* se mettent l'un pour l'autre. *Fa*, arbre en Hongrois.
BALA, embouchure, &c. Ajoûtez *Palu* en Languedocien, marais.
BALDINEA, certain, assuré. Be.
BALDOQUIA, sommet. Ba.
BALE, Ville, demeure, habitation. I.
BALIODU, vaut; *Baliotacun*, valeur. Ba.
BALIEGATU, je suppose. Ba.
BALMA : Ajoûtez, dans les montagnes de Franche-Comté on a inséré l'*r* & l'on dit *Bormes*; à Besançon & du côté de Lons-le-Saunier on dit *Borne*.
BAN, élevé, &c. Ajoûtez *Ban* en ancien Saxon, haut; *Daban* en Tartare, colline, montagne; *Bani* en Géorgien; *Bangsal* en Malaye, le grenier, le plus haut étage de la maison; *Bunne* en Allemand, échafaud; *Baian*, grand, noble en Tartare Mogol & Calmoucq.
BAR, port. Guillaume le Breton écrit que l'an 1180. on porta le corps du Roi Louis VII dans un monaftére de l'ordre de Citeaux nommé *Barbeel* pour y être inhumé. *Anno MCXXC. deportatum est corpus Ludovici Regis piissimi ad Cænobium quod ipse fundaverat Ordinis Cistertiensis Barbeelinum nomine.* Vincent de Beauvais dans son miroir historique racontant le même fait, dit que ce Roi fut inhumé dans l'Église de Sainte Marie du Port sacré, qui est appellé *Bar Beel : Ludovicus Rex piissimus in Urbe Parisius obiit, & in Ecclesia Sanctæ Mariæ de sacro Portu quæ dicitur Bar Beel sepultus est, quam ipse fundavit.* On voit par là que *Bar* signifioit port en Celtique, & *Beel* sacré. Ce Monastère se nomme aujourd'hui *Barbian*.
BARATINA, pèle à feu. Ba.
BARAE, paresseux. Ba.
BARBEA, mort, décès. Ba.
BARN, fils. E.
BARRENDARIA, entremis, interposé, introduit. Ba.
BAT, un : Ajoûtez *Wate*, un en Tartare Morduin.
BAT, bâton : Ajoûtez *Bat* en Allemand, bâton. Voyez *Bat*, *Baeddu*.
BAYA, gages, arrhes. Ba.
BEARRA, œuvre, ouvrage. Ba.
BEARTUA, nécessiteux. Ba.
BEAZA, menace. Ba.
BECARRIA, chassie. Ba.
BECQ, cap, cime, &c. Ajoûtez *Bec* chez les anciens Danois, embouchure de rivière.
BEDUM : Ajoûtez Voyez *Beg Al Len*, Pid.
BEERA, profond. Ba.
BEGUESA, se moquer. Ba.
BEGUIETSI, regarder. Ba.
BEGUILASTOA, sourcil. Ba.
BEHAIN, algue. B. Voyez *Bezin*.
BEHARDU, avant. Ba.
BEHARTU, je précipite. Ba.
BEHER, bas ; *Behera*, moins ; *Bebarda*, petite. Ba.
BEHIN, premièrement. Ba.
BEHIN SART, vairé. B.
BELARRA, front. Ba.
BELLARRA, gruë. Ba.
BELORITA, rouleau, rolle d'écriture. Ba.
BELSA, le même que *Belsa*. Ba.
BENDAD, ayeul. G.
BER, élévation : Ajoûtez *Ver* en Arménien, dessus ; *Borio* en Syriaque, longueur, grandeur ; *Verruca*

chez les anciens Latins signifioit un lieu élevé.
BERASOA, rayon de miel. Ba.
BERCE, honneur. Ba.
BERE, son, sa, ses. Ba.
BERETACOTU, j'approprie, je rends propre. Ba.
BERG, montagne : Ajoûtez *Barg* en ancien Persan, grand, élevé ; *Burg* en Arabe, tour. Voyez *Ber*.
BERG, aune mesure. Ba.
BERIERTUA, rêveur. Ba.
BERINA, du verre. Ba.
BERNAGEA, lignage. Ba.
BERRETURA, rechute. Ba.
BESTALEA, réjoui, joyeux, content. Ba.
BETONICQ : Ajoûtez Voyez *Vettonica*.
BEZALA, comme, comment. Ba.
BEZARRA, purée, bettes. Ba.
BIAOREA, tumulte, confusion. Ba.
BIAOTA, le midi ou la chaleur du midi. Ba.
BIÇAR, barbe. Ba.
BICIA, vie. Ba.
BICICAYAC, aliment, nourriture, substance. Ba.
BIHAR, jusques. Ba.
BILLE, aître dans le dialecte Gallois de l'Isle de Mona. G. Voyez *Bile*, *Bill*, *Pill*.
BILTA, cueillette, récolte. Ba.
BILUA, nu : Voyez *Vil*.
BILYER : Ajoûtez *Falise*, *Faloise*, rocher en vieux François, *Baux* en Provençal, un rocher fort, *Pharath*, rocher en Arabe ; *Phellos* en Grec, pierre.
BIPISDU, je pele. Ba.
BIRAPORA, gorge rouge, gros gosier. Ba.
BIRLEKARR, rondeur. Ba.
BISTOCER, bouchon. Ba.
BITIUA, chevreau. Ba.
BITORETU, je juillete. Ba.
BIYA, poix. Ba.
BLEN, l'une. I.
BOD, canal. I. Voyez *Pid*.
BOD, arbre : Ajoûtez *Mo*, bois substance de l'arbre en Chinois, *Modo*, arbre en Tartare Mogol & Calmoucq ; *Sos*, bois en Auvergnac.
BOM. Voyez *Traves*.
BOQUETA, lessive de buée. Ba.
BORD, bâtard. Ba. *Borde* en Espagnol, bâtard. Voyez *Bord*.
BORD, maison : Ajoûtez *Borio* en Auvergnac & en Languedocien, grange.
BORD, bord, &c. Ajoûtez *Bord* en Allemand & en Islandois, bord.
BORRA, bosquet. B.
BOSQA, bosquet. Ba. De là ce mot. De là *Boscu* dans la basse Latinité, bois, forêt ; & *Bocal*, *Boquet* en vieux François, petite forêt.
BOTOIN, BOTON, bouton. Ba. Voyez *Botum*.
BOUCHAL, doloire ; plurier *Bochili*, *Pochili*; *Bouchala*, doler. B.
BOUKIS, mèche de lampe, de chandelle. I.
BREALA, bain. Voyez *Teasbreala*.
BRES : Ajoûtez Voyez *Wres*.
BRET, tacheté, de diverses couleurs. B.
BREY, bray ou résine. Ba. Voyez *Bray*.
BRIKE, tuile. I. Voyez *Brik*, *Pri*.
BRIT, tacheté, de diverses couleurs. B.
BRITH : Ajoûtez Voyez *Vres*, *Vris*.
BROTH, viande, chair. Voyez *Feadbroth*.
BRUNA, brun. Ba.
BULTWS, nenuphar lys d'étang. G.
BURQUIDEA, égal, pareil. Ba.
BURUEMAN, recouvrement, réceptacle. Ba.

BURUBALDEA

ET CORRECTIONS.

BURURRALDEA, sommet de la tête. Ba.
BUSTITCE, mouiller. Ba.
BUTHUNA, école. Ba.

BWTH : Ajoûtez *Veitula*, Ville en Scythe.
BYCHAN : Ajoûtez *Bitxechan*, petit en Tartare Mogol & Calmoucq. Voyez *Pi*.

C

CAAQUO, outre vase. Ba. *Cacque* en Espagnol & en François, vase, vaisseau à mettre des liqueurs.
CABANIN, petite cabane. I. C'est le diminutif de *Caban*.
CAD, bois : Ajoûtez *Kaa* en Brésilien, forêt.
CAELL : Ajoûtez, Voyez *Cat, Cail, Cal, Caer, Cel, Celh, Kill, Koel, Sal, Sals*.
CAER, beau : Ajoûtez, *Car* dans l'Andalousie, beau.
CAFIA, nid. Ba.
CAILL, bois. I.
CAILLEADH, châtrer. I.
CAILLID, châtré. I.
CAIN, blanc, beau : Ajoûtez, *Sean*, beau en Iroquois ; *Tsing*, beau en Chinois ; *Zain*, beau, joli en Tartare Mogol & Calmoucq.
CAL, chaud : Ajoûtez, *Gall*, feu en Tartare Mogol & Calmoucq.
CALLESTR : Ajoûtez, *Calur* en Malaye, rocher, pierre.
CAMARA, chambre : Ajoûtez *Camar* en Hongrois, chambre.
CAMELOTA, camelot. Ba.
CAMPEN, le même que *Pengam*. B. Voyez *Pengam*.
CAMPR : Ajoûtez, Voyez *Siampr, Seamra*.
CAN, tête, sommet, &c. Ajoûtez *Gana*, montagne en Arabe ; *Gan*, dessus ; *Ken*, montagne fort élevée ; *Konab*, petite montagne dans la même Langue ; *Scan* en Syriaque ; *Scanahh* en Arabe, cap, cime de montagne ; *Gouno* en Malaye & en Javanois ; *Nguon* en Tonquinois, montagne ; *Conde*, montagne en Ceylanois ; *Chonos*, colline en Grec ; *Knize*, Prince en Bohémien. Voyez *San, Sen, Cen*.
CAN, blanc : Ajoûtez *Chan* en Chinois & en Tartare Mantcheou, blanc ; *Sem*, bon en Tartare Mogol & Calmoucq.
CANCO, jambe. Ba.
CANORA, façon, forme. Ba.
CANTARED, pays où il y a cent habitations. I.
CANTITU, j'amollis, j'adoucis. Ba.
CAPELLA, cape. Ba. Voyez *Cap*.
CAPELUA, bonnet. Ba. Voyez *Cap*.
CAR, pointe : Ajoûtez *Karon*, rateau en Tartare Mogol & Calmoucq.
CARGATZE, charger. Ba. Voyez *Carg*.
CARP, œuf. E.
CARPA, petite poche. Ba.
CARRA, lime. Ba.
CARSOILLA, chauve. Ba.
CASSA, caisse. Ba. Voyez *Cass*.
CATAD, joûë. G.
ÇATICO, morceau, fragment, partie. Ba.
CATT : Ajoûtez *Kadu*, couper en Tartare Mogol & Calmoucq ; & lisez *Kata* en Samaritain pour *Kaha*.
CAU, cave, &c. Ajoûtez *Cave* en Languedocien, caverne.
CAVERNA, caverne. Ba. Voyez *Cavarn*.
CAUNCA, dormez. Ba.
CEANU MATULLACH, sommet de la tête. I.
CEHEA, empan. Ba.

CEHUMEA, demi-pied, poids de six onces. Ba.
CEJA, marchand. Ba.
CENZUNA, sens, cervelle. Ba.
CEREN, propos, parole. Ba. Voyez *Gair, Guer*.
CERFIO, ciel. G.
CERRATZE, fermer. Ba. Voyez *Caer, Serra, Kaer*.
CERU, je cache. Ba. Voyez *Serra*.
CESTOLA, coquille d'œuf. Ba.
CHAIA : Ajoûtez, *Che* habitation dans la Langue de l'Isle de Formose ; *Kajan* ou *Kayan*, village en Tartare Mantcheou ; *Tebai*, espèce de forteresse en Chinois.
CHAM : Ajoûtez *Chen*, village en Arménien.
CHEHEA, monnoie. Ba.
CHENECHAL : Ajoûtez Voyez *Seneccal*, où ce terme est mieux expliqué & plus développé.
CHICHA, avare. Ba. De là *Chiche* en François.
CHILIP. Voyez *Philip*.
CHIQUIA : Ajoûtez Voyez *Sich*.
CHIRGANDEA, le petit doigt. Ba.
CHIRIHOGUINA, tavernier, cabaretier. Ba.
CHIROA, pauvre. Ba.
CHOA, petit. Ba.
CHOAR : Ajoûtez Voyez *Siur, Sor*.
CHOCH, bardeau, clavin. Ba.
CHOUER : Ajoûtez *Chous*, eau en Persan ; *Ghiour*, lac en Turc.
CHURRIAZE, couler. Ba.
CICOEA, curieux. Ba.
CIDORRA, sentier, voie. Ba.
CIMBRI, larrons en Gaulois : Ce terme nous a été conservé par Festus. *Kimber* en Breton signifie guerrier, soldat. Comme chez les anciens la guerre consistoit principalement dans le pillage que l'on faisoit sur les terres des ennemis, il arriva de là que l'on donna le nom de pillards ou larrons aux guerriers & aux soldats ; c'est par la même raison que les Latins leur ont aussi donné le nom de *Latrones*. Ce nom n'étoit point deshonorant, mais plûtôt glorieux chez nos ancêtres. Voyez l'article *Brigantes* dans la seconde partie des Mémoires sur la Langue Celtique, page 365.
CINCHA, mammelle. I.
CINQUI, à bon escient. Ba.
CIONN, tête. I. Voyez *Cen*.
CIORREA, verge, baguette. Ba.
CIRARRA, argent. Ba.
CIRISIA, cerisier. Ba. *Cirié* en Auvergnac ; *Cerié* en Languedocien ; *Cié* en Limosin, cerisier. Voyez *Qerasin, Ceirces*.
CIYA, berceau. Ba.
CLATREADAN, front. I.
COAD : Ajoûtez *Co* en Chinois, bois substance de l'arbre ; *Cos*, racine en Chinois & en Siamois ; *So, Zo*, forêt en Tartare Mogol & Calmoucq.
COCH, vieux : Ajoûtez *Kucksin*, vieux en Tartare Mogol & Calmoucq.
COCOL, homme qui a une femme infidelle. I.
COFREA, coffre. Ba. Voyez *Cuffr*.
COICATIA, superflu, abondant. Ba.
COILLID, châtrer. I.
COITIGUIA, souper. Ba.

ADDITIONS

COL, sommet, &c. Ajoûtez *Kolau* en Chinois, un des premiers Ministres d'État.
COLANN, corps. I.
COLPUIDHE, le gras de la jambe. I.
COM, selon Festus : Ajoûtez *Kum* en Arabe, assemblée d'hommes.
COMMUNA, commun. Ba.
COMPANA, COMPANIA, compagnie. Ba.
CON, montagne, hauteur : Ajoûtez *Kong*, Duc en Chinois ; *Chun*, montagne dans la même Langue.
CONTEN, content. Ba.
CONTRACARTU, je m'oppose. Ba.
COR, montagne. E.
COR, terre : Ajoûtez *Koron*, royaume en Tartare Mantcheou.
CORDE, caché, secret. B. Corrigez Ba.
CORRINHER, doigt index. I.
COSCA, leger coup de bâton. Ba.
COTONA, coton. Ba. Voyez *Cottwm*, Coton.
COYA, siége, selle. Ba.
CRAICINN, peau. I.
CREGIN, ongle. G.
CRISELAC, gril à rotir. Ba.
CROBH, main. I.
CROCA, poule qui glousse. Ba.

CROSCW, breche. Ba.
CROSCATU, j'ébreche. Ba.
CRUAIGH, joue. I.
CUBI, confluent. Ba. Effacez.
CUCOL, homme qui a une femme infidelle. I.
CULANCHINN, le derriere de la tête. I.
CUMEA, fils. Ba.
CUREA, inclination. Ba.
CURRITZE, courir. Ba. Voyez *Cwrs*.
CUS. Voyez *Hws*, &c. Ajoûtez *Cusé*, *Cuve* en Auvergnac, caverne.
CUSUMATSUA, dédaigneux. Ba.
CWCH, le même que *Wch*, &c. Ajoûtez *Coca*, grand en Persan.
CWTT, chaumine : Ajoûtez *Hotun*, Ville en Tartare Mantcheou.
CYCH, CICUM : Corrigez *Cichum*.
CYFWCH : Ajoûtez Voyez *Uch*.
CYN, ciel. G.
CYNT : Ajoûtez, *Kin* en Chinois, diligemment.
CYSH, l'aine. G.
CYWEITHAS, commerce, &c Ajoûtez *Givu* en Albanois, Cité ; *Cittah* en Chaldéen, assemblée, troupe.
CYWETHLU, plaider, quereller, reprocher, réprimander. G. Voyez *Cywethl*.

D

DAID, pere. I. Voyez *Dad*, *Taad*, *Tad*.
DAL, vallée : Ajoûtez Voyez *Thal*.
DAMBOLINA, tabourin. Ba.
DAMBURINOA, tabourin. Ba. Voyez *Tabwrdd*, *Tabornum*, *Tabourin*.
DAN, vallée : Ajoûtez, *Tang* en Chinois, inférieur.
DANGOS : Ajoûtez Voyez *Teanga*.
DAR, eau, rivière : Ajoûtez *Dario*, lac en Iroquois.
DAU : Ajoûtez *Dva* en Russien, deux.
DEACH, maison. I. Voyez *Teach*, *Tec*.
DEARNAD, le même que *Dearna*. I.
DEN : Ajoûtez *Denn*, foret en ancien Saxon.
DENQUIA, substance. Ba.
DERW : Ajoûtez *Drumos* en Grec, forêt en général. Voyez *Trawst*.
DESARRA, effet. Ba.
DESGOGARA, dégoût. Ba.
DESORENA, heure induë. Ba.
DESPITATU, je brûle de colere, je me dépite. Ba.
DESTATU, je dispose. Ba.
DEUNGA, méchant. Ba.
DIDARF, intrépide, qui ne craint point. G. *Di* privatif ; *Tarf* signifie donc crainte. Voyez encore *Tarfu*. Corrigez *Di* augmentatif. Voyez *Tarfu*.
DIDENVI, DIDINVI, bourgeonner. Il se dit aussi de la plaie qui se referme par la chair qui revient. B. Voyez *Teo*.
DIGRIFWCH, sel au figuré. G.
DILISTEA, lentille. Ba.
DIN, montagne, &c. Ajoûtez Voyez *Tin*.
DIPIDIA, pot de terre ou de fer. Ba.
DISAS : Effacez *As* est le même qu'*Ach*, &c. & Voyez *Sas*.

DISOUCHA, DISOUCHENNA, aiguiser, & au figuré donner de la pointe, de l'activité. B. Voyez *Souch*.
DISQIANTET, insensé. B. Voyez *Skiant*.
DISQIENT, fou. B. Voyez *Skiant*.
DISYRRWCK, sel au figuré. G.
DIVONA VAN ou VONAN : Corrigez *Von* ou *Vonan*.
DIWRYSIG, qui n'a point de feuilles. G. Effacez le reste.
DOLL, table. B. Voyez *Taol*.
DONARIA, récompense. Ba.
DRAD, exercice du corps ou de l'esprit, occupation. I.
DREID, pont. I. Voyez *Treiddio*.
DRAEM, selon Dom Le Pelletier, &c. Ajoûtez Voyez *Trem*.
DRIM, dos. E. Voyez *Druim*.
DRUILLA : Ajoûtez Voyez *Truill*.
DRUIM, dos. I. Voyez *Drom*, *Drim*, *Drum*, *Trym*.
DRUM, dessus. E. Voyez *Trum*.
DRUM, dos, & au figuré sommet de montagne. I.
DRYLL : Ajoûtez Voyez *Truill*, *Druilla*.
DRYM, dos dans le dialecte Gallois de l'Isle de Mona. Voyez *Druim*.
DUBH : Ajoûtez Voyez *Tub*.
DUINI, homme. I. Voyez *Duine*, *Dyn*.
DUN, montagne, &c. Ajoûtez *Deun* signifie, suivant les anciens, Seigneur, Roi dans la Langue Indienne. Ce terme a encore aujourd'hui dans la Langue Malabare & dans le Persan la même signification. Voyez *Ton* le même que *Don*.
DUREW, gelée. G.
DWED, noirâtre. G. Voyez *Du*.
DUW : Ajoûtez Voyez *Tew*.
DYRNYN, poing. G.

ET CORRECTIONS. vij

E

EADAN, le devant de la tête. I.
EASNACH, côté. I.
ECAIRA, négoce. Ba.
ECAIRAC, occupation. Ba.
ECANDUA, coûtume, façon de faire. Ba.
ECERTU, je défends. Ba.
ECINDUA, impuissant. Ba.
EDERGAILLUZ, je parois, je comparois. Ba.
EG, Voyez Ag. lisez : Voyez Aga.
EGARTSUA, soif. Ba.
EGUINCATU, j'accepte. Ba.
EGUIPIDEA, obligation. Ba.
EGUITECOTSUA, qui a affaire. Ba.
EGUBARIA, fête, solemnité. Ba.
EGUZQUI, EGUZQUIZ, soleil. Ba.
EITHAF. OR EITHAF, conjonction diminutive. G. Effacez le reste, & lisez : Or préposition qui équivaut à la Latine Ab. Voyez Or.
ELFENN, élément. I.
ELHABERRIAC, nouveautés. Ba.
ELHABERRITIA, nouveau. Ba.
ELHEA, fable, conte. Ba.
ELIA, troupeau, bergerie. Ba.
ELICATURA, vivres. Ba.
ELVEN, élément. G. De là ce mot & Elementum Latin.
EMAYA, don, présent. Ba.
EMAYENAC, étrennes. Ba.
EMENDIO, corriger. G.
ENDEA, absence. Ba.
ENDREGERA, part, partie. Ba.
ENHARDATU, disloqué. Ba.
ENQUINA, colere, rancune. Ba.
EQUIX, d'ici en avant, par ci-après, à l'avenir. Ba.
ER, homme : Ajoûtez Æor en Scythe ; Air en Arménien, homme. Voyez Ur, Wr, Gur, Gwr.
ERACUSPENA, instruction. Ba.
ERADITSUCOA, médiocre. Ba.
ERAGO, continuer. Ba.
ERAITOQUIA, temple. Ba.
ERAUCI, arracher, tirer hors. Ba.
ERAUQUIA, vaincu, subjugué. Ba.

EREDUA, conformité. Ba.
EREGUI, lever. Ba.
ERGARRIA, querelleur, noiseur. Ba.
ERGUELA, simple. Ba.
ELGUELQUERIA, folie, sotise. Ba.
ERLASTU, je m'enroue. Ba.
ERLATERA, ruche d'abeilles. Ba.
ERNETASUNA, inspiration. Ba.
ERRA, aversion, haine, rancune. Ba.
ERRAGARRIA, odieux, horrible, qui est en horreur. Ba.
ERRATSUA, sujet à colere, colerique. Ba.
ERRAZTU, je rends aisé. Ba.
ERREMUSINARIA, aumônier. Ba.
ERRIDOYA, courtine. Ba.
ERROA, gond, pivot. Ba.
ERRUMESA, mendiant. Ba.
ERTUNA, malheureux. Ba.
ERTZEA, enfantement. Ba.
ESCARNIATU, moquerie, risée. Ba.
ESCOLATU, j'enseigne. Ba.
ESCUDENTIA, liberté. Ba.
ESCUEDA, paume de la main. Ba.
ESCUSAUAC, serviettes. Ba.
ESGUS, ESGUSOD, excuse, prétexte. G. B.
ESGUSO, ESGUSODI, prétexter. G.
ESLEITU, je sépare. Ba.
ESLON, cerf. G.
ESPARCOA, larcin. Ba.
ESTACURUA, excuse, prétexte. Ba.
ESTALGUNA, secret, caché. Ba.
ESTECUA, embarras. Ba.
ESTYN : Ajoûtez Voyez Tenna.
ESUGUI, mordre. Ba.
ETSEQUI, allumer. Ba.
EURCIRIA, tonnerre. Ba.
EUSI, abboyer. Ba.
EUSIA, abboyement. Ba.
EXCABARRA, grêle menuë. Ba.
EZCERIA, misere. Ba.
EZTEGUAC, nôces. Ba.

F

FALCHUM, faucon. B. De là Falco Latin.
FARS, farce de volaille. B.
FENESTR, fenêtre. B.
FEOÏL, chair. I.
FETHEACH, nerf. I.
FIDAGAITZA, méfiant, défiant. Ba.

FIDAGAIZTASUNA, méfiance. Ba.
FISA, poli, net, propre. Ba.
FORROGU, ennuyeux, fâcheux. Ba.
FRACTELLUM, dégoût de fumier : lisez égout de fumier.
FRESA, collet, rabat. Ba.

G

GABINETEA, couteau, glaive. Ba.
GAER : Ajoûtez Gara en Indien, Ville ; Anubingara dans la Taprobane, Ville d'Anubis. (Ptolomé l. 7, c. 4.) On trouve plusieurs Villes dans les Indes dont le nom se termine par le mot Gara, comme Omenegara, Agringara, Camigara, Minagara, &c.
GALDURO, méchamment. Ba.
GALENDA, péril, danger. Ba.
GALTZAPENNA, débauchée. Ba.
GALTZEARRA. Ce mot Basque est rendu par le terme Espagnol Braço, qui ne se trouve point dans les Dictionnaires.
GARAGARRILLA, juillet mois. Ba.
GARAITIA, victoire. Ba.
GARBATU, je me repens. Ba.
GARCETA, le derriere de la tête. Ba.
GARCOCHILOA, le derriere de la tête. Ba.
GARGOLLA, égorgement. Ba.
GARNUA, urine. Ba.

GARRAITA, nuque du cou, le derrière de la tête. Ba.
GASOA, dommageable. Ba.
GIALL, machoire. I.
GLASWLLDR, herbe. G.
GLOBAC, poëme. Ba.
GLOBARIA, poëte. Ba.
GOFER, source, fontaine. G.
GOGAYA, pensée. Ba.
GOGOA, pensée. Ba.
GOLDEARIA, laboureur. Ba.
GOLPAGOGORTU, je m'obstine. Ba.
GOMBURUA, comble, sommet. Ba.
GONDUA, profit, utilité. Ba.
GONDURA, viande. Ba.
GORATZAPENA, élévation. Ba.
GORROTELLUA, lien. Ba.
GORTA, courtil. Ba.
GORTAISA, fiente, merde, crote. Ba.

DICTIONNAIRE
CELTIQUE-FRANÇOIS.

H

H Se place ou s'omet indifféremment au commencement du mot. Voyez la dissertation préliminaire sur le changement des lettres. Voyez aussi *Hua*.

H, C, G, S se substituent mutuellement. Voyez la dissertation préliminaire sur le changement des lettres.

HA, HE, article chez les anciens Bretons selon Baxter.

HA, hé. G.

HA, ah terme pour appeler, courage terme pour exciter, pour animer. G.

HA pour *Av*, rivière selon Baxter. G.

HA, et. C. B.

HA, si. B.

HA, lui. B.

HA, paragogique ou superflu. Voyez *Hadammeg*.

HAAN, soleil. G.

HAB, le même qu'*Ab*, *Cab*, *Gab*, *Sab*. Voyez H.

HABAICH, havage. B. De là ce mot.

HABASK, doux, docile, modéré, traitable, paisible, facile ; selon un vieux casuiste, le contraire de brusque & de prompt ; & dans les amourettes du vieillard, mou & paresseux, négligent, indolent & lâche. *Habasca*, rendre ou devenir tel. B. Cet article est pris de Dom Le Pelletier. Voyez *Habasq*, qui est le même mot, pris du Pere de Rostrenen. Voyez *Ankelher*.

HABASQ, aisé, condescendant ; *Habasqaat*, *Habasqat*, alléger, adoucir ; faciliter. B. Voyez *Habask*.

HABASQADURR, mansuétude. B.

HABASQEIN, appaiser, tranquilliser. B.

HABEA, taon. Ba.

HABEA, colonne. Ba.

HABHUM, rivière. I. Voyez *Aber*.

HABIL, habile, propre à. B. Voyez *Abl*. De là *Habilis* Latin ; *Habile* François. Habiller un animal, le rendre propre à être mangé.

HABIL, retirez-vous, allez vous-en, allez. Ba.

HABITAFF, habiter. B. Voyez *Hab*.

HABLACH, hablerie. B.

HABLEIN, habler. B. De là ce mot. *Hablein* est formé d'*Abal*, *Abel*, manquer.

HABODAN, demeure d'été. G. *Haf Bodan*.

HABOUTARE, HABUTARE, A. M. aboutir, terminer ; de *Bout*.

HABRSIWN, cuirasse. G. B. De là le vieux mot François *Haubergeon*.

HABUINA ZARRAPOA, écume. Ba.

HABULUM, A. M. hable, havre. Voyez *Aber*.

HABUS, A. G. pointe, sommet, extrémité. Voyez *Ab*, seigneur.

HABUS, A. G. petit, mince. Voyez *Ab*, singe.

HABYD, habit. B. Voyez *Habitaff*, *Cas*.

HAC, si. B.

HAC. Voyez *Hacnai*.

HACH, hache. B. De là ce mot. Voyez *Ac*. *Hacken* en Flamand, hache ; *Hacke* en Allemand ; *Haeto* en Théuton, hache ; *Hoce* en Espagnol, hache.

HACHEIH, hacher. B. *Hacken* en Allemand, couper ; *Haccan* en ancien Saxon, couper ; *Hacha* en Espagnol, couper. *Hhatsi* en Hébreu, couper.

HACHEIS, hachis. B.

HACHERIS, hachis. B.

HACHIA, A. M. hache ; de *Hach*.

HACHOUERH, couperet. B.

HACI, semence. Ba.

HACNAI, cheval qui va l'amble, qui a le pas doux, qui ne secoue point. G. *Hacnis*, *Hacney* en Anglois ; *Haquenée* en François ; *Hackeney* en Flamand ; *Hacanea* en Espagnol. Ce mot est formé de *Naid*, saut, l'amble est un saut leger, & *Hac* qui a dû signifier cheval ; ce qui se confirme. 1°. *Each* ou *Ach* en Irlandois, cheval ; 2°. *Haque* en vieux François, cheval ; *Haques*, petit cheval ; 3°. *Haca* en Espagnol, cheval ; 4°. *Naccus* en Latin, barbare cheval, l'n s'ajoûtoit au mot : *Nago* en Théuton, cheval ; *Nag* en Flamand & en Anglois, cheval. 5°. Festus au mot *Aelus*, distingue chez les Romains trois sortes de chemins; *Iter* qui est pour l'homme seul; *Actus* pour l'homme & le cheval; *Via* pour l'homme, le cheval, & la voiture. En comparant ce passage avec le terme Latin *Equus*, on voit que chez les anciens Romains *Ac*, *Ec* signifioient cheval, mots qu'ils avoient pris des Gaulois ainsi qu'un grand nombre d'autres. *Ocheo* en Grec, être à cheval; *Ayeese*, cheval en Brebere; *Hacqua*, cheval en Hottentot; *Hast*, cheval en Suédois; *Evakai*, nom que les anciens Persans donnoient aux cavaliers Parthes, Persans, Areiens, Saranges. Voyez *Hesychius*. Le sçavant Reland prétend que *Evakai* qu'on lit dans un autre article d'*Hesychius* est le synonime d'*Evakai*. L'*s* & l'*h* se substituant mutuellement, on a dit *Sac* comme *Hac*. De là *Sadell* en Gallois, selle de cheval; de *Sac*, cheval, & *Del*, sur; comme en Grec *Ephippien*, selle, est composé d'*Epi*, sur, & *Hippos*, cheval. *Saquebute* en vieux François, lance crochue dont on se servoit pour faire tomber un cavalier par terre; *Butter* signifioit en vieux François tomber, renverser, ainsi qu'on le voit par *Culbute*, *Culbuter*; *Saque*, cheval. *Pasak* en ancien Persan, est le nom qu'on donnoit au cheval de Cyrus à cause de sa bonté: en confrontant ce terme avec *Mazak*, *Masik*, *Mazaca* qui suivent, on verra que *Sak* dans *Pasak* a signifié cheval. *Mazak*, *Mazek*, cheval Africain, que Némésien assure avoir été infatigable. *Masik*, espèce de cheval en Arabe; *Mazaca*, capitale de la Cappadoce, Province que les anciens louent pour avoir été abondante en bons chevaux. Les *Saques*, ancien peuple qui ne combattoit qu'à cheval. L'*m* & l'*h* se mettant l'une pour l'autre, on dit *Mac* comme *Hac*, ce qui se voit par nos mots *Maquignon*, marchand de chevaux; *Mazette*, mauvais petit cheval; *Haenai* paroit avoir souffert une crase & perdu son *c*. *Henne* en Basse Normandie, jument, cavale; & *Hennart*, *Hennet*, méchant petit cheval; *Hinnus* en Latin, mulet, animal né d'un cheval & d'une ânesse; *Hinnire*, hennir. Voyez *Hanquant*.

HACQ, hoquet, difficulté de parler. B.
HACQEIN, hésiter, bégayer, bredouiller. B. *Hacksin* en Allemand, bégayer. Voyez *Haksin*.
HACQETAL, hésiter, bégayer. B.
HACR, difforme, laid, sale, mal-propre. B. C'est le même que *Poacr*, *Ponacre*, fort sale; de *Po* augmentatif, & *Acr*; *Acron*, *Acrouse*, adverbe qui se dit à Metz d'une chose si hideuse qu'elle fait frémir en la regardant; *Aischros*, difforme, laid en Grec; *Ecre*, laid en Africain.
HACRAAT, HACRAT, enlaidir, gâter, souiller, tacher. B.
HAD, semence, pepin, graine. G. B. *Had*, grain en Arménien. L'*s* se mettant pour l'*h*, on a dit *Sad* comme *Had*. *Sade* en ancien Saxon; *Seed* en Anglois; *Saet* en Flamand; *Saed* en Danois, semence; *Satz* en Lusatien, semer; *Saa*, semer, & *Saad*, grain en Islandois; *Zade*, fils en Turc & en Persan. On a dit *Hat* comme *Had*; de là *Satus*, *Satio* Latins qui sûrement ne sont pas formés de *Sero*. Voyez *Ad* & l'article suivant.
HAD, frai. B.
HAD, second. B. Voyez *Ad*.
HAD, contre. Voyez *Hadmur*, *Catonad*, *Hadtaul*.
HAD, Voyez *Hac*.
HAD, crase d'*Hoad*, comme *Hed* d'*Hoed*.
HAD, action de semer. G.
HAD CANAP, chenevi. B.

HAD COAN, réveillon. B. A la lettre, second souper.
HAD COARH, chenevi. B.
HAD LLYNGIR, semence d'absynthe. G.
HAD Y GRAMANDI, saxifrage, œnanthe, espèce de filipendula, lys du soleil. G. Ce mot & *Hadmaen* étant synonimes, *Maen* & *Gramandi* doivent aussi l'être; ainsi *Gramandi* en composition, *Cramandi* dans l'état absolu, doivent signifier pierre comme *Maen*.
HADA, semer, ensemencer. B. Voyez *Hadu*.
HADAMMEG, énigme. G. *Dammeg* étant le même qu'*Hadammeg*, *Ha* est paragogique.
HADAN, rossignol. B.
HADDEF, avouer, confesser, reconnoître. G.
HADDEF, propre maison, habitation, domicile. G. De *Ha*, lui, sienne; *Def* ou *Tef*, habitation.
HADDIMIZY, second mariage. B.
HADDO, œufs couvis. B.
HADED, cadet. B.
HADEF, le même qu'*Haddef*. G.
HADER, semeur. B.
HADEUR, semeur. B.
HADL, flétri, fané, corrompu, languissant, ruineux, caduc, pourri. G. *Hadel* en Hébreu, caduc, manquant.
HADLE, pepinière. G. *Had Lle*.
HADLEDD, flétrissure, corruption. G.
HADLU, se flétrir, se faner, se corrompre. G.
HADMUR, contre-mur. B. *Mur*, mur.
HADOR, semeur. B.
HADPIN, pignon de pin. B. *Had*, semence.
HADTAUL, contre-coup. B.
HADTO, œufs couvis. B.
HADU, porter de la semence. G.
HADU, semer. B.
HADWR, semeur. G.
HAE, haye, fossé & élévation de terre autour d'un champ, d'un pré, quai. B. C'est le même que *Cae*, *Kae*, *Qae*. *Hag* en Allemand; *Hedge* en Anglois; *Haeg* en ancien Saxon; *Haye* en François, haye; *Aiki*, *Akà*, haye, clôture en Arménien; *Hoi* en Chinois, forteresse, Ville fortifiée.
HAEACH, HAEACHEN, presque. G.
HAEARN, mieux HAIARN, dit Davies, fer. G. Ce mot a souffert une crase, & on a dit *Arn*, *Ern*. Voyez ces mots & *Ysarn*.
HAECHEN, presque. G.
HAEDDEDIGAETH, mérite, bon office, service, bienfait. G.
HAEDDEL, manche de la charrue. G.
HAEDDGLOD, louable. G.
HAEDDIANT, mérite, bon office, service, bienfait. G.
HAEDDU, mériter, tendre, atteindre, prendre. G.
HAEI, nourri, élevé. Ba.
HAEL, libéral, qui aime à donner, qui fait des présens, magnifique, benin. G. *Halli* en Turc, grandement, beaucoup.
HAEL, essieu de charrette, la fourche ou le manche de la charrue. B.
HAEL, le même que *Cael*, *Kael*. Voyez H. *Ehele* en Hébreu, prison.
HAEL-RODDI, donner. G.
HAELEYRELLAWIOG, prodigue, qui fait beaucoup de dépenses. G.
HAELDER, HAELED, libéralité, munificence, prolixité. G.
HAELED, Voyez *Haelder*.

HAE.

HAELER, celui qui gouverne la charrue. B.
HAELFFLWCH, libéral, qui fait des largesses, abondant. G. Pléonasme.
HAELFFOL, prodigue. G.
HAELFLWCH, le même qu'*Haelfflwch*. G.
HAELFRAU, libéral. G.
HAELGAR, bienfaisant. G.
HAELIONI, le même qu'*Haelder*. G.
HAELIONUS, libéral, magnifique, bienfaisant. G.
HAELWYCH, libéral, qui fait des largesses. C'est le même qu'*Hael*. G.
HAELWYCHEDD, libéralité, inclination à donner, largesse. G.
HAEMATITES, nom que les Gaulois donnoient au tournefol, au rapport d'Apulée.
HAEN, pli, courbure. G. *Ain* en Patois de Besançon, hameçon.
HAER, plaie. G. Voyez *Herioa*.
HAER, beau. B.
HAER, héritier. B.
HAER, le même que *Caer*, *Kaer*, *Saer*. Voyez H.
HAERE, lien. B. De là *Haereo* Latin.
HAEREN, lier. B.
HAERES, opposition. Voyez le mot suivant.
HAERES-NATUR, antipathie, B. comme qui diroit opposition naturelle. Voyez *Eres*.
HAERESI, hérésie; *Haeretic*, hérétique. G. Pris du Latin.
HAERIAD, affirmation. G.
HAERLLUG, effronté, impudent, infolent, importun, arrogant, audacieux, méchant, rude, fâcheux, cruel, violent. G.
HAERLLUGRWYDD, infolence, impudence, effronterie, importunité, méchanceté, nécessité pressante, véhémence. G.
HAERU, affirmer. G.
HAERWR, qui reproche. G.
HAEZL, manche de la charruë. B.
HÂF, été. G. C. B.
HAFAID, d'été. G.
HAFAL, semblable, pareil. G. Voyez *Haval*.
HAFAR, labourage d'été. G.
HAFARCH, paresseux, négligent, lâche, foible. G.
HAFDAI, le même que *Hafte*. G.
HAFDY, maison d'été. G.
HAFF, pourri. B.
HAFFLAU, le même qu'*Afflau*. G.
HAFGAN, éclat de l'été, temps serein de l'été. G.
HAFLE, lieux où l'on passe l'été, endroits frais & couverts pour se mettre à l'ombre. G.
HAFLUG, abondance. G.
HAFN, port. G. *Haffn*, port autrefois en Breton, dit le Pere de Roftrenen; *Hafn*, *Haffn* en Danois; *Hafn* en Théuton; *Haven*, prononcez *Hafen*, en Flamand & en Anglois; *Hoffn*, *Haeffn* en Iflandois; *Hampne* en Suédois; *Hoph* en Hébreu, port.
HAFOD, habitation d'été, demeure d'été, métairie, laiterie. G. De *Haf Bod*. Davies.
HAFODLE, synonime de *Hafte*. G. *Bod*; *Lle* pléonafme.
HAFODTA, passer l'été en quelque lieu. G.
HAFODTY, le même qu'*Hafod*. G. *Bod*; *Ty* pléonafme.
HAFODTY, chaumière, cabane. G.
HAFODWR, métayer, fermier, granger, paysan, qui a soin de la maison d'été, qui a soin du lait. G.
HAFODWRAIG, métayère, fermière. G.
HAFOG, pillage. G.
HAFOTTA, demeure à la campagne. G.

HAI.

HAFR, le même que *Hyfr*. G.
HAFREG, synonime de *Braenar*. G.
HAFREN, Saverne rivière d'Angleterre. G.
HAGA, A. M. haye; de *Hai*. En Patois de Franche-Comté on appelle les buissons *Aiges*, *Hag*, *Hage*, buisson, broussaille, haye en Théuton; *Helge* en Flamand, haye; *Hedge* en Anglois, bruyère. Voyez *Hae*.
HAGA, HAGHA, A. M. maison; d'*Ac* ou *Ag*, habitation. *Hagh*, *Haegh* en ancien Saxon, maison; *Hag* en Hongrois, maison.
HAGAR, cruel. C. B.
HAGAR, mauvais. B. De là notre mot *Hagard*.
HAGEN, cependant, néanmoins, autant qu'on voudra. G.
HAGG, nécessité, contrainte, violence, force. B.
HAGHTII, grand. I.
HAGIA, A. M. partie de forêt enfermée de hayes. De *Haga*.
HAGR, laid, difforme, honteux. G. B. C'est le même que *Haer*.
HAGRED, difformité, laideur, infamie, malhonnêteté. G.
HAGEFRWNT, sale, crasseux. G. *Brwnt*.
HAGRHAU, rendre laid, rendre difforme, salir, souiller, gâter, deshonorer. G.
HAGRLIW, sale, mal-propre. G.
HAGRWCH, laideur, difformité, infamie, turpitude. G.
HAGRWYDD, laideur, difformité. G.
HAGUITE, beaucoup. Ba.
HAGUNA, écume, écumant. Ba.
HAHA, interjection d'admirer, interjection pour animer, pour encourager. G.
HAI, terme pour appeller, terme pour provoquer, pour inciter. G.
HAI, motif. G.
HAI, forêt. G. *Hain* en Allemand, petit bois; *Ai*, forêt en Phrygien; *Ai*, chemin par les forêts en Tonquinois; *Ay*, arbres en Hottentot; *Haikh* en Gothique; *Heide* en Iflandois, forêt; *Hae* en Géorgien, arbre; *Hhhai* en Arabe, forêt; *Hhhais*, bois substance de l'arbre dans la même Langue; *Heide*, *Heite*, forêt en ancien Allemand. Nous avons conservé ce mot; nous appellons *chinaye* une forêt de chênes, *ormaye*, *sauffaye*, *tillraye*, *pommeraye*, *prunelaye*, &c. *Hai* a fait *Cai*, *Gai*, *Sai*. Voyez H. Voyez encore *Hay*.
HAI, le même que *Hae*, haye. Voyez *Bal*. On a dit *Hairs* en vieux François; on dit *Haille* en Picardie.
HAIA, A. M. haye. De *Hai*.
HAIA, A. M. forêt enfermée de hayes. De *Hai*.
HAIACH, HAIACHEN, presque. G.
HAIARN, fer; pluriel *Heiyrn*, *Heieirn*. G. B. *Iavann*, fer en Irlandois; *Iaarn*, fer en Runique & en Iflandois; *Iarn* en Cimbrique; *Iern* en Danois & en Suédois; *Hierro* en Espagnol; *Iren* en ancien Saxon; *Iren* en Anglois, fer. Voyez *Haearn*.
HAIARNACH, ferraille, tout ce qui est de fer ou ferré. B.
HAIARNAIDD, de fer, de couleur de fer, de goût de fer. G.
HAIARNDU, couleur de rouille de fer. G.
HAIARNLLIW, de couleur de fer. G.
HAIARNU, ferrer. G.
HAIBAIL, défaite. G. Voyez *Aball*.
HAICE, vent. Ba. Voyez *Aicea*.
HAICH, hache. B.

HAICHA, hacher. B.
HAICHETE, hachis. B.
HAID, essain, troupeau. G. Voyez *Hed*, *Aid*, *Heit*. *Haadad Deborim*, essain d'abeilles en Hébreu; *Deborim*, abeilles.
HAIDD, orge; singulier *Heidden*, grain d'orge. G. Voyez *Heidd*.
HAIDD Y MÔR, orge de mer plante. G.
HAIG, hache. B.
HAIG, désir, désirer avec ardeur. Voyez *Cynhaig*. *Hai*. De là *Haigrement*, *Hugrement* en vieux François, bravement.
HAIGUZOA, permission. Ba.
HAIL. Voyez *Hoël*.
HAILHEBOD, HAILHEVOD, polisson, malotru, faquin, coquin, drille, gredin, fainéant, libertin. B. *Hallebote* en Angevin, petite grappe que les vendangeurs oublient en coupant le raisin; *Halleboter*, grappiller, glaner; d'*Hailhebod* ou *Hailhebot*, parce qu'il n'y a que les pauvres qui glanent.
HAILHEBODED, canaille. B.
HAILHON, malotru, polisson, qui a de pauvres habits, qui a des habits tout en piéces, canaille. B. De là notre mot *Haillons*; de là *Penaillon* en vieux François, celui qui étoit couvert de haillons; *Pen*, tout.
HAILHONED, canaille. B.
HAÏLLART, douvain bois propre à faire des douves & des barils. B.
HAILLEN, brume, brouillard, temps de brume. C'est le singulier de *Haill* peu usité. B.
HAILOCH. Voyez *Hoel*.
HAILVAUDECQ, malotru. B.
HAIME, maison, habitation. E. Voyez *Ham*.
HAING; le même que *Heng*. G.
HAING, sans. Voyez *Brahaing*.
HAINT, maladie, mal; plurier *Heinian*, *Heinsian*. *Yr Haint Gwrês*; *Yr Haint T Twymm*, fièvre chaude. G.
HAIRNACH, HAIARNACH, ferrailles, tout ce qui sert ou qui a servi à garnir de fer. B.
HAISELLUS, A. M. porte faite avec des rameaux, dont les paysans ferment leur cour ou leur jardin. *Haïsèl* est un diminutif d'*Hai*.
HAISPA, sœur. Ba.
HAIT, bled. B.
HAIV, mort. G. De là notre mot *Have*.
HAK, et. C. B. De là le Latin *Ac*, qui a le même sens.
HAK, hoquet. B.
HAKEIN, bredouiller. B.
HAKENEIUS, HAKENETUS, A. M. haquenée. D'*Hacnai*.
HAL, sel. G. On voit par *Hal*, salive; *Halen*, sel; *Allonsa*, alose en Breton, que *Hal* a aussi autrefois signifié sel en cette Langue. *Als* en Grec, sel; *Halec* en Latin, hareng poisson salé. Voyez *Sal*.
HAL, colline. C. Voyez *Al*.
HAL, salive. B.
HAL, le même que *Hadl*, ainsi qu'il paroit en comparant *Hadl* & *Halogi*.
HAL, le même qu'*Al*, *Cal*, *Gal*, *Sal*. Voyez *H*.
HALA, ainsi, de telle façon. Ba.
HALA, A. M. maison, domicile, sale, palais, halles; de *Hall*, *Halla*, *Het* en Hongrois, lieu; *Hal* en Gothique, tout édifice illustre; *Healle* en ancien Saxon, de même; *Hhalah* en Persan, tente, palais, chambre; *Ahal* en Hébreu, tendre une tente, & *Ohel*, *Ahel*, tente; *Aulis* en Grec. *Hal* en Flamand, tente. Voyez *Haulla*, *Hull*.

HALABARDEN, hallebarde. B.
HALABER, ressemblance. Ba.
HALABER, donc. Ba.
HALACO, tel. Ba.
HALACOTZ, c'est pourquoi. Ba.
HALACRED, corselet. B. Voyez le mot suivant.
HALACRETA, cuirasse. Ba. Voyez le mot précédent. Voyez *Halecret*.
HALACZON, halaczon en François, *Cariobellum* en Latin. B.
HALAFF AN LEUE, vêler. B.
HALAN, haleine. B. De là ce mot.
HALANNA, haleter, respirer. B.
HALAWG, corrompu, gâté, sali, souillé, profané, impur, immonde, sale, mal-propre, trouble, louche. G. *Haligoté*, déchiré en vieux François; & *Dehalé*, maigre, défait. Voyez *Hailhon*.
HALBANUM, A. M. tribut dû au Souverain; *Hantban* en vieux François. De *Hal*, haut; *Ban*, jurisdiction, souveraineté, domaine.
HALBERC, HALBERGELLUM, HALBERCIUM. Voyez *Halsberga*.
HALD, secousse, action de secouer. G.
HALDIAN, secouer, être secoué, branler, chanceler. G.
HALEBARDEEN, hallebarde. B.
HALECQ, saule. B. Voyez *Halyg*.
HALECRET, corselet. B. On le servoit encore en ce sens du mot *Halecret* dans le vieux François. Voyez *Halacreta*.
HALEGUEN, saule, osier. B.
HALEIN, sel. B. *Halgein*, sel en Irlandois.
HALEINNEIN, saler. B.
HALEN, sel. G. B.
HALENAI, salière. G.
HALENEWLL, saline. G.
HALENN, sel. B.
HALENU, saler. B.
HALENWR, marchand de sel. G.
HALEREZ, hallage. B.
HALGEIN, sel. I.
HALIGUEN, saule; plurier *Haligued*. B.
HALIOCH. Voyez *Hoel*.
HALITOR, A. G. fort adjectif. De *Hallout*.
HALIW, salive; selon d'autres *Alew*. G.
HALL, halles autrefois en Breton. Voyez le mot suivant.
HALLA, palais, sale. I. Voyez le mot précédent. *Healle* en ancien Saxon, sale, palais. *Hal* en ancien Suédois, sale, au rapport de Rudbeck; *Alh* en Gothique; *Hal*, *Heal* en ancien Saxon, temple; *Hal*, maison en Anglois; *Haille* en François, grande place couverte & fermée où l'on place le charbon dans les forges; *Halles* en François, grande place couverte où l'on tient le marché; *Aule* en Grec; *Aula* en Latin, cour, sale; *Aelon*, habitation en Cophte. Voyez *Sal*.
HALLA, HALLAP, les mêmes qu'*Ala*. B.
HALLAICH, hallage. B.
HALLE, bien. B.
HALLOUT, puissance, pouvoir verbe, avoir le pouvoir. B. Voyez *Allout*.
HALLY, salé. G.
HALLTEDD, salure. G.
HALLTFWYD, chair ou poisson salé. G. *Bwyd*.
HALLTIAD, action de saler. G.
HALLTINEB, salure. G.

HALLTU

HAL.

HALLTU, faler. G.
HALLUED, le même que Gallued. Voyez H.
HALO, falive. B.
HALOG, le même que Halawg. G.
HALOGI, corrompre, gâter, falir, fouiller, profaner, rendre impur, violer, tacher d'un crime, enduire, oindre tout autour. G.
HALOGIAD, profanation, action de violer. G.
HALOGWR, violateur, corrupteur, profanateur. G.
HALONN, fel. B.
HALSARRE, entrailles. Ba.
HALSBERGA, HUBBERGUEL, HALSPERGA, HALBERC, HALBERGIUM, ALSBERGUM, HALSBERG, HAUBERGUM, HAUBERGUS, OSBERGUM, HABERGELLUM, ALBERGELLUM, HALSBERGOL, HAUBERGEOLUM, AUSBERGOTUM, ALBERJOS, HAUBERGETTUM, HABERGETUM, HAUBERGON, HAUBERJONIUS, HABERGEON, A. M. haubergeon; Haubergeon, Haubregon, Haubercot, Albere, Halbere, Haubers en vieux François, cotte de maille efpèce de cuiraffe; de Habrfiwn.
HALU, falive. B.
HALUS. Voyez Alum.
HALW, falive. B.
HALXA, aune arbre. Ba.
HALZE, donc. B.
HAM, HAN, domicile, habitation autrefois en Breton; Hom, habitation, & Hamm, Hamel, hameau aujourd'hui en Breton; Haime, maifon, habitation en Écoffois; Hhham en Hébreu, Ville, peuple; Hamadh, s'arrêter, demeurer dans la même Langue; Hhani en Hébreu, petite habitation, & Hhon, maifon; Amh en Chaldéen; Amt en Perfan; Hhham en Arabe, peuple; Hhhamar en Syriaque, demeurer, & Hhhumer, habitation; Hhhan en Arabe, Village; Hhanib en Chaldéen & en Arabe, habitation; Han en Arabe, grand hôtel, & en Tartare lieu deftiné à loger les caravanes; Hlanot en Arabe, taverne. cabaret; Onh en Cophte, maifon; Hanatz en Éthiopien, bâtir, & Hynix, édifice; Aimak en Tartare, tribu; Amedo, je demeure en Tartare Mogol & Calmoucq; Ayman, horde en Tartare; Han en Turc, où, en quel lieu; Hanout, auberge, taverne, & Ahan, petite Ville, métairie en Arménien; Heng, habitation en Siamois; An, cour en Tonquinois, & Hang, tente, habitation; Han en Chinois, lieu de repos, & Hien, Ville; An en Virginien, demeure, habitation; Ham en ancien Saxon & en Théuton, Ville, maifon, domicile, habitation; Haim en Gothique & en Théuton, Village; Haim en Théuton, maifon; Hem en Flamand & en Hollandois; Ham en Anglois; Heim en Allemand, en Runique & en Iflandois, habitation; Hom en ancien Allemand; Home en Anglois, maifon, habitation; Honeh en Lapon, Houeh en Finlandois, habitation, maifon; Hamme en Flamand, maifon de bois; Hem, village en Picard; Hemel en Flamand, hameau; Hamel, Hamelet, Hamelette, Hamlette en vieux François, hameau; Amot en Hongrois, là, en ce lieu là. On en Grec dans quelques termes compofés marque la demeure, l'habitation; Gunaikeion eft l'appartement, l'habitation des femmes.
HAM, le même que Cam, Gam, Sam, Am. Voyez H.
HAMA, A. M. mefure des liquides. C'eft le même qu'Ama. Voyez encore Hanath.
HAMAL, femblable. G. Omalos en Grec.
HAMAN, beurre. B. Voyez Amenen.
HAMARIUM, A. M. habitation; de Ham.

Tome II.

HAN.

HAMBATOZ, déja. Ba.
HAMBDENOL, qui confidére, qui pefe, qui examine. G.
HAMBLE, le même qu'Amledd. Voyez Ger.
HAMBROUG, reconduire. B.
HAMDDEN, paufe, repos, vacance, férie, délibération, déclin d'une fiévre. B.
HAMELETTA, A. M. petit hameau; de Hamell.
HAMELICUS, HAMEKELLUS, A. M. mefure des liquides. Voyez Hama.
HAMELL, hameau. B. De là ce mot. Voyez Ham.
HAMELLUM, A. M. hameau; de Hamell.
HAMIER, voilà, voici adverbe démonftratif qui marque la préfence. E. C'eft l'Ecce des Latins.
HAMM, hameau. B. Voyez Ham.
HAMP, le même que Camp. Voyez H.
HAMPRADUR, union, jonction. Voyez Dihampradur.
HAMULA, A. M. vafe. Voyez Ama, Hama.
HAMUS, A. M. mefure des liquides. Voyez Ama.
HAN, particule ufitée en compofition avec le verbe fubftantif eft, & un petit nombre d'autres, qui n'ajoûte rien à leur fignification. G.
HAN, HANES, effence. G.
HAN, le même qu'Hanyw. G.
HAN, HANO, ici. B. Henna en Hébreu, ici.
HAN, le même que Ham. B.
HAN, lui. B.
HAN, nom. B.
HAN, chant. B.
HAN, HÀN, dans l'ancienne ortographe Hâf, été B. Hham, chaud en Hébreu. Han en Chinois, fec.
HAN, y adverbe de lieu. Ba.
HAN, le même que Hen, Hin, Hon, Hun. Voyez Bal. De là Anus.
HAN, le même que Can, Gan, San, An. Voyez H. Hhanah en Hébreu, grace, agrément; Ihana, agréable en Finlandois; Hanke, blanc en Perfan; Hang, blanc en Tonquinois; An, jointure en Turc.
HAN-GOAN, automne. B.
HANADL, haleine, efprit terme de grammaire. G.
HANAF, calice, coupe, vafe à boire, taffe. C. B. On a dit en ce fens Hanas, Hanap, Henap, Henás en vieux François. Voyez Anap, Hanap, Anaf.
HANAL, haleine. G.
HANAOUEDIGUIAH, graces. B.
HANAP, le même qu'Hanaf, Anap. Hanaph en Cophte, taffe, calice, coupe; Hnaep en ancien Saxon, calice, taffe. Voyez Hanath.
HANAPUS, HANAPPUS, HANAPHUS, A. M. vafe, coupe, taffe; Hanafat, une coupe pleine, une hanapée; Hanaperium, grande coupe ou endroit où l'on place les coupes; de Hanap.
HANATH, calice, vafe à boire. C.
HANATT, notoire, patent, notoirement. B.
HANAVEOUT, reconnoître. B.
HANBO, HANFFO, foit. G. Voyez Han.
HANBWYF, HANPWYF, fois à la première perfonne, que j'exifte. G. Voyez Hau.
HANBWYLLO, faire mention. G. Pvyllo, faire mention.
HANBYCH, HANPYCH, HENFFYCH, fois à la feconde perfonne, foyez, que tu exiftes; Hanbych Gwell, bonjour, bonfoir. G. A la lettre, foyez bien.

B

HAN.

HANCHEN, anche de hautbois. B. De là ce mot.
HAND, raie de charrue. B.
HAND, le même que Cand, Gand, Sand, And. Voyez H.
HANDAIOUR, persécuteur. B.
HANDAIUSS, persécûtant. B.
HANDEEIN, faire peur, faire fuir, ou faire retirer par force. B.
HANDID, le même que Hanfydded, soit, qu'il existe. G.
HANDOEDD, pour Hanoedd, fut, étoit. G.
HANDYFYDD, pour Hanfydd, sera. G.
HANDYM, pour Tdym, sommes. G.
HANEAU, toison. B.
HANEPIER, A. M. la partie supérieure de la tête, de Han, Han, tête ; Per, dessus.
HANERZUB, concis. B. Voyez Hanner.
HANES, origine, source, essence, existence d'une chose, invention, connoissance d'une chose, histoire. G.
HANEU, cochon. C.
HANFFYCH, sois à la seconde personne ; Hanffych Gwell ou Well, le même que Hanbych Gwell. G.
HANFOD, HANFFOD, être, essence, existence, exister, subsister, qui est, qui existe. G. Voyez Han.
HANFYDD, sera. G.
HANFYDDED, soit, qu'il existe. G.
HANHUEDIGUIAH, nomination. B. Voyez Hano.
HANN, blanc. B.
HANNER, moitié, demi, qui est au milieu. G. Voyez Hanter. Hanner ayant signifié moitié, demi, a par conséquent signifié partage, part. Voyez Hannerhog. Hanro en Cophte, épée, couteau, instrument de division ; Ander en Persan, entre.
HANNER DYDD, midi moitié du jour. G.
HANNER NÔS, minuit. G.
HANNERDYDD, le midi, la partie opposée au nord. C.
HANNEREG, la moitié de quelque chose, le vase dont on mesure la moitié de quelque chose. G.
HANNERHOG, morceau de lard. G.
HANNEROB, jambon. G.
HANNEROG, demi, moitié, partagé par la moitié, qui est au milieu, participant, qui a part. G.
HANNEROL, partagé par la moitié. G.
HANNERPAN, bouillon blanc ou meline. G. Son fruit qui est à son extrémité se partage en deux loges égales ; Hanner ; Pan, extrémité.
HANNERU, partager en deux parts égales. G.
HANNES, courses çà & là, égaremens dans une route. G.
HANNHERHOB, demi cochon. G.
HANNI signifie après une négation, ou la sous-entendant, Personne, nul homme, en Latin Nemo. B.
HANNIPA, A. M. le même qu'Hanapus.
HANNUEIN, qualifier. B.
HANO, HANW, & selon quelques vieux livres Bretons Hanno, Hanou, nom, non seulement des hommes & des bêtes, mais de toutes choses connues, dénomination, en Latin Nomen ; Le pluriel est Hanoiou, Hanvou, Hanviou ; le verbe est Hanwa, Hanva, nommer. On dit aussi Hanvel à l'infinitif, mais c'est par abus. Le participe est Hanvet, nommé. B. Voyez Enw, Henw.
HANOED, le même qu'Oed. G. Voyez Han.
HANOED, temps fixé, temps réglé. G.
HANOEDD, fut, étoit. G.
HANOUAL, semblable. B.

HAP.

HANPYCH WELL. Voyez Hanbych. G.
HANQANE, haquenée. B. Voyez Hacnai.
HANT, chemin. G. Voyez And.
HANTAR, milieu. C. Voyez Hanter.
HANTEIN, hanter, fréquenter. B. De là Hanter.
HANTEIN, allonger. B. Voyez Andr, Ant.
HANTER, demi, mi, moitié. C. B. Voyez Hanner, Anter.
HANTER-CHOAR, belle-sœur fille d'un autre lit. B. A la lettre, demi sœur.
HANTER-NOS, septentrion, nord. B. A la lettre, moitié nuit. Voyez Bis.
HANTER-VREUER, beau-frere frere d'un autre lit. B.
HANTERGOAZ, femme hommasse. B.
HANTEROUR, médiateur. B.
HANU, descendant, postérité. C.
HANV, nom. B.
HANV, été. B.
HANVAL, semblable. B.
HANVESK ; singulier Hanveskqn, se dit d'une vache qui passe une année sans faire de veau, ou qui avorte. Un sçavant Breton écrivoit Avesk, & vouloit que ce mot signifiât une vache qui n'a jamais porté, & une femme stérile. Le Pere de Rostrenen met Hanvesgenn, vache sans lait. B.
HANUO. Voyez Hano.
HANVOEZ ou HAVOEZ ; & selon un sçavant Breton Anvoez, qui lui donne les significations d'eau croupie & des mauvaises herbes qui croissent autour d'un champ, lesquelles on coupe pour en faire du fumier. On donne aussi ce nom à la farine folle qui sort de l'avoine ; en Latin Quisquilia. Les Peres Maunoir & de Rostrenen mettent seulement l'eau qui sort des fumiers ou des étables. B.
HANW. Voyez Hano.
HANY, sien, sienne. B.
HANY, le même que Hanni. B.
HANY, descendant, postérité. C.
HANYBED, le même que Hanni. B.
HANYW, est, existe. G.
HAO, mûr. B. Hao en Chinois, bon, bien, bonté.
HAORTHOA, petit garçon. Ba. Voyez Haour.
HAOTHOU, chausses. B.
HAOUES, fumier. B. Voyez Hanvoez.
HAOUR, enfant, petit garçon, fils. Ba.
HAP, bonheur, félicité, prospérité. G.
HAPPA, happer, saisir, tenir. G. De là Happer en François, Capio en Latin ; Havet, Hanet en vieux François, crochet ; Haban en Gothique & en ancien Saxon ; Haben en Allemand ; Asa en Runique ; Haffne en Danois, avoir, tenir, conserver ; Habere en Latin, avoir, posséder ; Apoitu, serrer, presser en Galibi ; Hapchdagyl en Arménien, prendre. Il paroît qu'on a dit Harpa comme Happa, puisqu'en terme de vénerie Harpe est la griffe d'un oiseau ; Harpon en notre Langue est un croc ; Harper en terme de maçonnerie sont les pierres qu'on laisse sortir hors du mur pour servir de liaison lorsqu'on veut les joindre à une autre muraille. Je conjecture que la harpe, instrument de musique, a été ainsi appellée, parce qu'on en pince les cordes. Voyez Herp. Harpa, prendre, ravir en Islandois & en Suédois ; Harff dans les mêmes Langues, rateau ; Arpago, prendre, ravir en Grec. On appella Harpaille ou Herpaille une troupe de gueux qui se souleverent sous Charles VII & qui voloient les paysans. Arpailleur, un gueux de cette troupe. Se harper en vieux Fran-

HAP.   HAR.   7

qois, se prendre; *Arrapa* en Languedocien, prendre. Voyez *Herpen*, qui met hors de doute la conjecture que l'on a proposée.

HAPPUS, heureux. G.
HAQEIN, hésiter. B.
HAQENE, haquenée, amble. B. Voyez *Hacnai*.
HAR, massacre. G. C.
HAR, homicide. C.
HAR, sur, dessus. G. *Herim*, élever en Hébreu: C'est le même qu'*Ar*. Voyez H.
HAR, beau. G. *Ar*, ornement en Persan; *Ari*, pur, net en Turc; *Aramy*, je suis décent; *Arachy*, être décent en Tartare Mantchoou; *Arion*, net en Tartare Mogol. & Calmoucq; *Arreo* en Espagnol, ornement, parure, & *Arrear*, orner, parer, embellir. Voyez *Car*, qui est le même mot.
HAR, aimé. G. Voyez *Car*, qui est le même mot.
HAR, semence. B.
HAR a signifié sel comme *Hal*, ce qui se prouve parce que d'*Hal* on a fait *Halecius*, hareng poisson qu'on sale; & par conséquent *Harineq*, hareng en Breton, a dû venir de *Har*, sel. On a appelé ce poisson *Hereng* en vieux François, ce qui montre qu'on a dit indifféremment *Har*, *Her*, sel. Voyez *Herdan*. *Aracaitua*, salé en Basque.
HAR, le même qu'*Ar*, *Car*, *Gar*, *Sar*. Voyez H. *Har* en vieux François, attache, & *Hart*, corde; *Artesia* en Basque, enclos.
HAR, le même que *Her*, *Hir*, *Hor*, *Hur*. Voyez *Ral*.
HARA, couronne. I.
HARA, vallée. Ba.
HARA, exil. Ba.
HARA. Voyez *Haracium*.
HARACIUM, HARA, A. M. haras. De *Haracz*.
HARACZ, haras. Il signifie aussi troupe d'enfans. B. Ce mot paroit avoir signifié troupe, troupeau en général. Les Bretons dans le douzième siècle appelloient *Harelle* une petite armée; *Haro* dans Villon signifie armée; *Harelle* dans les Mémoires de la Ligue, cohue; *Harde* en termes de vénerie, troupe de bêtes fauves. On dit aussi *Harde* de chevaux, *Harde* de chiens, *Harde* d'oiseaux, pour troupe. *Hardelle* en vieux François, troupe, multitude; *Harpail*, troupe de bêtes fauves; *Hardeau*, jeune garçon, & *Hardelle*, jeune fille. Dans le Patois de Besançon on appelle les enfans *Harets*. *Harah* en Hébreu, concevoir un enfant, un animal; *Hairda* en Gothique, troupe de bêtes fauves, & *Hargis*, légion, armée; *Are*, homme en Tartare Calmoucq & Mogol; *Ar* en ancien Scythe, homme; *Here*, *Herig*, *Herg* en ancien Saxon; *Her* en Islandois; *Heer* en Allemand, armée; *Hord* en Allemand; *Hiord* en Danois, troupeau; *Artik*, lignée, enfans en Arménien; *Heri*, peuple en Géorgien; *Horri* en Hottentot, les animaux en général; *Her*, armée en Théuton; *Herde* de bétail, ou simplement *Herde* en vieux François, la bergerie; *Hara* en Latin, étable d'animaux; *Aran* à Metz, étable de cochons. Voyez *Harell*.

HARALDUS, A. M. héraut. Voyez *Herald*.
HARAN, vallée. Ba.
HARANGA, A. M. harangue; d'*Harangui*.
HARANGUI, haranguer. B. Voyez *Air*, *Ar*.
HARAO, haro cri tumultueux. B. Dans les gloses de *Keron*, qui vivoit du temps de Pepin, deux siècles avant Raoul, premier Duc de Normandie, on lit *Harett*, il crie; *Haremcs*, crions. *Haro* dans Froissard signifie cri, bruit. Ce mot est formé de *Har* ou *Ar*, parole; *Au*, haute, élevée. Voyez *Haroud*, *Harh*, *Harhal*.

HARAS, le même qu'*Haracz*. B.
HARC. EN HARC, près. G. Voyez *Ar*,
HARD, libéral. G.
HARD, hardiesse, courage, ardeur, feu au propre & au figuré. B. *Hard* en Gothique, en Flamand, en Anglois; *Hart* en Théuton & en Allemand; *Haerd* en Suédois; *Heard* en ancien Saxon, dur, & ensuite fort, robuste, vaillant, courageux, hardi, violent, obstiné, cruel, puissant, fortement, violemment. *Hard* en Théuton, fort, robuste; *Hard* en Runique, dur, âpre, scabreux; *Hbharis*, fort, forteresse en Hébreu. En Persan ancien & moderne *Card* ou *Carda* signifie courageux, vaillant, belliqueux. (Voyez H.) Strabon traduit le mot Persan *Karda* par vaillant & guerrier. Hesychius traduit les mots Persans *Kardakes* par hommes belliqueux, & *Artakoi* par héros. *Kartos* en Grec, force; *Karteros*, robuste; *Kartereo*, je soutiens courageusement; *Karta*, fortement; *Kardia*, cœur, courage; *Arri*, *Hary*, mot dont on se sert en Languedoc & en Italie pour exciter les animaux à marcher; *Ardure* en vieux François, colere. De *Hard* est venu *Ardeo* Latin. Voyez *Hardd*, *Hurdis*, *Ard*, *Hardeh*, *Hardix*.

HARD, le même qu'*Ard*. Voyez H. De là *Harte* en vieux François, grandement.
HARDD, beau, propre, orné, bien mis, décent, séant, convenable, commode, honorable, qui sent son bien, digne d'un honnete homme. G. De là *Hardes*, toutes sortes d'habits, d'ajustemens, de parures. De là en vieux François *Hourdé*, pourvu.
HARDD, dur autrefois, difficile, mauvais. B. De là *Hardoyer* en vieux François, harceler, & *Harrier*, fatiguer, faire peine, importuner; *Harelle* en vieux François, vexation, avanie; de là *Haire*, cilice. *Harrie* en Patois de Besançon est une exclamation que l'on fait lorsqu'il survient un obstacle qui empêche de faire ce que l'on s'étoit proposé. De là *Haridelle*, mauvais cheval; *Hart* en Allemand, dur, âpre; *Hertin* en Théuton, durs; *Hard* en Anglois, difficile; *Ayrde* en Danois, poids, charge; *Cartia*, âpre en Finlandois; *Erte* en Italien, rude, âpre à monter; *Erta*, montée âpre & difficile; *Erto*, âpre, difficile à monter, droit, roide, rude; *Ertare*, rendre âpre ou rude dans la même Langue; *Anhart*, raboteux en Arménien; *Hardo* en vieux François, vaurien, garnement.

HARDD-DEG, fort net. G. *Teg*, net; *Hardd*, net: C'est un pléonasme que l'on employe pour marquer le superlatif.
HARDD-DEG, beau, remarquable, considérable. G. Pléonasme.
HARDDER, belle. G.
HARDDIAD, action de se parer, de parer, d'orner. G.
HARDDU, parer, orner, embellir, honorer, illustrer, rendre remarquable. G.
HARDDWCH, beauté, agrément, bonne grace, parure, ornement, embellissement, honneur. G. Voyez *Hardwch*.
HARDDWEDD, décent. G.
HARDDWYCH, orné, embelli, paré, propre, très-bien mis, magnifique, splendide, somptueux, poli, délicat, G.

HARDEH, hardi. B. *Hardement*, courage en vieux François.
HARDENTAITT, hardiesse, assurance. B.
HARDEIA, A. M. botte, faisceau, ainsi nommé d'*Ard*, lien dont il est lié.
HARDELONUS, A. M. ardillon. Voyez *Ard*.
HARDES, A. M. saules, osiers, bois pliants dont on lie des fagots ; en François *Hards*, *Hardelles*. Voyez *Ard*, *Arsa*.
HARDIH, hardi. B. De là ce mot & *Ardito*, qui en Italien signifie la même chose.
HARDINIA, A. M. forêt. Voyez *Arden*.
HARDIS, hardi, hardiment. Il semble avoir une signification plus forte dans un livre Breton, où il est donné pour épithète à un léopard, qui est naturellement féroce. B. Voyez *Hard*, *Hardiz*.
HARDISDER, HARDISDET, hardiesse, audace. B.
HARDISON, hardiesse, audace. B.
HARDIZ, hardi, gaillard. B. *Hardinesse* en Anglois; *Hardesco* en Polonois, hardiesse; *Hart* en Anglois; *Hert* en Flamand, *Herte* en ancien Saxon; *Hierte* en Danois; *Hertz* en Allemand, cœur, courage. Voyez *Hard*.
HARDIZHAAT, assurer, rassurer. B.
HARDUS, A. M. hardi, Voyez *Hard*.
HARDWCH, décence, bienséance, honnêteté. G. Voyez *Harddwch*, qui est le même.
HARELL, troupes, armée, le peuple en armes. B. De là vint le nom de *Harells*, qui se donna à une sédition qui s'éleva à Rouen du temps de Charles VI. On a inséré le *d*, & on a dit *Hardelle* en vieux François pour troupe de personnes non armées ; ensuite par extension on a appellé *Hardelle*, *Harde*, troupe de bêtes fauves, troupe de bêtes sauvages ; *Heere* en Théuton, armée. Voyez *Haracz*.
HARELLA, HARELA, A. M. assemblée d'hommes armés, conjuration, conspiration. De *Harell*.
HAREN, cochon. C. De là *Hara* Latin, étable de cochons ; *Aran* à Metz, étable de cochons.
HARENCQ, harangue. B.
HARENGA, A. M. harangue. De *Harencq*.
HARENGA, HARENGIUM, HARENGUS, A. M. hareng. De *Harincq*.
HAREOLUS, A. G. agréable. Voyez *Har*, *Araul*.
HARFARCH, le même que *Hafarch*. Voyez *Diharfarchrwydd*.
HARH, HARHEREZ, selon le Pere de Rostrenen, premier abboi des chiens quand ils chassent; selon Dom Le Pelletier, cri d'un chien, abboyement. B. De là notre expression *harer les chiens après le loup*, les animer, les inciter, les pousser, les faire abboyer après le loup. *Harlou*, terme François dont on se sert pour exciter les chiens après le loup, est rendu en Breton *Harz Ar Bleiz*, abboi après le loup ou du loup ; *Haro*, *Harol* en vieux François, bruit, cri ; *Haren*, crier en Théuton. Voyez *Herr*, *Harao*.
HARH, E HARH, auprès. B, Voyez *Ar*.
HARHAL, abboyer, japper, crier. B.
HARHOUR, abboyeur. B.
HARIBANNUM. Voyez *Herebannum*.
HARICOT, feverole, haricot. B. De là ce mot.
HARING, A. M. hareng. De *Harincq*.
HARINCQ, hareng ; pluriel *Harincqes*. B. *Harinck* en Flamand ; *Haring*, *Hering* en Allemand ; *Hering* en Anglois ; *Herinck* en Bohémien ; *Arinck* en Esclavon ; *Aring* en Carniolois ; *Herenge* en Hongrois ; *Harengo*, *Arenga* en Italien ; *Hareng* en François ; *Harenque*, *Arenque* en Espagnol ; *Hering* en ancien Saxon ; *Haringus* dans la basse Latinité, hareng. Voyez *Har*.

HARINCQ SEACH, HARINCQ MOQUEDET, HARINCQ SOL, hareng sor ou soret. B. Il paroit que *Sol* est mis ici pour *Suith*.
HARIXA, chêne, chêne verd. Ba.
HARLUA, reconduire, guider, chasser, bannir. B.
HARLUAF, harceler. B.
HARLUER, guide, conducteur. B.
HARN, fer. Voyez *Harnach*.
HARNACH, ferraille, tout ce qui est de fer ou serré. B. On voit par là qu'on a dit *Harn* comme *Hoarn*, fer.
HARNAN, orage ; *Harnan-A-Dro*, tourbillon. B. Voyez *Arneu*. Le tourbillon est appellé *Arnan-A-Dro*, comme qui diroit orage en tournant.
HARNASCHA, HARNESIUM, HARNESTUS, HERNASIUM, HERNESIUM, ARNESIUM, A. M. armes défensives, cuirasse, plastron ; & par extension tout l'équipage de guerre de l'homme & du cheval. De *Harnes*. *Harnas*, *Harnach* en Allemand ; *Harnisch*, *Harnesk* en Anglois ; *Harnois* en François ; *Arnese* en Italien ; *Arnes* en Espagnol ; *Harnsk* en Danois ; harnois ; *Herneskia* en Islandois ; *Harnas* en Flamand, cuirasse. De ce mot est venu notre terme *harnacher un cheval*, qui a d'abord signifié couvrir un cheval de fer pour le défendre des coups de lances & de traits dans les combats, & que l'on a étendu dans la suite à signifier tout équipage de cheval. On a dit *Desarnir* en vieux François pour desharnacher.
HARNASIUM, A. M. filet de pêcheurs ; en vieux François *Harnas* & *Harnois*. On a aussi étendu ce mot *Harnas* à signifier toutes sortes d'outils & d'instrumens ; de *Harnés*, qui ayant d'abord signifié l'équipage d'un guerrier, a été ensuite employé à désigner les outils, les instrumens des pêcheurs & des autres artisans, parce qu'ils sont comme l'équipage dont ils ont besoin pour exercer leur profession. *Harnois* a même été employé pour signifier un habit, par analogie à l'harnois du cavalier & du cheval qui les couvroit.
HARNAU, le même qu'*Arneu*, orage, tempête. B.
HARNES, cuirasse d'un homme de guerre, armure, habillement de fer, tant de la tête que du corps ; *Harnesa*, encuirasser, armer, mettre les armes sur le corps ; participe *Harneset*, encuirassé ; Latin *Loricatus*. B. Les armures de fer étoient déja en usage chez les Gaulois du temps de Varron, qui dit que la cuirasse fut ainsi appellée parce que l'on se faisoit des plastrons de bandes de cuir crud ; que dans la suite les Gaulois firent ces plastrons de fer, & continuerent cependant à les appeller du même nom qu'ils leur donnoient lorsqu'ils étoient de cuir : *Lorica à loris, quod de corio crudo pectoralia faciebant ; posteà succuderunt Galli ferro, sub id vocabulum ex annulis ferream tunicam.* Quoique les Gaulois ayent continué de donner aux plastrons de fer le nom qu'ils leur donnoient lorsqu'ils étoient de cuir, (*Linrig*, *Curas* signifient l'un & l'autre en Celtique cuirasse) on voit par le terme *Harnis* qu'ils en inventerent ensuite un nouveau après ce changement pour les désigner d'une manière plus propre ; car *Harnés* est formé d'*Harn*, qui en Celtique signifie fer. Voyez *Harn*, *Haiara*, *Harnascha*.
HARNESA. Voyez *Harnes*.
HARO, harou ou cri de haro, A. M. cri que sont tenus de faire ceux qui voyent commettre un crime

HAR.

crime capital, pour appeller tous les voisins à la poursuite & à la saisie du criminel. Cette Loi est principalement en usage dans la Normandie. On a ensuite étendu la signification de *Haro*, & on s'en est servi pour former opposition, pour arrêter l'exécution d'une sentence, d'une ordonnance; c'est pourquoi nos Rois commandent dans leurs Édits, qu'ils soient exécutés *nonobstant clameur de Haro. Haro* est formé de *Ar*, arrêter. Voyez ce mot. Le peuple dit encore parmi nous, faire *Haro* sur quelqu'un pour le saisir.

HAROD, héraut. B.
HAROS, héros. B. Voyez *Ar*.
HAROUD, héraut. B.
HARP, appui, soutien, étai, accoudoir, arrêt, ce qui retient, ce qui sert à soutenir & appuyer, recours, contraire, opposé. *Harpa*, appuyer, supporter, soutenir, offenser, pousser, s'opposer, être contraire, choquer, heurter; participe *Harpet*. B. *Harper* en vieux François, choquer. Voyez *Hars*.
HARP. Voyez *Happa*.
HARPA. Voyez *Harp*.
HARPA, A. M. harpe instrument de musique; de *Harp*.
HARPEIN, étayer, appuyer, épauler, adosser, mettre le dos contre quelque chose, opposer. B. Voyez *Harp*.
HARPON, longue scie à deux mains pour scier en travers des arbres, de grosses piéces de bois. B.
HARPONES, A. M. harpons; *Harponarii*, harponneurs, ceux qui se servent de harpons. Voyez *Happa*.
HARS, obstacle, empêchement, embarras, opposition, résistance, défense; *Hars'-Oc'h-Hars*, à l'opposite; *Maën Hars*, borne. B. Voyez *Ars* & *Arzal*. De ce mot est venu le terme Latin *Arceo*, & les François harceler, hérisser, hérisson, harasser, herse de porte de Ville.
HARS, proche, auprès, appui; *Harzant*, attenant, *Lacat En Harz*, adosser. *Harzein*, appuyer, adosser, arrêter; *Harzelein*, bâtonner, fraper à coups de bâton; *En Harz*, *En Harzic*, tout proche. B.
HARSA, HARZA, HARZAL, arrêter, dissuader, empêcher par discours de faire quelque action. B.
HARSANT. Voyez *Hars*.
HART, vieux mot François qui signifie corde, lien. On a aussi dit *Gart* comme *Hart*, ainsi qu'on le voit par *Garrot*, *Garroter*. Voyez *Aru*. On a aussi dit *Hard*, *Hardi*, pour signifier un lien de fagot. Voyez *Herdad*, *Arredt*, *Heron*.
HARTHZA, ourse. Ba. Voyez *Art*.
HARTOUS, cosson vermine qui ronge les pois & le bled, teigne, artuson, ver en général. B. De là notre ancien mot *Artuson* ou *Artison* qui est encore en usage parmi le peuple. Voyez *Tartous*.
HARTOUS, crasse. B.
HARTUS, crasse. B.
HARTUZETT, rabougri, abrouti. B.
HARTZEDUNA, créancier. B.
HARV, nom. B.
HARV, cerf. B. Voyez *Carw*.
HARUNA, farine. Ba.
HARUR, amour. G. Voyez *Car*.
HARYDELL, haridelle. B. Voyez *Hardd*.
HARZ, proche, près, auprès, appui, concernant. B. Voyez *Hars*. *Hart*, près en Allemand.
HARZ, premier abboi des chiens quand ils chassent, abboi des chiens en général, hurlement. B. Voyez *Harh*.

HAT.

HARZ, obstacle. B. Voyez *Hercia*, *Herstl*.
HARZAL, abboyer, hurler. B. Voyez *Harz*.
HARZANT, attenant, tenant, connexe. B.
HARZEIN, appuyer, soutenir, adosser, opposer, arrêter. B.
HARZELEIN, bâtonner, fraper à coups de bâton. B.
HARZER, abboyeur. B.
HARZIC, auprès, tout auprès. B. Voyez *Hars*.
HARZORN, poignet. B. De *Har*, près; *Dorn*, en composition *Zorn*, main.
HARZU, je prends. Ba. Voyez *Herstl*.
HAS, le même que *Cat*. Voyez H. *Assan*, habité en Persan.
HASBARDUM, A. M. hazard. Voyez *Hazard*.
HASCH, hache. B. De là ce mot. *Hatsche* en Allemand; *Hatchet* en Anglois, hache.
HAST, hâte, empressement, vitesse, accélération, diligence en l'action. B. *Hastie*, *Hastelie*, *Hasstliiken* en Anglois, vîte, hâtivement; *Hast*, vîte en Flamand; *Hathabhh*, se hâter en Arabe. De *Hast* est venu notre mot hâte. Dom Le Pelletier se trompe lorsqu'il veut que les Bretons ayent emprunté ce mot des François. Voyez la Préface de ce Dictionnaire & les mots *Atis*, *Atisa*.
HASTA, HASTAFF, hâter, se hâter, accélérer. B.
HASTA, A. M. broche. Voyez *Asta*.
HASTA, A. M. certaine étendue de terre, de champ. Voyez *Asta*.
HASTA, A. M. habit de religieux. Voyez *Hair*.
HASTATOR, A. M. hâteur officier qui sait embrocher pour la bouche du Roi. Voyez *Asta*.
HASTEDUM. Voyez *Astedum*.
HASTEIN, hâter, se hâter, accélérer. B.
HASTELARIA, A. M. lieu où l'on gardoit les broches de cuisine. Voyez *Hasta*.
HASTENDITIUM, A. M. le service dont on étoit tenu envers son seigneur lorsqu'il alloit à l'armée, & la somme qu'on étoit tenu de payer pour sa rançon lorsqu'il avoit été pris en guerre. Voyez *Hostis*. L'o se changeoit souvent en *a*. Voyez la dissertation sur le changement des lettres au premier volume des Mémoires sur la Langue Celtique.
HASTICQ, brusque, vîte, vîte. B.
HASTIDIGHEZ, HASTIDIGUEZ, empressement, ardeur à agir, accélération. B.
HASTIHUE, hâtif, précoce. B.
HASTILIS, A. M. certaine étendue de terre, de champ. Voyez *Hasta*.
HASTISDET, empressement, ardeur à agir. B.
HASTULA, A. M. certaine étendue de terre, de champ. Voyez *Hasta*.
HASTULA, ASSULA, A. M. éclat de bois. Voyez *Astula*.
HAT, semence. B. Voyez *Had*, *At*.
HATR, habit. G.
HATRIG, le flux de la mer. G.
HATRU, habiller. G.
HATSEMAN, exhaler, rendre une odeur. Ba.
HATTEIN, commencer à se tenir debout sur les pieds comme les petits enfans. B.
HATTR, habillement. G. Voyez le mot suivant.
HATTRU, habiller. G. Voyez *Ymddihattru* & *Hatru*.
HATUBUS, A. G. qui parle avec peine. Voyez *Attwf*, contre, empêchement.
HATYA, A. M. haine, envie. Voyez *Atia*.
HATZA, vestige, trace. Ba.

HAT.

HATSEN, est nourri. Ba.
HAU, été. G. Voyez *Haff*. De là *Havir*, brûler en vieux François ; *Ho*, feu en Chinois.
HAU, semer. G. Voyez *Had*. *Haves* en Flamand, mesure de grains.
HAU, hé. B.
HAU, enterrer. G. Voyez *Mando*.
HAU, le même que *Gau*, bois. Voyez H.
HAV, mûr, pourri. B. De là peut être venu nôtre mot François *Have*, qui signifie pâle, maigre, défiguré, celui dont la constitution est altérée, gâtée.
HAV, DOUR-HAV, eau minérale. B.
HAV, le même que *Cav*. Voyez H.
HAVADIUM, HAVAGIUM, A. M. droit que l'on payoit pour le mesurage des grains. Voyez *Hau*, *Havaich*.
HAVAF, le même que *Gauaf*. Voyez H.
HAVAICH, havage droit du bourreau sur les denrées qu'on apporte au marché. B.
HAVAL, semblable. G.
HAVAL, semblable, semblablement, de même, comme. B. On a dit *Hafal* comme *Aval* ; de là peut être venu notre mot *Rafl* ; *Re*, plusieurs, *Hafal*, semblables.
HAVALEDIGUIAH, analogie, rapport. B.
HAUBANNUM, HAUBENTUM, A. M. le même que *Haibannum*.
HAUCTUS, HAVOTUS, A. M. mesure de grains. Voyez *Hau*.
HAUDD, étourdi, indiscret. B.
HAUDEIN, mettre dans les entraves. B.
HAVEC-COS, novales. B. Voyez *Havrec-Cos*.
HAVESQEN, vache sans lait. B.
HAUG, haut. G. *Haug*, haut en ancien Saxon. Voyez *Au*.
HAUG, le même qu'*Aug*. Voyez H.
HAUI, mûrir. B. Voyez *Hau*.
HAVIA, A. M. port. Voyez *Aber*, *Av*.
HAUKERR, aussière. B.
HAUL, soleil. G. B. *Halal* en Hébreu, briller, répandre de la lumière ; *Hol*, *Hai*, soleil en Punique ; *Hel* en Assirien, soleil ; *El* en ancien Persan, soleil ; *Helios* en Grec, soleil ; *Ala* en Persan, flamme ; *Hau* en Chinois, feu. Voyez H, *Heaul*, *Heol*, *Sûl*.
HAUL. Voyez *Aber*.
HAULA, A. M. port. Voyez *Aber*.
HAULE. Voyez *Aber*.
HAULLA, A. M. maison, palais. Voyez *Halla*, *Hol* en Hongrois, où, en quel lieu.
HAVOES, eau qui sort des fumiers ou des écuries. B. Voyez *Hauvoes*.
HAVOT, demeure d'été. G. *Hav*, été ; *Ot*, par conséquent demeure.
HAVOTUS, A. M. mesure de grains. Voyez *Hau*.
HAUP, hé. B.
HAUR, havre, port. B. Voyez *Aber*, *Av*.
HAVRA, A. M. port. Voyez *Haur*, *Aber*.
HAVREC, le même qu'*Awrec*. B.
HAVREC-COS, novales. B.
HAVREG, guéret, friche. B.
HAVREYA, défricher. B.
HAUS-AR-VERN, la partie la plus basse du mât. B.
HAUSAF, très-facile. G.
HAUSSER, aussière. B. Voyez *Au*.
HAUTA, A. M. haute. Voyez *Au*, *Allte*.
HAUTEU, haut-de-chausses. B. Voyez *Hauton*.
HAUTEW-MOEN, haut-de-chausses, culottes. B.

HAZ.

HAUTONNUM, HAUTUMNA, HAUTUMNIR, A. M. les mêmes que *Hauto*. Voyez ce mot.
HAUTOU, haut-de-chausses. B. *Hau*, culotte en Auvergnac.
HAUVAGH, havage droit du bourreau sur les denrées qu'on apporte au marché. B. Voyez *Havaich*.
HAWD, facile. G.
HAWD, heureux, favorable, bon. Voyez *Arawd*, *Hawddhau* & l'article suivant. *Hawd* est le même que *Ffawd*.
HAWDD-AMMOR, bonne fortune, prospérité. G.
HAWDD-AMMOR-IT, bonjour, bonsoir, je vous salue. G.
HAWDDGAR, aimable. G. *Hawdd Car*.
HAWDDGARWCH, charme, agrément, ce qui attire l'amour. G. Ce mot est formé de *Hawdd* & *Garwch*, en composition *Garwch*, amour, amitié. Voyez *Car*.
HAWDDGYNNULL, qu'on assemble aisément. G.
HAWDDHAU, seconder, aider, favoriser. G.
HAWDDWAITH, facilité. G. C'est le même mot que le précédent, auquel par extension on a donné ce sens.
HAWEDI, épargne, ménage, œconomie. G.
HAWL, action en Justice, procès, demandeur en Justice, question en général. G.
HAWLBLAID, partie qui se plaint en Justice, qui intente un procès. G. *Hawl Plaid*.
HAWLFAINGC, lieu où se tient le Conseil. G. *Maingc*, en composition *Faingc*.
HAWLWR, partie qui se plaint en Justice, celui qui intente un procès, celui qui stipule. G. *Hawl Gwr*.
HAWNT pour *Haint*. Voyez *Anhawnt*. G.
HAWS, plus facile, plus facilement. G.
HAWSAF, très-facile. G.
HAWSDER, facilité. G.
HAWSEDD, facilité, très-facile. B.
HAWSHAAD, soulagement, allégement, adoucissement dans la douleur. G.
HAWSHAU, soulager, alléger, dégager, décharger, seconder, aider, favoriser, secourir, venir au secours, remédier. G.
HAUWR, semeur. G. *Hau Gwr*.
HAUVYARE, A. M. fermier de haie. Voyez *Haga*.
HAY, forêt. G. *Hayne*, bois en Théuton ; *Hay* en Gascon, fuyard. Voyez *Hai*.
HAY, hem. G.
HAYA, A. M. le même que *Haga*, haie. Voyez ce mot.
HAYACH, presque. G.
HAYACH, terme pour diminuer ou affoiblir. G.
HAYACHEN, presque, quasi. B.
HAYARN, fer. G. Voyez *Haiarn*, *Harn*.
HAYCHEN, terme pour diminuer ou affoiblir. G.
HAYL, soleil. G. C'est le même que *Haul*. Voyez ce mot.
HAZ, semence. C. *Asia* en Basque. Voyez *Had*.
HAZ, canard. C.
HAZARD, hazard. B. De là ce mot. *Hazard* en Anglois ; *Azar* en Espagnol, hazard ; *Azardo* en Italien, hazard. On dit aussi dans ces deux Langues *Zara* par apocope pour hazard. *Azaria* en Grec du bas Empire, hazard ; *Azardum* dans la basse Latinité, hazard : Et comme le jeu de dez est de pur hazard, les dez ont été nommés *Azardi* dans la basse Latinité.
HAZARDOR, A. M. celui qui joue aux jeux de hazard. De *Hazard*.
HAZBEGUIAC, factions terme de guerre. Ba.

HAZ.

HAZNAT, connu, manifeste, évident, apparent, visible, certain. B. C'est le même qu'*Aznat*.

HAZO, mûr. B.

HAZTANDVA, embrassé. Ba.

HE, semera, dissipera. G. Du verbe *Hau*, *Heu*.

HE. Voyez *Ha* article. G.

HE, particule qui ne sert qu'en composition, marquant la facilité à faire une action & le bon succès. B. Voyez *Haws*, *Hawdd*, *Hedd*.

HE, le pronom son au féminin. B.

HE, le même que *Hy*. Voyez *Hear*. G.

HE, préposition explétive. Voyez *Helaeth*.

HE, habitation. Voyez *Leurhé*.

HEAD, action de semer. G. Voyez *Had*.

HEAD, tête, cap, pointe. G. E. Voyez *Hed*, *Het*, *Hedein* & l'article suivant. *Head*, tête en ancien Saxon.

HEAD, cap, promontoire. I. Voyez l'article précédent.

HEAITTEIN, agréer. B. Voyez *Hetus*.

HEAL, cordial, qui fortifie le cœur. B.

HEAL, manche de la charrue. B.

HEALER, celui qui gouverne la charrue, qui tient le manche de la charrue. B.

HEAN, ancien, vieil. G. C'est une épenthése de *Hen*. Voyez ce mot.

HEAR, comme qui diroit *Hyar*, dit Davies, facile à labourer, labourable, plain, égal. G. *Hy*, *He*, facile; *Ar*, labourage.

HEAR, héritier. B.

HEAR, haire, pauvre, misérable. B.

HEARN, fer. Voyez le mot suivant & *Haiarn*.

HEARNAICH, ferraille B.

HEARPA, A. M. harpe. De *Herp*.

HEAT, tête, pointe, cap. G.

HEAUL, soleil. B. C'est une épenthése de *Haul*. Voyez ce mot.

HEAUR, ancre. B.

HEAZ, cher, tendrement aimé. B.

HEB, sans. G. B. *Heb-Ado-Vn*, tous, un chacun, sans exception. G. De *Heb* est venu *Hebes* Latin, homme sans esprit, stupide.

HEB, parler, dire, il parle, il dit. G. *Hablar* en Espagnol, parler.

HEB, outre, au-delà. G.

HEB, synonime de *Hamb*. Voyez *Ambroucq*.

HEB-LAW-HYN, tant, tellement, si fort, jusques-là, outre cela, de plus, davantage, dessus, de dessus, après, ensuite, puis, après cela. G.

HEB-LAW-HYNNY, le même que *Heb-Law-Hyn*. G.

HEBEL, poulain. B. Voyez *Ebol*.

HEBEL-COERT, pivert. B.

HEBERGAGIUM, HEBERGAMENTUM, A. M. les mêmes qu'*Albert*, *Alberga*; *Hebergiare* en est le verbe.

HEBIDUS, A. M. hébété, stupide. Voyez *Heb*.

HEBOG, épervier. G. E.

HEBOGYDD, fauconnier, oiseleur. G. Voyez *Hebog*.

HEBOIR, d'abord, sur le champ. G. *Heb*, sans; *Ohir*, retard. Davies.

HEBROA, le destin. Ba.

HEBRWNG, conduire, guider, mener, emmener, accompagner, transporter, emporter. G.

HEBRYNGIAD; plurier *Hebryngiaid*, conducteur, qui emmene. G. Voyez *Hebrwng*.

HEBYD, avec, et, conjonction copulative. G. Voyez *Hefyd*.

HECH, excrément. B. Ce mot comparé avec *Ach*,

HEE.

qui est le même, marque tout ce qui est vil, bas, abject. Voyez encore *Tall*.

HECH, hochement. B.

HECQ, excrément. B.

HED chez une partie des Gallois; bonnet fait de peaux. G. Voyez *Head*.

HED, distance, espace, durée, amplification; *A-Hed*, durant. B. *Hhhad*, adverbe qui marque l'étenduë en Hébreu; *Ydi*, tard en Arménien; *Hida*, certain espace de terre en ancien Saxon. Voyez *Hyd*, *Heda*, *Edea*.

HED, jet, essain. B.

HED, dessus. Voyez *Hednaid*.

HED, décent. Voyez *Dihed*.

HED, volant. Voyez *Luched*.

HED, *HET*, tête. Voyez *Hett*.

HEDA, étendre en long. B.

HEDA, longueur. Ba.

HEDA-CEAC, étends; *Hedaturie*, tendant, étendant. Ba.

HEDD, paix. G.

HEDD, facile. C. Voyez *Hawdd*, *He*.

HEDDEN, oiseau. C. Voyez *Eden*.

HEDDWCH, paix, repos, tranquillité, concorde. G. *Hezuch* en Langue de Cornouaille; *Eswchia* en Grec.

HEDDY, aujourd'hui. G.

HEDDYCHAWD, paix, concorde, repos, tranquillité. G.

HEDDYCHIAD, pacification, action de pacifier, de tranquilliser, de calmer, d'appaiser. G.

HEDDYCHLONDER, repos. G.

HEDDYCHOL, pacifique, de paix, paisible, tranquille, appaisé. G.

HEDDYCHU, faire la paix, pacifier, appaiser, calmer. G.

HEDDYCHWR, pacificateur. G.

HEDDYW, aujourd'hui. G. B. *Dydd* se change ici en *Dyw*.

HEDEA, courroie, lanière. Ba. De là *Hedera* en Latin, lierre, parce que les rameaux sarmenteux de cette plante s'étendent beaucoup en rampant & s'attachent aux arbres voisins & aux murailles.

HEDEAC, la courroie de l'étrier. Ba.

HEDEDOG, qui vole. G.

HEDEG, voler. G.

HEDEIN, piquant. Voyez *Lan-Hedein*.

HEDFA, vol, volée. G.

HEDIAD, qui vole, oiseau. G.

HEDION, pailles, paillettes grains legers que le vent fait voler, tandis que les bons restent. G. De *Hedeg*.

HEDIUM, A. G. garnison. Voyez *Aiden*.

HEDLEDAN, plantin. G.

HEDNAID, action de sauter dessus. G. *Naid*; saut; *Hed*, par conséquent dessus.

HEDT, HEDTANGE, santé, souhait. B. *Hait* en vieux François avoit les mêmes significations, & *Dehet*, celle de malheur.

HEDYDD, alouette, alouette hupée. G.

HEDYN, semence, grain de semence. G. Voyez *Had*.

HEEARRIG, os. Ba.

HEEL, le même que *Hoel*. G.

HEENTEIN, allonger. B. Voyez *And*, *Ant*.

HEER, Seigneur anciennement en Breton; de là *Herus* Latin; *Herr* en Allemand, Seigneur; *Herro* en Théuton; *Hearra* en ancien Saxon, Seigneur; *Heer* en Saxon moderne; *Heer* en Flamand; *Harer* en Danois; *Ur* en Hongrois,

Seigneur. Voyez *Hercwalda*, *Herr*, *Heera*.
HEER, haire, pauvre, misérable. B.
HEERA, Dame. B. Voyez *Herr*.
HEERRH, erres ou arrhes. B. De là ce mot.
HEFELYCHU, imiter, faire de même. G. Voyez *Hevul*, *Hafal*.
HEFELYDD, semblable, pair, égal, pareil. On écrit communément *Hevelydd*; car les anciens, dit Davies, se servoient quelquefois de l'*v* pour l'*f*. G. Voyez l'article précédent.
HEFIS, chemise de femme, mente ou voile de femme. G. Voyez l'article suivant.
HEFIS, HENVIS, HENEIS, HINVIS, HYVIS, IVIS, chemise de femme. B. Voyez l'article précédent. *Hemida* en Théuton, tunique.
HEFIS, tunique. G.
HEFELLID, mérite. G.
HEFYD, airain, cuivre, bronze. G.
HEFYD, et, avec, conjonction copulative. G. C'est le même qu'*Hebyd*.
HEFYD, outre, au delà. G.
HEFYD, aussi, même, de même. G.
HEFYD, le même qu'*Hefyt*. G.
HEG, agacement, irritation, ébranlement. B. Voyez *Hegea*.
HEGAGE, HEGACEA, agacer, provoquer, irriter, chagriner, importuner; *Hegacu*, chagrin; *Hegacadori*, le même, comme si l'on disoit chagrinerie; *Hegaceus*, chagrinant, celui qui est sujet à agacer, contentieux. B. De là notre mot François *Agacer*. Voyez *Cas*.
HEGAL, agacer, irriter, contrarier. B.
HEGAR, HEGARAD, HEGARAT, aimable, affable, condescendant, accommodant, doux, benin, affectif, dont le cœur est porté à la douceur & à la plus tendre amitié. B. Ce mot est formé de *He*, facile, porté à, & de *Car*, aimer. De ce mot est venu notre terme François *Egard*. Voyez *Hygar*, qui est absolument le même, puisque *Hy* en Gallois signifie, de même que le Breton, *Hé*, facile, porté à. Voyez *Hygar*.
HEGAEER, celui qui agace. B. Voyez *Hegacu*.
HEGABI, agacer. B. Voyez *Hegacu*.
HEGEA, HEJA, HIJA, HEGAF, HAIGEIN, HEGEIN, HEIGEIN, mouvoir, branler, remuer, agiter, secouer. B. Voyez *Heget*. Les hauts Bretons disent *Heger* ou *Haiger*, secouer. De *Hegea*, *Hecha* est venu notre mot *Hocher*.
HEGEADUR, ébranlement. B.
HEGET, rompu, brisé, détruit. B. C'est le participe d'*Egea*, par où l'on voit que ce mot a encore eu ces trois significations.
HEGG, nécessité, contrainte, force, violence. B.
HEGL, jambe. G.
HEGL-GAM, manche de la charrue. G.
HEGLEAU, écho. B.
HEGLEW, intelligible, qui s'entend aisément, & qui entend de même. B. Ce mot est composé de *Hé*, facilement, & *Clew*, entente, ouïe.
HEGON, ample, étendu, vaste. B.
HEGON. Voyez *Hoghen*.
HEGOS. Voyez *Hogos*.
HEGUELESTR, écrevisse. B.
HEGUIN, germe du grain semé commençant à sortir de terre, germe en général. B. C'est le même qu'*Egin*.
HEGWEDDI, dot. G.
HEI, foin, herbe. B. *Hen*, foin en Allemand. Les Allemands prononcent *Hei*. *Hawi* en Gothique; *Henni*, *Honni*, *Hoi* en Théuton; *Hoy* en Flamand; *Hay* en Anglois; *Heg*, *Hieg* en ancien Saxon, foin.
HEIA, fumier. Ba. Voyez *Hav*.
HEIA, A. M. haie d'*Hai*, haie.
HEIBIO, outre; *Myned-Heibio*, passer, passer outre, aller plus loin. G.
HEIDD, orge. B. Voyez *Haidd*, *Heidden*. *Ha* en Arabe; *Hiada* en Italien, épeautre.
HEIDDEN, grain d'orge. G.
HEIDDFRÂG, le même que *Brâg*. G.
HEIDDGWRWF, bière. G. Voyez *Cwrwf*.
HEIDDLYN, bière. G. Voyez *Llyn*.
HEIGHTH, montagne. E.
HEIL, soleil. G. Voyez *Haul*.
HEIL, phiole. Voyez *Heilgorn*.
HEILGORN, phiole de corne. G. *Gorn* de *Corn*, *Heil*, par conséquent phiole. Les premiers vases chez la plûpart des anciens peuples étoient de cornes.
HEILIO, faire une libation, donner, verser à boire, tirer le vin du tonneau, servir à table. G. Voyez *Hail*.
HEILIWR, échanson. G. Voyez *Heilio*.
HEILOG, tête, chapiteau. G.
HEILWEN, soleil. G. A la lettre, soleil beau ou beau soleil. Voyez *Heil*.
HEILYN, celui qui verse à boire, celui qui sert à table, célerier, dépensier. G.
HEIM, HEM, les mêmes que *Ham*. Voyez la Dissertation sur le changement des lettres au premier tome des Mémoires sur la Langue Celtique. *Hhim* ou *Chim* en Hébreu, en Arabe; *Hym* en Éthiopien, tente; *Chimh* en Persan, tente; *Chinel* en Arménien, bâtir; *In*, caverne en Turc; *Heim* en Théuton, habitation, demeure; *Haim* en Gothique; *Heim*, *Ham* en ancien Saxon, ville, bourg; *Chin*, bourg; *Kim*, lieu, demeure; *Kin*, lieu, demeure; *Kim*, cour, habitation du Prince en Chinois; *Kinh*, cour en Tonquinois; *Xin*, lieu, demeure; *Kien*, hospice, chambre en Chinois. L'*h*, le *k* & le *q* se substituent mutuellement.
HEIM, beurre. I. Voyez *Aman*.
HEINI, très-jeune. G.
HEINI, qui est en vigueur, qui est dans la force; qui est puissant en quelque chose, vigoureux, fort, qui est en bonne santé, vif, prompt, vite, actif, ardent, soigneux, appliqué, diligent, sain, poli, gentil, mignon. G.
HEINIAR, revenu, produit, pécule, provisions de bouche d'une maison. G.
HEINIARDY, grenier. G.
HEINIF, le même que *Heini*, qui est en vigueur, &c. G.
HEINLLYD, maladif. G. Voyez *Haint*.
HEINUS, maladif, infirme, valétudinaire. G. Voyez *Haint*.
HEIR, combat. Voyez *Heirfa*.
HEIRFA, lieu du combat. C. *Fa*, lieu.
HEIRONES, A. M. hérons. De *Herown*.
HEIS, orge; *Heizen*, un seul grain d'orge. Al. Voyez *Haidd*, *Heidd*.
HEIS, huit. B.
HEISES, biche. Il y a des bas-Bretons qui donnent aussi ce nom à la louve. B. Voyez *Hyd*, *Hewig*, *Heizes*.
HEISLAN, petit hameçon de fer dont on se sert pour préparer le lin à être cardé. G.
HEISLANU, préparer le lin à être cardé. G. Voyez *Heislan*.

HEISYLLT,

HEI.   HEL.   13

HEISTELT, le même qu'*Heiftan*. G.
HEIT, essain. B. Voyez *Haid*.
HEIZ, orge. B. Voyez *Heid*.
HEIZES, biche, prostituée. B. Voyez *Heifes*. Les Latins donnoient le même nom de *Lupa* à une louve & à une prostituée.
HEL, élevé, haut. G. C'est le même qu'*El*, *Al*, dont il a par conséquent toutes les significations. Voyez *Hal*, colline, & *Bal*.
HEL, agacer, pousser, mettre en mouvement, aller. G. Voyez l'article suivant.
HEL pour *Hely*, chasser, chasser aux oiseaux, chercher à la piste, pousser, presser. G.
HEL, rocher. l. Voyez *Al*.
HEL, tête. Voyez *Helm*.
HEL, préposition explétive. Voyez *Heldrin*.
HEL, le même que *Cel*. Voyez *H*.
HEL, lieu en Hongrois; *Ohel* en Hébreu & en Chaldéen, tente ; *Helan* en ancien Saxon, en Théuton, couvrir.
HEL pour *Hal*, sel. Voyez *Heli*, *Heled*, *Helet* & *H*. Il faut qu'on ait dit *Hen* comme *Hel*, puisque dans la chronique scandaleuse de Louis XI *Henouar*, & dans le livre de l'Échevinage de Paris *Henouarsy* se prennent pour porteur de sel.
HELA, aller. G. De là ce mot.
HELA, mettre en suite, chasser ou aller à la chasse, poursuivre vivement. G. *Elao*, agiter, pousser en Grec.
HELA, forêt. G.
HELAETH, fécond, fertile, abondant, libéral, ample ; *Yn Helaeth*, abondamment, suffisamment, à foison, à tas, en abondance, amplement G. On voit par *Helaethder* que ce mot a aussi signifié large ; & comme *Llaeth* ou *Llaed* est le même que *Lled*, large, il s'ensuit de là que *He* est ici une préposition explétive ou superflue, & par conséquent *Llaeth*, *Llaed*, *Lled* ont toutes les significations d'*Helaeth*.
HELAETHACH, YN HELAETHAC, plus, davantage. G.
HELAETHDER, largeur. G.
HELAETHED. CYN HELAETHED, jusqu'au point, jusqu'à tant. G.
HELAETHFAWR, fort ample. G.
HELAETHIAD, accroissement, augmentation. G.
HELAETHLAWN, abondant, fécond, fertile, très-fertile, magnifique, qui fait des largesses, prodigue ; *Yn Helaethlawn*, abondamment. G. Pléonasme. *Helaeth Lawn*.
HELAETHRWYDD, abondance, affluence, opulence, richesse, foison, fertilité, fécondité, largesse, libéralité, étendue, grandeur. G.
HELAETHU, augmenter, accroître, multiplier, croître, étendre, aggrandir, amplifier. G.
HELAETHWYCH, fait avec largesse, avec magnificence. G.
HELAETHYDD, celui qui augmente. G.
HELAGAN, saule. C. Voyez *Helig*.
HELANUS, splendeur en Gaulois, mot conservé par Gregoire de Tours *de gloria Confessorum*, c. 2 ; de *Glan* ou *Llan*. Voyez *H*.
HELAVAR, affable, à qui l'on parle & qui parle facilement. B. Ce mot est composé de *Hé*, facilement, & de *Lavara*, parler.
HELBUL, affliction, chagrin, inquiétude, sollicitude, occupation, affaire, tumulte, trouble, bruit. G. *Beli* en Arabe, affliction.
HELBULUS, pénible, fatigant, onéreux, incommode, qui est à charge, fâcheux, difficile à

troublé, ému, inquiet, occupé, affairé. G.
HELCHIA, A. M. réservoir fait de claies dans lequel on conserve du poisson dans une rivière. Voyez *Alch*.
HELCYD, chasser souvent. G. *Helcyd*, *Helgud*, verbes qui marquent qu'on fait fréquemment ce qui est désigné par le verbe *Hel* ; *Cyd*, *Gud* signifient donc fréquemment. Voyez *Efgud*.
HELDRIN, tourmenter. G.
HELDRIN, la même chose qu'*Helbul*, G. par conséquent *Hel* dans l'un & l'autre préposition explétive ; car *Trin*, d'où vient *Drin*, signifie travail, occupation, chagrin, inquiétude.
HELED, puits d'eau salée. G.
HELEDD, saline. G.
HELEIU, quantité, abondance, multitude, assez, plusieurs. B. Voyez *Leiz*.
HELENE, HENLENE, & suivant l'ancienne orthographe, *Hestene* ou *Estene*, que le Pere de Rostrenen écrit *Evlene*, cette année. B. Voyez *Eleni*, *Tleni*, *Ellynedd*, *Erllenedd*.
HELESTR, pavot. B.
HELESTREN, glayeul. B.
HELFA, chasse, ce qu'on a pris à la chasse. G.
HELFARCH, cheval de poste. G. De *Hel* & *March*, en composition *Farch*.
HELFFONN, épieu, G.
HELGI, chien de chasse. G.
HELGUD, le meme qu'*Helcyd*. G. Voyez ce mot.
HELGUEZ, menton. B.
HELHYNT, chasse, chemin. G. Voyez *Helynt*.
HELI, suivre B.
HELI, salure, saumure, liqueur salée. G. B. De *Hel* ; *I*, eau, liqueur.
HELIAD, persécuteur. C.
HELIADUR, suite, appendice. B.
HELIC, saule. C.
HELIEIN, poursuivre, succéder. B.
HELIG, saule. G. *Elike* en Grec Arcadien, saule ; *Chalif* ou *Hhalif* en Arabe. L'*h* se changeant en *s*, d'*Helig* sont venus *Salix* Latin ; *Salice* Italien ; *Sauze* en Espagnol ; *Sause*, *Saose* en Dauphinois & en Franc-Comtois ; *Sausse* en Flamand ; *Saose* en Languedocien & en Limosin ; *Saulx*, *Saulg* en vieux François, saule ; *Saucia*, *Saucetum*, *Saulia* dans les anciens monumens Latins ; *Saucie* en Gascon ; *Sauci* dans plusieurs Provinces du Royaume ; *Saulget*, *Saulsuye* en vieux François. Voyez *Seilach*, *Sail*. *Salgueiro* en Espagnol ; *Sfulizano* en Croatien, saussaie. Voyez *Heligen*, *Helagan*.
HELIG-MAIR, myrte sauvage. G.
HELIGEN, saule. B. *Heliken*, saule en Grec. Voyez *Helig*.
HELIO, saler. G.
HELIWR, chasseur, veneur ; *Heliwr Chwedlau*, qui répand, qui fait courir des bruits, qui seme des nouvelles, nouvelliste. G.
HELL, palais, sale. C. Voyez *Halla*.
HELL, clôture, enclos. Voyez *Dorhell*, *Dorzell*, *Kael*.
HELLATH, saline. B.
HELLEIH, abondamment. B.
HELLOUT, avoir le pouvoir. B.
HELLTNI, saumure, liqueur salée. G.
HELME, heaume, casque. G. *Hielme*, *Iaume*, *Eaume*. *Helme*, *Herme* en vieux François, heaume ; *Heanme* en François moderne, casque ; *Helmo* en Italien ; *Helmus* dans la basse Latinité ; *Yelmo* en Espagnol ; *Helm* en ancien Saxon ; *Helmette* en Anglois ; *Helm* en Allemand, en Fla-

mand, en Polonois; *Hielm* en Danois, en Bohémien; *Hialm* en Suédois; *Hialma* en Runique; *Hialmur* en Islandois, heaume, casque. *Helm* paroit formé de *Hel*, tête, & de *Mux*, couvrir. On a omis les deux dernieres lettres, parce que dans les mots composés on omet souvent quelques-unes de leurs lettres.

HELMOG, couvert d'un casque. G.
HELMOI, s'accouder. B.
HELMOWER, accoudoir. B.
HELP, secours, appui. G. *Helpe*, *Hylp* en ancien Saxon; *Helpe* en Anglois; *Hulf* en Allemand; *Hulp* en Flamand, *Hilp*, *Helfa* en Théuton; *Hialp*, *Hialp* dans la Langue des Scandinaves; *Hialpa* en Islandois, secours.
HELPU, aider, secourir. G.
HELPWR, qui donne du secours, qui aide. G.
HELW, gain, profit. G.
HELW. BOD-AR-HELW-VN, être possédé. G.
HELW pour *Help*. Voyez *Cynhelw*. G.
HELWRIAETH, chasse, exercice de la chasse. G.
HELY, forêt. G.
HELY, salé. G.
HELY, agacer, pousser, mettre en mouvement. G.
HELY, le même qu'*Hel*, chasser. G.
HELY, le même qu'*Helyg*. G.
HELYDD, chasseur. G.
HELYDDIAETH, chasse, exercice de la chasse. G.
HELYG. PRENHELYG, saule. G. *Pren*, bois.
HELYGEN; pluriel *Helyg*, saule, osier, yeuse ou chêne verd. G. B. Voyez *Halyg*, *Helig*, *Helygen*.
HELYGLWYN, saussaie. G. *Llwyn*.
HELYGLYS, lysimachie, souci aquatique. G.
HELYGLYS, corneille. G.
HELYNT, HELHYNT, chasse. G.
HELYNT, HELHYNT, chemin. G.
HELYNTIO, voyager. G. *Helynt*.
HELVR, chasseur. G.
HELYWR, chasseur. G.
HELZEA, tenir, atteindre. Ba.
HEM, se, soi. B.
HEM. Voyez *Heim*.
HEMA, ceci. B.
HEMAN, ceci, celui, ce, cet. B.
HEMELLA, se mêler. B. *Hem* en Persan, ensemble.
HEMEN, ici. Ba.
HEMER, prise. B.
HEMOLCH, chasse. B.
HEMP, sans. B. *Empty* en Anglois, vuide, sans.
HEN, vieil, ancien, vieillard, âgé. G. B. *Henos* en Grec, ancien; *Hyn*, ancien en Arménien; *Annan*, aîné en Malabare; *Ensin*, frere aîné en Galibi; *Ano* en Théuton, ayeul; *Aene* dans la Souabe, ayeul; *Ven* en Hongrois, vieillard; *Ken*, ancien en Tartare du Thibet; *Anus*, vieille femme en Latin, De *Hen* est venu *Senex* Latin, parce que l'*h* se change en *s*. Voyez *Sen*.
HEN, tête, élévation, élevé. G. *Hans*, tête en Islandois; *Hen*, tête, doit aussi signifier source de fontaine, parce qu'en Latin la source d'une fontaine s'appelle *Fons*, *Caput*, *Origo*. Voyez *Hend*. *Hain* en Hébreu; *Ayn* en Sarrazin, fontaine; *Hendin* chez les anciens Bourguignons signifioit Roi; *Hen*, tête, chef; *Dyn*, homme, ou *Hundin* de *Hend*, chef; *Hon* en Gascon, fontaine. Voyez *Cen*.
HEN, arbre. B.
HEN, HENE, HENES, celui, celui-là. B. Voyez *Hynny*.
HEN-IAWN, fort ancien. G.

HENA, aîné. B. De là ce mot. Voyez *Hen*.
HENADUR, sénateur. G.
HENADURIAETH, antiquité, dignité de sénateur, sénat. G.
HENAFF, aîné. B.
HENAFFGWR, vieillard. G.
HENAFIAETH, vieillesse. G.
HENAID, vieux, vieille, antiquaire; de vieillard, fort vieux, décrépit. G.
HENAINT, vieillesse. G.
HENAOUR, aîné. B.
HENAPHUS, A. M. vase à boire; coupe. Voyez *Hanaf*.
HENAU, aîné. B.
HENCHOUR, conducteur. B.
HEND, tête, source. G.
HEND, chemin, avenue, distance. B. Voyez *Hynt*.
HENDAD, aïeul; *Hendat*, bizaïeule. G. *Hen Tad*.
HENDAID, bisaïeul, trisaïeul. G. Voyez *Hendad*.
HENDDYN, vieux. G.
HENDDYNAIDD, vieux, antiquaire, fort vieux, décrépit. G.
HENDER, vieillesse. G.
HENDEQEAU, chemin étroit, défilé entre des montagnes dans des vallons étroits & aquatiques. B.
HENDREF. Davies n'explique pas ce terme. Il doit signifier vieille Ville. G. *Hen Tref*, en composition *Dref*.
HENEDD, vieux. G.
HENEFYD, plus vieux, sénateur. G.
HENEID, vieux, suranné, hors d'usage. G.
HENEIDDIACH, plus vieux. G.
HENEIDDIO, vieillir, devenir vieux. G. *Hên*.
HENEIDDRA, vieillesse. G.
HENEIDDRWYDD, antiquité. G.
HENEIDIO, devenir vieux. G.
HENET, homme masqué. B.
HENFAM, aïeule. G. *Fam* de *Mam*.
HENFOES, coutume. G. *Foes* de *Moes*.
HENFON, vache. G.
HENG, interjection dont se sert une personne qui menace. G.
HENGLEIRCH, vieux, qui est si vieux qu'il n'a plus longtemps à vivre. G.
HENOOG, bisaïeul. C.
HENI, non. G.
HENIAR, le même qu'*Heiniar*. G.
HENLLEIDR, grand pendard. G. A la lettre vieux larron.
HENN, ancien. B. Voyez *Hen*.
HENNAIN, bisaïeule. G.
HENNES, icelui, icelle, celui-là, celui-ci. B.
HENNONT, celui-là éloigné; un vieux Dictionnaire porte *Hennont* celui-là. B. Davies écrit *Hwnnw*, *ille*, *iste*.
HENO, cette nuit; *Henoeth* chez les anciens Gallois. G. *Noeth* signifioit donc anciennement nuit. *No* syncope de *Nos*.
HENOAEE, HENOAS, aujourd'hui. B A la lettre, cette nuit; cette façon de parler vient de ce que les Gaulois comptoient le temps par les nuits. Voyez l'article suivant.
HENOAS, cette nuit. G.
HENOED, grand âge, vieillesse. G.
HENOR, honneur. B. Je crois que ce mot est purement Celtique, & que le terme Latin *Honor* en est venu, parce que *Hen*, ancien, qui en est la racine, est vraiment Gaulois. On sçait la considération & le respect que l'on a toujours eu, sur tout

HEN.   HER.

dans les premiers temps, pour les vieillards ; ainsi *Henor* aura marqué originairement la déférence & les égards que l'on avoit pour les personnes âgées. *Henor* en vieux François, honneur ; *Afnauri*, noble en Géorgien.

HENOS, aujourd'hui. B. A la lettre, cette nuit. Voyez *Henoeth*.

HENPYCH-GWELL, bonjour, bonsoir, je vous salue. G.

HENT, chemin, passage, voie, route ; pluriel *Henchon*, *Hincho*, *Hention* pour *Hentou* ; *Hincha*, acheminer, mettre en chemin ; *Deincha*, ôter du chemin, égarer. C'est pour *Henta* & *Dihenta*. B. De *Hent* est venu *Sente* en vieux François, chemin, fentier ; de là aussi le Latin *Semita*, & le François *Sentir*, parce que l'*h* se change en *s*. Voyez *Hynt*, *Hend*, *Ant*.

HENTE, & anciennement *Hentex*, prochain, voisin. B.

HENTELL, coûteau. B.

HENTEZ, voisin. B.

HENTEZ, le même que *Hente*. B.

HENTI, HENTIF, fréquenter, hanter. B. De là ce mot. Voyez *Hente*.

HENU, devenir vieux, vieillir. G. Voyez *Hen*.

HENU, ne pas recevoir, rejetter, empêcher de passer, s'opposer à l'établissement soit d'une loi, soit de quelque proposition. G.

HENVAL, semblablement, de même, comme. B.

HENVEL, HEVEL, semblable, ressemblance, semblablement, comme, de même. B. Voyez *Hafal*, *Hefelydd*.

HENVEL, nommer, qualifier. B. Voyez *Henw*.

HENVELIDIGUEZ, ressemblance. B.

HENVET, dictum. B. Voyez *Henvel*.

HENVOR, mémoire. B.

HENURIAD, sénateur. G.

HENURIAETH, dignité de sénateur. G.

HENW, nom G. B. Voyez *Enw*.

HENWI, nommer. G.

HENWR, homme vieux. G.

HENWR, seneçon, mouron d'eau. G.

HENWRACH, vieille. G. *Hen Gwrach*.

HENWRAIG, vieille. G. *Hen Gwraig*.

HENWRIAD, vieux. G.

HENY, sien, sienne. B.

HENYDD, crase d'*Henefydd*. G.

HENYW, est, existe. G.

HENYW, descendant, postérité. C.

HEOL, place publique, rue, village, chemin. G. *Jol* en Turc, voie, chemin.

HEOL, soleil. B. Voyez *Heaul*.

HEOL, ancre de navire. B.

HEOULIER, persécuteur. B.

HEP, sans. B. C. Voyez *Heb*. *Ephes* en Hébreu, sans ; *Lep* en Hongrois, sans défaut.

HEP, exempt de défauts, sans défauts. B. On sous-entend défaut.

HEPCOR, laisser comme inutile, omettre, épargner, s'abstenir. B.

HEPGOR, le même qu'*Hepcor*. Voyez *Anhepgor*. G.

HEPPIAN, pencher, avoir envie de dormir, s'endormir, être tout endormi, s'abaisser sur ses jambes, s'accroupir, sommeil. G.

HEPPIL, enfans, race, lignée. G.

HER, sœur. C. Voyez *Hoar*.

HER, héritier, hoir ; pluriel *Heret* & *Herion*, féminin *Heres*, héritière ; *Diher*, sans hoirs, qui n'a point d'héritiers ; *Penhêr*, chef, premier & principal héritier ; féminin *Penheres*, héritière unique ou principale. B. De là le Latin *Hares* ; les François *Hair*, *Héritier* ; & dans les chartes Espagnoles de la basse Latinité, *Herdamentum*, hérédité.

HER, certes. B. Voyez *Er*, *Harn*.

HER, audacieux, effronté. B. *Her* en ancien Allemand, terrible ; *Here* en Théuton ; *Hert*, *Hart* en Flamand ; *Heart* en Anglois ; *Hierta* en Suédois ; *Hiarta* en Islandois ; *Hairto* en Gothique ; *Heorte* en ancien Saxon ; *Hertz* en Allemand, cœur, courage. Voyez *Herz*.

HER, long. Voyez *Herhoeddius*. *Her* est le même que *Hir*.

HER, parole. Voyez *Herod*, *Air*.

HER, sel. Voyez *Har*.

HER, le même qu'*Har*. Voyez *Bal*. *Her* en Runique, haut, élevé ; *Har* en Islandois, haut, grand ; & *Herra*, plus haut ; *Heror* en Theuton, plus haut.

HER. EZ HER, on va, on est sur le point. B.

HERA, HEREA, A. M. terein inculte ; de *Er*, aire, sol.

HERALD, héraut. B.

HERALDUS, HARALDUS, A. M. héraut ; de *Herald*.

HERBA, verd. G. De là le Latin *Herba*, herbe, parce que l'herbe est verte ; cette métaphore est encore en usage parmi nous : On dit *faire prendre le verd aux chevaux* pour leur faire manger l'herbe dans les prairies.

HERBERCH, couvert, abri, gîte, logis, auberge. B. Voyez *Abere*, *Hereberg*, *Heriberg*, *Heriperg*, en Théuton, tente, chaumière, cabane, auberge, logis.

HERBERCHI, loger. B.

HERBERGARE, A. M. bâtir une maison, la meubler ; de *Herberch*.

HERCHU, amener. B.

HERCIA, étroit. Ba. Voyez *Hare*.

HERCIA, ERZA, A. M. herse. Voyez *Hars*.

HERCYD, toucher, atteindre, prendre, se saisir. G.

HERDAD, cordage, tout l'appareil de cordes pour un vaisseau. B. *Hard*, *Hardi*, hart, lien, corde en vieux François ; *Har*, *Hardele*, *Harcele*, attache, & *Hard*, licol. Voyez *Hart*.

HERDAMENTUM. Voyez *Her*.

HERDDYLL, beau, orné. G. *Hardd*.

HERDER, audace. B.

HERDICUS, A. M. de maître, qui appartient au maître. De *Heer*, *Herr*.

HERDNAN GWIDN, hareng. C.

HERE, jonc. Ba.

HERE, octobre. B.

HERELLA, le même qu'*Horella*. B.

HEREN, lier. B.

HEREPIN, diable. B.

HERES, aversion, répugnance. B.

HEREYD, tendre, étendre. G. *Er*.

HEREZELDA, HERREZELDA, A. M. signifient chez les Écossois le droit qu'a le Seigneur de prendre la meilleure pièce de bétail dans les troupeaux de son vassal après la mort de celui-ci. Voyez *Heer* & *Saoi*.

HEREZOURT, jonc. Ba.

HERGAT, coquillages, poissons testacés. B.

HERGOD, digue. G. Voyez *Argae*.

HERH, aboi d'un chien. B. Voyez *Harh*.

HERHOEDDLUS, qui a grand âge, fort âgé, de longue vie. G. Ce mot est formé d'*Oed*, âge ; *Her* par conséquent long. Voyez *Hirhoedl*.

HERI, le même que *Geri*. Voyez *Bigard*.

HER.

HERI, jambe qui boite. G.
HERIA, village. Ba. C'eſt le même qu'*Eria*. *Herd*, maiſon en Flamand ; *Hériſtal* en vieux François, logis.
HERIOA, mort. Ba. Voyez *Haer*.
HERITACH, hoirie. B. Voyez *Her*.
HERITAICH, hérédité, ſucceſſion. B. Voyez *Her*.
HERITOUR, héritier. B. Voyez *Her*.
HERITUDO, A. M. domination. De *Heer*, *Herr*.
HERLEGON, héron. B.
HERLICON, oiſeau qui fréquente les bords des rivières, des étangs, eſpèce de héron blanc. B.
HERLICON, aigrette. B.
HERLOD, enfant parlant d'un garçon ; *Herlodés*, enfant parlant d'une fille. G. *Herlos* en vieux François, petit garçon. On aura étendu la ſignification de ce mot, & on l'aura employé pour déſigner une fille hors de l'enfance ; & par une nouvelle extenſion on l'aura employé pour déſigner une concubine ou une proſtituée ; car *Harlot* en Anglois ſignifie concubine ou proſtituée. Voyez l'article ſuivant.
HERLODESAIDD, de jeunes filles. G.
HERLODESIG, petite fille, jeune fille petite de taille. G.
HERLOTTYN, petit enfant. G.
HERMA, A. G. grande pierre, grand rocher. De *Her*, grand ; *Maen*, pierre.
HERMES, devin. B.
HERMUS, A. M. heaume, caſque. Voyez *Helm*. L'*l* eſt ici changée en *r*.
HERNAICH, ferraille. B.
HERNASIUM, HERNESIUM. Voyez *Harnaſcha*.
HEROD, meſſager. B. Voyez *Herald*.
HERODIAID, hérauts d'armes.
HERODRAETH, meſſagerie. G.
HEROUE, aujourd'hui. B.
HEROUN, héron. B. De là ce mot.
HERP, harpe. B. De là ce mot, Voyez *Harpa*.
HERPER, joueur de harpes. B.
HERPON, harpon. B. De là ce mot.
HERPONNEIN, harponner. B.
HERR, appel, défi, action de défier au combat. G. *Her*, milice en Runique ; *Her*, diſcorde en Arménien ; *Heer* en Allemand ; *Heir* en Flamand ; *Her* en Danois, armée ; *Here* en ancien Saxon ; *Heri* en Théuton ; *Haer* en Suédois ; *Her* en Iſlandois, armée.
HERR, le même qu'*Hyrr*. G.
HERR, Seigneur anciennement en Breton. Voyez *Heer*. *Here*, *Hare* en Runique, Roi, & *Her*, noble ; *Herzagh* en Eſclavon, Duc ; *Hair*, pere en Arménien ; *Air*, mari en Arménien.
HERR, impétueux, impétuoſité, viteſſe. B.
HERRA, haine. Ba. De là *Hair*.
HERRATA, hair. Ba.
HERRIWR, gladiateur armé à la Gauloiſe. G.
HERROL, débat. B. Voyez *Harell*.
HERRWM. Davies dit après quelques Auteurs que ce mot eſt la même choſe que *Graen Lledr*. Il explique le premier de ces mots dans ſon Dictionnaire, lamentable, digne de compaſſion ; & le ſecond, cuir. G.
HERRY, PER HERRY BESIDERI, eſpèce de poire. B.
HERS-AQUIO, joignez-vous. Ba.
HERSEL, arrêter, s'arrêter, oppoſer, appuyer, ſoutenir, protéger, repouſſer, durer. B. Voyez *Hari*, *Harſa*.

HES.

HERSQINA, agacer, provoquer, irriter. B.
HERSSIA, étroit. Ba.
HERTRAI, le même qu'*Ertrai*. G.
HERTUS, A. G. âpre, fâcheux, mauvais. De *Hardd* ou *Herd*, *Heri*.
HERVE, ſelon, comme, à proportion, feur. B.
HERVEZ, ſelon, comme, à proportion. B.
HERVIR, bouillir. Ba.
HERUNCELLUS, A. M. petit héron. De *Heroun*, & *Cel*, petit.
HERW, je ſuis, retraite, déſertion. G.
HERW, pillant. C.
HERWA, ſe retirer, déſerter, vivre ſans loi. G. On voit par *Herwr* que ce verbe a encore ſignifié piller, ôter par violence.
HERWLONG, ſorte de petit vaiſſeau bon voilier, fregate legère, navire de pirate, pirateric. G. *Llong*, *Herwrr*.
HERWRIAETH, retraite, fuite, déſertion. G.
HERWRR, fuyard, déſerteur, qui vit ſans loi, qui pille, qui ôte par violence, larron. G.
HERWTH, inteſtin long, comme qui diroit *Hy Rwth*, parce qu'il eſt large, dit Davies. G.
HERWYD, O HERWYD, car, à cauſe. G.
HERWYDD, à cauſe, ſelon. G. B.
HERWYDD, de, du, des articles. G.
HERWYDD, dès prépoſition. G.
HERWYDD, après, puiſque. G.
HERWYDD, O HERWYDD HYNNY, afin que, pour que. G.
HERZEL, ſoutenir, réprimer. B. Voyez *Herſel*.
HESBIN, petite brebis. G.
HESBWRN, boyau, houe. G.
HESBYRNIAID, qui ont des dents en haut & en bas parlant des animaux. G.
HESCADURR, épuiſement. B.
HESG, glayeul, ſparganium. G. C'eſt le même qu'*Heſgen*.
HESG, ſcie. Voyez *Heſglif*, *Heſgen*.
HESG MELFEDOG, typha ou maſſe plante. G.
HESGEN ; pluriel *Heſg*, glayeul jonc pointu & piquant. G.
HESGEN, ſparganium ſorte de plante. G.
HESGEN, ſcie. G.
HESGLIF, longue ſcie, rabot, varlope. G. *Heſgen* ſignifie encore ſcie en Breton ; *Llif*, ſcie en Gallois : *Heſglif* ne ſeroit-il point un pléonaſme ? Ne ſignifieroit-il point ſcie ſcie pour longue ſcie ? En Hébreu *Edom Edom*, roux roux, (Genèſe c. 25, v. 30,) ſignifie quelque choſe de fort roux.
HESCLWYN, lieu qui eſt plein de glayeuls. G.
HESIA. Voyez *Aiſumentum*.
HESK, roſeau, jonc. G.
HESK, herbe dont les feuilles ſont étroites, longues & dentelées comme une ſcie. Dom Le Pelletier, duquel nous prenons cet article, ajoûte qu'un homme fort ſçavant dans la Langue Bretonne vouloit que ce fût le glayeul. B. Voyez *Heſg*.
HESK, épuiſement, tariſſement. B.
HESKEIN, tarir. Il s'entend d'une fontaine, d'une vache qui ceſſe de donner du lait, d'un tonneau qui ne coule plus ou peu. B.
HESKEN, roſeau. C. Voyez *Heſg*.
HESKEN, ſcie. B. Voyez *Heſgen*.
HESKET, froncle, paſſevolant. B. Voyez *Eſket*.
HESP, ſtérile au féminin ; ſon maſculin eſt *Hepi*. G. Voyez l'article ſuivant.
HESP, tariſſement, tarir. B. Voyez l'article précédent, & *Hep*, *Heſpo*, *Heſein*.

HESPEN

HES.   HEU.   17

HESPEN, agrafe. G.
HESPENN, vache fans lait. B. Voyez *Hesp*.
HESPIN, brebis stérile, brebis qui ne donne point de lait, brebis fort jeune. G.
HESPO, épuiser l'eau, tarir. B.
HESPWR, mouton tout jeune. G.
HESQ, aride. G.
HESQ, laîche espèce d'herbe qui croît dans les prés parmi le foin & qui blesse. B. Voyez *Hesk*.
HESQED, froncle. B. Voyez l'article suivant.
HESQEDICQ, clou ou petite froncle. G. Voyez l'article précédent. *Icq* est un diminutif.
HESQEIN, tarir. B. Voyez *Heskein* qui est le même.
HESQERER, chantier. B.
HESQENN, scie. B.
HESQENN, vache fans lait. B. Voyez *Hesk*.
HESQINA, agacer, provoquer. B.
HESQUSS, épuisant. B.
HESSIS, haie. Ba.
HESTORAID, sorte de mesure. G.
HESUS, nom d'un dieu des Gaulois ; il signifie en Celtique très-haut. *Ez*, très ; *Us*, haut.
HET, bled. Voyez *Ed*.
HET, essain. B. Voyez *Heit*.
HET, longueur ; *Het A Het*, du long, tout du long ; *Ahet Au Sizun*, le long de la semaine ; *Ahet An Nos*, le long de la nuit ; *Het A Treus*, de long & de large, longueur & travers ; *Heda*, allonger, étendre en long. B. Voyez l'article suivant, & *Hid*.
HET, distance, espace, durée, jet, amplification, tout ; *Het A Het*, dès le commencement jusqu'à la fin. B. Voyez l'article précédent, & *Heda*, *Hyd*, *Hetys*.
HET, le même que *Hed*. Voyez D.
HET. On voit par *Heta*, *Hetus*, *Haidt*, qu'*Het* signifie agréable, désirable. *Hednah*, délices en Hébreu ; *Hadetli*, heureux en Turc ; *Hedus* en Grec, doux, suave, agréable. (*Us* terminaison.) *Edes* en Hongrois, doux.
HETA, plaire, agréer. B. Voyez *Etus*. *Heter*, caresser, faire fête, louer en vieux François.
HETA, A. M. souhait, désir, ce qu'on désire, ce qu'on souhaite ; de *Hedt*, *Hetens*, *Hetus*.
HETAN, premier B.
HETEUS, désirable, agréable. B.
HETLEDAN, plantain. B.
HETT, bonnet fait de peaux, chapeau. G. Ce mot est formé de *Het* ou *Hid*, crasé d'*Head*, tête, & *To*, couverture, la dernière lettre s'omettant souvent dans la composition. Voyez *Bonned*, *Helme*.
HETT-EDDI, manteau avec un capuchon. G.
HETTUN, petit bonnet. G.
HETUS, désirable, agréable. B. *Haitie*, *Haité*, joyeux, gai en vieux François. Voyez *Hedt*.
HETYS, petit espace de temps ou de lieu. G.
HEU, semer. G. Voyez *Hau*.
HEU, foye. B. Voyez *Au*.
HEUBEUL, poulain. B.
HEUBEUL-COET, pivert. B.
HEUC, bondissement de cœur. B. C'est le même que *Heng*.
HEUD, entraves. B.
HEUDA, mettre des entraves, empêtrer. B.
HEUEL, HEUEL, semblable. B. Voyez *Hanval*. *Aswel* en Anglois, de même.
HEUELEB, semblable ; *Heuelebregat*, rendre semblable ; *Heuelebedigaeth*, ressemblance ; *Hevelebedighez*, ressemblance. B.

HEVELEDIGHEZ, ressemblance. B.
HEVELEP, semblable, semblablement, tel ; *Hevelep Hevelep*, tel quel. B.
HEURLYDD : lisez *Hefelydd*, dit Davies. G. L'un est aussi bon que l'autre. *Heul*.
HEUG, nausée, bondissement de cœur, aversion de quelques mets, rapport d'estomac. B.
HEUL, soleil. C.
HEUL, conquerir, suivre, imiter, suite de gens qui accompagnent, conséquence, persécution ; *Heul-Fortun*, suivre la fortune, s'abandonner à la fortune. B.
HEULDDWYN, qui porte le soleil. G. *Dwyn*, porter.
HEULENE, cette année. B. Voyez *Helene*.
HEULI, HEULIA, conquerir, suivre. B. Voyez *Heul*, *Euli*.
HEULO, être au soleil. G. *Heul*.
HEULOG, lieux exposés au soleil & à l'abri du vent, solaire. B.
HEULOR, parvis selon Thomas Guillaume, crèche selon Powell. G. Voyez *Ankelbar*.
HEULRUOD, bonnet fait de peaux, chapeau. G.
HEULWEN, soleil G. Voyez *Helwen*.
HEULYA, suivre, se joindre, assouvir parlant des passions, imiter. B. Voyez *Heul*.
HEUPAW, pasteur. C.
HEUR, heure. B. Voyez *Awr*.
HEUR, crime. Voyez *Dibenro*.
HEURD, choc. B. Voyez *Hwrdd*, *Heurt*.
HEURET, nôces, épousailles. B.
HEUREUCHEN, le même qu'*Heureuchin*. B.
HEUREUCHIN, hérisson. B. *Hwch*, porc ; *Reuchin*, hérissé. Voyez *Rec'h*.
HEUREUCHIN REUNECQ, porc-épi. B.
HEUREUS, heureux. B. Voyez *Eur*, *Eurus*.
HEURLICHEN. Dom Le Pelletier conjecture que c'est le même que *Heurling*. B.
HEURLING, incommodité que souffre un homme endormi, oppression de poitrine pendant le sommeil, avec des rêves d'oppression & compression sur la poitrine. C'est l'*Ephialtes* des Médecins Grecs, & vulgairement en France le *Cauchemar*. B.
HEURLOU, mal qui vient pendant le sommeil & cause un engourdissement piquant ; d'autres veulent que ce soit une douleur sur les jointures des membres, & qui rend un corps incapable d'agir B.
HEURT, achoppement, heurt, pierre d'achoppement B. De là *Heurt*, *Heurter*. *Hurt*, *Hort* en Flamand ; *Hart* en Théuton, heurt, choc. Voyez *Hwrdd*, *Hortare*.
HEURTI, heurter. B.
HEURU, rejetter, imputer, charger en justice ; *Henru Ar Un*, objecter, reprocher. G. Voyez *Heur*.
HEURVAT, bonheur. B.
HEUS, botte. B. *Houseaux*, *Houseaux* ou *Heuses*, ancienne espèce de chaussure comme des surbottes ; *Housettes*, bottes ou bottines ; *House*, botté en vieux François ; on appelle encore les bottes des *Houseaux* en quelques Provinces du Royaume. Voyez *Hensou*, *Hasan*.
HEUSA, HEUSAFF, se botter. B.
HEUSE, A. M. chaussure militaire, bottines, bottes. Voyez l'article précédent.
HEUSER, HEUSEUR, HEUSOR, homme qui se sert de gamaches ou de guêtres. B. Voyez *Heusor*.
HEUSOR, pâtre, bouvier, porcher ; *Hensor Môch*, porcher. G. Ces personnes ont été ainsi nommées

TOME II.   E

HEUSOU, bottines, gamaches, chaussure de cuir mollet pour la campagne. C'est un pluriel dont le singulier est peu connu. B.
HEUT, mal-adroit. B.
HEUT, chemin. B.
HEWG, mol. Voyez *Gorhewg*.
HEWR, qui seme, semeur. G. Voyez *Hen*.
HEUZ, botte. B. Voyez *Heus*.
HEUZAF, botter. B.
HEY, orge. B.
HEYES, biche. B.
HEYN, dos. B.
HEYZ, orge. B.
HEYZESICQ, faon de biche. B.
HEZ, botte. B. Voyez *Heuz*.
HEZ, le même que *Guez*, arbres, comme *Hen* est le même que *Guen*. *Hazon* en Langue de Madagascar, bois ; *Efeel* en Hébreu, arbre, forêt, lieu planté d'arbres ; *Escela* en Chaldéen, arbre, lieu planté d'arbres ; *Hhae*, arbre en Géorgien ; *Aesculus* en Latin, espèce de chêne ; *Hequa*, bois en Hottentot.
HEZARDUSS, périlleux, entreprenant. B. Voyez l'article suivant.
HEZART, hazard. B. Voyez *Hazard*.
HEZL, HAËZL, manche de charrue. B.
HEZLAOU, écouter. B.
HEZR, hardi, fier, féroce, hagard, intrépide, effronté, insolent, téméraire, imprudent, présomptueux; & comme adverbe, fiérement, insolemment, effrontement. Un homme sçavant dans la Langue Bretonne écrivoit *Ezr* & *Edbr*, il ajoûtoit un substantif dérivé de ce mot, sçavoir *Ezronci*, violence, insolence, fierté, impudence. On dit ordinairement *Hezrder* au même sens. B. Voyez *Hyddr*, *Hyder*, *Hyderus*, *Her*.
HEZR, élan, élancement. B. Voyez *Hezrus*.
HEZRDER, violence, insolence, effronterie, impudence, fierté, hardiesse B.
HEZRE, octobre selon le Pere de Rostrenen, juillet selon le Pere Maunoir. Dom Le Pelletier condamne ce dernier, & dit que *Hezre*, que l'on prononce *Heré*, est octobre. B. Voyez *Hydref*.
HEZRUS, rapide. B. Voyez *Hezr*.
HI, elle, icelle, celle-ci, celle-là. G. B. *Hi* en Hébreu a le même sens.
HI, forêt. G. C'est une crase d'*Hai*, *Ci*, *Gi*, *Si* comme *Hi*. Voyez *H*.
HI, descendans. I. Voyez *Hil*, *I*.
HI, pays, contrée. I.
HIA, de deux syllabes ; *Yha*, oui. B. *Ja* en Gothique ; *Gea*, *Gae*, *Ja*, *Ya* en ancien Saxon ; *Ia* en Allemand ; *Yea* en Anglois ; *Ja* en Esclavon ; *Gie* en Croatien ; *Y* en Bohémien ; *Jo* en Lusatien ; *Eji* en Turc ; *Ei* en Arabe ; *Jaa* dans la Langue de Malaca, oui. D'*Hia* Breton est venu le terme Latin *Ita*, le *t* s'insérant souvent dans les mots. Voyez *Je*.
HIAITH, langage. G.
HIAN, oiseau ; pluriel *Ene*. I. Voyez *En*.
HIAR, couchant. I.
HIAUL, soleil. B. Voyez *Heaul*.
HIBIL, cheville, paturon. B. De *Hibir* ou *Hivil* est venu notre mot cheville, parce que le *ch* se met souvent pour l'*h*.
HIBOUDEREZ, murmure. B.
HIC, hoquet. B. Voyez *Hig*, *Hicqed*.
HICQ, chatouillement. B.

HICQED, hoquet. B. De là ce mot.
HID, jusques. G. Voyez *Hed*.
HID, HIT, forêt comme *Hed*, *Het*, puisqu'on a dit *Coid*, *Coit* comme *Coed* & *Coet*, *Hoed*, *Hoet*, *Hoid*, *Hoit*. Voyez *Hi*. Le *d* & le *t* s'ajoûtent indifféremment à la fin du mot.
HIDA, A. M. certaine étendue de terre ; de *Hyd*.
HIDDYGL, suie de cheminée. G. C'est le même qu'*Hyddygl*.
HIDL, passoire, couloir, couloire ; il est aussi adjectif & signifie sortant abondamment de la couloire, ou du crible, abondant. G. Voyez *Sizl*.
HIDLDDEIGR, qui dégoutte, qui découle abondamment. G.
HIDLDEIGR, qui distille des larmes. G.
HIDLO, passer par la couloire. G. Voyez *Hidl*.
HIDOL, magicien. C. Voyez *Ilud*.
HIDUS, hideux en Breton ; de là ce mot. *Hide* en vieux François, horreur.
HIEAVEN, lierre. B.
HIEL, yvraie mauvais grain qui vient parmi le bled. B.
HIEN, froid. B.
HIENA, hienne animal qui contrefait la voix des enfans. Ba.
HIENIAR, fruits de la terre. G. Voyez *Heiniarh*.
HIERTH, HIRTH, brebis. E. Voyez *Hwrd*.
HIFFLAID, couler, s'écouler. B.
HIFIO, le même que *Ginio*. G.
HIG, le même que *Hog*. Voyez *Higolen*.
HIGATU, se corrompre. B.
HIGEA, hocher, branler. B. Voyez *Hegea*.
HIGHEN, hameçon. B.
HIGHIDA, germer. B.
HIGOEL, croyable. G.
HIGOLEN, pierre à aiguiser. B. Comme c'est le même qu'*Hogalen*, on voit par là qu'*Hig* est le même que *Hog*, & *Olen* le même qu'*Alen*.
HIGUENN, hameçon. B.
HIGUIDA, germer. B.
HIGUINDU, je hais, je déteste, j'ai en horreur. B.
HIGUITU, se remuer. Ba.
HIGUOLENN, pierre à aiguiser. B.
HIK, hoquet. B.
HIL, semence, graine. G.
HIL, enfans, postérité. G. Ce mot a été étendu comme le Latin *Puer* à signifier valet. *Hillot* signifie un valet dans Marot ; *Hillot* en Gascon, fils ; *Hul* en Hébreu, fœtus ; *Child* en Anglois, enfant. Voyez *Hi*, *Ilo*.
HIL, colline. I. Voyez *Al*, *El*, *Hill*.
HIL, mort, punir de mort. B.
HIL, le même que *Cil*. Voyez *Dishilia*.
HIL, grains, graine. Voyez *Dishylia*.
HIL s'est dit pour *Hel*, *Sel*. Voyez *Hili*, *Hilyes*.
HILA, mort adjectif, & *Hillada*, morte. Ba.
HILDEZALATUA, stupéfait. Ba.
HILDRO, le même que *Kildro*. B.
HILDRON, mal-vêtu, mal-habillé, mal-propre en ses habits. B.
HILDULTU, éteindre. Ba.
HILDUMATU, je mortifie. Ba.
HILDURA, extinction, mortification, étonnement. Ba.
HILEICUM, A. G. de forêt. Voyez *Hi*. Peut-être co mot signifie né dans une forêt, alors il faudroit l'expliquer comme *Hilis*.
HILEIH, plusieurs. B.
HILGUENNEREAH, tiraillement. B.
HILI, saumure, sausse. B.

HIL.

HILI, le même que *Heli*. B.
HILIAD, génération, production. G.
HILICUSQUEREA, anatomie. Ba.
HILIDER, serpent dans la vie de Saint Samson, Évêque de Dol en Bretagne. B.
HILIE, A. G. semé ; de *Hil*.
HILIE, A. G. né dans une forêt ; de *Hil*, *Hi*.
HILIE, semer. G. Voyez *Hil*.
HILIO, avoir des enfans, de la postérité. G. Voyez *Hil*.
HILIOGAETH, enfans, postérité, race, famille. G.
HILL, montagne. E. I. *Hill*, montagne, colline en ancien Saxon & en Anglois. Voyez *Hil*.
HILLIC, chatouiller, chatouillement, la sensibilité au chatouillement. B.
HILLIGA, chatouilleux. B.
HILLIGAT, chatouiller. B.
HILLIGUAT, chatouiller. B.
HILLIGUER, flateur. B. C'est une métaphore.
HILLIGUS, chatouilleux. B.
HILTZER EGON, être à l'agonie. Ba.
HILTZERACOA, agonie. Ba.
HILTZERATU, être à l'agonie. Ba.
HILYEN, fausse. B. Voyez *Hili*.
HILYO, lierre. B.
HIMGAM, combat. B. Voyez *Cam*.
HIMP, le même qu'*Imp*. G.
HIN, temps, ciel. On ajoute à ce mot l'épithète de beau, de serein, de sombre, &c. G. *Adina* en Basque, température, saison.
HIN, chemin. B. Voyez *Hint*.
HIN, Voyez *Hun*.
HIN, le même que *Cin*, *Gin*, *Sin*. Voyez H. *Hin* en Chinois, gai, joyeux, joie, se réjouir.
HIN, le même que *Hen*. Voyez *Bal*.
HINCHA, conduire. B.
HINCHER, conducteur. B.
HINCQANE, haquenée, cheval d'amble. B. Voyez *Hacnai*.
HINCQANE, amble certaine allure de cheval. B.
HINCQINN, pointe de fuseau. B.
HIND, chemin. B. Voyez *Hynt*.
HINDDA, temps serein. G. *Hin Da* que l'on voit par ce mot avoir signifié beau de même que bon.
HINEACH, HINEAH, ce soir ; *Hineashouah*, toute cette soirée. B.
HINEDD, sérénité, beau temps. G. *Hin*, *Ed*, *Edus*.
HINGUEN, hameçon. B.
HINI ne se dit point seul, mais après l'article *An-Hini* signifie celui qui est ; & avec les adjectifs *An-Hini-Bras*, le grand, celui qui est grand ; *An-Hini-Mat*, le bon, celui qui est bon. Après *Pe* en interrogation, *Pe-Hini*, lequel ? On dit aussi *Pe-Hini*, lequel, sans interrogation. Quelquefois on le double : *Pe-Hini-An-Hini A Gar Doüs*, celui, lequel aime Dieu, celui qui aime Dieu. Enfin il se met après les pronoms possessifs : *Ma-Hini*, le mien, celui qui est mien ; *Ta-Hini*, le tien ; *Es-Hini*, le sien, &c, & cela tant au pluriel qu'au singulier. On lit dans un livre Breton *Ma Hiny Me*, comme pour dire avec plus d'assurance, c'est le mien, à moi en propre. On prononçoit autrefois *Heni*. B. Voyez *Ein*, *Einom*, *Einym*, *Einof*, *Einwyf*, *Enwyd*, *Einod*, *Hynny*.
HINIHAC, HIHIOUAN, tout le jour. B.
HINIOG, seuil de la porte. G.
HINIU, aujourd'hui. B.
HINNOAL, braire. B.
HINON, temps serein. G. B. Ce mot est, comme on le voit, synonime à *Hindda*, & par conséquent *On* signifie bon, beau comme *Da*.

HIR.

HINONI, faire un temps serein, rendre le temps serein, causer la sérénité du temps. G.
HINQIN, pointe de fer qui s'ajoûte au fuseau pour le mieux tourner ; on le dit aussi des autres pointes, & spécialement des pointes de glace pendantes aux toits des maisons & ailleurs. B.
HINSA, HINSER, tirer en haut. B. De là *Hinser*.
HINVIZ, chemise de femme. B.
HINY, sien, sienne. B.
HINY, nul. B.
HINY BENNEC, quelqu'un. B.
HIPUIGUINDEA, mythologie. Ba.
HIPUINA, fable. Ba.
HIPUNA, HIPUYA, fable, apologue, parabole. Ba.
HIPUNALDIA, chimère. Ba.
HIPUYA, fable, conte de vieille. Ba. Voyez *Hipuna*.
HIR, long, grand, étendu, prolixe, diffus. G. B. C. *Ir*, long en Japonois ; *Irak*, éloigné, loin, de loin en Turc, & *Irasdan*, loin. Voyez *Er*.
HIR, délai, retard. Voyez *Gohir*. *Irande*, paresseux en Albanois.
HIR, probité. Voyez *Dihirem*, *Dihiryn*.
HIR, préposition explétive. Voyez *Hirwlydd*.
HIR, droit en morale. Voyez *Hiryn*.
HIR, souvent. Voyez *Hirdrigo*.
HIR-GAM, dechasser terme de tourneur. G.
HIRA, plus long, plus loin. B.
HIRA, colere. Ba. De là le Latin *Ira*. Voyez *Wret*.
HIRA, A. G. lieu de ténèbres, ou lieu où l'on enferme les pourceaux. Voyez *Hwyr* pour le premier sens ; au second il est formé de *Hwch* ou *Hwh*, porc ; *Ir* ou *Hir*, habitation, demeure.
HIRAA, allonger. B.
HIRAAT, HIRAT, allonger, croître. B.
HIRAEH, impatience. B.
HIRAETH, désir, attente, acte par lequel nous désirons ou nous attendons. G.
HIRAETHOG, fort désirant, qui a un désir ardent, désiré. G.
HIRAETHU, désirer fort, avoir un désir ardent. G.
HIRAEZ, impatience. B.
HIRANHUNEDD, veille continuelle. G.
HIRAUA, injure, reproche. Ba.
HIRAURGA, triangle, triangulaire. Ba.
HIRAURQUINDEA, trigonométrie. Ba.
HIRBADUS, long, perpétuel, qui dure longtemps. B.
HIRBAR, qui dure longtemps, de longue durée. G. *Hir Par*.
HIRBARA, durée continuelle, non interrompue, persévérance, vieillesse. G.
HIRBARHAU, continuer, durer longtemps. G.
HIRBARHAUS, long en durée, qui dure très-longtemps, de longue durée. G. *Hir Parhans*.
HIRBAT, perdurable, qui est de longue durée, longue durée. B. *Hir Pat*.
HIRBELL, fort éloigné, éloignée, très-long, loin. G.
HIRBRAFF, long & rond, cylindrique. G.
HIRBRYD, qui est à jeun. G.
HIRCH, attente avec impatience. B.
HIRCHWEDL, longs discours, grands discours, abondance de paroles. G.
HIRDER, longueur. G.
HIRDETT, longitude. B.

HIR. HIR.

HIRDRIGO, tarder, s'amuser, s'arrêter, demeurer souvent. G. *Trigo.*
HIRDWFF, long, grand. G.
HIREA, le tien, la tienne, ton, ta. Ba.
HIREH, ennui. B.
HIREN, femme d'honneur, Voyez *Dihiren.*
HIREZ, ennui, impatience, désir ardent. B.
HIRFAITH, long, étendu, spacieux, éloigné, qui est loin, prolixe, très-long, allonger beaucoup. G.
HIRFEDDIANT, jouissance, prescription. G.
HIRFLAW, constamment diligent, longtemps prompt. G. *Hir*, long, persévérant, qui dure; *Blawd, Flawd,* prompt, diligent.
HIRFYS, doigt du milieu. G. *Hir*, long; *Bys, Fys,* doigt.
HIRGORN, trompette. C.
HIRGRWN, long & rond, cylindrique. G.
HIRGWM, longue vallée. G. *Cwm.*
HIRGWYNFAN, pleurer plus longtemps qu'à l'ordinaire. B.
HIRHEPWYLL, qui veille toujours. G.
HIRHOAZLUS, qui a grand âge, fort âgé, de longue vie. B. De *Hir Hoazl.* Voyez *Hirhoeddlus.*
HIRHOEDL, grand âge, longue vie, vivacité, force, vigueur. G. On a donné le nom de longue vie à la force, à la vigueur, à la vivacité, parce qu'elles en sont les causes. *Hir Oed.*
HIRHOEDLEDD, grand âge, longue vie. G.
HIRHOEDLOG, fort âgé, d'un grand âge, grand âge. G. *Hir Hoedlog.*
HIRI, ville Ba. *Hhhir*, ville en Hébreu; *Hiron*, temple en Grec; *Hird*, cour en Danois: C'est le même qu'*Heria.* Voyez *Uri.*
HIRIA, ris, action de rire. Ba.
HIRIAI, le même qu'*Irai.* G.
HIRIAN, homme long comme une perche. G.
HIRIANT, continuation, prolongation, délai. G.
HIRICOEA, triglyphe. Ba.
HIRIELL, Ange selon Llyn; nom d'un Ange en particulier selon Davies, qu'il dit être aussi appellé quelquefois *Vriell.* G.
HIRINEN, prunelle fruit. B.
HIRIO, allonger, prolonger, différer, retarder. G.
HIRION, le même que *Hir.* G.
HIRIOU, HIRIE, HIZIOU, HIZIU, HIZIO, HYZYEU, aujourd'hui. B.
HIRIS, aversion, répugnance, horreur, frémissement. B, Voyez *Heres, Eres.*
HIRIS, portereau. B.
HIRISSEIN, frissonner, hérisser. B. De là ce dernier mot.
HIRLLAW, qui a les mains longues. G.
HIRN. Voyez *Hirnes.*
HIRNEZ, longueur, ennui, impatience, désir ardent. B. C'est le même qu'*Hirez*; par où l'on voit que l'on a dit *Hirn* comme *Hir.*
HIRNYCH, phthisie, langueur qui dessèche. G.
HIRNYCHU, sécher de langueur. G.
HIRODDEF, grande patience. G.
HIROED, grand âge, longue vie. G.
HIROEDI, différer, prolonger. G.
HIROEDIAD, prolongation. G.
HIROEDLUS, de long âge. B.
HIROES, grand âge, longue vie, vivacité, vigueur, force. G. Voyez *Hirhoedl.*
HIROESOG, d'un grand âge, fort âgé, qui vit longtemps. G.
HIROG, femme d'honneur. G. Voyez *Dihirog.*

HIROLCHI, laver longtemps. G.
HIRON, héron. B.
HIRON, métif. B.
HIRRITZA, demangeaison. Ba.
HIRT, brebis. E.
HIRU, HIRV, aujourd'hui. B.
HIRU, trois. Ba.
HIRVAWR, fort long. G.
HIRUBECHAOA, triphtongue. Ba.
HIRUBIDEA, carrefour. Ba.
HIRUGNIA, poignard, dague. Ba.
HIRVINEN, navet. B.
HIRVOT, le même qu'*Hirvont.* B.
HIRVOUDA, HIRVOUDI, HIRVODYFF, gémir, sangloter, pleurer, déplorer, lamenter, faire éclater sa douleur, s'attrister. B.
HIRVOUDEIN, gémir, sangloter, pleurer. B.
HIRVOUDUS, digne de compassion, triste, dolent, gémissant. B.
HIRVOUT, tristesse, affliction, chagrin, gémissement. B.
HIRURCIA, qui a trois pointes, trident. Ba.
HIRURCOYA, marmite. Ba.
HIRUREUN, trois cens. Ba.
HIRURORMA, trepied. Ba.
HIRURTECOA, qui a trois ans. Ba.
HIRUTOINGA, trepied. Ba.
HIRWLYDD, doux, débonnaire. G. De *Hir Gwlydd. Davies. Hir* est donc ici une préposition explétive ou superflue.
HIRWST, persévérance. G.
HIRWYLO, pleurer plus longtemps qu'à l'ordinaire. G.
HIRYMADRODD, abondance de paroles, grands discours. G.
HIRYMAROS, grande patience. G.
HIRYN, homme d'honneur, homme plein de probité, honnête homme. Voyez *Dihiryn.*
HIRYO, HIRYV, aujourd'hui. B.
HISGADENIM, hareng. E. Voyez *Sgadan.*
HISIA, entêtement, opiniâtreté. Ba.
HISICATU, je m'obstine. Ba.
HISITIA, entêté, opiniâtre. Ba.
HISITIROA, obstination. Ba.
HISLAU, plurier d'*Hisleuen.* G.
HISLEUEN, pou de brebis, tique-tiquet petit insecte qui tourmente les brebis. G.
HISPYDD, le même qu'*Hysp.* G.
HISQINUS, pointilleux, B.
HISTR, huitre. B. De là ce mot.
HISTRENN, huitre. B.
HISTU, je parviens. B.
HIT, forêt. Voyez *Hid.*
HITSI, atteindre, parvenir. Ba.
HITZA, terme, parole, mot, diction. Ba.
HITZABURRA, épilogue, récapitulation. Ba.
HITZALANZA, dubitation figure de rhétorique. Ba.
HITZALDAIRA, énalage figure de rhétorique. Ba.
HITZALDAIRA, transposition. Ba.
HITZALDIA, discours, sermon. Ba.
HITZARTEA, interlocution. Ba.
HITZARTEA, préface. Ba.
HITZASIA, note, marque. Ba.
HITZAURQUERA, antithèse. Ba.
HITZAURREA, prologue, préface. Ba.
HITZEDEA, diastole figure de grammaire. Ba.
HITZEGOQUIA, bon conseil. B.
HITZEGUIERA, accent, prosodie. Ba.
HITZELA, langage. Ba.

HITZEPAIRA,

HIT.   HOB.   21

HITZEPAIRA, réticence figure de rhétorique. Ba.
HITZEQUIDA, colloque, entretien, conversation. Ba.
HITZEQUINDA, grammaire. Ba.
HITZERA, phrase, accent, prosodie, dialecte. Ba.
HITZERAQUIDA, délibération. Ba.
HITZERDIAC, paroles équivoques, ambiguës. Ba.
HITZEROSA, période. Ba.
HITZIMBATEAC, logarithme terme de géométrie. Ba.
HITZINGURRUA, répétition de la même chose en d'autres termes. Ba.
HITZIRUDERA, figure de rhétorique, quelle qu'elle soit en général. Ba.
HITZUNEA, barbarisme. Ba.
HIVIZ, chemise de femme. B.
HIVIZENN, chemisette, camisole, épaulette. B.
HIVIZIKEN, IVIZIQUEN, EVIZIQUEN, désormais, ci-après, à l'avenir, dans la suite des temps. B.
HIUN, AR-HIUN. Voyez *Cun*.
HIWIAD, action de teindre. G. Voyez *Lliwiad*.
HIZBAEZA, sophisme, contradiction. Ba.
HIZBESTECOA, anagramme. Ba.
HIZCUNDEA, éloquence. Ba.
HIZCUNTZA, langage, idiome. Ba.
HIZCURRI, dicter. Ba.
HIZCURRIA, remarque. Ba.
HIZIL, suie. B. Voyez *Huzel*.
HIZIOU, aujourd'hui, à ce jour. B.
HIZMIZTIA, parleur. Ba.
HIZQUETA, dialogue. Ba.
HIZQUIDA, conversation. Ba.
HIZQUINDEA, rhétorique. Ba.
HIZQUIRANDIA, lettre majuscule. Ba.
HIZTEGUIA, dictionnaire. Ba.
HISTRUDION, comédien, farceur. Ba. *Histrio* en Latin; *Histrion* en vieux François, farceur, baladin, acteur de pièce de théâtre, comédien.
HIZTUNA, orateur.
HIYTUNDEA, déclamation, élocution, phrase. Ba.
HIZVO, aujourd'hui. B. Voyez *Hizion*, *Hizyo*.
HIZYO, aujourd'hui. B.
HIZYV, aujourd'hui. B.
HLE, fosse, élévation de terre autour d'un champ. B. C'est le même que *Clé*.
HLESER, clos au pluriel. B.
HLEWED, ouïe. B. C'est le même que *Clewed*.
HLOH, cloche. B. C'est le même que *Cloh*.
HLOHER, sonneur. B.
HLOM, nœud. B. C'est le même que *Clom*.
HLOMDY, colombier. B. C'est le même que *Clomdy*.
HLOMER, colombier. B. C'est le même que *Clomer*.
HLOS, clos. B. C'est le même que *Clos*.
HLOWER, crible. B. C'est le même que *Clower*.
HLUCH, chenille. B. C'est le même que *Cluch*.
HLUD, juchoir. B. C'est le même que *Clud*.
HO, hé, hola, interjection pour marquer le chagrin, le dégoût, interjection admirative, interjection appellative ou pour appeler. G.
HO, leur, vos. B.
HO pour Hy. Voyez *Hywel*.
HO, le même que Go. Voyez ce mot.
HOAD de *Coad*, comme *Hocd* de *Coed*.
HOAD, canard; *Hoadic*, alebran petit canard. B. Voyez *Hoet*.
HOAEZ, le même que *Choaz*. B.
HOAU, encore, davantage. B.

TOME II.

HOALAT, tirer doucement. B.
HOALAWS, engageant. B. De là le vieux mot François *Aloser*, *Alonser*, porter quelqu'un par des paroles flateuses à faire ce qu'on désire : Ce mot est encore en usage dans le Patois de Besançon.
HOALENN, sel. B.
HOALUS, engageant. B.
HOANDT, souhait, intention, envie, goût. B.
HOANNEN, puce. B.
HOANT, souhait, intention, envie, goût, dessein. B.
HOANTEIN, désirer, souhaiter. B.
HOANTIC, envieux. B.
HOAR, sœur. B.
HOARAYS, carême. B.
HOARHOUR, rieur. B.
HOARI, jouer, rire, se divertir, badiner, jeu. B.
HOARIELL, amusement, jouet, hochet. B.
HOARN, fer, métal. B. C. Voyez *Haiarn*.
HOARNA, ferrer, garnir de fer. B.
HOARNACH, ferraille, tout ce qui est de fer ou ferré. B.
HOARNEREAH, ferronnerie. B.
HOARNISSEIN. Voyez *Dihoarnissein*.
HOARS, ris, action de rire. B.
HOARSIN, rire. B.
HOARVEZOUT, arriver. B.
HOARVOUT, aller au-devant. B.
HOARVOUT, arriver, venir. B.
HOARY, jeu. B.
HOARYELL, joujou d'enfans. B.
HOARYFF, jouer. B.
HOAZ, encore, davantage. B.
HOAZL, âge, durée de la vie. B. Voyez *Hoëdl*.
HOAZLEC, qui est âgé, qui a de l'âge. B.
HOAZLIC, qui a un grand âge. B.
HOAZLUS, âgé, qui a de l'âge. B.
HOB, cochon. G.
HOB, HOBAID, sorte de mesure comme boisseau; G. *Haubt* en Allemand, mesure.
HOBA, HUBA, HOUBA, HOBUNNA, HABA; HIOBA, HUOBA, OBA, HOVA, HOUVA, HOVINA, HOBE, HOVE, A. M. métairie, maison des champs avec les terres que cultive le métayer. Voyez *Aba*, *Obia* en Basque, maison; *Hoube*, *Hove* en Théuton; *Hoeve* en Flamand, grange, métairie; *Hobe*, *Hove* chez les anciens Lombards, métairie; *Oba* en Turc, habitation rustique, cabane, tente; *Hove*, maison en Lappon & en Finlandois; *Ob* en ancien Lombard, maison; *Hove*, *Hose* en ancien Saxon, maison; *Hove* en ancien Bavarois, maison; *Hof* en Allemand, maison, métairie; *Hof* en Théuton & en Islandois, palais; *Obywati*, habiter en Bohémien; *Oboo*, ville en ancien Suédois selon Rudbeck; *Obogne* en Caraïbe, habitation; *Havah* en Hébreu & en Arabe, habitation, & *Avi*, habiter; *Hhhovan* en Hébreu, maison; *Obe*, tribu en Grec; *Aub*, maison en Brésilien; *Abad* en Persan, habitation.
HOBBELLIER. Voyez *Hobbye*.
HOBBYE, HOBBIN, cheval dont le pas est doux; *Hobbellier*, celui qui est monté sur un de ces chevaux. I. On appelloit en vieux François *Hobbiner* celui qui étoit monté sur un de ces chevaux. Voyez *Hobin*.
HOBEL, oiseau qui vole, selon Llyn, qui est suivi par la plûpart. D'autres veulent que ce mot signifie flêche. G. Il faut retenir l'une & l'autre signifi-

F

cations. Voyez *Ankelher. Obelos*, broche en Grec ; *Nebel*, flèche en Arabe.

HOBEL, espèce de faucon. G.

HOBELLARII, HOBERARII, HOBILLERS, A. M. archers ou soldats qui combattoient avec l'arc & les flèches ; de *Hobel*.

HOBENA, crime. Ba.

HOBENDURIA, coupable. Ba.

HOBER, remuer. B. On a dit en vieux François *Hober* en ce sens.

HOBEREL, hobereau oiseau. B. De là ce mot. Voyez *Hobel*.

HOBIFF, remuer. B.

HOBILHON, houblon. B. De là ce mot. Voyez *Hopa, Hoppys*.

HOBIN, HOBBYE, HOBLY, HOBEL, espèce de cheval dont le pas est doux ; *Hobelliers, Hoblers*, ceux qui montent ces chevaux. 1. *Ubino* dans le Tasse est un cheval de cette espèce, de même que *Hobin* dans Philippe de Commines. *Haubain* dans Perse, forêt. Voyez *Hobbye*.

HOBIRA, A. G. cuirasse. Voyez *Alberch* & le mot suivant.

HOBREGON, côte de mailles, cuirasse. B. De là notre mot *Haubert, Haubergeon*. Voyez *Habrfwn*.

HOBUNA. Voyez *Hoba*.

HOCCED, dol, fraude, ruse, tromperie, collusion, intelligence entre plusieurs pour tromper, perfidie, ressort, adresse, artifice, invention, finesse, moyen pour réussir. G.

HOCCEDUS, fourbe, captieux, artificieux, trompeur, perfide, fin, rusé, fait avec artifice, fait avec adresse. G.

HOCCEDWR, trompeur, fourbe, imposteur, faussaire. G.

HOCCEDYDD, trompeur, fin, rusé. G.

HOCCIS, fille. G.

HOCCRELL, petite fille, petite servante. G. De *Hogg*, dit Davies, Voyez *Hoccis*.

HOCCRELLWR, homme adonné aux femmes, adultère, qui suit les ordres d'une femme. G.

HOCCUS, A. M. croc. Les Picards disent *Hoc* en ce sens ; de *Croc* ou *Hroc*. Voyez *Oc*.

HOCENGUIA, acclamation, applaudissement. Ba.

HOCH, cochon. C. Voyez *Hwch*.

HOCHE dans Villehardouin le même que *Coche* ou *Crant*. Voyez *Coch*. Le *c* se change en *h*. Voyez encore *Hofq*.

HOCHIAD, action de cracher. G.

HOCHIO, cracher. G.

HOCWAIW, épieu. C. *Gwayw*.

HOD, tête comme *Hat*. Voyez *D*.

HOD, bois, forêt. B. *Haud* en Arabe ; *Houd* en Flamand, bois ; *Odun* en Turc ; *Ud* en Sarrazin, bois ; *Hout*, arbre en Flamand ; *Houdins* en François, broussailles ; *Haveda*, arbre en Canadois.

HOD, entraves. B.

HODEIN, mettre des entraves, empêtrer. B. *Hodé*, lassé, fatigué, recru, hors d'état de marcher ou d'agir en vieux François. *Honrder* en vieux François, se charger de quelque chose pour la porter. Voyez *Hualet*.

HODNA, col. C.

HOED, temps fixé, réglé. G. Voyez *Oed*.

HOED, le même qu'*Hiraeth*. G.

HOED, bois, forêt. B. *Hoedyka*, verger en Arménien. Voyez *Coed*.

HOEDEL, vie. G.

HOEDEN, choses fort legères, femmes d'une réputation fort legère ou fort facile à perdre. G.

HOEDL, âge, vie, temps, temps de la vie. G.

HOEDLI, vivre, vivre un âge ordinaire. G.

HOEDLOG, vivant, jouissant de la vie, âgé, d'un grand âge. G.

HOEG, verd, herbu. Voyez *Ehorg*.

HOEL, clou. G. B. Il signifie aussi coin en Gallois. Voyez *Gwrth-Hoel*.

HOEL, petit pieu. G.

HOEL, HOUEL ; d'autres écrivent *Hoeloch, Hailoch, Halioch, Hael, Hail*, nom d'un Roi des Bretons que la chronique de Bretagne dit avoir été courageux, libéral & pieux. C'est *Hael* Gallois, que l'on voit par là avoir été écrit de plusieurs façons.

HOELIO, clouer. G.

HOELOCH, Voyez *Hoël*.

HOEN, bœuf. G.

HOEN, joie, visage gai. G.

HOEN, marque tout ce qui est bien dans son état. Voyez *Dihoeni, On, Ona*.

HOENI, être bien dans son état. Voyez *Dihoeni*.

HOENUS, gai, agréable, divertissant, plaisant, joyeux. G.

HOENYN, poil de la queue du cheval ou du bœuf, &c. poil plus grand que les autres, poil long & rude des animaux, licol. G.

HOER, sœur. B.

HOEREC, belle-sœur. B.

HOET, canard. C. Voyez *Hoad*.

HOET, bois, forêt. B. Par crase *Hot* ; de là *Gelinotte*, poule de bois.

HOETH chez une partie des Gallois, & quelquefois chez les anciens, mis pour *Noeth*, nud. G.

HOEW, propre, bien mis. G. Voyez *Hoyw*.

HOEWAL, HOEWEL, partie de rivière qui coule plus lentement. D'autres veulent qu'ils signifient lit de rivière, & eau qui coule avec vîtesse. G. Il faut retenir les deux significations quoique contraires : parce que l'on trouve, sur tout dans les anciennes Langues, plusieurs termes qui ont deux significations opposées. Voyez *Ankelher*.

HOEWI, orner, parer, rendre net, rendre propre. G.

HOFF, cher, aimé. G.

HOFFDDYN, ami, amoureux, galant. G.

HOFFDER, amour. G.

HOFFED, amour, amitié, faveur. G.

HOFFED, embrassade, embrassement. G.

HOFFED, égalité d'esprit. G.

HOFFI, aimer, favoriser. G.

HOFFI, embrasser. G.

HOFFIAIN, aimer. G.

HOFFTER, faveur, amour, amitié. G.

HOG, verd, herbu. Voyez *Ehoug*.

HOG, pointe. Voyez *Hogalen, Hogi, Og. Ug* en Turc, pointe ; *Hegi*, pointe, javeline en Hongrois ; *Augre, Angur* en Anglois, tarière ; *Oxu* en Grec, pointe ; *Ok* en Turc, *Ock* en Tartare Jakut & en Tartare de Tobolsk, flèche ; *Hochebos*, sorte de milice flamande dont parle Froissart, (étoient des piquiers.) Voyez *Awch*, qui peut s'écrire également *Och*, ou *Ogh*. Voyez encore *Og*.

HOGALEN, pierre à aiguiser. G. *Hog* d'*Hogi, Alen*. Voyez *Higolen, Hogfaen*.

HOGAN, HOGON, fruit de l'épine blanche, en François *Sinelle* ou *Senelle*. B.

HOGFAEN, HOGALEN, pierre à aiguiser. G. *Hogi* ; *Faen* de *Maen*, pierre : ces deux mots étant synonimes, *Alen* signifie donc la même chose que *Maen*.

HOG.   HON.   23

HOGG, petit. G.

HOGGYN, diminutif de *Hogg*. G.

HOGGYN, petite fille. G. Voyez *Hoccis*.

HOGHEN, HOGUEN, HEGON, mais, cependant, néanmoins, pourtant. B. Voyez *Agh*.

HOGI, aiguiser, rendre pointu. G. De là *Hogneurs*, sobriquet de ceux d'Arras dans Brantome. On leur donna ce nom à cause de leurs piquans rebus. *Hogniner* en Picard, fâcher, molester, ennuyer; *Hongner*, *Hogner* en vieux François, gronder, grommeler, groigner, murmurer. Voyez *Hoguendatu*.

HOGOS, OGOS, HEGOS, EGOS, presque, approchant de, près de. B. Voyez *Agos*.

HOGOSICQ, presque entièrement, il s'en faut si peu que rien. B. C'est le diminutif d'*Hogos*.

HOGOSICQ, voisin. B.

HOGRO, fenelle. B.

HOGUED, herse. B. Voyez *Hog*.

HOGUEDL, herfer. B.

HOGUEN, mais, or, cependant. B. Voyez *Hoghen*.

HOGUENAN, huppe oiseau. B.

HOGUENDATU, je blâme. Ba. Voyez *Hogi*.

HOGUENDATUA, blâmé. Ba.

HOGUENDATZALLEA, délateur, accusateur. Ba.

HOGUENDATZEA, blâme. Ba.

HOGUENN, entortillement de cheveux, ramas, mélange. B.

HOGUETT, herse. B. Voyez *Oc*.

HOGUIC, cochet, petit coq. B.

HOH, cochon. B. C. Voyez *Hwch*.

HOH, vieux. B.

HOHAN, aîné, aînesse. B. De *Hoh*, vieux.

HOHU, halle. B.

HOIATH, canard, B. dans la vie de Saint Gildas. Voyez *Houath*.

HOID, forêt; de *Coid*, comme *Hoed* de *Coed*.

HOILIOC, fumier. I.

HOINCH, hanche. B. De là ce mot.

HOIT, forêt; de *Coit*, comme *Hoet* de *Coet*.

HOL, contenir, enfermer. Voyez *Dihol*.

HOL, le même que *Hollt*. Voyez ce mot & *Hollti*.

HOLA, tout beau, c'est assez, arrêtez-vous. B.

HOLAN, sel. C. Voyez *Holen*.

HOLAN, cœur. C. Voyez *Colan*.

HOLE, cache. B. Voyez *Guengolo*; de là *Hulotte de Lapin*, tanière de lapin; *Hole* en Allemand; *Hule* en Danois; *Hole* en Anglois, caverne; *Allani*, creuser en Persan. Voyez *Hollt*.

HOLEDIGAETH, question, demande. G.

HOLEN, sel. G. B.

HOLENER, saunier, B.

HOLENNEN, marais salés, marais salans, B.

HOLHOL, YN HOLHOL, adverbe pour augmenter. G. Voyez *Oll*.

HOLI, interroger, demander, questionner, rechercher, chercher, examiner, intenter un procès, interrogation, demande. G.

HOLIAD, question, demande, examen, enquête, enquête soigneuse, recherche exacte, temps que les Juges mettent à examiner un procès. G.

HOLIAETH, examen. G.

HOLIO, détacher, retirer. G.

HOLL, tout. G. Voyez *Oll*. *Col*, *Chol* en Hébreu; *Chulo* en Éthiopien; *All* en Anglois; *Cilli* en Esclavon, tout, tous.

HOLL, tout & tous servant de pluriel & de singulier; *An Holl d'An Holl*, tout-à-fait, entièrement, mot à mot, le tout au tout. Il est écrit indifféremment *Holl*, *Hol*, *Oll*, *Ol*. B. Voyez l'article précédent.

HOLL, le même qu'*Hollt*. Voyez *Hollti*.

HOLLALLUOG, qui peut tout. G.

HOLLALLUOGRWYDD, toute puissance. G.

HOLLAWL, général, universel; *Yn Hollawl*, parfaitement, absolument, entièrement. G.

HOLLAWLRWYDD, universalité, totalité, généralité. G.

HOLLBORTH, holocauste. G. *Poethi*.

HOLLFYD, YR HOLLFYD, tout ce qui existe. G. *Byd*.

HOLLGOALLOEDUS, tout-puissant. B.

HOLLIACH, entier, sain, qui est entièrement sain. G. *Iach*.

HOLLIACHAU, guérir entièrement. G.

HOLLIECHID, pleine santé. G.

HOLLT, fissure, fente, ouverture. G. Voyez *Hole*; *Hole* en Anglois, trou; *Hol* en Flamand; *Hol*, *Hule* en Allemand; *Hule* en Danois, caverne; *Hholul*, creux en Hébreu; *Holl* en Samaritain; *Hal* en Arabe, concave, creux; *Hol* en Flamand, fosse; *Hol* en ancien Saxon & en Theuton, cave, creux; *Hol* en Theuton, cavité, trou; *Hol* en Théuton, antre, caverne; *Hali* en Islandois, cache, cachette; *Hol* en ancien Saxon, fosse, tanière; *Hulundi* en Gothique, caverne.

HOLLTI, HOLLI, fendre, se fendre, s'ouvrir. G. *Holl* est donc synonime à *Hollt*.

HOLLTIAD, coupure, incision, action de couper, de fendre. G.

HOLLTOG, crevassé, fendu, plein de crevasses, de fentes. G.

HOLLTYN, petite fente, petite crevasse. G.

HOLM, plaine couverte d'herbe près de l'eau. E.

HOLM, isle. I. *Holm*, *Holmur* en Islandois, isle; terre environnée d'eau; *Holme* dans le Dictionnaire Suédois Gothique de Loccen est rendu par isle; *Holm* en ancien Saxon, isle de rivière, plaine couverte d'herbe entourée d'eau.

HOLOMER, colombier. B. C'est le même que *Colomer*.

HOLWR, qui demande, qui interroge, qui s'informe, qui s'enquête, qui redemande, qui se plaint en Justice, qui intente un procès. G. Voyez *Hawlwr*.

HOLY, sacré. I. *Holy* en Anglois; *Hollig* en Danois; *Hilig* en ancien Saxon; *Heilig* en Allemand & en Flamand, sacré, saint.

HOM, habitation. B. Voyez *Chom* qui est le même. *Homme* en Normandie, habitation; car les villages nommés *le Homme*, *Suhomme*, *Robé Homme*, *le Hommet*, *le Hommel* viennent de *Hom*, comme *Hameau*, & *Hamel* de *Ham*. *Onh*, habitation en Cophte; *Honeh*, maison en Lappon; *Honob*, *Honoch*, *Huone*, maison en Lappon & en Finlandois. Voyez *Ham*, *Hometum*.

HOMAN, celui-ci. B. Voyez l'article suivant.

HOMAN, celui, ce, cet. G.

HOMETUM, A. M. habitation, demeure, maison. De *Hom*, *Home* en Anglois, maison, habitation.

HON, elle, la articles. G.

HON, ensemble. I. Voyez *Wn*.

HON, lui, nôtres, nos, nous, celle. B. *On* en Esclavon & en Bohémien; *Oon* en Dalmatien, lui.

HON, haut, élevé. Voyez *Honus*.

HON, faux. Voyez *Hon-Devot*.

HON. Voyez *Han*.

HON-DEVOT, faux dévot. B. De là *Abonier* en vieux François, blâmer; de là *Honnir*, vieux mot qui signifie deshonorer, maudire, mépriser; de là

Hontage en vieux François, affront ; de là *Hante* en notre Langue, qui est l'effet des outrages, des affronts ; *Hon* en Théuton, opprobre, affront, injure ; *Honts* dans la moyenne & basse Latinité a été quelquefois employé pour signifier une injure.

HONCIAD, chancellement. G.

HONCIAN, vaciller, chanceler. G.

HOND, chemin. B. Voyez *Hend*.

HONESTASUNA, honnêteté. Ba. Voyez *Onest*, *Honest*.

HONEST, intégre, honnête. B. De là le Latin *Honestus* ; le François *Honnête*. Voyez l'article précédent.

HONESTEIN, nettoyer. B.

HONESTEMANTT, décemment. B.

HONESTIS, honnêteté, gracieuseté. B.

HONFEST, tunique, robe, mante. G.

HONGL, vestibule ou place devant une maison. G.

HONNAID, évident, manifeste, clair, notoire, connu, célébre, fameux, insigne, considérable, illustre. G.

HONNES, celle-là. B.

HONNI, publier, affirmer, défendre, protéger. G. *Hinni*, appeller en Hongrois.

HONNIAD, affirmation, assurance. G.

HONNO, elle, celle-ci, celle-là. G.

HONNY, affirmer. G.

HONOS, homme long comme une perche. G. *Wn*, élévation ; ainsi *On* ou *Hon* semble ici signifier élevé, haut.

HONSEL, étrenne. G.

HONT, là particule démonstrative. B.

HOP, cri d'un homme qui en appelle un autre qui est éloigné. De ce cri on fait les verbes *Hopa*, *Hoppa*, *Hopenna*, *Houpa*, *Houpella*, lesquels signifient crier *Hop*. On en a fait aussi le nom singulier *Hopen*, d'où vient *Hopenna*, & le diminutif *Hople*, & l'autre singulier *Hopaden* ; de *Hopat*, cri de *Hop* ; comme disent les paysans de haute Bretagne, *un Hupet*, *une Hupée*. Les Grecs sur mer crioient *Oop* & *Oop Op*. Je l'ai entendu de même ici pour appeller le passager de notre bras de mer Les chasseurs disent *Houper* pour dire crier : Tout cela vient du cri même de *Houp* & *Hop*. Dans le Gallois *Ho* est une interjection pour appeller ; & *Hw*, qui se prononce *Hou*, signifie le cri du hibou : C'est aussi dans cette Langue une interjection pour exciter les chiens à courir. B. Cet article est pris de Dom Le Pelletier. Parmi les paysans de Franche-Comté *Huper* signifie faire un cri pour appeller quelqu'un qui est loin : Il signifie aussi faire un grand cri prolongé par un sentiment de joie, d'allégresse.

HOPA, houblon. I. Voyez *Hobilhon*, *Hoppys*. *Hop*, *Hoppe* en Flamand ; *Hop* en Anglois ; *Hopfe* en Allemand, houblon.

HOPA, queue. Ba.

HOPE, petite vallée entre des montagnes. G.

HOPELANDA, A. M. houpelande. Voyez l'article suivant.

HOPELLAN, houpelande. B. De là ce mot.

HOPPRAN, entonnoir. G.

HOPPRANU, se remplir le ventre avec excès, faire la débauche, goinfrer. G.

HOPPYS, houblon. G. Voyez *Hopa*, *Hobilhon*. *Hoppe* en Flamand ; *Hoppes* en Anglois ; *Hopffen* en Allemand, houblon.

HOQUETUS, A. M. hoquet. Voyez *Hicqed*.

HOR, porte. G. B. *Hurd* en Gothique ; *Hurd* en Islandois, porte.

HOR, sœur. C. De là *Soror* Latin, parce que l'*h* se change en *s*. Voyez *Hoer*.

HOR, HORDD, HORDT, bélier. C. Voyez *Hwrdd*.

HOR, nôtre, nos, nous. B.

HOR, haut. Ba. Voyez *Or*.

HOR me paroit avoir signifié tête. *Hura* dans Mathieu Paris signifie une espéce de chapeau. Dans le Journal de Paris *Horion* est cette maladie que sous l'année 1411 Mezerai nomme *coqueluche*, à cause qu'on s'y couvroit la tête d'un capuchon, *Horion*, selon Froissart, Borel & Nicot, signifie un coup sur la tête. Nous appellons encore la tête du sanglier, du chat-huant, *Hure*.

HOR. On voit par *Horell*, *Horelladur*, *Horellat* que *Hor* ou *Horell* a signifié secousse, coup. De là *Horion* dans notre Langue, coup parmi le peuple.

HORA, maîtresse, amie, concubine. C.

HORAT, canard. B. dans la vie de Saint Gildas. Voyez *Houat*.

HORBALAN, petit coquillage de mer. B.

HORDEN, faix, fardeau, paquet, charge d'un homme ou d'une bête. B.

HORDENNADEN. Voyez *Scodennat*.

HORDITZEN, yvre. Ba.

HORELL, boule ou bille de bois, ou pierre qui sert au jeu de la crosse. B.

HORELL, ébranlement, hochement, tout ce qui est prêt à tomber. B.

HORELLA, chanceler, branler, être prêt à tomber, jouer à la crosse. B. Voyez les deux articles précédens.

HORELLADUR, ébranlement. B.

HORELLAT, secouer, ébranler, branler, chanceler, être prêt à tomber, brandiller, se brandiller, jouer à la crosse. B.

HOREN, pluriel *Hor*, pou de cochon. G.

HORF, troupe. G. *Hours* en vieux François, troupe ; *Horde*, tribu, assemblée & armée, soit pour une expédition militaire, soit pour une grande chasse en Tartarie ; *Hourn* en Arménien, troupe ; *Hod* dans la même Langue, troupe, troupeau.

HORIA, jaune. Ba. Voyez *Aur*.

HORO, le même que *Goro*. Voyez ce mot.

HOROLAICH, horloge. B.

HORREC, celui-ci, celle ci. Ba.

HORREUL, horreur. B.

HORRIBL, horrible, terrible, abominable, effroyablement, prodigieusement, beaucoup. B. Voyez *Horrupl*.

HORROLL, horreur. B.

HORROSSEIN, cahoter. B.

HORRUPCION, horrible. B.

HORRUPL, horrible, beaucoup. B.

HORT, tache, ignominie, outrage, calomnie. G. De là *Ord* en vieux François, sale, & *Enordir*, salir, de là *Ordure* en notre Langue ; de là *Sordes*, *Sordidus* en Latin ; *Hore* en Normandie, fille ou femme prostituée ; *Hur* en Allemand, courtisane ; *Hoor*, adultére ; *Hoora*, fille de mauvaise vie en Islandois ; *Hur* en ancien Saxon, fille de mauvaise vie ; *Hoer* en Flamand ; *Whore* en Anglois, houret mauvais chien de chasse. Voyez *Ordous*, *Urdea*.

HORTARE, A. M. heurter. De *Heurt*.

HORTIO, diffamer, perdre d'honneur, médire, calomnier, flétrir, couvrir d'infamie, deshonorer, diffamer. G.

HOR.

HORTIWR, médisant, calomniateur. G.
HORZ, maillet, gros marteau de bois, masse des carriers. B. Voyez Ordd, Gordd.
HOSA, A. G. bottines. Voyez Hasan.
HOSAN, bottine. G. De là House, Heuse, Huese, Houseau, bottine, botte ; Houser, botter ; Housé, botté en vieux François ; Huese en Picard, bottine ; Ousion en Grec vulgaire, bottine ; Hosen en Allemand & en Flamand, bottine ; Hose en Anglois, bottine ; Hosa en ancien Saxon, en Théuton, en Lombard, bottine ; Vosa en Italien, botte. On a étendu le mot House à signifier des chausses : Les paysans disent encore Houses pour chausses, & Houssen pour chausser. De là le mot de Triquehouse pour gamache ; de Hosan ou Chosan, chausses. Kousen en Flamand, en ancien Saxon, en Théuton, en Lombard, chausses. Voyez Heus, Heuson, Houz.
HOSANAU, caleçon, culotte. G.
HOSANEUWR, faiseur de bottines. G.
HOSANNAU 'R GOG, hyacinthe pourpré. G.
HOSCAD, éteule. B.
HOSCALÊC, chardonnière. B.
HOSOBINDA, A. M. le même que Hosa.
HOSPID, hôte. B. Voyez Osb, Hospyd.
HOSPIDTY, hospice. B.
HOSPITAL, hôpital. B.
HOSPYD, hôte. Voyez Hospytty.
HOSPYTTY, hospice. G.
HOSQ, entaillure, entaille, hoche, coche, cran. B Voyez Hoche.
HOSQEELLEIN, chanceler. B.
HOSQEIN, cocher, entailler. B.
HOSSA, A.G. le même que Hosa.
HOST, armée. B. De là Host en Théuton ; Host, Ost en vieux François, Hoste en Italien, Hueste en Espagnol ; Hoste en Anglois, armée. Voyez Ost.
HOSTALLERY, HOSTALLIRY, auberge, hôtellerie. B. De là Hostalaria, hôtellerie ; Hostalarius, hôte dans la basse Latinité ; de là Hôtellerie dans notre Langue.
HOSTEL, palais, hôtel. B. De là ce mot. Ouso, maison en Auvergnac ; Outeau en Patois de Franche-Comté.
HOSTIGOA, action de battre. Ba.
HOSTIS, hôte dans les deux sens. B.
HOSTIS, A. M. hôte. Voyez l'article précédent.
HOSTIS, A. M. armée. De Host.
HOSTISIA, HOSTIGIA, HOSTAGIA, A. M. ce qui se paye par l'hôte à celui qui est le maître de la maison dans laquelle il demeure. Voyez Hostis.
HOSTISIARE, A. M. bâtir une maison pour y recevoir des hôtes. Voyez Hostisia.
HOSTITIUM, A. M. hospice, maison. Voyez Hostisia.
HOSTIZA, se faire des hôtes. B.
HOSTOLENSES, HOSTELLENSES, A. M. hôtes. Voyez Hostis.
HOT, HET. Voyez Hoet, bois, forêt. B.
HOT paroit avoir signifié tête. Voyez Hott, Hottan, Hettan.
HOTT, HOTTAN, capuce, capuchon, chaperon. B. Ce mot paroit formé de Hot, tête, & T de To, couverture. Voyez Helm, Bonnet. Hatt en ancien Saxon, mitre, casque, & Hod, capuce, chaperon ; Huot, Hout en Théuton, mitre, couverture de la tête ; Hottur en Islandois, casque.
HOU, vos, leurs. B.

HOU.

HOU paroit avoir signifié bois, houlette ; Hou, bois ; Lett, petit ; Houpier, baliveau jeune chêne réservé pour repeupler une forêt ; Hou, bois ; Pi, Pie, petit ; Houssine, baguette ; Houdin en Anjou, myrte sauvage.
HOU paroit avoir signifié eau. Voyez Houad, Houl, W. Housée, ondée pluie subite dans le Maine, dans l'Anjou & dans la Bretagne. Houres dans Rabelais signifie la même chose : On dit Harée au même sens dans la basse Normandie ; Hou, lac en Chinois.
HOVA. Voyez Hoba.
HOÜAD, canard. B. Ad d'Adar, oiseau ; Hou par conséquent paroit signifier eau.
HOUALCHI, laver. B.
HOUALL, le même que Goall, mal. Voyez Dihouall.
HOUARN, fer. B. Voyez Haiarn, Hoarn.
HOUATH, canard. B. Voyez Houad.
HOUAYH, joubarbe. B.
HOUB, houblon. B. Voyez Hobilhon.
HOUBILHON, houblon. B. De là ce mot. Voyez Hubilhon.
HOUBLEENN, houblon. B.
HOUBLEENNEIN, houblonner. B.
HOUCELLUS, A. M. bottine. Voyez Hosa.
HOUCH, cochon, porc, pourceau. B. Voyez Hwch.
HOUCH GOUEDD, sanglier. B. A la lettre, cochon sauvage.
HOUCIA, HOUSIA, A. M. les mêmes que Hosa.
HOUE, poussière, poudre. B.
HOUEL. Voyez Hoel.
HOUF, que l'on prononce Houn & Oûn, est en son origine Oûm, je suis, ou plutôt le nom personnel moi ; car nos Bretons, aussi bien que les Hébreux, disent moi, toi, soi, lui, nous, vous & eux, pour dire je suis, tu es, il est, &c. Les nôtres diront donc Bras Oûn, je suis grand ; à la lettre, grand moi ; & par une autre construction, Ne Oûn Ket Bras, je ne suis pas grand ; moi non pas grand. Quelquefois on insère la lettre D : Ne D'Oûn Ket, je ne suis pas ; le pluriel est Omp, nous. Je lis dans mes Manuscrits Of pour Houf. Davies écrit Wyf, sum, existo sans s'appercevoir que c'est le pronom personnel, & sans citer le nôtre. Le Sum des Latins peut très-bien venir de Houm, mettant S à la place de H, ce qu'ils font souvent dans les mots empruntés. L'irrégularité de Sum porte à croire qu'il est étranger. Nos Bretons changent quelquefois Oum en Im ou Eim, qui sonnent In & Ein ; Dim, à moi, pour Dim, & ajoutent souvent Me, D'imme, à moi moi, pour à moi-même. Ils disent aussi D'omp, D'emp, D'imp, & y ajoutent Ni D'omp-Ni, à nous-mêmes ; mais ces deux dernières se disent rarement. Je remarquerai que comme notre Houm a affinité avec le Latin Sum, de même le Wif de Davies en a avec son prétérit Fui. B. Cet article est pris du Dictionnaire de Dom Le Pelletier.
HOUGEA, reculer parlant des bêtes attelées. B.
HOUICH, arrière parlant aux bœufs attelés. B.
HOUL, soleil. G. C. Voyez Haul.
HOUL, vague, flot, houle ; pluriel Houlieu. B. De là ce dernier mot.
HOULENN, flot, vague, houle ; pluriel Houlennou. B.
HOULENNICG, onde. B.
HOULYER, maquereau ministre des plus infâmes plaisirs. B. Houlieur en vieux François, adultère.

homme adonné aux femmes. On a dit aussi *Houpleur*. *Houlyer* en vieux François, maquereau, impudique.

HOULYERS, maquerelle. B.

HOUMAN, le même que *Homan*. B.

HOUNES, le même que *Honnés*. B.

HOUPELLAT, faire un cri pour appeller. B. Voyez *Hop*.

HOUPERICQ, huppe oiseau ; & au sens figuré, dupe. B. De là notre mot *Huppe*. *Upupa* en Latin ; *Huypen* en Hollandois ; *Hoppe* en Brabançon ; *Hupetup* en Flamand ; *Hoppe* en ancien Saxon ; *Howpe* en Anglois ; *Hopff* en Allemand, huppe.

HOUPES, houblon. B. Voyez *Hopa*.

HOUPI, hérisser. B.

HOUPPELANDA, A. M. le même que *Hopelanda*.

HOURL, flot de mer qui vient se briser à la côte & contre les rochers ; plurier *Hourlon*. B. Voyez *Houl*.

HOURMELL, coquillage de mer nommé en François *Ourmeau*. B. De là ce mot.

HOUSH, housse de cheval. B. De là ce mot. Voyez *Aosa*, *Hws*.

HOUSIA, HOUCIA, A. M. longue robe. Voyez *Hws*, *Aosa*.

HOUSQEIN, dormir. B. Voyez *Dihousqein*. C'est le même que *Cousqein*.

HOUSQET, assoupi, esprit assoupi, atrabilaire. B.

HOUTONNER, espèce d'oiseau de proye. Je conjecturerois que c'est l'autour, qu'on appelloit en vieux François *Ontour*. Il est assez ordinaire dans le Breton de changer l'*n* en *u* ; ainsi on aura dit *Houtoner* comme *Houtonnner*. On voit que de *Houtoner* on aura aisément formé *Houtour*.

HOW, hem terme pour appeller. G.

HOVU, halle. B.

HOWAD, canard. B.

HOWD, le même que *Hawd*. Voyez *Howdgar*.

HOWDGAR, d'ami, aimable. G. *Howd* est mis là pour *Hawd*.

HOWE, poussière. B.

HOWED, canard. B.

HOWEH, six. B.

HOWL, soleil. G. *Ull*, soleil en Gothique. Voyez *Houl*.

HOWL, pour *Hawl*. Voyez *Howlfaingc*.

HOWLFAINGC, tribunal. G. *Howl* pour *Hawl*.

HOWNI, paré, joli, mignon, agréable, bien mis. G.

HOWSDER, pente, penchant. G.

HOWSHAU, alléger. G.

HOUZ, botte. B.

HOY, verd, herbu, herbe, pré. Voyez *Ehoeg*.

HOYL, soleil. G.

HOYW, beau, joli, paré, bien mis, mignon, agréable, poli, gentil, bien fait, bien tourné, qui a envie de s'avancer, qui a de l'ambition, vigoureux, fort. G.

HOYW-WISG, ajusté, bien mis. G. *Gwisg*.

HOYW-WYCH, élégant, poli, agréable, fin, délicat, de bon goût, bien tourné, bien mis, propre, ajusté, illustre, célèbre. G.

HOYWDEG, beau, brillant, fleuri. G.

HOYWDER, élégance, délicatesse, justesse, politesse, bonne grace, ajustement, ornement, parure, beauté, bel air, manière polie, enjouement, netteté, propreté, vivacité, activité. G.

HOYWDLWS, très-bien mis, très-poli. G.

HOYWEDD, propreté, ajustement de bon goût, force, vigueur. G.

HOYWI, orner, parer, ajuster, embellir, polir, arranger proprement, rétablir en vigueur. G.

HOZ, vos. B.

HRAF, point de couture. B. C'est le même que *Craf*.

HRASES-GREC, femme enceinte. B.

HRED, caution. B. C'est le même que *Cred*.

HREIN, branle. B. C'est le même que *Crein*.

HRENNOUR, écornifleur. B.

HROEG, femme. B.

HU, chapeau. G.

HU, le même que *Hy*, habitation. Voyez *Hy*. Voyez *Hws*.

HU, eau. Voyez *Huat*, *Houat*, *Hou*.

HU, le même que *Hy* & *Y*. G.

HU, huée, chasse aux loups qui se fait par battues & huées. B. *Hu* dans Villardouin, cri ; *Huyer* en vieux François, crier ; *Huan*, hibou en vieux François à cause qu'il crie ; *Huan* en Anjou, en Touraine, le milan à cause que les Paysans huent & crient quand il approche de leurs maisons ; *Huerie* en quelques Villes de Champagne, le cri du roi boit ; *Huette* en François, espèce de hibou ; *Huc*, voix en vieux François ; de là *Hucher*, *Huchet*, *Hus*, cri en vieux François ; *Uce* en Théuton ; *Huese* en Écossois, cri : Les Picards disent *Huquer* & *Vencher* pour *Hucher*. De *Hu* sont venus nos mots *Huée*, *Huer*. Voyez *Hacbal*. *Huet* étoit autrefois parmi nous un terme injurieux, parce qu'on fait des huées contre quelqu'un qui fait ou qui dit quelque chose que l'on désapprouve beaucoup. Voyez *Hwt*, *Huperi*, *Huppa*.

HU paroit signifier noir en Gallois & en Breton : Il entre dans *Hucan*, oiseau de couleur noire ; *Huddygl*, suie ; *Huel*, *Huddeyl*, *Huler*, *Huzel*, suie ; *Huennen*, puce ; *Hudur*, sale ; *Hurenn*, nuée ; *Hurennecq*, sombre ; *Huh* en Hébreu, fâcheux événement, tristesse. Voyez *Du*.

HUA, race. I. C'est le même que *Va*, ce qui montre que dans cette Langue l'*h* se met ou ne se met pas au commencement du mot indifféremment.

HUAD, chien de chasse. G.

HUAGH, HUAV, lit. I.

HUAIL, nom propre d'homme. Voyez, dit Davies, si ce n'est point *Hu-Ail* qui le cède à *Hugon* ; à la lettre, le second d'*Hugon*. G.

HUAL, fers qu'on met aux pieds, entraves, jarretière, lacet. G. B.

HUAL, huer. B.

HUALA, HUALAFF, mettre les entraves, empêtrer. B.

HUALAWG, qui a les fers aux pieds. G.

HUALEDI, le même qu'*Huala*. B.

HUALET, entravé, empétré : On le dit aussi d'un vieillard que la vieillesse empêche de marcher & de danser. B. Voyez *Hod*, *Hodein*.

HUALOG, qui a les fers aux pieds, qui est enchaîné. G.

HUALU, mettre les fers aux pieds, empêcher, embarrasser. G.

HUAN, soleil. G. *Ho* en Chinois, feu ; *Hoen*, feu, lumière, grand éclat, & *Hoam*, jaune dans la même Langue.

HUAN, poussière. B.

HUAN, UHAN, UCHAN, affliction, soupir, gémissement ; *Huana* & *Ahana*, soupirer, gémir ; *Huanat* le même que *Huan*, & *Huanadi* le même que *Huana*. B. Voyez *Uchenaid*.

HUANAD, soupir, gémissement, sanglot, aboi. B.

HUANADA, sangloter, haleter. B.

HUA.

HUANADAF, gémir, soupirer. B.
HUANAT, le même qu'Huanad. B.
HUAR, sœur. G.
HUARRIZA, rivage, bord. Ba.
HUAT, canard. B.
HUBA. Voyez Hoba.
HUBL, hièble. B. De là ce mot, parce que l'u se change en y. Ebulus Latin ; Ebulo Italien, hièble.
HUBOT. Dom Le Pelletier croit que c'est le même qu'Uhbot ou Uc'hbot. B.
HUC, le même que Hug. G. Huke en Anglois, robe, mante de femme. On a dit Hus comme Huc. (Voyez Aru.) De là Houffer, habiller en vieux François.
HUC. Voyez Osg.
HUCA, A. M. grand voile dont les femmes se couvroient ; de Huc.
HUCAGIUM, A. M. proclamation ou cri pour vendre du vin. Voyez Hu.
HUCCAN, plongeon oiseau inconnu de couleur noire. G.
HUCCIARE, A. M. hucher. Voyez Hu.
HUCHA, coffre, grand coffre, huche. Ba. De là ce mot. Hutch en Anglois ; Huge en Angevin, coffre. Ba. Ahuchar, cacher son argent dans une caffette en Espagnol.
HUCHA, caverne. Ba.
HUCHA, HUCHIA, A. M. huche. Voyez Hucha.
HUCHAL, hucher. B. Voyez Hu.
HUCHEN, huissier. B
HUCHWAYW, épieu. G. Gwayw.
HUCIA, A. M. le même qu'Honfia.
HUD, amorces, appâts, attraits, allechemens. G.
HUD, dérision, raillerie, ironie. G.
HUD, prestiges, illusion ; Hûd A Uedrith, prestiges ; (Hud prestiges, Uedrith, prestiges, & par conséquent Hûd Uedrith, pléonasme ;) Bwrw Hud, augurer, deviner, faire illusion, farder. G.
HUD, colere ; Huddo, être en colere. G. Hud, méchant en Stirien & en Carniolois ; Hud, mauvais, méchant en Esclavon, & Hudu, mal adverbe.
HUD, enchantement. B. Czud en Polonois ; Cfudo en Dalmatien ; Zhudnn en Esclavon ; Choda en Anglois, prodige, monstre.
HUD, le même que Hu. Voyez D.
HUD, admirable, surprenant. Voyez Burhud & Uthr.
HUDAL, huer. B.
HUDD, le même qu'Anhudd, Anhudded.
HUDD, le même que Hynt, chemin. Voyez Cambudd.
HUDDED, le même qu'Anhudded. G.
HUDDEYL, suie de cheminée. B.
HUDDIGL MAWRTH, mieux Rhuddygl, raifort, radis, rave sauvage, apios, raifort sauvage. G.
HUDDO, le même qu'Anhuddo. G.
HUDDO, le même que Suddo. G.
HUDDYGL, suie de cheminée, noir de fumée. G.
HUDDYGLVD, plein de suie. G.
HUDEAL, huer. B.
HUDEEN, nuée. B.
HUDEREE, hurlement. B.
HUDIAD, amorces, appâts, attraits, allechement. G. Voyez Hud.
HUDIAITH, caresses, flateries, douceurs, paroles obligeantes. G. Hud Iaith.
HUDIFF, enchanter. B.
HUDLATH, baguette des faiseurs de prestiges. G. Hud Lath.
HUDNWY, canard. G.

HUF.

HUDO, attirer, amorcer, tromper ; attirer par des amorces, par des allechemens. G. Hûd.
HUDOL, faiseur de prestiges, imposteur, voltigeur, danseur de corde. G. Hûd.
HUDOLAWL, plein d'illusion. G.
HUDOLAWL GELFYDD, art de faire des prestiges. G.
HUDOLES, devineresse, sorcière. G.
HUDOLIAETH, prestiges. G.
HUDOLION, charlatans, faiseurs de tours de passe-passe. G.
HUDU, enchanter. B.
HUDUNEZ, d'une manière sale. B.
HUDUR, sordide, sale, vilain, mal-propre, infame, deshonoré B.
HUDWG, épouvantail. G.
HUDW'R, trompeur, fourbe, affronteur. G.
HUEAN, caché. Ba.
HUECH, six. B.
HUECQ, savoureux. B.
HUEDER, HUHEDER, EHUEDER, EHUHEDER, UHEDER, HUEDEE, HUIDE, alouette. B.
HUEDIZ, HUEDYZ, alouette. B.
HUEGRUN, beau-pere. B.
HUEH, haut. Voyez Huchein.
HUEH, six. B.
HUEH, odeur, souffle. B.
HUEHARATUA, caché. Ba.
HUEHEIN, lever, s'enfler. B.
HUEHQENN, vessie. B.
HUEL, DENHUEL, esclave. C. A la lettre ; homme qui est dans les fers. Voyez Hual.
HUEL, haut. B. Voyez Uhel.
HUEL, suie. B.
HUELA, le même qu'Huala. B.
HUELEN, absynthe ; Huelen Chuzro, absynthe. B.
HUELLAAT, hausser. B.
HUELYDD, celui qui met les fers aux pieds d'un autre. G.
HUENNADURR, sarclure. B.
HUENNATT, sarcler. B.
HUENNEN, puce. B.
HUENYDD, celui qui donne la question. G.
HUENYG, prestiges, illusion. G.
HUERAGUINA, confins. Ba.
HUER, conduit, canal. B.
HUERHONNI, acrimonie. B.
HUERHUE, acre, amer. B.
HUERNI, attaquer de paroles. B.
HUERNUS, chagrin, homme de mauvaise humeur, hargneux. B. De là ce mot.
HUERO, amer. C. Voyez Huerv.
HUERODER, amertume. B.
HUERV, amer, acide. B.
HUERUISION, amertume. B.
HUERZER, rieur. B.
HUERZEIN, ris, action de rire. B.
HUESC, cri. E. Voyez Hu.
HUESEIN, fuer. B.
HUESIUM. Voyez Huefsum.
HUETTAG, seize. C.
HUEVRER, février. B.
HUEZA, suer. B.
HUEZAFF, souffler : Il signifie encore se moucher : Huezaff E Fri, se moucher ; mot à mot souffler son nez. B. Voyez Chweza.
HUEZAHAT, flater. B.
HUFEL, humble, bas. C.
HUFELL, humble. G.
HUFEN, crême du lait. G.

HUFENNU, écrémer le lait. G.
HUFFELEN, abſynthe. B.
HUFYL, humble. G.
HUFYLLDOD, HUFYLLTOD, humilité. G.
HUG, tunique, robe, ſurtout, caſaque. G. *Huc*, *Huque*, *Huche*, *Houeque*, robe, eſpèce de robe en vieux François, & *Huquet*, *Hucquete* diminutif; *Huicks* en Flamand; *Huke* en Anglois, eſpèce de manteau de femme qui deſcend depuis la tête juſqu'aux pieds. On a dit *Sus* comme *Huc*, ainſi qu'on le voit par *Souquenille*; *Hulgan*, couvrir en Gothique. Voyez *Huc*.
HUG. Voyez *Oſc*.
HUGAN, diminutif de *Hug*. G.
HUGAN, ſaie, robe. G.
HUGANEN, le même que *Hugan*. G.
HUGLGROEN, mieux *Rhugl Groen*, dit Davies, ſiſtre, cymbale, tout inſtrument qui ſert à faire du bruit. G.
HUGUEDEEN, HUGUEDEN, luette, épiglotte. B.
HUGUENN, luette. B.
HUGUES, luette. B.
HUGYN, diminutif de *Hûg*. G.
HUH HEAUL, ſoleil couchant. B. C'eſt le même que *Cub Heaul*.
HUI, vous. B.
HUIBAN, ſiflet. B.
HUIBANAT, ſifler. B.
HUIDA, vomir. B. De là nos mots *Vuide*, *Vuider*.
HUIDÉ, HUIDER, alouette. B. Voyez *Hueder*.
HUIERR, évier. B. Voyez *Wy*.
HUILER, ſuie. B.
HUILLASTROURR, chanvrier ou ouvrier qui habille le chanvre. B.
HUILLIER, aiguillier. B.
HUISEEN, criſe grande ſueur. B.
HUISPETER, le même que *Guiſpeter*. B.
HUISSERIUS, A. M. huiſſier; de l'ancien mot François *Huys*, porte; & celui-ci formé du Breton *Iezu* ou *Iſſu*.
HUITELL, chante. B. Je n'ai pas trouvé dans les Dictionnaires François un ſubſtantif de ce nom: Il paroit par *Huitellour* que c'eſt une eſpèce de ſiflet.
HUITELLOUR, ſifleur. B.
HUIZIGUELL, veſſie. B.
HUIZYGUEN, veſſie. B.
HUKA, A. M. grand voile de femme qui couvre la tête & la plus grande partie du corps. De *Huc*.
HULER, ſuie. B.
HULING, voile, couverture, couverture de lit. G.
HUMANTA, héros. Ba.
HUMATORQUIA, race, famille. Ba.
HUMBL, humble. B. Voyez *Uſyll*.
HUMBRE. Voyez *Hunvre*.
HUME BOTATZEA, avortement. Ba.
HUMEA, CUMEA, le fœtus, la portée d'une femme ou d'une femelle d'animal, enfant, fruit. Ba. De là *Homo* Latin, *Homme* François.
HUMEBOTATUA, avorton. Ba.
HUMEGUINA, prolifique. Ba.
HUMELETUM, A. M. hameau. De *Hamel*, *Hamelet*.
HUMEN, humain. B. Voyez *Humea*.
HUMIG, balle à jouer, paume. G.
HUMLO, HUMULO, A. M. houblon. De *Hobilhon* ou *Hemilhon*; l'*m* & le *b* ſe ſubſtituent mutuellement.
HUMMA, HUMMAFF, humer. B. De là ce mot,
HUMMAN, balle à jouer, paume. G.
HUMMANYDD, qui joue à la paume. G.
HUMMEIN, humer. B. De là ce mot.
HUMMOG, balle à jouer, paume. G.
HUMOR, humeur. B.
HUN, ſommeil. G. C. B. *Upnos* en Grec, ſommeil; *Uſnutti*, dormir en Eſclavon; *Uſnauti* en Bohémien, dormir; *Alunni* en Hongrois, dormir; *Koun* en Arménien, ſommeil; *Hunne* en ancien Friſon, mort, défunt.
HUN, ſonge, rêve. B.
HUN, ſeul. G. De là *Unus* Latin.
HUN, vallée. Voyez *Arhun*.
HUN. Voyez *Hon*.
HUN-GLWYF, léthargie. G.
HUN-HAINT, léthargie. G.
HUNA, voici. Ba.
HUNA, dormir, ſommeiller, ſonger, rêver. B.
HUNASQUIDA, propagation. Ba.
HUNDDWYN, qui aſſoupit, qui fait dormir. G.
HUNDY, dortoir. B. G. C. *Hun Ty*.
HUNE, celui, lui, le, article. Ba. *Huno*.
HUNEGAN, dormeur, loir petit animal. B.
HUNELA, ainſi, de cette façon. Ba.
HUNER, dormeur. B.
HUNFREYEN, ſommeil. G.
HUNGOS, action par laquelle un homme qui dort ſe grate. G. *Hun*; *Gos de Cos*; de *Coſi*.
HUNGUITU, je touche, je frape. Ba.
HUNLLE, cochemare; G. peut-être *Hunllef*, dit Davies, du cri que fait celui qui ſouffre le cochemare. La conjecture de Davies eſt rendue certaine, parce qu'on trouve dans un autre Dictionnaire Gallois *Hunllef*, cochemare.
HUNLLEF, cochemare. B.
HUNO, dormir, ſommeiller. G.
HUNVRE, HUNURE, Hûvre, Hure, Unvre, Unre, Hunffre, Humbre, ſonge, rêve. B.
HUNY, ſien, ſienne. B.
HUNYER, dormeur. B.
HUOBA, A. M. le même que *Hoba*.
HUOCH, haut, deſſus. B. *Huh* en Gothique; *Hob* en Théuton; *Hoog* en Flamand; *Iô h* en Suédois, haut, élevé; *Hoa* en Iſlandois, élever; *Erhohen* en Allemand, élever; *Er* prépoſition ſurperflue. Voyez *Awch*, *Uc'h*.
HUOEN, agneau. I. Voyez *Oen*.
HUP, nœud, floccon. B.
HUPA, A. M. houblon. De *Hopa*.
HUPEN, houpe; *Hupen Blew*, houppe, touffe de cheveux. B.
HUPEREZ, huée. B.
HUPERI, huier. B. Voyez *Hu*.
HUPP, touffe, houppe, huppe. B. De là le mot François *Huppe*.
HUPP, cri pour appeller. B.
HUPPA, faire un cri pour appeller. B. Voyez *Hu*.
HUPPEN, cri pour appeller. B.
HUPPINT, HUPPYNT, impétuoſité, courſe impétuoſité, action de courir çà & là. G.
HUQENN, luette. B.
HUR, récompenſe, prix, ſalaire, appointemens. G.
HUR, le même que *Hurt*. Voyez ce mot.
HURENN, nuée. B.
HURENNEC, ſombre, morne, ſournois, taciturne. B.
HURENNEIN, refrogner. B.
HURENNEREAH, refrognement. B.
HURIAW, louer quelqu'un pour faire quelque choſe moyennant un prix. G.

HURIEIN.

HUR.   HWS.   29

HURIEIN, druide. B.
HURLU BURLU, pêle-mêle. B. Ce terme s'est conservé dans notre Langue.
HURR, heure. B. Voyez *Heur*.
HURRENA, principal. Ba. Voyez *Or*.
HURRUPACEZAN, a englouti, a avalé. Ba.
HURT, fat, sot, stupide, innocent, étonné, lent. G. On a aussi dit *Ahur*, *Hur*, comme il paroit par *Ahurir* en vieux François, mettre en peine, mettre quelqu'un au bout de son rolle, l'interdire, le rendre stupide; *Hurisch* en Allemand, honteux, vilain, obscène.
HURTAERA, arrosement. Ba.
HURTAGIUM, A. M. droit que paye un vaisseau pour entrer dans un port, pour toucher à terre; en François *Hurtage*; de *Heurt*, *Hurte*, lieu, endroit en vieux François. C'est *Curt*. Voyez *H. Ort* en Allemand, lieu.
HURTEMANTT, achoppement. B.
HURTHGEN, homme stupide. G.
HURTHRWYD, fatuité, sotise. G.
HURTIO, devenir stupide, rendre stupide, étourdir. G.
HURTR, plancher, étage. G. *Hourt*, *Hourd* en vieux François, balcon.
HURTRWYDD, stupidité, engourdissement, diminution de vivacité. G.
HURTUR, plancher. G.
HURTUS, HURTADUS, HURTARDUS, A. M. belier. De *Hwrdd* ou *Hwrt*.
HURTYN, fou, fat, stupide, sot, niais, idiot, impertinent. G.
HURUS, URUS, heureux. I. Voyez *Eurus*.
HUS, chasse aux loups qui se fait par battues & huées. B. Voyez *Hu*.
HUSIA, HUSSIA, A. M. housse de cheval. De *Housh*.
HUSQ, habit. B. Voyez *Dihusq*.
HUSQ. Voyez *Osc*.
HUST, habit de femme à longue queuë, habit trainant. B.
HUSTING, HUSTYNG, parler bas à l'oreille, action de parler bas à l'oreille, ce qui ne se dit qu'à l'oreille, parler bas, murmurer, marmoter, gronder entre ses dents, faire un petit bruit sourd, faire un doux murmure, gazouiller, ramager. G. De là *Hutin* en vieux François, querelle, débat; & par extension, escarmouche, choc, combat; *Hustiner*, *Hutiner*, quereller, & *Huterie*, dispute de paroles.
HUSTYNGWR, qui parle bas à l'oreille. G.
HUT. Voyez *Cwt* & *H*.
HUTESIUM, HUESIUM, HUY, A. M. huée. Voyez *Hu*, *Hwt*.
HUTIN, mutin. B. On parloit donc encore le Celtique dans le gros de la Nation lorsqu'on donna à Louis X le nom de *Hutin*. Voyez *Husting*.
HUTLATH, le même que *Hudlath*. G.
HUTTAN, idiot, qui ne sçait pas s'énoncer. G.
HUTTEN. Voyez *Cwtt*.
HW, cri du hibou, interjection dont on se sert pour exciter les chiens à la course. G. *Hui* en Allemand, interjection pour exciter les chiens qui chassent. En Franche-Comté les paysans disent *Hu* à leurs chevaux pour les faire avancer. L'*h* se changeant en *f*, de là *Su*, terme dont se servent les charretiers dans la même Province pour encourager leurs chevaux.
HW, le même que *Chw*. Voyez *Chwe*.
HWARE, combat. G.

HWCCA, haut, élevé. G.
HWCH, cochon, truie. G. C. *Choue* en Arménien; *Chuk*, *Cuchi* en Persan; *Huc* dans la Souabe; *Hog*, *Hogge* en Anglois; *Hus* en Grec, cochon. Voyez *Hoch*, *Swch*.
HWCH, sillon. G.
HWCH, BYRBNWCH, if. G.
HWDE, voilà pour vous, prenez, faites, faites donc. G.
HWDIWCH, courage en parlant à plusieurs. G.
HWDIWCH, plurier de *Hwde*. G.
HWEG, doux. C. Voyez *Chweg*.
HUVETI, A. M. espèce d'habillement. De *Huig*, Le *g* se change en *v*.
HWF, coucou. G. Voyez *Hop*.
HWIN, blanc. C. Voyez *Guin*.
HWN, lui, il, celui, ce, cet; *Hwn Yman*, celui; ce, cet. G.
HWNNW, lui, celui-là, celui-ci, elle, celle-là. G.
HWNT, outre, ultérieur; *Hwnt Ac Y Ma*, de part & d'autre; *Y Tu Hwnt*, au-delà, par-delà. G.
HWNTIAN, vaciller, chanceler, courir çà & là. G. De *Hwntian* au second sens est venu le mot Théuton & Allemand *Hunt*, chien, parce que le chien court çà & là, va & vient, va de côté & d'autre. *Hond*, *Hont* en Flamand; *Hounà* en Anglois; *Hund* en Gothique, en ancien Saxon, en Danois & Suédois, chien.
HWP, arrêt, obstacle; *Hwp Yr Tchen*, arrête bœuf ou bugronde. G.
HWPP, effort, tentative. G.
HWR, petit. Voyez *Hwrwg*.
HWRDD, belier, mâle de la brebis, choc, coup, assaut, impulsion. G. Dans les Loix d'Hoel le Bon il est mis pour synonime à *Gwth*. Voyez *Henri*. Voyez *Arda*. *Hrutur* en Islandois, belier; C'est une transposition de *Hwrdd* ou *Hwrt*. Voyez *Urdd*.
HWRE, prends. G.
HWRE, le même que *Hwde*. G.
HUVRE. Voyez *Hunvre*.
HWREWCH, prenez. G.
HWRIWCH, HWRIWCH, plurier de *Hwre*. G.
HWRIWCH, prenez. G.
HWRRWG, bosse, petite tumeur. G.
HWS, couverture, housse de cheval. G. De là *Housse*, couverture de cheval, & couverture de gros drap dont s'enveloppent les paysanes en plusieurs contrées du Royaume. Voyez *Housh*, *Housia*.
HWS, endroit où l'on cache. G. Voyez *Hus*.
HWS. Voyez *Hwswi* & l'article précédent.
HWSMON, homme ménager, homme économe; homme frugal, laboureur. G. Voyez *Hwfwi*.
HWSMONNAETH, agriculture, frugalité. G.
HWSMONNAID, frugal. G.
HWSTR, chagrin adjectif, bouffi, bizarre, fâcheux, difficile, inexorable. G.
HWSTRED, caprice, bizarrerie, mauvaise humeur, air chagrin, humeur difficile. G.
HWSWI, mere de famille, femme ménagère, femme économe. G. Il paroit par *Hwsmon*, *Hwfwi*, que *Hws* signifie maison, ménage; que *Mon* signifie homme; (*Man* autrefois en Breton signifioit homme) et que *Wi* signifie femme. Voyez *Gwidon*. *Hus* en ancien Saxon, en Gothique, en Théuton, en Danois, en Runique, en Tartare de Précop; *Huus* en ancien Suédois; *Hus* en Suédois moderne; *Hus*, *Huus* en Islandois; *Huys* en Flamand; *Housse* en Anglois; *Haus* en

TOME II.

Allemand & en Vandale ; *Hisha* en Esclavon ; *Hisa* en Stirien & en Carniolois ; *Haz* en Hongrois, maison. *Uz* en Polonois a signifié la même chose, ainsi qu'on le voit dans *Ratne*, maison du Préteur. *Ofsh* ou *Os*, ville en Finlandois ; *Hhu* en Hébreu, métairie, village ; *Hhhus* en Hébreu, retraite, lieu fort ; *Hhug*, entourer, environner en Hébreu ; *Mehhus*, ville, village en Chaldéen ; *Mohhuzo*, ville en Syriaque ; *Hyssar*, ville, château, forteresse en Arabe ; *Hnazi*, maison en Persan ; *Honze*, petite maison en Arménien, & *Hougb*, maison, chaumière dans la même Langue ; *Eu*, *Ev* en Turc ; *Evi* en Persan, maison ; *Hu*, *Heu*, maison, demeure en Chinois, & *Hus*, famille ; *Hua*, *Huae*, maison en Pérouan.

HWSWIAETH, frugalité de femmes. G.

HWT, interjection pour marquer le dégoût ou l'aversion : Ne m'en parlez pas, retirez-vous d'ici, ôtez-moi cela. G. En Théuton *Hutz* a le même sens. On dit *Houfe* en Franche-Comté dans la même signification. Voyez *Hu*.

HWTTIO, chasser. G. *Hwt*.

HWY, HWYNT, HWYNT-HWY, eux, elles, eux, ceux-ci, celles-là, ceux-là. G.

HWY, plus long, plus étendu ; *Hwybwy*, plus longuement plus longuement. G.

HWYAD, canard. G. *Vas* en Grec, canard. Voyez *Hoad*.

HWYAF, très-long. G.

HWYEDIG, long, allongé. G.

HWYFELL, femelle de saumon. G.

HWYHAAD, allongement, délai, prolongation. G.

HWYHAU, allonger, étendre, prolonger, s'allonger, croître en longueur. G.

HWYL, état du corps, santé. On joint à ce mot l'épithète de bonne ou de mauvaise selon le cas ; disposition à cela ou à cela. G.

HWYL, voile, voile de navire, linge. G. Voyez *Vela*.

HWYL, voyage, départ, progrès. G.

HWYL-LLATH, antenne de navire, vergue. G.

HWYLBREN, mât de vaisseau. G. *Hwyl*, voiles ; *Pren*, *Bren*, arbre, bois.

HWYLIO, faire voile, naviger. G.

HWYLIO, aller, diriger, préparer. G.

HWYLIOG, qui frape des cornes. G.

HWYLUS, habile, adroit, heureux, favorable. G.

HWYLWYNT, vent favorable. G.

HWYNT, eux. G.

HWYNYN, le même qu'*Hoenyn*. G.

HWYR, du soir, qui arrive le soir, qui se fait le soir, tard, tardif, qui vient tard, lent, lentement ; *Yn Hwyr*, il y a longtemps. G. De là le Latin *Sero*, le François *Soir*, l'*h* se changeant en *s*, & le *w* se prononçant en *o*.

HWYR, nouveau, récent, depuis peu. G. Voyez *Ir*.

HWYRACH, postérieur, qui vient après ; *Yn Hwyrach*, moins. G.

HWYRDDYSG, qui apprend tard. G.

HWYRDER, lenteur. G.

HWYRDROED, lent à marcher. G. *Troed*.

HWYRDRWM, tardif, qui vient tard, lent, paresseux, pesant, lourd, engourdi, homme d'un esprit lent, tardif, paresseux. G. *Hwyr Bryd*. Davies.

HWYRFRYDIGRWYDD, lenteur, paresse. G.

HWYRHAU, arriver le soir, remettre au soir à faire quelque chose. G. *Hwyr*.

HWYRIOUR, impétuosité, choc, impulsion. G.

HWYSGYNT, hardi. G.

HUX, cochon. B. Voyez *Hwch*.

HUY, six. C. Voyez *Huth*.

HUYBANOUR, sifleur. B.

HUYBEDENN, moucheron. B.

HUYDA, vomir. B.

HUYL, escarbot. B.

HUYL-COHER, fouille-merde, escarbot. B.

HUYL-DERV, hanneton. B.

HUYLER, suie. B.

HUYR, sœur. C. Voyez *Hor*.

HUYSGAIN, impétuosité, choc, impulsion. G.

HUYTOUT, ne se porter pas bien, n'être pas aisé. B.

HUZ, dessus ; *A Huz*, au-dessus. B. Voyez *Uc'h*.

HUZ, cache, cachette. G.

HUZEL, HUZIL, HIZIL, suie. B. Voyez *Huddygl*.

HUZELEN, absynthe. B.

HUZI, cacher. Voyez *Dicuzi* & *Huz*.

HUZREAL, rêver. B.

HUZYL. Voyez *Huzel*.

HY, habitation. G. L'*y* se prononce aussi en *u*, ainsi on a dit *Hu* comme *Hy*. Voyez *Hws*, *Ys* en Chinois, métairie, village ; *Yn* en Chinois, grande maison ; *Y* dans la même Langue, habit, vêtir. (Voyez *Cas*.) *Ii* en Hébreu, isle, pays, Province ; *Aii* en Arabe, demeurer ; *Y*, je demeure en Langue de Congo ; *Y* en François est un adverbe qui désigne le lieu, la demeure, de même que *Hic* en Latin.

HY, long. l. Voyez *Hir*.

HY, préposition explétive. Voyez *Hylawn*, *Hybred*.

HY, hardi. Quelques-uns écrivent *Hyf*, mais mal dit Davies. Lorsqu'il entre en composition avec un autre terme, & qu'il est placé avant lui, il signifie le plus souvent ce que signifie l'*En* des Grecs, facile, enclin, bon ; & il augmente la signification. G. *Y*, facile en Chinois.

HY-CHWYTH, qu'on respire. G.

HY-FAIDD, téméraire. G. *Baidd*.

HY-RWYDD, qui se délie aisément. G.

HY-WAR, domptable. G. *Gwar*.

HY-WEL, visible, qui se voit de tous côtés. G. *Hy Gwel*.

HY-WLEDD, agréable, joyeux, divertissant, fait pour le plaisir, propre pour se réjouir. G.

HY-WLYCH, qui arrose par ses eaux. G.

HYAR, le même qu'*Htar*. G.

HYAUL, soleil. B.

HYAWDL, éloquent, disert, qui parle juste, dont le discours est coulant, élégant, qui parle élégamment, qui a la parole à la main, qui parle aisément, qui parle avec présomption. G.

HYAWDLEDD, éloquence, élégance, facilité de parler, élocution, expression, énonciation. G.

HYBARCH, honorable, honoré, vénérable, respectable, louable, célèbre, remarquable, vieux. G. De *Parch* que Davies n'explique pas, mais qui vient du verbe *Perchi*, honorer.

HYBARTH, divisible, qu'on peut aisément partager. G. *Parthu*.

HYBAWR, qu'on peut manger. G.

HYBLYG, fléxible, pliable, pliant, aisé à tourner, qui se laisse tourner, qui se laisse conduire, facile, enclin, porté à, traitable, accommodant, d'un naturel doux, d'un commerce facile. G. *Hy Plygu*. Davies.

HYBLYGAIR, ambigu, qu'on peut entendre en divers sens. G.

HYB. HYD. 31

HYBLYGEDD, flexibilité, action de se plier, pente, penchant. G.
HYBOB, aisé à cuire. G. Pobi.
HYBOER, qu'on peut cracher. G.
HYBOETH, facile à brûler. G.
HYBORTH, auxiliaire, secourable, qui aide aisément, ou qui peut aisément aider. G. Hi Porth.
HYBORTH, qui se repaît facilement ou qui est facilement repu. G. Hy Porthi.
HYBOU, hibou. B. De là ce mot. Voyez Hu.
HYBRAWF, probable, qu'on peut prouver, dont on peut goûter, qu'on peut éprouver. G.
HYBRED. Voyez, dit Davies, si c'est Hybryd, beau. G. Je crois qu'il est bien probable qu'Hybred est le même qu'Hybrid, beau, l'e & l'y se mettant facilement l'un pour l'autre. Dans l'un & dans l'autre, Hy est une préposition explétive. Prydus, beau.
HYBRYD, beau. G. Voyez Hybred.
HYBRYN, dont on peut faire commerce. G.
HYBU, empêcher, arrêter. G. B. De là les mots Latins Inhibeo, Prohibeo.
HYBU, appaiser. G.
HYBWYLL, sentencieux, plein de sentences, sensible, qui tombe sous les sens, circonspect, sage, prudent. G. Pwyll.
HYBYR, faon. G. De Hydd Birr.
HYCH, gorge, gosier. Voyez Hychgrug.
HYCHGRUG, squinancie, inflammation de gorge. G. Crug signifie tumeur; Hych doit donc signifier gorge ou gosier.
HYCHIG, jeune truie, petite truie. G.
HYCHWYATW, épieu. G.
HYCHWYTH, exposé à tous vents, où le vent donne de tous côtés. G.
HYD, certaine étendue de terre, longueur, jusques, jusqu'à, prolixité. G. Hhhed en Hébreu, jusques; Hyd en ancien Saxon, certaine étendue de terre. Voyez l'article suivant. Hid marque l'étendue en Chinois; Hidas, lent, tardif, paresseux en Finlandois. Voyez Hed.
HYD, étendue, jusques. B.
HYD, qualité, état, condition. G.
HYD, préposition qui répond à la préposition Latine In devant l'accusatif, & à la Françoise A, En devant un verbe de mouvement. G.
HYD AT HYNNY, jusques-là. G.
HYD HYN, HYD HYNNY, HYD YN HYN, encore. G.
HYD HYNNY, HYD AT HYNNY, HYD YNO, HYD YN HYNNY, jusques-là. G.
HYD ONI, pendant, tandis, jusqu'à ce que. G.
HYD PAN, jusqu'à ce que. G.
HYD TRA, pendant, tandis. G.
HYD YN HYN, jusqu'à présent même. G.
HYD YNO, jusques-là. G.
HYDA, A. M. certaine étendue de terre; de Hyd.
HYDAR, hardiesse, courage, hardiesse à entreprendre. G.
HYDAFL, qu'on peut lancer. G. Hy Tafln.
HYDAWD, fusible, qu'on peut fondre, qui se fond aisément, qui consume, qui desseche. G. Hy Tawd.
HYDD, long. G.
HYDD, cerf, daim. G. C.
HYDD, chevreau. G.
HYDD, chevreuil, belier. Voyez Hyddgen.
HYDD-GAM, d'échasses, qui concerne les échasses. G.
HYDDADL, sur quoi l'on peut disputer, problématique. G.

HYDDAFR, animal qui tient du cerf & du bouc. G
HYDDAIF, facile à brûler. G. Deifio. Davies.
HYDDAL, facile à prendre, facile à saisir, qu'on peut récompenser. G. Hy Dal. Davies.
HYDDALLT, intelligible. G.
HYDDAWN, libéral, qui fait des dons, qui donne facilement, favori, favorisé, agréable. G. Hy Dawn. Davies.
HYDDEIGR, digne de larmes. G.
HYDDELLT, facile à fendre, qu'on peut fendre aisément, qui se fend aisément, fragile. G. Hy Dellt. Davies.
HYDDES, biche. G.
HYDDESTL, porté à la délicatesse, à la somptuosité, à la propreté. G. Hy Destl.
HYDDFRE, HYDDFREF, octobre. G.
HYDDGAN, HYDDGANT, cerf, daim. G. Hydd.
HYDDGEN, peau de cerf, peau de chevreuil, peau de daim, peau de belier. G. Cén, peau, en composition Gen, & par conséquent Hydd, cerf, chevreuil, daim, belier.
HYDDGI, chien de chasse. G.
HYDDGORD, parc de cerf. G.
HYDDIG, qui se met facilement en colere. G.
HYDDIN, peuplé, peuplée. G.
HYDDOF, domptable, ce qu'on peut aisément dompter. G.
HYDDOLAWG, rempli d'hommes, peuplé. G.
HYDDRING, où l'on peut aisément aborder, où l'on a monté, où l'on peut monter. G.
HYDDRYCH, visible. G.
HYDDWFR, qui est arrosé. G.
HYDDWYN, qu'on mene, qu'on fait aller où l'on veut. G.
HYDDYN, rempli d'hommes, peuplé. G. Hy Dyn. Davies.
HYDDYSG, qui apprend aisément, qui apprend facilement, docile. G. Hy Dysg. Davies.
HYDER, hardiesse. G.
HYDEDD, étendue, longueur. Voyez Cyhydedd.
HYDER, hardiesse, confiance, audace, témérité, présomption. G.
HYDERU, oser, se fier, avoir confiance. G.
HYDERUS, hardi, intrépide, plein de confiance, présomptueux, téméraire, qui a une haute opinion de soi-même. G.
HYDRA, adverbe qui marque l'union. G.
HYDORR, qu'on peut couper, qu'on peut fendre aisément, qu'on peut aisément rompre, fragile. G. Hy Torri.
HYDR, hardi, vaillant, fort, magnanime. G. De là, dit Davies, Hytraeth, plus grand, meilleur, plutôt, & Cybydr, égal. Voyez l'article suivant.
HYDR, hardi. B.
HYDR, grand, considérable. G.
HYDR, dur, rude, sévère. G.
HYDR, riche, gras. G. Samen en Hébreu signifie également gras & riche.
HYDRAETH, ce qu'on peut dire, qui se peut dire, facile à raconter, qu'on peut raconter, ce qui peut être raconté. G. Hy Traeth. Davies.
HYDRAIDD, pénétrable, facile à pénétrer, qu'on peut aisément percer, qu'on peut aisément pénétrer. G. Hy Treiddio. Davies.
HYDRAILL, aisé à tourner. G.
HYDRAUL, facile à broyer, facile à être consumé, qu'on peut aisément épuiser. G. Hy Traul.
HYDREF, octobre. G.
HYDREF, être en rut; Hydref Ceirw, chaleur des biches. G.

HYD. HYG.

HYDREFN, bien rangé. G. *Hy Trefn.*
HYDREIGL, aifé à tourner, qu'on peut rouler de nouveau, qu'on peut aifément remuer. G.
HYDREIGLRWYDD, volubilité, facilité à tourner. G.
HYDREW, octobre. G.
HYDRIG, habitable, où l'on peut facilement habiter. G.
HYDRIN, maniable, qu'on peut toucher, commode, traitable, doux, complaifant, d'un commerce aifé, qu'on peut adoucir, qu'on peut faire revenir de fon fentiment. G.
HYDRO, aifé à tourner, qui tourne facilement, qui tourne de côté & d'autre, pliable, flexible. G. *Hy Troi.*
HYDRUM, libre. G. Il paroit formé de *Tramwy*, dit Davies ; *Hydrmn*, qui va aifément.
HIDRWCH, qu'on peut aifément couper, fragile. G.
HYDRWTH, qui fe laiffe flater. G.
HYDWF, qui prend accroiffement, qui croit, qui a beaucoup cru, grand, élevé, long, fort élevé, jeune homme, confidérable. G. *De Twf.* Davies.
HYDWLL, qu'on peut percer. G.
HYDWYLL, groffier, butor, facile à être trompé, facile à tromper. G. *Hy Twyll.* Davies.
HYDWYM, tiéde. G.
HYDWYMN, un peu tiéde, gelé, glacé, congelé. G.
HYDWYN, qu'on peut porter aifément. G.
HYDYB, croyable, qu'on croit aifément, qui eft probable, foupçonneux. G.
HYDYN, traitable, facile, qu'on conduit aifément, accommodant, d'un naturel doux, d'un commerce aifé, qu'on peut adoucir, qu'on peut faire revenir de fon fentiment, docile, doux, complaifant, modefte, plein de retenue, réfervé, prudent. G. *De Tynnu*, dit Davies.
HYETANU, premier. B.
HYFAETH, nourriffant, qui nourrit, qu'on peut nourrir, qu'on peut facilement nourrir, qu'on raffafie aifément. G. *Hy Maeth.* Davies.
HYFAG, qui nourrit, qui eft nourriffant. G. *Hy Mag.*
HYFAWD, qu'on peut plonger aifément. G.
HYFAWL, louable, chanté, qu'on peut louer aifément. G. *Mawl.*
HYFED, facile à moiffonner. G. *Hy Medi.* Davies.
HYFEDR, expert, habile, qui fçait, qui fait la chofe avec dextérité, heureux ; *Yn Hyfder*, parfaitement.
HYFEDREDD, promptitude à agir. G.
HYFELWR, noble. C.
HYFERW, aifé à cuire. G. *Berw.*
HYFFAWD, heureux. G.
HYFFER, qui peut geler. G.
HYFFLAID, couler, découler. G.
HYFFORDD, acceffible, facile, aifé, ouvert à tout le monde, par où l'on peut paffer aifément, où il y a un chemin méthodique, qui fait bon voyage, habile, adroit, heureux. G. *Hy Ffordd.* Davies.
HYFFORDDIAD, conduite. G.
HYFFORDDRWYDD, méthode. G.
HYFFORDI, conduire, diriger, dreffer, former. G.
HYFFORDWR, conducteur. G.
HYFLIN, qui fe fatigue, qui fe laffe aifément. G.
HYFOD, doux, complaifant, commode, traitable, modéré, facile à vivre, plein de condefcendance. G.

HYFORDD, diriger, diriger le chemin, faire faire un heureux voyage. G.
HYFR, bouc. G.
HYFR-FWCH, bouc. G. *Hyfr Bwch* pléonafme.
HYFRIW, qui fe brife aifément, friable, qu'on peut bleffer. G. *Hy Briw.* Davies.
HYFRWFN, trifte, chagrin, morne, mélancolique, fort trifte. G. *Brwyn.*
HYFRYD, charmant, agréable, délectable, délicieux, beau, exquis, attrayant, favorable, engageant, obligeant, officieux, qui a des graces, propre, bien mis, complaifant, doux, paifible, tranquille, joyeux, gai, qui caufe de la joie, qui réjouit, chofe agréable qui fait plaifir. G. *Hy Bryd.* Davies.
HYFRYD, beau. I.
HYFRYDER, agréable. G.
HYFRYDHAU, caufer de la joie. G.
HYFRYDLAIS, chant mélodieux. G.
HYFRYDLE, les champs élyfées, la demeure des bienheureux après leur mort. G.
HYFRYDLWYS, agréable, beau, charmant. G.
HYFRYDTAU, réjouir, rendre gai. G.
HYFRYDWCH, agrément, plaifir, volupté, joie, contentement, fatisfaction, enjouement, gaieté, action de fe réjouir, beauté. G.
HYFUD, ambulatoire, qui peut fe transporter. G. *Hy Mûd.*
HYFYGR, très-beau. G.
HYFYR, faon. G. Voyez *Hybirr.*
HYG, qui aiguife. Voyez *Hygoulen, Hygolen.*
HYGAE, qui fe forme aifément. G.
HYGAER, qu'on peut avoir aifément, qu'on obtient aifément, impétrable. G.
HYGAN, HYGANEN, robe, habit. G. Voyez *Hugan.*
HYGAR, aimable, qu'on aime aifément, d'ami, qu'on aime extrêmement, qui eft fort doux, fort bon. G. *Hy Caru.* Davies. Voyez *Hegar.*
HYGARED, amabilité, tendreffe naturelle. G.
HYGARTH, qu'on nettoye facilement. G.
HYGARWCH, charme, agrément, ce qui attire l'amour. G.
HYGAS, abominable. G. *Hy Cas.*
HYGASGL, qu'on affemble aifément. G.
HYGAUL, qui peut geler. G.
HYGAWD, qui fe fâche facilement, facile à irriter, facile à offenfer. G. *Hy Cawd.* Davies.
HYGEDD, bienfaifant, libéral, agréable, favori, favorifé. G. *Hy Céd.*
HYGEDRWYDD, libéralité. G.
HYGLADD, qu'on peut enterrer. G.
HYGLAER, clair, évident. G.
HYGLAWDD, foffile. G.
HYGLOD, célèbre, célébré, louable, chanté, qui a une bonne réputation, illuftre, confidérable, remarquable. G. *Hy Clod.* Davies.
HYGLUD, facile à porter, qu'on peut voiturer. G. *Hy Cludo.* Davies.
HYGLUST, attentif. G. *Hy Cluft.*
HYGLWM, qui peut fe nouer. G.
HYGLYW, qu'on peut entendre aifément. G.
HYGNAIF, qu'on peut tondre. G.
HYGNO, qu'on peut ronger, qu'on peut manger, facile à ronger, facile à manger. G. *Hy Cnoi.* Davies.
HYGNOT, notable, remarquable. G.
HYGNWD, fertile, fécond, de grand rapport. G.
HYGOEL, croyable, qu'on peut perfuader. G.
HYGOELEDD, crédulité. G.

HYGOF.

HYG. HYN.

HYGOP, dont on se souvient, mémorable, ce dont nous nous souvenons bien. G. *Hy Cof.* Davies.

HYGOULEN, pierre à aiguiser. B. Voyez *Higelem.*

HYGRAF, facile à effacer. G.

HYGRED, croyable, crédule. G.

HYGRYN, trembleur, qui tremble aisément, tremblant. G. *Hy Crynn.* Davies.

HYGU, aimable. G. *Hy Cu.*

HYGUENN, ligne à pêcher. B.

HYGWLL, coupable, blâmable. G.

HYGWYD, enclin, qui a du penchant. G.

HYGWYMP, qui tombe aisément, caduc, enclin, qui a du penchant. G. *Hy Cwymp.* Davies.

HYGYD, facile à s'unir. G.

HYGYRCH, fréquent, fréquenté, accessible, où il y a un chemin, qui est approché; *Lle Hygyrch.* lieu beaucoup fréquenté. G.

HYGYRCHEDD, fréquent usage. G.

HYHOLLT, facile à fendre, qu'on peut fendre aisément. G.

HYHUD, facile à tromper, facile à être trompé. G. *Hy Hudo.*

HYLADD, qu'on peut couper aisément. G.

HYLANW, qu'on peut remplir, qu'on peut rassasier. G.

HYLAW, adroit, habile à, propre à, qui est à la main, facile, aisé, tout pret. G. *Hy Law.* Davies.

HYLAWN, plein, rempli. G. *Lawn,* plein, rempli; *Hy* par conséquent préposition explétive.

HYLH, très-féroce. G. C'est une crase d'*Hywylh.*

HYLID, bilieux, colerique. G.

HYLIN, coude. B.

HYLITHR, glayeul, flambe, glayeul puant, hellébore. G.

HYLITHR, qui tombe aisément, glissant, fluide, qui s'insinue, qui fait son chemin, qu'on peut remuer aisément. G.

HYLITHRAW, couler, s'écouler, tomber en coulant. G.

HYLIW, facile à teindre. G.

HYLL, semence. G.

HYLL, peu épais, peu serré, planté de loin à loin. G.

HYLL, horrible, affreux, sauvage, farouche, brutal. G. *Ill* en Anglois & en Islandois, mauvais, méchant.

HYLLDRAWU, effrayer. G.

HYLLDRAWU, disperser. G.

HYLLDREM, regard farouche, aspect; *Eepies Mos,* maladie des yeux. G.

HYLLDREMIO, jetter un regard farouche. G.

HYLLFLOEDD, qui rend un son effroyable. G.

HYLLIG, affreux. G.

HYLLSAIN, qui rend un son effroyable. G.

HYLLTRAWU, épouvanter. G.

HYLLU, faire horreur, être horrible, avoir de l'horreur, rendre sauvage, farouche, être sauvage, farouche, brutal. G.

HYLLWALLT, qui a peu de poil. G.

HYLOG, qu'on place aisément. G.

HYLONG, navigable. G.

HYLONN, agréable, divertissant, plaisant, qui réjouit, qui cause de la joie. G.

HYLOSG, combustible, facile à brûler, bois sec, propre à brûler. G.

HYLOYW, qui luit aisément, clair, évident. G.

HYLUD, qui tient fortement, qui s'attache fortement. G.

HYLWGR, corruptible, facile à corrompre, qu'on peut violer, qui corrompt, qui dessèche, qui consume. G.

HYLWM, nud. G.

HYLWNG, qu'on peut avaler. G.

HYLWYBR, facile, aisé, ouvert à tout le monde; exact, qui est fait avec soin, méthodique. C'est le synonime d'*Hyffordd.* G.

HYLWYBREDD, méthode. G.

HYLWYBRO, conduire, diriger. G.

HYLWYDD, heureux, prospere, favorable, fortuné, utile, avantageux, profitable, bon à quelque chose. G.

HYLYF, hellébore. G.

HYLYM, fort aigu. G.

HYLYN, qui tient fortement, qui s'attache fortement, qui s'attache aisément, gluant, visqueux. G.

HYMGAOD. Voyez *Yngani.*

HYMWYN, le même que *Mwyn.* G.

HYN, sommeil. G. C. B. Voyez *Hun.*

HYN, il, ce, celui, cet au neutre. G. *In* en vieux François, icelui.

HYN, seul. G.

HYN, plus vieux, plus âgé, nos prédécesseurs, ceux qui ont vécu avant nous, nos ancêtres. G. Voyez *Hen.*

HYN, vieux. B.

HYN, HYNAIF, HYNAFIAD, HYNAFGWYR, les ancetres, les peres, les devanciers, les prédécesseurs. G.

HYNACH, vieillard. G.

HYNAF, très-vieux, très-âgé. G. B.

HYNAF, ayeule, un des ancêtres, un des prédécesseurs. G.

HYNAFAID, antiquaire. G.

HYNAFGAR, antiquaire. G.

HYNAFGWR, vieux. G.

HYNAFIAETH, antiquité. G.

HYNAFIAID, ancêtres. G.

HYNAIF, plurier d'*Hynaf,* ceux qui ont vécu avant nous, nos prédécesseurs, nos ancêtres. G.

HYNAM, le plus vieux. G. C'est le même que *Hynav;* mais il est écrit suivant l'ancienne orthographe, dit Baxter.

HYNAV, le plus vieux. G.

HYNAWF, qu'on peut aisément passer à la nage. G.

HYNAWS, doux, débonnaire, clément, facile, indulgent, patient, bon, facile à appaiser, benin, gracieux, modéré, tempéré, modeste, réservé, plein de retenue, traitable, accommodant, secourable, d'un naturel doux, d'un bon naturel, franc, droit, sincère, qui a de la candeur, de l'ingénuité, de la bonne foi, modérément, candeur, indulgence, condescendance. G. En Grec & en Latin les adjectifs se mettoient aussi pour adverbes.

HYNAWSDER, tendresse naturelle. G.

HYNAWSEDD, indulgence, condescendance, bonté, bénignité, douceur, bonté de caractère, clémence, facilité, complaisance, humeur aisée, humeur commode, facilité à s'appaiser, bonté de naturel, politesse, douceur de mœurs, ingénuité, candeur, bonne foi, sincérité, franchise, générosité. G.

HYNDY, chambre. G. *Hun.*

HYNE, venus. I. Voyez *Hin.*

HYNED, le même qu'*Hynaf.* G.

HYNEFYDD, sénateur. G.

HYNNY, le, celui-là, celui-ci au neutre. G.

HYNOD, remarquable, bien connu, noble, illustre, qui a un nom, qui a de la réputation, couvert de gloire, insigne, considérable, excellent,

exquis, rare, singulier, qui est au-dessus du commun, G.
HYNOD, manifeste, évident. C.
HYNODI, rendre remarquable, annoblir. G.
HYNODRWYDD, évidence, noblesse. G.
HYNOETH, nud. G.
HYNON, beau jour. B.
HYNONI, se mettre au soleil pour s'échauffer. G.
HYNT, chemin, marche, route, course, très-vîte adjectif. G. *Sinda* en Théuton, chemin, route, voyage; *Hyn* en Chinois, marcher; *Hym*, aller, & *Yn*, engager à parcourir un long chemin dans la même Langue. De *Hynt* on a fait *Hyt*, d'où sont venus les mots Latins, *Iter*, *Ito*. Voyez l'article suivant & *Hend*.
HYNT, chemin. C.
HYNT, voyage; *Dwyn Hynt I Le*, voyager, partir. G.
HYNT, impétuosité. Voyez *Luwchynt* & le premier *Hynt*.
HYNTIO, voyager, courir. G.
HYNWYF, lascif. G.
HYO, aujourd'hui. B.
HYR, capuce ou capuchon. G.
HYR, le même que *Hydr*. G, Voyez *Breyr*.
HYRAN, qu'on peut partager aisément. G.
HYRDD, plurier de *Hwrdd*, beliers. G. Il paroit par *Hyddgen*, que *Hyrdd* a aussi signifié belier au singulier.
HYRDDIO, se heurter comme font les beliers, beliner. G.
HYRDDU, HYRDDIO, donner un choc, pousser. G.
HYRDDWYNT, tourbillon de vent, grand vent. G.
HYRED, par où l'on peut passer. G.
HYREIF, qui peut geler, qui peut aisément se geler. G.
HYRGANA, cylindre. Ba.
HYRIF, qui peut être compté, qui peut être nombré, qu'on peut aisément compter. G.
HYRINEN, prunelle fruit. G.
HYRODD, libéral, généreux. G.
HYRR, appel, défi, l'action de défier au combat, reproche, blâme. G.
HYRR, HERR, termes dont on se sert pour exciter les chiens à combattre ou pour les menacer. G.
HYRRIO, défier au combat. G.
HYRRIWR, gladiateur armé à la Gauloise. G.
HYRWYDD, heureux, très-heureux, prospére, favorable, qui favorise, facile. G.
HYRWYDDO, favoriser, aider, seconder. G.
HYRWYG, qu'on peut déchirer aisément. G.
HYRWYM, qui peut se lier, facile à s'unir. G.
HYRYD, qu'on peut délier aisément. G.
HYRYM, efficace. G. De *Grym*.
HYRYN, crud. G.
HYS, ça, or ça, sus, courage. G.
HYS, ou composition pour *Hws*. Voyez *Gweis*.
HYSAF, stable, ferme, solide. G.
HYSB, en composition pour *Hysp*. Voyez *Dyhysbyddu*. G.
HYSERCH, aimable. G. *Hy Serch*.
HYSON, sonore, qui rend un grand son, chanté, qui se peut dire, insigne, considérable, illustre, excellent, fameux, de considération, qui est en réputation. G.

HYSOP, hyssope. B.
HYSP, stérile, qui manque de lait, qui manque d'humidité, qui manque de liqueur, qui manque d'eau, desséché, épuisé, maigre, sec, aride, atténué de maigreur, qui n'a que la peau & les os. G.
HYSPRWYDD, stérilité, maigreur, sécheresse. G.
HYSPYS, manifeste, certain. G.
HYSPYSU, manifester, certifier. G.
HYSS, motif. G.
HYSSIO, inciter, exciter. G.
HYSSOPOA, aspersoir. Ba. *Hysopus* dans le glossaire d'Ugution est pris au même sens.
HYT, le même que *Hynt*. Voyez ce mot.
HYTRACH, un peu plus grand, plus grand, qui est d'un rang plus élevé, le principal; *Yn Hytrach*, davantage, plus. G.
HYTT, préposition explétive. Voyez *Hyttynt*.
HYTTYNT, grand. G.
HYTTYNT, voyage, course, action de courir çà & là, cours; *Hyttynt Dwfr*, le cours de l'eau. G. C'est le même que *Hynt*, & par conséquent *Hytt* préposition explétive.
HYUN, vallée. Voyez *Arhun*.
HYWAITH, commode, traitable, complaisant, doux, de bonne humeur. G. De *Gwaith*.
HYWAR, doux, paisible, clément, débonnaire, bon, honnête, qui est fort doux, qui est fort bon. G.
HYWEDD, accoûtumé au joug, qui porte le joug aisément, qu'on peut dompter, dompté, apprivoisé, clément, débonnaire, traitable, accommodant, d'un naturel doux, d'une humeur facile, réglé, rangé, facile à conduire, complaisant, plein de condescendance. G.
HYWEDDFALCH, qui se bride fiérement. G. *Balch*.
HYWEDDU, mettre sous le joug, subjuguer, dompter, accoûtumer au joug. G.
HYWEL, visible, qu'on peut voir aisément. G.
HYWEL, vulgairement *Howel*, nom propre d'homme. G. De *Hy* & *Gweled*, visible, qu'on voit aisément, qui ne se cache point. Davies. Ne seroit-ce point plutôt le même qu'*Houel*?
HYWELL, humble, bas. G.
HYWEN, qui réjouit, qui cause de la joie, qui rit aisément, qui sourit aisément. G. *Hy Gwen*.
HYWERTH, vendable, qui est à vendre, facile à vendre, qui est de bon débit, dont on peut faire commerce. G. *Hy Gwerthu*. Davies.
HYWESTL. Voyez *Gwestl*.
HYWILL signifie la même chose que *Hyll*, qui en est une crase. G.
HYWIW, digne, condigne. G. *Hy*, préposition explétive. *Gwiw*.
HYWLYDD, herbe. G. *Hy*, préposition explétive. *Gwlydd*.
HYWYDD, gracieux, agréable. G.
HYWYLH, très-féroce. G. De *Hy Gwyll*, pour *Gwyllt*.
HYWYN, le même que *Mwyn*. G.
HYWYS, attrayant, charmant, engageant. G.
HYWYSTL, facile à mettre en gage. G. *Hy Gwystl*.
HYZIOU, aujourd'hui. B.

I

I, Voyez *Y*, parce que cette lettre se prononce comme *i* & *u*. *I* & *A*, *I* & *E*, *I* & *O*, *I* & *U*, *I* & *Y* se substituent mutuellement. Voyez la dissertation sur le changement des lettres.

I, le même que *Hi*. Voyez H.

I & G, le même en Breton. Voyez *Breugeon* & la dissertation sur le changement des lettres.

I, le même que *Ie*, *Ig*, *Is*. Voyez *Aru*.

I, préposition qui répond à la Latine *Ad* & aux Françoises *à*, *au*, *auprès*. C'est encore le cas oblique de moi, & en construction il est mis pour *Mi*, moi au nominatif. G.

I, dans. G. *Hi*, *Ie*, dans en Cophte.

I, eau, rivière. G. *Y*, rivière en Chinois; *Hii*, eau en Albanois. Voyez *Y*, *Ia*.

I, isle. E. Baxter, p. 218 de ses antiquités Britanniques, assure que dans la Langue des Pictes & des Hibernois *I* signifioit isle. *I* a encore cette même signification dans la Langue des Irlandois; *I Colum Kill* signifie l'Isle de Saint Colomb; *Ei*, isle en Islandois & en Runique; *I*, Isle en Hébreu; *Ei* en ancien Allemand; *Eid* en ancien Saxon; *Ey* en ancien Danois, isle. Voyez *Ila*, *Ilan*, *Ile*, *Ilen*.

I, elle, I.

I, Voyez *In*, I.

I, pronom démonstratif qui marque le présent. Voyez *Ellysedd*.

I, fils en composition dans le Breton; *Helori*, fils d'Hélor. Voyez *Hil*.

I, FRNU, sur, dessus. G.

I, glace. G. *Iaa*, glace en Finlandois; *Ioa*, glace en Lappon; *Iach*, glace en Persan; *Isa*, glace en Islandois & en Suédois; *Jeg* en Hongrois, gelée.

I, ainsi. B.

I, monosyllabe; *Me A Ia*, ou *Me Ia*, je vais; *Te Ia*, tu vas; *Ef Ia*, il va; *Ni Ia*, nous allons; &c. infinitif *Iela*, aller; futur *Ielo*. B. Voyez *Ies*.

I, déja. Ba. De là le vieux François *Ja*, le François moderne *déja*, & le Latin *Jam*.

I, YA, jonc. Ba. *Yares*, eaux en vieux François. Voyez *I*.

IAARN, fer dans le dialecte Gallois de l'Isle de Mona. Voyez *Haiarn*, *Iaraun*. *Iaarn* en Islandois; *Iarn*, *Iern* en Suédois, & en Danois, fer.

IABADIA, vacation. Ba.

IABARIA, domaine. Ba.

IABARIDEA, domination. Ba.

IABEA, maître, maîtresse, propriétaire, seigneur. Ba.

IABEDEA, seigneurie, territoire. Ba.

IABOITINIA, espèce d'écumoire. Ba.

IABONA, bon seigneur. Ba. *Ona*, bon.

IAC. Le Pere Larramédi rend ce mot en Castillan par *Hierele*, que je ne trouve point dans mes Dictionnaires.

IAC, coq. Voyez *Iars*.

IACAAD, médecine. G. *Iach*.

IACABARIA, chansonneur. Ba.

IACAAOA, causeur, diseur de rien. Ba.

IACAU, guérison. G.

IACAYA, habit. Ba.

IACCA, tunique, robe, surtout, casaque. Ba. De là *Jaque*, robe en vieux François; *Iake* en ancien Anglois, robe. On appelle encore parmi le peuple *Jaquette*, une petite robe. Voyez *Jaqueden*.

IACCOUN, armes défensives. B. Voyez *Jacqoun* & l'article suivant.

IACCWN, enseigne de guerre, armure, armes défensives. G. On disoit autrefois *Jarque* pour exprimer une arme qui couvroit le corps; & lorsque cette arme étoit faite de mailles, on l'appelloit *Jaque de mailles*. Voyez *Jacqons*.

IACH, sain, salutaire, salubre, qui est en bonne santé, sain & sauf, en bon état. G. B. *Asa* en Samaritain, guérir; *Iasis* en Grec, guérison, & *Akeomai*, guérir; *Jas*, vie en Turc; *Ielsch* en Tartare, vivant; *Jaki* en Esclavon, fort, robuste, qui a la vertu, la force d'agir; *Taak*, fort, robuste en Dalmatien; *Jacoun* est un nom de bœuf usité parmi les paysans de Franche Comté qui paroît signifier fort. Voyez *Iechet*.

IACH, saumon. I.

IACH, solide, ferme, stable. Voyez *Asach*.

IACH, diminutif, un peu. Voyez *Biewinch*, *Coniach*.

IACHAAD, cure, guérison. G.

IACHAID, le même qu'*Iechyd*. G.

IACHAU, guérir, donner des remèdes, remédier, mettre en sureté, sauver. G.

IACHAWDR, sauveur. G.

IACHAWDWR, sauveur, conservateur. G.

IACHAWDWRIAETH, salut, action de sauver; action de se sauver. G.

IACHDAIR, plus bas, inférieur. I.

IACHDAR, le fond de quelque chose, base. I.

IACHDRACH, bas. I.

IACHEMIN, jasmin. B.

IACHI, baisser, abaisser, se coucher à terre. Ba. De là le Latin *Jaceo*.

IACHIA, couché à terre. Ba.

IACHIERASO, je renverse, je détruis. Ba.

IACHLAFEN, qui se porte bien. G.

IACHLAWEN, qui est sain. G.

IACHUS, salubre, salutaire, qui sauve, qui tire d'un péril. G.

IAC. JAL.

JACHUSOL, utile, avantageux, profitable. G.
JACHUSRWYDD, faine température, santé. G.
JACHWYAWL, falubre, fain, qui fauve, qui tire d'un péril. G.
JACKE, jacque. A. M. faye militaire ou faye propre à mettre à couvert des coups dans le combat. Voyez *Jaccwm*.
JACOD, petite poche, pochette. B.
JACQEDENN, jaquette de paysans, d'enfans. B. Voyez *Jacca*, *Jakeden*. On appelloit en vieux François un paysan *Jaquet* à cause de cette robe.
JACQER, tyran, perfécuteur. B.
JACQET, coq. Voyez *Jars*.
JACQOUN, jaque de mailles. B. Voyez *Jagotu*.
JACQETA. A. M. espèce de robe de religieux. Voyez *Jacca*, *Jaqeden*.
JACUS, médical. G.
JAD, eau, rivière. G.
JAD, devant de la tête & par synecdoche crâne, tête entière. G.
JADAL, maladie, douleur. I.
JADELLUS, A. M. espèce de vase propre à contenir des liqueurs : On l'a appelé autrefois *Jadean*, aujourd'hui *Jatte*, d'*Iad*, eau, liqueur, comme on appelle aiguière un vase propre à contenir l'aigue ou l'eau.
JADENN, chaîne. B.
JADENNICQ, bracelet. B.
JADHADH, boucher, fermer, empêcher, clôture, ce qui ferme, jointure, union. I.
JADHRE, fermé. I.
JADLWM, chauve. G.
JAEHET, guéri. B.
JAEN, petite glace, glace. G. Voyez *Ia* & l'article suivant. De ce mot paroit venir le Latin *Hiemps* ; c'est ainsi que les anciens Latins l'écrivoient.
JAËN, monosyllabe que l'on prononce *Ien*, froid, faison froide. Ce mot par métaphore signifie aussi indifférent, lâche. B. Voyez l'article précédent.
JAENI, IENA, froidir, refroidir, languir, être languissant ou un peu malade. B.
JAETH, l'état d'une chose glacée. G.
JAFR, le même que *Garw*. Voyez ce mot.
JAGH, isle. I.
JAGOTU, je garde, je défends. Ba. Voyez *Jacqoun*.
JAGUDI, monter en graine parlant des herbages, lorsqu'ils poussent leur tige pour produire leur fleur & leur semence ; participe passif *Jagudet*. B.
JAHIANA, gêner. B. De là ce mot. Voyez *Iayni*.
JAHIN, agresseur. B.
JAHINEIN, agacer, irriter, matter. B.
JAHINUSS, persécutant. B.
JAHYN, noise, question, torture, gêne. B. De là ce mot.
JAIBALA, infructueux. Ba.
JAIERA, qui aime, dévotion. Ba.
JAIERATUA, qui aime. Ba.
JAIERTIA, dévot. Ba.
JAIGURA, amour, désir. Ba. Lorsqu'un homme voit manger à un autre quelque chose, & qu'il montre par son air qu'il désireroit fort en manger aussi, on dit en Patois de Franche-Comté qu'il aigure.
JAIN, Dieu ; *Jainquerdia*, demi-dieu. Ba.
JAINCOA, Dieu. Ba.
JAINCOSA, déesse. Ba.
JAINTEA, nœud qui distingue d'espace en espace la tige des plantes. Ba.

JAIQUI-ADI, levez-vous. Ba.
JAIQUIRIC, se levant étant éveillé. Ba.
JAIQUITEN, se levant. Ba.
JAIR, après ; *Jaireaghar*, conséquence. I.
JAIRCEAN, le derrière de la tête. I.
JAIRDHEAITH, zéphire vent. I.
JAIRSCEART, l'occident. I.
JAIRTREABH, habitation, demeure. I.
JAIS, IES, manière, mode, façon de parler. On dit ce dernier du jargon des petits enfans, & même de la manière dont on croit que les bêtes font comprendre ce qu'elles veulent. Un homme sçavant dans la Langue Bretonne veut qu'*Yez* (il écrit ainsi ce mot) ne soit dit que des manières de se faire entendre. *Yez*, dit-il, est plus que langage ; c'est manière ou naturel. On dit *Ar-Yez*, & au pluriel *Ar-Yezziou*, les manières grossières, impolies & mauvaises qui approchent de celles des bêtes, qui veulent faire comprendre leurs besoins ou passions ; manières qui ne sont pas bienséantes aux hommes, qui peuvent parler sans agir des mains, de la tête, &c. B. Il faut retenir tous ses sens, (Voyez *Ankelher*) d'autant plus qu'ils sont analogues. *Jais* aura d'abord signifié langage, ainsi qu'on le voit par *Iaith*, qui est le même mot ; car le *t* & l'*s* se mettent l'un pour l'autre suivant les différens dialectes du Celtique : On aura ensuite étendu la signification de ce mot à tout ce qui sert à se faire entendre parmi les hommes, les gestes de la main, les signes de la tête, &c. ensuite, par une nouvelle ampliation de sens, aux signes des animaux. D'*Iais* est venu le nom de geai oiseau auquel on apprend à parler. L'*i* sonant indifféremment du milieu du mot, (Voyez la dissertation sur le changement des lettres) on aura dit *Ias* comme *Iais* ; de là est venu notre mot François *Jaser*.
JAISQUERA, descente. Ba.
JAISQUIDA, indulgence, connivence. Ba.
JAITEA, querelle, dispute, amusement, récréation. Ba.
JAITEZALEA, assassin. Ba.
IAITH, langage, dialecte, idiome. G. Davies assure que ce terme est aussi en usage dans le Breton au même sens. Voyez *Iais*.
JAKEDEN, habillement de femmes & d'enfans. B. Voyez *Jacqedenn*.
JAL, force. G. C'est le même que *Gal*.
JAL, sangle, courroie. I.
JAL, habitation. Voyez *Anial*.
JAL marque l'habitude, la fréquence. Voyez *Naddial*.
JAL. Voyez *Arial*.
JALA, s'attrister, se chagriner, impatienter, importuner, chagriner. B. C'est le même que *Chala*.
JALG'H, bourse. B.
JALEA, gober, voracité, goinfre, gourmand. Ba. Voyez *Gneaul*. De là *Gauler*, terme populaire qui signifie gober.
JALGOTT, jabot. B.
JALL, ruban, lien, corde, courroie. I.
JALLA CHRANN, souliers. I.
JALLACH, ôtage. I. C'est le sens figuré de lien.
JALAP, belle de nuit. B.
JALOD, chauderonnier. B.
JALODETT, canaille. B.
JALORT, CHALORT, JALOT, CHALOT, chauderonnier. B.
JALOT, gredin, maraud, croquant. B.
JALOUS, jaloux. B. De là ce mot. Voyez *Jalus*, *Jalousi*.

JALOUSI

JALOUSI, jaloufie. B. De là ce mot.
JALOUZEIN, jaloufer. B.
JALP, jafpe. B.
JALUS, impatient, chagrin, homme de mauvaife humeur. B. Voyez *Jala.*
JAMAES, jamais. B. De là ce mot.
JAMOLIM, enfer. Ba.
JAMPNA, A. M. lieu rempli de jans, qui font des arbuftes reffemblans au genévrier. Voyez *Jan.*
JAN, exclamation de joie. G.
JAN, oifeau. I. Pluriet *Ene.*
JAN, vafe, vaiffelle. I.
JAN, jan arbufte reffemblant au genévrier. B. De là ce mot.
JAN, droit. B. Voyez *Jawn.*
JAN, manger, mangeant, qui a mangé ; *Janen,* qui mangera. Ba.
JAN, pierre. Voyez *Breian.* G.
JAN, le même que *Can.* Voyez *Aviant.*
JAN-FAOD, niais, ftupide. B.
JAN-IOCH, niais, ftupide. B.
JANABL, jable. B. De là ce mot, parce que l'*n* s'ôte ou fe laiffe indifféremment au milieu du mot dans le Celtique.
JANARIA, aliment. Ba. Voyez *Guenau.*
JANARIAREN, vivres, provifions de bouche. Ba. Voyez *Guenau.*
JANARIGUELA, cellier, office, dépenfe. Ba.
JANARITU, nourrir, paître. Ba.
JANAWR, janvier nom du premier mois de l'année. G. Voyez *Jen.*
JANCIA, revêtu. Ba.
JANDEA, le dimanche. B.
JANEN, qui mangera ; *Edanen,* qui boira. Ba.
JANEZA, diette, abftinence. Ba.
JANGWR pour *Eangwr,* homme du peuple. G.
JANGWRAIDD, le même qu'*Iangwr.* G.
JANNES, jauniffe. B. Voyez *Janus.*
JANT, eau, rivière. G.
JANVET, joué. B.
JANUS, jaune. B. De là ce mot ; de là Genevois, nom que l'on donne en Franche-Comté à un gros fouci qui eft tout jaune ; de là *Jonquille,* nom d'une petite fleur jaune, parce que l'*o* & l'*a* fe mettent l'un pour l'autre ; *Jaunir* en vieux François pour jaunir ; *Jaundis* en Anglois, jauniffe. Voyez *Jannes.*
JAOD, le même qu'*Ioud.* Voyez ce mot.
JAODRE, homme mal accommodé, mal ajufté, mal en ordre : On le dit auffi d'un efprit déréglé ; de forte que *Jaodra* eft raifonner mal, manquer de jugement, rêver ; *Jaodrer,* rêveur. B. *Joree* dans le Maine eft une fille mal-propre en fes habits, & qui n'agit pas avec bienféance ; *Jodrimé* dans le Patois de Befançon fignifie un benêt, un fot.
JAOGA, mâcher. B.
JAOU, jeune. B. Voyez *Iau.*
JAOUANC, jeune. B. Voyez *Ieuange.*
JAOUER, JAÜER, cadet, le plus jeune de tous les fils. B.
JAOUR, benêt, fot. B. Voyez *Jaodre.*
JAOURENN, mijaurée. B.
JAPPA, A. M. le même que *Juppa.* Voyez ce mot.
JAPRESTASAYA, hôte, cabaretier. Ba.
JAQUETA, A. M. le même que *Jacqueta.*
JAQUETUM, A.M. efpèce de robe. Voyez *Jacqueden.*
JAQUIA, aliment, nourriture, manger, vivres, les viandes, toutes fortes de provifions de bouche excepté le pain & le vin. Ba.
JAQUIDUNA, complice. Ba.

JAQUIN, fçavoir, connoître. Ba.
JAQUINA, habile, public. Ba.
JAQUINAYA, curieux. Ba.
JAQUINDEA, fcience, habileté. Ba.
JAQUINDEA, fcience. Voyez *Belarjaquindea.*
JAQUINEN, académie, univerfité. Ba.
JAQUINES, pertinemment. Ba.
JAQUINEZA, illitéré, ignorant. Ba.
JAQUINLEA, qui fçait, habile, fage. Ba.
JAQUINTEGUIA, collège. Ba.
JAQUINTZA, fcience, érudition, littérature. Ba.
JAQUITARCOA, écolier. Ba.
JAQUITEA, prefcience. Ba.
IAR, poule. G. C. B. *Iar Orllydd,* poule qui couve. On dit que les anciens Gallois appelloient une rivière *Iar* ; (ce font les paroles de Davies) *Iar,* ruiffeau en Hébreu ; *Hiam* en Javanois, poule ; *Zoier,* poule des bois en Tartare Mogol & Calmoucq ; *Zo,* forêt en cette Langue. Voyez *Giar.*
IAR, après, dos, qui eft derrière, l'occident. I.
IAR, noir. I. *Jais,* minéral ou pierre foffile fort noire. Lorfque pour avoir plié & renfermé du linge humide il s'y forme de petites taches noires, on dit en Franche-Comté que ce linge eft *jaqué.*
IAR-CEDIM, il étoit affis. Ba.
IAR-DY, baffe-cour. G. A la lettre, habitation, demeure des poules.
IAR-FYNYDD, francolin. Voyez *Dyfriar.* G.
IAR-GOED, poule de bois. G. *Iar,* poule.
IARAIR. GYTH-IARAIR, zéphir vent qui vient de l'occident. I. Voyez *Iar.*
JARAMON, eftimer beaucoup, être affligé. Ba.
JARANN, fer. I. Voyez *Iaarn. Iren* en ancien Saxon ; *Iron* en Anglois, fer.
JARAUNSI, hériter. Ba.
JARCHIA, valife. Ba.
JARDD, jardin. B. Voyez *Gard.*
JARDFNUM, A. M. jardin. De *Jardd,* jardin.
IARDHEAITH, zéphir. I. Voyez *Iarair.*
JARDHON, noir luifant. I. *Jar,* noir ; *Don,* noir. On a voulu par ce pléonafme exprimer un noir fort noir, un noir fort apparent.
JARDIN, jardin. B. De là ce mot. Voyez *Jardina.*
JARDINA, jardin. Ba. Voyez *Jardin.*
JARDINER, jardinier. B.
JARDRIDHE, race, lignée. I.
JARDRIN, jardin. B.
JARDUERA, office, charge, devoir. Ba.
IARDUQUITEA, combat, contention. Ba.
IARDY, poulaillier. G.
JAREN, lin, poupée de lin. B. Dom Le Pelletier, dit qu'il faut prononcer *Iaren,* & y ajoûter le mot de *Lin,* lin ; cependant tous les autres Dictionnaires Bretons écrivent *Jaren* & n'y ajoûtent rien.
JARF, le même que *Garw.* Voyez ce mot.
JARFAIDHE, garde fubftantif. I.
JARGHAOTH, vent d'occident. I.
IARGHON, le même qu'*Iardhon.* I.
IARGHY, époufe. I.
IARGNODH, plainte, lamentation. I.
JARGONA, jargonner, babiller, parler. B. De là le premier de ces mots. Voyez *Gair.*
JARGOYA, thrône. Ba.
JARIA, fleur de farine. Ba.
JARIANTZA, pituite. Ba.
JARIATZEA, flux. Ba.
IARIC, petite poule, poulette ; *Ar-Iaric,* la conftellation que l'on nomme vulgairement la pouffinière. B.

JAR.   IAT.

JARITEL, CHARITEL, jarret le pli du genou. B. De là ce mot. Voyez Garr.

JARL, jatre grande cruche, urne. B. *Jarro*, *Garra* en Espagnol; *Giarra* en Italien; *Giarrah* en Arabe, jarre, cruche, vaisseau de terre à conserver de l'eau; *Jallée* en vieux François, jattée; Ce mot est encore en usage au même sens dans les montagnes de Franche-Comté. De *Jarl* est venu notre terme François *Jarre*, cruche, vaisseau de terre à conserver de l'eau.

JARLA, Comte. I.

JARLAS, Comté. I.

JARLECUA, campement. Ba.

JARLL, petit Roi, Roitelet, Comte, Commandant. G. On voit par *Iarlles* qu'il a aussi signifié héros. *Jarll* en Breton, Comte; *Jarla* en Irlandois, Comte; *Jarll* chez les anciens Danois, Baron, au rapport de Wormius; *Iarle*, Baron, Comte en Runique; *Jarler* en Suédois, Comte; *Earl* en Anglois, Comte; *Eorl* en ancien Saxon, *Ielles* en Hongrois, illustre. L'*i* & le *ch* se mettant l'un pour l'autre, on aura dit *Charl* ou *Carl* comme *Jarl*; de là les noms de *Charl*, *Carl*, si communs parmi les Theutons.

JARLLAETU, Comté. G.

JARLLES, Comtesse, héroïne. G.

JARNACHAN, outil de fer. I. Voyez *Jarann*.

JARNADD, le même qu'*Oddiarnadd*, sur, dessus, G.

JARNADH, peloton, écheveau. I.

JARNAIDHE, de fer. I.

JARNOTTE, JARNOTTE, espèce de bulbe ou pomme de terre. B. On l'appelle *Arnotte* dans le Duché de Bourgogne.

JAROERAZO, épouvanter, intercepter. Ba.

JAROERAZOA, intercepté, épouvanté. Ba.

JARON, fer. I. Voyez *Jaran*.

JARONCC, CHARONCC, vesse légume. B.

JAROPEA, potion médicinale. Ba.

JAROSTI, abbatu. Ba.

JARRA, A. M. vase à contenir des liqueurs. De *Jarl*, Voyez ce mot.

JARRAD, demander, prier, supplier, demander avec instance. I.

JARRADH, manquant, défectueux. I.

JARRAIGH, désir, souhait. I.

JARRAILEA, compagnon, sectateur. Ba.

JARRAIRO, par accessoire. Ba.

JARRAITUA, poursuivi, pressé. Ba.

JARRAM, désirer, demander. I.

JARRAS, prétention, demande, désir, cupidité, convoitise. I.

JARRATUS, demande. I.

JARREIQUI, poursuivre les bêtes féroces. Ba.

JARREIQUITUA, poursuivi de près. Ba.

JARREIQUITEALLEA, qui poursuit. Ba.

JARREQUIN, tirer par force, déraciner. Ba.

JARRI, être à l'agonie. Ba.

JARRIA, assis. Ba.

JARRIQUIA, continuel. Ba.

JARRITEGONA, sédentaire. Ba.

JARRIUN, de fer. I.

JARROS, mouvement. Ba.

JARRUGUI, rencontrer. Ba.

JARRUM, le même que *Jarram*. I.

JARS, le mâle de l'oie. B. On appelle encore vulgairement en François une oie mâle *Jars*, *Jar*, *Jal*. Il y a apparence que ce mot a aussi signifié le mâle des poules, parce qu'*Jar* signifie poule, *Jan* dans plusieurs Provinces du Royaume, & particulièrement en Berri, coq. Il signifie la même chose en Lorraine. En Patois de Franche-Comté *Jageou* désigne le bruit que font les coqs & les poules enfermés dans le poulailler lorsqu'ils en veulent sortir. *Javiole* dans le même Patois signifie une cage sous laquelle on met des poulets. Dès le *Potron-Jaqnes* est une façon de parler usitée parmi le peuple dans tout le Royaume pour désigner le point du jour. *Fothrom* ou *Pothrom* signifie en Irlandois cri, clameur: Quel est l'animal qui se fasse entendre dès le point du jour? C'est le coq: on voit donc par là que *Jaq* a désigné cet oiseau en Celtique: On aura donc dit *Iare* comme *Iars*; (Voyez *Aru*) on aura ensuite ôté l'*r*, comme de *March*, cheval, on a fait *Mach*. On dit indifféremment en Breton *Arhoalch* ou *Ahoalch* assez; *Argaza*, *Argazi*, exciter; *Diadran*, *Diardran*, derrière; *Losgwrn*, *Losgwn*, queue, &c. ainsi d'*Iare* on aura fait *Iae*, comme d'*Ian* on a fais *Ias*, qui en vieux François signifioit coq. On a aussi lieu de croire qu'*Iars* a aussi signifié l'homme mâle, puisque c'est de là qu'est venu l'ancien mot François *Gars*, qui signifioit garçon, & qui a été le terme dont nous avons formé ce dernier. Voyez *Gars*.

JARSIN, après cela, ensuite. I.

JARTARRIA, balustrade, balcon. Ba. Voyez *Gard*, *Gart*.

JARW, le même que *Garw*. Voyez ce mot.

IAS, ardeur, chaleur, bouillonnement, cuisson. Ce mot signifie aussi violence du froid. G. *Uro* chez les Latins s'employoit pour désigner la violence du feu & du froid. *Jacham* en Hebreu, s'échauffer. (L'*s* & le *ch* se substituent mutuellement, Voyez la dissertation sur le changement des Lettres) *Iakudh*, foyer dans la même Langue; *Yago* en Egyptien, feu; *Iak* en Turc, chaud, brûlant; *Ias*, été; *Iakmak*, brûler, être en feu; *Ialing* flamme; *Iffy*, chaud dans la même Langue; *Jasen* en vieux Allemand, bouillir. Il est encore en usage en Suisse; *Azzu* en Hongrois, sec; *Asriato*, sécheresse; *Oaseraia*, brûlure en Étrusque; *Ashe* en Anglois; *Aschen* en Flamand, *Aschen* en Allemand; *Aske* en Danois, cendre. L'*i* initial s'étant omis, on aura dit *As* comme *Ias*; de là le Latin *Asso*. Voyez *Berv*, *Bervi*, *As*, feu en Hebreu, & *Ach*, brûler dans la même Langue, Voyez *Assio*.

IAS, Voyez *Iars*.

JASA, tempête, orage. Ba.

JASACHTAIDH, créancier. I.

JASAICHD, gage, dépôt. I.

JASAITU, je leve. Ba.

JASALACH, aisé, facile. I.

JASAN, lever, élever, soulever, dresser, mettre sus, lever des troupes. Ba.

IASAS, prêt, ce qui est prêté. I.

JASASACHD, gain, profit. I.

JASCAIRE, pêcheur. I.

JASG, poisson. I.

JASGADH, pêche, action de pêcher. I.

IASIO, être échauffé, bouillir. G. Voyez *Iat*.

JASO, déployer l'étendard. Ba.

JASOPEA, soulagement. Ba.

JASPEIN, jaspe. B. *Jashhpeh* en Hébreu; *Jasf* en Punique; *Jesb* en Arabe; *Jaspis* en Grec, en Latin, en Flamand, en Allemand en Polonois, en Hongrois, en Bohémien; *Jaspe* en Espagnol; *Jaspide* en Italien; *Jaspe* en Anglois; *Jochim* en Turc, jaspe.

IASSU, ordinairement *Assio*, souder, coller. G.

JATALDIA, réfection. Ba.

IATECORIC, pour manger. Ba.

JAT. IBA. 39

JATEGUIA, JATOQUIA, falo du feftin. Ba.
JATEREA, régime de vie. Ba.
JATH, terre. Voyez At.
JATH, rempart, digue. I.
JATORRIA, émanation. Ba.
JATSA, balai, vergette. Ba.
JATZIA, tiré, trait participe paffif. Ba.
JAU, joug. G. B. Joch en Allemand; Jock en Flamand; Joks, Juc en ancien Saxon; Joh en Théuton; Yoke en Anglois; Yugo en Efpagnol; Jugo, Giogo en Italien; Jugn en Carinthien; Jg en Carniolois; Jugum en Latin; Jarm en Efclavon; Ghoh en Bohémien; Jarom en Hongrois; Yaram en Dalmatien; Juk en Perfan; Ook en Danois & en Suédois; Juk en Gothique, joug. Voyez Jog.
JAU, jupiter. G. Jaun, Dieu en Bafque; Jumala en Finlandois, Dieu; Juve, jupiter en Étrufque.
JAU, plus jeune. G. Voyez Iaunc.
JAU, JO, toute forte de montures, foit cheval, mulet ou âne. B. Joor, cheval en Iflandois & en Runique; Jorga en Efclavon, cheval de felle; Jrra en Javonois, jument; Gun, jument en Tartare Catmoucq & Mongale. De Jau ou Ju eft venu le Latin Jumentum. De Jau eft venu notre mot François Javart, qui fignifie une maladie de cheval.
JAUNC, jeune. B. Jonek en Hébreu, enfant; Iovin, jeune en Étrufque; Jung en Allemand; Jonck en Flamand; Yong en Anglois, jeune; Jo, moins en Albanois. Voyez Iau.
JAUGH, convenance, proportion, jauge. B. De là ce mot.
JAUCHER, chauffée d'étang, digue. B.
JAUCI, danfer. Ba.
JAUCI, tomber. Ba.
JAUDEL ou CHAUDEL. Souben Ar-Chaudel, foupe d'herbes, de gruau, ou d'oignon, felon Dom Le Pelletier. Le Pere de Roftrenen dit Jaudel tout feul, & dit qu'il fignifie foupe de pauvres gens. B. Jadean, petite jatte en vieux François.
JAVED, machoire. B.
JAVEDAD, JAVEDAT, foufflet. B.
JAVEDECQ, joufflu, groffe machoire, lourdaud, benêt. B.
JAVEDOCQ, le même que Javedecq B.
JAVET, JOT, jouë, machoire. B. Jotée parmi le Peuple dans la haute Bretagne fignifie un foufflet ou coup fur la joue. De Jot eft venu notre mot François joue. Voyez Javed.id.
JAUCEABL, accommodable, congru, accommodant, accort, raifonnable, régulièrement. B. Voyez Jauch.
JAUGEADURR, juftefles. B.
JAUGEIN, affortir, accorder. B.
JAUGUITEA, je commets un adultére. Ba.
JAUN, Dieu. Ba.
JAUNA, Seigneur, Grand de l'État, Monfieur, Maître. Ba. Voyez Jon, Jaunanteguia.
JAUNANDIA, Prince. Ba.
JAUNANTEGUIA, la cour du Roi. Ba. On voit par cet article & par le précédent que Jauna a auffi fignifié Roi, Prince.
JAUNGOICOA, Dieu. Ba.
JAUNZ, reftant. Ba.
JAURETU, reftituer. Ba.
JAURR, benêt, fot. B. Voyez Jaodr.
JAUREGUIA, parvis, prétoire, palais Ba.
JAUREGUITARRA, courtifan d'un Prince. Ba.
JAURGOA, empire. Ba. Voyez Gor.
JAUS, le même qu'Jaut. Voyez ce mot.

JAUSBETIGOA, langueur. Ba.
JAUSCANIA, victime. Ba.
JAUSTEA, rechûte, incidence. Ba.
JAUSTEN, qui defcend. Ba.
JAUT, herbe. B. Jotte en notre Langue eft une herbe potagère qu'on appelle autrement poirée. On a auffi dit Jous & Jeuts. Joutarbe dans le Patois des montagnes de Franche-Comté eft un gâteau fur lequel on met des épinards cuits; Jeute en Lorraine, compôtes de têtes de choux: Il faut qu'Jaut ait auffi fignifié verd, ainfi qu'on le voit par Ieufe, chêne verd, & qu'on ait dit Iaus comme l'aus, Yw ou Yo fignifie en Gallois un if, qui eft un arbre toujours verd. Oth en Turc, herbe; Houd en Arménien, herbe; Ho en Danois; Hoy en Flamand, foin.
JAUTEN, qui defcend. Ba.
JAUTSAPENA, rabais. Ba.
IAUTSI, defcente, fe coucher à terre, être abaiffé. Ba.
JAUTSIEZGARRIA, ineffaçable. B.
IAWL, prière, demande, fupplication, prière très-humble, très-inftante. G.
IAWN, plaine & rafe campagne. G. Ionann en Irlandois, égal, uni. Voyez l'article fuivant.
IAWN, droit au propre & au figuré, jufte, équitable. légitime, ce qui eft droit, le droit, ce qui eft jufte, ce qui eft équitable, fincére, vrai, fans mélange, équité, juftice, compenfation, fatisfaction, réparation, expiation pour une faute, prix du rachat; Yn Iawn, également, de la même manière. G.
IAWN, droit. B.
IAWN, beaucoup, fort adverbe, très, extrêmement, très-fort, tout-à-fait, entièrement. G. Voyez Iown, Jaunna.
IAWN, fuperflu. Voyez Twyll Iawn.
IAWN, diminutif. Voyez Du Iawn.
IAWN-FFYDDIOG, orthodoxe. G.
IAWNDER, égalité, juftice, équité. G.
IAWNDREFN, bon ordre. G.
IAWNRHWY, fincére, vrai, fans mélange. G.
IAWNWEDDAWG, IAWNWEDDOG, égal, convenable, jufte, équitable, décent, bienféant; Iawnweddawg Yw, ce qui eft jufte, ce qui eft équitable. G.
IAUZTEN, jailliffant. Ba.
JAXA, faule, ofier. Ba.
JAXA, fête. Ba.
JAYERA, amour, paffion, défir. Ba.
JAYN, torture, gêne. B. De là ce mot.
JAYNI, gêner, faire de la peine. B.
JAYO, né, naître. Ba.
JAYOATE, engendré. Ba.
JAYOTARRA, naturel du pays. Ba.
JAYOTZA, naiffance, le lever du foleil. Ba.
JAZA, habillement. Ba. De là Jaferan en vieux François, efpèce d'habillement militaire.
JAZCARA, habit, vêtement, vêtu, habillé. Ba.
JAZERAN, vieux mot François qui fignifioit une efpèce d'arme défenfive dont on fe couvroit le corps dans le combat. Ce terme eft formé d'Iach ou Ias, car l's & le ch fe fubftituent mutuellement dans le Celtique.
JAZO, il eft arrivé par hazard. Ba. Voyez Cas.
JAZOERA, accident imprévu. Ba.
JAZQUERIA, vetu, habillé. Ba.
IBALIA. Saint Ifidore dans fon gloffaire traduit ce terme par ces deux mots Latins Maris habentia, qui à la lettre fignifient biens, richeffes, opulence de la mer. Ibay en Bafque fignifie golphe de mer.

Auroit-on voulu par une métaphore bien hardie regarder les golphes qui sont des empiétemens que la mer fait sur la terre, comme une ampliation de domaine, une augmentation des richesses de l'océan?

IBAR JAUNA, maire. Ba.

IBARRA, vallée. Ba.

IBAYA, rivière, fleuve. Ba. On ne peut douter que ce ne soit le même qu'*Ubaya*, ainsi il a encore la signification de golphe de mer. *Ubal*, fleuve en Hébreu.

IBAYONDA, embouchure d'un fleuve. Ba. *Ibay* signifiant rivière, *Onda* a donc signifié embouchure.

IBATZALDIA, hippopotame. Ba.

IBBUS, A. M. if; d'*Yw*. *Iben* en Flamand & en Allemand, if.

IBEARRIC, indigent. Ba.

IBEMPEE, suppôt terme de philosophie. Ba.

IBENGUIDA, consultation. Ba.

IBERTZA, rivage, bord d'un ruisseau. Ba.

IBHAR, *IBHER*, *IBHOR*, buveur. I.

IBHIM, boire, faire boire, imbiber. I.

IBIL. Voyez *Ebil*.

IBILCATU, je me promene. Ba.

IBILCUNTZA, promenade. Ba.

IBILDAUNA, vagabond. Ba.

IBILDURA, mouvement, agitation. Ba.

IBILGARRIA, mobile. Ba.

IBILGUNEA, action de marcher à quatre. Ba.

IBILIA. Voyez *Ebilia*.

IBILL, chevilles. B.

IBILLERA, agitation, mouvement. Ba.

IBILLERAZ, être mû, être ému. Ba.

IBILLI, marcher à quatre pieds. Ba.

IBILLINAYA, désir d'être vagabond, penchant à courir. Ba.

IBILPENA, mouvement, agitation. Ba.

IBILQUETA, évènement. Ba.

IBILTARIA, promenade. Ba.

IBILTEA, agitation, mouvement. Ba.

IBIQUA, voile de religieuse. Ba.

IBOILLA, rotation, roulement. Ba.

IBOUDA, enter. B.

IBOUDA, médire, parler mal des autres. B.

IBOUDEN, ente. B.

IBOUDER, faiseur d'entes, greffeur. B.

IBOUDER, médisant. B.

IBOUT, médisance. B.

IBRETU, j'appaise, je pacifie, j'adoucis, je contente. Ba.

IC, eau, rivière. G. *Ichia* en Basque, étang, piscine; *Ichat*, rigole dans les anciennes chartes de Languedoc.

IC, contrée, pays. *Gwenhwysic* pour *Gwentwysic*, contrée des hommes de la Ville de Venta, Baxter. G.

IC, guérison, cure, remède. I. Voyez *Iach*.

IC, diminutif. B.

IC, pointe. Voyez *Hig*.

ICABEARRA, condition nécessaire. Ba.

ICALDEA, certitude. Ba.

ICALDEZA, incertain. Ba.

ICARA, peur, crainte, terreur panique, tremblement de peur, tremblant. Ba.

ICARAGARIA, horrible. Ba.

ICARATIA, qui tremble. Ba.

ICARATU, j'épouvante, tremblant. Ba.

ICAS, poëte. I. Voyez *Icasia*.

ICASBERIA, écolier, apprenti. Ba.

ICASI, j'apprends. Ba.

ICASIA, sage, sçavant. Ba. Voyez *Icas*.

ICASLEA, disciple. Ba.

ICASLEQUIDEA, condisciple. Ba.

ICASOLA, académie, université. Ba.

ICASOLACOA, académicien. Ba.

ICASOLARRA, académicien. Ba.

ICASTEN, apprenant. Ba.

ICATEA, *IQUETEA*, charbon. Ba.

ICATZAC, charbons ardens. Ba.

ICAZBICIA, braise allumée. Ba.

ICEADH, qui guérit. I. Voyez *Ic*.

ICEBA, tante du côté paternel. Ba.

ICECOA, tante du côté paternel. Ba.

ICEIM, avoir soin d'un malade, guérir. I.

ICENA, nom, réputation. Ba.

ICENDAGOQUIRA, nuncupatif. Ba.

ICENDAQUIA, nominatif. Ba.

ICENDATEZEA, qui n'a point de nom. Ba.

ICENDATZEA, dénominaison. Ba.

ICENDEA, titre d'honneur. Ba.

ICENGANA, surnom. Ba.

ICENGOITIA, surnom. Ba.

ICENZACA, anonyme. Ba.

ICEQUIA, chaleur excessive. Ba.

ICER, nom comme *Icen*. Voyez *Iceransia*, *Icengana*, *Icena*.

ICERANSIA, surnom. Ba.

ICERDIA, sueur. Ba.

ICERTU, suer. Ba.

ICES, poëte. I. Voyez *Icas*.

ICEST, inceste. B.

ICETA, nature. Ba.

ICETAGARAI, surnaturel. Ba.

ICETAQUINDEA, physique science. Ba.

ICH, le même qu'*Ith*. De même des dérivés ou semblables. I.

ICHARQUIA, lanterne, fanal. Ba.

ICHASOA, mer.

ICHASONDOA, les côtes de la mer. Ba.

ICHEA, maison. Ba. Voyez *Aic*.

ICHECADEA, inhérence. Ba.

ICHECARIA, accessoire. Ba.

ICHECARIA, pris par force. Ba.

ICHECARRIO, par accessoire. Ba.

ICHECHARIA, qui prend par force. Ba.

ICHECOA, ferme. Ba.

ICHENDUZ, prudemment. Ba.

ICHEQUI, je saisis, je prends par force. Ba. On voit par *Ichequigoa*, *Ichequiro*, *Ichequitzea*, qu'*Ichequi* a aussi signifié suivre, être attaché. De là le Latin *Sequi*, parce que le *ch* se change en *s*.

ICHEQUIA, pris par force, entêté. Ba.

ICHEQUIGOA, connexion. Ba.

ICHEQUIRO, par accessoire. Ba.

ICHEQUITZEA, attachement. Ba.

ICHI, rétrécir, épouvanter. Ba.

ICHIA, étang, piscine. Ba.

ICHIA, obscur, difficile. Ba.

ICHIA, maison. Ba. Voyez *Echea*.

ICHIGOA, porte, fermeture, clos substantif. Ba.

ICHILICZO, en secret. Ba. Voyez *Cil*.

ICHIR, le même qu'*Ithir*. I.

ICHIRITZIEZA, crud. Ba.

ICHIRO, absolument, tout-à-fait. Ba.

ICHIRO, implicitement. Ba.

ICHIROCO, propositions absolues, propositions qui ne sont pas restrictives. Ba.

ICHTERA, cuisse. Ba.

ICHUA. Voyez *Itsua*.

ICHUGATUREN,

ICH.

ICHUCATUREN, qui essuyera. Ba.
ICI, timide. Ba.
ICIA, peur, crainte. Ba.
ICIALDURA, terreur. Ba.
ICIARRA, buisson épineux. Ba.
ICIDURA, crainte, étonnement. Ba.
ICIGARRIA, horrible. Ba.
ICIL, exil. B. Voyez *Cil*.
ICIM, guérison. I.
ICITU, j'épouvante, qui a épouvanté. Ba.
ICOEA, sillon. Ba.
ICOETU, *ICOATU*, sillonner, labourer. Ba.
ICOIQUIA, sillon, terre élevée entre deux sillons. Ba.
ICON, rocher. G. Voyez *Agaunus*.
ICOTARTEA, truie. Ba.
ICTIS, petite isle. G.
ICURAETEA, démonstration. Ba.
ICURDURAT, frisé, plié. Ba.
ICURTEE, frisure. Ba.
ICUS, qui est assis. Ba.
ICUSCATU, je visite, je rends visite. Ba.
ICUSECINNA, invisible. Ba.
ICUSGARRIA, nouveauté. Ba.
ICUSGUITA, paralaxe. Ba.
ICUSLARIA, inspecteur. Ba.
ICUSQUEN, vision. Ba.
ICUSQUINDEA, optique science. Ba.
ICUSTA, visite. Ba.
ICUSTA, la connoissance de la cause. Ba.
ICUSTERIA, douceur, affabilité. Ba.
ICUSZALEA, curieux. Ba.
ICUTZE, bain endroit où l'on lave. Ba. Voyez *Ic*.
ICUZERA, purification, lustration. Ba.
ICZAL, exciter. B.
ICZU, issue, extrémité, fin, pointe, succès, évènement. B. De là *Issue*. *Iz*, *Ichod*, sortie en Stirien & en Carniolois; *Uxi*, porte en Finlandois; *Issir*, *Uscir* en vieux François, sortir; De là notre mot réussir, avoir une bonne issue, un bon succès.
ICZUENN, issue. B. C'est le même que le précédent.
ID, Voyez *Yd*. G.
ID, bon, honnête, ce qui est bon, ce qui est honnête. I.
IDEARFAS, espace. I.
IDDAWG, nom propre d'homme. G. Apparemment formé d'*Id*.
IDDO, terme pour exciter, pour exhorter, pour encourager, ça, or ça, ça donc, maintenant, sus, courage, allons, ferme; *Nad Iddo*, terme pour défendre. G. Voyez *Id*.
IDDO, à lui, à soi, propre à, particulier à. G.
IDDW, érésipele. G.
IDDWF, & *TAN IDDWF*, érésipéle. G.
IDDYNT. Voyez *Uddudd*. G.
IDEA, semblable, égal, contemporain. Ba.
IDEARFHOLAMH, distance. I.
IDEARGHUAILLE, l'espace qui est entre les deux épaules. I.
IDEQUIRO, en public, à découvert. Ba.
IDEZA, impair. Ba.
IDH, chaîne, lien. I.
IDHIO, lierre. C. Voyez *Eiddew*, *Eiddiorwg*.
IDHNA, armes. I.
IDHYNT, qui n'est pas soumis. G.
IDIA, bœuf. Ba. Voyez *Eidion*. On voit par *Iditaldea* qu'*Idia* a aussi signifié cheval.

TOME II.

IEM. 41

IDIBEGUIA, œil de bœuf. Ba.
IDIQUI, j'ouvre. Ba.
IDIQUIA, ouvert. Ba.
IDIQUIERA, action d'ouvrir, ouverture. Ba.
IDIQUIPENA, action d'ouvrir, ouverture. Ba.
IDIQUIRO, à découvert, ouvertement. Ba.
IDIQUITUA, ouvert. Ba.
IDIQUITZEA, ouverture. Ba.
IDIR, entre. I.
IDIRDHEALADH, différence. I.
IDIRDREAS, distance. I. *Dreas*, lieu.
IDIREIG, changement de lune, le temps qui est entre deux lunes. I.
IDIRRIGHEACHD, interrègne. I.
IDIRTHINGIM, interpréter. I.
IDISCOA, jeune bœuf. Ba.
IDITALDEA, troupeau de gros bétail, haras de chevaux. Ba.
IDITEA, *IDIDIA*, troupeau de bœufs. Ba.
IDOCAYA, instrument d'arracheur de dents. Ba.
IDOLA, déluge. Ba.
IDOQUI, qui délivre. Ba.
IDOR, froidement. Ba.
IDORNEURTA, hygromètre. Ba.
IDOROPANA, invention. Ba.
IDOROTA, moulin, boulangerie. Ba.
IDORTARIA, qui avale, qui prend. Ba.
IDORTUA, brûlé, desséché. Ba.
IDOUF, qu'on prononce *Idoûn*, je suis; *Idi*, il est. On dit aussi *Edoûn* & *Edi*. B. *Oûf* est pour *Oum*, moi. Voyez *Ydiw*.
IDOYA, boue. Ba.
IDROR, A. G. cerf. Voyez *Hydd*.
IDUCARRIA, appui, soutien. Ba.
IDUCONCIA, précaution. Ba.
IDUNA, épaule, tête, cou. Ba.
IDUNDEA, collier. Ba.
IDUQUI, hair, détester, je hais, je déteste. Ba.
IDUQUITZEA, adoption. Ba.
IDURICA, semblance, ressemblance. Ba.
IDUUS, A. G. semblable. Voyez *Idea*.
IE, oui, mais, même, certes, certainement, en vérité, assurément, à la vérité, au contraire. G. B. *Ia* en Allemand; *Jae* en Flamand; *Yea* en Anglois; *Ita* en Latin; *Ja* en Esclavon; *Gie* en Croatien; *Jo* en Lusacien; *Eji* en Turc; *Ugy* en Hongrois; *Ji* en Sarrasin; *Jaa* en Malaca; *Ie* en Théuton, oui. Voyez *Ia*.
Ië. Voyez *Y'ei*.
IE-MORDEN, terme pour jurer. G.
IEAB, adverbe pour affirmer. G.
IEC'HET, guéri; c'est le participe d'*Iach*, que l'on voit par là avoir signifié guérir; *Iec'het* signifie aussi santé. B. Voyez *Iuchau*.
IECHYD, santé, bon état, bonne température, salut. G. B. *Iesbach* en Hébreu, santé; *Ielisch*, sain en Tartare.
JEDD, jais ou jayet. B. Voyez *Iar*.
JEDI, calculer. B.
JEDT, calcul, jet. B.
IEENNEIN, *TEENNEIN*, coigner. B.
IEF, adverbe pour affirmer. G. Voyez *Ie*.
IEFANGC, jeune, jeune homme. G. B.
IEIN, glace. C. Voyez *Iaen*.
JEINNION, indifférence. B.
JEITHYDD, maître de Langue, interpréte. G.
JEITU, venir. B.
JELA, *JELLA*, *JELLA*, aller. B. De là ce mot. *Lhala*, chemin en Langue de Madagascar.
IEMBIR, flêche. B. Voyez *Bir*.

L.

IEN, eau, rivière. G. *Hin*, torrent, coulant d'eau en Persan.
IEN, glace. G. Voyez *Iein*, *Iaen*.
IEN, oiseau dans le dialecte Gallois de l'Isle de Mona. Voyez *Een*, *Ean*.
IEN, froidure. C.
IEN, JEN, froid. B. De là *Jenver* en Allemand, le mois de janvier, ainsi nommé parce qu'il est froid. Voyez *Guenver*, qui se peut prononcer *Genver* ou *Jenver*. Voyez encore *Ianawr*.
JEN, le même que *Guen*, arbre. Voyez *Gwinien*.
JENCOA, Dieu; *Jencodea*, Déité. Ba.
JENDER, *JENDER*, froidure. B.
JENEPRUSS, dédaigneux, fier, hautain, rébarbatif. B.
JENHAD, avoir froid. B.
JENIGEN, froidure. B.
JEOLIERR, guichetier, geolier. B. De là ce mot.
JERBLADUR, jable. B.
JERBLEIN, jabler. B.
JERE, le même que *Sierre*. Voyez *Aru*.
JERG, rouge dans le dialecte Gallois de l'Isle de Mona.
JERTHI, houlette perche de dix pieds. G.
JERTHI, aiguillon. G.
JERTHI. Voyez *Irai*.
JERWYDD, le même qu'*Iarwydd*. G.
IES, fugitif. Ba. Voyez *Ia*.
IES, A. M. issue, chemin, sentier. Voyez *Ia*, *Igan*, *Ies*.
IESBIDEA, subterfuge. Ba.
IESDEA, fruit. Ba.
IESERAZO, je mets en fuite. Ba.
IESGOA, lieu de sûreté. Ba.
IESI, fugitif. Ba.
JESIN, beau. G. Voyez *Sin*, *Cain*.
IESLEA, déserteur, transfuge. Ba.
IESLECUA, refuge, asyle. Ba.
IESTEGUIA, refuge, asyle. Ba.
IESTOQUIA, asyle. Ba.
JEU, jupiter. C. Voyez *Jou*.
JEUACH, plus jeune. G.
JEUAF, le plus jeune de tous. G.
JEUAN, jeune Prince, jeune Princesse. G. Les termes de Prince & de Princesse sont ici sous-entendus. En Espagne on appelle de même *Infants*, *Infantes* les Princes & Princesses de la Maison Royale.
IEUANGACH, plus jeune. G.
IEUANGAF, le plus jeune de tous. G.
IEUANGAIDD, de jeunesse, de la jeunesse. G.
IEUANGC, jeune, jeune homme. G. B. De là *Jung* en Allemand; *Jonk* en Flamand; *Yong* en Anglois; *Jung*, *Jungo* en Théuton; *Geong* en ancien Saxon; *Unger* en Islandois; *Jugga* en Gothique; *Ung* en Scandinave; *Juvenis* en Latin, (*Is* terminaison) jeune. De là *Juvence*, *Jouvence* en vieux François, *jeunesse*, & *Juvsigneur*, cadet, le plus jeune des freres. Voyez *Ju*, *Jau*, *Iwnc*.
IEUANGC, de jeunesse, de la jeunesse. G.
IEUANGEIDDIO, rajeunir, devenir jeune. B.
IEUANGEIDDRWYDD, le temps de la jeunesse. G.
IEUAWR, joug, jougs. G.
IEUENGRID, jeunesse. G.
IEUENGTID, jeunesse. G.
JEUGAFF, mettre sous le joug. B.
JEUO, mettre sous le joug. G. *Iau*.
JEUOL, qui tient sous le joug. G.

IEUOL, qui est propre au joug. G.
JEUT. Voyez *Jau*.
JEUTEIN, joindre, souder. B.
JEWAINT, jeunesse, peut-être mieux *Ieuaint*; dit Davies. G.
JEUWR, conducteur de bœufs qui sont sous le joug. G.
IEUWR, qui met sous le joug. G.
IF, eau, rivière. G.
IF, verd. Voyez *Iw*.
IFAF, le même qu'*Ieuaf*. G.
IFANGC, jeune. G. De là le Latin *Infans*, l'Espagnol *Infant*, le François *Enfant*. Voyez *Infantia*.
IFAR, boréal. Ba.
IFARALDEA, le nord, le peuple du nord. Ba.
IFARGOYA, nord-ouest. Ba.
IFARPA, nord-est. Ba.
IFARRA, le vent du nord. Ba.
IFARRALDEA, nord, septentrion. Ba.
IFARRAS, vent du nord. Ba.
IFATHA, genêt. Ba. Voyez *If*, *Yw*.
IFERN, enfer. B. Voyez l'article suivant & *Ifrean*.
IFERNUA, enfer. Ba.
IFFAM, infame. B.
IFFAMER, diffamateur. B.
IFFINNI, dresser les tentes, camper, se présenter au-devant. Ba.
IFFINNIA, orner. Ba.
IFFINLEA, experts pour mettre les bornes. Ba.
IFOND, gouffre, abysme dans la mer ou dans une rivière. B.
IFORN, *IFOURN*, pelle pour enfourner. B.
IFREAN, *IFREINN*, *IFRIONN*, ce qui est au-dessous. I. Voyez *Ifern*, *Isernna*.
IG, eau, rivière. G. *Igueri*, nager en Basque; *Ig*, eau en Bresilien; *Yegacer*, rivière en Brebere ou Berebere; *Jihun*, grand fleuve en Persan. Voyez *Ic*.
IG, bœuf. G. Voyez *Ych*, *Egen*, *Ijonn*.
IG, sanglot. G. On dit en Patois de Franche-Comté *Ichie* pour sanglotter.
IG diminutif. Voyez *Orig*, *Cloig*. *Ig*, diminutif en Arménien. Voyez *Don*.
IG, pointe. Voyez *Hig*. *Igil* en Théuton; *Iged* en Allemand; *Egel* en Flamand, hérisson ou porc-épi animal couvert de pointes.
IGABERACHA, mouron rouge. Ba.
IGABURRA, somme, le montant, valeur, estimation, sommaire. Ba.
IGAITE, monter. Ba.
IGAITEN, montant. Ba.
IGAN, haut, le haut. Ba. *Igea* dans la même Langue, côte, colline, montagne; *Hig*, *Higen*, sur, au-dessus en Cophte; *Hik* en Arabe, long & menu; *Igne* en Patois de Franche-Comté se dit d'une personne qui est fort grande. *Igen* en Hongrois, beaucoup, grandement; *High* en Anglois, colline; *Hugel*, qui se prononce *Higel* en Allemand, colline. *Iena*, *Eena* marquent la quantité en Langue de Congo; *Ican* en ancien Saxon, augmenter.
IGANDE, du Seigneur. Ba.
IGANDEA, le dimanche. Ba. comme qui diroit le jour du Seigneur.
IGANIC, montant. Ba.
IGANIZARRA, dégré, ascendant de l'écliptique. Ba.
IGARA, meule de moulin, moulin, moulin à huile. Ba.

IGARABA, loutre. Ba.
IGARGUIQUEA, opaque. Ba.
IGARGUITA, diaphane. Ba.
IGARO, paſſer. Ba.
IGAROLDIA, tranſition. Ba.
IGARRA, ſec, aride. Ba.
IGARTU, ſaler. Ba. On voit par l'article ſuivant qu'il a auſſi ſignifié brûler, deſſécher.
IGARTUA, ſalé, brûlé, deſſéché. Ba.
IGATZIA, action de monter. Ba.
IGEA, côte, colline, montagne. Ba.
IGH, le même qu'*Idb*. I.
IGIAN, ſangloter, ſanglot. G.
IGIGN, engin. B.
IGILDU, impoſer ſilence. Ba.
IGILEAN, en cachette, ſecrettement. Ba. Voyez *Gil*.
IGIN, adreſſe, dextérité, induſtrie, engin, machiniſte. B.
IGL, lieu. G. Voyez *Cuddigl*.
IGLEN, le même que *Siglen*. Voyez *Aru*.
IGOAL, égal. Ba. *Igal* en vieux François, égal.
IGOALDARIA, équateur. Ba.
IGOALDEA, convention. Ba.
IGOALDU, égaler. Ba.
IGOLDEA, addition. Ba.
IGOLDEA, égalité. Voyez *Diſigoldea*.
IGOLDU, j'ajoûte. Ba.
IGOLEN, pierre à aiguiſer. B. Voyez *Hogalen*.
IGOLEN, enclume. B.
IGONNAR, chaſſerage plante. B.
IGORCAYA, frotoir, étrille, éponge à eſſuyer. Ba.
IGORIA, haine. Ba.
IGORTSI, purifier. Ba.
IGORTZIA, friction, action de frotter, action de retrotter, renouvellement. Ba.
IGOTUA, importun, ennuyeux. Ba.
IGOUNAR, chaſſerage plante. B.
IGOZA, qui eſt dans l'âge de puberté. Ba.
IGUEL, le même qu'*Ihuel*. Voyez la diſſertation ſur le changement des lettres.
IGUELA, grenouille. Ba.
IGUEN, hameçon. B.
IGUERI, nager. Ba.
IGUERILEA, nageur. Ba.
IGUERLEA, devin. Ba.
IGUERRIA, deviné. Ba.
IGUERTUA, deviné. Ba.
IGUES, fugitif. Ba.
IGUESTEGUITU, aller quelque part. Ba.
IGUESTOQUIA, aſyle, lieu de ſûreté, refuge. Ba.
IGUINA, mouvement. Ba.
IGUINARTA, effort. Ba.
IGUINDURA, agitation, mouvement. Ba.
IGUINERA, agitation, mouvement. Ba.
IGUITA, ſoulevement de cœur, réplétion d'eſtomac. Ba.
IGUITARIA, moiſſonneur. Ba.
IGUITE, je hais, j'ai en horreur. Ba.
IGUITEA, agité, remué. Ba.
IGUITEIA, faulx. Ba.
IGUITU, qui a remué; *Iguituren*, qui mettra en mouvement. Ba.
IGUITU, je m'ennuye, je m'ennuyois. Ba.
IGUITUA, ennui. Ba.
IGUITUA, raſſaſié. Ba.
IGUITZEA, crudité. Ba.
IGURIQUIREN, qui ſera debout. Ba.
IGUZQUIA, ſoleil. Ba.
IHAQUIN, comédien. Ba.
IHARROSIA, homme dur, difficile. Ba.

IHAUR, ancre. B.
IHIA, jonc. Ba.
IHISTA, qui répand de l'eau. Ba.
IHUEL, élevé, haut. B.
IHUELAT, élever, hauſſer. B.
IHUELDAITT, alteſſe. B.
IHYPHAINT, grenouilles. G. Voyez *Ihia*.
IL. Voyez *Oi*.
IJONN, bœuf; plurier *Ebeine*, ou *Hain*. B.
IJONNIC, bouvillon. B.
IISEUL, bas, le plus bas. I. Voyez *Iſil*.
IK, hoquet. B. Voyez *Hic*.
IKEN, coin. G. De là ce mot, l'*i* initial ſe perdant.
IL, bas. G.
IL, ſelon Baxter, eſt une craſe de *Wibel*. G.
IL, mourir, trépas, trépaſſé. B. Voyez *Ill*.
IL, lierre. B.
IL, ſans, petit. Voyez *Ilboed*, *Ilpen*.
IL, le même que *Cil*, *Kill*. Voyez *Aru*. Il, contrée, pays en Turc; *Illon*, maiſon en Talenga.
ILA, iſle. Ba. *Ilha* en Portugais; *Iſla* en Eſpagnol; *Yle* en Anglois; *Ieli* en Chaldéen, iſle. Voyez *Illan*, *Ile*, *Ilen*.
ILA, ILLA, mois. Ba.
ILAR, aigle. I.
ILARGUIA, ILLARGUIA, lune. Ba.
ILARRA, veſce légume. Ba.
ILBERA, décroiſſement de la lune. Ba.
ILBERIA, nouvelle lune. Ba.
ILBETEA, pleine lune. Ba.
ILBHEARTUGHE, impudique. I.
ILBIA, de deux mois. Ba. A la lettre, de deux lunes.
ILBOED, faim. B. *Boed*, aliment; *Il* pour *Cil*, manquement, défaut.
ILBOUET, faim. B.
ILCARRA, bucher. B.
ILCHIER, bourſes; C'eſt le plurier d'*Ialch*. B.
ILCIVIC, ILKIVIC, délivrez. Ba.
ILGLEASACH, bouffon, qui ſont le théâtre. I.
ILCORRA, mortel. Ba.
ILCUSCARIA, ſophiſte. Ba.
ILCUSCAYA, raiſonnement. Ba.
ILDEANVUR, de pluſieurs couleurs. I.
ILDHEANADH; variation. I.
ILDOROA, calendrier, almanach. Ba.
ILE, ILEN, iſle. E. *Eyland* en Flamand; *Yle* en Anglois; *Iſla* en Eſpagnol; *Iſle* en François; *iſle*; *Ilha* en Portugais, iſle. Voyez *Ila*, *Ilean*, *Ilen*, *Illan*.
ILE, diverſité, variété. I.
ILEACH, fumier, excrémens. I.
ILEAN, iſle. I.
ILEAS, diverſité, variété. I.
ILEBETH, mois. I.
ILEN, iſle dans les Iſles orcades où l'on parle un dialecte de l'Écoſſois. Voyez *Ila*.
ILENA, calendes, lundi. Ba.
ILEZERAGUITEA, immortification. Ba.
ILGUIDIM, varier, changer. I.
ILI, ſaumure, liqueur ſalée. B. Voyez *Eli*.
ILIA, iſle. Ba. Voyez *Ila*.
ILIA, Ville. Ba. *Hhil* en Hébreu, peuple; *Ile* en Grec, troupe, & *Eilar*, forterreſſe.
ILIA, A. M. iſle; d'*Ilia*.
ILIAW, lierre. B.
ILIBERENN; plurier *Iliber*, cormier. B.
ILIGH, fumier, excrémens. I.
ILIN, coude. B.
ILINCHA, charbon à demi brûlé. Ba.

ILI.   IMP.

ILINTSIA, tifon. Ba.
ILIO, lierre. B.
ILISCA, voix élevée. Ba.
ILL, particule qu'on joint aux nombres cardinaux; *Ill Dau*, ces deux; *Ill Tri*, ces trois. On dit aussi *Eill*. G. De là le Latin *Ille*. En vieux François on disoit *Cill* pour celui, c'étoit la particule *ce* ajoûtée à l'*Ill* Gallois.
ILL, mourir. Ba. *Helia*, mort en Islandois, Voyez *Il*.
ILL, diminutif. Voyez *Cudill*, *Arn*.
ILLAN, isle. I. *Igland* en ancien Saxon; *Iland* en Anglois; *Eiland* en Allemand; *Eylandt* en Flamand; *Alend* en Théuton, isle. Voyez *Ila*, *Ile*.
ILLAR, lune. Ba.
ILLAREN, demi-lune. Ba.
ILLARGADIA, pierre blanche & transparente, sélenites. Ba.
ILLARGUIA, lune. Ba.
ILLARGUIPRECOA, sublunaire. Ba.
ILLARLATZAC, pois. Ba.
ILLARRA, fèves de haricot. Ba.
ILLASUNA, ortie. Ba.
ILLAUNA, bourre, poil, poil follet, duvet. Ba.
ILLAUNDURIC, brûlant, réduisant en cendres. Ba.
ILLE, laine. Ba. On voit par *Illeisua* que ce mot signifie aussi poil. C'est le même qu'*Illea*.
ILLEA, laine, cheveux, chevelure. Ba.
ILLEATES, couverts de laine. Ba.
ILLECURIA, blanc, chenu. Ba.
ILLEINA, immortel. Ba. Voyez *Ill*.
ILLERDIA, demi-lune. Ba.
ILLETA, funérailles. Ba.
ILLETIA, tifon. Ba.
ILLETSUA, couvert de poil. Ba.
ILLI, troupeau. Ba.
ILLOBA, ILLOBEA, neveu, niéce, cousin germain. Ba.
ILLOBA, cercueil, biére, brancard. Ba.
ILLOTZA, cadavre. Ba.
ILLUNA, obscur, ténébreux, obscurité, ciel sombre, ténèbres. Ba.
ILLUNDEA, tempête. Ba. *Illungu* en vieux François, hâte, précipitation.
ILLUNGOISOA, couleur. Ba.
ILLURCI, épine, buisson; *Illurbida*, chemin plein d'épines. Ba.
ILLYN, étang. G. Voyez *Llyn*.
ILN, coude. B. Crase d'*Ilin*.
ILO, fils; *Ilo Basso*, petit fils. Ba. Voyez *Hil*.
ILOBA, cercueil, biére, brancard. Ba. Voyez *Il*.
ILOREAC, funérailles. Ba.
ILPEN, cervelet. B.
ILPHIAST, serpent. I.
ILQUI, je pars, je m'en vais, sortie, départ. Ba. Voyez *Isle*.
ILQUIDA, sortie, départ, émersion. Ba.
ILQUITA, sortie, départ, émersion. Ba.
ILSGEADACH, qui change de couleur. I.
ILTOQUIA, boucherie, halle, marché. Ba.
ILTURA, évanouissement, défaillance. Ba.
ILTZE, tuer. Ba. Voyez *Ill*.
ILTZEA, mort, trépas. Ba.
ILTZECA, massacre, homicide. Ba.
ILTZEN, mourant. Ba.
ILVANEN, morceau de toile. B. Voyez *Lliain*.
ILYAU, lierre. B.
ILYN, diminutif. Voyez *Cerphilyn*.
ILYO, lierre. B.
ILZEA, clou. Ba.
IM, beurre. I.

IM, autour, contour. I.
IM, moi après les prépositions de, à. B.
IMA, ici. G.
IMADUGHADH, multiplication. I.
IMAICH, image, statue. B.
IMAIRGIDHE, décent. I.
IMARCACH, excédent. I.
IMB. Voyez *Imp*.
IMBAT, divertissement. B. De là *Ébat* dans notre Langue.
IMBODEN, ente. B. Voyez *Ibendan*.
IMBOT, médisance. B.
IMBOUD, encan. B.
IMBOUDEIN, greffer. B.
IMBOUDER, faiseur d'entes. B.
IMBOUISTAGH, encaissement. B.
IMBOUISTEIN, emboëter. B.
IMBOUT, médisance. B.
IMBURGH, épurge. B.
IMCHIAN, éloigné. I.
IMDRATACH, de diverses couleurs, de plusieurs couleurs. I.
IMDHEAL, confédération. I.
IMEAR, frontière, bord, frange, extrémité d'une robe. I.
IMEAGLA, avoir peur, trembler de peur, être saisi de frayeur. I.
IMEAGLACH, terrible, qui porte la terreur. I.
IMEAGLADH, épouvanter, intimider. I.
IMEAGLAIM, craindre. I.
IMEAL, bord, extrémité, frange. I.
IMEIRT, jeu, comédie, jouer, représenter la comédie. I.
IMEWN, dans. G. C'est pour *Yn Mewn*, pléonasme.
IMIADHAG, par couple. I.
IMIGH, d'ici. I.
IMIOL, bord, extrémité, frange. I.
IMIRCEOIR, qui sort. I.
IMIRCIM, IMIRCIGHIM, éloigner, sortir. I.
IMIRCIYM, sortir. G.
IMITA, imiter. B. De là *Imiter* Latin. Voyez le mot suivant.
IMITALDEA, imitation. Ba.
IMITEZGARRIA, inimitable. Ba.
IMLAN, qui se porte bien. I.
IMLIOCAN, nombril. I.
IMMETH, ôter. G.
IMNEISIGHIM, lier. I.
IMNISE, convention. I.
IMNEISIGHIM, mettre sous le joug, accoupler. I.
IMNSAYIM, faire sous invasion, attaquer. I.
IMP, rejetton, sion, petite branche de l'année, greffe, branche qu'on prend pour enter. G. Voyez *Imbodun*, *Impidh*.
IMPALAZR, Empereur. B.
IMPAS, lampas. B. C'est un terme populaire qui signifie gosier.
IMPELIATT, empaler. B. Voyez *Pal*.
IMPIADH, action de greffer, d'enter. G.
IMPIDH, rejetton, sion, petite branche de l'année, greffe branche qu'on prend pour enter. I. Voyez *Imp*.
IMPIO, enter. G. *Imp*.
IMPLE, emploi B. De là ce mot.
IMPLICH, emploi, emplette, consumer des denrées. B.
IMPLIGEA, employer, consumer des denrées. B.
IMPOCH, petite bouche. G.
IMPRENTZUA, tour, contour. Ba.
IMPY, marcotte, greffe, ente. G.

IMPYOD,

IMP.   ING.   45

IMPYOD, épieu. B. De là ce mot. Spior, lance en Runique.
IMBEAS, combat, bataille, dispute. I.
IMBEASAM, combattre, dispute, querelle. I.
IMRHADH, multitude. I.
IMRIM, qui court, courant. I.
IMRIOSAM, trouble, confusion, désordre, démêlé. I.
IMSIOBHLAIM, ne faire que courir. I.
IMTHEACH, le même qu'Imtheas. I.
IMTHEAS, sortie, action d'aller, de marcher, marche, s'en aller, se retirer, aller, marcher, délaisser, abandonner; Imtheasgadh, se désister, cesser. I.
IMTHIGIM, s'en aller, partir. I.
IMTHIOS, aller, marcher. I.
IMUR, humeur, complexion. B. Voyez Mûr, Mor.
IN, préposition qui répond à la Latine Ex, & à la Françoise De, Du. G. In a encore la même signification dans l'Allemand, dans le Bohémien & dans le Polonois.
IN, bas. G.
IN, isle dans la Langue des Pictes, au rapport de Baxter. Voyez Inis.
IN, dans. I. De là l'In des Latins. In, dans en Gothique & en Théuton. Voyez En, Tn.
IN, terminaison superflue. Voyez Alen, Alin.
IN, diminutif. Voyez Cennin.
IN, le même que Cin, Gwin ou Gin & Sin. Voyez Aru.
IN, le même qu'En. Voyez I.
IN, préposition explétive. Voyez Insel.
INAM, plante appellée en Grec & en Latin Aron, dont on employe la racine à faire de l'empois. B. On appelle cette herbe en François Pied-de-veau.
INAMMEN, bouillon plante. B.
INANY, ame. B.
INARROSSIRIC, faisant tomber. Ba.
INAS, isle. G. Voyez Inis.
INAUSTA, action d'émonder les arbres. G.
INBHER, INBHIR, INVIR, IMVIR, embouchure de fleuve ou de rivière, port, sinuosité de la mer ou d'une rivière. I. C'est le même qu'Aber.
INCARDH, peigne de cardeur. B.
INCARDH, burat, bure, bureau. B.
INCARDOUR, cardeur. B.
INCARRA, étincelle. Ba.
INCAZEIN, engoncer. B.
INCH, isle. E. Voyez Inis.
INCHAGEIN, rencoigner. B.
INCHAURA, noyer, noix. Ba.
INCRE, isle. E. I.
INCHEAN, à l'air, à découvert. Ba.
INCHI, isle. I.
INCHINN, cervelle. I.
INCLASQ, chercher, interroger, s'informer. B.
INCLASQEIN, récoller. B.
INCLINEIN, incliner. B.
INCOIN, enclume. I.
INCOMBR, lourd. B.
INCQANDD, INCQANT, encan. B. Inquiant en vieux François, encan, & Inquanter, vendre à l'encan.
INCRUNSUM, chétif, pauvre, misérable, mal-bâti parlant d'une personne. B.
INCULASSEIN, enculasser. B.
IND, fin, extrémité. G.
IND, eux, B.

TOME II.

INDAGORA, talon. Ba.
INDAN, dessous, sous. B.
INDAR, empire, puissance, force, violence, impétuosité. Ba.
INDARBAGETU, abroger. Ba.
INDARBAQUETZEA, abrogation. Ba.
INDARCAITZEA, dérogation. Ba.
INDARDUS, A. M. machine dont on se servoit pour faire remonter les bateaux contre le courant de la rivière. On appelle cette machine Indard à Auxerre. Voyez Indar.
INDARGARRIA, appui, fortification. Ba.
INDARGYEA, abrogation. Ba.
INDARGUETZEA, abrogation. Ba.
INDARRA, force, &c. Ba. C'est le même qu'Indar.
INDATSUA, actif, efficace. Ba.
INDEA, deuil, douleur. Ba.
INDEANTA, propre, commode, proportionné, propre à. I.
INDERA, teneur. Ba.
INDRAMMEIN, mettre en gerbe. B.
INDU, crépi. B. De là notre mot Enduit.
INDUA, enduire, crépir. B.
INDUI, combler, remplir un creux. B.
INDUSCATU, je fouille. B.
INDUSTRI, industrie. B. De là le Latin Industria, & le François Industrie.
INE, ame. B. Voyez Ene.
INE, sans. Voyez Enevad, Inevad.
INEACH, doublure I.
INEAGLUGHTHIDH, formidable. I.
INEAN, ame. B.
INEOIN, enclume. I.
INES, isle. G. I. Voyez Inis.
INEVAD, orphelin. B.
INEWN, ame. B.
INFAM, mesquin, obscène, goulu, immonde. B. Voyez l'article suivant.
INFAMEA, infame. Ba. Voyez l'article précédent.
INFAMITÉ, infamie. B.
INFANTA, Infant, Infante. Ba. Voyez Ifenge.
INFERIOL, inférieur. B. Voyez Isern.
INFFLAMMYCHU, enflammer. G. Voyez Fflam.
INFUIR, nubile. I.
INFIOCHAS, choix, élection. I.
INFORMI, informer. B.
INFYDU, être fou, rendre fou. G.
ING, YNG, petit espace de lieu ou de temps, lieu étroit, défilé, dure nécessité, fâcheuses extrémités, perplexité, agonie, dernière frayeur, étroit, serré. G. De là Angustia, Angustus en Latin; Angoisse en François. Voyez Ingder, Ingir, Ingrots.
ING, force, violence. I.
ING, terminaison. Voyez Eissilling.
INGAICH, engagement. B. De là ce mot.
INGAL, égal. B. Voyez Igal.
INGANN, combat, joûte, dispute. B. Voyez Can.
INGDER, petit espace de lieu ou de temps, lieu étroit, défilé, dure nécessité, fâcheuses extrémités. G. Voyez Ing.
INGEAR, niveau, règle. I.
INGEILT, pâturage. I. Voyez Gwellt.
INGERBLEIN, enjabler. B.
INGHEAN, fille à l'égard du pere. I. Voyez Geni.
INGHILT, paître, engraisser. I. Voyez Ingheilt.
INGHYD, isthme. G. Voyez Ing.

M

ING.

INGIN, esprit, adresse, dextérité, industrie, engin, autrefois machiniste. B. De là *Ingenium* Latin; de là *Ingenium*, dans les anciens monumens engin; de là le François *Engin*.

INGIR, affliction. I. Voyez *Ing*.

INGLEID, hameçon, crochet. I.

INGLOD, faulx pour du glé, étrape, instrument avec lequel on arrache le chaume. B.

INGNADA, admirer. I.

INGNE, pluriel d'*Ionga*, clou, cheville. I.

INGOCH, mortaise. B. Voyez *Coch*.

INGOCHEIN, emmortaiser. B.

INGORTO, prétention, espérance, aspirant, prétendant, attendant. B.

INGRAT, âpre, ingrat. B. De là le Latin *Ingratus*, le François *Ingrat*, Voyez *Grad*, *Grat*.

INGRATASUNA, ingratitude. Ba.

INGREIM, persécution. I. Voyez *Hing*.

INGROES, foule, presse, affluence de monde. B.

INGUED, pluvier, petit chevalier oiseau de mer. B.

INGUENNUS, qui est d'une humeur fâcheuse & difficile à vivre. B. Voyez *Ing*.

INGUIEN, noise, tracasserie. B.

INGUIENNUS, malin. B.

INGURARIA, tergiversation. Ba.

INGURATU, j'assiège. Ba.

INGURAZALEA, qui a de la volubilité, qui tourne aisément. Ba.

INGURU, autour, entouré; *Inguratzenn*, en tournant. Ba.

INGURUA, environ, autour, circuit, cercle, détour, rond. Ba.

INGURUAC, détours, *Ambages*, vieux mot François. Ba.

INGURUCO, qui est autour. Ba.

INHODEIN, se former en épi. B.

INHUERNN, enfer. B. Voyez *Isern*.

INILT, fruit. I.

INILT, servante. I.

INILTIM, nourrir. I.

INIOMH, action, fait. I.

INIATE, INIRTEAN, foible. I. De là le Latin *Iners*. Voyez *Nerth*.

INIS, isle. G. I. B. *Minis*, isle; *Minissin*, presqu'isle en Langue Algonkine; d'*Inis* on a fait par crase *Ins*, ainsi qu'on le voit par *Insh*. De là est venu le Latin *Insula*, l'Allemand *Insel*. Voyez *Inch*, *Enés*, *Insh*.

INIS NA FIODH BHUIDHE, isle couverte de bois. I.

INISC, isle. I. Voyez *Inis*.

INLEOG, petit enfant. I.

INLIUGADH, mire, visée. I. Voyez *Llygad*.

INMEADHUGADH, profiter, être utile, être avantageux. I.

INMEADUGTHE, profitable, utile, avantageux. I. De *Inmeadhugadh*.

INMEASDA, concevable. I.

INMHUIN, civile, poli, affable. I.

INN, vague, flot. I.

INNE, entrailles, intestins. I.

INNEALTA, net, propre, beau, capable. I.

INNEALTAS, vitesse, vélocité. I.

INNER, intérieur, du dedans. E. Voyez *In*.

INNID, les trois jours de carnaval. I. Voyez *Tnyd*.

INNIL, trébuchet, piége. I.

INNILE, bétail, cheptel. I.

INNILL, forteresse. I.

INNILT, servante. I.

INNILTE, rendu capable. I.

INT.

INNIOG, coup. I.

INNIOLTAS, capacité. I.

INNIS, chagrin, misère. I.

INNISIN, dire, avertir, faire sçavoir. I.

INNIUN, oignon. I. *Onion* en Anglois; *Oignon* François.

INNLIS, chandelle. I.

INNLTEAS, simplicité. I.

INNME, état, situation, condition. I.

INNME-MOR, biens, richesses, opulence. I.

INNOIN, enclume. I.

INNOIZ, NIOIZ, INOZ, jamais. Ba.

INNOLAECOA, nul, invalide. Ba.

INNOR, personne, nul, aucun. Ba.

INNOREN ESCUPEAN, j'adjuge. Ba.

INNOREN ESCUPEAN, conduit, amené. Ba.

INNORI EZTICHECANA, absous. Ba.

INNOUIN, ail. I.

INNSHE, isle. I. Voyez *Inés*, *Inch*, *Inis*.

INNTEACH, chemin. I. Voyez *Hynt*.

INNTEACH, porte. I.

INNTIN, esprit, entendement, ame, passion, affection, envie, dessein, volonté. I. De là Latin *Intentio*; le François *Intention*.

INNTTIOMH, trésor. I.

INODEIN, monter en épi. B. Voyez *Inhodein*.

INOUR, honneur. B. Voyez *Enor*, *Henor*.

INOUREIN, ennoblir, illustrer. B.

INOURETT, distingué au figuré. B.

INRAUCQ, avance, progrès. B.

INS, Ville. G.

INSA, hisser, tirer en haut. B. De là *Hinser*.

INSAHEIN, ensacher. B.

INSEL, sceau. G. *In*, préposition explétive. Voyez *Sel*.

INSEL, bas, abject. B.

INSELDED, abaissement. B.

INSELIO, sceller. G.

INSELLAT, abaisser. B.

INSH, isle. E. I. Voyez *Inis*.

INSTREMEIN, entre-deux. B.

INSTRU, instruire. B. De là le Latin *Instruo*; François *Instruire*. Voyez *Tstriw*, & l'article suivant.

INSTRUIBALE, qui enseigne. Ba.

INSULT, insulte. B. Voit là ce mot. Voyez *Salt*.

INTAF, INTAV, INTANV, INTAN, veuf mari dont la femme est morte; féminin *Intanvés* veuve; *Intanvélez*, viduité, veuvage. B.

INTAMPYUS, zélateur. I.

INTANNADURR, brûlement. B. Voyez *Tan*.

INTANNEIN, enflammer. B.

INTANNUS, inflammable. B.

INTE, le même *Thercin*. I.

INTENTI, intenter. B. Voyez *Inntin*.

INTERRESSOU, intérêt. B. De là ce mot.

INTERREZEIN, intéresser. B. De là ce mot.

INTIMEIN, signifier, intimer, interpeller. B.

INTINNEACH, gai, joyeux, divertissant. I.

INTLEAS, esprit, intelligence, raison, ingénuité, franchise. I.

INTLEAS, charmant. I.

INTLEASACH, adroit, ingénieux. I.

INTOURDIRY, brutalité, étourdissement, étourderie. B. De là ces deux derniers mots.

INTR, rouille, crasse, ordure, qui s'attache, souillure, tache, ternissement, perte du lustre, enfin tout ce qui gâte la bonté ou la beauté des corps; *Intr-A-Ra*, il se gâte, il se rouille, il contracte des ordures, il se ternit. B.

INT.   JOL.   47

INTRA, entrer, pénétrer, concentrer. B.
INTROUN, Dame, Madame. B. Voyez Itroun, Autroun.
INTSEOLTHA, navigable. I.
INTSA, rosée. Ba.
INTSATEA, rosée, action d'arroser. Ba.
INVER, embouchure d'un fleuve. G. E. Voyez l'article suivant.
INVHER, le même qu'Inbher. I.
INVIR. Voyez Imber.
INVRATE, yvraie B. De là ce mot.
INURRIA, fourmi. Ba.
INZATBA, aspersion. Ba.
INZELDED, infériorité. B.
JO, heurter, fraper, donner des coups de bâtons, blesser, je touche, je frape, être frapé. Ba.
Jo ou Yw a dû signifier verd. Voyez Iaut, herbe; Yw, if arbre toujours verd.
JOA, joie. B. Jo en Grec & en Latin, exclamation de joie ; To en Chinois, gai, heureux, musique.
JOA, action de monter. Ba.
JOA, broyé. Ba.
JOACEAAT, réjouir, causer de la joie. B.
JOAÉ, joie. B.
JOAGAI, secousse, ébranlement. Ba.
JOAIRA, départ. Ba.
JOAITEA, aller. Ba.
JOAITEN, marchant, avançant. Ba.
JOALEITA, passeport. Ba.
JOALLA, souffle. Ba.
JOANA, départ, sortie. Ba.
JOANIC, allans. Ba.
JOARANRRECOA, qui précède, antécédent. Ba.
JOATEA, départ, sortie. Ba.
JOAUS, joyeux. B.
JOAUSDED, joie, allégresse. B.
JOAYUS, joyeux. B.
JOAYUSER, joaillier. B.
JOAYUSOU, bijoux de femmes, joyaux. B. De là ce mot.
JOBAGUE, je menace. Ba.
JOBAR, niais, nigaud. B. Jobar ; Jobet ; Jobelin, sot, niais en vieux François.
JOBATEA, collision, choc. Ba.
JOBELIN, JOBELINENN, beguin. Ba.
JOBYN, le même que Siobyn. Voyez Ars.
JOC, payement. I.
JOCAIDHE, censier, fermier. I.
JOCAIN, payer. I.
JOCAQUIDEA, bouffon. Ba.
JOCAYA, archet d'instrument de musique à cordes. Ba.
JOCAYA, pilori. Ba.
JOCEÇAN, il a chanté. Ba.
JOCH, dessus ; Ar Joch, dessus. B. Jother en Hébreu, plus, davantage ; Jache en Persan, premier ; Iokaran, plus haut en Turc ; & Jokari, par dessus, en haut dans la même Langue ; Iokyl en Islandois, montagne.
JOCHALQUTA, montre ; stile d'horloge. Ba.
JOCHD, enfans. I.
JOCHDAR, le fond ; Tir Jochdruigh, les pays bas. I.
JOCHDARUIGH, plus bas. I.
JOCHDRACH, très-bas. I.
JOCHEN, JOCHER, petite assiette de bois pour écrémer le lait. B.
JOCHTAR, le fond. I.
JOCOA, YOCOA, jeu. Ba. Jokarett, joie en vieux François. Voyez Joe.

JOCHER, le même que Jochen. B.
JODARFALAMH, aire, court. I.
JODARTHAMAL, distance. I.
JODBHAIRT, immoler, sacrifice, sacrifier; Iodbhart, sacrifice. I.
JODHAL, idole. I.
JODHAN, pur, net, clair, sincére. I.
JODHLAN, saut. I.
JODHLANACH, sauteur. I.
JODNACH, vaillant, guerrier. I.
JODNAIDHE, guerrier, combattant. I.
JODOUYN, JODOUYNED, esprit follet. B.
JODT, joue. B. Jotte, vieux terme de marine, les Jottes d'un vaisseau sont les joues d'un vaisseau ; Gota, joue en Italien ; Joée en vieux François ; soufflet.
JODTAD, soufflet. B.
JODTECQ, jouflu, qui a de grosses joues. B.
JODTUS, le même que Jodtecq. B.
JOE, joie. B. De là ce mot ; de là le Latin Jocus ; le François Jeu ; Joy en Anglois, joie, réjouir ; Gioia, joie en Italien ; Jolen en Allemand, être gai être joyeux ; Jool en Flamand ; Jolly en Anglois, gai, enjoué ; agréable, de bonne humeur. Les Bretons se servent aussi du mot Joé pour dire adieu, ils marquent par là qu'ils souhaitent de la joie à ceux qu'ils quittent. Voyez Jolach, Jolas, Jocoa.
JOENTA, unir, joindre. B.
JOENTEIN, unir, réunir, allier. B.
JOENTR, joûte. B.
JOENTRA, unir, joindre. B. De là ce mot.
JOG, joug. B. De là le Latin Jugum, le François Joug. Voyez Iun.
JOGHAN, le même qu'Iodhan. I.
JOGRAS, droiture. I.
JOH, amas, tas, masse, pile. B.
JOHEIN, YOHEIN, amasser, accumuler. B.
JOIATA, conduite, façon d'agir. B.
JOL, géole B. De là ce mot.
JOL, le même que Gol. Voyez Iolwrch que Davies dit être le même que Golwrch.
JOLACH, gayeté. I. Jolen dans la Souabe signifie être rempli de joie. Voyez Joé, Jolai.
JOLAM, varier. I.
JOLAN, sincére. I.
JOLAR, aigle. I.
JOLAR, JOLARDHUS, variété, diversité, beaucoup. I.
JOLAS, récréation, plaisir. Ba. Voyez Jolach, Joé.
JOLASTURIA, éloquent. Ba.
JOLAWR, demandeur, qui prie. G.
JOLDANACH, ingénieux. I.
JOLDATACH, varié, de diverses couleurs. I.
JOLDRI, coup. I.
JOLI est le même que Gweddis, dit Llyn, le même qu'Adoiwg, dit Tew, le même que Diolch, dit William. Ce mot, dit Davies, paroit signifier toutes ces choses ; prier, demander, louer, rendre graces. G.
JOLI, beau, agréable, joli. B. De là ce mot. Ses diminutifs sont Joliet, Jolict, qui sont des surnoms si communs parmi nous. Jolier en vieux François se divertir, & Joliet, gaillard, badin ; Io en Hongrois, beau, & Joles, bon dans la même Langue. On a vu à Cain que le même mot dans les anciennes Langues signifioit quelquefois beau & bon. Voyez Jolinta, & Joé qui est la racine de Joli.

JOLIARDUS, A. M. bouffon, plaisant; de *Joli*, belles, agréables, plaisantes; *Air*, paroles.

JOLIFF, damoiseau, coquet, galant. B. Voyez *Joli*.

JOLIFFAËR, enjoliveur. Ba.

JOLIG, de prière. G. Voyez *Joli*.

JOLINTA, belle femme. G. De là *Iolante*. On trouve dans un ancien glossateur Junon appellée *Jolinta*, parce que les anciens représentoient cette Déesse comme une belle femme. Voyez *Joli*.

JOLIS, beau, agréable, joli. B.

JOLMHAOINEACH, opulent. I.

JOLORI, JOLORY, jeu fait avec grand bruit & clameur, charivari, bruit confus fait en débauche ou dans des querelles domestiques, divertissement, jeu, récréation, réjouissance. B. Voyez *Joë*, *Jolach*.

JOLRADH, pluralité. I.

IOLWCH, graces, action de graces. G. Voyez *Joli*.

IOLWRCH, verre. G.

IOLYDD, demandeur, qui prie. G.

IOMAD, quantité, multitude, abondance, plusieurs, beaucoup, fort adverbe. I.

IOMADAMHAIL, IOMADAMHUL, nombreux, abondant, innombrable. I.

IOMADAMHLACHD, IOMADAMH, les mêmes qu'*Iomadamhlas*. I.

IOMADAMHLAS, grandeur, étendue, multiplicité, infinité, nombre innombrable. I.

IOMAIGH, bord, extrémité. I.

IOMAIGH, image, simulacre. I.

IOMAIN, lancer, darder, action de lancer, de darder. I.

IOMAININN, faire pirouetter. I.

IOMALTAR, centre. I.

IOMARBHAIDH, comparaison. I.

IOMARBHAIDH, captieux. I.

IOMARCACH, superflu, excessif. I.

IOMARCH, sommet, cime, faîte, élévation. I.

IOMARCHAD, IOMURCHAD, abondance, superfluité, arrogance. I.

IOMCHAR, souffrir, supporter, endurer, soutenir, porter, mener, conduire, envelopper, enfermer, couvrir, impliquer, conduite. I.

IOMCHARNIAL, tribut, taille. I.

IOMCHULOIDHMHEOIR, qui combat avec l'épée. I.

IOMCHRAIM, porter, apporter, emporter, supporter. I.

IOMCHROG, femme qui fait métier de porter des charges, des fardeaux. I.

IOMCHUR, porter, soutenir, supporter, souffrir, panier, corbeille. I.

IOMDHA, qui est en grand nombre. I.

IOMDHAGH, lit, couche. I.

IOMENAC, allégresse, applaudissement. B. Voyez *Joë*.

IOMFOICHIM, crier, heurler. I.

IOMGHUIM, bataille, combat. I.

IOMLAN, capable, habile, expert, expérimenté, propre à, fort, robuste, vigoureux, qui se porte bien, intégral, entier, complet, accompli, total, le gros, comme dans le gros d'une armée, riche, qui est à son aise, vrai, franc. I.

IOMOG, yvoire. I.

IOM'OILL, plein d'angles, de coins. I.

IOMPOGADH, détourner, convertir. I.

IOMRADH, rapport, renommée. I.

IOMRAIDHIM, rapporter, publier. I.

IOMRAIDHTHEACH, célèbre. I.

IOMRAMH, mouvement. I.

IOMRASGAIL, lutter. I.

IOMTHNUTHAD, envier. I.

IOMTHNUTHOIR, envieux, émule. I.

JOMUGA, but. Ba. En Patois de Franche-Comté on dit qu'on *migue* lorsqu'on regarde fixément le but pour bien diriger son coup.

IOMURCACH, excessif, exorbitant, prodigue extravagant; *Ol Iomurcach*, carousse, grand buverie. I.

IOMURCADH, excès, superfluité, abondance, intempérance. I.

IOMURE, poutre. I.

ION, fontaine, eau, rivière. G. *Iom*, met e Cuphte. Voyez *Ionladh*, *Onlat*, *Jonnail*.

ION, Seigneur, Dieu. G. *Joun*, *Janna* en Basque Dieu, Seigneur; *Junak*, héros en Esclavon *Jaune*, Grand, Seigneur chez les Américains.

ION en composition, propre, capable, mûr. I.

ION, JON, les mêmes que *Gon*. Voyez la dissertation sur le changement des lettres.

ION, le même que *Cwn*. Voyez *Daioni*.

ION, IONA, Dieu, Seigneur. Ba. Voyez *Ion* ci-dessus.

JON-MNA, nubile. I.

IONA, ni. I.

IONA, long. I.

IONAD, place, lieu, demeure, habitation, chambre. I.

IONAD, bain. I.

IONAIDH, aménité, plaisir, agrément. I.

IONAMHUL, de bon naturel, d'un naturel doux, traitable, docile. I.

JONANN, égal, uni, pareil. I. Voyez *Lawn*.

JONANNADH; égaler. I.

JONAR, espèce de manteau. I. Voyez *Guna*.

JONARAM, vêtir. I.

JONARM, en âge de guerre. I. *Jon Arm*.

IONATHAR, tripailles I.

JONBHOLGAM, emplir. I.

JONCHEZENN, jonchée. B. De là *Jonchan* dans les anciens monumens, joncher de fleurs; de là *Joncher* en notre Langue. Dans Villon *Joncherie* est un mot jargon qui signifie tromperie; c'est une métaphore prise de ce que ce qui est jonché de fleurs est caché.

JONCHOMORA, comparable. I.

JONCHOSG, sermon, instruction. I.

JONCHOSGAM, prêcher; *Jonchosgthoir*, prêcheur. I.

JONCHURTALEIS, applicable. I.

IONCIA, boëte ou godet plante. Ba.

JONCORUS, qui admire. B. Ce mot se trouve dans la vie manuscrite de Saint Golven, qui est citée dans le glossaire de Ducange de la nouvelle édition.

JONDR, oncle. B.

JONFORRAN, combat, bataille. I.

JONFUATUGE, abominable. I.

IONGA, le même qu'*Iongadh*. I.

IONGADH, ongle, griffe, serre. I.

JONGANTACH, admirable, merveilleux, miraculeux. I.

JONGBALA, chagrin adjectif, de mauvaise humeur. I.

JONGHABHTHA, applicable. I.

JONGHANTHAS, la rareté, l'excellence d'une chose. I.

IONGLACUGHE.

ION.

JONGLACUGHE, acceptable, agréable. Voyez *Glacadh.*
JONGNA, JONGNAD, admiration, merveille, miracle. I.
JONGNATACH, extraordinaire. I.
JONLACH, action de laver. I.
JONLADH, action de laver. I. Voyez *Ion.*
JONLAIGHIM, accuser. I.
JONLAT, JONLATA, bain. I.
JONMHAITE, véniel. I.
JONMOLTHA, signalé. I.
JONNAIL, lavez à l'impératif. I.
JONNAN, même, semblable. I.
JONNMHUS, magnifique, précieux, excellent. I.
JONNTLAS, long. I.
JONNTOGHA, tour, changement, révolution. I.
JONNTUGADH, tourner, renverser. I.
IONRACAS, IONRACUS, fidélité. I.
IONREIGHTE, agréable, que l'on peut mettre en arbitrage. I.
IONRUC, fidéle. I.
IONSUGHE, tentative, essai, entreprise, effort, assaut, essayer, tâcher, attenter, entreprendre. I. Voyez *Ionsuighe.*
IONSUIGHE, attaque, invasion. Voyez *Ionsughe.*
JONTODH, changement, altération, écart, éversion, renversement. I.
JONTOGHAM, renverser, rejetter. I.
IONTSAORAIGHTE, labourable. I.
Ior, sur, dessus, Seigneur, Prince. G. De là *Ior*, marque du comparatif en Latin. Voyez *Gor, Iori, Ioritta.*
JORBAL, queuë. I.
JORCHES, chevre sauvage. C. B.
JOREGUIA, surabondant. Ba.
IOREN, qui frapera. Ba.
IOREN, qui chantera. Ba.
IORI, avec affluence, abondamment. Ba.
IORIA, abondance, abondant. Ba.
IORIC, frapant, tuant. Ba.
IORIQUI, en affluence, en abondance, copieusement. Ba.
IORITASUNA, abondance. Ba.
IORITSUA, abondant. Ba.
IORITU, j'augmente. Ba.
JORLANN, cellier. I.
JORRA, sarclage. Ba.
JORRAILLA, avril. Ba.
JORRAYA, sarcloir. Ba.
IORTH, diligent, assidu, soigneux, appliqué. G.
IORTHRYN, assiduité, diligence, soin, exactitude. G.
Ios, en bas ; *An Ios,* en haut : A la lettre, non bas. I. *Josum, Jusum* dans les anciens monumens, en bas, dessous, bas ; *Jus* en vieux François, en bas, dessous ; *Jussam* est le reflux ou l'abaissement des eaux de la mer ; *Jous,* bas en Languedocien ; *Ius-k,* précipiter en Tartare du Thibet.
Ios, particule de mépris. Voyez *Gwyrios.*
IOSAN, fond. I.
IOSAR, fond. I.
IOSAR, gousse. I. De là ce mot, parce que le g & l'j se mettent l'un pour l'autre.
JOSBAGANA, couture lâche. Ba.
IOSDA, cour, palais en Ecossois ; *Iosdan,* cour, palais en Irlandois.
JOSDAIN, hutte, cabane. I.
JOSGAD, jarret. I.
JOSGAID, habitation ; *Iosgaidin,* petit hameau. I.
Iosi, être couché. Ba.

TOME II.

IOU.

JOSLANN, magasin, garde-manger. I.
JOSOIP, hyssope. I.
IOSRACH, bas adjectif. I.
JOSTA, JOSTRA, JUSTA, A. M. joûte combat de deux personnes ; *Jo,* fraper, battre ; *Jon,* combat ; *Da* ou *Ta,* deux ; *Jota, Josta,* combat de deux. *Josta* pourra aussi venir, si l'on veut, de *Jostatea,* qui en Basque signifie passe-temps, divertissement, jeu : Les joûtes & les tournois étoient les divertissemens de la Noblesse. Enfin on peut encore dériver *Josta* de *Jotzea,* percussion, d'autant plus que, selon le génie de la Langue Celtique, & spécialement du dialecte Basque, on a pû dire *Jortea* comme *Jotzea.*
JOSTACAYA, lustre, cymbale, castagnette. Ba.
JOSTAETA, passe-temps, divertissement, jeu, plaisir, amusement, diversion. Ba. Voyez *Joé.*
JOSTALDIA, danse en trepignant. Ba.
JOSTALLUA, farceur, baladin, gai, joyeux. Ba.
JOSTAQUETA, récréation. Ba.
JOSTAURCA, prologue. Ba.
JOSTIRACASLEA, maîtresse d'école. Ba.
JOSTORRATZA, aiguille. Ba.
JOSTURA, couture. Ba. De là ce mot, le *s* se mettant pour *l'j* consonne.
JOSTURABAGUEA, sans couture. Ba.
JOSUM, A. M. en bas, au-dessous. D'*Ios.*
JOT, joue, machoire. B. *Gots* en Italien, joue, machoire. On dit *Jos* dans le Maine.
IOTA, soif. I.
JOTADEIN, souffleter. B.
JOTALDIA, coups de bâton. Ba.
JOTAUSTEA, incursion. Ba.
JOTEC, mouffard, jouflu, qui a de grosses joues. B.
JOTERA, son. Ba.
JOTLANN, grenier. I.
JOTOREH, loupe à la gorge. B.
JOTTAT, soufflet. B.
JOTTICUS, A. M. jeu. Voyez *Joé, Jotastea.*
IOTUA, pleurésie. Ba.
IOTUA, homme ennuyeux. Ba.
JOTZEA, pulsation d'une cloche, percussion. Ba.
JOU, Jupiter. G. B. Jeu dans la Langue de Cornouaille, Jupiter.
JOU, JW, jeune. G. *Jauvaison* en vieux François, jeunesse. Voyez *Jou* Breton.
IOU, joug. G. Voyez *Jog.*
JOU, HIOU d'une syllabe ; *A Iou,* cri de ceux qui se plaignent de quelque peine ou douleur, cri de ceux qui sont effrayés. B.
JOU, jeune. B. Voyez *Jou* ci-dessus.
JOUAL, crier de toute sa force pour appéller quelqu'un, crier pour appéller au repas les gens de travail qui sont éloignés.
JOVANC, JOVANGC, jeune. B.
JOUANCAN, cadet, cadette. B.
JOVANCTIS, jeunesse. B.
IOUD, bouillie la nourriture la plus ordinaire des villageois de Bretagne. B. Voyez *Uwd.*
JOUELEN, absynthe. B.
JOUICEA, jouir. B. De là ce mot.
JOUGNA, jonc. Ba. Le jonc a pris son nom d'*Iawn,* droit : On dit en proverbe droit comme un jonc ; de là le Latin *Juncus,* le François *Jonc,* l'Italien *Giunco,* l'Espagnol *Junco.*
IOUL, courage, sentiment. I. Voyez l'article suivant.
JOUL, HIOUL, volonté, bon plaisir, désir, souhait, gré, agrément. B. Voyez l'article précédent. *Hoil* en Hébreu, il a voulu.

JOULI, contenter, satisfaire, faire la volonté. B.
JOULI, beau, agréable, joli. B. Voyez Joli.
JOULIS, beau, agréable, joli. B.
JOUR, ancre de navire. B.
JOUACH, chevreuil, biche, toute bête qui saute bien. B. Voyez Iwrch, Iyrchel.
JOURDOUL, sain. B.
IOUT, bouillie. B.
IOUUIGNEAL, puîné. B.
IOWN, le même qu'Iawn. G.
IOWNDDA, médiocre. G.
IOWNDER, justice. G.
JOYE, enjouement, aise, joie. B. De là ce mot, Voyez Joë.
JOYUS, jovial, enjoué, gai, joyeux. B. De là ce mot.
IPARRA, IFARRA, aquilon ou nord, l'aquilon vent. Ba.
IPENTZA, supposition. Ba.
IPERAZCOA, vilain, infame, débauché. Ba.
IPIGANTEGUIA, lieu du dépôt. Ba. Tegnia, lieu.
IPIRDIA, cul, le siége, le derrière. Ba.
IPPUS, A. M. if; d'Yw. Voyez Ibbus.
IPUNNA, fable, conte. Ba.
IPURPOTACHOA, gondole. Ba.
IPUYA, fable, conte. Ba.
IQUEA, côte, colline, montagne. Ba.
IR, crud, verd, fleuri, récent, nouveau, succulent; lorsqu'on l'employe en parlant des alimens, il signifie qui n'est pas salé. G. En confrontant Ir avec Gwyran, herbe, foin, on voit qu'on a dit Yran, Iran comme Gwyran. Voyez encore Aru.
IR, le même qu'Er. I.
IR, oiseau. B.
IR, pré. Voyez Angia, Wyrd, Wyr, Gwyran, Ir Gallois ci-dessus, Ir-Las.
IR. Voyez Eir.
IR, humide. Voyez Irder.
IR, préposition explétive ou superflue. Voyez Irllwyn.
IR-LAS, le même qu'Ir. G.
IR-LAS, de gazon, d'herbe verte. G.
IR-LAS, qui porte des feuilles, feuillu. G.
IR-WER, gras de lard qui tient au cuir & dont on fait des lardons. G. Gwer.
IRA, colere, indignation, aversion, ennui, offense, poison, venin. Ba. De là le Latin Ira & ses dérivés. On ne peut douter de cette origine, puisqu'Ira.a dans le Basque une bien plus grande étendue de signification que dans le Latin. D'ailleurs Iredd en Gallois signifie aussi colere. D'Ira est venu notre ancien mot François Ire & le moderne Irriter, Ira en Espagnol & en Italien, colere.
IRA, acquisition, qu'on peut acquerir. Ba.
IRABACI, j'acquiers, gain. Ba.
IRABACIA, acquis, gain, profit. Ba.
IRABEDARRA, aconit poison. Ba.
IRABIA, révolution, circonvolution, renversement, inversion. Ba.
IRABIADA, roulement. Ba.
IRACA, yvraie. Ba. Jargueric en vieux François, yvraie.
IRACAREN, yvraie. Ba.
IRACARIA, demi-pique. Ba.
IRACASCORRA, docile. Ba.
IRACASCOYEZA, indocilité. Ba.
IRACASDEA, instruction, doctrine, science. Ba.
IRACASIA, sçavant. Ba.
IRACASLEA, docteur. Ba.
IRACASTE, maître, précepteur. Ba.

IRACASTEN, enseignant. Ba.
IRACASTU, enseigner. Ba.
IRACHEQUI, ardent, brûlant, enflammé. Ba. Voyez Ira.
IRACHEQUITEN, enflammant. Ba.
IRACHOA, lutin, esprit follet. Ba.
IRACI, j'arrache. Ba.
IRACIGOA, filtration. Ba.
IRACURTZEA, action de lire. Ba.
IRACURTZEA, acception de personnes. Ba.
IRACURTZEN, lisant. Ba.
IRAD, lamentable. G.
IRADAN, qui a avancé. Ba.
IRAGACI, couler, passer par la chausse. Ba.
IRAGAITEAN, en passant. Ba.
IRAGAITERO, passant. Ba.
IRAGANDEA, la mort des justes. Ba.
IRAGO, passer. Ba.
IRAGOETA, passage. Ba.
IRAI & IERTI, quelquefois Hiriai à cause de la longueur, longue perche, houlette perche au bout de laquelle il y a un aiguillon, perche de dix pieds, aiguillon. G.
IRAID, onguent, graisse, toute liqueur qui sert à oindre, coulis, jus qu'on tire de quelque chose, suif, plein de suc, succulent. G.
IRAIDD, récent, nouveau, poli, qui vit longtemps. G.
IRAILLA, septembre. Ba.
IRAINA, offense, injure, reproche. Ba.
IRAINATUA, injurié. Ba.
IRAINDUA, injurié. Ba.
IRAITZA, refus, réprobation. Ba.
IRAITZAC, jettez-là. Ba.
IRAITZI, pousser, inciter, contraindre, presser, faire aller, qui a rejetté, qui a repoussé. Ba.
IRAIZQUIC, évitez à l'impératif. Ba.
IRAIZQUIDA, réfutation. Ba.
IRALEA, graine venimeuse. Ba.
IRALOTA, défense. Ba.
IRAN, le même qu'Ir & Gwyran. Voyez Ir.
IRANCIA, eunuque. Ba.
IRAPERA, propitiation. Ba.
IRAR, lune. Ba.
IRARGUIA, lune. Ba.
IRARPA, prise de Ville. Ba.
IRASENDA, antidote, contre-poison. Ba.
IRATIOA, inversion, perversion. Ba.
IRATIOGARRIA, qui tourne facilement. Ba.
IRATSIA, pré. Ba.
IRATZAREN, qui éveillera. Ba.
IRATZARRI, veillant, s'éveillant, se levant. Ba.
IRATZARTU, éveillé. Ba.
IRATZEA, je suis en colere. Ba.
IRAULCATZEERA, endroit plein de boue. Ba.
IRAULCIOYA, qui tourne aisément. Ba.
IRAUNA, reproche. Ba.
IRAUNCORRA, éternel. Ba.
IRAUNGUI, éteint. Ba.
IRAUNGUILLEA, siphon. Ba.
IRAUNGUILLEA, vainqueur. Ba.
IRAUPENA, persévérance, stabilité. Ba.
IRAUPENEZA, instabilité. Ba.
IRAUQUIDEA, stable. Ba.
IRAURTZA, persévérance. Ba.
IRAYO, tomber, cheoir. Ba.
IRAZCAYA, fraude, fourberie. Ba.
IRAZCAYAC, commencement, entreprise. Ba.
IRAZQUIA, tissu. Ba.
IRASQUITEA, commencement. Ba.

IRCH, neige. C. Voyez *Erch*.
IRCHIER, pluriel d'*Arch*, coffre. B.
IRD, IRT signifient surprenant, prodigieux; merveilleux. Voyez *Gwyrth* ou *Tryth*. (Voyez *Aru*) & *Irdang*.
IRDANG, IRDANGC, étonnement, stupidité. G.
IRDANGU, étonner, être étonné. G.
IRDER, verdure, humidité. G. On voit par ce mot qu'*Ir* a aussi signifié humide.
IRDWF, verd. G.
IREA, peste, poison. Ba. Voyez *Ira*.
IREDD, colere. G. Voyez *Ira*.
IREIDDIO, devenir verd, fleurir, devenir crud, polir, se renouveller, reprendre des forces. G.
IREIDIAD, onction. G.
IREIDIO, oindre. G.
IREIDLYD, oint, huileux, *suiveux*, de suif, un peu plus oint, un peu plus graissé, gras, gros. G.
IREQUI, j'ouvre, ouvert. Ba.
IREQUITZALLEA, qui ouvre. Ba.
IRES, le même qu'*Eres*. Voyez *I*.
IRESBIDEA, œsophage. Ba.
IRESTEN, dévorant. Ba.
IRETSA, antidote thériaque. Ba.
IRETSI, mangeant. Ba.
IRETSU, dévorer. Ba.
IRFA, lieu où l'on oignoit d'huile les athletes. G.
IRH, neige. B. Voyez *Iry*.
IRIA, URIA, Ville. Ba. *Hbbir*, Ville en Hébreu & en Chaldéen. Voyez *Kir* & *Aru*.
IRIA, ris, dérifion. Ba.
IRIAD, onction. Ba.
IRICHARRA, petite Ville. Ba.
IRICHI, obtenir. Ba.
IRIGOQUIA, municipal. Ba.
IRIN, prunelle, petite prune sauvage qui est le fruit de l'épine noire. B. Voyez *Eirin*.
IRINA, farine. Ba.
IRINDU, châtrer. Ba.
IRINEN. Voyez *Irin*.
IRINLORA, fleur de farine de froment. Ba.
IRIOIDEA, prodigalité, profusion. Ba.
IRIOILLE, dissipateur. Ba.
IRIOITU, je jette. Ba.
IRIONEN, transportant, portant. Ba.
IRIOTEN, qui mene, qui conduit dans un chemin. Ba.
IRIPEDIA, la populace. Ba.
IRIS, ami, amant. I. Les adjectifs dans le Celtique conviennent ordinairement aux deux genres; ainsi *Iris* a également signifié amie, amante; de là le nom appellatif d'*Iris* que nos Poëtes donnent à leurs maîtresses.
IRISA, village, bourgade. Ba.
IRISCA, village, bourgade. Ba.
IRISICH, légitime. I.
IRISIOL, qui pend, qui n'est pas ferme. I.
IRISOA, village. Ba.
IRISSON, hérisson, porc-épic. B. Voyez *Hart*.
IRISTEA, jet, coulée. Ba.
IRITARAUA, politique substantif. Ba.
IRITARRA, URITARRA, citoyen, habitant d'une Ville. Ba.
IRITOUR, héritier. B. Voyez *Her*.
IRITZIA, suffrage, opinion. Ba.
IRLAS, verd, frais, récent. G. Voyez le mot suivant.
IRLASU, avoir des feuilles, être feuillu, jetter, pousser des feuilles. G. On voit par ce mot qu'*Irlas* a aussi signifié feuillé.
IRLASWYRDD, verd. G.

IRLAWN, fâché, sujet à se fâcher. G. Voyez *Ira*, *Ired*.
IRLICA, colle. Ba.
IRLLONEDD, colere. G.
IRLLWYN, forêt. G. *Ir* superflu. Voyez *Llwyn*.
IRN, tempête. G.
IRO, oindre, oindre par-dessus, oindre en frottant, oindre tout autour, enduire. G.
IROLA, caduc. Ba.
IROSARRIA, soutien, appui. Ba.
IROUEN, élevations entre deux sillons. B.
IROZCAYA, soutien, appui. Ba.
IROZOA, force, courage. Ba. Voyez *Hyrr*.
IROZPEA, piedestal pierre qui soutient les pieds droits. Ba.
IRRINCHIA, hennissement. Ba.
IRRINGA, bruit aigre. Ba.
IRRIPA, montée. Ba.
IRRISCUA, danger, péril. Ba.
IRRITZA, avarice, ambition. Ba.
IRROTZA, dérision. Ba.
IRT. Voyez *Ird*.
IRTALDIA, incursion. Ba.
IRTECINA, labyrinthe. Ba.
IRTELA, sortie. Ba.
IRTOLEA, IRTOQUIA, porte. Ba.
IRTUCIA, tribu. Ba.
IRTULDIA, incursion militaire. Ba.
IRU, trois. Ba.
IRUBILLA, chicane, cavillation. Ba.
IRUBILTARIA, captieux. Ba.
IRUDESLEA, l'imagination. Ba.
IRUDESTEA, hypocrisie. Ba.
IRUDIA, idée, imagination, représentation, apparence, espèce, image, figure, ressemblance, semblable, illusion, fable. B.
IRUDICOA, semblable. Ba.
IRUDINDARRA, fantastique. Ba.
IRUDIPENA, image, représentation. Ba.
IRUDUNA, terset trois vers. Ba.
IRUDUTSA, illusion. Ba.
IRVI, sillons. B.
IRVIN, navet légume; singulier *Irvinen*; pluriel *Irvinou*. B. Voyez *Erfin*.
IRVINEC, lieu planté de navets. B.
IRVINEIN, pivoter. B.
IRVINEN. Voyez *Irvin*.
IRUNSI, dévorer, avaler. Ba.
IRVOUDEIN, lamenter, soupirer. B.
IRUR, trois. Ba. Voyez *Iru*.
IRURA, rivage. Ba.
IRUROGUEI, soixante. Ba.
IRUTEN, filant. Ba.
IRWELLT, herbe, gazon, verdure, l'herbe que la terre produit naturellement. G. *Ir Gwellt*.
IRWR, qui oint. G.
IRWY, sillons, planches de jardin, couches. B.
IRWYRDD, verd. G. *Ir Gwyrdd*.
IRY, neiges. G. Voyez *Irh*.
IRYEN, trame. B.
IS, bas, dessous, au-dessous, au bas, plus bas, plus humble, postérieur, qui vient après, le dernier de deux. G. *Is*, bas, dessous en Breton; *Isil* en Irlandois, plus bas, inférieur.
IS, eau, rivière. G. *Ys*, eau en Turc. Voyez *I*.
IS, avec particule possessive. I.
IS, loi, fidélité. I.
IS, bas, dessous. B.
IS, petit. Voyez *His* & *H*.
IS, le même qu'*Ais*, habitation, contrée, pays. Voyez *Ais*, *Gweit*.

IS, hommes. Voyez *Breis. Ife* en Hébreu, homme.
ISA, très-bas, très-humble. G. C'est le superlatif d'*Is*.
ISAF, le plus bas, le plus profond, très-bas. G. C'est le superlatif d'*Is*.
ISAFWLAD, pays le plus bas. G. *Gwlad*.
ISALF, le plus bas. G.
ISAMER, écuyer qui porte les armes de son maître. G.
ISARA, frêne. Ba.
ISARN, le même qu'*Yfarn*, fer. Voyez ce mot.
ISARN, faulx, longue hache. G.
ISARNWR, taillandier, qui fait des faulx. G.
ISATSA, genêt de jardin, balai, poignée de quelque chose qui soit propre à balayer. Ba.
ISATSA, nageoires de poissons. Ba.
ISAUD, dessous. G.
ISC, eau, rivière, cours de rivière, fleuve. G. Baxter dit que ce mot se prononçoit, suivant les différens dialectes, *Ix, Ex, Ax, Ox, Is, Iss, Ess, Ass. Uisge, Uisgue* en Irlandois, eau; *Ifge* en Breton, eau; *Esch, Asch* en Flamand; fleuve; *Usk*, eau en Anglois; *Viit* en Hongrois, eau. Voyez *Aches*.
ISC, troupe. G.
ISCAMBILLA, altération. Ba.
ISCAW, sureau. G. Camden dit que les anciens Gaulois l'appelloient *Scovies*.
ISCLA, A. M. alluvion. D'*Isa*.
ISCLAFF, du dessous, au-dessous. B. Voyez *It*.
ISCON, rocher. G. Voyez *Agaunus*.
ISCRIM, escrime. B. De là ce mot. *Scrimen* en Théuton, escrimer. Voyez *Isquilimia*.
ISCUIT, ISCUYT, les mêmes qu'*Esgwid*. Voyez *Ysguyt, Isquyt*.
ISDER, humilité. G.
ISE, pronom féminin, son, sa, ses, la, elle. I.
ISECA, moquerie, raillerie, dérision. Ba.
ISED, très-bas. G.
ISEL, plus bas, inférieur. I.
ISEL, bas, humble, soumis, rampant, qui est de la lie du peuple. G.
ISEL, bas, qui est bas, petit, abject. B.
ISELABB, très-bas. G.
ISELAFF, très-bas. G.
ISELATT, abaisser. B.
ISELBET, le globe de la terre. B. A la lettre, bas monde.
ISELDAITT, bassesse, abjection. B.
ISELDER, bassesse, humilité. G.
ISELDOR, le plus bas. C.
ISELEIN, baisser. B.
ISELFRYD, humble. G.
ISELIAD, abaissement. G.
ISELOCH, plus bas, au-dessous. B.
ISELRADDOL, qui est du plus bas dégré. G. *Isol Grad*.
ISELU, abaisser, humilier. G.
ISELVAR, UHEL-WARR, gui de chêne. G.
ISELWAED, qui est de basse naissance, villageois, qui dégénère. G.
ISFOND, fondrière. B. Voyez *Isfound*, qui est le même.
ISFONTA, effondrer. B. Voyez *Isfounta*, qui est le même.
ISFOUND, abysme. B. Voyez *Isfond*, qui est le même.
ISFOUNTA, abysmer. B. Voyez *Isfonta*, qui est le même.
ISGE, eau. B. Voyez *Isc*.

ISGELL, jus, suc, coulis, liqueur, décoction. G. De là le Latin *Jusculum*. Voyez l'article suivant & *Juzn*.
ISGELL, jus, potage. B. Voyez l'article précédent.
ISGIL, derrière, par-derrière, après. G. *Is Cil*, Davies.
ISGILIO, être par-derrière, aller par-derrière, jetter derrière, rendre inférieur, éloigner, jetter, rejetter, mépriser, estimer moins, regarder comme au-dessous, ne pas se servir, négliger d'employer, laisser. G.
ISHEAL, bas, humble. I.
ISIALL, exciter. B.
ISIL, IGIL, je me tais. Ba. De là le Latin *Sileo*.
ISILARACI, imposer silence. Ba.
ISILCORRA, ISILCOYA, taciturne. Ba.
ISILDU, imposer silence. Ba.
ISILGOA, silence. Ba.
ISILI, membres, ossemens, carcasse. B. C'est le pluriel d'*Esel*. Voyez *Isill*.
ISILIC, furtif, en cachette. Ba. Voyez *Cil*.
ISILL, membre. B.
ISILLA, tacite. Ba.
ISILPEA, clandestin, subreption. Ba.
ISILTIA, silencieux. Ba.
ISIOL, bas, petit. I.
ISITZA, hieroglyphique. Ba.
ISKAN, sureau. G.
ISKINA, ESKINA, ESKIGNA, ISQINAT, agacer, irriter, importuner, chagriner. B.
ISKIS, vilain, sordide, mesquin. B. De *Is*, basse; *Qis* ou *Kis*, manière, façon.
ISLAT, isle. B. Voyez *Ila*.
ISLAW, sous, dessous, au-dessous. G.
ISLE, plus bas, inférieur. I.
ISLIGHAD, abaissement, humiliation. I.
ISLIGHE, abaissé. I.
ISLIGHIDEAD, humiliation, soumission. I.
ISLIUGADH, humilier, allégement, soulagement, dérogation. I.
ISO, ISOD, dessous, au-dessous, en bas, plus bas. G.
ISOT, au-dessous, au bas, après. C.
ISPEA, réserve, réservation. Ba.
ISPICE, Voyez *Spicz*.
ISPILH, suspendu, pendant. B.
ISPILLUA, miroir. Ba. Voyez *Spu, Spy*.
ISPION, espion. B. De là ce mot. *Ispia* en Espagnol, espion. Voyez *Spu, Spy*.
ISQICZ, étrange. B.
ISQINUS, contentieux. B. Voyez *Iskina*.
ISQUILIMIA, escrime. Ba. Voyez *Iscrim*.
ISQUILOSAC, armes, armoiries. Ba.
ISQUYT, accompli, parfait, sans défaut. B. Voyez *Iscuit*.
ISS, eau, rivière. G. Voyez *Is, Isc*.
ISSA, HISSA, HISSAL, ISSAL, presser, pousser, exciter. B. Voyez *Hyssio*.
ISSU, issue. B. Voyez *Icen*.
ISSUR, répandant, dispersant. Ba.
ISSURTZE, vomissement. Ba.
ISTALGARATU, je préviens. Ba.
ISTALOQUIA, aîné. Ba.
ISTARIA, poix, étoupe. Ba.
ISTARTEA, le périnée. Ba.
ISTARTEA, cuisse. Ba.
ISTATSIA, pituite. Ba.
ISTERNA, grue. Ba.
ISTERRA, la cuisse. Ba.

ISTILERA

IST.   JUC.

Istilera, endroit plein de boue. Ba.
Istilia, ruisseau, lac. Ba.
Istincatu, je goudronne, je poisse un navire. Ba.
Istinga, viscosité. Ba.
Istoa, trait, dard, fléche. Ba.
Istoguina, gouttière. Ba.
Istomid, espèce de siége, baudrier. B.
Istoryer, espiégle. B.
Istr, singulier *Istren*; pluriel *Istret*, des huîtres coquillages de mer. B. Voyez *Oestren*.
Istribill, suspendu, pendant, en pendant. B.
Istru, instruction. B. Voyez *Instrui*.
Istua, salive, crachat. Ba.
Istupa, étoupe. Ba. *Stupa* en Latin; *Stopa* en Italien; *Estopa* en Espagnol, étoupe ou étoupe en François.
Istutio, qui a aveuglé. Ba.
Isulda, transfusion. Ba.
Isurta, transfusion. Ba.
Isurtea, effusion. Ba.
Isurten, répandu. Ba.
It, eau. I. Voyez *It*.
It, le même qu'*Id*. I. De là *Ita* Latin. Voyez *It*, *Id*.
It, bled, moisson sur pied. B. *Sitos* en Grec, froment; *Os* terminaison grecque; *S* paragogique. Voyez *Ith*, *Yd*, *Arn*.
It, le même qu'*At*. Voyez *Bal*. I.
Itamocoa, point d'interrogation. Ba.
Itana, interrogation. Ba.
Itanasia, énigme. Ba.
Itarca, figure ovale. Ba.
Itaya, faulx à moissonner. Ba.
Ite, aîle, plume. I.
Itecra, succès. Ea.
Itehura, face, apparence. Ba.
Iteir, artisan, ouvrier. I.
Itela, veau gras. Ba.
Itena, vice, défaut, imperfection. Ba.
Ith, bled, froment; *Ithdias*, épi de bled; *Ithir*, champ de bled. I. Voyez *It*, *Yd* & l'article suivant.
Ith, froment, farine. Voyez *Llith*, *Yth*.
Ith, le même qu'*Idh*. I.
Ithche, ronger, rongé. I.
Ithfrionn, enfer. I.
Ithic, grand, extrêmement grand. C.
Ithid, action de manger. I.
Ithim, manger. I.
Ithir, terrein, terroir, champ. I.
Ithlann, grenier. I. Voyez *Lann*.
Ithr, surprenant, admirable, grand, extrêmement grand. G. Voyez *Uther*, *Uthr*, qui sont les mêmes qu'*Ithr*.
Ithura, *Ithurria*, fontaine, source. Ba.
Ito, je suffoque, suffoquer; suffoqué. Ba.
Itoera, suffocation, chagrin. Ba.
Itogarria, suffocation, chagrin. Ba.
Itoiquera, distillation. Ba.
Itoitia, gouttière, auvent. Ba.
Itouria, fontaine. Ba.
Itron, Dame, maîtresse d'un fief : On ne le dit que des femmes de condition. Le pluriel est *Itronès* & *Itronesit*. B. Voyez l'article suivant.
Itros, tête. I.
Itroun, le même qu'*Itron*. B.
Itsarra, étoile. Ba.
Itsasa, *Itsasoa*, mer. Ba.
Itsasarranoa, espèce d'aigle de mer. Ba.

TOME II.

Itsasbelea, plongeon. Ba.
Itsascariac, attachement. Ba.
Itsascorra, visqueux. Ba.
Itsascuna, adhésion. Ba.
Itsasguea, abstraction. Ba.
Itsasia, tenace. Ba.
Itsaslapura, pirate. Ba.
Itsaslea, qui prend par force. Ba.
Itsasoa, *Itsasoua*, mer, l'océan. Ba.
Itsasodia, bosphore. Ba.
Itsasoratza, boussole. Ba.
Itsaspitaria, monopole. Ba.
Itsaspena, compréhension. Ba.
Itsasquia, parasite. Ba.
Itsasquichoa, linge sur lequel étoit étendu un onguent pour servir d'emplâtre. Ba.
Itsasquida, conjonction terme de grammaire. Ba.
Isastaronzcoa, ultramontain. Ba.
Isastea, prise, action de prendre, conglutination, attachement. Ba.
Itsatsi, je saisis, je prends de force. Ba.
Itsatsia, prisonnier, pris par force, accroché, accrocher, entêté. Ba.
Itsequi, je tiens. Ba.
Itsua, *Ichua*, aveugle, qui devient aveugle. Ba.
Itsuera, aveuglement. Ba.
Itsusia, criminel. Ba.
Itsusitu, je gâte, je salis. Ba.
Itsusitua, sale, corrompu. Ba.
Itsusquitu, je salis, je corromps. Ba.
Itsusquitua, sale, gâté. Ba.
Itsustaria, qui salit. Ba.
Itsutua, aveuglé. Ba.
Itua, fumier. Ba.
Ituria, fontaine. Ba.
Iwc, selon Baxter, est peut-être le même que *Wiwe*. G.
Itzagoz, cheval. Ba.
Itzaguia, sac de cuir. Ba.
Itzala, ombre. Ba.
Itzalcaya, rideau. Ba.
Itzali, j'éteins. Ba.
Itzul, retournant. Ba.
Itzul Bedi, évite. Ba. Voyez *Itzurri*.
Itzularia, interprète. Ba.
Itzuli, de retour, qui est de retour. Ba.
Itzulia, traduction, version. Ba.
Itzulpidea, excuse. Ba.
Itzultzen, enveloppant. Ba.
Itzunguillea, siphon. Ba.
Itzurpea, *Itzurpearra*, accident. Ba.
Itzurri, éviter, échapper, fuir. Ba.
Jü, eau, isle. G. Voyez *Iw*.
Ju, jeune. G.
Ju, Dieu. G.
Iual. Voyez *Iudal*.
Iualen, *Jualen*, jodelle ou judelle oiseau de mer dont le plumage est tout noir, le bec blanc, & les pattes garnies de nageoires. B.
Jub, sur, dessus, haut, élevé. Voyez *Usher* & *Ub*.
Jubeloten, fricasser. B.
Juben, sur, dessus, haut, élevé. Voyez *Usher*.
Jubenn, donneur d'avis, entremetteur. B.
Jubenni, interpréter. B.
Iubrach, aiguière. I.
Juc, *Juch*, haut, élevé. Voyez *Cuch*, *Guch*, *Teuh* & I. *Juksek*, haut, élevé, éminent, sublime, très-haut en Turc; *Jugerek*, supérieur, plus élevé

O

de situation ou de dignité ; *Jukfekrek*, suprême, très-haut ; *Jokern*, *Jokari*, dessus, au-dessus ; *Jokus*, tertre, colline dans la même Langue ; *Yu* en Chinois, cime. *Juc* a signifié en Breton tas, monceau. Voyez le Dictionnaire du Pere de Rostrenen au mot *Juc*. De *Juch* sont venus nos mots François *Jucher*, *Juchoir*.

IUCI, IVUCI, rompre. Ba.

JUD, le même qu'*Ud*, comme *Judal* est le même qu'*Udo*.

IUDAL, JUDAL, IUBAL, IUAL, hurler, rugir, appeller en criant de loin & avec effort, cri, bâiller. B. Voyez *Udo*.

JUDEZEZ, hurlement. B.

JUEIN, boire. B.

JUENTEIN, unir, joindre. B.

IVERN, enfer. B. Voyez *Ifern*.

IVET, IVETEAUX. Voyez *Yw*.

IUEZ, IVES, encore, aussi, également, pareillement. B.

JUESTER, proportion. B.

JUEZA, Juge. Ba. Voyez *Jugea*.

JUGEA, juger. B. Voyez *Jueza*.

JUGH, Juge. B.

IVIDIC, temples de la tête, partie qui est entre l'œil & l'oreille. B.

IVIM, boire. I. Voyez *Yfed*, *Juein*.

IVIN, ongle, serre, griffe. B. Voyez *Ewin*.

IVIN, if arbre ; singulier *Ivinen*, un if. B. Voyez *Yw*, *Iwenen*.

IVIN, caïeu. B.

IVINECQ, qui a de grands ongles. B.

IVINEEN, cyprès. B.

IVINOCQ, qui a de grands ongles. Ba.

IVIS, chemise. B.

IVIT, afin, pour. B.

IVIZIQEN, le même que *Hiviziqen*. B.

JUL, science. I.

IVL, huile. B.

JULACH, habile, sçavant. I.

IVLEENNEIN, bruiner, nieller. B.

IVLEIN, enhuiler. B.

IVLENNEIN, nieller, bruiner. B.

IVLOUR, huilier. B.

IVLUSS, oléagineux. B.

JUMESETENN, camisole. B.

IUN, JUN, YUN, jeûne, abstinence. B.

JUNCIA, balai, manche de balai, saule. Ba.

JUNIAU. Voyez *Winian*.

JUNIAVUS, anciennement *Viniavus*, *Vivianus*, lumière. G.

JUNIPERECQ, genévrier. B.

JUNTERATU, je dole, je polis. Ba.

IVOCHEIN, buvotter. B.

IVOR, ancre. B.

IVOUR, buveur. B.

JUPA, A. M. jupe. Voyez *Jupen*.

JUPEN, pourpoint, jupon. B. *Jupe* en vieux François ; *Gipon* en Languedocien ; *Jubon* en Espagnol ; *Joppa* en Esclavon, pourpoint ; *Giubbah* en Arabe, sorte de tunique ; *Hiup* en Islandois, robe. On a ensuite étendu la signification de ce mot, & de là est venu notre terme *Jupe*, *Giupp* en Allemand ; *Juba* en Espagnol ; *Ginbba* en Italien, jupe. *Jubon* en Espagnol ; *Giubbone* en Italien, jupon. Voyez *Juppa*.

JUPEN, sur, dessus, haut, élevé. Voyez *Ufber*.

JUPPA, tunique. Ba. Voyez *Jupen*.

JUR, genévrier. I.

JURAGUA, sergent à verge. Ba.

JVRAI, yvraie, selon la plupart des Bretons, & selon d'autres, toutes les herbes nuisibles aux bonnes. B. Voyez *Efre*, *Efran*. D'*Ivrai* est venu notre mot *Yvraie*.

JURTALAMH, genévrier. I.

JUSCELLARIUS, A. G. cuisinier. Voyez *Juzn*.

JUSCELLUM, A. M. espèce de mets. Voyez *Ifgell*, *Juzn*.

JUSSUM, A. M. bas, en bas, au-dessous. Voyez *Jos*. Un Monastère de Besançon est appellé *Jussanmoutier*, c'est-à-dire, le Monastère d'enbas, parce qu'il est placé au bas de la colline sur laquelle étoit anciennement située la Ville de Besançon. De *Jus*, bas, on avoit formé en vieux François le verbe *Jur* qui signifioit se coucher, & *Jut* qui signifioit tomba. On disoit aussi en vieux François *Jus* pour dessous, bas.

JUSTA, A. M. Voyez *Josta*.

JUSTEENN, JUSTYN, pourpoint, veste. B.

JUSTER, proportion. B.

JUSTYN. Voyez *Justeenn*.

JUTALDIA, acte de comédie. Ba.

JUTIA, A. G. espèce de bouillie de lait. De *Ioud* ou *Iout*.

IW, eau, rivière, fleuve, mer, isle. G. *Iu*, *Yo*, rivière en Chinois ; *Yo*, lavoir, bain ; *Yu*, pluie dans la même Langue ; *Jo*, eau en Japonois ; *Yu*, pluie en Chinois ; *Iom*, mer en Cophte ; *Iumak*, laver en Turc ; *Mak*, terminaison des verbes en cette Langue ; *Iu* par conséquent eau. Voyez *Jü*, *I*.

IW, verd. Voyez *Io*.

IWENEN, if. B. Voyez *Yw*.

IWERDDON, Irlande. G.

IWINEN, if. B. Voyez *Yw*.

IWNC, jeunesse. C. Voyez *Ieuange*.

JWRCH, chevreuil. G. B. pluriel *Ieirch*, *Iyrch*, *Iirchwys*. Voyez *Iowr'h*.

JWRCH, daim, chèvre sauvage. G. Voyez l'article précédent.

IWRCHPWRCH, chevreuil. G.

IWRCIWPVAS, sapin. I.

IWRTH, de, du, des. G.

IWRTH, dès préposition. G.

JVUS, A. M. if. D'*Iw*.

IUW, eau. G. Voyez *Iw*.

IWVAR, if. I. Voyez *Yw*.

JUEN, jus. B. De là *Jus* en François ; *Juh* en Stirien, en Carniolois, en Croatien & en Esclavon ; *Juyce* en Anglois ; *Tuha* en Dalmatien ; *Jopi* en Flamand, jus.

IX. Voyez *Ifc*.

IXARA, frêne. Ba.

IYAMKA, espèce de jonc. Ba.

IYNKAR, jeune homme. C.

IYORIA, abondance. Ba. Voyez *Ior*.

IYORITASUNA, abondance. Ba.

IYRCHELH, la femelle d'un daim. G.

IYRCHELL, chèvre sauvage. G.

IYRCHES, chèvre sauvage. B.

IYRCHFWCH, chevreuil. G.

IZ, bled ; *Iz Safal*, moisson sur pied. C. Voyez *It*.

IZ, terminaison diminutive. C.

IZALCADUA, mort. Ba.

IZACAYA, cordages de vaisseau. Ba.

IZAIRA, nature. Ba.

IZAL, plain, égal. C.

IZAN, être verbe. Ba.

IZAN, avoir pitié. Ba.

IZANA, essence. Ba.

IZAPEA, personne. Ba.

IZAPESAGUEA, impersonnel. Ba.

IZA.

IZAQUISUNA, futur. Ba.
IZARGARRA, canicule. Ba.
IZARCOLOCA, planette. Ba.
IZARDIA, les signes du zodiaque. Ba.
IZAREA, suaire. Ba.
IZARJAQUINDEA, astrologie. Ba.
IZARQUIA, cométe. Ba.
IZARQUIDA, constellation. Ba.
IZARRA, étoile, astre. Ba. Voyez Sér.
IZATE, être verbe. Ba.
IZATEA, existence, réalité, participation, je me souviens. Ba.
IZATU, être verbe. Ba.
IZATU, avoir pitié. Ba.
IZAYA, sangsue. Ba.
IZCRIBATU, écrire. Ba. Voyez Tigrisennu.
IZELATT, abaisser. B. Voyez Isel.
IZILI, ossemens humains & particulièrement leurs jointures. B. Voyez Isili qui est le même.

IZU.

IZOQUIA, saumon. Ba. Voyez Esoc.
IZOQUISEMEA, mulet poisson de mer. Ba.
IZORONDU, corroyeur de cuir. Ba.
IZORRA, femme enceinte. Ba.
IZQUIRATEA, billet, obligation par écrit. Ba.
IZQUIROTALLUA, inscription. Ba.
IZTEGUIA, l'aîne. Ba.
IZUA, ICIA, peur, épouvante. Ba.
IZUCORRA, timide, poltron. Ba.
IZUGARRIA, férocité, terrible, qui a le regard affreux. Ba.
IZUGOA, spectre. Ba.
IZUQUINDEA, port. Ba.
IZURDA, dauphin poisson. Ba.
IZURRA, plis des habits. Ba.
IZURRIA, peste. Ba.
IZURTA, froncement. Ba.
IZUTALDIAC, terreurs paniques. Ba.
IZUTU, j'épouvante, j'ai peur. B.

K

 Le même que C & Q. Voyez la dissertation sur le changement des lettres.
K & H se mettent l'un pour l'autre. Voyez Kaë, Hae.
K, en composition pour Kaer, habitation, selon le Pere de Roftrenen.

KAAGIUM, KAIAGIUM, A. M. quayage droit que l'on paye pour décharger les vaisseaux sur les quais ; de Qae ou Kaë.

KADHLA, bouc. I.

KAÈ. haie, clôture, clos, enclos de parc, de champ, de jardin, établi ; Kaen, faire ou rétablir les haies, faire un clos, &c. Diskaea, rompre les haies, faire brêche & ouverture à un enclos, &c. B. Kafig en Allemand, cage ; Kate à Léipfick, coffre. Voyez Cao, Qae.

KAE est l'impératif singulier, seconde personne de Kei, aller, & signifie va. B.

KAEL, maison, clôture, établi, treillis, grille, barreau ; plurier Kaëlou, Kaelyou, Kily. B. Chel en Hébreu, rempart, fortification ; Chole, établi ; Col, renfermer, contenir, & Cala, lieu fermé dans la même Langue ; Cala en Chaldéen, lieu fermé, & Kellari, habitation, demeure dans la même Langue ; Kellai, palais en Arabe ; Kal, maison en Persan, & Kalb, habitation dans la même Langue ; Kelth en Cophte, maison ; Œkeli, barre, serrure, & Szelo, grange, métairie, village dans la même Langue ; Skala, habitation, tente en Éthiopien ; Cala, Ville, forteresse, toute sorte de grandes habitations ceintes de murailles en Géorgien ; Kalia en Grec, maison, chaumière ; Kellion, habitation, Kallube, cabane dans la même Langue ; Cala, logement en Turc ; Kaelae, château, forteresse, & Kal, habiter, demeurer dans la même Langue ; Zelt ou Zael en Théuton, tente ; Sall, maison ; Seledon, Selidon, Selitha, Selithon, habitation, cour, tente dans la même Langue ; Kellera, Chellara en Théuton ; Keller en Flamand & en Allemand, lieu où l'on renferme quelque chose ; Zelt en Allemand, tente ; Cello en Théuton, & Zell, cellule, petite habitation ; Sel, chaumière en Islandois ; Salur, palais en Runique ; Kaliba, Koliba, cabane, chaumière en Hongrois ; Sell, ville, village en Esclavon ; Zelio, métairie en Croate ; Zell en Autrichien, habitation, maison ; Caula en Latin, étable ; Kelme en vieux François, maison ; Cellier en François, lieu fermé où l'on garde le vin ; Cali, habitation, maison en Méxicain ; Kraal, village en Hottentot : c'est Kal, parce que ce Peuple insère l'r dans presque tous les mots. Voyez Caell, Cail, Col, Celb, Kill, Kohel, Sal, Sale.

KAEN. Voyez Kaë.

KAER, KER, ville, bourg, bourgade, village, hameau, maison, logis, toute habitation ; plurier Kaerion, Keron ; Kerys, la bourgeoisie ou corps des bourgeois d'une ville. B. Kahhhr en Arabe, Ville ; Shair, étable, enclos ; Chairk, logement ; Karas, village ; Keri, Kariah, ville dans la même Langue ; Kaesr en Arabe & en Turc, château ; Karh en Persan, habitation ; Kerit en Syriaque, Ville ; Karabac en Éthiopien, maison, forteresse, palais ; Carac en Hébreu Rabbinique, forteresse ; Charax un Grec, forteresse, enclos ; Ichir en Turc, château ; Archeria: dans les chartes de la Principauté de Dombes, petites maisons de pâtres. Voyez Caer.

KAERCHIAT, KAERIS, KAERISIAT, bourgeois, habitant d'une ville. B.

KAEUTEL, étui d'un couturier, & en général tout petit étui. B. Voyez Kaë.

KAEZ, misérable, malheureux, gueux, vagabond. B. Voyez Caeth.

KAEZA, exercer le métier de menuisier ou tout autre métier d'artisan qui diminue la matière sur laquelle il travaille. B.

KAÈZOREZ, immonde, souillé, sale, mal-propre, crasseux. B.

KAEZOUR, ordure, souillure, crasse, saleté, malpropreté, poussière. B.

KAËZOUR, menuisier ou autre artisan qui diminue la matière sur laquelle il travaille. B.

KAIDHEVAIL, décent. I.

KAILE, bouclier. I. Kalcan, bouclier en Turc. Voyez Cel.

KAILIN, fille. I.

KAILK, bouclier. I.

KAILK, craie. I. Voyez Calch.

KAILL, dommage. I. Voyez Coll.

KAIRHINDH, cerf. I. Voyez Carw.

KAIRLE, massue. I.

KAIRT, char, chariot. I.

KAIRUS, tas de petites pierres formé en cône. I.

KAIS, œil. I.

KAIS, A. G. grille, troillis. De Kae.

KAISKIAV, boucle de cheveux. I.

KAITEOG, beurre. I.

KAL, le premier jour de l'an ou du mois. B. Voyez Cal, commencement.

KALAN, kalendes, le premier jour du mois. B.
De là

KAL.   KEF.   57

De là le Latin *Calenda* ou *Kalenda*. Voyez l'article précédent.

KALLACH, fanglier dans le dialecte Gallois de l'Ifle de Mona. Voyez *Killach*.

KALLASK, le même que *Keflusk*. B.

KALTGABAISTE, chou. I. Voyez *Caul*.

KAM, courbe. I. Voyez *Cam*.

KAMARA, chambre. Ba. Voyez *Cam*, *Camara*.

KAMHARA, bouclier. I.

KAMPA, camp. I. Voyez *Camp*.

KANEAU, toifon. I.

KANIFER, A. G. vieillard; de *Can*, blanc; *Pen* ou *Fen*, tête.

KAOCH, aveugle. I.

KAOR, baie ou bouquet des arbres. I.

KAORA, brebis. I.

KAOUEN, chouette. B.

KAPAR, fecours. I.

KAR, char. I. Voyez *Carr*.

KAR, pierre. I.

KARBAD., char, chariot. I.

KARELL, querelle. B.

KARLYCH, flotte. I.

KARN, KARNAN, tas de pierres. I. Voyez *Carn*.

KARNON, trompette. Ce mot Gallois nous a été conservé par Héfichius; de *Corn*.

KARR, char, chariot. I. *Karre* en Flamand; *Karra* en Suédois, char, chariot. Voyez *Carr*.

KARR, chariot. B. Voyez *Carr*.

KARRAIG, roc. I. Voyez *Careg*.

KARV, cerf. B.

KARVICQ, faon de biche. B.

KASAN, chemin, route. I.

KATHAIR, prononcez *Kaer*, ville. I.

KATHERAN, montagnard. I. De là *Katheranns* dans les anciens monumens.

KAVAN, champ. I.

KAVAN, foulier. I.

KAYS, A. G. chanceau, baluftre. Voyez *Kaë*.

KAZAG, cavale. C. Voyez *Cafeg*.

KEAD, cent. I.

KEADAIN, mercure. I.

KEAL, ciel. I.

KEALG, rufe, fineffe, tromperie. I.

KEALLKHOVAIRE, afyle. I.

KEAN, mer dans le dialecte Gallois de l'Ifle de Mona. *Okeanos* en Grec; *Oceanus* en Latin; *Océan* en François, océan, mer. *Sea* en Anglois; *Se*, *Sa* en ancien Saxon; *Se*, *Seo* en Théuton; *Zee* en Flamand; *Sa* en Iflandois, mer.

KEAN, tête, fommet. E. I. Voyez *Cean*.

KEAN, fur, deffus. I.

KEANMOR, têtu. I.

KEANNAVAN, têtu. I.

KEANSA, clément. I.

KEAP, tronc d'arbre. I.

KEAR, ville. B. Voyez *Kaer* qui eft le même.

KEARGHAVAN, cour, baffe-cour. I.

KEARKLOGH, cour, baffe-cour. I.

KEARN, angle. I.

KEARV, argent. I.

KEAT, fermer. B. Voyez *Kae*.

KEB, KEBR, chevron piéce de charpente qui fait partie du toît d'une maifon. B. Voyez *Ceibr*.

KED, cent. I.

KEDER, KEHEDER, C'HEEDER, KEHEDDEIS, KEDEEZ, équinoxe. On dit plus amplement *Kehed-An-Deis Ac An Nos*, égale longueur du jour & de la nuit. B. Ce mot eft compofé de *Kehet*, égale longueur, & de *Deis* ou *Deiz*, jour. Voyez *Cyhydedd*.

KEFELLEC, KEFELLOC, bécaffe oifeau; *Kefellega*, chaffer aux oifeaux. B. Voyez *Cyffyleg*.

KEFELLEC-MOR, bécaffe de mer, autrement corlieu. B. *Mor*, mer.

KEFER, KÊVER, KENVER, KENVER, arpent mefure de terrein; *E Pep Kenver* en chaque arpent, pour dire fréquemment, comme nous difons à tout bour de champ. B. Voyez *Cyfair*.

KEFER, devant d'une charrue; quelques Bretons l'entendent de la piéce de fer qui accompagne le foc. B.

KEFER, KENVER, QUENVER, QUEFFER, auprès. Un Dictionnaire Breton porte *Em-Kenver*, envers moi. Il fignifie auffi comparaifon, égalité. Le Pere Maunoir écrit *Quenver E Quenver*, l'un à côté de l'autre. Ce mot fignifie encore derriere & devant. B. Voyez *Cyfer*.

KÊFER fe dit auffi en cette phrafe; *Da Kêfer An Deiz Man*, d'aujourd'hui en un an, c'eft-à-dire, prenant l'année pour un cercle diamétralement oppofé, au jour oppofé diamétralement à celui-ci; & quand on parle du paffé, c'eft il y a aujourd'hui un an. B. Voyez *Cyfer*.

KEFESTA, chercher les bonnes tables, la bonne chere, être parafite, écornifleur, B. De *Kei*, aller; *Feft*, feftin.

KEFF, chevron piéce d'une charpente qui fait partie du toît d'une maifon. B. Voyez *Keb* & l'article fuivant.

KEFF, tronc d'arbre & auffi tronc d'Eglife, & encore la bafe ou groffe piéce de bois fur laquelle l'enclume eft pofée; *Keff An-Drouc-Obrerien*, fers ou autres liens que l'on met aux pieds des criminels. B. De là les mots François *Cep*, *Ceps*. Voyez *Cyff*, *Cippyll*, *Keap*.

KEFF, KEFF TAN, tifon. B.

KEFFEL, KEFEL, pince de forgeron. B. Voyez *Gefail*.

KEFHEUNI, couvrir bien celui qui eft au lit, ou fe couvrir foi-même, & fe bien ramaffer dans le lit fous les couvertures afin d'être chaudement & mieux dormir. B. Voyez *Cap*, *Cab*.

KEFILIN, coude. B. Voyez *Cyfelin*.

KEFIN, le même que le dernier *Kefer*. B.

KEFINIANT, coufin, parent au quatrième dégré, d'une même fouche, quafi. B. Voyez *Cyaffin*.

KEFLE, KEFLUE, KELUE, KEULE; BUOCH, ou BIOCH KEFLUE, vache qui porte fon premier veau, toute vache pleine. B. Voyez *Cyflo*.

KEFLUSK, KELLUSK, QUEFFLUSQ, QUELUSQ, remuer, branler, agiter, agitation, émotion, mouvement. B.

KEFN, que l'on prononce *Kein*, dos, échine; *Keinaleftr*, quille d'un navire. B. De là notre mot échine. Voyez *Cefn*, *Chevin*, *Kein-Ar-Gar*.

KEFNDERW, qu'on prononce *Kenderw*, *Kendero*, *Kenderv* ou *Kenderf*, coufin, proche parent; au féminin *Kifniderw* & *Kifniderwes* que l'on prononce *Kiniderw* & *Kiniderves*, coufine, proche parente. B. Voyez *Cenderw*.

KEFNIDEN, KEFNIT, KEVNIDEN, KEONIDEN; araignée; *Quiniden*, araignée & fa toile. B. Voyez *Cyffniden*.

KEFRAN, KEFFRAN, QUEFFRAN, QUEVREN; part, partie, partie adverfe; le poffeffif eft *Kefrannes*, le verbe eft *Kefranna*, partager. B. Voyez *Cyfran*.

KEFRE, KEVRE, lien qui attache enfemble les

TOME II.   P

deux bâtons qui composent un fleau, & tout autre lien qui joint deux choses ensemble. B.

KEFRED, KEFRET, KEVRET, ensemble, de compagnie, en société, union, aussi, pareillement, pareil, égal, semblable. B. Voyez *Cyffred*.

KEFRED. AVEL KEFRED, vent de sud-est. B.

KEFREDEN, plongeon de mer. B.

KEFREDEN, KEFREDER, rêveur, pensif. B.

KEFRIDI, message, députation, commission, envoi d'un exprès, affaire expresse ; *A-Ben Kefridi*, tout exprès. B.

KEGHIN, cuisine. B. Voyez *Cegin*.

KEGHIT, geai. B.

KEGHIT. Voyez *Gheghin*.

KEGINER, cuisinier. B.

KEGIT, cigue herbe venimeuse. B. Voyez *Cegid*.

KEHEDA, égaler en longueur. B. Voyez *Keheit*.

KEHEDER, KEHEDEIZ, l'équinoxe. B. Voyez *Kedtr*.

KEHEIT, aussi long. On dit au même sens *Keit*, égale longueur soit du temps, soit d'autres choses : *E Keheit Ma Vevin*, pendant toute la durée de ma vie ; de là on a fait *Kebeida & Keida*, faire de longueur égale. B. Voyez *Cyd* pour *Cyhyd*.

KEHEZL, nouvelle, bruit, rumeur ; plurier *Kehezlon, Kehezleou, Kehezlaoui, Quehezleou, Quezelou, Kezlou, Kezlaonou*, nouvelles ; *Kehezla*, publier des nouvelles ; *Kehezlaer, Kehezler*, débiteur de nouvelles, gazetier, nouvelliste ; *Kehezlaouer*, grand parleur, causeur, babillard, conteur de nouvelles & de sornettes. B. Voyez *Chwdl*.

KEHEZLA, action de tenir le petit manche de la charrue qui est en avant pendant que la charrue laboure la terre. B.

KEI, KEA, aller ; impératif *Ke, Kea, Quea*, vns, marche, avance ; *Keit*, allez. B.

KEIGEA ou KEIGEOUT OUZ UN DEN BENNAC, aller à la rencontre de quelqu'un. B.

KEIGEIN, mêler, brouiller. B.

KEIGHEL, quenouille pour filer ; *Keigheliat*, quenouillée. B. Voyez *Cogail*.

KEIN, dos. C. B.

KEIN-AR-GAR, l'os de la jambe. B.

KEINI, KEINA, plaindre, se plaindre, gémir, lamenter ; *Keinan, Keinvan* ; singulier *Keinanen*, plainte, gémissement, lamentation ; *Keini-A-Ra*, il se plaint. B. Voyez *Cyni*, *C'wyn*, *Ochain*.

KEINIEC, qui a un gros dos. B.

KEIRIENTEZ, parenté, consanguinité. B.

KEIS, corbeille. I. Voyez *Cas*.

KEITH, esclaves. G. Voyez *Caeth*.

KEIZIA, KEISIA, KEZA, diminuer de la manière dont les artisans diminuent la matière sur laquelle ils travaillent. B. De là le Latin *Cado*, couper, & ses dérivés, parce que le *z* & le *d* se substituent mutuellement.

KEL, ville. G. Voyez *Kael*.

KEL, bouche. I.

KEL, nouvelle. B. Voyez *Coel*, *Kehezl*. Je conjecture que *Kel* a signifié verd. 1°. Ir en Gallois signifie nouveau, récent, frais, verd. *Kel* signifiant pareillement nouveau, récent, frais, (Voyez *Kellaes*) doit naturellement avoir aussi eu l'autre sens. 2°. *Kelen*, houx arbre toujours verd, paroit formé de *Hen*, arbre, & *Kel*, verd. 3°. *Gwellt* ou *Kellt*, (Voyez *Aru*) signifie herbe.

KEL. Voyez *Cabel*.

KELADUR, doloire. B.

KELADUR, dévidoir à rouet. B.

KELASTREN, houssine, baguette. B. Voyez *Gwilastren*.

KELC'H ; cercle. B. Voyez *Cylch*.

KELC'HIA, & par crase *Kelhia, Kilhia, Kelia*, cercler, faire un cercle ou le mettre sur un vaisseau, entourer, faire des enchantemens par des cercles tracés sur la terre. B. Voyez l'article précédent.

KELDEN, coudrier. G.

KELEHYN, KELTEN, espèce d'amende que l'on imposoit chez les Écossois à celui qui avoit tué un homme d'une certaine condition. E.

KELEN, houx ; *Kelennec*, houssaye lieu planté de houx ; *Kelenbail*, espèce de houx dont les feuilles ne sont pas piquantes ; *Kelen*, fraper d'une baguette de houx. B. Voyez *Celyn*.

KELEN, instruire, enseigner, leçon, instruction, document. B. Voyez *Lenn*.

KELF, tronc d'arbre qui n'est bon qu'à brûler, souche. B. Voyez *Celffaint*.

KELH, coudrier. G.

KELHIEN, KELC'HIEN, mouche ; singulier *Kelhienen*. B. Voyez *Cylion*.

KELIES, KENLIES, aussi souvent, aussi fréquemment, autant de fois. B. Voyez *Lies*.

KELINA, faire des petits. B.

KELLY, forêt. E. Voyez *Cal. Ail* en Hébreu ; arbre, *Ule, Yle* en Grec, bois.

KELL, vîte, rapide. E. *Ignel, Isnel* en vieux François, vîte, paroissent formés de ce mot : On aura joint l'article *Y* devant *Kel*, qui en composition doit faire *Gel*, & on aura dit *Igel*, & en insérant l'*n, Ignel*, ensuite *Isnel* ; *Silno* en Esclavon, avec véhémence. De *Kell* est venu le Latin *Celer*.

KELL, KÈL, séparation de logement, ce qui fait une chambre séparée, appartement. Dans les étables c'est seulement ce qui sépare le bétail de différentes espèces, la crèche des veaux séparée en particulier. B. Voyez *Cael*.

KELLAES, KELLEAS, KELLAIS, premier lait ou avant-lait ; c'est le premier lait que la vache donne après avoir fait son veau. B. Voyez *Cynllaeth & Cal*.

KELLASCA, chercher. B.

KELLIDA, germer, produire : Il se dit des arbres & des herbes. B. Voyez *Cyllid*.

KELORN, vaisseau dans lequel on fait le beurre, ou autre vaisseau presque semblable où les villageois mettent leur provision de sel auprès du foyer pour le conserver sec, petit baquet où l'on met plusieurs menus ustensiles ; plurier *Kelern & Kelorniou*. B. Voyez *Celwrn*. Dans le Patois de haute Bretagne *Kelorn* signifie une baratte ou vaisseau dans lequel on fait le beurre : Les hauts Bretons ont conservé ce mot dans leur ancien langage.

KELT, vaillant, fameux guerrier. B.

KELWEZEN est le singulier de *Kelwez*, l'arbre coudrier qui porte les noisettes. B. Ce mot est composé de *Kell* & de *Wezen* pour *Gwezen*, un arbre. Voyez *Celli*, *Kelh*.

KEM, change, échange, troc, comparaison, parité, égalité. B.

KEMAT, centurie. G.

KEMENER, KEMENEUR, tailleur d'habits. B.

KEMMENI, composer, mettre ensemble. B.

KEMMENT, QUEMENT, autant, tellement, également, pareillement, semblablement, d'égale grandeur ou quantité. B. Voyez *Cymmaint*.

KEMMERI, COMMERI, KEMMERET, COMMERET, KEMPRET, prendre. B. Voyez *Cymmeryd*.

KEM. KER. 59

KEMPEN, propreté, décence, ajustement, justesse, accommodement, arrangement, bâti avec ordre ; *Kempenni*, orner, arranger, ajuster, &c. *Dikempen*, mal-propre, mal en ordre, malbâti, difforme. B. Voyez *Cymhennu*.

KEMPER, confluent. B.

KEMPER, le même que *Kimper*. B.

KEMPRET, ce qui est ou se fait en même temps, en même saison, à la même heure. B. Ce mot est composé de *Kem*, semblable, pareil, & *Pret*, temps.

KEMROD, sorte de redevance. B.

KEN, KEND, KIND, CON, COND, tête, le principal, premier, principal suivant les différens dialectes du Gallois. Baxter. G. *Ken*, tête, sommet en Écossois ; *Ken*, tête en Irlandois ; *Ken*, avant, devant en Langue de Cornouaille & en Breton ; *Ken*, opinion, jugement, raison en Cophte : On attribue ces opérations à la tête. Voyez *Kean*, *Cean*, *Cen*.

KEN, le même qu'*Iken*. G.

KEN, KE, KEF, avec, ensemble. B. Voyez *Kenners*.

KEN, autant, aussi, également. B.

KEN, KENN, peau, cuir. B. Voyez *Cenn*.

KENBOURC'HIS, KEMBOURC'HIS, concitoyen. B. De *Ken*, avec, ensemble, & *Bourch*.

KENBREUDUR & KEMBREUDUR, confreres. B.

KENCLAO, espèce d'outil coupant assez ressemblant à la faucille, duquel on se sert pour couper le chaume, les mauvaises herbes, les halliers, &c. B.

KEND, tête, chef, premier, principal, cap, promontoire, colline. G. Comme c'est le même mot que *Ken*, *Cen*, il en a par conséquent toutes les significations. Voyez *Qenta*, *Kent*.

KEND. Voyez *Cand*, embouchure.

KENDALC'H, ce qui se maintient en bon état ; *Kenderc'hel*, se maintenir, se conserver. B.

KENDERCHEL. Voyez *Kendalch*.

KENDRIC, & par une prononciation vicieuse *Kynnurig*, premier Roi. G.

KENDUCH, doux. B.

KENED, KENET, beauté, agrément, éclat ; *Kenedus*, beau ; *Dic'henet*, *Dighenet*, qui n'est pas beau ; *Dichenedi*, devenir laid, participe *Dichenedus*, devenu laid, difforme. B. Voyez *Can*, *Cen*, *Cain*.

KENEP, CASEC, KENEP, jument ou cavale pleine. B. Ce mot est composé de *Ken*, avec ; *Ep*, cheval, poulain.

KENEPEDEN, KENEVEN, arc-en-ciel. B.

KENKIS, plessis ou enceinte de haies faite de jeunes arbres pliés & entrelassés, bosquet, petit bois. B. Voyez *Qenqis*.

KENN, crasse de la tête. B. Voyez *Cenn*, *Kennigh*, *Ycenn*.

KENNERS, aide. B. A la lettre, jonction de forces.

KENNIGH, crasse de la tête, mousse. I. Voyez *Kenn*, *Keonit*.

KENSORT, qui est de même condition, consort. B.

KENT, tête, le premier, le principal, le plus excellent. G. Voyez *Kend*, *Cent*, *Qenta* & les deux articles suivans.

KENT, avant, devant. C.

KENT, avant, devant, auparavant, plutôt, premier. Ce mot a son comparatif & son superlatif ; *Kentoch Evit Ar Re-All*, plutôt que les autres ; *Ar-Kenta An-Oll*, le premier de tous. On dit encore *Kenta Ma Sivis*, d'abord que je me levai ;

Ar Re Kenta, les premiers, les principaux, ceux qui président ; *Henre*, *Kent*, nos ancêtres, nos prédécesseurs, mot à mot, les nôtres avant. B. Voyez *Cyn*, *Cynt*, *Cyntaf*, *Cyntor*. L'*h* & le *k* se substituant mutuellement, on aura dit *Hent* comme *Kent* ; de là le Latin *Ante*, le vieux mot François *Antant* qui signifioit auparavant, anciennement.

KENTA, premier, principal. B.

KENTAMOUEZ, émulation. B.

KENTEL, leçon, instruction, enseignement. B.

KENTELIA, avoir bien soin du ménage, ménager, agir par économie, conduire sagement ses affaires. B.

KENTR, éperon pour piquer un cheval ; pluriel *Kentrou* ; *Kentra* ou *Kentraoui*, piquer de l'éperon, donner des éperons, éperonner. Ce second verbe est formé du pluriel. *Kentrat* ; singulier *Kentraden*, piquûre, coup d'éperon, comme si l'on disoit éperonnade ; *Kentret*, piqué de l'éperon ; *Kentric*, petit éperon ; *Kentree*, qui a des éperons. B. *Kentron* en Grec, éperon, aiguillon. Voyez *Cethr*. Les anciens éperons n'avoient qu'une pointe comme les cloux, & l'*n* s'inséroit indifféremment dans le mot.

KENTRAT, KENTRET, de bonne heure, tôt, promptement, aussitôt, d'abord, vite, en diligence, vitesse. B.

KENTRE, tôt, promptement, aussitôt, d'abord. B.

KENVER. Voyez *Kefer*.

KENVI pour *Kevni*. G.

KENWALEN, ragoût mets qui releve le goût & excite l'apétit. B.

KEO, KEW, antre, caverne ; *Kevia*, creuser sous la terre. B. Voyez *Can*, *Cen*, *Ken*.

KEONIT, mousse qui s'engendre sur les vieux arbres, pierres & autres corps solides exposés à l'air. B. Voyez *Kennigh*.

KER, synonime de *Cur*, bord, rivage, selon Baxter. G.

KER, synonime de *Car*, cher, selon Baxter. G. *Car* en Arménien, cher.

KER, ville, village, maison. B. C'est le même que *Katr*. *Kir* en Hébreu, muraille, ville ; en Chaldéen, enceinte.

KER, également. B.

KER, arrête de bois ou de pierre. B.

KER, cher, aimé, rare, de haut prix ; *Kernez*, *Kernezighez*, *Kernedighez*, *Keronghez*, cherté, rareté. B. Voyez *Car*.

KER, parent. B. Voyez *Car*.

KERAN, cochon. I.

KERB, char, chariot. I.

KERBE, KERBS, KERBRE, paquet de lin exposé au soleil pour achever de mûrir & sécher. B.

KERBOULEN, plante dite en François guéde. B.

KERC'H, avoine ; singulier *Kerchen*, un grain d'avoine ; *Kerchec*, champ semé d'avoine. B. Voyez *Ceirch*, *Kerb*.

KERCHA, KERC'HAT, querir, chercher. B. De là ce mot.

KERC'HEIN, KERC'HEN, la poitrine, le sein du corps humain, la face & la poitrine de l'homme tout ensemble, le col de l'homme. B.

KERCHEIS, héron oiseau. B.

KERCHEIT, perdrix grise. B.

KERCOULS, ainsi, de cette manière, de telle ou telle façon. B.

KERDIN, cordes ; c'est le pluriel de *Corden*. B.

KERE, cordonnier. B.

KERCHET, A. M. oiseau de rivière. Les nouveaux Éditeurs de Ducange ont cru que c'étoit la sarcelle, ils se sont trompés, c'est le héron. Voyez *Kerebeir*.

KEREN, bourgeois, habitant de ville. B.

KERENT, parens, pluriel de *Ker*. B.

KERENTEZ, parenté. B.

KERES; singulier *Keresen*, cerise; *Keresennec*, lieu planté de cerisiers; *Gwezen Kerés*, cerisier, mot à à mot arbre à cerises. B. Voyez *Csiress*.

KERF, pluriel de *Corf*, corps. B.

KERGLOCH, lieu grosse toile. B, *Lyen*, toile.

KERH, avoine. C. Voyez *Kerch*.

KERIN, parens. B.

KERIS, la bourgeoisie, le corps des habitans d'une ville. B.

KERLING, GWERLING, carlingue d'un navire dont elle est une des principales parties. B.

KERLOD, garçon. G. *Karl* en Allemand, homme; *Ceorl* en ancien Saxon, homme, le mâle de l'espèce humaine; *Karl*, *Charl* en Théuton, mari; *Carl* en Islandois & en Suédois, brave, courageux. Les noms qui signifient homme ont signifié brave, courageux dans toutes les Langues. Voyez *Carl*, *Carlamh*.

KERLUS, KELUS, loche de mer poisson. B.

KERMAIS, bourgeois, habitans d'une ville, bourg ou village. B.

KERN, cornes. G. On voit par *Kernaw* que *Kern* a aussi signifié pointe.

KERN, corne, au figuré pointe de terre ou d'eau. E.

KERN, KERNIEL, pluriels de *Corn*, corne. B.

KERN, rocher. E. *Schern*, rocher en Suédois. Voyez *Carn*.

KERN, sommet. B. Voyez *Coryn*.

KERN, couronne. B. Voyez *Ceron*.

KERN, tremie. B.

KERN. Voyez *Galloglass*.

KERNAW, ce qui se termine en corne ou en pointe. G.

KERNE, fantassin. I.

KERNIGHELL, vanneau oiseau. B.

KERNYS, A. M. le même que *Katherani*. Voyez *Katheran*.

KERREC, pluriel de *Carrec*. B.

KERREIS, KEREIS, paisible, pacifique, modéré, modeste, morigéné, qui est dans l'ordre & bien réglé. B. Voyez *Reiz*, & *Ker* synonime de *Car*, aimant.

KERREIS, police, bon ordre dans une ville. B. De *Ker Reis*.

KERS, KERS, surprenant, étonnant, étrange, extraordinaire. B. Voyez *Certh*.

KERSER, KERBER, marcheur; *Kerser Gorce*, qui marche lentement. B.

KERZ, KERS, jouissance, possession, profit, gain, droit de disposer de quelque chose, ce qui appartient. B.

KERZ, KERS, marche, train, allure. B.

KEREA, KERZET, aller, marcher. B. Voyez *Cerdded*.

KERZIN, arbre dit en François *Alisier*. B.

KERZU, décembre. B.

KESEC, pluriel de *Casec*, jument; & comme on dit *Kesec* de tout un haras tant chevaux que cavales, on dit pour singulier *Pen-Kezec*, une seule de ces bêtes. De *Pen*, tête. B.

KESEGHEN, jupe de femmes. B.

KESSEILGUM, vallée qui a des sinuosités, pleine de détours. G. *Gom*, en composition pour *Com*, vallée.

KEST; singulier *Kesten*, ruche. B. Voyez *Cest*.

KEST, vers qui causent des douleurs dans les intestins, particulièrement aux enfans. B. Voyez *Cest*.

KESTA, KESTAL, ramasser les abeilles dans une ruche. B.

KESTELL, pluriel de *Castell*, château; *Kestell Lestr*, la hune du vaisseau. B. Voyez *Kestylh*.

KESTEN, certaine mesure de grain, vaisseau à mettre la pâte. B. *Ketel* en Flamand, chauderon, marmite; *Katil* en Gothique; *Cetil*, *Cetl*, *Cytel* en ancien Saxon; *Kettle* en Anglois; *Kattil*, *Kiattil* en Suédois; *Chezil*, *Keceli* en Théuton; *Kesel* en Allemand, chauderon, marmite.

KESTYLH, châteaux. G. Voyez *Kestell*.

KET, particule négative, ou qui suivant une négative la rend absolue; *Nekst*, non pas; *Ne Eus Ket*, il n'est pas; *Ne Rain Ket*, je ne serai pas. Ceux qui refusent ou nient avec mépris répondent tout court *Ket*, pas. B.

KETHLE, KELH, coudrier. G.

KEVALEN, soupe, potage, selon le Pere Maunoir; mauvaise soupe, tout mets mal préparé, mal assaisonné, selon d'autres Bretons. B.

KEVAUDET, KEAUDET, KEODET, cité. B. Voyez *Ciwdawd*.

KEVEN, dos de montagne. G. *Gebina* en Syriaque, sommet de montagne. Voyez *Cefn*, *Kefn*, *Cevn*.

KEVEREO, A. M. vaisseau dans lequel on met le lait. Voyez *Cib* ou *Civ*.

KEVNENDERW, KEFNENDERW, cousin germain; selon un Auteur Breton, né de germains. B.

KEVN, dos. G.

KEVNI, dos. G.

KEUNUGEN, KEUNUJEN, imprécation, terme imprécatoire. B.

KEUNUT, bois gros ou menu qui n'est propre qu'à brûler; singulier *Keunuden*, une seule buche ou buchette; pluriel *Keunujon*, *Keunugeen*; *Keunuea*, *Keunteia*, chercher du bois à brûler. B. Voyez *Cynne*, *Cynnen*, *Cynnud*.

KEVROD, sorte de redevance. B.

KEWEZ; singulier *Kewezen*, jeune bois pliant propre à faire des clôtures, des séparations de champs en forme de haies, ce qui se fait en entrelaçant ces jeunes arbres. B. De *Kae*, *Gwezen*.

KEUZ, douleur, deuil, affliction. B. Voyez *Cahu*.

KEYNEYDEN, tronc d'arbre. B.

KEYS, A. M. forêt. De *Cai*.

KEZER, KEZEUR, KEZOUR, les mêmes que *Kaëzour*, menuisier, &c.

KI, chien; pluriel *Chass*, *Coün*; féminin *Kiit*, chienne. B. Voyez *Ci*.

KIAI, rue. B.

KIAR, noir. I.

KIAV, cheveu, chevelure. I.

KIB, main. I.

KIB, cercle de fer qui garnit l'intérieur du moyeu d'une roue, en général tout cercle interne. B.

KIBELL, cuve, cuvier, baignoire; *Kibella*, prendre le bain dans une baignoire; *Kibellat*, singulier *Kibelladen*, cuvée, plénitude d'une cuve. B. Voyez *Cib*. *Kubel* en Allemand, prononcez *Kibel*; *Knip* en Flamand, cuvé, cuvier; *Kipack*, arbre creux en Tartare.

KIC, KIG, KIK, chair; *Ar Chic'h*, la chair; *Kigsal*, lard, chair salée, chair de porc salée; *Kighec*, charnu; *Kiga*, devenir chair; *Kiga-Ra Ar-Goull*,

KIC.

Ra *Ar-Goûli*, la plaie fait chair, c'est-à-dire, se remplit de chair nouvelle, se referme; *Kic* dent, gencive, chair des dents. B. Voyez *Cig*.

KICH, mammelle. I.

KICHAU, torrent. E.

KICHEN, proche, auprès, au voisinage, proximité. B.

KIDELL, nasse machine faite pour prendre du poisson. B. On trouve *Kidellus* en ce sens dans les anciens monumens.

KIGHER, boucher qui tue les bêtes & en vend la chair. B. Voyez *Kic*.

KIGN, écorce, croûte, peau; *Kigna*, écorcher, écorcer, peler, ôter la peau, l'écorce, la croûte; *Kignat*, singulier *Kignaden*, excoriation; *Koat King*, bois dont l'écorce est ôtée. B. Voyez *Ken*, peau.

KIGNEN, ail. B.

KIGNES, guigne fruit, espèce de cerises. B.

KIL, enfoncement, sinuosité; *Kil Mor*, enfoncement de la mer. G. Voyez *Cil* & *Kil*, port.

KIL, enclos, clôture. E. I. Voyez l'article suivant.

KIL, KILL, demeure, habitation, Église, Temple, Monastère. I. *Chillah* en Hébreu, enfermer; *Kyla*, habitation en Finlandois; *Kiid*, serrure en Turc; *Cilingier* en Persan, fermer avec une serrure; *Kilch* en Langage Suisse, Temple, Église, lieu où les Fidéles s'assemblent, & l'assemblée des Fidéles; *Kilch* en Théuton & en ancien Allemand, l'Église, l'assemblée des Fidéles. Dans la version Gothique des Évangiles on donne le nom de *Kilik* au Cénacle dans lequel notre divin Sauveur fit sa dernière Pâque. Voyez *Cil*, *Cill*, *Kili*, *Kill*.

KIL, port. 1. Voyez le premier *Kil*, *Cale*.

KIL est le dos opposé au devant; & à l'égard d'un couteau, c'est le couteau opposé au tranchant; *Kil An-Dorn*, dessus ou revers de la main; *Chouc Ar-Chil*, la nuque du cou ou du dos du cou. B. Voyez *Cil*.

KILDANT, grosse dent, dent mâchelière. B. Voyez *Cilddant*.

KILDRO, inconstant, errant, changeant, variable; & comme substantif un vagabond, un homme sur qui on ne peut faire aucun fond, un trompeur. B.

KILI, pluriel de *Kael*. B.

KILIA, cercler ou mettre des cercles. B. Voyez *Kelc'hia*.

KILL, habitation, demeure. G. I. *Kila* en Chaldéen, habitation, chambre; *Chil* en Hébreu, retranchement, enclos, forteresse; *Kila* en Hébreu de Rabbins, habitation, demeure; *Kili* en Arabe, petite demeure, chambre; *Kilar*, habitation, demeure en Turc, & *Kilar*, cellier dans la même Langue; *Cilla*, chambre, cellier en Espagnol; *Archilla*, petite maison de pâtre en Patois du Lyonnois. Voyez *Kil*, *Kili*.

KILL, forêt. E. Voyez *Kell*.

KILL, le gros os de la jambe, & aussi le devant de la jambe, & même toute la jambe. Il signifie encore une quille à jouer; pluriel *Killou*; singulier *Killen*, une quille, gros os de la jambe. Les hauts Bretons appellent *Quille* la patte d'un chien.

KILL, petit. Voyez *Y-Kill*. *Kill* a fait *Guill*, par la substitution réciproque du *g* ou *gu* & du *k*; de là *Guilleri* en Patois de Besançon, le petit doigt; *Guilleret*, un petit homme, quelque chose de petit.

KIN.

KILLAGIUM, A. M. droit que l'on paye pour jetter l'ancre dans un port. Les nouveaux Éditeurs de Ducange dérivent ce mot de la quille du vaisseau : Il paroît que *Killagium* ne vient point de ce terme François, puisqu'il ne se trouve employé que dans une chartre de Henri IV, Roi d'Angleterre. D'ailleurs *Kil* signifiant port en Gallois en en Écossois, est bien plus vraisemblablement la racine de ce mot.

KILLEC, KILLOC, KEILLOC, se disent en général de tout mâle entier, & en particulier du coq. *Keillec-Coat*, pivert; & à la lettre, coq de forêt; *Keilloc-Raden*, sauterelle, cigale. (Dom Le Pelletier dit que ce terme signifie à la lettre coq de fougère. Cette étymologie ne paroît pas juste; il paroît plus vraisemblable que la sauterelle & la cigale ont été appelées *Keillot*, *Killoc*, de leurs grandes jambes. Voyez l'article suivant. On aura d'abord donné le nom de *Killoc* au coq pour la raison que nous venons de dire; on aura ensuite étendu ce nom à tous les mâles, quoique la raison pour laquelle il avoit été donné au coq ne s'y trouvât pas.) Voyez *Ceillog*.

KILLEC, KILLOC, qui a de grandes jambes. B.

KILLEROU, rouelles. B.

KILLO, KILLOS. Voyez *Kinlos*.

KILLORI, amour ardent & passionné jusqu'à la fureur. B.

KILLOROU, KILHOROU, KILIOROU, roues de charrue. B.

KILPENNEC, opiniâtre, indocile, mutin, rebelle. B.

KILTREU, KILTR; le sommet de la tête. B.

KILVERS, le même que *Kilpennec*. B.

KIMBER, guerrier, qui fait la guerre, qui aime la guerre. B.

KIMIAT, KEIMIAT, adieu lorsque l'on se sépare; *Kimiada*, congédier ou se quitter, dire adieu; le participe est *Kimiadet*, congédié, banni, exilé, chassé, éloigné. B. Voyez *Quemiat*.

KIMMAR, compagnon, associé. G. Voyez *Cymmar*.

KIMMAHI, joindre ensemble, unir. G.

KIMMER, confluent union de deux rivières. G. De *Cymmer*. Voyez *Kimper*.

KIMPER, guerrier, qui aime la guerre, qui fait la guerre. B. *Kiampar*, guerrier, & *Kemp*, *Kampa*, lutter en ancien Suédois selon Rudbeck; *Kemper* en Flamand; *Kempffer* en Allemand, athlète. Voyez *Caimper*, *Camp*.

KIMPER, KEMPER, ville entourée de murailles en Breton selon le Pere Hardouin, qui étoit de basse Bretagne, en ses notes sur Pline, lib. 4. cap. 18. Voyez l'article précédent.

KIMPER, KIMMER, confluent. B. De *Cym* ensemble; *Mer*, eau, rivière; *Bar*, *Per*, coulant d'eau.

KIN, tête. I.

KINA, germer. B.

KINCL, KENCL, propre, paré, orné, ornement, parement; *Kincla*, orner, parer, ajuster, embellir : On dit pour diminutif *Kenclic*, proprêt; *Kinclerez*, pluriel *Kinclerezou*, braveries, affiquets, ornemens superflus. B. Voyez *Cain*.

KIND, tête, principal. G. De là nos mots *Quinte*, *Quinteux*. Voyez *Ken*.

KIND. Voyez *Cand*, embouchure.

KINDRWYN, souverain Roi, Roi qui commande à d'autres Rois. G.

KINEALTA, benin. I.
KINIAT, chantre, musicien. B. Voyez Ceinicd.
KINIDERW, KINIDERV, KINIDERF, cousine. B. C'est le féminin de Kefnderw.
KINIT, araignée. B.
KINLOS, ou, comme d'autres écrivent, Killo, Kilflos, Killos, champ de fleurs. E.
KINNBHEARTAS, domaine. I.
KINNIC, KENNIC, offrande, oblation, présent; singulier Kinnighen, Kinniga, offrir, faire un présent. B. Voyez Cynnyg.
KINOS, loup. B.
KINSELACH, du midi. I.
KINTEA, tinter. B.
KIOCH, bécasse oiseau. B.
KIR, argent. I.
KIR, ville. B. Kirla, ville en Hébreu & en Chaldéen; Kir, habitation en Arabe; Kiriah, ville, village; métairie en Arabe; Kir, ville en Persan; Schir en Allemand, grange; Sjiro, prononcez Chiro, château en Japonois; Syret, retraite, cachetté en ancien Saxon; Sir dans la Langue des anciens Thraces, caverne ou creux souterrain dans lequel ils cachoient leur bled; Ki, ville en Chinois; (ce Peuple ne fait pas usage de l'r) Kin en Chinois, édifice, & Kia, maison dans la même Langue; Gir, maison en Tartare Calmoucq & Mongale; Chiro, jardin potager en Tartare Mogol & Calmoucq. Voyez Ker.
KIRDUV, noir. I. Voyez Duv.
KIRIEC, KIRIEGHEZ, occasion, cause, motif, faute. B.
KIRIN, crête, faîte. I.
KIRIN, pot de terre. B. Voyez Cerwyn.
KIRINTEZ, KIRIENTEZ, KERENTEZ, parenté, consanguinité, alliance, union, société. B. Voyez Carentez.
KIRIS, cerise. B.
KIRK, Église. E. I. Kirch en Allemand; Kerk en Flamand; Churche en Anglois; Zerkou en Esclavon; Zirkwa en Lusatien; Cyric, Cyre en ancien Saxon; Chiri, Chirich en Théuton; Kyrckia en Suédois; Tzierk en Frison, Église. Voyez Kir.
KIRLING, KERLING, carlingue de navire. B.
KIRRI, plurier de Carr. B.
KIS, tribut, cens. I.
KIS, retourne. B.
KISA, reculer, retourner. B.
KISEL, ciseau. B.
KISET, émoussé. B.
KISIDIC, rétif, qui recule au lieu d'avancer. B. Voyez Kisa.
KIST, cassette. B. Voyez Cist.
KISTION, châtaignes; singulier Kistignen, Gwezen Kistign, châtaigner arbre de châtaignes. B. Voyez Castanwydd.
KIVICH, KIFICH, tan à tanner les cuirs; Kivicha, Kisigea, Kivija, tanner, préparer les cuirs, les peaux; Kivicher, Kisjer, Kiviger, Qissiger, tanneur. B. Voyez Cyffaith.
KIVIOUL, brusque, bourru, fâcheux, farouche, incommode. B.
KIUN, apprivoisé. I. Voyez Cun.
KLABAR, boue. I. Voyez Cailbar.
KLAIV, épée. E. Voyez Glev.
KLAON, courbe. I.
KLAR, clavin, bardeau. I.
KLEDDA, épée. C. Voyez Cleddian.
KLEITE, roseau. I.
KLEITHE, faîte, cime. I. Clif, Cliof en ancien Saxon; Cliff en Anglois; Klip en Flamand, élévation, roc élevé.
KLI, corps. I.
KLIATH, claie. I.
KLIAV, corbeille. I.
KLIAV, KLIATHAN, poitrine. I.
KLISTE, vite, agile. I.
KLOCHAR, assemblée. I.
KLOIDHEAV, épée. I. Voyez Cleddian.
KLU, beauté. I.
KLUYD DWY VRON, poitrine. C. A la lettre; claie des deux mammelles.
KNAPACH, bossu. I.
KNAV, os. I.
KNAU, noyer. B.
KNEAU, toison. B.
KNECHEN, tertre. B.
KNEH, tertre, montagne, haut. B. Knyss en Vandale; Kneez, en Dalmatien, seigneur. Voyez Knehen.
KNEHEN, colline. B. Knmoi, colline en Grec; Os terminaison de cette Langue.
KNEVYER, tondeur de moutons. B.
KNOCH, colline. I. Knoll en Allemand, loupe, tumeur, élévation; Knwla, Knulng, Knylig en Suédois, loupe, tumeur, élévation.
KNOK, roc. I.
KNOK, KNOKAN, KNOIKIN, tas. I.
KNOU, noyer arbre. B.
KNOWEN, noix. B.
KNU GEANMNAIDH, châtaigne. I.
KODARSNA, contre. I.
KOEL, nouvelle. B. Voyez Coel.
KOER, maison, logis. B. Voyez Kaer.
KOGADH, guerre. I.
KOHEL, ville. B. Colo en Syriaque, ville, & Kolith, habitation, chambre dans la même Langue. Janus qui venoit de Thessalie bâtit une ville en Italie qu'il appella de son nom Janicule, ce qui fait voir que Cul en Thessalien signifioit ville; Kula, forteresse en Illirien barbare; Cule, ville en Flamand, & Knyl, demeure dans la même Langue. Voyez Caell, Kael.
KOIGEADH, terre. I.
KOIGLE, compagnon. I.
KOILL, KRANN-KOILL, coudrier. I.
KOINLIN, tuyau de bled. I.
KOINNE, femme. I.
KOIRK, avoine. I. Koirkie dans l'Isle de Mona; Koirk en Écossois occidental; Kerk en Écossois septentrional; Kerk en Langue de Cornouaille; Kerk en Breton, avoine. Voyez Ceirch.
KOITE, barque, bâteau. I.
KOITVEAN, commun. I.
KOKA, KOKVAD, barque, bâteau. I.
KOLEN, petit d'un animal. I.
KOLG, épi de bled. I. Voyez Colo.
KOLL, coudrier. I. Voyez Koill.
KOLLAN, viande. I.
KOLLCHAILLE, coudraie. I.
KONA, cou. I.
KONAVAN, confluent. I. Avan, rivière.
KONGNAF, secours. I.
KOPA, mont pointu. G.
KOR-GLASS, héron. I.
KORGREIMA, espèce de héron. I.
KORN, corne. B.
KORRAN dans l'Isle de Mona & en Irlande, faulx. G. I.
KORREAN, cicogne. I.

KOR. KYT.

KORK, guerre en Écossois occidental.
KOS, pied. I.
KOSNAV, guerre. I.
KOSTASACH, riche. I. Voyez Cost.
KOV, union. I.
KOVACH, tribut, cens. I.
KOVAIRLE, conseil ; sénat. I.
KOVAR, O KOVAR, contre. I.
KOUILK, roseau. I.
KOVLA, cataracte. I.
KOVNAIM, demeurer. I.
KOVNHUADH, confluent. I.
KOURAK, bâteau de cuir de cheval. I. Voyez Cwrwgl.
KOVRUTH, confluent. I. Ruth, rivière.
KOVTIOROL, assemblée. I.
KOZY, guerre en Écossois occidental. Voyez Cosnav.
KRAIV ; os en Écossois occidental ; Kroi en Écossois septentrional.
KRANN, arbre. I.
KRAS, corps. I.
KREPYER, tondeur de moutons. B.
KRIAD, KRIAID, argile. I.
KRIG, rauque, enroué. G.
KRIKNAIM, finir. I.
KRIMTHAN, renard. I.
KRIS, ceinture. I. Voyez Gowrie.
KRO, maison. I. Krot en Flamand ; petite maison.
KROICHEAN, peau. I.
KROIKEAN, cuir. I.
KROKH, KROKHA, safran. I. De là Crocus.
KROONE, couronné. B.
KRUACH, tas de foin, de gerbes. I. Voyez Crug ; Kruin en Flamand, sommet.
KRUAIDH, difficile. I.
KRUAN, rouge. I. Voyez Cran.
KRUTH, condition, état. I.
KRISSAT, épervier. C.

KRYP, arbre en Écossois septentrional.
KUAILLAIDHE, compagnon. I.
KUAILLE, massue. I.
KUASACH, creux. I.
KUASANACH, creux. I.
KUIDARUN, capuchon. I.
KUILL, roue. E. Quillin dans l'Isle de Mona ; Kolo en Russien ; Kolu en Esclavon ; Kolo en Dalmatien, en Polonois & en Lusatien, roue.
KUILL, roseau. I.
KUINT. Voyez Gwint.
KUIT. Voyez C'hwit & Cuit.
KULPHOC, bouc. I.
KUM, terrein plus bas, terrein environné de collines, lieu plus bas, vallée entourée de montagnes de toutes parts. G.
KURKA, crête, faîte. I.
KURKAIS, chevelure. I.
KURRI, brebis dans l'Isle de Mona.
KURRYK, chapeau en Écossois septentrional. Voyez Cor.
KUSAN, crépuscule. G.
KUVAS, arbre. I.
KWRW, bière. G. Voyez Cwrw.
KUYLEAN, petit chien. I.
KYPAROS, attendre. G.
KYIN, benin. I.
KYLL, forêt. E. Voyez Kell.
KYLLACH, sanglier. I. Tyrk-Kyllach en Écossois septentrional ; Kullach dans l'Isle de Mona, sanglier.
KYN, clément. I. Voyez Cyn.
KYNHOOULEN, érable. I.
KYNNHURIG, le même que Kendric. G.
KYR, chandelle. I.
KYR, baie ou bouquet des arbres. I.
KYRLAN, étable. I. Voyez Corlan.
KYRN, cor, durillon. G.
KYTHRAEL, contraire, diable. G.

L

 Se place ou s'omet indifféremment au commencement du mot. Voyez la dissertation sur le changement des lettres au premier tome des Mémoires sur la Langue Celtique. Tous les mots qui commencent par *Cl*, *Gl*, *Kl*, *Sl*, peuvent être commencés par *L* seule. Voyez *Aru*.

LA, LLA, article que l'on joint au commencement du mot. Voyez *Lafrwyn*, *Llafrwyn*, *Brewyn*.

LA. Voyez *Law* Écossois.

LA, jour, lumière. I.

LA, main. B. Voyez *Lla*.

LAANGWANEC. Voyez *Leangwan*.

LAB, coup. G. De là le Latin *Alapa*.

LAB, pierre. Voyez *Labeein*, *Labeza*, *Llabyddio*. De *Lab* ou *Lap* est venu le Latin *Lapis*, & *Lame*, tombe en vieux François *l'm* & le *b* se substituant.

LAB, petit. Voyez *Labistren*.

LAB, levre, le même que *Clab*. Voyez ce mot, *Labairt*, *Libar*, *Lap*, *Lapp* & *Aru*.

LAB, le même que *Lav*, main. Voyez B. De là le verbe Grec *Labo*, prendre, parce qu'on prend avec la main.

LAB, le même que *Lub*, eau. Voyez *Lubina* & *Bal*.

LABA, le même que *Leaba*, &c. De même des dérivés ou semblables. I.

LABAINA, captieux. Ba.

LABAINQUETA, conseil captieux. Ba.

LABAIRT, parler, dire, exprimer, témoigner ses sentimens de bouche ou par écrit. L. Voyez *Lab*, levre, *Llafar*.

LABAN, boue. I.

LABANA, lieu glissant. Ba.

LABANA, fin, rusé. I.

LABANAC, payfan. B.

LABARVA, étendart, drapeau. Ba. De là le Latin *Labarum*.

LABASK; singulier *Labasken* dans une partie de la basse Bretagne, homme délabré, mal habillé, faisant connoître sa misère par son extérieur; dans une autre partie de cette Province, homme dont les habits sont tout mouillés & gâtés; *Labas Kennec*, celui qui a de tels habits, des haillons. Ce mot signifie encore haillon. *Labaskennecq* signifie aussi lâche, long & menu, grand, qui a de grandes jambes. B.

LABASKENNECQ. Voyez *Labask*. Voyez *Llabi*.

LABEA, feu, ardeur, chaleur, four, fournaise. Ba.

LABEEIN, lapider. B.

LABEN, médisant, babillard, grand parleur au désavantage des autres, flateur, qui fait sa cour aux dépens d'autrui; *Labenna*, être tel, avoir ce défaut; *Labenner*, le même que *Laben*. B.

LABERNA, A. G. outil, instrument de fer des voleurs, des larrons & des pillards, larron, gladiateur; de *Llabir*, qui signifiant épée, aura ensuite été étendu à signifier tous les instrumens de fer dont les voleurs se servent pour percer les portes, les armoires & les coffres; & par une nouvelle ampliation de signification on aura employé ce terme à désigner le larron qui se sert de ces outils, le gladiateur qui se sert de l'épée, & la déesse des voleurs qu'on appelloit *Laverne*.

LABES, A. G. maladie, malheur. De *Clab*; le *c* initial s'ôtoit. Voyez *Aru*.

LABEZA, lapider. B. Voyez *Llabyddio*.

LABHARTA, dit, ce qui est dit. I. Voyez *Labairt*.

LABHRADH, discours. I.

LABHRAIM, parler, dire. I.

LABHRAS, LABHRACH, laurier, cerise. I.

LABHUR, travail. G. De là le Latin *Labor* & ses dérivés; de là les mots François *Labeur*, *Labourer*, &c. de là l'Anglois *Labour*, travail, labeur, occupation. Voyez *Lab*, main; *Labour*, *Llasur*.

LABINA. Voyez *Lubina*.

LABISTREN, petit congre. B. Ce mot est formé d'*Istren*, & de *Lab*, petit. Voyez *Lap*, *Lapous*, *Lapas*, *Lapp*, *Labour*.

LABOUÇZ, oiseau, volatile; pluriel *Laboucçzer*; diminutif *Laboucçzie*, petit oiseau, oiselet; *Laboucçzeita*, chasser aux oiseaux; *Laboucçzetier*, oiseleur, chasseur aux oiseaux. B.

LABOUR, travail, ouvrage, labourage. B. Voyez *Labhur*.

LABOUR, petit, court. Ba.

LABOUR, LABOURD, LABOURT, pays désert & exposé aux voleurs. Ba.

LABOUREIN, laboureur. B. Voyez *Labour*.

LABOURER, laboureur. B.

LABOUS, oiseau. B. Voyez *Laboucç*.

LABRORES, A. M. nom d'une espèce de soldats Anglois. De *Labyr*.

LABULUM A. M. paroit signifier une petite pierre. De *Lab*.

LABUR, travail. G. C'est le même que *Labhur*.

LABUR, bref, court, petit; *Labur Egnin*, je retranche, j'accourcis. Ba. C'est le même que *Labour*.

LABURA, A. M. culture de la terre. De *Labhur*.

LABURGOA, abbrégé, sommaire. Ba.

LABURRA, court, bref, précis. Ba.

LABURRERA, qui abbrége, abbréviation. Ba.

LABURTEA, brièveté. Ba.

LABURTU, je retranche, j'accourcis, j'abbrége, accourci, retranché, abbrégé. Ba.

LABURTZA

LAB.

LABURTEA, abbrégé, sommaire. Ba.
LABURTZALLEA, qui retranche, qui raccourcit. Ba.
LABURTZEN, abbrégeant, accourcissant. Ba.
LABUS, oiseau. B. C'est le même que *Labouce*, *Labous*.
LAC, LACH, étang. I. *Lacca*, puits en Langue de Cornouaille ; *Lac*, lac en Basque ; *Lahh* ou *Lach* en Hébreu, humidité ; *Lago* en ancien Saxon, eau ; *Lachah* en Chaldéen, humidité, terre humide ; *Lacca*, mer en Persan ; *Pilakkos*, *Phlakkos* en Cophte, lac, citerne, (*Pi* en cette Langue est l'article ;) *Lakkos* en Grec ; *Lacus* en Latin ; *Lac* en François ; *Laeke* en Allemand ; *Lago* en Espagnol & en Italien ; *Lake* en Anglois ; *Lack* en Hongrois, lac ; *La*, mer en Runique ; *Lackur*, torrent, & *Lang*, bain ; *Lagur*, liqueur en Gothique ; *Lag*, eau en Albanois, comme on le voit par *Laghessine*, mouillure ; *Laguna*, mouiller en cette Langue ; *Mlaka* en Esclavon, bourbier, & *Lokva* en Dalmatien, étang. Voyez *Llwch*, *Lagum*, *Laken*, *Loch*, & *Lac* plus bas.
LAC, le même que *Leac*. De même des dérivés & semblables. I.
LAC, lieu. B. De là notre adverbe *Là*, qui marque le lieu. *La* marque le lieu en Tartare du Thibet ; *Lassa*, ville en Pérouan.
LAC, lac. Ba. *Lache*, amas d'eau, grand étang en Patois du Pays Romand ; *Lekjee*, lac en Albanois ; *Lache* en Allemand ; *Laca* en ancien Saxon ; *Lake* en Anglois, mare amas d'eau dormante.
LAC, le même que *Las*, lait. Voyez *Aru*. De là le Latin *Lac*.
LAC, LAH, LAZ, couper. Voyez *Lacqein*, *Laban*, *Laca*. De là le Latin *Lacero*, & notre François *Élaguer*.
LAC paroit avoir signifié eau. Voyez *Lac* plus haut, *Latte*, *Lacca*, *Lagen*. De *Lac*, eau, est venu le Latin *Lacryma* ; *Lac*, eau ; *Rom* ou *Rum*, petite. Voyez *Lem*. Les anciens Latins prononçoient *Lacruma*.
LACA, pire. C. Voyez *Lag*, *Laghairt*, *Lag sunn*.
LACA, mettre. B.
LACA, lac. Ba. Voyez *Lac*.
LACA, espèce de gomme rousse. Ba.
LACAOYA, laquais. Ba. De là ce mot, dont on a tant cherché l'origine ; de là *Lacayo* en Espagnol ; *Laché* en Italien ; *Lackey* en Anglois ; *Lakay* en Allemand, laquais ; *Laki* en Éthiopien, valet, & *Laaca*, envoyer ; *Laaka*, envoyer en Arménien ; *Malach* en Hébreu, envoyer. Voyez *Lacqès*, *Leachàye*.
LACARIA, boisseau. Ba.
LACASTA, BACASTA, tiquet petit insecte. Ba.
LACATZA, ordures. Ba.
LACC, lacet. B. De là ce mot. On disoit *Laçon* en vieux François.
LACCA, puits. C.
LACCAT, lacer. B.
LACCAU, relâcher, détendre. G. Voyez *Llacc*.
LACERDUS, A. G. calamité imaginaire. De *Laceria*.
LACERIA, malheur, calamité. Ba. Voyez *Laca*.
LACERITUS, misérable. Ba.
LACEROLUS, A. G. est mis pour synonyme de *Torsforium*. Ce mot, que M. Ducange & ses nouveaux Éditeurs n'ont point expliqué, ne viendroit-il point de *Laceria*, malheur, calamité, comme *Torsforium* de tort ?

TOME II.

LAD. 65

LACERTI, A. G. troupes de soldats ; de *Lacqes*. On a donné autrefois le nom de *Laquais* aux soldats, ainsi qu'on le voit dans Monstrelet. Voyez *Lacqepod*.
LACH, étang. I. Voyez *Lac*.
LACH, noir. I.
LACH, canard. I.
LACH. Voyez *Lech*.
LACHA, canard. I.
LACHA, acide, verdure du vin. Ba.
LACHA, cruel. Ba.
LACHADOIR, plongeur. I.
LACHASQUIA, aigremoine plante. Ba.
LACHATUA, relâché. Ba. Voyez *Llacc*.
LACHATZEA, je relâche. Ba.
LACHD, famille. I.
LACHDWN, jonc. G.
LACHNA, sombre, brun, jaune. I.
LACHO, paille, herbe. Ba.
LACHOA, liberté, franchise, exemption. Ba.
LACHOTASUNA, paresse, indolence. Ba.
LACHOTU, je relâche. Ba.
LACHOTUA, relâché. Ba.
LACHR, crainte. Voyez *Dilachr*. G.
LACHT, famille, tribu. I. Voyez *Ach*.
LACHUS, A. M. abattis d'arbres. De *Lac*, couper. Ba.
LACOA, pressoir. B.
LACONDOA, récompense. Ba.
LACORA, A. G. piscine réservoir d'eau. De *Lac*.
LACQAT, mettre, poser, reposer. B. *Laggan*, mettre, poser en Gothique ; *Legg*, je mets ; *Lagde*, j'ai mis en Islandois ; *Legen*, *Lassen*, mettre en Allemand ; *Leegan* en ancien Saxon ; *Legen*, *Leecen* en Théuton ; *Leggis* en Scandinave & en Islandois ; *Leggen* en Flamand ; *Lay* en Anglois, mettre, poser, placer. Ce mot est formé de *Lac*, lieu. Voyez *Laka*.
LACQEIN, le même que *Lahein*, le *c* ou *k* se mettant pour l'*h*.
LACQEPAUD, satellite, coupe-jarret, estafier. B.
LACQES, laquais. B. Voyez *Lacayoa*.
LACQOUPOD, satellite, coupe-jarret. B.
LACREA, cire à sceller. Ba.
LACTA, A. M. défaut de poids dans la monnoie. De *Laca*, pire. Voyez *Lacum*.
LACTE, selon Baxter, le même que *Llaith*, eau. G.
LACTENA, A. M. espèce de couleur qu'on n'a point encore désignée jusqu'ici. Ne seroit-ce point *Lachena* ? le *t* s'inséroit souvent.
LACTENA, LACTINA. On lit dans le glossaire de Saint Isidore *Lactena*, *Lactina Malleum*. Je conjecture que *Malleum* est mis pour *Mallum*, assemblée nationale. De *Lachs*, tribu.
LACTUM, A. M. le même que *Lacta*.
LACUM, A. M. le même que *Lacta*.
LACUN, LAGUN, compagnie, aide. Ba.
LACZ, lacet. B. *Laqueus* en Latin ; *Laccio* en Italien ; *Lazo* en Espagnol, lac ou lacet, piége. Voyez *Laqnioa*.
LAD, couper. C. Voyez *Llad*.
LAD, milieu. I.
LAD, ferme, stable, fort. I.
LADAR, pillard. C. B. Voyez *Ladr*.
LADAS, LADUS, fermeté, stabilité, force. I.
LADD, foin, herbe. G. Voyez *Adladd*, *Lacho*.
LADD, tuer. B. Voyez *Llad*.
LADDO, A LADDO, mortel, qui donne la mort. G. Voyez *Ladd*.
LADDREZ, voler. B.

R

LADH, envoi ; *Ladham*, envoyer. I.
LADHAD, un petit nombre. I.
LADHG, neige ; *Ladhgach*, neigeux. I.
LADO, côté. Ba. Le *t* & le *d* se mettant indifféremment l'un pour l'autre, on a dit *Lato* comme *Lado* ; de là le Latin *Latus*, côté.
LADR, larron. B. Voyez *Ladar*, *Ladran*, *Lladrad*, *Laidyr*. De *Ladr* ou *Latr* sont venus le Latin *Latro*, l'Italien *Ladre*, *Ladrone*, l'Espagnol *Ladron*, le Bohémien *Lotr*, le Hongrois *Latrok*. *Lat* en Islandois signifie ce qui a été pris par un larron. Voyez *Laer*, *Ladar*.
LADRAN, usurpateur. I.
LÆ, LAHE, haut, le haut, en haut, hauteur, élévation. B.
LAE, voler. B. Voyez *Laer*.
LAEH, lait. B.
LAEN, le même que *Blaen*. G. *Tlanyl*, monter ; *Lampyr*, escalier en Arménien.
LAER, cavale en Irlandois & en Écossois septentrional ; *Lar* dans l'Isle de Mona.
LAER, bonde d'étang. B.
LAER, cuir. B.
LAER, larron. B. *Lerre*, *Lairé*, *Lierre*, larron en vieux François ; *Leron*, larron en Auvergnac. De *Laer* ou *Lar* est venu notre mot *Larron*. Voyez *Laereah* & *Laeroncy*.
LAEREAH, dépouiller, enlever. B. Voyez *Laer*.
LAËRES, bonde d'étang. B.
LAËRES, mal de côté. B.
LAËRES, voler. B. Voyez *Laer*.
LAES, cour. B.
LAES, cri lugubre. B.
LAES, legs. B. De là *Lais* en vieux François, legs.
LAESEN, loi. B. Voyez *Lesen*.
LÆTAMEN, A. M. Voyez *Leter*.
LAETH, mort. B.
LAETH, lait. B. Voyez *Llaeth*.
LAETH, le même que *Lléd*. Voyez *Helaeth*.
LAETHIN, LATHIN, large. I.
LAETISSKENN, laitance. B.
LAETTRENN, lettre. B.
LAETUS, LAETUZEN, laitue. B.
LAEVA, A. M. forêt. Voyez *Laya*.
LAEZ, le même que le premier *Lâs*. B.
LAEZ, lait. B.
LAEZ, voler. B. Voyez *Laer*.
LAEZ GAOUR, la fleur de chévrefeuille. B. A la lettre, lait de chevre.
LAEZ TRO, lait caillé par la présure. B.
LAEZAËR, celui qui vend du lait. B.
LAEZAFF, laisser, abandonner. B. De là le premier de ces mots.
LAEZECQ, laiteron plante. B.
LAEZEGUES, laitue, laiteron plante. B.
LAEZEGUEZEN, boudin blanc. B.
LAEZENN, laitance. B.
LAEZR, larron. B.
LAF, le même que *Glaf*. Voyez *Glav*.
LAF, synonime de *Law*, comme on dit *Aelaw* & *Aelaf*.
LAFAN, fait hardi. Voyez *Cyflafan*.
LAFANT, qu'on prononce *Lavant*, lavande. G. De là ce mot.
LAFARLYM, subtil. Voyez *Golafarlym*.
LAFF, hôtellerie. B.
LAFFNEN, lame. B. Voyez *Llafn*, *Lamen*.
LAFFREC, haut-de-chausses, culotte. B. Voyez *Larrec*, *Llaffrog*, *Lafrac*.
LAFR, le même que *Glaf*. Voyez *Aru*.

LAFRAC, haut-de-chausses. C. Voyez *Laffrec*, *Llaffrog*.
LAFRWYN, jonc. G.
LAFRWYNEN, jonc. G.
LAG, confluent. G.
LAG, foible, languissant, caduc ; qui n'a point de force ou de courage, abattu, découragé, malade, infirme, qui pend, qui n'est pas ferme, fragile, frêle, invalide, nul. I. Voyez *Llac*, *Laghairt*. De *Lag* est venu le Latin *Langueo*.
LAG, froid. I.
LAG, mare amas d'eau dormante. I. Voyez *Lac*.
LAG, long. B.
LAG, mer. Voyez *Lagen*.
LAG BRIGEACH, foible de cœur, timide. I.
LAGAD, LAGAZ, œil. C. Voyez l'article suivant & *Llygad*.
LAGAD, œil, & burlesquement celui qui n'a qu'un œil. B. Voyez l'article précédent & *Lagat*.
LAGADAD, œillade, regard. B.
LAGADEC, qui a des yeux, qui a la vuë bonne ; clairvoyant. B.
LAGADECQ, LAGADOC, dorade poisson qui a de gros yeux. B.
LAGADEIN, se former en bouteilles, comme fait l'eau quand il pleut. B.
LAGADEN, rayon, boucle de porte, bouteille sur l'eau. B.
LAGADENNA, bouillonner. B.
LAGADH, affoiblir. I.
LAGAIGHIM, affoiblir, diminuer. I.
LAGAN, le même que *Lag* dans tous ses sens. I.
LAGAN, bris de vaisseaux. B. Voyez *Lag*.
LAGANAL, soupir. I.
LAGAT, œil. On donne ce nom au figuré à un chaton de bague que l'on nomme *Lagatbezou* ; à la lettre, œil de bague. B. Voyez *Lagad*.
LAGAT, singulier *Lagaden*, est encore un rayon de lumière ; & avec *Hcaul*, rayon de soleil. Il se dit aussi de ces petites bouteilles que la pluie fait lever d'une eau tranquille où elle tombe ; *Lagadenni*, rayonner & former de ces bouteilles. B.
LAGDHUGAD, action de rabattre, rabattre, diminuer, exténuer, rogner, tondre, couper, accourcir, retrancher, déroger. I.
LAGEN, maritime. I. On voit par là que *Lag* a signifié mer. Voyez *Lagh*, *Lac*.
LAGEN, gouffre. B.
LAGH, lac, étang, marais. I. Voyez *Lac*, *Lag*.
LAGHAIRT, lésard. I. Voyez *Lat*.
LAGHAISDE, rabais, diminution. I. Voyez *Lac*.
LAGHAN, LAGHEN, plein de lacs, plein de marais. I.
LAGHRACAR, débilité, foiblesse. I.
LAGHTACH, émollient, adoucissant. I.
LAGLAMHACHD, de peu de force. I.
LAGONA, camarade. Ba.
LAGRACAR, foiblesse, débilité. I.
LAGSUNE, rabais, diminution. I.
LAGUDA, adoucir. I.
LAGUEN, lac, boue, limon, cloaque, voirie. B. *Lagunna* en Espagnol ; *Lagume* en Italien, marais.
LAGUGADH, alléger, soulager, appaiser, adoucir, affoiblir, rendre incapable, ôter la force ou le pouvoir, énerver, diminuer, affoiblir. I.
LAGUIAN, équivaut à la conjonction Latine *Nè*. B.
LAGUNA, compagnon, associé, joint, uni. Ba.
LAGUNA, A. M. lac. De *Lagnen*.
LAGUNDEA, LAGUNDERA, secours. Ba.

LAGUNDU, j'accompagne, j'aide. Ba.
LAGUNEGUILLEA, compagnie. Ba.
LAGUNEGUIN, j'accompagne. Ba.
LAGUNGUXA, solitude. Ba.
LAGUNQUIDEA, coadjuteur. Ba.
LAGUNTARIA, protecteur, patron, auxiliaire. Ba.
LAGUNTZA, secours, compagnie. Ba.
LAGUNTZALLEA, compagnon. Ba.
LAHAN, tuer, massacrer, égorger. B.
LAHAR NEHOUR, frape-le bien serré. B. Voyez Lahan, Laheire, Lac.
LAHEM, le même que Lan, monastére, B. dans la vie de Saint Gildas.
LAHEN, synonime de Lan, monastére. B.
LAHIN, large. I.
LAHO, tuer, massacrer, égorger. B.
LAI, veau; Coh-Laï, taureau; à la lettre, vieux veau. B.
LAI, le même que Clai. Voyez Aru. De là Lai, Lais, qui dans Monet est une isle nouvellement née dans un fleuve.
LAIA, A. M. de couleur de lait. De Lais.
LAJADEA, abdication. Ba.
LAIAN, fidéle. C.
LAIAR, le même que Claiar & Glaiar. Voyez Aru.
LAIATU, j'abandonne. Ba. Voyez Latzaf.
LAIB, boue. I.
LAIBHREAF, laurier. I.
LAIBIN, levain, levé parlant du pain. I. Voyez Lefain.
LAIDAGARRIA, ignominieux. Ba.
LAIDAGARRIRO, ignominieusement. Ba.
LAIDARE, LADARE, A. M. injurier, dire des injures. De Laidoa.
LAIDATZALLEA, qui injurie. Ba.
LAIDAURGA, injure, affront. Ba.
LAIDAZTARIA, qui injurie. Ba.
LAIDAZT'ATU, deshonorer. Ba.
LAIDD, rivière. Voyez Glaid & Aru.
LAIDIR, ferme, fort. I. Voyez Laidis.
LAIDIRE, force. I.
LAIDIREAS, force. I.
LAIDIS, LAIDIR, robuste, fort, vigoureux, qui se porte bien, ferme, stable, puissant, roide, inflexible, énergique. I.
LAIDO, joyeux. Ba Le t & le d se mettant l'un pour l'autre, on a dit Laito comme Laido; de là le Latin Lætus & ses dérivés, car les Latins ont changé ai en æ; de Musai ils ont fait Musa. Voyez Lid.
LAIDOA, honte, deshonneur, injure. Ba. De là sont venus ces vieux mots François Laidoyer, injurier; Laidoirer, Loidorer, Lœdorer, Laidanger, dire des injures; Laid, Lait, injure, affront; Laidauge, injure; Laidure, deshonneur, injure; Loidoria en Grec, injure, outrage; Laidig en Allemand, maudit, détestable; Leid, tort, injure, affliction, douleur, tristesse, souffrance, dommage, injustice & tout ce qui est haïssable dans la même Langue & en Théuton. Voyez Lled.
LAIDOTU, deshonorer, injurier. Ba.
LAIDRE, plus fort. I.
LAIDRE, lépreux. I. De là notre mot François Ladre, lépreux, & le mot du Patois de Franche-Comté Laidre qui signifie la même chose.
LAIDZH, ample. C. Voyez Lled.
LAIG, eau, rivière. I.
LAIGE, maladie, foiblesse, débilité, incapacité, impuissance, insuffisance. I. Voyez Leigh.
LAIGHAIM, diminuer. I.

LAIGHBRIOGACH, impotent, perclus de ses membres. I.
LAIGHE, épée, bêche. I.
LAIGHEAN, épieu, pertuisane. I.
LAIGHIDE, bêche à fouir la terre. I.
LAIGN, le même que Claign. Voyez Aru.
LAIM, LAM, le même que Claim, Clam. Voyez Aru.
LAIMH, main, proche, près, à la main. I. Voyez Llaw.
LAIMHBHEIRT, une manche. I.
LAIMHBHREID, poignée, plein la main. I.
LAIN, verre. G.
LAIN, plénitude, plein, rempli. I. Voyez Lan, Lienwi, Laun, Llawn.
LAIN, flot, la pointe de la marée. B. Voyez Gourlain, Lanv.
LAIN, meurtre, carnage, mort violente. Voyez Dilain.
LAIN, le même que Claign & Glain. Voyez Aru.
LAIN MARA, la haute mer, flux de la mer.
LAINA, épaisse couverture à la Gauloise. Strabon; l. 4, nous a conservé ce mot Gaulois; il est encore en usage dans le bas Breton. Lenn signifie dans cette Langue une grosse couverture de lit.
LAINDEANTA, complet, achevé, parfait. I.
LAINDEAR, lanterne. I.
LAINNE, le tranchant, le fil d'une épée, d'un couteau. I.
LAINNEACH, gai. I.
LAIR, aire. I. Voyez Ler.
LAIR, cavale. I. Voyez Lair.
LAIR, milieu. B.
LAIREAH, dévalisée. B. Voyez Laer.
LAIRGE, cavale, jambe, cuisse. I.
LAIRGEACH, cuisse. I.
LAIRH, cuire. B. Voyez Llerr.
LAIRIATT, bâtée, airée. B. Voyez Lura.
LAIROU, bas, chausse. B.
LAIS, main I.
LAIS, avec. I.
LAIS, LAËS, LES, LEAS, lait; Laësec, Leasec, qui a du lait, qui est de lait; Dilaësa, priver de lait. B. Voyez Llaith.
LAIS, cri lugubre, cri de mariniers qui se perdent. B.
LAIS, le même que Clais. Voyez Aru.
LAIS, le même que Las, Glas. Voyez Callas.
LAISCHE, tranche. B. Laïsche signifie la même chose en Patois de Franche-Comté.
LAISOET, laiteron plante. B.
LAISSERIA, A. M. lac, piscine. De Laigh ou Laith.
LAIT, lait. C. Voyez Lais.
LAIT, A. G. marais, étang. Voyez Arlait, Llaith, & l'article suivant.
LAITH, eau, mer, humide. G. Laith, lait, liqueur, humeur en Irlandois; Luthia, humide en Finlandois; Blatto en Esclavon, lac, étang; Lat en Patois Romand de Suisse, lac; Gouillet en Patois de Franche-Comté, une petite mare d'eau, un peu d'eau croupissante; Gour, petite; Laith, mare. Voyez Llaith.
LAITH, lait, liqueur, humeur. I.
LAITH, mort. B.
LAITUM, LAATUM, airain. I.
LAIVIM, oser I.
LAK, long. B.
LAKA, LACA, LAGAT, LÆQUAHAT, LACQUAT, mettre, poser, placer. Le participe passif est Lakzt,

& autrefois *Lekeat*, mis, posé. &c. Impératif *Lakàit*, *Laca*, *Lekit*, *Likit*, mettez. B. La racine de ce mot est *Lae*, lieu. Voyez *Laeqai*, *Lahau*.

LAKEN, LACHEN, LOACHEN, lac, marais, fondrière, bourbier, cloaque. B.

LAKET, agréable. Ba.

LALACH, géant. I.

LAM, LAMB, main. I.

LAM, bois, bâton, fût. B. Il a aussi eu cette signification dans le Gallois. Voyez *Llamfa*, échelle champêtre; de *Lam*, bois; *Fa de Bafenn*, dégré. Ce mot s'est conservé en ce sens dans notre Langue; *Lambris*, piéce de bois scié; de *Lam*, bois; *Bris*, coupé; *Lambourde*, piéce de sciage. En Celtique les termes qui signifient bois, signifient aussi forêt. Voyez *Coad*, *Gwig*, *Gwydd*, *Den*; ainsi *Lam* a signifié forêt comme bois, ce qui se confirme pour *Lemn*, *Lan-Herch*, *Llannerch*.

LAM, LAMM, saut, bond, palpitation, battement de cœur, chûte; *Lamma*, sauter, tomber; *Lammer*, *Lammeur*, *Lammour*, sauteur; *Dilamma*, réjaillir. B. Voyez *Llam*, *Llammu*, *Leim*, *Lemmirich*.

LAM, évènement. Voyez *Dryglam*.

LAM, le même que *Lan*. Voyez *Aflam*.

LAM, le même que *Clam*. Voyez *Laim* & *Aru*.

LAM. Voyez *Lamgresq*.

LAM, le même que *Nam*, estropié, comme *Lamein* est le même que *Namein*. *Lama* en ancien Saxon, boiteux; *Lamer* en Théuton, paralytique; *Lam* en Islandois, homme qui a quelque membre brisé; *Lame* en Allemand, paralysie.

LAMA dans Festus, petit lac. De *Lan*. L'n finale se changeoit souvent en m. Voyez *Lamnachta*. Le terme qui signifioit lac signifiant aussi gouffre, (Voyez *Laken*, *Lagen*, *Laguen*,) on s'est servi de ce mot *Lama* pour signifier un lieu plein de gouffres. Il se trouve en ce sens dans un ancien glossaire.

LAMA, A. G. pierre détachée qui se trouve dans le chemin; de *Lam*, chûte; *Lama*, tombée, détachée.

LAMA, A. G. lame. Voyez *Lamenn*.

LAMAC, dard, trait, lance. I.

LAMANTIFF, lamenter. B. De là le Latin *Lamentor*, & le François *Lamenter*. Voyez *Laim*.

LAMBALA. FAO LAMBALA, fèves bariolées. B.

LAMBEROTU, être échauffé, être brûlé. Ba.

LAMBIC, alambic. B. Voyez le mot précédent & les deux suivans.

LAMBIQUEA, alambic. Ba.

LAMBIQUEATU, distiller à l'alambic. Ba.

LAMBOA, brouillard. Ba.

LAMBOURE, sabord. B.

LAMBROA, petite pluie. Ba.

LAMBRUSK, lambris, planche, plancher de simples planches sous soliveaux & immédiatement sous le toît, ciel de lit; *Lambrusca*, lambrisser, faire un lambris, couvrir de simples planches. B.

LAMBUISEA, iambe. Ba.

LAMBULAIS signifie des fossoyeurs de terre en Bretagne, dans l'Anjou & dans le Maine; de *Llan*, sol, terre; *Boulcha*, *Boulha* ou *Poul*, *Boul*.

LAMCOBADH, emmancher. I.

LAMEIN, abolir, ôter. B. Voyez *Namein* qui est le même par la substitution réciproque de l'n & de l'l.

LAMENN, lame. B. De là le Latin *Lamina*, l'Espagnol & l'Italien *Lama*; l'Allemand *Lamen*; le François *Lame*. *Elasmos* en Grec; *Lama* en Grec vulgaire, lame. Voyez *Lama*, *Lambnan*, *Lamn*, *Lafnen*, *Llafn*.

LAMET, ôter. B.

LAMET OCH, assaillir. B. Voyez *Lam*.

LAMGRESQ, croissance complette d'un homme. B. *Gresq*, en composition pour *Cresq*, croissance; d'où il suit que *Lam* signifie complet, entier, parfait.

LAMH, main. I.

LAMHACH, darder, action de darder, lancer; attaquer, fronder. I. Voyez *Lam*.

LAMHADH, prendre, attraper, surprendre avec la main, tâtonner, aller à tâtons. I.

LAMHANN, gand; *Lamhdoir*, gantier. I.

LAMHARM, brassard, brasse. I.

LAMHFURT, maniment, manier de mauvaise grace, tâtonner, aller à tâtons. I.

LAMHNAN, lame, couteau. I.

LAMHNAN, vessie. I.

LAMHOPEA, brouillard. Ba.

LAMHTHROM, injustice. I.

LAMHTHUAGH, hache. I.

LAMIA, Lamie monstre fabuleux. Ba.

LAMITIA, goulu, friand, gourmand. Ba.

LAMMA, le même que *Lemma*. Voyez ce mot.

LAMMEL, le même que *Lemel*. Voyez ce mot.

LAMMEN, épi de bled. B.

LAMMER, LAMMEUR, LAMMOUR, sauteur. B. Voyez *Lam*.

LAMMET, sauter. B. Voyez *Lam*.

LAMMET, ôter. B.

LAMN, lame. G.

LAMNA, A. M. lame. De *Lamn*.

LAMNACHTU, lac. I.

LAMP, lampe. G. B. *Lampa* en Basque; *Lampid* en Syriaque; *Lappidh* en Hébreu; *Lampas* en Grec & en Latin; *Lampada* en Italien; *Lampara* en Espagnol; *Lampe* en Anglois; *Lampa* en Esclavon; *Lampas* en Hongrois; *Ampel* en Allemand; *Lampe* en François, lampe; *Lampar* en Arménien, torche, flambeau. De *Lamp* on a fait *Lampabilis*, qui dans les anciens monumens signifie éclatant; de là les Italiens ont fait *Lampo* & *Lampa*, qui dans leur Langue signifient éclat, & *Lampeggiare*, éclater, briller, être éclatant.

LAMP, le même que *Clamp*. Voyez *Aru*.

LAMPA, lampe. Ba.

LAMPADARIUS, A. M. homme qui portoit un flambeau devant les Empereurs ou les grands Officiers de l'Empire. De *Lamp*, que nous voyons par là avoir été étendu à signifier une torche, un flambeau.

LAMPARE, A. M. illustrer, rendre éclatant. Voyez *Lamp*.

LAMPAS, A. G. le solstice d'été; de *Lamp*, éclat, lumière, parce que c'est le plus grand jour de l'année.

LAMPENA, A. G. étoile brillante. Voyez *Lamp*.

LAMPENA, A. M. char brillant, char éclatant. Pollux & Hesychius mettent *Lampene* pour un char royal, parce qu'un char royal est éclatant. Voyez *Lamp*.

LAMPERNA, espèce d'escargot. Ba.

LAMPR, poli, uni, glissant; *Lampra*, rendre tel, polir, glisser, glisser sur la glace. B. *Lampros* en Grec, brillant, resplendissant, luisant.

LAMPR, lampe. B. Voyez *Lamp*.

LAMPRAI, lamproie. G. *Lampri* en Irlandois; *Lamprez* en Breton; *Lamprey* en Anglois & en Flamand;

Flamand ; *Lamprea* en Espagnol ; *Lampreda* en Italien ; *Lampetra* en Latin ; *Lampryda* en Bohémien ; *Lamprid* en Allemand ; *Lamproie* en François. lamproie. Voyez *Nanpreda*.

LAMPRE, lamproie. I. Voyez l'article précédent.

LAMPRED. Voyez *Nanpreda*.

LAMPREDA, A. M. lamproie. Voyez *Lamprai*.

LAMPREZ, LAMPREZEN, lamproie. B.

LAMPROBIUS, A. G. éclatant, brillant. Voyez *Lampr*, *Lamp*.

LAN, rivière, petite rivière, ruisseau, lac, marais, amas d'eau. G. Il signifie aussi dans cette Langue eau en général. Voyez *Dylan*. *Lang* en Irlandois, étang ; *Langoa* en Basque, étang ; *Lan* en Breton, lac, marais, amas d'eau ; *Slana* en Esclavon, bruine ; *Blan*, inonder, humecter en Tonquinois ; *Tlimne* en Cophte, lac, mer, port ; *Limne*, port en Grec ; *Lant*, humide en vieux François, & *Laniteur*, moiteur, humidité ; *Hlana*, en Islandois, rendre liquide.

LAN, élévation, élevé, grand. G. Voyez *Lanc*.

LAN, enclos, clôture. G. *Lan*, parc de brebis en Persan ; *Lang*, village en Tonquinois. Voyez *Lan*, Église, Temple, & *Land*.

LAN, plein. G. *Lan*, plein, rempli en Irlandois & en Breton.

LAN, pur. G. Voyez *Glan* & *Aru*.

LAN, beau, belle ; pluriel *Laviou*. G. *Lam*, ornement en Persan ; *Lamasi*, beau en Géorgien ; *Lindo* en Espagnol, élégant, bien mis, beau. *Lan* aura signifié bon comme beau, de même que *Can*, *San*. Voyez d'ailleurs *Lena*, qui en Basque signifie excellent.

LAN, enclos, clôture. C. B.

LAN, LANN, écaille, lame, couteau. I. De là le Latin *Lanio*. Voyez ci-dessous *Lan*, jan.

LAN, LANN, Église, Temple, Chapelle, lieu sacré, Monastère. I. *Lan*, Église en Breton. Voyez *Llan*.

LAN, plein, rempli, beaucoup, fort adverbe. I.

LAN, flot, la pointe de la marée. B. Voyez *Lan Mara*, *Gourlan*, *Lanv*.

LAN, Église, lieu consacré. B. Voyez *Llan*, *Lann*.

LAN, jan plante piquante qui en Latin s'appelle *Genita-Spartium*. B. On voit par ce mot, par *Lann*, *Lancz*, que *Lan* a signifié pointe, pointu, piquant. Voyez aussi *Lan*, couteau en Irlandois. Voyez *Lam*, jan, qui est le meme que *Lan*.

LAN, plein, rempli. B.

LAN, jeune. Voyez *Bulan*.

LAN, le même que *Clan*, *Glan*. Voyez *Aru*.

LAN, bois. Voyez *Forchell-Lan*. Il a aussi signifié forêt. Voyez *Lam* & *Lan-Herch*.

LAN, le même que *Ran*. Voyez ce mot.

LAN HEDEIN, jan plante piquante qui en Latin s'appelle *Genita-Spartium*. B.

LAN HERCH, forêt. G. C.

LANA, travail, le nœud de la difficulté. Ba.

LANABESA, LANIBESA, instrument, outil. Ba.

LANALDIA, journée ou ouvrage d'un jour. Ba.

LANARTEAC, vacance. Ba.

LANAW, maigre. I.

LANBERRIA, sarclage. Ba.

LANC, long. G.

LANC, lance. B. Voyez *Lance*.

LANCA, lancer, jetter. B. De là *Lançar* en Espagnol, *Lancer* en François, *Lanza* en Italien.

TOME II.

LANCAITARRA, méchanique adjectif. Ba.

LANCARE, A. M. lancer. De *Lanca*.

LANCATU, je travaille. Ba.

LANCAYA, machine. Ba.

LANCEA, lance. Diodore de Sicile, *l. 5*, dit que ce mot est Gaulois. Varron dans Aule-Gelle, *l. 15, c. 30*, assure que ce terme est Espagnol. Sisenna dans Nonius paroît le rapporter aux Germains. Il étoit commun à ces trois Peuples ainsi que bien d'autres : Ces trois Peuples n'étant que des branches de la Nation Celto-Scythe, avoient un grand nombre de termes communs. Voyez *Lance*.

LANCELS, petite lance. C. Voyez *Lance*.

LANCEN, cultivant. Ba.

LANCEOLA, A. M. lancette. Voyez *Lancea*.

LANCER, tiroir, layette. B.

LANCETA, lancette. Ba. De là ce mot. Voyez *Lanc*, *Lancea*, & le mot suivant.

LANCETAS, lancette. B. Voyez le mot précédent.

LANCHENN, langue causeuse, langue maligne, médisant. B.

LANCHENNECQ, parleur, grand parleur, médisant, qui a une mauvaise langue. B.

LANCHOVALLTA, parfait. I.

LANCI, lanci terme d'architecture. B.

LANCINARE, A. G. faire la guerre, tuer, couper. Voyez *Lancea* ; *Lan*, épée ; *Lann*, couteau.

LANCOTZEA, macération, châtiment. Ba.

LANCE ou LANÇÇ, LANS, lance, élan, *Lanza*, *Lançça*, lancer, jetter avec effort, s'élancer, vomir. B. *Langa* en Irlandois ; *Lanza* en Basque, lance ; *Lancels*, petite lance en Langue de Cornouaille ; *Lancea* en Latin ; *Lancia* en Italien & en Espagnol ; *Lamze* en Allemand ; *Lantz* en Flamand ; *Lanza* en Croatien ; *Lance* en Polonois ; *Lance* en François ; *Lonche* en Grec, lance ; *Lantsas* en Hongrois, lancier. Voyez *Lancea*.

LANCE, occasion, rencontre, sujet ; *Lance Argrouc*, pendard, qui a mérité d'être pendu. B.

LANCEEN, jeune arbre, haut, droit & menu. B.

LAND, rivage. G. Voyez *Lan*, le même que *Clan*.

LAND, LANDT, Église. B. Froissart assure que ce mot signifioit aussi Monastère en cette Langue. Voyez *Lan*. De là *Landi*, nom de la foire accordée au Monastère de Saint Denis.

LAND, habitation, demeure. B. Voyez *Lan*.

LANDA, pré, champ. Ba. Voyez *Llan*.

LANDA, jardin, verger. Ba.

LANDA, A. M. terrein inculte, landes. Voyez *Landueza*.

LANDAGOA, ministère, culture. Ba.

LANDAR, paresseux, lâche, fainéant, lent. B. *Landore* en vieux François, celui qui travaille lâchement & lentement. Voyez *Landrei*.

LANDATURIC, fixe, immobile. Ba.

LANDATZEN, plantant. Ba.

LANDEN, borne, limite. Ba.

LANDER, landier, chenet. B. De là *Landier*.

LANDERRA, vil, méprisable. Ba.

LANDERTUA, qui a dégénéré. Ba.

LANDETA, prés, pâturage. Ba.

LANDRE, landier, chenet. B.

LANDRE, retardement. B.

LANDREA, homme qui tarde par les chemins. B.

LANDREAD, convalescent, fainéant. B. De là *Landreux*, foible, demi-malade, en mauvais état en vieux François.

LAN.

LANDREAND, LANDREANT, paresseux, fainéant, qui tarde par les chemins, qui s'amuse par les chemins, convalescent. B. Voyez *Landrei*.

LANDREAT, homme qui tarde par les chemins. B.

LANDREER, homme qui tarde par les chemins. B.

LANDREI, s'amuser par les chemins, tarder par les chemins, tarder à faire une chose. B. On voit par ce mot que l'on a dit *Lander* comme *Landar*; d'ailleurs l'*e* & l'*a* se mettent l'un pour l'autre. De *Lander* ou *Lanter*, par la substitution réciproque du *t* & du *d*, sont venus le Latin *Lentus*, & les mots François *Lent*, *Lenteur*, & tous leurs dérivés. De là sont venus aussi ces termes populaires *Lanterner*, tarder à faire quelque chose, demeurer plus longtemps qu'il ne faut à faire quelque chose; *Lanternier*, celui qui agit ainsi. Le *d* s'ôtant indifféremment du milieu du mot, on a dit *Laner* comme *Lander* & de là les vieux mots François *Laner*, *Lanier*, lent, paresseux, lâche, poltron. En Patois de Franche-Comté *Lôneur* est un homme qui s'amuse lorsqu'il devroit travailler, un homme qui se met difficilement au travail; *Lento* en Italien; *Liento* en Espagnol; *Pliant* en Anglois, lent, tardif, paresseux; *Len*, foiblesse en Chinois.

LANDRENNAGH, lâcheté, paresse. B.

LANDRENNEC, paresseux, lent à agir, languissant. B.

LANDT, Église. B.

LANDUEZA, inculte. Ba. De là le mot François *Landes*, qui signifie un terrain inculte, & *Landon*, qui en vieux François signifioit une petite lande ou petit terrain inculte laissé pour le pâturage. Voyez *Laun*.

LANDULA, A. M. diminutif de *Landa*, landes. Voyez *Landa*.

LANEBESAC, les instrumens, les outils d'un métier. Ba.

LANER, lanier oiseau de proie. B. De là ce mot.

LANFACZ, LANFECZ, selon un filasse; *Lanfacz*, *Lanfuicz*, étoupes grossières selon d'autres. B Il faut retenir les deux significations. Voyez *Ankelher*. *Lanfair* en Normandie, filasse.

LANG, long. G. B. De là de l'Allemand *Lang*; le Flamand *Lanck*, *Langben*; le Gothique *Lagg*; l'Espagnol *Luengo*; le François & l'Anglois *Long*; le Latin *Longus*; l'Italien *Longo*, *Lango*; le Danois *Longe*, long; *Lenge* en Danois, longuement; *Langt*, *Langur*, *Laung*, long en Islandois; *Lang* en ancien Saxon; *Lang*, *Lanc* en Théuton, long.

LANG, étang I. Voyez *Lan*.

LANGA, lance. I. Voyez *Lancz*.

LANGACH, babil. B.

LANGAGEOUR, LANGAGER, causeur, parleur, babillard, grand parleur. B.

LANGELLUM, A. M. langes. Voyez *Lliain*.

LANGER, couverture de lit. B.

LANGHAN, le sein, la poitrine. I.

LANGOA, étang. Ba. Voyez *Lang*.

LANGOUINECQ, ver long, homme extraordinairement grand. B. Voyez *Lang*.

LANGOUR, langueur. B.

LANGROESSEEN, églantier. B.

LANGUAICH, langage. B.

LANGUEIN, doubler un vaisseau de planches en dedans. B.

LANGUIADURA, mélancolie. Ba.

LANGUICZUS, languissant. B.

LANGUISSA, languir. B. De là le Latin *Langueo*;

LAO.

l'Italien *Languire*; le Hongrois *Lankadok*, languir; l'Anglois *Languish*, langueur.

LANGUITEN, travaillant. B.

LANGUS, A. G. oisif, fainéant, paresseux, homme difficile, homme qui forme des difficultés pour arrêter une affaire; de *Lang* par analogie. *Long* en François; *Lang* en Allemand s'est aussi pris pour un homme qui agit ou qui travaille lentement.

LANN, pays, contrée. G.

LANN, rivage. G. Voyez *Lan*.

LANN, maison, habitation, Église, Temple. I. *Ithlann*, grenier; à la lettre, habitation du bled dans la même Langue; *Lam*, habitation, demeure en Chinois. Voyez *Lan*.

LANN, LAIN, voile. I.

LANN, épée. I. Voyez *Lan*.

LANN, parfait. I. Voyez *Lan*.

LANN, territoire, pays, région. B. Voyez plus haut *Lann*, contrée, pays en Gallois.

LANN; plurier *Lannou*, landes terrein inculte. P. Voyez *Landueza*.

LANN, jan ou arbuste épineux & piquant comme le genièvre. B. Voyez *Lan*, jan, qui est le même.

LANNA, A. M. monastère; de *Lan*, Lann.

LANNECQ, lieu rempli de jan, lieu où croit le jan. B.

LANNECQ, landes. B.

LANNMOR, gros, grand. I.

LANNOIR, vache. I. Voyez *Lai*.

LANNTAOR, division, séparation. I.

LANNYEIN, rassasier, remplir. B. Voyez *Lan*.

LANO, LANW, LANVEZ, le flux ou montant de la mer, le flot. Voyez *Llanw*.

LANOA, nuage, obscurité. Ba.

LANOTASUNA, affabilité. Ba.

LANOTSUA, affable. Ba.

LANSADH, le même que *Lasadh*. De même des dérivés ou semblables.

LANT, le même que *Lan*, rivage selon Baxter. G. Voyez *Land* qui est le même que *Lant*.

LANT, le même que *Nant*. G.

LANTEGUIA, laboratoire. Ba.

LANTEZA, rustique, grossier. Ba.

LANTUA, affliction, chagrin, pleur, gémissement. Ba.

LANTZEA, agriculture. Ba. Voyez *Llan*.

LANV. Voyez *Lano*. Voyez *Llanw*.

LANVEN, épi. B.

LANVEZ. Voyez *Lano*.

LANWAITH, limé, poli. G.

LANZ, temps, espace de temps. B.

LANZA, lance, javelot. Ba. Voyez *Lancz*.

LANZAROA, occupation. B.

LAO, le même que *Glao*. Voyez *Arn*.

LAO, main. E. Voyez *Llaw*.

LAOBH, affreux, horrible à voir. I.

LAOCH; plurier *Laochrad*, soldat, guerrier. I.

LAOD, lod. B.

LAODH, LAOGH, LAOIGH, veau. I. Voyez *Lai*.

LAOG FIAIG, faon. I.

LAOIDHIM, escorter. I.

LAON, lame de tisserand. B. Voyez *Lan*.

LAOR, lune. B.

LAOSG, LAOSQ, lâche, paresseux, languissant, sans force, sans vigueur, flétri, fané. B. Voyez *Lausk*, *Llacc*, *Log*.

LAOU, pou vermine; singulier *Laouen*, un pou; *Laouec*, pouilleux, qui a des poux. B. Voyez *Lleüen*, *Llaun*. *Laus* en Allemand; *Lus* en ancien

Saxon & en Théuton ; *Luis* en Flamand ; *Louſe* en Anglois ; *Lws* en Suédois , poux.

LAOÜEN, LAOWENN, joyeux, gai, difpos, alerte, éveillé, enjoué, agréable ; *Laoüenedighez*, joie, gaieté ; *Laoüenna*, *Laouennaat*, *Laouennat*, réjouir, rendre gai, divertir. B. Voyez *Llawen*, *Lavenic*.

LAOÜENAN, LEÜENAN, LAOÜENANIC, roitelet oifeau. B.

LAOÜRNDAR, LAOWENN-DAR, cloporte infecte. B. A la lettre, poux ou vermine de la terre. Voyez *Daiar*.

LIOUENNUS, divertiffant. B.

LAOÜER, LAWER, LAOWER, auge cuve ou baſſin de pierre ; *Laoüer*, *Lâour*, *Lawr* eſt auſſi une biére ou cercueil dans lequel on porte les corps morts à la foſſe. B.

LAOÜN, LAV, LAFNE, lame de fer, d'acier. B Voyez *Lan*, *Llafn*.

LAOÜNEC, LAOÜNHIEC, lame de tiſſerand, lame en général. B.

LAOUS, étoupe. B.

LIOWENN. Voyez *Laouen*, joyeux, &c.

LAP, LIP, levre. Je crois ce mot formé de L, de *Lec*, bord & *Ap* ou *Aſſ*. bouche. *Aſſ* me paroit avoir ſignifié bouche. 1°. *Aſu* ſignifie bouche. 2°. *Aſſ* ſignifie baiſer. 3°. *Aſwyn* ſignifie une bride qui ſe met dans la bouche du cheval pour le conduire. Voyez *Aſſ*, *Lapp*.

LAP, échoppe, appentis ſervant de remiſe aux inſtrumens de la maiſon ruſtique, aux charrettes, charrues, &c. & dans les blanchiſſeries c'eſt une loge de gardiens. B.

LAP, action de lapper B.

LAP, le même que *Lab*. Voyez B.

LAPA, lie. Ba.

LAPA, bardane plante. Ba.

LAPADEN, une lappée. B.

LAPADIC, une petite quantité de boiſſon. B.

LAPAGORRIA, pourpre. Ba.

LAPAS, petit paquet de linge uſé & attaché à un court bâton dont on ſe ſert pour laver la vaiſſelle dans l'eau chaude. B.

LAPAT, lapper, lappée. B. De là ce mot.

LAPENAR, A. G. étoiles reſplendiſſantes. Voyez *Lampena*, *Lamp*.

LAPICOA, pot à faire la ſoupe. Ba.

LAPITZA, pierre. Ba.

LAPLAUNTIA, parallélogramme. Ba.

LAPOUCZET, oiſeau. B.

LAPOUCZETAER, oiſeleur. B.

LAPOUS, petit. B.

LAPP, LIPP, levre, groſſe levre d'enbas. B. *Lab*, *Leb*, *Lib*, levre, bord, rivage en Perſan ; *Lape* en ancien Saxon, bord ; *Lap* en Théuton ; *Laf* en Iſlandois, bord d'habit ; *Labe* en Danois ; *Lippa* en ancien Saxon ; *Leffa*, *Lep*, *Lipp* en Théuton ; *Laepp* en Suédois ; *Li* en Allemand & en Anglois ; *Lipe* en Flamand ; *Labium*, *Laprum* en Latin ; *Labro* en Italien ; *Labio* en Eſpagnol ; *Lippia* en Venéde ; *Lreper* en Javanois ; *Levre* en François, levre ; *Labben*, *Laffen* en Allemand ; *Lapian*, *Lappian* en ancien Saxon ; *Laffan* en Théuton, lecher. De *Lipp* en notre Langue ſont venus les mots *Lippu*, qui a de groſſes levres, & *Lippée*. Voyez *Lap*, *Lappa*, *Lab*, levre. *Lapp* ayant ſignifié levre, aura auſſi ſignifié bord de même que *Min* qui ſignifie l'un & l'autre. Voyez *Lipp*, *Lleibio*.

LAPPA, lapper. B. De là ce mot. De *Lapper* on a fait parmi le peuple *Lamper*, pour boire ; *Lampon*, terme ſi commun dans les chanſons, qui ſignifie buvons. On dit populairement qu'un homme eſt un *Lamponnier* lorſque c'eſt un fainéant, qui ne travaille point & qui ne fait que boire. *Laptein* en Grec, lapper. Voyez *Lapp*, *Lleibio*, *Lab*.

LAQEPOD, LAQOUPOD, ſatellite, coupe-jarret, eſtafier. B.

LAQUETDANA, qui aime. Ba.

LAQUETIZAN, déſirer. Ba.

LAQUETIZATEA, aimer. Ba.

LAQUIOA, lacet, collet. Ba. Voyez *Lacc*.

LAR, cheminée. G. Nous diſons *Feu* pour ſignifier une famille, une maiſon. Les Celtes uſoient de la même façon de parler, ils étendoient le mot *Lar*, qui ſignifie proprement une cheminée, à ſignifier auſſi maiſon, habitation ; c'eſt ce qui ſe voit par le Latin *Lar* qui ſignifie maiſon. Ce terme que les Latins n'ont point emprunté du Grec eſt ſûrement Celtique, puiſqu'on a prouvé dans le premier volume que la Langue Latine n'étoit compoſée que de la Celtique & de la Grecque. On trouve auſſi dans un ancien gloſſaire *Lares* pour maiſons. Ces anciens gloſſaires nous ont conſervé un grand nombre de mots Celtiques. De là ſont venus les dieux *Lares* ou domeſtiques, qui étoient les dieux de la maiſon & que l'on plaçoit ſur la cheminée. On appelle encore *Lar* le foyer en certains endroits de Languedoc. *Laura* en Grec, village, monaſtére ; *Ulard* en Arménien, ville.

LAU dans le dialecte Gallois de l'Iſle de Mona, cavale. Voyez *Lair*.

LAR, le fonds, le ſol, plancher, parquet, natte. I. *Larrouni*, terre en Langue de Madagaſcar. Voyez *Llawr*, *Lura*, *Larranna*, *Ler*.

LAR, le même qu'*Ar*, bord, orée, rivage, près, auprès. B.

LAR, dire. B C'eſt une craſe de *Lavar*.

LAR, ſuperflu, excédent, qui eſt au-deſſus Ba. *Lar* étant le même qu'*Ar* en Breton, (Voyez plus haut) en a eu toutes les ſignifications ; ainſi il a auſſi ſignifié en cette Langue ſur, deſſus, ce qui eſt au-deſſus, de même que *Lur* en Baſque. *Lur* ſignifie élévation en Breton ; les voyelles ſe ſubſtituent on a dit *Lar* comme *Lor*. *Lar*, *Lars*, *Lart* chez les Étruſques ſignifioient Roi, Prince, Seigneur & *Laron*, noble, illuſtre. *Larea* étoit un mot Phénicien, ſelon Ciceron, qui ſignifioit le même choſe que *Lars* ou *Lart* chez les Étruſques *Lerynoſby*, ſommet, faîte en Arménien ; *Lord* en Anglois, Seigneur. Voyez *Larregni*, *Elarria*, *Larcq*, *Lard*, *Lırg*, *Lawr*, *Larik*, *Larria*, *Lear*.

LARA, blanc. Ba.

LARAINNA, violette. Ba.

LARANIA, meliſſe plante. Ba.

LARATZA, crémaillere, temps climactérique. Ba.

LARQ, loin. B.

LARD, gras, embonpoint, charnu, abondant graiſſe, lard, *Lard Pilh*, *Lard Puilh*, *Lard Tee*. *Lard Teil*, gras à lard. B. De *Lard* ſont venus le Latin *Lardum*, *Laridum*, le François *Lard*, l'Italien & l'Eſpagnol *Lardo*.

LARDA, engraiſſer, oindre. B.

LARDALIS PORCUS, A. M. porc gras ; de *Lard*.

LARDARE, A. M. larder ; de *Lard*.

LARDAZQUIA, horreur. Ba.

LARDESEIN, larder. B.

LARDIA, pâturage, pré où il y a des arbres. Ba. Voyez *Arda*.

LARDOUER, lardoire. B.

LARDY, gras, charnu, les jours gras, carnaval, graisse. B. Voyez *Lard*.

LAREA, claie, grille, jalousie. Ba.

LAREIN, dire, parler. B. Voyez *Lar*.

LARERIUS, LAYRERIUS SALIS, A. M. la charge de sel que pouvoit porter une bête de charge, un cheval de bât; de *Lar* & *Lair*, cavale.

LARET, dire, parler. B. Voyez *Lar*.

LARG, large, copieux, abondant, libéral, prodigue. B. Il signifie aussi en cette Langue gras, comme on le voit par *Largez*. *Meurs*. De *Larg* est venu le François *Large*, & l'Italien *Largo*. *Large* en vieux François signifioit libéral, d'où est venu notre mot largesse, libéralité. On dit encore parmi le peuple en Franche-Comté, qu'un homme est bien large pour exprimer qu'il est bien libéral. Voyez *Largi*.

LARGA, j'envoye, j'abandonne, je résigne, abandon, résignation cession de quelque chose. Ba.

LARGANGIUM, A. M. espèce de tribut. M. Ducange croit qu'il faut lire *Lardagium*, & que c'étoit une redevance en lard. Mais pourquoi changer cette expression sans aucune raison? Ne vaut-il pas mieux dire que c'étoit un tribut qui se payoit en jumens ou pour les jumens. Voyez *Larerius*.

LARGANTE, abondance, largesse, abondamment. B.

LARGATU, j'abandonne, je laisse. Ba. De là *Larris* en vieux François, terre laissée en friche.

LARGENS, A. G. domestique; de *Lar*, maison. Le Latin *Domesticus* est pareillement formé de *Domus*.

LARGEZ, graisse qui tombe du rôt pendant qu'il est auprès du feu, graisse, lardon, gras; *Largez*, *Meurs*, mardi gras.

LARGEZA, larder. B.

LARGH, libéral; & comme adverbe largement, abondamment, libéralement, *Larghentez*, largesse, libéralité. Ce mot a aussi signifié pesant, loin, au loin. B. Voyez *Larg*.

LARGI, large, étendu. G. I.

LARGOAYA, téméraire. Ba.

LARGUENTEZ, largesse, libéralité. B.

LARGUETSA, cessation, désistement. Ba.

LARGUETSI, tarsseoir. B.

LARGUS, A. M. libéral. De *Larg*.

LARJABEA, lézard taché de petites marques. Ba.

LARICINIUM, A. M. vol. Voyez *Lar*.

LARICULA, A. M. chancel, balustre. De *Larea*.

LARIK, colline, petite montagne. E. I. *Ik* diminutif.

LARJOUER, lardoire. B. Voyez *Largez*.

LARIX, nom d'une espèce de pin. Ce nom Latin n'a pas été pris du Grec, il vient donc du Gaulois. D'ailleurs *Lard* est un nom Gaulois qui signifie gras, ce qui convient au larix, d'où découle une espèce d'huile ou térébenthine. Voyez *Lard*. Le *d* final s'ôte indifféremment. On a appelé cet arbre *Larege* en vieux François. Les Gaulois étendirent la signification du mot *Larix*, & l'employerent aussi pour désigner la térébenthine ou résine qui en découle; car Dioscoride, *l*. 1, ch. 93, nous apprend que *Larix* étoit le nom Gaulois de la résine.

LARMEA, NARMEA, peau. Ba.

LARNA, A. G. rasoir. Ce terme peut venir de *Lan*, couteau; l'*r* s'inséroit dans le mot. Voyez la dissertation préliminaire sur le changement des lettres dans le premier tome de ces Mémoires.

LAROUER, diseur, parleur. B.

LARRA, épine, ronce. Ba. On voit par *Larria*, *Larritu*, que ce mot a signifié tout ce qui pique, au propre & au figuré. *Lertim*, blesser en Irlandois, *Llarpio*, déchirer.

LARRANNA, sol, aire, place publique. Ba.

LARREA, pré, pâturage. Ba.

LARREGUI, plus, trop, excès de grandeur. Ba.

LARREGUI LUCE, d'une taille gigantesque. Ba.

LARREETA, haie d'épines. Ba.

LARREETA, pâturage. Ba.

LARRIA, grand. Ba.

LARRICIUM, A. M. terre laissée en friche. Voyez *Largatu*.

LARRITU, j'afflige, je chagrine. Ba.

LARRITZALLEA, qui poursuit. Ba.

LARROSA, rose. Ba. Voyez *Ros*.

LARRUA, NARRUA, peau, cuir. Ba. Voyez *Lledra*.

LARRUCHEA, petite peau. Ba.

LARRUME, toutes sortes de peaux blanches & délicates. Ba.

LARRUTU, écorcher, ôter la peau. Ba.

LARSUS, A. G. bleu, beau. De *Las*, qui signifiant bleu, aura apparemment été étendu, à cause de la beauté de cette couleur, à signifier beau. L'*r* s'inséroit dans le mot.

LART, lest de vaisseau. B.

LARTEA, buisson. Ba.

LARVA, peau. Voyez *Arillarva*, *Larrua*. De là le Latin *Larva*, masque.

LARUA, pâle, blême, jaune-paille, basané, terne. Ba.

LARWM, trompette, son de la trompette, son de la trompette qui marque l'arrivée de l'ennemi, signal que donne la trompette, cri aux armes, signe de guerre; *Canu Larwm*, sonner de la trompette, donner le signe de guerre. G. De là *Alarwm* en Anglois; *Allarme* en François; *Alarma* en Italien; *Larmen* en Allemand, allarme.

LAS, verd, bleu. G. *Labh* en Hébreu, verdure; *Lazul* en Arabe & en More, pierre ou terre qui teint en bleu; *Lazur* en vieux François, couleur bleue. De là *Azulum* en Latin Barbare, & *Azur* en François; *Lazourios Lapis* en Grec moderne. *Laisard*, *Laisarde* en vieux François, lézard petit reptile de couleur verte; *Lilas*, arbrisseau dont les fleurs sont ordinairement bleues & quelquefois blanches; d'où lui est venu son nom, qui signifie blanc-bleu. Voyez *Li*. Voyez *Glas*.

LAS, terre. C. Voyez *Glad*.

LAS, LAZ. *Pelas D'Im Me*, que m'importe! ou, selon d'autres, que m'offense! B.

LAS, chaîne. Voyez *Leghlas*.

LAS pour *Llaih*. Voyez *Troedlath*.

LAS, eau. Voyez *Camlas*. *Las* d'ailleurs est le même que *Lac*. Voyez *Aru*.

LAS, le même que *Glas*. Voyez *Aru*.

LAS, le même que *Gloas*. Voyez ce mot. De là *Lastar*, plainte en vieux François.

LAS, le même que *Lag*. Voyez *Law*.

LASA, LAZA, LAZAFF, tuer, faire mourir, massacrer, égorger, choquer, offenser, nuire, éteindre, amortir, boire; *Laser*, *Lazar*, tueur, meurtrier, homicide, tueur de bêtes; *Lasere*, *Lazerez*, meurtre, tuerie, massacre, carnage. B. Voyez *Lladd*, *Lleas*, *Glas*, *Llas*.

LASADH, luire, enflammer, brûler, luisant. I.

LASADH, embrasser. I.

LASADH,

LAS.   LAU.

LABADM, passement, dentelle. I.
LACAI, girouette. Ba.
LASAI, je relâche. Ba. Voyez Llacc.
LASAIR, flamme. I.
LASAITU, je relâche. Ba.
LASAITUA, relâché. Ba.
LASAM, luire, brûler. I.
LASAMHUL, de feu, en feu, enflammé, ardent, qui brûle, prompt, violent, fougueux. I.
LASARD, le même que Glasard. Voyez ce mot & Arn.
LASARN, le même que Ballasarn. G.
LASCIVUS, A. G. languissant. De Las, le même que Lag.
LASDA, brûlant. I.
LASIARRA, grossier, impoli. Ba.
LASO, comme, comment. Ba.
LASRACU, flamme, éclair. I.
LAST, lest de vaisseau. B. Last en Allemand & en Flamand, charge, fardeau. Voyez Lasta. Le lest se fait ordinairement avec du gros sable ou gravier.
LAST, gros sable, gravier. Ba.
LASTA, LASTUS, LESTUS, LAST, LEST; A. M. charge, poids, & quelquefois certain poids, certaine charge; de Last, qui ayant signifié le lest, le poids que l'on met dans un vaisseau, aura été étendu à signifier poids, charge en général, & ensuite certain poids, certaine charge.
LASTE, propre, leste. B. De là ce mot.
LASTER, bientôt, agilement, vîte, promptement; courant. Ba.
LASTERA, course, cours. Ba.
LASTERCA, inopinément. Ba.
LASTERCOYA, datte. Ba.
LASTERCOYA, précoce, prématuré. Ba.
LASTERDEGUIN, je me dépêche. Ba.
LASTEREGUITEA, accélération. Ba.
LASTEREZ, pouillerie. B. Voyez Lastez.
LASTERGOA, course. Ba.
LASTERQUI, agilement, vîte. Ba.
LASTERQUIRO, agilement, vîte. Ba.
LASTERRA, oiseau, agile, rapide. Ba.
LASTERREGUINA, accéléré, qui se dépêche. Ba.
LASTERREGUIEU, courage, vîte, dépêche-toi. Ba.
LASTERRERA, accélération, hâte, agilité, vîtesse, force d'esprit. Ba.
LASTERTASUNA, agilité, vîtesse. Ba.
LASTERTU, je deviens agile. Ba.
LASTERTUA, qui est devenu agile. Ba.
LASTEZ, mal-propreté, ordure, vermine & autres compagnes de la misère & de la négligence; Lastezet, négligé, mal-propre, pouilleux. Lastez se dit aussi des mauvaises herbes & de toutes vermines, & autres choses qui nuisent aux biens de la terre. Lastez au sens moral & civil est une alliance ou société avec des personnes de mauvais renom, infames & viles, ou de méchantes mœurs. B. Laster en Théuton, opprobre, blâme, vice, crime; Last en Suédois & en Islandois, vice, crime; Leahter en ancien Saxon, opprobre, blâme.
LASTEZ, beau. B. Voyez Laste.
LASTIMA, compassion. Ba.
LASTOA, herbe, paille. Ba. Voyez Las.
LASTOCOA, paille, chaume, tuyau de bled. Ba.
LASTOTARRA, corbeille. Ba.
LASTOTARREA, petit panier, éclisse, muselière. Ba.

TOME II.

LASTE, lest de vaisseau. B. Lastre en Espagnol; lest. Voyez Last.
LASYATEEA, je relâche. Ba.
LASYOTU, je relâche. Ba. Voyez Llacc.
LAT, pied, plante du pied. I.
LAT, côté. I. De là le Latin Latus.
LAT, le même que Llaith. Voyez Latar, Lathach. De là le Latin Latex.
LATA, latte. I. De là ce mot. Voyez Llâth.
LATA, triangle. I.
LATAE, A. G. lattes. De Lata.
LATAR, humidité, brume, brouillard, obscurité du temps; Latarus, humide; Latara, Latari, être humide. B Llaith.
LATARDEA, embuscade. Ba.
LATENN, petit pont de bois. B. Voyez Latien.
LATERGUIA, scholie, commentaire. Ba.
LATEX, A. G. eau. De Lat.
LATH, cellule, habitation. I. De là le Latin Lateo, Letho en Grec, être caché, & Lat en Hébreu;
LATH, large, ample. I. De là le Latin Latus.
LATH, milieu. I.
LATH, brisé. I. Il signifie aussi un peu. Voyez Lath Ruadh.
LATH, LATHAN, LATHIN, jeune. I.
LATH, LATHAN, LATHIN, soldat. I.
LATH, porter. Voyez Tudlath & Lati. De là le supin Latin Latum.
LATH RUADH, un peu roux. I. Ruadh, roux, & par conséquent Lath, un peu.
LATHACH, ruisseau, gachis, bourbier, boue, fange. I. Voyez Lat.
LATHADH, LATHAITH, boue, fange. I.
LATHAIR, qui est ou qui existe, présence; A Lathair, en présence. I.
LATHAK, boue, fange. I.
LATHAR, proche. I.
LATHINIONES, LACINONES. A. M. Ce mot n'a pas été expliqué par M. Ducange ni par ses nouveaux Éditeurs. Il paroit venir de Lathin, soldat. Voyez Lath.
LATI, porter. Voyez Trelati & Lath plus haut.
LATIAE, A. G. propreté, netteté. De Laste.
LATIGOA, fouet. Ba.
LATMER, interprète. G. De là Latinier en vieux François, interprète, truchement.
LATO, LATON, LATONIA, A. M. laiton; en vieux François Laton. De Laton.
LATON, laiton. B De là ce mot. Voyez l'article précédent & Lattwm.
LATRAU, proche, près. I.
LATTEN, barre. B. Voyez Llâth.
LATTWM, oripeau, laiton. G. Laton en Espagnol; Lottone en Italien; Letton en Allemand; Latten en Anglois, laitou. Voyez Laton, Llatwn.
LATZA, dur, rude, raboteux, plein de mauvais pas, hérissé, féroce, cruel, d'un naturel dur, très-vif, très-ardent. Ba. Voyez Llaith.
LATZAILLA, roide, rigoureux. Ba.
LATZAILLERA, grand froid, rigueur. Ba.
LATZICARRA, horreur, frayeur. Ba.
LATZONIUM, A. G. fût de lance. Voyez Lata, Latten, Llâth.
LAU, LAV, confluent. G. Laúh en Hébreu, conjonction.
LAU, main. C. Lav, main en Irlandois; Llaw, main en Gallois; Lau, mains en Breton; Lofa en Gothique; Lofi en Islandois; Lofwen en Suédois, main. Voyez Lab, Llaw.

T

LAV, main. E. I. Voyez l'article précédent.
LAU, LAUR, quatre. Ba.
LAU, LAU, le même que Glav. Voyez ce mot & Aru. Lavage en François, eau ramaffée ; Lavaffe, pluie fubite & impétueufe ; Lavach, jodelle oifeau de mer en Breton ; Labe, fleuve en Efclavon ; Lavo, fleuve en Chili ; Lave en vieux François, eau. De Lav, eau, eft venu le Latin Lavo. Voyez Lve.
LAV. Il paroit par Lauba ou Lauva, par Lautu, que Lav a fignifié plain, plat, uni.
LAVAG'H, jodelle oifeau de mer. B.
LAVAIN, jetter. I.
LAVAM, ôter. I.
LAVANADIERA, antiphrafe. Ba.
LAVAND, lavande herbe. B.
LAVAR, langue de terre. C.
LAVAR, dire, parler, parole, expreffion, énonciation, proverbe ; Lavaret, parler, dire. B. Voyez Lavart, Llafar.
LAVART, parler, dire. I. Voyez Lavar.
LAVAS, lune. C.
LAVAYIM, lancer, darder. I.
LAUBA, plain, plat, uni. Ba. On prononce Lauva comme Lauba ; de là Lave, qui en Franche-Comté fignifie un grand éclat plat de pierre ; Lavon en Patois d'Alface & de Franche-Comté, fignifie une planche ou long morceau de bois plat & uni.
LAUCUNERIA, fiévre quarte. Ba. Voyez Lau.
LAUDA, luth. Ba.
LAUDARIOA, louange. Ba.
LAUDIS, A. M. luth ; de Lauda ou Lauta, Laute en Allemand ; Luth en François ; Laud en Efpagnol ; Liuto, Lieuto en Italien ; Lute en Anglois ; Luit en Flamand ; Alland en Arabe, luth ; Al article en cette Langue.
LAVEN, le même que Laouen, joyeux, &c. Voyez Laronie.
LAVEND, lavande. B.
LAVENIC, gai, joyeux. C.
LAUGH, étang, lac, marais. I. Voyez Lagh, Lac.
LAVINA. Voyez Lubina.
LAVIRNIGH, dit, ce qui eft dit. I.
LAVIRT, mot, parole, diction. I. Voyez Lavart.
LAVNENN, lame. B.
LAUQUIA, qui a quatre angles, quarré. Ba.
LAUR, quatre. Ba.
LAURCA, quadre. Ba.
LAURCATURA, quadrature. Ba.
LAUREAV, haut-de-chauffes. B.
LAVRECQ, LAVREG, LAVREGOU, LAURET, haut-de-chauffes, culotte. B. ; Lavrega, prendre fa culotte. B. Voyez Llawdr.
LAVRECQ, civière. B.
LAUREMBATA, alofe poiffon. Ba.
LAURQUERA, carrefour. Ba.
LAURRA, le même que Lora, Lara. Ba.
LAURTA, cahier. Ba.
LAUSCADUR, ralentiffement. B.
LAUSENGARRIA, flaterie. Ba.
LAUSENGATUA, flaté. Ba.
LAUSENGATZALLEA, flaterie. Ba.
LAUSENGUS, flateur. Ba. Laufengeur, Laufengier en vieux François, flateur.
LAUSGEIN, lâcher, relâcher, laiffer, abaiffer. B. Laufgan, relâcher, délivrer en Gothique ; Laus, libre en Runique.

LAUSK, LAUSQ, lâche, couard, mou, efféminé, lent, lâché, non ferré, affaiffement ; Laufca, lâcher, relâcher ; Leskes, lâché, relâché ; Lauskentee, laxation, lâcheté. B. Voyez Laofg & l'article fuivant.
LAUSQUS, laxatif. B.
LAUT, LAOT, LAWT, tous trois monofyllabes, part, portion, lot ; Lawda, Laoda, Lawdenna, partager, faire les partages, départir. B. Voyez Lath, Leath.
LAUTITIA dans Feftus, farine faite de froment qu'on a fait tremper dans l'eau ; de Lat, eau ; Ith, froment.
LAUTU, j'applanis. Ba.
LAW, plufieurs. G. Laos en Grec, peuple. Voyez Lor.
LAW. HEB LAW, hors, outre, par-delà. G.
LAW, LA, LOFF, LO, felon les différentes prononciations, éminence, élévation, montagne. E. Lo, haut en vieux François ; Lob en ancien Allemand, colline ; Loe en Flamand, éminence ; Lephos en Grec, colline ; Loe, Lowe, colline, terre en ancien Saxon ; Loma en Efpagnol, colline.
LAW, le même que Glaw. Voyez Aru.
LAW paroit avoir fignifié abondant. 1°. Ce mot fignifie plufieurs. 2°. Aelaw, richeffes, abundance. 3°. Llawer, affemblée, multitude, grand nombre. 4°. Lav, confluent, union d'eau. 5°. Lawd, abondance. 6°. Llawn, plein ; Lawn, abondant.
LAWD, ferviteur. G.
LAWD, abondance. G.
LAWD, pauvre. Voyez Tlawd.
LAWD. Je crois que ce mot eft le même que Blawd, foit parce que le b au commencement du mot s'ôte ou s'omet indifféremment, foit parce que Law dans Allan O Law, défigne la promptitude, la diligence, & Laven en Breton fignifie agile.
LAWEN, qui réjouit, qui fait plaifir. G. Voyez Laouen.
LAWENAN, roitelet. B.
LAWES, nom qu'on donne dans le Northumberland à de grands monceaux de pierres. On a confervé dans cette Province un grand nombre des anciens mots Bretons.
LAWLAW, main à main. G. Voyez Llaw.
LAWN, abondant. G. Ce mot fignifie encore fertile, fécond, plein, beaucoup. Voyez Cyflawnder.
LAWR, pavé. G.
LAWR, plufieurs. C. Voyez Lor, Law, Lar.
LAWR, le même que Blawr. Voyez ce mot.
LAVVRIF, & par diminution Leri, laurier. B.
LAWRWYDD, laurier. G. Wydd de Gwydd, arbre.
LAUZATUA, toît. Ba.
LAXIATUS, A. M. laiffé, abandonné, interrompu ; de Laezaff.
LAY, petit. B. De là le François Lefné. Voyez Llai.
LAYA. A. M. bois taillis. Ce mot a été étendu à fignifier bois en général, ainfi qu'on le voit par le vieux mot François Laye, qui avoit cette fignification ; d'où eft venu le nom de St. Germain en Laye, château de nos Rois. Laye eft la femelle du fanglier, ainfi nommée des bois qu'elle habite. Voyez Llwyn ou Loyn, Loit. (le t final s'ôte ou fe laiffe indifféremment) & Hai. (l'I s'ajoute au commencement du mot) forêt. Lis en Bafque, arbre ; Leis en Efclavon ; Les en Bohémien ; Lias en Polonois ; Lie en Tartare de Crimée ; Ley en ancien Saxon ; Lir en Finlandois, forêt ; Lais en

LAZ.

vieux François, jeune baliveau, & *Layer*, *Layei*, forêt.

Laz, perche, gaule, long bâton. Il se dit particulièrement de la gaule à laquelle est attachée la ligne d'un pêcheur. De là vient *Lazetta*, pêcher à la ligne. B. Voyez *Llâth*.

Laz, les deux branches de la charrue sans distinction. B.

Laz, importe. B. De là *Lestuet* en vieux François, il faut, il convient.

Laz, le même que *Lat*. Voyez ce mot.

Lazarar, charrue. B. C'est une extension du mot suivant.

Lazarar, Lazalar, la plus longue & la plus droite pièce d'une charrue à laquelle tient tout le reste. On la nomme en haute Bretagne & au voisinage *Late*. B. Ce mot est formé de *Laz*, *Arar*. Voyez *Lath*.

Lazia, A. M. le même que *Laya*.

Lazout, important. B.

Lazqui, cruellement, durement, très-vivement. Ba.

Lazquiro, cruellement. Ba.

Lazquirochu, très-vivement. Ba.

Lazr, larron. B.

Lazroncy, larcin. B.

Laztagarra, paille. Ba.

Laztana, embrassement, embrassé. Ba.

Laztandu, j'embrasse. Ba.

Laztandua, qui est embrassé. Ba.

Laztaneguin, j'embrasse Ba. Voyez *Eguin*.

Laztarra, paysan, grossier. Ba.

Laztasuna, acrimonie, aigreur, cruauté. Ba.

Lazuna, goujon petit poisson. Ba.

Lazur, Lazurius, Lazulum, A. M. azur; de *Las*.

Lch, lieu. G. C'est une syncope de *Lech*, qui par conséquent s'est dit autrefois.

Le, moins. C. *Less*, moins en Anglois. Voyez *Lay*, *Llai*, *Lé* plus bas.

Le, de, du, à prépositions, dehors, depuis, avec, par, de, (marquant la matière dont une chose est faite) près, proche, envers, en, pour, par-dessus. I. Voyez *Lez*.

Le, lieu. B. Voyez *Lech*, *Leh*, *Lle*.

Le, veau. B.

Le, petit. B. Voyez *Llai*.

Le, Lé, jurement, serment, vœu religieux. B. Voyez *Llw*.

Le, le même que *Lief*. Voyez *Goste*.

Le, lieu. Voyez *Brawdle*.

Le, le même que *Lec*, *Leg*, *Les*. Voyez *Aru*.

Le, avant. Voyez *Lejaquiheeu*.

Le, élévation, ce qui est élevé. Voyez *Leiliza*.

Lea, A. M. le même que *Laeya*.

Leaachta, rendu mince. I.

Leaba, Leabad, lit. I.

Leabair, Leabar, livre. I.

Leac, Leach, grande pierre, pierre large, pierre plate comme une table, pierre. I. Voyez *Llech*; *Leagan*.

Leach, maladie des reins que le menu peuple croit plus ordinaire aux enfans. B. Comme les maux de reins sont ordinairement causés par la pierre ou par le gravier, le nom de cette maladie paroît venir de *Lach*, *Leach*, pierre. Voyez l'article précédent.

Leach, lieu. B. Voyez *Lech*, *Lac*.

Leach, eau. Voyez *Gleach* & *Aru*. *Leach* en Hébreu, liqueur.

LEA. 75

Leachate, serviteur. I. Voyez *Lacaiea*, *Lacoîs*.

Leachd, Leachda, monceau de pierres en mémoire d'un mort. I. Ce mot est formé de *Leach*, pierre, & *Das*, tas, monceau. *Leachd*, *Leachda* ont été étendus dans la même Langue à signifier sépulchre en général.

Leachdsa, mince. I.

Leachyd. Voyez *Lechyd*.

Leacoid, table de glaces. I.

Lead, moine, religieux. B. Voyez *Lé*.

Leadan, chardon. I.

Leagadh, allégement, soulagement, défaite, ruine, dissolution, dégel, ruiner, défaire, annuller, dissoudre, dégeler, fondre, détruire, tomber, s'abattre, se rouler, se vautrer, s'affliger. I.

Leagadh, lire, lecture. I.

Leagan, roc, rocher. I. Voyez *Léac*.

Leach, lait. B.

Leagham, fondre, dégeler, dissoudre. I.

Leagigh, lieue. I. Voyez *Leo*.

Leagle, pierre. I. Voyez *Leac*.

Leaha, alaiter. B.

Leahoures, laitière. B.

Leal, loyal, juste, équitable, droit, fidèle, sincère, ingénu, effectif; & comme adverbe, sincèrement, loyalement, équitablement, assurément, véritablement. Il signifie aussi alloy. B. De là le vieux mot François *Leal*, & le moderne *Loyal*, *Lealtad* en Espagnol, fidélité. Voyez *Le*, *Lryala*.

Lealdadis, A. M. fidélité; de *Lealded*.

Lealded, foi, fidélité. B.

Leam, qui est à jeun. I.

Leamh, extravagant, sot, stupide, ridicule, obtus. I.

Leamh, petit. Voyez le mot suivant & *Lean*.

Leamhchoill, petit bois, petite forêt. I. *Leamh*, petit; *Coill*, bois, forêt.

Leamhfuar, tiède, *Leambfuatre*, tiédeur. I.

Leamhgaire, souris, sourire. I.

Leamhgairidhe, raillerie. I.

Leannaireac, dédaigneux, qui fait le précieux. I.

Lean, lait. I.

Lean, ruine, destruction. I.

Lean, petit. I. Il signifie aussi enfant. Voyez *Leanas*. *Leanbhuide*. On a remarqué à *Ab*, que les mêmes mots en Celtique signifient enfant & petit.

Lean, moine, religieux. B. Voyez *Lianes*.

Lean, cri. B.

Leana, pré, prairie. I.

Leanaf, jeune garçon. I. Voyez *Len*.

Leanaighe, de pré. I.

Leanbh, Leanbhan, enfant, garçon, jeune garçon, jeune enfant. I.

Leanbhmna, jeune fille I.

Leanbhuidhe, l'enfance. I.

Leandy, Monastére. I.

Leanes, Religieuses. B. Voyez *Lleian*. Camden assure qu'on trouve dans un très-ancien glossaire que ce mot avoit la même signification chez les Bretons insulaires.

Leanmhun, suivre, aller après, poursuivre, dépendance, imitation. I.

Leann, liqueur, humeur, biére. I.

Leannachd, fornication. I.

Leannan, concubine, maîtresse, amie. I.

Leannein, pleurer. B.

Leannereah, piaillerie. B.

Leannta, bile. I.

Leany, enfant. I.

LEAR, manière dont les anciens Gallois écrivoient *Llyr*, océan, mer, eau.
LEAR, mer. I.
LEAR, beaucoup. I.
LEAR, montagne. Voyez *Leardhromain*.
LEAR, A. M. mouton. Voyez *Ludar*.
LEARDHROMAIN, crête de montagne. I. *Dhromain*, dos ; & au figuré, crête, cime. (Voyez *Cefu*) & par conséquent *Lear*, montagne. Voyez *Lar*.
LEARFHALACH, dais. I.
LEARGA, dos. I.
LEARSGAIL, carte, carte de géographie. I.
LEAS, marque. I.
LEAS, profit, avantage. Voyez *Lles*.
LEASACHAIM, LEASAIGHIM, soigner, méliorer, guérir. I.
LEASATHAIR, beau-pere ; *Leafmathair*, belle-mere. I. Voyez *Lles*.
LEASG, fainéant, paresseux, pénible, fâcheux. I. Voyez *Lausk*.
LEASTRACH, cuisse. I.
LEASUGHA, tout ce qui sert à engraisser la terre. I.
LEASUGUAD, réformer, raccommoder, profiter, être utile à, augmenter, faire valoir, rendre meilleur, s'amender, se corriger, engraisser la terre, réforme, amendement, correction. I.
LEASUGHTE, rhabillé, refait, rapetassé. I.
LEASUR, pré. I.
LEAT, lécher. B.
LEATAOBH BACUN, fléche de lard. I.
LEATAOBHACH, de côté, penchant, partial. I.
LEATH, pierre en Gallois, selon Camden.
LEATH, LEATHAN, LEATHOG, moitié, demi, partie. I.
LEATH CHRUINE, demi-cercle. I.
LEATH-PONTA, demi-livre, huit onces. I.
LEATH-UL, borgne. I.
LEATH-WAR, tiéde. I.
LEATHA, large. I. Voyez *Let*, *Lad*.
LEATHAD, corrompu. I.
LEATHAN, ample, large, gros. I.
LEATHANACH, une page. I.
LEATHAR, cuir. I. *Leather* en Anglois.
LEATHCHUIDH, la moitié. I.
LEATHFADH, latitude. I.
LEATHLUGHE, s'appuyer, s'accouder. I.
LEATHNUGADH, étendue, dispersion, tendre ; étendre, s'étendre, s'élargir, applatir. I.
LEATHOG, plie poisson. I.
LEATHRE, vers, de ce côté. I.
LEATHRIGH, Viceroi, celui qui partage le gouvernement. I.
LEATHRUSG, borgne. I.
LEATHSUL, qui ouvre les yeux à demi. I. Voyez *Syll*.
LEATHTHEAS, du côté du midi ; *Leathfiar*, du côté de l'occident. I.
LEATROM, misére. I.
LEATZEA, leçon. Ba.
LEAV, rameur. I.
LEAU, lieuë. B.
LEAVAR, doux. I.
LEAUH, veau. C.
LEAZ, lait. B.
LEAZ-GAVR, la feuille de chévrefeuille. B.
LEAZ-RIBOD BABEURRE, lait de beurre. B.
LEB, eau. Voyez *Leba*.
LEBA, le même que *Gleba*. Voyez ce mot & *Aru* ; *Leb*, eau par conséquent.

LEBES, A. M. pointe, cime. De *Bec* ou *Bet*. Voyez *Aru*. L'*i* s'ajoûte au commencement du mot. Voyez *L*.
LEBH, le même que *Laobh*. I.
LEBIDACAIDEA, préordination. Ba.
LEBURTU, je retranche, j'accourcis. Ba.
LECA, caverne, fosse, gouffre qui enveloppe les grains, petite peau, pellicule, fac de cuir, outre. Ba. Voyez *Llech*, *Lecca*.
LECACHOA, petit sac de cuir, petit ballon. Ba.
LECAIOUVA, laquais. Ba. Voyez *Lacaios*.
LECAOAN, action de remplir. Ba.
LECATOR, A. G. gourmand, parasite, impudique. De *Licq* ou *Lecq*, licher ou lécher. *Lechere*, *Lechiere*, *Lecheur*, *Lefeur*, luxurieux, débauché, qui aime une vie libertine, friand, gourmand en vieux François, & *Lecherie*, gourmandise, lubricité ; *Lecheur*, *Lecheor*, galant d'une femme mariée ; *Lecher*, *Lecherous* en Anglois, homme lascif, impudique, & *Lechery*, lasciveté, impudicité ; *Lecker* en Allemand, délicat, friand.
LECCA, caverne, fosse, gouffre. Ba. C'est le même que *Leca*.
LECH, le même que *Laoch*. I.
LECH, LEACH, lieu, place, endroit. B. De là l'ancien Saxon *Lega*, le Latin *Locus*, l'Italien *Luogo*, l'Espagnol *Lugar* : Les voyelles se mettent les unes pour les autres. *Lech* a aussi signifié lieu en Gallois. Voyez *Lec*. *Lecona* en Basque, domicile, habitation ; & *Lecua*, habitation, demeure, ville, lieu ; *Leuc*, *Leus*, *Liex*, *Lu* en vieux François, lieu ; *Lage* en Allemand, lieu, demeure ; *Lege*, *Leac*, *Leag*, *Leah* en ancien Saxon, lieu ; *Lea*, *Ley*, *Lee* en Anglois, lieu. Voyez *Lac*, *Leach*.
LEC'H, LAC'H, pierre. En haut Léon on donne ce nom par excellence à certaines grandes pierres plates un peu élevées de terre. B. Voyez *Lich*, *Leac*, *Leach*. De *Lich* est venu le Latin *Silex*.
LECH, marais. B. *Lexati* en Illyrien, eau qui croupit. Voyez *Lac*.
LECH, liége. B. Le *g* & le *c* se mettent l'un pour l'autre ; de là est venu le François *Liége*.
LECH, cachette. B. *Loch*, cachette en Allemand. Voyez *Llech*.
LECH, eau. Voyez *Glech* & *Aru*.
LECH, le même que *Lach*, *Lich*, *Loch*, *Luch*, à cause de la substitution réciproque des voyelles. Voyez *Bal*.
LECH-BOTOU, sabots. B.
LECH-CLED, couvert, abri. B.
LECHED, largeur. B.
LECHFA, cachette. G.
LECHIC, petit endroit. B. C'est le diminutif de *Lech*.
LECHYD, LEACHYD, LECHIT, LENIT, LEIT, boue, vase, limon que la mer en se retirant laisse dans tous les lieux qui n'ont pas de pente, limon des marais, & tout sédiment d'eau & de liquide. *Lechidec*, boueux, vaseux, rempli de vase & de limon. B. Voyez *Llaid*.
LECNA, A. M. plante de marais. De *Lech*.
LECOITIA, insolence, pétulence, insolent, pétulent. Ba.
LECONA, LECUNA, domicile, habitation. Ba. Voyez *Lech*.
LECONTARIA, habitant. Ba.
LECOREAN, dehors. Ba.
LECTILE, A. M. de jonc. Voyez *Lcona*.

LECUA.

LECUA, naval. Ba. Voyez Lech, eau.
LECUA, demeure, habitation, ville, séjour; lieu, situation. Ba. Voyez Lech.
LECUBEROA, qui est en sûreté. Ba.
LECUCIBEDARRA, marrubium plante. Ba.
LECUCOA, local. Ba.
LECUCOA, témoin. Ba.
LECUCOERA, attestation. Ba.
LED, milieu. I.
LED, largeur, amplification. B. Lé en vieux François, large, largeur; Laise, Laize en vieux François, largeur : Encore aujourd'hui on dit Lé, Lés, pour désigner une largeur d'étoffe. On appelle en Patois de Franche Comté Lesche de pain, une tranche de pain fort mince, & on nomme Loiche une espèce de mauvaise herbe qui est fort large. Voyez Ledan.
LED, près, bord. Voyez Letav.
LEDA, élargir, étendre en large. B.
LEDA, A. M. chemin large. De Led. On a appellé en vieux François un chemin large Lée. Voyez Led.
LEDA, A. M. femme de condition servile. Voyez Lled, Lledach.
LEDAN, ample. C. Voyez Led & l'article suivant.
LEDAN, large, vaste; Ledander, largeur. B. Voyez L'ydan.
LEDANDATT, extension, contenance, capacité. B.
LEDANNAT, élargir. B.
LIDAW, LEIDAW, est le nom que les Bretons insulaires donnent à notre Bretagne, au rapport du Dom Le Pelletier. On lit Letav dans la vie de Saint Gildas. Voyez Letav, Llydaw.
LEDER, cuir, peau d'animal. B. Voyez Ledr.
LEDH; le même que Laodh. I.
LEDO, LEDONA, LEDUNA, A. G. le flux de la mer par lequel elle s'élargit & s'étend. De Led, Ledan.
LEDORIA, A. M. injure, outrage. De Laidoa.
LEDOUED, LEDOÜET, jurement, ferment. B.
LEDR, LEDER, cuir, peau d'animal. B. Ledar, cuir en Islandois; Lether en ancien Saxon; Ledat en Théuton; Leder, Leer en Flamand & en Allemand; Leather en Anglois, cuir, peau; Deri en Turc; Derma en Grec, peau. De Ledr est venu notre mot François Leurre, qui est un morceau de cuir façonné en forme d'oiseau, dont les fauconniers se servent pour réclamer leurs oiseaux. Voyez Lledr, Ler, Lexr, Leathar.
LEDUS, A. M. serf attaché à la glebe. Voyez Leda.
LEDZECQ, LEDZIEC, génisse. C.
LEEN, plein. B. Voyez Lein, Len.
LEEN, lire. B. Voyez Llen.
LEENA, pré dans le dialecte Gallois de l'Isle de Mona. Voyez Leana.
LEENNER, LEENNOUR, lecteur. B.
LEENNIC, réservoir. B.
LEFAIN, levain. G. De là ce mot. Voyez Legamia, Laibin.
LEFEINIO, faire fermenter, joindre avec du levain. G.
LEFELU, niveler. G.
LEFEN, chauve. C.
LEFER, LEFFR, livre. B.
LEFFNER, lieu poisson. B.
LEFLEF. Voyez Ymleslef.
LEG, petit. G.
LEGAD, logs. B. Voyez Laszaf.
TOME II.

LEGAMIA, levain, ferment. Ba. Lefain.
LEGARDA, action de préserver, préservatif, antidote. Ba. Voyez Goard, Gwarth.
LEGARRA, sable, gravier. Ba.
LEGARRA, légitime, conforme à la loi. Ba. Voyez Leguea.
LEGASQUEA, dispense de la loi. Ba.
LEGASUS, hargneux. B.
LEGATZA, morue. Ba.
LEGAURETZEA, légitimation. Ba.
LEGEUEN comme Lesuen. Voyez Aru. De là le Latin Legumen, le François Légume, l'Italien Legume, l'Espagnol Legumbre.
LEGH, le même que Laogh. I.
LEGHEAS, guérison. I.
LEGHESTR HOUMAR, reptile de mer. B.
LEGHLAS, milieu de chaîne selon les uns, chaînes rompues suivant les autres. I. Las, chaîne. Voyez Lace.
LEGIA, A. G. petit vaisseau, petit navire. De Leg, petit. Un petit vaisseau, dit un Auteur Italien, s'appelle Alege parmi nous. Voyez Lentis.
LEGITIM, légitime. B. Voyez Legara.
LEGOITZEA, préférence. Ba.
LEGOQUIA, la légitime d'un fils de famille. Ba.
LEGOSIA, le même que Leguea. Ba.
LEGR, le même que Clegr. Voyez Aru.
LEGUEA, loi, manière, façon. Ba. Le Latin Lex ne venant pas du Grec Nomos, vient par conséquent du Celtique. Il est donc formé de Legué ou Leg, (car l'un & l'autre se disoient également, comme il paroit par Legarra) Il y a encore une preuve grammaticale que Lex vient de Leg parce que ce mot dans tous ses cas prend le g; Legis, Legem, Lege, & même au nominatif pluriel il fait Leges. Voyez Leix, qui en Irlandois; Lesen qui en Breton signifient loi, mettent ma conjecture hors de tout doute. Lege en Italien; Ley en Espagnol; Loi en François.
LEGUEBAYEZA, contrariété, opposition de loix. Ba.
LEGUENARRA, lèpre. Ba.
LEGURSTR, le même que Leghestr. B.
LEGUEZ, comme, de même que. Ba. Voyez Leguea.
LEGYR, le même que Clegyr. Voyez Aru.
LEH, lieu, place, endroit, séance, habitation. B. Il signifie aussi large. Voyez Lehed.
LEH, bord. Voyez Les, Lex.
LEHA, lait; Lesha, alaiter. B.
LEHE, LEHUE, haut, au-dessus, dessus. B. Voyez Lehen.
LEHED, largeur. B.
LEHEIN, alaiter. B.
LEHEN, premier, avant; Lehenic, premièrement; Lehenagoco, plus ancien, plus anciennement. Ba. Voyez Lehe, Blahen.
LEHERTZEN, rompant, crevant. Ba.
LEHET, lé ou largeur de toile, largeur. B.
LEHO, alaiter. B.
LEHUE. Voyez Lehe.
LEHUEG, pouilleux. B.
LEHUINE, joie. B.
LENYD, le même que Lechyd. B.
LEI, le même que Clei. Voyez Aru.
LEI, A. M, léger. B. Du Llai.
LEIA, A. M. le même que Leda, chemin large. Voyez ce mot & Leh.
LEIALTA, loyauté, fidélité. Ba. Voyez Leal.

V

LEJAQUINDEA, prescience. Ba. *Jaquindea* signifiant science, *Le* signifie par conséquent avant: C'est une syncope de *Lehen*.
LEJARRA, frêne arbre. Ba.
LEIATI, vite adjectif. Ba.
LEICEA, caverne, creux, abysme. Ba. Voyez *Lech*, *Leca*.
LEICEAN ONDATU, jetter, précipiter dans un abysme. Ba.
LEICH, le petit os de l'estomac selon le Pere Maunoir, le bas de la poitrine selon d'autres, le devant de la poitrine selon d'autres. B. Il faut retenir toutes ces significations. Voyez *Ankeler*.
LEIDD, humide. B. Voyez *Llait*, *Leih*, *Leii*.
LEIDHIM, le même que *Laeidhim*. I.
LEIDYR, LEIDR, voleur. G.
LEIGE, lieuë. I.
LEIGEAS, cure, guérison, reméde, médicament, guérir, remédier. I.
LEIGH, veau dans le dialecte Gallois de l'Isle de Mona.
LEIGH, joug. I.
LEIGHEANTA, sçavant, docte, qui a fait des progrès. I.
LEIGHEASAIM, guérison. I.
LEIGIS, médicament, reméde. I.
LEIGN, cime. B. Voyez *Laen*, le même que *Blaen*.
LEIGN, dîné. B.
LEIGN, mer. Voyez *Leignigh*.
LEIGNICQ, diminutif de *Leign*, cime. B.
LEIGNIGH, maritime. I. *Leign* par conséquent mer en cette Langue. Voyez *Leni*, *Leing*.
LEIH, humide. B. Voyez *Llaith*.
LEIH, plein, rempli. B.
LEIH, eau. Ba. Voyez *Li*, *Lix*, *Leis*, *Liy*.
LEIHO, fenêtre. Ba.
LEIHORRE, aride, sans eau. Ba.
LEILIZA, tribune d'Église. Ba. *Iliza* signifiant Église, *Le* par conséquent signifie élévation, ce qui est élevé. Voyez *Lehs*.
LEIM, saut ; *Leimeadh*, sauter. I. Voyez *Llamm*.
LEIMUE, radotage, rêverie, extravagance. I.
LEIMUSGE, cascade. I. A la lettre, saut d'eau.
LEIN, plein. G. B.
LEIN, lâche, mou. C.
LEIN, eau chaude. I.
LEIN, le haut, faîte, cime, sommet. B. De là *Linteau*, dessus de porte; *Lein*, dessus; *Dor* ou *Tor*, porte; *Lenco*, tête en Bresilien; *Lenda*, puissance en Langue de Congo; *Len* en Tonquinois, je monte, & *Tlen*, lieu élevé dans la même Langue. Voyez *Blaen*.
LEIN, dîné repas du midi. B.
LEIN, conjuguer. B.
LEIN, beau. Voyez *Leindid*, *Lan*.
LEINA, dîner, prendre le repas du midi. B.
LEINDID, beauté. G.
LEING, lac, étang. I. Voyez *Len*, *Lenn*.
LEINGEN, rênes. B.
LEINICQ, diminutif de *Lein*, le haut, &c. B.
LEINOUR, lecteur. B. Voyez *Lener*.
LEINUA, race, famille, généalogie, tribu. Ba.
LEINUCOA, pere. Ba.
LEIPINTZA, préposition. Ba. Voyez *Le*.
LEIR, beaucoup. I.
LEIR, vûë, apparence, qui se voit aisément, sage, habile. I.
LEIRG, couleur. I.
LEIRG, plaine. I.

LEIRMEAS, considérer, regarder de près, délibérer, peser. I.
LEIRMILLEADH, mêler, brouiller, confondre, couvrir de confusion. I.
LEIRSGRIOS, ruine, dépopulation, destruction, ravage, ruiner, saccager, gâter, dépeupler, ravager, détruire. I.
LEIS, par, de, près, proche, envers, en, par-dessus, pour. I. Voyez *Le* dont il est synonime.
LEIS, cuisse. I.
LEIS, plein, plénitude, pleinement, totalement, tout. B. Voyez *Leiz* qui est le même.
LEIS, humide, moite, mouillé ; *Leisa*, mouiller, humecter ; *Leisaa*, devenir ou rendre plus humide. B. *Las*, lac en Patois du Pays Romand. Voyez *Lis*, *Liex*, *Liy*, *Llaith*, *Lleithio*.
LEIS-FEIN, seul. I.
LEISG, paresseux. I.
LEISGE, paresse ; *Leisgeamhul*, paresseux, engourdi, assoupi, endormi. I.
LEIST, liste. B. De là ce mot.
LEISU, lessive. B. On dit *Lesu* en Patois de Besançon. Voyez *Leis*, *Lleisv*.
LEITDER, humidité, moiteur. B. Voyez *Lleithdra*, *Llaith*.
LEITEARDA, sçavant, docte. I.
LEITH, famille, parenté, curie, tribu. C. Voyez *Llwyth*.
LEITH, demi, part, partie, côté, flanc. I. Il signifie aussi presque, un peu. Voyez *Leith-Inish*, *Leithdhearg*.
LEITH, humide. B. Voyez *Llaith*, *Lleithio*.
LEITH-INISH, LEITH-ILEAN, presqu'isle. I. *Inish*, *Ilean* signifiant isle, *Leith* par conséquent a signifié presque.
LEITHDHEARG, rougeâtre. I. *Dhuarg* signifiant rouge, *Leith* par conséquent signifie un peu.
LEITHE, blancheur, gris, grison. I.
LEITHE, mortalité. I. Voyez *Llaith*.
LEITHEIS, dérision, raillerie. I.
LEITHGHLIN ou LOCHLIN, Dannemarck & Norvege. I.
LEITHID, corrompu. I.
LEITHIMEALACH, frontière. I.
LEITHINISC, péninsule. I.
LEITHIO, se fondre. G.
LEITHREACHUS, séparation. I.
LEITHSE, AR AN LEITHSE, de ce côté, en deçà. I.
LEITHSE est le synonime de *Leith*. Voyez ce mot.
LEITHSGEAL, prétexte, excuse. I.
LEITHSGEALADH, excuser, disculper. I.
LEITIA, querelleur. Ba.
LEITID, bouillie. I.
LEITIS, laitue. I.
LEIX, loi. I. Voyez *Leguea*.
LEIXARE, A. M. permettre, laisser faire ; de *Latzaf* ou *Latza*.
LEIZ, le même que *Leis*, humide. &c.
LEIZ, plein, plénitude, pleinement, totalement, tout, abondant, beaucoup, plusieurs, quantité, grande quantité, très. B. Voyez *Leis*.
LEIZA, humecter. B.
LEIZA, abysme. Ba. Voyez *Leicea*.
LEIZATE, je précipite dans un abysme. Ba.
LEIZATIA, primitif, premier. Ba.
LEIZATU, je précipite, je jette dans un abysme. Ba.
LEIZATU NAYS, se précipiter, se jetter dans un abysme. Ba.

Leizen, plie poisson. Ba.
Leizondoa, profondeur. Ba.
Lela, enfant à la mammelle ou qui l'a quittée depuis peu. B.
Lela, niais, sot, fat, insipide. Ba.
Lelaida, insipidité. Ba.
Lem, aigu, pointu, coupant, tranchant d'un couteau ou autre outil fait pour couper, fier, sévére, affreux, promptement. B. Voyez *Llem*, *Llymm*, *Lemmys*. De *Lem*, on a fait *Len*, ainsi qu'on le voit par *Alêne*. *Leins* en vieux François, sitôt.
Lem, le même que *Lam*, bois, forêt. L'*e* & l'*a* se substituent réciproquement. D'ailleurs Voyez *Lembir*, *Lemn*. L'*n* & l'*l* se mettant l'une pour l'autre, on a dit *Nem*, ainsi qu'on le voit par *Nemus* Latin. *Lien*, *Lin*, forêt en Chinois, & *Lymou*, chêne dans la même Langue; *Tlen* en Tonquinois, forêt; *Ulema* en G ec, arbrisseau.
Lem, le même que *Lam*, saut. Voyez *Lemmirrich*, *Lemmain*. D'ailleurs l'*e* & l'*a* se substituent réciproquement.
Lema, timon, gouvernail. Ba. Voyez *Loman*.
Lemaria, pilote. Ba.
Lembicia, prémices. Ba.
Lembicicoa, premier, principal. Ba.
Lembir, fléche. B. *Bir* signifiant une pointe de fer, *Lem* marque ici le bois de la fléche. Voyez *Lem*.
Lembus, A. G. habit royal. Voyez *Lembicia*, *Lembicicoa*, *Lena*.
Lemel, *Lemmel*, abolir, arracher, ôter, lever, enlever, lever un obstacle. B.
Lemira, précaution. Ba.
Lemma, aiguiser, affiler un outil. Ba.
Lemmer, *Lemmour*, émouleur. B.
Lemmirrich, sauter. I. Voyez *Lam*.
Lemmys, aigu, pointu. C. Voyez *Lem*.
Lemn, forêt. Ce mot nous a été conservé dans les chartes, dans lesquelles on trouve *Lemna*, *Lemnia*, *Lempna* pour forêt. Voyez *Lem*, *Lam*.
Lemy, le même que *Blemy*. Voyez *Blaen*.
Len, ruisseau. G. Il signifie aussi étang, mer, eau en général. Voyez *Cazlen*, *Gaz*, *Dilen*, *Leni*, *Loon*, étang en Runique; *Lengen*, mer en Bresilien; *Lenos*, lac en Grec; *Lama* en ancien Latin & en Espagnol, mare; *Lana* en Flamand, réservoir d'eau; *Lama* en ancien Saxon, réservoir d'eau; *Loon*, étang en Islandois. Voyez *Lein*, *Lan*, *Len* plus bas.
Len, plein. G. C. Voyez *Lein*, *Leen*. De *Len* est venu le Latin *Plenus*; le François *Plein*, parce que le *p* s'ajoute au commencement du mot.
Len, le même que *Lan*, bord, rivage selon Baxter. G.
Len, saie, robe. C.
Len, abondance. I.
Len, étang. B. Voyez *Len* plus haut.
Len, *Lenn*, couverture de lit, voile. B. Voyez *Llenlliain*.
Len, lecture. B. Voyez *Leen*, *Llên*.
Len, garçon célibataire. B.
Len, avant. Ba. C'est le même que *Lena*. Voyez *Luen* le même que *Blaen*.
Len, meurtre, carnage, mort violente. Voyez *Dilain*.
Len, beau. Voyez *Lendid*, *Lein*.
Len, Voyez *Lam*.
Len, le même que *Lliain*. Voyez *Sachlen*.
Len, le même que *Lan*, *Lin*, *Lon*, *Lun*, par la substitution réciproque des voyelles. Voyez *Bal*.

Len, le même que *Clen*, *Glen*. Voyez *Aru*.
Len Ar C'hesec, abbreuvoir. B. *Len*, réservoir d'eau; il paroit par ce mot que *Casec* ou *Caseg*, en composition *C'hesec* a signifié non seulement cavale, jument, mais encore toutes sortes de grosses bêtes domestiques, puisque ce ne sont pas seulement les cavales que l'on mene boire, mais encore tous les gros animaux domestiques.
Lena, Chef, Prince, premier, avant. Ba. *Hlaint*, colline en Gothique. Voyez *Laen*, le même que *Blaen*, *Lenz* en Allemand; *Lenclen* en ancien Saxon; *Lenz* en Théuton; *Lent* en Flamand; *Glenz* en Suisse, printemps: Cette saison est ainsi nommée de ce qu'elle est le premier temps ou la première saison, c'est ce que signifie le nom de printemps qu'elle porte parmi nous.
Lena, liége. Ba.
Lena, A. M. couverture de lit; de *Len*.
Lenach, Ecclésiastique. G. Voyez *Lean*.
Lenaden, ortie. B. Voyez *Len*, le même que *Lem*, pointu, piquant.
Lenago, trop tôt. Ba.
Lenagotua, date d'un acte, d'une lettre. Ba.
Lenagotzua, rétrotraction. Ba.
Lenaipua, prémice. Ba.
Lenan-Syie, incube. I.
Lenaragoa, juge ordinaire. Ba.
Lenarta, capital, principal. Ba.
Lenastac, rudiment d'une Langue. Ba.
Lenastecoa, primordial. Ba.
Lencatu, je préfére. Ba.
Lencio, A G. qui saute dans un temps de deuil. Voyez *Lem*, saut.
Lencqernen, ver long, ver de terre. B. Voyez *Lenkeren*.
Lencr, glissant, qui échappe des mains; *Lencra*, *Linera*, rendre glissant, polir, unir, applanir. B.
Lencuntza, préference. Ba.
Lendauquera, prédestination des Saints. Ba.
Lendex, A. G. ver de ... Voyez *Lenkeren*.
Lendezagutza, prénotion. Ba.
Lendid, *Lendyd*, beauté. Voyez *Leindid*, *Glendid*.
Lene, année courante selon les uns, année qui vient de finir selon d'autres, année en général selon d'autres. G.
Lenena, premier, supérieur. Ba.
Lenendaria, prédécesseur. Ba.
Lenendea, action de précéder, préséance. Ba.
Lenendu, je précéde, je préfére. Ba.
Lenengoa, premier. Ba.
Lenes, fille célibataire. B.
Lenesa, Princesse. Ba.
Lenet, jeûne des quatre temps. B.
Lengo, jadis, autrefois. Ba.
Lengoac, nos pérés, nos ancêtres. Ba. A la lettre, ceux qui étoient jadis, ou plus littéralement les jadis.
Lengoadua, tout poisson de mer plat. Ba.
Leni, maritime. G.
Lenic, prévision. Ba.
Lenicanarium. Ce mot de la basse Latinité, selon le Dictionnaire Breton intitulé *Catholicon Armoricum*, est formé de *Huclien*, c'est-à-dire robe de toile.
Lenicusi, prévoir. Ba.
Lenijayoa, aîné, premier né. Ba.
Lenizaira, *Lenizatea*, préexistence. Ba.
Lenkeren, ver de terre. B. *Er* signifiant terre,

LEN.

Lenk paroît avoir signifié ver en général. Voyez *Lenegernen*, *Llyngyren*.

LENMENA, élément premier principe d'une chose. Ba.

LENN; pluriel *Lennyth*, lac, marais. G. Voyez l'article suivant & *Len*.

LENN, LENNDOÛR, étang, mare, tout amas d'eau grand ou petit, de sorte qu'on le dit de la mer & de l'eau d'une huître enfermée dans son écaille. Il signifie encore écluse de moulin. B. Voyez l'article précédent, *Len*, *Llynn*.

LENN, LEEN, leçon, lecture ; *Lenni*, *Lenna*, *Lennu*, lire ; *Lenner*, lecteur ; *Lenneur*, professeur ; *Lennoc*, habile, sçavant, qui a de la lecture. B. Voyez *Llen*. *Allen*, œil en Maure.

LENNAD, mare. B.

LENT, le même que *Lant*, rivage selon Baxter. G.

LENT, sérieux, posé, froid, lent, timide. B. De là le Latin *Lentus*; le François *Lent*; l'Italien *Lento*; l'Espagnol *Liento*; l'Anglois *Pliant*, lent. *Len*, paresseux en Stirien & en Carniolois. Voyez *Leontas*.

LENTAAT, rallentir.

LENTARE, A. M. tarder ; de *Lent*.

LENTE, espèce de souris champêtre ou mulot dont la morsure est venimeuse. B.

LENTEA, A. G. fosse. Voyez *Len*, mare.

LENTIL, lentille. B. De là ce mot. De là le terme *Lentilat* que l'on trouve pour lentille dans les anciens monumens.

LENTILICQ, rousseur de visage, lentille tache. B.

LENTIS, A. G. petit navire ; de *Lean* ou *Len*, petit. Voyez *Legia*.

LENTISQ, lentisque. B.

LENV, LEV, cri forcé & plaintif, gémissement, lamentation, hauts cris, bêlement ; *Lenva*, *Leva*, jetter les hauts cris, gémir, lamenter, crier, piailler comme les enfans. B. Voyez *Llef*.

LENVADENN, cri. B.

LENUARGUIA, noblesse. Ba.

LENVER, pleureur, crieur, piailleur. B.

LENVERICQ, petit criailleur parlant d'un enfant. C'est le diminutif de *Lenver*.

LENVI, emplir, remplir. B.

LEO, LEV, LEAW, LEAU, lieuë. B. Voyez *Leagigh*, *Leuca*.

LEOA, A. M. lieuë ; de *Leo*.

LEOG, LEAWC ; singulier *Leoghen*, *Leawghen* ; ver qui se trouve dans les grèves de la mer, qui sert d'appât pour prendre le poisson à la ligne. B.

LEOD, partage. &c. Voyez *Leoud*.

LEOGAIR, gai, joyeux, gaillard. I.

LEOGHAN, lion bête féroce, tigne insecte. I.

LEOH, lieu, habitation. B. Voyez *Leh*.

LEOIARREMKA, panthére. Ba.

LEOINAVARRA, léopard. Ba.

LEON, légion. G. Ce mot est pris du Latin *Legio*.

LEON, tigne insecte. I.

LEON, lion. B.

LEONA, entorse ; *Leonadh*, se fouler, prendre une entorse. I.

LEONN, légion. B. Ce mot est pris du Latin *Legio*. Voyez *Leon*.

LEONNECG, lieu poisson. B.

LEONPARD, léopard. B.

LEONTAS, paresse. I. Voyez *Lent*.

LEONVEC, LEUVENNEC, LEONEC, lieu poisson. B.

LEOR, livre. B.

LEOR, froidement. Ba.

LEORFEA, toît. Ba.

LES.

LEORPINA, auvent. Ba.

LEORRA, maigre, mince. Ba.

LEORTEA, sécheresse. Ba.

LEORTIA, aride. Ba.

LEORTUA, brûlé, desséché. Ba.

LEOS, lumière. I. Voyez *Llosgi*.

LEOSAM, éclairer. I.

LEOSTE, ornement, parure. B.

LEOTUM, A. M. large ; de *Led* ou *Let*.

LEOTZA, grande scie. Ba.

LEOU, lion. B. *Llew*, *Lleon*, *Lleo*, *Lleu* en Gallois ; *Leoya* en Basque ; *Lebu* ou *Levu* en Arabe ; *Leon* en Grec ; *Leo* en Latin ; *Leone*, *Lione* en Italien ; *Leon* en Espagnol ; *Lion* en François ; *Low Len* en Allemand ; *Leeuwe* en Flamand ; *Lyone* en Anglois ; *Lowe* en Danois ; *Louwe* en ancien Saxon ; *Lav*, *Lev* en Esclavon ; *Lew* en Polonois & en Bohémien ; *Law* en Dalmatien ; *Labi*, que plusieurs prononcent *Lavi*, en Hébreu, lion.

LEOUD, lot, héritage. B. Ce mot étant le même que *Lod*, signifie par conséquent partage comme ce terme. On a dû dire aussi *Leod*, puisqu'on a dit *Leud* pour synonime de *Leoud*.

LEOYA, lion. Ba.

LEPACAYA, collier d'attache. Ba.

LEPICULIA, oiseau. Ba.

LEPO, bourreau. Ba.

LEPOA, épaule, tête, cou. Ba. De là le premier de ces mots.

LEQAT, placer. B. C'est le même que *Lacqat*.

LEQUEA, lettre, épître. Ba.

LEQUEDA, queuë. Ba.

LEQUENEGORIA, prédétermination. Ba.

LER, sol, terre, aire. C. B. Voyez *Lura*, *Lar*, *Lair*.

LER, habitation. Voyez *Feurlan*.

LÊR, le même que *Lezr*. B. De là le Latin *Lorum*, courroie, rêne, bride.

LER. Voyez *Leve*.

LER-ENEP, empeigne de soulier. B.

LERA, traineau. Ba.

LERADA, merde. Ba.

LERCH, suite, cortége, conséquence, ordre, après, arrière, derrière, à la suite. B. Voyez *Lerroa*.

LERDATU, je casse, je brise. Ba.

LERDENDU, je rends délié & petit. Ba.

LERDOA, lent, paresseux. Ba.

LERETICAE, A. G. action de voiturer, de transporter. De *Lera*.

LERGARRIA, travail pénible. Ba.

LERHÉ, issue, sortie d'un village, espace attenant au village. B.

LERI, laurier. Voyez *Lauvrif*.

LERIOAGAS, national. I.

LERN, renard. B.

LEROU, bas, chausses. B.

LERRA doit être le même que *Larra*. Voyez *Lerdatu* & *Bal*.

LERROA, suite, ordre, rayon, ligne du centre à la circonférence. Ba.

LERTSUNA, grue. Ba.

LES, petit. G.

LES, lumière. I.

LES, le même que *Lis*. Voyez *l*.

LES, la hanche, le haut de la cuisse. B.

LES, auprès, près, proche. B. *Leff* en Irlandois, proche, auprès, près ; *Nés* en Gallois, près, auprès, proche ; *L'n* & *l'l* se mettent l'une pour l'autre en Celtique. *Lès*, *Lez*, *Lé*, près, &c.

en vieux François. *Lez* pour près est encore en usage dans les actes juridiques ; *Lez* Paris ; *Lez* Tours, pour près Paris, près Tours. *Delez* en vieux François, auprès, à côté, & *Lie*, côté. Voyez *Lez*.

LES, palais du Roi, palais maison principale où l'on rend la justice au nom du Roi, tout lieu où l'on rend publiquement la justice, cour, audience, barreau. On dit même *Ober Ar-Lés*, faire la cour aux supérieurs, faire l'amour à une personne du sexe. De là vient qu'on trouve dans un Dictionnaire *Lés*, cajolerie. B. Voyez *Llys*. *Leete* en Anglois, cour de Justice, audience.

LES, sur, dessus. Voyez *Leshan*.

LES-VUGALE, beaux-fils, belles-filles. B.

LESAAT, alaiter. B.

LESCHERIA, A. M. lieu marécageux. De *Lech*.

LESCIVIA, A. M. lessive. De *Laisu*.

LESEEN, loi. B. Voyez *Leguea*.

LESEL, laisser, quitter. B.

LESEN, lisière, tant d'un pays que d'une pièce d'étoffe, bord, extrémité. B.

LESEN, loi, maxime, droit. B. Voyez *Leguea*.

LESEN, drapeau, lange qui est d'étoffe. B.

LESENALPENEA, prédestination. Ba.

LESEÜEN, LESEVEN, herbe potagère. B. Voyez *Lestwyt*.

LESEUEN ER VAM, absynthe. B.

LESEWER, vendeur d'herbes de jardin, médecin qui guérit avec des plantes. B.

LESHAN, LESHANO, LESHANV, surnom. B. *Hanv* signifiant nom, *Les* par conséquent doit signifier sur, dessus.

LESHENVEL, surnommer, qualifier. B.

LESHENVER, donneur de sobriquet. B. A la lettre, donneur de surnoms. On voit par là que les surnoms n'ont été originairement que des sobriquets ; on en a d'ailleurs un grand nombre de preuves.

LESI, hypogriphe. Ba.

LESIREC, paresseux. B. Voyez *Lezir*.

LESK, berceau. C.

LESKI, brûler, être ardent & brûlant ; participe passif *Lesket*, & *Losket*, brûlé ; *Loskadur*, brûlure. B. Voyez *Llosg*, *Llosgi*.

LESLWYT, armoire plante. C. Voyez *Leseuen*.

LESOU, cri lugubre. B. Voyez *Lais*.

LESPOS, éhanché, indisposé de la hanche. B.

LESQADUR, brûlure. B.

LESQI, LESQIFF, les mêmes que *Leski*. B.

LEST, vaisseau, navire. G. B. Voyez *Llestr*, *Lester*, *Lestr*.

LESTAD, beau-pere second mari de la mere. B.

LESTEC, comète. B.

LESTER, navire. B. C. Voyez *Lleister*, *Llestr*, *Lest*, *Lestr*, *Llester*.

LESTA, vaisseau, navire, bateau, batelet ; plurier *Listri*. *Lestrier*, *Listrier*, armoire ou autre meuble où l'on remet la vaisselle. B. Voyez *Llestr*, qui est le même que celui-ci ; ainsi il faut donner à celui-ci toutes les significations de *Llestr*.

LESTRAD, charge d'un navire. B.

LESVAM, belle-mere seconde femme du pere. B.

LESVAP, beau-fils. B. *Vap de Map*.

LESVERCH, belle-fille. B.

LESUGHADH, réparation. I.

LET, LEHET, LEHIET, largeur. B. Voyez *Letan*, *Letha*, *Letoc*.

LET, demi, à moitié. B. C'est le même que *Lled*, dont il a par conséquent toutes les significations.

LET, près, bord. Voyez *Letav*.

LETAMEN, A. M. Voyez *Leter*.

LETAN, large. G. Voyez *Let* plus haut.

LETARTA, providence. Ba.

LETAV, nom de notre Bretagne. Voyez *Ledav*. Ce nom étant synonime à *Armor*, signifie, comme celui-ci, près de la mer ; *Av*, eau en général, mer ; *Let*, *Led*, par conséquent près, bord. Voyez *Lés*. De *Let* ou *Lit* est venu le Latin *Littus*. *List* en ancien Saxon & en Anglois ; *Leist* en Allemand, bord, bordure d'habit. Voyez *Lista*.

LETER, paille. B. De là le François *Litière*, qui signifie de la paille que l'on met sous les bêtes ; & comme cette paille se change en fumier, de là vient que dans la basse Latinité on a appellé le fumier *Letamen*, *Letamen*. Les paysans en Franche-Comté nomment la paille que l'on met sous les bêtes *Letère*. *Litter* en Anglois, litière, paille.

LETER, litière voiture. B.

LETER, cuir. B. Voyez *Lledr*.

LETERN, lanterne. B. De là le Latin *Laterna* ; l'Allemand *Latern*, l'Esclavon *Latarna*, le Polonois *Latarnia*, l'Italien & l'Espagnol *Lanterna*, le François & l'Anglois *Lanterne*, le Hongrois *Lantorna*, lanterne. Voyez *Lés*, lumière.

LETEROUR, LETERYER, meneur de litière, muletier. B.

LETH, eau. E. Voyez *Llaith*.

LETH, LETHAN, milieu, demi, côté, flanc ; part, partie. I. Voyez le mot suivant.

LETH, brisé. B. Voyez le mot précédent. *Lidon* en Théuton, couper, diviser, séparer ; *Letza*, séparation ; *Letzen*, séparer en Allemand.

LETHA, large. I. Voyez *Leth*.

LETHAIN, le même que *Leth*, milieu, &c. I.

LETHAN, le même que *Leth*, milieu, &c. I.

LETHIN, le même que *Leth*, milieu, &c. I.

LETO, LETON, A. M. laiton. De *Laiton*.

LETOC, large. G. Voyez *Let*.

LETON, friche, terre en friche. B.

LETONNI, se couvrir d'herbes, devenir en friche. B.

LETRA, lettre élément d'un mot. Ba. Voyez *Llithyr*.

LETRADUNA, avocat, homme de lettres ; *Letradunen Ballera*, académie, compagnie de gens de lettres. Ba.

LETRAYA, syllabe. Ba.

LETRIN, tribune, lutrin. B.

LETTERIA, A. M. litière que l'on fait aux bêtes. De *Leter*.

LETTON, anneau. B.

LETTRING, dégré. G. Voyez *Llettring*.

LETTUN, cuivre. B.

LETTUY, LETTI, hôtellerie, logis, hospice. G.

LETUSEN, laituë. G.

LETZORIA, précocité, précoce. Ba.

LEU, LEV, lieuë. B. Voyez *Leuca*.

LEU, lion. B. Voyez *Leon*.

LEU, lieu. Voyez *Dadieu*.

LEU, placer. Voyez *Cysten*.

LEU, LEW, qui dévore. Voyez *Belen* & *Levai*.

LEVA, dévorer, rugir. B. Voyez *Liswa*.

LEVA, lever, élever. Voyez *Levason*.

LEVA, LEV. Voyez *Lènv*.

LEUA, A. M. lieuë. De *Leu*.

LEVANUM, A. M. levain. De *Lesain*.

LEUC, blanc. B. Ce mot paroit avoir signifié la même chose chez les Bretons insulaires. Voyez

Camden fur *Lucopidia. Leucas* en Hébreu de Rabbin ; *Leukos* en Grec, blanc.

LEUC, eau. Voyez *Lug.*

LEUCA, eau transparente. G. *Leuc*, transparent ; *A*, eau. Voyez *Leuchi.*

LEUGA, LEUGA, LEWA, LEUA, LEVIA, lieuë. Ce terme Gaulois nous a été conservé par Jornandès & dans les anciens monumens. Il est encore en usage dans le Breton, où *Leu*, *Lev* signifient lieuë : Le *c* & le *g* s'ajoûtent indifféremment. Voyez *Aru.*

LEUCHI, luire. B.

LEUCHUS, éclatant, brillant. B.

LEUD, lot, héritage, franc, exempt de charges, franchise. B. Il signifie aussi partage. Voyez *Leod.*

LEUDES, LEUDI, LEODES, LUIDI, A. M. vassaux. De *Le*, serment, promesse solemnelle ; *Udd*, Seigneur ; *Leudd*, celui qui par une promesse solemnelle est engagé à un Seigneur, qui est son vassal.

LÉVE, LÉVE, revenu de terres & de maisons, levée, récolte, rente. B. De là notre mot François *Levée.*

LEUE, veau. B.

LEUE, lieuë. B. De là ce mot. Les paysans en Franche-Comté disent *Lue*. Voyez *Leuca.*

LEVE, LEZ, LER, eau en Breton. Ces mots se trouvent dans le procès de canonisation de Saint Yve. *Leve*, eau en vieux François.

LEVEA, A. M. levée d'impôt ; de *Leve*.

LEUEC, petit plongeon oiseau de rivière. B.

LEUENE, joie. B. Voyez *Laoüen.*

LEVENES, joie, gaieté, réjouissance. B. Voyez *Laoüen.*

LEVENIC, joyeux, gai. C.

LEVEROY, A. M. jurement fait avec la main ; de *Law*, en composition *Lew*, main, & *Ro* serment.

LEVESONN, élévation, avantage. B. Il paroit par ce mot qu'on a dit en Breton *Leva*, lever ; d'où sont venus le Latin *Levare*; les François *Lever*, *Élever.*

LEUPR, livre. B.

LEVIADER, pilote. B. Voyez *Llywydd*, *Llewidd.*

LEUIAT, gouverner le navire. B.

LEVN, LIVN, LIW, LOVN, LUVN, uni, poli, lissé dans les différens dialectes du Gallois. Baxter. Voyez *Leundu.*

LEÜN, plein, rempli ; *Leuna*, remplir. B. Voyez *Llawn*, *Len*, *Lain.*

LEUN, flot, pointe de la marée. B. Voyez *Gourleum*, *Lenv.*

LEUN A SPERED, plein d'esprit, plein de feu, vif, enjoué, brillant dans la conversation, dans le discours. B.

LEUNA, leger. Ba.

LEUNDU, je polis, je rabote. Ba. Voyez *Leun.*

LEVNECG, lieu poisson. B.

LEUNYA, remplir, rassasier, assouvir. B.

LEVR, LEOR, livre. B. Voyez *Llyfr.*

LEUR, LEUREN, sol, aire, cour ; *Leur-Guaer*, issue, sortie d'un village, espace attenant au village. B. Voyez *Lurra*, *Ler*, *Lair*, *Llawr.*

LEUR AR-C'HARR, l'espace où l'on attache le limonnier entre les deux limons ou bras d'une charrette, & aussi le timon seul de la charrette. B.

LEUR AR GAMPR, le plancher d'une chambre. B.

LEUR-QARR, le fond d'une charrette. B.

LEVRAN, LEVREN, LEVRER, LEUFREN, levrier. B.

LEURE, cercueil. B.

LEVARE, issue, sortie du village, espace attenant au village. B. Voyez *Leur Guaer* dans *Leur*. On voit par ce mot que *He* est le synonime de *Guaer*, habitation.

LEVEYAD, le porteur du *Bynion*, chalumeau. B.

LEUS, A. G. petit navire ; de *Les*. Voyez *Legia*, *Lentis.*

LEUSINDU, je meuble. Ba.

LEUSQEL, bercer. B.

LEUSQEUL, lâcher, débander, relâcher. B.

LEUTISTA, poli, uni Ba.

LEUTUS, A. M. luth. Voyez *Laudis.*

LEWAREC, terre novale que l'on laisse reposer de deux ans un ; en Latin du bas âge *Warectum*; Gueret en François. B.

LEWEN, pou ; pluriel *Leu*. B.

LEWER, livre. B.

LEWIA, LEWYA, LEVYEAL, gouverner un navire en qualité de pilote, louvoyer. B. De là ce mot. Voyez *Llyw.*

LEWIDIGHES, pilotage, gouvernement d'un navire. B.

LEWIER, LEWYER, timonier celui qui manœuvre la barre du gouvernail. B.

LEUZRI, mener, destiner, envoyer, envoyer un exprès, un ambassadeur, un député. B.

LEXA, A. M. luxurieuse, impudique ; de *Licq* ou *Lecq.*

LEXALIS, A. M. local ; de *Lech.*

LEXIVA, A. M. lessive. Voyez *Leisu*, *Litx.*

LEYA, gelée. Ba.

LEYA, émulation, altercation, dispute, procès, opiniâtreté, entêtement. Ba.

LEYALA, fidéle. Ba. Voyez *Leal.*

LEYARCA, voûte courbée en forme de croissant. Ba.

LEYEN, serpillière grosse toile. B.

LEYHORREZ, stable. Ba.

LEYN, sommet. B. Voyez *Lein.*

LEYR, sol. B. Voyez *Ler.*

LEYTERIA, A. M. litière espèce de voiture ; de *Leter.*

LEZ, eau, rivière. I. *Lez*, eau en Breton. Voyez *Leve.*

LEZ, lait. B.

LEZ, recherche d'une fille en mariage. B. Voyez *Les.*

LEZ, près, auprès, bord, limite, borne. B. *Lisse* en Allemand ; *Lisse* en Flamand, bordure, bande, bandelette ; *Lista* dans la basse Latinité, bordure, bande ; *Listra* en Siennois ; *Listre* en Languedocien, pièce étroite de quoi que ce soit, bande ; *Liste*, *Listre* en vieux François, litre. Voyez *Lli*, *Let.*

LEZ-GAOUR, la fleur de chévrefeuille. B.

LEZARD, le même que *Glasard*. Voyez ce mot.

LEZAT, laisser. B.

LEZENN, limite, borne. I.

LEZER, le même que *Lezr*. Voyez *Boucleur*, *Leder*, *Ledr.*

LEZEU, le même que *Louzou* ; & *Lezeuen*, le même que *Louzaouen*. B.

LEZIR, paresse. B. De là *Loisir*, en vieux François *Lisir*, en Franc-Comtois *Lesi.*

LEZIRECQ, LEZIROCQ, paresseux, négligent. B.

LEZOA, surtout, mandille. Ba.

LEZOMA, pressentiment. Ba.

LEZOU, négligent. B.

LEZOURECQ, négligent. B.

LEZ. LIB. 83

LEZOVA, fosse. Ba.
LEZOVAC, monceau, amas, tas. Ba.
LEZQI, brûler. B. Voyez Leski.
LEZR, LEZREN, cuir, peau de bête préparée pour mettre en œuvre. B. Voyez Lledr, Ledr.
LEZR; pluriel Lezron ; singulier Lezren, bas, chauffes. B. Voyez Lezur.
LEZRECQ, de cuir, coriace. B.
LEZRENN. Voyez Lezr.
LEZRENN, lanière. B.
LEZRENNOU, rênes de la bride d'un cheval. B. C'est le pluriel de Lezren.
LEZROU, chauffes. B. Apparemment de peau.
LI, Roi. G. Li en Chinois, gouverner, Mandarin ou Gouverneur de Province. Ce terme doit aussi avoir signifié le souverain dans cette Langue, puisque Lis, Lim signifient un Édit, une Loi de l'Empereur. Lis en Chinois, élevé au propre & au figuré ; Pally, cour, demeure du Souverain en Malabare. Voyez Ling, Llys, Llin, Lim.
LI, mer, le flot de la mer : On dit aussi Li Muir, mer. I. Voyez Lix, Leis, Liy, Leih. De Li est venu le Latin Limus, le François Limon, terre détrempée avec de l'eau, & l'Allemand Leim, qui signifie la même chose. Voyez Limunzec.
LI, couleur. I. Voyez Lliw, Liv.
LI, lie. B. De là ce mot. Voyez Lias.
LI, terre. Voyez Ligora.
LI, herbe. Voyez Ligounnar.
LI. Je crois que ce mot a signifié blanc, parce qu'il se trouve dans les mots suivans qui expriment des choses naturellement blanches. Lili en Breton & en Gallois, lys ; Blith ou Lith, lait en Gallois; Lliain, linge en Gallois & en Breton ; Liren, lilas ; (Li, blanc ; Las, bleu ; Ce sont les deux couleurs de cette fleur.) Lieru, clair, transparent ; Llywy, clair, transparent, beau ; Liart en vieux François, blanchâtre, & Lyois, blanc. On trouve dans le traité de la milice Françoise du P. Daniel, que Livet a autrefois signifié blanc dans notre Langue. Liais signifioit gris ou blanchâtre dans notre Langue il y a deux cens ans, Lye, blanc en Langue de Chili. Voyez Liath, qui en Irlandois signifie blanc, grisâtre. Cain qui signifie blanc, signifie aussi beau ; ainsi Lyés en vieux François signifioit aussi jolie. Voyez Liare, Liator.
LI-DHEALVTHOIR, peintre ; Li-Dhealvad, peinture. I.
LIA, étable. I.
LIA, plus, davantage. I. Voyez Lyés. Li en Chinois, gain.
LIA, pierre. B. Il a la même signification dans l'Écossois. Voyez Liafail, Liag.
LIA, cable, corde. Ba. De là nos mots Lien, Lier, & le Latin Ligo. Voyez Liam, Lian.
LIA, arbre. Ba. Lis, arbre en Albanois. Voyez Laya.
LIA, A. M. forêt. Voyez l'article précédent & Laya.
LIA, A. G. lie ; de Li.
LIACHRO, étable à cochons. I. C'est un pléonasme, Lia & Crau signifiant également étable.
LIAC, lie du vin, dépôt d'une liqueur. Ba. Voyez Li.
LIAC, siége. Ba.
LIACH, cuillier. I.
LIACH, pierre. B. Voyez Lech, Liag.
LIACHD, grande quantité, multitude. I.
LIACULUM, A. M. pustules ou taches blanches qui paroissent sur la peau ; de Li, blanc.

LIACULUM, A. G. instrument dont on se servoit pour enduire les murailles de chaux ; de Li, blanc.
LIAFAIL, nom que les anciens Écossois donnoient à la pierre qu'ils consultoient pour l'élection de leurs Rois. Lia, pierre ; Fal de Bal, Roi.
LIAG, pierre, grande pierre, roc. I.
LIATH, le même que Lian. B.
LIAM, lien, attache. B. Voyez Lia.
LIAMA, LIAMMA, lier, attacher. B.
LIAN, LIAIN, LIEN, toile, linge, linceul. B. Voyez Lliain, Lamba, toile en Langue de Madagascar ; Linnen en Anglois ; Liniani en Polonois ; Lein en Lappon ; Lein, Leinen en Allemand ; Linwed en ancien Saxon ; Lein en Gothique, linge ; en vieux François Lange signifioit linge ou chemise. De là notre mot François Lange. Voyez Linna, Linia.
LIAN, lien. B. De là ce mot. Voyez Lia.
LIAN, an. B.
LIANA, ensevelir un mort. B.
LIANENN, drapeau, lange. B.
LIANT, le même que Bliant. G.
LIANT, flexible, liant. B.
LIARDOA, lie de vin qui s'attache autour des tonneaux. Ba. De là Li Ardoa. Voyez Liac.
LIARDUS, A. M. la couleur de cheval que l'on appelle gris-pommelé. Voyez Li. Les Italiens appellent un cheval de cette couleur Leardo. Dans nos anciens romans on trouve un Destrie Liart pour un cheval blanchâtre ou gris-pommelé.
LIARE, A. M. polir. Voyez Li.
LIARTEAC, criblure. B.
LIAS, plusieurs, en grand nombre, beaucoup. C. Voyez Llyaws, Lyés.
LIAS, LIOS, LIS, parvis, grande sale, maison, demeure, village, hutte pour les bêtes. I.
LIAS, LIABA, LIAG, étable à bœufs, à moutons. I.
LIASDER, abondance. C.
LIATH, blanc, grisâtre, de couleur de cendres, chenu. I.
LIATHACH, LIATHBAN, pâle. I.
LIATHAN, LIETHAN, LIATHIN, LIETHIN ; les mêmes que Liath, Lieth. I.
LIATHGHLAS, pâle, blême, bleu, ver de mer. I. Voyez Glas.
LIATHGHORM, bleu, azur. I.
LIATHLOUS, LIATHLUS, armoise plante. I.
LIATHRAM, rouler, tordre. I.
LIATHROD, LIATHROID, tourné, roulé. I.
LIATHVAN, pâle. I.
LIATOR, A. M. qui polit. Voyez Liare.
LIATRAISG, grive. I.
LIAZ, abondant, épais, fréquent, en grand nombre. C. Voyez Lliaws, Lias.
LIBA, LIBAD, les mêmes que Leaba, Leabad. De même des dérivés ou semblables. I.
LIBAR, levre. I. Voyez Lab.
LIBERAL, libéral. B. Liberala, libéral en Basque. De là le Latin Liberalis, l'Italien Liberale, l'Espagnol & le François Liberal, le Flamand Liberael, l'Anglois Liberall. Voyez Liberaltas.
LIBERALA, libéral. Ba.
LIBERTEZ, liberté. B. Voyez Libran.
LIBERTINEIN, libertiner. B.
LIBIEN, noir de fumée détrempé. B.
LIBISTRUS, LIBISTRENEG, LIBISTRINEC ; crote, fangeux, souillé, mouillé, humide. B.
LIBONNIC, émouleur de couteaux ou d'autres

instrumens à couper. B. Voyez *Llymm* ou *Llyb*, parce que le *b* & l'*m* se mettent l'un pour l'autre.

LIBONTR, petit poisson de mer long de cinq ou six pouces, de la figure que l'on donne communément au dauphin, ou approchante. B.

LIBOR, A. G. flux, écoulement. Voyez *Llibo*.

LIBOUR, petit lieu poisson de mer. B.

LIBOURC'H, habit tout déchiré, tout en lambeaux ; *Libourchen*, homme ou femme qui porte un pareil habit. B.

LIBOUS, un ou une salope. B.

LIBR, libre, qui est sans façon, sans cérémonie, qui ne gêne personne. B. Voyez *Libran*.

LIBRA, balance. Ba.

LIBRAN, LIBREN, diminutifs de *Libr*, qui signifie affranchi. I. De là le Latin *Liber*, le François *Libre*. Voyez *Libertez*, *Libr*, *Librea*.

LIBRAYA, pupitre tablette à mettre des livres. Ba.

LIBRE, livrée. I. Voyez *Lifrai*.

LIBREA, libre, exempt. Ba. Voyez *Libran*.

LIBRER, Libraire. B. Voyez *Libraya*.

LIBRICQIN, villebrequin. B. De là ce mot.

LIBRUTOQUIA, LIBURUTEGUIA, bibliothéque. Ba.

LIBURUA, livre. Ba.

LIC, joue. I.

LIC, le même que *Leac*. De même des dérivés ou semblables. I.

LIC, lubrique au sens moral. B. Voyez *Licq*, qui est le même mot que *Lic*. Ce terme a aussi signifié lubrique au sens propre ou glissant, parce que le sens moral ne se fonde que sur le propre. Voyez *Llith*.

LIC, laïque, qui n'est pas clerc. B. Voyez *Llyg*, *Lleyg*.

LICA, viscosité. Ba.

LICABRA, genévrier arbrisseau. Ba.

LICAGUIA, poison. Ba.

LICALEA, aromates. Ba.

LICAOVER, LICAOUER, doucereux, flateur, trompeur, enjolleur. B.

LICAOUEREZ, tromperie. B.

LICAOVI, LICAOUI, caresser, cajoler, allécher, affriander, enjoller, tromper par caresses. B.

LICAOVS, attirant, engageant, enjolleur. B.

LICATOR, A. G. gourmand. Voyez *Lecator*.

LICAYOA, graisse. Ba. Voyez *Lichefre*.

LICER, linceul. B.

LICERA, A. M. paroit signifier œil. De *Llygad* ou *Llygar*.

LICH, liége arbre. B. De là ce mot.

LICH. Voyez *Lech*.

LICH-BOTOU, sabots. B.

LICHA, LISCHA, A. M. calandre machine dont on se sert pour polir les traits & les étoffes de soie. Voyez *Li*. De là nos mots François *Lisse*, *Lisser*. En Patois de Franche Comté *Lichie* est glisser sur la glace ou sur quelque chose de poli.

LICHEFRE, léchefrite. B. Voyez *Licayoa*.

LICHER, friand, flateur, attirant. B. Voyez *Licheur*, qui est le même.

LICHET BOTOU, sabots. B.

LICHEUR, sensuel, attaché aux plaisirs du corps, friand. B. Voyez *Licher*, qui est le même.

LICHE'RY, plaisir sensuel. B.

LICHOU, lessive. B. Voyez *Li*.

LICIOU, LIGIOU, LIGEO, lessive. B. Voyez *Lleisw*.

LICORIS, reglisse plante. G.

LICQ, galant, adonné aux femmes, sensuel, charnel, attaché aux plaisirs du corps, impudique. B. Voyez *Lic*, qui est le même. *Licharde* en vieux François, prendre les meilleurs morceaux de la table ; *Lichecasse*, friand, gourmand, & *Liçours*, Ligurions, gourmands. Voyez *Licheur*. De *Licq* ou *Lig* est venu le Latin *Ligurio*.

LICQ, doux. B.

LICQ, grimaud. B.

LICQED, loquet. B. De là ce mot.

LICQER, friand, flateur, attirant. B. Voyez *Licher*, qui est le même.

LICQOR, liqueur. B. Voyez *Li*, *Lieuratza*, *Liz*.

LICRUS, clair, transparent. B.

LICULEA, dépilatoire. Ba.

LICURATIA, liquide. B.

LICURATZEA, action de rendre liquide. Ba. Voyez *Licqor*.

LICURTA, gomme, aromates. Ba.

LICUS, le même que *Liés*, plusieurs, &c. B.

LICZ, lice à joûter B. De là ce mot.

LICZEN, plurier *Liczennou*, deux limandes de la charrette. B.

LICZER, drap. B.

LID, fête, solemnité, trophée, joie, liesse, chere. B. Le *d* se changeant en *s*, on a dit *Lis* comme *Lid* ; de là sont venus les mots François *Lisse*, *Liesse* ; joie ; *Lies*, *Lis*, joyeux, gai ; *Lied* en Théuton, chant, chanson. Ce mot se trouve dans Fortunat en ce sens :

——— *Nos tibi versiculos*
Dent barbara carmina Ljedos.

Liod, chant, chanson en Islandois.

LIDEABHTA, peint. I. Voyez *Li*.

LIDH, le même que *Ligh*. De même des dérivés ou semblables. I.

LIDO, LIDUNA, A.M. les mêmes que *Ledo*, *Leduna*.

LIDOUREN, souillon, crasseux, sale. B. On dit *Lidrou* dans le Maine presque au même sens.

LIDUS, solemnel. B.

LIEN, ruisseau. G. Voyez *Len*.

LIEN, an. B.

LIEN. Voyez *Lian*.

LIEN-KICHEN, le diaphragme. B. A la lettre, toile de chair.

LIENA, eau courante. G. Voyez *Lien*.

LIENA, le même que *Liana*. B.

LIENEN-KIC, membrane. B. A la lettre, toile de chair.

LIENZUS, A. M. toile de lin ; en Espagnol *Lienço*. Voyez *Lin*, *Lien*.

LIERNUS, A. M. le même que *Liardus*, gris pommelé. Voyez ce mot.

LIES, plusieurs, beaucoup, quantité, souvent, fréquemment, ordinairement, instamment. B. Voyez *Lias*.

LIETH, grisâtre, blanc. I. Voyez *Li*.

LIEUX, le même que *Liés*, plusieurs, &c. B.

LIF, couleur. G. B. Voyez *Liv*, *Li*.

LIFAR, inondation, déluge. B. Voyez *Lliseirin*.

LIFAT, déluge, débordement, inondation. B.

LYFN, lime. B. Voyez *Llyfn*.

LIFO, couler. G.

LIFO, colorer, teindre, tremper. B. Voyez *Llifo*.

LIFR, livre, & livre poids. B.

LIFRAE, couleurs, livrées. B. De là ce mot. L'*f* se changeant en *v*. Voyez *Lifrai*.

LIFRAI

LIF. LIN.

LIFRAI, habillement de valets, livrée, habit. G. Voyez Lifrau.
LIFWYDD, planches. G. De *Llyfu* & *Gwydd*.
LIG, liége arbre. B. De là ce mot. Voyez *Lich*.
LIGADH, le même que *Leagadh*. De même des dérivés ou semblables. I.
LIGEOU, lessive. B.
LIGH, joug. I.
LIGHE, lécher. I. De là le Latin *Lingo*.
LIGHEANG, navire, vaisseau. I.
LIGIUS, A. M. homme lige. De *Ligh*, joug au figuré, assujettissement, dépendance.
LIGNE, LIGNEZ, lignée, généalogie. B.
LIGNEN, ligne, cordeau. B.
LIGNENEN, LIGNOLENN, ligneul. B.
LIGNEZA, donner des enfans parlant d'une femme mariée. B.
LIGNOA, lin. Ba. Voyez *Lin*.
LIGORA, terre élevée. Ba. *Gora*, élevée, *Li* par conséquent terre.
LIGORN, licorne. B.
LIGOUNAR, plante qui entre dans le remède contre la rage. B. Ce mot paroit formé de *Lly:*, herbe, plante; & *Connar*, en composition *Gounar*, rage.
LIGTHNING, luisant. C. Voyez *Llug*, *Llygn*.
LIGUERN, lustre. B. Voyez le mot précédent.
LIGUIANNEIN, LIGUIANNAT, chatouiller. B.
LIGURIO, LIGURIUS, A. G. gourmand, glouton. De *Licq*, *Gwr*.
LIHER, LIHEREN, lettre, figure, caractére. B.
LIHER, LIHEREN, lettre épître. B.
LIHOA, lin. Ba.
LIHU, couleur. B.
LIJOR, ampleur, espace, escarre. B.
LIKET, loquet. B.
LIKET A LIKET, chacun sa cotte-part, chacun son écot, chacun payant pour soi. B.
LIKETEN, placard. B.
LIL, suivre. I. Voyez *Llynn*.
LILI, lys. G. *Lilyen*, plurier *Lily*, lys en Breton; *Lilia*, *Lilioa*, lys en Basque. De là le Latin *Lilium*, l'Italien *Giglio*, l'Espagnol *Lirio* & l'Allemand *Lilien*, le Flamand *Lelie*, l'Anglois *Lillie*, l'Esclavon & le Polonois *Lilia*, le Dalmatien *Xili*, le Bohémien *Lilium*, le Hongrois *Liliom*, le François *Lys*.
LILI'R DWR, nenuphar ou nymphea. G. A la lettre lys d'eau.
LILIA, lys, fleur en général. Ba.
LILITU, fleurir. Ba.
LILLA, tendron de chou. Ba.
LILLIPA, narcisse fleur. Ba.
LILLURA, obscurcissement, offuscation. Ba.
LILYEN, plurier *Lily*, lys. B.
LIM, lime. B. De là le Latin *Lima*, le François *Lime*, l'Italien *Lima*, le Grec vulgaire *Lima*, l'Espagnol *Lima*; de là *Limande* poisson, à cause que sa peau rude comme du chagrin est une espèce de lime. Voyez *Llifo*, *Llifianu*, *Llyfr*, *Linola*, *Llif*.
LIM, le même que *Mil*, jaune. Voyez ce mot. De là le Latin *Limax*, le François *Limaçon* petit reptile de couleur jaune. Voyez *Limès*, *Limons*, *Lym*.
LIMACA, A. M. limaçon. Voyez *Lim*.
LIMADUR, limaille. B.
LIMAESTRA, drap bleu, drap violet. B.
LIMAICH, image, statue. B.
LIMANDTENN, limande piéce de bois. B.

TOME II.

LIMANIA, A. M. plaine. Voyez *Llimp* & *Llyfu*.
LIMARE, A. M. regarder de travers au figuré. De *Llymm*.
LIMAS, dans un ancien glossaire Latin-François de l'Abbaye de Saint Germain, est une manière de vêtemens qui est dès le ventre jusqu'aux pieds, comme devantier à cuisinier ou à femme. On trouve *Limus* au même sens dans le glossaire de Saint Isidore, & même dans des Auteurs Latins plus anciens. Il pourroit être formé de *Lin*, genoux, & *Mus*, cacher, couvrir.
LIMBURQUETA, chûte. Ba.
LIMBURTZA, lieu glissant. Ba. Voyez *Llimp*.
LIMER, armurier. B.
LIMES, limon fruit. B.
LIMEUM. Pline, *l*. 17, *c*. 11, dit que les Gaulois appellent *Limeum* une herbe dont ils frotent leurs fléches pour la chasse.
LIMH, le même que *Leamh*. De même des dérivés ou semblables. I.
LIMICARIA, friand, qui aime les bons morceaux. Ba.
LIMIDH, législateur. I.
LIMO, A. M. limon espèce de citron. De *Limons*.
LIMOLA, lime, rape. Ba. Voyez *Lim*.
LIMON, limon de charrette, timon. B. De là ce mot.
LIMONERIUS, A. M. limonnier. De *Limon*.
LIMONS, limon fruit. B. De là ce mot. Voyez *Lim*.
LIMOONAGIUM, A. M. ce qu'on payoit à celui qui fournissoit le limonnier pour tirer un chariot. De *Limon*.
LIMOUZÈC, limonneux, plein de vase. B. Voyez *Li*.
LIMPAT, lécher, lippée. B.
LIMPIDARE, LIMPIARE, A. G. polir. De *Llimp*.
LIMUR, limaille. B.
LIMURIA, chûte, glissant. Ba. Voyez *Llimp*; *Llaburza*.
LIN, eau, rivière. G. Voyez *Llynn*, *Lin* plus bas, *Linzarra*, *Linn*.
LIN, LON, LUN, crases de *Lugavon* ou *Lugawn*, rivière coulante. Baxter. G. *Loon*, étang en Islandois.
LIN, lin. C. *Lin*, lin plante, & le fil & la toile qui en sont faits, en Breton. *Llin* en Gallois; *Lint* en Écossois; *Lion* en irlandois; *Linoa* en Basque, lin. *Linon* en Grec; *Linum* en Latin; *Lin* en François; *Lino* en Espagnol & en Italien; *Lin* en Théuton & en Islandois; *Linen* en Anglois; *Lan* en Esclavon; *Laan* en Dalmatien; *Len* en Polonois, en Bohémien, en Hongrois & en Lusatien; *Lün* en Suédois, lin, *Lein* en Allemand, semence de lin. De *Lin* est venu le nom de *Linotte* oiseau, à cause qu'elle vit de graine de lin & qu'elle se plait dans ses linières. *Linot* en Gallois; *Lintwlirte*, linotte en Écossois; *Lint*, lin; *Flachs-Fink*, linotte en Allemand; *Flachs*, lin. Voyez *Linegues*, *Linot*, *Lintwlirte*. *Linen* en ancien Saxon, toile de lin.
LIN, lac, marais, étang. I. Voyez *Llynn*.
LIN, LINN, LIUN, eau. I.
LIN, fidéle. I.
LIN, le même que *Lean* dans tous ses sens. De même des dérivés ou semblables. I. De là *Linge* en vieux François, mince, délié, délicat, fin; *Linge* dans le Patois Messin, mince, délié; *Lingre* dans le Patois de Franche-Comté, mince, menu.

X

LIN, lin plante, & le fil & la toile qu'on en fait. B.
LIN, lac, marais, mare, amas d'eau. B. Voyez *Lin* plus haut, & *Llynn*.
LIN, pus & humeur qui forme des tumeurs fur le corps; *Lina*, fe convertir en pus, devenir apoftume, fe pourrir. B. Voyez *Llynn*, *Llynner*, *Llinoryn*.
LIN, ligne. B. De là le Latin, l'Efpagnol & l'Italien *Linea*, le François *Ligne*, l'Allemand *Linien*, l'Anglois *Line*, le Polonois *Linia*, le Carniolois *Linie*, le Bohémien *Linye*. Voyez *Linh*, *Llinelln*, *Llinio*.
LIN, pierre. Voyez *Breuan*.
LIN, le même que *Glin*. Voyez *Linlin*.
LIN, fupérieur, maître. Voyez *Gwerlin* & *Lena*.
LIN, le même que *Len*, beau. Voyez *Lein* & *Alin*: D'ailleurs l'*i* & l'*e* fe fubftituent réciproquement. Voyez *Bal*.
LINABERA, coton. Ba.
LINADENN. Voyez *Linat*.
LINADER, marchand de lin. B.
LINADUR, limaille. B. Voyez *Llyfn*.
LINAT, LENAT, ortie herbe; fingulier *Linaden*. B.
LINC, coulant, gliffant, fubtil, adroit, fin, rufé, infinuant; *Linca*, être, devenir ou rendre tel. On le dit d'une poulie & du cordage qui y paffe à l'aife. B. Voyez *Llimp*, *Llyfn*. *Flinck* en Théuton, poli, luifant, brillant.
LINCEA, linx. Ba.
LINCELL, linceul. B. De là ce mot.
LINCOUERH, linçoir terme de charpenterie. B.
LINCRA. Voyez *Laner*.
LINCRA, le même que *Linca*. B. Voyez *Linc*.
LINCRUS, le même que *Linc*. B.
LINCS, lice carrière de joûtes, &c. B.
LINDACH, le même que *Lintacq*. B.
LINDE, biére liqueur. I.
LINDRENNAGH, liniment. B.
LINDRENNEIN, enduire. B.
LINDYS, petit ver qui s'enveloppe dans des feuilles de vigne ou autres, ver qui mange le froment. G.
LINECQ, purulent. B. Voyez *Lin*.
LINEGUES, linotte. B. Voyez *Lin*.
LINEN, cordeau, petit lien, bande. B.
LINEN, niveau. B.
LINEN PEN, bande de tête. B. *Pen*, tête.
LINEUM, plante du fuc de laquelle les Gaulois fe fervoient pour empoifonner leurs dards & leurs fleches. Aulu Gelle nous a conservé ce mot Celtique. Voyez *Llynu*.
LING, Royal. Voyez *Edling*, *Li*.
LINGA, LINGUA, A. M. bande, bandelette; de *Lin*, de *Linen*.
LINGERES, lingére. B. Voyez *Lien* & le mot fuivant.
LINGIRI, linge. B.
LINGIUS, A. M. linge. Voyez les deux mots précédens.
LINGUERN, poli, poliffoir. B.
LINGUERNADUR, poliment. B.
LINH, ligne, rang. I. Voyez *Lin*. De là *Ligne*.
LINHOLUM, A. M. cordon de muraille; de *Lin*, de *Linen*.
LINIA, toile de lin, linge de toute forte. Ba. Voyez *Lien*, *Lin*.
LINIGH, remplir, combler. I. Voyez *Lein*.

LINIONADA, entrée de table des anciens Romains qu'ils mangeoient avant que de boire le premier coup. Ba.
LINLIN, à genoux. G. On voit par ce mot qu'on a dit *Lin* comme *Glin*. D'ailleurs voyez *Aru*.
LINLIN, qui fe fait avec des lignes. G.
LINN, lac, marais, étang, eau. I. Voyez *Lin*, *Linne*.
LINN, avec nous. I.
LINNA, chemife. I. Voyez *Lian*, *Lliain*.
LINNA, A. G. habillement Gaulois. Voyez *Len* L'*i* & l'*e* fe fubftituent mutuellement. Peut-être que cet habillement étoit de toile de lin. Voyez *Lin*.
LINNE, lac chez les Écoffois feptentrionaux.
LINOA, lin. Ba.
LINOCH, limon de l'eau. B.
LINOLIN, qui fe fait avec des lignes. G. Voyez *Lin*.
LINOSIUM, A. M. linge. Voyez *Lien*, *Lin*.
LINOT, linotte. B. Voyez *Lin*.
LINS, lynx. B.
LINSAVETHAN, LINSAVETHEN, étang qui fait du bruit. G. C'eft le nom d'un étang du Pays de Galles, ainfi appellé, parce que lorfque les glaces dont il eft couvert en hyver fe brifent, on entend un grand bruit comme celui du tonnerre. Ce mot eft formé de *Lin* & *Savethan*.
LINSOLATA DE PALEIS, A. M. plein un linceul de paille; de *Linsell*.
LINT, lin. E. Voyez *Lin*.
LINTACQ, LINTAG, lacs filets à prendre des oifeaux & autres animaux. B. Voyez *Lin*.
LINTR, liffé, éclatant, brillant. B.
LINTRA, luire, flamboyer parlant des corps polis & luifans, rendre ou devenir luifant, poli, gliffant. B.
LINTROYER, LINTROUER, liffoir. B.
LINTWLIRTE, linotte oifeau. E. De *Lin*, lin. Voyez *Lin*.
LINV, lime. B.
LINVA, limer. B. Voyez *Liva*.
LINVA, river. B.
LINVAD DOUR, torrent, ravine. B. *Linvad* fe peut mettre feul, comme on voit par *Linvat* qui eft le même mot.
LINVAT, torrent, coulant d'eau, débordement d'eau. B. Voyez *Lifar*.
LINZURRA, lieu aqueux. Ba. Voyez *Lin*.
LIO, entrée. Ba.
LIOA, valife, petit fac, poche. Ba.
LIOBRALTAS, libéralité, bonté. I. Voyez *Liberal*.
LIOGDA, beau. I.
LIOGHAN, truelle. I.
LIOGHDHA, fort. I.
LIOMOID, citron. I.
LION, lin, rets, filets, refeau, trape. I.
LION-MHUR, abondant. I.
LIONADH, LIONAM, remplir, faouler, raffifier, augmenter. I.
LIONMAR, plein, rempli, abondant, ample; *Lionmaireacht*, abondance. I.
LIONMHAIREAS, LIONMHURIOS, plénitude, abondance, affluence. I.
LIONMHUREAS, LIONMHURES, accroiffement, augmentation, abondance. I.
LIONMHURIOS, volubilité, fluidité. I.
LIONNALE, forte de biére, biére. I.
LIONNRASG, humeur, liqueur. I.

LIONTEADN, plein, rempli. I.
LIONVUS, ample, nombreux. I.
LIORH, LIORS, LIORZ, jardin, petit enclos près d'une maison champêtre où l'on seme quelques herbages, petit pré, petite cour. B. Voyez le mot suivant.
LIORN, jardin. C. Voyez le mot précédent.
LIOS, maison, demeure, habitation, maison de campagne, métairie, village. I.
LIOSDA, lent, fâcheux, incommode; Liofdas, pesanteur au propre & au figuré. I.
LIOU, LIW, couleur, teinture, peinture, coloris, teint substantif; on le dit aussi pour de l'encre; Liwa, colorer, teindre, peindre; Liwet, teint, coloré, peint; Liwat, singulier Liwaden, une couche de couleur, une teinture, une trempe; Liwer, teinturier, peintre. B. Voyez Lliw & tous ses dérivés, & Liv.
LIPA, LIPAT, lécher, être friand; Lipous, léche-plat, friand parlant d'un homme, & friand, délicat, parlant d'un mets; Lipouferez, friandise; Liper, lécheur. B. Voyez Llaib, Lleibio.
LIPARRA, instant, moment. Ba.
LIPERUS, LIPPERUS, A. G. tendre, mou, délicat. Voyez Lipa.
LIPOUS, LIPOUSEREZ. Voyez Lipa.
LIPP, levre, grosse levre d'enbas. B. De là notre mot Lippu. Voyez Lapp. Il y a grande apparence que Lipp a été pris métaphoriquement pour bord, soit parce que cette métaphore est fort usitée dans les Langues, soit parce que Min, qui signifie levre, signifie aussi bord.
LIPPA, bouchée. B. Ce mot se trouve dans le procès de canonisation de Saint Yves. Voyez Lipa, Lippaden.
LIPPADENN, lippée, bouchée. B.
LIPPAT, le même que Lipa. B.
LIPPER, écornifleur, friand, léche-plat. B. Voyez Lippa.
LIQOLH, licol, collier d'un chien. B. De là Licol.
LIQORN, licorne. B.
LIQUISQUERIA, saleté, ordure. Ba.
LIR, le même que Laar. De même des dérivés ou semblables. I.
LIRA, lyre. Ba.
LIRENN, lyre. B.
LIREU, lilas. B.
LIRIJEAN, herbe dite vulgairement de Saint Jean qui entre dans le remede pour la rage. B. Ce mot est composé de Llys, herbe, & de Jean. Voyez Ligounar.
LIRIN, gai, joyeux. B. Voyez Livrin qui est le même mot.
LIRINGORIA, calange ou poivre des abeilles. I.
LIRON, liron. B.
LIS, gouffre, abysme, tournant d'eau. G. Lis, eau en Ecossois; Lis, eau, rivière en Irlandois; Lis est le même que Gliz, rosée en Breton. Voyez Lin, Li, Lis plus bas, Leis, Alifa en Étrusque signifioit une barque, petit bâtiment dont on se sert pour aller sur l'eau. Lis, gouffre en vieux François; Lushhad en Hébreu, humidité naturelle; Li en Chinois, eau, rivière; Lim dans la même Langue, tuile qui dégoutte de l'eau; Oli dans la Langue des Patagons, eau; Leffo en Italien, bouilli; Licko en Danois; Lifka en Polonois & Bohémois, poule d'eau. Voyez Li, Liy.
LIS, eau. E.
LIS, eau, rivière. I.
LIS, malheur. I.

LIS, le même que Leas. De même des dérivés ou semblables. I.
LIS, le même que List. I.
LIS est article en Breton.
LIS; singulier Lizen, humeur grasse qui est sur le poisson, sur la chair & autres choses qui commencent à se corrompre; Lisa, se corrompre par humidité. B.
LIS, for, jurisdiction, auditoire, plaids. B. Voyez Llys.
LIS, est le même que Lit. Voyez la dissertation préliminaire sur le changement des lettres.
LISC, le même que Glisc. Voyez Aru.
LISCA, A. G. glayeul herbe pointue; de Llys, Car.
LISCOA, abondant, abondamment. Ba. Voyez Liés.
LISKARA, dissension, querelle. Ba.
LISIBA, lessive, cendre de la lessive. Ba. Voyez Lis, Leisu.
LISIDANDETT, nonchalance. B.
LISIDANTT, indolent, négligent, oiseux, paresseux. B.
LISKI, LISQI, brûler, être ardent, brûlant; cuire, causer de la douleur. B. Voyez Leski.
LISKIDIC, LISQIDIC, ardent, brûlant. B.
LISLORA, lys. B.
LISNA, penchant, amour, désir. Ba.
LISSARA, frêne. Ba.
LIST, laissez. B.
LISTA, bande de toile. Ba.
LISTA, liste, catalogue. Ba. De là notre mot Liste.
LISTA, LISTRA, LISURA, A. M. bordure qu'on met au bas d'une robe. List en ancien Saxon & en Anglois; Lifle en Flamand; Lyst en Allemand, bord. Voyez Lista, bande, Let, Liz.
LISTARIA, ficelle, petite corde. Ba.
LISTIR. Voyez Lestr.
LISTORRA, guêpe, taon. Ba.
LISTRYER, endroit où l'on met la vaisselle. B. Voyez Lestr.
LISWI, hôtellerie. G.
LIT, joie, fête, solemnité, célébrité, célèbre, caresse, bonne chére; plurier Liton, Litaon, réjouissances, fêtes. B. Lit est le même que Lid, joie. Voyez Lith.
LITAOBH, le même que Leataobh. De même des dérivés ou semblables. I.
LITAOUI, le même que Licaoui. B.
LITERIA, A. M. litière pour les bêtes. Voyez Leter.
LITH, le même que Blith. G.
LITH, solemnel. I. Voyez Lit.
LITH, le même que Leath. De même des dérivés ou semblables. I.
LITH, le même que Gwlith. Voyez Gwlych.
LITHEAS, solemnité. I. Voyez Lit.
LITIL, petit. E. Voyez Llyth.
LITIR, lettre, élément de mot. I. Voyez Llishyr.
LITRA, LINTRA, rendre ou devenir luisant, poli, glissant. B. Voyez Llathr, Llethrid.
LITSAQUIA, colle. Ba.
LITSAQUIDA, conglutination. Ba.
LITTEL, petit. E. Leitil en Gothique; Lytyl en ancien Saxon; Luttel en Flamand; Litil en Anglois; Litil en Islandois; Lyten en Suédois; Lianka en Prussien & en Lithuanien; Litzel, Lutzel en Allemand, petit. Voyez Litil.
LITUS, LIDUS, LEDUS, A. G. serf attaché à la glébe; de Lidh ou Lith, joug, assujettissement, dépendance.

LIV, LIV, les mêmes que *Liou*. B. De là les mots Latins *Liver*, *Lividus*.

LIVA, LINVA, LIMA, limer. B. Voyez *Llif*.

LIVA, déborder, faire un débordement d'eau, inonder ; *Livat*, fingulier *Livaden*, débordement d'eaux, inondation. B. Voyez *Llif*. *Livati* en Dalmatien ; *Slewati* en Bohémien, répandre ; *Leve*, eau en vieux François.

LIVA, teindre, peindre, colorer. B. Voyez *Liou*.

LIVAD DOUR, torrent, ravine. B. *Livad* sans addition fignifie la même chofe. Voyez *Liva* & *Linvad Dour*.

LIVADEN. Voyez *Liva*.

LIVAFF, limer. B. Voyez *Liva*.

LIVAM, aiguifer. I. Voyez *Liva*, *Llifio*.

LIVASTRED, LIVASTRET, canaille, gueufaille, racaille, gens de néant. B.

LIVAT. Voyez *Liva*.

LIVE, niveau ; *Livea*, niveler. B. De là *Livel* en vieux François, niveau ; de là *Libella*, *Libra* en Latin, niveau, & *Libellum*, *Libelletum* dans la baffe Latinité ; de là *Livet*, terme du jeu de billard qui fe dit de deux joueurs qui n'ont encore entre eux aucun avantage fur la partie, ou fur le coup qui fe joue, à caufe que les deux billes font dans une efpèce de niveau par rapport à la paffe. L'*l* fe changeant en *n*, de *Livel* on a dit *Nivel*, ainfi qu'on le voit par *Niveler* ; enfuite de *Nivel* on a fait *Niveau*.

LIVEA. Voyez *Live*.

LIVEEUR, niveleur. B.

LIUEIN, teindre, peindre, colorer. B. Voyez *Liv*, *Liou*.

LIVELLA, LIVELLUS, A. M. niveau. Voyez *Live*.

LIVEN, limande piéce de bois. B.

LIVEN. LIVEN AR-CHEFN, épine du dos ; *Liven Anti*, faîte de la maifon. B.

LIVER, coulant d'eau de peu de durée. G.

LIVER, enlumineur, peintre, teinturier. B. Voyez *Liou*.

LIVERN, vaiffeau, navire. I.

LIVIA, A. G. pigeon fauvage, ainfi appellé de fa couleur noirâtre. Voyez *Liou*.

LIÜN, eau, ruiffeau, rivière. G. Voyez *Li*.

LIVN. Voyez *Levn*.

LIUN, LIUNAN, LIUNIN, pareffeux. I.

LIVN, lime. B.

LIVNADUR, limaille. B.

LIVOLUS, A. M. niveau. Voyez *Livella*.

LIVOT, A. M. ruiffeau. De *Liw*.

LIVR, livre poids, livre franc. B.

LIVRA, livrer. B, de là ce mot.

LIVRARE, A. M. livrer. De *Livra*.

LIVREE, appâts que l'on jette aux poiffons & qui les endorment. B.

LIVREH, LEAZ-LIVREH, LEAZ-LIVRIH, LEAZ-LIVRIS, lait fraîchement tiré. B. Voyez *Llefrith*.

LIVREIA. A. M. livrée. Voyez *Lifrae*.

LIVRIN, homme difpos, fain & gaillard. On le dit, par exemple, d'un vieillard, qui nonobftant fon grand âge fe porte bien, & eft frais & agiffant. B. Voyez *Lirin*, qui eft le même mot, & l'article fuivant.

LIVRIN, vermeil, coloré. B. Voyez *Liv* & l'article précédent.

LIUSIVA, A. M. leffive. Voyez *Leifu*, *Lis*, *Lix*.

LIW, eau. G. Il fignifie auffi rivière. Voyez *Cydliw*. Voyez *Li*, *Livn*.

LIW, abondant, furabondant. G.

LIW. Voyez *Levn*.

LIW, couleur. C. B. Voyez *Liou*.

LIW, teinture, peinture. B. Voyez *Liou*.

LIW, lime. B. Voyez *Liva*.

LIW, opprobre, outrage. Voyez *Eiliw*. C'eft *Liw*, encre, noirceur prife au figuré. Voyez *Liou*.

LIWIAR, teinturier. C.

LIWIOG. Y LIWIOG LAS, guède. G. A la lettre, bleu à teindre.

LIWN, eau, rivière. G. Voyez *Livn*.

LIWOR, peintre. C.

LIX, LIZA, eau dans Nonnius. On ne peut douter que ce mot Latin ne vienne du Celtique, puifque *Li*, *Lis* fignifient eau dans cette Langue. Voyez ces mots. De ce terme les Latins avoient formé *Lixo*, faire cuir dans l'eau ; *Elixus*, bouilli ou cuit dans l'eau. De ce terme font venus ces mots Latins qu'on trouve dans les anciens gloffaires, *Lixus*, bouilli ou cuit dans l'eau ; *Lixiv*, un porteur d'eau. De *Lix* on a formé le Latin *Salix*, qui fignifie un faule arbre qui croît près de l'eau ; (*Gal* ou *Sal*, près ; *Lix*, eau ;) *Lixivia*, leffive. *Lifcia*, *Lifcivia* en Italien ; *Lexia* en Efpagnol, leffive. *Ly* en Anglois ; *Laes* en Saxon, leffive. *Lit* paroit avoir fignifié eau en Illyrien ou Efclavon ; *Oblisti*, arrofer autour ; *Zalisti*, arrofer ; *Polisti*, jetter de l'eau par afperfion dans cette Langue ; *Libas* en Grec, fontaine.

LIY, liquide, liquéfier. I. Voyez *Li*, *Lis*.

LIZ, le même que *Lex*. Voyez *Bal*.

LIZARDIA, lieu rempli de frênes. Ba.

LIZARQUIA, manne purgative. Ba.

LIZARRA, frêne. Ba.

LIZAURRA, qui porte de la cire. Ba.

LIZBRICQIN, villebrequin. B.

LIZEN, plie poiffon ; *Garwlizen*, fole autre poiffon. B. Voyez *Lleden*.

LIZEN, an. B.

LIZER, fingulier *Lizeren*, lettre épître & caractère. B. Voyez *Llythyr*.

LIZIHUË, leffive. B.

LIZRIN. Ce terme, felon Dom Le Pelletier, doit marquer quelque bonne qualité d'un homme ; mais cet Auteur ajoûte qu'il ignore quelle elle eft.

LO, eau, lac. I. Voyez *Lob*.

LO, lieu, habitation. B. Voyez *Leoh*.

LO, dormir. B. De là *Loir*, animal qui dort une partie de l'année. Voyez *Loaraci*.

LO, le même que *Glo*. Voyez *Aru* & *Morio*.

LO, beaucoup. Voyez *Dorlo*.

LO. Voyez *Law* Écoffois.

LO, A. M. loi. De *Loa*.

LO paroit avoir fignifié creux. Voyez *Loa*, *Loairic*, *Loar*, *Loc*, *Loc̄her*, *Loer*, *Loc̄er*. D'ailleurs *Lt* eft le même que *Loc*. Voyez *Aru*.

LOA, loi. B.

LOA, cuillier ; *Loabot*, *Lobot*, grande cuillier à dreffer la foupe ; à la lettre, cuillier du pot. *Loa Podi*, *Loa Maffonn*, truelle inftrument de maçon. B. Voyez *Liwy*, qu'on prononce *Louy*. *Loffel*, cuillier en Allemand ; *Loffa* en Iflandois, cuillier.

LOA, petite affiette de bois propre à écrémer le lait. B. *Louvie*, écuelle en Langue de Madagafcar.

LOA, le fommeil, le dormir. Ba.

LOABOT, LOBOT. Voyez *Loa*.

LOAC, le temps. Ba.

LOACARCOBRI

LOA.

LOACARCOBRA, facile à s'endormir. Ba.
LOACARTU, LOACARTZEA, je m'endors. Ba.
LOACARTUA, endormis. Ba.
LOACHA. Voyez Locha.
LOACHAIN, jonc. I.
LOACR, bigle. B.
LOAGHEN. Voyez Laken.
LOAIRIC, urne. B.
LOAN, bête, animal. B.
LOAN, courroie pour lier les bœufs. B.
LOANDITU, louer, donner des louanges. Ba.
LOANGWAN, LOANGWEAN, LAANGWANEC, eflanqué, foible, languiffant, lâche, grand corps & menu. B.
LOAR, lune planette; *Loar Cornu*, le croiffant, lune cornue; ce qui convient également à la lune en fon décours. *Cau Loar* ou *Caut Loar*, pleine lune, toute blanche & brillante. B. Voyez *Lluer*.
LOAR, auge de bois, huche. B.
LOARACI, j'endors. Ba.
LOARACILEA, endormi. Ba.
LOARIECQ, lunatique. B.
LOARN, renard. B.
LOARYUS, lunatique. B.
LOAVOU-DOU, cotylédon plante. B.
LOB, bugloffe. I.
LOB, le même que *Loeb*, eau. Voyez *Glubein*, *Glub*, *Glueba*, *Glocba* & *Aru*. Voyez encore *Lo*.
LOBA, LOBEA, robe longue, trainante. Ba.
LOBAGUEA, veille, vigilance. Ba.
LOBEDARRA, LOBELARRA, pavot. Ba. De *Lo Bedarra*, *Belarra*.
LOBER. Voyez *Lorber*.
LOBHAR, lépreux, couvert d'ulcéres. I.
LOBHTHA, pourri. I.
LOBIA, urne. I.
LOBOILLA, difque, palet. Ba.
LOBOT. Voyez *Loa*.
LOC, lac. I. Voyez *Loch*.
LOC, étable de brebis. I.
LOC, lieu, habitation. B. De là le Latin *Locus*, l'Italien *Luogo*, l'Efpagnol *Lucar*, *Lugar*; *Lakas* en Hongrois, habitation; *Log*, lieu en Runique; *Elok* dans la même Langue, loger; *Aloxar*, *Alojar* en Efpagnol, loger; *Eflocher* en vieux François, tirer de fon lieu. Voyez *Lech*, *Luch*.
LOC, LUC, LOG, LUG, paroiffent avoir fignifié forêt en Celtique. 1°. *Loc'h* fignifie en Breton une barre de bois, un bois que l'on met derrière la porte pour la fermer; il fe dit encore en ce fens en Franche-Comté. 2°. *Lochore* en Breton, fot, lourdaut. Nous difons encore d'un fot que c'est une bûche, un tronc; on l'appelloit auffi *Stipes* en Latin. On voit par là que *Loc* ou *Log*, a fignifié bois fubftance de l'arbre: or tous les termes qui ont fignifié bois fubftance de l'arbre, ont auffi fignifié bois forêt. Voyez *Den*. 3°. *Llun* en Gallois, forêt. L'*n* fe changeant en *g*, on a pu dire *Llug*. 4°. *Lucu* en Breton, luceais fruit noir qui croît dans les forêts. 5°. *Lucus* Latin ne venant pas du Grec, eft donc Celtique. 6°. *Loches* eft le fynonime de *Cil*, qui fignifie cachette & forêt. *Poltoki* en Cophte, arbre; *Po*, article; *Luco* en Italien, bois, forêt; *Lugh* en Efclavon, forêt; *Lungh* en Dalmatien; *Log*, *Lugh* en Efclavon, petite forêt; *Loza*, *Luka*, forêt en Stirien & en Carniolois; *Loquet*, *Luquet* en vieux François, petite forêt. Voyez *Llys*, qui fe prononce *Llus*, & par conféquent *Llue*, *Llug*. Voyez *Aru*.

TOME II.

LOC. 89

LOCABEA, liberté, immunité, exemption, délivrance, libre, exempt, defpotique. Ba.
LOCAN, paille. I.
LOCANA, obligation. Ba.
LOCARDA, lieu fangeux, bourbier. Ba.
LOCARRIA, lien de gerbe, corde, lien. Ba.
LOCARTUA, accablé de dettes, pauvre. Ba.
LOCARTZEA, fommeil. Ba.
LOCATZEA, marais, bourbier. Ba.
LOCAYA, lien, jarretière. Ba.
LOCC, trou, creux, enfoncure. G. *Loch* en Allemand, caverne. Voyez *Lloches*.
LOCC, lieu, place. I. Voyez *Loc*.
LOCELLA, LOCELLUM, A. M. métairie. De *Loc*.
LOCH, lac. G. E. I. *Lock*, lac chez les Anglois du Nord; *Loxie* dans le Patois de Befançon fignifie mouillé; *Luns* en Dauphinois, lac, étang, amas d'eau dormante; *Slog* en ancien Saxon; *Sloug* en Anglois, mare; *Logh* en ancien Saxon, lac; *Logur*, eau en Iflandois; *Lekva*, *Loqua*, mare, étang en Illyrien; *Loge* en ancien Saxon, lac; *Laugr* en Cymbrique, eau; *Loge* en Grec, jonc: il croît dans l'eau. Voyez *Lac*, les articles fuivans, & *Luch*, *Llwch*.
LOCH, étang, golfe, port. E.
LOCH, étang, lac, mer. I. *Louquen*, mer en Langue de Chili.
LOCH, lac, étang, marais. B. *Loca*, boue en Finlandois; *Alho*, étang dans la même Langue.
LOCH, veau. C. Voyez *Llo*.
LOCH, LOCHAN, LOCHIN, LOCHAR, noir. I.
LOCH, tout. I.
LOCH, levier qui fert à lever ou mouvoir des pièces fort pefantes; *Loch'a*, lever, foulever, mouvoir avec le levier; bouger, lever; *Lochat*, élévation B. De là le vieux mot François *Locher*, bouger, branler, crouler; de là *Louchet*, bêche outil à remuer la terre.
LOCH, barre de bois.
LOCH, loche poiffon. B.
LOCH, logis, logement, étable. B. *Loc*, *Loce* en ancien Saxon, clos, clôture; *Lofch* en Hébreu, maifon, habitation; *Lacon*, lieu, place, demeure en Indien; *Locn* en ancien Saxon, étable; *Loc* en Patois de Gênes, village; *Loc* en Languedoc & en Béarnois, lieu, demeure. Voyez *Loch*.
LOCH. Voyez *Lech*.
LOCH, le même que *Lawch*. Voyez *Lochi*.
LOCH, le même que *Glas*. Voyez *Locha*, qui eft le même que *Glafa*.
LOCH, A. M. étable, étable de chevaux. De *Loch*.
LOCHA, LOACHA, incommoder de façon à être prefque bleffé, être bleffé du bât. B.
LOCHA. Voyez *Loch*.
LOCHADUR, impreffion, marque. B.
LOCHAIN, algue. B.
LOCHAN, marais. I.
LOCHAN, paille. I.
LOCHAR. Voyez *Loch*.
LOCHAR. Voyez *Loch*.
LOCHAT, marquer, imprimer, manier. B.
LOCHAT. Voyez *Loch*.
LOCHEAR, A. M. cuillier. Voyez *Loa*.
LOCHETA, LOGHETA, lever & remuer les pierres du rivage de la mer pour y prendre les menus poiffons qui s'y cachent quand la mer fe retire. B. Voyez *Locc*, *Loches*.

Z

LOCHIN. Voyez *Loch.*

LOCHLONNACH, Danois, Norvégien, Suédois; *Dublochlonnach*, Danois, noir marin; *Finn Lochlonnach*, Norvégien, blanc marin. I.

LOCHO, sommeil. Ba.

LOCHORE, stupide, lourd d'esprit, benêt, grosse machoire, étourdi. B.

LOCHORE, mijaurée. B.

LOCHRAN, lumière, flambeau. I. Voyez *Llug, Llosgi.*

LOCHWYTTA, se retirer, s'éloigner, s'écarter. G.

LOCIA, LOCHIA, A. M. part, portion, piéce; *Loque* en vieux François, lambeau, morceau; *Loqueté*, découpé, mis en morceaux; *Loques, Loqueteux, Louchet*, couvert de lambeaux, qui porte un habit tout en piéces. *Loque* en Patois de Franche-Comté, lambeau, morceau. On voit par tous ces mots qu'on a dit *Loc* comme *Lod*, morceau, lambeau, fragment; d'ailleurs le *c* & le *d* se mettent l'un pour l'autre.

LOCRAZALLEA, qui fait dormir. Ba.

LOCRAZO, j'endors. Ba.

LOCZEAU OSSEC, le bas de la pompe. B.

LOD, partage, lot, distribution, division, séparation, fracture, brisure, rupture, trou. B. *Lod* signifie aussi morceau, fragment en Gallois. Voyez *Callod.* *Lot* en Irlandois, couper, partager; *Lozbiti* en Esclavon, séparer. Voyez l'article suivant. Voyez encore *Lond*, qui est le même que *Lod.*

LOD, biens, facultés, richesses. Voyez *Anilodi. Los* en Bohémien; *Loss* en Carniolois & en Allemand; *Lot* en Flamand & en Anglois; *Lott* en Saxon, sort, condition, fortune; *Lood* en Islandois, ce qu'on possède en propriété; *Lo* en Chinois, revenu, rente.

LOD, troupe. B.

LOD, le même que *Clod.* Voyez ce mot.

LODA, partager, briser, rompre. B.

LODAGA, poutre. Ba.

LODAIL, charge, fardeau. I.

LODAT, troupe de gens. B.

LODD, provision, nourriture. I.

LODECQ, participant, consort. B.

LODENN, communication. B.

LODENN, part, portion. B.

LODENNER, distributeur, qui partage, qui fait les parts. B.

LODENNU, partager. B.

LODER, distributeur, qui partage, qui fait les parts. B.

LODERA, masse, volume. Ba.

LODH, le même que *Logh.* De même des dérivés ou semblables.

LODIA, gras, épais. Ba.

LODICATZA, pouce. Ba.

LODIQUIA, épaisseur, graisse. Ba.

LODIRY, loterie. B. Voyez *Lod.*

LODN, bouvillon. C. Voyez *Lo.*

LODR, bottine, guêtre. C.

LODR, morceau, fragment. Voyez *Callodr* & *Lod.*

LODTIRY, loterie. B. De là ce mot. Voyez *Lod.*

LOË, cuillier. B. Voyez *Loa.*

LOEB, eau. Voyez *Gloeba.*

LOEBA, LOEBEIN, mouiller, baigner, tremper. Voyez *Gloeba.*

LOEDH, veau. I. Voyez *Lo.*

LOEGH, veau. I.

LOEHER, huche, auge de bois. B.

LOEN, bête, animal. B.

LOENENN LUE, longe de veau. B. *Lue*, veau.

LOENIACH, bêtise, brutalité, bestialité. B.

LOER, lune. B. Voyez *Loar.*

LOER, chausses. B.

LOERAGUILLEA, qui fait dormir. Ba.

LOERAGUIN, j'endors. Ba.

LOERAZLA, pavot. Ba.

LOERAZLAQUIA, opiate. Ba.

LOERAZQUINA, laudanum. Ba.

LOEREC, ange poisson de mer. B.

LOERECQ, lunatique. B.

LOERGAN, lune brillante, lune éclatante. G. *Loer Can.*

LOESEN, loi. B.

LOET, le même que *Lonet.* B.

LOËZN, animal, bête; *Loëzn Fall*, *Loëzn Qy*, malheureux, scélérat. B.

LOEZNNYAICH, bestialité, brutalité, bêtise. B.

LOËZR, pluriel *Loëzron*, singulier *Loëzres*, bas, chausses, culottes. B. Voyez *Llawdr.*

LOF. Voyez *Lov.*

LOF. Voyez *Lop.*

LOFEN, le même que *Clofen.* Voyez *Arn.*

LOFF. Voyez *Law* Écossois.

LOFF, lof terme de marine. B.

LOFFAN, courroie pour lier les bœufs. B.

LOFFI, bouliner. B.

LOFFIGH, moisir, pourrir. I.

LOFR, ladre, lépreux. B.

LOFRNES, lépre. B.

LOG, LOIG, veau. I. Voyez *Llo.*

LOG, trou en terre. I. Voyez *Locc.*

LOG, émollient, adoucissant. I. Voyez *Laose.*

LOG, LOC, LOK, loge, cabane, chaumière; petit parc où l'on enferme les brebis, grange. B. Il signifie aussi habitation en Gallois. Voyez *Machiog.* Voyez *Llogawd.* *Log*, lieu, demeure en Runique; *Log*, métairie en Arménien; *Loogh*, village en Frison. Voyez *Lo*, *Locc.*

LOG, bois, forêt. Voyez *Loc.*

LOG, le même que *Lo*, *Loc*, *Los.* Voyez *Arn.*

LOGA, A. M. loge, maison, petite maison; de *Log.*

LOGACH, LOGANACH, creux. I. Voyez *Locc.*

LOGALEA, sommeil. Ba.

LOGAM, boiteux. I.

LOGAN, fosse, creux. I. Voyez *Locc.*

LOGDUGHADH, diminuer, affoiblir. I.

LOGEA, loger. B. De là ce mot.

LOGEA, A. M. maison, petite maison; de *Log.*

LOGEELL, baraque, chaumiere, bicoque, bauge, petite loge de terre. B.

LOGEIN, loger. B.

LOGEIZ, gîte, logis. B. De là ce mot. *Logiiz* en Flamand, maison. Voyez *Log.*

LOGELL, le même que *Logeell.* B.

LOGER, hôte. B.

LOGH, lac. E. I. Voyez *Loch.*

LOGH, marais, étang. I. Voyez *Loch.*

LOGHA, faire pourrir, faire corrompre, pourrir, corrompre. I.

LOGHADH, confire. I.

LOGHTAS, pourriture, corruption. I.

LOGI, loger. B.

LOGIG, cabane, chaumière. B.

LOGIUM, LOGIA, A. M. habitation, logis; de *Log.*

LOGMAN, pilote. Il signifie aussi un grand parleur. B.

LOGOD PIS, PES, vesceron plante. B.

LOGODEN. Voyez *Loget.*

LOGODEN, fil volé par le tissier, marchandise de fraude. B. Cet article est pris du Pere de Rostrenen.
LOGODTAËR, tiercelet. B.
LOGODTOUË, souricière. B.
LOGON, corbeaux. B. Voyez *Lug*.
LOGOT, souris, petit rat; singulier *Logoden*; *Logoden Dal*, *Logoden Pendal*, chauve souris; *Logoden Mars*, mulot. B. Voyez *Llygod*, *Llygoden*.
LOGOTA, chasser aux souris comme font les chats. B.
LOGOTAËR, tiercelet & par métaphore tisserand qui vole du fil. B. Cet article est pris du Pere de Rostrenen.
LOGOTAER, crécerelle. B.
LOGRAE, LOGRES, A. M. leurre terme de fauconnerie. Voyez *Ler*.
LOGTHACH, pourri. I.
LOGUELL, le sabot ou se met la dalle pour aiguiser la faux. B.
LOGUITEA, le dormir. Ba.
LOGURA, sommeil. Ba.
LOGWYN, caillou, pierre, roc, comme *Clogwyn*. Voyez *Aru*.
LOU, lieu. B. C'est le même que *Loc* & *Leoh*.
LOU, levier. B. C'est le même que *Loch*.
LOIA, pré. Ba.
LOIA, boue. Ba. Voyez *Luiz*.
LOIA, avare, sordide. Ba.
LOIBA, neveu, nièce. Ba.
LOIDRE, LOIDREAS, lépre. I.
LOIG. Voyez *Log*.
LOIG, loge. B. Voyez *Log*.
LOIGISM, bruler. I. Voyez *Llosgi*, *Leiki*.
LOIKEAD, flamme. I.
LOIM, manquement, défaut, pauvreté. I.
LOIMLIONADU, farcir, engraisser. I.
LOINCH LUE, longe de veau. B. *Ine*, veau. De la notre mot *Longe*, & l'Italien *Lonza*.
LOINEAR, éclat. I.
LOING, LOINGH, vaisseau; *Loing Vristheadh*, naufrage. I. Voyez *Llong*.
LOINGEACH, navire, vaisseau, flotte. I.
LOINGIN, petit vaisseau. I.
LOINGREABADH, naufrage. I.
LOINGSAOIR, constructeur de vaisseaux. I.
LOINGSEOIR, matelot. I.
LOINN, joie. I. Voyez *Llonn*.
LOINREACH, LONNRACH, brillant, luisant. I.
LOINSIGHIM, naviger. I.
LOIQUERIA, ordures, saletés. Ba.
LOIR, ladre. B.
LOIRGNEACH, jambe. I.
LOIS, âge. I.
LOISDIN, maison, demeure, habitation. I.
LOISDINEACH, un hôte, un convié. I.
LOISE, flamme. I.
LOISGE, brûlé. I.
LOISI, renard. I.
LOISTIN, logis, habitation, chambre, tente, cabane. I.
LOIT, forêt. G. Voyez *Laya*.
LOIT, plaie, ulcére, lépre. I.
LOITEOG, alisier. I.
LOITHMILLE, confire. I.
LOITIM, blesser. I.
LOITU, fermer, boucher. Voyez *Desloitua*.
LOITZZA, tache. Ba.
LOIZ, boue; *Loizun*, lieu boueux. Ba. Voyez *Loia*.

LOISOQUIA, emplâtre. Ba.
LOK, étable. I. Voyez *Loc*.
LOKKA, A. M. lac; de *Loch*, *Lac*.
LOLLOA, yvraie, zizanie. Ba. De là le Latin *Lolium*; l'Italien *Loglio*; l'Allemand *Lolch*, *Lulch*; le Flamand *Lulsch*; le Dalmatien *Lynaly*, yvraie.
LOM, pauvre. I.
LOM, LOMNOCH; pelé, chauve, nud, privé. I. Voyez *Llwmm*.
LOM, le même que *Luain*. I.
LOM, LOMM, LOUM, goutte de quelque liquide, petite quantité de liqueur, larme; *Lommic* diminutif. B.
LOMAM, LOMAIM, déshabiller. I. Voyez *Lom*.
LOMAM, le même que *Lom* dans tous ses sens. I.
LOMAN est en abbrégé le même que *Logman*. On dit aussi *Louman*, pilote, patron de vaisseau : Il signifie aussi capitaine de vaisseau : Il signifie encore grand parleur, babillard. B.
LOMANA, LOMMANA, piloter, servir de pilote, conduire un navire. B.
LOMANACH, hardi, effronté. I.
LOMARGAIN, ravager. I.
LOMARTHA, chauve. I.
LOMBER, LOUMBER, LOUBER, lucarne, fenêtre sur le toit, soupirail. B. Voyez *Llwfer*.
LOMBRIZ, ver de terre. Ba. De là le Latin *Lumbricus*.
LOMEN, guide. I.
LOMUTA, dépilé, tondu. I.
LOMMANER, LOMMANEUR, celui qui fait la fonction de pilote, sur tout à l'entrée des rivières, & qui est dit en François *Lamaneur*. B.
LOMNA, corde, cable. I.
LOMNOCHD, nud. I.
LOMOT, un mouton tondu. I.
LOMRADH, toison. I.
LOMUNATHEACH, dépilé, chauve, tondu. I.
LON, s'adonner. I.
LON, provision, vivres, dépens, frais, dépense. I.
LON, plein. I. Il signifie aussi la même chose en Gallois. Voyez *Afoddloni*.
LON, bete, animal. B. C'est la crase de *Loan*.
LON. Voyez *Lin*.
LON NICH, griffon. B. A la lettre, bête volante.
LON, gias. Voyez *Blonteeg*.
LONAD, place. I.
LONAM, seul, tout seul. I.
LONAN, le même que *Lonam*. I.
LONBIGH, vivres, provisions de bouche. I.
LONCA, avaler, engloutir; participe passif *Lonket*, *Loncat*; singulier *Loncaden*, gorgée, la quantité que l'on avale à chaque fois. B. Voyez *Llwnge*, *Llonc*.
LONCADUR, absorption. B.
LONCH, le même que *Loch*. I.
LONCH, loche poisson; *Lonchic* diminutif. B.
LONCHEC, loche poisson. B.
LONCQ, gouffre, abysme dans une rivière ou dans la mer. B.
LONCQER, celui qui dévore, avaleur. B.
LONECH, LONEZ, LOUNEZ, LOUANES, LOENECH, reins, rognon. B. Voyez *Llwyn*.
LONG, maison. I. *Lon* en Hébreu, habiter, demeurer.
LONG, LONGA, vaisseau. I. Voyez *Llong*.
LONG, synonime de *Lann*. Voyez *Breaslong*.
LONG-PORT, fort, forteresse, Ville capitale, palais, maison. I.
LONG-TEACH, maison. I.
LONGA, A. M. courroie; de *Loan* ou *Len*. On

dit encore en ce sens *Longe* en Franche-Comté.
LONGARO, lycanthrope, loup garou. B.
LONGE, petit. I.
LONGELLUS, A. M. couverture de lit ; de *Len* ou *Lon*.
LONGERA, torchon, essuye-mains. Ba.
LONGH, le même que *Logh*. I.
LONGUA, LONGUA, A. M. longe de quelque animal ; de *Loinch*.
LONGVRAINE, proue. I.
LONI, être rempli, être plein. Voyez *Anfoddloni*.
LONKERES, gosier. B.
LONN, plaisanterie, facétie, conte plaisant. G. Voyez *Geirlonn*. Lo en Chinois, joyeux ; *Lônerie* en Patois de Franche-Comté, plaisanterie.
LONN, fort, robuste. I.
LONN, le même que *Loin*. De même des dérivés ou semblables. I.
LONN, bête. B.
LONNEREAHKIN, rendre bête, rendre brute. B.
LONNIC, petite bête, petit animal. B.
LONNRACH, brillant ; *Lonraighim*, briller. I.
LONNRADH, rayon de lumière. I.
LONQA, LONQEIN, LONQAFF, avaler, absorber. B.
LONQUERIOLA, premier martyr. Ba.
LONRAIGHIM. Voyez *Lonnrach*.
LONTAS, acquiescement. I.
LONTEC, goulu, gourmand, glouton, vorace, rapace, avide. B.
LONTEC, loche poisson. B.
LONTEC. Voyez *Blontec*.
LONTECQ. Voyez *Blontecq*.
LONTHGAD, acquiescer, consentir. I.
LONTREC, le même que *Lontec* dans tous ses sens. B.
LONTREGUEZ, gloutonnerie, gourmandise. B.
LOORPINA, auvent extrémité du toit qui avance pour rejetter l'eau loin de la muraille. Ba.
LOP, LOF paroissent avoir signifié autrefois en Celtique creux, entonnoir, ce qui est capable de recevoir, de renfermer, de contenir : Voici les preuves de ma conjecture. 1º. *Lof*, terme Breton conservé dans le François, signifie la disposition des voiles faites en une espèce d'entonnoir pour prendre le vent de côté. 2º. *Lupobia* en Basque, mine à la guerre ; *Lupoilla*, tonneau. 3º. *Lopa* en Patois de Franche-Comté, avaler avec avidité, engloutir. 4º. *Lobe* en vieux François tromperie, paroles vaines, vuide d'effet. 5º. *Loupes* en François, fourneaux pour la fonte des monnoies. 6º. *Louve* en terme de mer, baril défoncé. 7º. *Louve*, terme de pêcheur, sorte de filet rond pour prendre du poisson. 8º. *Lopas* en Latin, espèce de coquille. 9º. *Loba* en Latin, cosses du millet des Indes. 10º. *Lopa* dans une ancienne charte signifie une espèce de vase. 11º. *Lopadion*, petit vase en Grec. 12º. *Lauf* en Gothique ; *Loop* en Flamand, canal.
LOP, morceau. Voyez *Antilopum*. *Loupe* en vieux François, morceau comme lopin.
LOP. Voyez *Loup*.
LOPADIUM, A. M. lopin, morceau. De *Lop*.
LOPIURRAE, binette instrument de vigneron. Ba.
LOQADURR, inflammation. B.
LOQAT, placer. B.
LOQET, loquet. B. De là ce mot.
LOQUERIA, plumasseau à mettre sur une plaie. Ba.
LOQUIDA, conclusion syllogistique. Ba.
LOQUIDACAYAC, thèses. Ba.

LOQUILLO, sot, niais. Ba.
LOR, bâton. C.
LOR, plusieurs, suffisance, assez. I. Voyez *Llawr*, *Lorra*. De là *Lor* en vieux François, leur.
LOR, pavé. B. Voyez *Llawr*.
LOR, chausse. B.
LOR, ladre. B. De là *Loricard*, terme injurieux en vieux François. On dit encore en Franche-Comté *Ladre* à un homme par injure.
LOR, tortuosité. B. De là *Loripes* en Latin, pied tortu.
LOR, bosse, tumeur, élévation, éminence. Voyez *Loret*, *Caul Loret* & *Lornez*.
LOR, le même que *Lur* en Basque. Voyez *Allora*. Voyez encore *Llawr*.
LOR, LUR, paroissent avoir signifié jaune, roux, rougeâtre en Celtique. 1º. *Lor* signifie terre : Ce nom paroit lui avoir été donné à cause qu'elle est jaunâtre ; c'est ainsi qu'en Hébreu *Adamah* signifie terre, & *Adam*, roux ; *Lutum* en Latin, terre ; *Lutens*, de couleur jaune. 2º. *Loria* dans les anciens monumens signifie une espèce de boisson de miel, qui étoit par conséquent de couleur jaunâtre. 3º. *Loriot* est un oiseau d'un plumage jaune. 4º. *Lovein* dans les anciens monumens est une monnoie d'or, par conséquent de couleur jaune. 5º. *Lorre* est un terme de blason qui signifie les nageoires des poissons : Les nageoires des poissons sont jaunes, rousses ou rougeâtres. 6º. *Lora* en Basque, calice de la fleur de grenadier sauvage ; ce calice est rougeâtre. 7º. *Lorn* en Breton, tamaris plante dont les fleurs sont purpurines. 8º. *Laureole* est une plante dont les fleurs sont d'un vert jaunâtre. 9º. *Luridus*, jaunâtre, jaune en Latin.
LOR étant synonyme d'*Al*, *Ben*, *Don*, *Serr*, &c. qui signifient éminence au propre & au figuré, doit par conséquent signifier comme ces mots, Seigneur, chef, tête, source, &c. Voyez *Lar*.
LOR BREIN, ladre verd. B. A la lettre, ladre pourri, ladre infect.
LORA, calice de la fleur de grenadier sauvage. B.
LORA, le même que *Lura*. Voyez *Allora*.
LORA, A. M. espèce de boisson faite avec du miel. Voyez *Lor*.
LORALEA, bouton de rose. Ba.
LORAMENTUM, A. M. courroie. De *Llur*, *Llor*, peau.
LORBEIN, enjoller, séduire, embaucher, embabouiner. B.
LORBER, trompeur, séducteur, corrupteur, enchanteur. B. On a dit *Lober* comme *Lorber*, ainsi qu'on le voit par les vieux mots François *Lobe*, moquerie, mépris ; *Lober*, se moquer.
LORBIN, tromper, séduire. B.
LORBOUR, le même que *Lorber*. B.
LORCH, flaterie. B.
LORC'HEN, LORC'HENNOU, les bras d'une charrette entre lesquels le limonier est attelé. B.
LOREEN, laurier ; pluriel *Lore*. B.
LOREH, ladrerie, lèpre. B.
LOREN, le même que *Clorem*. Voyez *Arn*.
LORET, bossu. B.
LORG, nation. I.
LORG, jambe. I. Voyez *Llorp*.
LORG, marque, trace, impression, imitation, chercher, épier, considérer, regarder attentivement, examiner, suivans, descendans. I.
LORGA, jambe, pied, tige d'une plante. I.
LORGAIRE, examinateur, espion. I.
LORGANACH, LOURGANACH, LOURGANAS, LOURGANES.

LOURGANES, ladre-charogne, c'est-à-dire, tout gâté de lépre, ensorte que ce n'est plus qu'une charogne. Il signifie aussi un affronteur, un trompeur. B. Ce mot est composé de *Lor*, ladre ; *Caign*, *Caignach*, en composition *Gaignach*, charogne.

LORGIM, blesser. I. Voyez *Lorgna*.

LORGNA, LORGNAL, battre rudement & cruellement. B. Voyez *Lor*, *Lorgim*, fraper. *Torche-Lorgne* en vieux François, fraper à tort & à travers, fraper rudement.

LORGNEIN, lorgner. B. De là ce mot. Voyez *Lorg*.

LORGURE, imitateur. I.

LORGURIOS, imitation. I.

LORH, épouvante, peur, effroi. B.

LORHEIN, effrayer, épouvanter. B.

LORHET, épouvanté, effrayé, éperdu. B.

LORIA GLORIA, louange. Ba. De là le Latin *Gloria* & ses dérivés.

LORIA GLORIA, répétition. B. Voyez *Lorg*.

LORN, tamaris plante. B.

LORNE, ladrerie, lépre. B.

LORNEZ, ladrerie, lépre, bosse, loupe qui vient aux jeunes chevaux. B.

LOROA, perroquet. B.

LOROSQUIA, feston de fleurs. Ba.

LORPES, A. M. qui a le pied tors. Voyez *Lor*.

LORQUIDEA, inné, co-naturel. Ba.

LORRA, plusieurs jougs de bœufs. Ba. Voyez *Lor*.

LORS-TAT, beau-pere. I.

LORUM, A. M. action de battre quelqu'un. De *Lor*, bâton. Voyez encore *Lorgna*.

LOS, paille. I.

LOS, queue, pointe, bout, extrémité. I. Voyez *Llost*.

LOS, âge. I.

LOS, faute, défaut, manquement, mal, vice, blâme, défaut de droiture, obliquité, tort, flétrissure, disgrace, tache, deshonneur, reproche, erreur, bévuë, écart, tromperie. I. De là *Losange*, parce que le verre n'est pas mis droit ; *Loxos* en Grec, oblique, tortueux ; *Losenger* en vieux François, tromper, & *Lozangier*, trompeur ; *Lusinga* en Italien, tromperie ; *Losen* en Allemand, trompeur, menteur ; *Loseu* en Théutonique, trompeur ; *Laus* en Gothique, vuide, privé, manquant ; *Laus* en Islandois, privé, manquant ; *Lose* en Théuton, privé, manquant ; *Los* en Allemand, privé, manquant ; *Lose* en Allemand, faux, trompeur ; *Lausingeur*, mensonge, manquement à sa promesse en Islandois ; *Los* en Allemand, mauvais, méchant. Voyez *Losenca*.

LOS, le même que *Lios*. I.

LOS, le même que *Loc*, *Log*, *Lo*. Voyez *Aru*.

LOSA, pierre quarrée. Ba.

LOSACU, méchant, mauvais, malin, vicieux, infame, trompeur, erroné. I.

LOSACH, grand, insigne. I.

LOSACH, de paille. I.

LOSAGADH, reprocher, reprendre, censurer. I.

LOSCADUR, action de brûler. B.

LOSCAIN, grenouille. I.

LOSGANIA, promesse. Ba.

LOSDA, ancien. I.

LOSENCA, LOSENCARIA, adulation, flaterie. Ba. Voyez *Los*. *Aloser* en Patois de Franche-Comté, flater, attirer par de belles paroles ; *Lusinghiere* en Italien ; *Lisongero* en Espagnol, flateur. Voyez *Llochi*.

TOME II.

LOSENCATU, je flate. Ba.

LOSG, ardeur, chaleur. B.

LOSGADH, brûler, embraser, action de brûler ; incendie. I. Voyez *Lossi*, *Loski*, *Loscadur*.

LOSGED, brûlure. Voyez *Golosged*.

LOSGI, brûler, être brûlé. G. Il se prend aussi au figuré. Voyez *Llosgach*. Voyez *Llossi*.

LOSHICQ, chaumiére, cabane, tente. B.

LOSINGA, A. M. flaterie. De *Losenca*.

LOSKADUR, brûlure. B. Voyez *Llosg*.

LOSKET, brûlé. B. Voyez *Llosg*.

LOSODE, le même que *Los*, faute, &c. I.

LOSOIR, celui qui blâme. I.

LOSQ, brûlé. B.

LOSQ, lâche. B.

LOSQADUR, ardeur, brûlure. B.

LOSQADUS, brûlé. B.

LOSQEDIC, ardent, brûlant. B.

LOSQET, brûlé. B.

LOSQI, le même que *Lósqi*. B.

LOSQUUS, combustible, cuisant. B.

LOST, queue, croupion, extrémité, le fond du pot, suite, enchaînement ; conséquence. B. Voyez *Llost*.

LOST HOUCH, queue de pourceau plante. B.

LOST LOUARN, queue de renard ou fenouil sauvage plante. B.

LOST MARCH, LOST MARH, queuë de cheval ou prêle plante. B.

LOSTADOU, criblure. B.

LOSTEC, qui a une queuë. B.

LOSTECH, LOSTECQ, renard, C. ainsi nommé de sa longue queuë.

LOSTEN, jupe, jupe à queuë ou traînante, habillement de femme, tunique. B.

LOSTHED, le troisieme essaim. B.

LOSTOU, criblure. B.

LOSUDHE, le même que *Los*, faute, &c. I.

LOSUGHADH, blâmer, improuver, dégoût, mépris, aversion. I.

LOT, fille ou femme de mauvaise vie. I. *Arlot* avoit la même signification en Normandie dans le onziéme siécle.

LOT, faire du mal, blesser, incommoder, couper, partager, diminuer, affoiblir, faire mal ; pécher, plaie, blessure. I. Voyez *Lod* & l'article suivant.

LOT, part, partie, portion. B. De là *Lot* en notre Langue. *Anlot* en Flamand, part dans l'hérédité ; de là *Lot*, *Lottum* dans les anciens monumens, part, portion. Voyez *Lod* & l'article précédent.

LOTA, étai. I.

LOTAD, juchoir. I.

LOTAIN, commettre le péché de fornication. I.

LOTAN, LOTIN, fille ou femme de mauvaise vie. I.

LOTAPEA, hypothéque. Ba. Voyez *Lota*.

LOTEQUIA, esclave, serf. Ba.

LOTGARRIA, lien. Ba.

LOTH, le même que *Loch*. De même des dérivés ou semblables. I.

LOTHAIRE, larron. I. *Lotter* en Allemand, larron. Voyez *Ladr*.

LOTHAN, le même que *Lochan*. I.

LOTHAR, fosse, creux, bain, endroit où l'on se lave. I.

LOTHRAN, le même que *Lochran*. I.

LOTIA, qui aime dormir. Ba.

LOTOSQUINDEA, poësie, poëtique. Ba.

LOTOTSA, rithme. Ba.
LOTOTSAC, faire des vers. Ba.
LOTOTSATEA, poëme. Ba.
LOTRUCE, autruche. B.
LOTSA, pudeur, honte, vergogne, rougeur. Ba.
LOTSABAGUEA, pétulant, querelleur. Ba.
LOTSAGARRIRO, ignominieusement. Ba.
LOTSAGUERRIA, reproche, querelle. Ba.
LOTSAGUERRIAC, paroles dures. Ba.
LOTSARAUDEA, pudicité. Ba.
LOTSATIA, qui a honte. Ba.
LOTSATU, je rends confus. Ba.
LOTSILLEA, LOTSSTAC, menottes. Ba.
LOTU, je prends, je saisis, j'attache, je lie, j'enchaîne, je m'attache. Ba.
LOTUA, attaché, qui s'est attaché. Ba.
LOTURA, LOTERA, nœud, ligature, lien, paquet, bagage. Ba.
LOTZALEA, qui prend par force. Ba.
LOTZURRA, talon, osselet. Ba.
LOV, LOF, main. C. Voyez *Llaw*.
LOU, vesse vent puant qui sort par le fondement. B.
LOU, le même que *Lu*; l'*u* se prononçoit en *ou*.
LOVA, ramer, conduire avec les rames un bâtiment flottant, louvoyer. B.
LOUACH, jodelle ou judelle oiseau de mer. B.
LOUAD, sot, niais, ridicule, badin. B. *Lund* en Dalmatien, fou, sot.
LOUAICH, louange. B. De là ce mot.
LOUAN, courroie. B.
LOUANECQ, homme extraordinairement haut, qui a de grandes jambes. B.
LOUANGHEN, le même que *Loangwan*. B.
LOUANNECQ, lieu poisson. B.
LOUANNEIM, chancir, moisir. B.
LOUAR, le même que *Clouar*. Voyez *Aru*.
LOUARN, renard. B.
LOUARNICQ, petit renard, & au sens figuré un finet. B.
LOUAT, le même que *Louad*. B.
LOUAVDI, LOUAUTI, faire le fainéant. B. Voyez le mot suivant.
LOUÄUT, lâche, paresseux, fainéant, honteux, timide, qui lâche un vent sans bruit. B.
LOUB, ruse, finesse, tromperie. I.
LOUBER, le même qu'*Alouber*. Voyez ce mot.
LOUCDER, laideur. B.
LOUCH, LOUG, lac, étang. I. Voyez *Loch*; *Lwch* & l'article suivant.
LOUCH, LOCH, lac, étang, marais. B. Voyez l'article précédent.
LOUCHA, faire impression en pesant sur un corps, en serrant un corps mou. B.
LOUCHI, LOURCHI, jodelles oiseaux de mer. B.
LOUD, lot, héritage. B. C'est le même que *Lod*.
LOUDOUR, sale, immonde, laid. B.
LOUDOUR, LOUDOUREE, saleté, ordure, souillure. B.
LOUDOUREN, souillon, crasseux, sale, salope, mijaurée. B.
LOUDOURIEZ, LOUDOURNEZ, laideur. B.
LOUE, veau. B.
LOUED, LOUET, gris. B.
LOUEDA, LOUEDI. Voyez *Louat*.
LOUEDIC, puant. B.
LOUEH, LOUEHEN, eau. Voyez *Glouth*, *Glonehen*, *Glisien*.
LOUEIN, puer. B.
LOUEN, pou. B.

LOUEN, LOVEN, les mêmes que *Laouen*, joyeux, &c. B.
LOUENAN, roitelet. B.
LOUER, vesseur. B.
LOUESAE, LOUSE, LOUEZE, punaise insecte. B.
LOUET, LOVET, LOET, sale, sordide, souillé, puant, moisi, gris; *Loueda*, *Louedi*, se corrompre par humidité, se moisir. B. Voyez *Llwydd*.
LOUFF, vesse vent puant. B.
LOUFFER, vesseur. B.
LOUG. Voyez *Louch*.
LOUG, corbeau. B. Voyez *Lug*.
LOUGH, lac. I. Voyez *Louch*.
LOUGUYS, ellébore blanc. B.
LOUH, blaireau. B.
LOUI, moisir, pourrir, se corrompre; devenir puant; *Lout*, saleté, ordure, puanteur; *Louidis*, petit vilain, petit puant. B.
LOUIDIEN. Voyez *Loui*.
LOUIEIN, brouiller. B.
LOUIEREAH, brouillamini. B.
LOUIET, diffus. B.
LOUIGH, moisi, sale. I.
LOUIGH, souris d'herbes, mulot. I.
LOUIGH-EIRE, souris. I.
LOUING, navire. I. Voyez *Llwng*, *Llong*.
LOUING, loche poisson. B.
LOUING LUE, longe de veau. B. *Lue*, veau. De là notre mot *Longe*.
LOUIRT, dire, parler. I. Voyez *Lavirt*.
LOUISEIN, loucher. B.
LOUISEREAH, l'état d'être louche ou de loucher. B.
LOUKHAIRE, chat. I.
LOULOVEN, herbe. B.
LOUM. Voyez *Lom*.
LOUMAN, le même que *Loman*. B.
LOUMEN, le même que *Loman*. B.
LOUMICG, larme, goutte de quelque liquide, petite quantité de liqueur. Il est aussi le diminutif de *Lom*. B. Voyez *Lom*.
LOUN, lune. B. *Lonsin* en Arménien, lune. Voyez *Loan*, *Llun*.
LOVN. Voyez *Levn*.
LOUNCH, le même que *Louch*. I.
LOUNCQ, gobe, attrape. B.
LOUNCQA, avaler, absorber, engloutir. B.
LOUNEE, rognon. B.
LOUNTRECQ, homme qui boit beaucoup de vin & goulument. B.
LOUP; singulier *Loupen*, loupe, tumeur, excrescence de chair; *Loupennec*, celui qui a une ou plusieurs loupes: Il signifie aussi grosse tête. B. *Lupus*, tumeur; *Lupilla*, tas, monceau en Basque. On voit par là que *Loup*, *Lop*, *Lup* ont signifié tumeur, élévation, grosseur. De *Loup* sont venus nos mots François loup, tumeur, excrescence de chair; *Loupe*, verre qui grossit les objets; *Lupia* en Italien, loupe excrescence de chair; *Lupfen* lever en haut, élever en Suédois; *Lophos* en Grec, faîte, petite élévation, colline, tertre, tas, monceau. Voyez *Lloffi*, *Lupia*.
LOUR, en bas. G. Voyez *Llawr*, *Lor*.
LOUR, LOURR, LOVR, LOFR, LOR, LOUFR, LOBR, ladre, lépreux; plurier *Lefryen*, *Lorri* devenir ladre, lépreux; *Lofrnez*, *Lournez*, lépre. B. De *Lofr* ou *Lefr* sont venus *Lepra*, qui en Latin, en Grec, en Espagnol, en Italien signifie lépre. *Lepris* en Anglois; *Lepre* en François, lépre.
LOUR, bosse, tumeur, élévation. B. Voyez *Caul*

LOU.   LUA.   95

Louret. De là *Loure*, grande musette, ainsi nommée de son ventre ; *Loureur*, celui qui joue de cet instrument ; *Lourette* diminutif de *Loure*. De là vient *Loure* qui signifie une outre.

LOUR, terre. Ba. C'est le même que *Lur*, *Lura*.

LOURD, LOURDT, LOURT, gros, pesant, lourd, massif, fort, rude, difficile à manier. B. De là notre mot François *Lourd*.

LOURDADUR, appesantissement. B.

LOURDAFF, moisir. B.

LOURDICZ, bêtise. B.

LOURDOD, lourdaut. B. De là ce mot. De là l'Italien *Lordo*, stupide, lourdaut ; *Lourdier*, *Lourdin*, *Lourdois* en vieux François, lourdaut, sot, stupide.

LOURDONY, brutalité, étourdissement, étourderie. B. De là *Lourdier*, impudique en vieux François.

LOUREN, ladrerie, lépre. B.

LOURET, vilain, puant. B. *Lourpidon*, femme mal-propre en vieux François.

LOURUT, bossu. B. De là *Louerot*, serpette fort courbée en Franche-Comté.

LOUREZ, ladrerie. B.

LOUS, LOUSS, vilain, sale, puant, impur, maussade, laid ; *Lousder*, laideur, ordure, saleté, puanteur ; *Loussan*, *Loussant*, être ou devenir vilain, sale, puant, impur, maussade, laid. B. *Luot*, cochon en Allemand.

LOUS, paysan. B.

LOUS, blaireau. B.

LOUSAA, LOUSAAT. Voyez *Lout*.

LOUSAOUEN. Voyez *Lousou*.

LOUSAOUER, vendeur d'herbes de jardin, empirique médecin, qui guérit avec des plantes. B.

LOUSAOUI. Voyez *Lousou*.

LOUSDER. Voyez *Lous*.

LOUSDONY, le même que *Lousder*. B.

LOUSNEZ, le même que *Lousder*. B.

LOUSON, fin, légume. B.

LOUSOU, herbes en général, les plantes simples. Il se dit aussi des onguens composés de plantes simples ; *Louzaomen*, une seule plante ; *Lousaoui*, panser. B. *Lou* en Chinois, ver. Voyez *Lus*.

LOUSOU-AOT, casse-pierre plante ; à la lettre, herbe de côte maritime. B.

LOUSOUQEST, mort aux vers, barbotine. B.

LOUSTAGH, vilenie, maussaderie. B. C'est le même que *Lousder*.

LOUSTERY, le même que *Lousder*. B.

LOW, le même que *Loyw*, limpide. Baxter. G.

LOWAUD, LOWAUT, fainéant. B.

LOUVEC, pouacre, fat. B.

LOWEDI, blanchir, devenir vieux, moisir. B.

LOWEIN, vesser. B.

LOUVEN, LOWEN, le même que *Laouen*, joyeux. &c. B.

LOWER, auge de bois. B.

LOUVER, vesseur. B.

LOUVET, LOUVI, vesser. B.

LOWICE, bigle. B.

LOWIDICQ, coquin. B.

LOUVIDIGUIAH, faguenas, fadaise. B. Voyez *Loui*.

LOWIDYEN, canaille. B.

LOUVIGUERRAH, fatuité, état de sot, de fat. B.

LOUVIGUET, impudent. B.

LOUVIGUEBET, impudent. B.

LOUVIGUIAREIN, prostituer. B.

LOUVYADAL, louvoyer. B.

LOUZR, haut-de-chausses, caleçon. B.

LOUZ, sale, blaireau. B.

LOY, rouge. Voyez *Liwydd*.

LOYA, sale, vilain, boue, fange. B. Voyez *Loui*.

LOYOLA, poterie. Ba.

LOYRUM, A. M. leurre. Voyez *Lar*.

LOYW, limpide. G.

LOZANIA, A. M. illusion, tromperie. Voyez *Los*.

LOZENGIA, A. M. losange. Voyez *Los*.

LOZN, bête, animal. B. Voyez *Liwdn*.

LOZORROA, incube. Ba.

LOZR, ladre, lépreux. B.

LOZULOA, étable. Ba. Voyez *Los*.

LOZVR, ladre, lépreux. B.

LU, eau. G. Voyez *Lua*, *Luh*. *Lu* est le même que *Lug*, *Luch*. Voyez *Aru*. *Lu*, rosée en Chinois. De *Lu*, eau, est venu l'ancien verbe Latin *Luo*, qui ne subsiste plus que dans ses composés *Alluo*, *Perluo*, *Diluo*. De là est venu le Latin *Lutum*, boue, terre détrempée d'eau. *Lud* en Auvergnac, boue, fange. Le *p* initial s'ajoûtant, on a dit *Plu* comme *Lu*, ainsi qu'on le voit par les mots Latins *Pluo*, *Ploro*. De là le nom du pluvier oiseau, qui se tient dans les endroits humides.

LU, armée. C. Voyez *Lin*.

LU, inondation. I. Voyez *Liva*.

LU, petit. I.

LU, ridicule, impertinent, malhonnête, indécent, honteux, qui fait honte ; *Luet*, trompé, moqué, confus, tombé en confusion, honteux de ce qu'il passe pour ridicule, &c. *Luat*, singulier *Luaden*, confusion, honte, traitement honteux. B. *Lu* en Chinois, brute, stupide ; *Luet*, rien en vieux François.

LU, terre, pays, contrée. Ba. Voyez *Lur*.

LU paroit avoir signifié noir en Celtique. Voyez *Gruliu*, *Liv* ou *Lin*, encre ; *Lug*, corbeau. De là le Latin *Luridus*.

LU, esclave. Voyez *Lusiloa* & *Luch*.

LUA, LUAIN, LUAINDHE, LUE, eau. I. Voyez *Lu*.

LUA, pied. I.

LUACAIN, jonc. I.

LUACAIR. ARC LUACAIR, lézard. I.

LUACH, capture, prise, butin, estimation, taxe, valeur, prix, qui vaut, qui mérite, digne. I.

LUACHADH, taxer, mettre des impôts. I.

LUACHAIR, buisson, jonc. I.

LUACHAR, jonc. I.

LUACHMOR, précieux. I. Voyez *Luach*.

LUACHRA, le même que *Luachair*. I.

LUACHSAOTHAIR, salaire, gages. I.

LUACHVER, cher, précieux. I.

LUADAIL, exercice. I.

LUADEN. Voyez *Lu*.

LUADH, renommée, réputation. I.

LUADRACH, ardemment, avec feu, avec passion. I.

LUADRAIDHTEACH, célèbre. I.

LUAGH, plomb. I.

LUAICH, le même que *Luaith*. I.

LUAIDH, le même que *Luaith*. I.

LUAIDHE, plomb. I.

LUAIDREAS, mérite, prix, récompense. I.

LUAIDHREAN, vie vagabonde. I. Voyez *Lud*.

LUAIMNIOCH, coulant. I.

LUAIN. Voyez *Lua*. I.

LUAINDHE. Voyez *Lua*.

LUAISHEART, précipitation. I.

LUAISTRIOBHAN, poussière. I.

LUAITH, expéditif, prompt, leger, vite, rapide, fait à la hâte, coulant, glissant, légèrement, rapidité. I.

LUAITH, fait. I.
LUAITH, LUAITHE, poussière, cendre, fraisil charbon de terre éteint & à demi consumé. L.
LUAITHBRISE, bruit, éclat, coup. I.
LUAITHGLEAS, brusquerie, humeur brusque. I.
LUAITHRE, farine. I.
LUAITHREAN, cendre. I.
LUAMAIN, voile. I.
LUAN, lune. I. Voyez Lun.
LUAN, fils. I.
LUAN, agneau. I.
LUAN, chien. I.
LUAN, champion. I. Voyez Lu.
LUANNEIN, moisir. B.
LUAR, jardin. C.
LUAR. Voyez Ludar.
LUARN, renard. C. Voyez Loarn.
LUAS, célérité, vitesse, promptitude, dépêche, volubilité, fluidité. I.
LUASGADH, secouer, bercer, se trémousser, s'agiter, se remuer. I.
LUASGOIR, berceur. I.
LUAT. Voyez Lu.
LUATH, prompt, vîte, agile. I.
LUATHA, de couleur de cendres. I.
LUATHUGAD, hâter, presser, dépêcher. I.
LUB, baie, plaisanterie, tromperie. I. Loberie en vieux François, flaterie, ou faux rapport. Voyez Luban.
LUB, LUBA, sangle, courroie. I.
LUB, eau. Voyez Glub.
LUBADH, courbure, pli. I.
LUBAM, lier, attacher, bander, sangler. I.
LUBAN, arc, courbe, courbé. I.
LUBAN, agneau. I.
LUBAN, doucereux, flateur, cajoleur, insinuant. B.
LUBANI, cajoler. B. De là Lobo en vieux François, tromperie, Loben en Allemand ; Lofian en ancien Saxon ; Lobon, Lopon en Théuton ; Looven en Flamand, louer.
LUBAQUIA, masse. Ba.
LUBBA, corps. I.
LUBE, herbe, plante. I. Voyez Lus.
LUBELTZA, terre noire. Ba.
LUBETA, amas, monceau, digue. Ba.
LUBHGHORT, jardin, vigne. I.
LUBIA, A. M. pluie ; de Lub le même que Glub. Lluvia en Espagnol ; Pluvia en Latin, pluie.
LUBINA, LABINA, LAVINA, A. G. inondation, gué, pavé mouillé. De Lub le même que Glub, Lav. Voyez Llibo.
LUBOILLA, plat de balance. Ba.
LUBRIC, lubrique. B. Voyez Lupr.
LUC, bois, forêt. Voyez Loc.
LUC, le même que Lu, Lug, Lus. Voyez Arn.
LUCAICUA, étoile. Ba.
LUCAN, lucarne. B. Voyez Llug.
LUCANUM, A. M. lampe, flambeau. De Llug.
LUCANUS, A. G. aurore. De Llug.
LUCARN, lucarne. B. De là ce mot.
LUÇARROA, splendide, magnifique. Ba.
LUCEA, oblong. Ba. On voit par Luceequia, Luceguia, Lucera, Lucetazuna, qu'il a signifié grand, long, vaste, étendu.
LUCEEQUIA, long, prolixe, diffus. Ba.
LUCEGUIA, d'une taille gigantesque. Ba.
LUCERA, haut, illustre, grand. Ba. Lucumo en Etrusque, Souverain, Roi.
LUCETASUNA, longitude. Ba.

LUCETT, punaise insecte. B.
LUCETU, je présente, j'offre, je tends. Ba.
LUCH, eau, rivière. G. Voyez Loch & l'arti suivant.
LUCH, lac, étang. I. Voyez Lu, Lug, L Luch, Llwch.
LUCH, captif. I. Voyez Lu.
LUCH, souris, petit rat. I.
LUCH, bigle, louche. B. De là ce mot. Lus en Latin ; Losco en Italien ; Loch en Flaman louche.
LUCH. Voyez Loch.
LUCH FEIR, loir. I.
LUCHA, luire, éclairer ; Lucher, éclat ; singul Lucheden. B. Voyez Llug Lluched. Il y a quelqu villages en Franche-Comté où l'on dit Ailuc pour faire des éclairs.
LUCHAR, beau. I.
LUCHARROA, jarre. Ba.
LUCHD répond au François gens, multitude, signifie aussi homme. I. Voyez En.
LUCHDBRAT, les gens qui espionnent. I.
LUCHEDEN. Voyez Lucha.
LUCHERES, lissoir. B.
LUCHET. Voyez Lucha.
LUCHETUM, A. M. cadenas ; en Italien Lucheti. Voyez Luch, Luchlam.
LUCHLAM, prison. I.
LUCHOG, souris, petit rat. I.
LUCHTAIRE, gouffre, abysme, tourbillon d'eau.
LUCIAZALDA, géographie. Ba.
LUCIABALDEA, planisphere. Ba.
LUCILOA, antre. Ba. Voyez Lech.
LUCON. Voyez le mot suivant & Luso.
LUCONSAYA, grande robe. Ba. Saya, robe Lucon par conséquent grand.
LUCORIA, terre jaune. Ba. Lu, terre ; Coris p conséquent jaune.
LUCURU. Voyez Lucuruna.
LUCURARIA, usurier. Ba.
LUCURUA, intérêt, usure. Ba. De Lucuru, p crose Lucru, est venu le Latin Lucrum.
LUCUS, A. M. bois substance de l'arbre. Voy Loc.
LUCZ, luceais menu fruit noir qui croît dans les forêts. B. De là ce mot.
LUCZEN, nuage ou brouillard, petite pluie froide accompagnée de brouillard. B. Voyez Luch.
LUD, le même que Lug. I. De là le Latin Ludus.
LUD, le même que Clud. Voyez Arn.
LUD-QORDEN, luth. B.
LUDAR, mouton. I. Le d s'ôtant du milieu du mot, on a dit Luar comme Ludar, ce que l'on voit par Lear.
LUDARDARRA, tremblement de terre. Ba.
LUDD, peuple. G. Voyez Luchd.
LUDOYA, nielle. Ba.
LUDU, des cendres ; Ludu Brout, cendres chau des ou ardentes, cendres de braise avec des char bons ardens. B. Lugh en Esclavon, cendre. Voye Lludw.
LUDUA, consumer par le feu. B.
LUDUAER, marchand de cendres. B.
LUDUEC, casanier, fainéant. B. A la lettre, cen drier, qui est toujours dans les cendres.
LUDUHER, marchand de cendres. B.
LUDZ, chenu, blanc. C.
LUE. Voyez Lua. De là Lues en Latin, eau cou lante, neige fondue.
LUE, veau, & au figuré nigaud, benêt, sot. B.
LUCAICH.

LUE.

LUÉAICH, bêtise, coq-à-l'âne. B.
LUEB, eau. Voyez *Glueba* & *Avn*.
LUEGUENN, peau de veau, & au figuré nigaud. B. *Lue*, veau ; *Guenn* de *Cenn* ou *Kenn*.
LUEN, LUENHEN, eau. Voyez *Glueb*, *Glueben*, *Glisen* & *Lue*.
LUEM, le même que *Lem*, aigu, *&c*. B.
LUEMMEIN, affiler un outil. B.
LUEMMOUR, émouleur. B.
LUERECQ, lunatique. B.
LUERN, renard. B.
LUES, bigle. B.
LUET. Voyez *Lu*.
LUFET, éclair ; *Lufra*, *Lufran*, luisant, clair; *Lufra*, *Lufri*, luire, reluire, briller, resplendir. B. Voyez *Llefer*.
LUFR, éclat, lustre, splendeur. B.
LUFRA. Voyez *Lufet*.
LUFRAN. Voyez *Lufet*.
LUFRI. Voyez *Lufet*.
LUFROVER, LUFROUER, calandre. B. De *Lufr*.
LUFRUS, éclatant, brillant, resplendissant. B.
LUFUDEN, éclair. B.
LUG, corbeau. Ce terme Celtique nous a été conservé par Clitophon, dont on lit le passage dans le livre des fleuves, que l'on attribue communément à Plutarque. Ce mot se trouve encore aujourd'hui en ce sens dans l'Irlandois, & étoit autrefois usité dans le Breton. *Lykcha* en Arabe, corbeau ; *Lugans* en Chinois, corbeaux de mer. Voyez *Lug* plus bas.
LUG. Pomponius Mela appelle *Turris Augusti* la Ville de Lugo en Espagne, que Pline avoit nommée *Lucus Augusti* ; d'où Camden conclut que *Lug* en Celtique signifioit tour. Sa' conséquence est juste, parce qu'on parloit Celtique dans cette partie de l'Espagne où Lugo est située. Elle devient évidente, parce que *Lugu* en Gallois signifie tour; *Luy* en Tonquinois, forteresse.
LUG. L'Auteur du voyage de Jérusalem, qui, selon Pithou & Wesseling, vivoit du temps du grand Constantin, rend *Lugdunum* par *desideratus mons*, mont désiré ; *Dun*, montagne. *Lug* par conséquent désiré. *Lug* se trouve encore en ce sens dans un des dialectes du Celtique ; car en Irlandois il signifie agréable, ce qui plait, ce qu'on désire. Eric, Moine d'Auxerre, interprète *Lugdunum*, *mons lucidus*, montagne lumineuse ; *Dun*, montagne ; *Lug*, lumière en Gallois. Quoique ces interprétations ne puissent être toutes les deux véritables, & que je les croye toutes les deux fausses, on doit cependant regarder les termes dont ces Auteurs se sont servis pour les former comme étant véritablement Celtiques, puisque c'est de cette Langue qu'ils prétendent les tirer.
LUG, lac, eau, rivière, liqueur. G. Voyez *Luch*. *Lu*, rosée en Chinois ; *Lung*, bain en Islandois ; *Logur*, humeur, liqueur dans la même Langue. L'u se prononçant en *i*, on aura dit *Lig* comme *Lug*. (Voyez *Lix*.) De *Lig* ou *Liq* est venu le Latin *Liquor* & tous ses dérivés. De *Lug* est venu le Latin *Lugeo*. Voyez *Lom*.
LUG, joie, réjouissance, plaisir, agréable. I.
LUG, corbeau. I. *Lucks*, corbeau en Arabe. Voyez *Lug* plus haut & plus bas.
LUG, souris, petit rat. I. Voyez *Logot*.
LUG, corbeau anciennement en Breton. Voyez *Lug* plus haut en deux articles.
LUG. AMSER LUG, temps auquel la chaleur est

LUI.

excessive & étouffante, & l'air troublé par les exhalaisons, ensorte que le soleil paroit & éclaire peu. B. Voyez *Llesgi*.
LUG, bois, forêt. Voyez *Loe*.
LUG, le même que *Lu*, *Luc*, *Lut*. Voyez *Avn*.
LUGAIDH, LUGITH, LUGIDH, les mêmes que *Luaith*, *Luith*, *Lnath*, *Lnaidh*, gai. I. Voyez *Lug*.
LUGEAD, inciter, animer, encourager, soutenir, appuyer, supporter, favoriser, prendre le parti. I.
LUGHA, LUIGHA, LUGHAICH, moins, sans. I.
LUGHAIRIODH, réjouir, donner de la joie. I.
LUGHAR, beau, agréable. I. Voyez *Lug*.
LUGHE, LUINGHE, petit. I.
LUGHEADH, petitesse. I.
LUGHEDI. Voyez *Lughet*.
LUGHEN, brouillard. B. Voyez *Lucsen*.
LUGHERNI, éclairer, briller, étinceller : Il se dit particulièrement des éclairs. B. Voyez *Llug*.
LUGHET, éclair. C'est le même que *Luchet* ; *Lughedi*, éclairer. B. Voyez *Llug*.
LUGOLDEA, ouvrée de terre. Ba.
LUGORRIA, terre rouge, vermillon. Ba. *Lu*, terre ; *Gorria*, rouge.
LUGOT, limpide. G.
LUGU, tour. G.
LUGUDER, LUGUDUR, LUGUDEUR, lourdaut, niais, stupide, lent, tardif, gâte-métier, fainéant, qui s'amuse. B.
LUGUDI, s'amuser à causer ou à quelque chose d'inutile, être lent, stupide & engourdi. B.
LUGUDUREZ, amusement. B.
LUGUEN, peau de veau ; & au figuré benêt, sot. B. Voyez *Lueguenn*.
LUGUEN, nuage ou brouillard, petite pluie froide accompagnée de brouillards. B.
LUGUERN, éclat, lustre, splendeur. B.
LUGUERNI, briller, reluire, avoir de l'éclat. B.
LUGUERNUS, éclatant, brillant, resplendissant. B.
LUGUIA, renard. Ba.
LUGUSTA, troëne. B. De là le Latin *Ligustrum*.
LUGUSTREN, nenuphar ou lys d'étang. B.
LUGUT, lenteur, stupidité. B.
LUH, lac. G. Voyez *Lu*, *Luch*, *Lug*, *Lui*. *Lusha* en Esclavon ; *Lauze* en Bohémien ; *Kaluza* en Polonois, mare, marais ; *Kaluz*, bourbier dans la même Langue ; *Alovyz*, étang en Hongrois.
LUHAICH, jargon, galimatias. B.
LUHEDEN, éclair, charbon dans le bled. B.
LUHEIN, briller, luire. B.
LUHEREAH, polissure.
LUHERES, lissoir. B.
LUHET, éclair. B.
LUI, branche. I.
LUI, embarras, labyrinthe. B. Voyez *Luia*.
LUIA, mêler, brouiller, déranger, empêtrer ; embarrasser. B.
LUIA, luire, éclairer ; *Luiat*, éclair. B. *Eloise* en vieux François, éclair ; *Lians*, *Lieus*, éclair ; *Licussa*, faire des éclairs ; *Lonya*, il fait des éclairs en Languedocien ; *Lujo*, éclair en Patois du Pays Romand. De *Luia* est venu notre mot François *Inire*.
LUIADEN, éclair. B.
LUIBH, LUIBHEAN, herbe. I. Voyez *Lus*.
LUIBHNE, dard. I.
LUICH, le même que *Luaich*. I.

LUICH, bigle, qui regarde de travers, loucha. B.
LUICHA, luire, éclairer. B.
LUIDH, le même que Luaidh. I.
LUIDHE, situation, position. I.
LUIDHIM, être dans un lieu, être arrêté dans un lieu, être couché dans un lieu. I.
LUIET, confus, mêlé, embrouillé. B.
LUIGH, bigle. B.
LUIGHE, le même que Luidhe. De même des dérivés ou semblables. I.
LUIGHEADH, petit nombre. I.
LUIH, LUIHEN, eau. I. Voyez Gluih, Gluihen & Luh.
LUIM, lait. I.
LUISALEA, églantier. Ba.
LUISIM, oser. I.
LUITH, LUTH, les mêmes que Luaith. I. Luet en vieux François, aussitôt que, après que.
LUIV, herbe. I. Voyez Lus.
LUIZ, marais, lieu boueux. Ba. Voyez Luh.
LUIZ, LUIZEN, eau. Voyez Gluiz, Gluizen.
LULGACK, soldat. I.
LULICURTA, encens. Ba.
LUMA, aile. Ba.
LUMAN, le même que Loman. I.
LUMMYN pour Llwm. Voyez Noethlummyn.
LUN, eau, tout ce qui est liquide. G.
LUN, rivière coulante. Voyez Lin.
LUN, représentation, image, lune. B. De là le Latin, l'Espagnol, l'Italien, l'Esclavon Luna, le François Lune; Llouna, lune en Galibi. Voyez Llun, Luan.
LUN, beau, qui a des graces, des agrémens. Voyez Cyflun.
LUNEDENN, lunette. B.
LUNEDER, lunetier. B.
LUNEDOU, lunettes. B.
LUNEURTA, la science de mesurer la terre. Ba.
LUNG, vaisseau. I. Luc, sorte de petit vaisseau de mer en vieux François ; Lut, barque. Voyez Elong.
LUNIAID, beau. Voyez Aftuniaid, Lun.
LUP, le même que Lub. I.
LUP, Voyez Loup.
LUPANDA, yvrognerie, crapule. Ba.
LUPARIA, veautrement. Ba.
LUPECO, enfer. Ba.
LUPETZA, lieu sale, bourbier. Ba.
LUPIA, A. M. loupe excrescence de chair. Voyez Lop.
LUPILLA, tas, monceau. Ba.
LUPINS, lupin. B. De là le Latin Lupinum, le François Lupin.
LUPOILLA, tonneau. Ba.
LUPR. KYES LUPR, chienne en chaleur. B.
LUPUA, bourgeon, bube, bubon, petite tumeur, tumeur. Ba.
LUPUA, scorpion. Ba.
LUQUIA, renard. Ba.
LUQUIA, LUQUIDA, sorte d'affiquet de femmes. Ba.
LUR, plomb dans le dialecte Gallois de l'Isle de Mona.
LUR, lune. C. Voyez Laor, Loar.
LUR, terre. Ba. C'est le même que Lurra. Voyez Lar, Lair, Ler, Llawr.
LUR, jaune. Voyez Lor.
LURCONCA, bassin de terre. Ba. Lur, terre; Conca, bassin, vase.
LURDUS, A. M. stupide, lourdaut, Voyez Lourdod.

LURE, paresse, négligence, paresseux, négligent. B. Voyez Lureus.
LUREL, ligature ou bande qui sert à emmailloter les petits enfans. B.
LUREUS, paresseux, négligent. B. Ce mot se trouve dans la légende de Faifeu, ce qui fait voir qu'on s'en est universellement servi dans le Royaume jusqu'au quinzième siécle.
LURGOSOA, le sol, la terre. Ba.
LURIANTZEA, agriculture. Ba.
LURIDUTU, former, créer. Ba.
LURIG, cuirasse. B. De là le Latin Lorica.
LUROR, A. G. de couleur de terre, de couleur de limon; de Lur.
LURPECHA, casematte. Ba.
LURPECOA, souterrain. Ba.
LURRA, terre, sol, fonds, bien, pays, contrée. Ba. Voyez Lur.
LURRASPILLA, plat de terre. Ba.
LURRAZ JOSIA, couché à terre. Ba.
LURREN, borne, limite. Ba.
LURRERATU, se coucher à terre. Ba.
LURRERATZEA, cacher tout d'un coup, supplanter quelqu'un, chercher à lui nuire. Ba.
LURRESIA, haie. Ba.
LURRINA, parfum. Ba.
LURRINCAYA, aromate. Ba.
LURRINDARIA, parfumeur. Ba.
LURRINDU, LURRUNDU, je parfume. Ba.
LURRON, bonne terre. Ba. Voyez Ona.
LURRUSPEA, antre, caverne. Ba.
LURTARRA, de terre, terrestre. Ba.
LURTEA, champ. Ba.
LURU, cendre. B. Voyez Ludu.
LUS, herbe ; Lusack, herbu. I. Voyez Llys qui se prononce Llus, & Loufon. De là le Latin Ous; les François Luzerne, espèce d'herbe, Pelouse; terrein couvert d'une herbe menue & courte.
LUS, poireau. I.
LUS, hommes. I.
LUS, eau chaude naturellement. I.
LUS, le même que Luas. I. L'u se prononçant en y, on a dit Lys comme Lus; de là les vieux mots François Lisse, Lice, chien, chienne de chasse.
LUS, le même que Luaith. I.
LUS, le même que Lucz. B.
LUS, LUSS; singulier Lusen ; Lussen, brouillard épais, trouble, brouillerie. B. Voyez Luczen.
LUS, LOUS, paysan. B.
LUS, le même que Lu, Luc, Lug. Voyez Arn.
LUSC, lent. G. Il signifie aussi lenteur, retard. Voyez Diluse.
LUSCA, mouvoir, remuer, agiter, branler, ébranler, tourner, rouler, commencer sans achever; Luskel, mouvement, agitation ; Luskeila, agiter, branler, ébranler, tourner, rouler, bercer. B. Voyez Llusg, Luwch.
LUSEN. LAIS-LUSEN, le premier lait que donne la vache après qu'elle a mis bas son veau. B.
LUSEN, vaclet. B.
LUSGAIRE, LUSGAM, LUSGAN, qui se tient dans des trous, dans des cavernes. I.
LUSILOA, prison des esclaves. Ba. Silea, prison; Lu par conséquent esclave.
LUSKEL, Voyez Lusca.
LUSKELLA, Voyez Lusca.
LUSO, homme de grande taille. Ba. Voyez Lucca, Lucon.
LUSQ, branle, agitation. B.

LUSQAT, branler, bercer. B. C'est le même que *Lusca*.
LUSQE, impulsion. B.
LUSQEIN, tenter, entreprendre. B. Voyez *Lusca*.
LUSQEL, branler, bercer. B. C'est le même que *Luskella*.
LUSQELLAT, branler, bercer. B. C'est le même que *Luskella*.
LUSQEMANT, effort. B.
LUSQENN, branler, bercer. B. C'est le même que *Lusca*.
LUSQENNEREAH, balancement. B.
LUSQET, branler, bercer. B. C'est le même que *Lusca*.
LUSSEIN, loucher. B.
LUSTICIUM, A. M. vase, vaisseau à contenir des liqueurs. C'est un mot Irlandois auquel on a donné une terminaison Latine. Voyez *Lusulla*.
LUSTR, lustre. B. Voyez *Ling*, *Lustrover*.
LUSTREA, blancheur, propreté. Ba.
LUSTROVER, LUSTROUER, calandre. B.
LUSUILLA, tonneau. Ba.
LUSULLA, cruche, pot à l'eau, vase qui a deux angles, sorte de vase de terre blanche à mettre du vin. Ba.
LUT. Il paroit par *Lutsunea*, *Lutugnea*, *Lututzia*, *Luticasma*, que *Lut* signifie terre. Voyez *Lur*.
LUTALDAYA, chariot, charrette. Ba.
LUTARE, A. M. laver; de *Lu*.
LUTER, LUTRA, A. M. loutre animal amphibie. Son nom est formé de la terre & de l'eau qu'elle habite. *Lu*, eau; *Ter*, terre.
LUTESIA, fortification. Ba.
LUTEUS, A. M. le même que *Luter*, vase, vaisseau à contenir de l'eau; de *Lu*.
LUTH, le même que *Luch*. De même des dérivés ou semblables. I.
LUTU, le même que *Luath*. De même des dérivés ou semblables. I.
LUTH-VUR, vite adjectif. I.
LUTHACH, nerf. I.
LUTHAR, le même que *Luchar*. I.
LUTHGHAIR, récréation, joie, plaisir, contentement, réjouissance. I.
LUTHGHAIREADH, réjouir. I.
LUTHGHAIRIOCH, joyeux, gaillard, de bonne humeur, aise, content. I. *Lou*, gré en vieux François; *Lustig*, gai en Allemand.
LUTHGHARA, acclamation, acclamation de joie. I.
LUTHIR, le même que *Luthar*. I.
LUTICASMA, géomantie. Ba.
LUTIN, lutin. B. *Luython* en vieux François, lutin, esprit follet.
LUTMAIR, LUTMAR, agile, actif, vite, vif, prompt; *Lutmaires*, *Lutmaireas* activité, vitesse, vivacité, promptitude, agilité, joie, allégresse. I.
LUTOA, habit de deuil. Ba.
LUTOR, A. G. laveur; de *Lu*.
LUTRA, LUTRIA, LUTRINUS, A. M. les mêmes que *Luter*, *Lutra*.
LUTRIN, lutrin. B. Voyez *Letra*.
LUTSUNEA, bien de campagne. Ba.
LUTUGUEA, continent, terre ferme. Ba.
LUTUTZIA, pièce de terre. Ba.
LUTZIA, trait, flêche. Ba.
LUV, herbe, plante. I. Voyez *Lus*.

LUVAN, agneau. I.
LWCH, lac; pluriel *Lychau*. G. Voyez *Luch*.
LWEH, lac dans le dialecte Gallois de l'Isle de Mona. Voyez *Luh*.
LUVELLUS, A. M. le même que *Luvilla*.
LWFER, cheminée, soupirail. G.
LWG, le même que *Llug*. G.
LWGH, le même que *Lwch*. Voyez *Aru*.
LUVN. Voyez *Leun*.
LWTH, le même que *Glwth*. Voyez *Aru*.
LUWCH, agitation, véhémence, choc, impétuosité. Voyez *Lluchynt*, Voyez encore *Lusca* & *Lus*; le même que *Luas*.
LWYD, Seigneur. Voyez *Arlwyd*. C'est le même que *Glwyd*. Voyez *Aru*.
LWYDD, le même que *Llwyddianus*. Voyez *Hylwydd*.
LWYDDES, Dame. Voyez *Arlwyddes* & *Lwyd*.
LWYDDIAETH, domination, domaine. Voyez *Arlwyddiaeth*.
LWYDDIWR, celui qui domine. Voyez *Arlwyddiwr*.
LWYFENNAU, LLEFENAU, LLYFENAU, reins G.
LWYS, le même que *Glwys*. Voyez *Aru*.
LUX, luxe. B. De là le Latin *Luxus*; le François *Luxe*. Voyez *Luxarroa*.
LUXIDHE, plomb. I.
LUXUR, impudicité, luxure. B. De là le Latin *Luxuria*; le François *Luxure*. Voyez *Licq*.
LUY, rameau. I.
LUY, le même que *Cluy*, rocher. Voyez *Aru*.
LUYA, moindre. I.
LUYDD, lutte, armée, lieu de combat. B. De là le Latin *Luctta*; le vieux mot François *Luite*, & le moderne *Lutte*. Voyez *Lu*.
LUYES, flotte. I.
LUYSONE, lieu boueux. Ba. Voyez *Lule*.
LUYVNE, bouclier. I.
LUZ, marais, lieu boueux. Ba. Voyez *Luch*.
LUZAERA, longitude; délais. Ba. Voyez *Luso*.
LUZANDERA, longitude. Ba.
LUZARROA, splendide, magnifique. Ba. Voyez *Lux*.
LUZAVAN, LUZAUAN, herbe. Voyez *Lus*.
LUZAULA, vaste. Ba. Voyez *Luso*.
LUZONCA, manteau, casaque. Ba.
LUZOQUERRA, concombre. Ba.
LUZULOA, antre prison des esclaves. Ba. Voyez *Lusiloa*.
LUZY, empêchement, arrêt, retardement, embarras, labyrinthe, amusement. B. Voyez *Luia*; *Lluddio*.
LUZYA, déranger, brouiller, embarrasser, retarder, arrêter, amuser. B.
LUZYET, confus, mêlé, embrouillé, embarrassé. B.
LUZYOU, affaires, dettes, embarras. B.
LY, eau, rivière. I. Voyez *Li*, *Lu*.
LYAM, lien. B.
LYAMER, limier. B. De là ce mot.
LYAN, toile, linge. B. Voyez *Lian*.
LYANEIN, ensevelir un mort. B.
LYANENN, drapeau, lange de toile. B.
LYB, eau, rivière. B. Voyez *Luch*.
LYBOUCZ, noir de fumée détrempé. B. De *Ly*; eau, liqueur; *Boucz*, noir de fumée.
LYCHAU, Voyez *Lwch*.

LYCHAFAIL, militaire. I.
LYCHDA, militaire. I.
LYCHVAD, soldat. I.
LYD, particule augmentative. Voyez *Chwerwlyd*, *Chwystid*.
LYD, le même que *Clyd*. Voyez *Aru*.
LYDAN, rivage ou côte de la mer. B.
LYDD, herbe. Voyez *Gwlydd*.
LYE, veau. E. I. Voyez *Luc*.
LYEN, toile, linge. B.
LYENA, ensevelir un mort. B.
LYENEN, drapeau, lange de toile. B.
LYENER, marchand de toile. B.
LYES, plusieurs, souvent, plusieurs fois, beaucoup. B. *Li* en Arménien, abondant, en grande quantité, plein; *Lionthi*, abondance, & *Lygd*, tas dans la même Langue; *Lyan*, beaucoup, très, trop en Grec; *Lien* en Grec Ionien, beaucoup; *Li* en Tartare & en Turc, nombre d'hommes, gens, peuple; *Lin* en Chinois, collection, assemblée; *Lieu*, ensemble; *Lie*, rang dans la même Langue; *Laos* en Grec; *Leos* dans le dialecte Attique; *Liud* en Polonois; *Lid* en Bohémien, peuple. *Lisse* dans notre Langue est un assemblage de plusieurs longs filets de soie, de laine ou de fil. C'est aussi un assemblage de longues piéces de bois bout à bout, lesquelles forment une espèce de ceinture dans le corps de bordage du vaisseau. Voyez *Lia*, *Lliot*, *Lu*.
LYFRDER, lâcheté, paresse, pusillanimité, poltronnerie, foiblesse, timidité. G.
LYFRE, entraves. B.
LYFYR, livre. B.
LYG, le même que *Lwg*. G.
LYGODZAN, rat. C. Voyez *Logos*.
LYID, vers ouvrage de poësie. I.
LYIVEADON, midi. I.
LYM, millet. G.
LYN, vestige, trace. G. Voyez *Canlyn*.
LYN, le même que *Glyn*, & *Lynu* le même que *Glynu*. Voyez *Aru*.
LYN, LIN. Voyez *Llun*.
LYNN, rivière. I. Voyez *Lin*.
LYNN, le même que *Glynn*. Voyez *Aru*.
LYR, liron ou loir. B. De là ces mots. Cet animal étoit nommé *Ler* en vieux François. Voyez *Lo*.
LYS, maison. I.
LYS, cour, palais, tribunal, cour de Justice. B.
LYS synonime à *Loc* & à *Ty*. Voyez *Mynachlys*.
LYSIG. LLWYN O LLYSIG, LLWYN O GOED, forêt. G.
LYTTIO, le même que *Clyttio*. Voyez *Aru*.
LYWAIS, le même que *Clywais*. Voyez *Aru*.
LYZUAN, herbe. C. Voyez *Llys*, *Lus*, *Luzavan*.

L L.

POUR faire connoître que l'*L* initiale est longue dans plusieurs mots Gallois, les uns mettent une double *Ll*, les autres *Lh*. Quoique cette dernière orthographe fasse mieux sentir la longueur de l'*L* initiale, on a suivi la première, parce qu'elle est la plus commune dans cette Nation.

LL superflu. Voyez *Llall*.
LLA, main. G. Voyez *Lab*.
LLA, préposition explétive. Voyez *Llabrwyn*.
LLAB, main. G. Voyez *Lab*.
LLABI, homme long comme une perche, homme rustique, grossier, agreste, laid. G. En confrontant ce mot avec *Labaskennecq*, on voit que *Llabi* signifie grand en général.
LLABIR, épée. G. Je crois ce mot formé de *Lla*, main, & *Bir*.
LLABRWYN, jonc. G. *Brwyn*, jonc, *Lla* par conséquent superflu.
LLABURIO, le même que *Llafurio*. G.
LLABWST, le même que *Llabi*. G.
LLABYDD, pierre. Voyez *Llabyddio*.
LLABYDDIAD, lapidation. G.
LLABYDDIO, lapider. G. Les verbes étant ordinairement formés du nom, on aura apparemment dit autrefois *Llabydd*, pierre, d'où on aura fait le Latin *Lapis*. Voyez *Lab*.
LLABYDDIUR, qui lapide. G.
LLACC, délié, détaché, lâche, qui n'est point tendu, négligent, paresseux, nonchalant, fainéant. G. De là les mots Latins *Laxus*, *Laxo*; le vieux mot François *Laschance*, intervalle, interruption, & *Lazzera*, il tarderoit. De là notre mot *Lâche*. *Lag* en Irlandois, qui n'a point de force ou de courage, foible, abbatu, découragé; *Idaca*, personne foible en Persan; *Schlack* en Allemand, lâche au propre & au figuré, paresseux; *Lachon*, lent en Hongrois. Voyez *Lachun*, *Lasyou*.
LLACCAU, faire difficulté de faire une chose. G.
LLACCIAD, relâche. G.
LLACCIO, devenir languissant, languir, perdre ses forces, devenir flasque. G.
LLACCRWYDD, étendue, largeur. G.
LLACHAR, brillant, éclatant, lumineux, reluisant, resplendissant, éblouissant, de feu, qui jette des éclairs. G.
LLACT, eau, liqueur. G. Voyez *Lac*.
LLAD, LLADD, tuer, massacrer, couper. G. Voyez *Ladd*, *Lad*. De là le Latin *Lado*. *Lading* en Javanois, couteau; *Ladant*, vainqueur en Esclavon; *Lata* en Hébreu, tuer.
LLAD, probité. G.
LLAD, grace, don, bienfait. G. Il signifie aussi bien. Voyez *Penllad*. *Elet*, usage, utilité en Hongrois.
LLAD, en quelques endroits du Pays de Galles, signifie une certaine mesure. G.
LLADDIAD, mort, massacre, meurtre, assassinat. G.
LLADDUR, massacre, action de tuer; *Lladdur Celain*, homicide. G.
LLADDWR, meurtrier, assassin, qui tue. G.
LLADFA, tuerie, massacre, carnage, meurtre. G.
LLADIN, Latin, latinité, Langue latine. G.
LLADINWR, Latin, homme du Pays Latin. G.
LLADINYDD, qui sçait le Latin. G.
LLADMER, intercesseur, qui prie pour un autre, qui sert en quelque emploi, qui se mêle de quelque affaire. G.
LLADMER, LLADMERU, interpréter. G.
LLADMER, LADMERYDD, interprète. G.
LLADMERIAETH, interprétation. G.

LLA.

LLADRAD, vol, ce qu'on vole. G. Voyez *Ladr*.
LLADRADTAWR, voleur, qui dépouille. G.
LLADRATTA, voler. G.
LLADRATTWYD. A LLADRATTWYD, dérobé, furtif, clandeſtin. G.
LLADRONAIDD, de voleur, qui eſt accoûtumé à voler, enclin à voler. G.
LLADRONEIDDRWYDD, penchant au larcin. G.
LLADRONES, larron. G.
LLAED, le même qu'*Helaeth*. Voyez ce mot.
LLAES, peu tendu, lâche, qui pend, bas, qui va au talon, découragé, qui a le cœur abbatu, lâche, poltron, mol, négligent, pareſſeux, nonchalant, fainéant, lentement, doucement; *Yn Llaes*, d'une manière indifférente, nonchalante. G. Ce mot a auſſi ſignifié étendûe ſubſtantivement. Voyez *Led*, *Llaeſu*, *Lez*. *Las*, *Laſe*, pareſſeux, lent en Perſan; *Laſſan* en Hongrois, d'une manière lâche, d'une manière tardive; *Laſſen* en Allemand; *Latzen* en Théuton; *Letan* en Gothique; *Latan* en ancien Saxon; *Laaten* en Flamand; *Let* en Anglois; *Laeta* en Suédois; *Laxare* en Latin; Lâcher, Relâcher en François, relâcher, détendre; *Laſſig* en Allemand, lâche, & *Nachiaſſig*, négligent, fort lâche; *Latzen* en Théuton; *Latjan* en Gothique; *Latan* en ancien Saxon, tarder, différer.
LLAESAD, relâche. G.
LLAESDER, état d'une choſe qui pend. G.
LLAESIAD, relâchement, relâche, abbaiſſement. G.
LLAESODR, anciennement *Llaſodr*, pavé. G. *Sodr* paroit être le même que *Sathr*.
LLAESU, relâcher, rendre lâche ou peu tendu, allonger, abbaiſſer, diminuer, affoiblir, amollir, adoucir, appaiſer, décourager, abbatre le cœur, efféminer, laſſer, fatiguer, cauſer de la laſſitude, haraſſer, faire difficulté de faire une choſe, devenir mol, lâche, poltron, languiſſant. G.
LLAESWALLT, chevelure, longue chevelure, qui n'eſt pas tondu. G.
LLAESWISG, robe traînante. G.
LLAETH, lait. G. Voyez *Laeth*.
LLAETH, le même que *Helaeth*. Voyez ce mot.
LLAETH TORR, le premier lait qui vient à une femme après ſes couches, qui s'épaiſſit & ſe caille. G.
LLAETH Y CYTHRAUL, ſorte de pavot qui contient une liqueur ſemblable au lait. G.
LLAETH Y GEIFR, chévrefeuille, muguet, pariétaire, liſet, liſeron, campanelle. G. A la lettre, lait de chévre.
LLAETH TR YSGYFARNOG, la même plante que *Llyſian R' Cyſog*. G.
LLAETH YSGALL, laiteron, carline, ixia. G.
LLAETHA, mendier du lait. G.
LLAETHFWYTH, laitage. G.
LLAETHOEN, qui tette encore. G.
LLAETHOG, de lait, qui a du lait, qui apprête ou qui eſt préparé avec du lait. G.
LLAETHWR, patiſſier. G.
LLAETLU. PEN LLAETLU, PEN CIWDAD, Empereur. G. On voit par là que *Llaetlu* eſt ſynonime à *Ciwdad*.
LLAF, main. G. Voyez *Llafurio*, *Lab*, *Llaw*.
LLAFANAD, le même que *Llafar*. G.
LLAFAR, voix, ſon, réſonnant, rétentiſſant, ſonore, harmonieux, qui a la voix bonne, grand parleur. G.
LLAFARDER, abondance ſuperflue de paroles. G.
LLAFARIAD, prononciation. G.

TOME II.

LLA. 101

LLAFARLAIS, qui a un ſon clair & aigu. G.
LLAFARU, parler, prononcer, raconter, réciter, crier. G. *Laſad* en Arabe, parole.
LLAFASU, oſer. G.
LLAFASUS, qui oſe. G.
LLAFFETHAIR, le même que *Llyffethair*. G.
LLAFFROG, caleçon, culotte. G. Voyez *Laffree*, *Laſrac*.
LLAFN, lame. G. Voyez *Laſnen*, *Llaſyn*.
LLAFNOG, coupé, déchiré. G. De là le Latin *Lanio*.
LLAFRWYN, jonc. G. Voyez *Llabrwyn*.
LLAFRWYNEN, jonc, roſeau. G.
LLAFUR, travail, labeur, occupation, ouvrage, ſoin, étude, application, empreſſement, affaire. G. La racine de *Llaſur* eſt *Llaf*. Voyez *Labhur*.
LLAFURBOEN, peine, fatigue, grande peine, travail pénible, adreſſe, induſtrie. G.
LLAFURGAR, qui aime le travail. G.
LLAFURIAETH, agriculture. G.
LLAFURIO, travailler, labourer, s'efforcer, tenter. G.
LLAFURUS, qui aime le travail, laborieux, pénible, fatigant, difficile. G.
LLAFURWAITH, opération, ouvrage. G.
LLAFURWEISION, manœuvres, manouvriers, gens de journée. G.
LLAFURWR, laboureur. G.
LLAFURWRIAETH, agriculture. G.
LLAFYN, épée. C. Voyez *Llaſn*.
LLAGAD, œil. C. Voyez *Llygad*.
LLAI, plus petit, moindre, moins. G. *Lai*, petit en Arménien; *Lyit* en Iſlandois; *Lyttel* en ancien Saxon; *Litle* en Anglois; *Leiden*, *Lidet* en Danois; petit; *Lei*, vallée en Finlandois; *Lez*, très-mauvais en Hébreu. Voyez *Lè*, *Lay*. On voit par *Lleiac* que *Llai* a auſſi ſignifié jeune. On voit par *Lleiau* que *Llai* a encore ſignifié part, partie.
LLAI, couleur brune, noirâtre, gris cendré. G.
LLAIB, léchement. G.
LLAID, boue, limon. G. *Ledia* en Iſlandois; *Lutum* en Latin; *Leit*, *Latt* en Allemand; *Blato* en Dalmatien & en Hongrois; *Blatu* en Eſclavon; *Claye* en Anglois; *Bloto* en Polonois, boue; *Let* en Hébreu, boue, limon; *Lai* en Tartare, bourbier; *Lai*, boue en Perſan. Voyez *Llaith*.
LLAIDBWLL, bancs de ſable. G.
LLAIG, action de fraper, de battre. G.
LLAILL, les autres, ceux qui reſtent; *Y Llaill*, le reſte, ce qui reſte. G.
LLAIN, épée, lame: On écrit auſſi *Lla-In*. G. Voyez *Llaſin*.
LLAIN, piéce, morceau d'étoffe propre à rapiécer un habit, petit linge, morceau de drap. G.
LLAIS, voix, ſon. G.
LLAITH, eau, liqueur, mer, humidité, humide, liquide, marécageux, naturellement humide, mouillé, arroſé. G. *Blato* en Dalmatien, marais; *Lițin*, gomme, ſuc d'arbre en Langue de Madagaſcar; *Lit* en ancien Saxon; *Lid* en Théuton, boiſſon; *Leith* en Gothique, biére. On appelle en Franche-Comté *Léti* la partie liquide d'un morceau de fonte que l'on forge après l'avoir chauffé, & qui ſort par différentes petites ouvertures lorſque ce morceau de fonte eſt frapé par le marteau. *Ulai* en Syriaque & en Arménien, étang; *Lade* en ancien Saxon, rivière, & *Leth*, terre arroſée dans la même Langue; *Lid* en Arménien, lac, marais, étang; *Letos* en Grec, lac,

C c

mer ; *Blato* en Illyrien, lac, marais, mare, étang ; *La*, eau en Runique. Voyez *Lat*, *Lēidd*, *Leih*, *Lois*, *Laith*, *Leth*.

LLAITH, mort, meurtre, massacre, mort violente. G. *Les* en Turc, cadavre. De *Llaith* est venu le Latin *Lethum*. *Laster* en Allemand, boucher ; *Lestir* en Islandois, bête tuée. Voyez *Llad*, *Laeth*.

LLALL, autre. G. *All* signifiant autre, on voit par là qu'*Ll* est superflu.

LLALL, un des deux le second, un des deux qui est le dernier. G. A la lettre, l'autre.

LLALLAWG, LLALLOG, LLALLOGAN, honneur. G.

LLAM, saut. G. En comparant ce mot avec *Llamdwyo*, *Llambidyddiaeth*, *Llamsa*, on voit que ce mot a signifié mouvement en général. Voyez *Lam*.

LLAMAR, disert, éloquent. G.

LLAMDWYAD, transport. G.

LLAMDWYO, porter, transporter, voiturer, mener par chariot, transporter par eau. G.

LLAMDWYWR, voiturier, passager. G.

LLAMFA, LLAMFFORCH, échelle de paysan, échelle à la rustique. G. Voyez *Lam*.

LLAMHIDYDD, sauteur, danseur, voltigeur, danseur de corde, baladin. G.

LLAMHIDYDD, cancre, crabe, écrevisse de mer, langouste. G.

LLAMHIDYDDIAETH, danse, gesticulation, gestes. G.

LLAMMU, sauter, sauter en bas, palpiter, rejaillir, rebondir. G. Voyez *Lam*.

LLAMMWR, cavalier qui saute de dessus un cheval sur un autre. G.

LLAMP, lampe. G. Voyez *Lampr*.

LLAMPRAI, lamproie. G. Voyez *Lamprai*.

LLAMSACH, sauter, danser en trépignant, trépigner, danse en trépignant, rejaillir, rebondir, danse. G.

LLAMSACHUS, qui saute. G.

LLAMSACHWR, danseur, sauteur. G.

LLAMYRYS, parleur. G.

LLAN, LLANN, sol, plaine campagne, enclos, clôture, habitation, Église, temple, cimetière. G. *Land* en Gothique, en ancien Saxon, en Flamand, en Anglois, en Théuton, en Allemand, en Danois, en Islandois, en Suédois, en Runique, terre, sol, pays ; *Lend* en Irlandois, terre, sol ; *Lam* en Hébreu, peuplade ; *Lon* en Hébreu, habiter ; *Lang*, village en Tonquinois ; *Clang*, magasin en Siamois ; *Lam*, habitation en Chinois ; *Len* en ancien Saxon ; *Lehen* en Allemand & en Flamand, grange, métairie. Voyez *Lan*, *Land*, *Landa*.

LLAN, canal, lit de rivière, de ruisseau. G. Voyez *Lan*.

LLANASTR. Voyez *Llanestr*.

LLANASTRU, disperser, dissiper, piller, ravager. G. Voyez *Llanestr*.

LLANCESIG, petite servante. G.

LLANE, vallée. G.

LLANESTR, LLANASTR, pillage, ravage, désolation, dispersion ; *Ar Lanastr*, *Yn Llanastr*, séparément, en divers endroits. G.

LLANGC, LLANGCES, petit garçon, jeune garçon, jeune homme, jeune homme depuis douze jusqu'à vingt-un ans. G.

LLANGCES, jeune fille. G. *Leany*, fille en Hongrois.

LLANGCESAIDD, de jeunes filles. G.

LLANGCESIG, petite fille. G.

LLANNEN-CELAS, endroit verdoyant, endroit verd. G.

LLANNERCH, diminutif de *Llann*. G.

LLANNERCH, pré au milieu d'une forêt. C. Voyez *Lan-Herch*, *Lam*.

LLANNERCH, le même que *Llan*. Voyez *Glaslannerch*.

LLANT, crase naturelle de *Lliant*, rivière. D'ailleurs l'*n* & l'*l* se mettant l'une pour l'autre, *Nant* doit se changer en *Lant*. J'ajoute que *Lan* signifie eau, rivière : Or il est indifférent dans le Celtique de placer un *t* à la fin du mot. Voyez la dissertation préliminaire sur le changement des lettres.

LLANW, plénitude, réplétion, comble, flux de la mer, achevement, accomplissement. G. Voyez *Lanv*.

LLANWAD, ce qui farcit, ce qui remplit. G.

LLAP, le même que *Llaw*. Voyez ce mot.

LLARIAIDD. Voyez *Llary*.

LLARIEIDDIAD, adoucissement, lénitif. G.

LLARIEIDDIO, adoucir, appaiser, fléchir. G.

LLARIOED, doux. G.

LLARP, lambeau d'une robe, guenillon, haillon. G. *Lappa* en Théuton ; *Lapp* en Allemand, pièce, lambeau ; *Lappe* en ancien Saxon ; *Lap* en Flamand ; *Lapp* en Suédois, parcelle, pièce.

LLARPIO, déchirer, mettre en pièces. G.

LLARY signifioit chez les anciens Gallois ce que signifie à présent *Llariaidd*, doux, débonnaire, affable, humain, obligeant, honnête, indulgent, facile, accommodant. G.

LLARYAF, très-doux, très-débonnaire. G. *Llary*, *Af* marque du superlatif.

LLARYEDD, affabilité, complaisance, douceur, manière obligeante, air gracieux. G.

LLARYEIDD-DRA, douceur, manières douces. G.

LLARYEIDDIO, adoucir, devenir doux, amollir, appaiser. G.

LLARYEIDDRA, douceur, complaisance, affabilité. G.

LLAS, blessé. C. Voyez *Lasa*.

LLASAR, verdâtre, de couleur de verd de mer, d'un verd mêlé de blanc, bleu, azur, livide. G. Voyez *Las*, *Glas*, *Glasan*, *Glasard*.

LLASODR, pavé. G.

LLASODRI, paver. G.

LLASSODR. Voyez *Llaesodr*.

LLASWYR pour *Psaltwyr*, pseautier. G.

LLAT, lait. C. Voyez *Llaeth*.

LLÂTH, verge, perche, verge dont les géomètres se servent pour tracer, poutre, solive. G. Voyez *Lata*, *Laitenn*, *Laton* en Théuton ; *Latta* en ancien Saxon ; chevron, soliveau ; *Latte* en Allemand, petit soliveau, petite piéce de bois coupée en long ; *Latte* en François petite piéce de bois longue & mince ; & en terme de marine, poutre.

LLÂTH, LLATHEN, verge de trois pieds de long dont on mesure quelque chose, mesure de trois pieds. *Llâth*, *Llathen*, *Llathsid*, la mesure de cette verge de trois pieds. G. C'est par la même façon de parler que nous disons une perche, une toise de terre pour la quantité de terre de la mesure d'une perche, d'une toise.

LLATH, verge, bâton. C.

LLATHEN, baguette. G.

LLATHENNIG, petite baguette, petite verge. G.

LLATHLUD, LLATHRUD, rapt de femmes. G.

LLATHR, poli, brillant, éclatant, reluisant. G.

LLATHRAID, poli, brillant, éclatant, reluisant. G.

LLATHREDIG, plain, uni. G.

LLATHRU, briller, éclater, reluire, éblouir, être resplendissant, polir. G.
LLATHRUD. Voyez *Llathlud.*
LLATTAI, maquereau, maquerelle ministre des plus infâmes voluptés. G.
LLATTEIAETH, maquerellage, fornication, impudicité. G.
LLATTEIES, maquerelle ministre des plus infâmes voluptés. G.
LLATTEIRWYDD, maquerellage. G.
LLATTEIYN, petit corrupteur de la jeunesse. G.
LLATWM, oripeau, laiton. G. Voyez *Laton.*
LLATWN, oripeau, laiton. G. Voyez *Laton.*
LLAU, lion. G. Voyez *Lau.*
LLAU, poux. G. Voyez *Laou.*
LLAVAR, parole, disert, éloquent. G.
LLAW, main; *Llaw-Egor*, libéral, prodigue, à la lettre, main ouverte; *Llawgaead*, avare; à la lettre, main fermée. G. *Lav*, main en Écossois & en Irlandois; *Lau*, main en Cornouaille; *Lau*, main en Breton; *Lak* en Tartare Mogol & Calmoucq, main; *Lao*, travailler en Chinois. Voyez *Lau*, *Lav*.
LLAWCH, action de flater de la main, caresse, flaterie, adoucissement. G.
LLAWCH est la troisième personne du singulier du présent & du futur de l'indicatif de *Llochi*. G.
LLAWD, chaleur, ardeur des femelles. G.
LLAWD. Davies demande si ce mot vient de *Llaw*, main, & signifie adroit, habile, ou de *Laudo* Latin. Je pense que *Llawd* est le même mot que *Blawd*, qui signifie agile, leste, vif, prompt, diligent. 1°. Parce que le *b* initial est assez souvent superflu. 2°. Parce que dans cette phrase galloise que rapporte Davies, *Llawd Ioli Creadwr*, *Lawd* veut dire leste, agile, & non pas adroit; car il est la question d'un enfant dans qui l'on n'a pas coûtume de vanter l'adresse, l'habileté, la dextérité; mais dont on admire l'air leste, la vivacité & les graces. Ces dernières sont désignées par le mot de *Joli*, qui en Gallois signifie beau. *Llawd* signifie aussi louange, ainsi qu'on le voit dans deux ou trois phrases citées par Davies. Mais pourquoi ce sçavant veut-il que les Gallois ayent emprunté ce terme des Latins? c'est le même que celui de *Clod*, qui est sûrement d'origine Galloise & qui signifie louange. Nous avons fait voir par bien des exemples que le *c* initial se mettoit ou s'omettoit chez les Celtes; ainsi chez les Francs on disoit indifféremment *Clovis* ou *Louis*.
LLAWDDEAWG. Voyez *Llawdd.*
LLAWDDEAWG, adroit. G.
LLAWDDEN. Voyez *Llawdd.*
LLAWDINEB, fornication. G.
LLAWDR, haut-de-chausses, caleçon, culotte. G. Voyez *Loëzr.*
LLAWDWN, manchot, qui n'a qu'une main. G. De *Llaw* & *Twnn*. Davies.
LLAWEGOR, libéral, généreux. G. Voyez *Llaw.*
LLAWEGOR, espèce de plante que Davies n'explique pas; elle est la même que *Benboeth* & *Llysiau'R Dom*. G.
LLAWEN, gai, joyeux, abondant. G. Il signifie aussi dans cette Langue qui réjouit, qui donne du plaisir. Voyez *Aslawen*. *Llewia*, gai, joyeux en Finlandois. Voyez *Laouen.*
LLAWENCHWEDL, bonne nouvelle, Évangile. G. *Llawen Chwedl.*
LLAWENHAIR, qui cause de la joie. G.
LLAWENNA, réjouir. G.

LLAWENU, LLAWENHAU, LLAWENYCHU, causer de la joie, avoir de la joie, se réjouir. G.
LLAWENYCHIAD, action de se réjouir. G.
LLAWENYCHU, rendre heureux. G.
LLAWENYDD, joie, allégresse. G.
LLAWER, terrein, sol, terre. G.
LLAWER, plusieurs, qui est en grand nombre, nombreux, qui est en grande quantité, qui est abondant, multitude, grand nombre, assemblée, augmenter. G.
LLAWEREDD, multitude, quantité, un seul de parmi une multitude, d'entre plusieurs. G.
LLAWEROEDD, la plûpart, quelque nombre de, assez de, une quantité de quelques-uns. G.
LLAWES, menottes. G. De *Llaw.*
LLAWETHAIR, LLAWETHYR, les mêmes que *Llyffethair*. G.
LLAWETHAN, le même que *Llywethan*. G.
LLAWETHEIRIAU, menottes. G.
LLAWF, main. G. Voyez *Llaw.*
LLAWFAETH, flateur, apprivoisé. G.
LLAWFEDDYG, chirurgien; *Llawfeddyginiaeth*, chirurgie. G.
LLAWFFON, bâton, férule. G.
LLAWFORWYN, servante. G.
LLAWFRYDD, LLAWFRYDEDD, homicide. G.
LLAWGAETH, terme opposé à *Llawrydd*, main libre, main qui se permet le meurtre. G. A la lettre, main captive. *Llaw Caeth*.
LLAWGAIR, serment, parole donnée, comme qui diroit parole de la main, parce qu'on prête serment avec la main, qu'on promet en frapant dans la main. G. Voyez *Llowgair* qui est le même mot.
LLAWHIR, qui a les mains longues. G.
LLAWLIAIN, essuye-main. G.
LLAWLYW, manche de charrue. G.
LLAWN, lame. G.
LLAWN, plein, rempli, abondant, qui est en grande quantité, saoul. G. Voyez *Ian*, Lionmar.
LLAWN, le même que *Llawen*, ce qui se voit par *Lon*.
LLAWN-FLOEDD, exclamation. G.
LLAWNAETH, plénitude, abondance, rassasiement, réplétion. G.
LLAWNLLONAID, pleine lune. G.
LLAWO, préparer. G.
LLAWR, sol, fonds, place. G. B. Voyez les articles suivans. Voyez *Lar*, *Ler*, *Lor*, *Lur*.
LLAWR, terre, terrein, pavé. G. Voyez l'article précédent.
LLAWRFAES; sol, place, lieu. G. *Llawr*; *Maes* pléonasme.
LLAWRODD, prix qui se donne & se reçoit manuellement, présent, présent fait manuellement. G. *Llaw Rhodd.*
LLAWRODDIAD, libéral, généreux. G.
LLAWRUDD, LLOFRUDD, meurtrier, homicide. G. A la lettre, main rouge. *Llaw*, *Llawf* ou *Llof*, main; *Rudd*, rouge.
LLAWRUDDIAETH, homicide, effusion de sang. G.
LLAWRUDDIOG, meurtrier, homicide. G.
LLAWRWYDD, arbrisseau qui porte du fruit ou grain en grappes ou bouquets. G.
LLAWRWYDDEN, laurier. G. *Grydden.*
LLAWRYDD, LLOFRYDD, meurtrier, homicide. G. A la lettre, main libre, main qui se permet le meurtre. *Llaw Rhydd*. Davies.
LLAWRYF, laurier. G.

LLAVURTS, laborieux. G.
LLE, lieu. G. *Leu* en Chinois, demeurer; *Leao*, cabane; *Lo*, contenir dans la même Langue. Voyez *Lo*.
LLE YN T LLE, tôt, vîte, promptement, tout à l'heure. G.
LLE, le même qu'*Arlle*.
LLE, demeure. Voyez *Lleawl*.
LLEAD, action de lire. G.
LLEAS, mort, mort violente, tuer. G. Voyez *Lasa*.
LLEAU, veau. C. Voyez *Llo*.
LLEAW, lire. G.
LLEAWDR, LLEAWR, lecteur. G.
LLEAWL, local. G.
LLEAWL, ici, G. synonime de *Manawl*, & par conséquent *Lle* demeure comme *Man*.
LLEBAN, le même que *Llabi*. G.
LLEBANAIDD, paysan, rustiquement. G.
LLEBAS, gué. G. *Lle Bais*.
LLEC, le même que *Llee*. Voyez *Aru*.
LLECH, pierre, rocher, table de pierre. G.
LLECH, pierre. C. Voyez *Lech*.
LLECH, cache, cachette, action de se cacher; *Dan Llech*, en cachette. G. *Les* en Hongrois, embuches; *Lage* en Allemand; *Laga* en Théuton; *Laag* en Flamand; *Lying* en Anglois; *Laging* dans la basse Saxe, embuches. Voyez *Lech, Lacea*, l'article suivant & *Lloches*.
LLECH, caché. C.
LLECH, bardeau. G.
LLECH LAFAR, écho; à la lettre, pierre qui parle. G.
LLECHEN, pierre, petit rocher, petite pierre. G.
LLECHFA, cachette, lieu où l'on se cache. G.
LLECHFAEN, pierre, petit rocher, petite pierre. G. *Llech Maen*.
LLECHFAN, cache, cachette. G. *Llech Fan* de *Mann*.
LLECHFOD, cache, cachette. G. *Llech Bod*.
LLECHI, être caché. C.
LLECHLAWR, pavé. G. *Llech Llawr*.
LLECHU, être caché. G.
LLECHWEDD, le chemin par lequel on monte sur une colline, sur une éminence. G.
LLECHWEDD, devant de la tête. G.
LLECHWEDD, montagne, colline, éminence, tertre, penchant, descente, pente d'une montagne ou d'un lieu élevé. G.
LLECHWEDDIAD, pente, penchant, descente, déclinaison, montant d'une colline, d'une éminence. G.
LLED, largeur, latitude, plus large. G. Il signifie aussi gras, abondant. Voyez *Llyd*. A raison de ce qu'il signifie plus large, il a été pris pour particule augmentative. Voyez *Lledamman*. Voyez *Led, Leathan*. Voyez encore plusieurs significations de ce mot à *Helaeth*.
LLED, à moitié, à demi, un peu particule diminutive. G. Voyez *Lad*.
LLED, imparfait. Voyez *Lledlef*.
LLED, particule qui marque le mal, l'imperfection. Voyez *Ledach, Ledryw, Diledlef*. *Leid* en Théuton, mal, peine, douleur, dommage, mauvais, fâcheux, douloureux.
LLED, faux. Voyez *Lledrith*.
LLED, bas au propre & au figuré, petit, méprisable. Voyez *Lledach, Lledpen*. De là le François *Laid*, l'Italien *Laido*, le Suédois *Leed*, l'Islandois *Leidur*, laid. *Let* en vieux François, mauvaise action. Voyez *Laidon*.

LLED, dessous. Voyez *Lledwybod, Lledflaguro*.
LLED, particule privative. Voyez *Lledachwyrth, Llefryd*.
LLED, bord. Voyez *Llydaw*. Voyez *Led*.
LLED-DDIGIO, se mettre un peu en colere. G.
LLED-DDYMUNO, souhaiter un peu. G.
LLED-DDYSGU, enseigner tellement quellement. G.
LLED-HURT, stupide, étonné. G.
LLED-HYLLIG, un peu affreux. G.
LLED-HYLLIG, peu épais, peu serré, planté de loin à loin. G.
LLED-IRO, mettre la première couche de peinture. G.
LLED-OER, un peu froid. G.
LLED-TWYMYN, tiéde. G.
LLED-YMYL, bord. G.
LLEDACH, race plus basse, naissance plus basse. G. *Lled* & *Ach*. Davies. *Lled* signifie donc non seulement un peu, demi, mais encore bas, petit, méprisable.
LLEDACHWYN, accuser de quelque chose, blâmer un peu. G. *Lled Achwyn*.
LLEDAMCAN, augure, présage. G.
LLEDAMMAU, douter fort, balancer beaucoup, petit doute, douter un peu. G. *Lled* dans ce verbe est pris dans les deux sens qu'il a d'augmentatif & de diminutif.
LLEDAMMHEUS, un peu douteux. G.
LLEDANFODDAU, déplaire un peu. G.
LLEDANHAWD, un peu difficile. G.
LLEDCHWELAN, un peu stupide. G. *Lled*, un peu; *Chwelan* par conséquent déplaire.
LLEDCYNT, colere. G. Voyez *Cynt*.
LLEDCYWILYDDIO, avoir quelque honte, être un peu honteux. G.
LLEDDF, oblique, de travers, obliquité. G.
LLEDDF, qui répand le son. G.
LLEDDFU, mettre de côté, poser de biais, faire aller de travers, placer obliquement, porter ou être porté obliquement ou de travers. G.
LLEDECHWYRT, fou, insensé, qui a perdu le sens, furieux. G.
LLEDEGORED, ouvert, ouvert à tous, large, étendu. G.
LLEDEN, sorte de poisson plat, plie poisson, pétoncle poisson à coquille. G.
LLEDEWIGWST, hémorrhoïdes. G.
LLEDFARW, demi mort. G. *Lled Marw*.
LLEDFEDDOG, stupide, étonné, surpris, étourdi, interdit. G.
LLEDFEDDW, à demi yvre, qui a trop bu. G.
LLEDFEGYN, nourrisson, qu'on nourrit, qu'on éleve pour engraisser. G.
LLEDFFED, espatule, spatule de bois, cuillier, tasse ou petit vase à boire, petit maillet. G.
LLEDFFER, main forte, main robuste. G.
LLEDFFER, le même que *Ffer*, robuste. G. Voyez l'article précédent.
LLEDFLAGURO, pousser, croître par-dessous. G. *Blaguro*, pousser, croître; *Lled* par conséquent dessous, par-dessous.
LLEDFLIN, un peu las. G.
LLEDFROM, furieux. G.
LLEDFRON, qui va en pente. G.
LLEDFRWD, tiéde. G.
LLEDFRYD, LLEDFRYDEDD, folie, délire, absence d'esprit, fureur, transport furieux, stupidité, sotise. G. *Fryd* en composition pour *Bryd*

LLE. LLE. 105

Bryd, esprit ; *Lled* est ici par conséquent une particule privative.

LLEDFRYDIG, fou, insensé, qui a perdu la raison, furieux, qui tient de la fureur. G.

LLEDFYDDAR, un peu sourd. G.

LLEDFYW, demi mort. G. A la lettre, vivant à demi.

LLEDGARTREFAIDD, un peu rustique. G.

LLEDGELLWAIR, petite raillerie. G.

LLEDGYCHWYN, s'avancer, s'écouler ou passer sans bruit, ou secretement. G.

LLEDGYNFIGENNU, être un peu envieux. G.

LLEDHURT, lourdaut, un peu lent. G. Les paysans de Franche-Comté appellent *Leudort* un homme mou & lent. *Ledhurt* peut se prononcer *Ledhort*.

LLEDIA, conduire. C.

LLEDIAITH, barbarisme, façon barbare de parler une Langue, jonction d'un terme étranger à un terme naturel de la Langue que l'on parle. G.

LLEDIAITH, idiome, dialecte. G.

LLEDLAFAR, un peu causeur. G.

LLEDLAW, paume de la main. G.

LLEDLEF, voix imparfaite. G. *Llef*, voix ; *Lled* par conséquent imparfait.

LLEDLUFM, usé en flotant. G.

LLEDNAIS, modeste, modéré, retenu, doux, paisible, traitable, qui a de la pudeur, de la retenue, une honnête honte. G.

LLEDNOETH, un peu nud, à demi nud. G.

LIFDOCHRI, incliner, baisser, pencher. G.

LLEDOER, un peu froid, gelé, glacé, congelé. G. *Lled* est pris dans ce mot au sens augmentatif & au diminutif. Voyez *Lledamman*.

LLEDOFER, de peu d'importance. G.

LLEDOFN, petite crainte.

LLEDOFNI, craindre un peu. G.

LLEDOFNOG, un peu timide. G.

LLEDOLCHI, laver un peu. G. *Lled Golchi*.

LLEDOLEU, qui rend un peu de clarté. G. *Lled Golen*.

LLEDOMMED, nier en quelque manière. G.

LLEDPAI, qui est oblique ou de travers, tors, tordu, qui va en descendant, inconstant, caduc, roide, escarpé, de difficile accès, qui est en précipice. G.

LLEDPEIO, pencher, aller en penchant. G.

LLEDPEIRWYDD, pente, penchant, descente, montant d'un endroit. G.

LLEDPEN, machoire, la partie inférieure du devant de la tête. G. *Pen*, tête ; *Lled* par conséquent bas au propre.

LLEDPENN, devant de la tête. G.

LLEDR, cuir. G. Voyez *Ledr*.

LLEDRATA, cacher. G.

LLEDRIN, de cuir. G.

LLEDRITH, apparence, fantôme, spectre, prestiges, masque, feinte, dissimulation, prétexte, hypocrisie. G. De *Lled* & *Rith*, dit Davies, parce que ce n'est pas l'espèce même, mais quelque chose qui sans l'être la représente ; ainsi *Lledrith* signifie à la lettre fausse espèce. Il suit donc de cette explication de Davies que *Lled* signifie faux.

LLEDRITH, enduit, crépi. G.

LLEDRITHIAD, dissimulation, feinte. G.

LLEDRITHIO, transfigurer, donner une autre figure, feindre, prétexter, dissimuler, déguiser. G.

LLEDRITHIOG, enchanteur, faiseur de prestiges,

qui se transforme, qui change de forme, masqué, trompeur, plein d'illusion, qui déguise, qui feint, qui dissimule, hypocrite. G.

LLEDRUD, usité quelquefois par corruption pour *Lledrith*.

LLEDRYN, diminutif de *Lledr*. G.

LLEDRYW, basse naissance, noblesse imparfaite, qui dégénère. G. *Lled Rhyw*.

LLEDRYWIO, dégénérer. G.

LLEDSARHAU, déplaire un peu. G. *Lled*, un peu ; *Sarhau* par conséquent déplaire.

LLEDSIOMGAR, un peu bizarre, un peu difficile, un peu fâcheux. G.

LLEDSUR, aigret, suret, un peu acide, un peu aigre. G.

LLEDSYNNU, être un peu étonné. G.

LLEDSYW, un peu propre, propret. G.

LLEDTRAWS, oblique, de biais, de travers, tortueux. G.

LLEDTRING, escabeau. G.

LLEDTROI, se détourner, s'écarter. G.

LLEDTRWM, un peu pesant. G.

LLEDTWYMN, un peu tiéde, tiéde. G.

LLEDTWYMNO, faire un peu bouillir. G.

LLEDTYB, opinion. Voyez *Tyb*.

LLEDTYBIO, conjecturer. G.

LLEDU, étendre, élargir, dilater, être étendu, s'ouvrir. G. Voyez *Lled*.

LLEDW, gras, abondant. G.

LLEDWADU, nier en quelque manière. G.

LLEDWAG, à demi vuide, de peu d'importance. G.

LLEDWAHAN, sousdistinction. G.

LLEDWAHODD, inviter en quelque manière. G.

LLEDWAN, un peu languissant, tant soit peu affoibli. G.

LLEDWENHIEITHIO, flater un peu, dire quelque douceur. G.

LLEDWENU, sourire. G.

LLEDWG, les coleres plus legéres. G.

LLEDWIRION, idiot. G.

LLEDWLYB, un peu humide. G.

LLEDWRIDO, être un peu rouge. G.

LLEDWYBOD, sous-entendre, avoir quelque pressentiment. G.

LLEDWYDD, arbres moins bons. G. *Gwydd*.

LLEDWYLLT, à moitié farouche, à moitié sauvage. G.

LLEDWYR, qui est un peu de travers. G. *Gwyr*.

LLEDWYREDD, extravagance, folie, sotise, impertinence, égarement de bon sens. G.

LLEDWYWO, devenir un peu sec. G.

LLEDYF, oblique, de biais. G.

LLEDYMDANGOS, pendre au-dessus, être suspendu. G.

LLEDYMLUSGO, se trainer peu à peu à la dérobée, sans qu'on s'en apperçoive. G.

LLEDYMWRANDO, prêter l'oreille en passant ou sans faire semblant de rien. G.

LLEDYMYL, bord. G.

LLEDYNFYD, un peu sot, un peu stupide, qui tient de la fureur. G.

LLEDYNWST, un peu humide. G.

LLEENAWG, lettré. G. Voyez *Leen*.

LLEF, voix. G.

LLEFAIN, LLEFAINT, crier, appeller. G.

LLEFAIR, parlera, parleur, parlant ; *Craig Llefair*, écho ; à la lettre, pierre parlante. G.

LLEFAIS, osera, troisième personne singulière du futur de *Llafasu*.

LLEFANOG, hépatique plante. G.
LLEFARAWG, qui a la voix bonne, réfonnant. G.
LLEFARU, le même que Llefaru. G.
LLEFENAU, LLEFNAU, reins. G.
LLEFER. Voyez Lleuer. G.
LLEFERTHIN, LLYFERTHIN, lâche, tardif, pareffeux. G.
LLEFERYDD, voix, diction, parole, langage. G.
LLEFERYDD, le même que Llefer. G.
LLEFFERTHIN, LLEFERTHIN, imbécille, foible. G.
LLEFFETHAIR, le même que Llyffethair. G.
LLEFGRYG, qui a un fon enroué. G.
LLEFNYN, lame. G.
LLEFOR, réfonnant, harmonieux. G.
LLEFRITH, lait frais, pur. G. Voyez Livreh.
LLEFRITHEN, maladie des paupières. G.
LLEFYN, Voyez Llyfyn.
LLEGACH, foible, infirme, lâche, pareffeux. G.
LLEGENAIDD, lâche, pareffeux. G.
LLEGEST, polype poiffon. G.
LLEGH. Voyez Lleigiaw.
LLEGYS, le même que Llegarh. G.
LLEHAU, placer. G. Voyez Lle.
LLEIAB, le même que Lleiaf ; Or Lleiab, conjonction diminutive.
LLEIAC, plus jeune. G. Llei en compofition pour Llai. On voit par là que Llai a non feulement fignifié petit, mais encore jeune.
LLEIAF, petit, très-petit, Or Lleiaf, conjonction diminutive.
LLEIAN, vierge veftale, religieufe, prêtreffe. G. Voyez Lean, Leanes.
LLEIANAETH, virginité, vie monaftique des vierges. G.
LLEIANOD, veftale. G.
LLEIBIO, lécher. G.
LLEIDDIAD, meurtrier, affaffin, qui tue. G. Voyez Llad.
LLEIDIO, devenir bourbeux, fe changer en boue. G. Voyez Leih.
LLEIDIOG, plein de boue, limonneux. G.
LLEIDIR, larron. G. Voyez Ladr.
LLEIDLYD, boueux, plein de boue. G.
LLEIDR, larron. G. Voyez Ladr.
LLEIDRYN, petit voleur, petit filou. G.
LLEIED, très-petit. G.
LLEIGN. Voyez Lleigiaw.
LLEIGIAD, qui cherche à fe cacher. G.
LLEIGIAW, fe retirer, s'écarter, s'éloigner, chercher une cachette. G. On voit par ce mot & par le précédent que Llegh ou Lleigh a fignifié cachette comme Lech.
LLEIGIO, fraper, battre. G.
LLEIHAAD, déchet, diminution, action d'amoindrir, de diminuer. G.
LLEIHAD, diminution. G.
LLEIHAU, diminuer, être diminué, amoindrir, être amoindri, ôter, enlever, ravir, retrancher, exténuer, foulager, alléger, féparer, divifer, partager. G. On voit par ce mot que Llai a auffi fignifié part, partie.
LLEIM, fautera, troifième perfonne fingulière du futur de Llammu.
LLEINELL, piéce, morceau d'étoffe propre à rapiécer un habit. G.
LLEINELL, diminutif de Llain. G.
LLEINIO, rapiécer. G.
LLEIPR, flafque, lâche, mou, languiffant, maigre, qui n'a que la peau & les os, fatigué, haraffé, fans vigueur, fané, flétri. G.
LLEISIO, parler, former un fon de voix, fonner. G. Llais.
LLEISIO FEL GWENYN, bourdonner comm les abeilles. G.
LLEISIO MAL ADERYN Y BWNN, crie comme un butor. G.
LLEISTER, navire. G. Voyez Lleftr, Leftr.
LLEISW, leffive. G. Voyez Leifu.
LLEITH, le même que Llaith. G.
LLEITHDA, humeur, liqueur. G.
LLEITHDER, fuc, liqueur. G.
LLEITHDRA, humidité, moiteur. G. Voye Leider.
LLEITHIAD, arrofement. G.
LLEITHIAR, LLEITHIAWG, adjectif d Llaith, mort, mort violente. G.
LLEITHIG, efcabeau, banc, fiége, fellette. G.
LLEITHIO, humecter, devenir humide, être humide, liquéfier, devenir moite. G.
LLEM, tranchant, pointe. G. Voyez Lem.
LLEMENIG, qui faute fréquemment. G.
LLEMMAIN, fauter, fauter fréquemment, danfer, danfe. G. Voyez Llamm.
LLEMMWR, fauteur, danfeur. G.
LLÉN, lettres, doctrine, fcience, inftruction, enfeignement, difcipline, littérature. G. Voyez Len, Lernen en Allemand ; Leornan, Leornian en ancien Saxon ; Lernan en Théuton ; Lirnan en ancien Allemand ; Learn en Anglois, apprendre, s'inftruire.
LLENG, légion. G.
LLENGCYN, petit garçon. G. Voyez Llange.
LLENGIG. Voyez Llengig.
LLENGUDIO, voiler. G.
LLENLLIAIN, loudier, groffe couverture de lit, couverture piquée, linge, gourgandine. G.Voyez Len.
LLENN, voile, linge, tapifferie, tapis. G.
LLENNGUDD, voile. G.
LLENNIG, petit linge. G.
LLENWI, emplir, remplir, combler, achever, raffafier. G. Voyez Lenvi.
LLEO, lion. G.
LLEON, légion. C.
LLEPIAN, lécher fréquemment. G.
LLERCIAN, délai, retardement, remife, lenteur, temporifement, temporifer, différer, retarder, s'amufer, s'arrêter, ufer de remife, ne fe preffer pas, devenir lent. G.
LLERR, yvraie. G.
LLERR, épeautre. G.
LLERT, épeautre. G.
LLERW, grêle, mince, délié, maigre, atténué de maigreur, foible, infirme, languiffant, vil, frugal. G.
LLERWDER, dégoût, averfion, répugnance. G.
LLES, ce qui eft bon, ce qui eft commode, utilité. G.
LLES. Voyez Achles.
LLESCAU, affoiblir. G.
LLESG, lâche, mou, infirme, languiffant, foible, grêle, délié, mince, maigre, poltron, fans coeur, pareffeux, leger, vil. G. Laifca, pareffeux en Finlandois ; Lefak, pareffeux en Stirien & en Carniolois.
LLESG-ARIAL, découragement. G.
LLESGAU, LLESGU, être languiffant, devenir foible. G.

LLESGEDD, infirmité, foiblesse, paresse, lâcheté, manque de cœur. G.
LLESGENAIDD, un peu languissant. G.
LLESGETHAN, foible, affoibli, fainéant, paresseux, lâche. G.
LLESHAAD, commodité. G.
LLESHAU, profiter, accommoder, apporter de la commodité. G.
LLESIANT, commodité, utilité, avantage. G.
LLESMAIR, extase, syncope, défaillance. G.
LLESMEIRIO, défaillir, avoir une extase. G.
LLESOL, avantageux, profitable, utile, commode, propre à, salubre. G.
LLESOWEN, le même que Llysowen selon Baxter. G.
LLESSAAD, bienfait. G.
LLESSU, LLESSAU, accommoder, assister, obliger, faire plaisir. G.
LLESTAIR, empêcher, retarder, empêchement, retardement, action d'interrompre, retard. G.
LLESTER, vase. G. Voyez Lester.
LLESTR, vase, vaisseau, navire. G. Voyez Lestr.
LLESTRWR, qui fait des vases, de la vaisselle. G.
LLESTRYN, petit vase. G.
LLESTY, tentes. G.
LLET, bord. Voyez Llydaw, Let.
LLET, le même que Lled. Voyez D. De là notre diminutif François Let. Voyez Let.
LLET-HUDT, surpris, étourdi, interdit. G.
LLETOWIMN, un peu chaud. G.
LLETM, bijoux d'enfans. G.
LLETGWYSO, sortir du sillon, ne pas labourer droit. G.
LLETCINT, le même que Lledcynt. G.
LLETHAI, pencher. Voyez Dilethai.
LLETHR, montant d'une colline, d'une éminence, lieu qui va en montant, côté de montagne, montagne, colline, éminence, tertre, penchant, descente, pente de montagne ou d'un lieu élevé. G.
LLETHR, joue. G.
LLETHRID, éclat, brillant, lueur, splendeur. G. Llathru, Davies.
LLETHU, presser, opprimer. G.
LLETPAI, le même que Lledpai. G.
LLETRITH, magie. C.
LLETT, plus large. G. Voyez Lled.
LLETTAF, très-large. G.
LLETTED, très-large. G.
LLETTEUGAR, hospitalier, qui reçoit volontiers les étrangers, qui exerce l'hospitalité, qui se plaît à accorder l'hospitalité. G.
LLETTEUGERWCH, hospitalité, amour de l'hospitalité, amitié pour les étrangers. G.
LLETTRING, comme qui diroit Lled-Dring, selon Davies, degré, montée, graduel. G. De Dringo. Davies.
LLETTROG, bignet, rissolle, gâteau ou pain cuit dans la graisse. G.
LLETTUY, hospice, hôtellerie. G.
LLATTY, LLETTYFA, hospice, hôtellerie, auberge, cabaret. G.
LLETTY-WRAGEDD, hôtelleries. G.
LLETTYA, être logé. G.
LLETTYB, soupçon, suspicion, conjecture. G.
LLETTYBIO, soupçonner. G.
LLETTYU, aller loger chez quelqu'un. G.
LLETTYWR, hôte tant celui qui reçoit, que celui qui est reçu, hôtelier, cabaretier, celui qui va loger chez quelqu'un. G.

LLETTYWRAIG, hospitalière, femme qui exerce l'hospitalité, hôtesse. G.
LLETTYWRIARTH, hospitalité, présens mutuels que se faisoient, celui qui recevoit un voyageur chez soi & celui qui étoit reçu. G.
LLEU, lion. G.
LLEU, placer. G.
LLEU, lire. G. Lego en Latin; Leggere en Italien; Lleer en Espagnol; Laese en Danois; Lesen en Flamand; Lasen, prononcez Lesen en Allemand; Lasowati en Lusatien, lire.
LLEUAD, lune; Llenaiglaf, lunatique; Lleuad Ormes, intercallation. G. Lebanah que plusieurs prononcent Lenanah, lune en Hébreu.
LLEUEN, pou. G. Voyez Laon.
LLEUEN-PEN, pied. G.
LLEUER, lumière. Les anciens, dit Davies, écrivoient ainsi, mais ils lisoient quelquefois Llefer, quelquefois Lleuer, quelquefois Lleufer; pluriel Llefyr. G.
LLEUERU, luire; jetter de la lumière. G. En Patois de Franche-Comté on dit Leure pour luire.
LLEUFER, lumière. G.
LLEUFERU, luire. G.
LLEUFERYDD, lumière. G.
LLEUOG, pouilleux. G.
LLEURWYDD, lumière, illumination. G.
LLEW, lion. G.
LLEW, fort. G.
LLEW, le même mot que Gloyw, limpide, selon Baxter. G.
LLEW, Y LLEW GWYNN, arroche plante. G.
LLEWA, manger, boire. G. Ainsi en Grec Phago, manger, signifie boire dans quelques-uns de ses composés, comme Oinophagos, &c. Voyez Leva.
LLEWA, jouir. G.
LLEWA, manger. C.
LLEWAID, de lion. G.
LLEWENYDD, éloquence. G.
LLEWER, lumière, éclat. C.
LLEWES, lionne. G.
LLEWIDD, pilote. C. Voyez Leviader.
LLEWIS, manche. G.
LLEWPARDES, panthère. G.
LLEWPART, léopard. G.
LLEWYCH, lumière, splendeur, éclat, brillant. G. De Llewych par une crase naturelle, on aura fait Llwych, d'où sont venus les mots Latins Lux, Luceo & leurs dérivés; car sûrement le Latin Lux ne vient pas du Grec Phos. Leuchten en Allemand; Liuthjan en Gothique; Lyhtan en ancien Saxon; Liuhtan en Théuton, luire.
LLEWYCHEDIG, luisant, éclatant, brillant, resplendissant. G.
LLEWYCHIAD, lueur, splendeur, éclat, brillant, illumination, action d'illuminer. G.
LLEWYCHU, luire, donner de l'éclat, faire des éclairs. G.
LLEWYG, nourriture. G.
LLEWYG, LLEWYGFA, extase, syncope, défaillance. G.
LLEWYG Y BLAIDD, lupin ou pesette. G.
LLEWYG YR IAR, jusquiame ou hannebanne, fève de loup. G.
LLEWYGU, le même que Llesmeirio. G.
LLEWYN. Voyez, dit Davies, si c'est le pluriel de Llawen. Je réponds que l'analogie est entière. G.
LLEWYR, le même que Llefyr. G.
LLEWYRCH, lumière, éclat, brillant. G.
LLEWYRCHU, luire, donner de l'éclat. G.

LLEWYRN, feu follet. G. Il est peut-être corrompu de Llewyr, dit Davies. Il n'est pas besoin de recourir à une corruption. C'est Llewyr & n de Naid, saut, ou Neid de Neidio, qui saute. De Llewyr par une crase naturelle est venu notre mot François luire.

LLEYG, laïc. G.

LLEYGIO, fraper. G.

LLEYON, légion. C. Voyez Leon.

LLI, eau. Voyez Lliant. Voyez Lis. Liopa, boue en Patois de Lyon. Voyez Lu.

LLIAIN, linge, nappe. G. Voyez Lian.

LLIAIN-AMDO, le drap dont on ensevelit un mort. G. A la lettre, linge qui couvre tout au tour.

LLIAINRHWD, charpie ou tente qu'on met dans une plaie, linge ratissé, raclé. G.

LLIAN, le même que Lliant, parce que le t s'omet ou s'ajoute indifféremment à la fin du mot.

LLIANT, rivière, eau coulante, courant d'eau, inondation, déluge, flot. Il signifie aussi mer, rivage de la mer. G. Ce mot est composé de Lis ou Li, eau; (Voyez Arn.) d'Ant, qui aura signifié aller, marcher, courir, couler; ce qui se confirme par Hend, qui signifie chemin, lieu où l'on marche, lieu par où l'on va. Voyez And.

LLIAS, tuer, mort adjectif, mort substantif. G. Voyez Lleas.

LLIASU, tuer. G.

LLIAWS, LLIOS, troupe, multitude, assemblée; pluriel Lliosyd. Ce mot se prend aussi adjectivement, & signifie nombreux, plusieurs, G. On voit par Llawsseinog que Lliaws a aussi signifié grandement, beaucoup. Voyez Lyes.

LLIAWSRANNOG, divisé en plusieurs parties. G.

LLIAWSSEINIOG, qui rend un grand son, qui fait beaucoup de bruit. G.

LLIB, le même qu'Enllib. G.

LLIB, le même que Llif. Voyez B. Voyez Llibo.

LLIBO, LLIBEO, répandre. G. De là le Latin Libo.

LLIBYN, mou, lâche, paresseux, négligent, nonchalant, fainéant. G.

LLID, colere. G. De là Lis, conflit en ancien Saxon; Lis en Latin, procès, contestation; Flyt en Théuton, contention, débat.

LLIDAW, qui est au bord, sur le rivage. G. Voyez Letav & Llydaw, qui sont les mêmes mots.

LLIDIART, porte rustique. G.

LLIDIART, clos, enceinte, ce qui environne, ce qui borde. Voyez Disrlidiart.

LLIDIO, se mettre en colere, se fâcher. G.

LLIDIOG, fâché, indigné, qui se met en colere, bilieux, colerique. G.

LLIDIOG IAW, très-irrité. G.

LLIDIOGRWYD, indignation, dépit. G.

LLIDNAWS, bile, humeur violente, inclination à la colere. G.

LLIDPORTH, échauffé, ardent, bouillant. G.

LLIEIN, charpie qu'on met dans une plaie. G.

LLIEIN-GIG, mésentère. G. A la lettre, toile de chair.

LLIEINRHWD, charpie qu'on met dans une plaie. G.

LLIENAWC, fils naturel. G.

LLIENGIG pour Llengig, diaphragme. G.

LLIENI, pluriel de Llian. G.

LLIENIW, linger, qui vend du linge. G.

LLIF, eau, rivière, flot, inondation, déluge, coulant. G.

LLIF, flux, écoulement. Voyez Gwaedlif.

LLIFAD, aigu, pointu. G.

LLIFAID, aigu, pointu. G.

LLIFDWR, flot, inondation, débordement, débordement d'eau, ravine d'eau, déluge. G.

LLIFED, aigu, pointu. G.

LLIFEIRIANT, flux, flot, inondation, débordement, écoulement. G.

LLIFEIRIO, couler, couler autour, couler de toutes parts, inonder, couvrir d'eaux. G.

LLIFEIRIOL, qui coule. G.

LLIFIAD, limaille. G.

LLIFIAD, teinture. G. Voyez Lliw.

LLIFIANT, broyement, consomption, phthisie. G.

LLIFIANU, le même que Llifo.

LLIFIEDIG, limé, poli. G.

LLIFIEDIGAETH, limaille. G.

LLIFIO, qui sert à teindre. G.

LLIFO, aiguiser, froter avec la lime ou avec la pierre à aiguiser. G.

LLIFO, répandre, inonder, couler autour. G. Voyez Lifo.

LLIFO. Voyez Lliwio.

LLIFWYDDEN, ais, planche. G.

LLIICH, lac. G. Voyez Lis.

LLILLEN, chévre. G.

LLIM, coulant, courant d'eau, torrent; Lliv; selon la prononciation d'aujourd'hui. G.

LLIM, le même que Llimp. Voyez ce mot.

LLIMP, poli. G. De là Limpidus. On a dit aussi Llim, comme on le voit par Lim Breton, limer, limure.

LLIN, eau, lac. G. Voyez Lin.

LLIN, lin. G. Voyez Lin.

LLIN, ligne. G. Voyez Lin.

LLIN, Voyez Lliniaru.

LLIN, royal. Voyez Edling, Li.

LLIN Y FORWYN, LLIN Y LLYFFAINT, linaire plante. G.

LLINAGR, tiéde, gelé, glacé, congelé. G.

LLINDAG, linaire plante. G.

LLINDAG, gorge, gosier, étranglement, suffocation. G.

LLINDAGU, suffoquer, étrangler, égorger. G.

LLINDRO, linaire plante. G.

LLINELL, petite ligne. G.

LLINELLU, tracer, tracer avec des lignes, aligner, tirer des lignes, dessiner, crayonner. G. Voyez Lin, Linh.

LLING, flux, écoulement. Voyez Gwaedlif.

LLINGO, synonime à Llifo. Voyez Gwaedlif.

LLINHAD, semence de lin. G.

LLINHAD Y DWR, lentille de marais. G. A la lettre, semence de lin d'eau.

LLINIARU, adoucir, être adouci, appaiser, être appaisé. G. Comme les verbes se forment ordinairement des noms en Gallois, il faut que Llin ait signifié douceur; Lliniar, doux; de là Lliniaru; de là les mots Latins Lenis, Lenio. Linn en Islandois; Lind en Théuton, doux, clément.

LLINIARWCH, adoucissement, lénitif. G.

LLINIAWDR, régle à régler. G.

LLININIO, tracer des lignes. G.

LLINIO, tracer avec des lignes, aligner. G.

LLINORYN, pluriel Llinor, pustule. G. Voyez Lin.

LLINOS, linote, chardonneret, oiseau appellé en Latin Aurimitris. G. Linnet en Anglois, chardonneret.

LLINOSEN,

LLINOSEN, chardonneret. G.
LLINT, le même que Llin. Voyez Llian le même que Lliant.
LLINWYDD YR AFON, hépatique plante. G.
LLINYN, ligne, courroie, cordon, aiguillette, lanière. G.
LLINYNIO, pointer juste. G.
LLION, légion. C. Voyez Leon.
LLIOSAWG, de plusieurs sortes, pluriel. G.
LLIOSBALADR, qui a plusieurs tiges. G. Paladr.
LLIOSDDYBLYGU, multiplier. G.
LLIOSGRWYDR, vagabond, qui va de côté & d'autre. G.
LLIOSI, multiplier, décliner au pluriel. G.
LLIOSOG, peuplé, multiplié, nombreux, qui est en grande quantité, de plusieurs sortes, pluriel. G.
LLIOSOGI, multiplier, décliner au pluriel. G.
LLIOSOGIAD, multiplication. G.
LLIOSOGWRWYDD, mal, dit Davies; Lluosog, Lluosowgrwydd, multitude, pluralité, grand nombre. G.
LLIOSUG, multitude. G.
LLIOSWYBOD, qui sçait beaucoup. G.
LLIOSYDD. Voyez Lliaws.
LLIPPA, pendant, suspendu, qui est sur une élévation. G.
LLIPPA, flasque, lâche, mou, négligent, paresseux, nonchalant, fainéant; Yn Llippa, d'une manière indifférente, nonchalante. G. Il est synonime de Lleipr.
LLIPPA, levre. Voyez Gwefl-Lippa. Voyez Lipp.
LLIPPAU, devenir paresseux, devenir fort lent, devenir flasque, perdre sa force, se faner, se flétrir, devenir languissant, languir. G.
LLIPRYN, quelque chose qui est flasque, mou, fané, flétri, languissant, qui a perdu sa force, pendant. G.
LLIPRYNNAID, flasque, mou, languissant, maigre, langoureux, élancé, qui n'a que la peau & les os. G.
LLIPRYNNU, devenir languissant, languir, perdre ses forces, devenir flasque. G.
LLISWI, hospice, hôtellerie. G.
LLITH, leçon, précepte, enseignement, maxime, instruction. G.
LLITH, amorce, appât, appâts. G. On voit par Llithrad, Llithrig, Llithredig, que ce mot a aussi signifié ce qui fait glisser, ce qui occasionne des glissades; de là sont venus nos mots François Lisse, Glisser, l's & le t se mettant l'un pour l'autre, & le g s'ajoûtant indifféremment au commencement du mot. Voyez Aru. Voyez Lic, qui est le même que Lis. Voyez Aru. Lisonias en Espagnol, flaterie, caresses; Lis en Sorabe, renard; List en Théuton, dol, finesse; Liutei en Gothique, dol, finesse. Voyez Llithio.
LLITH, farine trempée. G. De Lli, eau; Ith froment, que nous voyons par ce mot avoir aussi signifié farine.
LLITH, eau. Voyez Gwlith, Glic.
LLITHBOETH, ardent, échauffé, bouillant. G.
LLITHIAD, sollicitation, amorces, alléchemens. G.
LLITHIO, attirer par des appâts, solliciter. G. Il a aussi signifié faire glisser, être glissant. Voyez Llith. Illicio en Latin, attirer par des caresses, allécher.
LLITHIOG, attiré par des appâts. G.
LLITHREDIG, glissant, qui se glisse, qui tombe

aisément, passager, qui passe d'abord ou vite, qui fuit aisément, leger à la course, volage, inconstant, leger, changeant. G.
LLITHRICDER, endroit glissant. G.
LLITHRIG, glissant, qui tombe aisément. G.
LLITHRIGFA, endroit glissant. G.
LLITHRIGO, rendre glissant. G.
LLITHRIGRWYDD, endroit glissant, terre grasse & humide sur laquelle on glisse & on tombe aisément. G.
LLITHRO, tomber. G.
LLITHRO HEIBIO, couler, tomber auprès. G.
LLIV, courant d'eau. G.
LLIW, couleur, fard, prétexte, fausse raison qu'on allégue pour couvrir la vérité. G. Lit en Runique, peint; Lixio en Italien, fard; Llawen en Arabe, colorer; Laewn en Turc, couleur. Voyez Liv.
LLIW, queuë. G.
LLIWDY, boutique d'un teinturier, teinturier. G.
LLIWED, nation, peuple, troupe. G.
LLIWGAR, coloré. G.
LLIWGOCH, de couleur d'écarlate, de couleur de pourpre. G.
LLIWIAD, peinture, teinture, action de teindre. G.
LLIWIANT, reproche, action de reprocher. G.
LLIWIED, reprocher, faire des reproches, blâmer. G.
LLIWIO, LLIFO, colorer, peindre, teindre, tremper, reprocher, blâmer. G.
LLIWIOG, coloré, mis en couleur. G.
LLIWION, qui sert à teindre. G.
LLIWIWR, peintre. G.
LLIWN, eau, rivière. G. Voyez Liun.
LLIWO, colorer. G.
LLIWUS, bien coloré. G.
LLIWWR, peintre. G.
LLIWYDD, teinturier. G.
LLIWYDDIAETH, art de teindre. G.
LLO, veau, jeune bœuf. G.
LLOC, lac. G. Voyez Loch.
LLOCC, étable, parc, bercail. G. Voyez Loch.
LLOCC, cul de sac, angle. G.
LLOCCIO, pousser dans un angle. G.
LLOCHES, cache, cachette, lieu caché, caverne, ouverture naturelle, creux fait naturellement, trou. G. Luch ou Louch en Théuton, ouverture; Lho en Théuton, fosse, creux, endroit fermé, ouverture; Loch en Allemand; Lukpia en Carniolois, caverne; Lynk, Lik en Hongrois, trou; Lik en Islandois, concavité, & Luag, caverne; Loch en Groenlandois, caché; Loc en ancien Saxon, endroit fermé; Lok, couvercle en Islandois; Loschen en Théuton, être caché. Voyez Locc, Log.
LLOCHESU, se cacher, être caché. G.
LLOCHI, traire, adoucir, appaiser, amadouer; calmer, rendre doux, flater, apprivoiser, rendre calme, flater de la main, caresser. G. En Patois de Franche-Comté on dit Loichié pour caresser. De Llochi est venu le mot François Allécher. Loch en Théuton, adoucir, appaiser, & Locke, allécher, séduire. Voyez Los, Losenca, Log.
LLOCHIAD, caresse de la main. G.
LLOCHLUN, étang formé par la mer. G. Voyez Lloch.
LLOCUST, sauterelle. G.
LLODD, crase de Lloedd. Voyez Anlloedd.
LLODIG, truie en chaleur. G.

Lu, Luv, répandre en Tartare du Thibet. Voyez Lug.

LLÂG, lumière. G. Ce terme a aussi été pris au figuré pour l'évidence. Voyez Amlug. Loulac, lumineux en Persan; Louis en Arménien, éclat, lumière; Luk en ancien Grec & en ancien Égyptien, soleil; Lukę, Lukos en Grec, lumière; Lunes en Dalmatien; Lanc en Bohémien, torche pour éclairer; Luceo en Latin; Lucere en Italien; Lucir en Espagnol, luire; Lux en Latin; Luce en Italien; Lus en vieux François; Luz en Espagnol; Luch en Esclavon; Linff en Danois; Light en Anglois; Licht en Flamand; Liechs en Allemand; Leoht en ancien Saxon, Linhad, Linhat en Gothique, lumière; Luazimu, éclat, lumière en Langue de Congo; Louis, soleil en Iroquois. Voyez Llosg, Llwsg, Llysg.

LLUG, plein de lumière, clair, transparent, limpide. G.

LLÂG en quelques endroits du Pays de Galles signifie peste, pestilence. G. On a dit Llus comme Ling. (Voyez Arn.) De là le mot Latin Lues; Lussa en Grec, rage; Luy, mauvais en Langue de Congo; Lup en Théuton, venin.

LLUG Y DYDD, aurore. G.

LLUGANU, raccommoder, réparer, raccommoder des armes, les polir. G.

LLUGAS, luminaire. G.

LLUGEIRIAN, vaciet arbrisseau qui porte des baies noires. G.

LLUGENYDD, armurier, qui fait des épées, qui fait des cuirasses, qui rajuste, qui repolit les armes, fripier, ravaudeur, qui raccommode. G.

LLUGLUN, étang formé par la mer. G.

LLUGORN, lampe, luminaire. G. De Llug & Corn, en composition Gorn. Les premières lampes étoient des cornes d'animaux. Luchnos en Grec; Lucerna en Latin & en Italien, lampe.

LLUGORN, trompette, fistre. G. Ce mot est formé de Llu, armée, & Corn, en composition Gorn, corne, comme qui diroit corne d'armée, corne dont on se sert à l'armée. Les premières trompettes étoient des cornes d'animaux. On voit dans Vegece, l. 11. c. 22. que les anciens avoient un instrument de guerre qu'ils nommoient Cornu, ainsi appellé parce qu'il avoit été originairement une corne. Il n'y a que 300 ans que les Suisses se servoient encore dans leurs armées d'une corne fameuse parmi eux. Les postillons usent encore de cornets ou petites cornes en Allemagne pour avertir de loin qu'on leur prépare des chevaux. Les pâtres ou bergers se servent de cornes pour assembler le bétail qu'ils menent paître.

LLUGOT, clair, plein de lumière. G.

ELUH. Voyez Linch.

LLUID, roux. G.

LLUMBREN, le bois du drapeau. G. De Llumman Pren.

LLUMMAN, drapeau, étendard, enseigne militaire. G. De Llu, armée, troupe; Man, Mann, enseigne, marque, ce qui fait reconnoître.

LLUMMANOG, orné de drapeaux. G.

LLUMMANWR, porte-enseigne, guidon, cornette, porte étendard.

LLUMMON, fumée, suivant Llyn; le même que Llumman, selon Davies. G. Il faut retenir l'une & l'autre significations. Voyez Arkelher. Llummon signifiant lumière, a aussi signifié noir. Voyez Bryth y Fuchs.

LLUMWYDDEN, synonime à Llumbren. G. Par conséquent Gwydden, le même que Pren, arbre, bois.

LLÂN, syncope de Llug Avon ou Llug Awn, rivière claire, transparente. Baxter. G. Voyez Lun.

LLÂN, image, effigie, forme, figure, statue, idole. G. Voyez Lun.

LLUN, forêt. G. Lundt en Danois; Lundur en Islandois & en Runique; Lunda en ancien Suédois, forêt. Voyez Llwyn.

LLUN, vallée, creux, bas. Voyez Glynn.

LLUNIAD, forme, conformation. G.

LLUNIAETH, vivres, action de paître, prévoyance, arrangement. G.

LLUNIAETHU, ordonner, ranger, disposer, arranger d'avance, arranger, adjuger, accorder, livrer. G.

LLUNIAID, bien formé, d'une belle figure. G.

LLUNIAWDR, LLUNIODR, régle, modéle. G.

LLUNIEDYDD, qui forme, qui façonne, qui fait des effigies, qui fait des figures. G.

LLUNIO, former, figurer, faire l'effigie, tracer, dessiner, faire le portrait, inventer, imaginer, façonner, construire, bâtir, édifier. G.

LLUNIW, qui forme, qui façonne. G.

LLUOED, armées. G.

LLUOSOG, le même que Lliosog. G.

LLUR, mer. G. Voyez Lu.

LLURGYN, cadavre. G.

LLURIG, LLURIG, cuirasse. G. Lorikion en Grec; Louriks en Grec vulgaire; Lorica en Latin, cuirasse. De Lêr ou Lur, cuir.

LLURIGAWG, cuirassé. G.

LLURIGO, armer d'une cuirasse, cuirasser.

LLURYGOG, cuirassier. G.

LLUS, herbe. G. Voyez Lus.

LLUS, vaciet. G.

LLUSC, lent. G.

LLUSEN, vaciet. G.

LLUSG, action de tirer, ce qui est tiré. G.

LLUSGENAIDD, fainéant, paresseux, lâche. G.

LLUSGO, tirer. G.

LLUTTROD, boue, cendre, cendre mêlée avec de l'eau. G. comme qui diroit Lludw-Rwd. Davies.

LLUTTRODI, salir, gâter, tacher, salir avec de la boue, devenir boue. G.

LLW, ferment; plurier Llyau, Llwôn. G.

LLW, noir. Voyez Llwyd, Llwg, Lu.

LLWCH, eau, étang, lac, rivière. G. Luie, Luc en Basque, marais; Lus en Hébreu, terre humide; Lus, boue, limon en Persan; Ilus en Grec, limon; Lu, rosée en Chinois & en Tartare de Cathay; Tlou, lac en Chinois; (cette Nation préposé souvent le t) Lieu, saule dans la même Langue; (cet arbre croît dans les lieux aquatiques) Louaik en Arménien, mare; Luh, lac en ancien Saxon; Luha, fleuve en Chaucique; Luha en Esclavon; Kaluza en Polonois, lac, mare; Lustra, mares boueuses en Latin. Voyez Luch, Lu.

LLWCH, poussière, limailles. G.

LLWCH. ADAR LLWCH GWYN, vautours, griffons. G.

LLWDN, petit d'animal; Llwdn Hwch, cochon; à la lettre, petit de cochon; Llwdn Dafad, brebis; à la lettre, petit de brebis; Llwdn Gafr, chévre; à la lettre, petit de chévre. G. Les Hébreux avoient la même façon de parler, ils disoient fils de l'homme pour homme. On lit dans les Nombres.

LLW.

Nombres, c. 23, v. 19, Dieu n'est point comme l'homme, pour être capable de mentir, ni comme le fils de l'homme, pour être sujet au changement. On voit dans ce passage que *fils de l'homme* signifie la même chose qu'homme. On trouve la même manière de parler au premier livre des Rois, c. 26, v. 19; au second livre des Rois, c. 7, v. 14; Pseaume 8, verset 5, &c. Voyez *Llydnad*, *Map-Deen*.

LLWDWN, petit d'animal. G.
LLWELYN, rein. G.
LLWFER, soupirail. G.
LLWFR, LLWBF, lâche, pusillanime, paresseux, négligent, poltron, timide. G.
LLWFRHAU, être infirme, languissant. G.
LLWFWN, chauve. G.
LLWG, lumière. G.
LLWG, noirâtre, brun, sombre. G.
LLWGR, corruption. G.
LLWGRW, corrompre. G.
LLWH. Voyez *Lluwch*. *Luait* en Irlandois, vîte.
LLWMBARD. Voyez *Brwyd*.
LLWMM, chauve, qui est sans poil, nud, usé en frotant, vuide. G. Voyez *Lom*.
LLWMMYN, nud. G.
LLWN, eau, rivière. G. Voyez *Lun*.
LLWN, forêt. G.
LLWNGC, LLWNG, action d'absorber. G. Voyez *Lanca*.
LLWRF, le même que *Llwfr*. G.
LLWRW, le même que *Treth*, dit Llyn, d'où Thomas Guillaume a dit qu'il signifioit amende; mais pour moi, dit Davies, je crois qu'il signifie en place, *Camlwrw*, continue cet Auteur, signifie amende; comme qui diroit en place de l'injure; de *Cam*, injure, & *Llwrw*, en place. G.
LLWRW, dans une phrase que cite Davies, paroit signifier promptement. G.
LLWRW, voyage. Voyez *Bwyllwrw*.
LLWSG, brûler. G. Voyez *Llofg*, *Llng*.
LLUWCH, impétuosité, impulsion véhémente, agitation violente, neige agitée du vent, impétueux. G. Voyez *Lluch*.
LLWY, cuillier. G. Voyez *Loa*.
LLWYBIR, chemin; *Llwybir Crees*, chemin de traverse. G. Voyez *Llwybr*, qui est le même.
LLWYBR, chemin, sentier, petit chemin étroit. G. *Lu*, chemin en Chinois.
LLWYBR, le même qu'*Arlwybr*. G.
LLWYBRAIDD, qui suit la bonne route, habile, méthodique, propice, favorable, heureux. G.
LLWYBREIDDIG, conduire, guider dans les sentiers. G.
LLWYBREIDDRWYDD, méthode. G.
LLWYBRO, diviser par sentier, marcher. G.
LLWYBYR, chemin, route. G.
LLWYD, couleur noirâtre, brune, couleur d'aigle, de couleur de cendres, brun, sombre, tirant sur le noir, mêlé de jaune & de bleu, blanc, blanchi de vieillesse, chanci, moisi, qui sent le relent, rance, trouble, boueux. G. Voyez *Ln*, *Llwg* & *Lng*.
LLWYD, herbe. Voyez *Llwyd Bonheddig*.
LLWYD BONHEDDIG, herbe à coton. G. On voit par ce mot, & par plusieurs des suivans, que *Llwyd* signifie herbe, & qu'il est synonime de *Llys*.
LLWYD-DDU, de couleur tannée, minime, enfumé, brun. G.
LLWYD T CWN, marrube blanc. G.

LLW.

LLWYD T DIN, potentille, aigrémoine sauvage, argentine, herbe utile aux maladies des aines. G.
LLWYD T FFORDD, LLWYDYN Y FFORDD, herbe à coton. G.
LLWYDD, LLWYDDIANT, prospérité, bonheur, félicité, état heureux, fortune favorable. G.
LLWYDDA, faire la guerre, faire profession des armes. G.
LLWYDDEDD, chevelure blanche, moisissure. G.
LLWYDDIANNU, rendre heureux. G.
LLWYDDIANNUS, heureux, favorable, qui réussit dans ses entreprises. G.
LLWYDDIANT, le même que *Llwydd*. Voyez *Aswyddiant*.
LLWYDDO, blanchir de vieillesse, moisir. G.
LLWYDDO, agir avec bonheur, réussir dans ses entreprises, être heureux. G.
LLWYDDWR, combattant. G.
LLWYDLYS, armoise. G.
LLWYDNI, chancissure, moisissure, odeur de rance, de relent, de moisi. G.
LLWYDREW, gelée blanche. G.
LLWYDRIC, prince blanc de vieillesse. G.
LLWYDU, cendre. G. Voyez *Ludu*.
LLWYDWALLT, chevelure blanche. G.
LLWYDWYN, blanc de vieillesse. G.
LLWYDWYNNU, devenir blanc. G.
LLWYDWYR, homme armé. G. *Llwyd*, armé. Voyez *Llwdda*.
LLWYDYN, le même que *Llwyd*, heureux, qui porte bonheur. G.
LLWYF, tilleul. G. *Lypa* en Bohémien, *Lipa* en Esclavon & en Polonois; *Lippa* en Dalmatien, tilleul.
LLWYFAN MELIN. Davies n'explique pas ce mot, mais il paroit par le terme suivant qu'il désigne la caisse dans laquelle est placée la meule du moulin. G. *Melin*, meule.
LLWYFAN MENN, endroit où l'on place le chariot. G. *Menn*, chariot.
LLWYFANEN, orme, ormeau. G.
LLWYFEN; pluriel *Llwyf*, orme. G.
LLWYFO, LLWYFIN, d'orme. G.
LLWYGAW, défaillir; se fatiguer. G.
LLWYN, forêt, lieu rempli d'arbres, buisson. G. Il signifie aussi arbre. Voyez *Llysswyn*. De *Llwyn* on a fait par crase *Lluu*, & par la même raison, on a dû faire par crase *Llyn*. Les mots qui signifient forêt, signifient aussi bois. Voyez *Den*. Ainsi de *Llyu* est venu le Latin *Lignum*; l'Italien *Lagno*; l'Espagnol *Lenna*; l'Auvergnac *Lign*, bois. *Lignier*, *Legnier Lenier*, *Lanier*, signifioient en vieux François le lieu où l'on met le bois. *Lein* en Patois de Franche-Comté signifie cep pied de vignes. *Lin* en Chinois, forêt, champs plantés d'arbres. On voit par les mots suivans que *Llwyn* a aussi signifié plante, herbe. Voyez *Lluyn* qui est le même mot.
LLWYN, rein. G. *Loine* en Anglois; *Lumbus* en Latin; *Lombi* en Italien; *Lomos* en Espagnol; *Lende* en Allemand, les reins, le rable, les lombes.
LLWYN, LWYNIN. Voyez *Aliwynin*.
LLWYN. T LLWYN COTTIMMOG, lavande. G.
LLWYN ALWSTARD, sénevé sauvage, nasitort des toits. G.
LLWYN Y GYFAGWY, plante appellée *Nomma* en Latin. G.
LLWYN Y TEWLAETH, digitale, méline plante. G.
LLWYNAU; le même que *Llwyn*. Voyez *Llwynian R Fagwyr*.

LLODR, le même que *Llawdr*. G.
LLODRAU, LLODROE, caleçons, hauts-de-chausses. G. Voyez *Llawdr*.
LLODROG, le possessif de *Llawdr*. G.
LLOEDD, le même qu'*Anlloedd*. G.
LLOEGR, Angleterre. G. Voyez *Lloegyr*.
LLOEGYR, pirates Saxons. G. Voyez *Lloegr*.
LLOER, lune. G. Voyez *Loar*.
LLOEREN, petite lune, petit croissant. G.
LLORREN, diminutif de *Llan*, sol, &c. G.
LLOERIG, lunaire, lunatique. G.
LLORSTER, obstacle. G.
LLOF, le même que *Llaw*. Voyez *Llawrudd*. G.
LLOFENNAN, belette, fouine. G.
LLOFFA, glaner. G.
LLOFFT, lieu exposé au soleil au haut d'une maison où les anciens mangeoient, le plus haut étage d'une maison où l'on mangeoit ordinairement. G.
LLOFI, manier, toucher avec la main, tendre avec la main, répandre avec la main, mettre dans la main, donner. G. De *Llof*.
LLOFLEN, poignard, main. G. Davies dit que quelque signification que les anciens donnent à ce mot, pour lui il croit que c'est le même que *Llaw*, main, ou un diminutif de ce mot. Les phrases que rapporte cet Auteur montrent qu'effectivement ce mot a le sens qu'il lui donne; mais cela n'empêche pas qu'il n'ait aussi l'autre signification que nous avons indiquée. Voyez *Ankelher*.
LLOFRES, sein. G.
LLOFRUD, le même que *Llawrudd*. G.
LLOFRUDDIAETH, homicide, meurtre. G.
LLOFRUDDIAW, LLOFRUDDIO, tuer, égorger. G.
LLOG, récompense, prix. G. *Lon*, *Loon*, récompense, prix en Théuton; *Laun* en Gothique & en Islandois, récompense, prix.
LLOG, synonyme de *Ty*. Voyez *Manachlog*. Voyez *Log*.
LLOG, vaisseau. Voyez *Lloghawl*.
LLOGAIL, poutre où l'on appuye l'extrémité d'un toît qui avance pour rejetter l'eau de la pluie loin du pied de la muraille. G.
LLOGAWD, cabinet, salle, chambre, armoire, balustre, balustrade d'Eglise, buffet pour mettre ce qui sert à table, biére, cercueil, lieu, place ou endroit à placer des choses séparément les unes des autres. G. Voyez *Loc*, *Log*, *Lloches*. *Loch* en Bohémien, cellier.
LLOGEILWYDD, poutre. G.
LLOGELL, biére, cercueil, lieu, place ou endroit à placer des choses séparément les unes des autres. G. Voyez *Log*.
LLOGELLOG, où il y a de petites séparations. G.
LLOGHAWL, de vaisseau. C. On voit par ce mot que *Llog* a signifié vaisseau. Voyez *Llong*.
LLOGI, louer, louer à quelqu'un, donner à louer, louer à prix fait, prendre à louage. G. De là le mot Latin *Loco*; les termes François *Louer*, *Loyer*.
LLOGIAD, action de prendre & de donner à louer. G.
LLOGWR, qui donne à louer; *Llogwrarian*, usurier. G.
LLOGWRN, nain. G.
LLON, vallée, creux, bas. Voyez *Glynn*. *Aulon* en Grec, vallée.
LLONAID, plénitude. G. Voyez *Lon*.
LLONC, qui engloutit. Voyez *Loncs*.
LLONG, navire, vaisseau, radeau, pont. G. *Vlungu*, vaisseau en Langue de Congo; *Ionge* en Javanois,

navire; *Lengier* en Turc, rame. Voyez *Long*.
LLONGBORTH, port, port de vaisseaux. G. *Llong Porth*.
LLONGDDRYLLIAD, bris de vaisseau. G.
LLONGDORRIAD, naufrage. G.
LLONGFACH, ancre. G. *Bach*.
LLONGHAWL, de vaisseau. G.
LLONGIG, chaloupe, petite barque, petit vaisseau. G.
LLONGWOBR, ce que l'on donne à un batelier pour passer. G.
LLONGWR, matelot, nautonnier, pilote, marinier. G.
LLONGWRIAETH, navigation, métier de pilote, art de la navigation, manœuvre de la mer. G.
LLONGWRIAWL, navigable. G.
LLONGWRIO, naviger, faire voile, nager. G.
LLONIAD, action de rétablir, de restaurer, de refaire, de remettre en santé, rétablissement, réfection, action de prendre son repas, action de se réjouir. G. Voyez *Llon*, *Lon*.
LLONN, joyeux, gai, beau. G. Voyez *Lonn*, *Loinn*.
LLONNDER, joie, allégresse. G.
LLONNI, rétablir, restaurer, refaire, rajuster, raccommoder, remettre en santé, rendre heureux, égayer, rendre joyeux, réjouir, imprimer la joie, se réjouir, devenir joyeux, prendre de l'enjouement. G.
LLONNYCHU, refaire, raccommoder, rajuster, rétablir, se réjouir, être bien aise. G.
LLONNYDD, appaisé, qui est en repos, qui vit en paix, tranquille, paisible, doux, sans émotion, calme, sans agitation, qui est sans bruit, pacifique. G.
LLONNYDDIAD, action de calmer, d'appaiser, ce qu'on fait pour appaiser, ce qui fléchit, caresse, flaterie, adoucissement, pacification, soulagement. G.
LLONYDDU, appaiser, adoucir, pacifier, être en repos, s'appaiser, rendre la pareille. G.
LLONYDDWCH, repos, tranquillité, naturel paisible, humeur douce, adoucissement, lénitif. G.
LLONYDDWR, pacificateur. G.
LLOP, pour *Llorp*. Voyez *Lloppan*.
LLOPPAN, soulier, chaussure, sorte de chaussure de paysan contre la pluie & les neiges, guêtres, bottines. G. *Llop* paroit ici mis pour *Llorp*.
LLOR, bâton. C.
LLORF, jambe; pluriel *Llyrf*. G.
LLORFDANT, chanterelle d'un instrument de musique à cordes; *Llorfdannau*, les plus grandes cordes de la harpe. G. *Tant*, corde. On voit par *Llorfdannau*, que *Tan* est synonime à *Tant*.
LLORIAD, sédiment, dépôt d'une liqueur. G. Voyez *Lor*, *Llawr*, *Llorio*.
LLORIO, paver, aller au fond, se reposer, poser dessus, occuper, être posté. G.
LLORION, sédiment, dépôt d'une liqueur, lie, féces, mare, lie de vin, mare de raisins. G.
LLORP, (ou *Llop*. Voyez *Lloppan*,) jambe. G. *Lopen* en ancien Saxon; *Lobe* en Danois; *Loopen* en Flamand; *Lauffen* en Allemand, courir; *Looper* en Flamand; *Lauffer* en Allemand; *Loupho* en Théuton, coureur; *Loop*, *Loopen* en Flamand; *Lopa* en Suédois; *Laup* en Islandois; *Lauff* en Allemand, course; *Lauphihazo* en Grec dans Hésichius, se hâter.
LLORWYDDEN, laurier. G.
LLOSCI, incendie. C.

LLOSG, chaleur, ardeur, incendie, action de brûler. G. Il se prend aussi au figuré. Voyez *Llosgach*. *Losg* en Breton, chaleur, ardeur, & *Losq*, brûlé; *Llosey* en Langue de Cornouaille, incendie; *Losgadh*, brûler, embraser, être brûlé, incendie en Irlandois; *Laug*, *Loug*, *Louc* en Théuton, flamme; *Log*, *Loge*, flamme, feu en Islandois; *Loghe*, *Laght*, flamme, feu en Suédois; *Laub* en Gothique, flamme; *Logé*, *Leg*, *Lig*, flamme en ancien Saxon; *Lo*, feu en Chinois; *Phlox*, flamme en Grec; *Ofgan*, brûlé en Stirien & en Carniolois; *Ligoune*, roti en Albanois; *Luilu*, chaleur, ardeur en Langue de Congo; *Llightning*, foudre; *Lighten*, foudroyer en Anglois; *Lna*, embrasé, en feu en Tonquinois. Voyez *Llug*, *Llwsg*.

LLOSGACH, inceste. G. *Ach*, race, parenté; *Llosgi* signifie brûler, être brûlé; *Llosgach*, ressentir une ardeur illicite pour sa parenté. On voit par là que *Llosg*, *Llosgi* doivent se prendre au figuré de même qu'au propre.

LLOSGEDIG, brûlé, embrasé, enflammé, très-chaud, en feu. G.

LLOSGFA, ardeur, chaleur, grande chaleur, inflammation, action de brûler. G.

LLOSGI, brûler. G. Il se dit au figuré. Voyez *Llosgach*.

LLOSGIAD, embrasement, incendie. G.

LLOSGRADD, séraphin. G. A la lettre, brûlant.

LLOSGWR, qui brûle. G.

LLOSGWRN, LLOSGYRN, queue. G.

LLOSGYRNOG, qui a une queue. G.

LLOST, queue. G. C. B.

LLOST, lance, bois de lance. G. *Laukur*, lance en Runique.

LLOSTLYDAN, animal qui a une large queue, biévre, castor. G.

LLOSTRUDDYN. Je n'ai pas trouvé l'explication de ce mot Gallois. On peut l'expliquer par lance rouge ou rougie, c'est-à-dire, teinte de sang. *Llost*, lance; *Ruddyn*, rouge ou rougie.

LLOU, lion. G.

LLOW, main. Voyez *Lloweth*, *Llaw*.

LLOWAETH, apprivoisé. G.

LLOWDR pour *Llawdr*. Voyez *Llowdrwisg*. G.

LLOWDRWISG, le même que *Llawdr*. G.

LLOWETH, floccon. G.

LLOWETH, nourri à la main. G. *Llaw*, *Llow Maeth*, en composition *Waeth*.

LLOWFAETH, apprivoisé, doux, traitable. G.

LLOWFFON, bâton, canne propre à s'appuyer. G. *Llow*, main; *Ffon*, bâton.

LLOWGAIR, fidélité, sincérité, serment. G. Voyez *Llawgair* qui est le même mot.

LLOWGIST, coffre, caisse, petit coffre ou boëte, armoire au pain, huche, paitrin. G.

LLOWN, plein. G. Voyez *Llawn*.

LLOWNAETH, plénitude, rassasiement, réplétion. G.

LLOWNDER, plénitude. G.

LLOWNEDD, réplétion. G.

LLOWNFRYD, but, dessein, ce qu'on s'est proposé. G.

LLOWNLLOER, pleine lune. G.

LLOWRODD, don, présent, largesse faite aux soldats. G.

LLOWYON, ce qu'on sépare en le nettoyant, en l'émondant avec la main, ordures, immondices qu'on nettoye. G.

LLOYW, limpide. G.

LLU, armée, troupe. G. C. *Lu*, marque du pluriel en Langue de Talenga. Voyez *Lus*, *Lu*.

LLU, camp. G.

LLU, troupeau. G.

LLUARTH, lieu qu'occupe l'armée, lieu dans la montagne où a campé l'armée, place de la montagne où a campé l'armée. G.

LLUBIN. Voyez *Llybyn*.

LLUC, le même que *Llug*. Voyez *Arn*. De là *Leuq* à Ornans, Ville de Franche-Comté, un feu de chenevottes, parce qu'il répand un grand éclat. *Alucher* en vieux François, allumer; d'où vient le mot Languedocien *Aluca*. *Locuyo* est le nom que les Insulaires de Saint Domingue donnent à la mouche luisante; on lit à sa clarté.

LLUCH, mort substantif. G.

LLUCH, lac. G. Voyez *Luch*.

LLUCH, synonime de *Lluwch*, impétuosité, impulsion véhémente, agitation violente, impétueux. G. Ce mot a aussi signifié abondance, grande quantité. Voyez *Lluchdawn*. On a dit *Luh* comme *Luch*, parce que l'*h* & le *ch* se mettent indifféremment l'un pour l'autre. Voyez la dissertation sur le changement des lettres.

LLUCH, prière. G.

LLUCHDAWN, qui fait tomber une pluie de presens, de dons. G. *Dawn*, don, presens.

LLUCHED, éclair. G. B. Voyez *Lucha*.

LLUCHEDEN, éclair. G.

LLUCHEDENNAWL, d'éclair. G.

LLUCHEDENNU, reluire, éclater, briller. G.

LLUCHFA, tas de neige agité du vent. G.

LLUCHIO, être couché, être étendu de son long. G.

LLUCHIO, agiter la neige avec le vent, faire tomber la pluie. G.

LLUCHWYS, sueur. G.

LLUCHYNT, impétuosité, impétuosité très-prompte, très-rapide, très-vîte, attaque. G.

LLUDD, empêchement. G.

LLUDDED, travail, lassitude, ennui, fatigue. G.

LLUDDEDIG, las, fatigué, difficile, pénible, fatigant. G.

LLUDDIAS, retardement, empêchement, obstacle, embarras, interrompre, action d'interrompre, empêcher, retarder, arrêter, action d'empêcher. G.

LLUDDIAS, empêcher. C.

LLUDDIAW, le même qu'*Arluddiaw*. G.

LLUDLYD, cendré, de cendres, cendreux, plein de cendres. G.

LLUDW, cendre. G. B.

LLUDWAWG, gras. G. Voyez *Llydw*.

LLUDWLYS, artichaut. G.

LLUEDDWR, soldat. G. C'est le même que *Llwyddwr*.

LLUEDDWYR, soldats. G.

LLUES, armée. Voyez *Lluestu*.

LLUEST, tente, cabane. G. C. De *Llues*, *Ty*. Voyez *Lluesty*.

LLUEST, chaumière, cahute. G.

LLUEST, LLUESTI, scène de théatre, ou une ramée de branches d'arbres dont on couvroit les premiers théatres. G.

LLUESTAI, camp, cabanes, chaumières, chaumines, hutes, loges, maisonnettes, échoppes. G.

LLUESTU, asseoir un camp, tendre des tentes, chaumière. G. De *Llues Tu*.

LLUESTY, tente, chaumière, hute, cabane, loge, maisonnette. G. Voyez *Lluest*.

LLUG, eau, rivière, mer, toute liqueur claire. G.

LLWYNAU 'R FAGWYR, petite joubarbe. G. *Llwynau* pour Llwyn.

LLWYNHIDYDD, quinte-feuille, plantain. G.

LLWYNOG, renard. G.

LLWYNOGAIDD, de renard. G.

LLWYNOGYN, petit renard. G.

LLWYR, tout, universel. G. On voit par les mots suivans que *Llwyr* a été aussi pris adverbialement. *Li* en Arménien, plein. Voyez *Lly*.

LLWYRDDIFRODI, ravager entièrement. G.

LLWYRFWYTTA, manger, consumer, ronger tout-à-fait. G.

LLWYRGWBL. YN LLWYRGWBL, parfaitement, absolument, entièrement. G.

LLWYRHAU, épuiser, vuider. G.

LLWYRLOSGI, brûler, faire brûler, mettre au feu. G.

LLWYRWYS, invitation & assemblée de tous, assemblée publique, fête qui se célébroit ou foire qui se tenoit avec des jeux, universalité, totalité. G.

LLWYTH, famille, parenté, curie, tribu, peuple, nation. G. Voyez *Leith*.

LLWYTH, fardeau, charge, poids. G. *Lui* en chinois, véxer, fatiguer.

LLWYTH, un peu, particule diminutive. Voyez le mot suivant.

LLWYTHGOCH, un peu rouge, un peu roux, rousstre. G. *Goch* de *Coch*.

LLWYTHO, charger. G.

LLWYTHOG, chargé, chargeant, pesant, qui charge beaucoup. G.

LLUYDD, armée, camp. G.

LLUYDDA, servir à la guerre, être dans la milice, faire la guerre. G.

LLUYDDFAWR, puissant en guerre. G.

LLUYDDIAD, soldat. G.

LLUYDDIAETH, état militaire. G.

LLUYDDIW, soldat. G.

LLUYDDOG, belliqueux, militaire. G.

LLUYDDWR, LLUYDDIAD, soldat. G.

LLUYDDWR IFANGC, apprentif; *Lluyddwryn Ifange*, nouvel apprentif. G.

LLUYG, vers de fromage. G.

LLUYN, forêt, pepinière, buisson, hallier. G. C'est le même que *Llwyn*.

LLY, petit. G. Voyez *Llai*, *Lé*.

LLY, grand nombre, quantité, plusieurs. G.

LLYAU, sermens, plurier de *Llw*. G.

LLYAWS, troupe, plusieurs, abondance, fertilité. G.

LLYB, eau. G. Voyez *Li*.

LLYBYN, leger, délié, inconstant, qui tourne à tout vent. G. De là *Libet*, *Libitum*, *Lubet* en Latin.

LLYCH, troisième personne singulière du futur de l'indicatif du verbe *Llochi*. G.

LLYCH, plurier de *Llwch*. G.

LLYCHAN, faire la guerre. G.

LLYCHAU, lacs, plurier de *Lwch*. G.

LLYCHEDEN, éclair. G.

LLYCHLYD, poudreux, plein de poussière, enduit de ciment ou mortier mêlé de paille. G.

LLYCHLYN, étang formé par la mer. G.

LLYCHLYN, norvége. G.

LLYCHLYN T DWR, fénéçon, mouron d'eau. G.

LLYCHU, casser les mottes de terre pour faire élever une poussière qui s'attachant aux raisins les fasse mûrir. G.

LLYCHWIN, noirâtre, tirant sur le noir, un peu noir, de couleur tannée, sale, mal-propre, poudreux, couvert de poussière. G.

LLYCHWINDDU, de couleur tannée, de couleur minime, brun, enfumé. G.

LLYCHWINEU, de couleur baie ou brune, noirâtre, brun. G.

LLYCHWINO, salir, souiller, salir avec de la poussière, souiller avec de la poussière, être souillé, casser les mottes de terre pour faire élever une poussière qui s'attachant aux raisins les fasse mûrir. G.

LLYD, cendre. Voyez *Llydiw*.

LLYD, bord. Voyez *Llydaw*.

LLYDAN, plain, large, spacieux, vaste, étendu, qui porte bonheur. G.

LLYDAN Y FFORDD, grand plantain. G.

LLYDANDDAIL, qui a de larges feuilles. G.

LLYDANDER, largeur. G.

LLYDANGEFN, qui a la croupe large. G. *Llydan Cefn*.

LLYDAW, qui est au bord, qui est au rivage. G. C. Ce terme a été le nom de la petite Bretagne en Gallois, parce qu'elle est au bord de la mer, & il est synonime à celui d'Armorique que portoit aussi cette Province. *Llyd*, bord, rivage; *Au*, eau, mer. De *Llyd* ou *Llyt* est venu le Latin *Littus*. Voyez *Letau*.

LLYDLIW, de couleur de cendres. G. *Lliw*, couleur; *Llyd* par conséquent cendres comme *Lludw*.

LLYDNAD, couvée. G. Voyez *Llwdn*.

LLYDNU, faire des petits. G.

LLYDU, cendre. G.

LLYDW, gras. G. C'est le même que *Lledw*.

LLYDEIW, cendre. C.

LLYF, le même que *Llysi*. G.

LLYF. Voyez *Llip*.

LLYFAN, bride, lien. G.

LLYFANNAWG. Y LLYFANNAWG, saxifrage, œnanthe espèce de filipendula, lys du soleil. G.

LLYFASU, oser.

LLYFENAU, le même que *Llwyfenau*. G.

LLYFER, LLYFR, lâche, poltron. Voyez *Llyfrdra*, *Llyfrhau*.

LLYFERTHIN. Voyez *Lleferthin*. G.

LLYFFANNAWG. Y LLYFFANNAWG, saxifrage. G. C'est le même que *Llysfannawg*.

LLYFFANT, & chez une partie des Gallois *Llyfan*, grenouille. G. On appelle aussi la grenouille ordinaire *Llyffant Melyn*, à la lettre, grenouille jaune. *Llyffant Du*, le crapaud, & une espèce de grenouille venimeuse qui se tient dans les buissons.

LLYFFERTHIN. Voyez *Lleferthin*.

LLYFFETHAIR, fer qu'on met aux pieds, menotte. G.

LLYFFETHEIRIO, mettre les fers aux pieds, empêcher, embarrasser. G.

LLYFFETHEIRIOG, qui a les fers aux pieds. G.

LLYFI, sale, crasseux, plein d'ordure, mal-propre. G.

LLYFIANT, prétexte. G.

LLYFN, plain, poli, égal, uni, doux, paisible; *Yn Llyfn*, doucement, avec douceur. G.

LLYFNDEG. YN LLYFNDEG, clairement. G.

LLYFNDER, le poliment, le poli, douceur, humeur douce. G.

LLYFNDRA, surface unie. G.

LLYFNGRYF, vif, plein de feu, vigoureux. G.

LLYFNHAU, polir, dépiler, applanir, adoucir, appaiser. G.

LLYFNIAD, sarclage. G.

LLYFNU, polir, herser, unir, applanir, égaliser. G.

LLY.

LLYFNWR, herfeur. G.
LLYFR, livre. G.
LLYFR. Voyez *Llyfer*.
LLYFRAN, petit livre. G.
LLYFRDRA, lâcheté, manque de cœur. G.
LLYFRDY, bibliothèque. G.
LLYFRHAU, devenir lâche & poltron. G.
LLYFROTHEN. Je n'ai pas trouvé l'explication de ce mot Gallois. Je le crois formé de, *Llyfer* ou *Llyfr*, lâche, poltron ; & *Ten* ou *Den*, homme.
LLYFRWAS, action de jetter son bouclier à terre. G. De *Llyfr*, lâche, poltron.
LLYFRWR, libraire. G.
LLYFU, lécher.
LLYFYN, léger, délié, inconftant, qui tourne à tout vent. G. L'e se mettant pour l'y, (Voyez *Llyferthin*) on a dit *Llefyn* comme *Llyfyn* ; l'f se prononçant en *v*, on a dit *Llewyn* ; de là le mot Latin *Levis*.
LLYFYR, livre. G.
LLYG, LLYGOL, laïc. G.
LLYG, lumière. G. On voit par *Llygwy*, que ce mot a été auſſi pris adjectivement pour clair, limpide. Voyez *Llug*.
LLYG, muſaraigne. G.
LLYG, le même que *Lluyg*. G.
LLYG. Voyez *Llygliw*.
LLYG. Voyez *Llygoer*.
LLYGAD, œil. G. B. *Luagan* en Théuton ; *Locan* en ancien Saxon ; *Look* en Anglois, regarder ; *Luogen* dans la Souabe, voir. Voyez *Lagad*, *Llyg*.
LLYGAD-DYN, faſcination. G.
LLYGAD EBRILL, bled ſauvage, petite ſcrofulaire ; petite chélidoine. G.
LLYGAD EIRIAN, LLYGEIRIAN, baie de marais ; mûre de marais, vaciet. G.
LLYGAD Y CI, œil de chien. G.
LLYGAD Y DINIEWED, bled ſauvage, petite ſcrofulaire, petite chélidoine. G.
LLYGAD YR YCH, œil de bœuf, cotula, cynanthemis. G.
LLYGAD YR YSGYFARNOG, galiote, benoîte, nard ſauvage. G.
LLYGADGAMMU, clignoter, cligner les yeux. G.
LLYGADLAITH, chaſſieux. G.
LLYGADOG, qui a des yeux. G.
LLYGADRYTHNI, ecpiesmos maladie des yeux. G.
LLYGADRYTHU, regarder. G.
LLYGADSYCH, qui a les yeux ſecs, qui ne pleure point. G.
LLYGADTRAWS, louche. G.
LLYGADTYN, charme, enſorcelement, faſcination. G.
LLYGADTYNU, faſciner, charmer, enſorceler. G.
LLYGADWLYB, chaſſieux. G.
LLYGADWYR, louche, qui a les yeux de travers ; *Edrych Yn Llygadwyr*, regarder de travers. G.
LLYGAID CHRIST, euphraiſe. G.
LLYGAID Y DYDD, marguerite la plus petite des conſoudes. G.
LLYGATDRAWS, louche, qui a les yeux de travers. G.
LLYGATGAMMU, cligner les yeux. G.
LLYGATGOCHNI, chaſſie. G.
LLYGATGOL, borgne. G.
LLYGATHALL, borgne. G.
LLYGATTRAWS, qui eſt un peu louche, qui a les yeux un peu de travers. G.

LLY.

LLYGATTYN, faſcination ; enſorcèlement ; charme. G.
LLYGEDYN, petit œil. G.
LLYGEIDIOG, qui a des yeux. G.
LLYGEIRIAN, vaciet, baie de marais, mûre de marais. G.
LLYGHES, flote.
LLYGLIW, couleur noirâtre, brune, d'aigle tannée. G. *Llyw*, couleur ; *Llyg* par conſéquent brun, noirâtre, &c.
LLYGLWYD, noirâtre, brun, de couleur d'aigle. G.
LLYGODEN ; pluriel *Llygod* ; rat. G. Voyez *Logod*.
LLYGODEN, le gras de la jambe. G.
LLYGODEN FFRENGIG ; ſouris. G. A la lettre, rat de France.
LLYGODEN GOCH ; mygale. G.
LLYGOER, tiéde ; un peu froid, gelé, glacé, congelé. G. *Oer* ſignifiant froid, *Llyg* a par conſéquent ici la ſignification d'une particule diminutive & augmentative.
LLYGOTTAI, chat. G. De *Llygoden*, rat.
LLYGR, mauvais, vicieux, corrompu, dépravé, languiſſant, défectueux, faux. Voyez les mots ſuivans.
LLYGR-AIR, barbariſme. G. *Air*, parole ; *Llygr* par conſéquent mauvais, vicieux.
LLYGRAWG, corrompu. G.
LLYGRAWGR, corrupteur. G.
LLYGRED, corruption, pourriture. G.
LLYGREDIG, corrompu, qui ſéche de langueur, dépravé, impur. G.
LLYGREDIGAETH, corruption, défectuoſité, déréglement, mauvaiſe conduite. G.
LLYGRIAD, corruption, falſification. G.
LLYGRIAITH, barbariſme. G. *Iaith*, langage.
LLYGROL, contagieux. G.
LLYGRU, corrompre au propre & au figuré, ſouiller, violer ; profaner, deſhonorer, altérer, falſifier, contrefaire. G. *Lyk* en Flamand, *Legeme* en Danois, *Leſch* en Turc ; *Lycham* en ancien Saxon ; *Lychamo* en Théuton ; *Leichnam* en Allemand, cadavre.
LLYGRWR, corrupteur, violateur, profanateur, falſificateur.
LLYGRWYS, qui corrompt, qui profane. G.
LLYGWY, rivière limpide. G. *Wy*, rivière ; *Llyg*, limpide. Voyez *Llyg*, lumière.
LLYM, aigu, pointu ; piquant, le taillant ; qui aiguiſe. G. Il ſe prend auſſi au figuré. Voyez *Blaenllym*, *Ymadrawddlym*, *Llymdoſt*. *Limda*, pointe en Hébreu.
LLYM, petit, peu. Voyez *Llymeitian*, *Llymmeitian*.
LLYM DREINIOG, eſpèce de palmier. G.
LLYM Y LLYGAID ; chélidoine ou grande éclaire. G. A la lettre, aiguiſe-yeux.
LLYMA, voilà, voici. G.
LLYMDER, pointe, âcreté, âpreté, verdeur des fruits quand on les mange avant qu'ils ſoient mûrs, auſtérité, ſévérité, rudeſſe, rigueur, nudité, véhémence. G.
LLYMDOST, rigide, auſtère, ſévère. G. *Llymi Toſt* pléonaſme.
LLYMEIRTH, huître poiſſon qui eſt en coquille. G.
LLYMEITIAN, goûter une liqueur en gourmet ; G. c'eſt-à-dire, la boire à petits traits ; en boire peu à la fois.

LLYMPABS, campagne. G.
LLYMPLAEN, aiguillon, pointe. G.
LLYMHA, mettre à nud, rendre chauve, être chauve, devenir chauve. G. Voyez Llymm.
LLYMM, aigu, âcre, âpre, aigre, sévère, rigide. G. B. Voyez Llym, qui est le même.
LLYMM, ardent, violent, prompt, véhément, impétueux, fort, rude, roide, rapide. G.
LLYMM, le même que Cyflym. Voyez ce mot.
LLYMMA, voici, voilà. G.
LLYMMAID, LLYMMBID; breuvage qu'on avale, bouillon. G.
LLYMMEIDFWYDD, action d'avaler un breuvage, un bouillon. G.
LLYMMEIDYN, petit breuvage, petit bouillon. G.
LLYMMEITTIAN, avaler peu à peu, boire à traits, goûter une liqueur en gourmet. G.
LLYMMHAU, aiguiser. G. B.
LLYMMIN, chauve. G.
LLYMMU, aiguiser. G.
LLYMOR, flote. G. De Llu, armée; Mor, mer, comme qui diroit armée de mer.
LLYMRIG, crud. G.
LLYMRIG, sans force, mou, languissant. G.
LLYMRIGRWYDD, crudité. G.
LLYMRU, LLYMRUWD, potage. G.
LLYMSI, nud, vuide, où il n'y a rien, vain, inutile. G.
LLYMSYNWYR, subtilité d'esprit. G.
LLYMYSTEN, guêpier qui mange les abeilles. G.
LLYN, LLYNN, lac, marais, étang, piscine, eau, humeur, liqueur, suc, boisson, biére, action de boire, humeur mucilagineuse. G. Lein en Cophte, rivière, fleuve; Alin, lieux humides dans les Tables Eugubines; Limne en Grec, marais; Lin en ancien Saxon, eau profonde; Lind, source, fontaine en Runique & en Islandois; Ligna, eau dormante dans les mêmes Langues; Leem en Flamand, marais. Limen est le nom que les Ostiakes qui sont sur l'Oby donnent à un grand marais ou lac d'où il sort une rivière; Lume, rivière en Albanois; Luina, sueur en Langue de Congo; Bosquiline en vieux François, terre pleine de bois & d'eaux. De Llynn est venu le mot Latin Limus. Voyez Lin, qui est le même mot que Llyn.
LLYN, contagieux, pestilentiel. G.
LLYN, vallée, creux, bas. Voyez Glynn.
LLYN, couleur. Voyez Llynn.
LLYN, Voyez Llwyn.
LLYN-GRANGC, écrouelles, apostume, tumeur ouverte d'où il sort un pus blanchâtre. G.
LLYNA, voici, voilà. G.
LLYNC, englouti, qui engloutit. G.
LLYNCOES. ANIFAIL AR LLYNCOES ARNO, bête de somme qui a les épervins. G.
LLYNGC-LYN, gouffre, abysme, tournant d'eau. G. Ce mot est formé de Llync & de Llyn, eau.
LLYNGCFA, gouffre, abysme, ouverture de terre fort profonde, tournant d'eau. G.
LLYNGCIAD, action de dévorer. G.
LLYNGCLINN, LLYNGCLLYN, gouffre. G.
LLYNGES, flote. G. C. Voyez Llwng.
LLYNGESSWR, amiral. G.
LLYNGEU, avaler. G. B.
LLYNGHYEEN, LLYNGHYRYN; pluriel Llyngyr, ver de terre. G.
LLYNGYR, absynthe. Voyez Had Llyngyr.

LLYNI, lac. G. Voyez Llyn, qui est le même mot.
LLYNIO, dormir parlant de l'eau. G.
LLYNN, lac, étang, piscine. G. B. Voyez Llyn.
LLYNN, eau, liqueur, chose liquide. G. Il signifie aussi vin. Voyez Newyddlyn; Llynna.
LLYNN, YN LLYNN, T LLYNN; terme pour indiquer. G.
LLYNNA, fréquenter les cabarets, être toujours au cabaret, boire ensemble, boire souvent, boire à outrance. G.
LLYNNAN, petit lac. G.
LLYNNIO, former une espèce d'étang. G.
LLYNNOR, pus, ulcére. G.
LLYNNTRO, sommet, sommet de la tête. G.
LLYNOROG, couvert de pustules. G.
LLYNORYN, pustule. G.
LLYNU, empoisonner, infecter. G.
LLYNU, teindre, mettre en couleur. G. Llyn, couleur par conséquent. Voyez encore Ysgyfallynig.
LLYNWYN, trace de bête de somme selon plusieurs. Pour moi, dit Davies, je crois qu'il signifie eau qui dort, qui ne coule pas. G.
LLYNY, lac. G.
LLYR, eau, mer, océan. L'on écrivoit anciennement Lear. G.
LLYREDER, lâcheté, bassesse d'ame. G.
LLYRIAD, grand plantain. G.
LLYRIAD LLYNION, LLYRIAD LLYNNAU alisma, angustifolia, potamogeiton, sauge sauvage. G.
LLYRIAD Y MOR, corne de cerf, chiendent. G.
LLYRY, le même que Llwrw. De là Llyrion, Llyried, que Davies n'explique pas, mais qui sont des adjectifs formés de Llyry. G.
LLYS, herbe. Ce mot n'est en usage qu'en composition; le pluriel est Llysiau, d'où s'est formé le singulier usité Llysieuyn. G. On voit par Llysiau 'R Drindod que Llys a aussi signifié fleur. On voit par Llysiau 'R Giau que Llys a encore signifié arbrisseau. Lyzuan en Langue de Cornouaille; Lus en Irlandois; Luzanan en Breton, herbe; Lid dans le Comté de Cambridge, foin; Lu en Tonquinois; Alhaix en Langue de Sénégal, herbe; Pilebs en Cophte, foin, herbe, paille; Pi, article. Linuath en Albanois; Livada en Dalmatien; Libade en Grec vulgaire; Leimon en Grec; Luka en Lusacien; Luka, Lauka en Bohémien; Laka en Polonois, pré. Lyss en Esclavon & en Lusacien; Liss en Polonois & en Bohémien; Lissi en Dalmatien, feuille; Osluk, foin en Turc; Lis en Albanois, arbre.
LLYS, peuple. G. Voyez Lyés.
LLYS, sale, palais, cour, barreau, endroit où l'on rend la justice. G. B. Gwr Llys, courtisan, homme de cour. G. Voyez Li.
LLYS, LLYSIANT, action de rejetter, de réprouver, de répudier, rebut. G.
LLYS marque l'imperfection, la diminution, la moindre qualité, ce qui est moins estimable, ce qui est méprisable. Voyez Llysdad & l'article précédent.
LLYS, fleur. Voyez Crinllys.
LLYS, Voyez Virlis.
LLYS BRENYN, palais. G.
LLYS DWYFAWG, bétoine. G.
LLYS-FAB, beau-fils à l'égard d'un beau-pere ou d'une belle-mere. G.
LLYSDAD, beau-pere mari de la mere des enfans

d'un autre lit. G. *Tad*, pere ; *Llys* doit donc signifier diminution, moindre qualité, moins estimable. C'est le même que *Llys*, action de rejetter, &c.

LLYSDYN, autrefois *Llysdin*, ville où est la cour, la cour, comme qui diroit *Llys Dinas* : Plusieurs lieux sont appellés de ce nom. *Llysdyn*, aujourd'hui *Llysin* dans le Canton de Powys. Davies. G. Voyez *Llysin* qui est le même.

LLYSEIN, la tige d'une plante. G.

LLYSENW, surnom, vulgairement nom ignominieux, nom méprisable qui se dit en place du nom, reproche. G.

LLYSENWI, surnommer, appeller avec ignominie. G.

LLYSEYOG, herbu, plein d'herbe. G.

LLYSFAB, beau-fils à l'égard d'un beau-pere ou d'une belle-mere. G. B. *Llys Mab*.

LLYSFAM, belle-mere. G. *Llys Mam*.

LLYSFERCH, belle-fille à l'égard d'un beau-pere ou d'une belle-mere. G.B. *Lys Merch*.

LLYSG, brûler. G. Voyez *Llosg*.

LLYSG, petite verge, petit bâton; pluriel *Llysgon*. G.

LLYSG, petit. Voyez *Llysglwyn*.

LLYSGBREN, LLYSBREN, petite verge de bois ou d'arbre. G. *Bren*, bois, arbre.

LLYSGLWYN, arbrisseau. G. *Llwyn*, arbre ; *Llysg*, petit par conséquent.

LLYSGO, prendre, tirer. G.

LLYSIANT, action de rejetter, de rebuter, de désapprouver, de récuser, refus, abdication, exception. G.

LLYSIAU, aromates. G.

LLYSIAU. On voit par les articles suivans que quoique *Llysiau* soit le pluriel de *Llys*, il a été employé au singulier.

LLYSIAU BENED, galiote, benoîte, nard sauvage. G.

LLYSIAU CADWGAN, valériane. G.

LLYSIAU CHRIST, polygala plante. G.

LLYSIAU CHRISTOFFIS, herbe de christophle. G.

LLYSIAU EFA, corne de cerf, chiendent. G.

LLYSIAU BRYRI, garance sauvage. G.

LLYSIAU IEUAN, armoise, matricaire. G.

LLYSIAU LLYWELYN, véronique mâle. G.

LLYSIAU LWYD, armoise, matricaire. G.

LLYSIAU MAIR FADLEN, espèce d'eupatoire, carotte sauvage. G.

LLYSIAU MARTIGAN, herbe de mars. G.

LLYSIAU PARADWYS, graine de paradis, cardamome, malaguette. G.

LLYSIAU PAUL, herbe de saint Paul. G.

LLYSIAU PEDR, herbe de saint Pierre. G.

LLYSIAU PEN TY, grande joubarbe. G.

LLYSIAU 'R AFU, hépatique plante. G.

LLYSIAU 'R ANGEL, angelique. G.

LLYSIAU 'R BARA, nielle, gith, poivrette. G. A la lettre, herbe de pain.

LLYSIAU 'R BLAIDD, aconit. G.

LLYSIAU 'R BRONNAU, petite chélidoine. G.

LLYSIAU 'R BYSTWN, sauge sauvage. G.

LLYSIAU 'R COLUDD, pouliot. G. A la lettre, herbe des intestins.

LLYSIAU 'R COWER, sorte d'ortie qui ne pique point. G.

LLYSIAU 'R CRIBAU, chardon à carder, espèce de mouron, herbe au foulon. G.

LLYSIAU 'R CRYMMAN, mouron rouge. G.

LLYSIAU 'R CWLWM, ancolie, grande consoude. G.

LLYSIAU 'R CWSG, métonis. G. A la lettre, herbe du sommeil.

TOME II.

LLYSIAU 'R CYPOG, tithymale, épurge, ésule, petite catapuce, baie de nard sauvage, ricinus ou kerva ou palma christi. G.

LLYSIAU 'R DEFAID, herbe de brebis. G.

LLYSIAU 'R DIDDOL, rave, pain de porc, truffe. G.

LLYSIAU 'R DIN, persicaire. G.

LLYSIAU 'R DOM, espèce de plante que Davies n'explique pas; la même que *Benbeeth*. G. A la lettre, herbe chaude. Voyez *Benbeeth*. Tom en Breton signifie chaud.

LLYSIAU 'R DOMM, arroche, persicaire, chanvre sauvage. G. Voyez *Benbeeth*, *Llysiau 'R Dom*.

LLYSIAU 'R DRINDOD, pensée fleur. G.

LLYSIAU 'R DAYW, aigremoine. G.

LLYSIAU 'R EGLWYS, espèce de pédiculaire purpurine. G. A la lettre, herbe d'Église.

LLYSIAU 'R EIDDIGEDD, plante nommée en Latin *Goruphaena*. G.

LLYSIAU 'R ERYR, garance sauvage. G.

LLYSIAU 'R FAGWYR, petite joubarbe. G.

LLYSIAU 'R FAM, palma christi, matricaire, pariétaire. G.

LLYSIAU 'R FUDDAU, aigremoine. G. *Fuddau* pour *Buddan*.

LLYSIAU 'R GALON, aristoloche. G.

LLYSIAU 'R GEINIOG, plante appellée en Latin *Cimbaria*. G.

LLYSIAU 'R GIAU, myrthe. G.

LLYSIAU 'R GROES, herbes de la croix. G.

LLYSIAU 'R GWAEDLING, mille-feuilles. G.

LLYSIAU 'R GWALTER, herbe de Gauthier. G.

LLYSIAU 'R GWENYN, barbe de bouc, mélisse. G. A la lettre, herbe des abeilles.

LLYSIAU 'R GWRDA, bon henry plante. G.

LLYSIAU 'R GWRID, orcanette plante. G.

LLYSIAU 'R HEBOG, grand hieracium, laitue sauvage. G.

LLYSIAU 'R HEDYDD, cumin. G.

LLYSIAU 'R HIDL, bardane, aparine, gratteron, pétasite, personata. G.

LLYSIAU 'R HUDOL, verveine. G. A la lettre, herbe de charlatan.

LLYSIAU 'R LLAU, herbe aux poux. G.

LLYSIAU 'R LLAW, chélidoine ou grande éclaire. G.

LLYSIAU 'R LLIW, fleur de teinturier ou pour teindre plante. G.

LLYSIAU 'R LLWY, cochléaria. G.

LLYSIAU 'R LLWYNOG, bec de gruë plante. G.

LLYSIAU 'R MILWR, lysimachie purpurine. G. A la lettre, herbe du soldat.

LLYSIAU 'R MOCH, morelle. G.

LLYSIAU 'R MUROEDD, joubarbe. G. A la lettre, herbe des murailles, elle croît sur les murailles.

LLYSIAU 'R NEIDR, espèce de satyrion, serpentaire. G.

LLYSIAU ROBERT, bec de gruë plante. G.

LLYSIAU 'R PANNWYR, chardon à carder, espèce de mouron, herbe au foulon. G.

LLYSIAU 'R PARED, pariétaire. G. *Pared*, muraille.

LLYSIAU 'R PARLYS, herbe de paralysie. G.

LLYSIAU 'R POER, herbe aux poux. G.

LLYSIAU 'R PWDING, pouliot. G. A la lettre, herbe du ventre.

LLYSIAU 'R TENEWYN, inguinale, espargouste. G.

LLYSIAU 'R TWRCH, bryone, bryone blanche,

G 8

coulevrée; coulevrée blanche. G. A la lettre, herbe de verrat.

LLYSIAU 'R WENNOL, chélidoine ou grande éclaire. G. A la lettre, herbe des hirondelles.

LLYSIAU 'R YSGYFAINT, angélique, pulmonaire. G. A la lettre, herbe des poumons.

LLYSIAU 'R YSGYFARNOG, petit satyrion. G.

LLYSIAU SILIN, plante appellée en Latin *Pifilium*. G.

LLYSIAU SIMWNT, mauve sauvage. G.

LLYSIAU TALIESIN, féneçon, mouron d'eau. G.

LLYSIEUA, cueillir des herbes. G.

LLYSIEUOG, plein d'herbes. G.

LLYSIEUWED, d'herbe. G.

LLYSIEUWR, herboriste. G.

LLYSIEUYN, herbe. Voyez *Llys*.

LLYSIN. Voyez *Llyſdyn*. G.

LLYSIOER, herbe, plante. G.

LLYSNAFEDD, morve, pituite, flegme. G.

LLYSNAFEDD Y FFROENAU, morve, excrément qui sort par le nez. G.

LLYSNAFEDDOG, morveux. G.

LLYSOWEN, anguille. G.

LLYSSON, le même que *Llys*. Voyez *Chwerwiſſon*.

LLYSTYN, château. G. Voyez *Llyſdyn*.

LLYSTYS, juge. G. Voyez *Llys*.

LLYSU, rejetter, repousser, refuser, réfuter, improuver, abdiquer, renoncer, abandonner, quitter, exclure, chasser, mettre dehors, ne pas recevoir. G.

LLYSU MEWN CYFRAITH, débouter, refuser d'adjuger. G.

LLYSWYD. A LLYSWYD, rejetté, qu'on rejette. G.

LLYT, bord. Voyez *Llydaw*.

LLYTH, petit, infirme, languissant, foible, vil, méprisable, de basse naissance, homme du peuple, obscur. G. Voyez *Litil*.

LLYTHI. Ce mot que Davies n'explique pas paroit être synonime de *Llaith*, eau, &c. dans la phrase qu'il rapporte. G.

LLYTHRGYFNEWID, transposition de lettres. G.

LLYTHYR, lettre, épître, écrit, tablettes. G.

LLYTHYR, LLYTHYREN, & chez les Poëtes *Llythr*, lettre, élément, caractére. G. B. De là *Littera* en Latin, en Polonois & en Bohémien; *Lettera* en Italien; *Letra* en Espagnol; *Letter* en Flamand & en Anglois; *Lettre* en François.

LLYTHYR-IAITH, grammaire. G.

LLYTHYREG, grammaire. G.

LLYTHYRENNWR, qui fait profession des belles lettres. G.

LLYTHYRU, écrire. G.

LLYU, lécher chez une partie des Gallois. G. Crase de *Llyfu*.

LLYVER, libre. G. De là le Latin *Liber*; le François *Libre*.

LLYVN, poli. G.

LLYVNANT, ruisseau qui par son cours violent & rapide unit, polit les rochers par où il passe comme des marbres. G. *Llyvn Nant*.

LLYVR, libre. G.

LLYW, LLYWYDD, gouverneur, recteur, commandant, dominateur, seigneur, pilote, gouvernail du vaisseau, poupe, queue des poissons & des habits. G.

LLYW, vivres. G. Peut-être de *Llewa*, dit Davies.

LLYWEDYDDIAETH, autorité royale, autorité souveraine, gouvernement, commandement, conduite, direction. G.

LLYWELYN, rein. G.

LLYWER, livre. G. De là le Latin *Liber*, le François *Livre*.

LLYWETH, le même que *L'oweth*. G.

LLYWETHAN, anguille. G.

LLYWETHYR, le même que *Llyffethair*. G.

LLYWIAD, conduite, administration. G.

LLYWIADDWR-GWLAD, gouverneur. G. *Gwlad*, province, pays.

LLYWIAW, conduire, régler, diriger. G.

LLYWIAWDR, LLYWODRAETHWR, gouverneur, recteur. G.

LLYWIO, LLYWODRAETHU, gouverner, régir, conduire, dominer. G.

LLYWION, le même que *Llowion*. G.

LLYWIONEN, loudier, grosse couverture, couverture piquée, gourgandine. G.

LLYWIAWDDWR, le même que *Llywiawdr*. G.

LLYWODRAETH, action de gouverner, de conduire, de régir, domaine, département, gouvernement, préfecture, intendance. G.

LLYWODRAETHU, gouverner, régir, administrer, conduire, avoir soin. G.

LLYWODRAETHWR, prince, préfet, gouverneur, intendant, intendant de Province, modérateur, qui concerne la politique. G.

LLYWODRAETHWYR, les puissances, les grands magistrats. G.

LLYWODRON, les grands, les puissans. G.

LLYWRLLONG, poupe. G.

LLYWY, beau, blanc, brillant, resplendissant, plein de lumière, serein, agréable, selon *Llyn* & d'autres. Mais Davies veut qu'on voye s'il ne signifie pas aussi gouvernante, dominatrice, celle qui régit, celle qui conduit. De *Llyw*. Dans deux des phrases qu'il rapporte ce mot me paroit avoir ce sens, sur tout bien clairement dans la dernière. Il faut cependant retenir les deux significations. Voyez *Ankeler*. G.

LLYWYD, Roi, Gouverneur, modérateur, préposé. G.

M.

 Placée ou omife indifféremment au commencement du mot. Voyez la diſſertation préliminaire ſur le changement des lettres.

M s'inſère dans le mot. Voyez la même diſſertation.

M & B ſe mettent l'un pour l'autre. Voyez la même diſſertation.

M & F ſe mettent l'une pour l'autre. Voyez la même diſſertation.

M & P ſe mettent l'un pour l'autre ſelon le Pere Lobineau, qui dit qu'on prononce indifféremment *Kimmer* & *Kimper*.

M & V ſe mettent l'un pour l'autre. Voyez la diſſertation ſur le changement des lettres.

M pour N dans le mot & à la fin du mot. Voyez *Brem* & la diſſertation ſur le changement des lettres.

M, le même que *Mo*, mon, &c. I.

MA, lieu. G. Il ſignifie auſſi en cette Langue demeure, ſéjour, habitation. Voyez *Mawr*. Voyez *Ma*, lieu en Breton ; *Ma*, *Maa*, terre, pays en Finlandois ; *Ma*, terre en Lappon ; *Ma* dans les Langues de l'extrémité de l'Aſie & de l'Europe, terre, pays. Voyez *Mag*.

MA, le même que *Ba*. De même des dérivés ou ſemblables. I.

MA, pronom poſſeſſif de la première perſonne pour tous genres, nombres & cas, mon, ma, mes. B. Voyez *Mau*.

MA, lieu, queſtion de lieu qui répond aux queſtions de lieu que les Latins expriment par *Quò* & *Ubi*. B.

MA, MAR, ſi. De *Mar* on fait une eſpèce de nom ſubſtantif ſignifiant doute, difficulté, obſtacle. B. *Mah* en Hébreu, ſi. Notre particule françoiſe *Mais* ſignifie quelquefois le doute. Les payſans diſent *Ma* pour mais. Voyez *Madh*.

MA, çà adverbe de temps. B.

MA, MAZ, ſignifie que ; *Ar Bloas Kenta Ma Studiis*, la première année que j'étudiai.

MA, bon, bien, abondant. B. C'eſt le même que *Mad*. *Ma*, *Maa*, particule augmentative en Albanois, & *Maaign*, gras dans la même Langue ; *Mei* en Turc, bonheur, puiſque *MeiLenet* ſignifie en cette Langue compagnon de bonheur ; *Ma*, affable en Tartare du Thibet. De *Ma* eſt venu le Latin *Malo*, j'aime mieux.

MA. Voyez *Man*.

MA. Voyez *Bychan*.

MA pour *Man*. Voyez *Yma*.

MA en compoſition pour *Man*. Voyez *Magwyr*.

MA-MA, bonbon terme enfantin. B.

MAAGNEYA, A. M. famille, tous ceux qui compoſent une maiſon pris collectivement. De *Mag*. Voyez *Magut*.

MAANELLUS, A. M. petite cloche. De *Man*, petit.

MAB, fils, né. G. C. B. Chez les anciens Gallois il ſignifioit auſſi petit enfant. On l'employe encore pour marquer le ſexe maſculin. *Mab A Merch*, mâle & femelle, homme & femme. Dans les généalogies par aphéréſe on dit *Ab* pour *Mab*. Ce mot ſignifie univerſellement le petit de tout animal de même que *Ben* chez les Hébreux. Voyez *Ab*, *Mac*, *Mabdall*, *Maboed*.

MAB-AILLT, eſclave, ſerf attaché à la glèbe. G. Voyez *Mevel*.

MAB AL LAGAD ou *LAGAT*, la prunelle. B. A la lettre, la fille de l'œil. Voyez *Mablygad*.

MAB-AVLAVAIR, enfant. C. A la lettre, fils qui ne parle pas.

MAB CYNNWYS, enfant adoptif. G.

MAB MAETH, nourriſſon. G.

MABAIDD, puéril, d'enfant, enfantin. G.

MABAN, diminutif de *Mab*, enfant, petit enfant, enfant tout petit, poupon, petit garçon. G.

MABANAIDD, enfantin, puéril. G.

MABANOED, enfance, âge d'enfans. G.

MABAWL, filial, puéril. G.

MABCAINGC, branche qu'on provigne & qu'on cultive pour en faire un arbre. G. A la lettre, fils, rameau ou branche, c'eſt-à-dire, rameau devenu fils ou ſéparé de l'arbre.

MABCATH. Davies rend ce mot en Latin par *Catulus*, qui ſignifie le petit d'un chien & tout petit d'animal en général. G.

MABCORN, pluriel *Mebgyrn*. Davies n'explique pas ce mot, qui eſt formé de *Mab* & de *Corn*.

MABDALL, aveugle né. G. On voit dans ce mot que *Mab* ſignifie né ſans relation.

MABDDYSG, ce que l'on a appris dès l'enfance, les rudimens que les enfans doivent apprendre, élémens d'un art, d'une ſcience. G. *Mab Dyſg*.

MABEC, beau-fils, gendre. B.

MABEREZ, filiation, enfance. B.

MABET, adopté. B.

MABFERCH, hermaphrodite. G. De *Mab Merch*.

MABGUAS, garçon. G.

MABGYNNWYS, adoption, filiation. G.

MABIAITH, langage enfantin ou de ceux qui affectent de parler comme les enfans, paroles tendres des nourrices aux enfans; caresses; chant pour endormir les enfans. G.

MABICQ, petit enfant. B.

MABIFF, adopter. B.

MABINAIDD, puéril, enfantin, d'enfant; de jeunes filles.

MABLACH, le même que Meablach. De même des dérivés ou semblables. I.

MABLYGAD, prunelle de l'œil. G. B. Voyez Mab Al Lagad.

MABOED, enfance, adolescence, tendre enfance. G.

MABOED, diminutif d'Oed. G. On voit par ce mot que Mab a signifié petit généralement.

MABOL, enfant, adolescent. Voyez Mabolaeth.

MABOLAETH, enfance, adolescence. G.

MABSANNA. GWYL MABSANNA, faire grande chére, être dans un festin. G. Je crois que Mabsanna vient de Mabsant, qui signifie le Saint Patron de la Paroisse dans laquelle est né l'enfant. On trouve aussi dans un Dictionnaire que Mabsant signifie qui est du pays. G.

MABWYS, MABWYSIAD, adoption, affiliation. G.

MABWYSIO, adopter. G.

MABYS, le même que Moes. G.

MAC, MAG, MAJ, plaine, campagne. G. Voyez Maes.

MAC, fils, le petit d'un animal, jeune. I. Mac en Breton, fils, enfant; Machg en Écossois occidental; Mack dans le dialecte Gallois de l'Isle de Mona, fils; Mas, engendrer en Cophte; Maga en ancien Saxon; Magus en Gothique, enfant; Magan, fille dans la même Langue; Megath en Gothique; Magad en Théuton; Maagdt en Flamand; Maid en ancien Saxon & en Anglois; May en Islandois, fille, vierge; Magol, fille en Malabare; Mogur, fils en Islandois; Moco, jeune garçon, Moca, jeune fille en Espagnol. De Mac ou Mag est venu notre mot Magot, singe. Voyez Ab. Mecou, singe, guenon en Langue de Galibi. Voyez Mag.

MAC, le même que Bac. De même des dérivés ou semblables. I.

MAC. Voyez Bychan.

MAC, grand. Voyez Maetiern, Machdeyrn.

MAC, MACNAI, cheval. Voyez Hacnai. De là Maquignon.

MAC, le même que Ma, Mag, Mas. Voyez Arn.

MACA, A. M. poche. De Bacha ou Macha, renfermer, cacher; Macaut, Magaut en vieux François, poche, besace. Voyez Miac.

MACAIN, garçon. I.

MACAIRH, MAIG, campagne, champ. I. Voyez Mac.

MACANTA, modeste, sincére, chaste, pudique, civil, poli, galant, honnête. I.

MACANTAS, intégrité, probité, tempérance. I.

MACAV, jeune. I.

MACAZE, se préparer à blesser quelqu'un, se préparer à nuire à quelqu'un. Ba. Amagar en Espagnol. Voyez Macha.

MACCAN, fils tout petit. I.

MACCIAID, insectes à plusieurs pieds. G.

MACCONES, A. M. sont, suivant les Bollandistes, des vermisseaux qui gâtent les fèves. Voyez Macciaid.

MACCRELL, maquereau poisson. G. Maquerel en Normandie, Makreel en Allemand & en Danois; Maquereau en François, maquereau poisson. Je croirois que ce mot vient de Mareil, tacheté, le e s'insére quelquefois dans le mot, Voyez Macraal, Macril.

MACCWY, serviteur, qui porte les armes de son maître, écuyer, garçon, jeune homme, mâle. G. Mab Tsgwydd.

MACE. Voyez Bychan.

MACELLA, A. M. boucherie. Voyez Macha; Macellare.

MACELLARE, A. G. tuer. Voyez Macha.

MACELLARIUS, A. G. boucher. Voyez Macella.

MACERA, MACERIA, A. M. boucherie. Voyez Macellare.

MACH, ville. G. Voyez Mag & Mach le même que Bach. Marca, ville en Persan.

MACH, caution, répondant, garant, qui assure. G. Yamacz en Dalmatien, caution, répondant. L'o se mettant pour l'm, on a dit Vach comme Mach; de là le mot Latin Vas qui signifie caution, répondant. Vas dans les tables Eugubines, cautionné.

MACH, liévre. E. Voyez Muyach.

MACH, plaine, champ, campagne, terre. I. Voyez Ma, Mats, Mathes.

MACH, fils. I. C'est le même que Mac.

MACH, pesanteur. B. Voyez Macha.

MACH, couper. Voyez Ffolmach. Voyez Macha.

MACH, le même que Bach, hameçon, croc, courbe, tortu. &c. Voyez Ysmachd.

MACH, le même que Bach & Balcha. Voyez Balcha. De là notre terme machurer.

MACH. Voyez Bychan.

MACH, le même que Bach. Voyez M. De là Mache-Coulis, espéce de fortification ancienne. Mach en Arménien, couvrir, mettre à couvert, & Mashig, cuir, peau.

MACHA, champ, campagne. I.

MACHA, corneil. I.

MACHA, MACHAINA, fouler, comprimer, briser, écraser, accabler, estropier, affaisser, rendre moint élevé. B. Mache se dit à la Rochelle & dans quelques Provinces voisines des fruits meurtris au côtis. Maccare en Italien, ravager, briser, fracasser; d'où Maccatura dans la même Langue, fracas, foulure. Macha a aussi signifié couper, on peut voir l'analogie de cette signification avec celle d'estropier. Voyez Ysmachd. Il a encore signifié tuer, ce qui se voit, parce qu'en vieux François on appelloit un boucher Machelier, & dans Monstrelet Maschaeler signifie tuer, massacrer. De Macha en ce sens est venu le mot Latin Macellum, boucherie. Maisel, Maiseloire, Maisellerie en vieux François, boucherie, & Maislier, Maiselier, boucher; Metzeler en Théuton; Metzeler en Allemand; Messar en Esclavon; Meschar en Dalmatien, boucher. De Macha sont venus les mots Latins Macero, Macer, Mallo. Matar en Espagnol; Metzgen en Allemand, Meg en Hongrois, Matzen en Flamand; Amazzare en Italien; Maza en Arabe, tuer; Maitan en Gothique, couper; Maha en Hébreu, fraper; Machah, effacer, abolir, perdre; Mahach, presser, comprimer dans la même Langue; Mab en Esclavon, coup; Mateca, serpe en Galibi; Macher en François; Majar en Espagnol, piler, broyer; Mache en Grec, combat; Macouali, battre, fouetter en Galibi. Voyez Machaira, Mathaire, Machaita, Matzacrein, Mocha.

MACHA, importun. Ba.

MACHAIGNET,

MAC.   MAD.   121

MACHAIGNET, estropié. B.
MACHAINA. Voyez Macha.
MACHAIRA. Strabon & Pollux nomment ainsi l'épée des Gaulois. Ce mot est formé de Macha. Maes en Dalmatien ; Mec en Bohémien ; Miecz en Polonois ; Mezh en Esclavon ; Machane en Américain, glaive. Voyez Machaire.
MACHAIRE, plaine, campagne, champ, mer. I.
MACHAIRE, bataille, combat. I. Voyez Macha, Machaira.
MACHALE, MACHOLUM, A. M. grenier sans couvert. De Mach, le même que Bach. Les Champenois appellent encore aujourd'hui ces sortes de greniers Machaux. Machalum dans la Loi Salique se prend au même sens. Voyez Machasin.
MACHAMIUM, A. M. mutilation ou fracture de quelque membre. Voyez Macha, Machaignet.
MACHAN. Voyez Bychan.
MACHARIG, pioche. B. Voyez Macha.
MACHASIN, magasin. B. Voyez Mach le même que Bach.
MACHATEA, espèce de poignard, de biscaye. Ba. Voyez Macha.
MACHDEYRN. Voyez Mechdeyrn.
MACHECABII, A. M. bouchers; de Macha, Maczacrein.
MACHER, fouleur, celui qui foule, qui presse, oppresseur. B.
MACHEREZ, oppression. B.
MACHEREA, A. M. boucherie ; de Macha.
MACHERIC, peine, douleur ou oppression que l'on souffre en dormant, ensorte que l'on croit être foulé & pressé. C'est le diminutif de Macher, & signifie petit fouleur. Les bonnes gens s'imaginent que c'est un lutin. B.
MACHERY, champ, campagne, plaine. I.
MACHES, le même que Mages, & Maes, champ selon Baxter. G. Voyez Mach.
MACHET. Voyez Bychan.
MACHIA, A. M. bâton à tête garni d'argent qu'on porte par honneur devant le Roi. &c. De Mach le même que Bach ; bâton.
MACHIN, engin, machine. B. Mechi en Hébreu ; Methane en Grec ; Machina en Latin & en Italien ; Machine en François, machine ; Machen en Allemand, faire, former, fabriquer, rendre propre à ; Macan, Macian en ancien Saxon ; Machon en Théuton ; Make en Anglois ; Maaken en Flamand, faire.
MACHIO, A. M. le même que Macio.
MACHLUD HAUL, coucher du soleil. G. Machlud est le même qu'Achludd.
MACHNIO, synonime de Mechnio. G.
MACHOLUM. Voyez Machale.
MACHON. Voyez Bychan.
MACHONERIA, A. M. maçonnerie. Voyez Machio.
MACHOT. Voyez Bychan.
MACHOU. Voyez Bychan.
MACHOUMA, MAHOUMA, changer les bornes qui séparent les héritages pour usurper le terrein du voisin. B.
MACHRE, campagnes qui outre les pâturages qu'on y trouve en abondance, ont aussi des champs & des prés. E. Voyez Machaire, Maches, Mach.
MACHUA, A. M. massue. De Mach le même que Bach, bâton, ou de Macha, ou de Maczua. Macue, Macé, Maché, massue en vieux François.
MACNUCHOA, mur, prudent. Ba.
MACUYN. Voyez Bychan.

MACIA, A. M. masse, massue. Voyez Machia, Machua.
MACICOD, machicot. B.
MACIMREASAN, prunelle de l'œil. I.
MACINA, A. M. meule de moulin ; Macinare, moudre ; Macinarium, moulin ; de Macha.
MACIO, A. G. maçon. Voyez Mag, Maczonn.
MACIUS LINI, A. M. instrument dont on se sert pour briser le lin ; de Macha.
MACL, lac, lacet. G.
MACOA, croc, harpon. Ba. Voyez Mach le même que Bach.
MACOIMH, étranger. I.
MACOUC ERANSI, jetter un croc. Ba. Macouc, croc.
MACRAOL, maquereau poisson. I. Voyez Maccrell.
MACREL, maquereau poisson. I. Voyez Maccrell.
MACTARE, A. M. écraser, aplatir ; de Macha.
MACTEA, A. M. lu même que Mattea.
MACTIERN, souverain. B. Ce terme signifie à la lettre, enfant de souverain ou de prince ; c'est ainsi que les Hébreux disoient les enfans des hommes pour les hommes. Voyez Mechdeyrn.
MACTYRE, loup. I.
MACUILLA, roue de la poupe. Ba.
MACUL, tache. B. De là le Latin & le Polonois Macula ; l'Italien Macchia ; l'Espagnol Mazilla ; le Hongrois Makula ; l'Allemand Mackel ; le Flamand Mael ; le François Macule, tache ; Machal, tacher en Hébreu, Voyez Magl.
MACULA, A. M. loyer d'un champ ; de Mach.
MACUR, mauvais, tortueux. Ba. Voyez Mach le même que Bach.
MACURA, convexe, convéxité. Ba.
MACURRERA, courbure, obliquité. Ba.
MACURTU, se coucher à terre, courber, vouter. Ba.
MACURTUA, fait en voute, courbé, Ba.
MACURTZEA, se courber, s'affaisser, voute, arcade, arche de pont, ceinture. Ba.
MACURTZEN, corrompant, dépravant, tordant Ba.
MACZACREIN, massacrer. B. De là ce mot. Voyez Macha, Maczua.
MACZACRI, saveter faire grossièrement un ouvrage. B On dit encore populairement massacrer en ce sens.
MACZICOD, les enfans de chœur. B.
MACZONN, MACZONNER, masson. B. Voyez Mag.
MACZUA, Voyez Maczuet.
MACZUET, contus, meurtri, froissé, usé. B. Ce terme est régulièrement le participe de Maczua que l'on voit avoir été le synonime de Macha.
MAD, bon, bien substantivement, bienfait substantivement, beau. G. Il signifie aussi dans cette Langue, bon, humain. Voyez Anfad. Il signifie encore honneur dans la même Langue. Voyez Madiain. Madou en Langue de Cornouaille, biens, richesses, possessions ; Màd, Mat en Breton signifient bon, bien substantivement & adjectivement, richesses, bienfait substantivement, abondant, fertil, fin, rusé, madré, comme substantif il a pour plurier Mádòn, biens, richesses, possessions. Maith en Irlandois, bon, Matu en Espagnol, tout ce qui est beau, bon & agréable à la vue & à l'ouie ; Materare en Italien, importer, être avantageux ; Matte, Buffe dans la même Langue, de bons coups, des coups bien appuyés ; Oromasd ou Oromaz en ancien Persan, bon génie ; Hormozd dans la même Langue, bon principe ou bon génie, & Orosang, qui a bien mérité du Roi.

MAD.

En comparant ces trois termes, on voit qu'*Or* ou *Oro* a signifié principe, génie, ou nature supérieure à l'humaine, Roi. *Mad*, bon; *Medut* en Turc, clément, bon; *Maidhms*, *Maithms*, don en Gothique; *Madmas* en ancien Saxon, trésor, richesses; *Mathmas* en Théuton, dons, presens; *Mao* en Grec, je souhaite, je désire, (c'est le bien qui est l'objet de nos désirs & de nos souhaits, ainsi *Mao* est formé de *Ma*, bien, qu'on a dit comme *Mad*. Voyez *Ma*.) *Med* en Finlandois; *Moda* dans la Langue des Venédes; *Med* en Esclavon, en Bohémien & en Carniolois; *Mez* en Hongrois; *Mado* en Javanois, miel. (La bonté du miel & le plaisir qu'il cause au goût lui aura fait donner ce nom.) *Maré*, se choyer en Galibi. De *Mad* nous avons fait notre mot François *Amadouer*. Ce terme montre qu'on a dit *Amad* comme *Mad*. D'*Amad* peut être venu le Latin *Amo*; car il ne vient pas des termes Grecs *Phileo*, *Agapo*, *Stergo*, *Ermo*, *Aspazomai*. De *Mad*, *Mat*, fin, rusé, sont venus nos mots François *Madré*, *Matois*. Le terme de *Bon* se prend quelquefois parmi nous pour simple: On dit un *bon homme*, pour un homme simple. Il paroit qu'on a fait le même abus de *Mat*, qui signifie bon dans quelques Langues. *Madde* en Anglois; *Matto* en Italien, sot, stupide, fou; *Matze* en Théuton, fou. *Mad* a dû aussi signifier ruse, finesse, adresse, espiéglerie, puisqu'il signifie fin, rusé, madré; car *Mad* est substantif & adjectif, & signifie bon & bien substantivement. Cela se confirme par une façon de parler qui étoit en usage parmi nous sous Charles IX. On appelloit alors les filoux les enfans de la *Matte*, (Voyez Brantome éloge de Charles IX.) comme qui diroit les enfans de la ruse, de la finesse. On observera en passant que cette façon de parler est semblable à celle des Hébreux qui appelloient les captifs les enfans de la captivité. Voyez *Mader*, *Mat*, *Maz*.

MAD, main. I.

MAD, le même que *Bad*. De même des dérivés ou semblables. I.

MÀD, *MÀT*, bon, bien substantivement, adjectivement & adverbialement; richesses, bienfait substantivement, abondant, fertile, fin, rusé, madré. Comme substantif il a pour pluriel *Màdon*, biens, richesses, possessions. B. Ce terme a eu encore une autre signification dans cette Langue. Voyez *Mintin*. Voyez le premier *Màd* & *Mat*.

MAD, prairie. Voyez *Madhou*, *Matt*, *Mag*, *Madh*.

MAD, le même que *Bad*, *Fad*, *Pad*, *Vad*. Voyez *M*.

MAD, *MED*, *MOD*, *MOT* ont dû signifier élévation. 1°. *Madien*, *Madiaain* signifient honneur, honoré; *Meddiaant* signifie puissance, autorité; ce qui désigne l'élévation au figuré; or les mots n'ont été employés au figuré qu'après avoir été pris au propre. 2°. *Modur* signifie Roi; *Mwdwl*, monceau; *Mawden*, motte; *Maud*, chef; *Mottenn*, motte, éminence. 3°. *Mod* est le même que *Pod*, (Voyez *M*.) or *Pod* signifie élévation, éminence; *Madou*, sommet en Tamoulique. Voyez *Mead*, *Mat*.

MAD-MAD, bonbon terme enfantin. B.

MADA, *MADARA*, chien. I.

MADADH, *MADRADH*, chien. I. *Mawda*, chien en Écossois.

MADADH, *MADADH RUADH*, renard. I.

MADADHMARA, lamie. I.

MADALEAB, bonté, pente à faire du bien. B.

MADAM, Dame. B. Voyez *Dam*.

MADARA, chien, chien de village. I.

MADARCH, liége arbre. G.

MADARCHEN, éponge. G.

MADARCHEN, pluriel *Madarch*, champignon; mousseron, morille, truffe. G. *Mantarca* en Arabe, champignon.

MADARIA, poire. Ba.

MADARICHOA, petite poire. Ba.

MADAVAIL, nombreux. I.

MADDAU, *MADDEU*, abandonner, laisser aller, laisser, lâcher, omettre, quitter, absoudre, délier, dégager, rendre libre, pardonner, remettre, tenir quitte, donner, être indulgent. *Enaid Fadden*, homme qui doit perdre l'ame, c'est-à-dire la vie. Les Hébreux avoient la même façon de parler : Mon ame est toujours en mes mains, *Ps. 118*; pour dire, ma vie est toujours exposée. G. *Maddou*, modération en Malabare. Voyez *Maitiod*.

MADDEUAINT, *MADDEUANT*, pardon qu'on accorde, pardon, rémission, indulgence. G.

MADDEUAWL, véniel, digne de pardon. G.

MADDEUGAR, doux, débonnaire, indulgent. G.

MADDIE, charrue. E.

MADDOE, permettre. G.

MADDU, le même que *Baddu*. Voyez *B*.

MADEC, naturellement bon. B.

MADELEAH, *MADELEAZ*, amabilité, bonté; pente à faire du bien. B.

MADELEH, bienfait, saveur, plaisir. B.

MADELEZ, bonté, fertilité. B.

MADER, le même que *Mad*. Voyez *Madericz*.

MADER. Voyez *Der*.

MADERICZ, humanité, douceur. B. On voit par ce mot & par *Matericz*, qu'on a dit *Mader* & *Mater* comme *Mad* & *Mat*.

MADFELEN, jasse noire. G.

MADH, si, pourvu que, quand même, quoique. I. Voyez *Ma*.

MADH, plaine, champ, campagne, terre, prairie. I. Voyez *Mad*, *Mat*.

MADHAIRE, le même que *Maghaire*. I.

MADHANTA, dédaigneux, qui fait le précieux. I.

MADHERY, le même *Maghery*. I.

MADHMNADH, éruption, sortie. I.

MADHOU, prés. G. Voyez *Mad*.

MADIC, bonbon terme enfantin. B.

MADIEN, *MADIAIN*, honneur selon Thomas Guillaume; plutôt honoré, bon, qui fait du bien, dit Davies : Effectivement dans les deux phrases qu'il rapporte il est pris dans le sens qu'il lui donne, mais il ne suit pas de là qu'il faille exclure l'autre. G. Voyez *Aneglar*.

MADILLO, A. M. tas, monceau de foin. Voyez *Mwdwl*, *Mad*.

MADLE, nom d'une ville dans le Comté de Vorchester, qui signifie bon lieu, dit Giraldy. G. On l'appelle aujourd'hui *Beudley* : Ce second nom est formé de *Budd*, & signifie la même chose que le premier. Voyez *Budd*.

MADOC, bon. G.

MADOU, biens, richesses, possessions. C. B.

MADOWYDD, plante que Davies n'explique pas. G. Ce mot étant formé de *Gwydd*, plante & de *Madoc*, bonne, doit signifier bonne plante.

MADR, garance. G.

MADRADH, chien. I.

MAD.

MADRADH ALLA, MADRAIDH ALLAIDH, loup. I. A la lettre, chien de bois.

MADRE, chien. I.

MADRE, autre nom de la plante nommée *Abredal*. B.

MADRE ALLA, loup. I. A la lettre, chien de bois.

MADREDD, suppuration, pourriture, pus, sanie. G.

MADRIN, renard. G. Voyez *Madrun*.

MADRON, sujet à des vertiges, des tournoyemens, qui éprouve des vertiges, des tournoyemens. G.

MADRONDOD, engourdissement, léthargie, vertige, vertige avec offuscation de la vuë. G. Voyez *Midrondod* qui est le même mot.

MADRU, suppurer, se pourrir. G. De là le nom de *Matras* que les paysans donnent au fumier, qui est de la paille pourrie.

MADRUDDYN, cartilage. G.

MADRUN, renard. G. Voyez *Madrin*.

MADRYNDOD PEN, vertige. G.

MADTER, bon. Voyez *Madtericz*.

MADTERICZ, bonté, pente à faire du bien. B. Voyez *Maderisz*.

MADVALL, MADVALL, lézard. E.

MADUN, renard. G.

MADWS, MADWYS, mûrement, posément, prudemment, avec lenteur. G. Le *t* & le *d* se mettant l'un pour l'autre, on a dit *Matws* comme *Madws*; de là le Latin *Maturus*.

MADWYS, MADWS, mûrement, à temps, temps complet; *Madws Yw*, il est temps. G.

MADYN, renard. G.

MAE, est. Ce mot est employé pour *Pa Le Y Mae*, où est-il ? G.

MAE, mai nom d'un mois, fleuri. B.

MAE, beaucoup. B. L'*i* & l'*e* se mettant l'un pour l'autre, on a dit *Mai* comme *Mae*.

MAE, le même que *Bae*. Voyez *B*.

MAE RHYW, quelque. G.

MAEA, A. M. le même que *Maia*, nourrice. De *Magu*, *Majm*.

MAECZAER, berger. B. Voyez *Mael*.

MAEDDIAD, action de battre, de fraper, action de se fraper la poitrine ou quelque autre partie du corps dans une grande affliction. G. Voyez *Maeddu*.

MAEDDU, le même que *Baeddu*. On le trouve encore dans les Dictionnaires pour signifier fraper, se fraper la poitrine par un mouvement de douleur, punir. G. *Mastix* en Grec, fouet.

MAEDDWR, broyeur, qui pile au mortier. G.

MAEDE, le même que *Maide*. I.

MAEHLOG, ventre, matrice. I.

MAEIN, pierre. B.

MAEINGLEUZ, carrière. B.

MAEL, tête, & au figuré Prince, selon Baxter. G. Voyez *Bâl* & *Mael* plus bas.

MAEL, acier, fer. G. Voyez *Melar*.

MAEL, gain, profit, émolument, tribut, cens, utilité, avantage, rapport, revenu. G. *Mael*, gain, profit en Breton; *Mal*, richesses en ancien Persan; *Mal*, richesses en Turc, & *Mali*, *Mallu*, *Maldar*, riche dans la même Langue; *Balan*, récompense en Malabare; *Male*, solde de soldat, dot de femme en Runique.

MAEL, MAIL, MAOL, MOEL, Seigneur, Roi, couronné, chauve, tondu. I. Les diminutifs *Maelan, Mailan, Maolan, Moelan, Maelen*, &c. *Maelin, Mailin*, &c. *Maeloc, Mailoc, Moeloc, &c.* & par crase *Molos*. Voyez *Mael* plus haut.

MAE.

MAEL, un peu émoussé, obtus. I.

MAEL, serviteur, valet, esclave. I.

MAEL, profit, gain. B.

MAEL doit signifier commerce, puisque *Maeller*; qui en est le possessif, signifie commerçant. Voyez *Malairt*.

MAEL, le même que *Mal*. Voyez *Amrafael*.

MAEL. Voyez *Magl*.

MAELA, gagner. G.

MAELERIAETH, négoce, trafic, commerce. G.

MAELERWR, brocanteur, fripier, revendeur, regrattier. G.

MAELGI, sorte de poisson. G.

MAELIER, marchand. G.

MAELIERES, marchande. G.

MAELIO, gagner, faire du profit. G.

MAELL, ballon. B.

MAELLER, MAELLOUR, approbateur, qui applaudit. B.

MAEN, pierre, roc, rocher. G. *Maen* en Breton, pierre, rocher, noyau; pluriel *Mein*. On a donné au noyau le même nom qu'à la pierre, à cause de sa dureté. *Kamen* en Esclavon; *Kamien* en Polonois; *Kamen* en Bohémien, pierre; *Moene* en ancien Latin; *Moenia* en Latin du siècle d'Auguste, murailles; elles sont faites de pierres. De *Moenia* les Latins ont fait *Manio*, construire, bâtir. Ce mot s'est conservé dans le glossaire de saint Isidore; de *Manio* ils ont fait *Munio*, *Myns*, *Meniny*, *Meinin* en Anglois, de pierre; *Manan*, roc, rocher en Langue de Madagascar; *Mache*, pierre dans l'Isle de Corse. Voyez *Main*, qui est le même que *Maen* & *Man*.

MAEN, MEN, pluriel *Mein*, pierre, rocher, noyau. B.

MAEN-ARGARZ, détestable. B. Voyez *Menargars*, *Argarz*.

MAEN-BLIF. Voyez *Blif*.

MAEN-BONN, pierre placée la dernière d'une voûte, & qui en est dite la clef. B. De *Maen*, pierre, & de *Bon*, dernière. Voyez *Boniad*.

MAEN-CAILHASTR, gros cailloux. B.

MAEN-CAWOD, sorte de pierre précieuse. G.

MAEN-CHED, le même qu'*Echedfaen*. G.

MAEN-CLAIS, marbre; à la lettre, pierre de meurtrissures, dit Davies. On appelle ainsi figurément les taches du marbre. G.

MAEN-FORNIGHELL, arrière-feu, pierre posée derrière le feu sur le foyer. B.

MAEN-GARB, MAEN-CHARZ, MAEN-HARZ, MAEN-ARZ, pierre bornale qui sert de limites & sépare les héritages. B. De *Maen*, pierre, & de *Goard*, en construction *Goarz*, & par une crase facile, *Garz*, garde. Les bornes sont des pierres qui gardent les héritages, qui empêchent qu'on n'en usurpe le terrein.

MAEN-GLAS, ardoise, & aussi une certaine pierre dure comme le marbre, de laquelle on fait des tombes & autres monumens. B. De *Maen*, pierre, & de *Glas*, bleu : L'ardoise est bleuâtre.

MAEN-GLEUZ, carrière, perrière. B. A la lettre, creux ou fosse de pierres. Voyez *Maenglawd*.

MAEN-GWNN, balle de plomb. G.

MAEN-LLECH, roc. G. C'est un pléonasme.

MAEN-LLIFO, pierre à aiguiser. G.

MAEN-MELIN, meule de moulin. G. B.

MAEN-MYNOR, marbre. G.

MAEN-RA, pierre à chaux. G.

MAEN-SQLEAND, ardoise. B. A la lettre, pierre luisante.

MAEN-TARS, casse-pierre plante. B. De *Tarza*, casser, briser.

MAEN-TYNNI, aimant. G.

MAENDO, tuiles creuses ou faîtières. G. A la lettre, pierres du toît. On voit par ce mot & par le suivant que les Gaulois ne couvroient au commencement leurs maisons que de pierres plates & déliées : Cet usage se conserve encore dans la plûpart des villages de Franche-Comté.

MAENDOWR, qui taille des pierres propres à couvrir les maisons. G.

MAENDY, maison royale ; à la lettre, maison de pierre. G.

MAËNE, MÆNE, montagne. B. *Man* en Arabe, colline ; *Man* en Persan, montagne, *Min*, particule hébraïque qui signifie qu'une chose est audessus d'une autre ; *Mena* en Chaldéen, mettre quelqu'un au-dessus d'un autre ; *Minarai* en Arménien & en Turc, bâtiment élevé semblable à un clocher ; *Mihin* en Persan, grand ; *Emin*, Seigneur, & *Main*, sommet de la tête dans la même Langue ; *Minor*, s'élever, être élevé en Malaye, & *Mina*, dessus, le dessus dans la même Langue ; *Mine* en Japonois, montagne ; *Imenit* en Esclavon, excellent. Voyez *Man*, *Men*, *Mana*.

MAENFEDD, tombe. G. A la lettre, pierre de sépulcre.

MAENGLAS, le même que *Maen-Glas*. B.

MAENGLAWDD, carrière. G. A la lettre, fosse ou creux de pierres. Voyez *Maen-Glenz*.

MAENGLEUZ, le même que *Maen-Glenz*. B.

MAENGLEUHER, perrier, carrier. B.

MAENHAD, saxifrage. G.

MAENIO, A. G. construire, bâtir. Voyez *Maen*.

MAENOL, MAENOR, habitation, demeure, maison de campagne, terre labourable, héritage, domaine, fonds de terre, champ. G. Voyez *Mana*.

MAENSAER, tailleur de pierres. G.

MAENTUMIS, défendre, mettre à couvert. G.

MAENUO, qualité de gaillard, de folâtre, de badin, de celui qui aime à se divertir. I.

MAENYDD, lapidaire. G.

MAEON, le même que *Maon*. G.

MAER, Préposé, Préteur, Préfet, fermier, granger, métayer, & vraisemblablement gardien anciennement. G. *Maer* en Breton, Maire, celui qui est à la tête d'une Ville. De là ce mot François. On disoit *Maier* en vieux François. *Mar* en Chaldéen & en Syriaque, Seigneur ; *Amir* en Turc, Seigneur, Prince ; *Emir* en Arabe, Seigneur. Gouverneur de Province ; *Mor*, *Moer*, Roi en ancien Indien ; *Mir*, *Mirza* en Persan, Seigneur, nom de dignité ; *Myr* en Tartare, Prince ; *Myrrhanes*, *Mirranus*, titre de dignité, Seigneur en ancien Persan ; *Maire* en Anglois, Maire, celui qui est à la tête d'une Ville ; *Mere* en Anglois ; *Mere* en Danois ; *Mehr* en Allemand & en Flamand, plus, davantage ; *Mir*, Roi en ancien Suédois selon Rudbeck ; *Mar* en ancien François, grand, plus grand, ce qui se voit par le nom de *Marmoutier* que l'on a donné à une Abbaye de Touraine appellée en Latin *Majus Monasterium*. Lorsque Jacques d'Artevelle se fut rendu maître dans Gand, on l'appella *Jacquemar* d'Artevelle, ainsi qu'on le voit dans Froissart.

Maire-Laine en vieux François, est la haute toison des bêtes à laine. *Mer* dans l'ancienne Langue des Francs, qui étoit le Théuton, signifioit Prince. Gregoire de Tours rapporte que Gontran appella *Ballomer*, c'est-à-dire faux Prince ; un certain Gondebaud, qui se disoit faussement fils de Clotaire, & qui en cette qualité vouloit se faire reconnoître Roi. *Mari*, *Maro* en Théuton signifient célèbre, illustre ; *Mare* en ancien Saxon, célèbre, grand, illustre ; *Mire*, bien ; *Emire*, bon en Albanois ; *Marbih*, augmentation en Hébreu ; *Mairaf* en Carinthien, grange, métairie ; *Maier*, granger, métayer ; *Meyer* en Allemand & en Flamand, granger, métayer. Voyez *Mawr*, *Mair*, *Mar*, *Mer*, *Mirer*, *Miret*, *Mor*, *Mare*.

MAER, Maire. B.

MAER, le même que *Mirer*, dit Davies, par conséquent *Maeret* comme *Miret*.

MAER Y BISWAIL, fermier, celui qui a soin du lait, celui qui a soin du ménage des champs, le même que *Hasodwr*. G.

MAERBL, mobiliaire. B.

MAERDREF, grange, ferme, métairie. G. *Tref*.

MAERDY, grange, ferme, métairie, maison de campagne, laiterie. G.

MAERES, paysane. G.

MAERES, le même que *Maerwraig*. G.

MAERLA, MAIRIA, A. M. Mairie, charge de Maire. De *Maer*.

MAERIONES, pasteurs, pâtres. G.

MAERL, engrais de rivages, marne. G. *Merls* en Gascon, marne. Voyez *Marl*.

MAERONAETH, préfecture, gouvernement, intendance, régie d'une ferme, d'une métairie. G.

MAERONES, vulgairement *Meirones*, le même que *Maerwraig*.

MAERONI, préfecture, gouvernement, intendance. G.

MAERWR, la même que *Maer*. G.

MAERWRAIG, paysane, fermière, métayère, femme qui a soin du lait. G. *Gwraig*.

MAES, poëtiquement *Ma-Es*, champ, campagne. G. B. Il signifie aussi combat, parce qu'il se donne à la campagne, dit Davies. G. Voyez *Maeza*. *Mezar* en Punique ; *Messor* en Cophte, campagne, champ ; *Mezeu* en Hongrois, champs *Mezo*, fonds de terre dans la même Langue ; *Meghdan* en Esclavon, campagne ; *Ma* en Finlandois & en Lappon, terre ; *Ma* dans les Langues de l'extrémité de l'Asie & de l'Europe, terre, pays. De *Maes* est venu notre mot *Messier*, qui signifie celui qui est chargé de garder les champs, les terres d'une Communauté lorsqu'elles portent des fruits, pour empêcher qu'on n'y cause du dommage. Voyez *Mach*, *Macair*, *Maxire*, *Amaeth*.

MAES, plaine. G.

MAES, ville. G. Voyez *Mach*, *Mag*.

MAES, pré. G. Voyez l'article suivant.

MAES, MEAS, champ, grand champ, les champs, la campagne, pré, pâturage, dehors, hors, les dehors d'une ville, d'un bourg, d'une maison. B. *Mees* en vieux François, jardin & mélanges d'herbes. On a ajoûté l'*a* paragogique ; c'est ce qui paroît par *Amaeth* & par ces vieux mots François *Amases*, *Amaserans* qui signifioient prés, jardins. On a

MAE.

On a aussi dit *Moes* comme *Maes*, ce qui se prouve parce qu'en Franche-Comté on appelle *Defoes* ou *Defois* une prairie grasse ; *De* pour *Da* en composition ; *Foes* en composition pour *Moes*. On a dit *Maeth* comme *Maes*, ainsi qu'on le voit par *Amaeth* qui est le même que *Maes*. *Urimees*, pâturage en Lappon, en Finlandois, en Mordvyn ; *Matte*, pâturage en Danois ; *Matte* en Allemand ; *Mad* en ancien Saxon ; *Mead* en Anglois, pré. L'*v* & l'*m* se mettant l'un pour l'autre, on a dit *Vaes* comme *Maes*. *Vtisa* en Théuton ; *Wiesse* en Allemand, pré. Le *b* & l'*m* se mettant l'un pour l'autre, on a dit *Baes* comme *Maes* ; de là *Besses*, pâturages dans le Patois d'Auvergne & du Limousin. Voyez *Besses*. *Vai* en Chinois, dehors. L'*v* & l'*m* se mettent l'un pour l'autre. *Armathai*, dehors en Arménien ; *Amach*, dehors en Irlandois. Voyez *Mag*, & *Met*.

MAES, maïs. B. De là ce mot. *Maa*, maïs en Albanois.

MAES, muid. B. *Mass* en Allemand ; *Maet* en Flamand ; *Meecz* en Hongrois ; *Mkha* en Esclavon, muid.

MAES. Y MAES, hormis, excepté, à la réserve. G.

MAESA, combattre. G. Voyez *Maes*.

MAESA, se décharger le ventre, action de se décharger le ventre. G.

MAESAN, petit champ. G.

MAESDIR, champ. G.

MAESMAWR, fonds de terre de grande étendue. G.

MAESSING, fouler aux pieds. G.

MAESTR, plurier *Mistry*, maître, supérieur, dominant, prédominant, principal, élevé. B. De là le Latin *Magister* ; l'Espagnol & l'Italien *Maestro* ; le François *Maître* ; l'Allemand *Meister* ; le Flamand *Meestres* ; l'Anglois *Maister* ; le Danois *Mestre* ; le Théuton *Meistar* ; le Dalmatien *Mestar* ; le Carniolois *Moister* ; le Hongrois *Mester* ; le Bohémien *Mistr* ; le Polonois *Mistrz*. Je croirois que c'est de ce mot que vient notre expression maître-Autel pour Autel principal. Voyez *Maighistriugadh*, *Maisua*, *Maizter*.

MAESTR-YAN, terme burlesque pour désigner un esprit follet. B. A la lettre, maître Jean.

MAESTRONY, MAESTRONYA, conduite, gouvernement, soin d'une affaire, d'un ouvrage, d'une personne, présidence, principalité. B.

MAESTRONYUS, impérieux. B.

MAESUR, nourriture. B.

MAETH, nourriture. G. B. De là *Mett* en notre Langue. *Mats* en Gothique ; *Mete* en ancien Saxon ; *Meat* en Anglois ; *Mat* en Islandois ; *Mad* en Danois ; *Muas*, *Muos* en Théuton ; *Mueso*, *Majar* en Espagnol ; *Messo* en Italien ; *Mus* en Allemand, nourriture ; *Matus* en Suédois, bouillie ; *Meized*, nourriture en ancien Persan ; *Maden* en Turc ; *Meyde* en Arabe, estomac ; *Madit* dans un ancien glossaire Latin, il fait cuire quelque aliment. Voyez *Maga*.

MAETH, action de nourrir. G.

MAETH, champ, campagne, plaine. Voyez *Amaeth*.

MAETHFAE, nourrisson. G.

MAETHGEN, fouet, étrivières, bastonnades, coup, action de battre. G.

MAETHU, nourrir. G.

MAETHU. Voyez *Ailmagu*.

MAETHYDD, qui nourrit, celui qui nourrit. G.

MAEYNECQ, cailloux, pierres. B.

MAEZ, honte. B. Voyez *Mez*.

TOME II.

MAG.

MAFON, framboise, framboisier ; *Pren Mafon*, framboisier. G.

MAG ; plurier *Magen*, champ. G. *Mag* en Irlandois, champ, campagne. &c. On a dit *Ma*, *Mat*, *Mas* comme *Mag*. Voyez *Aru*. Voyez *Maes*.

MAG dans un dialecte du Gallois, pré. Baxter. G. On a dit *Ma*, *Mae*, *Mas* comme *Mag*. Voyez *Aru*.

MAG, MAI, champ, campagne, plaine, terre. I. *Mega* en Hongrois, pays, contrée.

MAG, fils, le petit d'un animal, jeune. I. *Maguein*, fils ; *Magueal*, fille en Malabare. Voyez *Mac*, *Magu*.

MAG, ville, habitation, demeure, maison. Voyez *Magus*, *Mach*, *Magh*.

MAG. Voyez *Bychan*.

MAG. Voyez *Maga*.

MAG, le même que *Ma*, *Mae*, *Mas*. Voyez *Aru*.

MAG, le même que *Bag*. Voyez *M*.

MAGA, dérision, raillerie. I.

MAGA, nourrir, donner la nourriture, alaiter, élever, instruire ; participe passif *Maghet*, nourri ; *Maghet Mat*, bien nourri, gras, potelé, charnu, robuste ; *Magadur*, nourriture ; *Magadurez*, le même & éducation ; *Magat*, *Maghet*, nourrisson ; *Magher*, nourricier ; *Magheres*, nourrice. B. *Maki* en Esclavon, aliment, nourriture ; *Maachal*, *Mazon*, *Michiad* en Hébreu, vivres, alimens ; *Makan*, *Maca*, à Malaca ; *Mackan*, *Mangan* en Javanois ; *Mechiere* chez les habitans du fleuve de Saint Julien, manger ; *Matgan*, manger en Gothique. *Manea*, manger en Persan ; *Menang*, nourriture en Siamois ; *Mathan*, *Michal*, viande en Tartare Mogol & Calmoucq ; *Marhen* en Allemand, préparer le manger, faire cuir le manger ; *Mogen* en Suédois, ce qui est cuit ; *Magh* en Hongrois, grain ; *Mongo*, pain en Langue de Mandingo ; *Maga* en ancien Saxon ; *Mago* en Théuton ; *Maag*, *Mage* en Flamand ; *Mage* en Suédois & en Islandois ; *Mawe* en Anglois, estomac la partie du corps où se placent les alimens. Le mot Grec *Stomachos* ; le Basque *Estomagoa* ; le Latin *Stomachus* ; l'Italien *Stomacho* ; l'Espagnol *Estomago* ; l'Anglois *Stomack* ; le François *Estomac*, paroissent aussi venir de *Maga* ou *Maca*. *Mar*, estomac en Malabare ; *Mageiros* en Grec, cuisinier, celui qui prépare les alimens. Les Mages chez les anciens Perses étoient les Sages de la Nation, ceux qui étoient préposés pour instruire le peuple. L'*b* & le *g* se mettant l'un pour l'autre, on a dit *Maha* comme *Maga*, ainsi qu'on le voit par le mot de *Mabon* qui se dit en Franche-Comté pour le gésier ou ventricule des oiseaux. Voyez *Magu*, *Stomacq*.

MAGA, maison, habitation, demeure. Voyez *Catamaga*.

MAGAD, troupe, multitude, troupeau. C'est le même que *Bagad*. G.

MAGAD, chien. I. *Maja*, castor en Finlandois.

MAGAD, moquerie, tromperie, raillerie, ridicule. I.

MAGADEL, homme indolent, homme sans soin, qui a l'esprit lent & pesant, offusqué par la graisse, qui ne pense qu'à se bien nourrir sans s'inquiéter des autres affaires, vaurien. B. De *Maga*.

MAGADENN, nourrisson. B.

MAGADUR, aliment, nourriture. B.

MAGADURAETH, nourriture, action de nourrir. B.

I i

MAG.

MAGADURES, nourriture, action de nourrir, éducation. B.
MAGAI, nourricier, nourrice, celui ou celle qui nourrit, nourrisson. G.
MAGAL, lacet, piége. G.
MAGALIA, A. G. ville. Voyez *Magus*.
MAGAMHUL, bouffon, qui sent le théâtre. I.
MAGAN, ours en Écossois septentrional.
MAGASIN, magasin. B. De là ce mot. *Amaga* en Languedocien, serrer, cacher, enfermer quelque chose; *Magazino* en Italien, magasin; *Maexen* en Arabe, grenier ou quelque lieu que ce soit où l'on serre quelque chose; *Almazen* en Espagnol, magasin, arsenal. Al article. *Magazzii* en Albanois, grenier. Voyez *Mag*, *Magus*.
MAGDAN, toute matière qui prend feu aisément. G.
MAGERIA, A. M. métairie, maison des champs. De *Magh Erria*.
MAGES & MAES, champ selon Baxter. G.
MAGH, champ, campagne, plaine, terre, prairie. Dans les noms de lieux on le prononce aujourd'hui May, en Gallois & en Breton *Maes*. I. *Magna*, plaine dans l'Isle de Saint Domingue.
MAGH, eau dormante, eau qui ne coule pas. I. *Uisge*, eau, est ici sous-entendu. Voyez *Maghuisge*.
MAGH, le même que *Bagh*. De même des dérivés ou semblables. I.
MAGHAIR, terre labourée, champ, campagne, plaine. I.
MAGHAVUIN, ours en Écossois occidental.
MAGHERY, champ, campagne, plaine. I.
MAGHU, sortir de la terre. G. Voyez *Magh*.
MAGHUISGE, eau dormante, marais, L. *Uisge*, eau.
MAGI, nourrir. G. Voyez *Maga*.
MAGIAD, action de nourrir, éducation, accouchement. G. De là le mot Latin *Maia*, accoucheuse, sage femme.
MAGIAID, insecte qui a plusieurs pieds. G.
MAGIAID, le même que *Macciaid*. G.
MAGIEN, insecte qui a plusieurs pieds. G.
MAGIN, forêt dans le dialecte Gallois de l'Isle de Mona. G. Voyez *Gwen*.
MAGIN, machines. B. Voyez *Machin*.
MAGINOUR, machiniste. B.
MAGIOD, insectes à plusieurs pieds. G.
MAGL ou MAEL étoit le même que *Mel* ou *Bel*, tête, Prince, &c. selon la diversité des dialectes du Gallois, Baxter.
MAGL, lacet, filet. G.
MAGL, tache. G. B. Voyez *Macul*.
MAGL, macle. B. De là ce mot.
MAGLU, empêcher, embarrasser, arrêter dans des filets. G. Le *b* & l'*m* se mettant l'un pour l'autre, on a dit *Baglu* comme *Maglu*; de là les mots populaires débacle, débacler.
MAGN, dans un dialecte du Gallois, le même que *Main*, petit, &c. G. Voyez *Man*.
MAGNEL, le même que *Mangnel*. G.
MAGNELLA, MAGNELLUS, A. M. le même que *Manganum*.
MAGNELWR, machiniste. G.
MAGNERIUS, A. M. domestique. Voyez *Maagneya*.
MAGNIFIC, MANIVIC, très-bien, fort bien, à merveille; *Magnivic-Deüs*, parfaitement bien, à la lettre, très-bien de Dieu. B. C'est ainsi qu'en François on dit *divinement bien*. Les Hébreux de même que les Gaulois ajoutoient le nom de Dieu, pour marquer le superlatif, la plus grande excel

MAG.

lence; les montagnes de Dieu dans l'Ecriture Sainte, sont les plus hautes montagnes. *Manivic* paroit formé de *Man*, bon.
MAGNIVIC, beau. B. Communément parmi les Gaulois les mots qui signifioient beau, signifioient aussi bon. Voyez *Cain*, & *Magnifie* plus haut.
MAGNOUNER, chauderonnier, artisan qui fait des vaisseaux d'airain. Ce mot est formé de *Magnouni*, faire des chauderons, des vaisseaux d'airain. B. On disoit en vieux François *Magnan*, *Maignan*, *Maignen*, pour chauderonnier. On appelle encore en Franche-Comté un chauderonnier, *Magnin*. Dans le Duché de Bourgogne, on dit *Maignier*, qu'on prononce *Maigné*. A Metz, on dit *Magni*; dans le Berri *Mignan*; en Italien *Magnano*.
MAGNOUNI. Voyez *Magnouner*.
MAGOD, qu'on nourrit. G.
MAGON, champs. G.
MAGORRIA, rubrique. Ba.
MAGOUR, nourricier. B.
MAGU, nourrir, nourrice, enfanter, produire, naître. G. *Maken* en ancien Allemand, enfanter. Le *p* & l'*m* se mettant l'un pour l'autre, on a dit *Pagu* comme *Magu*, ainsi qu'on le voit par *Pasq*, paître en Breton, *Paig*, *Pesgil* en Gallois, Voyez *Maga*.
MAGU CRAWN, suppurer, jetter du pus. G. A la lettre, produire du pus.
MAGUA, occasion. Ba.
MAGUAIRT, autour de, cercle, circulaire. I.
MAGUEIN, sustenter. B.
MAGUER, nourricier. B.
MAGUEREAH, nutrition. B.
MAGUERES, nourrice, pepinière. B.
MAGUET, charnu, gras, potelé. B.
MAGUEUR, nourricier. B.
MAGUEURES, nourrice. B.
MAGUIA, gouffre, fourreau d'épée. Ba. L'*v* & l'*m* se mettant l'un pour l'autre, on a dit *Vagina* comme *Maguia*. De là le Latin *Vagina*; l'Espagnol *Vayna*.
MAGUILLA, lien. Ba. Voyez *Epurdia*. *Machan* en Théuton; *Macca* en ancien Saxon, joindre, unir, lier.
MAGUITA, joue. Ba.
MAGUS. Ce mot se trouve dans le nom de plusieurs Villes des Gaules & de la Grande Bretagne, c'est pourquoi tous les Sçavans conviennent qu'il est Celtique; mais autant on est unanime sur l'origine de ce terme, autant on est divisé sur la signification qu'il a en cet endroit. Rhenanus dit qu'il signifie maison, & cite Pline en général pour appuyer son sentiment; mais on n'a encore pu jusqu'ici trouver rien de semblable dans cet Auteur. Cluvier prétend que *Mag* (*Us* est la terminaison latine) signifie un gué; cette opinion ne peut se soutenir: La Seine n'est point guéable à *Rotomagus*, Rouen; le Po n'est point guéable à *Bodincomagus*. Cellarius veut que *Mag* ait signifié un passage de rivière; mais il n'apporte aucune preuve du sens qu'il donne à ce mot. Baxter estime que *Mag* est pris là pour champ, campagne. Buchanan conjecture qu'il signifie Ville: Ce dernier a bien rencontré, & la Langue Celtique nous met en état d'appuyer sa conjecture des plus fortes preuves. *Magh* en Gallois, ville, *Mwyr* dans la même Langue, muraille, muraille d'enclos de jardin, de parc, de ville; *Maga* en Basque, maison, habitation. Ce terme se trouve aussi en ce sens dans le Breton, qui l'a con-

MAG.

servé dans le mot *Magasin* qui en est évidemment formé ; dans celui de *Maçonn*, maçon ouvrier qui bâtit les maisons, & dans *Mastin*. Voyez ce mot. On a déja remarqué plusieurs fois que le *g*, le *c* & l'*s* se mettoient indifféremment l'un pour l'autre dans le Celtique. On apperçoit dans la Langue Françoise, qui doit la plûpart de ses mots au Celtique, plusieurs vestiges de cet ancien terme. *Mas* dans nos vieilles Coûtumes signifie une maison. Ce terme a aussi signifié en vieux François ville, bourg, habitation en général ; c'est dans ce sens qu'il forme le nom de plusieurs endroits du Royaume : Le *Mas* d'Agenois, le *Mas* d'Asil, le *Mas* Saintes Puelles, le *Mas* sur la Garonne proche de Toulouse & de Montauban, le *Mas* de la Tour, le *Mas* de Cabardez, le *Mas* de Besad, le *Mas* de Chassignoles, le *Mas* de Cros, &c. On trouve aussi dans nos anciens Auteurs *Max*, *Meix* pour maison ; on a conservé ce dernier terme en Franche-Comté dans ce sens : On l'employe encore dans la même Province pour signifier une place propre à bâtir une maison. *Masu* en Auvergnac, petite cabane ; *Mas* en Languedocien, grange, métairie ; *Mese*, *Mees* en Anglois ; *Mas* en vieux François ; *Mess* en Allemand, ville ; *Masage*, maison, village en vieux François ; *Masil*, village en vieux François. De *Mas* est venu notre terme *Masures*, qui signifie les restes d'une maison démolie. De *Mas* est aussi venu notre terme *Maison*. En quelques endroits du Comté de Bourgogne on dit *Mason*, & en quelques endroits du Duché de Bourgogne on dit *Magion* ; dans quelques autres Provinces du Royaume les paysans disent *Mageon*, *Mageon*. On disoit *Magion* pour maison en vieux François. Le *Magione* des Italiens vient de la même source. De *Mag* sont venus les vieux mots François *Maignée*, *Megnie*, dans la basse Latinité *Maagneia*, qui signifioient famille, les domestiques d'une maison ; de là *Magnerius*, *Maygnerius*, *Mainerius*, termes de la basse Latinité ; *Maignier* en vieux François, sorte de domestique. On trouve dans les anciens monumens *Mageria* pour désigner une grange, & *Magnagium* pour désigner une habitation. *Magny*, *Maigny* signifioient en vieux François une habitation, une métairie ; *Amaga* en Languedoc signifie cacher, enfermer quelque chose, ce qui ne se fait que dans des maisons ou lieux fermés. De *Mag* est venu le mot Latin *Maceria*, qui signifie les murailles d'une ville ; *Maisiere* en vieux François, muraille sèche ; *Maçon* en François ; *Mason* en Anglois ; *Mestu*, *Meistu* en Esclavon ; *Mesto* en Bohémien ; *Miasto* en Polonois, ville ; *Maslo*, lieu, demeure, habitation en Lusacien ; *Megya*, muraille en Stirien & en Carniolois ; *Maja*, tente en Finlandois ; *Magar*, *Magal*, chaumière, maison de campagne, métairie en Punique ; *Magur*, habitation, maison de campagne en Hébreu ; *Migrasch*, grange, village, & *Machabé*, cachette dans la même Langue ; *Magon*, habitation en Hébreu, & *Magen*, asyle, refuge, retraite dans la même Langue ; *Magan* en Arabe, logis, habitation ; *Magak*, château, retraite, & *Mogul*, habitation dans la même Langue ; *Baki*, ville en Cophte ; (le *b* & l'*m* se mettent l'un pour l'autre : Voyez la dissertation préliminaire sur le changement des lettres) *Pima*, lieu, habitation ; (*Pi*, article) *Mok*, asyle, refuge, retraite, lieu où l'on met

MAH. 127

à couvert dans la même Langue ; *Macker*, *Meka*, habitation, maison en Arménien, & *Magagal*, *Maghara*, caverne dans la même Langue ; On sçait que les cavernes servoient d'habitation dans les premiers temps. *Mekam*, *Mekan*, *Motwà*, habitation en Turc ; *Olmak*, habiter ; *Magharà*, retraite, cachette ; *Maghares*, caverne dans la même Langue ; *Maignaia*, *Mats*, en Japonois, ville, demeure ; *Meaco*, *Miaco*, ville dans la même Langue, & *Mas*, château ; *Matea* en Pérouan, forteresse, ville ; *Amoigna*, maison en Galibi ; *Muchos* en Grec, chambre ; *Magalia*, *Magaria*, loges, petites cabanes de bergers, petite maison, chaumière en Latin. Voyez *Mainada*, *Mas*, *Mes*, *Mayan*, *Tmoger*.

MAGUS, nutritif. B.
MAGWR, nourricier, celui qui nourrit. G.
MAGWRAETH, nourriture. G.
MAGWRAETHLLE, pepinière. G.
MAGWRAIO, nourrice. G.
MAGWRIAETH, action de nourrir. G.
MAGWY, ce qui nourrit. G.
MAGWYR, muraille, muraille d'enclos de jardin, de parc, de ville. G. Voyez *Mogher*, *Mogner*.
MAH, compression. B. Voyez *Macha*.
MAH, mêlée. B.
MAH. Voyez *Bychan*.
MAHA, le même que *Macha*. B. De là le vieux mot François *Mahestre*, qui signifioit spadassin, bandit.
MAHA. Voyez *Bychan*.
MAHAIGN, maléfice infirmité qui rend estropié. B. *Maaigne*, *Mchaigne*, *Mehagne*, *Meshain*, *Meshaigne* en vieux François, perclus, estropié ; *Mehaignie*, *Mechaignie*, *Mehaing*, *Mehain*, estropiement, estropié ; *Meshaing*, peine, difficulté, traverse. On dit parmi le peuple en Lorraine & en Franche-Comté d'une personne qui est languissante, qui ne se porte pas bien, qu'elle est *Méquaine*. Voyez *Macha*.
MAHAIGNA, estropier, mutiler. B.
MAHAIGNIUM, MAHAIN, MAHAINIUM, MAHAMIUM, A. M. en vieux François *Mahain*, *Mchain*, mutilation d'un membre, blessure ou foulure si considérable qu'on ne peut plus servir à la guerre. De *Mahaigna*, *Mahaima*.
MAHAIMA, estropier. B.
MAHAINA, table. Ba.
MAHAITARA, loterie. Ba.
MAHAITARA, compagnie d'hommes logés sous un même toît. Ba. Voyez *Mutair*.
MAHAREN, bélier, suivant d'autres mouton. G. Il faut retenir les deux significations. Voyez *Ankelher*.
MAHASTI, vigne ; *Mahasti-Caina*, vigneron. Ba.
MAHATSARNO, vin. Ba.
MAHATSI, raisin. Ba.
MAHE, Mathieu. B. On ne rapporte ce mot que pour faire voir les changemens que les Bretons font dans les noms propres.
MAHEIN, fouler. B.
MAHEMIARE, MAHENNARE, A. M. mutiler, blesser ou fouler quelqu'un de telle sorte qu'il ne puisse servir à la guerre ; *Mahemiator*, celui qui agit ainsi. Voyez *Mahaignum*.
MAHER, cochemar. B. Voyez *Maha*.
MAHET. Voyez *Bychan*.
MAHIGNEIN, tronquer, mutiler. B.
MAHOLUM, A. M. le même que *Macholum*.
MAHOMER, usurpateur. B.

MAHOMERIE, usurpation. B.

MAHOMI, envahir, usurper, empiéter, anticiper. B.

MAHON, ours. I.

MAHON. Voyez *Bychan.*

MAHOT. Voyez *Bychan.*

MAHOU. Voyez *Bychan.*

MAHOUMA, le même que *Machsuma.* B.

MAHTEID, vierge. C.

MAHYN. Voyez *Bychan.*

MAI, MAITH. Baxter, p. 163, écrit que chez les anciens Celtes ces mots signifioient grand. Outre l'autorité de Baxter, qui est suffisante pour nous assurer de la vérité de ce qu'il dit sur ce sujet, nous trouvons encore dans les Dictionnaires Gallois *Mai* pour grand. *Mai* en Phrygien ; *Meds* en Arménien ; *Megas* en Grec, grand ; *Major* en Latin, plus grand ; *Or*, marque du comparatif ; *Mas* en Espagnol, plus, davantage. Voyez *Majol.*

MAI, mai mois. G. B. *Maius* en Grec, *Maius* en Latin ; *May* en Allemand ; *Maggio* en Italien ; *Mayo* en Espagnol ; *Mey* en Flamand ; *Mei* en Danois ; *May* en Polonois ; *Mag* en Bohémien ; *Mainik* en Esclavon & en Carniolois, *Mai* en François.

MAI, grand. G.

MAI, plaine. G. Voyez *Mats.*

MAI, parce que. G.

MAI, fleuri. B. selon Dom Pezron.

MAI pour *Mag* ; l'*i* & le *g* se mettent l'un pour l'autre. Voyez la dissertation sur le changement des lettres. D'ailleurs on dit *Meix* pour *Mag.* Voyez *Magns*, *Maia.*

MAI, le même que *Bai.* Voyez *Bai*, *Bach* & *M.*

MAIA, A. G. nourrice. Voyez *Maga.*

MAIA, A. M. tas de gerbes ; en François *Maie.* Voyez *Mae.*

MAIAN, place, lieu. I.

MAICH, lierre. E.

MAIGHAIRE, champ, campagne, plaine. I.

MAIDD, petit lait. G.

MAIDE, bois substance d'arbre, de bois, bâton. I. *Madera* en Portugais, bois ; *Mede* en Lappon ; *Medca* en Finlandois, forêt. Voyez *Den.*

MAIDE, piéce, morceau, ce qui est coupé. I.

MAIDE, MAIDOG, MAIDOC, dans la vie de saint Aidan, paroissent signifier fils de l'étoile ; *Og* ou *Oc*, fils ; *Maidean*, qui signifie matin, aurore, aura été étendu à signifier l'étoile du matin, ensuite étoile en général. I.

MAIDEAN, matin, matinée. I. Voyez l'article précédent.

MAIDFIOC, clément. I.

MAIDH, le même que *Maigh.* I.

MAIDHAIRE, le même que *Maighaire.* I.

MAIDHE, le même que *Baidhe.* De même des dérivés ou semblables. I.

MAIDHIDHEAN, fille vierge. I.

MAIDIANT, nom substantif qui se donne à un homme inutile, fainéant & lâche. B.

MAIDIIN, fille. E. *Maid*, *Maiden* en ancien Saxon ; *May* en Islandois ; *Maidiin* en Allemand, fille. Voyez *Mates.*

MAIDRIN, petit chien. I.

MAIG, MAIGH, champ, campagne, plaine. I.

MAIGHAIRE, champ, campagne, plaine. I.

MAIGHDEANUS, virginité. I.

MAIGHDIN, MAIGHDEAN, fille vierge. I.

MAIGHDIONNUS, virginité. I.

MAIGHUBAN, place. I.

MAIGHISTRIUGADH, dominer. I. Voyez *Maistr.*

MAIGHNEAS, champ, plaine. I.

MAIGNAGIUM, A. M. boutique de chauderonnier. Voyez *Magnonner.*

MAIGNCASROE, camp. I.

MAIGNORIUS. Voyez *Magus.*

MAIGNOUNER, chauderonnier. B. Voyez *Magnonner.*

MAIL, cruche, vase, pot à eau, coquemar, bassin à laver. G. Voyez *Bailh.*

MAIL, gain, profit. G. Voyez *Mael.*

MAIL, le même que *Bail.* De même des dérivés ou semblables. I.

MAILCAYA, pilon à piler. Ba.

MAILH, maillet, espèce de marteau de bois. B. De là le Latin *Malleus* & le François *Maillet.* Voyez *Mailluquia.*

MAILH, mail. B. De là ce mot.

MAILH, maille, boucle, anneau. B. De là le mot François *Maille.*

MAILH, délibéré, hardi, résolu, maître habile en son art, expert, chef d'un parti, d'un corps, le coq, le principal de la paroisse, dominant, supérieur, élevé, génie dominant à qui tout le monde céde, drôle, espiégle. B. Voyez *Balch*, *Mailis.*

MAILH, le même que *Bailh.* Voyez ce mot & *M.* De là notre mot François *Emaillé.*

MAILHARD, le mâle de la cane. B. De là le *Milard* en François, le mâle de la cane, le canard.

MAILHARD, drôle, espiégle. B. Il paroit que c'est le même que *Mail.*

MAILHED, experts, jurés, les plus habiles dans un métier. B.

MAILHOC, menton. B.

MAILHOC, baquet, cuvier. B. Voyez *Bailhocq.*

MAILHOICH, maillet. B. De là *Maillouche* en Patois de Franche-Comté.

MAILHUR, maillot langes d'un enfant. B. De là ce mot.

MAILHURA, MAILHURI, emmailloter, envelopper. B.

MAILHURENN, maillot, lange, drapeau, lange fait d'étoffe. B.

MAILIS, fourberie, tromperie, imposture, petite querelle, pique, démêlé. I. On voit par le mot suivant & par *Mailis*, qu'il a aussi signifié méchanceté, malice, scélératesse. Voyez *Mailh.*

MAILISEACH, scélérat, déterminé, coquin. I.

MAILL, prolongation, délai, cessation, retard, séjour. I.

MAILL, le même que *Marl.* Voyez ce mot.

MAILLA, MALLEA, degré. Ba.

MAILLARAC, faséoles qu'on appelle à Paris fèves de haricot. Ba.

MAILLARRAC, esquif, barque. Ba.

MAILLEBA, emprunt. Ba.

MAILLEGAYA, déclinable en grammaire. Ba. Voyez l'article suivant.

MAILLEEPEA, dégradation. Ba. Voyez *Mailla.*

MAILLEETEA, déclinaison de grammaire. Ba. Voyez les mots précédens.

MAILLIGNE, renvoyé, remis. I.

MAILLIS, malice. I. De là le Latin & l'Italien *Malitia* ; l'Espagnol *Malicia* ; le François & l'Anglois *Malice.*

MAILLUQUIA, gros marteau. Ba. Voyez *Mailhoich.*

MAILPIOB, PIOB MALA, cornemuse. I.

MAIN.

MAI.

MAIN, pierre, roc, montagne. G. Voyez *Maen*, *Main* plus bas, *Mainngeir*.

MAIN, petit, grèle, délié, mince, menu, subtil. G. Il a aussi été pris adverbialement. Voyez *Rhedegfain*, *Mainlleisio*. L'*s* & l'*m* se mettant l'une pour l'autre, on a dit *Fain* comme *Main*, c'est ce qui paroit par le mot François *fin*, qui signifie délié ; *Fein*, fin, délié en Allemand ; *Fijn*, fin, délié en Flamand. Ce mot se prend aussi au figuré pour fin, rusé. *Fen* en Turc, dol ; *Phenax* en Grec, trompeur. Voyez *Man*.

MAIN, conduire, mener, porter. G. De là notre mot François *Mener*, l'Italien *Menare*, le terme de la basse Latinité *Minare*. *Ameneque*, apporter en Galibi. Voyez *Minmhulin*, *Men*.

MAIN, le même que *Bain*. De même des dérivés ou semblables. I.

MAIN, pierre. B. Voyez *Maen* qui est le même mot.

MAIN, bon. Voyez *Coelfain* & *Man*.

MAIN, fréquemment, habituellement. Voyez *Cnofain*.

MAIN, synonime de *Maint*. Voyez *Cymmaint*.

MAINA, table à manger. Ba.

MAINADA, famille. Ba. Voyez *Maon*.

MAINADA, MAISNADA, A. M. *Mesnée* en vieux François, famille. De *Mainada*.

MAINAGIUM, A. M. maniement. De *Mena*.

MAINAGIUM, A. M. ménage meubles d'une maison. De *Mainada*. Le *g* se met pour le *d*.

MAINARE, A. M. placer, faire demeurer en quelque endroit. De *Mana*.

MAINATA, A. M. le même que *Mainada*, le *t* & le *d* se mettant l'un pour l'autre.

MAINCH, manche. B. De là le Latin & l'Italien *Manica*, l'Espagnol *Manga*, le François *Manche*, l'Anglois *Maniele*. Voyez *Maing*.

MAINCHOL, petite table. Ba.

MAINCHON, manchon. B. De là ce mot. Voyez *Men*, *Main*.

MAINE, le même que *Baine*. De même des dérivés ou semblables. I.

MAINEAR, fief, seigneurie, terre seigneuriale. I.

MAINEAR DO CATHAIR, quartier de la ville. I.

MAINFULA, A. M. gand. De *Meen*, main, & *Foll* ou *Full*, couverture.

MAING, manche. B. Voyez *Mainch*.

MAINGC, banc, escabeau ; *Maing O Faen Mynor*, banc de pierre. G. Voyez *Bancq*, *Menk*.

MAINGUA, boiteux. Ba.

MAINGURI, muet. Ba.

MAINILLUM, A. M. maison, demeure, habitation avec une certaine quantité de terres labourables ou métairie, en vieux François *Ménil*. De *Men*, métairie.

MAINISIUM, A. M. le même que *Mainillum*.

MAINIUGHADH, commencer à paroître. I.

MAINLAND, le continent. E.

MAINLLEISIO, chanter doucement, à voix basse comme les petits oiseaux. G.

MAINLLIAIN, suaire drap dans lequel on ensevelit un mort. G.

MAINNGEIR, carrière endroit où l'on taille la pierre. I.

MAINNSEAD, le pain le plus blanc. I.

MAINNSEAR, mangeoire, crèche. I.

MAINREACH, hutte, cabane, parc, bergerie. I. Voyez *Mana*.

MAINT, MENT, quantité, grandeur. G. B.

TOME II.

MAI.

MAINT, *Mainte* en vieux François ; *Manag* en Gothique ; *Man* en Théuton ; *Manig*, *Manch* en Allemand ; *Menie* en Flamand ; *Moene* en Suédois ; *Many* en Anglois, beaucoup, quantité, plusieurs ; *Manh* en Tartare du Thibet, plusieurs ; *Man* en ancien Saxon, le vulgaire, le commun. Voyez l'article suivant & *Mendi*.

MAINT, multitude, étendue, immensité, capacité. G. Voyez l'article précédent.

MAINTIOLAETH, grandeur. G.

MAINTIOLI, grandeur, quantité, perfection, achevement. G.

MAJOL, majeur. B. Voyez *Mai*.

MAJOR, A. M. pour *Major Domus*, *Major Palatii*, le Maître d'Hôtel, le Maître du Palais. Voyez *Mai*, *Maer*.

MAJOURNI, mâcher. B.

MAIP, rave, rave ronde. G. L'*n* se mettant pour l'*m*, on a dit *Naip* comme *Maip* ; de là le Latin *Napus*, l'Italien *Napo*, l'Espagnol *Nabo*, le François *Navet*, l'Anglois *Navew*.

MAIR, grand, petit. G. On a prouvé dans la premiere partie des Mémoires sur la Langue Celtique, que le même mot avoit des significations opposées.

MAIR, préposé, prévôt. C.

MAIR, grand, principal. I.

MAIR, mer. Voyez *Rhos Mair*.

MAIRA, huche, mai, pétrin, grand plat, bassin. Ba. De là en François *Mai*, pétrin & le fond d'un pressoir, parce qu'il est fait en forme de bassin pour y placer les choses qu'on veut presser.

MAIRACH, pays. Voyez *Almairach*.

MAIRBH, amortissement. I.

MAIRE, mere. B. De là ce mot. *Mair*, mere en Arménien.

MAIRIA, A. M. mairie, office de maire. Voyez *Mair*.

MAIRIM, vivre. I.

MAIRNEALACH, matelot. I. Voyez *Mair*.

MAIRUA, maure. Ba.

MAIS, muid, mesure. B.

MAISAGIUM, A. M. maison avec une certaine quantité de terres labourables. Les Anglois disent *Messuage* en ce sens. De *Maes*, & *Ac* ou *Ag*.

MAISE, parure, port majestueux ; *Maiseach*, majestueux. I. Voyez *Mai*.

MAISEACH, paré, net, propre, beau. I.

MAISIGHIM, parer. I.

MAISK, entre, parmi. I. Voyez *Mesk*.

MAISNADA. Voyez *Mainada*.

MAISNAGIUM, A. M. manoir principal, chefmanoir en terme de pratique. De *Mena*.

MAISNAMENTUM, A. M. demeure, habitation. De *Mena*.

MAISNILUM, A. M. maison avec une certaine quantité de terres labourables ou métairie. Voyez *Mainillum*.

MAISTRE. Voyez *Cunneoig*.

MAISUA, précepteur, maître. Ba. Voyez *Maestr*.

MAISUERA, science, discipline. Ba.

MAIT, bon. Voyez *Maith*.

MAIT, A. M. pétrin. Voyez *Maira*.

MAITAEDARIA, philtre breuvage pour donner de l'amour. Ba. Voyez *Maite*.

MAITAPALA, vase propre à servir les viandes. Ba.

MAITARRAGUEYA, volupté. Ba.

MAITATU, je flate. Ba.

MAITATUA, flaté. Ba.

MAITATZALLEA, flateur. Ba.

K k

MAITE, aimant. Ba. Voyez *Mait*, *Maith*.
MAITEA, aimé, chéri, aimant. Ba.
MAITEAGO, plus aimable, plus aimé. Ba.
MAITEGUIA, endroit où l'on mange. Ba.
MAITER, le même que *Baiter*. De même des dérivés ou semblables. I.
MAITH, long. G. C. B. *Meszs*, loin en Hongrois.
MAITH, éloigné, qui est loin. G.
MAITH, grand. G. *Meist*, principalement, très-grandement en Théuton; *Mais* en Gothique & en vieux François, plus, davantage; *Mast*, grand en ancien Saxon; *Meisla* en Allemand, très-grand; *Meizon* en Grec, plus grand. Voyez *Mai*.
MAITH, beaucoup. G. Voyez *Maiz*.
MAITH, ample, étendu, spacieux, abondant, libéral, prodigue, ennuyeux. G.
MAITH, le même que *Maes*. G. Voyez *Maig*, *Ymmaith*, *Amaith*.
MAITH, MAITHAN, MAITHIN, bon, excellent, avantage, gain, profit. I. Voyez *Mad*.
MAITH, commode, propre à. I.
MAITHAIRE, le même que *Maichaire*. I. De là *Métairie*.
MAITHEAMNAS, pardon. I.
MAITHEAS, bonté, probité. I.
MAITHFIOCHAS, clémence, pardon. I.
MAITHFIOCHUS, patience. I.
MAITHGNIOM, grace. I.
MAITHIOD, pardonner. I.
MAITHIOS, bonté, libéralité. I.
MAITHIR, la mere de certains animaux. I. *Mader*, *Madar* en Persan; *Mada*, *Mata* en Malabare; *Muth* en ancien Egyptien; *Meter* en Grec; *Mater* en Latin; *Madre* en Espagnol & en Italien; *Meder*, *Moder* en ancien Saxon; *Muater*, *Muoter* en Théuton; *Mutter* en Allemand; *Moeder* en Flamand; *Mother* en Anglois; *Moder* en Danois; *Mati* en Esclavon & en Dalmatien; *Matz* en Lusacien; *Matka* en Polonois & en Bohémien, mere.
MAITHRM, pardonner. I.
MAITIOD, pardonner. I.
MAITIR, écluse, digue. I.
MAIZ, souvent, fréquemment. Ba. Voyez *Maith*.
MAIZAINA, MAIZAYA, maître d'hôtel, majordome. Ba.
MAIZCOA, commun, fréquent. Ba.
MAISTER, maître. Voyez *Maestr*.
MAISTERRA, locataire d'une maison. Ba.
MAK, fils. I. C'est le même que *Mac*.
MAKANTA, bon. I.
MAKILA, bâton. Ba. Voyez *Bach*.
MAKTIR, loup. E.
MAKTIRE, loup. I.
MAL, tête, & au figuré Seigneur. G. *Mal* en Irlandois, Prince; *Malé*, élévation, éminence en Malabare; *Malaga*, *Malachai*, chapeau en Tartare Mogol & Calmoucq; *Mala* en Grec, beaucoup; *Mal*, montagne en Albanois. Voyez *Bal*, *Mala*, *Mallea*.
MAL, Voyez *Bal*.
MAL, membre. G.
MAL, comme. G. *Malikpa* en Groenlandois, imiter; *Malik*, image en Esclavon; *Mali* peindre en Théuton; *Malam*, peindre; *Malar*, peintre en Stirien & en Carniolois; *Malaus*, peinture en Finlandois; *Malen* en Allemand, peindre; *Maller* en Allemand, *Malarih*, *Malir* en Bohémien; *Maliarib* en Polonois, peintre.
MAL, monnoie. G. Voyez *Malu*.

MAL, mouture, action de broyer. G. *Mal* en Breton, mouture, action de mettre quelque chose en poudre. Voyez *Mala*, *Malu*.
MAL, le même qu'*Ysmala*. G.
MAL, Prince. I.
MAL, poëte. I.
MAL, tribut, cens. I. *Mal* en Théuton, tribut, pension, salaire; *Male* en ancien Saxon, tribut, salaire. Voyez *Mal*.
MAL, le même que *Bal*. De même des dérivés ou semblables. I.
MAL, mouture, action de réduire en poudre. B.
MAL, anille ou crosse de vieillard. B.
MAL, mâle. B.
MAL, hâte. B. Voyez *Mall*.
MAL, MALISSEN, bourse, malle. B. Voyez *Mala*, *Maleta*, *Mall*. De là nos mots *Malle*, *Valise*, l'v & l'm se substituant réciproquement. Voyez *M*.
MAL, pierre, roc. Voyez *Bilyen*.
MAL, le même que *Bal*, arbre, bois, forêt. Voyez *Bal*, *Bali*.
MAL, fer. Voyez *Malen*.
MAL, pomme. Voyez *Amal*, *Aval*.
MAL, le même que *Bal* dans toutes ses significations. Voyez *M*.
MAL-LEDD, le même qu'*Ysmalhawch*. G.
MALA, sourcil, sommet.
MALA, sac, besace, valise, poche, bourse, balle, ballot. I. Voyez *Mal*.
MALA, moudre. B. Voyez *Malu*.
MALA, le même que *Mall*. Voyez *Gosmala*.
MALA, le même que *Bala*. Voyez *M*.
MALA, A. G. valise, sacoche. De *Mala*.
MALADECG, MALADENN, mouture. B.
MALAEN, diable. G.
MALAESTREIN, régir. B. Voyez *Mal*.
MALAGRES, indignation. B.
MALAIRTH, changement, vicissitude, révolution, change, échange. I.
MALAIS, malice, malignité, malveillance, haine, mauvaise volonté. G.
MALAN, gerbe. B.
MALANA, engerber. B.
MALADARTZA, fuseau. Ba.
MALARDE, jour gras, carnaval. B. De *Mar Larde*.
MALARTHADH, troquer, changer, échanger. I.
MALARTHAS, leger, inconstant. I.
MALARTHUGADH, échange, changement, mutation. I.
MALARTUGHADH, se donner réciproquement, alterner. I.
MALARTUGHTE, étranger. I.
MALATZA, élégant, propre. Ba.
MALAVEN, le même que *Balaven*. Voyez ce mot & *M*.
MALBRAN, un corbeau mâle. B. De *Mal Brau*.
MALBRE, pressoir. B.
MALC, sillon, terre élevée entre deux rayes ou rayons. G.
MALCAIREAS, vente. I.
MALCAM, porter, mener. I.
MALCARRA, dur. Ba.
MALCHIO, A. G. difficile à vivre, chagrin, cruel. De *Balch*. L'm & le b se substituant réciproquement. Voyez *M*.
MALCIO, faire des sillons dans un champ qu'on laboure. G.
MALCOA, larme. Ba.

MAL. MAL. 131

MALCORBA, précipice. Ba.
MALCORBU, je précipite. Ba.
MALCTHAIRE, porteur. I.
MALD, le même que Bald. Voyez M.
MALDA, abri, couvert. Ba.
MALE, anille ou crosse de vieillard. B.
MALECLUM, A. M. espèce de filets. De Mal, maille.
MALEGRACE, disgrace. B. Voyez Grace.
MALEIN, triturer, broyer. B.
MALEISUS, malicieux, malin, malveillant, envieux. G.
MALEN, dame, maîtresse. G. Voyez Mal, Mâl.
MALEN, acier, fer. G. Ce mot est le même que Balain, Melan, Mael. Mael étant le plus court, est le primitif. De ce mot par crase on a fait Mal, Mèl; de là Malain, Melan. L'm & le b se substituant, on a fait Bal & Balain, qui est le même que Balen.
MALER, moulant, garçon meûnier attaché à faire moudre le grain. B.
MALET, petite malle. Ce mot Breton se trouve dans le procès de canonisation de saint Yves.
MALETA, malle, valise, bourse. Bu. Voyez Mal.
MALETA, A. M. petite malle. De Malet.
MALETENN, malle, valise. B.
MALEU, bequille. B.
MALEUR, malheur. B. Voyez Eurus.
MALEURUS, infortuné, malheureux. B. De là ce mot. Voyez Eurus.
MALF, mauve. B.
MALFEN, cil poil des paupières. B.
MALFLAER, scrofulaire plante. B. A la lettre, mauvaise odeur.
MALFRAN, corbeau mâle. B. C'est le même que Malbran.
MALGUDEEN, cil poil des paupières. B.
MALHA, A. M. anneau de chaîne. De Mailh.
MALI, allée d'arbres. Voyez Bali & M.
MALIAD, action de moudre. G.
MALIADURA, flétrissure. Ba.
MALIATU, meurtrir. Ba.
MALIATZALLEA, qui donne des coups. Ba.
MALIATZEA, contusion. B.
MALICZ, malice. B. Voyez Malis.
MALINA, MALINEA, A. G. flux de la mer plus considérable que de coutume. De Mal, élévation; Llynn, eau.
MALIS, malignité, malice, malveillance. G. Malicz en Breton, malice. De là le Latin & l'Italien Malitia, l'Espagnol Malicia, le François & l'Anglois Malice. Voyez Mall.
MALISEN, malle, valise, poche. B. Voyez Mal.
MALITOUCH, chancre. B.
MALL, mauvais, corrompu, pourri, insipide, fade, sans goût, sot, fat, impertinent, niais, fou. G. Mall, mauvais, pourri, corrompu en Breton. De là le Latin Malus, l'Espagnol Malo. De Mall sont venus le terme François Malade, l'Italien Malato, les termes de la basse Latinité Malatus, Maladus, Mali, fou en Arménien; Melul, misérable, qui souffre, malheureux en Turc; Mo, mauvais, mal en Tartare Calmoucq; Moll, pécheur en Jalof; Malatiffi, mauvais, méchant; Malachirebe, malicieux; Malatat, cela va mal, mal en Algonkin; Masle, fumier en Normandie, & Masture, le lieu où l'on assemble se fumier. Amal étoit le nom d'une illustre famille des Goths. Ce terme est formé d'A privatif, & Mal, tache en leur Langue; Malan,

défant en vieux François; Mal, petit en Stirien & en Carniolois; Small en Anglois; Malahan en Dalmatien & en Croatien; Malucsky en Polonois, petit. Voyez Mallogad, Mallu.
MALL, prolixe, long, étendu, lent, tardif, ennuyeux. I.
MALL, mauvais, pourri, corrompu. B.
MALL, hâte, empressement, précipitation, vitesse, rapidité, violence; Mall Ew, il est temps.
MALL, malle, paquet, caisse, valise, boutique portative de mercier, bagage de voyageur. B. De là Male en Flamand; Maly en Bohémien; Malha en Hongrois; Maleta en Espagnol; Malle en François, valise, malle. Voyez Mal.
MALL-HAINT, mal, maladie. G. A la lettre, mauvaise santé.
MALL-HEAUT, hannebane plante. B.
MALLA, pas, dégré, marche d'escalier. Ba.
MALLA, A. M. maille. De Mailh.
MALLAGUINA, qui concerne les cuirasses. Ba.
MALLAIR, malédiction. G.
MALLARDUS, A. M. mâle de la canne, canard. Voyez Mailhard.
MALLAS, malédiction, imprécation, exécration. I.
MALLAS, malédiction. B.
MALLATU, meurtrir. Ba. De là Mailler en Franche-Comté, froisser.
MALLATUA, meurtri de coups. Ba.
MALLDAN, feu follet. G.
MALLDER, pourriture, corruption, chansissure, moisissure, insipidité, sotise, folie. G.
MALLDOD, pourriture, corruption, insipidité, folie, sotise. G.
MALLE, peau qui a encore son poil. B. Mallos en Grec, poil; Melote en Grec; Melota en Latin, peau de brebis avec sa toison.
MALLEA, grand. Voyez Edariemallea. Voyez Mal, Mâl.
MALLEGH, sac ou besace. I.
MALLERIA, A. M. fosse d'où l'on tire de la marne. De Marl.
MALLHAINT, maladie, peste. G.
MALLIA, A. M. maille petite monnoie. De Mal.
MALLIARE MONETAM, A. M. fraper de la monnoie. De Malu.
MALLIGH, plurier Mally, cil des yeux. I.
MALLINCURUA, qualité, prix de l'or. Ba.
MALLIZA, qualité, prix de l'or. Ba.
MALLO, A. M. bosse ou tumeur qui vient aux genoux des chevaux sans leur causer de douleur. De Mal, élévation.
MALLOA, rond en long. Ba. Mallones en Grec, cheveux bouclés.
MALLOGAD, maudire, exécration. I.
MALLOS, malédiction, imprécation. B.
MALLOSTA, verveu espèce de filet à prendre du poisson. Ba.
MALLPEI, comme. G.
MALLSMUAIRIEDH, affecter. I.
MALLTOIR, le même que Mealltoir. I.
MALLU, se corrompre, se pourrir. G.
MALLU, pourrir, gâter, corrompre, mauvais. B.
MALLUGHRADH, maudire, faire des imprécations, détester, blasphème, malédiction. I.
MALLUGHTHE, maudit, scélérat, déterminé. I.
MALMOLA, A. M. tribut, contribution, impôt. Voyez Mal.
MALO, guimauve. B.

MAL.

MALOA, épouvantail. Voyez *Cherimaloa*. L'n & l'l se mettant l'une pour l'autre, on a dit *Manoa* comme *Maloa*, ce qui se voit par le terme *Mano*, qui se dit en Franche-Comté aux enfans d'un homme masqué ou déguisé de façon à leur faire peur.

MALOH, malédiction. B.

MALON, pierre, roc. Voyez *Bilyen*.

MALORD, MALORT, ladre, vilain, coquin, malotru. B. De *Malort*, par une transposition facile, on a dit *Malotr*, d'où est venu notre terme *Malotru*.

MALOUER, égrugeoir petit moulin à bras. B.

MALPAI, comme, de même, à la façon, également, autant, comme autant. G.

MALSOA, doux, humain, pieux, dévot. Ba.

MALSOQUIDA, conducteur d'un troupeau. Ba.

MALSOTU, j'adoucis, j'appaise. Ba.

MALTOUTER, maltotier. B.

MALTR, fouine, martre. B.

MALTSOA, lent. Ba.

MALU, moudre, broyer, émier. G. B. *Mol* en Hébreu, mettre en piéces, & *Mal*, une multitude divisée & réduite en très-petite partie dans la même Langue; *Malan* en Gothique; *Mala* en Islandois; *Mahala* en Suédois; *Malen*, *Müllen* en Allemand; *Mulen*, *Mullen* en Théuton; *Mullein* en Grec; *Molere* en Latin, moudre; *Mel* en Islandois, je brise en petits morceaux; *Mulda* en Gothique; *Myl*, *Mold* en ancien Saxon; *Mel* en Théuton; *Mol*, *Mold* en Scandinave; *Mul* en Flamand, poussière, les plus petits morceaux d'une chose brisée. Voyez *Mala*, *Melin*, & *Malurio*, qui est le même que *Malu*.

MALV, mauve. B. *Malluach* en Hébreu; *Demolva* en Arabe; *Malache* en Grec; *Malva* en Latin, en Espagnol & en Italien; *Malowe* en Anglois; *Malva* en Hongrois, mauve. Voyez l'article suivant.

MALVA, mauve. Ba. Voyez l'article précédent.

MALUEH, malédiction. B.

MALVEN, MALUEN, paupière peau qui couvre l'œil, cil des yeux ou poil des paupières, ailes d'oiseau, de papillon, & même celles d'un moulin à vent; *Malvennie*, petit papillon, hanneton & autres insectes volans. B.

MALVEN, mauve. B.

MALVENNIC. Voyez *Malven*.

MALUR, MALURIO, MALURIA, taupière, terre émiée & jettée au dehors par une taupe. G. Voyez *Malu*.

MALVRAN, MALBRAN, MARBRAN, corbeau mâle. B. Voyez *Malbran*.

MALURIAD, action de broyer, d'émier, de moudre. G.

MALURIO, briser, broyer, mettre en petits morceaux. G. C'est le même que *Malu*.

MALURIWR, broyeur. G.

MALWEN, qui porte sa maison. G. Voyez l'article suivant.

MALWEN; pluriel *Malwod*, d'où s'est formé le singulier *Malwoden*, limaçon, escargot, tortuë. G. Voyez l'article précédent.

MALWHEDEN, escargot, limaçon, tortuë. B.

MALWOD, MALWODEN. Voyez *Malwen*.

MALWODEN, coquille d'escargot. G.

MALWR, meûnier, broyeur. G.

MALY, le même que *Bily*.

MALYEN, pierre, roc. Voyez *Bilyen*.

MALYN, pierre, roc. Voyez *Bilyen*.

MALYN, pomme. Voyez *Amal*.

MAM.

MALYON, pierre, roc. Voyez *Bilyen*.

MALZEN, floccon; *Malzen Gloan*, floccon de laine; *Malzen Erch*, floccon de neige. B.

MAM, mere. G. C. B. *Mama* en Persan; *Maa* en Cophte; *Men* en Siamois; *Mamma* en Brebete; *Mama* en Tidoritain; *Maa* dans la Langue de Malaca; *Mammia* en Grec Attique; *Manna* en Grec vulgaire; *Mam* en Anglois; *Mem* en Flamand; *Mama* en Espagnol; *Mama* en Albanois; *Mama* en Stirien & en Carniolois, mere; *Mama*, mere en Pérouan. Les enfans appellent encore parmi nous leur mere leur *Maman*. *Ma* en Tartare du Thibet; *Memme* en Flamand; *Mamka* en Polonois; *Moni* en Cophte, nourrice; *Mina* en Malaye, oncle du côté de la mere. Voyez *Mamu*, *Ama*.

MAM, MAMMOG, matrice, mole terme de chirurgien, maladie de femme. G.

MAM, pas, passage entre des montagnes. E.

MAM, montagne, colline, sommet de montagne. I. Voyez *Man*.

MAM, force, puissance. I.

MAM, matrice. B.

MAM, le même que *Bam*. Voyez *M*.

MAM-CAHM, goutte sciatique. B.

MAM-COS, grand-mere. B. A la lettre, vieille mere.

MAM-CUN, bisaïeule. B.

MAM-GAER, belle-mere seconde femme du pere. B. *Gaer* de *Caer*.

MAM-GOH, MAN-GOZ, aïeule. B. A la lettre, vieille mere.

MAM-GOHHENSAM, trisaïeule. G.

MAM-GU, aïeule. G. *Cu*, chére. Nous appellons encore l'aïeule, *ma bonne*.

MAMBRAGEN, membrure terme de menuisier. B.

MAMDYEGUES, sage-femme. B.

MAMEANA, inexcusable. Ba.

MAMEC, marâtre. B.

MAMEN, MAMMEN, MOMEN, MOWMEN, source d'eau, fontaine, principe, la mere du vinaigre qui en est le levain; *Mamel Al-Lagat*, la prunelle de l'œil. B. Voyez *Mammenn*.

MAMFEN, aïeule. G.

MAMGOTH, aïeule. B. Voyez *Mam-Goh*.

MAMIA, moëlle, la partie charnue du corps. B.

MAMIA, pulpe la partie ou la chair des fruits bonne à manger. Ba.

MAMIEU, aïeule, grand-mere. B.

MAMIZURRA, cartilage. Ba.

MAMLLADDIAD, MAMLLEIDDIAD, matricide. G.

MAMM, mammelle. I. B. De là le Latin *Mamma*, *Mamilla*, l'Italien *Mamella*, l'Espagnol *Mamas*, le François *Mammelle*, le Flamand *Mamme Meme* en Turc; *Manati* en Galibi, mammelle. Voyez *Mammaeth*.

MAMM-YOU, trisaïeule. B.

MAMMAETH, nourrice, mere celle qui a enfanté. G. Ce mot est formé de *Mam Faeth*, mere de nourriture, ou mere qui nourrit, & a originairement signifié nourrice, ensuite il a été étendu à signifier mere.

MAMMAWL, maternel. G.

MAMMECQ, belle-mere, marâtre. B.

MAMMENN, source. B. *Mahhhin* en Hébreu & en Syriaque, source, fontaine. Voyez *Mamen*.

MAMMGUN, bisaïeule. B.

MAMMOG, matrice. G. Voyez *Mammou*.

MAMMONES, A. M. singes femelles. De *Mam*, mere.

MAMMOU.

MAM.

MAMMOU, matrice. B. Voyez *Mammog*.
MAMMWS, mere. G.
MAMMWYDD, oye qui a des petits. G. *Mam Gwydd*.
MAMMWYS, maternité, matrice, mere. G.
MAMMWYTH, MAMMAETH, mere. G. Ce mot est formé de *Mam Bwyth*, mere de nourriture, & il en faut juger comme de *Mammaeth*.
MAMMYNOGI, le même que *Màn*. G.
MAMUA, spectre. Ba. *Mommo* en Grec, masque. En Celtique les mots qui signifient spectre, signifient aussi masque. Voyez *Ellyll*, &c.
MAMUSA, spectre horrible. Ba.
MAN, lieu, habitation. G. *Man* en Breton, çà adverbe de temps & de lieu, & *Mana*, résider, demeurer dans la même Langue; *Maine*, *Manaye* en vieux François, habitation; *Manos* en Hébreu, refuge, retraite, asyle; *Armon*, palais, & *Aman*, fortifier, enfermer dans la même Langue; *Man*, *Manzo* en Arabe, habitation. & *Mihan*, logis dans la même Langue; *Manowo* en Cophte, habitation; *Mien*, village en Tonquinois; *Meuang*, ville en Siamois; *Mande*, ville en vieux François; *Manful* en Hébreu, logis; *Mahon*, domicile, maison en Hébreu; *Man*, lieu, & *Mansopi*, habitation en Cophte; *Man*, maison en Persan; *Mandaram*, maison, palais en Talenga; *Mandra* en Grec & en Turc, étable; *Meno* en Grec; *Manco* en Latin, demeurer; *Man* en Turc, maison ou famille; *Menzolgaih*, logis dans la même Langue; *Manna*, maison en Caraibe; *Smanrig*, maison en Jaloffe; *Mun*, *Munanei*, dans en Langue de Congo. Voyez *Mindeulia*, *Mandiatoa*, *Mon*.

MAN, montagne. G. Ce mot a aussi signifié élévation, élevé au figuré. Voyez *Manon*, *Manua*, *Manna*, Roi, Seigneur dans la Langue de Loanga; *Man*, impérial en Chinois. Voyez *Ban* qui est le même; *Mam*, *Mane*, *Man* est le même que *Mand*, qui signifie montagne & grand; de là le Latin *Magnus*. Le *g* s'insère devant l'*n*. Voyez *Men*, *Mon*.

MAN, pierre. G. Voyez *Maëne*, *Mon*.
MAN, eau, rivière. G. Voyez *Man*, rosée. *Maim*, eau en Hébreu; *Maos*, eau en Cophte. Voyez *Mam*.
MAN, le même que *Mint*, embouchure selon Baxter. G. Voyez *Mon*.
MAN, bon, bien. G. *Man* en Breton, bon, marne terre grasse. En comparant ce mot avec *Mehyn*, graisse; *Mon*, fertile, gras; *Aman*, *Amenen*, *Amonen*, *Manin*, beurre, on voit qu'*Aman* & *Man* ont signifié graisse, gras. *Mammon* en Hébreu, en Punique & en Syriaque, richesses; *Mamon* en Chaldéen, gain; *Mamonai*, richesses en Arménien; *Manahan*, mieux dans la même Langue; *Manh*, abondamment en Tartare du Thibet; *Mana* en Indien; *Manys* en Malaye, doux; *Mananh*, richesses en Langue de Madagascar; *Manazara*, bienheureux dans la même Langue; *Man*, bien en Galibi; *Maaign* en Albanois, engraisser; *Imaaign*, gras dans la même Langue; *Manus* en ancien Latin, bon; de là *Mansuetus*, *Manso* en Espagnol, clément, bon; *Mane*, vache grasse en Auvergnac; *Man* en vieux François, bon; *Manjour*, *Munjour*, disoient nos aïeux, pour bonjour; *Mantus* en Étrusque, Pluton le dieu des richesses; *Muna* en Péruvan, aimer. Voyez *Mon*.

MAN, moment. G.
MAN, petit, mince, menu, délié, subtil; plurier *Main*, qui se met à présent pour le singulier, &

TOME II.

MAN. 133

Man pour le plurier. G. L'accent circonflexe désigne que ce mot a souffert une crase, c'est *Myan* ou *Myhan* de *Byhan*; & par le changement de l'*a* en *e*, on a dit *Myen*, *Byen*, *Man*, *Min* en Breton, petit; *Amana* en Basque, part, portion; *Mana* en Hébreu, diviser, mettre en pièces; *Man* en Arménien; *Manos* en Grec, petit, rare; *Manr* en Arménien, délié; *Ban* en Tonquinois, court; *Min* en Théuton, moins, & *Minnir*, moindre, mineur; *Minnista* en Gothique, très-petit; *Min* en Flamand, moins; *Minder*, moindre, & *Minst*, très-petit dans la même Langue; *Minder* en Allemand, moins, diminuer, & *Minst*, très-petit dans la même Langue; *Minka* en Islandois; *Minska* en Suédois, diminuer; *Wina* en ancien Saxon, moins; *Minuos* en Grec, menu, & *Minnthein*, diminuer dans la même Langue. De *Min* sont venus les mots Latins *Minus*, *Minor*, *Minimus*, *Minuo*, *Minutus*, *Menino* en Espagnol; *Menin* en François, enfant d'honneur. De *Man*, *Min* sont venus nos mots François *Menu*, (ce terme se prend aussi pour petit, ainsi qu'on le voit dans cette façon de parler; *le menu peuple*, pour le petit peuple. Les Latins disoient en ce sens *Minuta Plebs*,) *mince*, *minute*, *minon* petit chat, *miniature*, *menuiser*, *menuet* danse à petit pas. *Manés* en Grec signifioit esclave. (L'esclavage est la plus petite de toutes les conditions humaines.) Les Grecs avoient pris ce nom des Phrygiens, suivant la remarque de Pinédo dans ses notes sur Étienne de Byzance au mot *Manesium*. *Manes* en ancien Persan, serviteur, esclave; *Mona*, esclave en Géorgien; *Mancea*, bas, dessous en Persan; *Man* en Théuton signifioit esclave, ainsi qu'on le voit par le mot *Mansal*, estimation des esclaves. Voyez *Min*, *Mon*.

MAN, homme. I. B. Il signifie aussi la même chose en Gallois. Voyez *Cymman*. *Man*, *Mann*, *Mon*, *Monn* en ancien Saxon; *Man* en Théuton; *Manna* en Gothique; *Man* en Anglois, en Flamand, en Frison; *Mand* en Danois, homme. *Man*, *Mand* ont signifié autrefois homme en Allemand, ainsi qu'on le voit par *Edelman*, homme de qualité; *Jemand*, quelqu'un; *Niemand*, aucun; *Madr*, homme en Islandois; ce mot fait au génitif *Mans*, ce qui montre qu'on a dit originairement *Mandr* au nominatif, ce qui se confirme par le terme *Mennuskia* qui signifie homme dans la même Langue. *Man* a signifié homme en Bohémien, ainsi qu'on le voit par son composé *Zehman*, gentilhomme; *Manzet* dans la même Langue, mari; *Men*, homme en ancien Suédois, selon Rudbeck; *Mannz*, homme en Runique; *Loman* & *Tominen*, homme en Finlandois;En comparant ces deux mots on voit qu'ils ne signifient homme que parce qu'ils ont de commun, à sçavoir par la syllabe *Man*, *Min*. *Man* en Chaldéen, quiconque, l'homme qui, tout homme qui, &c. *Manosch* en Cophte, homme; *Manoug* en Arménien, jeune homme, petit garçon; *Mand* en Persan, homme; *Man* en Turc; *Mon* en Tartare Mogol; *Manouschem* en Malabare; *Manouchioundou* en Talenga, homme; *Min*, peuple en Chinois; *Monou*, peuple dans la Nation Africaine qui occupe le pays entre Sierraliona & Rio Sestos; *Mine*, moi, je en Langue de Congo; *Muntu*, homme & *Muana*, fils dans la même Langue. *Man* s'est conservé en ce sens dans le terme Latin *Mancipium* qui signifie esclave, à la lettre, homme pris; *Man*, homme; *Cipium* de *Cipio* le même que *Capio*. On trouve

L l

aussi *Man* en ce sens dans le terme *Mannequin* usité parmi nos peintres qui signifie une petite statuë d'homme de laquelle les jointures sont faites d'une manière à lui pouvoir donner telle attitude qu'on désire, & disposer les draperies & les plier comme l'on veut. Ce mot est formé de *Man*, homme, & *Quin* diminutif. En Franche-Comté les enfans appellent un *Manau*, un homme qui est habillé & qui a la tête couverte de manière à leur faire peur. On trouve aussi des traces de *Man* dans le terme *Mandragore*, qui est une plante que Pitagore dit avoir la forme humaine. Le terme qui signifie homme, s'est pris dans toutes les Langues pour courageux, fort, brave, vaillant; c'est pourquoi nous trouvons encore *Man* en ce sens. *Fomanta* en Irlandois, brave, vaillant, généreux ; *Mannelich* en Flamand ; *Mannlich* en Allemand, fort ; *Manh*, robuste en Tonquinois. De *Man* pris en ce sens sont venus les termes Grecs *Menos*, force, puissance ; *Ameinon*, plus fort. La lune à cause de sa figure humaine a été appellée en Grec *Mene* ; *Mon*, *Mond* en Allemand ; *Mane* en Flamand ; *Moone* en Anglois ; *Maen* en ancien Saxon ; *Manna* en Lappon ; *Mensis* en Latin ; *Monat* en Allemand ; *Manet* en Flamand ; *Maanet* en Danois, *Mæneth* en Anglois, mois, révolution de la lune. Voyez *Mon*.

MAN, le même que *Ban*. De même des dérivés ou semblables. I.

MÂN, *MA*, particule qui vaut la Françoise ci, ou ici, & s'ajoûte comme elle à la fin des mots & de quelques prépositions : *An-Dra Mân*, ceci, cette chose ci ; *An-Den Mân*, cet homme ci ; *Deut A Man*, venez-ici. B.

MAN, homme, personne. Il répond aussi au mot Latin *Persona* pris au sens de personnage & de déguisement. De *Man* on a fait *Tremenvan*, agonie, à la lettre, passage d'homme ; *Isélvan*, personne humiliée, abaissée ; *Estrenvan*, personne étrangère. B. Voyez *Mon*.

MAN, *MANN*, semblant, mine, apparence, figure, signe, démonstration feinte & affectée, feinte, dissimulation, déguisement ; *Ne Ra Man*, il ne fait semblant ; *Heb Ober Man*, sans faire semblant. On dit *Ur Van* pour *Ur Man*, une même apparence ou figure. *Ur Van Int*, ils sont de même figure ; *Ur Van Ew D'im Me*, c'est tout un pour moi, cela m'est égal ou indifférent. B. *Manet* chez les Latins, étoient les ombres des morts ; *Min* en Hébreu, apparence ; *Menos*, *Menuma* , mine en Grec ; *Mien* en Chinois, face, visage ; *Meino* en Théuton, signe, marque ; *Mien* ou *Meen* en Anglois, la mine, l'air du visage. De *Man*, mine, apparence, façon, est venu le mot François *Maniere*, l'ancien Saxon & le Flamand *Manier* ; l'Espagnol *Manero* ; l'Italien *Maniera*. Voyez *Mann*.

MAN, idée, notion, impression que les objets font dans notre imagination. B.

MAN, tout ce qui ne coûte que la peine de le ramasser. B.

MAN, rosée, manne drogue médecinale. B. Voyez *Man*, eau, rivière.

MAN, çà adverbe de temps & de lieu, temps présent. B.

MAN, bon. B. Voyez *Man*, bon plus haut.

MAN, mousse terrestre. B.

MAN, terre grasse, marne. B.

MAN, main. B. Il signifie aussi la même chose en Gallois. Voyez *Menyg*, *Maneg*. De là le Latin *Manus*, l'Espagnol & l'Italien *Mano*, le François *Main*. De là *Manchon*. On observera que ce dernier terme se trouve dans d'Aubigné pour gant, *l. II, c. IX*. Voyez *Men*.

MAN, sans. B. Voyez *Mans*.

MAN, petit. B. Voyez *Mân*, petit.

MAN, cheval. B. *Mannus*, cheval en Latin ; *Manicare*, aller à cheval dans Orderic Vital ; *Mango* en Latin ; *Mangancutes* en Grec, maquignon. De *Man* en ce sens est venu le terme François *Manège*, l'Italien *Maneggio*. De *Man* est venu le terme Italien *Alfana*, jument, si connu parmi le peuple depuis l'étymologie qu'en a donné M. Ménage ; *Al*, article ; *Man*, en composition *Fan*, cheval. *Man*, cheval sauvage en Tartare de Crimée ; *Minga*, cheval, vîte en Tartare Calmoucq.

MAN, source, fontaine. Voyez *Mon*. *Mahian* en Hébreu, fontaine ; *Zemnanthe* en Phrygien, fontaine ; *Zen de Deur*, *Zeur*, eau ; *Man*, source. De *Man* est venu le Latin *Mano*. Voyez *Man*, eau.

MAN, sable. Voyez *Mangalch*.

MAN, synonime de *Maes*. Voyez *Gwastladsan*, *Moinear*, champ en Irlandois ; *Mana*, terre ; *Mané*, campagne ; *Manal*, sol ; *Manavalan*, province, pays en Tamoulique ; *Moni* en Cophte, pâturages, prairie. Voyez *Mon*.

MAN a signifié couvert, caché, puisque *Maneg* a signifié couvrir, cacher. Voyez *Divanega*.

MAN, profit, grand rapport. Voyez *Mann*, *Mantais*. Voyez encore *Man*, bon, bien.

MAN, froment. Voyez *Man-Gann*, *Mann*.

MAN, farine. Voyez *Manslawd*.

MAN, doigt. Voyez *Mandell*.

MAN, le même que *Ban*, *Fan*, *Pan*, *Van*. Voyez *M*.

MAN, le même que *Men*, *Min*, *Mon*, *Mun*. Voyez *Bal*.

MAN. *YN Y MAN*, sur le champ, incontinent, sur l'heure, aussitôt, d'abord, sans retardement, tôt, vîte, promptement, tout-à-l'heure. G. Voyez *Man*, moment. *Yn Y Man*, à la lettre, dans le moment.

MAN-AERON, baie ou bouquet des arbres. G.

MAN-FLAWD, fleur de froment. G. Voyez *Manslawd*.

MAN-GAINGC, rejetton, sion, petite branche de l'année. G. De *Man Caingc*.

MAN-GALCH, mortier. G. De *Calch*, chaud, & *Man* par conséquent sable. Voyez *Maen*.

MÂN-GANN, fleur de farine, fleur de froment. G. *Gann* en composition pour *Cann*, fleur de farine de froment. Il paroit que dans ce mot on sous-entend froment, car *Cann* signifie simplement ce qui est blanc, ce qui est le plus blanc, ce qui est beau ; c'est pourquoi dans *Man-Gann* il semble que l'on met le terme que l'on avoit sous-entendu dès *Cann* ; d'où je conclus que *Man* a signifié froment. Cette conjecture se confirme par une vieille charte d'Angleterre, dans laquelle *Mancor* signifie une espèce de froment. *Man* se trouve encore en ce sens dans le Latin *Frumentum* & le François *Froment*. Voyez *Manslawd*, *Mann*.

MAN-LLWCH, poudre, poussière. G.

MAN-RO, menu gravier. G. *Gro*.

MAN Y DONN, herbe des brebis. G.

MANA, habiter, résider, demeurer. B. Voyez *Man*.

MANA, art, adresse. Ba.

MANA-CITZAN, a ordonné. Ba.

MANAC, les mœurs. Ba.

MAN.

MANACH, moine, religieux. G. I. B.
MANACHES, religieuses. G. B.
MANACHLOG, MANACHDY, monastère; à la lettre, habitation de moines. G. Log est donc ici synonime à Ty; d'ailleurs voyez Logell, qui est un diminutif de Log.
MANAGIUM, A. M. transport, action de transporter. De Main.
MANAGIUM, A. M. habitation. De Mana.
MANAGOA, arrangement, disposition, providence, préparation. Ba.
MANAGOEZA, impuissance. Ba.
MANAGUR, A. M. homme chargé de la conduite de quelque affaire; en Anglois Manager. De Main Gwr.
MANAHEDA, A. M. habitation, maison. De Mana.
MANAL, habitant de village. B.
MANALES LAPIDES, A. G. pierres qui servoient de bornes. De Man le même que Ban.
MANANCE, menaces, menacer. B. De la Manatia dans la basse Latinité, menaces, Menacer en François.
MANANDT, demeurant. B. De là notre mot Manant. Voyez Mana.
MANAR. Davies n'explique pas ce mot; mais par la phrase qu'il rapporte il me semble qu'il signifie espèce, sorte. G. Nous disons en notre Langue une manière d'habit pour une sorte d'habit.
MANATU, je commande. Ba. Voyez Mand.
MANBLU, poil follet, duvet, plume dont les oiseaux sont couverts. G. Man Plu.
MANBYS, lentille. G.
MANBYSG, petit poisson. G. Pysg.
MANC, manchot, estropié, défectueux, manquant, qui manque, manquement, défaut. B. De là le Latin Mancus, mutilé, manchot, défectueux, imparfait, foible; l'Espagnol Manco, qui manque, qui est privé, défectueux; les mots François Manchot, Manque, Manquer, Manquement; le Flamand Mank, boiteux; le Misnien Mank, foible, impuissant; l'Italien Manco, défectueux, foible, manquement. Voyez Man, sans; Mengos.
MANCA, A. M. défaut, manquement; en Italien Mancanza. De Manc.
MANCARE, A. M. manchot, mutilé. De Mancart.
MANCART, manchot. B. Voyez Manc.
MANCH, champ, campagne, terre. I. Voyez Man le même que Maes.
MANCH, manche. B. De là le François Manche, le Latin & l'Italien Manica, l'Espagnol Manga, l'Anglois Manicle.
MANCH, toyere. B.
MANCHA, tache. Ba. Voyez Manc.
MANCHON, manchon. B. Ce mot est formé de Man, main, & Chom, demeure: Cette façon de parler est commune dans le Celtique. Voyez Pantri, Cas. Voyez Man.
MANCIPIUS, A. M. facteur. De Main.
MANCIUS, A. M. M. Ducange veut qu'on lise Nuncius, mais il n'apporte aucune raison de faire un tel changement, d'ailleurs il n'est pas nécessaire. Mancius signifie messager, porteur de nouvelles de même que Nuncius: Il est formé de Main.
MANCOR, A. M. espèce de froment. Voyez Mann-Gann.
MANCULA, A. M. machine. De Mana, art, adresse.

MAN.   135

MANCULARI, A. G. tenter de faire quelque chose. De Mana, art, adresse. Voyez Mancula.
MANCUS, A. G. diminué, raccourci, affoibli, mutilé. Voyez Manc.
MANCZONNER, maçon. B. De Man, habitation, maison. Voyez aussi Maczonn.
MAND, montagne. G. Voyez Mend, Man.
MAND, grand. Voyez Gwrmand. Voyez Mend, Man, Mandarin en Chinois, Seigneur, premier de l'État, Gouverneur de province. De Mand, pris au sens de grand, de Seigneur, est venu le Latin Mando & le François Commander. On disoit en vieux François Mand pour mandement, & Command pour commandement. Voyez Mandatua, Mentea, Manatu.
MANDATUA, ordre, commandement. Ba. Voyez Mand.
MANDAZAIA, MANDAZAINA, muletier. Ba.
MANDDANT, petite dent. G.
MANDELL. GWARAE MANDELL, jouer à la mourre, deviner combien celui contre qui l'on joue a levé de doigts. G. Del en composition pour Tal, élevé; Man par conséquent doigt. Voyez Minddu.
MANDEULIA, maison. Ba. Voyez Man.
MANDIATOA, maison. Ba.
MANDILHEN, mandille. B. De là ce mot.
MANDOA, mulet, mule. Ba.
MANDOCQ, gardon poisson. Ba.
MANDOZ, ventouse. B.
MANDROGHEN, grosse gagui. B.
MANDUS, A. G. habit de vierge. Voyez Manrhed, Mandya, Mante.
MANDYA, A. M. espèce de manteau. Voyez Mantel.
MANDYWOD, sablon, sable fin. G. Man Tywod.
MANE, montagne; pluriel Manneeu, Maneyeu. B. Mani en Arabe, élevé; Haman en Hébreu, lieu élevé; Man en Galibi, répond à notre très qui désigne le superlatif & l'excès, la supériorité d'une chose sur toute autre; Mani, Seigneur ou Gouverneur en Langue de Congo & d'Angola. Voyez Man, Maene, montagne, & Man le même que Ban.
MANEA, manier, farfouiller. B. De là le premier de ces mots. Voyez Man, main.
MANEA, art, science, industrie. Ba. Mens en Latin; Mente en Italien; Mynd en Anglois, esprit, génie.
MANEACUNDEA, préparation. Ba.
MANEATU, je prépare, j'arrange, j'accommode, j'ajuste, j'accorde parlant de quelque instrument. Ba.
MANEATUA, préparé, arrangé, accommodé, ajusté, accordé parlant de quelque instrument. Ba.
MANEC, gant; pluriel Manegeu; Manega, ganter; Maneghet, ganté. B. De Man, main. Voyez Maneg.
MANED, le même que Myned. Voyez Bal.
MANEDA, A. M. habitation, maison. De Mana Man.
MANEG, gant. G. B. De Man, main.
MANEG, indiquer. G. De Man, main.
MANEG a signifié couvrir, cacher. Voyez Divanega.
MANEGA. Voyez Manec.
MANEGEUNN, gantelée plante. B.
MANEGI, le même que Mynegi, comme les anciens Gallois avoient coutume d'écrire. G.

MANEGUERIUM, A. M. marais. De Man, demeurer, séjourner; Eg, eau. Voyez Aches.
MANEIG, petite montagne. B.
MANEIOSO, qu'on peut persuader. Ba.
MANER, manoir, demeure, maison de campagne, maison des champs, maison de noblesse à la campagne. B. Voyez Maènol, Maenor. De Maner est venu notre mot Manoir.
MANERA, ordre, disposition. Ba.
MANERA, soumission. Ba. Voyez Man, petit.
MANERIA, MANERIUM, A. M. maison des champs, maison de paysans. De Maner.
MANERIA, MANERIES, A. M. manière, espèce, sorte. De Manar.
MANERICQ, chétive maison de gentilhomme. B.
MANERU, adroit, habile. Ba. Voyez Munea.
MANESCALLUS, A. M. maréchal. De Man, cheval & Yfgall.
MANEURLEA, créche. Ba.
MANEURRIA, échelle. Ba.
MANEYAE, A. M. petite paille ou paillette. De Man, petit. Les Picards appellent Manées, les petites pailles ou paillettes.
MANEZARE, A. M. manier. De Manea.
MANFLAWD, fleur de farine. G. Flawd en composition pour Blawd, fleur, Man a par conséquent signifié farine, de même que froment. Voyez Man-Gann, Man-Flawd.
MANG, le même que Manc.
MANGAGNARE, A. M. mutiler, blesser. De Mang.
MANGANA, MANGA, A. M. machine. De Mana.
MANGANIA, A. M. amende que l'on payoit pour avoir blessé quelqu'un. De Mang.
MANGANT, petit éclat. B.
MANGANUM, MANGANUS, MANGHANUM, MANGANELLUS, MANGENA, MANGENELLA, MANGNELLUS, MANGINELLA, MAGNELLA, MAGNELLUS, MANGO, MANGONA, MANGONABULUM, MANGONALE, MANGONUS, MANGONELLUS, MANGUNELLA, MANCUNELLUM, A. M. machine de guerre dont on se servoit pour jetter des pierres, des dards, &c. contre l'ennemi. De Mangnell.
MANCH, le même que Magh. I.
MANGIA, A. M. manche. Voyez Manch.
MANGNEL, bélier machine de guerre, machine de guerre, rouleaux sur lesquels on transporte de pesans fardeaux, vindas, singe, cabestan, guindeau, virevaut. G. De Mangnel est venu le terme François Manganeau. Voyez Mangounell.
MANGOED, arbrisseau, arbrisseaux, petits arbres, petit bois, verge, bâton. G. Voyez Coed.
MANGOER, mur, muraille. B. Voyez Megher.
MANGOUNELL, balliste. B. C'est le même que Mangnell.
MANGOUR, petit homme. B.
MANGRE, lieu. G.
MANI, fumier des chemins ramassé pour engraisser les terres. Ce terme est de la haute Bretagne, mais on ne peut douter qu'il ne vienne de l'ancien Langage Breton. Voyez Man, Mannou.
MANIAF, manier. B.
MANIAMENTUM, A. M. maniment, administration, possession. De Mariaf.
MANIATRA, créche. Ba.
MANICA, A. M. gant. De Man.
MANICA, A. M. valise. De Mann.
MANICARE, A. G. aller, venir, marcher. Voyez Mais.

MANICG, petite montagne. B. C'est le diminutif de Mane.
MANICQL, ceps de prisonniers. B.
MANICULA, A. M. panier, manequin. De Mann.
MENIFESTIFF, manifester. B.
MANIFICQ, magnifique, très-bien, fort bien à merveille. Voyez Magnific, Magnivic, qui sont les mêmes.
MANILIA, A. M. bracelet; en Italien Maniglia. De Manilla.
MANILLA, collier, bracelet, don précieux. Ba.
MANIN, beurre. C.
MANJOUER, machoire, mangeoire. B. Ce mot doit venir naturellement du verbe Manja, sera venu notre mot François Manger. Voyez l'article suivant.
MANJOUFLI, MANJOURNI, mâcher. B. Voyez Mant & l'article précédent.
MANITIO, A. M. petite montagne, éminence. De Man, Manicg.
MANIVIC, bien, très-bien, excellent. B. Voyez Magnific.
MANLAW, goutte, légere aspersion. G. Man Glaw.
MANLLWCH, poussière. G.
MANLLWCH, fleur de farine. G. Voyez Manflawd.
MANLLWDN, brebis. G.
MANN, lieu, habitation. G. Voyez Man.
MANN, marque, tache. G. Menye en Dalmatien; Pamaine, Znameni en Bohémien; Snaminje en Esclavon, note, marque.
MANN, froment. I. Voyez Man, froment.
MANN, panier, manne, corbeille sans anses, manequin. B. De là Manne en François; Mand en ancien Saxon, panier, corbeille; Mande en Flamand, panier; Mande, panier en vieux François. De ce mot est venu le terme Menceaux, qui en Artois signifie une mesure pour le bled. De là dans les anciennes chartes Latines Mencesidus, Mencaldus, mesure à bled.
MANN, le même que Bann. Voyez M.
MANN, le même que Menn. Voyez Bal.
MANN GENI, tache naturelle sur quelque partie du corps. G.
MANNA, A. M. liqueur qui sort en forme de rosée des tombeaux de quelques Saints. De Man, rosée.
MANNA, A. M. jument. De Man, cheval.
MANNACH, moine. B.
MANNAD. Davies n'explique point ce mot en Latin : Il l'explique en Gallois par ces termes : Tw Agalen Ymmenyn, qui signifient à la lettre, & pierre à aiguiser des éloquens. G.
MANNAN, chevreau. I. Voyez Minan.
MANNARE, A. M. certaine quantité de champs. De Man le même que Maes.
MANNARIA, A. M. hache. De Mans ou Man, couper. Voyez Manq.
MANNAU, contusions, meurtrissures. G.
MANNAWL, ici. G.
MANNEB, montagne. B. Voyez Man.
MANNEG, gant. B.
MANNEGAER, gantier. B.
MANNEGEDIC, indicatif. G.
MANNEIG, monticule. B.
MANNELLUS, A. M. petite cloche. De Man petit.
MANNEQUIN, mannequin. B. De là ce mot. Voyez Man, homme.

MANNIGH,

MAN.

MANNIGH, alêne. I.
MANNINA, A. M. appel, citation à un tribunal. Voyez le mot suivant.
MANNIRE, A. M. appeller, citer à un tribunal. De Man, Manu, les mêmes que Ban, Bann. En Auvergne on dit encore Manir pour plaider.
MANNOG, taché, tacheté, moucheté, marqueté. G.
MANNOG, le même que Bannog. G.
MANNOU, fumier qui est sur les chemins, feuilles & boues mêlées ensemble. B. Voyez Mani.
MARNOUS, nasilleur. B.
MAHNQEIN, manequin, hotte. B.
MANNU, toucher, & laisser en touchant la marque du tact. G.
MANO, truie. B. Mim, bétail en Cophte.
MANOGEN, poli, affable, humain, généreux. G.
MANOL, mince, délié, menu, subtil, curieux, exact, recherché. G.
MANON, Reine. G. Voyez Man, montagne, & Man le même que Ban.
MANOQ, manoque. Le Dictionnaire de Trevoux explique ainsi ce terme : Manoque rouleau de tabac. Ce tabac est ou n'est pas de si bonne Manoque. Il paroît par cette phrase que Manoque signifie espèce, qualité.
MANOU, menu fumier, engrais des terres. B. Voyez Mannou.
MANQEIN, manquer, faillir. B. Voyez Manc.
MANQT, manchot. B. Voyez Manc.
MANQI, manquer, faillir. B.
MINRUED, vierge, jeune fille. G.
MINS a pu se dire dans un dialecte du Gallois pour Mant, embouchure, comme Cois s'est dit dans un dialecte pour Coit. Baxter. I.
MANSELLUM, MANSELLUS, A. M. ce sont les diminutifs de Mansum.
MANSENILE, MANSINILE, A. M. ce sont les diminutifs de Mansum.
MANSEOLUM, A. M. diminutif de Mansum.
MANSIONILE, A. M. le même que Mansenile.
MANSON, action de parler à l'oreille, bruit que l'on ne se dit qu'à l'oreille, bruit que l'on fait en parlant bas, petit murmure, bruit sourd, murmure, murmurer. G. A la lettre, petit son.
MANSUM, MANSA, MANSUS, A. M. habitation d'un métayer. Voyez Man, Men.
MANSURA, A. M. maison. De Man.
MANT, embouchure, embouchure de rivière. G. L'embouchure d'une rivière est la bouche ou l'ouverture par où elle se décharge dans une autre. Muths en Gothique; Muid en Theuton; Mun en Islandois; Mund en Danois; Mont, Mond en Flamand; Muth en ancien Saxon & en Anglois, bouche. Ce mot signifioit aussi dans ces langues embouchure, ainsi qu'on le voit par Ravensvonde, qui est le nom d'une Ville située à l'embouchure de la Rure; par Veichsmonde, nom d'un Fort bâti à l'embouchure de la Vistule. Os en Latin signifioit de même bouche & embouchure. Voyez Becq, Munt.
MANT, machoire, menton. G. B. De là les mots Latins Mando, Mandibulum, & le terme Normand Mantibule, machoire. De Mant, menton, sont venus le Latin Mentum, l'Italien Mento, le François Menton.
MANT, le même que Bant. Voyez M.
MANT, le même que Man, homme. Voyez Gormant.
MANT, grand. Voyez Gwrwand, Mand.
MANT, pierre. Voyez Cinsant.

MAN. 137

MANT, briser, froisser. Voyez Mantra. Mant, machoire.
MANT. En comparant Maint, Mand, Mendi, Mend, Mantais, gain, profit, augmentation de biens, on voit que Mant a signifié augmentation, augmenter. De là se sont formés le mot Latin Augmentum, & les François Augment, Augmenter, Augmentation.
MANTA, sérieux, grave, taciturne. I.
MANTA, grosse couverture piquée, mante. Ba. De là ce mot.
MANTA, A. M. couverture de lit. De Manta.
MANTACH, bègue. G. I.
MANTACH, édenté. G.
MANTACHEDD, état d'un homme édenté. G.
MANTACHU, édenter, casser les dents. G.
MANTAIS, gain. G.
MANTALA, petite robe de femme. Ba. Voyez Mante.
MANTALH, métal. B.
MANTARRA, cataplasme. Ba.
MANTAS, confusion, chagrin, honte, pudeur. I.
MANTAWL, MANTOL, équilibre, bassin d'une balance, peson, romaine. G.
MANTE, marjolaine. B.
MANTE, manteau de femme, mante. B. De là ce mot. Voyez Mantala.
MANTEISIO, gagner, faire du profit. G.
MANTELL, manteau, surtout. G. B. Ba. De là Mantelum en ancien Latin; Mantelo en Grec vulgaire; Mantello en Italien; Manta en Espagnol; Manteau en François; Mantel en Flamand, en Allemand, en Lusacien & en ancien François; Muentel en ancien Saxon; Mantla en Anglois, manteau; Mandyas en ancien Persan, manteau. Voyez Mantua.
MANTELL, manteau. Ba.
MANTELL FAIR, alchimille, lierre terrestre, pied de lion, patte de lion. G.
MANTELL Y CORR, alchimille, lierre terrestre, pied de lion, patte de lion. G.
MANTELLU, verbe formé de Mantell, porter un manteau, un surtout. G.
MANTICL, menotes. B.
MANTIQL, manacles. B.
MANTISSA, A. G. addition, augmentation. De Mant, augmenter.
MANTISSARE, A. M. augmenter, accumuler. Voyez Mantissa.
MANTOA, manteau. Ba. Voyez Mantell.
MANTOL GYWIR, équilibre. G.
MANTOLI, peser, balancer. G.
MANTR, défaillant, défaillance, lâche, paresseux. B.
MANTR, brisement de cœur, componction, blessure, affliction, regret, douleur. B. Voyez Mathru.
MANTRA, blesser, outrer, piquer, piquer au vif, aiguillonner, briser, couper, opprimer. B. Voyez Mathru.
MANTUA, manteau de femme. Ba. Voyez Mante.
MANTUM, A. G. manteau. De Mantua.
MANU, profiter, faire du profit, être d'un grand rapport, être heureux, réussir dans ses desseins. G. De Man, bon, bien.
MANUA, génie. Ba. Manes en ancien Persan, génie.
MANUA, empire, domination, précepte, commandement, ordre. Ba. Voyez Man, montagne.
MANUA, caractère, naturel. Ba. Voyez Man, semblant, &c.

MANUERUS, A. M. habitation, maison. De *Maner*.

MANUPEA, subordination. Ba.

MANURGARRIA, cocher. Ba.

MANUS, balle ou paille du grain de bled, d'avoine, &c. G.

MANUSLYD, enduit de ciment ou mortier mêlé de paille. G.

MANWEAIDD, MANWEIDD, mince, délié, menu, subtil; *Manweiddiach*, plus subtil. G.

MANWEAIDD-DER, subtilité, délicatesse, finesse. G.

MANWEIDD-DRA, délicatesse. G.

MANWL, curieux, exact, subtil, recherché. G.

MANWYAID, subtil, mince, menu. G.

MANWYDD, arbrisseau, sarment, petits bois propres à allumer le feu. G. *Man Gwydd*.

MANWYTHI, pores par où se fait la transpiration de la sueur. G.

MANYD, les plus petits grains de froment. G. *Man Yd*.

MANYD, le même que *Brâg*. G.

MANYEL, espèce, manière. B. Voyez *Man*, semblant, &c.

MANYEL-CAS, haine, aversion. B.

MANYLDER, subtilité, délicatesse, finesse. G.

MANYLGAIS, enquête soigneuse, recherche exacte, curieux. G. *Gais* en composition pour *Cais*, recherche, enquête. *Manwl*.

MANYLRWYDD, curiosité. G.

MANYLWAITH, ouvrage subtil, ouvrage travaillé avec soin, ouvrage bien recherché. G. *Manwl Gwaith*.

MANYS, paille. G.

MAO, MAW, joyeux, gai, gaillard, content, alégre, dispos, sain. B.

MAO, nom d'un oiseau de proie amphibie que l'on dit avoir une patte d'oie & une d'écousse, c'est-à-dire, une pour nager & une pour saisir sa proie. Cet oiseau peut être le même que l'on nomme en François *Orfraye*, que Furetiere dépeint tel que le nôtre. B. Cet article est pris de Dom Le Pelletier.

MAO, Mathieu. B. Voyez *Mabé*.

MAOAT, relever de maladie. B.

MAOCH, le même que *Maeth*. I.

MAOÏCQ, un peu gai, un peu gaillard. B.

MAOIL, fou. I.

MAOILE, MAOILIOS, grossièreté, lourdise, audace, effronterie. I.

MAOIN, biens, richesses, opulence, bon, amour. I.

MAOL, serviteur, valet, esclave. I.

MAOL, chauve. I. Voyez *Moel*.

MAOL, jaune obscur. I.

MÁOL, BÁOL, PÁOL, AR VAOL, la barre d'un gouvernail d'un navire, le timon. B. Voyez *Pawl*.

MAOLAN, serviteur. I.

MAOLFHAOBHRACH, émoussé, grossier, hébété, stupide, pesant. I.

MAOLIN, serviteur. I.

MAON est le même que *Cywiriaid*, selon Thomas Guillaume; mais voyez, dit Davies, s'il ne signifie pas plutôt *Deiliaid*, sujets, serviteurs, clients, peuples. Les phrases que Davies rapporte sont favorables au sens qu'il donne à ce mot, mais il ne faut pas conclure de là qu'elles excluent l'autre. G. Voyez *Man*, homme, & *Ankelher*.

MAON, le même que *Maoin*. I.

MAOR, celui qu'on a depuis nommé Baron. E.

Mormaer en Irlandois, Comte de même qu'*Earl*; Ces deux titres ont commencé en Irlande sous Malcolme l'an 1061. Voyez *Mawr*, qui se prononce *Maour* ou *Maor*.

MAOS, BAOS, cour à fumier, place commune dans un village où l'on ramasse & accumule les immondices destinées à engraisser les terres. B. Voyez *Baw*, qui se prononce *Baon* ou *Bao*.

MAOTH, MAOTHAN, MAOTHIA, tendre, délicat. I.

MAOTHAD, fondre. I.

MAOTHAD, lessive, action de faire la lessive. I.

MAOTHAM, fondre. I.

MAOTHAN, branche, bourgeon. I.

MAOUD, MAOUT, MAOT, tous d'une syllabe *Mouton*; pluriel *Meot*, *Meant* de deux syllabes; *Maot Turo*, bélier. B. De *Maout*, monosyllabe est venu le terme François *Mouton*, l'Italien *Montone*, *Ma*, brebis en Phrygien. Voyez *Mollt*.

MAOUD, coq de paroisse. B.

MAOUT, pièce de bois qui entre dans la construction d'un navire. B.

MAOUTOUR, moute. B.

MAP, fils, enfant, nativité, naissance. G. C'est le même que *Mab*, dont il a toutes les significations par conséquent. Voyez *Map Caer*.

MAP, main. I.

MAP-CAER, beau-fils. B.

MAP-DEEN, l'homme, le genre humain. B. A la lettre, les fils des hommes. Voyez *Llwdn*.

MAPGAING, le maître brin qu'on laisse en taillant la vigne.

MAPGAR, qui aime ses enfans. G.

MAPGWAS, petit garçon. G.

MAPR, marbre. B.

MAPTEA, mâle. I.

MAQA, nourrir. B. Voyez *Magu*, *Maga*.

MAQUERRA, contrefait. B.

MAQUIA, boiteux. Ba.

MAQUILLA, bâton, pieu. Ba.

MAR, mer. G. I. B. *Mar*, eau. G. De là le Latin, l'Italien, l'Auvergnac & le Languedocien *Mar*; l'Espagnol *Mar*; le François *Mer*; l'Allemand *Meer*; le Dalmatien, le Croatien, le Bohémien, le Lusatien *More*; le Gothique *Marei*; l'ancien Saxon & le Théuton *Mere*; l'Islandois *Mar*; le Scandinave *Mar*; l'Esclavon *Morie*; le Polonois *Morze*, mer. *Markn* en Arménien, marais; *Marisav*, étang en Gothique; *Maras* en Flamand, bourbier, marais; *Marisse* en Anglois; *Marais* en François, marais; *Martanni* en Hongrois, plonger; *Mari*, pluie en Tamoulique; *Marti*, *Martin* en Turc, alcyon oiseau de mer qui couve sous l'eau; *Marosch* en Hongrois, marais; *Marka*, humide; *Markis*, humidité en Finlandois; *Margouillis* en François, amas d'eau croupissante; *Mar* en Hébreu, goutte d'eau; *Mara* en Arabe, sourdre; *Maraku* en Arabe, lac; *Marigots*, marais dans la Langue des Négres; *Mars*, *Marsh*, *Mere*, *Meri*, *Merse* en ancien Saxon, marais, lac, étang; *Mer* en Théuton & en Flamand, marais; *Maer* en Flamand & en Anglois, marais; *Mer*, marais en ancien Allemand; *Marsh* en Saxon moderne & en Anglois, pays marécageux; *Meer* en Cymbrique; *Mer* en Livonien, lac; *Marosch*, marais en Hongrois. Voyez *Mer*, *Mor*, *Mariae*.

MAR, grand. G. B. *Mar*, grand en ancien Saxon; *Mar*, Roi en ancien Suédois selon Rudbeck. On nomme *Marron* en certains endroits du Royaume, un coupeau, une cime de montagne. *Démarron-*

ner les coupeaux, c'est-à-dire, les applanir. *Mar* en Samaritain, en Syriaque, en Chaldéen & en Arabe, Seigneur; *Mara* en Hébreu, élever, dominer; *Emir*, Général, Gouverneur en Tartare; *Mor* & ancien Saxon, montagne; *Mar* en Théuton, en ancien Saxon & en Anglois, particule qui marque l'accroissement, l'augmentation; *Maron*, lieu élevé en Grec. Voyez *Marr*, *Bar*, *Mar* plus bas, *Mor*.

MAR, pierre. G. *Ma*, sable en Tartare du Thibet; *Maray*, pierre en Persan.

MAR, mort, défunt. G.

MAR, mer. I.

MAR, comme, en qualité de, en tant que, aussi que, pareil, semblable. I.

MAR, près. I.

MAR, le même que *Bar*. De même des dérivés ou semblables. I.

MAR, le même que *Mor*. I.

MAR, mer. B. *Mare* en Auvergnac & en Languedocien, mer.

MAR, si, doute, difficulté, obstacle. B.

MAR, tant. B.

MAR, grand. B.

MAR, beaucoup, très, le plus haut dégré de la chose. B. *Mare Nud* en Patois de Besançon, entièrement nud, tout-à-fait nud.

MAR, âpre au goût. B. On a étendu la signification de ce terme, & de là est venu *Amarus* Latin; *Marrement* en vieux François, douleur, déplaisir; *Marrir*, s'aligrer; *Marriffon*, fâcherie, tristesse, chagrin. Nous disons encore *Marri* pour affligé. Voyez *Maritell*.

MAR, GWEZEN-MAR, cormier. C'est le primitif de *Maren* singulier, une corme fruit. B.

MAR, PALVAT-MAR, bon drôle. B.

MAR, mâle. Voyez *Marbran*, *Malbran*. De là *Mas*, *Maris* en Latin. On trouve dans les anciennes chartes Latines *Mar* en ce sens.

MAR, petit. Voyez *Marbleau*.

MAR, union. Voyez *Amarr*, *Bar*. De là le Latin *Maritus*; les François *Mari*, *Mariage*. *Maruz* en Tartare, mariage.

MAR, MER, ont dû signifier bois. *Barr*, qui est le même que *Mar*, signifie barre, barrière; *Miery* signifie buisson, broussaille. En Franche Comté on appelle le chantier sur lequel sont les tonneaux, les *Marres* ou *Mas*. *Merrain*, *Merrien*, *Marrien*, *Mairrain* en François, bois propre à faire des tonneaux; *Maronner* en vieux François, couper du bois. *Sommier* en une pièce de bois. *Marmentau* dans les coûtumes d'Anjou & du Maine, est un bois de haute futaie. *Mend* ou *Ment*, grand, élevé, & par conséquent *Mar*, bois. *Maram*, bois, arbre en Tamoulique; *Maroun*, arbre, & *Verakou*, bois en Malabare. Voyez *Marango*, *Marh*, *Merica* & *Den*.

MAR. En confrontant *Marbr*, *Marella*, *Mart*, *Marroa*, *Martr*, *Marc*, il paroit que *Mar* a signifié tache, tacheté, marque. On a dit *Bar* comme *Mar*. De là *Barré* en vieux François bigarré; de là *Barioler*, qui en François signifie placer des couleurs différentes sur quelque chose.

MAR, le même que *Bar*, *Barr*, *Far*, *Par*, *Var*. Voyez M. *Marpaut* en vieux François, homme qui prend toujours quelque chose. *Bar* ou *Mar*, mauvaise; *Paw*, main.

MAR, le même que *Mar*, *Mir*, *Mor*, *Mur*. Voyez *Bal*.

MARA, ligne. Ba.

MARA, A. M. lac, marais, étang. De *Mar*.

MARA, A. M. douleur, amertume, affliction. De *Mar*.

MARACH, cheval. G. B. C'est *March* avec l'*a* inféré. *Marach* en Théuton, cheval. Voyez *March*.

MARACH, jour. I.

MARADICATU, maudire. Ba.

MARADICINOA, malédiction. Ba.

MARAES, marais. B. Voyez *Mar*.

MARAES, plaine. B.

MARAGIUM, A. M. marais. De *Maraes*.

MARALLUS, MARALUS, A. M. sage-femme, accoucheuse. De *Mar* le même que *Bar*, fils, enfant.

MARAN, est un certain poisson. Les habitans de Cornouaille se servent de ce mot pour désigner le saumon. G.

MARAN, soldat. Voyez *Baran*. De là *Marande*: l'*n* se change souvent en *u*.

MARANCIA, A. M. douleur. Voyez *Mara*.

MARANEDD est le même que *Deiliaid*, selon plusieurs, dit Davies, qui ne les combat pas. G.

MARANGO, MARANGONUS, A. M. charpentier; en Italien *Marangone*. De *Mar*, bois.

MARAS, cheval. Voyez *Marascalcus* & *Marach*.

MARASCALCUS. Voyez *Marescalcus*.

MARASCAUSIA, A. M. lieu marécageux propre à servir de pâturage. De *Maraes*.

MARBED, très, beaucoup, quantité, grande quantité, plusieurs. B.

MARBH, mort, défunt, amorti, engourdi, stupide, éteint, qui a pris l'évent. I. Voyez *Marw*.

MARBHADH, tuer, faire mourir, meurtre. I.

MARBHAN, le même que *Marbh*. I.

MARBIGEL, MARBIGUELL, hoyau, étrape. B.

MARBLEAU, MARBLEU, MARBLEW, poil follet. B. Il faut que *Mar* signifie petit, puisque *Bleau* signifie poil. D'ailleurs en vieux François *Merme* a signifié petit; d'où sont venus *Marmot*, *Marmaille*, *Marmouset*, *Marmelade*, (pour la faire on coupe les fruits en petits morceaux.) *Marmonner*, gronder tout bas; *Marmotter*, parler tout bas; *Vorm* en Patois de Franche-Comté, peu, & *Vormoyie*, travailler un peu dans les intervalles de la pluie. *Vorme de vin* dans le même Patois est une petite quantité de vin. On a déja observé plusieurs fois que l'*v* & l'*m* se substituent réciproquement. Voyez *Marmoretus*, *Marmous*, *Marmailh*. Voyez *Manblu*.

MARBOILLA, horison. Ba.

MARBR, marbre. B. *Marmaros* en Grec; *Marmor* en Latin; *Marmo* en Italien; *Marmol* en Espagnol; *Marmer* en Flamand; *Marmelstein* en Allemand; *Marblestone* en Anglois; *Marmelstone* en Danois; *Marmelnovkamen* en Esclavon; *Mramor* en Dalmatien & Bohémien; *Marmankw* en Hongrois, marbre. *Marbr* est formé de *Mar*, tacheté, & *Ber* ou *Bre*, pierre. Voyez *Marmur*.

MARBRAID, forteresse. I.

MARBRAN, corbeau mâle. B. Voyez *Malbran*. *Bran*, corbeau; *Mar*, par conséquent mâle.

MARBRINUS PANNUS, A. M. étoffe de diverses couleurs. De *Marbr* par analogie.

MARBSTACH, mortel. I.

MARC, caractère, marque, signe. G. B. Baxter dit que *Marc* en Saxon & dans la Langue des Pictes établis dans la grande Bretagne, signifioit marque & frontière; *Marak* ou *Mark* en Hébreu, imprimer, imprimer une marque avec un fer chaud; *Marz* en Persan, caractère, marque,

140 MAR. MAR.

signe ; *Meare* en ancien Saxon ; *Mark* en Anglois ; *Marque* en François ; *Marcia* en Italien ; *Marka* en Espagnol, marque ; *Markan*, désigner, marquer en Gothique, *Mearcan* en ancien Saxon, marquer ; *Marchon* en Théuton, marquer, borner ; *Marka* en Islandois ; *Marcar* en Espagnol ; *Marquer* en François, marquer. De *Marc* sont venus *Merc*, *Mere*, vieux mots François qui dans les coutumes signifient marque. Voyez l'article suivant & *Margoa*.

MARC, borne. B. Voyez l'article précédent. De là le Latin *Margo*.

MARC, MARKEN, MARKYN, cheval. I. De là par le retranchement de l'r est venu notre mot *Maquignon*.

MARC, plurier *Marcou*, lequel est le plus usité, & en Cornouaille *Markinou*, marc le reste de tout ce qui est comprimé & exprimé. B.

MARC, coupé. Voyez *Amhare*. De là *Marcote*.

MARCA, MARCUS, A. M. marc poids. De *Marcq*.

MARCA, A. M. bord, rivage. De *Marc*, borne.

MARCACH, cavalier. I.

MARCADANTIA, A. M. marchandise. Voyez *Marchadoures*, *Mercz*.

MARCADU, le même que *Margadh*. Voyez *Aru*. De là *Marcassin*.

MARCADUS, A. M. marché, foire. De *Marchad*.

MARCAIL, diffamer, flétrir. I. Voyez *Marc*.

MARCANDAE VILLAE, A. M. lieux où l'on tient des foires publiques. Voyez *Marcadus*.

MARCARE, A. M. marquer. De *Marc*.

MARCASIUM, A. M. marais. Voyez *Mar*, *Maras*.

MARCATUM, A. M. le même que *Marcadus*.

MARCDHAE, lamie. I.

MARCELLUM, A. M. marché. De *Mercz*. De *Marcellum* on a fait *Macellum*.

MARCEMENTUM, A. M. charpente. De *Mar*, bois.

MARCH, cheval. G. C. E. I. B. *Zam tris*, cheval en Basque. Pausanias nous a aussi conservé ce mot Gaulois dans ses Phociques, où il dit, parlant de l'expédition de Brennus : » Chaque cavalier avoit » deux valets également bons cavaliers, qui » avoient chacun leur cheval. » Les Celtes nommoient en leur Langue ne nombre de cavaliers *Trimarkisia*, & l'on sçaura que chez eux *Mark* signifie cheval. *March*, *Mar*, cheval chez tous les Tartares ; *Masch*, cheval en Tartare Calmoucq ; *Mori*, cheval en Tartare Calmoucq & Mogol ; *Merkieb* en Turc, jument ; *Marach*, *Mar*, en Théuton, cheval, & *Merch*, cavale ; *Mark*, espèce de cheval dans l'ancienne Loi des Bavarois ; *Maar* en ancien Suédois, selon Rudbeck, cheval ; *Marpahls* en Lombard, le valet qui avoit soin du cheval, & qui aidoit son maître à le monter ; (Paul Diacre, l. 2, c. 9) *Mark* en Allemand, cheval ; *Mahre*, vieille cavale, rosse dans la même Langue ; *Marssial* en Bohémien, écurie de chevaux ; (*Stal*, écurie) *Mare*, *Mare* en Anglois ; *Merch* en Autrichien ; *Meri*, *Merre* en Flamand, cavale. *Marquis* signifioit quelquefois cavalier dans nos anciens romans. (Voyez Fauchet, p. 594 vers.) *Markis* avoit déjà cette signification parmi les Gaulois du temps de Brennus, puisque Pausanias dans le passage cité plus haut dit que *Trimarkis* signifioit parmi eux le nombre de trois cavaliers ; *Tri*, trois ; *Markis* cavalier. *Ma* en Chinois, cheval ; (les Chinois n'ont point d'r) *Ms*, cheval en Tonquinois ; *Maukib* en Persan, cavalier de la garde du Roi ; *Marbadim* en Hébreu, couverture de cheval ; (*Baddim*, couverture) le p & l's se mettent pour l'm. *Phars* en Hébreu & en Ethiopien ; *Faras* en Arabe ; *Parasc*, *Parsc* en Ethiopien, cheval ; *Parasc*, *Parsc* en Hébreu ; *Parasco* ou *Parsco* en Syriaque ; *Faris* en Persan, cavalier ; *Parasca*, *Parsca*, cavaliers en Ethiopien. L'v & l'm se mettant l'un pour l'autre, on a dit *Varch* comme *Mirch*, ainsi qu'on le voit par *Warannio*, qui dans la Loi Salique signifie un étalon ; *War*, cheval ; *Rhinio*. Voyez *Mab*, *Warch*.

MARCH, cheval. C.

MARCH, cheval. E.

MARCH, cheval. I.

MARCH, cheval ; plurier irrégulier *Roncees*, & dans le Diocèse de Léon *Kesec*, *Qesecq*, un haras, chevaux & cavales. B.

MARCH, frontières du pays. G. *Marcher*, *Marchir*, *Marchiser* en vieux François, être voisin, être frontière, se toucher ; *Comarca* en Espagnol, les confins d'un pays, le pays même. A Dole & aux environs on appelle les contrebandiers *Morgandiers*, parce qu'ils sont toujours sur les frontières du Royaume pour y porter des marchandises de contrebande. Voyez l'article suivant & *Mars*.

MARCH, limites, bornes. E. *Marz* en Persan ; *Mark* en Gothique ; *Marc*, *Marcha* en Théuton ; *Meare* en ancien Saxon, limites, bornes ; *Marche* en Anglois ; *March* en Allemand, frontières ; *Marai* en Tamoulique, limites, bornes. Voyez *Marc* & l'article précédent.

MARCH, plaine, champ, campagne, terre. l'*Marche* en vieux François, contrée, pays ; *Almarcha* en Espagnol, marche, contrée ; *Al* article.

MARCH, danse, fête. B.

MARCH, marcher. Voyez *Marchwr*. De là ce mot.

MARCH, honneur, gloire. Voyez *Arimarch*, & *Parch* qui est le même que *March*.

MARCH, feuille. Voyez *Almarchu*.

MARCH, le même que *Barch*, *Farch*, *Parch*, *Varch*. Voyez *M*.

MARCH, le même que *Merch*, *Mirch*, *Morch*, *Murch*. Voyez *Bal*.

MARCH D'OR, gond. B.

MARCH-HESKET, apostume crevée & ulcérée. B.

MARCHA, mettre une porte en état de tourner sur ses gonds ; & l'on dit d'un louche qu'il est *Ur Marcher An Doriou*, pour dire que ses yeux tournent en même instant vers les deux gonds où il faut poser la porte.

MARCHA, MARCA, MARCHIA, A. M. frontières, limites d'un pays. De *March*.

MARCHA, A. M. marque. De *Marc*.

MARCUACH, cavalier. C. I. B. Voyez *March*.

MARCHAD, MARCHAT, lieu où l'on vend & achete, & la convention du prix des choses vénales, comme notre François *Marché* qui en vient. B. Voyez *Marchnad*.

MARCHADOUR, MARCHADWR, MARCHADER, marchand. B.

MARCHADURES, marchandise. B.

MARCHAGIUM, A. M. frontières, limites d'un pays. De *March*.

MARCHAINDER

MARCHAINDER, stérilité parlant des bêtes. B.
MARCHAIRE, MARCHUIRE, champ, campagne. I.
MARCHALAN, énula campana, aulnée plante. G.
MARCHALCHUS, A. M. maréchal. De *March.*
MARCHALLA, MARCHALLACH, MARCHALLECH, place du marché, lieu où se tient le marché public. B.
MARCHALLUM, A. M. place du marché. De *Marchalla.*
MARCHANDA, A. M. marchande; *Marchandari*, faire commerce; *Marchanda*, *Marchandifa*, commerce; *Marchandifa*, marchandise. Voyez *Marchad*, *Mercx.*
MARCHANUS, A. M. qui demeure sur les frontières. De *March.*
MARCHARE, A. M. marquer, mettre une marque. De *Marc.*
MARCHATA, marchander. B.
MARCHATA TERRAE, A. M. fonds de terre dont le revenu annuel est d'un marc d'or ou d'argent. De *Marc.*
MARCHATUM, A. M. marché ou place du marché. Voyez *Marchad.*
MARCHAUCY, MARCHAUSSY, écurie de chevaux. Ce mot a été étendu dans la suite à signifier écurie en général. B.
MARCHAWGLU, cavalerie, armée de cavaliers, de chevaliers. G. *Marchog Llu.*
MARCHAWL, de cheval. G.
MARCHAWR, cavalier, chevalier, homme de cheval. Voyez *Marchwr.*
MARCHAYM, aller à cheval. I.
MARCUDY, écurie de chevaux. G. *Ty.*
MARCHECAA, chevaucher, aller à cheval. B.
MARCHECUEZ, aller à cheval. B.
MARCHESUM, A. M. marais. De *Mar*, Marais.
MARCHET, équitation. E.
MARCHETUM, A. M. Voyez *Marchad.*
MARCHFALLI, A. M. privation de cheval peine dont on punissoit un cavalier. De *March*, cheval; *Fall*, privation.
MARCHFIERI, espèce de mûrier. G. Voyez *Marcucs.*
MARCHGEN, sangle, courroie, lanière, rênes de bride, longe, cuir de cheval, peau de cheval. G. *March*, cheval; *Gen* en composition pour *Cenn*, peau.
MARCHIA, A. M. marque, signe, sceau. De *Marc.*
MARCHIC, petit cheval, bidet. G. B.
MARCHILEIUM, A. M. marché. Voyez *Marchad.*
MARCHIO, MARCHISUS, MARCHENSIS, A. M. celui qui commandoit sur les frontières d'un pays: Telle étoit la signification primitive de notre mot *Marquis* pris pour nom de dignité. De *March.*
MARCHIONES, A. M. les habitans des frontières, ou les soldats qui gardoient les frontières. De *March.*
MARCHNAD, marché ou lieu du marché, marché du prix ou convention des choses vénales, contrat, tenue du marché, foire, marchandise, denrée, tout ce qui entre en négoce. G. *Mercato* en Italien; *Mercado* en Espagnol; *Merckt* en Flamand; *Mark* en Théuton; *Marckt* en Allemand, en Esclavon, en Lusacien, en Polonois & en Bohémien; *Market* en Anglois; *Marché* en François, marché. Voyez *Marchad.*
TOME II.

MARCHNADAWL, de marché. G.
MARCHNADFA, MARCHNADLE, marché où place où l'on tient le marché. G.
MARCHNADTY, boutique. G.
MARCHNADWRAIC, MARCHNATTAWRAIC, femme de foire, de marché. G.
MARCHNADYDDIAETH, commerce, négoce. G.
MARCHNATTA, marchandise, denrée, tout ce qui entre en négoce, acheter. G.
MARCHNATTAAD, marché qu'on fait, convention. G.
MARCHNATTAWR, marchand, qui va aux marchés, qui fait un marché. G.
MARCHNATTY, boutique. G.
MARCHOA, les nones. Ba.
MARCHOG, cavalier, chevalier, guerrier. G. B.
MARCHOGAETH, aller à cheval; *Marchogaeth Ymaith*, s'enfuir à cheval, sortir à cheval. G.
MARCHOGES, femme de chevalier. G.
MARCHOGIAD, action d'aller à cheval. G.
MARCHOGION, cavaliers. G.
MARCHOGWR, écuyer, celui qui dresse, qui dompte les chevaux. G.
MARCHOLA, tronc d'arbre. Ba.
MARCHOWGGAINGC, jeune branche de vigne qui porte des feuilles. G.
MARCHREDYN Y DERW, polypode. G.
MARCHU, feuiller. Voyez *Almarchu.*
MARCHUS, A. M. marc de raisins. De *Marc.*
MARCHWR, palfrenier, pâtre de chevaux, celui qui dresse les chevaux. G.
MARCHWR, messager, homme que l'on fait aller à prix d'argent pour porter quelques nouvelles. G.
MARCHWREINYN, dartre vive, gratelle, feu volage. G.
MARCHWRIAETH, art de panser les chevaux. G.
MARCHWYR, dompteurs de chevaux. G.
MARCHYSGALL DÔF, artichaud. G.
MARCHYSGALL Y GERDDI, artichaud. G.
MARCIO, marquer. G.
MARCLANN, écurie. I.
MARCQ, marc poids. B.
MARCUCE, mûrier. Ba. Voyez *Marchfieri.*
MARCUCER, sycomore. Ba.
MARCUS, A. G. élevé, haut. De *Mar.*
MARD, merde. B. De là le Latin & l'Italien *Merda*, le François *Merde*, *Smarden* en Dalmatien; *Smardezh* en Esclavon; *Smierdzacy* en Polonois; *Smrduty* en Bohémien; *Smrde* en Venéde, puant; *Smeard* ou *Smeart* en Irlandois, salir, remplir d'ordures.
MARDELL, le même que *Bardell.* Voyez ce mot.
MARDOA, raisin. Ba.
MARDOS, immondices, voirie, cloaque, saleté. B.
MARDULA, gros, gras. Ba.
MARE, miroir. G. Ba.
MARE, marée, flux & reflux, temps, saison. B. Voyez *Marea.*
MARE, A. M. tout amas d'eaux qui ne coulent pas. De *Mar.*
MAREA, marée, flux & reflux. Ba. Voyez *Mare.*
MARECA, MARECAA, MAREGHEZ, aller à cheval. B. Voyez *March.*
MARECAWR, MARHECAWR, cavalier, chevalier, homme de cheval. B.
MARECHAL, maréchal. B. De là ce mot.
MARECQOUR, cavalier, qui monte bien un cheval. B.
MAREDUS, A. G. mouillé, humide. De *Mar*, eau.
N n

MARELL, échiquier. B. Voyez Marell.
MARELLEIN, diversifier. B. Madré en vieux François, tacheté. Voyez Marell.
MAREGHEE, cavalcade, marche à cheval. B.
MAREGOUR, cavalier, qui monte bien un cheval. B.
MAREGUER, cavalier. B.
MAREGUIEE, cavalerie. B.
MAREJUM, A. M. marché ou lieu du marché. Voyez Marchad.
MARELL, marelle jeu. B. De là ce mot.
MARELL, quinconce. B.
MARELLA, bigarrer, peindre de diverses couleurs, marbrer ; participe passif Marellet, bigarré, marbré. B. On appelle en Franche-Comté Marellier un jeu dans lequel un des deux joueurs employe des marques blanches, l'autre des rouges. Voyez Marroa.
MARELLA, A. M. marelles. De Marell.
MARELLADUR, madrures marques sur la peau, veines ou ondes sur le bois.
MARELLECQ, qui change de couleur. B.
MARELLET, madré, tacheté, diapré, pommelé. B.
MARELLOUR, ouvrier de marqueterie. B.
MAREN, cormier. B.
MARESCALCUS, MARSCALCUS, &c. A. M. maréchal, celui qui traite les chevaux & celui qui a l'intendance des écuries de chevaux. De Marechal.
MARG, faon de biche. I.
MARG, marne. B. Comarca en Espagnol, champ gras, fertile, qui produit beaucoup ; Merk en Bohémien ; Margel en Flamand ; Mergel en Allemand ; Mark en ancien Allemand, marne ; Mar, beurre en Tartare du Thibet. Voyez Marga.
MARG, le même que Bargod. Voyez ce mot.
MARGA, marne. G. Dans les capitulaires de Charles le chauve, on lit Margila pour Marga. De là Argile. Voyez Marg.
MARGA, marne. Pline, l. 17. c. 6, nous a conservé ce mot Gaulois. Il se trouve encore dans le Gallois & le Breton, deux des plus abondans dialectes de cette Langue. Voyez Marg, Marga plus haut.
MARGACH, marc le reste de tout ce qui est comprimé & exprimé. B.
MARGADH BAILE, hameau. I. Margadh signifie donc petit.
MARGED, marne. G.
MARGEN, le même que Bargen. Voyez M.
MARGH, le même que Magh. I.
MARGHARIT-AR-GARZ, MARGHARIT-AN-AÖT, MARGHARIT-AR-GOÄG HIR, épithétes ou surnoms que l'on donne au héron en différentes parties de la basse Bretagne. B.
MARGILA. Voyez Marga.
MARGO, A. M. terme, fin. De Marc.
MARGOA, signal, signalement, lettre. Ba. Voyez Marc.
MARGOD, pie burlesquement. B.
MARGOD, le même que Bargod. Voyez M.
MARGOL, marjolaine. B.
MARGOTZRA, désignation. Ba.
MARGUES, fertile. Voyez Ai. Il vient de Marg, marne : Les lieux marneux sont fertiles.
MARH, cheval. G. C. B. Le plurier de ce nom en Gallois est Meyrh. Voyez March.
MARH, chantier. B. Voyez Mar, bois.
MARHAD, marché. B. Mart en Anglois, foire.

MARHADOUR, marchand. B.
MARHAG, cavalier. C.
MARHAIGN, stérile parlant des femmes & des bêtes. B. Voyez Marhaynder & Brehaign.
MARHALLE, martret. B.
MARHAYNDER, stérilité. B.
MARHECQ, cavalier, chevalier. B.
MARHEGUER, cavalier. B.
MARHEGUES, femme d'un cavalier. B.
MARHEGUIEZ, chevalerie. B.
MARHEY, chevalier. B.
MARHUË, défunt, mort. B.
MARI, pierre. G.
MARI-MORGANT, sirène. B.
MARIAC, marais. Ba. Voyez Ma
MARIAC, mer. Ba. Voyez Mar, mer.
MARIAN, petites pierres, gravier, sable, lieu sablonneux. G.
MARIANBWL, sablonnière. G.
MARIANOG, sablonneux, sablonneuse. G.
MARIANRO, gros sable. G.
MARICHAL, forgeron, maréchal. B.
MARICIUM, A. M. marais, étang. De Marais.
MARIGAUD, espèce de pêcheur. B.
MARILLA, bâiller. B.
MARINEDEU, culottes. B.
MARJOL, marjolaine. B.
MARISCALA, tribun des soldats. Ba.
MARITELL, peine d'esprit, inquiétude, soupçon, doute, défiance, effroi ; Maritella, avoir des peines d'esprit ; Maritellus, celui qui a ces peines d'esprit, fantasque, bizarre, bourru, trompeur, fourbe, qui se défie des autres qu'il croit lui ressembler. B. De là notre mot François Mari. De là Marritio, terme de la basse Latinité qui signifie fâcherie, chagrin causé par quelque peine. De là Marisson, vieux mot François qui signifie tristesse, affliction. Marar en Hébreu & en Chaldéen ; Murra en Arabe, être amer, être dans l'amertume ; Mara en Hébreu ; Meroro en Syriaque ; Mora en Arabe, amertume ; Mæreo en Latin, être triste, être affligé, être fâché, & Mæror, tristesse, affliction, douleur. Voyez Mar, âpre au gout.
MARKA, A. M. pays. De March.
MARL, marne. G. B. Maria en Irlandois & en Basque, marne ; Marle en Anglois, marne ; Mögel en Allemand ; Merghel en Flamand, marne. On dit encore Marle, Marliere, Marler en notre Langue ; on a dit Mailliere pour Marliere en vieux François, & Mail pour marne. Cluvier remarque que dans quelques anciens manuscrits de Pline, au lieu de Marga, il y a Marla : Cette variété est indifférente, puisque Marga & Marla sont synonimes. Voyez Marla, Marl.
MARL, gras, grasse. Voyez Malbridd.
MARLA, MARLAD, marne. I. Voyez Marl.
MARLA, marne. Ba.
MARLA, A. M. marne. Voyez l'article précédent.
MARLAID, marnière. I. Voyez Marl.
MARLANCQ, merlan. B. De là ce mot.
MARLBRIDD, terre grasse. G. Bridd, en composition pour Pridd, terre ; Marl par conséquent gras, grasse.
MARLERA, A. M. marnière. De Marl.
MARLETUM, A. M. marnière. De Marl.
MARLOTA, A. M. vêtement fait d'une étoffe velue & à longs poils, qui est encore en usage dans le Bigorre & dans le Béarn. De Malt.
MARLOUAN, merlan. B.
MARM, petit. Voyez Marblean.

MAR.

Marmailh, marmaille. B.
Marmariza, murmure, plainte. Ba. De là le premier de ces mots.
Marmid, marmite. B. De là ce mot.
Marmiton, marmiton. B. De là ce mot.
Marmito, A. M. marmiton. Voyez l'article précédent.
Marmo, matrice. B.
Marmola, marbre. Ba.
Marmoretus, A. M. marmouset. Voyez *Marm*.
Marmotatt, parler entre les dents, parler bas. B.
Marmot, singe. B.
Marmous, singe, camus, nasilleur. B.
Marmous, petit. B. *Marmouserie* en vieux François, petitesse, petit état, petite condition.
Marmous, impudique. B.
Marmur, marbre. I. De *Mar*, tacheté ; *Mur*, *Mor*, pierre. Voyez *Marbr*.
Marn, marne. B. Le *b* & l'*m* se mettant l'un pour l'autre, on a dit *Barn* comme *Marn*, ainsi qu'on le voit par l'Auvergnac *Bar*, marne. Voyez *Mern*.
Marn, le même que *Barn*. Voyez *M*.
Marna, A. M. marne. De *Marn*.
Maro, *Marw*, *Maru*, *Marou*, mort substantif & adjectif ; *Merwel*, mourir ; *Merwent*, mortalité. B. Voyez *Marw*.
Maro, le même que *Baro*. Voyez *M*.
Maron, matricaire plante. B.
Marpr, marbre. B. Voyez *Marbr*.
Marquesa, marquis. Ba. Voyez *March*.
Marr, marée. B.
Marr, marre instrument de laboureur, instrument ou outil en général ; *Marra*, marrer, travailler de la marre ; *Marrat*, espèce de terre travaillée avec la marre ; *Marradec*, lieu défriché avec cet instrument. B. De là *Marron* en Grec dans Héfychius ; *Marra* en Latin, en Espagnol, en Italien ; *Marre* en François, marre ; *Maria*, couteau en Galibi.
Marr, le même qu'*Amarr*. Voyez ce mot.
Marra. Voyez *Marr*.
Marra, terme, fin, borne, note, marque, remarque, stile d'horloge. Ba.
Marradec. Voyez *Marr*.
Marraga, toile d'étoupe. Ba.
Marranta, rauque. B.
Marrantatu, je deviens enroué. Ba.
Marre, rotis. B.
Marrein, écobuer ou travailler avec la marre. B.
Marrer, marreur ouvrier qui travaille avec la marre. B.
Marria, noyau de fruit. Ba.
Marroa, jeu de dames, d'échecs. Ba. Voyez *Martla*.
Marron, le même qu'*Arglwydd*. G. Voyez *Mar*.
Mareostea, retour au même état d'où on avoit été violemment tiré, retour dans sa patrie après avoir été enlevé par les ennemis. Ba.
Marrubia, fraises fruit. Ba.
Marrumalari, rugissant. B.
Marruscatu, j'étrille. Ba.
Marruscoa, la tête d'un clou. Ba.
Mars, frontières d'un pays. G. *Mera*, bornes d'un pays en Talenga ; *Marros* en Gothique, frontières, limites. Voyez *March*, *Martarra*, *Marz*.
Mars, marne. B. Voyez *Marg*.
Mars. Voyez *Tredemars*.
Marsalla, *Marsallus*, A. M. marché ou lieu du marché. Voyez *Marchad*.

MAR. 143

Marsdir, terre qui est sur les frontières. G.
Marsiand, commerçant, négociant, marchand. G. Voyez *Marchad*, *Marchadour*.
Marsiandiaeth, négoce, trafic, commerce, marchandise, commercer. G.
Marsiandwr, marchand. G. Voyez *Marchadour*.
Marsoya, piéce, lambeau. Ba. Voyez *Mercer*.
Mart, salut, ce qui sauve, salutaire. E.
Mart, mars. I. *Mawrth* en Gallois ; *Merh* en Langue de Cornouaille ; *Meurs* en Breton. Voyez *Marticarra*.
Mart, imposition mise à volonté par le Seigneur. I.
Mart, bœuf. I.
Mart, mort. B.
Mart, fouine, martre. B. *Martes* en Latin ; *Marta* en Espagnol ; *Mariona* en Italien ; *Marder* en Allemand ; *Marte* en Anglois ; *Maarter* en Flamand, martre. Voyez *Martel*.
Martarra, voisin, qui confine. Ba. Voyez *Mars*.
Marterett, martret. B.
Martes, martezibeline. Ba. Voyez *Mart*.
Martese, apparemment, peut-être, par avanture. B.
Marth, partie. G. *Meris*, partie en Grec.
Martha, A. M. martre ou habit fouré de peau de martre. Voyez *Mart*.
Marthain, vie. I.
Marthanac, durable. I.
Marthanas, durée. I.
Martineta, alcyon ou martinet pêcheur espèce d'oiseau. Ba. De là ce mot. Voyez *Martinic*.
Martinic, alcyon ou martinet pêcheur espèce d'oiseau. B. Voyez l'article précédent.
Martizarra, mars planette. Ba. *Zarra*, étoile. Voyez *Mart*.
Martol, marteau. Voyez *Marzoll*. De là notre mot François *Marteau* ; l'Italien *Martello* ; l'Espagnol *Martilo*. On a employé ce mot au figuré, ainsi que nous le voyons par le nom de *Martel* que l'on a donné à Charles, un de nos Maires du Palais. Un des anciens Rois Bretons, fort célèbre par sa valeur & par ses victoires portoit le nom d'*Arthur* ou *Arthus*, qui signifie marteau. *Mard* en Arménien, combat. Voyez *Morthell*.
Martolod, *Martolot*, matelot, compagnon marinier, compagnon. Ce mot signifie aussi les navires qui accompagnent le commandement général d'une armée ou d'une escadre pour la seconder & secourir dans le combat. B. Les Poëtes Grecs ont aussi désigné les matelots par le terme *Etairei*, compagnons, & les Latins par celui de *Socii*, qui signifie la même chose, ainsi qu'on peut le voir dans ce vers de Virgile au cinquième livre de l'Enéide.

Certatim socii feriunt mare &
Æquora verrunt.

Martorria, coriandre. Ba.
Martr, fouine, martre. B. Voyez *Mart*.
Martreze, peut-être. B. C'est le même que *Maritse*.
Martus, *Martellus*, A. M. marteau. De *Martol*.
Marv, *Maru*, mort, défunt. B. Voyez *Maro*.
Marvailh, fable, conte, merveille. B. De là ce mot. On voit par là que ce terme a signifié tout ce qui étoit merveilleux, soit qu'il fût réel ou feint.

MAR.

MARVAILHA, s'émerveiller. B.
MARVAILHAF, admirer, habler. B.
MARVAILHER, MARVAILHOUR, admirateur, conteur, hableur, babilleur. B.
MARVAM, tuer. I. Voyez *Marv*.
MARVAN, cadavre. I. Voyez *Marv*.
MARVEILL, excellent. B.
MARVEILLUS, exquis. B.
MARVEL, se détruire, se perdre, s'amortir, s'éteindre, mortel. B.
MARUS, mort adjectif. G.
MARUS, qui avertit secrettement. E.
MARW, mourir, périr, mort adjectif, de cadavre. G. *Mariddiven*, mort adjectif, & *Maranoum*, mort subſtantif en Malabare. Voyez *Marv*. On a étendu la ſignification de ce mot, car *Marvoyer* en vieux François ſignifie extravaguer, avoir perdu l'eſprit.
MARW-GWSG, extaſe. G.
MARW-LLEWYG, extaſe, défaillance mortelle. G.
MARW-SCAON, MAR-SCAON, MAR-SCÁN, bancs ou tréteaux ſur leſquels on expoſe les corps morts à l'Egliſe en attendant leur inhumation. B. A la lettre, bancs de morts.
MARW-YSGAR, ſéparation, diviſion, divorce. G. *Marw* ſuperflu.
MARWAIDD, mort adjectif. G.
MARWDDYDD, jour critique. G. A la lettre, jour de mort, jour où l'on eſt expoſé à mourir.
MARWDER, engourdiſſement. G.
MARWDON, craſſe ordure qui tombe de la tête. G.
MARWEID-DRA, engourdiſſement. G.
MARWEIDDIO, être languiſſant, mortifier, être mortifié. G.
MARWERYDD, le même que *Morwerydd*. G.
MARWFIS, janvier. G. A la lettre, mois mort.
MARWGIG, gangrene. G.
MARWGWSG, aſſoupiſſement léthargique. G.
MARWGWSG, choc, impétuoſité, chute, briſement, véhémence, violence. G.
MARWHAU, mortifier. G.
MARWLEWYG, défaillance, manquement ſubit de toutes ſes forces. G.
MARWNAD, chant lugubre, cantique lugubre, élégie, épitaphe. G.
MARWOL, mortel, qui cauſe la mort, pernicieux, funeſte, ruineux. G.
MARWOLAETH, mort ſubſtantif. G.
MARWOLAETHU, mortifier. G.
MARWOLDEB, MARWOLDER, mortalité. G.
MARWOR, MARWAR, charbons allumés, braiſe du feu. G.
MARWORYN, braiſe du feu, charbons allumés. G.
MARVUS, mortel. B.
MARWYDOS, cendre chaude, braiſe du feu, charbons allumés. G.
MARWYSGAFN, maladie qui retient au lit. G.
MARY-MORGAND, ſirêne. B.
MARZ, frontières, limite, marge. B. Voyez *Marz*.
MARZ, merveille, admiration. B.
MARZARIA, A. M. mercerie. De *Mercz*.
MARZE, peut-être. B.
MARZIN, Martin. B. On voit par ce mot que les Bretons mettent le *z* pour le *t*.
MARZOLL, MORZOLL, marteau. B. Dom Le Pelletier dit qu'on peut écrire *Martel*, ce qui eſt vrai; car les Bretons ſubſtituent réciproquement le *t* & le *z*. Voyez la diſſertation ſur le changement des lettres; d'ailleurs on dit en Gallois *Mwrthwyl*.

MAS.

MARZOLLIC, MORZOLLIC, petit marteau *Marzollic*, *Morzollic Al-Law* en jargon ſignifi le pouce; à la lettre, petit marteau des poux. B
MAS, pré. G.
MAS, gland. I. *Maſt* en Anglois; *Maſt* en ancien Saxon; *Mak* en Hongrois, gland. Voyez *Meſer*
MAS, le même que *Bas*. De même des dérivés o ſemblables. I.
MAS. Voyez *Bychan*.
MAS, le même que *Mass*. Voyez *Mass*, *Mag*.
MAS, viſage. Voyez *Maſc*.
MAS, graiſſe. Voyez *Maſtice*.
MAS, habitation. Voyez *Magus*. *Maiaſto* en Polonois; *Maſto* en Luſacien; *Miſto* en Bohémien; *Meiſtu* en Esclavon, ville.
MAS. Voyez *Magus*.
MAS, le même que *Bas*, *Fas*, *Pas*, *Vas*. Voyez M.
MAS, le même que *Ma*, *Mac*, *Mag*. Voyez *Arn*.
MAS, le même que *Mes*, *Mis*, *Mos*, *Mus*. Voyez *Bas*.
MAS, MASAIN, feſſes, croupe. I.
MASAGIUM, A. M. habitation. Voyez *Magus*, *Maſage* en vieux François, village.
MASALLA, joue, bouche, machoire. Ba. D là le Latin *Maxilla*.
MASALLEAN, ſouffleter. Ba.
MASALLECOA, ſoufflet. Ba.
MASAN. Voyez *Bychan*.
MASARN, érable, plane ou platane. G.
MASARUM, A. M. habitation. De *Mas*.
MASBILTZA, vendange. Ba.
MASC, MASCL, maſque. B. Ce mot eſt formé de *Macz* ou *Mas* le même que *Facz*, viſage, & *Cla*, ce qui cache, ce qui couvre; *Maſcara* en Eſpagnol & en Italien; *Mazzcara* en Polonois; *Maſcara* en Bohémien; *Maſque* en François; *Mask*, *Musker* en Anglois; *Talmaſche* en Théuton; *Maſcha*, *Muscus* dans les anciens monumens, maſque. Le *b* & l'*m* ſe ſubſtituant réciproquement, on a dit *Bas* comme *Mas*; de là le Latin *Baſium*.
MASCALA, languiſſant, chagrin. Ba.
MASCARRA, vil, mépriſable. Ba.
MASCAUDA, le même que *Baſcauda*. Voyez *Baſgawd* & M.
MASCAUDA, A. M. eſpèce de vaſe ou de vaiſſeau. Voyez l'article précédent.
MASCEPA, vigne. Ba.
MASCL. Voyez *Maſc*.
MASCL, marc le reſte de tout ce qui eſt comprimé & exprimé. B. L'*f* & l'*m* ſe mettant l'une pour l'autre, on a dit *Faſcl* comme *Maſcl*; de là le Latin *Fax*.
MASCLER, faiſeur de maſques. B.
MASCLOU, le marc des pommes pilées & ſerrées juſqu'à en tirer tout le ſuc. B.
MASCORRA, coquille de pélerin, coquille de tortue. Ba.
MASCORTEA, tortue. Ba.
MASCULUA, limaçon. Ba.
MASCULUCHOA, petite coquille. Ba.
MASCURIO, eſpèce de raiſin. Ba.
MASCUS, A. M. habitation. De *Mas*.
MASERIA, A. M. habitation. De *Mas*.
MASET. Voyez *Bychan*.
MASGL-RHWYD, toute figure courbe dont une partie avance vers l'autre, jante. G.
MASIER. Voyez *Bychan*.

MASILINUM,

MAS.   MAT.   145

MASILINU, A. M. habitation. De *Mas*, *Masil* en vieux François, village.

MASIO, MASIUM, A. M. habitation, maison. De *Mas*.

MASLA, scandale, offense, abus, affront, honte, disgrace, deshonneur, tort, préjudice, médisance, calomnie. I.

MASLADH, outrage, tort, préjudice, insulte, raillerie, indignité. I.

MASLAGADH, reprocher. I.

MASLAIGHIM, scandaliser, offenser. I.

MASLUGHADH, faire affront, calomnier, diffamer, insulter, braver, se moquer, souiller, corrompre, médire, se plaindre, gronder, dire des paroles injurieuses. I.

MASLUGHE, abusé, trompé, à qui on fait affront, babillard. I.

MASLUGHEOIR, qui abuse, qui trompe. I.

MASLUGHES, humeur, parole ou action choquante. I.

MASMAQUIA, raisin. Ba.

MASNACH, MASGNACH, acheter, commercer, commerce, trafic, négoce, marchandise, denrée, tout ce qui entre en négoce. G.

MASNACHDY, boutique. G.

MASNACHWR, marchand. G.

MASNACHWRIAETH, commerce. G.

MASNADA, MASNATA, A. M. les mêmes que *Maisnada*.

MASNADH, censurer, décourager. I.

MASNAGIUM, A. M. habitation, maison. De *Mas* ou *Man*.

MASNENGA, A. M. le même que *Maisnada*.

MASNILE, MASNILUS, A. M. les mêmes que *Maisnile*.

MASOERIUS, A. M. habitation. De *Mas*.

MASON ou MASSON. Voyez *Bychan*.

MASOT. Voyez *Bychan*.

MASOU. Voyez *Bychan*.

MASPATZA, pepin de raisin. Ba.

MASPURUCAYA, provin de vigne. Ba.

MASRA, A. M. le même que *Mara*, marais, lac, étang. Voyez ce mot.

MASSA, A. M. massue, masse ou gros marteau de bois. De *Macha* ou *Masa*.

MASSA, MASSUM, MASA, MASADA, A. M. certaine quantité de terres labourables. De *Mas* le même que *Maei*.

MASSACR, curage, action de curer, de nettoyer. B.

MASSAJERIA, A. M. message. Voyez *Messajour*.

MASSAIGIUM, A. M. petite piéce de terre labourable. De *Mas* le même que *Maei*.

MASSARE, A. M. mâcher. Voyez *Macha*.

MASSARIA, A. M. certaine quantité de terres labourables. Voyez *Massa*.

MASSARIUS, MASARIUS, MASSAROLUS, A. M. métayer. Voyez *Massaria*.

MASSIA, A. M. bâton. De *Mas* le même que *Bat*. Voyez *M*.

MASSICOTI, A. M. enfans de chœur. De *Maeiicod*.

MASSICUS, MASSUCUS, A. M. gros mangeur. Voyez *Massare*.

MASSIOLA, A. M. le même que *Massia*. Voyez ce mot.

MASSON, maçon. B.

MASSONNEIN, maçonner. B.

MASSONNERIA, A. M. maçonnerie. De *Masson*.

MASSURA, A. M. habitation, maison. De *Mas*.

MAST, le même que *Bast*. Voyez ce mot & *M*.

TOME II.

MASTAC, méchans, mauvais. Ba.

MASTARA, MASTARAN, MASTARI, salir, souiller, gâter, tacher, crotter, machurer; participe *Mastaret*, sali, souillé, gâté, taché, crotté, machuré. B.

MASTIA, vigne. Ba.

MASTICH, mastic. G. Voyez l'article suivant.

MASTICQ, mastic. B. Voyez l'article précédent.

MASTIG, festin, grand repas. G.

MASTIN, chien de village, chien de berger, gros chien de garde; & par application homme grossier, rustique & brutal. Un vieux Dictionnaire porte que l'on appelle un homme *Mastin* quand il est de vilaines & ordes complexions & cruel. B. De là le François & l'Espagnol *Mâtin*, l'Anglois *Mastine*, l'Italien *Mastino*. Ce mot peut être formé de *Mast* le même que *Bast*, ou de *Mas*, habitation, & *Tin* pour *Tuin*. Voyez l'article suivant.

MASTINUS, A. M. gros chien de garde. De *Mastin*.

MASTIZALLEA, vigneron. Ba.

MASTOKIN, coquin, belître, faquin, maraud, gueux, pauvre. B.

MASTRUGA, A. G. fort ou très-fort. De *Maestr*.

MASTY, le renard du tisserand. B.

MASUAGIUM, A. M. habitation, maison. De *Mas*.

MASUALE, A. M. habitation. De *Mas*.

MASURA, A. M. habitation, maison. De *Mas*.

MASUSTA, mûre fruit de mûrier, fraises. Ba.

MASW, mince, menu, délié, petit, vil, méprisable, mou, flexible, pliable, qui aime les femmes. G.

MASWEDD, délicatesse, mollesse, vanité, inutilité, impudique. G.

MASY. Voyez *Bychan*.

MASYN. Voyez *Bychan*.

MAT, beau. G. *Hmot*, grace, bénignité en Cophte. Voyez *Mad*.

MAT, motte. G. De là le Latin *Meta*, butte amas de bois, de perches, de pierres, &c. fait en pyramide.

MAT, le même que *Bat*. De même des dérivés ou semblables. I.

MAT, bon, bien substantivement, adjectivement & adverbialement, richesses, bienfait substantivement, commodité, abondant, fertile, charnu, affable, fin, rusé, madré. B. *Mait* en Irlandois bon; *Meit*, gras, graisse, & *Maitios*, bonté dans la même Langue. Lorsque l'on fait chauffer le lait pour faire le fromage, ce qu'il y a de meilleur & de plus gras vient au-dessus, & sert à faire le fromage: On appelle cela *Maton* dans les montagnes de Franche-Comté. *Matte de lait* en François, crème, graisse du lait; *Mattan*, *Mattath* en Hébreu, don; *Motab*, fertilité dans la même Langue; *Mat*, fertile en Runique. Voyez *Mad*.

MAT, le même que *Bat*, *Fat*, *Pat*, *Vat*. Voyez *M*.

MAT, le même que *Mad*. Voyez *D*. *Matte* en Allemand; *Mad* en Théuton, *Mead* en Anglois, pré; *Matte*, pâturage en Danois.

MAT, le même que *Met*, *Mit*, *Moi*, *Mut*. Voyez *Bat*.

MATA, natte. I. De là ce mot, l'n se mettant pour l'm, comme on le voit dans *Mappa* Latin, d'où nous avons fait *Nappe*. De là le Latin *Matta*, l'ancien Saxon *Meatta*, l'Anglois *Matt*, le Flamand *Matte*, natte.

MATA, A. M. forêt. Voyez *Meath*.

O o

MATACH, MATECH, MATEOCH, bon. Voyez *Dematach*.

MATAH, servante à bras, grosse servante. B.

MATAIR, famille. I. Voyez *Mahaitara*.

MATAIR, fontaine. I.

MATALACIUM, MATALASSIUM, A. M. matelas. De *Matalacz*.

MATALACZ, matelas. B. De là ce mot. *Mattras* en Gallois & en Flamand ; *Matratz* en Allemand ; *Mattreff* en Anglois ; *Matrazzo* en Italien, matelas ; *Materats* en vieux François, coussins. Voyez *Mata*.

MATARA, espèce de javelot des Gaulois, selon César. *Matras* en vieux François signifioit un trait de grosse arbalète ; *Mafe*, trait en Espagnol & en quelques Provinces de France ; l'*s* se met pour le *t*. Voyez *Dard*, *Motralluaren*.

MATARATIUM, MATARITIUM, A. M. les mêmes que *Matalacium*. Voyez *Materacium*.

MATARE, A. M. percer. Voyez *Matara*.

MATEAIH, servante. B.

MATECH, bon. Voyez *Dematech*.

MATEH, servante à bras, grosse servante. B.

MATEH, bon, comme *Matech*. Voyez la dissertation pour le changement des lettres.

MATELASA, matelas. Ba.

MATEOCH, bon. Voyez *Demateoch*.

MATER, le même que *Mat*. Voyez *Maderiez*.

MATERACIUM, A. M. matelas. Voyez *Matalacz*. Ménage rapporte qu'autrefois dans notre Langue on disoit indifféremment *Matelas* & *Materas*.

MATERICZ, humanité, douceur, amabilité, bonace. B.

MATERY, matière. B. De là le Latin *Materia* & le François *Matière*.

MATES, MATEZ, servante, servante à bras, grosse servante qui est chargée du soin des enfans quand ils ne sont plus à la mammelle. B.

MATGHAMHUIN, MATHGHAVUNIN, prononcez *Maavuin*, ours. I. Voyez *Maghavuin*, *Magan*.

MATH, sorte, espèce, ressemblance, représentation, semblable. G.

MATH, le même que *Mach*. De même des dérivés ou semblables. I.

MATH, sorte de mesure. G.

MATHAD, pardon. I.

MATHAIM, pardonner, oublier une injure. I.

MATHAIR, mere, famille ; *Mathair Ufge*, source, fontaine. I. On voit par là que *Mathair* a aussi signifié source, origine.

MATHAIRE, le même que *Machaire*. I. De là *Métairie*.

MATHERY, le même que *Machery*. I.

MATHR, action de fouler aux pieds. G. *Sathrfa* signifie un lieu foulé ; *Fa*, lieu ; *Sathr*, foulé. *Atre* en François signifie le sol de la cheminée ; l'endroit où il y a fait le feu qui est le lieu le plus fréquenté & par conséquent le plus foulé de la maison. *Atrier* est un terme des anciennes coutumes de Normandie qui signifie le lieu où le Seigneur tient la justice, le lieu où tous les habitans s'assemblent. De tout cela je conclus qu'*Athr* signifie foulé, que l'*m* & l's qui sont au commencement de *Mathr* & *Sathr* peuvent s'omettre. Il y a beaucoup de pareils exemples.

MATHRAD, MATHRIAD, action de fouler aux pieds. G.

MATHRU, serrer, presser, fouler, fouler aux pieds. G. On appelle en Franche-Comté *Matras* de la paille que l'on met sous les animaux pour qu'ils puissent se coucher dessus. Voyez *Mattras*.

MATHU, le même que *Bathu*. Voyez M.

MATIA, A. M. bâton. De *Mat* le même que *Bat*.

MATIBERNI, bons Juges. B. *Mat* & *Barn*, au plurier *Berni*. On voit par là que *Barn* a aussi signifié juge.

MATIO, A. M. maçon. Voyez *Maffio*.

MATON, bons. G.

MATOURCH, servante à bras, grosse servante. B.

MATRACIUM, A. M. matelas. De *Mattras*.

MATRELLEGO, soufflet. Ba.

MATRICLA, matricaire. B.

MATSA, vigne, raisin. Ba.

MATSAULA, échalas. Ba.

MATSERACOA, uvée de l'œil. Ba.

MATT, bon, favorable, bien adverbe. B.

MATTA, A. M. tas ou monceau de chanvre que l'on met rouir dans l'eau. De *Mat*, motte, élévation, monceau.

MATTANA, A. M. folie, sotise. Voyez *Mad*.

MATTEA dans Athenée, signifie un mets délicat. De *Maeth* ou *Math*.

MATTINICQ, alcyon, martinet pêcheur. B. Voyez *Martinicq*.

MATTRAS, matelas, lit. G. Voyez *Matalacz*.

MATTU, le même que *Muddu*. Voyez D.

MATWS Voyez *Madws*.

MAU, mon, ma, mien, mienne. G.

MAU, garçon. G. Voyez *Mab*.

MAU, sain. B. Voyez *Mio* qui est le même.

MAU, le même que *Mall* & *Ball*. Voyez *Ball*.

MAU, le même que *Ban*, *Ffun*. Voyez M.

MAUBARIA, qui abboye. Ba.

MAUBIA, cri, gémissement des renards, des chiens, &c. Ba.

MAUC, le même que *Bauc*. Voyez ce mot & M.

MAUD, mouton, chef d'un parti d'un corps. B.

MAUD, le même que *Baud*. Voyez M.

MAUDTENN, peau de mouton. I.

MAUG, le même que *Baus*. Voyez ce mot & M.

MAUGEN, conte, fable. B.

MAUGREAL, maugréer. B.

MAVICAM, sciatique. B.

MAUL, beauté. G.

MAUL, mauve. B.

MAULA, fraude, fourberie. Ba.

MAULARIA, marchand frippier. Ba.

MAUR, grand. G. I. B. Voyez *Maer*, *Mar*, *Mawr*, *Mor*.

MAUR paroit avoir signifié noir. Voyez *Mauryan*, *Mor*.

MAURYAN, éthiopien, maure. B. *Morien*, maure en vieux François.

MAURYON, morion. B. De *Mor* ou *Maur*, tête.

MAUS PET GUEZ, souvent. B.

MAUSA, herbe semblable au cerfeuil, hièble. Ba.

MAUT, corbeau. Voyez *Mormaut*.

MAUT, le même que *Baut*. Voyez *Beut* & M.

MAW, jeune garçon ; plurier *Cofgar*. C.

MAWA, tranquile, temps calme. G.

MAWAID, ce qui remplit les deux mains. G.

MAWDA, montagnard. E.

MAWDEN, gazon, motte de terre. G.

MAWED, richesses. G.

MAWFRYDIGRWYDD, magnanimité, élévation ou grandeur d'ame. G.

MAWL, louange. G.

MAWN, main. G. Voyez *Man*.

MAWN, tourbe ou gazons noirs propres à brûler. G.

MAWNEN, plurier Mawn, gazon, motte de terre. G.
MAWR, grand au propre & au figuré, vaste, ample, principal, qui est à la tête. G. B. Mawr, grand en Langue de Cornouaille; Mor en Irlandois, grand, ample, gros, élevation. Il signifie aussi en cette Langue élevé, haut, comme on le voit par Mordas, éminence, élevation. Morth en Hébreu, illustre, grand au propre & au figuré. Voyez Maur, Mar, Maer, Meur.
MAWR, énorme, véhément, impétueux, violent, fort, nombreux, qui est en grande quantité, beaucoup, qui est en grand nombre, très marqué du superlatif, abondant, fécond, fertile. G.
MAWR, lac, étang. G. Voyez Mor.
MAWR, grand. C.
MAWR, CLWYF-MAWR, lépre, ladrerie. G. A la lettre. grande maladie.
MAWR, GWR-MAWR, Grand d'un État. G.
MAWR-BYD, fort grand. G. B.
MAWR-EIRIOG, qui a le style sublime. G. Air.
MAWR-GYMMORTH, augmentation plus considérable. G.
MAWR-IAWN, très-grand. G.
MAWR-RUYSK, guerrier, puissant. G.
MAWR-WRAIDD, magnifique. G.
MAWRDDRWG, méchant, scélérat, grande méchanceté, grand crime. G.
MAWRDDRYGIOG, scélérat, malin, plein de malignité, très-injuste, sacrilége, qui profane les choses saintes. G.
MAWREDD, grandeur, étendue, majesté. G.
MAWREDDOG, magnanime, magnifique. G.
MAWREDDUS, magnifique, somptueux. G.
MAWREDIGRWYDD, magnanimité, élevation ou grandeur d'ame. G.
MAWREIRIOG, qui a le style élevé. G.
MAWRFRYD, magnanimité, grandeur d'ame. G. Bryd.
MAWRFRYDIG, magnanime. G.
MAWRFRYDUS, magnanime, noble, illustre, grand, orgueilleux. G.
MAWRHAAD, dignité, rang, élevation, titre honorable. G.
MAWRHAU, élever, exalter par des louanges, estimer, priser beaucoup. G.
MAWRHYDI, grandeur, majesté. G.
MAWRHYDR, grand cœur, grand courage. G.
MAWRIGI, élever, mettre haut. G.
MAWRTH, mars le dieu de la guerre. G. Mawrth, mars mois. G.
MAWRWERTHIOG, précieux, qui coûte beaucoup. G.
MAWRWR, magnanime, héros. Voyez Mawrwriaeth.
MAWRWRIAETH, magnificence, magnanimité, grandeur d'ame, vertu héroïque. G.
MAWRYDDIG, grand, noble, illustre, magnanime, magnifique. G.
MAWRYDDIGRWYDD, magnificence, magnanimité, grandeur d'ame. G.
MAWRYGU, élever, relever, exalter, louer, exalter par des louanges, admirer, estimer, priser beaucoup. G.
MAWS, qui est de bonnes mœurs. G. Ce mot à la lettre signifie mœurs; & n'est que la crase de Moes, mais, comme remarque Davies, il se prend toujours en bonne part, & pour l'ordinaire adjectivement.
MAWY CAM, sciatique. B.
MAXAIRE, champ. I.

MAXIRE, champ. E.
MAY, mai mois. B. Voyez Mai.
MAY, le même que Bay. Voyez M.
MAYA, table à manger. Ba. Voyez Maeth.
MAZ, bon. C. Voyez Mat, Mad.
MAZ, façon, manière. B.
MAZ. Voyez Ma.
MAZ, le même que Baz. Voyez M.
MAZA, A. M. massue. De Macha.
MAZACRIUM, A. M. massacre. De Mactacreim.
MAZE, MAZE, MAZEO, MAZEV, MAZHE, MAZHEFF, Mathieu nom propre prononcé à la Bretonne. B. De là Macé, Mathieu dans plusieurs Provinces du Royaume.
MAZOLLOA, hibou. Ba.
MAZOPA, porc marin. Ba.
MAZORRALA, impoli, grossier. Ba.
ME, moi, me, mon. I. Mi, moi, me en Anglois. Voyez Me plus bas.
ME, le même que Be. De même des dérivés. I.
ME, moi, mon, ma. B Voyez Mi.
ME, pétrin, mai. B. De là ce mot.
MEA, veine de métal. Ba.
MEA, mince, menu, simple. Ba.
MEA Voyez Mera.
MEABHAIL, fourberie, tromperie, imposture. I.
MEABHAIR, mémoire, esprit, entendement. I. Le b & l'm se substituant réciproquement, on a dit Meambair comme Meabhair. De là le Latin, l'Espagnol & l'Italien Memoria, le François Mémoire, l'Anglois Mémorie.
MEABHLACH, fin, rusé, plein de piéges, plein d'embûches. I.
MEABHRADH, feindre. I.
MEABURUGHADH, inventer, forger, projetter, entreprendre, affecter, réciter, conter, raconter. I.
MEACA, le côté, le flanc. Ba.
MEACA, tache. Ba.
MEACAN, racine. I.
MEACAN, panais. I.
MEACHAN, racine. I.
MEACHAQUIDA, menace. Ba.
MEAD, mesure, grandeur, accroissement, quantité, taille. I. De Mead, Mod, & par crase Mod, est venu le Latin Modius. Voyez Mad.
MEADACHA, graviter, peser, gravité, pesanteur, grandeur, grossiéreté. I.
MEADAGHADH, addition, accroissement, mélioration. I.
MEADAIGHIM, accroître. I.
MEADAMHLAS, solidité. I.
MEADH, milieu. I. De là le Latin Medium, Myd, milieu en Cophte; Maddya, moyen, médiocre en Talenga; Mez, en vieux François, milieu; Mezy en Bohémien; Miedzy en Polonois; Mei en Esclavon; Mea en Dalmatien; Mejan en Persan; Metaxu en Grec, entre. Voyez Meadhon, Meath, Meth.
MEADH, sorte d'hydromel. I.
MEADH, plaine, campagne, terre. I. Meidan en Turc, plaine, campagne, sol.
MEADU, MEADHACHAN, balance; Meadhacadh, balancer, peser. I.
MEADHAIGHIM, peser, examiner. I.
MEADHAIL, ventre. I.
MEADHON, milieu, médiocre, moyen. I.
MEADHONTAS, tempérance, médiocrité. I.
MEADHUGAD, ajouter, aggrandir, augmenter, multiplier, profiter, accroissement, exagération, augmentation. I.

MEAELLIC, maillet, gros marteau. B.
MEAG, terre. I. Voyez *Mag*.
MEAG, le même que *Beag*. De même des dérivés ou semblables. I.
MEAHIRIGUIAH, état de fille. B.
MEAL, le même que *Mael*. G.
MEAL, minéral. B.
MEAL, le même que *Mael*, fer. Voyez *Dour Meal*.
MEALAGACH, genêt. I.
MEALL, bosse. I. Voyez *Mal*.
MEALL, embryon. I.
MEALLA, bouillonner; *Meadhon*, bouillonnement. I.
MEALLA, MILLA, tromper. I.
MEALLADH, tromperie, erreur, préjugé, moquerie, tort, préjudice, tromper, frustrer, se moquer, amuser, jouer, amorcer, flater, cajoler, corrompre, ébaucher, rendre vain, niais, dupe, attirant, attractif. I. En Patois de Franche-Comté on dit *Emmiauller* pour tromper par de belles paroles ou par de vaines espérances.
MEALLAM, tromper. I.
MEALLTA, propre, bien mis, beau, élégant. I.
MEALLTOIRIOS, flaterie, caresse. I.
MEALLTOR, trompeur, amorceur, enchanteur, qui amuse, fourbe. I.
MEALVE, poche. I.
MEAMAM, baiser. I.
MEAMRAN, parchemin. I. De *Meamran* ou *Meambran* est venu le Latin *Membrana*. Voyez *Mebrana*.
MEAN, pierre. C. B. Voyez *Maen*.
MEAN, chevreau. E. Voyez *Minan*.
MEAN, baiser substantif. I.
MEAN, MEANN, les mêmes que *Bean*, *Beann*. De même des dérivés ou semblables. I.
MEANAMA, plaisir, joie, contentement, satisfaction. I.
MEANAN, remarquable. I.
MEANMA, joie. I.
MEANMA, MEANMAR, courage, vigueur. I.
MEANMNACH, gai, joyeux, content, folâtre, badin, magnanime. I.
MEANNAD, place, lieu. I. Voyez *Man*, *Mann*.
MEAR, plaisant, agréable, divertissant, enjoué, facétieux, gai, de bonne humeur. I. *Mear* en Anglois, raillerie, bouffonnerie.
MEAR, beauté. I.
MEAR, vîte. I.
MEAR, doigt. I. Voyez *Mer*.
MEAR, le même que *Bear*. De même des dérivés ou semblables. I.
MEAR, Maire. B.
MEARADH, tâtonner, aller à tâtons, tromper. I.
MEARAIGEANTACH, magnanime. I.
MEARBHALL, action de s'enyvrer. I.
MEARBULL, erreur, bévuë, méprise, mécompte. I.
MEARDA, signalé. I.
MEARDANTAS, débonnaireté, cordialité, amitié sincère, bonne humeur. I.
MEARDHAS, tempérance. I.
MEARTSA, subtilité. Ba.
MEARTU, j'affoiblis. Ba.
MEARUGHADH, étourdir, troubler, mettre en désordre, déconcerter, charmer, ensorceller, réfuter, réfutation, confusion, désordre. I.
MEARUGHTE, caduc, maniaque. I.
MEARUGHTEOIR, synonime de *Maalltoir*. I.
MEAS, de, d'entre, depuis, à, aux, dehors. C. Voyez *Mats*.

MEAS, vent. I.
MEAS, armes. I.
MEAS, MEASOG, gland. I. Voyez *Mesen Mas*.
MEAS, fruit. I.
MEAS, estime, réputation, égard, considération, estimation, sentiment, opinion, conjecturer, imaginer, concevoir, s'imaginer, taxer, mettre des impôts. I.
MEAS, MEASAD, louer. I.
MEAS, le même que *Beas*. De même des dérivés ou semblables. I.
MEAS. Voyez *Mats*.
MEAS, maître. B.
MEAS-GHORT, MEAS-LANN, verger. I.
MEASA, pire. I.
MEASAM, juger, estimer, conjecturer. I.
MEASAMHUL, fameux. I.
MEASAN, petit chien. I.
MEASARDA, modérer, tempérer, modération, modestie, retenue, modeste, retenu, modéré, sobre, tempéré, doux, tempérant. I.
MEASAS, penser, concevoir. I.
MEASGHADH, mêler, brouiller, confondre, embarrasser, engager. I.
MEASOC-CYN, gland. I.
MEASUIM, juger, estimer, conjecturer. I.
MEASUM, il me semble. I.
MEASUS, A. M. métairie, maison. De *Mas*. Voyez *Magus*.
MEAT, pétrir. B. *Matto* en Grec, pétrir. Voyez *Ma*.
MEATA, lâche, timide, découragé, qui s'affoiblit, qui décheoit. I. De là les anciens mots Latins *Mattus*, qui signifioit amolli, dompté, affoibli, & *Mattare*, dompter, amollir, affoiblir. On trouve aussi dans un ancien glossaire Latin *Mattus*, triste ; de *Meata*; les Latins *Mitus*, *Attuo*. *Matt* en Allemand, foible, languissant ; *Matt* en vieux François, triste, confondu, froid. On disoit aussi en vieux François *Mate chere* pour petite chere, pauvre chere, mauvaise chere. *Matte* se dit en notre Langue pour dompter, & nous appellons *Or Mat* de l'or qui n'est pas poli. En Franche-Comté on dit qu'un homme est *Mau* lorsqu'il est foible. Voyez *Meatu*, *Meth*.
MEATACHD, foiblesse. I.
MEATAM, tomber. I.
MEATAS, qualité terrible, propre à donner de la crainte. I.
MEATH, plaine. G. *Mead* en Anglois; *Med*, *Maede* en ancien Saxon, pré.
MEATH, plaine, champ, campagne, terre. I.
MEATH, décadence. I.
MEATH, milieu. I. De *Meath* ou *Meth* sont venus les mots François *Metis*, *Metif*, qui signifient un animal venu de deux espèces, ou qui tient de deux espèces, comme qui diroit moitié d'une espèce & moitié d'une autre. Les Espagnols disent *Mestizo*. Voyez *Meth*, *Metou*.
MEATH, le même que *Med*. I. De là *Mata*, soit dans les anciens monumens.
MEATHAC, gras. I
MEATHAIGIM, engraisser. I.
MEATSA, rare. Ba.
MEATZEA, mine de métal. Ba.
MEAU, yvre. B.
MEAUD, moutons. B.
MEAWS, capiteux. B.
MEAWEIN, s'enyvrer. B.

MEA.

MEABUR, nourrir. B.
MEBIN, MEBYN, petit enfant. G.
MEBRANA, tunique, membrane. Ba. Voyez *Meamran*.
MEBYD, enfance, adolescence, tendre enfance, l'âge des enfans. G.
MEC, le même que *Bec*. Voyez *M*.
MECA, donner du gland aux pourceaux. B. Voyez *Mes*.
MECG, le même que *Beeg*. Voyez ce mot & *M*.
MECH, chesne, miche. B. De là ce mot.
MECH. Voyez *Bychan*.
MECHA, mèche, brosse, décrotoire de soie de cochon, charpie. Ba. De là notre mot *Mèche*. Voyez *Mèchen*.
MECHAJOUR, messager. B. Voyez *Messajour*.
MECHAMIUM, A. M. mutilation, fracture de membre. De *Machaina*.
MECHAN. Voyez *Bychan*.
MECHANCE, probablement, apparemment, vraisemblablement, peut-être. B.
MECHANT, méchant. B. Voyez *Bychan*, *Nechi*.
MECHARIGANA, surplis. Ba.
MECHDEYRN, MACHDEYRN, MYCHDEYRN, paroissent signifier, dit Davies, Monarque, Souverain, Empereur, un Monarque de qui relevent d'autres Rois: Les exemples qu'il rapporte confirment son interprétation. G. Voyez *Mactiern*, qui est le même mot; *Teyrn*, le même que *Tyern*.
MECHEN, mèche. B. Voyez *Mecha*.
MECHER, métier, vacation d'un artisan; *Milvecher*, qui est de mille métiers, qui se mêle de trop d'affaires & ne réussit en aucune; *Mecherour*, artisan. *Mecher* signifie encore intérêt, affaire, besoin. B. Le *ch* se changeant en *t*, on a dit *Meter* comme *Mecher*; de là notre mot François *Métier*. Les paysans en Franche-Comté disent *Meté*. *Mechi* en Hébreu, machine; *Michi* en Phénicien, ouvrier; *Mechane* en Grec; *Machina* en Grec & en Italien; *Machine* en François, machine, instrument de méchanique.
MECHEROUR. Voyez *Mecher*.
MECHET. Voyez *Bychan*.
MECHI, singulier *Mechien*, morve, pituite qui tombe du cerveau par le nez. B. *Muxa* en Grec; *Mucus* en Latin; *Mucco* en Italien; *Moco* en Espagnol; *Smurkel* en Esclavon; *Smerchal* en Croatien; *Smarkl* en Polonois; *Sumuk* en Turc, morve. De *Mechi* est venu notre mot *Moucher*. Voyez *Mocadera*.
MECHIEC, morveux. B.
MECHING, MECHYN, MECHYDD. Davies n'explique pas ces termes, & je n'en ai trouvé l'explication dans aucun Auteur Gallois. Je ne vois aucun mot dans cette Langue d'où ils puissent être naturellement dérivés que *Mach*. G.
MECHNI, MECHNIAETH, obligation de comparoître en Justice à certain jour. G.
MECHNIO, se porter caution, engager une personne à se porter caution. G.
MECHON. Voyez *Bychan*.
MECHOT. Voyez *Bychan*.
MECHOU. Voyez *Bychan*.
MECHY, MECHYENN, morve. B. Voyez *Mechi*.
MECHYN. Voyez *Bychan*.
MECQ, le même que *Beeq*. Voyez ce mot & *M*.
MECZAGER, messager. B. Voyez *Messajour*.
MED, biens, bons. G. C'est le même que *Mad*.

MED.

Medseob en ancien Saxon; *Medsee* en Anglois, don, présent, prix.
MED, pluriel *Mediou*, prairie. G. Voyez *Mad*.
MED, forêt, bois substance d'arbre. I.
MED, gros orteil, pouce. B. Voyez *Medi*.
MED, pâturage. Voyez *Allwest* & *Mad*.
MED, mûr, doux, facile, traitable. Voyez *Addfed* & *Mad*.
MED, bataille, combat. Voyez *Mid*.
MED, le même que *Mad*, *Mid*, *Mod*, *Mnd*. Voyez *Bal*.
MED, le même que *Met*. Voyez *D*.
MED, le même que *Bed*, *Fed*, *Ped*, *Ved*. Voyez *M*.
MEDALLA, médaille. Ba. Voyez l'article suivant & *Meddalen*.
MEDALLA, MEDALLIA, A. M. médaille, médaille pièce de monnoie. De *Metal* ou *Medal*. Voyez l'article précédent.
MEDAT, réglette, pied de roi mesure. B.
MEDD, MEDDI, MEDDAF, dis-je, dis-tu, dit-il. G.
MEDD, hydromel. G. *Medo*, *Meto* en Theuton, moût; *Miodur* en Islandois, hydromel; *Mathe* en ancien Saxon, moût.
MEDD, renouée, sanguinaire, sang de dragon. G.
MEDD, biens, bien. Voyez *Rhcfedd*, *Fedd*.
MEDD, mesure. Voyez *Modsedd*. *Medan* en Allemand, mesure.
MEDD-DY, cabaret, taverne. G.
MEDD-RHAI, érable. G.
MEDDAF, dis je. G.
MEDDAFI, je dis. G.
MEDDAL, mou, flexible, pliable, maniable, souple, docile, facile, aisé à tourner, qui se laisse conduire, pliant. G.
MEDDALAI, mauve. G.
MEDDALAI, amollissante. Voyez *Feddalai*.
MEDDALAID, mou. G.
MEDDALCHWYDD, tumeur contre nature qui ne fait point de douleur. G.
MEDDALEN, médaille. B. Voyez *Medalla*.
MEDDALFER, petite moëlle. G.
MEDDALHAU, amollir, s'amollir, devenir mou, mûrir, faire mûrir, être flexible, se fondre, devenir liquide, appaiser. G.
MEDDALU, MEDDALHAU, amollir, être amolli. G.
MEDDALWCH, mollesse, facilité de se plier, délicatesse, état d'un efféminé. G.
MEDDAWDD, paresseux. G.
MEDDEGINIAETH, médecine. G.
MEDDF, mou, efféminé. G.
MEDDFAETH, mou, amolli, un peu mou, pliant, flexible, aisé à tourner, facile, qui se laisse conduire, délicat, délicieux, douillet, voluptueux, exquis, lâche, énervé, efféminé. G.
MEDDGELL, cellier où l'on garde l'hydromel, cellier où l'on garde le vin, cellier. G. Ce terme pris à la lettre n'a que le premier sens, on lui a donné les deux autres par extension.
MEDDGYRN, phioles d'hydromel, verres. G.
MEDDI, dis-je, je dis. G.
MEDDIAN, le même que *Meddiant*. Voyez *Meddiannu*.
MEDDIANNU, avoir, posséder. G. *Meddiant*, qui perd ici son *t*.
MEDDIANNUS, puissant, qui a du pouvoir. G.
MEDDIANNWR, possesseur. G.
MEDDIANOL, possessif, qui marque la possession, possédant. G.

MEDDIANT, puissance, pouvoir, autorité, possession, métairie. G. *Meddix* dans la Langue des Osques, Prince.
MEDDIANT, avant. G.
MEDDIANUS, puissant. G.
MEDDIE, de pré, plein de prés. G. Voyez *Mad.*
MEDDLYNN, hydromel. G.
MEDDO, yvre. C. B.
MEDDU, posséder, tenir, avoir, pouvoir, avoir beaucoup de pouvoir, avoir la puissance, avoir bien de la force. G.
MEDDW, yvre, boisson. G. B. *Methuo* en Grec, je suis yvre; *Madulfa* en ancien Latin, yvre.
MEDDWALEDD, parole, action de parler, éloquence, langage. G.
MEDDWDOD, yvresse, grande débauche de vin, crapule, mal ou pesanteur de tête pour avoir trop bu. G.
MEDDWI, enyvrer, s'enyvrer. G. B. *Meftane*, yvre en Turc; *Methuo*, s'enyvrer en Grec; *Meft*, yvre en Persan.
MEDDWL, vuë, dessein, intention, ce qu'on s'est proposé, esprit, pensée. G.
MEDDWR, possesseur. G.
MEDDWYN, yvre, buveur, grand buveur. G.
MEDDY, vin doux mêlé de miel ou de castonnade. B.
MEDDYG, médecin en Gallois. Le Pere de Rostrenen dit qu'il avoit autrefois la même signification en Breton, & que dans cette Langue il signifie aujourd'hui chirurgien. De *Meddyg* sont venus le Latin *Medicus* & ses dérivés. Le *d* qui est au milieu de *Meddyg* se perdant, (voyez la Dissertation sur le changement des lettres) on a dit *Meyg* comme *Meddyg*, ainsi qu'on le voit par *Mege*, qui en vieux François signifioit médecin. On appelle encore *Mege* à Bourges celui qui remet les membres disloquez. En Patois de Franche-Comté *Manger* signifie panser; *Miech* en Albanois, médecin. Voyez *Medeor.*
MEDDYGFYS, le quatrième doigt, doigt du médecin, doigt où l'on met l'anneau. G. De *Meddyg Bys.*
MEDDYGINIAETH, médecine, science du médecin. G. B.
MEDDYGINIAETH, remède, guérison, médicament. G. Nous avons conservé cette façon de parler de nos ancêtres; nous appellons *Médecine* la science du médecin & la potion médecinale.
MEDDYGINIAETHOL, médecinal, qui a une vertu médecinale, causé par un remède médecinal, utile à la santé, qu'on peut guérir. G.
MEDDYGINIAETHU, donner des remèdes, exercer la médecine. G.
MEDDYGLYN, hydromel boisson composée d'eau & de miel, vin miellé. G.
MEDDYGYN, pensée fleur. G.
MEDDYLDDWYS, pensif. G.
MEDDYLFRYDD, but, dessein, ce qu'on s'est proposé, esprit, ce qui fait raisonner & mouvoir les esprits animaux. G.
MEDDYLGAR, pensant, qui pense beaucoup, pensif, qui se souvient, qui a de la mémoire, qui n'a point oublié, mélancolique. G.
MEDDYLIAD, pensée. G.
MEDDYLIAW, conduire, gouverner. G.
MEDDYLIO, MEDDYLIAID, penser, estimer, juger, être dans la résolution, prendre la résolution. G, De là le Latin *Meditor.*

MEDE, le même que *Bede.* Voyez ce mot & *M.*
MEDEL, troupe de moissonneurs. G. Voyez *Medi.*
MEDELWR, moissonneur, faucheur. G.
MEDEOR, guérison. I. De là le Latin *Medeor.* Voyez *Meddyg.*
MEDER, moissonner. B. Voyez *Medi.*
MEDERE, A. M. moissonner. De *Medi.*
MEDEST, je témoigne, j'atteste, ou une simple affirmation. B.
MEDH, le même que *Midh.* I.
MEDHEGINIAETH, médecine. G.
MEDHOIN, fosse, creux. I.
MEDI, moissonner, tondre, couper. G. B Le *t* & le *d* se mettant l'un pour l'autre, on a dit *Meti* comme *Medi.* De là le Latin *Meto. Metives* en Touraine, la moisson. L's & le *d* se substituant réciproquement, on a dit *Mes* comme *Medi*, De là le Latin *Messis.* De là *Mes* en Flamand; *Messer* en Allemand, couteau. Voyez *Medu.*
MEDI, mois de septembre où l'on moissonne, dit Davies. G. Ce qu'il faut entendre du Pays de Galles. Un autre Dictionnaire Gallois ajoûte le terme de *Mis*, mois, & porte *Mis Medi, Mis Medu Gwala*, septembre dans la Langue de Cornouaille.
MEDIA VINI, A. M. mesure de vin. De *Medd*, mesure.
MEDIAD, moisson. G.
MEDIAD, mesurage. G.
MEDIALE, A. M. mesure de bled. De *Medd.*
MEDIATIO, A. M. mesurage. De *Mediad.*
MEDICUNTZA, médecine. Ba. Voyez *Meddyg.*
MEDIMNA, A. G. espèce de mesure de bled. De *Medd.*
MEDIOU, prés. G. Voyez *Madh , Med.*
MEDO, MEDA, A. G. breuvage de miel & d'eau. De *Medd.*
MEDOUR, moissonneur. B.
MEDR, troisième personne du present de l'indicatif de *Medru*, peut, sçait. G.
MEDR, propos. G.
MEDR, le même que *Meidr.* G. *Metron* en Grec; *Medida* en Espagnol; *Maade* en Danois; *Middah* en Hébreu; *Mera* en Esclavon; *Mira* en Dalmatien & en Bohémien; *Miara* en Polonois; *Mira* en Lusacien; *Mertek* en Hongrois, mesure; *Matara, Medre* en Turc, outre. Le *t* & le *d* se mettant l'un pour l'autre, on a dit *Meir* comme *Medr.* De là le Latin *Metiri.*
MEDRA, départ. Ba.
MEDRONDOD, le même que *Madrondod.* G.
MEDRU, MEDRYD, pouvoir, sçavoir. G.
MEDRUS, modéré, modeste, qui est de bonnes mœurs, qui se comporte bien. G. De là le Latin *Moderor.*
MEDRUSRWYDD, modération, modestie, retenue, civilité, politesse, bonnes mœurs. G.
MEDRYNDOD, le même que *Madrondod.* G.
MEDT, pouce. B. Ce mot paroit formé de *Medi*, couper, parce que le pouce est plus court que les autres doigts. Voyez *Medi.*
MEDU, moissonner. C. Voyez *Medi.*
MEDUALIA, A. M. espèce de mesure des liqueurs. De *Medd.*
MEEIN. Voyez *Mara. Meein* seul signifie aussi pétrir. B. Voyez *Me.*
MEELL, maille. G.
MEELL, miel, fève; *Meel Esgern*, moëlle, à la lettre, fève des os. B. De là le François *Muelle.* Voyez *Mel.*
MEELL, gerbier. B.

MEE. MEI. 151

MEELLIG, paume à jouer. B.
MEEN, pierre. B. Voyez *Maen*.
MEETU, être affoibli, j'exténue, j'affoiblis. Ba. Voyez *Meata*.
MEETUA, affoibli. Ba.
MEETHALLEA, qui diminue. Ba.
MEFFED, méfait. B. Voyez *Torfed*.
MEFFL, deshonneur, infamie, honte, ignominie, opprobre. G.
MEFUS, fraises; singulier *Mefusen*. G.
MEFUSBREN, arboisier arbre. G.
MEFUSWY, fraisier. G.
MEG, le même que *Beg*. Voyez M.
MEG, le même que *Mag*, *Mig*, *Mog*, *Mug*. Voyez *Bal*.
MEG. Voyez *Bychan*.
MEGAN, arbre. E. Voyez *Guen*.
MEGANCZ, pudeur, modestie, retenue, honte, timidité, grandeur, vanité. B. Voyez *Mach*.
MEGANCZ, synonime de *Myged*. Voyez *Difmegancz*, & l'article précédent.
MEGERIUS, A. M. métayer, homme qui laboure les champs d'un autre. De *Magh*, *Meier*, *Meior* en Théuton, métayer.
MEGHEL, petit insecte ou vermine qui entrant un peu dans la peau, tant des hommes que des bêtes, leur suce le sang, s'en gonfle & se grossit plus ou moins selon la grosseur du corps où il s'attache. B.
MEGIDYDD, nourricier. G.
MEGIN, soufflet à souffler. G. B. *Mech* en Lusacien; *Meh* en Esclavon; *Mechy* en Bohémien, *Miechy* en Polonois, soufflet.
MEGIN, patrie. G.
MEGIS, MEGISS, MEIS, comme, semblable, à la façon, comme autant, de même. G.
MEGNE dans un dialecte du Gallois le même que *Main*, petit. &c. G.
MEGOPEA, un esprit. Ba.
MEGUIN, le même que *Megin*. B.
MEGUINA, doux, traitable. Ba.
MEGUINAICH, MEGUINEREZ, MEGUINEREAH, mégisserie. B.
MEGUINER, MEGUINOUR, pelletier, mégissier, baudroyeur, fourreur. B. De là *Mégie*, *Mégir*, *Mégissier*, *Mégisserie*.
MEGULO, polis. I.
MEGYS, prés. G.
MEH, honte, confusion. B.
MEH. Voyez *Bychan*.
MEHAN. Voyez *Bychan*.
MEHAREN, mouton. G.
MEHECQ, honteux. B.
MEHEFIN, juin mois. G.
MEHEQUAT, ravilir. B.
MEHER, drap, étoffe. B.
MEHET. Voyez *Bychan*.
MEHEWEN, juin. B.
MEHEWENNICQ, juillet. B.
MEHGUIAH, timidité, turpitude. B.
MEHIN, graisse, apparemment de cochon. G. L'*u* & l'*m* se mettant l'un pour l'autre, on a dit *Vehin* comme *Mehin*. De là est venu le Latin *Arvina* en y joignant l'article *Ar*. De *Vein* ou *Oein* (car l'*o* & l'*u* se substituent réciproquement) est venu le terme François *Oing*, graisse de porc, & le Latin *Ungo*. *Menach*, huile en Langue de Magadascar.
MEHINAWR, qui a de la graisse, ou qui est gras. G.
MEHINEN, lard. G.
MEHON. Voyez *Bychan*.
MEHOTE. Voyez *Bychan*.

MEHOU. Voyez *Bychan*.
MEHUS, honteux, timide, capot, modeste, ignoble. B.
MEHYN. Voyez, dit Davies, si c'est le même que *Menn*, lieu. G.
MEHYN. Voyez *Bychan*.
MEIGETAQUINDEA, métaphysique. B.
MEICHIAD, porcher. G.
MEICHIAU, caution, répondant. G.
MEID, grosseur, grandeur. I.
MEID, pourvu. B.
MEIDDLYN, petit lait, ce qu'il y a de féteux dans le lait. G.
MEIDDWY, anachorète. G.
MEIDHE, tronc d'arbre. I.
MEIDR, mesure. G. Voyez *Medr*.
MEIDRADUR, mesureur. G.
MEIDRAETH, mesure. G.
MEIDROL, qui n'est pas immense, fini. G. A la lettre, mesuré.
MEIG pour *Meigion*, prés en composition selon Baxter. G.
MEIG, mèche. B.
MEIGN est le même que *Rhyfel*, dit Llyn, ce qui fait que Thomas Guillaume explique ce mot par combat. C'est plutôt un nom de lieu, dit Davies. G. Je crois que Llyn a raison, parce qu'en Breton *Mahaigna* signifie estropier, mutiler.
MEIGIOU, champs, prés. G. Voyez *Mag*.
MEIL, le même que *Maoil*. I.
MEILE, le même que *Maoile*. I.
MEILH, poing. B.
MEILH, mulet poisson. B.
MEILH, moulin. B. Voyez *Melin*, *Meilt*.
MEILH-CASAREC ou CLASAREC, grand mulet que l'on pêche en hyver. B. Voyez *Meilh*, mulet poisson.
MEILH-MAEN, bar poisson. B. A la lettre, mulet de pierre ou de roche, parce que ce poisson se tient ordinairement sous les roches. Voyez *Meilh*, mulet poisson.
MEILH-RUZ, rouget poisson. B. A la lettre, mulet rouge. Voyez l'article précédent.
MEILHER, meûnier. B.
MEILHOUER, miroir. B.
MEILIAID, sorte de mesure. G.
MEILID, le même que *Beilid*. De même des dérivés ou semblables. I.
MEILIDH, bêlement. I.
MEILIERYDD, alouette. G.
MEILLEROLA, A. M. sorte de mesure de liqueurs. Voyez *Meiliaid*.
MEILLION CEDENOG, pied de liévre plante. G.
MEILLION COCHION, trefle pourprin, trefle aigu, glaux. G.
MEILLION GWYNION, trefle, petite chénette plante. G.
MEILLION TAIR DALLEN, melilot. G.
MEILRE, inquiétude, follicitude, embarras, peine d'esprit. B.
MEILREA, tracasser, s'inquiéter, se donner du foin & en donner aux autres. B.
MEILT, moudre, broyer, mêler, action de broyer; *Meilteoir*, qui mout. I. Voyez *Meilh*, moulin.
MEILTE, broyé, pilé. I.
MEILWN, cuisse, la plus petite partie de la jambe, cheville du pied. G.
MEIM, le même que *Beim*. De même des dérivés ou semblables. I.

MEIN, désir, appétit, fantaisie, humeur. I.
MEIN, le même que Maein. I.
MEIN, pierres. B. C'est le pluriel de Maen.
MEIN, petit, mince, fin, menu, délié, délicat, foible; ainsi qu'il paroit par Meinder, Meindra qui en sont formés.
MEINDER, petitesse, qualité d'être menu, fin, mince, délicatesse, foiblesse. G.
MEINDRA, taille menue, délicate, déliée, grêle, délicatesse, petitesse. G.
MEINDWF, grêle, délié, menu, mince, petit. G.
MEINEC, pierreux. B.
MEINEGUI, lieux pierreux. B.
MEINGLAIOUR, carrier. B.
MEINGLEUE, carrière. B.
MEINHAAD, diminution. G.
MEINHAU, atténuer, amoindrir, diminuer, maigrir, devenir grêle ou menu, rendre plus délié, plus mince, plus petit. G.
MEINHAU AR I FYNU, qui va en montant. G. *Fyn* pour *Pyn*, *Pen*.
MEINI, pierres. G. Voyez *Mein*.
MEINI, T MEINI, la populace. G. Voyez *Mein*.
MEINIC, souvent, plusieurs fois. I. Voyez *Maint*.
MEININ, MEINYN, de pierre, de roc. G.
MEINITIUM, A. M. maison, place où il y a eu une maison. De *Man* ou *Men*.
MEINLAIS, chant, ramage, gazouillement de petits oiseaux, son de voix aigu, qui a un son clair & aigu, parole prononcée foiblement. G.
MEINN, le même que *Beinn*. De même des dérivés ou semblables.
MEINN, pierre. B. Voyez *Meini*.
MEINTIOLAETH, la quantité. G. Voyez *Maint*.
MEINTYOUR, métayer. B.
MEINTYOURY, métairie. B.
MEIPEN, rave, navet. G.
MEIR, doigt. I.
MEIRB, languissant. I.
MEIRCH, chevaux. C'est le pluriel de *March*. G.
MEIRDREACH, adultère adjectif masculin; *Meirdrech*, adultère adjectif féminin; *Meirdreach*, courtisane, concubine. I.
MEIRDREACHAS, MEIRDREACHUS, impudicité, libertinage, excès, débauche, dissolution. I.
MEIRDRECHUS, adultère substantif. I.
MEIRGE, étendard, drapeau. I.
MEIRGL, rouille. I. Voyez *Mergl*.
MEIRI, pluriel de *Maer*. G.
MEIRI. Davies n'explique point ce terme, & je n'en ai trouvé l'explication dans aucun Auteur Gallois: Ne signifieroit-il point buissons, broussailles? Voyez l'article suivant.
MEIRINLLWYN, lieu couvert de broussailles, plein de buissons, d'épines. G. Voyez *Miiri*.
MEIRIOL, dégeler. G.
MEIRIOLI, dégeler, se fondre, devenir liquide. G.
MEIRIONES, paysane, fermière, laitière; pluriel *Maeronesau*, *Meironesau*: Aujourd'hui ce mot signifie concubine, servante. G.
MEIRIONIC. Davies dit que l'on voye ce que signifie ce terme. Il cite la phrase suivante dans laquelle il est employé: *Mal Drych, O Gwnn Edrych Neb, Meirionig Ym Yw 'R Wineb*. Je conjecture que *Meirionig* est le diminutif de *Meiriones* ou *Meirion*, & qu'il signifie une jeune paysane; & je traduirois ainsi la phrase citée: Comme un miroir

ne sçait rien, (c'est-à-dire, ne forme point d'image) lorsque personne ne le regarde, la jeune paysane ne sçait pas elle-même son visage (c'est-à-dire ne connoit pas sa beauté) lorsque personne ne le lui fait remarquer en la regardant avec attention. Je ne propose qu'avec crainte la version de ce texte, que Davies, si versé dans sa Langue, n'a pas traduit.
MEIRLIOCH, traitre, rébelle, qui complote. I.
MEIRLIOCHUS, rébellion. I.
MEIRLLIUN, autour oiseau de proie. I. De là notre mot François *Emerillon*.
MEIRW. HAUL T MEIRW, la lumière du soleil qui paroit sur les sommets des montagnes après qu'il est couché. G.
MEIS, comme, semblable. G.
MEIS, plat, assiette; assiette faite de bois. I.
MEISCLAEC, moulière endroit où l'on pêche les moules. B.
MEISCYN, calendre, charanson insecte qui ronge le bled. G.
MEISDONN, rivage de rivière. G.
MEISGE, yvre, yvresse. I.
MEISGIDH, yvre. I.
MEISGYN, ciron, mite, teigne insecte. G.
MEISIN, mammelle. I.
MEISLIUN, bled mêlé. I. *Meslin* en Anglois.
MEISNEACH, courage, force. I.
MEISNEADH, encouragement. I.
MEISNIGHIM, encourager. I.
MEISSISHIVRADH, spectre, lutin, lemure, fantôme hideux, esprit follet. I.
MEISTR, maître, précepteur; pluriel *Meistraid*, *Meistri*. G. B. Voyez *Maestr*.
MEISTRALES ARTIFICES, A. M. les principaux ouvriers de quelque art ou métier. Voyez *Meistr*, *Maestr*.
MEISTRES, dame, maîtresse, souveraine, celle qui enseigne. G.
MEISTROLAETH, domination, maîtrise, art d'un maître qui enseigne. G.
MEISTROLI, dominer, gouverner, régir, être maître. G.
MEISTROLRWYDD, art d'un maître qui enseigne. G.
MEISYD, pluriel de *Maes*. G.
MEIT, sinon que, à moins que. B. Ces particules marquant le retranchement, on a lieu de croire que *Meit* vient de *Met*, coupé, retranché.
MEITERIA, A. M. métairie, la quantité de terres que laboure un métayer. Voyez *Mathaire*.
MEITERIA, A. M. espèce de mesure de bled. Voyez *Medr*.
MEITH, graisse. I.
MEITH, le même que *Beith*. De même des dérivés ou semblables. I.
MEITHBEL, extrême, éloigné, qui est loin. G.
MEITHDER, longueur, longue distance, prolixité, ennui, chagrin, souci. G.
MEITHRIN, nourrir, élever, instruire, donner l'éducation, action de nourrir, nourriture, aliment, éducation. G.
MEITHRIN, échauffer. Voyez *Cydfeithrin*.
MEITHRIN. Voyez *Ailmeithrin*.
MEITYN, peut-être mieux *Mityn*, dit Davies, une minute de temps. G.
MEIWYR, le même qu'*Arfogion*, que Davies n'explique pas: Il semble que ce mot signifie des hommes armés, puisqu'*Arf* signifie armes. G.
MÊL, miel. G. B. *Melela* en Africain; *Meli* en Grec;

MEL.

Grec ; *Mel* en Latin ; *Mele* en Italien ; *Miel* en Espagnol & en François ; *Miel* en Polonois, miel.

MEL, montagne, tête, & au figuré Seigneur. G. Voyez *Bal*. *Mihhelu* en vieux François, grande, & *Mihhil*, grand.

MEL, comme, semblable. G.

MEL, meilleur. C. B. De là le Latin *Mellor*, le François *Meilleur*.

MEL, le même que *Maol*. I.

MEL, sommet. B. Voyez *Mel*, montagne, &c.

MEL, fève, moëlle. B. Voyez *Meell*, *Mell*.

MEL, millet. B.

MEL, milieu. B. De là ce mot.

MEL, jaune. Voyez *Belen*.

MEL, fer. Voyez *Malen*, *Dour Melar*.

MEL, le même que *Bel*. Voyez ce mot & *M*.

MEL, le même que *Mal*, *Mil*, *Mol*, *Mul*. Voyez *Bal*.

MEL-GORN, pus blanchâtre qui sort d'une plaie. G.

MEL-GRANGC, pus blanchâtre qui sort d'une plaie. G.

MEL-WLITH, suc dont les abeilles font le miel. G.

MELACH, miel, douceur. B.

MELACIA, sponton. Ba.

MELAN, mairain. B.

MELAN. Voyez *Malen*.

MELANDEENN, bois à faire des douves & des barils. B.

MELAOUEN, melilot. B.

MELAR, minéral. B.

MELAR, ferrugineux, de fer. Voyez *Dour-Melar*.

MELATION, applaudissement. B.

MELBR, effets. B.

MELCH, la rate. B. De là le Toulousain *Melco*, le Suédois *Mielte*, l'Allemand *Miltz*, l'Italien *Milza*, le Flamand *Milte*, l'Anglois *Milthe*, rate. Cette petite partie du corps s'appelle en Gallois *Dueg*, c'est-à-dire, qui a de la noirceur, ce qui est noir. *Melch* en Breton paroit avoir la même signification, car *Belcha*, qui est le même que *Melch*, (Voyez *M*) signifie noir. En donnant à cette partie le nom de rate, petit animal d'un poil noirâtre, il semble que nous avons eu en vûe le même sens que nos ancêtres. Il faut se souvenir ici que c'est le peuple qui forme les Langues, & qu'il désigne souvent les choses par ce qu'elles présentent d'abord aux yeux ; ainsi la rate étant de la couleur du rat, il ne doit pas paroître surprenant qu'on lui ait donné le nom de l'animal dont elle a la couleur. Voyez *Felch*, qui est le même que *Melch*. Voyez *M*.

MELCHADENN, épine du dos. B.

MELCHEN, singulier *Melchenen*, trefle herbe. B.

MELCHON, singulier *Melchonen*, trefle herbe, sainfoin. B.

MELCHWET, singulier *Melchweden*, *Melchueden*, limaçon, escargot. B. Voyez *Malwen*, *Malwoden*, *Melhuen*.

MELDDEN, éclair, foudre. G. Voyez *Mellten*.

MELDORN, le poignet de la main. B.

MELE, millet. B.

MELEC, onctueux. B.

MELEENN, cervelle. B. Voyez *Mel*.

MELEIN, approuver. B. Voyez *Meli*, *Meler*.

MELEN, jaune, blond. G. B. Voyez *Melerquia*.

TOME II.

MEL. 153

MELEN, blanc. Voyez *Fioled Felen*.

MELEN GUENNARD, couleur isabelle. B.

MELENECG, MELENOCG, verdier oiseau. B. Cet oiseau est jaune par le ventre & verd par le dos : Ces deux couleurs ont formé les noms qu'il a en Breton & en François.

MELER, flateur. B. Voyez *Melein*, *Meli*.

MELERQUIA, melon, concombre. Ba. De *Mel*, jaune.

MELERQUIDIA, couche de concombres, de melons. Ba.

MELERTH, engelure ou mule aux talons. G.

MELEST, MELESTRADUR, gestion. B.

MELESTREIN, administrer. B.

MELESTROUR, administrateur. B.

MELFED, étoffe de soie couverte de poil, velue comme est le velours, étoffe de soie. G.

MELFEDEN, limaçon. B.

MELFEDOG, velu, plein de poil. G.

MELGAWAD, suc mielleux, rosée mielleuse. G. *Mel Cawad*.

MELGORN, rayon de miel. G.

MELGORN, apostume, tumeur ouverte d'où il sort un pus blanchâtre. G.

MELGR, rouille, nielle. B.

MELGRANGC, apostume, tumeur ouverte d'où il sort un pus blanchâtre. G.

MELGREIN, rouiller, se rouiller. B.

MELHTIGEDIC, maudit. G.

MELHTITHIO, maudire. G.

MELHUEDEEN, limaçon, escargot. B. Voyez *Melchwet*.

MELHUEN, limaçon, escargot. B. Voyez *Malwen*. On voit par l'article suivant que le limaçon a été appellé *Melhuen* de la morve ou bave qu'il laisse après lui.

MELHUEN, morve. B.

MELIDUR, mérite. B.

MELIENITH, couleur jaune. G.

MELIERYDD, alouette, aigrette oiseau. G.

MELIN, blond, jaune. G. De ce mot est formé le nom de *Cameline* plante à fleurs & graine jaunes. *Cameline* signifie aussi dans notre Langue une sausse qui tient du verd & du jaune. Par la substitution réciproque des voyelles on a dit *Molin* comme *Melin*, ce qui se voit par le terme Franc-Comtois *Moles*, qui signifie la bouillie faite de farine de bled de turquie, laquelle bouillie est jaune : Cette bouillie est aussi appellée *Gaudes* dans la même Province à raison de sa couleur. *Melinos*, jaune ; *Melinon*, panis en Grec. Voyez *Malen*, *Belen*, *Belenus*, *Mellin*, *Moloya*, *Melons*, *Melyn*.

MELIN, meule, moulin. G. B. *Muelen* en Flamand ; *Mollen* en Danois ; *Malin* en Esclavon ; *Mlin* en Polonois ; *Mleyn* en Bohémien ; *Mill* en Anglois ; *Muls* en Grec ; *Mola* en Latin ; *Muela* en Espagnol ; *Mule*, prononcez *Mile*, en Allemand ; *Molom* en Hongrois, meule. *Molino* en Italien ; *Meulen* en Flamand ; *Moulin* en François ; *Melin* en Patois de Franche-Comté, moulin. *Mylyn*, meule ; *Mylyem*, moudre ; *Melya*, farine en Stirien & Carniolois ; *Mylen* en ancien Saxon, moulin. Voyez *Mala*, *Malu*, *Muli*.

MELINA, action de moudre. G.

MELINDY, moulin. G.

MELINER, meûnier. B.

MELINUS, A. M. jaune. De *Melin*.

MELINYDD, meûnier, celui qui tourne un moulin à bras. G.

Q q

MELINTER, meûnier. B.
MELIODEEN, poulie. B.
MELIONNEIN, s'emporter. B.
MELIS, fade, insipide, sans saveur. B.
MELISDER, insipidité. B.
MELKEFN, MELKEIN, MELCHEIN, le dos, l'échine, l'épine du dos. B.
MELKERN, espèce de goémon ou algue large & dure. B.
MELL, sommet. B. Voyez *Mel*.
MELL, moulin. B. Voyez *Meilh*.
MELL, maille. B. De là ce mot.
MELL, millet. B. Voyez *Mel*.
MELL, ballon, grosse balle à jouer ; *Mella*, jouer au ballon ; *Mellat*, singulier *Melladen*, assemblée de ceux qui jouent au ballon & des spectateurs, jeu de ballon ; *Melladec* possessif. B. Les paysans forment ce ballon de foin, & plus souvent de chaume ou paille, qui s'appelle *Soul* ; voilà pourquoi ce ballon est appellé *Soulle* dans la haute Bretagne, & *Souller* dans la même Province signifie jouer à ce ballon.
MELL, MELLE, MELLEZ, articles ou jointures des membres, vertèbre, les petits os des doigts, moëlle ; *Melle-Ar-Pen*, cervelle, à la lettre, la moëlle de la tête ; *Melle-Kefn*, longe terme de boucherie ; *Mellou*, pluriel de *Mell* ; les articles des membres des tiges des herbes. B. On voit par *Mella* que *Mell* a signifié jonction, union en général. On trouve *Meles* dans Perceval pour les jointures des armes défensives. Voyez *Mel*.
MELL, pierre, roc. Voyez *Bilyen*.
MELL, le même que *Mall*. Voyez *Melltigo*.
MELL, le même que *Pell*. Voyez *Crimmell* & *M.*
MELLA, entrelacer, emboîter, enchâsser. B.
MELLA. Voyez *Mell*, ballon.
MELLADEC. Voyez *Mell*, ballon.
MELLADEN. Voyez *Mell*, ballon.
MELLADUR, agitation. B.
MELLAICH, flaterie. B. Voyez *Meler*.
MELLAT. Voyez *Mell*, ballon.
MELLDEN, éclair, foudre. G.
MELLDENNIAD, éclat, splendeur, lueur. G.
MELLDENNOG, d'éclair. G.
MELLDENNU, faire des éclairs, lancer la foudre. G.
MELLDENNWR, devin qui pronostiquoit, qui prédisoit les éclairs. G.
MELLDIGEDIG, maudit, exécrable. G.
MELLDITH, exécration, état d'une chose exécrable. G.
MELLDITHIO, maudire. G.
MELLECQ, nerveux, fort, viril. B.
MELLEIN, louer. B. Voyez *Melein*.
MELLEUCZ, alouette. C.
MELLEZ, suture de la tête. B. Voyez *Mulligh*.
MELLEZOUR, miroir. B.
MELLI, remuer. B.
MELLOCQ, nerveux, fort, viril. B.
MELLOU, certaine herbe dont la racine est toute noueuse. Quelques Bretons donnent ce nom au chiendent : C'est régulièrement le pluriel de *Mell*, & apparemment nœud. B.
MELLOUR, celui qui loue. B.
MELLT-DAN, éclair. G.
MELLTEN, pluriel *Mellt*, éclair, foudre. G.
MELLTENNU, faire des éclairs, foudroyer, lancer la foudre. G.

MELLTIGO, maudire, faire des imprécations contre quelqu'un. G.
MELLTITH, malédiction. G.
MELLUET, alouette. C. De là notre mot François *Mauviette*.
MELLYN, jaune. C. Voyez *Melin*.
MELOCA, melon. Ba. De *Mel*, jaune.
MELON, pierre, roc. Voyez *Bilyen*.
MELONS, melon. B. De là *Melon* en François, en Espagnol, en Allemand ; *Meloen* en Flamand ; *Melone*, *Milon* en Anglois ; *Melaun* en Bohémien. Voyez *Meloca*.
MELOTA, A. M. peau de brebis. De *Malle*.
MELOYA, MOLOYA, melon. Ba. De *Mel*, jaune.
MELQEIN, échine d'une bête, cimier pièce de viande. B. Voyez *Mell*, article, &c.
MELRE, inquiétude, sollicitude, embarras, peine d'esprit. B.
MELREA, tracasser, s'inquiéter, se donner du soin & en donner aux autres. B.
MELRED, d'où coule le miel. G.
MELROS, miel rosat. G.
MELTAS, velu, cancre velu. B. Voyez *Mall*.
MELTYRCH, engelure, mule aux talons. G.
MELU, faire le miel. G. Voyez *Mel*.
MELU, le même que *Malu*. Voyez *Bal*.
MELVEIN, papillon. B.
MELVEL, morve ; *Melhuennec*, morveux. B.
MELVENNEUCQ, qui marche lentement comme un limaçon. B.
MELVET, MELVEDEN, limaçon, escargot. B. Voyez *Malwen*, *Malwoden*.
MELUMEN, A. M. éclair, foudre. De *Mellden* ou *Mellten*.
MELUS, mielleux, doux, miellé, emmiellé, d'où coule le miel. G.
MELUSDER, douceur au goût. G.
MELWAIT, action de faire le miel. G.
MELWENT, mortalité. G.
MELWIN, vin miellé. G.
MELWIOGES, tortuë. G.
MELWR, qui tire le miel des ruches. G.
MELYCWN, espèce de pédiculaire purpurine. G. A la lettre, miel de chiens.
MELYEN, pierre, roc. Voyez *Bilyen*.
MELYN, jaune, blond, de couleur de safran. B. Le bouillon blanc s'appelle aussi *Melin* à cause que ses fleurs sont jaunes. Voyez *Melin*.
MELYN, roux, rousseau, d'un jaune clair, jaunâtre. G.
MELYN, blanc. Voyez *Melyn T Gauaf* & *Meltn*.
MELYN, pierre, roc. Voyez *Bilyen*.
MELYN-LLIW, éclatant, brillant. G.
MELYN Y GAUAF, violier blanc ou giroflier. G. *Melyn* signifie ici blanc. Voyez *Fioled Felus Auaf*.
MELYN T GWANWYN, bled sauvage, petite scrofulaire, petite chélidoine. G.
MELYN TR EITHIN, tormentille plante. G.
MELYNDDU, jaune obscur, d'un roux obscur, noirâtre. G.
MELYNDDUO, noircir, obscurcir. G.
MELYNGOCH, roux, rousseau, qui est d'un roux ardent. G.
MELYNHIR, jaune. G.
MELYNI, jaunisse. G.
MELYNLLIW, jaune, jaunâtre, un peu jaune, d'un jaune clair. G.

MEL.

MELYNOG, chardonneret. G. Cet oiseau est ainsi nommé de ses plumes jaunes.

MELYNU, être ou devenir jaune. G.

MELYON, pierre, roc. Voyez Bilyen.

MELYS, mielleux, doux, charmant, agréable, suave. G.

MELYS-GAN, harmonique. G.

MELYSAIR, qui a le parler agréable. G.

MELYSBER, doux, charmant, agréable, suave. G.

MELYSDER, douceur, agrément. G.

MELYSDON, qui a un son agréable. G.

MELYSFWYD, mets délicieux. G. Bwyd.

MELYSGAN, chant, chanson. G.

MELYSGERDD, chant mélodieux, harmonie, mélodie. G.

MELYSIAITH, parler agréable, douceur de langage, qui parle avec douceur. G.

MELYSLIF, qui coule avec douceur. G.

MELYSWAWD, mélodie. G.

MELYSWRAIDD. Y MELYSWRAIDD, réglisse plante. G.

MELYWY, jaune d'œuf. G. B. Melin Wy.

MEMBR, membre. B. De là le Latin Membrum, l'Italien Membre, le François Membre, l'Espagnol Miembro, l'Anglois Member?

MEMBRAGENN, membrue terme de menuisier. B.

MEMBRAGENN, limande. B.

MEMBRWN, membrane. G. Voyez Meamran, Memrwn.

MEMEN, source. B. Voyez Mam.

MEMES, même. B. De là ce mot.

MEMOER, MEMOR, mémoire. B. De là le Latin, l'Espagnol, l'Italien Memoria, le François Mémoire, l'Anglois Memorie.

MEMPEA, pays, domaine, possession, commandement, ordre, hommage. B.

MEMPEDUNA, Roi, Souverain. Ba. De Mempea, Dun ou Don.

MEMPERATU, subjuguer. Ba.

MEMPETARIA, maître de la chose. Ba.

MEMPR, membre. B. Voyez Membr.

MEMRWN, membrane peau déliée qui enveloppe, parchemin, peau déliée qui se trouve sous la première écorce des arbres & principalement des tilleuls. G. Voyez Membrwn.

MEN, habitation, maison. G. Menrat, chaumière, tente en Cophte; Mana, où, en quel lieu en Malaye; Mien, maison en Chinois; Mien, village en Tonquinois; Vend, lieu en Albanois. De là notre mot François Menage, & notre terme Moineau oiseau qui se loge dans les maisons ou sur les maisons. Voyez Man, Mana.

MEN, eau, rivière. G.

MEN, agréable, joyeux. G. De là le Latin Amænus, Voyez Mentura.

MEN, montagne. G. Il signifie aussi élévation en cette Langue. Voyez Tommen. Hhmin en Hébreu, haut, élevé; Men en ancien Persan, commander, être supérieur; Meni en Persan, orgueil, ambition, hauteur au figuré; Mins en Arménien, particule qui marque la longueur du temps; Manm en Cophte, supérieur; Mine, sommet en Japonois; Tuminda marque du superlatif en Géorgien; Mandarin à Malaca, noble; Many, plus, davantage en Javanois; Man, très, fort en Galibi; Mentitou, grand, haut en Algonkin; Manos en Chaldéen, montagne; Maine en Anglois, grand; Ming, commandement, ordre supérieur, & Yven, Hiven en Chinois, le Ciel; Mene, grand; Manin, seigneur; Mongo, montagne; Munantanda, au-dessus, dessus en Langue de Congo; Mantipé, long, grand en Galibi;

MEN.   155

Ulmen, éminent; Pulmen, noble en Langue de Chili; Imenis, excellent; Mnothiti, augmenter en Esclavon; Mnoze en Polonois; Mnociti en Bohémien, augmenter; Many, ciel en Hongrois; Advance en Anglois, élever. De Man ou Min est venu le Latin Emineo. De Men ou Man, Van, est venu le Latin Vanus, vain, orgueilleux, Voyez Man, Men, Mend, Maëne.

MEN, le même que Man, petit, &c. dans un dialecte du Gallois.

MEN, juger, croire. G. Ming, intelligence en Chinois; Man, je me ressouviens en Islandois. Voyez Mennat. De Men est venu le Latin Mens, l'Italien Mente, l'Anglois Mynd, esprit, entendement; le vieux François Manoie, mémoire.

MEN, bouche. l. Voyez Mant.

MEN, moi. B.

MEN, conduire. B. Voyez Main.

MEN, où, en quel lieu. B. Voyez Menn, Man.

MEN, pierre, roc, noyau. B. Voyez Main, Men-Braoz.

MEN, métal. B.

MEN, ferme, métairie. Voyez Meneur. Menage se disoit pour métairie à la fin du seizième siècle parmi nous.

MEN. Voyez Bychan.

MEN, le même que Ben, Fen, Pen, Ven. Voyez M.

MEN, le même que Man, Min, Mon, Mun. Voyez Bal.

MEN, beau. Voyez Wen & Men, agréable.

MEN, mine. Voyez Menglé.

MEN, main. Voyez Menybr, Mena. De là Manestrier, Menestrel en vieux François. Men, main; Tstryw, adresse.

MEN-BRAOZ, rocher. C. A la lettre, grosse pierre. Voyez Men.

MEN-HAVZ, terme, borne. B.

MEN-PAPER, main de papier. B.

MEN-SUCR, pain de sucre. B. Voyez Men, pierre, &c.

MENA, manier. B.

MENA, ingénu, naïf, sérieux, grave. B.

MENA, A. M. mine. De Men.

MENACH, moine. B.

MENACIFF, menacer. B. De là ce mot.

MENAD, MENAT, purée mesure de vannes pesant environ 240 livres. B.

MENAD PAPER, main de papier. B.

MENAGIUM, A. M. famille. Voyez Men.

MENAH, moines. B.

MENAIR, bastide. B.

MENAITZA, gravité. Ba.

MENAL, gerbe, tas de gerbes, gerbier. B. Ce mot est formé de Men, main, comme le Latin Manipulus est formé de Manus. Menal a donc originairement signifié une gerbe, ensuite par extension tas de gerbes, gerbier.

MENALDEERA, contumace substantif. Ba.

MENALDETUA, rébelle. Ba.

MENALDIA, sévérité. Ba.

MENANDEA, estime, autorité. Ba.

MENAOUED, MENAOUET, alène. B. Voyez Mynawyd.

MENAOUEDI, percer avec une alène, aiguillonner. B.

MENAPERTUA, sujet. Ba.

MENARAVA, juriste. Ba.

MENARE, A. M. mener. De Main.

MENARGARZ, abominable, détestable. B. Voyez Argarz.

MENARRUA, cuir de veau. Ba.
MENARS, A. M. source, fontaine. Voyez *Men*, *Man*.
MENASLORA, noir de cordonnier. Ba.
MENASQUINA, chymie. Ba.
MENASTA, métal. Ba.
MENASTARRIA, pierre de touche dont on se sert pour connoître les métaux. Ba.
MENASTORIA, oripeau. Ba.
MENASTORIA, lame. Ba.
MENATURA, A. M. transport, action de voiturer, conduite. Voyez *Main*.
MENATYCA LIGNA, A. M. menus bois. De *Men*, petit.
MENCEO, sous, dépendant. Ba.
MENCQ-TY, perron. B.
MEND, montagne. G. Les termes qui signifioient montagne, élévation au propre, signifioient élévation, grandeur au figuré. Voyez *Man*, *Mand*, *Min*, *Bal*, *Don*. *Mansa*, loi en Mandingo. Voyez *Mendia*, *Mand* & l'article suivant.
MEND, grandeur, taille. B. *Mantissa* en Étrusque, augmentation, accroissement. Voyez *Ment*.
MENDAINA, vendange. Ba.
MENDAROA, marjolaine. Ba.
MENDAROA, action de se remettre entre les mains d'un autre. Ba.
MENDAROCOA, montagnard. Ba.
MENDASQUIA, serpolet sauvage. Ba.
MENDE, génération. Ba.
MENDEA, subjection. Ba.
MENDEA, temps, saison. Ba.
MENDEAN, conduit, amené. Ba.
MENDEBALA. Le Pere Larramandi rend ce mot par le terme Espagnol *Vendabal*, que je ne trouve point dans les Dictionnaires. Ba.
MENDECA, venger. Ba. L'*v* & l'*m* se mettant l'un pour l'autre, on a dit *Vendeca* comme *Mendeca*. De là le Latin *Vindico*.
MENDECATEZA, qui n'a pas été vengé. Ba.
MENDEM, vendange. B.
MENDEMEIN, vendanger. B.
MENDERSIA, oppression. Ba.
MENDESIA, petite fronde, petit tramail. Ba.
MENDESLEA, oppresseur. Ba.
MENDESTUA, oppression. Ba.
MENDIA, montagne. Ba. Voyez *Mend*.
MENDIARRA, montagnard. Ba.
MENDIEIZA, chasse. Ba.
MENDISCA, colline. Ba.
MENDIT, montagne. Ba.
MENDITARRA, MENTARRA, METARA, montagnard. Ba.
MENDOZA, colline, petite montagne, tertre, butte. Ba.
MENDOZA, but où l'on tire au blanc. Ba.
MENDT, menthe. B. *Meuthah* en Chaldéen; *Minthe* en Grec; *Mentha* en Latin; *Muntz*, prononcez *Mintz* en Allemand; *Mintes* en Anglois; *Ment* en Flamand; *Mynte* en Danois; *Mentha* en Hongrois, menthe.
MENDT, quantité. B. Ce mot signifie aussi beaucoup, fort, très. Voyez *Chalmant*. *Hman* en Hébreu, multiplier, augmenter; *Men* en Chinois, plusieurs; *Menaim* en Arménien; *Minden* en Hongrois, tout; *Menichte* en Flamand, multitude; *Mange* en Danois, qui est en grand nombre. De *Mendt* paroit être venu le Latin *Armentum*, troupeau, multitude de bêtes. Ar, article; *Manada*, *Menude*, troupeau en Espagnol. L'*v* & l'*m*

se substituant réciproquement, on a dit *Vendi* comme *Mendi*; De là semble venir notre adverbe *Souvent*, en Italien *Sovente*. Voyez *Mains*, *Ment*.
MENE, montagne. B. Voyez *Men*.
MENEA, autorité, puissance, dignité, subjection. Ba. *Min* en Chinois, commandement.
MENEC, mémoire, souvenir, réminiscence, attention. B. Voyez *Men*.
MENECHI, enclos de Moines, franchise, asyle, lieu de refuge. B. Voyez *Minichi*.
MENECO, sujet. Ba.
MENECQ, nouvelle. B.
MENED, montagne. B. Voyez *Mend*.
MENEDHEN, colline. B.
MENEDIW, vieux buisson. G.
MENEH, Moines. B.
MENEL, demeurer, habiter. B. Voyez *Man*. *Moinel*, maison en vieux François.
MENELAURA, Prince, Souverain d'un pays. Ba.
MENEN, buisson. G.
MENEQUIOA, service, obéissance. Ba.
MENERA, jugement, esprit. Voyez *Desmenera*. Voyez *Men*, *Menna*.
MENERA, subjection. Ba.
MENES, le même que *Menez*. B.
MENESTR, gourmet, qui fait des boissons. G. De là l'Italien *Menestra*, soupe.
MENET, le même que *Menez*. B.
MENEV, buisson. I.
MENEUED, alêne. B.
MENEUR, MENOUR, fermier, métayer. B. *Eur* & *Our* sont *Wr*, homme; ainsi *Men* signifie ferme, métairie.
MENEW HEN, vieux buisson. G. *Hen*, vieux.
MENEZ, montagne, tout terrein élevé : Il signifie aussi tous lieux incultes & stériles, lande, campagne. B.
MENEZI, pâturages communs. B.
MENEZI, enclos de Moines, franchise, asyle, lieu de refuge. B.
MENEZICQ, petite montagne. B.
MENGLE, MENGLE, carrière, ardoisière. B. De *Men*, pierre, & *Cleuz* ou *Clé*, fosse, creux. Voyez *Mengleus*.
MENGLE, mine de métal. B. *Glé* de *Clé* ou *Cleuz*, fosse; (voyez l'article précédent & le suivant) *Men* par conséquent métal.
MENGLEUS, mine de métal. B. Voyez l'article précédent.
MENGOA, pauvreté, indigence, nécessité, deshonneur. Ba. Voyez *Mane*.
MENGUI, lieu pierreux. B. De *Men Gui*.
MENI, manier. B. De *Men*.
MENI, manière, espèce, sorte. B. *Mane* en Provence & en Languedoc, espèce; *Min* en Hébreu, espèce, qualité. De *Meni* est venu notre mot *Manière*. Voyez *Mine*.
MENIAC, trèves. B.
MENIFOLL, hypocondre. B.
MENIG, menottes. G. De *Men*, main.
MENIG ELLYLON, digitale purpurine plante. G.
MENIG MAIR, digitale purpurine plante. G.
MENIGIAETH, médecine. G.
MENK, banc. B. Voyez *Mainge*.
MENN, lieu, où. Nous prononçons aujourd'hui *Mann*, dit Davies. G. Voyez *Man*.
MENN, char, chariot, carrosse, calêche. On dit aussi *Benn*. G. *Fen*, chariot en Irlandois : L'*f* & l'*m* se substituent réciproquement.
MENN, chevreau, & en général petit de toutes sortes

MEN.   MER.

fortes de bêtes à quatre pieds, excepté la vache, la truie & la chate. B. Voyez *Mynn*, *Minnane*.

MENNA, penſer, déſirer, vouloir, avoir deſſein & intention, demander. B. De là ce dernier mot, car on ajoute ſouvent le *d* initial ; & dans les termes où il ſe trouve deux *n*, la dernière ſe change ſouvent en *d*. Voyez *Men*, *Mynnn*.

MENNAD, offre. B.

MENNAD, moutonnage droit ou cens payable en brebis, en chevreaux. B.

MENNAID, charge d'un chariot, charretée ou charge d'une charrette. G.

MENNAS, eſprit, bon ſens, connoiſſance. B. Voyez *Men*.

MENNAT, demander, interroger. G. Voyez *Menna* & l'article ſuivant.

MENNAT, croire, avoir opinion, penſer, juger, eſtimer, vouloir, demander, prière, demande, offre. B. *Meno*, vieux mot Latin, ſignifioit connoître ; *Menete* en Danois ; *Mciniti*, *Mneti* en Eſclavon ; *Mniti* en Dalmatien ; *Menizi* en Luſacien ; *Mnieman* en Polonois ; *Meynen* en Flamand ; *Vermeinen* en Allemand, juger, penſer, croire, eſtimer ; (*Ver* prépoſition explétive en Allemand) *Manela*, volonté, penſée en Talenga. De *Mennat*, *Mennt* ou *Mennd* ſont venus le Latin & l'Italien *Mendicare*, le François *Mendier*, l'Eſpagnol *Mendigare*. Voyez *Menna*, *Men*.

MENNER, interceſſeur. B.

MENNERATU, j'adjuge. B.

MENNERATUA, adjugé. Ba.

MENNERATZEA, adjudication. Ba.

MENNICQ, diminutif de *Menn*, chevreau, &c. B.

MENNIG, ſorte de char ſuſpendu comme une litière. G.

MENNIG, diminutif de *Men*, char. G.

MENNIGHET, chevrette petit poiſſon. B.

MENNONUS, A. M. bouc coupé. Voyez *Menn*.

MENNOUR, interceſſeur. B.

MENNOUT, daigner, vouloir, requérir. B.

MENNWR, cocher, charretier, conducteur de chariot. G.

MENO, bon gré, volonté, envie. B.

MENO, chemin. Voyez *Menodenn*.

MENOCABEA, perte, dommage. Ba.

MENODENN, ſentier. B. Voyez *Main*.

MENOS, penſée, opinion, ſentiment, volonté, gré. B.

MENOSCABARE, A. M. ſouffrir quelque dommage. De *Menocabea*.

MENOSCARRIA, qui ſiſle. Ba.

MENOUR. Voyez *Meneur*.

MENSA, A. M. tombe, pierre ſépulcrale. De *Men*.

MENT, embouchure, embouchure de rivière. G. Voyez *Mant*.

MENT, quantité, grandeur. G. Voyez *Mendt*, *Mend* & l'article ſuivant.

MENT, grandeur, étendue, quantité, largeur, calibre, groſſeur d'une choſe, corpulence, taille. B. Voyez l'article précédent, *Mend*, *Mendt*.

MENT, menthe. B. Voyez *Mendt*.

MENT, montagne. B. Voyez *Mend*.

MENTAGRA, le globe terraqué : Il ſe prend auſſi pour la Grande Bretagne ſeule. I.

MENTAGRA, année. I.

MENTARRA, montagnard. Voyez *Menditarra*.

MENTECQ, corpulent, puiſſant, grand, gras. B.

MENTEGUIA, barreau. Ba.

MENTOR, A. G. inventeur. De *Menn*, *Mentzia*.

TOME II.

MENTOUSH, aimant. Ba.

MENTPEA, ſervitude, eſclavage. Ba.

MENTUA, rejetton, greffe. Ba.

MENTURA, fortune, bonheur. Ba. Voyez *Mini*.

MENTURAZ, peut-être. Ba.

MENTZIA, ſubtilité. Ba.

MENU, menu. B. De là ce mot. Voyez *Men*, petit.

MENUSER, menuiſier. B. De là ce mot.

MENUT, plus menu. B.

MENWYD, joie, allégreſſe, enjouement, gaieté, plaiſanteries, badinages. G. Davies dit que c'eſt mal-à-propos qu'on trouve ce mot écrit par *Benwydd* ; je ne peux ſouſcrire à ſon ſentiment. Il paroit plus vraiſemblable qu'on dit indifféremment *Menwyd* & *Benwyd* comme *Mann*, *Bann*, *Maedden*, *Baedden*, *Menn*, *Benn*. En général l'*m* & le *b* ſe mettant l'un pour l'autre, *Menwyd* eſt auſſi bon que *Benwyd* Voyez *Men*.

MENYBR, manche. G. De là le Latin *Manubrium*.

MENYDD, montagne. C. Voyez *Mened*.

MENYG MYLON. Voyez *Menig Millon*.

MENYN, beurre. G. Voyez *Amenen*.

MEO, le même que *Beo*. De même des dérivés ou ſemblables. I.

MEO, yvre. B.

MEODHON, bouillonnement. I.

MEODHONACH, qui eſt au milieu. I.

MEON, ſelon Llyn, eſt le même que *Môr*, mer ; ſelon Davies, le même que *Maon*. G.

MEOUAEIN, s'enyvrer. B.

MEOULEOUDY, louange. B.

MEOULI, louer. B. Voyez *Moli*.

MEPONDARIA, féudataire. Ba.

MER, grand, élevé. G. *Mer*, grand en Breton ; *Mera*, *Marivin*, plus grand ; *Meer*, davantage en Théuton ; *Mer*, grand en Suédois ; *Mir*, Seigneur, noble, vaillant, chef de famille ou de tribu en Perſan ; *Emir* en Arabe ; *Mir* en Hébreu, Prince ; *Merouva*, montagne, pyramide en Talenga ; *Mœris*, nom commun aux Rois Indiens ſuivant Heſychius, ce qui fait voir que ce terme étoit un nom appellatif qui ſignifioit Roi ; *Mere Laine*, la meilleure laine, la plus grande ; *Mere Goutte*, le plus pur, le meilleur du vin. Voyez *Maer*, *Mor*. *Malr*.

MER, eau, rivière. G. Il ſignifie auſſi mer en cette Langue. Voyez *Gwilmer*. *Mera*, mer en Baſque ; *Meri*, *Mered*, mer ; *Meren*, marais en Finlandois. De *Mer* eſt venu le Latin *Mergus*, plongeon ; *Mer*, eau ; *Cuz*, en compoſition *Guz*, ſe cacher. De *Mergus* eſt venu *Mergo* dans la même Langue. Le pays qui eſt entre la Dordonne & la Garonne eſt appelé le pays entre deux mers. On voit dans cette expreſſion que *Mer* eſt pris pour eau, rivière. Voyez *Mor*.

MER, tout ce qui eſt bon ou qu'on donne à manger. G.

MER, moëlle. G.

MER, mer. B.

MER, doigt ; *Mermeadhon*, doigt du milieu. I. Voyez *Mer* plus bas.

MER, grand, très, beaucoup, force, quantité, pluſieurs, B. Il ſignifie auſſi en cette Langue principal. Voyez *Merdy*.

MER, MAER, MEAR, maître, propriétaire. B. Voyez *Mear*.

MER, doigt dans le dialecte Gallois de l'Iſle de Mona. Voyez *Mear*.

R r

MER, le même que Ber, Fer, Per, Ver. Voyez M.
MER, le même que Mar, Mir, Mor, Mur. Voyez Bal. Morah en Hébreu, rasoir; Murſt, coupé, divisé dans les Tables Eugubines; Merizo en Grec, diviser, partager; Meros, partage, division, coupure en Grec; Meros, part, portion en Cophte, & Pimereh, lance dans la même Langue; (Pi article) Meredek en Hongrois, rompu, coupé; Meri en Cophte, midi ou milieu du jour; Meridies en Latin, midi; Meri, milieu, moitié; Dies, jour.

MERA, MERAT, MEZA, MEA, MERIN, manier, gérer, conduire, économiser, prendre soin; Mera-An-Toas, manier la pâte, pétrir; Mera An-Madou, économiser les biens d'une maison; Merat, singulier Meraden, maniere ou maniment, gestion, conduite. B. Maeren en Allemand, manier.

MERA, mer. Ba. Voyez Mer.
MERA, A. M. marais, lieu marécageux. De Mer.
MERADEN. Voyez Mera.
MERAN, ronce. C. Voyez Mieri.
MERARDA, séparé, divisé, privé, abstinent. I.
MERAT. Voyez Mera.
MERBED, MERBET, très, beaucoup, force, quantité, plusieurs, prodigieusement. B.
MERC, MERK, marque, but, borne, limite. B. C'est le même que March. Dans la haute Bretagne on dit Merche, marque, & Mercher, marqueur.
MERCA, A. M. marque, note, indice. De Merc.
MERCADERIA, marchandise. Ba. Voyez Mercc.
MERCARIA, A. M. borne. De Merc.
MERCATARIA, commerçant. Ba.
MERCATUM, MERCATUS, MERCADA, A. M. marché, lieu du marché. Voyez Marchad. B.
MERCC, marchandise. B.
MERCER, marchand; Mercerie diminutif. B. De là notre mot Mercier.
MERCERIA, A. M. mercerie petite marchandise. De Mercc.
MERCERIUS, A. M. mercier vendeur de mercerie. De Mercer.
MERCGODEN, poupée. B. Voyez Merchet.
MERCH, fille, femme, femelle. G. C. B. Meirax en Grec, jeune fille; Merg en Prussien & en Lithuanien; Maer en Runique; Mar en Cymbrique, fille; Moer en Islandois & en Suédois, filles, vierges; Maecht en Flamand, vierge; Comarte en Talenga, fille. L'v & l'm ſe mettant l'un pour l'autre, on a dit Verch comme Merch; de là le Latin Virgo, le François Vierge, l'Italien Virgine, Vergine, l'Espagnol Virgen. Voyez Merh, Mercin.
MERCH, fin. E. Voyez March.
MERCH-CAER, belle-fille, fille d'un autre lit. B.
MERCHA, A. M. marque, représailles. De Merc.
MERCHAD, ce qui est enfermé par une marque. B.
MERCHED, jeune fille. G.
MERCHEDAIDD, de femme, féminin, efféminé, un peu mou. G.
MERCHEIN, désigner, signifier, pronostiquer, destiner, frayer. B.
MERCHER, mercure. G. B. Marchar, mercure en Langue de Cornouaille. Mercher signifie aussi en Breton mercredi ou jour de mercure. Le mercredi est appellé Mercheris Dies dans un Concile d'Espagne du onzième siécle.
MERCHER, négociant, commerçant, marchand. B.
MERCHEROA, marchand. Ba.
MERCHETA, aimer les personnes du sexe. B.

MERCHETAER, MERCHETER, impudique adjectif masculin. B.
MERCHISQ, petite fille. B.
MERCHODEN. Voyez Merchet.
MERCHOSSI, écurie. B.
MERCHOT, singulier Merchoden, poupée petite figure de fille. B.
MERCIA, A. M. commerce, négoce. De Mercc.
MERCL, rouille, nielle; Mercla, rouiller, rendre ou devenir rouillé; participe passif Merclet, rouillé; Divercla, dérouiller; Diverclet, dérouillé. B. Voyez Merrig.
MERCLA. Voyez Mercl.
MERCLEIN, le même que Mercla. B.
MERCOU, MERCQOU, les menstrues des femmes. B.
MERCQ, le même que Merc. B.
MERCZ, marchandise, mercerie. B. De là le Latin Merx, le François Mercerie. Voyez Murquechoa.
MERCZ, mercure planete. B. Voyez Mercher.
MERDDRAIN, buissons épineux qui croissent auprès des eaux. A la lettre, buissons épineux de l'eau. G. Mer, eau; Draen, buisson épineux.
MERDDWR, étang, eau qui ne coule pas, eau dormante, comme qui diroit Marwddwr, eau morte. G.
MERDDWYD, cuisse. G.
MERDEA, MERDEI, MERDEIF, naviger; Merdead, Merdeat, marinier, matelot, homme de mer, ouvrier de vaisseau; plurier Merdcidi Mardaidi. B. Voyez Mordwyo.
MERDEAD, MERDEAT. Voyez Merdea.
MERDEI, MERDEIF. Voyez Merdea.
MERDIFEIDD, mer. C.
MERDY, maison principale. B. Ty, en composition Dy, maison; Mer par conséquent principal.
MEREN, MERN, petit repas ou collation que l'on fait entre le dîner & le souper. C'est vulgairement le goûter. Merenna, Merennaf, Marennein, Marnein, goûter, collationner, prendre ce petit repas. B. De là le Latin Merenda qui se trouve dans Plaute au même sens. Marande en Lorraine & en Champagne; Marinde en Franche-Comté signifient ce petit repas ou goûter. On dit aussi dans la derniere de ces Provinces Marander, pour prendre ce petit repas.
MERENDARE, A. M. faire un petit repas entre le dîner & le souper. Voyez Meren.
MERENN, le même que Mer, eau. Voyez Gouerenn.
MERENNA, MERENNAF, MERENNEIN. Voyez Meren.
MERER, MEREUR, MEROUR, métayer; féminin Mererés, Mercurés, Merourés, métayere; Mereri, Mercuri, Merouri, Merery, métairie. B. Voyez Maerwr.
MERERI. Voyez Merer.
MERERID. MAEN MERERID, sorte de pierre précieuse. G.
MEREUR. Voyez Merer.
MEREURI. Voyez Merer.
MERF, comme BLAS MERF, goût peu piquant, insipide. G.
MERG, le même que Marg, selon Baxter. G.
MERGL, rouille, nielle. B.
MERGLA, MERGLEIN, rouiller, se rouiller, enrouiller. B.
MERH, fille. C. C'est le même que Merch.
MERH, mars, mardi. B.

MER. MES.

MERH, source. Voyez Bru.
MERHAD, MERHAT, probablement, apparemment, vraisemblablement, peut-être. B.
MERHEC, belle-fille, fille d'un autre lit. B.
MERHELYG, ozier, saule qui est propre à lier. G.
MERHER, mercredi. B.
MERHETT, femmes. B.
MERHUEL, croupir. B.
MERI, morve. B.
MERICA, A. M. forêt. De Mer. Voyez Mar, bois.
MERIEC, MIRIEC, morveux. B.
MERIENEN, fourmi; pluriel Merien. B. Voyez Myr.
MERINGA, A. M. le même que Merenda.
MERINUS, A. M. maire. De Maer.
MERINWR, matelot, marinier. G.
MERION, les parties intérieures, moëlles. G. Voyez Mer.
MERIT, mérite. B.
MERITEIN, MERITI, mériter. B.
MERLARE, A. M. marner. De Marl.
MERLE, moins. C.
MERLLYN, lac, étang, mare, eau qui ne coule point. G. Llyn, eau. Voyez Merddwr.
MERLUS, merlut. B.
MERLUUS, A. M. merlut. De Merlus.
MERLYS, herbe aquatique, herbe d'eau. G. Llys, herbe; Mer, eau.
MERN, marne. E. Voyez Marn.
MERN. Voyez Meren.
MERNEIN. Voyez Meren.
MERNEND, contagion, peste. B.
MEROA, sorte de poisson. Ba.
MEROL, meuble. B.
MEROLAETH, suivant Llyn & Thomas Guillaume, signifie nourrice. Davies veut qu'il signifie plutôt humeur, liqueur. G.
MEROLI, se fondre. G.
MEROUR. Voyez Merer.
MEROUR se dit aussi d'un homme qui manie souvent quelque chose : par exemple, un forgeron le fer, un maçon la pierre, &c. B. De Mera.
MEROURI, MEROURY, Voyez Merer.
MERQ, marque, signe, borne. B. Voyez Merc.
MERQU, vendre à bon marché, être vendu. Ba.
MERQUECHOA, vente à bon marché. Ba. Voyez Merc; Choa, peu.
MERQUETU, je vends à moindre prix, à meilleur marché, je suis vendu. Ba.
MERRA, le même que Marra. Voyez Bal.
MERRIG, rouille. I.
MERS, le même que Bers. Voyez M.
MERTH. Voyez Dadmerth.
MERU, être liquide. Voyez Dadmeru.
MERVEL, mortel, s'amortir, s'éteindre, se détruire, se perdre. B.
MERVENT, mortalité. B.
MERUM, A. M. territoire, district. Voyez Mare ou Marh.
MERURY. Voyez Merer.
MERUS, le même que Berus. Voyez M.
MERWEL, mourir. C. B.
MERWEN, MERWENT, mortalité. B.
MERWENT, vent de sud-ouest entre le midi & le couchant de l'équinoxe.
MERWERYDD, frémissement de la mer, selon Thomas Guillaume; selon Davies, mer d'Irlande. G. L'un & l'autre sont bons. la mer d'Irlande étant fort orageuse, a pu à juste titre porter ce nom.
MERWIN, grand froid. G.
MERWIN-GOS, demangeaison. G.
MERWINDOD, engourdissement. G.
MERYDD, animal gras, épais ou charnu, selon Llyn; je ne peux être de son avis, dit Davies, parce que je trouve par-tout Merydd pris adjectivement pour signifier humide, liquide, plein d'humeur, aqueux, engourdi, paresseux, oisif, lâche. Mér, continue Davies, signifie peut-être humeur, liqueur. De là se sont formés Gofer, Goferu, Diferu, Dadmer, Merlys, Merilyn, &c. G. Je suis surpris que Davies ait dit que peut-être Mér signifie eau; pouvoit-il en douter à la vûe de tous les mots qu'il rapporte, dans la composition desquels entre ce terme, & où il signifie évidemment eau? J'ajoûte que Mer tout seul est traduit eau par un autre Auteur Gallois. Il faut conserver à Merydd la signification que lui donne Llyn, & toutes celles que lui donne Davies. Voyez Ankster, Mara en Hébreu, animal gras.
MERYW, genévrier. G.
MES; singulier Mesen, gland fruit du chêne. G. C. I. B. Maste en Anglois; Mak en Hongrois, gland; Misé, chêne, chenaie, forêt en Turc. Voyez Meca, Mesa, Messa.
MES, pré. G. Voyez Matt.
MES, dépense. G. Voyez Mts.
MES, jeune fille. C. Voyez Merch.
MES, le même que Bes. De même des dérivés ou semblables. I.
MES, habitation, champ, campagne, dehors. B. Moseu en Hongrois, champ. Voyez Maes.
MES. Voyez Bychan.
MES marque le défaut, le manquement, le mal. B. Voyez Mexvi, Mestaul. De là nos termes François Mésaise, Mésalliance, &c.
MES, le même que Bes, Fes, Pes, Ves. Voyez M.
MES, le même que Mas, Mis, Mos, Mus. Voyez Bal.
MESA, glandée. G.
MESA, donner du gland aux pourceaux. B.
MESA, A. M. habitation, demeure. De Mes.
MESAGIUM, A. M. certaine quantité de terres labourables, métairie. De Mes.
MESAJOUR, messager. B. Ce mot est ormé de Mes.
MESAN. Voyez Bychan.
MESANA, mâts de navire. Ba.
MESAULI SERVI, A. M. les moindres, les plus abjets des domestiques. De Mes.
MESBREN, chêne. G. A la lettre, arbre de glands.
MESCHINUS, A. M. jeune garçon, petit garçon, en vieux François Meschin. On a aussi appelé en vieux François Meschine, Mequina une petite servante. De Mechyn.
MESCL, moule ou moucle coquillage de mer & de rivière; singulier Mesclen; pluriel Mesclei. B.
MESCLA, A. M. mélange, mixtion. De Mesk.
MESCOUND, mécompte. B.
MESDAMHLAS, approbation. I.
MESECQ, voisin. B.
MESEN. Voyez Mes.
MESEN, amygdale. B.
MESET. Voyez Bychan.
MESG, entre, parmi. I. Voyez Mesk.
MESILLUS, A. G. petite coûtume. Voyez Mets.
MESIN, A. G. gland. De Mesen.
MESIO, A. M. taille, tribut. De Mes.
MESK, mélange, mixtion; Mesk E Mesk, pêle-mêle, confusément; Mesca, & Meski, mêler, brouiller, agiter pour mêler & brouiller; Mesceat, mêlé; singulier Mesceaden; c'est particulièrement la quan-

tité de beurre qui se fait à une fois à force de battré & agiter le lait ; *Ur-Veseaden*, une telle quantité. B. *Masak*, *Mesee* en Hébreu ; *Mazag*, *Mizga* en Chaldéen, en Syriaque & en Arabe, mélange, mixtion ; *Misken* en Théuton, mêlant ; *Mix* en Anglois ; *Meschiare* en Italien ; *Mezclar* en Espagnol, mêler. Voyez *Meskigh*, *Mesg*, *Mesgu*, *Maisk*, *Mesg*. De *Mesk* ou *Misk* sont venus le Grec *Misgo*, le Latin *Misceo*.

MESKIGH, mélange, mixtion. I. Voyez *Mesg*.

MESLAN, chien. C.

MESLATION, éloge, louange, bénédiction. B. Voyez *Meslein*.

MESLEIN, louer. B. Voyez *Mellein*.

MESNILLUM, A. M. le même que *Maisnile*.

MESOBR de *Mes Gwobr*, récompense, prix, salaire payé en glands. G.

MESOG, plein de glands. G.

MESON. Voyez *Bychan*.

MESOT. Voyez *Bychan*.

MESOU. Voyez *Bychan*.

MESPER, MESPEL ; singulier *Mesperen*, *Mespelen*, neffle ou mefle fruit. B. De là le Grec *Mespilon*, le Latin *Mespilum*, le vieux François *Mesple*, *Mêsle*, le moderne *Mesle*, l'Italien *Nespola*, l'Espagnol *Mespera*, l'Allemand *Mispel*, le Flamand *Mispel*, l'Esclavon *Nesple*, le Bohémien *Nispule*, le Lusatien *Misple*, le Turc *Muspol*, le Hongrois *Naspolia*. L'Arbre qui porte ce fruit a été appellé en vieux François *Mesplier*. Du vieux mot François *Mesple*, nous avons fait notre terme moderne *Nesle*. En Franche-Comté on dit *Neple*. On a déja observé que l'*n* & l'*m* se substituoient réciproquement. Voyez *Mizpirra*.

MESPLEA, A. M. forêt de nefliers. Voyez l'article précédent.

MESQ, parmi, entre. B. Voyez *Mesk*.

MESQ-CLOAGUEN, cloaque. B.

MESQ-LAGUEN, cloaque. B.

MESQA, MESQEIN, mélanger, mêler. B. *Mescla* en Languedocien, mêler. De là ces mots de la basse Latinité *Mescla*, *Mesla*, & notre François *Mêler*.

MESQLEN, moule ou moucle. B. Voyez *Mescl*.

MESQUYN. Voyez *Bychan*.

MESREIGHTEC, consentement, assentiment, approbation. I.

MESSA, cueillir du gland, ramasser du gland. B.

MESSA, MESSAA, MESSAAT, garder les bêtes au pâturage. B. Voyez *Mes*.

MESSABL, louable. B.

MESSAER, MESSER, berger, pasteur. B.

MESSAGARIUS, MESSAGERIUS, A. M. messager. Voyez *Messajour*.

MESSAGIUM, A. M. maison, habitation, demeure. De *Mes*.

MESSARIUS, A. M. garde des campagnes pendant qu'elles sont pleines de fruits ; en François *Messier*. De *Mes*.

MESSEOARIA, A. M. la garde des campagnes lorsqu'elles sont pleines de fruits. Voyez l'article précédent.

MESSUAGIUM, A. M. maison, habitation. De *Mes*.

MESTAUL, méchant coup donné à un animal, dont il reste blessé ou inutilé. B. *Taul*, coup ; *Mes* marque donc le mal. Voyez *Mescound*.

MESTERA, A. M. métier. Voyez *Mecher*.

MESTIG, MASTIG, festin, grand repas. G.

MESTR, maître. B. Voyez *Maestr*.

MESTRONNI, pouvoir. B.

MESUAGIUM, A. M. le même que *Messagium*.

MESUR, mesure, proportion. G. *Miosur* en Irlandois, boisseau ; *Mesur* en Breton, mesure ; *Meswrah* en Hébreu ; *Mensura* en Latin ; *Mesure* en François ; *Misura* en Italien ; *Measure* en Anglois, mesure.

MESUR, mesure. B.

MESURA, A. M. mesure. De *Mesur*.

MESUREREAH, arpentage. B.

MESURIAD, mesurage, dimension, alignement ou mesure d'un plan. G.

MESURO, mesurer. G.

MESUROL, médiocre. G.

MESUROLDER, modération, retenue, médiocrité. G.

MESUROUR, qui prend des alignemens ou des mesures d'un plan. G.

MESUS, A. M. maison, habitation. De *Mes*.

MESYN. Voyez *Bychan*.

MESYRYD, abondance de glands. G. *Mes*, gland ; *Ryd* pour *Rhwyf*.

MET, biens, bons. G. Voyez *Mat*.

MET, coupé, séparé, divisé. B. De là le Latin *Meta*, borne ou séparation. *Maitan* en Gothique ; *Metzen* en Allemand ; *Moetsen* en Flamand ; *Mitzom* en Hongrois, couper ; *Mitschely* en Suisse, morceau ; *Mutz* en Allemand ; *Mutilus* en Latin, mutilé. Voyez *Meton*.

MET, le même que *Bet*, *Fet*, *Pet*, *Vet*. Voyez *M*.

MET, le même que *Mat*, *Mit*, *Mot*, *Mut*. Voyez *Bal*.

META, monceau de sable, monceau, tas en général. Ba. *Mita* dans les anciennes Loix des Bavarrois, *Mite* en Poméranien, tas de gerbes.

META, A. M. tas, monceau. Voyez l'article précédent.

METAC, METACTU, amonceler. Ba.

METAL, minéral, métal. B. *Metil* en Hébreu ; *Midal* en Arménien ; *Metallon* en Grec ; *Metallum* en Latin ; *Metal* en François & en Espagnol ; *Metallo* en Italien ; *Metall* en Allemand & en Anglois ; *Metael* en Flamand, métal. Voyez *Mettl*, *Miotail*.

METAL, le même que *Meal*, fer. Voyez *Dent Metal*.

METARA, montagnard. Voyez *Menditarra*.

METARE, A. M. loger ou être logé. De *Meh*.

METARIA, A. M. métairie. Voyez *Mathair*.

METARRIA, obélisque. Ba.

METARTEA, tunique, membrane. Ba.

METE, le même que *Bede*. Voyez ce mot & *M*.

METEARIA, A. M. le même que *Metaria*.

METELLWR, qui travaille sur les métaux, qui travaille aux mines des métaux. G.

METERIA, A. M. le même que *Metaria*.

METH, campagne, pré. G. Voyez *Mad*, *Meath*.

METH, défaut, manquement. G. On dit en Franche-Comté qu'un homme est *Mette* quand il manque de forces. Voyez *Meata*.

METH, milieu. G. *Mitts*, *Midde* en Allemand, milieu. *Mith* en Gothique ; *Mit* en Théuton ; *Mid* en ancien Saxon, entre, parmi. *Midja* en Gothique ; *Midlen* en ancien Saxon ; *Mittan* en Théuton ; *Mid* en Islandois, milieu. *Mitoyen* en François, qui est au milieu ; *Mitan* en Patois de Franche-Comté, milieu. Voyez *Meton*, *Meath*, *Mi*.

METH, le même que *Maes*. G.

METH.

MET.

METH, gros, gras. I.
METH, le même que *Beth*. De même des dérivés ou semblables. I.
METH, le même que *Maoth*. I.
METH, plaine, campagne. Voyez *Ameth*, *Amaeth*.
METH-WAITH, abus, bévûe, erreur, faute par ignorance, manquement, méprise. G.
METHAD, le même que *Maothad*. I.
METHAN, le même que *Maothan*. I.
METHDAITH, attente vaine, succès contraire à ce qu'on espéroit. G.
METHEDIG, infirme, malade, languissant, foible, sans vigueur, paresseux, nonchalant, négligent, malheureux. G.
METHIANT, infirme, malade, foible, malheureux, défaut, chûte, erreur, paresse, lâcheté, nonchalance, lenteur. G.
METHINEB, paresse, nonchalance, lenteur, lâcheté, défaut, chûte, erreur. G.
METHL, entortillement, entrelacement, action d'envelopper, d'engager dans des filets, suggestion, tromperie. G. On appelle *Metel* ou *Meteil* du bled mêlé.
METHLU, envelopper, engager dans des filets, entortiller, entrelacer. G.
METHLWR, tentateur. G.
METHU, être infirme, être languissant, périr, être perdu, défaillir, tomber, errer, chancir, moisir ; *Methu Beichiogi*, avorter. G.
METI, couper, diviser, séparer. B.
METOL, acier. C. Voyez *Metal*.
METOLA, pilier, colonne. Ba.
METOU, milieu, entre, parmi, environ, prochain. B. Voyez *Moth*.
METRA, fraises fruit. Ba.
METRARE, A. G. demeurer, habiter. Voyez *Metare*.
METTEL, métal. G. B. Voyez *Metal*.
METTEL, répandre, verser. G.
METTELAIDD, de métal. G.
METTELOEDD, qui travaille aux mines des métaux. G.
METTELUS, qui est de bon métal. G.
METTYN, matin. C. De là ce mot. Voyez *Mitin*.
MEU, que les anciens mettoient pour *Mau*, mon, ma, mien. G. De là le Latin *Meus*.
MEU, yvre. B.
MEU, pouce, le gros orteil. B. Voyez *Modfedd*, *Meut*.
MEUD, mouton. B.
MEUDADEN. Voyez *Meut*.
MEUDAENN, peau de brebis avec sa laine. B.
MEUDAG, le même que *Beudag*. G.
MEUDEIN, battre à coups de poing ou de main. B.
MEUDICQ, homme qui a de petites jambes. B.
MEUDIGA, MEDIGA, jouer à certains jeux d'enfans, en poussant avec le pouce de petites monnoies, de petites pierres, des épingles, &c. B. De *Meud*, pouce.
MEUDWY, hermite. G.
MEUEDD, MEUFEDD, richesses, possessions. G.
MEVEL, MEVELL, valet, garçon, servant, serviteur, domestique ; pluriel *Mevellon*, *Mevellien*. B. Voyez *Mab Aillt*.
MEUFEDD. Voyez *Meuedd*.
MEVI, MEUI, s'enyvrer. B.

TOME II.

MEY.

MEUIER, yvrogne. B.
MEUL, le même que *Beul*. De même des dérivés ou semblables. I.
MEUL, meule. B. Voyez *Melin*.
MEULER, flateur. B. Voyez *Moli*, *Melleir*.
MEULEUDI, louer, éloges, louanges. B.
MEULEUT, louange. B.
MEULI, louer, donner des louanges. B. Voyez *Moli*.
MEULLACH, agréable. I.
MEUO, avis. B.
MEUR, doigt. I. Le Latin *Mureus*, lâche, paresseux, paroit formé de ce mot. *Meur* ou *Mur*, doigts ; *Cusg*, endormis, engourdis.
MEUR, grand, beaucoup, grande quantité, très marque du superlatif, fort marque du superlatif, plusieurs, diversement, ferme. B. Voyez *Mawr*, *Monir*.
MEUR AVEZ, souvent, fort marque du superlatif. B.
MEURBED, MURBED, très, beaucoup, grande quantité, notablement, ferme. B.
MEURLARGEZ, jours gras, carnaval. B.
MEURS, mars, mardi. B. Voyez *Mawrth*.
MEURTA, myrte. B.
MEUS, mets, régal. B. Voyez *Maeth*.
MEUSYD, campagne. G. Voyez *Maes*, *Mes*.
MEUT, pouce, le plus gros doigt de la main ou du pied ; *Meudad*, singulier *Meudaden*, la quantité que l'on prend de quelque chose avec le pouce & un autre doigt ; *Meudadig* diminutif de *Meudad*. B. Voyez *Meud*.
MEUT, mouton ; pluriel *Meudet*. B. Voyez *Maond*.
MEUT, paysan. B.
MEUT, le même que *Beut*. Voyez ce mot & *M*.
MEUTEIN, se doguer, pelauder, se battre ou lutter en jouant. B. *Mu'hos* en Grec ; *Meute* en Allemand ; *Émeute* en François, est dérivation.
MEUTEREH, joute parlant des combats des coqs, des cailles, des béliers, &c. B.
MEUTHUN, commun, fréquent, ordinaire, trivial, abondant. Voyez *Amameuthun* & *Beut*.
MEUTUR, mouture. B.
MEW, cri du chat. G.
MEW, paresseux, oisif, qui n'agit point, qui ne remue point. Voyez *Mewyd*.
MEWDDY, hermite. B.
MEWEIN, s'enyvrer. B.
MEWIAN, miauler. G.
MEWN, en, dans, au dedans, par dedans. G. *Among* en Anglois, parmi, entre.
MEWR, mûr. B.
MEWRDED, ménagement, manière circonspecte. B.
MEWYD, paresse, lâcheté, nonchalance, négligence, lenteur. G. *Mew* doit donc signifier paresseux, oisif, qui n'agit point, qui ne remue point ; ce qui se confirme par *Mavy Cam*, sciatique ou jambe arrêtée.
MEWYDUS, paresseux, oisif, fainéant, lâche, négligent, nonchalant. G.
MEUY, muid. B. De là ce mot. Voyez *Muys*.
MEXAT, pétrir. B. Voyez *Me*.
MEYEUEN, juin. B.
MEYR, ample. B. Voyez *Meur*.
MEYR, chevaux, pluriel de *Marh*. G.
MEZ, habitation. B. Voyez *Amezecq*, *Mes*.
MEZ, dehors. B. Voyez *Mes*.
MEZ, honte, pudeur, confusion tant au propre

qu'au figuré, confondu ; *Mezui*, *Mezae*, honteux, qui a ou qui doit avoir honte, qui est naturellement honteux ; *Mezuca*, avoir ou faire honte. B.

MEBA, donner du gland aux pourceaux. B. Voyez *Mu*.

MEBA. Voyez *Mera*.

MEZAIOLUS, A. M. métayer. De *Mes*.

MEZANNUS, A. M. le milieu de l'an. De *Mez*. Voyez *Meadh*.

MEZANUS, A. M. médiocre. De *Mez*. Voyez *Meadh*.

MEZECQ. Voyez *Mez*.

MEZECQ, MEZEC, médecin, chirurgien. B.

MEZECQAAT, confondre. B.

MEZEGHIEZ, MEZECHIEZ, médecine remède. B.

MEZELL, marteau. B.

MEZELL, maille. B.

MEZELL, PEZELL, corrompu, pourri, lépreux, ladre. B. De là *Mesel*, *Mezeau*, ladre, lépreux ; *Mezellerie*, lèpre en vieux François ; *Mese*, lépreux en Patois d'Alsace ; *Mezora*, lépreux en Hébreu.

MEZELLUS, A. M. lépreux. De *Mezell*.

MEZEQUEAT, guéri par remède. B.

MEZER, drap, étoffe de laine ; singulier *Mezeren*, un drap, une seule piéce de drap ; pluryer *Mezerou* & *Mezerennou*. Ce dernier signifie encore langes. B.

MEZEREN, lange, drapeau. B.

MEZEV, yvre. B.

MEZEVEL, MEZWEL, visage confus & honteux, vûe baissée, triste & troublée de confusion ; *Mezvellet*, qui a la berlue, qui a la vûe troublée. B.

MEZEVELI, pâmer, éblouir, étourdir, assoupir, baisser les yeux. B.

MEZEVEN, MEZEUEN, MIS EVEN, juin. B.

MEZEVENNI, pâmer, éblouir, étourdir. B.

MEZIBAN, A. M. banni, exilé. De *Mes*, dehors, & *Bann*.

MEZO, MEZV, MEZW, MEO, yvre, enyvré ; *Mezwi*, enyvrer ; *Mezwinthi*, yvresse & yvrognerie. B. Voyez *Meddwi*.

MEZOLA, sandale fort mince. Ba.

MEZTITU, mettre le suaire à un cadavre. Ba.

MEZUA, ordre, commandement. Ba.

MEZUET, yvre. B.

MEZVI, s'enyvrer. B.

MEZVIT, enyvrer. B.

MEZUR, alimenter, nourrir, fomenter, entretenir, faire durer. B.

MEZUS, capot. B.

MEZUTU, j'avertis, j'ordonne, je commande. Ba.

MEZUTUA, averti, commandé. Ba.

MHOL, chauve. I. Voyez *Moal*.

MI, je, moi G. B. *Mi*, mon en vieux François ; *Mik* en Gothique ; *Mih* en Théuton ; *My* en Flamand ; *Mc* en ancien Saxon & en Anglois, moi ; *Mi*, homme en Tartare du Thibet ; *Moi*, hommes en Tonquinois ; *Mies*, homme en Finlandois.

MI, mois ; *Miosamhul*, de mois en mois. I. Voyez *Mis*, *Mih*.

MI, bouche. I. Voyez *Mu*, *Mia*.

MI, particule qui marque le malheur, le mal. I. Voyez *Michinneambun*.

MI, mi, milieu. B. De là le François *Mi*, qui se trouve dans *Midi*, *Minuit*. *Mey* en Allemand, milieu ; *Mid*, *Med*, *Midin*, milieu en Arménien. Voyez *Meth*.

MI, de *Mian*, petit, comme *Bih* de *Byhan*. De là le Latin & l'Italien *Mica*, le vieux François *Mi*, *Mioche*, le moderne *Miette*, l'Espagnol *Migaja*. *Mi* en Chinois, grain de bled ou de légumes. Ce mot signifie encore dans cette Langue menu, délié. Voyez *Mic*.

MI FY-HUN, FYHUNAN, moi-même. G.

MIA, MICHIA, langue. Ba. Voyez *Mio*.

MIABAN, migraine. I.

MIABHAOIL, cri. I.

MIAC, valise, sac de cuir. I. Voyez *Maca*.

MIADH, le même que *Biadh*. De même des dérivés ou semblables. I.

MIALEA, espèce de glande. Ba.

MIAN, dessein, menée, intrigue, pratique. I. Voyez *Men*.

MIANA, moins. B.

MIANGUS, désir. I.

MIANGUSACH, délicat, fort bon, manière honnête, douce, obligeante, pleine de bonté, d'amitié. I.

MIANN, souhait, désir, appétit, fantaisie, entreprise, dessein, intention ; *Miannad*, désirer, souhaiter. I.

MIANNOSADH, fi. I.

MIANT, habitation. Voyez *Gwestifiant*. Voyez *Man*.

MIANUGHTE, affecté, affectionné. I.

MIANVOAL, MIAOUAT, miaulement, cri d'un chat, miauler, crier comme un chat. B. C'est une onomatopée ou terme fait du cri de cet animal. *Miauen* en Allemand, miauler.

MIAR, mûre. G.

MIAREN, mûrier. G. De *Miar*, *Hen*.

MIAREN, buisson, buisson épineux, épines, hallier, espèce de chardon. G.

MIAS, bassin, plat. I.

MIAUA, effrontée, impudente, fine, madrée, rusée. Ba. De là le mot populaire *Miævre*.

MIAUL, MIOL. Voyez *Miwyal*.

MIAURIA, châtaigne, châtaignier. Ba.

MIAURTU, je me fends, je suis fendu. Ba.

MIAURTUA, fendu, divisé. Ba.

MIAZTU, lécher. Ba. Voyez *Mia*.

MIBHEASACH, impoli, grossier. I.

MIBHLACH, le même que *Meabhlach*. De même des dérivés ou semblables. I.

MIBILIAICH, puérilité, niaiserie, badinerie, amusement d'enfans. Il sert aussi de pluriel. B. De *Mab*.

MIBILIAICH, adresse, dextérité, industrie. B.

MIBILIEZ, filiation. B. De *Mab*.

MIBILYUS, adroit, industrieux. B.

MIBIN, vîte, promptement, précipitamment, précipité ; *Teaud Mibin*, langue qui parle avec précipitation. B.

MIC, tout ce qui est le plus petit. G. De là le Latin *Mica* ; *Mickekau*, petit en Groenlandois. Voyez *Mi*.

MIC, cri de plainte. G.

MIC, le même que *Mac*. I.

MIC, tout-à-fait, totalement, parfaitement, profondément au propre & au figuré, profond au propre & au figuré. B.

MIC, muet. B. Voyez *Mia*, *Miyabea*.

MIC, le même que *Myg*. Voyez *Edmic*, *Edmyg*.

MICA, pie oiseau. Ba.

MICA, A. M petit pain. De *Mich*.

MICALLIA, A. M. tout ce qui se mange. De *Mi*.

MICALTA, calamité. Ba.

MIC.   MIL.

MICAN, le même que *Meacan*. De même des dérivés ou semblables. I.
MICAS, le même que *Brewes*, petits gâteaux gras, pain trempé dans du suc de viande, viande grasse ou trop garnie de lard. G. Voyez *Mich*.
MICCRE, conflit, bataille, combat. G. C'est le même que *Biere*.
MICCWS, le vaisseau que l'on met auprès du douſil ou de la cannelle lorsqu'on tire le vin pour recueillir les gouttes qui tombent à côté. G. Voyez *Mic*.
MICH, choine, miche, petit pain. B. De là le mot François *Miche*. En Franche-Comté on donne le nom de *Miche* à toute sorte de pains de quelque grosseur qu'ils soient. Voyez *Micas*.
MICHA, MICHEA, MICHIA, A. M. petit pain. De *Mich*.
MICHEANNSA, pétulant. I.
MICHEDYN, soleil. G.
MICHEN, miche, choine. B.
MICHER, art, métier. B. Voyez *Mechtr*.
MICHEREREAH, condition d'un homme de métier, d'un artisan. B.
MICHEROUR, ouvrier, artisan. B.
MICHIA, langue. Ba. Voyez *Mia*.
MICHIALL, radotage, rêverie, imprudence. I.
MICHINNEAMHUN, mésaventure, malheur. I.
MICHOD, mûr. B.
MICHOLARI, MICOLARI, A. M. parler. De *Michia*.
MICQ-HA-MACQ, intrigue. B. De là *Micmac*.
MICRUS, A. M. moindre. De *Mikros* Grec, & celui-ci de *Mic*. Voyez ce mot.
MID, mesure à bled. G. Voyez *Modd*.
MID, forêt, bois substance de l'arbre. I.
MID, le même que *Mead*. De même des dérivés ou semblables. I.
MID, combat. Voyez *Midlan*. *Misi* en Cophte, combat, bataille. Voyez *Midi*.
MID, le même que *Bid*, *Fid*, *Pid*, *Vid*. Voyez *M*.
MID, le même que *Mad*, *Mud*, *Mod*, *Mud*. Voyez *Bal*. *Mid*, grand en Arménien; *Metoero*, régner en Cophte.
MIDGHI, moissonner. C. Voyez *Midi*.
MIDH, vûe, aspect. I.
MIDHEAMHUN, méditation, réflexion. I.
MIDI, couper le bled; *Midi Quouzell*, couper des bruyères pour faire de la litière. B. On voit par là que *Midi* signifie couper en général. Voyez *Mid*, *Medi*.
MIDLAN, lieu du combat. G. *Lan*, lieu; *Mid* par conséquent combat.
MIDUR, pré en Écossois occidental. Voyez *Mad*.
MIEAGNUDHE, imprudent, qui n'est pas politique. I.
MIEREN, épine, buisson épineux; jan, espèce de genêts. G.
MIERI, épines, hallier. G. De là le Latin *Myrica*, bruyères; *Mouryni*, buisson en Arménien.
MIERI MAIR, églantier. G.
MIERIALLWYN, lieu couvert de buissons. G.
MIERIEN; pluriel *Mieri*, buisson, buisson épineux, ronce, hallier, sorte de plante qui pique, chardon. G.
MIERIN, épine, buisson, hallier. G.
MIERINLLWYN, endroit rempli de buissons, de halliers, de plantes qui piquent, de chardons, lieu où il y a quantité de buissons épineux, lieu plein de buissons épineux. G.

MIERIOG, plein de buissons épineux, de halliers, de broussailles, d'épines. G.
MIEW, cri du chat. G.
MIG, petit enfant. G. Voyez *Emig*. Voyez *Mic*.
MIG, le même que *Big*. De même des dérivés ou semblables. I.
MIG. Voyez *Bychan*.
MIG, le même que *Big*, *Fig*, *Pig*, *Vig*. Voyez *M*.
MIG, le même que *Mag*, *Meg*, *Mog*, *Mug*. Voyez *Bal*.
MIGA, étouffer. B. *Mie*, submerger, éteindre en Chinois. Voyez *Mign*.
MIGA, rendre muet. B. Voyez *Mie*.
MIGA, A. M. le même que *Mica*, petit pain. Voyez ce mot.
MIGABEA, muet, qui n'a point de langue. Ba. Voyez *Mic*.
MIGANNA, palais de la bouche. Ba.
MIGAS, le même que *Micas*. G.
MIGET, étouffé. B. Voyez *Miga*.
MIGET, muet. B. Voyez *Miga*.
MIGHEAMNUGHE, sale, vilain, malhonnête, impudique. I.
MIGMA, A. M. petite paille, paillette, la balle du bled. De *Mic* ou *Mig*.
MIGN, boue, rinçure, eau sale. G.
MIGNA, bonne amie. B. Voyez *Mignon*.
MIGNAN, chauderonnier. B. Voyez *Magounn*.
MIGNON, MIGNOUN, ami, mignon. B. *Minna*, amour, amitié en Théuton, & *Minnon*, *Minnoon*, aimer. Dans les anciennes poésies allemandes *Minne* est pris pour le dieu ou la déesse d'amour. *Minna* dans un ancien glossaire, amour; *Minne* en Flamand, amour; *Minnen*, *Beminnen*, aimer, & *Beminde*, cher, aimé. De *Migna*, *Mignon*, sont venus nos mots *Mignon*, *Mignot*, *Mignard*, *Mignardise*, *Mignarder*, *Mignoter*. Nous appelons *Mignone* une espèce de prune qui pour sa bonté a mérité ce nom. *Mignot* en vieux François signifioit élégant dans ses habits. Voyez *Men*.
MIGNONACH, MIGNONAICH, MIGNOUNAICH, amitié, caresses. B.
MIGNONES, MIGNOUNES, amie. B.
MIGNONI, affection, amitié. B.
MIGNONNOUR, caressant. B.
MIGORN, le dernier os de l'extrémité des doigts, des mains & des pieds. B.
MIGORN, MIGOURN, cartilage. B.
MIGWRN, article ou jointure. G.
MIH, forêt, bois substance de l'arbre. I.
MIH, mois. B. Voyez *Mi*.
MIHAN, le plus. B.
MIHER, drap, étoffe. B.
MIHIA, langue. Ba. Voyez *Mia*.
MIHIERR, étoffe, drap. B.
MIHISLE, linge. B.
MIHISSA, suaire. Ba.
MIHISTOIHALES, linges. Ba.
MIHYEN, morve. B.
MIISA, lin très-fin. Ba.
MIL, mille; pluriel *Miloed*. G. B. *Mile* en Irlandois; *Milla* en Basque, mille; de là *Mil* en Espagnol; *Mille* en Latin & en Italien, mille. *Milion* en Grec moderne; *Milliare* en Latin; *Miglio* en Italien; *Milla* en Espagnol; *Meil* en Allemand; *Myle* en Flamand & en Anglois; *Miel* en Danois; *Millia* en Esclavon; *Milya* en Dalmatien; *Mila* en Polonois; *Mil* en Turc; *Mile* en Bohémien, un mille de chemin.

Mil, animal, bête; plurier *Miled*, *Milet*. G. B.
Mil, bête sauvage en Irlandois; *Fil*, éléphant en Arabe, comme qui diroit la bête par antonomasie; *Melon*, que quelques-uns prononcent *Milon*, brebis en Grec. On a dit *Bil* comme *Mil*; (voyez *M*) de là *Bibuscus*, terme Latin que l'on trouve dans un ancien glossaire, qui signifie morsûre de bête; *Bil*, bete; *Boch*, bouche.

Mil, guerre, combat, mêlée. G. Ce mot signifie aussi chasse dans la même Langue. Voyez *Milgi*, *Milhaſt*. *Mil*, soldat en Irlandois; *Milhamah*, assaut en Hébreu; *Miletinar*, soldats dans les Tables Eugubines; *Amilla*, *Omilos* en Grec, combat; *Miles* en Latin, soldat; *Militia* en Latin & en Italien; *Milice* en François, milice. *Milvus* en Latin; *Milan* en François, milan oiseau de proie. Voyez *Milwr*.

Mil, jaune. G. De *Mil Bil*. (Voyez *M*.) De là le Latin *Bilis*, le François *Bile*, qui signifie simplement l'humeur jaune.

Mil, bled sauvage, petite scrofulaire, petite chélidoine. G.

Mil. Voyez *Bal*. G.

Mil, bête sauvage. I.

Mil, soldat. I.

Mil. le même que *Bil*. De même des dérivés ou semblables. I.

Mil, miel; B. ainsi nommé de sa couleur jaune.

Mil, millet. B. De là le Latin *Milium*, le François *Mil*, *Millet*, l'Italien *Miglio*, l'Espagnol *Millo*, le Flamand *Milie*, l'Anglois *Millet*.

Mil, pierre, roc. Voyez *Bilyen*, *Gremill*.

Mil, particule augmentative. Voyez *Milgaſt*.

Mil, le même que *Bil*, *Fil*, *Pil*, *Vil*. Voyez *M*.

Mil, le même que *Mal*, *Mel*, *Mol*, *Mul*. Voyez *Bal*.

Mil-Gast, double prostituée. B.

Mila, A. M. un mille de chemin. De *Mil*.

Milagroa, miracle. Ba.

Milain, opiniâtre, réfractaire, obstiné, têtu, entêté, bizarre, bourru, capricieux, fantasque, d'humeur chagrine, de mauvaise humeur, difficile à contenter, qui est d'une exactitude chagrinante, dur, fâcheux, sévére, rigoureux, cruel. G.

Milain, pierre, roc. Voyez *Bilyen*.

Mildail, millefeuilles plante. G.

Mildelyen, millefeuilles plante. B.

Mildroed, insecte qui a plusieurs pieds. G. A la lettre, mille pieds.

Mile, nombre. I.

Mile, le même que *Bile*. De même des dérivés ou semblables. I.

Mileata, belliqueux. I.

Mileen, jaune. B. Voyez *Melen*.

Milein, bleme, pâle. B. Voyez *Melen*.

Mileindra, opiniâtreté, obstination, entêtement, contumace. G. Voyez *Milain*.

Mileinio, s'opiniâtrer, s'obstiner. G.

Mileinnein, rendre jaune. B.

Milfed, millième. G.

Milfer, millefeuilles plante. B.

Milfid, mauvis oiseau. B.

Milfler, millefleurs plante. B.

Milgi, chien de chasse. G. *Gi* en composition pour *Ci*, chien.

Milguin, manche. B.

Milhuyd, mauvis oiseau. B.

Miliast, chienne de chasse. G. *Iaſt* pour *Gaſt*, chienne.

Milidh, soldat. I. Voyez *Mil*.

Milidus, méritant. B.

Miliennein, pâlir. B.

Milightheach, pâle, défait, qui n'a pas bon visage. I.

Milightheas, pâleur. I.

Milin, jaune. C. Voyez *Milein*.

Milin, moulin. B. Voyez *Melin*.

Milin, *Milyn*, pierre, roc. Voyez *Bilyen*.

Miliner, *Milineur*, meûnier. B.

Milio, A. M. milan oiseau de proie. Voyez *Mil*.

Milis, doux, délicieux, suave. I. Voyez *Melus*.

Milisbriatrach, galant. I.

Milistu, je me soumets, je m'humilie. Ba.

Militecq, *Militus*, méritant. B.

Mill, le même que *Moall*. De même des dérivés. I.

Milla, tromper. I.

Milla, mille. Ba. Voyez *Mil*.

Millanda, impuni. Ba.

Millaria, pied de poule plante. Ba.

Millazquia, tamarin, bruyére. Ba.

Milldir, mille terme qui marque la distance; *Milldir Frengig*, lieuë; à la lettre, mille François ou mille de France. G.

Mille, corrompre, falsifier, détruire, tromper, pécher, corruption, dépravation, mal, blessure, vol, pillage, déprédation, tromperie. I.

Milleadh, confusion, désordre, ruiner, saccager. I.

Millean, imputation. I.

Millein, blâme, faute. I.

Millidh, abattre, accabler, gâter, exterminer, avilir. I.

Millig, malheureux, scélérat. B.

Milligadenn, abomination, exécration, malédiction, malheureux, scélérat. B.

Milligaff, maudire. B.

Milliguein, maudire. B.

Milliguet, abominable, maudit. B.

Millim, ruiner, détruire, mêler, brouiller, confondre. I.

Milliset, maudit. B.

Millisien, *Millizyen*, médire, maudire. B.

Milliun, million. I. Voyez *Mil*.

Millon, linot. B.

Millorria, millefeuilles plante. Ba.

Millsean, *Millseas*, fausse, douceur. I.

Millte, corrompu, gâté, ruiné, détruit, aboli, rapé, rhabillé, débauché, trompé, moqué, amusé, babillard. I.

Millteach, scélérat, déterminé. I.

Milltean, le même que *Millteoir*. I.

Millteoir, destructeur, trompeur, amuseur, coquin, gueux, misérable. I.

Millteoirios, niais, dupe, sot. I.

Milltir, pierre posée près du grand-chemin pour marquer la distance. G. Voyez *Milldir*.

Millyn, jaune. B.

Milmor, baleine. I. A la lettre, grande bête.

Milocha, rhombe, losange. Ba.

Milon, pierre, roc. Voyez *Bilyen*.

Miloquia, mors. Ba.

Miloueragh, miroiterie. B.

Milraith, bétail. G. Voyez *Mil*.

Milrhith, bête, fœtus, embrion. G.

Milsin, délicat, qui ne mange pas de tout. B.

MIL. MIN. 165

MILTR, teigne, mite. B. De là ce mot.
MILTRET, teigne, mite. B.
MILVID, MILWIT, MILVIT, MILFIT, MILVIS, MILHUIT, mauvis oiseau. B. De là ce mot.
MILWAITH, mille fois. G.
MILWR, soldat. G.
MILWR, homme sauvage, farouche, & par conséquent chasseur, comme Milgi signifie chien de chasse : car Mil en Breton est une bête fauve. Baxter. G.
MILWRAID, militaire, de soldat, belliqueux, d'athlète. G.
MILWRIAETH, métier de la guerre, profession des armes, affaires de la guerre. G.
MILWRIAETHU, armées. G.
MILWRIO, être soldat, faire profession des armes, porter les armes. G.
MILWYDD, camomille. G.
MILWYR, soldat. G.
MILYEN, le même que Bilyen. Voyez ce mot & M.
MILYN, petit animal, petite bête. G.
MILYON, million. B. Voyez Mil.
MILYON, pierre, roc. Voyez Bilyen.
MILZOUL, millepertuis plante. B. De Mil ; Touill, en composition Zoull. Voyez Gandol.
MIMAM, le même que Meamam. De même des dérivés ou semblables. I.
MIMHEAS, dépit, mépris, abaissement, mépriser. I.
MIMHEASAD, mépriser, négliger, rejetter, bannir, chasser. I.
MIMHEASDA, méchant, infame, grand, insigne. I.
MIMHISNIUGHADH, intimider. I.
MIMISNEAMAIL, sot, fou. I.
MIN, eau, rivière. G. Min en Chinois, fleuve. Voyez Mav, & Min Irlandois.
MIN, mains. G. Voyez Man.
MIN, joues, lèvres. G.
MIN, pointe, tranchant, taillant, pointe de tout instrument de fer, lévie, rivage de rivière ou de la mer, bord d'un vaisseau, d'un vase, de quelque chose que ce soit, comme Saphah, lèvre, rivage en Hébreu ; Ym Min, auprès. G. Min, tranchant, pointe en Langue de Cornouaille. Voyez plus bas Min Breton, & Mina.
MIN, tranchant, pointe. C.
MIN, petit, fin, délié, mince, souple, pliable, maniable, tendre, mou, coulant, glissant, doux au toucher, cotonneux, follet en parlant du poil, plain, uni, qui n'est pas raboteux, lissé, poli, doux d'humeur, bénin, clément, modéré, paisible, apprivoisé, franc, naïf, ingénu, clemence, duvet, plaine. I. De là Minor en Latin ; Minore en Italien ; Menor en Espagnol ; Minder en Flamand ; Manyi en Dalmatien ; Mensfin en Bohémien ; Minesszy en Polonois, moindre. Meno en Italien ; Minder en Allemand ; Main, Manie en Esclavon ; Manye en Dalmatien, moins. De là sont venus dans le François Mince, Mignon, pour petit & délicat, mignonette ; Mion en vieux François, petit ; Seminé, court en Galibi ; Men, passage étroit en Chinois. Voyez Man, Men, Mwyn.
MIN, farine. I.
MIN, mine. I. Voyez Min Breton.
MIN, face, visage, mine quand on parle de l'homme, air de visage ; le museau, le nez, le devant de la tête lorsqu'il s'agit des bêtes, & aussi le bec des oiseaux, & en général pointe. B. Il signifie aussi bouche en cette Langue & en Gallois. Voyez Min-Gam, Mindreuc, Minffay. De là le François Mine, Minkar en Turc, bec. Voyez Min Irlandois, & Man.
MIN, mine de métal. B. De là ce mot. Voyez Minach, Moina, Min en Anglois, mine.
MIN, peu, petit particule diminutive. Voyez Minchoarz.
MIN, doigt. Voyez Minddu.
MIN, le même que Main. Voyez Minmbulin.
MIN, métal. Voyez Mintraill.
MIN paroit avoir signifié rouge. 1°. Mwn, Myn, sang en Gallois. 2°. Mine, rouge en François : car nous disons Mine de plomb pour rouge de plomb. 3°. Carmyn en Breton, carmin ; de Car, beau ; Myn, rouge. 4°. Minium en Latin ; Minio en Italien ; Minien en Flamand ; Minyum en Bohémien ; Miniom en Hongrois, vermillon. 5°. Minna dans un ancien glossaire, feu. On a remarqué ailleurs (Voyez Booth) que les termes qui signifient feu, ont aussi signifié rouge. Mane en Langue de Madagascar, rouge. Voyez Minous.
MIN, le même que Man, Men, Mon, Mun. Voyez Bal.
MIN, le même que Bin, Fin, Pin, Vin. Voyez M.
MIN-ARFAN, qui donne la trempe aux armes. G.
MIN-FELUS, qui aime les bons morceaux, friand. G.
MIN-GAM, qui a la bouche torse. G.
MIN-GAMMWR, railleur, piquant, moqueur. G.
MIN-NEALL, brouillard. I.
MINA, minor, ouvrir une mine, creuser une mine. B.
MINA, blessure, lésion, douleur, maladie, symptôme fâcheux, acide, aigre, amer. Ba. Voyez Min, pointe.
MINA, A. M. mine. De Min.
MINA, A. M. mesure à bled. Voyez Minod.
MINAC, malade. Ba.
MINACH, métal. I. Voyez Min.
MINAE, A. M. les créneaux des murailles. De Min, pointe.
MINAGIUM, A. M. droit de minage ou mesurage. Voyez Mina.
MINALE, A. M. le même que Mina, mesure à bled.
MINAN, chevreau. I. Voyez Mynn.
MINAR, le même que Min. I.
MINAOUET, alene. B.
MINARE, A. G. mener, conduire. De Main.
MINARE, A. M. faire une mine, miner. De Mina.
MINARIA, pénitence, mortification. Ba.
MINARIA, A. M. minière. De Min.
MINCACHA, acrimonie, aigret. Ba.
MINCALDEA, question torture. Ba.
MINCEN, faisant agir. Ba.
MINCET, mis en petits morceaux. B. Voyez Min.
MINCHOA, aigret. Ba.
MINCHOARZ, souris. B. Choarz, ris.
MINCIUS, A. G. hérisson. De Min, pointe.
MINDDU. GWARAE MINDDU, jouer à la mourre, deviner combien celui contre qui l'on joue a élevé de doigts. G. Du de Dun, élevé ; Min par conséquent doigt. Voyez Mandell.

TOME II. T t

MINDEOUIA, vivier. Ba.
MINDERUS, gueule torfe. B.
MINDU, je maigris. Ba. Voyez Min, petit, &c.
MINDUA, amer. Ba.
MINDURA, amertume. Ba.
MINE, qualité. I. Voyez Meni.
MINE, morceau. I.
MINE, fouple. I.
MINE, clémence. I.
MINE, Moines. B.
MINEAMHUL, honteux. I.
MINEAOUET, poinçon, alêne. B.
MINELL, boucle que l'on met au groin des pourceaux, fer dont les payfans ferrent les talons de leurs fouliers & fabots. B.
MINELLUS, A. M. mefure à bled. C'eft un diminutif de Mina.
MINETA, falade, vinaigrette, falmigondis. Ba. Voyez Mina.
MINEUS, A. G. rouge. De Min.
MINEZ, malade. Ba.
MINFFUG, menteur, qui affure des fauffetés, qui ne fait que mentir. G. A la lettre, bouche pleine de fard.
MINFLYSIG, délicat, douillet, délicieux, exquis, voluptueux, défireux, orgueilleux. G. Blys.
MINGAM, bouche torfe. B.
MINGAMIAD, moquerie, raillerie piquante. G.
MINGAMMU, tordre la bouche par raillerie, railler ou attraper quelqu'un, fe moquer avec infulte. G.
MINGAN, gueule torfe, B. & par conféquent Can le même que Cam.
MINGEARRA, MINGEARRADH, hacher, couper. I. Voyez Mine, Min.
MINGEIMIAID, qui admirent des fadaifes. G.
MINGEINION, qui admirent des fadaifes. G.
MINGL, tiéde. B.
MINGLEIN, tiédir, attiédir. B.
MINGOGORRA, aigre, acide. Ba.
MINGOGORTU, je deviens aigre. Ba.
MINGORTU, je deviens aigre. Ba.
MINGRANA, grenade. Ba.
MINHA, langue. Ba.
MINHOARH, fouris, ris forcé. B. Voyez Minchoare.
MINHOARHEIN, fourire, rire. B.
MINIAL, murmurer, gronder, marmotter, parler entre fes dents, remuer les lévres comme une perfonne qui parle, baifer verbe. G.
MINJALEA, chancre. Ba.
MINIC, plufieurs, beaucoup, fréquent. I. Voyez Maint.
MINIC, fin, finette, rufée. B.
MINICHI, MINIHI, MINTHI, afyle, refuge, franchife, canton de terre affranchi, couvert, abri contre fes ennemis, affifter les affligés. B. Voyez Menechi.
MINICHI, rocher efcarpé. B.
MINICULUM, A. G. fecours. De Minichi. De Miniculum on a fait Adminiculum.
MINICUS, A. G. hériffon. De Min.
MINIHI. Voyez Minichi.
MINIO, aiguifer, rendre pointu. G.
MINIOG, aigu, pointu, fin, bout, extrémité, bord. G.
MINION, bord. G.
MINIOWCDIR, frontière. G.

MINIUGHADH, glofe, explication. I.
MINIZTA, répréhenfion, réprimande. Ba.
MINIZTAGARRIA, répréhenfible. Ba.
MINMHULIN, mouture. I. A la lettre, ce que l'on voiture ou que l'on tranfporte en une fois au moulin pour être moulu. Voyez Main.
MINNA, A. G. Voyez Mignon.
MINNAM, à qui, qui. G.
MINNANE, chevreau. I. Voyez Mynn.
MINNI, langue. Ba.
MINOCH; fingulier Minochen; plurier Minochet; calandre, charenfon, coffon; ce mot fignifie auffi une efpèce de fouris qui a le mufeau plus pointu que les autres. B. De Min, mufeau; &c. pointu.
MINOCH, dévidoir à rouet. B.
MINOCHELL, boucle que l'on met au groin des pourceaux. B.
MINOD, MINOT, minot mefure à bled. B. De là ce mot.
MINODTENN, MINOTENN, fentier, petit chemin. B.
MINONDOREA, faute. Ba.
MINOR, mineur, pupille. B. Voyez Min.
MINORIA, mal royal. Ba.
MINOT. Voyez Minod.
MINOTUS, A. M. minot mefure à bled. De Minot.
MINOWER, le même que Minochell. B.
MINQUIA, faveur. Ba.
MINS, petit. Voyez Cleminfat.
MINT, mite. B. De là ce mot. Mint eft formé de Min, petit.
MINTAG. Davies n'explique pas ce mot, il fe contente de dire qu'il eft formé de Min Tagu. G.
MINTAI, affemblée, compagnie, fociété, multitude, nation, troupe, troupe de gens, bande, bataillon, efcadron, troupeau de gros bétail, troupeau en général. G. Voyez Maint.
MINTARD, froidure burlefquement. B.
MINTASUNA, acrimonie. Ba.
MINTEA, amertume, aigreur. Ba.
MINTEIOED, plurier de Mintai. G.
MINTER, chauderonnier. B.
MINTHI. Voyez Minichi.
MINTHUS, A. G. fleur qui naît dans les fumiers que les boucs mangent avec avidité. Voyez Mynn.
MINTIN, matin; Mintin Mat, de bon matin. B. On voit par là que Mat a fignifié grand dans cette Langue, comme bon dans la nôtre.
MINTŒ, nation, troupe. G.
MINTRAILL, mitrailles, petites piéces & fragmens de fer, airain, cuivre, &c. B. De là ce mot. Traill pour Draill, morceau; Min par conféquent métal, ce qui fe confirme par Min, mine de métal, & Minach.
MINTRAT; fingulier Mintraden, diminutif Mintradic, un peu, un petit peu, fi peu que rien; il fe dit auffi d'un trop petit efpace. B.
MINTYS, menthe. G. B.
MINTYS BAW, balfamine. G.
MINTYS GWYLLTION, menthe fauvage. G.
MINTYS LLWYDION, menthe fauvage. G.
MINTYS MAIR, fauge, menthe. G.
MINTYS MANAW, balfamine. G.
MINTYS Y CREIGIAU, origan. G.
MINTYS Y DWR, menthe aquatique, cardamon. G.
MINTYS Y GATH, pouliot fauvage, calament ou herbe au chat. G.
MINTYS Y MEIRCH, balfamine, menthe aquatique, cardamon. G.

MIN.

MINTZA, parole. Ba.
MINTZATU, je prie. Ba.
MINTZAYA, la parole, le parler, harangue, conte. Ba.
MINTZOA, parole, façon de parler. Ba.
MINUD, minute. B.
MINVIC, MINVICG, mie. B.
MINVOASQ, morailles. B. De *Min Goafqa.*
MINVROUT, pointe de fer que l'on attache au museau d'un veau pour le sevrer, parce que s'approchant de sa mere pour avoir son lait, il la pique & la fait ainsi éloigner. B. De *Min*, museau; *Brout*, aiguillon.
MINUT, menu. B. Voyez *Min.*
MINWAL; singulier *Minwalen*, anneau que l'on met au museau d'un cochon, afin de l'empêcher de fouir la terre; *Minwala*, mettre cet anneau; *Minwalet*, qui a cet anneau. B. De *Min*, museau; *Gwal*, anneau.
MINWGL, cou. C.
MINWS, petite bouche. G.
MINWS, diminutif de *Min*, lévre, petite lévre. G.
MINZA, parole, parler; *Minza-Cedin*, il a parlé. Ba.
MINZARTEA, parenthése. Ba.
MINZOERA, accent, prosodie. Ba.
MINZOQUIA, homélie. Ba.
MIO, particule négative, ainsi qu'on le voit par *M'omait*, *Mioonoir*, &c. *Mait*, bon ; *Mio*, non ; *Onoir*, honneur; *Mioonoir*, deshonneur.
MIOAG, accident, malheur, infortune, désastre. I.
MIOCH, BARA-MIOCH, pain qui n'est qu'à demi cuit, qui a beaucoup de mie & peu de croute. B. De là le Latin *Mica.*
MIOCHIU, diffamation, diffamer. I.
MIOCHLUDACH, infame, grand, insigne. I.
MIOCHOMGAR, incommodité, embarras, calamité, malheur, infamie. I.
MIOCHUMUSACH, impuissant. I.
MIOCIU, reproche, opprobre, flétrissure, infamie, scandale, deshonneur, déplaisir, disgrace, honte. I.
MIOCIUD, ignominie, infamie, honte, opprobre. I.
MIOCLUDAMHUL, ignominieux. I.
MIOD, comme *Bara Miod*, sorte de gâteau large & mince dont on faisoit oblation. G.
MIOD, mie ou miettes de pain; *Bara Miod*, pain émié dans le vin ou dans le bouillon. B. En Patois de Franche-Comté on dit *Miottes* pour miettes ; ce mot de même que le François vient de *Miod, Miot.*
MIODOG, poignard. I.
MIODUL, lenteur, négligence, froideur. I.
MIOFOMOS, mépris ou manque de respect. I.
MIOGHRASA, infamie. I.
MIOGHRASADH, se salir, se souiller, se remplir d'ordures. I.
MIOGRASA, ignominie, infamie, honte, opprobre. I.
MIOGRASAMHUL, ignominieux. I.
MIOL, MIOLA, pou insecte. I.
MIOL, Voyez *Miaul.*
MIOL MOR, baleine. I. *Miol* le même que *Mil.*
MIOLACH, pouilleux. I.
MIOLTOG, moucheron. I.
MIOMAIT, mauvais, méchant, malicieux. I.
MIOMHACANTA, deshonnête. I.
MIOMHOD, méchant. I.

MIR.

MIOMHUNIGIN, défiance, soupçon. I.
MIOMODH, outrage, tort, préjudice, indignité. I.
MION, petit, menu. I. Voyez *Min.*
MION, diadême. I.
MION, désir. I.
MIONADH, broyer, piler. I.
MIONAIRE, impudence, impudicité, obscénité ; *Mionairioch*, impudent. I.
MIONAIREC, infame, grand, insigne. I.
MIONAIRIDH, désobéïssance, conduite perverse, humeur fâcheuse, humeur incommode. I.
MIONAN, chevreau. I. Voyez *Minnan.*
MIONAOIS, minorité. I.
MIONARNEIS, menu bétail. I.
MIONATTUERA, cruel. I.
MIONBRUDADH, froisser, écraser, briser. I.
MIONGAIRE, souris, sourire. I.
MIONNA, serment. I.
MIONHTOS CAIT, pouliot plante. I.
MIONOGVAL, nouvel apprentif. I.
MIONOS, distraction inapplication. I.
MIONOSACH, rude, grossier, incivil. I.
MIONTUS, menthe, baume plantes. I. Voyez *Mintys.*
MIOONOIR, deshonneur, déplaisir, disgrace. I.
MIOR, le même que *Bior.* De même des dérivés ou semblables. I.
MIORBHUL, merveille, miracle. I.
MIOSASADH, mécontenter. I.
MIOSASAMH, mécontent, déplaisir, mécontentement. I.
MIOSGAIS, petite querelle, pique, démêlé, animosité, rancune. I.
MIOSGUS, malice, envie, haine, ressentiment. I.
MIOSGUSEACH, malicieux. I.
MIOSOLAS, maléfice. I.
MIOSUAIMNEACH, qui est dans l'anxiété, dans l'inquiétude, dans le chagrin. I.
MIOSUAMRIOCH, leger, inconstant. I.
MIOSUN, malice, envie, haine, ressentiment. I.
MIOSUR, boisseau mesure, aune mesure. I. Voyez *Mesur.*
MIOTATL, métal I. Voyez *Metal.*
MIOTAPADH, accident, malheur, infortune désastre. I.
MIOTHAIRBHE, désavantage, perte, préjudice ; *Miothairbhioch*, désavantageux. I.
MIOTHAITNIOMH, dégoût, mépris, aversion. I.
MIOTROCAIREACH, cruel. I.
MIR, morceau, partie, portion. I.
MIR, don. I.
MIR, le même que *Bir*. De même des dérivés ou semblables. I.
MIR, le même que *Mear*; De même des dérivés ou semblables. I.
MIR, mire. B. De là ce mot. On voit par ce mot, *Mirein, Mirouer* Bretons, *Mirander, Mire, Mirer, Miroir* François, que *Mir* signifie voir. *Mira* en Espagnol, regarder ; *Mirrr*, regarder en François. *Mire* en vieux François signifioit un medecin Nous disons encore lorsqu'un médecin a soin d'un malade, qu'il le voit. Voyez *Miralla, Miras, Mira, Miro, Mirra.*
MIR, le même que *Bir, Fir, Pir, Vir.* Voyez M.
MIR, le même que *Mar, Mir, Mor, Mur.* Voyez *Bal.*
MIRA, miracle. Ba. De là le Latin *Mirus* & ses dérivés. Voyez *Miragarria, Miraidia, Miragl.*

MIRA, A. M. guérite, lieu élevé d'où l'on découvre ce qui se passe au loin. De *Mirœ*, garder, ou de *Mir*, voir.
MIRABEA, domestique, servante. Ba.
MIRAGARRIA, admirable, surprenant. Ba.
MIRAGARRIQUI, MIRAGARRIRO, admirablement. Ba.
MIRAGARRIZCO, admirable. Ba.
MIRAIN, beau, luisant. G.
MIRALDIA, admirable. Ba.
MIRALLA, miroir. Ba.
MIRANTSA, espèce de vautour. Ba.
MIRAPLE, qui se peut garder, chommable. B.
MIRAQL, miracle. B. Voyez *Mira*.
MIRAQUINDEA, magie. Ba.
MIRARI, A. M. se mirer, se regarder dans un miroir. Voyez *Mir*.
MIRARIA, prodige. Ba.
MIRARIGUILLEA, thaumaturge, faiseur de prodige. Ba.
MIRARIZTU, j'admire. Ba.
MIRAS, miroir. B. Ba.
MIRE, distraction, frénésie, manie, folie, enragé, état d'un désespéré. I.
MIREEN, le même que *Meren*. B.
MIREIN, garder, empêcher; *Hi-Mirein*, se garder, s'abstenir, se défendre; *Mirein-Ur Gouil*, garder, solemniser une fête. B.
MIREINWCH, beauté. G.
MIRENNEIN, faire le goûter. B. Voyez *Mireen*.
MIRER, gardien, celui qui garde. B.
MIRESTEA, admiration. Ba.
MIRET, garder, préserver, conserver, mettre à couvert, cacher, enfermer, défendre, empêcher, excepter, observer une loi, gardé, défendu, conservé, &c. B.
MIRETSI, j'admire. Ba.
MIRETSIA, ravi d'admiration. Ba.
MIRHUICQ, MIRHUIGNEN, mie, miette. B.
MIRIAGHALTAS, humeur revêche, indocile, déréglement, débauche, dissolution, excès, intempérance; *Miriaghalta*, revêche, indocile, réfractaire. I.
MIRIDIGUEZ, garde, conservation, abstinence. B.
MIRIEC, MERIEC, morveux. B.
MIRIONA, mettre en pièces. I.
MIRITSIA, onguent. Ba. Le terme *Mire*, qui désignoit en vieux François un médecin, un chirurgien, peut aussi venir de ce mot. Voyez *Mir*.
MIRMET, A. M. petit. Voyez *Marm*.
MIRO, A. G. qui regarde. De *Mir*.
MIROTEA, faucon, épervier. Ba.
MIROUER, miroir. B. De là ce mot.
MIRRA, myrrhe. Ba.
MIRRALCIA, myrrhe. Ba.
MIRRET SERAGUIN, ravir d'admiration. Ba.
MIRRI, marres. B. C'est le pluriel de *Marr*.
MIRT, myrte. B.
MIRU, nid de faucon. Ba.
MIRUA, milan oiseau de rapine, faucon. Ba.
MIRWIC, mie, miette. B.
MIS, mois. G. C. E. B. *Amis* en Arménien; *Meis* en Grec Éolien; *Mes* en Espagnol; *Mois* en François; *Mese* en Italien; *Messe* en Esclavon; *Mesyc* en Bohémien; *Misecc* en Dalmatien; *Miesiacz* en Polonois; *Masum* en Talenga, mois.
MIS, dépense. G. *Mis* en Breton, dépens; *Mise* en vieux François, assez d'argent, argent suffisant, certaine somme d'argent; *Mission* en vieux François, dépense. A Besançon, lorsque les écoliers jouent ensemble, ils appellent *Mise* la quotité d'argent que chacun met au jeu. En d'autres endroits de Franche-Comté ils disent *faire mise ensemble*, pour faire convention de partager ensemble l'argent qu'ils gagneront. *Misaille* en vieux François, gageure entre deux personnes qui contestent la vérité d'une chose.

MIS, le même que *Maas*. De même des dérivés ou semblables. I.
MIS, dépens, frais. B.
MIS, cendré, gris, brun. Voyez *Mus*.
MIS, mauvais, méchant, facheux, infortuné, malheureux. Voyez *Misean*. De là le Latin *Miser* & ses dérivés. De là dans la basse Latinité *Miscvenire*, mal réüssir; *Misfacere*, mal faire. *Mis* en Gothique, en Théuton, en Allemand, marque la privation, le défaut, l'erreur.
MIS, le même que *Bis*, *Fis*, *Pis*, *Vis*. Voyez *M*.
MIS, le même que *Mas*, *Mes*, *Mos*, *Mus*. Voyez *Bal*.
MIS-LIF, menstrues. G.
MISA, A. M. dépense. De *Mis*.
MISAN BALOUIN, voile du mât de beaupré sur la proue. B.
MISAWL, d'un mois. G.
MISC, entre. G.
MISCAIS, haine. I. Voyez *Cas*.
MISCHINUS, A. M. le même que *Mechinus*.
MISDDOGN, mesure de grain ou d'autre chose qu'on donnoit chaque mois pour salaire. G.
MISDE, pire. I. Voyez *Mis*.
MISEAN, MISEUN, calamité, adversité, malheur. I. Ce mot est formé d'*Ean*, *Eun*, oiseau, & de *Mis*, qui doit signifier mauvais, méchant, facheux, infortuné, malheureux. Les anciens donnoient beaucoup dans la superstition des augures, & croyoient qu'il y avoit des oiseaux qui pronostiquoient les calamités, les malheurs.
MISELLI, A. M. lépreux. De *Mezell*.
MISERAG, lunette. Ba.
MISERH, calamité. B. Voyez *Misean*.
MISEUN. Voyez *Misean*.
MISGEADH, s'enyvrer. I.
MISGIAMHADR, rendre difforme. I.
MISGLWYF, menstrues. G.
MISGU, mêler. B.
MISGWAITH, mois. G.
MISIA, A. M. dépense. De *Mis*.
MISIAT, durée d'un mois. B.
MISIBIALTAS, grossiereté. I. Voyez *Sibialta*.
MISIO, A. M. dépense. De *Mis*.
MISIOU, mois, menstrues. B.
MISNEACH, courage, valeur, bravoure, joie, allégresse, avoir du courage. I.
MISNEAMHLAS, cordialité, amitié sincère. I.
MISNEAMHUL, vigoureux, vaillant, brave, hardi, fort, galant, joyeux, gaillard, de bonne humeur. I.
MISNIUGAD, inciter, animer, encourager, soutenir, appuyer, supporter, favoriser, prendre le parti, fortifier, donner de nouvelles forces, fomenter. I.
MISSIO, A. M. dépense, dépens, frais; en vieux François *Mission*, *Mession*, *Manssion*. De *Mis*.
MISTILHON, méteil. B. De là ce mot.
MISTILIO, A. M. méteil. De *Mistilhon*.
MISTILLONNEIN.

MIS.

MISTILLONNEIN, biser terme d'agriculture, devenir bis. B.

MISTE, beau, joli, propre, propret, qui affecte une propreté singulière en sa personne. B. Miste en vieux François, beau, joli, gentil, gai, adroit; Mistouflet en Toulousain, poupin, délicat, mignon. On appelle populairement en Franche-Comté Misti Friss un homme qui affecte une propreté singulière dans ses habits.

MISTRICQ, joli, poupin, gentil, agréable, joliment. B.

MISTRY, maîtres. B.

MISTRYQUEN, le même que Mistricq. B.

MISWRN, voile de bouche & de visage. B.

MISYEU, mois, menstrues. B.

MIT, le même que Bit, Fit, Pit, Vit. Voyez M.

MIT, le même que Mat, Met, Mot, Mut. Voyez Bal.

MITA, le même que Meata. De même des dérivés ou semblables. I.

MITAITZINA, prologue. Ba.

MITARD, froidure burlesquement. B.

MITAU, MITOUICQ, chat. B. Mita en Loraine, matou. Voyez Mitou.

MITER, chauderonnier. B. Voyez Minter.

MITEREAH, chauderonnerie. B.

MITERRA, sabine plante. Ba.

MITH, le même que Bith. De même des dérivés ou semblables. I.

MITHEASDAS, deshonneur, mauvaise réputation. I.

MITHREOIR, incapacité, impuissance. I.

MITIN, matin, matineux. B.

MITON, petit chat. I.

MITONNICQ, chattemite. B.

MITOU, MITOUICQ, chat. B. De là le François Matou. Voyez Mitau.

MITOUICQ, chattemite. B.

MITOUNI, mitonner. B. De là ce mot. Mitouni est formé de Mi Tom.

MITOUR, chauderonnier. B. Voyez Miter.

MITT, sorte de vase à mettre du vin. G. Mitten en Saxon, mesure.

MITTA, A. M. mesure pour le sel, pour le bled. Voyez Mitt.

MITTAIN, mitaine. B. De là ce mot.

MIUNE, buisson. I.

MIW, vache. G.

MIWAIL, poli, mou. G.

MIWGYBU, couvrir, voiler, envelopper. G.

MITDAN, pré. E. Voyez Mad.

MIZ, mois. B. Voyez Mis.

MIZAIN, mât de misaine. B.

MIZPIRRA, nesflier. Ba. Voyez Mesper.

MIZQUEDEA, élégance, propreté. Ba.

MIZQUIA, agréable. Ba.

MIZQUINDEA, mesquinerie, épargne sordide. Ba. De là les mots François Mesquin, Mesquinerie.

MIZYOU, mois, menstrues. B.

MLAEN, pointe; Ym Mlaen, avant, devant. G. Mlaen est le même que Blaen. Voyez ce mot & M.

MNA, femme. I. Voyez Man.

MO, mon. E.

MO, mon, ma, mes, particules qui marquent l'amour, le respect, la possession. I.

MO, le plus grand. I. Mo en Chinois, très-haut, profond, fin, extrémité. Voyez Mor.

Mo, le même que Bo. De même des dérivés ou semblables. I.

MOC.

MO, grand. Voyez Rombo, Ro.

MO, noir. Voyez Moualch.

MO, le même que Bo, Fo, Po, Vo. Voyez M. Mô, arbre, bois en Chinois; Mo, ardeur, chaleur en Tartare du Thibet.

MOAD, forme. Voyez Anfoadol.

MOAENDAET, qualité d'être menu, délié, mince B. Voyez Moen.

MOAL, homme qui a les cheveux blancs. C.

MOAL, chauve, qui a peu ou point de cheveux sur la tête. B. Voyez Moel, Moeil.

MOAN, grêle, menu, délié, étroit, court, mince, fin au propre & au figuré, subtil; Moanoch, plus menu; Ar Moana, le plus menu; Moanaa, rendre plus menu, diminuer, étrécir. B. Voyez Mân, Main, Moen.

MOANA. Voyez Moan.

MOANAA. Voyez Moan.

MOANARD, haut & menu, qui est d'une taille trop déliée: Il se prend aussi substantivement. B. Ce mot est composé de Moan Ard.

MOANOCH. Voyez Moan.

MOAS, le même que Boas. Voyez ce mot & M.

MOASPIL, chauve.

MOBRIEREMAT, méchamment. B.

MOC, promptement, vîte. I.

MOC, fils, jeune. I. Voyez Mac.

MOC, MOCU, MUC, les mêmes que Mac. I.

MOC, habitation. Voyez Mog.

MOCADERA, mouchoir. Ba. Voyez Mechi.

MOCALDEA, joue. Ba.

MOCARD, mocade, moquette. B. De là ces mots.

MOCCIO, se moquer. G. Monk en Syriaque & en Chaldaïque; Mukao, Mokizo en Grec; Mocks en Anglois; Se Moquer en François, se moquer.

MOCH, vîte adjectif & adverbe, leger, prompt, soudain, précipité, qui se hâte, hâtivement, promptement, tôt, bientôt. G. Moc en Irlandois, promptement, vîte; Moch, de bonne heure, sitôt, vîte adjectif dans la même Langue; Machir en Hébreu, agile, vîte; Pochez, leger dans la même Langue; Hmas en Arabe, qui va vîte, qui agit avec promptitude; Mosi en Cophte, marcher; Moc en Bohémien, violent, impétueux; Most en Hongrois, maintenant, à présent; Mox en Latin, bientôt, dans un instant; incontinent, tout à l'heure.

MOCH, de bonne heure, sitôt, vîte adjectif. I.

MOCH, aussi. I.

MOCH, cochon, porc, pourceau. B. Môch en Gallois; Muc en Ecossois; Morc, Muck, Mouc en Irlandois; Mocks en Théuton; Moor en Allemand, cochon. De Moch ou Mos est venu notre mot François Maussade, (Voyez Mochach) De là est aussi venu Mouche, terme du Patois de Besançon qui signifie un homme qui gronde toujours, qui est de mauvaise humeur. Le b & l'm se mettant l'un pour l'autre, on a dit Boch comme Moch; de là est venu le terme populaire Bôsser, qui est un verbe qui marque l'action du cochon lorsqu'il fouit la terre avec son museau; Mole en Anglois & en Flamand, taupe. Ce mot paroit formé de Moch ou Moh, cochon, & Lé, petit. La taupe fouit la terre avec son museau comme le cochon.

MOCH, habitation. Voyez Mog.

MOCH, le même que Boch, Foch, Poch, Voch. Voyez Bal.

MÔCH, singulier Mochyn, cochon, porc, pourceau. I.

MOCHA, cochonner. B.
MOCHA, mutilé, tronqué. Ba. Voyez *Macha*.
MOCHACH, toutes fortes d'ordures, de souillures, immondices & mal-propretés, même dans une maison négligée. B. Ce terme vient de *Moch*, cochon, comme si nous faisions *cochonnage* en notre Langue, de cochon. On dit parmi le peuple à Besançon, en voyant une grande mal-propreté, que c'est *une grande cochonnerie*.
MOCHAEN, MOCHOEM, beau; *Mochaemoch*, plus beau. I.
MOCHAER, marchand de porcs. B.
MOCHALLEA, barbier, qui pele. Ba.
MOCHAN, MOCHON, vite adjectif. I. Voyez *Moch*.
MOCHD, nud. I.
MOCHD, promotion. I.
MOCHDYN, teigne ou petit ver qui ronge la laine, le papier, le bois. G.
MOCHER, porcher, gardeur de cochons. B.
MOCHILLA, malle, valise, sac. Ba.
MOCHILLARIA, valet d'armée, goujat. Ba.
MOCHT, grand. I.
MOCHUA, porcher. I.
MOCHYN, cochon, petit cochon. G.
MOCHYRIA, être en chaleur parlant des animaux. G.
MOCOA, bec d'oiseau, la bouche. Ba. Voyez *Moch* le même que *Boch*.
MOCOBELLARNA, bec de grue, grue machine. Ba.
MOCORRA, croupion. Ba.
MOCOUSTA, causeur. Ba.
MOCULUS, A. G. petit sac, poche, bourse. De *Mochilla*.
MOD, arc. G.
MOD, mer. C.
MOD, court, petit. I. De là le Latin *Modicus*.
MOD, façon, mode, coûtume, forme, figure. I. De là le Latin *Modus*, les François *Mode*, *Modéle*. Voyez *Modd*, *Moda*, *Modh*.
MOD, habitation, demeure. Voyez *Bodryda*, *Cymmod*.
MOD. Voyez *Ymmed*.
MOD, le même que *Bod*, *Fod*, *Pod*, *Vod*. Voyez *M*.
MOD, le même que *Mud*, *Med*, *Mid*, *Mud*. Voyez *Bal*.
MOD, le même que *Mot*. Voyez *D*.
MODA, MODEA, MODERA, nouvelle mode. Ba.
MODAMEN, MODANUM, A. M. modéle. De *Mod*.
MODAN, court, petit. I.
MODD, manière, mode, usage, condition, état, chose. G. Il signifie encore dans cette Langue mœurs réglées, bienséances, civilités, politesse, modestie, modération. (Voyez *Moddgar*, *Moddus*.) *Modd* a aussi signifié mesure. (Voyez *Modfedd*, *Ormodd*. De là le Grec *Modios*, le Latin *Modius*. *Medimnos* en Grec; *Moggio* en Italien; (le *d* se change en *g* dans cette Langue) *Muid* en François; *Maat* en Flamand, muid. *Mudd* en Turc, boisseau, & *Medre*, outre dans la même Langue; *Matune*, mesure en Albanois; *Almud* en Espagnol, sorte de mesure de grain; (*Al* article) *Middah* en Hébreu; *Modo* en Italien; *Moood* en Hongrois, manière, façon. Voyez *Mod*.
MODD, forme. Voyez *Anfoddol*. Voyez *Mod*.
MODD, le même que *Bodd*. Voyez *Ammod*, *Modurcoa*.
MODDGAR, dont les mœurs sont réglées, civil, poli, qui remplit les bienséances. G.
MODDUS, dont les mœurs sont réglées, civil, poli, qui remplit les bienséances, modeste, modéré. G.
MODDUSRWYDD, modestie, modération, retenue. G.
MODE, le même que *Maide*. I.
MODELA, modéle. Ba. Voyez *Mod*.
MODELA, A. M. usage, manière. De *Mod*.
MODELLUS, A. M. bouteille, tout vase à contenir le vin. Voyez *Mod*.
MODER, modération, retenue. B. Voyez *Modera*.
MODERA, modération. Ba. De là le Latin *Moderor*, le François *Modérer* & ses dérivés. Voyez *Moder*, *Modd*.
MODERATU, je modére; *Moderatus*, modéré. Ba.
MODERNERO, récemment. Ba. De là le Latin *Modernus*, le François *Moderne*.
MODEST, modeste. B. De là le Latin *Modestus*, l'Anglois *Modest*, le François *Modeste*, l'Italien *Modesto*. Voyez *Modd*, *Modesteza*, *Moldesia*.
MODESTEZA, immodeste. Ba. *Eza* particle privative. Voyez *Modest*.
MODESTGU, rêve fâcheux. B.
MODFEDD, pouce ou mesure d'un pouce, douzième partie d'un pied, & par extension douzième partie d'un tout. G. *Fedd*, en composition pour *Medd*, pouce; *Modd* par conséquent mesure.
MODH, homme. I.
MODH, façon, mode, coûtume, forme, figure, forte, espéce, manière, travail, ouvrage, honneur, respect, déférence, soumission. I. Voyez *Mod*, *Moda*, *Modd*.
MODHAMHLAS, modestie, tempérance, douceur, conduite réglée, procédé doux & modéré. I.
MODHAMHUL, retenu, modéré, sobre. I.
MODHDHAMA, bœuf de labour. I. De *Modh*, *Dama*.
MODHSAINE, servitude. I.
MODIN, court, petit. I.
MODOLON, A. M. tas de gerbes. De *Mwdwl*, prononcez *Moudoul*.
MODORDUNA, étonné, stupéfait. Ba.
MODORTIA, léthargie, léthargique. Ba.
MODREDDY, Voyez *Modryb*, matrone. G.
MODRUDDYN, MADRUDDYN, cartilage selon quelques-uns; *Madruddyn y Cefn*, moëlle de l'épine du dos. Cet article est traduit de Davies. G.
MODRWY, anneau, bague, doigtier, dé à coudre. G.
MODRWY, jaloux. G.
MODRWYIG, petit anneau. G.
MODRWYO, friser, boucler. G.
MODRWYOG, frisé, bouclé, qui a un anneau, qui porte des anneaux. G.
MODRWYWR, qui fait des anneaux. G.
MODRYB, tante. G.
MODRYB, matrone, pluriel *Modrybedd*, ordinairement *Modrabedd*. G.
MODRYB CHWAER GORHENDAD, grande tante ou sœur du trisaïeul. G.
MODRYB CHWAER HENNAIN, la sœur de la trisaïeule. G.
MODRYB CHWAER TAD, sœur du pere, tante du côté paternel. G.
MODRYDAF, rucher. G.
MODULUM, A. M. tas de gerbes. De *Mwdwl*.
MODUN, MODON. Baxter dit que dans quelques dialectes on a pu dire *Modun*, *Modon* pour

MOD.   MOI.

Bodun, profond. G. Le changement réciproque de l'*m* & du *b* est usité dans le Gallois.

MODUR, Roi, celui qui domine. G. Voyez *Modd*.

MODWALEDD, parole, action de parler, éloquence, langue. G.

MODWALEDD, le même que *Medwaledd*. G.

MODUZCOA, agréable, savori. Ba. Voyez *Modd* le même que *Bodd*.

MOE, victoire. I.

MOE, le même que *Boe*. Voyez M.

MOEGU, le même qu'*Anjoes*, selon Llyn. Voyez, dit Davies, s'il est le même que *Moch*. G.

MOED. ER MOLD, lorsque G. Voyez *Oed*.

MOEDE, le même que *Maide*. I.

MOEDENN, le même que *Boedenn*. Voyez ce mot & M.

MOEH, voix. B. Voyez *Mu*.

MOEIGN, pierres. B. Voyez *Maen*.

MOEIL, chauve. I Voyez *Moal*.

MOEL, chauve, pelé, sans poil, & par métaphore montagne. G. *Moel*, chauve en Breton, *Mula*, chauve en Ecossois; *Mhol* en Irlandois, chauve. Voyez *Moal*.

MOEL, le même que *Mxol*. I.

MOEL, chauve. B.

MOEL, le même que *Poel*. Voyez ce mot & M.

MOEL, préposition superflue. Voyez *Moeldes*.

MOELCEN, manque de cheveux. G.

MOEIDES, chaleur, ardeur. G. De *Moel Tes*, dit Davies, *Moel* est donc ici superflu.

MOELED, manque de cheveux. G.

MOELFRE, montagne pelée. G. *Moel*, chauve, pelé; *Fre de Bre*, montagne.

MOELI, rendre chauve, peler, devenir chauve, être chauve, être sans poil. G.

MOELIARD, chauve. G.

MOELION, chauves. G.

MOELION, tas au pluriel. G. & par conséquent *Moel* au singulier. De là en François *moule de bois* pour un certain tas de bois. *meule de foin*, *meulon de foin*, pour tas de foin, *Mulo* en Latin barbare, meulon de foin; *Muelo* en Espagnol, monceau. Voyez *Moil*.

MOELL, le même que *Boëll*. B.

MOELL-CARR, moyeu de charrette; *Moell-Rod*, moyeu de roue. B. On voit par là que *Moell* a signifié moyeu, milieu. De là notre mot François *Moyen*; de là *Moëlle*, parce qu'elle est au milieu de l'os.

MOELNI, manque de cheveux. G.

MOELRHON, marsouin veau marin. G.

MOELTR, humide, moite. B. De là ce mot. De là *Monette*, oiseau aquatique. De *Moeltr*, *Moelr* est venu notre mot *Mouiller*. Voyez *Moul*.

MOELYN, un peu chauve. G.

MOELYSTA, folâtrer, se réjouir en folâtrant. G.

MOELYSTOD, folâtrerie, réjouissance en folâtrant, action de folâtrer. G.

MOELYSTOD, lasciveté. G.

MOELYSTOTTA, folâtrer, se réjouir en folâtrant. G.

MOELYSTOTTA, marquer de la lasciveté. G.

MOEN, menu, délié, fin, petit, étroit, subtil. B. De là le François *Moins*, *Mon*, petit en Tonquinois. Voyez *Moan*, *Main*, *Man*.

MOENAAT, étrécir, rendre fin, menu, délié, subtil. B.

MOER, lieu marécageux, marais. G. Voyez *Mor*.

MOEREL, tante. B.

MOES au singulier; *Moefwch* au pluriel, or, çà, sus, allons, courage, hé bien, voyons, donnez. G.

MOES, usage, coûtume, civilité, politesse, respect. G. De là le Latin *Mos*.

MOES, pâturage, lieu où l'on fait paître le bétail. B. Voyez *Maes*.

MOESAWG, dont les mœurs sont réglées, qui est de bonnes mœurs, complaisant, condescendant, docile. G.

MOESAWL, dont les mœurs sont réglées, gentil, poli, plein de vénération, rempli de respect. G.

MOESGARWCH, civilité, politesse, manières polies, douceur, bon naturel. G.

MOESWCH. Voyez *Moes*.

MOETHAU. Voyez *Mwyth*.

MOETHUS, diminutif de *Mwyth*.

MOEE, MOUES, MOUEE, voix, cri, bruit, réputation. B. Voyez *Mu*.

MOEZREB, tante. B.

MOG, le même que *Bog*. De même des dérivés ou semblables. I.

MOG, maison, famille & proprement ce que nous appellons feu & ménage. On s'en sert pour compter les familles d'une Paroisse, d'un canton, quand on veut y lever les tailles, les soldats de milice, &c. On nomme ces levées *Mogach*. Le pluriel de *Mog* est *Mogon*. B. *Muchos* en Grec, cabinet. Voyez *Mwg*, *Muguer*, *Magus*.

MOG, le même que *Bog*, *Fog*, *Pog*, *Vog*. Voyez M.

MOG, le même que *Mag*, *Meg*, *Mig*, *Mug*. Voyez *Bal*.

MOGGUL, prunelle de l'œil. I. Voyez *Goulligh*.

MOGACH. Voyez *Mog*.

MOGAELIEIN, emmuseler. B.

MOGELYD, éviter, prendre garde, se précautionner. G.

MOGE, babine, groin, museau, mufle. B.

MOGHEDI. Voyez *Moghet*.

MOGHER, mur, muraille, enceinte de ville, bourg ou château, &c. masure; pluriel *Mogherion*; *Mogheri*, bâtir des murailles; *Mogheret*, enceint de murailles; *Mogheriat*, enceinte d'un château. B. On a dit *Magher* comme *Mogher*, ainsi qu'il paroit par le Latin *Maceria*. *Veeg* en Danois; *Veggur* en Runique, muraille. Voyez *Magwyr*.

MOGHET, MOUGHET, fumée; *Moghedi*, fumer. B. Voyez *Mwg*.

MOGHSANTA, devenu esclave; *Moghsantas*, action de rendre esclave. I.

MOGN, le même que *Main*. G.

MOGOR, en construction le même qu'*Imogor*. G.

MOGSAINE, sujétion. I.

MOGUED, fumée. B. Voyez *Moghet*.

MOGUEDER, flateur. B.

MOGUEDI, fumer, exhaler. B.

MOGURDUS, vaporeux. B.

MOGUEIN, abolir. B.

MOGUER, mur, mur fort, rempart. B. Voyez *Mogher*.

MOGUET, fumée. B. Voyez *Moghet*.

MOGULL, multitude, grand nombre, quantité, plusieurs, grappe. I.

MOH, le même que *Moch*. I.

MOH, cochon. B. Voyez *Moch*.

MOI, le même que *Boi*. Voyez M.

MOI, le même que *Mul*, eau. Voyez *Bal*.

MOID, femme. C. *Moï*, fille en Galibi.

MOID, vœu, serment. I.

MOID, plus grand. I.

MOIEN, expédient, moyen. B. De là ce mot.
MOIGN, manchot, celui qui a un moignon, qui n'a point de doigts. B.
MOIGNA, tante. B.
MOIGNAT, remâcher. B.
MOIGNON, moignon. B. De là ce mot. Voyez *Moign.*
MOIL, montagne G. Voyez *Mual, Mol.*
MOIL, tas. I. Voyez *Moelion.*
MOIL, chauve. I. Voyez *Moel.*
MOIL, le même que *Boil.* I.
MOILY, montagne. G.
MOIMEAD, moment. I.
MOIN, marécageux. E.
MOIN, MOINTEAC, fondrière, terre molle, terre marécageuse. I.
MOINA, mine de métal. G. Voyez *Min.*
MOINA, MONA, tombe à brûler. I.
MOINA, mine air du visage. B. Voyez *Min.*
MOINEAR, pré, champ. I. *Moigna,* jardin en Galibi.
MOINFHEAR, MOINFHEIR, pré, prairie. I.
MOIR, grand. E. Voyez *Mor, Mair.*
MOIR, le même que *Mor.* I.
MOIRB, fourmi. I. Voyez *Myr.*
MOIRCEIMIOCH, chef, premier, principal. I.
MOIRCHEANNUS, magnanimité. I.
MOIRCHITH, pluie soudaine qui tombe avec impétuosité. I.
MOIREIS, coquetterie. I.
MOIREISIOCH, gai, joyeux. I.
MOIRMISNIOCH, magnanimité. I.
MOIRTEAR, plâtre. I. De là *Mortier.*
MOISO, A. M. mesure. Voyez *Miosur.*
MOISTEA, mutilation. B.
MOISTU, je tonds. Ba.
MOISTUA, tondu. Ba.
MOISTEALLEA, barbier. Ba.
MÔL, chassie. G.
MOL. Voyez *Bal.* G. *Mulia,* tertre; *Malas,* lieux montueux en Phénicien.
MOL, chauve. I. Voyez *Moel.*
MOL, le même que *Moled.* Voyez *Dyrnfol* & *Moled.*
MOL, couper, tuer, briser, ébrécher. Voyez *Boulch.*
MOL, le même que *Bol, Fol, Pol, Vol.* Voyez *M.*
MOL, le même que *Mal, Mel, Mil, Mul.* Voyez *Bal.*
MOL, A. M. mouton. De *Molt.*
MOLA, multitude. Ba.
MOLA, A. M. besace, valise, malle. De *Mal.* Les voyelles se mettent l'une pour l'autre.
MOLA, A. M. moulin. Voyez *Mala.*
MOLA, A. M. môle, digue. De *Moil,* tas. Voyez *Molan.*
MOLACH, louange, petite louange, petite, foible ou légere gloire, action de se glorifier. G. Voyez *Moli.*
MOLADH, louange, éloge, panégyrique, approbation, louer, donner des louanges, beauté. I. Voyez *Moli.*
MOLAM, louer. I. Voyez *Moli.*
MOLAN, petite butte. I. Voyez *Moil.*
MOLAN, le même que *Maolan.* I.
MOLARE, MOLARIS, A. M. élévation faite avec de la terre, tas de terre. De *Moil, Mol.* Voyez *Mola.* Les paysans de Dombes appellent un tas de terre *Molard*; *Moion* dans une charte d'Espagne, butte, petite colline. On dit en François *un moule de bois* pour un tas de bois, & *une moule de foin* pour un tas de foin.
MOLARE, A. M. mouler. Voyez *Mold.*
MOLAWD, louange, éloge. Voyez *Moladh.*
MOLD, forme, moule, modéle. G. De là *Moule, Modéle.* Voyez *Muldain. Moldea, Mollereab, Mud.*
MOLDACAITZA, grossier, paysan, rustre. Ba.
MOLDAGUEA, paresseux. Ba.
MOLDATSUA, modeste, favori, agréable. Ba.
MOLDATU, je façonne, je rends propre à; *Moldatnac,* ce qui est façonné. Ba. Voyez *Mold.*
MOLDEA, façon, manière. Ba. Voyez *Moldizteguia, Mold.*
MOLDESGUEA, immodestie. Ba.
MOLDESIA, modestie. Voyez *Modest.*
MOLDIZTEGUIA, imprimerie. Ba. On voit par ce mot que *Moldea* a aussi signifié en Basque moules.
MOLDURA, embléme. Ba.
MOLDURATU, je dole, je polis. Ba.
MOLDURRIA, modification, restriction. Ba.
MOLEA, multitude. Ba. Voyez *Moil,* tas. De *Molea* est venu le Latin *Multus,* l'Italien *Molte,* le vieux François *Moult.* Voyez *Molisoa.*
MOLED, sorte de voile de femme. G. Il a aussi signifié couverture en général dans cette Langue. Voyez *Brenfoll.* L'*v* & l'*m* se mettant l'un pour l'autre, on a dit *Voled* comme *Moled*; de là sont venus nos mots François *Volet, Bavolet, Molechin,* voile en vieux François.
MOLEDD, louange. G.
MOLEDD, Voyez *Gorfoledd.*
MOLEDIW, louable. G.
MOLERIA, A. M. moulin. Voyez *Mola.* On a appelé en vieux François un moulin *Moliere, Moulicre.*
MOLEST, peine, chagrin, inquiétude, tourment, action de tourmenter, vexation, peine qu'on fait. G. De là le Latin *Molestia.* Voyez l'article suivant.
MOLESTOU, rêve fâcheux. B. Voyez l'article précédent.
MOLESTU, affliger, vexer, tourmenter, faire de la peine. G.
MOLETENN, molette petite pierre ronde pour broyer les couleurs sur le marbre. B. De là ce mot. Voyez *Mala.*
MOLG, le même que *Bolg.* De même des dérivés ou semblables. I.
MOLI, louer. G. B. Voyez *Molam.*
MOLI, devenir chassieux. G. Voyez *Môl.*
MOLI, MOLIANT. Voyez *Gorfoledd.*
MOLIAH, merveille, prestige. G.
MOLIAH, MOLIEH, piaffe, grand bruit, peu de besogne & d'effet. B.
MOLIANNU, louer. G.
MOLIANNUS, loué, qu'il faut louer, couvert de gloire. G.
MOLIANNHR, qui loue, panégyriste. G.
MOLIANT. Voyez *Moli.*
MOLIN, le même que *Maolin.* I.
MOLL. Voyez *Mwll.*
MOLLE, A. M. moule. Voyez *Mold.*
MOLLEREAH, impression. B. Voyez *Mold.*
MOLLESTRA, A. M. peau de mouton. Voyez *Mollt.*
MOLLT, mouton. G. E. I. Voyez *Maout, Molt.*
MOLNARIUS, MOLNERUS, A. M. meûnier. De *Mola.* Voyez ce mot. De *Molnerus* est venu notre terme *Meûnier.*

MOLOCHT

MOLOCHT, inquiet, qui fait de la peine. G.
MOLOG, chatieux. G.
MOLOHORRICA, branche urfine. Ba.
MOLONUS, A. M. tas de gerbes. Voyez Mselion.
MOLOSUS, A. M. grand, élevé. Voyez Moil, montagne, élévation, Molvach, Mol, le même que Bal.
MOLSOA, peloton. Ba.
MOLT, mouton. I. Voyez Molt.
MOLTOIR, panégyriste. I.
MOLTSOA, troupe de foldats. Ba. Voyez Mulsa.
MOLU, MOLUST, moruë. B. Molue, Moulue en Patois de Franche Comté.
MOLVACH, géant. I.
MOLWCH, louange. G.
MOLWR, qui loue. G.
MOLWYNOG, plein. G. Male en Hébreu, plein.
MOLZ, mouton. C. Voyez Mollt.
MOM, mere. B. Voyez Mam.
MOM, le même que Bon. Voyez M.
MOMBRIS, dédaigneux. B. Voyez Prifo.
MOMEDER, balancier & pendule d'horloge. B.
MOMEN, MOMMEN. Voyez Mamen.
MOMENT, instant, moment. G. B. De là l'ancien Latin Momen, le Latin Momentum, le François & l'Anglois Moment, l'Espagnol & l'Italien Momento. Voyez Moitured.
MOMET, moment. B. Voyez Moment.
MON, eau, rivière, embouchure de rivière, de ruisseau. G. Mon, embouchure en Écossois; Moemi, fontaine, source en Cophte. Voyez Man, Mant.
MON, colline, montagne. G. Mon, Mont, montagne en Breton; Moned, colline élévation dans la Langue de Cornouaille; Monadh, montagne en Irlandois; de là le Latin Mons, le François Mont, l'Espagnol & l'Italien Monte, l'Anglois Montane, l'ancien Saxon Munt, montagne. Monton, tertre en Espagnol; Mont en vieux François, tas; Monter en François, aller en haut; Mon, Murder, Roi en ancien Suédois selon Rudbeck, Man, sommet de montagne en Chinois; Mongu, montagne en Langue de Congo; Mondie, monter en Malaye; Morne, colline chez les Caraïbes; Simon en Grec, tertre. On ajoutoit indifféremment l'a au commencement du mot, ainsi on a dit Amon comme Mon; c'est ce qui se voit par l'adverbe du vieux François Amont, qui signifie dessus; par Amon Gallois, qui signifie monceau; (Amon est là pour Mon, car Monceau est formé de Mon & Cell) par Amonceler en François pour Monceler; par Amon, qui en Languedocien signifie là haut; par Amount, qui en Anglois signifie monter. Monteplier en vieux François, multiplier. Voyez Man, Monti, Mun, Almoneda.
MON, terre. G. Pen Von Las en langage particulier d'une contrée d'Angleterre, signifie fin de la terre verte; Pen, fin; Von en construction pour Mon, terre; Las, verte. Voyez Man synonime de Maes.
MON, main. G. Voyez Man.
MON, bon, abondant. G. Voyez Man.
MON, le même que Man, petit, &c. dans un dialecte du Gallois.
MON, embouchure. E.
MON, lin. I. Voyez Moen & Mon le même que Man, petit, &c.

TOME II.

MON, mon, ma. B. De là le François Mon.
MON, MONT, montagne. B.
MON, homme. B. Il signifie la même chose en Gallois. Voyez Hwsmen, Perthmen, Telmen. Voyez Man.
MON, excrément. B. Voyez Monochen.
MON, le même que Bon, Fen, Pen, Ven. Voyez M.
MON, le même que Man, Men, Min, Mun. Voyez Bal. Armon en Hébreu, palais; Pimone en Cophte, habitation, demeure, hospice; (Pi article) Monguy, demeurer en Bréfilien; Alumnia, métairie en Espagnol; Al, article.
MONA, tourbe à brûler. I.
MONADH, montagne. I. Voyez Mon.
MONAN, le même que Minan. I.
MONAR, ouvrage. I.
MONCELLUS, A. M. colline. De Mon; Cel diminutif.
MONCLUS, nasilleur. B.
MONCQ, MONCE, manchot, qui a un moignon, estropié, émoussé. B. Voyez Manc.
MONCZA, MOUSSA, émousser un couteau, un outil. B. De là ce mot.
MOND, le même que Mand, Mend, Mind, Mund. Voyez Bal.
MOND, le même que Mont. Voyez D.
MONDYEN, glorieux, superbe, mondain. B.
MONEATA VIA, A. M. chemin pavé. De Mon, pierre.
MONED, colline, élévation. C.
MONEDA, monnoie, argent. Ba. De là le Latin Moneta. Voyez Mwn, qui se prononce Moun, Mwnai, Moneix.
MONEDATUS, A. M. monnoyé. De Moneda.
MONEDD-BRAS, montagne. C.
MONEIA, A. M. monnoie. Voyez Moneda.
MONER, ou TALAM-MONER, pré. I.
MONERIUS, A. M. le même que Molnerus.
MONES, singe. B. Voyez Mouna.
MONET, MONT, aller. Il signifie aussi devenir. B. D'a Vont en Gallois, aller, selon Dom Le Pelletier; Vont en construction pour Mont. Amona en Basque, inaccessible, où l'on ne peut aller; A privatif; Menni, aller, venir; Menés, pas. Elmenes, action de se retirer, de s'en aller en Hongrois. Voyez Myned.
MONETH, élévation, hauteur, colline. C.
MONG-CAPAIL, crinière de cheval. I. Capail en construction pour Cappal. On voit par le mot suivant que Mong a aussi signifié chevelure. Voyez Mwng.
MONGACH, chevelu. I.
MONGERIUS, A. M. petite montagne. De Mon, montagne, & Ger, petite.
MONIN, mine de métal au singulier & au pluriel. G. Voyez Mwn.
MONN, le même que Bonn. De même des dérivés ou semblables. I.
MONN, le même que Bonn. Voyez M.
MONNEIX, MONNEZ, monnoie. B. De là ce mot. Voyez Moneda, Mwnai.
NONNI, se mettre un peu en colere. G.
MONNYN, bizarre, bourru; capricieux, fantasque, d'humeur chagrine, de mauvaise humeur, difficile à contenter, qui se fâche aisément. G. On voit par tous ces sens que Monnyn a signifié un homme désagréable par son visage, parce qu'en Patois de Franche-Comté on appelle Mounin un tableau, une estampe, une figure

dont le visage est mal fait, un homme dont le visage est laid.

MONOCHEN, intestin, boyau, boudin, andouille, saucisse. G. La signification primitive de ce mot est intestin, boyau, & c'est par extension qu'on lui a donné les autres sens. Voyez *Mon*, excrément.

MONSTR, rêve fâcheux, rêverie, monstre. B. De là le Latin *Monstrum*, le François *Monstre*, l'Italien *Monstro*, l'Anglois *Monste*.

MONT. Voyez *Mon*.

MONT. Voyez *Monet*.

MONT, le même que *Mant*, *Ment*, *Mint*, *Munt*. Voyez *Bal*.

MONTAGNA, mont, montagne. Ba. De là ce mot. Voyez *Mon*.

MONTANA, A. M. montagne. De *Mont*, *Montagna*.

MONTARE, A. M. monter au propre & au figuré pour valoir. Voyez *Mon*, *Mont*, *Monti*.

MONTERA, chapeau, bonnet. Ba. *Montera* en Espagnol a la même signification.

MONTI, monter. B. De là ce mot. Voyez *Mon*.

MONTICELLUM, A. M. colline, petite montagne. De *Mont*, & *Cel* diminutif.

MONTILIUM, A. M. petite montagne. De *Mont*; *Il* diminutif.

MONTOA, tas, monceau, comble. Ba *Amontonar* en Espagnol; *Montone* en Italien, tas.

MONTOICA, MONTOICATZEA, j'accumule. Ba.

MONTOICATUA, accumulé. Ba.

MONTOLTZEA, j'accumule. Ba.

MONTONUS, A. M. tas, monceau. Voyez *Montoa*.

MONTREU, revûe. B. On disoit *Montre* en ce sens en vieux François.

MONWENT, marque pour faire souvenir, monument, cimetière, lieu de sépulture. G. Voyez *Mann*.

MONWES, ouverture d'un robinet, d'une cannelle. G.

MONWYSION, les habitans de l'Isle de Mon. G. *Gwys*, en composition *Wys*, paroit ici signifier habitant. *Guys* en Breton, bourg, cité, ville, ou, pour mieux dire, habitation en général.

MONY, grand. I. Voyez *Man*.

MONZIA, A. M. métairie. Voyez *Mon* le même que *Men*.

MOOR, marais. E. Voyez *Mor*.

MOQ, moque terme de marine. B. De là ce mot.

MOQUYTAYA, ibis oiseau. Ba.

MOR, mer. G. C. B. Voyez, détroit de mer, lac, marais, lieu marécageux, eau. G. Il signifie aussi rivière dans la même Langue. Voyez *Denfor*. *Moor* en Écossois, marais ; *Muir*, *Mur* en Irlandois, mer ; *Mere*, grand espace d'eau dans la même Langue ; *Mor*, *Mar*, *Myra*, mer, lac en ancien Suédois, selon Rudbeck ; *Morgon* en Suédois ; *Morje* en Stirien & en Carniolois ; *Moeri* en Finlandois ; *Meer* en Flamand ; *Myra* en Islandois ; *Morax* en Théuton ; *Morazo* en Italien, marais, lieu marécageux ; *Muuren* en Tartare Mogol, rivière ; *Maure* dans la Langue des Usbeks & est Russien, mer ; *Umar* en Tartare Ostiake, mer ; *More* en Langue des Czeremisses, mer ; *Mor* en ancien Saxon ; *Mers* en Flamand, marais ; *Moor* en ancien Allemand, lac ; *Mera*, marais en ancien Suédois ; *Moor* en Islandois & en Anglois, terrein marécageux ; *Meer* en ancien Allemand & en Flamand, marais ;

Morat, *Moraft* en Allemand, lac, marais ; *Mor*, en vieux François, marais ; *Mor*, mer en Esclavon & en Allemand ; *Mori*, mer chez les Cymbres, au rapport de Pline ; *Mor*, boue, terre détrempée d'eau en Arménien. De *Mor*, eau, liqueur, est venu le Latin *Moretum*, espèce de sausse, de ragoût. En Franche-Comté nous avons un ragoût qu'on appelle *Meurette*. *Moru* en Poitou est de la paille brûlée réduite en brouet avec de l'eau. Voyez *Mar*, *Mer*, *Mur*.

MOR, mûre fruit. G. *Moron* en Grec ; *Morum* en Latin ; *Moro* en Italien ; *Moro* en François ; *Morer* en Danois ; *Mærbesye* en Flamand ; *Murva* en Esclavon ; *Morusse* en Bohémien ; *Moralowa* en Polonois, mûre. *Moral* en Espagnol ; *Morea* en Grec, mûrier.

MOR, muraille. G. Voyez *Mur*, *Moral*, *Morma*.

MOR, grand. G. E. I. C'est le même que *Mawr*. Voyez ce mot & *Mar*, *Maer*, *More*.

MOR, toute grande plaine. G.

MOR, particule de comparaison, tant, autant, autant que, aussi. G.

MOR, grand, haut, élevé, capital, principal, gros, ample, vaste, spacieux, immense, énorme, qui est en grand nombre, noble, magnifique, chef, premier, plein de gloire, illustre, fameux, élevation. I. Voyez *Maer*, *Mar*, *Mawr*, *Mor*, Gallois. *Moriah* en Hébreu, élevé suivant la version des septante. Génèse, ch. 22, v. 2.

MOR, mer. B.

MOR, sommeil court & interrompu. B.

MOR, non. B.

MOR, arrêt, séjour, demeure, état, situation fixe. Voyez *Ammor*. De là les mots Latins *Mora*, *Morur*.

MOR a signifié tête en Celtique. 1º. *Mor* en Irlandois, chef, c'est tête au figuré : or le figuré a toujours supposé le propre. 2º. *Morn* en Basque, tête, sommet, faîte. 3º. *Mawr* en Gallois, en Langue de Cornouaille, en Écossois, en Breton, grand au propre & au figuré, principal, qui est à la tête. 4º. *Mauryon* en Breton, morion, armure de tête. Le terme de *Morion* s'est conservé en ce sens dans notre Langue. *Mor* par analogie a aussi signifié visage. 1º. *Morg* en Breton, morgue, fierté, arrogance peinte sur le visage. 2º. *Murre* en vieux François, face, visage. Il se dit encore en ce sens dans l'Auvergne & dans le Languedoc. *Mornifle* parmi le peuple est un coup sur le visage.

MOR paroit avoir signifié noir en Celtique. 1º. *Mor* en Gallois ; *Moar* en Breton, mûre. Ce fruit a sûrement pris son nom de sa noirceur. 2º. *Morea* en Basque, couleur violette, couleur de fer, couleur noire. 3º. *Mauryan* en Breton, éthiopien, maure. 4º. *Morel* en vieux François, noir, brun. 5º. *More*, *Moreau*, terme de manège qui se dit d'un cheval qui a le poil d'un noir foncé. 6º. *Morella*, plante à fruit noir. 7º. *Morion*, sorte de pierre précieuse noire. 8º. On appelle aux environs de Paris *Morillons* les raisins noirs, à cause de leur couleur. 9º. On appelle en Franche-Comté *Mourot*, un chien noir. *Mor* en Allemand, noir ; *Morcyt* en Flamand, noir ; *Mork* en Suédois, ténébreux, noir ; *Morcket* en Danois, ténèbres ; *Mor* en Islandois, espèce de terre d'où l'on tire une couleur brune pour teindre ; *Mor* en Turc, brun, noirâtre, violet ; *More*, *Morsi* dans la même Langue, brun, obscur ; *Morado*, noir en Espagnol. De *Mor*, noir, est venu le François *Morne*, sombre au figuré.

MOR, le même que *Maur*, *Mawr*, puisque ce ne sont que différentes manières d'écrire le même mot

MOR.   MOR.   175

MOR, le même que Bor, For, Por, Vor. Voyez M. Mory, caverne en Arménien.
MOR, le même que Mar, Mer, Mir, Mur. Voyez Bal.
MOR-DDANADL COCH, menthe rouge. G.
MOR-DDANADL DU, marrube. G.
MOR-DONN, flot, vague. G.
MOR-EWYN, petite peau qui couvre le grain. G.
MÔR-FALWEN, tortuë. G.
MOR-FAWR, combien, jusqu'à quel point, combien peu, quelque peu. G.
MOR-FFRWYNEN, jonc. G.
MOR-FYCHAN, combien peu, quelque peu. G.
MOR-GELYN, iringium plante. G.
MOR-GERWYN, abysme, gouffre. G.
MOR-GUI, requin poisson. B. Gui ou Gi, en composition pour Ci, à la lettre, chien de mer.
MOR-GYFYNG, détroit, bras de mer. G.
MOR-HOGGIS, althea ou guimauve, mauve arbre. G.
MOR-LENOL, le flux de la mer. G.
MOR-LWYAU, cochlearia. G. Cette plante est appellée Britannica dans Avicenne & dans Pline. l. 25. c. 12.
MÔR-LUYDDWR, passager, soldat d'une flote. G.
MOR-RUDD, océan Britannique. E.
MOR-RÛDD, qu'on écrit ordinairement Merudd, mer rouge. G.
MOR-RYD, barre espace dans lequel il n'y a de l'eau que quand le flux de la mer remonte. G.
MOR-TAWCH, mer, océan. G.
MOR-VAISLE, les grands. I.
MOR-VAM, maritime. B.
MOR-VRAN, corbeau de mer. B.
MOR-WYNTOED, espèce de vents qui soufflent dans les sinuosités de la mer. G.
MORA, le même que Moran. I.
MORA, intestin. Ba.
MORA, A. M. bruyéres. Voyez Mieri.
MORA, MORUS, A. M. lieu marécageux, lieu aquatique. De Mor.
MORA, A. M. habitation, demeure. De Mor.
MORACH. Voyez, dit Davies, si c'est le même que March, gai, joyeux. Je ne trouve rien qui puisse résoudre ce doute que March, qui en Breton signifie fête, & Mordhalach en Irlandois, gai, joyeux. G.
MORAD, comme qui diroit Mor-Rad, le fruit, le revenu de la mer. Davies. G.
MORADH, aggrandir, augmenter, s'étendre, s'élargir, augmentation. I.
MORAER, MORAEUR, homme de mer. B.
MORAGA, les intestins. Ba.
MORAGARRA, chaircuitier. Ba.
MORAIDY, gens de mer, plurier de Moraer. B.
MORAILL, verrou de portes ou de fenêtres, moraillons, morailles. B. De là ces mots.
MORAILLA, fermer une porte ou une fenêtre avec un verrou. B.
MORAIT, verrou. B.
MORAL, muraille. Voyez Morallaurrea.
MORALLA, A. M. moraillon. De Moraill.
MORALLAURREA, certain espace tant dedans que dehors les murailles d'une ville où il n'étoit pas permis de bâtir. Ba. De Laurra, terrein; Maural, murailles.
MORAN, baie ou bouquet des arbres. C.
MORAN, tas, quantité, abondance, plusieurs, beaucoup, fort adverbe, grand. I.
MORAWL, de mer, marin. G. C.

MOREEN, cap, promontoire, langue de terre. G.
MOREEN, promontoire. G.
MORBOILLACOA, spiral. G.
MORBRAN, MORVRAN, corbeau de mer, cormoran. B.
MORBULG, ventru, qui a un gros ventre. I. Mor-Bulg.
MORBYLHOE, MORBYLLAU, bancs de sable, syrtes. G.
MORBYSG, poisson de mer. G. Mor Pysg.
MORBYSG PENFRAS AUREMMOG, chardon appellé sang d'homme qui n'a pour feuilles que des épines. G.
MORC, cochon. I. Voyez Moch.
MORCAS, MORCATH; singulier Morcasen, polype poisson. B. A la lettre, chat de mer.
MORCER, friand, goinfre. B.
MORCH, bridon. B.
MORCHED, rêve fâcheux. B.
MORCHEDI, mortifier, faire de la peine. B.
MORCHEDUS, fâcheux, inquiet, chagrin, triste d'habitude. B.
MORCHET, peine, embarras d'esprit. B.
MORCHICO, puceron de mer. B.
MORCHLUITEACH, célèbre. I.
MORCHROIDEACH, magnanime. I.
MORCHROIDEAMLAS, magnanimité. I.
MORCHUEN, cloporte de mer. B.
MORCI, lamie poisson. G. A la lettre, chien de mer.
MORCIN, fille. C. Voyez Merch.
MORCLEN, morille. B. Morchel en Allemand, morille.
MORCOA, croupion. Ba.
MORCOD, CODMOR, morceau. I. De là ce mot.
MORCOLNACH, corpulent. I.
MORCONAIGH, opulent. I.
MORCOSTA, raisin. Ba.
MORCOUSKET, sommeiller, être assoupi & à demi endormi pour peu de temps, engourdi, paresseux, lent. B.
MORCROID, grand chemin. I.
MORCUD, quantité, beaucoup. I.
MORD, le même que Bord. Voyez Bor & M.
MORDAICH, mordache. B. De là ce mot.
MORDDWYD, cuisse. G. B.
MORDDWYD, coup de vin pur. G.
MORDEAD, homme de mer, matelot. B.
MORDEAT, marinier, matelot. B.
MORDEI, MORDEIF, naviger. B.
MORDEN IE MORDEN, terme pour jurer. G.
MORDHA, chef, premier, principal, capital, noble, magnifique, glorieux, plein de gloire, illustre, pompeux, fameux. I.
MORDHACHD, noblesse, magnificence. I.
MORDHACHT, Dieu. I.
MORDHALACH, gai, joyeux. I.
MORDHAS, éminence, élévation, hauteur, grandeur, majesté, renommée, pompe, magnificence, bienséance, dignité, honneur. I.
MORDHET, cuisse. B.
MORDOA, raisin. B.
MORDOK, malotru. B.
MORDON, flot de la mer. G.
MORDRAI, reflux de la mer. G. Trai.
MORDROUS, gros bruit sourd que fait la mer agitée contre les côtes. B. De Mer Trous.
MORDWY, inondation, débordement, bouillonnement de la mer, frémissement de la mer. G.
MORDWY, tempête. C.
MORDWYAD, navigation. G.

MORDWYAWL, navigable. G.
MORDWYO, naviger. G.
MORDWYWR, matelot, marinier. G.
MORE, grand. E. I. Voyez *Mar*, *Maer*, *Mor*.
MORE, campagne inculte qui ne produit que de l'herbe. E. Les Anglois septentrionaux nomment *Mores* des pays stériles.
MORE, grand espace d'eau. I. Voyez *Mor*.
MORE, large. I.
MOREA, couleur violette, couleur de fer. Ba. Il signifie aussi couleur noire en cette Langue. Voyez *Moretua*, *Moretna*.
MOREB, port, havre. G. C. *Mor*, mer ; *Eb* pour *Ebarb*.
MOREC, maritime, qui est de la mer. B.
MORECHOA, bleu céleste. Ba.
MOREDI, dormir legérement. B.
MOREDINA, hyacinthe fleur. Ba.
MORELLUS, A. M. noirâtre, brun. Voyez *Mor*.
MORENN, vapeur, nuage ou brouillard, petite pluie froide accompagnée de brouillard.
MORESCA, marque de coups de fouet. Ba.
MORET, peine, embarras d'esprit. B.
MORETNA, livide. Ba.
MORETUA, livide, qui a encore les marques, les empreintes des coups de fouet. Ba.
MORETUM, A. M. sorte de drap brun. Voyez *Mor*.
MORETZEA, être marqué de coups de fouet. Ba.
MOREX, A. G. lenteur, paresse. Voyez *Mor*.
MORF, morve de cheval. B.
MORFA, marais. G.
MORFA-GWLYB, marais. G.
MORFARCH, baleine. G.
MORFERYDD, frémissement de l'eau. G.
MORFIL, baleine. G. C.
MORFILLA, dormir. Voyez *Divorfilla* & *Morl*. Morphée étoit le dieu du sommeil.
MORFORWYN, syréne. C.
MORFOUNTI, morfondre, se réfroidir après avoir eu chaud. B.
MORFRAN, corbeau de mer. G.
MORFRWYNEN, jonc. G.
MORG, morgue. B. De là ce mot.
MORG, le même que *Borg*. Voyez *Bor* & *M*.
MORGADENN, séche poisson. B.
MORGAMLAS, le même que *Mornant*. G.
MORGAND, dédaigneux, arrogant. B.
MORGASEG, MORGASEGH, onde, vague, flot. G.
MORGAST, poisson que l'on croit être la femelle du marsouin. B.
MORGAT, séche poisson. B.
MORGEAN, se vanter d'avoir fait de grands exploits, faire des rodomontades. I.
MORGELYN, houx marin. G.
MORGERWYN, gouffre, abysme. G.
MORGI, chien de mer poisson. G.
MORGLAO, giboulée, ondée de pluie subite de peu de durée & qui vient à plusieurs reprises. B.
MORGO, collier d'un cheval qui tire la charrette. B.
MORGOULOU, huile de poisson. B. A la lettre, luminaire de mer.
MORGOUSQET, dormir legérement, fainéant, engourdi, lâche, paresseux. B.
MORGRANGC, cancre marin. G.
MORGRUG, insectes à six pieds. G.
MORGRUGYN, pluriel *Moryrng*, fourmi, *Morgrug* est plutôt, dit Davies, la fourmilliére qu'une partie des Gallois appelle *Myrdwyn*, de *Myr*, fourmi, & *Twyn*; car *Mor* & *Myr* signifie fourmi ; au plurier *Morion* & *Myrion*. G.
MORGRWYDR, qui vogue ou qui est sur les flots. G.
MORGWY, MORGWYDD, mûrier. G.
MORGYLLELL, calemare poisson. G. De *M Cyllell* ; à la lettre, couteau de mer. Ce poisson a un petit os qui ressemble à un canif.
MORGYMLAWDD, euripe ou détroit où la m souffre plus fréquemment le flux & le reflu qu'ailleurs, flot de la mer, mer qui s'enfle, bouillonnement de la mer, inondation. G. De *M Cymlawdd*.
MORGYMLAWDD, haute marée. C.
MORH, mors. B. De là ce mot.
MORH, le même que *Borh*. Voyez *Bor* & *M*.
MORHED, MORHET, assoupissement, den sommeil, sommeil, rêverie, langueur, négligence, indolence, nonchalance ; *Morhedi*, son meiller, &c. *Morhedus*, endormi, assoupi tant d'esprit que de corps. B.
MORHED, cuisse. B.
MORHEDI. Voyez *Morhed*.
MORHEDUS. Voyez *Morhed*.
MORHERWRIAETH, piraterie. G.
MORHESGEN, jonc. G. A la lettre, jonc d mer.
MORHETENN, armures de cuisses & de jambes cuissart, genouillière. B.
MORHOL, marteau. B.
MORHOLER, homme d'un métier où l'on se se du marteau, qui bat sur l'enclume. B.
MORHOULOU, chandelle de mer, huile de poisson de mer. B. C'est le même que *Morgoulou*.
MORHUITENN, morve. B.
MORHWCH, dauphin poisson. G. A la lettre, cochon de mer.
MORI, dormir legérement, sommeiller. B.
MORIA, A. M. bete morte de maladie. On l'appelle *Murit* en Franche-Comté. De *Muria* même que *Buria*.
MORIANDA, A. M. empêchement. De *Mor*.
MORICAMBA, sein, golfe courbé, au rappor de Ptolomée, qui interprète ainsi le nom de cette Ville. G. A la lettre, courbure de la mer.
MORIEIN, More. B. Voyez *Mor*.
MORILLEN, morille. B. De là ce mot.
MORILLON, More. B.
MORINOD EN TROED, cheville du pied. B.
MORINWYR, maritime ou homme voisin de la mer. G.
MORIO, faire voile, naviger, nager. G.
MORIWR, matelot, marinier. G.
MORKEFNIT, MORKEONIT, singulier *Morkeoniden*, araignée de mer. B. C'est un coquillage de mer.
MORLARGE, MORLARGER, carnaval, homme masqué. B.
MORLAS, eau bleuë. G.
MORLEAN, julienne poisson. B.
MORLEIDR, MORLEIDYR, pirate. G.
MORLIOSTA, grand, insigne, infame. G.
MORLIVET, pâle, blême, livide, défiguré. B. De *Mor*, non ; *Livet*, coloré.
MORLIVIT, bisef oiseau, espèce de pigeon, selon Dom Le Pelletier ; oiseau de mer selon les chasseurs & pêcheurs Bretons, que le Pere de Rostrenen dit être celui que l'on appelle chevalier. Le même Pere assure que *Morlivit-Lanu* est un bécasse de lande. B. Voyez *Ankeler*.

MOR.

MORLLIW, couleur de mer. G.
MORLO, charbons foſſiles. G. De *Môr* & *Glo*, dit Davies.
MORLUAIDH, grand, excellent, conſidérable, extraordinaire. I.
MORLUS, brume, brouillard venant de la mer & tombant ſur la terre; ſingulier *Morluſen*. B. De *Mor* Laſ.
MORLYEOWEN, congre. G. A la lettre, anguille de mer.
MORM, morve de cheval. B.
MORMA, mur de cloiſonnage. Ba. Voyez *Mor*.
MORMAN, homme de mer. B.
MORMAOR, Comte. I.
MORMAOUT, MORMAUT, cormoran, corbeau aquatique. G.
MORMATUA, fermé. Ba.
MORMOUS, morve maladie des chevaux, & le cheval qui a ce mal, morveux. B.
MORN, grand. I. C'eſt le même que *Moran*.
MORN, le même que *Born*. Voyez ce mot & M.
MORNANT, barre eſpace dans lequel il n'y a de l'eau que quand le flux de la mer monte. G.
MORNEIDR, lamproie. G. A la lettre, ſerpent de mer.
MOROH, marſouin poiſſon. B. *Mor*, mer; *Oh*, cochon. Voyez *Morhwch*.
MOROIN, jeune fille. C. Voyez *Morwyn*.
MORON, ſingulier *Moronen*, par corruption *Moroten*, panais. G.
MORON-FFRAINGC, carottes, chervis. G. A la lettre, panais de France.
MORON Y MAES, carotte ſauvage, panais des champs. G.
MORON Y MOCH, panais ſauvage. G. A la lettre, panais des cochons.
MORONEN CYNFFON, tige de la queuë des animaux. G.
MOROUS, morveux. B.
MORRAS, cuiſſe. Ba. Voyez *Morddwyd*.
MORRAZ, cuiſſe. B.
MORRED, leger ſommeil. B.
MORREDI, s'aſſoupir, ſommeiller. B.
MORROYA, valet, valet de comédie. Ba.
MORRYD, le même que *Mornant*. G.
MORS, lent, tardif, pareſſeux, qui n'agit ni ne marche vîte. *Mors*, *Morſell*, *Morzell* ſignifient auſſi une eſpéce de ſouris champêtre, ou mulot, dont la morſure eſt venimeuſe. On dit auſſi *Logot Mors*, ſouris lente, & *Kelhien-Mors* pour la mouche de cheval. *Mors* eſt auſſi l'engourdiſſement qui empêche de marcher; *Morſa*, *Morza*, engourdir, fatiguer, laſſer, avoir peine à marcher; de là on dit *Morzet Ew*, il ne marche pas aſſez bien, parce qu'il eſt fatigué. B.
MORS, frein, mors. B. De là ce mot.
MORS, le même que *Bors*. Voyez *Bor*, & M.
MORS, le même que *Mor*. Voyez *Morſgouſq*, *Marcouſquet*.
MORSA, ne pouvoir marcher, avoir un rhumatiſme ſur les reins. B. Voyez *Mors*.
MORSAT, cuiſſe. B.
MORSE, point du tout, non. B.
MORSELLA, MORSELLUS, MORSUS, A. M. morceau. Voyez *Morcod*.
MORSEN, ſouris ſauvage, mulot. B. C'eſt le même que *Mors*.
MORSGOUSQ, aſſoupiſſement, leger ſommeil. B.
MORSIL, MORSUIL, MORSOUIL, vent brûlant, lequel eſt nuiſible aux fruits de la terre,

MOR. 177

& particuliérement aux fleurs des arbres, &c. B. Voyez *Suilha*.
MORT, entailler, creuſer. Voyez *Mortais*. De là *Mordeo* Latin, parce qu'en mordant on fait une entaille, un creux dans ce qu'on mord.
MORTAIS, mortaiſe, entaille faite dans l'épaiſſeur d'un bois. G. De là ce mot. *Ais*, planche, ſoliveau; *Mort* ſignifie donc entailler, creuſer. Voyez *Mortez*, *Mortis*.
MORTEZ, mortaiſe. B. Voyez *Mortais*.
MORTEZ, mortier vaiſſeau ou vaſe. B. De là ce mot.
MORTH, indigence. G.
MORTH, le même que *Porth*. Voyez *Ammorth* & M.
MORTHOLL, marteau. C. Voyez *Martol*.
MORTHWYLIO, fraper du marteau. G.
MORTHWYLIWR, qui travaille avec le marteau. G.
MORTHWYLL, marteau, maillet. G.
MORTINANZ, mortalité. B.
MORTOT, océan. B.
MORTUA, déſert. Ba.
MORTUARRA, hermite, ſolitaire. Ba.
MORTUS, fanfaronnade. I.
MORU, MORV, morve. B. De là ce mot.
MORUA, MURUA, comble, faîte, ſommet, tête. Ba.
MORVANKES, cormoran oiſeau de mer. B.
MORVAOT, MORVAOUT, cormoran oiſeau de mer. B.
MORVAR, hombreux. I.
MORVAUD, cormoran. B.
MORUCH, marſouin. B. De *Mor Heuch*. Voyez *Morhwch*.
MORUCLA, A. M. morille. De *Morucqla*.
MORUCQLA, MORUCQLEN, morille. B.
MORVITELLA, MORITELLA, ſommeiller. B.
MORVITELLAT, dormir d'un profond ſommeil. B.
MORVITELLEREZ, ſommeil. B.
MORVRECG, ſirène. B. A la lettre, fille de mer.
MORUS, morveux. B.
MORUS, A. M. lieu marécageux. De *Mor*.
MORWANCG, flot de mer. G.
MORWAR, oiſeau de mer qui eſt une eſpèce de bernache. B. A la lettre, oie de mer. De *Mor Gwaz*.
MORWENNOL, oiſeau qui n'a point de pieds, oiſeau de paradis. G.
MORWERCHES, ſirène. B. A la lettre, vierge de mer.
MORWERYDD, mer d'Irlande. G.
MORWR, matelot. G.
MORWRIAETH, voyage en quelque lieu par bateau. G.
MORWY, MORWYDD, mûrier. G.
MORWYDDEN, mûrier. G.
MORWYFERCH, vierge. G. *Merch*, *Morwyn*.
MORWYLLIAD, pirate. G. *Gwylliad*.
MORWYN, ſervante, vierge, jeune fille. G.
MORWYNAIDD, virginal, de vierge, jeune fille. G.
MORWYNAWL, virginal. G.
MORWYNDOD, virginité. G.
MORWYNIG, petite ſervante, petite vierge. G.
MORWYSIAID, bouteilles qui s'élevent ſur l'eau lorſqu'il pleut, lorſque l'on agite l'eau, ou lorſqu'elle bout. G.

MORZEINNEREAH, la qualité d'être négre. B.
MORFUPAIL, piraterie. G.
MORS, mors. B.
MORZA, s'engourdir de lassitude ou de rhumatisme. B. Voyez Mors.
MORZAT, cuisse. B.
MORZAVELEC, MOURZAVELOC, MOUSZAVELEC, MOURZAVELOC, BOURZAVELEC, BOURZAVELOC, grive. B.
MORZED, cuisse. B.
MORZEEL, museau, mouflard. B.
MORZEN, diable de mer ou ange de mer poisson. B.
MORZETENN, genouillière, cuissart. B.
MORZILH, le même que Morsil. B.
MORZOL, marteau. B.
MOS, manière, façon. I. Voyez Mod, Moet.
MOS, le même que Bos. De même des dérivés ou semblables. I.
MOS, gras. Voyez Bos.
MOS, le même que Bos. Voyez M.
MOS, le même que Mas, Mes, Mis, Mus. Voyez Bal.
MOSS, marais. E. Mosses, nom des lieux marécageux dans le Comté de Lancastre; Mosse en Anglois signifie la même chose. Vos, humide en Runique; Mos en Autrichien, marais; Mosè, Mos en Flamand, fange, limon, terrein aquatique; Mosè en ancien Danois & en ancien Allemand, marais; Moczar, marais en Hongrois; Moso en Cophte, eau; Mos, Mas en Arabe, eau; Moso en Syriaque, être liquide; Masah en Hébreu & en Chaldéen, être liquide; Mos en Punique & en Hébreu, marais, limon; Mota en Italien, lac, marais; Masa, eau en ancien Saxon. Mos en Allemand; Meos en ancien Saxon; Moss en Anglois; Mos, Moscb en Flamand, Mossa, Massa en Suédois; Mousse en François, Moscus en Latin, mousse espèce de petite herbe frisée & jaunâtre qui croît dans les lieux humides. Voyez Moues.
MOSTRE, le même que Moustre. B.
MOSUM, MOSUS, A. M. habitation, demeure. De Mos le même que Mas.
MOT, le même que Bot. De même des dérivés ou semblables. I.
MOT, MOTH, les mêmes que Bot, Both. Voyez M.
MOT, le même que Mat, Met, Mit, Mut. Voyez Bal.
MOT, le même que Mod. Voyez D. Muti en Théuton; Mud, Muddo en Flamand, mesure.
MOTA, forteresse, rempart, digue. I.
MOTA, montagne. I.
MOTA, espèce, genre. Ba. Voyez Mod.
MOTA, petit floccon. Ba.
MOTA, A. M. colline ou tertre sur lequel est un château. Voyez Mot, Mota.
MOTA, A. M. tourbe ou terre grasse à brûler. On nomme ces tourbes Mottes à Paris. De Motat.
MOTA, A. M. meute de chiens. Voyez Meut le même que Beut, & Maut le même que Baut.
MOTABILDEA, catégorie. Ba.
MOTAISCA, bourgeon, surgeon, tendron. Ba.
MOTALAYA, généreux. Ba.
MOTASA, le son de la voix. Ba. De là le François Mot.
MOTAT, tourbe. B.
MOTKA, germe, bouton des arbres. Ba.
MOTZEN, butte, élévation de terre. B. De là le terme François Motte, élévation, éminence.
MOTEL, bête, stupide. Ba.

MOTELA, bègue, qui bégaie. Ba.
MOTETUA, qui bourgeonne. Ba.
MOTETUM, A. M. motet. Voyez Motasa.
MOTEZ JANICA, bourgeonné. Ba.
MOTH, mâle. I.
MOTH, le même que Both. De même des dérivés ou semblables. I.
MOTH, le même que Moch. De même des dérivés ou semblables. I. Voyez Mwth.
MOTHUGADH, sentir, ressentir, tâter, tâtonner, aller à tâtons, toucher, perception, conception, idée. I.
MOTLAI, brodé. G.
MOTOA, cheveux du devant de la tête des femmes, touffe de poil ou de crin qui pend sur le front des animaux. Ba.
MOTODUNA, qui vante sa noblesse. Ba.
MOTOTA, A. M. petite colline. Voyez Mott.
MOTRAIRATA, sorte de ragoût des anciens appellé en Latin Moretum. B.
MOTRALLUAREN, javelot. Ba. Voyez Matara.
MOTT, éminence, motte. B.
MOTTEN, tertre. B.
MOTTENN, éminence, motte. B. En Picardie on appelle Motte une montagne, une éminence. On a dit aussi Muttenn, ainsi qu'on le voit par Mutigny, qui est le nom que les paysans donnent en Franche-Comté aux tas de terre que les taupes élevent. Miba, montagne en Géorgien; Mutinu, Roi en Langue de Congo.
MOTZA, qui est sans barbe, sans poil. Ba. Voyez Motera.
MOTZEN, tondant. Ba.
MOTZERE, être tondu. Ba.
MOTZEBA, qui n'a pas été tondu. Ba.
MOTZORRA, tronc, & par métaphore sot, lourdaut. Ba.
MOTZU, tondu, pelé, chauve. Ba.
MOUA, se fâcher. B. De là le mot François Mou.
MOUAL, sommet de montagne. I. Voyez Moel.
MOUALCH, merle oiseau. B. Voyez Mwyalch.
MOUALCH-ARCHANT, loriot oiseau. B.
MOUALECH, merle. B.
MOUAR; singulier Mouaren, mûre fruit. B. Voyez Mwyar.
MOUAR-DREIS, MOUAR-DRES, mûre de ronce. B.
MOUABREN, mûrier. B.
MOUAREN, mûre, mûrier. B. Mouar Hen. Voyez Mouar.
MOUC, cochon. I. Voyez Moch.
MOUC, habitation. Voyez Mog.
MOUC, le même que Boug. Voyez ce mot & M.
MOUCCA, émousser. B.
MOUCH, moucheron, le bout de la chandelle. B.
MOUCHA, couvrir, cacher. B. De là le terme de mouchoir de cou, qui est une piéce d'étoffe de soie ou de toile dont les personnes du sexe se couvrent le cou. Le b & l'm se mettant l'un pour l'autre, on a dit Boucha comme Moucha. De là vient Boucher, terme de Franche-Comté qui signifie couvrir.
MOUCHA, moucher. B. De là ce mot. De là le Latin Mucus. On disoit en vieux François Monquer pour moucher, & Monquileux, morveux.
MOUCHED, mouchoir. B.
MOUCHED, villebrequin. B.
MOUCHEL, oiseau de proie, petite espèce d'épervier. B. Dom Le Pelletier estime que c'est ce petit oiseau de proie que l'on appelle en François Mouchet ou Emouchet.

MOU. MOU. 179

MOUCHENN, le moucheron, le bout de la chandelle allumée. B.
MOUCHET. Voyez *Bychan*.
MOUCHICQ, cachette. B.
MOUCHICQ-DALL, jeu des enfans dit en François *Colin-Maillard*. B.
MOUCHOU. Voyez *Bychan*.
MOUCHOUER, mouchoir. B. De là ce mot. Voyez *Moucha*.
MOUCQ, pourpre, drap de cette couleur. B.
MOUCZA, émousser, reboucher. B.
MOUDED, mottes à brûler. B.
MOUDEN, motte de terre, motte de terre avec l'herbe ou gazon, butte, petit tertre. B.
MOUE, cri. B. *Moue* en vieux François, museau, groin.
MOUEH, réputation, renommée. B.
MOUEH. Voyez *Mouen*.
MOUELTR, rance, moisi; *Moueltra*, moisir, devenir moisi, participe passif *Moneltret*, devenu moisi. B.
MOUEN, MOUENG, MOUEH, crin de cheval, sa crinière. B. Voyez *Mwng*, *Mong*.
MOUEREB, tante sœur du pere ou de la mere. B.
MOUES, chant. B.
MOUES, humide, moite, qui est un peu mouillé; *Mouesder*, humidité. B. *Moou*, eau en Cophte; *Mai*, ruisseau en Persan; *Mot*, limon, corruption d'un mélange d'eau en Phénicien; *Mus*, *Maus* en Tartare, glace, neige; *Moiere* en Flamand, bourbier; *Mojar* en Espagnol, *Mocsiti* en Dalmatien, mouiller; *Moyst* en Anglois, moite, mouillé; *Mokru* en Esclavon; *Mokro* en Dalmatien, humide, humeur, liqueur; *Odmokr* en Polonois, *Mokry* en Bohémien, humide; *Moker* en Stirien & en Carniolois, mouillé; *Mozhiti* en Esclavon, plonger; *Amoftir* en vieux François, mouiller, & *Moixte*, moite, humide. De *Moues* est venu notre terme François moisir, parce que l'humidité est la cause de la moisissure. Voyez *Moss*, *Mwyd*, *Mouest*, *Muisa*.
MOUEST, humide, moite. B. De là ce mot.
MOUESTADUR, humidité. B.
MOUEZ, voix, chant. Il se dit aussi de la voix de la conscience ou du remord. B. L'*v* & l'*m* se substituant réciproquement, on a dit *Vouez* comme *Mouez*. De là le Latin *Vox*, le François *Voix*.
MOUEZ, puanteur, mauvaise odeur; *Mouezus*, puant, qui rend une mauvaise odeur. B. Voyez *Mws*.
MOUEZREP, tante. B.
MOUG, le même que *Mog*, maison, famille, &c. B.
MOUG, suffocation, étouffement; *Amser Moug*, saison d'une chaleur extraordinaire & étouffante; quand on parle d'un lieu, c'est obscur & sans air; quand il s'agit de couleur, c'est le noir ou le brun. *Mouga*, éteindre, étouffer; *Mouga Ar-Golou*, éteindre la chandelle; *Moughit Ar Keunut Moghedus*, éteignez le tison qui fume. B. Voyez *Mwg*, *Mygu*, *Mouighi*.
MOUGA, éteindre, étouffer, suffoquer, amortir au propre & au figuré. B. Voyez *Mong* & les termes suivans. Voyez encore *Muchad*.
MOUGADEN, éclipse. B.
MOUGADOUR, MOUGADUR, abolition, élision. B.
MOUGHEO, MOUGHEW, caverne sur les côtes maritimes; pluriel *Moughewien*. B. Voyez *Moucha*, *Mouchi*.
MOUGUED, fumée; *Mougued Vam*, mal de mere.

B. On voit par ce dernier sens que *Mougued* a signifié vapeur, exhalaison. De là peut être venu notre terme *Muguet*, nom d'une fleur qui a une forte odeur, & *Muguet*, jeune homme parfumé, un coquet. Voyez *Muczas*.
MOUGUET, aboli. B.
MOUHEIN, bouder. B. De là le François *Moue*; l'Anglois *Mow*, faire la moue.
MOUHER, qui boude, attrabilaire. B. De là le François *Mouard*.
MOUHEREH, moue. B.
MOUI, crinière. B. Voyez *Mouen*.
MOUI, se refrogner. B.
MOUIGHI, éteindre, étouffer. I. Voyez *Moug*.
MOUILLAGH, ancrage, mouillage. B. De là ce mot. Voyez *Moeltr*.
MOUIN, cou. I.
MOUING, crinière de cheval. I. Voyez *Mouen*.
MOUIR, qu'on prononce *Mour*, grand. I. Voyez *Mawr*, *Meur*.
MOUL, essieu. I.
MOUL, moule. B. De là ce mot.
MOUL, chauve. B. Voyez *Moel*.
MOUL, mouillé. Voyez *Dammoul*. Voyez *Moeltr*.
MOULBENNI, faire paroître la colere sur son visage, se refrogner; *Moulbennet*, celui qui fait paroître la colere sur son visage, celui qui se refrogne. B.
MOULER, mouleur, imprimeur. B. De là le premier de ces mots.
MOULHY, vache qui a souffert le taureau. I.
MOULLIOT-TROET, MOULYOD-TROED, cheville du pied. B.
MOULL-CARR, moyeu de charrette. B. Voyez *Moell-Carr*.
MOULLEG, MOULLECG, MOULLOC, pluvier oiseau. B.
MOULLEGG, mulet poisson. B. De là ce mot.
MOULQARR, une paire de roues de charrette. B.
MOULVARD, bastion, boulevard. B. Voyez *Boulward*.
MOUMEND, moment. B. Voyez *Moment*.
MOUNA, singe. B. De là l'Italien *Monnas*, l'Espagnol *Monas*. Ce mot est formé de *Mounhia*, parce que les singes remuent beaucoup les lévres sans faire de bruit comme ceux qui parlent tout bas.
MOUNAIE, monnoie, argent monnoié. B. Voyez *Monneix*.
MOUND, montagne. C. Voyez *Mon*.
MOUNEY, MOUNEZ, monnoie. B.
MOUNGHIA. Voyez *Mounhia*.
MOUNHIA, MOUNGHIA, remuer les lévres sans bruit comme si on parloit tout bas. B.
MOUNICA, guenon & par métaphore courtisane. B. Voyez *Mouna*.
MOUNSTR, prodige, monstre. B. Voyez *Monstr*.
MOUNSTREAT, bâiller. B.
MOUR, le même que *Mor*, grand, haut, &c. I.
MOUR, mer. I. B. Voyez *Mor*.
MOURANC, beaucoup. I.
MOURDOUCAN, sirène. I.
MOURELLUS, A. M. brun, noirâtre. Voyez *Morellus*.
MOURENNOU, les sourcils, & selon un homme sçavant dans la Langue Bretonne les moustaches ou barbe d'un chat; singulier *Mouren*. B. Voyez *Ankeler*.
MOURS, excrément. B.
MOURUS, A. M. marais. Voyez *Mour*, *Mor*. *Moure*, marais en vieux François.

MOURZOULL, marteau. B.

MOUS, fiente, fumier, excrément. B. Voyez *Mwt*.

MOUS, diminutif, peu, petit. Voyez *Moushoarz*. N'est-ce point de là que viendroit le terme de marine, *Mouffe*, qui signifie un jeune matelot, un jeune garçon qui sert de valet sur les vaisseaux? Les Paysans en Franche-Comté, pour exprimer qu'un enfant est petit, disent qu'il est *Moutot*.

MOUSA, MOUZA, se fâcher, bouder, participe *Mouzat* & *Mouet*, boudé. B. De là le terme populaire *se Mousquer* pour se fâcher. *Mujafet* en Turc, qui est en souci, en chagrin; *Mugauu*, être mal dans les tables Eugubines; *Mogeo* en Grec, être mal, souffrir. Voyez *Mouza*, *Mousclenni*.

MOUSCLENNI, verbe, dont le participe est *Mousklennet*, homme qui a les lévres enflées à force de pleurer, ou de colere. B.

MOUSEIN, vesser. B. Voyez *Mous*.

MOUSHOARZ, souris. B. *Mous* est donc un diminutif.

MOUSHOARZIN, MOUSHWARZIN, sourire. B.

MOUSHWARIS, souris; *Moushwarifi*, sourire. B.

MOUSHWARZIN. Voyez *Moushoarzin*.

MOUSOGNA, être mal habile & lent à faire quelque chose; *Mousogner*, celui qui tarde à faire une commission. B. Voyez *Mus*.

MOUSPENNI, MOUSPENNEG, les mêmes que *Moulbenni*, *Moulbennet*. B.

MOUSSA. Voyez *Moncz*.

MOUST, moût. B. De là le Latin *Mustum*, l'Italien & l'Espagnol *Mosto*, le François *Moust*, l'Allemand & le Flamand *Most*, l'Esclavon *Mosht*, le Dalmatien *Mastzh*, le Carniolois *Mosht*, le Polonois *Moszt*, le Bohémien *Mest*, le Hongrois & le Persan *Must*, l'ancien Saxon, l'Anglois, le Suédois *Must*. Voyez *Moustra*, *Moustrein*, *Murzia*.

MOUSTAICH, moustache. B. De là ce mot. Voyez *Mu*.

MOUSTARD, moutarde. B. De là ce mot. Voyez *Mwstard*.

MOUSTERICQ, cochemare. B.

MOUSTR, rêve fâcheux. B.

MOUSTRA, fouler, presser, comprimer. B.

MOUSTRACH, MOUSTRAGH, brouillard, brouée. B.

MOUSTRE, phantôme, rêve, délire, illusion nocturne. B.

MOUSTREA, bâiller. B.

MOUSTREIN, froisser, briser. B.

MOUSTRER, chiffonneur. B.

MOUSTRERZ, oppression. B.

MOUSTRIC, assoupissement, sommeil leger & court. B.

MOUSTROU, revûe. B.

MOUSTROUILL, visage crasseux, souillé. B. Voyez *Mor*, *Stronilh*.

MOUTENN, butte, tertre, éminence. B.

MOW, le même que *Pow*, contrée, pays. G.

MOWE, crin qui pend sur le front du cheval. B.

MOWNEN, gazon, motte de terre. G.

MOWR, grand, G. Voyez *Mor*.

MOWR, le même que *Mawr*. Voyez *Mowrair*, *Mowrchwant*, *Mowrfraisg*, *Mowrserch*, *Mowrson*.

MOWR-AIR, MOWRAIR, style pompeux, relevé, sublime, discours sublime, discours élevé, sublimité dans le discours, discours fansaron, ostentation, vanité dans la manière de parler. G. *Air de Gair*.

MOWRBARCH, respect, vénération. G.

MOWRCHWANT, ardeur, passion forte & vive. G.

MOWRDDAWN, souverain bien. G.

MOWREDD, grandeur, immensité. G.

MOWRFRAISG, fort grand. G.

MOWRLAIR, éloge, louange. G.

MOWRLLES, bienfait. G.

MOWRLW, jurement, serment. G.

MOWRSERCH, affection, passion, zéle. G.

MOWRSON, célébrité de nom. G.

MOWRWYRCH, grand cœur, grand courage. G. *Gwych*.

MOUYALH, merle. B. Voyez *Mwyalch*.

MOUYAR, mûre. B. Voyez *Mwyar*.

MOUYARBREN, mûrier. B.

MOUYELL-ROD, moyeu de roue. B. De là ce mot. On disoit *Moiel* en vieux François.

MOUZ, cendré, gris, brun. Voyez *Mus*, *Moug*.

MOUZA, bouder, se refrogner, se fâcher, reprimer. B. *Menche* en Patois de Besançon, rechigné, sombre, chagrin, qui boude. *Mushsiig* en Allemand, fâcheux, difficile à contenter. Voyez *Mousa*.

MOUZADUR, moue. B.

MOUZEIN, vesser. B. Voyez *Mous*.

MOUZTU, tondu. Ba.

MOUZUS, sujet à bouder, à se dépiter. B.

MOY, victoire. I.

MOYAN, MOYEN, moyen. B. De là ce mot.

MOYANA, moyen, ressource. Ba.

MOYDA, A. M. sorte de mesure. Voyez *Modd*.

MOYL, le même que *Boyl*. Voyez *M*, *Mitl*, soleil en Turc.

MOYLI, montagne. G. Voyez *Moil*, *Mol*.

MOILRHONIAID, veau marin. G.

MOZ, servante, fille, vierge. C.

MOZ, fumée. C. Voyez *Moug*.

MOZCORRA, fille prostituée. Ba.

MOZET, fumée. G. Voyez *Moz*.

MOZOLLOA, sorte de hibou qu'on appelle duc. Ba.

MOZOLUS ROTAE, A. M. moyeu de roue; en Italien *Mozzolo*. De *Mouyell*.

MOZORROCHO, bouffon marqué, &c. Ba.

MOZTEA, tonsure, action de tondre. Ba.

MRONN, YM MRONN, adverbe pour exprimer une chose non achevée, non consommée. G.

MU, eau. G. Voyez *Mucr*, *Muqnia*.

MU, espèce de mesure. G. Voyez *Môdd*.

MU, le même que *Mo*. I.

MU signifioit autrefois en Breton fermer la main, la bouche, les lévres: Il signifie aujourd'hui plus, davantage. B. Il est de même particule augmentative dans le Gallois. Voyez *Mwyan*, *Muy*, *Bu*, qui est le même que *Mu*, par la conversion réciproque du *b* & de l'*m*.

MU. Voyez *Bychan*.

MU, le même que *Bu*. Voyez *Carnus* & *M*.

MU, préposition explétive. Voyez *Muchdweg*.

MUA, mugissement. Ba. Voyez *Bu*.

MUADH, nuée. I.

MUADH, grand, bon, agréable, noble, généreux. I. Voyez *Mad*.

MUADH, le même que *Buadh*. De même des dérivés ou semblables. I.

MUADHAM, former, proportionner. I.

MUAIDH, le même que *Muad*. I.

MUAIDHE FLINIDHE, apprentif. I.

MUA.

MUAIN, le même que Buain. De même des dérivés ou semblables. I.

MUAL, montagne, le sommet, le haut d'une montagne, faîte. I. Voyez Moil.

MUAL, le même que Bual. De même des dérivés ou semblables. I.

MUAN, le même que Buan. De même des dérivés ou semblables. I.

MUAN, le même que Minan. I.

MUAREN, buisson. B.

MUARIUM, A. M. vivier endroit où l'on tient du poisson. De Mu.

MUC, porc, cochon. E. I. Voyez Moch.

MUC, le même que Mac. I.

MUC, presse, foulement; Muca, presser, fouler. B. De là les Latins Multra, Mulgeo. Voyez Mulcare.

MUC, le même que Buc, Fuc, Puc, Vuc. Voyez M.

MUC, le même que Mac, Mec, Mic, Moc. Voyez Bal.

MUC-LAN, étable à cochons. I.

MUCA. Voyez Muc.

MUCADH, annuller, casser. I.

MUCALLA, écho. I.

MUCAN, porc, cochon. I. Voyez Muc.

MUCAYA, pituite. Ba. Voyez Mu, eau.

MUCCINIUM, A. M. mouchoir. De Moncha.

MUCE, porc, cochon. I. Voyez Muc.

MUCELL, MUCELLADENN, meuglement, mugissement. B. De Mu le même que Bu. De là le Latin Mugio, les François Mugir, Mugissement, Meugler, les Allemands Muhen, mugir; Mube, petite vache.

MUCELLA, mugir, meugler, crier comme un taureau, un bœuf, une vache. B.

MUCETUM, A. M. outil pour la pêche. Voyez Muarium.

MUCH, fille. C.

MUCH, lieu bas. E.

MUCH. Voyez Bychan. Muchacho en Espagnol, petit garçon.

MUCH, le même que Mech. Voyez Muchdeirn. Much, plus grand en Langue de Congo; Mucho en Espagnol; Much en Anglois, beaucoup, grandement.

MUCHAD, éteindre, étouffer, suffoquer. I. Voyez Mouga.

MUCHAN. Voyez Bychan.

MUCHDEIRN, Roi. G. Voyez Muchdeyrn.

MUCHET. Voyez Bychan.

MUCHON. Voyez Bychan.

MUCHOT. Voyez Bychan.

MUCHOU. Voyez Bychan.

MUCHUDD, jais ou jayet. G.

MUCHWEG, le même que Mweg; G. par conséquent Mu préposition explétive.

MUCRYN. Voyez Bychan.

MUCINDUA, irrité, en colere. Ba.

MUCK, cochon. I. Voyez Moch.

MUCK-ALLIGH, écho. I.

MUCLACH, troupeau. I.

MUCR, moite, humide, un peu mouillé. B. Mucre se dit en Normandie proprement du linge mal séché & encore moite; on en fait le mot Ramucrer, pour dire rendre moite. Voyez Mu, eau.

MUCRA. A. M. Ce terme, que M. Ducange n'explique pas, paroit signifier un lieu aquatique & marécageux. Voyez Mucr.

MUCURU DAANA, surabondante, qui répand par-dessus. Ba.

MUG.

MUCZAER, qui flaire. B. Voyez Muffa.

MUCZAT, odorer, flairer. B. Voyez Muffa.

MUCZEIN, odorer, flairer. B. Voyez Muffa.

MUCZER, qui flaire. B. Voyez Muffa.

MUD, MÛD, charroi, port, transport, sortie, bannissement, changement d'habitation. G. De là le Latin Muto. Voyez Mudo.

MUD, MÛD, muet, qui est sans langue, qui ne parle pas, taciturne. G. Mud, muet en Breton. De là le Latin Mutus, l'Espagnol Mudo, l'Italien Muto, le François Muet, l'Esclavon Muiz, le Croatien Mutafs. Le b & l'm se substituant réciproquement, on a dit Bud comme Mud; de là le François Bouder, ne dire mot parce qu'on est fâché. Voyez Mu, Mut.

MUD, le même que Bud. De même des dérivés ou semblables. I.

MUD, muet. B.

MUD, le même que Bud, Fud, Pud, Vud. Voyez M.

MUD, le même que Mad, Med, Mid, Mod. Voyez Bal.

MUDA, boue. I.

MUDA, rendre ou devenir muet. B.

MUDA, A. M. changement. De Mud.

MUDAFF, devenir muet, faire le muet B.

MUDAGIUM, A. M. prix que l'on donne pour changer un héritage. De Mud.

MUDAIDH, brun. I.

MUDAN, homme muet. G.

MUDANIAETH, état d'un homme muet. G.

MUDANTIA, A. M. changement. De Mud.

MUDELIUS, MUELLUS, A. M. meule ou tas. De Mwdwl.

MUDGHE, accablé. I Mud en Allemand, lassé, fatigué, ennuyé; Muad, Mueder, lassé, fatigué en Théuton; Mocde en Flamand; Modur en Islandois, fatigué; Mothos en Grec; Moda en Suédois; Moeue en Flamand; Mude en Allemand, travail, peine.

MUDHE, le même que Budhe. De même des dérivés ou semblables. I.

MUDHEADH, fente, crevasse. I.

MUDHEAMH, faire gloire, se glorifier, se vanter. I.

MUDHTE, ce dont on s'est vanté. I.

MUDIAD, action d'aller demeurer ailleurs. G.

MUDIDH, vanterie. I.

MUDO, sortir, bannir, changer d'habitation, être mû, transporter, porter, charrier; Mudo At, approcher, appliquer, mettre sur, auprès. G. Muz en Théuton, changement, & Muten, changer; Maidan en Gothique, changer; Mudare en Italien, changer.

MUDUGHTHE, grossier, épais. I.

MUDUREN, MUDURUM, gond, pivot. B.

MUETA, genre. Ba.

MUETA, A. M. cage, voliere d'oiseaux. De Muz.

MUETRA, montre de marchandise, &c. Ba.

MUEURU, abondamment, copieusement. Ba. Voyez Mor, Meur.

MUG. Voyez Bychan.

MUG, défendre. Voyez Amug.

MUGA, occasion. Ba. Mugueter une place en François, c'est chercher quelque occasion de la surprendre.

MUGA, terme; borne, limite, barriere. Ba.

MUGAISIA, plate-forme. Ba.

MUGAITZA, sédition. Ba.

MUGAITZEAN, mal-à-propos. Ba.

MUGAITZEAN JAIOA, avortor. Ba.
MUGARRIAC, borne, limite. Ba.
MUGARRISTATU, je mets des bornes. Ba.
MUGATITZALLEA, exterminateur. Ba.
MUGATUA, borné. Ba.
MUGATZEA, limitation. Ba.
MUGAUSTEA, transgreſſion. Ba.
MUGASTATU, je mets des bornes. Ba.
MUGHA, MUGHACH, deſtruction. I.
MUGHAM, ſe vanter. I.
MUGILDER, tiédeur, chaleur modérée. C.
MUGONCZ, à propos. Ba.
MUGUA, occaſion. Ba.
MUGUICHIAN, mal-à-propos. Ba.
MUGUIDA, motion, mouvement. Ba.
MUGUIDALDA, impreſſion, mouvement. Ba.
MUGUIDURA, agitation, mouvement. Ba.
MUGUIERA, agitation, mouvement. Ba.
MUGUIERAZ ARTUA, être ému. Ba.
MUGUIGUDA, fermentation. Ba.
MUGUIPENA, agitation, mouvement. Ba.
MUGUITEA, ſédition, émeute. Ba.
MUGUITURA, tropique. Ba.
MUH. Voyez Bychan.
MUHAN. Voyez Bychan.
MUHET. Voyez Bychan.
MUHON. Voyez Bychan.
MUHOT. Voyez Bychan.
MUHOU. Voyez Bychan.
MUHTERN, Roi. C. Voyez Muchdeyrn.
MUHYN. Voyez Bychan.
MUI, davantage, plus. B. Voyez Mu.
MUI, eau. Voyez Mwyd.
MUIA, moitié. B. Voyez Mi.
MUIC-INIS, un des noms de l'Irlande; à la lettre, l'iſle des cochons. I.
MUICHIDHE, gardeur de cochons. I.
MUIDHE, le meme que Buidhe. De même des dérivés ou ſemblables. I.
MUIN, MUINEACK, cou, dos; Armuin, deſſus. I.
MUINE, forêt. I.
MUINEACH, plein de bois. I.
MUINEAL, cou. I.
MUINET, cou. I.
MUININ, buiſſon. I.
MUINTIR, MUINTEAR, les gens, le peuple, les ſujets, les vaſſaux. I.
MUIOLUS, A.M. muid. De Meuy.
MUIR, mer. I. Lorſque le ſel dont on a ſalé un cochon eſt fondu, on appelle cette eau ſalée ou ſaumure en Franche-Comté Muire, par analogie à l'eau ſalée de la mer. Voyez Mor, Mur.
MUIRE, forêt. I. Voyez Mieri.
MUIREAN, femme. I.
MUIRGHEAG, bras de mer. I.
MUIRLAN, flux de la mer. I.
MUIRNIGHIM, ſurdeau. I.
MUIRNIN, mignon, favori. I.
MUISA, immerſion. Ba. Voyez Mouet.
MUISICA, MUXICA, coing fruit. Ba.
MUITE, le même que Buite. De même des dérivés ou ſemblables. I.
MUL, tête, & au figuré ſeigneur. G. Voyez Bal, Mula.
MUL, bec. G.
MUL, ſot, hébété, qui n'a ni ſens, ni eſprit. G.
MUL, qui a de la pudeur, ſimple, ſincére, ſans diſſimulation, ſans duplicité, franc, ſans déguiſement. G.
MUL, mulet. G. B. De là le Latin Mulus, l'Italien & l'Eſpagnol Mulo, le François Mulet, l'Allemand Maul, le Flamand Muyl, l'Anglois Mule, le Polonois Mul. Voyez Mulle.
MUL, cap, promontoire. E.
MUL, eſſieu. I.
MUL, couper, tuer, ébrécher, briſer. Voyez Boulch.
MUL, le même que Bul, Ful, Pul, Vul. Voyez M.
MUL, le même que Mal, Mel, Mil, Mol. Voyez Bal.
MULA, chauve. G. E.
MULA, gueule, bec, cap, promontoire, pointe de terre. E. Voyez Mul.
MULAZCARRA, bourſe. Ba.
MULCARE, A.G. affliger, véxer, fouler aux pieds, toucher, fraper, tuer; Mulcator, celui qui frape ou qui tourmente, celui qui tue. Voyez Muc, Mukka en Eſclavon, douleur. De Mulco peut être venu le Latin Mulfta. De là le Latin barbare Mulctrarius, meurtrier.
MULCHAN, chouette. I.
MUICHLANN, MULKCHRO, étable de cochons. I.
MULDER, pudeur, honnête honte, ſilence, calme, ſincérité, ſimplicité, candeur, ingénuité, éloignement d'affectation, de déguiſement. G.
MULDR, aſſaſſinat. B.
MULDRER, aſſaſſin. B.
MULDREREAH, maſſacre. B.
MULE, le même que Bule. De même des dérivés ou ſemblables. I.
MULEAN, MULEND, moulin. I. Voyez Melin.
MULED, mules aux talons. B.
MULES, mule. G. Voyez Mul.
MULFRAN, plongeon, cormoran. G.
MULGUL, goulet. B.
MULIN, MULINN, moulin. I.
MULINUM, A.M. moulin. De Mulin.
MULIONN, moulin. I.
MULISTARIA, cordes d'étoupes. Ba.
MULKOAG, grappe de raiſin. Ba.
MULL, cap, promontoire. E.
MULLAC, MULLACH, boue. I.
MULLACH, le ſommet, le haut, le faîte, le toît, la cime, montagne. I. Voyez Mula.
MULLAN, le même que Mullach, le ſommet, &c. I.
MULLE, mule, mulet. I. Voyez Mul.
MULLEOIR, mûnier. I.
MULLIGH, le haut de la tête, la ſuture de la tête. I.
MULLIO, MULLO, A.M. tas, monceau. Voyez Moelion.
MULNARE, A.M. moulin. De Muln craſe de Mulin.
MULNERIUS, A.M. mûnier. Voyez Mulnare.
MULOA, MULLOA, EMELUA, étoupe. Ba.
MULODENN, mulot. I.
MULOTEA, toile d'étoupe. Ba.
MULTA, le même que Bulta. De même des dérivés ou ſemblables. I.
MULTO, MUTO, A.M. mouton. Voyez Maout.
MULTR, homicide, meurtre. B. De là ce mot, parce que l'r & l'l ſe mettent ſouvent l'une pour l'autre.
MULTRARE, A.M. tuer; Multritium, Multrum, meurtre. De Multr.
MULTRER, homicide, meurtrier. B. De là ce mot. Voyez l'article précédent.
MULTREREAH, meurtre. B.
MULUGHTE, embourbé. I.
MULURT, eſpèce de ſureau. I.
MULWIRION, ſincère, franc, ſans diſſimulation,

MUL.

ſans duplicité, ſans déguiſement, groſſier, qui eſt ſans adreſſe, qui n'eſt pas fin. G.
MULWR, muletier, qui a ſoin des bêtes de ſomme. G.
MULZOA, quantité, multitude. Ba.
MUN, eau, rivière. G. Voyez Men & Mun, urine.
MUN, montagne, de montagne. G. Voyez Mon, & Muna, Mund.
MUN, MUNAID, poignée, ce que l'on enferme dans l'une & l'autre mains. G. De là le Latin Manus, l'Italien Muno, don, parce qu'il ſe fait avec la main. Voyez Mn.
MUN, affable. I. Voyez Mwyn.
MUN, urine. I. Voyez Mun, eau.
MUN, le même que Bun. De même des dérivés ou ſemblables. I.
MUN, plus, davantage. B.
MUN, moëlle de cerveau fricaſſée. Ba.
MUN, baiſer nom. Ba.
MUN, Voyez Rychan.
MUN, foret. Voyez Dreas & Muin.
MUN, le même que Bun, Fun, Pun, Vun. Voyez M.
MUN, le même que Man, Men, Min, Mon. Voyez Bal.
MUNA, moëlle, le cerveau. Ba.
MUNA, hauteur, élevation. Voyez Munaguea & Mun.
MUNAD, cerveau. Ba.
MUNAD, mais, or, que, ſeulement, ſinon, hormis, à la réſerve. I.
MUNAD, MUNED, affable. I.
MUNADH, civilité, politeſſe. I.
MUNADH, corriger. I.
MUNAGUEA, plaine. Ba. Guea, ſans, & par conſequent Muna, hauteur, élevation. Voyez Muniſca, Munita.
MUNAIG, poignée. G.
MUNAN, affable. I.
MUNCZUN, gencive de ceux qui n'ont point de dents. B.
MUND, montagne. E. Voyez Mun.
MUND, le même que Magh. I.
MUNDU, monde. Ba. De là le Latin Mundus, le François Monde, l'Eſpagnol & l'Italien Mondo.
MUNDUCHIQUIA, microcoſme. Ba.
MUNEAL, cou. I.
MUNER, Seigneur, Prince. G.
MUNERIUS, A. M. mûnier. De Mulnerius.
MUNG-EICH, crinière du cheval. I. Voyez Mong.
MUNGACH, MUNGFUR, qui a une crinière. I.
MUNGHU, très-cher ami. E. Voyez Cu.
MUNGUL, gueule de mer ou goulet. B.
MUNI, buiſſon. I.
MUNIGHIN, dépendance, eſpérance, confiance. I.
MUNINEADH, ſe confier à quelqu'un. I.
MUNISCA, monticule. Ba. Voyez Muna.
MUNITA, MUNIDA, colline. Ba. Voyez Muna, Munith.
MUNITH, montagne. G. Voyez Munita.
MUNLADH, s'embourber. I.
MUNLOCH, bourbier, boue. I.
MUNN, MUNNA, affable. I.
MUNNCUGHE, marmouſet. I.
MUNNTEAR, famille, ménage. I.
MUNNTEAR, cabale, faction. I.
MUNOA, colline, éminence, tertre, promontoire. Ba.
MUNOA, maſſe. Ba.
MUNT, bouche, embouchure. G. Voyez Mant.

MUR.

MUNTE, civil, honnête, poli, humain, affabilité. I.
MUNTEARDA, bon, civil, obligeant, doux, aimable, familier, bienfaiſant, avantageux. I.
MUNTEARDAS, grace, amour, amitié, affection, bienveillance. I.
MUNTEARDHUS, faveur, grace, plaiſir, bon office, protection. I.
MUNTEQUIA, ſéminaire. Ba.
MUNTID, galant, poli, homme de cour. I.
MUNTILLE, une manche. I.
MUNTR, meurtre, homicide; Muntra, meurtrir, tuer; Muntrer, meurtrier, homicide; ſéminin Muntreres, meurtrière, femme qui tue; Muntrerez, homicide, meurtre, tuerie. B.
MUNTRA. Voyez Muntr.
MUNTRER. Voyez Muntr.
MUNUD, ſigne de tête, geſte, cérémonie, coûtume, uſage. G.
MUNUD, menu, petit. B. Voyez Man, & Munni.
MUNUDAILL, amas de choſes menuës. B.
MUNUDAILLOUR, détailleur. B.
MUNUDI. Voyez Munut.
MUNUDICQ, ſerpolet. B.
MUNUDIWR, geſticulateur. G.
MUNUDYN, ſigne de tête. G.
MUNUS, frai, alevin. B. En Patois de Beſançon Menuſe.
MUNUSER, menuiſier. B. De là ce mot.
MUNUT, menu, petit; Munudi, diminuer, rendre ou devenir menu & petit, briſer en petits morceaux B. Voyez Munud.
MUQUIA, MUQUILICA, excrément qui ſort par les narines, morves. Ba. De là les Latins Mucus, Mucor. Voyez Mu.
MUR, murailles, mur. G. B. De là Murus en Latin; Moerus en ancien Latin; Mur en François; Muro en Italien; Muro en Eſpagnol; Mur en l'heuton; Muur en Suédois & en Flamand; Muer en Allemand; Muer en Flamand; Mur en Polonois; Mure en Danois; Murs en Luſatien; Myr en Carinthien; Muur, Murete en Albanois, mur, muraille. Comme les murs ſont faits de pierres, on a étendu le terme Mur à ſignifier pierre, ainſi qu'on le voit. 1º. Dans un ancien gloſſaire où Mures eſt traduit par rocher élevé. 2º. Dans le gloſſaire de Saint Iſidore, où Murices eſt rendu par pierres. 3º. Murex dans Virgile eſt une pierre ſcabreuſe ſur le rivage. 4º. Murge dans le Patois de quelques Provinces du Royaume, eſt un tas de pierres. On dit Murgie dans le Patois de Beſançon en ce ſens. Murgie dans les montagnes de Franche-Comté ſignifie un rocher; Mora en Italien, eſt un tas de pierres. Voyez Mor, Murria.
MUR, mer. G. I. Muri en Arabe; Salmuera en Eſpagnol; Muria en Latin & en Italien, ſaumure; Mure en vieux François; Muire en François moderne, eau ſalée. Saint Baſile appelle l'eau de la mer, Murion Udor.
MUR, grand dans un dialecte du Gallois. G. Voyez Mor.
MUR, mer; Mur Agh Vur, le flux & refluc. I.
MUR, comme, en qualité de, en tant que, auſſi que. I.
MUR, plus, de plus. I.
MUR, MURAN, MURIN, grave, prudent. I.
MUR, le même que Mor. I.
MUR, le même que Bur, Fur, Pur, Vur. Voyez M.
MUR, le même que Mar, Mer, Mir, Mor. Voyez Bal.

MUR-CERRIG, muraille séche. G.
MURAILLIA, MURALHA, A. M. muraille. De *Muraillou*.
MURAILLOU, murailles. B. Voyez *Mur*.
MURCOA, pot à mettre de l'eau, du vin, &c. Ba.
MURCUS. Ammien Marcellin parlant des Gaulois dans le quinzième livre de son histoire, dit qu'aucun d'eux par la crainte d'être enrollé dans les troupes ne se coupe le pouce, comme font quelques Italiens à qui les Gaulois donnent par plaisanterie pour cette raison le nom de *Murci*. *Nec eorum aliquando quisquam, ut in Italia, munus Martium pertimescens pollicem sibi præcidit, quos jocaliter Murcos appellant.* Voyez *Mur*, *Morcousket*.
MURDDUN, décombres de bâtimens, démolitions, masures, ruines, restes d'anciens murs. G.
MURDHYN, muraille, mur. G.
MUREAN, femme. I.
MURES, A. G. roc élevé. Voyez *Mur*.
MURGUILLA, submersion. Ba. Voyez *Mur*.
MURIA, A. M. puits de muire ou d'eau salée. Voyez *Mur*.
MURIAU, muraille. G. C'est le plurier de *Mur*.
MURICES, A. G. pierres. Voyez *Mur*.
MURIES, A. M. habitation. De *Mur*, muraille.
MURIO, faire des murailles, environner de murailles, fortifier. G.
MURIOG, muré. G.
MURIWR, faiseur de murailles. G.
MURMUR, murmure, bruit, murmurer. G. B. De là le Latin *Murmur*, le François *Murmure*, l'Italien *Mormorio*, l'Espagnol *Murmulo*, l'Anglois *Murmure*, l'Esclavon *Murmrajnie*, murmure; de là le Grec *Mormurein*, le Latin *Murmuro*, le François *Murmurer*, l'Italien *Mormorare*, l'Espagnol *Murmurar*, l'Allemand *Murmeln*, le Théuton *Murmolon*, l'Anglois *Murmure*, l'Esclavon *Mermrati*, le Dalmatien *Marmlyati*, le Lusatien *Murovati*, le Hongrois *Morogni*, murmurer. Voyez *Murmura*.
MURMURI, murmurer. B.
MURMURRA, murmure. Ba. Voyez *Murmur*.
MURN, homicide caché, action furtivement faite, embûches; de là *Murnio*, cacher, commettre un crime secrettement, dresser des embûches. G.
MURNDWRN, homicide, homicide secret. Il est probable, dit Davies, que les Jurisconsultes Anglois ont pris ce mot des anciennes Loix Bretonnes, car ils appellent *Murder*, le plus cruel genre d'homicide. G. *Maurdr*, *Maurthr* en Gothique; *Mordur*, *Morter* en ancien Saxon; *Mord*, *Mords* en Allemand; *Mord* en Bohémien & en Polonois; *Murder* en Anglois; *Morderz* en Polonois, homicide, meurtre; *Murdrum*, dans la basse Latinité, homicide, homicide caché; *Mordaniden* en Persan; *Myrthrian* en ancien Saxon; *Murdran* en Théuton; *Myrda* en Islandois; *Myrden* en Danois; *Morduie* en Polonois; *Mordrovati* en Lusatien; *Mordowati* en Bohémien; *Mordre*, *Meurdrir* en vieux François; *Mordrire* en Latin barbare, tuer, faire mourir; *Morder* en Allemand; *Moordenaer* en Flamand; *Mordyr* en Bohémien; *Morderz* en Polonois; *Mordar* en Lusatien, meurtrier, assassin; *Morden* en Persan, mourir; *Mortuus* en Latin, mort. Voyez *Maultr*, *Muntr*.
MURNEISEACH, dorloté, mignardé. I.
MURNIW, qui dresse des embûches. G.
MUROEDD, murs. G. C'est le plurier de *Mur*.
MURRET, A. G. qui distille à petites gouttes. De *Mur*, eau.

MURRIA, muraille. Ba. Voyez *Mur*.
MURRIA, chagrin, tristesse. Ba.
MURRIAN, MURRIANAN, fourmi. C. Voyez *Myr*, *Marien*.
MURRUGHACH, sirène. I.
MURRUSG, rivage de la mer. I.
MURRUTIE, MURRUTTE, muraille. Ba.
MURRUTUA, muré, ceint de murs. Ba.
MURSEN, Dame d'une humeur dédaigneuse. G
MURSEN, efféminé, énervé, amolli de tout genre. G.
MURSENDOD, humeur dédaigneuse, beauté, propreté, élégance, bon goût dans l'habillement, mollesse, état d'un efféminé.
MURSENNAID, efféminé, énervé, amolli de tout genre, délicat, mou, de femme, féminin. G.
MURSENNEIDIO, rendre efféminé. G.
MURSENNOD, joueuses de flutes & d'autres instrumens. G.
MURSYGG, muraille séche. G.
MURT, gelée, consistence. I.
MURTARIUM, A. G. meurtre. Voyez *Multr*.
MURTHAIDHE, marinier. I.
MURTHOLA, le flux, le flot de la mer. I.
MURTILL, pesant. I.
MURTIS, mortaise. I. Voyez *Mortais*, *Mortiz*.
MURU, sommet de montagne, montagne. Ba. Voyez *Buru*, *Mor*.
MURU, copieusement, abondamment. Ba. Voyez *Mor*.
MURUA, fertilité, abondance. Ba.
MUS, le même que *Bus*. De même des dérivés ou semblables. I.
MUS, doucement. B. Il est aussi diminutif, & signifie peu, petit, de même que *Mont*. Voyez *Moushoare* & *Muschoarzin*.
MUS. Voyez *Bychan*.
MUS a signifié lévres, bouche, visage, museau, bec, puisqu'il est la racine de *Musell*, qui a toutes ces significations; d'ailleurs voyez *Muse*, *Musua*, *Mous* en vieux François, museau, groin, & *Mouse*, gueule.
MUS, le même que *Bus*, *Fus*, *Pus*, *Vus*. Voyez *M*.
MUS, le même que *Mas*, *Mes*, *Mis*, *Mos*. Voyez *Bal*.
MUSAL, s'arrêter, s'amuser à causer ou à quelque chose d'inutile. B. De là *Muser* en vieux François; *S'amuser* en François moderne, cesser, demeurer oisif; *Musse* en Allemand; *Musz* en Théuton, oisiveté, cessation de travail; *Mustinari* en Latin, s'amuser; *Mussen* en Allemand, être oisif; *Musardus* dans la basse Latinité, oisif, fainéant, stupide; *Musardie* & *Muardie* en vieux François, paresse; *Musage*, retardement, & *Musart*, fainéant, paresseux, qui s'amuse par tout, qui retarde; *Musa* en Patois signifie être oisif, ne rien faire; *Amuse* en Anglois, amuser, arrêter. Voyez *Musrell*.
MUSALL comme *Musell*. Voyez *Musalyer*.
MUSALYER, museliere. B.
MUSAMPA, camus, camard. Ba.
MUSAN. Voyez *Bychan*.
MUSARDUS, A. M. Voyez *Musal*.
MUSCHOARZIN, sourire. B.
MUSELL, lévre, babine, museau. B. De là ce mot. Il paroit que ce terme par extension a signifié visage, parce que le peuple appelle une *Plamuse* un soufflet, & *Talemouse* un coup de poing sur le visage. Ce mot a encore reçu une plus grande étendue de signification, car on appelle *Muse* en François le bec d'un soufflet à souffler le feu. Voyez *Becq*, *Musellum*, *Musu*, *Musua*.

MUSELLARE,

MUS.   MWG.

MUSELLARE, A. M. mettre une muselière. De *Musell.*
MUSELLEC, lippu, qui a de grosses lèvres. B.
MUSELLUM, MUSELLUS, MUSUM, A. M. bouche d'homme, gueule d'animal, museau, bec. Voyez *Musell.*
MUSER, s'amuser, qui s'amuse, badaud, musard. B.
MUSET. Voyez *Bychan.*
MUSETES, musette. B.
MUSG, musc. I. De là ce mot & l'Anglois *Musk.* Voyez *Musg.*
MUSGRELL, lent, tardif, lâche, poltron, paresseux. G. Voyez *Massal.*
MUSGRELLI, paresse, lenteur, lâcheté. G.
MUSHOARZIN, sourire. B.
MUSHUERZ, souris; *Mushuerzin*, sourire. B.
MUSICA, musique. Ba. *Musicq* en Breton; *Mousike* en Grec; *Musica* en Latin, en Italien & en Espagnol; *Musique* en François; *Musick* en Anglois; *Musica* en Polonois, musique.
MUSICQ, musique. B. Voyez l'article précédent.
MUSIER. Voyez *Bychan.*
MUSON. Voyez *Bychan.*
MUSOS, boire avec sa bouche dans la fontaine. Ba. Voyez *Mus*, *Musu.*
MUSOT. Voyez *Bychan.*
MUSOU. Voyez *Bychan.*
MUSQ, musc. B. Voyez *Musg.*
MUSQUILLA, graine, semence, action de recueillir les fruits. Ba.
MUSQUIRUDIA, caméléon. Ba.
MUSSA, MUZZA, MUSSAT, MUSSEIN, flairer, respirer quelque odeur par le nez. On se sert aussi de ce verbe pour exprimer l'empressement d'un friand pour les friandises & les bons morceaux. Les écornifleurs sont aussi dits *Mussa*, flairer les bonnes tables. Au sens figuré & moral *Mussa* est épier, examiner les actions d'autrui, cherchant l'occasion de critiquer & de blâmer. *Mussa* se dit enfin des chiens de chasse qui flairent sur les voies de la bête qu'ils suivent. On dit *Musser*, flaireur; *Ar-Vusser*, l'écornifleur, le friand; feminin *Musseres.* B. Voyez *Mussair*, *Mussat.*
MUSSA, A. M. lieu marécageux. De *Moss.*
MUSSANTER, A. M. d'une manière couverte, en cachette. Voyez *Muz.*
MUSSE, odorat. B.
MUSSER. Voyez *Mussa.*
MUSSON. Voyez *Bychan.*
MUSSOT. Voyez *Bychan.*
MUST, moût. B. Voyez *Moust.*
MUSTARD, moutarde. I. B. De là *Mustard* en Anglois; *Moutarde* en François. Voyez *Mustard*, *Mustarda.*
MUSTARDA, moutarde. Ba. Voyez *Mustard.*
MUSTARDA, A. M. moutarde. Voyez l'article précédent.
MUSTL, le même que *Bustl.* Voyez *Bumustl.*
MUSU, baiser nom. Ba. Voyez *Musell.*
MUSUA, extrémité, bouche, joue. Ba.
MUSUCONA, soufflet sur la joue. Ba.
MUSUENE, A. M. vexer, fouler. De *Muc* ou *Mus.*
MUSUL, MUSUR, mesure. B.
MUSUM. Voyez *Musellum.*
MUSURAF, mesurer. B.
MUSURROA, masque. Ba.
MUSY. Voyez *Bychan.*
MUSYN. Voyez *Bychan.*

TOME II.

MUT, muet. G. B. Voyez *Mud*, *Mutua.*
MUT, le même que *But*, *Fut*, *Put*, *Vut.* Voyez *M.*
MUT, le même que *Mat*, *Met*, *Mit*, *Mot.* Voyez *Bal.*
MUTA, A. M. table de banquiers ou changeurs. De *Mud.*
MUTA, MUDA, MUTATIO, MUTATICUM, A. M. prix que l'on donne pour changer un fonds. De *Mud.*
MUTA, A. M. mue maladie d'oiseau qui leur fait changer de plumes. De *Mud.*
MUTE, volonté. E. *Muate*, affection de l'ame, & *Zu Mute Seyn*, avoir une affection en Théuton. *Mut* s'est conservé en ce sens dans plusieurs mots composés de la Langue Allemande. *Mutina*, cœur, conscience en Langue de Congo.
MUTHIRIA, effronté. B.
MUTILA, garçon, valet, serviteur. Ba.
MUTILDU, je plume les oiseaux. Ba.
MUTILDUA, qui est sans plume. Ba.
MUTILLA, jeune. Ba.
MUTILTZARRA, jeune homme, vigoureux, robuste. Ba.
MUTIN, mutin. B. De là ce mot.
MUTRUM, A. M. homicide, meurtre. De *Mutir.*
MUTTENN. Voyez *Mutten.*
MUTTER, meurtrier. B.
MUTUA, muet. Ba. Voyez *Mut.*
MUTULI, A. M. tas, monceau de terre. De *Mwdwl.*
MUTUR SOCA, muraille. Ba.
MUTURNIA, mutiler, tronquer. B. Voyez *Murndurn.*
MUTURRE, face, visage, bouche. Ba.
MW, eau. G.
MUVA, lieu de vaches. G. Voyez *Buva*, *Buvan*; qui sont les mêmes.
MWCC, fumée, noir. Voyez *Ysmuccan*, *Brithi Fuchss*, *Mwg* & *Mong.* De là les mots Latins *Mus*, *Musca.*
MWD, arcade, voûte, toît, plancher, plafond, lambris, chambre. G. Il signifie aussi dans la même Langue habitation, logement. Voyez *Cymmwd.* Voyez encore *Bwd*, qui est le même que *Mwd.* *Mwd* paroit avoir signifié couverture en général. Voyez *Bwd.* *Mu*, chapeau en Tonquinois; *Mie*, couvert en Chinois, & *Mien*, maison; *Boeda* en Espagnol; *Bulta* en Dalmatien; *Bolt* en Hongrois; *Vault* en Anglois; *Vouis* en Flamand, voûte.
MWDRAN, bouillie, potage. G. Davies demande si ce n'est point *Mwydran* de *Mwydo.*
MWDWL, tas, amas, monceau. G.
MWDYLW, entasser, amonceler. G.
MWERYN, plus grand. G.
MWG, fumée. G. Davies demande si l'Anglois *Smoake* ou *Smoke* ne vient point de là, comme qui diroit *Ys Mwg*, duquel mot s'est formé le diminutif *Ysmuccan*? Je crois qu'oui. *Smut* en Irlandois, fumée; *Mouh* en Arménien, fumée; *Mog* en Persan, adorateur du feu, selon Gentius, très-sçavant dans la Langue Persane; *Bougsci*, fumée en Malabare; *Magas* en Arabe, brûler; *Bugh* en Turc; *Buchar* en Arménien, vapeur, exhalaison; *Magla* en Esclavon & en Dalmatien, ténèbres; *Magla* en Esclavon; *Mgla* en Dalmatien, vapeur. En Patois de Franche-Comté *Mouchon*, *Mouchot* est un tison éteint & qui est resté noirci du feu. Voyez *Mong*, qui est le même que *Mwg.* Voyez encore *Mucc*, qui est le même que *Mwg.*

A a a

Mwg Y Ddaiar, fumeterre. G. A la lettre fumée de la terre.

Mwganogl, parfum. G.

Mwgodarth, vapeur, parfum. G.

Mwgodarthu, fumer, parfumer. G.

Mwi, *Mui*, plus, davantage. De *Mwi* eſt venu le ſuperlatif *Mwia*; *Ar Mwia*, le plus; *D'Ar Mwia*, au plus, au ſurplus. *Mwia* eſt auſſi un verbe qui ſignifie augmenter, multiplier, exagérer. B. Voyez *Mwy*.

Mwieu, très-grands. G.

Mwithau, plaire. G.

Mwk, cochon dans le dialecte Gallois de l'Iſle de Mona & en Écoſſois ſeptentrional. Voyez *Muc*.

Mwl, Voyez *Bal*.

Mwlch, le même que *Bwlch*. Voyez *M*.

Mwll, évaporé, qui a pris l'évent, qui a perdu ſa force, ſes eſprits, tiéde, devenu tiéde, ralenti, qui exhale une mauvaiſe odeur. G. *Mulaim* en Turc, tiéde.

Mwllny, chaleur. G.

Mwlwg, balayeures. G.

Mwn, manche. G.

Mwn, tout métal foſſile. G.

Mwn, le même que *Craw*; ſelon d'autres le même que *Manteg*. G.

Mwnai, monnoie, argent monnoyé. G. *Moneta* en Latin & en Italien; *Moneda* en Eſpagnol; *Munt* en Flamand; *Muntz* en Allemand; *Money* en Anglois; *Mynce* en Bohémien, monnoie. Voyez *Moneda*, *Monneiz*, *Mounaiz*.

Mwnen, gazon motte de terre avec l'herbe. G.

Mwng, crinière de cheval; crin du cou du cheval. G. *Mane* en Anglois, en Allemand, en Flamand, le crin du cou du cheval. Voyez *Mong*.

Mwngial, parler bas ou entre ſes dents, marmoter, murmurer, gronder entre ſes dents, action de murmurer entre ſes dents, murmure. G.

Mwnt, homme. Voyez *Clermwnt*.

Mwnwgl, cou, gorge, goſier; *Mwnwgl Y Troed*, le cou du pied. G.

Mwr, eau. G. Voyez *Mur*.

Mwrg, le même que *Bwrg*. Voyez ce mot & *M*.

Mwrthwyl, marteau, maillet. G.

Mws, puant, évaporé, qui a pris l'évent, rance, chanſi, moiſi, qui ſent le relent, gâté, corrompu, ſale, plein d'ordures, qui n'eſt pas net, qui ſent le bouc, qui ſent mauvais. G. Voyez *Mous*.

Mws comme *Mwg*. Voyez *Arn*. *Muſta* en Finlandois, noir.

Mwsogl, mouſſe. G. *Muſcus* en Latin; *Moſco* en Italien; *Mohe* en Eſpagnol; *Mos*, *Moſche* en Flamand; *Mueſſ*, *Mos* en Allemand; *Moſſe* en Anglois; *Moh* en Hongrois, mouſſe.

Mwsogli, devenir mouſſeux, chanſiſſure, moiſiſſure. G.

Mwsoglog, mouſſu, cotonneux, plein de duvet ou de poil follet. G.

Mwsoglyd, mouſſu, mouſſeux. G.

Mwstard, *Mwstart*, moutarde. G. *Moſtarda* en Italien; *Moſtaza* en Eſpagnol; *Muſtard* en Flamand; *Muſtert* en Anglois; *Muſtaarmag* en Hongrois, moutarde. Voyez *Muſtard*.

Mwth, le même que *Bwth*. Voyez *M*.

Mwthlan, tendre, délicat, un peu mou. G.

Mwtlai, brodé, tiſſu de fil de diverſes couleurs, étoffe de diverſes couleurs. G. De là *Muſtela*, nom Latin de la murene poiſſon de couleur brune avec de petites taches blanchâtres.

Mwy, plus grand. G. B.

Mwy, plus, davantage, ce qui eſt en plus grand nombre. G. *May* en Auvergnac, plus; *Mir*, fréquent; *Miao*, inſigne, diſtingué, excellent, parfait en Chinois; *May* en Eſpagnol, beaucoup, très-fort. Voyez *Mwi* & l'article précédent.

Mwy, particule excitative, particule d'encouragement, allons, ferme, courage. G.

Mwy, eau. Voyez *Mwyd*.

Mwyach, liévre dans le dialecte Gallois de l'Iſle de Mona. Voyez *Mach*.

Mwyadau, augmentations. G.

Mwyaf, grand, très-grand, le plus grand, ſuprême, le plus haut, qui eſt en très-grande quantité, ce qui eſt en très-grand nombre. G.

Mwyalch, *Mwyalchen*, merle, grive. G. B.

Mwyalchen Y Dwr. Davies n'explique pas ce mot, qui à la lettre ſignifie merle ou grive d'eau. G.

Mwyanni, poſſéder. G.

Mwyar, plus grand. G.

Mwyar, buiſſon. G.

Mwyar, *Mwyaren*, mûre de buiſſon. G.

Mwyar Berwyn, framboiſier ſauvage. G. La phraſe que Davies joint ici, *Ar Ferwyn Y Tyſam*, marque que *Berwyn* ſeul ſignifie auſſi framboiſier ſauvage.

Mwyar Dewan, framboiſier ſauvage. G.

Mwyarbren, mûrier. G.

Mwyarllwyn, buiſſon. G.

Mwyd, aliment, nourriture. G.

Mwyd, action d'humecter, de mouiller, de tremper, de faire tremper dans quelque liqueur, d'imprégner d'un ſuc, macération. G. On voit par ce mot & par *Muiſa*, que *Mwy* ou *Mui* a ſignifié eau. Voyez *Moues*. De *Mwyd* eſt venu le Latin *Humidus*, le François *Humide*. *Moy* en ancien Égyptien; *Moi*, *Mai* en Chaldéen; *Mohi* en Syrien; *Moy* en Arabe, eau; *Mojar* en Eſpagnol, humecter; *Moyſt*, humide en Anglois; *Moat* en Gothique, étang, foſſe d'eau; *Mei* en Siamois, eau; *Mayu*, rivière en Péruan; *My* ou *Muy*, eau en Éthiopien; *Mids*, eau en Japonois.

Mwydiad, arroſement, macération, action de faire macérer quelque choſe dans l'eau. G.

Mwydion, moëlle. G.

Mwydionyn, moëlle, pulpe, moëlle des plantes boiſſeuſes. G.

Mwydo, être mouillé, ſe mouiller, être humecté, humecter, mouiller, mouiller dans l'eau, faire tremper dans quelque liqueur, imprégner d'un ſuc, arroſer. G.

Mwyedig, augmenté, multiplié, comme qui diroit devenu plus grand, fructueux, fructueuſe, qui rapporte. G.

Mwyedigaeth, augmentation, multiplication, excès. G.

Mwygl, tiéde. G.

Mwygled, chaleur. G.

Mwyglen, un peu chaud, un peu tiéde. G.

Mwyglen, courtiſane. G.

Mwyglo, être tiéde, attiédir, faire tiédir. G.

Mwyhaad, grandeur. G.

Mwyhau, augmenter, être augmenté, prolonger, allonger, étendre, multiplier, s'augmenter, s'accroître. G.

Mwylan, affable. G.

Mwyn, débonnaire, clément, poli, doux, civil, affable, complaiſant, indulgent, humain, honnête, obligeant, utilité, avantage, jouiſſance,

MWY. MYG. 187

uſage, uſufruit, prêt, bienfait. G. *Miv*, doux d'humeur en Irlandois; *Minna*, amour, charité en Théuton; *Mui*. utilité; *Mi*, bonté, humanité en Chinois; *Munis* en ancien Latin, officieux, qui aime à rendre ſervice.

MWYN, lieu. G.

MWYN, MWN. tout métal foſſile brut ou non préparé. G.

MWYN. En MWYN, à cauſe. G.

MWYN, utile. Voyez *Anfwyn*.

MWYNAID, bon, doux, affable, obligeant, indulgent, complaiſant, débonnaire. G.

MWYNAIR, plaiſanteries, bons mots, railleries délicates, enjouement. G.

MWYNAIR, le même que *Gwenieithus*. G.

MWYNAS pour *Mwyn*, bienfait. Voyez *Cymmwynas*.

MWYNDER, clémence, politeſſe, affabilité, civilité, complaiſance, douceur, honnêteté, manière obligeante, air gracieux. G.

MWYNDLWS, agréable, joli, mignon, qui a de la grace. G.

MWYNEID, douceur, humanité. G.

MWYNEIDDLAN, plein de douceur, fort civil, très-poli. G.

MWYNEIDDRWYDD, généroſité, bonté. G.

MWYNEN, un peu polie. G.

MWYNGELLWAIR, plaiſanteries, bons mots, enjouement, raillerie fine, délicate, polie. G.

MWYNGLAWD, minière. G. B. A la lettre, foſſe de métal.

MWYNHAU, avoir, jouir, ſe ſervir. G.

MWYNIAITH, careſſes, flateries, douceurs, paroles obligeantes, qui a le parler agréable, parler agréable, douceur de langage. G.

MWYNIANT, poſſeſſion, fruit, produit, uſufruit. G.

MWYNWR, mineur, ouvrier qui travaille aux mines. G.

MWYO, augmenter, multiplier, abonder. G.

MWYS, équivoque, ambigu. G.

MWYS (GAIR MWYS & GAIR AMWYS, parole à double ſens, parole équivoque. G.

MWYSAIR, amphibologie. G.

MWYTH, mou. Voyez, dit Davies, ſi ſon pluriel eſt *Mwythau* & *Moethau*, qui ſignifient délices; de là *Mwythus* & *Moethus*, un peu mou, un peu délicat; de là *Eſmwyth*, comme qui diroit *Ys Mwyth*; d'où vient l'Anglois *Smoothe*. G. On voit par ce que dit Davies, que *Mwyth* eſt le ſynonime d'*Eſmwyth*, *Ys-Mwyth*. De *Mwyth* eſt venu le Latin *Mitis*.

MWYTHAU, molleſſe, douceur, condeſcendance, facilité. G.

MWYTHUS, efféminé, énervé, amolli de tout genre, qui aime les femmes. I.

MWYTHUSDER, molleſſe. G.

MUY, encore, plus, davantage. B. *Bui* en Tonquinois, multitude, grand nombre, pluſieurs. Voyez *Mwy*.

MUYOCH, plus, davantage. B.

MUZ, cage. B.

MUZ, mue. B. De là ce mot. Voyez *Mud*, *Mudo*.

MUZ, moitié, à demi, doucement. B.

MUZ, cacher, couvrir. Voyez *Muzcompi*. *Muo*, *Muſſo* en Grec; *Muſſo*, *Muſſare* en Latin; *Muſſer*, *Mucer* en vieux François, cacher; *Muſſe* en vieux François, cachette; ce terme eſt encore en uſage parmi les Payſans de Franche-Comté, qui appellent *Muſſe* un lieu propre à cacher quelque choſe.

Les Vallons & les Picards, diſent *Mucher* pour cacher. *Mucheeb*, en cachette en Stirien & en Carniolois; *Mutz*, cappe, ſurtout; *Mutze*, bonnet, couverture de tête en Allemand; *Moſſelen* en Flamand; *Miskeine* en Eſclavon, coquille.

MUZ-EVA, buvoter, faire ſemblant de boire. B.

MUZADUR, mue. B.

MUZCOMPI, parler en termes couverts. B. *Comps* ou *Comp*, parole; *Muz* par conſéquent cachée, couverte.

MUZELL, lèvre; pluriel *Muzellou*. B.

MUZELLEC, lippu qui a de groſſes lévres. B.

MUZHOARZIN, ſourire, & par extenſion rire. B.

MUZORROA, maſque. Ba.

MUZTIA, mût. Ba.

MUZUR, meſure. B.

MY, moi. B.

MY. Voyez *Bychan*.

MYANNEIN, miauler. B.

MYAOUAL, MYAOUI, miauler. B. Ces mots ſont des onomatopées.

MYCH. Voyez *Bychan*.

MYCH, grand, ſupérieur. Voyez *Mychdeyrn*.

MYCHAN. Voyez *Bychan*.

MYCHDEYRN, le même que *Mechdeyrn*.

MYCHEDYN, général. G. C'eſt le même que *Mychdeyrn*. Voyez ce mot.

MYCHET. Voyez *Bychan*.

MYCHON. Voyez *Bychan*.

MYCHOT. Voyez *Bychan*.

MYCHOU. Voyez *Bychan*.

MYCHYN. Voyez *Bychan*.

MYDD, ſorte de vaſe à mettre du vin. G. Voyez *Modd*.

MYDD, renouée, ſanguinaire, ſang de dragon. G.

MYDR, meſure vers. G. B. Voyez *Medr*.

MYDR, nombre, cadence, proportion du mouvement. G. Voyez l'article précédent.

MYDRIAD, verſification. G.

MYDROL, qui a du nombre, de la cadence. G.

MYDRONDOD, ſtupidité. G.

MYDRONDOD, le même que *Madrondod*. G.

MYDRWR, verſificateur. G.

MYDWALEDD, parole, action de parler, éloquence, langue, G.

MYDWRAIG, le même que *Bydwraig*.

MYFI, je, moi, moi-même. G.

MYFYR, penſif. G.

MYFYRDOD, méditation, réfléxion. G.

MYFYRIO, méditer, réfléchir, ſe rappeller. G.

MYFYRIOL, penſif G.

MYG, honoré, glorieux; on lit quelquefois *Myng*. G. *Megas*, grand en Grec.

MYG, honneur, gloire. Voyez *Dirmyg*, *Edmyg*.

MYG-DWYN, qui jette de la fumée. G. Voyez *Mwg*.

MYG-MAG, confuſément, pêle-mêle. G. *Mic Mac* s'eſt conſervé dans notre Langue en ce ſens.

MYGDARTH, vapeur. G.

MYGDARTHIAD, parfum. G.

MYGDARTHU, fumer, enfumer, faire de la fumée par deſſous, parfumer, encenſer, exhaler, jetter de la fumée par la bouche. G.

MYGED, honneur, gloire, honoré, glorieux. G. *Magad* en Arabe, il fut glorieux, il fut glorifié; *Meged* en Hébreu, choſe louable, choſe précieuſe.

MYGEDAWG, honoré. G.

MYGFA, tuiau de cheminée. G.

MYGFAEN, ſouffre. G.

MYGIAD, suffocation. G.
MYGIL, chaud. G.
MYGILDER, chaleur. C.
MYGLIW, de couleur tannée, minime, enfumée, brun. G.
MYGLYD, qui jette de la fumée, plein de fumée, qui fume. G.
MYGN, boue, fange, limon. G.
MYGR, beau, éclatant, brillant. G. *Mithra* en ancien Persan, soleil, lune ; *Mihr* en Persan signifie encore le soleil. Les Grecs n'ayant point de lettres pour exprimer l'*h* Persan, se servoient du *th*. *Myhr* est le même que *Mygr*, l'*h* & le *g* se mettant l'un pour l'autre. De *Mygr* est venu le Latin *Mico*.
MYGU, fumer, suffoquer, étouffer. G.
MYGYDARTH, MYGDARTH, vapeur, exhalaison, parfum, encens. G.
MYGYDFA, puanteur, exhalaison puante. G.
MYH. Voyez *Bychan*.
MYHAN. Voyez *Bychan*.
MYHAREN, petit cochon qui commence à ne plus téter. G.
MYHERYN, béliers. De *Maharen*. G.
MYHET. Voyez *Bychan*.
MYHON. Voyez *Bychan*.
MYHOT. Voyez *Bychan*.
MYHOU. Voyez *Bychan*.
MYIN, pierre. C. Voyez *Maen*.
MYLLNI, chaleur, ardeur. G.
MYLLT, béliers. G.
MYMMOG, mere dans le dialecte Gallois de l'Isle de Mona. Voyez *Mam*.
MYMPWY, volonté, fantaisie, gré, sentiment, opinion. G.
MYMRYN, atome, minutie, chose de peu de conséquence, petite chose, miette, petit morceau, petite partie, particule négative. G.
MYN, adverbe de jurement, en vérité, par ; *Myn Duw*, par Dieu ; on dit aussi *Ym*. G. *Amen* en Hébreu, en vérité.
MYN, eau, rivière. G.
MYN, montagne. G. *Emin* en Turc, préfet, préposé.
MYN, doux. I.
MYN, pierre, mine souterraine. B.
MYN. Voyez *Bychan*.
MYN, jonc. Voyez *Mynci*.
MYN, homme. Voyez *Ellmyn*.
MYN pour *Mwyn*. Voyez *Mynawg*.
MYNACH, Moine. G. C'est le même que *Manach*.
MYNACHDY, monastère. G.
MYNACHES, le même que *Manaches*. G. *Mynecens*, *Mynicens* en ancien Saxon ; *Mynneken* en Anglois, Religieuse.
MYNACHLOG, MYNACHDY, monastère. G.
MYNACHLYS, monastère. G. Ce terme étant synonime à *Mynachlog* & *Mynachdy*, *Lys* doit donc être synonime à *Log* & à *Ty*.
MYNAG, indice, narration, indication, récit, dénomination, action de faire sçavoir, action de montrer, action d'énoncer quelque chose, d'en porter la nouvelle. G.
MYNAGFYS, le doigt indice. G. *Mynag Bys*.
MYNAGWRAIG, femme qui apporte quelque nouvelle. G.
MYNAN, chevreau. C.
MYNAWG, doux, débonnaire, généreux, affable, complaisant, civil, poli, obligeant, bon, excellent. G. Voyez *Mwyn*.

MYNAWYD, alêne. G. B.
MYNAWYD Y BUGAIL, bec de gruë plante. G. A la lettre, alêne des enfans.
MYNCI, corde de joncs. G. *Ci* de *Cyd* est une particule d'union ; *Myn* paroit donc signifier jonc. *Siblen*, longue corde de filoutier ; *Such*, corde pour amarrer les vaisseaux ; *Syg*, chaîne.
MYNCI, collier de cheval où l'on attache les trais avec lesquels il tire. G.
MYNCOG, bruyére. G.
MYND, montagne. G. Voyez *Mendia*, *Myn*, *Mynydd*.
MYND, aller comme *Mynedd*, dont il est une crase. G. Voyez *Mont*, *Monet*.
MYNE, montagne ; pluriel *Myneau*. B. Voyez *Mynd*, *Myneu*.
MYNECH, dernier. G.
MYNED, montagne. G. Voyez *Mynd*.
MYNED, aller, partir, marcher ; *Myned At*, aller à ; *Myned Oddiwrth* ; *Myned Ymait*, sortir, G. Voyez *Mynd*.
MYNED AR DDIFANCOLL, s'abolir, se passer, se détruire. G. A la lettre, aller à sa perte, à sa destruction.
MYNEDIAD, allée, venue, marche, approche, chemin, sentier, avenue, passage. G.
MYNEGAI, qui indique, qui raconte. G.
MYNEGAWL, indicatif. G.
MYNEGI, indiquer, annoncer, narrer. G.
MYNEGIAD, indication, description, action de faire sçavoir, action de nommer, action de montrer, déclaration, relation, récit, répétition. G.
MYNEGUR, qui indique, qui montre, messager, qui apporte quelque nouvelle. G.
MYNEGWR, envoyé. G.
MYNEGYDD, qui découvre, qui montre, qui apporte quelque nouvelle. G.
MYNESTR, le même que *Menestr*. G.
MYNFYR, espèce de pelisse. G.
MYNG, le même que *Myg*. G.
MYNGEN, crins de chevaux. G.
MYNGEN, le même que *Mwng*. G.
MYNGIAL, le même que *Mwngial*. G.
MYNGOG, qui a des crins ou longs poils sur le cou. G.
MYNGUS, bègue, qui parle bas ou entre ses dents, qui gronde, qui murmure, en grondant, en murmurant, en parlant bas entre ses dents, G.
MYNGWAIR, collier d'attache. G.
MYNN, chevreau. G. B.
MYNN, entre. G.
MYNN DUW, terme pour jurer. G.
MYNNAN, chat. C. De là le nom de *Minou* que nous donnons à cet animal.
MYNNER, petite chevre. G.
MYNNEU, hautes montagnes. C. Voyez *Myn*.
MYNNU, volonté, vouloir. G.
MYNNUD, vouloir. G.
MYNNYN, MYNNEN, petit chevreau, petite chevrette. G. *Mynn*, *Yn*, *En diminutifs*.
MYNNYN, chevreau. G.
MYNOGI, affabilité, politesse, air gracieux, manières obligeantes, douceur, générosité, humanité. G.
MYNOGRWYDD, le même que *Mynogi*. G.
MYNOR. MAEN MYNOR, MYNOR FAEN, marbre. G. *Maen*, pierre ; *Myner* doit donc signifier tacheté, la qualité de la chose le demande ; d'ailleurs *Myner* doit venir de *Mwnn*, qui est le même que *Bwnn*, tache.

MYNU.

MYN, haut, en haut. Voyez *Fynu* & *Mynneu*.
MYNUDREWYDD, mœurs. G.
MYN'WAUR. Voyez, dit Davies, si c'est *Myngwair*, collier de cheval où l'on attache les traits avec lesquels il tire. G.
MYNWENT, cimetière. G.
MYNWES, sein, sinuosité. G.
MYNWESU, insinuer, faire entrer dedans. G.
MYNYCH, assidu, fréquent, fréquemment. G.
MYNYCHBOERI, cracher souvent. G.
MYNYCHDANGOS, montrer souvent. G.
MYNYCHDEIMLO, manier souvent, toucher souvent, manier, toucher. G.
MYNYCHDER, multitude, quantité, grand nombre. G.
MYNYCHDRIN, toucher, manier souvent. G.
MYNYCHDROI, fréquenter. G.
MYNYCHED, fréquent usage. G.
MYNYCHFERWI, cuire souvent. G.
MYNYCHGYFNEWIDIO, changer fréquemment. G.
MYNYCHGYFWRD, toucher souvent. G.
MYNYCHIAITH, répétition ennuyante dans le discours, cadence de musique, fredon. G.
MYNYCHLEF, MYNYCHLEFAIR, répétition ennuyante dans le discours. G.
MYNYCHU, fréquenter, être ordinairement. G.
MYNYCHWNEITHUR, faire souvent. G.
MYNYD, montagne. G. B. Voyez *Mynd*.
MYNYDD, lieu. C.
MYNYDD-DIR, pays montueux. G. *Tir*.
MYNYDD-DRIG, qui habite les montagnes. G.
MYNYDDAWL, de montagne. G.
MYNYDDGRWYDR, qui erre sur les montagnes. G.
MYNYDDIG, de montagnes, montagnard, montueux, montueuse, plein de montagnes, sauvage. G.
MYNYDDOED, montagnes. G.
MYNYDDYG, montueux. G.
MYNYGLDLWS, collier. G.
MYNYGLOG, esquinancie, vertige. G. De *Mwnwgl*.
MYNYGLWISG, gorgerette. G. *Mwnwgl Gwisg*.
MYNYTH, montagne. G. Voyez *Mynydd*.
MYR, fourmi. G. B. *Myra* en Tartare de Précop; *Myra* en ancien Saxon; *Maar* en ancien Scandinave; *Myra* en Islandois & en Danois; *Mier* en Flamand; *Murmex* ou *Myrmex* en Grec; *Mur* en Persan; *Mahre* en Allemand, fourmi.
MYR, plurier de *Mor*, mer. G.
MYR, le même que *Myrein*, *Miret*. Voyez *Dimmyr*.
MYRDD, le nombre de dix mille. G.
MYRE, voir. Voyez *Rhabyre*.
MYRTWYDDEN, myrte. G.
MYRYDD, le même que *Merydd*. G.
MYS. Voyez *Bychan*.
MYSAN. Voyez *Bychan*.
MYSB, pierre, rocher. G.
MYSC, entre. G.
MYSET. Voyez *Bychan*.
MYSG, mélange, en mêlant parmi, avec, entremêlant, pêle-mêle; *Ym Mysg*, entre. G.
MYSGU, mêler. G. *Masach* en Hébreu; *Mezeg* en Punique; *Misceo* en Latin; *Meschiare* en Italien; *Mezclar* en Espagnol; *Mischen* en Allemand; *Mengen* en Flamand; *Mixe* en Anglois; *Michati* en Bohémien, mêler; *Mizga*, mélange en Chaldéen; *Ameasg* en Irlandois, parmi, entre.
MYSGU chez une partie des Gallois, délier, dénouer, détacher, dissoudre, désunir, séparer. G.
MYSON. Voyez *Bychan*.
MYSOT. Voyez *Bychan*.
MYSOU. Voyez *Bychan*.
MYSP, mer. G.
MYSSAING, fouler aux pieds. G.
MYSSEING, action de fouler aux pieds. G.
MYSSON. Voyez *Bychan*.
MYSTRYCH, mois des femmes. G.
MYSWYNOG, vache. G.
MYSYN. Voyez *Bychan*.
MYTH, le même que *Byth*. Voyez ce mot & *B*.
MYTHION, plurier de *Mwth*. G.
MYTHU, le même que *Mithu*. Voyez *Difmythu*.
MYTRA, myrte. B.
MYTTYNAID, délicat. Voyez *Anfytyniaid*.
MYWION, insectes à six pieds. G. Voyez *Mywyonyn*.
MYWN, dans. G.
MYWYONYN, fourmi; plurier *Mywion*, mieux *Bywion*, comme je l'ai lu par-ci, par-là, dit Davies. G. L'un & l'autre est bon, le *b* & l'*m* se mettant l'un pour l'autre. Voyez *B*.

N

 Se met en Breton à la tête du mot. *Eff* & *Neff*, le Ciel, &c. Cela vient de ce que *N* eſt la craſe d'*An*, article qui ſe met à la tête du mot comme les articles *Es*, *Ys* & *S* par craſe : Il en eſt de même en Irlandois. *Nathair*, *Athair*, ſerpent, &c. Il en eſt de même en Gallois, *Ycha Nycha*, voilà, &c. On trouve cet uſage dans le Celtique dès les temps les plus reculés. Voyez *Ant* & *Nant*. Il ſ'eſt conſervé non ſeulement dans tous les dialectes de cette Langue, ainſi qu'on vient de le faire voir, mais encore dans le vieux François, formé pour la plus grande partie du Celtique ; car nous liſons dans la deuxième complainte ſur la mort de la Comteſſe de Charolois *Nalaine* pour *Halaine*. Le peuple dit encore en quelques Provinces du Royaume *Noiſeau* pour *Oiſeau*. *N* s'ajoûte ou s'omet indifféremment au commencement du mot en Albanois : *Der*, *Nder*, entre.

N & *D* ſe mettent l'un pour l'autre en Gallois ; *Den*, *Nen*, ſommet ; *Dan*, *Nan*, rivière ; *Dan*, *Nan*, vallée, profond ; En Breton *Daoulin*, *Naoulin*, les deux genoux ; *Dor*, *Nor*, porte.

NA, ſelon Baxter, étoit chez les anciens Bretons la marque du génitif, comme il l'eſt encore chez les Irlandois & les Écoſſois.

NA, non, ni. G. I. B. *Na*, particule négative en Perſan & en ancien Saxon ; *Ne* en Latin. *Nat*, *Nau*, rien en ancien Provençal. Voyez *Ne*.

NA, conjonction élective. G.

NA, conjonction copulative. G. C'eſt *a* avec l'*n* paragogique.

NA, adverbe pour ſouhaiter. G. Voyez *Nai*.

NA, *Nan*, article du génitif. E. I.

NA, à, touchant, de, du, des, par, entre, pour, à cauſe, dehors, depuis. I.

NA, dans. I.

NA ſert en interrogation, & vaut autant qu'en Latin *Neque*, compoſé de *Nec* ou *Ne*, & *Que* pour *Et*, & que le François *& non pas* en interrogeant. On demande à un homme : *A C'hwi So Iec'h?* Etes vous ſain ? Il répond, *Hia*, oui ; & il interroge à ſon tour : *Na Chwi?* Et vous ? A la lettre, & non pas vous ? L'autre réplique : *Ha Me Iwez*, & moi pareillement. Ce *Na* eſt donc pour *Na Ha*, *Na Han* &, ou *Non &*. On dit encore en interrogeant par articles : *Na C'hwas ?* & encore ? & de plus ? Les Bretons qui parlent François, gardant leurs tours de phraſes, diſent : *Ne Vous ?* ni vous ? pour & vous ? B.

NA, *NAG*, que dans les comparatifs. G.

NA DDO, nullement, point du tout. G.

NAASMENA, mélange. Ba.

NAASSI, mêlé, brouillé, en tumulte ; *Nahaſte-ca:nendua*, ſédition, tumulte. Ba.

NAB, fils. C. Voyez *Ab*, *Mab*.

NAB. Voyez *Ab*.

NABARBENDU, je me découvre. Ba.

NABARDURA, variété, diverſité, différence. Ba.

NABASQUI, peut-être. Ba.

NABATAE, A. G. enfans nés d'adultére. Voyez le mot ſuivant.

NABATSA, horrible, exécrable, abominable. Ba.

NABLA, eſpèce d'inſtrument de muſique. Ba.

NABUSSI, maître, Seigneur. Ba. *Nyb*, *Neb*, Seigneur en Cophte, & *Naaſ*, ce qui eſt plus excellent, plus éminent dans la même Langue ; *Nebel*, Seigneur en Perſan ; *Naba* en Arabe, exceller, être élevé. Le ſommet du mont Abanin eſt appellé *Nebo*. Nebo, ville de Moab, ſemble avoir été ainſi appellée de la hauteur de ſa ſituation. Je conjecture que *Nabu* ou *Nabo* ſignifioit Seigneur, Prince, Souverain dans la Langue des Aſſyriens, parce que ce terme entre dans la formation du nom de pluſieurs de leurs Rois, comme *Nabuchodonoſor*, *Nabopolaſar*, *Nabonaſar*. *Nabab* en Indien, Roi, Souverain. Voyez *Naf*, *Neff*, *Neb*.

NAC, non, ni. G. B. Voyez *Nach*.

NAC, conjonction copulative. G. Voyez *Na*, *Nag*, conjonctions copulatives.

NACAITSA, refus. Ba. Voyez *Nac*, *Naccau*.

NACANA, tache, défaut. Ba. Voyez *Nac*.

NACAT, cacher. B. Voyez *Nach*.

NACCAU, nier, refuſer. G. Voyez *Nac*. De là *Naſlieux*, mot qui ſe dit à Paris d'un homme qui fait difficulté de manger avec des gens mal-propres.

NACH, non, I. B. Voyez l'article ſuivant.

NACH, nier, recéler, cacher, couvrir. B. *Nach* ſignifiant cacher comme *Cel*, *Cil*, *Cus*, doit auſſi ſignifier cachette, caverne comme ces mots. *Hhanas* en Chaldéen & en Arabe, cacher ; *Nha*, maiſon en Tonquinois ; *Nanh*, maiſon en Tartare du Thibet ; *Nanza*, maiſon en Langue de Congo ; *Nava* en Eſpagnol, chaumière, habitation de berger ; *Nacar* en Arabe, négation. Voyez *Nag*, *Nac*, *Naz*.

NACH, haut, le haut, élévation, montagne, cime. B. *Naſa*, élever en Hébreu ; *Naſi*, Prince dans la même Langue ; *Naaſſ* en Éthiopien, s'élever, être élevé ; *Naſſ* en Arabe, Prince ; *Naſia* en Chaldéen, Prince ; *Naſith*, élévation des mains, Principauté dans la même Langue ; *Naſir* en Perſan, prépoſé, intendant ; *Anax* en Grec, Seigneur, Prince, Roi ; *Na*, ſur, deſſus en Moſcovite ; *Nagge*, grand en Hongrois. On nommoit en vieux François *Naches* les feſſes, apparemment à cauſe de leur élévation. On appelle en Franche-Comté *Nasse* un faisceau de joncs que les jeunes gens mettent sous eux pour les soutenir sur l'eau & pour apprendre à nager. Voyez *Neach*.

NACHA, non. I.

NACHAB, NACHAF, terme pour indiquer. G.

NACHET, nié, refusé. B.

NACHMOR, presqu'isle. I.

NACQAT, cacher. B. *Nagal* en Persan, logis, caverne; *Nak* en Hébreu, caverne; *Nha* en Tonquinois, maison; *Nao*, habiter en Grec.

NACQAT, nicher. B. Voyez *Nach*.

NACQES, le même que *Lacqés*. Le Président Fauchet, *l. 1* de l'origine des armoiries, *c. 1*, dit que cent ans avant lui on avoit commencé à nommer les valets de pied *Laquets* & *Naquets*.

NAD, non. Ce mot se met après les verbes. G.

NAD, hurlement, cri lamentable, son, bruit, cri. G. *Nida* en Arabe, cri.

NAD, fesse. I. Le *t* & le *d* se substituant mutuellement, on a dit *Nat* comme *Nad*; de là le Latin *Nates*, le vieux François *Nates*.

NADAR, couleuvre, serpent. C. Voyez *Nathair*, *Nadder*, *Nairach*. *Nadur* en Runique & en Islandois; *Nadr* en Gothique; *Natr* en Théuton; *Nadr* en ancien Saxon; *Natter* en Allemand, serpent.

NADDAI, doloire. G.

NADDER, serpent. G. Voyez *Neidr*, *Nathair*, *Nadar*.

NADDIAL, doler fréquemment. G.

NADDION, copeaux, rognures. G.

NADDLE, carrière endroit où l'on taille la pierre. G.

NADDO, non. G.

NADDU, doler. G. Il paroit par *Naddion*, *Naddur*, *Naddle*, que ce terme a été étendu à signifier couper en général.

NADDUR, qui taille, qui polit. G.

NADDWR CERRIG, tailleur de pierre. G.

NADDYR, serpent. C. Voyez *Nadder*.

NADHAS, bien. I.

NADOE, NADOES, NADOS, aiguille, broche de tricoteuse. B.

NADOLIG, jour de la naissance, present ou régal qu'on faisoit à ses amis le jour de sa naissance. G. Voyez *Nodelec*.

NADOS, NADOZ, NADOUE, NADOËZ, aiguille à coudre. B. *Nadoel*, *Nadel*, *Natel* en Allemand; *Nethls* en Gothique; *Naedle* en ancien Saxon; *Naaal* en Danois; *Naal* en Islandois; *Noedle* en Flamand; *Nedle* en Anglois, aiguille. Voyez *Nodwydd*.

NADOS-AEZR, NADOZ-AEZR, petit serpent fort menu, un anvain ou autre espèce semblable. Ce nom est encore donné à une sorte de mouche fort longue & déliée. B. A la lettre, serpent-aiguille. Voyez *Nadoz-Aer*.

NADOUE, style pour écrire. B.

NADOUEYOUR, aiguiller. B.

NADOZ-AER, papillon, aiguillon de serpent, langue médisante. B. Voyez *Nados-Aezr*.

NADOZYER, faiseur d'aiguilles. B.

NADROEDD, pluriel de *Neidr*. G.

NADU, sonner, faire du bruit, crier. G.

NADZEDD, aiguille. C.

NAEMH, saint. I.

NAEN, grand-mere. B. Voyez *Nain*.

NAES, préjudice. B. Voyez *Nech*.

NAET, net. B.

NAETH, a fait. G.

NAETHFERCH. GWAS NAETHFERCH, servante. G.

NAEEUS, offensant, qui porte préjudice. B.

NAF, Seigneur, Seigneur créateur. G. Voyez *Nabussi*.

NAF, coupé. G. Il signifie aussi défaut, faute, manquement, manque de quelque membre, tache. Voyez *Dinaf*, *Dianaf*. L'*v* & l'*f* se mettant l'un pour l'autre, on a dit *Nav* comme *Naf*, ainsi qu'on le voit par les anciens mots François *Nafrer*, *Navrer*, blesser. L'*m* & l'*f* se mettant l'une pour l'autre, on a dit *Nam* comme *Naf*: Effectivement *Nam* en Breton signifie estropié. De *Naf*, coupé, peut être venu le nom de la néfle, fruit qui a la figure d'une petite poire coupée par la moitié.

NAFF, faim. B.

NAFF, neuf nombre. B.

NAFFEN, faim. B. Voyez *Newyn*.

NAFFNA, affamer. B.

NAFFENEC, habituellement affamé, famélique. B.

NAFFYNNAFF, être pressé de la faim, mourir de faim. B.

NAG, non, ni, sans, négation, refus. G. De là le Latin *Nego*. *Nagge*, non en Groenlandois; *Ngongo*, non en Langue de Congo; *Nagairer*, tromper en vieux François.

NAG, conjonction élective. G.

NAG, conjonction copulative. G. C'est *Ag* avec l'*n* paragogique.

NAG, refus. B.

NAG, avare. Voyez *Dinag*.

NAG E, non, nullement, point du tout. G.

NAGA, abominable, détestation, exécration. Ba.

NAGA, NARDA, soulevement de cœur. Ba.

NAGAGARRIA, abominable, exécrable. Ba.

NAGATSU, j'abhorre, je déteste, j'ai du dégoût. Ba.

NAGATZA, horrible, exécrable. Ba.

NAGATZURO, abominablement. Ba.

NAGEA, négation, refus. G.

NAGEA, refuser. B.

NAGEB, particule négative. G.

NAGEF, particule négative. G.

NAGHAID. A NAGHAID, contre. I.

NAGON, dessous, après. Ba. *Nach* en Allemand; *Nah* en Théuton, après; *Nai* en Chinois, après.

NAGUENN, contestant, celui qui conteste pour des choses legères, homme de mauvaise humeur. B. De là le vieux mot François *Naqueter*, contester pour des choses legères. De ce mot par extension on a fait *Naquets* qui signifie en notre Langue une femme qui vend de la toile en détail, qui vend de la toile par petites pièces, *Naqueter*, terme de jeu de paume, être le second, le moindre joueur dans une partie de paume. *Naquais*, *Naquets* a aussi signifié un vaurien, un coquin en vieux François.

NAGULA, lent, paresseux, oisif, hébété, stupide, poltron, paresse. Ba.

NAGUIQUERIA, paresse. Ba.

NAGUITASUNA, paresse. Ba.

NAGUSIA, supérieur, principal, plus grand, ministre, Abbé. Ba. On donne à l'Empereur des Abyssins le nom de grand *Negus*, c'est-à-dire en cette Langue grand Roi; *Negu* en Indien, Roi; *Nag* en ancien Indien; *Nage* en Éthiopien, montagne; *Nagy* en Hongrois, grand, grand outre mesure; *Nagad* en Chaldéen, colline; *Ngao* en Chinois, orgueil, orgueilleux; c'est hauteur, haut au figuré. Voyez *Nach*, *Neach*.

NAGUSIA, hôte, hôtesse. Ba.

NAGUSTU, je crois, j'augmente, je m'agrandis, je m'accrois. Ba.

NAH, négation, dénégation. B.

NAH, le même que *Nach*. Voyez la dissertation préliminaire sur le changement des lettres.

NAHASCARRIA, corrupteur. Ba.

NAHASSI, mêlé, qui a mêlé. Ba.

NAHASTEA, mêlé. Ba.

NAHASTECAMENDU, inconstance, ou plutôt trouble. Ba.

NAHKIN, dénier, refuser, disconvenir, renoncer. B.

NAHEN, selon le nouveau Dictionnaire que je cite souvent, est liette, mot François qui m'est inconnu & qui ne paroit pas dans nos Dictionnaires. Au Pays de Vannes *Nahenn* est une tresse, un cordon tressé, que l'Auteur de ce nouveau Dictionnaire aura voulu nommer liette, comme servant de lien ou ligature. Les Vennetois font de *Nahenn*, *Nahennein*, tresser; *Nahennein An Blaau*, tresser les cheveux. Cet article est pris de Dom le Pelletier. Le Pere de Rostrenen explique *Nahen* par bande de tête, tresse, lacet plat. B.

NAI, neveu. G. B. *Nehhedh* en Hébreu; *Nepos* en Latin; *Nipote* en Italien; *Nieto* en Espagnol; *Neve* en Flamand, neveu.

NAI, vouloir verbe, volonté, aimé, chéri. Ba. *Na* en Hébreu, veuillez. Voyez *Na*.

NAI, pour *Ne*, couleur. Voyez *Twinai*. *Ne* de *Gne*.

NAI FAR NAI, arrière-petit-fils du fils ou de la fille. G.

NAIBAGUEA, involontaire. Ba.

NAICARIA, favori, agréable. Ba.

NAID, refuge, asyle, protection. G.

NAID, saut. G.

NAID, le même que *Nad*, son, bruit, cri. G.

NAIDARRA, édit, décret. Ba.

NAIDE, non, rien, bagatelles. I. Voyez *Nad*.

NAIDEN, canal d'eau, eau coulante dans un lit ou canal. B.

NAIDETA, félicitation. Ba.

NAIERAGUILLEA, concupiscence. Ba.

NAIF, nager. I. Voyez *Nawf*, *Neuff*. *Naah* en Hébreu, *Necho*, *Neo* en Grec; *Natare* en Latin; *Nuotare* en Italien; *Nadar* en Espagnol; *Nager* en François, nager.

NAIGABEA, tribulation, douleur. Ba.

NAIGOA, passion, avidité excessive. Ba.

NAIHUEIN, maléfice. Ba.

NAILL ou particule disjonctive, soit, ou bien, un des deux, le premier; *T Naill*, autre en tout genre. G.

NAILLDU, un des deux côtés. G. *Naill Tu*.

NAIMHDE, ennemie. I.

NAIN, aïeule. G. Voyez *Nanns*.

NAIN, coupé. G. Voyez *Nam*.

NAING, mere. I. Voyez *Nain*, *Nan*. De là le terme enfantin *Nannan*.

NAIPEA, carte à jouer. Ba. *Naypes*, cartes en vieux Espagnol. De là le terme *Naibis* que l'on trouve dans la vie Latine de Saint Bernardin, qui signifie des cartes à jouer & non pas un cornet comme l'ont cru les continuateurs de Bollandus & les nouveaux Éditeurs de Ducange.

NAIQUIDA, contention. Ba.

NAIRASK, serpent. I. *Nahas* en Hébreu; N en Malabare, serpent. Voyez *Nadar*.

NAIAS, honte, disgrace, deshonneur, tort, p judice, pudeur. I.

NAIREACH, *NAIRIOCH*, abjet, méprisab bas, honteux, lâche, vilain, infame, malhonn chaste, pudique. I.

NAIRIGHTE, honteux, confus. I.

NAIRIHGAD, faire honte à quelqu'un, le ren confus. I.

NAIRIOCH. Voyez *Naireach*.

NAISIUNTA, national. I.

NAITAGOA, volontaire. Ba.

NAITAS, de plein gré. Ba.

NAITZA, bienveillance. Ba.

NAIZ, voulant, désirant. Ba.

NAIZTEA, épitrope figure de Rhétorique. Ba.

NAL, un des deux. G.

NALE, *NALBEAN*, long. I.

NALL, le même que *Naill*. G.

NALL, le même que *Neal*. De même des dérivés ou semblables. I.

NAM, exception, faute, délit, coupé. G. *Nam* en Breton, exception, défaut, tache, vice, blâme, coupé, estropié. Il signifie aussi en cette Langue ôté, aboli, ainsi qu'on le voit par le verbe *Namein*, qui en est formé. *Nim* en Persan, demi, à moitié; *Noms* en Cophte, diviser, couper, séparer; *Nemo* en Grec, diviser, partager; *Anam*, sans en Arménien; *Naenas*, je diminue en Tartars Calmoucq & Mogol; *Tnem*, celui qui tue en Étrusque, en Égyptien guerrier; *Nem* en Hongrois, non; *Neimati*, *Nimati*, manquer, être dans le besoin en Esclavon & en Dalmatien; *Nemio* en Esclavon, cruel; *Nim* en Dalmatien & en Croatien; *Niemi* en Polonois; *Nemy* en Bohémien; *Nemi* en Lusatien; *Nema* en Hongrois, muet; *Nimadi*, particule privative, rien, je n'en ai point en Galibi; *Nommé*, tomber dans la même Langue. Voyez *Naf*, *Namm*, *Namn*, *Nan*.

NAM, exception, défaut, tache, vice, blâme, coupé, estropié. B.

NAM, défaut, manquement, imperfection, privation, tache, manque de quelque membre. Voyez *Dinam*, *Enam*.

NAMA, A. M. fontaine. Voyez *Nant*.

NAMEID, *NAMEIT*, hormis, pourvu, sinon excepté. B.

NAMEIN, abolir, ôter. B. C'est le même qu *Namma*. *Nam* étant la racine de ces mots, ils et ont toutes les significations.

NAMHONORACHA, indigne de ses ancêtres. I.

NAMHUD, adversaire, antagoniste. I.

NAMM, maléfice infirmité dont on ne connoi pas la cause, sort, sortilége, tache, défaut imperfection. B.

NAMMA, estropier. B. Voyez *Namein*.

NAMN, sinon, excepté. G.

NAMOD, ennemi. I.

NAMWYN, le même que *Namyn*. G.

NAMYN, sinon, si ce n'est, excepté, hormis. G.

NAN, coupé. G.

NAN, le même que *Nam*. G.

NAN, vallée, profond. G.

NAN, le même que *Llan*. G.

NAN, non. B.

NAN. On voit par *Neme*, *Neint*, pluriers de *Nant*, que l'on a dit *Nan* comme *Nant*. *Nenuphar* est une plante aquatique qui vient dans les marais & dans les

NAN.   NAR.   193

les étangs, dont les fleurs nagent sur l'eau ; *Nan*, en composition *Nen*, *Upher*.

NAN, le même que *Nanc*, *Nang*, *Nans*. Voyez *Aru*.

NAN, le même que *Nen*, *Nin*, *Non*, *Nun*. Voyez *Bal*.

NANDELECQ, Noël. B.

NANN, faim. B.

NANNA, A. M. aïeule. De *Nain*.

NANNEC, affamé, qui a faim habituellement, famélique, glouton. B.

NANNEIL, ni l'un ni l'autre. B.

NANOA, nain, pigmée. Ba. On appelle un nain en Gallois *Cornandon*. Ce mot est formé de *Don* pour *Den*, homme ; de *Corr*, court, petit, & de *Nan* que l'on voit par le dialecte Basque avoir signifié petit. Les Gallois de même que les Hébreux répétoient quelquefois le même mot, ou joignoient deux mots de même signification pour l'augmenter ; ainsi *Cornandon* signifie petit petit homme, c'est-à-dire, homme fort petit, tel qu'est un nain. *Nan* se trouve en ce sens dans plusieurs des Langues formées du Celtique. *Nanos* en Grec ; *Nanus* en Latin ; *Nano* en Italien ; *Nano* en Espagnol ; *Nain* en François, nain, *Nene*, petite mere en Turc ; *Nin* en Hébreu ; *Nino* en Espagnol, enfant ; *Neniation*, *Nineatos* en Phrygien, chanson d'enfans ; *Nenia* en Latin ; *Nenie* en vieux François, chanson pour endormir les enfans.

NANPRED. Voyez *Nanpreda*.

NANPREDA, A. M. lamproie. Dans la vie de Saint Hermeland, écrite environ l'an 700, (*aderat tunc quispiam, qui diceret Nannetensem Episcopum habuisse piscem vulgò Nampredam vocant.*) On voit par là qu'on a dit en Breton *Nanprez* comme *Lanprez*, & *Lampred*, *Nanpred* : D'ailleurs rien n'est si commun en cette Langue que la substitution réciproque de l'*n* & de l'*l*. Voyez *Lamprai*.

NANPHEZ. Voyez *Nanpreda*.

NANS, vallée. G. C. C'est le même que *Nant*.

NANT, vallée. G. C.

NANT, eau, rivière, ruisseau, torrent, vallée. G. C. *Annan*, eau en Écossois ; *Nat* en Flamand, mouillé ; *Netten* en Esclavon, j'humecte ; *Netten* en ancien Saxon, arroser, & *Nat*, humide dans la même Langue ; *Nad* en Hongrois, jonc plante qui croît dans l'eau ; *Naun* en Grec, fontaine, ruisseau, & *Nao*, couler dans la même Langue ; *Nada* en Arabe, humidité, moiteur ; *Nadai*, terre humide & aqueuse ; *Naha*, étang ; *Nax*, marais dans la même Langue ; *Namdar*, chose humide, & *Nams*, jonc en Persan ; *Nadi*, rivière en Indien ; *Nahas*, *Nahal*, torrent & vallée en Persan ; *Nahhal*, rivière en Chaldéen ; *Nanbua* en Arabe, fontaine, source ; *Nahhal*, rivière, torrent, vallée en Hébreu ; *Namas*, *Namak*, liquide dans la même Langue ; *Nama* en Grec, coulent d'eau ; *Nem*, humide, humidité, rosée en Persan ; *Nam*, eau en Siamois. Voyez *Nama*, *Nene*, *Snam*.

NANTCOCH, ruisseau rouge. G.

NANTEC, dix-neuf. B. C'est pour *Nawtec*.

NANTOIDE. Ce mot Gaulois nous a été conservé par l'Auteur de la chronique de Saint Bénigne de Dijon. Il dit que Charles le chauve mourut dans un lieu nommé *Nantoide*, à cause de la grande quantité des eaux qu'il y avoit. *Nantoidd* est effectivement le possessif de *Nant*, & signifie plein d'eau, rempli d'eau, abondant en eau, de même

TOME II.

que le Latin *Aquosus*, qui est le possessif d'*Aqua*.

NANWTAL, nager. B.

NAO, neuf nombre. B. Voyez *Naoi*, *Naw*.

NAOAH, néanmoins, si est ce que, toutefois. B.

NAOI, neuf nombre. I. Voyez *Nao*.

NAOIDHIN, petit enfant, enfant. I.

NAOMH, bienheureux, saint, heureux. I.

NAOMHADH, sanctifier. I.

NAOMHTHA, sacré. I.

NAOMHTHAS, sainteté, béatitude, félicité. I.

NAON. Voyez *Naoun*.

NAONDER. Voyez *Naoun*.

NAOV, saint. I.

NAOU, bas, pente. B. Voyez *Nava*, *Naw*.

NAOU, neuf nombre. B. Voyez *Naoi*, *Naw*.

NAOUAH, pourtant, toutefois. B.

NAOUEN, faim. B.

NAOULIN, les deux genoux. B. C'est le même que *Daoulin*.

NAOUN, NAOUNEN, NAON, NAONDER, NAOUNNEGHEZ, faim, besoin & appétit de manger, disette de nourriture, famine. B. Voyez *Newyn*.

NAOUN-BARA, boulimie. B. A la lettre, faim de pain.

NAOUNA, affamer. B.

NAOUNECQ, affamé, qui a faim habituellement. B.

NAOUNEGUER, celui qui met la famine. B.

NAOUNNEGHEZ. Voyez *Naoun*.

NAOUSPET, marque un nombre indéterminé, & répond à notre expression : *Je ne sçais combien*, selon Dom Le Pelletier. Il signifie plusieurs selon le Pere de Rostrenen. B. Voyez *Ankelher*.

NAOZ, canal, ruisseau, réservoir d'eau. Je suis redevable de ce mot à Monsieur Roussel, ne l'ayant pas connu en usage dans les cantons où j'ai demeuré ; il vouloit que ce fût le même qu'en François *Noë*, en basse Latinité *Noa*, mais dans un sens un peu différent : car on voit que c'est un lieu humide & marécageux. Mais je ne sçais où Dom Aléxis Lobineau a pris que c'est un lieu planté de noyers, ainsi qu'il le dit dans son glossaire joint au second Tome de son histoire de Bretagne. Je ne sçais quelle peut être l'origine de ce mot, que d'autres voudroient peut-être dériver du Grec *Nao*, couler, ce qui ne conviendroit qu'au *Nase* de Monsieur Roussel, & à l'explication qu'il en donne. B. Cet article est transcrit du Dictionnaire de Dom Le Pelletier. Pourquoi ce Religieux veut-il que *Naoz* Celtique vienne du *Nao* Grec ? il est bien plus vraisemblable que *Na* a signifié eau dans la Langue primitive, & qu'il s'est conservé en ce sens dans les anciennes Langues. Voyez *Nan*, *Nant*. *Nass* en Allemand ; *Nat* en Flamand ; *Naz* en Théuton, mouillé, humide ; *Nave* en Lorraine, signifie une prairie aquatique, un marais, une morte.

NAP, le même que *Nab*. Voyez *Rabet* & B.

NAP, le même que *Naf*. Voyez *Anap*.

NAPA, NABA, les mêmes que *Nava*. Voyez B.

NAR, nain, petit. G. *Nahhar*, petit garçon en Hébreu ; *Naar*, enfant dans la même Langue ; *Naren*, court, petit en Tartare Calmoucq ; *Narrow* en Anglois, étroit ; *Nar* s'est pris au figuré pour vil, méprisable, ainsi qu'il paroit par notre mot François *Narquet*. De *Nar* en ce sens est venu *Narquin*, mendiant en vieux François, & *Narquois*, le langage des gueux, l'argot. Voyez *Narra* & *Nar*, mauvais.

NAB, non, ni. I.
NAR, mauvais. I.
NAR, bon. I.
NAR, souffre. Voyez *Ar*, odeur.
NAR, près. Lorsqu'Édouard I. bâtit la Ville de Caernarvon, que les Gallois appellent aujourd'hui *Caer Ar Von*, c'est-à-dire, Ville près de Mon, *Nar* étoit parmi eux synonime à *Ar*, près.
NARACH, serpent. E.
NARAN, pain. I.
NARDY, nard. I.
NAREA, lignage, race. Ba.
NAREN, non. B.
NARMEA, peu. Ba.
NARN, non. B.
NARO, petit. G.
NARO, abondamment. Ba.
NAROA, splendide, magnifique, abondant, abondance, fertilité. Ba.
NAROADAREA, corne d'amalthée ou d'abondance. Ba.
NARODEA, magnificence. Ba.
NARONA, briser, mettre en pièces. I.
NAROQUI, copieusement, en abondance. Ba.
NARORO, abondamment, copieusement. Ba.
NAROTASUNA, abondance. Ba.
NAROTSUA, abondant. Ba.
NARRA, traîneau. Ba.
NARRA, lent, négligent. Ba.
NARRA, fou. Ba. *Narr* en Allemand & en Flamand, fou, stupide, sot; *Narrun* en Théuton, sot, stupide; *Nara* en Lusatien; *Norizh, Norezh* en Esclavon; *Norizh* en Carniolois, fou; *Noria* en Stirien & en Carniolois, folie; *Nhar*, rage en Tartare du Thibet. Voyez le premier *Nar*.
NARRIATZALLEA, qui salit. Ba.
NARRIOA, marque, tache. Ba.
NARRIOTSUA, valétudinaire. Ba.
NARROLA, tannerie. Ba.
NARRUA, cuir, peau, dépouille d'un serpent. Ba.
NARTH, force. I. Voyez *Nert, Nerth*.
NARTHFUR, puissance. I.
NARTZARRA, femme grasse, lourde. Ba.
NAS, non. G. C'est le même que *Nach*, l's & le *ch* se substituant mutuellement.
NAS. Voyez *Neach*.
NAS, le même que *Nes, Nis, Nos, Nus*. Voyez *Bal*.
NASAD, noble. I.
NASADH, renommée, réputation. I.
NASAI, relâche nom. Ba.
NASAITU, je relâche; *Nasaitua*, relâché. Ba.
NASAROA, température, tempérament. Ba.
NASARQUIA, muscle. Ba.
NASCA, NAGA, abomination, détestation, exécration, envie de vomir, soulevement de cœur. Ba. De là le Latin *Nausea*.
NASCARREA, NASTARIA, qui dresse des embûches, séditieux, turbulent. Ba.
NASCARILLA, mortier à piler. Ba.
NASDIA, précipitation. Ba.
NASGAM, lier. I. *Nasg*.
NASIERA, mélange. Ba.
NASLORAQUIA, anémone. Ba.
NASMENCA, mélange. Ba.
NASOPAYA, tourtière. Ba.
NASPILLA, embarras, fatras, mélange, finesse, tromperie, enveloppe, valise. Ba.
NASQ, lien, attache pour les bêtes. Ba. Voyez *Nasgam*.

NASQUIDA, confusion. Ba.
NASTARIA, corrupteur. Ba.
NASTATZALLEA, corrupteur. Ba.
NASTEA, mélange. Ba.
NASTU, je mêle, je trouble. Ba.
NASTUA, adulterin, faux. Ba.
NAT, tumeur, bosse, enflure, enfler. I.
NATH, science. I.
NATH, NATHIAM, NATHAN, noble. I.
NATHAIR, ATHAIR, serpent. E. I. *Natreu* en vieux François, ruse, & *Natre*, rusé; *Natta* en Italien, tour, niche. N'est-ce point le terme de *Nathair* ou *Nathr* pris au figuré? La prudence ou l'adresse du serpent est si connue, que Jesus-Christ la propose pour modéle à ses Disciples, lorsqu'il leur dit : *Soyez prudens comme les serpens*. Voyez *Nadar, Nadder, Neidir, Naddyr, Neidra*.
NATHAN. Voyez *Nath*.
NATHAR, serpent; *Nathar Nimhe*, aspic. I.
NATOR, venir. Ba.
NATRIX, A. M. serpent. De *Nathair*.
NATTA, A. M. tumeur, bosse, loupe; *Natta* en Italien. De *Nat*.
NATTUA, tache. Ba.
NATTUR, nature, naturel, caractére, inclination ou pente naturelle, humeur, génie, esprit, talent. G. B. De là *Natura* en Latin, en Espagnol, en Italien, en Esclavon; *Nature* en Anglois; *Natur* en Allemand & en Flamand; *Natura* en François, nature.
NATTUR, essence, nature. I.
NATTUR, naturel, tempérament, natal. B.
NATTURTHA, naturel adjectif. I.
NATURIAETH, le même que *Nattur*. G.
NATURIOL, qui est naturel à, qui est né avec nous, naturel, ingénu, franc, sincère. G.
NAU, neuf nombre. G. B. Voyez *Naw*.
NAU, deux. B. C'est le même que *Dau*.
NAV, le même que *Nab*. Voyez *Rabes* & *B*.
NAV, le même qu'*Av*, rivière, étang, lac. Il étoit indifférent dans le Celtique d'ajoûter l'*n* au commencement du mot, (voyez *N*) & on a lieu de croire qu'ils l'ont ajoûtée à *Av*, puisque dans cette partie de l'Italie qui étoit autrefois la Gaule cisalpine, on appelle *Navilles* de petits fossés ou de petits canaux remplis d'eau. On aura par la même raison dit *Naven, Naven* comme *Aven, Avon*. Voyez *Snavadh*.
NAVA, NAVAID, ennemi. I.
NAVA, plaine, plaine au pied des montagnes, plain, plat, uni. Ba. *Nava* en Espagnol, champ voisin d'une montagne. Voyez *Naou, Naw*.
NAVADAS, inimitié. I.
NAVAJA, rasoir. Ba. De là le Latin *Novacula*, parce que l'*J* se change en *G* ou en *C*.
NAVARDEA, variété des couleurs. Ba.
NAVARMINA, feu sacré. Ba.
NAVARRA, habitant de la plaine. Ba.
NAVARRA, bigarré, diversifié, de différentes couleurs, habillé en harlequin. Ba.
NAVARRIA, jaspe. Ba.
NAVARTEOA, tissu de fils qui font une couleur changeante, de brocard. Ba.
NAVASQUI, si que. Ba.
NAUCAYA, truelle, petite cuillier, petite écumoire. Ba.
NAUDI, fraper pour percer. On s'en sert en Cornouaille pour exprimer les efforts que font les poulets en frapant, dit-on, l'œuf pour le rompre & en sortir ; car on prétend que ces petits

volatiles frapent du bec la coque de l'œuf. *Nodi* en Léon fignifie s'étlorre foi-même, & *Nodet*, éclos. B.

NAVE, navire. I. De là le Grec *Naus*, le Latin *Navis*, l'Espagnol & l'Italien *Nave*, le François *Navire*. *Piuibi*, navire en Cophte ; *Pi*, article ; *Nauieta*, navire en Galibi. On difoit *Nau* pour navire en vieux François, & *Navé* pour flote, affemblée de navires. Voyez *Neau*.

NAVE-GARE-HURE-TAN, je fuis tourmenté dans cette flamme. C'eft ainfi que la verfion Bafque rend ces paroles de l'Évangile de Saint Luc : *Crucior in hac flamma*. On remarquera que c'eft une faute d'avoir mis *Hure-Tan*, il faut *Hunetan* ; *Nave* fignifie je fuis tourmenté, & *Gar*, flamme.

NAVEIN-ERVIN, grater des navets. B. *Ervin*, navets.

NAVEN. Voyez *Nav*.

NAVESCUA, plaine, paume de la main. Ba.

NAVET, neuvième. B.

NAVIGA, naviger. B. De là le Latin *Navigo*, l'Italien *Navigare*, l'Efpagnol *Nauegar*, le François *Naviger*. De ce dernier mot on a fait par analogie *Nager*, qui eft une crafe de naviger.

NAUN, faim. B. Voyez *Nuonn*.

NAUNEC, affamé habituellement, famélique. B.

NAVON. Voyez *Nav*.

NAUPREDA, A. M. le même que *Nanpreda*.

NAUQUERA, débat, difpute. Ba.

NAUSARIA, moqueur, railleur. B.

NAW, neuf nombre. G. C. B. *Naoi*, neuf en Irlandois ; *Nao*, *Naon*, *Nau*, neuf en Breton ; *Nu* en Perfan ; *Ennea* en Grec ; *Novem* en Latin ; *Niun* en Gothique & en Théuton ; *Nyne* en Tartare de Précop ; *Nigan*, *Nigen*, *Nigon* en ancien Saxon ; *Nye* en Suédois ; *Nyu* en Iflandois ; *Nove* en Italien ; *Nueve* en Efpagnol ; *Neun* en Allemand ; *Negen* en Flamand ; *Nyne* en Anglois ; *Neuf* en François, neuf. Voyez *Ntowe*.

NAW, bas, pente. B. Voyez *Naon*, *Nava*.

NAWAIS, par crafe pour *Naw-Wais* ; neuf ferviteurs. G. *Naw Gwais*.

NAWAITH, neuf fois. G.

NAWD, fon, bruit, cri. G.

NAWD, défendu. G. Voyez *Amnawd*.

NAWD, maifon. Voyez *Brenewta* & l'article fuivant. *Noh* en Hébreu, maifon ; *Natah*, loger dans la même Langue ; *Nau* en Phénicien, maifon ; *Anoth*, loger dans la même Langue ; *Noo*, *Non*, je garde ; *Nodghi*, je cache en Tartare Mogol & Calmoucq ; *Naddam*, habitation en Tamoulique ; *Snot*, caverne en ancien Saxon ; *Naut* dans un ancien gloffaire, étable ; *No*, ville en Égyptien.

NAWD, *NAWDD*, protection, refuge, afyle ; privilége, exception, féparation, diftinction , pardon, cri public, criée, commandement de fe taire ; pluriel *Noddiau*. G.

NAWDDWR, confervateur, défenfeur, protecteur. G.

NAWDEC, *NAWTEC*, dix-neuf. B.

NAWED, neuvième. G.

NAWF, agitation des flots, action de nager. G.

NAWFED, neuvième. G.

NAWFET, *NAWFET*, neuvième. B.

NAWFLE, endroit où l'on peut nager. G.

NAWGWAITH, neuf fois. G.

NAWN, le foir. B.

NAWPWYS, neuf livres. G.

NAWS, nature. G.

NAWSAIDD, ingénu, & chez une partie des Gallois, mou. G.

NAWSEIDDIO, amollir. G.

NAWSIO. Ce verbe, que Davies n'explique pas, paroit devoir être naturellement formé de *Naws*. G.

NAWSWYLLT, déréglé, défordonné, fans retenue, fans modération, préfomptueux, téméraire, qui a une haute opinion de foi-même, groffier, ruftique, féroce. G.

NAWT, maifon. Voyez *Brenewta* & *Nawd*.

NAWTEC, dix-neuf. B.

NAWVAIS, neuf fois. B.

NAWVET, neuvième. B.

NAUZ, refuge, afyle. G.

NAYA, approbation, volition acte de la volonté. Ba.

NAYERA, confentement. Ba.

NAYESCOA, libre. Ba.

NAYEZA, nolition, diffentement. Ba.

NAZ dans un dialecte du Gallois, felon Baxter, le même que *Nauz*, refuge, afyle. G.

NAZA, naffe à pécher. Ba. De là le Latin, l'Italien, l'Efpagnol *Nassa*, le François *Naffe*.

NAZCA, abomination, déteftation, exécration, envie de vomir, foulevement de cœur. Ba.

NAZCAGARRIA, abominable. Ba.

NAZCAGARRIRO, abominablement, d'une façon exécrable. Ba.

NAZCATHU, j'abhorre, je détefte, j'ai en exécration. Ba.

NGOTH, bon. I.

NE, syncope de *Gne*, a la même fignification. G.

NE, non, ne. G. B. *Neh* en Perfan ; *Ne* en Grec & en Latin ; *Ne*, *Ni*, *Nib* en Gothique ; *Na* en ancien Saxon ; *Ni* en Théuton ; *No* en Anglois ; *Neg* en Suédois ; *Ne* en Sorabe, non, ne. Voyez *Na*.

NE, et. G. Voyez *Na*.

NE, nous. B.

NE, feinte, femblant. B.

NE-A-LIA eft en Léon une négative emphatique fort ordinaire, laquelle M. Rouffel expliquoit ainfi : *Ne-All-Ia* pour *Ne-Hall-Ia*, il ne peut ainfi ; car on dit *Ne Hall*, il ne peut, & *Ne-Hall-Ket*, il ne peut pas. B. Cet article eft pris de Dom Le Pelletier.

NE HUYTAN QET, je fuis affez bien. B.

NEA, filer, tortiller enfemble, tordre enfemble. B. De là le Grec *Netho*, le Latin *Neo*, l'Allemand *Naen*, le Flamand *Nayen*, prononcez *Neien*. Voyez *Nyddu*.

NEACH, haut, le haut, élévation, montagne, cime, B. & par conféquent au figuré Prince. Seigneur, chef, principal, excellent. Voyez *Ber*, *Don*, *Pen*, *Sier*. *Neach* par contraction a fait *Nach*, qui de même que *Neach* fignifie haut, le haut, élévation, montagne, cime, & par une crafe pareille a dû auffi faire *Nech*, qui fignifie les mêmes chofes que *Nach* & *Neach*. Le *ch* & l's fe fubftituant réciproquement, on a dû dire *Nas* & *Nes* comme *Nach* & *Nech*, ce qui fe voit par le Latin *Nasus*, le François *Nez*, l'Italien *Naso*, l'Allemand *Nase*, *Nese*, *Nose*, le Théuton *Nasa*, le Ruffien *Noss*, le Bohémien & le Polonois *Nos*, le Dalmatien *Noet*, le Lusacien *Noch*, l'Anglois *Nose*, le Flamand *Nuese*, l'Efclavon *Nus*, l'Égyptien *Nak*. Les anciens ont regardé le nez comme une efpèce de promontoire ou élévation, & l'ont appellé d'un nom qui marque ces chofes ; ainfi *Rhyn* dans le Gaulois fignifie le nez, une élevation, une montagne, un promontoire ; *Noss* en Russien, nez & promontoire ; *Nasa* en Hébreu, élever, lever en haut, & *Nasi* dans la même Langue, les Grands de l'État, les Princes ; *Nazas* en Persan, éminence ; *Nues* en Islandois, cap, promontoire, éminence de terre sur mer ; *Nuce*, haut en Galibi ; *Noh* en Éthiopien, élevé ; *Nahod* en Arabe, élevé, & *Nut*, éminence ; *Enaas* en Cophte, plus excellent, meilleur ; *Nazhes* en Esclavon ; *Na*, *Nagorze*, *Nad* en Polonois ; *Na* en Lusacien ; *Nad* en Bohémien, sur, dessus ; *Niackoa*, tête en Groenlandois. Voyez *Nach*, *Nagusia*, *Neas*, *Neasa*, *Nech*, *Nes*.

NEAD, nid. I. Voyez *Nyth*.

NEALL, noble. I. *Nal* en Théuton, chef, tête, & *Nol*, montagne, colline ; *Hnol* en ancien Saxon, sommet, cime ; *Jobbernol* en Anglois, celui qui a une grosse tête ; *Knoll* en Allemand, tumeur, bosse, élevation : Dans la Souabe *Noller* signifie une petite verrue. On a déja remarqué plusieurs fois que dans le Celtique tout ce qui signifioit élevé se prenoit toujours au propre & au figuré. Voyez *Ber*, *Don*, *Pen*, *Sier*.

NEALL, nuée, nuage ; *Nealladh*, couvrir de nuages, obscurcir ; *Nealltas*, obscurité. I.

NEALL, extase. I.

NEAMCHAIRDEAS, mauvais office, tort, préjudice. I.

NEAMH, NEMH, le ciel. I. *Nam*, ciel en Tartare du Thibet. Voyez *Neff*, *Neb*.

NEAMH en composition est une particule négative. I. Voyez *Neant*. *Nerme*, rien à Orléans.

NEAMHAIRCHE, qui n'est pas mûr. I.

NEAMHAIRDH, négligence, froideur. I.

NEAMHAIRE, négligence, peu de soin, faute, bévue. I.

NEAMHAIREACH, négligent. I.

NEAMHAIRIOCH, brusque. I.

NEAMHCHAS, indifférence. I.

NEAMHCHOMAS, impuissance. I.

NEAMHCHOMTROM, disproportion. I.

NEAMHCHOMUSACH, impotent, perclus de ses membres. I.

NEAMHCHOSMHULLAS, différence. I.

NEAMHCHUIDEACH, infortune. I.

NEAMHCODLA, qui ne dort point. I.

NEAMHDHA, céleste. I.

NEAMHDUNEATA, sot, fou. I.

NEAMHFAIRE, indifférence. I.

NEAMHFOLACH en composition est négatif. I.

NEAMHGHLAINID, impureté. I.

NEAMHGHLAN, impur. I. *Glan*, pur.

NEAMHGNAS, désaccoutumance. I.

NEAMHGOIREAS, inaccessible. I.

NEAMHLADAS, incapacité, impuissance. I.

NEAMHNAIRE, impudicité. I.

NEAMHONOIR, déshonneur. I. *Onoir*, honneur.

NEAMHONORACHA, bas, lâche. I.

NEAMHTARBHAID, vanité, inutilité. I.

NEAMHTHABHAS, fragilité. I.

NEAMHTHRUAIGHMEILIOCH, cruel. I.

NEAMHUARAL, bas, lâche. I.

NEAMHUD, ennemi. I.

NEAMHUMHAL, désobéissant. I.

NEAMHUMHLAS, humeur fâcheuse, humeur incommode, désobéissance, conduite perverse, mépris ou manque de respect. I.

NEAMHUNINEACH, défiant. I.

NEAMHUNTE, impoli, grossier. I.

NEAN, nager. B.

NEANCEIN, importuner. B.

NEANCUS, incommode. B.

NEANNEIN, nager. B.

NEANNEREZ ; pluriel *Neannerezet*, nageoires d'un poisson. B. De *Nean*.

NEANNTOG, ortie. I.

NEANT, néant. B. De là ce mot. Voyez *Neamh*.

NEANTA, abolir, anéantir. B.

NEART, force, vigueur, efficace, énergie, pouvoir, fermeté, stabilité, capacité, habileté. I. Voyez *Nerth*, *Ners*.

NEARTBUR, fort. I.

NEARTMHAR, fort, robuste, puissant, énergique. I.

NEARTVAR, fort. I.

NEARTUGHADH, croître en force, fortifier, soutenir, appuyer, épauler, augmenter, profiter, être utile à, prouver, vérifier, avouer. I.

NEARTVUR, fort, puissant. I.

NEAS, montagne. I. Voyez *Neach*, *Neasa*.

NEASA, noble. I. Voyez *Neas*, *Neall*.

NEASA, voisin ; *As Neasa*, qui est de ce côté, qui est en-deçà. I. Voyez *Nes*.

NEASAS, contiguité, proximité, état d'une chose serrée. I.

NEAT, net, pur. B. De là *Net* en François. Voyez *Neata*.

NEATA, net, propre, pur. I. Voyez *Neat*.

NEAV, Ciel. I. Voyez *Neavdha*, *Nev*.

NEAU, NEAW, auge de pierre ou de bois laquelle sert à mettre l'eau pour laver, ou à donner à boire ou à manger aux bêtes ; *Neau-Toas*, pétrin, auge où l'on pétrit la pâte ; le pluriel est *Neawiou*, *Newiou*. C'est ainsi que Dom Le Pelletier explique ce mot. Le Pere de Rostrenen met *Neau*, navire, huche, auge. B. *No*, vase en Tartare du Thibet. Voyez *Nave*.

NEAVAN, corneille. I.

NEAVDHA, divin. I. On voit par ce mot que *Neav* a aussi signifié Dieu en cette Langue.

N'ÈB, personne, nul, aucun, quelqu'un, chacun ; *Y Neb*, qui, quelle. G.

NEB, ciel. B. Il paroit que ce nom a été donné au ciel à cause de son élévation ; ainsi *Neb* aura signifié élévation ; ce qui se prouve par l'article *Nabussi*, auquel on peut ajoûter *Nabahhh* en Arabe, tertre, colline ; *Nabahh* en Hébreu, en Chaldéen, en Syriaque, bondir, bouillonner ; *Neb*, Seigneur en Cophte ; *Nebo*, ciel en Stirien & en Carniolois ; *Nebe* en Bohémien, *Nebu* en Esclavon ; *Nebo* en Dalmation ; *Niebo* en Polonois, *Nebuy* en Venède. Voyez *Neff*, *Nef*, *Nem*, qui sont les mêmes que *Neb*, par la substitution réciproque de l'*f*, de l'*m* & du *b*.

NEBAOUN, NEBAON, terme ou cri à plusieurs qui sont dans une action dangereuse pour eux, & signifie à la lettre, point de peur, ne craignez rien, tenez ferme. C'est un composé de *Nep*, nul, aucun, & d'*Aoun*, peur. C'est ainsi que Dom Le Pelletier explique ce terme. Le Pere de Rostrenen met *Nebaoun*, laissez faire d'un ton de menace. B. Il faut retenir l'un & l'autre significations. Voyez *Ankelher*.

NEBAWD, le même que *Nèb*. G.

NEBDYN, personne, nul. B. De *Nep Dyn*.

NEBED, peu, petit. B. Voyez *Nebeud*, qui est le même.

NEBEUD, NEBEUT, peu, petite quantité, petit ; *Un Nebeut*, un peu ; *Un Neboudic*, un petit

NEB.   NEF.   197

peu ; le pluriel de *Nebeud*, *Nebent*, est *Nebeudon*, dont on a fait *A-Nebendon*, par petites piéces, par parcelles. B. Voyez d'autres significations de ce mot à *Paot*.

NEBBUTOCH, beaucoup moins, moindre. B.

NEBLECH, nulle part, en aucun lieu. B. *Neplech*.

NEBON, laissez faire d'un ton de menace. B. Voyez *Nebaoun*.

NEBUN, quelque, quelqu'un, quelqu'une, aucun, personne négativement, nul. G.

NEBUTOCH, beaucoup moins, moindre. B.

NEC, impétueux, rapide. I. Voyez *Nech*, vol d'oiseau.

NEC, NIC, comme *Nac*, *Nag*, non, comme on le voit par *Necun*, *Nicun*. Voyez encore *Bal*.

NECA, travail, fatigue, lassitude, travaux, peine. Ba.

NECATU, je travaille trop ; *Necatua*, travaillant trop. Ba.

NECATZEN, travaillant. Ba.

NECABALEA, mercenaire, ouvrier. Ba.

NECAZARIA, ouvrier. Ba.

NECECER, nécessaire. Ba.

NECH, calomnier, diffamer, noircir la réputation. I. Voyez l'article suivant.

NECH, chagrin, peine d'esprit ; *Nechi*, chagriner, affliger, causer de la peine ; *Laca d'An Nechi*, le même que *Nechi*, & à la lettre, mettre en peine. Le nouveau Dictionnaire, porte *Nech*, inquiétude, mélancolie ; *Nechus*, mélancolique. *Nechi* est aussi substantif, quoique terminé en infinitif ; *En Em Nechi* se chagriner, s'affliger. C'est ainsi que Dom Le Pelletier explique ce mot. Le Pere de Rostrenen le rend par affliction, peine d'esprit, chagrin, tristesse, fâcherie, importunité, peine. B. *Anas* en Hébreu, affliger, opprimer, faire violence, contraindre, ravir, emporter ; *Anah*, être triste ; *Anach*, *Anas*, gémir, soupirer par la violence de la douleur, être triste, se plaindre ; *Anac*, plainte, tristesse, pleurs ; *Negh* en Arménien, étroit, serré, dans l'angoisse ; *Né*, infirmité, maladie en Tartare du Thibet ; *Nhen*, pleurer dans la même Langue ; *Neikos* en Grec, querelle, débat, contestation, guerre ; *Naic* en Étrusque, querelle, débat ; *Hnaigan* en Gothique, traiter avec opprobre ; *Nisa* en Turc, querelle, niche, procès ; *Nehez* en Hongrois, fâcheux, difficile ; *Neizzan* en Théuton, affliger ; *Naisa* en Islandois, opprobre, ignominie ; *Nezgadda*, *Nesreshia* en Esclavon, malheur, calamité ; *Necasan*, mauvais dans la même Langue ; *Necabunti*, mordre en Galibi ; *Nick-Name* en Anglois, nom de moquerie, que l'on donne par moquerie, par dérision ; *Name*, nom. De *Nech* sont venus les mots Latins *Nequam*, & par extension *Nex*, *Neco*, *Nocco*, *Pernicies* ; & les mots François *Noise*, *Niche*, tour malin, *faire la nique*, se moquer, ne tenir compte. Voyez l'article précédent, *Neca*, *Nych*, *Nequer*.

NECH, haut, le haut, en haut, élévation, montagne, cime. B. *Nezaz*, lieu élevé en Arménien ; *Oenist*, grand en Cophte ; *Oe*, article ; *Nues*, cap, promontoire en Islandois ; *Nuee*, haut en Galibi ; *Nessach*, coëffe en Groenlandois ; *Nischel*, tête en Allemand. Voyez *Neath*, *Nef*.

NECH, vol d'oiseau. B. Voyez *Nec*.

NECH, près ; *Nechein*, approcher. Voyez *Denechein*.

NECHAMAND, amertume, douleur, déplaisir. B.

NECHI, fâcher, affliger, importuner, s'attrister. B. Voyez *Nech*.

TOME II.

NECHREU, commencement. G.

NECUN, nul, aucun négativement. B. *Nessun* en vieux François ; *Nessuno* en Italien, nul.

NECZ. QAR NECZ, proche parent. B. *Necz*, proche. Voyez *Nech*.

NECZAAT, contracter alliance. B.

NECZANDED, alliance, affinité. B.

NED, habitation, ce qui enferme, ce qui cache ; ce qui couvre. Voyez *Bonned*, *Naid*, *Nedd*, *Cas*.

NED. On voit par *Neoin*, *Neerts*, *Nedien*, *Nyddu*, *Nedden*, que ce mot a signifié tordre.

NEDD, lente œuf de vermine. B.

NEDD, habitation, domicile. Voyez *Anned* & *Ned*.

NEDD, tas, ainsi qu'on le voit par *Carnedd*, tas de pierres ; *Car*, pierre ; *Nedd*, tas. Comme les tas forment une élévation ou hauteur, on a lieu de croire que *Nedd* a aussi signifié hauteur, élévation : Cette conjecture se confirme. 1°. Par *Naid*, saut ; tout saut est une élévation du corps. 2°. Monceau est formé de *Mont*, montagne, élévation.

NEDDAI, petite doloire. G.

NEDDAIR, main. G.

NEDDAN, lente. C. Voyez *Nedd*, *Nedden*.

NEDDEN ; pluriel *Nedd*, lente œuf de vermine. G. B. *Nete* en Flamand ; *Nytt*, *Nits* en Anglois ; *Nyss* en Allemand ; *Gnida* en Esclavon & en Polonois ; *Gnyida* en Dalmatien ; *Hnida* en Bohémien ; *Hnitu* en ancien Saxon ; *Niz* en Théuton ; *Gnid* en Danois ; *Gneet* en Suédois, lente œuf de vermine.

NEDDEZ, tortueux, sinueux. C.

NEDDOG, plein de lentes. G.

NEDDYF, doloire, petite doloire. G.

NEDEEN, fil. B.

NEDEL, nouveau. B.

NEDELEC, Noël, le jour de la Nativité de Notre-Seigneur JESUS-CHRIST Dieu incarné. B. On voit par *Nadolig*, que ce mot a signifié le jour de la naissance en général, & qu'il a été appliqué par excellence au jour de la naissance du Fils de Dieu.

NEEIN, tordre. B.

NEEN, lente œuf de vermine, œuf dont s'engendre le pou. B. Voyez *Nedden*.

NEENE, pluriel de *Nant*, ruisseau, rivière, vallée : Il se dit aussi au singulier pour ri ière. G.

NEERES, filandière. B.

NEERH, vigueur, énergie. B. Voyez *Nearth*.

NEET, net. B. De là ce mot.

NEF, ciel. G. C. *Neff* en Breton, ciel ; *Nes*, ciel en Esclavon. Ce mot étant le même que *Neb*, aura pareillement signifié élévation, hauteur, *Nephil* en Hébreu, géant ; *Naaf*, plus excellent en Cophte. Voyez *Neb*. On voit par *Nesol* que *Nef* a aussi signifié Dieu ; ainsi les Hébreux disoient *pécher contre le ciel* pour pécher contre Dieu.

NEF, ce qui est au-dessus. G.

NEFDRIG, qui est au ciel. G.

NEFF, ciel. B. Voyez *Nef*.

NEFF, nuage. B.

NEFF, auge. B.

NEFFRO, éveillé. G.

NEFI, ciel. G.

NEPLIW, bleu. G. A la lettre, couleur du ciel.

NEFOED, cieux. G.

NEFOL, céleste, divin. G.

NEFOLDER, état d'être céleste. G.

NEFOLI, canoniser, mettre au nombre des Saints. G.

D d d

NEGA, le même que Nesa. Ba. De là le Latin Negotium. Voyez Neges.
NEGACARRIA, laborieux. Ba.
NEGALEA, petit poisson. Ba.
NEGARGUILLEA, pleureur. Ba.
NEGARA, larme, plainte. Ba.
NEGARRESQUEA, imploration. Ba.
NEGARTUA, pleurs, larme. Ba.
NEGATT, mélisse. B.
NEGES, affaire, négoce, commerce. G. De là Negotium Latin, Negocio Espagnol, affaire, négoce en vieux François. Voyez Nega.
NEGES, nouvelle, messager. G.
NEGESAWL, homme d'affaires, homme de négoce, marchand, qui concerne le négoce. G.
NEGESAWL, messager. G.
NEGESSUA, commercer. G.
NEGESSEWR, émissaire, celui qu'on envoye pour découvrir & faire rapport. G.
NEGESWAS, envoyé, messager, qui est obligé à quelque corvée. G.
NEGESWEISION, messagers. G.
NEGESWR, envoyé, messager. G.
NEGESWR, marchand. G.
NEGESWRIAETH, négoce, commerce. G.
NEGESUWR, envoyé. G.
NEGESWYR, marchands. G.
NEGESYDD, qui est obligé à quelque corvée. G.
NEGLIGEA, négliger. B.
NEGLIGEANT, négligent. B.
NEGUA, hyver. Ba.
NEGUMUGA, solstice d'hyver. Ba.
NEGUTARRA, d'hyver. Ba.
NEGUTU, d'hyver. Ba.
NEGYDD, celui qui nie, négatif. G.
NEGYDDIAETH, négation, refus. G.
NEGYF, celui qui nie, négatif. G.
NEGYFAETH, négation, refus, action de refuser. G.
NEH, nid. B. Voyez Nead, Nyth.
NEH, le même que Nech, par la substitution réciproque de l'h & du ch. Voyez la dissertation préliminaire sur le changement des lettres.
NEHANGEIN, inquiéter. B. Voyez Nech.
NEHANGUS, défavorable. Ba. Voyez Nech.
NEHEIN, nicher. B. Voyez Nzh.
NEHEN, lente œuf de vermine, œuf dont s'engendre le pou. B.
NEHORE, personne. Ba.
NEHUETAETT, primeur. B.
NEI, nous. C.
NEICH, vol d'oiseau. B.
NEID, combat. I.
NEIDHE, vent. G.
NEIDHIN, le même que Nasidhin. I.
NEIDIAD, danse. G. Voyez Naid.
NEIDIO, sauter; Neidis Tmaith, s'en aller en sautant. G.
NEIDIR, serpent. G. Voyez Nadar, Nathair.
NEIDIWR, danseur, sauteur. G.
NEIDR, couleuvre, serpent; pluriel Nadroedd. Neidr Y Dwr, hydre serpent aquatique. G. Voyez Neidir.
NEIDRDROED, qui a les pieds tortus, comme on a feint qu'avoient les géans. G.
NEIDRLAW, qui a une main qui se tourne comme le serpent, ce qui se dit aussi de la trompe de l'éléphant. G.
NEIDRWYDD & ENEIDRWYDD, temples parties de la tête. G.

NEIEUR, la nuit passée. B.
NEIFION paroit signifier, dit Davies, les eaux & les mers, qui sont les lieux où l'on nage. G.
NEIGR, le même que Deigr, larmes. G.
NEIJADURIC, voltigement. B. Voyez Naid.
NEILL-DUEDD, solitude. G.
NEILLDUAD, séparation, division, désunion, exemption, action de faire les parts. G.
NEILLDUAETH, division, séparation, dissolution. G.
NEILLDUEDD, état de délaissement, d'abandon. G.
NEILLDUEDIG, séparé. G.
NEILLDUO, séparer, mettre à part, distinguer, détacher, déjoindre. G.
NEILLDUOL, séparé, spécial, particulier, spécifique, solitaire, peu sociable, qui est sans compagnie, mélancolique. G.
NEILLIN, brouillard. I.
NEILLTUAD, séparation, division. G.
NEILLTUO, séparer, diviser. G.
NEIM, NEIMH, éclat, lueur. I. De là le Latin Nimbus.
NEIMEDH, sale, boueux. I.
NEIMH, de même que Neamh, particule négative en composition. I.
NEIMH. Voyez Nimh.
NEIMHCEARTH, qui trompe. I.
NEIMHCINTE, ambigu. I.
NEIMHCINTHEAS, ambiguité. I.
NEIMHDEAS, laid. I.
NEIMHDHILEAGHA, crud. I.
NEIMHEAH, fâcheux, chagrin, incommode, de mauvaise humeur, pervers, méchant. I.
NEIMHEISEAS, vanité, inutilité. I.
NEIMUFHEILE, avarice. I.
NEIMHFHIAL, chiche, avare, mesquin. I.
NEIMHIM, gâter, souiller. I.
NEIMHISNEAMHUL, abject, méprisable, bas, lâche, honteux, vilain, malhonnête, faquin. I.
NEIMHNEACH, qui fait mal, qui cause de la douleur, de mauvais naturel, de mauvaise humeur, chagrin adjectif. I.
NEIMHNIDH, bagatelle, rien, anéantissement. I.
NEIMIOMCAR, avortement. I.
NEIMIONAN, lâche, qui n'est pas ferme. I.
NEIN LEIN, faîte, comble, le haut, le plus haut, cime, élévation. B. Nene, grand en Langue de Congo; Nenna en Lappon, nez. Voyez Neach, Nen.
NEINFAN, enfant dans le dialecte Gallois de l'Isle de Mona.
NEINREAN, étoile du soir. I.
NEINT, pluriel de Nant. G.
NEIS, NEIZ, nid; Neisa, nicher, faire son nid & s'y retirer. Neyz signifie aussi lit. B. Voyez Nyth.
NEISA. Voyez Neis.
NEITHIOR, nôces. G.
NEITHIWYR, hier soir, la nuit d'hier, la nuit dernière. G.
NEITID, fondamental. I. De là le Latin Niti.
NEITIW, cavalier qui saute de dessus un cheval sur un autre. G.
NEIV, NAVO, NAGHEOUANN, NAGHESAN, non, non pas. G.
NEIZ. Voyez Neis.
NEIZEUR, NEIZOUR, NEZER, hier soir, cette nuit passée; & en basse Cornouaille hier simplement. B. Voyez Neithiwr.

NEK.   NER.   199

NEKET, non pas. B.
NELE, plante appellée en Latin *Hyperica*. G.
NELL; le même que *Neall*. De même des dérivés ou semblables, I.
NELVECQ, nerveux, fort. B.
NEM, le même que *Lem*, bois, forêt. Voyez ce mot. On lit ces mots dans le Concile de Leptines: *De sacris sylvarum quas Nimidas vocant*. Ces cérémonies étoient *Nimidae* ou forétières, à cause qu'elles se pratiquoient dans les forêts. St. Paulin se sert du mot de *Nemus* pour désigner un arbre.
NEM, le même que *Nam*. Voyez *Bal* & *Nemed*, *Nemerd*.
NEM. Voyez *Neamh*. *Nemes* en Hongrois, noble. Voyez *Neb*, *Nef*.
NEMAD, NEMAT, peu, petite quantité, pas beaucoup, guères : Il paroit aussi avoir signifié rien. B.
NEMED, NEMET, excepté, sinon, si ce n'est, à la réserve, hormis, pourvu, guères. B.
NEMEID, NEMEIT, hormis, excepté. B.
NEMEO, céleste, qui demeure dans le ciel. I. Voyez *Nef*.
NEMERD, hormis, excepté, pourvu, sinon. B.
NEMETIS, temple. Fortunat, *liv. 1* de ses poësies, *poême 9*, dit que *Vernemetis* dans la Langue des Gaulois signifie un grand temple ; *Ver*, grand, *Nemet* par conséquent temple ; *Is*, terminaison Latine. Ce terme se trouve encore dans l'Irlandois, qui est un des plus riches dialectes du Celtique ; *Naomhta* ou *Nemhta* signifie en cette Langue sacré. Voyez *Nemh*.
NEMEUR, guères, peu, petit, moindre, moins grand. B. Voyez *Nemmawr*.
NEMH, le même que *Naomh*. De même des dérivés ou semblables. I.
NEMHABASAC, absurde. I.
NEMHDILIOS, déloyal, infidéle, perfide ; *Neimhdiste*, trahison. I.
NEMHEAGCORACH, conscientieux. I.
NEMHEOLUS, ignorance. I.
NEMHFHEANNUD, impunité. I.
NEMMAWR, pas beaucoup, pas en grand nombre. G. De *Ne*, non ; *Mawr*. Voyez *Nemeur*.
NEMORAUD, excédent, reste. B.
NEMOS. Les anciens Auteurs appellent indifféremment la Ville des Auvergnacs *Nemet*, *Nemos* : Ces deux termes sont donc synonimes : Or il est certain que *Nemet* signifie temple en Celtique. Voyez *Nemetis*.
NEMP, nous. B.
NEN, élévation. G. C'est le même que *Nein*. Voyez ce mot, & *Nenbren*. *Neanny*, croître, grandir en Hongrois ; *Nin* en Chinois, excellent, ce qui est au plus haut dégré de perfection. *Namh* en Arabe, sommet de montagne ; *Non*, montagnes en Tonquinois ; *Hanan*, haut en Perouan ; *Onnon*, montagne en Iroquois.
NEN, non. B. De là le vieux mot François *Nenny*. *Neen* en Flamand ; *Nein* en Allemand ; *Nem* en Hongrois, non.
NEN, le même que *Nan*, *Nin*, *Non*, *Nun*. Voyez *Bal*.
NENBREN, haut, sommet, faîte, cime, plancher, plafond. G.
NENDELECQ, Noël. B. Voyez *Nandelecq*.
NENE paroit avoir signifié rivière, puisque *Charnene* dans les anciens monumens semble signifier alluvion ou terre charriée par la rivière. Voyez *Nant* & *Neene*.
NENFAEN, structure faite en voûte. G. De *Nen*

ou *Nenn*, & *Faen* en composition pour *Maen*, pierre.
NENN, toît. G.
NENN-DY, pinacle, faîte. G.
NENNAWR, le même que *Nenbren*. G.
NENNEN, terme enfantin. I. Voyez *Nain*.
NENNIAR, le même que *Nenbren*. G.
NENNTY, toît. G.
NENTY, chambre. G. C'est le même que le précédent. Les Latins ont étendu de même la signification de *Tectum*.
NEOAH, néanmoins. B.
NEODR, neutre. G.
NEOR, mémoire, commémoration. B. Voyez *Never*.
NEOUAH, toutefois, cependant, néanmoins, B.
NEOUR, fileur. B.
NEOWE, neuf. B. Voyez *Naou*.
NEOWEEN, novale. B.
NEP ; après ou devant une négative est nul, aucun ; autrement c'est quiconque, quelconque ; *Neb-Un*, un chacun. *Nep* signifie aussi qui ; il signifie encore non. B. Voyez *Neb*, *Neb Dyn*, *Neb Leth*.
NEPDEN, aucun, nul. B.
NEPPRED, NEPPRET, jamais, en aucun temps après une négation. C'est un composé de *Nep* & de *Pret*, temps ; ainsi sans négative il vaut autant que toujours. B.
NEPTRA, rien. B.
NEQET, non. B.
NEQUEA, travail, fatigue, lassitude, travaux, peine. Ba. Voyez *Nech*.
NEQUERIC, douleur Ba.
NEQUETREBEA, homme qui se mêle de tout, intrigant, Ba.
NEQUEZ, mal. Ba. Voyez *Nech*.
NEQUEZA, difficile. Ba.
NEQUEZARI, trop travailler. Ba.
NEQUIS, A. M. badin, qui prend plaisir à faire des tours, des niches. De *Nech*.
NEQUUS, A. M. nul, aucun négativement. De *Necun*.
NER, eau, rivière. G. Il a aussi signifié rivière dans la Langue de Cornouaille, ainsi qu'on le voit par *Gwner*, ruisseau ; *Gw* ou *Go*, petite ; *Ner*, rivière. *Nahar* en Hébreu, en Arabe, en Sarrazin, en Persan, en Chaldéen, en Samaritain, fleuve ; *Narach*, détremper, mettre dans l'eau en Hébreu ; *Nahr*, en ancien Persan, en Arabe & en Turc, fleuve, rivière ; *Naar*, fleuve en ancien Persan ; *Nharunz* en Syriaque, petit ruisseau, & par conséquent *Naar*, ruisseau ; *Nehri*, rivière en Tartare ; *Dinare*, rivière en Géorgien ; *Nehri* en Turc, fleuve ; *Narah* en Arabe, eau qui sort ; *Naram*, eau en Talenga ; *Neron*, eau en Grec vulgaire ; *Nerowne*, boue, fange, terre mêlée d'eau en Bohémien ; *Norek* en Polonois, plongeon ; *Sineri*, boire en Galibi. Voyez *Nero*.
NER, Seigneur ; pluriel *Neredd*, *Nyr*. G. *Nerrae*, éminent, noble en Tartare Mogol & Calmoucq ; *Natro* en Calicutain, Grand de l'État ; *Nairo*, Gentil-homme, noble en Indien ; *Nertoque*, chef, commandant en Brésilien ; *Naourt*, principal en Arménien ; *Ainar* en Turc, Duché ; *Nari*, sommet en Tamoulique. Voyez *Ener*, *Nor*, *Neb*, *Nef*.
NERCICZEN, narcisse. B.
NERDS, serpent. G.
NERE, client. Ba.
NERH, force. B.
NERHENNIGUS, musculeux. B.

NERVUS, robuste, fort. B.
NERO, A. G. fort. De Nerh.
NERO, A. G. eau. De Ner.
NERS, force, vigueur, effort; *Aners*, de force, avec effort; *Kanners*, aide, jonction de force; *Skeulia A Nert E Diwrech*, poser une échelle à force de bras; *Nersa*, efforcer, fortifier; *En Em Nersa*, s'efforcer; *Nersus*, ou *Nerzus*, fort, qui a de la force. B. Voyez *Nerth*, *Narth*, *Nearth*, *Nero*, *Ners*.

NERTH, force, vigueur, puissance, fermeté, violence. G. B. Il signifie aussi quelquefois aide, secours, gloire. G. *Neren* en Éthiopien, fort; *Neriman*, brave en Indien; *Nerf*, fort, vaillant; *Nersa*, plus fort, plus vaillant dans les Tables Eugubines ou en Étrusque; *Nero* en Sabin, fort; *Nierii* en Albanois, hardi; *Aner* en Grec, homme. Les termes qui ont signifié homme dans toutes les Langues se sont aussi pris pour fort, brave, vaillant. *Nervus* en Latin; *Nervo* en Italien; *Nervio* en Espagnol; *Nerw* en Bohémien; *Nerf* en François, nerf. Les nerfs sont le principe de la force corporelle; c'est pourquoi nous voyons que dans le glossaire de Saint Isidore, *Nervius*, *Nervicosus* se prennent pour fort. Les Paysans d'Anjou disent *Enerter un lieu*, pour dire y planter des arbres. Voyez *Narth*, *Nearth*, *Nero*, *Ners*.

NERTHOG, fort, robuste, plein de force, de vigueur, puissant. G.
NERTHOL, fort, robuste, vigoureux, plein de force, plein de vigueur, puissant, ferme, brave, vaillant, courageux. G.
NERTHOL, torrent. G. Voyez *Ner*, *Nerth*.
NERTHOLDER, force, puissance. G.
NERTHU, fortifier, aider, secourir. G.
NERTHU, fort, puissant. G.
NERTHWR, qui secourt, qui aide. G.
NERVENN, nerf. B. Voyez *Nerth*.
NERVICUS, NERVICOSUS, A. G. fort. Voyez *Nerth*.
NERZ, force, vigueur, effort, autorité, pouvoir. B. Voyez *Ners*.
NEREA. HEM NEREA, s'efforcer. B. Voyez *Ners*.
NERZUS, robuste, fort, vigoureux. B.
NES, *Nés*, plus proche, le plus près, plus prochain, jusqu'à ce que. G. Il signifie aussi proche, prochain en cette Langue, ainsi qu'on le voit par *Nessa*. Voyez l'article suivant.

NÉS, proche, prochain, voisin, auprès, près; superlatif *Nessa*, en Latin *Proximus*. Monsieur Roussel mettoit *Nes*, proche, & *Nessa*, prochain; *Nessaa*, approcher. *Nes* est le même que *Lès*, cour & proche. Dans les livres de morale *Nessa* est le plus & presque le seul usité. De *Nessaa* on a fait *Dinessaa*, qui a la même signification, où *Di* n'est pas privatif, mais pour le *Do* Breton qui est l'*Ad* des Latins: Cet article est pris de Dom Le Pelletier. Le Pere de Rostrenen donne les mêmes significations à *Nes*; il y ajoute celle d'*Allié*, qui est prochain au sens figuré. B. *Nezd*, près, auprès en Persan; *Ndai*, auprès en Albanois; *Neh*, *Neah*, *Ner*, *Nit* en ancien Saxon; *Nah* en Théuton; *Nehwa* en Gothique; *Nahe* en Allemand; *Na*, *Nae* en Flamand; *Naer* en Danois; *Nere* en Anglois, près; *Nechste* en Allemand; *Neah* en ancien Saxon; *Nahe* en Théuton; *Naefte* en Flamand; *Next*, *Nere* en Anglois; *Naboer* en Danois, prochain, voisin; *Nahe* en Allemand, voisinage; *Nehen* en Allemand; *Nehwjan* en Gothique; *Neahlacan* en ancien Saxon; *Nahen* en Théuton, s'approcher.

NES, montagne. I. *Nesbis* en Phénicien, tas de pierres; *Netzib* en Hébreu, tas, tertre. Voyez *Nech*, *Neach*, *Ness*, *Nessa*.
NES, le même que *Nas*, *Nit*, *Nos*, *Nus*. Voyez *Bal*.
NESA. Y NESA, qui est en-deçà, qui est de ce côté. G.
NESA, prochain. B.
NESAER, voisin. B.
NESAF, très-prochain, qui est très-près de nous, prochain, voisin, proche; *Nesaf At*, voisin proche, contigu, limitrophe. G. De *Nes*, & *A* marque du superlatif: Les autres sens ont été donné à ce mot par extension. Voyez *Nes*.
NESAN, prochain. B.
NESAOUR, voisin. B.
NESCACHA, fille. Ba.
NESCAMEA, NESCA-EMEA, fille. Ba.
NESCATOA, servante. Ba.
NESDER, proximité, voisinage. G.
NESEATA, petite fille. Ba.
NESED, très-voisin. G.
NESS, promontoire. E. Voyez *Nes*, *Nech*.
NESSA, qui est en-deçà, qui est de ce côté. C. B. Voyez *Nesa*.
NESSA, noble. I. Voyez *Neach*.
NESSA, voisin. B.
NESSAAD, approche. G.
NESSAAT, approcher. B.
NESSANDET, NESDET, droit & pouvoir de retirer un fonds vendu ou aliéné, par préférence fondée sur la parenté ou proximité de lignage. B. Voyez *Nes*.
NESSAU, près. B.
NESSAU, NESSU, approcher, faire approcher, être proche. G. B.
NESSU. Voyez *Nessau*.
NEST, lune dans le dialecte Gallois de l'Isle de Mona.
NESTAIT, affinité, généalogie, liaison, connexion. B.
NET, net. B. De là le François *Net*, l'Allemand *Nett*, l'Anglois *Neatt*, l'Italien *Netto*.
NET, le même que *Ned*. Voyez *D*.
NET, le même que *Nat*, *Nit*, *Not*, *Nut*, *Nyt*. Voyez *Bal*.
NETA, NETAA, nettoyer. B.
NETRA, rien, nulle chose, point particule négative, bibus. B. Voyez *Neptra*.
NETT, mari. B.
NETTAT, nettoyer. B.
NETTUS, A. M. net. De *Net*.
NEU, NEU'R, NEUD, certainement, en vérité, assurément. G.
NEU, ni. G.
NEU, ou conjonction disjonctive. G.
NEU, ciel. G. C. B. Voyez *Nef*, *Neff*, *Neb*, *Neav*.
NEU, nage, nager. B. Voyez *Neuff*.
NEU, sainte. B.
NEU, neuf, neuve. B. *Nien* en Chinois; *...* en Persan; *Neos* en Grec; *Novus* en Latin; *Niujo* en Gothique; *Neowe*, *Niwe* en ancien Saxon; *Niun* en Théuton; *Niew*, *Niew* en Allemand; *New* en Anglois; *Ny*, *Nyt* en Danois & en Suédois; *Nowy* en Sorabe; *Novo* en Italien; *Nueuo* en Espagnol; *Non* en Esclavon; *Novi* en Dalmatien; *Nowi* en Lusacien, en Polonois & en Bohémien; *Neu*, *New*, *Neuw* en Allemand; *Neuf* en François, neuf. *Neuch* en Turc, neuf;

NEU.   NEU.

Renues en vieux François, renouvellé. Voyez *Nua*, *Newydd*, *Now*.

NEU AR DDYM, s'abolir, se passer, se détruire, s'anéantir. G.

NEU OLWYN, toute figure courbe dont une partie avance vers l'autre. G.

NEUAD, vestibule ou place devant une maison, sale, cour, maison des Princes. G. Voyez *Neuadd*.

NEUAD, richesses, abondance de tous biens. G.

NEUADD, la cour. G. C'est le même que *Neuad*.

NEUADD-DY, palais. G.

NEUBEUD, NEUBEUT, les mêmes que *Nebeud*, *Nebeut*.

NEUBEUDTA, le moins. B.

NEUBEUDTOCH, moins. B.

NEUBEUL, poulain. B. Voyez *Eubeul*, *Ebol*.

NEUD, certes, certainement, en vérité adverbe pour affirmer. G.

NEUD, fil ; *Neud Tro*, fil retors. B. Voyez *Neut*.

NEUD, maison. Voyez *Breneuta* & *Neuad*.

NEUDA, pouliot sauvage, herbe aux chats. Ba.

NEUDEN, NEUDENN, fil. B. Voyez *Neut*.

NEUDTAER, marchand de fil. B.

NEUDYNNU, cueillir, amasser, recueillir. G.

NEVE, neuf, neuve. B. Voyez *Nev*.

NEUED, NEUEDD, les mêmes qu'*Hiraeth*. G. Voyez *Newo*.

NEVEZ, neuf, nouveau ; *Nevez Amser*, le printemps. B. A la lettre, le nouveau temps. On trouve dans Froissart *le nouveau temps* pour le printemps : Les Nantois l'appellent encore ainsi aujourd'hui.

NEVEZEN, novale. B.

NEUFEDD, le même qu'*Hiraeth*. G. Voyez *Newo*.

NEUFF, action de nager. B. Voyez *Neun*, *Neu*, *Nawf*, *Naif*, *Nean*.

NEUFLAM, nouvellement. B. *Nev Flam*, pléonasme.

NEULL, nuage, nuée, brouillard, vapeur, bruine. l. Voyez *Niful*.

NEUN, nage, nager. B. Voyez *Neuff*.

NEUNV, NEUNF, nage, action de nager ; *Neunvi*, nager, se baigner en nageant ou en repos ; on prononce aussi *Neuhi* & *Neunhi*. On trouve dans le Pere de Rostrenen *Neunui*, *Neunvyal*, nager. B. Voyez *Neuf*, *Nawf*, *Naif*.

NEUO. Davies demande si ce verbe est le même qu'*Hiraeth*, & si *Neued*, *Neuedd*, *Neufedd* qui en sont formés, sont les mêmes qu'*Hiraeth* ? Je réponds que dans les phrases qu'il rapporte ces termes paroissent synonimes. G.

NEUOD, sale. G. C'est le même que *Neuadd*.

NEUODDICARTREF, découcher. G.

NEVOR, NEFOR, mémoire ; *Dre An-Nevor*, *Dre An-Nefor*, par cœur, par mémoire. B. Voyez *Evor*, *Efor*.

NEUR, NEU'R, adverbe pour affirmer. G. Voyez *Neu*.

NEURCAITZA, excès, déréglement, emportement, énorme. Ba.

NEURCOTIZA, impôt sur le vin & autres denrées qui se vendent par mesure. Ba.

NEURGOITEA, espèce d'instrument de musique. Ba.

NEURQUIDA, symmétrie. Ba.

NEURRIA, mesure, instrument propre à mesurer, mesure de deux aunes. Ba.

NEURTAQUINDA, géométrie. Ba.

NEURTAQUINDEA, mathématique. Ba.

NEURTARTEA, canon, règle. Ba.

NEURTATECOA, chanoine. Ba.

NEURTEZA, immense, sans mesure. Ba.

TOME II.

NEURTOSQUIA, vers certaine mesure de syllabes. Ba.

NEURTU, mesuré. Ba.

NEURTEEA, mesurage, dimension. Ba.

NEURTZEN, mesurant. Ba.

NEUS, apparence, surface. B.

NEUSE, NEUSSE, alors, à cette heure là, en cette occasion là, à ce coup. B. Voyez *Neuze*, qui est le même que *Neuffe*. Voyez *Neufe*.

NEUT, terme pour affirmer. G. Voyez *Neu*.

NEUT, NEUD, fil à coudre ; singulier *Neuden*, un seul brin de fil, un seul fil, un filet ; *Neza*, filer. B. *Netho* en Grec ; *Neo* en Latin ; *Naen* en Allemand, prononcez *Neen* ; *Nayen* en Flamand, prononcez *Neyen*, filer. Voyez *Newein*, *Neza*, *Nyddu*.

NEUT, maison. Voyez *Breneuta* & *Neuad*.

NEUTAERU, affirmer. G.

NEWAINT, le même que *Dewaint*. G.

NEWEIN, filer. B. Voyez *Neut*.

NEWEZ, nouveau, neuf ; *Newezinti*, nouveauté ; *A Newez*, de nouveau, nouvellement ; *Newez Flam*, tout neuf, tout nouvellement, tout récent, tout récemment, tout pur, net & brillant. B. Voyez *Nev*, *Newydd*.

NEWEZINTI. Voyez *Newez*.

NEWID, changement, changer, vil prix. G.

NEWIDIAD, changement. G.

NEWIDIAW, changer. G.

NEWIDIO, changer, altérer, prendre de la main d'un autre. G.

NEWIDIOL, muable, qui change aisément, qui tourne aisément. G.

NEWIDIOLDER, mutabilité. G.

NEWIDIWR, changeur, agent de change. G.

NEWIDWRIAETH, changement, échange, commerce. G.

NEWYDD, nouveau, récent, novice. G. B. Il signifie aussi nouveauté. G. Voyez *Newez*, *Nev*.

NEWYDD, NEWYDD-DEB, NEWYDD-DER, nouveauté. G.

NEWYDDELAN, nouvellement planté. G. *Planta*.

NEWYDDFRIW, blessure. G.

NEWYDDGWRF, moût. G. *Gwrf* en composition pour *Cwrf*, bière, qui doit ici signifier vin, puisque le moût est un vin nouveau.

NEWYDDIAD, nouvellement. G.

NEWYDDIAN, nouveau, novice, qui n'est pas encore accoûtumé à une chose. G.

NEWYDDIEN, novice. G.

NEWYDDLYNN, moût. G. *Llynn* signifie ici vin, puisque le moût est un vin nouveau.

NEWYDDU, renouveller, innover, rendre nouveau. G.

NEWYDDWAWD, déclamation. G.

NEWYDDWIN, moût. G.

NEWYDLIW, qui change de couleur. G.

NEWYN, faim abstinence de manger. G. Voyez *Naoun*.

NEWYNLLID, famélique, qui est à jeûn. G.

NEWYNOG, famélique. G.

NEWYNU, être pressé de la faim, mourir de faim, faire mourir de faim. G.

NEWYTH, le même que *Newydd*. G.

NEUZ, façon, forme, mine, apparence, contenance, feinte, semblant ; *Neuzmat*, bonne façon, bonne mine, &c. *Dineuz*, qui est sans façon, sans mine, qui est de peu d'apparence, simple & idiot ; *Ober Neuz*, faire mine & semblant, feindre. B. Voyez *Nos*.

E e e

NEU.

NEUB, rien. B.
NEUEGOA, qui a été produite de moi. Ba. C'est-à-dire, ma fille.
NEUZE, alors, là adverbe de temps. B. Voyez *Neuse* qui est le même.
NEYDIR, tortueux ; sinueux. G. Voyez *Neddyr*.
NEYN, sommet. B. Voyez *Nein*.
NEZ, singulier *Nexen* ; & en Léon *Niz*, singulier *Nizen*, lende ou lente œuf de poux & de puces ; pluriel *Nezet* & *Nezennou*. B. Voyez *Nedd*.
NEZ, habitation. Voyez *Annes*, *Annedd*.
NEZA, NEZAFF, filer, faire du fil, tordre. B. Voyez *Neut*.
NEZADEC, filerie. B.
NEZADUR, filage. B.
NEZAFF. Voyez *Neza*.
NEZE, alors, là adverbe de temps. B. Voyez *Neuze* qui est le même.
NEZE, doloire, pluriel *Nezeou* : En bas Léon on dit *Eze*. B. Voyez *Neddai*, qui est le même que *Nezai* dans le dialecte Breton.
NEZEN. Voyez *Nez*.
NEZER, fileur ; *Nezeres*, fileuse. B.
NEZEUR, fileur. B.
NEZIDIGUEZ, filage. B.
NGHYLCHWY, le même que *Cylchwy*. G.
NGRANN, le même que *Grann*. G.
NHAFAWD, malheureux. G. *Na Ffawd*.
NHOIDIN, enfant. I.
NHRE, maison, habitation. G.
NHUAD, rivière. Voyez *Kovnhuad*.
NI, nous, nous-mêmes. G.
NI, non. G. I. *Ni* en Gothique, en Théuton, & en François, non. Voyez *Na*, *Ne*, *Nid*.
NI, vigueur, vivacité. G. Voyez *Ynni*.
NI, chose. I.
NI, ami. I. *Ngai* en Chinois, aimer.
NI pour *Nai*. Voyez *Gourni*.
NIAGOC, je suis debout. Ba.
NIALL, NIELL, NEILL, NELL, les mêmes que *Nuall*, célèbre, illustre. I.
NIAMUGLANADH, clarifier. I.
NIAMHGLAS, verdâtre. I.
NIAT, venter, faire du vent. B.
NIBLE, le même que *Dible*. G.
NIC, NIG, fille. I. De là le Latin *Formicor*.
NICH, vol, vol d'oiseau, essor ; *An Nich Al Laboucçet*, le vol des oiseaux ; *Warnich*, en volant ; *Nicha*, voler ; participe passif *Nichet*, *Niget*, volé. B. *Nidschi*, je vole en l'air en Tartare Mogol & Calmoucq.
NICHA. Voyez *Nich*.
NICHAIM, A. M. mutilation, action par laquelle on coupe quelque membre. De *Nech*, *Nich*.
NICHET. Voyez *Nich*.
NICHI, enfermer. Ba. De là *Niche* en François ; *Nicchia* en Italien, niche de statue ; de là *Nucleus*, *Nucellus*, noyau. Voyez *Nid*.
NICUN, nul. B.
NID, non ; *Nid Dim*, nullement, point du tout, peu. G. *Niet* en Flamand ; *Nej* en Danois ; *Nie* en Polonois ; *Nic* en Bohémien, non. Voyez *Ni*.
NID, étui, fourreau, boîte, caisse. I. Voyez *Nyth*, *Nichi*.
NID, chose, affaire. I.
NID, le même que *Nead*. De même des dérivés ou semblables. I.
NIDDU, filer, tordre. B. Voyez *Nidr*.
NIDH, le même que *Nigh*. De même des dérivés ou semblables. I.

NIH.

NIDR, entortillement, entrelacement, embrouillement, embarras, empêchement, délai, retardement, remise, embarrassé, embrouillé, d'une manière embrouillée, d'une manière embarrassée, lent, irrésolu, qui temporise, qui remet de jour en jour, qui diffère, qui ne se presse pas. G. Voyez *Nyddu*.
NIDRI, entortillement, entrelacement, embrouillement, embarras. G.
NIDRO, entortiller, entrelacer, embrouiller, embarrasser, être entortillé, être entrelassé, être embrouillé, être embarrassé, faire tantôt une chose, tantôt l'autre, agir alternativement, mettre ou être mis l'un après l'autre. G.
NIDRWR, qui entortille, qui entrelace, qui embrouille, qui embarrasse, temporiseur, qui remet de jour en jour, qui diffère, qui ne se presse pas. G.
NIDWYRACH, adverbe de doute. G.
NIEEL, yvraie. B.
NIEN, le même que *Dieu*, carnage. G.
NIEN, oiseau dans le dialecte Gallois de l'Isle de Mona. Voyez *Een*, *En*.
NIEZ, nièce. B. Il paroit qu'il a aussi signifié neveu, puisque *Nies* en vieux François avoit cette signification.
NIEZ, le même que *Nerz*. Voyez *Diniez*, *Dinerz*.
NIF, if. Ba. Voyez *Yw*. L'n s'ajoûtoit souvent en Celtique au commencement du mot. Voyez *N*.
NIFA, if. Ba. Voyez *Yw*.
NIFER, nombre ; G. B. pluriel *Nifeiri*. G. De là *Numerus* en Latin ; *Numero* en Espagnol & en Italien ; *Nombre* en François ; *Number* en Anglois, nombre. Voyez *Numeros*, *Niver*.
NIFUL, nuage ou brouillard, petite pluie froide accompagnée de brouillards. B. *Nifwl*, *Niwl* en Gallois, nuage, nuée, brouillard, vapeur, bruine, obscurité ; *Nyll* en Irlandois, nuage, nuée, brouillard, vapeur, bruine ; *Nephele* en Grec, nue, nuage ; *Nebula* en Latin ; *Niebla* en Espagnol ; *Nebbia* en Italien ; *Nebel* en Allemand ; *Nevel* en Flamand, nuée, brouillard, vapeur, bruine. De là le mot François *Nielle*.
NIFWL, NIWL, nuage, nuée, brouillard, vapeur, bruine, obscurité. G. Voyez l'article précédent.
NIFWLOG, le même que *Niwlog*. G. Voyez *Niful*.
NIGAR, pleurs, larmes. Ba.
NIGAZ, avec moi. Ba.
NIGEAL, NIHAL, NIJAL, voler. B. Voyez *Nich*.
NIGEN, hameçon. B.
NIGET. Voyez *Nich*.
NIGH, NIGHAN, fille. I. *Neyt*, fille en Lappon.
NIGH, neuf nombre. I.
NIGHE. Voyez *Nighim*.
NIGHETHEAGH, bain. I.
NIGHIM, NIGHE, laver, action de laver. I.
NIGNELEN, ligneul. B. De là ce mot, parce que l'I se met pour l'n. Voyez *Nigounar*.
NIGNOL, NIGNOLEN, ligneul. B.
NIGOUNAR, le même que *Ligounar*. B.
NIGUN, nul, aucun après une négative. B. De là l'Espagnol *Ninguno*, & l'Italien *Nessuno*. Voyez *Nicun*, *Necun*.
NIGUS, ridé. G.
NIH, nièce. B. Voyez *Nihagh*.
NIHAGH, népotisme. B. Voyez *Nih* & *Nj*.
NIHEAD, non. I. Voyez *Ni*.

NIH.   NOA.   203

NIHOUR, le même que Neizour. B.
NILL, le même que Neall. De même des dérivés ou semblables. I.
NILL, le même qu'Ynnill. Voyez ce mot.
NIM-FOSLONG, habiter. I.
NIMGIOLLAS, servir. I.
NIMH, NEIMH, poison, peste, mort. I.
NIMH, le même que Neamh. De même des dérivés ou semblables. I.
NIMIDA, A. M. Voyez Nem.
NIMIGNO, petit. Ba.
NIN, flot. I.
NINACH, agréable. I.
NINCH, vol d'oiseau, essor. B. Voyez Nich.
NINGAIN, filles. I. Voyez Ninia.
NINGIR, amer. I.
NINIA, garçon, fille. Ba. Voyez Ningain, Niyn.
NINIA, paupière. Ba.
NINICATZEA, je bourgeonne. Ba.
NINICHOA, petit enfant. Ba.
NINTEGUIA, vivier. Ba.
NINV, chagrin, tristesse, regret, douleur, affliction. B.
NINVAL, attrister. B.
NINVAN, fâcher. B.
NINUER, nombre. B. Voyez Nifer.
NION, frêne. I. Voyez Onnen.
NIOR, non. I. Voyez Ni.
NIOR, nul, aucun, personne négativement. Ba.
NIORE, grand. I. Voyez Nor.
NIOS-FEAIRR, meilleur. I.
NIOS-FEAM, meilleur, mieux. I.
NIOSCOID, NIOSGOID, abscès, apostume. I.
NIOU, le même que Diou, deux. Voyez Nioufcoarn.
NIOUSCOARN, oreilles. B. Niou pour Dion, deux. (Voyez N) Scoarn, oreilles.
NIQ, hocher la tête, hochement, branlement de tête; Niqat, hocher, branler la tête. B. Et comme hocher la tête, marque le mépris; de là le mot François niqua, faire la nique pour mépriser. Le Niquet, qui en Franche-Comté signifie un leger sommeil que l'on fait assis pendant lequel on baisse insensiblement la tête. Les Grecs ont dit Nuktazo ou Nyktazo, les Latins Nicto, les Allemands Nicken dans le même sens.
NIRT, le même que Neart. De même des dérivés ou semblables. I.
NIS, non. G. Voyez Ni.
NIS, le même que Neas. De même des dérivés ou semblables. I.
NIS, NIZ, neveu, fils de frere, de sœur, de cousin, ou de cousine; pluriel Nizet ou Nifet; féminin Nizes ou Nifes; pluriel Nifezet. B. Voyez Nai, Nyth, Ny, Nies.
NIS, le même que Nes. Voyez Bal.
NISES, NIZES. Voyez Nis.
NITH, niéce. G. B. Nicht en Flamand; Nithio en Gothique; Nift en ancien Saxon, niéce. Voyez Nyth.
NITH, nid B. Voyez Nyth, Nid.
NITH, petite. Voyez Gwreignith. Nitki en Esclavon; Nytky en Polonois; Nizky en Bohémien; Nizek en Dalmatien; Niske, Nidri en Lusatien, bas; Nedre, plus bas en Islandois; Nither en ancien Saxon, au-dessous; Nidan en Théuton, Nithan en Théuton, dessous, au-dessous; Niden en Allemand, au bas.
NITH-FERCH NITH, arrière-petite-fille de la fille ou du fils. G.

NITHIAD, action de vanner. G.
NITHIAWDR, crible, tamis. G.
NITHIO, vanner. G.
NITHIWR, vanneur. G.
NITHLEN, linge dont on se sert pour vanner. Il signifie encore les petites pailles ou mauvais grains dont on a nettoyé le bled en le vannant. G.
NITR, nitre, salpêtre. G. Nether en Hébreu; Nitron en Grec; Nitrum en Latin; Nitro en Italien; Nitersaltz. en Allemand, nitre, salpêtre; Saltz, sel.
NIVER, nombre; pluriel Niveri, nombres; Nivera, nombrer, compter par nombres; participe Niveret, nombré, compté, supputé, calculé; Niverer, nombreur, calculateur; pluriel Niverien. B. Voyez Nifer.
NIVERA. Voyez Niver.
NIVERUS, numéral. B.
NIUL, nuage ou brouillard, petite pluie froide accompagnée de brouillard. B. Voyez Niful.
NIUS, A. G. misérable, qui manque de tout. De Ni, non, manquement.
NIWED, le même que Niweid. Voyez Diniweid.
NIWEID, tort, dommage, lésion. G. Il signifie encore dans la même Langue malice, crime, faute, danger. Voyez Diniweid.
NIWEIDIO, nuire, causer du dommage. G.
NIWEIDIOL, nuisible, dommageable, pernicieux, funeste. G.
NIWL, brouillard. G. C. Voyez Niful, Niul.
NIWL, NIWLEN, nuée, nuage, brouillard, brouillard épais, vapeur, brume, obscurité. G. Voyez Niful.
NIWLOG, nébuleux, rempli de brouillards, plein de brume. G. Voyez Niwl dont Niwlog est le possessif.
NIYN, fille. E. Voyez Ninia.
NIZ, neveu, niéce, arrière-petit-fils. B.
NIZA, venter le bled, le vanner. B. Voyez Nithio.
NIZAT, cribler du bled. B.
NIZEN, lente dont s'engendre le pou. B.
NIZER, qui crible du bled. B.
NIZES, niéce, arrière-petite-fille. B.
NO, conjonction élective. G.
NO, NOG, que dans les comparatifs. G.
NO, ou, soit. I.
NO, dos. I. Les termes qui signifient dos ont été employés dans le sens figuré pour sommet, croupe de montagne. Voyez Cefn. Noh en Arabe, haut, élevé; Nob en Ethiopien, élevé; Noe en Tonquinois; faîte; Nao en Tonquinois, haut, & Nui, montagne dans la même Langue; Nucb, haut en Galibi; Nues en Islandois, cap, promontoire. Voyez Nod.
NO, jusques. Ba.
NO. Voyez Noa.
NO, couvrir, cacher. Voyez le second Noa & Nos.
NO-RUADH, daim, chevreuil. I.
NOA, NOAH comme Nua, Nuan. I.
NOA, vin. Ba.
NOA, dessous, après. Ba.
NOA, voilà. Ba.
NOA; A. M. Noue en François dans nos anciennes coutumes, pâturage ou prairiu marécageuse & arrosée d'eau. De No le même que Do, eau, ensorte que Noa signifie aquatique. Noa, fontaine en Lacédémonien. On appelle Noa, Noue en plusieurs Provinces de France, un petit pré à herbe courte. De No, eau, est venu Noer, nager en vieux François;

Noia en Arabe, eau, & *Naha*, étang, lieu bas où l'eau croupit dans la même Langue ; *Nauh* en Perfan, lac. Voyez *Noe*.

NOA, A. M. *Noue* à Auxerre est aussi un endroit de la rivière où croissent de grandes herbes dans lesquelles les poissons se cachent. De *No* le même que *Do*, cacher, couvrir. On appelle par la même raison dans les montagnes de Franche-Comté *No*, une fontaine couverte.

NOABREN, nuage. B.

NOAI, troupeau. I.

NOALL, le même que *Nuall*. I.

NOAS, nud, chauve. B. Le second sens est une extension du premier.

NOAS, noise, querelle. B. De là ce premier mot.

NOASA, nuire. B.

NOASOUT, nuire, quereller. B.

NOASPILL, Voyez *Noaz-Pill*.

NOASQUI, NOASQUIRO, peut-être. Ba.

NOATH, chauve. C. Voyez *Noas*.

NOAZ, nud, déshabillé, dépouillé de ses habits ; *Noafter*, nudité ; *Noazd*, dépouiller, déshabiller. Ceux de Léon ont *Noaz-Bew*, tout nud, mot pour mot, nud vif ; & aussi *Noaz-Glan*, entièrement nud. B. Voyez *Neeth*, *Noath*, *Nocht*.

NOAZ-PILL, NOASPILL, celui dont les habits sont si déchirés qu'il est estimé nud, qui est couvert de haillons : C'est ainsi que Dom Le Pelletier explique ce mot. Le Pere de Rostrenen met *Noaspill*, nud. B.

NOAZOUT. Voyez l'article suivant.

NOAZVOUT, NOAZOUT, nuire, être nuisible, incommoder, faire tort. B.

NOBL, écu d'or. G.

NOBL, grand, illustre, haut, noble. B. De là le Latin *Nobilis*, l'Italien *Nobile*, l'Espagnol *Noble*, le François *Noble*. Voyez les articles suivans.

NOBLEA, noble. Ba. Voyez l'article précédent.

NOBLECIA, noblesse. Ba.

NOBLECIERA, gloire, splendeur. Ba.

NOBLECZA, ignoble. Ba. *Ecza*, *Eza*, particule privative.

NOCHA, NOCADH, nonante. I.

NOCHDUIGHE, nud. I.

NOCHT, nudité, chauve. I.

NOCHTHA, NOTHA, NOTHAN, nud, découvert. I.

NOCHTHAID, nud. I.

NOCO, NOCOAC, jusques. Ba.

NOD, élévation. G. *Nui*, montagne en Tonquinois ; *Nod* étant synonime à *Ban*, *Don*, *Pen*, &c. en doit avoir tous les sens. Voyez *No*, dos.

NOD, marque. B. Voyez *Nôd*.

NÔD, marque, note, signe, indice, but, borne, stigmate, marque flétrissure faite avec un fer chaud, cachet, sceau, impression, peste. G. *Nod* en Breton, marque. De là le *Nota* en Latin & en Italien ; *Note* en François, *Not* en Anglois, marque, note. *Oth* en Hébreu, marque, note, & *Noda*, manifeste, clair. Voyez *Nodaire*, *Nodan*, *Not*.

NOD T GORLANW, isle formé par le flux de la mer.

NODA, A. M. le même que le premier *Noa*.

NODAD, qui ente, qui greffe. I.

NODAIRE, abbréviateur, qui écrit en notes, qui accourcit. I.

NODAL, railler. B.

NODAU, peste, apostume, abscés, suppuration, ulcère, contusions, meurtrissures. G. Voyez *Nôd*.

NODD, suc des arbres ou des herbes. G. *Nodd* en Breton, suc ; *Notis* en Grec, humeur ; *Nodi* en Arabe, arroser ; *Nod*, sueur en Cophte ; *Noiton*, humide en Tartare Mogol & Calmoucq.

NODD, suc. B.

NODDED, conservation, garde, défense, protection, asyle, refuge. G. Voyez *Nawdd*.

NODDFA, asyle, refuge, retraite, lieu pour s'enfuir, sanctuaire. G.

NODDI, conserver, défendre, garder, garantir, préserver, protéger, donner asyle, conserver sain & sauf, tirer du péril, préserver de malheur. G.

NODDU, défendre, conserver. C.

NODDWA, sanctuaire. C. Voyez *Noddfa*.

NODDWR, défenseur, protecteur, qui défend, qui met en sûreté. G.

NODDWRAIG, patrone, protectrice. G.

NODEDIG, notable, remarquable, célébre, illustre. G.

NODEIN, faire ses petits parlant des bêtes. B.

NODELEN, le même que *Nozelen*. Voyez *Nozel*. B.

NODEN, le même qu'*Ysnoden*. Voyez ce mot.

NODER, gausseur. B.

NODET. Voyez *Naudi*.

NODI, marquer, imprimer, graver, empreindre, parafer, désigner, signaler, rendre remarquable. G. Voyez *Nôd*.

NODI, marquer, sceler. B.

NODI, éclore à la manière des petits oiseaux. B.

NODIAD, marque, remarque, action de sceller. G.

NODLYFR, répertoire, mémorial, journal. G.

NODOL, marqué, qu'on doit marquer, notable, remarquable, insigne, considérable, illustre, connu, fameux, célébre. G.

NODUGHADH, enter, greffer. I.

NODWYDD, aiguille, petite aiguille ; *Nodwydd-Ben*, épingle. G.

NODWYDDWR, épinglier, qui fait des épingles. G. *Nodwydd Gwr*.

NODWYDD Y BUGAIL, herbe semblable au cerfeuil. G.

NOE, bassin à laver, pot au beurre, pot au lait. G. De là, par ressemblance à un bassin, on a donné dans notre Langue le nom de *Noue* 1° A une sorte de tuile qui est faite en demi canal pour égoutter l'eau. 2° A un angle rentrant qui est entre deux combles, & dont le bas sert de gouttière. Par la même analogie on appelle *Noue* en Franche-Comté un terrain bas & creux où l'eau séjourne. Voyez l'article suivant, *Noet*, *Nowed*, *Noa*.

NOE BOBI, espèce de tourtière où l'on faisoit cuire le pain avant l'usage des fours. G. *Bobi*, en composition *Pobi*, cuire. On voit par là, & par l'article précédent, que *Noe* signifie vase, vaisseau en général.

NOEANZ, race, lignée. B.

NOEH, nud. B. Voyez *Noeth*.

NOES, noise, dispute, contestation. B. De là le premier de ces mots. *Noise* en vieux François, bruit. Voyez *Noas*, *Noesereah*.

NOESEIN, nuire, faire tort, quereller. B.

NOESEREAH, bruit, querelle. B.

NOESOUR, grondeur. B.

NOET, gouttière, conduit des eaux sur les maisons ; plurier *Noeggeou*. B. Voyez *Noe*.

NOETH, nud. G. B.

NOETH, chauve. B.

NOETH, nuit. Voyez *Heno*.

NOETHDER, nudité. G.

NOETHI, mettre nud, rendre chauve, devenir chauve. G.

NOETHLUMMYN,

NOE.

NOETHLUMMYN, tout nud, nud. G. De *Noeth* & *Llwm*, dit Davies. C'est donc un pléonasme, qui à la lettre signifie nud nud.

NOETHNI, nudité. G.

NOEEUS, celui qui est sujet à agacer, à faire des contestations, des noises, des querelles. B.

NOFD, nageant. G.

NOFIAD, action de nager. G.

NOFIEDYDD, nageur. G.

NOFIO, nager; *Nofio Ymaith*, se sauver à la nage. G. *Nawf*.

NOFIWR, nageur. G.

NOG, conjonction élective. G.

NOG, non, ni. G. *Noh* en Théuton, ni.

NOGANDIA, subscription. Ba.

NOGHURA, palais du Roi. I. *Bra* ou *Vra*, belle, *Nogh* par conséquent habitation, maison. Voyez *Nawd*.

NOHA, A. M. le même que le premier *Noa*.

NOHARROINA, mendiant. Ba.

NOIM dans la vie de Saint Thuriau, Évêque de Dol, paroit signifier saint. 1°. Le contexte l'indique. 2°. *Naomh*, *Namh* en Irlandois signifie saint. 3°. *Nonnus* dans la basse Latinité, formée des Langues des Peuples que les Romains avoient soumis à leur Empire, signifie saint; & comme les Religieux & Religieuses font profession d'une vie plus sainte, on se servit de ce terme pour les désigner. On appella un Religieux *Nonnus*, & une Religieuse *Nonna*, d'où sont venus les anciens termes François *Nonne*, *None*, *Nonnain*. La vie de saint Thuriau est imprimée au tome 3 du mois de juillet des *Acta Sanctorum*.

NOIN, le soir. I.

NOININ, lys fleur. I.

NOIT, ANOID, assemblée, Église. I.

NOIZDANCI, NOIZEEQUBAT, qu'il y a longtemps. Ba.

NOLA, NOLATAN, comment, de quelle qualité. Ba.

NOLA ERE DAN BASOLLARRA, espèce de canard que quelques-uns appellent l'oiseau chaste. Ba.

NOLACO JABEA, tel le pot, tel le couvercle. Ba.

NOLACODIA, qualité. Ba.

NOLERA, théorême. Ba.

NOLL, le même que *Noall*. I.

NOMAN, le même que *Loman*. B.

NON, non, non pas. B. De là le Latin *Non*, le François *Non*, l'Italien *Non*, l'Espagnol & l'Anglois *No*.

NON, le soir, le temps du soir. B. Les paysans en Franche-Comté disent *Nonner* pour faire un petit repas vers les quatre heures du soir; *Nonnai* en Patois d'Alsace est le nom de ce repas.

NON, NUN, où adverbe de lieu. Ba.

NON, le même que *Don*, profond. Voyez *Annwn* & *N*.

NON, le même que *Nan*, *Nen*, *Nin*, *Nun*. Voyez *Bal*.

NONAITA, ubiquité. Ba.

NONBER, TRINONBER, trois troupes. I. *Tri*, trois.

NONGARTEA, constitution de rente. Ba.

NONGO, d'où. Ba.

NONNER, genisse. B.

NONNUS, A. M. Voyez *Noim*.

NONZEA, NUNTZEA, ubication. Ba.

NOPL, noble. B. Voyez *Nobl*.

NOR, principal. G. *Nor*, grand en Irlandois: C'est le même que *Ner*. Voyez *Cornar* & *Bal*.

NOR, conjonction élective. G. Voyez *No*.

NOR, grand. I.

NOS.

NOR, porte comme *Dor*. B. On peut par la même raison dire *Nor*, *Nour*, pour *Dor*, *Dour* dans tous les autres sens. Voyez *N*. *Nor*, eau en Tartare Calmoucq; *Nourr*, mer en Tartare de Tobolsk & en Tartare Mogol & Calmoucq; *Nor*, lac en Tartare Mogol; *Nur*, mer en Tartare Mogol & Calmoucq.

NORA, où adverbe de lieu. Ba.

NORA-NAI, où vous voudrez. Ba.

NORABAIT, j'accours. Ba.

NORACO, hardi. Ba.

NORAT, où adverbe de lieu. Ba.

NORAZQUENA, fin, borne. Ba.

NORBAIT AZPIRATZEA, supplanter quelqu'un. Ba.

NORBAIT ONDO ARTZEA, traiter quelqu'un honorablement. Ba.

NORBAIT PECATUTIC, j'absous des péchés. Ba.

NORBAITI BERE ZUCENBIDEA, j'accommode. Ba.

NORBALIZA, prosopopée. Ba.

NORBUIT BERE HUME ORDE EGUIN, j'adopte. Ba.

NORD, NORT, nord, septentrion. B. *Nor* en ancien Suédois, selon Rudbeck; *North* en ancien Saxon; *Nord*, *Nort* en Théuton; *Noord* en Flamand; *Nord* en Allemand; *North* en Anglois; *Nordur* en Islandois & en ancien Scandinave; *Norr* en Scandinave moderne; *Northus* en Latin du moyen & du bas âge; *Norte* en Espagnol, nord, septentrion.

NORE, qui integratif, quel interrogativement. Ba.

NORONZ, NORUNZ, de quel côté. Ba.

NORTHUS, A. M. nord, septentrion. Voyez *Nord*.

NORTU, je dépense, dépense, consommation. Ba.

NOS, nuit. G. C. B. *Noich* en Irlandois; *Nux* en Grec; *Nex* en Latin; *Noche* en Espagnol; *Notte* en Italien; *Noech* en Dalmatien; *Notz* en Lusacien; *Noc* en Polonois & en Bohémien; *Nuch* en Esclavon; *Nott*, *Noot* en Islandois; *Noot* en Runique; *Noch* en Stirien & en Carniolois; *Nahts* en Gothique; *Naht* en Théuton; *Nacht* en Allemand; *Nacht* en Flamand; *Nat* en Danois; *Nith*, *Nithes*, *Nithys* en ancien Saxon; *Night* en Anglois; *Nuit* en François, nuit. *Nos* paroit formé de *No* pour *Do* ou *To* Celtique (Voyez *N*) cacher, couvrir, & de *S* de *Saul*, soleil. (Voyez *Haul*.) En Celtique les termes dans la composition perdent presque toujours quelques-unes de leurs lettres: *Nos* signifie donc le cacher du soleil, l'absence du soleil. On ne pouvoit mieux désigner la nuit.

NOS, NOIS, façon, coutume, mode, forme, figure, manière. I. Voyez *Neus*.

NOS, nud. I. Voyez *Noaz*.

NOSA, NOSAD, déshabiller, dépouiller, découvrir, dénoncer. I.

NOSAMLAS, formalité. I.

NOSAWL, nocturne, de nuit. G.

NOSDA, informer. I.

NOSI, se faire nuit. G.

NOSQUILLEA, qui fait retenir les vagues. Ba.

NOSVES, nuitée, soirée. I.

NOSVEZYER, celui qui va aux veillées. B.

NOSUGHAD, former, figurer. I.

NOSUGHTE, nud, découvert. I.

NOSWAETH, nuit. G.

NOSWAITH, nuit. G.

NOSWYL, veille de Fête. G. *Nos Gwyl*.

NOSWYLIO, faire la veille d'une fête, ne pas travailler. I.
NOT, marque. G. Voyez Nôd, Notha.
NOT, marque, signe, note. B.
NOT, port. B.
NOTA, publier, divulguer, notifier. B.
NOTABL, notable. B.
NOTADUR, censure. B.
NOTARIA, notaire. Ba.
NOTER, notaire. B.
NOTHA, NOTHAN, nud, découvert. I.
NOTHA, marque, tache. Ba. Voyez Not.
NOTUA, sanctuaire. C. Noddwa.
NOTUGSE, animal. I.
NOV, fleuve. C. Noue, torrent, on prononce Nou̇ë en Normandie; Nuula, pluie en Langue de Congo; Nu'o'c, eau en Tonquinois, Voyez Nor, Naov.
NOUAR, le même que Douar, terre. B.
NOUASOUT, nuire. I.
NOUE. Voyez Noa, Nov, Nowed, Noe.
NOUENN, extrême-onction; Noui, donner l'extrême-onction. B.
NOUIRSIN, alors, à cette heure là. I.
NOW, nouveau. G. Voyez Neu.
NOWCANT, neuf cens. G.
NOWD, asyle. G. C'est le même que Nawd.
NOWDDWR, défenseur. G.
NOWED, noue, gouttière. B. Voyez Noe.
NOWS, le même que Naws. Voyez Nowswyllt.
NOWSEID, mou. G.
NOWSIO GWLYBWR, dégoutter de sueur, jetter une liqueur goutte-à-goutte comme en suant. G.
NOWSWYLLT, indompté, furieux, bilieu, colerique. G. Nows pour Naws.
NOUYEENN, extrême-onction. B.
NOZEL; singulier Nozelon, glande ou excrescence de chair qui se forme sous le menton des hommes, & à la gorge des pourceaux. B.
NOZEL, noisette. B. On dit Noisille en plusieurs Provinces de France, & Nesille en Franche-Comté.
NOZGUEITHA, lieu exposé aux ardeurs du soleil. Ba.
NUA, NUAD, NUAN, neuf, nouveau, frais. I. Voyez Nov.
NUA, NUAN, robuste, fort. I.
NUA COINSEACH, concubine. I.
NUAGAILL, l'Anglois moderne. I.
NUAGH, nouveau, neuf, frais. I.
NUAH, nud. B.
NUAIR, AR NUAIR, d'abord, incontinent, bientôt. I.
NUALL, NUALLA, NUALLAN, célèbre, illustre. I.
NUALL, caprice, boutade, insolence, fantaisie, dépit. I.
NUALLCUMADH, lamentation. I.
NUAS. A NUAS, d'en haut en bas. I.
NUDD, nom d'un homme illustre par sa libéralité, dit Davies. I.
NUG comme Rhyd Nug, dit Davies, qui n'explique pas ce mot. G.
NULL, le même que Nuall. I.
NUMBL, humble. B.
NUMEROA, nombre. Ba. Voyez Nifer.
NUNCIOA, nonce. Ba.
NUSCOID, apostume. I.
NW, érable. I.
NWYF, vigueur, vivacité, diligence, lasciveté. G.

NWYFIANT, pétulence, insolence, lasciveté. G.
NWYFO, marquer de la lasciveté. G.
NWYFSERCH, grand amour. G.
NWYFUS, vif, vigoureux, fort, diligent, alégre, dispos, prompt, actif, ardent, vite, pétulant lascif. G.
NUZ-EVA, buvotter, faire semblant de boire. B. Voyez Neufe.
NY, particule négative. G. De même en François. Voyez Na, Ne.
NY, neveu. B. Nyer, neveu en vieux François. Voyez Niz.
NY, nous. B.
NYAK, fille en Écossois septentrion
NYAT, cribler du bled. B.
NYCH, langueur, phthisie, maladie de consomption, pus. G. On a aussi pris ce mot au sens figuré, ainsi qu'on le voit par les anciennes coûtumes dans lesquelles une promesse Nice est une promesse faite sans stipulation, sans gage, sans sureté, & par conséquent sans force dans les tribunaux. Nice en vieux François, simple; Niceté, simpletté. De Nich sont venus Nigaud, Niais, Niquedouille, qui en Franche-Comté signifient un benais; Nych Dwl, pléonasme. Voyez Nech, Nychdod.
NYCHA, voici. G. Voyez Tcha.
NYCHDOD, abatement de forces, épuisement; langueur, phthisie, maladie de consomption, pus. G.
NYCHIAL, languir. G.
NYCHLYD, languissant, qui séche de langueur. G.
NYCHU, languir, sécher, sécher de langueur, devenir étique, maigrir, tomber en langueur, avoir la maladie de consomption. G.
NYD, non particule négative. G. Nith, Nicht en Allemand.
NYDDIAD, action de tordre. G.
NYDDU, filer, tordre, serrer fort. G. De là le Latin Nodus, le François Nœud. Nit, fil en Stirien & en Carniolois.
NYELL, yvraie. B.
NYER, qui crible. B.
NYES, niéce. B.
NYF, plurier de Nef; il est aussi chez les anciens un nom propre de femme. Davies demande qu'on examine si ce terme ne signifie pas encore neige. Dans la phrase qu'il rapporte il paroit avoir ce sens. G. De là le Grec Niphas, le Latin Nix, Nivis, l'Italien Neue, l'Espagnol Nieue, le vieux François Noif, le François moderne Neige, l'Allemand Chnee, le Flamand Snew, l'Anglois Snow, le Théuton Sneve, le Gothique Snaiws, l'ancien Saxon Snaw, l'ancien Prussien Snege, le Danois Sne, l'Esclavon & le Carniolois Sneg, le Dalmatien Snigh, le Bohémien Snih: Les Peuples du Nord & les Esclavons préposent souvent l's au commencement des mots.
NYI, NYE, neuf. I.
NYIDHEANN, enfant. I.
NYMB, ciel. I.
NYMPHA, NYMPHLA, NIMPLENN, nymphe déesse des eaux. B.
NYNI, nous, nous-mêmes. G. B.
NYNT, nous. B.
NYR, plurier de Nir. G.
NYS, particule négative. G.
NYTH, nid, domicile. G. B. De là Nidus en Latin; Nid en François, Nido en Espagnol & en Italien; Neottia, Neossia en Grec; Nest en Allemand, en Flamand; Nest, Neast en Anglois; Nest

en Suédois; *Gnyzdo* en Dalmatien; *Gniazdu* en Polonois; *Gnesdus* en Esclavon; *Gnesdo* en Lusacien; *Hniezdo* en Bohémien, nid; *Nyssle* en ancien Saxon; *Nest* en Théuton, en Flamand & en Anglois, domicile; *Noi* en Tonquinois, lieu, habitation; *Nzo*, maison en Langue de Congo. Voyez *Nith*, *Neis*, *Nead*. Nid se dit encore dans le sens de domicile & d'habitation en Franche-Comté.

NYTH TR ADERYN, carotte sauvage, panais des champs. G.

NYTHAN, petit nid. G.

NYTHFA, lieu qui sert aux oiseaux à faire leur nid. G.

NYTHLWYTH, nid, ponte des oiseaux. G.

NYTHU, nicher, avoir ou faire son nid. G.

NYV, saint, divin. I.

NYVER, nombre. G. Voyez *Nifer*.

NYVTHA, saint. I.

NYS, petit fils, arrière-petit-fils; *Nyzes*, petite fille, arrière-petite-fille. B.

O

Le même que *Co*, *Go*, *So*. Voyez *Aru*; & par la même raison tous les mots qui commencent par ces syllabes peuvent être commencés par *o* seul, de même que ceux qui commencent par *o* seul peuvent être commencés par ces syllabes.

O, préposition qui répond aux Latines *A*, *Ab*, *Abs*, *De*, *E*, *Ex* & aux Françoises *par*, *à*, *de*, *du*, *des*, *dès*. G. I.

O, dehors, depuis, depuis cet endroit, depuis ce temps. G. I.

O, conjonction qui se met devant les consonnes, & qui signifie si. G.

O, adverbe pour souhaiter. G.

O, terme pour appeller. G.

O, ô exclamation. G.

O, lui.

O, eau, rivière. G. *Ho* en Chinois, fleuve; *Os*, liqueur en Turc; *Os*, embouchure de rivière en Islandois; *Ou*, eau en Tartare Jakut; *Ouronff*, ruisseau en la même Langue; *Rouff*, coulante.

O, touchant, entre, pour, à cause. I.

O, ou. I.

O mis devant le nom propre indique le mérite, le prix de la personne que l'on nomme : Lorsque l'on met l'*m* devant cet *o*, cela marque la tendresse & la bienveillance de celui qui parle envers cette personne. I.

O, descendant parlant d'un homme par rapport à ses aïeux. I.

O, téméraire, soudain, prompt, brusque. I.

O, éminence, élévation. I. Voyez *Or*.

O, le même qu'*Eo*. I.

O, eux, leur. B.

O, le même qu'*Och* & *Ou*. B.

O, diminutif, particule de mépris. Voyez *Dyno*.

O, arbre. Voyez *Derw*.

O, herbe. Voyez *Au*.

O, paragogique. Voyez *Oar*.

O, le même qu'*W*. Voyez *W*.

O, le même qu'*Au*, puisque ce n'est qu'une différente manière d'écrire.

O BLEGID, de la part. G. *Plegid*. part.
O BLEID, de la part. G. *Plaid*, part.
O FLAEN, devant, en présence, aux yeux. G.
O FLAEN HYN, autrefois. G.
O GYLCH, à l'entour. G.
O HONYNT, d'eux, d'elles. G.
O HYN ALLAN, depuis tel temps. G.
O HYNN ALLAN, après cela. G.
O HYNNY ALLAN, après, ensuite, puis, après cela. G.

O NEWYDD, derechef, de nouveau, tout de nouveau. G.
OA, alerte, courage, allez. Ba.
OABL, ciel, région de l'air. B.
OABURACOA, couchette de paysan. Ba.
OAD, âge; pluriel *Oageou*. B. De là le François *Age*. Voyez *Oed* & le mot suivant.
OAGET, âgé. B.
OAHAH, mari. B.
OAID, agréable, agrément. Voyez *Braid* & *Ot*.
OAL, bois comme *Goal*. Voyez *Aru*.
OALED, OALET, foyer; pluriel *Oalegeou*. B. Voyez *Aelwyd*.
OAMARGAYA, régistre public. Ba.
OAMARTZEA, remarque. Ba.
OAN, agneau; C. B. pluriel *Oaanet*, *Ain*, *Eis*, *Aiin*, *Aein*. B. Voyez *Ouin*, *Oen*.
OAN-QEN, peau d'agneau. B.
OANGUEN, peau d'agneau. B. C'est le même que le précédent.
OANTZEA, nid. Ba.
OAQUIDAGOA, concubinage. Ba.
OAQUIDEA, femme galante, maîtresse, concubine. Ba.
OAR, sur, dessus. G. B.
OAR, terre. C. Voyez *Ar*.
OAR, près. B. Voyez *Ar*. O par conséquent paragogique.
OAR-ABEG, afin que. B. Voyez *Abecg*.
OARCABE, imprudemment, témérairement. Ba.
OARCABEA, imprudent, chûte, accident. Ba.
OARCABEAN, fortuitement. Ba.
OARCABECOA, fortuit. Ba.
OARCAITZA, finesse. Ba.
OARCARIA, qui fait des notes, le souffleur des comédiens. Ba.
OARIOUT, arriver. B.
OARPEA, finesse, précaution. Ba.
OARPEZ, avec finesse, avec précaution. Ba.
OARFIDEA, circonspection. Ba.
OARPILLA, sollicitude. Ba.
OARPILLAERA, sollicitation. Ba.
OARQUERA, circonspection. Ba.
OARQUI, OARQUIRO, sciemment. Ba.
OARRA, observation, advertance, attention, circonspection. Ba.
OARRIRA, blâme. Ba.
OARRIRATU, je blâme. Ba.
OARRU BAGUEA, imprudent. Ba.
OARSE, c'est pourquoi. B.
OARTARACIA, averti. Ba.
OARTEA, suggestion. Ba.
OARTERACI, j'avertis. Ba.

OARTERAGUIN,

OAR. OBR.

OARTERAGUIN, j'avertis. Ba.
OARTERAZO, j'avertis. Ba.
OARTERAZOA, averti. Ba.
OARTETU, suggérer. Ba.
OARTIA, prudent. Ba.
OARTU, je m'apperçois. Ba.
OARTUA, qui s'est apperçu, mûr, sensé. Ba.
OARVEZOUT, arriver, avenir. B.
OAT, âge, durée de la vie. B. Voyez Oad.
OATZEA, nid. Ba.
OAY, oie. B. Oe, Ous en vieux François, oie; Aoz en Persan & en Arabe, oie.
OAZ, jalousie. B.
OAZ, zèle. B.
OAZ, oie. B. Voyez Oay.
OAZ, tenesie plante. B.
OAZ-CREZN, jalousie. B.
OAZUS, jaloux. B.
OB. Voyez Wb. Oba, Obana, Uf, Ufan, Ufana en Théuton, sur, dessus; Ufen, Ufene, Up en ancien Saxon; Op, Hoven en Flamand, Upp, Ofs en Islandois, sur, dessus; Ober en Théuton, haut, Oparer en Théuton, supérieur; Oparost en Théuton, tête, chef; Ufir en ancien Saxon, supérieur.
OBA, correcteur. Ba.
OBA, A. M. le même que Hoba. Voyez Obia.
OBAINEAS, précipitation, trop grande hâte. I.
OBAINNE, brusquerie, humeur brusque. I.
OBAIR, action, œuvre, opération, travail, ouvrage, besogne. I. Voyez Ober.
OBALL, pomme; Cran Oball, pommier. I. Voyez Abal.
OBAN, OBONN, imprudent, téméraire, fou, extravagant, hargneux, dépiteux, fâcheux, chagrin, incommode, de mauvaise humeur, pervers, méchant, hardi, précipité, trop hâtif, vîte, fait à la hâte, avancé, qui a fait quelque progrès. I. Voyez Oben.
OBANNE, étonnement. I.
OBARGUITZEA, paraphrase. Ba.
OBATU, je compose, j'accorde. Ba.
OBBIR, ouvrage. I. Voyez Ober.
OE, bon, utile, expédient, meilleur, plus utilement, mieux. I.
OBEA, meilleur. Ba.
OBEAGO, mieux. Ba.
OBEDIA, obéissance. Ba.
OBEDIEZA, désobéissance. Ba.
OBEDIW, mortuaire, ce qu'on paye pour les morts. G.
OBEISSA, obéir. B.
OBEL, pomme. Voyez Aval & Bal.
OBEL. Voyez Wb.
OBEN, délateur, accusateur. Ba.
OBEN. Voyez Wb.
OBENA, faute, défaut, péché. Ba. Voyez Oban.
OBENDATU, je blâme; Obendatua, blâmé. Ba.
OBENDATZEA, blâme. Ba.
OBENDUNA, coupable. Ba.
OBENQUEA, excuse. Ba.
OBER, récompense, prix. G.
OBER, GOBER, faire, agir, opérer, produire, fabriquer, exécuter, accomplir, résoudre, arrêter, œuvre, action, opération, affaire, accomplissement, exécution. B. Gober, Peri en Gallois, faire, produire; Obbir, ouvrage en Irlandois; Bearra, Obra, Obrea en Busque, œu-

vre, ouvrage, travail; Bara en Hébreu, créer, faire, produire; Bara en Chaldéen, en Syriaque, en Arabe, créer; Barhi en Tartare Mogol & Calmoucq, produire; Bramma en Talenga, Dieu créateur; Prabou, principe en Tamoulique, (Bra, Pra, crases de Bara; de là le Grec Pratte, faire) Bar en Chaldéen; Barn en Gothique; Bearn, Boren en ancien Saxon; Barn, Parn, Wara en Théuton; Bam en Islandois, en Danois, en Suédois, en Anglois, en Écossois; Bern en ancien Frison; Baar en Tartare de Crimée; Baron en Espagnol; Puer en Latin, fils; Fara en Lombard, génération; Farren en Allemand, les bœufs que l'on employe à perpétuer l'espèce; Fara en Italien; Faire en François, faire; Baren en Flamand; Parir en Latin; Parir en Espagnol; Beran en Théuton; Bairan en Gothique; Baeren en Allemand, enfanter; Pare en Sardiot; Pari à Gorice; Pere en François; Waar en Frison; Vayer en Gueldre, pere; Opera en Latin & en Italien; Obra en Latin du moyen âge; Obra en Espagnol, œuvre, travail; Operari en Latin; Opérer en François; Operare en Italien; Obrar en Espagnol, opérer, travailler, faire; Oprava en Esclavon, affaire; le b, l'f, le p, l'v se substituant réciproquement. Voyez B.
OBER, le même qu'Aber. Voyez Bal.
OBER. Voyez Wb.
OBERER, OBERWR, ouvrier, fabricateur; Drougeberour, malfaiteur. B.
OBERMAN, feindre. B. Ober Man.
OBERNEUZ, feindre. B. Ober Neuz.
OBEROUR. Voyez Oberer.
OBERTA, bien qui arrive sans qu'on s'y attende. Ba.
OBERYANT, actif. B.
OBESSUR TCHYDYG, OFESSUR YCHYDYG, adverbe pour relâcher. G.
OBETA, meilleur. Voyez Obetandea, Obea.
OBETANDEA, perfection. Ba.
OBETANDU, je retouche, je perfectionne. Ba.
OBETARIA, congratulation. Ba.
OBIA, maison, sépulcre, sépulture, tombeau, fosse. Ba.
OBIAC, gencives. Ba.
OBIBAT, fosse. Ba.
OBIGUILLEA, enterreur de morts. Ba.
OBIRA, fosse. Ba.
OBIRATZEA, enterrement, funérailles. Ba.
OBIZDEA, épitaphe. Ba.
OBLEGID, OBLEGYD, parce que, car conjonction causale. G.
OBLEID, le même qu'Oblegid. G.
OBLICH, obligation. B.
OBLIGEA, obliger. B.
OBLIJUS, obligeant. B.
OBN, crainte. B.
OBNAGAU, craindre. G.
OBNU, craindre. G.
OBNUS, qui craint. G.
OBOC dans l'ancienne prononciation des Gallois, le même qu'Avwch, selon Baxter. G.
OBOICZA, obéir. B.
OBOLENN, obole. B.
OBONNE, folie. I. Voyez Oban.
OBORCA, mort, funérailles. Ba.
OBRA, OBREA, ouvrage, œuvre, travail. Ba.
OBRABEA, structure. Ba.
OBRACOA, petit ouvrage, opuscule. Ba.
OBRARIA, ouvrier. Ba.
OBRATEGUIA, attelier, boutique. Ba.

OBRY, en bas, dessous, au-dessous, plus bas ; *Tu Ac Obry*, en bas. G.
OBRYN, le même que *Gobryn*. G.
OBUA, fidéle. Ba.
OBUAN, juste, droit. Ba.
OBYN, crainte. G.
OBYNHEU, craindre. G.
OBZOLAC, brodequin. Ba.
Oc, habitation, pays, contrée, région. C'est le même qu'*Auc*. G.
Oc, vis-à-vis. C.
Oc, particule qui, placée à la fin du mot, est diminutive. I.
Oc, poëte. I.
Oc, fils. I. *Okin*, fille ; *Okyn*, petite fille en Tartare Calmoucq & Mogol. Voyez *Og*.
Oc, OCAN, jeune. I.
Oc, le même qu'*Og*. Voyez C.
OCA, vomissement. Ba.
OCAITZA, dissonance de voix. Ba.
OCALDACAO, soufflet. Ba.
OCANTZA, gâteau fait de farine, de miel, d'huile, qu'on offroit aux dieux. Ba.
OCARTEZGARRIA, docile, docilité. Ba.
OCARTESTEA, correction. Ba.
OCASLEA, précenteur ou premier chantre. Ba.
OCASTA, chanson, air. Ba.
OCASTEA, ton de la voix. Ba.
OCATU, je vomis. Ba.
OCAYA, bled, froment. Ba.
OCC, fils. I. Voyez *Oc*.
OCC, caverne, antre, creux, enfonçure naturelle. Voyez *Og* & *Aru*. *Oche*, entaille en François.
OCCASIOUN, occasion. I.
OCCR, usure, intérêt d'argent. G. *Wucher* en Allemand ; *Woecker* en Flamand ; *Oker* en Suédois ; *Unacher* en Théuton ; *Woker* en ancien Saxon ; *Vuher* en Esclavon ; *Osora* en Hongrois ; *Logro* en Espagnol, usure.
OCCRAETH, le même qu'*Occr*. G.
OCCRI, prêter à usure. G.
OCCRWR, usurier. G.
OCELL, promontoire. G.
OCELL. Voyez *Ocill*.
OCENA, sonore. G.
OCENA, clair, lumineux. Ba.
OCENDEA, son réfléchi. Ba.
OCENGUI, criant. Ba.
OCENQUI, clairement. Ba.
OCENTARIA, majordome, économe. Ba.
OCH ; OCHAN, ô, oh, exclamations, interjections pour marquer l'admiration, interjections qui marquent la plainte. G.
OCH, hé, ho, hola, hola ho. G.
OCH, ah, ah ah. G. *Uch*, ah en Irlandois.
OCH, malheur interjection. G.
OCH, vîte. G.
OCH, élevé. G. *Ocris* en Latin, au rapport de Festus, mont élevé & scabreux. D'*Och* est venue notre expression *hocher la tête* pour élever la tête en signe qu'on désapprouve. *Oc*, *Os*, Seigneur en Cophte ; *Auqui*, Seigneur en Persan ; *Oki*, Dieu en Huron ; *Yoc*, excellent en Chinois ; *Okino*, haut en Japonois ; *O*, *Ov*, grand, élevé dans la même Langue ; *Hhho* en Arabe, montagne ; *O* en Polonois, dessus ; *Auka* en Islandois ; *Aukan* en Gothique ; *Aecan* en ancien Saxon, augmenter ; *Os*, en grand nombre, ample, large en Cophte ; *Oogar*, plus, davantage en Brebère ; *Ossam*, trop en Algonkin ; *Ocre*, *Ocrer*, *Ocriper*,

le plus haut, très en Étrusque ; *Auche*, orgueil, hauteur en Grec ; *Hoche*, *Hoh* en Allemand ; *Hauh* en Gothique ; *Hoh* en Théuton ; *Hoog* en Flamand ; *Hogh* en Suédois ; *Hoye* en Danois, haut, élevé ; *Hock*, *Hog* en Allemand, colline lieu élevé ; *Hoch* en Allemand, très marque du superlatif ; *Och* en Irlandois & en Breton, plus marque du comparatif. Voyez *Oc* & *Uch*, qui est le même mot.
OCH, ah interjection. I.
OCH, plus marque du comparatif. I. B. *Hauch* en Allemand ; *Ock* en ancien Saxon ; *Oock* en Flamand ; *Oc* en Danois, plus ; *Hokir* en Hébreu, estimer beaucoup.
OCH, vous pronom pluriel. B.
OCH, *Oz*, *O*, vers, opposé, à l'opposite, contre, proche. B. Voyez encore *Ous*.
OCH, cochon. B. Voyez *Hoch*.
OCH, gémissement. G. *Ochthizein*, gémir en Grec. Voyez *Ach*, *Uchain*.
OCH, le même que *Coch*, *Goch* *Soch*. Voyez *Aru*.
OCH DDUW, ah ah. G.
OCH FI, interjection d'une personne qui gémit, qui se plaint fort. G.
OCH OCH, fy. G.
OCHA, le plus brave, le plus vaillant, le plus courageux ; pluriel *Oches*. B.
OCHA, OCHAL, gronder, grogner à la manière des pourceaux. B. Voyez *Och*, cochon.
OCHABA, conge mesure. Ba.
OCHAIN, gémir, se plaindre, soupirer. G. En Patois de Franche-Comté on dit *Ouchena* en ce sens. Voyez *Och*.
OCHAN, ah ah. G.
OCHAN, oh. G.
OCHAN, malheur interjection. G.
OCHAN FI, interjection d'une personne qui gémit, qui se plaint fort. G. Voyez *Och Fi*.
OCHANDIA, divulgation, publication. Ba.
OCHARRA, garance plante. Ba. Cette plante paroit avoir été ainsi nommée de la couleur de sa racine, qui est d'un rouge tirant sur le jaune, & qui sert à teindre les étoffes en cette couleur, puisque *Gar* ou *Car* en Celtique signifie rouge, roux, jaune. Ce sera par la même raison que les Grecs auront nommé *Ochros*, les Latins *Ocra*, les Allemands *Ocker*, les Anglois & les Flamands *Oeker*, les François *Ocre*, une terre jaune.
OCHATZEA, crudité. Ba.
OCBI, terme qui marque la douleur. G. C'est le même qu'*Och Fi*.
OCHEL, le même que *Cel*. B.
OCHEN, bœuf. B. *Ochion*, bœufs en Gallois ; *Ouhen* en Gallois ; *Ochs* en Allemand ; *Auhs* en Gothique ; *Osh* en Théuton ; *Ox* en ancien Saxon ; *Osse* en Flamand ; *Uxe*, *Oxe* en Islandois ; *Ox* en Anglois ; *Oxe* en Danois ; *Ochse* en Esclavon, en Dalmatien & en Bohémien ; *Okor* en Hongrois ; *Okgs* en Turc, bœuf. Voyez *Oen*, *Ych*.
OCHENAID, gémissement, soupir. G.
OCHFI, terme qui marque la douleur. G. Voyez *Och Fi*, *Ochbi*.
OCHFINNEU, interjection d'une personne qui gémit, qui se plaint fort. G.
OCHI, gémir, se plaindre, soupirer. G. *Och*.
OCHIC, petit cochon. B. Voyez *Och*.
OCHIERN, nom de Dignité chez les Irlandois qui étoit inférieure à celle de Comte. I.
OCHINA, piéce d'argent du poids d'une once. Ba.

OCH.

OCHION, bœufs. G.
OCHOR, côté. G.
OCHR, pointe, bord pointu, bord, marge, côté. G. Voyez Ocra.
OCHR, angle. Voyez Chwechchr.
OCHREN, synonime d'Ochrog. G.
OCHRI, rendre les bords pointus. G. Ochr.
OCHROG, pointu, qui se termine en pointe. G.
OCHT, huit. I. De là le Latin Octo.
OCHTVODHA, huitante. I.
OCHWIDR. YN OCHWIDR, licencieusement. G.
OCIA, chou. Ba.
OCIDANA, adulte. Ba.
OCILL, presqu'isle comme Y-Kill. Y-Kill est formé d'Y, qui est la première lettre d'Ynis, isle, & de Kill ou Cil diminutif. Comme on a dit Anes, Enes, Ones comme Ynis, on a pu par la même raison dire A-Kill, E-Kill, O-Kill ou O-Cil. Cel étant synonime à Cil, on a pu dire également A-Cel, E-Cel, O-Cel.
OCOREA, viande hâchée avec du pain ou de la pâte, pâte de viande, rognure, retaille, copeaux. Ba.
OCORROA, le braire d'un âne. Ba.
OCOTEA, menton. Ba.
OCOZCATEA, chaîne d'un mors de cheval très-rude. Ba.
OCOZPEA, gosier. Ba.
OCOZPEQUIA, soubarbe d'une bride. Ba.
OCOZQUIA, petite bouche, petite joue. Ba.
OCQ, lieu. Voyez Foennoeq. C'est le même qu'Anc, Oc.
OCRA, mont scabreux hérissé de rochers. G. Ocrem chez les anciens Latins signifioit la même chose. Voyez Ochr.
OCRACH, avide, affamé. I.
OCRUS, faim, affamé. I.
OCUPI, occuper. B.
OCUS, mauve plante. I.
OCZER, grelin petit cable. B.
OD, conjonction qui se met devant les voyelles, & signifie si. G.
OD, sur, dessus, élevé, éminent, qui surpasse, excellent, parfait, achevé, accompli, exquis, qui reste. G. Hod en Hébreu, gloire, majesté, dignité, beauté, louange, révérence, puissance, force, excellence ; Hodh, majesté, plus, davantage ; Odh, outre ce, plus, davantage ; Hothir, exceller dans la même Langue ; Ehote en Cophte, plus, meilleur, plus grand, & Oetooe, montagne ; Oden, assez, beaucoup, fort adverbe en Géorgien ; Otexhi en Esclavon ; Otecy en Bohémien, s'enfler ; Ottar, beaucoup en Runique ; Odeg, Otag, riche en Allemand ; Audags, heureux en Gothique ; Audur en Islandois, richesses ; Ote, bon en Langue de Congo ; Odin, dieu des anciens Danois ; Id, montagne en Phrygien ; Idé, mieux Idai, en Phrygien, montagne couverte d'arbres, dit Hesychius ; Id, montagne ; Hai, forêt. Voyez Ud, qui est le même qu'Od, & que l'on peut prononcer Yd comme Ud. Voyez Oda.
OD, neige, neige qui tombe, la neige lorsqu'elle tombe, G. Heo en Hongrois, neige ; Ude, pluie en Islandois.
OD, bois substance de l'arbre, forêt. B. Voyez Hod, Gad.
OD, bord. B. Odgi, fins, termes en Cophte.
OD pour Bod. Voyez Hafod.
OD, le même qu'Oed. Voyez Allod.
OD, le même qu'Awd. Voyez Arod.
ODA, sang. Ba.

ODI. 211

ODE, élévation. Voyez Odaira, Otadia, Audia, Od.
ODAGUEA, ciel beau, beau temps. Ba.
ODAIRA, élévation. Ba.
ODALCARIA, espèce de serpent très-venimeux. Ba.
ODAR, terme, fin, borne. G.
ODD, conjonction conditionnelle. G.
ODD, facile. Voyez Anodd. Odi en Théuton ; And en Islandois, facile ; Unode en Allemand, difficilement ; Un, particule negative en cette Langue.
ODD, le même que Codd. Voyez Aru. De là Odium Latin.
ODDA, ODOLA, sang. Ba.
ODDAMWAIN, peut-être, par avanture. G.
ODDEF, le même que Goddef. Voyez Anraith & Aru.
ODDEU, le même que Godden. G. Voyez Aru.
ODDF, ODDFYN, écrouelles, bosse, bosse qui vient à l'érable, petite tumeur. G.
ODDI, le même que Toddi. Voyez Odyn.
ODDIALLAN, hors, par dehors, en deçà, par deçà, hormis, excepté, à la réserve, étranger. G.
ODDIALLANI, hors, outre, par-delà. G.
ODDIAR, synonime à Ymmaith. Voyez Adimo.
ODDIAR GOED, couper les excroissances des arbres. G.
ODDIARNADD, sur, dessus. G.
ODDIARNODD, ci-dessus, d'en haut, par en haut. G.
ODDIDAN, sous, dessous, au-dessous. G.
ODDIDANO, par dessous. G.
ODDIDANODD, par dessous, dessous, au-dessous, plus bas. G.
ODDIEITHR, sinon, si ce n'est, excepté, à la réserve, hors, hormis, outre, par-delà. G.
ODDIEITHR, si avec une négation. G.
ODDIEITHR HYNNY, le même qu'Onid è. G.
ODDIFAES, hormis, excepté, à la réserve. G.
ODDIFEWN, dedans, au-dedans, par-dedans, qui est entre cuir & chair. G.
ODDIFRIF, sérieusement. G.
ODDIFYNU, dessus, de dessus, par-dessus. G.
ODDITAN, dessous, au-dessous. G.
ODDITANODD, par-dessous, en bas. G.
ODDIWRTH, de, de, dès, depuis cet endroit, depuis ce temps. G.
ODDIWRTH, synonime à Ymmaith. Voyez Adimo.
ODDIYNO, de là, de même côté, du même endroit. G.
ODDUCHOD, sur, dessus, au-dessus, par-dessus, de dessus. G.
ODDYCHOD, d'en haut. G. c'est le même que le précédent.
ODDYFYNU, d'en haut. G.
ODE, brêche, ouverture dans un fossé pour le passage d'une seule bête, passage, entrée, particulièrement d'un champ clos. B. Odos en Grec, chemin.
ODEIA, nuée, nuage. Ba.
ODEIJASA, nuage. Ba.
ODFA, temps commode, propre, favorable, occasion, occasion commode. G. Od pour Oed ; Fa de Ma.
ODH, la pointe d'un dard, d'un épieu. I. Od en Danois, pointe de trait ; Oddur, pointe d'épée en Islandois ; Odda, pointe en Runique.
ODHAR, pâle. I. Voyez Odi.
ODHE, ODHEAN, les mêmes qu'Oidhe, Oidhean. I.
ODHIGARTREV, hors. I.
ODI, neiger. Voyez Odhar.
ODIA, canal, tuyau, siphon. Ba.
ODIAETH, ODIAETHOL, les mêmes qu'Od. G.

ODID, à peine, difficilement, rare, peu commun. G.
ODIDAWC, singulier, simple, qui n'est pas doublé. G.
ODIDOG, le même qu'Od, si. G.
ODIDOG, rare. G.
ODION, bœuf. C. Voyez Eidion.
ODL, nombre, cadence, proportion du mouvement, terminaison rimée. G.
ODLI, rimer. G.
ODOLA, sang. Ba.
ODOLARDISTEA, améthyste pierre précieuse. Ba.
ODOLBAGUEA, qui n'a point de sang, à qui la peur a glacé le sang. Ba.
ODOLCARRA, hermatites pierres précieuses. Ba.
ODOLDEA, action d'être ensanglanté. Ba.
ODOLEZTUA, sanguinaire. Ba.
ODOLGAZURA, sérosité. Ba.
ODOLGUIROA, cruauté, atrocité. Ba.
ODOLGUIRODIA, sanguinaire, cruel, inhumain. Ba.
ODOLGUIRORO, cruellement. Ba.
ODOLIA, bile, mélancolie, tristesse, chagrin. Ba.
ODOLJARIOA, flux de sang. Ba.
ODOLORITU, je suis marqué de coups de fouet. Ba.
ODOLORITUA, qui a encore les marques, les empreintes des coups de fouet. Ba.
ODOLPICORTAC, bâtons fourchus fichés en terre propres à soutenir quelque chose. Ba.
ODOLQUIDA, consanguinité. Ba.
ODOLTZEA, ODOLURIA, marque des coups de fouet. Ba.
ODOLURITZEA, être marqué de coups de fouet. Ba.
ODOLUSQUIA, hémorroïdhe enflée. Ba.
ODOLUSQUIA, sorte de figue insipide. Ba.
ODOLZALLEA, celui qui saigne. Ba.
ODOWYLL, YN ODOWYLL, d'une manière obscure. G.
ODR, ODRE, terme, borne, frontière, bord, limite. G.
ODRUM, le même que Godrum. G.
ODWRF, lamentation. G. Odurmos en Grec.
ODYN, fournaise, fourneau, forge, four. G. Ce mot paroit formé de Toddi, fondre, le t initial s'ôte ou se met indifféremment; ainsi Odyn aura d'abord signifié fourneau, fournaise, qui sont les endroits où l'on fond les métaux; ensuite par analogie, forge, four. Odyn, selon le génie de la Langue Celtique, peut être prononcé Ozyne ou Uzyne, d'où sera venu le terme Usine dont on se sert en Franche-Comté pour désigner un fourneau, une forge. Od en Turc; Ot en Tartare de Crimée; Oth en Tartare Jakut; Ott en Tartare de Tobolk, feu; Otin, soleil en ancien Suédois, selon Rudbeck.
ODYNDY, fournaise, boulangerie. G.
OE, jalousie, amour excessif avec défiance & inquiétude. B.
OEA, lit; Osthea, petit lit. Ba.
OEAC, gencives. Ba.
OECHO. A OECHO, quelquefois. Ba.
OED, âge, temps, temps fixé qui doit venir, délai, retard, retardement, remise, répit, prolongation; Oed Dydd, jour marqué. G. Oed, âge en Breton; il a aussi signifié année en cette Langue. Voyez Cantved. Heth, temps en Hébreu; Moed, temps; Mohed, temps, temps fixé dans la même Langue; Etos, an, année en Grec; Aehd en Turc, temps; Hos, siécle en Cophte; Edad en Espagnol, âge;

siécle; Eta en Italien, siécle; Endeu en Hongrois, temps; Ætas en Latin, âge. Voyez Oad.
OED, âge. B. Il signifie aussi année dans la même Langue. Voyez Cantved.
OED, le même que Gwedd. Voyez ce mot.
OED, froidure, froid. Voyez Annoed, Oedd.
OEDD, étoit. G.
OEDD, terre, pays. G. Voyez Oidhe.
OEDD, le même que Goed, bois. G. Voyez le premier article de la lettre O.
OEDD, froidure. B.
OEDI, différer, remettre, remettre de jour à autre, prolonger, retarder, temporiser, prolonger le temps, discontinuer, cesser, interrompre. G.
OEDIAD, délai, remise, prolongation, retardement. G.
OEDIOG, vieux, âgé, d'un grand âge. G.
OEDRAN, âge. G.
OEDRANNUS, vieux, âgé, fort âgé, d'un grand âge. G.
OEDWR, temporiseur, qui différe, qui use de remise, de délai, qui retarde, qui remet de jour à autre, lent, irrésolu. G.
OEGR, froid. E. Voyez Oer.
OELETT, foyer. B.
OEN, agneau mâle & femelle; plurier Wyn. G. Oan en Breton; Onin en Irlandois, agneau; Oven, bélier en Esclavon; Chauna, agneau en Hottentot. Voyez Oan.
OEN, agneau. B.
OEN, OHEN, OUHEN, OHIN, ECHEIN, bœuf; plurier Egenet fait d'Egen. B. Voyez Ochen.
OEN, arbre. B. Voyez Oiana.
OEN, frêne. B.
OEN, beau, d'Wen qui se peut prononcer Oen.
OEN-VOD, OUREN-VOD, chèvrefeuille. B.
OENIG, petit agneau femelle. G.
OENOGEN, sentier, petit chemin. B.
OENYN, agnelet, petit agneau mâle. G.
OER, froid, gelé, glacé, qui gele, qui glace. G. Voyez Oegr & l'article suivant.
OER, froidure. B.
OER, triste, fâcheux. Voyez Oerchwedl.
OER pour Or. Voyez Dioer.
OER, le même qu'Oed, âge. Voyez Annoer.
OER, frais. Voyez Oerfa.
OER marque la petitesse, la bassesse, l'état ou la condition méprisable. Voyez Oerwr.
OERATUA, couché. Ba.
OERCHES, vierge. B.
OERCHWEDL, nouvelle triste, infortune, accident malheureux. G. Chwedl, nouvelle; Oed, triste par conséquent.
OERDER, froidure. G.
OERFA, lieu de rafraîchissement, lieu dans les bains où l'on se rafraîchissoit. G. Fa, lieu; Oer signifie donc frais.
OERFEL, froidure, grand froid, froid glaçant, gelée, forte gelée. G.
OERFELOG, froid, sensible au froid. G.
OERFELOG, qui porte l'horreur, qui cause l'effroi. G.
OERI, avoir froid, devenir froid, réfroidir, se réfroidir, rafraîchir. G.
OERIAD, action de se rafraîchir. G.
OERLLYD, qui a froid, qui a grand froid, très-froid. G.
OERNAD, lamentation. G.
OERNI, froidure, grand froid, forte gelée. G.
OERWR, petit homme, pauvre homme, homme
de

de peu, homme méprisable. G. *Wr* de *Gwr*, homme.

OES, âge, vie, cours de la vie, temps, siécle, perpétuité. G. Voyez *Oed*.

OES, est. G.

OES, oisiveté, paresse. B. *Anouez*, en Espagnol, terre qu'on laisse alternativement reposer ; *Asais* en Turc, repos. D'*Oes* est venu notre mot *Oisif*.

OES, OAES, les mêmes que *Vaes*, parce que l'*v* & l'*o* se mettent l'un pour l'autre.

OESBRAF, fort âgé, vieux. G.

OESI, vivre, passer sa vie. G.

OESOED, toujours. G.

OESOG, vieux, fort âgé, de grand âge. G.

OESTREN, huître. G. *Ostreon* en Grec ; *Ostrea* en Latin ; *Ostrega* en Italien ; *Ostia* en Espagnol ; *Ostem* en Allemand ; *Oester* en Flamand ; *Oyster* en Anglois ; *Oistre* en vieux François ; *Huître* en François moderne, huître. Voyez *Oistridh, Eistren, Ostra*.

OESTRYSEN, huître. G.

OESTRYSWR, pêcheur de poisson à coquille. G.

OESUS, oiseux. B. De là ce mot.

OESWR, vivant, de grand âge. G.

OESYDD, vivant, de grand âge. G.

OET, OUET, HOET, HOUET, gouttières & autres conduits d'eau qui sont sur les maisons ; pluriel *Oetou, Ouetou*. B.

OEUFFR, œuvre. B. Voyez *Ober*.

OEZ, ténésie plante. B.

OF, Voyez *Wb*. *Of*, trop, surabondant, excessif en Runique ; *Hauff* en Allemand, tas, monceau.

OFAN, crainte. G. Voyez *Ofn*.

OFAN, terreur, crainte. C.

OFEL. Voyez *Wb*.

OFEN. Voyez *Wb*.

OFENSA, offense, injure. Ba. Voyez *Offance*.

OFER, vain, inutile, superflu, frivole, inefficace. G.

OFER. Voyez *Wb*.

OFERBETH, vuide, rien, bagatelles, niaiseries, amusemens de rien, sornettes. G.

OFERBETHAU, sotises, niaiseries, pauvretés. G.

OFERCHWEDL, discours inutile, discours impertinent, profusions de paroles impertinentes, sots discours, sornettes, bourdes, qui dit des bagatelles. G. *Ofer Chwedl*.

OFERDDYN, qui s'amuse, qui s'amuse à des bagatelles, oisif, badin. G.

OFERDRAUL, prodigalité, profusion, vie de débauché. G.

OFERDREUTIO, prodiguer, dissiper, dépenser follement, mener une vie de débauché. G.

OFEREDD, inutilité, vanité, badineries, bagatelles, vetilles. G.

OFERGOEL, superstition. G. *Ofer Coel*.

OFERGREFYDD, superstition. G.

OFERSIARADUS, diseur de bagatelles. G.

OFERSON, discours inutile. G.

OFERU, barguigner, tâtonner, chercher des défaites, ne vouloir pas venir au point. G.

OFERWAITH, ouvrage inutile. G. *Ofer Gwaith*.

OFERWAWD, chansons à bercer les enfans, contes, fables. G.

OFERWR, oisif, qui s'amuse. G.

OFF, auge, mangeoire, créche ; pluriel *Oveu*. B.

OFFAD, augée. B.

OFFANCE, offense. B. Voyez *Ofensa*.

OFFEEN, créche. B.

OFFEIRIAD, sacrificateur, Prêtre. G.

OFFEIRIADAETH, sacerdoce. G. Voyez *Offeren*.

TOME II.

OFFEIRIADES, prétresse. G.

OFFEN, auge. B.

OFFENNAT, augée. B.

OFFEREN, OFEREN, OFEREN, OFEREN, messe ; pluriel *Offerennou* ; *Offeren-Pred*, grand'-Messe, Messe solemnelle. B. *Offerm* en Gallois ; *Offrin* en Irlandois ; *Opfer* en Allemand ; *Obphar* en Théuton, *Aibrs* en Gothique, Messe.

OFFERENWR, sacrificateur, Prêtre. G.

OFFERU, disposer, mettre en ordre, appareiller, apprêter, préparer les instrumens. G.

OFFERYN, instrument, toutes sortes d'instrumens ou d'outils ; pluriel *Offer*. G.

OFFERYN Y DYNNU DWFR, pompe à tirer de l'eau. G. A la lettre, instrument à tirer de l'eau.

OFFICZ, office, service. B.

OFFR, offre. B.

OFFRWM, oblation, sacrifice, victime. G.

OFFRYMIAD, action de sacrifier. G.

OFFRYMMU, offrir, immoler, sacrifier. G.

OFFWM, oblation, offrande. G.

OFLAN, le même que *Blan*. Voyez ce mot.

OFN, crainte, peur, terreur, épouvante. G. *Hauf*, crainte en Arabe ; *Oogn*, crainte, terreur en Islandois. Voyez *Ofan, Oman*.

OFNADWY, terrible, horrible, à craindre, qu'il faut craindre, qu'on doit craindre, redoutable, très-horrible, fort effrayant, funeste, furieux, forcené, cruel. G.

OFNHAU. Voyez *Ofni*.

OFNI, quelquefois *Ofnhau*, craindre, avoir peur, hésiter, balancer, épouvanter, effrayer, faire craindre. G.

OFNI PETH, craindre un peu. G.

OFNOCAU, craindre. G.

OFNOG, timide, craintif, peureux, pâle. G.

OFNOGRWYDD, timidité. G.

OFNU, craindre. G.

OFNUS, timide, craintif, peureux, qui craint, tremblant, scrupuleux. G.

OFNWR, qui honore, qui révére. G.

OFRE pour *Ofred*. Voyez *Ofregedd* qui est le même qu'*Ofred*.

OFREGEDD, vuide, rien, inutilité, bagatelles, vetilles, badineries, extravagance, folie, sotise, impertinence, égarement de bon sens, mensonge. G. *Ofre* pour *Ofer*.

OFREGEDDUS, folâtre, badin, enjoué. Ba.

OFRENDA, don, offre. Ba.

OFRWY, le même que *Gofrwy*. G.

OFYDDIAETH, la poëtique. G.

OFYN, crainte. G.

OFYN, terreur, crainte. C.

OFYNHEU, craindre. G.

OG, eau, rivière, océan, isle. G. *Jocky*, rivière en Japonois, en Finlandois & en Morduate ; *Joki*, fleuve en Fiolandois ; *Oghe* en Irlandois ; *Oge* en Frison ; *Aege* en ancien Saxon ; *Oe* en Suédois & en Danois, isle. Voyez *Aug*.

OG, herse de laboureur, claie ou grille d'osier. G. Ce mot a aussi signifié pointe & vivacité, comme il paroit par *Diog*. *Og*, herse en Breton ; *Ege*, *Egge* en Allemand & en Flamand ; *Oxina* en Grec ; *Occa* en Latin, herse ; *Egen* en Théuton & en Allemand ; *Egean* en ancien Saxon, herser ; *Egge* en Flamand ; *Egen* en Allemand, rateau ; *Egger*, tarière en Flamand ; *Ug*, extrémité, fin, faîte, pointe, élévation en Turc ; *Ok*, fléche en Turc ; *Ocstar* en Esclavon, aigu. D'*Og* ou *Ov* est venu en François *Hous*, *Houer*, se servir de cet outil ;

Hew en Anglois, houer, *Houwen* en Flamand; *Hauen*, *Hawen* en Allemand; *Houkan* en Théuton; *Huawian* en ancien Saxon; *Hugga* en Suédois, couper. D'*Ov* ou *Oi* est venu hoyau. *Hoyer* à Metz, quereller, tanfer; *Ogle* en Danois, vipère, apparemment ainsi nommée de son aiguillon; *Agudo* en Basque, vîte; *Oxime* en ancien Latin; *Ochotnie* en Polonois, vîte. Voyez *Hog* & *Awch*, qui sont les mêmes qu'*Og*.

OG, contre, contraire. G.

OG, creux, fosse, fossé, caverne, antre, grotte, cave, ouverture. G. *Ojo* en Espagnol, fosse, fossé, auge; *Ok*, fosse en Cophte; *Auge* en François, vase creux.

OG, fils, garçon, jeune garçon, jeune, nouveau. I. D'*Og* est venu le mot François *Ogre*, *Og*, jeune garçon, enfant; *Cara*, en composition *Gara*, manger; *Ogre*, qui mange les enfans. Telle est l'idée que les Romanciers nous ont donnée de ces hommes fabuleux.

OG, plein. I.

OG, herse. B.

OG, mûr; *Aughein*, *Oghein*, roüir le lin, le chanvre, la viande, &c. c'est-à-dire, faire mûrir ces choses dans l'eau, où elles s'attendrissent & se corrompent plus promptement. B.

OG, œil. Voyez *Cwlis*. *Oculus* en Latin; *Occhio* en Italien; *Ojo*, prononcez *Oco*, en Espagnol; *Ozhi* dans le Frioul; *Oko* en Stirien & en Carniolois; *Oku*, *Oko* en Esclavon; *Oko* en Dalmatien & en Polonois; *Ocho* en Croatien; *Woko* en Lusacien, en Bohémien & en Sorabe; *Aug* en Allemand; *Auga* en Théuton & en Islandois; *Auge* en Gothique; *Eage* en ancien Saxon; *Oog*, *Ooge* en Flamand; *Aug* en Runique & en Cimbrique; *Oye* en Danois; *Acn* en Arménien; *Okkos* en Grec dans Hesychius; *Aki* en Lithuanien, œil; *Oeghena*, yeux en Tartare de Précop; *Angaaein* en Grec, voir.

OG-CWLIS, cataracte peau qui couvre l'œil. G. Voyez *Cwlii*.

OG-LAOCH, apprentif. I.

OGAN, jeune, jeune homme, garçon, jeune garçon. I.

OGAN, OGANWN, fort, puissant, viril. Voyez *Anogan*.

OGANACH, jeune, jeune homme. I.

OGANAS, jeunesse. I.

OGANTAS, jeunesse, adolescence. I.

OGAR, selon Baxter, le même qu'*Oegr*, froid. E.

OGAS, prochain. C.

OGAS, jeunesse. I.

OGAWG, caverneux, plein de cavernes. G.

OGAWR, le même que *Gogawr*. G.

OGAZ, voisin. C. Voyez *Ogoz*.

OGBAUC, caverne. G. *Og Bauc* pléonasme.

OGBHO, faon. I.

OGE, rivière. I. Voyez *Og*.

OGEL, le même que *Gochel*. Voyez *Diegel*.

OGENA, tromperie, fraude, dol. Ba. *Inganno* en Espagnol & en Italien, tromperie; *Engeigner* en vieux François, tromper.

OGETHARIUS. C'est ainsi qu'on a rendu en Latin le terme Irlandois *Ochiern*. Voyez ce mot.

OGFAEN, semence de ronce plante. G.

OGFAENEN, plurier *Ogfaen*, buisson qui produit des mûres sauvages, arbrisseau qui a des épines, ronce, buisson. G.

OGH, champ, campagne. I.

OGH, vierge, pucelle; *Oghdhachd*, virginité. I.

OGH, entier, plein, pur, sans mélange. I.

OGH, le même qu'*Odh*. De même des dérivés semblables. I.

OGHDHAMH, bouvillon. I.

OGHE, isle. I. Voyez *Og*.

OGHET, herse de laboureur, plurier *Oghedon*; *Oghedi*, herser. B. Voyez *Og*.

OGHILLON, le peu que les marchands ajoûtent à la mesure de ce qu'ils vendent en détail. B.

OGHIR, clef. Voyez *Egori*.

OGI, diligence, vivacité, promptitude, être diligent, être vif, être prompt. Voyez *Diogi*.

OGL, le même qu'*Ongl*. Voyez *Pedrogl*.

OGLACH, soldat; *Galloglach*, soldat étranger. E.

OGLACH, serviteur, vassal. I.

OGLACHAS, servir, service. I.

OGLATA, OGLATTA, OCCLATA, OLG, A. M. *Osche*, *Onsche* dans la Coûtume du N vernois, champ enfermé de fossés. D'*Og*.

OGLEN, saline; plurier *Oglennou*. B.

OGLI, roüir. B.

OGMIOS est le nom que les Gaulois donnoient à Hercule, au rapport de Lucien. Voici comme cet Auteur nous dit qu'ils représentoient ce héros. » Les Gaulois appellent Hercule *Ogmios*, & le » peignent avec la barbe blanche, chauve, ridé, » basané, semblable à ces vieux Nautonniers, » ou plutôt à Caron lui-même, ou à Japet, qu'on » prend pour le plus ancien de tous les hommes; » Enfin, à le voir, c'est tout autre qu'Hercule, » quoiqu'il ait revêtu lui la peau de lion & la » massue, avec un arc tendu à la main gauche & » un carquois sur l'épaule. Je crus d'abord que » qu'ils en faisoient étoit pour se moquer des Grecs, » ou pour se venger des courses qu'il fit en leur » Pays lorsqu'il alla en Espagne. Mais j'oubliois » ce qu'il y a de plus admirable; c'est qu'il tient » enchaînés par l'oreille une infinité de Peuples » qui sont attachés à sa Langue par des filets si » fort déliés, comme par autant de chaînes, qui » le suivent volontairement sans se débattre, tant » on diroit qu'ils se plaisent en leur captivité. » Comme je m'étonnois de ce spectacle avec » quelque indignation, un des Docteurs du Pays, » qui parloit fort bon Grec, me dit qu'il me » vouloit apprendre le mystère qui étoit contenu » sous cette énigme, & commença ainsi: Nous » ne croyons pas, comme les Grecs, que Mercure soit le symbole, ou plutôt le dieu de » l'éloquence, comme on l'appelle, mais plutôt » Hercule, qui est beaucoup plus puissant; & » notre opinion est qu'il a fait tout ce que nous » admirons, non par la force de son bras, mais » par celle de sa raison. Nous le peignons donc sous » la figure d'un vieillard, parce que la raison n'est » en sa perfection que dans cet âge; c'est pourquoi » Homère fait découler un fleuve de miel de la » bouche de Nestor, qui avoit vécu trois âges » d'hommes, & compare à un parterre de fleurs » les discours des vieillards de Troye. Ce Dieu » tient tout le monde attaché par les oreilles, qui » est l'effet de la raison; & sa langue, où ils sont » pris, est l'instrument de leur captivité. Ses » dards sont la force de ses raisons, qui sont empennés, à cause que les paroles sont aîlées, » comme Homère les appelle. » *Og*, force, vigueur; *Mi*, bouche, langue; *Ogmi*, bouche forte, bouche persuasive; langue persuasive. Telle est précisément l'idée que les Gaulois avoient d'Hercule, ainsi qu'on vient de le voir. *Oi*, qui

OGN.

se trouve dans *Ogmios*, est une terminaison grecque ajoutée par Lucien.

OGNAW, le même que *Gognaw*. G.

OGO, creux, antre, caverne, grotte, cave, ouverture. G.

OGOBAUC, antre, caverne. G. *Ogo Bauc* pléonasme.

OGOBOCO, caverneux, plein de cavernes. G.

OGOF, caverne, antre, grotte, cave, cachette. G.

OGOS, voisin. B. Voyez *Ogac*.

OGOS. Voyez *Hogos*.

OGOSICQ, voisin. B.

OGOWAWC, caverneux, plein de cavernes. G.

OGSAOD, muid. I.

OGVART, génisse. I.

OGUCITA, prononciation. Ba.

OGUEDI, herser. B.

OGUEICO, vingt. Ba.

OGUEN, reproche. Ba.

OGUET, herse de laboureur, espèce de traîneau dont on se servoit pour faire sortir le grain de l'épi avant l'usage des fléaux. B.

OGUEY, vingt. Ba. Nos Gascons disent *Guey*.

OGUI, froment ; *Ogui-Bihia*, froment ; *Ogui-Bihi*, grain de froment. Ba.

OGUIA, pain. Ba.

OGUITU, je prépare du pain, je donne du pain. Ba.

OGUM. Les anciens Irlandois avoient des manières secretes d'écrire qui n'étoient point connues du vulgaire, qu'ils appelloient *Ogum*. Waré, antiquités d'Irlande.

OGWYN, haut, colline. G.

OGUZQUINDEA, prosodie. Ba.

OGYFARCH. Voyez *Craith Ogyfarch*.

OGYRFAN, le même que *Gogyrfan*. G.

OH, ô, oh, ho ho, interjection pour marquer l'admiration, la joie, l'étonnement, la consternation. G.

OH, plus marque du comparatif. C. C'est le même qu'*Och*.

OH, cochon. Voyez *Moroh*. C'est le même qu'*Och*.

OHAH, OHEAH, mari. B. Voyez *Ozach*.

OHEAIH, colon. B.

OHEAN, lit. Ba.

OHECU, mari. B. Voyez *Ozach*.

OHEEH, OHEH, mari. B. Voyez *Ozach*.

OHEN, oblique, de travers. G. Il signifie aussi obliquité. Voyez *Gwohen*, *Gohen*.

OHEN, bœuf. G. C.

OHEN, bœufs. B.

OHERWYDD, puisque. G.

OHIN, bœufs. B.

OHIR, retard, délai ; *Heb Ohir*, tôt, vîte, promptement, sur le champ ; à la lettre, sans délai. G.

OHLL signifioit biére en Celtique, selon les Auteurs de l'Histoire universelle traduite de l'Anglois, tom. 13, p. 369.

OHOINA, voleur, brigand. Ba.

OHOINEC, voleur, brigand. Ba.

OHOINQUERIA, vol, larcin. Ba.

OHONDICADURA, coups de pied. Ba.

OHONDICATU, je donne des coups de pied. Ba.

OHONDICATUA, poursuivi à coups de pied. Ba.

OHONDICATXEA, coups de pied. Ba.

OHOREA, ornement. Ba. Il signifie aussi honneur dans cette Langue. Voyez *Desohorea*.

OHORTZE, enseveli ; *Ohortziera*, sépulture. Ba.

OI, OIAN, ah bon, cri de joie, fort bien, courage, bon, voilà qui est bien, ah ah. G.

OI, œuf. C. Voyez *Wy*, qui est le même.

OIN.

OI, jalousie, amour excessif avec défiance & inquiétude. B.

OI, AY, II, brebis. I. Voyez *Oen*, *Koin*, *Choin*, brebis en Turc.

OI, avoir accoutumé. Ba.

OIALA, suaire. Ba.

OIAN. Voyez *Oi*. G.

OIANA, forêt. Ba. Voyez *Oen*.

OIARCO, sauvage, qui habite dans les forêts, lieu plein de bois. Ba.

OIBR, *Fear Oibr*, ouvrier, artisan. I. Voyez *Ober*.

OIBRIGHIM, faire, opérer, travailler, produire. I.

OIBRIGHTHE, opéré, travaillé. I.

OIBRIGHTHEOIR, ouvrier. I.

OIBRIUGHADH, opération, travail, travailler. I.

OICHE, eau. I.

OICHT-VI, octobre. I. Voyez *Ocht*.

OIDAN, amour, bienveillance. I.

OIDHE, OIDHEAN, laboureur. I.

OIDHEADH, congélation. I.

OIDHEHE, OIDHCE, nuit, soir. I.

OIDI, nourricier. I.

OIFIC, emploi. I. Voyez *Office*.

OIG, jeune, juin. I.

OIGHEAN, jeune femme, ou jeune fille. I.

OIGE, jeunesse, minorité. I.

OIGE, toile sur le métier. I.

OIGH, OIGHAN, fille. I.

OIGHEAR, jeune homme. I.

OIGHRE, héritier. I.

OIGHREATA, glacé. I. Voyez *Oigr*.

OIGHREOG, glace. I.

OIGHRIM, geler, glacer. I.

OIGHRIOS, hoirie. I.

OIGN ; singulier *Pen-Oign*, *Pen Ouignon*, un oignon. B. *Winwyn*, prononcez *Oinoin*, oignon en Gallois. On dit aussi *Pen-Winwyn*, ou *Pen-Oinoin* en cette Langue.

OIGN, jalousie, amour excessif avec défiance & inquiétude. B.

OIGN, obtus, émoussé. B.

OIGNEMANTADUR, onction. B.

OIGNET, obtus, émoussé. B.

OIGNON, OIGNOUNEN, oignon. B. Voyez *Oign*.

OIHALA, linge, drap. Ba.

OIHAN, forêt. Ba.

OIHU, OIHUZ, cri ; *Oihuz Dagoena*, criant. Ba.

OIHURIE, cri. Ba.

OIL, le même que *Coil*, Voyez *Aru*.

OILE, autre. I.

OILEAMHUN, aliment, fomenter, nourrir. I.

OILEAMNACH, nourricier. I.

OILEAN, isle, presqu'isle. I.

OILEAR, étranger. I.

OILEARTHASACH, habitant. I.

OILIRTHEACH, pélerin. I.

OILLARRAC, coq. I.

OILLE, plus grand. I.

OILLEAC, poule. Ba.

OILLITEOIR, qui oint. I.

OILVREO, bûcher. I.

OIN, agneau. B. Voyez *Oen*.

OIN-HATEA, piste, pas. Ba.

OINA, pied. Ba.

OINALBOSIA, qui a les jambes courbées en dehors. Ba.

OINANDIDUNA, clabaud parlant d'un chien. Ba.

OINGATUA, trivial. Ba.

OINCHEARVAIRE, tireur de pierres. I.
OINCHOA, petit pied. Ba.
OINCOLA, entraves de bois. Ba.
OINDOGORA, talon. Ba.
OINESCUCA, marcher à quatre pieds. Ba.
OINES, pied. Ba.
OINMID, sot, niais, badaud. I.
OINOLA, ensuble de tisserand. Ba.
OINQUIDA, compas. Ba.
OINSARRIA, péage impôt. Ba.
OINSIOCH, fou. I.
OINTARIA, piéton, qui suit à pied. Ba.
OINTEAQUEA, reptile. Ba.
OINZOLA, plante du pied. Ba.
OIO, ah, hélas, haï interjection plaintive, interjection pour marquer l'admiration, la joie, la plainte. G. *Obie* en vieux François, affoiblissement, débilité, langueur, & *Ohis*, malade, languissant.
OIR, car. I.
OIR, magnifique, fort beau. I.
OIR, fusain arbre. I.
OIR, le même qu'*Hoir*. Voyez *Heboir*, *Ohir*.
OIRAN, le même qu'*Oir*, magnifique, &c. I.
OIRCHISDIGH, magasin, grenier. I.
OIRCIN, servir. I.
OIRDEARCHAS, mérite. I.
OIRDEIRC, chef, principal, noble, premier, fameux, méritant, mérite. I. De là le nom d'*Orderic*.
OIRDEIRCEAS, la rareté, l'excellence d'une chose. I.
OIRDHEAL RADHACH, éclatant, brillant. I.
OIREAD, pli. I.
OIREAMNAC, adapté, ajusté, séant, bienséant, capable, à propos. I. C'est le même que le suivant.
OIREAMNACH, propre, séant, commode, proportionné, propre à, convenable, accommodé à, conforme, vrai, naturel. I. C'est le même que le précédent.
OIREAMNAS, bienséance. I.
OIREMNAC, accommodé, séant, bienséant. I.
OIRIOMH, laboureur. I.
OIRISIOM, séjour, halte, suspension. I.
OIRLIOCH, ravage, dégât, carnage, tuerie. I.
OIRNIS, outil, engin, machine. I.
OIRTEART, orient. I.
OIRTHIR, orient. I.
OISCADA, vellication, picotement. Ba.
OISHEAR, plus jeune. I.
OISTASCANDEA, dissolution de mœurs. Ba.
OISTRIDH, huître. I. Voyez *Oestren*.
OIT, forêt comme *Coit*. Voyez *Aru*.
OITAGUITUA, illustre. Ba.
OITAQUINA, expérience. Ba.
OITAQUINDEA, habile, expérimenté. Ba.
OITAQUINDEA, la science de la morale. Ba.
OITESA, inusité. Ba. *Esa* privatif. Voyez *Oitu*.
OITHE, OITHEAN, OTHE, OTHEAN, les mêmes qu'*Oidhe*, *Oidhean*. I.
OITU, j'ai coutume, j'ai accoutumé; *Oitua*, habitué, accoutumé. Ba.
OITURA, coûtume, rit. Ba.
OITURACHOA, coûtume. Ba.
OITZA, usage. Ba.
OITZAQUEA, inusité. Ba.
OIUA, bruit, clameur, cri. Ba.
OJUAC, cri. Ba.
OJUCA, j'applaudis. Ba.
OJUCARIA, qui applaudit. Ba.
OJULARIA, qui crie beaucoup. Ba. De là le Latin *Ejulo*.

OL, préposition qui répond à la Latine *Ex* & aux Françoises *De*, *Du*, *Des*. G.
OL, après, derrière, par derrière, partie postérieure, vestige, trace; *Ar Ol Hynn*, après, ensuite; *Ar Ol Hynny*, après cela. G. Il signifie aussi pied en cette Langue. Voyez *Olbrain*.
OL, rond. G. Je crois que c'est de là que la marmite aura pris son nom Latin *Olla*. *Oule*, marmite en Auvergnac; *Ouille* en vieux François, pot de terre; *Oulo* en Languedocien, pot à eau.
OL, tout. C. *Oll* en Gallois; *Ole* en Irlandois; *Al* en Flamand; *All* en Allemand & en Gothique; *All* en Anglois; *Allen* en Théuton; *Al* en vieux François; *Olos* en Grec, tout; *Holos* en Cophte, en somme, généralement. Voyez *Oll*.
OL. Voyez *Olam*.
OL, le même qu'*Al*. Voyez *Bal*. *Oli*, élévation, haut en Cophte; *Holl*, colline, tertre; *Hul*, *Hil*, montagne en ancien Saxon; *Holl*, colline en Runique; *Ola*, *Oula*, montagne en Tartare Mogol & Calmoucq; *Oulon* en Turc; *Oulong* en Tartare, grand; *Aulax* en Grec, sillon, terre élevée entre deux rayes de champ; *Al* en Théuton; *All* en Gothique; *Æl*, *All* en ancien Saxon, particule intensive, fort, très.
OL, le même que *Col*, *Gol*, *Sol*. Voyez *Aru*.
OL paroit avoir signifié coude comme *Olen*, tant parce qu'*En* est souvent une simple terminaison, que parce qu'*Ol* signifie rond.
OL-WYNN, blanc par derrière. G. *Ol Gwynn*.
OL-YNOL, alternativement, tour-à-tour, mis, placé, posé l'un après l'autre, qui fait, qui va, qui est tour-à-tour. G.
OLA, rivage de la mer. Ba.
OLA, mine, endroit creusé. Ba. Voyez *Holl*.
OLA, table, planche. Ba.
OLA. Voyez *Olam*.
OLA, A. G. la partie de derrière de l'épaule. D'*Ol*.
OLACH, postérieur, qui vient après. G.
OLADH, huile. I.
OLAF, dernier, le dernier; *Yr Olaf*, le dernier. G.
OLAISEA, planche. Ba.
OLAITH, le même que *Golaith*. G.
OLAM, boire; *Ola Teaghnola*, cabaret; *Ag Ol*, action de boire. I.
OLAN, pierre. Voyez *Agolan*.
OLANN, laine. I. Voyez *Lan*, *Gulan*, *Wollen* en Allemand; *Volna* en Esclavon; *Welna* en Polonois; *Wina* en Bohémien; *Wool* en Anglois; *Wul*, *Woll* en Flamand, *Wi* en Islandois; *Wulle* en ancien Saxon; *Unolla* en Théuton; *Ull* en Suédois, laine.
OLAW, blanc. Voyez *Alaw*.
OLBRAIN. YR OLBRAIN, pied de corbeau, polyanthemon plante. G. *Brain* pour *Bran*, corbeau.
OLC, mal, dommage, débauche, mauvais, méchant, malicieux, misérable. I.
OLCA. Voyez *Oglata*.
OLCAN, mal, dommage, débauche, mauvais, méchant, malicieux, misérable, malheureux, qui est dans la douleur. I.
OLCAN, diminutif d'*Olc*. I.
OLCAS, OLAGAIN, méchanceté, débauche. I.
OLCAYA, poutre. Ba.
OLCHA, barbe. I.
OLCHENID, consoude moyenne plante. G.
OLCHEURAID, fanicle plante. G.
OLCHOA, tableau. Ba.
OLCHWRAIDD, fanicle plante. G.

OLCIADA,

OLCIADA, liste, régistre. Ba.
OLCOIR, délinquant, malfaiteur. I.
OLDAR, impétuosité. Ba.
OLDAR-CEDIN, il a été précipité. Ba.
OLDARTU, j'assaillis, j'attaque, j'entreprends. Ba.
OLDEA, volonté, fantaisie, imagination. Ba.
OLDELTASQUIA, planche, cloison. Ba.
OLDFQUIA, fantôme. Ba.
OLDOZQUERA, négligence. Ba.
OLEA, mine de fer. Ba.
OLEN, le même qu'*Elin* dans un dialecte du Gallois, selon Baxter. G. *Olene* en Grec.
OLEN, sel. B.
OLEN, le même qu'*Alen*, pierre. Voyez *Higolen*.
OLES, ho, hola. Ba.
OLESIA, grille, treillis. Ba.
OLEU, huile. B. Voyez *Eol*, *Oladh*, *Olia* & l'article suivant.
OLEW, huile. G. Voyez l'article précédent.
OLEW-WYDDEN, olivier. G.
OLEWOG, huileux. G.
OLEWYDDEN, olivier. G. *Olew Gwydden*.
OLEWYDDLWYN, lieu planté d'oliviers. G.
OLEZQUILLA, cresselle. Ba.
OLH, colonne. B.
OLIA, huile. Ba. Voyez *Oleu*.
OLIADURA, extrême-onction. Ba.
OLIAID, derniers, ceux qui viendront après nous, qui garde ou qui fait la garde en se tenant derrière, corps de réserve, troisième corps de troupes composés de soldats les plus expérimentés, le derrière de l'armée. G.
OLIATU, je donner l'extrême-onction. Ba.
OLIBOA, olive. Ba.
OLICARRA, OLIGAYA, olive. Ba.
OLIFANT, ivoire, dent d'éléphant. B. Voyez *Oliphant*.
OLIFFARD, olivâtre. B.
OLIO, sorte de ragoût. Ba.
OLIOA, huile. Ba.
OLIOCHARRO, aiguière, outre. Ba.
OLIOGARA, olivier, huile. Ba.
OLIOMHUN, nourrir; *Oittidh*, nourri; *Oilteoir*, nourricier. I.
OLIONCIA, gosier. Ba.
OLIOQUINA, vase à mettre l'huile. Ba.
OLIOQUINTZA, faire trafic d'huile. Ba.
OLIOSALTZALLEA, marchand d'huile. Ba.
OLIOZALEA, qui aime l'huile. Ba.
OLIVA, olive. Ba.
OLIVADIA, lieu planté d'oliviers. Ba.
OLIVED, lieu planté d'oliviers. B.
OLIVESEN, olive, pluriel *Olives*. B. *Oliva* en Basque & en Latin; *Olivo* en Italien; *Olive* en Anglois; *Olyven* en Flamand; *Oliwa* en Polonois & en Bohêmien; *Olika* en Esclavon; *Olayfa* en Hongrois, olive. Voyez *Oleu*.
OLIVOA, olive. Ba.
OLL, tout, tous. G. I. B. *Chocla* en Hébreu; *Choela* en Géorgien; *Sollus* dans la Langue des Osques; *Oll* en Runique; *Whole*, prononcez *Ouhole* en Anglois, tout; *Œiller les vins* en vieux François, c'est remplir les tonneaux; *Oillé* en vieux François, saoulé, rempli. On a aussi dit *Aoillé*, *Aoillié*. Voyez *Ol*.
OLL, universel, général. G.
OLL, grand. I. Voyez *Ol*, le même qu'*Al*.
OLL, très. B. Voyez l'article précédent.
OLL, le même qu'*All*, outre. Voyez *Bal*. De là *Ouiller*, changer dans le Patois de Franche-Comté.

OLLA, toison. I.
OLLA, poule. Ba.
OLLACHAN, yvrognerie, excès de boisson. I.
OLLADH, de laine. I.
OLLALLUOG, tout-puissant. G. *Oll Galla*.
OLLAM, grand. I. Voyez *Ol*.
OLLAM, docteur. I.
OLLAM, vite, soudain, prompt. I.
OLLAMH, traitable, docile, d'un bon naturel, d'un naturel doux. I.
OLLAMHAS, le progrès de quelque chose. I.
OLLAN, OLLIN, les mêmes qu'*Oll*. I.
OLLANDA, poularde. Ba.
OLLAPAVOA, paon. Ba.
OLLAQUEA, femme ou fille de mauvaise vie. Ba.
OLLAQUINDEA, la crainte. Ba.
OLLAR, grand; *Ollar Aroll*, grand carnage. I.
OLLARRA, coq. Ba.
OLLARBIA, pierre précieuse transparente comme le cristal. Ba.
OLLDRAG, bûcher. I.
OLLEREA, jante. Ba.
OLLGALLOUDEC, tout-puissant. B.
OLLGYFOETHOG, tout-puissant; à la lettre, riche de tout. Davies. G. *Oll Cyfoethog*.
OLLICARRA, timide. Ba.
OLLIGUIAH, totalité. B.
OLLMUGHADH, préparation. I.
OLLOA, poule. Ba.
OLLOREZTIA, lèpre. Ba.
OLLOZNEA, sorte de plante nommée en Latin *Ornithogale*. Ba.
OLLSAITH, grand trésor. I.
OLLTUADH, grande hache. I.
OLLUNBENNAETH, despotisme. G.
OLN, OLNAI, isle. I.
OLO, le même que *Wolo*, *Gwolo*. Voyez *O*.
OLOA, avoine. Ba.
OLOIMPEA, marchepied. Ba.
OLPAI. Davies traduit ce mot par les termes Anglois *Oylet*, *Hoales* qui signifient œillet ou petit trou fait dans un habit pour le serrer avec un lacet. G. Voyez *Orpai*.
OLRHAIN, recherche, perquisition, quête, chercher, rechercher avec soin, attirer, faire sortir, suivre les traces, suivre à la piste, avertir en aboyant sur les voies du gibier. G.
OLRHEAD, chien de chasse. G.
OLRHEAIN, chercher, rechercher, chercher avec soin, suivre les traces. G.
OLRHEIN, suivre à la piste. G.
OLRHEINIAD, qui cherche à la piste. G.
OLRHEINIWR, qui cherche, qui tâche de découvrir, qui suit l'odeur, qui évente, qui suit à la piste. G.
OLRHEINWR, qui cherche, qui recherche, qui cherche avec soin, qui suit les traces. G.
OLRUEWR, qui cherche, qui recherche, qui cherche avec soin, qui suit les traces, qui suit à la piste, qui suit l'odeur, qui évente. G.
OLTZA, buffet, crédence. Ba.
OLUCHA, perche, long bâton. Ba.
OLWCH, le même que *Golwch*. G.
OLWEN, nom propre de femme. G. Je le crois formé d'*Oll*, toute; *Gwen*, belle.
OLWG, yeux. G.
OLWYN, roue, orbite, rond, rondeur, circonférence. G. L'*r* & l'*l* se mettant l'une pour l'autre, on a dit *Orwyn*, ainsi qu'il paroît par l'*Orbis* des

Latins, qui ne venant pas du Grec vient sûrement du Celtique. Voyez *Orpal*.

OLWYNIG, petite roue. G.

OLWYNOG, qui a des roues. G.

OLYFANT, éléphant. B. On voit par *Olifant* que les Gaulois ont donné le même nom à l'éléphant & à l'yvoire ou dent de l'éléphant. Les Latins en ont fait de même. Le terme *Elephas* signifie également dans cette Langue l'éléphant & l'yvoire. On trouve *Olyfant* pour éléphant dans nos vieux Romans.

OLZUBIA, pont de bois. Ba.

OM, le même qu'*Am*. Voyez *Bal*. *Umbi*, autour en Théuton.

OM, le même que *Com*, *Gom*, *Som*. Voyez *Arn*.

OMACH, le même que *Gommach*. G.

OMAN, peur, crainte, épouvante, frayeur. I. Voyez *Ofan*.

OMBEARRA, misérable, nécessiteux. Ba.

OMBRA, ambre. I.

OMEN ANDICOA, fameux. Ba.

OMENAGEA, hommage. Ba.

OMENDU, rendre fameux; *Omendua*, fameux. Ba.

OMHAN, crainte. peur, épouvante, frayeur, étonnement, étourdissement. I.

OMHNACH, qui a peur, timide, terrible, qui donne de la crainte, horrible, effroyable. I.

OMHNACHT, qualité terrible ou propre à donner de la crainte. I.

OMHNADH, avoir peur, trembler de peur, être effrayé, intimider, surprendre, étonner, surprise, étonnement, insulte, rodomontade. I.

OMHNAS, honte, pudeur, modestie. I.

OMHNUGHADH, étonner, étourdir. I.

OMHON, peur, crainte, terreur, frayeur. I.

OMNA, chêne. I.

OMON, peur, crainte, terreur, frayeur. I.

OMP, nous. B.

OMPINION, opinion. B. Voyez *Pen*, *Pin*.

ON, eau, rivière. G. *Unu*, eau en Persan; *Honna*, humeur, humide en Arménien; *Unn*, mer en Runique.

ON, frêne. C. Voyez *Onn*.

ON, nous, notre. B.

ON, agneau. B. Voyez *Oan*.

ON, excellent, principal. Voyez *Gwron*, *Banon*. C'est le même que *Don*, le *d* initial se mettant ou s'omettant indifféremment. *On* en Anglois, sur, dessus; *On* en Espagnol, grand. Voyez *Arch*. *One* en Italien, particule augmentative; *Avaro*, avare; *Avarone*, grandement avare; *Ungiar*, majesté en Turc; *Onga*, honneur en Langue de Congo. *On*, haut en Japonois; *Onnon*, montagne en Iroquois.

ON, terminaison indifférente. Voyez *Eitafon*, *Duon*.

ON, habitation. Voyez *Alon Garenona* & *Hom*.

ON, crainte. Voyez *Eon*. *Oegn*, terreur en Runique; *Ogan*, craindre en Gothique; *Onga*, crainte en Langue de Congo. Voyez *Ofn*.

ON, bon, beau. Voyez *Hinon* & *Ona*.

ON, le même qu'*An*, *En*, *In*, *Un*. Voyez *Bal*.

ON, le même que *Con*, *Gon*, *Son*. Voyez *Arn*.

ONA, par ici, par-là. Ba.

ONA, pied, ongle. Ba.

ONA, bien substantif, bon, volontiers. Ba. *On* en Gallois & en Breton, bon; *Onoir* en Irlandois, bonté; *Onat* en Turc, bon; *On*, beau en Iroquois. Voyez *Cain*, *Joli*.

ONACEA, canon de guerre. Ba.

ONADA, bonté. Ba.

ONADDUN, quelquefois *Onaddu*, d'eux, d'elles. G.

ONADDYNT, d'eux, d'elles. G.

ONAGO, plus près. Ba.

ONALQUIA, escabeau, marchepié, petit banc. Ba.

ONANCIA, bottine. Ba.

ONANO, jusqu'ici. Ba.

ONAOUT, remercier, être reconnoissant. B.

ONARTZEA, accepté, reçu. Ba.

ONARZORLEA, assoupissant. Ba.

ONAS, isle. G. Baxter nous apprend que ce terme avoit la même signification dans la Langue des Pictes. Voyez *Ents*, *Anti*.

ONASSUNA, biens, richesses. Ba.

ONATU. Le Pere. Larramedi rend ce mot Basque par le terme Castillan *Consar* que je ne trouve point dans les Dictionnaires Espagnols. Ba.

ONAZCARRA, fondre. Ba.

ONAZPIA, plante du pied. Ba.

ONAZPITU, fournir. Ba.

ONBEGUIRA, client. Ba.

ONCAITUA, qui mérite, digne. Ba.

ONCAITZEA, improbation. Ba.

ONGALDA, frais, dépense. Ba.

ONCARRAYA, paranymphe. Ba.

ONCAYA, mérite. Ba.

ONCÇ, ONCE, UNS, once. B. *Wnt* en Gallois; *Unnsad* en Irlandois; *Onza* en Basque, once; *Ouggia* en Grec, prononcez *Oungia*; *Uncia* en Latin; *Onza*, *Oncia* en Italien; *Onza* en Espagnol; *Unza* en Allemand; *Ounce* en Anglois; *Once* en Flamand & en François, once.

ONCIA, vaisseau, navire, vase. Ba. Voyez *Lleftr*.

ONCIA UBAZTERTZEA, j'aborde, j'arrive. Ba.

ONCIDIA, flote. Ba.

ONCITEA, flote. Ba.

OND, mais, cependant, au reste. G. *Untan* en Suédois, mais.

OND, le même qu'*Onid*. G.

OND, conjonction exceptive. G.

OND, pierre. I.

OND, le même qu'*Ont*. Voyez ce mot.

OND, le même que *Cond*, *Gond*, *Sond*. Voyez *Arn* & *Ondu*. *Und* en Allemand, particule conjonctive; *And* en ancien Saxon; *Enti* en Théuton.

OND HIN, sinon, autrement. G.

OND OS, que s', mais si. G.

ONDA, embouchure. Voyez *Ibayonda*.

ONDACARTEGUIA, trésor. Ba.

ONDAGOQUIA, équité. Ba.

ONDALECEA, abysme. Ba.

ONDAMUA, envie. Ba. Il signifie aussi désir. Voyez *Ondea*.

ONDAPEA, base. Ba.

ONDAQUINA, lie ou marc d'huile. Ba.

ONDAQUITOA, quittance, acquit. Ba.

ONDAR, dernier. Ba.

ONDARFILLA, gué. Ba.

ONDARRA, le reste. Ba.

ONDARBA, haut, profond. Ba.

ONDARRAC, lie du vin. Ba.

ONDARTZEA, impunité, clémence. Ba.

ONDASUNAC, biens, richesses; *Ondasunac Biltzea*, accumuler des richesses. Ba.

ONDASUNDUNA, opulent, riche. Ba.

ONDATSEA, submersion. Ba.

ONDAZUN BILTZALLEA, avare, qui accumule. Ba.

ONDEA, ONDIA, richesses. Ba.

ONDICOA, malheureux. Ba.

ONDIQUIA, contigu. Ba.

ONDO, bien adverbe, à propos. Ba.

ONDO ARTZALLEA, officieux. Ba.
ONDO ARTZEA, devoir, humanité. Ba.
ONDO BILDU, je suis bien couvert; Ondo Bildua, soigné, couvert. Ba.
ONDO-DATORQUIONA, commode, propre à. Ba.
ONDO-ORNITUA, abonder en biens. Ba.
ONDOA, le reste, la fin, la partie postérieure de quelque chose, culasse de fusil, racine. Ba.
ONDOA, ICHASONDOA, les côtes de la mer. Ba. Ichasoa, mer.
ONDOAN, après, ensuite. Ba.
ONDOCO, suivant, qui vient après. Ba.
ONDOCOAC, postérité. Ba.
ONDODID, adverbe de doute. G.
ONDOGURRA, amitié, affection. Ba.
ONDONEA, reliques. Ba.
ONDONEGUIA, reliquaire. Ba.
ONDOREA, illation, conséquence, résultat, effet. Ba.
ONDOREZCOA, corollaire. Ba.
ONDORO, avec bonté. Ba.
ONDU, j'accorde, j'unis. Ba. Voyez Ond le même que Gond.
ONDUNA, riche. Ba.
ONEA, habitation. Ba.
ONEAN, se chauffer. Ba.
ONEAN, bon. Ba.
ONEC, celui-ci, celle-ci. Ba. Voyez On.
ONECOA, riche, heureux. Ba.
ONEQUINDUA, bénéficier. Ba.
ONES, le même qu'Anes, isle. Voyez Bal & A. Ona, isle en ancien Suédois, selon Rudbeck. Voyez Unis, Onas.
ONES-DAMUA, contrition. Ba.
ONESGURA, haine, aversion, dédain, dur, ingrat. Ba.
ONESGUMENA, petite piéce de monnoie, aumône. Ba.
ONESGUNA, amour. Ba. Voyez Oneste.
ONEST, honnête. G. B. De là le Latin Honestus, le François Honnête, l'Anglois Honneft, l'Italien Honesto, l'Espagnol Honesta. Voyez Onestea.
ONEST, homme de probité. G. Nous disons encore en ce sens un honnête homme pour un homme de probité.
ONESTE, aimer. B. Voyez Onestea.
ONESTEA, amour, désir. Ba. Voyez Oneste.
ONESTRWYDD, honnêteté. G.
ONETSI, j'aime. Ba.
ONETSIA, qui est préféré. Ba.
ONEUS, A. M. sommet de montagne. D'On.
ONEUSCAPITEGUIA, étrier. Ba.
ONEZ, les pieds. Ba.
ONEZANAC, antipodes. Ba.
ONEZCOAC, piétons, fantassins. Ba.
ONEZTEZA, déshonnête. Ba. Eza, particule privative; Onest, par conséquent honnête. Voyez Onest.
ONG, net. I.
ONGABEQUIDA, confiscation. Ba.
ONGAN, ONGIN, les mêmes qu'Ong. I.
ONGARRIA, fomentation, étuvement, adoucissement, lénitif. Ba.
ONGARRICATZAT, au fumier activement. Ba.
ONGL, angle, pointe. G. Onque, hameçon en Galibi.
ONGLOG, qui a des angles. G.
ONGONDEA, pacte, convention. Ba. Il signifie aussi en cette Langue union, paix, concorde. Voyez Desongondea, Onguidura, Ongundea, qui sont les mêmes qu'Ongondea.

ONGUI, à propos, bien adverbe. Ba.
ONGUIDURA, paix, concorde. Ba.
ONGUITEA, bénéficence. Ba.
ONGUITU, j'accommode, je compose. Ba.
ONGUITZA, réparation. Ba.
ONGUITZEA, accorder les orgues. Ba.
ONGUNADITZEA, collusion. Ba.
ONGUNDARIA, ôtage. Ba.
ONGUNDEA, réconciliation, traité de paix, paix, concorde, convention. Ba. Voyez Ongondea, qui est le même mot.
ONGYL, YR ONGYL, corne dans l'œil. G.
ONGYR, lance, lances. G.
ONHUS, A. M. oignon. D'Oign.
ONI pour Osni, si avec une négation, sinon, si ce n'est, excepté, hormis, jusques-là; Oni Bai, sinon, autrement. G. Ohne en Allemand, particule exceptive.
ONI BAI HYNNY, le même qu'Onid e. G.
ONI BYDD, si avec une négation. G.
ONIC, bien adverbe. G.
ONIC ASCO DUENA, riche, opulent. Ba. Voyez Ona, Onic.
ONICAYA, utile, profitable. Ba.
ONID pour Osnid, si avec une négation, sinon, si ce n'est, excepté, hormis, hors, à l'exception, outre, par-delà, mais, cependant. G.
ONID, n'a-t-il pas? n'est-ce pas? n'est-il pas? G.
ONID E, que si, mais si. G.
ONID E, autrement, sinon, sans cela. G.
ONIO, A. M. oignon. D'Oign.
ONIRISTEA, amour, désir. Ba.
ONIRITZI, je plais. Ba.
ONIRITZIA, agréable. Ba.
ONIRIZCOA, approbation. Ba.
ONIRIZGARRIA, favori, agréable. Ba.
ONIRIZGARRIRO, agréablement. Ba.
ONIRIZQUIZUNA, agréable. Ba.
ONIRIZTEA, se rendre agréable. Ba.
ONIRIZTU, je me rends agréable. Ba.
ONIRUDIA, décent. Ba.
ONIS, le même qu'Inis, isle dans un dialecte du Gallois, selon Baxter. Ba.
ONITAYA, la goutte. Ba.
ONN, pierre. I.
ONN, marc. L.
ONN, cheval. I.
ONN, frêne. B. Voyez On, Onnec, Onwydd, Onnen.
ONNACH, pierreux. I.
ONNAN, frêne. C. Voyez Onn Breton.
ONNATU, je lasse, j'ennuye. Ba.
ONNEC, ormaie. B. On voit par ce mot qu'Onna non seulement signifié frêne, mais encore ormeau.
ONNEG, frênaye. B.
ONNEN, frêne. G. B. Pluriel Onn, Ynn. G. Il signifie encore en Gallois lance, par métonymie, parce que c'étoit ordinairement de ce bois qu'on se servoit pour faire des lances, ainsi qu'il paroît par ces paroles de Pline, l. 16. c. 13. Et fraximus utilis hastis & ex ligno hoc Achilis hasta. Voyez Onn, Oun, On.
ONNER, OUNNER, ANNOER, AOUNNER, OUNNER, ANOR, génisse, vache jeune & petite; pluriel Onneiri, diminutif Onneric. B. Voyez Anner.
ONOIR, ONOR, libéralité, bonté, dignité, honneur, générosité. I. De là le Latin Honor, le François Honneur, l'Italien Honore, l'Espagnol Honra, l'Anglois Honeur. Voyez Enor, On.
ONONS, de ce côté ci, de ce côté là. Ba.

ONORACH, généreux, libéral, glorieux ou plein de gloire en bonne part, illustre. I.
ONORADH, annoblir. I.
ONORDEA, substitut, vicaire. Ba.
ONOYALA, tapis. Ba.
ONQUERIOLA, martyr de Jesus-Christ. Ba.
ONRACHOA, honneur. Ba.
ONRADUNA, honorable. Ba.
ONSATU, j'accommode. Ba.
ONT, haut; *Aont*, là haut. B. Le *d* & le *t* se substituant mutuellement, on a dit *Ond* comme *Ont*. De là le Latin *Unda*, le François *Onde* ou élévation d'eau.
ONT, le même que *Gand*. Voyez ce mot.
ONTA, bon. Ba.
ONTARTZALLEA, fauteur. Ba.
ONTASSUNA, bonté, douceur. Ba.
ONTHU, mûr. Ba.
ONTO, bien adverbe. Ba.
ONTZA, chouette, hibou oiseau de nuit. Ba.
ONTZAQUIDA, confirmation. Ba.
ONTZATEA, épreuve, preuve, approbation, éviction en justice. Ba.
ONTZATEMAN, j'approuve. Ba.
ONTZATUA, approuvé, régulier. Ba.
ONTZETA, apprêt. Ba.
ONTZIA, vaisseau, navire, vase, cruche. Ba. *Llestr* en Gallois signifie de même navire & vase.
ONTZIANEGOTEA, se mettre dans un vaisseau, se mettre en mer. Ba.
ONTZIGUDA, combat naval. Ba.
ONTZIMOTABAT, barque, nacelle. Ba.
ONTZIQUIDARIA, pilote. Ba.
ONUNZ, de ce côté ci, de ce côté là. Ba.
ONUNEGOA, plus en-deçà. Ba.
ONUSTUA, déchaux. Ba.
ONWYDD, ONWYDDEN, frêne. G. *Gwydden*; *Gwydd*, arbre. Voyez *Onn*.
ONY, ONYD, conjonction exceptive. G. Ce sont les mêmes qu'*Oni*, *Onid*.
ONZA, once. Ba. Voyez *Onçe*, *Onex*.
OONDIGA, foulant aux pieds. Ba.
OP. Voyez *Wb. Op*, particule augmentative en Turc.
OPA, queuë. Ba.
OPARINA, nécessité. Ba.
OPARO, splendidement. Ba.
OPEA, avril. Ba.
OPEA, OPILLA, gâteau de farine de miel qu'on offroit aux dieux. Ba.
OPEEN, outre, au-delà. B. Voyez *Ouchpen*, *Ouzpen*.
OPEL. Voyez *Wb*.
OPELANDA, OPPELANDA, A. M. houpelande. De *Houpeland*.
OPEN, le même que *Pen*. Voyez ce mot.
OPEN. Voyez *Wb*.
OPER. Voyez *Wb*.
OPER, le même qu'*Ober*. Voyez *B*.
OPERI, opérer. B. Voyez *Ober*.
OPILLA, un pain. Ba.
OPILLADURA, obstruction. Ba.
OPIN, le même que *Pen*. Voyez ce mot.
OPINIASTR, opiniâtre. B. De là ce mot.
OPINION, opinion. B. Voyez *Pen*, *Pin*.
OPOTSA, petite tasse. Ba.
OPOTSA, gond. Ba.
OPP, cri pour appeller. B.
OPPA, désir. Ba.
OPPA, le même que *Coppa*. Voyez *Aru*.

OPULAN, opulent. B. De là le Latin *Opulentus* le François *Opulent*. Voyez *Puilh*.
OPULANCZ, opulence. B.
OPULENDA, A. M. le même qu'*Opelanda*.
OQUEGARRIA, onguent odoriférant. Ba.
OQUELA, chair, viande; *Oquela Jaquibat*, façon d'accommoder les viandes à la Juive. Ba.
OQUELIA, viande. Ba.
OQUENDUA, onguent. Ba.
OQUER, mal. Ba.
OQUERRA, oblique, louche, borgne. Ba.
OQUERRERA, courbure. Ba.
OQUERTZEA, obliquité. Ba.
OQUEZARRA, masse de chair dont les femmes accouchent quelquefois. Ba.
OQUILA, pivert oiseau. Ba.
OQUINDARIA, curateur. Ba.
OQUINDEA, procuration. Ba.
OQUINTZA, boulangerie. Ba.
OR, rivière. G. *Or*, *Jor*, fleuve en Hébreu; rivière en Chinois; *Orros* en Grec, petit lait, l'eau du lait; *Horraes* ou *Horras*, lieu marécageux en Madagascarois; *Ordek*, *Ordegh* en Turc, canard oiseau de rivière. Comme en Celtique les termes qui signifient rivière signifient eau, d'*Or* pris en ce sens sera venu notre terme François *Orage*, grand pluie, que l'on exprimoit dans la basse Latinité par *Orago*. *Orée* en François, pluie menue. Voyez *Wr*, *Our*, *Ura* & *Dor*, qui sont les mêmes. Le terme *Or*, *Our*, eau, s'est conservé dans le Flamand & l'Allemand; *Oorspronk* en Flamand; *Ursprung* en Allemand, fontaine; à la lettre, saut d'eau.
OR, sur, dessus particule augmentative. G. Il signifie aussi outre dans la même Langue. Voyez *Ormodd*. *Or*, dessus en Breton; *Aurratu* en Basque, j'élève; *Hor*, haut dans la même Langue; *Or*, montagneux, selon l'Auteur de la vie de Saint Thierry, Abbé du Mont d'Or près de Reims; *Oromasd* ou *Oromax*, en ancien Persan, bon génie; *Homord* dans la même Langue, bon principe ou bon génie, & *Orosang*, qui a bien mérité du Roi. En comparant ces trois termes on voit qu'*Or* ou *Oro* a signifié principe, génie ou nature supérieure à l'humaine, Roi; *Mad*, bon. *Ourou*, beaucoup, grand, long; *Ourga*, élever en Tartare Mogol & Calmoucq; *Orhota*, reine des plantes en Tartare; *O*, élevé, grand en Japonois; *Ouro*, Royaume, Roi en Cophte; *Ouril* en Arménien, enfler, grossir; *Oreg* en Hongrois, grand outre mesure; *Orias*, géant; *Ur*, Seigneur, & *Orssagh*, royaume dans la même Langue; *Orias*, géant en Stirien & en Carniolois; *Aourienam*, très-bien en Galibi; *Auurila*, marque du superlatif en Langue de Congo, & *Vuurivi* marque le comparatif dans la même Langue; *Or*, marque du comparatif en Latin; *Hort*, *Hourt*, *Hour*, balcon en vieux François. Voyez *Ar*, qui est le même qu'*Or*. Voyez *Bal*. Voyez *Tor*, qui est le même qu'*Or*, Voyez *T*.
OR, article le, la. G.
OR chez une partie des Gallois, si. G.
OR, devant; *Or Blaen*, auparavant. G. *Aurea* en Basque, front, façade, aller au-devant.
OR, pays. G. De là *Ora* en Latin, pays.
OR, bord, bordure, ourle, au bord. G. *Or* bord en Irlandois; *Or*, bord, fin, terme en Breton; *Oros* en Grec, terme, limite; *Ora* en Latin & en ancien Saxon; *Oram* en Tamoulique; *Ore*, *Orée* en vieux François, bord; *Horde*, borde.

OR. ORD.

bordé en vieux François ; *Ort* en Théuton & en Allemand, fin, extrémité ; *Giere, Uere*, près en Turc. D'*Or* sont venus nos mots *Orle, Ourle, Ourlet, Ourler.*

OR est une préposition qui équivaut aux Latines *De, Ex, Ab*, & aux Françoises *de, du, des, hors, dehors, depuis.* C. I.

OR, or. E. I. Voyez *Aur.*
OR, articles, le, la. I.
OR, bord. I.
OR, front. I.
OR, le même qu'*Ur.* I.
OR, dessus. B.
OR, bord, fin, terme. B.
OR, porte, embouchure. B. Voyez *Dor.*
OR, homme. B. Voyez *Wr* qui est le même.
OR, *HOR, ORCHE*, là adverbe de lieu. Ba.
OR, dehors. Voyez *Deor.*
OR, heure. Voyez *Orig. Ora* en Grec ; *Hora* en Latin, en Italien & en Espagnol ; *Heure* en François ; *Ure* en Flamand ; *Ohr, Ubr* en Allemand ; *Houre* en Anglois ; *Vura* en Esclavon ; *Vra* en Dalmatien ; *Ora* en Hongrois, heure. Voyez *Orain, Ordua, Orena, Orie.*
OR, le même que *Dor, Tor* ; le *d* & le *t* initial se mettant ou s'omettant indifféremment.
OR, le même que *Car, Dor, Ser.* Voyez *Bal.*
OR-BLAEN, autrefois. G.
OR DECHREU, encore, derechef. G.
OR DOG, pouce. I.
OR TU TYMA, deçà, en-deçà, par-deçà. G.
ORA, chien, dogue, mâtin. Ba.
ORABILDA, sorte de petit pain consacré à Bacchus. Ba.
ORAD, dorer. I.
ORAGAN, ouragan. B.
ORAGURIA, gâteau de sucre, de beurre & d'œufs. Ba.
ORAID, harangue. I.
ORAIN, ORAN, ORANCHE, maintenant, à présent, à cette heure. Ba. Voyez *Or*, heure.
ORAINCHE, le même qu'*Orain.* Ba.
ORAINO, encore, alors. Ba.
ORAISTE, orange. I. Voyez *Orangés.*
ORALDIA, le vulgaire. Ba.
ORAN, jusqu'à certaine mesure, jusqu'à un certain point, quantité, proportion. G.
ORAN, ORANCHE, maintenant, à présent, à cette heure. Ba.
ORANGES, orange. B. Voyez *Oraiste.*
ORANO, ORAINDANO, ORAINDARANO, jusqu'ici. Ba.
ORANZA, ferment, levain. Ba.
ORAPILCHOA, bignet, gaufre. Ba.
ORAPILDU, je fais en forme de bignet ou de gaufre. Ba.
ORAPILLO, nœud, lien. Ba.
ORAPINA, nud. Ba.
ORARRETZEA, obscurcissement. Ba.
ORATU, je prends, je saisis avec les mains ; je happe, je m'attache, je m'accroche avec les ongles, je crampone. Ba.
ORATZ, aiguille. Ba.
ORBELA, balayeures d'une maison. Ba.
ORBID, ORBIT, grimace ; plurier *Orbiden. Orbidein*, faire la grimace ; *Orbidour, Orbidour, Ormidour*, grimacier, follet, qui fait des grimaces. B. Dans le Maine on dit *faire l'orbis* pour dire feindre, dissimuler, faire le piteux.
ORBUZA, artichaud. Ba.

ORCA, brèche. Ba.
ORCA. Voyez *Orcell.*
ORCEELL, ampoule. B. *Orca* dans les anciens monumens est un vase à mettre des liqueurs. *Orceolus & Urceolus* sont un petit vase.
ORCERDDED, terme qui marque la douleur. G.
ORCH, œuf. I.
ORCHAL, archal. B.
ORCHALE, laiton. B.
ORCHAULEA, curedent. Ba.
ORCHICARIA, rongeur. Ba.
ORCHINAT, soulier. C. Voyez *Archenad.*
ORCHIQUIDA, corrosion. Ba.
ORCHIQUIDATUA, mangé tout autour, rongé. Bd.
ORCHWRAIDD, TR ORCHWRAIDD, oreille d'ours plante. G.
ORCOLE, ampoule. B.
ORCORRERA, affabilité. Ba.
ORCOTSUA, affable. Ba.
ORCOYA, forme. Ba.
ORCZA, ça adverbe pour encourager. B.
ORD, le même qu'*Ard, Erd, Ird, Urd.* Voyez *Bal.*
ORDA, marteau. I. Voyez *Ordd.*
ORDA, doré. I. Voyez *Or.*
ORDAGAMENDUA, concession, permission. Ba.
ORDAGOA, invitation. Ba.
ORDAGOA, le reste. Ba.
ORDAINA, remplacement, compensation. Ba.
ORDAINGARTIA, représailles. Ba.
ORDAIRA, office de Vicaire. Ba.
ORDAL, la grande porte de l'Eglise. B. *Or Tal*;
ONDAN, amour. I.
ORDANA, récompense. Ba.
ORDD, synonime de *Gordd, Gorydd.* G.
ORDD, marteau, maillet. B. Voyez *Orda. Orde*; toclin en vieux François.
ORDDEN, ORDDEW, épais. G. D'*Or, de Gor Tew*, Davies. On voit par là qu'on a dit *Teu* comme *Tew.*
ORDDIGAN, accent. G.
ORDDIGAN. CANU ORDDIGAN, chanter la contre-partie, chanter la basse. G.
ORDDIGANWR, chantre, musicien, qui chante devant. G.
ORDDOD, le même que *Gordodd.* G.
ORDEINIO, ordonner, ranger, disposer, arranger, établir, régler, placer, marquer la situation, poser en place. G. De là *Ordino* en Latin ; *Ordonner* en François ; *Ordeine* en Anglois ; *Ordineren* en Flamand ; *Ordinon* en Théuton ; *Orduen* en Allemand ; *Ordnati* en Esclavon ; *Ordinare* en Italien ; *Ordenar* en Espagnol, ordonner, régler. *Ordu* en Turc ; *Orde* en Tartare, troupe. Voyez *Ordena, Ordinair, Ordinal, Ordreni.*
ORDEINIWR, ordonnateur, qui fait une ordonnance. G.
ORDEINTZA, faculté. Ba.
ORDELARIA, Vicaire, Substitut. Ba.
ORDENA, ordre. Ba. *Ordan* en Théuton ; *Orde* en Latin ; *Ordine* en Italien ; *Orden* en Espagnol ; *Ordre* en François ; *Ordnung* en Allemand ; *Ordene* en Flamand ; *Order* en Anglois ; *Ordninga* en Esclavon, ordre. Voyez *Ordeinio, Ordude.*
ORDENN, faisceau qui se porte sur la tête. B.
ORDETUA, délégué. Ba.
ORDETZEA, substitution, subrogation. Ba.
ORDIA, corbeille, panier. Ba.
ORDIA, yvre, yvrogne. Ba.
ORDINAIR, civil. B. Voyez *Ordeinio.*

ORDINAIRE, communément. B.
ORDINAL, ordinaire. B.
ORDINHAAD, plurier *Ordeiniadau*, ordonnance, statut, réglement, arrêt, arrangement, disposition. G.
ORDIQUERIA, yvresse. Ba.
ORDITU, je m'enyvre. Ba.
ORDOGH, pouce. I.
ORDONGOA, grand. Ba.
ORDOS, orteil. I. Voyez *Or-Dog*.
ORDOTSAU VERRAC, porc entier. Ba. De là notre mot *Verrat*.
ORDOUS, mal-propre. B. Voyez *Hort*, *Ordeus*, sale, mal-propre en vieux François.
ORDOYA, rouille. Ba.
ORDRENI, ordonner. B. Voyez *Ordeinio*.
ORDU-BEREAN, alors. Ba.
ORDUA, heure, temps. Ba. Voyez *Or*, heure.
ORDUAN, alors. Ba. Il signifie aussi en cette Langue temps convenable. Voyez *Desorduan*.
ORDUDE, ordres, préceptes. I. Voyez *Ordena*.
ORDUGHAD, donner ordre, ordonner, commander, diriger, assigner, destiner, bon ordre, arrangement. I.
ORDUGHTHE, propre, bien mis. I.
ORDUGHTHIOS, état d'une chose propre. I.
ORDURA, A. M. ordure, bouë, fange. Voyez *Ordous*.
ORDUZ, à propos. Ba.
OREA, pâte. Ba.
OREA, masse. Ba.
OREILID, le même que *Goreilid*. G.
ORELL, le même qu'*Horell* dans les deux sens. B.
ORENA, ORINA, cerf, daim. Ba.
ORENA, heure fatale, malheureuse. Ba.
ORENA, signe, marque naturelle. Ba.
ORESEAC, bonbons, dragées de différentes figures. Ba.
ORESTA, tache, défaut. Ba.
OREU. GWNEUTHUR EI OREU, faire ses efforts. G. Voyez *Goreu*.
OREU NASTE, cependant, ensemble. Ba.
ORFEILH, frange d'or, orfroi. B.
ORFRA, ORFREA, A. M. orfroi. D'*Orseilh*, l'r inférée.
ORGA, char, chariot. Ba.
ORGAGOA, chaise de poste. Ba. A la lettre, petit char.
ORGANWR, celui qui fait jouer quelque machine par le moyen de l'eau. B.
ORGASCA, carrosse, calèche, coche. Ba.
ORGATILLA, talon. Ba.
ORGEAL, archal. B.
ORGELL, hochement, action de secouer, d'ébranler. B.
ORGELLAT, chanceler, vaciller, brandiller, se brandiller, branler, agiter, faire branler, secouer, hocher, trembler de peur. B.
ORGHEDI, être amoureux, être passionné. B.
ORGHET, amoureux, passionné pour quelque objet. B. *Orgao* en Grec, avoir du penchant à l'amour.
ORGOUILH, orgueil. B. De là ce mot.
ORGRAPH, orthographe. G. Voyez *Ysgriffen*.
ORGUED, la passion d'amour. B. Voyez *Orghet*, *Orghedi*.
ORGUEDER, coquet. B.
ORGUEDI, s'affoler d'amour, aimer passionnément. B.
ORGUENAELL, ORGUENELL, beliere anneau qui suspend le battant d'une cloche, boucle de porte, de bateau, anneau dans lequel sur les vaisseaux on passe des manœuvres, des cordages. B.
ORGULTID, franc. I.
ORH, maillet. B. Voyez *Ordd*.
ORHOENUS, avoir de la joie. G.
ORHOIT, qui se souvient. G.
ORIA, jaune, pâle. Ba. Voyez *Or*, or.
ORIADEN, trop coquette. B. Voyez *Oriades*.
ORIADES, débauche, vie dissolue. B. Voyez encore d'autres sens de ce mot dans *Oriat*.
ORIAN, ORIAIN, les mêmes que *Goriain*. G.
ORIAT; singulier *Oriaden*, badin, folâtre, immodeste, qui prend trop de liberté, libertin ; plurier *Oriadon* ; féminin *Oriades*, badine, &c. *Oriadez*, badinerie, badinage, puérilité, amitié puérile, caresse que l'on fait aux enfans. B.
ORIAU, le même que *Gorian*, cris. G. C'est le plurier de *Gawr*.
ORICURIA, bai. Ba.
ORIG, heure. G. *Ig* diminutif, *Or*, le même qu'*Awr*, heure.
ORIGANELL, marjolaine. B.
ORIGANELL, origan plante. B.
ORIKELL, DORIKELL, battant d'une porte ; pluriel *Orikellou*. B. Voyez *Or*, *Dor*, porte.
ORIN, les petits, la production, la race ; *Orin Al Loena*, petits de la bête. B.
ORIN, excrémens des animaux, tant les grosses matières que l'urine. B.
ORIOG, inconstant, qui change à toutes heures. G. Voyez *Or*.
ORIOLUM, A. M. portique, parvis. D'*Or*, porte.
ORIOU, ORIAU, sorte d'oiseaux de mer nommés autrement *Gwelan*. Cet oiseau peut avoir pris ce second nom d'*Orian*, cris, parce qu'il crie beaucoup.
ORIQELL, battant de porte. B. C'est le même qu'*Orikell*.
ORITU, je pâlis. Ba.
ORLA, ORRELA, est-ce ainsi que ? Ba.
ORLACH, pouce douzième partie du pied. I.
ORLAIS, horloge. G. *Or*, heure ; *Llais*, son. Le terme Grec *Orologion* est pareillement formé d'*Ora* & *Logos*.
ORLLAWN, abondance. G.
ORLLYDD, germe du poulet dans l'œuf ; *Iar Orllydd*, poule qui couve. G.
ORLUM, ORLIS, A. M. en Italien *Orlo*, bord, marge, bordure. Voyez *Or*, bord.
ORMA, gelée. Ba.
ORMA, forme de souliers. Ba.
ORMA, muraille. Ba.
ORMA, mur de terre. Ba.
ORMA ICHIA, maison de pierre. Ba. *Ichia*, maison.
ORMABIQUIA, cloisons, mur mitoyen. Ba.
ORMARIOA, ARMARIOA, armoire, malle. Ba. Voyez *Almari*.
ORMEA, mur. Ba.
ORMECHITUA, clos de murailles. Ba.
ORMEL, ormeau coquillage. B.
ORMES. GWNINEN ORMES, fard ; *Lleuad Ormes*, intercalation. G. Voyez *Gormes*.
ORMESCA, feuille. Ba.
ORMESCALDEA, page parlant d'un livre. Ba.
ORMID, grimace. B. C'est le même qu'*Orbid*.
ORMIDOUR, le même qu'*Orbideur*. B. Voyez *Orbid*.

ORM.   OSA.   223

ORMODD, extraordinaire. G. A la lettre, outre mesure; *Madd*, mesure; *Or*, outre.
ORMODD. YN ORMODD, adverbe pour augmenter. G.
ORN, crainte, peur, épouvante, terreur, horreur. G.
ORN, orge. I.
ORNA, orme. Ba. De là ce mot, l'*n* & l'*m* se mettant l'une pour l'autre. *Orn* en Hébreu, ormeau.
ORNADH, orge. I.
ORNADIODH, fleurir, être florissant. I.
ORNAIDEADH, ornement, embellissement. I.
ORNAITT, ornement. I. Voyez *Orni*.
ORNERTH. YR ORNERTH, la même plante que *Ddeilen Ddu*. G. Comme qui diroit *Oreunerth*, dit Davies.
ORNEST, duel. G. *Eornest* en ancien Saxon.
ORNESTWR, qui se bat en duel. G.
ORNI, ORNIFF, parer, orner. B. *Ornaitt*, ornement en Irlandois. D'*Orni* est venu le Latin *Ornò*, l'Italien *Ornare*, le François *Orner*.
ORNIDURA, vivres, provision, grenier. Ba.
ORNIERA, assortiment. Ba.
ORNINDEA, drap qu'on met dessous. Ba. Voyez *Orradura*.
OROBIA, encens. Ba.
OROBIAN, cri de joie, ha bon. G.
OROGUNDEAC, éphéméride. Ba.
OROHIAN, exclamation de joie. G. Voyez *Orobian*.
OROJAQUINDEA, encyclopédie. Ba. *Jaquindea*, sciences; *Oroz*, toutes.
OROIGARRIA, monument. Ba.
OROIGAYA, placet, supplication. Ba.
OROIGUEA, oubli. Ba.
OROIPENA, attention. Ba.
OROITU, je me souviens, j'avertis. Ba.
OROITZA, mémoire, souvenir. Ba.
OROIZAPENA, mémoire, souvenir. Ba.
OROLDEA, fomentation, action d'étuver. Ba.
OROLDIA, mousse. Ba.
OROTACOA, souverain, haut. Ba.
OROZ, tous. Ba.
OROZCOA, public. Ba.
OROTARIC, de tout; *Orotan*, en tout, en général. Ba.
ORPAI. Davies demande s'il n'est pas le même qu'*Olpai*? A la vue de la phrase qu'il rapporte je le crois tel, d'ailleurs l'*l* & l'*r* se substituent réciproquement. G.
ORPEA, bruit, renommée. Ba.
ORPHEN, le même que *Gorphen*. G.
ORPHEN, parfait. Voyez *Anorphen*.
ORPHREUM, A. M. orfroi. Voyez *Orfra*.
ORPIMEND-GWEN, arsenic. B.
ORPIN, orpin, pourpier sauvage, *Telephium*, G.
ORPMENT, orpin, orpiment, arsenic. G.
ORPOA, talon. Ba.
ORPOUTSUNGA, astragale. Ba.
ORRA, par ici, par-là. Ba.
ORRA, volontiers. Ba.
ORRA, libre. Ba.
ORRA, ORRAT, ORRARA, voilà. Ba.
ORRACAYA, toile de coton. Ba.
ORRACE, rayon parlant du miel. Ba.
ORRACEA, ORRACIA, peigne. Ba.
ORRADURA, drap mis dessous. Ba. Voyez *Ornindea*.
ORRAK, commander. Ba.
ORRARA, par ici, par là. Ba.
ORRARA, volontiers. Ba.

ORRAT, par ici, par là. Ba.
ORRAT, volontiers. Ba.
ORRATUA, libre, affranchi, franc, exempt. Ba.
ORRAZATU, je me peigne. Ba.
ORRAZCHORROA, pelote à épingles. Ba.
ORRAZTEUSLEA, pelote à épingles. Ba.
ORDEIRC, grand. I.
ORREQUIN BATEAN, cependant, ensemble. Ba.
ORREZGANERA; ORREZ OSTEAN, d'ailleurs. Ba.
ORRIA, la largeur de la toile, page de livre. Ba.
ORRIAC, tenailles. Ba.
ORRILLA, mai mois. Ba.
ORRO, mugir, crier, rugir. Ba. Voyez *Orian*.
ORROA, frémissement, mugissement. Ba.
ORROITZA, précipice. Ba.
ORROLARIA, rugissant. Ba.
ORRONA, vague, sans consistence. Ba.
ORRONCALEA, crocheteur, portefaix. Ba.
ORRONTARIA, vagabond. Ba.
ORRORCHETA, aigremoine. Ba.
ORRUNZ, de ce côté ci. Ba.
ORSIN, gond, selon d'autres le même que *Gorsin*. G.
ORSUS, sus. B.
ORTHUSA, déchaussé. Ba.
ORTICENA, pronom. Ba.
ORTZA, dent. Ba.
ORUCH, le même que *Goruch*. G.
ORUN, le même que *Gorun*. G.
ORWYN, le même qu'*Olwyn*. G. On a dit *Orn* par crase pour *Orwyn*, De là est venu notre mot François ornière, trace ou sillon que forment les roues dans les chemins.
ORWYRAIN, le même qu'*Arwyrain*. G.
ORYAD, impie, libertin, immodeste. B. Voyez *Oriat* qui est le même.
ORZA DARRA, arc-en-ciel. Ba.
ORZAIL, ORSAIL, batterie, action de se battre. B.
ORZAR ARTU, prendre avec les dents. Ba.
OS, petit, diminutif. G. Ce terme marque aussi le mépris, le néant. Voyez *Plantos*.
OS, maison. G. Voyez *Hws*.
OS, sur, dessus. I. *Osu*, grand en Finlandois.
OS, huit. I.
OS, sans. I.
OS, plus. B.
OS, Voyez *Eus*.
OSA, les nuages. Ba.
OSA, HOSSA, HOSA, OSSA, HOUCIA, A. M. bottines, bottes. De *Hossan*.
OSABA, oncle. Ba.
OSADIA, force, valeur, courage. Ba. *Osé* en vieux François, hardi.
OSARA, intégrité. Ba.
OSAGARRI, complément, perfection. Ba.
OSAGARRIA, addition, corrolaire, complément. Ba.
OSANDEA, complément, perfection. Ba.
OSANDIA, hardiesse, témérité. Ba.
OSANSIA, épithéte. Ba.
OSAQUINTZA, chirurgie. Ba.
OSARCORRA, passible. Ba.
OSARRA, tolérance. Ba.
OSARTARIA, patient. Ba.
OSARTEA, patience. Ba.
OSARTEGUIA, potence. Ba.
OSASUN ONECOA, bien ou mal portant. Ba.
OSASUNA, santé. Ba.
OSASUNDUNA, riche. Ba.

OSATUA, eunuque. Ba.
OSB, hôte, celui qu'on loge dans sa maison. G.B. plurier Osbion, Yib. G.
OSBARTH, le même que Dosbarth, dit Davies, qui n'a point rapporté ce mot dans son Dictionnaire ; mais comme il rapporte Dosparth, qui en composition devroit plus naturellement être Dosbarth, il faut ici recourir à Dosparth, & le regarder comme synonyme à Dosbarth ou Osbarth. G.
OSC, eau, rivière en un dialecte du Gallois. G. Voyez O, Usc.
OSCAL, chardons. B. Voyez Ascolen.
OSCAYA, remède. Ba.
OSCEANN, outre adverbe. I.
OSCION, en haut, le haut, capital. I.
OSCIOU, eaux. G. C'est le pluriel d'Osc.
OSCUL, bras, épaule. I.
OSDAGARRA, le nord-est vent. Ba.
OSEB, étrenne, don, présent. G.
OSEMOYA, satisfaction. Ba.
OSEQUIA, exécution. Ba.
OSERARIA, A. M. oseraie. D'Osé.
OSETE, faim. B.
OSGARRIA, beau temps. Ba. A la lettre, pur de nuages.
OSGED, le même qu'Osgud. G.
OSGEL. Davies n'explique point ce mot ; il se contente de rapporter la phrase suivante, que j'ai traduite à la lettre : Pan Ddêl Osgel I'r Esgyrn, Angau A'i Chwarelan Chwyrn : Quand Osgel vient dans les os, la mort a un dard prompt, c'est-à-dire, on meurt promptement.
OSGETH, le même que Gosgedd, Gosgeth. G.
OSGL, rameau, ramée ou branches d'arbres, sarment, feuilles d'arbres. G.
OSGLADH, découvrir, déceler, ouvrir. I.
OSGLOG, feuillé, chargé de rameaux. I.
OSGO, oblique, sinueux, chose oblique, obliquité, concours, sinuosité. G.
OSGOAD, action de détourner, digression. G.
OSGOI, se détourner, s'écarter, se retirer obliquement, mettre de côté, poser de biais, faire aller de travers, placer obliquement. G.
OSGOL, rameau. G.
OSGORDD, le même que Gosgordd. G.
OSGORRIA, couleur de roses des nuées. B. Osa Gorria.
OSGUD, bassin, bassin à laver, bassin à laver les pieds, plat, jatte, cuvette. G.
OSGYD, le même qu'Osgud. G.
OSIR, osier. G.
OSILLEN, baguette. B.
OSINA, ortie. Ba.
OSINDUA, rétréci. Ba.
OSKION, sur, dessus. I.
OSLATEA, béquatre terme de musique. Ba.
OSLE, ton, parole. I.
OSLEF, voix, ton de voix ou d'instrument, chant. G.
OSLUGTHE, creux. I.
OSNADH, OSNADHA, gémissement, soupir accompagné de larmes & de cris, gémir, soupirer. I. Voyez Uchain.
OSO, bien. Ba. Voyez Osso.
OSOA, tout, entier. Ba.
OSOQUI, tout-à-fait, de toute part, plusieurs. Ba.
OSORA, à pleine bouche. Ba.
OSORO, tout-à-fait. Ba.
OSORU, de toutes les forces. Ba.
OSP, hôte. B. C'est le même qu'Osb. De là le Latin Hospes.

OSPAGOYA, célèbre. Ba.
OSPEA, réputation. Ba.
OSPELA, engelure ou mule aux talons. Ba.
OSPILLA, dépouilles des ennemis. Ba.
OSQUIA, soulier. Ba.
OSQUIDA, convocation. Ba.
OSQUIDEA, consonne parlant d'une lettre. Ba.
OSQUINA, verrou, pêne. Ba.
OSQUINTZEA, usurpation. Ba.
OSSA, A. M. bottes, bottines. De Hossan.
OSSID pour Os Id, si. G.
OSSO DIRADEN-EC, se portant bien ; Eri-Diraden-Ec, se portant mal. Ba. Osso ou Oso, bien ; Eri, mal.
OSSOGUI, tout-à-fait, dans tout. Ba.
OSSON, le même que Goson. G.
OSSULA, A. M. petite bottine. Voyez Ossa.
OST, hôte. B. De là ce mot. Ostheria en Esclavon ; Hostaria en Italien, hôtellerie.
OST, armée. B. Ost en vieux François, armée, & Ostiaux, petites troupes. D'Ost est venu le Latin Hostis.
OSTACHEA, lupin plante. Ba.
OSTAGERIUS, OSTAGIUS, A. M. ôtage. D'Ostaich.
OSTAICH, ôtage. B. De là ce mot.
OSTALARIA, hôte qui reçoit. Ba. Voyez Ost.
OSTALARIA, A. M. hôtellerie. D'Ostallery.
OSTALEAC, toutes sortes de menus fruits, ou graine d'arbres & d'arbrisseaux. Ba.
OSTALLERY, hôtellerie. B. De là ce mot. Voyez Ost.
OSTARLECOA, refuge, asyle. Ba.
OSTAROA, mai mois. Ba.
OSTATEA, porte de derrière. Ba.
OSTATUA, hôte qui reçoit. Ba. Voyez Ost.
OSTATUMAITEA, hospitalité, hôtellerie. Ba.
OSTEA, le dos, le derrière, l'envers, la partie de derrière. Ba.
OSTEA, nouveau. Ba.
OSTEAN, par-derrière. Ba.
OSTECHARIA, chicorée. Ba.
OSTECOA, postérieur. Ba.
OSTEQUIA, nombril. Ba.
OSTERA, de nouveau, encore un coup. Ba.
OSTEREDENN, étincelant. B.
OSTETIC, par-derrière. Ba.
OSTIA, OSTIYA, hostie, victime. Ba.
OSTICADA, coup de pied. Ba.
OSTICADURA, coups de pied. Ba.
OSTICARIA, qui rue, qui regimbe. Ba.
OSTICARRIA, foudre. Ba.
OSTICATU, je donne des coups de pied. Ba.
OSTICATUA, qui est accompagné à coups de pied. Ba.
OSTICATZEA, coup de pied. Ba.
OSTICON JO, donner des coups de pied. Ba.
OSTIGATZEA, fatigue, vexation. Ba.
OSTILH, outil. B. De là ce mot.
OSTILLAMENDUA, ustensiles, meubles. Ba.
OSTINA, s'obstiner. B.
OSTIRALA, vendredi. Ba.
OSTIS, chaland. B.
OSTIS, OSTISIA, A. M. armée. D'Ost.
OSTISIA, A. M. hôtellerie. Voyez Ost, Ostiza.
OSTITZA, épanalepse figure de rhétorique. Ba.
OSTIVA, tonnerre. Ba.
OSTIZA, se faire des hôtes. Ba.
OSTOA, feuille. Ba.
OSTODUMBAT, feuillé. Ba.

OSTOG,

OST.   OUE.   225

OSTOG, habitation, maison. G. On dit *Outo* en Patois de Franche-Comté.
OSTOISE, ténuerre. Ba.
OSTRA, OSTREA, huître. Ba. Voyez *Oeftren*, *Eftren*.
OSTRANDIAC, pourpre. Ba.
OSTRELLACA, arc-en-ciel. Ba.
OSTRERBESTEA, ostracisme. Ba.
OSTU, prendre, ravir. Voyez *Oftuquia*, *Oftutzallea*. De là le mot François *Ofter*, ôter.
OSTUQUIA, vol. Ba.
OSTUTZALLEA, ravisseur de femmes. Ba.
OSTYNGIAD LLAIS, élevation de voix. G. *Llais*, voix.
OSWYDD. Davies dit qu'il croit que ce terme signifie ennemis, adversaires. Les phrases qu'il rapporte me semblent indiquer ce sens. G.
OSYMMAITH, le même que *Gosymddaith*. G.
OT, bord, rivage, bord de la mer, de rivière. G. B. Voyez *Aut*, *Aud*.
OT, petit. G.
OT, synonime de *Got*, adultére, selon Baxter. G.
OT, excellent. C. Voyez *Od*, sur, dessus, &c. Voyez encore *Ota*.
OT, demeure. Voyez *Havot*.
OT, le même que *Gand*. Voyez ce mot. O en vieux François, avec.
OT, le même qu'*Od*. Voyez *D*.
OT, le même que *Cot*, *Got*, *Sot*. Voyez *Aru*.
OTA, élevation. Voyez *Odaira*, *Audia*, *Otadia*.
OTADIA, champ inculte. Ba.
OTADIA, donjon, guérite, beffroi. Ba.
OTAGIUM, A. M. demeure, habitation avec une certaine quantité de terres. Voyez *Ot*, *Oftog*.
OTAIR-VIL, jument. I.
OTALLARIA, sculpteur. Ba.
OTALLERA, sculpture. Ba.
OTALLERDIA, buste. Ba.
OTALLUA, sculpture. Ba.
OTALLUGUILLEA, sculpteur. Ba.
OTALOA, pâte de viande. Ba.
OTANEZ, vieux valet qui ne perd point de vûe la Dame qui est confiée à sa garde. Ba.
OTAQUEDEA, vuide, vanité. Ba.
OTARRA, corbeille, panier, corbeille à porter sur le dos. Ba. De là le mot François *Hotte*.
OTEGUIZAYA, panetier du Roi. Ba.
OTEHOA, loup. Ba.
OTHER, le même qu'*Uther*. Voyez ce mot & *Bal*.
OTHIA, sauterelle. Ba.
OTHION, ceux qui habitent le rivage. G. Voyez *Ot*.
OTHOITS, demander. Ba.
OTINA, rancune, sanglot. Ba.
OTIVA, sauterelle. Ba.
OTOCHA. Voyez *Atocha*.
OTOIGOPEA, nef d'une Eglise. Ba.
OTOITZA, prières, demande. Ba.
OTOITZAC, prières. Ba.
OTOIZGARRIA, qui n'est pas inéxorable. Ba.
OTORANZA, vivres, provisions de bouche. Ba.
OTORONCA, repas. Ba. *Otronca* dans le Royaume de Navarre.
OTRECIARE, OTRIARE, A. M. octroyer. D'*Antrezi*.
OTRUS, abscès, aposthume. I.
OTSA, son, bruit, rumeur. Ba.
OTSAILLA, février. Ba.
OTSANDEA, divulgation. Ba.
OTSAREA, enthousiasme. Ba.

OTSAUSTEA, infléxion de la voix variée. Ba.
OTSEGARDEA, citation en justice. Ba.
OTSEGOQUIA, élégance dans les lettres. Ba.
OTSEGUIERA, citation. Ba.
OTSEGUIN, je conduis, j'appelle. Ba.
OTSEGUINA, conduit, appelé. Ba.
OTSEZTIA, mélodie, douceur du chant, modulation. Ba.
OTSIA, fougére. Ba.
OTSICANDEA, traitement. Ba.
OTSICENA, onomatopée. Ba.
OTSITUA, célébré, renommé. Ba.
OTSOA, loup. Ba.
OTSOEMEA, louve. Ba.
OTSOREBATECOA, synonime. Ba.
OTSULIA, antienne. Ba.
OTSURRUA, percussion de cloche. Ba.
OTTINA, OTTINUS, A. M. en quelques Provinces de France *Otains*, espèce de vigne plus élevée. De *Ot*, *Ota*, élevation.
OTU, je prie. Ba.
OTZ, froid adjectif. Ba.
OTZA, froidure. Ba.
OTZANA, domestique. Ba. Voyez *Ot*.
OTZANA, gracieux, ingénu, sincére. Ba.
OTZANDEA, promulgation. Ba.
OTZANDITU, célébrer. Ba.
OTZANERA, sincérité. Ba.
OTZAQUINDEA, la musique. Ba.
OTZAREA, OTZARODEA, rafraichissement. Ba.
OTZARORO, fraichement, récemment. Ba.
OTZICARA, tremblement du corps. Ba.
OTZICHA, pesanteur de tête, fluxion. Ba.
OTZULOA, vase qui contient trois conges. Ba.
OV, AV, EV, avide. G.
OV, auge; *Ovat*, augée. B. Voyez *Off*.
OUA, préposition qui répond aux Françoises *de*, *du*, *des*. I.
OÜABR, ciel. B. Voyez *Wybr*.
OUACHAT, croasser. B.
OUAD, augée. B.
OUAIS, ouais interjection. B.
OUAIT, âge. B. Voyez *Oat*.
OUAL, rempart fait de pieux. B. Voyez *Wall* qui est le même.
OVAL. Voyez *Aval*.
OUAR, sur, dessus, au-dessus, près. B.
OUAR pour *Chouar*, jeu, loisir; *Ouaregbiah* le même; *Ouaree*, oisif; *Ouaregach*, oisiveté. B.
OUAREC. Voyez *Ouar*.
OUARN, fer. B. Voyez *Hoarn*.
OUASAL, glorieux, illustre. I.
OUAT, canard. B. Voyez *Houad*.
OUBLEIA, A. M. oublie. Voyez *Oublien*.
OUBLIEN, oublie. B.
OUC'H, contre. B. Voyez encore *Out*.
OUC'H, cochon. B. Voyez *Och*, *Hwch*.
OUCHPENN, outre, en outre, de plus, au delà, davantage, plus. B.
OUD, contre. B.
OUDE, AOUDE, AOUDEÜEH, AOUDEVEZ, depuis, du depuis. B.
OUDHÉ, leur. B.
OUECH, UR OUECH, une fois. B.
OUED, âge. B.
OUEDET, âgé. B. Voyez *Oued*.
OUELCH, boiteux par paralysie. B.
OUELED, OUELET, foyer, creuset. B.
OUEN, arbre. B.
OUEN, beau: C'est une des prononciations d'*Wen*.

OVER, OVERI, avoir. Voyez *Diover*.
OUF, OUFF pour *Oum*, qui se prononce *Oun*, moi pronom singulier de la première personne; *Caret Ouff*, je suis aimé; mot pour mot, aimé moi. Les Hébreux s'expriment de même; *moi pleurant* se dit en cette Langue pour je pleure. B.
OUFF, OUFFE, anse de mer, coin, détour, lieu retiré, golfe. B.
OUFFI, pouvoir. B.
OUHEN, bœuf. G. Voyez l'article suivant.
OUHEN, bœuf. B.
OUIA, sépulture; cimetière. Ba.
OVICE, office; *Ovicier*, officier. B. Voyez *Office*.
OUIGNAMANTI, oindre. B.
OUIGNON QY, vaciet. B.
OUIGNONETSS, civette herbe. B.
OUIGNOUN, oignon. B.
OUIL, pomme. I. Voyez *Avil*.
OUILE, tout. I. Voyez *Oll*.
OUILEIN, pleurer. B. Voyez *Gwela*, *Oui* en Arménien, douleur.
OUILOUR, pleureur. B.
OUIN qu'on prononce *Ouan*, agneau. I. Voyez *Oen*.
OUKS, dessus, au-dessus. I. Voyez *Uch*.
OUL, pomme. I. Voyez *Ouil*.
OUL, habitation, demeure. Voyez *Wl* qui est le même mot.
OULA, chouette. C.
OULEN, pierre. Voyez *Hygonlen*.
OULY, blessure. B.
OUMANCIA, marais. Ba.
OUN, crainte. C. B. Voyez *On*, *Ofn*.
OUN, frêne arbre; singulier *Ounen*, un seul frêne; plurier *Onnos*, *Ounennos*. B. Voyez *On*.
OUNCL, OUNGL, OUNCR, signifient dans les Diocèses de Tréguer & de Léon, l'herbe aux hémorrhoïdes, qui croit ordinairement parmi le bled, & dont la racine est par grains, & en Cornouaille ils signifient yvraie. B.
OUNECQ, timide. C. Voyez *Ounicq*.
OUNEN, OUNNENN, frêne, orne frêne sauvage. B.
OUNEZER, crasse. B.
OUNGHEN, OUNEN, NOUHEN, onction; *Ounhi*, oindre; *Ounhet*, oint. B. Voyez *Ennain*, *Enneinio*.
OUNICQ, timide. B. Voyez *Ounecq*.
OUNNEG, frênaie. B.
OUNNER, génisse. B.
OUNT. Voyez *Ons*.
OUOLOU, lumière. C.
OUORTH, AOUORTH, synonime de *Tuurth* Gallois. C.
OUR, or. G. C. B. Voyez *Or*, *Urrea*, *Urrhe*.
OUR, eau, rivière. G. C'est le même que *Dour*, comme *Or* est le même que *Der*. Voyez *Or*, *Houri*, mer en Hottentot; *Iaour*, lac en Lappon; *Ouri*, saule arbre qui vient au bord des rivières en Arménien; *Hou*, lac en Chinois; *Ourein* en Grec, uriner. Voyez *Oura*.
OUR, bord. B. Voyez *Or*.
OUR est le même qu'*Or* en Gallois & en Breton, ainsi qu'il paroit en confrontant ces deux termes, c'est pourquoi il faut donner à *Our* toutes les significations d'*Or*.
OURA, eau, rivière. Ba. Voyez *Our*.
OURA ANDIAC, mer. Ba.
OURDEA, cochon. Ba.
OUREG, femme. B.

OURGOUILH, orgueil. B.
OURHED, fuseau. B.
OURHEEN, peau. B.
OURILLA, lac. Ba.
OURL, ourlet. B.
OURMELL, ormeau coquillage de mer. B. Voyez *Hourmel*.
OURS, acariâtre, aheurté, mutin, revêche. B. Voyez *Wrth*.
OURSAVALLA, isle. Ba.
OURSOVIA, marais. Ba.
OURTAN, maison de campagne, métairie. I.
OURTE, année. Ba.
OURY, habitation. Voyez *Mercury* & *Uri*. *Ourd*, caverne en Arménien. Les cavernes ont été les premières habitations des hommes.
OURZ, le même qu'*Ours*. B.
OURZ, ours. Il signifie aussi la constellation qui porte ce nom, & le septentrion, parce que cette constellation est dans cette partie du ciel. B. De là le Latin *Ursus*, l'Italien *Orso*, l'Espagnol *Osso*, le François *Ourse*. Voyez *Ursan*.
OUSGE, eau. I.
OUT, toi pronom de la seconde personne. B.
OUT, contre. Il se diversifie en plusieurs manières. Il se change en *Oc'h*, en *Ouc'h*, en *Onz* & en *Ouns*, comme *Ounta*, contre lui. C'est la préposition la plus universelle. Il signifie quelquefois auprès, avec, dessus, à. *Diousan* & *Diousta*, devers lui, de contre lui. C'est ainsi que Monsieur Roussel, très-habile dans la Langue Bretonne, expliquoit cette préposition. Le Pere Maunoir met *Pell-Diousin*, loin de moi; *Diozis*, de toi; *Diousa*, de lui; *Diouty*, d'elle; *Diouzomp*, de nous; *Diouzoch*, de vous; *Diouto*, d'eux. *Ouz Egroas Staghet*, attaché à la croix; *Ouz Pen*, de plus outre. En Treguer on prononce *Onns*, & *Onnte* pour *Onte*, avec eux. B.
OUTEU, OUTO, leur. B.
OUTOURIA, fontaine. Ba.
OUTRACH, outrage. B. De là ce mot.
OUTRAICH, outrage. B.
OW, hé, ho, hola, hola ho, ah, hélas. G.
OW, eau, rivière. G. Voyez *Aw* qui est le même & *Owen*.
OW, verd, herbu, herbe, pré. Voyez *Eboeg*.
OWDLE, ode. G.
OWDYL, chant. G.
OWEN, rivière. I. Voyez *Aven* qui est le même.
OWER, avoir. Voyez *Diower*.
OWHOW, oh cri qu'on pousse dans la plainte & les gémissemens. G.
OWI, rivière. G. Voyez *Ow*.
OWI, exclamation de joie, ah bon, exclamation de raillerie, de moquerie, de douleur. G.
OWMAL, art de peindre en émail ou d'émailler. G.
OUZ, plus, contre. B. Voyez encore *Out*.
OUZHARS, vis-à-vis, tout proche. B.
OUZIFF, contre. B. Voyez *Ouz*.
OUZOUT, sçavoir. B. C'est le même que *Gonzout*.
OUZPENN, outre, au-delà, davantage, plus, en outre. B.
OX, eau, rivière. G.
OY, isle dans la Langue des Isles Orcades. Voyez *I*.
OYA, OEA, lit, lit nuptial. Ba.
OYAC, gencives. Ba.
OYAL PECHOA, tapis. Ba.
OYALA, étoffe, linges, drap. Ba.
OYALAC TUMPACA GARBITU, je bats, je frape à coups redoublés, je broye. Ba.

OYA. OZT.

OYANA, bois, forêt. Ba.
OYENA, farment. Ba.
OYESTALQUIA, couverture de lit. Ba.
OYR, or. G. Voyez Or.
OZ, vous, vos. B.
OZ, OUZ, O, OCH, sont en usage pour faire avec l'infinitif d'un verbe le gérondif; par exemple, Oz-Tent pour Oz-Dent, venant, en venant; Oz-Len, lisant, en lisant. B.
OZ, froid adjectif. Ba.
OZACH, OZAECH, OZEACH, OZECH, OZACH, OZECH, OHEN, mari, époux; pluriel Ezech. B.
OZACHICQ, diminutif d'Ozach. B.
OZCA, OZCADA, morsure. B.
OZCATU, prendre avec les dents. Ba.
OZEL, singulier Ozelen, bouton, noisette, noix de coudrier; pluriel Ozelen, Ozelennen, Oze-

lenna, boutonner, se former en bouton; c'est ainsi que Dom Le Pelletier explique ce mot. M. Roussel, habile dans la Langue Bretonne, vouloit qu'Ozel fût oteille terme de blason, qui signifie des amandes pelées ou des fers de lances, ou quelques figures approchantes. B. Il faut retenir toutes ces significations. Voyez Ankelher.
OSERIA, A. M. oseraie. D'Osié.
OSPIDEA, article de la mort. Ba.
OSPILLARIA, OSPINA, vinaigre. Ba.
OZPINDU, je m'aigris. Ba.
OZPIZTIA, oxymel. Ba.
OZPIZTIGUIA, espèce de fromage. Ba.
OZTA, presque, à peine, avec peine. Ba.
OZTARGUIA, crépuscule. Ba.
OZTAZQUENA, pénultième. Ba.
OZTEA, beaucoup. Ba.
OZTUGARTEA, presqu'isle. Ba.

P

 Se place ou s'omet indifféremment au commencement du mot. Voyez la dissertation sur le changement des lettres.

P, B, F, V se mettent indifféremment l'un pour l'autre. Voyez la même dissertation & B.

P & M se mettent l'un pour l'autre. Voyez la même dissertation & Mezell.

P en composition pour *Ap* ou *Map*, fils; *Parry* pour *Ap Harry*, fils de Henri. Voyez B.

PA, qui en tout genre, qui interrogatif; *Pa Vu*, lequel? qui? *Pa Sawl*, combien? *Pa Gymmaint*, autant que, combien que; *Parag*, duquel. G.

PA, comment. G.

PA, PAN, quand; *A-Ba* pour *A-Pa*, de quand, depuis que, dès que. B. Voyez *Pan*.

PA, puisque, lorsque. B.

PA, petit. Voyez *Croppa* & *Bychan*.

PA, le même que *Fa*, *Ma*, lieu. Voyez P. Pa, lieu en Tartare Mogol & Calmoucq.

PA AM, pourquoi, à cause de quoi, c'est pourquoi. G. Voyez *Am*.

PA DDELW, comment. G. Voyez *Delw*.

PA-FAINT, combien grand. G. Voyez *Maint*.

PA-GAR, jarret dolent, qui se plaint souvent sans avoir du mal. B. Voyez *Gar*.

PA-HAM, pourquoi. G. Voyez *Pa Am*.

PA-LE, où adverbe de lieu. G. Voyez *Lle*.

PA-NIFER, combien. G. A la lettre, quel nombre.

PA-SUT, comment. G. Voyez *Sut*.

PAB, pere. B. *Pab* signifioit la même chose anciennement en Gallois, selon Dom Lobineau, nom que les Armoricains donnent encore aujourd'hui aux Prêtres & aux Religieux, qu'ils appellent communément *mon Pere en Dieu*. *Pappas* en Grec de Syracuse & de Bithynie; *Papus* en ancien Latin, *Babbu* en Sardiot, *Baba* en Turc & en Galibi; *Pappas* en Scythe; *Bapa* en Tidoritain; *Babpa* à Malaca; *Baba* en Américain dans les Isles Antilles; *Pas* en ancien Sicilien; *Bab* en Rhétien; *Papa* en Hébreu de Talmud; *Pa* en Chinois, pere. Les enfans appellent encore en France & en Italie leur pere *Papa*. *Baba*, aïeule en Esclavon & en Bohémien; *Babka* en Polonois; *Pappos* en Grec, aïeul. Voyez *Ab*.

PAB, PAF, PAP. Je crois que ce mot a signifié oiseau. 1º. *Pabaour* est le nom du chardonneret; ce seroit à la lettre, oiseau doré ou tacheté de jaune. 2º. Le papegay s'appelle en quelques cantons de la basse Bretagne *Papecod*; ce seroit à la lettre, oiseau de bois : En d'autres *Pap-Gaoff*; ce seroit à la lettre, faux oiseau, oiseau en figure. 3º. *Pape-Gault*, perroquet; ce seroit à la lettre, oiseau verd. (Voyez *Gueult*.) 4º. Le p en Celtique s'ajoûte au commencement du mot; ainsi on aura pu dire *Pafais* comme *Afais*, & *Paf*, *Pap*, *Pab*, ne seront que la syncope de ce mot.

PAB-AOR, bouvreuil. B.

PABAOUR, PABAOUZR, PABOUR, chardonneret. B. Voyez *Pab*.

PABELL, tente. G. *Pavillhon* en Breton; *Pavillon* en François; *Papilion* en Grec; *Papilio* en Latin; *Padiglione* en Italien, tente, pavillon. Voyez *Phubal*.

PABETH, qui interrogatif. G.

PABHAIL, le pavé. I.

PABI, pavot. G.

PABI COCH YR YD, pavot rouge qui croit dans les bleds. G.

PABI-DÔF, méconis. G.

PABI'R GWENITH, yvraie. G.

PABL, jugement. G.

PABLI, juger. G.

PABLU, juger, rendre des sentences. G.

PABOR, PABOUR, chardonneret. B.

PABWYREN, plurier *Pabwyr*, mèche, lumignon d'une lampe, d'une chandelle, mouchure de lumignon, champignon qui se forme au haut de la mèche quand on ne la mouche pas, moëlle des arbres, des plantes, des herbes. G.

PAC, PAK, paquet, bagage. De ce mot on a fait le verbe *Paca*, joindre ensemble, associer, réünir, faire un ballot, emballer, empaqueter, prendre, saisir, attraper. Le participe est *Paquet* ou *Paket*, qui est passé aux François, & que l'on dit aussi en Breton: B. *Paca*, *Pacadh* en Irlandois, balle, ballot, balle de marchandise; *Packen* en Allemand, emballer, & *Packlein*, petit ballot; *Phakelos* en Grec, paquet; *Pack* en Anglois & en Flamand; *Bagge* en Islandois, bagage.

PACA, PACADH, balle, ballot, balle de marchandise. I.

PACA, animal des Indes, espèce de lapin. Ba.

PACCUS, A. M. paquet. De *Pac*.

PACE, naufrage, bris d'un vaisseau. B.

PACEA, faire naufrage. B. *Pasad* en Hébreu, briser.

PACH, poche, pochette. B. *Bagge*, petit sac, bourse en Islandois; *Bagg*, *Pocke*, *Pouch* en Anglois; *Pocca*, *Pochcha*, *Poah* en ancien Saxon; *Pochia* en Latin du moyen âge; *Poche* en François poche; *Pongge* en Grec vulgaire, petit sac, bourse

PACH

PAC.   PAG.   229

PACH. Voyez *Bychan.*
PACHAN. Voyez *Bychan.*
PACHET. Voyez *Bychan.*
PACHON. Voyez *Bychan.*
PACHOT. Voyez *Bychan.*
PACHOU. Voyez *Bychan.*
PACHYN. Voyez *Bychan.*
PACIA, bassin à laver ses pieds, tout ce qui est d'airain, chauderon, poêle, &c. Ba. Voyez *Baccin.*
PACOA, bélier d'Inde. Ba.
PACQ, paquet, bagage. B. Voyez *Pac.*
PACQA, emballer, prendre, faire une capture, attraper celui qui vouloit tromper. B. *Pach* en Hébreu ; *Pagis* en Grec, lacet, filet, piége à prendre les oiseaux, les animaux. Voyez *Pac, Paich, Pech.*
PACQAD, grosse femme & courte. B.
PACQAICH, bagage. B.
PACQER, emballeur. B.
PACQET, pris, tenu. Ba.
PACQOUR, emballeur. B.
PACULUS, A. M. petit sac. De *Pach.*
PACYANDED, pensée plante.
PAD, PAT, durée de temps, espace, durer ; *Epad*, durant, pendant ; *Padout*, durer ; *Padelez*, durée ; *Padut*, perdurable. B. De ce mot, en ajoûtant l's, est venu le Latin *Spatium*, l'Italien *Spacia*, l'Espagnol *Espacio*, le François *Espace*, l'Anglois *Space*, espace. *Spade* en Flamand ; *Pozdie* en Bohémien, d'une manière tardive.
PAD paroit signifier trouble adjectif. Voyez *Guipad, Badaoui.*
PAD, le même que *Pat.* Voyez *D.*
PADEIR, quatre. B.
PADELEZ, durée. B.
PADELL, vase à faire cuire les viandes, comme marmite, pot ; vase propre à les servir, comme plat, assiette creuse, jatte ; tout ce qui est d'airain, comme chauderon, chaudière, coquemar, poêle ; *Padell Ffrio*, poêle à frire. G. *Padell*, poêle en Provençal ; *Padellar*, jatte dans les Tables Eugubines ; *Patella* en Latin ; *Padella*, *Piatello* en Italien, plat.
PADELLAN, PADELLEC, diminutifs de *Padell.* G.
PADELLIG, réchaud, chaufferette. G.
PADELLIG, diminutif de *Padell.* G.
PADELUS, durable. B.
PADELW, comment. B.
PADENA, A. M. espèce de poêle. De *Padell.* L'n & l'l se mettent l'une pour l'autre.
PADERA, sorte de petit vase. Ba. De là le Latin *Patera.*
PADERAU 'R GATH, brione, brione blanche, couleuvrée, couleuvrée blanche. G.
PADEREAH, cours, durée. B.
PADEREUWR, ambassadeur, pacificateur. G.
PADOUT, durer, subsister, exister, résister, soutenir. B.
PADUS, durable, constant, permanent. B.
PADUS, nom que les Gaulois donnoient à un arbre résineux. Ce terme nous a été conservé par Pline, l. 3, ch. 6.
PADZHA, PADZHAF, quatre. C. Voyez *Padeir.*
PAÊ, pays. Voyez *Paesant. Pas* en vieux François, pays ; *Paese* en Italien, pays.
PAEA, payer. B. *Paga* en Languedoc & en Gascogne ; *Pagare* en Latin barbare & en Italien ; *Pagar* en Espagnol ; *Paga* en Italien, payement,
TOME II.

payer en François. De *Paea* est venu *Peage*, *Pegium*, *Pedagium* en Latin barbare ; *Pedagio* en Italien. Voyez *Paga.*
PAEAICH, naulage. B.
PAEL, poteau. B.
PAELED, bouclier, emplâtre. G.
PAELL, le même que *Padell.* Voyez *Paelon. Paila*, *Pala* en Espagnol, chauderon ; *Paille*, poêlon en vieux François.
PAELLA, A. M. pelle. De *Paell.*
PAELON, poêle à manche. B. On voit par ce mot qu'on a dit *Paell* comme *Padell.* De *Paell*, *Paelon* sont venus nos mots *Poêle, Poêlon.*
PAEN, paon oiseau. B.
PAEN, tête. Voyez *Paenndolêc.*
PAENNDOLÊC, bulteau terme des eaux & forêts. B. *Mettre des arbres en bulteau*, c'est couper la tête des arbres. *Bulteau* est formé de *Bul*, tête, comme *Paenndolêc* de *Paen* pour *Pen*, tête.
PAENTIAD, peinture, art d'écrire, de dessiner, de peindre. G.
PAENTIO, peindre, ajoûter, joindre à ce qui est écrit. G. De là nos mots *Peindre, Pinceau.*
PAENTIWR, peintre. G. De là ce mot.
PAEOL, cruche, vase, pot à eau, coquemar, vase à mettre de l'eau lustrale chez les anciens, bénitier. G.
PAERANN, mince. B.
PAERREIN, pâturer. B.
PAES, le même que *Vues.* Voyez P, *Bazed.* D'ailleurs *Pasgu* signifie paître, & *Pesgi*, pâturage.
PAESANT, paysan. B. Ce mot étant synonime de *Pouesant*, qui est formé de *Pouay*, pays, on voit qu'on a dit *Paë* comme *Pouay.*
PAESIEL, paisible. B. Voyez *Peach, Peah.*
PAF. Voyez *Pab.*
PAF, le même que *Paw.* Voyez ce mot & *Pafala.*
PAF-HUAN, soleil. G. *Pafais*, bouclier, disque ; *Huan*, soleil.
PAFAIS, bouclier. G. Voyez *Pavez.*
PAFALA, PAVALA, tâter, chercher en tâtant, aller à tâtons. Le Pere Maunoir met *Dispafalat*, bavoler ; c'est-à-dire, voler bas, voltiger comme les oiseaux encore foibles, & à leur imitation les enfans qui marchent sur la paume de la main, que présentent aussi ceux qui vont en tâtant ; ce que signifie *Ampafal*, fait d'*Am*, en Latin *Circum*, & de *Pafala.* B. Cet article est pris de Dom Le Pelletier. Voyez *Paw.*
PAFF, patte. Voyez *Paffalec.*
PAFF. Voyez *Apaff.*
PAFFALEC, qui a des pattes. B.
PAG. Voyez *Bychan.*
PAGA, payement. Ba. Voyez *Paea, Pega.*
PAGA, A. M. payement. Voyez l'article précédent.
PAGADIA, bois de hêtre. Ba.
PAGAN. Voyez *Bychan.*
PAGARACI, payer. Ba.
PAGAU, épaules, bras, griffes des oiseaux, Voyez *Yspagan.*
PAGAUSEA, pigeon, ramier. Ba.
PAGENN, page la moitié d'un feuillet. B. *Pagina* en Latin & en Italien ; *Page* en François.
PAGET. Voyez *Bychan.*
PAGIUS, A. M. serviteur. Voyez *Paich.*
PAGNI, A. M. paniers dont on se sert pour charger les chevaux de bât. Voyez *Paner.*
PAGOA, pin. Ba.

M m m

PAGOT. Voyez *Bychan.*
PAGOTEILL, pacotille, petit paquet. B. Voyez *Pac.*
PAGOTI, A. M. goujats, valets de soldats. Voyez *Pagius.*
PAGOU. Voyez *Bychan.*
PAGUS, A. M. pays, contrée. Voyez *Pae.*
PAGYN. Voyez *Bychan.*
PAH. Voyez *Bychan.*
PAHAM, pourquoi. G. Voyez *Pa Am.*
PAHAN. Voyez *Bychan.*
PAHET. Voyez *Bychan.*
PAHON. Voyez *Bychan.*
PAHOT. Voyez *Bychan.*
PAHOU. Voyez *Bychan.*
PAHUILLON, tente. B. Voyez *Pabell, Pailium.*
PAHYN. Voyez *Bychan.*
PAI, pays. Voyez *Paisant, Paesant.*
PAIA, A. M. payement. Voyez *Paca.*
PAIAJOUR, péager. B. Voyez *Paea.*
PAICH, page, domestique. B. De là le François *Page*, l'Italien *Paggio*. *Peik* en Turc & en Persan, page; *Poike*, jeune garçon en Grec; *Pacholek* en Bohémien, serviteur.
PAID, ah. G.
PAID, fin, cesse, cessation, interruption, intermission, désistement, relâche, retard, délai. G. Voyez *Dibaid, Dyspaid.*
PAIDIO, le même que *Peidio*. G.
PAIEIN, payer. B. Voyez *Paea.*
PAIGA, A. M. payement. Voyez *Paga.*
PAIL, dépouilles. Voyez *Yspail.*
PAILHAEZEN, paillasse. B.
PAILHARD, fornicateur, paillard. B. De là ce mot. Voyez *Paillardiza.*
PAILHEUR, criblure, bourrier, brin de paille, balayeure, fétu. B.
PAILIO, dépouiller. Voyez *Yspail, Yspailio.*
PAILIUM, tente, pavillon. I. Voyez *Pahuillon.*
PAILL, le même que *Peillio*. G.
PAILL, son du bled. Voyez *Cwdpail.*
PAILLARDIZA, fornication. Ba. Voyez *Pailhard.*
PAILLARDUS, A. M. fornicateur. Voyez *Pailhard.*
PAILLART, dissolu. B.
PAILLIUN, pavillon. I.
PAILLUR; singulier *Pailluren*, fétu; *Paillurennou*, fétu de paille ou d'autres choses. B.
PAINTEAR, trape, trébuchet. B.
PAINTER, serpent, couleuvre. I.
PAIR, chauderon, chaudière, marmite, coquemar, poêle. G. *Parur* en Hébreu, chauderon, pot de terre; *Painolo* en Italien; *Pajola* à Sienne, chauderon.
PAIRAGARRIA, passibilité. Ba.
PAIRATOQUIA, potence, crosse. Ba.
PAIRATZEN, supportant. Ba.
PAIRC, parc. I.
PAIREIN, brouter l'herbe. B.
PAIREZA, impatience. Ba.
PAIS, tunique, robe, manteau de femme, manteau fort court des Gaulois. G. Voyez l'article suivant.
PAIS, habit. G. C. On voit par l'étoffe que nous appellons *Paisseau*, qu'il a aussi signifié étoffe de laine. On voit par *Apsum* qu'il a encore signifié toison de brebis. On voit aussi dans *Apsum* qu'on a dit *Pis* comme *Pais*. *Peysa*, chemise en Islandois; *Paida*, tunique en Gothique; *Pais* en Hongrois, bouclier: C'est une espèce de couverture du corps. *Pu* en Chinois, drap, & *Tao, Pao*, robe.

PAISANT, paysan. B.
PAISG, paîtra troisième personne du futur singulier du verbe paître. G.
PAISNAGIUM, A. M. action de paître. De *Paisg.*
PAISO, PAISSO, A. M. action de paître. De *Paisg.*
PAITCOG, beurre. I.
PAITH, désert, pillé, ravagé. G.
PÂL, pelle, bêche, houe, hoyau. G. *Pal*, pelle, bêche en Cornouaille & en Breton. De là *Pala* en Latin, en Italien & en Espagnol, houe, pelle. *Peele* en Anglois; *Pfal* en Allemand; *Pèle* en François, pelle. Voyez *Pala.*
PÂL, PALIAD, action de creuser la terre. G.
PAL, pelle, bêche. C.
PÂL, pelle, bêche instrument de l'agriculture; plurier *Palou. Pala*, bêcher avec la pelle. B.
PÂL, palet. B. Voyez *Paled.*
PAL, jantille. B.
PAL, pieu. B. *Palus* en Latin; *Pal* en ancien Saxon; *Pahl* dans la basse Saxe; *Phal* en Théuton; *Pfal* en Allemand; *Paal* en Flamand; *Pala* en Suédois; *Palo* en Espagnol & en Italien; *Pale* en Anglois; *Pal* en Polonois; *Pal* en François; *Phalk* en Hébreu; *Palos* en Grec; *Palicка* en Dalmatien; *Malag* en Arménien, pieu; *Pelech* en Hébreu; *Palo* en Espagnol; *Paliza* en Esclavon; *Paleza* en Dalmatien & en Hongrois; *Palice* en Bohémien, bâton; *Palar*, poutre en Persan; *Palcat* en Bohémien; *Palica* en Polonois, massue. On appelle *Balise* en François des pieux qu'on met dans les rivières pour marquer le passage. De *Pal*, pieu, est venu notre mot *Empaler*. De là est aussi venu le vieux mot François *Paleter*, qui signifioit combattre aux palissades, ou pieux dont une Ville étoit entourée. De là le vieux mot François *Palis*, enclos de pieu, & le moderne *Palissade*. Voyez *Pal*, tronc d'arbre, & *Pawl.*
PAL, paume de la main. B. Voyez *Palf.*
PAL, bord, extrémité, fin, but, dessein. B.
PAL, tronc d'arbre. Voyez *Cenbal, Pal*, pieu, & *Pawl.*
PAL, pierre, roc. Voyez *Bilyen.*
PAL, le même que *Bal* en tous ses sens. Voyez *P.*
PALA, bêcher la terre, peler, ôter l'écorce, la croûte, la superficie, couper. B. *Pellekus*, hache en Grec.
PALA, pelle. Ba. Voyez *Pal.*
PALACA, adresse, artifice. Ba.
PALACARIA, flateur. Ba.
PALACATU, je flate. Ba.
PALACREA, frotoir, éponge. Ba.
PALACUA, flateries intéressées, attrait, appas. Ba.
PALADR, bois d'une pique, flèche d'une lance, tronc d'arbre, tige, tuyau de l'herbe, tige, axe, timon, rayon, raye de roue. B.
PALADR ANBRECH, le bras depuis le coude jusqu'au poignet. B.
PALADR DRWYDDO, selon d'autres *Paladr Trwyddew*, millepertuis plante. G.
PALADR HIR, orobanche. G. A la lettre, longue tige.
PALADREGRWN, rond & long, cylindrique. G.
PALADROG, qui a une tige. G.
PALADRU, prendre racine, monter en tige, pousser, produire des rejettons, des tiges. G.
PALADYR, la tige d'une plante. G. C'est le même que *Paladr.*

PAL.   PAL.

PALAFRAIGNER, palefrenier. B. Voyez *Palfrai*.
PALAFRED. On a dit en Breton *Palafred* comme *Palafret* pour palefroi; ainsi qu'on le voit dans le procès de canonisation de Saint Yves, où l'on trouve ce mot avec la terminaison Latine *Us*.
PALAFREDUS, PALAFRENUS, A. M. palefroi. De *Palffrai*, *Palafred*.
PALAFRENARIUS, A. M. palefrenier. De *Palafraigner*.
PALAFRER, cheval qui a la corne du pied trop large, & par là a de la peine à marcher. C'est en général celui qui fait ce que signifie le verbe *Palafra*, lequel est aussi en usage, mais comme nom substantif, signifiant lenteur. B. Voyez *Palffrai*.
PALAFREZ, palefroi. B. Voyez *Palffrai*.
PALALWY, PALALWYF, tilleul. G.
PALANCHEIN, caparaçonner, empanacher, emplumer. B.
PALANCHEN, panache. B.
PALANCQ, palan terme de marine. B.
PALANGANA, bassin à laver. Ba. *Palapi*, plat, assiette en Galibi.
PALAS, palais, maison de Prince. G. I. Pales en Breton, palais. Ditmar appelle *Palas*, le palais impérial qui étoit à Trève. *Palation* en Grec; *Palate* en Grec vulgaire; *Palatium* en Latin; *Palazzo* en Italien; *Palacio* en Espagnol; *Palais* en François; *Palace* en Anglois; *Palazh* en Esclavon; *Polacza* en Dalmatien; *Pala* en Bohémien; *Palatz* en Polonois; *Palotta* en Hongrois; *Palac* en Théuton; *Palast* en Allemand, palais. Ce mot est formé de *Pal* le même que *Bal*, Roi, & *As*, demeure.
PALAST, appareil, linges & médicamens pour panser la playe, emplâtre, cataplâme. B.
PALB, le même que *Palf*. Voyez *Palbalu*.
PALBALU, tâtonner, toucher. G. C'est le même que *Palfalu*.
PALDIN, le même que *Bald*. Voyez B. De là Paladin, qui signifie brave dans Roland l'amoureux.
PALE, bonde d'étang, lançoir. B. On dit encore *Pale* en François dans ce sens.
PALED, balle à jouer; *Gwarae Paled*, les exercices de la palestre. G. De *Paled* ou *Pales* est venu notre mot François pelote.
PALEEN, bonde d'étang. B.
PALEFARS, quart. B.
PALEM TAN, mélange de poudre. B.
PALEN, bonde d'étang, lançoir. B.
PALEON, braille, attelle plate & aigue pour pesseler le lin. B. C'est le même que *Paluch*.
PALES, palais. B. Voyez *Palas*.
PALETA, truelle, palette. Ba. De là ce mot.
PALETON, penneton de clef. B. De là ce mot, l'*n* se mettant pour l'*l*.
PALETUM, A. M. palet. De *Pal*.
PALEVARS, quart, quartier, quatre; pluriel *Palvarsiou*. B.
PALF, paume de la main. G. B. Ce mot se prend encore en Gallois que *Palf*, par la substitution réciproque de l'*m*, de l'*f* & du *p*, sont venus les mots Latins *Palma*, *Palpo*. De *Palf* est venu le terme populaire *Paf*, qui signifie un coup donné avec la main. On voit par *Palf Y Llew* que *Paf* a encore signifié patte.
PALF T GATH, PALF T GATH BALI, ive muscate plante. G.
PALF Y LLEW, alchimille, lierre terrestre, pied de lion, patte de lion plante. G. On voit par ce mot & par le précédent que *Palf* a aussi signifié patte,

PALFAD, claque coup donné avec la paume de la main. G. Voyez *Palfod*.
PALFAIS, épaule. G.
PALFALIAD, attouchement, caresse de la main. G.
PALFALU, tâtonner, manier, toucher, cajoler, caresser pour obtenir quelque chose, flater, tirer par flateries. G. Voyez *Palf*, *Palfu*.
PALFALWR, qui touche avec la main en caressant, meneur d'aveugle. G.
PALFFRAI, palefroi cheval de parade & de pompe sur lequel les Princes & les grands Seigneurs faisoient leur entrée. On le dit aussi des chevaux sur lesquels les Dames étoient montées. G. De là le François *Palefroi*, l'Italien *Palafreno*, l'Anglois *Palafrey*. On a aussi dit *Parefroi* en vieux François, l'*r* & l'*l* se substituant mutuellement. De *Palfroi* est venu notre mot palefrenier valet qui panse les chevaux. Voyez *Palafredus*, *Palafres*, *Palafreiner*. Le palefroi a été ainsi nommé de son allure douce & lente. Voyez *Palafrer*.
PALFOD, coup de la paume de la main, coup de la main. G. Voyez *Palf*, *Palfad*.
PALFU, PALFALU, toucher doucement, caresser de la main. G.
PALI, étoffe de soye, suaire très-doux, drap très-doux dans lequel on ensevelit un mort, lin. G.
PALI, le même que *Bali*. Voyez *Baith*.
PALICQ, espatule. B.
PALICQD, raquette. B.
PALIOA, manteau d'Ecclésiastique. Ba. Voyez *Pallen*.
PALISSA, pâlir. B. Voyez *Pall*.
PALISSEN, pâlée. B.
PALL, thrône. G.
PALL, négation, défaut, éclipse. G. Voyez *Fall*.
PALL, pâle; *Palla*, pâlir, devenir pâle. B. De là le François *Pâle*, l'Anglois *Pâle*. De là les mots Latins *Palleo*, *Pallor*, *Pallidus*. De ce dernier est venu l'Italien *Pallido*.
PALL, pelle, bêche à couper & à remuer la terre. B. C'est le même que *Pal*. Voyez ce mot.
PALLA, A. M. balle, pelote. Voyez *Paled*.
PALLEDIG, languissant, sans vigueur, abatu, affoibli, qui a perdu ses forces, défectif. G.
PALLEN, couverture de lit, housse de cheval; &c. *Ar-Ballen*, la couverture; pluriel *Palennou*. Davies n'a pas marqué ce nom, quoiqu'il soit Gaulois & fort commun en ce Pays, & que Varron le témoigne par ces paroles: *Quibus operiebantur operimenta, & pallia, opercula dixerunt*. On a nommé *Palla Gallica* un vêtement ample. *Palla*, dit Nonius, *est honestæ mulieris vestimentum*; & Virgile:

> *Pro longo tegmine pallæ,*
> *Tigridis exuvia per dorsum à vertice pendent.*

Dans la basse Latinité *Palla* étoit pris pour toutes sortes de couvertures, même de l'Autel, selon Saint Benoit; & dans la vie de Saint Gal . . . . *Pallam* (id est, *operimentum sepulchrale*.) Nous voyons même *Pallium* dans la Vulgate pour une couverture de lit, Isaïe, c. 28, v. 20, où les Juifs Espagnols traduisent *Cubiertura*. M. Roussel vouloit que *Pallen* fût *Pallium Laneum*, & *Pallin* pour *Pallium Lineum*; à quoi il y a quelque apparence, sur tout pour le dernier; mais il ne faisoit pas réflexion que *Pallen* est régulièrement le singulier de *Pall*, dont le premier pluriel doit être *Pallou*. Ce nom a rapport à l'Hébreu *Pala*, qui a dû signifier couvrir & cacher, puisque son passif signifie être couvert & caché. Cet article est pris de Dom Le Pelletier. Le Pere de Rostrenen met *Pallenn*, couverture de lit, drapeau, lange qui est d'étoffe. B. Voyez *Bal*, *Pallion*, *Pali*.

PALLIANT, privation. G.

PALLIN, berne, selon M. Roussel. C'est, dit-il, une couverture de toile, qui sert à couvrir un lit chez les villageois, & à mettre le bled venté ou sur laquelle on le vente. Il se sert de ce mot *venté* pour *vanné*, parce que celui-là est fort usité parmi les Bretons, qui ne se servent point de van, mais laissent tomber le bled de haut lorsqu'il fait du vent qui emporte ce qui est le plus leger. B. Cet article est tiré de Dom Le Pelletier.

PALLITIUM, PALLIUM, A. M. palissade. De *Pal*.

PALLU, nier, manquer, abandonner, quitter. G. Voyez *Pall*.

PALMA, férule. Ba.

PALMANT, pavé. G. *Pavimentum* en Latin; *Pavimento* en Italien; *Pavement* en Anglois; *Pagimentom* en Hongrois, pavé.

PALMANTU, paver, couvrir, mettre dessus, joncher, hourder, maçonner grossièrement, faire un ouvrage de maçonnerie avec des démolitions, des platras. G.

PALMES, pelle. B.

PALMESEN, palmier. B.

PALMIDWYDDEN, plurier *Palmidwydd*, palmier arbre. G. *Palmid Gwydden*.

PALMWYDDEN, plurier *Palmwydd*, palmier arbre. G. *Palm Gwydden*.

PALON, pierre, roc. Voyez *Bilyen*.

PALSIA, FALSIA, fausseté. Ba. Voyez *Fals*.

PALTA, FALTA, indigence. Ba. Voyez *Fall*.

PALTA, poire d'Inde. Ba.

PALTOA, lieu des exercices publics, collége. Ba.

PALTOCA, fraper. B. Ce mot paroit formé de *Pal* pour *Palf*, main, & *Tocq*, coup.

PALTOCQ, habillement de grosse toile en guise de juste-au-corps que portent les paysans & autres aux gros travaux; c'est l'habit de fatigue. Les hauts Bretons & leurs voisins au-delà appellent *Paltoque* une casaque; c'est ainsi que Dom Le Pelletier explique ce terme. Le Pere de Rostrenen rend *Paltocq* par simarre. B. Le terme de *Paltoquet* est aussi usité en Franche-Comté parmi le peuple comme un terme de mépris. Paletot, Palthot, habit de gens de guerre ou sorte de manteau en vieux François; *Hoqueton*, saie à manches descendant à mi-cuisse; *Palletoc*, longue robe que les femmes mettoient par-dessus leurs jupes en vieux François.

PALU, fouir, remuer la terre avec la houe, le hoyau. G. *Pelas* en Syriaque & en Chaldéen, fouir.

PALV, paume de la main. B. Voyez *Palf*.

PALVAD, PALVAT, soufflet, coup de la paume de la main; *Palvat-Mat*, bon drôle, fort ou adroit compagnon, comme voulant dire un bon poignet ou bonne main, qui a de la force, qui a la main forte, comme on dit *une bonne épée*, pour la force, l'adresse à s'en servir. On trouve aussi *Palvat* seul pour drôle, espiègle. On dit encore *Palvat-Mat* pour bonne rencontre, heureux évènement, bon profit, c'est-à-dire, bonne poignée, bon coup & beaucoup de gain. Enfin dans le nouveau Dictionnaire Breton on lit *Palvat*, palmage, que Dom Le Pelletier croit être la mesure de l'étendue de la main ouverte. B. Cet article est formé de ceux de Dom Le Pelletier & du Pere de Rostrenen.

PALUCH, singulier *Paluchen*, pesseau qui sert à pesseler ou préparer le chanvre, le lin. On le nomme *Pessel* en haute Bretagne; c'est une lame de fer ou de bois plantée sur un petit banc. *Palucha*, pesseler, faire ce travail. B.

PALUD, marais. B. De là le Latin *Palus*, *Paludis*, l'Espagnol & l'Italien *Palude*, le Languedocien *Palu*. Voyez *Bala*.

PALUH, le même que *Paluch*. B. On trouve encore dans un Dictionnaire Breton *Paluh* rendu par brisoir.

PALUT, marais. B. Voyez *Palud*.

PALWR, fossoyeur, qui houe la terre. G.

PALWYF, palmier, tilleul. G.

PALYDR, le même que *Paladr*. G.

PALYEN, pierre, roc. Voyez *Bilyen*.

PALYER, galerie, lieu couvert pour se promener, endroit où l'on met la vaisselle. B.

PALYN, pierre, roc. Voyez *Bylien*.

PALYON, pierre, roc. Voyez *Bilyen*.

PAM, pourquoi. G. De *Pa Am*.

PAMDE, jour ouvrable. B.

PAMEIN, le même que *Bamein*. Voyez ce mot.

PAMNADERR, PAMNADEF, adverbes pour affirmer. G.

PAMPR, pampre. B.

PAN, PANN, lorsque, quand, à presque, pendant, tandis. G.

PAN, le même que *Pen*, tête en un dialecte du Gallois, selon Baxter. G.

PAN, pays. G. Voyez *Pan* plus bas.

PAN, bas. G.

PAN, étoffe ou cuir. G. *Penos* en Grec, tissu; *Pannus* en Latin; *Panno* en Italien & en Espagnol; *Fane* en Gothique; *Pannen* en Allemand, drap; *Panne* en vieux François, peau; *Panh*, nappe en Tartare du Thibet; *Panoure* en Patois de Franche-Comté est un morceau de mauvais drap ou de mauvais linge; *Peneaux* en vieux François, haillons.

PAN, peau, pelisse, les poils les plus doux. G. De là *Panne* en François, étoffe velue.

PAN, d'où. C.

PAN, il, lui, celui-ci. C.

PAN dans la Langue des anciens Pictes, tête, commencement. Voyez *Pen*.

PAN, défaut, vice, tache, ce qui est blâmable. B. Voyez *Bann*, *Mann*.

PAN, lieu, canton, endroit, pays. B. Voyez *Pan* plus haut.

PAN, pain. Voyez *Pantri*, *Panis* en Latin; *Pain* en François; *Pan* en Espagnol; *Pane* en Italien; *Paun* en Rhétique; *Pao* en Portugais; *Pa* en Valaque & en Moldave; *Fona* en Méxicain; *Panos* chez les anciens Messapiens; *Ban* en Arménien, pain; *Pantric* en Anglois, endroit où l'on garde le pain; (*Pan Tri*.) *Panagia* en Grec dans Codin, pain bénit; *Agia*, saint, bénit. Voyez *Pantala*.

PAN, le même que *Ban*, *Fan*, *Van*. Voyez B. *Pan*, Dieu en Cophte; *Pana*, seigneur en Suédois; *Span*, gouverneur en Stirien & en Carniolois; *Pannus* en Latin, touffe de cheveux, tumeur qui vient à la gorge, au cou, au front.

PAN, le même que *Pen*, *Pin*, *Pon*, *Pun*. Voyez *Bal*.

PAN, le même que *Man*. Voyez P.

PAN-WLAN, bourre-lanisse. G.

PANACHEN, panache. B. De là ce mot.

PANAIS, panais. Ba. De là ce mot. Voyez *Panes*, *Pannys*.

PANARIA, A. G. arrogance, hauteur. De *Pan*.

PANABOLUS, A. M. petit panier. De *Paner*.

PANCEREA, PANSERIA, A. M. cuirasse ainsi appellée de ce qu'elle couvre le ventre. Les Allemands & les Flamands disent *Panzer* & les Italiens *Pantziera*. De *Pancz*, ventre.

PANCERONUS, A. M. saie militaire qui se mettoit par-dessus la cuirasse que l'on appelloit *Pancerea*. Voyez ce mot.

PANCOCADUGHE, amelette. I.

PANCZ, ventre. Voyez *Bobancz*. De là *Panse* en François; *Panz* en ancien Saxon; *Panz*, *Pants*, *Bautchs* en Allemand; *Pens* en Flamand; *Panza*, *Pancia* en Italien; *Pança* en Espagnol, ventre. On trouve encore des vestiges de ce mot dans le Latin *Pantex*, qui signifie un gros ventre.

PANDY, foulerie l'endroit où l'on foule les étoffes. G. *Pan Ty*.

PANEARIUM, A. M. panier. De *Paner*.

PANEL, PANELL, volet de fenêtre, panneau. B. De là ce mot.

PANEN. BARA PANEN se lit dans les Dictionnaires anciens & nouveaux pour du pain sans levain, qui est non fermenté, azyme. On dit quelquefois *Panen Bara*, *Panen Tors*, tourte sans levain; plurier *Panen Torsion*. On donne aussi ce nom à la bouillie qui n'a pas d'aigreur, sçavoir, *Ieud Panen*. M. Roussel m'a appris qu'en Leon la qualité de *Panen* est donnée à un homme dont la conversation est fade & insipide; *Un Den Panen* est là un homme insipide, un fat, un sot, &c. c'est ainsi que Dom Le Pelletier explique ce mot. Le Pere de Rostrenen met *Panenn* sans y ajoûter *Bara*, & rend ainsi ce terme: pain cuit sous la cendre, pain sans levain. B.

PANER, panier, balle. B. De là *Panier* en François; *Banier* en Allemand, panier.

PANEREUC, celui qui a un panier. B.

PANEREUGHES, celle qui a un panier. B.

PANERIUS, PANERUM, A. M. panier. De *Paner*.

PANES, PANESENN, panais. B. Voyez *Panais*, *Pannys*.

PANES, panne. B. Voyez *Pan*.

PANGEOUS, PANJOUS, filets, piége pour prendre les bêtes sauvages, pantière. B.

PANLLE, vallée. G. *Pann*, bas; *Lle*, lieu.

PANN, bas.

PANN, embouchure de rivière. G. Voyez *Bann*.

PANN, vase à boire. G. *Binna* en Arabe, calice, vase à boire.

PANN, le métier de foulon. G.

PANN, fourrure. B. *Pannes*, *Pennes* en vieux François, fourrures.

PANN, gras; il se dit des grains en herbe; *Segal Bann*, seigle gras; *Gwiniz Bann*, froment gras. Ce terme signifie aussi maigre. B. Voyez le second chapitre du premier volume des Mémoires sur la Langue Celtique.

PANN, le même que *Bann*. Voyez P.

PANN, le même que *Penn*. Voyez *Bal*.

PANNA, A. M. pelisse. De *Pan*.

PANNARIUS, A. M. panier. De *Paner*.

PANNU, fouler. G.

PANNU, le même que *Pannylu*, devenir plus bas. G.

PANNWL, lieu plus bas, pente. G. Voyez *Panlle*.

PANNWL, ride. G.

PANNWR, foulon. G.

PANNWRIAETH, foulerie. G.

PANNWYN, vallée. G.

PANNYLIAD, cannelure. G. Voyez *Pannwl*, ride.

PANNYLOG, ridé, cannelé. G.

PANNYLU, devenir plus bas. G.

PANNYLU, faire des rides, être ridé. G.

PANNYS, panais. G. B.

PANSERIA. Voyez *Pancerea*.

PANSI, panser. B. De là ce mot.

PANT, lieu enfoncé, creux, vallée, petite vallée. G. Il signifie aussi bas. Voyez *Godwrynbann*, *Godwryn-Gam* & *Pan*. Le *t* s'ajoûte indifféremment.

PANTALA, mie de pain. Ba. Voyez *Pan*.

PANTES, asthmatique, homme qui respire avec peine. B. De là les vieux mots François *Pantois*, asthme; *Pantiser*, *Pantoiser*, haleter, avoir la courte haleine.

PANTIATUS, A. M. ventru, qui a un gros ventre. De *Pancz*.

PANTOFLA, A. M. pantoufle. De *Pantouflen*.

PANTOUFLEN, pantoufle. B. De là *Pantoufle* en François; *Pantofle* en Anglois; *Pantoffel* en Allemand & en Flamand; *Pantofola* en Italien; *Pantost* en Esclavon; *Pantofle* en Bohémien, pantoufle.

PANTRI, armoire où l'on met le pain. G. *Tri* de *Trigias*, *Trig*, demeure; *Pan* par conséquent pain. Les Hébreux appelloient maison, de même que les Gallois, tout ce qui couvre, tout ce qui enferme, tout ce qui cache quelque chose. *Demus protegens turpitudinem* se met pour un caleçon. Ecclésiastique. c. 29, v. 26. Voyez *Hott*, *Peilldy*.

PANU, couvrir d'une peau. G.

PANVRECQ, mûr. B.

PANWR, pelletier, fourreur. G.

PANZS, pantière, filets, piéges pour prendre les bêtes sauvages. B.

PAO, patte. B. Voyez *Paw*, qui est le même.

PAOL est le même que *Baol*, *Maoi*, la barre du gouvernail du navire, le timon. B.

PAOLEA. Voyez *Paoulea*.

PAOR, pauvre. B.

PAOT, PAOUT, PAÜT, PAUT, beaucoup, grande quantité & grand nombre, commun, épais, abondant, abondamment; car il est adjectif & adverbe. Le contraire est *Dibaot*, rare, peu, non fréquent, non abondant, & *Nebeut* pour *Nebaot*, qui est le même que *Dibaoth*. B. Voyez *Paw*, qui est le même mot.

PAOTR, garçon, valet, serviteur; *Paotrar-Saot*, garçon du bétail, berger qui a soin des bœufs & des vaches; plurier *Paotret*; diminutif *Paotricq*, petit garçon, petit valet. B. On trouve dans Ausone que *Patera* en Gaulois signifioit un ministre, un serviteur.

PAOTRES de deux syllabes est le féminin de *Paotr*, garçon, & un nom choquant donné à une fille, de même qu'en François *Garse* de *Gars*, d'où vient *Garçon*. On employe aussi *Paotres* pour distinguer la femelle du mâle dans le genre humain; plurier *Paotresset*. B. Cet article est pris de Dom Le Pelletier.

PAOUECQ, homme qui a de grandes pattes, c'est-à-dire de grandes mains. B. Voyez *Pao*, *Paw*.

PAOUES, PAWES, POES, repos, cessation, pause, désistement; *Pawesa*, cesser, désister, se reposer, se contenir; *Pawesit Ouz Im*, cessez de contre moi; c'est-à-dire, tenez-vous en repos &

m'y laissez ; *Donar Poes*, terre en friche, terre qui se repose ; *Poezein*, cesser. B. *Pauo*, *Peuo* en Grec, cesser ; *Puscin*, repos en Albanois. De *Paoues* sont venus les mots Latins *Pauso*, *Pausa*. De ce mot est venu notre terme François *Repos*, *Pos*, je m'arrête en Tartare Mantcheou. De *Dispawes*, qui est formé de la privative *Dis* & de *Paones*, est venu le mot Breton & François *Dispos*, qui signifie un homme actif, alerte, toujours en action, qui ne se repose point ou peu. Voyez *Peu*, *Peuci*, *dispos*.

PAQUES-VAN, le trépas, la mort. B.

PAOULEA, PAOLEA, PAOLEVA, conduire un bateau avec un seul aviron par la poupe, lequel aviron sert aussi de gouvernail. On dit en François en Bretagne *Gabarer*. Ce verbe est composé de *Paol*, barre de gouvernail, & de *Lewa* ou *Lewia*, gouverner à la manière des pilotes. B.

PAOUNTA, jeunesse. B.

PAOUR, PAWR, pauvre, indigent ; pluriel *Pawrien*, *Pewrien* ; *Pawrentez*, pauvreté. B. Voyez *Paw*, *Paouvr*.

PAOURAAT, appauvrir. B.

PAOUT. Voyez *Paot*.

PAOWES, PAOWEZ, pause, cessation, cesser, s'arrêter. B. Voyez *Psoues*.

PAOUVR, pauvre. B. De là ce mot.

PAP, PAPA, PAPAICQ, bouillie. B. *Papp* en Allemand ; *Pap* en Anglois & en Flamand ; *Papa* en Latin ; *Pappa* en Italien ; *Papin* en François ; *Baebor* en Malaye, papin bouillie des enfans. On dit *Paipay* en Patois de Franche-Comté. Voyez *Bab*.

PAP tout comme *Pep*. Voyez ce mot & *Bal*.

PAP, le même que *Pab*. Voyez ce mot & *P*.

PAP-GAO, PAP-GAW, PAP-GAOFF, papegai. B. Voyez *Pab*.

PAPE-GAULT, perroquet. B.

PAPEGOD, papegai. B. De là *Papegaut*, *Papegai* en François ; *Papagayo* en Espagnol ; *Papagallo* en Italien ; *Papengeay* en Anglois ; *Papagas* en Grec vulgaire.

PAPICOD, papegai. B.

PAPILLON, papillon. B.

PAPIROTEA, chiquenaude. B.

PAPONEIA, casserole. Ba.

PAPRED, toujours. B.

PAQAT, paquet. B. Voyez *Pac*.

PAQUEA, paix. Ba. *Peoch*, *Peah* en Breton, paix. De là les mots Latins *Paco*, *Pax* ; de là aussi l'Italien *Peace*, le Bohémien *Pokog*, l'Albanois *Paich*, paix.

PAQUEMALLEA, ce avec quoi les Prêtres se donnent la paix dans la célébration des saints Mystéres. Ba.

PAQUETECINA, implacable. Ba.

PAQUETUA, appaisé, pacifié. Ba.

PÁR, pair, égal, pareil en parlant de ce qui est par couple, par paire, des gands, des souliers, du mâle & de la femelle, qui est dite *Paris* féminin ; hormis ce dernier, *Pár* est un des deux, le pareil de l'autre. G. B. De là le Latin *Par*, l'Italien *Pare*, le François *Pair*, pareil, l'Allemand *Paar*, pareil. Voyez *Pare*.

PÁR, une paire, une couple. G. De là le Latin *Par*, le François *Paire*.

PAR, pierre. G. Voyez *Pared*, *Parpaign*.

PAR, le même qu'*Arpar*, préparer. G. De là les mots Latins *Paro*, *Praparo*, le François *Préparer*, l'Italien *Apparechiare*, l'Espagnol *Appareiar*, l'Anglois *Prepare*, préparer. *Peer* en Hébreu, parer, orner ; *Peretom* en Étrusque, préparé.

PAR, préparé, fait. G.

PAR, lance. G. Festus dit que le terme Latin *Sparus* signifie le dard Gaulois ; on voit par là qu'on a dit en Celtique *Spar* comme *Par* : Il étoit en effet indifférent dans cette Langue d'ajouter l'article *Ts*, & par syncope l'*s* seule au commencement du mot ; aussi trouve-t'on dans le Gallois *Per* & *Yfper*, lance. *Speare*, *Spere* en ancien Saxon ; *Spero* en Théuton ; *Spar*, *Sper* en Flamand ; *Speare* en Anglois ; *Sper* en Allemand, lance. *Par* en Tartare du Thibet signifie *Acuus ingenio* en Latin ; c'est le sens métaphorique de *Par*, lance, pointe. Le sens métaphorique ayant toujours supposé le propre, on en doit conclure que *Par* signifie ou a signifié en cette Langue pointe, ce qui se confirme parce que le même mot *Par* signifie encore aujourd'hui dans cette Langue trouer. Voyez *Bar*, *Ber*.

PAR, BEZA E PAR, être aux aguets. B.

PAR, le même que *Bad*. Voyez ce mot.

PAR. Il semble que *Par* a signifié beau. 1°. *Per* en Gallois, beau ; (*Per* & *Par* sont le même. Voyez *Bal*.) 2°. *Para*, parer, orner, embellir en Breton. 3°. *Paridiguez*, affiquets ornemens de femme dans la même Langue ; *Pari* en Arménien, bon. Voyez *Cain*.

PAR, le même que *Pair*. Voyez *Parddu*.

PAR, le même que *Bar*, *Far*, *Var*. Voyez *P*.

PAR, le même que *Per*, *Pir*, *Por*, *Pur*. Voyez *Bal*.

PAR, A. M. épouse. Voyez le premier *Pár*.

PAR-GOAY, pargoy. B. *Goay* pour *Goë*, Dieu.

PARA, perpétuité, continuation, durée, persévérance, demeure continuelle. G.

PARA, orner, parer, planer, polir. B. De là *Parer* en François ; *Par*, orner, décorer en Hébreu. Voyez *Pert*.

PARA, sauver. B.

PARA, coupler, s'apparier, frayer parlant du poisson, s'unir, se joindre. B.

PARA, voile. Ba.

PARABL, discours, parole, maxime, sentence. G. De là *Parole* en François ; *Parola* en Italien ; *Palabra* en Espagnol. Voyez *Parlant*, *Parlus*, *Parly*.

PARABLEER, qui a le parler agréable, qui parle agréablement. G.

PARABLU, parler, prononcer, raconter, réciter, se quereller, avoir des paroles. G. *Hablar* en Espagnol ; *Parlare* en Italien ; parler.

PARABLUS, éloquent, disert, qui parle juste, dont le discours est coulant, qui tient des discours obligeans. G.

PARABLWR, qui raconte, qui récite. G.

PARACHORI, moineau. Ba.

PARADA, occasion. Ba.

PARADARE, observation. Ba. De là *Parade*, terme militaire qui signifie la garde ; de là *Parer les coups* pour dire se mettre à couvert. Voyez *Parat*.

PARADAS, PARADOS, PARADOES, PARAOZ, PARAOEZ, paradis. B. De *Paradisus*.

PARADISUA, paradis. Ba. De *Paradisus*.

PARADWYS, paradis. G. De *Paradisus*.

PARAED, muraille. G. Voyez *Par*, pierre.

PARAG, de quelle chose. G.

PARAG, pourquoi. B.

PARAGUOA, séparation. Ba. Voyez *Parthu*.

PARAILBER, endroit où l'on met la vaisselle. B.

PAR.

PARAMATIH, allée d'arbres. B.
PARANA, A. M. muraille. De *Par*, pierre.
PARARE, A. M. parer ; orner. De *Para*.
PARARIUM, A. M. carrière. De *Par*, pierre.
PARARTECUA, intercalaire. Ba.
PARAT, coupler, s'apparier, frayer parlant du poisson, s'unir, se joindre. B.
PARAT, opposer. B. De ce mot peut aussi venir notre façon de parler *Parer les coups*, pour s'opposer aux coups, se défendre de les recevoir. Voyez *Paradare*, *Paratu*.
PARATTOI, préparer. G.
PARATU, je me présente au-devant. Ba.
PARAWD, alegre, dispos, délibéré, actif, enclin. G.
PARC, parc, champs clos, prés clos, bois clos. G. B. *Pairc* en Irlandois, parc ; *Paraguea* en Basque, séparation ; *Parc*, *Parch* en Théuton ; *Parck*, *Perk* en Flamand ; *Parke* en Anglois ; *Parcus* dans le Latin du moyen âge ; *Pferch* en Allemand ; *Parc* en François ; *Parco* en Italien, parc ; *Pearoc* en ancien Saxon, enclos ; *Park* en Islandois, forêt réservée pour la chasse du Roi & défendue aux autres ; *Phares* ou *Phars* en Hébreu, division, séparation. De *Parc* sont venus les mots François *Parquer*, le *Parquet*. Voyez *Parcq*.
PARCARE, A. M. parquer. Voyez *Parc*.
PARCELA, partage. Ba.
PARCH, honneur, gloire, vénération, respect, considération, égard, estime, grandeur, dignité, louange. G. Ce mot signifie aussi honorable, vénérable. Voyez *Hybarch*.
PARCH, le même que *Barch*. Voyez ce mot.
PARCH-AR, vers, du côté. C.
PARCHADWY, respectable, remarquable, louable. G.
PARCHEDIG, respectacle, vénérable, honoré, illustre, célèbre, fameux, distingué, d'un grand mérite, renommé, remarquable. B.
PARCHEDIGRWYDD, bonne condition parlant d'un homme, comme lorsqu'on dit : Cet homme est de bonne condition, cet homme est de qualité. G.
PARCHUS, vénérable, respectable, honorable, honoré, loué, vanté, vieux, vieille. G. On voit bien que ce mot n'a ce dernier sens que parce que les personnes âgées sont honorables & dignes de respect.
PARCHUS, vénérable. I.
PARCQ, clos, parc, champ. B. Ce mot qui dans son origine n'a signifié qu'une certaine étendue de terre enfermée, a été dans la suite étendu à signifier champ en général. Voyez *Parc*.
PARCQICQ, petit parc. B.
PARCUS, A. M. parc. De *Parc*.
PARDAEZ, vêpre, vêprée, soir. B. C'est-à-dire, selon le Pere de Rostrenen, *Parc-An-Dez*, le jour presque fini.
PARDDU, comme qui diroit *Du R' Pair*, dit Davies. G. Ces mots signifient noir de chauderon. *Par* est ici mis pour *Pair*.
PARDDUO, noircir. G. Voyez *Parddu*.
PARDINACH, pargoy. B. Voyez *Par-Goay*.
PARDISTACH, pargoy. B.
PARDON, *PARDOUN*, pardon, relaxation. B. De là notre mot François *Pardon*. Voyez *Pardynol*, *Pardynu*.
PARDONI, pardonner. B.
PARDUN, éperon. Voyez *Yspardun*.
PARDUNO, donner de l'éperon. Voyez *Ysparduno*.

PAR. 235

PARDYNOL, digne de pardon. G. Voyez *Pardon*.
PARDYNU, pardonner, absoudre. G. *Perdonar* en Italien & en Espagnol ; *Pardon* en Anglois ; *Pardonner* en François, pardonner. Voyez *Pardon*.
PARE, convalescent, quitte, guéri, guérir. B. On voit par *Pardaez* que ce mot a signifié quittant, finissant.
PARE, pair, égal. Ba. Voyez *Par*.
PAREA, guérir. B.
PAREBAGUEA, incomparable. Ba. A la lettre, sans pair.
PARED, muraille ; pluriel *Parwydydd*, *Parwyd*. G. De là l'Espagnol *Pared*, l'Auvergnac *Pa.* l'Italien *Paret*, le Latin *Paries*, le vieux François *Paroi*, muraille. Voyez *Paret*, *Parwyden*.
PAREDI, cuire dans l'eau, bouillir. B.
PAREDIGUEZ, cure, guérison. B.
PAREDLYS, pariétaire plante. G.
PAREFARCH, quart. B.
PAREJA, pair. Ba.
PAREIN, proportionner. B. Voyez *Par*.
PAREREAH, pariade. B.
PARET, *ADERYN PARET*, perroquet. G.
PARET, cuit, *Paredi*, *Paridi*, cuire, faire cuire, devenir cuit. B.
PARET, *PARETA*, mur, muraille. Ba. Voyez *Pared*.
PARFALECQ, *PARFILECQ*, *PARFILET*, les mêmes que *Palfalecq*. B.
PARFOELTR, *PARFOULTR*, foudre, carreau de la foudre. B.
PARFORZEIN, forcer. B.
PARGUS, A. M. le même que *Parcus*, parc. Voyez *Parc*.
PARHAAD, durée continuelle, non interrompue. G.
PARHAU, durer, continuer, demeurer, persévérer, persister, étendre, allonger. G.
PARHAUS, qui dure, qui demeure, qui persévère, de longue durée, long en durée, continu, continuel, éternel. G. De là la *Paresse*.
PARIA, A. M. paire. De *Pâr*.
PARIAD, parité. G.
PARIBOLEN, sornette. B. De là le mot François *Faribole*.
PARICHILH, persil. B.
PARICILH, persil. B. De là ce mot.
PARIDI. Voyez *Paret*.
PARIDIGUEZ, affiquets ornemens de femmes. B.
PARISSA, paroître. B.
PARIUM, A. M. parement. De *Para*.
PARLAMENTARIA, Conseiller. Ba.
PARLAMENTUA, Parlement. Ba.
PARLAMENTUM, A. M. Parlement. Voyez *Parlamentua*, *Parlant*, *Parlus*, *Parly*.
PARLANT, parler. B. De là ce mot. Voyez *Parlus*, *Parly*, *Parabl*.
PARLANTEIN, verbaliser. B.
PARLATORIUM, A. M. parloir. Voyez *Parlant*.
PARLUS, parloir. I.
PARLWR, chambre, cabinet, appartement séparé. G.
PARLY, parler. E. I.
PARN, baleine. I.
PAROD, prêt, prompt, débarrassé, dégagé, enclin. G.
PARODRWYLL, ingénieux, spirituel. G. *Pwyll*.
PARODRWYDD, prêt, préparé, ou chose préparée, penchant, pente, inclination, complaisance, con-

236 PAR. PAS.

descendance, humeur aisée, promptitude à agir. G.
PAROLLA, A. M. petit chauderon. De *Par*.
PARON, PAIRON, attelles du bourlet des chevaux. B.
PAROTTOAD, préparation, appareil. G.
PAROTTOI, préparer. G.
PAROU, grand champ, les champs. B.
PAROWER, paroir, plane outil, boutoir. B. De là le premier de ces mots. Voyez *Para*.
PARPAIGN, parpain. B. Voyez *Par*, pierre.
PARPOWILLON, papillon. B.
PARQED, parquet. B.
PARQUIDARIA, intégrant Ba.
PARQUIDEZGARRIA, incompossible. Ba.
PARRADUR, accouplement. B.
PARRAT, accoupler. B.
PARRI, troupeau. G. *Barom* en Hongrois; *Beirah* en Hébreu, bétail.
PARRIA, chagrin. Ba.
PARROPIO-ETARA, maisons de campagne du voisinage. Ba.
PARS, part. B. Voyez *Parth*, *Partea*.
PARSEL, borne, but pour tirer à la flèche G.
PART, tacheté, de diverses couleurs. Voyez *Llewpart*.
PARTAICH, patache sorte de vaisseau. B. Voyez *Paflachea*.
PARTALEA, participant. Ba. Voyez *Pars*, *Parthu*.
PARTARTZEA, participe. Ba.
PARTAYADA, partage. Ba. Voyez *Parth*.
PARTEA, part, partie, portion. Ba. Voyez *Parth*.
PARTEA, courrier du Roi. Ba.
PARTEAC, les parties du monde. Ba.
PARTEARRA, partial. Ba.
PARTEQUINA, suffrage. Ba.
PARTESANA, pertuisane. Ba. Voyez *Par*, *Particanenn*.
PARTH, PARTHA, vers, de ce côté. C.
PARTH, PARTHED, PARTHRED, PERTHRYD, part. G. *Parth*, *Pars*, part en Breton; *Partea*, part, portion, partie en Basque; de là *Pars* en Latin; *Part* en Anglois, en François & en Allemand; *Parte* en Italien & en Espagnol; *Partije* en Esclavon, part; *Paradh*, partager, diviser, séparer en Hébreu; *Pharas*, *Phars* en Hébreu, rompre; *Phar* en Chaldéen, morceau, partie; *Par* en Éthiopien, morceau, partie; *Far* en Arabe, partager, couper; *Phart* en Chaldéen, rompre en petites parties; *Otparth*, fendre en Syriaque; *Farth* en Arabe, diminuer, retrancher; *Paras*, *Fars* en Arabe, briser, rompre, couper; *Parcia* en Persan, part, morceau; *Barcia* en Turc & en Tartare, part, morceau; *Pare* en Turc, part, partie, portion, morceau, & *Parce*, parcelle; *Pargin*, partie en Arménien; *Par* en Étrusque, séparé. Voyez *Partayada*.
PARTH, part. B.
PARTH-A, vers, de côté, envers, à l'égard, à l'endroit. G.
PARTHAICH, partage. B. De là ce mot.
PARTHANT, donc. B. De là le *Partant* en vieux François, donc.
PARTHGYMMERIAD, PARTHGYMMERIAT, participe. G.
PARTHIAD, distribution, action de faire les parts, de diviser, de fendre. G.
PARTHOL, spécifique. G.
PARTHU, partager, diviser. G. Voyez *Parth*.

PARTHU, diviser, partager; autrefois bannir, exiler. B.
PARTI, partir. B. De là ce mot.
PARTICARIA, prisé, estimé. Ba.
PARTICULER, particulier. B. Voyez *Parthal*, *Parthu*.
PARTITU, je pars. Ba. De là ce mot.
PARTITZALE, diviseur. Ba.
PARTIZANENN, pertuisane. B. De là *Parthisant* en vieux François; *Pertuisane* en François moderne; *Partisan* en Allemand; *Bartisan* en Suédois; *Partigiana* en Italien, pertuisane. Voyez *Partesana*, *Par*.
PARTY, partie de jeu. B.
PARU, PAROU, la campagne. B. Voyez *Parou*.
PARW, pair. C.
PARWR, conciliateur, médiateur, procureur, agent, intendant. G.
PARWYDEN, muraille; il signifie aussi le côté de l'animal garni de côtes. G. Voyez *Pared*.
PAS, PESWCH, toux, toux continuelle, asthme. G. Voyez l'article suivant.
PAS, toux, la toux; *Paffa*, *Paffaa*, *Paffaat*, *Pasfahat*, tousser, avoir la toux; *Pas-Along*, coqueluche. G.
PAS, pas, démarche, marche d'escalier; & au figuré, dégré de parenté; pluriel *Pafos*, *Paffyn*. B. De là *Paffus* en Latin; *Paffo* en Italien & en Espagnol; *Pas* en François & en Flamand; *Pace* en Anglois, pas. De là est venu le mot Gallois *Paffio*, le Breton *Paffia* & le François *Paffer*, aller d'un lieu à un autre; *Pafa* en Hébreu, aller, marcher, & *Pefa*, pas, marche; *Pafahh* en Hébreu; *Paftha*, *Pafcha* en Chaldéen, passage; *Patein* en Grec, marcher, aller. Voyez *Pafana*, *Pafaria*, *Paffa*.
PAS, naufrage. B. Voyez *Pace*.
PAS. Voyez *Bychan*.
PAS, le même que *Bas*, *Fas*, *Vas*. Voyez P.
PAS, le même que *Pes*, *Pis*, *Pos*, *Pus*. Voyez *Bel*.
PASACH, plein de bois. I.
PASAERA, passage, transition. Ba. Voyez *Pas*.
PASAN. Voyez *Bychan*.
PASARIA, passage, ce qu'on paye pour passer un pont, une barque. Ba. Voyez *Pafaera*, *Pas*.
PASARTZEA, lieu. Ba.
PASAWL, combien. C.
PASCA, marche, action de marcher. Ba.
PASCADUR, berger, pâtre, pasteur. G.
PASCAGIUM, PASCASIUM, A. M. pascage, pâcage. De *Pafg*.
PASEER, tousseur. B.
PASELLUS S. MARTINI, A. M. pont de Saint Martin; à la lettre, le passage de Saint Martin. Voyez *Pas*.
PASENN, le même que *Pas*, pas, démarche, &c. B.
PASET. Voyez *Bychan*.
PASG, PÂSG, action de paître ou de faire paître, engrais, action d'engraisser. G. De là *Pafco* en Latin; *Pafcere* en Italien & en Espagnol; *Pafti* en Esclavon; *Paftife* en Bohémien, paître; *Pafcuum* en Latin; *Pafcolo* en Italien; *Pafture* en Anglois; *Pasba* en Esclavon; *Paffa* en Dalmatien; *Paftwa* en Polonois; *Paftwy* en Bohémien, pâturage; *Pafctor*, pasteur, berger en Hongrois; *Pequo*, bétail en Étrusque. *Opafi* en ancien Persan, provision de vivres qu'on portoit dans une route. Voyez *Pefci*, *Pefgi*, *Pask*, *Paski*, *Pafga*.

PASGADUR.

PAS.   PAT.

Pasgadur, qui fait paître, qui engraisse. G.
Pasgedig, repû, engraissé, qu'on engraisse. G.
Pasghwch, petit cochon. G.
Pasgiad, engrais, action d'engraisser. G.
Pasgwch, porc engraissé. G. pour *Pasghwch*. Davies.
Pask, nourriture; *Pasca*, nourrir, paître, repaître, donner à manger. B. Voyez *Pasg*.
Pask, colle que les tisserands mettent dans la toile pour la rendre ferme. B. Voyez *Passa*.
Paski, *Peski*, paître, nourrir. G. Voyez *Pasg*, *Pask*.
Pasmacorra, stupide. Ba.
Pasmoa, pâmoison, engourdissement. Ba. Voyez *Pai* le même que *Bas*.
Pason. Voyez *Bychan*.
Pasot. Voyez *Bychan*.
Pasou. Voyez *Bychan*.
Pasqa, paître, appâter, abécher, nourrir un enfant, donner à manger, nourrir. B. Nos anciens Romanciers appelloient le printemps *Pascor*, parce que c'est le temps où les pâturages renaissent. Voyez *Pask*, *Pasg*.
Pasqein, le même que *Pasqa*. B.
Pasqer, *Pasqour*, qui paît, qui abéche. B.
Pasquilis, A. M. pâturage; en vieux François *Pâquis*, *Pâquier*. Voyez *Pask*, *Pasqa*.
Passa, bouillie dont on nourrit les petits enfans. B. Voyez *Pasg*, *Pask*.
Passa, le passage des oiseaux. Ba. Voyez *Pas*.
Passada, passage. Ba.
Passagarria, médiocre. Ba.
Passager, bâtelier, passager. B. Voyez *Pas*, *Passea*.
Passagerius, A. M. bâtelier, passager. De *Passager*.
Passagium, A. M. passage, action de passer, d'aller dans quelque endroit. Voyez *Pas*.
Passandour, passant. B.
Passare, A. M. passer, aller d'un endroit en un autre. Voyez *Pas*.
Passea, passer, aller d'un endroit en un autre. B. Voyez *Pas*.
Passereah, action de tousser. B. Voyez *Pas*.
Passio, passer. G. Voyez *Pas*.
Pasta, pâte, masse. Ba. Voyez *Pastein*.
Pasta, A. M. pâte. Voyez l'article précédent.
Pastachea, hourque petit vaisseau rond. Ba. Voyez *Partaich*, *Patach*.
Pastai, pâté. G. Voyez *Pasta*, *Paste*.
Paste, pâté. B. De là *Pastel* en vieux François & en Espagnol; *Pastete* en Allemand; *Pâté* en François moderne. Voyez *Pastai*, *Pastelquina*, *Pastez*.
Pastein, faire de la pâtisserie. B. Voyez *Pasta*, *Pastelquina*.
Pastell, morceau de quelque chose bonne à manger, pitance, portion de nourriture, repas, réfection; plurier *Pastellou*. Au Pays de Vannes ce n'est qu'une tranche, c'est-à-dire une petite piéce ou un morceau mince de chose bonne à manger. On dit ici communément *Pastel Kic*, morceau de viande; *Pastel Kic Sal*, morceau de lard, mais rarement *Pastel Bara*, morceau de pain: C'est ainsi que Dom Le Pelletier explique ce mot. On lit dans le Pere de Rostrenen *Pastell*, tranche de pain, morceau, panneau. B. Il faut retenir toutes ces significations. Voyez *Ankelher*.
Pastella, couper par grandes piéces. B.
Pastellum, A. M. pastel herbe qui sert à la teinture. De *Pastez*.

TOME II.

Pastellub, *Pastillus*, A. M. pâté. Voyez *Paste*.
Pastelquina, pâtissier. Ba.
Pasteour, pâtissier. B.
Pastez, pastel herbe qui sert à la teinture. B.
Pastez, pâté. B. Voyez *Pastai*.
Pastezer, pâtissier. B. De là ce mot. Voyez *Pastein*.
Pastilla, pastillé. Ba. Voyez *Pasta*.
Pastounadez, *Pastounadezen*, panais, carote. B. De là *Pastenade* en vieux François; *Pastnaille* parmi le peuple, panais. Les Théutons disoient *Pestinack*.
Pasturach, pâtis, pâturage. B. De là ce mot. Voyez *Pask*, *Pasturi*.
Pasturaich, pâturage. B.
Pasturi, paître, repaître. B.
Pastwn, bâton. G. De là ce mot, le *b* & le *p* se mettant l'un pour l'autre.
Pastyn. Voyez *Bychan*.
Pat, pet. B. De là ce mot, les voyelles se mettant l'une pour l'autre.
Pat, rhume de poitrine. B.
Pât, le même que *Pâd*, durée de temps, &c. B.
Pat, pas, démarche. B.
Pat, abondant, fertile, riche, commun. Voyez *Patu*, *Paut*, *Bat*. *Phata* en Chaldéen, abondant; *Fadfad* en Éthiopien, abonder, rendre abondant, augmenter, augmentation, beaucoup, très-fort; *Fadan* en Arabe, engraisser; *Fadan* en Arabe, augmentation; *Pheder* en Hébreu, graisse; *Paschtai* en Georgien, grand, beaucoup; *Affatim* en Latin, amplement, abondamment; *Fatt* en Anglois; *Fett* en Flamand; *Feyst* en Allemand, gras. De *Pat*, commun, est venu le mot François *Patois*, langage du commun; *Pada*, société en Javanois. De *Pat*, commun, sont venus les anciens mots François *Pataux*, *Petaux*, *Patus*, *Pitaux*, synonimes de rustre, d'homme du bas peuple. Voyez *Pataut*, *Patu*, *Paut*.
Pat, le même que *Bat*, *Fat*, *Vat*. Voyez *P*.
Pat, le même que *Pet*, *Pit*, *Pot*, *Put*. Voyez *Bal*.
Pata, liévre; *Patan*, *Paitin*, levraut. I.
Patach, patache. B. De là ce mot. Voyez *Pastachea*.
Patant, évident, grand. B. Voyez *Pat*.
Pataut, pataud. B. Voyez *Pat*.
Patelet, bavette pour les petits enfans, piéce de toile ou autre étoffe que l'on attache devant leur estomac. B.
Paterenn, bosse, loupe qui vient aux jeunes choux. B.
Paterou en Aezr, couleuvrée noire. B.
Pathew, loir sorte de rat qui dort beaucoup. G.
Patigaut, papegai. B.
Paton, pâton. B.
Patouilh, écouvillon du four. B.
Patouilha, patrouiller. B. De là *Patouillet*, terme de forges en Franche-Comté.
Patram, *Patron*, patron, portrait, effigie, exemple. B. Voyez *Patrun*.
Patrom, avocat, patron. B.
Patron, fauteur, protecteur, patron. I.
Patrousa, mélanger d'une manière confuse. B.
Patrun, exemple, patron, modéle. I.
Patsa, lie, scorie. Ba.
Patshan, fesse. C.
Patsura, piquette boisson. Ba.

PAT.

PATU, heureux, riche. Ba. Voyez PAT, qui est le même mot. *Patus* est un ancien terme Grec qui, au rapport de Plaute, signifioit riche. *Pachus* en Grec, gras. Le *b* & le *p* se mettant l'un pour l'autre, on aura dit *Bat*, *Batu*, comme *Pat*, *Patu*; de là *Beatus* Latin. Voyez *Paut*.

PATUJAQUINLEA, faiseur d'horoscopes. Ba.

PATURAGIUM, A. M. pâturage. De *Pasturagh*.

PAU, PAO, monosyllabe, pate, pied de bête, griffes, & dans le burlesque la main de l'homme & aussi son pied; singulier *Pauen* ou *Pawen*; plurier *Pawiou*, *Paogam*, *Pavgam*, pate crochue, courbée; *Pavalee*, patu, qui a des pates; *Pawlia*, & par corruption *Plawia*, entamer d'un coup de pate ou de griffe; *Pawliet*, & *Plawiet Gant Ar Bleis*, blessé de la pate du loup. B. *Paham* en Hébreu, pied; *Pa* en Chinois, prendre, tenir, poignée, & *Pan*, main dans la même Langue; *Apoua*, tenir, prendre en Galibi, & *Apoi*, tirer dans la même Langue. De *Pau* est venu notre mot François *Pate*. Voyez *Pawen*.

PAU, pierre, roc. Voyez *Bilyen*.

PAU, le même que *Bau*, *Fau*. Voyez *P*.

PAU-LEON, pied de lion plante. B.

PAU-MARH, pas-d'âne plante. B. A la lettre, pied de cheval.

PAVAGIUM, A. M. pavage, ce que l'on paye pour le pavement. De *Pavé*.

PAVAICH, péage. B.

PAVAILLONUS, PAVALLYO, A. M. pavillon. De *Pavillon*.

PAVARE, A. M. paver. De *Pavé*.

PAVASIUM, A. M. bouclier. Voyez *Pafais*.

PAUBRAN, plante simple dite vulgairement pissenlit. D'autres veulent que ce soit la marguerite autre plante simple. Quoiqu'il en soit *Paubran* veut dire pied ou pate de corbeau. C'est ainsi que Dom Le Pelletier explique ce mot. Le Pere de Rostrenen met *Paubran*, grenouillette plante, bassinet plante. B. Voyez *Crafange T Fran*.

PAUC, le même que *Bauc*. Voyez ce mot & *P*.

PAUD, abondance, abondamment, beaucoup, fréquemment, communément, fréquent, abondant, commun, ordinaire, trivial. B. Voyez *Paut*.

PAUD, poudre. B. De là ce mot, l'*o* & l'*a* se substituant mutuellement.

PAVE, pavé. B. Ce mot est formé de *Pau*, pied. Du Breton *Pavé* est venu le Latin *Pavio*, le François *Paver*, l'Anglois *Pave*, paver, le Latin *Pavimentum*, l'Italien *Pavimento*, le François *Pavé*, l'Anglois *Pavement*, le Polonois *Pawiment*, le Hongrois *Pagimentum*, pavé.

PAVEER, paveur. B.

PAVELLUS, A. M. petit bouclier. Voyez *Pavez*.

PAVENSES, A. M. boucliers. Voyez *Pavez*.

PAUES, le même que *Penes*. Voyez ce mot & *Pano*.

PAVESERIUS, PAVISEARIUS, PAVEXARIUS, A. M. celui qui a un pavois. De *Pavez*.

PAVESIUM, A. M. bouclier, pavois. De *Pavez*.

PAVESSIS, A. M. bouclier, pavois. De *Pavez*.

PAVEZ, pavé. B.

PAVEZ, bouclier, pavois. B. De là *Pavois* en François; *Paues* en Espagnol; *Pais* en Hongrois; *Paves* en Italien, bouclier, pavois; *Peusins* en vieux François, petit pavois, pour *Pavesins*, & *Pavescher*, couvrir. Voyez *Pafais*.

PAUEZ, DOUAR PAUEZ, friche. B. A la lettre, terre qui se repose.

PAUG, le même que *Bauc*. Voyez ce mot.

PAUGAM. Voyez *Pau*.

PAW.

PAUGAM, manche de la charrue. B.

PAVILHON, tente, pavillon. B. De là ce mot, Voyez *Pabell*.

PAVILIO, PAVILLIO, A. M. tente, pavillon. De *Pavilhon*.

PAVILLONARIUS, A. M. faiseur de tentes. De *Pavilhon*.

PAVIONUS, A. M. tente, pavillon. De *Pavilhon* dont il est une crase.

PAVIOT, tapis dont on couvre un banc. B.

PAVIRE, A. G. fraper. De *Pau*, main.

PAUM, le même que *Baum*. Voyez ce mot & *P*.

PAUN, paon. G. B. *Pavo* en Latin; *Pavon* en Espagnol; *Pavone* en Italien; *Paon* en François; *Pawa* en ancien Saxon; *Pauwe* en Flamand; *Pfaw* en Allemand; *Pau* en Esclavon; *Paw* en Bohémien & en Polonois; *Pav* en Dalmatien; *Pavun* en Croatien; *Pava* en Hongrois, paon.

PAUNYDD, communément *Beunydd*, chaque jour. G.

PAVO, le même que *Peuo*. G.

PAVOULOUS, amarante. B.

PAUR, pauvre. B.

PAUS, le même que *Penes*. Voyez ce mot. *Fas* en Arabe, hospice, station.

PAUSA, repos. Ba. Voyez *Paoues*.

PAUSA, A. M. repos, cessation. Voyez l'article précédent, & le suivant.

PAUSATU, je repose. Ba.

PAUSOA, pas, démarche. Ba. Voyez *Pas*.

PAUSOERA, promenade. Ba.

PAUSUA, repos. Ba. Voyez *Pausa*.

PAUT, abondance, abondamment, beaucoup, fréquemment, communément, fréquent, abondant, commun, ordinaire, trivial. B. *Pasha* en Hébreu, abondant; *Pa* en Tartare du Thibet, abondance; *Pah*, assez, suffisamment; *Paumis*, plusieurs fois en Arménien; *Piot*, graisse en Cophte, & *Piottah*, fruit; *Po* en Chinois, beaucoup, en grand nombre; *Potée* en Patois de Besançon, abondance, quantité, bonne dose. De *Paut* sont venus les mots François *Potelé*, *Potelu*, charnu, gras. Voyez *Pat*, *Patu*, *Paot*, *Peuth*, *Gaud*.

PAUT, poudre. B.

PAUTR, garçon. B. De là *Peautraille* en vieux François garçonnaille. On a aussi dit *Peautraille*, canaille.

PAUTRGOANT, beau-fils. B.

PAUTREDIGUEU, garçonnaille. B.

PAUTREMANT, autrement, ou bien, sinon. B.

PAUTRES, vesse. B.

PAUTRES, courtisane. B.

PAWB, tout, un chacun. G.

PAWD, le même que *Bawd*. Voyez ce mot & *P*.

PAWEN, corne de pied des animaux, main. G. Voyez *Pau*.

PAWL, pieu, long bâton brûlé par le bout, pal, palis dont on fait des palissades ou des retranchemens, poteau, pieu, ou pilier d'écurie ou de manége, tronc d'arbre, souche, échalas, perche. G. B. De là l'ancien Saxon *Pal*, le Théuton *Phal*, l'Allemand *Pfal*, le Flamand *Paal*, le Suédois *Pala*, le Carniolois *Ploh*, l'Italien *Palo*, tronc d'arbres.

PAWLGE, palissade, clôture faite avec des pieux. G.

PAWN, paon. B. Voyez *Paun*.

PAWNI, se quarrer. B. On voit bien que c'est une signification figurée prise de *Pawn*.

PAW.

PAWNS, caleçon, culotte. G.
PAWNS, bouclier. G.
PAWR, action de paître, de brouter, pâturage. G. Voyez *Peri.*
PAVYS, A. M. bouclier, pavois. De *Pavee.*
PAY, le même que *Bay.* Voyez *B.*
PAYAILLCUN, camp. I.
PAYARE, A. M. payer. De *Paca.*
PAYLA, A. M. poêle. De *Paell.*
PAYN, paon. G. B. Voyez *Pann.*
PAYROLA, PAYROLIA, A. M. petit chauderon. De *Pair.*
PAZE, puisque.
PAZENN, marche d'escalier. B. Voyez *Pasenn.*
PAZWAREPARS, quart. B. A la lettre, quatrième partie. Voyez *Pars.*
PE, si. G.
PE, PEZ, quel, quelle ; *Pe En Léch* ? en quel lieu ? *Pehini* ? lequel ? *Pere* ? lesquels ? *Pez A Vat* ? quoi de bon ? B. Voyez *Pa.*
PE, lorsque. B.
PE ou particule disjonctive, ou bien, autrement, sinon. B.
PE, puisque. B.
PE, poix. B. Voyez *Peeg.*
PE, préposition explétive. Voyez *Peryf, Peleftr, Leftr.*
PE. Voyez *Bychan.*
PE A DRA, de quoi, quoi. B.
PE DA BEN, pourquoi. B.
PE E LEACH, où, en quel lieu. B.
PE EGUIS, comment, de quelle façon. B.
PE EVIT, pourquoi. B.
PE EUR, quand. B.
PE EUS A DRA, de quoi, quoi. B.
PE GOULS, PE GOURS, quand. B. *Couls, Cours.*
PE GUEHID, combien de temps. B.
PE HANO, nom qu'on supplée pour celui qu'on ne trouve pas. B. Voyez *Pehanw.*
PE LECH, où, en quel lieu. B.
PE RAG, pourquoi. B. A la lettre, quelle cause.
PE RHON, bien que, encore que, cependant, néanmoins ; selon d'autres *Pe Rhan,* quoique, autant qu'on voudra, tant qu'on veut. G.
PEA, payer. B. Voyez *Paea, Peas.*
PEA, A. M. paroit être une habitation. De *Peues.*
PEACADH, péché, pécher. I. *Pechod* en Gallois & en Breton ; *Peched* en Breton, péché ; *Pechi* en Breton ; *Pechu* en Gallois, pécher. De là le Latin *Pecco,* l'Italien *Peccare,* l'Espagnol *Pecar,* le François *Pécher ;* de là le Latin *Peccatum,* l'Italien *Peccato,* l'Espagnol *Peccado,* le François *Péché.* Voyez *Pechadur.*
PEAENNDOLAT, PEAENNDOLEIN, éhouper ; terme d'eaux & forêts ; éhouper un arbre, c'est en couper la tête. B. *Peaenn,* tête. Voyez *Pen.*
PEAFAN, voile de visage. I.
PEAGE, impôt. Ba. Voyez *Pea.*
PEAGELECUA, comptoir. Ba.
PEAGIUM, A. M. peage. Voyez *Paage, Paea.*
PEAN, paix, concorde, conciliation. B. *Pax* en Latin & en Espagnol ; *Pace* en Italien ; *Peace* en Anglois ; *Pokag* en Bohémien ; *Peca* en Algonkin, paix. Voyez *Peoch.*
PEALA, chausson de laine, escarpin. Ba.
PEALECH, d'où, de quel lieu. B.
PEALL, cheval. I.
PEAN, roseau, plume. I.
PEAN, sous, dessous. Ba.

PEC.

PEANN, aile. I.
PEANUD, peine, mal, douleur. I. Voyez *Poan, Poen.*
PEANUDBAIS, agonie. I. *Bais,* mort.
PEANUDIUGADH, châtier. I.
PEARLA, le même que *Bearla.* Voyez ce mot & *P.*
PEARLADH, pierre précieuse. I. Voyez *Perlezenn.*
PEARSAD, personne. I.
PEAS, bourse. I. Voyez *Pea.*
PEATAR, étain, plomb ; *Peatroir,* potier d'étain. I.
PEAUTRAMANT, autrement, ou bien, sinon. B.
PEBAN, où, quel lieu, d'où, de quel lieu. B.
PEBEA, ragout poivré. Ba. Voyez *Pebr.*
PEBETEA, parfum. Ba.
PEBEZ, quel, quelle, quelle sorte, quelle espèce. B. *Pez.*
PEBR, poivre. B. *Puppur* en Gallois ; *Piperi* en ancien Persan ; *Pilpel* en Chaldéen ; *Filfel* en Arabe ; *Peperi* en Grec ; *Piperi* en Grec vulgaire ; *Piper* en Latin ; *Pepe* en Italien ; *Poivre* en François ; *Pfeffer* en Allemand ; *Peper* en Flamand ; *Pepper* en Anglois ; *Pepr* en Esclavon ; *Papar* en Dalmatien ; *Peprz* en Bohémien ; *Piers* en Polonois ; *Peper* en Lusacien ; *Piber* en Turc ; *Pepilini* en Javanois ; *Pimpilim* dans le Royaume de Bengale, poivre.
PEBR GUENN, nielle plante. B. A la lettre, poivre blanc.
PEBYLL, camp. Ce mot est le pluriel de *Pabell,* tente ; il se prend aussi quelquefois au singulier, & il est alors synonime à *Pabell.* G.
PEBYLLIAU, tendre des tentes, camper. G.
PEC, bec d'oiseau, toutes sortes de pointes. B. De là le mot François *Epiche,* qui signifie une espèce de pivert qui pique sans cesse les arbres. Voyez *Bec, Becq,* qui est le même mot, & *Peco.*
PEC. Voyez *Podium.*
PEC. Je crois que ce mot a signifié sel. *Pee* ou *Pie* signifie toutes sortes de pointes, tout ce qui pique ; *Picoint,* âcre, piquant, ce qui est le propre du sel. Nous appellons un *Hareng Pec,* un hareng fraichement salé, & les Hollandois *Pekel. Peccais* est un Bourg de Languedoc fameux par ses salines.
PEC, le même que *Pac, Pic, Poc, Puc.* Voyez *Bal.*
PEC, le même que *Bec, Fec, Vec.* Voyez *P.*
PECA, PECIA, A. M. piéce. De *Pez.* Voyez *Pecell.*
PECCAID, ce qui est produit. G.
PECEA, sorte de mets pilé & broyé appellé en Latin *Intritum.* Ba.
PECSIUM, A. M. bris de vaisseau. De *Pace.*
PECELL, piéce pour habit. B. Voyez *Pez.*
PECG, PE, poix. B. *Pyg.* en Gallois, poix. De là l'Allemand *Pech,* l'ancien Saxon *Pic,* l'Islandois *Bik,* le Grec *Pissa,* le Théuton *Beh,* le Flamand *Pek, Pik,* l'Anglois *Pitch,* & dans le Comté de Lancastre *Picke,* l'Esclavon *Pekel,* le Dalmatien *Paksl,* le Latin *Pix,* l'Espagnol *Pez,* l'Italien *Pece,* l'Auvergnac *Pege,* le vieux François *Pege,* le François *Poix ; Embesca,* engluer en vieux François. Les Chinois appellent la poix *Giapeta.* Voyez *Pêg, Pice, Pyg.*
PECH, PICH, piége, filets pour prendre les bêtes sauvages. B. Voyez *Peich, Peig.*
PECH. Voyez *Bychan.*
PECH, sac, poche. Voyez *Pechat.* De là notre mot *Poche,* les voyelles se substituant mutuellement.
PECH. Voyez *Pedium.*

PECHA, impôt, tribut. Ba. Voyez *Pea*.

PECHA, A. M. impôt, tribut, cens, redevance, amende. Voyez l'article précédent.

PECHADUR, pêcheur; *Pechadures*, pêcheresse. G. Voyez *Peacadh*.

PECHAN. Voyez *Bychan*.

PECHAT, pochée, petite pochée, la plénitude du sac. *Ur Bechat* se dit aussi des deux coins du fond d'un sac par où on le prend pour aider à charger celui qui doit porter le sac. B. On voit par ce mot que *Pech*, dont *Péchat* est formé, a dû signifier poche, sac. Voyez *Pach*.

PECHED, PECHET, péché. B. Voyez *Peacadh*.

PECHEN, pêcher arbre. B.

PECHESEN, pêche fruit. B.

PECHET. Voyez *Bychan*.

PECHEUD, péché. B.

PECHI, PECHA, pécher. B. Voyez *Peacadh*.

PECHIA, A.M. pièce. Voyez *Peca*.

PECHOD, péché. G. B. Voyez *Peacadh*.

PECHON. Voyez *Bychan*.

PECHOT. Voyez *Bychan*.

PECHOU. Voyez *Bychan*.

PECHU, pêcher. G. Voyez *Peacadh*.

PECHUN, argent, monnoyé. B. De là le Latin & l'Italien *Pecunia*.

PECHYN. Voyez *Bychan*.

PECIA, PETIA, A. M. pièce, morceau. De *Pet*.

PECIOLA, A. M. petite pièce, petit morceau. Voyez *Pecia*.

PECO, piquer. G. Voyez *Pec*.

PECQ, synonime de *Pod*. Voyez *Du-Pecq*, *Du-Pod*.

PECTA, A. M. redevance, tribut, impôt. Voyez *Pea*, *Paca*, *Peage*, *Paga*.

PECTARE, A. M. payer. De *Petla*.

PED, si. G. Il est formé de *Pe Yd*, dit Davies.

PED, combien. B. Voyez *Pet*.

PED, quel. B. Voyez *Pe*.

PED, pied. Voyez *Pedestr*, *Pedestrig*, *Pedol*. *Ped*, pied en Auvergnac; *Peza* en Grec Éolien; *Pes* en Latin; *Pede*, *Piede* en Italien; *Pie* en Espagnol; *Pied* en François, pied. Voyez *Pedd*.

PED, le même que *Bed*, *Fed*, *Ved*. Voyez *P*.

PED, le même que *Pud*, *Pid*, *Pod*, *Pud*. Voyez *Bal*.

PEDAGIUM. Voyez *Paca*.

PEDAIR, quatre. Voyez le mot suivant.

PEDAIRLLAWIOD, qui a quatre mains. G. *Llaw*, main.

PEDAZATU, dépecer, déchirer. Ba.

PEDD, pied, & en composition *Pez*, *Pes*. B. Il signifie la même chose en Gallois. Voyez *Trybedd*, *Ped*, *Trebes*.

PEDDESTRES, qui va à pied parlant d'une femme. G.

PEDDYD, qui va à pied, piéton. G.

PEDEIR, quatre. Voyez *Pedeirgwaith*.

PEDEIRAEL, quarré, ayant quatre parties; C. plutôt bords, côtés.

PEDEIRGWAITH, quatre fois. G.

PEDEN, PEDENN, prière; pluriel *Pedennou*. Le primitif est *Ped* ou *Pet*; d'où vient aussi le verbe *Pedi* & *Pidi*, prier. *Pedi Doue*, prier Dieu; *Meoh Ped*, je vous prie. De là les Latins ont formé leur verbe *Peto*. B. Cet article est pris de Dom Le Pelletier.

PEDENNUS, qu'on ne peut fléchir. B.

PEDER, intercesseur, qui prie pour quelqu'un. B.

PEDER, quatre. B.

PEDESTR, PEDDESTR, piéton. G.

PEDESTRIG, piéton, qui est à pied, qui va pied, qui est sur ses pieds, qui concerne les ge de pied, marche. G.

PEDI, prier. B. Voyez *Ped*.

PEDIR, PIDIR, quatre au féminin. B.

PEDN, tête. C. Voyez *Pen*.

PEDN-RUDD, roux. G. Voyez *Rhudd*.

PEDN-VRAOS, têtu. C. Voyez *Pen*.

PEDNGLIN, genou. C.

PEDOL, fer de cheval. G.

PEDOL Y MARCH, fève de loup. G.

PEDOLI, ferrer un cheval. G.

PEDOLOG, ferré, animal ferré, qui porte d sandales. G.

PEDOLWR, faiseur de sandales. G.

PEDR, beau. G.

PEDR, PEDRY, beau, parfait, habile. Voy *Pedrylef*, *Pedrylaw*, *Pedryliw*.

PEDR, quatre. Voyez *Pedrogl*, *Pedrongl*.

PEDRAIN, fesse. G.

PEDRARAN, un quart, la quatrième partie. G.

PEDREFAN, lézard. C.

PEDREN, fesse. G.

PEDREN, PEDREIN, les fesses, le derrière *Pedren March*, la croupe d'un cheval. C.

PEDROG, éprouvé. G.

PEDROGL, quadre, quarré, qui a quatre côtés qui a quatre angles. G. *Pedr de Pedwar*, & O. *d'Ongl*, dit Davies, qui ajoûte que les ancie écrivoient toujours *ng* pour *g*. Voyez *Pedrongl*.

PEDROGLEDD, un quart, la quatrième partie quadrature. G.

PEDROGLI, rendre quarré, équarrir. G.

PEDRONGL, quadrangulaire, qui a quatre angles quarré. G.

PEDRONGLI, rendre quarré. G.

PEDROR, quarré. G.

PEDRY, quatre. Voyez *Pedryael*.

PEDRYAEL, quarré, quatre côtés. G. Voye *Ael*.

PEDRYDDAN, PEDRYDDANT. Davies n'ex plique pas ces mots, mais ils doivent signifi quatre cordes, suivant l'analogie de la Langue, *dry*, quatre; *Tant*, en composition *Dant.corde*. G.

PEDRYDDAWG, PEDRYDDOG, piéton, q va à pied. G.

PEDRYFAL, le même que *Petrual*. G.

PEDRYFAN; pluriel *Pedryfannoed Byd*, les quat parties du monde. G. *Pedwar Mann*.

PEDRYGING YW'R TU MEWN I'R LAW dit Davies sans explication. Cela veut dire qu *Pedryding* est le côté qui est dans la main, c'est-à dire, le dedans de la main. G.

PEDRYLAW, prompt de la main, adroit. G. *Ll* main. Voyez *Pedrylef*.

PEDRYLAW, quarré. G.

PEDRYLEF, habile à parler. G. comme qui di roit quarré, ajoûte Davies. Je ne peux souscri à cette explication, qui ne forme pas un se raisonnable. Il est bien plus naturel de dire qu *Pedri* est mis ici pour *Pedr*, beau; ensorte qu *Pedrylef* signifie beau parleur, homme habile d l'art de parler. Voyez *Pedryliw*.

PEDRYLIW, parfait en couleur. G. comme q diroit quarré, ajoûte Davies. Voyez ce que j remarqué sur *Pedrylef*. *Lliw*, couleur.

PEDRYOLLT, quarré, fendu en quatre, qui peut fendre en quatre. G.

PEDRYVAL, la dernière extrémité, le dernier terme. C.
PEDW, le même que Bedw. Voyez P.
PEDWAR, quatre. G. B. Petora en Grec & en Osque ; Fydor en Tartare, quatre. Voyez Petoar.
PEDWAR, dez à jouer. G.
PEDWARAN, PEDWARANT, quart. G.
PEDWARCANFED, quatre centième. G.
PEDWARCANPLYG, quatre centuple. G.
PEDWARCANT, quatre cens. G.
PEDWARCANWAITH, quatre cens fois. G.
PEDWARCORNIOG, qui a quatre cornes. G.
PEDWARDIWRNODIG, de quatre jours. G.
PEDWARDYBLYG, quadruple. G.
PEDWAREDD, quart, quatrième. G.
PEDWARFFORCHOG, fendu en quatre. G.
PEDWAROCHRI, rendre quarré, équarrir. G.
PEDWAROCHROG, qui a quatre côtés, qui a quatre angles. G.
PEDWARPLYG, quadruple. G.
PEDWARPWYS, de quatre livres. G.
PEDWERYDD, quatrième. G.
PEDYR, quatre. G.
PEEGADUR, conglutination. B. Voyez Pecg.
PEEGUEREAH, aglutination. B. Voyez Pocg.
PEEGUS, gluant, ténace. B. Voyez Pecg.
PEEIN, payer. B. Voyez Pea.
PEEL, loin. B.
PEELLOH, outre adverbe, à l'avenir. B.
PEEN, bout, extrémité, fin, tête, cause, principal, bout d'en haut, sommet, embouchure de rivière, fondamental, personne, têtu. B. C'est le même que Pen, Penn. Il est ordinaire dans les Langues d'employer les mots qui signifient tête à signifier personne ; il est pareillement commun d'employer les mots qui signifient tête à signifier têtu : Nous disons, lorsque nous voulons désigner un homme têtu & opiniâtre, que c'est une tête. Voyez Pen, Penn.
PEENNAWELET, éventé, évaporé parlant d'une personne. B. A la lettre, tête éventée.
PEENNAD, bouffée. B.
PEENNEIN, tasser ou arranger des choses les unes sur les autres. B.
PEENTEIN, peindre. B.
PEENWIR, chef-rente. B.
PEFERN, PEFIR, PEFR, beau. C.
PEFERN, PEFIRN, PEVERN. Quand il s'agit d'une chose indifférente, & à laquelle on ne prend aucun intérêt, on dit Pevern D'Im Me ? que m'importe ? B. Voyez Bernout.
PEFR, beau. G.
PEFRED, beauté. G.
PEFRED, le même que Ffrastheirian. G.
PEFREN, joliette, un peu belle. G.
PEFVCHU. Davies demande s'il ne vient point de Peuo. G. Je ne trouve rien pour résoudre cette question.
PEFYR, glapir, crier comme le renard. G.
PEG. Voyez Bychan.
PEG, le même que Beg, Feg, Veg. Voyez P.
PEG, le même que Pag, Pig, Pog, Pug. Voyez Bal.
PÉG, poix ; Pega, poisser, oindre de poix, coller ou faire tenir deux corps ensemble avec de la poix ; En Em-Pega, se poisser, s'attacher à la poix ou avec de la poix, & même s'attacher avec les dents, les griffes & le bec ; Me A Peg, je joins, je colle, j'attache. On voit par cette phrase que Pega a signifié en général coller, joindre, at-

tacher : C'est ainsi que Dom Le Pelletier explique ce mot. Le Pere de Rostrenen met Pega pour prendre & serrer de la main, se saisir, accrocher. B. Il faut retenir toutes ces significations. Voyez Ankylhor. Voyez Peegadur, Pecg.
PEGA. Voyez Pêg.
PEGA, payer. B. Voyez Paga.
PEGA, A. M. poix. De Pêg.
PEGARRA, urne, vase, cruche, bouteille. B. De là Pegade de vin dans Rabelais, pour bouteille ou cruchée de vin, si j'ose parler ainsi.
PEGATICUM, A. M. péage. De Pega. Voyez Pata.
PEGO, piquer. G. Voyez Pec.
PEGOLA, A. M. poix. C'est un mot Italien qui vient de Pêg.
PEGOR, nain. G. Il peut venir de Pecq, excessivement, & de Cor, en composition Gor, court, petit.
PEGUA, A. M. poix. De Pêg.
PEGUARIUM, PEGUARIUS, A. M. certaine mesure de vin. De Pegarra.
PEGUEIT, combien de temps. B. C'est Pe Guehyd.
PEGUEMENT, combien. B. Voyez Pekemment qui est le même mot & Pagymmaint.
PEGUEN, combien. B.
PEGULA, A. M. poix. Voyez Pegola.
PEGUNTA, A. M. poix. De Pêg.
PEGUS, crasse. B.
PEGWN, axe. B.
PEH, quel, quelle. B. Voyez Pe.
PEH, piéce, & au figuré piéce tour de souplesse. B.
PEH, chiche, mesquin. B.
PEH, régulier, exact, ponctuel. B.
PEH. Voyez Bychan.
PEH-HINY, chacun, chacune. B.
PEHAN. Voyez Bychan.
PEHANO, PEANO, quel nom ? comment se nomme ? Pehano Och ? quel est votre nom ; à la lettre, quel nom vous ? B. Ce mot est composé de Pe, quel & Hano, nom.
PEHANVI, chercher un nom qu'on ne trouve pas. B. Voyez Pe-Hano, Pehanw.
PEHANW, se dit d'un homme que l'on ne veut ou que l'on ne peut nommer, ne sçachant pas son nom ou ne l'ayant pas présent à l'esprit. B. C'est ainsi qu'en François nous disons un certain Quidam. Voyez Pe-Hano.
PEHANY, lequel, qui interrogatif. B.
PEHBREIN, carogne injure. B.
PEHED, PEHET, péché, délit. B.
PEHET. Voyez Bychan.
PEHINY, lequel, qui interrogatif. B.
PEHON. Voyez Bychan.
PEHOT. Voyez Bychan.
PEHOU. Voyez Bychan.
PEHYN. Voyez Bychan.
PEIA, A. M. piége. De Pech, Peig.
PEIG, longue queue. I.
PEICH, piége, filets pour prendre les bêtes sauvages. B. Voyez Pacqa.
PEIDEOSG, grillon sorte d'insecte. I.
PEIDIO, fermer, se désister, cesser, omettre, pardonner. G.
PEIG, piége, filets pour prendre les bêtes sauvages. B. De là Piège. Voyez Pech, Peich.
PEILIUN, oreiller. I.
PEILLDY, farinier, grand coffre où l'on conserve la farine. G. Dy de Ty, habitation. Voyez Pantri & l'article suivant.

PEILLIAID, fleur de farine, la fine fleur. G. On voit par l'article précédent que ce mot a aussi signifié farine en général.

PEILLIO, fasser, tamiser, cribler, vanner, nétoyer, purger, polir. G.

PEILLIWR, qui blute, qui fasse. G.

PEIN, premier. G. C'est le même que Pen.

PEINCELL, pieu. B.

PEINE, sapin. I. De là Penne terme de charpentier.

PEINGE, pin. I. Pinwydden en Gallois, pin ; à la lettre, arbre pin ; Gwydden, en composition Wydden, arbre ; Pinenn en Breton, pin. Il se nomme aussi en cette Langue Guez Pin, à la lettre, arbre pin. De là le Latin Pinus, l'Italien & l'Espagnol Pino, le François Pin, l'Anglois Pyne, le Flamand Pynboom, (Boom, arbre,) le Grec vulgaire Pinolia, pin.

PEINGE, piége. B.

PEINIOEL, le même que Peniol. G.

PEINPARNEL, pinprenelle. B.

PEINTA, peindre. B. De là ce mot, le d & le t se mettant l'un pour l'autre. De là aussi Pingo Latin par la conversion du t en g. Voyez Paentio.

PEINTER, peintre. B. De là Painter en Anglois ; Peintre en François ; Pintor en Espagnol ; Dipintore en Italien ; Depintar en Croatien, peintre.

PEINTOURIC, pintereau ou mauvais peintre. B.

PEINY, lequel, qui interrogatif. B.

PEIRCH, perche poisson. B.

PEIRE, paire, couple. I. Voyez Par.

PEIREIRA, A. M. perriére machine de guerre dont on se servoit pour lancer des pierres. De Per.

PEIRERIA, A. M. carriére d'où l'on tire des pierres. De Per.

PEIRERIUS, A. M. carrier. De Per.

PEIRIAN, PEIRIANT, instrument ; plurier Peiriannau. G.

PEIROL, A. M. chauderon. De Pair.

PEIROLIUS, A. M. chauderonnier. Voyez Peirol.

PEIRONU'S, A. M. gibet fait avec des pierres. De Per. Les anciens gibets étoient formés de deux ou de quatre colonnes de pierres sur lesquelles on plaçoit une grosse piéce de bois qui posoit sur deux de ces colonnes. On en voit encore un de cette espéce près de Besançon, & ils sont encore en usage dans la Suisse.

PEIS, pourpoint, saie. C. Voyez Pais.

PEISDEOG BREAN, punaise. I.

PEISSEEL, crochet pour attacher le bétail. B.

PEIST, ver, vermisseau, araignée. I.

PEISTEOG, vermine. I.

PEISWYN, balle ou paille du grain de bled, d'avoine ; à la lettre, dit Davies, robe blanche. G.

PEITHIAWG, désert, pillé, ravagé. G.

PEITHWYDD, le même que Peithyn. G.

PEITHYN T GWYD, peigne du tisserand. G. De là le Latin Pecten, l'Italien Pettine, l'Espagnol Peine, le François Peigne.

PEITHYNEN ; plurier Peithyn, tuile, bardeau, douve taillée en forme de tuile dont on couvre les maisons. G.

PEITHYNU, couvrir de tuiles creuses, de faîtières. G.

PEITHYNWR, qui fait des bardeaux. G.

PEITO. Le Pere Larramedi rend ce terme par le Castillan Ceba que je ne trouve point dans mes Dictionnaires.

PEITSGHOILE, ver solitaire. I.

PEKEHEIT, que l'on prononce ordinairement plus court, Pegheit, combien de temps ? durant quel espace de temps ? à la lettre, quelle longueur, quelle durée ? cet adverbe interrogatif se dit de toute longueur : Il est composé de Pe, quel, quelle & de Keheit. B. Voyez Pahyd.

PEKEMMENT, combien, quelle quantité ; Pekemment Bennac, quoique, combien, encore que, mot pour mot, quelque quantité, étendue, ou grandeur que ce soit. Cet adverbe est formé de Pe, Kemment, Bennac. B. Voyez Pagymmaint, Peguement.

PEKEN, combien. B.

PEL, PÊL, globe, balle à jouer. G. Pilos en Grec ; Pila en Latin ; Palla en Italien ; Pelota en Espagnol ; Pall en Anglois ; Ballen en Allemand ; Mpala en Grec vulgaire ; Bal en Flamand ; Palla en Esclavon ; Piela en Polonois ; Boll en Lusacien ; Pelote en François, pelote, balle à jouer. Voyez Pelen, Pell, Pella, Pilear, Pillota.

PEL. Voyez Bal. G. Voyez l'article suivant.

PEL, loin. C. Pell, loin, éloigné en Gallois & en Breton ; Pell, long de durée, extrême en Gallois ; Pell, distant, long, longtemps, suprême en Breton ; Palahhh en Samaritain, dominer ; Fal en Arabe, élevé ; Puhel, tertre en Allemand, & Buehel en Flamand ; Palsko, loin en Bohémien ; Peleios en l'Isle de Côs & en Épire, vieillard. De Pel, par crase Ple, sont venus Pleon en Grec ; Plus en Latin, plus. Voyez Bal.

PEL, PÊL, balle ; Pêl Kerch, balle d'avoine ; Pêl Gwiniz, pellicule qui enveloppe le grain de froment dans l'épi. B. Voyez Pêl A Chwythid Yn Llawn Gwynt.

PEL, pieu. B. Voyez Pal.

PEL, pelé. B.

PEL. On voit par Pellter, Pelissen, Pelia, que Pel signifié peau, plume, poil. Il paroit même par Pel, balle de grains, que ce mot a signifié en général tout ce qui couvre, tout ce qui enveloppe. De là le Latin Pellis, l'Italien Pelle, l'Espagnol Pelcja, le François Peau, l'Allemand Fell, Pelz, le Flamand Vel, l'Anglois Pilch, le Théuton Pell, Fell, le Gothique Fill, l'ancien Saxon Fell, peau. De là le Latin Pilus, Capillus, l'Italien Peli, Capegli, le François Poil, cheveux, poil. Bal en Égyptien, cheveux. Voyez Pilio.

PEL, pierre, roc. Voyez Bilyen.

PEL, chaud. Voyez Boyl.

PEL, le même que Bel, Fel, Vel. Voyez P.

PEL, le même que Pal, Pil, Pol, Pul. Voyez Bal.

PÊL A CHWYTHID YN LLAWN GWYNT, balle de grain ou pellicule qui enveloppe le grain ; à la lettre, balle qui est soufflée en plein vent. G. Voyez Pel, balle.

PELA, A. M. château, forteresse. De Pill. Les voyelles se substituent mutuellement.

PELAGIUM, A. M. pélage certain droit que l'on paye au Seigneur. Voyez Pelata.

PELAMEN, A. M. bois pelé ou écorcé. De Pel, pelé.

PELAN, petit globe. G.

PELAS, PELAZ, qu'importe ? Pelas D'Im Mei que m'importe ? Il a la même valeur que Pesurn, & il est composé de Pe & de Laz. B.

PELATA, monnoie qui est la troisième partie de l'as Romain, un denier petite piéce de monnoie, obole. Ba. Voyez Pelagium.

PELAX, PILAX, chat dans la vie de Saint Samson, Évêque de Dol, écrite par un Breton. Dom

PEL.   PEM.   243

Lobineau dit que c'est un chien d'attache, & dérive ce mot du Grec *Phulax*. B.
PELBIS, osselet des dévideuses. B.
PELEA, combat. Ba. Voyez *Peledrydd*.
PELECH, où, en quel lieu. B. Voyez *Pale*.
PELEDRYDD, faiseur de flêches. G. Voyez *Pelea*.
PELEGIA, A M. querelle, contestation. De *Pelea*.
PELEN, balle à jouer, ballon, boule, globe, petite balle à jouer, pastille, amas, monceau, tas. G. De là notre mot François *Pile* pour tas, monceau, les voyelles se substituant mutuellement. Voyez *Pel*.
PELENAIA, étrennes. Ba.
PELENU, amasser en rond, mettre par pelotons, mettre en tas. G.
PELESTR, vaisseau fait de douvelles, cuve, cuvier, baquet. B. Voyez *Lestr*.
PELETARIUS, A. M. pelletier. De *Pellter*.
PELEUSET, paralytique. B.
PELEZR, PELER, timon de charrue. B.
PELGHENT ne se dit qu'en cette occasion : *An Offern Pelghente*, la messe de minuit, de Noël. Le Pere de Rostrenen croit que c'est pour *Pel Kent An Deis*, c'est-à-dire, loin avant le jour. On trouve dans un Dictionnaire Breton *Pelguent*, la nuit de Noël. B.
PELGIP, raquette à jouer à la paume. G.
PELIA, PELIAT. peler, ôter la peau ou l'écorce, écorcher, arracher le poil ou la plume. B. Voyez *Pilio*.
PELICIUM, A. M. pelisse. De *Pelissen*.
PELISSEN, pelisse. B.
PELL, loin, éloigné, très-éloigné. G. B. Voyez *Pel*.
PELL, extrême, long de durée. G. Voyez *Pel*.
PELL, balle de grains de bled. B. Voyez *Pel*.
PELL, distant, long, longtemps, suprême. B. Voyez *Pel*, *Bal*.
PELL, loin, éloigné, longuement tant de la durée du temps que de la distance des lieux ; *Pellso*, il y a loin & il y a longtemps ; *Pell-Kent*, longtemps avant, loin devant, le comparatif est *Pella* ; *Ar Bella*, le plus loin, le plus éloigné ; *Pellder*, éloignement ; *Diabell*, *Adiabell* & *Aziabell*, de loin, de longtemps, depuis longtemps ; le verbe qui en est formé est *Pella*, *Pellaf*, *Pellhaf*, éloigner, alonger. B. Voyez *Pel* & *Pell* plus haut.
PELL, PÊL, pelote, balle ; singulier *Pellen*, pluriel *Pellou*, ou *Pelliou*. B. Voyez *Pel*.
PELL, bassin, baquet. B. Il signifie encore vaisseau, navire en cette Langue. Voyez *Pell-Cass*.
PELL YN MHELL, beaucoup. G.
PELL A CHAN, arrière, loin d'ici. B.
PELL-AHAN, arrière, loin d'ici. B.
PELL-CASS, bris ou débris de navire. B. Ce mot paroit formé de *Cas*, bris, & de *Pell* que l'on voit par ce terme avoir non seulement signifié bassin, baquet, vase, mais encore vaisseau, navire de même que *Lestr*. Voyez *Cassare*.
PELL-GENT, devant jour. B. C'est le même que *Pelghent*.
PELLA. Voyez *Pell*.
PELLA, globe. Ba. Voyez *Pel*.
PELLAAT, éloigner. B. Voyez *Pell*.
PELLACH, plus loin, qui est plus avant, ultérieur, qui est au-delà. G. Voyez *Pell*.
PELLAF, très-éloigné, le plus reculé, extrême, dernier, le dernier. G.
PELLARIUS, A. M. pelletier. De *Pel*.
PELLDER, éloignement, longue distance. G. Voyez *Pell*.

PELLED, distance, éloignement. G. Voyez *Pell*.
PELLEN, balle à jouer, ballon, boule, pelote, peloton, petite balle à jouer, pastille, globe, cercle, rond, amas, monceau, tas. G. De là notre mot François *Peloton*. Voyez *Pelen*, *Pel*.
PELLENIAD, entrelassement. G.
PELLENIG, petite balle. G.
PELLENIGRWYDD, voyage dans les pays étrangers. G.
PELLENN, peloton. B.
PELLENNIG, éloigné, voyageur, pélerin. G.
PELLENNIGRWYDD, distance, longue distance, éloignement. G.
PELLENU, mettre en pelote, rouler au tour, arrondir, amasser, amasser en rond, assembler en rond, mettre en pelotons, former en manière de pastille, de pilule, de trochisque. G.
PELLER, timon du chariot de la charrue. B. Voyez *Pelezr*.
PELLETARIUS, A. M. pelletier. De *Pellter*.
PELLETEN, carogne injure, courtisane. B. De là le Latin *Pellex*.
PELLETER, peaucier, pelletier. B.
PELLGLOD, célèbre. G. *Clod*.
PELLHAU, éloigner, être éloigné. G. De là le Latin *Pello*.
PELLICIA, A. G. habits de peaux. De *Pel*. Voyez *Pelissen*.
PELLISSARIUS, A. M. pelletier, pellicier. De *Pel*. Voyez *Pelissen*.
PELLOCH, à l'avenir, davantage, en outre, plus avant, plus, de plus. B. Voyez *Pell*.
PELLUM, A. G. la longue robe que les Romains appelloient *Stola*. Voyez *Pallen*.
PELLYNNIG, éloigné. G.
PELOSUM, PILOSUM, A. M. terrein couvert d'herbes. De *Pel*, poil pris métaphoriquement ; nous disons encore un *poil d'herbe*.
PELOTA, PELLOTA, A. M. pelote. De *Pel*.
PELOTACHO, pilule. Ba. Voyez *Pella* & *Choa*.
PELRHE, chagrin, inquiétude, affaire. G.
PELTEOLUS, A. M. grelot ; il a été ainsi nommé de sa forme ronde. Voyez *Pel*, *Pellen*.
PELTREA, mélange d'étain & de plomb. Ba.
PELU, le même que *Belu*. Voyez *Belues* & P. *Pelu* en Patois de Lyon, sale, mal-propre & vilain.
PELUCA, perruque. G.
PELVIS, A. M. certaine mesure pour les grains. De *Pell*, bassin, baquet. De là est aussi venu dans la bonne Latinité *Pelvis* pour bassin. Voyez *Belic*, *Bilic*.
PELUM, A. M. château, forteresse. Voyez *Pela*.
PELYA, peler. B. C'est le même que *Pelia*.
PELYDR, pyrèthre plante. G.
PELYDR GWYLLT, pyrèthre sauvage. G.
PELYDR YR HAUL, les rayons du soleil. B. *Pelydr* pluriel de *Paladr*.
PELYDR YSPAEN, de l'ellébore noir. G.
PELYER, celui qui ôte le poil. B. Voyez *Pelya*.
PELYN, PELYEN, PELYON, pierre, roc. Voyez *Bilyen*.
PEM, tous. Voyez *Pemdeiz*. *Pan* en Grec, tout.
PEMDEIZ, tous les jours. B. *Deiz*, jours.
PEMDEIX, tous les jours ; *Pemdeciec*, journalier, quotidien ; *Deiz Pemdez*, *Deiz Pemdeiz*, jour ouvrable. B.
PEMP, cinq. G. C. B. *Pempe* en Grec Éolien, cinq ; *Pemptos* en Grec ordinaire, cinquième, & *Pempas*, nombre de cinq ; *Pempazo*, compter par cinq. Voyez *Pump*, *Pempos*.

PEM.

PEMP-ZEC, quinze. B. Zec en composition pour Dec.

PEMPAT, mettre les gerbes en tas. B.

PEMPEDULA, nom Gaulois, selon Dioscoride, de l'herbe que les Grecs appelloient Pentaphullon, c'est-à-dire, cinq feuilles. Pemp, cinq; Deil, pluriel de Deilen, feuilles.

PEMPENN, tas de gerbes. B.

PEMPET, cinquième. B.

PEMPIS, herbe dont la racine est du poison. B.

PEMPOS, cinq. C. Voyez Pemp.

PEN, tête. G. B. Ce mot a autant de significations en Gallois que Rosé en Hébreu. Il signifie tête, commandant, général, Prince, ce qui est principal, principe, commencement, faîte, cime, fin, extrémité, bout, parce que toutes ces choses sont ce que la tête est par rapport au corps; c'est pourquoi ce mot signifie encore promontoire. C'est ainsi que Davies explique ce mot. On trouve encore dans d'autres Auteurs Gallois les significations suivantes, montagne, colline, source, chef, recteur, souverain, maître, intendant, préposé, premier, avant, pointe. G. Pen a aussi signifié Dieu en cette Langue. Voyez Pentan. Pedn, tête en Langue de Cornouaille; Pen, montagne en Écossois; Pan, Pen dans la Langue des anciens Pictes, tête, commencement, ainsi qu'on le voit dans Bède; Pen en Hébreu, sommet, cime, extrémité, Prince, face, visage; Pen en Chaldéen, face, visage; Pind en Arabe, montagne, sommet; Phin, extrémité de quelque chose; Phanad, grande montagne dans la même Langue; Pinnah en Hébreu, colline; Phanith en Syriaque, extrémité; Pan, grand, long en Malaye, & Panjat, monter dans la même Langue; Pan ou Pana en Grec, est, selon Hesychius, un adverbe qui marque le plus haut degré, qui répond à l'adverbe Latin Summè. Pennum, selon Saint Isidore, signifioit chez les anciens Latins, aigu, pointu. Pinnae en Latin, les sommets, les parties les plus élevées des murailles; Pinnaculum, faîte dans la même Langue; Pignon, sommet de montagne chez les Espagnols; Peun en Arménien, origine, principe, & Pouun, tronc d'arbre; Pen, Seigneur en Cophte; Pehn, grand, vaste en Persan; Pineu, faîte de la maison dans la même Langue; Peien, extrémité du chemin, & Paian, fin, borne, extrémité en Turc; Effendi, Seigneur en Turc; Poun, Général, Seigneur, & Punh, comble en Tartare du Thibet; Pangan en Javanois & à Malaca, long; Puen, premier, principal, cause, fondement, lever en Chinois; Fan, commencer quelque chose au lever du soleil, méditer dans la même Langue; Penare, il y a longtemps en Galibi; Pen en Allemand, ce qui est élevé & pointu; Fan en Gothique, Seigneur. Les anciens Marses donnoient au soleil le nom de Tanfana, ce qui veut dire feu élevé; Tan, feu; Fan, élevé; Sphen dans l'ancienne Langue des Espagnols signifioit un coin à fendre, au rapport de Strabon. Pan, Panni en Polonois, Seigneur; Panstwo dans la même Langue, empire, seigneurie; Pan en Bohémien, Seigneur, noble; Panstwi dans la même Langue, empire, seigneurie; Pan en Lusacien, noble; Panda, montagne en Finlandois; Fenyes, illustre en Hongrois; Ispan, Comte dans la même Langue; Bann, Prince, Seigneur en Croatien; Aphendi, Aphendes en Grec vulgaire, Seigneur; Finche en Italien, particule qui marque la longueur du temps, & Penna, sommet dans la même Langue. De Pen est venu l'adverbe Latin

PEN.

Penitus, totalement, entièrement. De Pen ou Pin, tête sont venus les mots Latins Opinio, Opinor, le vieux mot François Pens, pensée, & les mots François Penser, Pensée, Opiniâtre. (Opin pour Pin, tête, & Atr par transposition pour Hart, dure, difficile. On voit par ce mot qu'on a dit Opin, Open, comme Pen & Pin. On a aussi dit Apen, Apin comme Pen & Pin. Voyez Fatepanez.) On disoit en vieux François Au chef de cinq jour, pour à la fin de cinq jours. Mechef en vieux François, signifioit défaut, manquement de la fin qu'on s'étoit proposée; & Mettre à chef, c'étoit mettre à fin, achever. Achever, dont nous servons aujourd'hui, vient aussi de là. De Pen est venu le terme Latin Penates, qui signifioit les dieux domestiques; Penon Tiex, signifie les dieux de la maison, Voyez Pen plus bas, Penn, Peen, Pein & Ben qui est le même que Pen. Voyez encore Arpaina, Pin.

PEN, tête, chef, qui tient le premier rang, capital, principal, fondamental, devant, sommet, bout d'enhaut, cause, origine, source, fontaine, embouchure de rivière, beaucoup, bout, extrémité, fin, terme, suite, conséquence, après, personne, têtu. B. Voyez Pen plus haut, Penn & Pen qui sont les mêmes.

PEN, superflu. Voyez Penelin, Penglin. Voyez aussi Penn Breton.

PEN, le même que Ben, Fen, Ven. Voyez P.

PEN, le même que Pan, Pin, Pon, Pun. Voyez Bal, Pen.

PEN, UR-PEN-CLAO, un ferrement; mot à mot, une tête, un individu de ferrement. B. Voyez Penglo.

PEN-A-DREIN, PEN-A-DREM, les fesses, B. Le premier signifie à la lettre, extrémité de l'épine du dos; le second le bout de derrière.

PEN-AIG, Chef, Prince, Commandant. G.

PEN-BRONN, mammelon. G.

PEN-BRYN, petite hauteur, élevation de terre; petite bute. G.

PEN-FEUNTEYOU, source de fontaine. B.

PEN-GALED, opiniâtre, effronté, obstiné, impudent, insolent, arrogant, audacieux. G.

PEN-GAM, qui a la tête courbée. G.

PEN-MELFED, typha ou masse plante. G.

PEN-MUL, têtu. B.

PEN-RU, macreuse. B.

PEN-SCOT, souche, gros tronc d'arbre qui produit de menues branches, comme on en voit sur les haies qui ont été émondées, & dans les bois taillis. B.

PEN-TALWR, distributeur des buletins pour les suffrages. G.

PEN-TAN, tison; & au sens figuré, mauvais esprit qui sème la discorde, boute-feu qui allume la guerre entre les amis: C'est mot à mot, bout de feu. B.

PEN-TIR, promontoire, cap. C.

PEN-YMWANWR, maître de gladiateurs, maître en fait d'armes. G.

PEN-YN-ERFID, dispute, lorsque quelqu'un faute à la tête d'un autre. G.

PENA, roc, rocher, pierre, écueil. Ba. Penne en Espagnol, rocher.

PENA, peine, châtiment. Ba. Poen en Gallois & en Breton; Penand en Irlandois; Poine en Grec; Pana en Latin; Pena en Italien, en Espagnol & en Esclavon; Peine en François; Pijne en Flamand; Paint en Anglois; Pein en Allemand; Pina en Théuton; Pin en ancien Saxon, peine. Voyez Poen.

PENA

PEN.

PENA, A. G. roc, colline. Voyez *Pena* plus haut, *Pen*.

PENA TERRAE, A. M. bout de terre ou piéce de terre. De *Pen*.

PENAD, sinon, si ce n'est, excepté, hormis. G.

PENAIG, Prince. G.

PENAOS, PENAUS, quoi admiratif, comment. B.

PENARDUS, A. M. poignard. De *Pen*, pointe.

PENATU, je fais de la peine, je cause de la peine. Ba. Voyez *Pena*.

PENAWDUR, le premier d'une race. G.

PENBAR, tricot. G.

PENBLETH, entortillement, entrelacement proprement des cheveux, & au figuré perpléxité. G. De *Pen Pleth*. Davies.

PENBOUFFI, refrogner, rider le front. C'est ainsi que le Pere Maunoir explique ce verbe. Mais dans l'usage commun, c'est un nom substantif qui signifie un homme qui a la tête trop grosse pour sa taille, & ce mot se dit des grosses joues. Telle est l'explication que Dom Le Pelletier donne de ce terme. On trouve dans le Pere de Rostrenen *Penbouffi*, bouffer, se refrogner, enfler, bouffir. B.

PENBOYL, bains chauds anciennement en Breton. B.

PENBRAWDWR, Préteur. G.

PENBRE, sommet de montagne. G. *Pen*, sommet, tête; *Bre*, montagne.

PENBRO, tête marine, cap marin. G. *Pen*, tête, cap; *Bro*, mer. Le substantif mis pour servir d'adjectif. Voyez *Pryn*.

PENCAIS, le préfet, le premier des trésoriers. G. *Pen Cais*.

PENCAIS, feinte semblant. B.

PENCALET, opiniâtre, attaché à son sentiment, indocile; à la lettre, tête dure ou endurcie B. Les Gallois disent de même *Pengaled*. Les Hébreux exprimoient l'indocilité par la dureté du cou, ce que Saint Étienne a suivi en traitant les Juifs de *Dura cervice*; & les Grecs ont usé au même sens métaphorique de *Skierotrachelos*. Cet article est tiré de Dom Le Pelletier.

PENCANA, branler chanceler. B.

PENCE, comment. B.

PENCE, naufrage, bris de vaisseau. B.

PENCEA, échouer, briser parlant d'un vaisseau. B.

PENCEL, piéce pour habit, piéce. B.

PENCELIAT, rhabiller. B.

PENCELYER, rhabilleur, rapetasseur. B

PENCENEDL, chef, souche de la race, le premier de sa race. G. *Pen Cenedl*.

PENCERDD, premier musicien. G. *Pen Cerdd*.

PENCHWAREYDD, chef d'une troupe de comédiens. G.

PENCI, chien marin poisson; plurier *Penewn*. G. *Pen Ci*.

PENCILA, & par erreur *Pencina*, A. G. lambeau d'une robe. De *Pencel*.

PENCIN, Prince. G.

PENCINA. Voyez *Pencila*.

PENCIWDAWD, PENCIWDOD, Empereur, Général, Commandant. G. *Pen Ciwdawd*, *Ciwdod*.

PENCLWM, poignée, manche; & au figuré, chapitre. G. *Pen Clwm*.

PENCNAW, PENCNO, les jointures, nœuds, tubérosité des os, comme qui diroit, ajoute Davies, les têtes des os, qui par là nous indique que *Cnaw* ou *Cno* signifie aussi os. G.

PENCNUD. Davies n'explique pas ce mot, se contentant de renvoyer à *Cnud*, qui signifie troupe de loup; il faut donc que *Pencnud* signifie celui des loups qui marche le premier de la troupe. G.

PENCOG, premier cuisinier. G.

PENCUN, Prince. G.

PENCYFEISTED, premier siége, Palais principal. G. *Pen Cyfeisted*.

PENCYON, pension. B.

PENCZ, fesse. B.

PENCZECQ, qui a de grosses fesses. B.

PEND & KEND signifioient la même chose dans différens dialectes du Gallois, selon Baxter. G.

PEND, tête, Prince. G. C'est le même que *Pen*.

PENDABEN, complet. B.

PENDALLET, tête coupée. B.

PENDANT, brasselet que les femmes portoient au haut du bras. G.

PENDANT, YN BENDANT, précisément. G.

PENDDAR, PENDDAREDD, vertige. G. *Dar*, *Daredd* sont donc ici synonimes à *Dro*, puisque *Penddar*, *Penddaredd* signifient vertige comme *Pendro*.

PENDDU. Voyez *Penloyn*.

PENDDUYN, bube, bubon, échaboulure, dartre, feu sauvage, ulcére, ulcération. G. Comme qui diroit tête noire. Davies. *Duyn* signifie donc noir de même que *Du*.

PENDEFIG, Prince, celui qui est au-dessus des autres, Général, Commandant, Chef, Capitaine, le premier, qui est des premiers, qui est des plus considérables, noble. G.

PENDEFIGAETH, royauté, principauté, domination, autorité, pouvoir, état d'un Grand, d'un qui est des principaux de la Ville, d'un État, primauté, premier rang. G.

PENDEFIGAIDD, royal. G.

PENDEFIGES, Dame, héroïne. G.

PENDEFIGION, les grands, les puissans, les principaux, les premiers. G.

PENDELL, moyeu. B.

PENDEW, qui a une grosse tête, effronté, impudent; insolent, audacieux, arrogant. G. *Pen Tew*.

PENDIANNOD, principal. G.

PENDIFADDEN, le principal. G.

PENDIFADDEU, excellent. G.

PENDIS, A. M. appentis. De *Penty*.

PENDIWEN, roseau. G.

PENDOCQ, nabot, qui a une grosse tête, chabot poisson, tetu, coquin. B.

PENDODI, qui est ajouté, qui s'ajoute. *Vchelwr Pendodi*, noble ajouté; *Gwr Pendodi*, inconnu, homme dont on ne connoit pas l'extraction. G. De *Pen Dodi*.

PENDOGN, préposé pour faire les comptes & donner ce qu'il faut à chacun. G.

PENDOLECQ, qui a une grosse tête, grosse machoire, lourd d'esprit, benêt, têtard insecte. B. Voyez *Pendollog*, *Pendoleg* qui sont les mêmes que celui-ci.

PENDOLL, qui a la tête trouée. G.

PENDOLLOG; plurier *Pendolloghet*, certains petits animaux soit poissons, soit reptiles noirs, qui naissent en été dans l'eau croupie, lesquels ont la tête plus grosse que le corps. B. Voyez *Pend*, *Pendolecq*, *Pendoleg* qui sont les mêmes que celui-ci.

PENDOLOG, qui a une grosse tête, têtard insecte, grosse machoire, lourd d'esprit, benêt. B. Voyez *Pendollog* qui est le même.

PENDRAMWNWGL, qui va en penchant, qui va en pente, qui penche. G.

PENDRO, vertige. G. *Pen*, tête ; *Tro*, tournoyement.

PENDRO, loupe, tumeur, enflure. G.

PENDRWM, qui a des pesanteurs de tête, qui a une grosse tête. G. *Pen Trwm*.

PENDRYMMU, pendre droit en bas. G.

PENDUENN, roseau de marais. C'est régulièrement le singulier de *Pendu*, tête noire, dont on fait un autre singulier *Penduennen* ; pluriel *Penduennou*. Ce roseau a sur sa cime une masse de graine comme une poignée couverte de velours, non pas noir, mais roux ou brun. C'est ainsi que Dom Le Pelletier explique ce terme. Le Pere de Rostrenen met *Penduenn*, espèce de roseau, roseau. B. Voyez *Penduyn*, *Pendiwen*.

PENDUIC, mésange petit oiseau qui a du noir sur la tête. B. *Penduic* est le diminutif de *Pendu*, tête noire. Voyez *Penloyn*, *Penglau*.

PENED, peine d'esprit. B. Voyez *Pena*.

PENEDOUR, peine. B.

PENEGORED, ouvert, étendu, découvert. G. *Egori*.

PENELIN, coude. G. *Pen* est ici superflu, puisqu'*Elin* signifie coude.

PENELINO, pousser du coude. G. *Penlin*.

PENESTR, fenêtre. B. Voyez *Effenestr*.

PENETI, lieu où l'on fait pénitence. G. Voyez *Pena*.

PENEUGUS, mercuriale plante. B.

PENFAR, licol, museliere, chevêtre. G.

PENFAWR, qui a une grosse tête. G.

PENFEDDWDOD, yvresse, vertige. G. *Penfedw*.

PENFEDDWI, être enyvré, causer des vertiges, avoir des vertiges. G. *Penfedw*.

PENFEDW, yvre, qui a des vertiges. G. *Pen Meddw*.

PENFEDWDOD, vertige. G.

PENFEINO, rendre pointu. G.

PENFFESTIN, casque. G. *Pen*, tête ; *Efestin* par conséquent défense, fortifiée. Ce qui se prouve encore, parce que *Vest*, prononcez *Fest* en Allemand & en Flamand, signifie fortifié. *Fastin* en Théuton, fortifié ; *Fasten* en ancien Saxon, forteresse ; *Vest*, prononcez *Fest* en Allemand ; *Vesti*, prononcez *Festi* en Théuton, forteresse ; *Fastin* en Théuton, refuge, lieu de défense ; *Vestung*, prononcez *Festung* en Allemand, forteresse ; *Festine* en Théuton, munir, fortifier ; *Vest*, prononcez *Fest*, casque en Allemand.

PENFFESTINIAWG, qui a un casque. G.

PENFFESTR, licol, muselière, chevêtre. G. B.

PENFFESTR, charrue. G.

PENFFESTRA, maltraiter, fraper, gourmer. B.

PENFFETTUR. YN BENFFETTUR, précisément. G.

PENFFRWYN, têtiere de cheval, sorte de voile dont les anciens se couvroient la tête dans les sacrifices. G. *Penffrwyn*.

PENFFRWYNO, brider. G.

PENFRAISG, qui a une grosse tête. G. *Braisg*.

PENFRAS, grosse tête, qui a une grosse tête, mulet poisson. G. *Pen Bras*.

PENFRO, promontoire, cap, terre qui avance en mer, pointe. G. Voyez *Penbro*.

PENGAB, *PENCAB*, *PENGAF*, *PENCAF*, armure ou garniture des deux bâtons d'un fleau à battre le bled. B. Voyez *Penn-Gap*.

PENGALED, opiniâtre, indocile, qu'on ne peut conduire, déréglé ; à la lettre, tete dure. G. Voyez *Pencaleti*.

PENGALEDWCH, opiniâtreté. G.

PENGAM, qui a la tête penchée d'un côté. G. Voyez l'article suivant.

PENGAM, tête penchée, celui qui a naturellement ou par habitude la tête penchée sur une épaule ; *Pengami*, être ou devenir tel. C'est un composé de *Pen* & de *Cam*, courbé. On renverse ce composé en disant *Campen* ; c'est ainsi que Dom Le Pelletier explique ce mot. Le Pere de Rostrenen explique de même ; mais il met *Pengammi*, pencher la tete, pencher. B.

PENGAMMI. Voyez *Pengam*.

PENGAMMU, faire signe de la tête qu'on consent, faire signe par une inclination de tete, s'abaisser sur ses jambes. G. Voyez *Pengam*.

PENGHEN se dit pour *Penffestr*, licou, & en Cornouaille c'est le bout d'un tillon. B.

PENGLAU, *PENGLO*, *PENGLAO*, *PENGLAOU* ; au singulier *Pengloen*, mésange oiseau. B. A la lettre, tête, charbon. Voyez *Penduic*.

PENGLIN, genou. B. *Glin*, genou ; *Pen* par conséquent superflu. Voyez *Penelin*, *Penlinio*.

PENGLO, *PENGLAO*, toutes sortes de ferrailles, ou petites pièces de fer, mitraille. B. Voyez *Clau*, *Pen*.

PENGLOG, crâne. G. *Pen Clog*.

PENGOAT, *PENGOT*, *PENGOD*, tricot, bâton qui a un gros bout, massue, gros bâton qui a une masse ; à la lettre, tête de bois. B.

PENGOT, paquet. B.

PENGRECHI CROWNLLYD, ulcères de la tête qui fluent par les pores de la tête, teigne. G.

PENGRYCH, frisé, tête frisée. G. *Pen Crych*.

PENGRYCHED, frisure de la tête. G.

PENGRYCHU, friser. G. *Pen Crychu*.

PENGUEN, arpent, sillon, planche de jardin. B.

PENGWASTRAWD, le maître des chevaux, l'intendant des écuries. G. *Gwastrawd Pen*.

PENGWASTRODAETH, état de maître. G. Ce terme signifie à la lettre l'état du maître des chevaux, de l'intendant des écuries. On a ensuite étendu ce sens à signifier l'état de maître en général.

PENGWLADWR, celui qui est à la tête d'une contrée. G.

PENGUWCH, ornement de tête dont se servoient les femmes, perruque, tour de cheveux, bonnet de peau garni de cheveux, coëffure, voile, coëffe de femme, couvre-chef de paysanne, tiare, mitre, bonnet, turban, tout ce qui sert à couvrir la tête. G. *Pen*, tête ; *Guwch*, qui hors de composition doit faire *Cuwch*, doit donc signifier couverture.

PENHAIARN, ferré par le bout. G.

PENHER, issue, sortie d'un village, espace attenant au village. B.

PENHOEDEN, qui a l'esprit un peu leger. G.

PENHWNTIAN, menacer ruine, être prêt à tomber. G.

PENHWYAD, brochet. G. *Pen Hwyad*.

PENIAL, capital. G.

PENICUM, A. M. propre, qui appartient à. De *Pen*, tête, personne, comme qui diroit personnel.

PENIGAMP, excellent, habile, expert. G. *Pen Camp*.

PENIGENN, pénitence. B. Voyez *Pena*, *Peneti*.

PENIGEOUR, pénitent. B.

PENIOEL. BARA PENIOEL GWONITH, pain domestique ou de la maison. G.

PENIS, A. G. tête. De *Pen*.
PENITA, A. G. maison royale, palais du Roi. De *Pen Ty*.
PENITY, maison de pénitence. B. Voyez *Peneti*.
PENLINIO, s'agenouiller, fléchir le genou, tomber sur ses deux genoux. G. Voyez *Penglin*.
PENLLAD, souverain bien. G. De *Glad*.
PENLLAD, action de couper la tête. G. *Pen Llâd*.
PENLLIAIN, sorte de coëffure de femme, voile de Religieuse, mitre, turban. G. *Pen Lliain*.
PENLLINYN, queue. G.
PENLLONGWR, patron ou maître du navire, pilote, comite de galère. G.
PENLLWYD, blanc de vieillesse, blanchi de vieillesse, blanc par la tête, saumon poisson. G.
PENLLWYD, sorte d'herbe, la même plante que *Filfyw*. G.
PENLLWYDD, chef, maître. G.
PENLLWYDDEND, chevelure blanche. G.
PENLLWYDNI, blancheur de cheveux. G.
PENLLWYDO, blanchir de vieillesse. G.
PENLLYWYDD, Président, qui préside, qui commande, Recteur. G.
PENLOYN, mésange. G. De *Pen Gloyn*. Voyez *Penglo*.
PENLOYN, oiseau de l'espèce des bécafigues ou ortolans, que les Latins appelloient *Atricapilla*. G. Cet oiseau s'appelle encore en Gallois *Gwalltdu* & *Penddu*.
PENLOYNNOD, espèce d'oiseau. G. Voyez les deux articles précédens.
PENLWYDDO, devenir blanc. G.
PENMAEN, promontoire, cap. G.
PENMAUR, têtu. G.
PENMEISTR, chef, maître. G.
PENN, faîtage d'un comble, embouchure de rivière. G. Voyez *Pen*.
PENN, tête. C. Voyez *Pen*.
PENN, montagne. E. Voyez *Pen*.
PENN ou PEN, tête, chef, bout, extrémité de quelque chose ; pluriel *Pennou* ; diminutif *Pennic*, *Pennec* & *Pennoc*, têtu, qui a de la tête, en Latin *Capitosus*. Je trouve *Pen* dans un sens bien singulier en cet endroit de la destruction de Jérusalem, (c'est un livre Breton) où il est dit que Notre-Seigneur Jesus-Christ mourut en un *Creas Pren Dre Hon Pen Ny*, dans une croix de bois, par notre tête propre, ce qui veut apparemment dire en notre considération, ou bien par notre péché, prenant là *Pen* au sens que l'on dit au Palais, chef d'accusation. *Pen* chez nos Bretons, mis devant le nom d'un animal, exprime la singularité précise ou l'individu ; par exemple : *Ur-Pen-Moc'h*, un cochon, un seul cochon désigné en particulier ; *Ur-Pen-Devêt*, une seule brebis ; *Ur-Pen-Kefec*, un seul cheval ou une seule jument ; *Ur-Pen-Oen*, un agneau ; *Pen-Iar*, une poule ; *Pen-Goafic*, un oison ; *Pen-Eaüg*, un saumon, &c. M. Roussel reconnoissoit que cette façon de parler marque expressément l'individu de l'espèce. Les Hébreux ont quelquefois usé de cette expression, du moins au second des Rois, chap. 3. v. 31. On voit une tête de chien, pour un chien. J'ai lû dans un endroit d'Ammien Marcellin (lib. 22.) *Totidemque pabula jumentorum, quæ vulgò dicitant capita*, où il y a ambiguité ; car on ne sçait si *capita* se rapporte à *pabula*, ou à *jumentorum*. Je serois pour ce dernier. Saint Gregoire de Nazianze, tome 1, p. 688, parlant du veau d'or des Israëlites, le désigne par *E Kephale Toumoschon*, quoiqu'il

soit nommé simplement veau dans le texte sacré. Paul Colomiés dans la dernière de ses observations sacrées, laquelle est sur le *v. 19*, dit que *moschos hoc loco non est vitulus, ut vulgò transferunt, sed bos* : Et il ajoûte : *firmat Tertulianus, qui libros contra Judæos bubulum caput vocat, ut lactantius, lib. 4. cap. 10. Aureum caput bovis, &c*. Ce qui me surprend davantage, est que nos Bretons disent aussi *Pen-Pen-Moc'h*, tête d'un cochon seul & particulier ; c'est à la lettre, tête de tête de cochon. Ceci paroit ridicule ; mais les Langues ont leur caprice, quoiqu'il y ait ici assez de raison ; car si on dit en cette Langue, & même en l'Hébraïque, la tête d'une bête entière, pour marquer l'individu, il n'est pas déraisonnable de dire la tête d'un individu, lorsque l'on ne parle que de la tête séparément. Furetière nous apprend qu'en François on a compté le bétail par tête, & dans la basse Latinité on en a fait de même. Voyez *Chatal*. C'est de là que nous est venu le vieux mot *Chevance*. Virgile nous fait sçavoir que de son temps on parloit à peu près de même ; au moins il nous dit au troisième livre de son Enéide :

Littoreis ingens inventa sub ilicibus sus.
Triginta capitum fœtus enixa jacebit :
Alba solo recubans, albi circum ubera nati.

Nos gens prononcent *Pen*, *Ben*, *Fen* & même *Ven*, selon les différentes rencontres. C'est ainsi que Dom Le Pelletier explique ce mot. On trouve encore dans les autres Dictionnaires Bretons les significations suivantes, qui sont toutes analogues à celles qu'il a rapportées, principal, capital, fondamental, qui tient le premier rang, devant, sommet, cause, source, fontaine, embouchure de rivière, beaucoup, fin, terme, suite, conséquence, après, personne, têtu. Les anciens Latins nommoient *Pennum*, *Penna*, *Pinna*, ce qui est aigu, ce qui se termine en pointe ; *Pinna*, *Pinnacula* en Latin, les sommités des murs, des temples & des autres édifices. Cluvier, au liv. 1 de sa Germanie ancienne, p. 188, dit qu'en Allemagne on appelle *Pin* le sommet d'une chose élevée : *Excelsarum rerum summitates dicimus Pinnen, & singulari numero Pin*. Wachter dans son glossaire germanique met *Pfin*, *Pfinne*, clou ; *Pfin*, *Pinn*, haut, élevé ; *Pfin*, *Pinn*, sommet. *Speene* en Flamand signifie le mammelon. Tête se prend encore aujourd'hui en François pour personne : on dit *Payer tant par tête*, pour payer tant par personne. Voyez *Pen*, *Pin*, *Winwyn*.
PENN-AEUVR, chef-d'œuvre. B.
PENN-AVELET, éventé, évaporé parlant d'une personne. B.
PENN-BAZ, pécore, sot, benêt, lourdaut, grosse machoire. B. A la lettre, tête de bâton.
PENN-BEUZ, qui a une tête chauve. B.
PENN-ED, épi. B. A la lettre, pointe de bled.
PENN-GAP, garniture de cuir qu'on met sur le manche & sur la gaule du fleau. B. Voyez *Pengab*.
PENN-WIR, chef-rente. B. Voyez *Penn*.
PENNA, PEGNAT, PIGNAT, PYNNAT, monter. B. De là le Latin *Penna*, aîle d'oiseau, parce que les oiseaux se servent de leurs aîles pour s'élever en l'air.
PENNA, A. M. pélisse. De *Pân*.
PENNAC, quelque. B.
PENNACH, Duc, Chef. G.
PENNAD, PENNAT, boutade, entêtement, fan-

taifie, caprice, courfe. B. Ce mot eft formé de *Pen*. Voyez *Pennat* & *Pennat-Redec*.

PENNAD BLEAU, chevelure. B.

PENNADUR, Monarque, Prince, qui eft des premiers, des plus confidérables. G. Voyez l'article fuivant.

PENNADUR, chef de famille. B. Voyez l'article précédent.

PENNADURIAETH, monarchie, principauté, primauté, premier rang. G.

PENNADURIAF, principal. G.

PENNADUS, bizarre, bourru. B.

PENNAETH, Roi, Général, Commandant, Chef, Capitaine, maître, le premier, celui qui eft au-deffus des autres, qui eft des premiers, qui eft des plus confidérables. G.

PENNAETHIAETH, fouveraineté, fouveraine puiffance, principauté, primauté, les grands, les puiffans, les premiers, les principaux. G.

PENNAF, premier, fuprême, le plus haut, le plus élevé, très-grand, coryphée, le chef, le principal, capital, principal, excellent, du premier ordre, qui eft des premiers, des plus confidérables, dernier. G. Ce mot eft le fuperlatif de *Pen*, *Penn*, & il fignifie, comme *Pen*, *Penn*, les deux extrémités.

PENNAG, quelque. B. Voyez *Bennac*, *Pennac*, qui font les mêmes.

PENNAIG, le premier du troupeau, Prince. G. *Pen Aig*.

PENNAIN femble être le même que *Pennan*, dit Davies, fans expliquer ce dernier terme, qui paroît être le pluriel de *Pen*. G.

PENNAOUI, glaner. B.

PENNARTH, & quelquefois *Pennard*, promontoire. G. De *Pen Garth*, dit Davies: C'eft un pléonafme.

PENNASQA, empêtrer. B.

PENNAT, opinion, penfée, fentiment particulier, entêtement. B. Ce mot eft formé de *Pen*. Voyez *Pennad*.

PENNAT-BLEO, chevelure. B.

PENNAT-BLEW, touffe de cheveux. B.

PENNAT-REDEC, PEN-REDEC, lice, carrière, lieu ou efpace où l'on s'exerce à la courfe. On dit auffi au même fens *Pen-Al-Liçç*. B.

PENNATHIAED-DINAS, les Grands. G.

PENNAU'R GWYR, quintefeuille, plantain. G.

PENNAWR, PENNOR, licol, muselière, chevêtre, cafque, forte de voile dont les anciens fe couvroient la tête dans les facrifices. G. *Pen*, tête; *Or*, deffus.

PENNCAUS, principe, commencement. B.

PENNECQ, têtu, acariâtre. B.

PENNELLUS, A. M. pommeau de felle. De *Pen*, comme qui diroit petite élévation.

PENNER, PENHER, héritier, fils unique; féminin *Penherés*, héritière, fille unique. Ce mot eft formé de *Pen* & *Hèr* : C'eft ainfi que Dom Le Pelfetier explique ce mot. On trouve dans le Pere de R oftrenen *Pennerés*, héritière, fille aînée. B.

PENNGLAOUICQ, tête de linotte, éventé, évaporé parlant d'une perfonne, qui a une petite tête. B. Ce mot devroit naturellement fignifier tête de méfange plutôt que tête de linotte. Voyez *Penglau*.

PENNIC. Voyez *Pen*.

PENNIG AR VRON, mammelon. B. Bron.

PENNILL, épigramme, diftique, triftique. Davies ajoûte que *Panneau de vitres* (qui s'appelle en Anglois, *Pannel Of Glaffe*) ou autre chofe femblable, paroit venir de ce mot; d'où il fuit *Penill* a auffi eu autrefois cette fignification. G.

PENNILL, nombre, cadence, proportion mouvement. G.

PENNIME, nom qu'on fupplée pour celui qu ne trouve pas. B. Voyez *Pebanw*.

PENNIOETH, Roi. G.

PENNIOG, qui a une groffe tête. G.

PENNOD, PENNODIAD, détermination, d fion, réglement. G.

PENNOD, chapitre d'un livre, marque faite à l' trémité de quelque chofe, but. G. *Pen Nod*.

PENNOD, fixé. Voyez *Dydd Pennod*.

PENNODI, marquer, faire une marque à l'ex mité de quelque chofe, régler, ordonner, p crire, arrêter, établir, mettre, pofer, diftrib par tête. G.

PENNODIAD, détermination, décifion, rég ment, diftribution par tête. G.

PENNODOL, définitif, décifif. G.

PENNOG, hareng, fardine, anchois. G.

PENNONES, PENONES, A. M. édits. De *Pen* Voyez *Ban*, *Bann*.

PENNONES, A. M. bannières militaires appell dans nos anciens Auteurs *Pennons*. De *Penwn*.

PENNOR, licol, muselière, chevêtre. G. *Penn*

PENNORI, emmufeler, enchevêtrer.

PENNU, borner, déterminer, finir, établir, gler, ordonner. G.

PENNVELE, oreiller. B.

PENNVERS, opiniâtre. B.

PENNVESTR, licol. B.

PENNVIR, chef-rente. B.

PENNUN, A. G. outil qui a deux pointes. De *N* pointe; *Nu* en compofition pour *Du*, deux; & le *d* fe mettent l'un pour l'autre.

PENNYGEN, gros boyau, pluriel *Pennyg*. (Voyez *Yg*.

PENNYN, petite tête, chapitre de livre. G.

PENONCELLUS, PENUNCELLUS, A. M pannonceau. C'eft un diminutif de *Pennon*. Voy *Pennones*.

PENORDANA, peine du talion. Ba.

PENOS, de quelle manière. B.

PENRAKHEVI, finir. B. Voyez *Achiv*.

PENRAITH, Prince, celui qui a le fouver droit, celui qui a une prérogative, celui qui j le premier. G.

PENRHE, PENRHWYM, forte de voile dont l anciens fe couvroient la tête dans les facrifices. *Pen Rhwym* ; *Rhe*, fyncope de *Rhwym*.

PENRHEITHIOL, qui a une prérogative. G.

PENRHEITI, les premiers, les principaux. G.

PENRHIFWR, diftributeur des bulletins pour l fuffrages. G.

PENRHWYM. Voyez *Penrhe*.

PENRHYD, vain, inutile. G.

PENRHYDD, affranchi, licencieux, qui pren trop de liberté. G.

PENRHYN, promontoire, cap, langue de terr G. De *Pen* & *Rhyn*. Davies. C'eft un pléonafm

PENRHYN, promontoire, cap. C.

PENRU, tiers. B.

PENS, PENSS, PENÇ; pluriel *Penffou*, le feffes; fingulier *Pençen*; autre pluriel *Penffeunn* *Penfat*; fingulier *Penfaden*; & *Penfennat*; finguli *Penfennaden*, feffée, coup fur la feffe; pluriel *Pe fadon* & *Penfadennou* ; *Penfada*, feffer, fraper fu les feffes. B.

PENS, naufrage. B.

PENSAC

PENSACH, dépôt d'humeurs. B.
PENSACHEN, cervelas. B.
PENSAER, architecte. G. *Pen Saer.*
PENSAERNIAETH, architecture. G.
PENSAOTA, devenir fou, extravaguer, tomber en démence, être étourdi, sot, impertinent, être ou devenir stupide. Il signifie aussi quelquefois s'échapper, s'égarer, s'évader, s'enfuir. B. Ce verbe est formé de *Pen Saot*, tête de bête ; c'est le même que *Pensaudi.*
PENSAUDI, devenir fou, devenir enragé, être enragé. B. C'est le même que *Pensaota.*
PENSCOR, PENSCORT, pensif, rêveur, mélancolique outré, duquel l'esprit est altéré. C'est un composé de *Pen*, tête, & de *Scort*, & signifie à la lettre, tête creuse & défectueuse ; c'est ainsi que Dom Le Pelletier explique ce mot. Le Pere de Rostrenen met *Penscord*, écervelé, petit cerveau, tête legère, inconstant, volage. B.
PENSE, PEUNSE, PEUSSE, PASSE, bris, débris, pièces d'un bâtiment qui a fait naufrage. B.
PENSEL, premier, Prince, qui a le sceau souverain. G. *Pen Sel.*
PENSEL, pièce de quelque étoffe employée à raccommoder un habit ou quelque autre chose percée ; & en général tout ce qui sert à boucher quelque trou. B.
PENSGRIFENNYDD, protonotaire. G. Voyez *Yscrifennn.*
PENSIGL, qu'on peut secouer ou ébranler. G.
PENSWYDDOG, Gouverneur d'une contrée, Préposé, Prévôt, qui préside, qui commande, Magistrat, qui exerce une magistrature. G.
PENSWYDDOGAETH, magistrature, charge. G.
PENSWYDDOGION, les Puissances, les grands Magistrats. G.
PENSWYDDWR, Préfet, Gouverneur, Intendant, Président. G.
PENSYFRDAN, qui a des vertiges. G.
PENT, le même que *Bent*, tête, principal, &c. Voyez *Pen, Ben.*
PENT, le même que *Pant, Pint, Pont, Punt.* Voyez *Bal.*
PENTA, PENTAFF, peindre. B.
PENTALE, PENTALI, lieu de pénitence, monastére. B. Voyez *Pena.*
PENTAN, dieu du foyer, dieu domestique. G. *Pen Tan.* On voit par là que *Pen* a aussi signifié Dieu.
PENTEULU, économe, dispensateur. G. *Pen Teulu.*
PENTEWYN, tison. G. Voyez *Pen Tan.*
PENTICIUM, A. M. appentis. De *Penty.*
PENTIS, auvent, avant-toit. G. De *Pen*, avant ; *Tis*, maison. Voyez *Tyic, Penty.*
PENTREF, fauxbourg. G. De *Pen*, avant ; *Tref*, Ville.
PENTREF, village, maison de campagne, ferme, grange, métairie. G.
PENTREF-GWLAD, village. G.
PENTREFI, loges, cabanes, hutes. G.
PENTREFIG, de maison de campagne, de ferme, de métairie, paysan. G.
PENTREFWR, fermier, granger, métayer, paysan. G.
PENTRULLIAD, échanson. G.
PENTUUR, monceau. B. Voyez l'article suivant.
PENTWRR, tas, comble, assemblage, monceau, pile. G.
PENTWYÑO, chanceler, pencher, menacer ruine,

TOME II.

être prêt à tomber, être sur le point de tomber. G.
PENTY, ce qui est attaché à la maison, tout ce qui est attaché à quelque chose, qui en pend, ou qui en dépend. G. *Pen Ty.* Voyez *Penti.* De là les mots Latins *Pendeo, Appendix*, le François *Appentis*; l'a s'ajoute au commencement du mot. Voyez *A.*
PENTY, locante, petit louage. B.
PENTYRRAD, action d'entasser. G.
PENTYRRU, accumuler, amasser, entasser, amonceler, mettre en pelotte, rouler autour. G.
PENVAUR, têtu. G.
PENVERS, têtu, acariâtre. B.
PENVESTI, enchevêtrer. B. Voyez *Penffestr.*
PENULATUS, A. M. habillé de panne ou fourré de peaux. De *Pan.*
PENVRAS, têtu. G.
PENWAG, hareng, sardine, anchois. G. *Pen Gwag.*
PENWAR, le même que *Penfar*, licol, muselière, chevêtre. G.
PENWELE, chevet de lit. B.
PENWERS, PENVERS, indocile, opiniâtre, rébelle, mutin. B.
PENWIR, chef-rente. G. B.
PENWISG, ornement de tête dont se servoient les femmes, mitre sorte de coëffure, turban. G. *Pen Gwisg.*
PENWIZ, PENHIVI, PENIVI, certaine chose dont on n'a pas le nom présent. B. Voyez *Pehanw.*
PENWN, enseigne militaire, drapeau, étendard. G. De là *Pennon* dans nos vieux Auteurs François, espèce d'enseigne militaire. *Fana* en ancien saxon ; *Fana* en Theuton, étendard.
PENWYNN, blanchi de vieillesse. G. *Gwynn.*
PENWYNNI, chevelure blanche. G.
PENWYNNU, blanchir de vieillesse. G.
PENY, le même que *Pen.* Voyez *Penytewyn.*
PENYD, peine, supplice, tourment, douleur. G. Voyez *Pena.*
PENYD, PENYDIAETH, pénitence. G.
PENYDIO, tourmenter. G.
PENYDIOL, qui se repent, qui a du regret. G.
PENYMAFLYDD, maître de lutte. G.
PENYMLADDWR, maître d'escrime ou de gladiateurs, maître en fait d'armes. G.
PENYSGAFN, qui a des vertiges. G.
PENYTEWYN, tison. G. *Peny* pour *Pen.* Voyez *Pentewyn.*
PENZIFIG, noble. C. Voyez *Pendefig.*
PEOAR, quatre. C.
PEOCH, paix, calme, tranquillité, repos, patience ; *Peoch D'im Me*, laissez-moi en repos, donnez-moi paix & patience ; simplement paix à moi, & tout court *Peoc'h*, paix ordonnant de se taire, tout comme nous disons à l'impératif paix. B. Voyez *Peuo, Peah.*
PEOCHAT, appaiser. B.
PEOCHAUS, PEOCHUS, doux, paisible, taciturne, qui ne mene pas de bruit. B.
PEONIA, pivoine. Ba.
PEOTRAMANT, ou particule disjonctive. B.
PEP, PÊP, flute, & par métaphore toute petite pointe de terre, dit Baxter. G.
PEP, chaque ; *Peb-Unan*, chacun, un chacun ; *Epep Amser*, en chaque saison, en tout ; *Epep Lech*, en chaque lieu, par tout ; *Peb Hini, Pep Heni*, un chacun. On lit dans la destruction de Jérusalem, (livre Breton) *Laquaff Pep Try En Un Lyam*, mettre trois ensemble (ou chaque trois) dans un lien, en un paquet. C'est ainsi que Dom Le Pelletier explique ce terme. Le Pere de

Roftrenen miet *Pep*, chaque, tout, tous. B. *Papo*, tout, tous en Galibi.

PEP-A, chacun, chacune. B.

PEP-DEIZ, chaque jour. Ce mot fignifie auffi les jours de travail en diftinction des jours de Fêtes & de Dimanches. B.

PEPANI, chacun, chacune. B.

PEPERACIUM, nom que, felon Diofcoride, les Gaulois donnoient à l'herbe que les Grecs appelloient *Akoron*. Voyez *Piperacium*.

PEPIDIAWE, de la forme d'un joueur de flute. G.

PEPIONA, monnoie ancienne. Ba.

PEPITA, amande, noyau, pepin. Ba. De là ce mot.

PEPPRETH, babiller, jafer, caqueter, caufer, parler à tort & à travers, difcourir inconfidérément. G.

PEPPRU, le même que *Peppreth*. G.

PEPPRWN, caufeur, jafeur, babillard, homme qui parle à tort & à travers. G.

PEPRED, toujours. B.

PEPYD, joueur de flute. G.

PER, exquis, délicieux, beau, charmant, doux au propre & au figuré. G. C'eft le même que *Ber*. Voyez ce mot. *Parah* en Arabe, être élevé en haut, être fupérieur; *Pharao* ou *Pourro*, *Peroo* en Égyptien; *Piohro* en Cophte, Roi. *Per*, joint à un adjectif Latin, marque le fuperlatif, le plus haut degré. Il en eft de même dans le François; *Perfiffler*, c'eft fifler fort.

PER, pierre. G. B. *Peira* en Bafque; *Pere* en Limofin & en Auvergnac; *Peyre* en Languedocien; *Peir* en Gafcon; *Per* en Dauphinois; *Bar* en Égyptien, pierre. On a dit *Per* pour pierre anciennement dans notre Langue, ainfi qu'on le voit par le mot de *Perrier*. A la Rochelle & en Poitou, les vieilles maifons ont aux fenêtres qui donnent fur la rue des rebords de pierre en dedans où l'on peut s'affeoir pour voir commodément ce qui fe paffe au dehors. C'eft ce qu'on appelloit en vieux François *Fenêtre à Perrot* ou *en Perron*, parce que ces rebords font de pierre de taille.

PÈR, fingulier *Peren*, poire fruit d'arbre; *Ur Beren*, une poire; *Gwez Pèr*, poirier; *Ur-Gwezen-Per*, un poirier. B. *Peren* en Gallois, poire. De là le Latin *Pirum*, l'Italien *Pero*, l'Efpagnol *Pera*, le François *Poire*, l'Allemand *Byrn*, le Flamand *Peer*, le Danois *Paere*, l'Anglois *Peare*, l'ancien Saxon *Per*, poire, *Perfae*, poires en Étrufque. Dans la baffe Saxe on appelle aujourd'hui la poire *Beer*. *Perié* dans le haut Limofin & en Languedocien; *Perier* en Dauphinois; *Pirié* en Auvergnac, poirier. Voyez *Perafia*.

PER. Voyez *Peur*.

PER, fynonime de *Pen*. Voyez *Perrend*.

PER, le même que *Peur*, pâturage. Voyez *Perach*, *Perein*.

PER, pomme. Voyez *Perbren*, fruit en général. Voyez *Ferllan*.

PER, fertile. Voyez *Beras* & *Speryus*.

PER, milieu. Voyez *Berfedd*, *Perfed*, *Perfedd*.

PER, le même que *Ber*, *Fer*, *Mer*, *Ver*. Voyez P. De *Per*, pointe, lance, broche, eft venu éperon en François; *Spor* en Allemand; *Spora* en Suédois & en ancien Saxon; *Spoor* en Flamand; *Spori* en Iflandois; *Spur* en Anglois; *Sperone* en Italien, éperon. L's fe prépofe indifféremment. *Cipero* en Italien, jonc pointu; *Perus* en Scythe, griffon, de fes griffes ou pointes. De *Per*, pris au même fens, eft auffi venu le mot François *Percer* & l'Anglois *Pierce*, percer. Voyez *Spor*, *Esproya*.

PER, le même que *Par*, *Pir*, *Por*, *Pur*. Voyez *Bal*.

PER-ARINEN, prune. G.

PER-SUR, d'un goût partie aigre, partie doux. G.

PERAC, PERACH, pourquoi? à caufe de quoi? Il ne fe dit qu'en interrogation, fi ce n'eft quand on y ajoûte *Tra*, chofe. *Neuket Perac Tra*, il n'y a pas de quoi, de fujet, de caufe. B. Voyez *Parag*.

PERACH, pâturage. B.

PERAID, PERAIDD, doux, exquis, délicieux, beau, charmant, qui produit des odeurs, des parfums. G. Voyez *Per*.

PERAN, quart. B.

PERANEN, poire. G. De *Pèr*. Davies. Voyez *Peren*.

PERARIA, A. M. carrière. De *Per*, pierre.

PERARIUM, A. M. tas de pierres. De *Per*, pierre.

PERARIUS, A. M. poirier. De *Pèr*, poire.

PERAROGL, parfum, fenteur, odeur, exhalaifon d'une fenteur, paftille à brûler. G.

PERASANT, ont fait. G. Voyez *Peri*.

PERASIA, poirier. Ba. Ce mot eft formé de *Per*, poire, & de *Sia*, que l'on voit par ce compofé avoir fignifié arbre en général. Voyez *Per* & *Sia*.

PERASTA, beau-pere. B. De là notre mot François *Parafire*.

PERBREN, pommier. G. *Pren*, *Bren*, arbre; *Per* par conféquent pomme.

PERCA, A. M. perche, longue gaule. De *Perch*.

PERCED, forte de filets. G.

PERCH, fingulier *Perchen*, pluriet *Perchennou*, *Perch*, perche, longue gaule. B. De là le Latin barbare *Perca*, le Latin & l'Italien *Pertica*, l'Efpagnol *Pertiga*, l'Allemand *Barchi*, le François *Perche*. *Pirt* en Arménien, pieu.

PERCHA, percher, fe mettre fur la perche. B.

PERCHA, A. M. perche, longue gaule. De *Perch*.

PERCHAT, ravaux terme de chaffe. B.

PERCHEIA, PERCHEYA, A. M. perche. De *Perch*.

PERCHEN, PERCHENNOG, poffeffeur, propriétaire, maître de quelque chofe. G. Voyez l'article fuivant.

PERCHEN, propriétaire, celui qui jouit d'un bien en propre; pluriet *Perchennou*. B. Voyez l'article précédent.

PERCHEN. Voyez *Perch*.

PERCHENNOG. Voyez *Perchen*.

PERCHENNOGAETH, propriété, poffeffion. G.

PERCHENNOGI, poffeder, être propriétaire de quelque chofe. G.

PERCHENTYAETH, hofpitalité. G.

PERCHENTYES, poffeffion où ce que l'on poffede, fonds de terre. B.

PERCHENYAICH, domaine. B.

PERCHI, honorer, faire honneur, refpecter, vénérer, avoir de la vénération, avoir de la confidération, avoir des égards, préferer, louer, vanter, mettre en réputation. G. *Berchar*, *Berchor*, *Berchur*, gloire, profpérité en Perfan; *Berech* en Hébreu, falut, action de faluer.

PERCHIA, A. M. perche, longue gaule. De *Perch*.

PERCHIA, A. M. perche poiffon. De *Psirch*.

PERCHICA, A. M. perche à mefurer. De *Perch*.

PERCUS, élégant, poli, agréable, fin, délicat, de bon goût, bien tourné, bien mis, propre, ajufté. G.

PERDEREIN, penfer, fe foucier. B. Voyez *Prydérein*.

PER.

PERDERI, considération, précaution, soin, vigilance. B. Voyez *Pryder*, *Pryderi*, *Preder*, qui font les mêmes que *Perderi*.

PERDERIUS, considérant, attentif, soigneux, vigilant. B.

PERDONUM MAXIMUM, A. M. le grand jubilé, la grande indulgence. De *Pardoun*.

PERDRIS, perdrix. B. *Perdix* en Grec; *Perdike* en Grec vulgaire; *Perix* en Crétois; *Perdix* en Latin; *Pernise* en Italien; *Perdix* en Espagnol; *Perdrix* en François; *Pertrise* en Anglois; *Perdis* en vieux François, perdrix. Voyez *Petris*. Les transpositions sont communes dans le Celtique.

PERE, PEREFF, quels, lesquels, lesquelles, ceux & celles qui. B. Ce mot est formé de *Pe*, *Re*.

PERE, qui interrogatif pluriel, quoi. B.

PERE, le même qu'*Ere*. Ba. Parmi le peuple en Franche-Comté il y a plusieurs personnes qui disent *Perré* oui.

PEREIDD-DRA, douceur. G. A la lettre, chose douce. Voyez *Peraid*.

PEREIDD-GAN, harmonie. G. *Can*.

PEREIDDCHWEDL, expression choisie, grace, politesse du discours. G.

PEREIDDGAN, chant mélodieux. G.

PEREIDDGANU, chanter de concert. G.

PEREIDDGERDD, mélodie. G. *Cerdd*.

PEREIDDIAITH, parler agréable, douceur de langage. G. *Iaith*.

PEREIDDIO, rendre doux, adoucir, devenir doux, s'adoucir. G.

PEREIDDRED, qui coule avec douceur. G.

PEREIDDRWYDD, douceur, agrément. G.

PEREIDLAIS, qui a un son agréable. G.

PEREIN, paître. G.

PEREN, poire. G. De *Per*. Davies. Voyez ce mot.

PEREN-MAR, corme. B.

PERENN, poire, poirier. B.

PEREU, pourquoi. B. Voyez *Perac*.

PERERIN, pélerin, voyageur, étranger. G. De là le Latin *Peregrinus*, le g ajoûté pour la facilité de la prononciation; de là le François *Pélerin*, l'l se mettant pour l'*r*, sur tout lorsque la syllabe qui suit commence aussi par une *r*. Voyez *Perhindour*.

PERERINBREN, pin. G. *Pererin Pren*.

PERERINDOD, pélerinage, voyage dans les pays étrangers. G.

PERERINDOTTA, voyager hors de son pays. G.

PERERIUM, A. M. carrière. De *Per*, pierre.

PEREUTA, A. M. vaisseau de cuisine, de chauderon. De *Pair*.

PERFAGL, pervanche, lauréole mâle. G.

PERFECTION, affermissement. B. Voyez *Perfeithgwbl*, *Perffaith*.

PERFED, qui est au milieu. C.

PERFEDD, milieu, intestins; *Y Pwynt Perfedd*, centre, point du milieu. B.

PERFEDDWLAD, qui est au milieu des terres. G.

PERFEDDY, intestins, boyau. G.

PERFEITHGWBL, excellent, parfait. G.

PERFEITHRWYDD, intégrité, perfection, accomplissement. G.

PERFFEITHIO, achever, rendre parfait. G.

PERFFEITHIWR, celui qui perfectionne. G.

PERFFEITHLAWN, consommé, parfait, accompli. G.

PERFFEITHRWYDD, perfection. G.

PERFIGEDD, mieux *Prysigedd*; de *Prys*, dit Davies, tranchées, douleurs aiguës des intestins.

PER.

G. La correction de Davies me paroît inutile; *Persedd* peut venir de *Persedd*, & *Ig* ou *Ing*.

PERG, le même que *Berg*. Voyez P & *Perging*.

PERG. Voyez *Berh*.

PERGHEN, propre, net, pur, poli, bien ajusté & en bon ordre: On le dit des hommes & des femmes, même de leur manière d'agir & de parler, &c. *Chwi A Comps Perghen Hen Un Termen Coant*, vous parlez poliment & en beaux termes; où l'on voit qu'il sert aussi d'adverbe comme les autres adjectifs. B. Cet article est pris de Dom Le Pelletier. Voyez *Perens*, *Perih*.

PERGING, haut, élevé, sublime. G. Voyez *Perg* le même que *Berg*.

PERGUEN, gentil, joli, beau. B. C'est le même que *Perghen*.

PERGULA, A. G. chaumières, hutes placées dans un lieu élevé. De *Perg* le même que *Berg*.

PERGUS, A. M. prison. De *Perg* le même que *Berh*.

PERH, PERZ, part, partage, division. B. De là *Personnier* en vieux François, celui qui a part à quelque chose. Voyez *Part*.

PERH, le même que *Berh*. Voyez ce mot.

PERHEINDED, pélerinage. B.

PERHINDOUR, pélerin. B. Voyez *Pererin*.

PERHON, quoique, encore que. G.

PERHUEDIGUIAH, exactitude. B.

PERHUEH, chiche, ladre, vilain, mesquin. B.

PERI, faire, produire, préparer, apprêter, engager, animer, pousser, demander avec instance, exiger, prétendre, requérir, commander, acquerir, production, effet. G. *Bereiten* en Allemand; *Bereyden* en Flamand; *Bereden* en Danois; *Prepare* en Anglois; *Perpraviti* en Esclavon & en Carinthien, préparer. *Berds*, *Beran* en Théuton, fruit d'arbre ou de plante; *Ber*, fruit en Persan. Voyez *Ber*, *Ober*.

PERICH, perche poisson. B.

PERICHIL, PERICILH, PERISIL, persil. B. De là ce mot. Voyez *Perrexilla*, *Persil*.

PERIDDAINT, ont fait. G. Voyez *Peri*.

PERIGLOR, pourvoyeur, sacristain, marguillier, officier commis à la garde & aux soins de l'Eglise, Curé. G.

PERIGLORIAETH, emploi de Curé. G.

PERILARE, A. M. courir un péril. De *Perill*.

PERILL, danger, péril. B.

PERISILOT, PERISILAOT, cassepierre plante. B. A la lettre, persil de rivage.

PERIUS, le même que *Sperius*. Voyez ce mot & le terme François *Ferile*.

PERL, perle. G. *Perla* en Basque; *Perlezenn* en Breton, perle. De là *Perla* en Italien, en Espagnol, en Bohémien, en Polonois & en Latin barbare; *Perlen* en Allemand; *Perala* en Théuton; *Parle* en ancien Saxon; *Peerle* en Flamand; *Pearle* en Anglois; *Perler* en Danois; *Perlni* en Esclavon; *Perlin* en Esclavon & en Carniolois, perle.

PERLA, perle. Ba.

PERLÉ, varenne. B.

PERLESEG, PERLESEN, éperlan. B.

PERLEWYG, douce défaillance, douce extase. G. *Per Llewyg*.

PERLEZENN, perle. B. Voyez *Perl*.

PERLLAN, verger. G. *Llan*, sol, terrain; *Per* se met donc ici pour toutes sortes de fruits.

PERLLANLWYN, verger. G.

PERLLANNWR, fruitier, qui vend des fruits. G.

PER.

PERMADURAZ, inftamment. Ba.
PERMEDY, prémices. B. C'eft une tranfpofition de *Premedi*.
PERMETI, permettre. B. De là le Latin *Permitto*, l'Italien *Permettere*, l'Efpagnol *Permittir*, le François *Permettre*.
PERN, achat. B.
PERN, le même que *Bern*. Voyez P.
PERNAE, A. G. tempêtes, orages qui viennent des montagnes. De *Pern*, le même que *Bern*.
PERNEIN, acheter. B.
PERO, A. M. perron. De *Per*, élévation, ou de *Per*, pierre.
PEROEDD, doux, fuave. G.
PEROSLE, chant mélodieux, mélodie. G.
PERQUEA, fatyre, pafquinade, libelle diffamatoire. Ba.
PERRAN, quart de mefure. B.
PERREND, chef-rente. B. En confrontant ce mot avec *Penwir*, on voit que *Per* & *Pen* ont été fynonimes.
PERRERIUS, A. M. tailleur de pierres. De *Per*, pierre.
PERREXILLA, ache perfil fauvage. Ba. Voyez *Perichil*.
PERROQED, perroquet. B.
PERRUQENN, perruque. B. Voyez *Peluca*.
PERS, bleu, azur, couleur célefte. B. De là le *Pers* en vieux François; *Perfo* en Italien; *Pers*, *Perfus*, *Perfeus* en Latin barbare, bleu.
PERSARRIA, penfion. Ba. Voyez *Per* fynonime de *Pen*, & *Pancyon*.
PERSEVERANCE, conftance. B.
PERSEVERI, perfévérer. B. De là le Latin *Perfevero*, l'Italien *Perfeverare*, l'Efpagnol *Perfeverar*, le François *Perfévérer*, l'Anglois *Perfevere*.
PERSILLAUT, caffepierre plante. B. A la lettre, perfil de rivage. Voyez *Perifilot*.
PERSLI, perfil. G. Voyez *Perichil*.
PERSLI 'R DWR, berle. G. A la lettre, perfil d'eau.
PERSLI 'R MEIRCH, leviflicum plante. G.
PERSON, perfonne. G. B. *Perfona* en Bafque, perfonne. De là le Latin, l'Italien & l'Efpagnol *Perfona*, le François *Perfonne*, l'Allemand *Perfon*, le Flamand *Perfoon*, l'Anglois *Perfone*, l'Efclavon *Perchona*. *Perfon* en Breton fignifie encore Recteur, Pafteur en chef d'une Paroiffe, Curé. On voit dans Camden que les Irlandois fe fervent auffi de ce mot en ce fens. Les Gallois l'ont auffi employé dans le même fens, ainfi qu'il paroit par *Perfondod*. On trouve *Perfona* dans la baffe Latinité pris dans la même fignification: Les Anglois difent auffi *Parfon* pour Curé.
PERSONA, perfonne. Ba. Voyez *Perfon*.
PERSONAGH, perfonnat. B.
PERSONAWL, perfonnel. G.
PERSONDOD, perfonnalité, cure, facerdoce. G. Voyez *Perfon*.
PERSONOLIAETH, perfonnalité, perfonne, cure, facerdoce. G.
PERSOUN, perfonne, Curé. B. Voyez *Perfon*.
PERSUADI, perfuader. B.
PERT, propre, poli, agréable, bien mis, de bon goût, ajufté, dameret. G. De *Berth*, le *b* changé en *p*, dit Davies. *Pryde* en Danois, parer, orner; *Pari* en Arménien, mieux. Voyez *Para*.
PERTEDD, beauté. G.
PERTH, buiffon. G. *Berroa*, buiffon en Bafque; *Pardes* en ancien Perfan, verger.

PES.

PERTH-EUEDDRAIN, grofelier. G.
PERTHI, buiffon. G.
PERTHRYD, part. G. Voyez *Parth*.
PERTHYNAS, appartenances. G.
PERTHYNOL, appartenant, qui tend, qui a pour but. G.
PERTHYNU, appartenir, tendre, avoir pour but. G. De là *Pertineo* Latin, *Pertenere* Italien, *Pertenefcere* Efpagnol, *Appartenir* François, *Pertiine* Anglois.
PERUEZ, bien inftruit, bien appris, induftrieux, vigilant, actif, attentif à fes intérêts, bon ménager & économe, foigneufement, adroitement, avec efprit & conduite. B.
PERVEZ, chiche, avare, mefquin, ladre, vilain. B.
PERWAIDD, régliffe. G.
PERWEH, avare, mefquin, chiche, ladre, vilain. B.
PERVUYA, d'ordinaire. B.
PERWYL, ouvrage, travail, propos, deffein; but, ce qu'on s'eft propofé. G.
PERYDD, Roi, Seigneur. G. Voyez *Per* fynonime de *Pen*.
PERYF, Roi, Seigneur. G. Voyez *Per* fynonime de *Pen*.
PERYGL, péril, danger. G. *Perill* en Breton, péril, danger. De là l'Anglois *Perill*, le François *Péril*, le Latin *Periculum*, l'Italien *Pericolo*, le Flamand *Peryckel*, l'Efpagnol *Peligro*.
PERYGLAD, épreuve, effai. G.
PERYGLOR, Curé. G.
PERYGLU, être en danger. G.
PERYGLUS, périlleux, dangereux, pernicieux. G.
PERZ, PERS, part, portion, droit, prétention; *A Berz Doue*, de la part de Dieu. B. Voyez *Parth*.
PERZ. Voyez *Berh*.
PES, fi. G. De *Pe* Ti. Davies.
PES, PESS, PEZ, piéce, partie, morceau; fragment; *Pez Bara*, piéce de pain; *Pez Kic*, morceau de chair; *Peff Gloan*, floccon de laine; plurier *Peffou*, *Peffiou*, *Peziou*. A *Beffon*, par lambeaux, par piéces: C'eft ainfi que Dom Le Pelletier explique ce terme; le Pere de Rofhenen met *Pez*, piéce, éclat d'un corps, floccon, niche, tour. B. *Peth* en Gallois, part, portion, piéce. L's & le *t* fe fubftituant mutuellement, on a pu dire en cette Langue *Pefh* comme *Peth*. *Pas*, *Piffa*, piéce, morceau en Hébreu; *Phas*, *Pas*, *Pifah*, piéce, morceau, partie, fragment, parcelle en Chaldéen; *Fafa* en Arabe, couper, fendre; *Pafol*, coupé en Syriaque; *Pefak* en Chaldéen, couper, brifer; *Pefahh* en Chaldéen; *Pipbos* en Cophte, couper, partie, portion; *Pi*, article; *Pie* en Chinois, piéce, morceau de drap; *Pieffe* en Albanois, part, portion, piéce; *Pezzo* en Italien; *Pieça*, *Pieza* en Efpagnol; *Piéce* en François; *Pecce* en Anglois; *Pece* en Patois de Franche-Comté; *Pefque* en vieux François, piéce, morceau, lambeau. Voyez *Piofede*, *Peffa*.
PES. Voyez *Pis*.
PES. Voyez *Bychan*.
PES, le même que *Bes*, *Fes*, *Ves*. Voyez P.
PES, le même que *Pas*, *Pis*, *Pos*, *Pus*. Voyez *Bal*.
PES, le même que *Pech*. Voyez la differtation fur le changement des lettres.
PESAÇZ, pâte ou pain fait de pois. B. Voyez *Pes*.

PESADURA

PES.

PESADURA, *PESAGIUM*, A. M. droit qu'on paye pour le pesage. De *Pwys*.
PESAIT, A. M. pois. De *Pes*. Voyez *Pesen*.
PESAN. Voyez *Bychan*.
PESARE, A. M. peser. De *Pwys*, *Pisau*.
PESAVAT, que vous plaît-il? mot à mot, quoi de bon? B.
PESAWL, le même que *Pasawl*. G.
PESCI, paître, faire paître. G. De là le Latin *Pisci*.
PESET. Voyez *Bychan*.
PESGI, paître, brouter, faire paître, engraisser. B.
PESIA PRATI, A. M. piéce de pré. De *Pes*. Nous disons encore *une piéce de terre*.
PESK, poisson; plurier *Pesket*, *Pesketa*, pêcher; *Pesketaer* ou *Pesketer*, pêcheur. B. *Pisc*, *Pysg* en Gallois, poisson. De là le Latin *Piscis*, l'Italien *Pesce*, les Espagnols *Pece*, *Pescado*, le François *Poisson*, le Gothique & le Runique *Fisk*, l'ancien Saxon *Fisc*, le Tartare de Crimée *Fiscl*, le Théuton *Fisg*, l'Allemand *Fisch*, le Flamand *Visch*, (on prononce *Fisch*) l'Anglois *Fishe*, le Suédois & le Danois *Fisk*, *Fist*, l'Islandois *Fiskur*, l'Anglois *Fish*, poisson; *Pesquier* en vieux François, pêcher. Voyez *Pesq*, *Pysg*.
PESON. Voyez *Bychan*.
PESOT. Voyez *Bychan*.
PESOU. Voyez *Bychan*.
PESQ, poisson; plurier *Pesqed*, *Pesqeud*, *Pesqod*, *Pesqod*. B. Voyez *Pesk*.
PESQETA, pêcher. B.
PESQOUR, pêcheur. B. De là ce mot.
PESQUERIUM, A. M. vivier où l'on conserve du poisson. De *Pesq*.
PESSA, piéce, morceau. Ba. Voyez *Pes*.
PESSA, A. M. piéce. De *Pes*.
PESSEBOUR, maraudeur. B.
PESTEL, pilon de mortier, mortier. G. De là *Pistillum* en Latin; *Pestello* en Italien; *Pestell* en Anglois, pilon, mortier.
PESTILLUM, A. M. pilon, mortier. De *Pestel*.
PESUS, A. M. livre poids. De *Pwys*.
PESWAR, quatre. C.
PESWCH, toux, toux continuelle. G. *Bex*, toux en Grec.
PESYCHLYS. Y BESYCHLYS, pas d'âne. G. A la lettre, herbe de la toux, c'est-à-dire, contre la toux.
PESTCHU, tousser. G. *Peswch*.
PESYN. Voyez *Bychan*.
PET, combien. G. B.
PET, si. G.
PET. Voyez *Podium*.
PET, le même que *Bet*, *Fet*, *Vet*. Voyez *B*.
PET, le même que *Pat*, *Pit*, *Pot*, *Put*. Voyez *Bal*.
PETAIL, comment. B.
PETAUT, rustre, paysan. B. Voyez *Pat*.
PETH, combien. G.
PETH, un peu, quelque peu, tant soit peu, chose, quelque chose, part, abondant. G. *Pat* en Hébreu, morceau, portion, bouchée; *Pit* en Osque, quoi, quelle chose; *Pitham* en Hébreu, chose.
PETH, abondance, richesses. C.
PETH, particule diminutive. Voyez *Osni Peth*.
PETHAU DIBRIS, bagatelles, vetilles. G.
PETIS, *PITIS*, ver qui se prend dans le sable du rivage de la mer pour servir d'appât au poisson que l'on pêche à la ligne. B.

TOME II.

PEU.

PETIUM, *PETIUS*, A. M. piéce, morceau, fragment, partie. De *Peth*.
PETOAR, quatre. B. *Petora* en Osque; *Petores* en Grec Éolien, quatre. Voyez *Pedwar*.
PETON, palourde coquillage. B.
PETORITUM, *PETORRITUM*, nom Gaulois d'une espèce de voiture. Varron dans Aulu-Gelle, *l. 15, c. 30*, Festus, Quintilien, *l. 1, c. 5*, nous ont conservé ce mot, & nous ont assuré qu'il étoit Gaulois. Festus ajoute que l'on croit que son nom vient du nombre des quatre roues que cette voiture avoit : *Petoritum & Gallicum vehiculum esse, & nomen ejus dictum existimant, à numero quatuor rotarum*. *Petoar*, par une crase naturelle *Petor*, quatre. *Petors* ou *Petorit* est le possessif naturel de *Petor*, ou si l'on aime mieux ce mot sera formé de *Petor*, quatre, & *Rit*, roues.
PETRA, quoi? mot à mot, quelle chose? *Pt D'e Tra*, A quelle fin, pour quel effet? A quelle chose ou cause? *Evit Petra*, pourquoi? *N'euskt Pe Rac Tra*, il n'y a pas de quoi. *Pe Rac Tra* est pour *Rac Pe Tra*. B.
PETRAL, plastron. B.
PETREFFE, nom qu'on supplée pour celui qu'on ne trouve pas. B. Voyez *Pebanw*.
PETRIS, perdrix. G. B. Voyez *Berdris*.
PETRUAL, *PEDRYFAL* paroissent signifier, dit Davies, un lieu quarré, quelque chose de quarré, un vallon quarré. G.
PETRUS, douteux. G. C.
PETRUSAW, douter. G.
PETRUSDER, doute, irrésolution, énigme. G.
PETRUSDER, doute. C.
PETRUSEDD, doute. G.
PETRUSO, douter, hésiter. G.
PETTA, A. M. toutes sortes de redevances, de tributs. De *Peth*.
PETTUS, A. M. pet. Voyez *Pat*.
PETVED, *PETVET*, quantième. B.
PEU, élévation, hauteur, colline, montagne, promontoire, sommet, tête, source. G. Voyez *Puech*, *Podium*.
PEU, *PEUES*, paroissent signifier, dit Davies, habitation, domicile, demeure, maison, séjour, lieu de repos; selon d'autres il signifie patrie. G. Voyez *Paoues*.
PEVAR, quatre. B. Voyez *Pesvar*.
PEVAREARN, quart. C.
PEVARENN, quart. B.
PEUCEIN, pousser. B. De là ce mot.
PEUCH, paix. B.
PEUCHA, *PEUGEA*, *PEUJA*, *PEUNJA*, s'accroupir comme pour s'asseoir à terre ou sur ses talons, se raccourcir; participe *Peuchet*, &c. accroupi, baissé; *Peuchat*, singulier *Peuchadenn*, accroupissement. B.
PEUCQA UR RE, pousser quelqu'un. B.
PEUDD, toux des bêtes. B.
PEUDEC. Voyez *Peufec*, *Peut*.
PEUDEL. Voyez *Peut*.
PEUDR, poussière, poudre. B.
PEUDREEN, bourrier. B.
PEUES. Voyez *Peu*, habitation, &c.
PEUFER, le même que *Peufyd*. G.
PEUL, pieu, poteau, échalas; & au figuré, stupide; plurier *Peuliou*. B. Voyez *Pawl*, *Pil*, *Beulge*.
PEUL, le même que *Pell*. B.

PEULIA, PEULYA, mettre des pieux, p. Tader, entourer de pieux, empaler. B.
PEULIN, le même que Peusyd. G.
PEULL, poulain. B. Voyez Ebol.
PEULVAN, pierre longue élevée perpendiculairement en guise de pilier, une colonne brute, sans être travaillée; plurier Peulvanet & Peulvannou. B. Ce mot est formé de Pel, longue, élevée, & de Maen, en composition Vaen, & par crase Van, pierre. On a dit indifféremment en Breton Peul & Pel, comme on le voit par Pel & Peul, pieu.
PEULVANT, le même que Peulvan. Il signifie aussi par analogie géant, homme extraordinairement grand. B.
PEUNAIDD, de paon. G.
PEUNCIA, pré. Ba.
PEUNES, femelle d'un paon. G.
PEUNES, comment. B.
PEUNOETH, le même que Beunoeth. G.
PEUNYDD, chaque jour. B.
PEUO, cesser, se reposer, reprendre haleine. G.
PEUR se met devant les verbes pour marquer l'accomplissement; Peur-Hada, finir de semer; Peur-Eva, finir de boire: En Vannetois ce Peur s'exprime par Per. B.
PEUR, PEHEUR, quelle heure? Peheur Ew, quelle heure est-il? Il se dit aussi pour quand; Peheur Muia, le plus souvent, communément, ordinairement; mot pour mot, quelle heure le plus? Ce mot est composé de Pe, quelle, & de Heur, heure, saison, temps. B.
PEUR, pâturage, pâture; Ar-Re-Beur, les bêtes du pâturage, le bétail; mot à mot, ceux du pâturage; Peuri, paître. B. Voyez Pawr.
PEUR, long. B.
PEUR, misérable, qui est dans la misère. B.
PEUR-AECHUI, consommer. B.
PEUR-OBER, chef-d'œuvre, consommer. B.
PEURACHEVI, accomplir. B.
PEURBADUS, perpétuel. B.
PEURE, misérable. B.
PEUREUIL, palourdes coquillage de mer. B.
PEURGUEDQET, nommément. B.
PEURHADA, achever de semer. B. De Peur Hada.
PEURI, paître, brouter. B. Voyez Pawr.
PEURLYECZA, d'ordinaire. B.
PEURMUIA, le plus souvent, communément, ordinairement. B.
PEURQAEH, misérable, qui est dans la misère. B.
PEURVAN, pâturage, lieu propre & destiné au pâturage, pâture. B. De Peur, Man.
PEURY, pâturage. B.
PEUS, presque, assez, passablement, demi en termes de mépris. B.
PEUS-DALL, demi-aveugle. B.
PEUS-DOUCE, douçâtre. B.
PEUS-FOLL, folâtre, demi-fou. B.
PEUSEC, PEUSOC, PEUDEC, PEUDOC, celui qui marche lentement & avec peine, comme étant blessé aux pieds, malade ou estropié. B.
PEUSSADUR, action de pousser. B.
PEUSYD, PEUSYTH, queue d'aronde, sorte de tenon pour emboîter. G.
PEUT, certain mal qui vient aux jambes des veaux & les fait [...]; Peudec, Peuduc, celui qui a ce mal. M[...] m'a averti qu'en son pays de Léon les brebis sont sujettes à ce mal, qu'il ne peut, dit-il, mieux exprimer que par le Latin Tabes. En Cornouaille on dit Pendel au même sens. B. Cet article est pris de Dom Le Pelletier. Voyez Ffothell.

PEUT, commun, ordinaire, fréquent, trivial, abondant, fréquemment, communément, abondamment, beaucoup. B. Peth, fruit en Hébreu; Fetu en Étrusque, fœtus, fruit. Voyez Peuth.
PEUTH, abondant. G. Voyez Peut.
PEUTHUN, abondant. G. Il signifie encore dans la même Langue commun, fréquent, ordinaire, trivial. Voyez Ammeuthun.
PEUTRAL, plastron. B.
PEUTRE, poudre. B.
PEUTRIN, poitrine. B. De là ce mot.
PEWAR, quatre. B. Voyez Pevar.
PEWDR, poussière, poudre. B. De là ce mot.
PEWR, pauvre. B.
PEWTNER, bourse. G. Peu, lieu, séjour, habitation; Tener pour Dener, argent monnoyé; Denier signifioit autrefois toute sorte d'argent monnoyé. Nous disons encore que nous avons payé un homme de nos deniers pour dire de notre argent. Voyez Pantri. De Pewtner est venu le terme de Pautenere, qui dans le Patois de Franche-Comté signifie poche. Peteum, boête en Malabare.
PEUX. Voyez Podium.
PEYRAÑIA, A. M. art de polir les pierres. De Per, pierre.
PEYRATONUS, A. M. tailleur de pierres & chauderonnier. Au premier sens il vient de Per, pierre; au second de Pair, chauderon.
PEYRERIA, A. M. carrière. De Per, pierre.
PEZ, qui, lequel, laquelle. B.
PEZ. Voyez Pes.
PEZ, mesquin, chiche, avare, vilain. B.
PEZ-MICHER, coup d'essai. B.
PEZ-TOAS, grosse femme. B.
PEZA, A. M. pois. De Pecg.
PEZADA, A. M. champ semé de pois. De Pe. Voyez Pesen.
PEZAFF, payer. B.
PEZELL, mou, blet, comme pourri, pourri; Leur Pezell, ladre pourri, pourri de lépre. B. Voyez Mezeil.
PEZELL, écuelle de bois, gamelle ou jatte, soit pour porter la pâte au four, soit pour tirer le lait, petite écuelle, plat; Pezell Clos, petite écuelle double, dont une partie sert de couvercle à l'autre. B. Voyez Padell.
PEZEN-FA, faséole. B.
PEZOUNIFF, avarice. B. Voyez Pez.
PEZWAR, PEVAR, quatre, nombre de quatre, féminin Pidir & Pedir; Pezwarec, quatrième; Pezwarzec, quatorze; Pezwarzecvet, quatorzième; Pezwarearn & Pezwareren, quart, quatrième partie. B. Voyez Pedwar.
PHARADO, torrent, endroit où une rivière se précipite, lieu élevé en précipice au-dessus d'un fleuve. G.
PHARRO, PHARRO, est le cri de guerre des Irlandois, au rapport de Richard Stanihurst, lib. de rebus Hibernicis. Je crois que ces mots signifient en cette Langue frapons, frapons, parce que Fara, que l'on peut indifféremment écrire Phara, signifie fraper en Irlandois.
PHEGIL, dent dans le dialecte Gallois de l'Isle de Mona. G.
PHERDATZ, livide, pâle, blême. Ba.
PHERDE, verd. Ba.

PHE.

PHERTH, maîtresse par rapport à un amant. G. De *Pert*.

PHEUNYDD, chaque jour. G.

PHIL, chair. C.

PHILIP, moineau, passereau. C'est un nom qui n'exprime que le cri de cet oiseau, que d'autres prononcent *Chilip* & *Schilip*; ce qui montre que ce nom est arbitraire & formé sur ce cri, qui seroit mieux représenté par *Philip* ou *Chlip*. B. Cet article est pris de Dom Le Pelletier.

PHIN, blanc. C.

PHINI, prendre. B.

PHOE, PO, POE, POS, feu. I. Voyez *Bo*, *Bœ*, *Bos*, *Fo*, *Piao*, feu ardent en Chinois; *Phos*, lumière en Grec.

PHUBAL, tente. I. Voyez *Pabell*.

PHUL, sang dans le dialecte Gallois de l'Isle de Mona. G.

PHUPA. LONG PHUPA, pilote. G. I. *Long*, vaisseau.

PHURT, fort, force. Voyez *Fostongphurt*.

PHYTH, toujours. G.

PI. pie oiseau; le pluriel *Piod*, d'où se forme le singulier *Pioden*, quelquefois *Piogen*, qui fait au pluriel *Piogod*. G.

PI. Voyez *Podium*.

PI, petit. Voyez *Sassipia* & *Py*.

PIADA, action de piper. Ba.

PIAN, PIANTA, peine, trouble, angoisse. I. Voyez *Pena*, *Poen*.

PIAN, sous, dessous. Ba.

PIANADH, tourmenter. I. Voyez *Pena*.

PIANAMUL, fâcheux, triste, affligeant. I.

PIAOU, PIAOUT, posséder, avoir, tenir, possesseur, propriétaire, à qui appartient une chose, ce qui appartient à quelqu'un, ce qui est le bien propre de quelqu'un. B. Voyez *Piau*.

PIAU & BIAU, verbe irrégulier qui marque la possession; *Mi Biau*, cela est à moi; *Ti Biau*, cela est à toi, &c. G. *Pyae*, appartenir; *Pia*, avoir, obtenir en Groenlandois. Voyez *Piaou*.

PIB, canal, conduit, tuyau par où l'on conduit les eaux, flûte, tube, pipeau, pipe, biberon, cours de ventre; *Pib-win*, grand vase de terre à mettre du vin, pipe de vin, tonneau, muid, tonne, (*Win*, vin) *Pibell*, *Piben* diminutif de *Pib*. G. *Pib*, canal en Irlandois; *Piob*, flûte, *Pioba*, tonneau; *Pioban*, goulot, gosier, & *Piopa*, tuyau, pipe à fumer dans la même Langue; *Pib* en Breton, le centre d'un apostume, la fistule ou canal par où l'humeur sort du corps, pour forcer la tumeur; *Asbida* en Basque, gorge, gosier; *Phih* ou *Phi* en Hébreu, bouche; *Phih* en Chaldéen, cul, & *Bib*, canal; *Fih* en Arabe, bouche, & *Bib*, canal; *Pi*, narines; *Pim*, vase en Chinois; *Pu*, aqueduc, canal en Tartare du Thibet; *Pyb* en Flamand, tube, canal; *Pip*, *Pipen* en Allemand, tuyau, canal; *Pipe* en Anglois, tuyau, tube; *Pipa* en Islandois; *Pipe* en François, pipe, tube à fumer; *Pipe* en ancien Saxon & en Anglois; *Pssasste* en Allemand; *Pyp* en Flamand & en Suédois; *Pibe* en Danois; *Pipa* en Islandois; *Piva*, *Piffaro* en Italien; *Pishal* en Esclavon, flûte; *Pibole* dans le Poitou, flûte; dans le reste de la France cornemuse; *Pipe* en vieux François, instrument de bouche; *Fife* en Anglois; *Fifre* en François, fifre espèce de flûte; *Piorza*, jouer de la flûte en Auvergnac; *Pyscek*, joueur de flûte en Polonois; *Pipa* en Basque & en Espagnol; *Pipe* en Anglois, tonneau; *Pipe* en François, certaine mesure de vin,

PIC.

& dans les Provinces méridionales du Royaume, tonneau; *Bib* en Anglois, bouteille à lait où il y a un biberon que l'on donne à sucer aux enfans; *Bib* ou *Bub*, sucer; *buvotter* en Anglois. L'action de boire n'étant que l'action d'avaler ou de faire passer la liqueur dans le gosier comme dans un canal, de *Pib* ou *Bib* sera venu le *Bibo* des Latins. *Piava* en Égyptien; *Pij* en Polonois; *Piein* en Grec; *Pivo* en Esclavon, boisson, & *Pivac*, buveur. De *Pib* ou *Pip* sont venus nos mots François *Pipeaux*, *Piper*, *Pipee*. Voyez *Pip*, *Piw*, qui sont les mêmes mots.

PIB, canal. I.

PIB, PIP; singulier *Piben*, le centre d'un apostume, la fistule ou canal par où l'humeur sort du corps pour forcer la tumeur. B.

PIBELL, flûte. G.

PIBT, cuire; participe passif *Pobet*, cuit. B. *Prpid* en Grec, cuire. Voyez *Pobi*.

PIBID, PIBIT, PIVIT, PIVIDI, PIFIC; pepie, sécheresse & aridité de la langue causée par la soif excessive. B. De là ce mot.

PIBIT, os de sèche poisson. B.

PIBLYD, qui a le cours de ventre. G.

PIBO; avoir le cours de ventre. G.

PIBOL, peuplier. B. Voyez *Poplysen*.

PIBONWY, goutte d'eau qui tombe, qui pend. G.

PIBR, poivre. B.

PIBYDD, joueur de flûte, joueur de flûte ou d'autres instrumens à bec; *Pibydd Côd*, qui joue de la cornemuse; féminin *Bibyddes*. G.

PIC, pointe, aiguillon, bec. G. *Pic* en Breton, bec, pic; *Piocoit* en Irlandois, pic, houe, hoyau, pioche; *Peak* en Anglois, pointe. Les Macedoniens appelloient leur lance *Pica*. *Piktos* en Grec, piqué; *Picken* en Théuton; *Picks* en Suédois; *Piquer* en François; *Bicken* en Flamand; *Picken*, *Bicken* en Allemand, piquer; *Becca* en ancien Saxon, pic, & *Picung*, stigmates, marques faites des piquûres; *Pigg* en Suédois, aiguillon, pointe, & *Spyk*, clou; *Spicza*, pointe en Stirien & en Carniolois; *Piccare* en Italien, crucifier, attacher avec des cloux; *Picke* en Allemand, lance, pic, pioche, hoyau, & *Pickel*, ciselet; *Pikam*, piquer en Stirien & en Carniolois; *Pic* en François, espèce de lance; *Picken*, *Bicken* en Allemand, becqueter; *Pico* en Espagnol, bec. *Bicos*, petites pointes d'or; *Bicha*, vipère, serpent en Espagnol. De *Pic* sont venus le Latin & l'Italien *Spica*, l'Espagnol *Espiga*, le François *Épi*. *Ficla* en Étrusque, épi, l'épi se termine en pointe. De *Pic* est venu le Latin *Speculum*. Voyez *Pig*, *Picq*, *Pec*, *Bec*, *Becq*, *Beg*, qui sont les mêmes mots que *Pic*. Voyez encore *Picatzen-Da*, *Piccell*, *Picid*, *Pica*; *Pik*, *Piqua*, *Pique*.

PIC, bec. B.

PIC; pic outil propre à fouir la terre. B. De là ce mot.

PIC, pie oiseau; pluriel *Pichet*. B. De là *Pica* en Latin; *Picha* en Italien; *Picaza*, *Pigaza*, *Pesse* en Espagnol; *Pye* en Anglois; *Pie* en François, pie; *Peica*, pie dans les Tables Eugubines. Voyez *Pi*.

PIC. Voyez *Podium*.

PIC SPERN, pie griesche. B.

PICA, piquer, fouir, travailler du pic. B.

PICA, pique; lance. Ba. Voyez *Pic*.

PICA, A. M. pic. De *Pic*.

PICABATZA, tremie d'un moulin. Ba.

PICACHO, le sommet d'un rocher. Ba.

PICADA, pointe, piquûre. Ba.
PICADIA, piquiers. Ba.
PICAIMA, quintessence. Ba.
PICANTIA, pistache. Ba.
PICAPAU, payement excessif. B.
PICARARRIA, méchant. Ba.
PICARDIA, méchanceté, crime. Ba.
PICARDIS, éclisse petit moule de fromage. B.
PICARDUS, A. M. piquier. De Pic.
PICARIUM, A. M. vase à boire, coupe. De Picher.
PICARTA, ce qui sert à farcir. Ba.
PICATZEN-DA, qui sera coupé. Ba.
PICCELL, fleche, dard, javelot, javeline, trait, tout ce qui se lance. G.
PICCELLIG, petite pique propre à être jettée. G.
PICCELLOG, armé d'un javelot, armé de dards courts & legers. G.
PICCELLU, lancer, darder. G.
PICCIO, lancer, jetter. G.
PICE, poix; Piceil, poisser. I.
PICELL, piéce pour habit. B. Voyez Pets.
PICELYOUR, rapetasseur, rhabilleur. B.
PICFFORCH, fourche avec quoi l'on met en meules. G.
PIGG, pic, hoyau. B. Voyez Pic.
PICG, pie oiseau. B. Voyez Pic.
PICG-SPERN, pie griesche. B.
PICH, piége, filets pour prendre les bêtes sauvages. B. De là ce mot.
PICHER, petit pot, petite cruche. B. On a dit Pichier en vieux François, on dit Bicchiere en Italien; Becher en Allemand, gobelet. On appelle Picher en Anjou & dans les Provinces voisines un vaisseau de terre dans lequel on boit. Les marchands de vin du Royaume appellent Pichet, Picher, Piché, une sorte de petite cruche de terre à bec dont ils se servent pour tirer du vin & remplir les piéces. Voyez Picherra.
PICHERRA, vase d'étain. Ba. Voyez Picher.
PICHOLEN, broussailles restes de menu bois abandonné qui n'est bon que pour le feu. B. C'est le même que Picholou.
PICHOLOU, broussailles, toute sorte de menu bois laissé à terre, les retailles des fagots abandonnées aux pauvres. B. C'est le même que Picholen.
PICHON, poussin, pigeonneau, petit de tout oiseau domestique, oiseau. B.
PICHOT, heaume. B.
PICHOT, manivelle. B.
PICHOURELL, capuchon. B.
PICID, pique arme. I. Voyez Pic.
PICILL, marade, assaisonnement composé sur tout de sel & de vinaigre. I.
PICO, le même que Pigo. G.
PICOA, figue, figuier. Ba.
PICOISCA, bécafigue. Ba.
PICOL, grand, grand outre mesure; il se prend aussi substantivement pour grandeur. B. On voit par Piquoldaeth qu'il se prend aussi pour gros.
PICORIA, dépôt d'une liqueur. Ba.
PICORICA, paresseux, oisif, je suis oisif. Ba.
PICORTA, globule. Ba.
PICOS, souche. B.
PICOSIA, figuier. Ba. Ce mot est composé de Pic pour Fic, figue, & de Sia, arbre. Voyez Figyubren.
PICOTA, bourgeon, bouton. Ba.
PICOTUS, acre, piquant. B.

PICOUS, PICOUX, chassieux, qui a les yeux chassieux. B. Voyez Pice, Peeg.
PICOZOROA, sycomore arbre. Ba.
PICQ, pivert. B. De là le Latin Picus, le François Pic, l'Italien & l'Espagnol Pico, le Flamand Spichs, l'Allemand Specht, le Normand Espek, pic oiseau. Phical, pivert en Arabe; Peicu, pic dans les Tables Eugubines : Cet oiseau a été ainsi appellé, parce qu'il pique & perce l'écorce des arbres avec son bec. Voyez Pic.
PICQ, pique. B.
PICQA, piquer, fouir, travailler la terre avec un pic. B. Ce mot se prend aussi au figuré. Voyez Picqailher.
PICQAILHER, brocardeur, homme qui lâche des traits piquans contre les autres. B.
PICQAT, piquer. B.
PICQER, piquier. B.
PICQETAS, piquette boisson. B.
PICQOUR, piqueur chasseur. B.
PICQOUS, chassie. B. Voyez Pice.
PICQUET, piquer, becqueter. G. H.
PICZET, pisser parlant des bêtes. B.
PID, PIT, BID, BIT, canal. B. Voyez Bidaim.
PIDER, quatre au feminin. B.
PIDI, prier, fléchir. B.
PIDIN, canal. G. C.
PIDNIAN, cerveau. C.
PIDYNY GôG, aron ou espéce de féve d'Égypte. G.
PIE. Voyez Podium.
PIFFARUS, A. M. fifre; de l'Italien Piffaro. Voyez Pib, Piffre.
PIFFID, pepie. B.
PIFFRE, fifre. B. Voyez Pib.
PIFILAT, le même que Fisilat & Finsilat. B.
PIG, aiguillon, pointe. G. B. Spitsa en Polonois; Spbiza en Esclavon & en Carniolois; Spiz en Flamand & en Allemand, pointe, aiguillon; Spitzig, pointu, aigu en Allemand; Spitz en Allemand; Spitse en Flamand; Shpiza en Carniolois; Spyde en Danois; Spitz en Islandois; Speß en Suédois; Shpeis en Esclavon & en Carniolois; Szpis en Polonois, lance; Peuk en Anglois, prononcez Pik, pointe; Pike en Anglois, dard, lance; Pikax en Anglois, marre de vigneron. Bikken en Flamand, aiguiser, rendre pointu; Pichati en Bohémien, piquer; Sppicpoch, aigu, piquant; Ippechkau, pointu, aigu; Epickfapa, aiguiser en Groenlandois; Pigi en Chaldéen, broche, épieu, poignard, couteau; Biz, alêne, poinçon en Persan; Peikan, pointe, aiguillon, fleche, trait dans la même Langue; Pikontarion, lance de cent livres en Cophte, & Pige, pointe, pousse d'une plante dans la même Langue; Biciak, couteau en Turc. De Pig est venu le Latin Figo & l'inusité Pugo, duquel on a fait Pungo. On voit par Papugi qu'on a dit originairement Pugo. Voyez Pic, qui est le même mot.
PIG, bec, bout pointu. G.
PIG, houe, hoyau, pic. B.
PIG, ce qui est choisi, ce qui est le meilleur, ce qui est excellent. G.
PIG. Voyez Bychan.
PIG YR ARAN, bec de grue plante. G. Aran en construction pour Garan.
PIGACIAE, A. M. becs ou pointes de souliers. De Pig.
PIGELL, aiguillon. G.
PIGFAIN, pointu, piquant. G.

PIGFRINO,

PIG.

PIGFEINO, aiguiser, rendre pointu, faire une pointe en manière d'épi, élever en pointe. G.

PIGFFORCH, fourche avec quoi l'on met en meule. G.

PIGHELL, pioche instrument dont on se sert pour déraciner les mauvaises herbes. G. B. *Pighella*, travailler avec cet outil; *Pigheller*, celui qui travaille ainsi. B.

PIGHER, grain qui se forme dans les épis de bled, & qui est plus long que les autres grains. B.

PIGIAD, point, piquûre, ponction, douleur piquante. G.

PIGION, les choses choisies, les choses excellentes, les choses extraites, les très-bonnes choses. G.

PIGLAW, pluie qui perce. G. *Pigo Glaw*.

PIGLOIN, bitume. G.

PIGLYD, poissé, de poix. G.

PIGNA, PIGNAT, PIGNAL, monter. B. C'est le même que *Pennat*. Voyez *Pen*, *Penn*, *Pin*.

PIGNADECG, montée, tertre, lieu qui va en montant. B.

PIGNADUREZ, élévation en haut, ascension. B.

PIGNEIN, monter. B.

PIGNOCHAL, pinocher. B.

PIGNON, pignon. B. De là ce mot. Voyez *Pigna*.

PIGO, piquer, aiguillonner, percer, picoter, égratigner, arracher le poil, extraire, tirer, faire sortir, attirer. G.

PIGO, choisir. G.

PIGO, poindre, piquer. B.

PIGOCZ, souche. B.

PIGOCZAL, picoter, becqueter. B.

PIGOG, piquant, hérissé, couvert de piquans, de pointes, plein de pointes, qui a un aiguillon, des pointes, des piquans, qui a le poil hérissé, qui a le poil droit & rude, qui porte des épines, épineux. G.

PIGOWGLYM, le même que *Pigog*. G.

PIGOWGLYS, Y BIGOWGLYS, épinards. G.

PIGUELL, hoyau. B. C'est le même que *Pighell*.

PIGUELLAT, le même que *Pighella*. B. Voyez *Pighell*.

PIGUELLER, PIGUELLOUR, les mêmes que *Pigheller*. B. Voyez *Pighell*.

PIGUEMENT, combien. B.

PIGUOSS, bec. B.

PIGUOSSAL, becqueter. B.

PIGUS, visqueux. B. Voyez *Pecg*.

PIGVN, diminutif de *Pig*. G.

PIH, fixe, tenace, mesquin, fort avare, chiche, vilain. B.

PIHED, péché. B.

PIHER, quand. B.

PIHUICQ, fertile, riche, abondant. B.

PIK, lance. E. Voyez *Pic*.

PIL, poil, écorce, ce qui est écorché. G. Il signifie encore en cette Langue peau, ainsi qu'on le voit par *Pilio*, & même en général tout ce qui couvre. Voyez *Pilyn*. De là le Latin *Pilus*, l'Italien *Peli*, le François *Poil*. *Bily*, habit de poil en Dalmatien; *Balani*, poil en Géorgien; *Pionel*, poil en Algonquin; *Pilloch*, feuille, feuillage en Groenlandois. De là le Latin *Pellis*, l'Italien *Pelle*, l'Espagnol *Peleia*, l'Allemand *Fell*, le Flamand *Vel*, prononcez *Fel*, le Gothique *Fill*, l'ancien Saxon *Fell*, le Théuton, le Danois, l'Anglois *Fell*, peau. *Pi* en Chinois, peau; *Fillen*, écorcher en Allemand; *Phellos* en Grec, écorce d'arbre; *Filhan* en Gothique, couvrir, cacher; *Fela* en Islandois, cacher; *Bala* en Hébreu; *Velo* en Latin, couvrir. Voyez *Ffald*.

PIL.

PIL. Voyez *Bal*. G. De là le Latin *Pileus*.

PIL, écorce. B.

PIL, revers d'une pièce de monnoie. B. Nous avons conservé ce mot dans le même sens.

PIL, délai d'absolution. B.

PIL, A PIL, à verse, en grande abondance, extrêmement. B. Voyez *Pilatzea*, *Pill*.

PIL, pierre, roc. Voyez *Bilyen*.

PIL, le même que *Bil*, *Fil*, *Mil*, *Vil*. Voyez P.

PIL BARA, grand mangeur. B.

PILA, PILAT, battre, fraper, piler, broyer; jetter à bas avec effort. On dit d'un homme terrassé en luttant, *Pilat Ew*, il est terrassé, battu, vaincu: En Léon c'est battre simplement, fraper à coups de marteau, coigner. B. De là le Latin *Pila*, le François *Pilon*, & notre verbe *Piler*. Voyez *Pilat*.

PILA, A. M. revers d'une pièce de monnoie. De *Pil*.

PILADECQ, une battée. B. Voyez *Pila*.

PILÆ, A. G. forêts montueuses. De *Pil*, montagne, & *Hai*, forêt. *Ai* se prononçoit chez les Latins en *a*; de *Musai* ils ont fait *Musa*.

PILAR, PILARE, PILARIUM, PILARIUS, PILORUS, PILALIUM, A. M. pilier, colonne. De *Piler*.

PILAT, piler, fouler, battre, maltraiter. B. En Franche-Comté, lorsqu'on agace un chien contre un autre pour qu'il le morde, on lui dit, *Pille-le*. Dans la même Province, lorsqu'un homme se grate jusqu'à s'écorcher, on dit qu'il *se pille*. Voyez *Pila*.

PILATZEA, je comble, j'accumule. Ba. Voyez *Pil*.

PILBIN, vaneau oiseau. I.

PILDIN, blessure ou écorchure qu'on fait par le frottement d'une partie contre l'autre. G.

PILE, vaisseau, navire. Voyez *Pilot*.

PILEAR, balle, paume. I. Voyez *Pel*.

PILED, PILET, cierge. B.

PILEN, féminin de *Pilyn*. G.

PILER, pilier, colonne, appui, G. pilier, colonne. B. De là le Latin & l'Italien *Pila*, l'Espagnol *Pilar*, l'Anglois & le Danois *Piller*, le François *Pilier*, le Bohémien *Pilir*, le Flamand *Pilaer*, le Théuton *Pilarn*, l'Allemand *Pfeiler*, pilier, colonne. *Pylé* en Grec, colonne.

PILGOS, PILTOS, bille de bois; en Latin *Stipes*. Les ouvriers en bois donnent ce nom aux grosses extrémités qu'ils retranchent des pièces comme superflues. B. Voyez *Pill*.

PILHA, piller. B. *Arpilloa* en Basque. De là nos mots *Piller*, *Filou*. *Piletes* en Grec Éolien, voleur; *Philetes* dans Hésiode, voleur.

PILHA, A. M. butin. De *Pilha*. En Franche-Comté, lorsque l'on jette quelque chose au peuple pour appartenir au premier qui le prend, on dit qu'il est *à la pille*.

PILHAICH, butin. B. De là *Pillage*.

PILHAOUAER, chiffonnier, qui porte des chiffons aux papetiers. B.

PILHAOUECQ, couvert de guenilles. B.

PILHECQ, couvert de guenilles. B.

PILHEN, guenille, drapeau vieux morceau d'étoffe ou de linge. B. *Pilhog*, *Pilharo*, guenille en Languedocien.

PILHOTECQ, couvert de guenilles. B.

PILHOU, vieil habit, méchant habit. B.

PILHOUS, tissu de fil. B.

PILIC, bassin d'airain; *Ur Bilic*, un bassin; plarier *Piligou*; *Pilic Loftec*, bassin à queue, poële à fricasser : C'est ainsi que Dom Le Pelletier explique ce mot. Le Pere de Rostrenen met *Pilio*, bassin, poële. B. On appelloit en vieux François *Pile* une espèce de bassin. *Pil* en Étrusque; *Pele* en Grec, vase.

PILIC-KES, coquilles de Saint Jacques; c'est-à-dire, ces grandes coquilles que les pélerins apportent de Compostelle. B.

PILIGUER, chauderonnier. B.

PILIO, peler, ôter l'écorce. G.

PILION, peau, croûte. Voyez *Pilionen*.

PILIONEN, petite peau, petite croûte. G. En est le diminutif; *Pilion* signifie donc peau, croûte.

PILIS, surtout, cape, casaque à capote. G.

PILIURLEABTA, coussin, traversin de lit. I.

PILL, abondant, fertile, gras. G. *Pill*, abondant en Breton; *Pilla*, tas, monceau, troupe, & *Pilatzea*, je comble, j'accumule en Basque; *Arbilla*, graisse en ancien Latin; *Pilatim* en ancien Latin, épais; *Pilken*, gras en Persan; *Filu*, beaucoup, qui est en grand nombre en Gothique; *Filo* & *Fili* en Théuton, *Fela*, *Feala* en ancien Saxon; *Vele*, *Veel* en Flamand, prononcez *Fele*, *Feel*; *Viel* en Allemand, prononcez *Fiel*, beaucoup; *Fill* en Anglois, plein, rempli; *Obil* en Esclavon, abondant; *Obilen* en Dalmatien, abondant; *Obilnu* en Polonois & en Dalmatien; *Obilnu* en Esclavon, abondamment; *Vile*, beaucoup; *Vilka*, grand en Venéde; *Pile* en François, tas; *Apilar* en Espagnol, entasser, mettre en tas; *Filii*, beaucoup en vieux François.

PILL, château, fort, forteresse, lieu fortifié, lieu sûr, force, lieu propre ou qui appartient en propre. G. *Bilad*, ville, pays en Arménien; *Philatri* en Cophte, forteresse; *Phulatto* ou *Philato* en Grec, garder; *Pylca*, muraille en Langue de Chili; *Piloh*, clôture en Théuton; *Pilla*, *Piloh*, château, forteresse en Anglois; *Oppilo* en Latin; *Oppiler* en François, boucher, fermer; *Piloun*, manteau en Arménien. Voyez *Pyla*.

PILL paroit aussi signifier, dit Davies, souche, tronc; de là *Pillwydd*, bois secs. G. *Bille*, arbre dans l'Isle de Mona; *Bile*, arbre en Irlandois, & *Billead Coille*, billot de bois dans la même Langue; *Pill*, pieu en Breton; *Bille*, *Billet* en François, tronc d'arbre coupé, gros morceau de bois; *Billet* en Anglois, billot de bois. De *Pill* sont venus nos mots *Pilot*, *Pilotis*, *Pilotier*. Voyez *Bill*.

PILL, pieu. B.

PILL, abondant. B.

PILL, guenille, lambeau d'habits ou d'autres hardes déchirées; singulier *Pillen*, un lambeau; pluriel *Pillou*, duquel on fait le possessif *Pillaouec*, délabré en ses habits, éguenillé, habillé de lambeaux; & *Noaz-Pill*, celui dont les habits sont si déchirés qu'il est estimé nud, qui est couvert de haillons. B. *Pelahh* en Hébreu, découper, découpure, fragment, rupture.

PILL, enfans, postérité. Voyez *Eppill*. *Billei*, enfant en Malabare; *Pilt* en Suédois; *Piltur* en Islandois, garçon.

PILLA, monceau, tas, troupe. Ba. Voyez *Pill*, abondant, &c.

PILLACA, en pile, en monceau. Ba.

PILLACATUA, accumulé. Ba.

PILLACATZEA, j'accumule. Ba.

PILLAMINA, colloquinte. Ba.

PILLANDIA, monceau, masse, volume. Ba.

PILLANTE, PILLANTE, abondance, opulence, affluence de biens. B. Ce mot a souffert une crase & on a dit *Planté* en vieux François, d'où est venu notre mot *Plantureux*. *Plenteous*, abondant en Anglois.

PILLAOUECQ, guenilleux. B.

PILLATUA, accumulé, qui accumule. Ba.

PILLEN, guenille, lambeau. B.

PILLENNEC, guenilleux. B.

PILLIM, tordre, rouler, tourner. I.

PILLIN, selle de cheval pour femme. I.

PILLIRIA, union de deux ou trois personnes. Ba.

PILLON, lambeau. B.

PILLOTA, paume à jouer. Ba. Voyez *Pel*.

PILLOTA, A. M. balle, pelotte, paume à jouer. De *Pillota*.

PILLOTOUR, chiffonnier. B.

PILLOU, habits déchirés. B.

PILLUPEAC, bancs de sables, écueils, golfe. Ba.

PILLWYDD, bois secs, bois sec propre à brûler. G.

PILLWYDDON, bois qui ne fume point. G. C'est le même que le précédent.

PILO, PILLO, A. M. pilon. De *Pila*.

PILOCH, pilotis. B. Voyez *Pill*.

PILOICH, pilon. B. Voyez *Pila*.

PILON, hie ou demoiselle de paveur, pilon. B. De là ce mot.

PILORIA, PILORIUM, A. M. pilori. De *Pilwri*.

PILOT, pilote. B. *Pilotoa*, pilote en Basque; *Pilot* en vieux François, navire, vaisseau. Le terme Breton de *Pilot* & le terme Basque *Pilotod*, nous donnent lieu de croire que les François qui nous ont précédé avoient pris le mot *Pile* au sens de vaisseau, navire du Celtique.

PILOTA, A. M. paume à jouer. De *Pillota*.

PILOTERBAU, pilotage. B.

PILOTOA, pilote. Ba.

PILOTUM, A. M. pelote. De *Pillota*.

PILOTUS, A. M. pilote. De *Pilot*.

PILOUICH, pilotis. B.

PILOWCR, pilon. B.

PILPOUS, tissu de fil, tartuffe. B.

PILUM, A. M. revers de monnoie. De *Pil*.

PILUM, A. M. cercueil. De *Pil*, tout ce qui couvre en général.

PILUS, A. M. pieu. De *Pill*.

PILWRI, sorte de carcan. G. De là notre mot *Pilori*.

PILWRN, javelot. G. Ce mot paroit formé de *Pil* & de *Dwrn*, main, le *d* initial ôté dans la composition; ainsi *Pilwrn* signifie proprement: pointe, arme piquante qui se lance avec la main. *Pyle* en ancien Saxon; *Pyl* en Flamand & en Suédois; *Belos* en Grec; *Pylqui* en Chili, fleche; *Pilum* en Latin; *Pyla* en Islandois; *Pijll* en Flamand; *Pfil* en Allemand, dard, javelot, javeline. Voyez *Bilan*.

PILYEN, pierre, roc. Voyez *Bilyen*.

PILYER, chauderonnier. B.

PILYN, couverture, étoffe legere, fine, mince, déliée. G. De *Pil*. Davies. On voit par là que *Pil* a signifié en général tout ce qui couvre.

PILYN, pierre, roc. Voyez *Bilyen*.

PILYON, pierre, roc. Voyez *Bilyen*.

PILYS, le même que *Pilyn*. G.

PIM, cinq. G.

PIMANT, piment. B.

PIMP, pipe mesure. B. Voyez *Pib*.

PIM. PIN. 259

PIMPALETA, avant clou. Ba.
PIMPINELLA, pimprenelle. B.
PIMPORTA, globule. Ba.
PIN, cime, sommet, fontaine, embouchure de rivière, grande plume d'oiseau, aîle. G. Pin, montagne en Écossois ; Pin, aîle en Irlandois ; Pinisf, grand en Cophte ; Pinad, Dieu dans la même Langue ; Penna en Latin & en Italien ; Pen en Danois & en Anglois ; Penne en Flamand & en vieux François, grande plume d'oiseau ; Penna en Latin, aîle. Voyez Pen, Penn, Pinn. qui sont le même mot que Pin. De là le mot Latin Spina, le François Épine, l'Italien Spina, l'Espagnol Espina, épine, buisson hérissé de pointes. De là Epingle en François. De là Pinfou ; terme Franc-Comtois par lequel on désigne le houx arbrisseau dont les feuilles sont armées de pointes. Pinabi, lance en Cophte. De Pin, extrémité, sont venus les mots François Pinces, Pincer, Pincette. Voyez Pincza. De là le mot François Pignon. De Pin, tête, est venu l'ancien mot François Pinage, tribut par tête ou capitation.
PIN, montagne. E.
PIN, aîle. I.
PIN, pin arbre. B. Peinge en Irlandois, pin. De là le Latin Pinus, le François Pin, l'Espagnol & l'Italien Pino, le Grec vulgaire Pinolia, l'Anglois Pyne Tree ; (Tree, arbre en cette Langue) Pynbaum en Allemand ; (Baum, arbre en cette Langue) Pynboom en Flamand ; (Boom, arbre en cette Langue) pin. Voyez Pin-Bren, Pintta, Pinwydden.
PIN, habit, vêtement. Voyez Disbinio & Piner.
PIN, blanc. Voyez Godolphin. De là le nom du Lapin. La, le ; Pin, blanc. Lapin, le blanc. De Pin ou Pen en ce sens est venu notre mot Penard, terme de mépris dont on se sert pour désigner un vieillard blanchi de vieillesse.
PIN, face. Voyez Ruspin.
PIN paroit signifier agréable, beau. Voyez Pinfa, Pinfadurez, Pincio, Pinge. D'ailleurs Pin signifie blanc en Celtique, & dans cette Langue les termes qui signifient blanc, signifient aussi beau. Voyez Caer. Enfin Pin est le même que Fin. Voyez Pin. Pimpant en François, celui qui a toujours de beaux habits, qui affecte d'être toujours bien paré ; Pipolé en vieux François, enjolivé ; Carobinat en Languedocien, visage enjolivé ; (Caro, visage ; Bin de Pin) Fiin, beau, paré, joli en Flamand ; Fin, Fein en Théuton, beau, agréable ; Pinnerksapa, orner en Groenlandois ; Pin en Arabe, beauté, parure, richesses ; Pun en Chinois, orné, paré, bigarré.
PIN paroit signifier biens, richesses. Voyez Pinhard, Pinhucq, Pinvicq, Pinvidicq, Pinvidicqat, &c. Voyez Finance. Fwyn en Gallois, bien, commodité, utilité ; Bin en Patois de Franche-Comté, richesses, biens ; Fain en Anglois, bien adverbe ; Pieniezni en Polonois ; Penzes en Hongrois, riche ; Peniz en Bohémien ; Penz en Hongrois ; Pinez en Dalmatien ; Penninck en Flamand ; Pending en Danois ; Pfenning en Allemand ; Penig, Pening en ancien Saxon ; Phennig en Théuton ; Penningar en Islandois ; Penni en Anglois ; Beniadze en Polonois ; Biener en Carniolois ; argent monnoié ; Pin, richesses en Arabe ; Pien en Chinois, utilité, commodité, avantage. Voyez Pingin.
PIN, le même que Bin, Fin, Afin, Vin. Voyez P.
PIN, le même que Pan, Pen, Pon, Pun. Voyez Bal.
PIN-BREN, pin. C. Bren ou Pren, arbre.

PINABETBA, pin. Ba. Abbeton ou Abetea signifiant sapin en Basque, Pinabetta est une espèce de pléonasme. Voyez Pin, Pinna.
PINACENN, pinasse sorte de brigantin. B. De là Pinasse en François ; Pinaça en Espagnol ; Pinaccia en Italien, pinasse. Voyez Pinaza.
PINAGLAU, créneaux de murailles. G.
PINARD, fort riche, opulent. B. Pinard pour riche s'est dit en vieux François.
PINAZA, barque. Ba. Voyez Pinacenn.
PINCA, A. M. alêne. De Pin, pointe.
PINCELLIAT, rapetasser, rapiécer. B.
PINCELLA, pinceau. Ba.
PINCIN, lave-main, bénitier. Ba.
PINCIO, ajuster, orner, parer, polir, arranger proprement. G.
PINCIO, A. G. pinson oiseau. De Pin.
PINCZA, pincer. B. Voyez Pin.
PINENN, pin. B. Voyez Pin.
PINER, tout ce qui sert à couvrir, comme habit, vêtement, robe, mante, manteau, voile, couverture, enveloppe, &c. G.
PINFA, orner, parer, agencer, ajuster ; participe passif Pinfet ; Pinferez, ornement, parure. B. Voyez Pincia, Pin.
PINFADUREZ, ornement, parure, agencement, ajustement. B.
PINFEREZ, ornement, parure, affiquets ornemens des femmes. B.
PINGE, joli, mignon, agréable, bienfait ; Bed Yu Binge, reluire, briller, éclater, être resplendissant, être poli. G. On voit par ce verbe que Pinge signifie encore brillant, éclatant, resplendissant, poli. On voit encore par Pingcio, que Pinge signifie encore net, propre. Voyez Pin.
PINGCIO, rendre net, propre. G. Voyez Pinge.
PINGIN, sol pièce de monnoie. I. Voyez Pin.
PINHUICQ, riche.
PINHUIDIGEN, enrichir. B.
PINIGEAFF, faire pénitence. B. Voyez Pena, Penyd.
PINIGENN, pénitence, macération. B. Voyez Pena, Penyd.
PINN, aîle. G. Voyez Pin.
PINNA, A. M. bord, bordure, extrémité. De Pin.
PINNA, A. M. montagne. De Pin.
PINNA, PINNACULUM, PINNIUM, A. G. l'extrémité pointue d'une muraille élevée. De Pin, Pinnagl.
PINNAGL, faîte, pinacle. G. De là le Latin Pinnaculum, le François Pinacle. Voyez Pin.
PINNOCHES, épinards. B.
PINSAT, pincer. B. Voyez Pin.
PINSCIN, vaisseau fixe qui contient l'eau bénite à l'entrée d'une Eglise. B. Voyez Pincin.
PINT, pinte. B. De là ce mot. Pintar en Carniolois ; Pinder en Autrichien, tonnelier. Voyez Pinta.
PINT, pinson oiseau. B. Voyez Pincio.
PINTA, pinte, demi conge. Ba. Voyez Pint.
PINTA, A. M. pinte. De Pinta.
PINTARIA, peintre. Ba. Voyez Pinta.
PINTATUA, point. Ba.
PINTEALADU, peindre. I.
PINTEARAS, fard. I.
PINTER, pinson oiseau. B.
PINTER, potier d'étain. B.
PINTIA, pré. Ba. Punt en Allemand, prononcez Piat, pré.
PINTURA, peinture. Ba.
PINUA, pin arbre. Ba. Voyez Pin.

PINVICQ, riche. B.
PINVIDICQ, PINVIZICQ, riche, opulent, qui est à son aise; *Pinvidighez*, *Pinvidigaezon*, richesses, opulence; *Pinvidiga*, *Pinvidicqat*, *Pinvizicqat*, enrichir, rendre ou devenir riche. B. Voyez *Pin*.
PINVIR, chef-rente. B.
PINVIZICQ. Voyez *Pinvidicq*.
PINUSA, muscate. Ba.
PINWYDDEN, pin, pomme de pin. G. Ce mot formé de *Pin*, pin, & *Gwydden*, arbre, n'a d'abord signifié que le pin, & dans la suite a été étendu à signifier aussi son fruit. Voyez *Pin*.
PIOB, flûte; *Piob Mala*, cornemuse. I. Voyez *Pib*.
PIOBA, tonneau. I. Voyez *Pib*.
PIQBAN, goulot, gosier. I.
PIOCH, paix. B. Voyez *Peoch*.
PIOCOIT, pic, houe, hoyau, pioche. I. Voyez *Pic*.
PIODEN, pie oiseau. G. Voyez *Pi*.
PIOG, PIOGEN, pie oiseau. G. Voyez *Pi*.
PIOH, paix. B. Voyez *Pioch*.
PIOLOIR, pilier, colonne. I. Voyez *Piler*.
PIOLOITIDHE, pilote. I. Voyez *Pilot*.
PIOPA, tuyau, pipe à fumer; *Cor Piob*, tube, tuyau. I.
PIORAIDIDE, pirate. I.
PIORAITT, corsaire, pirate. I. De là ce mot.
PIOSA, morceau, piéce, bande. I.
PIOSEDH, mettre en piéces. I.
PIOTRUSG, perdrix. I. Voyez *Petris*.
PIOU, qui, quel, lequel; *Piou-Bennac*, quiconque. B. Voyez *Pwy*.
PIOU est le même que *Piaou*. B.
PIOUNS, fontaine. B. Voyez *Pin*.
PIP, flûte, & par métaphore toute petite pointe de terre. G. Voyez *Pib*, qui est le même mot.
PIP, pipe mesure. B. Voyez *Pib* qui est le même mot.
PIPA, tonneau. Ba. Voyez *Pib*.
PIBA, A. M. tonneau, vase à mettre des liquides. De *Pip*, *Pipa*.
PIPARE, A. M. jouer de la flûte. De *Pip*.
PIPERACIUM, nom que, selon Dioscoride, les Gaulois donnoient à l'herbe que les Crecs appelloient *Akoron*. Voyez *Peperacium*.
PIPERRA, poivre. Ba. Voyez *Pebr*.
PIPETH, A. M. chant ou instrument de musique qui imite le son de la flûte. De *Pip*.
PIPGORN, sorte de flûte qui a le son fort aigu. G. A la lettre, flûte de corne. De *Pip Corn*.
PIPIA, grain. Ba.
PIPIA, ver qui ronge le bois. Ba.
PIPIARE, A. G. crier comme les poussins ou les pigeonneaux. De *Pipya*.
PIPIONES, A. G. poussins, pigeonneaux. Ils sont ainsi appellés du cri qu'ils forment. Voyez *Pipya*.
PIPOUL, pourpier. B.
PIPPA, A. M. flûte. De *Pip*.
PIPPRE. Davies se contente de dire qu'il vient de *Pibo*, sans l'expliquer autrement. Puisque ce mot vient de *Pibo*, il doit signifier celui qui a le cours de ventre. G.
PIPYA, piailler, crier comme les poussins. B.
PIPYDD, joueur de flûte. B.
PIQER, piqueur. B. De là ce mot, Voyez *Pic*.
PIQUE, lance, pique. B. De là ce mot.
PIQUEA, poix. Ba. Voyez *Pyg*, *Pecg*.

PIQUETUA, de poix. Ba.
PIQUEZA, action de poisser. Ba.
PIQUOLDAETH, grosseur. B. Voyez *Picol*.
PIQUUS, A. M. crampon. De *Pic*, pointe.
PIR, élévation, hauteur, montagne, élevé. G. *Pir* en Arabe, Seigneur, magnifique, excellent, Prince de famille, superbe, orgueilleux.
PIR, le même que *Bir*, *Fir*, *Mir*, *Vir*. Voyez *P*.
PIR, le même que *Par*, *Per*, *Por*, *Pur*. Voyez *Bal*.
PIR-GOUDASK, poire sauvage. B. *Pir* est le même que *Per*, poire; *Goudask*, sauvage.
PIRAENN, poire. B. Voyez *Per*.
PIRATA, PIRATUS, A. M. pirate. De *Piroait*.
PIRCHIRIN, pélerin, voyageur; pluriel *Pirchirinien*; *Pirchirinder*, *Pirchiniriaich*, *Pirchirinded*, pélérinage: B. Voyez *Pererin*.
PIRCILH, persil. B.
PIRKEN, poire, poirier. B.
PIREGUI, poiriers. B.
PIRIRHIN, pélerin. B.
PIRILH, péril. B.
PIROCHA, belette. Ba.
PIS, pois légume. I. Voyez l'article suivant.
PIS, PES, pois légume; singulier *Pisen*, *Pesen*; un pois; B. *Pyt* en Gallois; *Pis* en Irlandois, pois. De là le Grec *Pison*, le Latin *Pisum*, les Italiens *Piso*, *Pesette*, le François *Pois*, l'Anglois *Pease*, l'Allemand *Erbiss*; *Pesere*, champ semé de pois en vieux François.
PIS, chiche, avare, ténace, serré au propre & au figuré, continuel; *Pisder*, avarice, ténacité, mesquinerie, trop grande épargne. B. Voyez *Piscasca*.
PIS adverbe signifie nettement, exactement, attentivement, scrupuleusement, *Scuba Pis*, balayer net; *Selaoüi Pis*, regarder de près avec toute son attention; *Cara Piz*, aimer tendrement & comme avec jalousie; *Deut Pyz*, sévère, austère, suga jusqu'au scrupule. B.
PIS, doigt. B. C'est le même que *Bis*.
PIS. Voyez *Pais*.
PIS. On voit par *Pistel*, *Pistill*, que *Pis* a signifié canal.
PIS, le même que *Bis*, *Fis*, *Mis*, *Vis*. Voyez *P*.
PIS, le même que *Pas*, *Pes*, *Pos*, *Pus*. Voyez *Bal*.
PIS-RAM, haricot. B.
PISA, A. M. pois. De *Pis*.
PISAGARRIA, équilibre de romaine. Ba. Voyez *Pwys*.
PISALIE, PISALIS, PISELUM, A. M. endroit où l'on gardoit les robes, les habits. Les Zélandois disent encore aujourd'hui *Piiseel* en ce sens. De *Pis*, le même que *Pais*.
PISATU, je pese. Ba. De là ce mot. Voyez *Pwys*.
PISC, poisson. G. Voyez *Pesk*.
PISCA, mie, petit morceau, parcelle. Ba.
PISCASKA, frugal. Ba. Voyez *Pis*, chiche, &c.
PISCOGACH, sorcier; pluriel *Piscog*. I.
PISCOGACH, divination. I.
PISCOID, poissonneux. G.
PISEEL, yvraie. B.
PISEN. Voyez *Pis*.
PISGEN, PISGWYDD, tilleul. G. *Gen*, synonime de *Gwydd*. Voyez *Guen*, qui est le même mot que *Gen*.
PISGI, pastre. G. C'est le même que *Pesgi*.
PISGWYDD. Voyez *Pisgen*.
PISIN, petit. I. Voyez *Bychan*.
PISION, urine. G. Voyez *Piso*.

PISITU*

PISITU, je charge. Ba.
PISMIGAL, manger par petits morceaux & avec dégoût. B.
PISO, pisser. G. Pispota en Basque, pot de chambre; à la lettre, pot à pisser. Pisse en Anglois; Pissar en François; Pissa en Suédois; Pissen en Flamand & en Allemand; Pissiare en Italien, pisser. Pisse en Basque; Piss en Flamand, en Anglois, en Suédois; Pisse en Allemand; Pisar en Turc, urine. Voyez Pison.
PISOYALAC, langes d'enfans. Ba.
PISPOTA, pot de chambre. Ba. Voyez Piso.
PISQED, poissons. B. Voyez Psk.
PISREOGADN, enchanter, ensorceler. I.
PISTA, chassie des yeux. Ba.
PISTEL, canal. G.
PISTIC, PISTICG, pointe, douleur interne, pointe de douleur, élancement; plurier Pistigou. Pistiga, piquer, pointer, causer des pointes douloureuses dans le corps. B. Voyez Pistign.
PISTICQ, tache, souillure, défaut, imperfection. Voyez Dibisscq.
PISTIGA, faire une plaie, estropier. B. Voyez Pistic.
PISTIGUER, celui qui blesse, qui estropie. B.
PISTIGUIADUR, pleurésie. B.
PISTILL, canal. G.
PISTO, suc des viandes. Ba.
PISTRONQENN, petoncle. B.
PISTYLL, canal, robinet, cannelle. G.
PISTYLLIAD, source d'eau, flux, écoulement. G.
PISTYLLIO, sourdre, couler, se répandre, distiller, tomber goutte à goutte. G.
PISU EGUIN, je charge. Ba. Voyez Pwys.
PISUA, pesant, pesanteur, pesanteur de tête, balance. Ba. Voyez Pwys.
PISUERGA, qui passe une rivière à la nage. Ba.
PISUEZA, leger. Ba. De Pisua Eza.
PISUQUINDEA, statique science. Ba.
PISTA, urine. Ba. Voyez Piso.
PISYAJARIO, qui a envie de pisser. Ba.
PIT, le même que Bit, Fit, Mit, Vit. Voyez P.
PIT, le même que Pat, Pet, Pot, Put. Voyez Bal.
PITANCIA, A. M. pitance, aliment, nourriture. De Pitance.
PITANCE, pitance. B. De là ce mot. Voyez Pwys le même que Bwyth.
PITEANTAS, action d'un efféminé. I.
PITINABAT, chevreau. Ba.
PITON, piton. B. De là ce mot.
PITOREA, peintre. Ba.
PITOSA, belette. Ba. De là le mot François Pitois.
PITOUILH, PITOUL, douillet qui ne peut souffrir aucune incommodité, friand, léche-plat, friandise. B.
PITOUS, PITUS, piteux. B. De là ce mot.
PITSA, FITSA, atome. Ba.
PITT, fosse, creux, trou. E. Voyez Pat.
PITUSGARRIA, séné. Ba.
PITY, enfant trouvé. Ba.
PITZAIRA, résurrection. Ba.
PIU, qui, quel, quelle, lequel, laquelle. B.
PIV, le même que Pib, Pif, Pip. Voyez P.
PIUNE, fontaine. B.
PIVOENA, piment plante. B.
PIUR, sœur. E.
PIW, mammelle, pis. G. C'est le même que Pib.

Pip, Peppa en Italien; Pappe en Anglois, mammelle; Pis en François, mammelle de la vache; Pic en Allemand, mammelle; Pipizo en Grec, téter.
PIS, le même que Pis, chiche, &c. & Pis adverbe, nettement, &c. B.
PIZARE, A. M. assurer, affermir. De Piz, ténace.
PIZDER, avarice. B. Voyez Pis.
PIZICQ, qui est un peu avare. B.
PIZONY, lésine. B.
PIZTEA, résurrection. Ba.
PIZTIA, belette oiseau. Ba.
PIZTU, je suis ressuscité, je revis, je ressuscite les autres. Ba.
PLA, plaie; plurier Plaau. G. Plege en Grec; Plaga en Latin; Llaga en Espagnol; Plaie en François, plaie; Plia, fleche en Galibi. Voyez Plaouhia.
PLA, PLO, les mêmes que Plou, bourg. B.
PLACA, PLACEA, A. M. place. De Placz.
PLACARD, affiche, placard. B. De là ce mot.
PLACENCIA, consentement. Ba.
PLACER ONA, approbation. Ba. A la lettre, bon plaisir.
PLACERA, plaisir, joie. Ba. De là le Latin Placere, l'Italien Piacere, les Espagnols Aplacer, Complacer, le François Plaire, l'Anglois Please. Voyez Plich.
PLACH, fille nubile, vierge, pucelle, servante; plurier Plachet, Plach Fail, fille de mauvaise vie. B.
PLACI, placer, mettre. B. De là le premier de ces mots.
PLACIA, A. M. place. De Placz.
PLACQ, plaque. B. De là ce mot.
PLACQA, appliquer. B. Plaeken en Flamand a la même signification.
PLACZ, lieu, place. B. De là le François Place, l'Italien Piaza, l'Espagnol Plaça, place. De là Plaz en Polonois; Placz en Carniolois; Plak en Bohémien, aire, place. Plege en Grec; Plaga en Latin; Plage en François, plage, contrée. Voyez Placa.
PLACZA, mettre, placer. B. De là ce mot.
PLAD, plat ustensile. B. De là Plat en François; Plato en Espagnol; Piato en Italien; Platen en Allemand; Plate en Anglois, plat. Voyez Plat.
PLADA, A. M. plie poisson. De Pladt, plat. Ce poisson a été ainsi appellé parce qu'il est mince & plat.
PLADA OCH, se tapir. B.
PLADEEN, tourteau. B.
PLADEIN, applatir, écacher. B.
PLADEREAH, action d'applatir. B.
PLADT, plat, uni. B. De là Plat en François; Flach en Allemand; Vlack, prononcez Flack, en Flamand, plat. De là le Latin Platea, place.
PLADUR, faulx, faucille, serpe. G.
PLADUR, basses terme de marine. B.
PLADURWR, taillandier, qui fait des faulx, faucheur, moissonneur. G.
PLAEN, plain. B. De là le Latin Planus, le François Plain, l'Italien Piano, l'Espagnol Llano, plain. De là le Latin Planities, l'Italien Pianura, l'Espagnol Llanura, l'Anglois Plaine, plaine substantif. Voyez Planna, Plana.
PLAEN, le même que Blaen. Voyez P.
PLAENEN, plaine. B. Voyez Plaina.
PLAGHA, fleau, peste. I. De là le Latin Plaga.
PLAGIA, A. M. plage, rivage de la mer. Voyez Placz, Playa.

PLAGIUM, A. M. plage, contrée, pays. Voyez Plage.
PLAIA, A. M. plage, rivage de la mer. De Playa.
PLAID, part, partie, parti. G.
PLAIDI, plaider. B. De là ce mot. Voyez Pleidiwr.
PLAIG, peste, fleau. I.
PLAINA, plaine. Ba. Voyez Plaen, Plaenen.
PLAISAITIUM, PLAISICIUM, A. M. lieu enfermé de claies, ou forêt fermée de haies, en François Plessis. Voyez Plee.
PLAISSIA, A. M. enceinte formée avec des claies, qu'on appelle dans la Principauté de Dombes Plaissay. Voyez Plee.
PLAITARE, A. M. plaider. De Plaidi.
PLAIZIA, A. M. espèce de gâteau. De Pladzen ou Plaizen.
PLAN, PREN PLAN, plane arbre. G. De Plan. Voyez Plain.
PLANAD, rabot. I. De Plaen ou Plan, plain, uni, parce que le rabot sert à applanir, à unir une pièce de bois.
PLANARATI, soc de charrue qui étoit placé entre deux petites roues. Pline nous a conservé ce mot Gaulois au l. 18, c. 18 de son Histoire naturelle: *Non pridem inventum in Rhatia Gallia, ut duas adderent alii rotulas, quod genus vocant Planarati*. Ce mot est formé de *Plaen* le même que *Blaen*, aiguillon, pointe; *A*, avec; *Rod* ou *Ros*, roues; *Dy* ou *Ty*, deux.
PLANC, long. G.
PLANC, table. I.
PLANCA, A. M. table. De Planc.
PLANCAW, table. C.
PLANCH, caparaçon. B.
PLANCHA, lame. Ba.
PLANCHA, PLANCHIA, A. M. piéce de champ qui s'étend en long, ou qui est plaine. Au premier sens de Planc; au second de Plan le même que Plaen, plain, uni. Voyez Planad. Voyez Planchenn.
PLANCHA, A. M. planche. De Planch.
PLANCHENN, planche de jardin. B. De là ce mot.
PLANCHILIA, A. M. diminutif de Plancha. Voyez Plancha.
PLANCIO, A. M. table. De Planc.
PLANCO, A. M. plançon, jeune arbre, arbrisseau. De Plançon.
PLANCON, singulier Plançanen, jeune arbre, arbrisseau. B. De là ce mot.
PLANÇON, toute tresse de paille, de fil, de cheveux, &c. Plançona, tresser; Plançonet, tressé; Bleu Plançonet, cheveux tressés; Tog Plançonet, chapeau de paille tressée. B.
PLANCQOED, planche. B.
PLANDA, plante; Plandadh, plantes. I. Phannu, planter en Gallois & en Breton; Planta en Breton, planter, & Plant, plante. De là le Latin & l'Espagnol Planta, le François Plante, l'Italien Pianta, le Flamand Plante, l'Allemand Pflantze, l'Anglois Plante, le Bohêmien Plan, plante. De là le Latin Planto, l'Italien Piantare, l'Espagnol Plantar, le François Planter, l'Anglois Plant, le Flamand Planten, l'Allemand Pflantzen, le Théuton Flantzen, l'ancien Saxon Plantan, planter.
PLANED, planète. G. Voyez Planedenn.
PLANEDENN, planète, aventure bonne ou mauvaise. B. Ce met paroit Grec d'origine : Il a pris la signification d'aventure bonne ou mauvaise de la superstition de ceux qui croyent que la bonne ou mauvaise fortune des hommes dépend de la planète sous laquelle ils sont nés.
PLANG, long. G.
PLANC, ais, planche, table. G. Plancan en Langue de Cornouaille; Planc en Irlandois; table; Planink en Irlandois, Plank en Breton, planche. De là les Grecs Plak, Plakos, le Latin Planca qui se trouve dans Festus, le François Planche, le Flamand & l'Anglois Plank, l'Esclavon Blanca, planche, Palanca en Hongrois, lieu fermé de planches.
PLANING, plante, pepinière. G.
PLANK; singulier Planken, planche; pluriel Plaink, Pleink, Plakennou, Plancot, Plenkin, Plencot, Plencoet, Plene, Plene. B. Voyez Plange.
PLANKENN AR SCOAZ, omoplate. B.
PLANN, PLANNIAD, action de planter, de semer, de greffer, d'enter. G.
PLANNHIGYN, marcotte. G.
PLANNIAD. Voyez Plann.
PLANNU, planter, semer. G. B. enfoncer, ficher, enterrer. G.
PLANNWR, qui plante. G.
PLANNWYDDEN, plante vive, qui a sa racine. G.
PLANSONUS, A. M. plançon, jeune arbre. De Plançon.
PLANT, enfans, fils. G.
PLANT, plante; Planta, planter. B. Voyez Planda.
PLANTA, engendrer, produire des enfans. G.
PLANTA, PLANTADA, PLANTATA, PLANTAGO; PLANTAGIUM, PLANTARIA, PLANTARIUM, PLANTERIUM, PLANTATUM, PLANTEA, PLANTELLA, PLANTERIUM, PLANTICUM, A. M. plant ou lieu planté d'arbres ou de vignes. De Plant, Planta.
PLANTEC, PLANTEIZ, plant, lieu nouvellement planté d'arbres. B. En vieux François Plantis.
PLANTENN, plant, jeune arbre pour planter. B.
PLANTERICE, le même que Plantée.
PLANTONARIUS, A. M. celui qui scie le marbre en tables. De Planc.
PLANTOS, petits enfans, enfans méprisables, enfans de rien. G.
PLANTUM, A. M. terrein donné sous un cens pour y planter de la vigne. De Plant.
PLANWYD, plant d'arbres. G.
PLANWYDDEN, plante. G.
PLANZOUNEN, plançon, jeune arbre, arbrisseau. B.
PLAOSG, écaille, coquille, gousse, coque, cosse. B.
PLAOUHIA a pour participe passif Plaouhiet, qui signifie celui qui est blessé d'un coup de griffe d'une bête féroce, celui qui est attaqué d'une maladie violente & mortelle ; C'est ainsi que Dom L. Pelletier explique ce mot. Le Pere de Rostrenen met Plaouny, blesser un loup. B. Voyez Pla.
PLARIC, adverbe pour dire doucement, sans bruit. B. Voyez Llary.
PLAS, palais. G. C'est le même que Palas.
PLAS, le même que Blas. Voyez ce mot & P.
PLASSA, A. M. place. De Plas.
PLASSAGIUM, A. M. C'est le même que Plaisaitium.
PLASSETUM, A. M. le même que Plaissicium.
PLASTARRUA, courroie. Ba.
PLASTATU, emplâtre. Ba. Voyez Plastr.
PLASTERIA, PLASTERRIA, A. M. carriere de plâtre. De Plastr.
PLASTR, plâtre. G. B. De là le François Plâtre.

PLA.   PLE.   263

l'Anglois *Plaister*, le Flamand *Plaester*, plâtre. Voyez *Plastradh*.

PLASTR, formation, création. G. *Plaze* en Grec, créer, former.

PLASTR, emplâtre. G. Voyez *Plastain*.

PLASTRA, plâtrer. B.

PLASTRADH, plâtre ; *Plastrail*, plâtrer. I.

PLASTRARIUS, PLASTRERIA, A. M. carrière de plâtre. De *Plastr*.

PLASTREUS, A. M. de plâtre. De *Plastr*.

PLASTRUM, A. M. plâtre. De *Plastr*.

PLAT, plat, vaisseau pour servir à manger sur la table ; plurier *Pladen* & *Plajon*. B. Voyez *Plad*, *Platera*, *Platerchea*. Voyez l'article suivant.

PLATA, plat, vaisseau pour servir à manger sur la table. B. Voyez l'article précédent.

PLATA, A. M. lame ou piéce de métal plate. De *Pladt*.

PLATA, A. M. vaisseau plat. De *Pladt*.

PLATA, A. M. place. De *Pladt*.

PLATANOA, platane arbre. Ba.

PLATELLUS, A. M. petit plat. De *Plat*.

PLATERA, plat de balance, plat. Ba. Voyez *Plat*.

PLATERCHOA, petit plat. Ba. Voyez *Plat*.

PLATESSA, A. M. plie poisson. De *Pladt*. Voyez *Plada*.

PLATEUS, A. M. plat. De *Plat*.

PLATINA, sorte de petit vase, en Latin *Patella*. Ba.

PLATINA, A. M. tourtière. De *Plat*, *Platina*.

PLATINENN, platine. B. De là ce mot.

PLATOMA, PLATONA, PLATONIA, PLATUNIA, A. M. piéce plate de marbre. De *Pladt*.

PLATUM, PLATUS, A. M. plat. De *Plat*.

PLAU, blesser. G. Voyez *Pla*.

PLAUNA, plaine, & comme adjectif uni, plain, plat. Voyez *Plaen*.

PLAUTUS, A. M. plat, plain. De *Pladt*.

PLAXITIUM, A. M. Voyez *Plec*.

PLAYA, rivage. Ba. Voyez *Plais*, *Place*.

PLAYS, A. M. plie poisson. De *Pladt*. Voyez *Plada*, *Platessa*.

PLAZA, place, marché. Ba. Voyez *Place*.

PLAZA, A. M. place. De *Plaza*.

PLAZACOA, étranger, de dehors. Ba.

PLAZIA, A. M. le même que *Plagia*. Voyez ce mot.

PLE, ou adverbe de lieu. G. Ce mot est formé de *Pe*, quel ; *Le*, lieu.

PLE, synonime de *Plot*. B.

PLEAN, plain. B. Voyez *Plaen*.

PLEANEN, plaine, campagne unie. B.

PLEC, PLECG, PLIC, pli ; *Plec-Mor*, anse ou golfe de mer ; en Latin *Sinus*. *Plega*, *Plissa*, plier, entrelasser ; & en termes de navigation, pencher, parlant d'un navire qui penche d'un côté ; *Comps E Plec An Scoarn*, parler en grand secret ; à la lettre, parler dans le pli de l'oreille. B. *Plyg* en Gallois, pli, & *Plygu*, plier. *Pleko* en Grec ; *Plico* en Latin ; *Piegar* en Italien ; *Plegar* en Espagnol ; *Plier* en François ; *Playte* en Anglois, plier. De *Plec*, on a fait *Plessier*, *Plesser*, qui en vieux François signifioient plier. L's & le *e* se mettant indifféremment l'un pour l'autre, de *Plessier* sont venus les anciens mots François *Plessis*, *Plesseis*, *Plessit*, *Plaissié*, *Plessier*, *Plesse*, *Plesse*, qui signifioient un bois environné de claies ou de rameaux d'arbres pliés & entrelassés. De là sont venus les noms d'un grand nombre d'habitations en France, parce que ces habitations étoient auprès de ces bois. On a appellé dans la basse Latinité un bois ainsi environné *Plaissicium*, *Plaisteium*, *Plaissia*, *Plaxitium*, *Plissicium*, *Plessacum*, *Plessacum*, *Plesseta*, *Plessatum*, *Plessicium*, *Plessitium*, *Plexicium*, *Plexitia*, &c. De *Plesse* nous avons fait en notre Langue le verbe *Plesser*, pour dire plier des arbres & les lier tellement ensemble, qu'ils engendrent des branches sur un autre tronc. Voyez *Pleg*, *Plesh*.

PLEDDACH, attention d'esprit. Voyez *Thleddach* & le mot suivant.

PLEDT, attention d'esprit. B. Voyez le mot précédent.

PLEEN, plain, uni. B.

PLEG, pli, inflexion, inclination du corps, ce qui est plié ou n'est pas étendu, inclination de l'ame, penchant. B. Voyez *Plec*, *Plegu*.

PLEG AR VORSED, aînes. B.

PLEGA, PLEGUEIN, plier, entrelacer, courber, s'affaisser, captiver, assujettir, soumettre. B.

PLEGARIA, prieres. Ba.

PLEGE, pli. B. Voyez *Pleg*.

PLEGIUS, A. M. plége, caution ; De *Plega*, soumettre, assujettir : celui qui cautionne un autre, se soumet & s'oblige à payer pour lui au cas qu'il ne paye pas.

PLEGUET, plié ou qui n'est pas étendu, penchant adjectif, qui est incliné. B.

PLEGUICHECA, continu. Ba.

PLEGUS, sinueux. B.

PLEGYD, le même que *Plaid*. G.

PLEGYT, en partie. G.

PLEHENN, palis. B.

PLEIBER a la même signification que le Latin *Plebs*, & se dit au sens de Paroisse ou de la Communauté des Paroissiens. B.

PLEIDGAR, qui aime à être seul, à ne rien avoir en commun. G. De *Plaid Car*.

PLEIDIAD, suffrage, voix que l'on donne. G.

PLEIDIO, participer, être du parti de quelqu'un. G.

PLEIDIOL, qui aime à ne rien avoir en commun, homme qui prend parti, qui se laisse aller au penchant qu'il a pour quelqu'un contre la justice. G.

PLEIDIWR, plaideur, qui donne son suffrage, sa voix. G. Voyez *Plaidi*.

PLEIDURA, A. M. le même que *Pleisura*.

PLEIN, plane arbre. B. Voyez *Plan*.

PLEIN, doloire. B. Parce qu'on se sert de cet instrument pour applanir les piéces de bois.

PLEINE, ras, plain, uni. B.

PLEINN, entier. B.

PLEINNATT, doler. B.

PLEISK. Voyez *Plusk*.

PLEISSEICIUM, A. M. Voyez *Plec*.

PLEISSIARE, A. M. plier. De *Plessier*. Voyez *Plec*.

PLEISTURA, A. M. piéce de terre enfermée de claies ou de rameaux pliés & entrelassés. Voyez *Plec*.

PLEN, plain, uni. B.

PLENA, assembler les syllabes, épeller. B.

PLENAC, marais. Ba.

PLENCQOD, planche. B.

PLENK, planches. B. Voyez *Plank*.

PLENEN, plaine, campagne unie. B.

PLENTIN, PLENTYN, enfant, enfans, petits. G.

PLESSA, A. M. plesse, en vieux François enceinte de claies ou de rameaux pliés & entrelassés. Voyez *Plec*.

PLESSIA. Voyez *Plec*.

PLESSIACUM. Voyez *Plec*.

PLESSIS. Voyez *Plec*.
PLETH, pli, entortillement, entrelacement, tissu, collier. G. Voyez *Plec*.
PLETH, entre. B.
PLETHEDIG, plié, tors, tordu, tressé, tissu, entortillé, entrelacé, tissu à mailles, maillé, qui est à rezeau. G.
PLETHIAD, action de plier, d'entrelacer, de faire un tissu, pli, tissure. G.
PLETHU, plier, entrelacer, entortiller, faire un tissu, entremêler. G.
PLETHWAITH, tissu. G.
PLETHWR, tisserand. G.
PLETRIN, auge de bois. B.
PLEU, synonime de *Plou*. B.
PLEURA, A. M. pleure en François dans les coûtumes de Poitou, champ. Voyez *Pleu* synonime de *Plou*.
PLEUSTR, plaisir, agrément. B.
PLEUSTRA, dresser des taureaux au travail. B. De là pourroit bien venir le Latin *Plaustrum*.
PLEUSTRER, celui qui recherche une fille en mariage. B.
PLEUSTRET, accoutumé à bien faire, avec diligence, & agréablement. B.
PLEUSTRIN, se faire une habitude & une coûtume, fréquenter, hanter souvent. B. Voyez *Pleustra*.
PLEXITIUM, A. M. Voyez *Plec*.
PLEZARIA, A. M. action de cautionner. Voyez *Plegius*.
PLIANT, le même que *Bliant*. G.
PLIBIN, pluvier. I.
PLIC, pli, sinuosité, courbure. B. Voyez *Plec*.
PLICA, A. M. pli. De *Plic*.
PLICATA, A. M. claie, ainsi nommée de ce qu'elle est faite de rameaux pliés & entrelacés. Voyez *Plic*, *Plec*.
PLICH, PLICHA, PLIGEA, PLIGEIN, PLIGEOUT, plaire, agréer, être agréable, complaire, être gracieux. B. Voyez *Placera*.
PLIESGA, peau déliée qui se trouve sous la première écorce des arbres. Ba.
PLIGEA. Voyez *Plich*.
PLIGEADUR, complaisance. B.
PLIJADUR, plaisir, délices. B.
PLIJUS, plaisant. B.
PLIN, le même que *Blin*. Voyez P.
PLIONNEIN, palisser. B.
PLISG, le même que *Bligg*. G.
PLISQUEN CNOUEN, coque de noix. B. *Cnouen*, noix.
PLISSA, plier, plisser. B. Voyez *Plec*.
PLITH, entre. G.
PLITH, le même que *Blith*. Voyez ce mot & P.
PLO, synonime de *Plou*. B.
PLO, Voyez *Lu*.
PLOBM, plomb. C. Voyez *Ploum*.
PLOC, ploc. B. De là ce mot.
PLOD, mare. I.
PLOE, paroisse, champ. B.
PLOE, synonime de *Plou*. B.
PLOEECQ, PLOEUCQ, riche en terre. B.
PLOM, plomb. B. Voyez *Ploum*.
PLOM, plume. B. Voyez *Plu*.
PLOMMET, livide. B. De *Plom*, comme qui diroit plombé.
PLOS, poussière. C.
PLOTAIREAS, PLOTAIRIOS, conspiration, conjuration, machinations, complot. I.

PLOU. Voyez *Ploue*.
PLOU, le même que *Plu*, eau, parce qu'on prononçoit indifféremment l'*u* en *ou* ou en *u*.
PLOUE & anciennement *Plouef*, champ, campagne, territoire. Dans la vie de Saint Gwenolé *Map Doe Roe An Plooeu*, Fils de Dieu Roi des régions, des pays, des territoires, &c. *Tut War Ar Ploue*, gens du pays, de la campagne, campagnards. *Plouis*, commune, populace d'un territoire. *Ma Ploeys*, mes compatriotes ; c'est comme paysan fait de pays. *Ploüs* est proprement une multitude d'habitans d'un canton champêtre divisé en quantité de villages & maisons particulières. *Plouis* est le terme collectif qui marque une commune. *Plouisien* est le plurier & *Plouiad* ou *Plouisiad*, un particulier. On écrivoit autrefois *Plou* dans les noms composés, qui sont communément des noms propres de Paroisses, & dans les anciens titres Latins ce nom est représenté par celui de *Plebs*. Davies met aussi *Plwyf populus*, *plebs*, *antiquis*, *Nobis Parochia*. W. S. (C'est Guillelmus Salisburius in 1560.) Sic sæpe reddit populum in novo testamento. Et D. Ddu an. 1340. Plebem in psalmis. Ce terme a été apparemment plus usité dans les Villes Capitales, où l'on traite de campagnes toutes les moindres villes, bourgs, bourgades & villages. Le possessif de ce nom est en plusieurs dialectes, *Ploue*, *Ploëoe*, *Ploeue* : C'est ainsi que Dom Le Pelletier explique ce mot. Le Pere de Rostrenen met *Plou*, *Pleu*, *Plo*, *Plu*, campagne, bourg, paroisse, habitation ; & *Plone*, plaine. B. *Fleck* en Allemand, bourg, bourgade ; *Flor*, *Flur* en ancien Allemand, sol, campagne ; *Flere*, *Flering* en ancien Saxon, sol ; *Plump*, *Plumpich* en Allemand, agreste, campagnard ; *Ploum*, *Plovum* en ancien Lombard, charrue, instrument à labourer les champs ; *Plowu* en Danois, charrue ; *Ploutroer*, *Ploutroir*, *Plotror*, *Plouslr* dans Nicot, signifient un gros rouleau de pierre dont on se sert pour applanir les champs & briser les mottes ou inégalités qui y sont. Ces mots sont formés de *Plou* ou *Pleu* & *Torri*. De *Pleu*, campagne, est venu le terme populaire de Franche-Comté *Pleutre* dont on se sert pour dire qu'un homme est grossier. De *Pleu* ou *Plev* ou *Pleb* est venu le Latin *Plebs*.
PLOUESAD, homme de la campagne, paysan. B.
PLOUIS, paysan ; plurier *Plouisis*, *Plouisyen*. B.
PLOUM, plomb. B. *Plwm*, plomb en Gallois & en Breton ; *Plobm*, plomb en Langue de Cornouaille ; *Plumb* en Irlandois, plomb. On ne peut douter que les Latins n'ayent tiré leur mot *Plumbum* du Celtique, puisqu'il ne peut venir du terme Grec *Kassiteros*. D'ailleurs la Grande Bretagne produisant du plomb & de l'étain, les Celtes n'ont pas manqué d'avoir un terme propre pour désigner ces métaux. Camden prétend avec raison que les Isles Sorlingues ont été nommées par les Grecs *Cassiterides*, du Grec *Kassiteros*, plomb, étain, parce que l'on tiroit de là beaucoup de ces métaux ; ce qu'il prouve par le témoignage de Festus Avienus, qui vivoit au quatrième siécle. De *Ploum* les Bretons ont fait leur verbe *Plomma*, couvrir, garnir de plomb, & aussi plonger ; *Ploumer*, plombeur & plongeur ; plurier *Ploumerien*, qui signifie dans le burlesque de grands buveurs. Ils disent aussi *Plouma* au sens de jetter par jeu ou exercice une balle de plomb dans la main d'un autre. De *Plouma*, plonger, on a fait *Plumbiare* dans la basse Latinité, d'où est venu notre mot François *Plonger*, & l'Anglois *Plunge*.

PLO.

Plunge. B. De *Plumbum* Latin, pris, comme nous avons dit, de *Ploum* Celtique, est venu le François *Plomb*, l'Italien *Piombo*, l'Espagnol *Plomo*, plomb. Le terme Théuton *Pliun*, plomb, a aussi beaucoup d'affinité avec le Celtique *Plwm*. Dans le Maine la *Plume* est un croc à peser, qui est ainsi nommé de la masse de plomb qui en fait le contrepoids. On appelloit en vieux François *Plommée* une massue garnie de plomb, par où l'on voit que nos ancêtres prononçoient encore alors *Plm* pour *Plomb*.

PLOUMA. Voyez *Ploum*.

PLOUMEIZ, baquet, cuvier. B.

PLOUMEN, plomb de maçon. B. Voyez *Plymmen*.

PLOUMEN, tuyau, pompe, jet d'eau. B. Ainsi nommé parce que ses canaux sont faits avec du plomb.

PLOUMER. Voyez *Ploum*.

PLOUMERICQ, plongeon. B. C'est le diminutif de *Ploumer*.

PLOUMM, perpendiculaire, gobe, attrape. B. De *Ploum*, plomb, parce que c'est avec une ficelle, au bas de laquelle il y a un plomb, que l'on prend la ligne perpendiculaire. On a aussi appellé *Ploum*, une gobe, parce qu'elle plonge dans l'eau pour être à portée d'être prise du poisson; de *Ploumа*, plonger; ou parce que l'on met dans les lignes à pêcher un peu de plomb, afin de faire plonger la gobe dans l'eau.

PLOUMMA, recevoir dans la main une paume lancée. B. C'est ainsi que le Pere de Rostrenen explique ce mot dans un sens général, tandis que Dom Le Pelletier, dont nous avons rapporté l'explication au mot *Ploum*, le restraint à une balle de plomb. Il faut conserver ces deux significations. Voyez *Aukelher*.

PLOUS, PLOUX, PLOUZ, paille; singulier *Plousen*, *Plousien*, une paille, un brin de paille *Plous* en quelques cantons de Bretagne signifie seulement la fine écorce qui est sur le chaume, & tout ce qui est si leger que le vent l'emporte aisément. B. *Phlous* en Grec, écorce; *Pleva* en Esclavon; *Plewa* en Polonois & en Bohémien, paille.

PLOWE, campagne. B. Voyez *Ploue*.

PLOWE, peloton. B. Voyez *Ploumma*.

PLOWISYAD, homme de la campagne, paysan. B.

PLOUYS, paysan. B.

PLU, plume; singulier *Pluen*, *Pluin*, une plume. G. Une partie des Gallois dit *Piusyn* & *Plus*. G. *Pluf*, *Pluiv*, *Plum*; singulier *Pluven*, *Plunhen*, *Pluen*. B. De là *Pluma* en Latin & en Espagnol; *Plom* en ancien Saxon; *Pflaum* en Allemand; *Pluyme* en Flamand; *Plam* en Esclavon, plume; *Lu* en Chinois, ailes, plumes. On voit par *Pluccan* que *Plu* a aussi signifié poil, & par *Pluen* qu'il a aussi signifié laine. Voyez *Blew*, *Pluma*, *Plom*.

PLU, synonime de *Plou*. B.

PLU, eau. Voyez *Lu*.

PLU, le même que *Blu*, *Flu*, *Vlu*. Voyez P.

PLU 'R GWEUNYDD, plante appellée en Latin par Rhesus *Periophoron Gramen*.

PLUAR, farine. I.

PLUCCAN, poil follet; G. diminutif de *Plu*. Davies. On voit par là que *Plu* a signifié poil comme plume.

PLUCHE, singulier *Pluchen*, peau ou écorce des fruits, tels que noix, chataignes, amandes, pommes & poires. B. De là notre mot *Eplucher*. Voyez *Plusk*, qui est le même mot.

TOME II.

PLW.   265

PLUCHA, s'accroupir. B.

PLUD, espèce de manteau. I. De là le Latin *Pluteus*.

PLUEN, plume, floccon. B. Voyez *Plu*.

PLUEN, robinet. B.

PLUENN, cadenas pour fermer les entraves. B.

PLUERIUS, A. M. pluvier oiseau. Voyez *Lu*.

PLUF, PLUFF, PLUV, (on voit par *Plumaich* qu'on a aussi dit *Plum*) plume d'oiseau; singulier *Pluen*, *Pluven*, *Plunhen*, *Plunhee*, *Pluvec*, *Pluhee*, qui a des plumes, qui est de plumes. *Treus Plunhee*, oreiller ou traversin de plumes; *Plunha*, *Plunva*, produire de la plume; *Diplunha*, *Diblunha*, *Diblunva*, plumer, ôter la plume; *An Pluff Bras An-Askell*, les grandes plumes des ailes. Remarquez que dans cette phrase *Pluff* collectif est pour le pluriel. B. Voyez *Plu*.

PLUFEG, coussin. G. C'est le même que le suivant.

PLUFFECQ, oreiller ou traversin de plumes. B.

PLUFYN, PLUF. Voyez *Plu*.

PLUGEOUR, plongeur. B. Voyez *Ploum*.

PLUIX, flux. Ba. Voyez *Fluff*.

PLUMA, plume à écrire. Ba. Voyez *Plu*.

PLUMAICH, plumage, plumet. B.

PLUMALIA, A. M. pélisse. De *Plun*, poil. Voyez *Plu*.

PLUMB, plomb. I. Voyez *Ploum*.

PLUMVIA, PLUNVIA, PLUNHIA, PLOUMMAFF, PLUMVAFF, plonger. B. Voyez *Ploum*.

PLUN, plume. B. Voyez *Plu*.

PLUNA, produire de la plume. B.

PLUNGER, plongeur. B.

PLUNGERICQ, plongeon. B. C'est le diminutif du précédent.

PLUO, produire de la plume. G.

PLUOG, couvert de plumes. G.

PLUOR, poussière; quelquefois le même que *Plu*. G.

PLURAN, indigo. I.

PLUS, propre, net; *Pluscoat pura sylva* dans un ancien monument que rapporte Dom Lobineau, forêt nette, propre. B.

PLUSK; singulier *Plusken*; plurier *Pluskennou*, peau ou écorce des fruits, tels que noix, chataignes, amandes, pommes & poires, &c. écorce, seconde écorce, gousse de pois, de fèves, &c. écaille, coque, *Diblusca*, éplucher, ôter l'écorce, la peau des fruits. B. Les Gallois disent *Plisg*, & les Irlandois *Pleisk*, au même sens.

PLUSKA, PLUSQA; c'est le verbe formé de *Plusk*. B.

PLUSTR, plaisir, agrément. B.

PLUSTRA, s'accoûtumer, s'habituer, se plaire à quelque action ou travail, persévérer dans une entreprise, &c. accoûtumer. B.

PLUSTRENN, seing naturel. B.

PLW, le même qu'*Ulw*. Voyez ce mot.

PLWCCA, boue. G. Voyez *Lu*.

PLUVECQ, oreiller ou traversin de plumes. B.

PLUVENN, plume. B. Voyez *Plu*.

PLWM, plomb. G. B. Voyez *Ploum*.

PLWM GWYNN, étain. G. A la lettre, plomb blanc.

PLWMM, plomb. G.

PLWYF chez les anciens, dit Davies, signifioit peuple; parmi nous il signifie Paroisse. G. Voyez *Plou*.

PLWYFOG, PLWYFOL, Paroissien. G.

PLWYV, peuple. G. C'est le même que *Plwyf*.

Xxx

266 PLU.

PLUYS, paysan. B. Voyez Ploue.
PLY, pierre, roc. Voyez Bilyen.
PLYG, pli, détour, courbure. G. B. Voyez Plec.
PLYG, raie, fente. G.
PLYO, action de plier, de courber. G.
PLYGAIN, le même que Pylgain. G.
PLYGEDIG, tordu, tortillé, entortillé, entrelacé. G.
PLYGIAD, action de plier, de courber, de détourner, pli, courbure, rouleau, entortillement. G.
PLYGU, plier, courber, fléchir, incliner, pencher, décliner, tourner. G.
PLYMIAD, action de plomber. G. Voyez Plwm.
PLYMIO, sonder. G.
PLYMLIW, couleur livide ou plombée, plombé, livide, moutri, noirâtre. G.
PLYMLWYDD. Les anciens, dit Davies, disoient mieux Plymnwyd, combat, bataille, choc. G.
PLYMLYD, de plomb. G.
PLYMMAIDD, de plomb. G.
PLYMMEN, vase de plomb, masse de plomb. G.
PLYMMWR, plombier. G.
PLYMNWYD. Voyez Plymlwyd. G.
PLYN, ride. G.
PLYN, pierre, roc. Voyez Bilyen.
PO, pays. G. B. Poh en Hébreu, ici, en ce lieu, & Pah, canton, contrée; Pho en Tonquinois, place publique; Phu, territoire, partie de Province, & Phuong, partie, côté du monde dans la même Langue; Bo, pays en Galibi; Podu en Islandois; Paou en Coptho, terre; Poi en Grec, où, en quel lieu, question de mouvement, & Opou, où, en quel lieu, question de repos; Ephoh en Hébreu; Bove en Italien, les mêmes que Poi, Grec.
PO, afin que. G.
PO se dit à la seconde personne de l'impératif pour dire cesse, contiens-toi, n'agis ou ne parle plus. B. Voyez Poel, Paouer.
PO, le même que Bo, Fo, Mo, Vo. Voyez P.
POAHEIN, rôtir. B.
POAISS, inaction. B. Voyez Po.
POAN, peine, douleur, mal, maladie, effort; Poan A Meus E M'Pen, j'ai mal à la tête; mot à mot, mal à moi est en ma tête; pluriel Poanion; Poanedighez, peine, Poania, peiner, causer ou avoir de la peine, de la douleur, tourmenter, affliger; Poanius, pénible, difficile, douloureux. B. Voyez Pena.
POAN-GOFF, colique. B. A la lettre, douleur de ventre.
POANIA. Voyez Poan.
POANIUS. Voyez Poan.
POATH, chaud, bouillant. B. Voyez Poeth.
POAZ, coction, cuisson ou cuit. Bihan Poas Ew, il est peu cuit, ou de peu de cuisson, de peu de maturité; & au sens moral, il est peu sage & peu prudent; Kic Poas, chair cuite. Poaz signifie aussi chaud; Poaza, cuire; Poaset, cuit; Bara Poaset, pain cuit. Il se dit des choses cuites dans l'eau, rôties & même brûlées. Poaset Ew Ma Beis, mon doigt est brûlé; Poaxni, Poaznidighez, brûlure. B. Voyez Poat, Poet. De Poac est venu le Latin Passus, dans la signification de desséché au soleil.
POAZA. Voyez Poac.
POAZADUR, coction, cuisson, brûlure, feu interne. B.
POAZAT, cuire brûler, cuire causer de la douleur. B.

POC.

POB, tout en tout genre, un chacun, tous; Pob, un chacun, comme qui diroit tout un. G. B. Pa, en Chinois, tout.
POBA, cuire, & au figuré causer de la douleur. B. Ipobou, estomac en Galibi. Voyez Pobi.
POBAL, peuple. I. Voyez Pobl.
POBER, boulanger. B.
POBFAEN, brique. G. A la lettre, pierre cuite.
POBI, cuire, rôtir. G. Voyez Poba.
POBI, piler dans un mortier. G. On dit en Patois de Franche-Comté Pôta.
POBL, peuple; G. B. pluriel Pybl, Pebl. B. Les anciens Latins firent de là Poblus & Poplus, ainsi qu'on le voit par le nom de Poplicola, Publicola, Publicola. De là le Latin Populus, l'Italien Popolo, l'Espagnol & l'Anglois People, le François Peuple, l'Allemand Pobel, peuple. Po en Tartare du Thibet, homme. Voyez Pobal, Pobul, Populuco & Pol, qui est la racine de ce mot.
POBL, génération, généalogie. B.
POBLAD, colonie. B.
POBLIGUIAU, popularité. B.
POBLOG, peuple. B.
POBRAN, pied de coq plante. B. A la lettre, pied de corbeau.
POBREA, pauvre. Ba. De là ce mot, l'v & le b se mettant l'un pour l'autre.
POBTY, four, boulangerie. G. Ty.
POBUL, peuple. I. Voyez Pobl.
POBYDD, boulanger, fournier, qui blute, qui passe, qui fait du pain; féminin Pobyddes. G.
POBYDD, qui pile dans un mortier. G.
POBYDDES, boulangere. G.
POBYDDIAETH, métier de boulanger, art de faire du pain. G.
POC, POCAN, bouc. I.
POC, le même que Pac, Pec, Pic, Puc. Voyez Bal.
POCA, aveugle. E. Poke en Runique & en Anglois, aveugle.
POCADH, bourse, poche. I. De là ce mot, Potca, sac, poche en ancien Saxon; Pockęt en Anglois, poche, petit sac; Poke en Islandois; Pochwa en Polonois; Poßwiske en Bohémien, gaine, fourreau. Voyez Pochat, Pouchedan.
POCALIS, A. M. le même que Bocalis. Voyez Bauc. Pocal en Allemand a la même signification. Voyez Pochard.
POCCAIL, baiser nom. C. Voyez Pocym.
POCCYN, baiser. G. De Boch, Voyez Pok, Pog.
POCHA, pocher, crever les yeux. B. Pochen, Bochen en Allemand; Beuken en Flamand, fraper, piler, battre. Buquer à la porte en vieux François, signifioit fraper à la porte. On dit en Patois de Franche-Comté Boqua pour heurter. On voit par là qu'on a dit Bocha, Boqua comme Pocha; d'ailleurs le b & le p se mettent l'un pour l'autre. Nous disons encore en François Pocher pour meurtrir. Voyez Peucqa.
POCHAL, POHAL, POUCHAL, hache, coignée, instrument de charpentier; pluriel Pochili. Pochala, hacher, couper avec la hache, se peiner, se fatiguer au travail, être patient, patienter en la peine; Un Den A Pochallat, un homme de grand travail, qui met son soin & sa peine à faire son ouvrage. B. Voyez Bochal.
POCHAN, plongeon oiseau, & par extension plongeur. B.
POCHARD, sac à vin, yvrogne. B. Voyez Pocalis.

POC.

POCHAT, pochée, plein la poche. B. Voyez *Pocadh*.
POCHIA, A. M. poche. Voyez *Pocadh*, *Pochat*.
POCONNUS, A. M. le même que *Pocalis*. Voyez ce mot.
POCQ, baiser nom. B. Voyez *Poccyn*, *Pok*, *Pog*.
POCQET, baiser verbe. B.
POCRUADH, chevre. I.
POCZEDI, posséder. B.
POCZUPL, possible. B.
POD, pot. Voyez *Pota*.
POD, beaucoup, quantité, abondance, excès, très, fort adverbe, abondamment, fréquemment, commun, ordinaire, fréquent, abondant. B. Voyez *Pot*, *Pant*, *Paud*, qui sont le même mot que *Pod*. De là les mots Latins *Potior*, *Potius*, *Sphodra* en Grec, beaucoup, extrêmement ; *Pocy* en Chinois, inonder.
POD. Voyez *Podium*.
POD, le même que *Bod*, *Bot*, *Fod*, *Fet*, *Mod*, *Mot*, *Vod*, *Vot*. Voyez P. & D.
POD, le même que *Pad*, *Ped*, *Pid*, *Pud*. Voyez *Bal*.
PODAICH, potage. B. De là ce mot. De là *Potaggio* en Italien & en Espagnol, potage. Voyez *Pod*.
PODD, comment. G.
PODELEC, poclée. B. De là ce mot. Voyez *Pod*.
PODER, potier. B. Voyez *Pod*.
PODES, terrine. B. Voyez *Pod*.
PODIUM, montagne, colline. (*Ium* terminaison Latine.) Ce mot Gaulois nous a été conservé par Théodulphe, Evêque d'Orléans, & par l'Auteur de la vie de Saint Gregoire, Évêque du Puy. Le premier s'explique ainsi :

Hinc Magalona habuit lavam, sextantio dextram.
Hic scabris podiis cingitur, illa mari.

Voici les termes du second : *Surge velociter, & cacumen istius montis ascende, quem majores vestri græco sermone Anitium : Vos autem quasi propria nationis vocabulo dicitis podium.*

Sidoine Apollinaire nomme *Puteus* ce que ces deux Auteurs ont appellé *Podium*. (*Sublimem in Puteo videbis urbem. Propempticum ad libellum.*) *Put* & *Pod* sont le même mot, parce que dans le Celtique l'*u* & l'*o*, le *t* & le *d* se mettent l'un pour l'autre. Ce mot Gaulois se prononce dans le Royaume de toutes les façons suivantes : *Poet*, *Poj*, *Poi*, *Pol*, *Port*, *Poy*, *Poya*, *Pou*, *Poul*, *Pui*, *Puy*, *Pi*, *Pie*, *Pic*, *Pec*, *Pech*, *Pet*, *Peu*, *Peux*, *Puech*, *Puesch*, *Punch*, *Puch*, *Puj*, *Puig*. On a aussi prononcé *Pog* & *Poj*, ainsi qu'on le voit par *Pogium*, qui se trouve dans une charte de l'Abbaye de Conche en Normandie, & par *Pojolis*, qui se trouve dans une charte de Provence. Quelques-unes de ces prononciations sont particulières à certaines Provinces, comme *Pec*, *Pech*, *Puech*, *Puesch*, *Puch*, *Puy*, *Puig*, *Puj*, *Pet*, *Poet* en Languedoc, & en Guyenne. *Puy* & *Pec* se disent dans l'Anjou, le Berri, l'Auvergne, le Velay, le Poitou, la Provence. *Pec* en l'Isle de France & en Anjou ; *Pi* & *Pic* dans le Bigorre ; *Pou* en Normandie ; *Poy*, *Pou*, *Puesch* en Languedoc & en Auvergne ; *Poya* dans la Principauté de Dombes ; *Puy*, *Puesch*, *Punche* en Auvergne ; *Pie* en Berri & en Bretagne ; *Peux* en Poitou ; *Poet* en Dauphiné ; *Poul*, *Poj* en Provence. Dans la Ville de Saint Claude en Franche-Comté, on appelle une rue placée sur la pente d'une montagne la *Paya*. Dans deux anciens titres de Franche-Comté, *Pol* est mis pour colline. Une montagne près de Laviron est nommée le *Pou* de

POD. 267

Laviron ; une colline près de Boussière est nommée le *Pone* ; l'article préposé fait voir que ce nom est appellatif. Les Italiens ont prononcé *Pod* en *Pog*. *Poi*, ainsi qu'on le voit dans plusieurs chartes Latines de cette Nation du douzième siécle, dans lesquelles on lit *Pogium*, *Poium* en ce sens, & ils disent encore aujourd'hui *Poggio* dans cette signification. Les Arragonois ont prononcé *Puey*, *Pueyo*, ainsi qu'on le voit dans d'anciennes chartes de ce Royaume. Surita, Auteur de cette Nation, atteste que dans les vieilles chartes d'Arragon *Port* est mis pour montagne. Les Portugais appellent *Pico* toute montagne ronde. Les Espagnols, selon Scaliger, ont dit *Pujo* pour montagne, colline. On trouve en effet dans les chartes de Navarre & d'Arragon *Puga*, *Pugium*, *Puialis* pour colline. Selon le même Scaliger, nous avons appellé *Pujet* une petite colline. Les Espagnols disent *Pujar*, monter, enchérir, & les Languedociens *Puja*, monter. Dans les anciens Poëtes Provençaux, *Pojar* & *Pujar* signifient monter. En Touraine on dit *Poncr* pour monter ; *Puy*, *Puesch*, *Punch*, cime, crête, sommet en Auvergnac. *Pic*, *Pig* en Gallois, & en Bas Breton, pointe, sommet ; *Bog* en Gallois, haut ; *Bucz* en Breton, bosse, élévation ; *Both* ou *Bodh*, (car le *t* & le *d* se mettent l'un pour l'autre) en Breton, élévation, hauteur, butte, tertre ; *Por* en Gallois, Seigneur ; *Pod* en Breton, très, le plus haut dégré de quelque chose ; *Picacho*, sommet de rocher en Basque, & *Buyatua*, se gonfler dans la même Langue ; *Puy* en vieux François, lieu haut & élevé comme un théatre, échafaud ; *Puis*, plus en vieux François ; *Boue* en Anglois ; *Boven* en Flamand, par-dessus ; *Peak* en Anglois, élévation, pointe, être élevé ; *Puccina* en Illirien, hauteur ; *Pod*, haut en Polonois ; *Pod* en Esclavon, grenier, l'endroit le plus élevé de la maison ; & *Podac*, *Podak*, balcon dans la même Langue ; *Pycha* en Polonois, orgueil ; (c'est hauteur au figuré) & *Puchlina*, enflure, bosse dans la même Langue ; *Pukel* en Carniolois ; *Bukel* en Autrichien, bosse ; *Buchim*, enfler, grossir en Stirien & en Carniolois ; *Feü* en Hongrois, excellent ; *Fen*, principal & *Fw*, *Fo*, grand dans la même Langue ; *Povaré*, supérieur, en haut en Groenlandois ; *Pika*, long ; *Piuka*, grand en Finlandois ; *Bi*, sur en Gothique ; *Basse*, Roi ; *Backa*, tertre fait de main d'homme en ancien Suédois, selon Rudbeck ; *Aipos* en Grec, haut ; *Aipus*, hauteur ; *Bou*, grand particule augmentative ; *Pagos*, colline ; *Pegma*, échafaud dans la même Langue ; *Phues* en Grec, sommet ; *Monophues*, qui n'a qu'un sommet dans Strabon ; *Apex*, sommet en Latin ; *Pegma*, échafaud en Latin ; *Phaad* en Hébreu, élever ; *Bad*, premier de l'État ; *Pachah*, Général, Président, Chef, & *Piscah*, colline dans la même Langue ; *Fuk* en Arabe, être supérieur, dessus, au-dessus, éminent, excellent, éminence, sommet ; *Fachaz*, excellence, supériorité, & *Facham*, grand dans la même Langue ; *Padisah*, Roi, Monarque, Empereur en Persan ; *Paya*, Général, Chef, & *Piruz*, haut, supérieur, plus haut, vainqueur ; *Pis*, Chef, Général, premier, grand ; *Puste*, éminence, tertre, tas, comble, & *Pug*, *Puge*, ample, énorme dans la même Langue ; *Pou*, *Pas*, Seigneur en Cophte ; *Pes*, Dieu ; *Psi*, sur, dessus ; *Niphoi*, lieu élevé, préparé pour qu'on s'y assoie ; & *Pi*, dos dans la même Langue ; *Boga*, Seigneur en Tartare Calmoucq ; *Bayon*, grand, noble en Tartare Calmoucq & Mogol ;

Plouer en Arménien, colline ; *Padi*, Seigneur, Dieu en Tamoulique ; *Bondara*, montagne, & *Ponjokcha*, Monarque en Talenga ; *Boukis*, montagne, colline ; & *Pagi*, suprême, le plus élevé en Malaye ; *Pud* en Siamois, haut ; *Pu* en Chinois, préposé, préfet, supérieur ; *Pen*, magnifique, illustre, grand ; *Pao*, précieux, & *Feu*, colline dans la même Langue ; (*Pnon*, nom d'une montagne à la Chine ; *Pungeio*, nom d'une autre montagne ; *Pexe*, nom d'une autre ; *Poye*, nom d'une autre ; *Pie*, nom d'une autre dans le même Pays. On sçait que les noms appellatifs sont souvent devenus propres.) *Fu*, *Fuc*, long en Japonois ; *Boco*, montagne dans la même Langue ; *Pud*, haut en Siamois, & *Peja*, Prince dans la même Langue ; *Pec*, Prince dans la Langue des Tartares de Hami ; *Pata* en Pérouan, perron, lieu élevé ; *Pok* en Siamois, haut ; *Bohits*, montagne dans la Langue de Madagascar ; *Pek*, beaucoup en Turc, *Bogh*, Chef, Général ; *Boi*, élévation ; *Baynk*, *Boynk*, grand ; *Bujuk*, grand ; *Beg*, Seigneur, Gouverneur de Province ; *Beden*, creneau, dessus, extrémités des tours des murailles ; *Boinmak*, croître ; (*Mak* est la terminaison qui constitue les verbes en cette Langue.) *Bach*, principal, & *Bacha*, Gouverneur de Province dans la même Langue ; *Apu*, *Apus* en Pérouan, le principal, le plus grand, Prince, & *Pacha*, Ciel dans la même Langue ; *Puen*, long en Brésilien. Voyez *Bec*, *Volema*, *Bol*, *Bod*, *Both*.

PODIUM, A. M. château, forteresse ; c'est une extension de la signification précédente. On plaçoit ordinairement les châteaux, les forteresses sur des montagnes, sur des élévations, à cause de l'avantage que donnoit cette situation pour se défendre ; d'où il est arrivé que l'on a étendu le terme *Pod* dans toutes ses prononciations à signifier un château, une forteresse placée sur une montagne, sur une élévation, ensuite château, forteresse en général, ainsi *Podium Guillelmi*, *Podium Joannis*, *Podium Normanni*, *Podium Alvary*, &c. en François *Puits Guillaume*, *Puits Jean*, *Puits Normand*, *Puits Alvary*, &c sont les châteaux ou forteresses de Guillaume, de Jean, du Normand, d'Alvary. On en fit de même, & pour la même raison, du terme Celtique *Mon*, du Latin *Mons*, du François *Mont* ; de là *Mons Martini*, *Mons Berulfi*, &c. Mont-Martin, Mont-Bron, &c. château ou forteresse de Martin, de Berulse ou Bron. On en fit de même, & pour la même raison, du Celtique *Mott*, du Latin barbare *Mota*, du François *Motte* ; ainsi *Mota Achardi*, *Mota Fulgeradi*, &c. en François *la Motte Achard*, *la Motte Foucrand*, &c. sont les châteaux ou forteresses d'Achard, de Foucrand. On trouve souvent dans les anciennes Coûtumes des Provinces ou Villes du Royaume, & dans les anciens Auteurs François, le terme de *Mote* en ce sens. On lit ces mots dans la Coûtume de Troye, *titre 2, article 14*: *Le principal chastel ou maison, fort, Mote ou place de maison seigneuriale*. Dans la Coûtume d'Auvergne, *chap. 12, art. 31*, & dans la Coûtume de Chaumont, *art. 8*, il est parlé de la *Mote* seigneuriale. On lit dans le Roman de Vacce :

Hubert de Rie est à sa porte,
Entre le Moftier & sa Mote . . .
Encore est Hubert sor son pont,
Gardoit à val, gardoit à mont.

De là vient que dans les annales de Fulde les serfs du Seigneur sont nommés *servi motales*, *homines motales*, serfs de la *Motte*, hommes de la Motte. On plaçoit aussi les châteaux ou forteresses sur des rocs ou rochers, d'où il est arrivé que le mot Celtique *Roc*, le Latin *Rupes*, le Latin barbare *Roca*, *Roecha*, *Rocha*, *Rocca*, *Rocka*, le vieux François *Roco*, *Roque*, le François *Roche*, en quelques Provinces du Royaume *Roque*, en Provence *Rouchas* ou *Rouquas*, ont signifié château, forteresse ; ainsi *Rupes Ainardi*, *Rupes Guidonis*, *Rupes Bernardi*, &c. en François *la Roche-Ainard*, *la Roche-Guyon*, *la Roche-Bernard*, &c. sont les forteresses ou châteaux d'Ainard, de Guyon, de Bernard. Voyez *Din*.

PODIUM, POGIUM, A. M. tribune, jubé. Voyez *Podium*, montagne, colline.

PODIUM, A. M. maison de paysan. De *Pod* le même que *Bod*.

PODOUR, potier. B.

PODR. Voyez *Pwdr*.

PODT. Voyez *Podteau*, *Pod*.

PODTEAU, PODTEFF, pot de fayence ou aiguière. B. A la lettre, pot à l'eau ; *Podt*, pot ; *Eau*, *Eff*, eau. Voyez *Pod*, *Pota*.

PODUM, PODUS, A. M. maison de paysan. De *Pod*, le même que *Bod*.

POED, le même que *Boed*. G.

POEH, chaud, ardent, brûlant. B. C'est le même que *Poaz* dans un autre dialecte. *Pokte*, bouilli en Persan. Voyez *Poeth*, qui est le même mot.

POEHEIN, cuire, brûler, griller. B. C'est le même que *Poaza* dans un autre dialecte.

POEHET, brûlé. B.

POEL, lac, marais. B. *Poole* en Anglois, marais, étang ; *Poel*, *Bolle* en Flamand, marais, lac, étang ; *Pfuel* en Allemand, marais ; *Pul* en ancien Saxon ; *Pfsbul* en Théuton, marais, étang ; *Pelos* en Grec Éolique, marais ; *Pelos*, boue, limon en Grec ; *Palos* en Grec Dorique, boue, limon ; *Foul* en Anglois, boue épaisse ; *Poulis*, boue en Caraïbe ; *Pel*, boue en Langue de Chili. Voyez *Poull*, *Bala*.

POELL, lien, attache, arrêt, tout ce qui retient les choses en leur état, fil du discours, retenue, constance. B. *Poela* en Auvergnac, enchasser ou retenir par des échalas.

POELL, POUELL, prudence, sagesse, jugement, discrétion, discernement, intelligence, entendement, raison, bon sens ; *Poellat*, *Poellad*, *Pouellat*, l'acte qui procède du jugement, du bon sens ; il se met aussi pour le jugement, &c. comme *Poell*. B. Voyez *Pwyll*.

POELLAD, tâche d'ouvrage, tentative, effort, application. B.

POELLADUS, laborieux. B.

POELLAT, se peiner. B.

POELON, poêlon. B. De là ce mot.

POELTRON, poltron. B. De là ce mot. *Poltrun*, lâche, paresseux en Albanois ; *Poltrone* en Italien ; *Poltron* en Espagnol, poltron. Voyez *Pouilltron*, *Pwll*.

POEN, peine, supplice, douleur, tourment, G. B. travail, G. mal. B. *Pian* en Irlandois, peine, trouble, angoisse ; *Poine* en vieux François, peine ; *Pan* en Arménien, travail, ouvrage, affaire ; *Ponos* en Grec, travail ; *Pin* en Danois ; *Paine* en Anglois, douleur. Voyez *Pena*, *Poan*.

POEN-GAS ; qui craint la peine. G. *Cat*.

POENG, POENCE, pierre ponce. B.

POENCEON.

POE. POK.

POINCEON, cape. B.
POINCZON, poinçon. B. De là ce mot.
POIND, point; E Poind, à point. B. De là ce mot. Voyez Pwynt.
POENEDIG, qui fait de la peine, qui tourmente. G.
POENEDIGAETH, peine, supplice, tourment. G.
POENFAWR, chagriné, affligé, accablé de maux, laborieux. G. A la lettre, grande peine, grand travail. Poen Mawr.
POENFNWR, actif, agissant, qui se donne du mouvement. G.
POENGAR, qui aime le travail. G. Car.
POENI, faire de la peine, souffrir un supplice, un tourment, de la douleur, faire souffrir un supplice, de la douleur, un tourment, tourmenter, être tourmenté. G. Pœnire en ancien Latin; Punire en Latin; Punir en François & en Espagnol; Punish en Anglois; Pinte en Danois, punir. Voyez Pœn.
POENIEIN, persécuter. B.
POENT, il est temps. B. Voyez Poind.
POENTADUR, pointillage. B.
POENTEEL, panneau sorte de selle. B.
POENUS, qui fait de la peine, qui tourmente, pénible, fâcheux, chagrinant, difficile, accablé de peines, chagriné, affligé, laborieux, qui aime le travail, qui résiste au travail, dur, dur à la fatigue. G.
POER, crachat, salive, pituite. G.
POERI, cracher, jetter de la salive. G.
POERIAD, crachement. G.
POERION, salive. G.
POERLLYD, pituiteux, plein de salive. G.
POERYN, salive, crachat. G.
POES, poids, pesanteur, gravité; & comme signifiant le côté vers lequel le poids fait pencher les corps, on l'employe en ces phrases: War Poes Tyaonn, vers le bas; War Poes Crech, vers le haut. Il marque aussi la totalité, la force totale; par exemple, Gherwhel A Boes E Ben, crier ou appeller à pleine tête, de toute la force de la voix; A Poes E Dion Brech, de toute sa force, du poids de ses deux bras. Poesa, peser; Poesus, pesant, grief, important : C'est ainsi que Dom Le Pelletier explique ce mot; le Pere de Rostrenen met Poes, poids, autorité. B. Poatsa en Lappon, bête de charge. De Poes sont venus nos mots François Poids, Peser. De là l'Italien & l'Espagnol Peso, l'Anglois Poize, l'Esclavon Pesa, poids. Voyez Pwys.
POES, le même que Poeth. Voyez Crampoehen.
POESEL, boisseau. B. Voyez Boèsell.
POESSELLATA, A. M. le même que Boessellata, boisselée ou le plein boisseau. De Poesel.
POESUS, pesant. B.
POET. Voyez Podium.
POETH, ardent, brûlant, en feu, de feu; & au figuré, qui s'emporte, qui se met en colere aisément, qui est ardent à faire ou à poursuivre quelque chose. G. Il signifie aussi rouge en cette Langue. Voyez Benboeth. Abaih en Arabe, être chaud, brûler; Pomb, charbon en Éthiopien; Ptech en Dalmatien & en Esclavon; Piec en Polonois, fournaise; Poe, lumière en Groenlandois; Poeteuse en Patois d'Alsace, cendre chaude; Onata, feu en Galibi. Ne seroit-il pas plus convenable de tirer de là le nom de Poète que du terme Grec Poieo, faire? On a toujours regardé les poètes comme remplis d'enthousiasme,

qui est une espèce de feu. Voyez Poeth, qui est le même mot.
POETHDER, ardeur, chaleur, colere, emportement, promptitude, saillie, colere subite. G.
POETHFA, chaleur, ardeur, grande chaleur, inflammation, abscès, apostume. G.
POETHFERWEDIG, ardent, brûlant, bouillant, chaud. G. Pléonasme Poeth Berw.
POETHFLAMM, très-chaud, très-enflammé brûlé. G.
POETHI, échauffer, brûler, cuire, s'échauffer, devenir chaud, être échauffé, être ardent, s'échauffer au feu, prendre feu, s'emporter. G.
POETHI, cuire. B.
POETHIAD, embrasement, incendie. G.
POETHIASU, être échauffé, bouillir. B.
POETHINES, ardeur, chaleur. G.
POETHLYD, ardent, brûlant, bouillant, chaud. G.
POETHLYM, vif, prompt, ardent, bouillant. G.
POETHNAUS, colere adjectif, emporté. G.
POETHNI, ardeur, chaleur. G.
POETHWYNT, espèce de tourbillon embrasé. G.
POEZ, le même que Poeth. Voyez Crampoehen.
POG, baiser nom. I. Voyez Pok.
POG, le même que Poeth. Voyez Crempog, Crammen.
POG. Voyez Podium.
POG, le même que Bog, Fog, Mog, Vog. Voyez P.
POG, le même que Pag, Peg, Pig, Pug. Voyez Bal.
POGADH, baiser nom & verbe. I.
POGAM, qui a le pied empêché, qui a le pied bot. B.
POGAMM, qui a la main empêchée. B.
POGEN, le même que Poeth. Voyez Crempog, Crammen.
POGETUM, A. M. petite colline. Voyez Podium.
POGIUM, A. M. maison de paysan; c'est le même que le quatrième Podium.
POGUEN, plurier Poguenou, les deux branches de la charrue sans distinction. B.
POI. Voyez Podium.
POI. Voyez Podium.
POIGIH, baiser nom. I.
POILL, trou. I.
POIMP, pompe, grandeur, magnificence. I. Pompe en Grec; Pompa en Latin, en Espagnol, en Italien, en Polonois, en Hongrois; Pomp en Allemand; Pompe en François, pompe. Voyez Pomp.
POINSO, POINSONUS, A. M. poinçon. De Poinczon.
POINTEELL, barde. B.
POJOLIS, A. M. petite colline. Voyez Podium.
POIREAGA, creux, bas. I.
POIRSE, porte, portique. I.
POISA, A. M. poids. De Poes.
POISCARIA, farceur, bouffon. Ba.
POISTARICA, hochequeue. Ba.
POISTE, poste course de cheval. I. Voyez Post.
POITHI, échauffer. G.
POIUM, A. M. Voyez Podium.
POK, baiser, un baiser. Autrefois on écrivoit Poeq & Pocqet pour Poki, baiser, donner un baiser; impératif singulier à la seconde personne Pok, baise; Pokit, baisez; Poker, baiseur; féminin Pokeres, Pokeres, baiserie, dit le Pere Maunoir. Monsieur Roussel croit avec raison que Pok est Boch, bouche. B. Cet article est pris de Dom Le Pelletier. Voyez Poccyn, Pog, Pot.
POKETTA, A. M. poche, petit sac. De l'Anglois Pocket, & celui-ci de Pocadh.

PÔL, féminin de *Pwl*. G.
POL, boue. C. Voyez *Poel*.
POL, POLL, les mêmes que *Baile*. I.
POL, POLEN, poulain jeune cheval. Voyez *Poul*, *Ebol*. *Fol* en Danois, petit d'animal.
POL. Voyez *Podium*.
POL, le même que *Bol*, *Fol*, *Mol*, *Vol*. Voyez P.
POL, le même que *Pal*, *Pel*, *Pil*, *Pul*. Voyez *Bal*.
POL-DOUN, abysme, profondeur prodigieuse. C.
POLAN, étang. C. Voyez *Poel*.
POLCHEN, gousse de lin. B.
POLE, POLÉE, poulie. B. De là la *Poulie* en François; *Pulley* en Anglois, poulie.
POLEDRUS, PULLETRUM, PULLETRUS, PULTRINUS, A. M. poulain; de l'Italien *Poledro*, *Puledro*, *Poltro*, & celui-ci de *Pol*. De là *Poutre*, jeune jument en Franche-Comté.
POLEO, poulie. B.
POLES, poulette. B.
POLETA, A. M. la partie du pied que l'on appelle en Latin *Mons Pedis*, la montagne du pied. Voyez *Podium*.
POLETRIA, A. M. troupeau de poulains. Voyez *Poledrus*.
POLICABEA, impoli. Ba.
POLICAYA, ratissoire, rabot. Ba.
POLION, pluriel de *Pawl*. G.
POLIONI, échalasser, ramer, mettre des échalas ou des perches pour soutenir. G.
POLISSON, polisson; *Polissonnein*, polissonner. B.
POLITA, beau de visage, très-beau. Ba.
POLITATUA, efféminé. Ba.
POLITU, efféminé. Ba.
POLL, boue, limon. C.
POLL, POLLARE, trou, creux, fosse, orifice, ouverture, caverne. I. Voyez *Pwll*, *Poul*.
POLLA, A. M. poulette. De *Poles*.
POLLACH, creux, spongieux, plein de pores ou de petits trous. I. Voyez *Pwll*.
POLLACIUS, POLLACUS, POLLASTER, POLLATUS, A. M. poulet. Voyez *Polla*.
POLLAD, trouer, percer. I.
POLLAIN, narines. I.
POLLARE. Voyez *Poll*.
POLLENATUS, A. M. poulain. De *Polen*. Voyez *Pol*.
POLLENVA, PAOLLENVA, conduire un bâteau avec un seul aviron par la poupe, ramer & gouverner avec le même aviron. C'est le même que *Paoulea*. B. Ce mot est composé de *Paol*, barre, & *Lewia*, gouverner; *Lenva* pour *Lewia*.
POLOD, le même que *Bolod*. Voyez ce mot & B.
POLONTE, volonté. I.
POLOSE, A. G. hautement; *Polosa*, haute. De *Pol*. Voyez *Podium* & *Pol*, le même que *Bol*.
POLOSS, BOLOSS, prunes communes & d'un goût fort aigre; singulier *Polosson*. *Irin Poloss*, prunes de haies, prunelles. On dit en haute Bretagne des blosses ou belosses, & l'arbre qui porte ce fruit *Blossier*: C'est ainsi que Dom Le Pelletier explique ce mot. Le Pere de Rostrenen met *Polosen*; pluriel *Polos*, prune sauvage. B. En quelques Provinces de France *Pelossier* est un prunier sauvage. En Patois de Franche-Comté on appelle les prunes *Bloches*.
POLOSUS, A. M. illustre. Voyez *Polose*.
POLOT, paume. B. De là notre mot François *Pelote*.
POLOT, le même que *Bolod*. Voyez ce mot, P & D.

POLOTELLUS, A. G. qui joue à la paume. De *Polot*.
POLOTER, paumier. B. Voyez *Polot*.
POLOTES, prunes sauvages. B. C'est le pluriel de *Poloss*.
POLOTON, peloton. B. De là ce mot.
POLOTRES, prunes sauvages. B. C'est le pluriel de *Poloss*.
POLTRET, portrait. B. Voyez *Portreat*, *Portreiad*.
POM, le même que *Bom*. Voyez P.
POMEDER, pous, battement de l'artère. B.
POMP, pompe, faste, ostentation. B. Voyez *Poimp*, *Pomparroqueria*.
POMPA, A. M. pompe, faste. De *Pomp*.
POMPA, A. M. pompe machine à tirer l'eau. Voyez *Pompein*.
POMPADER, fanfaron. B.
POMPADI, faire le brave, faire parade, faire ostentation. B.
POMPARROQUERIA, vaine ostentation. Ba. Voyez *Pomp*.
POMPATSUA, superbe. Ba.
POMPEIN, pomper. B. Voyez *Pom*, le même que *Bom*, *Pump* en Allemand ; *Pompe* en François & en Flamand ; *Bomba* en Espagnol, pompe; *Pampen* en Allemand & en Flamand, pomper.
POMPETA, A. M. ornement trop recherché & superflu d'un habillement. De *Pomp*.
PON, le même que *Pen*. G. *Pound*, *Pount*, crête en Arménien ; *Pouor* en Esclavon, abysme, profondeur ; *Ponormi*, profond en Esclavon.
PON, le même que *Bon*, *Fon*, *Mon*, *Von*. Voyez P.
PON, le même que *Pan*, *Pen*, *Pin*, *Pun*. Voyez *Bal*.
PONAIRE, fève, pois, légume. I.
PONAR, fève suivant Perri, Auteur Gallois, Seigneur suivant Davies. G.
PONCELLUS, A. M. petit pont. De *Pons* & *Cel* diminutif.
PONCHEA, potion. Ba.
PONCIN, poulet. B. Voyez *Poucin*.
PONCNELL, peigne de venus plante. G.
PONCZ. *MAEN PONCE*, pierre ponce. B. De là ce mot.
POND, n'a-t'il pas ? n'est-ce pas ? n'est-il pas ? G.
POND, pont. B. Voyez *Pont*.
PONDALEZ, galerie, allée. B.
PONDEIN, faire un pont. B.
PONDER, poids. B. De là les mots Latins *Pondero*, *Pondus*. Voyez *Ponner*.
PONDT, pont; *Pondticq*, petit pont. B.
PONER, fèves. I. Voyez *Ponar*.
PONER, pesant, important, lent. B. C'est le même que *Ponner*.
PONGORS, butor. B.
PONI, poser, mettre. Voyez *Cymmoni*. De là le Latin *Pono*.
PONID, n'a-t'il pas ? n'est-ce pas ? n'est-il pas ? G.
PONNER, pesant, qui a du poids & de la pesanteur, grave, qui est de poids, important ; *Ponner Clew*, sourdaut, pesant de l'ouïe. B. Voyez *Punn*, *Pynner*, *Poner*.
PONNERUS, pesant. B.
PONNIG, petit pont. G. Voyez *Pont*.
PONT, pont. G. B. Pluriel *Ponteu*, *Ponchou*. B. *Ponn-Abat* en Breton, pont l'Abbé. De là le Latin *Pons*, le François *Pont*, l'Italien *Ponte*, l'Espagnol *Puente*, pont. On a appellé *Pons* dans la basse Latinité un bac, parce qu'il tient lieu de pont dans les endroits des rivières où il n'y en

PON.   POR.   271

a point. De là vient qu'en Franche-Comté on appelle *Pontenier*, celui qui passe les voyageurs dans un bac. Les Pontons étoient, au rapport de César, une espèce de vaisseau Gaulois en usage parmi ce peuple pour porter les chevaux & les bêtes de charge au-delà des rivières; c'est ce que nous nommons bac aujourd'hui.

PONT, austère, sévère, rude, féroce, cruel. I.
PONTAN, petit pont. G.
PONTELLUM, PONTELLUS, PONTILLUS, A. M. petit pont. De *Pont*, *El*, Il diminutifs.
PONTENN, petit pont de bois. B.
PONTICQ, petit pont. B.
PONTICUS, A. M. austère. De *Pont*.
PONTUS, A. M. pont. De *Pont*.
PONTZA, ventre. Ba. Voyez *Pancz*.
PONZELA, vierge. Ba.
POO, POOU, pays, contrée. B. Voyez *Pab*.
POP, Prêtre, sacrificateur. G. Voyez *Pab*, *Pupa*.
POPA, poupe de vaisseau. Ba. De là le Latin *Puppis*, l'Italien *Poppa*, le François *Poupe*, l'Espagnol *Popa*, poupe.
POPA, POPES, A. M. poupe. De *Popa*.
POPAX, A. G. sacrificateur. De *Pop*.
POPDY, four, boulangerie. G. Voyez *Pob*.
POPIN, poupin. B. Voyez *Bab*.
POPLYSEN, peuplier. G. *Pibol* en Basque, peuplier. De là le Latin *Populus*, l'Italien *Popolo*, l'Anglois *Poplar*, le François *Peuplier*, l'Allemand *Popelbaum*, (*Baum*, arbre;) le Flamand *Popelenboom*, (*Boom*, arbre,) peuplier.
POPPEA, A. M. poupée. Voyez *Bab*.
POPULUCO, peuple. Ba. Voyez *Pobl*.
POQUEIN, poquer jouer à la boule en l'élevant pour la faire tomber justement où l'on veut qu'elle demeure. B. De là ce mot.
POQUET, baiser verbe. B. Voyez *Pok*.
POR. Seigneur. G. Comme les noms qui signifient Seigneur ont signifié chef, tête, élévation, (Voyez *Bal*, *Ber*, *Bar*, *Cap*, *Serr*.) je crois que *Por* a eu de même toutes ces significations. Voyez l'article suivant, *Podium* & *Por*, le même que *Vor*. *Por* en Allemand, haut, élevé, sublime.
POR, très marque du superlatif. C.
POR, semence. I. *Por*, fils en ancien Indien & en Persan; *Porſi*, jeunes bœufs; *Portis* en Grec, jeune bœuf, génisse.
POR, le même que *Bor*, *For*, *Mor*, *Vor*. Voyez *P*.
POR, le même que *Par*, *Per*, *Pir*, *Pur*. Voyez *Bal*.
PORAIL est un des noms que l'on donne à l'insecte nommé *Teurec*. B. Voyez *Teurec*.
PORBOLEN, pustule. B.
PORCH, PORCQ, porc. B. Il signifie la même chose dans le Gallois. Voyez *Porcyn*. De là le Latin *Porcus*, le François *Porc*, l'Italien *Porco*, l'Espagnol *Puerco*, porc. Voyez *Porqueria*.
PORCH, angar. B.
PORCHED, porche. B. De là ce mot.
PORCHELL, petit cochon, cochon. G. Voyez l'article suivant.
PORCHELL, petit cochon; plurier *Porchellet*, *Perchell*, *Percheill*; féminin *Porchelles*; plurier *Porchelleset*. Celui-ci signifie aussi les calus qui se forment dans les mains de ceux qui travaillent d'un gros travail, & aux pieds des piétons: C'est ainsi que Dom Le Pelletier explique ce mot. Le Pere de Rostrenen met *Porchell*, petit cochon, cochon. *Porchell Lour*, impudique. B.
PORCHELLES, petite truie, G. B. jeune truie qui n'a porté qu'une fois, truie. G. jeune truie. B.
PORCHELLYN, jeune porc, petit cochon. G.
PORCQ. Voyez *Porch*.
PORCYN, petit cochon. G.
PORCYPIN, porc-épic. G.
PORDDA, très-bon. C.
PORE, maladie subite & forte. B.
PORFA, action de paître ou de faire paître, pâture, pâturage. G. *Porya* en Hongrois, herbe. Voyez *Pori*.
PORFAAD, action de paître. G.
PORFADIR, de pâturage, où il y a des pâtures. G.
PORFAU, paître, brouter, faire paître. G.
PORFAWR, qui fait paître. G.
PORFEYDD, pâturage. G.
PORFFOR, pourpre. B.
PORFFORAID, de couleur de pourpre. G.
PORFFORLIW, de couleur de pourpre, de couleur violette. G.
PORFIA, dispute, altercation. Ba.
PORFOR, pourpre. B.
PORH, cour espace enfermé de murs près d'une maison. B.
PORH, PORTH, porte. B. *Porth* en Gallois; *Borta* en Basque, porte. On a aussi dit *Porta* en Basque comme *Borta*, ainsi qu'on le voit par *Portalepea*. De là le Latin, l'Italien & le Grec vulgaire *Porta*, l'Espagnol *Puerta*, le François *Porte*, l'Allemand *Pfort*, le Flamand *Poorte*, l'Anglois *Porte*, porte. *Poros* en Grec, trou, ouverture.
PORH, PORTH, port. B. *Port* en Gallois & en Irlandois; *Portua* en Basque, port. De là le Latin *Portus*, l'Italien *Porto*, le François *Port*, l'Espagnol *Puerto*, l'Allemand *Port*, le Dalmatien *Porat*, l'ancien Saxon, le Polonois & le Bohémien *Port*, port.
PORHEN, mêche de lampe ou de chandelle; plurier *Porhat*. B.
PORI, paître. G. *Barah*, manger en Hébreu; *Peri*, aliment, nourriture en Cophte; *Bora* en Grec, pâture, fourage; *Barom* en Hongrois; *Phorbo* en Grec, nourrir, & *Phorbe*, aliment, nourriture; *Porisme* en vieux François, pré. Voyez *Bara*, *Porfa*.
PORPAND, pourpoint. B.
PORPIN, pourpier. G.
PORPOEND, jupon, pourpoint. B. De là ce mot.
PORQUERIA, immondice, ordure. Ba. Voyez *Porcq*.
PORRA, le dernier. Ba.
PORRADA, bêtise, sotise, stupidité. Ba.
PORRESTARIUM, A. M. domaine. De *Por*.
PORROSTIA, ache roiale plante. Ba.
PORRUA, poireau. Ba. *Pour* en Breton, poireau. De là le Latin *Poirum*, l'Italien *Porro*, l'Espagnol *Puerro*, le François *Poireau*, le Flamand *Paraye*, le Bohémien *Pori*, le Hongrois *Porc*, l'Esclavon *For*, poireau.
PORRUS, A. M. verrue. De *Por*, élévation; comme *Verruca* vient de *Berg*, *Berc* ou *Verc*.
PORS, entrée d'une grande maison, grande porte d'entrée d'une Ville, d'un château, *&c.* port de mer; plurier *Porcou*, *Porziou*, *Porzial*, *Perzier*. *Pors Rastel*, porte de herse ou herſée; *Pors Kuint*, pont levis, entrée qui se leve; *Porza*, donner entrée. B. Voyez *Porh*.
PORT, port. G. I. Voyez *Porh*, *Porth*.
PORT. Voyez *Podium*.
PORTALEPEA, portique. Ba. Voyez *Porh*.
PORTERAIT, effigie, portrait. B. Voyez *Portreiad*.
PORTEROUR, porteur. B.

POR TH, porte. G. B. Voyez *Porh*.
POR TH, aide, secours. G. C. refuge, asyle, garde, garnison.
PORTH, le vivre, la nourriture. G. Il signifie aussi toute sorte de bien & d'avantage. Voyez *Ammorth*.
PORTH, indigence. G.
PORTH. Voyez le second & le troisième *Porh*.
POR ONCULIS, cataracte. G.
PORTHFA, port. G. B.
PORTHI, paître. G. Il signifie aussi en cette Langue nourrir en général. Voyez *Diborthiant*. On a dit *Poshi* comme *Porthi*, ainsi qu'on le voit par l'ancien mot François *Potille*, qui signifioit pâturage. Il se dit encore en ce sens dans quelques Provinces du Royaume.
PORTHI, porter. G. B. De là le Latin *Porto*, le François *Porter*, l'Italien *Portare*, porter.
PORTHI, secourir, aider. G. Voyez *Porh*.
PORTHIAD, action de paître ou de faire paître. G.
PORTHIANNUS, qu'on a fait paître. G.
PORTHIANT, action de paître ou de faire paître, nourriture, aliment, le vivre, la nourriture. G.
PORTHIFF, porter. B.
PORTHLADD, port. G. B.
PORTHLOEDD, port. G.
PORTHMON, marchand ; pluriel *Porthmyn*. G.
PORTHMONNA, commercer, négocier, trafiquer, marchandise, denrée, tout ce qui entre en négoce. G.
PORTHMONNAETH, commerce, négoce, trafic, marchandise, commercer, négocier, trafiquer. G.
PORTHOR, portier. G. B. celui qui garde l'entrée. G.
PORTHORDDWY, secours, secours contre la force & l'oppression. G. *Porth Gordwy*. Davies.
PORTHORIAETH, office de portier. G.
PORTHWAS, batelier, passager. G. *Porthmenus* en Grec. Voyez *Porthwys*.
PORTHWR, qui nourrit. G.
PORTHWYS, batelier, passager ou celui qui passe dans une nacelle ou dans un bac. G. De *Porthi*. Voyez *Porthwas*.
PORTI, A. M. être porté. De *Porthi*.
PORTITZA, très-vif, très-ardent. Ba.
PORTIZTASUNA, véhémence. Ba.
PORTOLOFF, vibord terme de marine. B.
PORTRACTUS, A. M. peint, représenté. De *Portreio*.
PORTREIAD, image, représentation, copie, exemplaire, plan, patron, modèle, original. G. Voyez *Portrait*. De là le mot François *Portrait*.
PORTREIO, peindre, tracer, dessiner, faire le portrait. G.
PORTUA, port. Ba. Voyez *Porh*.
PORTUS, PORTA, A. M. gorge ou défilé des montagnes. De *Porth*, porte, parce que ces gorges ou défilés sont comme les portes ou entrées par où l'on peut traverser ces montagnes. Les Espagnols disent *Puerto* en ce sens.
PORTUS, A. M. bac pour porter les voyageurs au-delà d'une rivière. De *Porthi*.
PORTUS, A. M. revenus. De *Porth*.
PORTUS, A. M. autorité, poids. De *Pôr*, Seigneur.
PORVA, pâturage. G.
PORUS, pore. I. *Poros* en Grec ; *Porus* en Latin ; *Pore* en François.
PORWIR, pasteurs. G.
PORWYS, pâtres. G.
PORWIT, muraille. C.

PORX ; pluriel *Perxier*, port, porte, cour. De la maison, barrière. B. Voyez *Porh*.
PORZIER, portier. B. Voyez *Porh*.
POS, gras, fertile. G. Voyez *Possar*. *Pos* en Hébreu, être abondant, abondance ; *Pos* en Chaldéen, le même, car *Apis* signifie multiplier, rendre fécond en cette Langue ; *Pas* en Arabe, gras, gros ; *Abus* ou *Abos*, engraissé, devenu gras en Hébreu ; *Abas* en Chaldéen, engraisser ; *Porch* en Hébreu, abondant, gras, fertile ; *Bo* en Hongrois.
POS, le même que *Bos*, *Fos*, *Mos*, *Vos*. Voyez P.
POS, le même que *Pas*, *Pes*, *Pis*, *Pus*. Voyez *Bas*.
POSADH, mariage, épousailles, épouser, se marier. I.
POSBEIRDD, poète qui compose des poèmes historiques. G.
POSDA, fiançailles, mariage. I.
POSFEIRDD, le même que *Posbeirdd*. G.
POSIAR, poule grasse. G. *Iar*, poule ; *Pos*, gras.
POSOYA, empoisonner. Ba.
POSPOLINA, corneille. Ba.
POSSELL. *CAWS POSSELL*, présure. G.
POST, poteau, jambage de porte, colonne. G. B. De là le Latin *Postis*, l'Allemand *Pfosten*, le Flamand *Post*, l'Espagnol *Poste*, l'Anglois *Postes*, jambage de porte. *Pfoste*, *Poste*, pal, pieu en Allemand. De *Post* est venu le François *Posteau*, qu'on écrit aujourd'hui *Poteau*.
POST, colonne, pilier, appui ; pluriel *Postau*, les montans d'une porte, fenêtre, buffet. B.
POST, courier, poste. B. *Poiste* en Irlandois ; *Posta* en Basque, poste. De là *Poste* en François ; *Posta* en Italien ; *Puesta* en Espagnol ; *Post* en Allemand, en Flamand & en Anglois ; *Possta* en Bohémien ; *Poscto* en Polonois ; *Poshta* en Carinthien, poste ; *Possta* en Bohémien ; *Postha* en Esclavon ; *Poscet* en Polonois, coureur.
POSTA, poste & maison où l'on prend des chevaux de poste. Ba. Voyez *Post*.
POSTALAGUNA, postillon. Ba.
POSTCWYR, torche, flambeau. G. A la lettre, colonne de cire.
POSTEC, ferme, stable, solide, massif ; *Un Den Postec*, un homme qui est bien planté, qui a de l'appui, stable, constant, ferme, hardi, fort, robuste, courageux. B.
POSTELL, partie d'une charrue ; & comme il y en a deux de ce nom, on dit *Postell-Bras* & *Postel-Bihan*, grand & petit ; *Daou-Bostell*, deux telles pièces ; pluriel *Postellou*. B. Ce mot est formé de *Post*.
POSTER, qui court la poste. B.
POSTIF, épais, massif. B.
POSTOLWYN, croupière, malle de voyageur. G. *Postiltena*, croupière en Latin. Voyez l'article suivant.
POSTOLUYN, croupière. B.
POSTOUR, qui court la poste. B.
POSTWM, apostume, abcès. G.
POSUBDED, possibilité. B.
POT, POUT, pot, marmite, tout vaisseau ou concavité qui contient au plus juste ce qui le remplit ; par exemple, le petit gobelet d'un gland de chêne est *Pot Mesen* ; *Pout Al Lagat*, les paupières & la concavité qui contient la prunelle de l'œil. B. *Pot* en Gallois, pot. Voyez *Pottesur*, *Potten*. *Pota* en Irlandois & en Basque, pot ; *Pot* en François, en ancien Saxon, en Flamand, en Anglois, en Suédois, en Allemand, pot ; *Pohat* en Hongrois, tasse ; *Poytstach*, écuelle en

en Groenlandois ; *Pot* en Hébreu ; *Potah* en Chaldéen, le creux du gond de la porte. *Pithus* en Chaldéen, tonneau ; *Piaphot*, vase à boire en Cophte ; *Pi*, article ; *Pipeat*, poële en Cophte ; *Pi*, article ; *Padag*, vase à boire en Arménien ; *Buttner* en Théuton ; *Bednarze* en Polonois ; *Bednar* en Bohémien, tonnelier. Le *b* & le *p* se mettant l'un pour l'autre, on a dit *Bot* comme *Pot*, ainsi qu'on le voit par *Boutailh*, *Butta*, *Boutus*, *Botus*. De *Pot* sont venus les mots Latins *Poto*, *Potus*.

POT, baiser nom. Ba. Voyez *Pok*.
POT, le même que *Pod*. Voyez D.
POT, le même que *Bot*, *Fot*, *Mot*, *Vot*. Voyez P.
POT, le même que *Pat*, *Pet*, *Pit*, *Put*. Voyez Bal.
POTA, pot. I. Voyez *Pot*.
POTA, POTEA, pot, vase, grand vase à deux anses. Ba. Voyez *Pot*.
POTAGIARIUS, A. M. cuisinier, celui qui prépare à manger. De *Potaig*.
POTAIG, potage. B. De là ce mot.
POTAILH, serrure, entraves. B.
POTAIRE, yvrogne. I. De *Pota*.
POTANCE, potence gibet. B. De là ce mot.
POTARIUS, A. M. potier De *Poter*.
POTARRYD, yvrogne, débauché. I. De *Pota*.
POTEN, loquet, serrure, passepartout. B.
POTEO, POTEV, aiguière. B. *Pot*, *Eo*, *Ev*, eau.
POTER, potier. B.
POTGUILEA, baisant. Ba.
POTHAN, POTHON, louveteau. G.
POTHI, le même que *Porthi*. Voyez ce mot.
POTIN, qui a le pied bot. B.
POTIN, potin. B. De là ce mot.
POTINUS, A. M. mesure de vin qui tient un demi baral. De *Pot*.
POTIRON, potiron. B. De là ce mot.
POTIRON, champignon. B.
POTOCHOA, espèce de vase. Ba.
POTTEN, ventre, sein. *Betun* en Hébreu, ventre. Voyez *Boden*, *Pontramina*.
POTTEN, vase. G. Voyez *Pot*.
POTTENNOG, ventru, qui a un gros ventre. G.
POTTES, potage. Voyez *Pottefwr* & *Potaig*.
POTTESWR, qui mendie du potage. G. *Wr* en composition pour *Gwr*, homme, & *Pottes*, le même que *Potaig*, potage en Breton. On dit encore en Patois, dans quelques cantons de Franche-Comté, *Pontefe* pour potage.
POTTRAMINA, hernie. Ba.
POTTRERIA, hernie. Ba.
POTURA, A. M. pâture dans le sens qu'on dit parmi les paysans *bête mise en pâture*. De *Pothi* le même que *Porthi*. Voyez *Porthi*.
POTUS, A. M. petit vase. De *Pot*.
POTZOA, chien. G.
POU, pays. G. B. *Pon*, patrie en Langue de Cornouaille ; *Bon* en Talenga ; *Poumi* en Malabare, la terre ; *Pou* en Langue Coréenne, gouvernement, district. Voyez *Poo*, *Pow*.
POV, mouton. G.
POU, patrie. C.
POU, paysan. C. De là *Poulain* en vieux François, paysan. On lit ce terme dans Joinville.
POU. Voyez *Pedium*.
POU, le même que *Bou*, *Fou*, *Mou*, *Vou*. Voyez P.
POU, le même que *Pa*, *Peu*. Voyez Bal.
POUCH, vilain, sale, mal-propre, souillé, sordide. B. *Poucan*, gueux, mendiant à Orléans.

POUCHA, A. M. poché. De *Pocadh*, *Poucheden*.
POUCHA, A. M. angle ou pointe de digue ou de levée qui avance dans la mer. Du Marseillois *Pouche*, & celui-ci de *Poc* le même que *Pec*.
POUCHEDEN, bougette sac de cuir ; au pluriel *Pouchedi*. B. C'est le même que *Bougeden*. De là *Poché*, *Pochette*. Voyez *Pocadh*.
POUCIN, poulet. B. De là *Poussin*.
POUCK, moite, molasse, rauque. B.
POUCE, pousse. B. De là ce mot.
POUCZED, brosse. B.
POUCZED, asthmatique, poussif. B.
POUELL, le même que *Pouil*. B.
POUELL, le même que *Puilh*. Voyez *Arbouell*.
POUEND, dégré. B.
POUER, pesant, qui a de la pesanteur. Il ne se dit que de la pesanteur d'esprit. B.
POUES, POVES, cesser. B. C'est le même que *Paones*.
POUESA, peser. B. Voyez *Poes*.
POUD, le même que *Boug*. B.
POUIL, creux, fosse. I. Voyez *Pouil*.
POUILACK, vivelle, petit reseau qu'on fait à l'aiguille pour reprendre un trou dans une toile déliée, au lieu d'y mettre une pièce. B.
POUILH, injures, pouilles, algarade, plaisanterie, propos pour rire. B. De là *Pouilles*, injure parmi le peuple. *Foul* en Anglois, sale, déshonnête, infâme ; *Fipulum* en ancien Latin, injure de paroles.
POUILH, le même que *Puilh*. Voyez ce mot & *Arbouilh*. *Bol*, abondant en Turc ; *Polus* en Grec, qui est en grand nombre, abondant.
POUILHEIN, outrager. B.
POUILLICQ, fossette, petite fosse. B.
POUILLTRON, poltron, pagnote, timide, efféminé. B. Voyez *Poeltron*, *Pwl*.
POUING, poing. B. De là ce mot. En quelques endroits de Franche-Comté on dit encore *le Pouin*.
POUIS, poids. B. Voyez *Pwys*.
POUISON, poison. B. De là ce mot. On dit encore *Pouison* en quelques endroits de Franche-Comté. Voyez *Pozoya*.
POUK, le même que *Boug*. B.
POUKADA, spectre, lutin, lémure, esprit follet, fantôme hideux. I. Voyez *Bw*.
POUKANE, bouc. I. Voyez *Bocan*, *Boch*, *Bouch*, *Bwch*.
POUL, obtus, émoussé, sans pointe ; *Troat Boul*, pied bot, celui qui a un pied accourci, les orteils en étant coupés, ou autrement. B. Voyez *Pwl*.
POUL. Voyez *Poull*.
POUL. Voyez *Pedium*.
POULCHAT, POULCHEN, POULCHET, mèche de lampe, de chandelle ; pluriel *Poulchadou*, *Poulchennou*. B.
POULDE, poudre. B.
POULDRO, gouffre. B.
POULICEA, polir. B.
POULICZER, fourbisseur. B.
POULL, fosse, creux, profondeur ; *Poull-Donn*, abysme, fosse très-profonde. Le nouveau Dictionnaire porte, *Couera E Eu Boull*, tomber en ruine ; c'est mot à mot, tomber en sa fosse. On dit *Poull-Dour*, étang, mare, fosse d'eau ou pleine d'eau ; *Poull-Dro*, fosse tournante, eau qui tourne dans un courant, ensorte qu'il y paroit une concavité ; *Poull-Fanc*, bourbier, fosse de fange ; *Poull-Pri*, fossé d'où l'on tire l'argile ; *Poull-Rot*,

foſſe ou profondeur en laquelle tourne la roue extérieure d'un moulin à eau ; *Poull-Calon*, foſſe du cœur ; c'eſt la poitrine ou ſa concavité : C'eſt ainſi que Dom Le Pelletier explique ce mot. Les autres Dictionnaires Bretons mettent *Poull*, *Poul*, lac ; marais , mare , flaque , amas d'eau , réſervoir, boue , foſſe , creux , petit port ; *Poull-Breiz*, cloaque ; *Poull-Galoun*, poitrine, eſtomac, ſein de femme ; *Poull-Glaou*, fourneau de charbonnier ; *Poull-Rod*, ornière ; *Poul-Rot*, étang ; *Poull-Scorf*, la grille ou la décharge de l'eau ſuperflue de l'étang ; *Poull-Strap*, chauſſe-trape. B. *Pwll* en Gallois, foſſe , mare ; *Pouil* en Irlandois , foſſe , creux , & *Poll*, mare ; *Pol*, boue en Langue de Cornouaille , & *Polan*, étang dans la même Langue ; *Pow*, puits en Auvergnac ; *Pou*, creux ou abyſme à Ornans & dans le voiſinage. Le *b* & le *p* ſe mettant l'un pour l'autre , on a dit *Boul* comme *Poul*, ainſi qu'on le voit par *Bouillet*, qui en Auvergnac & dans le Patois de Franche-Comté ſignifie une petite mare d'eau. *Bouillon* dans l'Anjou, le Maine & la Normandie eſt un bourbier ; *Bulack*, marais, marécageux en Tartare Mogol & Calmoucq. De *Poul*, foſſe , eſt venu *Poulain*, qui eſt le terme dont les tanneurs ſe ſervent pour déſigner la foſſe dans laquelle ils mettent tanner leurs cuirs. *Pholeos* en Grec , trou , tanière ; *Pul* en ancien Saxon ; *Poole* en Anglois , lac , étang ; *Poel* en Flamand, lac, étang, abyſme ; *Pſul* en Allemand, étang ; *Bulack*, marais, marécageux en Tartare Calmoucq & Mongale; *Bou* en Indien , bas , fond. Voyez *Pul*, *Pwl*, *Poël*, qui ſont les mêmes que *Poull*.

POULL-AL-LAGAT, la concavité du viſage où l'œil eſt placé au-deſſus de la joue. B.

POULL-RAN, POULL-RANED ; grenouillière. B.

POULLENN, mare, foſſe, creux. B.

POULLIC, petite foſſe, petit creux. B. C'eſt le diminutif de *Poull*.

POULLIGH, faire une foſſe, creuſer, percer. I.

POULOUDENA, cailler parlant du ſang. B.

POULOUDENN, grumeau. B.

POULOUNEZ, froncis. B.

POULOUNEZA, friſer du linge. B.

POULOUT, ſingulier *Poulouden*, motte de terre ; plurier *Poulondennou*, qui ſe dit auſſi de caillebottes &· tout ce qui eſt par piéces ou morceaux ſéparés & non éloignés. B.

POULRAY, truaux filets de pêcheurs. B.

POULS, PULS, bouillie. B. De là *Puls* en Latin ; *Pulta* en Italien , bouillie. *Pols*, eſpèce de bouillie en baſſe Normandie ; *Pouſſate*, bouillie en Meſſin.

POULS, pouſſe des arbres. B. De là ce mot.

POULS, POULZ, pouls de l'artère, impulſion. B. Voyez *Poulſa*.

POULSA, POULZA, pouſſer. B. De là le Latin *Pulſo*, le François *Pouſſer*. *Puls* en Allemand, pouls de l'artère & mouvement d'une cloche.

POULSIC, inſtant, moment, très-petit eſpace de temps : C'eſt ainſi que Dom Le Pelletier explique ce mot ; un autre Dictionnaire Breton met *Poulſic*, longtemps. B.

POULTR, poudre. B.

POULTRENNICQ, atome. B.

POULTRO, POUDTROENN, gouffre, golfe. B.

POULTRON, poltron. B.

POULUM, A. M. montagne, colline. Voyez *Podium*.

POULYOT, pouliot. B. De là ce mot.

POUMA, pommer. B.

POUMELL, pommeau. B.

POUNER, peſant, important, tardif d'eſprit. B.

POUNERDER, peſanteur. B.

POUNT, pont. B. Voyez *Pont*.

POUPINAELIEN, bimbelot. B.

POUPINELL, mignard, poupée. B.

POUPON, poupon. B. Voyez *Bab*.

POUPONELL, mignard. B.

POUR, très. C. Voyez *Por*.

POUR, poireau, poirée herbe potagère ; ſingulier *Pourren*, *Pourraen*, un poireau, un pied ou brin de poirée. B. Voyez *Porraa*.

POURCE, chercher avec diligence. B.

POURCH, habit, partie d'un habit, de quoi ſe couvrir. B.

POURCHA, vêtir. B.

POURCHAT, POURCHENN, mèche de chandelle, de lampe. B.

POURCHU, pourſuivre. B.

POUREN. Voyez *Pour*.

POURFIT, progrès. B.

POURMENN, ſe promener, marcher. B. De là notre mot François *Promener*.

POURPR, pourpre. B. Voyez *Porffor*.

POURPRY, pourpris. B. De là ce mot.

POURSU, pourſuite. B. De là nos mots François *Pourſuite*, *Pourſuivre*.

POURTH, rivage. I. Voyez *Bord*.

POURTREZ, portrait. B.

POURVAIEIN, garnir, pourvoir. B. De là ce mot. Voyez *Pourvei*.

POURVAIGN, marcote, provin. B. De là ce mot.

POURVAIGNEIN, proviguer. B.

POURVEI, POURVEZI, pourvoir. B. C'eſt le même que *Pourvaiein*.

POUSSADUR, moulure. B. De *Pouſſa*.

POUSSIC, pouſſette. B.

POUSSYN. Voyez *Bychan*.

POUT-CARR, moyeu de roue. B.

POW, contrée, pays. G. C. Voyez *Pou*, *Poo*.

POW, le même que *Paw*. Voyez *Bal*. De là le *Pout*, patte en vieux François.

POWAY, pays. B.

POWEISANT, payſan. B.

POWER, POUVER, pouvoir, autorité. B. De là le premier de ces mots.

POWES, poids. B. Voyez *Poes*.

POWL, le même que *Pawl*. Voyez *Powlgae*.

POWLGAE, clôture faite avec des pieux. G. *Powl* pour *Pawl*.

POY. Voyez *Podium*.

POYA. Voyez *Podium*.

POYL, le même que *Boyl*. Voyez *P*. De là *Poële* en François, fourneau dont on ſe ſert pour échauffer une chambre.

POYPIA, A. M. *Poype* en François, eſt le ſynonime de *Mota*. De même que ce mot il a d'abord ſignifié une petite élevation, enſuite le château qui étoit placé deſſus. Voyez le ſecond *Podium*.

POZA, plaiſir, joie, chant de joie. Ba.

POZALDIA, délices. Ba.

POZCARIA, POZCARRIA, joie, allégreſſe ; conſolation. Ba.

POZDOAIQUEA, félicitation. Ba.

POZERAZQUIDA, congratulation. Ba.

POZET, retenu, modeſte. B.

POZEZ, réjouir, applaudir. Ba.

POZ.

POZEEZO AJUA, acclamation, applaudiſſement. Ba.
POZIC, joieuſement, gaiement. Ba.
POZOACALE, empoiſonneur. Ba.
POZOYA, poiſſon. Ba. Voyez *Poniſon*.
POZQUIDABAGUZA, chagrin, triſteſſe. Ba.
POZTU, je me réjouis, je réjouis. Ba.
PR, le même que *Ber*. Voyez *Ceipr*.
PRAC; le même que *Brac*. Voyez P.
PRACAC, *FRACAC*, haut-de-chauſſes, caleçon. Ba. Voyez *Brace*.
PRACE pour *Brace*, A. M. grain dont on ſe ſervoit pour faire la biére. Voyez *Brace*.
PRACIALIS, A. M. le même que *Prace* précédent.
PRAD, *PRAT*, pré; pluriel *Prageou*, *Prageu*, *Praden*, *Prageyr*. B. *Pretac* en Baſque, pré. De là le Latin *Pratum*, l'Eſpagnol *Prado*, l'Italien *Prato*, l'Auvergnac *Prat*, le Gaſcon *Prat*, le Languedocien *Prad*, pré. Le *t* & l'*s* ſe mettant l'un pour l'autre, on a dit *Pras* comme *Prat*; d'où les Grecs auront fait *Praſinos* & les Latins *Praſius*, *Praſinus*, verd. On voit par *Prate* que *Prad*, *Prat*, ont ſignifié verd, de même que prairie.
PRADA, A. M. prairie. De *Prad*.
PRADA AN DILHAD, eſſanger. B.
PRADELL, *PRADENN*, pré. B.
PRADELUM, A M. préau, petit ou mauvais pré. De *Prad*, *El* diminutif. On diſoit *Prael* en ce ſens en vieux François.
PRADEN, prairie, grande étendue de pré. B.
PRADERIA, A. M. prairie. De *Prad*.
PRADEU, prés au pluriel, prairie. B.
PRADUM, A. M. pré. De *Prad*.
PRAESTEU, vaiſſelle. B.
PRAIF, vaſte, d'une grandeur déméſurée, enflé, gonflé, gros & rond. G.
PRAFF. *BLEWYN PRAFF*, poil. G.
PRAFFDER, groſſeur de ce qui eſt rond. G.
PRAGEOU, *PRAGEU*, prés. B. C'eſt le pluriel de *Prad*.
PRAGEYER, prairie, grande étendue de prés. B.
PRAID, pointe, aiguillon. I.
PRAIDD, que les anciens écrivoient *Prail*, proie, dépouilles des ennemis, butin fait ſur eux. Davies dit que tous les interprétes de l'écriture ayant ſuivi Guillaume de Salibury, ont cru que ce terme ſignifioit un troupeau de brebis. Ce qui les a jettés dans l'erreur, c'eſt qu'ils liſoient que la brebis étoit la proie du loup. Pour moi, continue Davies, je ne l'ai jamais lu dans ce ſens qu'une ſois dans Gruffydd Hiraethog qui eſt moderne. Dans le Dictionnaire Breton *Praidd* ſignifie proie, & Guillaume de Salisbury même traduit ce mot par rapine au chapitre 23 de Saint Mathieu. G. Qu'il me ſoit permis de m'écarter du ſentiment de Davies, & de croire que *Praidd* a les deux ſignifications: Pour penſer ainſi, je m'appuie ſur le Dictionnaire Latin Gallois de Thomas Guillaume, que Davies a lui-même retouché & donné au Public, dans lequel on lit que *Praidd* ſignifie multitude, aſſemblée, termes fort analogues au ſens de troupeau. En Franche-Comté le troupeau que l'on forme de toutes les bêtes d'un village pour les mener paître, s'appelle *la Proie*. D'ailleurs rien n'eſt ſi commun dans le Celtique que de voir des mots à pluſieurs ſignifications. Voyez *Ankelher*. De *Praidd* eſt venu *Freda* Latin; *Preda* Italien; *Preſa* Eſpagnol; *Prey* Anglois; *Proye* François, proie, butin. *Braed* en Langue Runique, proie, butin. Voyez *Praiv*.

PRE.

PRAIDD, *PRAIDH*, multitude, aſſemblée, abondance. G.
PRAIDU, proie, butin. G.
PRAIN, palais royal, la cour. G. Voyez *Bren*.
PRAIS, cuivre. I. Voyez *Pres*, *Breſſ*.
PRAIZ, *PREIZ*, butin, proie; *Preiza*, butiner, piller. B. Voyez *Praidd* qui eſt le même mot.
PRAM, près, proche. Voyez *Brem*.
PRANN, vague, flot. I.
PRANVICQ, inſecte. B.
PRAO, le même que *Brao*. Voyez ce mot & B.
PRAS, airain, bronze. I. *Brazen* en Anglois. Voyez *Pres*, *Breſſ*.
PRAS, le même que *Bras*. Voyez P.
PRAS, le même que *Prad*. Voyez ce mot.
PRAT. Voyez *Prad*.
PRATE, tonnelle, cabinet verd de jardin. B.
PRATELL, tonnelle, cabinet verd de jardin. B.
PRATELL, iſſue, ſortie d'un village, eſpace attenant au village. B.
PRATELLIC, préau, petit ou mauvais pré. B.
PRAWF, *PROF*, *PRAW*, preuve, épreuve, expérience, tentative avant que d'entreprendre, eſſai de ſes forces, prélude d'un diſcours, argument, raiſonnement. G. De là le Latin *Probo*, l'Italien *Provare*, l'Eſpagnol *Provar*, l'Anglois *Proove*, le François *Prouver*, *Éprouver*. *Probalo* en Hongrois, éprouver, expérimenter. Voyez *Proba*, *Prouff*, *Proui*.
PRAWS, le même que *Braws*. Voyez ce mot & P.
PRE, le même que *Bre*. Voyez P.
PREAD, coup, ſecouſſe, boutade, raillerie; *Preabadh*, ſecouer. I.
PREABAN, piéce, morceau. I.
PREABANNADH, rhabiller, faire rapetaſſer; *Preban*, choſe rapetaſſée. I.
PREACHAN, corbeau. I.
PREAMH, ſource, origine, racine; *Preamh Planda*, bube oignon de plante. I.
PREAN, achat. B.
PREANV, ver. B.
PRECIUS, précieux. B.
PRECZ, grande armoire. B.
PRECZET, preſſant. B. De là notre mot *Preſſer*. Voyez l'article ſuivant.
PRECZOUER, preſſoir. B. De là *Preſſe* en Anglois & en Flamand; *Preſſen* en Danois; *Preſſoir* en François; *Presha* en Eſclavon; *Pres* en Bohémien; *Prees* en Hongrois; *Praſſa* en Polonois, preſſoir. *Preſſe* en Anglois; *Preſſen* en Allemand; *Preſſare* dans la baſſe Latinité, preſſer. Voyez *Prenſa*, *Preſachoa*.
PRED, réfection, repas. B. De là le Latin *Prandeo*. Voyez *Pryd*.
PRED, temps, fois, vite. B. Voyez *Pryd*.
PRED, le même que *Bred*. Voyez P.
PREDDIAD, action de piller. G.
PREDELL, pré. B.
PREDER, ſoin, ſouci, ſollicitudo; *Hep Preder* ſans ſoin, ſans prévoyance, à l'improviſte; *Prederi*, *Predirii*, avoir ſoin, ſouci & inquiétude, & ſert auſſi de nom ſubſtantif comme *Preder*. Ceux de Vannes prononcent *Porderi*, quoiqu'ils diſent auſſi *Preder*. *Prederaf* à la première perſonne du préſent de l'indicatif, & au participe paſſif *Prederet*, inquiété, ſoigné, & qui a été conduit avec ſollicitude. *Prydyryou*, ſoins, inquiétudes, nom formé du verbe *Prediri*. Je ne ſçais ſi c'eſt ſérieuſement que l'on nomme en Léon *Man-*

tel Prediri, manteau d'inquiétudes, un grand linge que le Prêtre met sur les époux lorsqu'il fait les mariages. *Dibreder*, celui qui est sans souci : C'est ainsi que Dom Le Pelletier explique ce mot. Le Pere de Rostrenen met *Preder*, soin, pensée, chagrin, inquiétude. B. Voyez *Prydar*.

PREDH, beauté du corps. B.

PREDUS, beau. Voyez *Hybred* & le mot précédent.

PREEN, bois substance de l'arbre. B.

PREF, MIL-PREF, œuf, œuf de serpens. C. *Pref* signifiant ver en Breton, & *Mil*, animal en Gallois, *Mil-Pref* doit signifier à la lettre, ver d'animal ou ver qui est la première formation de l'animal.

PREF, PRENV, PREON, PREV, PREFF; pluriel *Prênvet*, *Pefet*, *Preffet*, ver ; *Prenv-Dillat*, teigne, ver qui ronge les étoffes ; *Prenv-Cawl*, ver de choux, chenille. B. Voyez *Pryf*.

PREFEDEN, ver qui s'engendre dans les intestins & sort avec les excrémens. C'est un singulier formé du pluriel *Prefet*. B.

PREGETH, discours, sermon, prédication, homélie; *Pregethwr*, prédicateur; *Pregethu*, prêcher; *Pregethol*, qui sert à une prédication. G. Voyez *Prefag*, *Prezec*.

PREGOILARE, crieur public. Ba.

PREGUEIN, prêcher. B.

PREHAKAN, corneille. I.

PREIDDIAWR, PREIDDIWR, pilleur, qui enleve, qui prend. G.

PREIDDIN, action de piller. G.

PREIDDIO, piller, saccager, désoler. G.

PREIDDIWR, pilleur. G.

PREIDIO, piller, enlever du butin aux ennemis. G. *Praidd*.

PREIH, proie. B.

PREIMHGHEARRADH, déracinement, extirpation. I.

PREIS, proie, butin, prise. B. De là ce mot. Voyez *Presa*.

PREIZ, le même que *Breiz*. Voyez P.

PREIZA, piller, butiner, enlever quelque proie. B.

PREM, près, proche. Voyez *Brem*. *Prem* en Carniolois ; *Bram* en Polonois ; *Prym* en Bohémien ; *Perem* en Hongrois, bord.

PREMA, le même que *Brema*. Voyez ce mot & P.

PREMAN, le même que *Breman*. Voyez *Brema*.

PREMEDY, prémices. B. Voyez *Prif*.

PREMESIA, obligation. Ba. Voyez *Premeteia*.

PREMETEIN, promettre. B. Voyez *Premesia*.

PREMIA, nécessité urgente, contrainte. Ba.

PREMIAQUEZA, pléonasme. Ba.

PREMILEIZA, paroisse. Ba.

PREN, arbre bois substance de l'arbre. G. B. On a aussi dit *Bren* comme *Pren*. *Mouar-Bren*, meure d'arbre ; *Bran-Huecq*, réglisse ; à la lettre, bois doux. D'ailleurs le *b* & le *p* se mettent indifféremment l'un pour l'autre. Les mots qui signifient bois substance de l'arbre, arbre en Celtique, signifiant aussi forêt, on a lieu de croire que *Pren* a aussi eu ce sens. *Premnon* en Grec, tronc d'arbre. Voyez l'article suivant.

PREN, cheville, barre ou court bâton qui sert à fermer par dedans les portes des maisons quand toute la famille y est renfermée, sur tout chez les paysans. *Prena*, *Prenna*, fermer une porte ; *Prennit-An-Nor*, fermer la porte avec la barre par dedans. B.

PREN, achat ; *Prena*, *Preina*, acheter. B. De là le mot François *Prendre*. *Prnil*, tenir en Arménien ; Voyez *Pryn*, *Prynu*.

PREN, le même que *Bren*, *Fren*. Voyez P.

PREN, le même que *Pran*, *Prin*, *Pron*, *Prun*. Voyez *Bal*.

PREN-CERI, cormier qui cause des tranchées. G.

PREN-MELYN, épine-vinette. G.

PREN-PISGEN, PREN-PISGWN, cornouiller sauvage. G.

PREN Y GERWYN, laurier. G.

PRENA. Voyez *Pren*.

PRENDA, meubles, ameublement. Ba.

PRENEST, PRENESTR, fenêtre. B.

PRENFOL, PRENNOL, coffret, petit coffre ; cassette, malle, bahut. G.

PRENN, bois substance de l'arbre, tronc d'arbre ou souche. G.

PRENNA. Voyez *Pren*.

PRENNA, lacer. B.

PRENNIAL, coffre, biére, cercueil. G.

PRENNOL. Voyez *Prenfol*.

PRENNWYN, tronc d'arbre ou souche. G.

PRENSA, pressoir, presse d'imprimeur. Ba. Voyez *Preczouer*.

PRENTIS, apprentif, disciple. G. De là le mot François *Apprentif*.

PRENTISIAETH, apprentissage. G.

PRENV, ver. B.

PRENV-CAUL, calandre insecte. B.

PRENUM, A. G. bois ou arbre du pressoir. De *Pren*, bois.

PREO, PREON, ver. B.

PREPARI, préparer. B. Voyez *Para*.

PREPOS, conversation, propos. B.

PRÉS, hâte, vîtesse, promptitude, ardeur. G. *Pris* en Breton, empressement, presse ; *Presa* en Basque, hâte ; *Presse* en François ; *Prescia* en Italien, presse, hâte ; *Presto* en Espagnol & en Italien ; *Pretki*, *Pretko* en Polonois, vîte, en hâte ; *Prece* en Illyrien, vîte ; *Presni* en Esclavon ; *Presto* en Italien, vîte, prompt, agile. Nous voyons par notre adverbe François *Près*, qui ne peut venir que du Celtique, que *Près* en cette Langue a non seulement signifié la proximité du temps, mais encore celle du lieu. Voyez *Prest*.

PRES, airain. G, *Rez* en Hongrois, airain. Voyez *Prais*, *Pras*.

PRÈS, empressement, presse, fréquentation. B.

PRES, demeure, habitation. Voyez *Preswyl*.

PRES, le même que *Bres*, *Vres*. Voyez P.

PRES, le même que *Pras*, *Pris*, *Pros*, *Prus*. Voyez *Bal*.

PRESA, hâte. Ba. Voyez *Près*.

PRESA, prise, butin. Ba. Voyez *Preiz*.

PRESA, A. M. prise. De *Presa*.

PRESACHOA, pressoir. Ba. Voyez *Preczouer*.

PRESAGLIA, A. M. en Italien *Prsaglia*, prise De *Presa*.

PRESANCZ, présence. B. Voyez *Presen*.

PRESANT, bientôt, d'abord, incessamment. B. Voyez *Pres*.

PRESATIA, qui se hâte. Ba.

PRESEB, créche. G. B. Voyez *Presep*.

PRESECQ, parler. B. Voyez *Prezec*, qui est le même mot.

PRESEN, le présent, siécle présent, présence. G. Voyez *Presancz*.

PRESENNAWL, PRESENNOL, présent. G.

PRESENNOLDEB, présence. G.

PRESEP,

PRE.   PRI.   277

PRAESEP, PRAESES, crêche, mangeoire, ratelier. B. De là le Latin *Praesepe*, l'Italien *Presepio*, l'Espagnol *Pesebr*, crêche. Voyez *Preseb*.

PRESONDEGUIA, prison. Ba. Voyez *Prisoun*.

PRESSA, presser, hâter. B.

PRESSORIUM, A. M. pressoir. De *Prezouer*.

PRESSU, couvrir, garnir de cuivre, d'airain, de bronze. G.

PREST, vîte adverbe, diligemment. B. De là *Presto* en François, qui fait vîte & en peu de temps. Voyez *Pres*, *Presta*.

PREST, prêt, argent prêté. B. Voyez *Preta*.

PREST, préparé, prêt. B. De là ce mot. Voyez *Prestatu*.

PRESTA, prêter. B. De là *Prêter* en François; *Prestar* en Espagnol; *Imprestare* en Italien, prêter.

PRESTA, agile, courageux. Ba. Voyez *Presl*.

PRESTA, A. M. prêt. De *Presl*.

PRESTACAYA, apparat. Ba.

PRESTAERA, préparation. Ba.

PRESTAGUEA, imprudence, défaut de prévoyance. Ba. *Guea*, particule privative.

PRESTATU, je prépare, je dispose. Ba. Voyez *Presl*.

PRESTATUA, préparé. Ba.

PRESTE, PRESTEU, ameublement, effets. B.

PRESTERA, agilité. Ba.

PRESTL, ingénieux, spirituel, subtil, fin, délicat, qui a quelque délicatesse, qui est assez spirituel, qui ne manque pas d'esprit, qui a le son clair, aigu, haut, perçant. G.

PRESTLEDD, craquement, bruit que fait un lit ou une chaise qu'on remue un peu trop fort lorsque l'un ou l'autre sont mal joints, pensées fines, réponses délicates, pointes d'esprit, plaisanteries agréables & ingénieuses, subtilités, raisonnemens raffinés. G.

PRESTUEZAQUIN-IBILLI, se mêler avec les méchans. Ba.

PRESTUS, A. M. prêt. De *Presl*.

PRESWYL, demeure, habitation. G. On voit par *Res* & par *Prew* que *Preswyl* est un pléonasme. *Pres*, habitation, *Wyl*, habitation; *Presage* en vieux François, logement.

PRESWYLEDIC, habitable. Voyez *Amprefwyledic*.

PRESWYLFA, demeure. G.

PRESWYLFOD, habitation, demeure. G.

PRESWYLIAD, résidence, habitation. G.

PRESWYLIAW, PRESWYLIO, habiter, demeurer, séjourner. G.

PRESWYLIWR, habitant. G.

PRÊT, PRED, repas, réfection. Voyez *Prydd*.

PRÊT, temps, heure, moment, occasion, temps fixé & déterminé à quelque expédition; *A Bret*, *A-Bret-Mat*, *A-Pret-Mat*, de bonne heure; *Reabret*, de trop bonne heure, trop tôt; *Peppret*, tout temps, toute heure, fréquemment; *Nepret*, *Neppret*, jamais après une négative, en nul temps; *Be-Pret*, toujours; *Breman* pour *Pretman*, maintenant, en ce temps-ci; *Pred-Ew*, *Pred-Vé*, *Pred-Aw*, il est temps. B. Voyez *Pryd*.

PRET, vîte. B. Voyez *Presl*.

PRETA, prêt, ce qu'on prête. Ba. Voyez *Presl*.

PRETAG, pré. Ba. Voyez *Prad*.

PRETANDI, prétendre. B.

PRETH, le même que *Breth*, Juge. Voyez B. De là le Latin *Prator*.

PRETINA, ceinture bouclée. Ba.

PREV, PREU, ver. B.

PREV-CAUL, panaris. B.

PREV-GLAS, PREV-GOULOU, PREV-NOS, ver luisant. B. Le premier de ces termes signifie ver verd, le second ver de lumière ou luisant, le troisième ver de nuit.

PREVEDENN, PREUEDEN, insecte en général, limaçon. B.

PREVEDY, prééminence. B.

PREVEUDY, prémices. B. Voyez *Prif*.

PREVIDY, prémices. B.

PREW, Province. G. Voyez *Provincia*.

PREWS, preux, vaillant, brave. Voyez *Braw*.

PREXIO, A. M. prison. De *Preiz*, *Prisoun*.

PREXONERIUS, A. M. prisonnier. De *Prexio*.

PREY, ver. B.

PREY-CAUL, ver luisant. B.

PREYZ, butin, proie, prise. B. Voyez *Preiz*.

PREYZER, corsaire, exacteur. B.

PREZA, prix, valeur; *Prezatzen*, j'apprécie. Ba. Voyez *Pris*.

PREZEC, PREZEGHI, parler, prêcher; participe *Prezeghet*; *Prezegher*, parleur, prêcheur; *Prezeghen*, discours, prédication, sermon. B. En haute Bretagne on dit *prêcher* pour parler. Voyez *Pregeth* & *Preseq*, qui sont le même mot.

PREZEVAN, PREZVAN, PRÉVAN, vermine, tout reptile qui a quatre pieds, même les lésards, crapaud, espèce de grenouille qui se tient dans les buissons & qui est venimeuse; plurier *Prevanet*. Les serpens sont dits *Amprezvan*; plurier *Amprezvanet*. B.

PRI, boue, limon. C.

PRI, BRI, argile, terre fictile propre à faire des pots, tuiles, briques, &c. & du mortier pour les murailles, terre glaise, boue, terre en général; *Pri Melen*, terre jaune. B. *Pridd* en Gallois, argile, terre; *Pri* en Langue de Cornouaille, boue, limon; *Brik* en Breton; *Briks* en Irlandois; *Briques* en François, brique; *Breg* en Allemand, la terre détrempée d'eau. Voyez *Bri*, *Bry*, *Braim*, *Brik*.

PRI, le même que *Bri*, *Fri*. Voyez P.

PRIAWD, PRIODOL, conjugal. G.

PRIBHLEID, franchise. I.

PRICIUS, précieux. B.

PRID, précieux, cher, beaucoup, fort adverbe. G.

PRID, action de mettre en gage. G.

PRIDD, argile, terre, terre tirée en creusant, boue. G. Voyez *Pri*.

PRIDD-DOM, boue, limon. G.

PRIDDAWR, potier de terre. G.

PRIDDEITHIN, brique. G.

PRIDDDOM, boue. G. C'est le même que *Pridd-Dom*.

PRIDDELL, lieu d'argile, où l'on prend de l'argile. G. *Pridd*, terre; *Ell* signifie donc lieu.

PRIDDELL, motte de terre, motte. G. *Prid*, terre; *El*, élévation. Voyez *Hel*.

PRIDDELLOG, qui est par mottes. G.

PRIDDFAEN, brique, tuile, vase de terre cuite. G. *Pridd*. *Faen* en composition pour *Maen*; à la lettre, pierre de terre.

PRIDDGALCH, mortier, craie. G. *Galch* en composition pour *Calch*; *Priddgalch*, à la lettre, terre chaux.

PRIDDGIST, terre de potier. G. *Pridd Cist*.

PRIDDGLAI, terre grasse, terre glaise, terre à potier. G.

Aaaa

PRIDDLESTR, vase de terre, toutes sortes d'ouvrages faits de terre à potier. G. *Pridd Llestr.*
PRIDDLY, boueux, plein de boue. G.
PRIDDO, plâtrer, crépir, couvrir de terre, enduire de terre, lutter, enterrer, inhumer. G.
PRIDDOL, fait d'argile, de terre à potier. G.
PRIDDYN, motte de terre. G. De *Din* le même que *Dun*, élévation.
PRIDGIST, terre grasse, argile. G. *Gist de Cist. Pridgist*, à la lettre, terre à pots.
PRIDIRI, courage, sentiment. I.
PRIDIRY, répugnance, chagrin, inquiétude, peine d'esprit, étonnement, souci, pensée. B. Voyez *Preder.*
PRIDIRYA, soigner. B.
PRIDIRYUS, attentif, soigneux, pensif, circonspect, irrésolu. B.
PRIDLESTR, vase de terre. G.
PRIDO, mettre en gage. G. *Prid.*
PRIDWERTH, prix, valeur, rachat. G. *Prid Gwerth.*
PRIEDELETH, PRIEDALEH, mariage. B.
PRIES, mari. C. Voyez l'article suivant.
PRIET, FRIET, époux & épouse répondant au Latin *Conjux. Prietu, Prietaa*, épouser, se marier, prendre un époux ou épouse; *Priedelez*, mariage. B. Voyez *Pries, Priod.*
PRIF, premier, principal, capital, grand, premier jour de la lune, nombre d'or; pluriel *Prifwydd, Y Saith Bryfwydd*, les sept péchés capitaux : Le mot de *péché* est sous-entendu dans la phrase Galloise. G. On voit dans *Prifio*, qui est formé de *Prif*, que ce mot a encore d'autres significations. L'm & l'f se mettant l'une pour l'autre, on a dit *Prim* comme *Prif*; de là le Latin *Primus*, l'Italien *Primo*, l'Espagnol *Primero*, le François *Premier*. Voyez *Prim-Al-Loar, Primh, Primicia, Premedy, Priomh Dhresi, Priu Dhyine, Pryffwnt.*
PRIF, le même que *Brif.* Voyez P.
PRIF-AFON, fleuve. G. A la lettre, rivière principale.
PRIF COPPYN, araignée. G.
PRIFABERTHWR, sacrificateur, Prêtre. G. Voyez *Aberth.*
PRIFANCWYN, mets délicieux. G. A la lettre, principal mets du repas.
PRIFAWDUR, le premier d'une race. G.
PRIFBOST, appui, support. G.
PRIFDDADL, axiome, maxime certaine, sentence reçue, approuvée, avant-propos, préface. G.
PRIFFASON, fleuve. G. A la lettre, principale rivière, grande rivière. *Prif Afon.*
PRIFFORDD, chemin, voie. G.
PRIFGAER, cité, ville. G. A la lettre, habitation principale.
PRIFGAMP, victoire remportée dans les cinq exercices de la lutte, du saut, du pugilat, de la course & du jet du disque. G.
PRIFGOLOFN, appui, support. G. *Colofn.*
PRIFGYNGHORWR, confident, conseiller intime. G.
PRIFIO, être augmenté, croitre, se fortifier, prendre des forces, fleurir, être florissant, exceller, paroître avec éclat. G. *Prif.*
PRIFLLYS, PRIFLYS, palais, palais du Roi, maison de Prince, cour de Roi, cour de Prince. G.
PRIFORDD, chemin. G.
PRIFRESWM, axiome, maxime, maxime certaine, sentence reçue, sentence approuvée. G.
PRIFWYL, fête. G.

PRIFYMADRODD, maxime ou proposition par laquelle on assure ou l'on nie. G.
PRIFYNAD, Préteur. G.
PRIGYN, le même que *Brigyn.* Voyez *Ysprigyn* & P.
PRII, terre glaise ou grasse, boue. B. Voyez *Pri*, qui est le même mot.
PRIKEAD, torche, flambeau. I.
PRIM, vite, prompt, brusque, actif, prêt à, esprit vif, diligemment, exactement, précisement, précoce, avare, chiche, ce qui est trop petit, menu, chétif, défectueux en quantité, foible. B. Voyez *Prin.*
PRIM-AL-LOAR, premier de la lune, nouvelle lune. B. *Prin* en vieux François, premier : Il s'est conservé dans *Printemps.* Voyez *Prif.*
PRIMH, PRIOMH, premier. I. Voyez *Prif.*
PRIMICIA, prémice. Ba. Voyez *Prif.*
PRIMPINELLA, pimprenelle. B. De là ce mot.
PRIMPIOLLAM, cerf volant. I.
PRIMUA; héritier. Ba.
PRIMUQUIDEA, co-héritier. Ba.
PRIN, rare, peu commun, épargnant, ménager, avare, peu, à peine, avec épargne, mesquinement, difficilement. G. On dit en Franche-Comté *Parler Prin*, pour parler en peu de mots. *Prinmem*, peu en vieux François ; *Prim, Prime*, menu, délié, en vieux François. On dit encore en quelques endroits de Franche-Comté *Prim* pour menu, *Prin* pour court, bref. Le *b* & le *p* se mettant l'un pour l'autre, on a dit *Brin* comme *Prin.* De là le mot François *Brin*, petite quantité de quelque chose ; *Pren* en Tartare du Thibet, petit.
PRINC, Prince qui est souverain. B. De là le Latin *Princeps*, le François & l'Anglois *Prince*, l'Italien & l'Espagnol *Principe.* Voyez *Brem, Princesa, Prinsa, Prionsa.*
PRINCESA, Princesse. Ba. Voyez *Princ.*
PRINCIPAL, principal. B. De là ce mot. Voyez *Prine, Prionsapalta.*
PRINCIQ, petit Prince. B.
PRINDER, épargne, économie, indigence. G.
PRINHAAD, diminution. G.
PRINHAU, diminuer, raréfier, étendre davantage, être diminué, être raréfié, devenir moins serré. G.
PRINFAN, endroit où l'on rend la justice. G.
PRINS, prise. B.
PRINSA, Grand du Royaume. I. Voyez *Princ.*
PRINSAUT, surprise. B.
PRINSIO, A. M. prison. De *Prins.*
PRINT, action de graver dessus, de tracer, de ciseler, de tailler, d'imprimer dans, sculpture, ciselure. G.
PRINTIAD, impression. G.
PRINTIO, graver dessus, tracer, ciseler, tailler, imprimer dans, imprimer, écrire sur, fraper de la monnoie. G. *Print* en Anglois ; *Imprimo* en Latin; *Imprimere* en Italien ; *Imprimir* en Espagnol ; *Imprimer* en François, imprimer.
PRINTISEACH, apprentif. I. Voyez *Prentis.*
PRINTIWR, celui qui grave, qui cisele, imprimeur. G.
PRINU, acheter. G. Voyez *Pren.*
PRINVIDI, PRIFIDI, prémice ; pluriel *Prividion.* B. Voyez *Prif.*
PRIOCAIRIOS, action de ronger. I.
PRIOD, époux, épouse répondant au Latin *Conjux.* G. *Priod*, épouse ; *Priet*, époux, épouse en Breton ; *Brudh* en Gothique ; *Bryd* en ancien Saxon ; *Brut* en Théuton ; *Bruid* en Flamand ; *Bride* en Anglois ; *Brud* en Suédois & en Islandois ;

PRI.

Bruta en Lusacien ; *Braut* en Allemand, épouse ; *Bridgrome* en Anglois ; *Brudgommen* en Danois ; *Brudigom* en ancien Saxon ; *Brudegom* en Flamand ; *Brentigans* en Allemand, époux. On a déja remarqué plusieurs fois que le *b* & le *p* se mettent l'un pour l'autre. Voyez *Priodas*.

PRIOD, propre, ce qui appartient en propre. G.
PRIOD, épouse. B.
PRIODAS, nôces, mariages. G. *Pir* en Croatien ; *Piir* en Dalmatien, nôces.
PRIODASFAB, époux, nouveau marié. G. *Fab* en composition pour *Mab. Priodasfab* ; à la lettre, fils du mariage. Les Hébreux avoient la même façon de parler ; ils donnoient le nom de fils à tout ce qui appartient à quelque chose, à tout ce qui y a quelque rapport, à tout ce qui la regarde en quoi que ce soit. Isaïe 5, 1 : *Vinea facta est dilecto meo in cornu filio olei*, pour *in colle feraci seu particeps pinguedinis* : Mon bien aimé a eu une vigne sur une colline fertile & grasse. Isaïe 21, 10., les grains que l'on bat dans l'aire, sont appellés *filii aræ*, les fils de l'aire. 1 Esdras 6, 19, ceux qui avoient été emmenés captifs, sont appellés *filii captivitatis*, les fils de la captivité. 1 Reg. 20. 31. celui qu'on destine à la mort est appellé *filius mortis*, le fils de la mort.
PRIODASGERDD, épithalame. G. *Cerdd*.
PRIODASU, marier. G.
PRIODASWAWD, épithalame. G.
PRIODAWR, propriétaire. G.
PRIODDWR, époux. G.
PRIODFAB, époux, nouveau marié. G. C'est une crase de *Priodasfab*.
PRIODFERCH, PRIODASFERCH, épouse, nouvelle mariée. G. *Ferch* en composition pour *Merch. Priodasferch* ; à la lettre, fille du mariage. Voyez *Priodasfab, Priodfab*.
PRIODI, se marier. G.
PRIODOL, marié, mariée, époux, épouse, comme *Priod*. G.
PRIODOL, propre, ce qui appartient en propre. G.
PRIODOLDEB, possession, propriété. G.
PRIODOLDER, propriété. G.
PRIODOLEDD, mariage. B.
PRIODOLI, s'approprier, se rendre propre, accommoder, ajuster, assortir. G.
PRIODOLIAITH, dialecte. G.
PRIODOR, du pays, naturel du pays, qui est du pays. G.
PRIOL, PRIOLA. Voyez *Capriola*.
PRIOMH DHREOI, le grand druide. I. *Dhreoi*, druide, *Priomh* par conséquent grand. Voyez *Prif*.
PRIONSA, Prince. I. Voyez *Princ*.
PRIONSAPALTA, principal, chef, premier. I. Voyez *Principal*.
PRIOSUN, PRIOSUNTAS, prison. I. Voyez *Prisoun*.
PRIRAS, mortier fait de chaux vive & de terre jaune avec un peu de sable. B. De *Pri*, terre ; *Ras*, chaux.
PRIS, prix, valeur. G. B. De là *Prix* en François ; *Price* en Anglois ; *Pretium* en Latin ; *Prezzo* en Italien ; *Precio* en Espagnol, prix. Voyez *Preza*.
PRIS, prix, récompense. B. De là *Prix* en François ; *Præmium* en Latin ; *Premio* en Italien, prix, récompense.
PRISA, priser, apprécier, estimer ; *Disprisa, Disprisout*, mépriser. B. *Prysen* en Flamand, priser, louer.

PRO. 279

PRISAE, A. M. prises. De *Preix*.
PRISARE, A. M. priser, apprécier, mettre le prix. De *Prisa*.
PRISIA, A. M. prise, action de prendre. De *Preix*.
PRISIA, A. M. action d'apprécier, de mettre le prix. De *Pris*.
PRISIAD, appréciation, licitation, enchére, estime. G.
PRISIANT, augmentation. G.
PRISIO, apprécier, priser. G. B.
PRISIO, estimer. B.
PRISIO, A. M. prison. De *Preiz*, *Prisoun*.
PRISIO, A. M. prise, action de prendre. De *Preix*.
PRISIUM, A. M. salaire que l'on donnoit à celui qui apprécioit. De *Pris*.
PRISIWR, appréciateur. G.
PRISO, A. M. prisonnier. De *Preiz*, *Prisoun*. On a dit en vieux François *Prison* pour prisonnier.
PRISO, PRISIO, PRISONA, PRISONIA, A.M. prison. De *Preiz*, *Prisoun*.
PRISON. Voyez *Prisoun*.
PRISONARIUS, PRISIONARIUS, A. M. prisonnier. De *Prisoun*.
PRISONNEIN, mettre en prison, emprisonner. B.
PRISOUN, PRISON, prison. B. Voyez *Preiz*, *Priosun*.
PRISOUR, arpenteur. B.
PRISOUY, priser, apprécier, estimer, daigner. B.
PRISSAUTY, soubresaut. B.
PRISUS, A. M. pris, saisi. De *Preiz*.
PRIV, propre, particulier. G. De là le Latin *Privus*, l'Italien *Privato*, le François *Privé*, l'Anglois *Private*, privé, particulier. *Fri, Frif*, propre, particulier dans les Tables Eugubines ; *Frivum* en ancien Latin signifie ce qui est propre à un chacun, d'où est venue l'expression *choses privées* ; dit Nonnius Marcellus, c. 1.
PRIV-DHYINE, les grands. I. *Dhyine*, hommes, *Priv* par conséquent principal, premier. Voyez *Prif* qui est le même.
PRIV-LLWYD, if. G.
PRIVA, priver. B. De là le Latin *Privo*, l'Italien & l'Espagnol *Privare*, le François *Priver*, l'Anglois *Deprive*, priver.
PRIVEZOU, latrines. B. De là le François *Privé*.
PRIVGAT, propres troupes, propres cohortes. G.
PRIVILAICH, privilége. B. Voyez *Priv*.
PRIVOES, latrines. B.
PRO, le même que *Bro*, *Brao*. Voyez ces mots & *P*.
PROB, joli. B. Voyez *Bro*, *Brae*.
PROBA, épreuve. Ba. Voyez *Prawf*.
PROBA, A. M. preuve, montre. Voyez *Proba*, *Prawf*.
PROBA, A. M. épreuve. De *Proba*.
PROBICQ, joliment. B.
PROBUS, A. M. preux hommes de guerre brave & courageux. Voyez *Braw*.
PROCC, le même que *Brocc*. Voyez *P*. De là *Procus*, *Precax* Latins.
PROCCORO, récemment. Ba. Voyez *Froccoro*.
PROCES, procès. B. De là ce mot. Voyez *Proch* qui en est la racine.
PROCESSUS, A. M. procès. De *Proces*.
PROCH, le même que *Broch* à cause de la substitution. Voyez *P*.
PROCLAMI, proclamer. B.
PROCULER, Procureur. B. Voyez *Procuri*.
PROCULEREAN, marguillerie. B.
PROCULOUR, administrateur. B.

PROCULUM, A. M. abomination. De *Procc* le même que *Broce*.

PROCURI, procurer. B. Voyez *Cur*.

PROD, le même que *Brod*. Voyez *P*.

PRODA, A. M. en Italien *Prode*, *Prodette* ; en François *Produits*, revenu. De *Produi*.

PRODICQ, prodigue. B. De là le Latin *Prodigus*, l'Italien & l'Espagnol *Prodige*, le François *Prodigue*.

PRODUI, produire. B. De là le Latin *Produce*, le François *Produire*.

PRODUM, A. M. gain. De *Produi*. Voyez *Proda*.

PROF. Voyez *Prawf*.

PROFADWY, prouvé, approuvé, probable, qu'on peut prouver, éprouvé. G.

PROFANI, profaner. B. De là le Latin *Profano*, l'Italien *Profanare*, l'Anglois *Profané*, le François *Profaner*.

PROFEDIG, prouvé, éprouvé, expérimenté, essayé. G.

PROFEDIGAETH, preuve, épreuve, essai. G.

PROFF, offrande, oblation faite à l'Eglise, présent que font aux nouveaux mariés ceux qui ont été du festin de la noce. B.

PROFI, éprouver. B.

PROFIAD, preuve, épreuve, essai, expérience, prélude de musique, prélude d'un discours, essai de ses forces, tentative avant que d'entreprendre. G.

PROFICUUM, A. M. profit. De *Profid*.

PROFID, profit. B. L'*v* & l'*f* se mettant l'un pour l'autre, on a dit *Provid* comme *Profid*, ce qui se voit par l'ancien mot François *Prov*, *Prou*, qui signifioit profit : Il se dit encore en quelques Provinces du Royaume en ce sens. On a aussi dit *Preu* en vieux François dans la même signification. Les Italiens disent *Pro* au même sens. Voyez *Prw*.

PROFITA, PROFITEIN, profiter, s'avancer. B. De là notre mot *Profiter*. Voyez *Profid*.

PROFWR, qui éprouve, qui expérimente, qui regarde, qui examine, qui contemple, tentateur. G.

PROGUA, mort, funérailles. Ba.

PROISDEAL, outre vaisseau. I.

PROL, prologue. G. On voit par *Proliad*, qui est formé de ce mot, qu'il a signifié parole en général.

PROLIAD, celui qui parle, celui qui porte la parole, celui qui parle le premier. G. Voyez *Parlant*, *Parly*.

PROMESA, promesse, vœu. Ba. Voyez *Prometi*.

PROMETI, promettre. B. Voyez *Promesa*.

PRONHUS, PRONUS, A. M. prône. L'*n* & l'*l* se mettant l'un pour l'autre, ne pourroit-on point conjecturer que ce mot vient de *Prol* ?

PRONT, tout-à-coup, vîte, brusque, prompt, actif, vif. B. De là le Latin *Promptus*, le François *Prompts* & l'Italien *Pronto*. Voyez *Prin*, *Pruntius*.

PRONTAMANT, promptement. B. Voyez *Pront*.

PRONHUS, Voyez *Pronus*.

PROP, joli, propre. B. *Prepes* en Grec, beau, décent. Voyez *Propr*.

PROPAT, nettoyer. B.

PROPIC, PROFIG, gentil, agréable, lestement, agréablement. B.

PROFIC, belette, ou espèce de petite bête assez semblable à la belette. B.

PROPIQUEIN, enjoliver. B.

PROPIQUERRANIQUEN, ornemens, agrémens. B.

PROPIQUIADURICQ, action d'enjoliver. B.

PROPR, net, propre, joli, bien mis, ajusté. G.

De là le mot François *Propre* en ce sens. Voyez *Prop*.

PROPRIAD, moucheron sorte d'insecte ailé qui pique cruellement ; pluriel *Propriaid*. G.

PROPRYN, joli, mignon. G.

PROS, prose. B. De là le Latin *Prosa*. Voyez *Prol*.

PROSDA, fort, vaillant. I. Voyez *Braw*.

PROSPERI, prospérer. B. Ce mot paroit formé de *Prw* ou *Prou*, & *Peri*.

PROV, PROU, PROVID. Voyez *Profid*.

PROUFF, preuve, épreuve, expérience. B. *Prüfen*, *Probieren* en Allemand, prouver. Voyez *Prawf*.

PROUI, PROUFI, prouver. B. De là *Reprouver* en vieux François, reprocher, ne pas recevoir le témoignage ; de là *Réprouver* en François.

PROUIDIGUER, preuve. B.

PROVINCIA, Province. Ba. *Prew* en Gallois ; *Province* en Breton, Province. De là le Latin, l'Italien, l'Espagnol *Provincia*, l'Anglois & le François *Province*. Voyez *Broc*.

PROVINGIALARDEA, vice de Province, propre à une Province. Ba.

PROVINCE, Province. B. Voyez *Provincia*.

PROUNT, prompt, actif, vif, vîte, brusque, tout-à-coup. B. Voyez *Pront*.

PRU, le même que *Bru*. Voyez *P*.

PRUD, le même que *Pryd*. G.

PRUDANT, prudent. B. *Prüdd* en Gallois, prudent. De là le Latin *Prudens*, le François *Prudent*, l'Espagnol *Prudente*, prudent. De là le Latin *Prudentia*, le François *Prudence*, l'Italien *Prudenza*, l'Espagnol *Prudencia*, prudence. *Fruda*, sage en Gothique.

PRUDD, prudent, sérieux, triste, mélancolique, chagrin. G. De là notre mot François *Prude*. Voyez *Prudant*.

PRUDD-DEB, prudence. G.

PRUDD-DER, tristesse, affliction, fâcherie. G.

PRUDDHAU, PRUDHAU, être affligé, avoir du chagrin, être dans la douleur, contrister, attrister. G.

PRUDENS, A. M. preux homme de guerre brave & vaillant. Voyez *Prosda* & *Braw*.

PRUMPIOLLAN, fouillemerde petit escarbot. I.

PRUN, PRUNEN, prune ; *Guëzan Brun* ; pluriel *Guëz Brun*, prunier. B. De là le Latin *Prunum*, l'Italien *Pruno*, le François *Prune*, l'Espagnol *Prunas*, le Flamand *Pruime*, prune. De là *Prunelaie*, lieu planté de pruniers ; *Prun Laya*.

PRUNA, A. M. prune. De *Prun*.

PRUNÇ, PRUNSS, sapin arbre. B. Les Bretons qui parlent François appellent *Plusche* des planches de sapin. Voyez *Prunsenn*.

PRUNECG, prunelaie, lieu planté de pruniers. B.

PRUNELLUM, A. M. prunelle ou prunc sauvage. De *Prun* ; *El* diminutif.

PRUNENN, prunier. B.

PRUNSEENN, prussier arbre. B. Voyez *Prunç*.

PRUNTIUS, A. M. plus promptement. De *Pront*.

PRW, abondance, abondant. G. *Prw* se prononce *Prou* ; de là *Prou* en vieux François, assez, abondamment : Il se dit encore en Franche-Comté & en quelques autres Provinces du Royaume en ce sens. De là *Proger*, qui en Patois de Franche-Comté signifie augmenter ; *Provecho* en Espagnol, commodité, aisance, profit ; *Pronjetti*, rendre abondant, rendre fertile en Esclavon. Voyez *Profid*.

PRY.

PRY, boue, limon. C. B. Voyez Pri.
PRY, terre glaise ou grasse, mortier. B. Voyez Pri & l'article précédent.
PRY-PENFRITH, if. G.
PRY 'R DAIL, chenille, ver coquin, chenille de vigne qui s'entortille dans ses feuilles. G. Pryf Dail.
PRY 'R GANWYLL, ver luisant. G.
PRYADELEAS, PRYADELEZ, mariage. B. Voyez Priet.
PRYCH, le même que Brych. Voyez ce mot & P.
PRYD, beauté, formé, figure, bonne grace, agrément, bonne mine, bon air parlant du visage, apparence, aspect, vûe. G. Fryd, Frydt, Frydur en Islandois; Fryn en Théuton; Frynn en Runique; Frey en Allemand, beau. Voyez Prydd.
PRYD, temps. G. B. Il signifie aussi un repas, le dîner ou le souper. G. Voyez Pred.
PRYD, pendant, tandis. G.
PRYDD, beauté du corps. B. Voyez Pryd.
PRYDDEST, poësie, poëme, louange, qui est à la louange. G.
PRYDDYD, devin. G. Voyez Prydydd.
PRYDER, soin, sollicitude, crainte, agonie, dernière frayeur. G. Voyez Preder.
PRYDERI, soigner. G.
PRYDERU, considérer attentivement, peser au figuré, examiner de près, prévoir. B.
PRYDERUS, soigneux. G.
PRYDFERTH, beau, bienfait, très-beau, fleuri, orné, embelli, paré. G.
PRYDFERTHRWYD, beauté, état florissant, brillant. G.
PRYDFERTHU, embellir. G.
PRYDFERTHWCH, beauté. G. Pléonasme Pryd. Berthwch synonime de Berthedd.
PRYDIAD, versification. G.
PRIDIDDIAETH, poësie, art poëtique. G.
PRYDLAWN, qui est à temps, à temps; Yn Brydlawn, à temps. G. Pryd Lawn.
PRYDLON, fait dans le temps qu'il faut. G.
PRYDLONDER, temps propre. G.
PRYDNAWN, le soir, le temps du soir. G. Pryd Nawn.
PRYDNAWNFWYD, collation, repas entre le dîner & le souper. G. Bwyd.
PRYDU, louer en vers, faire des vers, chanter. G. Ce mot paroit formé de Pryd, beauté, agrément, à cause des charmes de la poësie.
PRYDUS, beau. G.
PRYDWEDDOL, beau, très-beau, d'un visage agréable, qui sent son bien, digne d'un homme de condition en parlant de l'extérieur & du maintien. G.
PRYDWEN, d'apparence blanche, qui paroit blanc. G. Pryd Gwen.
PRYDYDD, poëte, au féminin Prydyddes; G. C. panégyriste. G. Voyez Pryddyd. Les Payens croyoient les poëtes inspirés.
PRYDYDDIAETH, versification, poësie, art poëtique. G.
PRYDYDDU, faire des vers. G.
PRYED, époux, épouse. B. Voyez Priet.
PRYEDELEZ, mariage. B.
PRYEDEREH, mariage. B.
PRYEG, lieux argileux, lieux pleins de terre glaise ou grasse. B.
PRYEN, bousillage, construction faite de terre & de boue. B. Voyez Pri.
PRYF, ver. G. B. Voyez Pref, Penfrith, Prev, Prevedenn, Prevevan.

TOME II.

PU.

PRYF-AN-CAWL, chenille. B.
PRYF AN DILLAD, teigne ver qui ronge les habits. G.
PRYF CADACHOG, sorte de vermisseau qui a plusieurs pieds. G.
PRYF CLUSTIAU, sorte d'escarbot marqueté de blanc. G.
PRYF GOLEUAD, ver luisant. B.
PRYF PENFRITH, taisson, blaireau, chat sauvage, fouine G. Pen Brith. On voit par ce mot, par Pryf Clustian, que Pryf ne signifie pas seulement ver. Voyez Pref, Prev, Prevedenn, Prevevan.
PRYFEDOG, plein de vers, qui a des vers, plein de teignes. G.
PRYFEDU, produire des vers, être rongé de vers. G.
PRYFEDUS, qui a des vers. B.
PRYFET, troesne. G.
PRYFFWNT, PRYFFYNT, chez les anciens Pryffwn, ce qui est principal, ce qui est au plus haut point, la fleur de quelque chose; Pryffwnt Y Farchnad, la fleur du marché. G. Voyez Prif.
PRYFIGEDD, maladie causée par les vers. G.
PRYFIGEDD. Voyez Perfigedd.
PRYFIN, vermisseau. G.
PRYN, PRYNIAD, achat; Tir Pryn, terre achetée; à la lettre, terre d'achat. G. C'est ainsi que les Hébreux disoient un homme de douleur pour un homme qui souffre. Les Chinois disent : Hyang-Chang-Tse, le chevreuil odoriférant; à la lettre, le chevreuil d'odeur; & Co Hiang, sorte de bois odoriférant; à la lettre, bois d'odeur. Nous disons de même homme de probité, homme de courage, pour honnête homme, homme courageux. Voyez Pren.
PRINADWY, à acheter, vénal. G.
PRYNEDIGAETH, achat, rachat. G. Les Hébreux employent de même le simple pour l'itératif; le même mot signifie chez eux planter, & replanter.
PRYNIAD, rente, rachat, commerce, négoce. G.
PRYNIAWDR, acheteur, qui rachete, rédempteur. G.
PRYNU, acheter, racheter, louer, prendre à louage. G. Priamai, acheter en Grec.
PRYNU, acheter, racheter. B.
PRYNWR, acheteur, marchand, qui rachete, rédempteur. G.
PRYOD, époux, épouse. G. B.
PRYRAZ, mortier. B. Voyez Prirâz.
PRYS, PRYSG, PRYSGOED, petits arbres, lieu planté d'arbrisseaux, pepinière, plant d'arbres. G. Goed, Coed.
PRYS, le même que Brys. Voyez ce mot & P.
PRYS, le même que Brych. Voyez ce mot & Ch.
PRYSEDDFOD, habitation, demeure. G.
PRYSEDDU, habiter, demeurer. G.
PRYSGLWYN, pepinière, rejetton, bruyères, broussailles. G.
PRYSGOED, bruyères, broussailles. G.
PRYSGOEDEN, arbrisseau. G.
PRYSGYLL, arbrisseau. G.
PRYSUR, soigneux, diligent, laborieux, qui prend ou qui se donne beaucoup de soin, qui se hâte, course. G. Prys le même que Pres, Gur.
PRYSURDEB, hâte, curiosité, amour du travail, témérité, inconsidération, imprudence. G.
PRYSURO, se hâter. G.
PRYSWYLIO, le même que Presmylio. G.
PRYT, le même que Pryd. Voyez Dybryt.
PSALMEN, algarade, injures. B.
PU, le même que Bwth. Voyez ce mot.
PU, Voyez Bychan.

P U, le même que *Bu, Fu, Mu*. Voyez P.
P U A P F E T, quart. B.
P U B I L L, tente. I. Voyez *Pabell*.
P U B L I A, publier. B. Voyez *Pobl*.
P U C A, lutin, efprit follet. I.
P U C A D H, efprit, fpectre, fantôme. I.
P U C E, naufrage, bris de vaiffeau. B.
P U C H, volonté, défir. G.
P U C H, E P U C H, à croupeton. B.
P U C H. Voyez *Podium*.
P U C H A, s'accroupir. B.
P U C H A C, potage, bouillie. Ba.
P U C H A N. Voyez *Bychan*.
P U C H E D, volonté, défir. G.
P U C H E T. Voyez *Bychan*.
P U C H I A N T, défir. G.
P U C H O, vouloir, défirer, fouhaiter. G.
P U C H O N. Voyez *Bychan*.
P U C H O T. Voyez *Bychan*.
P U C H O U. Voyez *Bychan*.
P U C H Y N. Voyez *Bychan*.
P U C I N, mafque, voile, jeu de colin-maillard. I. Voyez *Buch*.
P U D, le même que *Bud, Fud, Mud*. Voyez P.
P U D, le même que *Pad, Ped, Pid, Pod*. Voyez *Bal*.
P U D A, faulx propre à émonder, à élaguer les arbres, petite faucille, hache. Ba.
P U D A N C U M R A, civette. I.
P U D A R, poudre. I. Voyez *Poultr*.
P U D A S K, putois ou pitois animal qui reffemble à la fouine, mais plus puant & ennemi mortel des lapins. B. Voyez *Pudr* le même que *Budr*.
P U D A S K, âcre, aigre, défagréable. B. Voyez *Put*.
P U D I T U S, A. M. puant. De *Pudr* le même que *Budr*.
P U D O R, A. M. puanteur. De *Pudr* le même que *Budr*.
P U D R, le même que *Budr*. Voyez ce mot & P. *Fut* en Irlandois, fi; *Amputa*, pauvres en Langue de Congo.
P U E C H. Voyez *Podium*.
P U E S C H. Voyez *Podium*.
P U E S T, ver de terre. I.
P U F F E R I C Q A N D O U A R, veffe de loup plante. B.
P U G, P U K, mou; *Pug-A-Ra*, il devient mou, il reçoit impreffion, il devient maniable, il obéit. B. Voyez *Bong*.
P U G. Voyez *Bychan*.
P U G. Voyez *Podium*.
P U G A, A. M. colline. Voyez *Podium*.
P U G I N U S, A. M. pouffin. De *Poucin*.
P U G I U M, A. M. colline. Voyez *Podium*.
P U G N E S, apoftume, froncle, abfcès, fic. B. Voyez *Fwnga*.
P U H. Voyez *Bychan*.
P U H A N. Voyez *Bychan*.
P U H E T. Voyez *Bychan*.
P U H O N. Voyez *Bychan*.
P U H O T. Voyez *Bychan*.
P U H O U. Voyez *Bychan*.
P U H Y N. Voyez *Bychan*.
P U I, le même que *Ffy, Ffwy*. Voyez *Puignesen*.
P U I. Voyez *Podium*.
P U J. Voyez *Podium*.
P U I A L I S, A. M. colline. Voyez *Podium*.
P U J A T O R I U M, A. M. Voyez *Podium*.
P U I C. Voyez *Podium*.
P U I G N E S E N, punaife. B. Ce mot eft formé de *Ffy, Ffwy*. On a dit *Pui* comme *Ffwy*. De là *Poui* que l'on dit pour fi en Franche-Comté. De *Puignefen* font venus punaife, punais.

P U I L L, P U I L H, P U L L, P I L L, abondant, copieux, multiplié, dru, épais, touffu, commun, ordinaire; & comme adverbe abondamment, &c. Il fe dit particulièrement des productions de la terre & des animaux. B. *Fouilla*, abondant, épais en vieux François; *Pulen* en Auvergnac, plutôt, mieux, davantage; *Viel* en Allemand, prononcez *Fiel* ou mieux *Fil*; *Filu* en Gothique; *Fela, Feala* en ancien Saxon; *Filo, Filu* en Théuton; *Veel* en Flamand, prononcez *Feel*; *Fiol* en Iflandois; *Wely* en Efclavon; *Wielic* en Polonois; *Polus* en Grec, ce qui eft en grand nombre, plufieurs; *Viel* en Allemand, prononcez *Fiel*; *Polu* en Grec, beaucoup; *Fill* en Anglois, raffafier, emplir; *Fillati* en Carniolois, emplir; *Pelwi* en Lufatien; *Full* en Anglois; *Vol* en Flamand, prononcez *Fol*; *Voll* en Allemand; *Falls* en Gothique; *Full* en ancien Saxon; *Foll* en Théuton; *Full* en Anglois & en Suédois; *Fullur* en Iflandois; *Bulles* en Grec, plein, rempli, abondant; *Obilnu* en Efclavon, abondamment; *Plny* en Bohémien, abondant, fertile; *Full* en ancien Lombard, entièrement, tout-à-fait; *Buil, Buli, Bulshi* en Efclavon; *Bolji* en Dalmatien, meilleur; *Poellekan*, gras en Groenlandois. On a dit *Pouill* comme *Puill*, ainfi qu'on le voit par *Arbonilh*; d'ailleurs l'*u* fe prononce en *ou*. De là en Patois de Franche-Comté *Barbouille* pour abondance; *Revouillena* pour être dans la plus grande abondance. (*Re*, particule augmentative) *Rampouillie* pour remettre un homme en bon état; *Poulanshie* pour bien traiter quelqu'un. De *Puill, Pouill*, font venus les mots Latins *Pollen*, fleur de farine; *Epula*, feftins, repas abondans; (*E* paragogique) *Crapula*, exceffive fatiété; (Ce mot eft formé de *Cara*, nourriture, & *Pull*, abondance) *Opulentus*, opulent, exceffivement riche; *Pullulo* en Latin; *Pulluler* en François, produire beaucoup; *Pullulare* en Italien au même fens; *Pu*, fruit en Tartare du Thibet. Voyez *Pill, Pillarfe, Pouilh, Fue, Fui, Fwy, Puludoc*.

P U I L L D E D, abondance. B.
P U I S M I D H, levre. I.
P U I T R I T H, outre vafe. I.
P U J U S, A. M. colline. Voyez *Podium*.
P U K. Voyez *Pug*.
P U K A N, bourfe, malle. I.
P U L. Voyez *Bal*. G.
P U L, marais, amas d'eau dormante. G. B. Voyez *Poull*.
P U L, le même qu'*Helbul*. Voyez *Heldrin*.
P U L C I N U S, A. M. pouffin. De *Poucin*.
P U L I N U S, A. M. poulain. Voyez *Pull*.
P U L L. Voyez *Puill*.
P U L L, poulain. B. De là ce mot, car on prononçoit l'*u* en *ou*, & on ajoûtoit indifféremment la terminaifon *en* ou *in*.
P U L L A N U S, P U L L E N U S, A. M. poulain. Voyez *Pull*.
P U L L O G, dépenfe, paneterie. I.
P U L P E R I A, cabaret. Ba.
P U L P U D, lieu élevé d'où l'on parle en public, chaire, tribune, la tribune aux harangues. G. De là le Latin *Pulpitum*, l'Italien & l'Efpagnol *Pulpito*, l'ancien François *Pulpite*, le moderne *Pulpitre*, l'Anglois & le Bohémien *Pulpit*, le Polonois *Pulpiet*; car l'*u* Gallois fe prononçoit indifféremment en *y*.

PULS. Voyez *Pouls*.
POLTRONES, A. M. poltron. De *Pouiltron*.
PULUDOC, riche. C.
PULYOT, pouliot. B. De là ce mot
PUM, cinq. C.
PUMBYS, cinq doigts. G.
PUMBYS, quintefeuille plante. G.
PUMCANT, cinq cens. G.
PUMCANWAITH, cinq cens fois. G.
PUMDALEN, quintefeuille plante. G.
PUMDINAS, contrée où sont cinq villes. G. A la lettre, cinq villes. C'est ainsi que dans la Palestine on appelloit *Decapolis*, dix villes, une contrée où il y avoit dix Villes.
PUMLLYNG, est le même que *Pumllong* & *Pumllong* que Davies n'explique pas. *Pumllong* paroit formé de *Pump*, cinq, & *Llong*, vaisseau. G.
PUMMED, cinquième. G.
PUMNALEN, quintefeuille. G. *Nalen* de *Dalen*.
PUMOCHROG, qui a cinq angles. G.
PUMONGL, qui a cinq angles. G.
PUMP, cinq. G. C. B. *Pempe* en Grec Éolique ; *Fem* en Danois ; *Funff* en Allemand ; *Fimf* en Gothique ; *Fif* en ancien Saxon ; *Finf*, *Fimf* en Théuton ; *Fynf* en Tartare de Crimée ; *Fiynf* en Tartare commun ; *Five* en Anglois ; *Vif*, prononcez *Fif* en Flamand ; *Fimm* en Islandois, cinq.
PUMPEAMBLAS, pompe ; magnificence d'habits. I. Voyez *Poimp*.
PUMPLYG, plié en cinq doubles. G.
PUMRHAN, partagé en cinq. G.
PUMTREF, contrée où sont cinq villes. G. A la lettre, cinq villes. Voyez *Pumdinas*.
PUMWAITH, cinq fois. G.
PUMWYR UNSWYD, l'un des cinq Magistrats. G.
PUMWYRAETHAU, la dignité des cinq Magistrats. G.
PUN, le même que *Bun*, *Fun*, *Mun*. Voyez P.
PUN, le même que *Pan*, *Pen*, *Pin*, *Pon*. Voyez *Bal*.
PUNALA, poignard. Ba.
PUNCER AR PINTON, fessepinte, grand buveur. B.
PUNCZ, PUNSS, puits. B.
PUNCZ, pierre ponce. B. De là ce mot. Le terme de pierre est sous-entendu dans le Breton.
PUNCZ GLAO, citerne. B. A la lettre, puits de pluie.
PUNCZA, puiser. B.
PUNCZAT, épuiser l'eau. B.
PUND, A. M. livre poids. Voyez l'article suivant.
PUNDD, le poids d'une livre. B. Voyez *Punt*.
PUNEX, A. M. pierre ponce. De *Puncz*.
PUNHALIS GLADIUS, A. M. poignard. De *Punala*.
PUNICZA, punir. B.
PUNISSEIN, punir, corriger. B.
PUNSECQ, calleville. B. Je crois que l'on sous-entend pomme, & que *Punsecq* signifie rouge ; d'où sera venu notre mot François *Ponceau*.
PUNT, livre poids. G. De là *Pondo* en Latin ; *Ponds* en Flamand ; *Pound* en Anglois ; *Pfundt* en Allemand ; *Funt* en Esclavon, en Polonois, & en Carniolois ; *Funt* en Hongrois, livre espèce de poids ; *Pund* en Breton, livre poids. De là le Latin *Pundus*, l'Allemand *Pfundt*, le Flamand *Pondt*, l'Anglois *Pound*, le Polonois, le Carniolois *Funt*, le Hongrois *Font*, poids.
PUNTA, pinceau. G.
PUNTS, puits. B.
PUNTUR, pinceau. G.

PUDCH, paix. B.
PUPA, maître, précepteur. I. Voyez *Pep*, *Pab*.
PUPPUR, PUPUR, poivre. G. Voyez *Peibr*.
PUPUR, pourpre. G.
PUPUR Y FAGWYR ; PUPUR Y FATWEU ; joubarbe. G. A la lettre, pourpre à l'extrémité. Les fleurs de la joubarbe sont de couleur purpurine à l'extrémité. *Fagwyr* de *Bagwy*, fortie de *Bagwy*, pointe, extrémité. *Friweg* de *Briweg*.
PUPUR Y MYNYDD, grain de crête plante. G.
PUR, pur, purifié, net, propre, sans tache, sans mélange, sans altération. G. *Pur*, pur, net en Breton. De là le Latin *Purus*, l'Italien *Puro*, le François *Pur*. Voyez l'article suivant.
PUR, pur, net, pudique, purement, nettement, pudiquement. B.
PUR, fort adverbe. Voyez *Purbooth*.
PUR, le même que *Bur*, *Fur*, *Mur*. Voyez P.
PUR, le même que *Par*, *Per*, *Pir*, *Por*. Voyez *Bal*.
PURA, nettoyer, décrasser. B.
PURAAT, PURAT, affiner, épurer, affineur. B.
PURBOOTH, fort chaud. G. *Booth* en composition pour *Pooth*, *Pur* par conséquent fort.
PURDAN, feu du purgatoire, feu qui purifie. G. *Pur Tan*.
PURDEB, pureté, netteté, qualité saine ou exempte de mélange ou d'altération d'une chose ; pudicité, pudeur. G.
PUREA, A. M. purée suc qu'on tire des légumes. De *Pur*, parce que la purée est le suc des légumes purifié ou séparé des grains.
PUREDD, pureté. G.
PUREDIGAETH, purgation, purification. G.
PUREIDDIO, rendre pur, épurer. G.
PURER, fourbisseur. B. De *Pur*, *Puraat*.
PUREYA, A. M. toute sorte de jus ou de suc tiré de quelque chose. De *Pur*, parce que ce jus ou suc est purifié ou séparé de la matière dans laquelle il étoit contenu.
PURGA, purgation, remède. Ba. Voyez *Pur*, *Puraat*, *Purgea*.
PURGEA, purger. B. Voyez *Purga*. De là le Latin *Purgo*, l'Italien *Purgare*, l'Espagnol *Purgar*, l'Anglois *Purge*, le François *Purger*. Voyez *Pur*.
PURGOCH, rouge, rubicond. G. Voyez *Coch*.
PURLAN, pur, qui est sans corruption, sans tache, sincère. G. *Pur Glan*.
PURO, purifier, déféquer. G. B.
PUROR, chantre, musicien, harmonique ; *Puror Cerdd*, chantre, musicien. G.
PURORIAETH, mélodie, harmonie. G.
PURORIAETHU, chanter avec harmonie & mesure. G.
PURORIAETHWR, chantre, musicien. G.
PURS, bourse. G. B. De là *Purse* en Anglois ; *Porse* en Flamand, bourse. Le b & le p se mettant l'un pour l'autre, on a dit *Burs* comme *Purs* ; De là le François *Bourse*, l'Italien *Borsa*, l'Espagnol *Bolsa*, bourse.
PURT, rempart, digue. I.
PURUBECOA, ancien, noble. Ba.
PURWYN, quelque chose de blanc. G.
PUS, lèvre ; *Pusach*, qui a de grosses lèvres. I.
PUS. Voyez *Bychan*.
PUS, A. M. puits. De *Puncz* ou *Punss*, l'*n* enlevée.
PUS, le même que *Bus*, *Fus*, *Mus*. Voyez P.
PUS, le même que *Pas*, *Pes*, *Pis*, *Pos*. Voyez *Bal*.
PUS, le même que *Puch*. Voyez *Ch* dans la dissertation sur le changement des lettres.
PUSACH. Voyez *Pus*.

PUSAN. Voyez *Bychan.*
PUSEA, morceau, piéce, fragment, fétu. Ba.
PUSET. Voyez *Bychan.*
PUSIN, levre, babine. I.
PUSON. Voyez *Bychan.*
PUSOT. Voyez *Bychan.*
PUSOU. Voyez *Bychan.*
PUSSET. Voyez *Bychan.*
PUSSOT. Voyez *Bychan.*
PUSSUN, poison. B. Voyez *Pouison, Poseya.*
PUSSUNIEIN, empoisonner. B.
PUSTILLA, pustule. Ba.
PUSYN. Voyez *Bychan.*
PUT, commun, ordinaire, fréquent, abondant. G. Voyez *Pot, Pod* qui sont le même mot.
PUT, fosse, profondeur. B. *Pydew* ou *Pudew* en Gallois, puits; *Pitt* ou *Puit*, fosse en Écossois; *Putzna*, fosse, mare en Basque. De là le Latin *Puteus*, l'Allemand *Putte*, l'ancien Saxon *Pit, Pyt*, le Théuton *Butz, Butza, Putzi*, le Flamand *Put*, l'Anglois *Pit*, le François *Puits. Buthos*, profondeur en Grec; *Pus*, puits, citerne en Albanois; *Put* en Flamand & en ancien Saxon; *Pfutz* en Allemand, mare; *Puccina* en Esclavon, profondeur. *Puynnchi* en Persan, abysme; *Putken* en Flamand; *Pitte* en Anglois; *Busa* en Italien, fosse.
PUT, âcre, aigre, désagréable. On dit aussi *Avel-Put*, vent sec, froid & piquant; *Avel*, vent. B.
PUT. Voyez *Podium.*
PUT, le même que *But, Fut, Mut.* Voyez *P.*
PUT, le même que *Pat, Pet, Pit, Pot.* Voyez *Bal.*
PUT, le même que *Pud.* Voyez *D.*
PUTEUS, A. M. montagne, colline. Voyez *Podinus.*
PUTHEUS, A. M. puits. De *Put.*
PUTOA, vilain, débauché. Ba.
PUTOASG, putois ou pitois chat sauvage. B. Voyez *Pudask.*
PUTOG, boyau, intestin, boudin. I.
PUTR, le même que *Budr.* Voyez ce mot, P & D.
PUTTA, A. M. puits. De *Put.*
PUTZA, souffle. Ba.
PUTZNA, fontaine. Ba. Voyez *Pon, Piunt.*
PUTZUA, fosse, mare, creux, vuide. Ba. Voyez *Put.*
PUTZUPACIA, sceau à puiser. Ba.
PW, le même que *Bw, Fw, Mw.* Voyez *P.*
PWD, maison, habitation. Voyez *Bwd* le même que *Bwi & P.*
PWD, vase, vaisseau. Voyez *Dispyddu.*
PWDING, le même que *Potten.* G.
PWDINGEN, saucisse, boudin. G. Le *b* & le *p* se mettant l'un pour l'autre, on a dit *Bwdingen* comme *Pwdingen*; de là notre mot François *Boudin.*
PWDR, pourri, flétri, fané, gâté, corrompu, rance, qui sent le relent, carié; féminin *Pedr.* G. De là les mots Latins *Putris, Putridus, Putreo, Putresco,* le *t* & le *d* se mettant l'un pour l'autre. *Podrido* en Espagnol, pourri.
PWEDD, comment. G.
PWFFIAD, souffle de vent. G. Le *b* & le *p* se mettant l'un pour l'autre, on a dit *Buffiad* comme *Pwffiad*; de là notre mot François *Bouffée.*
PWFFIO, souffler. G.
PWG, noir. Voyez *Bw.*
PWG, le même que *Bwg.* Voyez *P.*
PWL, lieu boueux & plein d'eau. G. Voyez *Pul, Poull.*

PWL, émoussé, dont la pointe ou le taillant est rebouché, obtus, grossier, stupide, niais, sot, lâche, mou; féminin *Pol.* G. *Faul* en Allemand, nonchalant, paresseux, fainéant; *Ful* en Anglois, *Faul* en Carinthien, paresseux; *Puluk* en Hongrois; *Philiv* en Persan, stupide; *Ampiole* en Patois de Franche-Comté, mou, sans soin, sans adresse, mal mis, mis négligemment. De *Pwl*, que l'on peut prononcer *Pol*, est venu notre mot *Politron*; *Pol*, lâche; *Trum* ou *Trom*, beaucoup. Voyez *Pouiltron, Poltron.*
PWL, coq, poulet. Voyez *Pylgain.* De là le Latin *Pullus*, l'Espagnol *Pollo*, le Danois *Pol*, le François *Poulet. Pilic*, poulet en Turc.
PWLL, fosse, creux, lieu boueux & plein d'eau, lac. G. Voyez *Poull & Sybwl.*
PWLL, lent, pesant, lourd, tardif. G.
PWLL, le même que *Pwyll.* Voyez *Gwyddbwyll.*
PWLLHALEN, saline. G.
PWLTARI GWYLLT, pyrhêtre sauvage. G.
PWM, pomme. Voyez *Pwmpa.*
PWMP, élévation. G.
PWMPA, grosse pomme. G. Dans ce mot composé je crois que *Pwm* ou *Pom* signifie pomme, parce que le Latin *Pomum* ne venant pas du Grec, doit venir du Celtique.
PWMPL, petite bouteille qui se forme sur l'eau lorsqu'il pleut, qu'on la remue ou qu'elle bout. G. *Pompholux* en Grec signifie la même chose.
PWN, le même que *Pwng.* Voyez *Aderyn Y Bwn.*
PWNG, PWNGC, piquûre, marque. G. Il encore signifié en cette Langue, coup. Voyez *Ysbongc.* Il s'est aussi pris au figuré. Voyez *Ymbyngcio.* De *Pwng* sont venus le Latin *Pungo*, l'Italien *Pungere*, l'Espagnol *Puncar*, le vieux mot François *Poindre*, piquer. On a dit *Pu* comme *Pwng*, ainsi qu'on le voit par les mots Latins *Pugio, Pupugi*; *Finck* en Allemand, poinçon.
PWNGA, pustule. G.
PWNN, charge, fardeau; pluriel *Pynnau, Pyn.* G. *Puntel, Bundel* en Allemand; *Punil* en Carniolois; *Bindela* en ancien Saxon; *Bundle* en Anglois, fardeau, charge.
PWNNIA, courir. C.
PWRCAS, ce qui est acquis, ce qui est recherché. G. De là en vieux François *Pourchas*, poursuite, recherche, & *Pourchasser*, rechercher, chercher, demander.
PWRCASU, acheter. G. *Purchase* en Anglois, acheter.
PWRCASWR, acquereur. G.
PWRS, bourse. G.
PWRS, pis, tette, mammelle. G.
PWRS Y BWGAIL, bourse de pasteur plante. G.
PWTH, le même que *Bwth.* Voyez ce mot.
PWY, qui, lequel, laquelle, qui interrogatif, y a-t'il quelqu'un ? chez les anciens quelquefois, quoi, quelle chose. C.
PWY, contusion, meurtrissure, peine, affliction, chagrin, infortune, misère. Voyez *Cymmwy* & l'article suivant.
PWYAD, contusion, meurtrissure, action de battre, de fraper. G.
PWYBYNNAG, quiconque. G. B.
PWYGILYDD. O Wr Bwygilydd, par homme, par tête. G.
PWYL, pays. C.
PWYL, sens, discrétion, prudence. G. *Bil, Bilen*, habile, sçavant, expert en Turc.
PWYLL, le même que *Pwyllog.* Voyez *Hybwyll.*

PWYLLEDD,

PWYLLEDD, prudence, air grave. G.
PWYLLIG, qui délibére. G.
PWYLLO, considérer, délibérer, faire mention, G. Le *b* & le *p* se mettant l'un pour l'autre, on a dit *Bwyllo* comme *Pwyllo*; de là le mot Patois de Franche-Comté *Beuillie*, considérer, regarder attentivement.
PWYLLOG, prudent, qui prévoit, discret, entendu, intelligent, qu'on consulte, qui considére, qui pese, qui examine, modeste, modéré, retenu. G.
PWYNT, santé. G. Il signifie aussi en cette Langue graisse, corpulence, ainsi qu'on le voit par *Pwyntio*, *Pwyntus*; de là *Embonpoint* en notre Langue; de là *Ammhwynt*, mauvaise santé. Davies.
PWYNT, point. G. Voyez *Poend*.
PWYNTIEDIG, fixé, déterminé. G.
PWYNTIO, destiner, désigner. G.
PWYNTL, pinceau. G.
PWYNTUS, charnu. G.
PWYNTUS, adjectif de *Pwynt*. G.
PWYO, battre, fraper, choquer, pousser, heurter. G. *Paio* en Grec, battre, fraper. Voyez *Puyscim*.
PWYS, le poids d'une livre. G. B. poids, pesanteur, contrepoids, poids égal, charge, fardeau. G. Voyez *Pots*.
PWYS. GWR PWYS, époux; *Gwraig Pwys*, épouse.
PWYSFAWR, qui pese beaucoup, fort pesant, très-pesant, qui charge beaucoup, chargeant, pesant. G.
PWYSO, peser, être pesé, être à charge, G. B. peser au figuré. G.
PWYSO AT, pencher, incliner. G.
PWYSWR, celui qui a le poids public. G.
PWYSWRAIG, servante qui avoit inspection sur les autres, & donnoit à chacun sa tâche. G.
PWYT, le même que *Bwyt*. Voyez ce mot, P & *Pitance*.
PWYTH, prix valeur, & prix récompense. *Talu 'R Pwyth*, compenser, rendre la pareille, rendre le change, user de représailles; *Talpwyth*, compensation, représailles. G.
PWYTH, couture. G.
PWYTHO, coudre. G.
PWYWR, broyeur, celui qui forge. G. De *Pwyo*.
PUY. Voyez *Podium*.
PUYATA, lessive. Ba. Voyez *Bugad*.
PUYSGIM, battre, fraper. I. Voyez *Pwyo*.
PUZA, souffle. Ba.
PUZE, chien courant. B.
PUZPILLA, éolipile. Ba.
PUZTEA, gonflement. Ba.
PY, pic, hoyau. B.
PY. Voyez *Bychan* & *Pi*.
PY, le même que *By*. Voyez *P*.
PYBL, peuple. G. Voyez *Pobl*.
PYBYR, robuste, qui vit longtemps, fort, vaillant, force. G. De là le terme populaire *Pifre*, qui signifie un homme corpulent & gros. *Abbir* en Hébreu, vaillant.
PYBYRWCH, vigueur, puissance, force, valeur, courage. G.
PYCH. Voyez *Bychan*.
PYCHAN. Voyez *Bychan*.
PYCHET. Voyez *Bychan*.
PYCHON. Voyez *Bychan*.
PYCHOT. Voyez *Bychan*.
PYCHYN. Voyez *Bychan*.
PYCQ, vertige, colere soudaine. G. De là la *Pique* en ce sens dans notre Langue.

PYD, danger. G.
PYDEU, puits. G. Voyez *Put*.
PYDEW, puits, boue. G. Voyez *Put*.
PYDIO, être en danger. G.
PYDREDD, pourriture. G. Voyez *Pwdr*.
PYDRNI, pourriture, corruption. G.
PYDRU, pourrir, faire pourrir. G.
PYEWHUT, tenir, avoir. B. Voyez *Paw*.
PYG, poix. G. B.
PYG-WYDDEN, arbre d'où découle la poix. G.
PYGLIAIN, dépilatoire remède pour faire tomber le poil. G. Pyg *Lliain*.
PYGLIW, noir comme la poix, de poix, noir, de couleur tannée. G.
PYGLYS, romarin, queue de pourceau plante. G.
PYGU, poisser. G.
PYH. Voyez *Bychan*.
PYHAN. Voyez *Bychan*.
PYHET. Voyez *Bychan*.
PYHON. Voyez *Bychan*.
PYHOT. Voyez *Bychan*.
PYHOU. Voyez *Bychan*.
PYHYN. Voyez *Bychan*.
PYL, pierre, roc. Voyez *Bilyen*, *Pillawg*.
PYLGAIN, le chant du coq, le crépuscule. G. Ce mot est formé de *Gain* pour *Gan* de *Can*, chant, & de *Pwl*, en composition *Pyl*, coq, poulet. On appelle en Patois de Besançon les coqs *Poulotte*.
PYLGEINIOL, qui est avant le jour. G.
PYLLAWG, raboteux, pierreux, où il y a de mauvais pas, plein de mauvais pas, rude, rompu, difficile à passer. G. De *Pwll*, dit Davies. Ce terme n'est point formé de *Pwll*, comme dit Davies, cette étymologie seroit opposée au sens du mot: Il faut donc que *Pyl* signifie pierre, & c'est ce qui se trouve véritable. Voyez *Bilyen*, *Saltbrosus*, qui est le terme Latin par lequel Davies explique ce mot, est pareillement formé de *Sal* ou *Cal*, pierre.
PYLLOG, plein de mares. G. De *Pwll*.
PYLNI, paresse, lenteur, indolence, nonchalance, négligence, affoiblissement, diminution de vivacité, engourdissement. G.
PYLOR quelquefois pour *Pluor*; *Pylor Gynnau*, poudre à tirer. G. *Cynne*.
PYLU, engourdir, être engourdi, émousser, reboucher, gâter la pointe ou le tranchant, s'émousser, être émoussé, être rebouché, n'avoir plus de pointe ou de tranchant. G.
PYM, cinq. G. C'est le même que *Pum*.
PYMHED, cinquième. G.
PYMMEDD, cinq. G.
PYMP, cinq. G.
PYMTHEG, quinze. G. B.
PYMTHEGFED, quinzième. G.
PYMTHENGWAITH, quinze fois. G.
PYN, petite hauteur. G. Voyez *Pin*, *Pen*; qui sont le même mot.
PYN, source, fontaine. G. Voyez *Pen*, qui est le même mot.
PYN, le même que *Pen*. Voyez *Unben*, *Siobyn* & *Bal*.
PYNCIO, chanter avec quelqu'un, chanter en faux bourdon. G.
PYNFARCH, cataracte ou chûte d'eau. G.
PYNGCIO, chanter avec harmonie & de mesure. G.
PYNGCIO, piquer, noter, marquer. Voyez *Ymbingcio* & *Pwng*, *Pwnge*.
PYNNAT, monter. B.

PYNNER, poids, charge, fardeau, paquet de hardes. G.
PYNNER, poids. B.
PYNNFARCH, cheval de bât; plurier *Pynnfeirch*. G.
PYNNIO, charger d'un paquet de hardes, appesantir, peser sur, plier bagage, faire son paquet. G.
PYNNOG, chargé. G.
PYNNOREG, bât. G. De *Pwn*. Davies.
PYNNORFEIRCH, le même que *Pynnfeirch*. Voyez *Pynnfarch*.
PYNNORIO, charger, charger de quelque paquet, charger d'un paquet de hardes, plier bagage, faire son paquet. G.
PYOCH, pioche. B. De là ce mot. Voyez *Pic*.
PYR. Voyez, dit Davies, si c'est le plurier de *Pôr*. Je le croirois ainsi, fondé sur l'analogie de la Langue. G.
PYR, très. C.
PYRETTA, pied d'Alexandre plante. G.
PYRNHAWN, ordinairement pour *Prydnhawn*. G.
PYRNHAWNFWYD, goûter, petit repas entre le dîner & le souper, le souper. G.
PYROLA, pirole plante. B.
PYRRYN, montagne comme *Byrryn*. Voyez P.
PYRSAN, petite bourse. G.
PYS, pois; singulier *Pysen*. G. B. Voyez *Pis*.
PYS, le même que *Bys*. Voyez P.
PYS. Voyez *Bychan*.

PYS Y CEIRW, lotier, melilot. vesce. G.
PYS Y COED, bryone, bryone blanche, couleuvrée, couleuvrée blanche. G.
PYS T FWYALL, feve de loup. G.
PYS Y GARANOD, ers legumes G.
PYS Y LLYGOD, ochrus espèce de pois. G.
PYSAN. Voyez *Bychan*.
PYSET. Voyez *Bychan*.
PYSG, poisson; G. C. B. plurier *Pysgod*, d'où se forme le singulier *Pysgodyn*. G. Voyez *Pesk*.
PYSGODFA, vivier, étang, poissonnerie. G.
PYSGODLYNN, vivier, réservoir où l'on conserve du poisson, étang. G.
PYSGODOG, poissonneux. G.
PYSGODTY, vivier, réservoir à mettre du poisson. G.
PYSGODWR, pêcheur, marchand de poisson, vendeur de marée. G.
PYSGOTTA, pêcher. G. B.
PYSGOTTA, pêche. G.
PYSON. Voyez *Bychan*.
PYSOT. Voyez *Bychan*.
PYSOU. Voyez *Bychan*.
PYSYN. Voyez *Bychan*.
PYTH, toujours, éternellement. G.
PYTHEFNOS, quelquefois *Pythewnos*, par corruption pour *Pymthengnos*, l'espace de quinze jours; à la lettre, quinze nuits. G. On a déja vu dans ce Dictionnaire que les Celtes comptoient par nuit de même que les Hébreux.

Q

E Q, le C & le K sont lettres de même son & de même valeur dans le Celtique; ainsi il est indifférent, lorsqu'on écrit, d'employer une de ces trois lettres, & il faut comparer les mots qui commencent par Q avec ceux qui commencent par C & par K.

QAAR, parent. B. Voyez Car.
QABELL-TOUCZECQ, potiron, champignon. B.
QAE; pluriel Qaeou, haie, arbrisseaux & halliers plantés sur un fossé, enceinte faite avec un fossé, avec une élévation de terre autour d'un champ, d'un pré, quai. B. A la lettre, clôture. Kaa en Flamand, petite digue, & Kaai, quai. Voyez Cae.
QAEA, clorre un espace de terre d'une haie, d'un fossé, d'une élévation de terre autour; Qaeer, ouvrier qui fait cet ouvrage, ouvrier qui fait des fossés. B.
QAEER. Voyez Qaea.
QAEH, misérable. B.
QAELE, lit. B.
QAEN, beau. B.
QAEOUR, le même que Qaetr. B.
QAEVAES, champ. B. A la lettre, champ enfermé d'une haie, ou d'un fossé, ou d'une élévation de terre autour.
QAEZ, cher, tendrement aimé. B.
QAEZ, misérable. B.
QAEZOUR, QÆSOUR, poil follet; Qaezour Frouez, Qæzour Frouez, coton tendre qui vient sur certains fruits. B.
QAEZOURECG, pubére, qui est en âge de puberté. B.
QAFFOUT, trouver. B.
QAH, chat. B.
QALLOCH. MARCH QALLOCH, cheval entier. B.
QALVEREH, QALVEZ, charpentier. B.
QAN, tortueux. G. Voyez Cam.
QAN, beau. B.
QANDERV, cousin. B.
QANED, bois substance de l'arbre, bois de chauffage, gros bois. B.
QANEWEN, noix. B.
QANIBELEN, nuée. B.
QANITERV, cousine. B.
QANIPED, toile d'araignée. B.
QANT, le même que Gant. Voyez G.
QANUBELEN, nuée. B.
QANUNID, QANUNIDEN, araignée. B.
QAOWEN, chat huant. B.
QAOWIDEZ, cage. B.

QAR, cher, aimé tendrement, parent. B. Voyez Car.
QARCHLEIZ, héron. B.
QARELL, querelle. B. De là ce mot.
QARFF, cerf. B.
QARN, corne du pied du cheval. B.
QARNECQ, qui a de la corne aux pieds comme un animal, ou de la chair durcie aux pieds comme de la corne. B.
QARO, cerf. B.
QARR, charrette, rouet. B. Voyez Carr.
QARR-ZY, lieu à mettre les charrettes. B.
QARRE, quadre. B.
QARREA, rendre quarré. B. De là ce mot.
QARRECQ, écueil, rocher dans la mer, roc. B. Voyez Carrec, Carreg, Careg.
QARRER, QARROUR, charron. B.
QART, quart. B.
QARTELYA, écarteler. B.
QARV, QARVAN, QARVANAN, cerf. B.
QARV-RADENN, sauterelle. B.
QASECQ, cavale. B. Voyez Caseg.
QASECQ-COAD, pivert. B.
QASIMANT, presque. B. Il se dit encore en Patois de Franche-Comté.
QASTELL, château. B.
QASTELL-HAN, chartil, grande charrette pour les foins, les bleds en paille. B.
QAVALEN, soupe, le goûter. B.
QAVEL, bateau, berceau. B.
QAZ, chat. B.
QE, regret, douleur. B.
QE pour Qen. Voyez Qelavar.
QEA, quai. B. Voyez Qae.
QEAH, cher, tendrement aimé. B.
QEAT, boucher, fermer. B.
QEAU. HEND QEAU, chemin étroit, défilé entre les montagnes dans des vallons étroits & aquatiques. B.
QEAZ, cher, tendrement aimé. B.
QEAZ, misérable, qui est dans la misére. B.
QEBR, solive, chevron. B.
QED, tête. Voyez Casged.
QEDED, QEDEZ, équinoxe. B.
QEENT, avant. B.
QEFF, tronc d'arbre, cep, tison. B.
QEFF, superflu. Voyez Qeffelin.
QEFFELECQ, bécasse; Qeffelecq Mor, bécassine. B. A la lettre, bécasse d'eau.
QEFFELIN, coude. B. Elin, coude.
QEFFLUSQ, se trémousser, se mouvoir, mouvoir, agitation. B.
QEFFLUSQER, frétillant. B.
QEFFNYAND, cousin au quatrième dégré. B.

QEFFRANOUS, copartageant. B. Voyez *Cyffran*.
QEFFRANUS, partial. B.
QEFFREN, partie, part. B.
QEFFRET, ensemble. B.
QEFFRIDY, commission, message. B.
QEGUIN, cuisine. B.
QEGUIL, quenouille. B. Prononcez *Qegouil*. De là notre mot *Quenouille*, l'*n* se mettant pour le *g*.
QEGUIN, cuisine. B.
QEGUIN, geai. B. *Jack* en Souabe, prononcez *Jeck*; *Jay* en Anglois; *Gajo* en Espagnol, geai.
QEHELL, nouvelle. B.
QEHEZL, nouvelle, porte nouvelles. B.
QEHID, distance. B.
QEHUT, avoir, posséder. B.
QEHUYDELL, équinoxe. B.
QEICH-MEICH, pêle-mêle. B.
QEIGEA, rencontrer. B.
QEIGEIN, brouiller, mêler plusieurs choses, frelater, mêler. B.
QEIGUEL, quenouille. B.
QEIN, dos. B. Je crois que ce mot signifioit aussi autrefois la partie supérieure de quelque chose qui est le sens figuré de dos. 1°. Parce que *Cefn* en Gallois signifie l'un & l'autre. *Qein* est le même mot que *Cefn*, avec un leger changement de dialecte. 2°. On appelle en Bretagne la montagne d'Aré, qui est au milieu de cette Province & règne presque d'un bout à l'autre de ce pays, *Qein Breiz*, le dos ou la partie supérieure de Bretagne. Nous avons conservé cette façon de parler. On appelle en François dos ou croupe la partie supérieure d'une montagne. Les Latins avoient emprunté la même expression des Celtes. *Dorsum editissimum* signifie dans Pline, un cap ou promontoire fort élevé : *Dorsum iniquum* dans Virgile, est un banc de sable, un écueil. De *Qein* est venu notre mot *Echine*.
QEIN. A-DRE-QEIN, arrière, en reculant, en arrière. B.
QEINAFF, germer. B. Voyez *Eguin*.
QEINAT, se plaindre. B.
QEINI, lamenter. B.
QEINICQ, femme un peu courbée. B.
QEINVAN, plainte. B.
QEIT, longtemps, long. B. Voyez *Qehid*.
QELADUR, doloire, erminette. B.
QELAOUEN, sangsue. B.
QELASTREN, baguette. B.
QELAVAR, disert. B. Je crois ce mot formé de *Qen*, belle & *Lavar*.
QELCH, cerceau, cercles sur les deux bouts du moyeu. B.
QELCHIG HOUARN, virole. B.
QELEN, houx. B.
QELEN, avertir, enseigner, instruire, régler, discipliner, correction. B.
QELENNADUREZ, enseignement. B.
QELENNEC, houssaie, endroit où il y a beaucoup de houx. B.
QELEREN, feux folets. B. On appelle en Patois de Franche-Comté un feu folet, *Qela*.
QELET, voir. B.
QELHUEHEN, coudrier; plurier *Qelhue*. B.
QELHYANEN, mouche. B.
QELINA, mettre bas parlant des bêtes. B.
QELLECH, QELLOCH, entier parlant d'un animal. B.
QELLID, germe. B.
QELLIDA, germer. B.

QELLYEN, QELLYENEN, mouche. B.
QELLYONEN, mouche. B.
QELORN, baquet, cuvier, baratte. B.
QELOWEEN, coudrier. B.
QELVEZECQ, coudraie, lieu planté de coudriers. B.
QELVEZEN, coudrier. B.
QELYES, si souvent. B.
QELYESTANT, autant. B.
QEM, différence. B.
QEMEN, beaucoup. B.
QEMEN, donner ordre, mander. B. De là le mot François *Commander*.
QEMENER, couturier. B.
QEMENERES, QEMENEZURES, lingére, qui travaille en linge. B.
QEMENOUR, couturier, tailleur. B.
QEMENT, quantité, autant, d'autant, comme, de même, tant, fort, beaucoup, tellement, tout, tous, équivalent. B.
QEMER, QEMERET, prendre, interpréter. B.
QEMESQ, mêler. B.
QEMP, différence. B.
QEMPEN, apprêter, accommoder, ajuster, arranger, agencer, embellir. B. En comparant ce mot avec *Campetnein*, on voit que c'est le même terme, & que *Campen*, *Qempen* signifient aussi beau. Dans les anciennes Langues le même mot étoit souvent verbe & nom. Nous avons conservé cet usage, & nous disons *le manger*, *le boire*, *le dormir*.
QEMPENNADUREZ, agencement, ajustement. B.
QEN, beau, belle. B.
QEN, arbre. B. De là le nom du chêne, (on prononçoit autrefois *Quefne*. Voyez *Qefnetum*, *Qafnu*.) par l'attribution du nom générique à l'espèce la plus estimée : C'est ainsi que les Hébreux donnoient le nom de mer, qui est générique à la mer méditerranée qui étoit la plus grande de celles qu'ils connoissoient. C'est ainsi que nous nommons l'Écriture simplement *la Sainte Écriture*.
QEN, peau. B.
QEN, tant, si particule augmentative, jusques, pas davantage. B.
QEN, avec. Voyez *Qen-Ober*, *Qen-Seurd*, *Qen-Amourous*, *Qen-Vroad*.
QEN-AMOUROUS, rival. B.
QEN-OBER, QEN-OPERI, concourir. B.
QEN-SEURD, consort, semblable, ajoint, associé. B.
QEN-VROAD, compatriote; plurier *Qen-Vroyz*. B.
QENDAMOUEZ, émulation. B.
QENDERCHEL, continuer, persister, conserver. B.
QENDERV, cousin. B.
QENDOUX, si doux. B.
QENED, bois de chauffage, gros bois, grosse buche de bois, souche. B. De là notre mot *Chenet*. Les premiers chenets étoient des souches ou grosses pièces de bois sur lesquelles on appuyoit les autres branches pour les faire flamber : Les paysans conservent encore cet usage parmi nous. De *Qened* est venu le vieux mot François *Aquene*, dont on se servoit pour désigner un sot, un stupide, comme qui diroit une souche. Nous avons conservé cette métaphore dans notre Langue. Les Latins appelloient de même *Truncus* un stupide, un sot, un hébété. Voyez *Qenendenn*, *Qenendes Calet*, *Quin*, *Quinet* en vieux François, bâton, bequille.
QENED, beauté, agrément, éclat. B.
QENEDTAOUR, ramasseur de bois de chauffage. B.
QENEUEN, arc-en-ciel. B.

QENGIZ,

QEN.

QENGIZ, maison de plaisance. B. A la lettre, belle habitation, belle demeure. *Qen*, belle ; *Giz*, demeure.
QENIDERV, cousine. B.
QENILA, ajuster. B. De *Qen*.
QENN, crasse, crasse de la tête. B.
QENN, commun à plusieurs. B.
QENN, étui. Voyez *Besqenn*.
QENNIGEIN, offrir. B.
QENOAZUS, émule, rival. B. *Oaz*.
QENPEN, propre, bien mis. B.
QENPENDET, propreté. B.
QENQIZ, plessis ou maison de plaisance. B. *Qen*, *Qiz*. Voyez *Qengiz*.
QENT, plutôt, avant, devant. B. Le *q* initial se supprimant, (Voyez *Aru*) on a dit *Ent* comme *Qent*. De là le Latin *Ante*.
QENT, beau, belle. B.
QENT-ENIT, devant. B.
QENTA, QENTAN, le plutôt, le premier. B.
QENTER, d'abord. B.
QENTEL, E QENTEL, à propos, à temps. B.
QENTELL, couteau. B.
QENTELL, leçon, instruction, enseignement. B.
QENTELLYUS, édifiant. B.
QENTELYA, avertir, enseigner. B.
QENTHED, le premier essain. B.
QENTIH, QENTIZ, d'abord ; *Qentiz-Ma*, dès que. B.
QENTOCH, plutôt. B.
QENTR, éperon, ergot. B. *Kentron* en Grec, éperon, aiguillon.
QENTRAOUI, éguillonner. B.
QENTRAT, précoce, tôt, de bonne heure. B.
QENTRE, d'abord ; *Qentre-Ma*, dès que. B.
QENVER, arpent. B.
QENVER, le bois qui entre dans le soc de la charrue. B.
QENVER, EPEP QENVER, en tout lieu ; *E Qenver Doué*, envers Dieu. B.
QENVER E QENVER, côte à côte. B.
QENVEROUR, rival. B.
QEONIDEN, araignée. B.
QEONIT, toile d'araignée. B.
QEONY, mousse. B.
QEOUDET, ville. B.
QEQUIN, choucas ou geai. B.
QER, élévation, grand, élevé, tant, si fort. B. Voyez *Serra*.
QER, ville, village. B. C'est le même que *Caer*, *Kaer*.
QER, cher tendrement aimé, cher qui est de grande valeur, chère, festin. B. *Quier* en Espagnol & en Portugais, ce qu'on veut, ce qui plaît ; *Ker*, aimer en Suédois.
QERA, vouloir, aimer. B.
QERAAT, enchérir, monter. B.
QERAOUER, celui qui enchérit. B.
QERAOWEZ, cherté. B.
QERCH, avoine. B.
QERCHAT, chercher. B. De là ce mot. De là l'Espagnol *Cercare*, chercher. Voyez *Qerhat*.
QERCHEG, champ d'avoine. B.
QERCHEN, sein. B.
QERCHEYZ, héron. B.
QERCOULS, si bien. B.
QERDAD, QERDIN, cordage, tout l'appareil des cordes pour un vaisseau. B.
QERDU, décembre. B. A la lettre, fort noir.
QERE, tire-pied, cordonnier. B. *Kervoigie*, cor-

TOME II.

QEV.

donnier en Patois d'Alsace ; *Creveisur* en vieux François.
QERELL, querelle. B. De là ce mot.
QERENT, parens. B.
QERENTACH, parenté. B.
QEREOUR, QERER, cordonnier. B.
QERESEN, cerise ; plurier *Qerez* ; *Qereseg*, cerisaie. B. Voyez *Cirisia*, *Ceires*.
QERGAT, coquillage, poissons testacés. B.
QERH, avoine. B.
QERHAT, chercher. B. De là le Latin *Quara*, le François *Querir*, le mauvais terme *Querre*, chercher. *Kahr*, je cherche en Tartare Mogol & Calmoucq. Voyez *Qerchat*, qui est le même mot.
QERHEEN, QERHEN, fable, conte. B.
QERHER, marcheur. B.
QERHEY, QERHEYS, héron. B.
QERL, cerceau. B.
QERMOAN, pointu. B.
QERN, QERNYOU, QERNYEL, cornes ; c'est le plurier de *Corn*. B. *Keren*, *Kern*, corne en Hebreu. Voyez *Carn*, *Corn*.
QERN, tremie. B.
QERN, cime, couronne de Prêtres. B.
QERNEZ, QERNERTZ, cherté. B.
QERNIGUEL, toupie. B.
QERNIGUEL, vaneau oiseau. B.
QERNYEL-QARO, ramure de cerf. B.
QEROL, le même que *Coroll*. B.
QERQENT, d'abord ; *Qerqent-Ma*, dès que. B.
QERRECQ ; plurier de *Qarrecq*. B.
QERSE, étrange. B.
QERSIDAT, fusée ce qui couvre un fuseau. B.
QERTERY, cherté. B.
QERZ, bien, héritage, possession. B.
QERZED, allure, démarche. B.
QERZET, marcher. B.
QERZIT, fuseau. B.
QERZU, décembre. B. C'est le même que *Qerdu*.
QESECQ, chevaux. B. C'est le plurier de *Qasecq*.
QEST, quête. B. De là ce mot. Voyez *Cais*.
QEST, ruche. B.
QEST, vers du corps humain. B.
QESTA, quêter. B. Voyez *Qest*.
QESTAD, côtes. B.
QESTENEN, châtaigne ; plurier *Qesten*. B. Voyez *Castan*.
QESTION, quereller. B. *Castille* en Franche-Comté, querelle.
QET, point du tout, pas particule négative. B.
QET, le même que *Qent*. Voyez *Qetan*.
QETAER, co-héritier. B.
QETAN, premier. B.
QEU, concave, concavité, creux, cavité. B.
QEVALENN, soupe, repas. B.
QEVATAL, proportionné, équivalent. B.
QEVED, quenouillée. B.
QEVELEG, bécasse. B.
QEVELL, nouvelle. B. Voyez *Coel*.
QEVER, rival, concurrent. B.
QEVER, le bois qui entre dans le soc de la charrue. B.
QEVER, E QEVER, envers, touchant, concernant. B.
QEVER, QEWER, les mêmes que *Qer*. Voyez *Qeverdu*, *Qewerdu*.
QEVERDU, décembre. B. C'est le même que *Qerdu*.
QEVERDY, message. B.

D ddd

QEVERER, QEVEZER, rival, concurrent. B.
QEUFFLE BYOCH, vache pleine. B.
QEUFREN, part, partie.
QEULB, tournure ou présure. B. Voyez Caul.
QEULB LYOCH, vache pleine. B.
QEULFE, le couvre-feu signal du coucher. B. Qeul pour Cul, & Fe, feu.
QEULUSQ, branle. B.
QEULUSQER, fretillant. B.
QEUNEUD, menu bois, bois subſtance de l'arbre, bois de chauffage, gros bois, buche. B.
QEUNEUDEN CALET, bois de chauffage, gros bois. B. On ne dit dans le Diocèſe de Vanne, que Qened ou Qaned.
QEUNEUDENN, groſſe machoire, lourd d'eſprit, benêt. B. Voyez Qened & l'article précédent.
QEUNEUTAER, ramaſſeur de bois de chauffage. B.
QEUNYAND, couſin au quatrième dégré. B.
QEVRE, lien de-gerbes de bled ou de bottes de foin, lien de fagot. B.
QEVREN, part, partie, lot, côté. B.
QEVRENUS, partial. B.
QEVRET, enſemble. B.
QEVRET, orient. B.
QEVREUG, coureur, ſaumon coureur. B.
QEVRIDY, commiſſion, meſſage. B.
QEUSTEURENN, galimaſrée. B.
QEUSVEZ, cadenas, ſerrure. B.
QEWAT, approfondir, creuſer plus avant. B.
QEWERDU, décembre. B. C'eſt le même que Qerdu.
QEUYER, creuſer. B.
QEUZ, regret, douleur. B.
QEUZEDIG, contrit. B.
QEUZYA, s'attriſter. B.
QEYN, dos. B.
QEYNECQ, qui a le dos large. B.
QEYNICQ, femme boſſue, tortue, courbée. B.
QEZ, arbre. Voyez Brouſgez & Guez.
QI, chien. B. Voyez Ci. Les Picards diſent Qien pour chien.
QIB, plurier Qibou, les boëtes de fer dans le moyeu de la charrette. B. Voyez Cib.
QIBELL, cuve, baignoire. B.
QIBELLAT, ſe baigner à la maiſon. B.
QIBESQ, chien écourté. B.
QICG, viande. B. Voyez Cig.
QICHAN, QICHAON, QICHEN, près. B.
QICQ, viande, chair, lard. B. Voyez Cig.
QICQTORR, laſſitude, rupture à travers les cuiſſes. B.
QIDELL, guideau filet. B. De là ce mot.
QIEN, dos. B.
QIFFIGER, corroyeur. B.
QIFNIDEN, araignée. B.
QIFNIDEN-DOUR, écreviſſe. B. A la lettre, araignée d'eau.
QIFNIDEN-VOR, vive poiſſon. B. A la lettre, araignée de mer.
QIFNY, mouſſe ; Qiſny An Frouez, coton tendre qui vient ſur certains fruits. B.
QIG, viande, chair. B. Voyez Cig.
QIGA, conſolider, refermer parlant d'une plaie. B.
QIGECQ, charnu. B.
QIGN, gâteau. B. De là Quignen en Franche-Comté, pain délicat ou gâteau de biſcuit que les parrains & marreines envoyent à la Fête de Noël aux enfans qu'ils ont tenus ſur les fonts.
QIGN-AVAL, un bois qui joint le côté gauche du ſoc de la charrue. B.

QIGNA, QIGNAT, écorcher, ôter la peau d'un animal, & par extenſion peler le bois, écliſſer. B.
QIGNEEN, QIGNEN, ail. B.
QIGNER, écorcheur. B.
QIGNEZEN, guigne ceriſe ; Qignezen Briz, bigarreau eſpèce de ceriſe. B. De Qignezen eſt venu notre mot Guigne, ceriſe.
QIGNOUR, écorcheur. B.
QIGUELL, quenouille. B.
QIGUEN, complexion. B.
QIGUER, boucher, celui qui vend de la viande. B.
QIGUIN, cuiſine. B.
QIGUS, dodu, carnacier, charnel, attaché aux plaiſirs du corps. B.
QIL, revers, ce qui eſt au dos. B. Voyez Cil.
QILA, reculer. B.
QILBENNEC, têtu. B.
QILCHAT, cligner. B.
QILDANT, dents de derrière ou mâchelières. B.
QILDERV, haneton. B.
QILDORN, revers de main. B.
QILGAT, cligner, cligner les yeux. B. Voyez Syll.
QILH, quille. B. De là ce mot.
QILHECQ, coq. B.
QILHECQ RADENN, ſauterelle. B.
QILHEGUEZ, germe de l'œuf. B.
QILGERY, ortolan. B.
QILHEVARDON, côtelette de cochon. B.
QILHOC, coq, coquâtre ou coq à demi chaponné. B.
QILHOCQ-GOUEZ, faiſan. B. A la lettre, coq ſauvage.
QILHOCQ-RADENN, ſauterelle. B.
QILLOROU, charrue. B.
QILPENNEC, opiniâtre, accariâtre. B.
QILVERS, opiniâtre, accariâtre. B.
QILVID, coudraie, lieu planté de coudriers. B.
QIMIAD, adieu ; Qimiada, dire adieu. B.
QIMMER, QIMPER, confluant. G. B. Voyez Cymmer.
QIMPER. Voyez Cymmer.
QIN, beau, belle. B. De là notre mot Requinquer. Qinte, maiſon de campagne, maiſon de plaiſance en Portugais. Voyez Qingiz. Voyez Cain, qui eſt le même que Qin, & Qincla.
QIN, pas davantage. B.
QINARD, diable. B.
QINCLA, agencer, parer. B.
QINCLEREZ, ajuſtemens, affiquets ornemens de femmes. B.
QINED, beauté. B.
QINGIZ, maiſon de plaiſance. B. Voyez Qengiz Qenqiz.
QINGN, gâteau. B.
QINGNEN, ail. B.
QINIAT, chantre. B.
QINIDEN, araignée. B.
QINIGUEN, offrir. B.
QINIVY, mouillé. B.
QINIZIEN, offrir. B.
QINQAILHAT, couper par petits copeaux. B. De là nos mots François Quinquaille, Quinquaillerie, petites marchandiſes.
QINQUIS, le même que Qingiz, Kenkis. B.
QINT, beau, blanc. B. Voyez Qin, Cain.
QINT. PORZ QINT, pont levis. B.
QINTEAL, attaquer de paroles. B.
QINTELAICH, le port des hardes des matelots. B.
QINTEWS, hargneux. B.

QIN.   QUE.   291

QINVY, mousse. B.
QINVYA, s'enraciner. B.
QIOCH, bécassine. B.
QIQERES, boucherie. B.
QIRIBC, cause, sujet, occasion. B.
QIRIEGUEZ, occasion, sujet. B.
QIRINTYEZ, parenté. B.
QIRIOC, QIRIOCH, cause, sujet, occasion. B.
QIRISEN, cerise. B. Voyez Qeresen.
QIRRY, pluriel de Carr, charrette, rouet. B.
QIRYNTIAICH, parenté. B.
QIS, habitation, maison. B.
QISELL, ciseau. B. De là ce mot.
QISELLA, écharper. B.
QISIAT, écorcher. B. Voyez Qigna.
QISIDICQ, sensible, délicat, dolent, hargneux, impatient. B.
QISTINEN, chataigne; pluriel Qistin. B.
QITA, quitter. B. De là ce mot.
QITARR, guitarre. B.
QIVIG, tanné, tan poudre d'écorce. B.
QIVIGEA, corroyer, tanner, & au figuré battre quelqu'un fortement, le relancer vivement. B.
QIVIGER, QIVIGEUR, tanneur, corroyeur. B.
QIVILIN, coude; Qivilnat, coudée. B. Voyez Elin.
QIVYOUL, qui se plaint toujours. B.
QIZ, maison, habitation. B.
QIZ, maxime, coutume, guise, usage, manière, façon. B.
QIZ pour Qig. Voyez Qiza, Qiga.
QIZA, refermer parlant d'une plaie. B. C'est le même mot que Qiga.
QIZEIN, émousser. B.
QNEWEN, QNEUEN, noix, noyer; Qnewengarh, Qnewengarh, aveline. B.
QOCQ, coq. B. Voyez Cocq.
QOGUICQ, petit coq. B.
QOHAN, chat huant. B.
QOLEN, petit d'un animal; Qolen-Qy, petit chien. B.
QOLENNI, mettre bas en parlant des betes. B.
QOLENNICQ, petit chien. B.
QON, chiens, pluriel de Qi. B. Il se dit aussi au singulier. Voyez Duargon. Choum en Arménien, chien.
QORDEN, corde. B.
QORDENNER, cordier. B.
QORDEOUR, QORDIOUR, cordier. B.
QORN, corne, aile de moulin à vent, grondin poisson. B. Voyez Corn.
QORNECQ, cornu. B.
QORNEMUSER, qui joue de la cornemuse. B.
QORNIGUELL, toupie, vaneau oiseau. B.
QOST, corne de lanterne. B.
QOUHAN, chat huant. B.
QOUMER, QOUMERET, prendre. B.
QREON, toison. B.
QUAER, ville. B. Voyez Qaer.
QUARIC, virole. B.
QUARELLUS, A. M. le même que Carellus.
QUARERA, QUARERIA, A. M. les mêmes que Careria.
QUARREH, chassis. B.
QUARRIA, A. M. angle, pointe. De Car.
QUARRUM, A. M. charrette. De Qarr.
QUART, espèce de mesure. B. De la Quarte de bled en Franche-Comté, mesure de bled, & la quantité de terre que l'on ensemence avec cette mesure.
QUARTA, A. M. mesure de bled, la quantité de terre que l'on ensemence avec cette mesure. De Quart.

QUARTALLUS, A. M. mesure de bled. De Quart.
QUARTERIUM, A. M. quartier, partie d'une ville. De Carter.
QUARTERIUM, A. M. mesure de bled. De Quart.
QUARTO, A. M. mesure de bled. De Quart.
QUARTOA, as monnoie. Ba.
QUARURA, A. M. le même que Quarera.
QUASI, presque, quasi. B. De là ce mot.
QUASSARE, A. M. rendre nul, annuller. C'est le même que Cassare.
QUASSUM, A. M. fragile. Voyez Cassare.
QUE, haie. B. Voyez Disquaeff & Qae.
QUEA, GUEA, fumée. Ba.
QUEAUCA, fumée. Ba.
QUEAUDET, cité. B.
QUECA, QUECAH, merde excrément de l'homme. B.
QUEDARRA, QUEDARQUIA, suie de cheminée, noir de cheminée. Ba.
QUEGUIN, cuisine. B.
QUEGUIN, geai. B.
QUEHEDRAEC, équinoxial. B.
QUEHENT, durant. B.
QUEJA, querelle, plainte, colere, courroux. Ba.
QUEJACOIA, prompt, colere adjectif. Ba.
QUEINA, menaces. Ba.
QUEINAF, germer. B.
QUEINATU, je menace. Ba.
QUEISAERA, violation. Ba.
QUEMAR, qui met le feu. Ba.
QUEMEA, exhalaison. Ba.
QUEMEAIRA, météore. Ba.
QUEMEARTEA, cours des esprits animaux. Ba.
QUEMEEN, commission. B.
QUEMEENNACION, recommandation. B.
QUEMENTARAL, équivalent. B. Voyez Mendt.
QUEMIAT, congé, permission ou ordre d'aller & d'agir. B. Voyez Kimiat.
QEMPRI. Voyez Commeri.
QUEMUNH, ordinaire, communément. B.
QUENAT, canard. B.
QUENDUA, tondu. Ba.
QUENILEIN, balayer le feu, fourgonner le feu, tisonner. B. On dit en Patois de Franche-Comté Quenillis lou feu pour fourgonner le feu.
QUENQUIDA, conquis. Ba.
QUENQUIDECINA, inexpugnable. Ba.
QUENTELYOUR, sermoneur. B.
QUENUA, geste, comédien. Ba.
QUERE, cher; féminin Quire. B.
QUEREISA, cerise. Ba. Voyez Qeresen.
QUERELLARIA, délateur, accusateur. Ba. Voyez Karell.
QUERENTAGH, parenté. B.
QUERENTET, apparente. B.
QUERETA, claie ou grille d'osier, treillis, &c. grille, jalousie, grille de fer, grille de Religieuses. Ba. Voyez Qae, Caer, Kaer, Qer.
QUERHEIN, marcher. B.
QUERHOUR, piéton. B.
QUERIA, pillage, butin. Ba.
QUERLOUR, cerclier ou faiseur de cercles. B.
QUERRARIA, A. M. le même que Quareria.
QUERTATU, il est arrivé par hazard. Ba.
QUERTERI, cherté, famine. B.
QUERUA, puanteur, infection. Ba.
QUERUS, A. M. vrai. De Gwir ou Gwer, vrai.
QUESNETUM, A. M. chênaie. Quesne se dit pour chêne en Picardie, en Normandie & en

plusieurs autres Provinces de France. De là *Quesnaye*, *Quesnée*, *Quesnoy*, bois de chêne ; *Quesnelle*, petit chêne. Voyez *Casnus*. *Quesna* ou *Quene* peut aussi venir de *Guen* ou *Cuen*, arbre en général, dont on aura pu aussi se servir pour désigner le chêne en particulier. Voyez *Derw*, *Sia*.

QUESUGA, espèce de serpent.
QUETAN, primitif, prochain. B.
QUETOBQUIA, pourpier. Ba.
QUEU, profondément. B.
QUEVELEGUIC, bécasseau. B.
QUEVELLOU, tenailles. B.
QUEVELLOUR, nouvelliste. B. Voyez *Qevell*.
QUEVERER, compétiteur. B.
QUEULUSQ, se mouvoir. B.
QUEVR, cuivre. B.
QUEVREDIGUIAN, compensation, unité. B.
QUEVRET, mutuellement, unanime, collègue. B.
QUEURUSEN, anguille. B.
QUI, avec. Ba.
QUIAH, misérable. B. On dit en Patois de Franche-Comté qu'un homme est à *Quia* lorsqu'il a perdu tous ses biens, qu'il est sans ressource, qu'il est dans la misère.
QUIBELA, épaule. Ba.
QUIBELL, cuvier. B.
QUIBRIEEN, chevron. B.
QUICTANTIA, A. M. quittance. De *Qita*.
QUID, bourg. B.
QUIDA, viande. B.
QUIDARIA, chef, conducteur, Empereur. Ba.
QUIDATU, je conduis; *Quidama*, conduit, amené ; *Quidatzallea*, conducteur. Ba. Voyez *Guida*.
QUIDOINA, guide. Ba.
QUIFF, cep. B.
QUIGN, gâteau. B.
QUIGNADUR, excoriation. B.
QUIGUS, charnu. B.
QUIJERA, lèvre. B.
QUILARIA, titillation, chancellement. Ba.
QUILHOROU, le chariot de la charrue. B.
QUILIA, chatouillement, chatouiller. Ba.
QUILICA, chatouillement. Ba.
QUILIA, carène. Ba.
QUILLE, bois qui est dressé, qui est droit. B. Voyez *Qill*.
QUILLIGORRA, qui éprouve des demangeaisons. Ba.
QUILLOURS, claque-dents. B.
QUILLOURZEIN, se mutiner, s'obstiner, s'opiniâtrer. B.
QUILLOURZEREAN, incorrigibilité. B.
QUIN, avec. Ba. Voyez *Cyn*.
QUINDUA, mauvaise odeur, puanteur. B.
QUINET, attraits. B.
QUINIGA, offrir. B.
QUINONARRIA, compagnon, complice. Ba.
QUINTALA, quintal. Ba. Voyez *Cant*.
QUINTALE, QUINTALLUS, A. M. quintal. De *Quintala*.
QUIOA, pepie des poules. Ba.
QUIPTANCIA, A. M. immunité. De *Qita*. *Quyt*.
QUIPTARE, A. M. quitter, céder. De *Qita*.
QUIPTATIO, A. M. action de quitter, de céder, immunité. De *Qita*, *Quyt*.
QUIPULA, TIPULA, oignon. Ba.
QUIRASTUA, puant. Ba.

QUIRE. Voyez *Quere*.
QUIRIQUIOA, hérisson animal. Ba.
QUIRQUIRA, grillon insecte. Ba.
QUIRRILLOA, grillon insecte. Ba.
QUISCALDU, je brûle, je rôtis ; *Quiscaldua* brûlé, rôti. Ba.
QUISCURRA, frisure. Ba.
QUISCURTACOC, convulsif. Ba.
QUISEIN, émousser. B.
QUISET, contus, émoussé. B.
QUISQUETA, verrouil, pêne. Ba.
QUISQUETA, corneille. Ba.
QUISUA, plâtre, chaux. Ba. Voyez *Gyp*.
QUISUQUINTZA, charge de celui qui a soin de la police de la ville. Ba. Voyez *Guye*.
QUITA, QUITAT, désemparer, abandonner, céder, quitter. B. De là ce mot. Voyez l'article suivant.
QUITA, remise d'une dette, absolution. Ba. Voyez l'article précédent.
QUITAGOA, compensation. Ba.
QUITANTZA, quittance. Ba.
QUITAPEA, rachat, rédemption. Ba.
QUITATZEA, salaire. Ba.
QUITZALQUIA, éteignoir. Ba.
QUIZCURCAYA, fer à friser. Ba.
QUIZCURRA, crêpu, frisé, bouclé. Ba.
QUIZCURRAC, planche, copeau. Ba.
QUN, chiens. B. C'est le pluriel de *Qi*.
QUOAET, bois substance de l'arbre, forêt. B. Voyez *Coet*.
QUOSQUOR, le même que *Cosgor*. B.
QUSTERN, galimafrée. B.
QWARRE, mine de métal. B.
QUYACH, génisse qui ne porte pas encore. E.
QUYDEUR, loutre. B. A la lettre, chien d'eau, *Quy*, chien. Voyez *Qi* ; *Deur*, eau.
QUYLASTREN, baguette, gaule, houssine. B.
QUYMIADA, chasser, faire sortir, mettre dehors. B.
QUYNA, se plaindre, gémir. B. De là l'Allemand *Quinen*, le Flamand *Quynen*, l'Islandois *Kueina*, le Gothique *Quainon*, se plaindre, gémir. Voyez *Cwyno*.
QUYNNET, plainte, gémissement. B.
QUYT, exempt, quitte, franc, exempt de charges. B. De là l'Allemand *Quitt*, le Flamand *Quyt*, l'Anglois *Quit*, le François *Quitte*.
QUYTAAT, abandonner, quitter, céder. B. Voyez *Quyt*.
QY, chien. B. Voyez *Ci*.
QY-DU, celui qui ne va point à la Messe, huguenot par injure ; à la lettre, chien noir. B.
QY-RED, chien de chasse. B. A la lettre, chien courant.
QY-VOR, requin. B. A la lettre, chien de mer.
QYA-OUD, souffrir, supporter, essuyer au figuré. B.
QYCLAN, chien enragé. B.
QYDELL, litière qu'on met pourrir pour faire du fumier. B.
QYDOUR, loutre. B. On dit aussi *Dourqy*. Voyez *Quydeur*.
QYES, chienne. B.
QYES-VLEIZ, courtisanne. B.
QYGUEN, tempérament, complexion, muscle. B.
QYGUER, boucher, celui qui vend de la viande. B.
QYNNAT, peler. B.

R

293

R

Avec une apoſtrophe devant eſt une ſyncope de l'article *Ar* en compoſition. G. Quelquefois même, ſelon Baxter, l'*R* ſyncope de l'article *Ar* ſe joint au mot : C'eſt ainſi qu'en Gallois on dit *Ravon* pour *Ar Avon* ou *R' Avon*.

R. Davies écrit par *Rh* tous les mots Gallois qui commencent par *R* : Ce n'eſt qu'une façon différente d'écrire, ainſi il faut chercher ſous *Rh* de même que ſous *R*.

RA, le même que *Rae*. De même des dérivés. I.

RA, le même que *Rath*. I.

RA, le même que *Ro*. I.

RA eſt auxiliaire formant avec un nom ſubſtantif une eſpèce de conjugaiſon de ce nom, mais qui eſt proprement celle de ce *Ra*, lequel eſt *Gra*, faire, & cette conjugaiſon marque l'action de ce que ſignifie le nom qui eſt y joint. Exemple : *Len A-Ra*, il lit ; à la lettre, il fait lecture. Il eſt encore pour lui-même, c'eſt-à-dire, pour *Gra*, faire, agir, & ſe conjugue tout entier régulièrement. Voyez *Gra* ci-devant. Mais il a un uſage tout ſingulier, dont voici quelques exemples : *Ra Vihot Salvét*, que vous ſoyiez ſauvés ; *Doüé R'ho Caro*, que Dieu vous aime, où *R* eſt pour *Ra*, & du futur fait l'optatif, répondant aſſez au Latin *Faxit Deus*, qui eſt, ſi je ne me trompe, pour *faciat ut ſit*. C'eſt ainſi que Dom Le Pelletier explique ce mot : Le Pere de Roſtrenen met *Ra*, fais, qui eſt ou qui ſera, puiſſe optatif. B.

RA, chaux. B.

RA répond à la prépoſition Latine de mouvement *In*, & aux prépoſitions Françoiſes de mouvement *A, Au*. Ba.

'RA, grand, long. Voyez *Aughra*.

RA, le même que *Re, Ri, Ro, Ru*. Voyez *Bal*.

RAB paroît avoir ſignifié petit, ainſi qu'on le voit par les mots Bretons *Rabadiez, Raboucz̧eg, Rabin, Rabinat, Ravend*, & par les termes François *Rabougri, Ravauder & Rafaille, Rapaille* ; ces deux derniers ſignifient broſſaille mauvais petit bois. *Rab* eſt formé d'*Ab*, petit, & de l'*r* ajoûté au commencement du mot. Voyez *R*.

RA, rave. Ce mot eſt Breton ; il ſe trouve dans le procès de canoniſation de Saint Yves avec la terminaiſon Latine *A*, parce que ce procès eſt écrit en cette Langue. Voyez *Rabes, Raib*.

RABADD, eſprit follet. B. De là *Rabat*, eſprit follet, lutin en vieux François. On dit *Rabache* en Normandie. *Rabater, Rabaſter* en vieux François, faire tapage comme les lutins qui reviennent la nuit. *Ravater* en Franche-Comté, c'eſt répéter ſans ceſſe, redire ſans ceſſe de façon que l'on ennuye par ces redites & répétitions continuelles, dire fréquemment des choſes ennuyeuſes & inquiétantes.

RABADIEZ, amuſement d'enfans, babiole, fadaiſe, rapſodie. B.

RABAM, le même que *Reabam*. De même des dérivés ou ſemblables. I.

RABAN, bêche à fouir la terre. I.

RABANEIN, rabaner terme de marine. B.

RABATI, rabattre. B. De là ce mot.

RABBAIG, qui fait mourir. I.

RABES, RABESEN, rave. B. De là *Rapus, Raphus* en Grec ; *Rapa, Rapum* en Latin ; *Rave* en François ; *Rapa, Rava* en Italien ; *Raap* en Flamand ; *Rube* en Allemand ; *Rap* en Albanois ; *Rape* en Anglois ; *Repa* en Eſclavon, en Carniolois & en Hongrois ; *Rzepa* en Polonois & en Bohémien, rave. Voyez *Raib*.

RABIA, rivière. Ba. *Rabai*, ruiſſeau, & *Ravak*, courant d'eau en Arabe. Le nom de la Ville de Rabbath eſt traduit au 2 des Rois, *c. 12, v. 26* par la ville des eaux. *Ravah* en Hébreu, en Chaldéen, en Arabe, arroſer, tout ce qui eſt fluide ; *Revan* en Turc, couler ; *Rep*, petit ruiſſeau en Théuton ; *Rabent* en Languedocien, rapide, ce qui coule rapidement ; *Ruffa*, écoulement en Albanois ; *Ribiero, Robine* en Languedocien, rivière. Voyez *Ribera, Ribus, Ripa, Rivier*.

RABIN, DRE RABIN, par fois. B.

RABIN, ouverture faite à une haie ou clôture pour donner entrée aux beſtiaux dans un parc, & le ſentier que font les piétons qui paſſent par cette entrée afin de trouver le plus court ou le plus beau chemin. On dit à un voyageur à pied : *Tremenit Dre Ar Rabin*, paſſez par le champ, par le petit ſentier. Quelques-uns prononcent *Ribin, Ribineg*. Dans les Diocèſes de Treguier & de Vannes on donne ce nom *Rabin, Rabins*, à une allée de grands arbres plantés ſur l'avenue d'une maiſon de nobleſſe ou de quelque Monaſtére : C'eſt ainſi que Dom Le Pelletier explique ce mot, On trouve dans les autres Dictionnaires Bretons *Rabin*, allée de jardin ; *Rabino*, rangée d'arbres, cours, promenade. B. *Rabina*, arbre dans la Langue de Madagaſcar.

RABINAT, peu, un peu, un peu de temps, un moment, un inſtant. B.

RABLEN, plurier *Rabl*, érable. B. De là ce mot. L'*e* s'ajoûte au commencement du mot.

RABOD, rabot. B. De là ce mot.

RABOUCZEG, nabot. B. De là le mot François *Rabougri*.

TOME II.

E e e e

RAC, coupé. G. De là le terme Patois de Franche-Comté *Racs*, scie. Voyez *Rasa*.

RAC, RAG, particule causative qui répond à notre *pour*; ainsi *Rac-Se* est pour cela. La propre signification de *Rac*, *Rag*, est celle de devant, au-devant, droit devant, avant, en face, vis-à-vis, pour, par. B. *Rache* en Allemand; *Race* en ancien Saxon; *Racha* en Théuton, cause, raison. Voyez *Rhug*, *Raccaer*.

RAC, car. I. B.

RAC, tout; *Rac-Enn*, *Rac-Tal*, tout droit. B.

RAC, RAG, paroissent avoir signifié petit. Voyez *Rag*, *Racaich*, *Racailh*, *Ruchtchran*, *Ragater*, *Ragatour*. *Rak* en Hébreu est une particule restrictive & diminutive.

RAC, le même que *Rec*, *Ric*, *Roc*, *Ruc*. Voyez *Bal*. *Ras* en Lyonnois, ruisseau.

RACA, RACAL, GRACAL, faire du bruit en frottant un corps dur & raboteux, faire du bruit comme les poules après avoir fait leurs œufs, caqueter à la manière des petites femmes. B.

RACAD, ratelier, rateau. I.

RACAGE, racages terme de marine. B.

RACAICH, racaille, chose de rebut. B. *Racha* terme de mépris en Hébreu; *Rachi*, mauvais dans la Langue de Madagascar. Voyez l'article suivant.

RACAILH, racaille, lie du peuple. B. *Racker* en Allemand; *Rackare* en Suédois, homme vil, abject, méprisable, homme de la lie du peuple. Voyez l'article précédent. De *Racailh* est venu notre mot François *Racaille*.

RACCAER, fauxbourgs. C. A la lettre, avant la ville.

RACCS, ainsi, partant. B. Voyez *Rac-Se* dans le premier *Rac* Breton.

RACCW, voilà, voici. G.

RACDAF, devant, en présence, avant. C.

RACG, la cause, le pourquoi. B. Voyez le premier *Rac* Breton.

RACH, le même que *Crach*. G.

RACH, nom d'une fête que les anciens Irlandois célébroient la nuit à l'honneur de leurs dieux. I. Voyez *Reag*.

RACH, le même que *Rath*. I.

RACH, RECH, gale ou teigne qui vient sur la tête des petits enfans : Il signifie aussi galeux. B. On appelle encore en Franche-Comté *Rache* la teigne qui vient sur la tête des petits enfans. Voyez *Rach* le même que *Crach*.

RACH, le même que *Rhag*. Voyez *Trach*.

RACHE, chienne. E.

RACHIA, A. M. lieu boueux. Voyez *Rascia*.

RACHOUS, teigneux. B.

RACHTCHRANN, arbrisseau. I. *Chrann* en composition pour *Crann*, arbre; *Racht* par conséquent petit.

RACHWEN, RACHOUEN, empan, toute l'étendue de la main & la mesure de cette étendue; *Rachwenna*, mesurer par empan; *Rachwennat*, singulier *Rychwennaden*, une mesure d'empan. B. Voyez *Rychwant*.

RACHWENNER, espèce de chenille nuisible aux herbes en particulier. B.

RACLA, racler, raper. B. De là le premier de ces mots.

RACLAFYN, le devant, le bout, la pointe d'une épée. C. Voyez *Lasu*.

RACLAT, caqueter, le bruit que font les poules dès qu'il fait jour. B.

RACLEIN, riper, ratisser ou grater la pierre avec la ripe. B.

RACONTI, raconter. B. De là ce mot.

RACQ, parce que. B. Voyez *Rac*.

RACQAICH, coassement. B.

RACQLOUER, rape, paroir. B.

RACQUYD, éviction. B.

RACQUYTA, racheter. B.

RACTAL, fronteau. C.

RAD, dire. I.

RAD, rade. C. B. De là ce mot. *Read* en Anglois, rade.

RAD, fruit, revenu. Voyez *Morad*.

RAD, le même que *Red*, *Rid*, *Rod*, *Rud*. Voyez *Bal*.

RADAIRCAL, errant, vagabond. I.

RADARC, vûe, aspect, regard, vision. I.

RADD, dégré, grade. G. B. Voyez *Gradd*.

RADD, golse. B.

RADELL, radeau. B. De là ce mot. Voyez *Radellus*.

RADELLUS, A. M. radeau. De *Radell*.

RADEN, fougère plante; singulier *Radenen*, un seul pied de fougère; *Radenec*, lieu abondant en fougère. B. Voyez *Rhedyn*, *Raime*, *Ratis*.

RADH, exprimer, témoigner ses sentimens de bouche ou par écrit.

RADH, le même que *Rath*. I.

RADIN, fougère. B. Voyez *Rhedyn*.

RADNA, diviser, partager. C. Voyez *Ran*.

RADOUEIN, radouber. B. De là ce mot.

RADUM, A. M. gué. De *Rhyd*.

RAE, campagne, ferme.

RAE, lune; *Rae-lan*, pleine lune. I.

RAE, RAHE, RÆ, REA, raie poisson de mer, pluriel *Raiet*, *Reet*. B. *Raien* en Gallois, raie poisson de mer. De là le Latin *Raja*, l'Italien *Raza*, le Vénitien *Raggia*, l'Espagnol *Raja*, le Flamand *Reinck*, l'Anglois *Ray*, le François *Raie* poisson de mer.

RÆA, A. M. raie poisson de mer. De *Rae*.

RAECH. Voyez *Rech*.

RAEIN, enduire. B.

RAEN, le même que *Rae*, campagne, ferme. I.

RAESIN, RAESINE, raisin. B.

RAESON, raison; *Raesoni*, raisonner. B. Voyez *Rheswn*.

RAF, le même que *Craf*. Voyez *Aru*.

RAFALE, coup de vent violent qui vient des vallées resserrées. B.

RAFF, le même que *Craff*. Voyez *Aru*.

RAFFNELL, ravenelle plante. B. De là ce mot.

RAFLEIN, rafler. B. De là ce mot.

RAFURNUS, A. M. four à chaux. De *Ra*, chaux; *Forn*, four.

RAG, coupé. G. *Trag* en Irlandois, hache; *Racra*, fente en Persan; *Raqui*, part, portion; *Raquini*, diviser dans la même Langue. Voyez *Rac*.

RAG, au-dessus. C. Voyez *Rhag*.

RAG, avant, devant. C. B. Voyez le premier *Rac* Breton qui est le même.

RAG, car, parce que. B. Voyez le second *Rac* Breton qui est le même.

RAG, droit adverbialement. B.

RAG, petit. Voyez *Rac*, *Rag*, petit. *Ragnillotte*, *Raclote* se disent en Patois de Besançon d'une femme avaricieuse, extrêmement épargnante, qui craint les plus petites dépenses. On donnoit en vieux François l'épithète de *Raquedenare* à un homme de cette espèce. *Ragaischte* en Patois d'Alsace, avare, ténace; *Ragot* en vieux François; nain, engoncé, trapu, Il se dit encore en Franche-Comté, pour désigner un homme petit & trapu. On appelle en François *Ragot*, un cheval qui a les jambes courtes, la taille renforcée & large du côté de la croupe. *Rachais*, maigre, sec, décharné en vieux François. *Rachet* en Patois de Franche-Comté, petit, mince ; *Ragil*, nain en Africain. Voyez *Rataith*, *Rhagdder*, *Ragailh*.

R A G, après. Voyez *Rag-Eaust*.
R A G, le même que *Reg*, *Rig*, *Rog*, *Rug*. Voyez *Bal*.
R A G, le même que *Crag*. Voyez *Aru*.
R A G - E A U S T, temps qui se passe entre la moisson & l'hyver. B. *Eaust* signifiant la moisson, il faut donc que *Rag* signifie ici après. On a fait voir dans la première partie des Mémoires sur la Langue Celtique, que le même mot avoit quelquefois deux significations opposées.
R A G - E N E P, opposite. B.
R A G - T A L, opposite, directement. B.
R A G - Z E, donc. B.
R A G A C H E R, vendeur de petites denrées à petites mesures pour y gagner sa petite vie. B.
R A G A D I A, A. M. fissure, fente. De *Rag*, coupé.
R A G A I G N, regain. B. De là ce mot.
R A G A Y L H. Voyez *Rataith*.
R A G A S, vieux mot François qui signifioit inondation causée soit par une pluie véhémente, soit par la chûte d'un torrent, orage. On le dit encore dans les Provinces. Ce mot vient de *Rhaiadr*, le g se mettoit pour l'*i*. *Ragdaios* en Grec, précipité, impétueux.
R A G A T E R, R A G A T O U R, vendeur de petites denrées à petites mesures pour y gagner sa petite vie. B.
R A G A Z I N U S, R A G A C Z I N U S, R A G A T I U S, A. M. goujat ; de l'Italien *Ragazzo*, & celui-ci des mots Celtiques *Rag*, petit, vil, abject ; *Gwas*, serviteur.
R A G E A U S T, automne. B. Voyez *Rag-Eaust*.
R A G E R E A H, agacerie. B.
R A G H, R A G H E L, synonimes de *Rath*. I.
R A G I O, le même que *Dragio*. G.
R A G I S E L, bas sur le devant. G.
R A G L I N, ligne à pêcher. B.
R A G N A, rogner. B. De là ce mot. Voyez *Ran*.
R A G N A E R, issue, sortie du village, espace attenant au village. B.
R A G O U D, ragoût. B. De là ce mot.
R A G U A E R, issue, sortie du village, espace attenant au village. B.
R A H, rat petit animal. B.
R A H, ras, plain, uni. B. De là le premier de ces mots.
R A H, plein, plénitude, entièrement, tous & un chacun. B.
R A H A W S, R A H A W G, superbe, arrogant. G.
R A H E I N, racler, raser, faire la barbe. B.
R A H I C, petit rateau. B.
R A H O U R, barbier. B.
R A H U E R, souricière. B. Voyez *Rah*.
R A I, mouvement. I.
R A I, le même que *Crai*. Voyez *Aru*.
R A I B, rave. I. Voyez *Rab*, *Rabes*.
R A I C H, gratelle. B.
R A I D I M, dire, parler. I.
R A I D T E, proféré, dit. I.
R A I E N, raie poisson de mer. G. Voyez *Rai*.
R A I E N, perdre, effacer, rayer. B. De là ce mot.
R A I G, frénésie, manie. I. De là notre mot François *Rage*. *Rasen* en Flamand ; *Rage* en Anglois, être enragé, être forcené.

R A I G, le même que *Craig*. Voyez *Aru*.
R A I G E A M L A S, impétuosité ; *Raigeamul*, impétueux. I.
R A I G H, bras. I.
R A I G N E T, maigre, atténué. B.
R A I M, agréable, fertile. I.
R A I M H R E, graisse, état d'un corps gras, épaisseur, grosseur, grossièreté. I.
R A I M H R I G H E, jouissance, plaisir. I.
R A I N, R I N N, R A I N D, pointe d'une épée, pointe en général. I.
R A I S S, croulement. B.
R A I T H, mur, muraille, parvis, cellule, habitation, camp fermé de palissades, maison de campagne, métairie, village. I. Voyez *Rath* qui est le même mot.
R A I T H, R A T H, fougère. I. Voyez *Ratis*.
R A I T H, loi ; *Heb Raith*, qui vit sans loi, qui ne suit aucune loi. B. De là le Latin *Ritus*, l'Italien *Rito*, le François *Rit*.
R A I T H A N, R A I T H I N, les mêmes que *Raith*. I.
R A I T H I N, dire, parler. I.
R A I T H N E, R A I T H N E A C H, fougère. I.
R A I Z E I N, bouleverser. B.
R A I Z E M A N T, bouleversement. B.
R A L, râle oiseau. B. De là ce mot.
R A L, rare. B.
R A L - D O U R, R A L - V A L A N, râle oiseau. B.
R A L L U S, A. M. râle oiseau. De *Ral*.
R A M, rame. I. De là ce mot. De là *Ramberge*, barque à rames ; *Berge* pour barque se dit encore en plusieurs Provinces. Voyez *Rouan*.
R A M. En comparant *Ramps*, *Rempsi*, *Rum*, *Rhem*, *Rhemp*, *Rym*, *Rhemmwch*, *Rhon*, *Rhyn*, on voit que *Ram*, *Rem*, *Rim*, *Rum* ont signifié élevé, élevation au propre & au figuré, tout ce qui est grand soit en taille, soit en qualité, soit en quantité. *Ram*, *Rom* en Hébreu, élevation, haut, élevé, être au-dessus, & *Ramas*, très-haut ; *Raouma* en Chaldéen & en Syriaque, hauteur, élevation ; *Ram*, Dieu en Indien. Voyez *Remho*, *Rum*.
R A M, le même que *Rem*, *Rim*, *Rom*, *Rum*. Voyez *Bal*. De là *Arramir* en vieux François, assembler, réunir.
R A M - P A P E R, rame de papier. B.
R A M A I G N, R A M A I G N A N D, reste de viande, *&c.* dont un autre a mangé, reste. B. En Patois de Franche-Comté *Ramandon*.
R A M A R, pesant. I.
R A M B E Z Y O U R, fossoyeur. B.
R A M B O U R S I, rembourser. B. Voyez *Pwrs*.
R A M B R A S. Voyez *Rebras*.
R A M B R E, R A M B R E R E Z, rêveries, contes, fables, redites & répétitions fréquentes & importunes des mêmes choses, radoteries ; *Rambrea*, *Rambreal*, rêver, radoter ; *Rambreer*, *Rambreus*, rêveur, radoteur. C'est ainsi que Dom Le Pelletier explique ce mot. Le Pere de Rostrenen met *Rambre*, égarement d'esprit, extravagance, discours vuide de bon sens, radotage, bagatelle ; *Rambrea*, *Rambreal*, radoter, baguenauder ; *Rambreer*, *Rambrews*, badin, folâtre, sot, ridicule, diseur de riens ; *Rambrerez*, abus, erreur, égarement d'esprit, fornette. B. *Ramerius* dans une ancienne charte Latine ; *Ramiers* en Languedoc, signifie une terre inculte & qui ne produit point de grains. Voyez *Ramhulleadh*.
R A M H A D, chemin. I.
R A M H A I D H E, R A M H A I R E, coureur, voleur de grand chemin, corsaire. I.

RAMHAR, gras, épais, gros, grossier, graisse, le gros comme dans ces phrases, *le gros d'une troupe*, *le gros d'une armée*. I.

RAMHLONG, galére. I. A la lettre, vaisseau à rames.

RAMRUGE, rameur. I.

RAMRULLEADH, radoter, rêver, extravaguer. I. Voyez *Rambre*.

RAMOCQA, remorquer. B. De là ce mot.

RAMOCQAICH, touage terme de marine. I.

RAMPH, glisser, se tenir ferme sur ses deux pieds en les écartant, pour ne pas tomber dans un lieu glissant ou en avançant l'un loin de l'autre comme pour glisser. B.

RAMPARS, rempart. B. De là ce mot.

RAMPS, homme extraordinairement haut. B.

RAMPUS, glissant. B.

RAMSQOAH, cotelettes de cochon. B.

RAN dans un dialecte du Gallois le même que *Ren*, courant d'eau selon Baxter. G.

RAN, pays. I.

RAN, pain. I.

RAN, ouvert, remarquable, apparent, véritable. I.

RAN, grenouille; pluriel *Ranet*. On nomme aussi *Ran*, une espèce de petits crapauds qui sont dans les haies. B. On appelle en haute Bretagne & lieux voisins *Renette*, & dans le Maine *Renasélles*, cette petite espèce de crapauds. En Franche-Comté on l'appelle aussi *Renette*, mais on ne croit pas que ce soit un crapaud, on la regarde comme une espèce de grenouilles bonnes à manger. De *Ran* est venu le Latin, l'Italien, l'Espagnol *Rana*, les vieux mots François *Raine*, *Renouille*, & de ce dernier le mot François *Grenouille*.

RAN, morceau, fragment, partie, département, partage des fonctions, distribution des tailles. B. De là en Patois de Franche-Comté *Rain*, *Rameau*, parce que les rameaux sont les parties d'un arbre. On a dit *Rainseau* en vieux François pour rameau & *Rinssélé* pour partagé en plusieurs branches. On dit en Franche-Comté *Rain de maison* pour une partie de la charpente d'une maison. L'*u* & l'*m* se substituant, on aura dit *Ram* comme *Run*. De là le Latin *Ramus*, l'Italien & l'Espagnol *Ramo*, le François *Rameau*. *Grana* en Dalmatien; *Grenen* en Danois, rameau; *Rana* en Bohémien & en Polonois, plaie; *Ranna* en Esclavon, plaie; & *Run*, floccon de laine; *Ranan* en Hébreu; *Regnumi* en Grec, rompre. Voyez *Ranca*, *Rann*, *Rhaun*.

RAN, le même que *Rand*. Voyez ce mot.

RAN, le même que *Ren*, *Rin*, *Ron*, *Run*. Voyez *Bal*.

RANA, article. I.

RANAIM, manifester. I.

RANC, rangée, suite, file. I. Voyez *Rancq*.

RANCA, divisible. I. Voyez *Ran*.

RANCERE, A. G. se mettre en colere, se fâcher, être fâché. De *Rancu*.

RANCONTR, rencontre. B. De là ce mot.

RANCOR, A. M. rancune, haine. De *Rancu*.

RANCQ, rang, cathégorie. B. Voyez *Ranc*, *Rang*, *Rheng*, *Rhinge*, *Rene*, *Rhange*.

RANCQEIN, ranger, arranger. B.

RANCQLES, *RANGLESUS*, grand mangeur qu'il est difficile de rassasier, insatiable. B.

RANCQOUT, falloir, être nécessaire, être important, être contraint, devoir. B.

RANCU, *RANCUN*, rancune. B. *Rechen* en Théuton, se fâcher ou se venger; *Rachen* en Allemand; *Wrikan* en Gothique; *Wracan* en ancien Saxon; *Wreken* en Flamand, se venger.

RANCUNA, A. M. rancune. De *Rancun*. Voy *Rancu*.

RANCZON, rançon. B. De là ce mot, le L. Barbare *Ranzo*, & l'Italien *Ranzone*.

RAND, rado. B. Comme les *Radas* sont au bord la mer, les Allemands & les Islandois se serve de ce mot pour désigner bord. *Rain de forêts* da les Ordonnances des eaux & forêts, signifie bor lisière de forêts. Le *d* final s'ôtoit ou se laissoit i différemment. Voyez *Rang*.

RANDON, abondance, impétuosité, choc de pl sieurs, arrogance, fierté, dédain, faste, ostent tion. B. *Randon*, impétuosité, force en vieux Fra çois; il se dit encore en Franche-Comté en ce sen *Randonner un cheval* en vieux François, c'est laisser galoper. *Rodan* en Dalmatien, fertil abondant.

RANDON, rêverie. Il signifie aussi affliction de r gret, repentir; *Randoni*, rêver, radoter. B.

RANDONAD, abondance. B. On dit en Franch Comté *Randena* pour exprimer une bouffée, u écoulement impétueux & abondant de quelq chose.

RANDONEN, celui ou celle qui rêve. B.

RANDONNUS, impérieux. B.

RANG, rang. I. De là ce mot. Voyez *Rancq*.

RANG; pluriel *Rangau*, le bord d'une rivière. Voyez *Rand*.

RANG, ride. I.

RANG, classe, ordre, rang. B.

RANGACH, ridé. I.

RANGEEN, chaîne; *Rangeennein*, enchaîner. B.

RANGEN, rênes, courroie de la bride d'un che val; pluriel *Ranjou*, *Rangennou*. B.

RANGEOD, baquet, cuvier. B.

RANN, partie. G. Voyez *Ran*.

RANN, promontoire, noble, généreux. I. Voy *Rhyn*.

RANN, part, partie, portion, morceau, memb bre, rein, longe parlant du veau; *Na-Runn*, qu a plusieurs parties. I. De là le Latin *Ren*, l'Anglois *Reyne*, le François *Rein*.

RANN, vers mots mesurés, en vers. I.

RANN, partie, part, partage, fragment, frachmt, rupture, morceau, lot, divis; pluriel *Rannou* d minutif *Rannic*. *Ranna*, partager, couper, briser, rompre, fendre, séparer, départir. B. Voyez *Rhannet*, *Rann* plus haut.

RANNAM, partager. I.

RANNER, celui qui partage, qui distribue. B.

RANNIC. Voyez *Rann*.

RANNOUR, qui partage, qui distribue. B.

RANO, jusques. Ba.

RANONCULL, renoncule. B.

RANT, rente, provenans. B. De là notre mot *Rente*. Voyez *Rantein*.

RANTA, A. M. rente. De *Rent*.

RANTEIN, rendre, livrer. B. De là le premier d ces mots.

RANTELEAH, monarchie, régner. B.

RANTEREAH, livraison. B.

RANVEL, instrument à plusieurs dents qui sert détacher la graine du lin de sa tige; pluriel *R vel*, *Ranveillou*. B. Voyez *Diranva*.

RANVET, petit chemin étroit, chemin de tr verse. B.

RAOBA, brèche. I.

RAOBA, briser, maltraiter. I. De là le mot Fra çois *Rape*, l'Anglois *Rasp*, l'Italien & l'Espagnol *Raspa*.

RAOBADH

RAOBADH, déchirer, perdre, ruiner, défoler. I.
RAOC, devant, au-devant ; A Raoc, devant. B.
Voyez Ras.
RAODH, chose. I.
RAOLT, étoile. I.
RAOMADH, flegme. I.
RAON, route, chemin. I.
RAONNELL, ravenelle. B.
RAOU, RAO, RAÜ, RAW, monosyllabes, cordage ou chaîne de fer, qui sert à tirer la charrette ou la charrue. B. Voyez Raff.
RAOUAN, le même que Rachwen. B.
RAOUEN-GUENOU, homme à grande bouche. B. A la lettre bouche d'un empan.
RAOUEN-VRAGOU, nabot. B.
RAOUENN, empan. B.
RAOUENNER, qui mesure par empans, & au figuré qui bat un autre. B.
RAOUENNER, panaris. B.
RAOUENNET, bâtonné. B. Voyez le premier Raouenner.
RAOUI, enrouer. B. De là les Latins Ravus, Raucus, l'Italien Ranco, l'Espagnol Ronco, le François Rauque, l'Allemand Roh, rauque, enroué. De Raoui est aussi venu notre verbe Enrouer.
RAOULA, RAOLA, RAOULI, enrouer, rendre ou devenir enroué ; participe Raoulet, enroué, rauque. On dit aussi Raouhia ; participe Raouhiet. B. De là notre mot Ralier.
RAOULIN, linteau. B.
RAOUS, RAOS, tous deux monosyllabes, roseau de marais ; singulier Raosen. B. De là Roseau en François ; Raus en Théuton & en Gothique ; Rohr en Allemand ; Ruer en Danois ; Rush en Anglois ; Ruse en Flamand, roseau. On disoit Rosel, Rosiel en vieux François.
RAP, le même que Crap. Voyez Aru. De là le Latin Rapio, l'Italien Rapire, l'Allemand & le Flamand Rappen, le François Ravir. Voyez Rbaib.
RAPART, réparer. B.
RAPI, raper. B. De là le François Raper, l'Allemand Ruspen, l'Anglois Rasp, l'Espagnol Raspar, l'Italien Raspare.
RAPINA, faire des larcins petit à petit. B. Voyez Rap.
RAQUER, esplanade, glacis. B.
RARETE, raretés. B. Voyez Ralentez.
RAS, le même que Dyrras. G.
RAS, buisson. I.
RAS, course. I. Raese en ancien Saxon ; Ras en Théuton & en Flamand, course.
RAS, le même que Ros. I.
RAS, RASS, rat petit animal ; singulier Rasen ; pluriel Rases ou Rasset. De ce pluriel on fait un second singulier qui est Raseden, lequel sert de diminutif pour dire un petit rat, un raton, quoique l'on puisse dire Rasic. B.
RAS, le même que Res, Ris, Ros, Rus. Voyez Bal.
RASA, raser. B. De là ce mot. Resati en Esclavon ; Rezati en Bohémien ; Rizati en Dalmatien, couper. De là le terme du Patois de Franche-Comté Resiller pour ronger un os si près qu'on n'y laisse point de viande. De là Rasibus en vieux François, tout auprès. Il se dit encore parmi le peuple. On dit Raser pour approcher. Voyez Res.
RASAC, RASACH, chargé de rameaux, branchu, en buissons. I.
RASAIR, épine. I.
RASAN, brosse, lieu plein de buissons. I.
RASARE, A. M. raser fréquemment. De Rasa.
RASCIA, A. M. eau dormante, terrein aquatique.

Voyez Res, Reise. Rakur, mouillé en Runique ; Rase en Allemand, tourbe, terre aquatique, terre humide ; Raque en Picard, lieu boueux ; Racha, boue mêlée d'eau, boue molle, & Ragah, limon, étang en Arabe ; Rakyr, humide en Islandois. Voyez Rachia.
RASOER, rasoir. B. De là ce mot. Voyez Rasa.
RASOGRAS, course. I.
RASOR, A. M. rasoir. De Rasoer.
RASOR, A. M. barbier. De Rasa.
RASPA, grapiller. B. Voyez Rap.
RASSASIA, rassasier. B. De là ce mot.
RASTA, A. M. habitation. De Res.
RASTAC, paysan. I.
RASTELL, crèche, ratelier d'écurie, rateau de jardinier. B. De là le Latin Rastrum, le Latin barbare Rastellum, Raster, l'Italien Rastello, l'Espagnol Rastro, le François Rateau. Voyez Rhesd.
RASTELLUS, A. M. herse de porte de ville. De Rastell.
RASUGHEAS, cours, course. I.
RASUM, A. M. habitation. De Res.
RASUNEN, machine faite pour prendre les rats, ratières. B.
RAT, en un dialecte du Gallois le même que Rit, gué, selon Baxter. G.
RAT, mouvement. I.
RAT, rat petit animal. B. Arratoya, rat en Basque ; Ar paragogique. De Rat sont venus le François, l'Anglois Rat, l'Espagnol Rata, Raton, l'Italien Ratto, le Portugais Rato, l'Allemand Ratte, l'ancien Saxon Ratt, le Suédois Ratta, l'Islandois Ratta, le Latin barbare Ratus, Raturus, rat.
RAT, pensée, réfléxion, considération, attention. C'est d'où vient Ratos dont on a fait A Ratos, exprès, à dessein, avec attention & intention. B. De là Ratio que l'on trouve dans de bons Auteurs Latins pour pensée. De là le Théuton & l'Allemand Rat, l'ancien Saxon Rad, Rad, le Flamand & l'Islandois Rad, le Suédois Raed, conseil, avis. De Rat est venu le proverbe je me moque des rats pour dire je me moque de ce qu'on pensera. On dit quel rat vous prend, pour quelle pensée vous survient. De là est aussi venue l'expression populaire avoir des rats qui se dit d'un homme qui change tout à coup de pensée. On dit dans une chanson :

Jean ce sont vos rats
Qui font que vous ne dormez guères.
Jean ce sont vos rats
Qui font que vous ne dormez pas.

Chacun voit que Rat est mis là pour pensée. Voyez *Redotet.
RAT, petit. Voyez Ratailh.
RAT, le même que Rad. Voyez D.
RAT, le même que Ret, Rit, Rot, Rut. Voyez Bal. Rat, rivière en Gascon.
RATA, rater, manquer de tirer. B.
RATAILH, RAGAILH, racaille, chose de rebut. B. On voit ici que Rat & Rag sont synonimes, & que le premier signifie petit comme le second. Voyez Racailh.
RATAILHEN, retaille, échantillon. B. De là le premier de ces mots.
RATH, maison de campagne, métairie, village, parvis, cellule, habitation, mur, murailles, camp fermé de palissades. I. Voyez Raith, qui est le même mot.
RATH, fougère. I. Ratis, fougère chez les anciens Gaulois, au rapport de Dioscoride.

RATHAIN, fougére. I. *Ratin*, fougére en vieux François. Voyez *Raden*.

RATHRASAS, RATHMRUREAS, qualité terrible propre à donner de la crainte. I.

RATHIN, le même que le second *Rath*. I.

RATHUGE, coureur, qui ne fait que courir. I. Voyez *Rhedeg*.

RATHYR, village, habitation. I.

RATIN, ratine, B.

RATIS, fougére. Dioscoride nous a conservé ce terme Gaulois. Voyez *Rath*.

RATO, A. M. rat. De *Rat*.

RATOH, A RATOH, A RATOS, de propos délibéré, à dessein. B. Voyez *Rat*.

RATOS, RATOZ, attention, considération, réflexion. B. C'est le même que *Rat*.

RATOUER, ratoire. B. De là ce mot.

RATOUEZ, réfléxion, attention, considération. B. C'est le même que *Ratos*.

RATOUS, RATOUSEZ, édenté, celui qui a perdu ses dents: C'est ainsi que Dom Le Pelletier explique ce mot. Le Pere de Rostrenen met *Ratous*, *Ratouz*, qui a perdu ses dents, bréchedent, à qui il manque des dents, sur tout sur le devant. B.

RATURUS, RATUS, RATTUS, A. M. rat. De *Rat*.

RAV, petit. Voyez *Ravend*. De là *Ravauder*, *Ravandeuse*; c'est le même que *Rab*.

RAV, le même que *Rev*, *Riv*, *Rov*, *Ruv*. Voyez *Bal*.

RAVA, rame. I.

RAVAH, civière. B.

RAVAIRE, rameur. I.

RAVAL, diminution, rabais. B.

RAVALI, abaisser, diminuer, rabaisser, B. De là le vieux François *Ravaler*, & le terme Franc-Comtois *Ravola* pour rabaisser.

RAVANCH, revanche. B. De là ce mot.

RAVANELL, drague instrument à draguer ou à prendre les huîtres & les saules. B.

RAVELEINGUEIN, ralinguer terme de marine. B.

RAVEND, RAVENT, sentier, petit chemin. B. *Hend*, chemin; *Rav* par conséquent petit.

RAVESKEN, RANVESKEN, les mêmes que *Hanvesken*, vache qui manque une année à faire un veau, ou celle qui le met bas avant le terme, c'est-à-dire, qui avorte : On le dit aussi des autres femelles. B.

RAVIARE, A. G. être enroué ou le devenir. De *Raoui*.

RAVICHA, ravir. B. Voyez *Rap*.

RAULA, enrouer; *Raulet*, enroué, rauque, B. Voyez *Raoula*.

RAUNK, rang. I.

RAVODER, rêveur. B.

RAVOLT, révolte. B.

RAUQ, arrogant. B. De là notre mot François Rogue. *Rauh*, *Rauch* en Allemand; *Reoh* en ancien Saxon; *Rough* en Anglois, arrogant, fier, superbe, rude, raboteux; *Srog* en Polonois, rude, austére; *Roc* en Franche-Comté désigne un homme qui se communique peu.

RAUSEA, A. M. roseau. De *Raos*. Voyez *Raous*.

RAUSELLUM, RAUSEUM, A. M. roseau. De *Raos*.

RAUSQLEEN, RAUSQLEN, pluriet *Rausql*, roseau. B.

RAUVACH, ravage. B. De là ce mot.

RAYEN, rayon de charrette. B. De là ce mot.

RAZ, rat petit animal. B.

RAZ, rat courant d'eau, détroit. B. De là ce mot.

RAZ, chaux. B.

RAZ, puisse optatif. B.

RAZ vaut le Latin *Utinam* & le François *Plût à Dieu*. B.

RAZ-ARCH, RAZARCH, automne. B. A la lettre, plein coffre. Voyez *Raz*.

RAZA, racler, raser. B.

RAZADUR, rature. B.

RAZAN, devant lui; d'autres disent *Rachan*, ce qui montre que c'est un composé de *Rac* pour *Raoc*, devant, & d'*Am* ou *An*, lui; *Ch* forte aspiration se changeant en *c*. Le nouveau Dictionnaire porte *Rosan*, *Caça Rosan*, conduire devant soi ou lui. *Rosan* est pour *Raochan*, pris de *Raoc*: On en a fait les composés *Dirazan* & *Dirachan*, qui valent le François *Devant*, au lieu que *Razan* ne vaut qu'*Avant*. B.

RAZELL, radeau. B.

RAZELLUS, A. M. radeau. De *Razell*.

RAZER, chaufournier. B.

RAZOWER, rasoir. B.

RAZUNELL, ratoire. B.

RBAG, délivre à la seconde personne de l'impératif. G.

RE, plusieurs. G.

RE, RI, RO, les mêmes que *Rhag* adverbe dans les différens dialectes du Gallois, selon Baxter. G. Voyez *Rho*, *Ro*.

RE, excédent. C. B.

RE, Roi. E.

RE, bélier. E. Voyez *Reaith* & *Ri*.

RE, de, du, dès prépositions, de la part, de par, conjonction qui fait défense, au prix, en comparaison de, devant, en présence, avant, contre, envers, près, proche, en place d'un autre, pour un autre, par, dehors, depuis, en, dans, sur, dessus, par-dessus, plus que, davantage, très marque du superlatif, parfaitement, fort adverbe. I. Voyez *Re* Breton & *Rheg*.

RE, temps. I.

RE, lune. I.

RE, rempart, digue. I.

RE, le même que *Rac*. De même des dérivés. I.

RE, REFF, trop & très pour le superlatif, beaucoup, grande quantité, excès, abondance, abondamment. B. Il signifie aussi en cette Langue plein. Voyez *Relardt*. *Re*, excédent dans la Langue de Cornouaille & en Breton; *Rhy* en Gallois, trop, qui est en trop grande quantité; *Ro* en Irlandois, trop, très : On a déja remarqué plusieurs fois que les voyelles se mettoient indifféremment l'une pour l'autre. Du *Re* Celtique est venu le *Re* itératif des Latins & des François. Les Latins ont dit *Red* comme *Re*, ainsi qu'on le voit par *Redeo*. *Re* en Latin paroit encore avoir eu la signification de *très*, ainsi qu'on le voit par *Remora*. *Re* en François signifie aussi grand, ainsi qu'on le voit par le mot *Renom*. *Re* en François signifie aussi bien, bon, ainsi qu'on le voit par le mot *Reüssir*. Voyez *Icen*. *Re* en Espagnol, trop, très. Voyez *Gre* Gallois & *Gre* Breton.

RE, ARRE-BRAS, les grands; *Ar-Re-Bihan*, les petits; *Per-Re*, lesquels? C'est ainsi que Dom Le Pelletier explique ce mot. Le Pere de Rostrenen met *Re*, hommes, avec un adjectif, les siens, les siennes; *E Re*, ses domestiques : Il le met aussi pour homme au singulier; *Peueqa Ur Re*, pouffer quelqu'un. B. Voyez *Gre* Gallois & *Gre* Breton.

RE joint à *Boton* est une paire de souliers : C'est ainsi que Dom Le Pelletier explique ce mot. Le Pere de Rostrenen dit que *Re* le met encore en ce sens en parlant des chausses. B. Voyez *Gre* Gallois & *Gre* Breton.

RE, contre, contraire. Voyez *Rebecqi*, *Rebell*, *Rebont*. Nous avons conservé cette signification dans nos mots *Regret*, *Regretter*, *Repentir*. On disoit en vieux François *Regréer* pour regretter, & *Regré* pour regret, comme si l'on disoit contre gré.

RE, négation. Voyez *Batre*.

RE, le même que *Cre*, *Gre*. Voyez *Arn*.

RE, le même que *Ra*, *Ri*, *Ro*, *Ru*. Voyez *Bal*.

RE-BENNAC, quelqu'un. B.

RE-LARDT, plein, réplet. B.

REA, faisois. B. Voyez *Ra*.

READAM, déchirer, mettre en piéces. I.

REAC, rivière; *Erreca*, ruisseau ; *Arregura*, arrosement. Ba. On voit par là qu'on a dit également *Reac*, *Rec*, *Reg*. *Rak* en Arabe, fleuve ; *Rik* en Hébreu, en Chaldéen, en Arabe, l'eau coule ; *Ragad* en Chaldéen, couler ; *Rogol* en Syriaque, fleuve, & *Ragelo*, rivière dans la même Langue ; *Rak* en Persan ; *Rachats* en Hébreu, lieu à laver ; *Riglah* en Arabe, écoulement d'eau ; *Rixan* en Turc, écouler ; *Rac* en Tonquinois, flux & reflux de la mer ; *Ruax*, ruisseau en Grec ; *Raku* en ancien Saxon ; *Rekia* en Cymbrique, inondation ; *Reka*, rivière en Russien ; *Reka* en Esclavon ; *Rika* en Dalmatien ; *Rzeka* en Bohémien, rivière ; *Reka*, fleuve en Stirien & en Carniolois ; *Regna*, ruisseau en Italien ; *Rasch* en Flamand, rapide ; *Rigo* en Portugais, rivière ; *Riachuello*, *Arroguello*, *Regadera*, ruisseau en Espagnol ; *Risclan* en Languedocien, rivière, & *Richo*, ruisseau ; *Risse*, ruisseau en Limosin.

REACHD, REACHT, homme. I. Voyez *Re*.

REACHT, loi. I. De là le Latin *Rectus*.

REACHTMEAR, législateur. I.

REACHUS. Voyez *Rech* & *Rechus*.

REAG, nuit. I.

REAIDH, REAITH, bélier. I.

REALL, REALT, étoile ; plurier *Reanna*, *Reltana*. I.

REAMAIRE, voyageur. I.

REAMHAITHNE, prescience. I.

REAMHAITRIOSOIR, augure ou celui qui prend les augures. I.

REAMHAMARCH, prévoyance. I.

REAMHBRATHAIR, oncle. I.

REAMHLON, provision de vivres pour un voyage. I.

REAMHNAITHRIS, prendre les augures, pronostiquer, présager, prédire, deviner, informer, augure. I.

REAMHRADH, avant, devant, vers, du côté de, sur, au-dessus. I.

REAMHRAIDTHE, précédent, qui est devant. I.

REAMHSOCRADH, fixer avant. I.

REANN, étoile. I.

REAOUEIN, geler. B.

REASAMLAS, impétuosité. I.

REASUN, intellect, intelligent. I. De là le Latin *Ratio*, l'Anglois *Reason*, l'Italien *Ragione*, l'Espagnol *Razon*, le Polonois & le Bohémien *Rozum*, le François *Raison*.

REASUNADH, raisonner, argumenter. I.

REATHA, REATHAN, courant ; *Uisc-Reata*, eau courante. I.

REATHAIM, courir, sourdre. I.

REATHIG, empan. I.

REAU, gelée. B. Voyez *Reahw*.

REAVAR, gros, gras. I.

REB, près. C.

REBA, le même que *Raoba*, briser, brèche, maltraiter. I. De là le terme Franc-Comtois *Rebaite*, qui signifie une ribe. De là le mot François *Ribe*.

REBANUS, A. M. ruban. De Ruban. *Riband* en Anglois, ruban.

REBATTEIN, rabaisser. B.

REBEC, REBED, REBET, violon, méchant violon, vieille instrument ; *Rebeta*, jouer du violon ; *Rebetaer*, *Rebetter*, *Rebetter*, *Rebetour*, violon, un homme qui joue du violon. B. *Rebec*, *Rebebe* en vieux François ; *Ribeca* en Italien ; *Rebeca* dans la basse Latinité ; *Rebel* en Espagnol, violon ; *Rebeter* en vieux François, jouer du violon.

REBECH, reproche, tant des défauts d'un homme que du bien qu'on lui a fait, réprimande, remords, revanche en termes de jeu, réprocher. B.

REBECHAT, reprocher. B.

REBECQI, regimber, n'obéir pas à l'éperon, au fouet & à la gaule. Il se dit au propre des chevaux, des ânes, des mulets ; & au figuré des hommes lorsqu'ils résistent à ceux qui les veulent mener par force quelque part. B. Ce mot est formé de *Re*, contre, & de *Becq*. On dit encore parmi nous populairement qu'un homme se *Rebeque*, lorsqu'il résiste vivement à quelqu'un. De *Rebecqui* est venu notre mot François *Revèche*.

REBELL, mutin, rébellé; émeute. B. Ce mot est formé de *Re*, contre ou contraire, & de *Bel*, tête. De *Rebell* est venu le Latin *Rebellio*, l'Italien *Rebellione*, le François & l'Anglois *Rébellion*, l'Espagnol *Rebeldia*, rébellion ; le Latin *Rebellis*, le François *Rébelle*, l'Italien *Rebello*, l'Anglois *Rebellious*, l'Espagnol *Rebelde*, rebelle ; le Latin *Rebello*, le vieux François *Rebeller*, l'Italien *Rebellare*, l'Espagnol *Rebelar*, l'Anglois *Rebell*, se révolter.

REBEUTENN, infâme prostituée, qui se livre à la plus honteuse prostitution. B.

REBONT, réfraction. B. comme qui diroit contre-bond.

REBORUSS, bizarre. B. De là le mot François *Rebours*.

REBOURS, bizarrement. B.

REBOURSEIN, rebourser terme d'artisans qui apprêtent des draps. B.

REBRAS, RAMBRAS, rabat, collet de toile qui n'est plus à la mode que parmi les villageois les plus simples. B.

REBRAS, très-grand ou trop grand, selon Dom Le Pelletier ; grand, selon le Pere de Rostrenen. B. La première signification est la plus conforme à l'étymologie ; elle ne doit cependant pas exclure l'autre, parce que l'usage étend souvent les mots au-delà de leur signification primitive.

REBUISSANT. AR REBUISSANT, les Grands. B. Re, hommes ; *Puissant*, puissans. Voyez *Re*.

REBURRUS, REBURSUS, RIBURRUS, A. M. rebours. De *Rebourss*.

REBUS, d'emblée, rapide. B.

REBUS. Voyez *Reus*.

REC. Voyez *Reac*.

REC, le même que *Rac*, *Ric*, *Roc*, *Ruc*. Voyez *Bal*.

RECA, digue. Ba.
RECEFF, recevoir, accepter. B.
RECEO, recevoir, accepter. B.
RECEU, RECEV, acceptation, action de recevoir, accepter, recevoir. B. De là ce dernier mot.
RECEUHEIN, accepter, recevoir. B.
RECEVI, recevoir, accepter. B.
RECH, REACH, RAECH, chagrin, tristesse, affliction, peine d'esprit, déplaisir, inquiétude, mauvaise humeur : *Rechiff* est le verbe formé de ce nom ; *Rechus*, *Reachus*, chagrin adjectivement, qui est chagrin. B. Dans le Patois de Franche-Comté on dit d'un homme de mauvaise humeur qu'il est *Rêche*. On employe la même expression pour un fruit âpre.
RECH, le même que *Rach*, *Rich*, *Roch*, *Ruch*. Voyez *Bal*. *Rech* dans les montagnes de Franche-Comté, rocher.
RECHAIN, petiller, claquer, craquer, ronfler, faire un bruit ou rendre un son éclatant. G.
RECHAPA, échapper. B. De là ce mot. On dit *Réchapper* en ce sens dans la Franche-Comté.
RECHER. Voyez *Rech*.
RECHIN, qui est de mauvaise humeur. B. De là notre mot François *Rechigner*. On donna à Foulques, Comte d'Anjou, le surnom de *Rechin*, à cause de sa mauvaise humeur. On disoit aussi au même sens *Reuchin*.
RECHUS, de mauvaise humeur, hargneux, rechigné, chagrin, d'une humeur fâcheuse. B. Voyez *Rech*.
RECIGNAT, rechigner. B.
RECITA, réciter. B.
RECLAEM, encornail terme de marine. B.
RECLOM, coup de vent violent qui vient des vallées resserrées. B.
RECOMMANDEIN, enjoindre. B.
RECOMPENS, récompense. B. De là le François *Récompense*, le Latin barbare *Recompensa*, récompense. De là l'Italien *Ricompensare*, l'Espagnol *Recompensar*, l'Anglois *Recompense*, le François *Récompenser*.
RECONTR, rencontre. B. De là ce mot.
RECORD, recors. B.
RECOURET, recouvré. B.
RECOURH, ressource. B.
RECRUBATZEN, rachetant. Ba.
RECULI, reculer. B. De là ce mot.
RECULUS, impérieux. B.
RECUN, rancune. B.
RECUSA, récuser. B.
RECZED REZ, restaurant, jus de roti. B.
RECZED REZ, superficie rase. B. De là ce mot. Voyez *Raz*.
RECZON, résonnement. B.
RED, violent, roide, impétueux, véhément, fougueux, vite, prompt. G. Il signifie aussi courant en cette Langue. Voyez *Cored*. De là notre mot François *Roide*. *Rado* en Théuton ; *Rad* en Flamand ; *Radios* en Grec, vite, prompt ; *Rath* en ancien Saxon, promptement. Voyez *Red* Breton & *Redec*.
RED, rouge. E.
RED, chose. I. De là le Latin *Res*.
RED, rivière, flux, écoulement d'une chose liquide, coulant, courant. B. *Rada* en Chaldéen, couler, & *Radaiah*, *Redaia*, eau coulante, rivière dans la même Langue ; *Radam* en Arabe, couler, & *Rodah*, canal, aqueduc dans la même Langue ; *Areth* en Hébreu, rivière ; *Rodi* en Syriaque, fleuve, ruisseau ; *Rohot*, flux. & *Arith*, ruisseau dans la même Langue ; *Rond*, *Rud*, fleuve, rivière, torrent, ruisseau, lit de fleuve en Persan ; *Rhé*, *Rhea* en ancien Saxon, fleuve, rivière, & *Rith*, ruisseau dans la même Langue ; *Riths* en Théuton, torrent ; *Rizan* en Turc, couler ; *Ricthuns* en Albanois, écoulement ; *Reo* en Grec, couler, *Reitos*, source d'eau coulante ; & *Rithron*, ruisseau dans la même Langue ; *Arrecil*, ravine d'eau ; *Arroyo*, ruisseau en Espagnol ; *Ar*, article. Voyez *Rhedeg*, *Rie*, *Rot*.
RED, RET, course, marche précipitée ; *Dour-Red*, eau courante & rapide ; *Dur-Red*, ruisseau ; *Kired*, chien courant, chien de course ; *Redi*, *Redec*, courir ; *Red* ou *Red-I-Ara*, il court ; *Redee*, celui qui a du cours, de la course ; *Reder*, vagabond, coureur ; *Rederes*, féminin de *Reder*, se dit plus souvent en mauvaise part, à sçavoir pour désigner une femme dont la conduite est déréglée ; *Redat* ; singulier *Redaden*, course, progrès, avancement, tâche, ou l'espace marqué de la course. On dit au même sens *Pennat-Redec*. B. *Rese* en ancien Saxon ; *Ras* en Islandois, cours, vitesse ; *Rese* en vieux François ; *Raiz*, *Ruz* en Hébreu, courir ; *Rahat* en Chaldéen, courir ; *Rohot* en Syriaque, course ; *Rothein* en Grec, être porté avec impétuosité ; *Raden* en Allemand, courir, se hâter, être porté avec vitesse, avec impétuosité ; *Hradian* en ancien Saxon, se hâter. Voyez *Rhedeg*, *Rheda*, *Riot*, *Rhat*.
RED, RET, arbuste qui croit dans les lieux bas & humides. Un Botaniste, qui avoit voyagé en presque toute l'Europe, & qui m'a fait connoître cet arbrisseau, m'a assuré qu'il ne l'avoit jamais vu qu'en Bretagne. Il croit de la hauteur de trois pieds; sa feuille ressemble un peu à celle du saule brun & a une odeur assez suave ; on dit qu'il a la vertu de chasser les puces. La raison pourquoi on le nomme *Red*, c'est, dit-on, parce que ses racines s'étendent loin sous la terre; aussi ceux de Léon appellent *Gwezen-Red*, arbre de course, ces rejettons qui naissent des racines écartées, telles qu'on le voit à celles de l'ormeau & autres. C'est ainsi que Dom Le Pelletier explique ce mot. Le Pere de Rostrenen met *Red*, sorte de menue saule, bouture. B.
RED, passagers ; *Pesged Red*, poissons passagers. B.
RED, RET, nécessité absolue & inévitable, devoir indispensable, ce qui est nécessaire, ce qui est expédient à faire ; *Red-Ew*, *Red-En*, il faut, il faut absolument, il est nécessaire, il n'y a nécessité ; *Redi*, force, contrainte, violence, nécessité inévitable. B. *Red* se prend aussi en cette Langue dans un sens opposé. *Fourn-Red*, est un four libre où va cuire qui veut ; *Rede*, règle en Persan. Voyez *Rhaid*.
RED, AVALOU-RED, pommes de hernes. B. Ce sont des pommes dures & âpres. On voit par là qu'on a dit *Red* comme *Reud*.
RED, le même que *Rt*. Voyez ce mot.
RED, le même que *Rad*, *Rid*, *Rod*, *Rud*. Voyez *Bal*.
REDA, A. M. le même que *Rhoda*.
REDADEN, course. B. Voyez *Red*.
REDANAN, fougère. C. Voyez *Raden*, *Rath*, *Rhedyn*.
REDD, BOUT REDD, devoir, être tenu. B. Voyez *Red* qui est le même mot.
RED-COFF, flux de ventre. B. Voyez *Red*.
REDEC, promptement B. Voyez *Red* Gallois.
REDEN, fougère. C. Voyez *Redanan*.

RIDEN,

RED.

REDEN, courir avec rapidité, couler avec rapidité. B. Voyez *Red*.
REDEO, il faut. B. C'est le même que *Red-Ew*. Voyez *Red*.
REDER, fuyard, coureur. B. Voyez *Red*.
REDEURIG, calèche. B. Voyez *Rheda*.
REDI. Voyez *Red*.
REDICZA, REDISSA, refaire la viande dans l'eau bouillante. B.
REDIMA, racheter. B.
REDOTET, qui radote. B. De là ce mot. Voyez *Rat*.
REDOUR, coureur, fuyard. B. Voyez *Red*.
REDT, roide, inflexible. B. Voyez *Red* Gallois.
REDUS, coulant. B. Voyez *Red*.
REDY, nécessité, contrainte, force, violence. B. Voyez *Red*.
REDYA, contraindre. B.
REEN, REGN, regne. B. De là les mots Latins *Regne*, *Regnum*, l'Italien *Regno*, l'Espagnol *Reyno*, le François *Regne*, l'Anglois *Regne*, regne. Voyez *Reguea*, *Rheg*, *Rhag*, *Ren*.
REER, guide; *Reher à Direber*, guide qui mene & qui ramene.
REFF. Voyez *Re*.
REFFIAT, ramer. B.
REFORMI, réformer. B.
REFOULEIN, regonfler. B.
REFR, cul. B. Voyez *Rhefr*.
REPRESQEIN, renouveller. B.
REFUSEIN, REFUSI, refuser. B.
REG, coupé. G. Voyez *Reghi*.
REG. Voyez *Reac*. Voyez encore *Rhig*.
REG, le même que *Rag*, *Rig*, *Rog*, *Rug*. Voyez *Bal*.
REGA, travailler la terre pour la première fois, la travailler legerement, fouir la terre à la manière des pourceaux, faire des petits fillons, des rigoles. B. Voyez *Reg*, *Rhych*.
REGAL, régal. B. De là ce mot.
REGALIS, réglisse. B.
REGANEUIN, A. M. regain. De *Ragaign*.
REGARHERES, harengère. B.
REGATER, REGRATIER, regrattier ou vendeur de petites denrées à petites mesures pour gagner sa petite vie. B. De là ce mot. De là l'Italien *Rigattiere* qui se dit au même sens.
REGATERIUS, A. M. regrattier. De *Regater*.
REGEMANTEIN, enrégimenter. B. Voyez *Regimand*.
REGENI, gouverner. B. Voyez *Rheg*, *Rhag*, *Reguea*.
REGREZ, REGHET; singulier *Regheden*, *Reghesen*; plurier *Reghedennou*, braise, charbon ardent, brasier. B.
REGHI, rompre, déchirer; participe passif *Reghet*, rompu, déchiré. B. *Ragab* en Hébreu; *Regnuo* en Grec, rompre. Voyez *Reg*.
REGIMAND, régiment. B. De là ce mot.
REGN. Voyez *Reen*.
REGRATIER. Voyez *Regater*.
REGRED, nausée, aversion de quelques mets. B.
REGRESTEIN, bedeau, sacristain. B.
REGUA, A. M. ruisseau. De *Reg*.
REGUEA, Roi. Ba. Voyez *Rhag*.
REGUEIN, regain. B. Voyez *Ragaign*.
REGUEZEN, brasier, braise. B. Voyez *Reghez*.
REGUI, rompre, déchirer. B. C'est le même que *Reghi*.
REGUS, A. M. ruisseau. De *Reg*.

REI.

REH, le même que *Rah*, *Rih*, *Roh*, *Ruh*. Voyez *Bal*. *Rai*, pierre en Talenga.
REHACH. Voyez *Roch*.
REHAW, gelée. C. Voyez *Reau*.
REHER. Voyez *Roch*, *Roh*.
REHINNIGH, fougère. I. Voyez *Rhedyn*.
REHYER. Voyez *Roch*, *Roh*.
REI, Roi. B. Voyez *Reguea*, *Rhag*, *Rheg*.
REI, REIFF, donner, livrer, accorder, attribuer; impératif seconde personne du singulier *Re*, donne; seconde personne du plurier *Reit*, donnez; futur *Rei*, je donnerai; *Ti Roi*, tu donneras; *Rox*, *Ros*, don. B. Voyez *Rhoda*.
REIG, vendre, débiter. I.
REID, ordre. G. Voyez *Reiz*.
REIDAN, REIDAR, s'abandonner à la tristesse, au vice. B.
REIDD, remarquable. B.
REIDHIM, préparer. I.
REIDI, probité. Voyez *Direidi*.
REIFS, butin, dépouilles de l'ennemi. E. *Reaf* en ancien Saxon; *Roof* en Flamand & en Suédois, dépouilles de l'ennemi.
REIFF. Voyez *Rei*.
REIG, coulant, glissant. I.
REIG, avancé, qui a fait quelques progrès. I.
REIGH, de gré. I.
REIGHAIR, contrat, convention. I.
REIGHEAD, REIGHTEAD, consentir, s'accommoder de, convenir, s'accorder, demeurer d'accord, agréer. I.
REIGHTE, fiançailles. I.
REIGHTHE, agréable. I.
REIGHTHEACH, décider, décision. I.
REIGHTEG, REIGHTEAC, accord, consentement, contrat, amitié, accorder, consentir. I.
REIGHTIOCH, assortir, accommoder, se comporter convenablement. I.
REIGN, donner. B. Voyez *Rei*.
REIM, ordre, arrangement, clair, évident, explicite, intégre, cordial, sincére, facile, cordialement. B. De là *Derayé* en vieux François, dérangé, hors de sa place; *Desroi*, dérangement, confusion, trouble; *Desroyer*, dévoyer, mettre hors du chemin; *Arroy*, ordre, ordonnance; *Desarroi*, désordre, confusion. De là *Reige* en Allemand, *Riga* en Latin barbare & en Italien; *Rais* en François, ligne, raie. Voyez *Reis*, *Reith*.
REIHAT, accorder. B.
REIHDED, REIHTED, accord, union, bonne intelligence. B.
REIHTAET, probité. B.
REIHTAITT, accord, cordialité. B.
REIM, chemin; *Reim Buydean*, troupe, bande. I.
REIMDHEANAMH, anticipation, action de prévenir. I.
REIMEACH, fier, arrogant. I.
REIMEAMHUL, rampant. I.
REIMHBRIATHAN, adverbe. I.
REIMHE, grosseur, enflure, orgueil, fierté. I.
REIMHEOLUS, prescience. I.
REIMHPEACHUN, prévoyance, montre, revûe. I.
REIMHFHIOS, prescience. I.
REIMHIMTHEASACH, précédent, qui est devant. I. Voyez *Roimh*.
REIMHINNISINN, informer, prédire, pronostiquer, augurer. I.
REIN, donner, octroyer, accorder. B. Voyez *Rei*. *Roin*; don en Irlandois.
REINGENNEIN, enchaîner. B. Voyez *Rangenn*.

REIHHUE, bêche. B.
REINT, portion; *Reintigh*, diviser, partager. I. Voyez *Ran*.
REJOLUS, absolu. B. Voyez *Rei*.
REJOUISSA, réjouir. B. De là ce mot.
REIR répond aux prépositions Latines *à*, *ex*, & aux Françoises *de*, *du*, *des*, *dehors*, *depuis*; *De-Reir*, selon, suivant, comme, conformément à. I.
REIS, REIZ, REZ, ordre, bon ordre, disposition, arrangement, arrangement en ordre, commandement loi, raison, droit, maxime; il signifie aussi sexe; car on dit *Un Den Azieu Reis*, un hermaphrodite, mot à mot, un homme de deux sexes. Il se dit aussi d'une machine de piéces arrangées par ordre; *Reit-Dibuna*, un dévidoir à dévider du fil. *Reis* se prend aussi adjectivement pour expérimenté, instruit, discipliné, formé à, aisé, raisonnable, claustral, affable, clair, évident, luisant, limpide. *Reis* est aussi adverbe & il signifie aisément. De *Reis* on fait le verbe *Reissa*, *Reizia*, *Reizzia*, régler, mettre en ordre, ranger & réduire à la raison; & dans la morale, *Reizia Out Ar Marw*, se disposer à la mort; à la lettre, mettre ordre (à sa conscience) contre sa mort. B. Arrester en vieux François, dresser, arranger; *Reis* en Turc, patron de vaisseau. Voyez *Reih*, *Reith*, *Rhyt*.]
REISG, marécageux. I. Voyez *Raseia*.
REISID, empan. I.
REIT, raie, rayon, branche. C.
REITEACH, REITECH, plaine. I.
REITH, régle, roi. B. De là le Latin *Ritus*, le François *Rit*. *Red* en Dalmatien, en Stirien & en Carniolois, ordre, arrangement; *Red* en Esclavon; *Read* en Bohémien, *Rot* en Polonois, ordre, disposition; *Rede* en Persan, ordre, rang, régle, ligne. Voyez *Reis*, *Reih*, *Rhaith*, *Reightioch*.
REITHE, bélier. I.
REITHIGH, bélier. I.
REIVEACH, orgueilleux. I.
REIZA, agencer. B. Voyez *Reis*.
REIZDED, REIZDER, habitude, facilité. B.
REIZIDIGUEZ, agencement, ajustement. B.
REIZUS, claustral. B.
RELACH, relâche; *Relachi*, relâcher. B.
RELECQ, RELEGUEEN, carcasse, squelette, relique. B.
RELT, le même que *Raelt*. I.
RELYW, Y RELYW, restes, le reste, ce qui reste. G.
REM, rhumatisme. B.
REM, le même que *Crem*, *Grem*. Voyez *Aru*.
REM, le même que *Ram*, *Rim*, *Rom*, *Rum*. Voyez *Bal*.
REMADH, le même que *Raomadh*. I.
REMED, REMET, reméde. B. Voyez *Rhwymedi*.
REMERCQI, observer, remarquer. B. De là ce mot.
REMNI, diviser, partager. G.
REMORCQ, touage. B.
REMORCQEIN, remorquer. B. De là ce mot.
REMOULEIN, regonfler. B.
REMPSI, durer. B.
REMPSI, régner. B.
REMUEIN, REMUI, mouvoir, remuer, agiter. B. De là le second de ces mots.
REN, courant d'eau, eau coulante. G. *Rinno* en Gothique, torrent; *Rin*, *Ryns* en ancien Saxon, ruisseau, cours de rivière; *Rinna* en Cimbrique, cours d'eau; *Rinnun* en Théuton, cataracte, chûte d'eau; *Rinn* en Allemand, eau coulante; *Runsle*, ruisseau

en Allemand. *Le* est diminutif, ainsi *Run* signifie rivière. *Rent* en Anglois, cours de rivière; *Runs*, lit de rivière en Runique; *Rone* en Languedocien, rivière; *Ran*, *Roun* en Tartare & en Persan, fleuve; *Ranh* en Tonquinois, ruisseau; *Rin*, rivière en Japonois; *Rawrona*, rivière en Caraïbe; *Rinne* en Théuton, canal; *Rein* en Grec; *Rinnan* en Gothique; *Rennen*, *Rinnen* en Théuton; *Rannen*, *Rennen* en Flamand; *Rinna* en Suédois & en Islandois; *Rinnen* en Allemand; *Runn* en Anglois, couler; *Rain* en Anglois, ondée de pluie, giboulée; *Regn* en ancien Saxon, en Suédois, en Danois; *Regen* en Flamand, en Allemand; *Regan* en Théuton; *Reghen* en Tartare de Crimée; *Rign* en Gothique, pluie; *Rennen* en Allemand; *Rinnan* en Gothique; *Rennan*, *Rinnan* en ancien Saxon; *Renna*, *Rinna* en Islandois, courir; *Rin*, *Ren* en ancien Saxon; *Ren* en Théuton & en Islandois, cours; *Arin*, vîte en Basque. Voyez *Rin*.
REN, crinière de cheval. I.
REN, le même que *Raon*. I.
REN, chose. B. De là *Rien*, chose en vieux François: *Craignans Dieu en tout son pouvoir sur tout Rien*, dit Joinville parlant de Saint Louis. On a dit, je n'ai rien, pour dire, je n'ai chose quelconque; de là notre mot *Rien*.
REN, REEN, ordre, conduite, direction, gouvernement, regne. *Ren*, *Reni*, *Rena*, *Renaff*, conduire, gouverner, diriger, mener, amener; *Renet*, conduit. B. De là notre mot François *Rênes*, parce qu'elles servent à conduire le cheval; de là notre mot François *Rainure*, qui signifie une coulisse ou petit conduit fait dans un bois pour y faire couler une autre piéce sans variation. De *Ren* sont venus le Latin *Ren*, le François *Rein*, l'Anglois *Reyn*, rein, parce que les reins sont les conduits ou canaux par où passe l'urine. De *Ren* sont venus l'Allemand & l'Islandois *Rand*, le Finlandois *Randa*, bord, rivage, parce que les bords ou rivages forment le conduit ou canal par où coule une rivière. Voyez *Renn*.
REN, le même que *Ran*, *Rin*, *Ron*, *Run*. Voyez *Bal*.
RENABL, police, revûe. B.
RENC, RENK, RANCQ, rang, ordre, suite, place dûe, condition, naissance; *Dre-Renk*, par ordre, de suite; *Ur-Renken A Soudardet*, une file de soldats; *Dioch-Renck*, de suite, de rang; plurier *Rencou*, rangs; *Rencu*, *Rencat*, mettre en rang & en ordre, accommoder. B. De là *Rarg* en Allemand & en François, ordre, rang. Voyez *Reng*, *Range*, *Raunk*.
RENCAD, enfilade. B.
RENCAN, falloir, être nécessaire, être important, être contraint, devoir. B.
RENCHOUR, qui doit la rente. B.
RENCONTR, rencontre. B. De là ce mot.
RENCOUT, devoir, être en devoir, être en droit, avoir besoin. On conjugue tout ce verbe sur l'infinitif *Rencu*, arranger; & avec *Caout* ou *Cavout* il signifie avoir rang, être en droit. Quand on demande le payement d'une dette, on dit au débiteur, *Rencout A'Ran*, je fais droit, j'use de mon droit; & si le débiteur ne consent pas de payer, l'autre hausse le ton, & dit: *Rencout A Rencan*, je dois, il m'appartient d'user de mon droit: C'est ainsi que Dom Le Pelletier explique ce mot. Le Pere de Rostrenen met *Rencout*, falloir, être nécessaire, être important, être contraint, être forcé, devoir, être tenu. B.

REN.

RENCUN, horreur, frayeur, répugnance, aversion; rancune. B. De là ce mot.
RENDAEL, disputer, contester, contrarier. B.
RENDAELUS, pointilleux. B.
RENDAER, raisonneur, qui réplique. B.
RENDTAER, celui à qui la rente est dûe. B.
RENEHURHEIN, renouveller, reverdir. B.
RENER HA DIRENER, guide qui mene & qui ramene. B.
RENETA, reinette. B. Voyez Ran.
RENGEIN, arranger. B. Voyez Rene.
RENGENN, rênes. B.
RENN, régne, regner. B. Voyez Ran, Retn.
RENONC, vomir. B.
RENONCI, renoncer, renoncement, reniement, abjuration. B.
RENONUS, A. M. petit canal, petit ruisseau. De Ren.
RENQER, E RENQER, il faut. B. Voyez Rencont.
RENT, revenu, rente. B. De là ce mot. De là l'Allemand Rent au même sens.
RENTA, rendre. B.
RENTA, RENDA, A. M. rente. De Rent.
RENTAICH, intérêts de rente. B.
RENVEL, RENVER, trop. B.
RENVERT, excédent. B.
REO, gelée. B.
REODD, gelée. E.
REODH, gelée. I.
REOGH, le même que Reodh. De même des dérivés ou semblables. L.
REOIDHLEACAN, glacer. I.
REOIDHLEACH, glace. I.
REOL, régle, niveau, maxime; singulier Reolen, Reoultein; pluriel Reolon, Reolennon. Reol An Dour, le cours de l'eau; Reolia, régler. B. Voyez Rheol.
REOLENNER, niveleur. B.
REOLLECH, traces de charrette, orniére. B.
REOR, cul. B.
REORAICH, merde. B.
REPAIRIUM, REPARIUM, A. M. retraite, lieu où l'on est en sûreté, lieu fortifié. Voyez Repel.
REPANTI, repentir. B. De là ce mot.
REPARON, toile faite de grosses étoupes de chanvre. B.
REPAS, repas. B. De là ce mot. Voyez Repui.
REPASTUS, A. M. repas. De Repas.
REPEL, retraite, repaire. B. De là ce dernier mot, l'r & l'l se mettant l'une pour l'autre.
REPERE, esplanade. B.
REPETI, répéter. B.
REPOS, repos. B. De là ce mot. Voyez Paouet.
REPOUSSEIN, repousser, vomir. B.
REPREN, réprimande. B. De là notre mot François Reprendre pour réprimander.
REPUI, donner à manger, recevoir à l'hospitalité. B. De là notre mot François Repu. Voyez Repas.
REQEDD, REQET, aversion de quelque mets. B.
REQEDI, REQETI, REQETEIN, prier, demander, requerir. B. De là notre mot François Requête.
REQET. Voyez Reqedd.
REQETI. Voyez Reqedi.
REQUESTA, A. M. requête. Voyez Reqedi.
REQUIN, qui est de mauvaise humeur, bizarre. B. Voyez Rechin.
REQUINERRAH, mauvaise humeur, bizarrerie. B.
REQUIS, essentiel, indispensablement. B. Voyez Red.

REU.

RES, demeuré, habitation. B. De là le Latin Reses. Aqua Reses, eau qui séjourne, qui ne couloit pas; Rester en François, demeurer, séjourner, s'arrêter, habiter; Rest en Anglois; Resto en Latin; Restar en Espagnol; Restare en Italien, rester. Resch en Tartare, tente.
RES, plein, garni, fourni, bien rempli. B. Voyez Re, Ras.
RES, le même que Ras, Ris, Roi, Rus. Voyez Bal.
RES, RESA, RESALE, A. M. mesure pour les grains. De Reis. On dit Reseau en François.
RESCONDAEL, solvable. B.
RESCONDEIN, répondre. B.
RESCONT, répliquer. B.
RESEA, RESIA, A. M. endroit où l'on scie les bois. Cet endroit s'appelle Rasse en Franche-Comté. Voyez Ras.
RESIN, raisin. B. De là ce mot.
RESINA, résigner. B.
RESOLF, RESOLVI, résoudre, décider. B.
RESOLUS, absolu. B.
RESOUN, raison, sujet. B.
RESPED, respect. B.
RESPONT, répondre. B.
RESPOVAN, rafraichissement, repos, nourriture. B.
RESPOUNCES, raiponce plante. B.
RESPOUNT, objecter. B.
RESSAC, ressac terme de marine. B.
RESSORDEC, élastique, qui a du ressort. B.
REST, reste. B. De là ce mot. De là Rest en Allemand au même sens; de là Rest en Anglois; Restan en ancien Saxon, en Théuton, en Allemand; Rusten en Flamand; Rester en Anglois, rester, être le reste.
RESTA, RESTUM, A. M. restes. De Rest.
RESTELL, rateau. B.
RESTOUT, rester. B. Voyez Rest.
RESUMA, royaume. Ba.
RET, RIT, ROT, suivant les différens dialectes du Gallois, gué, selon Baxter. G.
RET, rivière. B.
RET, Roi. B.
RET, courant. B. De là l'Allemand Retten, courir; Rahat, Robet en Hébreu, canal.
RET, le même que Rat, Rit, Rot, Rus. Voyez Bal.
RET EO, il faut. B. De là notre mot Rétif; de là le Latin & l'Italien Rete, le Latin barbare Reta, l'Espagnol Red, le François Rets. Voyez Red.
RETADEN, course. B.
RETARE, A. M. penser, croire. De Rat.
RETENS, A. M. ce qui arrête. B.
RETER, REDER, REDUR, vent d'est qui souffle de l'orient des équinoxes. B.
RETERE, A. M. devoir, être obligé. De Ret.
RETH, froid. G. Ret en Tonquinois, froid.
RETORN, A. M. en retour. De Retornein.
RETORNAIRE, RETORNARE, A. M. retourner. De Retornein.
RETORNEIN, retourner. B.
RETRED, retraite. B. De là ce mot.
RETREDES, RETRICES, A. M. canal ou conduit d'eau. De Ret, Red.
RETT, indispensablement. B. Voyez Ret.
RETTOURNAR, retourner. B. De là ce mot. De là l'Italien Ritornare, l'Anglois Retourne, retourner.
REU, gelée. B. Rou en Brésilien, froid.

REVADAR, rameur. C.
REVADUR, engourdiſſement cauſé par le froid. B.
REVAITTE, altier. B.
REVANCH, revanche. B. De là ce mot.
REUCHIN, hériſſé, couvert de pointes. B.
REUD, fixe, immobile, roide, infléxible, à plomb, mort adjectivement. B. *Entœuſſi* en vieux François, endurci. Voyez *Reut*, qui eſt le même mot que *Reud*. Voyez encore *Reus*.
REUDAMANT, roidement. B.
REUEIN, enrouer. B.
REVENN, gelée. B.
REVERSY, REVERZI, REFERZI, grande marée; *Reverzi Bras*, grande marée de l'équinoxe; plurier *Reverzion* & *Reverziou-Bras*. B. On appelle en haute Bretagne & en Normandie *Reverdie* une grande marée. En Patois de Franche-Comté on appelle *Reverdie* un accident extraordinaire auquel on n'avoit pas lieu de s'attendre. Voyez *Rhyferthwi*.
REUET, rauque, enroué. B.
REVEZET, trop gros, trop épais, trop enflé. B. *Re*, trop.
REUFR, cul. B.
REUG, déchirure, accroc. B.
REUGA, rompre par lambeaux. B. Voyez *Rhwyg*.
REUGAICH, coaſſement. B.
REVI, geler. B.
REUIFF, rêver. B. De là ce mot.
REVIL, excès de léſine. B.
REVINA, ruiner. B. De là le Latin *Ruina*, l'Italien *Rovina*, le Croatien *Ruina*, l'Anglois & le François *Ruine*. Voyez *Rhevin*.
REUL, REULENN, régle. B. Voyez *Reol*.
REUN, crin des bêtes, leur grand poil, tel que le crin des chevaux, des queues de bœufs, vaches & boucs; *Reun-Moch*, ſoie de pourceau; ſingulier *Reunen*, ſoie, un ſeul crin. *Sahe Reun* eſt une robe de crin, un cilice; *Reun* ſe met auſſi tout ſeul pour cilice : De là vient le poſſeſſif *Reunec*, velu, qui a du poil, qui a de grands poils : C'eſt ainſi que Dom Le Pelletier explique ce mot. Le Pere de Roſtrenen met *Reun*, crin, poil de bête, ſoie de pourceau, bourré de bourre ou autre choſe; plurier *Reunau*. B. *Rhawn* en Gallois, ſoie des animaux, longs poils durs & rudes des animaux; *Roin* en Irlandois, crin coupé ou arraché. De *Reunan* eſt venu le mot *Rhano*, que Varron, *l. 4* de la Langue Latine, dit être un terme Gaulois, & que Saint Iſidore explique ainſi : « Le » *Rhewon* eſt une couverture des épaules & de la » poitrine juſqu'au nombril, faite d'un tiſſu de » crin ou de poil des animaux : *Rhenones ſunt velamina humerorum & pectoris uſque ad umbilicum, atque intortis villis adeò hiſpida ut imbres reſpuant*. *Runa*, toiſon en Stirien & en Carniolois; *Reoń* en ancien Saxon eſt une couverture de lit.
REUN, marais. B. On appelle à Loray, village de Franche-Comté, une mare *la Reune*.
REUNIC, REUNICL; plurier *Reunighet*, *Reuniclet*; loup marin animal quadrupede, velu, & ne vivant que de poiſſon : Cet animal a le poil fort court & rude comme du crin coupé de près. On donne auſſi ce nom à des bêtes marines de même figure & auſſi velues; mais de la grandeur d'une vache, que les François appellent *bœufs marins*. B. Voyez le premier *Reun*.
REVOLT, révolte, déſobéiſſance, ſédition. B. Ce mot eſt formé de *Re Vol*. Voyez *Rebell*. De là notre mot *Révolte*.

REVOLTET, déſobéiſſant. B.
REVR, REOR, REWR, le fondement, l'anus, le cul, la ſortie des gros excrémens. B. Voyez *Rhefr*.
REUS, ſuccès, réuſſite. B. De là nos mots *Réuſſir*, *Réuſſite*.
REUS, bruit, tumulte, trouble, tracas, miſére, malheur. B. Le Latin *Reus* peut très-bien venir de là. Le Peuple de Normandie ſe ſert du mot de *Reux* pour dire qui eſt ſans pouvoir répliquer, qui ne ſçait plus que penſer ni que dire, & qui eſt ce que les écoliers appellent dans les claſſes *Victus*. J'y ſuis *Reux*, il eſt *Reux*. Faire *Reus*, dit Bellingen dans l'étymologie des Proverbes, *p. 179*, c'eſt rendre honteux & confus, fermer la bouche. Voyez *Reud*.
REUS, refuſer, éconduire. B. On a dit *Refus* comme *Reus*, ainſi qu'on le voit par *Refuſein*, *Refuſi*. Le *b* & l'*ſ* ſe mettant l'un pour l'autre, on a dit *Rebus* comme *Refus*, ainſi qu'on le voit par *Rebous*, qui en vieux François ſignifioit revêche, & par nos mots François *Rebut*, *Rebuter*. Voyez *Rhus*.
REUSA, RUSA, gliſſer, courir ſur la glace : Il ſignifie auſſi ramper, en prépoſant le pronom perſonnel. Il a encore la ſignification de *Rziga* : *Reuſat*, ſingulier *Reuſaden*, gliſſade. B.
REUSEUDIC, miſérable. B.
REUSEUDIGUEZ, malheur. B.
REUSEULEN eſt le ſingulier de *Reuſeul*, éminence, colline, bute, petite montagne, terrein élevé, banc de ſable qui eſt ſous l'eau. B. Voyez *Rhos*.
REUSI, refuſer, récuſer. B. Voyez *Reus*.
REUSSISA, réuſſir. B. Voyez *Reus*.
REUSTL, embarras, obſtacle. B.
REUSTLA, déranger, brouiller. B.
REUSTLOU, embarras, affaires, dettes. B.
REUT, roide, non pliant, rond à force d'être plein, comme un ſac bien rempli, un homme trop gras, qui a de la peine à ſe plier. B. Voyez *Reud*, qui eſt le même mot.
REW, REO, gelée, roſée glacée, gelée blanche; *Ivin-Rew*, onglée, froid extrême du bout des doigts & grande douleur lorſque la chaleur du feu les réchauffe; *Rewa*, *Rewi*, *Riwa*, geler, glacer, avoir ou être froid; participe paſſif *Rewet*, *Rivet*, *Rivet*, gelé; diminutif *Riwidic*, frilleux, ſenſible au froid, qui paroit glacé dès qu'il ſent le moindre froid. B. Voyez *Rhew*.
REVYER, rameur. B.
REUZ, malheur, calamité, accident fâcheux : Ce mot ſe prend auſſi adjectivement pour malheureux, fâcheux; *Reuzudic*, malheureux, infortuné; *Reuzudighez*, malheur, infortune, l'état d'un malheureux. B. Voyez *Reus*.
REUZN, marais. B. Voyez *Reun*.
REY, Roi. B. Voyez *Rhag*.
REYDH, REYGH, ouvert, plat, uni. I.
REZ, loi. B. C'eſt le ſynonime de *Reis*, *Reiz*, dont il a par conſéquent toutes les ſignifications.
REZ, bord, rez. B. De là ce dernier mot.
REZ, repos. B. Voyez *Res*.
REZ, ras. B. Voyez *Rai*.
REZEL Greſſet, lampe de nuit. B. Voyez *Creuzell*.
REZEN, rebord de muraille, corniche. B.
REZEUN, rênes. B.
REZN, regne, régner. B. Voyez *Ren*, *Reen*.
REZZEIN, écrouler. B.
RHA, prépoſition explétive. Voyez *Rhagweis*.
RHABIRE, providence, action de pourvoir. G. *Rhag*.

Rhag, avant; *Byre* pour *Mire*, voir. Voyez *Mir*.
R H A G, le même que *Rhag* adverbe. G.
R H A C D R E F, fauxbourg. G. A la lettre, avant ville.
R H A C G N O, le même que *Cynger*, suivant Powell. Il signifie plutôt, dit Davies, préméditation, action de mâcher auparavant, action de remâcher ce qu'on a avalé. G. *Rhag Cnoi*. Davies.
R H A C L Y D, providence. G.
R H A D, grace, bénédiction, gratuit, gratuitement, ce qui vient gratuitement, ce qui n'est pas cher, action de graces. G.
R H A D-P E N L L A D, la plus grande grace, le plus grand bienfait. G. A la lettre, grace principale grace.
R H A D F A W R, favori, favorisé, agréable. G.
R H A D L A W N, R H A D L O N, gracieux, doux, débonnaire, bon, tendre, civil, poli, qui a de bonnes manières, des manières aimables, affable, honnête, obligeant, favori, favorisé, agréable. G. *Rhad Llawn*.
R H A D N, division, partage. C. Voyez *Rann*.
R H A D R H O D D I, donner. G. *Rhoddio*.
R H A F F, corde, cordage; *Rhaff-Angor*, cable, cordage, amarre. G. *Roupe* en Anglois; *Rape* en ancien Saxon, corde; *Reisa* en Théuton & en Islandois, lien.
R H A F F W R, cordier. G.
R H A G, R H E G, de, du, des prépositions, de la part, de par, conjonction qui fait défense, au prix, en comparaison de, devant, en présence, avant, contre, envers, près, proche, en place d'un autre, pour un autre, par. G.
R H A G, R H E G, sur, dessus, par-dessus, plus que, davantage, très marque du superlatif. G. Il signifie aussi parfaitement dans cette Langue. Voyez *Rhagcarthu*. *Rag* en Langue de Cornouaille, au-dessus.
R H A G, R H I G, Roi; plurier *Rhagon*. *Re*, *Ri*, *Ro*, *Rhwy*, (prononcez *Rhoy*) *Rhy*, Roi. G. *Rwy* en Langue de Cornouaille, Roi; *Re* en Écossois, Roi; *Roag*, *Rig*, *Rog*, *Rhog*, Roi en Irlandois; *Rey*, *Ri*, *Rio*, *Ris*, *Roe*, *Rone*, Roi en Breton; *Regn*, royaume, & *Regeni*, gouverner dans la même Langue; *Reguea*, Roi en Basque; *Reck*, Roi en ancien Suédois, selon Rudbeck; *Reg* en Albanois, Roi; *Reiks* en Gothique, Prince, Roi; *Reich* en Allemand, Seigneur, Prince; *Rica* en ancien Saxon; *Ricke* en Lithuanien, Seigneur; *Rekis*, *Reykies*, *Rykies*, *Rickis* en Prussien, Seigneur; *Rex* en Latin; *Re* en Italien; *Rey* en Espagnol; *Roi* en François, Roi; *Ree* en ancien Égyptien & en Hébreu, Roi; *Rac* chez les Babyloniens, Roi; *Raijs*, *Reys*, Prince en Arabe & en Turc; *Raj* en Indien, Roi. Nos voyageurs disent *Raja*. Raja en Malabare, en Talenga, en Tamoulique, dans les Isles de Seilan & de Sumatra, Roi. *Rascha*, Roi en Malabare & en *Rajan*, Empereur dans la même Langue; *Ray* ou *Roy*, pere dans la Langue de Madagascar; *Reich* en Allemand; *Ryke* en ancien Saxon; *Ryck* en Flamand; *Riget* en Danois; *Regne* en Anglois & en François; *Regnum* en Latin, regne. *Regne* en Latin; *Regnare* en Italien; *Reynar* en Espagnol; *Régner* en François; *Regieren* en Allemand; *Rikeren* en Flamand; *Rike* en Islandois & en Runique; *Richian* en ancien Saxon; *Regne* en Anglois, régner. *Ricus* en ancien Suédois, selon Rudbeck, royaume; *Regard* en vieux François, Gouverneur, Régent. Voyez l'article précédent.
R H A G, petit. Voyez *Rhagddor* & *Rag*.

TOME II.

R H A G, couler. Voyez *Rhagial* & *Reg*.
R H A G, préposition superflue. Voyez *Rhageyhoeddi*, *Rhagadaranu*.
R H A G, le même que *Rheg*, *Rhig*, *Rhog*, *Rhug*. Voyez *Bal*.
R H A G-B R O N, devant, en présence, aux yeux. G.
R H A G-C A N F O D, prévoir. G.
R H A G-E G O R I, étendre devant, tendre au-devant. G.
R H A G A C H U B, préoccuper, prévenir, prendre une place le premier, se saisir auparavant, se saisir par avance, intercepter, surprendre, préoccupation. G.
R H A G A C H U B I A D, préoccupation, prévention, anticipation. G.
R H A G A D D F E D, mûr avant le temps. G.
R H A G A D D F E D U, faire mûrir prématurément. G.
R H A G A D E I L A D U, bâtir devant ou auparavant. G.
R H A G A N F O N, envoyer devant. G.
R H A G A R C H W A E T H U, goûter avant. G.
R H A G A R F A E T H U, prédestiner. G.
R H A G A R G A N F O D, prévoir. G.
R H A G A R L W Y, apprêt, préparatif. G.
R H A G A R L W Y O, faire des préparatifs. G.
R H A G A R O G L I, avoir des pressentimens. G. *Arogli*.
R H A G A R W A I N, conduire ou mener devant. G.
R H A G A R W Y D D O C A U, signifier, faire connoître auparavant, donner des signes auparavant. G.
R H A G A S, A. M. coupure, briture. De *Rag*.
R H A G B A R O T T O I, faire des préparatifs. G.
R H A G B R A W F, prélude, essai avant de commencer, action d'éprouver, d'essayer auparavant. G.
R H A G B R O F I, essayer, essayer auparavant, goûter le premier. G.
R H A G B R O N, en présence, devant. G.
R H A G B R Y N U, acheter d'avance. G. *Prynn*.
R H A G B R Y N W R, marchand de bled ou autres denrées qui en fait amas pour les garder jusqu'à ce que l'occasion se présente de les vendre chérement. G.
R H A G B W Y S O, peser avant, examiner auparavant. G.
R H A G C A D W, préserver. G.
R H A G C A N F O D, prévoir. G.
R H A G C A R T H U, nettoyer parfaitement. G. *Carthu*, nettoyer.
R H A G C A U, enfermer devant. G.
R H A G C E I N I A D, qui commence à chanter. G.
R H A G C H W A E T H U, goûter auparavant. G.
R H A G C H W A R A U, préluder. G.
R H A G C H W E G R, la mere de la belle-mere à l'égard du gendre ou de la bru. G.
R H A G C H W E G R W N, le pere du beau-pere à l'égard du gendre ou de la bru. G.
R H A G C H W Y S U, suer auparavant. G.
R H A G C L A D D U, enterrer auparavant. G.
R H A G C N E I F I O, racler, raisser par-devant. G.
R H A G C N O I, mordre d'avance. G.
R H A G C O L E D D, engraisser un champ avant que de le labourer & de le semer. G.
R H A G C U D D I O, voiler auparavant. G.
R H A G C Y H O E D D I, proclamer à cri public. G.
R H A G C Y M M E R I A D, anticipation, avance, prise d'avance. G.
R H A G D A R A N U, tonner. G. *Taranu*.
R H A G D A R P A R, prédestination. G. C'est le même que *Rhagddarpar*.
R H A G D A R P A R U, préparer par avance. G.
R H A G D D A N F O N, donner ordre d'avance. G.
R H A G D D A N G O S, instruire d'avance, deviner ce qui doit arriver, modeler auparavant, ébaucher. G.
R H A G D D A N T, dent de devant. G.
R H A G D D A R B O D, prévoir, prévoyance. G.

H h h h

RHAGDDARPAR, prévoyance, apprêt, préparatif. G.
RHAGDDEALL, prescience, connoissance de ce qui doit arriver, avoir des pressentimens, apprendre auparavant. G.
RHAGDDELWI, modeler auparavant, ébaucher. G.
RHAGDDERBYNIAD, anticipation, avance, prise d'avance. G.
RHAGDDINAS, fauxbourg; Y Rhagddinas, les différentes maisons qui sont en divers endroits de la banlieue d'une ville. G. A la lettre, avant ville.
RHAGDDISGLEIRIO, faire briller comme un éclair. G.
RHAGDDODIAD, préposition. G.
RHAGDDOR, petite porte. G. Dor, porte; Rhag signifie donc ici petite. Voyez Rag.
RHAGDDRWS, parvis, vestibule. G.
RHAGDDWYN, porter devant. G.
RHAGDDYFOD, arriver devant. G.
RHAGDDYSGU, apprendre auparavant. G.
RHAGDDYWEDIAD, préface. G.
RHAGDDYWEDYD, prédire, pronostiquer, présager, dire l'avenir. G.
RHAGDEIMLO, manier ou toucher auparavant. G.
RHAGDERFYNU, prescrire, déterminer, marquer, limiter. G.
RHAGDEWYNIO, deviner ce qui doit arriver. G.
RHAGDOFI, dompter par avance. G.
RHAGDORRI, couper devant. G.
RHAGDRAETHAWD, préface. G.
RHAGDREULIO, piler, broyer, frotter auparavant, consumer auparavant. G.
RHAGDRWS, portique. G.
RHAGDRYCHU, couper, rogner par-devant. G.
RHAGDRYSTIO, tonner. G.
RHAGDUDD, le même que Rhagddynt, dit Davies, qui n'explique ni l'un ni l'autre de ces mots. Dudd en composition doit, suivant l'analogie de la Langue Galloise, être Tudd, terre; ainsi Rhagdudd doit signifier la terre, le sol qui est avant. G.
RHAGDYNERU, amollir auparavant. G.
RHAGDYWEDIAD, prédiction. G.
RHAGDYWYLLU, ombrager le devant ou ombrager auparavant. G.
RHAGDYWYS, conduire ou mener devant. G.
RHAGEHEDEG, voler devant. G.
RHAGEILLIO, râcler, ratisser par-devant. G.
RHAGFARN, préjugé. G.
RHAGFARNU, porter un jugement par avance, former un préjugé, conjecturer, pressentir, prévoir, soupçonner avec quelque certitude. G. Rhag Barnu.
RHAGFEDDALHAU, amollir auparavant. G.
RHAGFEDDIANU, se saisir par avance. G.
RHAGFEDDYLIED, présumer, s'attendre à. G.
RHAGFEDDYLIO, préméditer, méditer d'avance. G.
RHAGFEDI, moissonner d'avance. G. Medi.
RHAGFERF, adverbe. G.
RHAGFERWI, cuire auparavant. G. Berwi.
RHAGFESURO, mesurer d'avance. G. Mesuro.
RHAGFFURFIO, former par avance, ébaucher. G.
RHAGFLAENOR, qui précède, qui marche devant quelqu'un pour lui faire faire place. G.
RHAGFLAENU, devancer, précéder, aller devant, gagner les devants, s'emparer, se saisir par avance ou auparavant, prendre d'avance, occuper le premier, arriver devant, passer devant, anticiper, faire ou prendre par avance, prévenir, préoccuper, surpasser, exceller. G.

RHAGFLAENWR, qui précède. G.
RHAGFLASU, goûter auparavant. G. Blasu.
RHAGFLINO, fatiguer d'avance, lasser par avance. G.
RHAGFLODEUO, fleurir avant. G.
RHAGFOEL, chauve par-devant. G. Moel.
RHAGFREINIOL, qui a une prérogative. G.
RHAGFUR, avant-mur, appui, soutien, forteresse. G. Mur.
RHAGFURIAD, pressentiment de ce qui doit arriver. G.
RHAGFWRW, jetter devant. G.
RHAGFYFYRIO, préméditer, penser par avance. G.
RHAGFYNEGI, instruire d'avance. G.
RHAGFYNEGOL, qui annonce par avance. G.
RHAGFYRR, mois de décembre, comme qui diroit très-court, ou mois qui a des jours très-courts. Davies.
RHAGGYNTEDD, vestibule ou place devant une maison. G.
RHAGHAU, semer devant ou auparavant. G.
RHAGLAFURIO, travailler beaucoup. G.
RHAGLAW, Préteur, Prévôt, Intendant, Commandant, Président, Sénéchal, Préfet, Préposé, Substitué, Secrétaire, Écrivain, Copiste. G. Rhag Law. Davies.
RHAGLAWIAETH, préfecture, gouvernement, intendance, commission. G.
RHAGLEFAIN, proclamer à cri public. G.
RHAGLEFFIAN, lécher le premier, lécher d'avance. G.
RHAGLEWYCHU, briller, reluire en devant, faire briller comme un éclair. G.
RHAGLIFEIRIO, couler devant. G.
RHAGLITH, introduction, préface, explication de ce qu'on enseigne, leçon qu'on explique, action de préposer quelqu'un. G. Rhag Llith. Davies.
RHAGLONYDDU, dompter par avance. G.
RHAGLUMMANWR, soldat qui est à la garde de l'étendard ou du drapeau, qui marche devant pour le défendre. G.
RHAGLUNIAETH, prévoyance, prédestination. G.
RHAGLUNIAETHU, prédestiner, prescrire, marquer, déterminer, limiter. G.
RHAGLUNIEDIG, préparé auparavant. G.
RHAGLUNIO, former par avance, ébaucher. G.
RHAGLWYBR, introduction. G.
RHAGLWYBRO, préparer, faire le chemin auparavant. G.
RHAGLYFU, lécher le premier, lécher d'avance. G.
RHAGLYGRU, corrompre par avance. G.
RHAGLYMM, fort aigu. G.
RHAGLYMMU, aiguiser beaucoup. G.
RHAGLYWIAW, régler d'avance. G.
RHAGLYWIAWDR, qui préside, qui commande. G.
RHAGNEIDIO, RHAGNEITIO, sauter avant. G.
RHAGNODI, marquer en tête, faire une remarque auparavant, cotter, marquer. G.
RHAGNOFIO, nager devant. G.
RHAGOD, empêcher, retarder, arrêter, retenir, lier, attacher, s'arrêter ou s'amuser en chemin, aller au-devant, empêchement, embûches, embuscades; Rhagod Ffyrdd, s'emparer, se saisir par avance des chemins, tenir les chemins investis. G.
RHAGODION, retardemens. G.
RHAGODWR, qui est en embuscades, qui tend des embûches. G.
RHAGOFNI, craindre d'avance. G.

RHAGOLCHI, laver parfaitement. G.
RHAGOLEUO, reluire fort, briller par devant. G.
RHAGOR, prééminence, différence. G.
RHAGORACH, excellent, éminent. G.
RHAGORAF, premier, principal. G.
RHAGORDEINIO, ranger d'avance, régler, fixer par avance, prédestiner. G.
RHAGORDINHAAD, disposition faite par avance, prédestination. G.
RHAGORFRAINT, prérogative, privilége, majesté. G.
RHAGORGAMP, victoire remportée dans les cinq exercices de la lutte, du saut de la course, du pugilat & du jet du disque, excellence, élévation, prééminence, action de vertu, pleine de droiture. G.
RHAGORI, avoir le dessus, être au-dessus, surpasser, exceller, précéder. G.
RHAGORIAETH, prééminence, différence. G.
RHAGORNEST, escarmouche, commencement de combat. G.
RHAGOROL, principal, excellent, noble, avantageux, divin, excellemment. G.
RHAGORWEDD, être étendu, couché devant. G.
RHAGORYMDDAITH, se promener de côté & d'autre. G.
RHAGOSOD, marquer, régler par avance, prédestiner, prédestination. G.
RHAGOSODIAD, préposition. G.
RHAGOSTEGWR, crieur public. G.
RHAGRE, ouvrage fait en forme de canal, de gouttière, extrémité d'un toit qui avance pour jetter l'eau de la pluie loin du pied de la muraille. G. De *Rhag Rho*. Davies.
RHAGREDED, courir devant. G.
RHAGREDWR, précurseur. G.
RHAGRITH, dissimulation, déguisement, feinte, faux semblant, hypocrite. G.
RHAGRITHIO, feindre, dissimuler, déguiser, faire semblant. G.
RHAGRITHIWR, qui déguise, qui feint, qui dissimule, hypocrite. G.
RHAGRWYMO, lier par devant. G.
RHAGRYBUDD, averti auparavant. G.
RHAGRYBUDDIO, avertir auparavant. G.
RHAGSEFYLL, être devant. G.
RHAGSWYDDOG, mis à la place, qui remplit la place d'un autre. G.
RHAGSYNIED, avoir des pressentimens. G.
RHAGTAL, le même que *Rhagre*. G.
RHAGTER, résistance. G.
RHAGTO, balcon couvert, galerie couverte qui règne devant un bâtiment. G.
RHAGTREF. Y RHAGTREF, les différentes maisons qui sont en divers endroits de la banlieue d'une ville. G.
RHAGTY, vestibule. G.
RHAGU, contredire, nier. G.
RHAGWAHAADD, défendre auparavant. G.
RHAGWANHAU, fatiguer d'avance, lasser par avance. G.
RHAGWANT, distinction faite auparavant. G.
RHAGWARAFUN, défendre auparavant. G.
RHAGWARHAU, dompter par avance. G.
RHAGWAS, ministre, serviteur. G.
RHAGWAS, marque, note. G.
RHAGWASGODI, ombrager le devant ou auparavant. G.
RHAGWEIS, serviteurs, serviteur. G. Voyez *Rhagwas* dont *Rhagweis* est régulièrement le pluriel.

RHAGWELED, prévoir. G.
RHAGWELEDIAD, RHAGWELIAD, prévoyance, action de prévoir. G.
RHAGWELLEIFIO, tondre auparavant. G.
RHAGWILIO, faire sentinelle la nuit. G.
RHAGWNIO, coudre par devant. G.
RHAGWRTEITHIO, apprêter, préparer. G.
RHAGWYBEDYDD, pronostiqueur. G.
RHAGWYBOD, sçavoir auparavant, connoître par avance, avoir des pressentimens, pronostic. G.
RHAGWYBODAETH, prescience, connoissance de ce qui doit arriver. G.
RHAGWYNEB, en présence. G.
RHAGWYS, avis donné par avance. G. *Rhag Gwys*.
RHAGYFED, boire le premier. G.
RHAGYMADRODD, préface, prologue, parler avant, dire par avance. G.
RHAGYMDRECH, escarmouche, commencement de combat. G.
RHAGYMEGNIO, faire des préparatifs. G.
RHAGYSGRIFEN, ce qui est écrit sur le devant. G.
RHAGYSGRIFENNU, écrire devant. G.
RHAGYSTAFELL, antichambre. G.
RHAGYSTYRIED, examiner auparavant, peser avant, prévoir. G.
RHAI, plusieurs, quelqu'uns, le même que *Rhi*. G. *Rain* en vieux François, troupe. Voyez *Re*.
RHAI, en partie. G.
RHAIA. Voyez *Rhaiadr*.
RHAIADR, cataracte, lieu escarpé ou tellement en pente dans le lit d'un fleuve que l'eau y tombe plutôt qu'elle n'y coule, source d'eau. G. Ce mot paroit formé de *Ter*, en composition *Der*, & par crase *Dr*, impétueux, & de *Raia*, qui aura signifié écoulement, coulant. Voyez *Rhedeg*. *Raier* en vieux François, couler.
RHAIADRU, couler avec impétuosité. G.
RHAIB, penchant à dérober, inclination à prendre, à voler, avidité de manger, fascination, charme, ensorcellement. G. *Rob* en Breton, proie, butin, dépouilles; *Arrapa* en Basque, rapine; *Raub* en Allemand, vol, pillage, rapine; *Robo* en Espagnol; *Rob* en Croatien, *Rubberia* en Italien, rapine; *Rafen* en ancien Saxon, rapine; *Raub*, *Ruf* dans les anciennes Loix de Scanie, action de dépouiller; *Rauben* en Allemand, ravir, piller, voler; *Raffuen* en Danois, voler; *Birauban* en Gothique, dépouiller; (*Bi* paragogique) *Reafian*, *Bereafian*, ravir, piller, dépouiller en ancien Saxon; *Raubare* dans la Loi Salique, enlever par force; *Rooven* en Flamand; *Rob* en Anglois; *Rofwa* en Suédois; *Reffare* en Latin barbare; *Robar* en Espagnol; *Robber* en vieux François; (il est encore en usage en quelques Provinces du Royaume) *Dérober* en François moderne; *Rabu* en Sorabe; *Rubbare*, *Rubare* en Italien, voler, ravir; *Rab* en Hébreu, piller, ravager; *Raphas* en Arabe, enlever; *Rubaden* en Persan, ravir; *Robiti* en Dalmatien, piller, ravager; *Rauber* en Allemand, voleur; *Roffuer* en Danois; *Rasbornik* en Esclavon, pillard, voleur; *Ravenous* en Anglois, ravisseur. Voyez *Rap*, *Rheibus*, *Rheipus*, *Roba*, *Robail*.
RHAICH. Voyez *Rich*.
RHAID, nécessaire, qu'il faut, nécessité, besoin; *Rhaid Yw*, il faut, il est nécessaire. G. Voyez *Red*.
RHAIDD, lance. G.
RHAIN, le même que *Torslain*. G.
RHAIN, le même que *Rhedeg*. Voyez *Canrhain*.

RHAITH, droit adjectif. G.
RHAITH, jurement, serment. G.
RHAMMANT, auspice, présage. G.
RHAMMANTA, prendre les auspices, rechercher les présages, G.
RHAN. Voyez Pe-Rhon.
RHAN, le même que Rhen, Rhin, Rhon, Rhun, Rhyn. Voyez Bal. On appelle à Besançon un petit côteau, un ranchot. (Cho, petit) A Boussière, village de Franche-Comté, on appelle Ran un côteau, une petite élévation.
RHANDIR, champ, terre labourable, héritage, fonds de terre, domaine, portion héréditaire, portion qu'on a dans une hérédité, sort qui se tire. G. Voyez Ran, Tir.
RHANDWY, portion, part. G.
RHANN, part, portion, morceau. G. B. Voyez Ran, Rann.
RHANWEDIG, simple, qui n'est pas doublé, particulier. G.
RHANNEDIGAETH, division, partage. G.
RHANNIAD, division, partage, action de faire les parts, distribution. G.
RHANNOG, participant, qui a part, associé, compagnon. G.
RHANNU, partager, diviser, distribuer. G. B.
RHANNWR, qui partage. G.
RHAPHIUS, nom que, selon Pline, l. 8. c. 19, 22, les Gaulois donnoient au loup cervier. De Rhaib ou Rhaip, voracité.
RHASGL, râcloir, iâcloire, ratissoire. G. On dit Racle en Franche-Comté.
RHASGLIAD, action de racler. G.
RHASGLIEDIG, limé, poli. G.
RHASGLIO, racler, ratisser, gratter, limer. G.
RHASGLION, râclure, ratissure, limaille, rognure. G.
RHASGLWR, qui râcle, qui ratisse. G.
RHASTAL, crèche, mangeoire. G. De là Ratelier.
RHAT, course, chemin. G. Voyez Red.
RHATU, gratter, froter, faire une friction. G. On a pu dire Grhatu comme Rhatu. (Voyez Aru.) De là notre mot Gratter, l'Italien Grattare, l'Anglois Serath.
RHAW, bêche, hoyau, marre. G. Haw en Allemand; Hauwen en Flamand, hoyau.
RHAW, pieu, pilotis, échalas. G.
RHAWCH, le même que Rhaw. G.
RHAWD, RHAWTER, RHOWTER, troupe, multitude, bande de soldats. G. Ruta, troupe, foule, troupeau en Irlandois; Rotts en Allemand; Rot en Flamand; Rout en Anglois; Routa en Grec vulgaire; Routa, Ruta, Rotta, Rupta en Latin barbare, bande de soldats, troupe de soldats; Rotte en Allemand; Rota en Sorabe, faction, troupe de séditieux; Cruth en ancien Saxon; Croud en Anglois, troupe nombreuse; Caroda en Sorabe, troupe; Frotta en Italien, troupe de soldats; Rotten en Allemand, s'assembler, se mettre en troupe; Routs, Rotta en vieux François, troupe, & Arouter, mettre en troupe. De là nos mots François Déroute, Dérouter, De Rhawd, Rhawter est venu notre mot François Roturier, comme qui diroit homme de la multitude. Voyez Ruptarii.
RHAWN, soie des animaux, longs poils durs & rudes des animaux, queue d'animal; singulier Rhowvyn. G. Voyez Reun.
RHAWN T MARCH, queue de cheval, prêle. G.
RHAWTER. Voyez Rhawd.

RHAWTH, gourmand, avide. G.
RHE, abondance, abondant. Voyez Rhefedd, Rhensedd. Voyez encore Re.
RHE, syncope de Rhwym. Voyez Penrhe.
RHE, Voyez Rhedeg.
RHEA, Dame. B. Voyez Rhebydd.
RHEAWDR. Davies n'explique pas ce mot. Il se contente de renvoyer à Rhedeg.
RHEBYDD, Seigneur, Prince. G. Voyez Rhea.
RHEC, pet. G.
RECHAIN, peter. G.
RHED, nécessaire. Voyez Anrhed & Rhaid.
RHED, qui court. G. Voyez Blaenrhed.
RHEDA, espèce de voiture ou de char Gaulois, Quintilien, l. 1, c. 5, nous a conservé ce mot: Plurima Gallica (il faut sous-entendre verba) ac Petoritum, quorum altero Cicero, tamen altero Horatius utitur. Fortunat, l. 3, poëme 20, nous apprend que la Rheda étoit une voiture légère & vîte:

*Curriculi genus est, memorat quod Gallia Rhedam
Molliter incedens orbita sulcat humum.
Exiliunt duplici bijugo volat axe citato,
Atque movet rapidas juncta quadriga rotas.*

Ce mot vient de Red, qui en Breton signifie course. Rhedeg, courir, aller vîte en Breton & en Gallois. Rad en Allemand; Reii en Théuton; Reid en Islandois; Redion en Grec vulgaire; Rhadam en Talenga, char.
RHEDEC, courir, aller vîte, G. B. couler. B. Voyez Red.
RHEDEDOG, fluide. G.
RHEDEG, courir, G. B. couler. G. La racine de ce mot, dit Davies, paroit être Rhe, d'où viennent les termes de Dyre & Chware. Pour le prouver il apporte cette phrase Galloise: Eiddil Hen Hwyr Yd Re, que je traduis ainsi: Un vieillard grèle est tardif à la course. Il ajoute que de la même source vient Rheawdr, qui par conséquent signifie course ou écoulement.
RHEDEG-DROFODD, sourdre, G.
RHEDEG-FARCH, cheval de poste. G.
RHEDEGFAIN, courir çà & là, aller & venir en hâte, courir souvent. G. Rhedeg Fain.
RHEDEGOG, qui court, fluide. G.
RHEDEGWR, coureur, courier. G.
RHEDEN, fougére. C. Voyez Rhedyn, Radns, Raith, Rathain.
RHEDEN, courir, aller vîte, couler. B.
RHEDFA, course, cours, lieu où se faisoient les exercices de la course. G.
RHEDIAD, course, flux, débordement, écoulement, cours ou flux de ventre. G.
RHEDING, confluent. G.
RHEDOG, courir vîte. G.
RHEDWELI, grandes veines jugulaires, artére, canal des animaux. G.
RHEDWR, coureur, courier. G.
RHEDYN, fougére, crête de coq; singulier Rhedynen. G. B. Voyez Rheden.
RHEDYN-MAIR, fougére mâle. G.
RHEDYN-Y-CADNO, fougére mâle. G.
RHEDYN Y DERW, polypode plante semblable à la fougére, qui croit parmi la mousse des vieux chênes. G.
RHEDYN T FAGWYR, scolopendre. G.
RHEDYNDAI, loges, cabanes, hutes. G.
RHEDYNDIR, fougeraie. G.
RHEDYNEG, fougeraie lieu plein de fougéres. G.
RHEDYNEN. Voyez Rhedyn.

RHEDYNEN

RHEDYNEN, chaume, paille, épine. G.
RHEDYNLLWYN, fougeraie. G.
RHEDYNOS, fougeraie. G.
RHEE, Dame. B.
RHEER, allant. G.
RHEF, gros, gras, épais, grand. G.
RHEFAWG, corde, cordage, lien, chaîne. G.
RHEFED, grosseur, épaisseur, graisse, grandeur. G.
RHEFEDD, richesses, abondance de biens. G. Je crois ce mot formé de *Re*, qui encore en Breton signifie trop, excès, beaucoup, & *Fedd* de *Medd*, de *Mad*.
RHEFFYN, petite corde, ficelle, corde, licou, muselière, chevêtre. G. *Rh.iff* ; *Yn* diminutif.
RHEFFYNU, emmuseler, enchevêtrer. G.
RHEFFYNWR, cordier. G.
RHEFLOG. Ils disent que ce mot est le même que *Digondeb* & *Ysbail* : Ce sont les paroles de Davies, qui n'explique aucun de ces termes. *Digon* signifie assez ; & en le confrontant avec *Digonol*, qui en est formé, on voit qu'il signifie abondant ; *Digondeb* doit donc être le même que *Digonoldeb*, qui signifie abondance : D'ailleurs on a montré sur *Rhefedd* que *Rhe* signifie abondance ; *Flwch*, dont *Flog* paroit être le féminin, signifie libéral, prodigue. *Ysbail* étant synonime à ces termes, doit pareillement signifier abondance. G.
RHEFN, ordre, rang. Voyez *Anrhefn*.
RHEFR, anus, cul, colon gras boyau. G. Voyez *Refr*.
RHEFRSANG, suppositoire. G.
RHEFRWM, par corruption pour *Rhefr-Rwyn*, lieu du boyau gras. G.
RHEFRWTH, suppositoire. G.
RAEG, don, présent, étrennes. G.
RHEG, blasphême, imprécation, exécration. G.
RHEG. Voyez *Rhag*.
RHEGAIN, parler bas à l'oreille, murmurer, parler tout bas. G. *Ragan* en Hébreu.
RHEGED, le même que *Rhedeg*. Voyez *Rhegedog*. C'est la transposition de *Rhedeg* : Les transpositions sont communes dans le Celtique.
RHEGEDOG, qui court. G. C'est une transposition de *Rhedegog*, par où on voit qu'on a dit *Rheged* comme *Rhedeg*.
RHEGEN, caille. G.
RHEGU, blasphêmer, faire des imprécations, des exécrations. G.
RHEIBIO, fasciner, charmer, ensorceler. G. *Rhaib*.
RHEIBUS, ravisseur, pillard, voleur. G.
RHEIDDIAWR, lancier. G. *Rhaidd Awr*.
RHEIDDUN. Voyez, dit Davies, si c'est le même que *Rhaidd*. L'analogie s'y trouve. G.
RHEIDIOL, nécessaire. G.
RHEIDUS, pauvre. G.
RHEIDUSDYN, mendiant. G.
RHEIDUSNI, pauvreté, indigence. G.
RHEIDWY, nécessité, ce qui est nécessaire. G. Voyez *Rhed*.
RHEIOL, Voyez *Rhial*.
RHEIPUS, ravisseur, ravissant, qui emporte. G. Voyez *Rhaib*.
RHEITH, droit adjectif. G. De là le Latin *Rectus*.
RHEITHWR, qui jure sur la foi d'autrui. G.
RHELYW, reste, reliques. G.
RHEM, particule augmentative. G. Voyez *Ram*.
RHEM, rhumatisme. B.
RHEM, le même que *Rham*, *Rhim*, *Rhom*, *Rhum*. Voyez *Bal*.
RHEMMWTH, gourmand, goinfre. G.

RHEMP, scéleratesse. G.
RHEN, particule augmentative, Seigneur, Gouverneur de Province. G. Voyez *Ren*.
RHEN, espèce de mesure. B.
RHEN, le même que *Rhan*, *Rhin*, *Rhon*, *Rhun*. Voyez *Bal*.
RHENG, RHENGC, rang, ordre de choses ou de personnes qui se suivent, file. G. Voyez *Ronc*.
RHENGCIO, mettre en ordre, mettre en rangs. G.
RHENGEN, bride. B.
RHENNAID, sorte de mesure. G.
RHENO. Voyez *Renn*.
RHENT, revenu, rente. B.
RHEOL, règle. G. B. *Rioghal* en Irlandois, règle. De là le Latin & le Hongrois *Regula*, l'Italien *Regola*, l'Espagnol *Regla*, le François *Régle* ; le *g* s'insèroit.
RHEOL, domination, pouvoir, autorité. G.
RHEOLAETH, domination, pouvoir, autorité, empire, principauté, préfecture, gouvernement, intendance, direction, magistrature, charge, ordonnance, arrangement, disposition, Province dont on a le domaine. G.
RHEOLI, dominer, commander, ordonner, gouverner, régir, régler. G.
RHEOLIG, petite règle. G.
RHEOLUS, régulier, tempéré, modéré. G.
RHEOLWR, Souverain, Roi, Prince, Préfet, Gouverneur, Intendant, Président, conducteur, modérateur. G.
RHEOLWYR, les Puissances, les grands Magistrats. G.
RHEOS, ordre de choses qui se suivent. G. Voyez *Reis*.
RHEBEL, crèche. G.
RHESINWYDD, groseille. G.
RHESTR, ordre de choses qui se suivent. G.
RHESTR Y LLYTHYRENNU, alphabet. G.
RHESTRI, toît, enduit dont on couvre une muraille. G.
RHESTROG, distribué. G.
RHESWM, raison, argument, raisonnement. G. *Raeson* en Breton, raison. De là le Latin *Ratio*, le François *Raison*, l'Anglois *Reason*, l'Espagnol *Razon*, le Polonois & le Bohémien *Rozum*, l'Italien *Ragione*, raison.
RHESWYDDEN, poutre. G.
RHESYMMEG, dialectique, logique. G.
RHESYMMOL, raisonnable. G.
RHESYMMU, argumenter. G.
RHESYN, charbon ardent. G.
RHETHR, RHETHREN, lance. G.
RHETHRAWR, lancier. G.
RHEU, abondance, abondant comme *Rhe*. Voyez *Rhefedd*, *Rheufedd*.
RHEUFEDD, RHEFEDD, richesses, abondance de biens. G. Voyez *Rhefedd*.
RHEVIN, ruine. B. Voyez *Rhewin*.
RHEW, gelée, gelée blanche. G. *Reiff* en Allemand ; *Raw Frost* en Anglois, gelée ; *Reiffen* en Allemand, faire froid. Voyez *Rew*.
RHEWEDIG, gelé. G.
RHEWI, geler, glacer, durcir. G. Voyez *Rew*.
RHEWI, avoir grand froid, geler. B. Voyez *Rew*.
RHEWIAD, gelée. G.
RHEWIN, colère, selon Llyn. Pour moi, dit Davies, je trouve toujours ce mot employé pour ruine dans les anciens exemplaires de Galfridi & dans les anciens Poëtes. G. Voyez *Rhevin*, *Revina*.
RHEWINIAW, ruiner. G.

RHEWLYD, de glace, glacial, gelé, couvert de gelée blanche, saisi de froid. G.
RHEWYD, lasciveté, lascif. G.
RHEWYDDU MAL ANIFEILIAD, bondir, sauter comme les animaux. G.
RHEVYN, ruine. B.
RHEY, Seigneur. B. Voyez *Rey*, *Rheys*.
RHEYDIS, pauvre. G.
RHEYS, Dame, Princesse. G. Voyez *Rhey*.
RHI, Roi, Seigneur, Baron, Grand de l'État, Gouverneur de Province, Noble; pluriel *Rhied*, *Rhiyd*. G. *Ris-Æt*, hauteur; *Rif 'I*, haut, élevé en Langue Tartare & Turque. *Ries* dans l'ancienne Langue Allemande signifie montagne, selon Loescher. *Riessa* en Suédois, lever, dresser en hauteur; *Ries*, *Rise* en Allemand; *Riso* en Théuton; *Risur* en Islandois, géant. On voit par là que *Rhi* a signifié hauteur, grandeur, tant au propre qu'au figuré. Voyez *Rhag*, *Ric*.
RHIAID, noble, généreux. G.
RHIAIN, vierge, jeune fille; pluriel *Rhianedd*. G.
RHIAL, à présent par corruption *Rhciol*, noble, généreux. G.
RHIALLU, légion, multitude, troupe de gens, dix fois le nombre de dix mille. G.
RHIAWDR, le même que *Rhi*. G.
RHICCIAN, bruit aigre, perçant, le même que *Rhinctian*, *Rhinge*. G.
RHID-GEIFR, chaleur des chevres. G.
RHIDELL, épine. G.
RHIDELS, plus communément *Rhidons*, frange, frange des tapis. G.
RHIDYLL, crible, tamis, fas, bluteau, van. G.
RHIDYLLIO, cribler, bluter. G.
RHIEDDAWG, noble, généreux. G.
RHIEIN-GERDD, vers propres à inspirer de l'amour. G.
RHIEIN-GYLCH, alternative, retour, tour des vierges. G. *Rhiain Cylch*.
RHIENI, prédécesseurs, aïeux, pere, mere, ancêtres, & quelquefois postérité, enfans, descendans. Examinez si c'est à propos qu'il est pris en ce dernier sens, dit Davies, apparemment frapé de voir le même terme signifier les deux contraires; mais ce Sçavant ne faisoit pas attention que dans le Gallois & dans toutes les anciennes Langues cela est très-commun. G.
RHIENIAIDD, virginal. G.
RHIF, membre; pluriel *Rhifedd*. G.
RHIF-LECH, pierre où l'on marque la dépense. G. On marque encore aujourd'hui dans les cabarets de Suisse la dépense sur une table d'ardoise avec de la craie.
RHIFADWY, qui peut être nombré. G.
RHIFED, RHIFEDI, nombre. G.
RHIFIAD, énumération, dénombrement, action de compter. G.
RHIFO, nombrer. G.
RHIFN'NT, couleur jaune, jaunisse. G.
RHIFWR, calculateur, arithméticien. G.
RHIG, ruisseau dans un dialecte du Gallois. G. Voyez *Reg*.
RHIG. Voyez *Rhag*.
RHIG, le même que *Rhag*, *Rheg*, *Rhog*, *Rhug*. Voyez *Bal*.
RHIGAL, noble, généreux. G.
RHIGOD, carcan. G.
RHIGOL, petite fosse, sillon, petit canal, ride. G. De là le Latin *Rigo*, l'Espagnol *Regar*; de là

notre mot François *Rigole*. *Rek* en Persan, veine. Voyez *Rigol*.
RHIGOLI, canneler, sillonner, creuser en petites fosses ou sillons. G.
RHIGOLOG, cannelé, sillonné, plein de rides. G.
RHIGWM, ordre de personnes ou de choses qui se suivent, file, rang. G.
RHILGYN, écorce. B.
RHILL, ordre, ordre de choses ou de personnes qui se suivent. G.
RHIMYN, rime. G. Voyez *Rim*.
RHIN, RHINN, colline, puissance, force, qualité, vertu, génie. G. Voyez *Rhen*, *Rhyn*.
RHIN, secret, mystére. G. *Rhyn*, mystére, hiéroglyphe, enchantement en Breton; *Run* en Irlandois, secret; *Runa* en Gothique & en Islandois; *Ruvo*, *Girvno* en Théuton; *Run*, *Rune*, *Geryne* en ancien Saxon; *Rune* en Allemand, secret, mystére. *Alrune* étoit le nom que les Goths donnoient en leur Langue aux magiciennes, selon Jornandés, c. 24. Olaus dit qu'en Runique on appelloit *Alrunen* les hommes ou femmes qui exerçoient la magie dans les cours des Princes.
RHIN, coutume. G.
RHIN, le même que *Rhan*, *Rhen*, *Rhon*, *Rhun*. Voyez *Bal*.
RHINCIAN, rendre un son aigu comme celui des métaux qu'on fait sonner. G.
RHINDDA, force, puissance. G.
RHINGC, RHINGCYN, bruit aigre, perçant, briser, froisser, casser. G.
RHINGYLL, crieur public, huissier, sergent, porte-masse, massier, bedeau, licteur, garde d'un Prince, collecteur des impôts. G.
RHINGYLLAETH, cri public. G.
RHINIA, enchantemens, peut-être ainsi nommés, dit Davies, parce qu'ils se font en secret. G. *Rhin*.
RHINIOG, HINIOG, seuil d'une porte. G.
RHINTACH, dentelé. G.
RHINWEDD, efficace, force, vertu, valeur, courage. G.
RHINWEDDAWL, RHINWEDDOL, de probité, civil, poli, affable, honnête, obligeant, doux, débonnaire. G.
RHIOL, royal. G.
RHIOLTY, festin somptueux. G. *Riot* en Anglois, festin. De là le terme populaire *faire la riole* pour faire grande chere.
RHISG, singulier *Rhisgyn*, écorce. G. *Risk*, coffre de cuir en Phrygien. Le cuir est à l'animal ce que l'écorce est à l'arbre. Voyez *Rusgan*, *Rusk*, *Rusca*.
RHISGLAFF, tomber. G.
RHISGLOG, qui a beaucoup d'écorce. G.
RHISGLYN; pluriel *Rhisgl*, écorce. G. B.
RHISGOG, qui a beaucoup d'écorce. G.
RHISTILLIO, étriller. G. *Rhistyll*.
RHISTYLL, étrille. G.
RHIT, rouge. G.
RHIT, particule négative. G.
RHITH, sexe. G.
RHITH, ombre, couvert. G.
RHITH, espèce, sorte, forme, figure, apparence, représentation, image, idée, représentation à l'esprit, prétexte, excuse. G.
RHITH, avoir une certaine espèce, une certaine forme, une certaine apparence. G.
RHITHIOL, qui se transforme, qui change de forme. G.
RHITIAD, falsification. G.

RHI.

R H I U, ruiſſeau. G. De là l'Italien *Rio*, ruiſſeau, l'Eſpagnol *Rio*, rivière. *Ru*, *Reu*, *Rieu* en vieux François, ruiſſeau; le premier eſt encore en uſage dans le Patois de Franche-Comté. *Riou*, ruiſſeau en Dauphinois; *Rian*, ruiſſeau en Patois du Pays de Vaud. Voyez *Ri*, *Rhiw*, *Rioleenn*, *Riv*.

R H I W, fleuve, rivière, ruiſſeau. G. De là le Latin *Rivus*, l'Italien *Rivo*, *Rewan* en Turc, écouler. Voyez *Rhin*, *River*.

R H I W, montagne, penchant, qui va en pente. G.

R H I V U N, quelqu'un. G.

R H I Y D, Roi. G.

R H O, rivière. G.

R H O, donner à la ſeconde perſonne du ſingulier de l'impératif. G.

R H O, le même que *Rha*, *Rhe*, *Rhi*, *Rhu*, *Rhy*. Voyez *Bal*. *Rob* en Hébreu, abondance, ampleur, multitude, grandeur; *Ru*, vaſte, grand dans les Tables Eugubines; *Roc* en Patois de Beſançon, ſignifie entier, total; *Roc Iveu*, nuit entière, nuit totale; *Rodno* en Eſclavon, abondamment, & *Rodan*, fécond, fertile dans la même Langue. Voyez *Ro*.

R H O B A, brêche. I.

R H O B L A D U W, adverbe pour jurer. G.

R H O C C A S, petit garçon, jeune homme. G.

R H O C C Y S, petit garçon, jeune homme. G.

R H O C U, frémiſſement, grincement de dents. G.

R H O C U I O. Voyez *Rhodio*.

R H O D, roue. G. B. *Rhotha* en Irlandois; *Rot* en Breton, roue. De là *Rad* en Théuton, en Allemand, en Flamand; *Rota* en Latin, en Italien; *Rueda* en Eſpagnol; *Roue* en François. Voyez *Rot*.

R H O D-D O Y N. Voyez *Rhodiad*.

R H O D D, don, préſent. G. Voyez *Roz*.

R H O D D A W L, qui peut donner, qui ſert à donner. G.

R H O D D I, donner. G.

R H O D D I A D, largeſſe, libéralité, fait avec largeſſe, avec magnificence; lorſqu'on parle des perſonnes, il ſignifie donneur; lorſqu'on parle des choſes, il ſignifie action de donner. G.

R H O D D W R, donneur. G.

R H O D E L, roſeau. G.

R H O D F A, chemin, ſentier, avenue, promenade ou chemin propre pour ſe promener. G.

R H O D I A D, R H O D-D O Y N, marcheur, qui ſe promène, vagabond, errant, qui va de côté & d'autre, qui va de tout côté, batteur de pavé, coureur, qui n'a point de demeure fixe; pluriel *Rhodienwyr*. G.

R H O D I E N N A, ſe promener, devant, autour, à l'entour. G.

R H O D I E N N W R, qui ſe promène, vagabond. G.

R H O D I G, petite roue. G.

R H O D I O, marcher. G. De là notre mot François *Roder* & le Latin barbare *Rodere*, qui ſignifient la même choſe. De là l'Allemand *Rotte*, qui ſignifie une troupe vagabonde. Le *g* ſe mettant pour le *d*, on a dit *Rogie* comme *Rodio*; de là l'Anglois *Roague*, marcher; *Rodo* en Syriaque, marcher, voyager, cheminer. Voyez *Rhot*.

R H O D I W R, qui ſe promène. G.

R H O D L, rame, aviron. G. B.

R H O D O L, rame, eſpatule. G.

R H O D O L I, ramer. G.

R H O D R E S, chez les anciens *Rhodres*, pompe, faſte, oſtentation, montre, parade, action de ſe glorifier, vanité, vanterie, curioſité. G.

R H O D R E S G A R, glorieux, ſuperbe, orgueilleux, qui ſe vante, vain, curieux. G. *Rhodres Car*.

RHO. 311

R H O D R E S U, ſe glorifier, ſe vanter, faire parade. G.

R H O D R E S U S, qui ſe vante, vain, glorieux. G.

R H O D R E S W R, glorieux, ſuperbe, orgueilleux, qui ſe vante, vain, curieux, plaiſant, bouffon, charlatan, homme qui fait l'empreſſé, qui expoſe ſa marchandiſe dans les marches, ou qui va de place en place pour trafiquer. G.

R H O F I A D U W, adverbe pour jurer. G.

R H O G, le même que *Rhag*, *Rheg*, *Rhig*, *Rhug*. Voyez *Bal*.

R H O I, donner. G. B.

R H O I R, au-deſſus. I.

R H O L, rolle. G. B. De là ce mot. Voyez *Rol*.

R H O L, le même que *Rhal*, *Rhel*, *Rhil*, *Rhul*. Voyez *Bal*.

R H O L B R E N, huche roulante, grand plat baſſin. G.

R H O L B R Y N, typha ou maſſe plante. G.

R H O N, adverbe qui marque l'union. G.

R H O N, lance. G. *Romach*, lance en Hébreu; *Roncon*, *Rancon*, eſpèce d'arme à pointe en vieux François.

R H O N. Voyez *Pe Rhon*.

R H O N, le même que *Rhan*, *Rhen*, *Rhin*, *Rhun*, *Rhyn*. Voyez *Bal*.

R H O N C A, ample, vaſte, ſpacieux, étendu, qui s'étend, large, grand, concave, touffu. G.

R H O N C A U, creuſer, courber en arc. G.

R H O N E L L, queue. G.

R H O N E L L O G, qui a une queue. G.

R H O S, roſe; ſingulier *Rhoſyn*; *Rhos-Gwynion*, roſe blanche; *Rhos Cochion*, roſe rouge. G. *Roſus*, roſe en Ecoſſois; *Ros* en Irlandois; *Ros* en Breton, *Roſa* en Baſque, roſe. De là le Latin, l'Italien, l'Eſpagnol, le Hongrois, le Dalmatien *Roſa*, le François, l'Anglois *Roſe*, l'Allemand *Roſen*, le Flamand *Rooſe*, l'ancien Saxon *Roſe*, l'Eſclavon *Rosha*, le Polonois *Roſa*, le Bohémien *Ruoze*, le Croatien *Rosha*, *Roſiza* roſe. *Rodon* en Grec, roſe.

R H O S, pâturage couvert de bruyères. G. De là peut être venu le Latin *Rus*. Voyez *Ros*.

R H O S, plaine arroſée. G. Plaine eſt ici ſous-entendu, ainſi qu'on le voit par *Rhôs*, roſée. On a ajouté l'*a* paragogique, & on a dit *Arhos* comme *Rhos*, ainſi qu'on le voit par notre mot François *Arroſer*. On appelloit en vieux François *Rauſe* une herbe qui naît dans les lieux aquatiques. *Ruſtzoch* en Eſclavon, terre humide.

R H O S, roſée. Voyez *Rhôs-Mair*. De là le Latin *Ros*, l'Eſpagnol *Rocio*, l'Eſclavon, le Polonois & le Luſacien *Roſſa*, le Bohémien *Roſa*, le Dalmatien *Roſſza*, le François *Roſée*. Les Grecs ont ajouté le *d* & ont dit *Droſos*.

R H O S, campeau eſpèce de bouillon, plante dont les feuilles peuvent ſervir de mêche dans les lampes. Cette plante s'appelle paſſe-fleur. G. A la lettre, roſe des champs.

R H O S-M A I R, roſée de mer plante. G. *Mair* ſignifiant mer, on voit par là que *Rhôs* a ſignifié roſée.

R H O S F A, lieu planté de roſiers. G.

R H O S L I W, de couleur de roſe. G.

R H O S L W Y N, lieu planté de roſiers. G.

R H O S M A R I, romarin. G.

R H O S O D Y N, braiſe du feu, charbons allumés. G.

R H O S T, rôt, rôti; *Rhoſtio*, rôtir. G. *Roſt*, rôt, rôti; *Roſta*, *Roſtein*, rôtir en Breton; *Roſtadh* en Irlandois, rôtir. De là *Rôt* en François, de là dans la même Langue. *Rôtir*. *Roſte* en Anglois; *Arroſtire* en Italien, rôtir; *Roſten* en Allemand, frire, cuire ſur le gril; *Groſt* ou Allemand; *Gheroſt* en Flamand; (le *Ge* dans ces deux Langues eſt paragogique) *Roasted* en Anglois ; *Arrostire* en Italien, rôti, participe passif de rôtir ; *Rost* en Théuton, en Allemand, en Vandale ; *Rosh* en Esclavon & en Carniolois ; *Rosch* en Allemand ; *Rooster* en Flamand ; *Rosti* en Bohémien ; *Rosit* en Polonois ; *Rostely* en Hongrois, gril ; *Roch*, action de bruler en Cophte, & *Thro*, fournaise dans la même Langue.

RHOSTIO, rôtir. G.
RHOSWYD, rose. G.
RHOSYN. Voyez *Rhôs*.
RHOSYN Y MYNYDD, divoine. G.
RHOT, course, chemin. G. De là *Rout*. Voyez *Rhodio*.
RHOTA, roux. I. Voyez *Rhod*.
RHOWN, le même que *Rhawn*. Voyez *Rhownbais*.
RHOWNBAIS, cilice. G. *Rhown* pour *Rhawn Pais*. Voyez *Rawn*.
RHOWTER. Voyez *Rhawd*.
RHU, le même que *Rha*, *Rhe*, *Rhi*, *Rho*, *Rhy*. Voyez *Bai*.
RHUAD, bruit, grand bruit, frémissement, rugissement. G.
RHUAD, vanité. G.
RHUADUS, qui fait un grand bruit, qui crie, qui menace, grand parleur, causeur. G.
RHUADWR, criailleur, brailleur, braillard, causeur, babillard, grand causeur, grand parleur, grand diseur de riens, plaisant, bouffon, charlatan, homme vain, qui se vante, homme qui fait l'empressé, qui rugit. G.
RHUCH, tunique. G. Voyez *Rochet*, *Rocqedenn*.
RUCHEN, tunique, vêtement. G.
RHUCHEN, tache blanche ou taie dans l'œil. G.
RHUCHIO, cribler. G.
RHUCHION, son. G.
RHUDD, rouge. G. C. B. *Roth* en Allemand ; *Rota* en Théuton ; *Rost* en Flamand ; *Redde* en Anglois ; *Rosso* en Italien ; *Ruskia* en Finlandois ; *Raudur* en Runique ; *Piros* en Hongrois, rouge, & *Vorosseg*, rougeur ; *Rod* en Danois, rougeur ; *Rus* en Illyrien, rouge. Voyez *Ruadh*.
RHUDDAUR, roussâtre, jaune. G.
RHUDDELL, peint de rouge, écrit en lettres rouges. G.
RHUDDELL, un peu rouge. G.
RHUDDEN ; plurier *Rhuddennau*, peint de rouge, écrit en lettres rouges, rubis pierre précieuse. G.
RHUDDFA, lieu qu'on a rendu rouge sur la surface de la terre, parce qu'on y a arraché l'herbe. G.
RHUDDFAOG, RHUDDFAAWG, & quelquefois *Rhuddfoawg*, rougissant, rougi, qui rougit ou qui rend rouge. G.
RHUDDGOCH, rouge, rougeâtre. G.
RHUDDIN, RHUDDING. Davies n'explique pas ces mots. Suivant l'analogie de la Langue ce sont des possessifs de *Rhudd*. G.
RHUDDION, criblures ou menues pailles, ce qui tombe ou ce que le vent emporte quand on nettoye les grains ; *Rhuddion Gwenith*, son où il reste quelque farine. G.
RHUDDNEIDR, serpent sans yeux. G. A la lettre, serpent rouge.
RHUDDO, rougir, devenir rouge, rendre rouge, rôtir, G. B. brûler, griller, hâler. G.
RHUDDOS, souci fleur. G.
RHUDDYGL. Voyez *Huddigl*.
RHUEDD, le même que *Digrifwch*, selon Llyn. Voyez dit Davies, s'il est le même que *Rheuedd*. G. Il peut aussi être le même que ce second ; de pareilles crases sont communes dans le Gallois.

RHUFAIN, Rome. G.
RHUFAOG, selon Llyn, signifie combattant ; selon Davies c'est une crase de *Rhuddfaog*. G. Ces deux sens reviennent au même ; le combattant est nommé *Rhuddfaog*, comme qui diroit qui rougit la terre de sang.
RHUFEINIAD, RHUFEINWR, Romain. G.
RHUFIANT, rebondissement. G.
RUFFON, homme de guerre, soldat. G. Il est aussi nom propre d'homme.
RHUGL, adroit, habile, prompt ; *Rhugl Ymadrodd*, éloquence, le bien dire. G.
RHUGL, YN RHUGL, parfaitement. G.
RHUGL-GROEN, atable instrument de musique, sistre, cymbale. G.
RHUGLDER, promptitude à agir. G.
RHUGLIAITH, éloquence. G.
RHUGLO, gratter, froter, ôter la boue avec une béche. G.
RHUGLON, ordures qu'on emporte en raclant la peau. G.
RHULL, suivant les uns libéral, ample, vaste, spacieux, étendu, grand, large ; selon les autres vîte, leger, prompt, agile, soudain, précipité, qui se hâte. Pour moi, dit Davies, il me semble qu'il signifie téméraire, alégre, dispos, vif, prompt, actif, ardent, qui vole avec vîtesse, qui vole fort vîte & fort haut. Thomas Guillaume donne à ce mot les significations suivantes : adroit, agile, qui se précipite, qui vole avec vîtesse, fécond, fertile, abondant. G. Il faut retenir toutes ces significations. Voyez *Ankelber*. En Patois de Franche-Comté on dit *Ai Rouille* pour avec abondance.
RHULLFALCH, superbe, orgueilleux. G.
RHUMMEN, ventre, mammelle, pis, tette d'une truie. G.
RHUN, montagne, colline, promontoire. G. C'est le même que *Rhyn*.
RHUO, craquer, claquer, faire un bruit ou rendre un son éclatant, faire grand bruit, frémir, faire du bruit en frémissant, rugir, babiller, caqueter, causer à tort & à travers, discourir inconsidérément, étourdir de son caquet ; *Rhuo Dywedyd*, parler beaucoup. G.
RHUON, homme de guerre, soldat, athléte, qui se bat à coups de poing. G.
RHUPPAI, le même qu'*Heistan*. G.
RHUS, refus de faire une chose, refus d'obéir, rebondissement. G. Voyez *Reus*.
RHUSIEDIG, fugitif. G.
RHUSIO, fuir. G.
RHUSO, refuser de faire une chose, être retardé, être arrêté, craindre, avoir de l'aversion, jaillir, rebondir. G.
RHUSTOC, rebondissant, réjaillissant. G.
RHUT, rue herbe. G. *Rute* en Grec ; *Ruta* en Latin & en Italien ; *Ruda* en Espagnol ; *Rauten* en Allemand ; *Rude* en ancien Saxon & en Danois ; *Rue* en Anglois & en François ; *Rhuyte* en Flamand ; *Ruta* en Polonois, en Dalmatien, en Hongrois ; *Ruuta* en Bohémien ; *Rutiza* en Esclavon, rue.
RHUTHR, choc, attaque, impétuosité, violence, véhémence. G.
RHUTHREAS, asthme, toux continuelle. G. Pal.
RHUTHRO, se jetter avec furie, se ruer avec impétuosité, s'élancer avec violence. G.
RHWD, crasse, ordure, saleté, rouille, chansissure, moisissure, gale, rogne, farcin. G. *Rust*, *Roist*

RHW.

Rouft en Anglois; *Roft* en Allemand, en Flamand & en Théuton; *Ræst* en Suédois; *Rosda* en Hongrois; *Rez* en Bohémien; *Rid* en Iſlandois, rouille; *Ruft* en ancien Saxon, rouillure; *Rufty*, rouillé.

RUWDD, don. G.

RUWDDI, donner. G.

RHWG, entre prépoſition, rupture, déchirure. G.

RHWMP, tarière. G. De là les mots Latins *Rumpo* & *Rima*.

RHWNG, entre prépoſition. G.

RHWNGC, ronflement. G. *Rogchos* en Grec, prononcez *Ronthos*; *Ronchus* en Latin, ronflement; *Roncar* en Eſpagnol, ronfler; *Roecheln* en Allemand, râler, ronfler.

RUWNINGEN, plurier *Rhwning*, poire. G.

RUWNSI, ſorte de cheval. G. *Runt*, jument en Gallois & en Écoſſois; *Roß*, *Ronce*, cheval en Breton; *Roſ* en Allemand, en Théuton, en Flamand, en un dialecte de l'Eſclavon; *Rys* en Bohémien, cheval; *Hroſſ* en Iſlandois, cheval; *Roncino* en Italien; *Rocin* en Eſpagnol; *Runcinus* en Latin barbare, cheval; *Rouſſi* en Languedocien; *Roncin*, *Rous*, *Rox* en vieux François, cheval, & *Rouſſi*, cheval du ſomme; *Rouſſin* en François; *Roncin* en Patois de Franche-Comté, cheval entier; *Roſſe* en François; *Rozza* en Italien, mauvais cheval. De là le terme populaire *Roſſer* pour battre, parce qu'il faut battre les roſſes ou mauvais chevaux pour les faire marcher.

RHWTH, ample, vaſte, ſpacieux, étendu, large, grand, touffu, capable de contenir, goinfre, glouton, vorace, goulu, gourmand, qui mange avec avidité, libéral, qui fait des largeſſes, abondant. G.

RUWTH, creux, cave, cavé, concave, qui eſt entr'ouvert, qui s'ouvre, qui bâille, qui peut s'ouvrir, ouvert. G.

RUUWCH, crible ſelon quelques-uns, dit Davies. Nous diſons, ajoûte cet Auteur, *Gogr Ruwch*, crible, ſas, tamis, bluteau. G. Voyez l'article ſuivant & *Ruthio*.

RUWWUCH, crible. G.

RUWY, RHWYF, trop, ce qui eſt de trop, ſuperfluité, excès, ſuperflu, ſurabondant, pompe, faſte. G.

RUWY, RHWYF, Roi, Empereur. G. Voyez *Rhag*.

RHWYBREN, verd de mer. G.

RHWYCHREN, trop, ce qui eſt de trop, ſuperfluité, excès. G.

RHWYD, filets, rets, panneau, toile de chaſſeur. G. De là le Latin & l'Italien *Rete*, l'Eſpagnol *Red*, le François *Rets*.

RHWYD, coulant, aiſé, facile. G.

RHWYDAN, petit filet, petit rets. G.

RHWYDD, facile, aiſé, qui ſe fait ſans peine, débarraſſé, prêt à, heureux. G. *Readie* en Anglois, prêt à.

RHWYDD-DEB, facilité d'agir, bonheur, proſpérité. G.

RHWYDDA, débarraſſer, rendre facile, être heureux. G.

RHWYDDGED, qui fait du bien, libéral, bénin. G. *Rhwyd*, prêt à; *Ged*, bienfait.

RHWYDDLWYN, véronique mâle. G.

RHWYDDO, expédier, dégager, délivrer. G.

RHWYDDYD, facilité. G.

RHWYDHAU, lever les difficultés, expliquer, développer, éclaircir, ôter les obſcurités. G.

TOME II.

RHW. 313

RHWYDO, envelopper dans un filet, embarraſſer, embrouiller. G.

RHWYDTYLLOG, fait en forme de reſeau, de rets. G.

RUWYDTYLLU, treilliſſer, fermer d'une baluſtrade. G.

RHWYDWR, gladiateur qui portoit un rets dont il tâchoit d'envelopper ſon adverſaire. G.

RHWYF, rame. G. B. *Roys* en Flamand; *Row* en Anglois, rame. Voyez *Rueff*.

RHWYF, Roi, Recteur, Gouverneur, pompe, faſte. G. Voyez *Rhwy*.

RHWYF-FFON, RHWYFLATH, rame. G. *Rhwyf Ffon*, *Llath*.

RHWYFANES, Reine. G.

RHWYFANIAD, royaume. G.

RHWYFLATH, Voyez *Rhwyf-Ffon*.

RHWYFO, ramer. G.

RHWYFO HEIBIO, couler, tomber auprès, ſe répandre. G.

RHWYFORIO, remuer la terre avec la houe. G.

RHWYFUS, royal. G.

RHWYFUS, ambitieux. G.

RHWYFWR, rameur. G.

RHWYFYAD, action de ramer. G.

RHWYG, rupture, déchirure. G. *Ragahhh* en Hébreu; *Rege*, *Regnumi* en Grec, rompre, briſer, fendre, couper; *Riz* en Dalmatien, fente. Voyez *Reuga*, *Roug*, *Rouigna*.

RHWYGEDIG, rompu, déchiré, qui eſt eſcarpé, couvert de lambeaux. G.

RHWYGIAD, rupture, fente. G.

RHWYGO, déchirer, mettre en piéces chez une partie des Gallois & chez les Bretons; chez une autre partie des Gallois ce mot ſignifie piquer de l'aiguillon comme les ſerpens. G.

RHWYL, le palais royal. G. *Rhwy Lle*.

RHWYLL, cave, creux, caverne, trou, enfoncement, concavité. G.

RHWYLL, jointure, lien de quelques corps, clou, cheville, pieu, barreaux, jalouſies, treillis, baluſtre, baluſtrade. G.

RHWYLL, maſſue. G. De là le nom de *Rouelle*, que les perriers donnent à une eſpèce de maſſue dont ils caſſent les pierres.

RUWYLLOG, treilliſſé, grillé, fait en forme de jalouſies, de barreaux qui ſe croiſent, fait en forme de reſeau, de rets. G.

RHWYM, lien au propre & au figuré, engagement, obligation, alliance, action de lier, qui peut ſe lier, forcé, contraint, engagé, aſſervi, aſſujetti, obligé. G. De *Rhwym* ou *Rym* eſt venu le Latin *Dirimo*; *Di*, particule privative. *Rinka* en Carniolois, boucle, agraffe.

RHWYMEDI, remède. G. De là le Latin *Remedium*, l'Eſpagnol & l'Italien *Remedio*, l'Anglois *Remedie*, le Flamand & le François *Remède*. Voyez *Meddig*.

RHWYMEDIG, obligé, redevable, engagé, forcé, contraint. G.

RHWYMEDIGARTH, caution, aſſurance, garantie. G.

RHWYMEDIGAETHAU, régiſtre, papier journal. G.

RHWYMIAD, action de lier, ligature, bandage, lien. G.

RHWYMO, lier, ſerrer fort, engager, obliger. G.

RHWYMYN, petit lien, lien, ligature, bandage, licou, muſelière, chevêtre. G.

RHWYMYN Y COED, bryone, bryone blanche, coulevrée, coulevrée blanche. G. A la lettre, petit lien du bois.

K k k k

RHWYS. CASEG RHWYS. Davies n'explique pas ce mot. *Caseg* signifie jument, cavale. G.

RHWYSG, bruit. G.

RHWYSG, empire, autorité, pompe. G.

RHWYSGO, régner, commander, se montrer avec pompe. G.

RUWYSTR, embarras, empêchement, retardement, interruption, scandale, action d'être détourné de ce qu'on fait. G. Voyez *Roust*.

RHWYSTRAD, empêchement. G.

RHWYSTRO, lier, attacher, empêcher, embarrasser, embrouiller, retarder, arrêter, interrompre. G.

RUWYSTRUS, empêché, embarrassé, embrouillé, enveloppé, plein d'embarras, rempli de difficultés, tors, tortu. G.

RUWYSTRWR, qui empêche, opposant. G.

RUWYSTYR, obstacle. G.

RHY, particule qui marque l'habitude, qui marque la fréquence, préposition explétive ou superflue, trop, qui est de trop, superflu, surabondant. G. Voyez *Re*.

RHY, Roi des Rois. G. Voyez *Rhwy*, *Rhıg* & *Rhy* Breton.

RHY, rugissement. G.

RHY, Seigneur. B. Voyez *Rhy*, Roi des Rois.

RHY-FAWR, excédent. G.

RHY-WRESOG, impudique. G.

RHYAD, bruit des flots. G.

RHYBUCH, désir. G. *Rhy*, préposition explétive. *Puch*.

RHYBUCHED, étrenne dûe par obligation, honoraire, salaire, pur don. G.

RHYBUCHO, souhaiter ardemment, désirer ardemment, désirer, souhaiter, vouloir. G. *Rhy*, particule augmentative dans les deux premiers, superflue dans les autres. *Pucho*.

RHYBUDD, précepte, enseignement, instruction, avis. G.

RHYBUDDIO, avertir, avertir par avance. G.

RHYBUDDIWR, qui avertit. G.

RUYBWYTH, prix, valeur. G. *Rhy*, préposition explétive. *Pwyth*.

RHYBYDD, sera. G. *Rhy*, préposition explétive. *Bydd*.

RHYBYDD, avis, enseignement, instruction, précepte. G.

RHYCH, fosse, fossé, sillon, ride, pli. G.

RHYCH, le plus fort. G. Voyez *Ric*.

RUYCHDIR, terre labourable. G.

RUYCHOG, courbé, ridé, cannelé, tortueux, plein de détours, plein de rides, qui a des sinuosités, qui fait plusieurs plis, qui se recourbe, qui a des plis & des replis. G.

RUYCHOR, le plus fort d'une paire de bœufs qui tire dans le sillon. G.

RUYCHU, sillonner, canneler, faire des rides, être ridé. G.

RUYCHWANT, empan, palme. G.

RHYCHYAD, ride. G.

RHYD, gué. G. C. B.

RHYD, chaud. G.

RHYDAER, importun. G.

RHYDAIN, petit mulet de l'année ou de l'année courante. G.

RUYDARTHWY, le flux de la mer. G.

RHYDAU, gués, basses, bas-fonds, bancs de sable, écueils. G.

RUYDD, libre, exempt, bourgeois d'une ville municipale, citoyen, affranchi, lâche, relâché, délivré. G.

RHYDD-DEB, immunité, exemption, relâche, étendue, largeur. G.

RUYDD-DID, immunité, exemption, relâche, étendue, largeur. G.

RHYDD-DOD, liberté. G.

RHYDDEDAWG, exempt, libre. G.

RUYDDHAAD, délivrance affranchissement, délivrance dégagement, absolution, relâche, renvoi, congé, licence. G.

RUYDDHAU, rendre libre, affranchir, délivrer, lâcher, relâcher, débarrasser, absoudre, délier, dégager. G.

RHYDDIAITH, prose. G. *Rhydd*, libre; *Iaith* langage.

RUYDDID, liberté. G.

RHYDDINEB, action de lier, de lâcher. G.

RUYDDOD, liberté. G.

RHYDDUN, le même que *Rhyngthun*, entr'eux. G.

RUYDDYD, RHYDYD; liberté, exemption, affranchissement. G.

RHYDEIRUAN, RHYDERIC, qui est en chaleur parlant des animaux. G.

RUYDHAAR, action de lâcher, de délier. G.

RUYDHAU, lever les difficultés, expliquer, développer, éclaircir, ôter les obscurités. G.

RUYDIEU, gués. G. C'est le pluriel de *Rhyd*.

RUYDIO, passer un gué. G.

RUYDLE, gué. G.

RUYDLEOEDD, le même que *Rhydan*. G.

RHYDLYD, rouillé, plein de rouille, tout rouillé, plein de verd de gris, de couleur de fer, galeux, âpre au toucher. G.

RHYDNI, rouille. G.

RUYDRAUL, profusion, libéralité, libéralité sans mesure, prodigalité, prodigue. G. *Traul*.

RUYDRAWS, inique, injuste, déraisonnable. G.

RHYDREULIO, prodiguer, dépenser follement. G.

RHYDRYTHYLL, qui vit dans la débauche, dans l'impudicité. G.

RUYDU, rouiller. G.

RUYDWF, impudique. G.

RHYDYFU, étendre trop ses branches, pousser trop de bois. G. *Tyfu*.

RUYFAL, semblable. G.

RHYFALCH, superbe, orgueilleux. G.

RUYFAWR, excessif, trop grand. G.

RUYFEDD, admirable. G. *Rhy Meddu*, pouvoir. Davies.

RUYFEDDIAD, admiration, surprise. G.

RUYFEDDOD, admiration, surprise, estime, chose admirable, miracle. G.

RUYFEDDODAU, choses admirables, surprenantes. G.

RHYFEDDOL, admirable, surprenant, merveilleux. G.

RHYFEDDU, admirer. G.

RUYFEDDWR, admirateur, qui est surpris, qui admire. G.

* RUYFEL, guerre, combat, art ou métier de la guerre, profession des armes. G. *Fare Raisfeli* en Patois de Franche-Comté, c'est contrarier vivement quelqu'un. Voyez *Rhyvel*.

RUYFELA, RHYFELU, faire la guerre, faire profession des armes. G.

RUYFELGAD, combat. G. *Rhysel*. *Cad*, pléonasme.

RUYFELGAR, qui aime la guerre, qui a de l'ardeur pour le combat, qui se plait à se battre, belliqueux, militaire, de soldat. G.

RUYFELUS, militaire. G.

RHYFELWR, combattant, guerrier, soldat; pluriel Rhyfelwyr. G.

RHYFERIG, qui est en chaleur parlant des animaux. G.

RHYFERTHWY, déluge, inondation, débordement d'une rivière, tempête, orage, trop grande abondance. G.

RHYFFAETH, moisi, empuanti, gâté, corrompu, pourri. G.

RHYFWR, jaune. G.

RHYFYG, orgueil, ambition, faste, arrogance, insolence, présomption, hardiesse. G. De *Rhy* & *Myg*. Davies.

RHYFYGU, oser, agir arrogamment. G.

RHYFYGUS, orgueilleux, arrogant, insolent, hardi. G.

RHYG, entre préposition. G.

RHYG, seigle; singulier *Rhygen*. G. *Roggo* en Théuton; *Ryge* en ancien Saxon; *Rogh* en Suédois; *Briza* en Grec & en Italien; *Ry* en Anglois; *Rugghe* en Flamand; *Rocken* en Allemand; *Ros* en Hongrois; *Raar* en Dalmatien, seigle. Pline, l. 18, c. 8, dit que les anciens Gaulois appelloient le seigle *Arinca*: l'n s'inséroit dans le mot, & on ajoutoit souvent à la tête du mot l'article *A*.

RHYGARU, aimer. G. *Carn*.

RHYGED, prodigue, libéral. G. De *Rhy Ced*. Davies.

RHYGHTHYN, être entre. G.

RHYGLYDD, RHYGLYDDIANT, RHYGLYDDIAD, mérite; pluriel *Rhyglydiannau*. G.

RHYGLYDDU, mériter; *Rhyglyddu Bodd*, plaire. G.

RHYGLYDDUS, qui mérite, qui a mérité. G.

RHYGN, incision, coupure, entaille, cannelure; *Rhygnbren*, une taille à marquer. G. De là *Rogner*.

RHYGNIAD, entaille, cannelure. G.

RHYGNOG, cannelé, plein de rides, tortueux, plein de détours, qui a des sinuosités, courbé, qui fait plusieurs plis, qui se recourbe, qui a des plis & replis. G.

RHYGNU, canneler, sillonner, scier, frotter, faire une friction. G.

RHYGOL, dommage. G. *Rhy*, préposition explétive, *Coll*. Davies.

RHYGTHYN, être entre. G.

RHYGYLCH, cercle, circuit, tour, enceinte. G. *Rhy*, préposition explétive, *Cylch*.

RHYGYNG, allure d'un cheval qui va l'amble. G.

RHYGYNGOG, cheval qui va l'amble. G.

RHYGYNGU, aller l'amble. G.

RHYHAEL, prodigue, qui vit dans le luxe, qui fait trop de dépense. G.

RHYHAELEDD, prodigalité, profusion. G.

RHYHAELFFLWCH, qui fait trop de dépense. G.

RHYLADD, le même que *Lladd*. G.

RHYLAWN, qui regorge. G. A la lettre, trop plein.

RHYLENWI, regorger, avoir trop grande abondance, saouler, remplir, rassasier jusqu'au dégoût. G.

RHYLL, hardi, téméraire. G. C'est une crase de *Rhywyll*.

RHYLYW, restes, reliques. G.

RHYMANTA, le même que *Rhamanta*. G.

RHYN, quelques, quelques-uns, un peu, quelque peu. G.

RHYN, montagne, colline, promontoire, pointe. G. *Run* en Irlandois, promontoire, & *Rin*, promontoire, pointe dans la même Langue; *Rain*, montagne en Allemand, & *Rein*, colline dans la même Langue; *Rin* en Grec, promontoire; *Rimtsch* en Tartare de Crimée, montagne; *Ri*, montagne en Tartare du Thibet, & *Rinh*, loin, long, profond dans la même Langue; *Derin*, montagne en Turc. Voyez *Rhin*, *Rhinen*, *Rin*.

RHYN, mystère, hiéroglyphe, enchantement. B. Voyez *Rhin*.

RHYNACH, fougère. E.

RHYNEU, colline. C. Voyez *Rhyn*.

RHYNGCYN, bruit aigre, bruit perçant. G.

RHYNGTHUN, entr'eux. G.

RHYNGU BODD, plaire. G.

RHYNION, farine grossière, lie, la matière la plus épaisse d'une liqueur. G.

RHYNLLYD, qui est froid, qui a grand froid. G.

RUYNN, RHYNDOD, grand froid, froid âpre. G.

RHYNNAWD, RHYNNAWDD, quelques, quelques-uns, un peu, quelque peu. G.

RHYNNU, avoir grand froid, être roide de froid, geler. G.

RUYNWYFUS, impudique. G.

RHYODRES. Voyez *Rhodres*.

RUYON, soldat, athlète. G.

RHYRED. De *Rhy Rhed*, dit Davies, sans expliquer autrement ce terme. Si *Rhy* est ici une particule explétive, *Rhyred* ne signifie que courant ou qui court; si *Rhy* marque l'excès, *Rhyred* signifie un homme qui court avec violence, avec impétuosité. Voyez *Rhed*, *Rhedsa*.

RUYS, ordre. G. Voyez *Reis*.

RHYS, préposition explétive. Voyez *Rhysgyr*.

RHYS, guerre, combat. Voyez *Rhyfwr*. De là *Reisa* en Latin barbare, excursion militaire. *Reis*, milice, guerre en ancien Allemand; *Reisbar* en Suisse, âge militaire ou propre à la guerre.

RHYSEDD, excès, superfluité, abondance, luxe, prodigalité, intempérance, profusion, trop grande abondance. G. De *Rhy Ced*.

RUYSGU, s'arroger. G.

RHYSGYR, impétuosité, violence, véhémence. G. De *Gyrr*, dit Davies, *Rhys* par conséquent préposition explétive.

RHYSOD, charbons ardens, braise du feu; singulier *Rhysodyn*. G.

RHYSWR, héros, athlète qui se bat à coups de poings, athlète qui combat dans les jeux publics, champion, soldat. G. C. *Wr* de *Gwr*, *Rhys* par conséquent guerre, combat.

RHYSWYDD, bois substance de l'arbre. G. C.

RHYT, gué. G.

RHYTH, particule diminutive. Voyez *Rhythgoch*.

RHYTHFOL, gourmand, goulu. G.

RHYTHGOCH, rougeâtre. G. *Coch*, rouge; *Rhyth* par conséquent particule diminutive.

RHYTHNI, capacité, étendue, gourmandise, appétit dévorant, habitude naturelle de manger beaucoup, crapule, mal ou pesanteur de tête pour avoir trop bu. G. Voyez *Rhwth*.

RHYTHU, ouvrir, accroître, augmenter, aggrandir, élargir, rendre touffu, large, capable de contenir. G.

RHYTO pour *Rhyso*. Voyez *Adrito*.

RUITTION, lie, fèces, marc. G.

RHYVEL, guerre. B. C'est le même que *Rhyfel*.

RHYW, quelque, quelqu'un, quelqu'une, quelque chose. G.

RHYW, particule qui marque l'habitude, qui marque la fréquence, préposition explétive ou superflue, trop, qui est de trop, superflu, surabondant, excessif, trop grand. G.

RHYW, sorte, espèce, genre, race, semence. G.

RHYW, rue plante. G.

RHYWEILYDD, le même que Gweilydd. G. Rhy superflu, le g de Gweilydd se perdant en composition.

RHYWFANN. YN RHYWFAN, quelque part. G.

RHYWIOG, RHYWIOG, naturel, propre à la nature, vrai, sincére, qui est selon la nature, conforme à la nature, légitime, généreux, humain, civil, poli, affable, honnête, obligeant, clément, doux, débonnaire, appaisé. G.

RHYWIOG. Voyez Rhywioc.

RHYWIOGAIDD, bénin, doux, indulgent, débonnaire, affable, bon, clément, fort civil, très-honnête. G.

RHYWIOGEIDDRWYDD, générosité, bonté. G.

RHYWIOGI, adoucir, appaiser, fléchir, s'adoucir, s'appaiser. G.

RHYWIOUGRWYDD, générosité, bonté. G.

RHYWIOWFWYN, fort civil, très-poli. G. Mwyn.

RHYWIOWGRWYDD, bénignité, bonté, douceur, facilité à s'appaiser. G.

RHYWLE. YN RHYWLE, quelque part. G.

RHYWN, quelqu'un. G.

RHYWOGAETH, sexe, genre. G.

RHYWYLL, hardi, téméraire. G.

RI, ruisseau. G. C'est le même que Rhin, Rhiw. Ri en ancien Allemand ; Rie en Chaucique, couler ; Riou, petite rivière, ruisseau en Auvergnac ; Ri, arrosement en Hébreu. Voyez Rifyer, Rie.

RI, fort. G.

RI, bélier dans le dialecte Gallois de l'Isle de Mona.

RI, Roi. I. B.

RI, le même que Ra, Re, Ro, Ru. Voyez Bal.

RIA, avant, devant, sous, dessous. I.

RIA, RIAT, flamber un cochon tué, le faire passer par la flamme pour en ôter le poil, ce que l'on fait en ce pays avec des torchons de paille flamboyante. Dans le Diocése de Léon on prononce Rixia & Rixiat, qui signifie gratter avec un couteau, qui est la manière, dont on y pele les cochons & les racines. B. Cet article est tiré de Dom Le Pelletier.

RIABACH, gris, gris de fer. I.

RIACH DANACH, nécessaire. I.

RIAGHAL, régle ; Riaghaltas, régularité. I.

RIAGHLAIGHTHEOIR, gouverneur. I.

RIAGHLIUGHADH, commander, commander en chef. I.

RIACHLUGHA, diriger. I.

RIAGHLUGHADH, gouverner, régir, conduire, soin, conduite. I.

RIAGHLUGHTEOIR, maître. I.

RIAGLACH, vieille. I.

RIAGNUS, RIAGO, A. M. ruisseau, petit ruisseau. De Ri.

RIALE, A. M. ruisseau, rivière. De Ri.

RIAMANAIGHE, maquignon. I.

RIAN, Reine, jeune Princesse, fille de Roi. G. Voyez Rm.

RIAN, mer, lac. I. Rio, lac en Iroquois.

RIANA, RIANUS, A. M. ruisseau, petit ruisseau. De Ri.

RIAR, RIARAIM, plaire, rendre content, donner du plaisir. I.

RIARIA, A. M. ruisseau, petit ruisseau. De Ri.

RIARTUA, content. I.

RIABANACH, nécessaire, indigent, défectueux, manquant, misérable. I.

RIASANAS, RIASANUS, nécessité, pauvreté, disette, misére, défaut, indigence. I.

RIASG, marais, mare, marécage. I.

RIASGACH, marécageux, de marais. I.

RIBA, A. M. bord, rivage. De Ribl.

RIBALDI, RIBAUDI, A. M. enfans perdus qui s'exposoient avec une espèce de témérité au combat. On les appelloit en vieux François Ribauds, Ribans, Ribants, Ribanx. De Rhy Bald.

RIBAM, le même que Riabam. De même des dérivés ou semblables. I.

RIBAND, A. M. ruban. De Ruban.

RIBAOT, impudique. B.

RIBAUD, impudique. B.

RIBAUDAL, tomber dans l'impudicité. B.

RIBAUT, impudique. B.

RIBE, cheveu, poil. I.

RIBEACH, velu. I.

RIBERA, répond à la préposition Latine ex, & aux Françoises de, du, des. Ba.

RIBERA, A. M. ruisseau. Voyez Rifyer.

RIBIN, ruban. I.

RIBIN, RIBINCQ. Voyez le second Rabin.

RIBL, rivage, bord. B. De là le Latin Ripa, l'Espagnol Ribera, l'Italien Rina, l'Anglois River, le François Rive, Rivage.

RIBL, estrade. B.

RIBLA, danser, sauter de joie & par réjouissance ; Ribler, Ribleur, Riblwr, danseur, homme alerte, qui aime la danse & la joie ; Ribleres, femme déréglée. C'est ainsi que Dom Le Pelletier explique ce mot. Le Pere de Rostrenen met Ribla, voler, courir la nuit comme font les filoux & les débauchés ; Ribler, coureur de nuit, batteur de pavé ; Riblaërés, receler, garder & cacher les choses volées, les vendre ou acheter sciemment ; Riblaer, receleur, complice de voleur ; plurier Riblaeres ; Riblaèrès, receleuse, complice de voleur ; Ribletrez, faire un larcin de choses déja volées, coureuse de danses. B. De là Ribler, Rifter en vieux François, voler ; de là en vieux François Ribleur de pavé, Ribleur de nuit, homme qui va & vient de nuit & de jour pour voler ce qu'il pourra.

RIBOD, RIBOT, baratte vaisseau à battre le beurre. B.

RIBOUL, pompe machine. B.

RIBUS se dit de tout ce qui se mesure & signifie justement, au plus juste, avec toute la précision possible, ric-à-ric ; Rès-Ribus, rez, le bord d'une mesure. B.

RIBUS, impétueux, rapide, d'emblée. B.

RIBUS, A. M. ruisseau. De Rhiw.

RIBUSDER, impétuosité, rapidité. B.

RIC, RICH, fort, puissant, abondant. G. Rich, fort, puissant en Breton, & Ryk, riche dans la même Langue ; Rhi, Seigneur, Baron, Grand de l'État, Gouverneur de Province, Roi en Gallois ; Rmey, Seigneur en Breton ; Rys en Cophte, supérieur ; Reikr en Gothique ; Rica en ancien Saxon ; Reich en Allemand ; Ricks en Prussien & en Lituanien ; Rik en Runique ; Rich en Théuton, Seigneur, Grand, un des Principaux de l'État, de la société, de la Ville. De là Rich-Hommes, qui dans les Villes des Pays-bas signifie ceux qui sont à la tête de la Ville. De là Ricombres, nom des Grands de l'État dans

RIC.

dans les Royaumes de Navarre & d'Arragon. Les Barons ou Seigneurs sont aussi appellés dans nos plus anciens Poëtes *riches hommes*. *Reiks* en Gothique; *Rice* en ancien Saxon; *Rich* en Théuton; *Reich* en Allemand; *Rikur* en Islandois, fort, puissant; *Rik* en Arabe, force. De *Ric* ou *Rich* Celtiques, pris en ce sens, est venu le terme de *Rix* dans les noms Gaulois, *Ambiorix*, *Dunorix*, *Eporedorix*, *Cingitorix*, *Orgetorix*, *Versingintorix*, *Viridorix*, &c. & *Ric* dans les noms Théutons, *Chilperic*, *Chloderic*, *Theoderic*, &c. *Rek* en Bohémien, héros; *Rich* en Anglois; *Reyck* en Flamand, abondant. On dit aussi en François qu'une mine est *riche*, pour dire qu'elle est abondante; *Ryca*, *Rice* en ancien Saxon; *Rich*, *Rihh* en Théuton; *Reich* en Allemand; *Ryk* en Flamand & en Suédois; *Rig* en Danois; *Rijk*, *Rijkur* en Runique; *Rikr* en Islandois; *Rich* en Anglois; *Riche* en François; *Ricco* en Italien; *Rica*, *Rico* en Espagnol; *Ricus* en Latin barbare, riche, opulent; *Rizeq* en Punique, richesses; *Rechus* en Hébreu; *Ryckaus* en Lappon & en Finlandois, richesses. Voyez *Righ*.

RIC, le même que *Rac*, *Rec*, *Roc*, *Ruc*. Voyez *Bal*.

RICH, fort, puissant. B.

RICHAN, mugissement. B.

RICHANAT, ricaner, le bruit que font les poules quand elles veulent pondre. B.

RICHARD, RICHARDICG, geai burlesquement. B.

RICHD, condition, état. I.

RICHEAD, Royaume. I.

RICHODENN, rougegorge oiseau. B.

RICHON, le premier chant ou gazouillement des petits oiseaux, lorsqu'ils s'essayent étant encore jeunes, ou à la fin de l'hyver quand ils sentent le printemps. *Richona*, chanter de cette manière. B.

RICHT, le même que *Reacht*. De même des dérivés ou semblables. I.

RICIGNAT, rechigner. B. De là ce mot.

RICLUS. AVEL RICLUS, vent coulis. B.

RICQLA, glisser. B. De là notre mot *Ricochet* qui signifie ce jeu des enfans qui jettent des pierres plates qu'ils font glisser sur la surface de la mer ou des rivières. Voyez *Risca*.

RICQLUS PESQ, poisson sans coquille & sans écailles. B. A la lettre, poisson glissant ou qui glisse de la main.

RID, ride. B. De là ce mot.

RID, le même que *Rhudd*. Voyez *Gwrid*.

RID, le même que *Rad*, *Red*, *Rod*, *Rud*. Voyez *Bal*.

RIDEARAS, chevalerie. I. De là l'Allemand *Reiter*, l'ancien Saxon *Ridda*, cavalier. *Reid* en Islandois, l'action d'aller à cheval. Voyez *Ridir*.

RIDBEG, accourir. B. Voyez *Rhedeg*.

RIDELL, crible à cribler le bled; *Ridella*, cribler, passer le bled par le crible. B. Voyez *Rhydyll*.

RIDELLUS, A. M. rideau. De *Ridos*.

RIDENN, ride. B.

RIDENS, frange. G.

RIDET, parcouru. B.

RIDHAIL, comices, assemblée. I.

RIDHLAEADH, RIDHNAITH, don. I.

RIDIR, cavalier. E. I. Voyez *Ridearas*.

RIDOS, rideau. B. De là ce mot. *Rida* en Arabe, manteau, habit, tout ce qui sert à couvrir.

RIDOUR, coureur, ambulant, avanturier; féminin *Ridourés*, coureuse, prostituée. B.

RIL.

RIE, rivière. E. *Reiba*, *Rie*, ruisseau en Chaucique; *Reys* en Flamand, eau coulante, ruisseau; *Rir* en Hébreu, couler; *Raih* en Arabe, fontaine abondante; *Rihh* en ancien Saxon, ruisseau; *Rican* en Turc, couler. Voyez *Ri*.

RIEFLABE, A. M. ravir, dérober avec violence. Voyez *Ribla*.

RIEIN, fille, vierge. C.

RIELL, glace qui commence à se former, la glace la plus mince, le verglas, les frimas, toute glace qui n'est pas épaisse. B.

RIESA, A. M. en vieux François *Riez*, *Ries*, *Rie*, terre qu'on ne cultive pas, qui se repose. De *Rez*.

RIFEDD, ce qui cause l'hydropisie, soit eau, soit vent. B.

RIFF, froidure. B.

RIFORZENN, raisort. B. De là ce mot.

RIFUYER, rivière. B. Voyez *Ri*, *Rie*, *Rhiw*.

RIFYER, rivière. B. Voyez *Ri*, *Rie*, *Rhiw*, *Riviera*.

RIG, rivière. G. De là le Latin *Rigo*, l'Espagnol *Regar*, arroser; *Rivah* en Hébreu, arroser. Voyez *Rigol*.

RIG, Roi. I. B. Voyez *Rhag*.

RIG, le même que *Reag*. De même des dérivés ou semblables.

RIG, le même que *Rag*, *Reg*, *Rog*, *Rug*. Voyez *Bal*.

RIGADELL; singulier *Rigadellen*; plurier *Rigadellet*, palourde coquillage de mer. B.

RIGAGO, RIGATUS, A. M. ruisseau. De *Rig*.

RIGALIC, réglisse. B.

RIGH, Roi, Prince, Seigneur, Préteur. I. Voyez *Ric*.

RIGH, bras. I. Voyez *Ric*.

RIGH-LANN, palais. I. A la lettre, demeure du Roi.

RIGHAYAIL, Royal. I.

RIGHE, Royaume. I.

RIGHIM, fort, robuste, rude, dur, forcer, presser, atteindre, se joindre. I. Voyez *Rigol*.

RIGHIN, gluant. I.

RIGHNEADH, filer comme certaines liqueurs gluantes. I.

RIGHTHEASAIRE, Ambassadeur. I.

RIGNEAITTEIN, rouaner, marquer les tonneaux avec la rouanette. B.

RIGOL, petit ruisseau pratiqué par les laboureurs pour conduire l'eau dans les terres qui en ont besoin, rigole; singulier *Rigolen*. Il se dit aussi au figuré pour ruse frauduleuse, biais, moyen injuste. B. Voyez *Rhigol*.

RIGOL, rigueur. B. Voyez *Righim*.

RIGOLA, A. M. petit ruisseau. De *Rigol*.

RIGOLIEZ, rigueur. B.

RIGOLUS, rigoureux. B.

RIGORA, A. M. ruisseau. De *Rig*, *Rigol*.

RIGUASS, riote, querelle, noise. B.

RIGUEOTEIN, disputer, se quereller. B.

RIGUIASS, riote, querelle, noise. B.

RIGULA, A. G. terre abondante, grasse, fertile. De *Ric*.

RIGUOLES, A. M. ruisseau. De *Rigol*.

RIGUOUR, rigueur. B.

RIGUS, RIGULUS, A. M. ruisseau. De *Rig*, *Rigol*.

RIKIS, flamme. I.

RILL, le même que *Reall*. De même des dérivés ou semblables. I.

RILL; singulier *Rillen*, sorte de cercle de fer mobile, lequel sert à une charrette entre le moyeu de la roue & la cheville du bout de l'essieu. B.

RIM, le même que Reim. I.

RIM, rime, cadence nombreuse, mesure. B. Voyez Rhwym, lien ; la rime est une espèce de lien ou de chaîne qui attache deux vers ensemble. De là le François Rime, l'Italien Rima, le Polonois Rim, l'Esclavon Rsime.

RIM, glace, gelée. I. Voyez Riv.

RIM. Voyez Ram.

RIM, le même que Ram, Rem, Rom, Rum. Voyez Bal.

RIMADA, A. M. rime. De Rim.

RIMADEL, RIMADELL, conte, fable, histoire de vieilles, discours & entretiens d'enfans, bagatelles ; Rimadella, conter des fables, s'entretenir de puérilités ; Rimadeller, conteur de fariboles, radoteur ; féminin Rimadelleres. B. La racine de ce mot est Rim. Les Gaulois ont toujours aimé la rime, leurs chansons, leurs contes, leurs fabliaux étoient rimés, d'où ils ont pris le nom de Rimadel. Ce terme par analogie aura été ensuite étendu aux autres significations.

RIMAIRE, le même que Reamaire. De même des dérivés ou semblables. I.

RIMARIUS, A. M. rimeur. De Rim.

RIMEIN, river. B.

RIMH, RIOMH, nombre. I.

RIMIA, RIMIAT, gratter, racler. C'est dans le Diocése de Tréguer le même qu'ailleurs Ria, & Rizia, où l'on dit aussi Renvia, Rinvia, Revia, Rivia qui sont tous quatre Rimia ou Remia avec le changement d'm en v consonne, avec un peu du son d'm qui est marqué par n, laquelle n est par quelques-uns suppléée par l'accent qui allonge la voyelle. B. Cet article est pris de Dom Le Pelletier.

RIN, rivière. G. Voyez Ran.

RIN, promontoire, pointe de terre. E. Voyez l'article suivant & Rhyn.

RIN, colline, montagne, cap, promontoire, cime, faîte, sommet, pointe, flèche. I. Voyez l'article précédent.

RIN, ruisseau. B.

RIN, mystére. Ce mot a la même signification que Hud. B. Voyez Rhin.

RIN, propre, pur, net. Voyez Rinea, Rinsa. Rein en ancien Saxon, en Théuton, en Flamand, en Allemand ; Reen en Suédois ; Rent en Danois ; Hreinn en Runique ; Hrains en Gothique, pur, net.

RIN, le même que Ran, Ren, Ron, Run. Voyez Bal.

RINA, contention. Ba.

RINCA, RINCAL, rincer. B. Voyez Rinsa, Rincsail.

RINCHANA, bêler comme une brebis, un agneau, une chévre, & aussi mugir comme une vache, un veau. B.

RINCNI, lance. I.

RINCQLA, glisser. G.

RINCQLUS PESQ, poisson qui n'a ni coquille, ni écailles. B.

RINCSAIL, rincer. I.

RIND, sommet. I.

RINDENN, froncis. B.

RINGL. LACZ RINGL, lac courant. B.

RINHUEIN, river. B.

RINKIN, ris moqueur, railleur, & insultant ; Rinkina, rire pour se moquer ; c'est ainsi que Dom Le Pelletier explique ce mot. Le Père de Rostrenen met Rinqin, courir çà & là, populairement courailler, de mauvaise humeur. B. De là Ricaner.

RINN, RINNE, montagne, colline, cap, promontoire, pied d'une montagne qui s'avance dans la mer, sommet, cime, faîte, croupe, dessus, pointe, extrémité d'une épée, flèche. I. Voyez Rin.

RINN, pied. I.

RINN, empreinte, gravure, impression. I.

RINN, avec nous. I.

RINNCE, danse ; Rinnceadh, danser. B.

RINNEACHD, pointu. I.

RINNECE, herbe. I.

RINQL. LACZ RINQL, lac courant. B.

RINQUET, requis. B.

RINSA, rincer, nettoyer. B. Ce verbe est formé de Rin, qui a dû signifier net, pur. Voyez Rin.

RINSAL, rincer, nettoyer, racler, vuider. B.

RINVA, river. B.

RIO, Roi. B. Voyez Rhi, Rhiog.

RIO, ruisseau. Voyez Riolenn.

RIOGAN, Reine. I.

RIOGH, Roi ; Rioghan, Reine. I.

RIOGHAMHUL, royal. I.

RIOGHAS, région, royaume. I.

RIOGHDAIN, Reine. I.

RIOGHDAS, pays, royaume. I.

RIOGHLAN, palais royal. I.

RIOGHRATH, palais royal. I.

RIOLENN, petit ruisseau, rigole, ornière. B. Lenn, diminutif ; Rio par conséquent ruisseau.

RIOLUS, A. M. ruisseau. De Rhiu, Riolenn.

RION, chemin, route. I.

RIONLUAS, carrière pour la course, cours. I.

RIOSG, marais. I.

RIOT, dispute, contestation, riote. B. De là ce mot.

RIOTAL, disputer, contester. B.

RIOTH, course, cours, courir. I.

RIOTHAM, REATHAM, courir. I.

RIOU, RIW, froid, froidure, froideur ; Riwa, Riva, être froid ; Riwidic, frilleux. B. Voyez Rhew.

RIOUFF, avoir froid. B.

RIOUL, fossette où les enfans jouent en y jettant un peu de monnoie ; Choari Rioul, jouer à la fossette. B.

RIPA, A. M. rivière. De Rhiw, Rifyer.

RIPARIA, A. M. rivière. De Rifyer.

RIPERIA, A. M. rivière. De Rifyer.

RIQECEAL, gausser. B.

RIQUEIN, falloir. B.

RIQUIZA, A. G. richesses. De Ric.

RIS, le même que Rid ou Rhid, gué en un dialecte du Gallois, selon Baxter. G.

RIS, histoire. B.

RIS, par, de, près, proche, au bord, à, prépositions, en, envers, avec, ensemble, jusques, par-dessus. B.

RIS, ris sorte de grain. I. Voyez Ric.

RIS, Roi. B. Voyez Rhag.

RIS, singulier Risen, cordon ou corniche qui regne autour d'une maison sous le toit, l'entablement d'une tour de pierre. B.

RIS, raccourcissement de voile. B.

RIS, cargues. B.

RIS, le même que Ras, Res, Ros, Rus. Voyez Bal.

RISCA, RISCLA, RISCLAFF, glisser d'un seul pied & être prêt de tomber, soit sur la glace, soit sur la terre grasse & mouillée ; Riscut, Risclus, *Risel*, glissant, coulant; *Coulin Risel*, nœud coulant : C'est ainsi que Dom Le Pelletier explique ce mot. Le Pere de Roftrenen met *Ricqla*, glisser ; & *Risela*, ramper. B. Il faut conserver l'une & l'autre significations. Voyez *Ankelher*. On voit par *Riselus*, *Risql*, que ce mot a été aussi pris au figuré.

RISCLA. Voyez *Risca*.

RISCLUS, glissant, dangereux, périlleux. B.

RISCUS, RISICUS, A. M. danger, risque. De *Risql*.

RISQL, risque. B. De là ce mot & l'Italien *Rischio*. De là l'Espagnol *Arrisear*, hazarder, risquer.

RISQLA, glisser. B. Voyez *Risca*.

RISQLUS PESQ. poisson qui n'a ni coquilles ni écailles. B, A la lettre, poisson glissant.

RISSARE, A. M. dresser. De *Reiz*.

RIST, le même que *Rhith*. Voyez *Galdrift*.

RISUN, le même que *Reasun*. De même des dérivés ou semblables. I.

RIT, gué. G. Voyez *Rith*.

RIT, roue. I.

RIT, vuidange. B.

RIT, le même que *Rat*, *Ret*, *Rot*, *Rut*. Voyez *Bal*.

RITH, couler. I.

RITH, bras. I.

RITH, gué. B. Voyez *Rit*.

RITHA, le même que *Reatha*. De même des dérivés ou semblables. I.

RITHE, course, cours. I.

RIV, RIM, glace, gelée. I. De là le Latin *Rigeo*, l'*v* & le *g* se mettant l'un pour l'autre. Voyez *Rien*, *Riva*.

RIV, ruisseau. B. *Riv*, *Riviairo*, rivière en Auvergnac; *Riu* ruisseau en Languedocien; *Rius*, ruisseau en vieux François. Voyez *Rhiu*, *Rhiw*.

RIVA, causer du fraid. B.

RIVA, river. B. De là ce mot.

RIVA, A. M. rive, rivage. De *Ribl*.

RIVALL, rébelle, méchant B. dans la vie de St. Thuriau. De là par analogie notre mot François *Rival*.

RIVAN, lac, mer. I. Voyez *Rian*.

RIVARE, A. M. river. De *Riva*.

RIVER, rivière, *River Vras*, fleuve. B. A la lettre, grande rivière. Voyez *Riv*, *Rhiu*, *Rhiw*, *Riviera*.

RIVERA, RIVERIA, A. M. ruisseau, rivière. De *River*.

RIVETA, A. M. rivière. De *Rhiw*, *River*.

RIVIDICQ, frilleux. B.

RIVIERA, rivière. Ba. De là le François *Rivière*, le Flamand *Reviere*, l'Anglois *River*, le Limosin *Reviera*, l'Auvergnac *Riviaire*, le Franc-Comtois *Revère*. Voyez *River*.

RIVIGA, A. M. petit ruisseau. De *Riv*; *Ig*, diminutif.

RIULEEN, régle. B. De là *Rieule* en vieux François, régle, & *Rieulé*, régulier.

RIULUS, A. M. petit ruisseau. De *Rhiu*.

RIUS, A. M. ruisseau. De *Rhiu*.

RIVUM, A. M. rivière. Du *Rhiw*.

RIVUS, froid, frilleux. B.

RIVY-STRIVY, RISU-VISU, quolibet pour un bigle. B.

RIZ, ris graine. B. Voyez *Ris*.

RIZA, racine. Ba. *Rize* en Grec.

RIZEC, risière, champ semé de ris. B.

RIZEN, ris graine. B.

RIZEN, rebord de muraille, corniche. B.

RISIA. Voyez *Ria*.

RO, rivière. G. *Ro*, eau en Brésilien; *Laros*, fleuve en Cophte. Voyez *Rhiu*, *Rhiw*, *Riv*, *Roi*.

RO, Voyez *Re* & *Roc*.

RO, premier, principal, le plus haut, le dessus, très, fort adverbe, trop, d'abord, devant. I. Voyez *Rho*.

RO, ferment, vœu. B.

RO, donne à la seconde personne de l'impératif. B.

RO, le même que *Ra*, *Re*, *Ri*, *Ru*. Voyez *Bal* & *Ro*.

RO-ARD, fort élevé. I. C'est le même que *Roard*.

RO-FEAIR, très-bon, le meilleur, très-bien. I.

RO-FEAM, le meilleur. I.

RO-IACHDRACH, le plus bas. I.

ROA, mammelon. Ba.

ROANEZ, Rois, pluriel de *Roe*. B.

ROANTELEH, royaume. B.

ROARD', suprême, souverain, le plus haut. I. C'est le même que *Ro-Ard*.

ROARSA, ancien, vieux. I.

ROB, biens, héritage, possession. B. *Rauba* dans les formules de Marculphe, biens, facultés. *Ruba* en Italien signifie la même chose. *Raub* en Theuton & en Allemand; *Roba* en Italien; *Rora* en Espagnol; *Raps* en ancien Saxon; *Reip* en Islandois; *Robe* en François, vêtement, robe. Voyez *Roba*, *Arropa*, *Robad*.

ROB, proie, butin. B. *Geroub* en Théuton; (*Ge* est paragogique en cette Langue) *Raub* en Allemand; *Roof* en Suédois & en Flamand, butin, dépouilles de l'ennemi.

ROBA, manteau, cappe. I. Voyez *Rob*, *Arropa*.

ROBA, une petite débauchée. I.

ROBA, dérober, ravir, faire un larcin par force. B. Voyez *Rhaib*.

ROBA, A. M. robe. Voyez *Rob*.

ROBAD, robe. I.

ROBAIL, pillage, rapine, vol, déprédation. I. Voyez *Rob*, *Raib*.

ROBARE, A. M. dérober. De *Roba*.

ROBAU, biens, héritage, possession. B. Voyez *Rob*.

ROBE, toute chose de nul prix. B.

ROBERIA, A. M. action de butiner, d'enlever les dépouilles de l'ennemi. De *Rob*.

ROBHRO, ancien, très-vieux. I.

ROBORETUM. Voyez *Rove*.

ROC, roc. G. Voyez *Roch*.

ROC, rochet espèce d'habillement. G. *Rock* en vieux François, robe, & *Rocquet*, casaque courte; *Rock* en Allemand; *Rocc* en ancien Saxon; *Roch* en Théuton; *Roch* en Suédois & en Flamand; *Roc* en vieux François; *Rochet* en Patois de Franche-Comté; *Rancho* en Bohémien; *Ronchos* en Grec vulgaire; *Roccus* en Latin barbare, tunique, rochet espèce d'habillement. De *Roc* est venu le mot François *Rochet*, qui ne désigne aujourd'hui qu'une espèce de tunique de toile à l'usage des Prêtres. Voyez *Rocan*, *Roched*, *Rochet*, *Roket*, *Rocqedenn*.

ROC, château, forteresse. Voyez *Podium*.

ROC, fier, arrogant, altier. B. Voyez *Rog*.

ROCA, A. M. roc. De *Roc*.

ROCA, ROCCHA, ROCHA, ROCCA, ROCKA, A. M. château, forteresse. Voyez *Podium*.

ROCADUR, fierté. B.

ROCAMBOLES, rocambole. B. De là ce mot.

ROCAN, vêtement. I. Voyez *Roc*.

ROCAN, filet. I.

ROCCUS, ROCUS, ROCHUS, A. M. rochet espèce de vêtement. Voyez Roc.

ROCERIUM, A. M. rocher. De Roc.

ROCG, altier, rogue. B. De là ce mot. On disoit en vieux François Rouge. Brantome dit que les Suisses, pour avoir remporté un avantage sur M. de la Tremoille à Novare, *vinrent si Rouges & si insolens, qu'ils méprisoient toutes les Nations & pensoient battre tout le monde.*

ROC'H, roc, rocher, pierre; plurier *Reher*, *Rehyer*, *Recher*, *Rechier*, *Rochau*, *Rochaou*, *Rochou*, *Rohou*; *Reh*, roc; plurier *Rohen*, *Reher*. B. *Roe* en Gallois; *Rocha* en Basque, roc, roche, rocher; *Roc* en François; *Ro* en Languedocien; *Roc*, *Rob* en Auvergnac; *Rocha* en Dauphinois; *Roueche* en Franc-Comtois; *Roca* en Espagnol; *Roccia* en Italien; *Rocke* en Anglois; *Rotze*, *Rae*, *Rach* en Flamand; *Rox*, *Regos*, *Rachia*, *Rachis* en Grec; *Rachas* en Hébreu; *Racas* en Chaldéen; *Rek*, *Rakahh*, *Rakim* en Arabe; *Dreß* en ancien Persan; *Ragam* en Syriaque & en Arabe, roc, roche, rocher; *Rogmas*, lieu plein de rochers en Grec; *Regem* en Hébreu; *Ragam* en Syriaque & en Arabe; *Raches* en Chaldéen; *Rob*, *Roiß* en Arabe; *Ractos* en Grec, pierre; *Nirooei*, tas de pierres en Cophte; *Ni*, marque du plurier en cette Langue. J'observerai ici que le Patois de Franche-Comté, dans la formation du plurier de *Roueche*, imite le Breton, car il fait *Rochets*. Voyez *Arroca*.

ROCH, râlement d'un mourant. B. Voyez *Rhoch*.

ROCHA, ronfler, râler, faire du bruit par le gosier en dormant ou en mourant. B. Voyez *Roch*.

ROCHA, rocher. Ba. Voyez *Roc'h*.

ROCHA, A. M. rocher. Voyez l'article précédent.

ROCHAINT, babil. I.

ROCHAL, ronfler. B.

ROCHAT, ronfler, râler. B.

ROCHCREV, roc. B.

ROCHS, château, forteresse. Voyez *Podium*.

ROCHED, chemise à homme. B. Voyez *Roch*.

ROCHEL, roc, roche, rocher. B. Voyez *Roch*.

ROCHELL, râlement. B. Voyez *Roch*.

ROCHELLAICH, rocaille. B.

ROCHET, singulier *Rocheden*; plurier *Rochedou*, *Rochedennou*, chemise de toile. B. Voyez *Roc*.

ROCHETA, A. M. diminutif du second *Rocu*.

ROCHETUM, A. M. rochet. Voyez *Rochet*, *Roc*.

ROCHORA, le principal, le meilleur, le premier. I. Voyez *Rhag*.

ROCHUS, A. M. roc. De *Roch*.

ROCINUS, A. M. le même que *Runcinus*.

ROCONELL, râlement d'un mourant. B. On dit *Rancet* en Patois de Besançon.

ROCQ, fier, orgueilleux, altier, rogue, arrogant. B.

ROCQAILHES, rocaille. B.

ROCQEDENN, jupon. B.

ROD, chemin, route, baie, port, golfe; *Rodanrigh*, chemin royal. I. De là notre mot François *Route*, le *t* & le *d* se substituant mutuellement. Voyez *Rodal*.

ROD, roue. B. On voit par *Rodell Blean*, *Rodella*, *Rodellecq*, que *Rod* a signifié en général tortuosité, courbure.

ROD, le même que *Rad*, *Red*, *Rid*, *Rud*. Voyez *Bal*.

RODA, A. M. roue. De *Red*.

RODAGH, rouage. B.

RODAL, roder. B. De là ce mot. Voyez *Red*.

RODAL, se panader, se quarrer. B.

RODELL, roue de charrue, de charrette, de chariot; *Rodell Blean*, boucle de cheveux. B.

RODELLA, rouler, entortiller, friser. B.

RODELLECQ, crépu, frisé. B.

RODERE, A. M. roder. De *Rodal*.

RODETUS, A. M. rouet. C'est un diminutif de *Red*.

RODHANA, hardi, audacieux, vaillant, courageux. I.

RODHUIN, un grand Seigneur, un Pair, un Grand de l'État. I.

RODL, rame. B.

RODMUIN, renard. I.

RODO, gué; plurier *Rodeou*, *Rodeier*. B. Voyez *Rhyd*.

RODOED, RODOET, gué. B.

ROE, plaine, champ. I.

ROE, roux. I. *Ro* en vieux François, rouge; *Ros* en ancien Saxon, roux. Voyez *Ruz*.

ROE, Roi. B. Voyez *Rhag*.

ROED, gué. B.

ROEFF, rame. B.

ROEG, déchirure; *Roegui*, déchirer. B.

ROEIN, donner. B.

ROENV, rame, aviron, béche, pelle à bécher; plurier *Roenvou*, *Roenva*, *Roenvat*, ramer, se servir de la rame ou aviron; *Roenver*, rameur, marinier ou batelier, qui travaille à l'aviron, à la rame. B. *Remb*, rame & rameau en Albanois; *Remus*, rame en Latin.

ROENVA. Voyez *Roenv*.

ROENVER. Voyez *Roenv*.

ROER, donneur. B.

ROERIA, A. M. ruisseau. De *Ro*.

ROESTA, brouiller, embrouiller. B.

ROESTOU, brouillerie. B.

ROESTRA, brouiller, embrouiller. B.

ROESTROU, brouillerie. B.

ROET, rets filet de pêcheur. B. *Rhwyd* en Gallois, rets. De là le Latin & l'Italien *Rete*, l'Espagnol *Red*, le François *Rets*.

ROET, adonné. B.

ROEV, rame, aviron, béche, pelle à bécher. B.

ROEVAT, ramer. B.

ROEVER, rameur. B.

ROPHRAMNTHA, sçavant, docte. I.

ROG, Roi. I. Voyez *Rhag*.

ROG, ROK, ROCQ, ROQ, altier, brusque. B. *Rohkia*, hardi, audacieux en Finlandois; *Rohkens*, hardi en Lappon, en Finlandois & en Mordwy. Voyez *Roghann*.

ROG, fraie de poisson, œufs de poisson dont les pêcheurs font l'appât pour prendre les autres, & sur tout la sardine. De là le mot François *Rogue*, qui signifie précisément la même chose que ce *Rog* Breton.

ROG, déchirure. B. *Arruca* en Basque, fente.

ROG, rivière, ruisseau, torrent, eau coulante en général. Voyez *Carrog*, *Ro*, & *Rog* le même que *Rig*.

ROG, le même que *Rag*, *Reg*, *Rig*, *Rug*. Voyez *Bal*.

ROGA, rompre par lambeaux. B.

ROGAICH, coassement. B.

ROGH, ROGHA, Roi; *Rogha Na Riogh*, état d'un Roi. I. Voyez *Rhag*.

ROGHA, choix, option, choisir. I.

ROGHADH, choisir, choix. I.

ROGHANA, le même que *Rodhana*. De même des dérivés ou semblables. I. Voyez *Rog*.

ROGHLACH,

ROGHLACH, ROGHALAOCH, choix des soldats. I.
ROGHMMAL, état d'un Roi. I.
ROGIUS, ROGUS, A. M. ruisseau. De *Rog. Rouge* en Patois des paysans du Milanois, ruisseau.
ROGNON, rognon. B. De là ce mot.
ROGNONES, ROGNONI, A. M. rognons. De *Rognon*.
ROGOUNI, arrogance. B. Voyez *Rorg*.
ROGUES, résure appât fait d'œufs & de morue, &c. pour attirer les sardines. B. Voyez *Rog*.
ROH, roc; plurier *Rohen*, *Roher*. B. Voyez *Roch*.
ROHAN, empan. B.
ROHANNOUR, celui qui mesure par empans. B.
ROHE, roux. I. Voyez *Roe*.
ROHEAN, roux. I. De là notre mot François *Rouan*.
ROHELL, roc, roche, rocher; plurier *Rohellen*, *Rohellou*. B. Voyez *Ro*.
ROHOAN, empan. B.
ROHQEN, râlement d'un mourant. B.
ROHQUENNEC, casse adjectif. B. Voyez *Rohqen*.
ROI, vœu. B.
ROI, fort adverbe, très. Voyez *Roi-Hean*.
ROI-HEAN, fort ancien. I. On voit par ce mot & par le suivant que *Roi* a signifié fort adverbe, très. Voyez *Ro*, *Rho*.
ROIBEAGH, ROIBEAG, très-petit. I. *Beag*, petit.
ROICHGNIOM DO COMHAIRLEAD, complotter. I.
ROIDE, boue. I.
ROIGHA, élection, choix. I.
ROIGHNIOMRADH, gestes extravagans. I.
ROIGN, gale, gratelle, chancre des arbres. B. De là notre mot François *Rogne*.
ROIHONES, A. M. le même que *Rognones*.
ROILIG, Temple, Église. I.
ROIM, ROIMH, ROIMHE, ROIMHRAE, avant, devant. I.
ROIMH, souffre. I.
ROIMHILIS, fade, trop doux, très-doux. I.
ROINN, portion, part, parcelle, moitié, partage, distribution, division, séparation, crin coupé ou arraché, don, partager, diviser, distribuer, séparer. I. Voyez *Ran*, *Rouigna*.
ROINNE, cheveu. I.
ROINNIM, partager. I.
ROIS, agréable. I.
ROIS, ROYS, les mêmes que *Roi*. I.
ROISEATT, rochet. I.
ROISTINE, gril à rôtir. I. Voyez *Rost*.
ROIT, roue, rouet, roulette. I. Voyez *Rot*.
ROITHLINGE, brèche. I.
ROITLE, roue. I.
ROIVE, avant; devant. I.
ROKET, singulier *Rokeden*, camisole, chemisole, chemisette, habillement de serge que les paysans portent sous leur pourpoint ou juste-au-corps & sur la chemise. B. Voyez *Roc*, *Rochted*, *Rochet*, *Rhuchen*.
ROL, ROLL, rolle. Il se prend aussi pour coup dans cette façon de parler, *tout d'un coup*. Il se prend encore au sens moral pour le libre arbitre, la liberté d'agir suivant sa propre volonté : C'est ainsi que Dom Le Pelletier explique ce mot. Le Père du Rostrenen met *Roll*, rolle, rouleau, liste, lelle, liberté, licence. B. *Rolle* en Allemand; *Rolle* en François; *Roll* en Anglois & en Flamand, rolle; *Rollen* en Allemand & en Flamand, rouler. Voyez *Rhol*, *Rolla*, *Ruilha*.
ROLAICH, horloge de table. B.

ROLEAU, padou. B.
ROLECH, ornière. B.
ROLLA, rolle, liste; *Rollad*, enroller. I. Voyez *Rol*.
ROLLA, accoupler, attacher ensemble; par exemple, deux bœufs à l'attelage, rallier, rejoindre plusieurs choses ensemble. B.
ROLLAD, rouleau. B.
ROLLEC'H CARR, traces de charrette, ornière. B.
ROLLED, rouleau. B.
ROLLI, roulis. B. De là ce mot.
ROLLUS, A. M. rolle. De *Roll*. Voyez *Rol*.
ROLTE, garrot, corde qui sert à bander une charge sur un cheval, sur une charrette. B.
ROLTEIN, biller. B.
ROM, qui coule rapidement. G. *Enromant* en vieux François, subitement, & *Erraument*, *Esfraument*, *Erraument*, vite, incontinent, sans délai. *Eremé*, sur le champ, promptement en Galibi.
ROM. FA ROM, saverole, petite fève. B.
ROMHAIRE, pirate, corsaire. I.
ROMHAISIOCH, exquis, rare, excellent. I.
ROMHAIT, excellent, très-bon, très-bien, rare. I.
ROMHAR, fossoyer. I.
ROMHO, très-grand. I.
ROMHOIDE, grandeur, excès. I.
ROMHOR, extrême, puissant, fort adjectif, le plus, fort adverbe, très, extrêmement. I. *Rome* en Grec, force.
RON, rivière. G. Ce mot s'est conservé en ce sens dans le Languedocien. Voyez *Ren*.
RON, qui coule rapidement. G.
RON, sceau, cachet. I. Voyez *Rhin*.
RON, rame. B. *Aviron* paroit formé de ce mot.
RON, synonyme de *Ra*. Voyez *Yva*.
RON, le même que *Ran*, *Ren*, *Rin*, *Run*. Voyez *Bal*.
RONA, mettre en pièces. I.
RONA, RONOGE, heureux. I.
RONADH, bâton. I.
RONAT, ramer. B.
RONCALE, RONCALIS, A. M. lieu plein de ronces. Voyez *Roncia*.
RONCE, cheval, rosse; plurier *Roncet*, *Ronceet*. B. Voyez *Rhunsi*.
RONCEIQ, bidet. B.
RONCENUS, RONCENA, RONCHINUS, A. M. espèce de cheval. De *Ronce*, *Rhunsi*.
RONCET, roussin. B.
RONCHA, ronfler, râler, faire du bruit par le gosier en dormant ou en mourant; *Ronchal A Ra Ar March* se dit aussi d'un cheval qui étant effrayé la nuit, souffle du nez & de la bouche. B. Voyez *Rhwuge*.
RONCHELLA, râler en mourant. B.
RONCIA, A. M. ronce. Je crois que ce mot est Gaulois, & qu'il nous a été conservé dans les anciennes chartes ainsi que bien d'autres. 1°. Ce terme ne vient ni du Grec, ni du Latin, ni du Théuton ; c'est donc un mot Celtique. 2°. *Drain* en Breton signifie ronce, épine ; le *d* initial s'omettoit ou se conservoit indifféremment, ainsi on aura dit *Rain*, d'où sera venu le vieux mot François *Roinsse*, ensuite *Ronce*.
RONCIN, souci plante. B.
RONCINUS, cheval. Ce terme se trouve dans le procès de la canonisation de Saint Yves, ainsi c'est un mot Breton avec une terminaison Latine : On n'en peut même douter, puisque *Ronce* en Breton signifie cheval.
RONCQENN, glaire, gros & vilain crachat. B.

RONDACH, couverture d'un cuvier. B.
RONDACHENN, rondache, écu. B. *Rundatschs* en Théuton; *Rondas* en Flamand; *Rondache* en François, rondache.
RONDICHA, refaire la viande dans l'eau bouillante. B.
RONDISSEIN, RONDISSAL, arrondir. B.
RONER, rameur. B.
RONGUEIN, déchirer. B.
RONKEL, RONKEN, ROCONEL, le râle ou râlement des mourans. B.
RONN, chaîne, corde, lien. I.
RONN, le même que *Roin*. I.
RONNADH, bâton, massue. I.
RONNAK, étoile en Écoſſois septentrional.
RONNEIN, plier, rouler, emmailloter. Voyez *Difronnein*.
RONOCE. Voyez *Réna*.
RONQAT, râler. B.
RONQELL, râlement d'un mourant. B. *Rommeau* en vieux François, râlement de la mort.
RONQELLAT, râler. B.
RONTE, piſte, veſtiges. B.
RONTEN, route, ſentier, ondulation. B.
RONTEU, briſées. B.
RONUS, bonheur. I.
RONZ, vers, de côté, à part. Ba.
ROPA, corde, licou. I. *Rape*, corde en Angloiſ.
ROPA, A. M. les meubles, les ameublemens d'une maiſon. De *Rob*.
ROPOIRE, broche, rapière, brette. I. De là le ſecond de ces mots. On diſoit *Roupiart* en vieux François.
ROQEDEN, chemiſe. B. Voyez *Rokt*.
ROQET, chemiſe. B. Voyez *Roket*.
ROQUE, château, forteresse. Voyez *Podium*.
ROQUEDENNOU, braſſières. B. Voyez *Roket*.
RORDAM, courir. I.
ROS, lieu plein de bruyères, bruyères. G. *Raſe* en Italien, arbriſſeau.
ROS, plaine verdoyante. G. De là le Latin *Rus*.
ROS, promontoire ſelon les uns, presqu'iſle ſelon les autres. G. Les deux ſens ſont bons, ainſi qu'on s'en convaincra en liſant tous les *Ros*.
ROS, promontoire, presqu'iſle. E. *Ros*, *Roſé*, tête au propre & au figuré, ſommet, cime, pointe en Hébreu; *Reſa*, *Reſca*, tête, ſommet, & *Roſi*, *Roſci*, capital, principal en Chaldéen; *Roſo*, *Roſco* en Syriaque, tête; *Roi* en Éthiopien, tête, Prince, principal en Arabe, en Africain, en Sarrazin, tête; *Ruſs* en Arabe, montagne; *Riſchi* en Syriaque, éminent, élevé; *Riſy* en Éthiopien, cime de montagne; *Roſſa* en Polonois; *Raſſi* en Croatien; *Reezti* en Dalmatien; *Ruezti* en Bohémien, croître. Voyez *Ros*, tertre.
ROS, ROSS, étang, marais, plaine marécageuſe, presqu'iſle. I. *Ruoro*, jonc en Finlandois.
ROS, plaine verdoyante ſelon les uns, bruyères ſelon les autres. I. Les deux ſens ſont bons, ainſi qu'on s'en convaincra en liſant tous les *Ros*.
ROS, roſe. I. Voyez *Rhos*.
ROS, agréable. I. De là *Roſſignol*. *Ros*, agréable; *Cin*, chant; *Cinol*, chanteur.
ROS, ſingulier *Roſen*, roſe fleur. B. Voyez *Rhos*.
ROS, ROSS, tertre, hauteur; terrein en pente douce, petit tertre couvert de fougère ou de bruyères, tertre ou lieu inculte. B.
ROS, la pointe de terre qui eſt au confluent de deux rivières. B.
ROS, le même que *Ras*, *Ret*, *Rit*, *Rus*. Voyez *Bal*.

ROS, le même que *Rot*. Voyez la diſſertation ſur le changement des lettres.
ROS-GLEN, coquelicot, ponceau pavot ſauvage. B.
ROS-GOUEZ PLANTENN, églantier. B.
ROS-KI eſt ce que les Grecs nomment *Cynorodon*, roſe de chien.
ROS-MOCH eſt une eſpèce de pavot jaune commun dans les contrées maritimes de la Bretagne, pavot, coquelicot. B. A la lettre, roſe de cochon.
ROSA, roſe. Ba. Voyez *Rhos*.
ROSAN, ROSIN, agréable. I.
ROSEC, lieu plein de roſes. B.
ROSELL-GAMM, rable outil. B.
ROSEN paroit être un nom générique de fleur en Breton. Ils appellent une eſpèce de pavot jaune *Ros-Ki*, l'œillet *Roſen-Indes*, la tubéreuſe *Tubéroſen*.
ROSEN-AER, ponceau, coquelicot. B.
ROSEN-QI, pavot. B.
ROSERIA, A. M. lieu plein de roſeaux. Voyez *Raous*.
ROSETUM, A. M. lieu plein de roſeaux. Voyez *Raous*.
ROSG, œil. I.
ROSG-VAN, prunelle de l'œil. I.
ROSIA, A. M. Les nouveaux Éditeurs de Ducange penchent à croire que c'eſt un lieu plein de roſeaux: On pourroit auſſi l'entendro d'une plaine arroſée & verdoyante ou prairie marécageuſe. Au premier ſens il ſeroit formé de *Ros* ou *Rhos*.
ROSIN, agréable. I.
ROSINYL, ſouci plante. B.
ROSMARI, romarin. B. Voyez *Rhos-Mair*.
ROSS, plaine verdoyante. G.
ROSS, vallée. C.
ROSS, promontoire, presqu'iſle. E.
ROSS, cheval. B.
ROSSIN, roſe. E. Voyez *Rhos*.
ROST, rôt, rôti, chair rôtie; plurier *Roſtion*; *Roſta*, rôtir, cuire la viande au feu ſans eau. B. Voyez *Rhoſt*.
ROSTADH, rôtir, cuire, bouillir. I. Il y a apparence que la première façon de cuire la viande a été de la rôtir ou griller, parce qu'elle eſt la plus ſimple; lorſque dans la ſuite on l'aura fait cuire de quelqu'autre façon, on aura continué de ſe ſervir du terme qu'on avoit employé originairement, & voilà pourquoi *Roſtadh* aura ſignifié non ſeulement rôtir, mais encore toutes les façons de cuire la viande, même en la faiſant bouillir.
ROSTEIN, rôtir, hâler. B. Voyez *Roſthio*, *Roſtadh*.
ROT, ſynonime de *Rit* ou *Rhyd* dans un dialecte Gallois.
ROT, rivière. B. Voyez *Rò*, *Srot*.
ROT, roue de charrue, de charrette; &c. pluriet *Rodou*. *Rodella*, rouler; *Cravat Rodellec*, brouette. *Rodellec* étant le poſſeſſif, ſignifie ce qui a une ou pluſieurs roues. B. Voyez *Rhod*.
ROT, le même que *Rat*, *Ret*, *Rit*, *Rut*. Voyez *Bal*.
ROTHEITH, ardent, embraſé. I.
ROTIA, A. M. le même que *Roſia*.
ROTOL, les feuilles tombées des arbres & que l'on ramaſſe pour en faire du fumier propre à engraiſſer les terres. B.
ROU, rouge. I. Voyez *Rus*.
ROU, le même que *Ru*, parce que l'*u* ſe prononce en *ou*. *Roud*, rivière en Perſan.
ROUAILL, fable. B.
ROUAIRT, flux de la mer. I.

ROVAITH, très-bon. I. *Vaith* pour *Maith*.
ROUAN, ROUANV, rame. B.
ROUANAT, ROUANNEIN, ramer. B.
ROUANES, Reine. B. Voyez *Rhag*, *Ren*.
ROUANES, pervenche plante. B.
ROUANEZ, rois; pluriel de *Roüe*. B.
ROUANNOUR, rameur. B.
ROUCIN LENTISQ MASTICQ, gomme qui sort du lentisque. B. Voyez *Rouczin*.
ROUCING, souci plante. B.
ROUCINUS, A. M. petit cheval. Voyez *Rhwnsi*.
ROUCQ, le même que *Rhag*. Voyez *Ambroucq*.
ROUCZIN, ROUSIN, résine. B. De là le Latin, l'Italien & l'Espagnol *Resina*, le Grec vulgaire *Retzene*, le François *Résine*, l'Anglois *Rosen*, résine.
ROUD, vestige, route. B.
ROUD-QARR, ornière. B.
ROUDENN, impression, marque, ligne, itinéraire. B.
ROUDOU, erres d'une bête. B.
ROUDOUEZ, gué. B.
ROUDTIN, routine, sorte d'habitude acquise à force d'exercice sans régles, sans principes. B. De là ce mot.
ROÜE, Roi, Monarque, Prince souverain. B. Voyez *Rhag*.
ROVE, chêne. B. Ce mot nous a été conservé dans la vie de Saint Joave ou Jovin, qui se trouve dans les actes des Saints de Bollandus au second de mars. De là le mot François *Roure*, *Rouvre*, l'Espagnol *Rubre*, *Roblé*, l'Italien *Ruëre*, *Rovero*, *Rouerl*, le Portugais *Rôure*, le Provençal *Roves*, chêne. De là le Latin barbare *Rover*, *Ruvor* qui signifie la même chose. De là ces termes de la basse Latinité qui se trouvent dans les anciens monumens *Roboretum*, *Rovertum*, *Roveritum*, *Rovoria*, *Rovoirya*, *Roverina*, *Roveria*, *Roueria*, *Rouretum*, & ces vieux mots François *Rovraye*, *Rouvraye*, *Rouvray*, *Rouvroye*, *Rouvroy*, *Rouvrey*, *Rouvrou*, bois de chêne ou chênaie. Je croirois que le mot Latin *Robur* vient du Celtique *Rove* ou *Robe*, car ce mot n'étant pas pris du Grec, a dû être emprunté du Gaulois, puisque le Latin n'a été formé que de ces deux Langues, ainsi qu'on l'a prouvé dans la première partie des Mémoires sur la Langue Celtique. J'ajouterai que *Rov* paroit être une aphérése de *Derw* : Ces sortes d'aphéréses ne sont pas rares dans le Celtique, ainsi qu'on le pourra voir dans la dissertation sur le changement des lettres.
ROUED, panneau, filet, rets. B.
ROUEGAFF, déchirer. B.
ROUELL, rougeole. B.
ROUELLEN, rouelle. B.
ROUENER, dévidoir à rouet. B.
ROVER. Voyez *Rove*.
ROVERIA, ROUERIA, ROVERINA, ROVERITUM. Voyez *Rove*.
ROUEST, ROUESTL, ROUESTR, embarras, trouble, brouillerie, confusion, embrouillement. On le dit plus communément de fil, soye, cheveux, &c. brouillés, mêlés, & entortillés; *Rouesta*, *Rouestla*, *Rouestra*, mêler, embrouiller, embarrasser. B. Voyez *Rhwysstr*, *Ruathradh*.
ROUESTL. Voyez *Rouest*.
ROUESTLA. Voyez *Rouest*.
ROUESTR Voyez *Rouest*.
ROUESTRA Voyez *Rouest*.
ROUET, panneau, filet, rets. B. De là le Latin *Rete*, le François *Rets*.

ROUEU, rame. B.
ROUES, rare, clair, transparent, non épais, non pressé, non condensé, serein. B.
ROUEESAAT, éclaircir. B.
ROUFEN, ride, pli, sinuosité; pluriel *Roufennou*; *Roufenna*, rider, faire des rides, plier, plisser, faire des plis; participe *Roufennet*, ridé, &c. Il se dit du visage, des habits, de toutes peaux & étoffes. B.
ROUFFLE, orgueil, ostentation, forfanterie. B.
ROUFFLET, gourmé B.
ROUFFLUS, impérieux. B.
ROUFFYEN, le même que *Roufen*. B.
ROUG, déchirure. B. Voyez *Rhwyg*.
ROUG, le même que *Rhag*. Voyez *Ambroucq*.
ROUGN, ROUGNEN, rogne. B. De là ce mot. On dit encore en Patois de Franche-Comté *Rougné* pour rogne.
ROUGNUS, galeux. B.
ROUHEN, empan. B.
ROUIGN, grosse gale, gale, rogne. B.
ROUIGNA, rogner, ronger, couper peu à peu, comme avec un mauvais couteau, gratter pour diminuer, raper. B. De là notre mot François *Rogner*. Voyez *Rhwyg*, *Rowygo*, *Ruinn*.
ROULER, bouleux; c'est ainsi qu'on appelle un cheval trapu & propre à des services de fatigues. B.
ROUMARIN, romarin. B.
ROUND, ROUNDT, ROUNT, rond. Il se prend aussi au figuré pour franc. B. De là le François *Rond*, l'Allemand *Rund*, *Rundt*, l'Anglois *Round*, le Flamand *Ront*, rond. On dit encore en François qu'un homme est *rond*, quand il est franc, sans biais, sans détours.
ROUNPHL, ogre sorte de monstre, d'homme sauvage qu'on feignoit manger les petits enfans du temps des fées. B.
ROVORIA, ROVOYRIA. Voyez *Rove*.
ROVRETUM. Voyez *Rove*.
ROUS, roux, roussâtre, brun, châtain, basané, hâlé. B. De là le François *Roux* & l'Espagnol *Roxo*.
ROUSARD, roussâtre, fauve. B.
ROUSDED, ROUSDER, hâle de visage. B.
ROUSIN. Voyez *Rouczin*.
ROUSSETUM, A. M. drap de peu de prix de couleur rousse. De *Rous*.
ROUSSINGR, souci fleur. B.
ROUSSINUS, A. M. petit cheval. Voyez *Rhwnsi*.
ROUT; singulier *Routenn*, *Rouden*, trace, vestige, ligne, raie, trait, marque ou impression, ou d'autre chose sur la terre, sur la cire, &c. les ornières ou traces des roues de charrette, route, sentier; pluriel *Roudou*, *Dirouden*, sans routes; *Diroudet*, dérouté, égaré, hors de route; *Er-Rout*, synonime d'*Er-Maes*, dehors. B. De là notre mot François *Route*.
ROWANTELER, Royaume. B. Voyez *Roüe*.
ROUVAT, ruée amas de litières séches, chaumes, bruyéres &c. que l'on fait dans les basse-cours pour les froisser sous les pieds, & les faire pourrir, afin de les meler ensuite avec du fumier, & engraisser les terres. B.
ROUZ, bâteau de pêche. G.
ROUZ, roux, roussâtre, brun, châtain, basané, hâlé. B.
ROUZA, rissoler. B.
ROZ, don, donation, présent. B. Voyez *Rhôdd*.
RU, place. G. selon Camden. Voyez *Ru*, rue.
RU, RUN, secret. I.

RU, rue, chemin bordé de maisons des deux côtés, chemin, campagne; pluriel *Rnou*. B. De là le François *Rus*. *Rehhov*, rue, place publique en Hébreu; *Rume* en Grec, rue. De *Ru*, campagne, est venu le Latin *Rus*.

RU, rouge. B. C'est le même que *Ruz*. Voyez *Ruxell*.

RU, RUS, rue plante. B. *Ruts* en Grec; *Ruta* en Latin & en Italien; *Ruda*, *Arruda* en Espagnol; *Rue* en François; *Raute*, *Rauten* en Allemand; *Rude* en ancien Saxon; *Rbuys* en Flamand; *Rue*, *Rew* en Anglois; *Rude* en Danois; *Ruta* en Polonois; *Rutiza* en Esclavon; *Rauta* en Bohémien; *Ruta* en Dalmatien & en Hongrois, rue.

RU, le même que *Ra*, *Re*, *Ri*, *Ro*. Voyez *Bal*. *Ru*, ruisseau en vieux François. Il s'est encore conservé en ce sens parmi les paysans en plusieurs Provinces du Royaume; *Rnax* en Grec, ruisseau, torrent; *Ru* en Géorgien, canal, aqueduc, conduite d'eau; *Aron*, ruisseau en Arménien; *Rud* en Persan & en Arabe, fleuve; *Rouff*, coulant en Tartare Jakut; *Aron*, fleuve en Malabare. Voyez *Rhiw*, *Red*, *Rot*, *Srnt*.

RUA, A. M. rue. De *Ru*.

RUADH, rouge, roux, fauve, qui tire sur le roux, brun, obscur. I. Voyez *Rhudd*.

RUADH, renard. I.

RUAGAIRE, barre de porte, obstacle. I.

RUAGTHA, RUAIGTHE, défait, mis en déroute; *Ruaig*, défaite. I.

RUAIDH, le même que le premier *Ruadh*. I.

RUAIDHAN, RUADHAN, RUADHIN, les mêmes que *Ruaidh*. I.

RUAIDHNEACH, poil rouge. I.

RUAIG. Voyez *Ruagtha*.

RUAIGH, RUAGH, les mêmes que *Ruaidh*, *Ruadh*. De même des dérivés ou semblables. I.

RUAINN, RUAINNE, poil, cheveu. I. *Run*, chevelure en Islandois. Voyez *Run*, *Renn*.

RUAINNEACH, velu. I.

RUAL, ruer. B. De là ce mot.

RUALE, A. M. rue, place. De *Ru*.

RUAMBH, épée. I. *Romphaia* en Grec; *Romphaea* en Latin, longue épée.

RUANAIDH, rouge. I.

RUANEIN, ramer. B.

RUATA, A. M. rue, place. De *Ru*.

RUATHAR, pillage. I. De là le nom de ces pillards nommés *Rutarii* dans la basse Latinité, & *Routiers* en vieux François. *Ruflerie*, *Ruftrerie*, *Ruftrie*, brigandage, pillerie, volerie en vieux François. Voyez *Ruptarii*.

RUATHRADH, être mêlé, être pêle-mêle. I. Voyez *Roueft*.

RUB, rouge. E. De là le Latin *Ruber*, *Rufus*, l'*f* & le *b* se mettant l'un pour l'autre. Voyez *Rus*, *Ruth*, *Ruz*.

RUBAN, ruban. B. De là ce mot.

RUBANUS, A. M. ruban. De *Ruban*.

RUBARE, A. M. le même que *Rubare*.

RUBATOR, A. M. voleur. De *Rubare*.

RUBE-RUBENNE, à la bonne foi, de but en blanc, tout droit sans biaiser. B.

RUBIS, rubis. B.

RUC, le même que *Rac*, *Rec*, *Ric*, *Roc*. Voyez *Bal*.

RUCA, A. M. rue, place. De *Ru*.

RUCH, rut. B.

RUCHARIUM, A. G. endroit où l'on gardoit les habits. Voyez *Roc*.

RUCHIA, A. M. tan ou poussière d'écorce de chêne; *Rusque* en Provençal. De *Rusk*.

RUCHT, porc. I.

RUCINUS, A. M. petit cheval. Voyez *Rhwnsi*.

RUCUS, A. M. habit de dessus. Voyez *Roc*.

RUD, chaud. G.

RUD, le même que *Rad*, *Red*, *Rid*, *Rod*. Voyez *Bal*.

RUDA, A. M. rue. De *Ru*.

RUDD, rouge. C. B. Voyez *Rhudd*, *Ruadh*.

RUDEL, rougeole. B.

RUDET, transporté de passion pour le sexe. B.

RUDLEIM, saut. I. Voyez *Leim*.

RUDO, grossier, rustre. Ba. De là le Latin *Rudis*, grossier, le vieux François *Rudesse*, l'Anglois *Rudness*, grossièreté.

RUEFF, rame. B. Voyez *Rhwyf*.

RUEIG, petit Roi. B. Voyez *Rhag*.

RUEL en vieux François, ruisseau. De *Ru*.

RUELL, rougeole, jaunisse. B.

RUELLA, A. M. ruelle. De *Ru*.

RUENO, A. M. petit ruisseau. De *Ru*.

RUERE, A. M. ruer. De *Rual*.

RUFFLA, humer. B.

RUFIAN, impudique. B. De là le vieux mot François *Rufien*. Voyez l'article suivant.

RUFINEACH, impudique. I.

RUFLER, renifleur. B.

RUG, le même que *Rag*, *Reg*, *Rig*, *Rog*. Voyez *Bal*.

RUGA, RUGHA, A. M. place, rue. De *Ru*.

RUGH, rouge. E. De là notre mot François *Rouge*, le vieux mot François *Roge*. Voyez *Ruj*, *Rub*, *Rus*, *Ruth*, *Ruz*.

RUGIA, A. M. ruisseau, petit ruisseau, canal. De *Rug*.

RUHA, A. M. rue, place. De *Ru*.

RUJ, rouge. Voyez *Rujot*.

RUIBE, rouge. E. I. De là le Latin *Ruber*, le vieux François *Rob*, rouge.

RUIBRIS, face rouge. I.

RUICH, le même que *Ruish*. De même des dérivés ou semblables. I.

RUICQ, rouge. B.

RUIDHIM, courir. I. Voyez *Rhedeg*.

RUILHA, rouler. B. De là ce mot. De là l'Allemand & le Flamand *Rollen*, rouler.

RUILHEN, les élingues roulettes de fer minces & flottantes sur l'aissieu. B.

RUILHER, rouleur, encaveur. B.

RUILHERES, le même que *Ruilhen*. B.

RUIMH, le même que *Roimh*. I.

RUIN, division, partage. I. C'est le même que *Roim*.

RUINAFF, ruiner. B. De là le Latin *Ruina*, l'Italien *Rovina*, le François & l'Anglois *Ruine*. Voyez *Ruyn*.

RUINARE, A. M. tomber en ruine, ruiner. De *Ruinaff*.

RUINDIAMAIR, mystère. I.

RUINNEC, herbe. I.

RUINNIM, diviser, partager. I.

RUJOT, singulier *Rujoden*, rougegorge oiseau. B. On voit par là que les Bretons ont dit *Ruj* comme *Rui*, rouge.

RUIRE, Seigneur, Grand de l'État. I.

RUIS, étang, marais, plaine marécageuse. I.

RUIS, plat d'écorce, sureau, liége. I.

RUISELLUS, A. M. petit ruisseau. De *Ruiss*.

RUISIM, mettre en pièces. I.

Ruissa,

RUI.

RUISSA, ruisseau. Ba. Voyez *Ru*.
RUIT, ruisseau en vieux François. Voyez *Ru*.
RUITH, armée, troupe. I. Voyez *Rhawd*.
RUITHEACH, en marche, en route. I.
RUL, le même que *Ral*, *Rel*, *Ril*, *Rol*. Voyez *Bal*.
RUM, RUMMAIN, montagne. G. Voyez *Ram*.
RUM, sol. I.
RUM, nombre, partie d'un nombre également partagé en deux ; je l'ai même entendu dire par un cordonnier d'une paire de souliers : On le dit plus communément d'une partie détachée du tout, comme par exemple : *Ur-Rum A-Ra Kementse*, une partie (du monde ou du genre humain) fait ainsi, ou quelques-uns agissent de cette manière. On le dit encore pour espèce, sorte. Exemple : *Daon Rum Tut A M'eus Gwelet*, j'ai vu deux sortes de gens, ou deux nombres de différens hommes ; *Ur Rum E∽ Teront Oll*, ils viennent tous d'une certaine espèce ; *Rum Merien*, fourmillière, nombre ou multitude de fourmis ; C'est ainsi que Dom Le Pelletier explique ce mot. Le Pere de Rostrenen met *Rum*, troupe, assemblée de gens, nombre, partie, grande partie parlant des hommes. B. Le Pere de Rostrenen ne devoit pas restraindre aux hommes la signification de ce mot, puisqu'on appelle en Breton une chaîne de montagnes de Bretagne *Rum Menezyou Diouchtu* ; c'est à-dire, nombre ou grande quantité de montagnes qui se touchent. On trouve aussi dans le dernier Dictionnaire Breton *Rum* pour *Rumb*, part ou partage de vent. *Reme*, troupeau, troupe en Persan. De *Rum* sont venus le Latin *Rumpo*, l'Italien *Rumpere*, l'Espagnol *Romper*, le François *Rompre*. Voyez *Rumni*.
RUM, rhume. B.
RUM, le même que *Ram*, *Rem*, *Rim*, *Rom*. Voyez *Bal*.
RUMAD, partie, grande partie parlant des hommes. B. Cet article est pris du Pere de Rostrenen. Voyez ce qu'on a dit sur *Rum*.
RUMBLE, bord de la mer. B.
RUMEIN, enrhumer. B.
RUMNI, séparer, diviser, rompre, briser. G. Voyez *Rum*.
RUN, montagne, colline, promontoire. E. I. Voyez *Rhun*. *Run* plus bas, *Runen*.
RUN, secret, privauté, familiarité. I. Voyez *Rhin*.
RUN, Conseil, Sénat. I.
RUN, colline, hauteur, terrein élevé, & dont la montée est facile. M. Roussel, sçavant dans la Langue Bretonne, l'entendoit d'un terrein élevé & étendu en longueur & en largeur. Ce mot est commun, du moins en Léon & en Cornouaille, où plusieurs portent le nom d'*Ar-Run*, le *Run* ou du *Run*, & les maisons *Pen Ar Run*, extrémité de la hauteur. Une petite isle située vis-à-vis du Monastére de Landevenec est nommée *Enés Ar-Run*, isle de la colline. B. Cet article est pris de Dom Le Pelletier. Voyez *Run* plus haut.
RUN, crin, soie de cochon. B. Voyez *Ruainn*, *Rhwn*, *Reum*.
RUN, le même que *Ran*, *Ren*, *Rin*, *Ron*. Voyez *Bal*.
RUNACH, discret. I.
RUNAIGH, obscur. I.
RUNAIRM, chambre du Conseil. I.
RUNCINUS, A. M. petit cheval. Voyez *Rhwnsi*.
RUNDA, secret adjectif, privé, familier. I.
RUNDAS, exactitude à garder un secret. I.

RUS.

RUNEN, petite montagne. C. Voyez *Run* ; *En*, diminutif.
RUNMHILLE, tromper. I.
RUNNADH, division, partage. I. Voyez *Ran*.
RUNNURD, partage. I.
RUNOSADH, information. I.
RUNT, jument. G. E. Voyez *Rhwnsi*.
RUNT, petit. G.
RUNZ, vers, de côté, à part. Ba. Voyez *Rouz*.
RUODANA, RUADANA, les mêmes que *Rodana*. I.
RUPARE, A. M. le même que *Rubaro*.
RUPES, château, forteresse. Voyez *Podium*.
RUPTARII, RUPTARI, RUTARII, RUTHARII, ROTHARII, ROTARII, RUTHERII, A. M. routiers en vieux François, brigands qui se choisissoient des chefs, se mettoient en troupes comme les milices réglées, & alloient ainsi piller les différentes Provinces du Royaume. *Rupta*, *Ruta*, *Ruita*, *Routa*, route ; *Rotte* en vieux François, troupe de ces brigands. De *Ruathar*.
RUS, le même que *Ruis*. I.
RUS, rouge, vermeil. B. *Rosso*, rouge en Italien. On appelle encore parmi le peuple dans le Royaume un *Rousseau*, un homme qui a les cheveux rouges. Voyez *Ruz*, *Ruth*.
RUS, le même que *Ras*, *Res*, *Ris*, *Ros*. Voyez *Bal*.
RUSA, mouvoir, pousser. B.
RUSCA, écorce d'arbre. Ce mot Gaulois nous a été conservé par l'Auteur de la vie de Saint Lupicin : Il se trouve encore dans le Breton ; *Rusk* dans cette Langue signifie écorce. M. Borel dans ses antiquités Gauloises, p. 543 dit qu'en Languedoc on fait les ruches d'écorces d'arbres d'une seule piéce qu'on appelle *Rusque*. *Rusca* en Italien signifie écorce, particulièrement de pommes. Voyez *Rusk*, *Ruchia*.
RUSCA, RUSCHA, A. M. ruche. De *Rusc* ou *Rusk*. Les ruches ont été d'abord faites d'écorce nommée *Rusk* en Gaulois, & c'est de là qu'elles ont pris le nom de *Rusche* : On les fait encore ainsi dans le Languedoc. Voyez l'article précédent.
RUSCATIUM, A. M. tan ou poussiére faite d'écorce de chene. De *Rusk*.
RUSDONY, brutalité, étourdissement. B.
RUSET, rusé. B. De là ce mot.
RUSGAN, plat d'écorce, sureau, liége. I.
RUSIN, ce qu'on donne à manger à un enfant entre le dîner & le souper. I.
RUSK, singulier *Ruskou*, écorce d'arbre ; pluriel *Ruscou*, *Ruskennou* ; & aussi une ruche à miel, car on dit *Ruskennat-Mel*, ruchée de miel, ce qu'une ruche fournit de miel à une fois, & encore *Ruskennat Wenan*, ruchée, plein une ruche d'abeilles. B. Voyez *Rhis*, *Rusgan*, *Rusqen*, *Rusca*.
RUSPIN, face rouge. B. *Rus*, rouge ; *Pin*, face.
RUSQEN, écorce, ruche. B.
RUSQUEJARE, A. M. écorcer un arbre. De *Rusk*.
RUSSATUS, A. M. rouge. De *Rus*.
RUSSETUM, A. M. drap de peu de valeur de couleur rouge. De *Rus*.
RUST, rude, violent, brusque, brutal, furieux, fortement agité ; *Rust Ew Ar-Mor*, la mer est rude, fort agitée : C'est ainsi que Dom Le Pelletier explique ce mot. Dans d'autres Dictionnaires Bretons on trouve *Rust*, raboteux, rude, aigre d'humeur & de paroles, rébarbatif, fier, indompté, féroce, farouche, lourdaud, robuste, sain, rigidement. B. De là notre mot François

Ruſtaud; de là *Ruiſte* en vieux François, rude; *Druiſt* en Allemand, hardi, effronté; *Rus* en Perſan, mauvais, difficile; *Ariſco* en Eſpagnol, fâcheux, farouche, âpre, ſauvage, intraitable; *Bruſq* en vieux François, âpre au goût. Voyez *Ruſtonni*, *Ruſtonniein*.

RUSTAN, tertre, colline, petite montagne. I. Voyez *Ros*.

RUSTICA, A. M. rubrique. De *Rus*, rouge, comme *Rubrica* eſt formé de *Ruber*.

RUSTONNI, apprêté. B. Voyez *Ruſt*.

RUSTONNIEIN, rudoyer, brutaliſer. B. Voyez *Ruſt*.

RUSTYERUS, liſet inſecte. B.

RUT, chemin. G. B.

RUT, rut chaleur des animaux. Il ſe dit auſſi pour fureur, caprice. B.

RUT, le même que *Rat*, *Ret*, *Rit*, *Rot*. Voyez *Bat*. *Rut* en vieux François; *Arith* en Syriaque, ruiſſeau. Voyez *Ruth*.

RUTA, troupe, foule, troupeau. I. Voyez *Rhawd*.

RUTA, A. M. place. De *Rn*.

RUTA, A. M. troupe de pillards. De *Ruta* ou de *Ruathar*.

RUTARII, *RUTHARII*, *RUTHERI*, A. M. pillards. Voyez *Ruathar*.

RUTELLIUS, A. M. fornicateur, impudique. De *Rut*.

RUTEN, tourbillon en particulier, & en général tout ce qui eſt violent, impétueux & ſubit ou précipité. B.

RUTH, rouge. G. *Rot* en Théuton & en Allemand; *Root* en Flamand, rouge; *Rote*, *Rode* en Iſlandois, rougeur; *Ereuthos* en Grec, rougeur, & *Eruthros*, rouge. Voyez *Rus*.

RUTH, Roi. B.

RUTH, rivière. Voyez *Kovruth*.

RUTIN, pâturon. I.

RUTTA, A. M. rue. De *Rn*.

RUTTA, A. M. troupe de pillards ou troupe de ſoldats. Voyez *Ruta*, *Rhawd*, *Ruathar*.

RUVAR, mine de métal. I.

RWILLA, rouler, tourner. B. Voyez *Ruilha*.

RUVINARE, A. M. ruiner. De *Ruinaff*.

RWM, le même que *Rhwym*. Voyez *Rhefrwm*.

RUVOAD, ſang de dragon plante. B.

RUVOR, A. M. rouvre. Voyez *Rove*.

RWT, racine dans le dialecte Gallois de l'Iſle de Mona. G. *Root* en Anglois & en Suédois; *Roed* en Danois, racine.

RWY, Prince. G. C. Voyez *Rhag*.

RW Y pour *Rhwym*. Voyez *Corynrwy*.

RUYAL, ruer. G.

RUYN, ruine. B. Voyez *Ruinaff*.

RUYP, *RUYPE*, rouge. E. Voyez *Ruibe*.

RUZ, rouge, couleur & coloré de rouge, vermeil;

Ruza, *Ruzia*, rougir, rendre ou devenir rouge; *Ruzder*, rougeur. B. Il ſignifie auſſi roux, jaune. Voyez *Ruzell*. Voyez *Rus*, *Ruth*.

RUZ, rue plante. B. Voyez *Rn*, *Rhns*.

RUZ-TERR au pluriel ſignifie les hémorrhoïdes, & eſt compoſé de *Ruz*, rouge, & de *Sterr*, rivière ou flux, & ſignifie à la lettre, flux rouge. B. Cet article eſt pris de Dom Le Pelletier.

RUZA. Voyez *Ruz*.

RUZA, ramper. B.

RUZDER. Voyez *Rus*.

RUZELL, *RUELL*, rougeole, jauniſſe. B.

RUZIA, A. M. tan, pouſſière d'écorce de chêne. Voyez *Ruchia*.

RUZIGA. *CHOARI RUZIGA*, jouer aux épingles comme les enfans, en pouſſant chaque épingle avec l'ongle du pouce, à deſſein de les faire croiſer l'une ſur l'autre. B.

RY, tout-à-fait, entièrement. G. De là l'expreſſion populaire *ric-à-ric*, pour dire exactement, préciſément.

RY, abondance, abondant. G. Voyez *Rhy*.

(*RY*. *NEUD RY*, fil retors. B.

RYBUDDIO, certifier. G.

RYD, le même que *Rhwyſ*. Voyez *Mesſyryd*.

RYD, rouge. G.

RYDION, muets. B.

RYF, ordre, arrangement. Voyez *Amryſys*.

RYFAL, le même que *Rafael*. Voyez *Amrafael*, *Amryfal*.

RYFYS, ordonné, rangé. Voyez *Amryſys*.

RYK, riche. B. Voyez *Ric*.

RYLAG, étoile dans le dialecte Gallois de l'Iſle de Mona. G.

RYM, force. G. *Arrimea* en Baſque, appui, ſoutien; *Ram* en Théuton & en Allemand; *Rome* en Grec, force; *Ramur* en Danois; *Rammur* en Iſlandois, fort.

RYM, rime, meſure, cadence nombreuſe. B. Voyez *Rim*.

RYMER, *RYMOUR*, rimeur. B.

RYNNU, pouſſer dehors, étendre. C.

RYOLEEN, petit ruiſſeau, rigole, ornière. B. *Leen*, diminutif; *Ryo* par conſéquent ruiſſeau. Voyez *Rhin*, *Rhiw*.

RYOT, diſpute, conteſtation, riote. B.

RYOTER, gauſſeur. B.

RYS, ordre, arrangement. Voyez *Dyrys* & *Reiz*.

RYUD, rouge. B. Voyez *Rhudd*.

RYW. *Y RYW FAN*, *Y RYW LE*, en quelque endroit; *O Ryw Fann*, de quelque part. G. Voyez *Rhyw*.

RYW AMSER, un jour. G. Voyez *Rhyw*.

RYW FFORDD, le même qu'*Oran*. G.

RYWBETH, quelque choſe. G. Voyez *Rhyw*.

S

 Se prépose indifféremment dans le Celtique. (Voyez la differtation préliminaire fur le changement des lettres.) S alors eft une fyncope d'*Ys* ou *Es* ; ainfi on peut prendre tous les autres mots en y prépofant S.

S pour *Ys*, article G. Ainfi on peut faire commencer par S tous les mots qui commencent par *Ys*.

S, C, G, fe mettent l'un pour l'autre. Voyez *Aru*. Ainfi on peut commencer par S tous les mots qui commencent par C & par G.

S & *Ch* fe mettent indifféremment l'un pour l'autre. Voyez la differtation préliminaire fur le changement des lettres.

S fe peut changer en H à la tête des mots. I.

S & *J* fe mettent l'un pour l'autre. Voyez la differtation préliminaire fur le changement des lettres.

S & *T* fe mettent l'un pour l'autre. Baxter dit qu'un dialecte Gallois met le *T*, un autre l'*S* au commencement des mots.

SA, article felon Baxter. G.

SA, de marque du génitif. I.

SA, SO, vôtre. I.

SA, autour. I.

SA, en, dans, dedans. I.

SA, le même qu'*A*, *Ca*, *Ga*. Voyez *Aru*.

SAAILE, SAILE, les mêmes que *Saduile*. I.

SAB, eau. G.

SAB, le même qu'*Ab*, *Cab*, *Gab*. Voyez *Aru*.

SABAIL, conferver, défendre, protéger, garder, foulager, fecourir, fauver, être fauf, épargner, ufer d'épargne, cure, guérifon, délivrance, réformation. I.

SABAL, grenier. I.

SABAL, large. Ba.

SABARNA, intrufion. Ba.

SABAT, SAVAT, bruit, cri ; *Savata*, faire du bruit, crier ; *Savater*, *Savatus*, crieur, homme qui fait grand bruit en criant ou parlant haut. B. De là notre terme populaire *Sabat* pour grand bruit.

SABATARRA, ventre. Ba.

SABATERIUS, SABBATERIUS, A. M. cordonnier, favetier. De *Zapatua*.

SABATUR, bleffure faite aux pieds par une chauffure incommode. On en fait le verbe *Sabatura*, dont le participe paffif eft *Sabaturet*, *Sabatufet*, qui fe dit d'un piéton qui a le pied bleffé par fa chauffure. Dans le Diocèfe de Cornouaille *Sabatur* marque un mal qui vient aux pieds des bêtes par l'humidité du lieu où elles couchent la nuit. B. Voyez *Zapaltzea*.

SABELA, ventre. Ba.
SABELCO, ventre. Ba.
SABELDARRA, uterin. Ba.
SABELERRABIA, dyffenterie. Ba.
SABELQUIA, armure propre à couvrir le ventre. Ba.
SABELUSTA, flux de ventre. Ba.
SABER, le même qu'*Aber*. Voyez *Aru*.
SABHALTA, fauve, hors de danger. I.
SABHALTAS, fureté, affurance, falut. I.
SABHSADH, fauce. I.
SABIA, plantation. Ba.
SABL, fable. B. De là le Latin *Sabulum*, le François *Sable*. Voyez *Sabla*.
SABLA, SABLEA, fable. Ba. Voyez *Sabl*.
SABLER, géfier. B.
SABLERIA, A. M. fablière. De *Sabl*.
SABLO, A. M. fable. De *Sabl*.
SABLONNOUR, fablonneux. B.
SABOREA, faveur. B.
SABOTER, faboteur. B. Voyez *Zapatua*.
SABR, fable B. De là le Latin *Saburra*, le François *Saburne*, gros fable qui fert de left à un vaiffeau.
SABR, féve. B.
SABRECQ, horloge de fable. B.
SABREN, fabre. B. De là ce mot. De là le Flamand & le Suédois *Sabel*, l'Allemand *Sabel*, fabre.
SAC, fac, valife, beface, bourfe, poche. I. *Sach* en Gallois, fac ; *Zah* en Langue de Cornouaille, fac ; *Sac*, fac, poche en Breton ; *Sacc*. fac en Bafque ; *Sak* en Hébreu & en Chaldéen, fac ; *Pifok*, fac en Cophte ; (*Pi* article) *Kunag*, fac en Arménien, & *Sagari*, panier dans la même Langue ; *Sak* en Turc, fac, bourfe, puifque *Karfak* fignifie eftomac, géfier d'oifeau, & *Sakfi*, un vafe de terré ; *Sakkos* en Grec ; *Sakg* en Grec vulgaire ; *Saccus* en Latin ; *Sacco* en Italien & en Efpagnol ; *Sac* en François ; *Sake* en Allemand & en Flamand ; *Sach* en Théuton ; *Sakk* en Gothique ; *Sace*, *Sec* en ancien Saxon ; *Sack* en Anglois ; *Seck* en Danois ; *Saak* en Hongrois ; *Shakel* en Efclavon & en Carniolois ; *Sako* en Géorgien, fac.

SAC, fac, poche. B.

SAC, faccagement, fac. B. De là ce mot. De là l'Anglois *Sack*, faccager, piller, l'Iflandois *Saky*, caufer du dommage, nuire, bleffer. *Saki*, je taille, je coupe, je maffacre en Tartare Mogol & Calmoucq ; *Sachinis* en Etrufque, maffacre ; *Sach* en Théuton & en Allemand ; *Seax* en ancien Saxon ; *Sax* en Iflandois, épée ; *Sagaris* en ancien Perfan, efpèce d'épée ; *Sica* en Latin, poignard ; *Sacher* en vieux François, tuer. Voyez *Sacqa*, *Sacqueca*, *Sacailla*.

SAC, fac. Ba.

SAC, cheval. Voyez *Haenai*.

SAC, le même que *Sec*, *Sic*, *Soc*, *Suc*. Voyez *Bal*.

SACA, extraction. Ba.

SACADIRRUA, appât pour extorquer de l'argent. Ba.

SACAILLA, plaie. Ba.

SACALINA, espèce de dard attaché à une corde pour le retirer après qu'on l'a jetté. Ba.

SACALU, je tire. Ba. Voyez *Sacha*.

SACARTEA, action d'élaguer ou d'émonder les arbres. Ba.

SACCAGERE, A. M. faccager. De *Sac*.

SACGLAN, Roi, Juge ancien, colonne, pilier. I.

SACH, fac. G. B. Voyez *Sac*.

SACH, tente. G.

SACH, fac, poche; plurier *Sechier*, *Schier*, *Syher*. B. Voyez *Sac*

SACH, DOUR SACH, eau dormante, qui n'a point de mouvement; *Sach-A Ra-An Dour*, l'eau s'arrête, ne coule pas; *Sacha*, arrêter, retenir, contenir, empêcher d'aller; participe *Sachet Ew Ar Blent*, la farine est arrêtée, ne tombe pas de dessous la meule. B. *Sakahhh* en Hébreu, croupir, se reposer en parlant de corps liquides. *Saiv* en Gothique, étang; *Sach*, marais, lac en Tartare Calmoucq; *Saz*, marais, lac en Tartare de Crimée. Voyez *Sassia*.

SACH-GUIN, fac-à-vin, homme qui boit beaucoup de vin & goulument. B. Il paroit par le mot populaire *Sagouin* qu'on a étendu ce mot à signifier un homme qui mange & qui boit mal-proprement à cause que celui qui boit goulument répand souvent du vin sur soi, ensuite par une nouvelle extension on s'est servi du mot *Sagouin* pour désigner tout homme sale & mal propre.

SACHA, tirer, attirer, faire sortir, traîner, extorquer, arracher, enlever. B. De là *Sacher* en vieux François, tirer; *Sacha Sepée* pour tira son épée. On disoit aussi *Saquer* au même sens; *Saccar* en Espagnol, mettre l'épée à la main. On voit par là que *Sacha*, qui signifie en général tirer, s'est pris en particulier pour tirer l'épée: C'est ainsi que *Dégainer*, qui signifie en général tirer quelque chose de sa gaine, se prend particulièrement pour tirer l'épée. *Sa*, je trais la vache en Tartare Mogol & Calmoucq. Voyez *Sachad*.

SACHA, croupir parlant de l'eau. B. *Sacken* en Allemand est un verbe qui marque l'état de la lie ou du marc lorsqu'il est au fond de quelque liqueur. Voyez *Sach*.

SACHAD, pousser, chasser quelqu'un de quelque lieu. I. De là le mot François *Secouer*. Voyez le premier *Sacha*.

SACHAM, le même que *Satham*. De même des dérivés ou semblables. I.

SACHBWNN, paquet, sac de hardes. G.

SACHELLUS, SACHETTUS, A. M. petit sac. De *Sach*.

SACHES, le même qu'*Aches*. Voyez *Aru*.

SACHGOD, grande bourse. G.

SACHGWD, petit sac. G.

SACHIAD, ce qui farcit, ce qui remplit. G.

SACHLEN, SACHLIAIN, sac, cilice. G. *Sach Lliain*.

SACHWR, faiseur de sacs. G.

SACNAI, le même que *Haenai*. Voyez ce mot.

SACQDKIN, saquetter. B.

SAÇON. Voyez *Saçun*.

SAÇON, le même qu'*Acun*. Voyez *Aru*. De là le Latin *Saxum*, l'Italien *Saso*.

SACQA, faccager. B. De là ce mot. Voyez *Sac*.

SACR, facré. B.

SACRAFEN, serment. G.

SACREA, busard, buse oiseau. Ba.

SACRIFICE, SACRIVICE, sacrifice, dévouement. B.

SACRILAICH, sacrilège. B.

SACRILEGIA, sacrilège. Ba.

SACUDIRE, A. M. secouer. De *Sachad*.

SAÇUN, SAÇON, tempéré, modéré, en bon état, bien disposé, bien apprêté. On le dit des fruits de la terre qui sont venus à parfaite maturité, des viandes bien assaisonnées, des habits propres & bien ajustés; *Saçun*, à temps, à propos, exactement, avec mesure, proportion ou justesse, diligemment. De *Saçun* on fait son contraire *Dissaçun*, insipide, mal assaisonné, mal accommodé, &c. au sens figuré incommode, désagréable, importun, rude; *Sacun* signifie aussi saison soit de semer, soit autre; plurier *Sacuniou*. C'est ainsi que Dom Le Pelletier explique ce mot. Le Pere de Rostrenen met *Sacun*, savoureux, propre, net, sobre; *Saçunn*, assaisonné, saison; *Sacuni*, assaisonner; *Dissaçun*, âpre, désagréable, fade; *Dissaczun*, âpre, fade, insipide. B. De là est venu notre mot assaisonne. Voyez *Saeson*, *Saezon*.

SACUNI. Voyez *Saçun*.

SACZUN. Voyez *Saçun*.

SAD, le même qu'*Ad*, *Cad*, *Gad*. Voyez *Aru*.

SAD, le même que *Sat*. Voyez *D*.

SAD, le même que *Sed*, *Sid*, *Sod*, *Sud*. Voyez *Bal*.

SADAILE, félicité, bonheur, prospérité. I. *Sadaier*, caresser, flater, & *Sade*, gentil en vieux François.

SADARN, le même que *Cadarn*. Voyez *Aru* & *Sadorn*.

SADELL, selle de cheval, bât. G. De là le Flamand *Sadel*, l'ancien Saxon *Sadl*, *Sadol*, le Théuton *Satal*, l'Islandois *Sadull*, l'Allemand *Sattell*, l'Anglois *Saddle*, l'Esclavon *Sedlu*, le Bohémien *Sedlo*, le François *Selle*, l'Italien *Sella*, l'Espagnol *Silla*. Le *d* s'ôte du milieu du mot. Voyez *Silla*.

SADH, le même que *Sagh*. De même des dérivés ou semblables. I.

SADHAL, le même que *Saghal*. De même des dérivés ou semblables. I.

SADORN, SADURN, saturne, jour de saturne, (dans notre Langue *Samedi*) puissant, guerrier, qui aime la guerre, qui fait la guerre. B. *Sadwrn*, saturne, jour de saturne en Gallois; *Zadarn*, saturne en Langue de Cornouaille. Voyez *Sadarn*, *Sadr*, *Saidir*.

SADR, le même que *Cadr*. Voyez *Aru* & *Sadorn*.

SADWRN, saturne, jour de saturne. G.

SAE, SÆ, robe, habit, habit long, jaquette d'enfant; *Sae Mailhet* cotte de mailles. B De là les mots François *Saie*, *Saion*, l'Italien *Saio*, le Polonois *Saien*, l'Espagnol *Saya*, *Sayo*, *Sayal*, *Sayosni*, le Flamand *Sage*, saie, habit; *Soika*, habit, tunique en Turc; *Za* en Tartare du Thibet, vêtement. Voyez *Sagum*, *Sahe*, *Saie*, *Saya*, *Sayochoa*.

SAE, le même que *Cae*. Voyez *Aru*.

SAED, flêche. E. Voyez *Saeth*.

SAEDS, sauge. E. *Saeds Gwylltion*, sauge sauvage. G.

SAELLOUR, talonnier. B.

SAEN, char chariot. G.

SÆN, gouttière. B.

SAEN, le même que Caen. Voyez Arn.
SAER, artisan, ouvrier, architecte ; Saer Coëd, ouvrier en bois ; Saer Maen, ouvrier en pierre. G. Voyez Saor.
SAER, le même que Caer. Voyez Arn.
SAERDY, boutique, attelier. G.
SAERMAEN, tailleur de pierres, carrière, endroit où l'on taille la pierre. G. Voyez Saer.
SAERNIAETH, métier, art, architecture, construction, conformation, fabriquer, faire avec art, faire. G.
SAERNIAETHU, faire avec art, bâtir, construire, former, donner une forme. G.
SAERNIAID, YN SAERNYAIDD, avec art, dans les régles, habilement. G.
SAERNIO, fabriquer, faire. G.
SAERWAITH, métier. G.
SAESIA, saisir, retenir & arrêter ce qui est saisi ; participe passif Saesiet, saisi, arrêté par force, impotent, infirme, languissant, attaqué de maladie. B. De là le François Saisir. Voyez Sassif.
SAESON, saison. G. B. De là ce mot & l'Anglois Season. Voyez Saeun, Susoa, Sasona.
SAETH, flèche. G. B. On voit par Saethwr, Saethydd, que Saeth a aussi signifié javelot. De Saeth sont venus le vieux François Saette, Saiete, l'Espagnol Saeta, l'Italien Saetta, le Latin Sagitta, flèche. Voyez Saed, Zethin, Seid, Saighead, Sayeta.
SAETHALLUOG, le sagittaire. G.
SAETHFLEW, poil follet. G.
SAETHU, tirer de l'arc, lancer, darder. G. Voyez Saeth.
SAETHWR, lanceur de javelots. G.
SAETHYDD, le sagittaire, qui tire de l'arc, armé de javelot, de dard. G.
SAETHYDDIAETH, art de tirer de l'arc. G.
SAETS, sauge. G.
SAETTIA, A. M. flèche. De Saeth.
SAETYA, A. M. flèche. De Saeth.
SAEZ, flèche, trait. B.
SAEZ, SAEZEN, rayon ; Saezion An-Heaul, rayons du soleil. B.
SAEZEN, Voyez Saez.
SAEZIZA, SEZIZA, SÆZYA, saisir, confisquer. B. C'est le même que Saesia.
SAEZON, saison. B. Voyez Saçun.
SAEZON, BEVIN SAEZON, bœuf salé. B. Voyez Saçun.
SAF, demeure, lieu de repos, séjour, endroit où l'on s'arrête, poste, soyez de bout. G.
SAF. Voyez Sefyll.
SAF, le même qu'Af, Caf, Gaf. Voyez Arn.
SAF, le même que Sef, Sif, Sof, Suf. Voyez Bal.
SAF, le même que Taf. Voyez S.
SAFADWY, arrêté, fixé, inébranlable, stable, ferme, solide, qui s'arrête, qui est fixe, qui demeure ferme, déterminé, constant. G.
SAFAN, bouche. G. Voyez Safn.
SAFAR, SAFFAR, bruit, clameur, tintamarre, sabat, grand bruit, tumulte, charivari, cancan, discours ; Saffara, faire du bruit ; crier, parler haut, parler, raconter ; Dissaffar, paix, tranquillité. B. De là le vieux mot François Saffre, pétulant, remuant, frétillant, vif, folâtre, lascif.
SAFARER, criailleur, criard, bruyant. B.
SAFARUS, bruyant, tumultueux. B.
SAFDDELW, statue. G.
SAFEDIG, DWR SAFEDIG, eau dormante, étang. G.
SAFF, tertre, hauteur, petite colline. B. Sahhhaph

en Hébreu, faîte, éminence, & Saphi, montagne dans la même Langue.
SAFFAR, SAFFRWM, safran. G. Zaphar en Arabe, être jaune, & Zaphron, safran dans la même Langue ; Safran en François, en Allemand & en Dalmatien ; Zaffarano en Italien ; Azafran en Espagnol ; Saffron en Anglois ; Saffraen en Flamand ; Shafran en Esclavon & en Carniolois ; Sifran en Bohémien ; Szaffran en Polonois ; Shefran en Carinthien ; Safran en Turc ; Saffrany en Hongrois, safran. Voyez Saffron.
SAFFRON ; singulier Saffronen, grosse mouche qui bourdonne sans cesse en volant, d'où lui vient le nom François Bourdon ; plurier Saffronet. B. Ce mot est formé de Safar, bruit, duquel on aura fait Saffaron, Saffron, bruyant, qui fait du bruit.
SAFFRON, SAFFROUN, SAFRAN, CHAFFROUN, safran plante, sa fleur & la couleur quelle donne aux étoffes ; Saffronen, un pied ou une fleur de safran. B. Voyez Saffar.
SAFFRWM. Voyez Saffar.
SAFFRYMLIW, de couleur de safran. G.
SAFFRYMMAID, de safran. G.
SAFFRYMMOG, safrané, de couleur de safran. G.
SAFFRYMMU, teindre avec du safran. G.
SAFFWY, lance. G.
SAFFWYAWR, lancier. G.
SAFIA, belette. Ba.
SAFIAD, stature, état. G.
SAFLE, lieu de repos, demeure, séjour, poste. G.
SAFN, bouche. G. Voyez Safan. Safn est le même que Stafn, comme Sang est le même que Stanc & Seren le même que Steren.
SAFNAID, ce qui remplit la bouche, bouchée, morceau. G.
SAFNEGORED, qui bâille. G.
SAFNEIDIO, mâcher à pleine bouche. G.
SAFNOG, qui a une grande bouche. G.
SAFNRHWTH, qui a une grande bouche, qui bâille. G.
SAFNRHYTHNI, bâillement. G.
SAFNRHYTHU, bâiller, ouvrir la bouche après quelque chose, aggrandir la bouche. G.
SAFNRHYTIAD, bâillement, ouverture de la bouche. G.
SAFR, SAWR, saveur, odeur, parfum, senteur. G. De là le Latin & l'Espagnol Sapor, l'Italien Sapore, l'Anglois Savour, le François Saveur. Ce terme s'est pris aussi au figuré, ainsi qu'on le voit par les vieux mots François Safre, fin, rusé, madré ; Safrettes, vives, folâtres, enjouées. De là est venu notre mot François Sobriquet qui est un nom de plaisanterie que l'on donne à quelqu'un ; Safr, Sabr, Sobr, Gair. De Safr ainsi pris au figuré, paroit être venu le Latin Sapere. Voyez Saour, Saveur.
SAFRAON, SAFRAN, safran. B.
SAFRONEN, escarbot. B.
SAFROUN, SAFROUNER, nasilleur. G.
SAG, le même que Seg, Sig, Sog, Sug. Voyez Bal.
SAGARDOA, SAGARNOA, bière boisson. Ba.
SAGARLACHD, affection, attache. I.
SAGARSIA, pommier. Ba.
SAGART, Prêtre. I.
SAGASTIA, verger. Ba.
SAGGUL, seigle. I. Voyez Seagul.
SAGH, chien, chienne. I.
SAGH, le même que Sigh. I. De là le Latin Saga.
SAGH, le même que Sach. Voyez Arn.
SAGHADH, scie. I.

SAGHAILEADH, scier. I.
SAGHAL, tendre, affectionné. I.
SAGHAM, boire, imbiber, succer. I.
SAGHAR, le même que Saghal. I.
SAGIS, A. G. sac, saccagement. De Sac.
SAGLACH. Voyez Saigheas.
SAGLAN, le même que Saeglan. De même des dérivés ou semblables. I.
SAGMA, A. G. charge, fardeau. De Sam.
SAGMEN, SAGIMEN, A. M. graisse, sain. De Saim.
SAGNA, A. M. espèce d'herbe qui croît dans les marais, ou espèce de jonc qui croît dans les marais. Voyez San.
SAGON, le même qu'Agon. Voyez Aru.
SAGR, sacré. B.
SAGR, le même que Hagr. Voyez H.
SAGRA, consacrer, dédier. Ba.
SAGS. SAGSONNACH, Anglois. I. C'est-à-dire, Saxon.
SAGUA, souris. Ba.
SAGUBEDARRA, margeline plante. Ba.
SAGUM, robe. Varron en son livre de la Langue Latine nous a conservé ce mot Gaulois. On voit par les anciens monumens qu'on a aussi appelé Sagum, Saium, Saia, & en François Saie, l'étoffe dont on faisoit le Sagum ou la saie, d'où est venu le terme Picard Sayeteur, qui signifie l'ouvrier qui fabrique cette étoffe ; & comme de cette étoffe on fit aussi des couvertures de lit, on trouve dans les anciens glossaires Sagum, Sagus pour signifier une couverture de lit. Sagule en Géorgien, juppon ; Sagu en Chaldéen, saie, robe. Voyez Sae, Sahé, Saie.
SAGUSTARRA, chauve-souris. Ba.
SAH. DOURSAH, eau dormante. Ba. Shei, marais en Finlandois ; Saiv en Gothique, étang ; Sa, Se en ancien Saxon ; Se en Théuton ; Zee en Flamand ; Sea en Anglois ; See en Allemand ; Sio en Suédois ; Sa en Islandois, mer.
SAHAR, ancien. Ba.
SAHE, robe, habit long ; Saho Reun, cilice, robe de crin ; pluriel Saheon. B. Voyez Sae, Sagum.
SAHEIN, croupir parlant de l'eau ; Sahet Dour, eau dormante, eau croupissante. B.
SAHEZ, SÁEZ, SAEZ, SÆZ, SEHAZ, flèche ; pluriel Saeziou, Schaziou. B. Voyez Saeth.
SAI, le même qu'Ai, Cai, Gai. Voyez Aru.
SAI, le même que Hai. Voyez H & Sia.
SAI VREASMYIN, richesses. I.
SAIB. Voyez Saim.
SAIBHREAS, biens, richesses, opulence. I.
SAIBINILT, servante. I.
SAICHA, tirer. B. Voyez Sacha.
SAID, manche. G.
SAIDE, siége, en Latin Sedes. I. De là le Latin Sedes, l'Italien Sede, Sedio, le Théuton Setti, l'Allemand Sitz, le Flamand Settel, siége. De là le Latin Sedeo, l'Italien Sedere, l'Allemand Sitzen, le Flamand Sitten, l'Anglois Sitt, l'Esclavon Sideti, le Dalmatien Sziditi, le Polonois Siedze, le Bohémien Sedit, le Lusatien Schezeti, être assis.
SAIDH, trésor. I.
SAIDHBHIR, riche, opulent, magnifique. I.
SAIDHBHREADH, enrichir. I.
SAIDHBHRIOS, opulence, richesses, monnoie, or, argent, cuivre monnoyé. I.
SAIDIR, robuste, fort. I. Voyez Sadern.
SAIE, saie, habit. B. Voyez Sae.
SAIF, il sera debout. G. Voyez Saf.
SAIG, mets, plat. G.

SAIGH, le même que Saidh. De même des dérivés ou semblables. I.
SAIGHDEOIR, archer. I.
SAIGHEAD, flèche. I. Voyez Saeth.
SAIGHEAS, vieillesse ; Saglach, qui vit longtemps. I.
SAIGHEOIR, scieur. I.
SAIGNETUM, A. M. le même que Saignia.
SAIGNIA, A. M. terrein aquatique rempli de joncs, marécageux. Voyez San.
SAIL, base, fondement, sol. G.
SAIL, garde ; Sailghiolla, homme qui garde. I.
SAIL, poutre. I. Voyez Cran dont il est le synonime. Voyez aussi Sai le même que Hai.
SAIL, SAILEOG, saule. I. De là le Latin Salix, l'Italien Salice, Salcio, l'Espagnol Sauce, Salgueiro, le François Saule. Voyez Helig.
SAIL, talon. I. Voyez Seul, Seuzl, Sawdl.
SAIL-SPIORAD, Ange gardien. I.
SAILCHIOS, mauvais goût, odeur de relent. I.
SAILE, mer. I.
SAILE, SAILEOG, saule. I. Voyez Sail.
SAILE, le même que Sadaile. I.
SAILEACH, bon. I.
SAILEAR, caverne, grotte, tanière, cave, cellier. I. Voyez Cel.
SAILEAR, salière. I.
SAILH, saut, bond. B. De là le Latin Salio, Saltu, l'Italien Saltare, l'Espagnol Saltar, le François Saillir, sauter.
SAILH. Voyez Syllu.
SAILHA, sauter, saillir. B.
SAILHER, sauteur. B.
SAILHET, assaillir. B.
SAILIDTEAS, saleté. I. De là ce mot.
SAILIM, accompagner. I.
SAILITHEAS, bestialité, brutalité. I.
SAILL, graisse. I.
SAILL, seau. B. On dit Seille en Franche-Comté. Sel en Hébreu ; Selh en Arabe, panier, corbeille. Voyez Sulla, Cal.
SAILLA, courir avec précipitation & comme en sautant de joie. B.
SAÏLLA, carreau de jardin. Ba. Voyez Sail.
SAILLEAD, saler. I.
SAILLEIN, sauter, saillir. B.
SAIM, graisse, suif. G. Semen, graisse, huile en Hébreu, & Shhamen, gras, fertile, abondant. Semen en Arabe, lard ; Saman, beurre, & Saham, graisse dans la même Langue ; Seman, être gras ; Semono, graisse en Syriaque ; Saman, beurre ; Suman, graisse en Chaldéen ; Smitan, Smaitan en Gothique ; Smitan en ancien Saxon, oindre, frotter de quelque graisse ; Smut en Anglois ; Smette en Flamand ; Smitte en Danois, tache de graisse ; Schmalz en Allemand ; Smalt, Smalza, Smalzo, graisse, beurre en Flamand ; Saijma en Africain, en Sicilien & en Maltois, graisse ; Semis, graisse ; Semisstik, gras en Turc. Hippocrate dit que les Scythes appellent Hippacen le beurre qu'ils font avec du lait de cavales ; Hippos, cheval ; Cen, beurre. Smeer en Flamand, graisse ; Smeer en Théuton, beurre, & Smeren, graisse ; Smior en Islandois ; Schmer en Allemand, graisse ; Smerws, graisse ; Smero, suif, & Smeeru, onguent en ancien Saxon ; Smor en Danois, beurre ; Smorrya en Suédois, onguent ; Sain en François, sain graisse de cochon fondue. De Saim est venu le Latin Sumen, graisse, & le vieux mot François Essimer, amaigrir, exténuer, consumer. Essimer un

SAI.

faucon, en termes de fauconnerie, est lui ôter la graisse, l'amaigrir. Le *b* & l'*m* se mettant l'un pour l'autre, on a dit *Saib* comme *Saim*. De là le Latin *Sebum*, *Sevum*, l'Italien & l'Espagnol *Seuo*, suif. *Sevom* dans les Tables Eugubines signifie suif. Voyez *Salbona*, *Saynell*, *Sea*.

SAIM, riche. I. Ce sens est fort analogue à celui que ce mot a dans le Gallois : On appelle les riches de la terre & du pays en Hébreu, *les gras de la terre*.

SAIMH, couple, paire. I.
SAIMHCEALGHADH, flater, cajoler. I.
SAIMHE, plaisir. I.
SAIMHRIGHE, plaisir, agrément, aménité, prospérité, bonheur. I.
SAIMLEAR, SAIMNEAD, cheminée. I.
SAIN, son. G. Voyez *Sezn*, *Seing*, *Soin*. *Tsain*, son en Arménien.
SAIN, le même qu'*Ain*, *Cain*, *Gain*. Voyez *Aru*.
SAINA, A. M. le même que *Saignia*.
SAINE, bon. I.
SAINE, variété. I.
SAINEADH, variation. I.
SAINETEA, apprêt d'un ragoût. Ba.
SAINNT, dureté, difficulté, rigueur. I.
SAINT, avarice, convoitise, ardente affection, désir ardent. I.
SAINUM, A. M. graisse de cochon. Voyez *Saim*.
SAIPEAL, Chapelle ; *Seplionach*, Chapelain. I.
SAIR, le même qu'*Air*, *Cair*, *Gair*. Voyez *Aru*.
SAIRINMHEACH, riche, opulent. I.
SAIRSE, crible. I.
SAIS, Saxon, Anglois. G. B.
SAIS, le même qu'*Ais*, *Cais*, *Gais*. Voyez *Aru*.
SAISIA, A. M. saisie. De *Satsia*.
SAISONIA, SAIZO, A. M. saison. De *Saeson*.
SAISONNEIN, assaisonner. B. De là ce mot. Voyez *Sacun*.
SAISTE, sauge. I.
SAITEAN, fleuret. I. Voyez *Saeth*.
SAITH, sept. G. B. *Sheba* en Hébreu ; *Seba* en Arabe ; *Sada* en Sarrasin ; *Sebaa* en Africain ; *Sabaatu* en Éthiopien ; *Hepta* en Grec ; *Septem* en Latin ; *Sette* en Italien ; *Siete* en Espagnol ; *Sieben* en Allemand ; *Sibun* en Gothique & en Théuton ; *Seofon* en ancien Saxon ; *Siw* en Suédois ; *Seven* en Flamand & en Anglois ; *Siedm* en Polonois ; *Sin* en Danois ; *Sit* en Islandois ; *Situ* en Runique ; *Soven* en Saxon ; *Sedem* en Esclavon ; *Szedam* en Dalmatien ; *Sdm* en Bohémien ; *Schedim* en Lusacien ; *Sodem* en Carinthien ; *Heeth* en Hongrois ; *Giedi*, *Jedi* en Turc ; *Iedi* en Persan ; *Sevene* en Tartare de Crimée ; *Zath* en Tartare Wogulitze ; *Tziette* en Tartare Jakut ; *Sithy* dans la Langue des Czérémisses ; *Siw* en Samojede d'Arcangel ; *Seiba* en Samojede de Jenissei ; *Chit* en Chinois, sept.
SAITH, trésor, abondant, commun, ordinaire, vil. I.
SAITH, percement. I.
SAITHBEACH, essaim d'abeilles. I.
SAITHE, espace. I.
SAITHE, troupe ; *Saithreabh*, famille, domestiques. I.
SAITHSEINIAWG, qui résonne sept fois. I.
SAIP, deux. I.
SAIVIR, riche. I.
SAIZIEIN, saisir, séquestrer. B.
SAIZO. Voyez *Saisonia*.

SAL.

SAIZONEIN, assaisonner, épicer. B.
SAIZULOA, retraite, tanière. Ba.
SAL, SALW, vil, de basse naissance, de basse condition, méprisable, de peu de considération, dont on fait peu de cas, inconstant, leger. G. *Sal*, drap vil & de peu de prix en Persan. Voyez *Sal* plus bas.
SAL, mer. I. Voyez *Sal* plus bas.
SAL, écume, scorie, lie, rebut, l'extrémité d'une chose, pied, talon. I. *Salah* en Hébreu, fouler aux pieds. Voyez *Sal* plus bas.
SAL, sel ; *Kic Sal*, chair salée, chair de porc salée, lard ; *Dour Sal*, eau salée, eau de mer. B. C'est à la lettre, chair de sel, eau de sel. C'est ainsi que les Hébreux mettoient le substantif pour adjectif, & disoient *homme de douleur* ou *de souffrance* pour homme souffrant. *Sel*, *Hal* en Gallois ; *Salan* en Écossois & en Irlandois, sel ; *Sal* en Chaldéen ; *Sal* en Latin & en Espagnol ; *Sale* en Italien ; *Saltz* en Allemand ; *Salz* en Théuton ; *Salt* en Gothique, en Tartare de Crimée, en Anglois ; *Sallts* en Islandois ; *Sealt* en ancien Saxon ; *Sal*, *Suola* en Finlandois ; *Salt* en Suédois & en Danois ; *Sel*, *Sol*, *Sul* en Sorabe ; *Sel* en François ; *Sol* en Polonois ; *Soll* en Lusacien ; *Sul* en Bohémien ; *Sull* en Esclavon ; *Szol* en Dalmatien ; *Soo* en Hongrois ; *Tsa* en Tartare du Thibet, sel ; *Salar* en Chaldéen, salière ; *Saluta* en Georgien, salade ; *Salijar* en Turc, salive, crachat ; picquant en Arabe.
SAL, manoir, maison noble située à la campagne ; pluriel *Salou* : C'est ainsi que Dom Le Pelletier explique ce mot. Le Pere de Rostrenen met maison noble, maison de noblesse, maison des champs, sale. B. *Sala* en Basque, sale, sale carrée. Dans la basse Normandie, en Biscaye & dans la basse Navarre toutes les maisons des Gentilshommes sont appellées sales. On se sert à Cologne du même mot dans la même signification. *Sale* dans Joinville signifie palais, grande maison. *Sal* en Théuton, en Lombard & en Allemand, toute maison de particulier, soit de la ville, soit de la campagne ; *Sala* en Théuton ; *Sele* en ancien Saxon, palais ; *Aule* en Grec ; *Aula* en Latin ; *Sael* en Flamand ; *Sala* en Polonois ; *Sahl* en Allemand ; *Haul* en Anglois, sale, palais, cour de Prince ; *Sal* en Allemand ; *Sala* en François ; *Sala* en Italien & en Espagnol ; *Sal* en Danois ; *Salum* en Runique, sale, grande chambre à manger ; *Szalas* en Hongrois, auberge ; *Salur*, palais en Runique ; *Salar*, habitation ; *Salerne*, parvis dans la même Langue ; *Sal*, ville en Gothique ; *Saljan* en Gothique ; *Salen*, *Selen* en Allemand, habiter ; *Sales* en Éthiopien, sale à manger ; *Salahh* en Arabe, maison ; *Salak*, bâtir à différens étages en Arabe ; *Salho*, grange en Tartare Mogol & Calmoucq ; *Selimet* en Malaye, couvert. Voyez *Sala*.
SAL, chaume, paille. B.
SAL, mal-propre, sale. B. De là ce mot. Voyez *Salat*.
SAL. Voyez *Salv*.
SAL, davantage, plus. Ba.
SAL, le même qu'*Al*, *Cal*, *Gal*. Voyez *Aru*. *Sal*

en Hébreu, élever; Sallea, montagne en Persan; Salar, Prince, Général, Chef, grand en Persan; Salat en Hébreu, en Chaldéen, en Syriaque, en Éthiopien, dominer, être souverain; Salak en Chaldéen & en Syriaque, monter, élever.

SAL, le même que Sel, Sil, Sol, Sul. Voyez Sal.

SALA, sale, sale carrée. Ba.

SALA, délation. Ba.

SALA, A. M. maison en général, palais, sale. De Sal.

SALAC, sale, vilain, impudique, petit coquin. I. De là le Latin Salax, l'Italien Salace.

SALAC, manteau. I.

SALACAYAC, blâme. I.

SALACH, sali, sale, souillé, rempli d'ordure, mal-propre, dégoûtant, crasseux, boueux, embrené, rempli de merde, qui a un mauvais goût, taché, trempé, vilain, malhonnête, impudique, bestial, brutal, tache, boue. I. Voyez Sal.

SALADENN, salade. B. Salat en Allemand; Salata en Italien; Salade en François.

SALADURA, accusation. Ba.

SALAIGHE, tache, souillure, déshonneur, infamie. I.

SALAIGHIM, salir. I.

SALAIM, accompagner. I.

SALAMANDRA, salamandre. B. Ba.

SALAN, sel. E. I. Voyez Sal.

SALAN, le même qu'Alan, Calan, Galan. Voyez Aru.

SALANN, détroit ou bras de mer. I.

SALANNAN, saline. I.

SALAQUERA, SALAQUETA, accusation. Ba.

SALAREN, sale, parvis. Ba.

SALARIUM, A. M. salaire. De Saler.

SALATARIA, accusateur.

SALATHAR, chercher, tâcher d'avoir, pourvoir, trouver, prendre soin, se munir, se préparer, se précautionner. I.

SALATZALLEA, accusateur, qui révèle. Ba.

SALBIA, sauge. Ba. De là le Latin & l'Italien Salvia, l'Espagnol Salvaj, le François & l'Anglois Sauge, l'Allemand Salbey, Salwien, le Flamand Salvie, l'Esclavon Salvaj, le Polonois Szalwya, le Dalmatien Sclavulya, le Bohémien Sſalwieg, le Carniolois Shalvei, le Hongrois Zalya, Salya, sauge.

SALBIA, sable. Ba. Voyez Sabla; Sabl.

SALBONA, savon. Ba. Sebon en Gallois & en Breton; Saon, Soavon en Breton, savon; Sebun en Gallois, savon; Savann, Sapon en Chaldéen; Saban, Sabun en Arabe; Tſapono en Syriaque; Sabou en Malaye; Sabun en Turc; Sepon en Grec; Sapo en Latin; Savone en Italien; Xabon en Espagnol; Saiffe en Allemand; Zeepe en Flamand; Sop en Anglois; Shaiſſa en Esclavon; Sapun en Croatien; Zappan en Hongrois; Savon en François, savon. Salbe en Allemand; Salbona en Gothique; Sealf en ancien Saxon; Salb en Anglois; Salba, Salpa en Théuton, onguent. Salben en Allemand; Salbon en Gothique & en Théuton; Sealfun en ancien Saxon; Saiffue en Danois; Salven en Flamand; Shalbati en Carniolois, oindre. Voyez Sapo & Saim, Seboa, Suaf, Suo. Le savon est une espèce de graisse.

SALBUCHA, estomac. Ba.

SALCAD, embouer. I.

SALCAR, boue, tache. I.

SALCHAD, s'embourber, se crotter, embourber, crotter, souiller, salir, remplir d'ordures, s'embrener, barbouiller, salsifier, saleté. I.

SALCHAR, saleté, ordure, immondices, vilenie, tache, souillure, crotte, boue, bourbier, crasse, crasse de métal, écume, lie, rebut, flétrissure, tort, préjudice, dommage. I.

SALCHICHA, andouille, saucisse, cervelas. Ba. De là l'Italien Salcizza, le Latin barbare Sulcitia, le François Saucisse. Voyez Salsig.

SALD, ancienne prononciation de Sawd, bataille rangée. G.

SALDACHOA, bouillon, bouillonnement. Ba.

SALDOA, troupe, troupeau, collection. Ba. Voyez Cals.

SALE, maison de noble. Ba. Voyez Sal.

SALECHEA, loge, cabane, huto, établo, lieu où l'on renferme le bétail, bercail, bergerie. Ba.

SALECRES, SALECROES, non, pardonnez-moi. B. Voyez Aru.

SALER, salaire. B. De là ce mot.

SALERA, vente. Ba.

SALEROSGARRIA, vénal. Ba.

SALEROSGOA, négoce, commerce. Ba.

SALEROSI, négocier. Ba.

SALESIA, parasol. Ba.

SALF, sain, guéri. B.

SALGOA, vente. Ba.

SALGURRA, imposture. Ba.

SALICEA, salir. B.

SALIK, salutaire. B.

SALISQUINA, délateur. Ba.

SALKNIS, crasse, ordure. Ba.

SALL, sale. B. Voyez Sal.

SALL, le même qu'All, Call, Gall. Voyez Aru.

SALLA, saler. B.

SALLA, mouvoir, agiter. B. Saleuo en Grec, agiter.

SALLOSUS, A. M. sale. De Sal.

SALLT, le même qu'Allt, Callt, Gallt. Voyez Aru.

SALLWYR & LLASWYR, l'un & l'autre par corruption pour Pſaltwyr, pseautier. G.

SALMOA, pseaume. Ba.

SALO, sain, sauve, qui jouit d'une parfaite santé, guéri. B.

SALOCRAZ, non, pardonnez-moi. B. Voyez Sal.

SALOGHTE, emboué. I.

SALORT, le même que Jalort. B.

SALPETRA, nitre. B.

SALQUINSEA, trahison. Ba.

SALSA, sauce, apprêt. Ba. Voyez Saus.

SALSA, SALSIA, A. M. sauce. De Salſa.

SALT, couleur. I.

SALTORAPINA, lacs, filet. Ba.

SALTZALLEA, vendeur. Ba.

SALTZEN, vendant. Ba.

SALV, SALW, SALU, SAL, SALO, SALF, sain & sauf, qui jouit d'une parfaite santé, guéri; Sall Oh Craff, sauve votre grace, réponse négative que l'on fait par respect; Salwa, Salvo, sauver, guérir, rendre la santé, la liberté; Salver, sauveur, libérateur, rédempteur. B. De là le Latin Salvus, l'Espagnol & l'Italien Salvo, l'Anglois Save, le François Sauve. On lit Salvo dans les Tables Eugubines pour sain, sauf. Sal en vieux François, sauf.

SALVA, A. M. métairie, village. De Sal ou Sav, Sava, village, ville en Arabe.

SALVACIOA, le salut éternel. Ba.

SALVAGERIA,

SAL.

SALVAGERIA, sauvage. Ba. De là ce mot.
SALUDI, saluer. B. De là le Latin *Salute*. *Caie*, mot dont on saluoit en ancien Indien.
SALUEIN, saluer. B.
SALUGHAD, synonime de *Salchad*. I.
SALVIDIGUEZ, salut. B.
SALW. Voyez *Sal*.
SALWACH, postérieur, qui vient après, le dernier de deux. G.
SALWAF, le plus vil, le plus méprisable. G.
SALWDER, bassesse. G.
SALWED, bassesse, état méprisable, basse naissance, mépris. G.
SALWEN, vain, impertinent. C.
SALVUS, salutaire. B. Voyez *Salv*.
SAM, AM, TAM, les mêmes qu'*Av*. Voyez *Am*.
SAM, charge, somme, ou bête de charge; de *Somme*, faix, fardeau. B. *Samar* en Esclavon, bât.
SAM, le même qu'*Am*, *Cam*, *Gam*. Voyez *Aru*.
SAM, le même que *Sem*, *Sim*, *Som*, *Sum*. Voyez *Bal*.
SAMA, A. M. charge, fardeau. De *Sam*.
SAMARIUS, A. M. bête de somme. De *Sam*.
SAMASTEA, gorge, avenue. Ba.
SAMEA, gosier. Ba.
SAMELL, femelle. B. De là ce mot.
SAMEQUIAC, esquinancie. Ba.
SAMH, SAMHADH, SAMHAN, oseille. I.
SAMHLADH, manière, sorte, façon. I.
SAMHRADH, saison. I.
SAMHSHEASAMH, distance. I.
SAMHTHACH, manche; *Samhthachadh*, emmancher. I.
SAMINA, aigre, acide, amer. Ba.
SAMINDU, j'aigris, je m'aigris, je rends amer. Ba.
SAMINDUA, amer. Ba.
SAMINDURA, amertume. Ba.
SAMNA, accabler. B.
SAMOLUS, nom que les Gaulois donnoient à l'herbe appellée aujourd'hui *Pulsatilla*. Pline nous a conservé ce mot Celtique. Le Pere Hardouin avertit que plusieurs manuscrits portent *Samosus*; c'est la bonne leçon. Les Gaulois jugeoient cette herbe utile pour guérir les maladies des cochons. Son nom nous présente cette propriété. *San*, bonne, salutaire; *Moch* ou *Mos*, cochon.
SAMP, le même que *Camp*. Voyez *Aru*.
SAMPSIA, oseille. I.
SAMULT, fantôme, spectre, apparition. I.
SAMURCHOA, tendre. Ba.
SAMURTU, j'adoucis. Ba.
SAN, élévation. G. *Saan* en ancien Persan, Roi; *Sana* en Arabe, hauteur, éminence; *Sansan* en Hébreu, haut; *Sanarg* en Syriaque, cime de montagne; *Shang* en Chinois, supérieur; *San* en Japonois, montagne; *Sam*, élevé en Cophte; *Sam*, tumeur, élévation en Persan, & *San*, dignité dans la même Langue. Voyez *Can*, *Chan*, *Chaan*, *Sen*.
SAN, milieu. G.
SAN, le même que *Tan*. Voyez S. *Send*, eau, rivière en Indien; *Sanju*, pluie en Mandingo; *Sangou*, se baigner en Jalofe.
SAN, en, dans. I.
SAN, SANNON, beau. I. *Hhasan* en Arabe, beau, bon, utile, commode; *Sanh*, aimable, très-bon, abondamment en Tartare du Thibet. Voyez *Can*, *Cain*.

TOME II.

SAN.

SAN, le même que *Sean*. De même des dérivés ou semblables. I.
SAN, conduit d'eau, canal, égout, palais la partie supérieure de la bouche. B. De là *Sanen*, qui en vieux François signifie marécageux. De là *Saigne* dans les montagnes de Franche-Comté, *Sogne* en Auvergnac, *Saignas* en Languedocien, marais, terre marécageuse; *Sagnats*, eau croupissante en Dauphinois; *Saigne* en Limosin, fonds de terre gras & humide, marais. Les pêcheurs à Besançon appellent *Seine* une piéce d'eau dormante. *Acin* en Arménien, étang. *Sin* en Hébreu, en Syriaque, en Chaldéen; *Canum* en Latin; *Cieno* en Espagnol, boue, limon, terre détrempée d'eau. Voyez *Can*, *Sagh*, *Sink*, *Singuira*, *Sagna*, *Saigneinm*, *Saignia*, *Saina*, *Sania*, & *San* le même que *Tan*.
SAN, saint. B. *Sanmu* en Étrusque, saint, vénérable. Voyez *Sant*.
SAN, foin. Voyez *Sanailh*. *Sane*, foin en Albanois; *OEsim*, *Pisim*, herbe en Cophte; *OE. Pi*, articles; *Can* en Chaldéen, verdir; *Can* en Chinois, herbe, & *Tsne*, jardin de plantes, de légumes dans la même Langue; *Sano* en Grec vulguire; *Senn* en Esclavon; *Seno* en Bohémien; *Sseno* en Dalmatien; *Ssiano* en Polonois; *Ssena* en Hongrois, foin.
SAN, sel. Voyez *Sanier*.
SAN, le même qu'*An*, *Can*, *Gan*. Voyez *Aru*. *Schann* en Hébreu, aiguiser, rendre pointu, piquant & coupant; *Sanna* en Arabe, rendre pointu; *Sani* en Persan, la pointe de la lance; *Saun* en ancien Persan & en ancien Indien, javelot; *Kentron* en Grec, aiguillon; *Sanich*, couteau en Groenlandois; *Sanna* en Latin, raillerie, trait moqueur, pointe, trait piquant. Les Flamands appellent *Essene* une alêne, les Italiens *Lesina*, les Gascons *Lezene*. Voyez *Sanca*.
SAN, le même que *Sen*, *Sin*, *Son*, *Sun*. Voyez *Bal*.
SANAB, morelle plante. B.
SANAB, senevé plante. B.
SANAIL, fenil. B. On ne peut douter que ce nom ne soit formé de *San*, qui a dû signifier foin, comme *Fénil* est formé de foin. D'ailleurs les Bretons appellent *Senegré* l'herbe que l'on appelle en Latin *Fœnum Græcum*.
SANAIL, grenier; dans le Diocèse de Léon petit galeras où les laboureurs placent les petits outils lorsqu'ils ne sont pas de service, tels que les fléaux, faulx, faucilles, &c. B. Ces deux significations sont des extensions de la précédente.
SANCA, piquer, piquer bien avant, presser, imprimer quelque marque, faire impression, soit en piquant, soit en pressant ou en serrant, piquûre, entrée de pointe dans un corps solide; A *Sanc*, à force d'être serré. *Sangaris* en ancien Persan, épée; *Cangar* en Persan, poignard; *Sangmak*, piquer en Turc: *Mak* est la terminaison des verbes en cette Langue. Voyez *Sang*, *San*.
SANCTAIDD, saint, sacré, consacré. G. Voyez *San*, *Sant*.
SANCTEIDDGWIL, tout saint. G.
SANCTEIDDIAD, sanctification, action de sacrifier. G.
SANCTEIDDIO, sanctifier, sacrer, consacrer. G.
SANCTEIDDRWYDD, sanctification, sainteté. G.
SAND, le même qu'*And*, *Cand*, *Gand*. Voyez *Aru*.
SANDALENN, sandale. B. Voyez *Sandalia*.

SANDALIA, sandale, chaussure. Ba. De là le premier de ces mots. Voyez Sandalenn.
SANDALIA. A. M. sandales. De Sandalia.
SANDRON, le même que Sardon. B.
SANG, action de presser. G. Voyez Sanca.
SANGIAD, ce qui farcit, ce qui remplit. G.
SANIA, A. M. le même que Sagna.
SANIER, salière. B. Il paroit par ce mot qu'on a dit San comme Sal, sel.
SANN, stupidité, insensibilité, défaut d'entendement. G.
SANN, sillon. B.
SANN, le même que Cann. Voyez Aru.
SANNEDD, le même qu'Annedd. Voyez Aru.
SANNEDIG, surpris, étourdi, interdit, engourdi, consterné, effrayé, épouvanté. G.
SANNU, être surpris, être interdit, s'étonner, être étonné, étonner, étourdir, causer de la surprise. G.
SANT, saint. G. B. De là le Latin Sanctus, l'Italien Santo, l'Espagnol Sancto, le François Saint. Voyez San, Santlaidd.
SANT, présage. B.
SANT, le même qu'Ant, Cant, Gant. Voyez Aru.
SANTACH, avide, avaricieux, ambitieux, qui desire passionnément, ardemment, avec feu, avec passion. I.
SANTAUL, encan. I.
SANTEL, saint, intégre. B.
SANTELEAU, spiritualité. B.
SANTI, sentir. B. De là le Latin Sentio, l'Italien Sentire, l'Espagnol & le François Sentir. Voyez Synn.
SANTINELL, sentinelle. B. De là ce mot. Voyez Santout.
SANTIU, sensible, délicat. B.
SANTOUT, appercevoir. B. Voyez Santinell.
SANTUGHADH, désirer, désirer passionnément. I.
SANTURICQ, sariette. B.
SAO, tertre, hauteur, petite colline. B.
SAO, source. B.
SAO, debout; BEZA EN E SAO, être debout. On trouve aussi Sav seul pour être debout, demeurer. B.
SAOBH, furieux, enragé. I.
SAOBHA, charmer, ensorceler. I.
SAOBHADH, infatuer, charmer, suborner, tromper, corrompre, pratiquer, charme, ensorcellement, tromperie. Il s'est pris aussi dans un bon sens pour extase. I.
SAOBHAMARC, fantôme, spectre, apparition. I.
SAOBHAR, qualité d'être aigu, d'être pointu, aigreur, subtilité. I.
SAOBHFAIGH, devin. I.
SAOBHNOS, boutade, caprice, fantaisie, folie, frenaisie, manie, bouffonnerie, raillerie, plaisanterie, gaillardise, niais, dupe. I.
SAOBHRACH, pointu, aigu, perçant, aigre, subtil. I.
SAOBHTOIR, trompeur. I.
SAOBHUOSACH, volage, leger, inconstant. I.
SAOBROS, imprudence; Saobrosach, imprudent I.
SAOCH, sauge. B. De là ce mot.
SAOD IMTHEACUD, journée de voyage. I.
SAOE, robe. I. Voyez Sac.
SAOGHAL, le monde Saeculum. I.
SAOIBHCHIALLACH, maniaque. I.
SAOILIM, opiner, semble. I.
SAOIR, ouvrier. I. Voyez Saor.
SAOIRSE, immunité, liberté, franchise. I.
SAOIRRSACH, libre. I.

SAOIRREAT, charpentier. I.
SAOIRSIUGHADH, marchander, demander le prix. I.
SAON, SAOUM, savon. B. Voyez Salbona.
SAON, canal par où l'eau tombe sur la roue d'un moulin. I.
SAONNEN, vallée. B.
SAOR, ouvrier, ouvrier en bois, charpentier; Saorchrain, charpentier. I. Tsao en Chinois, créer, faire, produire.
SAOR, libre, franc, exempt, quitte, ingénu, bienfaisant, avantageux, à bon marché. gratis, gratuitement, pour rien; Duine Saor, bourgeois. I.
SAORA, sauver, délivrer, garder, conserver, défendre, protéger, faire du bien. I.
SAORADH, exempter, soulager. I.
SAORAM, mettre en liberté. I.
SAORAN, ouvrier bienfaisant, avantageux, à bon marché, gratis, gratuitement, pour rien. I.
SAORBHRONNTUS, gratification. I.
SAORCHLOICHE, maçon. I.
SAORTABHAIRT, employer, dépenser, fournir, donner. I.
SAORTACH, laborieux. I.
SAORTUGHE, laboureur. I.
SAOS, SAUS, Anglois. B. A la lettre, Saxon.
SAOS, sauce. B. De là ce mot.
SAOT, SAOUT, nom collectif pour désigner le gros bétail, spécialement les bêtes à cornes, bœufs, vaches, taureaux & vaches tous ensemble; Paotr As-Saot, garçon du bétail, garçon qui mene au pâturage le gros bétail. On dit aussi Mirer A Saor, gardeur de bétail. On sait de là le verbe Saota pour dire faire ou acheter du bétail. B. Su, Sous en Hébreu, en Chaldéen, en Syriaque, en Arabe, cheval.
SAOTH, peine, souffrance. I.
SAOTHAR, fatigue, peine, travail; Luch Saothair; laboureur, manœuvre. I. On appelle Satré à Metz cette sorte d'esprits follets qui ne font ordinairement point de mal dans les maisons où l'on dit qu'ils viennent, & qui au contraire prennent le soin, tantôt de panser un cheval, tantôt de quelque fonction du ménage ou de la cuisine.
SAOTHMHUR, laborieux. I.
SAOTHURGADH, laboureur. I.
SAOTR, souillure, ordure, immondice. Le Pere Maunoir a mis Kies Saütr, chienne chaude, & Saitra, salir. C'est un adoucissement d'expression, pour dire ce qui est incommode ou gâté d'ordures. En Leon Saotra est gâter, perdre, se perdre, se corrompre : Par exemple, on dit d'une chose qui n'est plus bonne à manger, Saotra A-Ra, elle se gâte, ou elle a commencé à se corrompre & cesse d'être bonne; Saotret Ew, il est gâté. On use de même de ce mot pour les herbes qui montent en grains & ne valent plus rien pour être servies à table. En Cornouaille Saotra veut dire se rouler sur la terre mouillée, se souiller, en contractant des ordures; item du fil brouillé est dit Saotret, gâté. B. Cet article est pris de Dom le Pelletier.
SAOTRACH, SAOTHRAIDE, pénible, fatigant. I.
SAOTRAIGHTHEOIR, homme de travail. I.
SAOY, gouffre. I.
SAOUDT, bêtes à cornes. B.
SAOUL, chaume, paille. B.
SAOUNEN, plaine. B.
SAOUR, goût, saveur; Saournis, savoureux, qui a du goût. B. Voyez Safr.

SAO.

SAOUREA, pouliot, serpolet, marjolaine. B.
SAOUREAN, pouliot, serpolet. B.
SAOUREN, pouliot serpolet. B.
SAOURI, SAOURIN, savourer. B.
SAOUT. Voyez Saot.
SAOUTR, le même que Saotr. Voyez Disaoutren.
SAOUZANEN, oublié plante. B.
SAOZAN, SAOUZAN, SAWZAN, SAOUEZ, SAWEZ, surprise, frayeur, étonnement, épouvante ; Saozani & Saouezi ou Sawezi, surprendre, effrayer, étonner, épouvanter ; participe passif Sawzanet & Sawezet, étonné, effrayé, &c. en la vie de Saint Gwenolé Na Saouzan, ne t'étonne ; & Hep Saouzan, sans surprise, sans étonnement ; Disaouzanet, délivré de la frayeur : Dans la destruction de Jérusalem, il semble être pour tromperie qui est une espèce de surprise. Hep Comps Gaou Na Saouzan, sans parler à faux, ni par surprise ou tromperie, ce qui est confirmé par cet autre endroit de la même pièce, Me A Cret Ez Ouff Fallet Ha Saouzanet En Hent, je crois que je suis égaré & trompé dans le chemin. Disaouzani est dans les amourettes du vieillard pour rassurer de la peur ou détromper, tirer de l'erreur. J'ai entendu Dizaouzan au sens de certitude, connaissance certaine ; & c'est au sujet de la crainte de perdre quelque chose précieuse, alors Disaouzan est assurance que cette chose n'est pas perdue : C'est ainsi que Dom Le Pelletier explique ce mot. Le Pere de Rostrenen met Saouzan, égarement, étonnement ; Saouzavi, déconcerter, étonner, s'étonner ; Saouzanet, interdit, déconcerté, étonné ; Saouzanus, étonnant. B.

SAP, le même que Sab, Saf, Sav. Voyez B.
SAP, le même qu'Ap, Cap, Gap. Voyez Aru. Sapoüy, prendre en Galibi.
SAP, le même que Sep, Sip, Sop, Sup. Voyez Bal.
SAPAN, sapin. B. Voyez Sapina.
SAPANA, nom Gaulois de la plante que Dioscoride appelle Anagallis qui croit dans les jardins & dans les terres humides.
SAPARA, buisson. Ba.
SAPARLARRA, épine vinette. Ba.
SAPARLARRA, chardon. Ba.
SAPATA, soulier. Ba. De là Capato en Espagnol ; Sapate en Savoyard, Ciavata en Italien, soulier ; Savate en François, mauvais soulier. On appelle à Malte Sapatade, la punition des jeunes chevaliers qui sur les galères ont manqué à leur devoir ; & on l'appelle de la sorte, parce qu'on leur donne d'un soulier sur les fesses. On disoit en vieux François Savatier pour savetier. Voyez Savater.
SAPE, SAPPE, drageon terme de jardinage. B.
SAPINA, sapin. Ba. De là ce mot, l'Italien Sappo, l'Auvergnac Sapi, le Dauphinois & le Normand Sap, le vieux François Sape, le Latin barbare Sappus, Sappinus, sapin, & Sapetum, lieu planté de sapins. Voyez Sapan, Sapr.
SAPINA, A. M. petit bâteau de sapin, vulgairement appellé sapinière. De Sapina.
SAPO, nom que les Gaulois donnoient à un mélange de suif & de cendre de leur invention dont ils se servoient pour donner une couleur jaune à leurs cheveux. Pline l. 28, c. 12. Voyez Salbona.
SAPP, sappe. B. De là ce mot,
SAPPA. A. M. sappe. De Sapp.
SAPR, SAPREN, sapin. B. Voyez Sapina.
SAQUEOA, pillage, saccagement. Ba. Voyez Sac.
SAR, premier, principal, très marque du superlatif ; Sarmaith, très-bon. I. Sar, Seigneur en ancien Suédois, selon Rudbeck. Voyez Ar, Car, Gar, Sarr, Ser, Serr qui sont le même mot. Sarsouir en vieux François, souir par-dessus.

SAR.

SAR, entrer. Ba.
SAR, bois substance de l'arbre ; Sarinm, forêt. Ba.
SAR, le même qu'Ar, Car, Gar. Voyez Aru.
SAR, le même que Ser, Serr, Sir, Sor, Sur. Voyez Bal.
SÂR, SÔR, SÛR dans les différens dialectes du Gallois, âpre, âcre, aigre, rude, & au figuré qui se met aisément en colere, emporté. G. Searv en Ecossois ; Searb en Irlandois signifient la meme chose ; Xanr en Arménien ; Sciur en Persan ; Sur en ancien Saxon ; Sour en Anglois, aigre ; Sargba, Sarditos en Esclavon, colere ; Sur en François, acide. Voyez Sur.
SAR-ADIN, entrant. B.
SARVAITH, très-bon. I.
SARAET, injure. C.
SARAGHADU, victoire, conquête. I.
SARAIGHIM, SARUIGHIM, soumettre, opprimer, forcer, violer. I.
SARAIGHTEOIR, vainqueur. I.
SARAIYM, exceller, être au-dessus. I.
SARALEA, nourriture. Ba.
SARAMBACA, instrument de musique à corde, Sambuca. Ba.
SARAMEA, ordures. Ba.
SARARTEA, introduction. Ba.
SARARTZEA, occupation. Ba.
SARAUSLEA, de corbeau. Ba.
SARBERRIA, novice. Ba.
SARBIA, plante. Ba.
SARCEL, sarcelle. B. De là ce mot.
SARCH, le même qu'Arch. Voyez Aru.
SARCHUTIODH, gratification. I.
SARCOTIUM, A. M. rochet habillement ecclésiastique. On le nommoit en vieux François Sarcot. De Sar le même qu'Ar & Cota.
SARD, le même qu'Ard, Card, Gard. Voyez Aru.
SARDEA, van à vanner. Ba.
SARDEA, grosse toile de lin. Ba.
SARDU, SARDHEN, les mêmes que Sarth, Sarthen, Voyez D.
SARDIN, SARDINEN, sardine. B. De là ce mot.
SARDIO, réprimander, reprendre, reprocher. G. Sara en Arabe, querelle, débat ; Sard en Arménien, combat ; Sard en Turc, âpre, rude ; Sard en Esclavon, colere ; Szardis en Dalmatien, colerique. Voyez Sarhan.
SARDON ; singulier Sardonen, grosse mouche velue, noire & jaune, dite en François bourdon ; pluriel Sardonet. C'est ainsi que Dom Le Pelletier explique ce mot. Le Pere de Rostrenen met Sardonen, taon, frelon. B. Il faut retenir toutes ces significations. Voyez Ankelher.
SAREA, filet, collet en terme de chasse, réseau, lacet, rets, raquette, grille, grille de fer. Ba.
SARG. Voyez Sarrug.
SARG, le même que Carg. Voyez Aru. De là le Latin Sarcina.
SARGA, serge. Ba. De là ce mot.
SARGARRI, véhicule. Ba.
SARGIROTU, j'échauffe, je brûle. Ba.
SARGIUM, SARGINEUM, A. M. serge. De Sarga.
SARGORIA, écorchure qu'on se fait par le frottement d'une partie contre l'autre. Ba.

SARGORITU, je suis brûlé, je suis échauffé ; Sargoritua, brûlé, échauffé. Ba.
SARGOUNESS, babillarde. B.
SARH pour Sarhaad, Voyez Sarhau.
SARHAAD, affront, outrage, injure, injure atroce, offense, opprobre, ignominie, scandale, action de faire des reproches, action de violer, violement, profanation. G.
SARHAADUS, injurieux, injuste. G.
SARHAED, le même que Sarhaad. G.
SARHAU, outrager, faire affront, faire injure, faire des reproches, malfaire, faire du mal, rendre la pareille en mal, scandaliser. G. De Sarb pour Sarbaad, Karza en Polonois ; Karati en Dalmatien, tancer, reprendre ; Karani en Bohémien, répréhension. Voyez Sardio.
SARHAU, déplaire. Voyez Lledsarhau.
SARHAWR, qui reproche, violateur, corrupteur, profanateur. G.
SARIA, salaire, solde, paye, récompense, rétribution, prix. Ba.
SARJANTA, sergent à verge. Ba.
SARJETA, sergette étoffe. Ba. Voyez Sarga.
SARILLEA, perruque. B.
SARITT, le pardessus, ce qu'on donne outre mesure, outre le poids, outre la compte. G. Voyez Sar.
SARLITOA, corbeille, panier de jonc. Ba.
SARLLACH, joie, allégresse, enjouement. G.
SARMAITH, glorieux en bonne part, illustre, très-bon. I.
SARMENASTA, calamine. Ba.
SARMONN, sermon. B. Sermoya en Basque, sermon. De là le Latin Sermo, le François Sermon. Voyez Gair, qui se peut également prononcer Sair. Voyez Arn.
SARN, chemin, voie, pavé. I.
SARN, saturne. I.
SARN, le même qu'Arn, Carn, Garn. Voyez Arn.
SARNA, gale, rogne. Ba.
SARNA, A. M. dartre espèce de gale. De Sarna.
SARNU, paver. G.
SARO, le même que Garo. Voyez Arn. De là Sarot, surtout de grosse toile.
SARONIDES, nom que les Gaulois donnoient à de certains Philosophes & Théologiens de leur nation, & qu'ils respectoient beaucoup. Diodore de Sicile, l. 5. La racine de ce mot est Sar ou Saor, Saora, Saoran.
SARP, serpe. B. De là ce mot, Sirpi, faulx en Lappon & en Finlandois. Voyez Serp.
SARPANT, serpent. B. Voyez Sarph.
SARPETA, intimation, dénonciation. Ba.
SARPH, serpent, scorpion. G. Sarpani en Breton ; Suraph ou Sarph en Hébreu ; Serpens en Latin ; Serpente en Italien ; Serpientes en Espagnol ; Serpent en Flamand, en Anglois & en François, serpent.
SARPHAIDD, de serpent. G.
SARQUINTZA, introduction des marchandises de contrebande. Ba.
SARRA, fermer, enfermer. B. De là le Latin Sera, l'Italien Serratura, le François Serrure. Voyez Caer.
SARRA, étoile. Ba.
SARRA, vieux. Ba.
SARRA, litarge d'argent. Ba.
SARRA, grand ; Barcaizarra, grande barque. Ba. Voyez Sar.
SARRA, A. M. clôture. De Sarra.

SARRACUS, A. M. fermé. De Sarra.
SARRAGOTA, hérisson animal. Ba.
SARRALLA, serrure, cadenas. Ba.
SARRARIA, introducteur. Ba.
SARRASQUI, mort, cadavre. Ba.
SARRATA, A. M. clôture. De Sarra.
SARRATEA, porte. Ba.
SARRATURA, A. M. serrure. De Sarra.
SARREA, A. M. clôture faite avec des rameaux entrelassés. De Sarra.
SARREG, le même que Carreg. Voyez Arn.
SARREIZ CONEY, fréquens. Ba.
SARRERA, entrée, issue. Ba.
SARRHAAD, incommodité. G.
SARRHAUS, outrageux, outrageant, insultant.
SARRI, vite adjectif & adverbe, bientôt, promtement, tout à l'heure ; Sarri Da, est proche parlant du temps. Ba.
SARRIA, vite, promptement. Ba.
SARRIG, cruel. G. Voyez Sarrug qui est le même
SARRIT, addition, augmentation. G. Voyez S.
SARRITACOA, commun, ordinaire. Ba.
SARRITT, reste, restant, ce qui reste. G. appelle Serret en Franche-Comté une espèce de fromage blanc que l'on fait avec les petites parties qui restent dans le lait après qu'on en a fait le fromag Sharith en Hébreu, reste, restant, ce qui reste.
SARROA, âpreté au toucher, rouille. Ba. Voy Saro, Saru, Sarrug, Sarw.
SARRU, j'entre. Ba.
SARRUG, austére, qui a le regard affreux ou menaçant, qui est refrogné, rigide, rude, sévère cruel, rigoureux. G. On a dit Sarg comme Sarug, ainsi qu'on le voit par le mot Sargot, qui en Franche-Comté signifie la secousse rude que l'o éprouve dans une charrette ou dans un char lorsqu'il passe par un chemin scabreux. Voy Saru, Sarroa.
SARRUGO, traiter avec inhumanité. G.
SARRUGRWYDD, austérité, sévérité, rudesse rigueur, dureté, rigidité, humeur chagrine, sombre, mauvaise humeur, humeur noire. G.
SARRUGYN, un peu austére. G.
SARSIFY, salsifis. B.
SART, le même qu'Art, Cart, Gart. Voyez Arn.
SARTA, ligne, suite. Ba.
SARTAISA, SARTAIZA, vent d'occident, zéphyre. Ba.
SARTALDEA, le couchant, l'occident. Ba.
SARTARE, A. M. essarter, enlever les bois, les buissons qui couvrent un terrain pour le rendre propre à être cultivé. De Sartbu.
SARTH, SARTHEN, Voyez Sathr.
SARTH, le même qu'Arth, Carth, Garth. Voy Arn.
SARTHU, le même que Cartbu. Voyez Arn.
SARTONGANA, moulure relevée en rond dans le bases des colonnes. Ba.
SARTU, marcher à quatre pieds. Ba.
SARTU, se livrer, s'abandonner, être emporté. Ba.
SARTUA, entré, hôte reçu. Ba.
SARTUM, SARTUS, A. M. terrein dont on enlevé les halliers, les buissons, pour le mettre en culture. De Sartbu.
SARTURIC, entré. Ba.
SARTZEA, se mettre en lieu de sûreté. Ba. Voyez Sarra.
SARTZEAN, IGUZQUI SARTZEAN, le soleil se couchant. Ba.
SARTZEN, entrant. Ba.

SARU,

SARU. Voyez *Aru*. *Sert*, âpre, dur, rigide parlant d'un homme en Turc; *Serkes*, réfractaire, rébelle, opiniâtre en Persan. Voyez *Sarrea*, *Sarrug*.

SARUA, rude, sauvage. G. C'est le même que *Saru*.

SARUC, poil de cheval. Ba.

SARUGADH, excès, excéder, passer, surpasser, exceller, l'emporter, aller au-delà. I.

SARUGHADH, sauver, délivrer, recours. I.

SARUGHTEOIR, oppresseur, qui fait des extorsions. I.

SARW, rude, âpre, rapide. G. Voyez *Garw*, qui est le même.

SAS. Davies n'explique point ce mot; il se contente de dire que l'on voye si *Disas* n'en est point formé: Cela paroit être; le *Di* est privatif, ainsi *Sas* doit signifier l'opposé de *Disas*, vil, de basse condition, de la lie du peuple. G.

SAS, le même qu'*As*, *Cas*, *Gas*. Voyez *Aru*.

SASADH, contenter, satisfaire, plaire, donner du plaisir. I.

SASAMH, joie, plaisir, récréation, contentement, satisfaction, expiation, propitiation, réconciliation. I.

SASDA, agréable, qui plait, content, sortable, convenable, conforme, sain, en bonne santé. I.

SASDAS, aise, plaisir, repos, soulagement. I.

SASGAN, le même que *Seasgan*. De même des dérivés ou semblables. I.

SASIA, buisson, hallier. Ba.

SASIAGA, buisson, hallier, ronce, épine. Ba.

SASIETA, lieu plein de buissons, de halliers. Ba.

SASIGOA, jouissance, possession. Ba.

SASILLARRA, chardon, ronce. Ba.

SASINGUELLA, grenouille venimeuse ou crapaud. Ba.

SASITEA, forêt embarrassée de buissons, de halliers. Ba.

SASITU, SASTU, je fume les champs. Ba.

SASIROZOA, merle. Ba.

SASOA, SASONA, saison. Ba. Voyez *Saeson*.

SASONARE, A. M. assaisonner. De *Saisonnein*.

SASPILLA, butin. Ba.

SASQUI, panier, corbeille. Ba.

SASS, le même que *Cass*. Voyez *Aru*.

SASSI, halliers, buissons. Ba.

SASSIA, marais; *Sassipia*, petit marais. Ba. Voyez *Sach*.

S'ASSIF, arrêter, contenir. I. Je crois que ce mot est la racine de notre terme *Sas*, qui est sûrement Celtique: Le *sas* ou tamis arrête & contient les ordures dont on veut nettoyer quelque chose. Je pense encore que le terme Flamand *Sas*, qui signifie une écluse, vient de la même source, puisque l'écluse arrête l'eau.

SASSIPIA. Voyez *Sassia*.

SASTA, propre, bien mis, beau, élégant. I.

SAT, afin que. I.

SAT, le même qu'*At*, *Cat*, *Gat*. Voyez *Aru*. De là le Latin *Satis*.

SAT, le même que *Sad*. Voyez *D*.

SAT, le même que *Set*, *Sit*, *Sot*, *Sut*. Voyez *Bal*.

SATAYA, équilibre. Ba.

SATHAD, coup, piquûre, pousser, chasser quelqu'un de quelque lieu. I.

SATHAM, fraper, pousser. I.

SATHAR, foulé. G.

SATHR, action de fouler aux pieds, action d'imprimer le pied sur le terrein. G. Il paroit par *Sartu* qu'on a dit *Sarth* comme *Sathr*; d'ailleurs ces transpositions sont communes dans le Celtique. De là on aura fait *Sarthan*, impression du pied, vestiges.

SATHRA, heurter. G.

SATHRAWD, action de fouler aux pieds. G.

SATHREDIG, foulé aux pieds, trivial, vulgaire, commun, ordinaire, public, divulgué. G.

SATHRFA, lieu foulé aux pieds. G.

SATHRIAD, action de fouler aux pieds. G.

SATIN, satin. B.

SATIROA, satyre monstre. Ba.

SATITU, je jouis. Ba.

SATORQUIRILLOA, taupe, grillon. Ba.

SATORRA, taupe. Ba.

SATORRUNEA, tumeur au péricrâne. Ba.

SATSUA, immonde. Ba.

SATSURRIA, taupe. Ba.

SATSUTASSUNA, souillure. Ba.

SATSUTZEN, souillant. Ba.

SATURNO, saturne. Ba. Voyez *Sadorn*.

SAV, eau, rivière. G. *Saw* en Allemand; *Su* en Turc, eau; *Sade*, pluie en Finlandois; *Saufen*, *Supen* en Allemand, humecter; *Saufen*, *Supen* en Allemand; *Saufen*, *Supen* en Théuton; *Sup* en Anglois; *Supa* en Suédois, humer, attirer ce qui est humide, liquide; *Saufen*, *Supen* en Allemand; *Supan* en ancien Saxon; *Susan* en Théuton; *Zuipen* en Flamand; *Sabha* en Hébreu, boire; *Saufen*, *Supen* en Allemand; *Suffun* en Théuton, plonger dans l'eau, être plongé dans l'eau. Voyez *Av*, qui est le même mot.

SAV, SAVRA, été. I. Voyez *Haf* ou *Hav*.

SAV, SAU, tertre, petite colline, hauteur, action d'élever. B. *Tsab* ou *Sab* en Hébreu, élevé; *Sabah* en Arabe, élevé; terre élevée; *Savah* en Arabe, élever; *Savi*, dessus, le dessus en Persan; *Safe*, montagne, colline en Cophte. Voyez *Saff* & *Saw*.

SAV, source. B.

SAV, le même que *Tav*. Voyez *S*.

SAV, le même qu'*Av*, *Cav*, *Gav*. Voyez *Aru*.

SAU, le même qu'*Au*, *Cau*, *Gau*. Voyez *Aru*.

SAU, le même que *Seu*, *Siv*, *Sov*, *Suv*. Voyez *Bal*.

SAV-HEAUL, SAWHYAUL, orient. B.

SAVAICH, sauvage. B.

SAVAN, bouche, embouchure. G.

SAVANE, oublie plante. B.

SAVANN, savon. B. Voyez *Salbona*.

SAVANT, sçavant. B.

SAVAR, bruit, tumulte, tempête. B. Voyez *Safar*, qui est le même mot.

SAVARER, criailleur, criard, bruyant. B.

SAVATER, savetier. B. Voyez *Sapata*.

SAVATERIUS, A. M. savetier, carreleur de souliers. De *Savater*.

SAVATHEN. Voyez *Savethan*.

SAVATOUR, savetier, carreleur de souliers. B.

SAUC, le même qu'*Auc*. Voyez *Aru*.

SAUCER, SAUCERIA, A. M. saucière. Voyez *Saos*, *Saws*.

SAUCH, sauge. B. De là ce mot.

SAUCIA, A. M. Voyez *Helig*.

SAVELLEC au Diocèse de Vannes est un oiseau dit en François râle de genêt: C'est ainsi que Dom Le Pelletier explique ce mot. On trouve dans les autres Dictionnaires Bretons *Savellec*, mauvis, râle. B. Il faut retenir toutes ces significations. Voyez *Ankelher*.

SAVEN, le même qu'*Aven*. Voyez *Aru*.

SAVETEI, SAVETEI, sauver, délivrer, dégager. B.

SAVETHON, SAVETHEN, SAVETHAN, SAVATHEN, dormante parlant de l'eau, selon Camden; qui fait beaucoup de bruit, selon Gyraldi. G. Voyez *Sabat*, *Saw*.

SAUGARNEER, saunier. B. Voyez *Sel*.

SAVICQ, petit tertre. B. Voyez *Sav*.

SAVIG, sauge. B.

SAVIGNE, sabine ou savinier petit arbre. B. De là le Latin & l'Espagnol *Sabina*, l'Italien *Savina*, l'Allemand *Sevenpalmen*, le Flamand *Sevenboom*, l'Anglois *Savin*, le François *Sabines*, *Savinier*.

SAUL, le même qu'*Aul*, *Haul*. Voyez *Aru* & *H*. De là le Latin, le Gothique, le Suédois & l'Espagnol *Sol*, le Danois *Seel*, l'Italien *Sole*, le François *Soleil*.

SAUMA, A. M. charge, fardeau. De *Sam*.

SAUN, bouche, embouchure. G.

SAUN, le même que *Caun*. Voyez *Aru*.

SAUNEN, fond, vallée. B.

SAUNION, espèce de trait des Gaulois: La pointe de ce trait étoit plus large que celle de l'épée. Diodore de Sicile, *l. 5*.

SAVON, le même qu'*Avon*. Voyez *Aru*.

SAVONUM, A. M. savon. Voyez *Salbonu*.

SAVOUR, saveur. B. *Savour* s'est pris au figuré; de là en vieux François *Savourot*, pointe d'esprit, bon mot. Voyez *Safr*.

SAVOURY, sariette. B.

SAVRA. Voyez *Sav*.

SAURUS, savoureux. B.

SAUS, sauce. B. *Sauceo* en Géorgien, sauce, assaisonnement. Voyez *Saws*.

SAUSA, A. M. sauce. De *Sans*.

SAUT, sou piéce de monnoie. B.

SAUTE. QYES SAUTE, courtisanne; à la lettre, chienne chaude. B.

SAUTRA, barbouiller, fripper, gâter, souiller, répandre des choses solides. B.

SAUTRA, germer. B.

SAW, SAO, posture d'un corps qui est debout & élevé, élévation; la seconde personne singulière de l'impératif *Saw*, debout, leve, leve-toi; *Sawa*, *Sewel* est l'infinitif. Au plurier on dit *Sewit*, levez, levez-vous. B. Voyez *Sav*, qui est le même, *Sevel*.

SAW, le même que *Taw*. Voyez *S*.

SAW, le même qu'*Aw*. Voyez *Aru*.

SAUVACH, feu sacré maladie. B.

SAWD, combat, bataille, bataille rangée, choc, guerre. G. De là le mot François & Anglois *Assaut*, l'Italien *Assalto*, qui signifie la même chose. *Sota*, guerre; *Sota*, faire la guerre en Lappon & en Finlandois; *Sota*, guerre en Finlandois; *Sotie*, combattre, & *Sotamies*, soldat dans la même Langue; *Sawas*, combat en Persan & en Turc; *Sawas*, guerre en Turc.

SAWD, action de plonger, immersion. G.

SAWD, SAWDD, SODD, qualité, état, condition. Voyez *Ansawd*.

SAWDIWR, soldat, combattant. G.

SAWDL, talon; plurier *Sodlau*. G. B. De là le Latin *Solea*, l'Allemand *Sole*, le Flamand *Sole*, l'Italien *Suola*, *Jesod* ou *Ifod* en Hébreu, en Samaritain, en Chaldéen, en Éthiopien, fondement, ce sur quoi est élevée quelque chose.

SAWDL, christ grand plantain. G.

SAWDURIO, souder, B.

SAWDWYR, soldats. G.

SAWRIN, élever, hausser. B.

SAWELE, lieu où l'on fume quelque chose, cheminée. G.

SAWL, quiconque. G.

SAWR, saveur, odeur, parfum, senteur. G. *Sauf* en Galibi, sel. Voyez *Safr*, *Saour*, *Saveour*.

SAWR, le même que *Cawr*. Voyez *Aru*.

SAWRIO, donner de la saveur, donner de l'odeur, parfumer, rendre odoriférant, avoir l'odeur, exhaler quelque senteur ou odeur, sentir, flairer. G.

SAWRIO, donner de la saveur. B.

SAWRUS, qui a du goût, de la saveur. G.

SAWS, assaisonnement, sauce. G. De là le François, l'Anglois & le Flamand *Sauce*. Voyez *Saus*.

SAWYR, odeur. G.

SAWYRUS, odoriférant, qui concerne les odeurs, les parfums. G.

SAUZ-MOUG, étuvée. B.

SAUZETUM, A. M. saussaie. Voyez *Helig*.

SAY, forêt. G. *Say* dans le Comté de Bourgogne signifie encore aujourd'hui forêt. On dit *la Say de Chalamont* pour la forêt de Chalamont. Voyez *Saya*, *Hai*, *Gay*, *Sia*.

SAYA, robe de femme. Ba. Voyez *Sac*.

SAYA, vautour. Ba.

SAYA, legére incision sur la chair. Ba.

SAYA, bourreau, cruel. Ba.

SAYA, A. M. forêt. De *Say*.

SAYA, A. M. espèce de drap. Voyez *Sagum*.

SAYANDEA, examen. Ba.

SAYAQUERA, examen, épreuve. Ba.

SAYATUA, entremetteur, intrigant, courtier. Ba.

SAYEA, autruche. Ba.

SAYEA, bourreau. Ba.

SAYEA, goinfre, débauché. Ba.

SAYESFERIA, hypocondres. Ba.

SAYESQUIA, cotelettes. Ba.

SAYETA, trait, dard, fléche. Ba. Voyez *Saeth*.

SAYETERA, petite fenêtre. Ba.

SAYETIZARRA, sagittaire signe du Zodiaque. Ba.

SAYETS, SAYETE, côté. Ba.

SAYNELL, sain doux. B.

SAYOCHOA, saye, hoqueton. Ba. Voyez *Sayo*, *Sac*.

SAZILL, rainure dans un ouvrage de pierre, de bois, feuillure de porte, fenêtre, armoire. B.

SAZO, A. M. saison. De *Saefon*.

SBIT, singulier *Sbiden*; plurier *Sbidou*, petits coins que l'on fait entrer par force dans une cheville, comme pour les river & faire tenir plus fermes. B.

SCA, ombre. I. Voyez *Skeut*, *Sqed*.

SCABAM, disperser. I.

SCABELL, escabeau. B. De là le Latin *Scabellum*, l'Italien *Scabello*, le Carniolois *Shkamel*, le Lusatien & l'Allemand *Schemel*, le Théuton *Scamel*, le Saxon *Scamol*, *Scamul*, le vieux François *Scabeau*, le moderne *Escabeau*. On appelle en Patois de Franche-Comté *Seobelle*, un petit siége qui n'est guères plus élevé qu'un escabeau.

SCABINUS, A. M. échevin. De *Schuyn*, *Schbyn*.

SCABYES, scabieuse. B.

SCACH, le même que *Scath*. De même des dérivés ou semblables. I.

SCACHRAN, égarement, écart de la droite route. E.

SCAD, sardines ou harengs. G. *Schads* en Anglois, hareng.

SCADAN, harengs. G.

SCADAN, hareng, sardine. I.

SCAFA, A. M. cuillier à pot. De *Staff*.

SCAFF, barque, chaloupe, esquif, gabare, navire

son ponté, grand bateau ; *Scaffat* ; singulier *Scaffaden*, batelée, charge d'un bateau. *Scaff* signifie aussi vaisseau de bois fait comme un petit seau, avec un manche de bâton de la longueur d'un bras, lequel sert à jetter l'eau du fond d'un bateau & de tout batiment qui n'a pas de pompe. B. On voit par là que *Scaff*, de même que *Lestr* en Gallois & en Breton, vaisseau en François, signifie en général tout vaisseau creux capable de contenir l'eau, ou de floter dessus. *Skapha* en Grec ; *Scapha* en Latin ; *Schiso* en Italien ; *Esquif* en François, barque, chaloupe ; *Skiff*, *Shef* en Théuton ; *Skip* en Gothique ; *Scyp* en ancien Saxon ; *Schip* en Flamand ; *Schiff* en Allemand ; *Ship* en Anglois ; *Skip* en Islandois ; *Skepp* en Suédois ; *Skib* en Danois & en Runique ; *Sfif* en Bohemien, navire ; *Scipha* en Chaldéen, caisse ; *Seeph*, vase en Arabe ; *Riscephodo* en Syriaque, grand vase, grand vaisseau ; *Scophi* en Chaldéen, creux, cavité, vase ; *Seephic*, vase, canal ; *Scaphel*, coffre, grande caisse dans la même Langue ; *Mescaphhho*, canal, vase en Syriaque ; *Scophet* en Chaldéen, coffre, vase ; *Seph*, bassin, coupe, vase, grand vase en Hébreu ; *Sephat* en Chaldéen, coffre ; *Sephat* en Arabe, panier, vase ; *Sephel* en Hébreu, vase de terre, bouteille ; *Sephinah*, navire en Hébreu & en Chaldéen ; *Sephino* en Syriaque, barque, bateau, l'arche de Noé ; *Saphinah* en Arabe, navire ; *Saphar*, naviger en Arabe. Voyez *Yscaff*, *Schiff*, *Esquif*.

SCAFF, SCAFFEN, sureau. B.

SCAFF, escabeau. B.

SCAFF. Voyez *Scan*.

SCAFFA, SCAFFIA, SCAPHA, A. M. mesure pour les grains. De *Scaff*, qui signifiant vase, vaisseau en général a été étendu aux arides comme aux liquides.

SCAFN, SCAON, banc & petite table de villageois ; plurier *Skainvier*. Dans le haut Léon, on dit *Seon* & *Scanv* ou *Scaonv* ; plurier *Scanviou*, *Scaonviou* & *Sconion*, *Scouhiou*. B. De là le Latin *Scamnum*, l'Italien *Scanno*, l'Espagnol *Escanno*.

SCAGADH, couler, passer, filtrer. I.

SCAILP, cave, caverne. I.

SCAIPE, dissiper, écarter. I. Voyez *Scalf*.

SCALF, séparation de tout ce qui se divise en forme de fourche ; *Scalf-An-Dorn*, séparation du pouce d'avec tous les autres doigts ; mot à mot, séparation de la main ; *Scalfou Ar-Biziat*, les séparations des doigts ; *Scalf Ar-Wezen*, fourchure de l'arbre. *Scalf* se dit encore des fentes qui sont causées par le grand froid sur les mains des laboureurs, blanchisseuses, &c ; plurier *Scalfou*. B. Voyez *Scaipe*.

SCALFA, se fourcher. B.

SCALGAIRE, chasseur. I.

SCALP, le même que *Scealp*. De même des dérivés ou semblables. I.

SCALYER, escalier, échalier. B. De là le premier de ces mots. De là le Latin & l'Italien *Scala*, l'Espagnol *Escala*, le François *Echelle*. Voyez *Cal*.

SCAN, SCAF, SCAON, SCAFF, ESGAN, leger au propre & au figuré, agile, volage, inconstant, agilement, superficiellement ; comparatif *Scanvoch* ; superlatif *Scanva*. B. Voyez *Ysgafn*.

SCAN, banc, petite table. B.

SCANBEN, tête legére & un peu folle, petit cerveau, écervelé, folâtre, badin, leger, inconstant ; *Scanbenna*, rendre ou devenir un peu fou ; *Scanbennec*, celui qui a peu de jugement & peu de sagesse ; *Scanbennet*, *Scanbenet*, écervelé. B. Ce mot est formé de *Scan*, legére, & *Ben* ou *Pen*, tête. On dit *Pen-Scan* comme *Scanben*.

SCANDAIT, agilité. B.

SCANDAL, contestation, querelle & dispute avec emportement ; *Scandala*, quereller, outrager, &c. Un vieux Dictionnaire François Breton & un dialogue portent *Scandala*, tanser. C'est ici le *Scandalum* de l'Ecriture Sainte & des Moralistes, mais pris pour le sujet ou cause du scandale. Et il y a longtemps que cette signification est attachée à ce mot, puisqu'il est dit dans notre vulgate : *ps.* 118. v. 165.) pax multa diligentibus legem tuam, & non est illis scandalum. S. Grégoire le Grand en a usé de même en son homélie sur les dix Vierges. S. Benoît au ch. 13 de sa régle, appelle les querelles *Scandalorum spinas*. Saint Jean l'Evangéliste en sa première Epître, ch. 2, v. 10, oppose le scandale à la lumière, faisant apparemment attention à la défense de mettre empechement devant un aveugle, & celui qui est dans les ténèbres est privé de la vûe. C'est ainsi que Dom Le Pelletier explique ce mot. Le Pere de Rostrenen met démêlé, querelle, bruit, scandale. B.

SCANDALAT, rabrouer, quereller. B.

SCANDILH, GUNIZ SCANDILH, froment blanc. B. Voyez *Can*, *Cand*.

SCANLAUNET, clair, transparent, qui n'est pas pressé, ni épais. B.

SCANT ; singulier *Scanten* ; plurier *Scantou*, écailles de poisson ; *Scantes*, qui a des écailles ; *Discanta*, écailler, ôter les écailles. B.

SCANT-MEAN ; talc. B.

SCANTENNEGG, ladre verd. B.

SCANV, escabeau. B.

SCANVELARD, inconstant, brouillon, séditieux, tête legere, petit cerveau. B. Ce mot est formé de *Scan* & *Vel*. Voyez *Scanben*.

SCAO, SCAW, SCO ; singulier *Scawen*, sureau. B. Voyez *Ysgaw*.

SCAO-GRACH, érable, fusin. B.

SCAO-GROACH, sureau. B.

SCAON. Voyez *Scan*.

SCAON, escabeau. B.

SCAOUARCH, bacille planté maritime. B.

SCAOWEN, sureau. B.

SCAPAD, échappée. B.

SCAPHA. Voyez *Scaffa*.

SCARA, courir vîte & à grands pas. B.

SCARA, A. M. division de troupes, bande de soldats qui fait partie d'une armée. De *Scaram*. De là le Théuton *Scar*, l'Allemand *Schar*, l'Italien *Schiera*, le vieux mot François *Esquiere*, qui ont la même signification. De là nos termes François *Escadre*, division de vaisseaux dans une armée navale ; *Escadron*, division de cavalerie dans une armée. Le d s'insére souvent dans le mot, sur tout devant l'r. Voyez *Scouadren*, *Scouadron*, *Scouaden*.

SCARAM, séparer. I. Voyez *Ysgar*, *Scarra*.

SCARDUS, A. M. avare. De *Scart*.

SCARFA, joindre des pierres, du bois & autres corps solides, ensorte qu'une partie de l'un couvre une partie de l'autre. B.

SCARHADUR, curage. B.

SCARHEIN, désemplir. B.

SCARHEREAH, rafinement. B.

SCARHOUR, vuidangeur. B.

SCARHUS, évacuatif. B.

SCARINEC, SCARINOC, qui a les jambes longues & menues, & même celui dont toute la taille est trop menue. C'est ainsi que Dom Le Pelletier

explique ce mot. Le Pere de Roftrenen met *Sca-*
rinneeq, Scarinneeq, homme qui a de longues jambes. B.

SCARIOLES, fcariole. B.

SCARLADD, SCARLAT, écarlate. B. Voyez
Yfgarlad.

SCARLECQ FACE, trogne vifage rouge ou boutonné. B.

SCARLINA, fe fendre, deffecher, fecher, fe fendre par le chaud ou par le froid. B.

SCARMI, s'écrier, crier fort & haut. B. Voyez
Ylgarm.

SCARN, fec, décharné. B.

SCARNIL, fechereffe, hâle. Il fe dit en général de
toute fechereffe, foit du temps, foit des corps folides ; *Amfer Scarnil*, temps de fechereffe, temps
fec. On le dit de la fechereffe qui fait fendre la
terre & le bois, & qui fépare les douvelles des
tonneaux, &c. B.

SCARPIN, efcarpin. B.

SCARR, gerfure crevaffe aux mains. B.

SCARRA, fêler, fe fendre par le chaud ou par le
froid. B. Voyez *Scaram.*

SCARREIN, fe fendre par le froid, ainfi qu'il arrive aux mains & aux lèvres. C'eft ainfi que Dom
Le Pelletier explique ce mot Un nouveau Dictio-
naire met *Scarrein*, hâler. B. Il faut retenir l'une &
l'autre fignifications. Voyez *Ankelher* & plufieurs
des mots précedens qui commencent par *Scar*.
Schart en Allemand & en Flamand, crevaffe, rupture ; *Skard* en Iflandois, crevaffe des montagnes,
des rochers, coupure en général ; *Sceard* en ancien Saxon, morceau, pièce ; & *Shard*, prononcez
Schard, teft ou pièce de pot. Voyez *Scaram.*

SCARRET, cantibay terme de charpenterie. B.

SCARS, peu, trop peu, petit, mince, court ; *Scarfa*, épargner, être mefquin, avaricieux, diminuer,
retrancher, raccourcir ; *Scars Ew Ob Sabe*, votre
robe eft trop courte, on y a épargné l'étoffe ;
Scars Ew-Dira Bale, il a peine à marcher, il marche peu & comme à regret ; *Scars EwAn Den Ze*,
cet homme là eft avaricieux, tenace. B. De là
l'Italien *Scarfo*, l'Anglois *Scarce*, l'Efpagnol *Scaffo*,
le vieux François *Efchars*, le Latin barbare *Scardus*, avare. De là *Efcharfer*. En vieux François on
difoit *le vent écharfe*, pour dire le vent eft foible,
il y a peu de vent. Monnoie *Echarfe*, étoit une
monnoie qui étoit d'un moindre titre qu'elle ne
doit être. De là *Charfi, Efcarlin*, maigre en vieux
François. On difoit auffi *Echarfeté* pour diminution de poids, de force, de valeur & pour avarice. On dit encore aujourd'hui en Franche-Comté
qu'un habit *eft Efchars* pour dire qu'il n'eft pas
affez ample.

SCARS, net, nettoyé, purgé ; *Scarfa*, nettoyer,
purger, émonder, vuider, ramoner. B. Voyez
Carta qui eft le même.

SCARSCH, froid & fec ; *Amfer Scarfch*, temps
froid & fec. B.

SCARSUS, A. M. diminué. De *Scars.*

SCARTHA, féparation. I.

SCARTUS, A. M. terrein dont on a enlevé les
broffailles & les buiffons pour le mettre en culture De *Cartha* ; l's fe prépofe. Voyez S. Voyez
Sarium.

SCIRZ, clair, qui n'eft pas épais. B.

SCARZ, court, avare, mefquin. B. Voyez *Scars.*

SCARZDENT, cure-dent. B.

SCARZER, qui écure, qui nettoye, &c. *Scarzer*

Ar Privu Jou, vuidangeur, cureur de latrines,
gadouard. B. Voyez *Scarza.*

SCARZERES, larcin. B.

SCASS, plurier *Scaffou*, échaffes bâtons que l'on
s'attache aux jambes pour fe hauffer ; *Un Den
Scaffec*, un homme qui marche avec difficulté,
comme s'il avoit des échaffes. *Scaff* fe dit encore
de certains fers que l'on met aux pieds des chevaux pour les empêcher de courir. Quelques-uns
prononcent *Efcaff*, ce qui arrive à tous les mots
qui commencent par f devant une confonne. Ce
nom eft compofé de la prépofition Es, & de *Caff*,
porter, conduire, envoyer, & exprime une voiture, ce fur quoi on eft porté. Le François *Echaf-
fes* vient fans difficulté du Breton. B. Cet article
eft pris de Dom Le Pelletier.

SCATBYDD, SCATFYDD, adverbe de doute. G.
Voyez *Bydd.*

SCATH, ombre, voile, couverture. I.

SCATH, poche. I.

SCAURENN, chalumeau. B.

SCAVEN, fureau, canule de bois. B.

SCAVEN-GRACH, érable. B.

SCAUT, échaudé forte de pain ; *Scauta*, échauder ;
Scautet Ew Mazorn, ma main eft échaudée, un
peu brûlée dans l'eau bouillante : C'eft ainfi que
Dom Le Pelletier explique ce mot. Le Pere de
Roftrenen met *Scaut*, chaud ; *Tom Scaut, Tous
Squut*, fort chaud, très-chaud. B. C'eft à la lettre, chaud chaud. Les Hébreux doubloient de
même le mot pour marquer le fuperlatif. Au livre
des Proverbes, c. 20, v. 14, *Malum malum
eft, ait emptor*, cela eft mauvais mauvais. Au livre
de la Génèfe, c. 25, v. 30, Efaü demandant à
Jacob les lentilles qu'il avoit appretées, lui dit :
Faites-moi manger de ce roux roux, pour dire très-
roux. Voyez *Cailt.*

SCAUTA, échauder. B.

SCAUTEN, échaudé forte de pain. B.

SCAUTUS, âcre, piquant, mordicant. B.

SCAWAN, fureau. B.

SCAZEL, appui. B.

SCE, SGEATH, aube-épine. I.

SCEALP, rocher, penchant d'une montagne. I.

SCEAN, fur, deffus. I.

SCEIMH, beauté. I. Voyez *Caim.*

SCEITHE, difperfé. I.

SCEITHI, bouclier. E.

SCEITHIM, difperfer, vomir. I.

SCELDERIGNEUNOS, ardens, feux follers. B.

SCELP, le même que *Seealp*. De même des dérivés ou femblables. I.

SCENG, lit. I.

SCES, ombre. C.

SCET en un dialecte du Gallois le même que *Scad*,
harengs, felon Baxter. G.

SCETH, poche. I.

SCEURTH, efpèce. B.

SCEUT, ombre. B.

SCHELEZAN, bardane plante. B.

SCHIFF, efquif. B. De là ce mot. Voyez *Scaff.*

SCHILIP, moineau, paffereau ; plurier *Schilipet.*
On dit auffi *Philip*, & c'eft le cri de cet oifeau. B.
Voyez *Philip.*

SCHILPION, alouette de mer ; plurier *Schilpion-
net.* B.

SCHIVINARIUS, A. M. Échevin. De *Schuyn.*

SCHUYN, Échevin. B. De là ce mot, l's fe pré-
pofant aifément devant l's initiale.

SCI.

SCIA, aîle. I.
SCIANTOLETH, sagesse. C. Voyez *Esyant*.
SCIBOLES, ciboules. B.
SCIBOR, grenier. C.
SCIL, passoire, couloire. B.
SCILP, le même que *Scealp*. De même des dérivés ou semblables. I.
SCKEITE, dispersé. I.
SCKEITIM, disperser. I.
SCLABHA, captif, esclave. I. Voyez *Sclaff*, *Sclav*.
SCLACZ, glace, verglas, gelée. B. L's initiale s'ôte. (Voyez *Aru*.) Ainsi on a dit *Clacz* comme *Sclacz* ; de là le Latin *Glacies*, l'Italien *Ghiaccia*, le François *Glace*.
SCLACZ, fort adverbe, beaucoup. B.
SCLACZ, classe. B. De là ce mot.
SCLACZA, geler. B.
SCLAER, SCLÆR, plein de lumière, clair au propre & au figuré, visible, significatif, visiblement. B. *Escloer* en vieux François, expliquer.
SCLAER, SCLÆR, chelidoine plante, éclaire plante. B.
SCLAERICQ, éclaire plante, l'herbe aux dartres ; *Louſaoen Ar Sclaericq*, eufraise. B.
SCLAERYER, qui donne des éclaircissemens. B.
SCLAFF, le fourchon d'un arbre, l'endroit où les branches se divisent. B.
SCLAFF, esclave. B. Voyez *Sclabha*.
SCLAFFA, se fendre. B.
SCLAFA, laper : Il signifie aussi manger avec avidité en faisant du bruit des levres. B. Voyez *Lapp*.
SCLAS, glace, gelée, verglas. B.
SCLAS, classe, collège. B.
SCLAT, éclat de pierre, éclat, morceau. E. De là *Eclat* en ce sens.
SCLATA, A. M. bardeau. De *Sclat*. Le bardeau est un éclat ou morceau de bois.
SCLAV, esclave. B. De là le François *Esclave*, l'Allemand *Sclav*, *Schlav*, le Flamand & l'Anglois *Slave*, *Slaf*, l'Italien *Schiavo*, esclave, captif. Voyez *Sclabha*.
SCLAVA, SCLAVIS, A. M. captive, esclave au féminin. De *Sclav*.
SCLAVUS, A. M. captif, esclave. De *Sclav*.
SCLEAR, le même que *Sclaer*. B.
SCLEDRENN, clavin, bardeau. B. Voyez *Sclat*.
SCLENT. MAEN SCLENT, ardoise, pierre d'ardoise qui sert à couvrir les maisons ; singulier *Sclenten* ; plurier *Sclenthou*, *Sclenton*, *Sclentennou*. On joint ordinairement *Maen*, & quelquefois on ne l'y joint pas. B. Voyez *Slein*.
SCLER, clair au propre & au figuré, évident ; *Sclerder*, clarté ; *Selera*, éclairer. B. Voyez *Sclaer*, qui est le même.
SCLER, éclair de tonnerre, & aussi le nom d'une plante simple nommée *Eclaire* en François. Son diminutif *Sclerie* est une autre plante qu'on appelle *Eufraise*. B.
SCLERAAT, SCLERAT, luire, rendre clair au propre & au figuré, expliquer. B.
SCLERDER, clarté, évidence. B. Voyez *Scler*.
SCLERIA, SCLERIGEA, SCLERISSA, luire. B.
SCLERIGEN, lueur. B.
SCLEUR, lueur, clarté, rayon, demi-clarté. B. Voyez *Eglur*.
SCLEARENNA, racler. B.
SCLIC, SCLISS, éclisse de bois, de pierre, &c. petit fragment, particule détachée ; singulier *Sclicen* ; plurier *Sclicou*, *Sclicennou*. *Slic* se dit aussi des étincelles de feu ; *Sclicen Tan*, étincelle de feu ; *Sclicen Coat*, éclisse de bois ; *Sclicenna*,

SCO.

341

étinceller : C'est ainsi que Dom Le Pelletier explique ce mot. Le Pere de Rostrenen met *Slicz*, éclisse ; *Sliczen*, attelle pour tenir les fractures des os, tournette, éclat de bois, étincelle ; *Sclizenna*, se rompre en éclats. B. De là est venu le vieux mot François *Esclices*, tronçons de lances. De là notre mot François *Eclisse*, petite piéce de bois déliée & un peu large dont on se sert pour tenir les fractures des os.
SCLIDR, SCLITR, mince, menu, grêle, délié ; *Maen Sclidr*, ardoise. *Sclidr*, *Sclitr*, claire, perçante parlant de la voix. B.
SCLINGUERNUS, brillant, radieux. B.
SCLINTIN, résonnant. B.
SCLIPORT, délié, haut, long, menu, allongé. Il est de même valeur que *Moan*. B.
SCLOC, tout, totalement, entiérement, parfaitement ; *Leih-Scloc*, tout plein. B.
SCLOCA, SCLOCQAT, glousser. B.
SCLOCQERES YAR, poule qui a des poussins. B. A la lettre, poule qui glousse.
SCLOCZ, soc chaussure. B.
SCLOERADEN. Voyez *Scloren*.
SCLOGA, glousser, crier comme les poussins. On se sert encore de *Scloga* en parlant d'une poule qui a ou qui est prête d'avoir des poussins : On le dit aussi d'une machine qui en son mouvement fait du bruit. B. Voyez *Cloga*.
SCLOR. Voyez *Scloren*.
SCLOREN, SCLOZREN, lêche, ce que l'on tire de beurre ou de graisse figée avec une cuillier ; *Scloren A Maoun*, lêche de beurre ; plurier *Sclorennau*, *Sclorou* ; car *Scloren* est le singulier de *Sclor* ou *Scloer*, qui signifie aussi gousse de pois : C'est ainsi que Dom Le Pelletier explique ce mot. Le Pere de Rostrenen mettent *Sclozrenn*, *Scloeraden*, tranche, lêche en général.
SCLOT, A. G. serrure. Voyez *Sclotur*.
SCLOTUR, clôture. B. Voyez *Clo*.
SCLOUSSEIN, glousser. B.
SCLOZRENN. Voyez *Scloren*.
SCLUCZ, écluse. B. De là ce mot.
SCO, coup, frapement, percussion, heurt ; en termes de navigation échouement ou frapement, & arrêt d'un bâtiment de mer qui touche & s'arrête ; *Scoet Eo-Al-Lestr*, le navire est touché, échoué. Nous parlerons plus amplement de *Sco* quand nous serons à son dérivé *Skei*. B. Cet article est pris de Dom Le Pelletier.
SCOACHA, se cacher, se blotir. B. Voyez *Coacha*.
SCOADEN, escouade. B. De là ce mot.
SCOARCHELL, épaulette d'un corset de femme. B. Voyez *Scoaz*.
SCOARN, SCOAHARN, SCWARN, oreille ; *Scoarnec*, qui a de grandes oreilles ; & au figuré sot, badaud, ignorant. B. Voyez *Yygfarn*, *Scoarn*.
SCOARN-AN-OZACH-COZ, la mousse séche qui croit sur les vieux arbres, sur les pierres & vieilles murailles, particuliérement au voisinage de la mer. B.
SCOAS, épaule ; *An-Niou-Scoas*, les deux épaules : Ce nom fait partie de l'adverbe *Escoas*, en comparaison ; mot à mot, en épaule. B. *Scok* en Hébreu, épaule.
SCOASA, SCOAZA, SCOASIA, mettre à l'abri, se mettre à l'abri, couvrir, appuyer, protéger. B.
SCOASEL, SCOAZEL, appui. M. Roussel, sçavant dans la Langue Bretonne, écrivoit *Scoaseel*, & son dérivé *Scoaseella*, appuyer, épauler, & dérivoit l'un & l'autre de *Scoaz* ; c'est ainsi qu'il

l'écrivoit, & le verbe qui en est formé *Scoazia* & *Scoadhia*, quoiqu'il écrivît *Scoasset*, appuyé & caché à l'abri, & le composé *Discoasset*, désappuyer, se retirer & s'en aller de l'abri. On voit par là qu'il y avoit de la variation dans l'orthographe de cet habile homme : *Scoasel* n'est commun que parmi les maçons & les charpentiers. *Scoaz* a eu la même signification, puisqu'on lit dans la destruction de Jérusalem : *Oz Scoaz An-Mur*, en appuyant le mur. B. Cet article est pris de Dom Le Pelletier. Voyez *Coti*.

SCOABIEC, SCOAHIEC, SCOZIEC, certain poisson que les Bretons nomment autrement *Morzen*, homme de mer. B.

SCOATH, au-dessus. B.

SCOAZ, épaule. B. Voyez *Scoas*.

SCOAZELL, appui, soutien. B. Voyez *Scoasel*.

SCOB, SCOP, vaisseau de bois fait comme un petit sceau avec un manche de bâton de la longueur d'un bras, lequel sert à jetter l'eau du fond d'un bateau & de tout bâtiment qui n'a pas de pompe. On le dit encore du vaisseau où l'on a versé la lessive chaude sur le linge dans le cuvier. Il signifie aussi un balai à balayer. B. De là le Latin *Scopa*, l'Italien *Scopa*, l'Espagnol *Escoba*, balai ; & de là notre mot François *Escope*, qui signifie parmi les bateliers une espèce de pelle creuse qui sert à vuider l'eau des bateaux sur les rivières. Voyez *Scaf*, *Scub*, *Scobaguin*, *Sconib*, *Sgub*, *Ysgub*.

SCOBA, A. M. sorciers qui vont au sabat en chevauchant sur un balai. De *Scob*.

SCOBAGUYN, balayeure. Ba.

SCOBANQ, écubiers terme de marine. B.

SCOBERE, A. M. balayer. De *Scob*.

SCOBIES, nom que les Gaulois, selon Dioscoride, donnoient au sureau : On disoit *Scovies* en vieux François. Voyez *Seao*, *Scawen*, *Iscaw*.

SCOBITEL, volant à jouer. B.

SCOBLOIR, braillement, grand cri, bruit. I.

SCOBYTELL, volant instrument fait de plumes pour jouer. B.

SCOBYTELL, girouette. B.

SCOCZ, cosson ver. B.

SCOCZ, SCOCZAD, Écossois. B.

SCOD, souche grosse buche à brûler, cep, chicot, petit éclat de bois, nœud d'arbre. B. C'est le même que *Cod*, dont il a par conséquent toutes les significations.

SCOD, ombre. B.

SCOD, SCOT, écot de table. B. De là le François *Ecot*, l'Italien *Scotto*, l'Espagnol *Escote*, le Flamand *Schot*, l'Anglois *Schotte*.

SCODENN, souche grosse buche de bois. B. C'est le même que *Codenn*.

SCODENNAT, singulier *Scodennaden*, société de villageois pour quelque grande entreprise ; par exemple, pour quelque grand achat qu'un seul ou petit nombre ne pourroit pas faire : On dit au même sens *Hordennaden*. B. Il paroit que ce mot est formé de *Scot*, *Scod*, pris au figuré.

SCOE, épaule. B.

SCOED, SCOET, SCUED, bouclier ou écu, écusson, écu piéce de monnoie. B. Voyez *Ysgwyd*, *Sgiath*.

SCOEIN, fraper. B.

SCOER, heurter, on frape, sera attrapé. B. Voyez *Skei*.

...ET. Voyez *Scoed*.

...EUR, sera attrapé. B.

SCOGODH, guerre. I.

SCOITWIR. Voyez *Ysgwydwyr*.

SCOL, rocher. G. *Skol* en Hébreu, rocher ; *Scol* en Syriaque, pierre élevée ; *Scol* en Flamand, écueil ; *Skala* en Esclavon, en Polonois, en Bohémien, rocher ; *Skogl* en Croatien, *Scoglio* en Italien, écueil ; *Scuilh* en vieux François, écueil. De *Scuilh* est venu notre mot *Ecueil*. *Scillae* dans le glossaire de St. Isidore sont des rochers cachés dans la mer. *Scolium* dans les anciens monumens est un écueil. Voyez *Scol* Breton plus bas, & *Scolp*.

SCOL, crevasse, fente dans un mur qui menace ruine ; *Scolligh*, crever. B.

SCOL, CÔL, SCOR, pierre qu'on met sous un levier pour lui donner de la force, & sous la roue d'une charrette dans une pente pour l'arrêter. *Scolia* est le verbe formé de *Scol* ; participe *Scoliet*. B. Voyez le premier *Scol*.

SCOL, école ; *Scolaer*, écolier ; *Scolia*, tenir une école. B. *Ysgol* en Gallois, école. De là le Latin *Schola*, l'Italien *Scuola*, l'Espagnol *Escuela*, François *Ecole*, l'Allemand *Schul*, le Théuton *Scuala*, le Flamand *School*, l'Anglois *Schoole*, le Danois *Skolen*, l'Esclavon *Shula*, le Dalmatien *Szkula*, le Bohémien *Schola*, le Hongrois *Oskola*, école. Voyez *Sgoil*.

SCOL, exemple. B.

SCOLAER, maître d'école, écolier, apprentif. B.

SCOLAHE, dorade poisson, levier. B. Voyez *Scol*.

SCOLIA. Voyez *Scol*.

SCOLIET, initié. B.

SCOLIUM, A. M. écueil. De *Scol*.

SCOLLIGH. Voyez *Scol*.

SCOLP, singulier *Scolpen* ; plurier *Scolpou*, copeaux de bois que les coups de hache font sauter de l'arbre que l'on travaille ou que l'on abat ; *Scolpa*, *Scolpenna*, couper à coups de hache & faire des copeaux ; *Scolpat*, singulier *Scolpaden*, copeau, ce que la hache enleve à chaque coup ; *Discolpa*, détacher des morceaux avec bruit comme fait la hache, couper des branches, les bras, les ailes, &c. De là le vieux mot François *Escoupeau*, le François moderne *Coupeau*, copeau.

SCOLYA, arrêter. B. Ce terme a d'abord signifié arrêter une charrette avec une pierre, ensuite arrêter en général. Voyez *Scol*.

SCOLYA, apprendre, enseigner. B. Voyez *Scol*.

SCOLYUS, édifiant. B.

SCON, rocher. Voyez *Agaunus*.

SCONT, effroi, peur. B.

SCONTEIN, épouvanter, effaroucher. B.

SCONTI, craignant. B.

SCOP, crachat ; *Scopa*, *Scopat*, cracher. B. De là l'Espagnol *Escopir*, *Escupir*, le vieux François *Ecopir*, cracher ; *Escoperina* en Espagnol, crachat. On dit encore en quelques Provinces du Royaume parmi le menu peuple *Copiat* ou *Copiat*, cracher & crachat. On dit en Patois de Franche-Comté *Aiquepa* pour cracher. Voyez *Skebein*.

SCOP. Voyez *Scob*.

SCOPED, escopette. B.

SCOPER, cracheur. B.

SCOPITELL, salive. B.

SCOPOUR, cracheur. B.

SCOR. Voyez *Scol*.

SCORA, A. M. pour *Scara*.

SCORD, leger au propre & au figuré, volage, inconstant, agile, agilement. Voyez *Penscad* qui est synonime de *Scanbenn*.

SCOREN, rameau. C. Voyez *Scur*.

SCORF, la grille ou la décharge de l'eau superflue de l'étang. B.

SCORN. Voyez *Scourn*.
SCORNA. Voyez *Scourn*.
SCORS, peu. B. C'est le même que *Scars*.
SCORT, trop peu, trop court, moins & moindre qu'il ne doit être, mesure non remplie ou trop courte ; il signifie aussi vuide. B.
SCORZOUNERA, scorsonere. B. De là ce mot.
SCOSS, machine à dévuider du fil, de la soie, de la laine filée. B. C'est le même que *Coss*.
SCOSS, SCOUSS, chicot ou petit tronc d'arbrisseau resté en terre ; pluriel *Scosson*, *Scousson*, qui se dit des gros bâtons plantés aux deux côtés d'une charrette pour en contenir la charge. B. On appelle en Franche-Comté *Sco*, un chicot.
SCOT, taupe. I.
SCOT, SCOD, menue branche verte, coupée ou arrachée & propre à faire un lien de fagot, de gerbe, &c. singulier *Scoden*, *Scod-Balan*, lien de genêt ; *Scod-Lin*, paquet de lin, lié d'une pareille branche, où l'on voit la synecdoche. En Cornouaille *Scoden* marque aussi une houssine ou menu bâton, de sorte que l'on y dit *Scodennas*, pour dire un coup de bâton, de baguette. Je vois dans le nouveau Dictionnaire *Pen-Scot*, souche ; *Scot Tan*, tison ; *Scot-Er-Coat*, nœud dans le bois. B. Cet article est pris de Dom Le Pelletier.
SCOT, le même que *Cot*, *Coat*. Voyez *Pen-Scot*, *Ysgot*.
SCOT. Voyez *Scod*.
SCOT, SCOTTE, SCOTTUM, SCOTUM, A. M. contribution, ce que chacun doit payer des impôts publics. De *Scot*, écot de table par extension.
SCOT BHEARLA, Langue Écossoise. I.
SCOTH, mal, maladie. I.
SCOTH, SCOTHA, fleur. I.
SCOUADEN, escouade. B. De là ce mot.
SCOUADREN, escadre. B. De là ce mot. Voyez *Scara*.
SCOUADRON, escadron. B. De là ce mot. Voyez *Scara*.
SCOUARN, oreille, & au figuré anse. B. Voyez *Scoarn*, *Sgevarn*, *Ysgyvarn*.
SCOUARN-ATEN, consouldre ou oreille d'une plante. B.
SCOUARNACH, lièvre. C. Il est ainsi nommé de ses grandes oreilles. Voyez *Ysgyfarnog*.
SCOUARNEC, lourdaud, sot, badaud, ignorant. B. Voyez *Scoarnec*.
SCOUAZELL, étai. B. Voyez *Scoazell*.
SCOUBIGH, balayeures. Voyez *Scub*.
SCOUC, le même que *Chouc*. B.
SCOUD, écoutes terme de marine. B. De là ce mot.
SCOUFFHILHON, écouvillon. B. De là ce mot.
SCOUIB, balai. I. Voyez *Scub*, *Scob*.
SCOUL, écousle, milan oiseau de proie ; pluriel *Scoulet*. On dit *Fri-Scoul*, nez aquilin & long, nez d'écousle : C'est ainsi que Dom Le Pelletier explique ce mot. On trouve dans les autres Dictionnaires *Scoul*, écousle, milan, buse, corneille. B. De là est venu notre mot François *Écousle*. Voyez *Ysgwfl*, *Ysgyfwr* qui nous fait connoître que ces oiseaux ont été ainsi nommés, parce qu'ils prennent ou ravissent.
SCOULAT, gelée, ou l'espace de temps que dure la gelée. En Cornouaille c'est une espace de temps, une saison de froid, de chaud, de sec ou de pluie. B.
SCOULM, nœud. B. *Escoummen d'amour*, pris, épris d'amour en vieux François. Voyez *Coulm*.
SCOULMA, nouer. B.

SCOULTR ; pluriel *Scoultrou*, menues branches des arbres que l'on émonde ; diminutif *Scoultric*. *Scoultra*, émonder un arbre, en couper les menues branches. C'est ainsi que Dom Le Pelletier explique ce mot. Le Pere de Rostrenen met *Scour*, branche coupée, rameau ; *Scoultra*, émonder, élaguer. B.
SCOUR, SCOURS ; pluriel *Scourou*, *Scourron*, branches d'arbres coupées ou non, mais seulement les grosses, du moins selon quelques-uns ; *Discoura*, ébrancher, couper les branches. B.
SCOUR, brin de bois courbe ou marqué dont les bouchers se servent pour attacher par les pieds de derrière à un croc les bêtes mortes. De là le verbe *Scoura*, pendre de cette manière. *Scoura* se dit encore au sens figuré de châtier & étriller, maltraiter de coups de bâton. B. Voyez l'article précédent & *Scourge*.
SCOUR, petit. Voyez *Scournich*.
SCOURACH, branchage B. Voyez le premier *Scour*.
SCOURAT est encore un dérivé de *Scour*, branche, & se dit d'un petit nuage qui en accompagne un gros où est le tonnerre, & qui se change en pluie ; alors on dit *Scourat Glao*, comme si on vouloit dire branchée ou branche de pluie ; singulier *Scouraden* ; pluriel *Scouradou* & *Scourachou*, qui est plutôt celui de *Scourach*. Nos Bretons disent aussi, & plus communément, *Bar Glao*, barre ou branche de pluie. B. Cet article est pris de Dom Le Pelletier.
SCOURGE, fouet. B. De là l'Anglois *Scourg*, fouet, escourgée. De la le François *Escourgée* ; de là l'Italien *Scoriazza*, l'Espagnol *Zuriaga*, fouet. Voyez *Scourgez*.
SCOURGER, fouet. B.
SCOURGEZ, fouet, soit de cuir, soit de verges, l'instrument d'un serrurier qui s'en sert pour tourner son foret, & ressemble assez à un archet de violon. M. Roussel prétendoit ce mot a une signification plus étendue, & qu'il vient de *Scour*, branche. *Scourgeza*, fouetter avec des courroies ou des verges. B. Cet article est pris de Dom Le Pelletier.
SCOURGEZA. Voyez *Scourgez*.
SCOURN, SCORN, & au pays de Vannes, *Shorn*, glace. *Scourni*, *Scorni* & *Shorni*, glacer, être glacé, devenir glace. On le dit particulièrement de la terre humide durcie par la gelée. *Scournet Ew An Douar*, la terre glacée ; *Disgourni*, dégeler, que l'on prononce *Dishourni* : C'est ainsi que Dom Le Pelletier explique ce mot. On trouve dans les autres Dictionnaires *Scorn*, *Scourn*, forte gelée ; *Scorna*, *Scournein*, geler, transir de froid ; *Scournet*, transi de froid, froid au propre & au figuré. B.
SCOURNA. Voyez *Scourn*.
SCOURNEIN. Voyez *Scourn*.
SCOURNET. Voyez *Scourn*.
SCOURNI. Voyez *Scourn*.
SCOURNICH, petit vol. B. *Nich*, vol ; *Scour* pour *Cor*, petit. Voyez *Scournichal*.
SCOURNICHAL, SCOURNIJAL, voler bas comme les petits oiseaux encore trop foibles pour s'élever en haut. B. C'est le même que *Gournichal*.
SCOURR, branche coupée, rameau. B.
SCOURRA, suspendre, pendre, attacher en haut. B.
SCOUT, nom d'une espèce d'oie sauvage qui se trouve en Écosse, qui est plus petite que le canard. E.
SCOUTILH, écoutille. B. De là ce mot.

SCRAB, larcin fait par adresse. B.
SCRABA, prendre & serrer de la main, ravir subtilement. B.
SCRABA, grater, égratigner. B. Voyez Crafu, Ysgraffinio, Scribigh.
SCRABADENN, égratignure considérable, prise legere, petite attaque, dispute à en venir aux mains. B.
SCRABAT, grater parlant des poules, grater la terre. B.
SCRABER, escroqueur. B.
SCRAM, écran. B. De là ce mot. On écrivoit Escran en vieux François.
SCRAMPA, ramper. B. De là ce mot.
SCRAP, larcin fait par adresse, enlevement, ravissement. B.
SCRAPA, grater la terre avec les ongles ou quelque instrument: On le dit des bêtes qui gratent avec leurs griffes ; on l'employe aussi pour exprimer la maniere de saisir avec les ongles, griper, attraper, ravir, enlever comme un oiseau de proie enleve un petit oiseau. Disgrapa a la même signification que Scrapa. B. Schrapaden en Allemand ; Schraapen, Schrabben en Flamand ; Screopan en ancien Saxon ; Scrape en Anglois, racler, grater ; Skrapa en Suédois, étrille de cheval. Voyez Sgrabadh, Sgriobadh.
SCRAPA, SCRAPAT, ravir, dérober. B.
SCRAPAT ; singulier Scrapaden, action de grater ; si bien que Scrapaden Labour marque un peu de travail, sur tout du labourage, comme si on n'avoit fait que grater la terre dans un petit espace. On s'en sert au sens d'une partie de journée de travail: Ur Scrapaden Derwez, une petite partie de la journée de travail ; mais le plus proprement dit est Ur-Scrapaden, un coup de griffe. B.
SCRAPEDUS, A. M. galeux. Ce mot est formé de Scrapa, grater.
SCRAPEIN, ravir subtilement, voler, dérober, piller, envahir. B.
SCRAPEREZ, enlevement, action de ravir. B.
SCRAPOUR, qui prend, qui ravit, qui escroque, qui dépouille, qui pille. B.
SCRAPPE, proie, invasion. B.
SCRAV, SCRAF ; pluriel Scravet, Serafet, certain oiseau de mer de la grosseur d'un bon pigeon & assez de même figure, lequel a la tête en partie noire, & tout le corps blanc & les pattes rouges ; son cri, qui est très-clair & perçant les oreilles, est assez bien représenté par son nom. On appelle cet oiseau en François Eterlet. Le diminutif de Scrav est Scravedit. B.
SCRECH, peigne. G.
SCRIBATZEN, écrire. Ba. Voyez Ysgryffen, Scrifan, Sgriobadh, Scriva, Scriven. De là le Latin Scribo, l'Italien Scrivere, l'Espagnol Escrevir, l'Allemand Schreiben, le Théuton Scriban, le Flamand Schryfen, Scryven, le Suédois Skrifwa, l'Islandois Skra, le Danois Scriffue, le Carinthien Shribati, le François Ecrire.
SCRIBIGH, grater. I. Voyez Scraba.
SCRIBNIDH, écrivain. I. Voyez Scraba, Scrapa, Scribatzen, Scribigh, Scrifan, Ysgryffenu.
SCRIFAN, écrire. B. Voyez Scribatzen.
SCRIFFEL, étrille. B.
SCRIGEA, tressaillir & s'écrier de frayeur, selon M. Roussel ; sçavant dans la Langue Bretonne ; écrier, ou, si l'on veut, s'écrier, selon Dom Le Pelletier ; frémir, frissonner, trembler, tressaillir, selon le Pere de Rostrenen. B. Il faut retenir tou-

tes ces significations. Voyez Ankelber. Voyez Ysgri, Ysgryd.
SCRIGEAL, braire. B.
SCRIGN, grincement de dents, grimace que font ceux qui grincent les dents. On le dit aussi d'un chien qui gronde & menace de mordre. Scrigna, grincer les dents ; C'est ainsi que Dom Le Pelletier explique ce mot. Le Pere de Rostrenen met Scrin, ris immodeste & montrant les dents, ris canin. B.
SCRIGNAL, ricaner, sourire ; Serignal An Dent, craquer des dents, grincer les dents. B.
SCRIGNECQ, qui montre ses longues dents en riant. B.
SCRIGNOLUS, SCRIGNUS, A. M. écrin, coffret. De Scrin.
SCRIGNOUS, chagrin adjectif, de mauvaise humeur habituellement. B.
SCRIHUEIN, fourbir, écrire. B.
SCRIHUEL, étrille. B.
SCRIHUEREAH, action de fourbir. B.
SCRIJADUR, tressaillissement. B.
SCRILH, grillon. B.
SCRIMATUR, A. G. rugit ou sonne de la trompette ou du cor. Voyez Serimpa.
SCRIMPA, SCRIMPAL, hennir comme un cheval. B.
SCRIMPA, grimper. B. De là ce mot, parce que l's initiale s'ôte indifféremment.
SCRIMPAL. Voyez Scrimpa.
SCRIMPAL, ramper. B.
SCRIN, écrin, coffret, cassette. I. B. Ysgrin en Gallois, coffre, caisse, petite caisse ou boëte. De là le Latin Scrinium, l'Italien Scrinio, Scrigno, le François Ecrin, l'ancien Saxon Scrin, le Flamand Schryn, l'Allemand Schrein, l'Anglois Schrine, le Suédois Skryn, l'Esclavon Skrina, Shkrinia, le Bohémien Sckrine, le Hongrois Zekreni, le Dalmatien Scrynia, le Lusacien Schrina, le Polonois Skrzinia, le Théuton Screona, écrin, coffret, cassette.
SCRINA, dessécher, se fendre par la chaleur, par le froid. B. Voyez Crin.
SCRINIUM, A. G. coffre où l'on renferme les actes publics. De Scrin.
SCRIPNEA, A. M. gaine. De Scrin par extension.
SCRITOER, SCRITOL, SCRITOR, écritoire. B. Voyez Scribatzen.
SCRITUR, écriture. B. Voyez Scribatzen.
SCRIVA, écrire. B. Voyez Scribatzen.
SCRIUAFF, écrire. B.
SCRIVARIUS, A. M. écrivain, notaire. De Scriva.
SCRIVELL, étrille, peigne de chevaux ; Scrivella, étriller, peigner le corps d'un cheval. B. Voyez Ysgrafell, Crib, Scriban, Scribigh.
SCRIVEN, écriture. G.
SCRIVENNY, écrire. G. Voyez Scribatzen.
SCROGAILL, SHROGAILL, SCROCHEL, vessie qui contient l'urine de l'animal. B.
SCROZIA, A. M. crosse, bequille. De Croez.
SCRUNIEN, SCRUNYEIN, égrener. B.
SCUARN, oreille. B. Voyez Scoarn, Scouarn.
SCUB, SCUBEL, SCUBAD ; singulier Scubelen, balai ; pluriel Scubou ; Scuba, balayer ; Scubien, balayeures. On donne le nom de Scubie à une robe trainante. B. Voyez Ysgub, Scouib, Scub.
SCUR-DELIOU, grande marée de l'équinoxe de septembre ; c'est mot à mot, balai de feuilles. En effet, cette grande marée venant en ce mois ou au commencement d'octobre, & s'étendant

SCU.

sur les rivages des rivières voisines de la mer, elle en emporte les feuilles, qui en cette saison tombent des arbres. B.

SCUBA. Voyez *Scub*.

SCUBELEN, balai, balayures. B.

SCUBIEN. Voyez *Scub*.

SCUDELL, SCUTELL, écuelle de quelque manière qu'elle soit, mais principalement de bois; pluriel *Scudellon* & *Scudili*; *Scudellat*, singulier *Scudelladen*, écuellée plénitude d'une écuelle. B. De là le Latin *Scutella*, *Scutula*, le Grec vulgaire *Skoutela*, l'Italien *Scudella*, *Scodilla*, l'Espagnol *Escudilla*, l'Allemand *Schottel*, le Flamand *Scotel*, l'Anglois *Scuttel*, le Dalmatien *Zdila*, le François *Ecuelle*.

SCUDELLOU DOUR, cotylédon plante. B.

SCUDERIUS, A. M. écuyer. Voyez *Scued*, *Scudour*.

SCUED. Voyez *Scoed*.

SCUEDOUR, écuyer B.

SCUEZR, équerre, exemple, régle, niveau. B.

SCUHEIN, fatiguer, lasser. B.

SCUILH, SCUILHADEG, SCUILHADUR, effusion, prodigalité, régorgement. B.

SCUILLA, verser, répandre d'un vaisseau ce qui y est de liquide ou en graine. On s'en sert aussi pour dire étendre certaines choses; par exemple, du foin, des pois, & autres herbes que l'on veut faire sécher au soleil. B. Voyez *Skilligh*, *Sculhein*.

SCUILLAFF, corrompre. B.

SCUIS, las, fatigué; *Scuisa*, lasser, fatiguer; participe passif *Scuiset*; *Scuisder*, lassitude, fatigue. B.

SCUIZA, harasser, s'ennuyer. B.

SCULHEIN, verser. B. C'est le même que *Scuilla*.

SCULPEREAH, statuaire. B.

SCULTI, sculpter. B.

SCUM, SCUMEN, écume. B. De là l'Allemand *Schaume*, le Flamand *Schuim*, l'Anglois *Scumme*, le François *Ecume*. Voyez *Scummenneg*, *Yſgumio*.

SCUMMENNEG, mousseux. B. On voit par ce mot que *Scum* a aussi signifié mousse.

SCUR, rameau. B. Voyez *Scoren*.

SCURHEIN, fourbir. B.

SCURYA, écurer. B. De là ce mot.

SCUTELL, écuelle. B. Voyez *Scudell*.

SCWEZR, équerre instrument, régle instrument, exemple; pluriel *Scwezron*. B.

SCUYHEIN, fatiguer, lasser. B.

SCUYLLA, le même que *Scuilla*. B.

SCUYZ, lassé, fatigué, recru. B.

SCUYZA, fatiguer, lasser. B.

SDAN, étain. I. Voyez *Yſtaen*.

SDIAL, clavin, bardeau. I.

SE, ensorte que, c'est pourquoi. G.

SE, six. I. *Sei* en Basque; *Chnec* ou *Sues*, *Huth* ou *Sueh* en Breton; *Chwech* ou *Swech* en Gallois; *Ses*, *Sis* en Hébreu; *Ses* en Éthiopien & en Persan; *Zuest* en Arménien; *Sau* en Tonquinois; *Ex* en Grec; *Sex* en Latin; *Sei* en Italien; *Seys* en Espagnol; *Six* en François; *Saihs* en Gothique; *Six* en ancien Saxon; *Sex*, *Sehs* en Théuton; *Sechs* en Allemand; *Ses* en Flamand; *Six* en Anglois; *Sex* en Suédois & en Danois; *Sheſs* en Esclavon; *Sſiſty* en Bohémien; *Seeſut* en Dalmatien; *Seeſtz* en Polonois; *Shicſt* en Carinthien; *Ses* en Tartare de Crimée; *Cheſte* en Russien, six. On dit *Ché* pour six en Patois de Besançon; *Ki*, six en Chinois: On met indifféremment dans cette Langue le *k* ou l'*h*.

TOME II.

SEA. 345

SE, là; *An-Den-Ze*, cet homme là; *A-Ze*, là; *Aſſezu A-Ze*, asseyez-vous là. Il signifie quelquefois cela; *Rac-Ze*, pour cela. B.

SE, si, tant; *Qeit Se*, si longtemps. B.

SE, le même qu'*E*, *Ce*, *Gs*. Voyez *Aru*.

SE, le même que *Ts*. Voyez *S*.

SEA est une espèce d'impératif, tel que quand nous disons à celui qui agit, qui va ou parle trop vîte, *doucement*; & à celui qui parle trop ou fait du bruit, *patience*, *contenez-vous*; de même à un homme qui exagère ou qui avance des faits incroyables, on dit *Sea*, *Sea*, doucement. B.

SEA, robe, jaquette d'enfans, habit, habit long. B. Voyez *Sae*.

SEABHAC, faucon oiseau. I.

SEACA, froidure. I.

SEACAMUL, froid adjectif, glacé. I.

SEACH, esclave. I.

SEACH, sec. B.

SEACH, résolu, hardi, délibéré. B.

SEACHA, SEACHAD, par, au moyen. I.

SEACHAD, geler, se geler. I.

SEACHADAIM, délivrer. I.

SEACHAM, passer par, par-dessus. I.

SEACHAN, SEACHUIN, fuis à la seconde personne de l'impératif. I.

SEACHLAIDIM, faire lit à part. I.

SEACHLOIC, parc, enclos, séparation. I.

SEACHNADU, fuir, échapper, éviter, abdiquer, rejetter, épouvanter, fuite, vol, volée. I.

SEACHNOIM, séparer, éloigner, éviter. I.

SEACHRAN, niais, dupe, sot. I.

SEACUN, arrière. I.

SEADAIRE, sot, badaud. I.

SEADE, voici. Il est aussi synonyme de *Sea*. B.

SEADH, oui. I.

SEAGH, le même que *Sigh*. I.

SEAGHDA, ingénieux, fait avec art. I.

SEAGUL, SEAGGUL, seigle. I. *Segal* en Breton, seigle. De là le Latin *Secale*, l'Italien *Segala*, le François *Seigle*.

SEAN, foudre; *Seahein*, foudroyer, fulminer, jurer exécrablement. B.

SEALA, flétrissure, diffamation, ignominie. I.

SEALB, SEALBHUGADH, installer, mettre en possession, installation. I.

SEALBH, troupe, troupeau. I.

SEALBH, avantage, gain, profit. I.

SEALBHAIGHIM, possesseur. I.

SEALBHLAMHADH, jouissance. I.

SEALBHOIR, qui est en possession. I.

SEALBHUGHADH, avoir, posséder, tenir. I.

SEALGAM, chasser. I.

SEALVE, troupe, troupeau. I.

SEAMAR, trefle herbe. I.

SEAMRA, chambre. I. Voyez *Campr*.

SEAN, agrément, bonté, félicité, bonheur, prospérité, agréable, bon. I. Voyez *Can*, *Cain*.

SEAN, vieux, ancien; *Sean Tuinne*, vieille; *Seanois*, Sénat. I. Voyez *Hean*, *Hen*.

SEANADH, nier, dénier, désavouer, abjurer, réfuter, rétracter, négation, rétractation. I.

SEANAIM, hors, privé. I.

SEANAM, refuser. I.

SEANCAS, SEANCHAS, SEANCADH, ancienneté, généalogie. I.

SEANDA, vieux, ancien. I.

SEANFOCAL, proverbe. I.

SEANGAID, aïeul. I.

SEANGAL, prudent. I.

SEANGAN, fourmi. I.
SEANIDIM, couler. I.
SEANMAR, SEANMUR, SEUNMUR, heureux. I.
SEANMHATAIR, grand'mere. I.
SEANRAD, proverbe. I.
SEARB, aigre, acide, âpre au goût, fâcheux, triste, affligeant. I. Voyez Searv. De là le Latin *Acerbus*, l'Italien *Acerbo*.
SEARBAN, le même que Searb. I.
SEARBHGAL, bleu azur. I.
SEARBHUS, aigreur, âpreté, acidité, amertume. I.
SEARE, amour. I. Voyez Serch.
SEARKAM, aimer. I.
SEARKOG, maîtresse, amie. I.
SEARN, jeune, jeune homme. I.
SEARR, SEARRACH, poulain. I.
SEARV, aigre. E.
SEARV, aigre, acide, âpre, amer. I.
SEAS, ensorte que, c'est pourquoi. G.
SEAS, sept. I.
SEAS, bois substance de l'arbre, puisque *Saoirseas* signifie charpentier, & est synonime de *Saer Crain*. Voyez *Saya*, *Sia*.
SEASAM, s'arrêter, maintenir, assurer, soutenir, protéger, défendre, halte, poste. I.
SEASAMAIR, insister, presser. I.
SEASCA, berceau. Ba.
SEASG, sec, stérile. I.
SEASGAIR, chaud. I.
SEASGAN, marécageuse. I.
SEASMHAC, qui s'arrête; *Seasmhachd*, action de s'arrêter, station, halte, constance. I.
SEASMHACH, militant. I.
SEASMHUN, semaine. I.
SEASMOIR, habitant, demeurant. I.
SEAT, chaise. E. Voyez *Gorsedd*.
SEATHAR, Dieu. I. Ce mot est synonime de *Laidir*, fort, puissant.
SEAU, fève. B. Voyez *Sebum*, *Sew*.
SEAUT, le même que *Gueaut*. Voyez *Aru*.
SEBACH, petit, petite. G. *D'Ys Bach*, dit Davies. Voyez *Ys* & *Bach*.
SEBAN, savon. G. Voyez *Salbona*.
SEBARCAVA, chandelle de suif. Ba. Voyez *Seboa*.
SEBB, comme. G. De là les Latins *Ceu*, *Sive*, parce que l'*v* & le *b* se mettent l'un pour l'autre.
SEBELYA, ensevelir. B. De là le Latin *Sepelio*, l'Italien *Sepelire*, le François *Ensevelir*. Voyez *Lliain*.
SEBEZA, éblouir, étourdir, pâmer. B. De là les Latins *Hebes*, *Hebesco*.
SEBHA, le même que *Saobha*. I.
SEBHNOS, le même que *Saobhnos*. I.
SEBLANT, mine, semblant, indice, afféterie. B. De là notre mot François *Semblant*. Voyez *Semlant*.
SEBOA, suif. Ba. De là le Latin *Sebum*, *Sevum*, l'Italien *Sevo*, l'Espagnol *Sebo*, *Sevo*, le François *Suif*. Voyez *Salbona*.
SEBON, savon. G. B.
SEBONI, savonner, nettoyer. G.
SEBONLLYD, SEBONOG, savonné. I.
SEBONLLYS, saponaire plante, ou herbe au foulon. G.
SEBUM, fève. Ba. Voyez *Seau*.
SEC, le même que *Sac*, *Sic*, *Soc*, *Suc*. Voyez *Bal*.
SEC, le même que *Tec*. Voyez *S*.
SECATEA, sécheresse. Ba. Voyez *Sech*.
SECH, féminin de *Sych*. G. Voyez *Secatea*.
SECH, esclave. I.

SECH, SYCH, sec, aride, desséché; *Secha*, sécher, dessécher, essuyer ce qui est mouillé ou souillé de quelque ordure humide ou grasse; *Sechit Oh Fri*, essuyez votre nez; c'est-à-dire, mouchez-vous. B. *Sych*, au féminin *Sech* en Gallois, sec. *Sicua* en Basque, sec, & *Secatea*, sécheresse. De là le Latin *Siccus*, l'Italien *Secco*, l'Espagnol *Seco*, l'Esclavon *Suchu*, le Polonois *Succhi*, le Bohémien *Suchy*, le François *Sec*. *Sacano* en Syriaque, amaigrir, exténuer; *Sak*, brûler, dessécher en Chaldéen; *Sakad* en Arabe, amaigrir, exténuer; *Sakat*, verbe qui marque la venue de la grande chaleur en Arabe; *Sakar* dans la même Langue, dessécher, dessécher beaucoup, rôtir; *So*, aride, sec en Tonquinois. Virgile s'est servi de *Siccars* au sens de laver, nettoyer, essuyer:

*Intereà Genitor Tiberini ad fluminis undam
Vulnera* siccabat *lymphis, corpusque lavabat
Arboris acclinis trunco.*

Voyez *Siccio*, *Sych*, *Sic-Valla*.
SECH. DOUR SECH, eau dormante. B. Voyez *Sach*.
SECHAN, le même que *Seachan*. De même des dérivés ou semblables. I.
SECHED, SECHET, SEHED, SIHED, SYCHED, soif; *Sechet A Meus*, j'ai soif; *Secheda*, rendre ou devenir altéré, causer la soif; participe passé *Sechedet*, altéré; *Sechedee*, *Sechedic*, qui a soif. B. *Syched* en Gallois, soif. De *Sehed*, *Sehet*, *Syhed*, *Syhet*, sont venus le Latin *Sitis*, l'Italien *Sete*, l'Espagnol *Seda*, le Dalmatien *Xedia*, soif.
SECHEN, femme décharnée. B.
SECHES, A. M. seche poisson. De *Sech*.
SECHI, verser dans un sac, farcir, saouler. G. Voyez *Sach*.
SECHICH, mousse terrestre. B.
SECHIL, SEKIL, A. G. poche, bourse. De *Sach*. Voyez *Sechi*.
SECOUR, aide, secours. B. De là ce mot.
SED, le même qu'*Ed*, *Ced*, *Ged*. Voyez *Aru*.
SED, le même que *Sad*, *Sid*, *Sod*, *Sud*. Voyez *Bal*.
SED, le même que *Ted*. Voyez *S*.
SEDA, soie. G. De là l'Italien *Seta*, l'Espagnol *Seda*, l'Allemand *Seiden*, le Flamand *Syden*, le Carniolois *Shida*, soie. Voyez *Sidan*.
SEDD. Voyez *Gorsedd*.
SEDDAF, être assis. Voyez *Asiddaf*, *Gorsedd*.
SEDER, gai, joyeux, gaillard, enjoué, libre, franc, ouvert, alégre, dispos, sain, qui est en bonne santé, grand, nombreux, franchement, certainement. B. On dit dans le Duché de Bourgogne qu'un fruit est *Sedde* quand il est ferme dans sa maturité.
SEDH, le même que *Segh*. De même des dérivés ou semblables. I.
SEEL, regardez. B. Voyez *Syll*, *Syllu*, *Sel*, *Sul*.
SEELLET, le même que *Sellet*. B.
SEETEIN. Voyez *Seti*.
SEF, ou particule explicative, c'est-à-dire, je veux dire, c'est à sçavoir, comme. G. *Yf Ef*. Davies.
SEFFET. Voyez *Sevel*.
SEFNIG, l'épiglotte, l'œsophage, la trachée artère, gosier, gorge. G. De *Safn*. Davies.
SEFRDAN, qui a des vertiges, des étourdissemens, stupide. G.
SEFY, fraise. E.
SEFYDLIAD, appui, soutien. G.
SEFYDLOG, qui demeure, qui s'arrête, qui est

SEF.

fixe, qui demeure ferme, qui est debout, constant ; *Dwr Sefydleg*, eau qui séjourne, eau qui forme un étang. G.

SEFYDLU, placer, faire demeurer, faire arrêter, dresser, faire tenir debout, affermir, rendre solide, se reposer, poser sur, occupes, être porté. G.

SEFYDLYN, lac. G.

SEFYLL, demeurer, s'arrêter, faire une pause, se tenir ou s'arrêter à. G. B. Ce verbe est irrégulier. *Saf*, arrête-toi ; *Saif*, il s'arrêtera ; *Saf*, demeure, séjour. G. Voyez *Sevel*.

SEFYLLFA, demeure, séjour, lieu où l'on s'arrête. G.

SEFYLLIAN, s'arrêter, demeurer, faire halte, temporiser, différer, retarder, user de remise, ne se presser pas. G.

SEFYLLWR, lent, irrésolu, qui temporise, qui use de remise, qui croupit dans l'oisiveté. G.

SEG, le même qu'*Eg*, *Ceg*. Voyez *Aru*.

SEG, le même que *Sag*, *Sig*, *Sog*, *Sug*. Voyez *Bal*.

SEG, le même que *Teg*. Voyez *S*.

SEGA, faulx, moisson. Ba. Le *c* & le *g* se mettant l'un pour l'autre, on a dit indifféremment *Sega* & *Seca* ; de là le Latin *Seco*, l'Italien *Segare*, couper. De *Sega*, moisson, est venu le Latin *Seges*, l'Italien *Segete*.

SEGADA, moisson. Ba.

SEGADA, lacs, filets. Ba.

SEGAL, seigle ; *Segalen*, un seul grain, un seul pied de seigle ; *Segalec*, champ semé de seigle. B. Voyez *Seagul*.

SEGALLA, débile, infirme. Ba.

SEGARE, A. M. couper. De *Sega*.

SEGARIA, faucheur, moissonneur, faulx. Ba.

SEGERIS, vain. C.

SEGH, bœuf, buffle. I.

SEGH, lait. I.

SEGOMON, riche, G. selon les Auteurs de l'histoire universelle composée en Angleterre.

SEGOUSSEIN, secouer. B. De là les mots François *Secousse*, *Secouer*.

SEGREDT, secret. I.

SEGUIENTEA, suite, poursuite. Ba.

SEGUR, SEGURLLYDD, oisif, paresseux. G.

SEGUR, parce que. Ba.

SEGURA, demeurer oisif, paresseux. G.

SEGURANTZA, sécurité. G.

SEGURUDYN, paresseux, négligent, nonchalant. G.

SEGURLLYD, oisif, paresseux, nonchalant, négligent, lâche. G.

SEGURO, en sûreté. Ba.

SEGURUA, qui est en sûreté, sûr. Ba. De là le Latin *Securus*, l'Italien *Sicuro*, l'Espagnol *Seguro*, l'Allemand *Sicher*, le Théuton *Sihchurer*, l'ancien Saxon *Seker*, l'Esclavon *Shiher*, le François *Sûr*. Voyez *Sicur*, *Sicur*.

SEGURUTUA, assuré, affermi. Ba.

SEGURYD, oisiveté, paresse, négligence, relâche, exemption de travail. G.

SEH, sec. B.

SEHED. Voyez *Sched*.

SEHEIN, sécher, dessécher, hâler. B.

SEHR est le nom que les Irlandois donnent à l'Allemagne. I.

SEI, six. Ba. Voyez *Sr*.

SEIALDA, héxagone. Ba.

SEIBHE, gorges de montagnes, défilés de montagnes. I.

SEIBIANT, cesse, cessation, interruption, repos,

SEI.

intermission, discontinuation, pause, relâche, vacance. G.

SEICH, combat. I.

SEICH, avanturier. I.

SEICH, cuir, peau. I.

SEICHIM, suivre. I.

SEICHT-VI, septembre. I.

SEID, flèche. I. Voyez *Saeth*.

SEIDIG, souffler, respirer, souffle, respiration, aspiration. I.

SEIDYN, petit manche. G.

SEIETSA, côté. Ba.

SEIFYS, fraise du capron. Ba.

SEIGANA, cube ou géométrie. Ba.

SEIGH, faucon ; *Seigbeoir*, fauconier. I.

SEIGIO, mettre les plats, les mets sur la table. G. *Saig*.

SEIGNE, seine, filet. B. De là ce mot.

SEIH, sept. B.

SEILAC, rayons de miel. Ba.

SEILACH, saule. I. Voyez *Helig*.

SEILBH, possession. I.

SEILCOA, sémestre. Ba.

SEILDDAR, pluriel *Scildderi*, pieu, pilotis sur lequel on bâtit. G *Sail Dar*.

SEILG, chasseur, pêcheur. I.

SEILGAN, SEILGIN, chasseur, pêcheur. I.

SEILH, seau. B. On dit encore *Seille* en Franche-Comté. *Sel* en Hébreu, en Chaldéen, en Arabe, panier.

SEILIO, fonder. G. *Sail*.

SEILIWR, fondateur. G.

SEILLETUM, A. M. vaisseau dans lequel on porte l'eau bénite. De *Seilh*.

SEILMIDE, limaçon. I.

SEILWADN, fondement. G. *Gwadn*.

SEIM, obligeant, galant, doux, aimable. I. *Saem*, bon en Tartare Mogol & Calmoucq ; *Sain*, bon, bien adverbe, vertueux, de probité en Tartare Calmoucq. Voyez *Cain*.

SEIM, séparé, divisé, privé, abstinent. I.

SEIM-WER, suif. G. *Gwer*.

SEIMEH, SEIMHIDH, simple, unique. I. *Simpl* en Breton, simple ; *Syml* en Gallois, simple. De là le Latin *Simplex*, l'Italien *Sempio*, *Semplice*, le François *Simple* I. Voyez *Syml*, *Simplesa*, *Simplide*.

SEIMR, douceur, procédé doux & modéré. I.

SEIMILEAR, cheminée I.

SEIMIO, tirer le suif. G. *Saim*.

SEIMLYD, plein de suif, graissé, gras, gros. G.

SEINA, garçon, fille ; *Seina Eztana*, adulte. Ba. *Homo* en Latin signifie l'homme & la femme.

SEINDU, je radote. I.

SEINDUA, caduc, qui retombe en enfance, qui folâtre comme un enfant. Ba.

SEING, son ce qui frape l'ouie. B. Voyez *Synio*, *Seinio*, *Sain*, *Sin*.

SEING, muer, changer. B Voyez *Ceinch*.

SEINIO, sonner. G. Voyez *Adseinio*, *Synio*, *Seing*.

SEINIOG, qui résonne, qui retentit. G.

SEINQUERIA, puérilité. Ba.

SEINTARA BIURTUA, qui retombe en enfance, qui redevient enfant, qui folâtre comme un enfant. Ba.

SEINTEREA, enfance. Ba.

SEINTES, padou. B.

SEIRBISEACH, serviteur, domestique. I. De là le Latin *Servus*, l'Italien *Servitore*, l'Espagnol *Servidor*, le François *Serviteur*. Voyez *Selvicha*, *Serbicoya*, *Serbitua*, *Servicha*.

348   SEI.

SEIRCH, felle, caparaçons. G. *Sarg* en Arabe, felle.
SEIRGTHE, étique. I.
SEIRIAN, pour *Yr Eirian*, beau. G.
SEIRSE, le même que *Saoirse*. I.
SEIRSEAS, le même que *Saoirseas*. I.
SEIRSIN, ceinture. I.
SEIS, plaisir. I.
SEIS, SAIS, SAIZ, nombre de sept; *Seisset*, *Seisvet*, septième; *Scitec*, *Seizec* pour *Seis-Dec*, dix-sept. B. Voyez *Saith*.
SEISEN, ruban, la flamme d'un navire, longue banderole qui voltige sur le haut des mats ou au bout des vergues. B.
SEISG, jonc, roseau. I.
SEISUN, SEISHUN, semaine, espace de sept jours & autant de nuits. B. A la lettre, sept sommeils, ce qui est de l'ancien usage des Gaulois qui, selon que César l'a observé, comptoient le temps par les nuits.
SEITH-RED, qui coule par sept canaux, G. *Saith*.
SEITHCE, épouse. I.
SEITHFED, septième. G.
SEITHGANT, sept cens. G.
SEITHID, peau d'animal, cuir. I.
SEITHLEAN, ruisseau. I.
SEITHMLWYDD, qui a sept ans. G. *Blwyd*, *Blwyddyn*.
SEITHONGL, qui a sept angles. G.
SEITHRIDH, hennissement. I.
SEITHUG, vain, inutile, attente vaine, succès contraire à ce qu'on espéroit. G.
SEITHUGAW, anéantir, rendre nul. G.
SEITHUGIAETH, attente vaine, succès contraire à ce qu'on espéroit, tromperie. G.
SEITHUGIAW, frustrer. G.
SEITHUGIO, annuller, casser, rendre inutile, sans succès, vain ou sans effet, frustrer, tromper, abuser. G. *Seithug*.
SEITHUGO, anéantir. G.
SEITHUGRWYDD, attente, succès contraire à ce qu'on espéroit, refus, inutilité, vanité. G.
SEITHWAITH, sept fois. G.
SEITHWYRAETHAU, le septemvirat, la dignité de septemvir. G.
SEIV, petit. I.
SEIV, os. I.
SEIZ, sept. B.
SEIZ-DELYEN, tourmentille plante. B.
SEIZAROA, petit enfant. Ba.
SEIZENN, ruban. B.
SEIZET, impotent. B. Voyez *Sacx ya*.
SEIZY, paralysie. B.
SÊL, sceau. G. B. De là *Sello* en Espagnol; *Seale* en Anglois; *Seel* en François. Le *g* s'insérant, de là est venu le Flamand *Segel*, le Lusacien, l'Allemand, l'ancien Saxon *Sigel*, le Gothique *Sigl*, le Latin *Sigillum*, l'Italien *Sigillo*. *Seeli* en Phénicien; *Seli* en Hébreu, sculpture, gravure, cachet; *Selida* en Éthiopien, tablettes sur lesquelles on écrit avec un poinçon. Voyez *Selloa*, *Sisli*.
SEL, sel. G. Voyez *Sal*.
SEL, habitation. G. Ce mot par analogie a été étendu à signifier un siége. Les Paysans en plusieurs Provinces du Royaume appellent encore une espèce de siége une *Selle*. Nous nommons *Selle de cheval*, le siége sur lequel est assis le cavalier. *Sella* en Géorgien; en Grec & en Latin, siége. Voyez *Gorsedd*. Voyez *Cel*, *Kael*, *Silla*.
SÊL, regard, action de regarder. G. Voyez *Sêl* plus bas, *Sillim*, *Smil*.

SEL.

SEL, fondement. C. Voyez *Sail*.
SÊL, regard; *Sela*, regarder; impératif singulier *Sêl*, regarde; pluriel *Selit*, regardez; participe passif *Selet*, regardez; *Selet A Meus*, j'ai regardé; *Selat*; singulier *Séladen*, regard, œillade; pluriel *Seladou*, *Seladennou*. B. *See* en Danois; *Akel* en Brebère, voir; *Zill* en Esclavon; *Czel* en Polonois; *Cyl* en Bohémien; *Geylü* en Dalmatien, mire, but. Voyez *Sêl* plus haut, *Soul*, *Syllu*.
SEL pour *Isel*, bas. Voyez *Selgyngian*.
SEL, le même qu'*El*, *Cel*, *Gel*. Voyez *Aru*, *Cel* en Esclavon, cime; *Kiello*, cime en Turc; *Salai* ou *Sal* en Hébreu, élever; *Salak* en Chaldéen, monter; *Salag*, montagne, colline en Arabe; *Kzeli* en Géorgien, haut.
SEL, le même que *Sal*, *Sil*, *Sol*, *Sul*. Voyez *Bal*.
SEL, le même que *Tel*. Voyez S.
SEL-MUY, tant plus. B.
SELA. Voyez *Sel*.
SELAGO, nom que les Gaulois donnoient à une espèce de mousse terrestre dont ils jugeoient la fumée utile à guérir les maladies des yeux & à fortifier la vûe. Pline *l. 24. c. 11*, nous a conservé ce terme. *Sel*, vûe; *Iach*, salutaire; *Seliach*, *Selach*, *Selag*, salutaire à la vûe.
SELAOU, SELAOUI, CHELAOUI, CHELEÜEIN, SEZLAOU, HEZLAOUI, écouter, s'appliquer à entendre ce que l'on dit, écouter attentivement, avoir attention aux paroles des autres, considérer attentivement. B.
SELARUGAINA, rêverie, folie. Ba.
SELDARRAC, les Sylvains demi-dieux. Ba.
SELDORRA, charge, fardeau. Ba.
SELDREM, poignée. G.
SELE, aspect. B.
SELER, cellier. G. Voyez *Kael*.
SELGYNGAN, murmurer. G. Voyez *Selgyngian* qui est le même.
SELGYNGIAN, parler bas, murmurer, marmotter, gronder entre ses dents, murmure. G. Ce mot est formé, dit Davies, d'*Isel Cyngan*, parler bas.
SELHA, A. M. seau de puits. De *Seith*.
SELIAD, SCEING, sceau, action de sceller, impression. G.
SELIAD, qui contemple, qui examine, fin, adroit, rusé. G.
SELIO, sceller, imprimer, empreindre. G.
SELL, SELLAD, SELLET, œillade, vûe, vision, regard. B.
SELLA, A. M. maison du métayer. De *Sel*.
SELLADUR, spectacle. B.
SELLET, voir, regarder, concerner. B.
SELLOA, sceau, cachet, signe. Ba. Voyez *Sêl*.
SELLUS, pensif, attentif. B.
SELLUS, A. M. mesure des liquides. De *Seith*.
SELSIG, singulier *Selsigen*, farce, boudin, saucisse. G. B. De là ce dernier mot. Voyez *Selsyguen*, *Salchicha*.
SELU, voir, regarder, considérer, examiner, épier. G.
SELV, sauf, guéri. B. De là le Latin *Salvus*; l'Italien & l'Espagnol *Salvo*, l'Anglois *Save*, le François *Sauve*, sauf.
SELVEL, sauver. B.
SELVICHA, servir. B. Voyez *Seirbiseach*.
SELVIDIGUEZ, salut. B.
SELWEDD, le même que *Salwedd*. G.
SELWR, qui regarde, qui examine, sentinelle, espion, qui est en embuscade, qui tend des embûches. G. *Sel Gwr*.

SELVYEDEN,

SEL.

SELVTEDEN, bâton court qui a un gros bout & qui sert pour se battre. B.
SELVTEDENN, serviette. B. De là ce mot.
SELY, le même que Cely. Voyez Aru.
SELYGUEN, saucisse. B. Voyez Selsig.
SEM, le même qu'Em, Cem, Gem. Voyez Aru.
SEM, le même que Sam, Sim, Som, Sum. Voyez Bal.
SEM, le même que Tem. Voyez S.
SEMBL, exténué, foible. B.
SEMBLAR, semble. B. De là ce mot.
SEMBLEIN, s'évanouir. B.
SEMEA, fils. Ba. Sem en Chinois, naître, jeune, engendrer, né.
SEMEAC, enfans. Ba.
SEMEJANTE, homologue, homogénéité. Ba.
SEMEILII, revenans, esprits. B.
SEMEIZUNA, beau-fils. Ba.
SEMEL, ôter. B.
SEMELLEN, semelle. Ba.
SEMENN, gerbier, tas de gerbes. B.
SEMENNA, mettre les gerbes en tas. B.
SEMEORDEA, fils adoptif. Ba.
SEML, féminin de Syml. G.
SEMLANT, visage, air du visage, mine, face. G. De là Semblant, faire Semblant. Voyez Seblant.
SEMP, le même que Hemp. Voyez H.
SEMPL, foible, défaillant, exténué; Sempla, rendre ou devenir foible, affoiblir, s'évanouir, pâmer; Semplder, foiblesse, défaillance; Sempladurez, défaillance, évanouissement. B.
SEMPLA. Voyez Sempl, & Semplaat qui est le même mot que Sempla.
SEMPLAAT, affoiblir, abattre, rallentir. B. Voyez Sempla qui est le même mot.
SEN, tête, élévation, grand. G. Saan en ancien Persan, Roi; Ceuea, montagne en Persan; Sanad en Arabe, être haut, être élevé; Sanu, élevé dans la même Langue; Sani en Éthiopien, ce qui est au-dessus dans chaque espèce; Senorole en Syriaque, cime de montagne; Sano, cap, promontoire, grand honneur dans la même Langue; Sanahh, Sanat, promontoire, cap, cime de montagne, montagne élevée en Arabe; Sim, haut en Cophte, & Essin, lieu élevé dans la même Langue; Essen, Roi en Arménien & chez les anciens Éphésiens; Singlei, Royaume en Chinois; Cen, Ken, grand, éminent, élevé en Tartare du Thibet; Cin, particule augmentative en Turc; Sina, luxe, excès, & Sehnisin, balcon, échafaud dans la même Langue; Zamb, Dieu; Zanen, grand en Langue de Congo; Semba, Samba, Monsieur en Fouli; Cina, particule augmentative en Esclavon; Sannalada, principalement; Senulado, principal en Espagnol. Voyez Hen, Cen, Can, San.
SAN, lent. G.
SEN, vieux, ancien. I. Sanah en Arabe, être vieux; Sandrin en Hébreu & en Chaldéen, assemblée des vieillards. Voyez Hen, Sean.
SEN, beau. I. Voyez Cain.
SEN, le même que Sean. De même des dérivés ou semblables. I.
SEN, le même qu'En, Cen, Gen. Voyez Aru.
SEN, le même que San, Sin, Son, Sun. Voyez Bal.
SEN, le même que Ten. Voyez S.
SEN, le même que Hen. Voyez H.
SENA, SENE, séné. B.
SENA, signe, symbole, indice, circonspection. Ba.

TOME II.

SEN. 349

Sem en Hébreu, signe; Tsain en Chaldéen, marquer, mettre un signe. Voyez Syn, Sign.
SENA, tetter. Voyez Disena.
SENÆ. C'est ainsi que, selon Pomponius Mela, l. 3, c. 6, les Gaulois appelloient les Prêtresses d'un dieu Gaulois fameux par ses oracles. Ces Prêtresses, que la profession qu'elles faisoient d'une perpétuelle virginité faisoit regarder comme saintes, étoient au nombre de neuf: Sena in Britannico mari Ossismicis adversa littoribus Gallici numinis oraculo insignis est, cujus Antistites perpetuâ virginitate sanctæ, numero novem esse traduntur, Galli Senas vocant. De Sen, le même que San, saint. C'est de ce mot qu'étoit formé le nom de Senan & de Senot, que l'on donnoit aussi aux Druides. An, Ot, sont des marques du superlatif en Celtique; Senan, Senot, très-saint, très-vénérable. Diodore de Sicile les a appellés par une legère corruption Semnothei. Sem en Chinois, Prêtre.
SENAECEIN, étranger. B.
SENAERA, signification. Ba.
SENAESSE REGAYOIR, espèce de sérans. B.
SENALEA, vestige, trace, démonstrateur. Ba.
SENALPENIA, assignation, destination. Ba.
SENANI. Voyez Sene.
SENANTZA, signification. Ba.
SENAREA, conjonction. Ba.
SENARRA, mari. Ba.
SENATU, je désigne. Ba.
SENATUCOA, Sénateur. Ba. Voyez Sen, Senedd.
SENCAITZA, imprudent. Ba.
SENCH, change, changement; Sencha, changer; Sencher, changeur; Sencherez, change, banque. B. Voyez Cench.
SENCILDEA, simplicité, candeur. Ba.
SENDACAIQUINTZA, pharmacie. Ba.
SENDAECINA, incurable. Ba.
SENDAGALLA, médicament, remède. Ba.
SENDALEB, A. M. sandales. De Sandalia.
SENDALLA, cure, guérison. Ba.
SENDAQUIDA, médecin. Ba.
SENDAQUINDEA, la médecine. Ba.
SENDARAZTA, caution. Ba.
SENDARCIA, fermeté. Ba.
SENDAROA, santé. Ba.
SENDARRA, ferme, solide. Ba.
SENDEDARIA, mousse qui vient autour du thym. Ba.
SENDERA, santé. Ba.
SENDILGARIA, un mauvais médecin, un médecin qui tue par ses remèdes. Ba.
SENDIRCA, antidote, thériaque. Ba.
SENDOA, sain, qui se porte bien, robuste. Ba.
SENDOENA, plus ferme. Ba.
SENDORO, fermement. Ba.
SENDOTSA, épicréfe figure de rhétorique. Ba.
SENECZAL, SENESSAL, CHENECHAL, JENECHAL, Sénéchal. B. Senescal en Basque, Sénéchal. Ce mot est Gaulois; il est formé de Coen ou Cen, repas, & Cal, sur, au-dessus, préposé. On voit par les chartes & les anciens Historiens que le Sénéchal chez nos Rois étoit le même que le Dapifer ou le grand Maître d'Hôtel, ainsi que nous nous expliquons aujourd'hui. Mareschal est pareillement formé de March, cheval, & Cal, au-dessus, préposé, qui étant en composition s'est prononcé Chal. Le Sénéchal, qui dans son origine n'avoit que l'intendance des repas de nos Rois, reçut encore d'eux dans la suite l'administration de la Justice; c'est pourquoi on trouve dans quelques livres Bretons le terme de Senessal pour Juge. De là est

Tttt

venu notre terme *Sénéchauffée*, qui désigne une juridiction. C'est ainsi que le Connétable, qui dans son origine n'avoit que l'intendance des écuries du Roi, fut dans la suite chargé de la conduite des armées.

SENED, concile, synode. B. *Senedd* en Gallois, Sénat, Conseil, assemblée de Sénateurs, & *Seneddr*, synode, concile, assemblée des Chefs du peuple. Il me paroit plus naturel de croire ce terme originairement Gaulois, que de l'emprunter du Grec *Synodos*. Ce dernier ne marque qu'une assemblée en général, & *Senedd* marque expressément une assemblée d'anciens : On en trouve la racine dans le Celtique *Sen*, qui signifie vieux, ancien. *Sened* aura d'abord signifié l'assemblée des anciens ou Sénateurs chez les Gaulois ; & après que ce Peuple eut embrassé le Christianisme, il l'aura étendu à signifier aussi concile, synode, parce que les conciles ou synodes étoient des assemblées d'Évêques, qui sont aussi appellés *Presbyteri*, anciens. *Senne*, synode, concile, assemblée en vieux François.

SENEDDOL, de Sénateur. G.
SENEDDWR, Sénateur. G.
SENEDDY, endroit où s'assemble le Sénat. G.
SENEFIEIN, pronostiquer. B.
SENERRAZO, j'avertis. Ba.
SENESCAL, Sénéchal. Ba. Voyez *Senetzal*.
SENESCALCUS, A. M. Sénéchal. De *Seneschal*.
SENESSAL. Voyez *Senetzal*.
SENGAN, fourmi. I.
SENGI, presser, farcir, fouler aux pieds. G.
SENGIBRE, gingembre, Ba.
SENGL, simple. G.
SENGUEA, imprudent. Ba.
SENI, SENNI, SIENNI, sonner. B. Voyez *Synio*.
SENICARRA, imprudence. Ba.
SENN, foible pointe, petite subtilité d'esprit, reproche, réprimande, dispute, débat, opprobre, outrage. G.
SENN, SYNN, stupide, lent. G.
SENNAN, vieux, ancien. I. Voyez *Sen*.
SENNI. Voyez *Seni*.
SENNIA, A. G. tristesse, chagrin. Voyez *Cenn*.
SENNON, beau. I.
SENNU, réprimander, reprocher, piquant, satyrique. G.
SENNWR, qui injurie. G.
SENONDUA, prudent. Ba.
SENS, sans. G. De là ce mot.
SENSIGL, marguerite, la plus petite des consoudes. G.
SENT, tête. G. Voyez *Sen*.
SENT, obéissance. B.
SENTARANA, recette de médecin. Ba.
SENTECQ, obéissant. B.
SENTEGOYA, fermeté. Ba.
SENTEIN, obéir. B.
SENTI, SENTIN, SENTIFF, SINTIFF, SYNTIFF, obéir ; *Sentus*, obéissant ; *Seniet*, obéi. B.
SENTICORDEA, offensé, ressentiment. Ba.
SENTICORREA, colere adjectif. Ba.
SENTICOYA, porté à la colere. Ba.
SENTIERA, sensation. Ba.
SENTONA, décrepit. Ba. Voyez *Sen*.
SENTOUT, sentir. B.
SENTURI, SENTURICG, sariette herbe. B.
SENTUS, obéissant, docile. B.

SENW, honneur, dit Llyn ; profit, utilité, avantage, gain, aise, commodité, émolument, ajoute Davies. G.
SENW, force. G.
SEOID, joyau. I.
SEOL, lit. I.
SEOL LOINGE, voile de vaisseau. I.
SEOLADH, adresser, diriger, aiguillonner. I.
SEOLTA, sçavant, docte. I.
SEOLTOIR, navigateur ; *Seoltoireas*, navigation. I.
SEOMRA, chambre. I. Voyez *Seamra*.
SEOMRADOIR, chambellan. I.
SEP, le même que *Heb*. Voyez *H*.
SEPA, dispute, altercation, opiniâtreté, entêtement. Ba.
SEQUELA, sac, pochette. Ba.
SEQUEREA, fiévre étique. Ba. Voyez *Sech*.
SER, singulier *Seren*, pluriel *Syr*, étoile astre. G. *Sarra* en Basque, étoile. Voyez *Ster*.
SER, le même que *Saer*. De même des dérivés ou semblables. I.
SER, haut, bas. Voyez *Serth*.
SER, le même qu'*Er*, *Cer*, *Caer*, *Ger*, *Ker*, *Qer*. Voyez *Aru*. *Sireli*, agréable, beau en Arménien.
SER, le même que *Sar*, *Sir*, *Sor*, *Sur*. Voyez *Bal*.
SERADH, le même que *Saoradh*. I.
SERAGIUM, A. M. enclos, clôture. De *Serra*.
SERALE, A. M. barrière. De *Serra*.
SERAM, le même que *Saoram*. I.
SERAN, serin. B.
SERARE, A. M. fermer. Voyez *Caer*.
SERAWL, des astres. G.
SERBICOYA, qui aime à rendre service. Ba. Voyez *Soirbifeach*.
SERBILLETA, manteau, casaque. Ba.
SERBIQUIZUNA, utile. Ba.
SERBITUA, servitude. Ba. Voyez *Soirbifeach*.
SERBITZARIA, serviteur. Ba.
SERBITZEA, service. Ba.
SERCH, amour, faveur. G.
SERCH, fraude, tromperie. G.
SERCH, à cause, pour, cependant. G.
SERCH, dessus. G.
SERCH, cercueil, biére qui sert à porter les corps morts en terre. B. De là le vieux mot François *Sercus*, qui se trouve dans Enguerrand de Montrelet pour cercueil. De *Sercus* est venu celui-ci.
SERCH, SERH, concubine, concubinaire. B. *Sarah*, impudicité en Hébreu.
SERCH, serge étoffe. B. De là ce mot. Voyez *Serga*, *Serger*.
SERCHAWGDDYN, qui aime, amoureux. G.
SERCHDDYN, amoureux, galant. G.
SERCHOG, qui aime, amant, amoureux, galant; impudique, lascif, d'amour, qui concerne l'amour. G.
SERCHOWG, le même que *Serchog*. Voyez *Serchowgrwydd*, *Serchewgddyn*.
SERCHOWGDDYN, amoureux, galant. G.
SERCHOWGRWYDD, lasciveté. G.
SERCHU, aimer, avoir de l'affection, admirer. G.
SEREC, grateron plante, jusquiame plante. B.
SEREGUEEN, grateron plante. B.
SEREN, étoile astre. G. Voyez *Steren*, qui est le même mot.
SERENNAWL, des astres. G.
SERENNIG, petite étoile, petit astre. G.
SERENNOG, SERENNOL, d'étoile, orné d'étoiles, garni d'étoiles, parsemé d'étoiles. G.
SERENNU, semer, couvrir, orner d'étoiles. G.

SER.

SERFYLL, tremblant, caduc, sur le point de tomber, qui chancele, qui tient peu, qui n'est pas stable, qui n'est pas ferme, qu'on peut aisément remuer, porté à quelque chose, qui a du penchant, de l'inclination. G.

SERFYLLDER, pente, penchant. G.

SERFYLLRWYDD, chancellement, facilité à s'émouvoir. G.

SERGA, serge. Ba. Voyez *Serch*.

SERGEANT, goujon poisson. B.

SERGEANT, prisonnier de guerre. B.

SERGEANTED, fruit de la bardane. B.

SERGER, qui fait la serge. B. Voyez *Serch*.

SERGONERES, SERGOUNERES, babillarde. B.

SERGONERES, SARGONERES, JARGONERES, CHARGONERES, sorcière, magicienne. B.

SERH, concubine, concubinaire. B. Voyez *Serch*.

SERHO, concubine. B.

SERI, le même qu'*Eri*, *Ceri*, *Geri*. Voyez *Aru*.

SERIA, lever, élever. Voyez *Diseria*.

SERJANT, sergent. B.

SERJANTED, fruit du grateron. B.

SERINGUEN, seringue. B. De là ce mot.

SERLOYW, orné d'étoiles, garni d'étoiles. G.

SERMANT, sarment. B. De là le Latin *Sarmentum*, l'Italien *Sarmento*, l'Espagnol *Sarmiento*, le François *Sarment*. On dit encore en Franche-Comté *Serment*.

SERMENS, SERMENTUM, A.M. sarment. De *Sermant*.

SERMOYA, sermon. Ba. Voyez *Gair*, *Sarmonn*.

SERNA, A.M. montagne, colline. Voyez *Serra*.

SEROG, parsemée d'étoiles. G.

SERORA, femme dévote. Ba.

SERP, serpe. B. De là ce mot. *Sarp* en Esclavon, faulx. Voyez *Sarp*.

SERPANT, serpent, dragon, basilic. B. Voyez *Sarph*.

SERPOLA, serpolet. Ba. De là ce mot.

SERR, glaive, épée. G.

SERR, lentille légume. B.

SERR a dû signifier l'action de clorre, de fermer, car le nouveau Dictionnaire porte *Serr Lagat*, clin d'œil, qui se fait en fermant l'œil. B. Cet article est pris de Dom Le Pelletier. On trouve aussi dans le Pere de Rostrenen *Serr Lagad*, clin d'œil.

SERR, le même que *Serra*, montagne, colline, puisque l'*a* n'est qu'une terminaison Latine.

SERRA, montagne, colline. Ce terme Gaulois nous a été conservé par l'Auteur de la vie de Saint Romain, fondateur de l'Abbaye de Condat, dans la Province Séquanoise, aujourd'hui le Comté de Bourgogne; il se trouve encore dans plusieurs autres anciens monumens. Il s'est conservé dans ce sens ou dans des sens analogues dans presque tous les Dialectes du Celtique. *Ser*, haut en Gallois; *Cer*, loin dans la Langue de Cornouaille; *Ser*, premier, principal, très marque du superlatif en Irlandois; *Sarogad*, l'action de surpasser, d'exceller; *Saraiym*, exceller, être au-dessus dans la même Langue; *Qer* en Breton, élévation, grand, élevé, tant, si fort; *Seria*, lever, élever; *Zer*, élevé dans la même Langue; *Cerra* en Basque, colline, tertre, ou sur croupe d'une montagne; *Sarra*, grand; *Luqera*, haut, illustre, grand; *Cerua*, ciel dans la même Langue; *Syr* en Gallois & en Breton, Seigneur, Sire; *Syr* en Irlandois, noble; *Syra*, pere en Langue de Cornouaille; *Serre*, montagne en Auvergnac, en Languedocien,

SER. 351

en Provençal & en Dauphinois. On appelle en Franche-Comté une longue montagne près de Dole, *la Serra*. L'article préposé fait voir que c'est un nom appellatif. *Serri*, petite montagne, colline dans le Comté de Foix; *Serrat*, petite montagne en Languedocien; *Aisser* en vieux François, grand ais; *Ser* par conséquent grand; *Chyer* en vieux François dans Villehardouin, Seigneur. On dit ensuite *Chyr*, Sire, qui dans les 13, 14, 15 & 16èmes siécles signifioit parmi nous Seigneur, & se donnoit par honneur aux personnes de condition & aux personnes pour qui l'on avoit du respect. A Besançon parmi nos vignerons qui ont conservé un grand nombre de nos anciens termes, les femmes donnent le titre de *Sire* à leur mari, & les enfans appellent leur pere *Sire*. Aujourd'hui dans le bon usage le titre de *Sire* ne se donne qu'aux Rois. (Je ne m'arrête pas à réfuter nos étymologistes qui ont voulu tirer ce mot du Grec *Kurios*. Est-il vraisemblable que nos ancêtres ayent emprunté au douziéme siécle un terme fort commun parmi eux d'une Langue qu'ils ignoroient, terme qui d'ailleurs a toujours été en usage dans le Celtique dont le François est principalement formé.) Chez les Anglois *Sir* signifie Sire titre royal, Seigneur, Monsieur. *Chiron* dans les vieux titres de Franche-Comté, signifie un tas, un monceau; *un Chiron de foin* est un tas de foin d'une certaine élévation. *Cerro*, *Sierra* en Espagnol, montagne, colline, tertre; *Serra* en Portugais, montagne; *Ser* en ancien Italien, Seigneur; *Ser* en Allemand; *Saer*, *Seer* en Flamand; *Saare* en Danois, beaucoup; très marque du superlatif; *Kaer*, *Cher* ou *Ser* en Théuton, grand, haut; *Sar*, Roi en ancien Suédois, selon Rudbeck; *Acir*, Seigneur en Finlandois; *Kiral* en Bulgare & en Servien; *Kiraly* en Hongrois; *Kral* (par crase) en Bohémien & en Turc; *Krail* en Esclavon & en Lusacien; *Kraly* en Dalmatien; *Krali* en Égyptien; *Chragl* en Croatien; *Krol* en Polonois, Roi; *Sar* en Hébreu, en Chaldéen, en Syriaque, en Arabe & en Persan, Prince, Seigneur, Grand de l'État; *Karab*, être au-dessus en Hébreu; *Zarah*, verbe qui marque le lever & l'élévation du soleil sur notre horizon; *Zerem*, inondation, élévation d'une rivière; *Serach*, luxe, excès; *Ker*, cime, faîte, sommet, & *Shhhir*, grand dans la même Langue; *Ciri*, Seigneur en Hébreu de Rabbin; *Syre* en ancien Persan; *Æsar*, *Esar* en ancien Toscan, nom de Dieu; *Sir*, *Siur*, Dieu en Étrusque ou simplement Toscan selon Monsieur Maffei; *Sieur* en Éolien, les dieux; *Ocir* en Étrusque, grand; *Sir* en ancien Parthe, grand; *Surena* en ancien Persan, verbe qui est le second en puissance après le Roi; *Ser* en ancien Persan, tête, chef au propre & au figuré; *Chero*, tête, chef en Cophte; *Kœro*, Roi en ancien Égyptien; *Cur* ou *Cyr* en ancien Persan, Roi; *Sarage* ou *Sarapi* en ancien Persan, habillement ainsi nommé parce qu'il étoit long; c'étoit un habit de dessus qui couvroit tout le corps & venoit jusqu'aux talons. *Sera* en Arabe, montagne; *Sar*, haut, élevé, montagne; *Asker* ou *Asir*, le plus haut; *Schrif*, noble, élevé par sa naissance ou par sa dignité dans la même Langue; *Ser*, tête, chef, souverain, faîte, cime, sommet, grand, haut, le plus élevé, principal, suprême, préposé, chose excellente, chose éminente en Persan; *Sar*, Prince, Chef, faîte, sommet, cime; *Saril*, colline; *Serbala*, colline; *Seri*, grandeur; *Serdar*, Général d'armée, celui qui est à la tête de l'armée;

Cherafi, illustre ; *Cherif*, noble dans la même Langue ; *Sar*, montagne en Arménien ; *Sariff*, montagnard, & *Ker*, dessus dans la même Langue ; *Czar* en Tartare, en Turc & en Russien; *Gar* en Persan, Roi, Souverain; *Sar* en Tartare du Thibet, élever; *Dzera*, grand en Tartare Calmoucq ; *Ser* en Turc, chef, le plus haut, suprême; *Zir*, dessus ; *Seref*, creneau, extrémité des murailles, des tours, la partie la plus élevée des murailles, des tours; *Leiker*, le plus haut; *Serfyraz*, être élevé ; *Serif*, noble; *Seraskier*, Général d'armée, celui qui est à la tête de l'armée dans la même Langue ; *Sira*, tête en Malabare ; *Besar*, *Bassar*, grand en Malaye ; *Ghiri*, montagne en Talenga, & *Schirou*, grand dans la même Langue ; *Sarre*, Seigneur en Tamoulique ; *Char*, titre du Roi de Gurgistan ; *Iker*, levez-vous en Brebère; *Suri*, Seigneur en Hottentot ; *Queré*, en haut en Galibi ; *Guasiro*, Seigneur en Langue de Cozumella; *Charia*, *Kirros*, montagne, colline en Grec, & *Kera*, *Keras*, tête, sommet de montagne dans la même Langue. Les termes Latins *Procerus*, *Proceres*, paroissent formés de *Serr*. Voyez *Er*, qui est le même que *Serr*. Voyez *Aru*. On a vu dans les articles *Al*, *Ar*, *Ban*, *Ben*, *Bren*, *Don*, que dans le Celtique & dans toutes les Langues les termes qui signifient élévation, élevé, se prennent au figuré comme au propre. Il y a de ces Langues, qui après avoir perdu la signification propre du terme, ne l'ont conservée qu'au figuré.

SERRA, fermer, enfermer, clorre, bander, serrer, amasser. B. De là le vieux François *Serrer* pour fermer, qui se dit encore en quelques Provinces du Royaume ; *Enserrer* en vieux François, enfermer ; *Serre* d'orangers, *Serre* d'oiseau de proye, parce que c'est avec ses griffes qu'il tient fortement les petits oiseaux qu'il a ravis ; *Cerrar* en Espagnol; *Serrare* en Italien, boucher, fermer ; *Sera* en Latin ; *Serratura* en Italien ; *Serrure* en François ; *Otsar* en Hébreu, armoire, buffet, garde-manger; *Azar*, ceindre ; *Ezor*, ceinture, baudrier ; *Tsar*, assiéger, environner dans la même Langue ; *Zir* en Arabe, cappe, habillement qui enferme tout le corps; *Sir* en ancien Persan, endroit où l'on cachoit le grain ; *Zirh* en Persan, cuirasse, armure qui couvre, qui enferme le corps; *Syrr*, secret ; *Syrra*, secrettement en Persan. Voyez *Caer*, *Kaer*, *Ker*.

SERRA, A. M. serre, toute sorte d'endroit où l'on enferme quelque chose. De *Serra*.

SERRA. Voyez *Serrig*.

SERRACULUM, A. G. tout ce dont on se sert pour fermer une porte. De *Serra*.

SERRALE, A. M. le même que *Serale*.

SERRALLOA, serrail. Ba.

SERRARIUM, A. M. colline, petite montagne. De *Serra*.

SERRATA, A. M. colline. De *Serra*.

SERRATUS, A. M. serré, pressé. De *Serra*.

SERRE. Voyez *Serra*.

SERREIN, fermer, enfermer, clorre, boucher, bander, serrer, amasser. B.

SERRERIA, A. M. montagne, colline. De *Serra*.

SERRI, amasser, serrer, fermer, enfermer, clorre, boucher, bander. B.

SERRICELLA, A. M. colline, petite montagne. De *Serra*, *Cel* diminutif.

SERRICULUM. Voyez *Serrigl*.

SERRIGL, le même que *Sienigl* dont on se sert à présent, déchiré, broyé, pilé, écrasé. G. De là les mots Latins barbares *Serriculum*, *Serra*, faulx, faucille.

SERROY, ruisseau. Ba.

SERRUM, A. M. montagne, colline. De *Serra*.

SERSIFY, salsify. B. De là ce mot. On dit encore *Sarsify* en Franche-Comté.

SERTH, penchant, qui va en baissant, qui va penchant, qui va en pente, qui penche, qui va montant, élevé doucement en montant, qui escarpé, qui est en écorce, qui est coupé à plomb obscène, folâtre, badin, enjoué. G. On voit là que *Ser* en Gallois a signifié haut & bas, même que *Don* & *Pen*. Voyez le second chapitre de la première partie des Mémoires sur la Langue Celtique.

SERTH, querelle, débat. Voyez *Ymserth*. De là Latin *Cerio*.

SERTHAIR, paroles obscènes, obscénité, qui des saletés, des ordures. C'est ainsi que Davies Thomas Guillaume expliquent ce mot. Salisbury autre Auteur Gallois, rend ce mot par blasphème G. Il faut conserver toutes ces significations. Voy *Ankelher*.

SERTHALLT, qui va en mortant, lieu escarpé l'on ne peut monter, endroit escarpé d'une montagne, précipice. G. Voyez *Serth*.

SERTHEDD, pente, penchant, parole obscène obscénité, bouffonnerie, folâtrerie, badinage, jeu, divertissement, plaisir, bassesse, impudique lascif. G. Voyez *Serth*.

SERTHFRYNTI, deshonnêteté. G.

SERTHU, quereller, contester. Voyez *Ymserthu*.

SERTURA, A. M. clôture, clos, enclos. De *Serra*.

SERVICH, service ; *Servicha*, servir ; *Servicher*, *Servicheur*, *Servichour*, serviteur. B. Voyez *Seibiseach*.

SERVIET, SERVYETT, serviette. B. De là ce mot.

SERVIETA, A. M. serviette. De *Serviet*.

SERVIGEIN, servir. B. Voyez *Servicha*.

SERVIJOUR, serviteur. B.

SERVIJUS, complaisant, serviable. B.

SERVITOR, A. M. serviteur. De *Servitour*.

SERVITOUR, domestique, serviteur. B. De là ce mot. Voyez *Servicha*.

SERYDD, astronome, astrologue. G. De *Ser*.

SERYDDIAETH, astronomie, astrologie. G.

SES, le même que *Seas*. De même des dérivés ou semblables. I.

SES, le même qu'*Es*, *Ces*, *Ges*. Voyez *Aru*.

SES, le même que *Sas*, *Sis*, *Sos*, *Sus*. Voyez *Bal*.

SES, le même que *Hes*. Voyez *H*.

SES, le même que *Tes*. Voyez *S*.

SESAMHAISE, avouer. I.

SESYA, saisir. B.

SET, le même qu'*Et*, *Cet*, *Get*. Voyez *Aru*.

SET, le même que *Sat*, *Sit*, *Sot*, *Sut*. Voyez *Bal*.

SET, le même que *Sed*. Voyez *D*.

SET, le même que *Hes*. Voyez *H*.

SET, le même que *Tet*. Voyez *S*.

SETA, opiniâtreté, entêtement, dispute, altercation. Ba.

SETA, A. G. soie. De *Seda* ou *Seta*.

SETARIA, querelleur. Ba.

SETARIUS MERCATOR, A. M. marchand de soie. Voyez *Seta*.

SETE, CUETE, regarde-toi. B.

SETH, le même que *Saoth*. De même des dérivés ou semblables. I.

SETHIG, cuir. I.

SETTERDAYS-SLOPE, défense de pêcher depuis soir du samedi jusqu'au lever du soleil du lundi. E

SETU, CHETU, ZETU, voici, voilà. B.
SEU, hauteur. B. Voyez Sav.
SEU, SEU, les mêmes qu'Eu, Eu, Ceu, Ceu, Geu, Geu. Voyez Aru.
SEU, le même que Sau, Siu, Sou, Suu. Voyez Bal.
SEU, SEU, les mêmes que Teu, Teu, Teu. Voyez S.
SEUCH, séparé, distingué. I.
SEUD, bête à cornes. B.
SEUEL, porter, lever, élever, enlever, hausser; Seu, seconde personne singulière de l'impératif, leve, leve-toi, debout. La seconde personne plurielle de l'impératif Seuit, Sivit, Sifyt, Suffit, levez-vous. C'est ainsi que Dom Le Pelletier explique ce mot. Le Pere de Rostrenen met Seuel, élever, hausser, se lever, pousser parlant des arbres, fonder, instituer, bâtir, provenir, prendre parlant des arbres. B. Voyez Sefyll, Saf, Sevyll.
SEUEL-HEAUL, orient, lever du soleil. B.
SEUEN, sain, fort, vigoureux, dispos. C'est ainsi que Dom Le Pelletier explique ce mot. Monsieur Roussel, habile dans la Langue Bretonne, dit que dans le Diocèse de Léon Seven, Sevení signifient encore celui ou celle qui grandit, qui devient grand ou grande. J'ai véritablement entendu dire, ajoûte Dom Le Pelletier, Ur Mab Seven, un fils bien nourri, fort & qui croit beaucoup. Le Pere de Rostrenen met Seven, avenant, gracieux, serein, galant, honnête, civil, gaillard. B. Il faut retenir toutes ces significations. Voyez Ankelhar, Voyez Syn.
SEVENI. Voyez Seven.
SEVENNI, achever, selon Dom Le Pelletier, civiliser, selon le Pere de Rostrenen. B. Voyez Seven.
SEVIT. Voyez Sevel.
SEUL, tant, proportion; Seul-Ma, à proportion que; Seul-Vuy, tant plus, d'autant plus. B.
SEUL, chaume. B.
SEUL, talon. B. Voyez Sawdl.
SEULA, pays couvert de bois. Ba. De là Seuve, Selve en vieux François, forêt.
SEULEC. Voyez Seulo.
SEULENN, seine filet. B.
SEULO, chaume; Seulec, champ où aussitôt après le bled coupé & emporté il ne reste que du chaume. B.
SEUN, accident, aventure, hazard, bonheur, succès. I. C'est ainsi que le mot Fortuna chez les Latins signifie accident, hazard en général & bonheur.
SEUN, le même qu'Eun, Ceun, Geun. Voyez Aru.
SEUNADH, refus. I.
SEURD, sorte, espèce. B.
SEURB-LOAN, sabine arbre. B.
SEUT, bête à cornes. B.
SEUTHU, se jetter avec impétuosité, jetter avec impétuosité, lancer; Seuthu-Mello, lancer la foudre. G.
SEUTHUG, le même que Seithug. G.
SEUTHWYR, ceux qui lançoient des dards avec une machine de guerre. G.
SEUTHYDD, soldat armé de javelot, de dard, archer, qui tire de l'arc. G.
SEW, jus, bouillon, potage, herbes potagéres, légumes. G. Voyez Seau.
SEW, élévation, & au figuré soulévement. B.
SEW, SEU, sève des arbres. B. De là ce mot. Voyez Sew, jus, &c.
SEW, le même qu'Ew, Cew, Gew. Voyez Aru.
SEW, le même que Saw, Siw, Sow, Suw. Voyez Bal.

SEW, le même que Tew. Voyez S.
SEW, le même que Swi. Voyez ce mot.
SEWEL, le même que Sevel. B.
SEWYLL, s'arrêter, être arrêté. G. Voyez Sevel.
SEUZL, talon le derriere du pied; il se dit aussi du talon de souliers. B. Voyez Sail, Sawdl, Seul.
SEXE, sexe. B. De là le Latin Sexus, le François Sexe.
SEY, soie. B. De là ce mot.
SEY, SOY, les mêmes que Say. Voyez Bal.
SEYA, petit enfant, enfant, valet, domestique. Ba.
SEYAC, séné. B.
SEYADUR, paralysie. B. Voyez Saefiad.
SEYALA, loudier couverture piquée. Ba.
SEYENN, ruban. B. De Sey.
SEYENNOUR, rubannier. B.
SEYET, impotent. B. Voyez Saefia.
SEYNTES, tresse, lacet plat. B.
SEYSINA, A. M. possession. De Saefia.
SEYTECQ, dix-sept. B.
SEYTHYDD, qui combat avec des fleches. G. C'est le même que Saethydd.
SEYZ, soie. B.
SEZI, seoir. B.
SEZIET, impotent. B. Voyez Saefia.
SEZIOU, rayons. B. C'est le pluriel de Saez.
SEZISSA, saisir. B.
SEZLAOU, Sezlou, écouter. B.
SEZLAOUER, qui est aux écoutes. B.
SEEN, son. B. Voyez Sain.
SEZNI, sonner. B.
SEZO, SEZU, senevé, moutarde. B.
SEZY, MOUES SEZY, femme enceinte. B.
SEZYA, occuper, saisir. B.
SGA, paysan, laboureur. I.
SGADAN, hareng. I. Hisgadenim en Écossois.
SGAGADH, filtrer. I.
SGAGAM, nettoyer, purifier, purger, déféquer. I.
SGAIFIRR, poupe. I.
SGAIL, flamme. I.
SGAILE, ombre, type, figure. I.
SGAILEACH, ombrage. I.
SGAILEIR, dais, parasol. I.
SGAILIDES, action d'ombrager. I.
SGAILIM, ombrager. I.
SGAILIUGADH, ombrager. I.
SGAINE, broche. I.
SGAINEAD, fente. I.
SGAINNE, peloton, écheveau. I.
SGAIPEADH, manger goulument, dévorer. I.
SGAIPITHIOCH, qui dépense excessivement. I.
SGAIRIGHTHEACH, prodigue. I.
SGAL, homme. I.
SGAL, brûlant. I.
SGALAN, échaffaud. I.
SGALAOIDEADH, se plaindre, plainte. I.
SGALDACH, chaume, paille. I.
SGAMAL, nuée, exhalaison. I.
SGAMOGAID, poumon. I.
SGANAL, scandale; Sganaladh, scandaliser. I.
SGANAN, amande d'un fruit. I.
SGANNALACH, honteux, infâme. I.
SGANNANN, tunique, membrane, peau déliée. I.
SGAOIGH, troupe, troupeau. I.
SGAOILE, défaire, détacher, délier, déferrer; lâcher, relâcher. I.
SGAOILIDH, développer, débrouiller, débarasser. I.
SGAOILTEACH, lâche, foible, qui plie d'abord. I.

SGABADH, s'étendre, s'élargir. I.
SGARAM, SGARARDH, séparer. I.
SGARBH, écueil, bas, fond. I.
SGARBHAM, guéyer. I.
SGARDAM, arroser. I.
SGARV, SGARVAN, gué. I.
SGASUR, proue. I.
SGAT, épine noire. I.
SGATA, plusieurs, très marque du superlatif. I.
SGATACHAN, queue. I.
SGATH, ombre, couvert. I.
SGATHAC, ombrage. I.
SGATHACH, ombragé. I.
SGATHADH, ombrager. I.
SGATHADH, segment branche coupée, ôtée. I.
SGATHAM, couper, séparer, retrancher, tailler un arbre; Gath-Sgath, ce qui en est retranché. I.
SGATHAN, miroir. I.
SGAVAIL, chaumière. I.
SGEAC, SGHEACH, buisson, épine. I.
SGEACHOIRIDHE, le fruit de l'aubépine. I.
SGEADACH, tacheté, tavelé, qui change de couleur, taché. I.
SGEADH, variété, diversité. I.
SGEADTA, taché. I.
SGEAL, conte, fable, sornette. I.
SGEALLAN, graine. I.
SGEAMHAOIL, glapir, abboyer. I.
SGEATH, aubépine. I.
SGEIMH, beauté. I. Voyez Cain.
SGEITH, l'élite, la fleur d'une chose. I.
SGEITHE, muer, I.
SGEVARN, SKOVARN, oreille. C. Voyez Ysgyvarn, Scouarn.
SGIAMHACH, beau; Sgiamhdas, beauté; Sgiamhadh, embellir. I.
SGIAN, couteau. I.
SGIAT MOR, pavois, grand bouclier. I.
SGIATAN, aîle. I.
SGIATH, SGIATS, bouclier. I. E. Skiott en Danois; Schit en Dalmatien; Scyld en ancien Saxon; Scilt en Théuton; Schild en ancien Saxon; Schils en Théuton; Schild en Allemand; Schilds en Flamand; Schield en Anglois; Skiold en Suédois; Skjoldur en Islandois; Scheleth en Hébreu, bouclier; Schutten en Flamand; Schutzen en Allemand; Skydda en Suédois & en ancien Saxon, défendre, mettre à couvert. Voyez Ysgwyd, Scosd.
SGIB, vaisseau, navire. I.
SGIBIRR, poupe. I.
SGIBOL, grenier. I. C.
SGIGHTEOIR, moqueur, trompeur. I.
SGIGID, moquerie, tromperie. I.
SGILLEAT, poëlon. I.
SGILLIN, sou monnoie. I. Schilling en Allemand; Scylling en ancien Saxon; Scelline en Théuton; Schilling en Suédois & en Anglois, sou monnoie.
SGIOBOL, grange, grenier. I.
SGIOURAM, laver. I.
SGISEADH, cessation. I.
SGITH, lassitude, fatigue, repos. I.
SGITHIM, se reposer, s'arrêter. I.
SGIVACH, beau. I. Voyez Syw.
SGIURSADH, fouet, écourgée, fouetter, châtier, punir. I.
SGIURSE, fouet. I.
SGLABH, esclave; Sglabhas, servitude, esclavage. I. Voyez Sclabha.

SGLABHA, badaud, lourdaud. I.
SGOD, bois, forêt. Voyez Ysgot, Cod & S.
SGOD, SGODI, les mêmes que Gwasgod, Gwasgodi. G.
SGOIL, école. I. Voyez Scol.
SGOILE, dénouement, déclaration, explication. I.
SGOILTE, broche, fente, crevasse. I.
SGOILTEAN, ais, planche, table. I.
SGOLAIRE, disciple, écolier. I.
SGOLLADH, crier, tempêter, faire grand bruit, brailler. I.
SGOLLADH, échauder. I.
SGOLLOIR, grondeur, querelleur. I.
SGOLOG, laboureur, fermier, métayer, paysan. I.
SGOLTA, fente, crevasse; Sgoltadh, déchirer, fendre. I.
SGON, rocher. Voyez Agannus & S.
SGOR, haras de chevaux. I.
SGORAM, mettre en piéces. I.
SGORNACH, jabot, gosier, goulot. I.
SGOT, bois, forêt. Voyez Ysgot, Cot, Got & S.
SGOT. Voyez Sgota.
SGOTA, empocher, mettre dans la poche. B. On voit par là que Sgot a signifié poche. Sgot est formé de I's préposée & de Got. Voyez Godell.
SGOTH, fleur. I.
SGOTHNACH, gosier, goulot, jabot. I. Voyez Ceg.
SGRABADH, gratter. I. Voyez Scrapa.
SGRAITH, écume. I.
SGRAITOG, gazon motte de terre avec l'herbe. I.
SGREABHOG, croûte. I.
SGREAD, cri. I.
SGREADACH, lamentation. I.
SGREADADH, SGREACACH, crier, criailler. I.
SGRIN, cassette. B. Voyez Scrin.
SGRIOBADH, écrire. I. Voyez Ysgriffen, Ysgrifenn.
SGRIOBADH, râcler. I.
SGRIOBADH, SGRIOS, faire une grille, barrer, treillisser. I.
SGRIOBAN, rape. I.
SGRIOS, saccager, piller, exterminer. I.
SGRIOSDA, funeste, aboli, ruiné, détruit. I.
SGRUDADH, discuter. I. De là le Latin Scrutari.
SGUABAM, balayer. I. Voyez Scob.
SGUABH, SGUABHEAG, balai. I.
SGUB, balai. I.
SGUILLE, valet. I.
SGUIN, le même que Guin. Voyez S.
SGUNDRAETH, bancs de sable. G.
SHAFFTS, nom que les habitans de Cornouaille donnent aux p..... qu'ils font dans les lieux montagneux pour ch..... les mines d'étain. C.
SHAGGA, corbeau aquatique. C.
SHANNON, ancien fleuve. I. Voyez San le même que Sean.
SHANOL, canal. C. Voyez Can, Canol.
SHAR, corbeau aquatique. I.
SHE, six. I. Voyez Chuech.
SHEACA, tunique. I.
SHEACH, sur, dessus. I.
SHEACHAVALA, ultérieur, plus loin. I.
SHEACHAYE, ultérieur, plus loin. I.
SHEACHD, sept. I.
SHEAN, ancien, vieux; Shean-Duine, vieillard; Shean-Vean, vieille. I.
SHEANFUR, heureux. I.
SHEANGALL, sage. I.

SHE. SIC. 355

SHEANGAN, fourmi. I.
SHEANNACH, renard. I. Voyez Shonach.
SHEANVAR, heureux. I.
SHEAR, faulx. I. De là le Latin barbare *Serra*, faulx, faucille.
SHEARFAN, avoine. I.
SHEARKOLL, viande. I. *Schuer* en Hébreu; *Sarx* en Grec; *Sarka* en Grec vulgaire, chair, viande.
SHEASAM, demeurer. I.
SHEAVOIDHEACH, vagabond. I.
SHEAVOK, épervier. I.
SHEDECH, seize. I.
SHEISBEACH, charrue. I.
SHEMAL, demeurer. B.
SHEOLAIM, conduire. I.
SHGAITH, gazon motte de terre avec l'herbe. I.
SHIC, gelée. I.
SHIC, menton. B.
SHIL, semence. I.
SHILADEIR, semeur. I.
SHILAM, semer. I.
SHILIM, couler, distiller, dégoutter. I.
SHILIN, cerise. I.
SHILLIM, distiller. I.
SHILT, goutte. I.
SHIN, arbre. E. Voyez *Guen*, *Sia*.
SHIN, nous. I.
SHIRKAN, STIRKAN, long. I.
SHITTLAN, sac. I.
SHIUAL, chemin. I.
SHIYN, arbre. E.
SHLIVE, chemin, route. I.
SHON, massue. I. De là notre mot François *Assommer*.
SHONACH, renard. E. Voyez *Sheannach*.
SHRAGH, imposition mise à volonté par le Seigneur. I.
SHRONE, nez. I.
SHYN, arbre. E.
SI, syllabe préposée aux mots, qui quelquefois tient lieu d'article. G.
SI, terre, pays. G. *Cin* en Persan & en Arménien; *Sina* en Turc, pays; *Ki*, terre en Hottentot; *Ci*, *Ki*, monde en Tartare du Thibet; *Si*, pays, région, contrée en Chinois.
SI, son, bruit, éclat, sifflement, bruit que fait le fer chaud lorsqu'on l'éteint dans l'eau, bruit que l'on fait en parlant, petit murmure, bruit sourd. G.
SI, elle. I.
SI, oui. B. De là l'expression populaire en Franche-Comté *que si*, *que non*; de là *Si* en Espagnol & en Italien, oui.
SI, défectuosité, défaut, imperfection, vice, tache, macule. B. *Sihi*, errer; *Siki*, vain, inutile en Cophte. Voyez *Sy*.
SI, Seigneur. Voyez *Siaff*.
SI. Voyez *Siblen*.
SI, le même qu'*I*, *Ci*, *Gi*. Voyez *Aru*.
SI, le même que *Hi*. Voyez *H*. *Si*, arbre, plante en Japonois; *Tchi*, *Tsi*, nom d'arbre en Chinois. Voyez *Sia*, *Say*, *Sin*.
SIA, chêne verd. Ba. On voit par *Perasia*, *Picesia*, *Aransia*, que ce mot a signifié arbre en général, *Si*, arbre en Siamois; *Siahh*, arbre en Hébreu; *Siaud* en Allemand, arbrisseau. Voyez *Si* le même que *Hi*.
SIABHROG, fée, nymphe. I.
SIABRADH, lutin, esprit follet, nymphe. I.
SIABRAIDHE, fées, nymphes. I.
SIAD, tête au propre & au figuré, crâne, som-
met, faîte, cime, dessus, le dessus. G. Pour *Yr Iad*, dit Davies. *Cid*, Seigneur en Arabe; *Cidaris* en ancien Persan, couverture de tête du Roi; *Zeda*, dessus en Géorgien; *Ziade*, très-haut en Turc; *Sad*, tête; *Sathon*, couronne, chapeau, bonnet dans la Langue de Madagascar; *Kia*, tête en Chinois.
SIAFF, fils du Seigneur. G. *Aff* est sûrement le même qu'*Ap*, fils; *Si* signifie donc Seigneur.
SIAMBR, chambre, cabinet. G. Voyez *Campr*, *Seamra*.
SIAMP, marque, signe, tache naturelle sur quelque partie du corps. G.
SIAMPL, SIAMPLER, original, modéle, patron, plan. G. De là *Exemplum*, *Exemplar*. Voyez *Ecxampl*.
SIANSANN, siffler, action de siffler. I. Voyez *Sio*.
SIAPRI, plaisanteries, bons mots, railleries délicates. G. Voyez *Siabradh*.
SIAR, l'occident; *Leathsiar*, vers l'ouest. Les Celtes se tournoient vers l'orient, de là vient que l'occident étoit derrière. *Taobhsiar*, derrière; *Tar Ar Hais Siar*, par derrière, à dos; *An Cnid Shiar*, le dos; *Thaback*, part. I.
SIARAD, parler, discourir, causer, dire, conter, s'entretenir, babiller, caqueter, jaser, babil, caquet, entretien, conversation. G.
SIARADACH, babil, caquet. G.
SIARADUS, causeur, babillard, railleur, plaisant, qui a de bons mots. G.
SIARADUSRWYDD, inclination, facilité à railler, à dire des plaisanteries, des mots piquans. G.
SIARADWR, discoureur, grand parleur, babillard, criailleur, brailleur, braillard. G.
SIARE, A. G. uriner. De *Si*, eau.
SIARTR, charte. G.
SIAS, le même qu'*Ias*. G. D'*Ys Las*. Davies.
SIASPI. Davies dit que ce mot est *chausse-pied*, & qu'il signifie se chausser. G.
SIATUS, A. M. mal-fait; *Sciatto* en Italien. De *Sis*.
SIAUT, le même que *Guiant*. Voyez *Aru*.
SIBHAC, le même que *Seabhac*. De même des dérivés ou semblables. I.
SIBHIALTA, civil, poli, honnête, affable, galant. I.
SIBHIALTHAS, civilité, politesse, affabilité. I.
SIBLEN, longue corde de filotiers. B. De *Ci* ou *Si*, corde; *Blen*, longue. Voyez *Ci*, *Sidan*.
SIBOLEN, échalotte. G.
SIBRWD, bruit sourd, petit bruit, faire un petit bruit, murmurer tout bas, action de parler à l'oreille, ce qui ne se dit qu'à l'oreille, bruit que l'on fait en parlant bas, petit murmure, tumulte, trouble, bruit, tintamarre. G. Voyez *Brud*, *Brut*.
SIBTEAMHUL, frugal. I.
SIBTIUMLAS, frugalité, épargne, bon ménage, économie. I.
SIBWYDD, sapin. C. *Gwydd*, arbre.
SIC, le même qu'*Is*, *Cis*, *Gis*. Voyez *Aru*.
SIC, le même que *Sac*, *Sec*, *Soc*, *Suc*. Voyez *Bal*.
SIC, le même que *Tic*. Voyez *S*.
SIC-VALLA, muraille séche. I. *Valla*, muraille. Voyez *Sych*, *Sech*.
SICANAT, singulier *Sicanaden*, est le même que *Chicanaden*, une chiquenaude. B.
SICCA, A. M. seche poisson. De *Sic*.
SICCIO, laver, mouiller. G. Voyez *Sech*.

SICCR, indubitable, certain, ferme, stable, assuré, sûr. G. Sithrah en Hébreu, une espèce de bouclier, une défense qui nous environne & nous couvre tout à l'entour contre les attaques de l'ennemi, qui nous met en sûreté. Voyez Segurra, Seiras & les articles suivans.

SICCRHAAD, assurance, affirmation, appui, soutien. G.

SICCRHAU, assurer, affirmer, confirmer, affermir, rendre solide, établir. G.

SICCRHAWCH, fermeté, stabilité, appui, soutien. G.

SICCRWYDD, sûreté, fermeté, stabilité, certitude, sécurité, appui, soutien, ce qui fortifie, ce qui rend solide.

SICCUR, le même que Sicer. G.

SICFEUR, foin. I. Sic Feur.

SICH, le même que Seach. De même des dérivés ou semblables. I.

SICH, avare, chiche. B. Le ch & l's se mettant indifféremment l'un pour l'autre, on a dit Chich comme Sich; de là le mot François Chiche. Voyez Chiquia.

SICH, SICHEN, siége, enceinte. B. De là le premier de ces mots. Voyez Siegein, Sigea.

SICHA, assiéger. B.

SICHEN, le pivot du dévidoir, assiette, situation, siége, enceinte, pate parlant de vases. B.

SICIN CIRCE, poussin, poulet. B.

SICOUR, aide, secours. B. De là ce dernier mot. Voyez Sicer, Siccur, Socorrua.

SICQ, porc. B.

SICTIS, petite isle. G. C'est Iktis avec l's préposée, dit Baxter.

SICUA, sec. Ba.

SICURA, sécheresse, aridité. Ba. Voyez Sicua.

SICUTI, exécuter. B. De là ce mot.

SID pour Tid, le même que Tid dans un dialecte du Gallois, selon Baxter. G.

SID, reposée, l'endroit où la bête sauve repose le jour. I. De là le Latin Situs, l'Espagnol & l'Anglois Situa. De là le verbe Allemand Setzen, le Gothique Satjan, l'ancien Saxon Settan, le Théuton Sezzan, le Flamand Zetten, l'Anglois Set, le Flamand Sattia, placer, situer. Voyez Sedd.

SID, le même que Sith. I.

SID, le même qu'Id, Cid, Gid. Voyez Aru.

SID, le même que Sad, Sed, Sod, Sud. Voyez Bal.

SID, le même que Hid. Voyez H.

SID, le même que Tid. Voyez S.

SIDAN, lin très-fin, étoffe de soie. G. Il signifie aussi Soie dans cette Langue. Voyez Sidanaid, Sidanbryf, Sidanog, Sidanwisg, Sidanwr. Sadin en Hébreu; Sadina en Chaldéen, le suaire dans lequel on ensevelit un mort; Sadhin en Hébreu; Sindon en Grec & en Latin, linge fort délié.

SIDAN, ficelle, petite corde. G. Voyez Si.

SIDAN, linotte oiseau. B.

SIDAN YWAUN, plante que Davies n'explique pas. G.

SIDANAID, de soie. G. On voit par ce mot que Sidan a aussi signifié soie. Voyez Seda.

SIDANBRYF, ver à soie. G. Bryf en composition pour Fryf, ver.

SIDANICQ, le petit oiseau qui suit le coucou. B.

SIDANOG, de soie, vêtu de soie. G.

SIDANWISG, habillement de soie. G.

SIDANWR, ouvrier en soie. G.

SIDEADH, bouffée de vent; Sidean Gaothi, tourbillon; Sidbe Gaeithe, le vent d'ouest. I.

SIDELL, roue. G.

SIDEA en Gallois, la boisson que Diodore appelle Zithus, selon Camden. G.

SIDER, frange. G.

SIDEROG, frangé, garni de franges. G.

SIDERU, franger, mettre des franges. G.

SIDH, le même que Seadh. De même des dérivés ou semblables. I.

SIDH, le même que Sigh. De même des dérivés ou semblables. I.

SIDR, cidre. B. De là ce mot.

SIDYLL, roue. G.

SIDYLLIO, tourner en rond comme une roue. G.

SIEFF, neveu fils de la sœur. G.

SIEGEIN, assiéger. B.

SIELL, SIHELL, scel, sceau, cachet; Siella, sceller, cacheter, mettre le sceau. B. Voyez Sil.

SIENIGL. Voyez Serrigl.

SIENN, crème. B. Voyez Dienn.

SIET, défectueux, imparfait. B. Voyez Si.

SIFERN, rhume pituite qui découle du cerveau; Siferni, enrhumer; Sifernet, enrhumé. B. De là le terme François Enchifrené. Voyez Sifrenein.

SIFFOCHEL, espèce de seringue d'enfans qui a le même effet, soit pour jetter de l'eau, soit pour pousser ou vibrer de petits morceaux de papier mouillé & mâché. B.

SIFFRWD, tumulte, trouble, bruit, tintamarre, faire du tumulte, exciter du trouble, tempêter, faire un grand bruit. G. C'est le même que Sibrwd.

SIFI, singulier Sifen, fraise. B.

SIFRENAIN, tousser. B. Voyez Sifern.

SIFYD, soudain, subit, qui arrive à l'improviste. Voyez Disfyd.

SIFYFWL, gazouiller, ramager. G.

SIFYT. Voyez Sevel.

SIG, montagne. I.

SIG, le même qu'Ig, Cig, Gig. Voyez Aru.

SIG, le même que Sag, Seg, Sog, Sug. Voyez Bal.

SIG, le même que Hig. Voyez H.

SIG, le même que S.

SIGALUM, A. M. seigle. De Segal.

SIGDHAIRE, montagnard. I.

SIGEA, assiéger. B.

SIGH, fée, nymphe, esprit follet. E.

SIGH, forcière; Leannan Sigh, esprit familier. I.

SIGHANE, banc. I.

SIGHDA, le même que Seaghda. De même des dérivés ou semblables. I.

SIGHIN, marque, signe. I. Voyez Sign.

SIGL, secousse, ébranlement, agitation, action de secouer, qu'on peut mouvoir. G. Sila en Esclavoni; Szila en Dalmatien; Nasyli en Bohémien, violence, impétuosité.

SIGLEN, gouffre, abysme, tournant d'eau, ouverture de terre fort profonde. G. Syk, profondeur, profond en Cophte; Sywa, profond en Finlandois.

SIGLEN, creux. C.

SIGLO, ébranler, secouer, agiter, émouvoir, branler, palpiter, être ébranlé, être secoué, être agité. G.

SIGN, signe. B. Sighin en Irlandois; Syen en Gallois, signe. De là le Latin Signum, l'Italien Segno, l'Espagnol Sennal, l'Anglois Signet, le François Signe. Voyez Sena, Syn.

SIGO. Davies n'explique point ce mot. Il se contente de mettre voyez Yffig, terme qui ne se trouve pas dans son Dictionnaire. G.

SIGOTI

SIG.

SIGOTA, CHIGOTA, escamoter, prendre en cachette, par adresse & par jeu; *Schigedieu*, toute sorte d'espiégleries & de ruses puériles. B.

SIGUR, assuré, sûr, assurance, sécurité, prétexte. B. Voyez *Segur, Sicer, Siccur*.

SIHED, soif. B. Voyez *Sechad*.

SIHOAD. Voyez *Sioac*.

SIHOAZ. Voyez *Seoac*.

SIHOUAH. Voyez *Sioac*.

SIKERBORGH, caution ou garant qu'un accusé ou un plaideur donne au Juge de se présenter devant lui pour terminer l'accusation ou le procès qu'on lui a intenté. E.

SIL, SILYN, lignée, enfans. G. De *Hys Hil*. Davies. *Shil* en Hébreu, fils; *Xi*, famille en Chinois; *Silsile*, famille en Turc; *Child*, enfant en Anglois.

SIL, CIL, couloir, passoire. B. Voyez *Sileadh*.

SIL, le même qu'*Il, Cil, Gil*. Voyez *Aru*.

SIL, le même que *Sal, Sel, Sol, Sul*. Voyez *Bal*.

SIL, le même que *Hil*. Voyez *H*.

SIL, le même que *Til*. Voyez *S*.

SILA, le même que *Scala*. De même des dérivés ou semblables. I.

SILA, ciller. B. De là ce mot.

SILBOA, sifflet Ba Les transpositions sont communes dans le Celtique, ainsi on aura dit *Sibloa* comme *Silboa*; d'où sera venu le Latin *Sibillo*, l'Italien *Sibillare, Subbiare, Zufsulare*, l'Espagnol *Siluar*, le vieux François *Sibler* qui est en usage en quelques Provinces du Royaume, le François moderne *Sifler*. Voyez *Sio*.

SILEAD, SILEANN, eau qui coule, écoulement d'eau, écoulement, issue. I. Voyez *Sil*.

SILEAGAS, dégoutter couler goutte à goutte. I.

SILFAEN, fondement G.

SILI, anguille poisson; singulier *Silien*; pluriet *Silict* & *Silion*. Ur. *Silien-Mor*, une anguille de mer, un congre. B.

SILID, action de verser peu à peu, de distiller. I.

SILIEN. Voyez *Sili*.

SILIM, couler, distiller, dégoutter. I.

SILIM, semer. I.

SILIM, il me semble. I.

SILIN, cerise. I.

SILISIA, chêne verd. Ba.

SILLA, chaise, banc, selle de cheval. Ba. Voyez *Sadell*.

SILLAF, syllabe. G.

SILLAFAWG, syllabique. G.

SILLAM, battre, fraper. I.

SILLDYDD, lignée, enfans. G.

SILLES, le même que *Gilles*. Voyez *Aru*.

SILLESTALQUIA, couverture de cheval. Ba.

SILLIM, regarder, considérer. I. Voyez *Sél*.

SILLY, le même que *Kili*. Voyez *Aru*. & *C*.

SILOA, fosse profonde, caverne souterreine, fosse, creux, cachot, prison. Ba.

SILOPHR, vermillon, cinabre naturel. G.

SILORI, refuge. Ba. Voyez *Cil, Cel*.

SILOUA, le même que *Siloa*. Ba.

SILPA, le même que *Chilpa, Chilpat*. B.

SILSIG, SILSIGHEN, saucisse. B. Voyez *Selsig*.

SILVIDIGUEZ, salut. B.

SILYEN, anguille. B. Voyez *Sili*.

SILZYGUEN. Voyez *Silsic*.

SIM, singe. G. *Semamit* en Hébreu; *Samada* en Arabe; *Simia* en Latin & en Italien; *Ximia* en Espagnol; *Simme* en Flamand; *Singe* en François, singe. Voyez *Sins*.

SIM, graisse. Voyez *Saim*.

TOME II.

SIN.

SIM, le même qu'*Im, Cim, Gim*. Voyez *Aru*.

SIM, le même que *Sam, Sem, Som, Sum*. Voyez *Bal*.

SIM, le même que *Him*. Voyez *S*.

SIMANT, ciment. G. De là ce mot.

SIMAR, le même que *Seamar*. De même des dérivés ou semblables. I.

SIMARENN, simarre manteau de femme. B. De là le François *Simarre*, l'Italien *Samarra*, l'Espagnol *Çamarra*, le Flamand *Samaris*, simarre, robe. Voyez *Simmwr*.

SIMBAL, cimbale, attable instrument de musique. G.

SIMMANT, ciment. G.

SIMMERA, jouer, badiner, badiner impudemment, insolemment, effrontément, audacieusement. G. *Schimper* en Flamand, badin, bateleur.

SIMMWR, cape, capote, manteau, surtout, casaque. G. Voyez *Simarenn*. *Simlah* en Hébreu, manteau contre la pluie.

SIMMWR Y CORR, la même plante que *Mantellfair*. G.

SIMNAI, cheminée. G. On dit encore en Patois *Simna* dans quelques endroits de Franche-Comté. *Chimney* en Anglois; *Kaminos* en Grec; *Caminus* en Latin; *Camino* en Italien; *Camin* en Allemand; *Chiminea* en Espagnol; *Kamna* en Bohémien; *Komin* en Polonois; *Kemeenize* en Hongrois; *Cheminée* en François.

SIMPL, simple, qui n'est pas composé. B. Voyez *Seimbh*.

SIMPLESA, simplicité, satuité. Ba.

SIMPLIDE, simple; *Simplideas*, simplicité. I. Voyez *Seimbh*.

SIMUD, DROUCQ SIMUD, la rage mue. B. Voyez *Mud*.

SIMUDET, muet. B.

SIMULA, dissimuler. B. De là le Latin *Simulo*, l'Italien *Simulare*, le François *Simuler, Dissimuler*.

SIMUT, muet, qui ne peut parler; *Simudi*, rendre ou devenir muet; participe *Simudet*, muet, rendu ou devenu muet. B. Voyez *Mud, Simud*.

SIN, aumône. G.

SIN, temple où l'on enterre les Rois, selon Llyn. Davies dit que ce mot paroit venir du Monastère de Shéene auprès de Londres. G. *Sin* en Turc, tombeau sépulcre, monument; *Kim, Kin*, la cour en Chinois; *Kin*, être préfet, être preposé; *Xi*, temple, palais, préfet du palais en Chinois; *Zim*, la cour d'un Prince en Tartarie du Thibet; *Echin*, Seigneur en Tartare Mantchéou; *Cinn* en Tartare, Roi; *Ci*, sacrifier en Chinois. Voyez *Cen*.

SIN, son. G. Voyez *Sain*.

SIN, SINN, SINNAM, SINNAN, SINAIN, SYNAIN, SYNAN, SINNON, SYNON, SIONNAM, SENUM, SHANNON, SYONNA, beau. I. Voyez *Iesin Cain, Sinistas, Siouge*.

SIN, neige; *Sinneachd*, neigeux. I.

SIN, autour, à l'entour. I

SIN, le même que *Sean*. De même des dérivés ou semblables. I.

SIN, le même que *Hin*. Voyez *H*.

SIN, le même que *Tin*. Voyez *S*.

SINACH sert à exprimer le mauvais état où est celui qui ne peut manger faute d'appétit. B.

SINCLA, lancer, darder; *En Em Sincla*, se lancer, jaillir quand on parle des choses liquides. B. C'est le même que *Cincla*.

SINDICQ, syndic. B. De là ce mot. Voyez *Sindicna*.

X xxx

SINDICUA, syndic. Ba. Voyez *Sindicq.*
SINE, vieillard. I. Voyez *Sen.*
SINETE, croyant. Ba.
SING, le même qu'*Ing, Cing, Ging.* Voyez *Arn.*
SINGUIRA, lieu marécageux. Ba.
SINI, sonner. B. Voyez *Sim.*
SINIDR, SINIDRO, crasse, écume ou ordure de fer. G. *Sindel*, écume de métal en Flamand.
SINIM, serrer. I.
SINISCORRA, crédule. Ba.
SINISEAN, luette, épiglotte. I.
SINISGUEA, incrédule, infidelle. Ba.
SINISTEA, foi, confiance, créance, persuasion. Ba.
SINISTEGINA, incroyable. Ba.
SINISTERCOZGOA, incrédulité. Ba.
SINISTUA, agréable. Ba. Voyez *Sin.*
SINK, gouttière de toît de maison. I. Voyez *Sen.*
SINNEAN GAOITHE, bouffée de vent. I.
SINNIDWYDD, sapin arbre. G.
SINNIM, chanter. I. *Sing* en Anglois; *Singen* en Allemand; *Singan* en ancien Saxon & en Théuton; *Singhen* en Tartare de Crimée, chanter. Voyez *Son.*
SINOBL, vermillon, cinabre naturel, sorte de terre rouge. G.
SINON, le même que *Shannon.* I.
SINS, singe. B. Voyez *Sim.*
SINSEAR, aîné, ancêtre; *Sinsheardhas*, ancienneté. I.
SINSIR, gingembre. G.
SINTI, obéir. B.
SINTOR, asyle. G.
SINUA, geste, gesticulation, comédien. Ba.
SINUGUILLEA, qui gesticule. G.
SIO, sifler, faire un bruit éclatant. G. *Zih* en Arabe, crier; *Sieo*, faire un bruit pareil à celui que fait le fer chaud qu'on éteint dans l'eau. G.
SIOADEN, cri lamentable. B.
SIOATH, ah. B. *Syweth* en Langue de Cornouaille.
SIOAZ, SIHOAZ, exclamation de tristesse, hélas! *Sihoaz D'in Me*! hélas à moi! pour dire malheur à moi! Je lis dans un de mes livres, *Sizonax Gant Ma Calon D'a Bezaff Fazier*! Malheur à mon cœur d'être trompé ou égaré! On a aussi écrit *Sihoad*, cri lamentable, lamentation, cri de hélas. On peut écrire *Sygoax* comme il est écrit dans la destruction de Jérusalem; ou *Sigwax*, car je le crois composé de *Si* pour *Es*, & de *Gwax*, placé au rang de *Gwa.* Je lis dans la vie de Saint Gwenolé *Syoax*, qui est *Sigwax* adouci. Davies n'a point ce cri, mais en son Dictionnaire Latin-Breton, il met *Heu, Wban, Gwaé Fi*, qui répond à *Va Mihi, Fi* étant pour *Mi*, moi. Aussi notre *Sihoax* veut dire mot pour mot, selon l'étymologie que j'en donne, en malheur, ou en mal. Au Pays de Vannes, on dit *Sihouah*, pour Dieu nous préserve. Je l'ai ainsi dans un petit Dictionnaire assez bon. B. Cet article est pris de Dom Le Pelletier. J'observerai que dans le Dictionnaire Latin-Gallois de Davies de l'édition de Londres 1632, que j'ai entre les mains, on ne trouve point au mot *Heu* ce qui est cité par Dom Le Pelletier. Il faut que ce sçavant Bénédictin en ait eu une autre édition. Je remarquerai encore que ce Dictionnaire Latin-Gallois n'a pas été composé par Davies, mais par Thomas Guillaume. Davies n'a fait que de le revoir en le donnant au Public.
SIOBO, aspersoir, goupillon. G.

SIOBOIT, ciboule. I.
SIOBRADH, race. I.
SIOBYN, aspersoir, goupillon. G.
SIOBYN, sommet, faîte, pointe, cime, petit sommet, petite cime. G.
SIOC, glace, gelée; *Siocam*, geler. I.
SIOCAIN, paix, amitié. I.
SIOCANTA, paix, pacification. I.
SIOCHADH, geler, se geler. I.
SIOCHAIN, poussière de pierre ou de métal. I.
SIOCHAN. Voyez *Sihoan.*
SIOCHANTA, paisible, tranquille, pacifique, qui est en repos. I.
SIOD, raie; *Sioda*, rayé. I.
SIOG, raie; *Siogabana*, raie blanche. I.
SIOGACH, rayé. I.
SIOGBHRADH, lutins. I.
SIOHAN, SIOCHAN, foible, délicat, tendre, mal nourri, exténué de faim. B.
SIOL, semence, fraie. I.
SIOL, descendans, famille, tribu. I.
SIOLANACH, fripon, fourbe. I.
SIOLCHUR, semant; *Siolchurtha*, semé. I.
SIOLLAM, fraper. I.
SIOLTOGADH, filtrer. I.
SIOLTREABH, famille. I.
SIOM, le même que *Som.* Voyez *Siomgar.*
SIOMCHWAREU, calomnie. G.
SIOMEDIGAETH, fourberie, tromperie. G.
SIOMGAR, colere, emporté, qui se met facilement en colere pour peu de chose, qui se trouble, qui s'émeut. G. Voyez encore *Somgar.*
SIOMGARU, s'emporter, se mettre en colere, se dépiter, être fâché, se mettre de mauvaise humeur. G.
SIOMM, erreur, tromperie, dol, fourberie. G.
SIOMMEDIGAETH, tromperie. G.
SIOMMI, tromper. G.
SIOMMWR, SIOMWR, sourbe, filou, trompeur, affronteur. G.
SION, temps. I.
SION, chaîne, lien, nœud. I. Voyez *Si* le même que *Ci.*
SIONACH, renard. I.
SIONCRWYDD, élégance, politesse, justesse, délicatesse, bonne grace, ajustement, ornement, parure, beauté, bel air, manière polie. G.
SIONGC, élégant, poli, gentil, mignon, agréable, fin, délicat, de bon goût, bien tourné, bien mis, propre, ajusté. G. Voyez *Sin.*
SIONYN, diminutif, petit. Voyez *Briwsionyn* & *Briw.*
SIOPPAU, aromates. G.
SIOPRUS, cyprès arbre. I.
SIOR, long, qui dure. I.
SIORCALL, cercle; *Siorchasam*, tournoyer. I. De là le Latin *Circulus*, l'Espagnol *Circulo*, l'Italien *Cerchio*, l'Allemand & le Flamand *Circkel*, l'Anglois *Circle*, le Bohémien *Cyrkl*, le François *Cercle.*
SIORCHAIRT, babil, caquet, flux de paroles. I.
SIORDHAIDH, perpétuel. I.
SIORLAMHAC, aux longues mains. I.
SIOROL, sucer, buvotter, gargoter. I.
SIORRUDE, éternel, infini, de longue durée; *Siorrudeas*, éternité. I.
SIORRUGHE, perpétuel; *Siorrugheas*, perpétuité. I.
SIORSANACH, long, ennuyeux. I.
SIOS, bas, en bas, là-bas, au-dessous de. I.
SIOSARNACH, sifflement. I. Voyez *Sio.*

SIO.

SIOT, badin, sot, ridicule, fat, niais, puéril. B. Voyez Sodi.
SIOTH, paix, calme, tranquillité. I. Voyez Sioul.
SIOTHACH, à couvert du vent, sain, en bonne santé. I.
SIOTHAD, appaiser, adoucir, calmer, soulager, expier, réconcilier, réunir, cessation, cesse. I.
SIOUADEN, gémissement. B.
SIOUAZ, hélas. B. Voyez Sioaz.
SIOUL, doucement, sans bruit, en silence, sans dire mot. C'est une espèce d'impératif singulier, comme quand nous disons *paix*, *silence*, *tais-toi*; car on dit *Sioul* en imposant silence, & pour le faire plus bénignement on se sert du diminutif *Sioulic*. On s'en sert encore comme d'un adjectif, puisque le nouveau Dictionnaire porte *Amser Sioul*, temps calme, temps silencieux; mais il y a apparence que *Sioul* est pour tranquillité, calme substantif. Il est pourtant aussi adjectif, car on dit *Un Den Sioul*, un homme paisible, doux & patient. Je lis dans la destruction de Jérusalem, *Sioul Ha Dyblam*, patient & sans blâme ou vice; & encore, *Deomp En Syul Ha Tyzmat*, allons sans bruit & promptement: Cet article est pris de Dom Le Pelletier. Le Pere de Rostrenen met *Sioul*, pacifique, qui se tait. B. *Zio* en Italien, terme pour commander le calme, le silence; *Siau* en Languedocien, doucement, sans bruit; *Siopan*, se taire, garder le silence en Grec. De *Sioul* par crase s'est formé le verbe Latin *Sileo*; de celui ci le nom Latin *Silentium*, l'Italien & l'Espagnol *Silenas*, l'Anglois & le François *Silence*. Voyez *Sioth*, *Sioulancz*.
SIOULDED, SIOULDER, silence. B.
SIPA E SPERET, appliquer son esprit. B.
SIR, pays, contrée. G. *Shire* en ancien Saxon, Province; *Sirr* en Tartare Jakut; *Dgirr* en Tartare de Tobolsk, terre. Voyez *Tir*.
SIR en composition le même que *Sior*, long, durable. I.
SIR, Sire. B. Voyez *Syr*, *Serra*.
SIR, le même qu'*Ir*, *Cir*, *Gir*. Voyez *Arn*.
SIR, le même que *Sar*, *Ser*, *Sor*, *Sur*. Voyez *Bal*.
SIR, le même que *Hir*. Voyez *H*.
SIR, le même que *Tir*. Voyez *S*.
SIRACHA, nerf. Ba.
SIRB, le même que *Searb*. De même des dérivés ou semblables. I.
SIREIGN, sirène. I.
SIREREAH, état de Sire. B. Voyez *Sir*.
SIRICM, cerises. G.
SIRID, mammelle. I.
SIRIG, habillement de soie, étoffe de soie, lin très-fin. I.
SIRIM, demander; *Siread*, prier, supplier. I.
SIRIN, petit homme. I.
SIRINGA, seringue, lavement. Ba. De là le premier de ces mots.
SIRKYN Y MELINYDD, bouillon blanc, meline. G.
SIRR, le même que *Sear*. De même des dérivés ou semblables. I.
SIRT, petit. I.
SIS, le même qu'*Is*, *Cis*, *Gis*. Voyez *Arn*.
SIS, le même que *Sas*, *Ses*, *Sos*, *Sus*. Voyez *Bal*.
SIS, le même que *His*. Voyez *H*.
SIS, le même que *Tis*. Voyez *S*.
SISEAL, ciseau. I. De là ce mot.
SISEL, son où il reste quelque farine. G.

SIZ.

SISGAN, le même que *Seasgan*. De même des dérivés ou semblables. I.
SISIAL, bruit que l'on fait en parlant bas, petit murmure, bruit sourd. I.
SISIFWL, le même que *Sibrwd*. G.
SISILUA, siége. Ba.
SISTR, cidre boisson faite de pommes ou de poires. En haute Bretagne, en Anjou, dans le Maine & la Normandie on prononce *Sitre*. B. Voyez *Sidr*.
SIT, pays. G. *Sitrab* en Persan; *Satrap* en ancien Persan, Gouverneur de Province. Voyez *Tit*.
SIT, le même qu'*Is*, *Cit*, *Git*. Voyez *Arn*.
SIT, le même que *Sat*, *Set*, *Sot*, *Sut*. Voyez *Bal*.
SIT, le même que *Hit*. Voyez *H*.
SIT, le même que *Tit*. Voyez *S*.
SITH, paix, réunion; *Sitim*, pacifier, réunir. I.
SITHCHAN, robe. I.
SITHCHEALGACH, mutin, séditieux. I.
SITHEAL, corps. I.
SITHEAMHUL, durable. I.
SITHEDILTHE, calme adjectif. I.
SITHIGHTE, appaisé, adouci, calmé. I.
SITHVE, ville. I.
SITIALA, oreiller, coussin. Ba.
SITSATU, être rongé des teignes. B.
SITSO, teigne. Ba.
SITTEL, flèche. G. Voyez *Saeth*.
SITTO, SITTA, hâter. G. De là le Latin *Cito*, l'Italien *Sitare*, l'Allemand *Citieren*, hâter.
SITTRACH, deux espèces de mammelles qui pendent au cou des chévres. G.
SITTRACHOG, plein de filamens, de filets. G.
SITTHECHYN, rognure, retaille, petit morceau qu'on a coupé. G.
SITUA, situation. Ba. Voyez *Situi*.
SITUARE, A. M. situer, placer. De *Situi*.
SITUI, situer, placer. B. Voyez *Sinua*.
SIU, avant, devant. I.
SIU, le même que *Tiu*. Voyez *S*.
SIVA, pere. C.
SIUBAL, qui voyage, marche, mouvement, se promener. I.
SIUGRADH, sucre. I.
SIVE, ou. G. De là le Latin *Sive*.
SIVELLEN, grosse sangle. I.
SIVI, fraise petit fruit; singulier *Sivien*; pluriel *Siviou*. B. Voyez *Sifi*.
SIVIT. Voyez *Sevel*.
SIUR, sœur, parente. I. *Sywr*, sœur dans le dialecte Gallois de l'Isle de Mona. Voyez *Choar*, *Sor*.
SIW, le même qu'*Iw*, *Ciw*, *Giw*. Voyez *Arn*. *Ciu* en Tartare du Thibet, eau liquide.
SIW, le même que *Tiw*. Voyez *S*.
SIWRNAI, voyage. G.
SIWRNEIO, voyager. G.
SIVYEN. Voyez *Sivi*.
SIVYEN-RED, eufraise. B.
SIYLYM, juger. I.
SIZL, SIL, couloir, passoire, vaisseau de terre ou de bois qui n'a pour fond qu'un morceau de toile par où l'on passe le lait ou autre liqueur; *Sizla*, *Sila*, couler, passer par la toile; *Sizlet*, ce qui est passé par la toile de cette manière. B. *Zidillo* en Esclavon; *Cedidlo* en Bohémien; *Ezidilo* en Dalmatien, couloir. Voyez *Hidl*.
SIZLADUR, coulis. B.
SIZLDROWERES, charrier nom. B.
SIZUN, détroit, raz, courant d'eau. B.

SIZUN, semaine. B.
SIZUNYOU, mois des femmes. B.
SKATH, bateau. G.
SKEBEIN, cracher. B.
SKED, rayon; Skedi, Skedi, rayonner, pousser des rayons; Skedus, rayonnant, éclatant, brillant : C'est ainsi que Dom Le Pelletier explique ce mot. Le Pere de Rostrenen met Sked, brillant ; Skeda, briller. B.
SKEI, fraper; impératif singulier Sco, qui est le nom substantif & la racine. J'ai lu dans un vieux dialogue Squeiff, fraper, & Scoer, on frape : L'impératif pluriel est Scoit, frapez, & le participe passif Scoet & Skeet ; ce dernier est moins usité. Le nouveau Dictionnaire porte Skei Er Pen, entêter ; à la lettre, fraper dans la tête, ce que nous disons fourer dans la tête. B. Cet article est pris de Dom Le Pelletier. Voyez Yfgwydd, Yfgydio, Yfgwd.
SKEILIOU, SKILIAU, SKILIAW, hieble plante ; singulier Skeilouen, Skiliawen, un seul pied d'hieble. B.
SKELTR. MAEN SKELTR, ardoise. Skeltr est proprement ce qui est séparé par la fente d'une plus grande piéce, un éclat de pierre, de bois, &c. singulier Skeltren. Il signifie aussi comme adjectif, sans singulier autre que Skeltr, clair, perçant, délié, menu, grêle, quand on parle d'un cri, d'une voix, d'un son ou bruit. B.
SKEO, de ce côté, en-deçà.
SKERB, écharpe habillement ou ornement d'homme. B. De là le mot François Echarpe, le p & le b se mettant l'un pour l'autre. Voyez Sgerb.
SKERCHEN, éclat de bois. B.
SKEVENT, poumon. B. Voyez Yfgyfaini.
SKEUL, échelle ; pluriel Skeulion. Skeulia, mettre, poser, lever, dresser une échelle, escalader. B. Yfgol en Gallois ; Escala en Basque, échelle. De là le Latin, l'Italien & le Grec vulgaire Scala, l'Espagnol Escala, l'Italien & le François Echelle. Seels en Turc, échelle ; Selam en Hébreu, en Chaldéen, en Arabe, échelle ; Scbalu, échelle, montée, escalier en Tartare Mogol & Calmoucq. Voyez Cal, Sal, Scalyer.
SKEUT, ombre, obscurité, privation de lumière causée par un corps opaque ; Skeudus, ombragé, sombre, ombrageux. B. Voyez Yfgod, Sca, Sqed, Sqeud.
SKEZ, le même que Sked, rayons. B.
SKERR, éclat de bois ; singulier Skezren. B.
SKIA, aîle ; Skianach, qui a des aîles. E.
SKIANT, SKIENT, SQIANT, SQUENT, entendement, intelligence, génie, raison, jugement, puissance de l'ame, faculté, science, connoissance, art, organe, sens, sentiment ; Ar Pemp Skiant, les cinq sens de nature ; Skiant Mat Axen, bon jugement d'homme, homme de bon sens. B. De là notre mot Escient. Sciens, scientieux, sçavant en vieux François.
SKIBER, loge, appentis. En Cornouaille on donne ce nom à certains petits bâtimens sous lesquels les ouvriers se mettent pour travailler à l'abri ; pluriel Skyberion ; diminutif Skyberic, logette, petit lieu où l'on ramasse des outils & quelques meubles : C'est ainsi que Dom Le Pelletier explique ce mot. On trouve dans les anciens Dictionnaires Bretons Sqiber, petite chambre attenante au pignon de la maison ; Sqiberie, hameau. B.
SKIGEA, SKIJA, découper, déchiqueter, tailler par petites piéces (Vennetois Skrigein, faire incision.) Je lis en la destruction de Jerusalem : Evit Squeyghaff E Pen, pour couper la tête, c'est-à-dire pour la couper & séparer du corps. Il est écrit ailleurs dans ce même ouvrage : Squegaff E Pen pour Skegea. Skigea signifie aussi faire des ricochets, couper ou découper la surface de l'eau avec une pierre plate ou ardoise lancée avec effort. Skigeadur, découpures, particulièrement celles que l'on fait sur la chair de boucherie. B. Cet article est pris de Dom Le Pelletier.

SKIGN, extension, dispersion, éparpillement : Il se dit de tout ce qui est étendu en plusieurs petites parties sans aucun ordre & comme par négligence, comme du foin, bled, linge, &c. exposés au soleil pour sécher ; Ema Ar Foen E Skign, le foin est éparpillé ; Skigna, éparpiller. Le nouveau Dictionnaire porte Skigna, étendre ses branches. Je le trouve dans les amourettes du vieillard au sens de dissiper & perdre : C'est ainsi que Dom Le Pelletier explique ce mot. On trouve dans les autres Dictionnaires Sqign, rideau ; Sqigna, répandre ; disperser, déborder, s'épancher parlant des humeurs, étendre du foin, étendre. B.
SKIL, demi, à demi, à moitié, en partie, participant ; Skil-Paotr, demi-garçon, fille, qui a les manières hardies & libres d'un garçon. En basse Cornouaille c'est une fille qui fréquente trop familièrement les garçons, & aussi un garçon qui fait des jeux & des tours d'adresse, un espiégle ; le pluriel est Skil-Paotret. Skildrenc est de pareille composition, & se dit de ce qui est à demi aigre, ce que nous disons en François Aigret ; du même Skil, & de Trenk, aigre. B. Cet article est pris de Dom Le Pelletier. Voyez Cil.
SKILF, pluriel Skilfou, défenses des bêtes, telles que sont leurs longues dents, leurs griffes, &c. Skilfou An-Ouch Gwez, défenses du sanglier. On ne nomme ainsi les dents que celles des bêtes qui en ont de longues & sont sans griffes. Il peut avoir signifié aussi le bec des oiseaux, qui s'en servent plus que des ongles pour se défendre. Nos Bretons disent Skilfec, tout animal qui a des défenses, de quelque sorte qu'elles soient : C'est ainsi que Dom Le Pelletier explique ce mot. Le Pere de Rostrenen met Sqilf, dent de chien, serre, griffe ; Sqilfteq, qui a de longues dents. B. De là Eschiffles, sorte de fortifications anciennes en vieux François.
SKILLIGH, verser, répandre d'un vaisseau ce qui y est de liquide ou en graine. On s'en sert aussi pour dire étendre certaines choses ; par exemple, du foin, des pois & autres herbes que l'on veut sécher au soleil. Il signifie encore détacher. I. Voyez Scuilla.
SKIN, singulier Skinen, rayon d'une roue, d'un champ labouré, & rayon en général. B.
SKIRIEN, éclat de bois ; pluriel Skiriou, Skeriou, attelles. B. Voyez Yfgyren.
SKIRIOC, hieble plante. B.
SKUBOL, grange. I.
SKUVINAGIUM, A. M. honoraires d'un échevin. De Schuyn.
SLABHRA, SLABHRAD, corde, chaîne, collier. I.
SLAD, pillage, vol, voleur ; Sladam, voler ; Sladte, volé. I. Voyez Ladr.
SLAIN, le même que Glain. Voyez Aru.
SLAINTE, salubrité, santé. I.
SLAINTEAMHAIL, qui se porte bien. I.
SLAMAN, SLEAMAN, orme. I.

SLAN;

SLA.   SNE.

SLAN, qui se porte bien, sain, en bonne santé, salubre, qui guérit, qui rend la santé, sauf, sûr, en sûreté : Il signifie aussi santé; *Slan Dut*, adieu. I. C'est le *Vale* des Latins.

SLAN, le même que *Glan*. Voyez *Aru*.

SLANAIGHIM, rendre sain. I.

SLANUGHA, être sain, se bien porter. I.

SLAOD, meurtre. I. Voyez *Llaith*.

SLAODMHARBH, massacré; *Slaodmharbadh*, massacre, ravage, dégât. I. Voyez *Slad*, *Mharbh*.

SLAONSADH, tragédie. I.

SLAT, verge, baguette. I. Voyez *Llath*.

SLATHRA, source. I.

SLAVRADH, collier, chaîne, corde. I.

SLAVUS, A. M. esclave. De *Sclav*.

SLEACHDAM, adorer. I.

SLEAGH, lance, épieu. I.

SLEAGHAS, forêt. I.

SLEAMHNAN, glissoire. I.

SLEAMHNUGADH, glisser. I.

SLEAMHUN, glissant, poli, uni, lissé, gluant, humide, mou; & au figuré leger, inconstant, trompeur, captieux. I.

SLEAN, sûr. I.

SLEASUN, humiliation, soumission. I.

SLEAVAN, orme. I.

SLEBHE, montagne. I.

SLEGR, le même que *Clegr*. Voyez *Aru*.

SLEIN, ardoise. I. Voyez *Selent*.

SLEITR, voleur, pillard. I.

SLEIVE, de montagne. I.

SLEIVTOIR, montagnard. I.

SLEU, SLEV, montagne; *Slevin*, montagnard. I.

SLEVAN, montagne. I.

SLIABH, montagne, colline; *Mullaighe Nasliabh*, le sommet des montagnes. I.

SLIAV, montagne. I. De même dans le dialecte Gallois de l'Isle de Mona.

SLIB, montagne; *Slibin*, montagnard. I.

SLICHDAM, le même que *Sleachdam*: De même des dérivés ou semblables. I.

SLICQENN, clavin, bardeau. B.

SLIGHE, chemin, entrée, passage; *Ag-An-Slighe*, en s'égarant. I.

SLIM, sans levain. I.

SLIN, tuile, clavin, bardeau. I.

SLIOCHD, descendans, tribu. I.

SLIOGAN, écaille, coquille, coque, gousse, cosse. I.

SLIOGHADH, fomenter. I.

SLIOMADH, chérir. I.

SLIOT, race, lignée. I.

SLIS, clavin, bardeau. I.

SLIS, côté. I. Voyez *Tslis*.

SLO, le même que *Lo*, *Clo*, *Glo*. Voyez *Aru*.

SLOBADH, amuser, entretenir, arrêter, occuper. I.

SLOD, SLODAN, mare, eau dormante. I.

SLOGADH, ronger, dévorer, avaler, gober, engouffrer. I. Voyez *Loncqa*.

SLOGAIRE, golfe. I.

SLOGWYN, le même que *Clogwyn*. Voyez *Aru*.

SLOIGHE, englouti, dévoré, absorbé, rongé. I.

SLOINE, surnom. I.

SLOR, exempt. I.

SLORADH, absous; *Slorta*, absous. I.

SLORDAIL, acquittement. I.

SLORTA, adjugé. I.

SLUAGH, armée, troupe, camp. I.

SLUANACH, manteau. I.

SLUASAD, pelle, écope. I.

SLUCHAM, tourner, renverser. I.

SLUDACH, corne. I.

SLUGAIRE, hirondelle. I.

SLUGAM, dévorer, engloutir. I.

SLUGHTAN, tournant d'eau, abysme. I.

SMACHTAM, dompter. I.

SMADAN, sot. I.

SMALAN, bute. I. Voyez *Mal*.

SMAS, correction, châtiment. I.

SMAS, borne. I.

SMASADH, châtier, retenir, empêcher. I.

SMASUGHADH, corriger, châtier, reprendre, censurer, réprimander, gouverner, conduire, régir. I.

SMEACH, menton. I.

SMEARADH, s'embourber, enduire, souiller, salir, remplir d'ordure, barbouiller, action de salir. I.

SMEARRAS, tâtonner, aller à tâtons. I.

SMEARTHAS, graisse. I.

SMEIDE, signe de main ou de tête; *Smeide Shi*, clin d'œil. I.

SMEIG, SMEIGIN, menton. I.

SMIOR, moëlle. I.

SMNADH, rivière. I.

SMOIL, chauve. I. Voyez *Mol*.

SMOIR, le même que *Smoil*. I.

SMOLTACH, rossignol. I.

SMUAINEADH, méditer, réfléchir, imaginer, concevoir, s'imaginer, penser, croire, pensée, imagination. I.

SMUIR, bec. I.

SMULC, museau, muselière. I.

SMUNEADH, songer, penser à quelque chose. I.

SMURTA, sali, souillé, rempli d'ordure. I.

SMURTEADH, enfumer, noircir de fumée. I.

SMUTAN, souché, tronc d'arbre. I.

SMUTCEO, fumée. I. Voyez *Mwg*.

SMUTH, fumée, vapeur. I. Voyez *Mwg*.

SMUTH, bouton. I.

SNAD, aiguillé. E. Voyez *Sned*.

SNADHMADH, se former en nœud, se nouer. I.

SNAIDH, nœud. I.

SNAIDM, nœud, bouton, bande, lien. I.

SNAITH, trait participe; *Orsnaith*, or trait. I.

SNALETIPSE, aujourd'hui, maintenant, dans le siécle où nous vivons. I.

SNAM, rivière, lac, étang, port, golfe. I. Voyez *Nant*.

SNAMADH, SNAMAN, flot. I.

SNAMH, nager. I.

SNAMHAN, train en parlant d'un train de bois. I.

SNAS, parure, couleur vive. I.

SNATADH, aiguille. I. Voyez *Sned*.

SNATH, filé. I.

SNAVADR, écoulement d'eau, eau qui coule. I. Voyez *Nav*.

SNAVAM, couler. I.

SNEACDH, heige; *Sneathdach*, neigeux. I.

SNEACDH-SLOCH, grèle. I.

SNEADH, lende ou lente œuf de poux & de puces. I.

SNEASA, neige. I.

SNECH, le même que *Sneach*, heige. I. De là le François *Neige*, l'Esclavon, le Carniolois *Sneg*, l'ancien Prussien *Snege*, le Théuton *Snevo*, le Flamand *Sneuw*, le Danois *Sne*, le Gothique *Snaiwi*, l'ancien Saxon *Sniw*, l'Anglois *Snow*, l'Allemand *Schnee*, le Polonois *Snieg*, le Dalmatien *Senigh*, le Bohémien *Snih*, l'Italien *Neue*, l'Espagnol

Nieue, neige; *Seleg* ou *Sleg* en Hébreu, neige, l'*l* & l'*n* se mettant l'une pour l'autre. Les Langues orientales ont conservé quelques traces de ce mot dans des termes analogues; *Nek*, blancheur; *Nochahhh*, blanc en Arabe; *Naka*, *Nuka*, toile blanche, toile blanchie en Tartare Mogol & Calmoucq; *Ne* en Tonquinois, chaux pierre calcinée qui est blanche. *Nik* signifiant en Hébreu allaiter, on a lieu de croire que ce terme a signifié autrefois lait dans cette Langue.

SNECTA, SNECTI, étang. I.

SNED, aiguille dans le dialecte Gallois de l'Isle de Mona; *Snad* en Écossois; *Snaiad* en Irlandois.

SNEETLY, couleur. I.

SNIDH, lende ou lente œuf de poux & de puces. I.

SNIGH, lende ou lente œuf de poux & de puces. I.

SNIGHE, couler. I.

SNIOCH, trame de toile. I.

SNIOMAD, filer, tourner. I.

SNUADH, rivière, ruisseau, torrent. I.

SO, aisément, facilement. I.

SO, vôtre. I.

SO, verbe substantif qui répond au Latin *Sum* & au François *Suis*, (je suis) sans autres temps ni mœufs que le présent de l'indicatif, & sans distinction de personnes. B.

SO, le même qu'*O*, *Co*, *Go*. Voyez *Aru*. *So* en Arabe, lac; *Sour* en ancien Persan, eau; *Sou* en Persan, eau, fleuve; *Soma*, mare, marais; *Shok*, lieu où il croit des joncs dans la même Langue; *Soth*, lac en Cophte, & *Sod*, lac, citerne dans la même Langue; *Sou*, *Su*, lac, rivière en Chinois, & *Tsao*, jonc dans la même Langue; *Soo* en Japonois, herbe, plante ou algue de la mer; *Sou* en Turc, eau; *Souji*, rivière, & *Sure*, lieux marécageux dans la même Langue; *Seo*, lac, mer en Théuton; *Sod* en ancien Allemand, eau; *Sohs* en Chaucique; *Soo*, marais en Finlandois; *Sioor*, mer en Islandois; *Soet* en Auvergnac, saule arbre qui croit dans les lieux aquatiques. Voyez *Swi*, qui est le même que *So*, *Sor*, *Sour*.

SO, le même que *Ho*. Voyez H.

SO, le même que *To*. Voyez S.

SOA, SOAO, SUAU, suif graisse de bœuf, mouton, &c. dont on fait la chandelle & autres choses; *Maot Soae*, mouton gras, qui a du suif. On dit aussi au même sens *Soaven*, singulier de *Soa* devenu substantif, lequel marque une bête grasse à donner beaucoup de suif. B. Voyez *Saim*.

SOAD, le même qu'*Oad*, *Coad*, *Goad*. Voyez *Aru*.

SOAL, le même qu'*Oal*, *Coal*, *Goal*. Voyez *Aru*.

SOAS, éclair. I.

SOAVON, savon. B.

SOBAR, exercice, soin de cultiver. Ba.

SOBAS, deshonneur, tache, infamie. I.

SOBERA, excès, superflu. Ba. De là le Latin *Suprà*, *Super*.

SOBERANOA, haut, sublime, élevé, Prince, Souverain. Ba. De là ce mot.

SOBERANTZARIA, surnuméraire, inutile. Ba.

SOBERBIA, superbe, vanité. Ba. De là le Latin & l'Italien *Superbia*, l'Espagnol *Soberuia*, le François *Superbe*.

SOBHLASTA, délicieux. I.

SOBRA, sobre. G. B. De là le Latin *Sobrius*, l'Italien *Sobrio*, le François *Sobre*.

SOBRAS, défait, ruiné. Ba.

SOBRATUA, superflu. Ba.

SOBRE, sur. Ba.

SOBRECARGA, surcharge. Ba. Voyez *Carg*.

SOC, soc, coutre de charrue. I. B. De là le mot François *Soc*. Voyez *Swch*, *Sock*, *Soch*.

SOC, le même qu'*Os*, *Cos*, *Gos*. Voyez *Aru*.

SOC, le même que *Sas*, *Ses*, *Sis*, *Sus*. Voyez *Bal*.

SOC, le même que *Hoc*. Voyez H.

SOC, le même que *Toc*. Voyez S.

SOCA, corde, cable. Ba.

SOCA, A. M. corde. De *Soca*, *Soca*, corde en Italien.

SOCADH, bas, chausse. I.

SOCAIR, plain, uni, qui n'est pas raboteux, coulant, fluide, à couvert du vent, franc, sincère, ingénu, tranquille, paisible, pacifique, qui est en repos, retenu, modéré, sobre, appaisé, adouci, apprivoisé, doux, aisé, facile, modeste, accommodant, lent, calmer. I.

SOCAMHAL, aise, plaisir, repos, soulagement. I.

SOCARRA, fin, rusé. Ba.

SOCARRARY, poli, bouffon. Ba. *Chocarréro* en Espagnol.

SOCCUS, A. M. sorte de chaussure. De *Soccy*, qu'on peut également prononcer *Soccus*.

SOCCUS, A. M. soc, coutre de charrue. De *Soc*.

SOCCYN, petite fille. G. D'*Ys Hoccyn*, d'*Hogg Davies*.

SOCCYS, brodequin sorte de chaussure. G. *Soccus* en Latin; *Cueco* en Espagnol; *Socken* en Allemand; *Soch* en Flamand; *Soch* en Théuton; *Sock* en Anglois, brodequin. *Sukchoi* dans Hesychius signifie une chaussure Phrygienne.

SOCCYSEN, escarpin. G.

SOCCYSOG, qui porte des brodequins. G.

SOCH, soc, coutre de charrue. G. I. B. Voyez *Soc*.

SOCH, bec. I.

SOCH, chausson. I.

SOCH, sauge. B. De là le François & l'Anglois *Sauge*.

SOCH, le même qu'*Och*, *Coch*, *Goch*. Voyez *Aru*.

SOCH, le même que *Hoch*. Voyez H.

SOCH, le même que *Toch*. Voyez S.

SOCHANTREA, précenteur d'un chapitre. Ba.

SOCHAR, profit, avantage. I.

SOCHLA, SOCHTE, libéral. I.

SOCHMADH, grave, sérieux. I.

SOCHTE. Voyez *Sochla*.

SOCK, soc, coutre de charrue. I. Voyez *Soc*.

SOCK, chausson. I. Voyez *Soccys*.

SOCMA, séparé, divisé, privé, abstinent. I.

SOCNAS, facilité. I.

SOCORRUA, secours. Ba. Voyez *Sicour*.

SOCORRUGHTHE, volage, leger, inconstant, passionné. I.

SOCORRUGHTHEACH, leger, inconstant. I.

SOCOV, mauvais. I.

SOCRAS, ferme, sûr. I. Voyez *Sicer*.

SOCRUGADH, établir, fonder, ériger, ajuster, agencer, appaiser, adoucir, calmer, soulager, arrêter, calme, établissement. I.

SOCUMAL, allégement, soulagement. I.

SOCUMHUL, facilité. I.

SOD, assaut, attaquer, assaillir. Voyez *Gosod*.

SOD, le même qu'*Od*, *Cod*, *God*. Voyez *Aru*.

SOD, le même que *Sad*, *Sed*, *Sid*, *Sud*. Voyez *Bal*.

SOD, le même que *Hod*. Voyez H.

SOD, le même que *Tod*. Voyez S.

SODD, le même qu'*Ansodd*. Voyez *Ansawd*.

SOD.

SODD, le même que Sawd. G.
SODDI, plonger, tremper, enfoncer dans l'eau, aller à fond, couler bas, se déposer, faire un dépôt, être plongé. G.
SODEIN. Voyez Soi.
SODELMIAN, belle. I.
SODHSUR, graisse, état d'un corps gras. I. Voyez Soa.
SODI, plonger. C. Voyez Soddi.
SODLAN, engelure ou mule aux talons. G. Voyez Sawdl.
SODOG, gâteau. I.
SODR, le même que Sathr. Voyez Llaefodr.
SODT, sot. B.
SÆCHOR, soif. B. Voyez Sech.
SÆD, le même que Hoed. Voyez H.
SÆD, le même que Toed. Voyez S.
SÆG, lie, féces, mare. G.
SÆG. Davies rend ce mot par le terme Latin Segisterium, que je ne trouve dans aucun Dictionnaire. Je ne sçais si c'est le même que le précédent Soeg, que j'ai trouvé dans le Dictionnaire Latin-Gallois de Thomas Guillaume. G.
SŒG, le même qu'Oeg, Coeg, Goeg. Voyez Aru.
SOETH, fleche. B. Voyez Saeth.
SOEU, suif. B. Voyez Soa.
SOEVEN, savon. B. Voyez Salbona.
SOEZA, surprendre. B.
SOFL, singulier Soflyn, paille, chaume. G. B. Voyez Soul.
SOFLIAR, caille. G. Sofl Iar; à la lettre, poule du chaume.
SOFOL, paille, chaume. G.
SOG, le même qu'Og, Cog, Gog. Voyez Aru.
SOG, le même que Seag, Seg, Sig, Sug. Voyez Bal.
SOG, le même que Hog. Voyez H.
SOG, le même que Tog. Voyez S.
SOGAC, SOGRAC, raillerie, bouffonnerie. I.
SOGE, chaise, siége. I.
SOGHRADACH, doux, aimable, obligeant. I.
SOGHSUR, saison. I.
SOGORGA, char, chariot. Ba.
SOGRAC, raillerie, bouffonnerie. I.
SOH, soc. B. Voyez Soc.
SOI, aisément, facilement. I.
SOIBHEASACH, sçavant, docte. I.
SOIBHRISDIDH, frêle, fragile, qui se caffe aisément. I.
SOIBRIIDE, riffolé. I.
SOIBRISTHE, cassant, fragile, frêle. I.
SOIBURNITUA, cuirassé. Ba.
SOIDEALLRACH, du verre. I.
SOIDHEACH, vase. I.
SOIDHEANTA, facile, aisé. I.
SOIFLIUCHTA, arrosé. I.
SOIGD, fleche. I. Voyez Saeth.
SOIGDOIR, le sagittaire. I. De Soigd.
SOIGHDIUR, soldat. I. De Soigd, fleche.
SOIGHEAD, SOIGHED, fleche. I. Voyez Saeth.
SOIGHLEIR, geôlier. I.
SOIGN, soin. B. De là ce mot.
SOIGNEAN GAOITHE, bouffée de vent. I.
SOIGNUS, soigneux. B. De là ce mot.
SOIGTHEACHOIL, coupe, tasse. B.
SOIGTHIOCH, un pot, un petit pot de terre, aiguière, tonneau, vase, sceau. I.
SOIL, le même qu'Oil, Coil, Goil. Voyez Aru.
SOILBHIR, joli, agréable. B.
SOILBHRIOS, raillerie, plaisanterie, mot pour rire, bon mot. I.

SOL.

SOILEIR, clair, découvert. I.
SOILLA, stérile, seul. Ba. De là le Latin Solus, l'Espagnol & l'Italien Solo, le François Seul.
SOILLSE, lumière, clarté, illumination, éclair; Soillsughadh, éclairer; Soillsighim, briller, luire. I. Voyez Sul.
SOILLSEAN, cierge. I.
SOILLSEACH, illustre. I.
SOILLSIOCH, brillant, clair; luisant, éclatant. I.
SOIN, ton, son, bourdonner, faire un certain bourdonnement. I. Voyez Sain.
SOINA, épaule. Ba.
SOINARRA, baudrier, ceinturon, écharpe. Ba.
SOINCAITEGUIA, garde-robe. Ba.
SOINEAD, sonner, retentir. I.
SOINGANA, qu'on met sur les épaules. Ba.
SOINGREAN, nielle. I.
SOINGOA, saie qui couvre les épaules. Ba.
SOIR, est, orient; Taobh Soir, vers l'est. I.
SOIRBH, sain, en bonne santé, serein, sérieux, grave, retenu, prudent, sage, discret. I. De là le Latin Serius & le François Sérieux.
SOIS, silence. I. De là le vieux mot François Coy, parce que le c & l's se mettent l'un pour l'autre.
SOIT, le même qu'Oit, Coit, Goit. Voyez Aru.
SOITHEAGAISG, doux, clément, fléxible. I.
SOITHEAGASGAS, docilité; Soitheagaisg, docile. I.
SOITHIOCH, bouteille. I.
SOIVACH, garçon. I.
SOL, soc de charrue. C. Voyez Soc.
SOL, œil. I. Voyez Sel, Sul, Suil, Sylla.
SOL, semelle; Sol Bottés, semelle de souliers; plurier Soliou B. De là le Latin Solea, l'Italien Suola, l'Espagnol Suela, l'Allemand & l'ancien Saxon Salen, le Flamand Sole, le Hongrois Solya, semelle la partie du soulier sur laquelle on marche: De là notre mot François Soulier. Sollai, sandales en Chaldéen. Voyez Sola & l'article suivant.
SOL, SOUL, plancher d'une maison; Sol Ti, premier étage de maison. Le nouveau Dictionnaire porte Sol, poutre, solive & soliveau. Monsieur Roussel m'a appris que Sol veut dire simplement bas, à terre; Mont-Dar Sol, aller ou couler à bas; Le Pere Gregoire dit que Cucg Al Lestr ar-Sol, est couler un navire à fond: C'est ainsi que Dom Le Pelletier explique ce mot. On trouve dans d'autres Dictionnaires Bretons Sol, sol; fond, la partie la plus basse de ce qui contient ou peut contenir quelque chose, prison, soliveau, solive, poutre; sommier. B. De là le Latin Solum, l'Italien Suolo, l'Espagnol Suelo, le François Sol. De là nos mots François Solive, Soliveau, Senil. Tsould en Hébreu, le fond, le bas, la profondeur; Sol en Chaldéen, le fond, le plus bas; Sel en Syriaque, lieu bas; Seol en Hébreu, tombeau, lieu bas & profond, lieu souterrein où étoient renfermées les ames des Justes avant Jesus-Christ; Saul, Seul en Allemand; Syl en ancien Saxon, base; fondement; Sole en Allemand, tout ce sur quoi on marche; Saul, Sole en Allemand; Sul en Gothique, plancher, la partie d'une chambre sur laquelle on marche; Saul, Sole en Allemand; Syl en ancien Saxon; Sill en Anglois; Soglia en Italien; Seuil en François; Solium en Latin barbare, seuil la partie inférieure de la porte sur laquelle on passe. Voyez Sal & l'article précédent.
SOL, sole poisson. B.
SOL. Voyez Harincq Seach.

SOL, le même que *Dol*. Voyez ce mot & *Sol*, *Soul*, plancher, &c.

SOL, le même qu'*Ol*, *Col*, *Gol*. Voyez *Aru*.

SOL, le même que *Sal*, *Sel*, *Sil*, *Sul*. Voyez *Bal*.

SOL, le même que *Hol*. Voyez *H*.

SOL, le même que *Tol*. Voyez *S*.

SOLA, pays couvert de bois. Ba. Voyez *Soil* le même que *Coil*.

SOLA, plante parlant du pied, semelle. Ba. Voyez *Sol*.

SOLABHARTA, affable; *Solabhartya*, affabilité. I.

SOLAIS, férein. I.

SOLAMHUGH, fouple, maniable. I.

SOLANDIE, espèce d'aigle. E.

SOLAPATUA, trompeur, fourbe. Ba.

SOLARIUM, A. M. plancher. De *Sol*. *Soler* en Allemand, plancher.

SOLARIUS, A. M. fouliers. Voyez *Sol*.

SOLARTHACH, circonspect, prudent. I.

SOLAS, consolation, soulagement, allégement. G. De là le vieux François *Soulas*, l'Anglois *Solace*, les Latins *Solamen*, *Solatium*, l'Espagnol *Consolacion*, le François *Consolation*. De là les Latins *Solari*, *Consolari*, l'Italien *Consolare*, l'Espagnol *Consolar*, le François *Consoler*.

SOLAS, joie, plaisir, allégresse, contentement, aménité, agrément, récréation, lumière, secours, jouissance. On a dit en vieux François *Soulas* pour plaisir, & *se Solatier* pour se réjouir.

SOLASA, JOLASA, conversation. Ba.

SOLASACH, plaisant, agréable, aimable, joyeux, aise, content. I.

SOLASADH, fomenter. I.

SOLASDA, illustre, remarquable. I.

SOLASTURIA, ami ordinaire. Ba.

SOLATHAIR, pourvoir, faire provision. I.

SOLATHAR, acquerir, gagner, atteindre, parvenir, gain, acquisition. I.

SOLATHRACH, prévoyant. I.

SOLATIUM, A. M. divertissement. Voyez *Solas*.

SOLATIUM, A. M. conversation, entretien. De *Solasa*.

SOLBARDA, épaule. Ba.

SOLD, ancienne prononciation de *Sowd*, combat, bataille rangée, choc, guerre. G. De là le François & l'Allemand *Soldat*, l'Italien *Soldato*, l'Espagnol *Soldado*, l'Allemand *Soldner*, le Flamand *Souda* & *Soudener*, l'Anglois *Souldiour*, le Carniolois *Sholner*, le Polonois *Zolniers*, soldat, combattant. Voyez *Soldadua*, *Soldur*.

SOLD, SOULD, solde. B. De là le François *Solde*, l'Italien *Soldo*, l'Espagnol *Sueldo*, l'Allemand, le Gothique, le Theuton, l'ancien Saxon *Sold*, le Flamand *Soldt*, l'Esclavon & le Carniolois *Sheld*, le Polonois *Zold*, le Bohémien *Ziold*, solde. Voyez *Swilt*, *Soldata*. *Sodés* en vieux François, payement, & *Solt*, paye.

SOLDADUA, soldat. Ba. Voyez *Sold* Gallois.

SOLDARIUS, Voyez *Soldates*.

SOLDATA, solde paye de soldat. Ba. Voyez *Sold* Breton.

SOLDATA, SOLDADA, SOLIDATA, SOLIDUM, SOLDUM, SOLDVO, SOLIDUS, A. M. solde paye de soldat. On disoit en vieux François *Soldée*, *Sauldée*, *Soudée*, *Sodée*. Voyez *Sold*, *Soldata*.

SOLDATES, SOLDATUS, SOLDARIUS, SOLDERARIUS, SOLDERARIUS, SOLDERIUS, SOLDIARIUS, A. M. soldat. De *Sold* Gallois.

SOLDUR, soldat. B. Voyez *Sold* Gallois.

SOLDURII, César *l. 3.* de la guerre des Gaules parle ainsi: » Adcantuan fit une sortie de la Ville » des Sotiates sur les Romains qui l'assiégeoient » avec six cens hommes qui s'étoient dévoués à » suivre sa fortune en tout. Les Gaulois appellent » *Soldures* ceux qui se font ainsi attachés à un » Prince. La condition de cet engagement est de » partager avec lui sa bonne ou sa mauvaise fortune; & s'il arrive qu'il périsse, ils doivent tous » mourir avec lui, ou se tuer après sa défaite; & » de mémoire d'homme il ne s'en est pas trouvé » encore un seul qui ait manqué à cet engagement. *Alia ex parte oppidi Adcantuannus, qui summam Imperii tenebat, cum sexcentis devotis quos illi Soldurios appellant, quorum hac est conditio, ut omnibus in vita commodis una cum his fruantur, quorum se amicitiæ dediderint; Si quid iis per vim accidat, aut eumdem casum una ferant, aut sibi mortem consciscant; neque adhuc hominum memoria repertus est quisquam, qui, eo interfecto, cujus se amicitiæ devovisset, mori recusaret.* Monsieur de Haute-Serre croit que le mot *Soldure* est formé du terme Gaulois *Sold*, qui signifie, ainsi qu'on l'a marqué plus haut, solde, paye de gens de guerre; ensorte que selon lui les *Soldures* étoient des hommes qui s'attachoient à quelques Princes, parce qu'ils en recevoient la solde. Je ne peux embrasser le sentiment de ce Sçavant, parce que César & Athénée, qui ont parlé des *Soldures* Gaulois, ne font aucune mention de solde ou paye. J'estime qu'il faut chercher une autre étymologie de ce mot. *Coll* ou *Sol* (Voyez *Aru*) signifie en Celtique, colle, union, jonction; *Collein* ou *Sollein*, coller, unir, joindre; *Collet* ou *Sollet*, collé, uni, joint; *Wr*, en composition pour *Gwr*, homme; *Solletwr* ou *Solledwr*, homme joint, uni, attaché. Cet attachement ou ce dévouement à un Prince, pour suivre en tout sa bonne ou sa mauvaise fortune, étoit ce qui caractérisoit les *Soldures*, & c'est toujours ce qu'il y a de particulier & de propre à quelqu'un qui forme son nom.

SOLEDENN, semelle. B. Voyez *Sol*.

SOLEIN, se précipiter, aller au fond parlant des herbes bouillies, &c. B. Voyez *Sol*.

SOLEM, SOLENN, SOLEMN, sage, avisé, sérieux, posé, modeste, solemnel. B. De là le Latin *Solemnis*, l'Italien *Solenne*, l'Espagnol *Solem*, l'Anglois *Solemne*, le François *Solemnel*. Voyez *Sollamnadh*.

SOLENN, monceau. B.

SOLENN, tronc. B.

SOLENN, sole poisson. B.

SOLETA, chausson, escarpin, semelle de botte. Ba. Voyez *Sol*, *Sola*.

SOLETA, règle, modèle. Ba.

SOLETUS, A. M. soulier. De *Soleta*.

SOLGUS, A. M. sole poisson. De *Soll*.

SOLID, SOLIT, les mêmes que *Solen*. Voyez *Dissolid*.

SOLICORRA, polype. Ba.

SOLIDATA, Voyez *Soldata*.

SOLIER, petit galetas où les laboureurs ramassent les petits outils & meubles pendant qu'ils ne sont pas de service, tels que les fléaux, faulx, faucilles, fourches, &c. Il signifie encore le plancher d'une maison qui n'a qu'un seul étage. B. *Solier* en vieux François, maison à deux étages. Voyez *Suler*.

SOLIT, sollicitation. B.

SOLITA, solliciter, induire. B.

SOLITEIN, solliciter, induire, persuader. B.

SOLITEMAND, sollicitation. B.

SOLITES,

SOL.

SOLITER, inventeur, qui controuve. B.
SOLITET, fabuleux, inventé à plaisir. B.
SOLIVA, A. M. solive. De *Sol*.
SOLIUM, A. M. seuil. De *Sol*.
SOLL, sole poisson. B. De là ce mot.
SOLL, le même qu'*Oll*, *Coll*, *Goll*. Voyez *Aru*.
SOLLAMNADH, célébrer. I. Voyez *Solem*.
SOLLOZA, sanglot. Ba.
SOLLOZOTINA, sanglot. Ba.
SOLOA, pré. Ba.
SOLOGHTHA, véniel. I.
SOLOS, brillant, clair, luisant, éclatant. I.
SOLUBTAS, flexibilité. I.
SOLUS, lumière, clarté, splendeur, lumineux, plein de lumière, luisant, brillant, éclatant, clair, qui se voit aisément, blond, net. I. Voyez *Sul*.
SOLUS, distinct, différent. I.
SOLUT, le même que *Solenn*. Voyez *Disolud*, *Disolid*.
SOLYER, galetas le plus haut étage d'une maison. B.
SOM, qui retarde, qui se retarde. G. Voyez *Somgar*.
SOM, demeurer, rester, s'arrêter, tarder, patienter, durer, retardement, action de s'arrêter, de tarder, de rester, de demeurer, attente. B. *Soma*, isle marécageuse ou couverte d'eau qui s'arrête en Finlandois; *Sogn*, marais en Auvergnac. Voyez *Chom*.
SOM, le même qu'*Om*, *Com*, *Gom*. Voyez *Aru*.
SOM, le même que *Sam*, *Sem*, *Sim*, *Sum*, *Swm*, *Sym*. Voyez *Bal*.
SOM, le même que *Hom*. Voyez *H*.
SOM, le même que *Tom*. Voyez *S*. *Suan*, été en Tartare Mogol & Calmoucq.
SOMA, science, prudence, habileté. Ba.
SOMARBHTHA, mortel. I.
SOMARIA, qui conjecture très-bien, dextérité. Ba. Voyez *Soma*.
SOMAS, avec prudence. Ba.
SOMB, le même que *Comb*. Voyez *Aru*.
SOMGAR, qui forme des difficultés, qui arrête, qui retarde, difficile à contenter, bizarre, bourru, d'humeur chagrine, qui se fâche aisément, de mauvaise humeur, pointilleux; *Somgaru*, se fâcher, se piquer, se mettre en colere, former des difficultés, mettre des obstacles, arrêter, retarder. G. *Gar de Car*, aimer, avoir inclination. Voyez *Som*.
SOMGARU. Voyez *Somgar*.
SOMGARWCH, état d'un homme qui forme des difficultés, qui retarde, qui arrête, qui est difficile à contenter, qui est bizarre, bourru, facile à se fâcher, mauvaise humeur. G.
SOMHAISEACH, sortable, convenable, conforme. I.
SOMHUNTE, flexible. I.
SOMIANT, raillerie, moquerie, risée; fourberie, tromperie, ruse, erreur, bévüe. G.
SOMINDUA EGOTEA, être ému, être agité. Ba.
SOMM, retarder, retard, retardement. G. Voyez *Som* qui est le même mot.
SOMM, erreur, tromperie, dol, fourberie. G.
SOMM, somme d'argent. B. Voyez *Sum*.
SOMMA, sommer. B. De là ce mot.
SOMMA, fouler des draps. B.
SOMMA, A. M. somme, charge d'un cheval ou d'autres bêtes de somme. De *Summ*.
SOMMEDIGABETH, imposture, tromperie. G.
SOMMEIN, sommer. B.
SOMMI, le même que *Siommi*. G.

TOME II.

SON.

SOMMIA, saule. Ba.
SOMPLA, SOMPLADH, exemple, patron, modele. I. Voyez *Ezzempl*.
SÔN, son, mot, parole, bruit, réputation, mention, mémoire, action d'annoncer quelque chose, d'en porter la nouvelle; *Yson*, renommée, bruit que fait une chose dans le monde. G. *Son* en Hébreu; *Zom* en Syriaque, résonner; *Tsain* en Arménien; *Sonus* en Latin; *Suono* en Italien; *Son* en Espagnol & en François; *Sowne* en Anglois; *Svon* en Esclavon; *Zvon* en Dalmatien; *Zonges* en Hongrois, son; *Sen* en Arabe, voix élevée, cri; *Sang* en Allemand & en Gothique; *Sanc* en Théuton, chant; *Senger* en Allemand, *Sangari* en Théuton; *Sangeré* en ancien Saxon; *Zinger* en Flamand, chanteur; *Singen* en Allemand; *Singan* en ancien Saxon; *Singan*, *Sinkan* en Théuton; *Singe* en Anglois; *Singhe* en Flamand; *Singen* en Tartare de Crimée, chanter; *Singen* en Allemand; *Syngia* en Hlandois, résonner, rendre un son. Voyez *Sain*, *Seing*, *Sezn*, *Sinnim*, *Synio*, *Swn*, *Son plus bas*, *Sonna*.
SON, lieu. I.
SON. AR SON ou SONSA, en faveur, en considération. I.
SON, son, bruit; *Soni*, *Seni*, sonner. C'est ainsi que Dom Le Pelletier explique ce mot. Le Pere de Rostrenen met *Son*, son, bruit, air, chanson, chanson à danser. B.
SON, SONN, à plomb, perpendiculairement comme une corde suspendue au bas de laquelle il y a aussi une masse de plomb. *Derc'hel Son*, tenir à plomb. Le nouveau Dictionnaire l'a ainsi; & je trouve dans la vie de Saint Gwenolé *Soun* au sens d'arrêt, tout debout, sans pouvoir changer de posture, ni de place. C'est ce que nous disons demeurer en suspens. Et dans les amourettes du vieillard *Bez.it Soun*, tenez vous droit, debout. Monsieur Roussel m'a averti que *Sounn* signifie roide, roidi & allongé, comme un corps mort, froid, roide & debout; & *Sounna*, devenir ou rendre tel, & aussi se tenir droit, debout. En Léon & Cornouaille, *Sounna* signifie se figer, parlant de ce qui est fondu & reprend sa solidité en se réfroidissant. C'est ainsi que Dom Le Pelletier explique ce mot. On trouve dans les autres Dictionnaires *Sonn*, *Soun*, *Sùnn*, debout, figé, fixe, immobile, roide, rude à monter, droit, perpendiculaire, à plomb, invariable, stable, *Sonna*, figer. B.
SON, le même qu'*On*, *Con*, *Gon*. Voyez *Aru*.
SON, le même que *San*, *Sen*, *Sin*, *Sun*, *Swn*, *Syn*. Voyez *Bal*.
SON, le même que *Hon*. Voyez *H*.
SON, le même que *Chon*. Voyez *Don*, *Dun*.
SON, le même que *Ton*. Voyez *S*.
SONA, heureux. I.
SONA, tetter. Voyez *Dissona*.
SONA. Voyez *Soncan*.
SOKA, A. M. espèce d'habit ecclésiastique, ou monastique. Voyez *Soncan*.
SONCAN, sur l'épaule. Ba. On a donc dit *Soné* comme *Soina*, épaule.
SONCH, pensée, souvenir; *Soncha*, *Sonja*, penser, songer. B. De là ce mot.
SOND, le même qu'*Ond*, *Cond*, *Gond*. Voyez *Aru*.
SONDAET, solidité. B.
SONEAN, vêtir un habit. Ba. Voyez *Soneoai*.
SONEN, air, chanson. B. Voyez *Son*.
SONFAWR, qui rend un son éclatant. G.
SONGEAL, SONGEIN, penser, songer, conjecturer. B.

Z zz

SON.

SONGER, esprit sombre ou pensif. B.
SONGESON, pensée. B.
SONGRYF, qui rend un son éclatant. G.
SONIAR, SONIARUS, qui résonne, qui retentit, sonore, résonant, qui fait du bruit, qui craque. G.
SONIAWR, sonore. G.
SONIO, sonner. G. B. faire du bruit, faire mention. G. Voyez Son.
SONJUS, attentif, pensif. B.
SONN, heureux. I.
SONN. Voyez Son.
SONNACH, mur, muraille, château, forteresse. I.
SONNER, joueur de violon. B. Voyez Son.
SONNI, le même que Henni. Voyez H.
SONNTA, hardi. I.
SONODE, heureux ; Sonas, bonheur, félicité ; Sonos, fortune, cas fortuit. I.
SONRADHACH, singulier. I.
SONT, fond la partie la plus basse de ce qui contient ou peut contenir quelque chose. B.
SONTI, sonder. B. De là ce mot. Voyez Sent, Sounderes.
SONTIL, subtil. B.
SONUA, son. Ba. Voyez Son.
SONUGHE, heureux. I.
SONUS, félicité, bonheur, succès. I.
SONUS, bruit public, réputation, renommée, bruit confus. B. De Son.
SOP, le même qu'Op, Cop, Gop. Voyez Aru.
SOP, le même que Sap, Sep, Sip, Sup, Swp, Syp. Voyez Bal.
SOP, le même que Hop. Voyez H.
SOP, le même que Top. Voyez S.
SOPAR, fontaine. I.
SOPPA, le même que Coppa. Voyez Aru.
SOPPEN, morceau, poignée, faisceau, fagot. C'est un féminin de Syppyn qui est le diminutif de Swpp. G.
SOQUILLA, monceau, tas. Ba.
SÔR. Voyez Sâr.
SOR, le même que Saor. I.
SOR, paresseux ; singulier Soren. Celui-ci devenu substantif se dit plus communément du sexe féminin, étant l'épithète injurieuse d'une fille ou femme qui manque d'activité & de diligence. Sôra, tarder, être lent & paresseux. Monsieur Roussel, de qui seul j'ai appris ce mot & sa signification y ajoutoit celle de sécher au soleil, & prétend que c'est de là que nous disons hareng soret, & hareng sor, hareng séché lentement comme au soleil. Nos Bretons disent au pluriel, Harinkęt Soret, harengs sorets. Ce dernier mot est le participe de Sora. B. Cet article est pris de Dom Le Pelletier. Essorer le linge en vieux François, c'est sécher le linge. Voyez Swrth, Sorb, Soroac.
SOR, sœur. Ba. Voyez Choar, Siur.
SOR, le même qu'Or, Cor, Gor. Voyez Aru. Sure en Turc, lieu marécageux ; Hrory, fleuve en Arménien. Voyez Sour, Sur.
SOR, le même que Sar, Ser, Sir, Sur, Swr, Syr. Voyez Bal.
SOR, le même que Hor. Voyez H.
SOR, le même que Tor. Voyez S.
SORA. Voyez Sor.
SORAYO, lépreux ; Sorayotassuna, lèpre. Ba.
SORB, sorbasee. G. Dorr en Flamand ; Tor en Danois ; Durr en Allemand ; Thaurs en Gothique ; Thurre en Théuton ; Torr en Suédois ; Kuru en Turc ; Tshout en Arménien, sec. Le t & l's se met-

SOR.

tent l'un pour l'autre de même que le c & l's. Voyez S, Aru & la dissertation sur le changement des lettres.
SORBALD, épaule. Ba.
SORBEL, le même que Cormel. Voyez ce mot.
SORBELTZA, l'oiseau de paradis, oiseau qui n'a point de pieds. Ba.
SORBI, SORVI, sec. G. Voyez Ser.
SORBIO, SORVIO, sec. G.
SORBO, une gorgée d'eau, autant d'eau que la bouche en peut contenir. Ba. De là le Latin Sorbeo, l'Italien Sorbire, l'Espagnol Sorber.
SORCER, sorcier. B. De là ce mot.
SORCERIA, A. M. sortilége, sorcellerie. De Sorcer.
SORCHA, se lever. B. Le c & le g se mettant l'un pour l'autre, on a dit Sorgha comme Sorcha ; de là le Latin Surgo. Voyez Daserch.
SORCHEN, rêverie, manie, caprice, entêtement, affection excessive & déréglée ; & selon quelques-uns, l'importunité que cause un grand parleur, un chicaneur, un radoteur, ravauderie. M. Roussel convenoit de toutes ces significations ; Sorchenni, rêver, ravauder, agir par caprice. Sorchennet est le participe passif, employé par abus pour l'infinitif : C'est ainsi que Dom Le Pelletier explique ce mot. Le Pere de Rostrenen met Sorchen, égarement d'esprit, conte, sornette, rêverie, abus, erreur ; Sorchenni, radoter. Un autre Dictionnaire met Sorchen, baguenauder. B.
SORCHENNI. Voyez Sorchen.
SORCIA, source. Ba. Voyez Sortera, Sorti, Soursa, Sourcen.
SORD, fort. B. De là le Latin Sors, l'Italien Sorte, l'Espagnol Suerte, le François Sort.
SORD, sorte. B. Voyez Sort.
SORDOUR, sorcier. B.
SORDT, sourd, sourd espèce de serpent. B. De là le Latin Surdus, l'Italien & l'Espagnol Sordo, le François Sourd. Voyez Sort.
SORGUINA, empoisonneur. Ba.
SORGUINCHORIA, sorte d'oiseau de nuit. Ba.
SORHEL, sorcier. B.
SORHENN, le même que Sorchenn. B. De là le mot François Sornette.
SORHENNI, le même que Sorchenni. B. Voyez Sorchen.
SORHENNOUR, rêveur, visionnaire. B.
SORHER, sorcier. B.
SORI, licite, permis. Ba.
SORIA, bourgeon, bube, bouton, petite tumeur, échauguette, lieu où l'on prend les augures. B.
SORIEZA, illicite. Ba.
SORLLACH, divertissement, récréation. G.
SORMINA, apopléxie. Ba.
SORN, gelée. B.
SORNAN, tertre, colline. I.
SORNEIN, geler. B.
SOROA, moisson. Ba.
SOROAC, les champs se desséchent. Ba. Voyez Sor.
SOROCH, le cri des pourceaux. Ce mot a passé d'autres bruits, comme en Latin Grunnire, & en François Gronder ; car on les dit pour querelle, murmure, &c. Sorocha, faire du bruit à la manière des cochons, gronder, quereller, murmurer ; Sorocher, grondeur, murmurateur, querelleur, mutin : C'est ainsi que Dom Le Pelletier explique ce mot. Le Pere de Rostrenen met Sorochat, crier parlant des boyaux, bruire, faire un petit bruit sourd. B.

SOR. SOU.

SOROCHA, SOROCHAT. Voyez *Soroch*.
SOROCHEL, veſſie de pourceau, veſſie enflée & deſſéchée dans laquelle on met des pois ou autres petites choſes dures & roulantes qui font du bruit dans la veſſie agitée; pluriel *Sorochellou*: C'eſt ainſi que Dom Le Pelletier explique ce mot. Le Pere de Roſtrenen met *Sorochel*, veſſie de pourceau. B.
SOROD, lie, craſſe, écume ou ordure de quelque métal. B.
SOROEN, borne. Ba.
SOROHEN, tribut impoſé quatre fois par an pour la nourriture & l'entretien des troupes. I.
SOROTARRA, ruſtique, payſan. Ba.
SORQUIA, torchon. Ba.
SORR, promptitude, emportement, colere, indignation. G. *Torn* en Allemand; *Torn* en ancien Saxon, colere; *Zor*, *Zori* en Turc; *Zur* en Perſan, violence; *Zorlu*, *Zormend*, violent en Turc. Les mots qui en Celtique ſignifient colere ou feu au figuré, le ſignifient auſſi au propre. Voyez *Bero*, *Bervi*. *Azur*, feu en Perſan, & *Chur*, *Chaour*, ſoleil dans la même Langue; *Sauroch*, brûler en Cophte; *Zorn* en Théuton, incendie, & *Zornager*, furibond dans la même Langue. Voyez *Sor*.
SORRA, inſenſible, qui a perdu le ſentiment, étonné, ſurpris, rempli d'admiration. Ba.
SORRENA, lenteur. Ba.
SORRERA, engourdiſſement, inſenſibilité, endurciſſement. Ba.
SORRI, ſe fâcher, ſe mettre en colere, s'indigner. G.
SORRIAD, prompt, colere, emporté, indigné, frapé d'indignation, irrité, en colere. G.
SORRIANT, colere, indignation. G.
SORRUS, A. M. ſoré ou ſore, deſſéché par la fumée. De *Sor*.
SORT, maniere, façon, eſpèce, ſorte. I. De là ce mot. Voyez *Sord*, *Sorte*.
SORT, ſouris. B. De là le Latin *Sorex*, l'Italien *Sorzo*, le François *Souris*.
SORT, ſourd; pluriel *Sortet*, reptile venimeux; diminutif *Sordic*, petit ſourd. On donne ce nom diminutif au léſard gris. B. Voyez *Sord*.
SORTAC EGUIN, ramaſſer en gerbes. Ba.
SORTAQUITEA, invention. Ba.
SORTATU, j'étonne, je ravis en admiration, je ſuis étonné, je ſuis ravi en admiration, je ſuis interdit. Ba.
SORTATUA, étonné, interdit, ravi en admiration. Ba.
SORTATEEA, étonnement. Ba.
SORTE, eſpèce, ſorte. B. Voyez *Sort*.
SORTERA, ſource d'un fleuve. Ba. Voyez *Sorcia*.
SORTI, ſortir, ſortie. B. De là ces mots. *Sorta* en Eſclavon, trou, ouverture. Voyez *Sorcia*, *Sortera*, *Sortin*.
SORTIARIA, A. M. ſorciere. Voyez *Sorcer*.
SORTICEARRA, préternaturel. Ba.
SORTIVIA, A. M. ſource, fontaine. Voyez *Sorti*, *Sorcia*, *Sortera*.
SORTU, je parois. Ba. Voyez *Sorti*.
SORTU, je ſuis étonné. Ba.
SORTUA, étonné, interdit, extaſié. Ba.
SORTUA, avorton. Ba.
SORTUMEN, A. M. ſource, fontaine. Voyez *Sortin*, *Sortivis*.
SORTZE, naiſſez. Ba.
SORTZEA, conception, étymologie. Ba.
SORVI, SORVIO, ſec. G. Voyez *Sorb*, *Sor*.
SORUS, A. M. ſoré ou ſore. De *Sor*.

SOS, mets délicat, ragoût un peu mal-propre. G.
SOS, ſilence, tacite, qui ne dit mot, en ſilence. I.
SOS, le même qu'*Os*, *Cos*, *Gos*. Voyez *Arn*.
SOS, le même que *Sas*, *Ses*, *Sis*, *Sus*, *Sws*, *Sys*. Voyez *Bal*.
SOS, le même que *Hos*. Voyez *H*.
SOS, le même que *Tos*. Voyez *S*.
SOSADH, ceſſation. I. Voyez *Sos*, *Soſegua*.
SOSEGUA, tranquillité, repos. Ba. Voyez *Soſadh*.
SOSTEGOA, prompt, ſubit. Ba.
SOSTENGATU, j'appuye, je ſoutiens. Ba.
SOT, SAAOT, ſot, ſtupide, fat, faquin, imbécille, impertinent; *Sotoni*, ſotiſe, impertinence, ſtupidité, action ou parole impertinente, bétiſe: C'eſt ainſi que Dom Le Pelletier explique ce mot. On trouve dans les autres Dictionnaires *Sot*, idiot, extravagant, impertinent, puéril, pécore, jauru, béjaune, goſſe, impudique; *Sodein*, *Sôta*, *Sôtat*, abrutir, aſſoter ou rendre ſot, abaſourdir, abêtir, hébéter, abâtardir; *Sotono*, caprice; *Sôtat*, hébété. B. De là le François, l'Anglois & le Flamand *Sot*, l'ancien Saxon *Sot*, *Sooto*, *Sooth*, ſot, ſtupide. Voyez *Sutaire*, *Coeg*.
SOT, le même qu'*Ot*, *Cot*, *Got*. Voyez *Arn*. *Soto*, forêt en Eſpagnol.
SOT, le même que *Sat*, *Set*, *Sit*, *Sut*, *Swt*, *Syt*. Voyez *Bal*.
SOT, le même que *Hot*. Voyez *H*.
SOT, le même que *Tot*. Voyez *S*.
SOTA. Voyez *Sot*.
SOTALACH, arrogant. I.
SOTANA, ſoutane. Ba. Voyez *Cot*, *Cwt*.
SOTANUM, A. M. ſoutane. Voyez *Sotana*.
SOTARRIA, baluſtrade, balcon. Ba.
SOTAT. Voyez *Sot*.
SOTHACH, ordure, immondice qu'on nettoye, balayures, craſſe, écume ou ordure de métal, lie, lie du peuple. G.
SOTMATT, bêtement. B.
SOTO, antre, caverne, voûte. Ba.
SOTOA, veſtibule, cellier ou cave à vin, tout endroit où l'on cache quelque choſe pour le garder. Ba.
SOTONO. Voyez *Sot*.
SOTORIC, cellier. Ba.
SOTTUS, A. M. ſot, ſtupide. De *Sot*.
SOTUS, A. M. forêt, parc ou forêt fermée. De *Sot* le même que *Cot*.
SOU, SOUD, à gauche terme de charretier; *Souia*, *Soual*, tourner à gauche. B. Voyez *Aſſwy*, *Aſſw*.
SOU, le même que *Sw*, puiſque l'*W* ſe prononce en *Ou*.
SOU, le même qu'*Ou*, *Cou*, *Gou*. Voyez *Arn*.
SOU, le même que *Hou*. Voyez *H*.
SOU, le même que *Tou*. Voyez *S*.
SOUA, feu incendie. Ba. Voyez *Suilha*, *Sus*.
SOUAL, ſole poiſſon; ſingulier *Sonalen*; pluriel *Soualet*, *Soualennet*, *Solennet*. B.
SOUAL. Voyez *Sou*.
SOUALH, ſaoul, abondant. Voyez *Gonalh* & *Arn*. De là le mot François *Saoul*.
SOUB, SOUP; ſingulier *Souben*, bouillon dans lequel on met du pain à tremper, & le tout enſemble, qui ſe nomme *Soupe* en François. Les vieilles gens de Cornouaille entendent par *Souben* le bouillon ſans pain, le bouillon clair; *Souba*, tremper, imbiber, humecter; ce que je n'ai entendu qu'en Cornouaille, où il ſe dit également des habits & autres étoffes pénétrées d'eau; *Soubein*, plonger. Je lis dans la deſtruction de Jéru-

salem : *Goude Rostou Ha Beedou Mat*, *Ha Bern Ha Soup*, &c. après le rôt & les bonnes viandes, & le bouillon & la soupe, &c. où la soupe est distinguée du bouillon : C'est ainsi que Dom Le Pelletier explique ce mot. On trouve dans les autres Dictionnaires *Soub*, action de tremper; *Soup*, soupe; *Souba*, saucer; *Soubienn*, potage; *Soubein*, baigner, tremper dans l'eau & retirer tout aussitôt, plonger, plonger légèrement; *Souben*, morceau; *Soubenn*, soupe; *Soubilh*, action de tremper; *Soubilha*, saucer; *Soubinell*, sorte de sauce; *Soubicqa*, sauce de haut goût; *Soubouilha*, baigner, tremper dans l'eau & retirer tout aussitôt, plonger; *Soubenner*, renifleur. B. *Soppen* en Gallois, morceau; *Soupiss* en Irlandois; *Zopa* en Basque; *Supa* en Géorgien, soupe. De là l'Italien *Suppa*, *Zuppa*, l'Espagnol *Sopa*, l'Allemand *Suppe*, le Flamand *Sop*, l'Esclavon *Shupa*, le Lusacien *Suppa*, le François *Soupe*. *Suppa* en Islandois, petit bouillon, petit potage, & *Saup*, bouillon dans la même Langue; *Suffln* en Théuton, petit bouillon, petit potage; *Supan* en Gothique, assaisonner, faire la soupe; *Tzebah* en Hébreu, arroser, mouiller, imbiber, tremper; *Tsabahhh* en Hébreu, en Chaldéen, en Syriaque, teindre, plonger des étoffes dans la teinture; *Tsabahhh* en Arabe, teindre, tremper, imbiber, humecter; *Sabahh* en Chaldéen, teindre; *Sobohhh* en Syriaque, action de tremper; *Sopisso*, humidité dans la même Langue, & par conséquent *Sopos*, humecter; *Sepoat* en Hébreu, tremper; *Sabahh*, submersion; *Sobihhh*, action de teindre; *Sapad*, faire bouillir de la viande; *Sapat*, tremper, imbiber en Arabe; *Saba*, aliment en Tartare Mogol & Calmoucq; *So* en Tonquinois, mêler quelque chose dans le ris lorsqu'il cuit; *Supen*, *Saufen* en Allemand, plonger, être plongé; *Supen*, *Saufen* en Allemand; *Sipan*, *Sypan* en ancien Saxon, humecter; *Supen*, *Saufen* en Allemand; *Sipan*, *Sypan*, *Supan* en ancien Saxon; *Saufen*, *Soufen* en Théuton; *Sup* en Anglois; *Supa* en Suédois, humer, attirer une liqueur, quelque chose de liquide dans sa bouche; *Sop*, *Sap* en Flamand; *Safi* en Allemand & en Suédois; *Sap* en ancien Saxon, suc; *Sapa* en Latin, suc de plante. Notre mot François *Souper* est certainement venu de *Soupe*, parce qu'on en mangeoit autrefois à ce repas, ainsi qu'il se pratique encore en plusieurs Provinces du Royaume, du moins parmi les gens de la campagne. *Swpper* en Gallois; *Soupeir* en Irlandois; *Supper* en Anglois; *Pisops* en Cophte, souper; *Pi*, article en cette Langue.

SOUBA. Voyez *Soub*.
SOUBIENN. Voyez *Soub*.
SOUBEN, SOUBENN. Voyez *Soub*.
SOUBENNER. Voyez *Soub*.
SOUBICQA. Voyez *Soub*. De là le terme François *Sampiquet*.
SOUBILH. Voyez *Soub*.
SOUBILHA. Voyez *Soub*.
SOUBINELL. Voyez *Soub*.
SOUBIT, subit, inopiné. B. De là le Latin *Subitus*, le François *Subit*.
SOUBL, SOUPL, souple. B. De là ce mot.
SOUBLA, baisser, abaisser, s'abaisser. On le dit du vent qui se calme & du froid qui devient moins rude : C'est ainsi que Dom Le Pelletier explique ce mot. On trouve dans les autres Dictionnaires *Soubla*, s'abaisser, se baisser, alléger, faciliter, fléchir, adoucir; *Soublaus*, dompter, fléchir; *Soubl*, *Soupl*, souple, agile. B. Voyez *Soupl*, *Souplas*, *Souplain*.

SOUBOUILHA. Voyez *Soub*.
SOUC, soc, coutre de charrue. B. Voyez *Soc*.
SOUCH, obtus, émoussé; *Soucha*, émousser, rendre obtus; *Disoucha*, *Disouchenna*, aiguiser; & au figuré donner de la pointe, de l'activité. B.
SOUCH, soumis. Voyez *Disouch*, *Disuch*.
SOUCHA, se blotir, se tapir, croupir, dormir légèrement. B.
SOUCQ EN GOUCQ, la nuque du cou. B.
SOUCY, non, point du tout. B.
SOUCY, conduite, soin d'une affaire, souci. B. De là ce mot.
SOUCYA, soigner. B.
SOUD, solde. B.
SOUDA, souder, joindre, unir. B. De là le premier de ces mots, de là l'Anglois *Sonder*, le Flamand *Souderen*, l'Espagnol *Soldar*, l'Italien *Soldare*, souder.
SOUDARD, soldat. B. Voyez *Saud*, *Sold*.
SOUDEN, soudain, bientôt. B. De là l'Anglois *Suddaine*, le François *Soudain*.
SOUDEUR, soudure. B. De là ce mot.
SOUDT, étable logement de brebis. B. Ce mot a été étendu à signifier une étable de cochons, car en Languedocien on appelle *Soute* l'endroit où l'on tient les cochons; & en Franche-Comté on appelle *Sou* une petite étable à l'on met un, deux ou trois cochons que l'on engraisse; & par une nouvelle extension on a employé le mot *Soute* pour signifier un endroit où, soit les hommes, soit les animaux, sont à couvert; un logement, soit d'hommes, soit d'animaux. *Essoute* en Patois de Franche-Comté; *Essote* en Bourguignon, lieu où l'on se met à couvert. C'est ainsi que *Kael* en Breton signifie également une habitation d'hommes & une étable de bêtes. *Tin* en Arabe, habitation, étable; *Sout* en Hébreu, couvert; *Sceet* en Islandois, habitation; *Sudis* dans les anciens monumens, étable à cochons, & *Suda*, château.
SOUDT, soudure. B.
SOUEH. Voyez *Souez*.
SOUEHUS. Voyez *Souez*.
SOUETI, souhaiter. B. De là ce mot.
SOUEZ, admiration, surprise, étonnement; *Souezan*, le même. L'un & l'autre servent aussi d'adjectif pour dire étrange, étonnant, surprenant; *Soueza*, admirer, être étonné, surpris, ou plutôt étonner, surprendre, donner de l'admiration; *Soueza A-Ran*, je m'étonne, je suis surpris. Je lis par tout en mes manuscrits & vieilles impressions *Souz* & *Souzaff*. C'est ainsi que Dom Le Pelletier explique ce mot. On trouve dans les autres Dictionnaires *Souch*, *Souez*, merveille, admiration; *Souhein*, étonner; *Soueza*, admirer, surprendre, ébranler, rendre moins ferme; *Souezet*, étonné, interdit, déconcerté, admirant; *Souezus*, *Souehus*, étonnant, surprenant, admirable. B.
SOUEZA. Voyez *Souez*.
SOUEZET. Voyez *Souez*.
SOUEZUS. Voyez *Souez*.
SOUFISA, suffire. B.
SOUFL, soufre. B.
SOUFLAM, crainte violente & subite qui fait blêmir, effroi. B.
SOUFR, souffre. B.
SOUFR, souffrir. B.
SOUHEIN. Voyez *Souez*.

SOUIA-

SOU IA. Voyez Sou.
SOUILHA, fouiller. B. De là ce mot.
SOUILHEUR, impureté, fouillure. B. De là ce mot.
SOUILLEIN, hâler. B.
Soüis, debout. I.
SOUL, œil. I. Voyez Sêl.
SOUL, foleil. B. Voyez Haul, Sul.
SOUL, paille, chaume; Ti-Soul, Ti-Saoul, chaumière, maison couverte de chaume; Soula, chaumer, couper & ramasser le chaume. Soul signifie aussi une foule ou boule de foin couverte de cuir, que l'on jette en l'air par divertissement. B. De là ce mot. De là les termes Picards Chouller, Cholller, Cheoller, qui signifient jouer au ballon; de là le terme Franc-Comtois Soulier, qui signifie un grenier où les payfans mettent leur paille, leur foin, leurs gerbes. Sofl en Gallois, qui se peut également prononcer Sovl, signifie pareillement chaume, paille. Voyez Zoul.
SOUL, le même qu'Oul, Coul, Goul. Voyez Aru.
SOUL, le même que Houl. Voyez H.
SOUL, le même que Toul. Voyez S.
SOULAICH, consolateur, soulagement. B. De là nos mots François Soulager, Soulagement.
SOULALEUREIN, surdorer. B.
SOULD, solde. B. Voyez Sold.
SOUMELER, sommelier. B. De là ce mot.
SOUN, sonner. B.
SOUN. Voyez Son.
SOUN, le même que Conn. Voyez Aru. De là notre mot François Souvenir.
SOUNA, tetter. Voyez Disouna.
SOUNCH, but, fin, dessein. B.
SOUNDERSS, sonde. B. Voyez Sontl.
SOUNGEAL, imaginer, penser, songer. B.
SOUNGEARD, pensif, atrabilaire. B.
SOUNN. Voyez Son.
SOUP. Voyez Soub.
SOUPEIR, souper. I. Voyez Soub.
SOUPISS, soupe. I. Voyez Soub.
SOUPL, souple, agile, révérence de femmes. B. Voyez Soubla.
SOUPLAT, rallentir. B. Voyez Soubla.
SOUPLEIN, fléchir, incliner. B. Voyez Soubla.
SOUPRENI, surprendre. B.
SOUR, eau. B. Voyez Sur, Swr.
SOUR, le même qu'Our, Cour, Gour. Voyez Aru.
SOUR, le même que Tour. Voyez S.
SOURBOUILH, action de tremper. B.
SOURBOUILHA, salir. B.
SOURBOUILHA, baigner, tremper dans l'eau & retirer tout auffitôt. B.
SOURCA, source. Ba. Voyez Sourcen, Soursa.
SOURCEN, source. B. Voyez Sorcia, Sourca, Soursa.
SOURCIABL, attentif à ses affaires. B. Voyez Soursy.
SOURCY, soin, soin d'une affaire, conduite d'une affaire, souci, chagrin. B. Voyez Soucy.
SOURCY, souci fleur. B. Voyez Soufcy.
SOURCYAL, soigner. B.
SOURD, sourd espèce de serpent. B.
SOURDADUR, étourdissement. B.
SOURDEIN, étonner, étourdir, engourdir. B.
SOURDOUR, sorcier. B.
SOURGARLLEIN, surjetter. B.
SOURIN; plurier Sourinou, Sourined, solive, charpente, merrein. B.

TOME II.

SOURINA, faire des solives ou les mettre en œuvre. B.
SOURINEQ, plein de solives. B.
SOURSA, source. Ba. De là l'Anglois & le François Source. Voyez Sourcen.
SOURY, coudre. B. Le c & l's se mettant l'un pour l'autre, on a dit Coury comme Soury, d'où l'on a fait notre terme François Coudre, en inférant le d devant l'r, ce qui se fait facilement en parlant.
SOUSCY, souci fleur. B. De là ce mot.
SOUSPED, soupçon. B.
SOUSPEDT, suspect. B.
SOUTA, souder. B.
SOUTANA, A. M. le même que Sotanum.
SOUTEN, soutenir. B.
SOUTIL, subtil, agile, fin, prudent. B. De là le Latin Subtilis, l'Italien Sottile, l'Espagnol Sotily, l'Anglois Subtil, l'Esclavon Subtill, le Bohémien Subtylny, le Polonois Subtilni, l'Allemand & le François Subtil.
SOUTILLED, adresse, finesse, prudence. B.
SOW, le même qu'Ow. Voyez Aru. Su ou Sou eau en Turc.
SOWDIWR en Gallois répond au Soldurius de César, selon Camden. Si cela est véritable, ce peut être une différente façon d'écrire Soldur, ou il peut être formé de Souda. Voyez Soldurii.
SOWDL, talon. G.
SOWDL, christ, la même plante que Llwyn Hidydd. G.
SOWDL Y CRYDD, mercuriale. Davies croit que c'est plutôt une espèce d'oseille ou le bonhenry. G.
SOUVLACH, liqueur. I.
SOUYN, cochon, jeune porc. B. De là le terme François Marsouin, espèce de gros poisson de mer; Mar, mer, & Souyn. Souyn s'est pris aussi au figuré pour sale, mal propre, impur, impudique. De là le vieux mot François Souiner, commettre une impureté, & Swignantage, concubinage. Voyez Swch.
SOUZAN, frayeur. B. Voyez Sollez.
SOYDION, soldat, B. selon Camden.
SPACE, espace. B. De là le Latin Spatium, l'Italien Spatio, Espacio, l'Anglois Space, le François Espace.
SPACEUS, SPACIUS, spacieux, grand. B.
SPAD. Voyez Spás.
SPADA. Voyez Spás.
SPADA, A. M. cheval coupé. De Spada.
SPADA, A. M. espèce de glaive. Voyez Spatha.
SPADARE, A. M. châtrer. De Spada.
SPADOULAT, pesseler le lin. B.
SPAH. Voyez Spás.
SPAHA. Voyez Spás.
SPAHOUR. Voyez Spás.
SPAID, eunuque, châtré. G.
SPAIGN. DERO-SPAIGN, chêne verd, yeuse. B.
SPAISTRAIM, se promener. I.
SPALLA, coin. I.
SPALYER, espalier. B. De là ce mot. Voyez Sparla.
SPAN, empan. E. De là Span en ancien Saxon; Spanna en Islandois & en Italien; Spann en ancien Frison; Spane en Allemand, en Flamand, en Anglois; Espan en vieux François; Empan en François moderne.
SPAN, SPANAEN, discontinuation, cessation, interruption, relâche, surséance. B.
SPANAAT, cesser, discontinuer. B.
SPANAEN. Voyez Span.

SPANELL, tournette, espatule pour tourner les galettes. B.
SPANELLICQ, espatule. B.
SPANNA, SPANNUS, SPANA, A. M. empan. De Span.
SPAQUARD, eunuque, châtré, hongre. B.
SPAR. Voyez Par, lance.
SPAR, SPARR, gaffe de navire ou chaloupe : c'est une perche armée à un de ses bouts d'une pointe & d'un croc de fer. B. Voyez Par, lance.
SPARALACH, épargnant. I.
SPARAN, sac, besace, valise, bourse. I. Pera en Grec & en Latin, poche : L's initiale s'ôtoit indifféremment.
SPARF, goupillon ou aspersoir pour jetter l'eau-bénite. B.
SPARFA, asperser. B.
SPARFELL, épervier oiseau de proie ; plurier Sparfellet : Il signifie aussi oiseau terme d'ouvrier. B.
SPARHUEL, épervier oiseau de proie. B.
SPARL, barre de bois ; Sparl-An-Nor, barre de la porte qui sert à la tenir ferme & fermée par dedans, selon l'usage des villes. Les serruriers donnent ce nom au pêne d'une serrure. Les paysans appellent encore Sparl un bâton ou piéce de bois qu'ils pendent au cou de certaines bêtes domestiques, à dessein de les empêcher d'entrer dans le bled. Celui qui est en triangle est dit Tribar, parce qu'il est composé de trois barres ou bâtons ; plurier Sparlou ; Sparla, mettre de l'obstacle, de l'embarras : C'est ainsi que Dom Le Pelletier explique ce mot. Le Pere de Rostrenen met Sparl, barre, levier de métal, de bois, &c. barre de bois, le traversier du chariot de la charrue ; Tribar, bâton ou piéce de bois qu'on met au cou d'un animal domestique pour l'empêcher de monter les fossés qui enferment les champs remplis de bled ; Sparla, fermer avec quelques bois. B.
SPARNPUPA, SPARNOIDHE, athlète. I.
SPARRO, A. G. le même que Sparus.
SPARTCHLUASA, à qui les oreilles pendent comme celles d'un épagneul. I.
SPARUS. Voyez Par, lance. On a appellé le Spar en vieux François Esparsé, Esparver.
SPAS, SPAZ, eunuque, châtré ; Spasa, Spaza, châtrer ; item, couper l'eau avec une pierre plate & mince, lancée avec effort & adresse, faire des ricochets ; Spaser, châtreur : C'est ainsi que Dom Le Pelletier explique ce mot. On trouve dans les autres Dictionnaires Spaz, Spah, Spazarh, châtré, eunuque, hongre ; Spaza, châtrer, arracher ; Spazer, Spahour, châtreur, coupeur. B. Spaidd, Dispaidd en Gallois, eunuque, châtré ; Dispaddn, châtrer. On voit bien que Di est ici une préposition superflue, & que Spad, Spas, Spaz, Spah signifient châtré. Spada, Spasa, Spaza, Spaha, châtrer, couper, arracher ; Spado en Grec & en Latin, eunuque. Voyez Spatha, Yspodol.
SPASA. Voyez Spas.
SPATA. Voyez Spatha.
SPATHA. Diodore de Sicile, l. 5, nous apprend que les Gaulois nommoient ainsi leur épée. On voit par Polybe, Tite-Live, Ugution, Jean de Gênes, que cette épée étoit sans pointe & tranchante des deux côtés ; de sorte qu'on s'en servoit pour couper, non pour percer. Ce terme subsiste encore dans le Basque, dialecte du Celtique ; Espata en cette Langue signifie épée. La racine de ce mot est Spada ou Spata, couper, le t & le d

se mettant indifféremment l'un pour l'autre. De là sont venus l'Italien Spada, l'Espagnol Espada, les François Espade, Espadon, Espée. De là le vieux mot François Espautier les arbres, qui signifie couper les branches inutiles des arbres ; de là Espatarre, terme qui dans nos forges signifie un taillant qui coupe en verge ou baguette les barres plates de fer. Sopata, épée en Albanois. Voyez Yspadol, Spas.
SPATHARIUS, A. M. celui qui fait les spathes ou épées. Voyez Spatha.
SPATHATUS, A. M. celui qui a une spathe ou épée. Voyez Spatha.
SPATHIUM, A. M. le même que Spatha.
SPATUR, espatule. B. De là ce mot, parce que l'r, sur tout à la fin du mot, se change aisément en l. On disoit autrefois Spatule comme Espatule : Cet instrument a pris son nom de sa ressemblance avec la Spatha. Voyez Yspodol.
SPAZERIUS, A. M. le même que Spatharius.
SPEALADOIR, faucheur. I.
SPEAU, entraves. B. On voit par Speur qu'il signifioit cloison, enceinte.
SPEC, selon Lilio Gyraldi, Auteur Gallois, signifie en Langue Gauloise pic oiseau, parce qu'il perce les arbres avec de grands coups de bec. C'est Pec avec l's préposée. Voyez Pec, Peco, Pic.
SPEC, plurier Spegou, Spechiou, javelot. B. De là le Latin Spiculum, le Flamand Spies. Voyez Pec, Pic.
SPEC, le fruit du grateron. B.
SPEC, dorade poisson. B.
SPEC, levier, barre de bois propre à lever ou remuer des corps pesans ; plurier Spechiou, Spekjou. B. Voyez Spekigh.
SPECIAL, spécial. B. De là le Latin Specialis ; l'Italien & l'Espagnol Speciale, l'Anglois & le François Spécial.
SPECZ, espèce, figure, revenans, spectre. B. De là le Latin Species, l'Italien Specie, l'Espagnol Espetie, le François Espèce. Voyez Spes, qui est le même mot.
SPEGAR, mélisse plante. B. Voyez Begar & S.
SPEHAD, groseille. B.
SPEIR, orbe, sphère. I.
SPEIR, jarret ; Speiridh, couper le jarret. I.
SPEKIGH, levier. I. Voyez Spec.
SPELH, hâle tant du vent que du soleil. B.
SPELHEIN, hâler. B.
SPÊR, semence, race, lignée, postérité, génération, production : Il se dit de la production de l'homme de la femme, & même des bêtes & des arbres. Sperius, fécond, fertile ; Gwezen Sperius, arbre fertile. B. Speiro, Sperma en Grec. Voyez Ber.
SPERANCZ, espérance, aspiration. B. De là l'Italien Speranza, l'Espagnol Esperanca, le François Espérance.
SPERC, fruit de la bardane. B.
SPERED, SPERET, esprit, intelligence, adresse, dextérité, industrie, spirituel. B. Yspryd en Gallois, esprit, génie, démon ; Spioraid en Irlandois, esprit, ame, démon. De là le Latin Spiritus, l'Italien Spirito, l'Espagnol Espirito, le François Esprit.
SPEREDIC, intellectuel. B.
SPERET. Voyez Spered.
SPERIUS. Voyez Sper, Esperibo, fruit en Galibi.
SPERN, épine pointe qui croit sur certains arbres ou arbustes ; Sperren, Espernen, singulier de

SPE. SPO. 371

SPERN; *Gwezen Spern*, arbre-épine ou d'épines; *Spern - Gwen*, épine blanche arbre; *Spern-Du*, épine noire; *Spern-Melen*, nerprun. B. Voyez *Spernan*.

SPERNEN. Voyez *Spern*.

SPERNEN-VE. aubépine. B.

SPEROUR, aspirant. B.

SPERYUS, le même que *Sperius*. B.

SPES, apparence, surface, spectre. B. Voyez *Spece*, *Spez*, qui sont le même mot.

SPEUNYAL, glapir, crier parlant des petits enfans de quinze jours ou un mois. B.

SPEUR, singulier *Speuren*, cloison de bois dans un logis, barres de bois qui servent à séparer les chevaux dans l'écurie : C'est ainsi que Dom Le Pelletier explique ce mot. On trouve dans les autres Dictionnaires *Speur*, *Speurn*, clôture, cloison. B. Les payfans en Franche-Comté appellent *Beure* une grosse barre ou pièce de bois dont ils se servent pour fermer la porte de la grange. Voyez *Speo*.

SPEURELL, appui; *Speurella*, appuyer, étançonner. B.

SPEURYA, fermer d'une grille. B.

SPEZ, l'ombre d'un mort. B. Voyez *Spes* qui est le même mot.

SPEZAD, SPEZAT; singulier *Spezaden*, groseille; pluriel *Spezadou*, *Spezadennou*. B.

SPEZAII, groseiller. B.

SPHAIRTH, SPARTAN, gazon, motte de terre avec l'herbe. I.

SPI, espérance, désir, dessein, vûe, attention, attente. *Spi*. *Spia*, être à l'affut. Monsieur Roussel donnoit à ce nom les significations d'espérance, de confiance, d'affection de cœur & d'application d'esprit. *Spi* ou *Spy* se trouvent souvent dans les anciens livres; mais quelquefois on ne l'entend pas bien. On en a fait le verbe *Spia*, espérer, avoir en vûe, être attentif : C'est ainsi que Dom Le Pelletier explique ce mot. On trouve dans les autres Dictionnaires *Spi*, écoutes. *Spy*, œil, affut, aguets, embuches, aspiration, action ou mouvement de celui qui aspire à une chose. *Spya*, aspirer; *Spyer*, aspirant. B. *Yspio* en Gallois, contempler, examiner, observer, être en sentinelle, être au guet, être espion; *Tspih* en Hébreu, action de voir, d'observer; *Sophos* dans la version des Septante, qui observe; *Span* en Arabe, voir, regarder; *Sien* en Flamand; *Sia* en Islandois; *Saihwan* en Gothique; *See* en Anglois, en Danois & en Suédois; *Sehan* en Théuton; *Seon* en ancien Saxon; *Sehen* en Allemand, voir, regarder. De *Spi* est venu l'ancien mot Latin *Spicio*, qui ne subsiste plus que dans ses composés *Inspicio*, *Conspicio*. De là *Speculum* en Latin; *Spigel* en Lusacien; *Spiegel* en Flamand & en Allemand; *Spiegal* en Théuton; *Spegou* en Esclavon; *Shpegil* en Carniolois; *Specchio* en Italien, miroir. De là les mots Latins *Specto*, *Specula*, *Speculor*. De *Spi* sont venus l'Italien *Spia*, *Spione*, l'Espagnol *Espia*, le Flamand *Verspieder*, (*Ver* préposition explétive en cette Langue) l'Anglois *Espy*, le Carniolois *Spegar*, le Bohémien *Spehyt*, l'Esclavon *Shpehar*, le Polonois *Spiegierz*, le François *Espion*. *Spaehen*, *Spaen* en Allemand; *Speho* en Théuton; *Spoya* en Suédois; *Spien*, *Spiaden* en Flamand; *Spy* en Anglois; *Spiare* en Italien; *Espiar* en Espagnol; *Spiam* en Stirien & en Carinthien; *Espier* en François. Voyez *Yspiwr*, *Spia*, *Spu*.

SPIA, épier. B.

SPIA, A. M. espion, délateur. De *Spi*.

SPICYAL, spécial. B. Voyez *Spécial*.

SPICZ, ISPICZ; plurier *Spiczou*, *Ispiczou*, épices pour épicer; *Spicza*, épicer. B.

SPICZER, épicier. B.

SPIEIN, rôder B. Voyez *Spi*.

SPIL, verglas. B.

SPILE, coin. I.

SPILHAOUA, être cassé de vieillesse. B.

SPILHAOUER, voûté de vieillesse. B.

SPILL; singulier *Spillen*, épingle. B. Les Hauts-Bretons disent *Espille*, les Allemands *Spille*, les Flamands *Spelle*, les Polonois *Sapilka*, les Italiens *Spillo*, épingle.

SPILL, givre. B.

SPILLAOUER, épinglier. B.

SPILLER, épinglier. B.

SPILHEN, épingle. B.

SPINA est dans le Catéchisme du Pere Maunoir parmi les diverses sortes de magies, C'est ouvrir une apostume en faisant une espèce d'incision avec certaines façons. On trouve dans le nouveau Dictionnaire *Spina Ar Crochen*, effleurer la peau; & dans le Pere de Rostrenen *Spina* tout seul pour effleurer, enlever un peu de la peau. B. Voyez *Spyna*.

SPINACH, engelure. B.

SPINACHA, dessécher, se fendre par la chaleur, par le froid. B.

SPINAH, crevasse aux mains, gerçure. B.

SPINAHEN, vent brulant, le hâle. B.

SPINAHET, hâlé par le vent. B.

SPINCHEN, gerçure, crevasse aux mains. B.

SPIO, A. M. espion. De *Spi*.

SPIONAN, groselier. I.

SPIORAID, esprit, ame, démon. I. Voyez *Spered*.

SPIS, argentin. B.

SPLAER, SPLAHOUER, SPLAEER, épervier oiseau de proie. B.

SPLAM, clair, plein de lumière, découvert, manifeste, explicite, intelligible; *Splama*, manifester, rendre clair & intelligible. fourbir & nettoyer; *Splamet Ew An Eit*, le bled est nettoyé, purgé. B.

SPLAN, clair. C.

SPLAN, le même que *Splam* & *Splana* le même que *Splama*. B. De là le Latin *Splendeo*, l'Italien *Resplendere*, l'Espagnol *Resplandecer*, le François *Resplendir*.

SPLANC, étincelle, bluette; *Splancradh*, éclair. I.

SPLANDER, apparat, authenticité. B. Voyez *Span*.

SPLANNCACH, bluettes, étincelles qui sortent de l'airain dans la fournaise. I.

SPLEGEUS, qui dure longtemps. B.

SPLEIDD, SPLEITE, profit, avantage, acquit. B.

SPLEITEENN, détente, moraillon. B.

SPLEITENN, languette, petite hanche de cuivre que l'on applique sur les bassons & hautbois, lorsque leur longueur empêche de les emboucher commodément. B.

SPLUIA, pénétrer; *Spluiet Ew An Paper*, le papier est pénétré. *Paper Splui*, papier que l'encre pénètre: *Splui* est le nom dont on a fait le verbe, & doit signifier pénétration, puisque l'on dit aussi *Paper Spluyat*, ainsi qu'il se lit dans un vieux Dictionnaire. B. Cet article est pris de Dom Le Pelletier.

SPLUS, SPUS, singulier *Splusen*, *Spusen*, pepin, semence des fruits; *Splusec*, pepinière. B.

SPLUYUS. PAPER SPLUYUS, papier qui boit. B. Voyez *Spluia*.

SPOCUAM, dérober. I.

SPODLA, piéces, morceaux. I.

SPOINCH, éponge. B. *Spoggos*, prononcez *Spongos*

en Grec ; *Spongia* en Latin ; *Spongia*, *Spogna* en Italien ; *Spanja* en Espagnol ; *Sponcie*, *Spongie* en Flamand ; *Sponge* en Anglois ; *Spuga* en Dalmatien ; *Spunna* en Croatien ; *Spongia* en Hongrois ; *Epange* en François, éponge. Voyez *Ysbwng*.

SPOND. Voyez *Spont*.

SPONT, épouvante, peur, terreur, frayeur ; *Spontas*, peureux ; *Sponta*, épouvanter. C'eſt ainſi que Dom Le Pelletier explique ce mot. On trouve dans d'autres Dictionnaires *Spont*, *Spond*, *Spound*, peur, effroi, frayeur, terreur, allarme ; *Spontein*, effrayer, effaroucher ; *Spounta*, *Sponto*, *Spountein*, allarmer, *Spontï*, craignant. B. Les Payſans en Franche-Comté diſent *Aipounte* pour épouvante, & *Aipounta* pour épouvanter.

SPONTO. Voyez *Spont*.

SPONTONN, ſponton. B.

SPONTONUS, A. M. bâton armé de fer. De *Spontonn*.

SPOR, éperon. I. Voyez *Per*.

SPORA, A. M. éperon. De *Spor*.

SPORONES, A. M. éperons. De *Spor*.

SPOUCET, broſſe ; *Spoucettein*, broſſer, vergeter. B.

SPOUË, SPOUENN, liége arbre, liége écorce de cet arbre, bouée de l'ancre d'un navire, baliſe. B.

SPOUE, SPOUEN, éponge. B. Voyez *Spoinch*.

SPOUE, mouſſe terreſtre. B.

SPOUEEC, ſpongieux. B.

SPOUENG, éponge. B. Voyez *Spoinch*.

SPOUEUS, poreux, ſpongieux. B.

SPOUM, écume. B. De là le Latin & l'Italien *Spuma*, l'Espagnol *Eſpuma*, écume.

SPOUND. Voyez *Spont*.

SPOUNTA. Voyez *Spont*.

SPOURONES, A. M. le même que *Sporones*.

SPOUTEIN. Voyez *Spont*.

SPREADHAYE, paſteur. I.

SPRECHENN, mazette, haridelle. B.

SPU, œil. B. *Spu* en ancien Scythe, œil. Voyez *Spi*.

SPUACACH. Voyez *Spuaic*.

SPUAIC, dépit ; *Spuacach*, qui ſe dépite, qui ſe fâche. I.

SPUIRCH, SPUIRG, SPURCH, épurge plante. B. De là ce mot.

SPUNCAEG, ſemil. B.

SPUNOG, cuillier. I.

SPUNSEC, batardière. B.

SPURARIUM, A. M. éperon. De *Spor*.

SPURCH. Voyez *Spuirch*.

SPURGEA, purger. B. De là le Latin *Purgo*, l'Italien *Purgare*, l'Eſpagnol *Purgar*, l'Anglois *Purge*, le François *Purger*. Voyez *Pur*.

SPURMANTEIN, appercevoir, poindre. B.

SPUS, SPUSEG. Voyez *Splus*.

SPY. Voyez *Spi*.

SPYA. Voyez *Spi*.

SPYER. Voyez *Spi*.

SPYL, verglas. B.

SPYNA, ſuccer une plaie. B. Voyez *Spinna*.

SQABRI, ſe cabrer. B. De là ce mot.

SQAFF, chaland bateau plat de tranſport. B. Voyez *Scaff*.

SQALF, crevaſſe aux mains, gerçure. B.

SQALFA, ſe fendre. B.

SQAND-HOUARN, mâcheſer. B. *Houarn*, fer.

SQANT, SQANTENN, écaille. B.

SQANTECQ, plein d'écailles, dard poiſſon de rivière. B.

SQARIOLES, chicorée, ſcariole. B. De là ce mot.

SQARLEC, écarlate. B.

SQAUT, le même que *Seaut*. B.

SQED, éclat, ſplendeur, luſtre, ombre d'un corps. B.

SQEDA, reluire, briller. B.

SQEDUS, clair, reſplendiſſant, luiſant, brillant. B.

SQEI, battre, échouer, fraper, ſonner parlant de l'horloge, coigner, heurter ; *Sqei Var*, aboutir. B. Voyez *Skei*.

SQEIGEA, trancher, couper. B.

SQELTREN, trique parement de fagot ou tricot, éclat de bois. B.

SQELTRENNA, ébrancher. B.

SQEND, ſens, poulmon. B.

SQERB, écharpe de femme. B. Voyez *Skerb*.

SQEUD, SQEUT, SQEUDENN, ombre d'un corps, figure, repréſentation, ſpectre, fantôme, revenant. B. De là *Eſquiſſe*. Voyez *Skeut*.

SQEVEN, SQEVEND, poulmon. B.

SQEUL, échelle. B. Voyez *Skeul*.

SQEUT. Voyez *Sqeud*.

SQEZR, régle, équerre, qui conduit. B. De là *Equerre*.

SQEZREN, attelle éclat de bois. B.

SQIANT, entendement, intelligence, génie. B. C'eſt le même que *Skiant*.

SQIBER, petite chambre attenante au pignon de la maiſon ; *Sqiberic*, hameau. B. Voyez *Skiber*.

SQIFF, eſquif. B. Voyez *Scaff*.

SQIGN, rideau. B. Voyez *Skign*.

SQIGNA, épandre, diſperſer, déborder, s'épancher parlant des humeurs, étendre du ſoin, étendre. B. Voyez *Skign*.

SQILF. Voyez *Skilf*.

SQILTR, éclat parlant du ſon, aigu parlant du ſon. B.

SQILTREN, attelle éclat de bois. B.

SQILTRUS, ſonnant. B.

SQIMINAL, cheminée. B. Voyez *Ciminal*.

SQINANCE, eſquinancie. B. De là ce mot.

SQIRIEN, tronçon, éclat de bois. B.

SQIZ, las. B.

SQLEAND, luiſant. B.

SQLENTIN, clair, aigu, argentin. B.

SQLEUR, lueur. B.

SQLOCQAT, piailler, crier comme les pouſſins. B.

SQOET, demi fou. B.

SQOND, allarme, terreur. B.

SQONTUS, épouvantable. B.

SQOP, écope. B. Voyez *Scop*.

SQUADRA, A. M. eſcadron, troupe de gens de guerre. Voyez *Scouadron*, *Scara*, *Scouaden*.

SQUADRA, A. M. équerre. De *Sqezr*.

SQUEUT, le même que *Sqeut*. B.

SQUEZR, équerre, régle, modéle, exemple. B. C'eſt le même que *Sqezr*.

SQUEZREN, SQUIRIEN ; plurier *Squirion*, éclat de bois. B.

SQUEZRYER, niveleur. B.

SQUEZRYUS, édifiant. B.

SQUHEIN, haraſſer. B.

SQUIANT, le même que *Skiant*. B.

SQUIERIUS, A. M. écuyer. Voyez *Scoed*.

SQUIGNAN, grenouille. B.

SQUIH, las. B.

SQUILENN, écharde. B. De là notre mot François *Eſquille*.

SQUILHA, prodiguer, jetter, répandre, couler, répandre par deſſus les bords. B.

SQUIN ; plurier *Squinou*, rayon d'une roue de charrette. B.

SQUIOLENN, hieble. B.

SQUI*

SQU. STA. 373

SQUIR, équerre, modéle, patron, prototype, anthropologie. B.

SQUIREIN, niveler. B.

SQUIS, las. B.

SQUIBA, SQUTHEIN, harasser. B.

SQUMENNEIN, mousser. B.

SQURREIN, barrer une ou les deux roues d'une charrette. B.

SQUITT, esquif. B.

SQYAND, le méme que Skiant. B.

SQYEND, le même que Skiant. B.

SQYN, plurier Squynou, rayon d'une roue de charrette. B.

SRACADH, coup de verge. I.

SRAIG, le même que Craig. Voyez Aru.

SRAIN, village. I.

SRAITH, taxe, taille, impôt. I.

SRAITH, herbe verte, fond d'une vallée, bord d'un ruisseau. I.

SRANAM, dormir. I.

SRANG, attache, lien. I.

SRANNADH, ronfler. I.

SRATHA, vallée. I.

SRATHADH, cottiser, mettre à la taille. I.

SRATHAIRE, écornifleur. I.

SRATHAR, qui écarquille les jambes en marchant. I.

SRATHUGHADH, taxer, mettre des impôts. I.

SREADH, troupe, troupeau. I.

SREAGH, source. I.

SREANGADH, araignée. I.

SREUV, ruisseau. I. Voyez Rhiw, Ru.

SRIAN, bride; Srianadh, brider. I.

SRID, le même que Sread. De même des dérivés ou semblables. I.

SRIW, diminué, amoindri. G.

SRON, nez, bec. I. Voyez Stroan.

SROTH, SROTHAN, ruisseau, rivière, canal. I.

SROTHAH, ruisseau, petit ruisseau. I.

SROTHAN. Voyez Sroth.

SRUAMACH, confluent de plusieurs rivières. I.

SRUH, source. I.

SRUT, SRUTHAN, écoulement, canal, coulant, rivière, torrent, ruisseau, source, fontaine. I.

SRUTHCHLAIS, canal d'un ruisseau. I.

SSYLWYDR, lunette. G. Voyez Sel.

STABA, sceau. Voyez Curstaba.

STABELLUM, A. M. estal de boucher. Voyez Stal.

STABL, étable. G. De là le Latin Stabulum, l'Italien & le Théuton Stalla, l'ancien Saxon & le Flamand Stal, l'Islandois, l'Allemand, l'Anglois Stall, l'Espagnol Establo, l'Esclavon, le Dalmatien Stala, le Carniolois Sbtala, le Hongrois Istablo, le François Estable. Stabla en Cophte, étable; Stale en Grec dans Hésychius, étable de jumens. Voyez Stabladh, Staol. On a vu à 'Soudt que les termes qui signifient l'habitation ou logement des animaux ont été étendus à signifier l'habitation des hommes, c'est pourquoi nous trouvons dans les anciens monumens Stabulum, Stabuletum, Stabilitas pour désigner une maison. De là est venu le Latin Stabularius, l'Italien Stalaro, l'Espagnol Establerizo, hôte, cabaretier. Voyez Stal.

STABL, STABYL, stable, ferme. B. De là le Latin Stabilis, l'Italien Stabile, l'Anglois & le François Stable.

STABLADH, étable. I.

STABYL, Voyez Stabl.

STABYLIA, établir, rendre ferme, rendre certain. B. De là le Latin Stabilio.

TOME II.

STACH, diminutif. Voyez Bustach.

STACHA, A. M. agraffe; Stacca en Italien; Eslaque en Provençal. De Stag.

STACHA, A. M. licou. De Stag.

STACHARE, A. M. attacher. De Stag.

STAD, séjour, pause, halte, cesse, repos, poste où l'on demeure, suspension, retardement, demeurer, faire halte, attendre. I. Stad, Stads, Staths en Gothique; Sted en ancien Saxon; Stat en Théuton & en Allemand; Stead en Anglois; Stad en Islandois; Steeds en Flamand, lieu, demeure; Sta en ancien Suédois, village, selon Rudbeck; Stada en Gothique, hôtellerie; Statha en ancien Saxon; Stadur en Islandois, Stads, Statt en Suédois, en Flamand, en Allemand, Ville; Stada en Gothique & en Islandois, hôtellerie; Stathmos en Grec, logis. Voyez les deux articles suivans.

STAD, STAT, état, condition, rang, naissance, conjoncture, crédit qu'on s'acquiert. B. De là le Latin Status, l'Italien Stado, Stato, l'Espagnol Estado, l'Allemand & l'Anglois Stat, le Flamand Staat, Staet, l'Esclavon & le Polonois Stan, le Bohémien Staw, le François Estat. Voyez l'article précédent. L'état d'une personne est le rang ou la condition dans laquelle il demeure. Voyez Ystad.

STAD, état, condition. Voyez Distadl.

STADACH, rétif, revêche. I.

STADAMHUL, qui fait le Seigneur, qui le porte haut. I.

STADERES, gros bâton pour serrer les ballots. B.

STAEL, le fond. B.

STAEN, étain. B. Ystaen en Gallois; Stan en Irlandois; Stean en Langue de Cornouaille; Estanua en Basque, étain. De là le Latin Stannum, l'Italien Stanno, l'Espagnol Estanno, le Flamand & l'ancien Saxon Tin, l'Anglois Tinne, l'Allemand Tinn, Tenn, Zinn, le Carniolois & le Bohémien Zyn, le Grec vulgaire Stagno, le François Étain.

STAENA, blémir. I.

STAER, STAER, STER, STERR, rivière, eau, bassin d'une fontaine, eau que l'on peut passer à gué, étang, lavoir. B. Estier en Breton, flux de la mer, barre dans laquelle il n'y a de l'eau qu'au temps du flux de la mer. Estier est aussi, selon Monsieur Huet, un canal par où on conduit l'eau dans les marais salans. Strat en Écossois, pays situé le long du cours d'un fleuve; Astahhar, Astahhor, lac, étang en Persan; Histron en Cophte, torrent; Star, sourdre; Suer, ce qu'un torrent emporte avec soi en Arabe; Stream en ancien Saxon; Stroum en Théuton; Strom en Allemand; Struga en Lusacien, en Polonois, rivière; Strauka en Bohémien, lit de rivière; Esteiro en Portugais, ruisseau; Hister en Thrace, eau; Stur en ancien Saxon signifioit rivière, suivant le Pere Thomassin. Je n'ai point trouvé ce mot ni dans Spelman, ni dans Somner, ni dans Gibson, ni dans Hickes, ni dans Skinner. Strom en Flamand; Stream en ancien Saxon; Straam en Islandois, le flux de la mer; Stream en Anglois; Stroom en Flamand; Stromen en Allemand, couler; Strade, Stras en ancien Saxon, rivage, port; Strand, Strond en ancien Anglois, rivage; Strond, rivage de la mer en Islandois; Ster en Islandois, jonc plante aquatique; Stiria en Latin, goutte d'eau; Ster, Staer est le même que Stur, qui en Gallois signifie rivière, eau en général. D'ailleurs on a remarqué au commencement de la lettre s, que dans le Celtique cette lettre se préposoit indifféremment, d'où il

Bbbbb

suit qu'on a dû dire *Tar*, *Taer*, comme *Star*, *Statr*. De *Star* est venu le Latin *Cisterna*, & le François *Cisterne*, de *Cib*, *Star*. Voyez *Astaria*, *Asterium*, *Esterium*, *Sturia*, *Ster*.

STAERN, chassis, métier. B.

STAERNER, harnacheur. B.

STAFN, palais de la bouche. B. C'est le même que *Safn*. Voyez ce mot. Voyez encore *Stavan*.

STAG, attache, lien, attaché. B.

STAGA, attacher, lier, accrocher ; *Staga An-Oken*, atteler les bœufs ; *Staghet*, attaché, lié, accroché. B De là le mot François *Stage*, qui désigne le temps pendant lequel un Chanoine est attaché au service de son Eglise. De là notre mot François *Attacher*, parce que le *c* & le *g* se mettent l'un pour l'autre. Voyez *Ystagu*, *Staghel*, *Tach*, *Tag*.

STAGAL AN DENT, croquer des dents. B. C'est ainsi que j'ai trouvé ce mot expliqué dans un Dictionnaire Breton.

STAGHEL, attache en général, & en particulier le filet de la langue, qui en retient le mouvement. *Distaghella*, détacher, couper le filet ; *Un Den Distaghellet*, un homme délié, détaché ; & en particulier celui qui a la langue libre & parle aisément. On voit bien que *Staghel* est un dérivé de *Stag*. Je lis dans les amourettes du vieillard *Distacq Staguel*, attache détachée, lien délié. B. Cet article est pris de Dom Le Pelletier.

STAGHET. Voyez *Staga*.

STAGIA, STAGIUM, A. M. maison, habitation. De *Stad*. Le *d* se change aisément en *g*.

STAGIA, STAGIUM, A. M. demeure assidue, séjour assidu. De *Stag*.

STAGIUM, A. M. étage. D'*Aestaich*.

STAGIUM. Voyez *Stagia*.

STAGIUM, A. M. stage temps pendant lequel un Chanoine est attaché au service de son Eglise. Voyez *Stag*.

STAGIUS, A. M. ôtage. L'un & l'autre de *Stag*, parce que l'ôtage est le lien par lequel on s'assure de l'exécution d'un traité.

STAGUEIN, lier, attacher, accrocher. B. Voyez *Stag*.

STAGUELL, filet de la langue des enfans nouveaux nés. B. C'est le même que *Staghel*.

STAIDEAMHUL, pompeux. I.

STAIL, jet. I.

STAIN, gros. Voyez *Torstain*.

STAINNUM, A. M. étain. De *Staen*.

STAIR, histoire ; *Startoir*, historien. I.

STAK, colline. E.

STAL, boutique de marchand & d'artisan, taverne, *Stala*, dresser une boutique, étaler sa marchandise. B. De là *Estal*, *Etal* ; au pluriel *Estaux*, *Etaux*, boutique. On a inséré le *b* devant l'*l*, & on a dit *Stabl* comme *Stal*, d'où est venu le Latin barbare *Stabellum*, & notre François *Etable*. Les Flamands ont inséré le *p*, *Stapl* ou *Stapel* signifie chez eux une place entourée de boutiques, le marché. De *Stal* est aussi venu notre mot François *Estaler*, étaler. *Stal* a encore signifié chaise, siége, ainsi qu'on le voit par notre mot François *Stalle*, qui signifie un siége du chœur. Ce qui se confirme par l'Irlandois *Staol*, banc, & *Stol*, siége, chaise, le Gallois *Ystol*, chaise, siége, le Breton *Staul*, chaise, siége, *Stoll* en Esclavon ; *Stoel* en Flamand ; *Stolicza* en Dalmatien, chaise. On voit par *Stalben* & *Stall*, que *Stal* a aussi signifié maison. Voyez *Gorsedd*.

STALAF, STALAPH, fenêtre ou volet de bois,

chassis, battant de fenêtre ou de porte ; pluriel *Stalavou*.

STALBEN, pignon de maison ; *Distalben*, sans pignon, édifice duquel le pignon est tombé. B. On voit par ce mot que *Stal* a aussi signifié maison. Voyez *Ben*.

STALL, chaumière, cabane. B.

STALLA, A. M. boutique de marchand. De *Stal*.

STALLA, A. M. étable. De *Staul*, *Stabl*.

STALLARIUS, A. M. le Connétable ou Comte de l'étable. De *Stalla*.

STALLUM, A. M. lieu où quelqu'un demeure, boutique. De *Stal*.

STALLUM, STALLUS, A. M. stalle de chœur. Voyez *Stal*.

STALLUS, A. M. habitation, domicile. De *Stal*.

STALO, A. M. étalon mesure publique. De *Stalon*.

STALON, étalon mesure publique. De là l'Italien *Stallon*, l'Anglois *Etlon*, *Stallion*, le François *Estalon*.

STALONUS, A. M. étalon cheval entier. D'*Ystalwyn*.

STALUGHTHE, vieux, suranné, rassis. I.

STALYER, étalier, boucher qui tient un étal. B. Voyez *Stal*.

STAM, estame, tricotage. B. De là l'Espagnol *Estambre*, le François *Estame*.

STAMBOH, réplétion d'avoir trop mangé. B.

STAMBOUCH, réplétion d'avoir trop mangé. B.

STAMBOUCHA, enfler, gonfler, enorgueillir. B.

STAMBOUCHET, fondu, diffus. B.

STAMER, brocheur de bas, tricoteur. B.

STAMP, estampe. B. De là ce mot.

STAMP, enjambée. B.

STAMPA, sauter, aller à grands pas. B.

STAN, étain, plomb. I. Voyez *Staen*.

STAN, palais de la bouche. B.

STAN, région, pays. B. *Stan* en ancien Persan & en Indien, pays, région ; *Stan* en Arménien, pays ; *Estan*, *Estoon*, lieu en Persan ; *Istan* en Turc, pays. *Sten* en ancien Scythe signifioit pays, région, ainsi qu'on le voit par *Sacastena*, qui signifie la région ou le pays des Saques, qui étoit un peuple Scythe : *Stein* en ancien Allemand, pays, région. Il est probable que *Stan* a signifié région & habitation de même qu'*Auc*. *Stan* en Esclavon ; *Sataan*, habitation ; *Stan*, domicile en Dalmatien ; *Stan*, tente en Bohémien ; *Stainia* en Polonois ; *Staan* en Dalmatien, étable; *Stena* en Esclavon & en Bohémien, muraille ; *Stanza* en Italien, édifice ; *Astana* en Malaye, palais. Voyez *Tan*, qui est le même mot.

STAN-GAD, laiteron plante. B. A la lettre, palais de lièvre, parce que les lièvres en sont friands.

STANC, STANCQ, étang, amas d'eau retenue ; pluriel *Stancou*. B. *Tanc* en Indien, étang ; *Tanken* Persan, lieu rempli d'eau de peu de profondeur ; *Tang*, lac en Chinois, & *Yutang*, étang dans la même Langue ; *Stegnos* en Grec ; *Stagnum* en Latin ; *Stagno* en Italien ; *Estanque* en Espagnol ; *Estan* en Auvergnac ; *Estan* en Languedocien ; *Tanque* en Portugais ; *Staungs* en Livonien ; *Estang* en François, étang. Voyez l'article suivant.

STANC, tout ce qui est en grande quantité, pressé, étang ; *Stanc* dans le nouveau Dictionnaire, dru & menu. Le Pere Maunoir met *Stanc*, étang & épais. Dans les amourettes du vieillard *Scuys Stanc* signifie las, fatigué de pressé ou angoissé. On dit communément *Stanc* de la toile forte qui retient l'eau, du tamis qui ne laisse pas passer la farine,

STA.

du bled femé & levé trop épais. Quelques-uns difent *Stanken* au fingulier, un vallon où l'eau s'arrête & forme un étang, l'eau y étant refferrée: C'eft ainfi que Dom Le Pelletier s'explique fur ce mot. On trouve dans les autres Dictionnaires *Stancq*, étang, l'éclufe d'un moulin, dru, gros, gras, épais, abondant, rempli, fin; *Stancqenn*, fond, vallée. B. On voit par *Diftanca* & *Stanca* que *Stanc* a encore fignifié bouchon. Voyez l'article précédent, *Stanca*, *Stanq*.

STANCA, étancher, empêcher le liquide de couler, boucher une ouverture faite à un vaiffeau rempli de liqueur: C'eft ainfi que Dom Le Pelletier explique ce mot. On trouve dans les autres Dictionnaires *Stancqa*, étancher, engorger, boucher; *Stancqa An Hynchou*, couper les chemins. B. *Eftancar* en Efpagnol, étancher, faire comme un étang; *Atancar*, étancher, ferrer, preffer; *Eftanco*, détention, arrêt; *Eftanque*, étang dans la même Langue. De *Stanca* eft venu notre mot François *Eftancher*. Voyez *Sang*, qui eft le même que *Stanc*, comme *Safn* eft le même que *Stafn*, & *Seren* le même que *Steren*.

STANCA, A. M. digue ou éclufe par laquelle on retient les eaux. De *Stanc*.

STANCARE, A. M. étancher. De *Stanca*.

STANCBOCHET, celui qui remplit trop fa bouche en mangeant. B. Voyez *Stambouch*.

STANÇON, STANCZOUN, étançon, appui. B. De là le premier de ces mots.

STANCQENN. Voyez le fecond *Stanc*. *Stancqenn* eft formé de *Stanc*, parce que l'eau croupit dans les fonds & dans les vallées.

STANDARDUM, STANTARUM, STANDALE, STANDERIUM, A. M. étendart. Étendart étoit dans fon origine le nom propre de l'enfeigne du Souverain; *Yftange* ou *Eftange*, perche, lance; *Da*, du; *Ard*, Souverain, Roi. On difoit *Standart* en vieux François.

STANDILHON, échantillon. B. De là ce mot, parce qu'on a pu dire *Sandilhon*, *Santilhon* ou *Chantilhon* comme *Standilhon*. Voyez le fecond *Stanc*.

STANGA, STANGARIA, A. M. perche. D'*Yftange*.

STANNA, tonneau. I.

STANNE, palais de la bouche. B. C'eft le même que *Stafn*. Voyez ce mot.

STANNUM. Voyez *Stantia*.

STANQ, clôture, fermeture, ce qui bouche. B.

STANQUET, fermé, bouché, obftrué. B.

STANS, A. M. maifon, habitation. Voyez *Stan*.

STANTIA, A. M. chambre, & *Stannum*, boutique. Voyez *Stans*.

STAOL, banc. I. Voyez *Stal*.

STAOL, STAUL, étable; pluriel *Staoliou*. B. Les payfans en Franche-Comté difent *Aitôle* pour étable; *Staulos* en Grec, étable. Voyez *Stabl*.

STAON, courbe. I.

STAON, monofyllabe, le palais de la bouche. B. *Stoma* en Grec; *Ufta* en Polonois, en Bohémien; *Vufta* en Efclavon & en Lufacien, bouche. Voyez *Stann*, *Stafn*, qui font le même mot.

STAON, piéce de bois qui entre dans la conftruction d'un navire, & qui eft nommée en François *Etrave* ou *Eftrave*. B.

STÂOT, monofyllabe, urine; *Staota*, *Staotet*, uriner. B.

STAOUN, le palais de la bouche. B. Voyez *Staon*.

STAPAT, STAFA, STAVAT, fingulier *Stapa-*

STE. 375

den, un coup de la main ouverte, populairement une tape. B. De là ce mot.

STAPELLA, A. M. lieu où l'on tient le marché. Voyez *Stal*.

STAPHISAGR, ftaphifaigre plante. B.

STAPLA, STLAPA, STLEPA, jetter. B. Voyez *Taftu*.

STAPLUS, A. M. maifon, palais. Voyez *Stal*.

STAPULA, A. M. lieu où l'on tient le marché. Voyez *Stal*.

STAR, métier, chaffis. B.

STAR, STIR, STOR, STUR, les mêmes que *Ster*. Voyez *Bal*.

STARA. Voyez *Start*.

STARAB, torche, flambeau. I. Voyez *Ster*.

STARD. Voyez *Start*.

STARDA, STARDAFF, STARDAN. Voyez *Start*.

STARDT. Voyez *Start*.

STARE, ESTARE, STARIUM, STERIUM, A. M. maifon, habitation, endroit où l'on demeure. Voyez *Start*.

STARN, métier d'un rifferand. B.

STARNA, atteler des chevaux. B.

START, ferme, folide, preffé, ferré, bien tendu; *Stara*, *Starta*, qui, felon le Pere Gregoire, veut dire ferrer, embraffer, & je le trouve en ce fens ou celui de ferrer en embraffant, en liant & ceignant. Le participe eft *Stardet*, tendu: C'eft ainfi que Dom Le Pelletier explique ce mot. On trouve dans les autres Dictionnaires *Stard*, conftant; *Stardt*, *Start*, arrêté, ferme, conftant, robufte; *Starda*, preffer, ferrer, roidir, tendre, affermir, étreindre, bander, ferre d'oifeau de proie; *Stardaff*, *Stardan*, *Startaat*, affermir; *Start*, ferre d'oifeau de proie. B. *Starr* en Allemand, roide, dur, folide; *Starren* dans la même Langue, roidir, s'endurcir, devenir folide; *Steros* en Grec, roide, dur, ferme; *Stars* en ancien Saxon, roide, dur; *Stark* en Allemand, roide, dur; *Stark* en Théuton & en Allemand, ferme, ftable, fort, robufte; *Styrkia* en Iflandois, affermir, fortifier; *Styrkur*, force dans la même Langue. De *Stara* font venus le Latin & l'Italien *Stare*, l'Efpagnol *Eftaren*, s'arrêter. Voyez *Steert*, *Ster*.

STARTAAT. Voyez *Start*.

STAT. Voyez *Stad*.

STATOTET, uriner. B.

STATUD, ftatut. B. Voyez *Statudi*.

STATUDI, réfoudre, arrêter. B. Voyez *Stad*, *Stard*, *Stardt*.

STATUDUS, concluant. B.

STAV, le même que *Tav*. Voyez *S*.

STAVA, vafe. I. De là *Stauf* en Allemand; *Steap* en ancien Saxon; *Stouph* en Théuton, *Stoop* en Flamand; *Staup* en Iflandois, vafe à boire.

STAVAN, bouche, embouchure. G. Voyez *Stafn*.

STAUL. Voyez *Staol*.

STAULUS, A. M. boutique, eftal ou étal. De *Stal*.

STAUPUS, STOUPUS, A. M. coupe, vafe à boire. Voyez *Stava*.

STAUT, STAUTIGUEN, urine. B.

STAUTEIN, STAUTET, uriner. B.

STAUTUS, qui provoque à uriner, apéritif. B.

STAY, étai. B. De là ce mot. On écrivoit anciennement *Eftay*.

STEACH. A STEACH, au-dedans. I.

STEACHAM, entrer. I.

STEAN, étain. C. Voyez l'article fuivant.

STEAN, STAEN, STEN, étain. B. Voyez l'article précédent & *Staen*.

STEAB, rivière. B. Voyez *Staer*.
STEARN, métier, châssis ; *Stearn-Guele*, bois de lit. B. Voyez *Stern*, qui est le même.
STEARNA, atteler parlant des chevaux. B.
STECH, singulier *Stechen*, petit paquet de lin, laine, soie, &c. autant qu'il en faut pour garnir une quenouille ; pluriel *Stechennou*. B.
STECQI, choquer, heurter. B.
STEENNADUR, contraction. B.
STEENNEIN, tendre. B. Voyez *Estyn*.
STEERT, rigidement. B. Voyez *Start*.
STAFF, bouchon. B.
STEFFYA, boucher, clorre, fermer, étouper. B. C'est le même que *Stevia*.
STEIGEACHA, entrailles. I.
STEIGN, pavillon, tente. B. Voyez *Steennein*, *Stign*.
STEIGNA, tendre, étendre, bander, roidir. B. Voyez *Steennein*, *Sign*.
STEKI. Voyez *Stoc*.
STEL, ciel du lit. B.
STELLEN, maladie qui attaque les nerfs & les fait raccourcir ou se retirer, un nerf particulier raccourci par ce mal ; pluriel *Stellennou*. B.
STEN. Voyez *Stean*.
STENVI, tramer, ourdir. B.
STEPHYA, fermer, boucher. B. Voyez *Yslyfnig*.
STEPONNEIN, tamponner. B. De là ce mot. On a dit *Tapon* comme *Tampon*, & *Taponner* comme *Tamponner*.
STEQI. Voyez *Stoc*.
STER, fort, robuste. G. Voyez *Start*.
STERR. Voyez *Star*.
STER, étoile astre ; singulier *Steren* ; pluriel *Sterennou*, *Steret*, *Ster*, *Steren-Lostec*, comete étoile à queue. C. B. *Seren* en Gallois, étoile astre ; (c'est le même que *Steren*. Voyez *Stanc*.) *Sterran* en Langue de Cornouaille, étoile astre ; *Izarra*, *Sarra* en Basque, étoile astre ; *Stareh* en Persan ; *Stern* en Tartare de Crimée ; *Aster* en Grec ; *Astrum* en Latin ; *Stairn* en Gothique ; *Steorra* en ancien Saxon ; *Sierro* en Théuton ; *Stern* en Allemand ; *Sterre* en Flamand ; *Starr* en Anglois ; *Sterne* en Danois ; *Stierna* en Suédois ; *Stiorna* en Islandois, étoile astre. De *Ster* sont venus le Latin & l'Italien *Stella*, l'Espagnol *Estrella*, le François *Estoile*, étoile, parce que l'r se change aisément en *l*. Voyez *Starab*.
STERDEIN, roidir, étreindre, presser, serrer, serre d'oiseau de proie.
STEREDEN, étoile ; *item* brillant, éclat, lumière éclatante ; *Steredenni*, briller, étinceler, luire, éclairer. B.
STERIC, ruisseau. B. C'est le diminutif de *Ster*.
STERIUM. Voyez *Stare*.
STERN, métier d'un tisserand, machine qui sert à faire la toile & autres pareils ouvrages, attelier d'artisan, cadre de tableau, châssis, bois de lit, &c. B. C'est le même que *Stearn*.
STERN. GWALARN STERN, nord-nord-ouest, étoile du nord. B. *Ster* pour *Steren*. Voyez *Ster*.
STERNA, atteler des chevaux. B.
STERR. Voyez *Star*.
STERRAN, étoile astre. C. Voyez *Ster*.
STERVENN, morve. B.
STEÜ, bouchon. B.
STEUD, singulier *Steuden*, tenon, tenon de mortaise, mortaise. B.
STEUEIN, boucher, ourdir, oppiler, tamponner. B.

STEUENN, lisse, chaîne de toile. B.
STEVIA, clorre, fermer, boucher, étouper. B. C'est le même que *Steffya*.
STEULG, trepied. B.
STEUN, ourdissure, trame ; singulier *Steunhen*, *Steunvi*, *Stonha*, *Steuni*, ourdir ; *Steurhat*, *Steurhat*, toile d'araignée ; singulier *Stonhaden*. B.
STEUSIA, fondre, disparoître, se perdre, se ruiner, s'abysmer ; *Steusiet Ew An-Den Man*, cet homme-ci est ruiné, est perdu, ce que l'on exprime quelquefois en François par *est fondu*. *Steusia* est composé d'*Es* & de *Teusi*, fondre & disparoître comme un fantôme, voyez *Teus*. B. Cet article est pris de Dom Le Pelletier. Voyez *Sieuzet*, *Sieuzi*, *Steuzia Un Ten*.
STEUT, suite, enchaînement de choses qui se suivent les unes les autres, ce que les Latins appellent *Series*, & que l'on commence à nommer *Série* parmi nous, mortaise, tenon. B.
STEVYA, le même que *Stevia*. B.
STEUZET, défait, maigre, exténué. B. Voyez *Steusia*.
STEUZI, éteindre, atténuer de maigreur, de misère. B. Voyez *Steusia*, *Esteuziff*.
STEUZIA UN TEN, empenner un trait. B. Voyez *Steusia*.
STRYRIGH, dégré, grade. I.
STIALLOG, morceau. I.
STIFELL, lavoir. B.
STIGN, roide, tendu comme la corde d'un arc ; *Stigna*, tendre, roidir, tirer : C'est ainsi que Dom Le Pelletier explique ce mot. Le Pere de Rostrenen met *Siign*, rideau ; *Stigna*, tendre, *Steign*, pavillon, tente ; *Steigna*, tendre, étendre, bander, roidir ; *Stigna Ull Lagg*, tendre un laqs. B. Voyez *Yslyn*.
STIGNA, A. G. manteaux. Voyez *Sign*.
STIHUAGH, estive terme de marine. B.
STIONOIP, étrier. I.
STIPA, attifer. B.
STIPEREZ, affiquets, ornemens de femme. B.
STIR, le même que *Star*, *Ster*, *Stor*, *Stur*. Voyez *Bal*.
STIREN, étoile astre. B. Voyez *Ster*.
STIROIP, étrier ; *Lair Stiroip*, étrivière ; mot à mot, cuir d'étrier. I.
STITTIM, séparer. I.
STIVACH, séparations de la charge d'un navire. B.
STIVEIN, séparer, retenir à part, & se dit des séparations que l'on fait dans un navire pour empêcher que les marchandises ne soient brouillées ou confondues ensemble. B.
STIVEL, source d'eau tombant d'un rocher ; pluriel *Stivellou*. Si cette eau sort par une cannule, on la nomme *Stivel Bêr*, fontaine de broche ; on dit en François *Broche* pour cannule : C'est ainsi que Dom Le Pelletier explique ce mot. Le Pere de Rostrenen met *Stivell*, lavoir. B.
STIUIR, poupe. I.
STIULTA, déchiré. I.
STLABEZ, souillures, ordures, immondices ; singulier *Stlabezan*, femme de mauvaise réputation ; c'est proprement un souillon. *Distlabeza*, nettoyer, ôter les ordures : C'est ainsi que Dom Le Pelletier explique ce mot. Le Pere de Rostrenen met *Stlabec*, ordure, mal-propreté, menue boue ; *Stlabeza*, barbouiller. B. De *Stlabez* est venu le Latin *Labes*.
STLACA, STRACA, fraper, fraper pour faire du bruit, claquer, grincer. B.

STLACQEREZ,

STL.

STLACQERES, crefselle. B.
STLAFAD, claque. B.
STLAFFEIN, flanquer, plaquer. B.
STLAFFESQ, plantain. B.
STLANVES, STLAVESK, STLANVESK, STLANVESQ, ASTLANVESK, petit plantain, plantain en général. B.
STLAON, petites anguilles de mer naissantes & fourmillantes auprès du rivage des rivières qui entrent dans la mer, lesquelles on prend en grande multitude dans les lieux vaseux; singulier Stlaonen. B.
STLAPA. Voyez Stapla.
STLAQ, bruit de ce qui se rompt. B.
STLECH, enveloppement, saisissement pour arracher & emporter ; Caul Stlech, gros choux. De Stlech on fait Stlecha, Stlegea & Stlaja, envelopper, embrasser, empoigner, saisir, lier d'une corde pour emporter ou entraîner : C'est ainsi que Dom Le Pelletier explique ce mot. Le Pere de Rostrenen met Loezn Stlech, reptile; Stlegea, entraîner. On trouve dans un autre Dictionnaire Stlegea, traîner; Ex-Em-Stlegea, ramper. B.
STLEG, étrier. B.
STLEGEA. Voyez Stlech.
STLEGELL, le chevalet de la charrue. B.
STLEGER, traîneur, traînard. B. Voyez Stlech.
STLEIGENNAD, enchaînement. B.
STLEJUS, traînant. B. Stlembus en vieux Latin, traînard, tardif.
STLEPA. Voyez Stlapa.
STLEUC, étrier ; plurier Stleukiou, Stleuchiou, Stleukiou ; Leer An Stleucyou, étrivières, c'est-à-dire, cuir des étriers. B. L'r se mettant devant l'l, on aura dit Streno, d'où sera venu Estren, Estrieu, Etrien, qu'on a dit longtemps pour Etrier.
STLIPENN, tripe ou brouaille. B.
STLOAC, cendre qui a servi à faire la lessive. B.
STLOKER, STLOKET, trébuchet ou cage double propre à prendre des oiseaux. B.
STLONE, grand plantain. B.
STOC, trompette I.
STOC, coup, toucher ; Stoca, toucher, fraper, heurter ; participe Stoket, frapé ; Stoki, heurter, fraper, faire du bruit en frapant ; Stoka, heurter. Les vieux Dictionnaires ont Stequif, heurter : C'est ainsi que Dom Le Pelletier explique ce mot. Le Pere de Rostrenen met Stocq, choc, conflit, heurt ; Stocqa, heurter ; Stoqa, claquer ; Stequein, chopper ; Stoqer, Stoequer, trébuchet d'oiseaux ; Stocqeres, souricière. On trouve dans un autre Dictionnaire Steqi, choquer, heurter. B. De là Estoc, Estocade, coup en vieux François ; de là l'Allemand Stoff, le Théuton Stoze, coup, choc. De là l'Allemand Stoffen, le Théuton Stozen, le Gothique Stautan, le Flamand Stooten, le Suédois Stota, fraper.
STOCA. Voyez Stoc.
STOCQA. Voyez Stoc.
STOCQER. Voyez Stoc.
STOCQERES. Voyez Stoc.
STOF, STUF, étoffe. I. Voyez Ystoff, Entoff.
STOFFIA, A. M. étoffe, drap. De Stof.
STOIGHRIDH, dégré, escalier. I.
STOL, siège, selle, chaise, tabouret. I. Stool en Anglois. Voyez Stal.
STOLIKEN, oreille d'un soulier, supports dont on se sert pour soutenir par-derrière les petits enfans qui commencent à marcher. D'autres veulent que ce soit tout ce qui est pendant des habits & tout ce qui y est superflu, tel que les oreilles des manches, des souliers, des bonnets des vieillards

TOME II.

STO. 377

§ & des enfans : C'est ainsi que Dom Le Pelletier explique ce mot. Le Pere de Rostrenen met Stoliegenn, barbes d'une cueffe, lisière d'enfant, oreilles de souliers. B.
STOLL, couple, lien. B.
STOLOGA, faire du bruit en frapant deux corps l'un contre l'autre Ce verbe est formé de Stolec. En Cornouaille c'est Stoloc, & en Treguer Stoleuc. B.
STOMOCQ, estomac ; Stomacqus, stomacal. B. Voyez Maga, Tstummog.
STONHA, STONHADEN, STONHAT. Voyez Stonn.
STONN, l'herbe & les racines qui restent dans un gueret, & que la herse entraîne & accumule ; Distonna, ôter ces choses de dessus la terre. B.
STONN a du signifier étonnement, puisque l'on trouve Stonni qui en est dérivé en ces deux endroits de la vie de Saint Gwenolé : Hep Stonnet Pen, sans tête étonnée, sans avoir la tête étonnée, étourdie ; & Ma Calon So Don Estonnet, mon cœur est profondément étonné. B. Cet article est pris de Dom Le Pelletier. Voyez Estonn, Estonni, qui sont pris d'un autre Dictionnaire.
STONNEIN, mettre les deux genoux à terre. B.
STOPADH, empêcher, défendre, ne pas souffrir. I. Voyez Topp.
STOPAM, fermer. I. Voyez Topp.
STOPARE, A. M. boucher, fermer. Voyez les deux articles précédens.
STOQA. Voyez Stoc.
STOR, abondance I.
STOR, caisse I. De là le mot François Stoc.
STOR, aiguillette de cuir. B.
STOR, le même que Star Ster, Stir, Stur. Voyez Bal.
STORAX, A. G. larme. De Stor le même que Ster.
STOREEN, STOREEN, fouet avec lequel les petits garçons fouettent leur toupie, courroie, lanière. B. Voyez Stor.
STORLIKEN, le même que Stolikèn. B.
STORM. Voyez Stourm.
STORMACH, violent, furieux, véhément. I. Voyez Storm.
STORME, STORMUS, STORMENUM, STORNUM, A. M. en Italien Stormo, combat. De Storm.
STORMUS. Voyez Storme.
STORRA, extasié, ravi, stupéfait. Ba.
STORUGADH, boucher, empêcher. I.
STOU, révérence de femme, inclination de corps. B. On voit par l'article suivant que Stou a signifié inclination en général. Voyez Stouet.
STOU-GLIN, génuflexion. B. Glin, genou.
STOUBA, étouper, boucher avec de l'étoupe. B. Voyez Stoup.
STOUBENNNEC, diffus. B.
STOUBENN, coton tendre qui vient sur certains fruits. B.
STOUBENNEC, mou. B.
STOUCQ, stuc. B.
STOUET, STOUVET, STAOUET, se baisser, s'incliner, se courber, faire la révérence, même à la manière des femmes, qui ne plient que les jarrets Le Pere Maunoir a mis Stouet, se mettre à genoux : M. Roussel écrivoit Stouet, Stoufet, s'abbaisser. Je trouve Stoeaff au même sens dans mon Casuiste : Stoeaff D'an Daou Glin, se baisser à deux genoux ; & dans la vie de Saint Gwenolé, Ez Stoefy Hep Dyeguy D'a Pydy Doe, que je me mette si bas pour prier Dieu. Mais voici un autre

Ccccc

endroit de cet ouvrage où ce verbe signifie, si je ne me trompe, s'humilier, s'abbaisser ou se soumettre & obéir ; car c'est une femme endurcie qui, résistant aux exhortations du Saint, lui dit insolemment : *Ne Stouen, Ne Quemerhen Mez*, je ne me soumets ni n'ai honte : C'est ainsi que Dom Le Pelletier explique ce mot. On trouve dans d'autres Dictionnaires *Stou*, *Stouv*, révérence de femme, inclination de corps ; *Stou Glin*, génuflexion ; *Stouff*, inclination de corps ; *Stoui*, s'abbaisser, se mettre à genoux ; *Stouic*, *Stouicg*, révérence de femme. B.

STOUFA, étouper, boucher avec de l'étoupe. B. Voyez *Stoup*, *Stouff*.

STOUFA, STOUFFAFF, boucher. B. *Stoppen*, *Stopffen* en Allemand ; *Stoppen* en Flamand ; *Stop* en Anglois ; *Stoppan* en ancien Saxon ; *Stoppa* en Suédois ; *Stoppede* en Danois ; *Stopar* en Espagnol ; *Stopare* en Italien ; *Stuppare* dans la basse Latinité ; *Etouper* en François, boucher. Il est bien probable que notre mot François *Etouffer* vient de *Stoufa*, puisque *Etouffer* c'est boucher, fermer la respiration. Voyez *Stouff*, *Stopadh*, *Stopam*.

STOUFAILH, étuve. B. De là l'ancien Saxon *Stofa*, le Finlandois *Tupa*, l'Islandois & l'Italien *Stufa*, le Suédois *Stufwa*, l'Espagnol *Estufa*, l'Allemand *Stube*, l'Italien *Stua*, le Sorabe *Stwa*, l'Anglois *Stove*, le Saxon de la basse Saxe *Stave*, le Latin barbare *Stuba*, le François *Etuve*, *Stoof* en Flamand, réchaud, & *Stooven*, échauffer dans la même Langue ; *Tuphe* en Grec, embrasement, & *Tuphein*, allumer, enflammer dans la même Langue ; *Tubia*, feu en Langue de Congo. Voyez *Toufour*.

STOUFF, bouchon. B.
STOUFF. Voyez *Stouet*.
STOUFFAILH, bouchon. B.
SWOUFLA, boucher. B.
STOUI. Voyez *Stouet*.
STOUIC, STOUICG. Voyez *Stouet*.
STOUP, étoupe. B. *Stupe* en Grec ; *Stupa* en Latin ; *Stoppa* en Italien ; *Estopa* en Espagnol ; *Estoupe* en François, étoupe.

STOUP AVALOU, pommes sujettes aux vers. B.
STOUP PAPER, papier fongeant. B.
STOUPEIN, étouper. B.

STOURM, STORM, ESTORM, orage, tempête, tourmente, obstacle, résistance, empêchement, contradiction ; plurier *Stourmou*, *Stormau*. Je lis comme *Stourm* dans le vieux Casuiste au sens d'opposer. M. Roussel disoit *Stourm*, combattre, & *Maes A Stourm*, champ de bataille ; *Stourmi*, combattre : C'est ainsi que Dom Le Pelletier explique ce mot. Le Pere de Rostrenen met *Storm*, *Stourm*, combat, bataille ; *Stourma*, assaillir, attaquer, B. *Ystorm* en Gallois, tempête, orage, ouragan ; *Sturm* en Irlandois, orage, tempête ; *Storm* en Allemand ; *Storm* en Flamand ; *Stourm* en ancien Saxon ; *Storme* en Anglois, tempête, orage. De là l'Espagnol *Tormenta*, le François *Tourmente*, tempête. De *Storm*, *Stourm*, combat, bataille, résistance, contradiction, sont venus en vieux François *Estour*, *Estor*, *Estors*, *Estornie*, *Estout*, *Estous*, *Estomie*, combat, bataille ; *Estormir*, *Estourmeyer*, disputer. *Estore* a aussi signifié en vieux François embarras, désordre, bruit. *Sturm* en Allemand, attaque ; *Sturmen*, attaquer, & *Sturmung*, assaut, combat

dans la même Langue ; *Shturema* en Carniolois, assaut, combat ; *Storm* en Anglois, assaut, attaque, sédition ; *Sturmowati* en Bohémien, combattre ; *Stormo*, assemblée pour combattre, troupe de gens armés, bruit, rumeur ; *Sonare A Stormo*, sonner le tocsin en Italien ; *Stormare*, faire rumeur ; *Stormeggiare*, s'assembler au bruit qui se fait dans la ville, à l'allarme qu'on donne ; *Stormeggiata*, bruit, rumeur, allarme dans la même Langue. Voyez *Stormach*, *Storme*.

STOUV. Voyez *Stouet*.
STOUYADUR, action de fléchir. B. Voyez *Stoui*.
STR, crase de *Ster*. Voyez *Strat*.
STRABUILH, frayeur. B.
STRAC, boue. B.
STRAC. Voyez *Stracal*.
STRACADH, déchirer, déchiqueter, mettre en piéces. I.

STRACAL, craquer, faire du bruit en frottant deux corps rudes l'un contre l'autre ; *Stracal An Dent*, craquer ou frotter les dents les unes contre les autres ; & dans un vieux Dictionnaire claqueter des dents. M. Roussel l'a expliqué en ces termes : *Straks* ou *Strakal*, éclater avec bruit ; *Sirik*, *Strac*, un tel bruit ; *Ur-Strak*, un bruit éclatant. On dit encore *Stracl*, craquement, & *Stracla*, craquer. En Vannes *Straca* & *Strakein*, faire du bruit : C'est ainsi que Dom Le Pelletier explique ce mot. On trouve dans les autres Dictionnaires *Stracql*, pet ; *Stracqla*, habler ; *Stracqlello*, crécelle ; *Stracqleures*, traquet du moulin ; *Stracql*, claquement, bruit de ce qui se rompt ; *Stracqein*, *Stracqual*, *Stracquein*, claquer ; *Stracqell*, traquet du moulin ; *Stracqleures*, criailleuse. B. Ce terme Breton, de même que notre terme factice & populaire *Trac*, qui exprime le bruit d'une chose qui se remue par violence, sont une onomatopée. De *Trac* on a formé le terme *Tric-Trac*. De *Trac* est encore venu notre mot *Traquet*.

STRACHLA, STREACHLEA, tirer, traîner. I.
STRACOUER, ratière machine propre à prendre des rats. C'est un dérivé de *Strac*, dont le pluriel est *Stracou*, bruits, duquel on fait le verbe *Stracoui*, & le nom *Stracouer*, faiseur de bruit, ce qui convient à cette machine qui fait du bruit en tombant. B. Cet article est pris de Dom Le Pelletier.

STRACOUILLAN, maladie des chevaux dite en François *Morve*. B.
STRACOUILLON, bègue. B.
STRACQ, menue boue. B.
STRACQ, demoiselle à la mode. B. C'est un sens figuré & burlesque de ce mot. Voyez l'article précédent.

STRACQEIN, trotter. B.
STRACQLA. Voyez *Stracal*.
STRACQLERES. Voyez *Stracal*.
STRACQLEURES. Voyez *Stracal*.

STRAD, le fond de tout ce qui a de la profondeur, le fond, la partie la plus basse de ce qui contient ou peut contenir quelque chose. *Strad*, *Strat* en termes de marine est le fond de cale le long de la carlingue. B. Voyez *Strah*, *Strath*.

STRAD, estrade, lieu élevé pour parler, pour s'entretenir, pour placer un lit ; *Distrada*, défaire une estrade. B. De *Strad* est venu le mot François *Estrade*.

STRADA, A. M. chemin pavé. Voyez *Stread*, *Street*.

STRAPIL, STREPIL, agitation, remuement, mouvement tel que celui de l'eau portée dans un

STR.

vaiſſeau large, frayeur, épouvante ; *Stravila*, agiter l'eau, ou en l'eau. B.
STRAGH, arcade, voûte. I.
STRAGHELL, STRAKELL, ce qui fait du bruit, machine à bruit telle qu'eſt un petit moulinet à vent, qui par ſon bruit ſert à épouvanter les renards & les petits oiſeaux : On le dit auſſi d'une eſpèce de ſarbacane à bruit. B. Voyez *Stracal*.
STRAGHELL. Voyez *Strinkeres*.
STRAGON, eſtragon. B. De là ce mot.
STRAH, vallée. G. Voyez *Strad*.
STRAIGHT, vallée, vallée près d'une rivière, près d'un fleuve. G. Voyez *Strad*, *Strat*.
STRAITH, vallée. G. Voyez *Strad*.
STRANGUILLO, A. M. maladie de chevaux. Voyez *Straquilon*.
STRANTAL, éventé, évaporé, tête legère. B.
STRAP, éclat, bruit, fracas, cliquetis, claquement. B. De là les mots Latins *Strepo*, *Strepitus*.
STRAP, trape. B.
STRAP, eſtrapade. B. Voyez *Strapedenn*.
STRAP, ſerpe. B.
STRAPADH, courroie. I.
STRAPEDENN, eſtrapade. B. De là l'Italien *Strappata*, le François *Eſtrapade*. Voyez *Strap*.
STRAPENN, crochet pour attacher le bétail. B.
STRAQ, crotte, boue. B.
STRAQELL. Voyez *Stracal*.
STRAQILON, maladie de chevaux. B.
STRAQL. Voyez *Stracal*.
STRAQLEURAS. Voyez *Stracal*.
STRAQUILLON, STRAQUILHON, étranguillon maladie qui prend à la gorge, qui l'enfle & qui empêche la reſpiration. C'eſt un mal qui vient particulièrement aux chevaux. B.
STRAQUAL. Voyez *Stracal*.
STRAQUEIN. Voyez *Stracal*.
STRAQUILHON. Voyez *Straquilhon*.
STRAQUILON, maladie des chevaux. B.
STRAT, STRATH, pays, contrée ſituée au bord d'une rivière, d'un fleuve, pays ſitué le long du cours d'une rivière, d'un fleuve, vallée ſituée le long d'une rivière. E. Ce terme eſt formé de *Str*, craſe de *Ster*, & *At*, près. Voyez *Ster*.
STRAT, vallée. I. Voyez *Strad*, *Straith*, *Strah*, *Strath*.
STRAT. Voyez *Strad*.
STRATA, A. M. chemin pavé. Voyez *Stread*.
STRATH, vallée. G. E. I. Voyez *Strad*.
STRAVILL, frayeur, effroi B. Voyez *Strafil*.
STRAVILLET, effrayé, effaré. B.
STRAVILLUS, effroyable. B.
STRAVRADH, chaîne. I.
STREACADH, STREACLA, déchirement. I.
STREACHLADH, tirer. I.
STREACHLAGH, ſecouſſe. I.
STREAD, chemin, rue. B *Tſtrad* en Gallois, pavé & *Tſtryd*, place, chemin, rue. De là le Latin barbare *Strada*, *Strata* ; de là l'Italien *Strata* ; de là le Théuton *Strat*, *Strac*, l'ancien Saxon & l'Iſlandois *Stret*, le Théuton *Straz*, le Flamand *Stratte*, l'Anglois *Street*, place. *Strata Via* en Latin, chemin pavé ; *Strata Viarum*, le pavé des rues dans la même Langue. Voyez *Street*.
STREADAIDHE, paſteur. I.
STREAOUEIN, éparpiller. B. *Streüen* en Allemand; *Streowan*, *Strewian*, *Stragian* en ancien Saxon ; *Strooien* en Flamand ; *Strawin* en Gothique ; *Straw* en Anglois ; *Stroo* en Suédois, répandre, éparpiller.

STR. 379

STREARCHTAN, bandelette. I.
STREBAUT, courbette, mé.narch re bleſſure qui arrive au cheval quand il a fait un faux pas qui lui a cauſé quelque entorſe. B.
STREBAUTEIN, broncher B.
STREET, STREY, STREVET, venelle, petite rue, petit chemin, rue étroite ; pluriel *Streechou* & *Strechou* par ch François. Monſieur Rouſſel écrivoit *Straët*, *Streat*, chemin. B Voyez *Stread*.
STREFIA, STREVIA, STRENVIA, STREUIAFF, STREWIAFF, STREVYAFF, STREFYA, STREUVAL, STREVIAL, STREHLEIN, DISTRENVIA, éternuer. B. Voyez *Yſtrewi*.
STREFIL. Voyez *Strafil*.
STREGUA, A. M. étrier. De *Streucq*. Voyez *Silencq*.
STREH, étroit. B. C'eſt le même que *Stris*.
STREHEIN, étrécir, ſerrer, preſſer. B. De là le Latin *Stringo*, le Théuton & l'Allemand *Strengen*, l'Anglois *Streigne*, *Strain*, *Strayne*, l'Italien *Stringere*, l'Eſpagnol *Eſtrevir*, le François *Eſtreindre*, ſerrer, preſſer. *Eſtrechi* en Eſpagnol, étroit, ſerré ; *Streng* en Allemand ; *Adſtringens*, ce qui ſerre, ce qui reſſerre.
STREHLEIN. Voyez *Strefia*.
STREILH, pierre d'attente. B.
STREP, étrape, ſerpe. B. De là le premier de ces mots.
STREPEIN, marrer. B.
STREUED, litière qu'on met pourrir pour faire du fumier. B.
STREUEIN, ſéparer, répandre, diſperſer, éparpiller. B.
STREUIAFF. Voyez *Strefia*.
STREWIAFF. Voyez *Strefia*.
STREVYA. Voyez *Strefia*.
STREVYA, treſſaillir. B.
STREUVAL. Voyez *Strefia*.
STRIAPACH, impudique, obſcène, courtiſane ; *Striapachus*, fornication, adultére, crime I.
STRIBOUILLA, agiter en l'eau ce que l'on y trempe, comme pour le laver. Il ſignifie auſſi agiter l'eau, ou en l'eau B.
STRIBOURH, ſtribord, eſtribord. B. De là ces mots.
STRIEPISSIC, tripes. I. Voyez *Strip*.
STRIFF, querelle ; pluriel *Strivou*. B. De là en vieux François *Eſtrif*, *Etrif*, débat, diſpute, choc ; *Eſtriver*, diſputer, conteſter. C'eſt le même que *Stryff*. Voyez *Yſtrin*.
STRIPP, STRIV, effort. B. De là *Eſtrif* en vieux François, effort ; *Eſtrivé*, efforcé ; *Eſtriveur*, lutteur ; *Oſtri* en Polonois, véhément, violent. *Striff* eſt le même que *Stryff*.
STRIU, étroit. B. C'eſt le même que *Stris*.
STRIHUEIN, éternuer. B.
STRIK, prompt, vîte, agile. C.
STRIK. Voyez *Stracal*.
STRILL, goutte ; *Strill-Dour*, goutte d'eau ; *Strillic*, petite goutte ; *Strilla*, dégoutter ; *Strilla Ar Neud*, détirer du fil après qu'il a été mouillé & ſéché, afin de le dreſſer & allonger, lorſqu'il eſt en gros écheveau. B. De là le Latin *Stilla*. De là le verbe Latin *Stillo*, l'Italien *Stillare*, le François *Diſtiller*.
STRILLER, diſtillateur. B.
STRINC, vibration ; & à la ſeconde perſonne ſinguliere de l'impératif, jette, lance, & l'infinitif eſt *Strinca*, lancer, jetter. Monſieur Rouſſel m'a appris que *Strincat* eſt tout ce qui ſert d'aſperſoir, comme qui diroit jetté où ce ſeroit l'action de jet-

ter. Strinca se dit au sens de crever comme une bombe. On s'en sert aussi pour dire jetter avec une sarbacane. C'est ainsi que Dom Le Pelletier explique ce mot. On trouve dans les autres Dictionnaires *Strincq*, seringue; *Strincqa*, jetter, lancer, faire une injection, darder; *Strincqein*, réjaillir; *Strincqell*, sarbacane, seringue, calonière; *Strincqenn*, cristal pierre transparente & fragile. B.

STRINCQ. Voyez *Strin*.
STRINCQA. Voyez *Strin*.
STRINCQEIN. Voyez *Strin*.
STRINCQELL. Voyez *Strin*.
STRINCQENN. Voyez *Strin*.

STRINKERES, sarbacane. C'est ainsi que les petits garçons nomment un tuyau de sureau avec lequel ils jettent de petits pelotons de papier mâché & humecté. C'est autrement *Stragbell* & *Strinkkell*. Le plurier de *Strinkeres* est *Strinkeresou*, qui se prend par quelques-uns pour des gamaches ou guêtres, & que d'autres prononcent *Strinken Heusou* & *Strinchensou*. B. Cet article est pris de Dom Le Pelletier.

STRINPENN, tripe. B.
STRIOPACH, courtisane. I.
STRIOPACHAS, fornication. I.
STRIOROIO, étrier. I.

STRIP; singulier *Stripen*, tripe, boyau; plurier *Stripou*, qui se dit plus communément des intestins cuits ou à cuire, des tripes. B. Voyez *Striepissic*, *Trippa*.

STRIPENNA, se fendre comme les lèvres par la fièvre, le hâle, &c. B.

STRIS, étroit, serré, pressé; *Strisa*, *Strizcaa*, étrécir, serrer, presser. *Stric* se prend aussi comme adverbe pour dire de près, ou avec application & attentivement. *D'a Gwelet Stryc*, pour voir de près; & *Dystryest*, contraire de *Stricet*; *Seuye Distrycet*, fatigué à n'en pouvoir plus, comme si l'on disoit en Latin *Lassus*, *Dissolutus*, *Districtus*, C'est ainsi que Dom Le Pelletier explique ce mot. Le Pere de Rostrenen met *Stric*, *Strih*, *Strob*, étroit; *Stricza*, détroit, passage étroit de mer; *Stric Douar*, isthme; *Striza*, accourcir, resserrer; *Strohein*, étrécir, serrer, presser. B. De là le Latin *Strictus*, l'Italien *Stretto*, le François *Etroit*.

STRITH, A. G. dispute, débat. Voyez *Striff*.
STRIV. Voyez *Striff*.
STRIVUS, sternutatif. B.
STRIZ. Voyez *Stris*.
STRIZ-DOUAR. Voyez *Stris*.
STRIZA. Voyez *Stris*.

STROAN, nez dans le dialecte Gallois de l'Isle de Mona. G. *Sron*, nez en Irlandois. Voyez *Tron*.

STROBET, malade par maléfice. B.
STROBINELLET, malade par maléfice. B.
STRODA, rivage. I. Voyez *Star*.

STRODEN, mal-propre, sale, souillé. Il se dit aussi d'une fille de mauvaise vie. C'est ainsi que Dom Le Pelletier explique ce mot. Le Pere de Rostrenen met *Stroden*, salope, laideron, mal-propre. B.

STRODTON, salope. B.
STROEZ, hallier. B. C'est le même que *Strouez*.
STROEZECG, lieu plein de halliers, plein de ronces. B. C'est le même que *Strouezec*.

STROLL, tout lien qui attache plusieurs choses ensemble; & particulièrement l'attache de deux bœufs sous le joug. C'est le même quant à la signification & à l'origine que *Roll* expliqué ci-devant. *Stroll* a marqué la compagnie & la société. On se sert beaucoup des dérivés *Strolla*, assembler, accoupler, joindre; *Strollas*; singulier *Strolladen* amas, assemblage, paquet de plusieurs différentes choses; *A Strolladou*, attachés les uns avec les autres. Le Pere Maunoir met *Strollas*, une file C'est ainsi que Dom Le Pelletier explique ce mot. On trouve dans les autres Dictionnaires *Stroll lien*, couple; *Strolla*, lier, attacher, enchaîner, joindre, unir, coupler, enfiler, enlacer; *Strollad*, enchaînement, file, bande. B. De là les termes populaires *Entroller*, *Entrioller* pour engager quelqu'un à faire quelque chose.

STRONC, matière ou ordure signifié par le Latin *Stercus*, & aussi l'appât que l'on jette dans la mer; *Distronca*, détremper la plus grosse ordure, afin de l'ôter des hardes avant que de les mettre à la lessive; *Distronket*, à demi-digéré. B. De là le vieux mot François *Stronc*, le François moderne *Estron*, étron. De là le *Stront* en Flamand & en Théuton; *Strunt* en Allemand, *Stronzo* en Italien; *Struniu* en Latin Barbare, étron.

STRONC, STRONS, ébranlement ou secousse par exemple d'une maison, soit par le tonnerre, soit par un coup de canon ou une porte fermée rudement & par quelqu'autre bruit violent; *Stronca*, ébranler. B.

STROP, filet de chapelet; *Stropa*, enfiler. D'autres disent *Strop*, envelope; *Stropa*, envelopper; *Fals Strop*, outil qui sert à tailler les haies & couper les halliers. C'est une espèce de faucille sans dents avec laquelle on coupe à tour de bras. *Stropa*, couper de cette manière. De là vient *Distroba*, couper, sabrer, écharper, renverser, fraper & couper à droite & à gauche, ce qui me fait croire que le François *Estropier* vient de *Stropa*. Les Mariniers Bretons nomment *Strop*, le cordage qui tient une poulie & un palanc, un aviron à sa cheville. Les Grecs ont dit *Tropos* au même sens. Les François nomment ce cordage *Estrope*. Je rapporterai ici ce que Monsieur Roussel m'a écrit de ce mot dans l'usage de son pays de Léon; *Strop* ou *Strob*, lien qui tient plusieurs choses ensemble; *Stropa*, joindre plusieurs choses, comme enfiler un chapelet, des petits poissons, oiseaux, &c. dans un osier ou autre même branche ou ficelle; *Stropa*, couper, abattre, tuer, renverser plusieurs ensemble, par exemple, à coups de sabre, à coups de canons tirés sur une troupe, dont ils emportent des files; *Strobet*, jetté, renversé par terre, par un mauvais vent, & rendu infirme; *Strobellat* & *Strobat*, enfilade, quantité de choses enfilées, renversées, ou jettées ensemble. On dit aussi *Strobella* pour *Stropa*, qui signifie aussi rendre malade, par mauvais vent; *Strobet Gant Ar Viltanç*, rendu infirme par les sorciers ou les démons qui sont nommés *Viltanç*, infamie. C'est ainsi que Dom Le Pelletier s'explique sur ce terme. On trouve dans les autres Dictionnaires *Strop*, filet pour enfiler; *Stropa*, enfiler, enlacer, rallier; *Stropad*, enchaîner, enchaînement; *Stropp*, gersau terme de marine, corde qui sert à suspendre la poulie ou la renforcer pour empêcher qu'elle n'éclate. On l'appelle autrement étrope ou herse de poulie. B. De là notre mot François *Troupe*, & l'Italien *Truppa*.

STROP, frein. Voyez *Distropp*.
STROP, biais. B.
STROP, STROPUS, A. M. troupeau. Voyez *Strop*.
STROPA. Voyez *Strop*.
STROPAD. Voyez *Strop*.

STROPIATUS;

STROPIATUS, A. M. estropié. D'Estropya.
STROPUS. Voyez Strop.
STROTON, salope, mal-propre, laideron. B.
STROUEZ, épines, ronces, buissons, halliers, toutes sortes de mauvaises productions d'une terre inculte telle qu'elle a été depuis la malédiction de Dieu. Strouezec, lieu couvert de ronces & halliers; Distrouexa, défricher, couper & ôter les halliers. B. Cet article est pris de Dom Le Pelletier.
STROUEBEC. Voyez Strouez.
STROUILL, toute ordure & saleté, & particulièrement la crotte. On le dit d'un temps de pluie, de brouillard, comme en François un temps sale; Strouillen singulier, brouillard, brume, petite pluie. Strouillart se trouve au sens de vilain en cet endroit des amourettes du vieillard: Sellit An Orgouil Eus Ar-Coz Strouillart, considérez l'orgueil de ce vieux vilain. Strouilla, salir, souiller, crotter. Distrouil est l'égout d'une cuisine, ou autre par où l'on évacue les ordures. B. Cet article est pris de Dom Le Pelletier. On appelle Trouille dans le Maine, une femme ou fille grossière & salope. En quelques endroits de Franche-Comté, on dit grosse Trouille pour grosse salope, grosse mal-propre. Trouiller est, selon Nicot, mêler confusément avec saleté & ordure. De là vient Patouiller & Touillon en Picard, pour un torchon, car en torchant & essuyant le ménage ou la vaisselle, il se souille & salit. Patouiller, selon le même Nicot, est Touiller avec la patte, car il est composé de ces deux-là. Quelques-uns y entremêlent une r, Patrouiller. On appelle populairement Touillon, une grosse servante qui ne servant qu'à écurer ou à porter le charbon à la cuisine, est toujours mal-propre.
STRUFUILLA, brouiller une liqueur en l'agitant, & au sens figuré causer du trouble dans l'ame par la frayeur. B.
STRUGEA, produire. B.
STRUICH, fécondité, fertilité. B.
STRUIGEA, produire. B.
STRUJUS, fécond. B.
STRUZ, le même que Strouez. B.
STRUZ, mine, façon, air, contenance; Un Den Drouc Struziet, un homme mal façonné, de mauvaise mine, qui a le visage mal coloré. B. De là le terme François Malostru, comme qui diroit de mauvaise façon.
STRYBOURH, STRIBORD, STIBORD, estribord. B.
STRYFF, querelle, contestation. B. C'est le même que Striff.
STRYFF, tentative, effort, contention, peine qui fatigue & qui fait quelquefois perdre haleine, ponctualité. B. C'est le même que Striff, Striv.
STRYVA, résister. B.
STRYVANT, importun, exact, ponctuel. B.
STU, fumier employé à engraisser les terres labourables; Douar Stu, terre propre & préparée à recevoir la semence & à la faire fructifier, terre chaude; Douar Distu, terre froide, stérile, ni préparée, ni propre à produire de bon grain; Stuia, engraisser & rendre fertile la terre labourable. C'est ainsi que Dom Le Pelletier explique ce mot. On trouve dans les autres Dictionnaires, Douar Stu, terre chaude ou labourable; Stout-Douar, ouvrir & fumer une jachere. B.
STU, empenné. B. Voyez Stuchya.
STUBA, A. M. étuve. Voyez Stoufail.
STUCHEN, gerbe. B.

STUCHYA, faire venir la plume. B. Voyez Stu.
STUCQ, stuc. B.
STUDENN, tenon. B.
STUDIA, étudier, décider, déterminer, faire résolution, prendre parti. B. De là le Latin Studeo, l'Anglois Studie, l'Italien Studiare, l'Espagnol Estudiar, le François Estudier, s'Estudier. Voyez l'article suivant.
STUDY, étude, application, ménagement. B.
STUF, étoffe. I. Voyez Stof.
STUFF, relent, remugle. B.
STUFFARE, A. M. étoffer. De Stuf.
STUFFEIN, rancir. B.
STUHEN, rayon. B.
STUI. Voyez Stu.
STUIA. Voyez Stu.
STUIR, gouvernail de vaisseau. I. Voyez Stur.
STUIRAM, conduire. I.
STUIRKIR, crête, faîte. I.
STULT, singulier Stulten, plurier Stultennou, traits de folie; Stultus, celui qui fait ou dit des folies. C'est ainsi que Dom Le Pelletier explique ce mot. Le Pere de Rostrenen met Stulten, fantaisie, caprice; Stultenus, bizarre, bourru. B. De là les mots Latins Stultitia, Stultus & l'Italien Stolto.
STUM, petit. B.
STUM, ramassé, réuni, rassemblé, entassé, amoncelé. B.
STUR, eau, rivière. G. Voyez Star.
STUR, gouvernail de navire, pilote, nocher; plurier Sturiou. B. Stever en Allemand; Steora en ancien Saxon; Steur en Théuton, gouvernail; Steuren en Allemand; Steorian en ancien Saxon, tenir le gouvernail; Sturman en Allemand & en Hollandois, pilote, celui qui tient le gouvernail. Voyez Stuir.
STURBOURS, stribord. B.
STURCH, STURJAN, STURJON, esturgeon. B. De là le Latin Sturio, le Flamand Steur, le Suédois Storia, l'ancien Saxon Styria, l'Italien Sturione, l'Anglois Sturgeon, l'Espagnol Esturion, le François Esturgeon.
STURIA, A. M. canal. Voyez Stur, eau, rivière.
STURJAN. Voyez Sturch.
STURIHOIR, pilote. I.
STURJON. Voyez Sturch.
STURM, tempête. I. Voyez Stourm.
STURMA, STURMUM, STURMUS. A. M. sédition. Voyez Stourm.
STURRIM, orage, tempête. I. Voyez Sturm.
STUT, gouvernail de navire. B.
STW, maison. Voyez Siward.
STWARD, intendant de maison. E. Ard signifiant sur, au-dessus, préposé, Stw doit par conséquent signifier maison. Voyez Ty, qui se prononce aussi Tu.
STWN, petit. G.
STWR, eau, rivière. G. Voyez Star.
STYFF, lavoir. B.
STYL, style. B.
STYN, oblique. I.
SU, sud. B. Voyez Sud.
SU. Voyez Sua.
SU, le même que Swi. Voyez ce mot.
SU, le même que Cu, Gu, U. Voyez Aru.
SU, le même que Hu. Voyez H.
SU, le même que Tu. Voyez S.
SUA, feu, incendie. Ba. A est l'article qui se postpose en Basque. Suilha, Sulya, brûler en Breton; Onde, allumer en Irlandois. On voit par le con-

cours de ces trois dialectes que *Su* est un terme Celtique qui signifie feu. *Sod* en Allemand, chaleur; *Sothan* en ancien Saxon, *Siuda* en Suédois & en Théuton, être chaud, bouillir, cuire; *Seet* en Flamand, *Soote* en Anglois, *Suye* en François, fuie la crasse que laisse la fumée du feu; *Zud* en Hébreu, être ardent, bouillir, cuire; *Zuth* en ancien Egyptien, liqueur cuite; *Suth* en Syriaque, brûler, rôtir; *Tsu* en Arabe, lumière, flamme; *Tsub* en Chaldéen & en Arabe, sécher; *Tsuhh*, paroître en feu, paroître enflammé en Arabe; *Tsuhhh* en Samaritain, sécheresse; *Tsuhhh*, sécher en Arabe; *Tsuph* en Syriaque, brûler; *Tsuhh* en Chaldéen, être ardent, bouillir; *Tsu* en Hébreu, brûler; *Sub* en Syriaque, brûler, enflammer, être chaud, être brûlant; *Sud* en Éthiopien, mèche, amorce qui prend feu, foyer, réchaud, chaufferette; *Sui* en Arabe, rôtir, cuire, brûler; *Sui*, cuire, rôtir, chauffer dans la même Langue; *Sus* en Chaldéen, cuire; *Suk* en Arabe, brûler au figuré; *Sur* en Arabe, faire du feu; *Saos* en Babylonien, soleil; *Sone* en Persan, brûlant; *Suchten*, brûler, être brûlé, être ardent; *Suz*, brûlure, ardeur, ardent; *Suzar*, flamme; *Sullea*, éclair, éclat de tonnerre & de foudre dans la même Langue; *Sui*, feu en Chinois; *Zeo* en Grec, être ardent, bouillir; *Swet* en ancien Saxon, ardeur, chaleur; *Su* en Tonquinois, armes à feu; *Suh* en Esclavon; *Sunh* en Dalmatien; *Sushi* en Bohémien; *Suchy* en Polonois, sec, rôti; *Susbiti* en Esclavon; *Suusiti* en Dalmatien; *Suces* en Polonois, rôtir. Voyez *Sul*. On voit par *Suancanitza*, *Suardea*, *Suarra*, *Suasala*, que *Su* a signifié feu au propre & au figuré. Voyez *Berw*.

SUABEA, doux. B. De là le Latin *Suavis*, l'Italien *Soave*, l'Espagnol *Suave*, le vieux François *Souef*, doux.

SUACHGAN, pot de terre. I.

SUADH, sage, prudent. I. De là le Latin *Suadeo*, l'Anglois *Persuade*, le vieux François *Suader*, le François moderne *Persuader*, l'Italien *Suadere*, *Persuadere*. *Su*, sçavant en Chinois.

SUAFF, suif. B. Voyez *Salbona*.

SUAGHADH, tremper. I.

SUAICHIONTADH, action de blasonner. I.

SUAICHIONTAS, bannière, enseigne. I.

SUAILL, lui. Voyez *Cil*.

SUAIMHNEAS, tranquillité, repos, paix, soulagement, aise, plaisir. I.

SUAIMHNIS, silence; *Suaimhniseach*, qui se tait. I.

SUAIMNEACH, calme adjectivement, tranquille, qui est en repos, à couvert du vent, coulant, fluide, pacifique, retenu, modeste, prudent, sage, discret, aisé, facile, accommodant, loisir. I.

SUAIMNIUGADH, alléger, soulager, appaiser, adoucir. I.

SUAITE, mêlé, mélangé. I.

SUAITHMILLEADH, tenir des discours confus, des discours qui n'ont point de sens. I.

SUALDEA, incendie. Ba. Voyez *Sua*.

SUALEC, SUHALEC, saule à fleurs. B.

SUALDIA, grand feu, Voyez *Sua*.

SUALEA, bouton de feu, pierre infernale. Ba.

SUAN, sommeil, repos. I. Voyez *Suo*. On appelle *Resue* en Patois de Franche-Comté, le repos que l'on fait prendre aux bêtes en les ramenant dans l'écurie dans la grande chaleur du jour en été. Re particule itérative, *Sus*, repos; comme qui diroit second repos, celui de la nuit étant regardé comme le premier.

SUAN, savon; *Suanein*, savonner. B. Voyez *Salbona*.

SUANCAITEA, adoucissement d'un homme colere. Ba.

SUANTEA, ulcération. Ba.

SUARDEA, valeur. Ba.

SUARE, A. M. essuyer. De *Su*, eau.

SUARRA, très-vaillant. Ba.

SUARRACH, vil, mauvais, inept, qui n'est pa propre, frivole. I.

SUARRACHAS, badin, ridicule. I.

SUAS, haut, en haut. I.

SUAS. Voyez *Dunadh*.

SUASALA, érésipèle. Ba.

SUATA-MEAS, confusion, cahos. I.

SUATHADH, mêler, embarrasser, engager, oindre. I.

SUAU, suif. B.

SUAUOUAGH, suage terme de marine. B.

SUAUTEA, poudre à tirer. Ba.

SUAZ BEROTEEA, exposition au soleil. Ba.

SUB, le même que *Cub*, *Gub*, *Ub*. Voyez *Aru*.

SUB, le même que *Hub*. Voyez *H*.

SUB, le même que *Tub*. Voyez *S*.

SUB, le même que *Sab*, *Seb*, *Sib*, *Sob*. Voyez *Bal*.

SUBACH, alégre, gaillard, joyeux, gai, aise, content. I.

SUBACHAS, joie, allégresse. I.

SUBACHUS, divertissement, récréation, passetemps, joie. I.

SUBAILCEACH, doux, honnête, modéré, paisible; *Subailcidh*, honneur; *Subailce*, vertu, force, efficace. I.

SUBATEA, foyer endroit où l'on fait le feu. Ba.

SUBATUNA, journalière. Ba.

SUBEEN, soupe. B. Voyez *Soub*.

SUBHISGEAL, évangile. I.

SUBITES, SUIBITES, c'est le nom que les Gaulois donnoient au lierre. Dioscoride nous a conservé ce mot. Voyez *Sublen*.

SUBLEN, SIBLEIN, corde, cordeau. B. Voyez *Subites*.

SUBOLA, pays couvert de bois. Ba. Voyez *Seula*.

SUBTUMPATUA, attaqué à coups de canon. Ba.

SUBURNIA, petite broche. Ba.

SUC. Voyez *Sug*.

SUC, montagne, colline. Voyez *Succus*.

SUC, le même que *Cuc*, *Guc*, *Uc*. Voyez *Aru*.

SUC, le même que *Sac*, *Sec*, *Sis*, *Soc*. Voyez *Bal*.

SUC, le même que *Huc*. Voyez *H*.

SUC, le même que *Tuc*. Voyez *S*.

SUCALDEA, foyer. Ba.

SUCARRA, brûlure, embrasement, bucher. Ba.

SUCARRIA, aiguillon. Ba.

SUCARTUA, échauffé, brûlé, consumé par le feu. Ba.

SUCATILLUAN, SUCATILLUE, faire cuire avec de la terre grasse; *Sucatilluc Garbitua*, cuit avec de la terre grasse. Ba.

SUCAEMINA, bubon, apostume. Ba.

SUCCA, SUCCAMA, A. M. espèce d'habit. De *Suc* le même que *Huc*.

SUCCAN, piquette, boire eau passée sur le marc du raisin. G. On voit par le mot suivant que *Succan* a aussi été pris pour vin.

SUCCANA, boire à outrance. G.

SUC. SUG. 383

SUCCUS, montagne, colline. Ce terme Gaulois nous a été conservé dans les anciens monumens d'Auvergne & de Forez. On appelle encore dans ces Provinces, de même qu'au Pays de Dombes, certaines montagnes *le Suc. Suquet*, crête de montagne en Auvergne. Ce terme n'est autre qu'*Us* ou *Uch* avec l'*s* préposée. (Voyez *Aru*.) *Suchel* en Gallois, élevé ; (c'est le même qu'*Uchel* ;) *Sus*, élevé, élévation dans la même Langue. *Sus* est le même que *Suc*. Voyez *Aru*. *Suque* en vieux François, le sommet de la tête ; *Cuchot* ou *Quechot* dans le Patois de Besançon signifie le haut, la partie la plus élevée d'une montagne, d'une colline, d'une maison, d'un arbre ; *Sus* en François, sur, dessus, au-dessus, & *Suserain*, supérieur ; *Suci* en Samaritain, colline ; *Sok* en Hébreu, monter ; *Such* en Arabe, montagne ; *Shach* en Persan, cime de montagne ; *Surga*, dessus en Indien ; *Su* en Chinois, Souverain, Sénateur ; *Sui*, colline fertile & exceller dans la même Langue ; *Sugureta*, exceller en Japonois ; *Zica*, grand en Langue de Congo ; *Suche* en Albanois, colline. Voyez *Cuch*, *Cwch*, *Sus*.

SUCH, longue corde. B.
SUCH, soumis. Voyez *Disuch*, *Sugea*.
SUCH, le même que *Cuch*, *Guch*, *Uch*. Voyez *Aru*.
SUCHEL, élevé, haut. G.
SUCHOU, trait de cartouse. B. Voyez *Such*.
SUCOYA, qui est de feu ou en feu, fougueux, plein de fougue. Ba.
SUCSOMBRI UL LESTE, couler un navire à fond. B.
SUD, SUTT, manière, mode, forme, espèce. G.
SUD, vaisseau, navire. I.
SUD, lieu. G.
SUD, terme des navigateurs, qui désignent par ce nom le midi, le plus haut où monte le soleil sur notre hémisphére. B. Ce terme est le même qu'*Udd*, qui signifie en Gallois, élevé ; (voyez *Aru*) ensorte que *Sud* est la plus grande élévation du soleil sur notre horison. *Zud* en Hébreu & en Chaldéen, orgueil ; c'est le sens figuré de hauteur. De *Sud* sont venus le François & l'Italien *Sud*, l'ancien Saxon *Suth*, l'Anglois *South*, le Flamand *Zuid*, le Théuton *Sund*, *Sunt*. Voyez *Su*.
SUDD, suc. G. *Sed* en Islandois, petit bouillon, petit potage ; *Sud* en Turc, lait.
SUDDAS, CLYCH SUDDAS, bouteilles qui se forment sur l'eau. G.
SUDDIANT, immersion. G.
SUDDO, aller à fond, couler bas, se déposer, faire un dépôt, plonger, être plongé. G. De là *Sido* en Latin. *Sidon* en ancien Indien, nom d'un étang où rien ne surnageoit, mais tout se précipitoit au fond.
SUDE, allumer. I. Voyez *Sua*.
SUDEL, singulier *Sudelen*, judelle ou jodelle oiseau de mer ; plurier *Sudelet*. B. Ce volatile plonge. Voyez *Suddo*.
SUDERAC, rabot. Ba.
SUDOG, gâteau. I.
SUEL, fraise. I.
SUERON, amas de plusieurs en un lieu. Ba.
SUERTAPENA, évènement imprévu. Ba.
SUERTAREA, évènement, accident. Ba.
SUERTATU, il est arrivé par hazard. Ba.
SUFLEA, mince. Ba.
SUFREA, soufre. Ba. Voyez *Soufr*.
SUFREDUNA, sulfureux. Ba.

SUG, suc. G. B. Le *s* & le *g* se substituant mutuellement, on a dit *Sus* comme *Sug* ; aussi voyons-nous *Zucoa* dans le Basque, suc. De là le Latin *Succus*, l'Italien *Succo*, l'Espagnol *Xugo*, le Polonois *Sok*, l'Esclavon *Sok*, le Dalmatien *Scaok*, le François *Sus*. De là le Latin *Sugo*, l'Italien *Sugare*, *Succhiare*, l'Allemand *Saugen*, l'ancien Saxon *Sugan*, *Succan*, *Sucian*, *Syean*, le Théuton *Sugan*, le Flamand *Suyken*, *Zuigen*, l'Anglois *Suck*, le Suédois *Suga*, le François *Succer*, tirer le suc. On trouve des vestiges de ce mot dans les Langues orientales : *Suhhh*, *Tsu*, suc ; *Suk*, boisson faite avec de l'orge desséchée au feu ; *Sugo*, avoir du lait en abondance ; *Sechi*, suc ; *Sucar*, espèce de raisin, datte mûre, fruits abondans en suc, celui qui fait du vin avec le suc des dattes, suc des dattes, vin de dattes ; *Seki*, veine qui succe en Arabe ; *Succed*, vin suc du raisin ; *Sekehe*, boisson en Syriaque ; *Segul* en Chaldéen ; *Sucal* en Éthiopien ; *Escol* en Hébreu, raisin fruit plein de suc ; *Secar* en Hébreu, en Chaldéen, en Éthiopien, toute boisson qui enyvre ; *Secar* en Chaldéen, boisson faite avec du suc de pommes, biére boisson faite avec le suc de l'orge ; *Sekah*, boire ; *Sikni*, boisson en Hébreu & en Chaldéen ; *Sekuhhh*, infusion par laquelle on tire le suc de quelque chose en Chaldéen ; *Sussi*, mammelon en Tidoritain. Voyez *Sughadh*, *Sugn*.

SUG-MAIRE, gouffre. I.
SUGACH, plaisant, agréable, divertissant, folâtre, badin, qui aime à se divertir, enjoué, facétieux, jovial, joyeux, gaillard, gai, aise, content, railler, bouffonner. I.
SUGAETHAN chez une partie des Gallois, bouillie, potage. G.
SUGAIDEAS, gaieté, enjouement. I.
SUGARRA, agonie. Ba.
SUGARRASTA, serpent. Ba.
SUGATZARA, alun. Ba.
SUGEA, subir, s'assujettir, obéir, soumettre. B.
SUGEADH, constituer, établir. I.
SUGED, SUGET, sujet, assujetti, soumis, lige, adonné. B. De là les deux premiers de ces mots. Voyez *Sugea*.
SUGETEIN, soumettre, assujettir. B.
SUGHADH, SUGHTAN, suc, jus. I. Voyez *Sug*.
SUGHADH, aspiration, action d'aspirer, d'attirer par la bouche. I. Voyez *Sug*.
SUGHE, être assis. I.
SUGHEACHAN, siége, coussin. I.
SUGHEADH, fonder, établir, prouver. I.
SUGHELL, plurier *Sughellon*, cordages qui servent à tirer une charrette ; *Dorn-Sughell*, anneau de bois cordé ou tortillé, auquel sont attachés ces cordages. On dit avec l'article *Ar-Zughell*. *Zug* est le cordage qui attache une bête au pâturage. B. *Zic*, *Zicsim* en Hébreu sont des chaînes & tout ce qui lie pour retenir ; *Zeugnuo* en Grec, joindre, lier ; *Zeugma*, conjonction, liaison ; *Zenktouria*, lien ; *Zeuges*, joug dans la même Langue. Voyez *Syg*.
SUGHIGHADH, essai. I.
SUGHTANACH, plein de suc, onctueux, gras. I.
SUGLIAIN, cérat onguent composé de cire & d'huile. G.
SUGN, action de succer, action de lécher. G. Voyez *Sug*.
SUGN Y GEIFR, chevrefeuille, muguet, pariétaire, liset, liseron, campanelle. G.
SUGNAD, action de succer. G.

SUGNDRASTH, les sirtes, golfe de la mer de Lybie dangereux à cause des bancs de fable mouvant qui changent souvent de place. G. Voyez *Sugnsor*.

SUGNFOR, le même que *Sugndrasih*. *For* en composition pour *Mer*, mer; *Syghy* en Turc, bancs de fable.

SUGNO, succer. G.

SUGORIA, l'oiseau appellé en Latin *Cataraéta Avis*. Ba.

SUGOYA, l'Ether. Ba.

SUGOBOA, feu faint Elme. Ba.

SUGRA, moquerie, tromperie. I.

SUGRADH, gaillardife, gaieté, allégreffe, joie, plaifir, plaifanterie, raillerie, mot pour rire, bon mot, qualité de gaillard, de folâtre, de badin, de celui qui aime à fe divertir. I.

SUGUEA, couleuvre ferpent. Ba.

SUGUEOTZA, caducée. Ba. Voyez *Sugua*.

SUGUERIA, bétoine. Ba.

SUGUINE, volcan. Ba.

SUGULNA, dragon. Ba.

SUH, SUHEL, élevé. G. C'eft le même qu'*Uh*, *Uhel*. Voyez *Aru*.

SUHUN, femaine. B.

SUIB, avant, devant. I.

SUIBITES. Voyez *Subitas*.

SUIDHE, féjour, demeure, habitation. I. Voyez *Gorfedd*.

SUJET, le même que *Suged*. I.

SUIGE, demeure, féjour, habitation. I.

SUIL, devant, au-devant. I.

SUIL, œil. I. Voyez *Sel*, *Sylln*.

SUILH. Voyez *Suilla*.

SUILHA. Voyez *Suilla*.

SUILHET. Voyez *Suilla*.

SUILLA, rôtir la chair, la faire cuire au feu fans eau. Le nouveau Dictionnaire porte *Suilla*, rôtir un peu: C'eft ainfi que Dom Le Pelletier explique ce mot. Le Pere de Roftrenen met *Suilh*, brûlé; *Suilha*, flamber de la volaille, hâler, griller, échauffer trop; *Suilhet*, brûlé. B. On voit par *Suilhet*, qui eft le participe de *Suilha*, que *Suilha* a auffi fignifié brûler. *Tzala* en Hébreu, rôtir. Voyez *Sua*.

SUIMNE, allégement, foulagement. I.

SUIN, le même que *Guin*. Voyez *Aru*.

SUINA, cuifine. Ba. Voyez *Sua*.

SUITT, enchaînement. B. Voyez *Syg*, *Ci*.

SUL, SOUL, foleil. B. Voyez *Haul*, qui eft le même que *Saul*. (Voyez *H*.) De là le Latin, l'Efpagnol, le Gothique, le Suédois *Sol*, l'Italien *Sole*, le Danois *Seel*, le François *Soleil*. *Sun* en Chinois, lumineux, refplendiffant; *Sol*, lampe en Cophte; *Selad* en Chaldéen, échauffer, brûler; *Salosia* en Basque, parafol; *Effa* en cette Langue, défenfe, ce qui met à couvert, ce qui empêche. Le *t* & l'*s* fe fubftituant réciproquement, *Tol* en Tartare Calmoucq; *Toll* en Lappon; *Touli*, *Tuli* en Finlandois, feu, *Tulency*, tifon en Tartare Calmoucq; *Toutlachan*, chaud: *Toulitichi*, je brûle en Tartare Mogol & Calmoucq. Voyez *Solns*.

SUL, jour du foleil, dimanche. G. B. Le terme de *jour* eft fous-entendu.

SUL, avant. I.

SUL, œil. I. Voyez *Suil*.

SUL, foule boule de foin pour jouer. B. Voyez *Soul*.

SUL, proportion. B.

SUL. Voyez *Sulya*.

SUL. Voyez *Sulbedenn*.

SUL, le même que *Cul*, *Gul*, *Ul*. Voyez *Aru*.

SUL, le même que *Sal*, *Sel*, *Sil*, *Sol*. Voyez *Bal*.

SUL, le même que *Hul*. Voyez *H*.

SUL, le même que *Tul*. Voyez *S*.

SUL MA, à proportion que. B.

SUL-VUY, d'autant plus. B.

SULBEDENN, imprécation. B. *Beden*, prière; *Sul* marque par conféquent ce qui eft en mauvaife part. Voyez *Sulpeden*, qui eft le même.

SULER, felon le Pere Maunoir, eft un plancher; & felon d'autres, le plus haut étage d'une maifon: En Vannetois c'eft un galetas. M. Rouffel écrivoit *Sulier* & *Solier*, le plus haut étage: C'eft ainfi que Dom Le Pelletier explique ce mot. On trouve dans les autres Dictionnaires *Suler*, claie attachée au plancher pour y fumer des viandes, traverfiers, galetas, le plus haut étage de la maifon, plancher. B.

SULIER. Voyez *Suler*.

SULIER, le même que *Solier*. B.

SULLA, petit feau, feau à puifer. Ba. Voyez *Sail*.

SULPEDEN, imprécation, malédiction: C'eft le fynonime de *Droucpeden*, qui fignifie à la lettre prière mauvaife, ou prière pour attirer du mal. B. Voyez *Sulbedenn*, qui eft le même.

SULT, gaieté, joie, réjouiffance, raillerie. I.

SULVEZ, SULVES, journée du dimanche; comme qui diroit une dimanchée. B.

SULUGUENN, pain cuit fous la cendre. B.

SULW, vûe, afpect; *Dal Sulw*, faire réflexion; attention, confidération à ou fur. G. Voyez *Sul*, *Sel*.

SULYA, flamber un bâton verd pour le dreffer, griller, chauffer trop; *Sulyet*, brûlé. B. C'eft le même que *Suilha*. Comme *Suilha* a fait *Suilh* & *Suilhet* participes, de même *Sulya* a dû faire *Sul* comme *Sulyet* participes.

SULYET. Voyez *Sulya*.

SUM, fomme. I. *Summ* en Gallois; *Somm* en Breton, fomme. De là le Latin, l'Italien, l'Efpagnol, le Polonois, le Bohémien, l'Efclavon *Summa*, le Hongrois *Somma*, l'Allemand *Summ*, l'Anglois, le Flamand, le François *Somme*.

SUM, le même que *Cum*, *Gum*, *Um*. Voyez *Aru*.

SUM, le même que *Sam*, *Sem*, *Sim*, *Som*. Voyez *Bal*.

SUM, le même que *Hum*. Voyez *H*.

SUM, le même que *Tum*. Voyez *S*.

SUMANTZA, poftérité. Ba.

SUMBRINA, fanglot. Ba.

SUMINA, fureur, colere, indignation. Ba.

SUMINDU, fe piquer, fe mettre en colere. Ba.

SUMIO, faire la fomme. B.

SUMM, fomme. G. Voyez *Sum*.

SUMM, charge d'un cheval. B.

SUMMIO, compter. G.

SUN, fon. G. Voyez *Son*.

SUNA, SUNAFF, succer, mâcher. B. Voyez *Sugn*.

SUNCR, fucre. B.

SUNN-CASTEL, place forte. I.

SUNNIS, SONNIS, A. G. empêchement qu'on a eu de faire quelque chofe, de fe préfenter à un tribunal, excufe légitime d'abfence. De *Swyn*. Voyez *Effonia*.

SUNSUNA, fimple, fans mélange, fincére. Ba. *Cençeno*, fans mélange, fincére en Efpagnol.

SUO, affoupir, endormir. Davies explique ce mot par

SUP. SUS.

par *Ys Hu*. c'est-à-dire, chanter pour le sommeil; *Hs* pour *Hun*. Il ajoute que *Sue* signifie encore parler bas, dire quelque chose tout bas. G.

SUP, le même que *Cup*, *Gup*, *Up*. Voyez *Arn*.
SUP, le même que *Sap*, *Sep*, *Sip*, *Sop*. Voyez *Bal*.
SUP, le même que *Hup*. Voyez H.
SUP, le même que *Tup*. Voyez S.
SUPEAR, souper repas. I. Voyez *Soup*.
SUPEIR, humer. I.
SUPERB, superbe. B. De là le Latin *Superbus*, l'Italien *Superbo*, l'Espagnol *Sobernio*, le François *Superbe*. Voyez *Syberw*.
SUPITA, colere, fureur, indignation. Ba. Voyez *Sua*.
SUPITUCOS, prompt, subit. Ba.
SUPLIEIN, SUPLYA, supplier, prier. B.
SUPORTI, supporter. B.
SUPOSI, supposer. B.
SUPPLICE, supplice. B. De là le Latin *Supplicium*, le François *Supplice*.
SUPRENI, surprendre. B.
SUQUINDU, je chauffe. Ba.
SUQUINDUA, chauffé. Ba.
SUR, eau. G. B. *Surgeon* en vieux François, ruisseau. Voyez *Sour*, *Swr*.
SÛR, âpre, âcre, acide, aigre, austére, sévére, rude, fâcheux, chagrin, difficile, qui a un regard affreux ou menaçant. G. *Sûr* en Bréton, acide, aigre, aigret. Baxter dit qu'en Breton ou Gallois *Sûr*, *Sôr*, *Sûr*, *Searu* en Écoflois; *Xor* en Arménien; *Séisir* eh Persan; *Sur* en ancien Saxon; *Sowr* en Anglois, signifient âpre au goût, & au sens figuré colere adjectivement. Somner dans son Dictionnaire ancien Saxon met *Sur*, *Sudrig*, acide; *Surigan*, *Assurian*, aigre; *Surelic*, aigrement; *Surnesse*, aigreur, âcreté, acrimonie, âpreté au goût. *Sur* en François; *Saur* en Allemand; *Suer* en Flamand; *Sowr*, *Sower* en Anglois; *Chiur* en Tartare du Thibet, acide, âpre au goût. En Normandie *Sur* se dit pour aigre. *Swaur* en Flamand, fâcheux; *Surette* en François; *Sorrelle* en Anglois; *Surkel*, Zurich en Flamand; *Sauwer-Ampfer* en Allemand, oseille herbe acide. On appelle l'oseille en Normandie *Surella*. *Sur*, acide; *Teur*, pointu, piquant; *Sur*, se révolter, s'opposer; *Sar*, rébelle, furibond; *Tsur*, inquiéter, causer du chagrin en Hébreu; *Serahh*, *Serab*, se révolter; *Serihh*, triste en Chaldéen; *Surahh*, être féroce; *Surodo*, amande amère; *Tsuro*, oppresseur en Syriaque; *Sur* être dans une violente colere; *Saraph*, se révolter; *Sarats*, être féroce, être en fureur; *Surok*, vin qui s'aigrit, vin aigre; *Sur*, se quereller, faire du mal, être mauvais; *Serah*, être dans une violente colere; *Serau*, férocité; *Seros*, âpre, rude; *Serats*, être féroce, cruauté, férocité; *Tsar*, triste, angoisse, chagrin substantivement; *Tjaram*, sévérité en Arabe; *Surohh*, inquiéter, causer du chagrin; *Tsur*, ennemi, homme qui fait de la peine à un autre; *Tjaras*, verbe par lequel on désigne l'état des dents lorsqu'elles sont agacées pour avoir mangé quelque chose d'acide en Ethiopien. Peut-être que le nom de *Sureau* vient de *Sur*; car on dit qu'il se fait de bon vinaigre de la fleur de cet arbre. *Saur* en Allemand, vinaigre, levain; *Seor* en Hébreu; *Zur*, *Schur* en Sorabe, levain; (on sçait que le levain est aigre) *Sirka* en Turc, vinaigre. Voyez *Sard*, *Surdues*.

SUR, sûr, assuré, sans danger en Gallois, selon Camden. G. Voyez l'article suivant.

SUR, sûr, assuré, sans danger, certain, infaillible, positif; & comme adverbe assurément, certainement. B. De là l'Anglois *Sure*, le François *Sûr*. Voyez l'article précédent.
SUR, le même que *Cur*, *Gur*, *Ur*. Voyez *Arn*.
SUR, le même que *Sar*, *Ser*, *Sir*, *Sor*. Voyez *Bal*.
SUR, le même que *Hur*. Voyez H.
SUR, le même que *Tur*. Voyez S.
SUR-LLAETH, lait aigre. G.
SUR-WIN, vinaigre. G.
SURAN, oseille, patience plante. Voyez *Sûr*.
SURAN HIRION, hydropathum plante. G.
SURAN TAIR DALEN, trefle aigrelet, alleluia, pain de coucou. G.
SURAN Y COED, trefle aigrelet, alleluia, pain de coucou. G.
SURAN Y GOG, trefle aigrelet, alleluia, pain de coucou. G.
SURAN T MARE, patience plante. G.
SURAN TR YD, oseille. G.
SURANEN GODOG, véficaire. G.
SURANGUILLEA, espèce de crocodille. Ba.
SURCHWIBL, âpre, rude, sût, fort âcre. G. *Sur Chwibl*.
SURCOTIUM, A. M. espèce d'habit de dessus; en vieux François *Surcot*, *Sercot*, *Secos*, *Sorcot*. De *Sur* le même que *Sar*, *Ser*, & *Cota*. Voyez ce dernier mot.
SURCUSTEA, couture, rentrure. Ba.
SURCYN T MELINYDD, bouillon blanc ou meliné. G.
SURDOES, levain. G. *Sur Toes*, *Suerdeuck* en Flamand; *Sowerdowgh* en Anglois; *Surdey* en Danois, *Saurteig* en Allemand, levain. Voyez *Sûr*.
SURDOST, fort âcre. G. *Sur Tost*.
SUERDWNGC, urine. G.
SURFELYS, d'un goût partie aigre, partie doux. G.
SURGAITZEA, disgrace. Ba.
SURGEON, ruisseau. B. Voyez *Sur*.
SURGHE, amour, inclination. I. De là l'Allemand *Sorg*, inclination à quelque chose, soin; *Sorge* en ancien Saxon, soin.
SURIG, le même que *Sirig* qui se dit mieux. G.
SURLLYD, aigre. G.
SURMURGUILLA, enchanteur, enchanteresse. Ba.
SURMURRA, charme, enchantement, qui fait un leger murmure. Ba.
SURNI, acidité, rigueur, sévérité excessive, humeur chagrine, mauvaise humeur, humeur noire, air sombre, regard menaçant. G. De là le mot François *Sournois*. Voyez *Sur*.
SURO, aigrir, être aigre, être acide. G.
SUROGI, subroger. B.
SURPRENI, surprendre. B.
SURRA, nez. B.
SURRITZEA, suffrage. Ba.
SURSA, SURSUS, A. M. fontaine, source. Voyez *Sorcia*, *Sourceh*.
SURSAING, ceinture, sangle. I.
SURTAMEN, A. M. source. Voyez *Sortera*, *Sorfi*.
SURTAPECOA, réprouvé, damné. Ba.
SURWIN, vinaigre. G. *Sur Gwin*.
SURZOLAK, les narrines. Ba.
SUS, élevé, élevation. G. *Soss*, élévation, haut en Cophte; *Seiss*, élévation, éminence, hauteur; *Sees*, lever, élever dans la même Langue; *Su* en Chinois, dignité de Mandarin, le plus grand Sénateur du Royaume; *Sui*, exceller, être au-dessus dans la même Langue. Voyez *Succum*.

SUS, le même que Cus, Gus, Us. Voyez Aru.
SUS, le même que Sas, Ses, Sis, Sos. Voyez Bal.
SUS, le même que Hus. Voyez H.
SUS, le même que Tus. Voyez S.
SUSPARDEA, valeur. Ba.
SUSPED, soupçon. B.
SUSPEDT, suspect. B.
SUSPENDT, soupçon. B.
SUSPENTA, suspendre, soupçonner. B.
SUSPENTI, conjecturer. B.
SUSPETTEIN, conjecturer. B.
SUSPICHA, soupçon. B.
SUSPICHAGARRIA, suspect. Ba.
SUSPICION, soupçon. B.
SUSSEL, élevé. G. C'est le même que Suchel. Voyez Sus.
SUST, fleau. I.
SUSTANTA, sustenter. B.
SUSTARN, siége, chaise de Juge. B.
SUSTERRA, espèce de tumeur. Ba.
SUSTOA, peur, consternation. Ba.
SUSUM, A. M. haut, dessus, au-dessus. De Sus.
SUT, le même que Cut, Gut, Ut. Voyez Aru.
SUT, le même que Sat, Set, Sit, Sot. Voyez Bal. Suth en Hébreu, ce qui couvre.
SUT, le même que Hut. Voyez H.
SUT, le même que Tut. Voyez S.
SUTA, SUTAL, siffler; Suter, siffleur; Suteres; siffleuse; Sutetea, sifflement; Sutell, sifflet, dont on fait encore un second verbe, Sutella, siffler. B.
SUTAIRE, sot, badaud, lourdaud, bête. I. Voyez Sot.
SUTAL. Voyez Suta.
SUTANA, A. M. le même que Soutana.
SUTANACH, plein de jus. I. Voyez Sudá.
SUTASERREA, invective. Ba.
SUTASMADEA, pyromancie. Ba.
SUTEGUIA, four, fournaise. Ba.
SUTELL, le porte-vent du binyou. B.
SUTELLA. Voyez Suta.
SUTEOA, pourpre, teinture en cramoisi. Ba. Voyez Sua.
SUTEOGAYA, cochenille arbre qui porte la graine dont on se sert pour teindre l'écarlate. Ba.
SUTER. Voyez Suta.
SUTIECUTEGUIA, purgatoire. Ba.
SUTIL, subtil. B. De là le Latin Subtilis, l'Italien Sottile, l'Espagnol Sottily, l'Anglois Subtile, le Flamand Subtiil, l'Esclavon Subtill, le Bohémien Subtylny, le Polonois Subtilni, l'Allemand & le François Subtil, On disoit en vieux François Soutex, Sontis pour subtil; Sontilleſſe, subtilité; Soutillier, apprendre, découvrir; Soutiment, Soutivement, subtilement; Subtilier, imaginer, inventer, machiner, exténuer.
SUTOCARIA, volcan. Ba.
SUTT, manière, mode, forme, espèce. G.
SUTTIOL, formé. G.
SUTUA, qui est en feu, enflammé. Ba.
SUTUMPA, canon pièce d'artillerie; Sutumpá Zueendu, affuter un canon. Ba.
SUTUMPARIA, canonnier. Ba.
SUTUMPATHEA, s'attaquer, se battre réciproquement à coups de canons. Ba.
SW, ventre. G.
SUV, SUVLAR, fraise. I.
SW, le même que Swi. Voyez ce mot.
SUPACH, gai. I.
SWAEL, bas, vil. G.
SWB, SWP, le même que Swm. Voyez B.

SWCH, soc de charrue. G. B. De là le Latin Sulco, l'Italien Solcare, l'Espagnol Assulcar, sillonner; le Latin Sulcus, l'Italien & l'Espagnol Solco, sillon.
SWCH, cochon. G. Baxter dit qu'il signifioit la même chose dans la Langue des Pictes. De là le Latin Sus, le Flamand Soch, l'Allemand Sauw, cochon. L'h & le ch se substituant mutuellement, on a dit Swh, qui se prononce Siu comme Swch, & on ajoute la terminaison indifférente Yn, ainsi qu'on le voit par le terme Breton, Souyn; de là l'ancien Saxon, le Danois, le Suédois Swin, le Théuton Suin, le Gothique Swein, l'Allemand Schwein, le Carniolois Svine, le Bohémien Swine, le Lusacien Swina, le Polonois Svinia, le Dalmatien Szvinya, l'Anglois Souwe, cochon. Sika dans le dialecte Lacédémonien; Ciacce en Italien, cochon. De Swch ou Soch on a fait Coche, qui signifie en François une truie vieille & grasse, & de Coche, cochon; le s & l's se mettent l'un pour l'autre. Voyez Hwch, qui est le même que Swch, parce que l's & l'h se mettent indifféremment l'une pour l'autre. Voyez encore Moch, parce que l'm & l's se substituent réciproquement.
SWCH, le même que Cwch, Gwch, Wch. Voyez Aru.
SWERN, le même que Gwern. Voyez Aru.
SWGA, sale, crasseux, mal-propre, plein d'ordures, immonde. G. Il signifie aussi honteux, ainsi qu'on le voit par Goswga. Sozzo en Italien vilain, honteux.
SWI, eau, rivière, fleuve, mer. G. Suu en Arabe, humeur, liqueur; Zub en Hébreu, en Chaldéen, en Arabe, couler; Tſuph en Hébreu & en Syriaque, inondation, flot; Zuhbha, sueur; Suahh, nager; Tſuph, couler; Tſuk, Sud, répandre quelque liqueur en Chaldéen; Tſul, répandre quelque liqueur en Syriaque; Suhh en Syriaque et en Chaldéen, devenir liquide; Zur, puits, citerne, vaisseau à mettre de l'eau; Suph, écouler, couler; Tſu, humecter, arroser, laver; Tſub, pleuvoir; Tſuhh, lac; Tſuhhh, mouvement de l'eau; Sub, jus de viande en Arabe; Sun, uriner; Suih, répandre quelque liqueur en Ethiopien; Suhh, nager en Chaldéen; Suhho, action de nager, de se laver en Syriaque; Sun, laver en Arabe; Tſui, mouiller, arroser, laver; Suk, couler dans la même Langue; Tſuc en Chaldéen, répandre une liqueur; Sug, laver en Syriaque; Sukoh en Ethiopien, arroser; Sur, eau en vieux Persan, ruisseau, rivière, fleuve; Su, Sui, lavant, action de laver; Sulla, rosée dans la même Langue; Sou, eau en Cophte; So, action de boire; Tſot, lac, citerne; Suphoi, ruisseau dans la même Langue; Tzon, mer en Arménien; Su, Sui en Tartare, eau, rivière, mer; Soni, Ousou, eau en Tartare Mogol & Calmoucq; Sju, eau en Tartare de Tobolsk; Ussu, Tzu, eau en Tartare Calmoucq; Su, eau en Tartare de Crimée; Sou, rivière en Indien; Si; eau en Mandingo; Su, rivière, fleuve en Tonquinois; Su, eau, rivière en Chinois; Sui, Xui, eau; Swen lac profond; Si, laver dans la même Langue; Xu, humeur, liqueur en Japonois; Asoue, boire en Brebère; Iswa, buvez dans la même Langue; Su, eau en Turc; Sio, eau, mer, rivière en Suédois; Sior, mer en Islandois; Suo, Soo, lac, marais en Finlandois; Saiw en Gothique, étang. Comme les Grecs d'Ydor ont fait Idroo, suer, de même de Swi. Sw sont venus le Latin Sudo, l'Italien Sudare, l'Espagnol Sudar, l'Allemand Chwitzen; l'ancien Saxon

SWI.

Swean, le Théuton *Swicaen*, le Flamand *Sweeten*, l'Anglois *Sweate*, le François *Suer*, le Latin & l'Espagnol *Sudor*, l'Italien *Sudore*, le Théuton *Sueiz*, l'Allemand *Schweis*, l'ancien Saxon *Swat*, le Flamand *Sweet*, l'Anglois *Sweat*, le François *Sueur*. De *Swi* est venu notre mot François *Essuyer*. On voit par tout ce que nous venons de rapporter, qu'on a dit *Sw* comme *Swi*. On a dit encore *Sew*, comme *Sw*, ainsi qu'on le voit par le terme Breton *Sew*, *Sen*, féve des arbres; la féve est l'humeur ou liqueur des arbres. *Sew* en Gallois, jus; *Assuver Assuvyer* en vieux François, assécher, sécher, ôter l'humidité, ôter l'eau. Voyez *Chwys*.

SWICT, petite isle. G. C'est *Wist* avec l's préposée, dit Baxter.

SWIL en Irlandois & dans le dialecte Gallois de l'Isle de Mona, œil. Voyez *Sylla*. *Cyelme*, œil en Lappon.

SWILLY, salée. I. Voyez *Sel*.

SWL, le même que *Cwl*, *Gwl*, *Wl*. Voyez *Aru*.

SWLLT, sou monnoie. G.

SWLT, trésor, fisc. G. C. Voyez *Sold*.

SWLT, solide. Le *w* se prononçoit en *ou*, le *d* & le *t* se mettant l'un pour l'autre, on a dit *Sould* comme *Swlt*; de là le Latin *Solidus*, l'Italien *Saldo*, le François *Solide*.

SWM, SWMM, tête au propre & au figuré, sommet, extrémité, hauteur, élévation, montagne, source, élevé, haut, grand, le plus haut, le plus élevé, suprême, le plus haut dégré, très marque du superlatif, perfection, achèvement. G. *Kum*, élévation, hauteur en Hébreu; *Sum* en Hébreu & en Chaldéen, mettre au-dessus; *Sum* en Samaritain & en Chaldéen, tumeur, élévation; *Simo* en Syriaque, action de mettre au-dessus; *Kamh*, sommet de montagne en Persan, & *Sam*, élévation dans la même Langue; *Sama* en Arabe, haut, montagne élevée; *Kam*, cime dans la même Langue; *Kam*, hauteur en Éthiopien; *Kamal* en Chaldéen, sommet de montagne; *Kumao* en Tartare Mogol, montagne; *Kum* en Chinois, grand, Seigneur; *Xim*, très marque du superlatif; *Kim*, plus; *Xam*, suprême, sur, au-dessus, dans la même Langue; *Coiama*, colline en Japonois; *Choma* en Grec, élévation; *Kombos*, lieu élevé dans la même Langue; *Sume*, beaucoup en Albanois; *Zomek*, grand outre mesure en Hongrois; *Comba* en Espagnol, éminence, & *Cumbre*, sommet, cime dans la même Langue; *Zimi* en Américain; *Moxine* à Sofal & dans le Monomotapa, Dieu. De *Swm* sont venus les termes Latins *Summa*, *Summus* & *Maxsumus* ou *Maxsumos*, que l'on disoit en ancien Latin pour *Maximus*. *Eximius* paroit aussi formé de *Swm* ou *Sym*. *Son* en ancien François, sommet: Il se dit encore en Lorraine dans ce même sens. *Summa* dans les anciennes chartes Latines de Champagne signifie source; encore aujourd'hui dans cette Province on appelle *Sommepi*, la source de la rivière de Pi. *Sommer* est un vieux mot François qui signifioit mettre le sommet, le couronnement à quelque chose, à un bâtiment, à un frontispice. On dit encore en vénérie, *la perche du cerf est sommée de trochures*, pour dire que la perche du cerf a pour sa sommité ou extrémité des trochures. On dit aussi en fauconnerie, *les pennes d'un faucon sont toutes sommées*, pour dire parvenues à la grandeur qu'elles doivent avoir. On dit en blason *Sommé* de tout ce qui est au-dessus de quelque chose. *Sommet* en François est le plus haut point de chaque chose, le sommet de la tête, le sommet de la montagne, le sommet d'un arbre. *Sommet* en termes d'architecture est la pointe ou l'extrémité supérieure de tout corps. On a dit anciennement *Sommeton* & *Sommeron*, pour sommet. *Cime* est le même que *Swm* ou *Sym*, & signifie la partie la plus élevée d'une montagne, d'un rocher, d'une tour, d'une maison, d'un arbre; elle est nommée en Latin barbare dans le glossaire de St. Isidore, *Cima*. *Cimier* en termes de blason est la partie la plus élevée dans les ornemens de l'écu & qui est au-dessus du casque. La cime ou cimaise, en Latin *Sima*, est le dernier & le plus haut membre des grandes corniches. Les termes qui en Celtique signifient élévation, se prennent au propre & au figuré. Voyez *Al*, *Ar*, *Ban*, *Ben*, *Bren*, *Don*, *Serra*.

SWM, le même que *Cwm*, *Gwm*, *Wm*. Voyez *Aru*.

SWM, le même que *Twm*. Voyez S.

SWMBWL, aiguillon. G.

SWMBYLIAD, aiguillonnement. G.

SWMBYLIO, aiguillonner. G.

SWML, aiguillon. G.

SWMM. Voyez *Swm*.

SWMMER, grande ou grosse masse, chose d'une grandeur démesurée ou d'un gros poids. G. De là le terme François *Sommier* dans toutes ses significations.

SWMMWL, SWML, aiguillon; pluriel *Symlau*. G.

SWMP, somme. G. Voyez *Swm*.

SWN, son. G. Voyez *Son*.

SWN, ensemble, union. G.

SUUN, semaine. B. Voyez *Suhun*.

SWNIO, sonner, rendre son. G.

SWP, SWB, les mêmes que *Swm*. Voyez B. De là le Latin *Super*, l'Italien *Sopra*, l'Espagnol *Sobra*, *Suprem* en Étrusque, suprême; *Suppan* en Esclavon, Préteur, Magistrat; *Kup*, tas, monceau en Stirien & en Carniolois; *Kupka*, long en Finlandois; *Supel* en Languedocien, butte, lieu un peu élevé.

SWPPER, le souper. G.

SWPPERU, souper verbe. G.

SWR, eau, rivière. G. *Chura*, pluie en Tartare; *Usu*, eau, & *Sourga*, grand fleuve dans la même Langue; *Snero* en Espagnol, le petit lait, l'eau du lait. Voyez *Swi*, *Sor*, *Sokr*, *Sur*.

SWR, le même que *Cwr*, *Gwr*, *Wr*. Voyez *Aru*.

SWRCA, le même que *Cwrca*. Voyez *Aru*.

SWAN, terme pour diminuer ou affoiblir, un peu, quelque peu, quelques-uns. G.

SWAN, maladie de chevaux. G.

SWRN. Voyez *Tmswrn*, *Ymsang*, *Sang*.

SWR, le même que *Cwrr*. Voyez *Aru*.

SWRTH, qui est engourdi, lâche, paresseux; il signifie encore soudain, sur le champ. G. Voyez le second chapitre de la première partie des Mémoires sur la Langue Celtique.

SWRWD, ordure, immondice qu'on nettoye. G.

SWRWD, le même que *Sorod*. G. De là *Courroux*; parce que le *c* & l's se substituent mutuellement.

SWS, le même que *Cws*. Voyez *Aru*.

SWTTA, subit, soudain, qui arrive à l'improviste, soudainement, subitement, tout-à-coup. G.

SUWGR, sucre. G.

SWY, eau, rivière. G. C'est le même que *Swi*.

SWY, le même que *Gwy*. Voyez *Aru*.

SWYDD, charge, office, emploi, magistrature, préfecture, gouvernement, intendance. G.

SWYDDAU, le même que *Swydd*. G.

SWYDDGOL, qui perd son office. G. Coll.

SWYDDOG, Magistrat, officier public, sacrificateur. G.
SWYDDOGAETH, le même que Swydd. G.
SWYDDOGION, les grands Magistrats. G.
SWYDDWIAL, sceptre, caducée. G. Swydd Gwial. Can.
SWYDDWR, Magistrat, qui exerce une magistrature, officier public. G.
SWYDDWYR, les grands Magistrats. G.
SWYDDYNGAIS, ambition, ambitionner, briguer. G.
SWIF, SWYFEN, écume, crême. G.
SWYFWY, beaucoup. G.
SWILL, le même que Gwyll. Voyez Aru.
SWYN, magie, enchantement, charme, ensorcellement, remède chez une partie des Gallois ; Swynoglau est le pluriel. G.
SWYN, blanc. G. C'est le même que Gwyn.
SWYN, sens, sentiment. G. Voyez Cyssyn.
SWYN-GAN, le même que le premier Swyn. G. Can.
SWYN-GATHL, charmes, enchantemens. G.
SWYN-GYFAREDD, magie, charme, enchantement. G.
SWYN-GYFAREDDWR, enchanteur, magicien. G.
SWYNGAN, le même que le premier Swyn. G. Can.
SWYNGYFAREDD, enchantement. G.
SWYNIAW, le même que Synniaw. G. Voyez Swyn, sens, sentiment.
SWYNO, enchanter, charmer, bénir, apporter le remède, donner le remède, excuser. G.
SWYNOGLI, enchanter chez une partie des Gallois. G.
SWYNUR, magicien, sorcier, enchanteur. G.
SWYNWRAIG, magicienne, enchanteresse, devineresse, empoisonneuse. G.
SWYSSAU, SWISOG, SWYSON, les mêmes que Sy pour Sydd, est. G.
SUY, le même que Guy. Voyez Aru.
SUYA, gendre. Ba.
SUYENN, dorade poisson. B.
SUZ, dans le feu, ardent. Ba. Voyez Sua.
SUZCO, de feu. Ba.
SUZCOGARREQUIN, avec une flamme de feu. Ba.
SUZN, jus, suc. B.
SUZNA, sucer. B.
SUZUN, semaine. B.
SY pour Sydd, est. G.
SY, tache, macule, défaut, imperfection, vice. B. Sy, Cy, Si en vieux François défaut. Ils se trouvent en ce sens dans Marot, & dans plusieurs de nos anciens Poëtes. Siech en Allemand ; Siuks en Gothique ; Stoc en ancien Saxon ; Siuch, Sioch, Sieth en Théuton ; Siuk en Suédois ; Sieke en Anglois ; Sing en Danois ; Siet, Ziet en Flamand, malade ; Syn en ancien Saxon ; Sinne en Anglois, Synd en Danois ; Syndia en Finlandois & en Lappon ; Sund, prononcez Sind, en Allemand ; Sunta en Théuton ; Sonde en Flamand, péché ; Sons en Latin, coupable ; Sinos en Grec, dommage, & Sinein nuire, causer du dommage dans la même Langue ; Sin en Chinois, malheureux ; Ki ou Si, calamité ; Si, couchant, endroit où le soleil se couche ; Sie, faux, mauvais dans la même Langue ; Sis en Turc ; Sin en Espagnol ; Sine en Latin ; Senza en Italien, sans particule privative ; Sia, crime, chose honteuse en Ethiopien ; Sig, crasse de métal, ordures, rebut en Hébreu ; Sihh, pourriture en Syriaque ; Sil en Syriaque ; Sialon en Grec, crachat ; Sin en Syriaque, ordures ; Sir en Arabe, méchant, faux,

trompeur ; Sixa en Malaye, misère, malheur, chagrin ; Sida, châtré, coupé dans la même Langue. Si dans la Vulgate signifie quelquefois non. Voyez le troisième livre des Rois, ch. 17, v. 1. Saint Marc, ch. 8, v. 12. Si en Latin, en Italien en Espagnol, en François, est une conjonction conditionnelle qui marque qu'il manque quelque chose pour que nous nous déterminions. Voyez Si qui est le même. Voyez encore Sysin.
SY, le même que Cy, Gy, Y. Voyez Aru. Kia, maison en Chinois.
SY, le même que Hy. Voyez H.
SY, le même que Ty. Voyez S.
SY, le même que Si, parce qu'on écrit indifféremment de l'une ou de l'autre manière.
SY pour Ty. Voyez Sybwl.
SY, particule explétive ou superflue. Voyez Sysur.
SYBERLAN, libéral, généreux, fait avec largesse, avec magnificence, orné, ajusté, paré. G.
SYBERW, sobre ; chez les anciens superbe, orgueilleux ; à présent libéral. G. De là le Latin Sobrius, l'Anglois Sober, l'Italien Sobrio, le François Sobre. Voyez Superbe.
SYBERWYD chez quelques-uns des anciens, orgueil, superbe ; plus ordinairement inclination bienfaisante, libéralité. G.
SYBWD, interjection pour marquer le dégoût ou l'aversion, ôtez-vous, retirez-vous. G. Ts Wŵ. Davies.
SYBWCH. C'est Ts Y Bwch. G. Bwch, bouc.
SYBWL, abysme, gouffre. G. Yi Pwl. Davies. On a donc pu dire Sypwl comme Sybwl ; d'ailleurs le p & le b se mettent l'un pour l'autre. Spelaion, Spelunx en Grec ; Spelunca en Latin ; Spella en Albanois ; Spilya en Dalmatien, caverne, grotte.
SYBWLL, fumier, le lieu où l'on amasse le fumier. G.
SYCH, sec, aride. G. C. B. Voyez Sech.
SYCH, le même que Gwych. Voyez Aru & Cichum.
SYCHBILEN, maladie qui fait sécher l'œil. G.
SYCHDER, sécheresse, aridité. G. B.
SYCHED, soif. G. B.
SYCHEDFOD, la qualité d'un corps qui excite la soif. G.
SYCHEDIG, qui a toujours soif, très-altéré. G. B.
SYCHEDIG, qui excite la soif, qui altère, qui a soif, altéré. G.
SYCHEDU, avoir soif. G. B.
SYCHGRAS, rôti, aride, sec, brûlé par les rayons du soleil. G.
SYCHGRASU, rôtir. G.
SYCHGRIN, brûlé par les rayons du soleil. G.
SYCHGRINO, sécher, avoir la maladie de consomption, maigrir, devenir étique. G.
SYCHINO, se sécher. G.
SYCHION, bois secs propres à brûler. G.
SYCHMURNIO, étouffer, étrangler, suffoquer. G.
SYCHNYCHU, sécher, devenir sec, maigrir, devenir étique, sécher de langueur, tomber en langueur, se consumer, la maladie de consomption. G.
SYCHU, devenir sec, être séché ; G. B. sécher, rendre sec, faire sécher, essuyer, torcher, nettoyer, moucher. G.
SYCHU YMAITH, essuyer, torcher. G.
SYCOMORWYDDEN, sycomore. G.
SYDD est chez les anciens Yi Ydd, Yssydd, Yssyd, Ysid. G.
SYDDYN. Voyez Tyddyn.
SYDWYBOD, conscience. G.

SYEIN.

SYRIN, vicier. B. Voyez Sy.
SYELL, sceau. B.
SYFFRYD, tumulte, trouble, bruit. G.
SYFI, fingulier Syfien, fraife; Pren Syfi, arbrifier arbre. G.
SYFLYD & SYLFYD, mouvoir, être mû. G.
SYFRDAN, de délire, de folie, fujet à des vertiges, à des étourdiffemens, ftupide. G.
SYFRDANDOD, délire, vertige, ftupidité, infenfibilité, faute d'entendement. G.
SYFRDANU, étonner, étourdir, caufer de la furprife, s'étonner, être étonné, furpris, étourdi ou interdit. G.
SYFUR, le même que Ffur. G.
SYFYR, le même que Myfyr. Voyez Anfyfyrdod.
SYG, chaîne. G. Cik, la jointure des membres en Tartare du Thibet; Cia, chaîne dans la même Langue; Sygim en Turc, petite corde; Suifto en Lufacien; Suefa en Efclavon, lien. Voyez Suohell.
SYGANAI, difoit-il, G. comme qui diroit Ys A Ganai, Ys Ynganai. Davies. Voyez Yngan.
SYGANU, dire, parler. G. Seggen en Flamand; Segan en ancien Saxon; Sagen en Théuton & en Allemand; Say en Anglois; Saya en Suédois, parler, dire; Innfagath en Gothique, difcours; Gaga en vieux François dans Borel, narration, & Sagen, annoncer.
SYGN, figne, pluriel Sygnau. G. Voyez Sygn.
SYI, chien. E. Cei en Langue de Cornouaille. Voyez Ci.
SYL, le même que Cyl. Voyez Aru.
SYLET, avoine. B.
SYLFAEN, fondement, pavé. G.
SYLFAENU, fonder, pofer des fondemens. G.
SYLFAENWR, fondateur. G.
SYLFYD, mouvoir, être mû. G.
SYLIEN, anguille. B.
SYLLAFU, former des fyllabes. G.
SILLDREMIO, regarder. G.
SYLLIAD, regard, afpect, ce qui fait connoître. G.
SYLLIAW, regarder, voir. G.
SYLLT, terme pour démontrer. G.
SYLLT-DY, SYLLTY, endroit où l'on garde le tréfor. G. Voyez Swilt.
SYLLU, regarder, voir. G. C. Je crois que Syllu a auffi fignifié connoître, penfer, juger, réfléchir, parce que Raah en Hébreu; Eido en Grec; Video en Latin; Voir en François, ne fignifient pas feulement voir, regarder, mais encore connoître, penfer, juger, réfléchir, s'eft formé le Breton Confailh, le Latin Confilium, le François Confeil; Con, enfemble; Sellu, Syllu, réfléchir, juger. Cwnfli, qui en Gallois fignifie confeil, eft une tranfpofition de Cwnfil. Voyez Confailh. Silma en Finlandois; Silma en Lappon, œil. Voyez Suil, Sel.
SYLLYAD, vûe. G.
SYLW, vûe, afpect. G.
SYLWED, fubftance. G.
SYLWEDDAWL, fubftantiel, fubftantif. G.
SYLYEN-VOR, congre. B. A la lettre, anguille de mer. Voyez Sylien.
SYMBYLIAD, mouvement, émotion, inftinct. G.
SYMBYLIO, aiguillonner, piquer de l'aiguillon. G.
SYML, fimple. G. Voyez Seimbh.
SYML, enfemble. G. De là le Latin Simul.
SYMLANT, le même que Semlant. G.

TOME II.

SYMLAU, aiguillons. G.
SYMLEDD, fimplicité, état d'un homme fans malice, G.
SYMLEN, fimplarde, idiote. G.
SYMLOGEN, courtifane, petite courtifane, femme de peu de confidération, femme méprifable. G.
SYMLRWYDD, fimplicité. G.
SYMLU, aiguillonner. G. De là le Latin Stimulus, l'Italien Stimolo, aiguillon.
SYMLYN, fimplard, idiot. G.
SYMMUD, action de mouvoir, action d'éloigner, verfer d'un vafe dans un autre. G.
SYMMUD, SYMMUD Y MAIT, ôter, déplacer. G.
SYMMUD AT, approcher, mettre fur, auprès. G.
SYMMUD-LIW, qui change de couleur. G.
SYMMUDIAD, motion, mouvement, action d'éloigner, de tranfporter, de faire paffer une chofe d'un lieu à un autre. G.
SYMMUDLIW, diverfifié, bigarré, qui change de couleur. G.
SYMMUDO, mouvoir, être mû, éloigner, déplacer, ôter d'une place, chaffer, reléguer, prendre de la main d'un autre, fortir. G.
SYMMUDWR, qui fort, qui fait faire place, qui écarte le monde. G.
SYN, figne, fignal, fignature. B. Voyez Sena, Sign.
SYN, fens, fentiment. Voyez Synio.
SYN, bois, arbre, comme Gyn. Voyez Aru.
SYNDAL, fuaire drap dans lequel on enfevelit un mort. G.
SYNDICQ, fyndic. B.
SYNFEDDILIO, méditer, examiner. G.
SYNHWYRBWL, groffier, ftupide, niais, fot. G.
SYNHWYRDDOETH, ingénieux, fubtil, fin, adroit, fage, prudent, fpirituel. G.
SYNHWYRDDWYN, qui caufe le fentiment. G.
SYNHWYROL, fin, adroit, avifé, intelligent; ingénieux, entendu, habile, fage, fpirituel, très-circonfpect, qui confidére, qui pefe, qui examine, agréable, enjoué, plein de fel, qui raille finement. G.
SYNHWYROLDEB, pénétration, fubtilité, fineffe d'efprit. G.
SYNHWYRWERS, parole mémorable, fentence. G.
SYNIRD, fentir, être fage. G.
SYNIFIOUT, fignifier. B. Voyez Syn, Sign.
SYNIGLO, mouvoir. G.
SYNIO, fentir, penfer. G. Ce verbe eft régulièrement formé de Syn, comme Swyniaw de Swyn, & par conféquent Syn fignifie fens, fentiment comme Swyn. De là le Latin Senfus, l'Italien Senfo, Sentimento, l'Efpagnol Sentido, l'Allemand Sinn, le Théuton Sinne, le Flamand Sin, l'Anglois Senfe, le François Sens intérieur & extérieur, fentiment. De là le Latin Sentio, l'Italien Sentire, l'Efpagnol & le François Sentir, percevoir. Sin en Chinois, ame, efprit; Chinsi, je me mets dans l'efprit en Tartare Mogol & Calmoucq, & Kinti, je penfe dans la même Langue; Kyn, jugement en Cophte; Shina, connoître en Perfan; Sinas, intelligent; Sinacht, intelligence dans la même Langue; Sini, qui raifonne; Sineh, perfpicacité, pointe d'efprit, efprit fubtil en Arabe; Tfhinekho, fin, rufé en Syriaque; Afina, connu en Turc; Erzani en Hongrois, fentir, percevoir; Keena en Javanois, fentir, percevoir. Voyez Cydfynio.
SYNIO, fonner. G. Swn.

Fffff

SYN.

SYNN, surpris, consterné, interdit, stupide, lent. G. *Seinn*, tardif en Islandois.

SYNN, ensemble. G.

SYNN, sens, sentiment, regard. Voyez *Synniaw*. *Syn* en ancien Saxon, vûe.

SYNNA, voici, voilà. G.

SYNNDOD, stupidité, sotise, insensibilité, faute d'entendement. G.

SYNNEDIG, étonné, interdit, troublé, confondu, embarrassé, stupide. G.

SYNNEDIGAETH, stupidité, insensibilité, sotise, faute d'entendement, consternation. G.

SYNNEDIGAETH, contemplation. G.

SYNNEDIGAWL, spéculatif, contemplatif. G.

SYNNES, le même que *Cynnes*. Voyez *Aru*.

SYNNFEDDYLIO, soupçonner. G. *Meddwl*.

SYNNHWYROL, pénétrant, fin, subtil. G.

SYNNIAD, sentiment, perception. G.

SYNNIAW, sentir, regarder. G. Ce verbe est formé de *Synn*. Voyez *Synio*.

SYNNIAWL, spéculatif, contemplatif, qui aime à contempler. G.

SYNNIED, penser, faire attention. G.

SYNNIEDIGAWL, qui aime à contempler. G.

SYNNIOL, sensible. G.

SYNNU, étonner, étourdir, consterner, effrayer, causer de la surprise, s'étonner, être étonné, surpris, étourdi ou interdit. G.

SYNWIR, signification. G.

SYNWR, sens, esprit; *Synhwyrbell*, très-prudent. G.

SYNWYR, sens, sentiment, prudence, raison, jugement. G. Voyez *Cinxoro*.

SYOUL, qui est sans bruit. B.

SYOULANCZ, silence. B. De *Sioul* & de *Sioulancz* sont venus les mots Latins *Sileo*, se taire, *Silentium*, l'Italien *Silentio*, l'Anglois & le François *Silence*. Voyez *Sioul*.

SYOULICQ, qui est sans bruit. B.

SYPP, tas, monceau, amas. G.

SYPPIO, amasser, entasser, amonceler, mettre en pelote, rouler autour. G.

SYPPYN, petit tas, petit monceau, petit paquet, paquet de hardes, faisceau, fagot. G.

SYR, SYRE, Seigneur, Sire. G. B.

SYR, étoiles. G. C. C'est le plurier de *Seren*.

SYR, noble, généreux. I.

SYR, SYIRSEACH, libre. I.

SYR, ouvrier en bois. I.

SYR, Sire, Seigneur. B.

SYZ.

SYRA, pere. C.

SYRCH, plurier de *Serch*. G.

SYRCHLWIR, austère, sévère, rude. G.

SYRN, terme pour diminuer ou affoiblir. G.

SYRN, un peu, quelque peu, terme diminutif, médiocre. G.

SYRN-FAWR, qui est en petite quantité, qui est peu considérable, quelque. G.

SYRNYN, un peu, quelque peu, tant soit peu, le moins du monde, si peu que rien, quelques-uns, portion, partie. G.

SYROP, SYROS, sirop. B.

SYRSE, liberté. I.

SYRTH, dehors. G.

SYRTH, entrailles, intestins, boyaux. G.

SYRTHIAD, chûte. G.

SYRTHIO, tomber. G.

SYRTHNI, grande paresse, indolence extrême, engourdissement. G.

SYT, le même que *Cyt*, *Gyt*, *Yt*. Voyez *Aru*. *Sitos* en Grec, froment.

SYTH, solide, dur, ferme, roide, droit, dressé, haut, escarpé, hautain, consolidation, soudure, colle, amidon, empois. G.

SYTH, travail. I.

SYTHDER, rigidité, roideur, incapacité de plier, froidure piquante. G.

SYTHFALCH, superbe, orgueilleux. G.

SYTHGALEDU, s'endurcir par le froid. G.

SYTHU, être roide, dresser, devenir pesant. G.

SYVLAIM, marcher. I. Voyez *Syflid*.

SYUS, vicieux. B.

SYW signifie aujourd'hui poli, agréable, gentil, mignon, de bon goût, bien mis, ajusté, propre. Chez les anciens il paroit avoir signifié sage, sçavant, habile. G. *Siwia*, doux en Finlandois.

SYWDER, élégance, délicatesse, justesse, politesse, bonne grace, ajustement, ornement, parure, beauté, bel air, manière polie, enjouement. G.

SYWEDYDD, astronome, astrologue, sage. G.

SYWEDYDDIAETH, astrologie. G.

SYWETH, ah. C.

SYWIDW, mésange, roitelet petit oiseau. G.

SYWR, sœur dans le dialecte Gallois de l'Isle de Mona. G. Voyez *Siur*.

SYWYN, quereller. Voyez *Tmsywyn*.

SYZLET, avoine. B.

SYZUN, semaine. B.

T

Article. G.

T s'ajoûte indifféremment au commencement ou à la fin des mots. G. Les Latins, dont la Langue étoit formée en grande partie du Celtique, ont suivi cet usage en faisant *Teter d'Ater*.

T. Les Irlandois préposent le *t* indifféremment aux mots qui commencent par *A*.

T se prépose indifféremment au commencement du mot dans le Breton : Ils disent indifféremment *Ter* ou *Er*, terre.

T pour *Ty* B. dans la vie de Saint Gildas.

T & *D* se mettent l'un pour l'autre. Voyez la dissertation sur le changement des lettres à la tête de la seconde partie des Mémoires sur la Langue Celtique.

T & *S* se mettent l'un pour l'autre. Voyez *S*.

TA, eau, rivière. G. *Taje*, laver en Brésilien ; *Tai*, boue, fange, lieu marécageux en vieux François. Voyez *Da*.

TA, bon. C. *Tais* en Irlandois, clément ; *Tzalah*, prospérer en Hébreu ; *That*, bien en Cophte ; *Tatli*, doux en Turc ; *Ta*, grace en Chinois. Voyez *Da*.

TA, est. I.

TA, pronom de la seconde personne singulière servant à tous les nombres ; en Latin *Tuus*, *a*, *um* ; *Tui*, *æ*, *i* ; en François *Ta*, *Ton*, *Tes*. *Ta-Hini* le tien, la tienne ; *Ta-Re*, les tiens, les tiennes ; *Ta-Dat*, ton pere ; *Ta-Mam*, ta mere ; *Ta Breudur*, tes freres, *Ta Choarefel*, tes sœurs. B. *Atha*, toi en Hébreu. Voyez *Tau*, *Ti*.

TA, donc. Ba.

TA, est. Ba.

TA, pays. Voyez *Urdeta*.

TA, le même que *Sa*. Voyez *S*.

TA, le même que *Da*. Voyez *T*.

TA-ERAMAN, céder au temps. Ba.

TA-ETSAIRO BALLERATZEA, se jetter, se précipiter au milieu des ennemis. Ba.

TA-UANDITUA DAUCANA, homme ou femme dont le visage est pâle & enflé. Ba.

TA-UANDITZERA, pâlir, enfler. Ba.

TAAD, pere. G. Voyez *Tad*.

TAAIRM, *TAIRM*, nécromancie. I.

TAAL, front. B. Voyez *Tal*.

TAB, eau, rivière. G. *Tabon*, mer en Tartare Calmoucq. Voyez *Dab*, *Tav*.

TAB, le même que *Dab*. Voyez *T*.

TAB, le même que *Teb*, *Tib*, *Tob*, *Tub*. Voyez *Bal*.

TABA, dez, osselet. Ba. De là l'ancien Saxon *Tefl*, le Théuton *Zapl*, l'Allemand *Tafel*, l'Islandois *Tafl*, le Latin barbare *Tabula*, dez, osselet. Voyez *Tablez*, *Taflu*.

TABAIRTH, rendre, action de rendre, apporter, servir. I.

TABAR, longue tunique, robe, surtout, capote, cape ; plurier *Tebyr*. G. *Tabard*, *Tabart*, *Tabbar* en vieux François, espèce d'habit long comme nos soutanes, sorte de casaque ou de robe, sorte d'habit, manteau, manteline. *Tabarin* est le nom que prit un charlatan qui parut en France vers le commencement du 17e siécle, & qui prit ce nom à cause du petit manteau appellé *Tabbar* qu'il portoit, & qu'à son exemple ceux de son métier portent encore aujourd'hui sur le théatre lorsqu'ils y veulent faire le personnage d'harlequin ou de bouffon. *Tabar* en Croatien ; *Tabaro* en Italien ; *Tavardo* en Espagnol, manteau ; *Tabard* en Anglois, manteau, cape, capote. Voyez *Tabardus*.

TABARDILLOA, fiévre putride. Ba.

TABARDUS, cape, capote. Ce mot se trouve dans le procès verbal de canonisation de Saint Yves, ce qui marque que c'est un terme Breton, d'autant plus que le même mot s'est conservé au même sens dans le Gallois. Voyez *Tabar*.

TABARLANC, *TABERLANC*, *TABARLAC*, dais, portique d'une Église, d'un palais. B.

TABHAIRNE, taverne ; *Tabharnoir*, tavernier. I. De là le Latin *Taberna*, l'Espagnol *Taverna*, l'Anglois & le François *Taverne*. Voyez *Tafarn*, *Daferna*.

TABHAL, fronde. I.

TABHARTAS, don, present, concession, octroi, permission. I.

TABHARTUS, largesse, libéralité. I.

TABHASACH, important, qui est d'importance, docte, sçavant. I.

TABL, table. G. B. De là le Latin *Tabula*, l'Italien *Tavola*, l'Espagnol, l'Esclavon & le Hongrois *Tabla*, l'Allemand & le Flamand *Tafel*, le Bohémien *Tabule*, le Polonois *Tablica*, l'Anglois & le François *Table*.

TABLER, bureau. B. Voyez *Tabl*.

TABLEZ, lieu de jeu. B. Voyez *Taba*.

TABM, bouchée, ce que contient la bouche. C. Voyez *Tam*, *Tammaid*, qui sont le même.

TABORNUM, tambour. Ce terme se trouve dans le procès verbal de canonisation de Saint Yves, ce qui montre que c'est un terme Breton, d'autant plus que *Tabwrd* signifie dans le Gallois la même chose. De là l'Espagnol *Tambor*, l'Italien *Tamburo*, le vieux François *Tabor*, *Tabour*, qui s'est conservé dans son diminutif *Tabourin*. Le

François moderne *Tambour*. *Taborer aux oreilles* en vieux François, corner & comme y battre du tambour, & *Tabourner*, battre du tambour. *Tamburah* en Chaldéen ; *Matabur* en Arabe, tambour. Voyez *Tabouurod*, *Tabouriu*, *Damburinoa*, *Tamboril*, *Tambourin*.

TABOULED, tabouret. B.

TABOULIN, tambour, tabourin. B.

TABOUREAU, tabouret. B.

TABOURIN, tambour. B.

TABUDT, TABUT, bruit, dispute, querelle, démêlé, riote. B. De là *Tabut* en vieux François, bruit, fracas, & *Tabuter*, importuner par son bruit ou ses discours, inquiéter, chagriner, affliger. En Patois de Franche-Comté, on dit *Taibussis*, *Tobussie* pour faire du bruit. *Tabuffare* en Italien, fraper, heurter à la porte.

TABURNIA, champ des tentes. G. Il signifioit la même chose en Irlandois, puisqu'on lit dans la vie de Saint Patrice écrite par Jocelin, *Taburnia*, *Tabernaculorum campus*. De là le Latin *Tabernaculum*, l'Italien *Tabernaculo*, tente.

TABUSTELLUS, A. M. tintement de cloche. De *Tabudt*.

TABUT. Voyez *Tabudt*.

TABUTA, parler beaucoup, faire du bruit en parlant. B. Voyez *Tabudt*.

TABUTAL, contester, disputer, se quereller, gronder. B. Voyez *Tabudt*.

TABUTER, qui parle ou conteste trop, grondeur. B.

TABWRDD, tambour. G. On trouve *Thabur* dans un ancien Historien Anglois pour tambour. Voyez *Tabornum*.

TABYRDDWR, homme qui bat du tambour. G.

TAC, étrangle à la seconde personne de l'impératif. B. Voyez *Taga*.

TAC, beau ainsi qu'on le voit en comparant *Tacclau* avec *Tec*.

TAC, le même qu'*Ac*. Voyez *T*.

TAC, le même que *Sac*. Voyez *S*.

TAC, le même que *Dac*. Voyez *T*.

TAC, le même que *Tec*, *Tic*, *Toc*, *Tuc*. Voyez Bal.

TAC, A. M. imposition, taxe. De *Tacz*.

TACANERIA, fourberie, finesse. Ba. Les Espagnols ont conservé ce terme dans le même sens. Ils disent aussi *Tacano* pour matois, trompeur, frauduleux. *Tacan* en vieux François, méchant homme ; *Tacac* en Hébreu, tromperie.

TACCA, A. M. tasse. De *Tacz*.

TACCL ; plurier *Tacclau*, flèche. G. De là *Tacle* en vieux François, un trait collé & serré pour être tiré avec l'arc.

TACCLAU, ornemens. G. *Tanele* en vieux François, il est décent, il est convenable. Voyez *Tacclus*.

TACCLIAD, action d'orner, de parer, d'arranger, d'ajuster, ornement, parure. G.

TACCLU, orner, ajuster. G.

TACCLUS, orné, ajusté, exact, qui est fait avec soin. G.

TACCLUSO, orner, parer, ajuster, arranger proprement, polir, perfectionner. G.

TACCLUSWYCH, orné, ajusté, paré. G.

TACEA, TACETA, A. M. tasse. De *Tacz*.

TACH, le même que *Teach*. I.

TACH, TAIG, clou de fer ; plurier *Tachon*. *Tacha*, clouer, ficher avec un clou. B. De là *Tache* qui se dit encore aujourd'hui en Normandie pour clou. De là *Dach*, qui en quelques Provinces du Royaume est le nom que les paysans donnent aux cloux dont ils ferrent leurs souliers. *Tucha*, clou en Auvergnac ; *Tayebiate*, loquet en Patois d'Alsace ; *Tachuela* en Espagnol, petit clou ; *Tache* dans la même Langue, petits cloux dorés ; *Tachonar*, ficher ces petits cloux, & *Taco*, cheville de bois. *Patagium*, selon Nonnius, signifioit en Latin un petit clou d'or dont on avoit soin d'orner les habillemens des matrones ; *Tase*, pieu en Phrygien ; *Dakmak* en Turc, ficher, enfoncer, percer ; *Mak* en cette Langue est la terminaison du verbe, *Taquet* est parmi nous un terme de marine, qui signifie un crochet de bois à deux branches, qu'on accroche tant au mât que sur le plat bord, pour y amarrer quelques manœuvres. On voit par ce mot, qui est formé de *Tach* ou de *Staga*, que *Tach* a signifié généralement tout ce qui attache, tout ce qui accroche, tout ce qui arrête. De là l'Espagnol *Atacar*, l'Italien *Attacare*, le François *Attacher*. *Atajar* en Espagnol, arrêter, empêcher, boucher, fermer. Dans le Patois de quelques endroits de Franche-Comté on dit *Attaigie* pour arrêter. Voyez *Staga*, *Tachaya*, *Tacla*, *Taigiff*.

TACH, tache, souillure, marque. B. De là l'Espagnol *Tacha*, l'Italien *Taccia*, le François *Tache*. On disoit *Teche* en vieux François ; De là *Entaiché*, *Enteché*, *Entiché*. On dit encore *Taiche* dans le Patois de Franche-Comté pour tache. *Thachoz* en Arabe, mauvais naturel, mauvaises mœurs, mauvaise coûtume ; *Tach* en Chaldéen, accuser, accusation. De *Tach* pris pour marque est venu le terme François *Tac*, qui signifie une maladie de brebis qui est une espèce de peste pour ces animaux, qui couvre leur peau de certaines marques. De *Tach* pris pour marque est venu le vieux mot François *Tache*, qui signifioit tout ce qui étoit remarquable dans quelqu'un, ses bonnes ou ses mauvaises qualités. L'ancienne chronique de Flandres, c. 26, parlant de Marguerite Comtesse de Flandres, dit : *En elle avoit quatre taches ; premièrement elle étoit une des plus grandes Dames du lignage de France, secondement elle étoit la plus sage & mieux gouvernant terres qu'on sceut,* &c. Les deux autres taches sont qu'elle étoit libéral & riche. Voyez *Tacha*, Basque, *Taich*.

TACH, lieu, endroit. B. De là *Tache* en vieux François, lieu, endroit. On dit encore *Taiche* en Franche-Comté au même sens. *Tu* en Hébreu, chambre ; *Tachat*, lieu dans la même Langue. Voyez *Tach*, le même que *Teach*.

TACHA, tache, souillure, marque. Ba. Voyez le second *Tach*.

TACHA. Voyez le premier *Tach*.

TACHA, A. M. tâche, souillure. De *Tach*.

TACHA, A. M. bornes de champ. De *Tach*, marque.

TACHAYA, bouchon, tampon. Ba. Voyez le premier *Tach*.

TACHDAIR. TIR TACHDAIR, Pays-bas. I.

TACHEN, pièce de terre enclavée & enfermée entre d'autres, petit terrein borné & de petite étendue ; *Tachen Glas*, pâtis, pâturage, terrein couvert d'herbes entre plusieurs labourés depuis peu, carrefour couvert de verdure, & en général une pièce, un morceau. *Tachen Bara*, morceau de pain taillé en large ; plurier *Tachennou*. C'est ainsi que Dom Le Pelletier explique ce mot. Le Pere de Rostrenen met *Tachen*, le pavé, place honnêtement grande, lieu public pour le commerce. B.

TACHEN, tache, souillure, marque. B.

TACHOA,

TAC.   TAD.   393

TACHOA, la bourre d'un fusil. Ba. Voyez Tachaya.
TACHOUR, cloutier. B.
TACHWEDD, quantité, quelque peu, un peu, tant soit peu, le reste ; il signifie presque la même chose que Diwedd. Il se dit de ce qui tend à sa fin, c'est pourquoi le pénultième mois de l'année, qui est celui de novembre, est appellé Tachwedd. On trouve dans les anciens Tachweddu, consommer, finir ; Mis Tachwedd, novembre. G.
TACIA, A. M. tasse. De Tace.
TACLA, corde. I. Voyez le premier Tach & Siaga.
TACON, piéce ; pluriel Taconou. Taconi, rapetasser, coudre piéces sur piéces. C'est ainsi que Dom Le Pelletier explique ce mot. On trouve dans les autres Dictionnaires Tacon, fripier, taquin, celui qui agace. Taconer, fripier, savetier ; Taconnein, rapiécer ; Taconni, rapiécer, rapetasser ; Tacoun, Tacouner, rhabilleur, rapetasseur. B. La seconde de ces significations paroit venir de Tach, clou, & en général tout ce qui arrête, parce qu'un taquin est un homme qui s'interdit les dépenses les plus nécessaires. Tacon au troisième sens paroit venir de Tigu pris au sens figuré. Du Tacon, piéce, est venu l'Italien Taccone, bout à un soulier ; Tacconare, refaire les souliers, rapetasser, mettre des bouts ou piéces ; Tacconegiare, rapiécer. On dit Retaconer en quelques Provinces du Royaume pour refaire les souliers. Tacano en Espagnol, taquin, mesquin, sordidement avare, & Tacanear, être mesquin, être sordidement avare dans la même Langue ; Taccagno en Italien ; Taquin en François, mesquin, sordidement avare ; Taccagnare en Italien ; Taquiner en vieux François, être mesquin, être sordidement avare. On appelle en Languedoc Tacan, un homme mordant. Taccoire en Italien, signifie chicaner, tracasser ; Tacous à Genève est un morceau de vieux cuir ; Taconner en Franche-Comté signifie marchander par de très-petites sommes.
TACONATUS, A. M. rapiécé, rapetassé. De Tacon.
TACONER. Voyez Tacon.
TACONES, A. M. piéce d'habit. De Tacon.
TACONNEIN. Voyez Tacon.
TACONNI. Voyez Tacon.
TACORRIA, cloporte. Ba.
TACOUN, TACOUNER. Voyez Tacon.
TACQSENEIN, remâcher, ruminer. B.
TACUS, A. M. imposition, taxe. De Tace.
TACWEDDU, finir. G.
TACE, TAS, TASS, tasse. B. Taca, tasse en Basque ; Tas en Arabe, en Persan & en Turc, tasse ; Taxiay en Égyptien, tasse d'argent ; Tasse en Allemand ; Tazza en Italien ; Taça en Espagnol ; Tasse en François, tasse ; Tas, plat en Persan, & Test, bassin, coupe dans la même Langue. Il est probable que ce mot par analogie a été étendu à signifier tout ce qui est propre à contenir quelque chose. On appelle Tache en Patois des deux Bourgognes, une poche d'habit ; Task en Danois ; Tascun en Théuton ; Tasche en Allemand ; Tasc en Islandois, poche. Tasque, dit Monsieur Huet dans ses origines de Caen, est un vieux mot Gaulois qui signifioit bourse, sac, poche ; Tassche en Flamand ; Tasse en haut Breton & en Picard ; Tasca en Italien & en Bohémien, bourse ; Taska en Danois ; Tessche en Flamand ; Tashka en Esclavon & en Carniolois ; Taschca en Croatien, besace, valise ; Tasca en Italien moderne ; Tascha en vieux Italien, petit sac ; Taça en Espagnol, bassin de fontaine large & en forme de tasse où tombe l'eau ; Tasca dans l'Hébreu du Talmud ; Tasu en Arabe,

sac ; Thaso en Syriaque, coupe à boire, vase à mettre de l'eau ou du vin ; Thas, coupe à boire, tasse, calice, plat, bassin en Arabe ; Thseber en Chaldéen, coffre où l'on met son argent ; Thasab en Chaldéen & en Syriaque, cacher, renfermer ; Tasse, puits en Malaye ; Tepschi, auge en Tartare Mogol & Calmoucq ; Tasque, tasse en vieux François, gibecière, petit sac, bourse.
TACE, taxe. B. De là ce mot. De là Taxe en Allemand, taxe, appréciation, & Taxieren, taxer, apprécier dans la même Langue. Voyez Tase, Tasa, Tasg.
TAD, pere. G. C. B. Taad en Gallois ; Tat en Langue de Cornouaille ; Dad en Irlandois ; Tat en Breton, pere ; Tada, pere, pere nourricier en Gallois ; Tadawg, patron, protecteur en Gallois ; Tata, pere, s'est conservé dans notre Langue. Martial, l. 1, Epig. 101, s'en sert comme d'un terme que les enfans employoient en caressant leur pere. Il se trouve aussi en ce même sens dans trois inscriptions rapportées par Scaliger dans ses notes sur Ausone, l. 1, c. 29. Tetta étoit chez les Grecs un titre de respect que l'inférieur donnoit à son supérieur. Tia en Chinois ; Dade en Cophte ; Taad en ancien Saxon ; Tatte en Allemand ; Teyte en Frison ; Tott dans la Franconie ; Tot dans la Souabe ; Tabes en Livonien ; Attata en Groenlandois ; Tat dans la Langue de Ponconchi en Amérique ; Tota dans la Langue d'Angola, pere ; Tast en Esclavon ; Tasti en Dalmatien ; Tist en Bohémien, beau-pere ; Did en Esclavon & en Dalmatien ; Ded en Bohémien ; Dziad en Polonois ; Atta en Turc ; Tuderor en Étrusque, nourricier ; Tay, génération en Chinois. Voyez At, Dad, Tai qui sont le même mot que Tad.
TAD, grand. Voyez Tantad.
TAD, premier. Voyez Tadog.
TAD, le même que Tat. Voyez T.
TAD, le même qu'Ad. Voyez T.
TAD, le même qu'At. Voyez T.
TAD, le même que Ted, Tid, Tod, Tud. Voyez Bal.
TAD, le même que Sad. Voyez S.
TAD-CU, aïeul. G.
TAD-CUN, bisaïeule. B.
TAD-GOZ, ancêtres. B.
TAD-LEIDDIAD, parricide substantif. G.
TADA, pere, pere nourricier. G.
TADAIDD, paternel. G.
TADAWG, patron, protecteur. G.
TADAWL, paternel. G.
TADCU, aïeul. G.
TADDOR, bonté. G. Voyez Ta.
TADEG, beau-pere. B.
TADH, TEADH, TEDH, les mêmes que Teagh, Tagh, Tegh. I.
TADHG, poëte. I.
TADHV, taupe. I.
TADIEU, aïeul, grand-pere. B.
TADIGUIAH, génération, production. B.
TADMAETH, pere nourricier, nourricier. G. E.
TADOG, paternel, qui désigne le pere, primitif. G. Tadog étant le possessif de Tad, on voit par ce mot que Tad a aussi signifié premier.
TADOGAETH, paternité, dérivation, parenté, famille. G.
TADOGI, être pere. G.
TADOL, paternel. G.
TADU, être pere. G.
TADVAT, pere nourricier, nourricier. C. Voyez Tadmaeth.

TADWYS, pere, qui a engendré, qui engendre, qui désigne le pere, parenté, famille; *Tadwys* se dit de tous les animaux qui ont engendré ou produit leur semblable. G.
TAEL, parelle plante. B.
TAELDIGARTH, compensation, payement. G.
TAELIO, tailler, couper. G. Voyez *Tailha*.
TAELIWR, tailleur. G. De là ce mot.
TAELLIAD, imposition, taille. B. Voyez *Tail*.
TAEN, feu. G. Voyez *Tan*.
TAEN, aspersion, arrosement. G.
TAENDROCHI, baptiser. G.
TAENDROCHIAD, baptême. G.
TAENELL, aspersion, arrosement. G.
TAENELL, corbeille, panier. G.
TAENELLADWR, aspersoir, goupillon. G.
TAENELLIAD, aspersion, arrosement. G.
TAENELLU, arroser; *Taenellu Ar*, verser, répandre, épancher, jetter sur, dans ou contre. G.
TAENU, arroser, humecter, mouiller, verser dessus, étendre ou jetter par terre, dissiper. G.
TAEOG, paysan, métayer, rustique, grossier, impoli, inhumain, rude, dur. G.
TAEOGAU, la populace. G.
TAEOS, homme grossier, sans politesse, sans manières. G.
TAER, violent, impétueux, véhément, fort, rude, fâcheux, cruel, méchant, effronté, impudent, insolent, importun, pressant, qui presse, qui s'approche, sérieux, grave, soigneux, diligent, exact, attaché, assidu. G. Voyez l'article suivant.
TAER, impétueux, rude, brusque, vif, un peu précipité. B. Voyez l'article précédent.
TAER, particule augmentative. Voyez *Taerymbil*.
TAER-ARCHIAD, ambition, passion extrême pour les honneurs. G.
TAER-GAIS, ambition, passion extrême pour les honneurs. G.
TAER ERLYN, ambition, passion extrême pour les honneurs. G.
TAER-LUD, constant, ferme, inébranlable. G.
TAER-WRYS, de *Taer Gwrys*. G.
TAER-YMGAIS, affecter. G.
TAERAD, affirmation. G.
TAERDDRUD, véhément, impétueux, violent, fort. G.
TAERDDRWG, effronté, impudent, insolent, fâcheux, chagrinant, importun, incommode. G.
TAERDER, véhémence, nécessité pressante, importunité, méchanceté. G.
TAERDD, véhémence, importunité, méchanceté. G.
TAERGEISIO, demander avec véhémence, avec ardeur, avec empressement. G.
TAERI, importunité, véhémence, méchanceté. G.
TAERI, hair. B.
TAERIGEN, haine, animosité, aversion. B.
TAERISION, murmure. B.
TAERNI, véhémence, insolence, impudence, effronterie, importunité, méchanceté, incommodité, ennui, chagrin, inquiétude. G.
TAEROFYN, demander avec importunité ou avec empressement. G.
TAERRISION, furie, emportement. B.
TAERU, assurer, affirmer, soutenir, affirmer fortement, presser. G.
TAERUS, bilieux, colere, fougueux. B.
TAERYMBYL, prier avec instance, ambitionner, briguer. G.
TAESSE, meule, tas. B.

TAESSEIN, entasser, mettre en pile. B.
TAESSEREAH, action d'entasser, de mettre en pile. B.
TAESSOUR, calvanier celui qui entasse les gerbes dans la grange. B.
TAF, TAV, fleuve. C. Voyez *Tab*.
TAF, le même que *Saf*. Voyez S.
TAF, le même qu'*Af*. Voyez T.
TAF, le même que *Daf*. Voyez T.
TAF, le même que *Tef*, *Tif*, *Tof*, *Tuf*. Voyez *Bal*.
TAFAG, langue. C. Voyez *Tafawd*, *Tafod*.
TAFALL. PREN TAFALL, baliste machine de guerre des anciens. G. Voyez *Taflu*.
TAFARN, taverne. G. B. Voyez *Tabhairne* & *Dasfar*, qui est la racine de l'un & de l'autre.
TAFARNDY, taverne, cabaret, maison qu'on loue pour se divertir. G.
TAFARNWR, TAFARNWAS, cabaretier, tavernier, hôtellier. G.
TAFARNWRAGED, hôtellières, cabaretières. G.
TAFAWD, langue. Voyez *Tafawdrydd* & *Tafod*.
TAFAWDRWDD, celui qui indique un homme à celui qui le veut tuer. G. A la lettre, langue rouge. *Tafawd Rhudd*.
TAFAWDRYDD, qui ne retient pas sa langue. G. *Tafawd Rhydd*.
TAFELL, rognure, retaille, recoupe, copeau, piéce ou morceau coupé, morceau de pain. G.
TAFELLIG, diminutif de *Tafell*. G.
TAFELLU, couper en morceaux. G.
TAFF, bouchon de bouteille; plurier *Taffou*. C'est ainsi que Dom Le Pelletier explique ce mot. Le Pere de Rostrenen met *Taff*, couvercle. B. De là *Tape*, bouchon d'un canon en termes de canonage de marine. De là *Taper* en notre Langue pour boucher, *Tapon*, *Tampon*, *Tapener*, *Tamponer*, Voyez *Steff*, *Topp*.
TAFFA, savourer. B. Voyez *Tafag*.
TAFFARN, taverne. B. Voyez *Tafarn*.
TAFL, javelot, dard, fronde. G.
TAFL, table. G. Voyez *Tabl*.
TAFLEDYDD, qui lance, lanceur de javelots, frondeur. G.
TAFLFFONN, dard, javelot, trait d'arbalète. G.
TAFLIAD, jet, action de jetter. G.
TAFLOD, plancher, étage. G.
TAFLOD Y GENAU, palais de la bouche. G.
TAFLODIAD, interjection. G.
TAFLU, je jette, j'ai jetté. G. Voyez *Tauli* *Tawli*.
TAFLWR, qui lance, lanceur de javelots. G.
TAFOD, langue. G. Voyez *Tafag*, *Teaud*, *Tavos*.
TAFOD-AUR, qui a le parler agréable, douceur de langage. G. A la lettre, langue d'or.
TAFOD Y BWCH, langue de bouc plante. G.
TAFOD Y BYTHEIAD, cynoglosse, orcanette. G.
TAFOD Y CI, cynoglosse, orcanette.
TAFOD Y FUWCH, buglose, basilic sauvage. G.
TAFOD Y LLEW, langue de lion plante. G.
TAFOD Y MARCH, laurier alexandrin, espèce de houx frelon ou langue de cheval. G.
TAFOD Y NEIDR, langue de serpent plante. G.
TAFOD Y PAGAN, la même plante que *Tafod Y March*. G.
TAFOD YR EDN, chiendent. G.
TAFOD YR EDN LEIAF, petit chiendent. G.
TAFOD YR HYDD, scolopendre vulgaire. G.
TAFOD YR OEN, arnoglosse. G.
TAFOD YR YCH, buglose, basilic sauvage. G.
TAFODIAITH, langue au sens de langage, lasgage, idiôme. G.

TAFODIOG, qui a bonne langue, avocat, interprète, truchement. G.
TAFODOGAETH, profession d'avocat. G.
TAFODRWM, filet qui empêche le libre usage de la langue, bègue. G.
TAFODRYDD, causeur, babillard. G.
TAFODYN, languette, épiglotte. G.
TAFOL, oseille, patience plante. G.
TAFOL COCHION, plante appellée en Latin *Tapacum*. Le nom Gallois signifie patience rouge. G.
TAFOL GWAEDLYD, patience plante. G.
TAFWY, TAVWY, fleuve. C. Voyez *Tab*.
TAG, attache, arrêt, étranglement, suffocation. G. Voyez *Staga*.
TAG, TAGUS, PER TAG, TAGUS, poires de serpent. B. A la lettre, poire qui prend à la gorge. Voyez *Taga*.
TAG, le même que *Dag*. Voyez T.
TAG, le même qu'*Ag*. Voyez T.
TAG, le même que *Sag*. Voyez S.
TAG, le même que *Teg*, *Tig*, *Tog*, *Tug*. Voyez *Bal*.
TAG-ARADR, arrêtebœuf ou bugronge. G.
TAGA, étrangler, dévorer, déchirer : Au sens moral il se dit pour se quereller avec emportement & brutalité ; *Tagher*, dévoreur, étrangleur. Au sens figuré on donne ce nom à un homme qui s'enrichit du bien & du sang des pauvres : Vennetois, *Tag*, étranglement ; *Taghein*, étrangler ; *Tagus*, ce qui prend à la gorge, âcre ; *Tagenein*, ruminer à la manière de quelques bêtes : C'est ainsi que Dom Le Pelletier explique ce mot. On trouve dans les autres Dictionnaires *Taga*, étrangler, suffoquer, dévorer ; *Taguer*, celui qui dévore, qui étrangle par ses criailleries, grondeur, grand querelleur ; *Tagus*, âpre au goût, âcre, acide, revêche ; *Tagusadur*, acrimonie, acidité. B. Voyez *Tag*, *Tagu*.
TAGEL, fanon d'un bœuf, le haut du ventricule des animaux qui ruminent. G.
TAGFA, étranglement, suffocation, action d'étrangler, d'égorger, esquinancie, mal de gorge. G.
TAGH, le même que *Teagh*. De même des dérivés ou semblables.
TAGHAIS, le même que *Teaghais*. De même des dérivés ou semblables. I.
TAGHER, celui qui s'enrichit du bien d'autrui. B. Voyez *Taga*.
TAGU, étrangler, suffoquer, égorger, être étranglé, être suffoqué. G. B. Voyez *Taga*.
TAGUER. Voyez *Taga*.
TAGUS. Voyez *Taga*.
TAGUSADUR. Voyez *Taga*.
TAGWYG, orobanche. G.
TAH, le même que *Tach*. Voyez la dissertation sur le changement des lettres au premier volume des Mémoires sur la Langue Celtique.
TAHINEIN, agacer, provoquer, irriter. B.
TAHONNEN, taon. B. De là ce mot.
TAI, maison, habitation. G. Voyez *Hafdai*. *Tha*, *Thaa* en Hébreu ; logement, lit ; *Thaa* en Chaldéen ; *Thoi* en Arabe, logement, lit.
TAI, pluriel de *Ty*. G.
TAIADUR, fusion. B. Voyez *Tawd*.
TAIBHREADH, songe, révélation, songer. I.
TAIBHSIDH, ostentation. I.
TAIBHSIOCH, grand, haut, exorbitant, magnifique. I.
TAIBREAG, vanterie, rodomontade. G.
TAIBSER, fantôme, spectre, apparition. I.

TAIBSEACH, sublime, relevé, sublimité. I.
TAIBSEADH, se vanter. I.
TAIBSEAS, gros. I.
TAIBSIOGHADH, aggrandir. I.
TAIBSIUGHADH, action de se glorifier. I.
TAICH, TECH, tache, vice, défaut naturel ou moral, mauvaise habitude ; *Didech*, sans vice, non vicieux. B. Voyez *Tach*.
TAICH, clou. B. Voyez *Tach*.
TAICHER, cloutier. B.
TAID, aïeul. G. *Taton* en vieux François, aïeul : Il signifie encore la même chose en Picard. Dans la Coutume de Boulogne les vieux chenes sont appellés *Chênes Taïons* par métaphore, comme qui diroit les chênes aïeux. Par la même métaphore on appelloit *Taton* en vieux François un gros arbre, parce qu'il est vieux. Voyez *Tad*.
TAIDHE, larcin. I.
TAIDHEOR, ciel. I.
TAIDHLEOIR, député, envoyé. I.
TAIKIN, fondre, liquéfier. B.
TAIG. Voyez *Tach*.
TAICHTE, adonné. I.
TAIGIFF, clouer. B. Voyez *Tach*.
TAIGN, teigne. B. De là ce mot.
TAIL, excrément humain, fiente d'animaux, fumier, G. B. ordures, immondices, boue. G. *Tilos* en Grec, excrément humain. Voyez *Teil*.
TAIL, taille, figure, forme, manière ; *Pe Tail*, comment, de quelle manière ? *E Tail Ur Moch*, à la manière d'un cochon ; *E Tail Ema D'a Vea Croughet*, il est d'une figure à se faire pendre, il a la mine patibulaire : C'est ainsi que Dom Le Pelletier explique ce mot. On trouve dans les autres Dictionnaires *Tailh*, taille, stature, apparence, surface ; *Ema E Tail Da Vont*, il est prêt, il est empressé pour aller. B De là notre mot François *Taille* pour stature. Voyez *Tel*.
TAIL, TAILH, TEILH, TELL, imposition, taille. B. De là ce dernier mot & l'Italien *Taglia*, qui a le même sens. Voyez *Tal*.
TAIL, COAD TAIL, bois taillis. B. De là ce mot. Voyez *Tailha*, *Tailher ya*.
TAILEA, TAILLEA, TAILLA, TALA, TALIUUM, TAILLEITIUM, TALTERIUM, A. M. taillis ou bois taillis. De *Tail*.
TAILH. Voyez *Tail*.
TAILH, trantran terme populaire. B. Voyez *Tail*.
TAILHA, tailler, couper, partager. B. *Dail* en Gothique ; *Teil* en Théuton & en Allemand ; *Del* en ancien Saxon ; *Deel* en Flamand, part, partie. *Tailler* en François ; *Dailjan* en Gothique ; *Dalan* en ancien Saxon ; *Teilen* en Théuton & en Allemand ; *Deelen* en Flamand ; *Deale* en Anglois ; *Dela* en Islandois ; *Tagliare* en Italien ; *Taliare* en Latin du moyen âge, tailler, couper, partager. *Talam* en Hébreu, en Chaldéen, en Arabe, en Éthiopien, sillon ; *Thela*, pièce, morceau ; *Talahh*, fendre, déchirer en Chaldéen ; *Thalaph* en Chaldéen, en Samaritain, en Syriaque, couper ; *Talahh* en Chaldéen, en Syriaque, rompre, fendre, déchirer ; *Thalah* en Syriaque, diminuer ; *Thalamh*, couper la terre ; *Thal*, couper ; *Talab*, fendre, rompre ; *Talahhh*, briser en Arabe. Voyez *Taelio*, *Tal*, *Tala*, *Talla*.
TAILHA, TAILHIUM, TALLIA, A. M. taille, imposition. De *Tail*.
TAILHATOR, A. M. celui qui a soin des taillis ou bois taillis. B. De *Tail*.

TAILEERYE, TAILHIRYS, taillis ou bois taillis. B. Voyez *Tailha*.
TAILHOUER, tailloir, tranchoir. B.
TAILHUM, A. M. droit de couper du bois dans un taillis. De *Tail*.
TAILL, coupure, tailleure. B.
TAILLEN MAESEAU, petite croissance de chair grosse & longue comme le doigt, fort ordinaire à la gorge des cochons. B.
TAILLIARE, A. M. Voyez *Tailha*.
TAILLIUR, tailleur, tailleur d'habits. I. De là *Talyer* en Anglois; *Tailleur* en François.
TAILM, fronde. I.
TAIM, ville. I.
TAIM, le même que *Tuaim*. I.
TAIN, pays, région. G. Voyez *Tan*, *Stan*.
TAIN, rivière, fleuve: C'est le synonime d'*Afon*. G. Voyez *Tan*.
TAINCH, TANCH, tanche. B. De là le Latin *Tinca*, l'Italien *Tinca*, *Tenca*, l'Espagnol *Tinca*, l'Anglois *Tenche*, le François *Tanche*. Voyez *Tenca*.
TAJOA, tronc. Ba.
TAIOG, labourer. G. Voyez *Taog*.
TAION, TAIONI, TAIONUS, les mêmes que *Daion*, *Daioni*, *Daionus*. Voyez T.
TAIR, trois au genre féminin. G. B. De là le Latin *Ter*. Voyez *Tairdait*, *Teora*.
TAIR, le même que *Dair*. Voyez T.
TAIRBE, commodité, utilité, convenance, usage, avantage, gain, profit. I.
TAIRDAIT, triplicité. B. Voyez *Tair*.
TAIREADH, mépriser. I.
TAIRGIRE, prophétie. E.
TAIRGSIN, offre, tentative, offrir, faire offre, présenter, rencontrer. I.
TAIRIM, louer. I.
TAIRIS, de travers, delà, au-delà, de delà. I.
TAIRISE, fidéle, loyal; *Tairiseas*, fidélité, loyauté. I.
TAIRISIM, rester, demeurer. I.
TAIRLEARACH, qui est au-delà de la mer, d'outre mer. I.
TAIRM, TAAIRM, nécromancie. I.
TAIRNGE, clou, épingle. I.
TAIRNGIRE, prédiction. I.
TAIRNGRIM, prédire. I.
TAIRRIANACH, qui est au delà de la mer. I.
TAIRSEACH-DORUS, seuil de la porte. I.
TAIRVEALACH, trajet. I.
TAIS, doux au toucher, mou, humide, arrosé, tendre, clément. I. Voyez *Ta*.
TAISDIOL, TAISDIOLLAD, qu'on fait marcher çà & là, qui voyage, voyage. I.
TAISDIOLLACH, passager, passant. I.
TAISE, clémence. I.
TAISGE, garde. I.
TAISGE, abondance, quantité. I.
TAISGIDH, caisse. G.
TAISGIDH, cabane de paille. E.
TAISH, humide. I.
TAISTEAL, TAISTEALACH, vagabond, errant. I.
TAISTEALACH, étranger. I.
TAISTLIM, errer, marcher, être vagabond. I.
TAITE-SUAS, collé. I. Voyez *Taithugad*.
TAITH, chemin, voyage. G.
TAITH, marcher, voyager. Voyez *Yndaith*.
TAITHIDE, pratique, usage, coûtume. I.
TAITHIGE, adonné. I.
TAITHIGHTEACH, usuel. I.

TAITHNEAMH, décence, bienséance. I.
TAITHNEAMHACH, agréable, charmant, exquis, rare, excellent, beau. I.
TAITHNIOMACH, plaisant, agréable, aimable. I.
TAITIDE, coûtume, habitude. I.
TAITIGHE, s'accoûtumer, s'habituer, accoûtumé, habitué, coûtume, connoissance. I.
TAITIGHTE, cimenté. I.
TAITITID, fréquent. I.
TAKAR, bon. I.
TAKEN. Voyez *Tocken*.
TAKENNA. Voyez *Tocken*.
TAL, front, grandeur, stature, taille, hauteur, haut, long, fin, extrémité, le penchant, la croupe d'une montagne, colline, plaine au pied des montagnes, vallée. G. *Thol* en Gallois, hauteur, élévation, montagne; *Teifynn*, tête dans le dialecte Gallois de l'Isle de Mona; *Taloch*, élevez dans la Langue des Pictes, selon Baxter; *Tul*, front en Irlandois; *Tall*, au-delà, par-dessus; *Tal*, front, partie antérieure en Langue de Cornouaille; *Taleyt*, Principauté dans la même Langue: (On voit par ce mot que *Tal* a signifié Prince, haut, élevé dans cette Langue;) *Tal*, front la partie supérieure du visage, façade, haut, élevé, fond de barrique, fond de tonneau en Breton; *Tallea*, *Tallua* en Basque, la taille du corps, stature; *Tal* en Hébreu & en Chaldéen, tertre, haut; *Tal*, cime en Hébreu; *Talah*, être au-dessus; *Tel*, tertre, tas dans la même Langue; *Tala*, élever en Samaritain; *Talal*, *Dalah*, élever; *Dal*, élevé, élévation en Chaldéen; *Tal*, lieu élevé, tertre en Syriaque; *Tal* en Arabe, colline; *Thalhhh*, lieu élevé; *Tala*, être long; *Dal*, être supérieur, être élevé, être grand; *Tull*, colline, tertre dans la même Langue; *Tal*, petite colline en Persan; *Tel*, colline, tertre; *Tuil* front; *Doulus*, grandeur, empire; *Talas*, flot élévation de l'eau, cri élévation de la voix dans la même Langue; *Taliphis* en Éthiopien, pointes élevées; *Thol*, tertre en Cophte; *Dol*, grand en Tartare du Thibet; *Tolgoi* en Tartare Calmoucq; *Tau*, montagne en Tartare; *Tala*, campagne, plaine en Tartare Mogol & Calmoucq; *Talas*, flot élévation d'eau en Turc; *Tale*, *Dalei*, tête en Malabare; *Dolon*, premier dans la Langue de Malaca; *Tien*, au-dessus en Tonquinois; (c'est apparemment une crase de *Tulen*) *Ta*; grand, beaucoup en Chinois; *Tay*, le plus haut; *Tao*, il vaut mieux dans la même Langue; *Tol*, front en Langue de Chili; *Ital* en Arcadien, élevé; *Tholos* en Grec, édifice élevé; *Tolus* dans le glossaire de Saint Isidore, rondeur élevée; *Telos* en Grec, fin, extrémité, dignité des Magistrats, victoire ou supériorité sur l'ennemi; (*Os* terminaison grecque) *Talus* en Latin, talon l'extrémité du corps humain; *Talpa* en Latin, taupe petit animal qui forme de petites élevations ou de petits tas de terre dans les endroits où elle se place; *Tall* en Anglois, haut; *Thil* en Flamand, colline; *Talaya*, tour ou lieu élevé pour y faire sentinelle en Espagnol; *Talo*, Taille en Italien, le jet de l'herbe qui monte, qui s'élève; *Dale* en Bohémien, outre ce, davantage; *Daley* en Polonois, plus, davantage; *Daleke* en Bohémien; *Daleko* en Polonois, en Dalmatien, en Lusacien; *Delech* en Esclavon, loin; *Dalek*, éloigné en Stirien & en Carniolois; *Daleko*, loin; *Dalecocha*, distance dans les mêmes Langues; *Tall*, *Taal* en Danois & en Suédois; *Getale* en
aucien

ancien Saxon ; *Getal* en Flamand, nombre ; (*Ge* eſt paragogique dans ces Langues) *Zal* en Allemand ; *Zala* en Théuton, nombre ; (le *a* & le *t* ſe ſubſtituent réciproquement) *Æthel, Etel* en ancien Saxon ; *Adel, Edel* en Allemand ; *Edil* en Théuton, *Edel* en Flamand, noble ; *Adelinga* en Lombard, la claſſe des nobles ; *Adaling*, noble dans la loi des Angliens & des Weriens ; *Edel* en Théuton & en Allemand, excellent, ce qui eſt au plus haut degré de bonté ; *Edel* en Allemand, précieux. On appelloit en vieux François *Etalons* des arbuſtes qu'on laiſſe monter & pouſſer en haut. On nommoit en vieux François *Teltre* un côteau, un tertre ; c'eſt de là qu'eſt venu ce dernier mot, par le changement de l'*l* en *r*. *Teltre* eſt naturellement formé de *Tal* ou *Tel*, élévation, & *Ter* ou *Tre*, terre. *Talvane* en Franche-Comté eſt un mur mitoyen qui s'élève en pointe juſqu'au plus haut de la maiſon. *Matala*, bas en Finlandois. *Tal*, pente, penchant s'eſt auſſi pris au figuré, ainſi que nous le voyons par le mot *Talent*, qui ſignifioit en vieux François inclination, penchant, envie, déſir, volonté : De là *Entalanté*, qui a envie, ayant déſir ; *Entalanter, Attalonter*, inſpirer le déſir ; *Maltalent*, mauvaiſe volonté. *Talent* pour déſir ſe dit encore en Provence & en Languedoc, *Talento* à Florence & en Eſpagne, déſir, volonté ; *Thelo*, vouloir en Grec. On voit par tout ce qu'on vient de dire que *Tal*, de même que *Pen*, a ſignifié les deux extrémités, le haut & le bas. Voyez *Al, Dal*, qui ſont les mêmes que *Tal*. Voyez encore *Tail, Tailha*.

Tal, prix, payement, compenſation, penſion. G. *Tal* en Breton, prix, payement. De là notre mot François *Taux*, qui ſignifie le prix des denrées : Il eſt ordinaire parmi nous de changer *Al* en *Au*. *Telein* en Grec ; *Btala* en Suédois ; *Bzalen* en Flamand ; *Zalen, Bzalen* en Allemand, payer.

Tal, Toll, tribut, impôt, impoſition, taille. G. *Telos* en Grec ; *Toll* en Anglois, en Flamand, en ancien Saxon ; *Tull* en Suédois ; *Zoll* en Allemand, impôt, tribut, gabelle ; *Telonion* en Grec ; *Telonium* en Latin ; *Tolda* en Danois ; *Tolbuys* en Flamand ; *Zoll-Hauſſ* en Allemand, endroit où l'on paye les impôts ; *Huys* en Flamand, *Hos* en Allemand, maiſon. Voyez *Tail, Tel*.

Tal, front, partie antérieure. C.

Tal, combat, choc. I. On dit en Franche-Comté qu'un fruit eſt *Tâlé* lorſqu'il eſt coti ou meurtri, ſi j'oſe m'expliquer ainſi, par quelques coups. Voyez *Tailha, Talcain*.

Tal, front la partie ſupérieure du viſage ; *Talec*, qui a du front, qui a un grand front ; *Rac Tal*, en face, droit devant ; *E Tal*, vis-à-vis, tête à tête ; *Tal-Pen* pour *Tal-Pen*, bout, extrémité ; à la lettre, front de tete ou de bout ; *Ar-Nor Dal*, la porte du front d'une Égliſe, le frontiſpice : C'eſt ainſi que Dom Le Pelletier explique ce mot. On trouve dans les autres Dictionnaires *Tal*, front, façade, élevé, haut, fond de barrique ; *Talein*, foncer ; *E Tal*, près, auprès, vis-à-vis ; *Rac Tal*, tout droit. B.

Tal, face, viſage. Voyez *Dental*. De là *Taloche*, terme populaire en Franche-Comté qui ſignifie un coup ſur le viſage.

Tal, le même qu'*Attal*. Voyez ce mot.

Tal, gros. Voyez *Talſacz*.

Tal, à demi. Voyez *Talfoel*.

Tal, pointe. Voyez *Tallouza*.

Tal, le même que *Tail*. Voyez *Taladur*.

Tal, le même qu'*Al*. Voyez *T*.

Tal, le même que *Dal*. Voyez *T*.

Tal, le même que *Sal*. Voyez *S*.

Tal, le même que *Tel, Til, Tol, Tul*. Voyez *Bal*.

Tal-Fawr, qui a la tête pointue & le front aigu. G.

Tal-Fort, table. G.

Tal-Liain, fronteau. G.

Tal-Llydan, qui a un grand front. G.

Tal-Wyneb, frontiſpice. G.

Tala, terre dans le dialecte Gallois de l'Iſle de Mona ; G. *Tala*, champ, campagne en Tartarie Mogol & Calmoucq. Voyez *Talam*.

Tala, foncer parlant d'un tonneau, d'une barrique. B.

Tala, coupé de forêt, eſſart. Ba. *Atalar*, couper des arbres en Eſpagnol. Voyez *Tail, Tailha*.

Tala, le même que *Tailha*. Voyez *Taladur*.

Tala, percer, creuſer. Voyez *Taladur*.

Tala, A. M. pillage, dégât, ravage. De *Tall*.

Tala. Voyez *Tailea*.

Talach, mépris. I.

Talacht, terre. I.

Taladur, doloire inſtrument propre à doler ; *Taladuri*, doler, travailler de la doloire. B. On voit par ce mot qu'on a dit *Tal* comme *Tail*, & *Tala* comme *Tailha*. On voit encore par *Talaer, Talaer*, que *Tala* ſignifie auſſi percer. *Patala* en ancien Indien, iſle formée par le partage du fleuve Indus ; *Batala* en Malaye, partager ; *Telem* en Hébreu, ſillon.

Talaer, tarière. B.

Talahia, A. M. coupure. De *Tala*.

Talaith, couronne de fleurs, guirlande, feſton, bande, bandelette, diadème, couronne, tiare. G. Voyez *Taled*.

Talamh, terre, fonds, terrein, terroir. I. Voyez *Tala*.

Taland, talent avantage de la nature. B. Voyez *Tallan, Tull*.

Talar, champ du front, ou qui eſt à la tête du ſol, ce qui eſt au front ou à la tête du champ, frontière, borne, marque. G. *Tal Ar*. Davies. Voyez l'article ſuivant.

Talar, Tal-Erw, premier ſillon d'un champ labouré ; mot pour mot, front de champ, front de ſillon ou ſillon du front. M Rouſſel diſoit qu'en Leon c'eſt un ſillon auquel tous les autres aboutiſſent. B. Cet article eſt pris de Dom Le Pelletier. Voyez l'article précédent.

Talare, A. M. piller, ravager, faire le dégât. De *Tull*.

Talarecq, lançon petit poiſſon qui ſert d'appât aux plus gros, achée de mer. B.

Talaspisq, talaſpis fleur. B.

Talasqa, ſe frotter comme les gueux. B.

Talator, A. M. qui ravage, qui coupe. De *Tull, Tala*.

Talatea, témoin. Ba.

Talav, terre. I. C'eſt le même que *Talamh*.

Talavacius, A. M. grand bouclier. Voyez *Talwas*.

Talawdr, payeur, qui paye, qui compenſe. G.

Talazdea, témoignage. Ba.

Talaer, tarière. B.

Talaer, ſillon de travers. B.

Talbenn, frontiſpice. B.

Talbod, ſelon le Pere de Roſtrenen, angélique ſauvage ; ſelon un Breton très-habile dans ſa Langue. *Talbot* est l'herbe dite dans la Botanique *Panacée*. B.

TALBOS, bouclier. G. Voyez *Talvas*.

TALGA, TAILGE, force, courage. I. *Alce* en Grec, force.

TALGADA, choc de béliers. Ba.

TALGARIA, qui frape des cornes. Ba.

TALGATU, je heurte, je choque. Ba. Voyez *Toleada*, *Tal*.

TALGEN, front. G. *Cen*, tête.

TALGH, broyé, pilé, mis en morceaux, diminué. G. Voyez *Tala*, *Dal*.

TALGH, pluriel de *Telchyn*. G.

TALGHANTA, fort. I.

TALDEA, troupeau, monceau. Ba.

TALDEBATEN, conducteur de bétail. Ba.

TALDIA, quote-part, écot. Ba.

TALDIQUIDA, contribution. Ba.

TALE, le même que *Dale*. Voyez T. *Thal* en Hébreu, en Samaritain, en Chaldéen, en Éthiopien, rosée; *Thal* en Arabe, rosée, humecter; *Thol* en Syriaque, rosée. Le Syriaque met l'o pour l'a.

TALEA, TALIA, TALLIA, TALLIUM, A. M. petite piéce de bois divisée en deux parties, que l'on réunit pour y marquer avec un couteau ce que l'on prend à crédit chez un marchand. De *Tala*.

TALEA, A. M. prix que l'on paye à celui qui prend un rébelle ou un traître. De *Tal*.

TALEATA, A. M. réservoir d'eau où l'on tient des poissons enfermés. Voyez *Tal* le même qu'*Attal*.

TALEG, qui a un grand front. B.

TALED, bandeau. B. Voyez *Talet*, *Talaith*.

TALEDEN, bande de tête. B. Voyez *Talet*.

TALEDIGAETH, payement, compensation, pension, tribut, impôt. G.

TALEDIW, le même que *Telediw*. G.

TALEITHIAWG, qui a le diadême sur le front. G.

TALEITHIG, diminutif de *Talaith*. G.

TALEITHIO, couronner. G.

TALEITHIOG, couronné. G.

TALET, singulier *Taleden*, bandeau, linge étendu & serré sur le front & autour de la tête. B. Voyez *Talaith*.

TALEUNCHO AUSTEA, couper, entrecouper son discours. Ba.

TALEYT, principauté. C. On voit par là que *Tal* s'est pris en cette Langue pour Prince, élevé, haut.

TALFACE, trogne. B. *Façu* en Breton, visage. Il faut donc que *Tal* en cette Langue ait aussi signifié gros, puisque *Trogne* est un terme burlesque qui se dit d'un gros visage.

TALFACZEQ, moufflard. B.

TALFFRWYN, fronteau, tétiere. G.

TALFOEL, à demi chauve. G. *Foel*, en composition pour *Moel*, chauve; *Tal* signifie donc à demi.

TALFOLEDD, manque de cheveux, dégarnissement de cheveux. G.

TALFORD, table. G. *Bord*.

TALFORT, la plus haute table de la cour. G. *Bord*.

TALFYRRU, abbréger, accourcir, raccourcir. G. *Byrr*.

TALGARTH. Voyez *Telging*.

TALGATA BRAGA, A. M. haut-de-chausse à poches. Voyez *Taze*.

TALGHEN, bandeau, fronteau. B.

TALGRONN, rond. G.

TALGRWN, abbrégé, plus court. G.

TALGRWNN, rond, aisé à tourner. G.

TALGRYNIAD, action de couper. G.

TALGRYNNIAD, épitome, abbrégé. G.

TALGRYNNU, arrondir, polir, ajuster, parer, orner, arranger proprement. G.

TALGRYNRWYDD, volubilité, facilité à tourner, grace, agrément. G.

TALGUDYN, boucle de cheveux du front, la partie des cheveux ou du crin des animaux qui tombe sur le front. G. *Tal Cudyn*.

TALGUEN, bandeau, fronteau. B.

TALIA, A. M. imposition, taille. De *Tal*.

TALIAD, prix, payement, compensation, pension. G.

TALIATOR, A. M. tailleur d'habits. De *Tala*. Voyez *Taeliwr*, *Taelio*.

TALIATUS, A. M. taillé, coupé. De *Tala*.

TALIER, croupe de cheval. B. Voyez *Tal*.

TALIVUM, A. M. bois taillis. De *Tala*.

TALL, au-delà, par-dessus. I. Voyez *Tal*.

TALL, TALLAN, TALLIN, voleur, brigand. I.

TALL, vaut troisième personne du verbe valoir, valant. B. Voyez *Taland*, *Tallan*.

TALLA, TALLACH, les mêmes que *Tealla*, *Tealach*. De même des dérivés ou semblables. I.

TALLA, ouvrage de sculpture. Ba. Voyez *Tailha*.

TALLA, A. M. dégat, pillage. De *Tall*.

TALLACH. Voyez *Talla*.

TALLAITHI, privé, dépouillé. I. Voyez *Tall*.

TALLAN, faculté, puissance. I. Voyez *Taland*, *Tall*.

TALLAN. Voyez *Tall*.

TALLARE, A. M. tailler, couper. De *Tala*.

TALLASK, frottement des épaules avec les habits, en se tournant de côté & d'autres, à la manière des gueux qui ont besoin de se grater où les ongles ne peuvent atteindre. *Tallasca*, *Callasca*, faire ce vilain geste. B.

TALLEA, A. M. bardeau. De *Tala*.

TALLEICIUM, A. M. bois taillis. De *Tala*.

TALLOUT, TALVOUT, TALVEROUT, valoir, avoir valeur, être de prix, mériter; *Talvein*, valoir; *Talvoudus*, *Tallondus*, *Talvoudes*, profitable, utile, qui a de la valeur & du prix; *Talloudeghet*, qui pourroit répondre à notre mot *Vaillantise*, communément valeur : C'est ainsi que Dom Le Pelletier explique ce mot. On trouve dans les autres Dictionnaires *Tall*, vaut; *Tallein*, valoir, être de prix; *Tallout*, profiter; *Talveza*, *Talveout*, *Talvout*, valoir; *Talvezout*, sauver, épargner; *Talvoud*, le vaillant, valoir; *Talvoudec*, vaillant ou qui vaut, avantageux, commode, propre, important; *Talvoudeguez*, avantage, prix. B. Voyez *Tal*.

TALLTHOIN, qui dépouille. I. Voyez *Tall*.

TALLUA, stature, statue. Ba. Voyez *Tal*.

TALLUNTES, statue. Ba. Voyez *Tal*, *Tala*.

TALM, un peu, quelque peu, tant soit peu, quelques-uns, part, espace de lieu ou de temps; *E*, *Yi Talm*, autrefois. G. Voyez *Tam*, *Talm*. Breton.

TALM, coup; *Talmi*, fraper, donner des coups, même battre comme le poux de l'artére. Il se dit aussi pour crever, rouer. B. On dit parmi le peuple en Franche-Comté *donner une Talmouse* pour donner un coup de poing.

TALM, fronde; *Talmat*; singulier *Talmaden*, un coup de fronde. B.

TALM, morceau. B. Voyez *Talm* Gallois & *Tam*.

TALM-CUDURUN, TALM-CURUN, coup de tonnerre, éclat de tonnerre. B.

TALMERTH, soudain, subit, qui arrive à l'improviste. G.

TALMHAN, terre. I. Voyez *Talam*.
TALMHAN, borne, limite. I. Voyez *Tal*.
TALMHUDE, terrestre. I. Voyez *Talam*.
TALMITHR; d'autres par corruption écrivent *Talmyrth*, à l'improviste, soudainement, sur le champ. G. *Talm Eithr*, comme qui diroit sans retard, n'ayant mis aucun espace de temps entre. Davies.
TALMU, approcher de la fin. G.
TALMYRTH. Voyez *Talmithr*, *Talmyrth*.
TALOA, pain cuit sous la cendre, tourte, gâteau, pastille. Ba. On appelle *Talmouse* en Franche-Comté une espèce de petite tarte qui se fait avec du gommeau. Voyez *Taltasen*.
TALOCH, élevez en vieux langage des Pictes, selon Baxter. Voyez *Tal*.
TALOET, couronne. G. Voyez *Talaith*.
TALOG, qui a un front, qui a un grand front, impudent. G.
TALONER, formier. B. Voyez *Tal*, *Tala*.
TALOUDECQ, utile. B.
TALOUN, talon. B. La racine de ce mot est *Tal*, extrémité. De là le Latin *Talus*, l'Italien *Talone*, le François *Talon*.
TALP, masse, bloc, gros morceau, morceau. G.
TALPEIN, crever. B. Le Peuple en Franche-Comté dit *Taper* pour crever. Voyez *Talm*.
TALPEN, croupe d'un cheval. Je l'ai entendu ainsi en Cornouaille, & Monsieur Roussel m'en a donné l'explication qui suit: *Talpen*, *Talben*, *Dalben*, s'attribuent au derrière des hommes, des chevaux & autres grosses bêtes, & jamais à la tête; mais lorsqu'il est question d'un champ & de toute autre chose; on dit *Talpen* de l'une & de l'autre extrémités; Jusqu'ici ce sont les paroles de Monsieur Roussel. Il y en a qui n'entendent par ce nom que le bout de quelques corps gros & longs, comme d'un coffre, d'une poutre, d'un gros tronc d'arbre. Le Pere Gregoire m'a assuré que *Talpen* ou *Dalpen* est la croupe d'une haye plus élevée en son extrémité qu'en tout le reste. C'est-à-dire que *Talpen* est une extrémité grosse & massive; C'est ainsi que Dom Le Pelletier explique ce mot. Le Pere de Rostrenen, qui est le même que le Pere Gregoire dont parle Dom Le Pelletier, met *Talpenn Ar Menez*, cime de montagne; (*Menez*, montagne; *Ar*, article.) B. *Tap* en Languedocien, tertre; *Tapa*, colline en Arménien; *Tibas*, collines dans la Langue des anciens Sabins; *Tepe*, colline en Turc; *Dap* en Tonquinois, élever. Voyez *Topp*.
TALTASEN, TARTESEN, TATESEN, tarte. B. Voyez *Taloa*.
TALTOUZA, émousser. B. *Tous* en Breton signifiant doux, *Tousa* a dû signifier adoucir, ainsi *Tal* en Breton a dû signifier pointe.
TALU, payer, satisfaire à ce qu'on doit, valoir. G. Voyez *Tal*, *Tall*.
TALU' RIAWN, TALU' R PWYTH, rendre la pareille. G. Voyez *Tal*, *Tall*.
TALVAN, caverne, cave. I.
TALPAN, fraise. I.
TALUCHEL, DYN TALUCHEL, homme qui a un grand front. G.
TALUD, talut, pente, penchant. B. De là le premier de ces mots. Voyez *Tal*.
TALUDEIN, taluter, faire en talut. B.
TALVEOUT. Voyez *Tallout*.
TALVEZA. Voyez *Tallout*.
TALVOUD. Voyez *Tallout*.
TALVOUDECQ. Voyez *Tallout*.

TALVOUDEGUEZ. Voyez *Tallout*.
TALVOUT. Voyez *Tallout*.
TALUS, A. M. rameau d'arbre. De *Tal* le même que *Dal*, portion, partie.
TALWAS, bouclier. G. *Tallevas*, *Taloche* en vieux François, bouclier. Voyez *Talbos*.
TALWRN, petite place, petite aire, petite plaine, petite planche de jardin, certain espace tant dedans que dehors de la Ville où il n'étoit pas permis de bâtir; *Talwrn-Glas*, endroit verdoyant, endroit verd. G.
TALYER, frontispice, croupe de cheval. B.
TAM, TAMMAID, morceau, tranche de chair ou de pain. G. B. De là notre mot *Entamer*. On disoit en vieux François *Tamer*, *Dama* en Hébreu; *Tamein* en Grec, couper; *Tomes* en Grec, portion, morceau; *Hudam* en Chaldéen; *Damen* en Persan, morceau, piéce; *Tam*, épée, instrument coupant en Tartare du Thibet; *Tam*, morceau en Tonquinois; *Tampal*, morceau, piéce; segment en Malaye; *Tawi*, morceau, piéce en Tartare Mogol & Calmoucq; *Dam*, particule diminutive en Éthiopien; *Dom*, *Dama*, couper, renverser, détruire; *Demi*, coupure, retranchement en Hébreu; *Dam*, court, petit; *Damahhh*, briser; *Tama*, *Tamas*, briser, rompre en Arabe; *Damak* en Éthiopien, briser, diminuer; *Thomor*, partie dans la même Langue; *Thomes* en Chaldéen, partie, segment, coupure; *Daam*, part, portion en Albanois. De là notre mot François *Dames* qu'on donne à certaines petites piéces de terre qui sont couvertes de leur gazon & qu'on laisse de distance en distance dans un terrain qu'on a creusé afin d'entoiser les cubes. Voyez *Tam* plus bas, *Temmic*.
TAM, rivière, fleuve. G. De là *Potamos*, rivière, fleuve en Grec; *Po*, article, comme *Petalon*, feuille, de *Dalen*. Voyez *Tab*, *Tav*, qui sont les mêmes que *Tam*. Davies remarque même que *Tam* n'est que l'ancienne ortographe de *Tav*.
TAM, Baxter dit que c'est le même mot qu'*Am* avec le *t* préposé. G.
TAM, petite bouchée, miette. G.
TAM, morsure. G. Voyez *Cyfundam*.
TAM, morceau, bouchée. C.
TAM, le même que *Tuaim*. I.
TAM, morceau, piéce, fragment, peu de quelque chose; & après une négative point ou pas. Dans la destruction de Jérusalem: *Ne Creitimp Tam*, ne croyons point; *Na M'laz Tam*, ne me tue pas; *Tam Poultr*, un peu de poudre; *Tam Butun Malet*, un peu de tabac en poudre, moulu. Il se dit aussi de la nourriture en général, de la subsistance, de la vie, ou de quoi vivre: *Gonni E Tam*, gagner son morceau, sa nourriture comme font les gens de travail. Le diminutif est *Tamie*, petit morceau. *Tamie Bara* est le cri des pauvres aux portes; c'est-à-dire un petit morceau de pain; le plurier de *Tam* est *Tamou* & du diminutif *Tamigou*; *Tama*, couper; C'est ainsi que Dom Le Pelletier explique ce mot. On trouve dans les autres Dictionnaires *Tam*, *Tamm*, morceau, tranche, morceau coupé, petite bouchée, proie, brin, un peu, peu, & après une négative point, point du tout, pas; *Tammicq* diminutif; *N'en Em Tama*, ne se pas soucier. B. Voyez le premier *Tam*, *Talm*, *Dam*.
TAM, le même qu'*Am*. Voyez *T*.
TAM, le même que *Dam*. Voyez *T*.
TAM, le même que *Sam*. Voyez *S*.
TAM, le même que *Tem*, *Tim*, *Tom*, *Tum*. Voyez *Bal*.

TAM.

TAMA, couper ; au sens figuré & moral quereller, chagriner, gronder, mortifier ; *En Em Tama*, se quereller mutuellement, se chagriner l'un l'autre, comme nous dirions s'entre-couper. Ceux de la haute Bretagne disent en ce sens couper, s'entre-couper. En Hébreu *Hhathath* signifie couper, hacher & consterner, désoler, jetter dans une tristesse extrême. B. Cet article est pris de Dom Le Pelletier.

TAMA. Voyez *Tam*. B.

TAMAL, reprendre, menacer, blâmer, faire la réprimande & la correction, accuser : C'est ainsi que Dom Le Pelletier explique ce mot. On trouve dans les autres Dictionnaires *Tamal*, censurer, critiquer, blâmer, réprimander, imputer, reprendre, coupable ; *Tamalla*, *Tamallein*, reprendre, blâmer ; *Tamall*, condamner, blâmer ; *Tamalein*, imputer ; *Tamalet*, coupable ; *Tamallet*, repris, blâmé. B. *Dam*, mépriser, blâmer ; *Daim*, vice, défaut en Arabe ; *Dammen* en Allemand, condamner ; *Dem* en ancien Saxon, condamnation.

TAMALEIN. Voyez *Tamal*.

TAMALET. Voyez *Tamal*.

TAMALL. Voyez *Tamal*.

TAMBORIL, tambour. Ba. Voyez *Tabwrdd*.

TAMBORINUM, A. M. tambour. De *Tambourin*.

TAMBOT, estambor.

TAMBOURIN, tambour. B.

TAMET, bouchée. B. Voyez *Tam*.

TAMH, fleau, peste. I. De là le Latin *Tabes*, parce que le *b* & l'*m* se substituent mutuellement.

TAMHARG, vûe, voir. I.

TAMINARE, A. M. contrarier quelqu'un, s'opposer à ce qu'il veut. De *Tama*.

TAMISIUM, A. M. tamis. De *Tamoes*.

TAMMEID, bouchée. G. Voyez *Tam*, *Tamet*.

TAMMEIDIO, mettre en morceaux, en bouchées. G.

TAMMEIDYN, petite bouchée, petite tranche, petit morceau, petite morsure. G.

TAMOES, tamis, sas à sasser ou passer la farine ; pluriel *Tamoesou*. B.

TAMOES, épi de bled ; singulier *Tamoesen*. M. Roussel l'écrivoit *Tamwesen*, & en Leon j'ai entendu prononcer *Tan-Wesen*. Ce sçavant Breton m'en a donné cette explication : *Tamwesen* signifie un rayon en forme de toile d'araignée, un épi à cause de plusieurs barbes placées de rang, comme dans l'orge, dans le tamis de même, & dans une espèce de rose des soies de cochon, ainsi qu'on le voit sur leur dos & sur quelques autres bêtes. B. Cet article est pris de Dom Le Pelletier.

TAMOES, tamis. B. De là ce mot.

TAMOEZA, glaner. B.

TAMOESENN, épi. B. Voyez *Tamoes*.

TAMOUESEN, épi. B.

TAMOUES, tamis. B.

TAMWY, fleuve. B.

TAN, feu. G. C. B. bucher, G. B. lumière. G. *Tinne*, *Tene*, *Teine*, *Teinid*, feu en Irlandois ; *Dian*, ardent au propre & au figuré ; *Dana*, audacieux, plein de feu dans la même Langue ; *Tin*, feu en Ecossois septentrional ; *Dan*, feu en Breton. *Tan* s'est pris aussi au figuré, ainsi qu'on le voit par *Tana*. *Tan* a encore signifié rouge en cette Langue. Voyez *Tanigen*, *Tant* & *Benboeth*. *Thannur* en Hebreu, en Arabe, en Chaldéen, four, fournaise ; *Tenan* en Chaldéen, fumée, fumer ; *Tanan* en Syriaque, fumer ; *Taneg* en

TAN.

Arabe, poële à frire, tout vaisseau d'airain propre à mettre sur le feu ; *Tanas* en Ethiopien, tison ; *Tinh* en Tonquinois, rayonner, lancer des rayons ; *Tan*, étincelle ; *Dan*, vermillon dans la même Langue ; *Thonnir*, four en Arménien ; *Tennur*, four en Persan ; *Tun*, fournaise de bain dans la même Langue. Je n'ignore pas qu'*Ur* signifie feu en Hébreu, en Persan & en Arabe ; mais comme en Persan *Tun* a la même signification que *Tennur*, ne peut-on pas conjecturer que *Tan* a aussi signifié feu dans ces Langues, & que *Tannur* est un pléonasme qui marque un grand feu, comme celui d'un four, d'une fournaise ? Ma conjecture se confirme par *Zanada*, qui en Arabe signifie faire sortir du feu : Le *z* & le *s* se substituent mutuellement. *Attines*, soleil en ancien Égyptien ; (Macrobe, l. 1, ch. 19) *Utaan*, *Outaan*, tison de feu en Tartare Mogol & Calmoucq ; (*Our* en cette Langue, bois ;) *Tem*, feu allumé, chandelle, lampe en Chinois ; *Tan*, rouge dans la même Langue ; *Tena*, soleil en Tamoulique ; *Den*, lampe, lumière en Tonquinois ; *Tham*, rouge dans la même Langue. *Tan* dans la Langue des anciens Germains signifioit feu, ainsi qu'on le voit par le nom d'un célèbre temple qui étoit chez les Marses, que Germanicus détruisit, & qui étoit dédié à *Tanfana*, c'est-à-dire au seigneur feu ; *Fan*, seigneur ; (voyez *Pen*) *Tan*, feu. Il reste encore dans la Langue Allemande des vestiges de cette signification : Les Allemands appellent le sapin *Tan-Baum*, comme qui diroit arbre du feu, ou arbre qui prend facilement feu. Les Theutons pour cette raison appelloient le sapin simplement *Tanna*. *Dann*, ardeur, chaleur en Islandois ; *Tundgan* en Gothique ; *Tinde* en Danois, allumer. De *Tan*, feu, est venu le nom de *Titan* que les Poëtes donnent au soleil. *Ur* ou *Or* en Hébreu signifioit feu, lumière, comme *Tan* en Celtique. Voyez *Poeth*.

TAN, sous, dessous, au-dessous, par-dessous, jusqu'à. G. Voyez *Dan*, qui est le même mot.

TAN, prompt, ardent, vite. G. *Tank*, pointu, subtil, vif en Esclavon. Voyez *Dan*, qui est le même mot.

TAN, en, dans. G. Ba. Voyez *Dan*, qui est le même mot, De là mot François *Dant*,

TAN, terre, pays. G. B. *Tania* en Grec, pays ; *Tam* en Esclavon, en Lusacien, en Polonois, en Bohémien, là, en cette place ; *Tenni* en Hongrois, mettre, placer ; *Tandat* en Tartare, j'habite ; *Tana*, pays, terre en Madagascarois ; *Teni*, lieu en Pérouan ; *Tien* en Chinois, campagne ; *Tana*, habiter, demeurer ; *Tanah*, *Thana*, habitation, demeure en Arabe ; *Tana*, terre en Malaye ; *Tenne* en Théuton & en Allemand, aire. Voyez *Dan*, *Stan*, qui sont les mêmes que *Tan*.

TAN, eux. I.

TAN, feu élément ; pluriel *Taniou*, *Tantat*, grand feu de peu de durée, feu de joie ou réjouissance publique à l'occasion d'un tel feu ; *Tantet*, un bon feu ; *Tana*, brûler, être ardent ; participe *Tanet*, brûlé, échauffé, devenu en feu : C'est ainsi que Dom Le Pelletier explique ce mot. Le Pere de Rostrenen met *Tan*, feu, chaleur, chaud. B.

TAN, chêne. B. *Thamnos* en Grec, arbrisseau ; *Tains*, branche d'arbre, baguette en Gothique ; *Than*, bâton en Tonquinois ; *Tanna*, bâton en Persan. *Tan* ayant d'abord signifié chêne, aura pu dans la suite être étendu à signifier arbre en général.

TAN.

général. Voyez *Derw*. On appelle *Tanrêtre* en Franche-Comté le lierre, qui est un arbrisseau qui s'attache aux murailles. Ce mot peut être formé de *Tan*, arbre, arbrisseau, & de *Rhwystro*, lier. *Tan* en François signifie cette poudre faite d'écorce de chêne, dont les tanneurs se servent pour tanner les cuirs. Scaliger dit que les peuples du nord appellent *Tan* l'écorce du chêne. Voyez *Tann*.

TAN, dans. Ba.

TAN, le même que *Dan*. Voyez T. *Tyn*, mer en Islandois & en Suédois ; *Tan*, liqueur préparée pour tanner les cuirs en Turc ; *Tang*, bain en Chinois ; *Taon*, pluie en Jaloff ; *Tona*, eau, rivière en Caraïbe ; *Tonna*, eau en Galibi.

TAN, le même que *Ten*, *Tin*, *Ton*, *Tun*, Voyez *Bal*.

TAN, le même que *San*. Voyez S.

TAN-ALLUOG, qui est le maître du feu. G.

TAN-BOER, qui vomit du feu. G. *Poer*.

TAN-DROED, qui a les pieds de feu. G.

TAN-GELC, en cachette. G.

TAN-SAVAICH, feu sacré maladie. B.

TAN-WEZEN. Voyez *Tamoes*.

TANA, mince, maigre, délié, clair, qui n'est pas épais. I. Voyez *Tenan* & le second *Tana* Breton.

TANA, exilé. I.

TANA, brûler, être ardent, donner la question par le feu, selon la coûtume du Parlement de Bretagne, où l'on brûle les pieds en les approchant peu à peu du brasier, à mesure que l'on veut contraindre le criminel ou accusé d'avouer ce dont on l'accuse & ses complices : C'est ainsi que Dom Le Pelletier explique ce mot. Le Pere de Rostrenen met *Tana*, s'échauffer, commencer à se mettre en colere. B. On voit là que ce verbe se prend au propre & au figuré. Voyez *Berw*. De *Tana* est venu le vieux mot François *Tanner*, qui signifioit molester, causer de la peine, inquiéter, & *Tenne*, fatigue ; *Taine*, noise ; *Atené* ou *Atené*, courroucé. *Tenner* se dit encore en quelques Provinces du Royaume pour fatiguer. Voyez *Ten*, *Tenn*, *Tennec*.

TANA, tendre étroit, fin, menu, délié. B. Voyez le premier *Tana* Irlandois.

TANA, A. M. caverne. De *Tan*, dans, ou de *Tan* le même que *Dan*, habitation. Les cavernes ont été les premières habitations des hommes. *Tana* en Grec vulgaire & en Italien ; *Denna* en Anglois ; *Den* en ancien Saxon, caverne. De *Tan*, caverne, est venu notre mot François *Tanière*.

TANAFF, liquide. B.

TANAJARE, A. M. tenailler avec des pinces rougies au feu. De *Tana*.

TANAIGHIM, rendre mince. I.

TANAILL, tenaille. B. De là ce mot. De là le Grec vulgaire *Tanalia*, l'Italien *Tenaglia*, l'Espagnol *Tenaza*, l'Anglois *Tanghs*, le Theuton *Zanga*, l'Allemand *Zange*, tenaille. Voyez *Tenaza*.

TANAISDE, le plus jeune. I.

TANAISDE, annulaire parlant du doigt. I.

TANAISTE, Président, Gouverneur. I. Voyez *Tan*, région, pays.

TANAM, esprit, entendement, ame. I. C'est le même qu'*Anam*.

TANAO, TANAW, TANG, mince, délié, clair & transparent ; *Tanawa*, rendre mince, rompre ou couper menu ; participe *Tanawet* : C'est ainsi que Dom LePelletier explique ce mot. On trouve dans les autres Dictionnaires *Tanaff*, *Tanao*, *Tanav*, liquide ; *Tanao*, *Tanan*, mince, délié,

petit, clair, qui n'est pas épais. B. Voyez *Tana*, *Tenan*.

TANAR, gêne la question du feu en ancien Breton. B. Voyez *Tana*.

TANAR, le même que *Taran*. Voyez Baxter, p. 225. *Thonar* en Théuton ; *Donner*, *Tonner* en Allemand ; *Donder* en Flamand & en Persan ; *Thunder* en ancien Saxon & en Anglois ; *Tonitru* en Latin ; *Tuono* en Italien ; *Duner* en Lusacien ; *Tronido* en Espagnol ; *Tonnerre* en François, tonnerre. *Tanar* est formé de *Ton* ou *Tan*, son ; *Ar*, élevé, haut, éclatant.

TANAU. Voyez *Tanao*.

TANBAID, qui est en feu, chaud, ardent, brûlant, bouillant, embrasé, allumé, qui s'embrase, qui s'allume, furieux, violent, véhément. G.

TANBORTH, toute matière qui prend feu aisément. G.

TANCH, tanche. B. La vivacité de ce poisson est passée en proverbe : On dit *vif comme une tanche* ; c'est ce qui me fait croire que son nom a été formé de *Tan* pris au figuré. Voyez *Tainch*.

TANDAWD, incendie, bûcher. G.

TANDDAIAROL, souterrain. G.

TANDDE, inflammation, embrasement, intendie, abscès, apostume. G.

TANE, cochenille, drap violet, écarlate, graine d'une espèce de chêne verd dont on fait la couleur d'écarlate. B.

TANEEIN, tanner. B. De là ce mot. Voyez *Tan*, chêne.

TANEGLIARE, A. M. tenailler. De *Tanaill*.

TANEN, petit feu. G.

TANERIA, A. M. tannerie. De *Taneein*.

TANFFLAM, ardent, bouillant, brûlant. G. *Tan Flam*.

TANGC, paix. G.

TANGIGH, languc. I Voyez *Teanga*.

TANGNEF, paix, convient. G.

TANGNEFEDD, mal par quelques-uns *Tangneddif* ; dit Davies, paix. G.

TANGNEFEDDIAD, pacification. G.

TANGNEFEDDU, pacifier, concilier, faire la paix. G.

TANGNEFEDDUS, pacifique. G.

TANGNEFEDDWR, pacificateur. G.

TANGUEIN, tanguer terme de marine. B.

TANGWYSTL, caution, répondant, arrhes de la paix. G. *Tangc Gwystl*.

TANHOUAL, obscur. B.

TANI, étendu ; *Gur Tani*, peuple étendu. G.

TANIAD, dispersion, dissipation, effusion, épanchement. G.

TANIC répond à la préposition latine *Ex*. G.

TANICQ, petit feu. B.

TANIGEN, TANIJEN, dartre ardeur entre la peau & la chair. M. Roussel vouloit que ce fût ce que nous nommons en François *feu folet*, *Tanes* ou *Tannes* ; en Latin *Ignis sacer*. Il y a de nos gens qui entendent par ce nom *Tanigen*, toute rougeur par inflammation, & même la rougeur des nuages ; plurier *Tanigennou* : C'est ainsi que Dom Le Pelletier explique ce mot. Le Pere de Rostrenen met *Tanigen*, échauffaison, dartre, demangeaison, emportement, animosité, haine, aversion. B. *Tanigen* est formé de *Tanicq*, celui-ci de *Tan*. De là notre mot François *Tane* ou *Tanne*. Voyez *Tannes*.

TANISTRY étoit le nom que portoit une loi ou une coûtume d'Hibernie ou d'Irlande, par laquelle on instituoit héritier dans les Maisons des

TAN.

Princes ou des Seigneurs celui des enfans qui avoit le plus de mérite, sans aucun égard à l'ordre de la naissance. I. Voyez *Tanaiste*, *Tannas*.

TANLLESTR, lanterne, lampe. G. *Llestr*, vase; *Tan*, lumière.

TANLLIW, qui s'allume, qui s'embrase, qui s'enflamme, qui s'échauffe par le feu, nouveau. G.

TANLLWYTH, incendie, foyer, bucher. G.

TANLLYD, en feu, de feu, qui s'allume, qui s'embrase. G.

TANMELLT, foudre. G.

TANN, tan à tanner les cuirs; & le moulin où cette écorce est pulvérisée se nomme *Milin Tann*. M. Roussel dit que dans son pays de haut Leon *Avalou Tann* sont des pommes de chêne. B. Voyez *Tan*, *Tann*, chêne.

TANN, chêne. B. Voyez *Tan*.

TANN, le même que *Tonn*. Voyez *Diddan* & *Bal*.

TANN, le même que *Tonn*. Voyez *Bal*.

TANNARE, A. M. tanner. De *Tanecin*.

TANNAS, souveraineté, domination. I. *Tan*, *Than*, *Thain*, nom de dignité chez les anciens Saxons. Voyez *Tanaiste*, *Tanistry*.

TANNEU, pluriel de *Tant*, corde. G.

TANNOES, sas, tamis. B. Voyez *Tanouisat*.

TANNOS est encore le mal signifié par *Tanigen*, ardeur entre cuir & chair, ébullition de sang, & aussi certaine rougeur qui vient au visage. B. Voyez *Tanigen*.

TANNUM, A. M. tan. De *Tann*.

TANNY, liquide, mince. I.

TANO, dessous. G.

TANO, liquide, coulant. B.

TANOA, eau croupie de la sentine d'un navire. Ba. Voyez *Tano Galois*.

TANODD, sous, dessous, au-dessous, plus bas, inférieur, qui est au-dessous. G.

TANOUAT, tâter, goûter. B.

TANOUISAT, bluter. B. Voyez *Tamoue*, *Tannoes*, *Tamoes*.

TANOUISEREAH, bluterie. B.

TANOUIZEIN, tamiser, bluter. B.

TANSADD. Davies n'explique pas ce mot Gallois; il se contente de dire qu'on le verra employé dans une phrase au mot *Twylg*, & il ne se trouve point dans aucune des phrases qu'il rapporte à cet article.

TANSANG, suppositoire. G.

TANSI, tanésie. G.

TANT, corde, corde d'instrument. G. Il paroit par le pluriel *Tanneu* qu'on a dit *Tann* comme *Tant*. *Etoun* en Hébreu; *Athunnial* en Etrusque, corde.

TANT, chaumière, cabane. B.

TANTA, goutte. Ba.

TANTAD, grand feu. B.

TANTAT, bûcher. B.

TANTAT-TAN, bouffée de feu. B.

TANTAYA, provin, rameau. Ba. Voyez *Tan*.

TANTER, amant, galant. G.

TANTEZ-TAN, un grand feu. B.

TANTOA, dez à jouer. Ba. De là le mot François *Tauton*, dez que l'on tourne.

TANU, répandre, épancher, étendre ou jetter par terre, répandre, disperser, étendre devant, tendre au-devant. G.

TANVA, TAONHIA, TAVA, TAMA, goûter. Un ancien Dictionnaire porte *Taff's*, savourer. Au Pays de Vannes on dit *Tanouein*, *Tanouat*, goûter: C'est ainsi que Dom Le Pelletier explique ce mot.

TAP.

Le Pere de Rostrenen met *Tanva*, tâter, goûter. B. *Thahhham* en Hébreu, en Chaldéen, en Syriaque, en Ethiopien, en Arabe, goûter.

TANVOD, plante simple. Davies donne ce nom, qu'il écrit *Tafod*, à plusieurs sortes de plantes, y ajoûtant le nom de quelque bête; aussi *Tafod* est langue de l'animal. Voyez *Teaot*. B. Cet article est pris de Dom Le Pelletier.

TANWD, celui qui a soin du feu, bûcheron, qui va à la provision de bois, qui va faire du bois, goujat ou valet d'armée. G.

TANWYDD, toute matière qui prend feu aisément. G.

TANVUYDURAN, garnison. I.

TANWYN, nom propre d'homme. G.

TAOBH, flanc, côte, bord, rivage. I.

TAOISEACH, général, chef, capitaine. L.

TAOL, table. B. Voyez *Taul*.

TAOLEN, tableau; pluriel *Taolion*, *Taolennou*. B.

TAOS, pâte. I. Voyez *Tasas*.

TAOSGADH, vuider. I.

TAOV, dos. I.

TAOUARCHEN, tourbe. B.

TAOUARN, mains. B. Voyez *Daouarn*.

TAOÜEIN, se taire, cesser. B. *Dum* en Hébreu signifie également se taire, cesser, s'arrêter. *Esuchazo* en Grec, se taire & rester tranquille. On dit en Franche-Comté *Taisez-vous* pour commander le silence ou le repos. Voyez *Taw*.

TAOUER, taciturne. B.

TAOUNES, sas, tamis. B.

TAOUSEN; pluriel *Taous*, yeuse chêne verd. B. *Deouzé*, yeuse en Languedocien.

TAP, tape. B. De là les mots François *Taps*, *Taper*, *Tapage*. De là *Taps* en Allemand, coup; *Tapong*, massue en Arménien, & *Tapich*, foulon dans la même Langue; *Tupto*, battre en Grec.

TAP, le même qu'*Ap*. Voyez T.

TAP, le même que *Dap*. Voyez T.

TAP, le même que *Tep*, *Tip*, *Top*, *Tup*. Voyez *Bal*.

TAP, le même que *Sup*. Voyez S.

TAPA, actif, vif, prompt. I.

TAPA, taper. B. *Tappen* en Allemand, taper.

TAPA, couvercle. Ba.

TAPARDUM, A. M. tabard espèce de robe. Voyez *Tabar*.

TAPAS, vitesse, vélocité. I.

TAPAZE, boucher, couvrir. Ba. Voyez *Tapicz*, *Tapon*.

TAPEDUS, A. G. tapis. Voyez *Tapicz*.

TAPEIN, mettre; *Tapein De Ivet*, mettre ou verser à boire. B.

TAPENN, goutte; diminutif *Tapennic*, petite goutte; pluriel *Tapennighou*. B.

TAPERES, férule. B. Voyez *Tap*.

TAPICZ, tapis. B. *Tapin*, *Tapinn*, *Tappin* en Gallois, tapis, couverture; *Tapaze* en Basque, boucher, couvrir; *Tapash* en Hébreu, couvrir; *Eslob* en Cophte, bouché, fermé; *Atap*, couvert, toit en Malaye; *Dap* en Tonquinois, couvrir; *Tabar*, *Atapar* en Espagnol, boucher; *Tapete* en ancien Persan; *Taba* en Persan; *Tapes*, *Tapis* en Grec; *Tapes* en Latin; *Tapete* en Espagnol & en Italien; *Tapet* en Flamand; *Teppich* en Théuton; *Teppich* en Allemand; *Tebih* en Carniolois; *Tapedus* dans le glossaire de Saint Isidore; *Tapis* en François, tapis.

TAPIN, TAPINA, tapis, couverture. G.

TAPINUM, A. M. tapis. De *Tapin*.

TAPINWR, qui fait des tapis. G. *Tapin Gwr*.
TAPISSERIA, A. M. tapis, tapisserie. Voyez *Tapiez*.
TAPON, tampon. B. De là ce mot. Voyez *Tapaze*, *Tapiez*, *Taff*.
TAPPIN, couverture, tapis. G.
TAPR-DUNOS, bouillon blanc, méline. G.
TAPR MAIR, bouillon blanc, méline. G.
TAPR Y DWR, typha ou masse plante. G.
TAQUENEUS, pensant. B.
TAQUENN, goutte. B.
TAQUET, taquet. B. De là ce mot.
TAR, le même que *Torr*, ventre, selon Baxter. G. Voyez l'article suivant.
TAR, ventre. I. Voyez l'article précédent, & *Torr*, *Tor*.
TAR, au-delà, outre, plus que, sur, dessus, contre; *Dodhultar*, passer au-delà. I. Voyez *Dar*.
TAR, impétueux, rude, brusque, vif, turbulent, rigoureux. I. *Tward* en Esclavon, dur au propre, & au figuré cruel; *Tarkatti*, *Tarcjatti* en Esclavon, courir; *Tarsané*, sur le champ, tout d'abord en Groenlandois. Voyez *Dar*.
TAR, habitation, demeure, séjour. Voyez *Tario*, *Dor*. *Tarie* en Anglois, demeurer.
TAR, devant. Voyez *Tarvoal*.
TAR, TAREDD, les mêmes que *Tro*. Voyez *Pendar*.
TAR. Il paroit par *Tarh*, *Tarh-Calon*, *Taradr*, *Tarer*, que *Tar* a signifié pointe, taillant, tout ce qui peut percer, trouer, couper, briser, & *Taro*, percer, trouer, creuser, couper, briser. Voyez encore *Tarrang*, *Terrig*, *Tare*, *Terri*. De *Tar*, pris en ce sens est venu le Latin *Teredo*, teigne ver qui perce les draps. *Tairis*, coupé, brisé en Malaye; *Dar* en Chaldéen, labourer, couper la terre.
TAR, le même qu'*Ar*. Voyez *T*. De là le Latin *Tardus*, l'Italien *Tardo*, l'Espagnol *Tardio*, le François *Tardif*, & notre adverbe *Tard*. De là l'Anglois *Tarie*, le Hongrois *Tarios*, tarder, retarder. Voyez *Tardein*.
TIR, le même que *Dar*. Voyez *T*. De là le Latin *Terebra*, le François *Tariere*. Voyez *Taradr*.
TAR, le même que *Ter*, *Tir*, *Tor*, *Tur*. Voyez *Bal*. *Darat*, terre en Malaye.
TIR, le même que *Sar*. Voyez *S*.
TIR CEANN, outre. I.
TARA, troupe. I.
TARABAT, TARABAZ, TARABAZI, tarabuster. B. De là ce mot. Voyez *Taraw*.
TARABINTA, potence de bois dont se servent les estropiés. B.
TARAC, fraper, battre. G.
TARAC, le même insecte que *Teuroc* & *Teurec*, selon Dom Le Pelletier. Le Pere de Rostrenen met *Taraeg*, tique insecte. Un autre Dictionnaire met *Tarac*, louvette. B.
TARADR, TARADRY, tarière. G. Voyez *Tar* le même que *Dar*. *Taraitereah*, *Taracr*.
TARAGUEN, tique insecte. B.
TARAISEACH, qui habite au-delà de la montagne. I.
TARAITEREAH, action de percer avec une tarière. B. Voyez *Taradr*.
TARALPACH, transalpin. I.
TARAM, qui soude. I.
TARAN, terme pour affoiblir ou diminuer. G.
TARAN, tonnerre. G. B. éclairs de tonnerre; pluriel *Tarans*, feu folet qui paroit la nuit en certains lieux plus qu'en d'autres. B. De là *Taranis*, tonnant nom de dieu chez les Gaulois & dont ils firent dans la suite un dieu particulier.
TARANACH, trajet. I.
TARANDOA, buffle. Ba.
TARANIS. Voyez *Taran*.
TARANU, tonner. G.
TARARA, son d'une trompette. Ba.
TARATRUM, A. M. tarière. De *Taradr*.
TARAUDEIN, tarauder, faire un trou dans une piéce de métal ou de bois qui serve d'écrou pour arrêter une vis. B. Voyez *Taradr*.
TARAUT, basson. B.
TARAW, débat, différend, dispute, combat, fraper. G. *Teurer*, fraper en Patois des montagnes de Franche-Comté. Voyez *Tarabat*.
TARAWIAD, action de fraper, de battre, de se fraper la poitrine ou quelqu'autre partie du corps dans une grande affliction, plaie, coup, coup qui blesse. G.
TARAWIAD LLYGAD, clignement des yeux. G.
TARARR, TALARR, TALAR, tarière. B. *Taladro* en Espagnol. Voyez *Taradr*.
TARB, bœuf. I. Voyez *Tarf*.
TARBA, bonté, profit, commodité, convenance. I.
TARBACH, avantage, gain, profit, bienfaisant, avantageux, lucratif. I.
TARBADH, profit, avantage, gain, fruit, lucratif. I.
TARBATH, terrein moins profond, moins bas. G.
TARBEA, sale quarrée. Ba.
TARBEIRIM, porter au-delà. I. Voyez *Ber*.
TARBHOTHNACH, qui est d'outre mer, qui est au-delà de la mer. I.
TARBUGAD, avantage, conciliation. I.
TARBUGHTE, avantagé. I.
TARCAISNEADH, rejetter, chasser, bannir. I.
TARCAS. Voyez *Targus*.
TARCH, lieu public pour le commerce. B.
TARCH, tache, souillure, marque. B. On a dit *Tarh* comme *Tarch*; De là notre mot François *Tare* pour désigner une imperfection, un défaut.
TARCHONAIR, trajet, passage d'une rivière, bac. I.
TARCUSNE, abjection, bassesse, dedain, mépris. I.
TARCUSNEACH, méprisable. I.
TARCUSNEADH, injurier, dire des paroles injurieuses. I.
TARD, côté. I.
TARD, orient, levant. I. Voyez *Tardd*.
TARD, le même qu'*Ard*. I.
TARD, le même qu'*Ard*. Voyez *T*.
TARD, le même que *Dard*. Voyez *T*.
TARD, le même que *Terd*, *Tird*, *Tord*, *Turd*. Voyez *Bal*.
TARDD, ébullition, bouillonnement, émanation, sortie, production d'un germe ou d'un rejetton, action de germer ou de pousser des bourgeons, origine. G. Voyez le second *Tard* Irlandois, *Tarh*.
TARDDELLIAD, source d'eau. G.
TARDDELLU, bouillonner comme l'eau qui jaillit. G.
TARDDU, sourdre, sortir de la terre, bouillonner, pulluler, bourgeonner, produire un germe ou un rejetton, provenir, sortir. G. Voyez *Tardor*, *Tard*.
TARDDWREINYN, dartre vive, feu volage. G.
TARDEIN, arrêter, retarder. B. Voyez *Tar* le même qu'*Ar*.
TARDELLU, sourdre. G.

TARDIFF, tarder. B. Voyez *Tar* le même qu'*Ar*.
TARDOR, germer. B. Voyez *Tarddu*.
TARRA, tâche besogne qu'on donne à faire. Ba.
TAREIS, après. I.
TARER, tarière. B. De là ce mot. Voyez *Taradr*.
TARERIUM, A. M. tarière. De *Tarer*.
TARF, dispersion. G.
TARF, taureau. B. Voyez *Tarw*, *Tarb*.
TARFU, effrayer, épouvanter, donner de la terreur, faire peur, éloigner, disperser, détourner, écarter, chasser devant soi, faire aller, mettre en fuite, jetter par terre, abattre, renverser, ruiner. G.
TARFUTAN, phantôme, spectre. G.
TARG en Ecossois septentrional ; *Tarragad* en Ecossois, bouclier. E. *Tarian*, bouclier en Gallois ; *Targad*, *Tarjan*, *Tarjam*, *Tarian*, *Tyren* en Breton, targe, bouclier des anciens ; *Adarga* en Basque, bouclier couvert de cuir. De là le Grec vulgaire *Targa*, le Latin barbare *Targa*, *Targea*, *Targia*, *Targica*, le François *Targe*, l'Anglois *Target*, l'ancien Saxon *Targ*, l'Italien *Targa*, l'Espagnol *Darga*, *Adarga*, le Bohémien *Tarts*, l'Allemand *Tartsch*, le Polonois *Tarcz*, le Carniolois *Tarcha*, targe, bouclier. Pausanias, l. 10, ch. 20, 21, 22, parlant de l'expédition de Brennus dans la Gréce, dit que les Gaulois avoient des boucliers qui leur étoient propres qu'ils appelloient *Thureos* ou *Thyreos*, *Teris*, *Tariana* en Chaldéen ; *Teris* en Samaritain ; *Thurs*, *Tars*, *Tarsa*, *Tiras*, *Ters* en Arabe, bouclier ; *Tarag* ou *Targ* en Arabe, cacher, couvrir ; *Tarach*, casque dans la même Langue. De *Targ* est venu par métaphore notre mot François *Targuer*.
TARGA, A. M. targe, bouclier. Voyez *Targ*.
TARGAD, targe, bouclier. Voyez *Targ*.
TARGAH, matou. B.
TARGAS, TARCAS, matou ; plurier *Targaset*, *Targhiciez*. B. Voyez *Tarw*.
TARGOA, TARGOA, rupture, brisement, schisme. Ba. Voyez *Tarr*.
TARGON, estragon. B.
TARGUINADA, viol. Ba.
TARH, tonnerre, claquement, pet, éclat non détaché, écueil, brisant. B.
TARH, commencement, source. B. Voyez *Tardd*.
TARH-AÜEL, ouragan, coup de vent. B.
TARB-CALON, crevecœur. B.
TARHEIN, claquer, craquer, éclater, crever, poindre, apostumer, s'ouvrir, fêler, crevasser. B.
TARHELL, barbacane, petite ouverture longue en un talut pour faire écouler les eaux. B.
TARHYAN, fiévre. B.
TARIA, bouclier. G.
TARIAM, TARIAN, targe, bouclier. B. Voyez *Targ* & l'article suivant.
TARIAN, bouclier. G. B.
TARIANDALCH ; de *Tarian* & *Talch*. G.
TARIANNAWR, celui qui faisoit ou qui portoit un bouclier. G.
TARIANNOG, qui porte un bouclier. G.
TARIANNWR, qui fait des boucliers. G.
TARINADA, danser, sauter de joie, jouer en sautant B.
TARIO, demeurer, s'arrêter, retarder. G. *Tar* doit donc signifier demeure, séjour ; *Tar* en Hébreu, attendre, & *Tarad*, persévérer dans la même Langue.
TARLAGAIM, jetter. I.
TARLAGHADH, devenir. I.
TARLASGA, le même que *Tallasca*. B. Voyez *Tallask*.

TARLASKEN, le même insecte que *Taras*. B.
TARLEAR, ajoûté. I.
TARLEISIO pour *Darleifio*. De *Llefo*, proférer une parole, sonner. G.
TARLONCA, avaler avec peine, ne pouvoir avaler sans difficulté, parce que l'on veut trop avaler à la fois. Selon quelques-uns, c'est roter ; selon d'autres, se gargariser la bouche. Il y en a qui confondent ce verbe avec *Dourlonca*. Monsieur Roussel écrivoit *Tarlynca*, & l'entendoit de la peine qu'on a lorsque l'aliment entre dans la fausse gorge, & que l'on est contraint de le faire remonter pour le mieux avaler ; il le composoit d'*Ad'arre Lonca* avaler de rechef. C'est ainsi que Dom Le Pelletier explique ce mot. Le Pere de Rostrenen met *Tarloncqa*, engouer, s'engouer. B. Voyez *Tarlwng*, *Tarlynca*.
TARLWNG ou *Tarlwnge* pour *Darlwnge*, coup, trait, gorgée, action d'avaler un breuvage, ce qu'on donne à boire. G.
TARLYNGGU, avaler, gober. G. *Tarlwnge*.
TARLYNGGU, roter. G.
TARN, le même que *Darn*. Voyez T.
TARNER, torchon ; plurier *Tarnerou*. B.
TARO, fraper, battre, donner des coups, se fraper la poitrine par un mouvement de douleur, rendre la pareille. G. *Tar* en Chaldéen, fraper, battre ; *Darab* en Arabe, battre ; *Tero* en Latin ; *Tarti* en Dalmatien ; *Tewrni* en Hongrois, piler.
TARO, taureau. C. B. *Tarw*, qui se prononce *Tarou* ou *Taro* en Gallois, taureau ; *Tarv* en Irlandois, taureau ; *Tarn* en Breton, taureau ; *Taur* anciennement en Breton, taureau ; *Thor* en Phénicien ; *Tor* en Chaldéen, en Samaritain & en Syriaque ; *Taur* en Arabe ; *Aibyr* en Cophte ; *Tauros* en Grec ; *Taurus* en Latin ; *Toro* en Italien & en Espagnol ; *Tarffur* en Runique & en Islandois ; *Taureau* en François, taureau ; *Thora* en Hébreu ; *Thor* en Chaldéen, *Athor* en Arabe, bœuf ; *Tor* en Chaldéen, bœuf ; *Tor* en Éthiopien, animal semblable au bœuf, espéce de vache.
TARO, TARW, taureau ; plurier *Teiro*, *Teirwi*. De *Tarw* est venu le verbe *Tarwi*, participe *Tarwet*, qui se dit d'une vache qui a été au taureau. B.
TAROHED, le second essain. B.
TARON-FAWR, le même que *Syrn-Fawr*. G.
TARPONERIA, A. M. digue pour arrêter les eaux. Ce mot paroît être une extension de *Tapon*.
TARR, ventre. E. I.
TARRA, pays, contrée. Ba. Voyez *Ter*, *Daear* ou *Taear*.
TARRAC, tique insecte ; plurier *Tarraghet*. B.
TARRAD, goudron. I.
TARRANG, déchirer, déchiqueter, mettre en piéces, traîner, tirer, attirer, succer, dériver, action de tirer, attraction, secousse. I. Voyez *Tar*.
TARRANGAIRE, prophétie, prédiction ; *Tarrangaireadh*, pronostiquer, présager, prédire. I.
TARREDEM. Voyez *Tarzet*.
TARREN, éminence, hauteur, tertre, lieu élevé. G. Voyez *Tar* le même qu'*Ar*, *Tarros*.
TARRET, TARZET, pustuleux, couvert de pustules, enflé, empoulé. B.
TARRET. Voyez *Tarzet*.
TARRIA, pierre. Ba. Voyez *Es*. C'est le même qu'*Arria*. Voyez T.
TARRINT, luter ; *Tarintoir*, luteur. I.

TASSENGI

TARRITAMENDUA, irritation. Ba.
TARRITATU, provoquant. Ba.
TARRNGE, clou. I.
TARROS, montée, terre, terrein élevé & escarpé; plurier *Tarroſou*. B. Voyez *Tarren*.
TARSNA, qui n'eſt pas droit, qui eſt de travers, de biais, de côté, mal-adroit. I.
TARSNADH, de travers. I.
TART, ſoif. I.
TARTA, chêne verd. Ba.
TARTA, A. M. gâteau. De *Tartas*.
TARTACA, chêne verd; *Tartacadia*, bois formé de ces chênes. Ba.
TARTANA, tartane. Ba. De là ce mot.
TARTAS, chêne; *Tartaſſu*, chênaie. Ba.
TARTAS, TARTES, galette de bled noir; plurier *Tartaſou*, *Tarteſou*. B.
TARTERIUM, A. M. morceau. De *Tar* le même que *Dar*.
TARTESEN, tarte. B. De là *Tarte* en François & en Anglois; *Tartara* en Italien; *Terta* en Eſpagnol, tarte.
TARTESI, homme robuſte, haut. Ba.
TARTH, vapeur, exhalaiſon. G.
TARTHAIRMHEADH, celui qui paſſe. I.
TARTHALAIM, aider, protéger, protecteur. I.
TARTHU, exhaler, pouſſer des vapeurs. G.
TARTICUA, épurge herbe. Ba.
TARTMAR, altéré, qui a ſoif. I.
TARTOUS, TASTOUS, teigne ver qui ronge les étoffes de laine & autre vermine qui ronge le bled, coſſon; plurier *Tartouſet*: Il ſe dit auſſi d'un homme qui a les yeux chaſſieux, d'un vieillard morne & chagrin: Il ſe dit encore de celui qui a la tête & le viſage ſales & mal-propres; enfin il ſignifie petit nez camard. On en fait le verbe *Tartouſi*, *Taſtouſi*, être chaſſieux ou rendre chaſſieux, être un vieillard morne & chagrin, rendre un vieillard morne & chagrin.
TARV, taureau. B. Voyez *Taro*.
TARU, taureau. I. Voyez *Taro*.
TARVACH, utile, commode, propre à. I.
TARVAL, goujon cheville de bois. B.
TARVAN, taureau. I.
TARVOAL, qui n'a que le devant de la tête chauve, & par extenſion chauve. G. *Voal*, en compoſition pour *Moal*, chauve.
TARUS, taureau. B.
TARUS, A. M. maſſue. De *Taro*.
TARW, taureau. G. B. Voyez *Taro*.
TARW, fin, terme, extrémité. G.
TARW. MARCH TARW, cheval entier. B. *March*, cheval.
TARUUDAN, fantôme, ſpectre. G.
TARWEDD. Davies demande ſi c'eſt le même que *Darwedd*. Je réponds qu'oui, parce que 1°. Le *t* & le *d* ſe mettent indifféremment l'un pour l'autre. 2°. *Tàrh*, ſource; *Tarhein*, ſource en Breton.
TARWET. Voyez *Taro*.
TARWI. Voyez *Taro*.
TARVUS, fin, extrémité. G. *Tarvis*, fin en vieux François.
TARYELL, badauderie, action de badaud, conte. B.
TARZ, coup violent avec éclat, fracture, fente, crevaſſe; *Tarz-Curun*, coup de tonnerre; *Tarz-Mor*, coup de mer, quand le flot ou la lame vient à crever ou ſe briſer; *Tarzbot*, fracture de pot, fragment ou teſt de pot; *item*, pot fondu, crevé; *Maen-Tarz*, caſſe-pierre, en Latin *Saxifraga*, ſorte de plante qui croit dans les fentes ou crevaſſes des rochers; plurier *Tarziou*, fentes, crevaſſes, même aux levres & ſur les mains. Les Vennetois, qui du *z* font une douce aſpiration, prononcent *Tarh*, coup, bruit; *Tar An-De*, crépuſcule; *Tarh-Curun*, coup de tonnerre; *Tarhein*, peter, pétarder, faire du bruit avec éclat, tonner; *Tarhian*, *Darhian*, fiévre; *Tarhus*, tonnant. On dit communément *Tarz An-Deiz*, le crépuſcule; *Tarza*, percer, rompre pour ſortir, ſortir avec effort & fracture; *Didarza*, paroître, ſe produire, éclater. M. Rouſſel ne donnoit à *Tarza* que les ſignifications de fendre & de crever, qui comprennent aſſez les autres. *Laet Tarzet*, lait aigri & tourné ſur le feu: C'eſt ainſi que Dom Le Pelletier explique ce mot. On trouve dans les autres Dictionnaires *Tarz*, commencement, ſource, éclat non détaché, briſant, écueil; *Maen Tarz*, ſaxifrage; *Tarz An-Deiz*, aube du jour; *Tarz An Deiz*, le point du jour; *Tarz An Mor*, le commencement du flux de la mer; *Tarz-Avel*, ouragan, coup de vent; *Tarz-Curun*, coup de tonnerre; *Tarza*, poindre, commencer à paroître, apoſtumer, s'ouvrir, crever, fêler, briſer, caſſer; *Tarzell*, jabloire, rainure, creneau, ſoupirail, barbacane petite ouverture en talut pour faire écouler des eaux; plurier *Tarzellou*; *Tarzes Laez*, lait caillé ſur le feu. B. *Tarſa* en Phénicien & en Syriaque, rocher, écueil. Voyez *Tardd*, *Tarddu*.

TARZA. Voyez *Tarz*.
TARZELL. Voyez *Tarz*. On donne auſſi ce nom, dit Dom Le Pelletier, à une certaine machine de moulin, laquelle il dit ne pas connoître. B.
TARZET, TARZET, ſingulier *Tarzeden*, *Tarzeden*, éclairs de tonnerre. B.
TARZET. Voyez *Tarz*.
TARZET. Voyez *Tarret*.
TAS, pere dans la Langue des Celtes, ſelon Baxter. C'eſt le même qu'*As*. Voyez *T*.
TAS, le même que *Teas*. I.
TAS, taſſe. B. De là ce mot. Voyez *Tatz*.
TAS, tas. B. De là ce mot. *Teza*, tas en Arménien; *Tuas* en Irlandois, haut, élevé; *Thiaſos* en Grec, aſſemblée, multitude. Voyez *Das*.
TAS, le même qu'*As*. Voyez *T*.
TAS, le même que *Das*. Voyez *T*.
TAS, le même que *Tes*, *Tis*, *Tos*, *Tus*. Voyez *Bal*.
TASA, taxe, taxation. Ba. Voyez *Taſſ*, *Taſc*.
TASA, A. M. taſſe. De *Tas*.
TASACH, chaud, ardent. I. Voyez *Tes*.
TASADH, étrangler, ſuffoquer, étouffer. I.
TASC, tribut. G. Voyez *Tarz*, *Taſa*.
TASCA, A. G. poche, petit ſac. Voyez *Tace*.
TASCA, TASCHIA, A. M. redevance. De *Taſt*, *Taſen*.
TASCIA, l'argent qu'on payoit pour le tribut, ou la piéce de monnoie du tribut. G.
TASCURAM, ſortir. I.
TASCU, impoſer quelque charge. G. *Tâche* en François, ouvrage donné, ouvrage impoſé; *Task* en Anglois. Voyez *Taſſ*, *Taſc*.
TASCY, prépoſé pour lever le tribut. G.
TASDAIL, eſſai, épreuve, examen, eſſayer, éprouver, examiner. I. Voyez *Taſta*.
TASDALTA, eſſayé. I.
TASG, caractère, témoignage, réputation, renommée. I.
TASG, taxe en ancien Breton. B. *Taſc* en Arabe, taxe,

TASGAMHAIL, renommée. I.
TASGAMHALAS, renommée. I.
TASGAMHUL, célèbre, fameux, illustre. I.
TASGIAD, taxe, appréciation. G.
TASGU, imposer, taxer. G.
TASMAN, fantôme, lutin, spectre, tout ce qui paroît & disparoît subitement sans être corporel; pluriel *Tesman*. Ce nom est peu en usage, & le même que *Teusman*, un peu altéré, ainsi qu'on le voit par ce pluriel *Tesman* pour *Teusman*; de *Teus*, & de *Man*, forme, figure, personnage : C'est ainsi que Dom Le Pelletier explique ce mot. Le Pere de Rostrenen met *Tasmand*, fantôme, spectre, anciennement *Talisman*. B.
TASONA, Voyez *Tosona*.
TASS, tasse. B. Voyez *Tacz*, *Taza*.
TASS, taxe; *Tassa*, taxer, régler un payement. B. Voyez *Tacz*.
TASSA, A. M. taxe; *Tassare*, taxer. De *Tass*.
TASSA, A. M. tasse. De *Tass*.
TASSA, A. M. tas. De *Tas*.
TASSA, A. M. bourse. Voyez *Tacz*.
TASSARE, A. M. entasser. De *Tas*.
TASSIA, A. M. tasse. De *Tass*.
TASSIUM, TASSUS, A. M. tas. De *Tas*.
TASTA, le même que *Dasta*. Voyez T. De là notre mot François *Tasler*, & l'Anglois *Tast*, tâter. Tat en Turc, goût, goûtez à l'impératif. Voyez *Tasdail*, *Tastail*.
TASTAIL, essayer, éprouver. I. Voyez *Tasla*.
TASTONI, tâtonner. B. De là ce mot.
TASTOURN, tâton; *Tastournein*, tâtonner ou tâter avec la main, manier, farfouiller. B.
TASTOURCHEN, rêveur. B.
TASTOURNEREAH, action de toucher avec la main. B.
TASTOUS, TASTOUSI. Voyez *Tartous*.
TAT, pere dans la Langue des Celtes, selon Baxter. Tat, pere. G. B. *Tata* en Italien & en Hongrois, pere. Voyez *At* & *Tad*, qui sont le même mot que *Tat*.
TAT, pere ; pluriel *Tadou*; *Tat-Cos*, aïeul, grand-pere ; mot à mot, pere vieux ; *Tat-Cun*, bisaïeul ; *Tat-Diou*, trisaïeul ; mais on doit l'entendre du maternel, car *Diou* est le féminin de *Daou*, deux. Ceux de Vannes prononcent *Tadien*, grand-pere, & *Gourdadien*, bisaïeul & les ancêtres : Ce mot veut dire à la lettre sur-grand-pere. *Tadee* ici & à Vannes est beau-pere, pere du mari ou de la femme, ou second mari de ma mere. Les enfans appellent leur pere *Tata* comme en France *Papa*, ce qu'ils apprennent des nourrices, & non de la nature. B. Cet article est pris de Dom Le Pelletier. Le Dictionnaire François-Breton imprimé en 1756 ajoûte *Tat*, Patrice.
TAT, le même qu'*At*. Voyez T. *Dat*, terre en Tonquinois.
TAT, le même que *Dat*. Voyez T.
TAT, le même que *Tet*, *Tit*, *Tot*, *Tut*. Voyez *Bat*.
TAT, le même que *Sat*. Voyez S.
TATA, papa. B. Voyez *Tat*.
TATCOTH, aïeul. B.
TATESEN, tarte. B.
TATHUDE, hanter, fréquenter. I.
TATHUGADH, adjonction, jonction, joindre, unir, coller. I.
TATIN, homme querelleur ; *Tatina*, railler, goguenarder, piquer & mordre en raillant ; *Tatiner*, railleur, qui irrite les autres par ses railleries ; *Tatinus*, celui qui a ce défaut par habitude. Le Pere Maunoir met *Tatinus*, contentieux : C'est ainsi que Dom Le Pelletier explique ce mot. Le Pere de Rostrenen met *Tatiner*, celui qui agace ; *Tatinus*, celui qui est sujet à agacer, contentieux. B. En Patois de Besançon *Aitaitignie* est agacer.
TATINA. Voyez *Tatin*.
TATINER. Voyez *Tatin*.
TATINUS. Voyez *Tatin*.
TATOA, bête semblable au cochon. Ba.
TATOUILHER, bredouilleur. B.
TATSIA, gober, manger. Voyez *Eutatsia*.
TAU, ton, ta. G.
TAV, eau, rivière, fleuve G. Voyez *Tab*, *Av*, qui sont les mêmes que *Tav*.
TAV, taira, tait. G.
TAV, TAF, fleuve. C.
TAV, THAU. Quintilien, *l. 8* ; Ausone, *idyl. 5* ; Gregoire de Tours, *l. 5 de son Hist. ch. 5*, nous apprennent que les Gaulois se servoient de ce mot pour désigner une croix ; peut-être de *Tau* le même que *Dau*, deux, parce qu'une croix est composée de deux pieces de bois.
TAU, le même que *Sau*. Voyez S.
TAU, le même qu'*Au*. Voyez T.
TAU, le même que *Dau*. Voyez T.
TAUA, TAUAFF, goûter. B.
TAVAL, sein. I.
TAVAN, tronc d'arbre. I.
TAVANGER, tablier. B.
TAVANN. KRANT TAVANN, tronc d'arbre. I.
TAVANTEC, TAVANTECQ, pauvre, indigent, nécessiteux ; *Tavanteghez*, *Tavanteguez*, indigence, disette. B.
TAVARCHEN, gazon, motte de terre avec l'herbe, motte. B.
TAVARER, celui qui sert les maçons, couvreurs & autres artisans qui ont besoin de gros matériaux ; pluriel *Tavarerien*. B. Ceux des Bretons qui parlent François, disent *Dalbareur*.
TAVARGN, TAVARN, taverne, cabaret. B. Voyez *Tabhairn*.
TAVARNOUR, hôtelier, tavernier. B.
TAVAT, taire. B.
TAUCEIN, abonner. B.
TAUIN, épais. I. Voyez *Taw*.
TAUL, TAOL, TAWLL, coup ; *Taulvaz*, coup de bâton ; *Taul-Canol*, coup de canon ; *Taul-Curun*, coup de tonnerre ; *Taul-Comps*, coup de Langue ou de discours ; pluriel *Taulion*. On a aussi dit *Taulat* au même sens ; singulier *Taulader*, application ou percussion d'un coup ; pluriel *Taulader* ; *A Dauladou*, par coups, à coups redoublés. C'est ainsi que Dom Le Pelletier explique ce mot : On trouve dans les autres Dictionnaires *Taul*, coup, atteinte, tac, jet, jet de fontaine, jet d'arbre, pousse, rejetton, excroissance, action, force d'agir, niche, tour, tour de souplesse, table, établier, éteule ; *Taul-Avel*, coup de vent, bouffée de vent ; *Taul-Feucq*, coup fourré ; *Taul-Gutnan*, essain d'abeilles ; *Taul-Lagad*, coup d'œil ; *Taul-Micher*, chef-d'œuvre, coup d'essai ; *Taul-Peucq*, coup fourré ; *Taulad Avel*, bouffée de vent ; *Tauladur*, vent ; *Taulat*, tablée. B. De là *Taula* en Patois de Besançon, & *Talé* en celui de Metz, se dit d'un fruit qui est côti pour avoir reçu quelques coups ; *Tauler* se dit à Ornans pour battre. Le Peuple dans le Royaume appelle une *Talemouse*, un coup sur le visage. On dit *Taloche* en Franche-Comté dans le même sens. *Taul* en Auverguac ; *Taule* en

TAU.

Franc-Comtois, se dit encore pour table. On appelle *Taule* en François des plaques ou tables de fer battu ; *Taula* en Turc ; *Tahli* en Arménien, tables. Voyez *Taula*, table.

TAUL. Voyez *Thoula*.

TAULA, table, planche. Ba. Voyez *Taul*, *Tabl*.

TAULAD. Voyez *Taul*.

TAULADUR. Voyez *Taul*.

TAULAGIUM, A. M. impôt, gabelle. De *Toll*.

TAULAT. Voyez *Taul*.

TAULEIN, jetter. B.

TAULENN, tableau, figure, représentation. B.

TAULI, TAWLI, TEURL, jetter, pousser, lancer, fraper ; *Taul* est la seconde personne singulière de l'impératif, & au pluriel *Taulit*, jettez. Le participe est *Taulet*, jetté, lancé. B. Voyez *Tasu*.

TAULLIA, A. M. impôt, gabelle. De *Toll*.

TAULPENN, tige. B.

TAUOG, le même que *Taeog*. G.

TAUOGAIDD, de païsan. G.

TAUOGAU, homme du plus bas rang. G.

TAUOGRWYDD, rusticité. G.

TAVON, rivière. G. C'est *Avon* avec le *t* préposé. Baxter.

TAVOZ, TAFOZ, langue. C. Voyez *Tafod*.

TAUR, eau. G.

TAUR, taureau anciennement en Breton. Voyez *Taro*.

TAURAT ; singulier *Tauraden*, ventrée ou portée de vache lorsqu'elle a été au taureau & qu'elle est pleine d'un veau. B. Voyez *Taro*.

TAUREAL, se veautrer. B.

TAURETA, chaise, siége. Ba.

TAURIMELLET, se veautrer. B.

TAUST, près, auprès, prochain. B. *Tosto* en Italien, incontinent, sur le champ, vîte, tôt ; *Tauge* en Brésilien, vîte, tôt ; *Satots* en Cophte, d'abord. De là *Tôt*. On voit par là que *Taust* signifioit autrefois la proximité du temps comme celle du lieu. De là *Topper*, vieux mot Latin rapporté par Quintilien, qui signifioit vîte, tôt, promptement, Voyez *Tal*.

TAUST, avare, chiche, mesquin, intéressé. B.

TAUST-DA-VAD, environ. B.

TAUSTAAT, aborder, approcher. B.

TAUSTAPL, abordable. B.

TAUSTENN, pain roti. B.

TAUSTICQ, qui est un peu avare, épargnant. B.

TAUSTIDIGUEZ, abord, accès, approche. B.

TAW, rivière. G. C'est le même qu'*Aw*. Voyez ce mot & *Tav*.

TAW, silence. Ce mot signifie encore chez une partie des Gallois, parce que. G. *Taw* signifie encore repos, tranquillité, calme, patience, tranquille. Voyez *Distaw*, *Gortho*, *Tawel*, *Annistawrwydd*. *Taw* est le même que *Tew*. Voyez *Bal*. Voyez *Tewch*, *Taoncin* & l'article suivant. De là le Latin *Taceo*.

TAW, TAO, paix, silence ; & comme impératif singulier tais-toi ; *Tawein*, *Tevel*, taire, se taire. B. Voyez l'article précédent & *Taonein*.

TAWARCHEN, motte de terre, gazon, tourbe ; c'est le singulier de *Tawarch* ; pluriel *Tawarchennou*, *Tewerch*. B. Voyez *Tavarchen*, *Towarch*, *Tywarch*.

TAWCH. Davies n'explique pas ce mot ; mais par les termes qu'il rapporte dans lesquels il l'entre, il paroit signifier grand, étendu. Ce qui met ma conjecture hors de doute, c'est que Thomas Guillaume dans son Dictionnaire Latin-Gallois, met *Tawch*, longueur. G.

TAWDD, action de fondre, fonte, liquéfaction ;

TEA. 407

fusion, jus suc qu'on exprime d'une chose. G.

TAWEDOG, qui se tait, taciturne, qui garde le silence, mélancolique. G.

TAWEDOGRWYDD, taciturnité. G.

TAWEL, qui se tait, qui garde le silence, qui ne dit mot, taciturne, tranquille, calme, doux, paisible. G.

TAWELGLAER, serein ; qui est sans nuage. G.

TAWELHYN, temps calme. G.

TAWELU, tranquilliser, calmer. G.

TAWELWCH, silence, tranquillité, taciturnité ; temps serein, calme de la mer, bonace. G.

TAWL, cessation, diminution, retranchement. G. De là le Latin *Tollo*.

TAWLBWRD, buffet, toute sorte de vaisselle creuse. G. *Bwrd*.

TAWLPEZ ; singulier *Tawlpezen* ; plurier *Tawlpezennou*, fiente de cheval, bouse de bœuf ou de vache desséchée au soleil, pour faire du feu, selon la coûtume des pays où le bois manque. On donne encore ce nom à la farine, qui a été humide & comprimée, & qui se tire par mottes. B.

TAWR, il importe. G. *Estourra* en vieux François ; faudra, *M'Estura*, me faudra.

TAWWY, TAFWY, fleuve. C. Voyez *Taw*.

TAWY, le même que *Tav*, rivière. G. Voyez l'article précédent.

TAXA, A. M. taxe, impôt. De *Tacc*, *Taxe*.

TAXA, A. M. tâche, besogne imposée. De *Tasg*.

TAXE, taxe, imposition. B. Voyez *Tacc*.

TAXEA, A. G. lard, *Tew* ou *Taw* en Gallois, gras.

TAXEA, TAXIA, A. M. tasse. De *Tacc*.

TAYE, fonte. B. Voyez *Tawd*.

TAYOG, le même que *Taeog*. G.

TAYOGAID, grossier, rustique. G.

TAYOGED, barbare. G.

TAYOGRWYDD, grossiéreté, impolitesse. G.

TAZ, pere. G. C.

TAZA, tasse. Ba. Voyez *Tass*.

TAZTABIA, tarière, foret, villebrequin, vrille, giblet. Ba.

TE, maison, habitation. I. *Te* en Chinois, maison de récréation, lieu. Voyez *Tec*, *Teg*, *Tehi*, *Tei*, *Tai*, *Ti*.

TE, brûlant, chaud, prompt, actif. I. Voyez *Tes*.

TE, toi ; tu. B.

TE, le même que *De*. Voyez *T*.

TEA, maison, habitation. I.

TEA, tutoyer, parler par toi. B.

TEA, corrompre, pourrir parlant des fruits. B.

TEA, abondance. Voyez *Elurtea*, *Tew*, *Teo*.

TEACH, maison, habitation, Eglise ; *Teach-Riochda*, palais. I. *Tachat* en Hébreu, maison. Voyez *Tach*.

TEACH, écoulement, action de la chose liquide qui s'écoule. B. Il paroit par *Teachet*, que *Teach* signifie aussi fuite. *Tai* en Persan, eau coulante, & *Tav*, lieu où l'eau se joint en coulant.

TEACHDA, envoyé. I.

TEACHET, fuir. B.

TEACHTADH, se cailler, se figer, action de joindre. I.

TEACHTAIRE, envoyé. I.

TEADH, corde, licol. I.

TEADH, langue. B. Voyez *Teand*.

TEADH, le même que *Teagh*. De même des dérivés ou semblables. I.

TEAG, maison. I.

TEAG-LONG, maison. I.

TEAGAS-LONG, maison. I.

TEAGASG, enseigner, apprendre, gouverner, conduire, régir, document, enseignement, discours, sermon. I.

TEAGASTHOIR, maître, précepteur. I.

TEAGAUS, discipliner, instruire. I.

TEAGH, TEAGHAS, maison. I.

TEACH, endroit où s'assemble la Cour, le Sénat. I.

TEAGHAIS, petite maison; Teaglach, palais, grande maison. I.

TEAGHALLAC, domestique de la maison. I.

TEAGHALLACH, famille, peuple, nation. I.

TEAGHLAIGH, aménité, plaisir, agrément. I.

TEAGHOTHAR, infirmerie. I.

TEAGLACH, palais, grande maison. I.

TEAGMHAIL, devenir, avenir, arriver, se rencontrer, happer, saisir, se passer, rencontre. I.

TEAGMHUS, accident, avanture, hazard, fatalité. I.

TEAGMHUS, TEANGMHUS, coup, fois. I.

TEAGMHUSACH, ordinaire, qui arrive ordinairement. I.

TEAL, tutoyer. B.

TEAL, parelle plante. B.

TEALLA, TEALLACH, terre, héritage. I.

TEALLACHOG, concubine. I.

TEAMPULL, TEMPL, temple. I. Templ, Teml, Temmel en Gallois; Templ en Breton; Temploa en Basque, temple. De là le Latin Templum, l'Italien Tempio, l'Espagnol Templo, l'Allemand, le Flamand & l'ancien Saxon Tempel, le Théuton Tempal, l'Anglois & le François Temple.

TEAN, puissant, pleinement. I.

TEAN, corrompre, pourrir parlant des fruits. B.

TEANGA, TEANGAIDH, langue. I. Teanka, langue en Écossois occidental; Teinzi en Écossois septentrional; Tonge en Flamand & en Anglois; Tunge en ancien Saxon; Tugg, qu'on prononce Tung en Gothique; Tunga en Danois & en Suédois; Zunga en Théuton; Zung en Allemand, langue. Voyez Dangos, Ting.

TEANN, étroit, serré, pressé, robuste, fort, dur. I. Voyez Tenn.

TEANNAM, serrer, embrasser. I.

TEANNCUR, davier. I.

TEANNTA, échalas. I.

TEAODEN, le même que Teaot-Ezn. B.

TEAOT, TEAÜD, TEOD, langue; plurier Teaudon, Teauton, Teaudet, qui a une langue; Teaudec, grand parleur; Teodai; singulier Teodaden, coup de langue, parole choquante, raillerie piquante. B. Voyez Tafod.

TEAOT-EZN, grateron plante. B.

TEAR, turbulent, rude, brusque, vif, impétueux, roide, rigoureux. B. Terax en Polonois, sur le champ, incontinent; Tariqué, tempête, & Toriqué, en colere, fâché en Galibi. Voyez Ter, Terr, qui sont les mêmes que Tear.

TEARC, rare, étroit. I.

TEARI, s'émouvoir, être ému. B.

TEARMAN, TEARMON, asyle, refuge, sanctuaire. I.

TEARUS, bilieux, colerique. B.

TEAS, poursuivre, continuer, aller, s'en aller, se retirer, marcher, venir, passer, procéder. I.

TEAS, ardeur, chaleur, le sud; Taobh-Teas, vers le sud. I. Niazi, soleil dans la Langue de Congo. Voyez Tès.

TEASA, se coller, se lier, se prendre, se condenser, se cailler. I.

TEASAIRE, porteur, envoyé, messager. I.

TEASAIRIOS, message, commission. I.

TEASBHAC, chaleur. I.

TEASBREALA, bains chauds. I. Teas, chaud; Breala par conséquent bain.

TEASDAS, caractére, témoignage. I.

TEASGADH, amputation, retranchement. I.

TEASUGHEAS, ardeur, chaleur. I.

TEASUGHTE, gelée. I.

TEATH, TATH, TETH, les mêmes que Teach, Tach, Tech. I.

TEAUD, langue. B. Voyez Teaut, Tafod.

TEAUD-EGEN, buglose. B.

TEAUD-GARO, scolopendre. B.

TEAUD-QY, langue de chien plante. B.

TEAUDCAZ, martagon plante. B.

TEAUDECQ, grand parleur, babillard, discoureur. B.

TEAULENN, morelle plante. B.

TEB, le même qu'Eb. Voyez T.

TEB, le même que Deb. Voyez T.

TEB, le même que Tab, Tib, Tob, Tub. Voyez Bal.

TEB, le même que Tef. Voyez B.

TEB, le même que Seb. Voyez S.

TEBH, le même que Taobh. I.

TEBYG, égal, pareil, semblable. G.

TEBYGIAETH, ressemblance. G.

TEBYGOLIAETH, ressemblance, figure, représentation. G.

TEBYGU, ressembler, égaler. G.

TEC, beau. C. Le d & le t se mettant l'un pour l'autre, on a dit Dee comme Tec. De là les mots Latins Decet, Decens. Tukt en ancien Persan, parfait. Voyez Teg, qui est le même que Tec. Voyez encore Tecced.

TEC, toît, maison. B. Teach, Deach, Techna, Tech en Irlandois; Thece en ancien Saxon; Thiki en Théuton; Stege en Grec, maison; Tihec en Étrusque, temple, palais; Tegure, chaumière en vieux François; Taille, chaumière, cabane en vieux François; Tugurium en Latin, chaumière; Tajati en Esclavon, cacher, couvrir; Dach en Allemand; Thece en ancien Saxon; Dck en Flamand; Taak en Suédois; Th.k en Islandois; Taget en Danois; Dach en Polonois; Tictum en Latin; Tetto en Italien, toît. Decke en Allemand, couverture; Decken en Allemand; Tego en Latin, couvrir, faire ensorte qu'une chose soit cachée; Tongan en Théuton; Togen en Allemand, cacher; Toug en Arménien, en cachette, secretement; Thahho ou Tucho en Arabe, couverture; Tak en Éthiopien, vapeur épaisse qui couvre le ciel; Thep, couvrir en Tonquinois; Thibh ou Thich, couverture en Hébreu; Thuhh ou Thuch en Hébreu & en Chaldéen, couvrir; Thahh ou Thach en Chaldéen, couverture. Voyez Ticha le même que Lechu. Voyez Te, Teg, Toc, Tog, To, Teach.

TEC, le même qu'Ec. Voyez T.

TEC, le même que Dec. Voyez T.

TEC, le même que Tac, Tic, Toc, Tuc. Voyez Bal.

TEC, le même que Sec. Voyez S.

TECCED, agréablement, doucement, flateusement. G.

TECH, qui fuit. G. Voyez l'article suivant.

TECH, fuite. Les Vennetois prononcent Teh, Techi, fuir, éviter. Je lis Techaff en la destruction de Jérusalem pour la première personne du présent de l'indicatif. Le nouveau Dictionnaire porte Techet

TEC. TEI. 409

Techet D'a Leon Doue, enclin aux juremens de Dieu ; c'est-à-dire, qui a recours, qui s'emporte aux juremens, aux blasphêmes, pour se faire croire ou craindre : C'est ainsi que Dom Le Pelletier explique ce mot. Le Pere de Rostrenen met *Tech*, action de la chose liquide qui s'écoule. B. *Thihhah* ou *Thichah* en Hébreu, en Samaritain, en Arabe, action de pousser, de faire aller avec impétuosité ; *Thahhor* ou *Thachor*, vîte, impétueux, rapide ; *Thaksb*, vîtesse de la marche en Arabe ; *Tecchi* en Esclavon, courir ; *Techem*, courir, couler en Stirien & en Carniolois ; *Tech* en Croatien ; *Tek* en Esclavon, course ; *Tachus*, vîte en Grec ; *Ticune*, fuite en Albanois ; *Tos* en Turc, vîte, promptement, incontinent, sur le champ ; *Tek*, courant, allant vîte ; *Testu*, vîte, agile dans la même Langue ; *Tachten*, courir, marcher vîte en Persan ; *Techi* en Dalmatien ; *Tecy* en Bohémien ; *Tezhi*, *Techi* en Esclavon, couler ; *Tezhémie* en Esclavon, flux, écoulement. Voyez l'article précédent, & *Tehig*, *Te*, *Techu*.

TECH, le même que *Teach*. De même des dérivés ou semblables. I.

TECH, TEICH, coûtume, imperfection habituelle, habitude. B. De là notre mot François *Tic*, qui signifie un mauvais geste habituel.

TECH, le même qu'*Ech*. Voyez T.

TECH, le même que *Dech*. Voyez T.

TECH, le même que *Tach*, *Tich*, *Toch*, *Tuch*. Voyez *Bal*.

TECHA, se piquer parlant des fruits, commencer à pourrir. B. Voyez *Texa*.

TECHEL, se retirer, échapper, s'absenter. B.

TECHER, fuyard. B.

TECHET, s'absenter, éviter. B.

TECHNA, maison. I.

TECHU, fuir, courir, aller vîte. G.

TECHU, le même que *Lechu*, caché. G.

TECHU, fuir. B.

TECLA, datte. Ba.

TECTER, beauté. C.

TECZ, tas, monceau. B.

TECZEIN, entasser, amasser, accumuler. B.

TED, maison. I.

TED, le même qu'*Ed*. Voyez T.

TED, le même que *Tad*, *Tid*, *Tod*, *Tud*. Voyez *Bal*.

TEDNA, conduire. C.

TEEH, pis, mammelle des vaches, des chevres & des brebis. B.

TEEN, coup de fusil, coup de canon. B.

TEENNADUR, arrachement. B.

TEENNEIN, arracher, attirer. B.

TEERA, trois. I. Voyez *Tair*.

TEETTEIN, pester. B.

TEF, le même que *Tref*. Voyez *Haddef*. *Debir* en Hébreu, cabinet ; *Tbaki* en Cophte, ville ; *Tibah*, prison en Arménien ; *Thubonos*, cabinet en Cypriot ; *Topos*, lieu, habitation en Grec ; *Tappech*, tente en Groenlandois.

TEFAL, sombre, brun. C.

TEFAL, sombre. B.

TEFF, gros, large, épais. B.

TEFFAL, ténébreux, obscur, couvert de ténébres. B.

TEFFEL, taire. B. Voyez *Tevel*.

TEFRENI, tressaillir. B.

TEFUAL, sombre. B.

TEG, habitation. G. *Teg*, maison en Irlandois ; il signifie aussi habitation en Basque ; *Arrosteguia*, hôpital ; *Arrax*, malade.

TOME II.

TEG, beau, qui a de l'agrément, serein, décent, pur, net, équitable, droit, couleur vermeille. G. *Teg*, beau, agréable, équitable, droit en Langue de Cornouaille ; *Teg*, beau en Écossois ; *Teg*, beau, qui a de l'agrément, serein en Breton, selon Davies ; *Tsé*, beauté en Tartare du Thibet. Voyez *Tec*.

TEG, beau, agréable, équitable, droit. C.

TEG, beau. E.

TEG, beau, qui a de l'agrément, serein. B. Voyez *Teg* Gallois.

TEG, maison. I.

TEG, marque du superlatif. Voyez *Digrisdeg*. *Tag* en Tartare ; *Dag* en Persan, montagne.

TEG, le même que *Tech*. Voyez ce mot & *Adeg*.

TEG, le même qu'*Eg*. Voyez T.

TEG, le même que *Deg*. Voyez T.

TEG, le même que *Tag*, *Tig*, *Tog*, *Tug*. Voyez *Bal*.

TEG, le même que *Seg*. Voyez S.

TEGAN, joyau, collier ornement qu'on met au cou. G.

TEGANAU, jouets d'enfans. G.

TEGASG, avertir, avertissement. I.

TEGCAU, parer, orner, embellir. G.

TEGEINIAN, TEGEIRIAN, espéce de satyrion ; serpentaire. G.

TEGER, TEGERN, Seigneur. E. Voyez *Tyern*, *Tigern*.

TEGES, A. M. cabane, chaumière. De *Teg*.

TEGH, chaud, brûlant. I. Voyez *Tés*.

TEGH, le même que *Teagh*. De même des dérivés ou semblables. I.

TEGHAU, embellir, rendre serein, pacifier. G.

TEGHVACH, famille. I.

TEGLA, CLWY-TEGLA, CLWYF-TEGLA, épilepsie, mal caduc. G. Voyez *Teg* le même que *Tech*.

TEGLACH, le même que *Teaglach*. De même des dérivés ou semblables. I.

TEGMHAIL, attaque, assaut, engagement, attaquer, assaillir. I.

TEGMHUGHE, accosté, abordé. I.

TEGMHUS, accident, avanture. I.

TEGR, TEGRIN, Seigneur. E. Voyez *Tigern*, qui est le même.

TEGUIA, habitation. Voyez *Teg*.

TEGWCH, beauté, sérénité. G.

TEGYCHU, embellir, polir, rendre serein. G.

TEH, pis, mammelle des vaches, des chevres & des brebis. B.

TEH, fugitif, échapper. B. Voyez *Tech*, *Tehig*.

TEHA, petit. B.

TEHANIA, langue dans le dialecte Gallois de l'Isle de Mona. Voyez *Teanga*.

TEHEIN, échapper. B.

TEHI, TEI, couvrir, faire un toit, mettre une couverture ; participe passif *Toet*, couvert ; *Toer*, couvreur. B. Voyez *To*, *Toi*, *Te*.

TEHIG, fuir, éviter. I. Voyez *Teh*, *Tech*.

TEHOUEL, obscur. B.

TEI, Voyez *Tehi*.

TEI, maison. Voyez *Deian* & *Te*.

TEICH, habitude, coûtume, imperfection habituelle. B. Voyez *Tech*.

TEICZER, tisserand. B. De là nos mots François *Tissier*, *Tisserand*. Voyez *Teissein*, *Teisser*.

TEIDIM, mort. I.

TEIGHAM, échauffer. I.

TEIGHEADH, chauffer, échauffer, brûler. I.

L llll

TEIGHTE, désertion; *Teightioch*, déserteur. I.
TEIGLIDE, languissant. I.
TEIGN, TIGN, teigne, gale, mal qui couvre toute la tête; *Teignus*, teigneux. B. De là le François *Teigne*, & les Latins du moyen âge *Tinea*, *Tigna*.
TEIGR, tigre. G.
TEIL, fumier. C.
TEIL, TEILL, fumier, fiente, engrais des terres; *Teilla*, fumer, mettre du fumier pour engraisser la terre. B. Voyez *Tail*.
TEILDOUAR, terre chaude, qui est en valeur, dans laquelle on a mis du fumier, de l'engrais, terreau de jardin, vieux fumier. B.
TEILFFORCH. Thomas Guillaume, dans son Dictionnaire Latin-Gallois, rend ce mot par le terme Latin *Furcillis*, que je ne trouve point dans les Dictionnaires; mais les deux termes dont ce mot est composé en Gallois me font voir que c'est une fourche à jetter ou répandre le fumier sur les champs.
TEILGEAN, lancer, darder. I.
TEILGIM, lancer, darder, jetter. I.
TEILH, imposition. B.
TEILIAD, action de fumer les terres. G.
TEILL, framboise. B. C'est ainsi qu'un vieux Dictionnaire Breton rend ce mot en François, que je ne trouve point dans nos plus vieux Dictionnaires.
TEILO, fumer, engraisser avec du fumier. G.
TEILOGE, tilleul. I. Voyez *Tilhenn*.
TEILWNG, chez les anciens *Teilyng*, digne. G.
TEILYNG. Voyez *Teilwng*.
TEILYNGDOD, dignité, axiome, maxime certaine. G.
TEILYNGU, juger digne. G.
TEIM, thim plante G. B. *Thumos* en Grec; *Thymus* en Latin; *Thimo* en Italien; *Time* en Anglois; *Thym* en Flamand, en Bohêmien, en François thim.
TEIMLAD, tact, attouchement, caresse de la main, discussion, examen. G.
TEIMLADWY, qu'on peut toucher. G.
TEIMLEDIGAETH, tact, attouchement. G.
TEIMLO, toucher, manier, mettre en mouvement, ébranler, émouvoir. G.
TEIMPIL, tour, rondeur. I.
TEIN, TEINID, TEINIDH, feu au propre & au figuré. I. Voyez *Tan*.
TEINID. Voyez *Tein*.
TEINNTIDHE, de feu, en feu, enflammé, ardent, qui brûle, prompt, violent, fougueux. I.
TEINTEACH, TEINTEAVAIL, en feu. I.
TEINTREACH, éclair. I.
TEIOS, homme qui a quelque défaut. I.
TEIR, trois. G. B. Voyez *Tair*.
TEIRAWR, espace de trois heures. G.
TEIRBLWYDD, qui a trois ans. G.
TEIRCAIL, petite triorche. G.
TEIRCE, disette, rareté. I.
TEIRF, troisième personne du futur du verbe *Tarfu*. G.
TEIRFFUF, qui a trois formes ou trois figures. G.
TEIRGWAITH, trois fois. G.
TEIRONGL, triangle. G.
TEIS, pâte. I. *Teich* dans la haute Saxe, pâte. Voyez *Toas*, *Toes*.
TEISBAN, tapis, le cartilage qui sépare les nârines. G. Voyez *Tapiez*.
TEISSEANADH, révélation, faire sçavoir, remontrer. I.

TEISEACH, le même que *Taoiseach*. I.
TEISEN, gâteau, gâteau de farine de froment, gâteau de fleur de farine. G. Voyez *Tis*.
TEISIA, THAISIA, A. M. toile. De *Tei*.
TEISSEIN, tistre, faire de la toile, des étoffes sur un métier. B. De là le Latin *Texo*, l'Italien *Tessere*, l'Espagnol *Texer*, le François *Tistre*.
TEISSER, tisserand, coutier ou qui fait des coutis. B.
TEITH, doux. I.
TEITHI, prix, valeur, selon William. Voyez, dit Davies, s'il ne signifie point qualité, vertu qui doit naturellement se trouver dans quelque chose. G. Les phrases que Davies rapporte montrent qu'effectivement ce mot se prend dans le sens qu'il indique; mais il n'en faut pas conclure qu'il ne se prenne pas aussi dans l'autre. Voyez *Teith* & *Ankelher*.
TEITHI-GWRAIG, menstrues. G.
TEITHIAW, marcher, aller, voyager. G.
TEITHIAWG, qui voyage. G.
TEITHIO, voyager. G.
TEITHIOL, de voyage. G.
TEITHIWR, guide, voyageur. G.
TEITHLYFR, livre où l'on écrit ce qui arrive dans un voyage. G.
TEITIDH, vol, volée. I.
TEIVE, mort. I.
TEIVI, le même que *Tav*, rivière. G.
TEL, haut, élevé. G. B. C'est le même que *Tal* & qu'*El*. *Tel* en Arabe & en Égyptien, tertre; *Tel* en Phénicien, haut, montagne; *Telire* en vieux François, tertre.
TEL, TELAID, mesure. G. Voyez *Tail*.
TEL, le même qu'*El*. Voyez *T*.
TEL, le même que *Tal*, *Til*, *Tol*, *Tul*. Voyez *Bal*.
TEL, le même que *Sel*. Voyez *S*.
TELA, toile. Ba. De là le Latin, l'Espagnol, l'Italien *Tela*, le François *Toile*. Voyez *Teil*.
TELA, flocon de neige. Ba.
TELAID. Voyez *Tel*.
TELAID adjectif paroit être le même que *Telediw*, dit Davies. G.
TELARE, A. M. prolonger. De *Tel*.
TELCHYN, grain de bled, grain broyé. G.
TELE, instrument ou plaque de fer sur quoi l'on fait cuire de la pâte de bled noir. G.
TELEDIW, beau, qui a de l'agrément, qui mérite d'être vu, digne, ingénu, franc, honnête. G.
TELEDIWRWYDD, beauté, agrément, dignité. G.
TELEIN, guitarre. C. Voyez *Telyn*, *Telen*.
TELEINIOR, joueur de guitarre. C.
TELEN, guitarre, lyre, harpe. G.
TELENN, harpe. B.
TELGING, chûte, ruine, selon Llyn; bien mis, ajusté, propre, fort, brave, vaillant, selon William. G.
TELHAR, palais. C.
TELIA, A. M. certaine quantité de champs ou de vignes. De *Tel*, mesure.
TELL, haut, élevé. G. C'est le même que *Tel*.
TELL, parler, dire. E.
TELL, imposition. B. Voyez *Tail*.
TELLA, TELLACH, les memes que *Tealla*, *Teallach*. De même des dérivés ou semblables. I.
TELLA, ardoise, pierre plate. Ba.
TELLA, pot de terre. Voyez *Tellapusca*.
TELLAPUSCA, test, morceau de pot de terre. Ba. *Pusca* signifiant morceau, on voit par là que *Tella* a signifié pot de terre. Voyez *Tala*.

TEL. TEN. 411

TELLEC, le même que Teurec. B.
TELLERIA, tuilerie, poterie. Ba. Voyez Tellapusca.
TELLESR, sorte de goémon à petits grains. B.
TELLOU, voile latine. B.
TELLOU, charge que l'on doit payer pour des terres que l'on possède en dépendance. B. Voyez Tail.
TELM, lacet, laqs, filet, piége. G.
TELMON, grand homme. G. Voyez Tel, Mon.
TELON, tenon. B.
TELPYN, diminutif de Talp. G.
TELSYNN, tête dans le dialecte Gallois de l'Isle de Mona. G. Voyez Tel, Tal.
TELT, singulier Telten, tente de cabaretier dressée aux foires & autres assemblées; plurier Teltou, Teltennou; Telta, tendre une tente. On donne aussi ce nom à une tente de charpie que les chirurgiens mettent dans une plaie profonde. B. Voyez Tela, toile.
TELTR, tente de plaie. B.
TELUED, paix, concorde. G.
TELYN, lyre, guitarre, harpe. G.
TELYNAN, petit luth. G.
TELYNIAWR, TELYNIOR, joueur de lyre, joueur de guitarre, joueur de harpe, joueur d'instrumens, de musique montée de cordes, chantre. G.
TELYNORIO, jouer de la harpe. G.
TEM, le même qu'Em. Voyez T.
TEM, le même que Dem. Voyez T.
TEM, le même que Tam, Tim, Tom, Tum. Voyez Bal.
TEM, le même que Sem. Voyez S.
TEMA, faire une promesse. Ba.
TEMALATION, répréhension, réprimande. B.
TEMALEIN, blâmer. B.
TEMATU, je dispute. Ba.
TEMBL, temple. I.
TEML, temple, Église. G.
TEMM. Voyez Timad.
TEMMEL, temple. G.
TEMMIZ, petit morceau. C. Voyez Tam.
TEMOIGNA, témoigner. B. De là ce mot.
TEMPERANT, tempérant. B. De là le Latin Temperans, l'Anglois Temperat, le François Tempérant. Voyez Templauza, Tymmheru.
TEMPERI, tempérer, modérer l'action violente de quelque chose. B. De là le Latin Tempero, l'Italien Temperare, l'Anglois Temper, le François Tempérer. Voyez Tymmheru, Temperant.
TEMPEST, tempête. B. De là le Latin Tempestas, l'Italien Tempesta, l'Espagnol Tiempestad, l'Anglois Tempest, le François Tempête. Voyez Tymmestl.
TEMPL, temple. I. B. Voyez Teampull.
TEMPLANEA, tempérance. Ba. De là l'Espagnol Templanza, le vieux François Attremplance, tempérance. Voyez Temperant.
TEMPLATU, accorder des instrumens. Ba.
TEMPLOA, Temple, Église. Ba. Voyez Teampull.
TEMPRA, tremper, imbiber de quelque liquide. B.
TEMPS, complexion, tempérament, trempe. B.
TEMPSI, assaisonner; Tempsi An Douar, fumer la terre. B.
TEMPTARE, A. M. tenter. De Tempti.
TEMPTI, tenter. B. Tentaiu en Basque, tenter; De là le Latin Tento, l'Italien Tentare, l'Espagnol Tentar, le François Tenter.
TEN. Voyez Tenau.

TEN, chêne. B. Voyez Tan.
TEN, dard, trait, fleche. B. Voyez Tenn.
TEN, âpre d'humeur, austére, rude, sévére, impitoyable, inflexible, fier, hautain, exact. B. Voyez Tenn qui est le même. Ten en Tartare du Thibet; ferme, durer.
TEN, dans. Ba. Voyez Tan, Dan qui sont les mêmes que Ten.
TEN, cruche, vase, vaisseau à contenir des liqueurs. Voyez Ysten, Ten, Tinia Basques. Ten en Chinois, mesure, boisseau.
TEN, le même que Tew. Voyez Ordden.
TEN, le même qu'En. Voyez T.
TEN, le même que Den. Voyez T.
TEN, le même que Tan, Tin, Ton, Tun. Voyez Bal.
TEN, le même que Sen. Voyez S.
TENACES, A. M. tenailles. De Tenaza.
TENAI, TNAI. Voyez Tenau.
TENAU, TENEU, TENAI, TNAI, TEN, TENE, mince, grêle, menu, délié, peu épais; peu serré, fluide, effilé, petit, atténué de maigreur. G. De là le Latin Tennis, l'ancien Saxon Thyn, Thynne, le Théuton Thunn, le Danois Tine, l'Anglois Thinne, l'Allemand Dünn, prononcez Dinn, le Flamand Dunne, l'Esclavon Tanate, le Dalmatien Tenak, le Bohémien Tenky, grêle, mince, menu, petit. Tunnos en Grec dans Hésichius, petit; Tains en vieux François, pâle, défait; Tenuc en Hébreu, la partie la plus tendre de l'oreille; Tenat, être languissant, fané, flétri; Tennib, petit de corps, nain; Dan, petit, foible en Arabe; Denac en Éthiopien, languissant, lâche, qui a perdu sa force, fané, flétri. Voyez l'article suivant.
TENAU, délié, mince, menu, clair, qui n'est pas épais, petit, mol, serein. B. Voyez l'article précédent.
TENAUAT, amoindrir. B.
TENAZA, tenaille, ciseaux. Ba. Voyez Tanaill.
TENCA, tanche poisson. Ba. Voyez Tanch.
TENCA, A. M. tanche. De Tenca.
TENCEA, tanser, s'impatienter de manière à chagriner les autres. B.
TENE. Voyez Tenau.
TENE, feu. I. Voyez Tan.
TENELLA, A. M. tenaille. De Tanaill.
TENER, TEINER, tendre, délicat. B. Tyner en Gallois, tendre. De là le Latin Tener, l'Italien Tenero, l'Espagnol Tierno, (c'est une transposition) l'Anglois Tender, le François Tendre.
TENERAAT, attendrir, amollir. B.
TENESY, ténésie plante. B.
TENEU. Voyez Tenau.
TENEUDER, rareté, qualité des corps qui ne sont pas condensés, qualité des corps qui sont minces, grêles, menus, déliés, taille douce, délié, grêle, délicatesse, maigreur. G. Voyez Tenau.
TENEURAU, TENEUO, amoindrir, diminuer, atténuer, amaigrir, rendre grêle, mince, menu, délié, rendre plus mince, rendre plus délié, éclaircir ou rendre moins épais, rendre moins pressé, moins serré, moins dru, être amoindri, diminué, atténué, amaigri, être fait grêle, mince, menu, délié, moins serré, moins épais. G. Voyez Tenau.
TENEURISG, petite peau. G.
TENEWIN, côté. G.
TENEUWALLT, qui a peu de poil. G.
TENEUWISG, membrane, peau déliée qui enveloppe. G.

TENUWLYB, fluide, liquide. G.
TENEWYN, inflammations, glandes qui paroissent sous les aisselles & dans les aines. G.
TENGL. Davies n'explique pas ce mot. Il paroît par la phrase qu'il rapporte que c'étoit quelque piéce ou morceau de linge. G.
TENLLI, tissu de lin & de laine. G.
TENLLIF, clair, leger, peu serré, linge long & étroit qu'on met sur le calice pour l'essuyer, selon William, piéce qu'on met pour soutenir l'étoffe d'une robe. G.
TENLUWAS, serviteur. G.
TENN, austére, rude, sévére. G. Voyez l'article suivant.
TENN, trait, tout ce qui se tire, se lance avec l'arc comme une fléche, un coup d'arme à feu ; comme adjectif, il se dit de tout ce qui est difficile à tirer, comme une charrette ou autre voiture ; & en parlant des bêtes, celles qui ne sont ni domptées, ni traitables, ce qui est rude & roide. C'est ainsi que Dom Le Pelletier explique ce mot. On trouve dans les autres Dictionnaires, Tenn, étroit, serré, âpre, âpre d'humeur, austére, rude, sévére, impitoyable, inflexible, qu'on ne peut vaincre, qu'on ne peut assujettir, féroce, cruel, pénible, fier, hautain, exact, dard, trait, fléche, harnois, charrette avec tout son équipage, charruë, chêne. B. Ethan en Hébreu, fort, dur, rude, âpre, force ; Dang en Tonquinois, amer, âpre, rude, difficile ; Tintr en Arménien, épais, solide ; Dent, pétulance en Persan ; Denfyz, insolent en Turc ; Tenten, fort en Brésilien. Voyez Ten qui est le même mot & Tynn.
TENN-ALAN, pause. B.
TENNA, tirer, avaler, humer : C'est ainsi que Dom Le Pelletier explique ce mot. On trouve dans les autres Dictionnaires Tenna, arracher, tirer, dégager, débander, ôter, retirer, retrancher, darder, viser, tendre, enjoller. B. Theni en Théuton ; Athenian en ancien Saxon, tendre. Donat assure que les anciens Latins disoient Tennitur pour Tenditur. Teino en Grec, tendre, étendre. Voyez Estyn.
TENNADEC, tirerie ; Tennadec-Lin, tirerie de lin, assemblée de plusieurs personnes qui travaillent à préparer le lin. B.
TENNADEC, le même que Tennaec. B.
TENNAEC, fâcherie ; Ober-Tennaet Ouz E Dat, faire fâcher son pere. B De là Tenne en vieux François, fatigue ; Tenner, fatiguer, incommoder.
TENNAET, le même que Tennaec. Voyez ce mot.
TENNE, feu. I Voyez Tan.
TENNER, arracheur, débiteur de nouvelles. B.
TENNEUR, arracheur.
TENNGOF, gros ventre tendu de plénitude ou enflé. B. Coff, Goff, ventre.
TENNOUER, tente. B.
TENNOUR, arracheur. B.
TENNTAN, fusil à faire du feu. B.
TENNYN, petite corde, ficelle, licol, muselière, chevêtre. G.
TENNYNU, emmuseler, enchevêtrer. G.
TENOE, le même que Tenan. B.
TENON, féve. B.
TENS, tente de plaie. B.
TENSA, tanser. B. De là ce mot. En vieux François Tanser signifioit offenser quelqu'un de paroles, & Tenson, censure, menace.
TENSA. EN EM TENSA, jurer avec imprécation & exécration ; être furieux ou en fureur,

donner des imprécations avec tant d'emportement & de fureur que l'on en donne contre soi-même. B.
TENSOR, trésor. B.
TENTACION, tentation. Ba. Voyez Tempti.
TENTALDIA, tentative, essai. B. Voyez Tempti.
TENTIAD, tentation. G. Voyez Tempti.
TENTIWR, tentateur. G.
TENTUA, opiniâtré, têtu. Ba.
TENU, tente d'une plaie. G.
TENYN, petit feu. G.
TEO, TEW, épais, gros, grossier, massif ; Tewa, rendre épais, épaissir ; Tewder, épaisseur. C'est ainsi que Dom Le Pelletier explique ce mot. Le Pere de Rostrenen met Teo, Tew, Tev, gros, large, épais, opaque, figé, crasse, visqueux, grossier, solide, massif. B.
TEO, abondant. Voyez Tew, Teoder. To, beaucoup en Chinois.
TEODER, opacité, épaisseur, abondance. B. Voyez Teo.
TEOL, abondance. I. Voyez Teoder.
TEOL, voleur. I.
TEOL, tuile, brique pour couvrir les maisons : C'est aussi le nom d'une herbe dite dans la Botanique Paricella, en François parelle & patience. B. On appelle à Marseille les tuiles Tuulices. Voyez Tebi.
TEOLENN, tuile. B.
TEOLICAE, A. M. tuiles. De Teol.
TEON, TENON, TENV & MEL, MEEL, féve des arbres ; de là Didenvi, Didinvi, bourgeonner. On le dit aussi de la plaie qui se referme par la chair qui revient. B.
TEORA, TEORAD, TEORANN, borne, limite, frontiére, extrémité d'une robe, frange. I.
TEORANTA, défini. I.
TEOUAL, obscur, aveugle. C. B. épais, opaque. B.
TEOUALIGUEN, ténébres. B.
TEOUDHI, fondre. B. Voyez Toddi.
TEOUEL, se taire. B.
TEOUEL, opaque. B.
TEOUELDED, ténébres. B.
TEOULENN, tuile. B.
TEP, le même qu'Ep. Voyez T.
TEP, le même que Tap, Tip, Top, Tup. Voyez Bal.
TEPP. Davies rapporte ce mot sans l'expliquer & sans rapporter aucune phrase par laquelle on puisse en deviner le sens. G.
TER, fort, robuste. G. Starck en Flamand ; Starrk en Allemand, vaillant, puissant ; Stere en Flamand, solide, ferme ; Starchi en Théuton, fort, vaillant ; Styrkia en Islandois, fortifier, affermir, & Styrkur, force ; Tere, palissade de haie vive en Auvergnac. Voyez Der.
TER, nettoyé, mondé, purifié, pur. G. De là les mots Latins Tergo, Tersus.
TER, ventre. G. Voyez Torr.
TER, terre. E. I. B. De là le Latin & l'Italien Terra, l'Espagnol & le Frioulois Tierra, le François Terre. Taria en Turc, champ ; Teri en Arabe, terre, contrée. Voyez Er qui est le même que Ter. Voyez Tir, Tiera.
TER, terre, contrée, pays, région. I.
TER, TAER, TEAR, rigide, rigoureux, sévére, austére, incommode, téméraire, prompt, effronté. C'est ainsi que Dom Le Pelletier explique ce mot. On trouve dans les autres Dictionnaires Ter, Tear, turbulent, rude, brusque, vif, impetueux, rigoureux. B. Voyez Ter, Gallois, Taer.

TERRIG,

TER.

Terrig, *Terr*, *Tear*, *Terribl*. *Tiri*, rigide en Malaye. De *Tir* les mots Latins *Terreo*, *Terror*.

TER, trois. B.

TER, TAER, TEAR, TERR, goudron; *Tera*, *Terra*, goudronner, oindre de goudron. B.

TER, chaud au propre & au figuré. Voyez *Terzien*.

TER, pierre. Voyez *Albaſtr*, *Blas*.

TER, le même qu'*Er*. Voyez T. Voyez encore *Terit*, *Tero*.

TER, le même que *Der*. Voyez T.

TER, le même que *Tar*, *Tir*, *Tor*, *Tur*. Voyez *Bal*. *Ter*, humide en Turc.

TER, le même que *Ser*. Voyez S.

TERBONEEN, tourbillon. B.

TERCH, féminin de *Torch*. G.

TEREN, terraſſe. B.

TERER, tarière. B.

TERFENYDD-BUWCH, vache en chaleur. G.

TERFYN, TERWYN, TERVYN, fin, terme, borne. G. *Termen* en Breton, fin, extrémité, borne. De là le Latin *Terminus*, l'Italien & l'Eſpagnol *Termino*, le François *Terme*.

TERFYNEDIG, terminé, borné. G.

TERFYNGYLCH, horizon. G. *Cylch*.

TERFYNIAD, fini, abornement, terminaiſon, concluſion, détermination, ordre, régle, loi, commandement. G.

TERFYNOL, fini, qui eſt ſur les frontières, qui concerne les bornes, les limites. G.

TERFYNOL, TERFYNEDIG, définitif, déciſif. G.

TERFYNU, borner, terminer, limiter, finir. G.

TERFYNWR, arpenteur. G.

TERFYSG, tempête, tourmente, ſédition, faction, ligue, complot, cabale, tumulte. G.

TERFYSGU, mêler, agiter, émouvoir, faire du tumulte, exciter du trouble. G. *Fyſgu*, en compoſition pour *Myſgu*.

TERFYSGUS, troublé, confus, qui eſt en déſordre, ému, agité, orageux, ſujet aux tempêtes, ſéditieux, factieux, fort tumultueux. G.

TERFYSGWR, brouillon, ſéditieux, perturbateur. G.

TERHYAN, fièvre. B.

TERK, bonne diſpoſition, bon état. On dit *Ema E Terk*, il eſt en bon état. De là vient le participe compoſé *Aterket*, alerte, diſpos, en bonne diſpoſition, hardi, entreprenant, effronté; *Terki*, diſpoſer, mettre en bon état. B. Cet article eſt pris de Dom Le Pelletier.

TERLATEIN, traveſtir. B.

TERLATTE, verſion. B.

TERLIZA, toile qui eſt d'un triple tiſſu. Ba.

TERM-AHAN, peine qui fatigue & fait quelquefois perdre haleine. B.

TERMADUR-AHAN, peine qui fatigue & fait quelquefois perdre haleine. B.

TERMAEN, TERMEN, borne, limite, fin, crédit d'argent. B. Voyez *Terfyn*.

TERMAL, TERMEIN, ahaner, prendre peine. B.

TERMAL, héſiter. B.

TERMEN, A. M. terme, borne. De *Termen*. Voyez *Termaen*.

TERMENT, ſe dit des funérailles des grands, inhumation. G. De là le mot François enterrement. Voyez *Ter*, terre.

TERMEREZ-AHAN, peine qui fatigue & fait quelquefois perdre haleine. B.

TERMIN, répit. B.

TER. 413

TERMOVELA, le même que *Tormovela*. I.

TERMUD, taciturne, preſque la même choſe que *Mûd*; il ſe prend toujours en bonne part. G.

TERN. Voyez *Dwran*.

TERNEVAN, rivage de rivière. C.

TERNU, chiendent eſpèce d'herbe. B.

TERO, chêne. B. Voyez *Derw*.

TERO. Voyez *Toro*.

TEROUER, terroir. B. De là ce mot. Voyez *Ter*.

TERPENTIN. PREN TERPENTIN, térébinthe arbre d'où coule la térébenthine. G. Voyez *Tourmantyn*.

TERPENTINUS, A. M. térébenthine. De *Terpentin*. *Terpentin* en Allemand, térébenthine.

TERR, TER, TEER, TEAR, rude, prompt, violent, homme de mauvaiſe humeur, opiniâtre. B. Voyez *Ter*, *Tear* qui ſont les mêmes.

TERR, terre. B. Voyez *Ter*.

TERRA, A. M. champ, domaine, héritage, terre. De *Terr*.

TERREIN, terroir. I. Voyez *Ter*.

TERRENA, beau. Voyez *Eganterrena* & *Dere*.

TERRI, rompre, caſſer; participe paſſif *Torret*, rompu, caſſé. Je le trouve au ſens d'interrompre, en cet endroit de la deſtruction de Jéruſalem, à la ſeconde perſonne de l'impératif. *Na Torret Quet, Me Oz Pet, Ma Peden*, n'interrompez pas, je vous prie, ma prière. Il eſt au même ouvrage à l'infinitif, *Terryf* au ſens de révéler, c'eſt-à-dire, de rompre un ſecret, comme on rompt un cachet. C'eſt ainſi que Dom Le Pelletier explique ce mot. On trouve dans les autres Dictionnaires *Terri*, *Terriff*, rompre, briſer, caſſer, enfoncer avec violence, corrompre, détruire, anéantir, abolir, annuller, réformer. B. *Thirl* en Ecoſſois, percé; *Taraph*, briſer, rompre en Hébreu & en Chaldéen; *Der*, déchirant, briſant en Perſan; *Terkiden*, fendre, rompre dans la même Langue; *Terag* en Chaldéen, briſer; *Derre*, fente en Perſan; *Terem*, briſer en Stirien & en Carniolois; *Teurni*, *Torom* en Hongrois, briſer; *Tsür*, épée, couteau dans la même Langue; *Tor*, ſabre en Finlandois; *Teare* en Anglois, couper, déchirer. Voyez *Torr*, *Torri*.

TERRIBL, terrible, beaucoup. B. De là le Latin *Terribilis*, l'Italien *Terribile*, l'Anglois & le François *Terrible*. Voyez *Ter*.

TERRIC, fort. G.

TERRIDIGHEZ, TERRIDIGUEZ, maladie qui fatigue tellement le malade que ſon corps ſemble tout rompu & briſé. B. Voyez *Terri*.

TERRIFF. Voyez *Terri*.

TERRIG, fort, robuſte, rigide, auſtére, ſévère. G. *Terig*, vent violent, homme fort, robuſte en Arabe.

TERRIG, trous, ouvertures, fentes; *Terrig Ar Sodlan*, fentes des talons, ſaleté des talons. G. *Derc* en Turc, vallée.

TERRNU, chiendent. B.

TERROS, montée rude. B. Voyez *Ros*.

TERRUPL, terrible, beaucoup. B. Voyez *Terribl*.

TERRWYN, fort, hardi, ſelon William, ardent, bouillant, ajoûte Davies. G.

TERRYENN. FOENN TERRYENN, ſainfoin. B.

TERS, feſſes. B.

TERSQIEYAT, terſer. B.

TERTA, tertre. B. Ce mot paroit formé de *Ter*, élevation & de *Tr* craſe de *Tir*, terre. Voyez *Ter* le même qu'*Er*.

TERTRUM, A. M. tertre. De *Terir*.

TERU, limer, polir, purger. G. Voyez *Dere*.

TERV, taureau. B. Voyez *Taro*.
TERWYN, ferme. G.
TERWYNNU, bouillir, bouillonner, être échauffé. G. On voit par *Terwyn* qu'il s'est aussi pris au figuré.
TERVYN, TERWY, terme, fin, borne. G. Voyez *Terfyn*.
TERYDD, agile, vîte, selon Llyn, ardent, violent, vif, bouillant, selon Davies. G. Voyez *Ankelher*.
TERYDR, les rayons du soleil, mais par métaphore, car ce mot est le pluriel de *Taradr*, tarière. G.
TERYENN, friche, terroir. B.
TERYLL, cruel. G. Il signifie encore perçant parlant des yeux; *Teryll Olwy*, yeux perçans.
TERZANA; A. M. fiévre. De *Terzien*.
TERZIEN; TERZYENN, TERHYEN, fiévre de toutes les espèces. B. En comparant ce mot avec *Terwynnu*, on voit que *Ter* a signifié chaud au propre & au figuré. *Terzana* en Italien, fiévre.
TÉS, chaleur, chaleur du soleil. G. *Te* en Irlandois, brûlant & *Teas*, chaleur; *Aez* en Breton, vapeur chaude; *Tes*, chaleur dans la même Langue; *Es*, feu en Hébreu, *Dasen*, réduire en cendre; *Desen*, cendre dans la même Langue; *Disun* en Chaldéen, action de réduire en cendre, cendre; *Tet*, brûlé en Tonquinois; *Atesh*, feu en ancien Persan & en Méde; *Tes* en Persan, feu, chaleur, & *Tes*, chaleur, échauffé, courir, vîte dans la même Langue; *Tsa*, ardeur, chaleur en Tartare du Thibet; *Tsi*, rôtir, rôti dans la même Langue; *Ates*, feu, foyer en Turc; *Teulik*, colere dans la même Langue; *Teyou*, feu en Tamoulique. De *Tes* est venu le François *Tison*, l'Espagnol *Tizon*, l'Italien *Tizzons*, le Latin *Titio*. Voyez *Attisa*, *Tes*. On voit par *Tesach* que *Tes* a signifié chaleur au propre & au figuré. Voyez encore *Berw. Tess*, *Thes* en Turc, promptement, vîte. Voyez *Es* dans les additions.
TES, le même que *Taos*. I.
TES ne se trouve plus en usage que j'aye pu découvrir, mais seulement en cet endroit de la destruction de Jérusalem: *Antron Pylat A Tes Dre Lyes Hent Ex Auff Douet*, &c. Ne seroit-ce point *Tis* qui sera expliqué en son rang ? C'est ainsi que Dom Le Pelletier s'explique sur ce mot. On trouve dans d'autres Dictionnaires Bretons *Tes*, toise, mammelle. B. Le peuple dit en Franche-Comté *Tesser* pour tetter. *Tsets*, mammelle en Hongrois.
TES, le même que *Teg*. Voyez *Aru*. De là *Testonné* en vieux François, paré.
TES, le même qu'*Es*. Voyez T.
TES, le même que *Det*. Voyez T.
TES, le même que *Ses*. Voyez S.
TES, le même que *Tas*, *Tis*, *Tos*, *Tus*. Voyez *Bal*.
TESA, A. M. toise. De *Tes*.
TESACH, lasciveté, marquer de la lasciveté. G.
TESBEANADH, paroître, apparoître, comparoître, apparence. I.
TESCA, écuelle de terre. Ba.
TESCANEIN, glaner. B.
TESCAOUEN, épi. B.
TESCAOUI, TESCAOUIN, glaner. B. Voyez *Tescou*.
TESCOU, épis laissés par les moissonneurs. B.
TESCUA, A. M. chaumières. De *Tech*.
TESGADH, le même que *Taosgadh*. I.
TESGYLL, suffocation. G.
TESMAN, pluriel de *Tasman*, pour lequel on dit aussi *Tesmenter*, lutin, spectre, fantôme. B. Voyez *Tysiuwy*.

TESOG, lieu exposé au soleil & à l'abri du vent ardent, bouillonnant de la chaleur du soleil. G.
TESS, monceau; *Tessein*, amasser, mettre en monceau. B. Voyez *Tas*.
TESSEIGN, dessein. B. Voyez *Dessan*.
TEST, témoin; singulier *Testen*, dont on fait le verbe *Testenni*, témoigner, rendre témoignage. B. *Tyst* en Gallois; *Testigua* en Basque, témoin. De là le Latin *Testis*, l'Italien *Testimonio*, l'Espagnol *Testigo*, l'Islandois *Tyg*, le François *Tesmoin*, témoin.
TEST, chommable; *Gwel-Test*, fête chommable. B.
TESTAGIUM, A. M. capitation ou imposition par tête. De *Teth*.
TESTAMAND, testament. B. Voyez *Test*.
TESTAMENTA, testament. Ba. Voyez *Test*.
TESTAMENTU-BAGUE, qui meurt à intestat. Ba.
TESTANY, témoignage. B. Voyez *Test*.
TESTEIN UR GOUIL, fêter, faire un jour de fête. B.
TESTENNADES, témoignage. B.
TESTENY, témoigner, témoignage. B. Voyez *Test*.
TESTIGUA, témoin. Ba. Voyez *Test*.
TESTONY, témoignage. B. Voyez *Test*.
TESTRE, château. E.
TESTUN, brocard, raillerie, reproche, foible pointe, petite subtilité d'esprit, sujet de discours, inscription. G.
TESTUNGAR, ingénieux, spirituel, fin, subtil. G.
TESTUNIO, blâmer, reprendre, reprocher, faire des reproches, censurer, invectiver, faire des pointes, subtiliser en parlant. G.
TESTYN, matière d'un discours, sujet qu'on entreprend de traiter, sentence ou maxime. G.
TESURA, A. M. clôture ou treillis. De *Tes* le même que *Tec*.
TET, le même qu'*Et*. Voyez T.
TET, le même que *Det*. Voyez T.
TET, le même que *Set*. Voyez S.
TET, le même que *Tat*, *Tit*, *Tot*, *Tut*. Voyez *Bal*.
TETARE, A. M. tetter. De *Teth*.
TETH, sommet, faîte, cime. G. *Titia* en Basque, faîte, cime. De là le François *Tête*, l'Italien *Testa*. *Teto* en Hongrois, sommet de la tête; *Teu* en Chinois, chef. Voyez *Testagium*.
TETH, mammelle, G. B. mammelon. B. *Titia* en Basque, mammelle, mammelon, alaiter; *Tid*, *Tidi* en Langue de Cornouaille, mammelle; *Titho* en Grec; *Tit*, *Titt*, *Tytt* en ancien Saxon; *Tuito* en Théuton; *Dutt* en Allemand; *Tsets* en Hongrois; *Teat* en Anglois; *Tetta* en Italien; *Teta* en Espagnol; *Tette* en François parlant des vaches; *Teton* en François, mammelle; *Did* en Arménien, mammelle; *Tizzza*, nourrice en Georgien; *Teton* en Arabe, toute plante qui donne du lait; *Tad* en Chaldéen, *Dad* en Hébreu, mammelle, *Tedan* en Arabe, petite mammelle; *Daddjan* en Gothique; *Dii*, *Dija* en Suédois; tetter; *Deju* en Sorabe, traire; *Dii* dans un dialecte de l'Arabe, mammelle. Les enfans en Franche-Comté appellent la mammelle *le Titi*.
TETH, le même que *Tech*. I.
TETHAN, petite mammelle. G. Voyez *Teth*.
TETHAU 'R GASEG, chévrefeuille, muguet, pariétaire, liset, liseron, campanelle. G.
TETHFE, THEFFA, THEBE, beau, agréable. I.
TETHOG, qui a de grosses mammelles. G.
TETIX, A. M. chaumière. De *Teth*, petite; *Tyic*, habitation. Voyez *Teha*.

TEV.

TEV peut être mis dans quelque dialecte pour *Taw*, eau, rivière, selon Baxter. G. Voyez *Bal*.

TEV, gros, gras. C. B. Voyez *Tew*.

TEV, TEU, TEÜ, gros, large, épais, opaque, massif. B. On voit par *Tevded* que *Teu* signifie aussi abondance. Voyez *Tew*.

TEU, place, lieu. Voyez *Dideu*.

TEU, le même que *Deu*. Voyez *T*.

TEU, le même qu'*Eu*. Voyez *T*.

TEU, le même que *Seu*. Voyez *S*.

TEV, le même qu'*Ev*. Voyez *T*.

TEV, le même que *Dev*. Voyez *T*.

TEV, le même que *Sev*. Voyez *S*.

TEV, le même que *Tav*, *Tiv*, *Tov*, *Tuv*. Voyez *Bal*.

TEVA, croître. C.

TEVA, épais. B.

TEVAAT, se congeler. B.

TEVAL, TEWAL, obscur, sombre. Un vieux Dictionnaire porte *Tesval*, obscur, & *Tesvalahat*, obscurcir; le vieux Casuiste *Theffalhat*, obscurcir ou obscurité. Je lis dans la destruction de Jérusalem *Teval*. M. Roussel écrivoit *Teval*, *Tenval*, *Tevalet*, obscur, qui a de l'obscurité, dont on a fait le verbe *Tevalega*, obscurcir, ombrager, rendre obscur & sombre; *Tevalijen*, *Tevalchen*, obscurité; C'est ainsi que Dom Le Pelletier explique ce mot. Le Pere de Rostrenen met *Teval*, obscur, sombre, trouble, opaque; *Tevalyenn*, *Tevalyguen*, ténèbres. On trouve dans un autre Dictionnaire *Tevalien*, obscurité; *Teualahat*, obscurcir. B. Voyez *Tywyll*, *Tewal*.

TEVALAHAT, Voyez *Teval*.

TEVALIEN. Voyez *Teval*.

TEVALYENN, TEVALYGUEN. Voyez *Teval*.

TEUAN, TEUAON, épais. B.

TEUAT, épaissir. B.

TEUC. Voyez *Doc*.

TEUDED, abondance. B. Voyez *Teu*.

TEUEN, atténuer de maigreur, de misère. B.

TEUEL, silence; *Tewi*, taire, formé de *Taw*, silence; participe passif *Tawet*, *Tavet*: C'est ainsi que Dom Le Pelletier explique ce mot. On trouve dans les autres Dictionnaires *Tevel*, *Teüel*, taire, cacher. B. Voyez *Tau*, *Taw*.

TEVEN, TEWEN, abri, lieu exposé au soleil & à couvert du vent. Si on en croit quelques-uns, c'est l'abri qui se trouve sur ou sous les côtes de mer tournées vers le soleil; *Tewenni*, abrier, mettre à l'abri. On dit *Tewen* d'un pâturage près de la mer où le bétail va prendre le frais lorsque la chaleur est grande, ce que l'on exprime par le verbe *Tewenni*. Le possessif de *Tewen* est *Tewennec*, qui est le nom de deux gros rochers en pointe sur le ras de Fontenay, l'un desquels est dit le grand & l'autre le petit. Le lieu où je travaille à ce Dictionnaire a de temps immémorial le nom de *Landevennec*, qui s'écrit *Lantewennec*, & signifie territoire à l'abri; aussi y est-il de tous les mauvais vents, & situé au pied d'une hauteur, & exposé au soleil d'orient & du midi. *Landevenecense* (*Monasterium*) *quod apricum & a ventis tectum significat*, est-il dit dans les annales Bénédictines par Dom J. Mabillon, *t. 1. p. 15*. Il est écrit dans l'ancien chartulaire de l'Abbaye *Lantewenec*, *Lantewenoc* & *Lantegwenoc*; & dans la charte de Louis le Débonnaire *Landewinnoch*: C'est ainsi que Dom Le Pelletier explique ce mot. Le Pere de Rostrenen met *Tevenn*, lieu exposé au soleil près de la mer. B.

TEU. 415

TEVES, tette d'une bête femelle. B. Voyez *Tis*, *Toth*, *Tiz*.

TEUGON, qui donne. I.

TEUL, jetter. B.

TEVLENN, tuile. B.

TEULERIUS, A. M. tuilier. De *Tevlenn* ou *Tevl*; *Enn* n'est qu'une terminaison indifférente. Voyez *Teul*, *Teolenn*.

TEULI, verser, répandre. B.

TEULICIA, A. M. toit couvert de tuiles. Voyez *Teulerius*.

TEULTO WITH-DRAIR, se retirer, retirer. I.

TEULU, famille, maison, lignée, parenté, domestiques, gens de la famille, valets, comme qui diroit *Tysu*. Davies. G.

TEULUAETH, famille. G.

TEULUAIDD, de la famille, domestique, qui est de la maison, d'hospitalité, hospitalier, qui exerce l'hospitalité. G.

TEULUEDD, l'état de ceux qui logent ensemble. G.

TEULUEDD, TELUEDD, paix, concorde. G.

TEULUEIDDRWYDD, hospitalité. G.

TEULUWAS, serviteur, domestique, qui est de la famille. G.

TEULUWRIAETH, d'hospitalité, gouvernement de famille, économie, humainement, modestement, honnêtement. G.

TEUMPEST, tempête. B.

TEUN, faux, faussé, frivole, fraude, fausseté, tromperie; *Teuni*, frauder, tromper; participe *Teunet*, trompé, fraudé, surpris. M. Roussel l'écrivoit *Tun*, & l'interprétoit espiéglerie, tour de subtilité. B. Cet article est pris de Dom Le Pelletier.

TEVOCH, épais. B.

TEVOH, épais. B.

TEUR, TEUREUL, TURUL, jetter, lancer; le participe passif est *Taulet*, jetté: C'est ainsi que Dom Le Pelletier explique ce mot. On trouve dans les autres Dictionnaires *Teur*, darder, jetter, chasser; *En Em Tuurl*, se dégorger. B. Voyez *Teureul*, *Teurel*.

TEÜR, TOURVEZOUT, vouloir. J'ai lu dans un vieux dialogue *Teurvezit*, veuillez, & au participe *Teurvezet*, voulu; dans la destruction de Jérusalem *Deurvoe*, il voulut. Je vois encore dans ce même ouvrage *Ma Hon Deurzffi Ny Belegyen*, si nous voulions nous autres Prêtres; & dans la vie de Saint Gwenolé, *No Deur Quet*, ils ne veulent pas. M. Roussel convenoit que *Teur* n'est pas un verbe, & qu'il signifie volonté, désir, souhait: C'est ainsi que Dom Le Pelletier explique ce mot. On trouve dans les autres Dictionnaires *Teur*, vouloir; *Teur*, violent; *Teuren*, ventre, bedaine, gros ventre; *Euteur*, *Teurvezout*, vouloir bien, daigner. B. Voyez *Tawr*.

TEUREC, TEUREUC, TEUROC, TEURAC, insecte qui s'attache à la peau des bêtes & des hommes même, & leur succe le sang. M. Roussel l'entendoit autrement: *Teureuc*, disoit-il, ver qui s'engendre entre cuir & chair aux bœufs, (principalement sur le dos, selon quelques autres) lequel fait enfler la peau comme de petites butes ou tumeurs, ce qui le fait aussi nommer *Toroffen*, singulier *Teureughen*, plurier *Teureughet*. En bas Léon on nomme *Teuroc* un certain coquillage de mer hérissé de pointes & tout rond, ce qui le fait appeler ailleurs chataigne de mer ou hérisson de mer: C'est ainsi que Dom Le Pelletier explique ce mot. On trouve dans les autres Dictionnaires

TARRAC, *Tarracg*, *Taraguen*, *Teurrugues*, tique insecte. B. Dom Le Pelletier, dans l'article *Meghel*, dit que l'insecte désigné par ce nom est le même que l'on appelle ailleurs *Teurez*, *Teuros*.

TEUREL, jetter, verser, épandre & régorger parlant des solides. B.

TEUREN. Voyez *Teur*.

TEURENNECQ, ventru, pansard. B.

TEUREUGUEN. Voyez *Teurec*.

TEUREUL, jetter, verser, épandre & régorger parlant des solides. B.

TEURGN, tour à tourner; *Teurgni*, tourner autour; *Teurgner*, tourneur. B. Voyez *Turn*.

TEURIAT, louir. B.

TEURS, torse bois tourné en serpentant. B.

TEURUEZOUT, vouloir. B.

TEÜS, fonte, & au sens figuré, piéce, ruse, tour de finesse, entreprise contre un autre; *Teusiff*, fondre, devenir ou rendre liquide. B. Voyez *Tawd*.

TEÜS, TEUZ, THEUZ, TOES, lutin, fantôme, spectre, esprit follet; pluriel *Teusou*, *Teusion*, *Teusia*, *Steusia*, faire peur, contrefaire le lutin. B. Voyez *Dusius*.

TEUTA, farfouiller, tâter, manier. B.

TEUTATES, un des noms de Dieu chez les Gaulois, devenu dans la suite un dieu particulier. Son nom est composé de *Tut* ou *Teut*, hommes, & *Tat* pere.

TEW, gros, gras, épais, pressé, serré, G. B. abondant, qui a de l'embonpoint; G. épais. C. C'est le même que *Teu*, *Tev*, *Tew* Bretons. Le terme Hébreu *Thu* du premier chapitre de la Genése, est rendu par les Septante, invisible. *Theu*, nuit en Hottentot; *Toi*, obscur en Tonquinois; *Tiheu*, épais en Finlandois; *Tebt*, épaisseur en Cophte; *Debel*, épais, gros en Esclavon & en Dalmatien; *Teu*, tas en Chinois.

TEW, dur. Voyez *Creendew*.

TEW, le même qu'*Ew*. Voyez T.

TEW, le même que *Dew*. Voyez T.

TEW, le même que *Sew*. Voyez S.

TEW, le même que *Taw*, *Tiw*, *Tow*, *Tuw*. Voyez *Bal*.

TEW-OSODIAD, fréquent usage. G. *Gosodiad*.

TEWAL, ténébreux, obscur dans un dialecte du Gallois. G. Voyez *Teval*.

TEWALHAD, obscurcir, couvrir de ténébres, s'obscurcir, se couvrir de ténébres. B.

TEWCH, interjection paix-là, arrêtez-vous. G. Voyez *Taw*.

TEWDER, excès d'embonpoint. G.

TEWDWS, Y TWRR TEWDWS, les sept étoiles qui sont à la tête du taureau. G.

TEWED, TEWDER, TEWDWR, grosseur, épaisseur, graisse, excès d'embonpoint. G.

TEWEL, se taire. G.

TEWFAG, qu'on nourrit, qu'on éleve pour engraisser. G.

TEWFRAS, gras. G.

TEWGOED, bois fort épais, fort touffu, le fort d'un cerf dans une forêt. G.

TEWHAU, devenir gras, engraisser, épaissir. G.

TEWI, se taire. G. Voyez *Tevel*.

TEWLAETH, le même que *Tew*. G.

TEWR, le même que *Dewr*. Voyez T.

TEWYCHIAD, congélation. G.

TEWYCHU, engraisser, épaissir, devenir gras. G.

TEWYN, tison. G.

TEUZ, fonte. B. Voyez *Teuzet*.

TEUZ. Voyez *Teüs*.

TEUZER, fondeur, celui qui dévore. G.

TEUZET, exténué, défait, maigre. B. De *Teuz* pris métaphoriquement.

TEUZI, fondre, éteindre. B. Voyez *Teuzet* qui est le participe passif de *Teuzi*.

TEUZL, titre, toute piéce & tout écrit qui sert à faire foi & à prouver une chose. B.

TEUZY, fondre, liquéfier, atténuer de maigreur, de misére, dépenser, absorber, dissiper, consumer. B.

TEYL, fumier. B. Voyez *Teil*.

TEYLIGRAFT, dignité. C.

TEYOUR, fondeur. B.

TEYR, trois. B.

TEYRN, Roi, G. B. Prince. C. B. *Teyrneid*, en Prince. C. *Tighearna*, *Tiarna*, Roi en Irlandois; *Tiger*, *Tigern*, Seigneur en Écossois; *Tuir*, *Tuiran*, Seigneur, chef, maître en Irlandois; *Tirna* en Chaldéen, Prince, Puissant. De là *Turannos* en Grec; *Tyrannus* en Latin qui signifioit autrefois Roi; *Teur* en Allemand, excellent, celui qui est distingué par sa qualité; *Deor* en ancien Saxon, illustre, noble. Voyez *Tiern*.

TEYRN-GADEIR, trône. G. A la lettre, siége de Roi.

TEYRNADD, royal. G.

TEYRNAIDD, royal. G.

TEYRNAS, royaume. G. B.

TEYRNASIAD, royauté. G.

TEYRNASU, régner, G. B. commander. G.

TEYRNES, reine. G.

TEYRNFAINGC, trône. G. A la lettre; siége de Roi.

TEYRNGED, impôt, tribut. G.

TEYRNGEDOL, tributaire. G.

TEYRNGET, tribut. C.

TEYRNWIALEN, sceptre. G. *Teyrn Gwialen*.

TEZ, TEH, tette, tetin de vache, chevre, brebis; &c. pluriel *Tesou*. M. Roussel écrivoit *Tez* & *Tedh*, disant qu'il se prononce en avançant un peu la langue entre les dents; & que *Tevez* est pour *Tez-Chwez* ou plus doucement *Tezvez*, tette enflée, ou soufflée, c'est-à-dire, pleine de lait, comme une vessie enflée l'est de vent. On forme de là, dit-il, le verbe *Tez-Weza* ou *Tezwezi*, remplir la tette de lait, à la lettre, souffler ou enfler la tette: C'est ainsi que Dom Le Pelletier explique ce mot. Le Pere de Rostrenen met *Tez*, pis, mammelle. B. Voyez *Teth*.

TEZ, TES, chaleur qui dispose certaines choses à la corruption & pourriture, telles que sont la chair & le poisson. On le dit en basse Cornouaille, de la chaleur d'homme & de bêtes qui suent de fatigue. *Tezi*, échauffer; *Tezet*, échauffé, disposé à se corrompre, fatigué jusqu'à suer de chaud. B. Cet article est pris de Dom Le Pelletier.

TEZA, piquer, se piquer parlant des fruits, commencer à pourrir, corrompre, pourrir parlant des arbres & des fruits. B. Voyez *Tez*.

TEZA, A. M. toise. De *Tes*.

THAF, haut, hauteur. G. *Tap*, tertre en Languedocien; *Tepe*, colline en Turc; *Daepe*, cime, sommet de montagne; *Tafra*, faste, orgueil dans la même Langue. Voyez *Topp*, *Eithaf*, *Gwarthaf*.

THAFIGION, riverains. G. Voyez *Eithaf*.

THAFL, table. Voyez *Gourthafl*, *Tabl*.

THAL, vallée. G. Voyez *Dal* qui est le même mot.

THAL, aveugle. C. Voyez *Dall*.

THAN, trésorier royal. E.

THANGNEF,

THA. TIE. 417

Trangnef, convient. G.
Tharin, tarin oiseau. B. De là ce mot.
Thassare, A. M. entasser. De *Tas*.
Thau. Voyez *Tav*.
Thaw, le même qu'*Eithaw*. Voyez ce mot, *Eithaf*, *Thaf*. *Dew* en Turc, géant.
Theach, *Theag*, maison, habitation. I.
Theee, beau, agréable. I.
Theffalhat. Voyez *Teval*.
Theim, thim. B.
Theinead, mince. I. Voyez *Tenau*.
Thel, colline. I. Voyez *Tel*, *Tal*.
Thesia, A. M. toise. De *Tes*.
Thig, beau. G.
Thill, orme. B.
Thir, pays, région. G. *Tie* en Chinois, petit pays. Voyez *Tir*.
Thirl, percé. E.
Thlachdehaille, Ville de marché. I. *Bhaile*.
Thol, hauteur, élévation, montagne. G. Voyez *Tal*, *Tel*.
Tholus, A. G. dôme ou la partie la plus élevée d'un Temple, d'une Église. De *Thol*. Voyez *Tal*.
Thor, *Tor*, tour. I. *Twr* en Breton & en Gallois; *Tour* en Breton; *Zur* en Hébreu; *Tur* en Syriaque; *Tursis* en Grec; *Turris* en Latin; *Torré* en Espagnol & en Italien; *Tor*, *Torr*, *Torra* en ancien Saxon; *Tower* en Anglois; *Toren* en Flamand; *Torn* en Suédois; *Thurn* en Allemand; *Turm* en Sorabe; *Taarn* en Danois; *Turm* en Esclavon & en Carinthien; *Toren* en Stirien & en Carniolois; *Turm* en Islandois; *Turan* en Dalmatien; *Turn* en Carniolois; *Turm* en Lusacien; *Torony* en Hongrois; *Tour* en François, tour; *Thar* en Arabe, édifice qui se termine en pointe. Voyez *Tour*, *Twr*.
Thos, pâte. I. Voyez *Toas*, *Toes*.
Thosche, Prince de tribu. E. I.
Thoula, jetter. C.
Thour, eau, rivière. G. Voyez *Dour*.
Thowys, le même que *Tywys*. Voyez *Gorthowys*.
Thrigeint, trente. G.
Thrwy, chênes. G. Voyez *Derw*.
Thsaldi, cheval, cavalier. Ba.
Thsuloa, creux, cave. Ba.
Thu, immoler, tuer. Voyez *Aberthu*. *Thuo* en Grec; *Tuer* en François, tuer.
Thus, encens. G. De là le Latin *Thus*. Voyez *Tens*, *Teus*.
Thusser, encensoir. G.
Tuw, eau, rivière. G.
Thwg, eau, rivière. G. *Thuy*, eau, liqueur en Tonquinois.
Thymmestlog, orageux, sujet aux tempêtes. G.
Thyr, eau, rivière. G.
Thyret. Voyez *Targ*.
Ti, toi. B. *Tu* en Grec Éolique & Dorique, en Latin, en Espagnol & en François; *Du* en Allemand; *Thu* en Gothique; *Thih* en Théuton; *The* en ancien Saxon; *Tou* en Anglois; *Ti* en Esclavon & en Polonois; *Ty* en Dalmatien & en Bohémien; *Te* en Hongrois; *Ti* en Arabe; *Tu* en Persan; *Teo* en Tartare; *De* en Brésilien, tu, toi; *Ta*, vous en Tartare Mogol & Calmoucq. Voyez *Ta*, *Te*.
Ti, maison, logis, logement, le couvert; plurier *Ties*, *Tier*, & plus régulièrement *Tiou*. Le Pere Maunoir met les deux premiers & le nouveau Dictionnaire porte *Tier*, des maisons. On place *Ti*, après le nom de celui ou ceux qui habitent la maison dont on parle; par exemple *Abbati*, maison d'Abbé, abbatiale. B. Cet article est pris de Dom Le Pelletier. Voyez *Ti*, *Tij*.
Ti, plusieurs. Ba. Voyez *Di*.
Ti pour *Di* particule privative. Voyez *Tiboeth*.
Ti, le même qu'*I*. Voyez *T*.
Ti, le même que *Di*. Voyez *T*.
Ti, le même que *Si*. Voyez *S*.
Ti-Colo, *Ti-Plous*, *Ti-Scul*, chaumière. B.
Tiac, laboureur, fermier, métayer, paysan. C. Voyez *Tir*, *Tit*.
Tiad, le même que *Siad*. Voyez *S*.
Tiagurna, Seigneur. I.
Tiagurnus, seigneurie, terre noble & seigneuriale. I.
Tiaid, habitans. G. Voyez *Ysgottiaid*.
Tiannez, maison où l'on couche & mange. B. A la lettre, maison des meubles.
Tiarna. Voyez *Tejrn*.
Tias, le flux, la marée. I.
Tiat, ménage. B. Voyez *Ti*.
Tibar, vallée. Ba.
Tibhrim, sourdre. I.
Tiboeth, le même que *Diboeth*, non brûlé. G. *Di* particule privative, *Poeth*.
Tibra, *Tipra*, *Tobra*, *Topra*, source, fontaine. I.
Tibradh, fontaine. I.
Tic, le même que *Tyg*, chaîne. Voyez *Tyg* & *C*.
Ticcyn, un peu, tant soit peu. G.
Tich, le même que *Teach*. De même des dérivés ou semblables. I. Voyez *Tyic*.
Ticls, confluent. Voyez *Carticls*. Je conjecture que ce mot a signifié jonction, union en général, & que c'est de là que s'est formé le Latin *Articulus*, en y préposant *Ar*, article. On appelle *Ticles* en Franche-Comté, une petite pièce de fer qui sert à tenir la porte fermée. On appelle *Ticlette* dans la même Province de petites pièces de bois dont on environne un ossement qui a été brisé & que l'on vient de raccommoder pour le faire rejoindre.
Tid, chaîne, chez les anciens traîneau. G.
Tid, le même que *Tud* dans un dialecte du Gallois, selon Baxter. G.
Tid, *Tidi*, mammelle. C. Voyez *Teth*.
Tid, le même qu'*Id*. Voyez *T*.
Tid, le même que *Did*. Voyez *T*.
Tid, le même que *Sid*. Voyez *S*.
Tid, le même que *Tad*, *Ted*, *Tod*, *Tud*. Voyez *Bal*.
Tidh, le même que *Tigh*. De même des dérivés ou semblables. I.
Tidiad, ligature. G.
Tido, lier, attacher. G.
Tiec, *Tioc*, pere de famille. Les vieux Dictionnaires ont *Tiec*, ménager. Le nouveau l'a de même, & tous ont *Tieghez*, ménage, famille. Le plurier de *Tiec* est *Tiechien*, que l'on prononce *Tichien*. *Tiecaat* ou *Tiecaha*, faire le ménage, avoir soin de la maison, conduire la famille & tout ce qui lui appartient. *Tiec* est régulièrement le possessif de *Ti*, & signifie proprement celui qui est de la maison, ou à qui elle appartient, ou qui y loge. B. Cet article est pris de Dom Le Pelletier.
Tiecaat. Voyez *Tiec*.
Tieguear, famille, ménage, le domestique. B. Voyez *Tiec*.
Tieguez, famille, ménage, le domestique. B. Voyez *Tiec*.
Tien, beau. Voyez *Addien*.
Tier, pays, contrée, région. G. E. Voyez *Thir*.

TIER, TIERN, Seigneur. E. Voyez *Tyern*, *Tiern*.
TIER, maison. B. Il est aussi le pluriel de *Ti*. Voyez ce mot. Voyez *Tiriæ*.
TIERA, terre, contrée, région, pays. I. Voyez *Ter*.
TIERN, Prince anciennement en Breton. B. Voyez *Tiarna*, *Tyern*, *Teirn*, *Tier*.
TIERNICH, Seigneur. I.
TIESOA, dur, fort. Ba. Voyez *Dych*.
TIF, gras. G.
TIF, beau. Voyez *Attifa*, *Tifa*.
TIF, le même qu'*If*. Voyez *T*.
TIF, le même que *Dif*. Voyez *T*.
TIF, le même que *Sif*. Voyez *S*.
TIF, le même que *Taf*, *Tef*, *Tof*, *Tuf*. Voyez *Bal*.
TIFA, attifer. B. *Tiffée* en vieux François, ajustée, attifée, & *Tiphe*, orner; *Tipheereth* en Hébreu, l'état d'être bien mis. Voyez *Attifa*.
TIFF, famille. B.
TIG, il a porté, il a ôté, il a enlevé. G.
TIG, cabane de paille. E. Voyez *Tij*.
TIG, le même qu'*Ig*. Voyez *T*.
TIG, le même que *Dig*. Voyez *T*.
TIG, le même que *Sig*. Voyez *S*.
TIG, le même que *Tag*, *Teg*, *Tog*, *Tug*. Voyez *Bal*.
TIGER, TIGERN, Seigneur. E. Voyez *Tiern*.
TIGERIN, TIRN, TIERN, Prince, Souverain. B. Voyez *Tiger*.
TIGERN, Prince, Roi, Souverain; *Tigernach*, descendant de Princes, de Souverains, de Rois. I. *Tigern Ach*. Voyez *Ach*.
TIGH, maison. I. Voyez *Tij*.
TIGHEAIS, appartenant au ménage. I.
TIGHEAMHAIL, domestique. I.
TIGHEARNA, Seigneur, Prince, Souverain, Roi. I.
TIGHEARNAMHUIL, en Seigneur. I.
TIGHEARNUS, domaine, domination. I.
TIGHEAS, ménage, action de tenir ménage. I.
TIGHEAS, grosseur. I.
TIGHEASAIM, conduire le ménage, avoir soin d'une ferme. I.
TIGHESASACH, intendant, économe. I.
TIGN. Voyez *Teign*.
TIGNA, A. M. teigne, gale. De *Tign*.
TIGNOL, esquif, nacelle, gondole, pirogue, filadière. B.
TIGNOLIG, acon. B.
TIGNOUS, teigneux. B. Voyez *Teign*.
TIGRAN, TEGRAN, se trouvent dans les chartes de Bretagne pris à ce qu'il me paroit au sens de domaine. Voyez *Tighearnus*.
TIHOELISION, ténèbres. B.
TIHOOELE, rauque. I.
TIHOUT, fournir à une affaire, avoir le pouvoir. B.
TIHUAGH, effondrilles. B.
TIHUDET, solidité. B. Voyez *Teu*.
TIHUE, réplet. B.
TIHUEDAIT, corpulence. B.
TIJ, TII, TY, habitation. G. *Tig* en Irlandois, maison; *Tyic* en Breton, cabane; *Ti*, *Tier*, maison, logis, logement dans la même Langue; *Tien* en Chinois, palais; *Thir* en Hébreu, palais, château, petite ville, enclos; *Tar* en Affricain; *Dar* en Runique, maison; *Tih* en Hébreu; *Tid* en Arabe, étable; *Di* en Arabe, chez adverbe qui marque la demeure; *Ditha* en Chaldéen; *Diaita* en Grec; *Dieta* en Latin, chambre haute, sale à manger; *Dik* en Hébreu, forteresse; *Thiro* en Syriaque, étable, enclos; *Tira*, temple en Japonois; *Othyan*, domicile en Arménien; *Theichus* en Grec, mur & *Tegos*, habitation dans la même Langue; *Tiald*, tente en Runique; *Tigel* en ancien Saxon, tuile, ce dont on couvre les maisons. Ce mot paroit formé de *Ti*, maison & de *Gel*, en composition pour *Cel*, couvrir. Voyez *Ti*, *Ty*.
TIKEMER, TIKEMMER, réception que l'on fait aux étrangers dans sa maison, hospitalité; *Tikemmeri*, donner l'hospitalité, recevoir les étrangers en sa maison; participe *Tikemmeret*, hôte, reçu à l'hospitalité. Ce participe sert aussi d'infinitif. B. *Ti Kemmeri*.
TIL, le même qu'*Il*. Voyez *T*.
TIL, le même que *Dil*. Voyez *T*.
TIL, le même que *Sil*. Voyez *S*.
TIL, le même que *Tal*, *Tel*, *Tol*, *Tul*. Voyez *Bal*.
TILDATU, effacer. Ba.
TILDEA, virgule. Ba.
TILH, épais, rempli, abondant, gras. B.
TILHA, tiller. B. De là ce mot.
TILHER, tillac. B.
TILL, ormeau arbre; singulier *Tillen*; pluriel *Tillennou*, qui peut être *Tillou*; *Tillec*, lieu planté d'ormeaux: C'est ainsi que Dom Le Pelletier explique ce mot. Le Pere de Rostrenen met *Tilhenn*, pluriel *Tilhenned*, *Tilhennou*, *Tilh*, tilleul arbre qui est une espèce d'orme. On trouve dans un autre Dictionnaire *Thill*, orme. B. *Tillo* en Basque, tilleul; *Tilia* en Italien; *Ti*, *Teil*, *Tillet* en vieux François; *Tel* en Auvergnac; *Tillo* en Limosin & en Franc-Comtois; *Teja* en Espagnol; *Teil* en Anglois; *Tilleul* en François, tilleul.
TILL, singulier *Tillen*, pluriel *Tillet*, insecte qui s'attache à la peau des animaux: C'est ainsi que Dom Le Pelletier explique ce mot. Le Pere de Rostrenen met *Tilhen*, pluriel *Tithed*, tichue, tique insecte noirâtre qui s'engendre dans la chair en été, & qui ronge les oreilles des chiens, des bœufs, &c. Il en fait le synonime de *Teuruguenn*, *Tarracg*. B.
TILL, torchis de foin mêlé avec de la terre grasse détrempée pour faire des planchers, des cloisons, &c. *Tiller*, plancher fait de torchis, & la petite loge faite de planches dans les gabares de ce pays: C'est ainsi que Dom Le Pelletier explique ce mot. Le Pere de Rostrenen met *Tilhen*, torchis, bousillage, construction faite de terre & de boue. On trouve dans un autre Dictionnaire *Till*, terrasse. B.
TILL, épluchures du chanvre, & *Tillacanab*, éplucher du chanvre, tiller. B. Voyez *Tilha*.
TILL, espèce d'écorce venimeuse dans la vie de Saint Samson Évêque de Dol en Bretagne. B.
TILLA, le même que *Tealla*. De même des dérivés ou semblables. I.
TILLAT, hardes. B.
TILLEENN, entre deux. B.
TILLO, tilleul. Ba. Voyez *Till*.
TILTE, glissant, coulant, sçavant, docte. I.
TILTR, titre. B.
TIM, rivière. G.
TIM, acienne orthographe de *Tiv*. G.
TIM, chaleur. I. Voyez *Twym*, *Tom*.
TIM, le même qu'*Im*. Voyez *T*.
TIM, le même que *Dim*. Voyez *T*.
TIM, le même que *Sim*. Voyez *S*.
TIM, le même que *Tam*, *Tem*, *Tom*, *Tum*. Voyez *Bal*.
TIMAD, promptement. B. Voyez *Timat*, *Tim*.
TIMAT, vitesse, diligence avec laquelle on mar-

che, vîte adverbe, promptement, preftement. B. Voyez Tis.
TIMAT, bonne maifon. B. *Ti Mat.*
TIMBALA, tambour. Ba.
TIMCHIOLL, circuit, tour, détour, finuofité, autour, environ, à l'entour. I.
TIMCHIOLLADH, circuit, circonférence, environner. I.
TIME, TIMBACH, chaud. I.
TIMIRE, ferviteur. I. On appelle *Timar* chez les Turcs une terre qui eft donnée à charge du fervice militaire.
TIMIREACHD, fervice, emploi de ferviteur. I.
TIMPAN, cymbale, tout inftrument propre à faire du bruit. I. Voyez *Tiompan*.
TIMPORELL, tombereau. B.
TIN, ville, lieu élevé fermé, montagne fortifiée, enclos, enceinte, haie. G. *Tin*, ville en Bafque. Voyez *Din*.
TIN, la partie la plus baffe de quelque chofe, anus, cul, fondement, ferré, étroit, petit, détenu, arrêté, retenu. G. Il fignifie auffi queue. Voyez *Tinfigl*. De là le Latin *Teneo*, l'Italien *Tenere*, l'Efpagnol & le François *Tenir. Tunnua*, détroit en Groenlandois; *Tjefuo More*, détroit en Efclavon; à la lettre, mer étroite; *More*, mer; *Tan*, finir en Tonquinois; *Tin* en Chaldéen, en Syriaque, en Arabe, la terre. Voyez *Teann*, *Din*.
TIN, ce qui fe termine en pointe. G. felon Camden.
TIN, feu en Écoffois feptentrional. E. Voyez *Tan*, *Yflinos*, *Teune*.
TIN, le même que *Tean.* De même des dérivés ou femblables. I.
TIN, étain. I. *Tinpeni* dans les anciennes chartes d'Angleterre fignifie une efpèce de tribut; c'étoit apparemment celui que l'on payoit au Roi pour les mines d'étain. *Penny* en Anglois fignifie fou pièce de monnoie. Voyez *Yftaen*, *Stean*.
TIN, Roi. I. *Tign*, Roi en Runique. Voyez *Din*.
TIN, malade, indifpofé, mal adjectif; *Tincas*, mal fubftantif. I.
TIN, ville. Ba. Voyez le premier *Tin*.
TIN, rouge. Voyez *Tinbais*, *Tim*.
TIN, le même qu'*In*. Voyez T.
TIN, le même que *Din*. Voyez T.
TIN, le même que *Sin*. Voyez S.
TIN, le même que *Tan*, *Ten*, *Ton*, *Tun*. Voyez *Bal*. *Tinya*, tambour en Perfan; *Dynur*, fon en Runique, & *Dy*, tonner; *Nding*, voix en Langue de Congo; *Din* en Anglois, bruit.
TINA, TYNA, A. M. grand vaiffeau de bois dont parle Varron, que nous appellons encore aujourd'hui *Tine*. Voyez *Tinia*.
TINA, A. M. chapeau. De *Tin*, le même que *Din*, fommet, tête.
TINAL, le même que *Tional*. De même des dérivés ou femblables. I.
TINASIUM, A. M. preffoir. De *Tynnhau*, preffer.
TINBAIS, forte d'habillement de ferge rouge. G. *Pais*, robe, tunique; *Tin*, rouge. Voyez *Benbueth*.
TINBAIS, demi-ceint. G.
TINC, mot fictice qui défigne le fon clair & aigu des métaux. G.
TINCA, fixe, ftable. Ba. Voyez *Tenn* Breton.
TINCATU, je force, je contrains. Ba.
TINCIAN, TINCIO, rendre un fon clair & aigu comme celui des métaux qu'on fait fonner. G. *Tinnio* en Latin, tinter, fonner clair. Voyez *Tin* le même que *Ton*.

TINCIWR, celui qui rend un fon clair & aigu. G.
TINDROED, plongeon, parce qu'il a les pieds près du fondement, dit Davies. G. Le nom que les mariniers François donnent à cet oifeau confirme ce que dit Davies; ils l'appellent *pied-en-cul*. *Tin Troed.*
TINEA, A. M. teigne, gale. De *Tign*.
TINELL, TOUINELL, tente, loge, cabane. Il fe dit particulièrement des tentes que les cabaretiers dreffent aux foires & aux grandes affemblées pour y vendre du vin, &c. ainfi *Tinell-Vat*, en terme de plaifanterie, eft un lieu où l'on fait bonne chère, une bonne gargote. On a employé ce mot au fens de cour du Seigneur; car M. Hevin, grand Jurifconfulte & Avocat au Parlement de Bretagne, en fon Factum pour l'Abbaye de Quimperley, fait voir que les Comtes, & même les grands Barons, avoient leur cour ou *Tirel*, où ce mot de *cour* eft une cour d'entrée enceinte de murailles: C'eft ainfi que Dom Le Pelletier explique ce mot. On trouve dans les autres Dictionnaires *Tinell*, cabaret, buvette, cuifine ordinaire, tente, petite loge. B. Ce mot paroit formé de *Tin* le même que *Din*, enceinte, enclos, & *El*, haut, élevé, Seigneur. Il y a apparence que *Tinell* s'eft d'abord dit des enceintes ou cours fermées dans lefquelles les Seigneurs donnoient à manger, & que dans la fuite il a été étendu aux autres fignifications, qui font fort analogues à la première. Ce qui confirme ma conjecture, c'eft qu'on lit fouvent des anciens Hiftoriens François qu'un Seigneur tenoit *Tinel*, pour dire qu'il donnoit à manger à tout venant, qu'il tenoit table ouverte. On trouve dans plufieurs anciennes chartes latines *Tinellus*, pour l'endroit où mangent les courtifans ou ceux qui fuivent la Cour. *Tinel* eft rendu dans un inventaire du quinzième fiècle, cité dans la nouvelle édition de Ducange, par ces mots latins *Aula Magna*. *Tinell* fignifia dans la fuite en vieux François tout endroit où l'on mange, & les Italiens difent encore aujourd'hui *Tinello* au même fens.
TINER, tendre. B. Voyez *Tener*.
TINFOLL, anus puant. G. *Tin*, anus; *Foll* de *Moll*.
TING, langue. I. Voyez *Teanga*.
TINGCIAN, craqueter, claquer, faire un bruit éclatant. G.
TINGCIO, rendre un fon clair & aigu. G.
TINIA, forte de vafe à mettre du vin, que nous appellons *Tine*. Ba. De là l'Efpagnol *Tinaja*, l'Italien *Tinnaccio*, l'Anglois *Tunne*, le François *Tine*. Voyez *Tina*, *Tonnell*, *Tona*.
TINIOS, maladie. I.
TINMAT, preftement. B.
TINN, qui fait mal, qui caufe de la douleur. I.
TINNA, A. M. le même que *Tina*, tine. Voyez *Tina*.
TINNE, feu. I. Voyez *Tan*, *Yflinos*, *Tin*.
TINNELIUS, A. M. l'extrémité du lieu où monte le flux de la mer. De *Tin*, extrémité.
TINNIG, feu. I. Voyez *Tan*.
TINOS, combuftible. Voyez *Yflinos*.
TINSANG, fuppofitoire. G.
TINSIGL Y GWYS, hochequeue. G. *Sigla*; brânler; *Tin*, qui fignifie la partie la plus baffe, fignifie ici queue.
TINT, chantier, foit pour l'attelier des charpentiers, foit pour placer des tonneaux dans le cellier; plurier *Tinton*. *Tinta* fe dit au fens de pla-

cer; par exemple un tonneau, une piéce de bois pour la travailler, une boule ou pierre pour la pousser sans obstacle, & c'est un terme des jeunes gens qui jouent à la crosse : C'est ainsi que Dom Le Pelletier explique ce mot. Le Pere de Rostrenen met *Tint*, étançon, & un autre Dictionnaire met *Tinta*, étayer, tinter. B. De là ce dernier mot.

TINT, pinson oiseau; plurier *Tintet*. B.

TINT-ORELL, tout ce qui est prêt à tomber. B.

TINTA, lever, élever, hausser, mettre sur une élevation ensorte que la chose mise soit prête à tomber, placer la bille dans une situation qu'il ne saut qu'un coup de crosse pour la faire partir. B. Voyez *Tint*, *Tin*, *Din*.

TINTA. Voyez *Tint*.

TINTA, encre à écrire. Ba.

TINTAMAR, tintamarre. B. De là ce mot. Voyez *Tint*.

TINTAMAREIN, faire grand bruit, pester. B.

TINTEA, couleur, teinture. Ba.

TINTEAN, grille, treillis, barreaux. I.

TINTEAN, foyer. I. Voyez *Tin*.

TINTEGUIA, teinturerie. Ba.

TINTURA, teinture. Ba.

TINVA, prendre, s'attacher. Quand il est question d'une plaie ou coupure qui se guérit, c'est se rejoindre, se reprendre ; & lorsqu'il s'agit d'une greffe ou ente d'arbre, c'est s'incorporer à l'arbre, être prise, prendre séve : C'est ainsi que Dom Le Pelletier explique ce mot. Le Pere de Rostrenen met *Tinva*, refermer parlant d'une plaie, bourgeonner. B.

TINUM, A. M. le même que *Tina*, tine. Voyez ce mot.

TIOBRA, TOBAR, source, fontaine, puits. I.

TIOBRAD, TIOBROD, TIOBRUD, fontaine, source, origine, don, largesse, libéralité. I.

TIODHLACADH, libéralité, largesse, don, consigner. I.

TIODHLACAS, bienfait. I.

TIODHLACTHAD, concession, octroi, permission. I.

TIOL, le même que *Diol*, trace, vestige. G.

TIOMAIN, conduire, mener. I.

TIOMCHUAIRT, période. I.

TIOMNADH, legs, dédier. I.

TIOMPAN, harpe. I. Voyez *Timpan*.

TIONOL, TIONAL, assemblée, concours, entrevûe, rencontre. I.

TIONOLADH, assembler, assemblée. I.

TIONOLAM, assembler. I.

TIONSCADAL, invention. I.

TIONSGADAL, projetter, entreprendre. I.

TIONSGNADH, commencer, instituer, inviter, commencement, principe, invitation. I.

TIORANACH, oppresseur, qui complote. I.

TIORBA, tuorbe. Ba.

TIORMA, TIRMA, TORMA, les mêmes que *Diorma*, *Dirma*, *Dorma*. I. De là le Latin *Turma*.

TIORMACH, TIORMACHT, sécheresse, altération, soif, qualité séche, aridité. I.

TIORMADH, sécher, dessécher. I.

TIOROILEAN, presqu'isle. I. Voyez *Oilean*.

TIORTHAMHUL, national. I.

TIOTTAL, TIOTTUL, titre. I. De là le Latin *Titulus*, l'Italien *Titolo*, l'Espagnol *Titulo*, l'Allemand *Tittel*, *Titul*, le Flamand *Tittel*, le Bohémien *Tytul*, l'Anglois *Title*, le François *Titre*. Voyez *Titl*, *Titul*, *Tituloa*.

TIP, le même que *Tap*, *Tep*, *Top*, *Tup*. Voyez *Bal*.

TIPIA, petit, très-petit. Ba. Voyez *Tippyn*.

TIPIAGOA, moindre. Ba.

TIPITO, peu. Ba.

TIPPYN, un peu, quelque peu, piéce ou morceau coupé. Ba. Voyez *Tipia*, *Tipito*.

TIPPYNAU, YN DIPPYNAU, avec marqueterie. G.

TIPRA, fontaine. I.

TIPRAD, qui a une fontaine. I.

TIPULA, QUIPULA, oignon. Ba.

TIQEDENN, étiquette. I. De là ce mot.

TIQEMER MAT, accès facile. B.

TIQUEMERET, loger. B.

TIR, champ. G. C. *Tara*, *Tiri*, semer en Tartare Mogol & Calmoucq.

TIR, terre; G. C. I. B. pays, contrée ; G. I. province, patrie, nation, la campagne. I. Voyez *Ter*.

TIR, le même qu'*Ir*. Voyez *T*.

TIR, le même que *Dir*. Voyez *T*.

TIR, le même que *Sir*. Voyez *S*.

TIR, le même que *Tar*, *Ter*, *Tor*, *Tur*. Voyez *Bal*.

TIR-BWRD, terre destinée à fournir la table ; *Tir-Llan*, terre consacrée à l'Église. G.

TIR-TACHDHAIN, pays bas. I.

TIRA, bandelette. Ba.

TIRACACOAC, les crocs. Ba.

TIRACAYA, trait, fleches. Ba.

TIRACAYAG, rênes, courroies. Ba.

TIRADA, action de tirer. Ba.

TIRALDIA, charge de fusil. Ba.

TIRALTZIA, floccon. Ba.

TIRANDERA, longitude. Ba.

TIRARE, A. M. tirer, faire aller quelque chose avec force. De *Tiratu*.

TIRATORIUM, A. M. lieu où l'on étend quelque chose. De *Tiratu*.

TIRATU, je tire, je fais aller ou faire venir quelque chose avec force, j'étends. Ba. De là l'Espagnol *Tirar*, le François *Tirer*.

TIRATZEA, traction, attraction. Ba.

TIRC, le même que *Tearc*. De même des dérivés ou semblables. I.

TIRDADH, territoire. I.

TIRDDIWYLLIAWDR, laboureur, paysan qui cultive la terre. G.

TIRDEFRAC, marais. C.

TIRE, terre, pays. I. Voyez *Tir*.

TIRED, tiret, accent, marque syllabique. B. De là *Tiret*.

TIRENN, terrasse. B. Voyez *Tir*.

TIRETANUS, A. M. tiretaine espéce de droguet. De *Tyrtena*.

TIRETUM, A. M. tiroir. De *Tiratu*.

TIRF, vif, vigoureux, qui est en bonne santé ; gras. G.

TIRIEN, terre froide ou laissée en repos ; *Tirien-Foen*, terroir abandonné au pâturage ; *Foen-Tirien*, herbe qui croit dans les terres négligées. B.

TIRIENNA, verbe qui se dit de la terre lorsqu'elle se couvre d'herbe courte & épaisse ou de mousse. B. Voyez *Tiryen*, *Tyrien*.

TIRIM, aride. I.

TIRIO, aborder, prendre terre, descendre d'un vaisseau à terre. G. *Tir*.

TIRIOC, ville. Ba. Voyez *Tir*.

TIRIOG, riche en terre. G.

TIRIOGAETA, contrée, région, territoire, certain

TIR. TLA. 421

tain espace, tant dedans que dehors de la ville, où il n'étoit pas permis de bâtir. G.

TIRION, poli, qui sçait vivre, civil, doux, affable, honnête, obligeant, humain, indulgent, facile, agréable, beau, charmant, délicieux. G.

TIRIONDEB, affabilité, civilité, douceur, complaisance, honnêteté, politesse, air gracieux, manière obligeante, beauté, agrément, charme, délices. G.

TIRIONDEG, agréable, beau, charmant. G. *Tirion*. *Tag* pléonasme.

TIRIONDER, douceur, manières douces. G.

TIRIONWCH, le même que *Tiriondeb*. G.

TIRITAINA, chose futile. Ba. Voyez *Tyrtena*.

TIRM, stérile, sec, aride. I.

TIRMACH, le même que *Tiermach*. De même des dérivés ou semblables. I.

TIRO, chauffer, échauffer. Voyez *Ymdiro*.

TIROA, charge de fusil. Ba. Voyez *Tiratn*.

TIROED, terre en friche. G.

TIRRINA, gondole, tasse, pot de chambre. G. De là le mot François *Terrine*.

TIRTHACH, du pays. I.

TIRTOTCH, liége arbre. Ba.

TIRUSTAYA, arc. Ba.

TIRXNN, friche. B. Voyez *Tirien*.

TIS, le même que *Teas*. De même des dérivés ou semblables. I.

TIS, train, marche, allure, manière de marcher ou d'agir, démarche; ainsi quand on dit *Tiwat*, c'est-à-dire bon train, bonne allure. On lit par tout *Tiz* ou *Tyz*, qui dans la prononciation ne sonne pas autrement que *Tis*, si ce n'est en composition où l's se perd, ce qui arrive très-rarement à cette lettre, & très souvent à *z*. Dans la vie de Saint Gwenolé *Tiz-Buan* est promptement, marche précipitée; & dans la destruction de Jérusalem *Tyz Mat A Tyz Quea, Gra Ma Goure'hemen*, vas au plus vîte, fais ce que je te commande. En ce dernier endroit & en d'autres du même ouvrage, il semble que *Tyz* seul marque la promptitude & la diligence. Il se trouve aussi là comme adjectif, au sens de vif, actif : *Pylat Mat A Tyz, Gwyn Mat A Tyz*, bon vin & vigoureux ou violent. B. Cet article est pris de Dom Le Pelletier. Voyez *Timat*.

TIS, maison. Voyez *Pentis*.

TIS, le même qu'*Is*. Voyez T.

TIS, le même que *Dis*. Voyez T. *Tiff*, loin en Galibi.

TIS, le même que *Sis*. Voyez S.

TIS, le même que *Tas, Tes, Tos, Tus*. Voyez *Bal*.

TISA, TISOUT, atteindre, toucher, attraper, parvenir à, &c. *Ne Tisan Qet*, je n'atteins pas. Le Pere Maunoir met *Ne Disanket*, je n'ai pas le loisir; c'est-à-dire, à ce que je crois, je ne tâche pas, je ne tends pas, sous-entendant d'atteindre ou à parvenir. B. Cet article est pris de Dom Le Pelletier. Il faut remarquer que *Disan* dans la phrase du Pere Maunoir est mis pour *Tisan*, parce que celui-ci est en composition.

TISAN, loisir. B. Voyez *Tisa*.

TISC, eau, rivière. G. C'est *Isc* avec le *t* préposé, selon Baxter.

TISD, paix, silence, terme pour imposer silence. I.

TISIAD, éternument. G.

TISICQ, étique, maigre; *Tisicq-Yen*, pepie. B.

TISIO, éternuer. G.

TISO, TISONUS, A. M. tison. Voyez *Tes*.

TISOCQ, eunuque, impuissant. B.

TISSIO, éternuer. G.

TISTREI, revenir, retourner. B.

TIT, terre. G. B. *Ti* en Chinois; *Ty* en Cophte; *This* en Arabe; *Tethus* ou *Titbus* dans Homère; *Teut* en Allemand; *Teut* en Albanois; *Tit, Tiid* en ancien Suédois, selon Rudbeck, terre; *Tit* en Hébreu, boue, limon, bourbier.

TIT, le même qu'*It*. Voyez T.

TIT, le même que *Dit*. Voyez T.

TIT, le même que *Sit*. Voyez S.

TIT, le même que *Tat, Tet, Tot, Tut*. Voyez *Bal*.

TITANNOS, phare. B.

TITIA, mammelle, mammelon, alaiter. Ba. Voyez *Teth*.

TITIA, sommet. Ba. Voyez *Teth*.

TITIAD, moucheron. G.

TITIAID, moucherons sorte d'insectes ailés qui piquent cruellement. B.

TITICOA, mammelon. Ba.

TITIGUEA, manière ou action de sevrer des enfans. Ba.

TITIN, soleil. I. Voyez *Tan*.

TITL, titre. G. B. Voyez *Tiottal*.

TITRIWR, hermite. G. C'est une crase de *Didryfwr*.

TITTEN, le même que *Diden*. G.

TITTUS, A. M. rivage. De *Tit*, terre.

TITUL, titre, inscription. G. Voyez *Tiottal*.

TITULOA, titre. Ba. Voyez *Tiottal*.

TIV, gros, gras, épais. I.

TIV, le même qu'*Iv*. Voyez T.

TIV, le même que *Div*. Voyez T.

TIV, le même que *Siv*. Voyez S.

TIV, le même que *Tav, Tev, Tov, Tuv*. Voyez *Bal*.

TIVARTT, boursoufflé. B.

TIUDH, le même que *Tiugh*. De même des dérivés ou semblables. I.

TIUGH, épais, grossier, sombre, clos, fermé, le dernier. I.

TIUGHAN, TIUGHIN, le dernier. I.

TIUGHDAS, grosseur, épaisseur. I.

TIVIT, paix-là. B.

TIVLEENN, TEVLEENN, brique. B.

TIVLEREAH, carrelage, briqueterie. B.

TIVLOUR, faiseur de briques. B.

TIW, eau, rivière. G. C'est *Iw* avec le *t* préposé.

TIW, le même que *Taw, Tew*. Voyez *Bal*. De là le Latin *Dives*.

TIWL, clair. C.

TIWLDER, clarté. C.

TIYARNA, Seigneur. I. Voyez *Teyern*, *Tiern*.

TIYIM, croître. I.

TIZ, peuple. C.

TIZ, promptement. B. Voyez *Tes*.

TIZMAD, vîte. B.

TIZOCQ, mou, efféminé. B.

TIZOUT, avoir le pouvoir, atteindre, fournir à une affaire. B. Voyez *Tisa*.

TIZOUT, attraper celui qui vouloit tromper, tromper. B.

TLACHD, foire. I.

TLACHDAIGHIM, enterrer. I.

TLACHDGA, feu allumé pour avertir les Druides de s'assembler le dernier jour d'octobre pour un holocauste qu'ils offroient à leurs dieux. Il n'étoit pas permis d'allumer d'autre feu ce jour là dans toute l'Irlande. I.

TLACHT, la terre. I.
TLACHT, couleur. I.
TLAD, le même que Tlawd. G. Tlas en Grec, misérable.
TLEÜNV, TLEUN, TLEUM, garniture d'une quenouille, quenouillée; Tleünhi ou Tleünvi An Keightel, garnir la quenouille, & selon M. Roussel Tlua, Tiui. B. Cet article est pris de Dom Le Pelletier.
TLODI, appauvrir, être appauvri, pauvreté, indigence. G.
TLOMACH, brûlant, ardent. I.
TLOSAN, voix enrouée. I.
TLU, le même que Din. Voyez T. Tlua en Hébreu, tacheté.
TLWS, grêle, délié, menu, fort petit. G.
TLWS, joyau, collier ornement qu'on met au cou, agréable, poli, gentil, mignon, bien tourné, bien mis, ajusté, propre, enjoué, qui a de la grace, qui a bon air. G.
TLYSNI, élégance, délicatesse, justesse, politesse, bonne grace, ajustement, ornement, parure, beauté, bel air, manière polie. G.
TLYSYN, joli, mignon. G.
TNAOU, pente. B. C'est le même que Naou avec le t préposé.
TNAOUN, vallon, lieu bas, le bas de quelque lieu que ce soit; Out Tnaoun, en bas; War Tnaoun, à bas, vers le bas : On dit après l'article Annaoun. Dans les vieilles écritures on lit presque toujours Traoun ou Tron, & une fois Tnon dans la vie de Saint Gwenolé. B. Cet article est pris de Dom Le Pelletier.
TNECH, TNEACH, les mêmes que Crech, Nech. B.
TNOU, bas, val, vallée. B.
TNUTH, avarice. I.
TNYS, isle. I.
TO, toît, ordre ou rang des choses mises les unes sur les autres, ensorte que l'une semble couvrir l'autre, les hommes de chaque âge, de chaque siécle qui se suivent les uns les autres, de façon qu'une génération semble couvrir l'autre, âge, siécle; Adar Y To, moineaux ; à la lettre, oiseaux du toît. G. Dor en Hébreu, habiter, ranger, les hommes de chaque âge, de chaque siécle; Dor en Chaldéen, ranger, ordre, habitation; Dor en Syriaque, habiter, Doro habitation, les hommes de chaque âge, de chaque siécle, ordre, rang dans la même Langue; Dor en Samaritain, habiter; Dorito en Syriaque, l'étage le plus élevé de la maison; Dar en Arabe, maison, habitation, & Dor, tour ordre de choses; Thoi, maison en Arabe; Toa en Chaldéen, chambre. Voyez l'article suivant & Tor.

TO, couverture ou toît de maison; singulier Toen, plurier Toennou, qui peut être aussi Toïou ou Toou, lesquels ne sont pas usités, que je sçache. Maen To, ardoise; à la lettre, pierre de toît ; Disto, découvert, sans couverture; Distoi, Disti, découvrir, abattre le toît d'une maison; Toet, couvert : c'est le participe de Tei placé ci-devant ; de là vient le François Toit plus naturellement que du Latin Tectum. Toer, couvreur artisan qui couvre les maisons : C'est ainsi que Dom Le Pelletier explique ce mot. On trouve dans le Pere de Rostrenen To, ce qui sert à couvrir une maison ; Toein, couvrir; Toënn, toît ; Toëour, Toër, couvreur; Haddo, Hadto, œuf couvé; Tei, couvrir; Toet participe passif, couvert. B. Touh en Arménien, toît; Tobi en Cophte, tuile; Tul, peau, ce qui couvre l'animal en Malabare; To en Tonquinois, couvrir une chose d'une autre, mettre une chose sur une autre; Doi en Arabe, petite peau qui couvre le lait, peau d'un fruit; Domo en Syriaque, toît; Thehh en Hébreu, en Chaldéen, couvrir; Thom en Chaldéen & en Éthiopien, fermer; Thos en Chaldéen & en Syriaque; Taudir en vieux François, couvrir ; d'où est venu notre mot François Taudis. Voyez l'article précédent, Toat, Tec, Toc, Tog.
TO, le même qu'O. Voyez T.
TO, le même que Do. Voyez T.
TO, le même que So. Voyez S.
TOACULA, TOBALEA. Voyez Toalia.
TOAEL, TOALL, nappe. B. Tovaglia en Italien; Tweele, Zwele en Allemand; Dwael en Flamand; Towel en Anglois; Dunele, Dunahila en Théuton; Toalia en Espagnol, nappe. Voyez Toallea, Touaille, Toalia, Tuel.
TOALIA pour nappe se trouve dans le procès de canonisation de Saint Yves, ce qui nous fait connoître que c'est un terme Breton; d'ailleurs c'est le même que Toael que l'on vient de rapporter. On trouve encore dans les anciens monumens au même sens Toaillia, Toullia, Toalea, Toalha, Toella, Toillia, Tonalia, Touaillia, Touailla, Touallia, Touains, Towella, Tualea, Tualia, Tuallia, Thallia, Tuella, Toagla, Tobalea, Tobalia, Togilla, Tuabola, Toacula. Voyez Toallea.
TOALLEA, essuye-mains. Ba Touaille en François, essuye-mains. On a dit en vieux François Touaille, Touaillon pour serviette. Toalla en Espagnol; Tovel en Anglois, essuye-mains. Voyez Toael, Touailh.
TOAS, pâte à faire le pain ; Toasec, pétrin vaisseau dans lequel on pétrit, on manie la pâte; Toasenna, empâter, remplir la bouche de pâte, & aussi agacer les dents. B. Voyez Toes, Teis, Thoi.
TOASON, ris de veau. I.
TOAT, toît, couverture. C. Voyez To.
TOB, le même qu'Ob. Voyez T.
TOB, le même que Dob. Voyez T.
TOB, le même que Sob. Voyez S.
TOB, le même que Tab, Teb, Tib, Tub. Voyez Bel.
TOBAN, gros bâton ou perche pour porter quelque chose à deux. I.
TOBAR, source, fontaine, origine, bain endroit où l'on se lave. I.
TOBARBIOR, puits. I.
TOBE, paille. I.
TOBREN. Davies n'explique pas ce mot. Il doit signifier toît de bois. To, toît ; Bren de Pren, bois. G.
TOC, chapeau; plurier Toccou. B. De là le François Toque, qui signifie une couverture de tête. De là le vieux François Toquement, qui signifioit coëffure, & Toquer, coëffer. De là les mots Espagnols Toca, coëffure, Tocar, couvrir la tête, Distocar, la découvrir. De là l'Italien Toccato, qui signifie une certaine coëffe de nuit. De là le terme de la basse Latinité Tucus, qui signifie un capuchon. De là Toquet, qui en notre Langue signifie une couverture de tête de femme. Voyez Tog.
TOC, le même qu'Oc. Voyez T.
TOC, le même que Doc. Voyez T.
TOC, le même que Soc. Voyez S.
TOC, le même que Tac, Tec, Tic, Tuc. Voyez Bel.
TOC-AN-TOUÇEC, champignon. B. A la lettre, chapeau de crapaud.

TOC.

TOCA, A. M. toque. Voyez *Toc*.
TOCAIL, fouler parlant du drap. I. Voyez *Tocqa*.
TOCCIO, tondre, rafer. G. Voyez *Tockennat*.
TOCCUS, A. M. toifon. De *Toec*.
TOCH, chapeau, ce qui couvre. B. De là le Latin & l'Italien *Toga*, le g & le c fe mettant l'un pour l'autre. Voyez *To*, *Toc*, *Tec*, *Toga*.
TOC'H, invalide, débile, qui eft épuifé & fans force ; *Bexa Toch*, etre invalide, hors d'état de travailler. B. Voyez *Tochor*.
TOCHA, amour. I.
TOCHAILY, foffoyer, mine de métal. I.
TOCHAR, digue. I.
TOCHAS, griffer. I.
TOCHAT; plurier *Tochadou*, criblures de bled. B.
TOCHAT; fingulier *Tochaden*, épi ; *Tochata*, *Tochada*, glaner. B.
TOCHERIA, rufticité, groffièreté. Ba.
TOCHLAIM, TACHLAIM, creufer, fouir, déraciner, fouiller. I.
TOCHO, groffier, ruftique, ftupide. Ba.
TOCHOR, foible, abattu de maladie ou de fatigue, ou fimplement languiffant ; *Tochoraa*, rendre languiffant, affoiblir : C'eft ainfi que Dom Le Pelletier explique ce mot Le Pere de Roftrenen met *Tochor*, foible, languiffant, fort malade ; *Tochori*, affoiblir. B. *Tocho* en Efpagnol, hebété, ftupide. Voyez *Toch*.
TOCHORAA. Voyez *Tochor*.
TOCHORI. Voyez *Tochor*.
TOCHUIL, creufé. I.
TOCHUS, gratter, demanger, grattelle, demangeaifon. I. Voyez *Tocken*.
TOCKEN, gémiffement. G.
TOCKEN, gale ou teigne qui fe forme comme une croûte fur la tête des petits enfans. Monfieur Rouffel l'écrivoit *Toghen*, *Taken*, ajoutant que le verbe qui en eft dérivé eft *Takenna*, *Tokenna*, devenir telle gale ou teigne, duquel le participe eft *Takennet* & *Tukennet*. Quelques-uns prononcent *Toaken*. Monfieur Rouffel difoit que l'on donnoit auffi ce nom à la teigne en général & à toutes fortes de lepres, même à la petite verole : C'eft ce que je n'ai pas connu. Mais *Tocken* eft fort ufité dans les villages pour un enduit de terre graffe ou argile que l'on met fous un vaiffeau d'airain, qui doit fervir à cuire la bouillie. *Tockenna*, faire & appliquer cet enduit. B. Cet article eft pris de Dom Le Pelletier. Voyez *Tochus*.
TOCKENNAT, toifon ou toute la laine d'un mouton tondu. B. Voyez *Toccio*.
TOCQ, chapeau. B. Voyez *Toc*.
TOCQ, coup brufque ; *Tocqa*, fraper, heurter. B. *Toqua* en Patois de Lorraine & de Franche-Comté, heurter, fraper ; *Toquer* en vieux François, fraper, heuter ; *Dokun* en Turc, action de fraper, coup ; *Dogghus*, combat ; *Dogmak*, battre dans la même Langue ; *Dos* en Arabe, battre ; *Tak*, coup en Iflandois ; *Se Doguer* en François, fe heurter les uns contre les autres comme les béliers, les moutons, *Tocfin* eft formé de *Tocq*, coup brufque, & *Syn*, figne, fignal. De *Tocqa* font venus l'Italien *Toccare*, l'Efpagnol *Toccar*, fraper, toucher. De *Tocqa* font venus l'Anglois *Touche*, le François *Toucher*. De *Tocq* ou *Tacq*, qui fe dit encore parmi le peuple pour coup, eft venu l'ancien Latin *Tago*, dont on a fait enfuite *Tango*, le g & le c fe mettant l'un pour l'autre. Voyez *Tocail*, *Tolcio*, *Tonca*, *Touchabl*, *Touchan*, *Touchant*, *Touich*.
TOCQA. Voyez *Tocq*.

TOG. 423

TOCQED, européan. B. ainfi nommé de la toqué ou chapeau dont il fe couvre la tête.
TOCQER, chapelier. B.
TOCQICQ, toque. B. Voyez *Toc*.
TOCQLA, fraper. B.
TOCQOUR, chapelier. B.
TOCQSIN, tocfing. B. De là ce mot. Voyez *Tocq*.
TOCZECQ, crapaud. B.
TOD, le même qu'*Od*. Voyez *T*.
TOD, le même que *Dod*. Voyez *T*.
TOD, le même que *Sod*. Voyez *S*.
TOD, le même que *Tad*, *Ted*, *Tid*, *Tud*. Voyez *Bal*.
TODDAID, forte de vers. G.
TODDEDIG, liquide. G.
TODDI, fe fondre, fe liquéfier, faire fondre, liquéfier. G. *Tawdd*.
TODDI. Voyez *Teudhi*.
TODDIAD, action de fondre. G.
TODDION, liqueur, jus, fuc qu'on exprime d'une chofe, gelée de viande, coulis. G.
TODDWR, fondeur. G.
TOEA, TOEAFF, jurer. B.
TOEC, toifon des moutons & brebis. B. De là le mot François *Toifon*, parce que l's & le c fe mettant l'un pour l'autre, on a dit *Toes* comme *Toec*.
TOED, couvert. Voyez *Calchdoed*.
TOEH, pâte. B. Voyez *Toes*.
TOEIN. Voyez *To*.
TOELLA, TOUELLA, charmer, enchanter, tromper, féduire. Il fe dit principalement dans la morale des mauvaifes actions, des baffeffes & lâchetés faites pour gagner l'amitié, ou par une fauffe amitié ; il fe dit auffi pour être paffionné, être tranfporté par quelque paffion, être adonné à quelque chofe avec fureur : C'eft ainfi que Dom Le Pelletier explique ce mot On trouve dans les autres Dictionnaires *Touella*, fafciner, charmer, gagner par fes charmes, éblouir, préoccuper, decevoir, tromper, débaucher, tranfporter ; *Touelladur*, préoccupation ; *Touellet*, adonné ; *Touelleur*, enjolleur. B. Voyez *Twyll*.
TOELLA. Voyez *Toalia*.
TOENN-VOR, grande houle. B.
TOEOUR. Voyez *To*.
TOES, pâte, farine, paftille, pétrir. G. B. Dough en Anglois, pâte ; *Deeffem* en Flamand, pâte de levain ; *Dos* en Arabe, broyer. Voyez *Thos*, *Toas*.
TOESATAT, glaner. B. Voyez *Tafat*.
TOESDWR, maffe de farine pétrie. G. *Toes Twr*.
TOESEN, épi. B.
TOESI, être pétri comme la pâte. G.
TOF, le même qu'*Of*. Voyez *T*.
TOF, le même que *Dof*. Voyez *T*.
TOF, le même que *Sof*. Voyez *S*.
TOF, le même que *Taf*, *Tef*, *Tif*, *Tuf*. Voyez *Bal*.
TOFF, proche, prochain. B.
TOG, habitation. G. Voyez *Toc*.
TOG, Chef, Commandant, Général, Conducteur. G. Il s'eft pris au propre comme au figuré, puifque ce dernier fens fuppofe toujours le premier. De là *Togar* en Patois de Lorraine, groffe tête. Voyez *Toc*.
TOG, le même qu'*Og*. Voyez *T*.
TOG, le même que *Dog*. Voyez *T*.
TOG, le même que *Sog*. Voyez *S*.
TOG, le même que *Tag*, *Teg*, *Tig*, *Tug*. Voyez *Bal*.
TOGA, choifir, trier, choix. I.

TOGA, toge, robe. Ba. Voyez Toch.
TOGADH, choisir. I.
TOGBHAIL, ériger, dresser, fonder, lever, levée. I.
TOGBHALACH, captieux. I.
TOGBHOIL, porter, soutenir, supporter, souffrir. I.
TOGEN, conduire. G.
TOGHTHA, choisi. I.
TOGILLA, TOGULA, A. M. petite nappe. Voyez Toalia.
TOGUA, A. M. toque. De Toc.
TOGWIS, Chef, Commandant, Général. G. Voyez Tog.
TOH, à proportion, côté, endroit, vers un lieu. B.
TOHADEN, épi. B.
TOHATER, glaneur. B.
TOHATO, glaner. B.
TOHATOUR, glaneur. B.
TOI, couvrir. G. B. Voyez To.
TOI, le même qu'Ol. Voyez T.
TOI, le même que Doi. Voyez T.
TOICE, richesses. I.
TOICH, ferme, métairie, territoire. I.
TOICHEACH, riche. I.
TOICHEALL, voyage. I. Voyez Techu.
TOIFLIUN, TOIFLIUNACH, tiéde, chaud. I.
TOIGHE, maison. I. Voyez Tog.
TOIGHES, TOIGHEAS, arriver, arrivée, avénement. I.
TOIGHTE, sçavant, docte. I.
TOIL, Dieu. I.
TOIL, accord, licence, volonté, consentement, assientement. I.
TOILEAMHUL, volontiers, de bon gré. I.
TOILIDIOS, patience. I.
TOILIGHTE, content. I.
TOILISGEAS, congé, liberté, permission. I.
TOILL, A. M. impôt, gabelle. De Toll.
TOILLIA. Voyez Toalia.
TOILOIL, obstiné. I.
TOIM, chaud. C. Voyez Tom, Twym.
TOIM, le même que Thaim. I.
TOIRBEARTH, libéralité, largesse, don, present. I.
TOIRBEARTHACH, libéral. I.
TOIRBEARTHAS, bienfait. I.
TOIRBHERT, artifice, art. I.
TOIRBIRT, employer, dépenser, fournir, donner, action d'employer. I.
TOIRBREADH, donner, fournir. I.
TOIRCH, torche sorte de flambeau. B.
TOIRIN, petit roi. I.
TOIRMEASG, empêcher, défendre, interrompre, obstacle, empêchement, défense, interruption. I.
TOIRMIOSG, embarrasser, empêcher, défendre, ne pas souffrir, obstacle, embarras, empêchement, échec, perte, malheur. I.
TOIRMIOSGADH, défendre, interdire, brider. I.
TOIRMIOSGOIR, adversaire, antagoniste. I.
TOIRMISG, dissuasion. I.
TOIRNEACH, tonnerre. I.
TOIRNIGHIM, tonner. I.
TOIRNGIODH, serrer, presser. I.
TOIRT, abondance, grandeur, grosseur, grossièreté. I.
TOIRTEAMHUL, gros. I.
TOISAT, TOISEN, épi; Toisatat, glaner. B.
TOISG, message. I.
TOISTIGH, rôtie de pain ou pain rôti. I. Voyez Tost.

TOITEAN, combustion, feu, incendie, désordre. I.
TOITHLEANNAN, concubine. I.
TOKH, fuir. B. Voyez Techu.
TOL, trou. C. Voyez Twll, Toll, Toul.
TOL, cimetière. I.
TOL, péage, impôt, tribut. B. Tol en Hollandois, péage, gabelle. Voyez Toil, Toll, Toul.
TOL, courbé. Voyez Tolgorn.
TOL, Voyez Toli.
TOL, le même qu'Ol. Voyez T.
TOL, le même que Dol. Voyez T.
TOL, le même que Sol. Voyez S.
TOL, le même que Tal, Tel, Til, Tul. Voyez Bal, Tol, crête en Hongrois. Voyez Tol-Mor.
TOL, A. M. impôt, gabelle, tribut. De Tol.
TOLMOR, le flux de la mer. B. A la lettre, le montant, l'élévation de la mer. Voyez Tol le même que Tal.
TOLA, A. M. tribut. De Tol.
TOLAREA, pressoir. Ba.
TOLBWRDD, le même que Tawlbwrdd. G.
TOLC, ride, courbure, pli, inégalité, ce qui rend scabreux. G. Tolos en Turc, voûte. Voyez Tolertza, Tolesa.
TOLCH, trou. I.
TOLCHEN, grumeau; Tolchen O Waed, grumeau de sang. G.
TOLCIO, se rider, faire des rides, être ridé. G. Voyez Tolc.
TOLCIO, heurter de la tête comme les béliers; Tolcio Fal Hwrdd, heurter, choquer de la tête comme les béliers. G. Voyez Tosg.
TOLCIOG, ridé. G.
TOLDEA, rideau. Ba.
TOLERTEA, recourbé, cambré. Ba. Voyez Tolc.
TOLES, tumeur dans la gorge. Saint Isidore, dans le onzième livre de ses origines, ch. 1. nous a conservé ce mot Gaulois : Toles Gallicâ Linguâ dicunt, quas vulgò per diminutionem Tusillas vocant, quæ in faucibus turgescere solent. Il est formé de Tol, élévation, tumeur.
TOLESA, inflexion. Ba. Voyez Tolc.
TOLESEZCORRA, inflexible, inflexibilité. Ba.
TOLESQUIA, pli, inflexion. Ba.
TOLESTA, pli. Ba.
TOLETA, TOLETAC, cheville sur le plat-bord où l'on passe l'anneau qui retient l'aviron ou la rame, & qui l'empêche de couler quand on rame. Ba.
TOLETUM, A. M. impôt, gabelle. De Tol.
TOLGORN, bâton recourbé par le haut dont les augures se servoient, clairon, trompe de veneur, cor de chasse. G. Ce mot paroit formé de Toc ou Tol, courbé, & de Corn, corne. Les premières trompettes ont été des cornes vuidées.
TOLGUEENN, ébogue. B.
TOLI, TOLIO, couper, rogner, ôter, enlever, retrancher, séparer, ravir, diminuer, amenuiser, épargner. G. Ce verbe est régulièrement formé de Tol, qui par conséquent aura signifié morceau, part, parcelle, retranchement, diminution. Tollo en Latin, ôter; Touiller en vieux François, déchirer.
TOLIACUNTEA, tourment. Ba.
TOLIAD, action d'ôter, de diminuer, diminution, épargne, ménage, économie, discontinuation, relâche, cesse, cessation, interruption, épargnant. G.
TOLIANT, le même que Tawl. G.
TOLIATU, je tourmente. Ba.
TOLL, impôt, taille, gabelle. G. Voyez Tol, Tal, TOLL.

TOL.

TOLL, féminin de Twll. G. Voyez l'article suivante.

TOLL, trou, ouverture qui se fait en creusant ou en perçant. I. *Dol* en Polonois ; *Duls* en Suédois ; *Dulek* en Bohémien ; *Dale* en Gothique ; *Tilk* en Allemand dans le dialecte Norique, creux, fosse, trou ; *Delfan* en ancien Saxon, fouir, creuser ; *Thal*, s'ouvrir, chaise percée; *Thalah*, passer à travers ; *Thalahh*, vuide ; *Thalam*, creuser la terre; *Thalahhh*, tirer d'une fosse; *Thal*, qui a une grande bouche ; *Tal*, vuider en Arabe ; *Tol*, action de percer dans la même Langue; *Telapha* en Chaldéen, vaisseau creux du pressoir ; *Telem* en Hébreu, en Chaldéen, en Éthiopien, en Arabe, sillon petite fosse que l'on fait dans la terre; *Dol* en Polonois ; *Dulek* en Bohémien ; *Doll* en Lusacien ; *Tulbe* en Turc, sépulcre, tombeau; *Dolen* en Grec ; *Dolo* en Latin ; *Tolh*, *Tollih* en Carniolois ; *Tolch*, *Dolch* en Allemand ; *Dolk* en Flamand ; *Dolgur* en Islandois ; *Tulich* en Polonois ; *Tulch* en Lusacien, poignard. Voyez *Tollach*, *Tollck*, *Toull*, *Twll*.

TOLL, tête. I. Voyez *Tal*.

TOLL, A. M. impôt, tribut, gabelle. De *Toll*.

TOLLA, TOLLAGIUM, A. M. impôt, tribut, gabelle. De *Toll*.

TOLLACH, creux. E. Voyez *Toll*.

TOLLAD, percer, trouer. I.

TOLLAM, percer, trouer. I.

TOLLDY, bureau des impôts. G.

TOLLI, exiger les impôts, les tailles, les gabelles, payer les impôts, les tailles, les gabelles. G.

TOLLTEANAS, bonne volonté. I.

TOLLWR, collecteur, receveur des impôts. G.

TOLN, A. M. impôt, tribut, gabelle. De *Toll*.

TOLO, le poids d'une livre, poids. G.

TOLOG, TOLLOG, bruit ; *Tuloca*, faire du bruit. B.

TOLPE, multiplicité. B.

TOLSEENN, bogue. B.

TOLSEN, TOLBEN, masse ou grosse pièce séparée d'un tout. M. Roussel m'a assuré qu'on le dit de toute masse, amas, monceau, & en particulier d'une quantité considérable de foin, paille, goémon, terre & choses semblables que l'on sépare d'un gros monceau pour transporter ailleurs ; que *Tolsennec* est ce qui a du poids, ce qui est massif, épais, gros, grossier & lourd ; Il est fort en usage en cette dernière signification. Il se dit aussi d'un tas de goémon apporté par la mer sur le rivage, & d'une masse de terre qui croule quand on creuse dessous un terrain élevé ; c'est-à-dire que *Tolsen*, singulier de *Tols*, est une grosse partie détachée d'un tout ou d'une plus grande quantité réunie, & *Tolsennec* en est le possessif. B. Cet article est pris de Dom Le Pelletier. Voyez *Tolchen*.

TOLTA, A. M. en vieux François *Tolte*, *Toulte*, impôt, tribut, gabelle ; *Mala Tolta*, en vieux François *Male Tolte*, aujourd'hui *Maltôte*, tribut, gabelle levée sans une autorité légitime. De *Toll*.

TOLTACH, perçant. I.

TOLZEEN, caïeu. B.

TOLZENNECG, un gros homme. B. Voyez *Tolsen*.

TOM, TOMM, boue, limon, ordure, fiente d'animaux. G. *Domen* en Hébreu, fiente ; *Twome* en Hébreu, en Chaldéen, en Syriaque, immonde, impur ; *Thamal* en Arabe, souillé, & *Thamal*, tache, souillure, immondice dans la même Langue ; *Omi* en Cophte ; *Tomu* en Finlandois ; *Dam* en Tartare du Thibet, boue ; *Doung* en Anglois,

TOM. 425

fiente ; *Domus* en Turc, cochon. On donne à la Chine le nom de *Tomin* à des hommes que l'on regarde comme infâmes. *Thama* en Hébreu, en Chaldéen, en Syriaque, être souillé ; *Thamath* en Arabe, boue, obscénité, impudicité ; *Thamat*, immondices, souillure, tache, ordures ; *Tamath*, boue dans la même Langue ; *Dumb*, *Thumb* en Allemand, insipide, stupide ; *Tumbe* en Théuton, sat, fou; *Dom* en Flamand, hébété ; *Dumpf* en Allemand, odeur puante, mauvaise odeur produite par la saleté. Voyez *Dom*, *Tamal*. De là est venu notre mot François *Tombereau*, qui est formé de *Tom*, & de *Ber*, porter. Voyez *Tombereil*. Voyez *Dom*, *Cler Y Dom*.

TOM, TOR, lieu plein de buissons, taillis, brosse. I. De là le Latin *Dumus*.

TOM, le même que *Tuaim*. I. Voyez *Dom*.

TOM, chaud, échauffé ; *Tomder*, chaleur ; *Tomigen*, *Tomijen*, le même ; *Toma*, chauffer, échauffer, se chauffer ; *Tomit*, chauffez-vous : C'est ainsi que Dom Le Pelletier explique ce mot. On trouve dans les autres Dictionnaires *Tom*, chaud, tiède ; *Cnsul Tom*, conseil soudain, conseil prompt ; *Tom Scaut*, ardent, brûlant ; (*Scaut* signifiant chaud comme *Tom*, on a joint ces deux synonimes pour marquer le plus haut dégré de la chaleur, ou peut-être que *Tom* est mis ici pour abondant, beaucoup, fort, au plus haut dégré) *Tomder*, *Tomigen*, chaleur ; *Toma*, échauffer ; *Tomaff*, devenir tiède, attiédir ; *Tomma*, *Tommaff*, chauffer. B. *Tomar* en Espagnol, chauffer. On voit par là que *Tom* a été pris au propre & au figuré. Voyez *Berw*. *Sum* en Cophte ; *Suun* en Tartare Mogol & Calmoucq ; *Sommer* en Allemand ; *Sumer* en ancien Saxon ; *Sumar* en Théuton, été la saison la plus chaude de l'année ; le *t* & l's se mettent l'un pour l'autre. *Demam*, fièvre ; *Damar*, lumière en Malaye ; *Auma*, braise en Groenlandois ; *Dom* en Tonquinois, flamme ; *Tham*, couleur rouge dans la même Langue. Il y a apparence que notre terme *Mitonner* vient de *Tom* ; *Mi* est une particule diminutive. Voyez *Twym*, *Llysiau R Dom*, *Tomder*, *Tomigen*, *Pooth*.

TOM, TOMER, abondant. B. *Tum* ou *Tom*, perfection en Hébreu ; *Thamam*, finir, achever, parfaire dans la même Langue ; *Tam*, entier, parfait en Arabe ; *Tham*, abonder, surabonder dans la même Langue ; *Thamin* en Chaldéen ; *Tameion* en Grec, trésor ; *Tam* en Hébreu, en Samaritain, en Chaldéen, en Syriaque, en Persan, doubler ; *Tumac* en Arabe, plein, rempli, abondant ; *Tamas*, plein, abondant dans la même Langue ; *Tamoro* en Syriaque ; *Temara* en Chaldéen, perfection ; *Tummel* en Allemand, crapule, surcharge de vin & d'alimens ; *Taman*, fini, achevé, parfait en Turc ; *Tam*, tous, toutes choses, tout en Tartare du Thibet ; *Tum*, tout, universel, totalité, monde entier, plein, abondance en Chinois ; *Dom*, augmenter en Tonquinois. Voyez l'article précédent.

TOM, le même qu'*Om*. Voyez *T*.

TOM, le même que *Dom*. Voyez *T*.

TOM, le même que *Som*. Voyez *S*.

TOM, le même que *Tam*, *Tem*, *Tim*, *Tum*. Voyez *Bal*.

TOMA, flot. I. Voyez *Tom* le même que *Dom*, & *Tom*.

TOMA. Voyez *Tom*.

TOMADH, tremper, macérer, immersion. I. *Touma* sauce, potage en Galibi.

TOMAFF. Voyez *Tom*.
TOMAIR, mesurer. I.
TOMAS, mesurer. I.
TOMBARELLUS, A. M. tombereau. De *Tombarell*.
TOMBERELL, tombereau. B. Voyez *Tom* Gallois.
TOMDAIL, boue, fange. G.
TOMDER, chaleur; C. B. tiédeur, chaleur modérée, le chaud, la chaleur. B. Voyez *Tom*.
TOMENTA, tempête, orage. Ba. De là notre mot François *Tourmente*. Voyez *Tourmand*.
TOMENTUA, canon de guerre. Ba.
TOMENTUM, matelas, Pline, l. 19, ch. 1, nous apprend que c'étoit une invention des Gaulois : *Sicut in culcitris præcipuam gloriam Cadurci obtinent, Galliarum hoc & Tomenta pariter inventum.* La racine de ce mot paroit être *Tom*, chaleur, ou *Tommen*, élévation. Voyez *Tomm*.
TOMER, abondant. B. Voyez *Tom*.
TOMILLUA, thim. Ba.
TOMINCHOA, moineau du Pérou. Ba.
TOMLYD, de boue, plein de boue, de fumier, boueux, limonneux, trouble, louche. G.
TOMM, TOMMEN, levée, chaussée, digue, hauteur, éminence, chose d'une grandeur démesurée. G. *Dam*, digue en Flamand, en Anglois & en Allemand ; *Demman* en ancien Saxon, faire une digue dans une rivière ; *Atham* en Hébreu, boucher, fermer.
TOMM, boue, limon, ordure, fiente d'animaux. G. Voyez *Tom*.
TOMMA, TOMMAFF. Voyez *Tom*.
TOMMAWG, boueux, limonneux. G.
TOMMEN, fumier, lieu où l'on amasse le fumier, tas de fumier, amas de pierres ou de terre, petite butte, chose d'une grandeur démesurée. G.
TOMMI, fumer, répandre du fumier, de la boue, du limon. G.
TOMMLYD, embrené, breneux, sale, souillé. G.
TOMTAIL, boue. G.
TOMTHAD, plongé dans l'eau. I.
TOMUS, mesurer, action de mesurer, certaine quantité, certaine étendue. I. *Tom*, place en Tartare du Thibet.
TON, ville. G. *Hoton*, ville en Tartare Mantcheou. Voyez *Don*.
TON, ton, son, bruit, éclat, accent. G. *Ton* en Breton, ton, accent, inflexion de la voix, air de chanson ; *Tonna* en Basque, air, chanson ; *Don* en Suédois & en Allemand ; *Dyn* en ancien Saxon ; *Dunur*, *Dynur* en Islandois & en Runique ; *Tonos* en Grec ; *Tonus* en Latin, son, ton ; *Donen* en Allemand ; *Thunnan* en ancien Saxon ; *Dona* en Suédois & en Danois, rendre un son, faire du bruit ; *Donner*, *Tonner* en Allemand ; *Donder* en Persan & en Flamand ; *Duner* en Lusacien ; *Thunder* en ancien Saxon & en Anglois, tonnerre ; *Tum* en Chinois, son du tambour ; *Tonis* en Syriaque, narration, discours, plainte ; *Tonoh* en Samaritain, narration, discours ; *Teni* en Arabe, discours ; *Ton*, dispute, querelle, accusation en Chaldéen ; *Than* en Arabe, sonner, résonner ; *Tonburah* en Chaldéen, tambour ; *Tanbur* en Arabe, tambour, harpe instrument de musique ; *Don* en Hébreu, en Chaldéen, en Syriaque, se disputer ; *Don*, le bruit que l'on forme en parlant bas, le bruit que fait une grosse mouche en volant en Arabe.
TON, retenu, arrêté. G.

TON, le cul, le fondement, les fesses, fesse, le fond, fond. I. Voyez *Tonnen*.
TON, ton, accent, inflexion de voix, air de chanson. B.
TON, écho, retentissement de la voix réfléchie. B.
TON, sorte de goémon gras que la mer jette sur son rivage. B.
TON. Voyez *Esson*.
TON, le même qu'*On*. Voyez T.
TON, le même que *Don*. Voyez T. *Tone* en Italien, grand ; *Tuong* en Tonquinois, grand, élevé ; *Than*, titre de haute dignité, & *Thang*, échelle, monter dans la même Langue ; *Pathoni*, Seigneur en Géorgien ; *Tan*, long en Grec.
TON, le même que *Son*. Voyez S.
TON, le même que *Tan*, *Ten*, *Tin*, *Tun*. Voyez *Bal*.
TON, A. G. hauteur, élévation. Voyez *Ton* le même que *Don*.
TONA, TONAD, tonneau. I. Voyez *Tinia*, *Tunnell*, *Tonnell*.
TONA, A. M. tonneau. De *Tona*.
TONACH, voile. I.
TONADOIR, entonnoir. I.
TONAL, le même que *Tional*. De même des dérivés ou semblables. I.
TONAUT, rivage de la mer ou des rivières, le bruit que font les flots de la mer en donnant contre les côtes. B.
TONCA, TOCA, TOUNCA, toquer, fraper, & principalement fraper de la main en la main d'un autre en signe d'accord, de convention, de traité, & même par simple caresse ; *Toncat*, singulier *Toncaden*, une telle action ; le participe est *Tonket*, & l'on dit : *Tonket Ew Ma Fortune D'inn Me*, ma fortune est faite ; mot à mot, ma fortune est toquée pour moi ; c'est-à-dire, l'on a décidé de ma destinée. M. Roussel exprimoit ce verbe par ces paroles latines, *jungere dextras in pactis*, & disoit que *Tonken* est la piéce de monnoie que l'on partage en deux pour signe de convention & d'assurance : C'est ainsi que Dom Le Pelletier explique ce mot. On trouve dans les autres Dictionnaires *Tongat*, fraper ; *Toncqa*, prédéterminer ; *Tonquein*, destiner ; *Toncqadur*, fatalité. B. *Tung* en Chinois, se heurter ; *Tokapa*, assommer en Groenlandois. Voyez *Tonca*, *Twnge*, *Tynged*, *Tongc*. De *Toncqa* est venu notre mot François *Donc*, qui marque la liaison nécessaire de ce qui suit avec ce qui précéde.
TONDRE, amadou. B. Voyez *Tont*.
TONELA, tonneau. Ba. Voyez *Tunnell*, *Tonnell*.
TONELCABIA, cavité. Ba.
TONEN, couenne de lard, couenne, peau de la tête de l'homme. B.
TONETUM, A. M. petite colline. De *Ton* ; *Et*, diminutif.
TONGAT. Voyez *Tonca*.
TONGC, bruit ou son de quelque chose qui sort avec violence, qui se rompt, qui frape contre une autre. G. Voyez *Tonca*.
TONN, onde, flot, vague. G. I. B. *Dune* en Grec, onde, flot ; *Tona*, eau, rivière en Caraïbe ; *Tung*, élévation de l'eau en Chinois.
TONN, croûte, peau, petite peau. G.
TONN, féminin de *Twnn*. G.
TONN, tonne, tonneau. B. Voyez *Tonnell*.
TONNA, tonneau. I. Voyez *Tonnell*.
TONNA, A. M. tonneau. De *Tonn*.
TONNACH, château, forteresse, muraille. I. Voyez *Don*, *Ton*.
TONNACH, qui s'éleve en vagues. I. Voyez *Tonn*.

TON.

TONNADOIR, entonnoir, tuyau. I.
TONNAM, s'élever en vagues. I. Voyez Tonn.
TONNAUS, TONNELLA, TONNELLUS, A. M. tonneau. Voyez Tonnell.
TONNELL, TONN, tonne, tonneau; pluriel Tonnellou, Tonnellou. B. Tunnell en Gallois; Tonel en Langue de Cornouaille; Tona, Tonna, Tonnad en Irlandois; Tonela en Basque, tonne, tonneau. De là les mots Latins du moyen âge Tonna, Tonnaus, Tonnella, Tonnellus, l'Anglois Tonnes, l'Espagnol Tonel, l'Italien Tonello, le François Tonne, Tonneau. Voyez Tinia.
TONNELLA, TONELLA, TONELLUS, TONNELLUS, TUNNELLA, A. M. tonneau; Tonelarius, tonnelier; Tonnellaria, tonnellerie. De Tonnell.
TONNEN, croûte, peau, petite peau. G. Voyez l'article suivant.
TONNEN, croûte, superficie dure, écorce. En basse Cornouaille on dit Tonnennec, Tonnennoc, gras à lard, fort gras. On dit aussi, & plus ordinairement, Tonnen de la surface de la terre séchée & durcie par un long repos, de laquelle on leve des mottes larges & plates avec le soc de la charrue. B. Cet article est pris de Dom Le Pelletier. Voyez l'article précédent.
TONNEN, vase de terre cuite. B.
TONNGWYDR, qui vogue ou qui est porté sur les flots. G.
TONNIAR, planche, table. Il me paroit, dit Davies, avoir signifié quelquefois chez les anciens, onde, flot. De là le terme Franc-Comtois Tonnoire, qui signifie un bout de planche large & poli sur lequel on étend la pâte des gâteaux.
TONNIARDY, loge faite avec des planches. G.
TONNIARU, faire un plancher. G.
TONNOG, enflé de vagues, dont les flots sont élevés, orageux, agité des flots, ondoyant, ondé, & par métaphore opiniâtre, qui refuse avec mépris, rébelle, obstiné, revêche, effronté, impudent, insolent, arrogant, audacieux. G.
TONNOG, canard. I. Voyez Tonn.
TONODERACH, celui qui cherche les voleurs. E.
TONQUSIN. Voyez Tonca.
TONT, mèche qui prend le feu de la pierre frapée de l'acier, & aussi un excrément des gros arbres duquel on fait cette mèche. B. C'est le même que Tondre.
TONTAPENA, sotise, stupidité. Ba.
TONTERIA, folie. Ba.
TONUA, air, chanson. Ba. Voyez Ton.
TONYDDIAETH, harmonie, chant mélodieux. G.
TOP, toupie. B. Topp en Gallois, toupie; de là le Flamand & l'Anglois Topf, le François Toupie.
TOP, le même qu'Op. Voyez T.
TOP, le même que Dop. Voyez T.
TOP, le même que Sop. Voyez S.
TOP, le même que Tap, Tep, Tip, Tup. Voyez Bal.
TOPIN, crépu. B.
TOPOA, le même que Toquia. Voyez Agnintopoa. Topos en Grec, lieu.
TOPP, sommet, faîte, cime. G. B. Aldapa, colline, éminence en Basque; Tohhhp, élévation en Hébreu; Top, butte en Persan; Tepe, faîte, cime dans la même Langue; Taphe, tête en Cophte; Tebt, élévation, hauteur dans la même Langue; Dabora, Dabra, montagne en Éthiopien; Tapah, enfler, grossir en Chaldéen; Thop en Chaldéen, en Samaritain, en Syriaque, en Arabe, inondation, élévation de l'eau qui passe son lit; Topsino en Syriaque, rue de montagne, rue qui

TOR. 427

croît dans les montagnes; Topa, Toupa en Tartare, colline; Tob, haut, élevé en Tartare du Thibet; Tapa, colline en Arménien; Tepe ou Debe, colline, petite montagne, faîte, sommet en Turc; Dæpe, Tab, montagne; Teppe, Teube, colline; Top, beaucoup dans la même Langue; Thap, tour en Tonquinois; Toupo, sur, dessus en Galibi; Tiba, Roi dans la Langue de Coiba; Top en ancien Saxon, en Flamand, en Suédois, en Anglois & en Danois, sommet, faîte, cime; Tsop en Flamand, lieu haut; Topp, Zopf en Allemand, sommet, faîte, cime; Teub en Hongrois, plus, davantage; Tovor en Esclavon, grandeur; Tuber en Latin, tumeur, élévation; Tup, sommet en ancien Allemand; Tupel, terre en Languedocien; Tofel, montagne en Grison.
TOPP, bouchon. G. Ce mot s'est pris au figuré. De là Tap en Esclavon; Tuup en Dalmatien; Tompa en Hongrois; Tepi en Polonois; Duppel en Allemand; Dupe en François, stupide, qui à l'esprit bouché. Voyez Tapon, Stouff.
TOPP, toupie. G. Voyez Top.
TOPPYN, chevelure. G. De là notre mot François Toupet.
TOPPYN, diminutif de Topp, bouchon, toupie. G.
TOQUIA, lieu, séjour, demeure. Ba. Voyez Tec, Tegh.
TOR, eau, rivière. G.
TOR, le même que Dor, habiter, habitation. G. Verstegan, sçavant Anglois, atteste qu'avant que le mot François Village eût été reçu & adopté en Angleterre, on employoit Thorp terme de l'ancien langage du Pays. Dorpia chez les Grecs désignoit une Fête où tous ceux d'une même tribu mangeoient ensemble. Dorf en Allemand, village aujourd'hui, autrefois village & ville; Thorf en Théuton; Dorp en Flamand; Thorp en Islandois; Throp en ancien Saxon, village, ville; Turac, habitation en Turc; Tor, enclos, forteresse en Hébreu. Tor s'est conservé en ce sens dans le terme Latin Extorris, qui signifie un homme exilé & chassé de l'habitation commune.
TOR, tunique. G. Tur en ancien Persan, robe, tunique; Thorax en Grec & en Latin; cuirasse; pourpoint.
TOR, ventre. C. Voyez Tor plus bas, Torr.
TOR, crêto, faîte, seigneur. I. Voyez Tor plus bas.
TOR, TORN, lieu couvert de buissons & de halliers, lieu plein de buissons, taillis, brosse I.
TOR, hauteur, élévation. B. Tor, cime, faîte, seigneur en Irlandois; Toara, Tora, Thur, montagne en Chaldéen; Tor, Tur, Tour, Thoura, montagne en Persan; Tar, faîte, cime; Tera, haut, grand; Torcim, Roi dans la même Langue; Tour, montagne en Arabe; Dur en Hébreu, monceau, tas; Teri, il a été élevé en Cophte; Dair en Arménien, sommet; Tar en Persan & en Arménien, colline; Tara en Persan, haut, Dtyr en Éthiopien, montagne; Thur, montagne en Syriaque; Thor, montagne en Allemand; Dyr, nom que les anciens Maures donnoient, selon Strabon, à l'Atlas, la plus haute montagne de leur Pays; Taurus, nom d'une montagne fort élevée en Asie; Tauri, nom de montagnes dans la Sythie; Tur, éminence en Tartare du Thibet; Toruk, pustule, élévation de la peau dans la même Langue; Doruk, cime, sommet en Turc; Tor, montagne en ancien Saxon; Thor, Dieu, Seigneur en Islandois, en Suédois, en Danois & en Anglois; Stor, en Danois; Stuhr en Norvégien, grand; Tursos en Grec dans Suidas, édifice élevé; Torre en Espagnol, une haute roche,

Deires en Grec; *Toro*, *Torus*, *Torum*, *Toromus*, *Tovetus*, *Toranus*, *Torallus*, *Tero*, *Torale* dans la basse Latinité, colline. Voyez *Or*, *Dor* qui sont le même mot.

TOR, terre; *Torchwenia*, se rouler sur la terre comme font les chevaux, les chiens, &c. *Torca*, *Torcein*, se veautrer, se rouler à terre; *Torcein en Hiaul*, se coucher au soleil; *Torimella*, le même que *Torca*. B. Voyez *Tor*, *Tir* qui sont les mêmes que *Tor*. Voyez *Bal*.

TOR, gros ventre, bedaine. B. Voyez *Torr*.

TOR, porte. B. Voyez *Dor*.

TOR, tour mouvement circulaire, circuit, circonférence, cercle. B. *Dour*, tortueux en Arménien. De *Tor* sont venus nos mots François *Tordre*, *Tourner*, *Retourner*. *Tor* en Hébreu, ordre, arrangement, tour réglé. Voyez *Tornera*, *Turn*, *To*.

TOR, le même que *Dru*. Voyez *Duryonny*.

TOR, le même qu'*Or*. Voyez *T*.

TOR, le même que *Dor*. Voyez *T*.

TOR, le même que *Sor*. Voyez *S*.

TOR, le même que *Tar*, *Ter*, *Tir*, *Tur*. Voyez *Bal*.

TOR-ACHRANACH, troëne arbrisseau. I.

TOR-GLEUZ, fossé à demi ruiné. B.

TOR-VAEN, saxifrage. B.

TORADH, baie, grain, graine, fruit, genévrier, âpre au goût. I.

TORADUR, action de casser, rescision. B. Voyez *Torr*.

TORAETH, fertilité, fécondité, accroissement, fruits, revenus, produit. B.

TORAETHUS, fertile, fécond. G.

TORAGIUM, A. G. orné, paré, ou diminué, retranché. Au premier sens de *Tor*, tunique, habit; au second de *Torr*, action de briser, de casser.

TORALLUS. Voyez *Tor*.

TORAN, bruit, éclat, coup. I.

TORANUS. Voyez *Tor*.

TORAUT, rivage. B.

TORBES, tourbe. B. De là l'Allemand *Torf*, l'ancien Saxon *Turfe*, *Tyrf*, *Tyrb*, le Flamand *Torf*, *Turf*, l'Anglois *Turf*, l'Islandois *Torf*, le Suédois *Torfwa*, le Latin barbare *Turba*, *Turfa*, le François *Tourbe*. Ce mot est formé de *Tor*, terre, & de *Pes* ou *Bes*, pièce. Voyez *Torpez*.

TORBISCOA, espèce de plante appellée *Timoelea*. Ba.

TORC, cochon. E. I. Voyez *Twrch*.

TORC, TORCH, cœur. I.

TORCARE, A. M. torcher. De *Torcha*.

TORCH, collier, cercle, chaîne. G. De là le Latin *Torques*. Voyez *Torch* plus bas.

TORCH, porc entier. I. Voyez *Twrch*.

TORCH, carcan, collier anciennement en Breton. B.

TORCH, torche espèce de flambeau. B. De là ce mot. De là *Antorcha* en Espagnol. *Torch* en Anglois, torche, flambeau. Voyez *Torchoa*.

TORCH, allumer. Voyez *Daczorch* & le mot précédent. *Torreo* en Latin, brûler; *Dorren* en Flamand; *Thorren* en Théuton; *Durren*, *Dorren* en Allemand, dessécher, sécher.

TORCHA, torcher & au figuré battre à bons coups. B. On dit encore parmi le peuple qu'on a bien torché un homme lorsqu'on l'a bien battu.

TORCHA, TORCHIA, A. M. torche, flambeau. De *Torch*.

TORCHAD, oignon, caïeu rejetton d'un oignon. B.

TORCHAD-BLEAU, touffe de cheveux. B.

TORCHAD-GLOAN, floccon de laine. B.

TORCHAT; singulier *Torchaden*, tout ce qui est tortillé en façon de corde, soit paille, foin, crin, &c. B.

TORCHEN, le même que *Tuchen*. B.

TORCHEN, est tout ce qu'un pauvre villageois met sur le dos de son cheval en guise de selle ou de bât, foin, paille ou autre chose, houpe, floccon: C'est ainsi que Dom Le Pelletier explique ce mot. Le Pere de Rostrenen met *Torchen*, coussin. B. De là le terme de Franche-Comté *Torch*, qui est une espèce de petit coussin que les femmes mettent sur leur tête pour porter plus commodément un panier, un seau.

TORCHI, tordre, tourner, mettre par force un collier, tourmenter, donner la torture. G. De là les mots Latins *Torque*, *Torcular*.

TORCHIAD, action de tordre, tour, entortillement, rouleau, tourbillon. G.

TORCHIS, bousillage, construction faite de terre & de boue, torchis. B. De là ce dernier mot.

TORCHOA, torche espèce de flambeau. Ba. Voyez *Torch*.

TORCHOG, qui a un collier, qui porte un collier. G.

TORCHON, torchon. B. De là ce mot.

TORCHOUER, torchon. B.

TORCHWENIA, TORCHWENIAL, se rouler sur la terre comme font les chevaux, les chiens, &c. Ce mot est composé de *Tor* & de *Chwenna*, renverser sur le dos. B. Voyez *Torr*, terre.

TORCULEIN, éculer, corrompre sa chaussure par le derrière, ensorte que les quartiers s'abaissent & débordent sur le talon. B.

TOREC, troupeau. C.

TOREC, ventru, qui a un gros ventre. B.

TOREEIN. Voyez *Tor*.

TOREEN, dorade poisson. B.

TOREIN, briser, abolir. B. Voyez *Torr*.

TORETH, fertilité, fécondité, fruit, revenu, accroissement. G.

TORETHOG, abondant, fécond, fertile, qui est fort fertile, qui porte beaucoup. G.

TORETUS. Voyez *Tor*.

TORF, TYRBE, TYRFA, TYRVA, multitude, troupe. G. De là les Latins *Turba*, *Turma*. Voyez *Tor*.

TORFED, TORFET, forfait, crime, scélératesse, iniquité, abomination. B.

TORFETOUR, malfaiteur. B.

TORGAMEREAH, tortuosité. B. *Tor Cam*.

TORGAMET, torticolis. B. *Tor Cam*.

TORGHEN, montagne, motte, butte de terre; rupture de la continuité de la terre, côteau escarpé, place d'une terre qui a croulé ou qui est éboulée; plurier *Torghennou*. B. Voyez *Tor*, *Torr*.

TORGOCH, nain. B.

TORGORR, nain. B.

TORGOS, TORGOSS, homme gros & court, un nain, un homme d'une taille épaisse & raccourcie, petit homme. B.

TORGUEN, petite butte de terre. B. C'est le même que *Torghen*.

TORH, le même que *Torch*. Voyez *Daczorch*, *Daczorh*.

TORH-COAR, TORH-COER, pain de cire. B.

TORHEEL; plurier *Torhellou*; *Dorhalhué*; plurier *Dorhalhuiou*, clefs. B.

TORIG, torche, flambeau. B. Voyez *Torch*.

TORILLON, tourillon. B.

TORK, cœur. I.

TORKA, BLEO TORKA, boucle de cheveux. B.

TOR.

TORLAN, bord de rivière, le bord de quelque chose que ce soit où l'eau vient battre. G.
TORLAN, rivage. E.
TORLLWYTH, ventrée, portées, l'enfant qui est dans le ventre de sa mere, ventrée des animaux, fruit. G.
TORLUINN, descendre. I.
TORMACH, le même que Tiormach. De même des dérivés ou semblables. I.
TORMAEN, saxifrage, casse-pierre. B. Voyez Torr-Maen.
TORMENNAWG, petite masse. G.
TORMENT, petite masse. G.
TORMENTARE, A. M. tourmenter. De Tourmenti.
TORMOVELA, poutre mise en travers d'une porte ou d'un chemin pour empêcher les chevaux & les chariots d'y passer, ou claies mobiles dont on ferme l'entrée des prés pour empêcher les animaux d'en sortir. I.
TORMUSADH, gronder, murmurer. I.
TORN, lieu couvert de buissons & de halliers. I. Voyez Tor.
TORNA, A. M. duel, combat singulier; Tornare, appeller en duel, se battre en duel. De Dorna ou Torna, battre, combattre.
TORNADIR, A. M. qui a changé de religion, qui, comme le peuple parle, s'est retourné. De Turn.
TORNAGLIUM, A. M. machine que l'eau fait tourner. De Turn.
TORNAMENTUM. Voyez Torneamentum.
TORNAOT, falaise, côte de mer mangée par les flots. B.
TORNARE, A. M. tourner, retourner. De Turn.
TORNATIO. Voyez Torneamentum.
TORNATOR, TORNARIUS, A. M. tourneur. De Turn.
TORNATRICES, A. M. danseuses, ainsi nommées des tours qu'elles faisoient en dansant. De Turn.
TORNATURA, A. M. ouvrage fait au tour. De Turn.
TORNEAMENTUM, TORNAMENTUM, TORNATIO, TORNIO, A. M. tournois. Ce mot est formé de Dorna ou Torna, battre; Man, feinte; Tornaman, combat feint, combat simulé.
TORNELLA, A. M. tournelle, petite tour. De Ther, Tour.
TORNERA, tour de religieuses. Ba. Voyez Turn.
TORNEUAN, rivage. C.
TORNILLOA, peson. Ba.
TORNIQUAEL, tourniquet. B.
TORNIQUART, tourniquet, moulinet. B. De là le premier de ces mots.
TORNUM, A. M. machine ou tour dont on se sert pour faire remonter les bâteaux dans une rivière. Voyez Turn.
TORNUS, A. M. compensation ou retour. Voyez Turn.
TORNUS, A. M. tour ou circonférence. Torno en Espagnol. Voyez Turn.
TORNUTIO, A. M. vertige, tournoyement. Voyez Turn.
TORO. Voyez Tor.
TORONGILLA, mélisse plante. Ba.
TORONJA, citron. Ba.
TORONOG, couvert d'un manteau, vêtu d'une tunique, d'une robe. G.
TOROSSEN, TOSSEN, qui en est la crase, toute élévation, tumeur. B. Voyez Tor, Torgen.
TORP, masse. Voyez Torpell.
TORP, habitation. Voyez Tor.

TOME II.

TOR. 429

TORPEA, deshonnête, obscène. Ba. De là le Latin Turpis.
TORPELL, petite masse. G. Ell étant diminutif, Torp doit donc signifier masse. Voyez Torb.
TORPEZ, mottes composées de bouzes de vaches & d'écorce de lin ou de chanvre, & desséchées au soleil pour en faire du feu : On le dit aussi de toutes autres mottes propres à cet usage, & même de la farine que l'humidité & le temps ont rendue comme des mottes. B. Voyez Torbei.
TORQUATUS, A. M. tors. Voyez Toreben.
TORR, ventre, ventru. Il signifie grosses de petits parlant des chiennes, des truies, & des chattes. G. Tarr, ventre en Écossois & en Irlandois ; Tro, ventre en Tartare du Thibet. C'est la transposition de Tor, Torkos en Hongrois, glouton, grand mangeur. De Tor est venu le mot Latin Tormina, dyssenterie, tranchées, douleurs de ventre. Voyez Tor.
TORR, TORRIAD, fraction, fracture, rupture, coupure, interruption, cessation, cesse. G. Torhhh en Syriaque, briser ; Thara, fendre, couper, diviser, coupure, division ; Tharas, divisé en Arabe ; Tharag en Chaldéen, briser ; Tharaph en Hébreu & en Chaldéen, déchirer, diviser ; Thurub en ancien Saxon, canal d'eau ; Torus en Latin, rameau de veine. Voyez Torr Breton.
TORR, caillé, tourné parlant du lait; Llaer Torr en Gallois; Laet Tro en Breton, lait tourné. G. Voyez Tor.
TORR, porte. G.
TORR, fracture, fraction, rupture ; Torrein, rompre ; Torrein Er-Schet, étancher la soif; participe Torret, rompu, cassé, & se dit des vieillards caducs ; Torr sert à marquer la proximité ; par exemple : E Torr Menez, auprès de la montagne ; Torr-Cleuz, est un fossé mal fait ou mal entretenu, dont la terre élevée, n'étant pas en talut, croule, tombe & le remplit. B. Voyez Tor Gallois & Terri.
TORR, trou, fosse. Voyez Daiardor.
TORR-MAEN, saxifrage, œnanthe espèce de filipendula, lys du soleil. G. Voyez Tormaen.
TORRACH, pressé, serré, enceinte adjectif. I.
TORRADUR, bris, action de casser, de briser, abolissement. B.
TORRBIRT, revêtir. I.
TORRCIOS, grossier. I. Voyez Torr.
TORREA, tour. Ba. Voyez Thor, Tour.
TORREC, ventru, qui a un gros ventre. B.
TORREDIG, un peu rompu. B. Voyez Torr.
TORREDIG, coupé, rompu, brisé, fendu, tronqué. G.
TORREDWYNT. Voyez, dit Davies, si c'est le même que Troedwynt, qui est le même que Troewynt. G. Je crois qu'oui, soit que Torred soit une transposition, soit qu'il vienne de Terri, briser, rompre.
TORREIN, casser, rompre, briser, abolir, annuller. G.
TORRENTAS, torrent. Ba. De là le Latin Torrens, l'Italien Torrente, & le François Torrent. Torrentas est formé de Tor, eau, rivière, ruisseau, & Randou ou Rand, impétueux.
TORREREAH, fraction. B.
TORRET. Voyez Terri.
TORRFYNYGLU, précipiter, jetter de haut en bas. G.
TORRGENGL, sangle, surfaix. G.
TORRGOCH, rouget poisson. G. Torr, ventre ; Coch, rouge.
TORRI, briser, couper, rompre ; G. B. être

Q qqqq

brisé, être coupé, partager, périr. G. Voyez *Torri, Torr.*

TORRI, dompter. Voyez *Torriad.*

TORRIAD, action de couper, action de fendre, action de dompter, coupure, rognure, retaille, copeau, placage, incision, éducation. G.

TORRIMELLAT, se rouler, gambiller, remuer souvent les jambes. B.

TORRLAN, rive, rivage. G.

TORRLLWYTH, enfantement d'une femme, l'action de mettre bas des animaux, fœtus proprement des animaux. G. *Torr-Llwyth.*

TORROD, précipice, brisecou, pas difficile. B. Voyez *Torr.*

TORROG, gros, grosse, qui a le ventre plein de petits, qui a des petits dans le ventre. G. Voyez *Torros.*

TORROGEN, le psillium, le ricin plante. G.

TORROGI, engrosser, être pleine de petits, parlant des chiennes, des truies & des chattes. G.

TORROGOCZ, nabot, trapu. B.

TORROGRWYDD, grossesse, ventrée, portée de bête, petits des animaux. G.

TORRUBACUS, agriculture. I.

TORRUS, cassant. B.

TORRWR, qui coupe; *Torrwr-Meirch*, celui qui dresse les chevaux. G.

TORS, tourte, grand pain. B. Voyez *Torth.*

TORS-ALCHWES, serrures à la mode des maisons de village. B.

TORSA, A. M. torche, flambeau. De *Torsh.*

TORSEAD, qui n'a point de force ou de courage, foible, abattu, découragé. I.

TORSED, natte de paille ou de jonc, couverture. G.

TORSELL, serrure de villageois. B.

TORSH, torche, flambeau. B. Voyez *Torch.*

TORSLOG, saut. I.

TORSTAIN, ventru, qui a un gros ventre. G. *Torr,* ventre; *Stain* par conséquent gros.

TORT, tortu, bossu. B. De là nos mots François *Torte, Tordre.* De là au figuré notre mot François *Tort.*

TORTA, A. M. tourte. De *Torth.*

TORTA, VIRGA TORTA, A. M. petite branche torse, rameau tors. De *Tort.*

TORTA, A. M. faisceau. Voyez *Tortell.*

TORTACH, fertile. I. Voyez *Tor* le même que *Dru.*

TORTAMLAS, fertilité. I.

TORTAMOL, TORTAMUL, fertile, qui porte fruit. I.

TORTELL-FOEN, botte de foin. B. On voit par là que *Tortell* a signifié faisceau, paquet.

TORTH, tourte, gâteau; G. B. brioche. B. De là le vieux François *Torte,* le François moderne *Tourte;* De là l'Italien, l'Espagnol, le Grec vulgaire *Torta,* l'Allemand & l'Anglois *Tart,* le Flamand *Taerte,* le François *Tourteau,* gâteau. Voyez *Tortin, Turtin, Tourtenn.*

TORTH, pain. C. Voyez *Tors.*

TORTHIG, diminutif de *Torth.* G.

TORTICG, torticolis. B.

TORTICIUS, A. M. torchis. De *Torticzen.*

TORTICX, garrot, lien. B.

TORTICZEN, torchis composition de terre grasse pêtrie avec du foin pour faire des cloisons, des murailles de bauge. B.

TORTICZEN, tordeur. B.

TORTICZET, tressé, tortillé, frisé. B.

TORTILHEIN, tortiller. B. De là ce mot.

TORTIN, TOURTIN, gâteau. I. Voyez *Torth.*

TORTIONARIE, A. M. à tort. De *Tort.*

TORTIONARIUS, A. M. injuste, qui fait tort. De *Tort.*

TORTISSUS, A. M. torchis. De *Torticzen.*

TORTUILHA, TORTUILHEA, tortiller, entortiller. B.

TORTULA, A. M. espèce de gâteau. De *Torth.*

TORTUM, A. M. tort, dommage, injustice. De *Tort.*

TORTUS, A. M. collier. De *Torch, Tortice.*

TORTUUS, A. M. courbe, tortu. De *Tort.*

TORUM. Voyez *Tor.*

TORWED, crainte. G.

TORYN, saie, robe, surtout, cape. G.

TORZ, tourte. B. Voyez *Tors.*

TORZ-COAR, pain de cire. B. Voyez *Torth.*

TORZIEN, TORTIEN, gâteau, tourteau, grosse galette. B.

TOS, le même qu'*Os.* Voyez T.

TOS, le même que *Dos.* Voyez T.

TOS, le même que *Sos.* Voyez S.

TOS, le même que *Tas, Tes, Tis, Tus.* Voyez *Bal.*

TOSACH, front, commencement. I.

TOSAR, état d'un muet. I.

TOSCA, TOSCHA, TUSCHA, A. M. *Toufche, Touche, Toufchaige, Tucquet, Tonfchage* en vieux François, petit bois de futaie près de la maison pour l'ornement & l'agrément. Ce mot paroit formé de *Tonich,* touchant, près, & *Cad* ou *Aga,* bois.

TOSCHKODERACH, sergent ou huissier. E. I.

TOSELL, habitude, coûtume, accoûtumance. B.

TOSOANNA. Voyez l'article suivant.

TOSONA, agacer; *Tosona An Dent,* agacer les dents; *Tosonas,* agacé: En Treguer c'est *Tasona.* M. Roussel écrivoit *Taasonna* : C'est ainsi que Dom Le Pelletier explique ce mot. On trouve dans les autres Dictionnaires *Tosoanna,* agacer; *Tosonna An Dent,* agacer les dents; *Tosonnadur,* agacement de dents. B.

TOSSEN. Voyez *Toroffen.*

TOST, ardent, bouillant, vite, prompt, rude, fâcheux, cruel, violent, sévère, âpre, sûre, aigre, rude au goût, pénétrant, tranchant; *Tost-Iawn,* fort âcre, très-aigre. G. Il se prend aussi au figuré. Voyez *Blaendost.* De *Tost* sont venus le François *Tôt,* l'Italien *Tosto,* tôt, promptement, vite; *Tauge* en Brésilien, tôt, promptement, vite. Voyez *Tost* Breton.

TOST, près, proche, proche tant du temps que du lieu; *Tost D'edi,* près de sa maison; *A Dost,* de près; *Tostoch,* plus proche; *An-Tosta,* le plus proche; *Tosta, Tostaa,* approcher; *Tostit,* approchez; *Tost-A-Vat,* environ, à-peu-près, approchant; *Didosta,* approcher : C'est ainsi que Dom Le Pelletier explique ce mot. On trouve dans les autres Dictionnaires *Tost,* près; *Tostan,* prochain; *Tostah,* approcher; *Tostavad,* autour; *Tostavat,* environ; *Toste,* près; *Tostediguiah,* connexion; *Tosticq,* bien près. B.

TOST, rôti, grillade. B. De là le Latin *Tostus,* l'Italien *Tostado,* rôti, l'Espagnol *Tostar,* rôtir. Voyez *Tost* Gallois, & *Toistigh.*

TOST, bancs de rameurs, bancs de galère. B. Voyez *Tostac.*

TOSTAC, bancs de rameurs, bancs de galéres. B. Voyez *Tost.*

TOSTAN, Voyez *Tost.*

TOS.

TOSTAT. Voyez *Toſt*.
TOSTAVAD. Voyez *Toſt*.
TOSTAVAT. Voyez *Toſt*.
TOSTE, banc de rameur. B.
TOSTK. Voyez *Toſt*.
TOSTEDD, aigreur, âcreté, acidité, âpreté au goût, févérité, auſtérité, rudeſſe, rigueur, la maladie de la pierre. G.
TOSTEDIGUIAH. Voyez *Toſt*.
TOSTENN, rôtie, morceau de pain rôti ou deſſéché auprès du feu; plurier *Toſtennou*. B. Voyez *Toſt*.
TOSTER, le même que *Toſtedd*. G.
TOSTICQ. Voyez *Toſt*.
TOSTRWYDD, févérité. G.
TOSTUR, digne de compaſſion. G.
TOSTURI, compaſſion. G.
TOSTURIO, avoir compaſſion, être indulgent. G.
TOSTURIOL, miſéricordieux, ſuſceptible de pitié. G.
TOSTURUS, miſérable, affligeant. G.
TOSUGHADH, commencer. I.
TOSUIGH, le premier au premier rang. I.
TOT, motte de terre, tourbe. I.
TOT, vague, flot. I.
TOT, femme. I.
TOT, le même qu'*Ot*. Voyez *T*.
TOT, le même que *Dot*. Voyez *T*.
TOT, le même que *Sot*. Voyez *S*.
TOT, le même que *Tas*, *Tes*, *Tis*, *Tut*. Voyez *Bâl*.
TOTH, femme, femelle, féminin. I.
TOTIM, caſcade. I.
TOTON, toton. B. De là ce mot.
TOTZIC, prenez. Ba.
TOU, le même qu'*Ou*. Voyez *T*.
TOU, le même que *Dou*. Voyez *T*.
TOU, le même que *Sou*. Voyez *S*.
TOUAILH, groſſe toile, groſſe ſerviette de cuiſine. B. *Touaille*, toile en vieux François. Voyez *Toael*, *Toalta*, *Toual*.
TOUAILHON, groſſe ſerviette de cuiſine. B.
TOUAIM, maiſon de campagne, métairie. I.
TOUAITHEANACH, payſan. I.
TOUAL, nappe. B. Voyez *Toael*.
TOUAT, demeure. I.
TOUBADD-COZ, vieux radoteur. B.
TOUBIER, TOUSTER, TOUPIER, TOUZIER, TOUYER, nappe de table. B.
TOUCEC, TOUSSEC, TOUSSOC, crapaud reptile venimeux; plurier *Touceghet*, *Touſſoghet*. B.
TOUCHABL, affectif. B. Voyez *Tocq*.
TOUCHAN, toucher. B. De là ce mot. Voyez *Tocq*.
TOUCHANT, TOUCHANTICQ, à préſent. B. Voyez *Tocq*.
TOUCHEEN, robinet. B.
TOUCHEIN, toucher, tâter. B.
TOUCHENN, cadenas pour fermer les entraves. B.
TOUCHUS, A. M. pierre de touche. De *Touchen*.
TOUCZ, amoureux. B. De la *Touſe*, amante; *Touſian*, amant en vieux François.
TOUCZECQ, crapaud. B.
TOUEER, jureur. B.
TOUEIN, jurer, proférer un jurement. B. Voyez *Twng*.
TOUEIN, couvrir. B.
TOUELLA. Voyez *Toella*.
TOUELLADUR. Voyez *Toella*.
TOUELLET. Voyez *Toella*.
TOUELLEUR. Voyez *Toella*.

TOU.

TOUEM, chaud. B. Voyez *Twym*.
TOUER, le même que *Douer*. Voyez *T*.
TOUESELLA, TOUESELLA AN DENT, agacer les dents. B.
TOUET, jurer, proférer un jurement. B.
TOUEZ ne ſe dit point ſans la prépoſition *E* pour *En*, dans, dedans. *E Touez*, dans le milieu, au milieu, parmi, entre : C'eſt ainſi que Dom Le Pelletier explique ce mot. On trouve dans un autre Dictionnaire *Touez* ſeul pour ſignifier parmi, milieu, & *Touez E Touez*, pêſe-mêle, parmi. B.
TOUEZELLA, TOZELLA, agacer. Il ſe dit auſſi bien d'un outil que des dents ; *Tozellet Ew*, il eſt émouſſé. B.
TOUFL, foſſe. B. Voyez *Toull*.
TOUFOUR, chaleur d'orage, orage. B. Voyez *Stuſailh*, *Tufforec*.
TOUI, jurer, proférer un jurement. B.
TOUIADEL, imprécation. B.
TOUICH, toucher, attouchement. B.
TOUICH OUCH, aboutir. B.
TOUICHENN, robinet. B.
TOUICHUS, qui touche, affectif. B.
TOUIGN, court, écourté, obtus, émouſſé ; *Fri-Touign*, nez camus, nez court & gros par le bas; *Touigna*, émouſſer, ôter le fil ou la pointe d'un outil, ou autre choſe. B.
TOUIL, trou, creux, foſſe, gouffre. B. *Touil* en Arménien, ſeau à puiſer. Voyez *Toul*.
TOUILH paroit s'être dit comme *Pitouilh*. Je juge qu'on a fait cette ſyncope, parce qu'on a conſervé *Douillet* dans notre Langue en ce ſens. *Touilh* & *Douilh* ſont le même mot. Voyez *T*. De *Touilh* ſera venu notre mot François *Chatouiller*.
TOUILL, poiſſon de mer; en François chat de mer, rouſſette; ſingulier *Touillen*, plurier *Touillet*. B.
TOUILLA, mouiller, tremper, humecter, imbiber; participe paſſif *Touillet*. B.
TOUILLEN, brume, brouée, brouillard, ſaiſon humide ou temps pluvieux. B. *Thouiller* en vieux François, troubler.
TOUINELL, hameau. B. Voyez *Ton*, *Don*.
TOUJONA, DOUJONA, agacer. B. C'eſt le même que *Toſona*.
TOUL. Voyez *Toull*.
TOULACH, montagne large & plate au ſommet. I.
TOULL, trou, creux, ouverture étroite, profondeur ; *Toull-Carr*, entrée, ouverture, rupture d'un encloſ pour le paſſage d'une charrette ; plurier *Toullou*. *Toull* eſt auſſi un adjectif ſignifiant ce qui eſt percé : C'eſt ainſi que Dom Le Pelletier explique ce mot. On trouve dans les autres Dictionnaires *Toul*, trou, ouverture, foſſe, creux, vallée, tanière, bauge, fort de bête, ponction ; *Toul-Car*, brèche ; *Toull-Flancq*, flanc ; *Toulla*, creuſer, percer ; *Toullecq*, poreux ; *Touller*, creuſeur, foſſoyeur. B. De là le vieux mot François *Toullons*, qui ſignifioit des habits vieux, des habits troués à force de les porter ; *Toue* en Auvergnac, bâteau. Voyez *Toll*, *Twll*.
TOULL-BABA, TOULL-PAPA, TOURBABA, chercher en tâtant, tâtonner. B.
TOULL-DIGOAD, ſaignée, ouverture que fait la lancette pour tirer du ſang du corps. B. A la lettre, trou de ſaignée.
TOULL-GAOU, fauſſe gorge. C'eſt mot à mot, faux trou, ou trou qui n'eſt pas droit. B. Cet article eſt pris de Dom Le Pelletier.
TOULL-PLOUS, ruelle de lit. B.

TOULLA. Voyez *Toul*.
TOULLAD-TUD, assemblée. B. *Tud*.
TOULLECQ. Voyez *Toul*.
TOULLED, touret cheville. B.
TOULLER. Voyez *Toull*.
TOUMICH, sépulcre. I. *Duma* en Hébreu, sépulcre.
TOUN, ton, air de chanson. B.
TOUN, thon poisson. B. *Ton* en Persan; *Ton*, *Tonne* en Italien; *Tonine* en Flamand; *Thunnen* en Allemand; *Tunie* en Anglois; *Atun* en Espagnol; *Tunnus* en Grec; *Thynnus* en Latin; *Thon* en François, thon.
TOUNZ, terme bas Breton, selon Eutrapel, qui signifie étonné. P. 71.
TOUPENN, houpe. B.
TOUPINA, écornifler. B.
TOUPINER, écornifleur. B.
TOUPYER, nappe. B.
TOUR, eau, rivière. G.
TOUR, tour, clocher de pierre; plurier *Tourou*, *Touriou*: C'est ainsi que Dom Le Pelletier explique ce mot. Le Pere de Rostrenen met *Tour*, tour, phare, fort, lieu fortifié. B. *Tor* en Hébreu, forteresse; *Ataurea* en Basque, barrière. Voyez *Thor*.
TOURAH, entièrement. B.
TOURBODEN, turbot. B. De là ce mot.
TOURCH, lorsqu'il est seul, signifie un verrat, le mâle de la truie, qui est aussi appellé *Ouch-Tourch*, porc entier; mais on y joint encore le nom d'une autre bête au sens d'entier; par exemple, *Maout-Tourch*, bélier. B. Cet article est pris de Dom Le Pelletier.
TOURCH, lien de balai. B.
TOURCHAFF, être en chaleur parlant des animaux. B.
TOURGED, lien de balai. B.
TOURGHEN, anse d'un vaisseau, de quelque matière & forme qu'il soit. B.
TOURMAND, tourmente, tempête, tourment. B. De là le premier de ces mots. De là le Latin *Tormentum*, l'Italien & l'Espagnol *Tormento*, l'Anglois *Torment*, le François *Tourment*. Voyez *Tormenta*.
TOURMANTI, tourmenter, affliger. B.
TOURMANTYN, térébenthine. B. Le peuple en Franche-Comté appelle la térébenthine *Tourmantine*.
TOURNEL, tournelle petite tour. B. De là ce mot. Voyez *Tour*.
TOURNIAL, faire du bruit. B.
TOURNY, bruit, tintamarre, ronflement des vents & de la mer, tempête. B.
TOURNYER, bruyant, qui fait du bruit. B.
TOURNYUS, le même que *Tournyer*. B.
TOURTA, TOURTAL, se doguer, cosser parlant des moutons qui se heurtent la tête les uns contre les autres. B. De là *Dourder* en vieux François, battre.
TOURTANNOS, phare. B. A la lettre, tour du feu de la nuit. *Tour Tan Nos*.
TOURTELL, gâche. B.
TOURTENN, tourte. B. Voyez *Torth*.
TOURTEREZ, combat, joûte, choc. B. Voyez *Tourta*.
TOURVEZOUT. Voyez *Teûr*.
TOURZ, bélier. B.
TOUSA, tondre. B.
TOUSIER, TOULSIER, nappe à mettre sur la table. B.

TOUSQANN, mousse terrestre. B.
TOUSSEC, crapaud. B.
TOUSTER, douceur. B.
TOUT, tout. B. De là le Latin *Totus*, l'Italien *Tutto*, l'Espagnol *Todo*, le François *Tous*.
TOW, le même qu'*Ow*. Voyez T.
TOW, le même que *Dew*. Voyez T.
TOW, le même que *Sow*. Voyez S.
TOW, le même que *Taw*, *Tew*, *Tiw*, *Tuw*. Voyez *Bal*.
TOWARCH, TOWYDD, TOWIN, &c. Voyez *Tywarch*.
TOWELLT, chaume. G. *To Gwellt*.
TOWR, couvreur. G. *To Gwr*.
TOUYADELL, serment. B.
TOUYEIN, jurer. B.
TOUYRNEACH, Prince. I.
TOUZA, tondre. B. De là *Toufé* en vieux François; tondu. Il se dit encore à Metz.
TOUZER, tondeur, pelie; & au sens figuré griveleur. B.
TOUZOUR, le même que *Touzer*. B.
TOUYERA, nappe. B.
TOY, habitation, maison. G.
TOZELLA, agacer, émousser. Il se dit d'un outil comme des dents. B.
TR pour *Tref*. Voyez *Yftr*.
TRA, lorsque, quand, jusqu'à ce que, pendant; pendant que, durant que, tandis que, tant que, jusques, au-delà, par delà, outre, ultérieur, dessus, au-dessus, fort adverbe, très marque du superlatif, excès, excessif, violent, ardent, fort, véhément, grand, au plus haut dégré, le plus haut, tout-à-fait, entièrement, à travers, sur le champ, tout d'abord, toujours, fortement, par. G. Il a aussi signifié après. Voyez *Tranoeth*. De là les prépositions latines *Tra*, qui n'est plus usitée que dans ses composés *Trajicio*, *Traluceo*, *Trans*; *Trans*, qui est une épenthése de *Tra*, & *Ultra*; l'Italien *Oltra*, *Oltre*, le François *Outre*. Voyez *Tra* en Langue de Cornouailla.
TRA, le même que *Traha*.
TRA, outre, au-delà, trop. C.
TRA, chose; plurier *Traou*, *Cals A Traou*, beaucoup de choses; *Un-Dra-Bennac*, quelque chose; *Petra*, quelle chose? quoi? *Un Draic*, une petite chose, une chosette. Le Pere Maunoir a mis *Trazou*, choses: C'est ainsi que Dom Le Pelletier explique ce mot. Le Pere de Rostrenen met *Tra*, chose, affaire, bien, héritage, possession, quoi, rien, point, goutte, point du tout. Il remarque que dans ces trois derniers *Tra* est mis par syncope pour *Nep Tra*, qui signifie aucune chose, nulle chose. B.
TRA, barbarie. B. Voyez *Tra* le même que *Traha*.
TRA, le même que *Ra*. Voyez T.
TRA, le même que *Dra*. Voyez T.
TRA, le même que *Tre*, *Tri*, *Tro*, *Tru*. Voyez *Bal*.
TRA-AM, qui est en grand nombre. G.
TRA-ANAML, extrêmement peu. G.
TRA-ANNILYS, fort incertain. G.
TRA-ARDDERCHOG, très-considérable. G.
TRA-ASTUD, très-soigneux. G.
TRA-CHAS, détestation, exécration, abomination. G. Cas.
TRA-EGLUR, illustre. G.
TRA-EHANG, fort large. G.
TRA-EIDDIL, fort délié; fort menu. G.
TRA-ENWIR, très-injuste. G.

TRA-ENWOG.

TRA.

TRA-ENWOG, fort illuftre. G.
TRA-ESMWYTH, fort mou. G.
TRA-HEN, fort ancien. G.
TRA-OER, très-froid. G.
TRA-TRA, rien, point du tout. B.
TRA-UCHEL, fort élevé. G.
TRA-UNIG, unique, tout feul. G.
TRA-WTTRES, prodigalité, profufion. G.
TRAACHUB, ambition, avoir de l'émulation, tâcher d'égaler. G.
TRAAML, fort abondant. G.
TRAANGHYFIAWN, très-injufte. G.
TRAANRHYDEDDU, combler d'honneur. G.
TRABAC, entraves, fers aux pieds. Ba. L'v & le b fe mettant l'un pour l'autre, on a dit Travac comme Trabac; de là notre mot François Entraves.
TRABACA, A. M. tente. De Treb.
TRABACONTUA, mécompte, erreur de calcul. Ba.
TRABAILLA, travail; Trabaillatu, je travaille. Ba. De là l'Italien Travaglio, l'Efpagnol Trabajo, le François Travail. Voyez Travell, Trafael.
TRABALCH, orgueilleux, hautain. Ba.
TRABALE, A. M. bois qui paffe à travers les roues. De Tra, Bal.
TRABARIA, A. M. bac ou bâteau pour paffer une rivière. De Tra, Ber.
TRABATTERE, A. M. battre avec excès. De Tra, Baeddu, Baetu.
TRABATU, avoir une difficulté de parler. Ba.
TRABATZEA, liaifon, connexion. Ba.
TRABAWAI, très-avare, très-mefquin. G.
TRABELL, moulinet, traquet, & au figuré grande parleufe, criailleufe. B. Voyez Trabes.
TRABELLOCQ, parleur, grand parleur. B.
TRABERWI, cuire beaucoup. B.
TRABES, inquiet, turbulent. Ba. Voyez Trabell.
TRABESIA, longueur de chemin. Ba.
TRABIDEL, TROBIDEL, homme ou femme qui chancele en marchant, & aufli un homme de taille haute & menue, fi bien qu'il femble avoir de la peine à fe tenir droit & de bout; Trabidella, Trobidella, chanceler, vaciller. B. De ce mot on a fait par crafe Tradel ou Tratel, d'où vient le terme Franc-Comtois Trateler pour chanceler.
TRABIDEN, haillon, mauvais habit crotté, ou autrement mal-propre, guenille, juppe crottées qui bat contre les jambes de celle qui marche. B.
TRABLAWDD. Davies renvoye à Blawdd, ce qui donne lieu de croire qu'il le regardoit comme fynonime de ce dernier. Dans le Dictionnaire de Thomas Guillaume, on trouve Trablawdd, prompt ou diligent au-delà de ce qu'on peut dire. G.
TRABLIN, pénible, fort incommode, très-chagrinant. G.
TRABLUDD, trouble, tumulte, tribulation, affaire, occupation, travail, combat, choc. G. De là le François Trouble. Voyez Tribil, Triobloid, Tropelia.
TRABLUDDIO, faire du tumulte, exciter du trouble, tempêter, faire un grand bruit. G.
TRABLWNG, très-cruel. G.
TRABRAS, fort gras. G.
TRABRWNT, très-honteux, fort vilain. G.
TRABUA, embarras. Ba.
TRABUAN, fort prompt, fort vîte. G.
TRABUCADA, coup de fufil. Ba.
TRABUGARE MONETAM, A. M. trébucher, Trébuchier la monnoie en vieux François, la pefer

TOME II.

TRA. 433

pour fçavoir fi elle eft de poids. De Trabuchar.
TRABUCHA, trébucher. B. De là ce mot. Voyez Trebuca.
TRABUCOA, fufil. Ba.
TRABUCUS, A. M. trébuchet balance avec laquelle on pefe la monnoie. Voyez Trabucare.
TRABUDDIOL, très-utile. G.
TRABYCHAN, très-petit, très-modique, très-peu confidérable. G.
TRABYRR, fort court. G.
TRABYWIOG, fort vîte, qui eft d'une grande vîteffe, fort prompt. G.
TRAC, le même que Trec. Voyez Bal.
TRACADA, perturbateur, homme qui fe mêle de tout, intrigant. Ba. Voyez Tracaffi.
TRACASSI, tracaffer. Un vieux Dictionnaire porte Tracaffif; Monet Hac A Ma Hac Aonni, aller çà & là: C'eft ainfi que Dom Le Pelletier explique ce mot. On trouve dans les autres Dictionnaires Tracaffi, tracaffer, chicaner; Tregace, tracas, dettes, affaires, embarras; Tregacei, tracaffer, être dans le mouvement, dans l'embarras, s'agiter, fe demener, chicaner; Tregacerew, tracafferie; Tregaceer, tracaffier. B. De là notre mot François Tracaffer dans tous fes fens. Voyez Tracada.
TRACH, TRAG, plus marque du comparatif, beaucoup, excellent. G. Drad en Efclavon; Dragi en Dalmatien; Draga en Hongrois; Drahy en Bohémien; Droge en Lufacien; Dregi en Polonois, de grand prix. Voyez Tra.
TRACH, vers, du côté. C.
TRACHADARN, très-fort, extrêmement endurci. G. Cadarn.
TRACHABAD, fort ferré. G. Cacad.
TRACHALED, fort dur, extrêmement endurci; fort âpre, très-efcarpé, très-roide, très-difficile, fort difficile. G. Tra Caled.
TRACHALEDU, endurcir fort, devenir fort dur. G.
TRACHALL, très-fage, très-prudent. G. Call.
TRACHARTREFFAIDD, fort familier, très-intime, fort obfcur, de la lie du peuple. G.
TRACHARU, aimer extrêmement. G.
TRACHAS, envie, haine, malignité envieufe, fort odieux. G. Cas.
TRACHASSAU, détefter, avoir en horreur, en exécration. G.
TRACHD, un coup, un trait. I.
TRACHEFN, de nouveau. G.
TRACHELFYDD, plein de fçavoir, très-habile, très fçavant. I.
TRACHGEFN, de nouveau. G.
TRACHOSTUS, qui dépenfe beaucoup. G.
TRACHREULAWN, très-cruel. G.
TRACHRINO, fe fécher entièrement. G.
TRACHRUGO, tourmenter fort cruellement. G.
TRACHRYF, très-fort, extrêmement endurci. G.
TRACHU, fort cher. G. Cu.
TRACHUDDIEDIG, fort caché. G.
TRACHUL, fort maigre. G.
TRACHURO, fraper fort. G.
TRACHWANNOG, immodéré dans fes défirs, très-paffionné, qui fouhaite fort. G.
TRACHWANT, défir ardent, concupifcence, avarice. G.
TRACHWANTO, fouhaiter ardemment. G.
TRACHWANTUS, qui fouhaite ardemment. G.
TRACHWENNYCH, TRACHWENNYCHU, défirer ardemment, fouhaiter fort. G.
TRACHWIDR, très-prompt, très-diligent. G.

R rrrr

TRA.

TRACHWRES, le même que *Tragwres*, chaleur excessive, ardeur véhémente. G.
TRACHWYDDEDIG, fort enflé. G.
TRACHWYDDO, de *Tra Cwyddo*. G.
TRACHWYTHIAD, grand souffle de vent. G.
TRACHYDNABYDDUS, fort familier, très-intime. G.
TRACHYFARWYDD, très-habile, fort sçavant. G.
TRACHYFFROI, émouvoir vivement, toucher beaucoup. G.
TRACHYFLYM, très-rapide, fort vîte. G.
TRACHYPRWYS, fort ingénieux, très-subtil, très-rusé, très-fin, très-circonspect, qui prend beaucoup de précaution. G.
TRACHYFYNG, fort étroit. G.
TRACHYHOEDD, très-public. G.
TRACHYMMEN, très-soigneux. G.
TRACHYMMERADWY, fort agréable. G.
TRACHYMMESUR, qui est fort à propos, tout à point. G.
TRACHYMMWYS, très-propre, fort convenable, fort propre, très-convenable, qui est fort à propos, tout-à-point. G.
TRACHYMMYLOG, fort chargé de nuages. G.
TRACHYMMYSGU, mêler parmi. G.
TRACHYNDYNN, fort opiniâtre, fort têtu. G.
TRACHYNNYRFU, agiter, émouvoir fortement, émouvoir vivement, toucher beaucoup. G.
TRACHYWEDD, le même que *Trachwyddo*. G.
TRACHYWEITHAS, fort civil, très-honnête. G.
TRACHYWRAIN, très-habile, très-sçavant. G.
TRACISTA, qui dessine, qui trace. Ba. Voyez *Trecc*.
TRACONES, A. M. allées souterraines, cavernes, antres, De *Terr*, fente, ouverture; (Voyez *Terri Acon*, rocher; *Terracon*, par une crase naturelle *Tracon*, fente, ouverture de rocher. Les cavernes, les allées souterraines ne se trouvent que dans les rochers. Voyez encore *Tragio* le même que *Dragio*.
TRACQANARD, traquenard. B.
TRADA, fort bon, très-beau. G. *Tra*, très; *Da* signifie donc beau comme bon. Voyez *Cain*.
TRADDIDAN, fort agréable. G.
TRADDODI, donner, donner entièrement, confier. G. De là le Latin *Trado*.
TRADDOLIAD, action de donner entre les mains. G.
TRADEDWYD, fort heureux. G.
TRADENU, attirer, amorcer. G.
TRADEWR, hardi. G.
TRADEWRDER, témérité. G.
TRADEWREDD, hardiesse, audace. G.
TRADICHELLGAR, très-rusé, très-fin. G.
TRADICHLYN, très-curieux, très-soigneux, très-prudent. G.
TRADIG, fort en colere. G.
TRADIGRIF, fort plaisant, fort enjoué. G.
TRADIOG, très-paresseux. G.
TRADINGEL, fort caché. G.
TRADISAS, de la lie du peuple. G.
TRADIVGLAIR, transparent. G.
TRADOETH, très-sage, très-prudent. G.
TRADOF, entièrement dompté. G.
TRADOFI, dompter entièrement. G.
TRADRUD, fort cher. G.
TRADRYGIONUS, très-méchant. G.
TRADU, fort noir. G.
TRADUWIOL, très-divin. G.
TRADWY, d'après demain, le jour d'après le jour suivant. G.
TRADWYFOL, très-divin. G.

TRA.

TRADYFAL, fort diligent. G.
TRADYFALWCH, très-grande diligence, très-grand soin, curiosité. G.
TRADYGN, fort incommode, très-chagrinant. G.
TRADYSGEDIG, très-sçavant, fort sçavant. G.
TRAEAN, le tiers. G.
TRAEANU, partager en trois. G.
TRAEAZEN, banc de sable. B.
TRAEGWAN, fort foible. G.
TRAEHANG, fort ample, d'une grande étendue. G.
TRAEIDDIL, fort menu, fort mince. G.
TRAEIN A GOSTE, biaiser. B.
TRAENELL, traîneau. B. De là le vieux mot François *Trainel*, le François moderne *Traineau*.
TRAENSIWR, assiette sur quoi l'on met & coupe la viande à table. G. Voyez *Tranchouer*.
TRAENTER, cabaretier, maître d'hôtel, brasseur de biere. G.
TRAEOFN, licencieux. G. *Tra Eofn*.
TRAEPPILIO, engendrer un grand nombre d'enfans. G.
TRAERCHYLL, très-horrible. G.
TRAERES, TRERES, la partie de la charrue qui leve ce que les bas Bretons nomment *Bem*, le petit sillon entre deux plus larges. B.
TRAESGUD, fort diligent. G.
TRAESTIG, peutrelle. B. Je n'ai pas trouvé ce terme François dans nos Dictionnaires.
TRAET, onguent pour les plaies. B. De là notre expression *traiter un malade*.
TRAETH, rivage, rivage de la mer, bord de la mer. G. B. Voyez *Traidhe*.
TRAETH, sable. G. B. *Dreath*, gravier, sable en Langue de Cornouaille; *Driussant*, gravier en Flamand.
TRAETH, contrée. G. De là le Latin *Tractus*, contrée, pays.
TRAETH, trace, traînée, vestige. G. Voyez *Trecc*.
TRAETH, TRAETHELL, barre espace dans lequel il n'y a de l'eau que quand le flot de la mer monte. G.
TRAETHAD, déclaration, aveu. G.
TRAETHAWD, traité, narration, discours, discours qui traite, ordre, arrangement. G.
TRAETHSIW, bancs de sable. B.
TRAETHELL, diminutif de *Traeth*, rivage, sable au genre féminin. G.
TRAETHIAD, narration, récit, le parler, prononciation, répétition. G.
TRAETHU, parler, dire, prononcer, discourir, raconter, réciter, déclarer, répliquer. G.
TRAETHU, composer un ouvrage. Voyez *Ailtraethiad*, *Ailtraethu*. De là notre expression *traiter une matière*, *traiter un sujet*.
TRAETURIAID Y BUGEILYDD, quintefeuille, plantain. G.
TRAEWYLLYSGAR, très-passionné, qui souhaite fort. G.
TRAEZ, TRAIZ, TREIZ, TREAE, sable, grève, rivage qui se découvre à mesure que la mer baisse; *Treis*, grève; *Traez A Lano*, flux & reflux, jussant & flot. Un de nos vieux Dictionnaires porte aréne ou sable, *Grouan Pe Treez*; *Traesa*, réduire en sable, dissoudre, dissiper. Les Vennetois prononcent tout court *Trai*, *Tre*, *Tre Zon*, la mer perd, se retire; & ici *Treis-So*. B. Cet article est pris de Dom Le Pelletier. Voyez *Traeth*.
TRAÉZ, chose. B.
TRAEZ, Voyez *Treis*.

TRA.

TRAEZIN, fable, fablon, grève, rivage. B.
TRAEZOU, pluriel de Traez, Traez. B.
TRAF, excès. Voyez Traflyngeu. C'eſt le même que Tra, Trach.
TRAF, le même que Tryf. Voyez Bal.
TRAFAEL, travail, occupation, effort. G. Voyez Trabailla, Travell.
TRAFAELU, travailler. G.
TRAFFAETH, fort tendre. G.
TRAFFAETHU, venir à une parfaite maturité. G.
TRAFFERTH, affaire, occupation, travail, chagrin, querelle, difpute, démêlé, trouble, tumulte. G.
TRAFFERTHU, avoir foin, être en follicitude. G.
TRAFFERTHUS, difficile, pénible, fatiguant, fort fâcheux, fort difficile, laborieux, qui travaille beaucoup, occupé, embarraſſé, plein d'affaires, qui a beaucoup d'affaires, inquiet, agité, qui n'a point de repos, troublé, ému, tragique. G.
TRAFFROSTUS, ambitieux. G.
TRAFFRWYTHLON, très-fertile. G.
TRAFFULLIO, verbe formé de Trafael. Voyez Tindrafullio.
TRAFFUN. Davies n'explique pas ce mot; mais il renvoye à Ffun, & par là il indique qu'il eſt ſynonime de ce mot. G.
TRAFFYDDLON, très-fidéle.
TRAFICA, A. M. trafic, commerce. De Traficq.
TRAFICARE, A. M. trafiquer, commercer. De Traficq.
TRAFICG, trafic. B. De là l'Italien Traffico, le François Trafic. Voyez Trafica.
TRAFICQ, dyſſenterie. B.
TRAFICQA, négocier, trafiquer. B.
TRAFLWNG, TRAFLWNGC, coup à boire, trait de boiſſon, gorgée, action de boire, d'avaler, boiſſon, breuvage. G.
TRAFLYNGCU, boire avec excès, engloutir, abſorber, dévorer, gober, avaler, humer. G. Traf, excès. Lyngeu.
TRAFN. Davies n'explique pas ce mot; il ſe contente de rapporter une phraſe dans laquelle il eſt l'épithéte de Llafn, lame ou épée pour le combat. G.
TRAFOD, travail, occupation, chagrin, induſtrie, combat, bataille. G. De Tra Bod. Davies.
TRAFODI, combattre. G.
TRAG. Voyez Trach.
TRAG, hache. l. Voyez Dragio.
TRAG, le même que Drag. Voyez T.
TRAG, le même que Treg, Trig, Trog, Trug. Voyez Bal.
TRAGALAGUS, fort déplorable, fort affligeant. G.
TRAGALLUOG, fort puiſſant. G.
TRAGAZA, fleche. Ba.
TRAGEA, habillement. Ba.
TRAGELW, fort pâle. G.
TRAGERWIN, fort rude. G.
TRAGH, hache. I. Voyez Dragio.
TRAGIO, le même que Dragio. Voyez ce mot & T. Voyez encore Trag, Tragh.
TRAGIOA, tragium ſorte de plante. Ba.
TRAGLAN, fort net. G.
TRAGLAS, fort verd. G.
TRAGLEW, très-fort, courageux, vaillant, brave, vigoureux. G.
TRAGLOYW, fort luiſant, fort brillant. G.
TRAGLUDIOG, fort gluant. G.

TRA. 435

TRAGOPAL, très-grande diligence, très-grand foin. G.
TRAGOLEN, tranſparent, illuſtre. G.
TRAGOLUDOG, fort riche. G.
TRAGOR, ſuperfluité, excès, orgueil, arrogance. G.
TRAGORAWENUS, fort joyeux. G.
TRAGORMODD, exceſſif, qui vit dans le luxe. G.
TRAGORTHRWM, fort affligeant. G.
TRAGOTEA, trait, fleche. Ba. De là le premier de ces mots.
TRAGOTZARRA, long trait, boire à long trait. Ba.
TRAGRYMMUS, très-fort. G.
TRAGWAEL, très-médiocre, fort vil. G.
TRAGWAETH, de la lie du peuple. G.
TRAGWAN, fort foible. G.
TRAGWEDDUS, tout-à-fait beau. G.
TRAGWIW, très-digne. G.
TRAGWLYCHU, mouiller tout-à-fait, tremper entièrement. G.
TRAGWRES, ardeur, chaleur. G.
TRAGWRESOG, très-chaud. G.
TRAGWRESOGI, échauffer beaucoup. G.
TRAGWROL, très-fort. G.
TRAGWTHIO, pouſſer fortement. G.
TRAGWYDDOLEB, vieilleſſe, durée continuelle, non interrompue. G.
TRAGWYDDOLI, être éternel. G.
TRAGWYN, fort blanc. G.
TRAGWYRDD, fort verd. G.
TRAGWYRO, pervertir. G.
TRAGYWYD, TRAGYWYDDOL, éternel. G.
TRAGYWYDDOLEB, immortalité. G.
TRAGYWYDDOLDED, TRAGYWYDDOLDER, éternité. G.
TRAGYWYDDOLI, rendre éternel, perpétuer. G.
TRAHA, excès, orgueil, faſte, ambition, arrogance, effronterie, impudence, inſolence, mépris, la plus grande injure. G.
TRAHAOL, prodigue, fort libéral, qui eſt fort doux, fort bon. G.
TRAHALLT, fort ſpirituel, plein d'eſprit. G.
TRAHAED, tout-à-fait beau. G.
TRAHAUS, ambitieux, outrageux, outrageant, inſultant, tyrannique. G.
TRAHAUSDER, le même que Traha. G.
TRAHAUSDRA, orgueil. G.
TRAHAUSFALCH, orgueilleux. G.
TRAHAWDD, fort facile, très-facile. G.
TRAHAWG, TRAHAWS, ſuperbe, orgueilleux, arrogant, effronté, impudent, inſolent, audacieux, qui mépriſe les autres. G.
TRAHELAETH, fort large, fort abondant. G.
TRAHEN, TRAHENAIDD, fort vieux, fort ancien. G.
TRAHIR, très-long, fort long. G.
TRAHISSA, trahir. B. De là ce mot, De là l'Eſpagnol Traycion, trahiſon. Voyez Traicioa.
TRAHITOUR, traître. B.
TRAHOENUS, fort joyeux, fort agréable. G.
TRAHOFF, fort cher, fort aimé. G.
TRAHOFFI, aimer beaucoup. G.
TRAHOGI, aiguiſer extrêmement. G.
TRAHOYW, fort bien mis, fort paré. G.
TRAHWYR, qui eſt fort tard, qui eſt tout au ſoir. G.
TRAHY, arrogant, ſuperbe, préſomptueux, téméraire, impudent, effronté, licencieux, qui a une haute opinion de ſoi-même. G.
TRAHY. CROESAN TRAHY, bouffon. G.
TRAHYAWDL, fort éloquent. G.
TRAHYDER, témérité, préſomption, audace. G.
TRAHYFEDR, très-habile, très-expert, très-adroit. G.

TRAHYFRYD, fort doux, fort agréable. G.
TRAHYLL, très-horrible. G.
TRAHYLLU, être saisi d'une vive horreur. G.
TRAHYNAWS, fort doux, fort traitable, fort humain, fort civil, fort indulgent, très-honnête. G.
TRAHYNAWSEDD, indulgence, condescendance. G.
TRAHYNOD, fort illustre. G.
TRAI, par; Trai-Ma, par ici. B.
TRAIAN, tiers, troisième partie. B.
TRAICHT ou TRAJECHT. Béde, l. 5 de l'Histoire d'Angleterre, ch. 12, & Sigebert dans sa chronique à l'année 697, nous apprennent que ce mot a signifié ville chez les Celtes. Voyez Tref.
TRAICIOA, trahison. Ba. Voyez Trahissa.
TRAICSA, trahir. B.
TRAIDD, trajet, action de traverser, action de percer d'outre en outre, pénétration. G.
TRAIDHE, rivage. I. Voyez Traeth.
TRAIGH, rivage, rivage de la mer. I.
TRAIGL, version, traduction. G.
TRAILL, révolution selon Llyn; Salisbury le traduit par multitude; Davies dit qu'il signifie à présent la même chose que Tynn. G. Voyez l'article suivant.
TRAILL, action de tourner, tour, rouleau, tourillon, roulement, tournoiement, entortillement, version, traduction. G.
TRAILLA, broyement. Ba.
TRAILLUA, espèce de traîneau. Ba.
TRAIN, conversation, entretien, fréquentation, délai, retardement. G. De là Traîner au sens de différer.
TRAINA, traîner. B. De là ce mot.
TRAHYNCH, tranche outil. B. De là ce mot.
TRAINCH, tanche. B.
TRAINCHA, trancher. B. De là ce mot. Truncb, mutilé en Albanois. De Traincha, Trobein, sont venus le Latin Trunco, l'Italien Troncare, le François Tronquer, trancher. Troncher en vieux François, trancher.
TRAINGEHEUSOU, guêtres. B.
TRAINSE, rempart, mur fort. I.
TRAINUS, traînant. B.
TRAIS, vol, larcin, brigandage, pillage, dépouilles, proie, oppression, rapine, violence; Trais-Feddiant, usurpation. G. Feddiant en construction pour Meddiant.
TRAISFEDDIANNU, usurper. G.
TRAITH, sable, endroit d'un fleuve où il souffre le flux & le reflux, endroit sablonneux où monte la mer, golfe, baie. G. Traith en vieux François, golfe.
TRAITH, maniment, action de manier, de toucher, de frotter doucement. G. De là le Latin Tracto.
TRAITH, le même que Traeth. G.
TRAITOUR, déloyal, traître. B.
TRAITOUREAH, déloyauté, trahison. B.
TRALETTEUGAR, qui reçoit volontiers les étrangers. G.
TRALHWNC, gouffre, abysme. G.
TRALLAFAR, grand causeur. G.
TRALLARYEIDD, très-doux, fort facile, fort traitable. G.
TRALLAWEN, fort joyeux, qui saute, qui danse, qui bondit de joie. G.
TRALLAWENU, se réjouir fort, être fort aise. G.
TRALLEDNAIS, fort modeste. G.
TRALLENWI, flotter parmi. G.

TRALLOD, tumulte, trouble, querelle, dispute, démêlé, tribulation, chagrin, affliction. G.
TRALLODI, troubler, causer du trouble, exciter de la confusion, faire de la peine. G.
TRALLODUS, trouble qui n'est point clair, troublé, ému, fâcheux, chagrinant, tragique. G.
TRALLON, fort agréable. G.
TRALLONYDD, très en repos, fort tranquille. G.
TRALLOSGACH, inceste. G.
TRALLWYDDIANUS, très-heureux. G.
TRALLWYR, tout. G.
TRALLYDAN, fort large. G.
TRALLYM, fort âcre, très-aigre, très-aigu, très-perçant. G.
TRALLYMHAU, aiguiser extrêmement. G.
TRAM. Voyez Baltram, Tramaff, Tramaill.
TRAM, synonime de Tra. Voyez Tramwyn. De là le Latin Trans.
TRAM, le même que Ram. Voyez T.
TRAM, le même que Dram. Voyez T.
TRAM, le même que Trem, Trim, Trom, Trum. Voyez Bal.
TRAMAFF, tramer. B. De là ce mot.
TRAMAILL, épervier, filet, filet à pêcher, tramail, tramaillis. B. De là ces deux derniers mots.
TRAMALLUM, TRAMELA, A. M. tramail. De Tramaill.
TRAMAN, très-menu, très-mince, très-délié. G.
TRAMANOL, fort mince, très-subtil, très-soigneux, très-curieux, très-exact. G.
TRAMANWL, très-soigneux. G.
TRAMANYLWCH, très-grande diligence, très-grand soin, très-grande curiosité. G.
TRAMAWR, fort grand, qui est en grand nombre, fort honorable, préférable, plus estimable. G.
TRAMBLIFF, trembler. B. De là l'Anglois Tremble, le François Trembler.
TRAMCWYDDO, tomber, couler auprès, se répandre. G.
TRAMEDDAL, fort tendre, fort mou. G.
TRAMELUS, très-doux. G.
TRAMESUR, outre mesure. G.
TRAMGWYDD, action de broncher, chose qu'on trouve à son chemin qui fait broncher, pierre d'achoppement, chûte, faux pas, glissade, refus, opposition qu'on trouve, scandale. G.
TRAMGWYDDO, broncher, chanceler, menacer ruine, être prêt à tomber, tomber, s'écouler, scandaliser; Tramgwyddo Y Mewn, heurter, se heurter, chopper, broncher. G.
TRAMGWYDDUS, qui a bronché.
TRAMGWYDDWR, qui bronche, qui bronche souvent. G.
TRAMODDUS, fort modeste. G.
TRAMOR, qui est au-delà de la mer, d'outre-mer. G. Tra Mor.
TRAMOYA, machine de théatre, tour d'adresse, finesse. B.
TRAMPA, trébuchet, trape souricière, piége, fourberie. Ba. Voyez Trap.
TRAMWY, passer, fréquenter, aller souvent, faire sa résidence, être ordinairement, fréquentation. G. De là le Latin Trames.
TRAMWYAD, transition, action de passer, trajet. G.
TRAMWYN, fort blanc. G. Wyn de Gwyn; Tram est donc synonime de Tra.
TRAMWYO, fréquenter. G.
TRAN, le même que Ran. Voyez T.
TRAN, le même que Dran. Voyez T.

TRAN.

TRAN, le même que *Tren*, *Trin*, *Tron*, *Trun*. Voyez *Bal*.

TRANC, TRANK, TLANK, petit galetas où l'on remet les outils, meubles, &c. dans les villages. B.

TRANCA, barrière. Ba.

TRANCARTA, fausseté. Ba.

TRANCEA, danger. Ba. De là notre mot François *Transe*, qui marque l'état d'un homme qui est en quelque danger.

TRANCELL, TRANGCELL, coup à boire, trait de boisson, gorgée. G. *Trank* en Théuton & en Vandale, coup à boire, trait de boisson ; *Trenken* en Allemand ; *Drencan* en ancien Saxon ; *Trinchan*, *Drinkan* en Théuton ; *Drinken* en Flamand ; *Driggkan* en Gothique ; *Drink* en Anglois ; *Drecka* en Islandois ; *Dricka* en Suédois ; *Trinquer* en François, boire. Voyez *Triuccqa*.

TRANCHEIA, TRANCHIA, A. M. fosse, tranchée. De *Traincha*.

TRANCHESON, tranchées de cheval. B.

TRANCHETEA, tranchet de cordonnier. Ba. Voyez *Trainched*.

TRANCHOUER, tranchet, tranchoir, tailloir, assiette de bois pour mettre ou couper la viande. B. Le terme de *Tranchoir*, au sens d'assiette de bois, est encore en usage en Franche-Comté. Voyez *Tracnsawr*.

TRANCQE, claie attachée au plancher pour y fumer des viandes, barres de bois ou de fer qu'on met de travers dans la cheminée pour soutenir des attelles ou éclats de bois fendu, pour sécher quelque chose, traversiers, galetas, le plus haut étage de la maison.

TRANG, TRANGC, fin, terme, mort. G.

TRANGCEDIG, mortel, qui passe, passager, qui s'évanouit. G.

TRANGCELL. Voyez *Trancell*.

TRANOETH, demain, le lendemain. G. *Tra*, après ; *Noeth*, nuit. Voyez *Tranos*. On a déjà observé que les Gaulois comptoient par nuits.

TRANSI GWYLLT, potentille, aigremoine sauvage, argentine, herbe utile aux maladies des aines. G.

TRANWYFUS, porté aux voluptés, débauché. G.

TRAOEDRANNUS, très-vieux. G.

TRAOER, très-froid. G.

TRAOFNI, craindre beaucoup. G.

TRAOFNUS, très-horrible, fort effrayant. G.

TRAOLIUM, A. M. dévidoir. De *Traouilh*.

TRAON, bas, val ; *Och Traon*, en bas. B.

TRAOU, bas, vallée. B.

TRAOUE, vallée. B.

TRAOUIEN, TRAOUYEN, vallée, vallon, lieu bas entre des hauteurs, fond. B.

TRAOÜILH, dévidoir à rouet. B.

TRAOUN, bas, inférieur ; *D'an-Traoun*, à bas, au bas, en bas. *Traoun* est aussi un vallon, un lieu bas entre des hauteurs ; c'est tout le même que *Tnaoum*. Ils le plusieurs fois dans la vie de Saint Gwenolé *Tron* & *Tnon* pour *Traoun* & *Tnaoun*. M. Roussel écrivoit de deux manières, sçavoir, *Traon* & *Tnaon* : C'est ainsi que Dom Le Pelletier explique ce mot. Le Pere de Rostrenen met *Traoun*, bas, val, vallée ; *Traoun Ur Menez*, le pied d'une montagne. B. *Trungnui*, vallée entre des montagnes en Tonquinois.

TRAOUYEN. Voyez *Traouien*.

TRAOUYENNAD, vallée. B.

TRAOUYOU, vallées, vaux. B.

TRAP, trape. B. De là ce mot. Voyez *Trampa*.

TRAP, drap. B. Le *d* & le *t* se mettant l'un pour l'autre, on a dit *Drap* comme *Trap* ; de là l'Italien *Drape*, le François *Drap*.

TRAPARD, trapu, qui est d'une taille courte & grosse. B. De là ce mot.

TRAPED, chausse trape, embûches. B.

TRAPELL, TRAPENN, drapeau vieux morceau d'étoffe ou de linge. B.

TRAPENN. Voyez *Trapell*.

TRAPER, drapier. B.

TRAPHARAWD, prêt sur le champ. G. *Pared*.

TRAPHARCHEDIG, fort honorable. G.

TRAPHELL, fort éloigné. G.

TRAPHERAIDD, fort doux. G.

TRAPHESYCHU, tousser continuellement. G.

TRAPHOETH, fort chaud, très chaud. G.

TRAPHOETHI, échauffer beaucoup, brûler entièrement. G.

TRAPHYBYR, très-fort. G.

TRAPPA, A. M. trape, piége pour prendre les oiseaux, les animaux. De *Trap*.

TRAPPATURA, A. M. ornement de drap, ou drap dont on couvre un cheval. De *Trap*.

TRAPUS, A. M. drap. De *Trap*.

TRAQUEA, son, bruit. Ba.

TRAQUET, claquet de moulin. B. Ce terme est encore en usage dans notre Langue.

TRARHAGOTOL, très-considérable. G.

TRARYWIOG, fort doux, fort traitable. G.

TRAS, parenté. G. Le *t* initial s'omettant, on a dit *Ras* comme *Tras* ; de là notre mot François *Race*.

TRASADH, TRASALADH, négoce, commerce ; *Trafalughe*, marchand. I.

TRASAIL, commerce, négoce. I.

TRASALW, fort vil, très-médiocre. G.

TRASARRUG, très-sévère. G.

TRASAU, parens. G.

TRASAWR, puanteur. G.

TRASAWRIO, avoir une odeur forte. G.

TRASAWRUS, puant. G.

TRASEIFIAD, stable, perpétuel. G.

TRASERCH, grand amour, amour excessif. G. *Tra Serch*.

TRASERCHU, affecter. G.

TRASGAN, commodité. I.

TRASNA, de travers, de biais ou de côté, qui n'est pas droit, mal-adroit. I.

TRASOL, parent, qui a beaucoup de parens. G.

TRASONIO, résonner fort haut. G.

TRASSARE, A. M. suivre à la trace. De *Trece*.

TRASTOA, vieux habits, vieux souliers, vieille ferraille. Ba.

TRASYCHU, qui excite la soif. G.

TRASYCHEDIG, qui a toujours soif, très-altéré. G.

TRASYCHU, se sécher entièrement. G.

TRASYNN, surpris, étourdi, interdit. G.

TRASYNWYROL, très-sage, très-prudent, très-spirituel, très-ingénieux. G.

TRASYTH, élevé, ampoulé, superbe, orgueilleux. G.

TRAT, le même que *Rat*. Voyez *T*.

TRAT, le même que *Tret*, *Trit*, *Trot*, *Trut*. Voyez *Bal*.

TRATALARIA, négociateur. Ba.

TRATATU, je négocie. Ba.

TRATHACCLUS, tout-à-fait beau, très-bien mis, très-poli. G.

TRATHAMHUL, convenable. I.

TRATHESIG, très-semblable. G.
TRATHEG, tout-à-fait beau, très-beau. G.
TRATHEILWNG, très-digne. G.
TRATHENAU, fort délié, fort mince. G.
TRATHERYLL, cruel. G.
TRATHEULUAIDD, fort familier, très-intime. G.
TRATHEW, épais, dur, serré, fort épais. G.
TRATHEWDER, épaisseur, état d'être condensé. G.
TRATHLWS, très-bien mis, très-poli. G.
TRATHLWS, fort menu, fort grèle, fort mince. G.
TRATHNONA, le soir, la soirée. I.
TRATHOST, fort âcre, très-aigre. G.
TRATHREFNUS, tout-à-fait beau. G.
TRATHREULIO, prodiguer, dépenser follement, dépenser beaucoup. G.
TRATHRWM, fort pesant, qui pese beaucoup, fort triste. G.
TRATHYNER, fort mou, très-tendre. G.
TRATHYNNU, tirer fortement. G.
TRATHYWYLL, fort caché, fort obscur, fort sombre. G.
TRATUA, commerce, négoce. Ba.
TRAV, le même que Trev. Voyez Bal.
TRAU, le même que Treu, Tron. Voyez Bal.
TRAVANC, foible, languissant. Il se dit des hommes & des bêtes. B.
TRAVANCQ, grosse raie. B.
TRAUCHEL, très-élevé, très-roide, très-escarpé, fort difficile, très-âpre. G. Tra Uchel.
TRAVEEL, cultiver. B. Voyez Travell.
TRAVELL, travail; Travela, Travella, travailler. B. Voyez Traballa, Trafael.
TRAUL, dépense, consomption, consommation des choses qui se mangent, perte, dommage, déchet, action de broyer, de piler, d'écraser. G.
TRAW, au-delà, par-delà. G. Voyez Tra.
TRAWD, TRAWDD, marche, course à pied. G. Voyez Troed.
TRAWS, au-delà, ultérieur, oblique, qui est de biais, de travers, tortueux, méchant, injustice, malice. G.
TRAWS-YMSYMMUD, métathèse. G.
TRAWSACHWYN, accuser, reprocher. G.
TRAWSAMCAN, conjecture, soupçon, attente, augure, présage. G.
TRAWSDDADLEU, trahir la cause de celui qu'on a entrepris de défendre. G.
TRAWSDDWYN, métaphore. G.
TRAWSDER, inclination à prendre, à voler. G.
TRAWSDODIAD, antithèse. G.
TRAWSDYNNIAD, division forcée, séparation violente, arrachement. G.
TRAWSEDD, TRAWSINER, TRAWSDER, oppression, iniquité, méchanceté. G.
TRAWSELFENNIAD, transposition de lettres. G.
TRAWSENEIDIAD, métempsycose. G.
TRAWSENWAD, métonymie. G.
TRAWSFEDDIANT, usurpation. G.
TRAWSFFURFFIAD, transformation. G.
TRAWSFUD, métaphore. G.
TRAWSGAE, diaphragme. G.
TRAWSGLWYDD, transport, action de transporter. G.
TRAWSGYHUDDED, calomnie. G.
TRAWSGYMMERIAD, transposition. G.
TRAWSINER, injustice, inclination à prendre, à voler. G.
TRAWSLYTHR, antithèse. G.
TRAWSSYCH, moustaches. C.
TRAWST, poutre, solive; G. B. poteau; G. tout gros bois de charpente. B. Thrambé en Grec;

Trabs en Latin; Trans en Italien; Tram en Allemand, en Bohémien & en Carinthien; Trome en Flamand; Dreume en Lusacien; Tref en vieux François, poutre; Trief en Normand, petite poutre; Tref en vieux François, pressoir, apparemment ainsi nommé de la poutre dont on se sert dans le pressoir pour pressurer les raisins; Tram en Allemand; Trams en Gothique; Dreon en Esclavon, arbre. Voyez Derw, Trest, Treugen, Treust.
TRAWSTLATHEU, poutres traversantes d'une muraille. G.
TRAWSWCH, moustache, ou barbe de la lèvre supérieure. G.
TRAWSWNIO, percer avec une aiguille, coudre au travers. G.
TRAWSWYR, méchant. G.
TRAWSWYREDD, difformité, vice de conformation, tortuosité, pli & repli. G.
TRAWSWYRO, gâter, corrompre, pervertir. G.
TRAWSYMSYMMAD, métaphore. G.
TRAUVEN, val, vallée, vallon. B.
TRAYCQ, petite chose. B.
TRAYMADRODDUS, fort éloquent. G.
TRAYN, train. B. De là ce mot.
TRAYN, trantran terme populaire. B. De là ce mot.
TRAYNARE, A. M. traîner. De Traina.
TRAYNELL, radeau. B.
TRAYTOUR, traître. B.
TRAYTURARIUS, A. M. traître. De Traiteur.
TRAZ, chose. B.
TRAZA, façon, forme, dessein d'un bâtiment. Ba. Voyez Tracea, Trece.
TRAZALARIA, dessinateur. Ba.
TRAZEA, A. M. trace; en Italien Trazza. De Tracea.
TRE, ville, maison, habitation. G. Tre, maison de campagne, métairie, village en Langue de Cornouaille; Tre, ville, cure, annexe de Paroisse en Breton; Tranh, Tronh, ville, habitation, maison en Tartare du Thibet; Traituem, édifice en Albanois; Dri en Cophte, habitation. Voyez Tref, Re, Dre.
TRE, TRI, trois; G. Tri, trois. C. I. B. Treis, Tria en Grec; Tres, Tria en Latin; Tre en Italien, en Danois; Three en Anglois, Thrins en Gothique; Three, Thry en ancien Saxon; Tri en ancien Germain; Thri en Chaldéen, en Arabe; Thri, Dri en Théuton; Drie, Trye en Flamand; Trie en Tartare de Crimée; Tree en Suédois; Drei en Allemand; Try en Esclavon; Trzy en Bohémien; Trei en Polonois; Stry en Lusacien; Tres en Espagnol; Tri en Russien, en Malabare, en Talenga; Trois en François, trois; Tregis en Chaldéen, ce qui est coupé en trois parties, & Trigon, ce qui a trois angles; Trigone en Syriaque; Trigonos en Grec, ce qui a trois angles; Trax, Treza, ce qui est partagé en trois; Trita, troisième partie en Chaldéen.
TRE, entre. G. Voyez Baxter, p. 98. De là le Latin Intra, l'Italien Entro, l'Espagnol Dentro, le François Entre. Tru, entre en Tonquinois.
TRE, maison de campagne, métairie, village. C.
TRE, du, de, des prépositions, par, dehors, depuis, à travers. I.
TRE, au-delà, outre, trajet, passage de rivière, au travers, à travers, autour. B. Voyez Tra.
TRE, ville, cure, annexe de Paroisse; B. pluriel Trean, Treaou, Treun.
TRE, reflux de la mer. B.
TRE, le même que Re. Voyez T.

TRE.

Tre, le même que *Dre*. Voyez *T*.
Tre, le même que *Tra*, *Tri*, *Tro*, *Tru*. Voyez *Bal*.
Tre-Ma-Hu, du côté, vers. B.
Treaba, labourage; *Treabhad*, labourer. I.
Treabh, *Treabhacht*, tribu, maison, famille. I.
Treabhaira, laboureur. I.
Treabhaire, laboureur. I.
Treabhtha, village. I. Voyez *Tref*.
Treabhur, troupe. I.
Tread, troupeau. I.
Treadaidhe, pasteur, berger. I.
Treadh, le même que *Treagh*. De même des dérivés ou semblables. I.
Treaduighe, berger; *Treadnighe Caorach*, berger de brebis. I.
Treagh, épieu. I.
Treaghdam, pénétrer, percer. I.
Treah, urine. B.
Treaich, le flux de la mer. B.
Tream, fort, dur. I.
Treamanta, impérieux, fier. I.
Trean, puissant. B.
Treancq, aigre, acide, besaigre ou vin qui tourne à l'aigre. B. Voyez *Treang* qui est le même mot.
Treand, transe. B.
Treang, âcre. B. Voyez *Treancq* qui est le même mot.
Treangadur, acrimonie. B.
Treanghein, aigrir. B.
Treann, fort, dur. I.
Treann, champ. I.
Treant, harpon. B.
Treanti, entrer, pénétrer, concentrer, s'imbiber. B.
Treanti, transir. B. L's & le t se mettant l'un pour l'autre, on a dit *Treansi* comme *Treanti*; de là nos mots François *Transir*, *Transi*, *Transe*. *Tranh*, froid, avoir grand froid en Tartare du Thibet.
Treast, barre. B. Voyez *Trawst*.
Treat, onguent pour les plaies. B. Voyez *Tract*.
Treathan, mer. I.
Treathan, pied. I. Voyez *Treed*.
Treatur, traître. I.
Treav, tribut. I.
Treavam, laboureur. I.
Treavthach, laboureur. I.
Treavthoir, laboureur. I.
Treaz, sable. B.
Treazen, banc de sable. B.
Treb, ville, le même que *Tref*. G. Voyez *Tre*.
Treb, annexe de Paroisse, Eglise succursale. B. Voyez *Tre*.
Trebarra, finesse, adresse, habileté. Ba.
Trebatu, j'enseigne. Ba.
Trebatua, adroit, expérimenté. Ba. Voyez *Trebeu*.
Trebax. *Trebacissimus Senex* dans Sidoine Apollinaire, *l. 1. lettre onzième*, vieillard très-expérimenté. De *Trebatua*.
Treben, ordre. G. Voyez *Trefn*.
Trebe, trepied. B. Voyez *Trebez*.
Trebea, *Trevea*, habile, expérimenté, fin, rusé, adroit, entremetteur, intrigant, courtier. Ba.
Trebeera, habileté. Ba.
Trebejoac, piéce du jeu des échecs. Ba.
Trebes, *Trebez*, *Trebe*, *Treps*, trépied meuble de cuisine ou foyer; pluriel *Trebeou*, *Trebezou*, *Trebezou*, *Trebejou*. B. Ce mot est formé de *Tre*, trois; *Pes*, pied, parce que ce meuble a trois pieds. Voyez *Tripetia* & *Tribet*.

Trebill, adversité, affliction, peine de corps, embarras. B. De là le Latin *Tribulor*, le vieux François *Tribouler* qui signifioit affliger, tourmenter, véxer. Voyez *Trabludd*, *Triobleid*, *Trubuill*, *Troubla*.

Treble, triple, chant en faux bourdon, ton aigu. G.

Trebn, ordre. G. Voyez *Trefn*, *Trebyn*.
Trebuca, pierre d'achoppement, scandale. Ba. Voyez *Trabucha*, *Trebuchi*.
Trebuchetum, *Trabuchetum*, A. M. espèce de fusil. De *Trabuca*.
Trebuchi, trébucher. B.
Trebyn, ordre. G. Voyez *Trebn*.
Trec, le même que *Trac*, *Tric*, *Troc*, *Truc*. Voyez *Bal*.
Treca, *Trica*, *Trecoia*, *Treccis*, A. M. cheveux tressés. De *Trecken*.
Trecc, armes, ustensiles, instrumens, outils, ornemens, parure. G. Les voyelles se mettant l'une pour l'autre, on a dit *Trac* comme *Trec*; de là le vieux mot François *Trac*, qui désignoit ce qui est bien, ce qui est droit, d'où est venu notre terme François *Détraquer*.
Treccya, instrument. G.
Trech, plus marque du comparatif, plus fort, plus puissant; de ce comparatif se forme le superlatif *Treshaf*. G. *Trech*, plus puissant en Breton. De là notre mot François *Très*, qui est parmi nous la marque du superlatif. *Trech* signifiant plus, désigne par conséquent l'augmentation, l'accroissement; de là les mots du Patois de Franche-Comté *Trefir*, commencer à paroître, à s'élever; *Trefies*, les levées des grains; *Tretous*, absolument tous; *Tredie*, grand Dieu.
Trech, tronc d'arbre. C.
Trech, plus puissant, plus fort, supérieur en force. B.
Trech, reflux de la mer. B.
Trechach, très-fort. G. Voyez *Trech*.
Treched, très-fort. G. Voyez *Trech*.
Trechi, vaincre, surmonter, être plus fort & victorieux, remporter la victoire, prévaloir, emporter, dompter, subjuguer, matter, mortifier, avoir du pouvoir, couper; *Beza-Trech*, prévaloir; *Tree'hi-A-Ra*, il coupe parlant d'un outil. B. Voyez *Trechu*, *Trech*.
Trechon, oseille; *Trechonein*, agacer les dents. B.
Trechu, être plus fort, plus puissant, devenir plus fort, plus puissant. G. Voyez *Trechi*.
Trechwezi, souffler fortement & avec effort, comme un homme qui court & un cheval pressé. B. De *Trech Chwezi*.
Trecou, embarras, commotion. B. Voyez *Tracada*.
Trecouein, agiter. B.
Trecz, trace, piste, vestige, dessein de peintre. De là le vieux mot François *Trac*, piste, vestige, qui se conserve encore en Franche-Comté pour signifier une chasse d'un grand nombre de personnes qui vont dans les forêts sur la piste des animaux pour les tuer; ou, si l'on veut, *Trac* en ce sens sera formé de *Tra*, autour, parce que dans cette chasse les chasseurs environnent la forêt dans laquelle ils sçavent que sont les animaux & avancent en environnant & en pressant toujours de plus en plus l'enceinte qu'ils ont faite. De *Trecz* sont venus l'Italien & le Latin barbara *Tracia*, & le François *Trace*;

de là paroissent être venus aussi le Théuton *Straz*, l'Allemand *Strasse*, l'ancien Saxon & l'Islandois *Strat*, le Lombard & le Grec vulgaire *Strata*, le Polonois *Draga*, le Lusacien *Droga*, chemin, le Flamand *Stratte*, l'Anglois *Streate*, rue. On trouve aussi des vestiges de ce mot dans les Langues orientales ; *Darac* ou *Drac* en Hébreu, fouler aux pieds, marcher ; *Derec* ou *Drec*, chemin ; *Midrec*, trace, vestige dans la même Langue ; *Derac* ou *Drac* en Chaldéen, fouler aux pieds, marcher ; *Derec*, fouler aux pieds ; *Doreceto* ou *Drecto*, vestige, trace ; *Darrac* ou *Drac*, vestige, action de fouler aux pieds en Syriaque ; *Darac* ou *Drac* en Samaritain, action de fouler aux pieds ; *Derec* ou *Drec* en Éthiopien, trace, vestige ; *Darac* ou *Drac* en Arabe, suivre, poursuivre ; *Trijk* en Sarrazin, chemin. Voyez *Tracista*.

TRECEA, à proportion, côté, endroit, vers un lieu. B.

TRECHEN, tresse ; pluriel *Trechennou*, *Trecz*. B. De là l'Anglois *Tress*, le François & l'Allemand *Tresse*. *Thraes*, *Thres* en ancien Saxon, tresse.

TRED, troupeau. I.

TRED, étourneau. B.

TRED, le même que *Tref*. Voyez *Cantredus*.

TRED, le même que *Red*. Voyez T.

TRED, le même que *Trad*, *Trid*, *Trod*, *Trud*. Voyez *Bal*.

TREDE, troisième, tiers. B.

TREDEARN, TREDEREN, TREDERN, tiers, troisième partie. B. De *Tre*, *Darn*.

TREDEMARS, exclamation d'un homme étonné, & l'on connoît mieux sa signification que son origine ; mais on ne peut pas l'exprimer au juste en François. Quelques-uns disent : *E Tredemars Eo*, & il n'est presque plus en usage que parmi les vieilles gens. Je ne sçaurois faire l'analyse de ce mot, sinon que *Trede* est troisième, & *Mars*, merveille. *Trede-Mars* est en guise de superlatif, comme si on disoit *Tres Merveille* pour très-merveilleux ; &, selon le Pere Gregoire, trois fois merveille. B. Cet article est pris de Dom Le Pelletier.

TREDERENN, douaire. B. Voyez *Tredereneres*.

TREDERENNERES, douairière, veuve qui jouit de son douaire, c'est-à-dire du tiers du bien commun entre son mari & elle, ce qui est du Droit romain & de la Coûtume de Bretagne. Ce nom est le féminin de *Tredereuner*, qui signifie celui qui partage en tiers, comme si l'on disoit *Tierceur*, & est dérivé de *Trederen*. B. Voyez *Tredearn*.

TREDEZ, troisième.

TREDT, maigre. B. Voyez *Truadb*.

TREECH, dompter. B. Voyez *Trechi*.

TREF, ville, habitation, maison. G. Voyez les deux articles suivans.

TREF, maison de campagne, métairie. C.

TREF, TREO, TREW, TREB, TREFF, hameau, tas de maisons ou de villages attachés à une petite Église dépendante de la paroissiale, dont celle-là est succursale ; pluriel *Treviou*, *Trevou* : C'est ainsi que Dom Le Pelletier explique ce mot. *Tréf*, selon Davies, signifie en Breton ville comme en Gallois. Le Pere de Rostrenen met *Treff*, Cure, annexe de Paroisse, & *Treffa*, succursale ou aide de Paroisse fort étendue. B. *Trefe*, *Trefe*, *Tres*, tente en vieux François ; *Throp*, village en Anglois ; *Throp*, village en ancien Saxon. Voyez *Treff*.

TREF-CAEROG, ville. G.

TREF-FRAINT, ville libre, municipe. G.

TREF-TAD, TREFTADAETH, patrimoine, hérédité, succession. G.

TREFAD, demeurer, séjourner, domicile, maison, habitation, résidence. G.

TREFAN, petite ville, château, maison de campagne. G.

TREFEDIG, habitant d'une colonie. G.

TREFEN, ordre. G.

TREFF, famille, race, lignée. I.

TREFF, trève, suspension d'armes ; pluriel *Treffou*, *Trevou*. B. De là ce mot. Voyez *Trewyn*.

TREFF. Voyez *Tref*.

TREFFE. Voyez *Tref*.

TREFFOED, impropre. B.

TREFGORDD, maison de campagne commune. G.

TREFIG, de ville. G.

TREFLAN, rue, quartier de la ville, maison de campagne, métairie, village. G.

TREFN, ordre, ordre des choses qui se suivent, action de s'habiller. G. Voyez *Trefen*.

TREFNAD, ordre, arrangement, disposition, préparation, appareil, ordonnance. G.

TREFNIAD, action d'arranger. G.

TREFNID, action de ranger, arrangement, disposition, ordonnance. G.

TREFNU, ranger, mettre en ordre, disposer, parer, ajuster. G.

TREFNUS, rangé, mis par rang, par ordre, ordonné, orné, ajusté, beau, décent. G.

TREFNUSDEG, fort net. G.

TREFNUSRWYDD, ornement, parure, ajustement, embellissement. G.

TREFNWR, ordonnateur, qui prend des alignemens, des mesures d'un plan. G.

TREFOUET. TEAOUT TREFOUET, langage d'un autre canton. B.

TREFRED, habitation, demeure, domicile. G.

TREFRED, le même que *Trefad*. G.

TREFREMI, frémir, tressaillir. B.

TREFTAD, TREFTADAETH, patrimoine. G.

TREFTADOG, héritier. G.

TREFTADOL, héréditaire, patrimonial. G.

TREFYN, ordre. G.

TREG, TREGWCH, délai, retard. Voyez *Attreg*.

TREG, le même que *Reg*. Voyez T.

TREG, le même que *Trag*, *Trig*, *Trog*, *Trug*. Voyez *Bal*.

TREGACE. Voyez *Tracassi*.

TREGACEI. Voyez *Tracassi*.

TREGH, pied ; pluriel *Tregigh*. I. De là le terme Franc-Comtois *Traigie* pour marcher. Voyez *Troed*.

TREGONT, le nombre de trente ; pluriel extraordinaire *Tregontou* ; *A Tregontou*, par trente, c'est-à-dire par trentaine. B. Voyez *Tre*.

TREGUA, trève, suspension d'armes. Ba. *Trenqua* en vieux François ; *Tregua* en Espagnol & en Italien, trève. Voyez *Treff*.

TREGUA, A. M. trève, suspension d'armes. De *Tregua* plus haut.

TREH, sable. B.

TREHALHA, haleter, respirer avec peine, souffler avec effort des poumons à force de courir ou travailler. B.

TREHIG, petit bac. B.

TREI, autour. G.

TREI, tourner, tordre. B. Voyez *Troi*.

TREI, ânonner, faire un ânon. B.

TREIACH, herbe dans le dialecte Gallois de l'Isle de Mona. G.

TREID-CONTILLY,

TRE.   TRE.   441

TREID-CONTILLY, palourde coquillage de mer. B.
TREIDDIAD, passage, pénétration. G.
TREIDDIO, passer, passer à travers, pénétrer, entrer dedans, percer d'outre en outre, percer de part en part. G. Voyez *Tre*, *Treis*, *Dreid*.
TREIDEACH, poli. I.
TREIDI. Voyez *Trei*.
TREIGEAN, abandonner, laisser, délaisser, se désister, cesser, abdiquer, rejetter, abandon, désertion. I.
TREIGHE, abandonné, abdiqué, rejetté. I.
TREIGL, chemin, voyage. G.
TREIGL, action de tourner, tournoiement, tour, circuit qu'on fait, cercle, tour circulaire, qu'on décrit en tournant, promenade autour, à l'entour, entortillement, roulement, rouleau, tourbillon, révolution, mouvement, agitation, fréquentation. G. *Trill* en Allemand, tour à tourner; *Thryl-Hus* en ancien Saxon, machine à tourner; *Drill* en Flamand; *Trillen* en Allemand, tourner. On appelle en Patois de Besançon *Trillot* le marc des noix dont on a tiré l'huile en les pressant avec une machine à tour ou vis. Les enfans appellent à Besançon une toupie *un Trebillot*, parce qu'ils font tourner la toupie à coups de fouet. Voyez *Treill*.
TREIGL. DYN TREIGL, étranger. G.
TREIGLAD, vagabond, homme qui se promene autour, à l'entour. G.
TREIGLIAT, déclinaison. G.
TREIGLO, rouler, tourner, se promener autour, à l'entour, sortir, renverser, bouleverser, ruiner, abattre, démolir, détruire. G.
TREIH, trajet, passage d'une rivière. B.
TREIHAGE, batelage. B.
TREIHOUR, passager. B.
TREIL, TREILL, treille, treillis de fenêtre, haie de palissade, balustre, balustrade, barreau, grille; plurier *Treillon*. B. De là nos mots François *Treille*, *Treillis*.
TREILEA, A. M. treille. De *Treil*.
TREILL. Voyez *Treil*.
TREILL, sorte de filet dit en François *Tramail*. On dit ordinairement *Roet-Treill*, filet, tramail, & *Treill* tout court pour un filet de fenêtre; *Treilla*, pêcher avec ce filet, renverser, tourner, virer. B. Voyez *Trei*, *Treigl*, *Treilliad*, *Treillio*.
TREILLEIN, érailler. B.
TREILLIAD, volubilité, facilité à tourner. G.
TREILLIO, rouler, tourner, tourner en rond comme une roue. G. *Trill* en Allemand, tour à tourner. Voyez *Treill*.
TREIN, nez. C. *Trin* en Islandois, nez. Voyez *Trwyn*.
TREINAFF, traîner. B.
TREINS, tranchée. I. Voyez *Traincha*.
TREIO, décroître, diminuer, refluer comme la mer, être diminué, causer de la diminution. G.
TREIS, TREIZ, TRAIZ, TRAEZ, passage, trajet de rivière, d'un bras de mer, bateau qui sert à traverser une rivière, un bras de mer; *Treiza*, passer actif & neutre; *Treizer*, passager, batelier qui transporte dans son bateau. Les Vennetois disent *Trezin* pour *Trezein*, & *Treiza*, perdre en parlant de la mer qui se retire; & quand on parle des animaux, c'est monter. Ils disent aussi *Treib* pour *Treiz*, passage, trajet, bateau de passage, & *Trehein*, passer un bras de mer; *Trehour* pour *Treizer*, passager; plurier *Treberion*. Les Bretons donnent aussi le nom de *Treizer*, qui signifie passeur, à un prodigue & à un entonnoir. B. Voyez *Tra*, *Tre*, *Traith*, *Treiddio*.

TREIS, rapt de femmes. G.
TREISE, force. I.
TREISA, passer la mer. B.
TREISIAD chez une partie des Gallois le même que *Bustach* chez une autre. Il signifie encore oppresseur. G.
TREISIAD, génisse, jeune taureau, bouvillon. G.
TREISIG, qui opprime. G. *Traiss*. Davies.
TREISIO, violer, faire violence, violenter, ravir l'honneur d'une fille ou d'une femme, dérober, piller, extorquer, opprimer. G.
TREISIWR, ravisseur, pillard, qui saccage, qui ravage, qui vole, qui extorque, oppresseur, brigand, tyran. G.
TREITH, pieds. B. De là notre mot *Traite*. *Tris* eu Allemand, pas, démarche. Voyez *Troed*, *Treth*.
TREIZ, trajet, passage de mer ou de rivière, bateau pour passer, barque, bac. B. Voyez *Treis*.
TREIZER, passager. B.
TREIZEUR, TREIZOUR, passager, temporiseur. B.
TREKETHLE, ville du coudrier. G. *Tre*, ville; *Kethle*, coudrier.
TREL, ville. G. Voyez *Tre*, *Treb*, *Tref*.
TRELA, fourberie. Ba.
TRELA, A. M. treillis. De *Treil*.
TRELATEIN, devenir fou, devenir sot. B.
TRELATET, fou, furieux ou transporté de colere, sot, stupide. B.
TRELATI, transporter, divertir, amuser. *En Em Trelati*, se divertir soi-même, s'amuser. Le Pere Maunoir met seulement *Trelati*, etre transporté & transporter : C'est ainsi que Dom Le Pelletier explique ce mot. On trouve dans les autres Dictionnaires *Trelati*, transporter, troubler, rendre sot, avoir des absences d'esprit, débaucher. B. La première signification de ce mot, de laquelle sont venues les autres par analogie, est transporter; de *Tre*, qui tient ici la place de la préposition latine *Trans*, & de *Lati*, qui doit signifier porter; ce qui se prouve d'ailleurs parce que *Lath* a la même signification en Gallois. Voyez ce mot.
TRELONG, poires, pommes & autres fruits âcres. B.
TRELONCA, avaler. B. Voyez *Traslwng*.
TREM, air du visage, mine, vûe, vision, regard. G. Voyez *Drem*.
TREM, le même que *Tram*, *Trim*, *Trom*, *Trum*. Voyez *Bal*.
TREMA, vers préposition. B.
TREMA, A. M. chemin. De *Tremen*.
TREMAILLER, crémaillere. B.
TREMAN, vers préposition. B.
TREMEINEIN, suffire. B.
TREMEINNET, précédent, passé. B.
TREMELLUM, A. M. trémie. Voyez *Tremen*. L'*n* se change souvent en *l*.
TREMEN, TREMON, passer, franchir; *Tremenet*, passé, trépassé; *Tremeni*, trépasser; *Tremeniat*, passant, pélérin, étranger; plurier *Tremenidi*; *Tremenel*, escalier, passage du chemin dans un champ; *Distremen*, dépasser, repasser : C'est ainsi que Dom Le Pelletier explique ce mot. On trouve dans les autres Dictionnaires *Tremen*, passer, passage, passade, la traversée d'un pays, s'abstenir. B. De là notre mot François *Trémie*. *Dremeng*, canal, conduite d'eau en Arménien. Voyez *Tramwy*.
TREMEN, TRAMA, TRAMEN, A. G. trame

ou trême ; ce font les fils qu'on paſſe à travers ceux de la chaîne. De *Tremen*.

TREMENEL. Voyez *Tremen*.

TREMENET. Voyez *Tremen*.

TREMENGAE, paſſage du chemin dans un champ. B. Ce mot eſt formé de *Tremen*, paſſage, & de *Cae*, haie.

TREMENI. Voyez *Tremen*.

TREMENLECH, paſſage du chemin dans un champ. B. Ce mot eſt formé de *Tremen*, paſſage, & de *Lech*, lieu.

TREMENVAN, trépas, mort. En Léon on dit *Tremeuvan*, *Tremevan*, agonie, trépas. Le Pere Gregoire m'a enſeigné que *Tremenvan* eſt un petit paſſage deſtiné pour les hommes, différent d'un grand deſtiné aux carroſſes, charrettes, chevaux, &c. ce qui ſe voit aux entrées des maiſons de nobleſſe à la campagne. En Cornouaille on le dit des entrées des cimetières, où les bêtes n'entrent point, mais ſeulement les hommes : C'eſt ainſi que Dom Le Pelletier explique ce mot. Le Pere de Roſtrenen met *Tremenvan*, trépas, échalier ou eſpèce d'eſcalier fait de pierre pour paſſer dans un champ. B. Ce mot eſt formé de *Tremen*, paſſage, & de *Man*, en compoſition *Van*, homme, c'eſt-à-dire, paſſage d'hommes. On voit par là, ce que l'Hiſtoire nous apprend auſſi, que les Gaulois étoient perſuadés de l'immortalité de l'ame, & qu'ils ne regardoient la mort que comme un paſſage. Voyez *Tremen*.

TREMENVOE, TREMENVOEZ, paſſage. B.

TREMIAD, vûe. G.

TREMINNET, parcouru. B.

TREMIO, regarder, voir, conſidérer. G.

TREMMYGWR, mépriſant, dédaigneux. G.

TREMMYN, TREMMYNT, action de voir, vûe, contemplation, ſpéculation. G.

TREMMYNT, air du viſage, mine. G.

TREMON. Voyez *Tremen*.

TREMPA, arroſer, tremper. B. De là ce mot.

TREMUD, le même que *Termud*. G.

TREMUTA, A. M. trémie. Voyez *Tremen*.

TREMWYLLT, cruel, barbare, farouche, ſauvage, affreux. G.

TREMYPA, échauguette, guérite. G.

TREMYG, le même que *Dirmyg*, affront, outrage, injure atroce, mépris. G.

TREMYGU, mépriſer. G.

TREMYN, TREMYNT, aſpect, vûe, état d'une ſentinelle. G.

TREMYNIAD, ſpectre, fantôme. G.

TREMYNT, vûe, regard. G.

TREN, coulant d'eau, rivière, ruiſſeau, torrent. G. De là le Latin *Torrens*, l'Italien *Torrente*, le François *Torrent*. Voyez *Dwran*.

TREN, fort, ferme. I.

TREN, le même que *Ren*. Voyez T.

TREN, le même que *Dren*. Voyez T.

TREN, le même que *Tran*, *Trin*, *Tron*, *Trun*. Voyez *Bal*.

TRENA, vieux habits, vieux ſouliers, vieille ferraille. Ba.

TRENC, TRENK, âcre, aigre ; *Aval-Trenk*, pomme aigre & ſauvage ; *Trenkier*, aigreur, âcreté ; *Trenca*, aigrir, rendre ou devenir aigre, âcre ; *Dont Trenk*, le même.

TRENCATUM, A. M. tranchée, foſſe. Voyez *Treins*, *Traincha*.

TRENCHEATOR, TRENCHIATOR, A. M. coupeur. De *Traincha*.

TRENCQRIENNECG, pepinière. B.

TRENCQEZENN, ſauvageon. B.

TRENCQICQ, ſur, un peu acide. B.

TRENE, pouvoir. I.

TRENGI, être fini, mourir. G.

TRENK. Voyez *Trenc*.

TRENKEIA, A. M. tranchée, foſſe. Voyez *Treins*, *Traincha*.

TRENKWEEN, ſauvageon, arbre ſauvage qui ne porte que des fruits aigres & âcres. B.

TRENNYDD, dernier, qui arrive après les autres, qui tarde plus que les autres, après-demain. G.

TRENQUAAT, aigrir. B.

TRENSGA, javelot. I.

TREOIR, conduite, adminiſtration. I.

TREOIRHEACH, trident. I.

TREORADH, commander, commander en chef, conduite ; *Treorughadh*, conduire, mener, guider. I.

TREORAIM, conduire, mener. I.

TREORTHA, mené. I.

TREORUDHE, conducteur. I.

TREOUR, paſſager. B.

TREOUT, maigre. B.

TREPADUREZ, trépignement, battement des pieds. B.

TREPAL, trépigner. B.

TREPAMAND, trépignement, battement des pieds. B.

TREPAN, trépan. B. De là ce mot. *Trépan* eſt formé de *Tre*, & *Pen* ou *Pan*, tête.

TREPAS, allée, galerie, paſſage. B. De là notre mot François *Trépas*. Voyez *Tremenvan*.

TREPASSUS, A. M. paſſage. De *Trepas*.

TREPE, trépied. B.

TREPEDIA, A. M. petit ſiége à trois pieds. Voyez *Tripetia*.

TREPET, trépied. G. Voyez *Trebes*.

TREPIQUEIN, taper. B.

TREPIQUIAL, trépigner, ſe trémouſſer. B. De là le premier de ces mots.

TRES, travail, occupation, affaire, chagrin. G.

TRES, traîneau. G.

TRES, TREZ, TREEZ, TRE, dedans, au-dedans ; *Trebars*, en dedans, dans la partie intérieure. *Tres* ſignifie auſſi doucement ; *Deut-Tres*, venez doucement. B. Voyez *Tre*.

TRES, ſec, fort ſec ; & comme ſubſtantif ſingulier *Treſen*, linge ſec, guenillon qui n'eſt propre qu'à eſſuyer ; pluriel *Treſion* & *Treſennou*, linges qui ſervent à tenir nets & propres les petits enfans au berceau. Dans les amourettes du vieillard *Tres* eſt dit des hardes en général, & *Trezyou* au pluriel eſt dit des chemiſes ou autres linges pour les grandes perſonnes. B. Cet article eſt pris de Dom Le Pelletier.

TRES. Voyez *Trech*.

TRES. Ce mot Gaulois ſe trouve dans une charte citée dans le nouveau Ducange, & ſignifie près.

TRES, le même que *Res*. Voyez T.

TRES, le même que *Dres*. Voyez T.

TRES, le même que *Tras*, *Tris*, *Tros*, *Trus*. Voyez *Bal*.

TRESCAO, hiéble. B.

TRESCAN, ornement, parure. I.

TRESGL MELYN, TRESGL Y MOCH, tormentille. G.

TRESGLEN, grive. G.

TRESKIS, rigole. B.

TRESNAC, ameublement. Ba.

TRESS, TREZ, piſte, trace. B.

TREST, grand champ, pâturage ; pluriel *Treſtou*. B. *Trebeit*, pâturages dans les Tables Eugubines.
TREST, poutre. B. Voyez *Trawſt*.
TRESTEL, table, petite table. G.
TRESTELL, tréteau. B. De là ce mot.
TRESTELLUS, A. M. tréteau. De *Treſtell*.
TRESTEUIL, TRESTELL, TREUSTELL, TREUSTEUIL, TREUSTEUL, TREUSTELLIOU, tréteau. B.
TRESTL, trépied, petite table. G. B.
TRET, TREIDI, étourneau sorte d'oiseau ; pluriers *Treidi*, *Tridi*, *Treidies*. B. Voyez *Drudwy*.
TRET, le même que *Ret*. Voyez T.
TRET, le même que *Dret*. Voyez T.
TRET, le même que *Trat*, *Trit*, *Trot*, *Trut*. Voyez *Bal*.
TRETA, traiter, convenir de certaines conditions. B. De là ce mot.
TRETELLUS, A. M. tréteau. De *Treſtell*.
TRETH, tribut, impôt, taxe, imposition, cens, amende, peine pécuniaire, tâche besogne qu'on donne à faire à quelqu'un pour une journée. G. *Treu*, tribut en vieux François.
TRETH, charge, redevance. Voyez *Didreth*.
TRETH, voyage. Voyez *Bwylwrw*. Voyez *Treit*.
TRETH. Voyez *Llwrw*.
TRETH. Voyez *Tryth*.
TRETH-GRIBDAIL, exaction, levée injuste de deniers. G. *Treth Cribdail*.
TRETHIAD, taxe, appréciation. G.
TRETHOL, tributaire. G.
TRETHU, taxer. G.
TRETONNI, marasme. B.
TREV, ville, habitation ; pluriel *Trevawt*. G. Voyez *Treb*, *Tref*, *Tre*.
TREV, nation. I.
TREU, hardes, nippes. B.
TREU ne se trouve point seul, mais on dit *Treu-Di-Dreu*, de part en part, tout à travers. M. Roussel disoit *Didreu-Ar-Pont*, au-delà de pont : C'est ainsi que Dom Le Pelletier explique ce mot. Le Pere de Rostrenen met *Treu*, trajet, traite, par où l'on voit qu'il est synonime de *Tre*. B.
TREU, cure, annexe de Paroisse, succursale ou aide de Paroisse fort étendue. B. C'est le même que *Treff*.
TREU. Voyez *Treugen*.
TREVA, TREUGA, A. G. trêve, suspension d'armes, sûreté donnée. Voyez *Tregna*, *Treff*.
TREVAD. Voyez *Trevat*.
TREVAT, moisson ; diminutif *Trevidic*. *Trevat* en basse Cornouaille est la semence mise en terre, laquelle ne produit pas ce qu'on avoit espéré, & *Trevidic* est un seul champ labouré. M. Roussel expliquoit *Trevat* par le mot gagnerie ou gain : C'est ainsi que Dom Le Pelletier explique ce mot. Le Pere de Rostrenen met *Trevad*, moisson. B.
TREUCH. Voyez *Troch*.
TREUD, exténué, maigre, aride. B. Voyez *Truadh*.
TREUD-QY, étique, maigre. B.
TREUDI, perdre son embonpoint, amaigrir. B.
TREUDT, maigre, exténué, aride. B.
TREUE, habile à faire quelque chose, prompt à l'entreprendre. Ba.
TREVEA, le même que *Trebea*. Ba.
TREVEL, travail. B.
TREVERS, trêve, cessation d'armes & d'hostilités. B. Voyez *Treff*.
TREUGEN, TREUJEN, TROJEN, TREUNJEN, TRUNJEN, tronc ; *Treujen-Wezen*, tronc d'arbre ; *Treujen Caul*, tronc de chou : C'est ainsi Dom Le Pelletier explique ce mot. Le Pere de Rostrenen met *Treugen*, buche, gros morceau de bois propre à brûler ; pluriel *Treugennou*, *Treujou*, *Trogenn Güezen*, *Trogen Ur Uen*, *Trogenn Ur Oën*, tronc le pied d'un arbre ; pluriel *Treugennou Güez*, *Trongnen* ; *Treugen-Gaul*, *Trongenn Caul*, trognon de choux ; pluriel *Treugeon Caul*, *Trong Caul* ; *Treujoliff*, tronc joli maison noble ; de *Treujon*, buches ; *Trong-Ur-Vezenn*, la tige d'un arbre. On trouve dans un autre Dictionnaire *Trogueu* seul pour tronc ; *Trong*, tronc souche ; *Trongnen*, tronc d'arbre. B. On voit par *Treujoliff* qu'on a dit *Treu* comme *Treugen* : l'*n* se changeant en *f*, on a dit *Tref* comme *Treu* ; de là le terme *Trefoir* qui est dans plusieurs endroits du Royaume le nom que l'on donne à la buche de Noël. De *Trong* est venu le Latin *Truncus*, l'Italien *Tronco*, l'Espagnol *Trunco*, le Flamand *Stronch*, le Lusacien *Drenno*, le François *Tronc*. De là est aussi venu notre terme François *Trognon de choux*. Les Flamands appellent *Drong*, un tronc creusé pour contenir de l'eau. Voyez *Trawſt*.
TREUJA, tordre ; participe passif *Treujet*, tors, tortu, malfait. B.
TREUJA, traverser. B.
TREVIA, A. M. trêve, suspension d'armes. Voyez *Trevers*.
TREUJEN. Voyez *Treugen*.
TREULFAWR, somptueux, magnifique, splendide, qui dépense beaucoup, qui fait beaucoup de dépenses. G.
TREULGAR, somptueux, qui fait beaucoup de dépenses, prodigue. G.
TREULIEDIG, usé en frottant G.
TREULIO, dépenser, dissiper entièrement consumer, user en frottant, être usé en frottant, froisser, briser, broyer, être consumé, devenir vieux, sécher de langueur, se consumer. G. De là le mot *Treuil* usité dans le Comté de Bourgogne, dans le Limosin, dans le Pays d'Aunys & dans les Provinces voisines de ce Pays, pour désigner un pressoir ; on dit *Treu* en Bourguignon. *Trott* en Allemand ; *Trot* en Carniolois ; *Drot* en Lusacien ; *Throt* en Cophte, pressoir. Voyez *Trotium*, *Trulium*.
TREULIO, porter, transporter. G.
TREULIWR, qui consume, qui dissipe. G.
TREUS, travers, largeur. A *Dreus*, de travers. *Treuſa*, tordre, rendre tortu & de travers ; *Treuſet*, *Treuſcam*, tortu, qui marche de travers : C'est ainsi que Dom Le Pelletier explique ce mot. On trouve dans les autres Dictionnaires *Treus*, travers ; *Treuz An Hend*, largeur du chemin ; *Treus*, *Treuſou*, *Treuzen*, seuil, travers d'une porte ; pluriel *Treuzeyer*, les seuils des portes ; *Treuz-Cam*, *Treuzed*, *Treuſet*, jambe torse ; *Treuza*, tordre ; *Treuzed*, compassion ; *Treuzell*, petit pont de bois, rigole, biais, ruse frauduleuse, moyen injuste ; *Treuell*, traverse barre de fer ; *Treuzi*, traverser ; *Treuzyand*, chiendent ; *Treyzer*, *Treyzour*, passager, batelier ; *Treuza*, dissiper son bien, *Trezer*, entonnoir, homme qui boit beaucoup de vin & goulument, débauché, prodigue ; *Trezenner*, homme qui boit beaucoup de vin & goulument, prodigue, débauché. B.
TREUS-PLUNEC, TREUS-PLUNVEC, Voyez *Treus*.
TREUSA, A. M. tribut. Voyez *Treth*.
TREUSET. Voyez *Treus*.
TREUSGHEAOT, chiendent. B.
TREUSOU. Voyez *Treus*.

TREUSPORT, emportement, transport. B. Voyez *Treus*.
TREUSQIN, jabloire. B.
TREUST, poutre, solive, grosse piéce de bois qui traversant une maison en soutient le plancher; plurier *Trestou*. B. Voyez *Trawst*.
TREUSTEUL, linteau. B.
TREUT, seuil. B.
TREUT, maigre. B.
TREUTAAT, perdre son embonpoint, amaigrir, exténuer. B.
TREUTTER, TREUTDER, maigreur. B.
TREW, éternuement. G.
TREW, le même que *Drew*. Voyez T.
TREWI, éternuer. G.
TREWLWCH, ce qui fait éternuer. G.
TREWYN, le même qu'*Athrywyn*, séparer les combattans. G. Voyez *Treff*.
TREUZ-CAM. Voyez *Treus*.
TREUZA. Voyez *Treus*.
TREUZED. Voyez *Treus*.
TREUZELL. Voyez *Treus*.
TREUZI. Voyez *Treus*.
TREUZOU. Voyez *Treus*.
TREUZTEUL, TREUZTEUILH, treteau. B.
TREUZYAUD. Voyez *Treus*.
TREYN, nez. C. Voyez *Trwyn*.
TREYZER, TREYZOUR. Voyez *Treus*.
TREZ, travers; *Trezen*, seuil de la porte; *Trezein*, traverser. B. Voyez *Treus*.
TREZ, sable. B.
TREZA. Voyez *Treus*.
TREZA, A. M. cheveux tressés. Voyez *Treczen*.
TREZE, vers préposition. B.
TREZEIN. Voyez *Treus*.
TREZELL. Voyez *Treus*.
TREZENNER. Voyez *Treus*.
TREZER. Voyez *Treus*.
TREZEU. Voyez *Treus*.
TREZOLER, trésorier. B.
TREZON, drapeaux. B.
TRI, trois. G. C. I. B. Voyez *Tre*.
TRI, habitation, ville. G. *Tri*, siége en Tartare du Thibet. De *Tri* est venu le mot Latin *Atrium*. *Ar*, avant; *Tri*, habitation. Voyez *Tre*.
TRI, particule qui marque l'habitude, la grande quantité, l'excès, la continuité. Voyez *Ysutri*.
TRI, le même que *Ri*. Voyez T.
TRI, le même que *Dri*. Voyez T.
TRI, le même que *Tra*, *Tre*, *Tro*, *Tru*. Voyez *Bal*.
TRI-UGAIN, soixante. G.
TRI-UGEINFED, soixantième. G.
TRI-UGEINWAITH, soixante fois. G.
TRIAELODOG, qui a trois membres. G.
TRIAGL, thériaque. G. B. Les Gaulois ont pris ce mot des Latins & ceux-ci des Grecs.
TRIAGL TAIR DALEN, trefle aigrelet, alleluia, pain de coucou. B.
TRIAGL Y CWN, chiendent. G.
TRIAGL Y TLAWD, ail, mets fait avec de l'ail. B.
TRIAGL Y TLODION, tormentille. G.
TRIAIRNA, trois isles. I. *Tri*, trois; *Airna* par conséquent isles.
TRIALLAIRE, TRIALLANT, voyageur. I.
TRIALOT, montagne, butte. I.
TRIATH, maître, seigneur, mont, butte. I.
TRIATHAN, flot. I.
TRIB, le même que *Trab*, *Treb*, *Trob*, *Trub*. Voyez *Bal*.

TRIBAR, ce qu'on met au cou d'un cochon pour l'empêcher de monter les fossés. B.
TRIBET, chaise à trois pieds. G. Voyez *Trebes*.
TRIBH, le même que *Treabh*. De même des dérivés ou semblables. I.
TRIBU, tribu. B. De là le Latin *Tribus*, l'Italien & le François *Tribu*.
TRIBUNALA, tribunal. Ba. De là le Latin, l'Espagnol, le François *Tribunal*, l'Italien *Tribunale*.
TRIBUS, A. M. village, métairie, canton, contrée. De *Trib* le même que *Treb* & le même que *Treabh*.
TRIBUT, tribut. B.
TRIBYRR, tribraque, pied de vers composé de trois syllabes bréves. G.
TRIC, seigneur, fort. G.
TRIC, le même que *Ric*. Voyez T.
TRIC, le même que *Dric*. Voyez T.
TRIC, le même que *Trac*, *Trec*, *Troc*, *Truc*. Voyez *Bal*.
TRICA, retardement, embarras. Ba. De là le Latin *Trica*, embarras, *Tricari*, être embarrassé de rien, de bagatelles; *Tricare* dans la vulgate signifie embarrasser. De *Trica* sont venus nos mots François *Intrigue*, *Intriguer*. Voyez *Trigo*.
TRICA, TRICIA, A. M. cheveux tressés. Voyez *Treczen*.
TRICH, TRYG, tricherie, tromperie, fraude au jeu en quelque manière que ce soit. *Tricha*, *Trincha*, *Treichein*, tricher; *Tricherez*, tricherie, fraude, tromperie. Le Pere Maunoir met *Trincha*, amadouer, c'est-à-dire, allécher, gagner par douceur, tromper par promesses; il met ailleurs allécher, *Trincha*, Monsieur Roussel écrivoit *Trinchal*, tromper: C'est ainsi que Dom Le Pelletier explique ce mot. Le Pere de Rostrenen met *Tricha*, *Trincha*, tricher, jouer de mauvaise foi; *Trichus*, *Trincherus*, qui est sujet à tricher; *Trincheurez*, *Tricheury*, *Tricheresh*; plurier *Trincheurezou*, *Tricheuryon*, *Trichereü*; *Tricheur*, *Trychour*, tricheur; plurier *Trincheuryen*, *Trychouryou*, *Tricheurez*, *Trincherez*, superchere, fraude; *Trincher*, enjoleur. On trouve dans un autre Dictionnaire *Trincha*, tricher, affriander, enjoller. B, *Trug* en Allemand; *Drug* en Persan; *Drug*, troc; *Gitrog* en Théuton, fraude, tromperie, tricherie; *Triegen*, *Betriegen* en Allemand; *Tragen*, *Driagen*, *Triegen*, *Bitrugen*, *Getrugen* en Théuton; *Bedriegen* en Flamand; *Bedraga* en Suédois, tromper, tricher. De *Trich*, *Tricha* est venu notre mot François *Tricher*.
TRICH, le même que *Trach*, *Trech*, *Troch*, *Truch*. Voyez *Bal*.
TRICHA. Voyez *Trich*.
TRICHANWAITH, trois cens fois. G.
TRICHEREZ. Voyez *Trich*.
TRICHOIGN, triangle. B. *Coign*.
TRICRONGLOG, triangulaire. G.
TRICHORN, triangle. B.
TRICHORNIOG, qui a trois cornes. G.
TRICHORPHOG, qui a trois corps. G.
TRICO, A. G. homme difficile, en Latin *Morosus*. Voyez *Trica*. *Trico* se dit encore en ce sens en Italien.
TRICQA, trinquer. B.
TRICQHEUSOU, TRICQHOUSEU, guêtres. B.
TRICUA, hérisson. Ba.
TRID, par, de travers. I.
TRID, le même que *Tread*. De même des dérivés ou semblables. I.

TRID.

TRID, le même que *Rid*. Voyez T.
TRID, le même que *Drid*. Voyez T.
TRID, le même que *Trad*, *Tred*, *Trod*, *Trud*. Voyez *Bal*.
TRIDAINT, trident. G.
TRIDAL, treffaillir, trémouffer, fretiller, foit de peur, foit de joie, rire avec excès, trépigner des pieds. B.
TRIDE, troifième. B.
TRIDEC, treize. B.
TRIDIAU, efpace de trois jours. G.
TRIDIWRNODIG, de trois jours. G.
TRIDYBLAD, action de tripler. G.
TRIDYBLYG, triple. G.
TRIEN, douairière, veuve jouiffant de fon douaire. I. Ce mot eft formé de *Tri*. Voyez *Trederenn*, *Trederennures*.
TRIERA, hériffon. Ba.
TRIF, le même que *Tref*. Voyez *Bal*.
TRIFYCHIG, foixante. I.
TRIFYSIG, de trois doigts. G. *Bys*.
TRIG, habitant, demeurant, féjournant. G.
TRIG, le même que *Rig*. Voyez T.
TRIG, le même que *Drig*. Voyez T.
TRIG, le même que *Trag*, *Treg*, *Trog*, *Trug*. Voyez *Bal*.
TRIGEIN, foixante. G. De *Tri Ugain*.
TRIGFA, demeure féjour, habitation, domicile. G.
TRIGH, le même que *Treagh*. De même des dérivés ou femblables. I.
TRIGIAD, réfidence, habitation, féjour, demeure. G.
TRIGIANNOL, habitant, habitant d'une colonie, appliqué, attaché à quelque chofe. G.
TRIGIANT, demeure, féjour, habitation. G.
TRIGIAS, domicile, demeure, féjour, habitation. G.
TRIGLE, habitation. G. *Trig Lle*.
TRIGO, demeurer, habiter, féjourner, arrêter, mourir quelque part de mort violente, retardement. G. *Trag*, prononcez *Treg* en Allemand; *Traech* en Flamand, pareffeux; *Tragur* en Iflandois, qui retarde; *Tragi* en Théuton, pareffe. Voyez *Trica* & l'article fuivant.
TRIGO, demeurer. C. Voyez l'article précédent.
TRIHIR, pied de vers compofé de trois fyllabes longues. G.
TRIHUEG, dix-huit. B.
TRIHYNT, carrefour. B.
TRIKHEUSOU, tricouffes, gamaches, guêtres. B.
TRIL, le même que *Tral*, *Trel*, *Trol*, *Trul*. Voyez *Bal*.
TRILH, treille. B.
TRILIS, poil, cheveux. I.
TRILLSEAN, lampe. I.
TRIM, faîte, cime. G.
TRIM, le même que *Tream*. De même des dérivés ou femblables. I
TRIM, le même que *Drim*. Voyez T.
TRIM, le même que *Tram*, *Trem*, *Trom*, *Trum*. Voyez *Bal*.
TRIMCEFN, élévation entre deux fillons. G.
TRIMINIOG, qui a trois pointes. G.
TRIMISIESTR, trimeftre. B.
TRIMISTRIAD, qui a trois mois. G.
TRIMUD, le même que *Termud*. G.
TRIN, adminiftrer, conduire, régir, avoir foin, manier, agir, action de fe fervir de quelque chofe, combattre, maniment, occupation, travail, combat. G.

TOME II.

TRIN. Voyez *Dwran*.
TRIN, le même que *Rin*. Voyez T.
TRIN, le même que *Tran*, *Tren*, *Tron*, *Trun*. Voyez *Bal*.
TRIN-GYRCH, courfe, incurfion. G.
TRINCA, preffe machine à preffer. Ba. De là le Latin *Stringo*, l'Italien *Stringere*, l'Allemand *Tringen*, *Stringen*, l'Anglois *Strain*, le Théuton *Geftringen*, le Flamand *Strengelen*, le vieux François *Eftraindre*.
TRINCATU, je broye. Ba.
TRINCATUA, broyé, épaiffi. Ba.
TRINCHA. Voyez *Trich*.
TRINCHEN, ofeille. B. Voyez *Dringol*, *Trenk*.
TRINCHER. Voyez *Trich*.
TRINCHERET. Voyez *Trich*.
TRINCHIN, ofeille, vinette ou faliette. B. Voyez *Trinchen*.
TRINCHON, ofeille dans la haute Bretagne. Les hauts Bretons ont confervé ce mot de leur ancien langage. Voyez *Trinchen*, *Trechon*.
TRINCQA, trinquer. B. Voyez *Trancell*.
TRINCQHEUSO, gamaches, guêtres. B.
TRINDAWD, TRINDOD, trinité, nombre de trois. G. B.
TRINDOD, LLYSIOER TRINDOD, violette. G.
TRINED, le même que *Trin* pris comme nom. G.
TRINGYRCH, choc, conflit, combat. G.
TRINIAD, adminiftration. G.
TRINIAETH, miniftère, emploi, office, occupation. G.
TRINIAETH-GWLAD, culture des terres, agriculture. G.
TRINN, le même que *Treann*. De même des dérivés ou femblables. I.
TRINQUINA, boiteux. Ba.
TRINWR, adminiftrateur. G. *Trin Gwr*.
TRIOBLOID, inquiétude, chagrin, affliction, peine, trouble, angoiffe, fatigue, anxiété, bruit, embarras, humeur contentieufe, perplexité, perfécution, calamité, malheur. I. Voyez *Trabludd*, *Trebil*.
TRIOCHROG, qui a trois pointes. I.
TRIOED, les troifièmes en tout genre. G.
TRIOED, collation petit repas après le fouper. G.
TRIOIT, montagne, butte. I. E. Voyez *Trioth*.
TRIP, le même que *Trap*, *Trep*, *Trop*, *Trup*. Voyez *Bal*.
TRIPA, ventre. Ba. Voyez *Trippa*.
TRIPA, A. M. les inteftins. Voyez *Tripac*, *Trippa*.
TRIPAC, les inteftins. Ba. Voyez *Trippa*.
TRIPAL, TRIMPAL, danfer, fauter, fautiller, danfer, fauter en jouant, en fe divertiffant; *Triper*, danfeur, danfeur de profeffion, celui qui gambade, qui faute; *Triperes*, danfeufe, bauine, baladine. B. De là le vieux mot François *Triper*, qui fignifioit danfer. *Fatripet* en Languedocien fignifie rire extraordinairement. *Triper* dans plufieurs Provinces du Royaume fe dit parmi le peuple pour fouler aux pieds, méprifer. En Lorraine *Tripet* ou *Trupet* fignifie chofe de néant. On dit en Champagne & en Franche-Comté, *il ne vaut pas Tripette*, & cela fignifie il ne vaut rien. Le peuple de Paris le dit auffi au même fens. De *Tripal* ou *Tripa* font venus le Latin *Tripudinm*, l'Italien *Tripudio*, qui fignifient danfe.
TRIPERIA, A. M. triperie, lieu où l'on vend les tripes. De *Trippa*.

TRIPERIUS, A. M. tripier, vendeur de tripes. De *Trippa*.

TRIPETIA, petit siège à trois pieds à l'usage des paysans. Ce mot Gaulois nous a été conservé par Sulpice Severe dans la vie de Saint Martin, *dialogue second*. Il est formé de *Tri*, trois, & *Ped* ou *Pet*, pied. Voyez *Trebes*, *Trybedd*.

TRIPHENIAWG, qui a trois têtes. G.

TRIPHLYG, triple. G.

TRIPHWYS, trois livres pesant, poids de trois livres. G. *Pwys*.

TRIPIO, tomber. G.

TRIPOD, jeu de paume, tripot. B. De là ce mot.

TRIPPA, intestins, tripes. G. *Strip* en Breton; *Tripac* en Basque, intestins, tripes. De là le François *Tripe*, l'Auvergnac, l'Anglois, l'Italien, l'Espagnol *Tripa*, le Flamand *Trup*, *Trjip*, tripe intestin. De là le vieux mot François *Tripou*, qui signifioit un boudin. On a appelé en vieux François par analogie *Thrips* une sorte de ver fort long, à cause de sa ressemblance à un boyau.

TRIPPIO, broncher, chanceler. G. Voyez *Tripio*.

TRIPPIWR, qui bronche. G.

TRIQEHEUSOU, TRIQUEHOUSE, guêtres, gamaches. B.

TRIQLEUN, triangle. B.

TRIS, petit son. Ba.

TRIS, le même que *Tras*, *Tres*, *Tros*, *Trus*. Voyez *Bal*.

TRISCA, bruit. Ba.

TRISCA, danse, bal. Ba.

TRISCAC, castagnettes. Ba.

TRISCARIA, baladin. Ba.

TRISILLAFOG, qui a trois syllabes. G.

TRIST, triste, affligé. G. B. De là le Latin *Tristis*, l'Italien, l'Espagnol, le François *Triste*. Voyez *Tristea*.

TRISTAU, être triste, être affligé, attrister, affliger. G.

TRISTEA, triste, chagrin, qui a l'air sombre. Ba. Voyez *Trist*.

TRISTWCH, tristesse, affliction, affliction qui fait verser des larmes. G.

TRISTYD, tristesse, affliction. G.

TRITHAFODIOG, qui a trois langues. G.

TRITHROEDIOG, qui a trois pieds. G.

TRIVEALACH, endroit où il y a trois chemins. I.

TRIUGUENT, soixante. B.

TRIVIA, TREFIA, TREVIA, DREVIA, frémir, avoir peur & frayeur, être épouvanté, effrayer, épouvanter; participe *Treviet*. B. *Tremo* en Grec & en Latin; *Tremare* en Italien; *Tromble* en Anglois; *Tremblar* en Espagnol; *Trembler* en François: L'*m* & l'*v* se mettent l'un pour l'autre.

TRIVLIA, tressaillir. B.

TRIVLYADENN, tressaillissement. B.

TRIUS, haut-de-chausses. I.

TRIUS, TRIUSAN, trousses de page. I. De là ce mot.

TRIWANU, trouer, percer d'outre en outre, passer au-delà, passer outre. G.

TRIWS, au nombre de trois. I.

TRIZEC, treize. B. *Tri Dec*.

TRIZY, trois maisons. B. *Zy* pour *Dy*.

TRO, tour, rond, circuit, cercle, tournoiement, action de tourner, circuit qu'on fait, cercle qu'on décrit en tournant, tour circulaire, tortuosité, pli & repli, détour, sentier détourné, détour de chemin, lieu où il fait un coude, retour, vicissitude ou succession de choses, alternative, entrelacement, entortillement, rouleau, tourbillon; version, traduction, fréquentation. G. On voit par *Didro* que *Tro* a encore signifié en cette Langue écart, égarement, erreur, difformité, imperfection, défaut. On voit par *Troelloc* que *Tro* a signifié l'état d'être pommelé, tacheté, marqueté. De là le Latin barbare *Trota*, le Latin *Truta*, l'Anglois *Trout*, l'Italien *Trotta*, *Trutta*, l'Espagnol *Trucha*, le François *Truite*, poisson qui est tacheté; *Torith* en Chaldéen, truite; *Trawan* en ancien Saxon; *Drehen* en Allemand; *Draien* en Flamand, tourner; *Trochos* en Grec, roue; *Andruare* en Latin, retourner sur ses pas; *Tro* en Tonquinois, tourner; *Trotte* en Allemand, *Trotta* en Théuton, pressoir grande machine pour presser la vendange ou autres fruits avec le secours d'une vis. Voyez l'article suivant & *Tra*, *Tre*, *Astru*, *Treilio*, *Troy*, *Troi*.

TRO, tour, manière, façon, occasion, version, tournure de lait; pluriel *Troiou*, *Troi*, *Trei*; tourner; participe passif *Trott*, tourné; impératif singulier, seconde personne. *Tro*, tourne; pluriel *Troit*, tournez: C'est ainsi que Dom Le Pelletier explique ce mot. On trouve dans les autres Dictionnaires *Tro*, tour, rond, circuit, enceinte, circonférence, cercle, roulement, ronde, tournant, tournure ou présure, mouvement circulaire, toupie, version, traduction, cours, durée, tournure en parlant d'un homme, niche, tour de souplesse. *Tro Al*, autrefois, anciennement; *Tro-Nos*, lendemain; *E Tro*, environs; *Neud-Tro*, fil retors; *Troein*, tourner, tordre; *Troadur*, tournoiement; *Tro-Ardro*, *Tro-Endro*, *Tro-Vardro*, tout autour; *Troell*, espion de fuseau; *Treenn*, *Troenn-Vor*, tournant endroit de mer où les vaisseaux tournent; *Troill*, dévidoir; *Troidella*, tournoyer, entourer; *Troydel*, tergiversation, finesse, ruse, ruse frauduleuse; biais, moyen injuste; *Troyon*, *Troyodellou*, sinuosités; *Troydellus*, tortueux; *Trowent*, moulin à vent ou qui tourne par le vent. B. Voyez l'article précédent.

TRO, le même que *Ro*. Voyez T.

TRO, le même que *Dro*. Voyez T.

TRO, le même que *Tra*, *Tre*, *Tri*, *Tru*. Voyez *Bal*.

TRO-BER, tourne-broche. Il se dit tant de celui qui tourne la broche, que de la machine à roues & à cordes. B. Voyez *Tro*, *Ber*.

TROAD, action de se tourner, de courber, tour, entortillement, rouleau, tourbillon, détour de chemin, lieu où il fait un coude, courbure, conversion, traduction. G.

TROAD, pied. B. On voit par *Troader*, *Troadi* que ce mot s'est aussi pris pour manche d'outil. Voyez *Troed*, *Troat*.

TROAD-BOUL, pied bot. B.

TROAD-MARCH, pas d'âne plante. B. Les termes Bretons signifient pas de cheval.

TROADECQ, qui a de grands pieds. B.

TROADER, emmancheur. B.

TROADI, emmancher. B.

TROADIC, petit pied. B.

TROADUR. Voyez *Tro*.

TROADUS, qui va en tournoyant, tortueux, qui a des détours. G.

TROAIDADUR, emmanchement. B.

TROAIDIC, petit pied. B.

TROALL, anciennement, autrefois. B.

TROAS, TROAZ, urine; *Tivasa*, *Traxa*, *Troasaff*, uriner, rendre son urine. B.

TROAT, pied. On le dit aussi du manche d'un cou-

TRO.   TRO.   447

teau, d'un outil, d'un balai ; plurier *Treit*, *Troada*, emmancher un outil. B. Voyez *Troed*.

TROATAT ; singulier *Troataden*, pied de roi mesure. B.

TROAZ-RUZ, oiseau de mer nommé en François chevalier ; plurier *Troazuret*. B. A la lettre, pieds rouges.

TROAZUR, persicaire, curage, poivre d'eau plante. B.

TROBA, imitation d'autres vers. Ba. De là l'ancien mot François *Troubadour*, qui désignoit un Poëte qui chantoit les vers qu'il avoit faits dans les carrefours ou dans les maisons.

TROC, le même que *Trac*, *Tree*, *Trie*, *True*. Voyez *Bal*.

TROCADA, troc, échange. Ba. Voyez *Trocq*.

TROCAIRE, grace, clémence, pitié, miséricorde ; *Trocairioch*, gracieux. I.

TROCAISCA, troc ridicule. Ba.

TROCELLUS, A. M. trousseau. De *Trousezell*.

TROCH, féminin de *Trwch*. G. Voyez l'article suivant.

TROCH, TROUCH, TREUCH, coupe, coupure ; *Trocha*, *Troucha*, *Trouchaff*, couper, trancher ; *Trochat*, taille, figure, forme, mine, bien taillé, bien coupé, de bonne coupe : C'est ainsi que Dom Le Pelletier explique ce mot. On trouve dans les autres Dictionnaires *Troch*, tranche, morceau ; *Trorha*, *Trocham*, couper. B. Voyez l'article précédent.

TROCHA. Voyez *Troch*.

TROCHAN, roitelet oiseau ; plurier *Trochanet*. B. Le nom de cet oiseau paroît formé de *Tro*, parce qu'il ne fait que tourner & retourner dans les buissons.

TROCHFA, baptême. G.

TROCHI, plonger, baigner, baptiser. G.

TROCHIAD, baptême. G.

TROCHION, fausse assaisonnement. G.

TROCHLESTR, baptistaire. G.

TROCOUZOUC, collier, carcan. B. A la lettre, tour de cou.

TROCQ, TROCQL, troc. B. De là ce mot. Voyez *Tro*, *Astru*, *Trucatu*.

TROCQA, TROCQLA, TROQEIN, troquer. B.

TROCQER, TROCQOUR, TROCQLER, troqueur : Il se dit pour saunier. B.

TROCULIER, bâteuil. B. Je ne trouve pas ce mot dans nos Dictionnaires. Je trouve dans le Dictionnaire de Trevoux, bâteuil partie du harnois des ânes & des mulets, ou autres bêtes à somme, qui leur bat sur la croupe.

TROD, éléphant. I.

TROD, le même que *Rod*. Voyez T.

TROD, le même que *Drod*. Voyez T.

TROD, le même que *Trad*, *Tred*, *Trid*, *Trud*. Voyez *Bal*.

TRODA, querelle, quereller. I.

TRODZHAN, étourneau. C. Voyez *Dred*.

TROEAUL, TROHEAUL, paquerette, marguerite. B.

TROED, pied, base. G. B. *Troet*, *Tread*, *Troat*, pied ; plurier *Treid*, *Treit* en Breton ; *Troidd*, *Troig*, *Troith*. pied en Irlandois ; *Trwyd*, pied en Langue de Cornouaille. De là l'Allemand *Tretten*, le Gothique *Trudan*, l'ancien Saxon *Traedan*, le Théuton *Tretan*, *Dratan*, le Flamand *Treeden*, l'Anglois *Tread*, le Suédois *Trada*, le François *Trotter*, marcher. *Tread* en Anglois ; *Treden* en Flamand ; *Trudan* en Gothique ; *Tretan* en Théuton ; *Tredan* en ancien Saxon ; *Trade* en Danois, fouler aux pieds. *Draye* dans les Sévennes, grand chemin ; *Etrée* en vieux François, chemin ; *Droga* en Lusacien ; *Draga* en Polonois ; *Trijk* en Sarrasins, voie, chemin ; *Tridu* en Runique, traces, vestiges des pieds ; *Tritt*, pas, démarche en Allemand ; *Trittling*, escabeau que l'on met sous les pieds dans la même Langue. De *Treis* est venu notre mot François *Traite* qui signifie un certain espace de chemin parcouru. Du même *Treis* est venu le Latin *Tritura* qui signifie battre le grain pour le séparer d'avec la paille, parce que cela se faisoit autrefois en faisant fouler les gerbes aux pieds des bœufs ; ainsi qu'on le voit par la Loi du Déutéronome : *Non alligabis os bovi trituranti*. On nomme à Besançon *Treige* un petit chemin de traverse par où l'on ne peut passer qu'à pied. *Trumian* en vieux François, jambe. De *Treid* ou *Treit* est venu notre mot François *Etrier* qui est une petite piéce du harnois du cheval qui sert à soutenir les pieds du cavalier. De là est aussi venu le terme populaire *Trimer* qui signifie marcher. Voyez *Trot*, *Trawd*, *Trota*, *True*, *Trwyd*.

TROED Y CEILIOG, ancolie. G.

TROED Y CYW, pied de poulet. G.

TROED Y DRYW, aigremoine. G.

TROED Y GLOMMEN, ancolie. G. *Clommen*.

TROED Y GYWEM, pourpier, pourpier sauvage. G.

TROED Y LLEW, pied de lion plante. G.

TROED Y TARW, pied de taureau. G.

TROED YR ARTH, ellébore noir, pommelé, branche ursine, acanthe. G. A la lettre, pied d'ourse.

TROED YR ASSEN, alliaire. G.

TROED YR HEDYDD, cumin. G.

TROED YR WYDD, pate d'oie plante. G.

TROED YR YSGYFARNOG, pied de liévre plante. G.

TROEDCAM, qui a le pied courbé. G.

TROEDECQ, qui a de grands pieds. B.

TROEDFAINGC, marche-pied, escabeau. G. *Maingc*.

TROEDFEDD, mesure d'un pied. G. B.

TROEDIAD, fers qu'on met aux pieds des criminels. G.

TROEDIC, petit pied. B.

TROEDIG, qui tourne facilement. G.

TROEDIGAETH, tour, mouvement circulaire. G.

TROEDIO, aller à pied, fouler aux pieds, échalasser, mettre des échalas, ramer. G.

TROEDIOG, piéton, valet de pied, serviteur. G.

TROEDIWR, qui suit le pas de quelqu'un, qui suit à la piste. G.

TROEDLATH, vulgairement *Troedlas*, marche-pied, pédales dont se servoient les tisserans & autres ouvriers. G. *Troed Llath*.

TROEDLYDAN, qui a les pieds larges. G.

TROEDNOETH, qui a les pieds nuds, qui va nuds pieds. G.

TROEDOG, fers qu'on met aux pieds des criminels ; lacet, collet. G.

TROEDOGI, mettre les fers aux pieds. G.

TROEDOGION, valets de pied, estafiers. G.

TROEDPOETH, qui a les pieds de feu. G.

TROEDTRAWS, qui a les pieds de travers, qui a les pieds larges, écarté, élargi, ouvert en marchant. G.

TROEDTRWM, lent à marcher. G. A la lettre, pied pesant.

TROEDTU, pied noir. G. C'est un nom de chien.

TROEDWST, goutte aux pieds. G. *Troed Gwst*.

TROEDYN, petit pied. G.

TROEH, urine. B.

TROEIN. Voyez *Tro*.

TROEL, le même que *Troed*. G. De là *Troller*, terme populaire qui signifie aller en divers lieux, mener quelqu'un deçà & delà. Il se dit au même sens en Anglois. Voyez *Trwlerch*.

TROELL, roue, rouet à filer, dévidoir. G. Voyez l'article suivant.

TROELL, sorte d'herbe qui monte en tournant, & s'attache aux autres plantes en ligne spirale: C'est ainsi que Dom Le Pelletier explique ce mot. On trouve dans les autres Dictionnaires *Troell*, tournelle plante, vrille, racine, peson de fuseau, dévidoir. B. On dit encore *Travoil* en quelques Provinces du Royaume pour dévidoir. En d'autres on dit *Travail*, *Trouiller*, tordre en vieux François. Voyez *Tro*, *Troellog*, *Trueilhat* & l'article précédent.

TROELLENOG. *MARCH TROELLENOG*, cheval gris-pommelé. G. Voyez *Troellog*.

TROELLIG, petite roue. G.

TROELLOG, qui est en rond, tourné en rond, qui a des roues, ondé; *March Troellog*, cheval gris-pommelé. G. On voit par ce mot que *Tro* a aussi signifié l'état d'être pommelé, tacheté, marqueté, parce que ces taches ou marques sont un changement de couleur.

TROELLU, tourner en rond comme une roue. G.

TROENN. Voyez *Tro*.

TROENNVOR. Voyez *Tro*.

TROET, pied, pieds; *Calon Troet*, la plante des pieds. B. Voyez *Troed*.

TROET, changement, traduction, version. B. Voyez *Tro*.

TROET-HIR, qui a de grands pieds, qui a des pieds longs, qui a les pieds d'une longueur énorme. G.

TROETDRAWS, qui a les pieds tortus. G.

TROETGAM, qui a les pieds de travers, qui a les pieds tortus, qui a les jambes courbées en dehors, écarté, élargi, ouvert en marchant. G.

TROETHBWLL, fumier lieu où l'on tient le fumier. G. *Pwll*.

TROETHI, uriner. G.

TROETHIR, qui a de grands pieds. G.

TROETHLESTR, pot de chambre. G.

TROETHWYDR, pot de chambre. G.

TROF, le même que *Tref*. Voyez *Bal*.

TROFA, action de tourner, tournoiement, tour, mouvement circulaire, entortillement, rouleau, tourbillon, courbure, détour, dérivation, sentier détourné, détour de chemin, lieu où il fait un coude, entrelacement de broderie, peinture ou gravure faite par des lignes qui vont en tournant, version, traduction; faire tourner. G. Voyez *Tro*.

TROFA, A. M. habitation, maison. De *Trof* le même que *Tref*.

TROFACE, volte-face. B. *Tro Facz*.

TROFAUS, qui tourne aisément, qui va en tournoyant, tortueux, qui a des détours, muable, sujet au changement, qui prend telle forme qu'il veut, qui se métamorphose en diverses figures. G.

TROG, le même que *Trag*, *Treg*, *Trig*, *Trug*. Voyez *Bal*.

TROGEN, ricin ou grande catapuce arbrisseau. G.

TROGH, enfans. I.

TROGHNA, butor oiseau. I.

TROGNADH, rale oiseau. I.

TROGUEN, tronc d'arbre. B.

TROHEAUL, tournesol. B.

TROHEIN, couper. B. Voyez *Troi*.

TROI, tourner, faire tourner, plier. G. B. Voyez *Tro*.

TROI, labourer. G. Je crois que c'est de ce verbe qu'est venu le terme Latin *Troia*, qui signifie truie, parce que cet animal laboure la terre avec son groin. Je confirme ma conjecture par le terme Latin *Porca*, qui signifie une truie & un sillon de terre labourée. De *Troia* est venu notre mot François *Truie*. Voyez *Turia*, dont *Troia*, *Truia* est peut-être une transposition. Voyez *Treavan*, *Trohein*.

TROID, dispute, choc, combat, contestation. I.

TROIDD, pied. I. Voyez *Troedd*.

TROIDELL, tournoiement, tour de promenade; *Troidellat*, tournée, allée & venue; *Troidella*, tourner, aller, entrer, entourer, danser en rond & en cadence; & aussi le pluriel *Troidellou*, tournois ou tournoiement si on le dit. B. Cet article est pris de Dom Le Pelletier.

TROIDELLA, tournoyer, entourer. B.

TROIDH, pied. I. Voyez *Troed*.

TROIG, *TROIGH*, pied; *Troigheach*, les pieds. I. Voyez *Troed*.

TROIGHIN, chaussure. I.

TROIGHTEACH, piéton, fantassin. I.

TROILL, dévidoir. B. Voyez *Troell*.

TROIM, sçavant, docte. I.

TROIMCHITH, pluie soudaine qui tombe avec impétuosité. I.

TROIMIOMCHAR, *TROMACHUR*, bagage. I.

TROINCH, tronc humain. B.

TROISGEACH, austére, sévére. I.

TROITH, pied, plante du pied. I. Voyez *Troed*.

TROITHILTE, froid adjectif. I.

TROKELL, bagatelles, sornettes. B.

TROL, le même que *Tral*, *Trel*, *Tril*, *Trul*. Voyez *Bal*.

TROLIARE, *TROLIUM*, A. M. pressoir. Voyez *Treulio*.

TROLIUM. Voyez *Troliare*.

TROLLERIUS, A. M. huilier homme qui fait l'huile par le moyen du pressoir. Voyez *Treulio*.

TROM, capital, principal. I. Voyez *Trwm*.

TROM, lourd, pesant, triste, fâcheux, incommode. I. Voyez *Trwm*.

TROM, le même que *Rom*. Voyez T.

TROM, le même que *Drom*. Voyez T.

TROM, le même que *Tram*, *Trem*, *Trim*, *Trum*. Voyez *Bal*.

TROMAM, appesantir, charger. I.

TROMAN, *TROMIN*, les mêmes que *Trom*. I.

TROMANN, pesanteur. I.

TROMARA, client. I.

TROMBA, A. M. trompette. Voyez *Trompa*.

TROMCHOINNE, matrone. I.

TROMDA, sérieux, grave, retenu, modéré, sobre. I.

TROMDAS, gravité, air grave. I.

TROMLUS, charge. I.

TROMP, fer d'une canule à dévider du fil; pluriel *Trompon*. B.

TROMP, trompe. B. De là ce mot. Voyez *Trompa*.

TROMPA, trompette. I. *Trwmpls* en Gallois, trompette; *Tromp* en Breton, trompe; *Trompes* en Breton

Breton ; *Trompeta* en Basque, trompette. De là l'Italien *Tromba*, l'Espagnol *Trompeta*, l'ancien Allemand *Drommete*, *Trommet*, l'Allemand moderne *Trompete*, l'Anglois *Trumpet*, le Théuton *Trumbo*, *Drumbo*, le Flamand *Trompe*. *Trompete*, l'Esclavon *Trumeta*, le Dalmatien *Trublya*, le Bohémien *Trauba*, le Polonois *Traba*, le Hongrois *Trombita*, le Grec vulgaire *Troumpeta*, le François *Trompe*, trompette. On lit dans la vie des Abbés de Saint Alban que le peuple Anglois appelloit une trompette *Trump*. Voyez *Trompill*.

TROMPEIN, tromper, décevoir, attraper, abuser, B. De là le premier de ces mots.

TROMPER, trompeur. B.

TROMPEREAH, tromperie, déception, fallace, abus. B.

TROMPERIA, A. M. tromperie, fraude, dol. De *Trompereah*.

TROMPET, trompette. B. Voyez *Trompa*.

TROMPETA, trompette. Ba. Voyez *Trompa*.

TROMPETA, A. M. trompette homme qui sonne de la trompette. Voyez *Trompa*.

TROMPILL, trompette ; plurier *Trompillon*. *Trompilla*, trompetter, sonner de la trompette ; *Trompiller*, trompetteur, sonneur de trompette, un trompette. B. Voyez *Trompa*.

TROMPLA, tromper, frauder ; *Trompler*, trompeur ; féminin *Trompleres*, trompeuse. B. Voyez *Trompein*.

TROMPLER. Voyez *Trompla*.

TROMPLEREZ, tromperie. B.

TROMPOUR, trompeur, abuseur, abusif. B.

TROMPATHAIR, matrone. I.

TROMUGHAPH, appesantir, exagérer. I.

TRON, trogne, G. B. selon Bochart. Je n'ai point trouvé ce terme dans mes Dictionnaires.

TRON, nez. I. Voyez *Trwyn*.

TRON, trône. B. *Trwn* en Gallois ; *Thronos* en Grec ; *Thronus* en Latin ; *Thron* en Allemand ; *Throne* en Anglois ; *Trône* en François, trône.

TRON, le même que *Ron*. Voyez T.

TRON, le même que *Dron*. Voyez T.

TRON, le même que *Tran*, *Tren*, *Trin*, *Trun*. Voyez *Bal*.

TRON-HEAUL, camomille. B.

TRONC, TRONSS, trousseau, provision de hardes ; *Tronca*, faire un trousseau, plier bagage, faire son paquet, trousser, retrousser ses habits. B. Voyez *Tronczell*, *Trwsa*.

TRONCZA, TRONCZAL, trousser. B.

TRONCZAD, trousse, faisceau de quelque chose qu'on retrousse ; *Tronczad Biron*, trousse, carquois plein de flèches. B.

TRONCZELL, trousseau nippes qu'on donne à une fille qui se marie. B.

TRONG. Voyez *Treugen*.

TRONGUEN. Voyez *Treugen*.

TRONICH, petite tige. B.

TRONOS, TRANOS, TRENOS, lendemain ; *Antronos Warchoas*, après-demain. B. Voyez *Tranoeth*.

TRONSAL, trousser. B.

TRONSEIN, recoquiller. B.

TRONTOL, anse. G.

TROPA, troupe. Ba. De là le Latin barbare *Troppus*, le Flamand *Trop*, l'Allemand *Tropp*, *Trupp* ; le Théuton *Trop*, l'Anglois *Troop*, l'Italien *Truppa*, l'Espagnol *Troppa*, le François *Troupe*, troupeau. Voyez *Torf*, qui est le même que *Trop*. Ces sortes de transpositions sont communes dans le Cel-

TOME II.

tique : Voyez la dissertation préliminaire sur le changement des lettres. Voyez *Tropel*.

TROPEL, troupeau. B. Voyez *Tropa*, *Tropela*.

TROPELA, multitude confuse, troupeau. Ba. Voyez *Tropel*.

TROPELIA, vexation. Ba. De là l'Allemand *Truben*, l'ancien Saxon *Trowian*, le Théuton *Thrunven*, souffrir, être affligé. De là l'Allemand *Truben*, le Gothique *Draiban*, l'ancien Saxon *Drefan*, le Théuton *Treuben*, *Truaben*, vexer, affliger. De là l'Allemand *Tropf*, misérable, affligé, malade, le Flamand *Drœf*, souffrant, triste, l'Anglois *Throwes*, les douleurs des femmes en couche. Voyez *Trablndd*, *Trebil*, *Triobloid*.

TROPELIACA, par troupes, confusément. Ba.

TROPPUS, A. M. troupeau. De *Tropa*.

TROQL, échange, troc, changement. B.

TROQUEIN, permuter, changer. B.

TROQUELLEREAH, manigance. B. Ce terme n'est en usage que parmi le peuple.

TROS, à cause, pour, sur, dessus, au-delà, par-delà, outre, ultérieur. G. *Ros*, promontoire, tête en Hébreu. Voyez *Ros*, qui est le même que *Tros*. Voyez T. Voyez *Tro*.

TROS, le même que *Ros*. Voyez T.

TROS, le même que *Tras*, *Tres*, *Tris*, *Trus*. Voyez *Bal*.

TROSAC, langes des enfans. Ba.

TROSCELLUS, A. M. trousse, trousseau. De *Tronczell*, *Tronczad*.

TROSEDD, action de passer outre, d'aller au-delà, de traverser, passage outre, crime, faute, forfait, péché commis, injure, iniquité, injustice. G. Voyez *Traws*.

TROSEDDIAD, action de passer outre, d'aller au-delà, passage outre, passage, transition, transgression, prévarication. G.

TROSEDDOL, coupable. G.

TROSEDDU, passer outre, aller au-delà, traverser, pécher. G.

TROSEDDWR, qui passe outre, prévaricateur. G.

TROSFA, dérivation. G. Voyez *Tro*.

TROSG, merlus. I.

TROSGADH, jeûner, jeûne. I.

TROSGL, grossier. C'est aussi le féminin de *Trwsgl*. G.

TROSGLWYDD, transport, action de transporter. G.

TROSGLWYDDIAD, trajet, changement, action de traverser, de transporter. G.

TROSGLWYDDO, transporter, faire passer d'un côté à l'autre, traverser. G.

TROSGLWYDDWR, voiturier, passager, qui transporte, qui a transporté. G.

TROSGLWYDO, voiturer, porter, transporter. G.

TROSGYMMERIAD, métalepse figure de rhétorique. Ba.

TROSI, détourner de son chemin, tourner, aller loger, transporter, rouler, prendre. G.

TROSIAD, version, traduction. G.

TROSOL, rouleaux dont on se sert pour transporter les gros fardeaux, rouleau dont on se sert pour lancer un vaisseau dans la mer, verrouil, perche, longue perche. G.

TROSOL-DRWS, barre de porte. G.

TROSOLIO, resserrer, rétrécir. G.

TROSOLIWR, qui se sert d'un levier, d'une barre pour faire quelque chose. G.

TROSSA, A. M. trousse, trousseau. De *Tronczad*.

TROSSARE. Voyez *Trussare*.

TROSSATUS, A. M. divisé, séparé, coupé. De *Troncha* ou *Trousa*.

TROSSELLUS, A. M. troussel ou trousseau. De *Trousæll*.

TROSSO, A. M. morceau de cierge. Voyez *Trossatus*.

TROSTACA, au trot. Ba. Voyez *Trosd*, *Trot*.

TROSTAN, longue perche, perche ; G. diminutif de *Trawst*. Davies.

TROSTOC, secousse. Ba. Voyez *Trot*.

TROT, trot allure d'un cheval qui est entre le pas & le galop, & qui cause des secousses au cavalier. B. De là l'Italien *Trotto*, l'Espagnol *Trote*, l'Anglois, l'Allemand & le François *Trot*, De là l'Allemand *Trotten*, *Trottein*, l'Italien *Trottare*, le Latin barbare *Trotare*, l'Anglois *Trot*, l'Espagnol *Trotar*, le François *Troter*. Comme un cheval qui trotte fatigue, de là sont venus le Suédois & l'Islandois *Trotta*, fatiguer, l'Italien *Trottare*, secouer. Voyez *Trostaca*, *Trostog*, *Trota*, *Trotsa*, *Trotterth*, *Trottian*.

TROT, le même que *Rot*. Voyez T.

TROT, le même que *Drot*. Voyez T.

TROT, le même que *Tras*, *Tret*, *Trit*, *Trut*. Voyez *Bal*.

TROTA, troter, marcher à pied : On le dit aussi d'un certain train des chevaux. *Troter*, troteur ; *Troteres*, troteuse. B. Voyez *Trawd*, *Trosd*, *Trot*.

TROTAL, troter. B.

TROTARE, A. G. troter. De *Trota*.

TROTSA, secousse. Ba. Voyez *Trot*.

TROTSAN, au trot. Ba.

TROTHLUGHADH, confire. I.

TROTHWY, ouverture, vuide d'une porte, seuil. G.

TROTTAL, troter, aller un trot rude. B.

TROTTERTH, le même que *Tuthiwr*. G. Voyez *Trot*.

TROTTIAN, aller un trot rude comme un cheval. G.

TROU, trou. B. De là ce mot. *Truo* dans les anciens monuments latins, je fouis, je fais un trou dans la terre ; *Trogle* en Grec, caverne ; *Trous*, trou en Malaye. Voyez *Trw*.

TROUBL, trouble, obscur. B. De là l'Allemand *Trub*, le Théuton *Truopa*, le François *Trouble*, l'Anglois *Trouble*, *Troubler*.

TROUBLA, TROUBLI, troubler, rendre trouble, traverser, embarrasser, empêcher, causer du désordre, déranger, inquiéter. B. De là l'Allemand *Truben*, troubler, rendre trouble, causer du désordre, déranger. De là l'Anglois *Trouble*, le François *Troubler*. De là par transposition le Latin *Turbo*, l'Italien *Turbare*, l'Espagnol *Enturbiar*, *Perturbar*, troubler, causer du désordre, déranger. *Tribout* en vieux François, tourbillon, & *Troublation*, trouble. Voyez *Trebill*.

TROUCH. LOUSAOURN AN TROUCH, la petite consoude plante. B.

TROUCHA, trancher, couper, mutiler. B.

TROUCEAD, trousse, faisceau. B. Voyez *Trwsa*.

TROUCEAD BIROU, trousse, carquois plein de fleches. B.

TROUCELL, trousseau. B.

TROUGARE, TROUGUERE, remerciment. B.

TROUH, trou, entaillure, atteinte. B.

TROUHEIN, trouer, couper, taillader. B.

TROULIFF, troubler. B. Voyez *Troubla*.

TROUNCE, poignée. B.

TROUS, bruit, murmure, ronflement des vents & de la mer, grabuge, commotion ; *Troufsa*, faire du bruit. B. De là l'Allemand *Trutz*, *Trotz*, menace,

interjection d'un homme qui menace ; *Trotsen* en Flamand, menacer. Voyez *Trwst*.

TROUS, le même que *Traws*. Voyez *Trousnant*.

TROUSA. Voyez *Trous*.

TROUSER, clabaudeur. B.

TROUSK ; singulier *Trousken*, Un *Drousken*, une croûte ou gale desséchée sur la chair ; *Trousken Ar-Houli*, croûte de la plaie ou ulcére. B.

TROUSNANT, ruisseau qui traverse. G. *Trous* pour *Traws*.

TROUSQEN-FRY, polype excroissance de chair au nez. B. Fry, nez.

TROUSQIN, trusquin outil de menuisier. B. De là ce mot.

TROUSQUEN, croûte d'une plaie. B.

TROUSSA, A. M. trousse. De *Trousead*.

TROUSUS, bruyant, fulminant. B.

TROUSYAL, faire grand bruit, tempêter. B.

TROWENT, courbure. G.

TROWENT, moulin à vent. B. Voyez *Tro Gwynt*.

TROWR, laboureur. G.

TROWSCHWEDL, transposition de mot. G.

TROWSE, haut-de-chausses, culotte. I. De là notre mot François *Trousses*, sorte de haut-de-chausses. B.

TROWSGAE, diaphragme. G.

TROWSGLWYDD, transport. G.

TROWSIAITH, transposition de mots. G.

TROWST, le même que *Trawst*. Voyez *Trowstian*.

TROWSTIAU, traversans, mis en travers, piéces de bois qui se mettent en travers sur les chevrons d'un toit. G. *Trewst* pour *Trawst*.

TROWYNT, tourbillon de vent. G. *Tro Wynt*.

TROUZAL, faire un bruit éclatant, éclater. B.

TROUZER, bruyant, grondeur. B.

TROY, courber. C. Voyez *Tro*.

TROYDELL. Voyez *Tro*.

TROYDELLOU. Voyez *Tro*.

TROYDELLUS. Voyez *Tro*.

TROYOU. Voyez *Tro*.

TROZAL, autrefois. B.

TRU, TRUE, ville. G. Voyez *Tre*.

TRU. Les anciens, dit Davies, se servoient de ce mot pour *Truan*, & de *Truaf* pour *Truanaf*. G. De là *Trualté*, gueuserie en vieux François.

TRU, fripon, bélitre. I. Voyez *Truan*, *Truand*, *Truec* & l'article précédent.

TRU, abondant. B. Voyez *Dru*.

TRU, le même que *Ru*. Voyez T.

TRU, le même que *Dru*. Voyez T.

TRU, le même que *Tra*, *Tre*, *Tri*, *Tro*. Voyez *Bal*.

TRUADH, TRUAGHAN, maigre, mince, délié, misérable. I. Voyez *Trend*.

TRUADUS, misére. I.

TRUAF. Voyez *Tru*.

TRUAGANTA, pitoyable. I.

TRUAGH, TRUAGHIN, maigre, mince, grêle, délié. I.

TRUAGIUM, A. M. tribut imposition. De *Truaich*.

TRUAICH, imposition, tribut. B. De là les anciens mots François *Truage*, *Tru*, qui signifioient les subsides que les Rois levent sur leurs sujets ; & *Truager*, celui qui étoit chargé de faire cette levée. Voyez *Truagium*.

TRUAIGHE, misére, pitié. I.

TRUAIGHLEANACH, coquin. I.

TRUAIGHLEANTA, misérable. I.

TRUAIGHLITHE, honteux, infame. I.

TRUAIGHMEILE, clémence. I.

TRUAIL, étui, gaine. I.

TRUAILL, corps, cadavre, carcasse. I.

TRU.

TRUAILLEADH, tenir des discours confus, des discours qui n'ont point de sens, souiller, corrompre. I.
TRUAILLEANTA, stupide, grossier. I.
TRUAILLEANTAS, ignominie, infamie, honte, opprobre. I.
TRUAILLED, convaincre de quelque crime, corrompre. I.
TRUAILLIDHEAS, deshonneur, tache, infamie. I.
TRUAILLIGHTHE, ignominieux, ignoble. I.
TRUAILLIM, corrompre, pourrir, salir. I.
TRUAILLIOCHAR, obscénité, impudicité. I.
TRUAILLIODH, corrompre. I.
TRUAILLIUDA, falsifier. I.
TRUAILLIUGHADH, diffamer, calomnier, noircir la réputation de quelqu'un. I.
TRUAN, vil, bas, méprisable, qui fait pitié, accablé de peines. G. Voyez l'article suivant.
TRUAN, pauvre, gueux. B. De là nos mots François Truand, Truant, gueux, pauvre, mendiant, Truander, mendier ; Truhane en Espagnol, gueux, pauvre, mendiant ; Trank en Arménien, pauvre. Voyez l'article précédent & Truand.
TRUANAF, superlatif de Truan. G.
TRUAND, TRUANT, gueux, mendiant, malheureux, qui excite à compassion, triste, affligé, misérable, vagabond, écornifleur ; pluriel Truantes ; féminin Truantes, pluriel Truantesés ; Truandi, gueuser, mendier, écornifler. B. Les gueux ne mendiant souvent que parce qu'ils ne veulent pas travailler, on s'est servi du mot de Truand pour signifier paresseux. On l'emploie en ce sens à Metz & dans le Comté de Bourgogne. On dit aussi Truandise pour paresse dans cette Province. De Truand pris en ce sens est venu le cens Truand dont parlent quelques coûtumes du Royaume, qui signifie un cens dormant, mort ou paresseux, c'est-à-dire un cens qui ne porte aucun profit ni droits seigneuriaux. Voyez Truan, Tru.
TRUANNUS, A. M. mendiant, gueux. De Truan.
TRUANOL, digne de compassion, misérable. G.
TRUANTEIN, gueusailler. B.
TRUANU, TRUANHAU, avoir compassion. G. Ce verbe est formé de Tru, misère. C'est ainsi que dans l'Hébreu de Hani, pauvre, misérable, on a fait Hanah, miséricorde, avoir compassion & dans le Latin de Miser, Miseria, on a fait Misereri, Misericordia. Voyez Truec.
TRUB, le même que Trab, Treb, Trib, Trob. Voyez Bal.
TRUBAR, TRUBART, traitre, perfide ; pluriel Trubariet ; Trubarderez, Trubardiet, trahison, perfidie : C'est ainsi que Dom Le Pelletier explique ce mot. Le Pere de Rostrenen met Trubard ; pluriel Trubarded, double, fourbe, trompeur, qui dit d'une façon & pense d'autre, qui fait bonne mine & mauvais jeu. B.
TRUBUILL, affliction, peine de corps, embarras. B. Voyez Trebill, Triobloid, Trublaeth.
TRUBUILLA, affliger, chicaner. B.
TRUC, le même que Trac, Trec, Tric, Troc. Voyez Bal.
TRUCAITZA, changement subit. Ba.
TRUCATU, troquer, échanger. Ba. Voyez Trocq.
TRUCHA, TRUFLA, tirer par adresse en flatant, en séduisant par attraits : Item gueuser, trucher ; Trucha, tricher, tromper ; Truchen, gueuse, mendiante, fille de mauvaise vie ; Trucher, Trusler, séducteur : C'est ainsi que Dom Le Pelletier explique ce mot. Le Pere de Rostrenen met Trufla,

TRU. 451

Trutal, soustraire, enlever, détourner par soi ou par autrui ; Trusterés, Trutell, celle qui soustrait. Il ajoûte que Trutell signifie aussi affronteuse. On trouve dans un autre Dictionnaire Trusler celui qui s'attire des dons. B. Trupha, Trusa, Truffa dans la basse Latinité signifioient séduction ; Truffe en vieux François signifia ruse, tromperie, & Truffer, moquer, tromper ; Trug en Allemand ; Drug, Trugheit en Théuton, dol, art & volonté de tromper ; Trug en Allemand ; Drug en Persan & en Théuton, fourberie, fraude ; Trug en Allemand, fourbe, trompeur, & Triegen, tromper. Voyez Truth, Trusaten.
TRUCHAIRIGIM, avoir pitié. I.
TRUCHAL, TRUCHO, trucher, gueuser, mendier. B. Voyez Trucha.
TRUD, le même que Rud. Voyez T.
TRUD, le même que Drud. Voyez T.
TRUD, le même que Trad, Tred, Trid, Trod. Voyez Bal.
TRUE, ville. G. Voyez Tru, Tre.
TRUE, habitation. C.
TRUE, toile de lin. Ba.
TRUEC, TRUHEC, gueux, malotru, gredin. B.
TRUEILHAT, rouler. B. Voyez Tro, Troi.
TRUEILLA, se veautrer, se rouler dans la boue. B.
TRUENI, peine, affliction, travail, fatigue, malheur, misère. G. Voyez Tru, Truan.
TRUENO, tonnerre. Ba.
TRUENYN, un peu misérable, misérable, pauvre, digne de compassion. G.
TRUEZ, miséricorde, compassion, pitié ; Truezus, miséricordieux, pitoyable, digne de pitié & de compassion ; Didruez, Didruezus, impitoyable, sans pitié, dur ; Truezu, avoir compassion & pitié, faire miséricorde. On écrit aussi Truhez. Je le trouve pour misère dans la destruction de Jérusalem : C'est ainsi que Dom Le Pelletier explique ce mot. Le Pere de Rostrenen met Truez, merci, miséricorde, compassion, pitié ; Truezus, qui a de la pitié, qui est digne de pitié, funeste ; Truhe, compassion, pitié, miséricorde ; Trubé, propitiation ; Truhez, pitié, miséricorde, merci, compassion ; Truhezus, pitoyable, qui a de la pitié, qui est digne de pitié ; Truheus, pitoyable, qui a de la pitié, bénin, affable, doux, qui est digne de pitié, funeste ; Truhecq, gredin, malotru. B. Voyez Tru, Truan, Truann.
TRUEZA, banc. Ba.
TRUEZUS. Voyez Truez.
TRUF, le même que Traf, Tref, Trif, Trof. Voyez Bal.
TRUFA, TRUFFA, TRUPHA, A. M. fraude, fourberie. Voyez Trucha.
TRUFATZEU, je me moque. Ba. De là le vieux François Truffe, moquerie, & Truffer, moquer. Voyez Trucha.
TRUFFARE, se moquer. Ce terme se trouvant dans le procès de canonisation de Saint Yves, on a lieu de juger qu'il est Breton. Voyez Trucha, Trufaten.
TRUFFATZEN, se moquant. Ba.
TRUFFE, truffe. B.
TRUFLA. Voyez Trucha.
TRUFLER. Voyez Trucha.
TRUG, le même que Rug. Voyez T.
TRUG, le même que Drug. Voyez T.
TRUG, le même que Trag, Treg, Trig, Trog. Voyez Bal.
TRUGAR, TRUGAROG, miséricordieux, qui est

susceptible de compassion. G. B. *Trugar*, favorable, officieux. G. Voyez l'article suivant.

TRUGAR, pitié, miséricordieux. B. Voyez l'article précédent.

TRUGARE, remerciment, gratitude, merci, miséricorde. B.

TRUGAREC, miséricordieux. B.

TRUGARECA, remercier; *Trugarecat*, remerciment, remercier, être reconnoissant. B.

TRUGAREDA, avoir pitié. B.

TRUGAREDD, pardon, indulgence, miséricorde, compassion, pitié. G.

TRUGAREDDFA, propitiatoire. G.

TRUGAREZ, miséricorde, pitié, compassion; *Trugareus*, miséricordieux, qui a le cœur tendre & compatissant. Nos Bretons se servent de ce mot pour témoigner à Dieu particulièrement leur reconnoissance des graces qu'ils reçoivent de sa bonté & miséricorde, & en le bénissant ils disent; *Adrugarez Doue*, de la miséricorde de Dieu: C'est ainsi que Dom Le Pelletier explique ce mot. Le Pere de Rostrenen met *Trugarez*, merci, miséricorde, action de graces. B. Voyez *Trugar*.

TRUGARHAU, être indulgent, avoir compassion. G.

TRUGAROG, indulgent, facile, secourable. G. Voyez *Trugar*.

TRUM, abondant, fertile, gras. B. Voyez *Dru*, *Druh*.

TRUHAICH, subside, tribut. B.

TRUHE, TRUHE. Voyez *Truez*.

TRUHEC. Voyez *Truez*.

TRUHEUS Voyez *Truez*.

TRUHEZ. Voyez *Truez*.

TRUHEZUS. Voyez *Truez*.

TRUHUNELL, tourterelle. B.

TRUID, étoile; *Truideog*, étoilé. I.

TRUILHEC, TRUILHENNECQ, couvert de guenilles. B. Voyez *Truill*.

TRUILL, guenille, lambeau de drap, serge, linge; &c. singulier *Truillen*; pluriel *Truillou*; *Truillec*, *Truilloc*, *Truillennec*, *Trouilennoc*, délabré, celui dont les habits sont déchirés & en lambeaux; *Truilla*, déchirer les habits; *Truillaoui*, chercher par les maisons des guenilles pour faire du papier: C'est ainsi que Dom Le Pelletier explique ce mot. Le Pere de Rostrenen met *Truilhou*, haillon, vieux habit, méchant habit; *Truilhecq*, *Truilhennecq*, couvert de guenilles. B. Voyez *Dryll*, *Druilla*.

TRUL, tarière, cylindre, touret espèce de poinçon qui sert à tourner l'yvoire. G.

TRUL, le même que *Rul*. Voyez *T*.

TRUL, le même que *Drul*. Voyez *T*.

TRUL, le même que *Tral*, *Trel*, *Tril*, *Trol*. Voyez *Bal*.

TRULL, office, dépense, garde-manger, réservoir, célier, calice, vase à boire. G. *Truhe* en Allemand signifie un garde-manger & en général tout ce où l'on renferme quelque chose.

TRULL, tête. I.

TRULLARE, A. M. pressurer les raisins. Voyez *Treulio*.

TRULLIAD, maître d'hôtel, célerier, dépensier, échanson, homme qui a soin de la dépense d'une maison. G.

TRULLIADES, femme qui a soin de la dépense d'une maison. G.

TRULLUM, A. M. pressoir. Voyez *Treulio*.

TRUM, TRUMMAIN, TRUMMEN, faîte, cime, sommet, cime de montagne, sommet de montagne, & par synecdoque montagne. G. *Trum* signifie élévation en général. Voyez *Trum Grwn*, *Trummiog*. *Drumi* en Écossois, dessus; *Thrombos* en Grec, petite élévation; *Othrus* en C étois, montagne; *Trupel*, motte de terre en Bohémien.

TRUM, sureau arbrisseau. I.

TRUM, promptement. B.

TRUM, le même que *Rum*. Voyez *T*.

TRUM, le même que *Drum*. Voyez *T*.

TRUM, le même que *Tram*, *Trem*, *Trim*, *Trom*. Voyez *Bal*.

TRUM-GRWNN, sillon espace de terre élevée entre deux raies dans un champ sillonné. G. Pléonasme. On voit par là que *Trum* signifie élévation en général.

TRUMBA, A. M. trompette. De *Trompa*.

TRUMICEAS, pesanteur. I. Voyez *Trwm*.

TRUMIO, sillonner. G.

TRUMIOG, plein de montagnes, rempli de hauteurs, couvert d'éminences, montueux. G.

TRUMMAIN. Voyez *Trum*.

TRUMMEA. Voyez *Trum*.

TRUMMETA, A. M. trompette. Voyez *Trompa*.

TRUMMIOG, plein de montagnes, rempli de hauteurs. G. C'est le même que *Trumiog*.

TRUN, le même que *Run*. Voyez *T*.

TRUN, le même que *Tran*, *Tren*, *Trin*, *Tron*. Voyez *Bal*.

TRUNCULLOA, contusion. Ba.

TRURA, trois rues. G. Voyez *Tre Ru*.

TRUS, le même que *Rus*. Voyez *T*.

TRUS, le même que *Drus*. Voyez *T*.

TRUS, le même que *Tras*, *Tres*, *Tris*, *Tros*. Voyez *Bal*.

TRUSGAN, TRUSGAR, appareil, meubles, garniture, fourniture. I.

TRUSQEN, écarre, croûte d'une plaie. B.

TRUSQIN, trusquin outil de menuisier. B.

TRUSSARE, TROSSARE, A. M. trousser bagage, plier bagage. De *Trwsa*.

TRUSSELL, trousseau de clefs attachées à un clavier. B.

TRUT, le même que *Rut*. Voyez *T*.

TRUT, le même que *Drut*. Voyez *T*.

TRUT, le même que *Trat*, *Tret*, *Trit*, *Trot*. Voyez *Bal*.

TRUTACH, passionné. I.

TRUTAL. Voyez *Trucha*.

TRUTANUS, TRUDANUS, TRUDENNIS, A. M. gueux, mendiant, vagabond. De *Truan*, le inféré.

TRUTELL. Voyez *Trucha*.

TRUTER. Voyez *Trucha*.

TRUTH, flaterie. G. Voyez *Trucha*.

TRUTHAIN, flateur. G.

TRUTHIO, flater. G.

TRUTHIW, flateur, patelin. G.

TRUTHWRAIG, écornifleuse. G.

TRW, trou. G. Voyez *Tru*.

TRWBL, le même que *Cythrwfl*. G.

TRWBLAETH, vexation. G.

TRWCCIO, tomber, se faner, se flétrir, perdre sa force, s'abattre, manquer. G.

TRWCH substantif, coupure, entaille, canal, fossé, tranchée, rigole; G. B. rognure, retaille, petit morceau qu'on a coupé, action de trancher, de couper; comme adjectif, brisé, coupé, mutilé, manchot, défectueux, malheureux, infortuné; & comme verbe, casser, briser, couper. G.

TRWCH, travers. G. Voyez *Tres*.

TRW.

TRWFL, le même que *Cythrwst.* G.

TRWLRACH, sentier. C. Voyez *Troel.*

TRWM, pesant, triste, affligé. G.

TRWMGALON, amertume de cœur. G.

TRWMGYSGU, dormir profondément, dormir bien & longtemps. G.

TRWMLUOG, le même que *Trymluog.* G.

TRWMM, véhément, impétueux, violent, fort, enclin. G.

TRWMM-TY, toît. G.

TRWMPLS, trompette. G. Voyez *Trompa.*

TRWMPLYSWR, trompette ou homme qui sonne de la trompette. G.

TRWN, tronc. G. Voyez *Tron.*

TRWNCLESTR, pot de chambre. G.

TRWNGC, urine. G.

TRWODD, à travers; *Glawio Trwodd*, pleuvoir abondamment. G.

TRWP, TRWPP, vaisseau, bassin, cuve, pot à beurre, pot au lait. G. *Trape* en Franche-Comté est un vaisseau de fer dans lequel on met de la braise.

TRWSA, paquet, faisceau, sac de hardes, bagage. G. *Trouzsad* en Breton, trousse, faisceau, & *Trouzell*, troussseau. De là le Flamand *Tros*, le Suédois *Troiz*, l'Allemand *Troff*, l'Anglois *Truff*, le Latin barbare *Troffa*, le François *Trouffe*, *Trouffeau*.

TRWSGL, impoli, grossier, paysan, barbare, qui n'a point de grace, mal mis, mal ajusté, mal en ordre, qui a mauvaise grace, qui est sans expérience, qui ne sçait rien, qui n'est pas encore formé, âpre au toucher. G.

TRWSGLEDD, grossièreté. G.

TRWSGLIAITH, solécisme, barbarisme. G.

TRWSGWL, le même que *Trwsgl.* G.

TRWSIAD, action de s'habiller, d'arranger, d'ajuster, vêtement, ornement, parure. G.

TRWSIADU, orner, parer, ajuster, vêtir. G.

TRWSIO, orner, parer, vêtir. G.

TRWST, son, bruit. G. Voyez *Trost.*

TRWSTAN, quelque part *Twrstan*, malheureux, infortuné. G.

TRWY, à travers, par, par-delà, au-delà, pendant, tandis, trouer, percer. G. Voyez *Trou.*

TRWY, chênes en composition. G. Voyez *Derw.*

TRWY FOWRHOEN, malaisément, difficilement, à regret. G.

TRWY RYW FFORDD; TRWY RYW FODD, par quelque endroit. G.

TRWYADL, propre à, assorti, convenable, adroit, habile, prompt, diligent. G.

TRWYD, pied. C. Voyez *Troed.*

TRWYDDED, permission, licence, trêve, liberté, immunité, exemption. G.

TRWYDDEDAWG, fils d'affranchi, hôte reçu librement. G.

TRWYDDEW, tarière, touret outil de tourneur, petite épée. G.

TRWYDDEW 'R LAWFEDDIG, trépan. G.

TRWYDDO, d'outre en outre, de part en part, à travers, tout-à-fait, entièrement; *Cyffroi Trwyddo*, agiter, émouvoir fortement. G.

TRWYDED, permission, licence, congé, trêve, liberté. G.

TRWYDON, qui se promene sur les eaux. G. selon les Auteurs de l'Histoire universelle composée en Angleterre par une Société de Gens de Lettres, tom 13, p. 311.

TRWYN, nez, bec. G. *Rin* en Grec, nârine, nez; *Tra*, nez en Tartare du Thibet. Voyez *Tron.*

TOME II.

TRY.

TRWYN Y LLO, musle de veau, mouron violet, œil de chat plante. G.

TRWYNSAUT, camus. G.

TRWYNDRIST, qui regarde de travers. G.

TRWYNFAWR, qui a un grand nez. G.

TRWYNFFRWYN, moraille. G.

TRWYNHIR, qui a un grand nez. G.

TRWYNO, approcher le nez. G.

TRWYNSORR, qui a un regard affreux ou menaçant, qui a un air sévére, qui a un visage refrogné. G.

TRWYNSORRIANT, rigueur, sévérité excessive, regard menaçant. G.

TRWYNSUR, qui a un regard affreux ou menaçant. G.

TRWYNSWCH, le rond du nez. G.

TRWYTH, urine, décoction liqueur qu'on a fait bouillir, lessive. G.

TRWYTHO, uriner, laver avec de la lessive, faire bouillir. G.

TRUZ, pied. C. Voyez *Troed.*

TRUZELLEN, traverse, barre de fer. B.

TRY, trouer. G. C'est le même que *Trwy*. Voyez ce mot & *Trybaeddu.*

TRY, trois. B. *Tri*, trois en Talenga. Voyez *Tri.*

TRY, habitation. Voyez *Couldry*, *Tstry.*

TRY, le même que *Tru* en Gallois, parce que dans cette Langue l'*y* se prononce indifféremment en *u.*

TRY, tout-à-fait, entièrement. Voyez *Tryboethi.*

TRY, prêt à. Voyez *Trychwydd.*

TRY, très marque du superlatif. Voyez *Trydoll*, *Trylew*, & *Try* qui est le même que *Trwg.*

TRY, préposition explétive. Voyez *Tryfrith.*

TRY, au-delà. Voyez *Tryfygn.*

TRY marque la totalité, signifie tout. Voyez *Trylew*, *Tryliw.*

TRY, le même que *Ry*. Voyez *T.*

TRY, le même que *Dry*. Voyez *T.*

TRY, le même que *Tra*, *Tre*, *Tri*, *Tro*, *Tru.* Voyez *Bal.*

TRY-HUECQ, TRY-HUEH, dix-huit. B.

TRYBAEDDIAD, veautrement, action de se veautrer. G.

TRYBAEDDU, souiller avec de la boue ou du sang. G. *Trwy Baeddu.* Davies.

TRYBEDD, trépied, siége à trois pieds; G. B. tout ce qui est soutenu sur trois pieds. G. *Tripous* en Grec; *Tripus* en Latin; *Trespedo* en Italien; *Trépied* en François, trépied. De *Tri*; *Pedd* en composition *Bedd.* Voyez *Trebes*, *Tripetia.*

TRYBELID, ingénieux, spirituel, fin, subtil, adroit, qui parle juste, dont le discours est coulant, disert, grand parleur. G.

TRYBELYDR, prompt, adroit, habile, débarassé, prêt à. G. Je crois que c'est de ce mot qu'est venu notre terme *Belitre*, qui signifie parmi nous un fripon, un coquin, parce que les gens adroits & fins se servent quelquefois de leur adresse à faire du mal.

TRYBESTOD, affaire, grande peine, travail pénible. G.

TRYBOETHI, devenir tout-à-fait chaud. G. *Boethi* en composition pour *Poethi.* On voit par là que *Try* signifie tout-à-fait, entièrement.

TRYCCIO, le même que *Trwccio* en construction. G. On peut s'en servir au même sens hors de construction. Voyez *Bal.*

TRYCH, trou, fosse. G.

TRYCHANFED, trois centième. G.

TRYCHANT, trois cens. G.

TRYCHANWAITH, trois cens fois. G.
TRYCHIAD, action de casser, de couper, de trancher, coupure, entaille, coche. G.
TRYCHINEB, infortune, malheur. G.
TRYCHLAM, infortune, accident malheureux. G.
TRYCHNADDU, graver, ciseler. G.
TRYCHNI, infortune, malheur. G.
TRYCHU, couper; G. B. retrancher, graver, ciseler. G.
TRYCHWR, qui coupe. G.
TRYCHWYDD, caduc, prêt à tomber G. De *Try* pour *Trwy* & *Cwydd*. Davies. *Cwyddo* signifiant tomber, *Try* par conséquent signifie prêt à.
TRYDAL, tressaillir de joie. B.
TRYDAR, son, bruit, éclat, gazouillement des oiseaux, babil, caquet, rugissement, gazouiller, braire comme un âne, rugir comme un lion. G.
TRYDEDD, troisième au féminin. G.
TRYDEDYDD, après-demain. G.
TRYDOLL, fort troué, très-troué, qui a plusieurs trous. G. On voit par ce mot que *Try* répond à notre *Très* marque du superlatif, & qu'il signifie aussi plusieurs. Voyez *Trydwll*, *Twll*.
TRYDTALL, tressaillir de joie. B.
TRYDWLL, fort troué, troué, percé. G.
TRYDY, TRYDYDD, troisième. G.
TRYDYBLYG, triple. G.
TRYF, ville Voyez *Didryf*.
TRYFAL, triangle. G. *Try*, trois; *Fal* de *Bal*, pointe, angle. Voyez encore *Balaw*.
TRYFALEDD, le bas de la fourche, qui est l'endroit où elle se divise en triangle; quelque part *Tryfaredd*, mais mal, dit Davies. L'une & l'autre de ces expressions sont bonnes, soit à cause de la substitution qui se fait souvent de l'*l* & de l'*r*, soit parce que *Bar* signifie faire comme *Bal*.
TRYPAN, trois pointes. G. *Fan* de *Ban*, pointe.
TRYFER, trident, dard à trois pointes. G. *Try*, trois; *Fer* de *Ber*, pointe.
TRYFFAETH, fort doux, fort traitable. G.
TRYFFWRCH-PREN, fourche d'arbre. G.
TRYFRITH, marqueté, tacheté, moucheté, bigarré, diversifié, qui est de diverses couleurs. G. *Try* préposition explétive. *Brith*.
TRYFYGU, pousser la fumée au-delà. G. *Fygu* de *Mygu*, fumer; *Try* par conséquent au-delà.
TRYLEU, lits, tas, monceaux, fagots, faisceaux. G.
TRYLEU, le même que *Glythan*, qui est le pluriel de *Glwth*. G.
TRYLEW, très-fort, tout fort, entièrement fort. G. De *Try Glew*. Davies.
TRYLEWYRCHU, être transparent. G.
TRYLIW, tout de la même couleur. G. *Liw*, couleur.
TRYLONCQ. PER TRYLONCQ, poire de sergent. B.
TRYLOYW, transparent, fort transparent. G.
TRYLWYN, prêt à, débarrassé, prompt. G.
TRYM, soit. G.
TRYM, dos. G. *Drym* dans le dialecte Gallois de l'Isle de Mona; *Drim* en Écossois; *Druim* en Irlandois, dos.
TRYMBAR, lance pesante. G. *Trwm Par*, Davies.
TRYMDDE, pesant, chose triste. G.
TRYMDER, pesanteur, pesanteur de tête, stupidité, engourdissement, léthargie, tristesse, chagrin, ennui, affliction. G.
TRYMDRIST, inquiet, agité, chagrin, qui est en peine, déplorable, affligeant, lamentable. G.
TRYMFRYD, pesanteur d'esprit, tristesse, chagrin,

maladie, langueur, affliction, fâcherie, anxiété, inquiétude. G.
TRYMGWSG, léthargie, sommeil profond, grand assoupissement. G.
TRYMHAU, appesantir, devenir pesant, rendre plus pesant, engourdir, engrosser, être triste, attrister. G.
TRYMHUN, sommeil profond, grand assoupissement. G.
TRYMHYRDDIG, pesant, lourd, lourdaud, lent, tardif, léthargique, engourdi, stupide, assoupi, endormi, qui ne fait que dormir, accablé. G.
TRYMLUOG, pesant, lourd, lourdaud, lent, tardif, léthargique, engourdi, stupide, assoupi, endormi, qui ne fait que dormir, accablé. G.
TRYMLUOGRWYDD, engourdissement. G.
TRYMSWRTH, oisif, fainéant, assoupi, endormi, qui ne fait que dormir. G.
TRYMSYRTHNI, engourdissement. G.
TRYMYNIAD, verrat porc entier, sanglier. G.
TRYOUDECQ, clément. G.
TRYPED, tréteau. B.
TRYPOD, tripot. B.
TRIPODAICH, tripotage mélange de plusieurs choses ensemble. B. De là ce mot.
TRYPODI, tripoter mêler plusieurs choses ensemble. B. De là ce mot.
TRYSEN, qui résonne fort haut. G.
TRYSGLEDD, grossièreté, impolitesse, rusticité, rudesse, ignorance, impertinence, sotise. G.
TRYSGLI, âpreté au toucher. G.
TRYSOR, trésor. G.
TRYSORDY, caisse où est renfermé le trésor, caisse du trésorier. G.
TRYSORI, thésauriser. G.
TRYSORWR, trésorier. G.
TRYSTIO, faire du bruit, sonner. G. *Trwst*.
TRYTH; pluriel de *Truth*. B.
TRYTHYLL, le même que *Drythyll*. G.
TRYTHYLLWCH, le même que *Drythyllwch*. G.
TRYVED, troisième, tiers. B.
TRYW, plante que Davies n'explique pas, se contentant de mettre à côté ces mots Gallois *Medd*, *Mydd*. G.
TRYWAN, pointe d'aiguille, percé, pénétration, douleur piquante. G.
TRYWANIAD, action de percer avec la tarière, pénétration. G.
TRYWANNU, percer, trouer, se saisir. C.
TRYWANU, pénétrer, entrer dedans, déchirer, déchiqueter, découper. G.
TRYWEDD, mal pour *Edrywed*, dit Davies. G.
TRYZECQ, treizième. B.
TSALDI, cheval. Ba.
TSAOR, TSOIR, ouvrier. I.
TSEALG, rate partie du corps humain. I.
TSHIAU, hirondelle. C.
TSHII, maison. C. Voyez *Ty*.
TSHULHOA, cave, creux. Ba.
TU, lieu, place, maison, part, côté, du côté, à, vers prépositions. G. *Tu*, lieu en Chinois; *Tou* terre; *Tui*, vis-à-vis dans la même Langue; *Dou*, village en Persan; *Tua* en Chaldéen, chambre; *Tui*, habitation, demeure, habiter, demeurer en Arabe; *Tho* en ancien Saxon; *Thon* en Allemand, argile terre; *Su*, côté, partie, contrée en Persan; *Taewr*, pays, contrée en Turc; *Taueth*, habitation en Langue de Madagascar; *Toue* terre en Langue du Chili; *Asti*, ville en Grec; *Dwel* en Anglois, demeurer, habiter; *Tu* en Pe-

TU.

lonois & en Bohémien ; *Tud* en Lufacien, ici, en ce lieu-ci. Voyez *Tu* Breton ; *Du*, *Tuedd*, *Tud*, *Tuz*, *Tun*, & *Ty* qui eſt le même mot que *Tu*.

Tu, *Tusa*, vous. I.

Tu, côté, part, partie. *Abep Tu*, de tous côtés, de toutes parts ; mot à mot, de chaque côté ou part ; *Dioch Tu*, de ſuite ; *An Tu Diereb*, le côté oppoſé, l'oppoſite ; le pluriel eſt *Tuou* : C'eſt ainſi que Dom Le Pelletier explique ce mot. On trouve dans les autres Dictionnaires *Tu*, côté, moyen, expédient, parti, ſuite, rang, ordre, vers prépoſition, occaſion, lieu, terrein, contrée. B. Voyez *Tu* Gallois.

Tu, ſombre, obſcur, noir. B. *Thouh*, noir en Arménien ; *Tun*, obſcur, obſcurité en Chinois, Voyez *Du* qui eſt le même mot.

Tu, le même que *Du*. Voyez *T*.

Tu, le même que *Su*. Voyez *S*.

Tu. *An Tu Al*, au-delà. B.

Tu. *An Tu Man*, de ce côté, au-deçà, en deçà. C. B.

Tu A Lle Arall, vers un autre endroit. G.

Tu A Ryw Le, vers quelque endroit. G.

Tu Ac I Fynu, deſſus, de deſſus. G.

Tu Enep, l'envers. B.

Tu Hont, delà B.

Tu Ma, *Tu-Man*, deçà. B.

Tu-Pe-Tu. *Lousou Tu-Pe-Tu*, remède pour un malade déſeſpéré, ou dont la maladie n'eſt pas connue, remède à quitte ou à double, hazardé comme au jeu. Ces trois monoſyllabes ne valent, en cette ſituation, & à la lettre, que *Côté ou Côté*, c'eſt-à-dire, de quelque côté que la chance tourne. B. Cet article eſt pris de Dom Le Pelletier.

Tua, vers, du côté. G.

Tua, tranſporter en cachette, cacher ce que l'on porte, dérober, mettre à côté, à part, à l'écart à deſſein de l'emporter à une autre heure plus commode ; *Tuat*, ſingulier *Tuaden*, cache, cachette, tranſport clandeſtin de meubles, marchandiſes, &c de crainte que ces choſes ne ſoient arrêtées. B.

Tua, ſalive. Ba.

Tuachal, le même que *Tuathal*. De même des dérivés ou ſemblables I.

Tuadh, *Tudh*, hache, tuer. I *Tuk*, venin en Tartare du Thibet ; *Tod* en Allemand & en Theuton ; *Dauth* en Gothique ; *Deat* en ancien Saxon, mort adjectif. Voyez *Aberth*.

Tuadh, domaine. I.

Tuaem, affectueuſement. B.

Tuaemein, ſe vermouler. B.

Tuag, de, du, des, dès prépoſition, envers, à l'égard, à l'endroit. G.

Tuagit, envers, à l'égard, à l'endroit, auprès, contre G.

Tuagh, hache. I.

Tuagh, domaine. I.

Tuagha, crochet. I.

Tuaghrod, voie, chemin. I.

Tuai, mauvais. I.

Tuaigh, nord, ſeptentrion. I.

Tuaitlim, pouvoir, être capable. I.

Tuaim, village, lieu, demeure, place, logis, digue, quelquefois ville murée. I.

Tuairgin, ſeran. I.

Tuairim, avis, mention, donner à entendre. I.

Tuairisg, ſymbole, marque. I.

Tuairius, caractére, témoignage. I.

Tuaisceart, le côté du nord. I.

TUD. 455

Tuaith, canton, territoire, campagne, pays. I.

Tuaitheach, payſan, homme des champs. I.

Tuaithean, nord, ſeptentrion. I.

Tuaithean, payſan. I

Tualaim, pouvoir verbe. I.

Tualaing, patience. I.

Tualaingim, endurer. I.

Tualtachad, poſſibilité. I.

Tuamadh, tombeau. I.

Tuamanach, ſot, lourdaud, ſtupide. I.

Tuar, préſage, enchantement. I.

Tuaraim, préſager. I

Tuarusdal, ſalaire, gages, gage, fief. I.

Tuas, haut, élevé, en haut. I.

Tuata, payſan, groſſier, badaud, lourdaud. I.

Tuatadh, payſan. I.

Tuatamhuil, *Tuatamhul*, groſſier, impoli, ruſtique. I.

Tuath, territoire, peuple. I.

Tuath, la biſe. I.

Tuathac, ſeigneur ; *Tuatachd*, domaine. I.

Tuathal, le même que *Tuata*. I.

Tuathanta, ridicule adjectif. I.

Tuatumhul, groſſièrement. I.

Tub, le même qu'*Ub*. Voyez *U*.

Tub, le même que *Dub*. Voyez *T*.

Tub, le même que *Sub*. Voyez *S*.

Tub, le même que *Tab*, *Teb*, *Tib*, *Tob*. Voyez *Bal*.

Tub, le même que *Tuf*, *Twf*, *Tum*, *Tup*. Voyez *B*. De là le Latin *Tuber*.

Tuban, rempart, digue. C.

Tuban, tine, cuve, ſeau, tonneau. I.

Tube, paille tuyau du bled. I. De là le Latin *Tubus*, le François *Tube* ou *Tuyau*. Voyez *Dubh*.

Tubegan, monticule. I.

Tuben, la croupe d'un cheval. B.

Tuberosen, tubereuſe B.

Tubm, chaud. C. Voyez *Tom*.

Tuc, le même qu'*Uc*. Voyez *T*.

Tuc, le même que *Duc* Voyez *T*.

Tuc, le même que *Suc*. Voyez *S*.

Tuc, le même que *Tac*, *Tec*, *Tic*, *Toc*. Voyez *Bal*.

Tucail, fouler ; *Tucailn*, de foulon. I.

Tuchan, ſe plaindre, gémir G.

Tuchanllyd, gémiſſant. G.

Tuchen, motte ou gazon levé d'un terrein marécageux, colline, butte, motte ; pluriel *Tuchennou*, diminutif *Tuchennic* : C'eſt ainſi que Dom Le Pelletier explique ce mot. On trouve dans les autres Dictionnaires *Tuchen*, motte de terre, gazon, amas, tas, monceau ; *Tuchen Merien*, fourmillière. B. *Tucquet* en vieux François, éminence, élévation ; *Tuko* en Gaſcon, montagne, *Tuquel* en Languedocien, terme.

Tuchen, bœuf ; pluriel *Tyweirch*. B.

Tuchentil ; pluriel de *Digentil*. B.

Tuchtach, puiſſant. B.

Tucз, hurhaut mot de charretiers pour faire tourner leurs chevaux à gauche. B.

Tud, *Teut*, terre, pays, contrée, fonds, ſol. G. *Tud*, *Teut*, terre, terrein, canton ; *Tud*, *Teut*, *Tut*, peuple, nation, famille, gens, hommes, le monde ou les hommes en général en Breton ; *Tuath* en Irlandois, peuple, territoire ; *Teut* en Allemand ; *Tethus* en Grec dans Héſychius, terre ; *Dude*, peuple, tribu, famille, chaumière en Perſan ; *Teut* en Allemand ; *Thiuda* en Gothique ; *Theod*, *Thiod* en ancien Saxon ; *Thiut*, *Thiot*, *Thiat*, *Thiod*, *Deut*, *Diet*, *Theet* en Théuton ;

Thiot, *Thiod* en Islandois ; *Gotudde* dans le Duché de Brunsvick, peuple, nation. *Diet* pour peuple se disoit encore en Flamand sous Charles-Quint ; *Tu* en Chinois, terre. Voyez *Tue*.

TUD, TEUT, terre, terrein, canton ; *Tud*, *Teut*, *Tut*, peuple, nation, famille, hommes, gens. B.

TUD, TUDD, le même qu'*Ud*, *Udd*. Voyez T. *Tud*, petite colline, faîte, sommet, tas, tertre en Persan ; *Tudi*, plus en Esclavon.

TUD, le même que *Dud*. Voyez T.

TUD, le même que *Sud*. Voyez S.

TUD, le même que *Tut*. Voyez T.

TUD, le même que *Tad*, *Ted*, *Tid*, *Tod*. Voyez *Bal*.

TUD-DISTER, canaille. B.

TUDDED, vêtu. G.

TUDDEDYN, couverture, vêtement ; pluriel *Tuddded*. G.

TUDENNOU, quelques hommes, certaines personnes, des gens. B.

TUDFACH, échasses. G.

TUDH, le même que *Tugh*. De même des dérivés ou semblables. I.

TUDHAILLE, serviette. I.

TUDLATH, perche. G.

TUDWEDD, fonds, sol. G.

TUED, faveur. G.

TUEDD, contrée, pays, côté, bord, extrémité de quelque chose, penchant, pente, inclination, inclination à quelque chose, intention, dessein, volonté, naturel, génie, caractère, propriété, humeur, affection, passion, disposition, mouvement. G. En comparant *Tuedd* avec *Tu*, on voit qu'*Edd* n'est qu'une épenthése ; ainsi ces deux termes ne doivent être regardés que comme le même mot.

TUEDDIAD, pente, penchant, inclination. G.

TUEDDOG, qui aime à être seul, à ne rien avoir en commun. G.

TUEDDOL, partial. G.

TUEDDU, pencher, pencher vers, être tourné vers, incliner, se plier de quelque façon, de quelque côté, diriger, dresser, aller en quelque lieu. G.

TUEEN, douve, douvelle. B.

TUEL, nappe de table. B. Voyez *Toael*.

TUELLEN, tuyau, cannule, cannelle. B.

TUEM, chaud. B. Voyez *Twym*, *Twymin*.

TUEMDER, chaleur, & au figuré bienveillance. B.

TUER, celui qui soustrait, qui enleve quelque chose. B.

TUF, pierre tendre & pourrie, telle que la vieille ardoise & quelques autres sortes de pierres. *Braen Tuf*, selon M. Roussel, veut dire qui s'en va en poussière comme une telle pierre ; c'est autant que si on disoit friable de pourriture ; *Tufa*, devenir mauvais au goût, dégoûtant, fade & insipide Quand on trouve une chose de mauvais goût à la bouche, on dit en la rejettant, *Tufas Ew An-Dra St*, cela est gâté & de mauvais goût ; C'est ainsi que Dom Le Pelletier explique ce mot. On trouve dans les autres Dictionnaires *Tuf*, la simple salive jettée de la bouche avec un petit bruit ; *Tuff*, tuf ; *Brein Tuff*, tout-à-fait pourrie, toute pourrie. B. De là le Latin *Tophus*, l'Italien *Tofo*, l'Allemand *Tof*, *Tug*, le Flamand *Tuf*, *Tuy*, le François *Tuf*.

TUF, le même qu'*Uf*. Voyez T.

TUF, le même que *Duf*. Voyez T.

TUF, le même que *Tub*, *Tum*, *Tup*. Voyez B.

TUF, le même que *Taf*, *Tef*, *Tif*, *Tof*. Voyez *Bal*.

TUFA, cracher simplement, jetter ou laisser tomber de la bouche la simple salive ; *Tufer*, cracheur, qui a l'habitude de cracher souvent de cette manière. B. Voyez *Tuf*.

TUFARADA, haleine forte. Ba. Voyez *Tufsa*.

TUFER. Voyez *Tufa*.

TUFF. Voyez *Tuf*.

TUFFAD DA DEI, TUFFAD TO, bardeau, clavin. B.

TUFFELLEN, douve, douvelle. B.

TUFFEN, douve. B.

TUFFOREC. AMSER TUFFOREC, temps de chaleur excessive, ce que les hauts Bretons & les Francs-Comtois nomment *Touffeur*. B. Voyez *Toufour*.

TUFITH, sablonneux, G. selon Camden. Voyez *Tufyth*, qui prouve que son interprétation est véritable.

TUFOA, odeur forte. Ba. Voyez *Tufog*.

TUFOG, vesse ; *Tufogach*, vesseur. I.

TUFUS, A M. tuf. De *Tuf*.

TUFYTH, sablonneux. I.

TUG, le même que *Dug*. Voyez T.

TUG, le même que *Sug*. Voyez S.

TUG, le même que *Tag*, *Teg*, *Tig*, *Tog*. Voyez *Bal*.

TUGH, pousser parlant des plantes & des arbres. I.

TUGHA, TUIGHE, paille tuyau du bled. I. De là notre mot François *Tuyau*.

TUGSE, lumière, connoissance, éclaircissement, intellect, intelligence. I.

TUGSEANACH, sçavant, docte. I.

TUGSIN, perception, conception, idée. I.

TUGSIONACH, ingénieux, spirituel. I

TUGUENN, amas, monceau. Voyez *Burtuguenn* & *Tuchen*.

TUGURIUM, A. M. chalumeau ou tuyau pour attirer quelque liqueur à la bouche. De *Tugha*.

TUI, habitation. I.

TUI, recéler, embourser. B.

TUILGEANNACH, étrennes, I.

TUILG, monticule. I.

TUIN, recéler, embourser, garder, cacher, enfermer. B.

TUIR, TUIRAN, Seigneur, chef, maître, I. Voyez *Teyrn*.

TUIRKAN, troupe, multitude. I.

TUIRGN, tour de tourneur, B. Voyez *Turn*.

TUIRLIN, descente. I.

TUIRLINIM, descendre. I.

TUISARRA, pied de lion plante. Ba.

TUITIM, tomber. I.

TUR, os. I.

TUL, face, front. I.

TUL, TUILE, plus. I.

TUL, TULAN, TULIN, nud, dépouillé. I.

TUL, le même qu'*Ul*. Voyez T.

TUL, le même que *Sul*. Voyez S.

TUL, le même que *Tal*, *Tel*, *Til*, *Tol*. Voyez *Bal*.

TULACAN, tertre, colline. I.

TULACH, TULEACH, TULCHAN, butte, colline, I.

TULAIGN, mire, visée. I.

TULBEN, tulipe. B.

TULBOBEN, turbot. B.

TULE, déluge, inondation, flux de la mer, le montant. I.

TULKA, terres, héritages. I.

TULEADACH APRUN, tablier. I.

TULEEN,

TULEEN, le même que *Tule*. B.
TULGAN, TULGANACH, montagneux. I.
TULI, voile ou grande piéce d'étoffe de soie ou de toile dont on enveloppoit les reliques ou les corps des Saints. G.
TULIOMH, mériter. I.
TULIPAYA, tulipe. Ba. De là ce mot. Voyez *Tulipesen*.
TULIPESEN, tulipe. B. Voyez *Tulipaya*.
TULISG, glissade, faux pas. I. *Licher* en Patois de Franche-Comté signifie glisser.
TULL, TUILL, certain nombre de poignées de lin mises en paquet pour porter au marché, ce que l'on nomme en François *un poids de lin*. B.
TULL, le même que *Dull*. Voyez T.
TULLEADH, gagner, mériter. I.
TULO, plante simple que l'on appelle dans la Botanique *Umbilicus Veneris*. B.
TULOMBIOA, sorte de vase à mettre du vin. Ba. *Tulum*, outre à mettre du vin en Turc.
TULSTAONACHD, descente, pente. I.
TUM, crète, faîte. I. De là le Latin *Tumulus*, tertre ; de là le Latin *Tumeo*, s'élever, s'enfler ; de là le Latin barbare *Tumba*, le vieux François *Tombe*, qui signifient éminence, élévation Voyez *Dom* le même que *Don*. Voyez encore *Tun*, qui est le même que *Tum*. Voyez aussi *Tumpath*.
TUM, monceau, amas. B.
TUM, le même que *Dum*. Voyez T.
TUM, le même que *Tam*, *Tem*, *Tim*, *Tom*. Voyez *Bal*.
TUM, le même que *Sum*. Voyez S.
TUMAD, plonger dans l'eau, action de plonger dans l'eau, tremper, action de tremper. I.
TUMBA, tombe, tombeau. Ba. De là ces mots. Voyez *Tumbé*.
TUMBA, A. M. éminence. Voyez *Tum*.
TUMBA, TUMBUS, A. M. tombe, tombeau. De *Tumba*.
TUMBADA, renversement, déjection. Ba.
TUMBALDIA, jeu de hazard. Ba.
TUMBÉ, tombeau. B. Voyez *Tumba*.
TUMBOA. Ce terme Basque est rendu dans le Dictionnaire du Pere Larramedi par *Psalteria*, terme que je ne trouve ni dans les Dictionnaires Latins ni dans les Dictionnaires Espagnols.
TUMBRELLUM, A. M. tombereau. De *Tomberell*.
TUMBULOA, tombeau. Ba. De là le Latin *Tumulus*. Voyez *Tumbé*, *Tumba*.
TUMPA, tomber & faire tomber. M. Roussel convenoit de ces significations, & disoit que *Tupa*, *Tupakina* ont le même sens. J'ai entendu dire en basse Cornouaille *Tumpa* au sens de faire tomber dans le piége, séduire, gagner par ruse & tromperie : C'est ainsi que Dom Le Pelletier explique ce mot. Le Pere de Rostrenen met *Tumpa*, tomber, verser parlant d'une charrette, d'un carrosse. B. De là le François *Tomber*, *Tumba* en Gothique & en Cimbrique, tomber. Voyez *Tumbada*, *Tumpada*.
TUMPADA, chûte, rechûte, qui s'est précipité. Ba. Voyez *Tumpa*.
TUMPOREL, tombereau. B.
TUN, retenu, arrêté. G. *Tinha*, digue pour retenir l'eau en Arabe ; *Tung* en Chinois, résister au coup.
TUN, ville, lieu élevé fermé, haie, enceinte, enclos. E. I. *Tune* en ancien Saxon & en ancien Anglois ; *Town* en Anglois moderne, ville, bourg; *Tuyn*, haie en Flamand ; *Tung* en Chinois, maison

longue, maison ample. Voyez *Tun* plus bas & *Dun*.
TUN, colline ; plurier *Tunou*, *Tunion*. On dit aussi *Tunien*, plurier *Tuniennou*. B. *Tunene*, grand ; *Tuene*, grands en Langue de Congo. Voyez *Tun* plus haut, *Tunenn*, *Dun*.
TUN, espiéglerie, tour d'adresse, une ruse, un stratagème ; plurier *Tunou* & *Tunion* ; *Tuna*, gagner par ruse & subtilité : C'est ainsi que Dom Le Pelletier explique ce mot. On trouve dans un autre Dictionnaire *Tun*, faux, fausseté, tromperie, ruse, finesse, espiéglerie, filouterie, escamotage. B. On appelle en Franche-Comté *Tuneurs* certains fourbes qui font de faux certificats pour aller mendier. Voyez *Tun*.
TUN, le même que *Dun*. Voyez T.
TUN, le même que *Sun*. Voyez S.
TUN, le même que *Tan*, *Ten*, *Tin*, *Ton*. Voyez *Bal*.
TUNA, figue d'inde. Ba.
TUNDA, coups de bâton. Ba. De là le Latin *Tundo*.
TUNENN, TUNNENN ; dune, levée de terre ou rochers escarpés, falaise, colline. B. C'est le même mot que *Tun*, *Stone* en Anglois ; *Stan*, *Stane* en ancien Saxon ; *Stains*, *Staino* en Gothique ; *Stene* en Danois ; *Steen* en Flamand ; *Stein* en Allemand ; *Sztina* en Dalmatien ; *Stin* en Islandois & en Suédois ; *Sion* en Grec, pierre ; *Cetin* en Turc, rocher. On appelle *Castine* en Franche-Comté une espèce de pierre que l'on casse pour mêler avec la mine de fer, afin que cette mine se fonde plus aisément ; *Castine*, une pierre cassante.
TUNICA, tunique, habit. Ba. *Tunieq* en Breton, tunique, habit. De là le Latin *Tunica*, l'Italien *Tonica*, le François *Tunique*.
TUNICQ, tunique, habit. B. Voyez *Tunica*.
TUNNA, TONNA, A. M. tonne. De *Tona*.
TUNNELL, tonneau. G. *Duna* en Chaldéen, vase, tonneau. Voyez *Tona*, *Tonnell*.
TUNNELLA, Voyez *Tonnella*.
TUNNELLIG, petit tonneau. G.
TUNNENN. Voyez *Tunenn*.
TUNTUNA, tambourin. Ba.
TU YEN, colline. I.
TUOG, partial. Voyez *Untuog* & *Tu*.
TUONY, réserve, garde. B.
TUOS, tuyau. B. De là ce mot.
TUP, le même qu'*Up*. Voyez T.
TUP, le même que *Dup*. Voyez T.
TUP, le même que *Sup*. Voyez S.
TUP, le même que *Tap*, *Tep*, *Tip*, *Top*. Voyez *Bal*.
TUP, le même que *Tub*, *Tuf*, *Tum*. Voyez B.
TUPA. Voyez *Tumpa*.
TUPAKINA. Voyez *Tumpa*.
TUPINA, pot de terre. Voyez *Tupinaguile*.
TUPINAGUILE, potier de terre. Ba. On voit par là que *Tupina* a signifié un pot de terre : De là le vieux mot François *Tupin*, pot de terre. Voyez *Eguillea*.
TUPOTZA, palpitation. Ba.
TUR, eau, rivière. G. Voyez *Tour*, *Dur*, *Dour*, *Dwr*, qui sont les mêmes que *Tur*.
TUR, attentat. G.
TUR, TOR, tour bâtiment haut élevé & rond. I. Voyez *Tor*.
TUR, TURAS, TURUS, voyage, marche, chemin. I.
TUR, sec, aride. I.

TUR, tour, clocher, lieu fortifié, forteresse. B. Voyez *Tur* plus haut, & *Twr*.
TUR, tour mouvement circulaire. Voyez *Caladwr*, *Tor*, *Turn*.
TUR, terre. Voyez *Turlach*.
TUR, le même qu'*Ur*. Voyez *T*.
TUR, le même que *Dur*. Voyez *T*.
TUR, le même que *Sur*. Voyez *S*.
TUR, le même que *Tar*, *Ter*, *Tir*, *Tor*. Voyez *Bal*.
TURBAQUIDARIA, séditieux. Ba.
TURBATEA, TURBITA, turbot poisson. Ba. Voyez *Turbodenn*.
TURBODENN, turbot. B. De là ce mot.
TURCANTYN, thym. B.
TURCHAL, se doguer. B.
TURCHAT, pousser parlant des taupes. B. Voyez *Turia*.
TURCHEIN, se doguer. B.
TURCHEN, le même que *Torghen*. B.
TURCHERES, combat, joûte, choc. B.
TURCQES, tenailles. B. On dit encore *Turquoises* en Franche-Comté au même sens. Voyez *Turkes*, qui est le même mot.
TURELLA, TURELLUS, A. M. tourelle. De *Tur*. El diminutif.
TURGIA, A. M. truie. Voyez *Turia* & *Troi*.
TURGIS, fontaine, source. Ba.
TURHUNELL, tourterelle. B. Voyez *Turtur*.
TURIA, TURIAT, TURCHAT, fouir comme une taupe & à la manière des cochons. B. Voyez *Troi*, *Turio*.
TURIA, particule privative. Voyez *Alaituria*.
TURIADEN, taupinière. B.
TURIAT. Voyez *Turia*.
TURIBAILHOU, fatras. B.
TURIBAN, écharpe des gens de guerre. B.
TURIO, fouir la terre comme les porcs. G. Voyez *Turia*.
TURKES, tenailles pour arracher les cloux, & aussi les deux doigts qui servent à pincer, sçavoir, le pouce & l'index. B. Voyez *Turcqes*, qui est le même mot.
TURLACH, terre couverte d'eau en hyver. I. *Lach* signifiant étang en Irlandois, on voit par *Turlach* que *Tur* a signifié terre en cette Langue. Voyez *Turio*, *Turia*, & *Ter* le même que *Tur*.
TURLING, allumer. I.
TURLINGE, démonter, descendre. I.
TURLUPINA, turlupiner, faire des turlupinades. B. De là ce mot.
TURLUPINAICH, turlupinade. B.
TURMOYA, tonnerre. Ba.
TURN, tour instrument de tourneur. G. B. *Tornes* en Grec; *Tornus* en Latin; *Turning* en Anglois; *Torno* en Espagnol & en Italien; *Tour* en François, tour de tourneur; *Turner* en Anglois, tourneur; *Torneno* en Grec; *Torno* en Latin; *Tornire* en Italien; *Tornear* en Espagnol, tourner travailler au tour; *Turnan*, *Tyrnan* en ancien Saxon; *Turn* en Anglois; *Tornein* en Grec, tourner, rouler. Voyez *Tur*, *Tor*, *Turnadh*.
TURN, tourner, renverser. E. Voyez l'article précédent.
TURNADH, rouet à filer. I. Voyez *Turn*.
TURNAIM, descendre. I.
TURNAM, descendre, descente. I.
TURNAPA, rave, navet. I.
TURNELLA, A. M. tournelle ou petite tour. Voyez *Twr*.
TURNEN, vase fait au tour. G.

TURNIO, tourner. G.
TURNOR, tourneur. G.
TURNUS, A. M. tour, rang. De *Tur*.
TUROGO, maison. G.
TURQET-FRI, camus. B. A la lettre, nez camus.
TURRIUGHADH, fatiguer, lasser. I.
TURROYA, tourron à manger. Ba.
TURRURU, le son d'une trompette. Ba.
TURS, bec. G.
TURSE, qualité lassante ou ennuyante, chagrin substantif, incommodité, fatigue. I.
TURSEACH, las, fatigué, ennuyé, dégoûté, qui n'a point de force ou de courage, foible, abattu, découragé, pénible. I.
TURSIUGHADH, lasser, fatiguer, ennuyer, dégoûter, tourmenter, faire enrager, harceler. I.
TURTIN, gâteau. I. Voyez *Tourtenn*, *Torth*.
TURTUR, tourterelle. G. *Tor*, *Tur* en Hébreu & en Chaldéen; *Tetaru* en Persan; *Turtur* en Latin; *Tortore* en Italien; *Tortola* en Espagnol; *Turtel-Taube* en Allemand; (*Taube*, colombe) *Turtle* en ancien Saxon & en Anglois; *Turtilutubo* en Théuton; (*Tubo*, colombe) *Turtelduyve* en Flamand; *Tourterelle* en François, tourterelle. *Trugon* en Grec, tourterelle; c'est la transposition de *Turgon*. *Tur* en Arabe signifie la répétition du même son, rugissement, mugissement, bruit, par où il paroit qu'on a pu désigner dans cette Langue la tourterelle, dont les gémissemons sont éclatans & se terminent toujours de même. Voyez *Turhunell*, *Turzunell*.
TURTURILLA, A. G. endroit où l'on renferme le pain. De *Torth*.
TURUBAILH, grand bruit. B.
TURUBAILHOU, fatras, B.
TURUBAN, écharpe des gens de guerre. B.
TURUCA, A. G. habillement royal. De *Tuir*, par crase *Tur*, & *Huc*, robe.
TURUCHEN, le même que *Tuchen*. B. De là le Latin barbare *Torsia* ou *Torcia*, le vieux François *Torsie*, *Tursie*, *Torchie*, qui signifie de la terre élevée & formée en digue pour empêcher le débordement d'une rivière.
TURUCHEN, le même que *Turchen*. B.
TURUCHEN, ce qui reste du tronc d'un arbre coupé au-dessus de la surface de la terre. B.
TURUL, jetter, lancer, flanquer B.
TURUMEL, bosse de terre, butte, élévation; *Lech Turnmellec*, lieu raboteux, terrein inégal. B.
TURUNTA, trompette. Ba.
TURUS, chemin. I.
TURUSGHAR, équipage. I.
TURYADEN GO, taupinière. B.
TURYAT, le même que *Turia*. B.
TURZUNEL, tourterelle; pluriel *Turzunelles*. B. Voyez *Turtur*.
TUS, premier, front, face, devant, présence; commencement, fondation. I.
TUS, encens. I. *Thus* en Latin, encens.
TUS, le même que *Twas*. De même des dérivés ou semblables. I.
TUS, le même qu'*Us*. Voyez *T*.
TUS, le même que *Dus*. Voyez *T*.
TUS, le même que *Sus*. Voyez *S*.
TUS, le même que *Tas*, *Tes*, *Tis*, *Tos*. Voyez *Bal*.
TUSCHA. Voyez *Tosca*.
TUSEG, crapaud. B.
TUSLEADH, broncher, trébucher. I.
TUSLOG, saut. I.
TUSLOGAM, sauter; *Tuslogach*, *Tuslogadh*, sautant. I.

TUS.   TWY.

TUSMSADA, engendrer, causer, produire. I.
TUSMIGHTHEOIR, parent. I.
TUSSW, faisceau, fagot, paquet, tente à mettre dans une plaie, plumaceau, aspersoir, goupillon. G.
TUSTA, salive, crachat. Ba.
TUSW, faisceau, fagot, paquet. G.
TUT, côté, part. C. Voyez *Tu*, *Tudd*.
TUT. Voyez *Tud*.
TUT, le même qu'*Ut*. Voyez *S*.
TUT, le même que *Tat*, *Tet*, *Tit*, *Tot*. Voyez *Bal*.
TUT. AN TUT PARTABL, le commun, le peuple. B.
TUTA, TUTTA, chercher du monde, faire du monde pour quelque grand travail, pour la guerre, assembler beaucoup d'hommes. B. Voyez *Tud*.
TUTACH, laid, vilain, sale, indécent, saleté, ordure, boue. I.
TUTAIGHIL, boue. I.
TUTH, secousse, action de secouer, trot de cheval. G.
TUTH, paix. C.
TUTHIO, secouer, troter comme un cheval. G.
TUTHIOG, qui trote. G.
TUTHIWR, qui se promene. G.
TUTIM, tomber, lancer, action de rouler, jetter, chûte, dévolution, cascade. I.
TUTUM, pesant, lourd, lourdaud, ce qui est trop épais pour le lieu où l'on veut le faire passer & entrer. B.
TUTUMI, devenir épais, lourd, pesant, massif. B.
TW, TWI, habitation. G.
TW, noir. Voyez *Twtnai*, *Du* & *T*.
TW, le même que *Tew*. Voyez *Edw*, *Ydw*.
TWAISGEART. AN TWAISGEARTH, le septentrion. I.
TUVAT. Voyez *Duffen*.
TWCCA, couteau G.
TWDDF, excroissance. G.
TWEDDOL, enclin. G.
TUVEN, le même que *Duffen*. B.
TWF, touffe, accroissement, augmentation. G. De là le premier de ces mots. *Tufan* en Turc, déluge.
TWI, habitation. G.
TWI, eau, rivière. G. C'est *Wi* avec le *t* préposé. Baxter.
TWILL, anus, orifice du fondement. G. Voyez *Twll*.
TWIRIN, froment. I.
TWISC, eau, rivière, fleuve. G. C'est *Wisc* avec le *t* préposé, dit Baxter.
TWL, le même que *Dwl*. Voyez *T*. *Touälé*, fou en Galibi.
TWL, déchiré, troué. Voyez *Athwl*.
TWLC, petite chaumière; plurier *Tylci*. G.
TWLC, tillac d'un navire. G.
TWLC-MOCH, étable à cochons. G.
TWLL, trou, caverne. G. B. cave, creux, fosse: Il se prend aussi adjectivement principalement dans les composés troué, bien troué. G. *Tjulhoa*, cave, creux en Basque; *Dol* en Polonois; *Dolina* en Esclavon, fosse; *Dalg* en Gothique, fosse; *Delmek*, trouer; *Delik*, trou en Turc; *Tolch*, *Dolch* en Allemand; *Dolon* en Grec; *Dolo* en Latin; *Dolk* en Flamand; *Dolgur* en Islandois; *Tolih* en Stirien & en Carinthien; poignard.
TWMPATH, monceau, tas, amas, amas de pierres ou de terre, petite butte, éminence, hauteur, tertre, lieu élevé. G. Dans le Diocèse de Noyon on appelle *Tombe*, *Tombel*, une monticule. Voyez *Tumba*, *Tum*.

TWMPATHOG, plein d'éminences, rempli de hauteurs. G.
TWMPTHYN, petite éminence. G.
TWN, élévation. Voyez *Byftwn*.
TWN, le même que *Dwm*. Voyez *T*.
TWNG, jurement ou serment, exorcisme. G.
TWNG, la partie de la récolte qui est dûe au maître du champ par convention. G.
TWNN, fracture, brisé, déchiré, défectueux, qui n'est pas entier. G. *Tonh*, laboureur, soc de charrue en Tartare du Thibet; *Dunh*, lance dans la même Langue; *Tuen*, court; bref en Chinois.
TWR, tour, forteresse. G. B. *Tower* en Anglois; forteresse, château; *Thurn* en Allemand, forteresse; *Hetiurne* en Islandois, château; *Turseis* en Étrusque, édifices fermés de murs. Denis d'Halicarnasse au *l. 1* de son Histoire, dit que les Tyrrhéniens ou Thurréniens ont été ainsi nommés de leurs habitations fortifiées. Voyez *Tur*.
TWR, masse. G.
TWRCH, porc, verrat. G. B. *Twrch*, porc en Persan.
TWRCH-DAEAR, taupe. G. A la lettre, cochon de terre.
TWRCHLADD, cochon. G.
TWRDD, bruit, son de la trompette, cris des oiseaux, tonnerre. G. De là notre mot François *Étourdir* en faisant un grand bruit. Voyez l'article suivant.
TWRDD, querelle. C. Voyez l'article précédent.
TWRED, petite tour. G. *Ed* diminutif.
TWRF, loupe, tumeur, enflure, entorse. G.
TWRF, bruit, son de la trompette, cris des oiseaux, tonnerre; *Twrf Cyfraith*, interruption légitime. G. *Twrf* signifie aussi tourment, véxation, empêchement, ainsi qu'on le voit par *Tyrfu* & par *Twrf Cyfrait*.
TWRLLA, marmotte; *Twrllaes* au féminin; plurier *Twrllaesau*, *Torllaision*. G. *Torllaes* ou *Twrllaes* signifie à la lettre, ventre qui descend ou ventru. On a donné ce nom à la marmotte, parce qu'elles ont cela de particulier que leur épiploon est double, triple & quadruple, quoiqu'il soit unique dans tous les autres animaux.
TWRN, d'où *TWRN DA*, avantage, gain, profit, utilité, commodité, bienfait, grace; *Twrn Drwg*, incommodité, préjudice, dommage, désavantage, tort; plurier *Tyrnan*. G.
TWRNEIMENT, tournois. G.
TWRR, tas, monceau, amas, assemblage, pile. G. *Tur*, *Tura* en Chaldéen, montagne. Voyez *Tor*.
TWRR, excroissance. Voyez *Dour-Dero*.
TWRSTAN. Voyez *Trwstan*.
TWRSTANEIDDRWYDD, malheur. G.
TWRWF, tonnerre. G. C'est le même que *Twrf*.
TWT, TWTTI, paix-là, arrêtez-vous, tenez-vous en repos, interjection d'admiration, ô l ha ! G.
TWTNAI, couleur noirâtre, couleur brune, couleur d'aigle. G.
TWTNAIS, orné, ajusté, joli, mignon, agréable. G.
TWTNEISIO, orner, parer, embellir, ajuster, arranger proprement, polir. G.
TWTNEISRWYDD, propreté. G.
TWTTIAL, temporiser, différer, user de remise, ne se presser pas. G.
TWY, agitation, mouvement, frémissement. G. Voyez *Mordwy*.
TWY, maison. G.
TWYG, tout ce qui sert à couvrir comme habit, robe, vêtement, tunique, mante, manteau. G. Voyez *Tunica*.

TWYG, faie. C.
TWYL, crainte. G.
TWYL, dol, fraude, fourberie, tromperie, calomnie. G.
TWYLDAR, ténèbres. C.
TWYLLCYNGHANEDD, faux accord en chantant. G.
TWYLLIAITH, paroles trompeuses. G.
TWYLLIWR, fourbe, trompeur. G.
TWYLLO, tromper, trahir. G.
TWYLLODL, fausse rime. G.
TWYLLODRUS, trompeur, fourbe, affronteur, qui cherche à tromper, fiction. G.
TWYLLRESWM, sophisme. G.
TWYLLUAN, le même que *Dylluan*. G.
TWYLLWR, trompeur, perfide, traitre, fourbe, affronteur, imposteur, calomniateur. G.
TWYM, prompt, ardent, vite. G. On voit par *Twymin*, *Twymder*, que *Twym* a signifié chaud, ardent au propre. D'ailleurs le sens figuré suppose toujours le propre. *Timoca*, bouillir en Galibi. Voyez *Tein*, *Tuem*.
TWYMDER, chaleur, ardeur, tiédeur. G.
TWYMDWYRO, échauffer, rendre tiède. G.
TWYMDY, étuves, lieu dans les bains où l'on suoit, étuves pour faire suer, poêle. G.
TWYMIN, bains chauds. G.
TWYMN, chez une partie des Gallois *Twym*, tiéde, & au figuré ardent, chaud. G. Voyez *Twym*.
TWYMNDY, lieu qui reçoit la fumée des étuves. G.
TWYMNO, TWYMO, rendre tiéde, échauffer, s'échauffer, être échauffé. G.
TWYMO. Voyez *Twymno*.
TWYN, tertre, colline, petite butte, éminence, hauteur, lieu élevé, amas de terre ou de pierres. G. Voyez *Tun*.
TWYN, le même que *Tywyn*. Voyez *Brendu* 'R *Twynau*.
TWYN BRWYN, lieu où croissent les joncs. G.
TWYSEN, épi. G.
TWYSG, part, portion, quelque partie, quelque part, certaine partie, petit tas, amas, tas, monceau, comble, faisceau, fagot, paquet. G.
TWYSGEN, petite partie. G.
TWYSGEN, faisceau, fagot, paquet. G.
TWYSGIAD, grand monde, assemblée nombreuse, foule, multitude. G.
TWYSGO, amasser, assembler, amonceler, être assemblé, être amoncelé, être mis en pelotons. G.
TWYSO, le même que *Tywyfa*. G.
TWYSOG, le même que *Tywysog*. G.
TWYTH, TWYTHIAD, portion, partie. G.
TUY, maison, habitation. G.
TUYOS, tuyau. B. De là ce mot.
TUZ, famille, peuple, nation, hommes. C. Voyez *Tud*.
TUZE, de là. B.
TUZUM, pesant, lourd, lourdaud. B.
TUZUMI, émousser. B.
TY, maison; G. B. plurier *Tai*. G. *Tihii* en Langue de Cornouaille; *Tjih* en Écossois; *Ty* en Irlandois, maison; *Taj*, tente en Persan; *Te*, maison de récréation, hôte en Chinois. Voyez *Ty* Breton, *Ti*, *Tyic*.
TY, eau. G. *Tis*, laver en Chinois; *Ty*, urine en Bresilien.
TY, famille. G.
TY, deux, G. Voyez *Di*.
TY, maison, I.

TY, habitation, maison, lieu; plurier *Tyer*, *Tyee*; *E Ty*, chez. B. *Ti*, lieu en Chinois & en Siamois; *Di*, ici en Tartare du Thibet; *Dia*, terre en Tonquinois.
TY, le même que *Dy*. Voyez *T*.
TY, le même que *Sy*. Voyez *S*.
TY-PLOUS, cabane. B.
TY-RHEDYN, chaumière. G.
TY-SOUL, chaumière, cabane. B.
TYAID, famille, maison pleine, domestique de tout genre, qui est de la maison. G. *Tiund* en Danois, famille.
TYARNA, maître, roi. I. Voyez *Teirn*.
TYARNAS, royaume. I. Voyez *Teyrnas*.
TYB, opinion, sentiment, avis, jugement, soupçon, conjecture, suspicion. G.
TYBAR, fontaine, source. I.
TYBIANT, opinion, sentiment. G.
TYBIEID, croire, penser, estimer. G.
TYBIO, TYBIAID, TYBIGU, croire, penser, être d'avis, juger, soupçonner, s'imaginer, se faire une idée, pressentir, prévoir, se douter. G.
TYBIWR, qui dit son sentiment. G.
TYBOST, colonne. B.
TYBUS, à quoi l'on s'attend. G.
TYBYGOLIAETH, opinion, sentiment, conjecture, suspicion. G.
TYBYGU, juger, croire. G.
TYCC, bon, utile, avantageux. G.
TYCCIANNUS, prospére, heureux, favorable, fertile, fécond. G.
TYCCIANT, prospérité, profit. G.
TYCCIO, prospérer, profiter, prévaloir, avoir le dessus, être meilleur. G.
TYCH, le même qu'*Tch*. Voyez *T*.
TYCHWEL, retour. G.
TYDDYN chez une partie des Gallois, *Syddyn* chez une autre partie de la même Nation, métairie, maison de campagne, métairie qu'on tient à ferme. G.
TYDI, toi. G.
TYDO, lier. G.
TYECQ, pere de famille, ménager; plurier *Tyeyen*, *Tyeyon*, *Tyeryon*. B.
TYERN, Prince. B. Voyez *Tiern*.
TYFIAD, accroissement, augmentation. G.
TYFOD, sable. G.
TYFU, croître, augmenter, grandir, se fortifier, bourgeonner, boutonner, pousser des rejettons, provenir. G.
TYFU-WRTH, survenir, être ajoûté. G.
TYFYN, le même que *Tydyn*. G.
TYGHU, jurer. G.
TYGR, tigre. B.
TYIC, habitation; *Tyic-Soul*, cabane, maisonnette. B. *Dik* en Hébreu, chambre, muraille; *Dix*, château, forteresse, ville en Persan, & *Dih*, village, métairie dans la même Langue; *Thie* en Cophte, les habitations d'un vaisseau; *Stoko*, prison; *Artike*, hospice dans la même Langue; *Dyg*, lieu, demeure en Arménien, & *Tykyrant*, habitation, demeure dans la même Langue; *Diikan* ou *Dikan*, taverne en Turc; *Teichos*, mur en Grec, & *Thokos*, siége, séjour, logis, demeure dans la même Langue; *Attegiae* en ancien Latin, chaumière; *Ticar*, lit en Malaye. De *Tyic* ou *Tyig* est venu le mot Latin *Contiguus*. Voyez *Ty*.
TYIH, maison. E. Voyez *Ty* & l'article précédent.
TYISHEACH, Duc, chef, Préfet. I.
TYISHROCH, Capitaine. I. Voyez *Twyfog*.

TYVSE,

TYI.

TYIVSE, AR AN TYIVSE, DEN TYIVSE, de ce côté, en-deça. I.
TYLATH, poutre, solive. G.
TYLCIAU, loges, cabanes, hutes. G. Voyez Twlc.
TYLCIG, chaumière. G.
TYLE, lieu où étoit bâtie la maison, place propre à bâtir, décombres de bâtimens, démolition, masures, ruines, restes d'anciens murs, tente, lit, matelas, tout ce qu'on étend pour se coucher dessus, pour se reposer, oreiller, tapis qu'on étend; pluriel Tylxau, Tylau, G. Talam, habitation, lieu en Tamoulique; Thalamos en Grec; Thalamus en Latin, lit.
TYLE, boue. C.
TYLINIAD, action de pétrir. G.
TYLINO, pétrir, réduire en masse, amollir. G.
TYLINWR, boulanger. G.
TYLLAWG, caverneux, troué. G. C'est le même que Tyllog.
TYLLIAD, action de percer avec la tarière. G.
TYLLOG, troué, caverneux, qui a plusieurs cavités, plein de fosses, de fondrières, qui a plusieurs trous, plein de petites cavités, où il y a beaucoup de réduits, de petites séparations. G.
TYLLU, trouer, percer; G. B. pénétrer, entrer dedans. G. Voyez Twll.
TYLLUAN, le même que Dylluan. G.
TYLOFT, le même que Dylosi. G.
TYLU, famille. G.
TYLUWR, pere de famille. G.
TYLWYTH, famille, le domestique, tribu, parens. G.
TYLWSTROG, celui qui a une nombreuse famille, qui a beaucoup de parens. G.
TYM, chaud; Tymder, chaleur. C. Voyez Twym.
TYMBR, timbre, marque. B. De là le premier de ces mots.
TYMBRIS, A. M. timbre. De Tymbr.
TYMHERUS, modeste, modéré. C.
TYMHOREIDDIWYDD, temps propre. G.
TYMMER, tempérament. G.
TYMMERUSANWDD, température, constitution, complexion, tempérament. G.
TYMMESTL, tempête, orage, ondée, pluie soudaine qui tombe avec impétuosité, agitation, mouvement. G. Voyez Tempest.
TYMMESTLOG, orageux, sujet aux tempêtes, couvert de nuages. G.
TYMMHEREDD, température. G.
TYMMHERIAD, action d'assaisonner, assaisonnement, mélange, mixtion. G.
TYMMHERU, modérer, tempérer. G.
TYMMHERUS, tempéré, modéré, retenu, tempérant. G.
TYMMHESTLOG, qui répand la pluie. G.
TYMMHIGAW, mordre, piquer, être piquant. G.
TYMMHIGIAD, morsure, point, douleur piquante, action de dire des paroles piquantes, action de choquer par paroles. G.
TYMMHIGO, piquer, percer, aiguillonner, pincer, picoter, égratigner, arracher le poil. G.
TYMMHORAIDD, fait dans le temps qu'il faut, fait à propos, qui arrive dans sa saison. G.
TYMMHOREIDDRWYDD, saison commode, temps propre. G.
TYMMIG, piqûre, ponction, picement, fort, vaillant. G.
TYMMOD, sable, cendre. G.
TYMMOR, temps commode, saison commode, temps, saison. G.

TOME II.

TYR.

TYMP, temps proprement d'une femme grosse. G. De là le Latin Tempus, l'Italien Tempo, l'Espagnol Tiempo, l'Anglois Tyme, le François Temps.
TYMPAN, tambour. Voyez Tympanwr. Tumpanon ou Tympanon en Grec; Tympanum en Latin; Timpane en Italien, tambour.
TYMPANWR, homme qui bat du tambour G. Ce mot est formé de Gwr, en composition Wr, & de Tympan, qui a dû par conséquent signifier tambour.
TYN, thym. B.
TYVELL, tente. B.
TYNELLYEN, soupe d'avare. B.
TYNER, tendre, mou, efféminé. G. De là le Latin Tener, l'Italien Tenero, l'Espagnol Tierno, l'Anglois Tender, le François Tendre.
TYNERU, attendrir, amollir. G.
TYNERWCH, état d'un corps qui est tendre, état d'un efféminé. G.
TYNEWYN, le même que Tenewyn. G.
TYNFA, division forcée, séparation violente, arrachement. G.
TYNGED, destin, fortune. G.
TYNGHEDFEN, destin, fortune. G.
TYNGHEDFENNOL, fatal, qui porte la mort, qui la donne. G.
TYNGHEDIAD, exorcisme. G.
TYNGHEDU, conjurer, exorciser, faire jurer, exiger le serment. G.
TYNGU, exorciser, jurer, abjurer, renier. G.
TYNGU-ANUDON, se parjurer. G.
TYNN, étroit, serré, tendu, étendu, bandé, roidi; G. B. opiniâtre, qui résiste avec mépris, rébelle, obstiné, détenu. G. Voyez Ten, Tenn.
TENN, TYNNIAD, TYNNFA, action d'arracher. G.
TYNN, TYNNIAD, coup de boisson, trait de boisson, gorgée. G.
TYNNCHWYDD, tumeur, enflure, extension. G.
TYNNDER, état d'un corps qui est étroit, serré, opiniâtreté, résistance opiniâtre, obstination. G.
TYNNEDIG, dérivé. G.
TYNNEDIGAETH, attraction. G.
TYNNERU, devenir tendre. G.
TYNNFA, pincement, action d'arracher. G.
TYNNFALCH, opiniâtre. G.
TYNNFARCH, cheval rétif. G.
TYNNGAR, traîneau. G.
TYNNHAU, rendre étroit, mettre à l'étroit, étrécir, serrer, presser, étendre, écarter, élargir, dilater. G.
TYNNIAD, action d'étendre, action d'arracher, enlevement de force, attraction, pincement. G.
TYNNIAR, bouteilles qui se forment sur l'eau. G.
TYNNIAWDR, qui sert à tirer. G.
TYNNU, étendre, arracher, tirer, tirer dehors, pincer, briller, éclater, reluire, resplendir; Tynnu Allan O'r Ddiadell, détacher, retirer; Tynnu-At, attirer. G.
TYNO, aire d'une grange, place publique, sol, place où est bâtie une maison, planche de jardin, plaine, campagne; le diminutif de toutes ces choses, petite vallée. G.
TYR, terre, pays. G. Voyez Tir.
TYR, eau. B.
TYR-MOR, contrée maritime. B.
TYRAN, petite tour. G. Voyez Twr.
TYRAND, tyran. B.
TYRANDA, persécuter. B.
TYRAWG, qui a des tours. G.

A aaaaa

TYRBA, troupe. G. Voyez *Torf*.
TYRCHYN, petit cochon. G.
TYRE, il est nécessaire, il faut. G.
TYRED chez une partie des Gallois, approche à l'impératif. G.
TYRED, le même que *Dyred*, accourir, course d'un lieu à un autre. B.
TYRENN, targe. B.
TYRFA, troupe. G. Voyez *Torf*.
TYRFAN, tonnerre. G.
TYRFAU, tonnerre : Il est aussi le pluriel de *Twrf*. bruit, &c. G.
TYRFU, le même que *Turio*. G.
TYRIEN, champ en friche. B. Voyez *Tirien*.
TYRNAS, royaume. G. Voyez *Tiern*.
TYRR, le même que *Torr*, coupé. Voyez *Didyrr* & *Bal*.
TYRRAS, le même que *Dyrras*. Voyez T.
TYRRU, entasser, amonceler. G.
TYRTENA, tiretaine. B.
TYRVA, troupe. G. Voyez *Torf*.
TYS, maison. B. Voyez Ty.
TYSMWY, affliction, horreur. G.
TYSMWYO, éprouver de l'horreur. G.
TYST, témoin. G. B. De là le Latin *Testis*, l'Italien *Teste*, l'Espagnol *Testigo*, témoin.
TYSTAN, maison manale où le paysan mange & couche. B.
TYSTIO, TYSTIOLAETHU, témoigner, rendre témoignage. G.
TYSTIOLAETH, témoignage. G.
TYSTIOLAETHWR, témoin. G.
TYSTION, déposition de témoin. G.
TYSTIWR, témoin. G.
TYTMWY, agraffe, poignée, manche d'un vase ou autre chose, crampon, attache, boucle, ardillon d'une boucle, brasselet. G.
TYTMWYO, lier, boucler, agraffer, cramponner. G.
TYV, côté. I. Voyez *Tu*.
TYWALLT, répandre. G. *Dy Gwallaw*. Davies.
TYWALLTIAD ; effusion, épanchement. G.
TYWALLTWR, qui répand, qui verse. G.
TYWARCH, TYWARCHEN, motte de terre, gazon ; pluriel *Tyweirch*. G.
TYWARCHAWR, bœuf, ainsi nommé parce que les bœufs tournent les mottes de terre. G. Voyez l'article suivant.
TYWARCHOG, qui est par mottes. G.
TYWAS, domestique, serviteur. G. *Ty Gwas*.
TYWAWD, sable. G.
TYWAWDFAEN, tuf. G. *Maen Tywod*.
TYWEIRCH, bœufs. Voyez *Tuchen*.
TYWELAU, qu'on a à toutes heures sous les mains, dont on se sert à chaque moment. G.
TYWELL, féminin de *Tywyll*. G.
TYWERCHYN, gazon, motte de terre. G.

TYWOD, sable. G.
TYWODBWLL, sablonneux. G.
TYWOT, sable. G.
TYWOWD pour *Tywawd*. Voyez *Tywowdbwll*.
TYWOWDBWLL, sablonnières. G. *Tywowd* pour *Tywawd Pwll*.
TYWOWDGALCH, mortier fait avec de la chaux & du sable. G. A la lettre, sable-chaux.
TYWOWDLYD, plein de sable. G.
TYWY, le même que *Tav*, rivière. G.
TYWYDD, tempête, orage ; quelque part il signifie la même chose que *Hin*. G.
TYWYLL, ténébreux, obscur, couvert de ténèbres, énigmatique. G.
TYWYLL IAWN, ténébreux. G.
TYWYLL-LAS, de couleur de verd de mer. G.
TYWYLLDDREM, obscur, sombre, ténébreux. G.
TYWYLLDU, obscur, ténébreux, opaque, ombragé, noirâtre. G.
TYWYLLGOED, bois fort épais, fort touffu, forêt. G.
TYWYLLIAD, obscurcissement, obscurité. G.
TYWYLLNI, obscurité, ténèbres. G.
TYWYLLU, s'obscurcir, se couvrir de ténèbres, obscurcir, couvrir de ténèbres. G.
TYWYLLWCH, ténèbres, obscurité. G.
TYWYLLWG, ténèbres, obscurité. G.
TYWYN, bord de la mer, sable de la mer ; *Tywyn Y Mor*, côte, rivage, bord de la mer. G.
TYWYN, splendeur, lustre, éclat, brillant, lueur brillante. G.
TYWYNNU, reluire, resplendir, briller, éclater, avoir de l'éclat. G.
TYWYNNYGU, luire, briller, être éclatant. G.
TYWYS, conduire. G.
TYWYS, singulier *Tywysen*, épi. G.
TYWYSENNOG, qui a des épis. G.
TYWYSENNU, disposer, façonner en forme d'épi. G.
TYWYSIAD, conduite, administration, commandement, autorité de commandant. G.
TYWYSO, conduire, guider, mener, tirer, traîner, réjouir, faire plaisir ; *Tywyso Ymaith*, enlever, emmener, emporter, ôter de sa place. G. Voyez l'article suivant.
TYWYSOG, Commandant, Prince, petit Roi, conducteur, guide, capitaine. G. *Ti* en Chinois, Empereur.
TYWYSOGAETH, principauté, domination, autorité, pouvoir. G.
TYWYSOGAIDD, royal. G.
TYWYSOGES, héroïne. G.
TYMAT, le même que *Timat*, vitesse, &c. B.
TZARRA, grand. Voyez *Caiutzarra*.

V

Es voyelles se mettent indifféremment l'une pour l'autre. Voyez *Bal*.

U. Voyez *Y*, puisque cette lettre se prononce *y* & *u*.

V, *B*, *F*, *G*, *M*, *P* se mettent indifféremment l'un pour l'autre ; ainsi on peut commencer par *V* tous les mots qui commencent par quelqu'une de ces lettres. Voyez *B* & *Bal*. Les Irlandois prononcent indifféremment *Breathav*, *Breatham*, Juge. Ils prononcent aussi indifféremment *b* & *v*.

U pour *Y* article, selon Baxter. G.

U, eau. G. On voit par *Ubanarea*, *Ubarna*, *Ubegoita*, *Ubera*, *Ubiciac*, *Ubilla*, *Ucatla*, *Ucarda*, *Uciabezta*, *Ugaboa*, *Ugaindea*, *Ugaisea*, *Ugaroa*, *Ugastea*, *Ugata*, *Ugatea*, *Ugodia*, *Ugoibea*, *Ugoitoncia*, *Ujola*, *Ulaneaya*, *Umancia*, *Umina*, *Uneuria*, *Upompa*, *Upaqnca*, &c. que les Basques ont dit U comme *Ur*, eau, rivière. U en Sibérien, rivière, fleuve ; U en Tartare, source, rivière ; *U*, eau en Tartare de Jakut ; *Hu*, lac en Chinois ; *U*, rivière ; *Yu*, pluie ; *Hue*, sourdre dans la même Langue ; *Ula*, rivière en Chinois & en Tartare Mantcheou ; *Hol* en Chinois , nom général qui se donne aux petites rivières ; *Uh* en Brésilien, eau ; *Uo*, pleuvoir en Grec ; *Udog* en Arménien, ruisseau, étang ; *Wuth* en ancien Saxon, fontaine. Voyez *O*, *Uh*.

U, long. E. I. Voyez *Uy*, *Vile*.

U, œuf ; plurier *Uon*. B. Voyez *Wi*.

U, particule qui marque le bien. Voyez *Ugair*.

U & *V* se mettent indifféremment l'un pour l'autre en Irlandois. Voyez *Vachdaran* & *Uachdran*, *Vais*, *Uais*.

V & *W* sont la même lettre ; ainsi on peut chercher sous *W* comme sous *V*. Voyez *W*.

V *A* à la fin du mot signifie montagne, colline, lieu. G. *Va*, lieu, habitation en Japonois ; *Wad*, temple en Siamois ; *Vaal* en Éthiopien, demeurer. Voyez *Fa*, qui est le même que *Va*, & *Va* Breton.

U*A*, à, touchant, de, du, des, par, entre, pour, à cause. I.

U*A*, race, descendant parlant d'un homme. I.

V*A* ou H*UA*, petit fils, en composition, se prononce O. *Oneil*, les descendans d'un petit fils de *Neil*, comme *Mac* les descendans du fils, les *Maccartys*, les *Macdonals*. I.

V*A*, le même que *Ba*. I.

V*A*, ma, mon pronoms personnels. B.

V*A*, lieu. B. Voyez *Va* Gallois.

V*A*, le même que *Ba*, *Fa*, *Ma*, *Pa*. Voyez *V*. *Hywa*, bon en Finlandois.

V*A-HING*, mien. B.

V*AB*, le même que *Bab*, *Fab*, *Mab*, *Pab*. Voyez *V*.

U*ABHAR*, orgueil, fierté, suffisance. I.

V*AC*, le même que *Bac*. De même des dérivés ou semblables. I.

V*AC*, oiseux, fainéant. B. De là le Latin *Vaco*, le François *Vaquer*. Voyez *Gwag*, *Vacq*.

V*AC*, le même que *Bac*, *Fac*, *Mac*, *Vac*. Voyez *V*.

V*ACARM*, vacarme. B. De là ce mot.

V*ACCA*, le même que *Bacca*. Voyez ce mot.

V*ACH*, le même que *Bach*, *Fach*, *Mach*, *Pach*. Voyez *V*.

V*ACHAN*, petit. G. Voyez *Bychan*, *Bachan*.

V*ACHAR*, le sud, le sommet, le dessus. I.

U*ACHDACH*, ce qui est le plus haut. I.

U*ACHDAR*, Gouverneur, Président, Duc, Chef. I.

U*ACHDRAN*, Président. I.

V*ACQ*, vacant, vuide, non cultivé, non empêché, libre, oisif. B. Voyez *Vac*.

V*AD*, le même que *Bad*. I.

V*AD*, le même que *Bad*, *Fad*, *Mad*, *Pad*. Voyez *V*.

U*ADHMHAR*, abject, méprisable, bas, lâche, honteux, vilain, infâme, malhonnête, faquin. I.

V*AE*, le même que *Bae*, *Fae*, *Mae*, *Pae*. Voyez *V*.

V*AEL*, tête, & au figuré Prince, selon Baxter. G.

V*ÆN*, V*AEN*, vain, illusoire, frustratoire, foible. B. De là le Latin *Vanus*, l'Espagnol *Vano*, l'Anglois *Vaine*, le François *Vain*, *Van* en Chinois, sans. Voyez *Vanoa*, *Wan*.

V*AEN*, le même que *Baen*, *Faen*, *Maen*, *Paen*. Voyez *V*. *Ven* en Arménien, rother. En insérant un *i* dans *Vaen*, ce terme aura signifié quantité de pierres, pierreux. Voyez *Carn*.

V*ÆNADUR*, défaillance, abattement, accablement. B.

V*AES*, campagne. G. Voyez *Maes* qui est le même mot.

V*AES*, le même que *Baes*, *Faes*, *Maes*, *Paes*. Voyez *V* & *Baesa*. Il y a à Ornans, Ville de Franche-Comté, deux prairies appellées *Voesse*, *Vouesse*. Oy dans la même ville est un nom appellatif de pré ; l'v se prononçoit souvent en *ou*, ainsi *Vaes*, *Ouaes*, *Wiese* en Allemand ; *Veisa* en Irlandois, pré.

V*AG*, libre, non empêché, oisif, vacant. B. Voyez *Vacq*, *Vac*.

V*AG*, le même que *Bag*, *Fag*, *Mag*, *Pag*. Voyez *V*.

V*AGANNEIN*, évanouir, pâmer. B.

V*AGANNEREH*, V*AGANNEREAH*, syncope,

foiblesse, évanouissement, défaillance, pamoison. B.

UAGH, caverne, tombeau, sépulture, fosse. I.

VAGUILLA, juin mois. Ba.

VAHEL en Langue des Pictes, muraille de défense. Gwal en Gallois.

VAI, le même que Bai, Fai, Mai, Pai. Voyez V.

UAIBREACH, hautain, fier, orgueilleux. I.

UAIDHSO, d'ici. I.

VAIF, abandonné, chose abandonnée. B.

UAIG ou OAIG, caverne, cave. I. Voyez Og.

UAIGH, caverne, fosse, tombeau, sépulcre, bûcher. I. Les Irlandois auront dans les commencemens enterré leurs morts dans des cavernes de même que les Hébreux; & lorsque dans la suite ils auront mis leurs morts en terre, ils auront continué de donner à ces sépultures ou tombeaux le nom de caverne, & auront ainsi étendu le terme Uaigh à signifier toute espèce de tombeaux. Lorsqu'ils auront pris la coutume de brûler leurs morts, ils auront encore étendu ce terme à signifier bûcher. Voyez Uaig qui est le même.

UAIGNEACH, désert, désolé, obscur, caché, privé, particulier. I.

UAIGNEAS, obscurité. I.

VAIJOUR, voyageur. B.

VAILE, le même que Baile. I.

VAILL, vain, vanité, gloire, orgueil, fameux, célébre. I.

VAILL, touffe de cheveux, touffe. I.

VAILLANT, courageux, vaillant. B. De là ce mot. Voyez Gall.

VAILLANTIS, courage, valeur. B.

UAILLMHIANACH, orgueilleux, fier, hautain. I.

UAIMH, caverne, grotte, tanière, repaire. I.

UAIN, occasion, occasion favorable, commodité. I.

VAIN, le même que Bain. I.

VAIN, le même que Bain, Fain, Main, Pain. Voyez V.

VAINE, bleu, verd. I.

UAINE, pâle. I.

VAINQ, contre-cœur de cheminée, chenet. B.

VAINR, ressaut terme d'architecture. B.

UAIR, heure. I.

UAIRE, livide. I.

UAIRIB, rhabillé, refait, rapetassé. I.

UAIRSE, retardement, retard. I.

UAIRSIN, alors, pour lors, en ce temps là. I.

VAIS, VAISE, VAISAN, VAISIN, vassal noble, de bonne famille, noble, généreux. I. Voyez Gwas.

VAIS, le même que Bais, Fais, Mais, Pais. Voyez V. Vaes en Danois & en ancien Saxon; Vasa, Veisa en Cimbrique, humidité, eau, lieux marécageux & humides; Wase en vieux Flamand; Vaes en Flamand moderne, terre fangeuse; Vase en François, boue, limon; Wase en ancien Saxon, boue, limon; Washum en Latin du moyen âge, terrein aquatique; Peissos en Grec, selon Hésychius, marais, lieu aquatique; Vahhhis, mare, étang en Persan; Batzah ou Basah en Hébreu, marais, lieu plein de boue; Voca en Dalmatien; Wise en Flamand, peuplier arbre qui croit dans les terreins aquatiques & marécageux.

UAISEACH, héros. I.

VAISLE, noblesse, libéralité, bonté, douceur. I.

UAISLIDH, noblesse. I.

UAISLIOS, noblesse. I.

VAITER, le même que Baiter. I. De là l'ancien Saxon Water, le Gothique Wate, le Flamand & l'Anglois Water, l'Allemand Wsser, le Théuton Warer, Warrar, eau. Voyez Wa, Uva.

UAITHNE, jambage. I.

UAITHNE, verd. I.

VAIV, abandonné, chose abandonnée. B.

VAL, ventre, & au figuré sein, golfe. G.

VAL. Voyez Bal. G.

VAL, le même que Bal. I.

VAL. On voit par Vallona, vallon en Basque; Val, vallée en François; Valley en Anglois & en Flamand, vallée, que l'on a dit Val en Celtique comme Deval, descente, val, vallée, rabais. De là Latin Vallis, l'Espagnol & l'Italien Valle, Vaal en Hébreu; Vail en Persan; Valla en Ceylanois, vallée.

VAL, le même que Bal, Fal, Mal, Pal. Voyez V.

VALA, courroie, ceinture. Ba.

UALA, pivot de porte, gond de porte. Ba.

VALA, le même que Bala. Voyez V.

VALAC, charge, devoir, obligation, commission. I.

VALACH, fardeau, charge, faix, emploi, devoir, obligation, commission. I.

VALANT, valable. B.

VALEA, marcher. B. Voyez Bale.

VALGORIEIN, se troubler en ses paroles. B.

VALH, fée. G.

VALIGANT, inconstant, variable. B.

VALIGUEREAH, inconstance, instabilité. B.

VALIGUIANT, inconstant, variable, muable volage. I.

VALISIA, A. M. valise, besace. De Valizen.

VALIZEN, valise. B. Voyez Malisenn, Balisenn.

UALL, fortification, forteresse, rempart. G.

VALL, le même que Ball. I.

VALL, balle. B. Voyez Mall, Bal.

VALL, le même que Gall. Voyez ce mot & la dissertation sur le changement des lettres.

VALLA, le même que Galla. Voyez la dissertation sur le changement des lettres.

VALLACH, obstiné, mutin, capricieux, coquet, sot, badaud, impudique, obscène. I.

UALLAIDEAS, coquetterie. I.

UALLAIRE, coquet, petit bâteau. I.

VALLONA, vallon. Ba. Voyez Val.

VALLOT, ballot. B. Voyez Balod.

UALMEA, courroie, cordon de souliers. Ba.

VALO, valable. B.

VALOC, VALOE, tout. B.

VAM, le même que Bam, Fam, Mam, Pam. Voyez V.

VAM-GAM, AR VAM-GAM, sciatique. B.

VAMH, caverne. I. Voyez Balma.

VAMHAD, caverne. I.

VAMHAD, terreur. I.

VAN, lieu. G. Voyez Man.

VAN, pierre. G. Voyez Maen.

UAN, agneau. I. Voyez Oan, Oen.

VAN, le même que Ban. De même des dérivés ou semblables.

VAN, le même que Ban, Fan, Man, Pan. Voyez V.

VAN, le même que Ven, Vin, Von, Vun. Voyez Bal.

VAND, tête, sommet, élevé, montagne. G. Voyez Mand.

VANDANAFF, fermer, boucher. B.

VANDENN, le même que Bandenn. Voyez V.

UANVITU, je me gonfle, je m'enfle; Uandiina, qui se gonfle. Ba.

VANDROGUENN,

VAN.

VANDROGUENN, dondon, gagui. B.
VANELL, *BANELL*, venelle, petite rue étroite & longue, petit chemin, ruelle; diminutif *Vannellic*. B.
VANG, le même que *Mang*. Voyez V.
VANGEIN, venger. B. Voyez le mot suivant.
VANJANCIUS, vindicatif. B. Voyez *Venji*.
VANN, le même que *Bann*. Voyez V.
VANNIC, nom que l'on donne au mari dont la femme est infidelle. B.
VANO, truie femelle du porc. B. Voyez *Banw*.
VANOA, vain, leger. Ba. Voyez *Vaen*.
VANT, embouchure. G. Voyez *Mant*.
VANTAN, fontaine. B. Voyez *Fantan*.
VANTARE, A. M. vanter. De *Vanti*.
VANTE, vanterie, parade. B.
VANTEIN. *HIM VANTEIN*, se vanter. B.
VANTEREH, vanterie. B.
VANTI, vanter. B. De là ce mot.
VANTOUR, vanteur. B.
VAOL. Voyez *Maol*.
VAOUT, voûte. B. De là ce mot. De là l'Italien *Volta*, l'Anglois *Vault*, le Dalmatien *Bulta*, l'Anglois *Bolth*, le Flamand *Voûte*.
VAR, sur, dessus. G. C. B. *Varh*, sommet, ce qui est au-dessus en Illyrien ; *Avar* en Persan ; *Over* en Flamand, dessus ; *Vartas*, grand & *Vartis*, grandeur en Persan ; *Varama* en Lappon, pays montueux ; *Varesi*, meilleur en Géorgien. Voyez *Vaur*, *Gwar*.
VAR, le même que *Bar*. De même des dérivés ou semblables. I.
VAR, touchant, concernant, près. B. *Bari* en Ibérien, environ, approchant.
VAR, le même que *Bar*, *Far*, *Par*, *Mar*. Voyez V.
VAR, le même que *Ver*, *Vir*, *Vor*, *Vur*. Voyez *Bal*.
VAR-SA, *VAR-SAO*, *VAR-SAV*, debout. B.
VAR-ZE, donc. B.
VARA, gué. G.
VARA, fleuve. E. Voyez *Ber*.
VARBEN, dans. B.
UARCA, barque. Ba. Voyez *Barcq*.
VARCH, cheval. G. Voyez *March*.
VARCHOAZ, demain. B.
VARDRO, environ, autour, aux environs. B.
VARGUS, larron du pays. Ce mot Gaulois nous a été conservé par Sidoine Apollinaire, *l. 6. Ep. 4.* Voyez *Verjad*.
VARIA, varier. B. De là le Latin *Vario*, l'Italien *Variare*, le François *Varier*.
VARLECH, derrière. B.
VARLED, valet ou varlet de menuisier. B. De là ce mot.
VARLENN, verveine, l'herbe aux teigneux. B.
VARLERCH, après. B.
VARN, le même que *Barn*. Voyez V.
VARNER, le même que *Barner*. Voyez V.
VARNKET. *NE VARNKET*, *NE VERNKET*, je ne m'en soucie pas, je ne m'y intéresse pas, cela m'est indifférent. B.
VARON, guerrier. G. Baxter, *p. 127.* Voyez *Bar*.
VARSID, fuseau. I.
VARTH, garder, préserver, défendre. I. *Wart* en Allemand ; *Wardja*, *Ward* en Gothique ; *Ward* en ancien Saxon; *Uuart* en Théuton, garde, gardien; *Vard* en Islandois, garde, sentinelle; *Wart* en Allemand; *Ward* en Anglois, défenseur, tuteur; *Warte* en Allemand; *Weard* en ancien Saxon; *Uuarta* en Théuton ; *Vard* en Islandois ;

UAT.

Warda en Latin barbare, sentinelle, soldats qui veillent pour la garde de quelque place ; *Warten* en Allemand ; *Wardjan* en Gothique ; *Weardan*, *Weardian* en ancien Saxon; *Uuarzen* en Théuton ; *Varda* en Islandois ; *Garder* en François ; *Guardare* en Italien ; *Guardar* en Espagnol, garder, faire la garde. Voyez *Goard*, *Gard*.
VARY, jeu. B.
VARYA, être inconstant, avoir des absences d'esprit. B.
VARYANT, variable. B.
VAS, le même que *Bas*, *Fas*, *Mas*, *Pas*. Voyez V.
VAS, le même que *Ves*, *Vis*, *Vos*, *Vus*. Voyez *Bal*.
VASAL, noble, généreux, brave, vaillant, hardi. I. *Vassal* en vieux François se prend quelquefois pour homme de courage.
UASAN, bord. I.
UASAR-BAINE, crême. I. *Baine*, lait.
VASE, dans, là. B.
VASSALA, A. M. vassale. Voyez *Gwas*.
VASSO. Gregoire de Tours au livre premier de son histoire, *ch. 30*, raconte que Crochus démolit en Auvergne un temple que les Gaulois appelloient dans leur Langue *Vasso*. Il y a apparence que *Vaff* étoit chez ce peuple un nom appellatif de temple, puisqu'encore aujourd'hui dans cette Province on nomme un endroit où fut autrefois l'Église de St. Artéme, le *Vas* St. Artem. En Dauphiné on appelle de même l'endroit où étoit autrefois l'Église de Saint Marcellin, le champ du *Vas*. Voyez *Vas*, le même que *Mas*, habitation. Ce terme aura pu signifier temple, de même qu'habitation, comme *Ædes* en Latin signifie l'un & l'autre. Si l'on veut que *Vasso* ait été le nom propre de ce temple, on pourra le tirer de *Gwas* ou *Was*, fort, très-solidement bâti ; la description que Gregoire de Tours en fait autorise cette étymologie. *Veniens verò Arvernos, delubrum illud quod Gallica Lingua Vasso Galate vocant, incendit, diruit atque subvertit. Mirò enim opere factum fuit atque firmatum, cujus paries duplex erat. Abintus enim de minuto lapide, à foris verò quadris sculptis fabricatum fuit. Habuit enim paries ille crassitudinem, pedes triginta. Intrinsecus verò marmore ac musivo variatum erat. Parimentum quoque ædis marmore stratum, desuper verò plumbo tectum.*
VASSUS, *VASSALUS*, A. M. vassal. De *Gwas*.
VASTIN, vasting terme de marine. B.
VASTINGUEIN, pavoiser. B.
VAT, le même que *Bat*, *Fat*, *Mat*, *Pat*. Voyez V.
VAT, le même que *Vet*, *Vit*, *Vot*, *Vut*. Voyez *Bal*.
VATANT. *AR HEND VATANT*, le droit chemin. B.
VATBAS, étonnement. I.
VATH, *VATHMHAR*, *VATHAN*, chose terrible. I.
VATH, le même que *Bath*. De même des dérivés ou semblables. I.
UATHADH, hair. I.
UATHADH, particulier. I.
UATHBAS, étourdir, étonner, épouvanter, surprendre, étonnement, étourdissement. I.
UATHBHAA, terreur. I.
UATHBHASACH, effrayé, terrible, horrible, funeste, prodigieux, merveilleux. I.
VAU, le même que *Bau*, *Fau*, *Mau*, *Pau*. Voyez V.
VAUCELLUS, *VAUCHELLUS*, A. M. petite vallée. De *Val* ; *Cel* diminutif.

UAU.

VAUD, le même que Baud, Faud, Maud, Paud. Voyez V.

VAUGER, étier terme de gabelle. B.

VAUR, VOR, grand. G. Voyez Mor.

UAUR, le même que Vaur. G.

VAUT, tortue. B.

VAUT, le même que Baut, Faut, Maut, Paut. Voyez V.

VAUTECQ, lent, qui n'avance pas, qui marche à pas de tortue. B.

VAUTOUR, vautour. B. De là ce mot.

VAWI, grand Saint. B.

VAY, le même que Bay, Fay, May, Pay. Voyez V.

VAYAGE, enfonçage terme de marine. B.

VAZ, le même que Maz. C.

VAZE, là adverbe de lieu. B.

UB. Voyez Wb.

UBAIN, UBAN, crier, crier, crier beaucoup & souvent, faire des lamentations, jetter des cris en se plaignant, pousser des cris lamentables, hurler, hurlement, cri lamentable, cris poussés dans l'affliction, lamentation. G.

UBAL, pomme. I. Voyez Abal.

UBAN. Voyez Ubain.

UBANAREA, algue sorte de plante qui croit dans les marais. Ba.

UBARNA, profondeur de la mer. Ba.

UBAYA, rivière, golfe de mer. Ba. Ubal, ruisseau, rivière en Hébreu ; Baya, eau en Javanois.

UBBLA, pomme. I. Voyez Ubhal.

UBEGOITA, reflux d'eau. Ba.

UBEL. Voyez Wb.

UBELA, pâle, de couleur de boue, enflé. Ba.

UBELDEA, débordement. Ba.

UBELDEA, nuage. Ba.

UBELDU, je pâlis. Ba.

UBELORIA, couleur pâle. Ba.

UBELTZEA, pâlir, pâleur. Ba.

UBELTZEA, s'enfler. Ba.

UDEN. Voyez Wb.

UBER. Voyez Wb.

UBERA, gué. Ba.

UBEROTEGUIA, bains chauds. Ba.

UBEZTEA, noirceur. Ba.

UBH, pointe. I.

UBIGIAC, le flux & reflux. Ba.

UBILLA, fluide. Ba.

UBILLA, rhume, fluxion. Ba.

UBILLERRIA, rhumatisme. Ba.

UBOT, UHBOT, UCHBOT, IBOT, terme de mépris & injurieux, comme qui diroit canaille, gueux ; Ubota, agir & vivre en gueux. Ubot, Uhbot, Uchbot, Ibot signifient aussi un homme d'une taille haute, trop menue & grêle. B.

UBYDD, soumis. G.

UC, pays, région, contrée, habitation. G. Voyez Aus.

UC, le même qu'Ac, Ec, Ic, Oc. Voyez Bal.

UC, le même que Duc. Voyez D.

UC, le même que Tuc. Voyez T.

UCARA, coude, coudée. Ba.

UCABICIA, poignard. Ba.

UCABILLA, poing ferré. Ba.

UCALDIA, soufflet. Ba.

UCALDIAC, coups. Ba.

UCALDICA, homme sujet à fraper. Ba.

UCALDUA, maigre. Ba.

UCALLATEEA, contusion. Ba.

UCALONDOAZ BURUA EUTSI, s'appuyer sur le coude. Ba.

UCH.

UCAN, être. Ba.

UCAN, qui a eu. Ba.

UCANDIA, apostasie. Ba.

UCARAYA, poing. Ba.

UCARDA. Voyez Ucatza.

UCATU, je nie, je refuse. Ba.

UCATZA, UCARDA, lieu marécageux. Ba.

UCH, le même qu'Ych, bœuf, parce que l'y se prononce aussi en u. De là l'Allemand Ochs, le Théuton Ohs, le Gothique Auhs, l'ancien Saxon & le Danois Oxe, le Flamand Os, Osse, le Hongrois Oker, bœuf.

UCH, haut, élevé, plus haut, supérieur, sur, dessus, au-dessus, par-dessus, outre, au-delà. G. Uch, haut, élevé en Breton ; Hauchit en vieux François, élevé ; Hucher en François ; Huquer en Picard, appeller à grand cri ; Huccus dans la basse Latinité, grand cri, & Hucciare, appeller à grands cris ; Ussun en Persan, haut, élevé, grand au propre & au figuré ; Uzun en Turc, haut ; Ujun, long ; Ust, cime, faîte ; Ujik, petite élévation dans la même Langue ; (Ikdiminutif) Iké, Iké, grand, haut en Tartare Mogol & Calmoucq ; Uzitu, honneur en Langue de Congo ; Hujo, hauteur dans la Langue des habitans de l'Isle Espagnole ; Human, crier, hucher en Stirien & en Carniolois ; Ucviisten, Uznossit, haut, élevé en Esclavon. Voyez Ban & Och.

UCH, ah interjection. I.

UCH, haut, élevé ; comparatif Uchoch, plus haut ; superlatif Ucha ; Ann-Ucha, le plus haut. Quelques livres Bretons un peu anciens portent A Uc'h, au-dessus ; A-Uc'hoc'h, plus haut, plus au-dessus, & on le dit encore. B. Cet article est pris de Dom Le Pelletier. Voyez Uch Gallois.

UCH, le même qu'Ach, Ech, Ich, Och. Voyez Bal.

UCHA, A. M. grand coffre, huche. De Hucha.

UCHAF, le plus élevé, le plus haut, très-élevé. G. C'est le superlatif d'Uch ; Af marque du superlatif.

UCHAFIAETH, élévation, sommet, primauté, premier rang, le plus haut rang, souveraineté, souveraine puissance. G.

UCHAFIAID, ceux qui sont d'un rang plus relevé. G.

UCHAN, le même que Tuchan. G.

UCHARGOA, espèce de vase. Ba.

UCHBEN, sur, dessus, au-dessus. G.

UCHD, poitrine, le sein, le ventre. I.

UCHDACH, penchant d'une montagne. I.

UCHDER, hauteur, élévation, sublimité ; G. B. sommet, orgueil. G.

UCHEDD, faîte, cime, sommet, hauteur, dessus, le plus haut ; superficie, surface. G.

UCHEL, haut, sublime, élevé. G. B enorgueilli, bouffi d'orgueil, insolent, arrogant, profond ; G. dominant, supérieur. B. Voyez Don & l'article suivant.

UCHEL, haut, élevé ; Ucheloch, plus haut ; Uchela, hausser, élever ; Uchelder, hauteur, élévation. Je lis dans la vie de Saint Gwenolé Uuel Hac Ysel, haut & bas, & Uuel dans la destruction de Jérusalem. B. Cet article est pris de Dom Le Pelletier. Huget en Allemand, colline, tertre.

UCHEL-CWEZET, nom que nos bonnes gens donnent au diable : Il est composé d'Uchel, haut, & de Chwezet, tombé, & désigne cette créature si élevée & tombée du ciel dans l'abysme. On nomme ainsi particulièrement les esprits folets ou aëriens, sur tout en Cornouaille, où l'on pro-

nonce *Uchel-Chwedel*, qui eſt le même. B. Cet article eſt pris de Dom Le Pelletier.
UCHEL-HED, qui vole haut. G.
UCHEL-VAR, gui de chêne ou d'autres arbres. B. Voyez *Uchelfa*.
UCHELAIR, qui a le ſtyle élevé. G. *Gair*.
UCHELBRIS, précieux, conſidérable, de grand prix. G.
UCHELDAD, Patriarche. G. *Tad*.
UCHELDER, élévation, hauteur, ſommet, ſublimité. G.
UCHELDRWST, le même qu'*Uchelſon*. G.
UCHELEN, robe de deſſus; c'eſt *Uchel* adjectif devenu ſubſtantif & ſingulier. Il ſe dit auſſi d'une hauteur ou terrein élevé, comme ſi on diſoit un haut; pluriel *Uhelennou*. B.
UCHELEN-CHWERO, abſynthe herbe B.
UCHELEN-GWEN, armoiſe plante ſimple. B.
UCHELFA, lieu élevé, choſe élevée. G.
UCHELFA, gui de chêne ou d'autres arbres, arbre qui porte du gui. G. Voyez *Uchelſar*.
UCHELFAER, Vicomte, Connétable, Préteur, le premier Magiſtrat de la Republique; *Uchel Faero Naeth*, la charge de ce premier Magiſtrat.G.
UCHELFALCH, orgueilleux, ſuperbe, arrogant, inſolent. G.
UCHELFAR, gui de chêne. E. Voyez *Uchelfa*.
UCHELFEL, gui de chêne ou d'autres arbres, arbre qui porte du gui. G.
UCHELFFRIW, qui a un grand front, impudent G.
UCHELFONEDD, condition brillante, relevée. G.
UCHELFRAINT, majeſté, magiſtrature, autorité, prérogative privilège. G
UCHELFRYD, magnanime. G.
UCHELGRAIG, roc élevé. G. *Uchel Craig*.
UCHELGAIB, ſuite. G.
UCHELTAITH, ſublimité dans le diſcours. G.
UCHILLAIS, cigale G. *Uchel Llais*.
UCHELRADD, illuſtre, conſidérable, élevé, ſuperlatif G.
UCHELRWYSG, illuſtre, conſidérable, élevé; *Gwr Uchelrwyſg*, Grand d'un Etat. G.
UCHELSAIN, UCHELSON, brillant ou force du ſon, qui ſonne haut, qui a un ſon clair, ſtyle élevé, expreſſion relevée. G.
UCHELSON. Voyez *Uchelſain*.
UCHELSWYDD, magiſtrature, charge, autorité. G.
UCHELWR, Noble, Grand d'un Etat; *Uchelwr Pendodi*, Noble créé. G.
UCHELWADIR, part de la ſucceſſion. G.
UCHELWYDD, gui de chêne ou d'autres arbres, arbre qui porte du gui. G.
UCHELWYL, fête, ſolemnité. G.
UCHELWYR, Noble, homme noble, qui eſt de l'ordre de la nobleſſe, Gentilhomme, ceux qui ſont d'un rang plus relevé. G.
UCHENAID, ſanglot, gémiſſement, ſoupir. G. Voyez *Ochain*.
UCHENEIDIO, pouſſer des gémiſſemens, ſoupirer. G.
UCHENEIDIOL, qui a coûtume de ſoupirer. G.
UCHENEIDWYNT, grand ſouffle de vent. G.
UCHER, le ſoir. G. C.
UCHERU, infinitif du verbe qui marque que le ſoir approche. G.
UCHET, haut. C.
UCHLAW, ſur, deſſus, au-deſſus, par-deſſus. G.
UCHO, UCHOD, ſur, deſſus, au-deſſus, par-deſſus. haut, par en-haut, plus haut adverbe. G.

UCHOT, ſur, deſſus, au-deſſus. C.
UCHT, le même qu'*Uchd*. I.
UCIABERTA, hydrographie traité des eaux. Ba.
UCIDUNA, participant. Ba.
UCINA, diviſion. Ba.
UCIRAITEA, répudiation. Ba.
UCITESINA, inſéparable. Ba.
UCITEEA, indivis, non diviſé. Ba.
UCITUA, diviſé. Ba.
UCOA, négation, abnégation, renoncement. Ba.
UCONDOA, coude. Ba.
UCONDORTU, je m'appuye ſur le coude. Ba.
UCONDORTUA, appuyé ſur le coude. Ba.
UCORA, le bras depuis le coude juſqu'au poignet. Ba.
UCURTU, répercuſſion. Ba.
UCUSAI, ſale, vilain. Ba.
UCUSATU, je gâte, je ſouille. Ba.
UCESIN, criblure. B.
UD, excellent. G. C'eſt le même qu'*Udd*.
UD, de même qu'*Ad*, *Ed*, *Id*, *Od*, *Yd*. Voyez *Bal*.
UD, le même que *Cud*, *Gud*, *Sud*. Voyez *Arn*.
UD, le même que *Tud*. Voyez *T*.
UDA, chaperon, capuchon. I.
UDA, été ſaiſon. Ba.
UDABERTA, printemps. Ba.
UDAMUGA, ſolſtice d'hyver. Ba.
UDAREA, poire. Ba.
UDARECHOA, petite poire. Ba.
UDASQUENA, automne. Ba.
UDATZENA, automne. Ba.
UDCORN, trompe, trompette, cor de chaſſe. G.
UDCORNWR, qui ſonne de la trompette, de la trompe, qui donne du cor de chaſſe. G.
UDD, Seigneur, élévation, élevé au propre & au figuré. G. *Uda*, Seigneur en Perſan; *Udſi*, principal en Japonois; *Utu*, long en Tartare Calmouce. Voyez *Od*, *Ud*, qui ſont les mêmes qu'*Udd*.
UDDU. Voyez *Uddud*.
UDDUDD, quelquefois *Uddu*, le même qu'*Iddynt*, à eux. G.
UDFA, cri, gémiſſemens, lamentations, cris marques d'une douleur exceſſive, hurlement, glapiſſement des renards. G.
UDHEBRANN, jointure. I.
UDLEF, hurlement, cri lamentable. G. A la lettre, voix élevée.
UDMADH, enclos. I.
UDO, hurler. G.
UDOA, belerte, furet animal. Ba.
UDRYW, petit Roi. G.
UDZHEM, UDZHEON, bœuf. C.
VE, le même que *Be*. De même des dérivés ou ſemblables. I.
UE, verge, bâton. Ba.
VEACH, fois; *Ur Veach*, une fois. B.
VEAG, VEAGAN, les mêmes que *Beag*, *Beagan*. De même des dérivés ou ſemblables. I.
VEAGES, VEAGIUM, A. M. voyage. De *Beaich*, *Veaich*.
VEAN, le même que *Bean*. De même des dérivés ou ſemblables. I.
VEAN, vain, oiſeux. B. Voyez *Vaen*.
VEAR, VEARA, les mêmes que *Bear*, *Beara*. De même des dérivés ou ſemblables. I.
VEARADH, le même que *Bearadh*. I.
VEARN, le même que *Bearn*. I.
VEAS, le même que *Meas*. C.
VEAS, le même que *Mats*. Voyez *Diamats*.
VERTA, le même que *Beata*. De même des dérivés ou ſemblables. I.

VEC, avec. B.

VEC, espèce de vesces ou très-petits pois qui sont nuisibles au bled, parce qu'ils le surpassent & l'étouffent. B. Voyez *Gwyg*.

VEC, le même que *Bec*, *Fec*, *Mec*, *Pec*. Voyez B.

VEC, le même que *Vac*, *Vic*, *Voc*, *Vuc*. Voyez *Bal*.

VECH. UR *VECH*, une fois. B.

VECHIA, *VECIA*, A. M. vesces sorte de grain. De *Vic*, *Becz*.

VECHOU. A *VECHOU*, quelquefois. B.

VECINOA, habitant, citoyen. Ba.

VECZELL, vaisselle. B. De là ce mot. *Vessel* en Anglois, vase, vaisseau.

VED, *VET*, an. B. Voyez *Cantved*, *Vedrannus* & *Oed*, qui est le même mot que *Ved*, *Vet*. De là le Latin *Vetus*.

VED, le même que *Bed*, *Fed*, *Med*, *Ped*. Voyez V.

VED, le même que *Vad*, *Vid*, *Vod*, *Vud*. Voyez *Bal*.

VEDRANNUS, âgé. G.

VEENNEIN, vouloir. B.

VEERES. AR *VEERES*, tortelle plante. B. Voyez *Guceres*.

VEF, abandonné, chose abandonnée. G. De là le mot François *Veuf*.

VEG, petit. E. I.

VEG, le même que *Beg*, *Feg*, *Meg*, *Peg*. Voyez V.

VEG, le même que *Vag*, *Vig*, *Vog*, *Vug*. Voyez *Bal*.

VEGH-OLLIP, préparer. I.

UËH. UR *UËH*, une fois. B.

UEHAN, moindre, petit. G.

VEICH. UR *VEICH*, une fois. B. De là le Latin *Vice*.

VEICHOU. A *VEICHOU*, quelquefois. B.

VEILLEIN, veiller. B. Voyez *Gwylio*.

VEININ, le même que *Beinin*. I.

VEINN, le même que *Beinn*. De même des dérivés ou semblables. I.

VEIRIM, le même que *Beirim*. I.

VEIS, mesure. Voyez *Doivois*.

VEISTR, siel. B. Voyez *Guestl*, *Vestl*.

VEITHE, le même que *Beithe*. I.

Vêl, tête, embouchure. G.

Vêl. Voyez *Bal*. De là *Veille* dans le Maine, monceau de foin. On appelle *Veillote* en François un petit tas de foin qui vient d'être coupé.

VEL, le même que *Bel*. De même des dérivés.

VEL, le même que *Bel*, *Fel*, *Mel*, *Pel*. Voyez V.

VEL, le même que *Val*, *Vil*, *Vol*, *Vul*. Voyez *Bal*.

VELA, voile, voile d'un vaisseau. Ba. *Goel* ou *Voel* en Breton ; *Hwyl* en Gallois, voile, voile de navire. De là le Latin *Velum*, l'Italien *Vela*, *Velo*, l'Espagnol *Vela*, l'Anglois *Vaile*, le François *Voile*.

VELAN, le même que *Melan*. Voyez V.

VELARUS, tortelle cresson d'hyver. Pline, l. 24. c. 25, nous a conservé ce mot Gaulois. Il s'est conservé dans trois dialectes de la Langue Celtique. *Beler* ou *Veler*, cresson en Langue de Cornouaille & en Breton. *Bilhar* ou *Vilhar* en Basque, cresson.

VELEN, jaune, blond. G. Voyez *Belen*, *Melen*.

UELET, foyer. B. Voyez *Oaled*.

VELHY, le même que *Belhy*. Voyez ce mot.

VELIN, blond. G. Voyez *Melin*.

UELL, fortification, forteresse, rempart. G.

VELY, pouvoir, autorité. B. C'est le même que *Bely*.

VELYM, venin. B.

UEMED, caverne. I.

VEN, blanc; G. B. beau. B. *Ven* en Chinois, beauté, ornement, orner, parer; *Wen*, agréable en Islandois & en Suédois ; *Swaen* en Flamand ; *Swanne* en Anglois, cygne oiseau blanc. Voyez *Gwen*.

UËN, arbre lorsque l'article est préposé. B. Voyez *Guen*.

VEN. Voyez *Penn*.

VEN, le même que *Ben*, *Fen*, *Men*, *Pen*. Voyez V.

VEN, le même que *Van*, *Vin*, *Von*, *Vun*. Voyez *Bal*.

VENA, le même que *Bena*. Voyez ce mot & V.

VENAIT. Voyez *Verait*.

VEND, le même que *Mend*. Voyez V.

VENDA, bande. Ba. Voyez *Banden*.

VENDAICH, *VENDANCH*, vendange. B.

VENDEM, vendanges. B.

VENDT, le même que *Mendt*. Voyez V.

VENEDH pour *Menedh*. C. Voyez V.

VENELLA, A. M. petite rue, ruelle. De *Vanell*.

VENEN pour *Benen*. C. Voyez V.

VENGI, venger. B. De là ce mot, De là l'Espagnol *Vengar*.

VENN, montagne. C. Voyez *Men*, *Ben*.

VENNA, *VENA*, *VINNA*, *BENNA*, A. M. pêcherie ou endroit propre à prendre du poisson ; en vieux François *Venne*, *Vanne*. De *Ven* le même que *Men*. *Ven* en Chinois, lac ; *Ven* en Gothique, marais ; *Ven*, *Veen* en Théuton & en Flamand, marais ; *Vando*, lac en ancien Suédois ; *Fenn*, prononcez *Venn* en ancien Saxon & en Anglois ; *Fin* en Irlandois ; *Fin* en Allemand ; prononcez *Ven*, *Vin*, marais.

UËNNECQ, onze. B.

VENTAJA, excellence. Ba.

VENTOZ, ventouse. B.

VENYM, venin. B.

VEO, le même que *Beo*. De même des dérivés ou semblables. I.

VER, le même que *Ber*, *Fer*, *Mer*, *Per*. Voyez V. De là le Latin *Vern*.

VER, le même que *Var*, *Vir*, *Vor*, *Vur*. Voyez *Bal*.

VERB, *VERV*, verbe. B. Voyez *Gair* & l'article suivant.

VERBA, parole. Ba. Voyez l'article précédent. De là le Latin *Verbum*.

VERBAERA, accent, prosodie. Ba.

VERBEUA, verveine. Ba.

VERCH, vierge, jeune fille. G. Voyez *Guerch*.

VERDARTISTEA, beril pierre précieuse. Ba.

VERDEA, verd, craie verte. Ba. *Verid*, verd en Gallois ; de là le Latin *Viridis*, l'Italien & l'Espagnol *Verde*, le François *Verd*. De là *Verdunum*, pré en Latin barbare ; & *Verderia*, terrein bas au bord de la mer couvert d'herbe ; *Wirt* en ancien Saxon ; *Wurti* en Flamand, herbe.

VERDIA, verd. Ba.

VERDOLAGA, pourpier. Ba.

VERDURA, jardinage. Ba.

VERE, guérite, échauguette, hauteur, lieu élevé. B. Voyez *Guere*.

VERG, le même que *Berg*. Voyez V.

VERGA, aune à mesurer, antenne. Ba.

VERGADELL, stockfisch. B.

VERGÉ, verger, pommeraie. B. Voyez *Berh*.

VERGELA, verger. Ba.

VERGERIUM, A. M. verger. De *Vergé*.

VERGOBRETUS,

VER.

VERGOBRETUS, nom que les Éduens donnoient à leur souverain Magistrat. César, liv. 1, ch. 4. Voyez l'étymologie de ce mot à l'article Breth.

VERGONDIZ, vergogne, honte. B.

VERGONT, vergogne, honte. B. De là le premier de ces mots.

VERH, le même que Berh. Voyez V.

VERJAD. Camden dit qu'il a trouvé dans un glossaire de l'Église de Landaf que ce mot signifioit en Gallois larron. Voyez Vargus.

VERICUETOS, mauvais pas, tout précipice. Ba.

VERLIM. UR VERLIM, une meule à aiguiser. B. Voyez Breo-Lim.

VERM, chaud, ardent, rouge. Voyez Benboeth.

VERN. AR VERN, l'aunaie, la varenne humide. B. Vern dans un ancien glossaire Latin ; Verne dans la partie du Comté de Bourgogne qui regarde la Bresse & dans plusieurs Provinces du Royaume ; Vâne en Patois de Besançon ; Vergné en vieux François ; Bern en Languedocien & en Gascon ; Vergne en Limosin ; Vergne, Berne en Auvergnac, aune. Voyez Vernagium, Vernecq, Guern, Wern.

VERN. Voyez Cal A Vern.

VERN, le même que Bern, Fern. Voyez V.

VERNAGIUM, VERNARIA, VERNEDUM, VERNETUM, VERNIA, VERNIARIA, VERNOTUM, VERRIA, VIRIA, A. M. aunaie, vernois dans plusieurs Provinces du Royaume ; Vânet en Patois de Besançon. De Vern.

VERNECQ. AR-VERNECQ, l'aunaie. B. Voyez Vern, Guernecq.

VERNEMETIS, grand temple. Fortunat, l. 1, poëme 9, nous a conservé ce terme :

Nomine Vernemetis voluit vocitare vetustas,
Quod quasi fanum ingens Gallicâ Linguâ refert.

Voyez Nemetis.

VERNETUM, VERNEDUM. Voyez Vernagium.

VERNICIUM, A. M. vernis. De Vernicz.

VERNICZ, vernis. B. De là ce mot, Voyez Bernais.

VERONICQA, véronique plante. B. Ba.

VERPIRE. Voyez Guerpire.

VERRAIT, VENAIT, cimetière. B.

VERS. UR VERS, un vers, une chanson. B. Voyez Guers.

VERT, défense, garde, couverture. Voyez Coiffert.

VERTU, VERTUE, vertu ; plurier Vertuyen, Vertuen, Vertuzyou. B. De là le Latin Virtus, l'Italien Virtù, Vertu, l'Espagnol Vertud, l'Anglois Vertue, le François Vertu. Vertuz en Breton signifie aussi peste terme d'admiration.

VERTUZUS, vertueux. B.

VERV. A VERV, bouillant. B. C'est le même que Berv. Voyez V.

VERUHIA, VERUHE, A. M. saussaie. De Vern. On confond aisément les aunes & les saules.

VERZ. UR VERZ, un vers, une chanson. B. Voyez Guers.

VERZ, le même que Berz. Voyez V.

VES, le même que Bes. De même des dérivés. I.

VES, le même que Bes, Fes, Mes, Pes. Voyez V.

VES, le même que Vas, Vis, Vos, Vus. Voyez Bal.

VESSEL, vase. B. Voyez Veszell.

VESSELLA, A. M. vases, vaisseau, vaisselle. De Vessel, Veszell.

VESTEN. UR VESTEN, une veste. B. Voyez Güest.

TOME II.

UGA.

UET, afin. I. De là Ut en Latin, afin.

VET, le même que Bet, Fet, Met, Pet. Voyez V.

VET, le même que Vat, Vis, Vot, Vut. Voyez Bal.

VETAN, le même que Fetan. Voyez V.

VETEN, le même que Feten. Voyez V.

VETH, campagne, pré. G.

VETH, milieu. G.

VETH, le même que Beth. De même des dérivés. I.

VETH, le même que Beth, Meth, Peth. Voyez V.

VETTONICA, bétoine. Pline nous a conservé ce mot Gaulois. Voyez Betonicq, Vetonicq. De là le Latin Betonica, l'Espagnol & l'Italien Bethonica, le Flamand Betonic, l'Allemand Bethonien, l'Esclavon Patonika, le François Bétoine.

VETTYN, le même que Mettyn. C.

VEU, vœu ; plurier Venou. B. Voyez Votoa.

VEVERES. AR VEVERES, l'orpin plante. B.

VEUL, le même que Beul. De même des dérivés. I.

VEUR, le même que Meur. Voyez V.

VEUT, voûte, tortue. B.

VEZ. AR VEZ, une fois. B.

VEZA. O VEZA, en qualité. B.

VEZEN. UR VEZEN, un arbre ; plurier Vez. B. Voyez Güezen.

UF. Voyez Wb.

UFACANOA, arrogant. Ba.

UFASA, rot vent ou ventosité qui vient de l'estomac & sort par la bouche avec du bruit. Ba.

UFASTU, je rote. Ba.

UFEL, UWEL, feu. Il paroit signifier proprement étincelle, petit feu, bûcher. G.

UFEL. Voyez Wb.

UFELIAR, le même qu'Ufel. G.

UFELLTAWD, humilité. G.

UFELYDD, plurier d'Ufel. G. Voyez, dit Davies ; s'il n'est point le même qu'Aelwyd.

UFEN. Voyez Wb.

UFER, le même qu'Ufher. Voyez ce mot & Wb.

UFERN, cheville du pied. B. Voyez Uvern.

UFFERN, enfer, sépulcre. G.

UFFERNIG, UFFERNOL, infernal, des enfers. G.

UFHER, le même que Ber. Voyez Guyufher.

UFUDD, obéissant, humble, docile, complaisant, condescendant ; Ufudd - Dod, obéissance, soumission, condescendance. G.

UFUDDARCH, prière publique. G.

UFUDDGAR, soumis, complaisant, condescendant. G.

UFUDDHAAD, complaisance, condescendance. G.

UFUDDHAU, se rendre complaisant, avoir de la complaisance. G.

UFUDDOD, humilité. G.

UFUDDWEINI, s'assujettir, s'attacher au service, servir. G.

URUDDHAU, obéir, être complaisant, condescendre à tout ce que l'on veut, être humilié. G.

UFYDD, soumis, sujet. G.

UFYLL, humble ; Ufylltshawd, humilité. G. De là le Latin Humilis, l'Italien Humile, le François Humble. Voyez Humbl.

UG, eau, rivière. G. Voyez Og.

UG, œuf. I. Voyez Wi.

UG, le même qu'Ag, Eg, Ig, Og. Voyez Bal.

UGAIN, UGAINT, vingt. G.

UGAIR, renommée, réputation. G. U est ici le même qu'En, particule qui marque le bien. Voyez ce mot.

Ccccc

UGAISCA, canal, rigole de moulin. Ba.
UGALATSA, gale, rogne. Ba. Voyez *Gal*.
UGANYERUSAC, les naïades. Ba.
UGAPETIC, en cachette. Ba.
UGARI, abondamment, copieusement. Ba.
UGARIA, abondance, fertilité. Ba.
UGARIA, héron. Ba.
UGARICHIOA, petit héron. Ba.
UGARIDEA, fécondité. Ba.
UGARIQUI, copieusement. Ba.
UGARIRO NARORO, copieusement, en abondance. Ba.
UGARITASUNA, abondance. Ba.
UGARITSUA, abondant. Ba.
UGARIZTA, éloquence. Ba. Voyez *U Gair*.
UGAROA, navigation. Ba. Voyez *Ug*.
UGAROQUIDA, la petite ourfe conftellation. Ba.
UGARRANTZA, oifeau de maçon. Ba.
UGARRIA, écueil. Ba.
UGARRIZA, UGARRIZADIA, glayeul. Ba.
UGARTEA, ifle. Ba.
UGASARIA, prix du loyer d'un vaiffeau. Ba.
UGASCA, coupe, taffe. Ba.
UGASTEA, fource. Ba.
UGATA, canard d'eau. Ba.
UGATEA, cataracte, cafcade. Ba.
UGATSUA, femme qui alaite. Ba.
UGATZA, mammelles de femmes. Ba.
UGATZAEMAN, j'alaite. Ba.
UGAZAMA, marâtre. Ba.
UGAZCARRIA, concile. Ba.
UGAZQUIA, faumure. Ba.
UGEIN, vingt. G.
UGEINFED, de vingt, vingtième. G.
UGEINPWYS. O UGEINPWYS, piéce de monnoie de vingt affes. G.
UGEINT, vingt. G.
UGEINWAITH, vingt fois. G.
UGEINWYRAETHAU, la dignité des vingt Intendans qu'on créoit pour conduire les colonies romaines. G.
UGH, œuf. I. Voyez *U*.
UGHAIM, harnois, parures, ornemens, accoutremens. I.
UGHAMAIM, accoutrer. I.
UGHDAR, auteur; *Ughdarras*, autorité; *Ughdarrafach*, authentique. I.
UGHEN, HUGUEN, luette. B.
UGUENT, VIGUENT, vingt, nombre de vingt; *Udhentfed*, vingtième; *Ughentwech*, vingt fois. B. *Ugein*, *Ugeint*, vingt en Gallois. De là le Latin *Viginti*, l'Italien *Vinti*, l'Efpagnol *Veynti*, l'Allemand *Zwentzig*, l'Anglois *Twentie*, le Flamand *Twentich*, le François *Vingt*.
UGHEOLEN, UGEOLEN, ampoule tumeur remplie d'eau & caufée par le travail & par la fatigue d'un voyage à pied, foit aux mains, foit aux pieds; plurier *Ugheolennou*. B. Voyez *Ugugoa*.
UGOAIRA, émiffaire. B.
UGOAITA, fuppuration. Ba.
UGODIA, aqueduc, canal, foffé, rigole. Ba.
UGOIBEA, le flux & reflux de la mer. Ba.
UGOITONCIA, vafe, feau à puifer de l'eau. Ba.
UGOTSOA, loup marin. Ba.
UGR, humide. G. Voyez *Ug*.
UDUEMARRA, firène. Ba.
UGUENT, vingt. B.
UGULLOA, veffícule. Ba. Voyez *Ugheollen*.
UGUQUERIA, épreintes. Ba.

UH, élévation, élevé. G. *Huher* en Efclavon crête.
UH, eau. Voyez *Uharte*, *U*.
UHAB, élevé. C.
UHARTE, entre les eaux. Ba. *Arte* fignifiant entre, *Uh* a par conféquent fignifié eau.
UHEL, élevé. G. Voyez l'article fuivant.
UHEL, UHELEN, les mêmes qu'*Uchel*. B. Voyez l'article précédent.
UHEL-VARR, gui de chêne. G.
UHELDED, élévation, hauteur. B.
UHELEN, deffus. B.
UHELEN. Voyez *Uhel*.
UHELEN, abfynthe. B.
UHELLAAT, élever, hauffer. B.
UHERRITZEN, remuant; *Uherritzea*, action de mouvoir. Ba.
VHIN, levre. G. C'eft le même que *Min*. Voyez *V*.
UHUNA, larron. Ba.
UI, eau, rivière. G.
üi, œuf. B.
UI, le même que *Cui*, *Gui*, *Sui*. Voyez *Aru*.
VI, le même que *Bi*, *Fi*, *Mi*, *Pi*. Voyez *V*.
VIADH, le même que *Biadh*. De même des dérivés ou femblables. I.
VIAEN. Voyez *Vaen*.
VIANA, moins. B. Voyez *Byhan*.
VIANDA, viande, aliment. Ba. De là le premier de ces mots. Voyez *Viadh*.
VIANDA, A. M. viande. De *Vianda*.
UJARIOA, rhume, fluxion. Ba.
VIBER, vipère. B. De là le Latin & l'Italien *Vipera*, l'Anglois *Viper*, le François *Vipère*.
VICI, agilement, vîte. Ba.
VICIA, vie. Ba.
VICIA, vif, agile, vîte, courageux, vigilant, fainéant, pareffeux. Ba.
VICIA, accent aigu. Ba.
VICIERA, agilité, vîteffe. Ba.
VICIGARRIAC, alimens. Ba.
VICIQUI, vîte, agilement. Ba.
VICIRO, vîte, agilement. Ba.
VICITASUNA, agilité, vîteffe, force d'efprit. Ba.
VICITEGUIA, féjour, domicile. Ba.
VICITZA, la plus haute charpente d'une maifon. Ba.
VICIUS, vicieux. B. Voyez *Vicz*.
VICZ, vice. B. De là le Latin *Vitium*, l'Italien *Vicio*, l'Anglois & le François *Vice*. Voyez *Wyg*.
VICZ, vis ou viz, tout ce qui eft travaillé pour entrer dans un écrou. B. De là ce mot.
VICZ-DORN, VICZ-TAUL, étau. B.
VID, canal, écoulement, flux, dyffenterie. B.
VID, le même que *Bid*, *Fid*, *Mid*, *Pid*. Voyez *V*.
VID, le même que *Vad*, *Ved*, *Vod*, *Vud*. Voyez *Bal*.
VIDH, le même que *Bidh*. I.
UIDHE, journée de chemin. I.
VIDRIERA, vitre. Ba. Voyez *Gwydr*.
VIELL, VIHELL, oifiveté; *Viella*, être oifif, perdre le temps, aller çà & là; *Vieller*, oifeux, qui perd le temps; féminin *Viellereѕ*. B.
VIES, biais, qui eft oblique. B. Voyez *Wyѕ*.
VIG, le même que *Big*. De même des dérivés. I.
VIG, le même que *Big*, *Fig*, *Mig*, *Pig*. Voyez *V*.
VIG, le même que *Vag*, *Veg*, *Vog*, *Vug*. Voyez *Bal*.
VIGERET. E VIGERET, qu'il falloit. B.
VIGHIDEN, tordre. B. Voyez *Vicz*.
UIGON, flots de la mer. G.

VIGOUR, vigueur. B.
VIGOUREUX, vigoureux. B.
VIGUENT, vingt. B.
VIGUIDEN, tordre. B. Voyez *Vicz*.
VIHARREA, vie. Ba.
VIL. Voyez *Bal*.
VIL, le même que *Bil*. De même des dérivés. I.
VIL. AR VIL, l'habitation. B. C'est le même que *Guil*. Dans les plus anciens monuments que nous ayons en Langue Françoise le terme *Ville* paroît signifier habitation en général, puisqu'on le donne indifféremment à des villes & à des villages. Le Latin barbare *Villa*, qui s'est formé de cet ancien mot François, signifie dans les chartes, ville, bourg, village, métairie. Les Paysans en Franche-Comté appellent encore leur village *Lai Velle*. Dans la haute Latinité *Villa* étoit une maison de campagne. *Wil* signifioit maison chez les anciens Germains; *Byle* en Gothique, ville; *Belt* en Africain, ville; *Villa* en ancien Saxon, métairie; *Villa* en Italien, bourg, village, métairie; *Villa* en Espagnol & en Portugais, ville, bourg, village, métairie; Ville en François, ville; *Villatt* en Esclavon, village; *Bilie* en Malaye, chambre. Voyez *Vilaer*, *Villagen*, *Villeta*.
VIL, vilain, peu honnête, malhonnête, honteux, difforme, laid, maussade, sordide, impur, immonde, sale, mal-propre, impudique, obscéne, avare salement, mal proprement. B. De là le Latin *Vilis*, l'Italien *Vile*, le François *Vil*, *Vilain*. Voyez *Biluza*.
VIL, le même que *Bil*, *Fil*, *Mil*, *Pil*. Voyez *V*.
VIL, le même que *Val*, *Vel*, *Vol*, *Vul*. Voyez *Bal*.
VILA, le même que *Vil*, vilain, &c. B.
VILAER, VILAR, AR VILAER, AR VILAR, issue, sortie d'un village, espace attenant au village; pluriel *Vilaeryou*, *Vilaryou*. B.
VILARIA, A. M. hameau. De *Vil*.
UILCHINNEALACH, de tout genre. I.
VILE, arbre, bois substance de l'arbre. I.
VILE, plus grand. I.
UILE, tout. I.
VILEANN, coude, angle, coin. I.
VILEANNAC, qui a des angles. I.
VILEN, paysan. B. Voyez *Bilain*.
VILEN, pierre, roc. Voyez *Bilyen*.
VILERE, A. M. être avili, être méprisé. De *Vil*.
VILES, VILEZIG, laideron. B. Voyez *Vil*.
VILGUENN, crasse ordure de la peau. B.
VILGUENN, laideron, vilaine, courtisane. B.
VILIDH, tout, tous. I.
VILL, le même que *Bill*, *Bill*. Voyez *V*.
VILLAGEN, village. B. De là l'Anglois & le François *Village*. Voyez *Vil*.
VILLAGIUM, A. M. village. De *Villagen*.
VILLANIA, A. M. action deshonnête. De *Vil*.
VILLAR, VILLARE, VILLARIA, VILLARIUM, VILLARISELLUS, VILLARITUM, VILLATA, VILLETA, A. M. hameau. De *Vil*.
UILLE, UILLEAN, angle. I.
VILLE, coude. I.
VILLETA, ville, village. Ba. Voyez *Vil*.
VILLULA, A. G. petite ville. De *Vil*.
VILOCH, le même que *Vil*, vilain, &c. B.
VILON, pierre, roc. Voyez *Bilyen*.
VILTANÇ, vilenie. Les Bretons s'en servent encore pour désigner en général les malins esprits, les sorciers & leurs sortiléges: C'est ainsi que Dom Le Pelletier explique ce mot. On trouve dans les autres Dictionnaires *Viltancz*, vilenie, laideur; puanteur, corruption, pourriture, fort, sortilége. B. De là le vieux mot François *Viltance*, qui signifioit vilenie.

VILYEN, pierre, roc. Voyez *Bilyen*.
VILYM, pierre, roc. Voyez *Bilyen*.
VILYON, pierre, roc. Voyez *Bilyen*.
VIM, UMHA, civière. I.
VIN, ensemble, confluent. G.
VIN, le même que *Bin*. De même des dérivés. I.
VIN, beau, blanc. B. Voyez *Gwin*, *Gwin*, *Vingt*.
VIN, le même que *Bin*, *Fin*, *Min*, *Pin*. Voyez *V*.
VIN, le même que *Van*, *Ven*, *Von*, *Vun*. Voyez *Bal*.
VINAGREA, vinaigre. Ba. Voyez *Gwin*.
VINCELLEIN, tarauder. B.
VINCZ, dégré à vis. B.
VIND, fin, terme, extrémité. G.
VINDE, blanche. E. Voyez *Vin*.
VINIEN. UR VINIEN, une vigne. B. Voyez *Güinyen*.
VINIH, VINIZ, AR VINIH, AR VINIZ, le bled. B.
VINIZEN. UR VINIZEN, un grain de bled. B. Voyez *Guinic*.
VINNION, oignon. I. De là ce mot, parce qu'en Irlandois on prononce *Uinnion* comme *Vinnion*.
VINS, dégré à vis. B.
UINSHYN en Écossois occidental; *Tinshyin* en Écossois septentrional, frêne; *Shyn*, *Shyin*, arbre, *Guezan Oen*, frêne en Breton; *Guezan*, arbre.
VINT, vent. B. Voyez *Vynt*.
VINYM, venin. B.
VIOLETT, violet. B.
VIOLI, corrompre, violer. B. De là le Latin *Violo*, l'Italien *Violare*, le François *Violer*.
VIOLONS, violon. B. De là ce mot.
UION, flots de la mer. G. Voyez *Mornian*.
VIOR, le même que *Bior*. De même des dérivés ou semblables. I.
VIOT, le même que *Fiot*. Voyez *V*.
VIOTH, le même que *Bioth*. I.
UIR, terre. I.
VIR, le même que *Bir*. De même des dérivés. I.
VIR, le même que *Bir*, *Fir*, *Mir*, *Pir*. Voyez *V*.
VIR, le même que *Var*, *Ver*, *Vor*, *Vur*. Voyez *Bal*.
VIRA, virer, tourner, entourer. B. *Vereir*, *Verir*, *Virse*, tourner; *Verisco*, détourner dans les Tables Eugubines; *Gyro* en Latin, tourner; *Gyrus* en Latin; *Gyro* en Italien, tour; *Gironette* en François, plaque ou feuille de fer blanc au haut des maisons qui tourne à tout vent; *Wir* en Bohémien; *Vihat* en Esclavon; *Wicher* en Polonois; *Whirle Poole* en Anglois, tourbillon de vent; *Verto* en Latin, tourner; *Vira* en Gascon, retourner. De *Virâ* est venu notre mot François *Virer*, le vieux François *Viron*, qui signifioit autour, environ. De *Viron* nous avons fait environ. Voyez *Wir*.
VIRARE, A. M. virer. De *Vira*.
VIRGA, pourpre en Gaulois. Servius dans son commentaire sur cet endroit de Virgile au livre 8e de l'Énéide: *Virgatis lucent sagulis*, dit qu'en Gaulois *Virga* signifie pourpre: *Et bene adlusit ad Gallicam Linguam, per quam virga, purpura dicitur, virgatis ergò, ac si diceret purpuratis*.
UIRHYES. UR UIRHYES, une vierge. B. Voyez *Güirhes*.
VIRI, YAR VIRI, poule qui couve ses œufs. B.
VIRID, VIREAD, portion. I.
UIRISHEAL, bas, humble. I.

VIR.

VIRLIS, jardin. I.
VIRUDHAS, caution. I.
VIRTONES. UR VIRTONES, un fait, une action particulière. B.
VIS, le même que Bis, Fis, Mis, Pis. Voyez V.
VIS, le même que Vas, Ves, Vos, Vus. Voyez Bal.
UISC, eau, rivière, cour de rivière, fleuve. G.
VISCA, gui de chêne, glu. Ba. De là le Latin Viscum, l'Italien Vischio, le François Gui. Voyez Viscus.
VISCOULEN, chenille; plurier Viscoul. B.
VISCUS. Les Druïdes appelloient ainsi le gui de chêne, dit Pline, l. 16, c. 44. d'un mot qui signifie omnia sanans, qui guérit toute sorte de maladies. Voyez Visca.
UISEOG, alouette. I.
UISG, UISGE, VISGE, eau; Uisge Beatha, eau de vie. I.
UISGHE, rivage. I.
UISGHEAMHUL, humide, qui a trempé dans l'eau. I.
VISGIGHIM, arroser. I.
VISITA, visite. Ba. De là le Latin Visito, l'Anglois Visite, le François Visiter.
VISTAC, conversation. Ba.
VIT, le même que Bit, Fit, Mit, Pit. Voyez V.
VIT, le même que Vat, Vet, Vot, Vut. Voyez Bal.
VITH, vivres. G.
VITH, le même que Bith. De même des dérivés. I.
VITORALDIA, applaudissement, acclamation. Ba.
VITUR, voiture. B.
VIZ. UR-VIZ, une fois. B.
VIZCOUL, calendre. B.
VIZQUIDANDEA, cohabitation. Ba.
VIZTU, ressusciter quelqu'un, revivre. Ba.
VIZTU, allumé, brûlant; Vizturic, allumant, brûlant. Ba.
VIZYOU. A VYZYOU, quelquefois. B.
UL, élevé. G. Ul en Chinois, particule augmentative; Ulm en Tartare, grand. Voyez Uhel.
UL pour Ol. Voyez Cucul.
UL, fruit. I.
UL, le même qu'Al, El, Il, Ol. Voyez Bal.
UL, le même que Cul, Gul, Sul. Voyez Aru.
ULA, chouette. C.
ULACH, couleur. I.
ULAIN, charnier. I.
ULANGAYA, machine hydraulique. Ba.
ULASQUIA, ILLASQUIA, lit, matelas, oreiller. Ba.
ULAUTA, action de tondre un drap. Ba.
ULCHA, barbe. I.
ULE, tout, tout. I. Voyez Oll.
ULEA, cheveux, chevelure, laine. Ba.
ULEANZA, couleur de cheveux. Ba.
ULEBAGA, chauve. Ba.
ULEPILLAC, paumes. Ba.
ULETSUA, couvert de poil, velu. Ba.
ULFEN, ULFEN, étincelle de feu, & le menu coton du lin; plurier Ulvennou. B. Voyez Ulw.
ULI, ULIA, troupeau. Ba.
ULIA, mouche. Ba.
ULIT, part, partie. G.
ULIT, oreille. B.
ULITU, j'abaisse, je mets bas, j'abats. Ba.
ULLE, coude, coup de coude. I.
ULLEA, poil, cheveu. Ba.

UN.

ULLTEABOA, gros clou. Ba.
ULLVATAD, ornement, parure. I.
ULMEN, nœud d'arbre, bosse d'arbre; Ulmennvaen, copeau de pierres. B.
ULOCHEN, orme; plurier Uloch. B.
ULTEABOA, gros clou. Ba.
VLU, tas, monceau. I.
ULVEN. Voyez Ulfen.
ULW, braises, cendres rouges de feu. G. Davies demande si ce n'est point une corruption d'Uwel. Je réponds qu'il y a grande apparence : On a dit Blw comme Ulw, ainsi qu'il paroit par notre mot François Bluette; & Plw, ainsi qu'il paroit par le terme Franc-Comtois Aiplue, qui signifie la même chose que bluette. Voyez Ulfen.
ULY, pierre, roc. Voyez Bilyen.
ULYENEN, bluette de feu. B.
ULYN, pierre, roc. Voyez Bilyen.
ULYNT, pierre à feu. B.
UM, autour, contour. I. Voyez Am.
UM, le même que Cum, Gum, Sum. Voyez Aru.
UM, le même qu'Am, Em, Im, Om. Voyez Bal.
UMAL, traitable, docile, de bonne humeur. I.
UMANCIA, lac, marais. Ba.
UMANCICHOA, petit lac. Ba.
UME, petit d'animal. Ba.
UMHA, cave, caverne. I.
UMHA, civière. I.
UMHAL, humble, doux, simple, aimable, de bonne humeur, obéissant, pliant. I.
UMHIR, nombre. I.
UMHLAS, hommage, soumission, humilité, obéissance, honneur, petitesse. I.
UMHLIGHEAS, devoir nom. I.
UMHLUGHADH, courber, humilier, courbure. I.
UMINA, hydropisie. Ba.
UN, un, seul, quelque, quelqu'un, simple, qui n'est point double, qui n'est point composé, même. G. Un en Breton, un; Hena en Chaldéen; Onnon, en Malabare; En en Grec; Unus en Latin; Uno en Italien & en Espagnol; Ain en Allemand; Ains en Gothique; An en ancien Saxon; Ein en Théuton; Een en Flamand; An, One en Anglois; Ein en Islandois; En en Danois; Edn, Eden en Esclavon; Iedan en Dalmatien; Iedn en Lusacien; Gedem en Bohémien; Un en François, un. Um en Portugais, un; Yun, singulier en Chinois; Ongeo, toi pronom personnel en Malaye; An en Arabe, seulement; Ani en Hébreu, en Chaldéen; An en Éthiopien, en Arabe; Ana en Samaritain; Ano en Syriaque, moi pronom personnel singulier; Anath en Chaldéen, en Syriaque, en Samaritain, en Éthiopien, en Arabe, toi pronom personnel singulier; Ina en Chaldéen, lui pronom personnel singulier; Van en Chinois, un.
UN, un; Un-Den, un homme; Ur-Wreg, une femme; Ul-Labeneff, un oiseau. On voit que cette espèce d'article change sa seconde lettre, selon que commence le nom auquel il appartient. Il en est de même de l'article An. On prononce communément Eun, Eur, Eul, & même en quelques cantons En, Er, El, comme nous disons en François Eun, Enne; C'est ainsi que Dom Le Pelletier explique ce mot. Le Pere de Rostrenen met Un, un, pair parlant de choses inanimées. B.
UN, sommeil. B. C'est le même que Hun.
UN, particule explétive. Voyez Uniawn.
UN, le même que Cun, Gun, Sun. Voyez Aru.
UN, le même qu'An, En, In, On. Voyez Bal.

UN.

UN, le même que *Dun*. Voyez *D*, *T*.
UN-AR DÊG, quelquefois; *Undeg*, onze. G.
UN-GEIRIAWL, univoque. G.
UN-VAN, pareillement, de même manière & façon, uniformément, même forme, même taille, d'égale grandeur; *Un Van Int*, ils sont semblables. B. Voyez *Unvan*.
UNA, affamé. I. Voyez *Naoun*.
UNA, bon. Ba. Voyez *Ona*.
UNA, fatigue. Ba.
UNA, lieu. Ba.
UNALAITA, soulagement. Ba.
UNAN, un premier nombre, un individu, combien êtes-vous? *Unan*, un seul; *Unanou*, un à un. *Unan* répond à notre *même* joint aux pronoms personnels; *Me Unan*, moi-même; *Te-Unan*, toi-même; *Ef Hunan*, lui-même, &c. cela veut dire *moi seul* : C'est ainsi que Dom Le Pelletier explique ce mot. Le Pere de Rostrenen met *Unan*, un, seul; *Unan Bennac*, quelqu'un. B.
UNANIGUIAH, unité. B.
UNARDEC, onze. G.
UNATEZGARRIA, infatigable. Ba.
UNAYA, bouvier, vacher. Ba.
UNBEN, UNBYN, Prince, Monarque, Empereur, qui est des premiers, des plus considérables. G.
UNBEN, Prince. C.
UNBEN-GERDD, panégyrique. G.
UNBENNAETH, monarchie, principauté, primauté, premier rang. G.
UNBENNES, Impératrice, Princesse, Souveraine, dame, maîtresse, héroïne. G. C'est le féminin d'*Unben*.
UNBLAID, simple, qui n'est pas double. G.
UNBYN. Voyez *Unben*.
UNCHARIA, chien de chasse. Ba.
UNCHIA, lapin femelle. Ba.
UNCHILOA, lapin. Ba.
UNCHIZACURRA, chien de chasse. Ba.
UNCHWANT. YN UNCHWANT, avidement. G. Voyez *Chwant*.
UNCIA, navire, petit navire, vase. Ba.
UNCORN, qui n'a qu'une corne. G.
UNDALACHA, corne, cormier. Ba.
UNDATZEN, plongeant. Ba.
UNDDIWEDD, d'accord. G.
UNDDULL, conforme, uniforme, de la même façon, semblable. G.
UNDES, concorde, union, liaison. G.
UNDEC, onze. B.
UNDOD, unité. G.
UNDRAS, de la même race, parent. G. *Tras*.
UNDRO, qui a toujours la même façon, les mêmes manières. G.
UNDWF, épaissi. G.
UNDWRN, qui n'a qu'une main. G.
UNDYNGHEDFEN, qui a la même destinée, le même sort. G.
UNEA, naturel, caractère. Ba.
UNENW, univoque, qui a le même nom. G.
UNER, genisse. B. Voyez *Anner*.
UNEURTA, hydrogogie par laquelle on connoit le niveau des eaux. Ba.
UNFAETH, frere de lait.
UNFAINT, pareil, égal. G.
UNFAM, uterin. G. *Mam*.
UNFATH, uniforme, qui est d'accord. G. *Un Bath*.
UNFEDDWL, qui s'accorde, qui vit en bonne intelligence, qui pense de même. G.

TOME II.

UNL.

UNFFURF, conforme, uniforme. G.
UNFODD, uniforme, semblable, de même façon, de même manière. G.
UNFRON, frere de lait. G. *Bron*.
UNFRYD, unanime, qui est de même sentiment. G. *Bryd*.
UNFUD, semblable. G.
UNFURT, patrouiller. I.
UNGALON, qui s'accorde, qui vit en bonne intelligence. G. *Calon*.
UNGARRIA, fiente, merde, fumier. Ba.
UNGOR, simple, qui n'est pas double. G.
UNGRONYN, particule négative. G.
UNGRWYDR, qui va seul. G.
UNGUI, bien adverbe. Ba.
UNGULUTSU, orgueilleux. Ba.
UNIA, unir, joindre, faire un tout de plusieurs choses. B. Voyez *Uno*.
UNIAD, union, réunion, action d'unir. G.
UNIAITH, qui a le même langage. G.
UNIAWN, droit, juste, très-sage, de très-bonnes mœurs. G. *Un*, particule explétive. Voyez *Iawn*. Voyez *Union*, qui est le même mot.
UNIAWNI, rendre droit, diriger, devenir droit, dresser. G.
UNIAWNWEDD, YN UNIAWNWEDD, également, de la même manière. G.
UNIC, unique. G. De là le Latin *Unicus*, l'Italien & l'Espagnol *Unico*, l'Allemand *Einig*, le Flamand *Eenich*, le François *Unique*. Voyez *Un*, & *Unig* qui est le même.
UNICORN, qui n'a qu'une corne. G.
UNIDE, nourrice. Ba.
UNIEUOG, attaché à une seule perche traversante. G. *Iau*, *Ieuo*.
UNIG, un, seul, solitaire, simple, qui n'est point double, qui n'est point composé, pur, sans mélange, qui vit dans le célibat, frustré, privé, dépouillé, dénué; *Yn Unig*, seulement. G. Voyez *Unic*, qui est le même.
UNIGENEDIG, fils unique. G.
UNIGO, rendre désert. G.
UNIGOL, simple, qui n'est pas double, propre, particulier, singulier. G.
UNIGOLRWYDD, état de délaissement, d'abandon. G.
UNIGWIB, qui va seul. G.
UNILLA, entonnoir. Ba.
UNION, droit, juste, uni, réglé, sincére, franc, égal, pareil; *Yn Union*, également, de la même manière. G. Voyez *Uniawn*, qui est le même mot.
UNIONDEB, justice, intégrité, qualité exempte de mélange & d'altération. G.
UNIONI, régler, toucher au but. G.
UNIOWN, le même qu'*Uniawn*. G.
UNIOWNAD, alignement, discrétion, situation en droite ligne. G.
UNIOWNDER, équité, justice, égalité. G.
UNIOWNGRED, orthodoxe. G.
UNIOWNHWYS, équilibre. G. *Pwys*.
UNIOWNI, dresser, unir, applanir. G.
UNIOWNSYTH, droit, dressé, qui n'est ni tortu ni de travers. G.
UNIS, le même qu'*Inis*, selon Baxter. G.
UNIVERSAL, universel. G.
UNIWN, juste. G. C'est le même qu'*Uniawn*.
UNLLAWIOG, manchot, qui n'a qu'une main. G.
UNLLED, largeur égale. G.
UNLLIW, d'une couleur, qui est de même cou-

Ddddd

474

UNL.

leur, qui n'est que d'une couleur. G. *Un Lliw.*
UNLLIWIOG, qui n'est que d'une couleur. G.
UNLLUN, conforme. G.
UNLLYGEIDIOG, borgne, qui n'a qu'un œil, qui ne voit chez d'un œil. G, *Un Llygad.*
UNMODD, qui n'est que d'une façon. G.
UNNEC, onze ; *Unnecfet, Unnecvet,* onzième. B. *Unnecq* pour *Undecq.*
UNNSAD, once. I. Voyez *Uns, Onss, Onza.*
UNO, unir, joindre, s'accorder. G. B. *Un.*
UNODL, d'accord. G.
UNOED, de même âge, contemporain. G. B. *Un Oed.*
UNOLDEB, unité, union de plusieurs choses qui composent un tout, unanimité. G.
UNON, crainte par corruption pour *Unosn.* G, *Un,* préposition explétive.
UNON, un. B.
UNPLYG, simple, qui n'est pas double. G.
UNPRYD, jeûne. G.
UNQUI, droit. Ba. Voyez *Eun.*
UNQUITU, je traite. Ba.
UNRHYW, tel, pareil, homogène, qui est de même genre. G.
UNS, once. B. Voyez *Unnsad.*
UNSAIN, qui a le même son. G.
UNTE, outre, ultérieur. G.
UNTEITHIOG, qui ne va que par un chemin. G.
UNTREW, le même que *Trew.* G.
UNTRI, trois un chez les anciens. G.
UNTROEDIOG, qui n'a qu'un pied. G.
UNTUOG, qui aime à être seul, à ne rien avoir de commun, partial. G. *Un* préposition explétive.
UNTYAETH, famille. G.
UNTYRCH, le même qu'*Entyrch.* G.
UNTZA, lierre. Ba.
UNVAN, unanime. B, Voyez *Un-Van.*
UNVANER, conciliateur. B.
UNVANYEZ, union. B.
UNWAITH, une fois. G. *Un Gwaith.*
UNWEDD, semblable, uniforme, de même façon, de même manière, qui est toujours de même façon, qui a toujours les mêmes manières. G.
UNWEDDOG, qui est attaché à une seule perche traversante. G. *Gwedd.*
UNWLAD, du même pays. G.
UNWRAIG, qui a une femme. G.
VO, bœuf, vache. I. C'est le même que *Bo.*
VOAD, AR VOAD, sanguine plante. B.
VOAIR, douceâtre, insipide. B.
VOAR, dessus, au-dessus, concernant, touchant, vers ; *Voar Lene,* l'année passée. B. A la lettre, l'année au-dessus.
VOARDRO, à l'entour. B.
VOARLERCH, après. B.
VOCH, le même que *Boch, Foch, Moch, Poch.* Voyez *V.*
VOCH, le même que *Vach, Vech, Vich, Vuch.* Voyez *Bal.*
VOCEENN, AR VOCEENN, contagion. B. Voyez *Boceenn.*
VOD, le même que *Bod, Fod, God, Mod, Pod.* Voyez *V.*
VOD, le même que *Vad, Ved, Vid, Vud.* Voyez *Bal.*
VODIAE, qui demeurent auprès des forêts, selon Baxter. G. Voyez *Vod* le même que *God.*
VODRE, le même que *Godre.* Voyez *V.*
VOELED, le même que *Goeled.* Voyez *V.*
VOER, fade. B.

VOT.

VOES, le même que *Vaes.* Voyez *Bal.*
VOET, le même que *Boet.* Voyez *V.*
VOG, le même que *Bog, Fog, Gog, Mog, Pog.* Voyez *V.*
VOG, le même que *Vag, Veg, Vig, Vug.* Voyez *Bal.*
VOIDHE, le même que *Boidhe.* De même des dérivés ou semblables. I.
VOIL, le même que *Boil.* De même des dérivés ou semblables. I.
VOL. Voyez *Bal.*
VOL, le même que *Bol, Fol, Mol, Pol.* Voyez *V.*
VOL, le même que *Val, Vel, Vil, Vul.* Voyez *Bal.*
VOLANTÉ, volonté. B.
VOLED, le même que *Moled.* Voyez ce mot & *V.*
VOLEMA. Les Gaulois appelloient ainsi, au rapport de Servius dans son Commentaire sur le second livre des Géorgiques, les choses bonnes & grandes. Voyez *Vol* le même que *Bal* & *Ma.*
VOLET, battant de fenêtre. B.
VOLG, le même que *Bolg.* De même des dérivés ou semblables. I.
VOLI, voler, piller. B. De là le premier de ces mots.
VOLLOG, le même que *Bollog.* De même des dérivés ou semblables. I.
VOLONTE, volonté. B. Voyez *Eonli.*
VOLS, voûte ; *Volsa,* voûter. B.
VOLT, vol. B.
VOLTARE, A. M. voûter. De *Volsa* ; le *t* & l'*s* se substituoient mutuellement. Voyez *Vaut.*
VOLE, voûte. B.
VOM, le même que *Bom, Fom, Gom, Mom, Pom.* Voyez *V.*
VOM, le même que *Vam, Vem, Vim, Vum.* Voyez *Bal.*
VON, fin. C.
VON. Voyez *Vona.*
VON, le même que *Bon, Fon, Gon, Mon, Pon.* Voyez *V.*
VON, le même que *Van, Ven, Vin, Vun.* Voyez *Bal.*
VONA, fontaine en Celtique. Voyez *Divona* & *Vonan.*
VONAN, fontaine. G. C. *Yven* en Chinois, source de rivière, fontaine ; *Haw-Vent,* fontaine en Brebére. Voyez *Vona.*
VONN, le même que *Bonn.* De même des dérivés ou semblables. I.
VOR, habitation. I. Voyez *Bor.*
VOR, le même que *Bor, For, Gor, Mor, Por.* Voyez *V. Faur,* près, devant ; & *Faura,* Prince en Gothique ; *Fora,* devant en Théuton ; *Vuori,* montagne en Finlandois.
VOR, le même que *Var, Ver, Vir, Vur.* Voyez *Bal.*
VORONDATERU, volonté. Ba.
VORRUICG, AR VORRUICG, la roupie. B.
VORSED, PLEG AR VORSED, aîné. B.
VOS, le même que *Bos, Fos, Gos, Mos, Pos.* Voyez *V.*
VOS, le même que *Vas, Ves, Vis, Vus.* Voyez *V.*
VOT, le même que *Bot.* De même des dérivés ou semblables. I.
VOT, le même que *Bot, Fot, Got, Mot, Pot.* Voyez *V.*
VOT, le même que *Vat, Vet, Vit, Vut.* Voyez *Bal.*
VOTA, A. M. voûte. De *Vaus.*

VOT.   URD.   475

VOTH, le même que *Both*. De même des dérivés ou semblables. I.
VOYOA, vœu. Ba. Voyez *Veu*.
VOÜESCQ, dispos, agile. B.
VOULZ, faulx. C.
VOURLEUEN. ER VOURLEUEN, l'étoile du matin. B.
VOYL, le même que *Boyl*. Voyez V.
VOZAERA, accent, profodie. Ba.
UP. Voyez *Wb*.
UP, le même que *Cup*, *Gup*, *Sup*. Voyez *Aru*.
UP, le même qu'*Ap*, *Ep*, *Ip*, *Op*. Voyez *Bal*.
UPACHOA, robinet. Ba.
UPAGUEA, calme de la mer. Ba.
UPAMEA, tonneau. Ba.
UPATEGUIA, cave de vin. Ba.
UPEA, coupe, tasse. Ba. Voyez *Cuppan*.
UPEL. Voyez *Wb*.
UPEN. Voyez *Wb*.
UPER. Voyez *Wb*.
UPHERN, mot Gallois traduit par *Ephuron* Grec, qui est le Latin *Rigabant*. G.
UPOMPA, pompe à pomper. Ba. U, eau ; *Pompa*, pompe. De là l'Espagnol *Bomba*, le Flamand & le François *Pompe*.
UPOMPAGA, piston de seringue. Ba.
UQUERIA, peste, contagion. Ba.
UQUIQUIDA, tact, attouchement. Ba.
UQUITEZA, à quoi l'on ne touche point, qui n'est point touché. Ba.
UQUITU, UNQUITU, j'insinue. Ba.
UQUITU, je touche, je frape. Ba.
UQUITZA, UQUITZEA, le tact, le toucher. Ba.
UR, article. G. B.
UR, bord, frontière, limite, extrémité, frange, commencement. I. Voyez *Or*.
UR, terre, terrein, fonds. I.
UR, frais, récent, nouveau, mou, verd, tendre, crud. I.
UR, URAN, URIN, vassal, noble. I.
UR. Voyez *Un* Breton.
UR, homme. B. *Ur* en Hongrois, héros. Voyez *Wr*, *Er*.
UR, porte, embouchure. B. Voyez *Or*.
UR, demeure, habitation. Voyez *Ffrantur*. *Ur* en Arménien, où, en quel lieu & *Houran*, tente dans la même Langue ; *Urauah*, *Uraiah*, *Auerah*, établé en Hébreu, & *Or*, caverne dans la même Langue ; *Houre* en Arménien, petite habitation, & *Ourd*, *Ord*, caverne dans la même Langue. *Our* paroit signifier Ville en Indien, la plûpart des villes de cette Région se terminant par cette syllabe, *Naour*, *Tanjaour*, *Couroulour*, *Visapour*, &c. Ce qui confirme ma conjecture, c'est qu'*Ourou* signifie bourg en Talenga ; *Ort* en Allemand, lieu. Voyez *Uria*.
UR, terminaison indifférente. Voyez *Echlys*, *Echlysur*.
UR, le même que *Cur*, *Gur*, *Sur*. Voyez *Aru*.
UR, le même qu'*Ar*, *Er*, *Ir*, *Or*. Voyez *Bal*. *Wrb* en Bohémien, lieu élevé ; *Wrch*, sommet, montagne ; *Wrsck*, tertre dans la même Langue.
URA, eau, rivière. Ba. On voit par *Urchala* qu'il signifie aussi mer dans cette Langue. *Hurth*, marais en Albanois, & *Ure*, pont dans la même Langue ; *Eürveni* en Hongrois, gouffre ou profondeur d'eau ; *Ur*, pluie en Hébreu. Le verbe Latin *Urinari*, se plonger dans l'eau, paroit formé d'*Ura* ou *Ur*. *Urutak* en Dalmatien, source, & *Uriti*, foudre ; *Nikur* en Islandois, bête aquatique ; *Ourein* en Grec, pisser, faire de l'eau ; *Ouron* dans la même Langue ; *Urina* en Latin, en Italien, en Espagnol ; *Urine* en Anglois & en François, urine. Voyez *Or*, *Our*, *Urus*, *Wr*.
URA, nom que selon Appulée les Gaulois donnoient à la plante que les Grecs appelloient *Satyrion*.
URACH, outre, vaisseau. I.
URACHI, s'approcher, se joindre. Ba.
URACHOA, le passage de l'urine. Ba.
URACHT, soutien. I.
URAEL, lin incombustible. G.
URAIC, algue de mer. G.
URAICEAPT, commencement. I.
VRAIGE, premier, précédent. I.
URAYA, colle. Ba.
URAZTIA, divination par le moyen de l'eau. Ba.
URBAGUECO, lieu sans eau. Ba.
URBHOT, hute, cabane. I. Voyez *Ur*, *Bot*.
URBIETA, URBINA, URBICOA, deux eaux. Ba.
URBIL, voisin, prochain de temps & de lieu ; *Urbilda*, il est proche. Ba.
URBILDU, j'approche. Ba.
URCA, fourche patibulaire. I.
URCATU, je pends à la fourche patibulaire. Ba.
URCHA, URHA, URZA, hurler, gronder, mugir, grogner parlant des pourceaux. B.
URCHALA, veau marin. Ba.
URCHAR, jetter, jet, coup qu'on donne en poussant quelqu'un. I.
URCHOID, tort, dommage, préjudice, grief, offense, faute, plainte, abus dont on se plaint, mal, blessure, mauvais, méchant. I.
URCHOIDEACH, faction, sédition, mauvais, méchant. I.
URCHOIDEAS, qualité pernicieuse, danger. I.
URCHOIDIOCH, pernicieux. I.
URCHOR, jet, action de jetter, coup. I.
URCOA, prochain, voisin. Ba.
URCOERA, affinité, voisinage. Ba.
URCONDEA, le nombre des habitans. Ba.
URCOTASUNA, affinité, voisinage. Ba.
URD, nom d'un instrument à manche. I.
URD, le même que *Curd*, *Gurd*, *Surd*. Voyez *Aru*.
URD, le même qu'*Ard*, *Ird*, *Ord*. Voyez *Bal*.
URDABILA, estomac. Ba.
URDABILAREN ALOA, entrée de l'estomac. Ba.
URDAIN, porcher. Ba.
URDAINGANTEA, lard. Ba.
URDAISCA, sale, plein d'ordures. Ba.
URDALDE, troupeau de cochons. Ba.
URDALLA, estomac. Ba.
URDANDEGUIA, étable à cochons. Ba.
URDAQUERIA, ordure, saleté. Ba.
URDASCA, sentine, égout, cloaque. Ba.
URDASPIA, jambon. Ba.
URDAYA, chair de pourceau. Ba.
URDD, ordre, rang, bande. G. *Urz*, ordre, arrangement en Breton, & z n'est que le d adouci. De là le Latin *Ordo*, l'Italien *Ordine*, l'Espagnol *Orden*, l'ancien Allemand *Orden*, l'Allemand moderne *Ordnung*, le Théuton *Ordo*, *Orto*, le Flamand *Ordene*, l'Anglois *Order*, l'Esclavon *Ordninga*, le François *Ordre*. On appelle en François *Ourdon de mine* une suite, une continuité de mine dans la terre. *Hourdé* en vieux François, pourvu, bien en ordre ; *Ortak* en Turc, compagnon.
URDD, bélier. B. Voyez *Hwrdd*.
URDDAIN, le même qu'*Urddol*. G.
URDDAS, honneur, gloire, dignité. G.
URDDASOL, vénérable, honorable, honoré. G.
URDDEN, le même qu'*Urddol*. G.

URDDO, rendre remarquable, honorable, illustrer, créer ou établir un magistrat, donner une charge, admettre aux ordres, placer dans quelque rang, honorer de quelque grade. G.

URDDOL, honoré de quelque grade, de quelque rang. G.

URDDOL EGLWYSIG, Prêtre. G.

URDDOLES, prêtresse. G.

URDDUNIANT, adoration, respect, vénération, honneur. G. C'est le même qu'*Ardduniant*. On voit par là qu'on a pu dire *Arddo*, *Arddol*, *Arddedig*, *Arddas*, *Arddafol*, *Ardden*, *Arddain*, *Arddyn* comme *Urddo*, *Urddol*, *Urddedig*, *Urddas*, *Urddafol*, *Urdden*, *Urddain*, *Urddyn*.

URDDYN, le même qu'*Urddol*.

URDEA, cochon, pourceau, sale, vilain. Ba. Voyez *Hort*.

URDETA, pays de cochon. Ba. *Urde* signifiant cochon, *Ta* par conséquent signifie pays.

URDHAS, ordre. G.

URDILUMA, espèce d'oiseau. Ba.

URDINA, qui ne boit que de l'eau. Ba.

URDINA, couleur jaune. Ba.

URDINCHURIA, qui a les yeux bleus. Ba.

URDINGURRIA, hysope. Ba.

VRE, URE, le même que *Bre*. Voyez *Ffoure*.

UREASBHACH, nécessiteux, défectueux, manquant de quelque chose, pauvre, indigent. I.

UREASBHAIDH, nécessité, indigence, besoin, défaut, manquement. I.

URECARLEA, qui va faire aiguade, goujat valet de soldat. Ba.

URECIOA, eau de vie. Ba.

VREGILLE. Voyez *Brogilus*.

URENA, ménagère. Ba.

UREPAILLEA, eau forte. Ba.

UREPAYA, poulaine, cap avantage de galère. Ba.

VRET, tacheté, de diverses couleurs. B. Voyez *Brith*.

URETERA, urètre. Ba.

UREZPONDA-RA, au bord de la mer. Ba.

UREZTJA, eau nivelée. Ba.

URGACI, aider, secourir. Ba.

URGELA, glace. Ba. De là le Latin *Gelu*, le François *Gelée*. Voyez *Ura*.

URGUITA, erreur. Ba.

URGUITZEA, restriction. Ba.

URGULDUA, féroce, superbe. Ba.

URGULUA, férocité, orgueil. Ba.

URGUN, boiter. Ba.

URGUNA, boiteux. Ba.

URH, ordre, arrangement, commandement. B.

URHA. Voyez *Urcha*.

URHEU, ordination. B. C'est le plurier d'*Urh*.

URHILLAC, le flux & reflux. Ba.

URI est au rapport de Macrobe, *l.* 6, *c.* 4, un terme Gaulois qui signifie bœufs sauvages. Le Breton a conservé ce mot dans le verbe *Urba*, qui signifie meugler, mugir, former le cri d'un bœuf.

URI. Voyez *Uria*.

VRI, le même que *Bri*, *Fri*, *Gri*, *Pri*. Voyez *V*.

URIA, cité, ville, village, grange, métairie. Ba. A est l'article que les Basques postposent au nom. On lit dans l'épitome de Tite-Live, *l. 41*, que Gracchus Proconsul ayant vaincu les Celtibériens, les reçut à composition, & pour laisser en Espagne un monument de ses victoires, il bâtit la Ville de Gracchuris. Strabon nous apprend que *Gracchuris* en Espagnol signifioit la Ville de Gracchus. On voit par là qu'*Uri* en Espagnol signifioit Ville. Cela prouve, ce qui d'ailleurs est bien certain (Voyez la premiere partie des Mémoires sur la Langue Celtique) que la Langue Basque est la même que celle des anciens Espagnols. *Ur* en Gallois signifie habitation. *Ur*, Ville en ancien Grec ; *Turt* en Tartare, horde ou habitation d'une troupe de Tartares. D'*Ur* est venu le Latin *Urbs*. *Uri* s'est conservé dans le terme François écurie ; *Ech* ou *Ec*, cheval ; *Uri*, habitation ; *Uurihah*, grande maison en Arabe ; *Orang* en Malaye, assemblée d'hommes, peuple ; *Urga*, je garde, je conserve en Tartare Mogol & Calmoucq. Voyez *Ur*, *Ury*.

URIA, pluie. Ba. On voit par *Urivaldu*, *Uricia*, qu'*Uria* a signifié eau en général. Voyez *Ura*, *Our*.

URIA, Sénateur, vieillard. G. Davies croit que ce terme est une partie du mot *Henuriad*.

URIAMA, IRIAMA, métropole. Ba.

URIAURREA, fauxbourg. B.

URICALDU, naufrage. Ba.

URICEQUIA, eau de vie. B.

URICH, roide. G.

URICIA, vaisseau, navire. Ba.

URICIN, astrologue, astronome, magicien, diseur de bonne avanture. B.

URICINEIN, prédire, pronostiquer. B.

URICINEREAH, astrologie, auspice, présage, augure, oracle, enchantement. B.

URICINERES, magicienne, enchanteresse, devineresse. B.

URICINES, fée. B.

URICINOUR, géomancien. B.

URIDIA, peuple. Ba.

URIELL. Voyez *Hiriell*.

URINE, graisse. Ba.

URJOAIRAC, cloaque. Ba.

URJOALA, aqueduc. Ba.

URJOAYA, canal. Ba.

URIQUEVAL, tapecul, brimbale terme de marine. B.

URISCA, village, bourgade. Ba.

VRISCH, fort, robuste. G. Voyez l'article suivant.

VRISCH, le même que *Rich*, fort, puissant. B. Voyez l'article précédent.

URISIOLL, inférieur, abject, méprisable, indigne, bas, lâche, honteux, vilain, vil, infame, malhonnête, faquin, humble, modeste, puîné, cadet. I.

URISLEAS, bassesse, abjection. I.

URISLIOS, infériorité. I.

URISLIUGADH, abaisser, mépriser. I.

VRIT, tacheté, de diverses couleurs. B. Voyez *Brith*.

URITALDEA, fauxbourg. Ba.

URITALDECOA, de fauxbourg, qui est au fauxbourg. Ba.

URITARMENEA, démocratie. Ba.

URIZARRAC, les hyades. Ba.

URIZCAYA, aspersoir. Ba.

URIZTEA, aspersion. Ba.

URLAR, sol, pavé, plancher. I.

URLARE, A. M. ourler. d'*Ourl*.

URLIS, outil, instrument. I.

URLOU, goutte maladie. B.

URLOU, le même que *Henriou*. B.

URLURECOA, amphibie. Ba.

URNUGE, pierre. I.

URNUGHE, horizon. I.

URODIA, aqueduc. Ba.

URONDADURA, ondulation. Ba.

URONDAICA, corail. Ba.

URONDOA, rivage. Ba.

URPETEGUIA,

URP.   USA.   477

URPETEGUIA, citerne. Ba.
URPETU, je submerge. Ba.
URRA, aveline, noisette. Ba.
URRACUD, hommage. I.
URRADH, caution. I.
URRAGO, plus près. Ba.
URRAIM, respect. I.
URRAIN, soutien. I.
URRAPENA, action de déchirer. Ba.
URRATU, je déchire, je romps, je coupe, je tranche. Ba.
URRATU, répandu. Ba.
URRATUA, rompu, cassé, déchiré. Ba.
URRAZE, se dissoudre, être dissous, être séparé. Ba.
URRE, purifier l'or, de l'argent. Ba.
URREA, or. Ba. Voyez Our.
URREAN, environ. Ba.
URREAREN, qui purifie. Ba.
URREGOIRA, proximité. Ba.
URREGUILLEA, orfèvre. Ba.
URREMEATZEA, conduit dans les mines. Ba.
URRENA, voisin, contigu. Ba.
URRENSENA, répétition figure de rhétorique. Ba.
URRENSU, peu s'en faut. Ba.
URREQUINTZA, chimie. Ba.
URRERA, affinité, voisinage. Ba.
URRERATUA, aride. Ba.
URRETORRI, j'approche. Ba.
URRETS, pas, démarche. Ba.
URREZGUETUA, effacé, rayé, oublié. Ba.
URREZTATU, je dore. Ba.
URRHE, or. Ba. Voyez Our.
URRIA, octobre. Ba.
URRIERA, diminution. Ba.
URRIGOA, ténuité, petitesse, qualité d'être menu, délié, mince. Ba.
URRIGUERA, sobriété. Ba.
URRIJALDURA, abstinence, frugalité. Ba.
URRIJARIA, qui s'abstient, qui se prive, qui se sèvre. Ba.
URRILTZA, plante qui produit le clou de gérofle. Ba.
URRINA, odeur, exhalaison de quelque corps odoriférant. Ba.
URRIQUIA, pénitence. Ba.
URRIQUITZU, je coupe. Ba.
URRIRO, sobrement, avec épargne. Ba.
URRIRONDEA, oligarchie. Ba.
URRITASUNA, petitesse. Ba.
URRITIA, très-sobre. Ba.
URRIZA, chienne. Ba.
URRIZEA, coudrier, noisetier. Ba.
URRUA, roucoulement. Ba.
URRUBILLA, démarche un peu hâtée. Ba.
URRUCHOA, trésor. Ba.
URRUDHADH, le même qu'Urrughas. I.
URRUGHAS, sûreté, caution, cautionner. I.
URRUGOA, palpitation. Ba.
URRUISA, veau. Ba.
URRUM, égard, considération. I.
URRUN, loin. Ba.
URRUNDU, je sépare. Ba.
URRUNGA, gémissement, pleurs. Ba.
URRUS, humeur hautaine, orgueil, fierté; Urrusach, hautain, fier, orgueilleux. I.
URRUSA, veau. Ba.
URRUTICOA, éloigné. Ba.
URSA, les porceaux de la porte. I.
URSAN, URSOG, ourse. I.
URTAITZA, l'est le vent d'orient. Ba.

URTAIZA, vent du levant. Ba.
URTAN, maison de campagne, métairie. I.
URTARRA, d'eau, aquatique. Ba.
URTASTUNEA, hidrostatique. Ba.
URTEA, URTETA, année. Ba.
URTEBATEAN-DANIC, URTEBATEZQUERO, il y a un an. Ba.
URTECARRIA, revenu annuel. Ba.
URTEGUEICCOA, épacte. Ba.
URTEN, IRTEN, horloge d'eau, clepsydre. Ba.
URTEOROCOA, anniversaire. Ba.
URTERIOA, syncope, accident. Ba.
URTH, autour. G. Voyez Urthea.
URTHATUA, qui est d'un an, suranné, vieux d'un an. Ba.
URTHEA, cercle. Ba. Voyez Urth.
URTIGOLCOA, intercalaire. Ba.
URTIGUIN, tirer, traire. Ba.
URTSATU, je tempère, je réfroidis. Ba.
URTU, je liquéfie. Ba.
URTUA, larme. Ba.
URTUERIARIC, deuil à cause de mort. Ba.
URTUMEA, pampre. Ba.
URTZAILLEA, fondeur, homme qui fond les métaux. Ba.
URTZEA, action de dilayer. Ba.
URVAN, unanime. B. Voyez Un, Unvan.
URUBEA, fol, aire. Ba.
URUBEAN, assembler, attrouper. Ba.
URUERRATU, j'attroupe, j'assemble. Ba.
URUBI, hurlement. Ba.
URUCIN, HURUCIN, chiromancie. B.
URUMLAS, homme fort humble, homme qui fait le chien couchant. I.
URVOTH, maison. I. Voyez Ur Both.
URUS, coulant, glissant, propre à. I. Voyez Ura.
URWILL GWILL, lamie. G.
URY, habitation. Voyez Merury. Voyez encore Uria.
URYCH, fort, puissant. G. Voyez Urisch.
URZ, ordre; pluriel Urzou. On le dit aussi dans l'Église des ordres sacrés: C'est ainsi que Dom Le Pelletier explique ce mot. Le Pere de Rostrenen met Urz, ordre, arrangement, ordre de religieux, commandement; Urzou, ordination; Urza, ordonner, régler. B. Voyez Urdd.
URZ, bélier. B. Voyez Hwrn.
URZA. Voyez Urz.
URZA, grogner parlant des pourceaux. B. Voyez Urcha.
US, pays, région. B.
US, balle du grain de bled, d'avoine, &c. paille. G. Voyez Usn, Usmol.
US, trou, fente. I.
US, sein, giron, poitrine. I.
US, le même qu'Uch. Voyez la dissertation sur le changement des lettres. Hisi, géant en Finlandois, & Isoi, grand en même Langue; Ueer, Uers, sur, dessus, au-dessus en Turc; Ust, la partie supérieure dans la même Langue; Oussou, grand en Brésilien. Voyez Uz.
US, le même qu'Ug, Voyez Arn. Us, Use, Usa en ancien saxon; Ouse en Anglois, eau. Voyez Usc. On voit par Usarpea, Useguia, Ussu, Usuguea, qu'Us signifioit aussi eau en Basque.
US, le même que Cus, Gus, Sus. Voyez Arn.
US, le même qu'As, Es, Is, Os. Voyez Bal.
US-MNA, teton, mammelle. I.
USA, user. B. De là l'Italien Usare, l'Espagnol Usar, le François User. Voyez Usaide, Usain.
USAGARRIA, nielle. Ba.

USAGIUM, USAGO, USAIGIUM, A. M. usage, coutume. D'*Usaich*.
USAICH, usage. B. De là ce mot. Voyez *Usa*.
USAIDE, usage. I. Voyez *Usa*.
USAIRE, usurier. I. Voyez *Usa*.
USAITSUA, qui a de l'odeur. Ba.
USALDUA, chienne en chaleur. Ba.
USANA. Voyez *Usaya*.
USANCZ, us & coûtume, terme de pratique & de coûtume écrite. B.
USANDEA, pourriture, puanteur. Ba.
USARE, A. M. user, se servir. D'*Usa*.
USARPEA, submersion. Ba.
USATORTOTA, tourterelle. Ba.
USATU, j'ai accoûtumé. Ba. Voyez *Usance*, *Usaich*, *Usa*.
USATUA, usité, accoûtumé. Ba.
USAYA, USANA, odeur. Ba.
USBETANDEA, supplément. Ba.
USBETARIA, qui supplée à un autre. Ba.
USC, eau, rivière. G. *Usk* en Anglois, eau. Voyez *Usque*, *Uk*.
USCLAFF, du dessus, qui est au-dessus. B.
USDARRAS, Seigneurie. I.
USELEN, UZELEN, absynthe. B.
USEN, yves nom d'homme. B.
USEUQUIA, usucapion, prescription. Ba.
USGARRIA, parole arrogante, taillibilité. Ba.
USGE, eau. I. Voyez *Usc*.
USGOCEILLA, verge de Jessé. Ba.
USH, qui est côte à côte, qui est de front. I.
USIA, qui est de diverses couleurs. Ba.
USION, paille. G.
USKE, eau. I. Voyez *Usc*.
USLAGADH, remplir de crachats, cracher dessus. I.
USLO, oiseau. I.
USLYD, enduit de ciment ou mortier mêlé de paille. I.
USMAZE, soupçonner, juger. Ba.
USMOL, criblure. B. Voyez *Us*.
USOA, oiseau. Ba.
USOBERNA, pluie, débordement. Ba.
USON, renommée, réputation. G. Voyez *U* le même qu'*En*, & *Son*.
USQUE, eau. G. I.
USSAIN, odeur ; *Ussain On*, bonne odeur ; *Ussain Onetaco*, odoriférant, qui a une bonne odeur. Ba. Voyez *Usaye*.
USSIEN, écorce ou bale de l'avoine moulue. B. Voyez *Us*.
UST, interjection paix là, arrêtez-vous, tenez-vous en repos, paix, silence, cessez, ho interjection. G.
USTARRICO, qu'on met sous le joug parlant d'un animal. Ba.
USTE-GABERICO, soudain, imprévu. Ba.
USTEA, pensée, persuasion, le jugement que la raison nous inspire. Ba.
USTECABEA, inopiné, cas fortuit, accident, chûte. Ba.
USTECABEAN, fortuitement, par hazard. Ba.
USTECABECOA, fortuit. Ba.
USTEGOA, imagination. Ba.
USTEGUIA, égout, cloaque. Ba. Voyez *Us*.
USTEINLEA, censeur de livres. Ba. Voyez *Ustea*.
USTELA, pourriture, qui corrompt, mauvais. Ba.
USTELDU, je corromps, je pourris. Ba.
USTELDUA, corrompu, pourri. Ba.
USTELDUNA, gangrené. Ba.
USTELERA, putréfaction, pourriture. Ba.
USTELTZEA, pourriture. Ba.

USTERBE, tendre adjectif. Ba.
USTU, je puise. Ba. Voyez *Us*.
USTUA, puisé, vuidé. Ba.
USTUEZGARRIA, inépuisable. Ba.
USTUTIC, mêlé. Ba.
USTUTZEA, évacuation. Ba.
USU, souvent, fréquemment. Ba. Voyez *Usatu*.
USUERA, fréquentation. Ba.
USUBIS, nom que, selon Dioscoride, les Gaulois donnoient à l'herbe que les Grecs appelloient *Chamædaphné* ; selon Apulée les Gaulois la nommoient *Eugubim* & *Usibon*.
USUGUEA, hydre. Ba. Voyez *Us*.
USURER, usurier. B. Voyez *Usa*, *Usuriaeth*.
USUREREZ, usure. B. Voyez *Usa*, *Usuriaeth*.
USURIAETH, usure, prêt à usure. G. Voyez *Usurer*.
USURIWR, usurier. G. Voyez *Usurer*.
USUROUR, usurier. B.
USWYDD, par piéces, par morceaux, par parcelles, par petits morceaux. G.
USYATU, je mets en fuite. B.
USYN, paille ; plurier *Us*. G. Voyez *Us*.
UT, le même que *Cut*, *Gut*, *Sut*. Voyez *Aru*.
UT, le même qu'*At*, *Et*, *It*, *Ot*. Voyez *Bat*.
UTER, le même qu'*Uther*. G.
UTGANU, sonner de la trompette. G.
UTGANWR, trompette ou qui sonne de la trompette. G.
UTGORN, trompette, cor. G. *Corn*.
UTGORNWR, trompette ou qui sonne de la trompette, qui donne du cor. G.
UTH, UTT, capital, principal, chef. G. Voyez *Udd*.
UTHER, UTHR, ITHR, admirable, merveilleux, surprenant, qui imprime une horreur respectueuse, qui imprime du respect, qui fait frémir, épouvantable, grand, extrêmement grand, véhément, terrible, horrible, féroce, cruel, monstrueux. G. De *Ton*, son, & d'*Ithr*, surprenant, épouvantable, peut être formé le Latin *Tonitru*.
UTHR. Voyez *Uther*.
UTHREDD, admiration, chose admirable, cruauté, &c. Voyez *Uthr* dont ce mot est formé, & *Aruthr*, *Aruthred*.
UTHROL, le même qu'*Uther*. G.
UTHRSON, qui rend un son épouvantable. G.
UTHYD, soumis, sujet. G. Voyez *Uth*.
UTSA, vain, futile, vuide, futilité, faute, erreur, paresse, oisiveté. Ba.
UTSA, pur, sans mélange. Ba.
UTSAC, errata d'un livre. Ba.
UTSALDIA, refus, le temps que les prébendés peuvent s'absenter du chœur. Ba.
UTSARTEA, intervalle. Ba.
UTSEAN, en vain, inutilement. Ba.
UTSERAGOA, abstrait terme de philosophie. Ba.
UTSERAGOTU, je fais abstraction. Ba.
UTSETIC, création. Ba.
UTSIA, ce qui a été omis. Ba.
UTSIC, vuide. Ba.
UTSIQUI, morsure. Ba.
UTSITOQUIA, égout, cloaque. Ba.
UTSOBIA, cénotaphe tombeau vuide. Ba.
UTSUNEA, cavité, fosse, mare, lagune, brèche. Ba.
UTTRA, chemin public, route publique. G. Voyez *Tra*.
UTTRES, prodigalité, luxe, profusion, excès, dépense outrée, dissolution, vivre dans le luxe,

faire des profusions, se plonger dans la dissolution, faire des dépenses excessives. G.

UTTRESWR, prodigue, qui vit dans le luxe, qui fait un festin. G.

UTZI, j'abandonne, je pose, je mets. Ba.

UTZILLEA, le toupet. Ba.

UTZIQUIDA, compromis, concession. Ba.

UTZITEA, abandon. Ba.

UV, pointe d'arme. I.

VU, œuf; pluriel Uo. B.

UVA, cuivre. I.

UVA, eau. Ba. De là le Latin *Uvidus*, mouillé, humide. Voyez Ubaya.

VUADH, le même que *Buadh*. De même des dérivés ou semblables. I.

VUAICE, le même que *Buaice*. I.

VUAIL, le même que *Buail*. De même des dérivés ou semblables. I.

VUAIN, le même que *Buain*. De même des dérivés ou semblables. I.

VUAIRE, le même que *Buaire*. De même des dérivés ou semblables. I.

VUAL, le même que *Bual*. De même des dérivés ou semblables. I.

VUAN, le même que *Buan*. De même des dérivés ou semblables. I.

VUDHE, le même que *Budhe*. De même des dérivés ou semblables. I.

VUEL, humble. B.

VURLEN. AR VURLEN, l'absynthe. B.

UVERN, UFERN, cheville du pied; pluriel *Uvernou*. B. Voyez Ffer.

VUICE, sillon. I.

VUIDHE, le même que *Muidhe*. I.

VUKH, dessus, au-dessus. I. Voyez Uch.

VULE, le même que *Bule*. De même des dérivés ou semblables. I.

VUR, le même que *Bur*, *Fur*, *Mur*, *Pur*. Voyez V.

VURLEUEN. AR VURLEUEN, l'étoile du matin. B. Voyez Bore.

VURUICG. AR VURUICG, la roupie. B.

VUS, le même que *Bus*. De même des dérivés. I.

UWCH, sur, dessus, au-dessus, par-dessus, plus haut, plus élevé; *Uwch-Ben*, sur, dessus, au-dessus. G. Voyez Uch, Wch.

UWCHBEN, sur, au-dessus. G.

UWCHLAN, au-dessus. G.

UWD, potage, bouillie, gruau, purée, panade, papin; *Uwd Sugaethan*, bouillie, potage au ris, orge mondé. G. Voyez Tod.

UWEL. Voyez Ufel.

UVUL, fruit. I.

VUY, le même que *Muy*. Voyez Sel Muy & Seul Vuy.

UX mis pour Uch, selon Baxter. G.

UXAMA, mere qui a perdu ses enfans. Ba.

UXEL, haut, élevé. G. Voyez Ux.

UY, long. E. I. Voyez Vile.

VY, œuf. B. *Vitellus*, qui en Latin signifie le jaune de l'œuf, paroît formé de ce mot.

VX, le même que Gy. Voyez V.

UY, le même que Guy. Voyez Aru.

VYBER, vipére. B.

VYBOURNA, BIOURNA, viorne. B. De là le Latin *Viburnum*, l'Italien *Viburno*, *Viorno*, le François *Viorne*.

VYIN, le même que *Myin*. C.

UYNINN, buisson. I.

VYNN, eau. G. Voyez Win.

VYNT, vent. B.

VYOL, viole. B.

VYOLA, jouer de la viole. B.

VYOLETENN, VYOLETES, violette. B. *Viola* en Latin & en Italien; *Violeta* en Espagnol; *Violetten* en Flamand; *Violet* en Anglois; *Veyel* en Allemand; *Viola* en Hongrois; *Violize* en Croatien; *Fiola* en Bohémien; *Fioika* en Polonois, violette.

VYS, le même que *Bys*. On dit encore *un Vis* en François. De là *Wyck*, *Vic*, *Vict* en ancien Saxon, courbure de rivière, sinuosité de la mer, golfe, port, sinuosité; *Vyk* en Islandois; *Vück* en ancien Suédois, selon Rudbeck, sinuosité.

VYSC, eau, voiture. G. Voyez Uisg.

VYTUR, voiture. B.

UZ, haut, élevé, dessus; *A Uz*, au-dessus. B. Voyez Us le même qu'Uch.

UZCALDU, je lie, j'attache. Ba.

UZCARRA, pet. Ba.

UZCOA, UZCUYA, UZCURA, division. Ba.

UZCURTU, je m'abaisse, je me couche tout plat à terre. Ba.

UZELL, UZILL, suie. B.

UZQUETA, omission. Ba.

UZTA, moisson. Ba.

UZTABILTZALLEAC, moissonneurs. Ba.

UZTAG, permettez à l'impératif. Ba.

UZTAILLA, juillet. Ba.

UZTAILLA, cueillette, récolte. Ba.

UZTAITU, je fais en voûte. Ba.

UZTAITUA, voûté. Ba.

UZTARRA, moisson. Ba.

UZTARRIA, joug, joug de bœufs. Ba.

UZTARTU, je joins. Ba.

UZTAYA, cerceau de tonneau. Ba.

UZTAYAREN, bâtir en voûte. Ba.

UZTAYATUA, voûté. Ba.

UZTE, croire. Ba.

UZTEA, résignation d'un bénéfice. Ba.

UZTOICHOA, bande, bandelette. Ba.

UZULARIA, sage-femme. Ba.

W.

W se prononce en Ou, U, O, V dans les différens dialectes du Celtique. Les Gallois disent Ou; les bas Bretons communément Ou, V; dans le Diocèse de Vannes V; dans le Diocèse de Treguier O.

W est le même que Gw. Les Gallois disent indifféremment *Wedi*, *Gwedi*, *Wrth*, *Gwrth*; nos Bretons *Gwabr*, *Cwabr*, *Wabr*, nuée, nuage; & lorsqu'un terme qui commence par Gw entre dans la composition d'un mot, ou qu'il est en construction, il perd toujours son G initial; ainsi tous les termes qui commencent par Gw peuvent se commencer par W.

WA, rivière. G. Voyez Uva, Vaiter.

WABR. Voyez *Gwabr*.
WACDER, le même que *Gerwagedd*. G.
WACHTLAN, falubre. I.
WACT, selon Baxter, le même qu'*Witl*, petite isle. G.
WADAL, le même que *Gwadal*. Voyez W, *Anwadal*.
WAED, sang. G. Voyez *Gwaed* & W.
WAEDLYS, T WAEDLYS, renouée, sanguinaire, sang de dragon, lisimachie, souci aquatique, cornéole. G. A la lettre, herbe de sang.
WAEG, vague, onde, flot. G. Voyez *Goag*.
WAEL, bas, vil. G. Voyez *Gwael*.
WAEL, acier. G.
WAERED, I WAERED, au-dessous, plus bas. G. Voyez *Gwaered*.
WAESAF, le même qu'*Arwaesaf*. G.
WAETH, le même que *Gwaeth*. Voyez *Cywaeth*, W.
WAETHLU, le même que *Gwaethlu*. Voyez *Cywaethlu*, W.
WAG, WIG, WOG, ondé, vague, selon les différens dialectes du Gallois. G. De là les mots François *Vague*, *Voguer*, *Wog*, *Wage* en Allemand; *Wogo* en Gothique; *Waeg* en ancien Saxon & en Suédois; *Vag* en Islandois, flot, vague; *Wogen* en Allemand, floter; *Wage* en Allemand, eau, coulant d'eau; mer; *Wagi* en Frison, eau, coulant d'eau; *Unage* en Theuton, mer. Voyez *Goag*, *Wog*.
WAG, le même que *Gorwag*. Voyez ce mot.
WAGEDD, le même que *Gorwagedd*. Voyez ce mot.
WAHAN, le même que *Gwahan*. Voyez W.
WAHEL, longue aiguille de fer ou de bois. G.
WAHEL dans la Langue des Pictes, mur de défense, rempart. Voyez *Wall*.
WAIGNEACH, seul. I.
WAIGNEAS, solitude. I.
WAIN, venir. G. De là le Latin *Venio*, l'Italien *Venire*, l'Espagnol & le François *Venir*, Voyez *Weinie*.
WAIN, WEN, sont mis pour synonimes à *Fach* de *Bach*, qui veut dire harpon, crochet, outil propre à accrocher. Voyez *Cigwain*.
WAIR, le même que *Gwair*. Voyez W, *Adwair*, *Diwair*.
WAIS, le même que *Gwais*. Voyez W, *Nawais*.
WAITH, muraille de défense, rempart. E. Voyez *Gwaith*.
WAITH, le même que *Gwaith*. Voyez W, *Unwaith*.
WAL, mur de défense, rempart. G. De là le Latin *Vallum*, l'Allemand & le Polonois *Wal*. Voyez *Wahel*, *Gwall*, *Wall*.
WALA, le même que *Gwala*. Voyez W, *Diwala*.
WALA, A. M. tête. De *Val* le même que *Bal*.
WALADR, le même que *Gwaladr*. Voyez W.
WALE, le même que *Gwale*. Voyez W.
WALL, fortification, forteresse, rempart, muraille. G. E. *Wal* en ancien Saxon & en Anglois, muraille, rempart, digue. Voyez *Wal*.
WALL, le même que *Gwall*. Voyez W, *Diwall*.
WALLA, A. M. mur, digue. De *Wall*.
WALLADUR, Commandant, Chef, Général. G. Voyez *Gwalladr*.
WALLT, le même que *Gwallt*. Voyez W.
WAMMAL, le même que *Gwammal*. Voyez W.
WAN, foible. G. Voyez *Vaen*.
WANAP, le même que *Gwanap*. Voyez W.
WAND, WEND, WIND, WOND, selon Baxter, ont pu se dire dans les anciens dialectes du Gallois pour *Cand*, *Kend*, *Kind*, *Cond*, qui signifient la tête d'une rivière ou un port que les Irlandois appellent *Cuan*. G. Voyez l'article suivant.
WAND, tête. E. Voyez l'article précédent.
WAND, le même que *Mand*. Voyez *Gwrand*, W.
WANEG, le même que *Gwaneg*. Voyez W, *Morwaneg*.
WANGAL. Voyez *Gwingal*.
WANN, blanc. G. Voyez *Ven*.
WANT, rapide. G.
WAR, sur, dessus, auprès; *War Knd Iw*, sur la tête de l'eau, c'est-à-dire, auprès de la rivière; *War Govraeth*, qui est au-dessus des Loix. G. Voyez *War Breton*.
WAR, cou. G.
WAR, doux, clément, bénin. G. Voyez *Gwar*.
WAR, VAR, AR, sur, dessus, au-dessus. On lit quelquefois *Voar* & *Oar*. *War Ma Gorre*, sur moi, au-dessus de moi; *War Dro*, environ, à l'entour, autour; mot à mot, sur tour. En bas Leon on prononce *Or*, selon le Pere Gregoire: Ceux de Treguer prononcent *Or*, dessus. B Cet article est pris de Dom Le Pelletier. Voyez *War* plus haut & *Var*.
WAR-VEZOUT, WARRUOUT, WARIOUT, WARI, arriver subitement & bientôt, arriver; participe *Varvezet*, arrivé. B.
WARANNIO. Voyez *March*.
WARANT, le même que *Gwarant*. Voyez W.
WARCH, cheval. G. Voyez *March*.
WARECTUM, A. M. terre qui repose, terre en friche. De *Havreg*, *Havrec*.
WARED, bas; *I Wared*, au-dessous, plus bas; *Ar I Wared*, *Tu Ag I Wared*, en bas. G.
WARENNA, VARENNA, A. M. garenne endroit où l'on tient des lapins. De *Garen* ou *Varen*. Voyez *Garen*, *Goaremm*.
WARETHAIDE, à l'impératif. G.
WARRUVEZOUT, arriver. B. Voyez *War-Vezout*.
WAS, homme. G. Voyez *Gwas*, qui est le même. Voyez *Wasty*.
WASGU, le même que *Gwasgu*. Voyez W, *Ymwasgu*.
WASTAD, le même que *Gwastad*. Voyez W.
WASTY, serviteur, domestique, qui sert à la maison. G. Voyez *Was*.
WAT, addition, augmentation. G.
WAUR, grand. G. Voyez *Mawr*, *Mor*.
WAWL, le même que *Gwawl*. Voyez W.
WAZELL, le même que *Gwazell*. Voyez W.
WB, ô, oh exclamations; *Wowb*, ho cri qu'on pousse dans la crainte & les gémissemens. G. *Hop*, *Hupp*, cri pour appeller en Breton; *Yf*, qui se prononce *Uf*, élevé, & *Yfer*, qui se prononce *Ufer*, élevation en Gallois. En Celtique les termes qui désignoient un cri, marquoient aussi élevation, hauteur, (voyez *Ber*) parce que le cri est une élevation de la voix. D'ailleurs *Ufsher* est le même que *Ber*, haut, élevé, élevation, sur, dessus en Breton; ainsi on doit conclure qu'*Wb*, *Ub*, *Wp*, *Up*, *Ob*, *Op*, *Of*, *Uf*, *Ufsher*, *Uber*, *Ober*, *Ofer*, *Oper*, ont signifié haut, élevé, élevation, sur, dessus. Il faut penser la même chose d'*Ubel*, *Uben*, *Upel*, *Upen*, &c. parce qu'*El*, *En*, ne sont que des terminaisons indifférentes. *Ubeldea* en Basque, débordement, & *Ubeltxea*, s'enfler, se grossir dans la même Langue; *Hupp* en Breton, houpe petit plumage que quelques oiseaux portent sur la tête; *Hopelian* en Breton, houpelande ou habit de dessus. *Houpée* en François signifie l'élevation de la vague de la lame de la mer; *Eber*, *Ever* en Hébreu; *Avar* en Persan; *Uper* en Grec; *Super* en Latin.

en Latin ; *Subra* en Étrusque ; *Uber*, *Ubar*, *Upar* en Théuton ; *Up*, *Upon* en Anglois ; *Op*, *Essur* en Danois ; *Ubar*, *Auf*, *Ob*, *Oben* en Allemand ; *Up*, *Ofer* en ancien Saxon ; *Usar* en Gothique ; *Over* en Anglois & en Flamand ; *Op* en Flamand, sur, dessus ; *Jap*, au-dessus en Gothique ; *Op* en Danois, adverbe qui marque qu'on s'élève, qu'on grossit ; *Hoop*, tertre en Flamand ; *Hooft*, cap, promontoire dans la même Langue ; *Ufslic*, action de monter ; *Upstigan*, monter en Théuton ; *Ypperst* en Danois, le plus haut ; *Obr* en Bohémien ; *Obrziam* en Polonois, géant ; *Obiln*, superflu, ce qui est au-dessus du nécessaire en Dalmatien & en Esclavon ; *Ubir* en vieux François, bien nourrir, ensorte que le nourrisson croisse & profite ; *Ugb*, *Ubah* en Arabe, orgueil ; (c'est hauteur au figuré) *Aub* en Hébreu & en Chaldéen, outre peau enflée ; *Uba*, pousser un gémissement aigu ; *Ubahhh*, mugir ; *Upad*, être élevé, sommet ; *Upah*, être supérieur ; *Upaz*, lieu élevé ; *Upahhh*, édifice élevé en Arabe ; *Upro*, plus, davantage en Georgien ; *Uob*, montagne en Hottentot ; *Up* en Tonquinois, mettre dessus ; *Opoupo*, tête en Galibi. Voyez *Ob*, *Os*, *Op*, *Ubain*, *Ubot*.

W B, interjection pour marquer le dégoût & l'aversion. G.

W B, fy. G.

W B A N, ah, hélas, ah! interjection qui marque l'étonnement ou la consternation. G.

W B W B, oh cri qu'on pousse dans la crainte & dans les gémissemens, hélas, ahi. G.

W C H, sur, au-dessus, pointe. G. Voyez *Uch*, *Awch*.

W E, le même que *Gwe*. Voyez *W*.

W E D D, le même que *Gwedd*. Voyez *W*, *Diwedd*, *Cywedd*.

W E D D, le même que *Bedd*. Voyez *Gorwedd*.

W E D D A I. E *W E D D A I*, il convient. G.

W E D D I, le même que *Gweddi*. Voyez *W*, *Anweddi*.

W E D D L Y S. Y *W E D D L Y S*, guesde ou pastel, espèce de péciculaire purpurine. G. *Llys*, herbe. Voyez *Gwed*.

W E D I, de, du, des, dès préposition, après, ensuite, puis. G. C'est le même que *Gwedi*.

W E D I E *T* *F W R W* *H E I B I O*, *W E D I* E *T* *I S G I L I O*, vil, abject, méprisable, négligé, abandonné. G. A la lettre, de soi jetté derrière. *Fwrw* de *Bwrw*.

W E D I H Y N N Y, après, ensuite, puis. G.

W E D I L L H I O N, restes. G.

W E D R, bleu. G.

W E D Y, le même qu'*Wedi*. G.

W E D Y - H Y N N, après cela. G.

W E D Y D, dire. G.

W E G E, vagabond. G. De là le Latin *Vagus*, l'Italien *Vago*, le François *Vagabond*.

W E I L G I, le même que *Gweilgi*. G.

W E I L G I, *G W E I L G I*, mer. C.

W E I N I, servante. G.

W E I N I O, venir. G. Voyez *Wain*.

W E I S T I O N, serviteurs qui servent à la maison. G.

W E I T H G A R. Y N *W E I T H G A R*, dans les régles, avec art, habilement, artistement, en perfection. G.

W E I T H I A N, à présent, maintenant, après cela, ensuite, désormais. G.

W E I T H I A U, quelquefois, le plus souvent, la plûpart du temps. G.

W E I T H I O N, après, enfin. G.

W E L, *W E L L I N*, le même que *Hoel*. B.

TOME II.

W E L D A C C W, terme pour démontrer, voici, voilà, voilà dessous, voilà au-dessous. G.

W E L D U C H O, voilà dessus, voilà au-dessus. G.

W E L D Y M M A, terme pour démontrer, voici, voilà, voilà là où vous êtes près, près de vous. G.

W E L E, voilà, voici. G. De là l'ancien mot François *Velà*, & le moderne *Voilà*.

W E L L, le même que *Gwell*. Voyez *W*, *Gwelwell*.

W E L P R est confondu par plusieurs avec *Gwerbl*, que l'on croit être une maladie contagieuse ; & d'autres veulent qu'*Welpr* soit un mal dans les veines. Voyez *Gwerbl*. B. Cet article est pris de Dom Le Pelletier.

W E L W, le même que *Gwelw*. Voyez *W*.

W E L W C H, voici, voilà. G.

W E L Y, voici, voilà. G.

W E L Y S, volonté. G. Voyez *Ewyllys*, *Will* en Allemand ; *Wilja* en Gothique ; *Willa* en ancien Saxon ; *Unillo* en Théuton ; *Will* en Flamand & en Anglois ; *Willie* en Suédois & en Islandois, volonté ; *Velle* en Latin, vouloir.

W E N, blanc, éclatant, brillant. G. Voyez *Gwen*, *Ven* & l'article suivant.

W E N, blanc. B. C'est le même que *Gwen*.

W E N. Ur *W E N*, un arbre. B. Voyez *Guen*.

W E N, le même que *Fach* de *Bach*, harpon. Voyez *Cigwen*.

W E N D dans un dialecte du Gallois, le même que *Cend* ou *Kend*, tête, selon Baxter. G.

W E N E R, le même que *Gwener*. Voyez *W*.

W E N I D, serviteur.

W E N N, selon Baxter dans un dialecte du Gallois, le même que *Benn*, tête. G. Étant le même que *Benn*, il en doit avoir toutes les significations.

W E N N, blanc. B.

W E N T dans un dialecte du Gallois, le même que *Kent*, tête, selon Baxter. G.

W E N T, aisé à tourner, qui se remue aisément, rapide, courbure, sinuosité, tortu. G.

W E N T, vent. B. Voyez *Gwyns*.

W E N Y N - Y S. Y *W E N Y N - Y S*, mélisse. G. *Ys* pour *Lys*, Voyez *Gwenyn*.

W E N Y N O G. Y *W E N Y N O G*, mélisse. G.

W E R, chaud, ardent, bouillant, fièvre ; G. syncope d'*Werm*. *Werm* en Flamand ; *Warm* en Allemand, en Danois, en Anglois, en Suédois, en Flamand, en Théuton, en Gothique ; *Wearm*, *Wyrm* en ancien Saxon, chaud ; *Phermos* en Grec dans le dialecte Éolique ; *Fersa*, *Feraa*, fièvre en Italien. On appelle à Besançon *Verpet* un pot dans lequel on met de la poix résine que l'on allume.

W E R D D D A N E L L. Y *W E R D D D A N E L L*, ormin, armoise, sclarée. G.

W E R D D O N E L L. Y *W E R D D O N E L L*, ormin, armoise, sclarée. G.

W E R D D O N I G. *M A N T E L L* *W E R D D O N I G*, sorte de gros manteau contre le mauvais temps. G.

W E R D D Y R. Y *W E R D D Y R*, synonime de *Cedor*. G.

W E R I D, verd. G. Voyez *Gwerid*.

W E R I N ; la populace. G. Voyez *Gwerin*.

W E R I T H, verd. G. Voyez *Werid*.

W E R M O D, absynthe, fébrifuge. G. Voyez *Wer*.

W E R M O D *L W Y D*. Y *W E R M O D* *L W Y D*, Y *W E R M O D* *W E N N*, pariétaire, matricaire, fébrifuge. G.

W E R M O D Y *M O R*, absynthe de mer. G.

W E R N, le même que *Gwern*. Voyez *W*, *Vern*, *Gwern*.

W E R N I C, plein d'aulnes. G. Voyez *Gwers*, *Vern*.

W E R O G, fébrifuge. G. Voyez *Wer*.

Fffff

WEROG, Y WEROG, herbe des brebis. G.
WERTH, le même que Gwerth. Voyez W, Hywerth, Pridwerth.
WERTHU, le même que Gwerthu. Voyez W.
WERW, chaud, bouillant, ardent. G. Voyez Berw.
WERYDD, frémissement; Merwerydd, bruit que fait la mer. G.
WES, le même que Gwes. Voyez W.
WES, le même que Moes. Voyez Arwes.
WESOG, poli, civil. Voyez Arwesog.
WEST, le même que Gwest. Voyez W, Allwest, Dirwest.
WEST, veste, habit, habillement. Voyez Cynnydwest. Vestifier en Étrusque; Esthe en Grec; Vestis, Vestimentum en Latin; Veste en Italien; Vestidura, Viste en Espagnol; Vesture en Anglois; Veste, Vestement en François, habillement.
WETI, le même qu'Wedi. G.
WETR, verd de mer. G.
WETTHY, gauche. G.
WEUS, le même que Gwens. Voyez W.
WEWYRLLYS, Y WEWYRLLYS, aneth. G.
WEZ, Un WEZ, un arbre B. Voyez Guez.
WEZELL, le même que Gwezell. Voyez W.
WFFT, reproche, blâme, moquerie, raillerie piquante interjection d'horreur & de reproche G.
WFFTIAD, moquerie, raillerie piquante. G.
WFFTIO, reprocher, blâmer. G
WG, le même que Gwg. Voyez W & Diwg.
WH, ah interjection qui marque divers mouvemens de l'ame. G.
WHARN, rapide. G. Voyez Whern.
WHERN, rapide, tourbillon, orage. G. Je crois que par une syncope aisée on a aussi dit Ern, parce que je trouve qu'en Breton Arnen signifie tourbillon, orage. Voyez Wharn.
WI, courage, ah ! bon, ha ha, cri de joie, exclamation de joie, de moquerie, de raillerie. G.
WI, eau, rivière, lac, vague, onde, flot. G. Vi, eau en Albanois; Wye en Anglois, eau ; Vizet, humide en Hongrois ; Vi, fontaine en Chinois ; Hoi, humeur, liqueur, eau en Tonquinois. Voyez Wy.
WI, DWI, GWI, jupiter en ancien Breton.
WI, WY, œuf. G. Wi, œuf ; Un-Wi, un œuf ; plurier Wiou, des œufs ; Mel En Wi, jaune d'œuf. B. Eg en Allemand & en Flamand ; Eig en Théuton, œuf ; Ug en Irlandois, œuf ; le g se changeoit en i.
WIAL, le même que Gwial. Voyez W & Swyddwial.
WIB, le même que Gwib. Voyez W.
WIBIO, le même que Gwibio. Voyez W.
WIBWRN, espèce de fils bleus. G.
WIC, vaillant, fort, brave, vigoureux. G. le g & le c se substituant mutuellement, on a dit Wig comme Wic. De là le Latin Viger, le François Vigueur Wiig, combat en Flamand ; Wiigand, brave combattant ; Wig en Allemand, fort, vaillant, belliqueux, soldat, combattant, héros ; Vigur en Islandois, vaillant, propre à la guerre ; Wiga en ancien Saxon, soldat, combattant, héros ; Wiga en Gothique, soldat ; Wig en Allemand & en ancien Saxon ; Wige en Théuton, guerre, combat, bataille ; Unich en Théuton, milice, profession des armes. Voyez Gwych.
WIC, le même que Gwic, bourg, bourgade, village, ville, métairie, maison de campagne, habitation en général. Voyez W. Vicus en Latin, village, bourg, rue ; Vigus, village ; Vicorium, Vi-

gera, hameau, petit village dans la basse Latinité; Vaki en Cophte, ville. Evi en Arabe, maison; Vasak, maison en Persan; Vidag en Arménien, métairie; Wic en ancien Saxon; Unich en Théuton, ville, bourg, village, métairie, habitation ; Viik en Islandois, village ; Vige, forteresse en Runique & en Islandois; Voeg en Danois, muraille; Wies en Polonois; Wes en Bohémien & en Lusacien; Vuss en Esclavon, village ; Wisa en Venède & en Esclavon ; Wesa en Lusacien, maison ; Wik en Gothique, lieu, place, demeure, & Visan, demeurer dans la même Langue ; Vulick en Flamand & en Danois, maison; Viss, habitation dans la Scandinavie ; Vicaen en ancien Saxon & en Danois, habitation, maison ; Vuich en Anglois, château, ville ; Vuich en Allemand, lieu de refuge. Le W se prononçant en o, (voyez W) on a dit Oic comme Wic ; de là Oikos en Grec, maison. Vic en ancien François signifioit ville, bourg, village, ainsi qu'il paroit par le grand nombre de noms propres de lieux qui portent ce nom. De Vic est venu l'ancien mot François Vicoque, le moderne Bicoque, qui signifient une petite ville ; Visena, Visené, Vesne en Patois de Franche-Comté, quartier de village.
WICH, le même que Gwich. Voyez W.
WICHA, A. M forêt. Voyez Wig.
WICT, petite isle. G.
WIDDON, sages. G.
WIDR, verd, verd de mer, verre à boire. G. De là le Latin Vitrum, l'Italien Vetro, l'Espagnol Vidrio. Voyez Witrim, Witrum, Wydr.
WIG, rivière, fleuve, flot, onde, isle. G.
WIG, le même que Gwig. Voyez W, Wic en Théuton, forêt.
WIHI, son des chevaux hennissant. G.
WILAMMEG, chassie, taie blanche sur l'œil, tumeur enflammée, maladie de l'œil G.
WILEN, rivière forte, endroit où la rivière est forte. G.
WILFRAI, Y WILFRAI, mille feuilles. G.
WILI, le même que Gwili. C.
WILIO, le même que Gwilio. Voyez W.
WILL, le même que Gwill. Voyez W. Wild en Allemand ; Wildfarande en Suédois, vagabond.
WIM, terre. I.
WIMPL. Davies n'explique pas ce mot ; mais par la phrase qu'il rapporte, & par le secours du Breton, je vois qu'il signifie guimpe. D'ailleurs j'ai trouvé dans un autre Dictionnaire Gallois qu'Wimpl signifie voile de femme.
WIN, eau. G E.
WIN, le même qu'Wind, tête, selon Baxter. G.
WIN, entre ou au milieu. G.
WIN, blanc, clair, luisant. G. Voyez Wen & Win plus bas.
WIN, principal, dominant. G.
WIN, blanc. B. Voyez Gwin & Win.
WIN, vin. Voyez Winwydden & Gwin.
WIND, blanc. G.
WIND. Voyez Wand.
WINIAU, JUNIAU, lumière, B, dans la vie de Saint Samson. Voyez Win.
WINWYDDEN, cep de vigne. G. Win Gwydden.
WINWYN, oignon : On dit aussi Pen-Winwyn dans le même sens. G. Voyez Penn.
WINWYN T CWN, WINWYN GWLLTION, WINWYN Y MAES, ornithogale. G.
WION, eaux, flots. G.
WIR, courbe. G. Voyez Vira.

WIR.

Wir, terre. I.
Wir, le même que *Gwir*. Voyez *W*. De là le Latin *Verus*, l'Italien *Vero*, vrai.
Wiredd, le même que *Gwiredd*. Voyez *W*.
Wirod, le même que *Gwirod*. Voyez *W*.
Wisc, eau, fleuve, rivière, cours de rivière, contrée d'eau. G. *Viis* en Hongrois, eau ; *Wisa*, suc, liqueur en Finlandois. Voyez *Wisge*, *Wys*.
Wisco, habiller, vêtir. G. Voyez *Gwisgo*.
Wisge, eau. I.
Wit, blanc. G.
With, petite isle, isle. G.
Witrim, *Gutrim*, de verre. I. Voyez *Widr*.
Witrum, verre. G. Voyez *Widr*, *Würim*.
Wiw, chemin. G. *Via* en Latin & en Italien ; *Vey* en Danois ; *Wigs* en Gothique ; *Weg* en ancien Saxon, en Flamand & en Suédois ; *Uueg* en Théuton ; *Way* en Anglois ; *Vegur* en Islandois ; *Voie* en François, chemin.
Wiw, le même que *Gwiw*. Voyez *W*.
Wl, synonime de *Lle*. Voyez *Pannwl*.
Wlad, *Y Wlad*, la campagne. G. *Wlad* est le même que *Gwlad*. Voyez *W* & *Allwlad*.
Wladychu, gouverner. G.
Wlat, le même que *Gwlat*. Voyez *W*. Le possessif a dû être *Wlatog*, du pays, de la Province.
Wledd, le même que *Gwled*. Voyez *W*.
Wm, élévation. G. *Hum*, grand en Chinois.
Wmp, synonime d'*Amp*, suivant Davies, qui n'explique ni l'un ni l'autre. G. Voyez *Amp*.
Wn, union. G. *Yn*, avec en Chinois. Voyez *Unia*, *Uno*.
Wn, le même qu'*Own*, *On*, *Un*. Voyez *W*.
Wnaf, je ferai. G. On voit par là qu'on a dit *Wneuthur* comme *Gwneuthur*. Voyez *W*.
Wneuthur, excès. G.
Wneuthur, le même que *Gwneuthwr*. Voyez *Wnaf* & *W*.
Wng, proche, prochain ; *Yn Wng*, près, auprès. G. *Una*, près en Langue de Congo.
Wngc, proche, qui est près. G.
Wns, once. G. Voyez *Ongs*.
Wo, son de voix des chiens qui chassent. G.
Wog, flot, rivière, fleuve, marais. G. Voyez *Wag*.
Wogan, fort adjectif. G.
Wol, tête. G. Voyez *Bal*.
Wolamen, ancienne prononciation de *Wylowain*. G.
Wolo, le même que *Gwolo*. Voyez *W*.
Wond. Voyez *Wand*.
Wor, bord. G. Voyez *Voar*.
Wosso. *Caer Wosso*, Oxford chez les anciens Gallois ; *Rhydychen*, aujourd'hui. G.
Woyl, chaud. Voyez *Boyl*.
Wr, homme ; G. C. B. mari. C. *Wair* en Gothique ; *Wer* en ancien Saxon & en Allemand ; *Uudra* en Théuton ; *Vir* en Latin ; *Varon* en Espagnol, homme ; *Gur*, serviteur en Finlandois. Voyez *Werin*, *Ur*, *Er*, *Gur*, *Gwr*.
Wr, le même que *Dwr*, *Twr*. Voyez *D*, *T*.
Wr, le même que *Cwr*, *Gwr*, *Swr*. Voyez *Aru*.
Wrach, vieille. G. Voyez *Gwrach*.
Wrach en construction pour *March*, cheval. G. Voyez *Cedor Y Wrach*.
Wrahen, rider. B.
Wraboth, chaumière. I.
Wrch, vase. G. De là le Latin *Urceus*, le Carinthien *Vertsh*.
Wrd, le même que *Gwrd*. Voyez *W*.

W.Y.G. 483

Wreg, le même que *Gwreg*. Voyez *W*.
Wregg, bris de vaisseau, naufrage. I.
Wreidd-Rudd, *Wreidd-Rydd*, *Y Wreidd-Rudd*, *Y Wreidd-Rydd*, garence. G. Voyez *Gwraidd*.
Wreinyn, ardent, brûlant, enflammé. G. Voyez *Derwreinyn*.
Wres, le même que *Gwres*. Voyez *W*. *Ur*, feu, lumière en Hébreu & en Chaldéen ; *Hour*, feu en Arménien ; *Haourga*, foyer en Gothique ; *Vreds*, colere en Danois ; (c'est feu au figuré) *Hyr* en Runique, *Hir* en Islandois, feu ; *Vrelli*, *Vrueh* en Esclavon, bouillant, ardent, chaud ; *Urenje*, ardeur ; *Uritti*, bouillir dans la même Langue ; *Ure* en Latin, brûler. Voyez *Breu*.
Wrlys, sorte d'herbe dont Davies ne donne point le nom en Latin. G.
Wrn, vase. G. De là le Latin & l'Italien *Urna*, le François *Urne*.
Wrr, le même que *Cwrr*. Voyez *Aru*.
Wrt, stupide. G.
Wrth, près, auprès, joignant, tout contre ; proche, dans, après, suivant, selon, par, à cause, jusqu'à, sous, dessous, de, du, des prépositions, contre, derrière, par-derrière. G. Voyez *Gwrth* qui est le même mot.
Wrt-Hynny, donc. G.
Wrthredd, le même que *Gwrthredd*. Voyez *W*.
Wrthyf, le même que *Gwrthyf*. G.
Wrwst, *Yr Wrwst*, pâmoison. G.
Ws, le même que *Mws*. G.
Ws, diminutif, petit. Voyez *Deinws*.
Wst, le même que *Gwst*. Voyez *Bolwst* & *W*.
Wt, le même que *Cwt*, *Gwt*, *Swt*. Voyez *Aru*.
Wthwc, embouchure. G.
Wttra, chemin public. G.
Wttres, prodigalité, luxe, vivre dans le luxe, boire beaucoup. G.
Wttresa, prodiguer, dépenser follement, faire débauche, mener une vie de débauché, fréquenter les cabarets, être toujours au cabaret G.
Wttreswr, prodigue, qui vit dans le luxe, qui aime la table, qui fait souvent débauche, buveur, pilier de cabaret, de taverne, méchant qui ne vaut rien. G.
Wrwc, gorge, gosier. G.
Wy, eau, rivière, fleuve, canal, rigole, rupture ; fente, ouverture, trou. G.
Wy, *Wi*, œuf. G. Voyez *Wi*.
Wy, le même que *Gwy*. Voyez *W*.
Wybr, ciel, nuée. C.
Wybren, nuée. C.
Wyberliw, bleu, de couleur de ciel. G.
Wybrw, astronome. G. *Wybr Wr*.
Wybrydd, astronome. G.
Wybyr, ciel. G.
Wych, vaillant, brave, fort. G. C'est le même que *Gwych*.
Wyd, *Gwyd*, arbres. C. Voyez *Gwydd* qui est le même mot. Voyez encore *Wyddien*.
Wydd, le même qu'*Arwydd*, signe. Voyez ce mot.
Wyddieu, forêt. G. Voyez *Wyd*.
Wydion, bois substance de l'arbre au pluriel. G. Voyez *Wyd*.
Wydr, verd, verre ; *Wydrin*, de verre. G. Voyez *Widr* qui est le même mot.
Wyf, je suis, j'existe. G.
Wyg, le même que *Gwyg*. Voyez *Diwyg* & *W*. Voyez encore *Vicc*.

WYLL, spectre, fantôme. G. Voyez *Gwyll*.
WYLLMENT, toute liqueur qui sert à oindre. G.
WYLO, pleurer; G. B. gémir, soupirer, se lamenter. G.
WYLOFAIN, verser des larmes en abondance, pleurer fort. G. B. *Wylo. Fain* marque l'habitude, la continuité. Voyez *Main*.
WYLOFEDD, affliction qui fait verser des larmes, action de pleurer. G.
WYLOFUS, éploré, tout pleurant, fondant en larmes, qui répand des larmes, qui jette des larmes. G.
WYLOWAIN, pleurer. G.
WYLWR, pleureur. G.
WYN, eau, rivière. G.
WYN, éclatant, brillant. G. Voyez *Gwin*, *Gwyn*, qui sont les mêmes mots qu'*Wyn*.
WYN, entre. G.
WYN, pluriel d'*Oen*, agneau. G.
WYNEB, dessus, superficie, surface, face, visage, frontispice, en face. G.
WYNEBDRIST, qui a un visage refrogné. G.
WYNEBNOETH, découvert. G. A la lettre, face nue.
WYNEBOL, beau, qui a mérité d'être vu, qui fait plaisir à voir, beau de visage, qui a un air sévère, qui a un visage refrogné, qui fronce le sourcil, qui a le regard dédaigneux, qui se refrogne. G.
WYNEBPRYD, visage, face, air du visage, mine, figure, beauté, faculté visuelle, arrogance, orgueil, fierté. G.
WYNEBSARRUG, qui a un air sévère. G.
WYNEBU, regarder. G.
WYNEBWEDD, geste. G.
WYNEBWERTH, satisfaction. G. *Wyneb Gwerth*.
WYNEBWNI, couture, suture. G.
WYNEBYN, petit visage. G.

WYNIG, être éclatant, être brillant. G.
WYNN, blanc. G.
WYNT, courbure, tourbillon. G.
WYNT, le même qu'*Arwynt*. Voyez ce mot.
WYNWYDDEN DDU, vigne noire. G.
WYNWYN, oignon. G.
WYNYN, un. C.
WYR, hommes; G. c'est le pluriel d'*Wr*. Il se met aussi au singulier. Voyez *Milwr*, *Milwyr*.
WYR, neveu, nièce. G.
WYR AR WYR, de travers. G. Voyez *Vira*.
WYRAN, le même que *Gwyran*. Voyez W.
WYRE. Voyez *Dwyre*, *Arwyre*.
WYS, eau, rivière. G.
WYS, hommes. G. *L*, homme en Hébreu & en Chaldéen.
WYS, courbe, tortueux. G. De là notre mo François *Vis*. Voyez *Vies*.
WYSC, eau, rivière. G.
WYSIAID, bouteilles, boucles, pustules. G. De là le Latin *Vesica*, l'Italien *Vesiga*, l'Espagnol *Vexica*, le François *Vessie*.
WYTH, forêt. G. Voyez *Gwyth*.
WYTH, dommage, malheur, peste, plaie. G. Voyez *Gwyth*.
WYTH, huit. G. De là ce mot. Voyez W.
WYTHBLYG, redoublé huit fois. G.
WYTHBWYS, pièce de monnoie qui valoit huit as. G.
WYTHDROEDIOG, qui a huit pieds. G.
WYTHFED, huitième. G.
WYTHGANFED, huit-centième. G.
WYTHGANPLYG, redoublé huit cens fois. G.
WYTHGANT, huit cens. G.
WYTHNOS, semaine. G. A la lettre, huit nuits.
WYTHNOSIG, semainier, hebdomadaire, de la semaine. G.
WYTHWAITH, huit fois. G.

Y

Y

 Voyez *I*, puisque l'Y se prononce en *i* & en *u*.
Y. Voyez toutes les autres voyelles, puisque les voyelles se mettent indifféremment l'une pour l'autre. Voyez *Bal*.

Y, article masculin, féminin & neutre. G.

Y, adverbe ou particule mise à la tête des mots sans en augmenter ni diminuer la signification. G.

Y initial se perd quand il est suivi de l'*i*. G.

Y, préposition qui répond à la latine *Ad* lorsqu'elle marque le repos, & aux françoises *A*, *Au*, *Auprès*. G.

Y, dans, en, chez. G. *I* en Suédois, en, dans.

Y, oui adverbe pour affirmer, pour acquiescer, pour consentir. G. *Ya*, oui en Breton; *Ia*, oui, ainsi dans la même Langue; *Ia* en ancien Saxon, en Allemand & en Esclavon; *Yea* en Anglois; *Iae* en Flamand; *Y* en Bohémien; *Jo* en Lusacien; *Jie* en Croatien; *Ita* en Latin; *Si* en Espagnol & en Italien; *Ii* en Arabe; *Ji*, *Ei* en Sarrasin; *Eji* en Turc; *Iaa* à Malaca; *Ia* en Malaye; *Cey* dans la Langue des Habitans du fleuve de Saint Julien en Amérique; *Ceyf* dans la Langue de l'isle de Parhambou, oui; *Ai* en Arabe, oui; bien adverbe; *I* en Tonquinois, intention, volonté; *Iah* en Hébreu & en Chaldéen, bien adverbe; *Ial* en Hébreu, dans la conjugaison *Hiphil*, vouloir, acquiescer; *Iat* en Hébreu & en Chaldéen, acquiescer, consentir. Voyez *Hia*.

Y, source. G. *Ya*, source, fontaine en Brésilien. Voyez *Yen*.

Y, eau, rivière. G. Voyez *I*.

Y, région, pays. G.

Y, le même qu'*Us*, race, &c. I.

Y, le même que *Gy*. Voyez *Aru*. *Yi*, maison en Cophte.

Y-FORI, demain. G.

Y-HI, elle. G.

Y-KILL, promontoire ou langue de terre étroite, presqu'isle. G.

Y MAES O, hors, outre, par-delà. G.

YA, oui. B. Voyez *Y*.

YACH, dispos, sain, gaillard, alerte, joyeux, salubre. B. Voyez *Iach*.

YACHAAT, YACHAT, guérir. B.

YAH, robuste, sain. B. C'est le même qu'*Yach*.

YAHEDIGUIAH, salubrité. B.

YALCH, bourse. B.

YALCHER, faiseur de bourses, vendeur de bourses. B.

YALH, bourse. B.

YAM, YAR, de, du, dès, depuis prépositions. C.

YAN, barre sorte de poisson. B.

YAN, JAN, YANNIC, nom que l'on donne à un mari qui connoit & qui souffre l'infidélité de son épouse. B.

YAO, joug. B.

YAOU, jeune. B.

YAOU, jeudi; *Yaou Eened*, jeudi gras. B.

YAOUAER, jeune héritier, cadet, puîné. B.

YAOUANCQ, jeune. B.

YAR, poule; *Yar Viri*, poule qui couve. B. Voyez *Iar*.

YAREN, poupée de lin. B.

YARGOUEZ, poule de bois. B.

YARICQ-DOUR, rale oiseau. B.

YAU, jeudi. B.

YAV, joug. B.

YAUT, herbe. B. Voyez *Iaut*.

YBGRUBL, bétail. G. Voyez *Yfgrubl*.

YC, pays, contrée, région, habitation. G.

YCH, bœuf. G. *Yz* en Arménien, bœuf. Les paysans en Franche-Comté disent *Ych*, & en Lorraine *Yst*, pour faire avancer les bœufs.

YCHA, NYCHA, voici, voilà. G.

YCHAIDD, qui a des cornes de bœuf. G.

YCHAV, élevé. G.

YCHEDYDD, alouette. G.

YCHEL, peut-être *Ochel* chez les anciens, élevé. Baxter. G. On voit par *Ychelwyr* qu'*Ychel* est le même qu'*Uchel*.

YCHELWYR, le même qu'*Uchelwyr*. G.

YCHENAWG, pauvre, indigent. G.

YCHI, haie. Ba.

YCHLAN, ensemble, tous, tout. G. C'est le même qu'*Achlan*.

YCHRIN, le même qu'*Echryn*. G.

YCHWAITH, le même que *Chwaith*. G.

YCHWANEG. DIWEDYD YN YCHWANEG; dire encore. G.

YCHWANEG. RHOI YN YCHWANEG, donner par-dessus ou en outre. G.

YCHWERIG, peu, un peu, peu de chose. G.

YCHYDIG, peu, un peu, quelque peu, peu de chose, modique, médiocre, petit, peu considérable; *O Ychydig*, un peu, quelque peu; *Ichydig Iawn*, fort peu. G.

YCHYDIGYN, diminutif d'*Ychydig*. G.

YCO, race. I.

YD, le même que la particule Galloise *A*. G.

YD, le même que *Sydd* ou *Ydiw*, vulgairement *Id*. G.

YD, adverbe ou particule mise à la tête des mots sans en augmenter ni diminuer la signification. G.

TOME II.

YD, YDD, oui adverbe pour affirmer. G. Le *t* & le *d* se substituant mutuellement, on a dit *Yt* comme *Yd*. De là le Latin *Ita*.

YD, habitation. G.

YD, froment, toutes sortes de bleds sur pieds ou pendans par les racines, *disent les Gens du Palais*, moissons, grains qui sont encore sur terre. G. Voyez *Ed*, & *Yd* Breton.

YD, abondant. G. Voyez *Edu*.

YD, bled, toutes sortes de bleds. B. Voyez *Yd* Gallois & *Eit*.

YD HEB FEDY, moisson sur pied. G. *Medi*.

YDBARA, froment. G.

YDD, adverbe ou particule mise à la tête des mots sans en augmenter ni diminuer la signification. G.

YDD, feu. I. *Oth*, feu en Lappon.

YDD WYF, devenir, être fait. G.

YDDAIR, terre. G.

YDDYDEN, terre. G.

YDDYN, habitation. G.

YDEN, singulier d'*Yd*, un grain de froment ou un épi de quelque espèce de bled. G.

YDENN, grain de bled. B.

YDFRAN, corneille. G.

YDHAIRE, pasteur. I.

YDLAN, lieu où l'on place les moissons recueillies. G. *Yd Llan*.

YDLE, grenier. G. *Yd Lle*.

YDORUM, apporte à l'impératif. G.

YDTIR, sol propre à produire du bled. G. *Yd Tir*.

YDU, noir. G. De là notre mot François *Hideux*. Voyez *Du*.

YDW, abondant, fertile. G. Voyez *Edus*.

YDYM, sommes du verbe *être*. G.

YDYW, est. G.

YEAU, joug. B.

YEAUT, herbe. B.

YECHED, santé. B.

YEHED, santé. B.

YEIN, froid. B.

YEINNEIN, transir. B.

YELL, épeautre, yvraie, zizanie. B.

o YEN, source, fontaine. B. *Yven*, source, origine en Chinois; *Yen*, *Ye*, commencement dans la même Langue; *Ayoun*, fontaines en Arabe. Voyez *Y*.

YEN, froid; *Douar Yen*, friche ou terre qu'on ne cultive pas. B.

YENAAT, rallentir. B.

YENAD, avoir froid. B.

YENAFF, avoir froid. B.

YENEN, fontaine, source. B. Voyez *Yen*.

YENYENN, froidure, & au figuré haine. B.

YER, volaille, caqueter. B.

YEU, joug. B.

YEUACH, paresse. B.

YEUANCQ, jeune. B.

YEUCQ, paresseux. B.

YEUECQ, casanier, cendrillon, claquedent. B.

YEUR, tas, monceau, monceaux de pierres. B.

YEUN, marécage, varenne humide. B.

YEUN, Yves nom d'homme. B.

YEZ, guise, idiôme. B.

YEZ, le même que *Guez*. Voyez *Guinyez*.

YF, élevé. G.

YF, diminutif. Voyez *Neddyf*.

YFED, boire; G. B. puiser. G.

YFEDTRI, bien boire, disposition à bien boire. G.

YFER, élévation. G.

YFES, et. C. B.

YFETTRI, boire souvent, ne faire que boire; boire à outrance. G. *Yfed*, boire; *Tri* marque par conséquent l'habitude, la grande quantité, la continuité, l'excès.

YFF, bled. B.

YFGAR, bon buveur. G.

YFLACCIO, affoiblir, diminuer. G.

YFORI, demain. G.

YFRDDWY, fougére d'eau, polypode. G.

YFWR, buveur, bon buveur. G.

YG, eau. G. *Ig*, *Ige*, eau en ancien Saxon.

YG, boyau. G. Voyez *Pennygen*.

YG, dans. C.

YGAN, de, du, des, dès prépositions. G.

YGENA, bouche. G. Voyez *Gen*, *Genan*.

YGOBIRISO, difficulté d'uriner. G.

YGOR, ouvrir, le même qu'*Egor*. G.

YGUERRA, mousse. Ba.

YGYD, ensemble. G. Voyez *Cyd*.

YGYDLENWI, faire un confluent. G.

YGYPLGAR, ravisseur, ravissant, qui emporte. G.

YGYT, avec. C.

YIL, chaux. I.

YINVREAS, Monarque. I.

YIW, agréable. I. Voyez *Syw*.

YL, habitation. G.

YLEM, l'an présent. G.

YLENI, l'année présente, l'année courante, cette année, lorsque. G.

YLIN, coude. B.

YLLAN, laine dans le dialecte Gallois de l'Isle de Mona. G.

YLLTYR, taupe. G. Ce mot paroit formé d'*Yl*, habitation, & de *Tyr*, terre; *Ylltyr*, qui habite, qui demeure dans la terre.

YM, particule qui, mise en composition à la tête des verbes, leur donne la signification de la conjugaison hébraïque *Hitpael*, je me blâme, je me loue, je m'accuse, je me cache. G.

YM, en vérité, terme pour jurer, adverbe de jurement qui signifie la même chose que *Myn*. G.

YM, avec, ensemble. G. C'est le même que *Cym*. Voyez *Aru*.

YM, dans. C.

YM, particule qui marque l'habitude, la fréquence. Voyez *Ymadolwyn*.

YM, particule itérative. Voyez *Ymgywain*, *Ymwybod*.

YM, particule augmentative. Voyez *Ymryfela*.

YM, préposition explétive ou superflue. Voyez *Ymatcor*, *Ymadrodd*.

YM, le même qu'*Am*. Voyez *Ymgreinio*.

YM MAIR WEN BLIGHEFEILT, terme pour jurer. G.

YM-MHELL, au large, d'une manière étendue. G. *Pell*.

YM MHELLACH, dessus, de dessus, outre, enfin, à la fin. G. *Pellach*.

YM MHLITH, entre, au milieu. G.

YM MIN, près, auprès. G.

YM MISC, YM MYSG, entre. G.

YMA, YMAN, ici, en ce lieu-ci; G. comme qui diroit *Ym Man*. Davies.

YMA AC ACCW, de part & d'autre. G.

YMACHLUD, se cacher, action de se cacher. G.

YMACHUB, anticiper, prendre par avance, se saisir par avance, avoir de l'émulation, tâcher d'égaler. G.

YMADAEL, se retirer, s'en aller, faire place, quitter la place, partir, s'ouvrir, s'entr'ouvrir, se fendre, se crever. G.

YMA.

YMADAW, se retirer, s'en aller, sortir, partir, s'éloigner, déserter vers les ennemis. G.

YMADAWIAD, action de se retirer, de passer, sortie, départ, désertion, abandon, délaissement, cession, défaut, défaillance, apostasie, désolation. G.

YMADAWR, déserteur, transfuge, apostat. G.

YMADFERTH, se défendre, défendre, secourir, défense, protection. G.

YMADFYWIO, revivre. G.

YMADNEWYDDU, se renouveller, se renouveller au printemps. G.

YMADOLWYN, prier fréquemment, prier instamment, supplier très-humblement, prier, supplier. G. Adolwyn, prier ; Ym marque donc ici la fréquence, l'habitude.

YMADRAO, chasser, expulser, mettre dehors. G.

YMADRAWDDBER, qui parle agréablement. G.

YMADRAWDDFWYN, affable. G.

YMADRAWDDLYM, ingénieux, spirituel, fin, subtil. G.

YMADREDD, figure de rhétorique par laquelle on fait entendre autre chose que ce que l'on dit. G.

YMADRODD, parler, discourir, prononcer, raconter, réciter, parole, discours, élocution, expression, énonciation, diction, mot, exposition, prononciation, proposition, maxime, axiome, dogme, maxime vraie ou fausse, sentence, le prononcé d'un arrêt. G. Voyez Adrodd.

YMADRODDOETHGALL, pointe d'esprit, répartie. G.

YMADRODDFAWR, qui a le style sublime. G.

YMADRODDIAD, le parler, axiome, dogme, maxime vraie ou fausse, maxime ou proposition par laquelle on assure ou l'on nie. G.

YMADRODDUS, disert, éloquent, qui parle juste, dont le discours est coulant, qui tient des discours obligeans. G.

YMADRODDWR, orateur, qui raconte, qui récite, qui publie, grand parleur. G.

YMAELYD, lutter, resister contre, s'opposer à, lutteur, athléte. G.

YMAES, hors. G. Voyez Maes.

YMAFAEL, prendre, lutter, lutte. G.

YMAFAELU, prendre, saisir. G.

YMAFLIAD, lutte. G.

YMAFLYD, lutte, lutteur, lutter. G.

YMAGENNU, se fendre, s'ouvrir, s'entr'ouvrir, bailler. G.

YMAITH, de, du prépositions. G.

YMAITH, hors. G.

YMALWAD, invocation. G.

YMAN, avant. G.

YMANDAW, le même qu'Andaw. G.

YMANGERDDU, avoir fort chaud. G.

YMANNERCH, salut, salut réciproque, s'entresaluer, bon jour qu'on souhaite. G.

YMANNOG, persuader. G.

YMANNOG, YMANNOS, s'exhorter mutuellement. G.

YMANREITHIO, périr. G.

YMARBED, épargne, réserve, économie, tempérance, modération, retenue, continence, s'abstenir. G.

YMARDDELW, assurer, affirmer, garantir, accord, union de sentiment. G.

YMARFER, exercer, faire, professer, s'accoutumer, exercice, exercice de la lutte, pratique, habitude, usage, coûtume, accoutumance, étude, application. G.

YMC.

YMARFERIAD, exercice, pratique, habitude, usage, accoutumance. G.

YMARFODI, combattre. G.

YMARFOLL, liguer, unir, faire contracter alliance. G.

YMARHOUS, patient. G.

YMAROS, temporiser, retarder, différer, user de remise, ne se presser pas, s'arrêter, s'amuser, tarder, demeurer, séjourner, rester, attendre, pâtir, souffrir, patience à supporter, à souffrir, demeure, séjour en un lieu, patience, posé, sérieux, prudent. G.

YMARTHLEFAIN, appeler à haute voix. G.

YMARWAR, discorde. G.

YMARWEDD, se comporter. G.

YMARWEDDIAD, façon d'agir, conduite, usage, manière, geste, mœurs, emploi. G.

YMARWEDDIAD, coûtume, manière, façon de vivre. G.

YMATCOR, le même qu'Atcor. G.

YMATGNO, remord. G.

YMATGOF, souvenir. G.

YMATGUDD, se cacher, manifestation, révélation. G.

YMATGUDDIO, découvrir. G.

YMATTAL, s'arrêter, demeurer, se désister, s'abstenir, abstinence, retenue, réserve, continence, retenu, réservé, sage. G.

YMATTALUS, continent. G.

YMATTEB, répondre. G.

YMBALFALU, cajoler, flater, caresser pour obtenir quelque chose, tirer par flateries. G.

YMBAROTTOI, se préparer. G. Parottoi.

YMBAWR, action de paître, brouter, paître. G.

YMBEIDIO, s'abstenir. G.

YMBELLENU, amasser, assembler en rond. G.

YMBIL, supplier, prier instamment, implorer, prier, priére, instante priére, piquant, satyrique. G.

YMBILGAR, ambitieux, effronté, impudent, insolent. G.

YMBILIW, intercesseur, qui prie pour un autre, qui persuade. G.

YMBLAID, schisme, division. G.

YMBLEIDIAD, faction, ligue, complot, cabale. G.

YMBLETH, action de faire un tissu, d'entrelacer, entortillement, entrelacement. G.

YMBLETHU, tordre, entortiller, entrelacer, faire un tissu. G.

YMBLYG, entortillement, entrelacement, tissu. G.

YMBOERI, cracher dessus, couvrir de crachats. G. Poeri.

YMBORTH, pâture, action de paître, action de prendre son repas, manger, jouir. G.

YMBORTHI, être repu, se repaître, porter. G.

YMBROFI, expérimenter, éprouver, argumenter, contester, débattre, quereller. G.

YMBRYN, empressement, envie, passion, avidité d'acheter. G.

YMBYNGGIO, disputer, contester, raisonner, argumenter, débattre, quereller. G.

YMCHWANT, désir ardent. G.

YMCHWEDLEUA, s'entretenir, parler ensemble, conférer, converser, discourir avec. G.

YMCHWELIAD, YMCHWELEDIGAETH, retour, tour, mouvement circulaire. G.

YMCHWELYD, renverser, tourner, retourner, pousser par terre. G.

YMCHWILIO, examiner. G.

YMCHWYDD, enflure, tumeur. G.
YMCHWYDDO, s'enfler, se gonfler, être boursouflé. G.
YMCHWYTH, souffle. G.
YMCHWYTHU, souffler, respirer, prendre haleine, souffler ensemble. G.
YMDADL, dispute. G.
YMDADLEU, disputer, contester, se quereller l'un l'autre, plaider souvent des causes, discourir, raisonner, dispute. G.
YMDAERU, disputer, se quereller l'un l'autre, raisonner, dispute. G.
YMDAETH, marcher, aller, voyager, se promener, lieu où l'on se promene, route, voyage. G. Voyez Daeth.
YMDAITH, couper. G.
YMDANIAD, action de multiplier, d'amplifier, d'accroître. G.
YMDANU, se répandre, distiller, couler goutte à goutte. G.
YMDARAW, choc, conflit, combat. G.
YMDATTOD, se dissoudre, se fondre, perdre ses forces, devenir languissant, amollir, efféminer, rendre lâche. G.
YMDATTODIAD, action de délier, de lâcher, analyse. G.
YMDDADCHWYDDO, défenfler. G.
YMDDAFLINO, se remettre, se rassurer, être soulagé. G.
YMDDADL, dispute de sçavans, dispute sur une matière de science. G.
YMDDADLEU, se disputer, contester, disputer, plaider, dispute, démêlé, débat, contestation, question, demande. G.
YMDDAITH, voyage dans les pays étrangers. G.
YMDDANGOS, apparoître, paroître, comparoître, se montrer, se lever, paroître, être découvert, être manifesté, briller, éclater, reluire. G.
YMDDANGOSIAD, apparition, manifestation. G.
YMDDAROSTWNG, être placé au-dessous, s'engager. G.
YMDDAROSTYNGIAD, soumission, dévouement. G.
YMDDATGUDDIO, se découvrir. G.
YMDDATTOD, se fondre, devenir liquide. G.
YMDDATTODIAD, dissolution ou action de se dissoudre, flux, débordement, écoulement. G.
YMDDIANGC, fuir, s'enfuir, échapper, s'échapper, s'évader, se traîner, sortir en rampant. G.
YMDDIBYNNIAD, action de se pendre. G.
YMDDIBYNNU, pendre de, pencher dessus, être suspendu au-dessus. G.
YMDDIDAN, discourir, s'entretenir, parler à quelqu'un, se quereller, avoir des paroles, discours, entretien, parole, langage. G.
YMDDIEITHRAD, dissimulation, feinte. G.
YMDDIEITHRIO, dissimuler, feindre, faire semblant, prétexter, aliéner, transfigurer, se masquer, donner une autre figure, être de connivence. G.
YMDDIFAD, orphelin. G.
YMDDIFADU, frustrer, priver, dépouiller. G.
YMDDIFEDI, privation. G.
YMDDIFFYNSA, appui, soutien, aide, secours, défenses, protection. G.
YMDDIFFYNWR, défenseur. G.
YMD'DIFREGU A DUW, prier Dieu. G. Ym paroit ici superflu.
YMDDIFUSTLO, se charger mutuellement d'outrages, d'affronts. G. Difustlo veut donc dire,

charger quelqu'un d'outrages, faire affront à quelqu'un.
YMDDIFYNFA, château, forteresse. G.
YMDDIFYNNWR, conservateur, défenseur, protecteur. G.
YMDDIGIO, se mettre fortement en colere. G.
YMDDIGONI, abonder, prendre soin, avoir de l'empressement. G.
YMDDIGRIFO, se réjouir. G.
YMDDILYNIAID, ceux qui suivent les opinions & les sentimens d'un autre. G.
YMDDIODDEF, pâtir, souffrir. G.
YMDDIODI, se deshabiller. G.
YMDDIOFRYDU, lancer l'anathême. G.
YMDDIOLI, effacer ses traces. G.
YMDDIOSG, se deshabiller. G.
YMDDIOSGFA, le lieu dans les bains où l'on se deshabilloit. G.
YMDDIRES. Voyez Ymddiried. G.
YMDDIRGELU, se cacher, être caché, être en embuscade. G.
YMDDIRIED, se confier, avoir confiance en quelqu'un, se fier, espérer, confiance, espérance, présomption, témérité, audace; une partie des Gallois dit Ymddires. G.
YMDDIRIEDGWBL, homme à qui on peut très-sûrement se fier. G.
YMDDIRIEDUS, qui se fie, qui met sa confiance, qui espère, présomptueux, téméraire, qui a une haute opinion de lui-même, fidéle, sûr, frugal, tempérant. G.
YMDDIRWYN, tordre, entortiller, s'entortiller, amasser, assembler en rond, courber, aller en serpentant, entrelacement de broderie. G.
YMDDISCLEIRIO, s'éclaircir, briller, luire, être clair. G.
YMDDIWAD, renoncer, renier. G.
YMDDIWYN, périr. G.
YMDDRYCHIOLI, apparoître, comparoître. G.
YMDDWYN, concevoir, engendrer, produire, porter, être grosse, se comporter bien ou mal, conception, génération des animaux au sein de la mere. G.
YMDDYBALU, piquant, satyrique. G. Ym paragogique. Voyez Dybalu.
YMDDYBLIGU, redoubler. G.
YMDDYFALU, piquant, satyrique. G. Ym paragogique. Voyez Dyfalu.
YMDDYFOLI, se remplir le ventre avec excès. G.
YMDDYFREFU, bêler souvent. G.
YMDDYFWYTTA, faire la débauche. G.
YMDDYGIAD, coûtume, manière, façon de vivre, geste. G.
YMDDYHUDDO, s'attendrir, s'amollir. G.
YMDDYNU. Voyez, dit Davies, si c'est Ymddyfnu à de Dyfnu. G.
YMDDYNWARED, piquant, satyrique. G.
YMDDYRCHAFU, se lever, se dresser. G.
YMDDYUNO, conspirer, s'unir, se liguer. G.
YMDDYWEDIAD, discours, entretien. G.
YMDDYWEDYDD, s'entretenir, conférer, converser, parler à quelqu'un. G.
YMDDYWYNNYG, briller, éclater, reluire. G.
YMDEIMLO, sentir vivement. G.
YMDEITH, partir. G.
YMDEITHIO, voyager. G.
YMDEITHIOL, de voyage. G.
YMDEITHWR, guide. G.
YMDEITHYDD, voyageur, celui qui va loger chez quelqu'un. G.

YMDIFFYN.

YMDIFFYN, défendre, défense. G.
YMDIRO, se chauffer nud auprès du feu. G.
YMDOLCIO, heurter de la tête comme les béliers. G.
YMDORCHI, tordre, entortiller, s'entortiller. G.
YMDRAFFERTHU, s'occuper, peiner, travailler, faire du tumulte, exciter du trouble. G.
YMDRAFFULLIO, s'efforcer, prendre peine, faire son possible, faire ses efforts, se hâter fort, être soigneux, avoir soin. G.
YMDRAFOD, contestation, combat. G.
YMDRAFODI, combattre, se battre avec un autre, contester. G.
YMDRECH, lutter, s'opposer à, résister contre, pousser, presser contre, lutte. G.
YMDRECHU, lutter. G.
YMDRECHWR, lutteur, athlète, qui combat dans les jeux publics, qui se bat à coups de poing. G.
YMDREIGL, fréquentation. G.
YMDREIGLFA, bourbier où se veautrent les sangliers. G.
YMDREIGLO, rouler, se rouler, faire rouler en avant. G.
YMDRIN, lutte, choc, conflit, combat. G.
YMDRO, rouler, tourner, art de tourner aisément, de se plier à tout, roulement, renversement, tour, mouvement circulaire, révolution, inversion, circuit, circuit de paroles, fréquentation; Yn Ymdro, qui a toujours la même façon, les mêmes manières. G.
YMDROCHFA, bain, bains publics. G.
YMDROI, tourner, tordre, entortiller, chercher des détours, n'aller pas droit, biaiser, fréquenter. G.
YMDROUS, qui tourne aisément. G.
YMDRWSIAD, action de se parer. G.
YMDRYBAEDDU, se veautrer, se rouler dans la boue. G.
YMDWYMNO, se chauffer. G.
YMDY, préposition explétive. Voyez Ymdywynnyga.
YMDYFU, se fortifier, croître. G.
YMDYNGU, conjurer, jurer ensemble, lancer l'anathème. G.
YMDYNN, contention, effort, lutte. G.
YMDYNNU, lutter, combattre, se battre, avoir querelle, contester, arracher, tirer, enlever de force, s'efforcer. G.
YMDYRRU, assembler, mettre par pelotons. G.
YMDYWALLT, action de faire distiller goutte à goutte sur. G.
YMDYWYNNYG, briller, éclater, reluire, être clair. G.
YMDYWYNNYGU, briller, avoir de l'éclat, être resplendissant. G. Gwynnyg signifie la même chose, Ymdy par conséquent préposition explétive.
YMEFRYD, reconnoître, repousser. G.
YMEGLURHAU, s'éclaircir, briller, luire, être clair. G.
YMEGNIO, s'efforcer, faire ses efforts. G.
YMEGNIWR, qui s'efforce. G.
YMEGORI, s'ouvrir, s'entr'ouvrir, être ouvert, bâiller, avoir la bouche ouverte. G.
YMEGORIAD, ouverture qui se fait en quelque endroit, bâillement, dissolution ou action de se dissoudre. G.
YMEHENGU, s'ouvrir. G.
YMEIRIAW, contester, débattre, quereller. G.
YMEIRIAWL, prier instamment, supplier, conjurer. G.
YMEIRIO, s'entretenir, conférer, converser, disputer, contester, se quereller l'un l'autre, disputer de mots. G.
YMELLDITH, malédiction. G.
YMELLWNG, se fondre, devenir liquide, dégeler, s'amollir, s'efféminer, manquer de courage, devenir languissant, languir, perdre ses forces, devenir flasque, tomber, traîner, analyse. G.
YMELLYNGIAD, rémission. G.
YMELWAIN, crier beaucoup & souvent, appeller souvent, appeller à soi, prier, inviter, invoquer, implorer. G.
YMENYN, beurre. G. Voyez Amenen.
YMERLYN, suivre, poursuivre, atteindre, poursuite, débat, dispute, procès. G.
YMESGUS, excuse. G.
YMESMWYTHO, se reposer. G.
YMESTRONEIDDIO, aliéner. G.
YMESTYN, s'étendre, étendre auprès. G.
YMEWYNO, s'efforcer avec les ongles. G.
YMEYSYDD, la campagne. G. Voyez Maes.
YMFAGLIAD, entortillement, entrelacement. G.
YMFAWRYGU, s'élever trop, s'enorgueillir. G.
YMFFLAMMYCHIAD, inflammation. G. Voyez Fflam.
YMFFONNODIO, combattre. G.
YMFFROST, action de se glorifier, parade, ostentation, vanterie, vanité, vaine gloire, faste, insulte. G.
YMFFROSTIO, se vanter, se glorifier, s'élever trop, s'enorgueillir, devenir fier ou insolent, témoigner de la présomption. G.
YMFFROSTIWR, celui qui se glorifie, qui se vante, qui fait vanité. G.
YMFFRWST, hâte, empressement, diligence, précipitation, trouble, tumulte. G.
YMFFUSTO, faire du tumulte, exciter du trouble, tempêter, faire un grand bruit. G.
YMFFYDDIO, conjurer, conspirer. G.
YMFINIAL, baiser verbe. G.
YMFOGSACH, s'élever trop, s'enorgueillir. G.
YMFODLONI, approuver, agréer, acquiescer. G.
YMFOLHEULO, s'exposer au soleil, s'y chauffer. G.
YMFOLYCHU, se glorifier. G.
YMFOLYCHUS, qui se glorifie, qui est enflé de gloire. G.
YMFOLYCHWR, qui se glorifie. G.
YMFURMUR, murmurer. G.
YMFYDDINAW, disposer un campement. G.
YMFYDDINO, assembler, attrouper, se mettre en bataille pour combattre. G.
YMFYFYRIO, méditer avec attention. G.
YMGAD, combattre, se battre avec un autre. G.
YMGADARNHAU, se fortifier, demeurer ferme, s'opiniâtrer. G.
YMGADW, s'abstenir, continence. G.
YMGAEL, concevoir, engendrer, venir de soi-même, se présenter, aller au-devant. G.
YMGAFFIAD, action d'obtenir, d'avoir. G.
YMGAFFIWR, celui qui obtient, qui attrape ce qu'il souhaite. G.
YMGAIS, recherche, perquisition, enquête, discussion, effort, chercher, rechercher, s'enquérir, atteindre, acquérir, s'efforcer. G.
YMGANLYN, suivre, poursuite. G.
YMGANU, chanter souvent. G.
YMGAREDIGO, baiser verbe. G.
YMGARU, aimer tendrement. G.
YMGASGL, assemblée publique, concours, affluence. G.
YMGASGLU, assembler, s'assembler. G.

YMGATTEWRACH, escarmoucher, combattre, se battre, se choquer, petit combat, escarmouche. G.
YMGCORETH, contester, disputer, se quereller. G.
YMGEGIAD, gourmandise, goinfrerie. G.
YMGEIDWADAETH, considération, égard, respect. G.
YMGEINGAR, querelleux, hargneux. G.
YMGEINIAD, outrage, malédiction, contestation, débat, querelle. G.
YMGEINIAW, se quereller, se disputer ensemble. G.
YMGEINIO, disputer, contester, se quereller, persécuter, outrager. G.
YMGEINTACH, contester, disputer, attaquer, combattre, débattre, escarmoucher, plaider, petit combat, escarmouche. G.
YMGEISGAR, captieux. G.
YMGEISIO, se donner des soins pour trouver, ne respirer que, respirer, prétendre à. G.
YMGEISIWR, studieux de quelque chose, qui s'y applique avec soin, intrigant, qui recherche, qui poursuit. G.
YMGEL, caché. G.
YMGELEDD, action de prendre soin, d'échauffer, d'entretenir, de couver, protection, curatelle, tutelle. G.
YMGELEDDU, mettre à couvert, couver, avoir soin, entretenir, conserver, protéger, rétablir, restaurer, refaire, remettre en santé. G.
YMGELEDDWR, qui a le soin, protecteur, curateur, tuteur. G.
YMGELEDDWRIAETH, soin, attention qu'on donne à quelque chose. G.
YMGELLWAIR, se moquer, se railler. G.
YMGELU, se cacher. G.
YNGHYDDIO, être caché, se cacher. G.
YNGHYDREG, lutter. G.
YMGIPPIWR, celui qui obtient, qui attrape ce qu'il souhaite. G.
YMGIPRYS, se battre, petit combat, escarmouche. G.
YMGLODFORI, se glorifier. G.
YMGLUSTFEINO, tâcher d'ouïr, écouter en passant ou sans faire semblant de rien. G.
YMGLWYF, contagion. G.
YMGLYMMU, entortiller, entrelacer. G.
YMGLWED, éprouver, expérimenter, sentir l'effet. G.
YMGNEIDIAETH, action de juger. G.
YMGNOI, ronger tout à l'entour. G.
YMGODI, se lever, se dresser, sauter dessus, briller, éclater, reluire. G.
YMGODIAD, élévation ou action d'élever, action de sauter dessus. G.
YMGOFLEIDIAD, embrassade. G.
YMGOFLEIDIO, embrasser. G.
YMGOMIO, disputer, raisonner, argumenter. G.
YMGOSI, demangeaison, sentir une grande demangeaison. G.
YMGOSPI, s'abstenir. G.
YMGRAFIAL, demangeaison. G.
YMGRAFU, sentir une grande demangeaison. G.
YMGRED, épousailles. G.
YMGREDU, promettre, s'engager. G.
YMGREPU, demander avec importunité. G.
YMGRRINIO, le même qu'Amerinio. G.
YMGRIBINIO, amasser comme on peut, amasser de tous côtés avec peine. G.
YMGROESI, faire sur soi le signe de la croix. G.
YMGRUGO, chagriner fortement, tourmenter. G.

YMGRYBWYLL, s'entretenir, conférer, converser. G.
YMGRYPHAU, se fortifier. G.
YMGUDD, action de se cacher. G.
YMGUDDIO, se cacher, être caché, s'enfoncer, aller au fond. G.
YMGUSANU, baiser verbe. G.
YMGWDEN, lier. G.
YMGWYD, devant, en présence, aux yeux. G.
YMGWYNFAN, se plaindre ensemble. G.
YMGWYNO, se plaindre ensemble. G.
YMGWYNOFAIN, importuner par ses larmes. G.
YMGYDCHWYTHU, souffler ensemble. G. Ym Cyd Chwytu.
YMGYDEDDAW, se promettre une foi mutuelle, s'engager la foi l'un à l'autre. G.
YMGYDFOD, s'accorder. G.
YMGYDGANLYN, accompagner. G.
YMGYDGYNGHORI, consulter ensemble. G.
YMGYDIO, le même que Cydio. G.
YMGYDLANW, assemblage d'eaux. G.
YMGYDTYFU, se fortifier, croître. G.
YMGYFANNU, se rétablir. G.
YMGYFARCH, interroger, invocation. G.
YMGYFARFOD, s'assembler, venir en un lieu, se joindre, aller au-devant, action de s'assembler, de se joindre, rencontre. G.
YMGYFARTALU, égaler, s'égaler. G.
YMGYFARTH, crier après ou contre, abboyer, hurler. G.
YMGYFATHRACHU, se joindre ensemble. G.
YMGYFATTEB, relation, récit. G.
YMGYFEILLACH, accompagner. G.
YMGYFEILLACHU, associer. G.
YMGYFELLYBU, ressembler. G. Cyffelybu.
YMGYFFRED, rassembler, renfermer, réunir, comprendre, contenir, joindre, unir. G.
YMGYFFROI, faire du tumulte, exciter du trouble, tempêter, faire un grand bruit. G.
YMGYFLEU, s'arrêter, séjourner, demeurer. G.
YMGYFLOGI, porter les armes à ses frais, servir à ses dépens. G.
YMGYFOGI, vomir. G.
YMGYFRANGC, combattre, attaquer. G.
YMGYFRED, action de courir ensemble, faire un confluent, concours, affluence, course çà & là. G.
YMGYFREDEG, courir çà & là, concourir, affluence. G.
YMGYFREITHIO, contester, disputer, plaider souvent des causes. G.
YMGYFRIF, compter, nombrer. G. Cyfryf.
YMGYFURDD, s'étendre jusqu'à, toucher, attouchement, choc, conflit, combat, incursion, invasion. G.
YMGYHWRDD, rencontre. G.
YMGYHYDR, égal, comparable. G.
YMGYHYDU, s'étendre ensemble. G.
YMGYLLELU, combattre, se chamailler. G.
YMGYMDEITHASU, s'associer, se joindre, s'unir ensemble. G.
YMGYMMHARU, le même que Cymmharu. G.
YMGYMMHWYL, s'entretenir, conférer, converser. G.
YMGYMMYRAETH, s'arroger, s'en faire accroire. G.
YMGYMMYSGU, se mêler. G.
YMGYNDDEIRIOGI, tempêter, s'emporter, être en fureur. G.
YMGYNGHORI, consulter, conseiller, délibérer, châtier, corriger. G.

YMG.

YMGYNGHORIAD, avis que l'on reçoit de celui que l'on confulte. G.
YMGYNCHORWR, qui délibére. G.
YMGYNGREIRIO, conjurer, jurer enfemble. G.
YMGYNHENNU, difputer, quereller. G.
YMGYNNADL, fe foutenir mutuellement, fe contenir, s'abftenir, foutien, tempérance, modération, retenue, continence. G.
YMGYNNEFINO, exercer, faire, profeffer, s'accoûtumer. G.
YMGYNNHENNU, contefter, débattre, quereller, difputer, combattre, avoir différend, démêlé, débat. G.
YMGYNNULL, affembler, entaffer, affemblée, affemblée nombreufe, foule, multitude. G.
YMGYRCHU, attaquer, affaillir, faire des courfes, des irruptions, fe battre, s'attaquer mutuellement. G.
YMGYRHAEDDYD, étendre auprès. G.
YMGYRRAED, atteindre. G.
YMGYSSYLTU, être attaché, être adhérent, tenir à quelque chofe, convenir, faire une convention. G.
YMGYSTADLU, égaler. G.
YMGYSTLWN, appartenir. G.
YMGYSTLWNG, le même que *Cyftlwn*. G.
YMGYTGAM, fe battre. G.
YMGYTTAL, demeurer avec quelqu'un. G.
YMGYWAIN, reporter. G.
YMGYWEIRIO, fe préparer, commencer, entreprendre, fe mettre à faire. G.
YMHAERLLUGO, folliciter à. G.
YMHEL, courir après, pourfuivre. G.
YMHELAETHRIAD, action de multiplier, d'amplifier, d'accroître. G.
YMHELAETHU, s'augmenter, croître, s'ouvrir. G.
YMHELCYD, courir après, pourfuivre. G.
YMHERCYD, prendre, faifir. G.
YMHERRIAD, appel, défi, action de défier au combat. G.
YMHEDRIO, défier au combat, reprocher, blâmer. G.
YMHIL, YM YMHIL, prefque. G.
YMHOFFI, aimer tendrement. G.
YMHOLI, s'informer, s'enquérir. G.
YMHONNI, déclarer, faire connoître, affurer, conferver. G.
YMHONNIAD, affirmation, affurance. G.
YMHOYWI, être propre, bien paré, brillant dans fes ajuftemens. G.
YMHUSTYNG, action de parler bas à l'oreille. G.
YMHWPPIO, réfifter. G.
YMHWRDD, fe battre, fe choquer, fe heurter de part & d'autre, heurter de la tête comme les béliers, beliner, battre. G.
YMHYRDDU, pouffer dedans, fourrer, mettre dedans. G.
YMIACHAU, fe donner des remédes l'un l'autre, fe dire adieu l'un l'autre. G. Voyez *Iach*.
YMIAWL, prier. G.
YMIOLI, prier inftamment, prier fréquemment, fupplier, conjurer. G.
YMIRO, oindre. G.
YMLADD, fe tuer, fe tuer les uns les autres, combattre, combat. G.
YMLADDGAR, qui a de l'ardeur pour les combats, qui aime les combats. G.
YMLADDGARWCH, ardeur, envie de combattre. G.
YMLADDWR, combattant. G.
YMLAESU, manquer. G.

YMM.

YMLANWAAD, expiation, fatisfaction pour une faute, fatisfaction. G.
YMLANHAU, fe juftifier d'un crime. G.
YMLANWAD, influence, écoulement. G.
YMLAWENICHU, fauter deffus. G.
YMLEDRITHIO, fe mafquer. G.
YMLEDU, s'ouvrir, étendre, diftiller, couler goutte à goutte. G.
YMLEFERYDD, extravaguer, rêver, radoter, devenir fou, délire. G.
YMLEFLEF, fe quereller, difputer, contefter, appeller à haute voix, difpute de mots. G.
YMLEWHAU, fe renforcer, devenir plus fort. G.
YMLEWYDD, prier inftamment, fupplier, conjurer. G.
YMLIASSU, fe battre enfemble, fe quereller, difputer, contefter. G.
YMLID, fuivre, pourfuivre, pourfuivre vivement, pouffer, perfécuter, pourfuite, perfécution. G.
YMLIDFA, pourfuite, perfécution, courfe. G.
YMLITHRAW, s'écouler, s'échapper, s'enfuir. G.
YMLITHRO, ramper, fe traîner fur le ventre, tomber. G.
YMLIW, reprocher, blâmer, plainte, accufation. G.
YMLIWIED, fe plaindre, faire des plaintes. G.
YMLLADDLE, lieu du combat, champ de bataille. G.
YMLLUSGIAD, ferpent. G.
YMLLUSGO, ramper. G.
YMLOCHLACH, flater. G.
YMLODDEST, boire beaucoup. G.
YMLONNI, fe réjouir, être bien aife. G.
YMLONYDDU, acquiefcer. G.
YMLOSG, ardeur, chaleur, embrafement, incendie. G.
YMLOSGACH, commettre un incefte. G.
YMLOSGI, s'allumer, prendre feu, s'embrafer, être en feu. G.
YMLOYWI, briller, éclater, reluire, refplendir. G.
YMLUASSU, diffentir. G.
YMLUDIAD, adhérence, liaifon, union d'une chofe à une autre. G.
YMLUDIO, s'arrêter, être adhérent, tenir à quelque chofe. G.
YMLUSGIAD, qui rampe, qui fe traîne fur le ventre, qui va en rampant, reptile. G.
YMLUSGO, ramper, fe traîner, fe traîner fur le ventre, fe gliffer, tomber. G.
YMLWYBRO, fe promener, marcher. G.
YMLWYTHO, le même que *Llamdwyo*. G.
YMLYFERYDD, être en délire, parler fans ordre comme les malades qui font en délire. G.
YMLYN, fuivre, pourfuivre, être adhérent, tenir à quelque chofe. G.
YMLYNFA, pourfuite, perfécution. G.
YMLYNIAD, qui fuit, qui pourfuit, qui eft attaché à la fuite de quelqu'un, qui fuit les opinions & les fentimens d'un autre, chien de chaffe. G.
YMLYNIANETH, pourfuite. G.
YMLYNU, s'attacher, être attaché. G.
YMMAITH, fortir. G. *Maith* comme *Maes*.
YMMANNERCH, faluer. G.
YMMENYDD, cerveau, cervelle. G. *Yn Pen. Dervies*.
YMMENYDD-DRO, vertige. G.
YMMENYN. Voyez *Mannad*.
YMMERAWDR, YMMERODR, Empereur. G.
YMMERODRAETH, empire, fouveraineté, principauté, domination, autorité, pouvoir. G.

YMMERODRAIDD, dominant, auguste de tout genre. G.
YMMERODRES, Impératrice. G.
YMMHELLACH, après, ensuite, puis, jusques là, ensemble. G.
YMMHLYG, entortillé, entrelacé. G.
YMMOCBREN, espatule. G.
YMMOD, mouvoir, ôter d'une place, approcher, appliquer, mettre sur, mettre auprès. G.
YMMOTHREN, espatule. G.
YMMYL, bord. G.
YMMYLU, border. G.
YMMYNEDD, patience, patience à supporter, à souffrir. G.
YMMYNEDDUS, patient. G.
YMMYSG, entre, au milieu. G.
YMNEILDUAD, action de se séparer. G.
YMNEILDUO, s'écarter, s'éloigner. G.
YMNHEDD, prière, supplication, prière très-humble, très-instante, excuse, allégation. G.
YMNODDI, se lancer contre quelque chose, se sauver en quelque endroit comme dans un refuge. G. *Ym Nawd.* Davies.
YMNYDDU, tordre, entortiller. G.
YMOCHLYD, éviter. G.
YMODDEF, durer, soutenir, endurer, supporter, souffrir, essuyer, avoir à souffrir, patience à souffrir, souffrance, indulgence, condescendance. G.
YMODWRDD, faire du tumulte, du bruit, tumulte, trouble, bruit, agitation, émotion. G.
YMOI-EBOL, le même que *Bwrw-Ebol*, jetter un poulain, mettre bas un poulain. Il se dit parlant d'une cavale. G.
YMOERI, se refroidir. G.
YMOFIDIO, chagriner fortement, tourmenter, importuner par ses larmes. G.
YMOFWY, aller voir, visiter, faire visite. G.
YMOFWYO, visiter de temps en temps, aller voir quelquefois. G. *Gofwyo.*
YMOFYN, s'informer, s'enquérir, redemander, interroger, examiner, recherche, perquisition, enquête, information, interrogation, demande, problême, question problématique, douteuse. G.
YMOFYNIAD, enquête, information, interrogation, examen. G.
YMOFYNWR, enquêteur, qui s'informe, qui s'enquête, qui demande, qui interroge. G.
YMOGANUS, piquant, satyrique. G.
YMOGAWR, le même qu'*Ymoger.* G.
YMOGEL, prudent, circonspect, qui prend garde. G.
YMOGELGAR, aisé, circonspect, prévoyant. G.
YMOGELYD, éviter, prendre garde. G.
YMOGONEDDU, se glorifier. G.
YMOGOR, toît, habitation, domicile. G. *Magnr* en Hébreu, habitation, domicile. Voyez *Magus.*
YMOGYFARCH, invoquer, implorer, appeller à soi. G.
YMOGYFUCHIO, égaler. G.
YMOLCHFA, bain, bains publics. G.
YMOLCHIAD, action de laver. G.
YMOLEITHIAD, flaterie. G.
YMOLEITHIO, flater. G.
YMOLEITHYDD, flateur. G.
YMOLLWNG, se fondre, amollir, efféminer, rendre lâche, baisser, abbaisser, cesser d'être ému, s'appaiser. G.
YMOLLYNGIAD, dissolution ou action de se dissoudre, flux, écoulement, action de délier, de lâcher, abbaissement, enfoncement. G.

YMORALW, s'enquérir, appeller à soi, prier, inviter. G.
YMORALWAD, invocation. G.
YMORAWL, s'enquêter, informer, enquête, information. G.
YMORCHEST, jouter, s'opposer à, résister contre, se battre à coups de poing, effort, grande entreprise, contention. G.
YMORCHESTU, lutter, se débattre, s'efforcer, faire ses efforts, avoir de l'émulation, tâcher d'égaler, faire des préparatifs. G.
YMORCHESTWR, intrigant, qui recherche, qui poursuit, qui s'efforce. G.
YMORCHUDD, action de se cacher. G.
YMORCHWYDDIO, se cacher. G.
YMORCHWYDDO, s'enfler, se gonfler, être boursouflé. G.
YMORDDIVES, atteindre, obtenir. G.
YMORNEST, jouter, se battre en duel, se battre à coups de poing, pugilat. G.
YMORNESTWR, athlète, qui se bat à coups de poing. G.
YMORPHWYLLO, être transporté de fureur. G.
YMORUGO, se renforcer, devenir plus fort. G.
YMORWST, combattre, lutter, combat, lutte. On prononce ordinairement *Ymwrwst.* G.
YMORYSGWR, lutter, combattre, contester, débattre, quereller, s'efforcer, effort, contention. G.
YMOS, préposition explétive. Voyez *Ymosgrain.*
YMOSGRAIN, le même que *Crain.* G. *Ymos* préposition explétive.
YMOSGRYN, YMOSGREYNIO, ordinairement *Ymysgrwynio,* les mêmes qu'*Ymosgrain.* G.
YMOSGRYN, le même qu'*Ymysgrain.* G.
YMOSOD, se battre, en venir aux mains, s'exposer, s'offrir, se présenter, combat, mêlée, choc, conflit, attaque, assaut, opposition. G.
YMOSSODWR, combattant, athléte, gladiateur. G.
YMOSTWNG, adorer, se prosterner, se jetter aux pieds, se jetter à terre, se soumettre, servir quelqu'un, l'obliger, se rendre complaisant, acquiescer par honnêteté, baisser, abbaisser. G.
YMOSTYNGIAD, soumission. G.
YMPIRIO, comparoître, paroître. G.
YMPRYD, jeûne. G.
YMPRYDIO, jeûner. G.
YMPRYDIOL, qui est à jeun. G.
YMPYN, rejetton d'un arbre. G.
YMRAFAEL, sédition, débat, dispute, querelle. G.
YMRAFAELIO, se choquer, se battre. G.
YMRAFAELU, contester, disputer, plaider. G.
YMRAFAELUS, litigieux. G.
YMRANNIAD, schisme, division, faction, ligue, cabale. G.
YMREAD, action de s'unir. G.
YMRED, action de courir çà & là, course çà & là, allée & venue, incursion. G.
YMREDEG, courir çà & là, aller & venir en hâte, courir ensemble, course. G.
YMREG, contestation, débat, querelle, invective, insulte, outrage, imprécation, malédiction, exécration, blasphême. G.
YMREGU, contester, disputer, se quereller. G.
YMRESYMIAD, dispute, raisonnement sur un sujet, discours, dissertation, question, demande. G.
YMRESYMMEG, dialectique, logique. G.
YMRESYMMIAD, dispute de sçavans, dispute sur une matière de science. G.
YMRESYMMU, disputer, raisonner, argumenter. G.
YMRESYMMWR,

YMR.

YMRESYMMWR, dialecticien. G.

YMRESYMYAD, subtilités, raisonnemens raffinés. G.

YMRIDDFA, importuner par ses larmes. G.

YMRITHIAD, transfiguration, transformation. G.

YMRITHIO, transfigurer, transformer, paroître sous une certaine forme. G.

YMROAD, cession, action de se rendre. G.

YMRODDO. A YMRODDO, qui s'est mis au pouvoir d'un autre. G.

YMRODIO, se promener, se détourner, allonger son chemin. G.

YMROI, se fondre, devenir liquide, céder, quitter, laisser, se rendre, se laisser vaincre, servir quelqu'un, l'obliger. G.

YMRUGLO, frotter contre, gratter. G.

YMRWGNACH, murmurer, gronder, grogner, frémir, faire grand bruit, bruire de toutes parts. G.

YMRWYLLO, se dégager, se débarrasser, se dépêtrer, faire trajet, passer. G.

YMRWYM, obligation, engagement. G.

YMRWYMO, lier, attacher, s'engager, s'obliger. G.

YMRWYSTR, embrouillement, embarras. G.

YMRYDWST, murmurer. G.

YMRYFELA, combattre avec ardeur. G.

YMRYFIGU, s'attribuer. G.

YMRYMIO, faire ses efforts. G.

YMRYSON, sédition, combat. G.

YMRYSONGAR, qui a de l'ardeur pour le combat, qui se plaît à se battre, qui aime les débats, les contestations, les querelles, séditieux, querelleur, hargneux. G.

YMRYSONGARWCH, envie, ardeur de combattre. G.

YMRYSSEN, disputer, quereller, se quereller, contester, combattre, s'opposer à, résister contre, plaider, querelles, procès, contestation, discorde. G.

YMRYSSONWR, plaideur. G.

YMRYTHIAD, voracité. G.

YMRYTHU, dévorer, manger avec avidité, faire débauche, se remplir l'estomac avec excès. G.

YMSAETHU, lancer, darder. G.

YMSAFNAETHU, se fendre, s'ouvrir, s'entrouvrir. G.

YMSANG, action de presser, de serrer, interposition, parenthèse, épenthèse. G.

YMSIRLLACH, divertissement, passe-temps, récréation. G.

YMSATURA, se heurter. G.

YMSEFYDLU, s'arrêter, séjourner, demeurer. G.

YMSEN, querelle, débat, dispute, contestation; Ymsenni verbe. G.

YMSENGI, greffer, enter, fourrer, pousser dedans. G.

YMSENNU, se quereller, se disputer ensemble, quereller, disputer, contester, plaider, inquiéter, harceler, presser, pousser, outrager, quereller, persécuter, abboyer ensemble, piquant, satyrique. G.

YMSENWR, qui injurie, qui fait de faux reproches. G.

YMSERTH, invective, insulte, outrage, querelle, débat. G.

YMSERTHU, disputer, contester, se quereller l'un l'autre, quereller, contester, être en dispute, inquiéter, harceler, presser, pousser, persécuter, chanter devant, abboyer ensemble, appeler à haute voix. G.

YMW.

YMSISIAL, bruit que l'on fait en parlant bas, petit murmure, bruit sourd. G.

YMSORLLACH, flater, caresser. G. Voyez Sarlach; dit Davies.

YMSWRN, faire du tumulte, exciter du trouble, tempêter, faire un grand bruit, combattre, action de presser, compression, tumulte, trouble, bruit, tintamarre. G.

YMSWYNO, le même qu'Ymgroesi. G.

YMSYNNIED, sentir l'effet, sentir vivement, éprouver, expérimenter, contempler. G.

YMSYPPIO, assembler, mettre par pelotons. G.

YMSYTHU, se dresser. G.

YMSYWEN, se quereller, se disputer, plaider, inquiéter, harceler, presser, pousser, contestation, débat, querelle. G.

YMSYWYN, se quereller l'un l'autre, disputer, contester, être en dispute. G. Ym pronom personnel.

YMWAD, action de nier, renonciation, reniement, abnégation, s'opposer à une loi, à une résolution d'assemblée publique. G.

YMWADU, nier, renier, renoncer, récuser, refuser. G.

YMWADWR, apostat. G.

YMWAGELYD, le même qu'Ymogelyd. G.

YMWAN, lutter, combattre, lutte, combat. G.

YMWANWR, soldat, guerrier, combattant. G.

YMWARED, délivrer, sauver, action de se sauver, art de guérir, délivrance, rachat, remède, médecine, médicament, aide, secours, bienfait. G.

YMWAREDWR, sauveur, libérateur, conservateur, défenseur, protecteur, qui rachette. G.

YMWARTHAU, piquant, satyrique. G.

YMWASG, action de presser. G.

YMWASGARU, multiplier, amplifier, accroître, augmenter, se répandre, errer, courir çà & là. G.

YMWASGU, embrasser, tenir, être attaché, être adhérent à quelque chose, se joindre. G.

YMWEAD, entrelacement de broderie. G.

YMWEDDU, convenir ensemble, être convenable. G.

YMWEINI, aller, venir, passer & repasser. G.

YMWELED, aller voir, visiter, faire visite. G.

YMWELIAD, visite. G.

YMWERYRU, hennir après. G.

YMWISGAD, action de se parer. G.

YMWITHIG, agréable, beau. G.

YMWNEUTHUR, liguer, unir, faire faire alliance, conspirer, convenir, faire une convention, conjurer, devenir, être fait. G. Ym Gwneuthur.

YMWNEUTHURIAD, conjuration, conspiration, complot. G.

YMWNGC, le même qu'Wngc. G.

YMWR, combat, choc, effort. G.

YMWRANDAWIAD, attention. G.

YMWRANDO, écouter, entendre, sentir l'effet, éprouver, expérimenter. G.

YMWRDD, YMHWRDD, combattre, combat. G.

YMWREGYSU, se ceindre. G.

YMWRIAW, heurter. G.

YMWRIO, combattre, attaquer. G. De Gwr, dit Davies. Voyez l'article suivant.

YMWROLI, prendre un air mâle. G.

YMWRTHDADL, réfutation. G.

YMWRTHLADD, s'opposer, résister, résistance. G.

YMWRTHOD, renoncer, récuser, refuser, jetter, rejetter, jetter dehors, laisser, quitter, abandonner, dissentir, refus, renonciation. G.

YMWRTHODIAD, abandon, désertion, rébellion, révolte, apostasie. G.

YMWRTHODWR, déserteur, rébelle. G.

YMWRTHED, jouter. G.
YMWATHRYN, controverse, dispute, débat, démêlé, contestation, procès. G.
YMWRTHWYNEBU, s'opposer, résister, avoir différend, démêlé, débat. G.
YMWRWST, s'opposer à, résister contre, effort. G.
YMWTH, action de presser, impulsion, effort, contention. G.
YMWTHIAD, attaque, assaut, impétuosité, effort. G.
YMWTHIO, pousser dedans. G.
YMWTHIWR, qui chasse, qui met dehors. G.
YMWYROD, visiter, reconnoître, connoître, discerner, sçavoir, se sentir coupable, notion, idée, connoissance. G.
YMWYDNHAU, s'opiniâtrer, demeurer ferme. G.
YMWYNIO, être touché, être ému. G. Ym Gwynio.
YMWYSTLO, s'engager, cautionner. G.
YMYFED, boire ensemble, boire souvent, boire à outrance, bien boire, s'imbiber, disposition à bien boire, action de boire. G.
YMYL, bord. YN YMYL, près, auprès. G.
YMYLDIR, frontière. G.
YMYLCYLCH, bord, bordure, bas, bout, extrémité, frange qu'on met au bas de quelque robe. G.
YMYLNOD, remarque mise à la marge. G.
YMYLOG, qui a un bord, qui a de grands bords, dentelé, frangé, fait en forme de frange. G.
YMYLU, border, mettre un bord. G.
YMYNAGFYS, le doigt index. G.
YMYNHEDD, supplier très-humblement, sollicitation, poursuite. G.
YMYRR, ministère, emploi, office, occupation. G.
YMYRRAETH, maniment. G.
YMYRRYD, faire ordinairement. G.
YMYS, préposition explétive. Voyez Ymysgrain.
YMYSGAFN, leger. G.
YMYSGAR, YMYSGARROEDD, intestins, entrailles, parties intérieures. G.
YMYSGRAIN, le même que Crain. G. Ymys, préposition explétive. Davies demande si Ymysgreinio vient de là. Je crois qu'oui, parce que l'analogie de la langue le demande.
YMYSGREINIO. Voyez Ymysgrain.
YMYSGWR, s'efforcer. G.
YMYSGWYD, agiter, émouvoir, tressaillir. G.
YMYSTWRO, s'étendre, s'allonger par lassitude, par envie de dormir. G.
YMYSTWYRIAD, action de s'étendre, de s'allonger par lassitude, par envie de dormir. G.
YMYSTWYRO, s'étendre, s'allonger par lassitude, par envie de dormir. G.
YMYSTYN, donner plus d'étendue, étendre, s'efforcer. G.
YN, préposition qui répond à la Latine Ad lorsqu'elle marque le repos, & aux Françoises à, au, là, auprès. G.
YN, lorsque. G.
YN, dans, en, au-dedans, par dedans. G. En en Grec; In en Latin, en Gothique, en Théuton, en Allemand, en Anglois, en Italien; En en Espagnol, en François, dans, en. Voyez En, In.
YN, entre, au milieu. G.
YN, diminutif. C.
YN, en, dans. C.
YN, un. C.
YN, contre. C.
YN a dû signifier source, fontaine. Voyez Ynnen, Yen, Ind en Scythe, source selon Pline.
YN, petit, diminutif. Voyez Brynn, Defnyn.
YN, terminaison indifférente. Voyez Edef, Edefyn.

YN, le même qu'An. Voyez Ynial.
YN, le même qu'En. Voyez Yncil, Ynnyll, Ynnyn.
YN, le même qu'An, En, In, On, Un. Voyez Bal.
YN, le même que Cyn, Gyn, Syn. Voyez Arn, Ynna, ensemble en Finlandois.
YN-AIL, dorénavant, désormais. G.
YN-AWR, maintenant, à présent; à la lettre, dans l'heure. G.
YN-DDILYTHYR CYMMYN, à intestat. G.
YN-DHATHACH, d'une seule couleur. I. Voyez Yn.
YN-ERBYN, contre, envers. G.
YN-ERBYN EWYLLYS, mal-aisément, difficilement, à regret. G.
YN-FAWR-YAWN, extrêmement, très-fort, tout-à-fait. G.
YN-GYMAINT, autant. G.
YN-LIACH, d'une seule couleur. I.
YN-LIW, d'une seule couleur. G.
YN-LLE-GWIR, en vérité. G.
YN-LLEICIS, au soir, sur le soir. G.
YN-LLYGEIDIOG, borgne. G.
YN-NESAF, désormais. G.
YN-OL, adverbe, le même qu'Ol. G.
YN-OL-HYN, après cela. G.
YN-OL-HYNNY, le même qu'Yn Ol Hyn. G.
YN-WIR-DDIAU, certainement, en vérité. G.
YN-YNGWRTH, brusquement, tout-à-coup, à l'improviste. G.
YNA, là, en ce lieu là. G.
YNA, alors. G.
YNA, après, ensuite. G.
YNA, voici. G.
YNACH, foire. I.
YNAD, judicieux, d'humeur douce, facile, modeste, retenu, modéré. G.
YNAR, un. I. Voyez Yn.
YNDAL, bâiller. B.
YNDDIAMMEU, adverbe pour affirmer. G. Diammau.
YNDDIEU, adverbe pour affirmer. G.
YNDDIOGEL, adverbe pour affirmer. G. Voyez Diogel.
YNFYD, effronté, impudent, insolent, audacieux, arrogant, furieux, forcené, maniaque, fou, insensé, stupide, sot, lâche, poltron, paresseux, vain, inutile. G.
YNFYD-DDEWR, étourdi, inconsidéré. G.
YNFYDDFFOL, fou. G.
YNFYDIAITH, sotises, fadaises, impertinences. G.
YNFYDRWYDD, effronterie, impudence, insolence, impertinence, sotise, extravagance, égarement de bon sens, fureur, transport furieux, délire, manie, folie, démence. G.
YNFYDSERCH, grand amour. G. A la lettre, amour fou.
YNFYDU, badiner, faire le fou, faire perdre le sens, la raison, faire entrer en fureur, être fou, être sot, être furieux. G.
YNFYDWAS, fou, étourdi. G.
YNG, étroit, serré, petit espace de lieu ou de temps, détresse. G.
YNG, en, dans. C. Voyez Yn.
YNGAN, parler entre ses dents, marmotter, murmurer. G.
YNGDER, e'quinancie, suffocation de gorge, détresse, angoisse. G.
YNGED, petit espace de lieu ou de temps, détresse, si étroit, si serré, si petit. G. D'Yng. Davies.

YNG.

YNGEN, fille. I.
YNGHADU, gardé. G.
YNGHUPLWS, lié, conjoint, couplé. G. *Cwplws.*
YNGHYD, assembler, ensemble, lié, conjoint, couplé, tout de suite, sans intervalle. G.
YNGHYLCH, autour, à l'entour, environ, à-peu-près, sous, dessous. G.
YNGHYMMYSG, d'une manière indéfinie, indéterminément. G.
YNGLAIS. Voyez *Ynglef.*
YNGLEF, YNGLAIS, cri que l'on pousse dans la détresse, dans de fâcheuses extrémités. G. *Yng Llef, Llais.*
YNGLYN, attaché, adhérent. G.
YNGNEIDIARTH, judicature, autorité de Juge, jurisdiction. G.
YNGO, là, en ce lieu là, entre, au milieu. G.
YNGO, près, auprès. G. *Yn* superflu. Voyez *Gos.*
YNGOD, près, auprès. G. *Yn* superflu. Voyez *Gos.*
YNGOF, près. G. *Yn* superflu. Voyez *Gos.*
YNGOLEU, publiquement, manifestement, ouvertement. G.
YNGOMIAD, dissertation, traité, discours, dispute. G.
YNGRES, entre, au milieu. G.
YNGRESI, petit espace de lieu, de temps, fâcheuses extrémités. G.
YNGWDEN, lier, attacher. G.
YNGWRTH, soudain, subit, auquel on ne s'attend pas, qui arrive à l'improvite. G.
YNGWRTHWYNEB, contre, à l'improvite, vis-à-vis. G.
YNGWYDD, prêt, tout prêt, en présence. G.
YNGWYLL Y NOS, crépuscule du soir. G.
YNGYD, ensemble. G.
YNGYLCH, à l'entour. G.
YNHOLHOL, adverbe pour affirmer. G.
YNHUYTRACH, plutôt. G.
YNIAL, ANIAL, désert. G. *Yn* est donc synonime à *An.*
YNIAL, ANIAL, admirable, excessif. G.
YNIALWCH, solitude, désert. G. Voyez *Ynial.*
YNN, plurier d'*Onnen.* G.
YNN, ardent, prompt, vite. G. Voyez *Brés, Ynnes, Ynni.*
YNNES, le même que *Cynnes.* Voyez *Aru* & *Ynnyn, Nyns,* feu en Persan ; *Ary* en Arménien, soleil ; *Arin,* foyer en Runique ; *Arina,* foyer en Finlandois.
YNNI, courage viril, vigueur. G. Voyez *Ynn.*
YNNIL, mériter, se rendre digne, gagner, faire du profit, augmenter, attirer par flaterie, engeoler, prendre une place assiégée, gain, profit, émolument. G.
YNNILFAWR, lucratif, avantageux, utile, profitable. G.
YNNILGAR, âpre au gain, avide de gagner. G.
YNNILLIAD, prise de force, d'assaut. G.
YNNON, fontaine, source. G. *En, Yn* se mettant l'un pour l'autre, on a pu dire *Ennon* comme *Ynnon.*
YNNYL, le même qu'*Ennyl.* G.
YNNYN, le même qu'*Ennyn.* G.
YNO, là adverbe de lieu ; G. B. en ce lieu là, en cet endroit là, où adverbe de lieu, jusques là, alors. G.
YNREMIAL, plaider. G.
YNTEF. Voyez *Yntau.*

YRH.

YNTEU, YNTEF, & lui, mais lui. G.
YNUNIG, seulement. G.
YNWST, mouillé, humide. G.
YNWYSG, le même qu'*Wise* préposition. G.
YNYD, divertissement, bacchanales, les jours de carnaval. G. Voyez *Innid, Enet.*
YNYS, isle. G.
YNYSAWL, insulaire. G.
YOD, bouillie. B.
YOD, BIS YOD, doigt index. B. A la lettre ; doigt de la bouillie, parce que c'est avec ce doigt que les nourrices donnent la bouillie à leurs nourriçons.
YOH, monceau de pierres, monceau, tas, meule ou meulon. B.
YOU, plurier *Yohen,* ruines d'édifice, débris d'édifice ; *En-Hy-Hoh,* la masure. B.
YOHEIN, entasser, amasser, emmonceler, accumuler. B.
YOLIS, beau, agréable, joli. B. Voyez *Joli.*
YONTR, oncle. B.
YOT, bouillie. B.
YOU, jeudi. B.
YOU, jeune. B.
YOUALL, être appellé. B.
YOUANCTIS, adolescence. B.
YOUD, bouillie. B.
YOUE, aussi. B.
YOUELDET, sommet. B.
YOUEN, aussi, pareillement. B.
YOUER, huchant. B.
YOUHAL, grand. C.
YOUHEL, grand. B.
YOUL, volonté, désir, plût à Dieu. B.
YOULUS, qui désire ardemment quelque chose, affamé. B.
YOUR, ancre. B.
YOURCH, chevreuil, biche. B.
YOURTH, synonime d'*Ygan.* G.
YOUST, mou. B.
YOW, if. E. Voyez *Yw.*
YOUWAIN, Yves nom d'homme. B.
YR, article féminin, masculin & neutre, il, lui ; elle, celui-là, un. G.
YR, *Yd* chez les anciens ; *Ydd* chez une partie des Gallois, adverbe ou particule mise à la tête des mots sans en augmenter ni diminuer la signification. G.
YR, conjonction adversative. G.
YR, oui adverbe pour affirmer. G.
YR, terre. G. Voyez *Er.*
YR, article. C.
YR, le long. C. Voyez *Hir.*
YR, fer ; *Yri,* de fer. I.
YR, le même qu'*Ar, Er, Ir, Or, Ur.* Voyez *Bal.*
YR, le même que *Cyr, Gyr, Syr.* Voyez *Aru.*
YR-HWN, qui au genre masculin ; *Yr Hon,* qui au genre féminin ; *Yr Hyn,* qui au neutre. G.
YR-ONGL, le même qu'*Ongl.* G.
YR-ONGYL, corne dans l'œil. G.
YR-UN, la même. G.
YRALL, outre. G.
YRCH, horribles. G.
YRENNAINT, bains chauds. G. *Yr* superflu. Voyez *Ennyn.*
YRESSU, le même que *Cræsawu.* G.
YRF, le même qu'*Eirf.* G.
YRF, plurier d'*Arf.* G.
YRHIAN, bord. C.

YRHWNG, entre, au milieu. G.
YRIAD, le devant de la tête. G.
YRRU, le même que Gyrru. G.
YRTH comme Gyrth, puisque Yrthiaw est le même que Gyrthiaw. D'ailleurs voyez Arn.
YRTHIAW, le même que Gyrthiaw. G.
YRWG, entre. C.
Ys, préposition superflue ou article. G.
Ys, oui adverbe pour affirmer, certes, certainement, assurément, en vérité. G.
Ys, est. G.
Ys, pays, contrée, région. G.
Ys, plus bas, dessous. G. Voyez Is.
Ys, vîte. G.
Ys répond à la préposition Latine Ex. Voyez Yscymmundod.
Ys, le même qu'A. Voyez Yscatfydd.
Ys, le même qu'Ych. Voyez Yscenn.
Ys, particule négative. Voyez Ystinos.
Ys, le même qu'As, Es, Is, Os, Us. Voyez Bal.
Ys, le même que Cys, Gys, Sys. Voyez Arn.
Ys Ef, vulgairement Sef, à sçavoir, c'est-à-dire. G.
Ys-Gig, carnacier ou qui mange beaucoup de viande. G.
Ys Wb Wb, le même que Sybwb. G.
YSARN, fer. Ce mot nous a été conservé par l'Auteur de la vie de Saint Oyan, qui nous dit qu'en Langue Gauloise Tsarnodor veut dire porte de fer. Arn est une crase d'Hoarn qui se dit encore en Breton, & d'Haiarn qui se dit encore en Gallois: On y a joint Is, qui tient encore en Gallois lieu d'article ou de préposition superflue; Ysarn, fer; Dor, porte. Eisarn en Gothique; Isern en ancien Saxon; Iser en Théuton; Yser en Flamand; Eisen en Allemand, fer.
YSB, pluriel d'Osb. G.
YSBAID, loisir, cessation, interruption. G. D'Ys Paid, Peidio, Davies.
YSBAIL, le même qu'Yspail. Voyez Rheslog & P.
YSBAR, le même que Par, lance; pluriel Ysberi. G. Ys, article ou préposition superflue.
YSBARDUNO, piquer de l'aiguillon. G. Voyez Spar.
YSBENYDD, Davies n'explique pas ce mot; il doit être le même que Penydd dérivé de Pen. G.
YSBER, lance. G.
YSBLEDDACH, caresses, flateries, douceurs, paroles obligeantes, jeu, divertissement, jouer, se divertir. G.
YSBONGO, coup, impulsion, battement, frapement. G.
YSBONGCIO, darder, lancer, jetter avec force, palpiter. G.
YSBORDY, garde-manger. G. Ys Bor Dy.
YSBORTHIAID, le même qu'Esborthiaid. Voyez Ysborthion & Ys.
YSBORTHION, pâtures, nourritures. G. Voyez Esborth, dit Davies, qui fait connoître par là qu'on peut dire Esborthion comme Ysborthion, & Ysborthiant comme Esborthiaid, Esborthiant.
YSBRIGYN, greffe, ente, branche ou rejetton d'arbre qu'on greffe, qu'on ente sur un sauvageon, rejetton, sion, petite branche de l'année, viorne espèce de petit arbrisseau. G. Voyez Brigyn.
YSBRYCHU, contracter des taches de rousseur sur le visage. G. Ys Brychu.
YSBRYD, esprit. G.
YSBURLATH, étaie, étançon, échalas. G.
YSBWNG, éponge. G. Spoggos en Grec, prononcez Sponges; Spongia en Latin & en Italien; Sponja en Espagnol; Spongie en Flamand; Sponge en Anglois; Spongia en Hongrois; Spuga en Dalmatien; Spunna en Croatien; Esponge en François, éponge. Ysbwng est formé de Pwngc, parce que l'éponge est toute trouée.
YSBWRIAL, ce qu'on rejette, ce qui est de rebut, restes, piéces, parcelles, retailles, décombres de bâtimens, démolitions, platras G.
YSBWRN, mieux Ysbwng, éponge. G.
YSBYD, ESBYD, YSBYDION, les mêmes qu'Ysb. G.
YSBYDDAD, hospitalité, accueil, réception gracieuse & gratuite, repas où l'on peut aller librement. G.
YSBYDDAD, singulier Ysbyddaden, buisson épineux, épine blanche. G.
USBYEDAWD, hospice, hospitalité. G.
YSBYS, certain, manifeste. G.
YSCAL, échelle. G. De là le Latin & l'Italien Scala, l'Espagnol Escala, le François Échelle, Scole en Turc, échelle. Voyez Skuil.
YSCAR, séparer. G.
YSCAR, escarre de bombe. B. De là notre mot Escarre.
YSCARM, cri, bruit. G.
YSCATBYDD, adverbe de doute. G.
YSCENN, crasse de la tête, teigne. G.
YSCITTIAW, ébranler, secouer. G.
YSCO, le même qu'Ysgo. Voyez Arn.
YSCOL, école. G.
YSCON, rocher. Voyez Condadiscon & Con: Ys est une préposition superflue.
YSCYMMUNDOD, excommunication. G. Ys répond à la préposition Latine Ex.
YSDARNIO, couper, trancher, tailler. G. Voyez Darnio.
YSDELFF, grossier, impoli, rustre. G. Voyez Delff.
YSDIFERION, balayeures, ordure, immondice qu'on nettoye. G.
YSDOFI, punir, châtier. G.
YSDUNO, gouverner, mener. G.
YSDWRDIO, corriger, reprendre, réprimander, quereller, gronder. G.
YSFA, demangeaison, tranchée, déchirement que l'on éprouve intérieurement. G.
YSGABLAR, vêtement qui couvre les épaules, épomide. G.
YSGADENYN, hareng, sardine, anchois. G.
YSGAEN, le même que Caen. G.
YSGAFAEL, capture, prise. G.
YSGAFAETH, proie, butin, larcin. G.
YSGAFALA, sûr, en sûreté, vuide, oisif, solitaire. G.
YSGAFALAWCH, loisir, vacances, repos, négligence, nonchalance. G.
YSGAFETH, prise, proie, butin. G.
YSGAFN, tas, monceau, pile. G.
YSGAFN, foible, qui est sans force. G.
YSGAFN, qui se fait par jeu, par divertissement. G.
YSGAFN, YSGAVN, lumière. G.
YSGAFN, YSGAWN, YSGON, leger. G.
YSGAFNDER, legéreté, inconstance. G.
YSGAFNDROED, pied leger. G.
YSGAFNGOEL, sur la parole de qui il ne faut pas compter. G.
YSGAFNGRED, crédule. G.
YSGAFNGWSG, qui s'éveille au moindre bruit. G. Cusg.
YSGAFNHAAD, allégement, adoucissement dans la douleur. G.

YSGAFNHAU,

YSGAFNHAU, alléger, rendre plus leger, amoindrir, affoiblir, élever, lever en haut. G.
YSGAFNHELLONG, petit navire fort leger. G.
YSGAFNHUN, qui s'éveille au moindre bruit. G.
YSGAFNU, entafler, amonceler. G.
YSGAI, écume, graisse qui nage sur la surface d'une liqueur qui bout. G.
YSGAIN, aspersion. G.
YSGAL, bassin, plat, assiette creuse. G.
YSGAL, le même que *Mail*. G.
YSGALL-BENDIGAID, chardon-bénit. G.
YSGALL-CANPEN, eringium, iringium, chardon-roland. G.
YSGALL-DUON, chardon noir. G.
YSGALL-GWYLLTION, chardon sauvage. G.
YSGALL-MAIR, épine blanche, tithymale. G.
YSGALL-Y-BLAIDD, chardon sauvage. G.
YSGALL-Y-MEIRCH, chardon-marie. G.
YSGALL-Y-MÔCH, laiteron, carline, ixia. G.
YSGALLEN, bardane plante. G.
YSGALLEGE-WENN, épine blanche, tithymale. G.
YSGAFRWTH, vorace, goulu, gourmand. G.
YSGAR, séparer, désunir, abdiquer, repousser, répudier, frustrer, priver, dépouiller, destituer, division, partage, rupture d'union, divorce, répudiation, ennemi, adversaire. G.
YSGARANT, ennemi, adversaire; plurier *Ysgaraint*. G.
YSGARDDE, dispersion. G. *De* pour ornement. Davies.
YSGARIAETH, division, séparation, rupture d'union, divorce, répudiation. G.
YSGARLAD, YSGARLLA, écarlate. G. De là ce mot. Voyez *Scarladd*.
YSGARLIP, soufflet donné sur la joue à main étendue. G.
YSGARLLYS, aristoloche. G.
YSGARM, cri. G. Voyez *Garm*.
YSGARMES, cri, criaillerie, tintamarre de paroles, cri, escarmouche; parce que, dit Davies, la guerre se fait avec cri. G.
YSGARTHION, ordure, immondice qu'on nettoye, ordures qu'on emporte en râclant la peau, son du bled, rognure. G.
YSGATFYDD, peut-être. C'est le même qu'*Agatfydd*. G.
YSGAW, singulier *Ysgawen*, sureau. G. B.
YSGAW-MAIR, hièble. G.
YSGAW'R DDAIAR, hièble. G.
YSGAWLWYN, sureau. G.
YSGAWN, Voyez *Ysgafn*.
YSGEINIAD, aspersion, arrosement. G.
YSGEINIO, arroser, humecter, mouiller. G.
YSGEINTIO, arroser, humecter, mouiller. G.
YSGELER, scélerat, méchant, cruel, barbare, inhumain, impitoyable. G. De là les mots Latins *Sceleratus, Scelestus, Scelus*. De là l'Italien *Scelerato*, l'Espagnol *Scelerado*, le François *Scélerat*. G.
YSGELERDER, scéleratesse, grande méchanceté, grand crime, action méchante, criminelle. G.
YSGELMEIGTOD, doctrine, érudition, science. G.
YSGELYNLYS, quintefeuille, plantain. G.
YSGEMMYD, banc. G.
YSGENN, peau de bœuf. G. *Ych, Ys*, bœuf; *Genn* en composition pour *Cenn*, peau.
YSGERBWD, YSGERBWT, cadavre, squelette. G.
YSGEWYLL, production de plusieurs rejettons, rejetton, germe, bourgeon, rejettons. G.
YSGIDIO, secouer, ébranler. G.

YSGIDOGYLL, verdier oiseau. G.
YSGIEN, poignard, stilet, couteau, épée. G.
YSGIN, manteau, capotte, la prétexte sorte de robe. G.
YSGINAWR, ouvrier qui fait les prétextes. G.
YSGINEN, pendant d'oreille. G.
YSGINYDD, peaux. Voyez *Ysginydd-Dy*.
YSGINYDD-DY, endroit où l'on prépare les peaux. G. *Dy* de *Ty*. *Ysginydd* signifie donc peau.
YSGINYDDIAETH, art de faire les manteaux, les capottes, les prétextes espèces de robes. G.
YSGIPIAD, action d'ôter avec violence. G.
YSGIPIO, ravir, prendre. G. *Yi Cypio*. Davies.
YSGIPIOL, ravisseur. G.
YSGITHR, dent. G.
YSGITHROG, qui a des dents, plein de mauvais pas, rude, rompu, raboteux. G.
YSGITTIO, secouer, ébranler. G.
YSGITTIR, dent. G.
YSGIW, oblique. G.
YSGIWIO, mettre de côté, poser de biais, faire aller de travers, placer obliquement. G.
YSGLAWRING, colle. G.
YSGLAWRINGO, le même qu'*Ysgrawlingo*, coller, souder. G.
YSGLEM, le même que *Clemm*. G.
YSGLENT, action de résonner, de rétentir, de réjaillir, de rebondir, digression, chûte. G.
YSGLENTIO, résonner, rétentir, réjaillir, rebondir. G.
YSGLODIONI, doler, polir avec la doloire, tailler, couper, couper en planches, mettre par éclats, par morceaux, par copeaux. G.
YSGLODYN, le même qu'*Asglodyn*. G.
YSGLOWRING, glu, colle. G.
YSGLYF, proie, butin, prise, pillerie, action de butiner. G.
YSCLYFAETH, proie, rapine, dépouilles. G.
YSGLYFAETHU, piller, saccager, voler, butiner, désoler. G.
YSCLYFAETHUR ou FAETHUR, pilleur, pillard. G.
YSGLYFAETHWR, pilleur. G.
YSGLYFIAD, pillage, sac, ruine. G.
YSGLYFIO, piller, voler, butiner, prendre, ravir. G.
YSGLYWYN, le même qu'*Esglywyn*. G.
YSGO, le même qu'*Osgo*. Voyez *Ysgoi* & *Yi*.
YSGOBELL, selle de cheval. G.
YSGOD, ombre, ombrage, masque. G.
YSGODIGAW, être effrayé, être épouvanté: Il se dit des chevaux effrayés; se retirer, s'éloigner, s'écarter. G.
YSGOED, bois. G. Voyez *Goed, Coed*.
YSGOEWAN, leger, inconstant, volage, flexible, pliable. G.
YSGOG, branler, chanceler, inconstant, mobile, qui est facile à mouvoir. G.
YSGOGI, mouvoir, remuer, ôter d'un lieu. G.
YSGOI, le même qu'*Osgo*; G. par conséquent *Ysgo* comme *Osgo*.
YSGOL, école, académie, collége. G. Voyez *Scol*.
YSGOL, échelle. G.
YSGOL, YSGOL-MEWN, pont. G.
YSGOL-FAIR, YSGOL-GRIST, millepertuis, ascyron. G.
YSGOLDY, collège, école, académie. G.
YSGOLFEISTR, maître d'école. G.
YSGOLHAIG, écolier, disciple. G.
YSGOLHEICDOG, littérature, érudition. G.

YSGOLHEIGTOD, secte, école. G.
YSGOLOP, pieu. B.
YSGOLP, pieu pointu. G.
YSCOLPEN, pieu aigu. G.
YSGON, leger. G. Voyez Ysgafn.
YSGOR, le même qu'Esgor, enfanter. G.
YSGORAWG, navire. G.
YSGORDDION, étrangers. G.
YSGOREN, navire. G.
YSGORPION, scorpion. G. Skorpios en Grec; Scorpio en Latin; Scorpione en Italien; Escorpion en Espagnol; Scorpion en Allemand; Scorpio en Flamand; Skorpio en Anglois & en Hongrois; Skorpion en Esclavon & en Polonois; Shkorpion en Carniolois; Scorpion en François, scorpion.
YSGORT, fracas, bruit éclatant, bruit, éclat. G.
YSGOT, bois forêt. G. Ys Got. L's se mettant pour l'Ys, on a dit Sgot, Sgod comme Ysgod, & Scot, Scod.
YSGOTHFA, latrine, fosse d'aisance, privé, garderobe, excrément humain. G.
YSGOTHI, chier, faire dans ses chausses comme les enfans dans leurs langes, décharger son ventre, jetter de la foire. G.
YSGOTHIAD, action de se décharger le ventre G.
YSGOTLESTR, espèce d'écumoire. G.
YSGOTTIAID, les Bretons septentrionaux, les Ecossois. G. Ce mot est formé d'Ysgot pour Got, forêt ; (Ys est souvent particule explétive) Tiaid, habitans ; de Ty, habitation, demeure. L'Ecosse est fort couverte de forêts, & l'étoit encore plus dans les premiers temps.
YSGRAFELL, étrille. G. Ys Crafel ; de Crafu. Davies.
YSGRAFF, barque. G. Voyez Scaff.
YSGRAFFINIO, sacrifier. G.
YSGRAFFWR, rameur. G.
YSGRAWEN, le même que Craven. G.
YSGRAWLING, glu, colle, soudure. G.
YSGRAWLINGO, coller. G.
YSGRE, cheval. G. Voyez Gre.
YSGRLPPAN, besace. G.
YSGRI. Davies demande s'il ne vient point de Cri. L'analogie y est entière. G.
YSGRIFELL, étrille. G.
YSGRIFEN, écriture, action d'écrire, écrit, tout ce qui est écrit, inscription G.
YSGRIFENNADAU, régistre, papier, journal. G.
YSGRIFENNEDYDD, notaire, greffier, écrivain. G.
YSGRIFENNIAD, écriture, inscription. G.
YSGRIFENNU, écrire. G. Voyez Scriva.
YSGRIFENNYDD, notaire, greffier, écrivain. G.
YSGRIFENNYDIAETH, écriture. G.
YSGRIN, coffre, caisse, petit coffre ou boëte. G. Voyez Scrin.
YSGRIN, cassette B. Voyez Scrin.
YSGROGELL, pont qui est suspendu. G. De Crogi. Davies.
YSGRUBL, jument. G.
YSGRUBLAIDD, brute, stupide, bête. G.
YSGRWD, YSGRWTH, cadavre, squelette. G.
YSGRWTH, toute matière qui prend feu aisément. G.
YSGRYD, tremblement, horreur, agonie, derniere frayeur. G.
YSGRYDU, YSGRYTU, trembler. G.
YSGRYNEDIG, tremblant. G.
YSGRYTHUR, écriture. G. B.

YSGUB, balai, faisceau, faisceau d'épines. G.
YSGUB, cachot, basse fosse. G.
YSGUBEL, le même qu'Ysgub, balai, &c. G. B.
YSGUBEN, balai. G.
YSGUBIO, balayer. G. B.
YSGUBION, balayeures, limaille. G. B.
YSGUBOR, grenier. G.
YSGUMIO, ôter l'écume. G.
YSGUPRWYD, verveux. G.
YSGUTHAN, ramier. G.
YSGUTTYLL est un diminutif de Cut, de Cud. G.
YSGWAR, quadrature. G.
YSGWD, refus, opposition qu'on trouve, impulsion, action de repousser, secousse, action de secouer. G.
YSGWFL, proie, butin, prise, inclination à prendre, à voler. G.
YSGWIER, écuyer. G. De là ce mot. Voyez Scuedour, Ysgwydd.
YSGWIN, barque. G.
YSGWIR, régle, modéle. G. Voyez Gwir.
YSGWL, casque. G.
YSGWLF, proie, butin. G.
YSGWN, méchant. G.
YSGWR, choc, impulsion. G.
YSGWTH, agitation, mouvement, secousse. G.
YSGWTHR, sculpture, gravure, coque, coquille; écaille, écale, copeau, recoupe, retaille. G.
YSGWYD, forêt. G. Voyez Gwyd, qui est le même mot.
YSGWYD, prompt, leger, dispos. B.
YSGWYDAW, celui qui faisoit des boucliers, celui qui portoit un bouclier. G.
YSGWYDD, bouclier, écu. G. Varron, au livre 4 de la Langue Latine, nous apprend que le bouclier est fait de petits ais: Scutum minutis confectum tabellis. Pline, dans son Histoire naturelle, l. 16, c. 4, marque les arbres les plus propres à fournir la matière de cette armure. On voit par là que les boucliers des anciens étoient de bois; on les couvrit ensuite de peaux, enfin on les fit de métal. Ysgwyd est le même que Gwyd; (voyez Yi) l'un & l'autre signifient par conséquent forêt, arbre, bois substance de l'arbre. D'Ysgwyd ou Sgwyd, Sgwyt, sont venus le Latin Scutum, l'Italien Scudo, l'Espagnol Escudo, le François Ecu, le Danois Skjolt, le Dalmatien & le Croatien Schit, l'Esclavon Szhit, bouclier, écu. Voyez Scoed, Scued, Sgiath.
YSGWYDD, épaule. G. B.
YSGWYDDFAWR, qui a les épaules hautes. G.
YSGWYDDGAM, bossu. G.
YSGWYDDLLIAIN, linge qui couvre les épaules. G.
YSGWYDDLYDAN, qui a les épaules larges. G.
YSGWYDDO, pousser de l'épaule. G.
YSGWYDDOG, épaule. G.
YSGWYDDWISG, tout habillement qui couvre les épaules. G.
YSGWYDWR, qui fait des boucliers. G.
YSGYBER, grenier. G.
YSGYDFA, ébranlement, secousse, mouvement, agitation, action de secouer. G.
YSGYDWAD, motion, mouvement, secousse, ébranlement, agitation, action de secouer, de darder, de lancer, de jetter avec force G.
YSGYFAETH, le même qu'Ysgafaeth. G.
YSGYFAINT, poumons. G. B.
YSGYFALA, le même qu'Ysgafala. G.
YSGYFANT, poumons. G.

YSG.

YSGYPARLLYNIG, qui ont des oreilles infectes. G. *Yfgyfarn Llynn*. Davies.
YSGYFARN, oreille. G. Voyez *Yskywarn*, *Scouarn*.
YSGYFARNOG, qui a de grandes oreilles, liévre. Cet animal a été ainsi nommé à cause de ses grandes oreilles, dit Davies. G. Voyez *Scouarnach*.
YSGYFARNOGCI, chien de chasse. G. A la lettre, chien à grandes oreilles.
YSGYFARNOGLE, parc de liévre. G.
YSGYFEINWST, maladie des poumons. G.
YSGYPLAD, action d'ôter avec violence. G.
YSGYFLU, piller, voler, butiner. G.
YSGYFLWR, pillard, pilleur, ravisseur. G.
YSGYFOGI, avoir des rapports ou des nausées. G.
YSGYLFU, piller, voler, butiner. G.
YSGYMMUN, maudit, excommunié, méchant, scélérat. G.
YSGYMMUNO, excommunier. G.
YSGYMMYDDIO, tronquer, couper la cime, rogner par le bout. G.
YSGYREN, copeau, placage. G.
YSGYRIAD, action de fendre, de diviser. G.
YSGYRFO, couper. G.
YSGYRIONI, fendre du bois en soliveaux, chevrons, planches. G.
YSGYRNYGU, rechigner, froncer le nez ou le sourcil en témoignant son dépit, se rider le visage de dépit. G.
YSGYRYD, âpre; *Leoedd Yfgyryd*, lieux difficiles, rudes, raboteux. G.
YSGYTFA, secousse, agitation, action de secouer. G.
YSGYTHR, dent. G.
YSGYTHRAD, action de trancher, de couper, de tailler, d'élaguer les arbres, art de dessiner, de peindre, d'écrire, sculpture. G.
YSGYTHRIAD, action de tailler les arbres. G.
YSGYTHRON, coquille, coque, écaille, écale. G.
YSGYTHRWR, qui coupe. G.
YSGYTHU, le même qu'*Yfgothi*. G.
YSGYTTIAD, ébranlement, secousse, action de secouer G.
YSGYTTIAN, secouer, ébranler, agiter, mouvoir avec force. G.
YSGYTTIO, secouer. G.
YSGYVARN, oreille. C. Voyez *Yfgyfarn*.
YSGYWYLL, bourgeon, rejetton. G.
YSIAD, action de dévorer. G.
YSIC, saumon. G.
YSKALLEN, chardon. G.
YSKYWARN, oreille. C. Voyez *Yfgyvarn*.
YSLACC, le même que *Llacc*. G.
YSLACCIO, devenir languissant, languir, perdre ses forces, devenir flasque. G.
YSLADD, le même que *Lladd*. G.
YSLEPPAN, piége, rets, filet. G.
YSLETTEN, brigantin, galiote, bâtiment de course. G.
YSLETTENNWR, capitaine, patron d'un bâtiment de course. G.
YSMACH, mauvaise action. G.
YSMALA, importun, curieux, leger, inconstant. G. De *Mal*. Davies.
YSMALHAU, causer du chagrin par sa legéreté, (c'est-à-dire de parler, ajoûte Davies) étonner. G. Il me semble qu'il ne faut pas restraindre la signification du mot; *Yfmala*, dont ce verbe est formé, ayant une signification générale.
YSMUDODD, sortir. G. Voyez *Mudo*.

YSP.

YSMWCCAN, brouillard épais, bruine, petite fumée. G. *Ts Mwg*. Davies.
YSNID, bécassine. G.
YSNODEN, bande, bandelette, ruban, galon, ruban à lier les cheveux, ruban à tresser les cheveux. G.
YSNODENNIG, diminutif d'*Yfnoden*. G.
YSNODENNOG, environné, entouré, lié, attaché avec des bandes, entouré de bandes. G.
YSNODENNU, attacher des bandelettes, entrelacer l'un dans l'autre. G.
YSP. Voyez *Yfb*. Voyez-y aussi la plûpart des mots qui commencent par *Tfp*, dit Davies. G. C'est que le *p* & le *b* se mettent indifféremment l'un pour l'autre.
YSPADDEN, prunier sauvage blanc, épine aigue arbuste. G.
YSPAGAU, épaules, bras, ongles des oiseaux. G.
YSPAIL, vol, larcin, brigandage, pillage, sac, ravage, dépouilles, dépouilles des ennemis, butin fait sur eux. G. On voit par *Pilha*, piller, voler, qu'*Ys* est ici une préposition explétive ou superflue.
YSPAILIO, dépouiller. G. De là le Latin *Spolio*, l'Italien *Spogliare*, l'Anglois *Spoile*, l'Espagnol *Despojar*, le François *Dépouiller*. Voyez *Yfpailio*.
YSPARDUN, éperon. G. Voyez *Spar*, *Par*, *Yfper*.
YSPARDUN Y MARCHOG, consoude royale. G.
YSPARDUNO, piquer avec l'éperon. G.
YSPAWD, épaules, les omoplates. G.
YSPECTAL, lunette. G.
YSPECTALWR, lunetier. G.
YSPEILFA, lieu où l'on dépouille, où l'on dévalise. G.
YSPEILIAD, brigandage, pillage, volerie. G.
YSPEILIO, dépouiller, piller, ravager, dérober, extorquer. G. Voyez *Yfpailio*.
YSPEILIWR, qui dépouille, brigand, voleur, voleur de grand chemin. G.
YSPELWR, voleur. G.
YSPELWAD, ulcération. G.
YSPELWI, ulcérer, causer une ulcére, engelure ou mule aux talons. G.
YSPER, lance. G. De *Ber* ou de *Par*, dit Davies. Voyez *Spar*.
YSPINAG, esquinancie. G.
YSPIO, observer, guetter, considérer, regarder avec attention. G. Voyez *Spi*.
YSPIOS, plurier d'*Yfpiwr*. G.
YSPIWR, espion. G.
YSPLENNYDD, luisant, resplendissant. G. De là le Latin *Splendeo*.
YSPODOL, esparule, branche d'arbre, sorte d'instrument pour battre le lin. G.
YSPODOLI, bâtonner, fustiger. G.
YSPONCIAD, palpitation. G.
YSPONGC, coup. G.
YSPRED, ce qu'on rejette, ce qui est de rebut. G.
YSPRIGYN, le même qu'*Yfbrigyn*. G.
YSPRYD, esprit, génie, démon, souffle, respiration, vent. G. C'est ainsi que *Ruahh* chez les Hebreux; *Pneuma* chez les Grecs; *Spiritus*, *Anima* chez les Latins signifient également esprit & vent. Hobbes en a conclu que ces Peuples avoient cru l'ame matérielle & mortelle, qu'ils l'avoient regardée comme un souffle qui s'évanouit à la mort: Mauvaise conséquence. Les Hébreux ne doutoient pas de l'immortalité de l'ame, puisque Saul leur Roi alla chez la Pythonisse pour faire évoquer celle de Samuel ; Quelle créance plus universellement reçue chez les Grecs & chez les Romains

que celle des champs Élisées où les bons étoient récompensés, & du Tartare où les méchans étoient punis après la mort ? César nous apprend que les Gaulois affrontoient avec intrépidité tous les dangers dans les combats, parce qu'ils étoient persuadés de l'immortalité de l'ame. C'est donc une erreur grossière de penser que ces Peuples avoient donné un nom commun à l'esprit & au vent, parce qu'ils les croioient de même espèce. Le terme qui signifie le vent a été employé pour désigner l'esprit, parce que les hommes ont coûtume d'exprimer les choses spirituelles par les sensibles avec lesquelles elles paroissent avoir quelque analogie. Le vent est de toutes les choses matérielles la plus subtile, d'ailleurs il est invisible, deux qualités par lesquelles il a semblé avoir quelque sorte de rapport avec l'esprit. Voyez *Spered*.

YSPRYDOL, spirituel. G.
YSPRYDOLIAETH, inspiration, opération de l'esprit. G.
YSPRYDOLIAETHU, inspirer. G.
YSPUR, tout entortillement en ligne spirale, partie creusée du pied d'une colonne. G. De là le Latin *Spira*.
YSPURLATH, échalas, perches. G. *Yspur Llath*. Davies.
YSPURLATHU, appuier, soutenir. G.
YSPUS, espion. G.
YSPWRN, le même qu'*Ysbwrn*. G.
YSPYDDAWD, hospice, hôtel'erie. G.
YSPYDWR, hôte, hospitalier. G.
YSPYFU, certifier. G.
YSPYS, certain, manifeste. G.
YSPYSIAD, clarté, évidence, manifestation, indication, explication, interprétation, signification, démonstration, déclaration, aveu, emphase, marque, remarque. G.
YSPYSOL, excellent, principal, spécial, particulier, propre. G.
YSPYSRWYDD, clarté, évidence, certitude, action de faire connoître. G.
YSPYSSU, démontrer, faire voir clairement, déclarer, faire connoître, dénoter. G.
YSPYSU, indiquer, montrer, faire connoître, raconter, faire le récit, expliquer. G.
YSPYSWR, qui montre, qui découvre. G.
YSPYTTY, auberge, hôtellerie, hospice. G.
YSQUE, eau. G.
YSQUYT, prompt, promptement. B.
YSSIG, déchiré, brisé, froissé, moulu. G.
YSSIGFA, contusion, meurtrissure. G.
YSSIGIAD, action de broyer, de piler, d'écraser, choc, heurt G.
YSSIGO, briser, casser, rompre, mettre en pièces, écraser, broyer, fouler aux pieds, choquer, heurter contre. G.
YSSU, manger, avaler. G.
YSSU, manger. C.
YSSWR, grand mangeur, qui consume. G.
YSSYD, YSSYDD, est chez les anciens Gallois. G.
YSSYDYN, le même que *Syddyn*. G.
YSTA, ancien, vieux. I.
YSTABL, étable. G. Voyez *Stabl*.
YSTACC, suffocation, étranglement. G.
YSTAD, état, condition, constitution, disposition, complexion. G. B. Vnyez *Stad*.
YSTADL, le même qu'*Yslad*. G.
YSTAEN, étain. G.
YSTAENIO, tacher, semer de taches. G. *Ys Taenu*. Davies.

YSTAFELL, chambre, cabinet, lieu où s'assemble le Sénat. G.
YSTAFELLGWELY, chambre. G.
YSTAFELLYDD, valet de chambre, celui, qui a soin de faire les lits, qui introduit. G.
YSTAGIAD, le même que *Tagiad*. G.
YSTAGU, le même que *Tagu*. G.
YSTALWIN, étalon. G. De là ce mot.
YSTANG, perche, lance, arpent parce qu'il se mesure avec une perche. G.
YSTARN, selle, bât, harnois de cheval, couverture, housse d'animal. G.
YSTATTUN, loi, ordonnance, arrêt. G. Voyez *Stad*, *Yslad*.
YSTEILFFORCH, fourche. G.
YSTEIRNIACH, couvertures, housses d'animaux. G.
YSTELFF, le même que *Delff*. G.
YSTELS, peau de renard. G.
YSTEN, cruche, vase, seau à puiser de l'eau. G.
YSTID, chaîne. G. *Ys Tid*. Davies.
YSTIDWM, le même qu'*Ystid*. G.
YSTIFERION, gouttières, extrémités d'un toit qui avance par dessus l'entablement pour rejetter les eaux de la pluie. G. *Ys Diferu*. Davies.
YSTIFFIO, le même qu'*Ysgothi*. G.
YSTIG, industrieux, soigneux, assidu. G.
YSTIGRWYDD, industrie, soin, diligence, exactitude, assiduité, empressement. G.
YSTIL, style. G.
YSTINOS, incombustible. G. *Tin*, feu ; *Tinos*; combustible, *Ys* par conséquent particule négative.
YSTISFLOG, sèche poisson. G.
YSTIWART, préfet, préposé, économe, censeur. G.
YSTLE, le même que *Perthynas*, selon Llyn ; parenté selon Thomas Guillaume. G.
YSTLEN, sexe, genre, parenté. G.
YSTLUM, chauve-souris, sorte d'oiseau appellé en Latin *Nycteris*. G.
YSTLYNEDD, génération, race, lignée. G.
YSTLYS, côté. G.
YSTLYSAWL, collatéral. G.
YSTLYSOST, jambage d'une porte, jambages piliers qui sont aux côtés d'une porte. G. *Yslys Post*.
YSTLYSGAMMU, tourner, tordre. G.
YSTLYSIAD, action de se courber, de se plier ; de pencher, inclination. G.
YSTLYSOL, de côté, qui est à côté. G.
YSTLYSU, aller d'un côté ou d'un autre. G.
YSTLYSWYR, les hommes qui sont aux côtés de quelqu'un, les gardes. G.
YSTOD, stade lieu où se faisoient les jeux de la course, la carrière des jeux de la course. G.
YSTOF, fil qui sert de chaîne au tisserand. G.
YSTOFF, Voyez *Stof*, *Entoff*.
YSTOFI, faire un tissu, tretier. G.
YSTOFI, dompter. G.
YSTOR, résine, oliban. G. *Tsori* en Hébreu, résine.
YSTOR, provisions de bouche d'une maison. G.
YSTORCOETH, ambre. G.
YSTORDY, grenier, réservoir, garde-manger. G.
YSTORM, tempête, orage. G.
YSTORM. Voyez *Storm*.
YSTR, le même qu'*Ystref*. G.
YSTRAD, pavés, carreaux, cailloux, pierres dont on a pavé. G.
YSTRAD, Paroisse. G.
YSTRANGC, stratagême, ruse de guerre. G.

YSTRED,

YST. YWO.

YSTRED, dessein représentation d'un ouvrage. G.
YSTREF, habitation, domicile. G. Ys Tref. Davies.
YSTRES, le même que Tres. G.
YSTRET, ordre, rang. C.
YSTRETH, dessein représentation d'un ouvrage. G.
YSTREWI, éternuer. G.
YSTREWLYS, herbe qui provoque l'éternuement, tanésie aquatique, espèce de chou. G.
YSTRIED, considérer, faire réflexion. G.
YSTRIN, combat, bataille, dispute, défense, protection. G. Ys Trin. Davies.
YSTRIW, espiéglerie, tour d'adresse, finesse, subtilité, fourberie, surprise, métier d'intrigant, de factotum, de matois. G.
YSTRIWUS, pénétrant, subtil. G.
YSTRODUR, bât. G.
YSTRYD, place, chemin, route, rue. G. Voyez Stread.
YSTRYW, fraude, fourberie. G.
YSTRYWGAR, très-ingénieux, fort subtil, inventant, imaginant, formant en son esprit. G.
YSTRYWIAW, inventer, imaginer, former en son esprit. G.
YSTRYWIO, inventer, trouver à force de réflexions. G.
YSTRYWUS, plein de ruses, industrieux. G.
YSTUDFACHAU, échasses. G.
YSTUM, situation, assiette, position, figure, pli, courbure, entortillement. G.
YSTUMGAR, bien figuré, flexible. G.
YSTUMIAD, detour, sentier détourné, action de courber. G.
YSTUMIO, figurer, plier, courber, aller en serpentant. G.
YSTUMIOL, flexible, pliable, qui va en toutnoyant, qui a des détours. G.
YSTUMMOG, estomac. G. Voyez Stomocq.
YSTUNO, agiter, persécuter, tourmenter, presser, pousser, harceler. G.
YSTURO, inquiéter, harceler, faire de la peine. G.
YSTWCC, urne. G.
YSTWFFWL, corneille. G.
YSTWFFWL, anneau, bague. G.
YSTWRDIO, faire du bruit, réprimander, reprendre, censurer. G.
YSTWASION, marsouin. G.
YSTWYRGAM, recourbé. G.
YSTWYTH, flexible, pliable, qui se plie aisément, qu'on peut plier, qui n'est pas roide, qui n'est pas opiniâtre. G.
YSTWYTHDER, flexibilité, facilité de se plier, mollesse. G.
YSTWYTHO, amollir, rendre flexible, doux, devenir flexible. G.
YSTYFNIG, opiniâtre, obstiné, entêté, têtu, aheurté, roide dans ses sentiments, implacable. G.
YSTYFNYGRWYDD, opiniâtreté. G.
YSTYLLEN, le même qu'Astell. G.
YSTYLLODI, lambrisser, faire un plancher. G.
YSTYLLODIAD, plancher. G.
YSTYN, tendre, étendre, s'étendre, extension. G. C'est le même qu'Estyn.
YSTYNNIAD, action d'étendre. G.
YSTYR, jugement, considération, attention, observation, sentiment. G.
YSTYRIAD, attention. G.
YSTYRIAETH, considération, attention, observation, marque, remarque, méditation, réflexion, délibération, action de regarder. G.

TOME II.

YSTYRIO, YSTYRIED, considérer, observer, penser, faire attention, regarder avec soin, peser au figuré. G.
YSTYRIOL, qui considère, qui pèse, qui examine, qui délibére, attentif. G.
YSTYRIWR, spectateur. G.
YSTYWALLT, constant, continent, modéré, retenu, réservé, doux, soumis. G.
YSTYWANU, agiter, pousser, presser, persécuter, tourmenter, harceler. G.
YSU, chez les anciens Esu, dévorer, manger, consumer, manger avec avidité, démanger. G.
YSWAIN, écuyer. G.
YSWBWB, interjection pour marquer le dégoût & l'aversion. G.
YSWIDW, mésange, roitelet petit oiseau. G.
YSWIGW, mésange, roitelet petit oiseau. G.
YSWIL, consterné, qui a de la pudeur, de la retenue, une honnête honte. G.
YSWILIO, être consterné, avoir de la pudeur, de la retenuë, une honnête honte. G.
YSWH, goinfre, débauché, gourmand, grand mangeur. G.
YSYWAETH, le même que Gweitherredd. G.
YTEYS, pois, légume en général. G.
YTH, bled, froment. G. Hhith en Hébreu, bled; froment; Sitos en Grec, froment; (O) terminaison) Shitu en Esclavon; Schito en Lusacien; Xito en Dalmatien; Zito en Polonois; Huita en Arabe, froment. Voyez It, Ith.
YTH, bled, toute sorte de bled. B.
YTHYR, cruel. G.
YTTORDD, le même qu'Ydoedd. G.
YTTY, grenier. G.
YTYW, le même qu'Ydyw. G.
YVA, boire. B. De là Yvre, Yv, boire; Re, trop; On dit aussi Yvrogne, ce qui nous fait voir que Ron, Rogn sont synonimes de Re.
YUDAL, le même qu'Iudal. G.
YUDEREZ, hurlement, rugissement. B.
YVE, aussi, pareillement. B.
YVEL, feu. G.
YVEZ, aussi, pareillement. B.
YUHEL, de montagne. B.
YPIDIC, temple partie de la tête. B.
YVIN, ongle, serre, griffe. B.
YUN, jeûne, jeun. B.
YUN, vallée. Voyez Arbun.
YUN-HOULICH, laver. I.
YVRE, yvraie. B. Voyez Ivrai.
YW, YDYW, est. G.
YW, comme, semblable. G.
YW, singulier Ywen, if. G. Yew en Écossois; Iwenen, Iwinen en Breton; Nif en Basque, if. De là le vieux François Iv, le François moderne If, l'Anglois Yew, Ewe, Iwe, le Flamand & l'Allemand Iben, l'ancien Saxon Yw, if. D'Yw sont venus Yvet, Yvetaux noms de Terres.
YW. Voyez Io.
YW, le même que Cyw, Gyw, Syw. Voyez Aru.
YWAIN, Yves nom d'homme. B.
YWCH, le supérieur. G.
YWEILGI, mer. G. Voyez Gweilgi.
YWER, appartenant. G.
YWETH, le même que Cyweth. Voyez Aru.
YWETHOG, le même que Cywethog, riche, opulent. Voyez Aru.
YWLCH, petit mulet. G.
YWOETH, le même que Cywoeth. Voyez Aru.
YWOETHOG, le même que Cywoethog. Voyez Aru.

L lllll

Yrc, biche en Écossois occidental. E. Voyez *Ewig*.
Yyn, agneau dans le dialecte Gallois de l'Isle de Mona. G. Voyez *Oen*.
Ys, dans, en. C.
Ys. Voyez *Issa*.
Ysar, lierre terrestre. B.

Ysn, le même qu'*Ern*, oiseau. Voyez *Ernes* & *Bai*.
Ysom, besoin. B.
Ysommecq, gueux. B.
Ysyly, le même qu'*Isili*. B.

Z

Es Basques emploient indifféremment le Ç, l'S & le Z; ainsi l'on peut chercher à C & à S de même qu'à Z.

ZAAQUO, ZAAQUI, outre de vin, sac. Ba.
ZABA, brigantin, frégate legére. Ba.
ZABAL, défaite. Ba.
ZABAL, large. Ba.
ZABALA, largeur, ouvert, spacieux, ample. Ba.
ZABALDU, j'ouvre. Ba.
ZABALDUA, ouvert. Ba.
ZABALDURA, action d'ouvrir, ouverture. Ba.
ZABALIA, espace, extention, étendue. Ba.
ZABALQUIRO, à découvert, ouvertement. Ba.
ZABALTAZUN, dilatation. Ba.
ZABALTZEA, être ouvert, s'ouvrir. Ba.
ZABAYA, plancher. Ba.
ZABILA, aloës. Ba.
ZABILDU, je rends amer. Ba.
ZABILDUA, amer. Ba.
ZABOBA, palle de calice. Ba.
ZABUA, petite ouverture, petite bouche. Ba.
ZACAYA, part, portion. Ba.
ZACONA, convexité, convexe, courbure. Ba.
ZACONA, contusion. Ba.
ZACONARIA, qui donne des coups. Ba.
ZACONDU, je voûte. Ba.
ZACONDU, je meurtris de coups. Ba.
ZACONDUA, voûté. Ba.
ZACONDUA, meurtri de coups. Ba.
ZACONGANA, convexe. Ba.
ZACONTZALLEA, qui donne des coups. Ba.
ZACONTZEA, voûte, arcade. Ba.
ZACONTZEA, contusion. Ba.
ZACUA, sac, valise, besace. Ba.
ZACURRA, chien. Ba.
ZADARN, saturne. C. Voyez Sadorn, Sadwrn.
ZADUTZATELA, tenans. Ba.
ZAEARRENA, ardent, brûlant. Ba.
ZAEARQUELA, portant. Ba.
ZAFIRA, souffrance, patience. Ba.
ZAGAYA, houlette, crosse. Ba.
ZAGUEIGARRIA, végétal. Ba.
ZAGUIA, outre de vin. Ba.
ZAGUICAYA, peaux, cuirs, outres. Ba.
ZAGUIMULURRA, entrée de l'outre par où l'on verse le vin. Ba.
ZAH, sac. C. Voyez Sac.
ZAIDA, petite grue. Ba.
ZAIDEA, attente. Ba.
ZAIGOA, procuration. Ba.
ZAIGORARIA, curateur. Ba.
ZAILLA, dur, fort. Ba.

ZAINA, pédagogue, gardien, qui désigne les hôtelleries. Ba.
ZAINA, veine. Ba.
ZAINA, racine. Ba.
ZAINCIA, lancette. Ba.
ZAINTISTEA, onyx pierre précieuse. Ba.
ZAINTULEA, tendon. Ba.
ZAIQUIDA, convoi. Ba.
ZAITAGOA, tutelle. Ba.
ZAITARIA, tuteur, curateur. Ba.
ZAITASTEA, commission, recommendation. Ba.
ZAITIRAUNDUA, conservation. Ba.
ZAITU, je protége. Ba.
ZAITZA, garde. Ba.
ZAITZALLEA, celui qui garde. Ba.
ZAITZALLEA, sommelier du Roi. Ba.
ZAITZEA, ordre, commandement. Ba.
ZALAGARDEA, embuscade. Ba.
ZALAMERIA, flaterie. Ba.
ZALANTZA, suspension. Ba.
ZALANTZAN, chancelant, qui hésite, qui doute. Ba.
ZALDABAICHOA, petit psaltérion. Ba.
ZALDABAILARIA, qui bat la caisse. Ba.
ZALDABAIQUINA, qui fait des tambours. Ba.
ZALDABAYA, tambour. Ba.
ZALDIA, cheval. Ba.
ZALDICADA, cavalcade, irruption de cavalerie. Ba.
ZALDICUMEA, poulain. Ba.
ZALDIECITEZA, cheval rétif. Ba.
ZALDIGUIZAUNA, centaure. Ba.
ZALDINAC, Quirites romains. Ba.
ZALDINGA, haquenée, cheval d'Espagne, cheval de peu de prix, petit bidet, rosse. Ba.
ZALDIPOZOYA, hippomanès. Ba.
ZALDISCOA, cavalier. Ba.
ZALDUNA, cavalier, chevalier. Ba.
ZALDUNDECO, équestre. Ba.
ZALDUNTZA, ordre de chevalerie. Ba.
ZALEA, cupidité, demangeaison, passion, avidité. Ba.
ZALEA, désireux. Ba.
ZALETU, je désire. Ba.
ZALETUA, avide. Ba.
ZALHUIA, agile, leger. Ba.
ZALITZUNQUIA, saule, osier. Ba.
ZALITZUQUIA, saule, osier. Ba.
ZALOMARIA, qui exhorte. Ba.
ZALQUEA, yvraie, zizanie. Ba.
ZALQUIA, licol, muselière. Ba.
ZAMA, poids. Ba.
ZAMA, valise. Ba.
ZAMARA, serviette, nappe. Ba.
ZAMAC, ramasser en gerbes. Ba.

ZAMACUCOA, stupide, niais, Ba.
ZAMANSA, action de battre, Ba.
ZAMARCHOA, besace, havresac, panetière. Ba.
ZAMARIA, mulet, bête de charge, cheval, cheval de bât. Ba. Voyez Mareb.
ZAMARIZAINA, muletier. Ba.
ZAMARIZCOA, cavalier. Ba.
ZAMARRIA, robe fourrée. Ba.
ZAMATU, je ramasse en gerbes. Ba.
ZAMAUA, essuye-main. Ba.
ZANA, défunt, mort. Ba.
ZANA, veine, racine. Ba.
ZANCITARIA, celui qui saigne. Ba.
ZANCOA, jambe, gras de jambe. Ba. Çanca, jambe grêle en Espagnol, & Çanquear, avoir les jambes écartées.
ZANDEA, prétérition. Ba.
ZANGOA, jambe. Ba.
ZANIA, digue. Ba.
ZANTZA, garde. Ba.
ZAPALDU, je casse, je brise. Ba.
ZAPALDUA, pilé. Ba.
ZAPALLORRA, grenouille. Ba.
ZAPALTZEA, contusion, flétrissure. Ba.
ZAPATU, je foule aux pieds. Ba.
ZAPATUA, sabot, savate, soulier. Ba. Çapato en Espagnol, soulier; Savate en François, savate; Sa en Chinois, soulier, sandale, patin.
ZAPLADA, soufflet. Ba.
ZAPOTZA, bouchon. Ba.
ZAPUZTUA, qui se tait. Ba.
ZAQUEA, sans. Voyez Buruzaques.
ZAQUIA, ZAGUIA, outre de vin. Ba.
ZARABANDA, danse lascive, sarabande. Ba. De là ce mot.
ZARAGOLLAC, ÇARAGOLLAC, caleçons. Ba. Zaraguelles en Espagnol.
ZARALEA, fourage, pâturage. Ba.
ZARAMATEN, portant. Ba.
ZARAMPOA, grand panier. Ba.
ZARBA, porée, bettes. Ba.
ZARBOA, sorte de poisson. Ba.
ZARCETA, foulque, poule d'eau. Ba.
ZARDAYA, perche, long bâton. Ba.
ZARDAYA, grand de taille. Ba.
ZAREA, corbeille, grande corbeille. Ba.
ZARICA, saule. Ba.
ZARPADA, chûte, cas. Ba.
ZARPERIAGA, friperie. Ba.
ZARRA, vétéran, vieux, ancien, usé, pourri. Ba.
ZARRAFOA, grenouille. Ba.
ZARRERA, vieillesse. Ba.
ZARRETARA, antiquité. Ba.
ZART, être rompu, se rompre. Ba.
ZARTADA, bruit. Ba.
ZARTANA, poêle à faire cuire des châtaignes. Ba.
ZARTASUNA, vieillesse. Ba.
ZARTEGUIA, friperie. Ba.
ZARTZA, vieillesse. Ba.
ZARZA, framboise. Ba.
ZASPIA, de sept. Ba.
ZATALA, petit ulcère qui vient à la racine des ongles, envie. Ba.
ZATARRA, linge. Ba.
ZATIA, part, portion, fragment, morceau, piéce, rognure, retaille. Ba.
ZATICASE, briser, rompre, déchirer. Ba.
ZATICOA, petit morceau. Ba.
ZATICORRA, fragile. Ba.

ZATIERA, action de déchirer, de mettre en piéces. Ba.
ZATIGOA, carnage. Ba.
ZATITUA, rompu, cassé. Ba.
ZAUARTUA, paresseux. Ba.
ZAULIA, agile, leger. Ba.
ZAURIA, ulcère, plaie, blessure. Ba.
ZAYA, son. Ba.
ZAYA, curateur, gardien, qui leve les impôts, pédagogue. Ba.
ZAYANA, muletier, qui a soin du grenier. Ba.
ZAYOA, sphére. Ba.
ZAYONA, légataire. Ba.
ZAZOERA, succès. Ba.
ZAZPALDEA, heptagone. Ba.
ZAZPORRIA, septifolium plante. Ba.
ZAZU, sordide, crasseux. Ba.
ZEA, ZEAH, flèche. C.
ZEAN, fille. I.
ZEDA, zéde lettre. Ba.
ZEDOARIA, plante qui resse... au gingembre. Ba.
ZEFAL, demeurer. C.
ZEL, haut, élevé. Voyez Zelhue.
ZELHUE, lieu élevé. B. De Luc, lieu; Zel, élevé Voyez Zerlue.
ZEN, épée. I.
ZER, haut, élevé. Voyez Zerlue.
ZERLUE, lieu élevé. B. De Luc, lieu; Zer, élevé.
ZETHAN, fleche. C.
ZEUR, le même que Deur en composition ou avec l'article. B.
ZHILUET, alouette. B.
ZIAL, haut, élevé. Voyez Ziallue.
ZIALLUE, lieu élevé. B. De Luc, lieu; Zial, élevé. Voyez Zellue.
ZILLI, anguille. C.
ZIOCH, haut, élevé. B.
ZIZANA, discorde. B.
ZOCANA, convexité, convexe. Ba.
ZOCOA, angle. Ba.
ZOCONA, contusion. Ba.
ZOCONA, courbure. Ba.
ZOCONDU, je voûte. Ba.
ZOCONDU, j'accable de meurtrissures. Ba.
ZOCONDUA, fait en voûte. Ba.
ZOCONDUA, meurtri de coups. Ba.
ZOCONTZALLEA, qui donne des coups. Ba.
ZOCONTZEA, voûte, arcade. Ba.
ZOCONTZEA, contusion. Ba.
ZOCORLIA, ZOCORTUA, qui est par mottes. Ba.
ZOCORRA, motte. Ba.
ZONETH, fille. G.
ZOGUIEZA, imprudent. Ba.
ZOH, soc de charrue. C.
ZOLA, semelle. Ba. De là le Latin Solea.
ZOLDA, son, crasse de la tête. Ba.
ZOLDA, la grande consoude plante. Ba.
ZOLDACAYA, soudure, colle. Ba.
ZOLDATUA, souder. Ba.
ZOLDIA, pus, corruption. Ba.
ZOLDITUA, abscès. Ba.
ZOLIA, adroit, ingénieux, qui a l'esprit vif, aigu. Ba.
ZOMORRO, masque. Ba.
ZOPA, masse de terre. Ba.
ZOPA, andouillette. Ba.
ZOPALARIA, qui vit de la soupe qu'on donne dans les couvents. Ba.
ZOPATU, je trempe, j'abbreuve. Ba.

ZOQUIEZA.

ZOQ. ZYT. 405

ZOQUIEZA, imprudent. Ba.
ZORABIA, circulation, tournoiement, frénésie. Ba.
ZORABILLA, mouvement circulaire, tournoiement. Ba.
ZORGUEIA, augmentation d'une dette. Ba.
ZORIA, saison. Ba.
ZORIEZA, qui n'est pas mûr. Ba.
ZORIGARITEA, peste, détriment. Ba.
ZORIONA, félicitation. Ba.
ZORITU, qui est séché. Ba. Voyez Gor.
ZORITUA, précoce. Ba.
ZORITZEA, hâte, diligence, empressement. Ba.
ZORNA, pus, corruption, poison, venin. Ba.
ZORNABUYA, inflammation dans l'aîne. Ba.
ZOROA, fou, insensé. Ba.
ZORRA, dette. Ba.
ZORRERA, létargie. Ba.
ZORREZTATU, je contracte des dettes. Ba.
ZORRIA, petit pied, queue de fruit. Ba.
ZORROA, étui, cassette. Ba.
ZORROSTARIA, Général d'armée. Ba.
ZORROSTASUNA, esprit, subtilité. Ba.
ZORROTZA, subtil. Ba.
ZORROTZALLEA, Général d'armée. Ba.
ZORROZTU, j'excite, je commande une armée. Ba.
ZORROZTUA, aigri, affoibli. Ba.
ZORTAQUIDA, liaison, compagnie. Ba.
ZORTEA, sort, succès. Ba.
ZORTEAC, action de tirer au sort. Ba.
ZORTENA, fleau de balance. Ba.
ZORTZI, huit. Ba.
ZORUSTA, prêt de prêter. Ba.
ZOSCADA, coup de bâton. Ba.
ZOTALA, gazon. Ba.
ZOTINA, sanglots. Ba.
ZOTZA, petit pieu, pal, éclatat. Ba.
ZOTZAC, baguettes de tambour. Ba.
ZOTZILTZEA, queue d'aronde. Ba.
ZOUL, chaume, paille. C. Voyez Soul.
ZOUR, le même que Dour en composition ou avec l'article. B.
ZOYA, tuile qui n'a pas été cuite au feu. Ba.
ZOZOA, grive. Ba.
ZUARRIA, amiante pierre. Ba.
ZUASCA, levre. Ba.
ZUAZISTIA, bois de peuplier. Ba.
ZUAZOA, grive. Ba.
ZUAZTIA, forêt. Ba.
ZUBIA, pont. Ba.
ZUCEMPIDEA, chemin, moyen. Ba.
ZUCEN, bien adverbe. Ba.
ZUCENA, droit, justice. Ba.
ZUCENBIDEA, accommodement. Ba.
ZUCENDEA, direction, droiture. Ba.
ZUCENDURA, paix, union. Ba.
ZUCENQUIDA, nouvel ordre. Ba.
ZUCENTARIA, arbitre, directeur, médiateur. Ba.
ZUCIA, torche, flambeau. Ba.
ZUCIDUNA, qui porte une torche, un flambeau. Ba.
ZUCOA, suc, bouillon, potage. Ba. Voyez Sug.
ZUCOITZA, tronc d'arbre. Ba.
ZUCUA, bouillon, potage. Ba.
ZUEC, vous autres. Ba.
ZUG, cordage qui attache une bête au pâturage. B.
ZUHURQUI, avec circonspection, sagement. Ba.
ZUHURTZIA, sagesse. Ba.

ZULAMPOA, mare, marais. Ba.
ZULAPEA, fosse. Ba.
ZULAQUIA, trépan. Ba.
ZULATU, j'attaque, je perce de flèche. Ba.
ZULATUA, percé de flèches. Ba.
ZULAUQUIA, trou. Ba.
ZULCATUA, fiché. Ba.
ZULEPEA, mine, trou, cachette. Ba.
ZULOA, fosse, trou. Ba.
ZUMANTA, guérite, accoudoir. Ba.
ZUMARIA, viorne arbrisseau. Ba.
ZUMARRA, orme, ormeau. Ba.
ZUMAYA, hibou. Ba.
ZUMBA, cavillation, badinage. Ba.
ZUMEL, automnal. Ba.
ZUMESCA, corbeille, cabas. Ba.
ZUMETSUA, d'osier. Ba.
ZUMINTZA, bois d'aloës. Ba.
ZUN, droit. B.
ZUNDA, plomb, sonde qu'on jette en mer. Ba.
ZUNTOITSUA, impoli. Ba.
ZUNTOYA, racine, trou. Ba.
ZUNTZEA, fil. Ba.
ZUPIA, vin poussé ou éventé. Ba.
ZUPUA, tombeau, sépulcre. Ba.
ZURA, bois substance de l'arbre. Ba.
ZURALA, ponton, bac. Ba.
ZURCAITZA, tenace. Ba.
ZURCTA, de bois. Ba.
ZURDAMOLCHOA, les crins des chevaux. Ba.
ZURE, client. Ba.
ZURIA, but, blanc. Ba.
ZURICHALA, chausson de laine, escarpin. Ba.
ZURINA, carie. Ba.
ZURINGO, glaire blanc de l'œuf. Ba.
ZURITA, pigeon sauvage. Ba.
ZURITASUNA, blancheur. Ba.
ZURITUA, blanc, cheveux blancs. Ba.
ZURORRATZEA, obélisque, piramide. Ba.
ZURPUSCA, racine, tronc. Ba.
ZURRAY, avare, tenace, prudent. Ba.
ZURRO, ZURRON, poche, petite bourse, sac d'une peau couverte de poil. Ba. Curron en Espagnol.
ZURRUNA, perche, long bâton. Ba.
ZURRUNA, inflexible. Ba.
ZURTZA, orphelin, pupille. Ba.
ZUSPILDURA, contraction. Ba.
ZUTA, roide, grave. Ba.
ZUTIA, partie, portion. Ba.
ZUTONDOA, tronc d'arbre. Ba.
ZUTORMA, ruine d'un édifice. Ba.
ZUZAC, champignon, mousseron. Ba.
ZUZAYA, raison. Ba.
ZUZEN, le droit, les loix. Ba.
ZUZENDU, je conduis. Ba.
ZUZENTZALLEA, qui compose, conducteur. Ba.
ZUZENTZEA, accorder les orgues. Ba.
ZUZQUITEA-EGOITEA, abonder en biens. Ba.
ZUZQUITU, je m'enrichis. Ba.
ZUZQUITUA, riche. Ba.
ZY, en composition & avec l'article le même que Ty. B.
ZYTHOS. Diodore de Sicile, l. v, nous apprend que c'est ainsi que les Gaulois nommoient une boisson faite avec de l'orge, qui étoit fort en usage parmi eux. Hey, Heys en Breton, orge; Haidd ou Aitt en Gallois, orge; Yth, toute sorte de bled en Breton. L's ou z s'ajoûtoit indifféremment au commencement du mot; Os terminaison grecque.

Fin du Dictionnaire Celtique-François.

ADDITIONS ET CORRECTIONS
Pour le Dictionnaire Celtique-François.

A

A Conjonction copulative, & ; lisez et : Ajoûtez *A* en vieux François, avec ; *A* en Italien, avec ; *A* en Anglois, conjonction copulative ou conjonctive.

AB, Seigneur : Ajoûtez, *Bappa* en Malaye, pere. *Ab* en Hebreu signifie non seulement pere, mais aussi ayeul, seigneur, supérieur, maître, Prince, auteur, inventeur. *Abal* en Breton, cause ; *Ab*, particule causale en Latin ; *Abavus*, pere de mon ayeul dans la même Langue, *Ab* par conséquent pere ; *Abu*, particule causale en Gothique ; *Ap*, présider en Tonquinois ; *Af*, le Seigneur créateur en Gallois.

ABAL, AFAL, AMAL, AVAL, pomme : Ajoûtez *Abah* en Syriaque, pomme. Le Paraphraste Chaldéen traduit ce terme par fruit, Saint Jerôme traduit le terme Hébreu *Abah*, qui se trouve au verset 26 du chap. 9 du livre de Job, par pomme. *Alema*, pomme en Tartare Mogol & Calmoucq. Il est bien vraisemblable que ce fruit a tiré son nom de sa ressemblance avec la tête, de sa rondeur ; ainsi voyez *Bal*. *Melon* en Grec ; *Malum* en Latin, sont des espèces de termes génériques dont on se sert non seulement pour désigner la pomme, mais encore tous les gros fruits qui par leur rondeur ont quelque ressemblance avec elle : Il y a lieu de croire qu'on faisoit le même usage du terme qui signifie pomme dans les Langues Orientales ; *Bul*, fruit en Hébreu ; *Bolbos* en Arabe, en Syriaque, en Grec, oignon qu'on mange ; *Balis* en Chaldéen, en Éthiopien, en Arabe, figue ; *Balausi* en Chaldéen, espèce de figue, oignons ; *Fofolo* en Syriaque, aristoloche, appellée par Pline *Malum Terra*, pomme de la terre ; *Fosil* en Arabe, espèce de noix ; *Palic*, espèce de pêche dans la même Langue ; *Melimelah* en Chaldéen, pomme de miel ; c'est-à-dire, douce comme du miel ; *Mell*, miel. *Imelag* en Arabe ; *Emelah* en Persan, noix aromatique ; *Aval*, fruit en Arabe ; *Peled* en Chaldéen & en Samaritain, rond, qui est de forme ronde ; *Palad* en Arabe, être rond. Voyez *Afal, Amal, Aval*.

ABARDAEZI, devenir tard, se faire tard ; *Abardaezi A-Ra*, il est tard. B. Voyez *Abardaez*.

ABECG, cause, &c. Ajoûtez *Dré Abec-Ma*, parce que, à cause que ; *Oar Abec*, afin que. B.

ABHAIM, grande rivière, grand fleuve. I. Voyez *Abhan*.

ABO, cadavre : Ajoûtez *Au* en Chinois, mort adjectif.

ABRET, précoce, &c. Ajoûtez, à temps. B.

AC, conjonction copulative, & ; lisez et. Faites la même correction à la dernière ligne de cet article.

AC, AG, pointe, aiguillon, &c. Ajoûtez *Ach* en Hébreu & en Chaldéen, terme pour aiguillonner ; *Ang*, tranchant de couteau, d'épée en Hébreu ; *Agmon* en Hébreu, croc, hameçon ; *Aukinus* en Hébreu & en Chaldéen, crochet, croc ; *Achefinerot*, courbouillon vinaigré en Chaldéen ; *Akal* en Malaye, pointe au figuré ; *Ag* en Arabe, eau salée ; *Achag* en Arabe, pomme sauvage, pomme âpre au goût ; *Akas*, aigu ; *Akat*, lait aigre ; *Achasu*, vinaigre ; *Akinnum*, petite épine dans la même Langue ; *Akoth* en Syriaque, chardon herbe épineuse & piquante ; *Achasido*, tranchets dans la même Langue ; *Æika*, je coupe en Tartare Mogol & Calmoucq ; *Acanos* en Latin, plante épineuse ; *Acaros*, houx dans la même Langue.

ACH FY. B. Corrigez : *Fy* ne doit pas être en lettres majuscules. Voyez *Ach* plus haut : Corrigez Voyez *Ach* plus bas.

ACH, généalogie, &c. Ajoûtez *Hhhaker* en Hébreu, en Chaldéen, en Syriaque, race ; *Achty* en Éthiopien, amour fraternel ; *Ach* en Arabe, frere, ami, compagnon ; *Æcha*, mere en Tartare Mogol & Calmoucq. D'*Ach* est venu notre mot François *Race*.

ACHAD, champ, petit champ. E.

ACHAD, le même qu'*Ath*. I.

ACHES, ruisseau, &c. Ajoûtez *Achu* en Hébreu, marais, lieu aquatique & marécageux, toute herbe, toute plante qui croit dans des lieux aquatiques & marécageux. Au ch. 41 de la Génèse, v. 2, les versions d'Aquila, de Symmaque, la cinquième, rendent *Achu* par marais, la Vulgate par lieux marécageux ; la version Samaritaine par lieu plein de glayeuls. Les Septante, qui ont fait leur version en Égypte ; Théodotion qui les suit ordinairement ; l'ancienne Vulgate faite sur la version des Septante, rendent *Achu* par *Achi*. Saint Jerôme, sur le chap. 19 d'Isaïe, dit qu'il a appris des Égyptiens qu'*Achi* signifioit en leur Langue toute herbe ou plante qui croit dans les marais. L'Auteur de l'Ecclésiastique qui écrivoit en Égypte, a employé *Achi* en ce sens au verset 16 du ch. 40 de son ouvrage. Au chap. 8 de Job, v. 11, Aquila & Symmaque rendent *Achu* par marais, Théodotion par *Achi* comme dans la Génèse ; l'ancienne Version Latine & la Vulgate rendent *Achu* par jonc, les Septante par *Papyros* qui est une espèce de jonc ; le Paraphraste Chaldéen, la version Syriaque & Arabique rendent *Achu* par jonc ; *Aich* en Éthiopien, déluge.

ACHOS, cause, &c. Ajoûtez *Ço*, faire en Chinois.

ACHUP, occupé, &c. Ajoûtez *Gwrec Ac'hup*, femme enceinte.

AD, particule augmentative : Ajoûtez *Atell*, *Edell*,

ADDITIONS

Idell, noble en Tartare; *Edel* en Allemand; *Æthel*, *Ethel* en ancien Saxon; *Adel*, *Edil* en Théuton, noble.

AER, air, odeur. B.

AERIA, prendre l'air, se mettre au frais. B.

AEER-WIBER, vipère. B. Voyez *Aeer*.

AEZRAOUANT, le même qu'*Aezrouand*. B.

AGACE, pie: Ajoûtez *Agaistra* en Théuton; *Agn* en ancien Saxon; *Aglaster*, *Aglester* en Allemand, pie.

AGH, mais. I.

AGREN, absolument, &c. Ajoûtez, tout court. B.

AHANG, donc. B.

AHE, le repos des bêtes à midi. B.

AHOUALA, le même qu'*Ahoala*; lisez qu'*Ahoalch*.

AIL, roc, rocher. I.

AIL, autre. B.

AILITRI, pélérinage. I.

AIR, AR, orient I.

AIREA, air. Ba. Voyez *Aer*, *Awyr*.

AIT, lieu, demeure. E.

AKETAO, AKETAW, tantôt, au passé; lisez, tantôt au passé sans virgule.

AL, pierre, roc, rocher. I.

AL, haut, &c. Ajoûtez *Hals* en Hébreu & en Chaldéen, plus loin, plus loin; *Holo* en Syriaque, loin, plus loin; (cette Nation met l'*o* pour l'*a*) *Ala* en Latin, aîle la partie de l'oiseau qui l'élève en l'air; *Ala* en Malaye, surpasser, être au-dessus; *Alamang*, chemin royal, chemin du Roi; *Alam*, tout le monde, l'univers; *Alla*, Dieu dans la même Langue; *El*, nom de Dieu en Hébreu, qui signifie haut. B. Voyez *El*.

ALCHWEE, clef; plurier *Alchwezou*, *Alchweziou*; *Alchweza*, fermer à clef; *Alchwezer*, serrurier; *Diatchweza*, ouvrir ce qui étoit fermé à clef. B. Voyez *Alchuee*, qui est le même mot.

ALGUEN: Ajoûtez, plurier *Alghenuou*.

ALITHRE, pélérinage. I.

ALLAS, exclamation de tristesse avec gémissement. B.

AM, mere: Ajoûtez, Voyez *Matthir*, *Mathair*.

AM, eau, rivière: Ajoûtez, Voyez *Aman*.

AMA, mere: Ajoûtez *Mu* en Chinois, mere.

AMABI, douze: Ajoûtez: Les Habitans de l'Isle de Madagascar disent dix avec un pour onze, dix avec deux pour douze; *Ché Y*, onze en Chinois; à la lettre, dix un: Il semble même que les Tartares Koræki n'ayent compté que sur une de leurs mains, puisqu'après avoir compté cinq ils disent *Iunen-Miltchin*, un & cinq, pour dire six.

AMAL, pomme: Ajoûtez *Melon* en Grec, pomme; *Alma* en Turc & en Hongrois; *Almei* en Persan, pomme. *Alma* est la transposition d'*Amal*.

AN, particule privative, &c. Ajoûtez *Ain* en Hébreu & en Chaldéen, non particule négative; *One* en Allemand; *Inuh* en Gothique; *Ana*, *Ano* en Théuton, particule négative, exclusive; *Un* en Allemand, en Théuton, en ancien Saxon, en Anglois, non; *En*, non en Brésilien; *Ong* en Chinois, sans; *Inuh* en Gothiq.: *An*, *Aneu* en Grec, préposition négative, exclusive.

ANA, mere: Ajoûtez *Ang*, mere en Tonquinois.

ANAF, coupe, tasse; *Hanap*: Ce dernier terme doit être en romain, parce qu'il est françois.

ANAM, courage, vigueur. I.

ANAP, ANAPH, vase; *Hanap*: Ce dernier terme doit être en romain, parce qu'il est françois.

ANCOUFHA, oublier. B. Voyez *Cof*.

ANCOÜNECH, oubli. B. Voyez *Ancouna*.

AND, couler, marcher: Ajoûtez *Anden* en Théuton & en Allemand, aller, marcher.

AND, grand, &c. Ajoûtez *Hanad*, crier fortement; *Handar*, fin, terme, borne, extrémité; *Hhanadwh* ou *Hhandwh*, habitans des montagnes; *Hhanadi*, la bosse du chameau, l'élévation de chair qu'il a sur le dos; *Hhanadh* ou *Hhandh*, le sommet le plus élevé d'une montagne; *An*, particule qui marque l'étendue du temps en Arabe; *Andar* en Persan, borne, fin, extrémité; *Entije*, Seigneur en Malaye: Corrigez dans cet article *Hant* en Hongrois, tartre, & mettez *Hant* en Hongrois, tertre.

ANDAA, tandis que, &c. Ba. lisez B.

ANE, ame: Ajoûtez *Aida*, esprit dans la Langue des Scandinaves; *Anen*, *Anden* en Allemand, avoir des pressentimens de ce qui doit arriver, le prévoir; *Andungen* en Théuton, présages; *Hon*, ame en Tonquinois; *Avas* en Éthiopien, animal, corps animé; *Xin* en Japonois, ame; *Anas* en Arabe; *Anaph* en Hébreu; *Anoph* en Arabe, respiration, signe que le corps est animé; *Anni* en Tartare Mogol & Calmoucq, je comprends, (c'est l'action de l'ame) *Anas* en Hébreu, en Samaritain, en Chaldéen, en Arabe; *Anos* en Syriaque; *Aniri* en Georgien; *Anac* en Malaye, homme, composé d'un corps & d'une ame intelligente & raisonnable; *Eneg* en Brésilien; *Anima* en Latin & en Espagnol; *Ame* en François, ame; *Hhhaniten* en Samaritain, pensée, imagination, opérations de l'ame; *Hhhani* en Arabe, vivre, être animé; *Hhanae* en Éthiopien, sentir, percevoir, actions de l'ame; *Elni* en Hongrois, vivre; la vie marque l'union de l'ame avec le corps. Voyez *Anam*, *Enaid*, *Enal*, *Eneff*, *Ine*, *Inanv*. Voyez *Den*, homme, *Man*, homme.

ANFYTTINIAID: Effacez Voyez *Mwrth*, qui fait *Myth* dans ses dérivés; mettez Voyez *Mwthian*.

ANNO, DEUR ANHO, eau dormante: Ajoûtez, *Anho* se dit aussi seul en ce sens. B. Voyez *Hanvoez*.

ANTUN. Dans un glossaire Gallois que M. Leibnitz a publié, ce terme est rendu par insomnie. Si l'on n'a point mis par erreur *Antun* pour *Anhun*, *Ant* est ici une particule exclusive ou négative. *Un*, le même que *Hun*, sommeil; *Anti* en Grec; *Ant* en Théuton & en Allemand; *And* en Gothique & en ancien Saxon, particule adversative.

AR, haut, &c. *Ar*, *ddarana*, beaucoup, très, fort adverbe: Effacez la virgule qui est entre fort & adverbe, & ajoûtez *Aros* en Malaye, le flux de la mer, le montant.

AR, lent, tardif: Ajoûtez *Harren*, tarder en Allemand; *Ahhar* ou *Ahhr* en Hébreu, en Chaldéen, en Syriaque, en Arabe, tarder, arrêter, s'arrêter; *Arestare* en Italien; *Arrest*, arrêter en Anglois; *Arrestare* en Latin barbare, arrêter.

AR, pierre, &c. Ajoûtez *Bar* en ancien Égyptien, pierre.

AR, odeur: Ajoûtez Voyez *Aer*, air, odeur.

ARCH, coffre, caisse. B.

ARDUA, élévation, hauteur. I. Voyez *Ard*.

AREIL, autre. B.

ARELL, appui, protecteur. B Voyez *Harell*.

ARH, cri de chien. B. Voyez *Harh*.

ARISCA, ARISTA, hardi. Ba.

ARMOR, côte de la mer, &c. lisez Voyer *Arvor*.

AROGLI, sentir, &c Ajoûtez: Ce terme se prend aussi au figuré. Voyez *Rhagaro-li*.

ARRES. Corrigez *Arrhes* ne doit pas être en lettres majuscules.

ARTHER,

ET CORRECTIONS.

ATHER, oriental. I. Voyez *Oirthear*, *Oirthir*.

AS, petit : Corrigez : *As* pour *Ias* qui est dans cet article, doit faire un article séparé.

AS, eau : Ajoutez *Basso*, humide, mouillé, humeur, liqueur ; *Basso*, laver en Malaye.

ASPEC : Corrigez : *Gratteron* ne doit pas être en lettres majuscules, & ne doit pas être suivi d'une virgule.

ASPIGH, loquet d'une porte. I. Voyez *Spec*.

ASTA, champ. I.

AT, à, au, &c. Ajoutez *Ator*, joindre, unir en Malaye.

AT, pere : Ajoutez *Atha* en Chaldéen, particule causale ; *At* en Chaldéen, principe ; *Ati* en Arabe, produire ; *Atinan* dans la même Langue, engendrer. Voyez *Tad*.

ATEREAT. Voyez *Terk*.

AVEN, rivière. L. B.

AUPEN, rivière. B.

AW, eau, &c. Ajoutez *Abavi*, nom que les Éthiopiens donnent au Nil, & qui signifie le pere des eaux. *Ab* signifiant en cette Langue pere, *Avi* signifie par conséquent eau.

AWEN, rivière. B.

AWIR, air : Ajoutez *Atra* en Géorgien ; *Aer* en Grec & en Latin ; *Aere*, *Aria* en Italien ; *Air* en François, air ; *Air* en Arabe, air, vent ; *Air* en Éthiopien, air ; *Airea* en Basque, air. Voyez *Aer*.

B

BAB, enfant : Ajoutez *Baba* en Chaldéen ; *Babah* en Hébreu ; *Babotono* en Syriaque, la prunelle de l'œil. Comme *Pupilla*, diminutif de *Pupa*, signifie une petite fille & la prunelle de l'œil, on a lieu de croire que *Baba* a eu ces deux significations dans ces Langues.

BAD, bon : Ajoutez *Phader* en Hébreu, graisse, ce qui, au sentiment des anciens, étoit ce qu'il y avoit de meilleur dans l'animal.

BAE, baie ; *Bah* en Gallois : Corrigez : *Bay*.

BAL, tête, &c. Ajoutez *Palion* en Chaldéen, chapeau couverture de tête ; *Palahhh* en Samaritain, dominer.

BAL, paquet de lin : Ajoutez *Valichah* en Arabe, valise, sac, grand panier ; *Valihh*, robe, habit dans la même Langue ; *Velon* en Chaldéen, voile ; *Valat* en Éthiopien, bouclier ; *Pala* en Hébreu, voiler, cacher ; *Polto* en Syriaque, grand vase ou vaisseau de cuir ; *Paled* en Chaldéen, bourse, coffre à mettre de l'argent ; *Palion*, manteau, voile, coëffe, chapeau en Chaldéen ; *Pallaso*, plat, bouteille ; *Paletsor*, corbeille en Hébreu de Rabin ; *Balisci* en Géorgien, valise.

BAL, tout ce qui étoit rond, &c. Ajoutez *Bala* en Géorgien, balle à jouer ; *Boulat*, rond en Malaye.

BAL, fer : Ajoutez *Bolos*, acier en Tartare Mogol & Calmoucq.

BAL, couper : Ajoutez *Balio* en Malaye, coupé ; *Baliong*, hache ; *Bela*, fendre, couper dans la même Langue.

BAL, fronde. Voyez *Baltram*, *Tabhal*.

BALA, ville, &c. Ajoutez *Belain* en Chaldéen, fermer, enfermer ; *Belim*, muraille ; *Belama*, palissade, haie, enceinte dans la même Langue ; *Bala* en Syriaque, fermer, enfermer.

BALANEN, pluriel *Balan* : Effacez pluriel.

BAN, élevé, &c. Ajoutez *Bahhan*, *Ban* en Arabe, monceau ; *Ban*, long, grand ; *Banag*, naissance illustre ; *Band*, drapeau, étendard ; *Banath*, élevation, excroissance ; *Banna*, colonne dans la même Langue ; *Bono* en Syriaque, colline ; *Banah* en Hébreu, être augmenté, être élevé ; *Banjac*, beaucoup, très marque du superlatif en Malaye.

BAN, blanc : Ajoutez *Laban* en Hébreu, en Chaldéen ; *Labono* en Syriaque ; *Laban* en Samaritain, blanc ; *Libana* en Arabe, peuplier blanc, & *Laban*, lait ; *Lebanon* en Hébreu & en Syriaque ; *Libnos* en Chaldéen ; *Libenhud* en Samaritain ; *Libens* en Éthiopien, Liban montagne de la Palestine, ainsi appellée de la blancheur, parce qu'elle est presque toujours couverte de neige.

BAN, bourg, &c. Ajoutez *Benia* en Hébreu, édifice ; *Benian* en Chaldéen, édifice ; *Banai* en Arabe, édifice.

BAR, fils : Ajoutez *Bar* en Hébreu & en Samaritain, fils ; *Bara* en Arabe, respect des enfans pour leurs parens, & amour des parens pour les enfans, petit de renard ; *Bara*, créer, produire en Hébreu ; *Bara* en Chaldéen, créer, produire, engendrer ; *Baro* en Syriaque ; *Bara* en Samaritain & en Arabe, créer. Voyez *Ober*, *Peri*.

BAR, lance : Ajoutez *Bahhar* en Arabe, eau salée ; *Bahharh*, espèce d'arbre épineux ; *Barai*, doler, couper ; *Nabira*, couteau, hache, doloire ; *Baratal*, fer long & dur dont on se sert pour tailler, graver, ciseler la pierre ; *Barakhhh*, couper, amputer ; *Baram*, fruit d'arbres épineux ; *Baranmh*, tarière ; *Barahhhs*, cousin moucheron fort piquant ; *Barasf*, couper ; *Barasl*, diviser ; *Barbaskh*, coupure dans la même Langue ; *Bargza* en Chaldéen, griffon ; *Borma*, épée dans la même Langue ; *Barroto* en Syriaque, espèce d'arbre piquante ; *Baro*, sillon de champ ou coupure de la terre ; *Barodno*, tarière, alêne ; *Barate*, couper, déchirer, trouer dans la même Langue ; *Berst* en Allemand, fente, fissure ; *Bersten* en Allemand ; *Borsten* en ancien Saxon, être fendu.

BAR, feu : Ajoutez *Bahhhar* en Hébreu, en Chaldéen, brûler ; *Bahhharh*, colere en Arabe ; *Bahhhar* en Éthiopien, ardeur, incendie, feu ; *Bara* en Malaye, charbon allumé, & *Baccar*, brûler, allumer dans la même Langue.

BAR, tout ce qui arrive subitement, &c. Ajoutez *Barad* en Hébreu, en Chaldéen, en Éthiopien, en Arabe ; *Barod* en Syriaque, grêle.

BARA, pain : Ajoutez *Berah* en Chaldéen, manger ; *Peara* en Malaye, nourrir.

BARR, verrou, &c. Ajoutez *Bari* en Arabe, mettre un obstacle.

BAS, défaillance, &c. bas, &c. mort, &c. Ajoutez *Bas* en Hébreu & en Samaritain, pourriture, mauvaise odeur ; *Bas* en Chaldéen, être mal, être malade ; *Bash* en Samaritain, maladie, langueur, mauvaise disposition ; *Bas* en Éthiopien, méchant, mauvais ; *Bezah* en Hébreu ; *Bezah* en Chaldéen, mépriser ; *Bacan* en Arabe, réduire en poussière, mettre en poudre, poudre, poussière, atome ; *Basa* en Syriaque, mépriser ; *Basis* en Chaldéen & en Syriaque, base.

BAUD, don de Dieu ou gratification. B. Tiré de

la vie de Saint Hervé, en Latin *Herbaudus*, donnée au public par les continuateurs de Bollandus, *Appendix junii, t. 1.*

BEC, petit. I.

BECHANEC, fâché, mécontent. B.

BECQ, cap, &c. Ajoûtez *Bocera* en Chaldéen, levée, terrasse; *Bako* en Chaldéen; *Boko* en Syriaque, cousin mouche piquante; *Bacat* en Arabe, monter; *Bocino* en Arabe, les grands & les premiers Seigneurs des terres; *Baghe* en Géorgien, levres; *Bach* en Éthiopien, âcre, acide, aigre.

BECZ, vesce légume: Ajoûtez *Bik* en Chaldéen; *Bigih*, *Bikhija* en Arabe; *Biko* en Syriaque; *Bikion* en Grec, vesce légume.

BEDUM, A. M. lit de ruisseau: Ajoûtez *Bekihhh* en Chaldéen, ruisseau; *Pacab* en Hébreu; *Pegaso* en Grec, sourdre, couler.

BEG, petit. I.

BER, beau, belle: Ajoûtez Voyez *Parablber*.

BERRALAN, courte haleine, celui ou celle qui a peine à respirer. B. Voyez *Alan*.

BEURE, matin. B. Ajoûtez Voyez *Bore*.

BEUZET, participe de *Beuzi*. B. Lisez participe passif.

BICK, petit. I.

BIG, BIGGE, petit. I.

BILECH, le même que *Buaileadh*. I.

BILEN, balle à tirer: Ajoûtez B.

BIS, nord, septentrion. B.

BLIN, ennui. B.

BLO, BLOU, BLOUE, les mêmes que *Plouc*. B.

BLOT ou BLOD, mou. B.

BLUS, thermes ou bains d'eaux chaudes. E. Voyez *Boyl*.

BOCH, petit. G. Voyez *Bach*.

BOCH, bouche, &c. Ajoûtez *Bache*, bouche en Géorgien; *Bokinos* en Chaldéen; *Bokino* en Syriaque; *Bukane*, *Boukanis* en Grec; *Buccina* en Latin; *Bozina* en Espagnol; *Basuyne* en Flamand; *Busine* en vieux François, trompette instrument de bouche; *Buccinum* en Latin; *Buccino* en Italien; *Bozios* en Espagnol, coquille de mer qui approche de la figure d'un cor.

BOCH'AIL, BOCH'EIL, enfant. I.

BOD, habitation, &c. Ajoûtez *Pod* en Russien, habitation; *Both* en Chaldéen, loger dans une hôtellerie; *Both* en Syriaque, loger dans une hôtellerie, demeurer; *Botho*, hôtellerie, logis dans la même Langue; *Bata* en Arabe, habiter, demeurer; *Vo* en Chinois, nid: On se servoit du même mot pour désigner la demeure des hommes & le nid des oiseaux. Voyez *Nyth*.

BOD, profond: Ajoûtez *Bed* en Arabe, puits; *Bada* en Arabe, abbaisser, humilier, réduire à la pauvreté; *Boden*, *Bodem* en Allemand, sol, fonds, pavé, tout ce qui est sous nos pieds; *Podume* en Théuton; *Botm* en ancien Saxon; *Puthmon* en Grec; *Bottom* en Anglois; *Bodem* en Flamand, le fond, le plus bas.

BOD, le même que *Pod*: Ajoûtez *Badahh* en Arabe, être élevé, être haut, élevé, haut; *Botenan* en Chaldéen, nom d'une région montueuse au-delà du Jourdain.

BODEN, ventre: Ajoûtez *Beten* en Chaldéen, ventre; *Botan* en Syriaque, porter un petit dans son ventre parlant d'une femelle; *Batan* en Arabe, fraper le ventre de quelqu'un; *Bithinh* dans la même Langue, avoir mal au ventre; *Bothin*, ventricule; *Boton*, ventre dans la même Langue.

BOEMI, enchanter. B.

BOIN, mere parlant de quelques animaux. I.

BOLTA, le même que *Bolota*. B.

BOM, élévation, &c. Ajoûtez *Bamo* en Syriaque; tribunal, trône, siège élevé.

BOTA. A. M. grande bouteille, &c. Ajoûtez *Botik* en Hébreu, grande coupe de vin dont on se sert pour remplir les verres; *Both* en Arabe, vase dans lequel les orfévres font fondre l'or & l'argent; *Bat* en Arabe, outre à mettre des liqueurs; *Batib* en Arabe, vase de terre, grand vase dans lequel on conserve le vin, vase dans lequel on conserve l'huile, le vinaigre, le beurre, le miel, le vin cuit; *Botih* en Persan, coupe ample & profonde dans laquelle on apporte le vin sur la table pour en remplir les verres; *Bothakh* en Arabe; *Both* en Persan, plat, vase dans lequel les orfévres font fondre l'or & l'argent; *Bat* en Hébreu & en Chaldéen, certaine mesure des liqueurs; *Bot* en Allemand; *Boot* en Flamand; *Boat* en Anglois; *Bat* en Islandois, barque, bateau, petit vaisseau; *Butte* en Allemand, espèce de vase, de vaisseau; *Bottich* en Allemand, bouteille; *Bytta* en Islandois, coupe; *Pythos* en Grec, tonneau, cruche, pot, vase; *Butta* en Latin barbare; *Bouttis* en Grec vulgaire, vase à contenir le vin; *Butti* en Théuton, bouteille; *Buti* en Géorgien, tonneau. Voyez *Bad*, *Llestr*.

BOU, bœuf, génisse. E.

BOUCHAL, doloire; *Bouchala*, doler. B.

BOUGEDEN: Lisez *Bouget*, *Boujet*, bougette, &c; singulier *Bougeden*.

BOUKIS, mêche de chandelle, de lampe. I.

BRAHIRGEIL, cousin. I.

BREDIAU, confrérie. B.

BREG, action de rompre, &c. Ajoûtez *Bracan*; *Bracan*, *Breacan*, *Brecan* en ancien Saxon; *Bregmo* en Grec dans le dialecte Éolique, rompre. (Voyez *Brac*, *Rac*, *Rag*, *Reg*, *Reghi*) *Regab*, fissure en Hébreu; *Ragad* en Arabe, être coupé; *Ragal* en Arabe, portion, partie de la chose; *Ragaph* en Éthiopien; *Resso*, *Rexo* en Grec, briser, mettre en piéces; *Barots* en Syriaque, couper, fendre, trouer; *Barok* en Arabe, diviser; *Pharag* en Arabe, fendre; *Pharas* en Hébreu & en Chaldéen, briser, diviser, déchirer; *Pharach* en Arabe, déchirer; *Pharats* en Hébreu, en Chaldéen, en Arabe, rompre, couper; *Pharak* en Arabe, en Chaldéen, en Hébreu, rompre, briser, diviser; *Raikese* en Géorgien, couper la barbe.

BREGAS, BREGASS, rot. B. Voyez *Bregasein*.

BRECH, prendre. I.

BRICHAT, brassée, embrassade, action d'embrasser & la quantité de choses que l'on peut embrasser. B.

BRIKE, tuile, brique. I. Voyez *Brik*.

BROUDUS, piquant. B. Voyez *Brenda*.

BU, eau: Ajoûtez *Bul*, nom du mois d'octobre chez les Hébreux, ainsi appellé de ce que les pluies commençoient dans ce mois. *Bul* en Arabe, uriner, urine; *Boto* en Syriaque, canard oiseau de rivière; *Bothibh* en Arabe, lac, marais; *Bua* en Tonquinois, vase dans lequel on mêt ce que l'on veut boire; *Bu*, mammelle dans la même Langue.

BU, bœuf, vache: Ajoûtez *Bu* en Allemand a autrefois signifié bœuf, puisque *Buffel* signifie encore aujourd'hui en cette Langue bœuf sauvage: D'ailleurs *Muche* signifie en cette Langue jeune vache, & *Muhen*, mugir; (l'm & le b se met-

ET CORRECTIONS.

tent l'un pour l'autre) *Boe*, *Buban*, vache chez les Hottentots ; *Bonbalos* en Grec ; *Bubalus* en Latin, bœuf sauvage. On voit par ces mots que *Bou* en Grec, *Bu* en Latin, ont signifié bœuf. Voyez *Mua*, *Mueell*.

BUAILEADH, laiterie endroit où l'on garde le lait. I.

BUCCET, lieu où l'on trait les vaches. I. Voyez *Bu*.

BUGADERES, blanchisseuse. B. Voyez *Bugad*.

BUGHEL-NOS, fantôme qui paroit ou que l'on croit voir pendant la nuit ; mot à mot, enfant de nuit. B.

BUIL, BUILG, cime, sommet, tête, montagne. I. Voyez *Bul*.

BUTUGHEN, le même que *Burtugben*. B. Voyez *Buring*.

BWTH, cabane, &c. Ajoûtez *Bude* en Géorgien ; nid. Voyez *Nith*.

C

CADER, clos, &c. Ajoûtez *Cadato*, palais, sale, cour en Langue de Ternate.

CADR, fort, &c. Ajoûtez *Coat*, fort en Malaye.

CAE, vas impératif d'aller. B.

CAE, clos, &c. Ajoûtez *Ke*, fermer ; *Xe*, maison ; *Que*, haie, maison en Chinois.

CAER, ville, &c. Ajoûtez *Keri* en Arabe, villes, villages, métairie.

CAERTAN, CAERTEN, CAERTIN, bon, civil, obligeant. I.

CAEZOUR, puberté, poil folet. B.

CAFUNI, CAFHUNI, couvrir le feu. B.

CAI. Voyez *Kaë* : Lisez *Cai*, haie non plantée d'arbres. B.

CAI, forêt : Ajoûtez *Cai* en Tonquinois, arbre.

CAIAT, le même que *Kaen*. Voyez *Kaë*.

CAILLE, le même que *Kill*. I.

CAIN, blanc, beau, &c. Ajoûtez *Zain*, beau, joli en Tartare Mogol & Calmoucq ; *Schein* en Allemand, éclat, blancheur ; *Skino* en Théuton, éclat ; *Scheinen* en Allemand ; *Skeinan* en Gothique ; *Scinan* en ancien Saxon et en Théuton ; *Sbine* en Anglois ; *Schynen* en Flamand ; *Skyna* en Suédois, éclater, briller, rayonner ; *Schon*, (prononcez *Schen*) en Allemand ; *Sione* en Théuton ; *Scona*, *Scen* en ancien Saxon ; *Schoon* en Flamand ; *Skzn* en Suédois, beau ; *Kin* en Chinois, or le plus beau des métaux, vénus la plus brillante des planettes ; *Xen*, d'une belle manière dans la même Langue.

CAIR, beau : Lisez *Im Cairat*, s'embellir, &c.

CAIS, recherche, &c. Ajoûtez *Ça* en Chinois, question ou torture que l'on fait souffrir pour découvrir les coupables.

CAL, couper : Ajoûtez *Salatan*, couper en Malaye.

CAL, le même que *Gal*, tête, &c. Ajoûtez *Chelal*, *Chelil*, couronne ornement de tête en Chaldéen ; *Chaloi*, couronner en Syriaque, & *Chilil*, couronne ; *Chalal*, couronner en Éthiopien : (Lorsque dans les Langues Orientales les deux dernières consonnes sont la même lettre, il est indifférent d'en supprimer une ; ainsi l'on peut dire *Chal* comme *Chalal* ;) *Chal*, couronner en Arabe, & *Ichal*, couronne ; *Chalo* en Syriaque, chapeau, tiare ; *Kala* en Arabe, tête d'homme, sommet de montagne ; *Kolat* en Chaldéen, casque armure de tête.

CAL, le même que *Caell* : Ajoûtez *Kalia*, voile, couverture en Chaldéen ; *Kelahhha*, tente ; *Kalavi*, cellier, demeure ; *Kaleta*, chambre, cabinet dans la même Langue.

CALH, chaud : Ajoûtez *Caldus* en ancien Latin ; *Caldo* en Italien ; *Cendo* en Sicilien ; *Caliente* en Espagnol, chaud ; *Gall*, feu en Tartare Mogol & Calmoucq.

CALLASCA. Voyez *Tallask*.

CAM, courbe, courbé, tors, tortu, tortueux. G.

CAM, habitation, ajoûtez *Chamara* en Géorgien ; chambre.

CAM, dégré, &c. Ajoûtez *Kamah* en Arabe, aller de côté & d'autre, être vagabond ; *Cancany*, marcher ; *Ganti*, venir dans la demeure d'un autre en Malaye ; *Cho*, *Co*, pied ; *Cham*, deux pas ; *Çan*, courir, aller vite en Chinois.

CAMB, courbe, courbé, tors, tortu, tortueux. G.

CAMEL, courbe, courbé, tors, tortu, tortueux. G.

CAN, courant d'eau. B.

CAN, tête, &c. Ajoûtez *Kano* en Éthiopien, dominer.

CAN, blanc, &c. Ajoûtez *Kanahh*, nettoyer, rendre propre ; *Sama*, argent en Chaldéen ; *Sani* en Éthiopien, beau, bon ; *Sanahb* en Arabe, être beau ; *Candati* en Malaye, ce qui plaît ; *Cand*, ami dans la même Langue ; *Sang*, clarté, blancheur en Tonquinois.

CAN, canal : Ajoûtez *Chanas*, rassembler ; *Chan*, base, la partie la plus basse d'une colonne en Hébreu ; *Chones* en Chaldéen, ce qui rassemble quelques liqueurs ; *Chanos* en Syriaque, collection d'eaux ; *Kana* en Arabe, eau rassemblée ; *Kanah*, canal d'eau ; *Kanahhh*, lieu plain entre deux collines espace qui se trouve entre deux collines dans la même Langue.

CAN, chant, &c. Ajoûtez *Ken*, son en Chaldéen ; *Kan* en Éthiopien, chant ; *Kanon* en Arabe, sorte d'instrument de musique, harpe ; *Kanah* en Chaldéen, flûte ; *Kanos* en Arabe, flûte ; *Kanhal* en Arabe, bouche parlante, bouche qui forme des sons ; *Kanahhh*, voix sonore en Arabe ; *Chiner* en Hébreu ; *Chinoro* en Syriaque, harpe ; *Xan* en Chinois, grand parleur. *Can* a aussi signifié parler, ainsi qu'on le voit par *Cangeoli* & *Canjoli* en Breton, cajoler. Ce mot est formé de *Can*, parole, discours, & de *Joli*, beau, agréable ; *Cannad* en Breton, député, envoyé pour parler à quelqu'un. Ce mot est naturellement formé de *Can*, parole, discours.

CAN, vase : Ajoûtez *Kanath*, les calices des fleurs, enveloppe des grains ; *Micanath*, gibecière ; *Macanna*, chapeau couverture de tête en Arabe ; *Kanadi* en Arabe ; *Kanadl* en Éthiopien, lampe vase à mettre de l'huile ; *Kano* en Syriaque, gousse ; *Kanoso* en Syriaque, panier ; *Kanar*, animal testacé, petit tonneau en Arabe ; *Kanach* en Hébreu, petit vase ; *Kanosko* en Syriaque, panier ; *Keniskenine* en Hébreu, tasse, vase ; *Kenisfenine* en Arabe, calice d'or.

CANA, lac, canne ou jonc, &c. Ajoûtez Voyez *Canen*.

CANDERHUE, cousin ; *Caniterhue*, cousine. B.

CANEAU, toison. B.

CANIVET, araignée & sa toile. B.

CANU, deuil ; lisez *Canv*.

ADDITIONS

CAPALD, cheval. I. Voyez Capoll.

CAR, près, auprès, &c. Ajoûtez Karob en Hébreu, en Chaldéen, en Syriaque, proche, prochain, parent ; Kareb en Éthiopien, proche ; Karab en Hébreu, en Samaritain, en Chaldéen, en Éthiopien, en Arabe ; Karob en Syriaque, approcher, se mettre auprès ; Karib en Chaldéen, prochain, proche soit de lieu, soit de sang ; Karib en Syriaque, prochain, proche, soit de lieu, soit de sang ; Kar, ami en Suédois ; Sear, parent en Hébreu.

CAR, viande, &c. Ajoûtez Kara en Arabe, aliment, nourriture d'homme, de chien, d'oiseau ; Sar en Hébreu, viande, aliment, pâte, pain ; Sar en Chaldéen, pain. On a ensuite ajoûté le b, de là Basar, viande en Hébreu & en Arabe ; Basar a signifié la même chose en Chaldéen, puisque Basaran signifie en cette Langue charnu, qui a beaucoup de chair ; Sarx en Grec, chair, viande ; Gerah en Hébreu, remâcher. Il faut que ce verbe ait originairement signifié mâcher, puisque les Hébreux n'ayant point de verbes itératifs se servent des simples pour exprimer ce que l'on exprime par les itératifs dans les autres Langues ; Gerah en Éthiopien, moissons ; Gerah en Arabe, plusieurs dattes dans un seul raisin ; (les dattes sont un des principaux alimens des orientaux ;) Gerabas, charnu, qui a beaucoup de chair en Arabe ; Korn en Allemand ; Kaurn en Gothique ; Korn en Théuton ; Corn en ancien Saxon, grain de froment ; Korn en Allemand, grain en général ; Kornna en Runique est le nom que l'on donne à la grêle à cause que par sa rondeur elle ressemble aux grains de plusieurs plantes ; Korn en Allemand ; Koren en Théuton ; Koren en Flamand ; Corn, Korn en Anglois & en Suédois ; Kor en Tartare de Crimée ; Corn en Danois, froment ; Korein en Grec, rassasier : Les voyelles se mettoient indifféremment l'une pour l'autre.

CAR, bois, Ajoûtez. Voyez Cur.

CARK, poule. I. Voyez Iar.

CARN, éminence, tertre, lieu élevé, I.

CARTAN, CARTEN, CARTIN, bon, civil, obligeant. I.

CAS, lieu, &c. Ajoûtez Kas en Gothique, vase, vaisseau.

CAT, chat, Ajoûtez Cat anciennement en Breton ; Caz ou Qaz en Breton d'aujourd'hui ; Katta en Suédois ; Kattis, Cattes en Grec vulgaire ; Kotka en Polonois ; Kotzka en Bohémien ; Kozka en Lusacien ; Coto en Javanois ; Cotchya à Malaca ; Alcothos en Mésopotamien ; Kata en Géorgien, chat ; Cam, ratoire en Tonquinois.

CATT, parcelle, &c. Ajoûtez Katha, déchirer, briser ; Katol, morceau en Arabe ; Katal en Éthiopien, blesser.

CAU, beau. E.

CAV, cave, &c. Ajoûtez Kavad en Chaldéen, plat, écuelle, parce qu'ils sont creux ; Kuv en Chaldéen, fosse ; Kavas en Chaldéen, coupe ; Kavosso, plat en Syriaque ; Kavas en Hébreu, vase, coupe ; Kavoc en Syriaque, urne, coque, bouteille ; Kavoc en Arabe, trou ; Kavar en Hébreu, creuser ; Kavoro en Syriaque, concavité ; Kavar en Arabe, creusé, troué, creuser ; Ça, Ko, vallée ; Keu, Xeu, bouche en Chinois.

CAUL, potage, bouillie, &c. Ajoûtez Solet en Hébreu & en Chaldéen, fleur de farine.

CAUM-HULLIGH, tors ou courbe œil. I. Voyez Cauim.

CAUPALT, cheval. I. Voyez Capoll.

CAWG, bassin, &c. Ajoûtez Co, bassin, plat en Chinois.

CEN, tête, &c. Ajoûtez Kin en Chinois, mitre, chapeau, couverture de tête.

CEN, il a vu, il voit ; ajoûtez Kien en Chinois, voir, voir avec attention, faire attention, miroir, histoire ; Ken en Anglois ; Cennan en ancien Saxon ; Kann en Islandois ; Kennen en Théuton & en Allemand ; Konnein en Grec dans Hésychius, sçavoir, connoître ; Kan Ina, je le connois ; Thu Kant, tu sçais ; Sa Kann, il sçait en Gothique ; Gwn, sçavoir en Gallois ; Kanna, clair, éclairé, illuminé en Géorgien ; Kenal, connoître en Malaye ; Canh en Tonquinois, être en sentinelle ; Chan, garder un troupeau dans la même Langue ; Yen en Chinois, œil ; Gan, comprendre dans la même Langue. Dans toutes les Langues les termes qui signifient voir ont signifié connoître.

CERRIG, pierre : Ajoûtez Xe en Chinois, pierre. Les Chinois n'ont point d'r. Voyez Car.

CERTAN, CERTEN, CERTIN, bon, civil, obligeant. I.

CHARONÇÇ, vesce légume. B.

CHAUDEL. Voyez Jaudel.

CHIGOTA. Voyez Sigota.

CHILIP, PHILIP, PHILIP, SLIP, passereau, moineau. B.

CHOM, demeure, &c. Ajoûtez Contsji en Malaye, enclos.

CHOUER, ruisseau : Ajoûtez Kor en Hébreu, qui coule ; Mkor en Hébreu, fontaine, source, coulant d'eau ; Mkoro en Syriaque, canal, mare, étang, l'm initiale marque ici la dérivaison de la racine ; Korro en Syriaque, écoulement d'humeurs ; Keraz en Arabe, couler, bain, eau dans laquelle on se lave ; Coa en Malaye, jus, suc, liqueur qu'on exprime de quelque chose ; Codoc, grenouille animal aquatique ; Colam, mare dans la même Langue ; Kore en Syriaque, canal, étang, amas d'eau ; Kor en Arabe, poix liquide ; Cho en Chinois, jonc plante qui croit au bord des ruisseaux, des rivières.

CIL, suite, &c. Ajoûtez Sil en Arabe, écoulement de l'eau.

CIPIO, ravir, prendre : Ajoûtez Caph en Hébreu, en Chaldéen, en Syriaque, en Arabe, main ; c'est la partie dont les hommes se servent pour prendre. Voyez Happa.

CLANPUS, infirme. B. Voyez Clan.

CLOCEN, boëte couverte, qui avec son couvercle est à peu près ronde comme une boule ; Clocen-Aman, boëte à beurre. Il se dit aussi de ce qui enferme d'autres choses ; Cloçen-Vi, coque d'œuf ; Cloçen-Pis, gousse de pois, &c. B. Voyez le premier Cloc.

CLON, le même que Cluain. I.

CLOUEN, le même que Cluain. I.

CLUAIN, illustre, fameux, renommé. I.

CLUAN, le même que Cluain. I.

CLUF, épée. I. Voyez Clevef.

CNEON, toison. B.

CNOC, colline. E.

COCH, rouge, &c. Ajoûtez Coning, roux en Malaye.

COEMH, beau. I. Voyez Coeni.

COEMUAN, plus beau. I.

COEMHOC, plus beau. I. Voyez Coen.

COES, jambe, &c. Ajoûtez Scok en Hébreu ; Scoka en Chaldéen ; Scoko en Syriaque, jambe ; Scok en Éthiopien, colonne, appui, soutien ; (C'est le sens figuré de jambe ;) Coxa, cuisse en Latin.

COG.

ET CORRECTIONS.

COG, cuisinier, &c. Ajoûtez *Coh* en Hébreu, en Chaldéen, en Syriaque, brûlé ; *Koka* en Suédois ; *Cook* en Anglois, faire cuire ; *Koch* en Allemand; *Coc* en ancien Saxon ; *Kock* en Flamand & en Suédois ; *Cook* en Anglois, cuisinier ; *Socha*, fourneau en Tartare Mogol & Calmoucq ; *Yago*, feu en Cophte ; *Ho*, chaleur en Chinois : l'*h* & le *c* se mettoient l'un pour l'autre.

COIRE, gouffre. I.

COL, tout : Ajoûtez *Hhholam* en Hébreu, toujours. On voit par ce mot que les Hébreux ont dit *Hhbol* comme *Col* pour signifier tout.

COL, chou : Ajoûtez *Calam*, chou en Malaye.

COLOVEC, amas de paille. B. Voyez *Colo*.

COM, particule qui marque la société : Ajoûtez *Cum* terme collectif universel, tous; *Kum*, ensemble ; *Chum*, une paire, une couple ; *Xun*, addition, conjonction en Chinois; *Cem* en Éthiopien, ensemble. Voyez *Con*.

COMORBHAN, successeur. I.

CON, montagne : Ajoûtez *Gouna*, grand; *Gounong*, montagne ou colline en Malaye.

CONHA, se souvenir, avoir ou faire mémoire. B.

CONSAILH: Ajoûtez : Voyez *Sylln*.

COP, coupe à boire, grande tasse ronde à l'ancienne mode & de la figure de nos plus anciens calices. B. Voyez *Copa*, *Copan*, *Cwppan*.

CORKIG, avoine. I. Voyez *Kerc'h*, *Ceirch*.

CORN, corne : Ajoûtez *Keren* ou *Kern* en Hébreu, en Chaldéen ; *Karen* ou *Karn* en Syriaque ; *Karan* ou *Karn* en Éthiopien, corné, trompette ; *Horn* en Théuton, corne ; *Karnon* dans Hésychius, trompette Gauloise ; *Cornu* en Latin ; *Haurn* en Gothique ; *Horn* en Théuton, en Allemand, en Islandois, en ancien Saxon, trompette ; *Cornicen* en Latin, trompette celui qui sonne de la trompette ; *Haurngan*, sonner de la trompette en Gothique ; *Horn* en Flamand, corne ; les premières trompettes étoient des cornes ; *Horenen* en Flamand, sonner de la trompette.

CORR, petit : Ajoûtez *Xao* en Chinois, petit ; *Kore* en Syriaque ; *Kor* en Arabe, petit, indigent, extrêmité ; *Chor* dans la même Langue, petit, vil, méprisable ; *Sceort* en ancien Saxon ; *Churz*, *Scurz* en Théuton, court, petit ; *Schorten* en Flamand, en Anglois, en Islandois, manquer, défaillir.

COBAA, COBAA, vieillir. B.

COUET, le même que *Cost*. B.

COULL, coudrier. I.

COULOUREN, COULOURREN ; les mêmes que *Couloudren*. B.

COULS, temps déterminé. B.

COUNAR, rage. B.

COURAILL ; lisez : en quelques Provinces voisines de Bretagne on nomme la fressure, le cœur, le foye, la rate, les poumons tous attachés ensemble *Courée* & *Couraille*. De là notre mot François *Curée*.

CRASINEN, le même que *Craf*, égratignure, &c. B.

CREUSOL, CREUSBL, les mêmes que *Creusenl*. B.

CRI, cri, &c. Ajoûtez *Kara* ou *Kra* en Hébreu, en Samaritain, en Chaldéen, en Arabe ; *Kro* en Syriaque, appeller, crier.

CRIYEN, le même que *Crien*. B.

CROGH, cremaillére. I. Voyez *Crog*.

CROGHIDHOIR, &c. lisez. I.

CRUAC, meule ou meulon, tas, monceau, pile. I.

CRUACHAN, meule ou meulon, tas, monceau, pile. I.

CU, cerf. E.

CUMEX : Ajoûtez ou *Cumix*. C'est un terme Irlandois avec la terminaison Latine *Ex* ou *Ix*.

CUNDU-VAT, ménager, économe. B.

CUR, bois : Ajoûtez *Curt*, arbre en Chinois.

CUSLIGH, veine. I.

CWENV, GWENV, enflure, flétrissure. B. Voyez *Coenv*.

CWPPAN, phiole, &c. Ajoûtez *Caph* en Hébreu, en Chaldéen, en Syriaque, en Arabe, vase, vaisseau, bassin, coupe ; *Kipe* en Allemand, corbeille, vase, vaisseau ; *Kibos*, cassette ; *Kophinos*, corbeille & certaine mesure en Grec ; *Cophinot* en Franche-Comté est un petit vase fait d'écorce d'arbre ; *Capis* en Latin, vase sacré ; *Cypa* en ancien Saxon, panier. Voyez *Cib*.

CWTTA, court, &c. Ajoûtez *Curt*, vuide en Chinois.

CY, ensemble, &c. Ajoûtez *Kive*, particule qui marque la conjonction en Chinois ; *Kis*, *Cie*, particule copulative, et, aussi dans la même Langue.

D

DA, chez. B. Effacez dans cet article & *Dae*, maison. & Ajoûtez *Dai*, maison en Tonquinois.

DA, bon, &c. Ajoûtez *Dank* en Allemand ; *Thane* en ancien Saxon & en Théuton, bon plaisir, sentiment par lequel on agrée quelque chose ; *Dank* en Allemand ; *Thank* en Théuton, grace, faveur, clémence ; *Thamk*, graces ou sentimens de reconnoissance pour un bienfait reçu en Gothique, en Théuton, en ancien Saxon ; *Dank* en Théuton & en Allemand, prix, récompense pour un bienfait reçu.

DAC, DAG : Ajoûtez *Tao* en Chinois ; *Otaga* en Tartare Mogol & Calmoucq, couteau.

DAE, maison. I. Effacez cet article & mettez-le ainsi : *Dae Teach*, maison. I. A la lettre, maison d'hommes ou habitation d'hommes.

DAF, main : Ajoûtez *Dau* en Tonquinois, main.

DAG, dague, &c. Ajoûtez *Dakar* en Hébreu, percer, piquer, transpercer. *Dakar* a signifié la même chose en Chaldéen, puisque *Daker* en cette Langue signifie clou, pieu pointu, bâton pointu, houe, hoyau, pioche, & *Dekirah*, piquûre, action de fouir la terre, action de transpercer; *Dakar* en Syriaque, piquer, percer, transpercer ; *Dakar* en Arabe, nom d'un petit animal piqueté ; *Dachi* en Arabe, être aigu ; *Dachar* en Arabe, glaive dont la pointe est aigue, plus aigu ; *Degen* en Allemand ; *Thegan* en Theuton ; *Dagn* en Runique, soldat, apparemment ainsi nommé de l'épée qu'il portoit ; *Tach*, aiguille en Tonquinois ; *Ticam*, piquer en Malaye; *Tahgan* en Gothique, déchirer.

DAJAR, terre : Ajoûtez *Dayar* en ancien Saxon ; *Darat* en Javanois, terre. Voyez *Ar*.

DAIBRADUR, demangeaison, morsure, endroit où l'on a mordu & la place de ce qui a été mangé. B.

DAIBREIN, manger, demanger. B.

DAID, pere. I.

DAIDH, le même que *Taigh*: Lisez le même que *Daigh*.

DAL, vallée, descente, race. I.

DAL, vallée : Ajoûtez *Dalam* en Malaye, profond;

ADDITIONS

Talagga, puits ; *Djalam*, se plonger dans les eaux dans la même Langue ; *Dal* en Irlandois, en Anglois, en Suédois, en Flamand ; *Tal*, *Tuol* en Théuton ; *Dal* en ancien Saxon, vallée. Voyez *Dalo*, *Tal*, élevation, &c.

DAL, portion, &c. Ajoûtez *Talang* en Malaye, dévorer, mettre en piéces.

DALE, rivière : Ajoûtez *Dohla*, je fais boire, j'abbreuve ; *Dolge*, flots, vagues ; *Dolong*, sources en Tartare Mogol & Calmoucq.

DALM, fronde. B. Voyez *Talm*.

DAMANI, soin. B.

DAN, vallée, &c. Ajoûtez *Tana*, terre ; *Tanam*, creuser, faire un creux ; *Tendang*, fouler aux pieds ; *Tondo*, se baisser en Malaye.

DANT, dent : Ajoûtez *Odous* en Grec, dent : Il paroît par le Génitif *Odontos*, & par le pluriel *Odontes*, que les Grecs ont dit autrefois *Odons* ; *Dontia* en Grec vulgaire ; *Tan* en ancien Islandois ; *Tonn* en Islandois moderne ; *Tand* en Suédois ; *Tinth* en Gothique ; *Zan* en Théuton ; *Sen* en Hébreu & en Chaldéen, dent, pointe, aigu ; *Sen* en Éthiopien ; *Senn* en Sarrasin, dent ; *Sen* en Samaritain & en Syriaque, pointe, aigu ; *Sen* en Arabe, dent ; *Tendo*, manger ; *Tentho*, ronger en Grec ; *An*, manger ; *Dam*, piquer, pointe en Tonquinois. Le *d*, le *t*, l's, le *z* se substituent mutuellement.

DARD, dard, &c. Ajoûtez *Daras*, déchirer, tuer avec une épée en Hébreu ; *Tharad* ou *Thard* en Chaldéen, en Arabe, en Syriaque, en Samaritain, pousser, jetter ; *Tharitom*, dard, javelot ; *Tharaph*, déchirer, fraper, jetter, lancer ; *Tarahhh*, rompre, briser en Chaldéen ; *Tharin*, plaie, blessure ; *Tharaph*, fraper, pousser, lancer ; *Tarahhh* ; couper ; *Tarits*, coupure ; *Dar*, guerre, combat en Syriaque ; *Dar*, briser, broyer ; *Dara*, se battre, action de pousser, de lancer ; *Darbad*, aigu, pointu ; *Darab*, se jetter sur quelqu'un avec impétuosité ; *Darahh*, pousser, lancer ; *Darahhhi*, trait qui perce la cuirasse ; *Thair*, fendre, couper ; *Thar*, être pointu, être aigu ; *Tarahh*, jetter, lancer ; *Tara*, couper ; *Tarad*, briser, couper, tuer en Arabe ; *Daros* en Arabe ; *Thras* en Égyptien, alêne ; *Tharas* en Éthiopien, les dents.

DAREDEN, &c. lisez *Daret*, *Dared*, éclairs de tonnerre ; singulier *Dareden*. On donne aussi ce nom aux feux follets ou exhalaisons, & à ces apparences d'étoiles qui semblent se détacher du ciel : C'est ainsi que Dom Le Pelletier explique ce mot. Le Pere de Rostrenen singulier *Dared*, pluriel *Dareden*, éclair sans tonnerre, feu de nuit en l'air au temps chaud ou d'orage ; *Daredi*, faire des éclairs, éclairer sans tonnerre. B.

DARRIGOULLIGH, chassieux. I.

DAU, deux : Ajoûtez *Du*, *Di*, *Do* en Chaldéen ; *Do* en Syriaque ; *Di*, *Tu* en Arabe ; *Do* en Samaritain ; *Tua* en Gothique ; *Tu*, *Tua* en ancien Saxon ; *Tu* en Cymbrique & en Danois ; *Tuar*, *Tueir* en Islandois ; *Zu* en Théuton ; *Zwei* en Allemand ; *Dua* en Malaye, deux ; *Dauet*, glaive à deux tranchans en Arabe ; *Tob* en Chaldéen, une seconde fois ; *Tob* en Syriaque ; *Tuba*, *Tobh* en Arabe, revenir, venir une seconde fois ; *Tom* en Chaldéen, morceau ; *Tomb* en Arabe, partie ; *Tahbb* en Arabe, diviser ; *Tar* en Arabe, faire une seconde fois ; *Thoi* en Arabe, faire une seconde fois ; *Thet* en Syriaque, doubler. On voit par là que *Dau*, *Tau* ont signifié originairement deux dans les Langues Orientales. Le *t* & le *d* se mettent l'un pour l'autre.

DAWN, don : Ajoûtez *Doho* en Langue de Tarnate, don, présent.

DAYG, grande flamme. E. Voyez *Daig*.

DAZE, égout de cuisine ou autre cloaque. B. Voyez *Dar*, qui est le même.

DEAS, droit l'opposé du gauche. I.

DECVES, dix sois. B.

DEGH, dix. I. Voyez *Dec*.

DEI AGGINNIGU, présent, don. I.

DEMES, biche. B.

DEN, homme : Ajoûtez *Than*, corps d'homme, homme en Tonquinois.

DEN, bois, &c. Ajoûtez *Tain* en Gothique ; *Tein* en Islandois ; *Teen*, *Tiene* en Flamand, arbrisseau ; *Tiene* en Danois ; *Zein* en Suédois, corbeille faite avec de petits rameaux d'arbre.

DEO, le même qu'*Eo*, *Ew*, *Est* : Corrigez: *Est* doit être en romain.

DER, fort, &c. Ajoûtez *Deor* en ancien Saxon, féroce ; *Dier* en Théuton ; *Thier* en Allemand ; *Diur* en Danois, bête féroce ; *Deran*, *Derian* en ancien Saxon ; *Derien*, *Teren* en Théuton, nuire, faire du mal, causer du dommage ; *Tiri* en Malaye, roide, rigide, rude ; *Dras*, fort, violent, rapide dans la même Langue.

DERGHEI ; pluriel *Dergheien*, dégrés, escalier. B.

DERW, chêne : Ajoûtez *Dreon* en Esclavon, arbre ; *Teren* en Hébreu, mât de vaisseau, arbre de vaisseau ; *Draet* en Persan, arbre.

DESCADUREE, nourriture, instruction. B.

DESEU, volonté, projet. B.

DEU, DI, qui est à la droite. E.

DEUFF, gendre. B.

DIAN, vite adjectif. I.

DIAZES, assises. B.

DIBBER, mangeur. B. Voyez *Dibri*.

DICHOANT, désagrément, sans désir ni affection. B. *Di* privatif ; *Choant*.

DIDECH. Voyez *Taich*.

DIDECHI, fuir. B. Voyez *Tech*.

DIDILL-CANAB, tiller le chanvre. B.

DIENA, écrémer. B.

DIENGA, égarer, perdre. B.

DIHALANEIN, respirer. B.

DIHALHA, le même que *Trehalha*. B.

DIKELCHIA, DICHELIA, DICHELCHA, errer, être errant & vagabond ; *Dic'hels'het*, vagabond. B.

DIN, vite, agile, véhément, ardent au propre & au figuré, violent, empressé. I. C'est le même que *Dian*. Voyez *Tin*.

DIN, montagne, &c. Ajoûtez *Thien* en Tonquinois ; *Tien* en Chinois ; *Tan* en Japonois, ciel la partie la plus élevée de l'univers ; *Thanh* en Tonquinois, ville fermée de murailles, forteresse.

DIOLEN, sans sel. B. Voyez *Olen*.

DIREN-COAR, rayon de miel. B. A la lettre ; rayon de cire.

DIROUDEN, DIROUDET. Voyez *Rout*.

DISANKET. Voyez *Tifa*.

DISERT, désert, inhabité. E.

DISKIANTET, insensé. B.

DISLAVREGA, ôter la culote. B. Voyez *Lavrec*.

DISLONTRA, le même que *Disloncqa*. B.

DISOUCHA, DISOUCHENNA. Voyez *Souch*.

DISTEI, DISTOI. Voyez *To*.

DISTONNA. Voyez *Stonn*.

DIVERRAAT, accourcir, &c. Ajoûtez : Voyez *Berr*.

DIZOURA, ôter l'eau, dessécher. B. Voyez *Dour*.

DLEER, débiteur. B. Voyez *Dle*.

ET CORRECTIONS.

DOR, élévation, &c. Ajoûtez Voyez Or, Tor, qui sont le même mot.

DOR, porte: Ajoûtez Torahh en Hébreu & en Samaritain ; Thor en Théuton ; Duri en Sorabe, porte ; Tharak en Chaldéen, ce qui ferme.

DOUNA, DOUNEA, approfondir, creuser. B.

DOUNEDIGHEZ, venue, avenue, arrivée. B.

DOUNSY, danser. I. Voyez Dancz.

DOURGRECHANT, le même que Gourgrechant. B.

DOYIAG, douze. I.

DREIZEN, ronce, &c. lisez Dreis & Drez, ronce, crémaillère ; singulier Dreizen, Drezen ; possessif Dresennec, Drezennee, lieu où il croit beaucoup de ronces, ronceraie ou ronceaie. B.

DROGUYINNIGH, méchant homme, vain, I.

DROMAS, dos. I.

DROUGGOR, Ajoûtez : Il se dit particulièrement des œufs.

DRU, fertile. B.

DU, noir, &c. Ajoûtez Sua, noir en Chaldéen ; Sug, être noir en Arabe ; Tsuhh en Syriaque, obscurcissement ; Sum en Arabe, noir, malheureux ; Thumur, sombre, obscur en Tartare Mogol & Calmoucq ; Tun, obscur; Tum, hyver en Chinois.

DUBH, noirâtre. I.

DUBH, profond. I.

DUBHIN, noir. E. Voyez Dubb.

DUEMMES, femelle de chevreuil. B.

DUN, montagne, &c. Ajoûtez Tuan, Seigneur ; Tuen en Chinois, avoir la dignité de Juge, juger.

DUNA, Seigneur, Souverain. Voyez Mempeduna, Mempea.

DUVE, noir, noirâtre, profond. I.

E

E Ses. B.

EACHOD, ECHA, ECUU, cavalier. I.

EAUSTIG, gai & petit parlant d'un homme. B.

EE, EFF, EUFF, lui, il, son, sa, ses. B.

EIMBOT. Voyez Ibouden.

ELW, singulier Elwen, étincelle de feu ; Elwenna, étinceller, jetter des étincelles. B.

EMBOT, Voyez Ibouden.

EMFAS, hors, dehors. B.

EMOLCH, cri des chasseurs & des chiens. B.

EN, particule qui placée à la fin du mot est diminutive. I.

ENDIVEZ, enfin. B. Voyez Divez.

ENEBARZERES, douairière, veuve qui a son douaire. B.

ENES, isle ; Ajoûtez : Voyez Inis.

ENVOE, ennui. B.

ENW, nom, &c. Ajoûtez Han en Chinois, nom propre.

EOCHID, EOCHU, cavalier. I

EONENNAFF, écumer. I.

EPKEN, outre adverbe ; lisez B.

ER-KENTAW, tantôt au passé. B. Voyez Ekstaw, Akstao.

ER-MEAS, hors, dehors. B.

ERCH, grand. E. Voyez Erc.

ERCHAD, grand. E.

ERES, tristesse, chagrin du bonheur des autres, malice importune & persévérante contre quelqu'un, division entre les personnes d'une même famille ou communauté. B.

ERRIKIN, lier. B.

ERTH, grand. E. Voyez Er, Ard.

ERTHAD, grand. E. Voyez Erth.

ES, le même que Tes, chaleur. Voyez T. Es en Hébreu ; Esa en Chaldéen ; Esta en Syriaque, feu ; Essa en Chaldéen ; Esta en Syriaque, fièvre ; Esh en Samaritain, fièvre ; Est en Éthiopien, feu, incendie, flambeau ; Estia en Grec, foyer endroit où l'on fait le feu, nom de Vesta déesse du feu ; d'où les Latins ont pris le nom de cette déesse, dont ils se servoient aussi pour exprimer le feu :

Nec tu aliud Vestam, quam vividam intellige flammam,

dit Ovide dans les Fastes, Es, être prompt ; Eshh, être en colere en Arabe ; (la promptitude, la colere sont feu au figuré) Esta en ancien Persan ; Essa en Théuton ; Esse en Allemand, fourneau, forge ; Estia en Grec, foyer, tournaise ; Haize en Gothique, flambeau ; Eysa, charbons allumés en Islandois ; Ais, ulcère, inflammation en Allemand. Le soleil s'appelle Seemese en Hébreu: Ce nom est composé de Seem, ciel, & d'Ese, feu. Seemesa signifie la même chose en Chaldéen, puisque Seemesi en cette Langue signifie solaire. Seamesto en Syriaque ; Sanis en Persan ; Samosa en Arabe ; Somt (crase de Somes) en Abyssin, soleil. De là peuvent être venus l'Allemand Sonn, le Flamand Sonne, l'Anglois Sunne, l'Esclavon Sonce, le Polonois Slonce, le Bohémien Slunce, le Lusacien Slonice, le Gothique Sunno, l'ancien Saxon Sunne, les Théutons Sun, Sunna, Sunno, le Tartare de Crimée Sune, soleil. Eit en Allemand & en Théuton, feu ; Atesch en Persan, feu ; Aistho, Aitho, brûler en Grec ; Æstus, chaleur, ardeur ; Æstas, été la saison la plus chaude en Latin ; Heiss en Allemand ; Heiz en Théuton ; Heet en Flamand ; Hat en ancien Saxon ; Hot en Anglois, chaud, brûlant ; Hizeth en Hébreu dans la conjugaison Hiphil, brûler ; Hitze en Allemand ; Aithos en Grec ; Heat, Hatu en ancien Saxon ; Hizo en Théuton, chaleur, ardeur ; Hiza en Théuton, feu ; Attiza en Gothique, colere, feu au figuré ; Hitzen en Allemand ; Hize en Théuton ; Hailan en ancien Saxon, être chaud, être ardent ; Erhitz, en colere en Allemand. Voyez Etewyn, Ytewyn, Etsan.

ESCALERA, échelle. Ba. Voyez Escala, Skeul.

ESCONN, anguille. I.

EST, août. B. Voyez Eaust.

ESTEIN, moissonner. B. Voyez Eaust, Est.

EZOP, hyssope ; Ajoûtez Iosoi en Irlandois ; Ezob en Hébreu, en Samaritain, en Chaldéen ; Zuf en Arabe ; Ussopes en Grec ; Hyssopus en Latin ; Hisopo en Italien ; Hissopo en Espagnol ; Hyssope en François ; Isope en Allemand ; Hyssope en Flamand ; Hysope en Anglois ; Izop en Polonois ; Hyssope en Bohémien ; Isop en Hongrois, hyssope.

EZTA, non. Ba.

ADDITIONS

F

FACH, le même que Fath. I.
FAGH, le même que Fath. I.
FALL, vouloir. B.
FALL, défaut, &c. Ajoûtez Fall en Suédois, chûte, ruine.
FALLGALOUNI, manquer de cœur. B.
FALS, faulx. B.
FARSID, fuseau. I.
FEARTACH, admirable. E. Voyez Fearta.
FEDH, le même que Feadh. I.
FEFF, ciel : Ajoûtez Yven en Chinois, ciel, céleste, bleu.
FEIDH, le même que Feadh. I.
FEND, blanc. E.
FEREF, farouche, &c. Ajoûtez Pherech en Hébreu, férocité, dureté, action de briser; Pherach en Chaldéen, rompre, briser, renverser; Pheroch en Syriaque, briser, disperser, dissiper; Pherich en Arabe, haine, détestation, colere, broyer.
FERLEGINN, qui fait des leçons & des explications publiques, m ître, docteur. L. Voyez Fer.
FESQEN, gerbe, &c. lisez Fesq, singulier Fesqen, gerbe, &c.
FLAHUDEN, FLEHUDEN, flûte. B.
FO, ardeur du feu, &c. Ajoûtez Feu, four; Fo, couleur du visage d'un homme en colere, rouge que la colere met sur le visage, colere en Chinois.
FORTH, détroit, bras de mer. E. Voyez Frith, Ffrwd.
FORZ. NE RANZ FORZ, je n'en sais pas de cas ni d'estime, je ne m'en soucie pas. B.
FRAMIGH, quadre d'un tableau. I.
FRANKIS, liberté, dégagement. B.
FRITH, détroit, bras de mer. E. Voyez Ffrwd.

G

G Initial suivi d'un u dans les substantifs féminins, se perd après les articles Ur, Ar, & l'u se change alors en v. Guyalenn, houssine; Ur ou Ar Vyalenn, une ou la houssine, & ainsi des autres. B.
GADDIUM, gage: Ajoûtez Gade en Malaye, gage. Voyez Gag.
GAE, gai : Ajoûtez Gao, rire, se récréer; Quei, joie en Chinois.
GAIR, parole, &c. Ajoûtez Gair, Guér en Breton, parole; Gerah, (prononcez Guerah) en Chaldéen, gosier; Gerah en Syriaque, hurlement; Garah en Arabe, voix élevée, parole élevée, cri; Kar en Allemand, accusation intentée; Chara en Théuton, accusation; Kiera en Islandois, accuser; Quar en Théuton, gémir; Kirren, Quirren, Girren, gémir, se plaindre; Kirren en Flamand, se plaindre; Ceorian, (prononcez Keorian) en ancien Saxon, murmurer; Keren en Allemand, converser, parler avec quelqu'un. Voyez Air.
GAN, cause, &c. Ajoûtez Kan en Chinois, tronc de l'arbre.
GANTAE : Ajoûtez Ya en Chinois, oie.
GAO, GAU, &c. Effacez cajoler, enjoller.
GARAN, grue : Ajoûtez Cran en ancien Saxon; Craan en Flamand; Cran en Théuton; Grus en Latin ; (crase de Gerus, prononcez Guerus) Gru en Italien; Gruz en Espagnol ; Gerah en Bohémien, grue.
GAROU, âpre, rude. B. Voyez Garw.
GARR, jambe : Ajoûtez Kerahhh, Cherahhh en Hébreu; Cherahhh en Chaldéen, en Arabe; Cherohhho en Syriaque, jambe; (prononcez Ch comme K) Szaar en Hongrois; Akar dans le dialecte Grec de l'Isle de Créte, jambe. Le Latin Crus est formé de Gar ou Car, jambe ; Us, terminaison Latine qui par son addition ayant fait changer l'a de Car en e, on a dit Cerus, (prononcez Kerus) & par crase Crus ; Gargata, jarret en Espagnol. Peut-être que la grue a pris son nom de ses hautes jambes. Voyez Garan.
GAU, mensonge, &c. Ajoûtez Ço en Chinois, gauche.
GEN, menton, &c. Ajoûtez Kinn en Islandois; Kind en Suédois, menton, machoire.
GENI, naître : Ajoûtez Gin, engendré, né en Écossois; Ganet, né ; Gouen, race en Breton; Cun, principe en Chinois; Goni en Syriaque, engendrer; Gonnin en Arabe, embrion, petit enfant; Genisa en Chaldéen; Genos en Syriaque; Genesis en Grec, génération, nativité, famille, race ; Genosd en Samaritain; Genis en Arabe, race; Geneto en Syriaque; Genet en Arabe, race; Keinan en Gothique, germer, pousser, produire, des fleurs & des fruits ; San, enfanter, engendrer en Tonquinois; Tsana en Arabe, être féconde, avoir plusieurs enfans ; Gin en Chinois ; Kun en Tartare Mogol & Calmoucq, homme; Sin en Esclavon; Syn en Polonois & en Bohémien; Szun (prononcez Szin) en Dalmatien ; Sun, Cun en Chinois; Sun, Sunu en Théuton; Sunus en Gothique ; Suna en ancien Saxon; Sen en Danois, en Suédois, en Anglois, en Flamand, en Islandois; Soen en Flamand; Sonne en Anglois; Sohn en Allemand, fils, L's & le g se mettent l'un pour l'autre, & les voyelles se substituent réciproquement. Con, fils en Tonquinois ; Kennen en Allemand; Cennan en ancien Saxon ; Chennen en Théuton; Gennan en Grec, Gignere en Latin, enfanter, engendrer ; Kind en Allemand & en Anglois ; Chind en Théuton, enfans, race, lignée ; Guni en Chaldéen ; Gune en Grec; Quen en Allemand ; Quine en Gothique ; Cwen en ancien Saxon; Kuena, Chena en Théuton ; Kuenna, Kona en Islandois ; Qwinna en Suédois ; Ganne en Prussien & en Lithuanien ; Xena en Dalmatien ; Shena en Esclavon; Zona en Polonois ; Schona en Lusacien, épouse, celle qui donne des enfans.
GENUS, engendré, né. I.
GER, guerre : Ajoûtez Garih, être plein de cœur, de hardiesse, de valeur, se montrer tel, être vaillant ; Gari, vaillant, hardi, qui précede les autres au combat en Arabe ; Gerab en Chaldéen, exciter des discordes ; Gorigo en Syriaque, provocation au combat ; Garach en Arabe, première partie de l'armée ; Gerah en Hébreu, provoquer au combat ; Gare en Chaldéen, exciter quelqu'un contre un autre, lancer des fleches contre un autre ; Garo en Syriaque, se quereller, provoquer, fraper

ET CORRECTIONS.

fraper ; *Garaz* en Arabe, couper ; *Garahh*, blesser ; *Gerahh*, bleſſure, & *Gari*, hardi, courageux. *Garam* en Hébreu, briser ; *Garam* en Syriaque, couper, & *Geromo*, coupure, amputation ; *Garam* en Ethiopien, terreur, être terrible, épouvanter ; *Gers* en Hébreu ; *Gereris* en Chaldéen, brisé, froissé ; *Geras* en Syriaque, brisé, qui eſt péri ; *Garahhh*, couper en Hébreu, en Chaldéen, en Syriaque ; *Gerab* en Chaldéen, dévaller, piller ; *Grazit* en Arabe, carnage de guerre, bleſſures ; *Geger* en Malaye, sédition ; *Ger* en Hébreu, en Chaldéen, en Syriaque ; *Gair* en Arabe, étranger. Les Septante rendent le mot Hébreu *Gera* par engager la guerre, & S. Jerôme par provoquer à la guerre, commencer le combat, combattre. Voyez *Gal*, ennemi.

GERGEN, petite broche de fer ou de bois que l'on passe par-deſſus le couvercle d'un vaſe par les deux anses pour empêcher que le couvercle ne tombe. I.

GERR, petit : Ajoûtez *Gara*, couper, diminuer, rendre petit ; *Gerah*, obole la plus petite des monnoies en Hébreu ; *Gera*, déchirer en Chaldéen ; *Gero* en Syriaque ; *Geri* en Arabe, petit d'animal ; *Garam* en Hébreu, diminuer ; *Goram* en Syriaque, diminuer ; *Geram* en Arabe, petit ; *Garas* en Hébreu, en Chaldéen, en Syriaque, mis en petites parties ; *Garahh* en Arabe & en Chaldéen, diminuer ; *Gerh iberen* en Autrichien, tuteur de pupille. (On ne peut nier que *Haber* ne ſoit formé de *Habea*, qui signifie garder ; ainsi *Ger* ſignifie pupille, petit ;) *Zeera* en Syro-Chaldaïque, petit ; *Kerbon* en Allemand ; *Coorsan* en ancien Saxon, couper ; *Kerl* en Allemand, homme du petit peuple, eſclave ; *Zeren* en Allemand, mettre en petites pièces ; *Zerren* en Allemand ; *Zarn* en Theuton, briser ; *Gerghgni*, ronger, diminuer quelque choſe avec les dents ; *Gherma*, concavité, lieu plus bas en Géorgien ; *Karho*, menuisier ouvrier dont le nom marque qu'il diminue le bois en Tartare Mogol & Calmoucq ; *Zer* en Arabe, petit ; *Zarab* en Hébreu, ſerrer ; *Zirubit* en Chaldéen, petitesse ; *Zerab* en Syriaque, ſerrer, & *Zorobo*, action de ſerrer, petitesse dans la même Langue ; *Zerad*, couper en Chaldéen ; *Zerat* en Arabe, médiocre ; *Zari*, faire peu de cas, mépriser ; *Zerino*, petite rivière, ruiſſeau dans la même Langue ; *Zeraph*, couper ; *Zeret*, le petit doigt en Chaldéen ; *Zero* en Arabe, nombre ſans valeur par lui-même. Le mot *Gerr* s'eſt conservé dans notre Langue, puiſque *Gerce* signifie une petite vermine qui ronge les habits & les livres, d'où sont venus nos termes *Gercer*, *Gerçure*, dont nous nous servons pour exprimer une petite crevaſſe.

GHINIDIGEZ, naiſſance. B.

GI, le même que *Gui* : Ajoûtez *Gia* en Tonquinois, maiſon.

GIN, engendré, né. E.

GLAS, verd, &c. Ajoûtez *Glas* en ancien Saxon, bleu ; *Glaux* en Grec, chouette (cet oiſeau a les yeux bleus) *Glas* en ancien Saxon ; *Glas* en Theuton ; *Glaſſo* en Lithuanien & en ancien Pruſſien, verre, ainſi nommé de ce qu'il eſt verd ; *Glaukos* en Grec ; *Glaucus* en Latin, bleu, verd. La racine de *Glankos* eſt *Glas*.

GLAS, loup. E.

GLEAND, vallée. E. Voyez *Glean*.

GLOAS, goutte crampe. B.

GLUTEN, GLUTENNI, gluer, être gluant. B.

GO, en haut, &c. Ajoûtez *Xao* en Chinois, supérieur.

TOME II.

GOAP, raillerie, &c. Ajoûtez *Gapen*, ſe moquer, ſe jouer, tromper en Allemand ; *Geap* en ancien Saxon, fourbe, trompeur ; *Gabba* en Iſlandois, ſe moquer, ſe jouer.

GOERACH, brebis au pluriel. I.

GOLLO, larme. I.

GOR, chaleur, &c. *Schoorſteen* : Liſez *Schorſtein*, & ajoûtez *Or* en Arabe, chaleur, ardeur du feu, du ſoleil ; *Or*, *Ur* en Phénicien & en Hébreu, lumière, feu ; *Or*, *Ur* en Chaldéen, lumière. M. Le Clerc eſtime que l'*Urim* étoit un eſcarboucle, qui eſt une pierre précieuſe ainſi appellée de la couleur de feu, que par la même raiſon les Latins ont nommée *Carbunculus*. *Goren* en Allemand, fermenter verbe qui exprime le bouillonnement de quelques liqueurs, qui ſe fait par la chaleur naturelle de ces liqueurs. *Gor*, *Or* ſignifiant feu, lumière, on s'en eſt ſervi pour déſigner le jour ; *Aur*, *Or* en Arménien ; *Auro* en Péruvien ; *Jor* en vieux François ; *Jour* en François moderne ; *Giorno* en Italien ; *Jom* en Hébreu, en Chaldéen, en Syriaque, en Arabe, en Ethiopien, jour ; *Orahh* en Ethiopien, lune ; *Garing*, rôtir en Malaye.

GOR, abſcès, &c. Ajoûtez *Garou* en Malaye, chancre.

GOS, le même que *Goet*, bois, &c. B.

GOUET, le même que *Goet*. B.

GOULAZENN, &c. Liſez *Goulaz*, *Goulas* ; ſingulier *Goulazenn*.

GOULEC, &c. Ajoûtez B.

GOULIEN, tertre : Liſez terre.

GOUNID, gain, &c. Ajoûtez *Ganda* en Malaye, gain, profit.

GOURD, GOURT, roide, rude, difficile à plier & à manier. B.

GOURDOUZEIN, quereller, menacer. B.

GRACH-SCAO, fuſain. B.

GRILH, grillon écreviſſe de mer : Corrigez grillon, écreviſſe de mer, &c.

GROSMOLAT, murmurer, faire un bruit ſourd. B.

GRYIT, criez à l'impératif. B. Voyez *Cri*.

GUEN, arbre : Ajoûtez *Xu*, arbre en Chinois ; *Sang*, arbre, bois en Tonquinois.

GUEZ, arbre : Ajoûtez *Seſe*, bois en Géorgien.

GUI, eau : Ajoûtez *Giſcem* en Hébreu, en Chaldéen, pluie ; à la lettre, eau du ciel ; *Seem*, ciel ; *Gi* ou *Gui* par conſéquent eau.

GUI, arbres : Voyez *Piregni*, *Guy*, *Pir-Goudask*, *Pireen*.

GWAHIEN, rayon de ſoleil : Liſez *Gwahien* rayon ; pluriel *Gwahiennon* ; *Gwahien-Heaul* rayon de ſoleil. B.

GWALLARN-STERN, nord-nord-oueſt.

GWARSAT, &c. Liſez B.

GWAZ, ruiſſeau. B.

GWELIAT, danſes, divertiſſemens. B.

GWELOFEN, hirondelle. B.

GWENFOL. Voyez *Gwennol*.

GWERACH : Liſez *Merch-Gwerach*, jeune fille, pucelle, vierge. B.

GWIM, regain ſecond foin. B.

GWIN, vin : Ajoûtez *Jain* en Hébreu & en Chaldéen, vin ; *Ooinos*, *Oinos*, vin en Grec.

GWN, ſçavoir. G. Voyez *Cen*.

GWR, homme, &c. Ajoûtez *Gur* en Hébreu, en Chaldéen ſignifie étranger, hôte, voiſin, celui qui habite avec nous, habitant en général, & *Garah* eſt le ſynonime de *Beth*, maiſon. *Gure* en Syriaque, étranger ; *Gur* en Samaritain, étranger, voisin ; *Gurt* en Éthiopien, celui qui est préposé pour gouverner des hommes, le chef d'une troupe d'hommes ; *Gur* en Arabe, voisin, habitant. On voit par là que *Gur* dans ces Langues a originairement signifié homme en général, puisqu'il désigne en particulier toutes espèces d'hommes, soit l'habitant, soit le co-habitant, soit le voisin, soit l'étranger. Je confirme ma conjecture par *Gbr*, que l'on peut également prononcer *Gvr*. *Gbr* en Hébreu, homme, fort, vaillant, courageux. Ce terme a les mêmes significations en Chaldéen & en Syriaque. *Gbr* en Éthiopien, serviteur, valet, ouvrier ; *Gbr* en Arabe, jeune homme, Roi, Seigneur, serviteur, valet, fort, vaillant ; *Hhurin* en Arabe, fille ; *Hbhur* en Hébreu, fils ; *Hhhur* en Arabe, prendre une seconde femme, & *Hhhurn*, sage-femme, femme qui aide les hommes à naître. Voyez *Wr*.

GWY, ville, &c. Ajoûtez *Kia*, maison en Chinois.

GWYCH, fort, &c. Ajoûtez *Ku* en Chinois, force ; *Kui* en Arabe, disputer de force, être fortifié, devenir plus fort.

GYLLA, enfant. I.

H

HAF, été : Ajoûtez *Apha* en Hébreu & en Chaldéen, cuire ; *Apho* en Syriaque, cuire ; *Apher* en Hébreu & en Chaldéen, cendre ; *Aphero* en Syriaque, cuisson ; *Aphero* en Arabe, chaux vive qui n'est pas éteinte ; *Hia*, été en Chinois.

HAITH, forêt. G. *Heide* en Islandois ; *Haith* en Gothique ; *Heid* en Allemand, forêt. Voyez *Hai*, *Hoed*.

HAK, difficulté de parler. B.

HAL, salive : Lisez *Hal*, *Halo*, *Halw*, salive ; singulier *Halen*. B.

HAL, salure de l'eau de la mer. B.

HAM, domicile, &c. Ajoûtez *Hhham*, *Hhhom* en Hébreu, en Samaritain, en Chaldéen, en Syriaque, en Éthiopien, en Arabe, ont signifié couvrir, cacher ; d'où il est arrivé que ces mots ou leurs dérivés ont été employés à signifier maison ; parce que les maisons mettent à couvert ceux qui y demeurent ; on aura ensuite étendu le terme qui signifioit maison à ceux qui l'habitoient : Nous disons encore maison en ce sens en notre Langue, & par une nouvelle extension ce terme, qui désignoit les habitans d'une maison, a été employé pour signifier une assemblée d'hommes, les habitans d'une Ville, d'une Province, un Peuple : C'est ainsi que *Hhham*, *Hhhom* en Hébreu, en Syriaque, signifient peuple ; *Hhham* en Arabe, assemblée d'hommes, peuple, populace.

HAN, HANO : Lisez *Han*, ici ; *Hano*, là. B. Voyez *Ahan*, *Abano*.

HAPPA, happer, &c. Ajoûtez *Haben* en ancien Allemand ; *Heben* en Allemand moderne ; *Haban* en Gothique ; *Haben* en Théuton, tenir en jettant les mains, saisir ; *Habe* en Allemand ; *Haib* dans les anciens dialectes de cette Langue, terre conquise par les armes, terre dont on s'est saisi par la force ; *Haft* en Allemand & en Théuton, pris, saisi ; *Haften* en Allemand ; *Hafian* en ancien Saxon, prendre, saisir ; *Haban* en Théuton, tenir, jetter les mains pour saisir.

HAUD, hardiesse, &c. Ajoûtez *Harad* en Arabe, fendre, couper, vouloir & pouvoir quelque chose ; *Harath* en Éthiopien, percer, tuer ; *Hharad* en Éthiopien, tuer ; *Hharad* en Arabe, qui est en colere, brûlant de colere ; *Hharath* en Syriaque, déchirer, couper ; *Hharathal* en Arabe, celui à qui la colere fait lever la tête, donne de la hardiesse ; *Hharat* en Hébreu & en Syriaque, couper ; *Hharad* en Arabe, effréné, homme qui se permet tout.

HARDD, dur, &c. Ajoûtez *Hhharad* en Arabe, dureté, dur, & *Hhharat*, être dur dans la même Langue.

HARELL, secours de troupes auxiliaires. B. Voyez *Arell*.

HARELL, troupes, &c. Ajoûtez *Harée* en haute Bretagne est la troupe assemblée pour chasser aux loups.

HARIGHELLA, chanceler comme un homme yvre. B.

HASTISDET, empressement, ardeur à agir. B.

HAT, semence : Ajoûtez graine, pepin. B.

HAUL, soleil : Ajoûtez *Hali* en Chaldéen paroit avoir signifié soleil, puisque *Helcihon* signifie en cette Langue ce qui concerne le soleil, ce qui est séché par le soleil, ce qui est brûlé par le soleil ; *Hhhalita*, animal qui éteint le feu, chose incombustible, lieu où l'on cuit quelque chose dans la même Langue, ce qui fait voir que *Hhhal* en cette Langue a signifié feu ; *Helel* en Hébreu, l'étoile du matin qui annonce le jour ; *Hhhalah* en Hébreu ; *Hhhalath* en Samaritain, holocauste victime entierement consumée par le feu ; *Hal* en Arabe, luire, briller ; *Hhhtahhh*, ardeur ; *Hhhalab*, chaleur ; *Hhhalenon*, chaleur, action de rôtir, de brûler, de bouillir ; *Hhhaleth*, rayons du soleil ; *Hhhalath*, action de faire feu, action de bouillir dans la même Langue ; *Hel* en Allemand, soleil, feu, éclat ; *Ouil* en Gothique, soleil ; *Ala*, flamme du feu en Persan moderne ; *Eeld* en Suédois ; *Ho* en Tonquinois, feu ; *Ele*, *Eleia*, l'éclat & la chaleur du soleil en Grec ; *Holle* en Allemand ; *Halle* en Gothique ; *Heile*, *Hylle* en ancien Saxon ; *Hella* en Théuton, enfer, ainsi nommé du feu qui y tourmente les damnés. Voyez *Heil*.

HEGARAT, patient, docile. B.

HEGET, &c. Lisez : c'est le participe d'*Hegea*.

HEL, pierre, roc, rocher. I. Voyez *Al*.

HELEDAN, grand plantain. B.

HELEGHESTR, écrevisse en général. B.

HELME : Lisez *Helm*.

HEN, vieux : Ajoûtez *Anh*, aîné en Tonquinois ; *Zaken* ou *Zken* en Hébreu & en Chaldéen, vieillard, *Chohen* en Hébreu, en Chaldéen, Prêtre, Prince ; *Chahen* ou *Chen* en Arabe & en Éthiopien, Prêtre ; *Chahan* ou *Chan* en Arabe, Prêtre, vieillard : Les vieillards ont été les premiers Princes ou Souverains de même que les premiers Prêtres ; ainsi il paroit par *Chen* & *Zken* que *Ken* ou *Chen* signifioit originairement vieillard dans les Langues Orientales. (Le *k*, le *ch* & l'*h* se mettoient indifféremment l'un pour l'autre.) On trouve dans les Langues Septentrionales des traces que *Hen* a eu la signification de vieillard dans ces Langues. Les vieillards sont près de la fin de leur vie ; *Hin* en Théuton, en Allemand ; *Hinn* en ancien Saxon, signifient la fin, le terme de quelque chose ; *Ende* en Allemand ; *Andei* en Gothique ; *End*, *Ende* en ancien Saxon ; *Enti* en Théuton, fin, terme; *Casnar* dans la Langue des Osques, vieillard; *Antic*, ancienne dans nos vieux romans François & dans Froissart; *Antan* en vieux François, le vieux temps, le temps passé : Il se dit encore en ce sens dans le Patois de Besançon; *Aisné* en François, le plus vieux des freres; *Antiquus* en Latin; *Ancien* en François, vieux, vieillard.

HENANDET, aînesse. B.
HENOS, ce soir, vers la nuit. B.
HENT : Lisez *Dibincha*, & non pas *Deincha*.
HER, veillant ou se levant. B. Tiré de la vie de Saint Hervé, en Latin *Herbaudus*, donnée au public par les Continuateurs de Bollandus, *Appendix junii*, t. I.
HERN, habitation, demeure. G.
HERRAT, traite, distance de chemin d'un lieu à un autre. B.
HEZ, arbres. Ajoûtez : Il paroit que dans l'ancienne Langue de la Germanie & du Nord *Hetz* signifioit forêt, puisque *Hetze* en Allemand signifie chasse, qui dans les premiers temps ne se faisoit que dans les forêts ; *Hetzen* en Allemand;

Hidsa en Suédois; *Hudza* en Islandois, chasser.
HI, HY, long. E. I. Voyez *Iena*, *Huy*.
HILL, isle. I.
HIN, chemin. B. Voyez Hint. Lisez : Voyez Hynt.
HINONI-A-RA, il est sérein, purgé, clair & sans nuage parlant du ciel. B.
HIRVOUT, sanglot. B.
HOLLT, fissure, &c. Ajoûtez *Hol* en Théuton, trou, antre, caverne; *Hole* en Allemand, antre, caverne, cachette.
HOLY, saint. E.
HOULIGH, laver. I. Voyez *Golc'h*.
HWCH, cochon : Ajoûtez *Hhazir* ou *Hhozir* (car les voyelles sont indifférentes) en Hébreu ; *Hhazira* en Chaldéen; *Hhazir* en Arabe; *Hhozire* en Syriaque, cochon; *Heo* en Tonquinois, cochon; *Chu* en Chinois, cochon : Le *ch* & l'*h* se mettent indifféremment l'un pour l'autre. Voyez *Moch*. L'*h* & l'*m* se mettent l'une pour l'autre.
HUY, HU, long. E. I.
HYN, les ancêtres, &c. Ajoûtez *Hhin* en Syriaque, consanguinité, parenté.

I

I, Eux, ils. B.
I, isle. Ajoûtez : Voyez *Inis*, *Ynis*.
IA, ainsi : Ajoûtez oui. Voyez Y. *Ye* en Chinois, ainsi, oui.
IACHA, rendre ou devenir sain; *Iacheth*, *Iechet*, guéri, devenu sain. B.
IAOU, jupiter. B. Voyez *Iau*.
IAVANCA, rendre ou devenir jeune, rajeunir; *Iauanctis*, *Iauanclet*, jeunesse. B.
IBOT. Voyez *Ubot*.
IBOUDEN, ente : Lisez *Ibout*, *Embot*, *Eimbot*, *Imbot* singulier *Ibouden*, *Embonden*, *Imbouden*, ente, greffe d'arbre. B.
ICOL, licou. B.
IENA, refroidir. B.
IERON, fer. I.
IGNAPR, mal qui vient aux pieds des chevaux, auquel on dit que ceux qui fréquentent les marais sont plus sujets. B.
ILIBERENN, plurier *Iliber*, corme ou sorbe fruit du cormier.
ILIS, Eglise, soit l'assemblée des Fidéles, soit le lieu où ils s'assemblent. B.
ILLICQ, chatouillement. B.
ILLIGH, coude. I. Voyez *Ilin*.
ILLIGUAT, ILLIGAT, chatouiller. B.
IMBOT. Voyez *Ibouden*.

IMBREIL, avril. B.
IN, particule qui placée à la fin du mot est diminutive. I.
INIS, isle. E. *Nisa*, isle en Chaldéen.
IOU se met après les noms *Tat*, pere; *Mam*, mere; de sorte que *Tat Iou* est le trisaïeul, & *Mam-Iou* la trisaïeule. B.
IR, le même qu'*Er*, montagne, &c. Ajoûtez *Irab* en Syriaque, grand, excellent, croître; *Irab* en Éthiopien, géant, héros, qui est grand homme au figuré. Voyez *Irai*.
IR, crud, verd, &c. Ajoûtez *Irak* en Hébreu, toutes sortes d'herbes potagéres, toutes sortes d'herbes médicinales, toutes sortes d'herbes odoriférantes, verd, verdure, herbe verdoyante; *Irak* en Chaldéen, être verd; *Irako* en Syriaque, verdure, couleur verte, verd, toutes sortes d'herbes potagéres.
IRA, colere, &c. Ajoûtez *Irren* en Allemand, irriter; *Aers* en Islandois, irriter; *Irre* en ancien Saxon; *Wrath* en Anglois; *Vrede* en Danois; *Haragh* en Hongrois, colere.
IRTH, grand. E. Voyez *Erth*.
IRTHAD, grand. E. Voyez *Irth*.
ITH, bled, froment. Ajoûtez : Voyez *Yth*.
IÜ, eau, &c. Ajoûtez *Yo* en Chinois, endroit où l'on lave.
IVL, huile : Ajoûtez *Yeu* en Chinois, huile.

K

KAEZNEZ, misére. B. Voyez *Kaez*.
KAËZOREZ : Lisez *Caëzourec*.
KARNON. Lisez : Ce mot Gaulois.
KEFELLEC, &c. Lisez *Kefellega*, chasser aux bécasses.
KEFEREZ, celui qui aide à labourer, le compagnon de charrue; plurier *Keferidi* se dit aussi des voisins d'un laboureur qui lui prêtent leur charrue, leurs bêtes, ou qui lui servent en personne; *Keferia*, aider à la charrue, la conduire avec un autre. B.
KEFFOMP, ayons. B. Voyez *Cafout*.
KEFREDA, concourir. B. Voyez *Kefred*.

KEIF, coëffe. I.
KELCHER, KELIER, enchanteur, feu follet & errant qui trompe les voyageurs pendant la nuit. B. Voyez *Ankelher*.
KEMMEN, commandement, ordre, précepte, mander, commander, donner ordre, ordonner. B.
KEMMESK, mêler ensemble; *Kemmeski*, mêler. B.
KEMPEN, attentivement, exactement. B.
KEMPRET, prendre, choisir. B. Voyez *Kemmeri*.
KENNIGH, crasse en général. I.
KENT-DECH, avant-hier. B. Voyez *Dech*.
KENTIZ, d'abord. B. Voyez *Qentik*.

ADDITIONS

KENVI, KIVINI, mousse. B.
KERBE. Ajoûtez : De là le mot François *Gerbe*.
KERN, trémie : Lisez *Kern-Ar-Vilin*, trémie du moulin. B. *Vilin* pour *Milin*.
KEVASEZ, KEFASEZ, séant dans son lit. B.
KEVIA, creuser, faire une cave. B. Voyez *Cav*.
KEZOUR. le même que *Kaccour*, ordure, &c. B.
KIAL, noble. I.
KIDOUR, loutre, B. A la lettre, chien d'eau. Voyez *Ci*.

KIEN, capital, principal. E. Voyez *Ken*, *Cen*.
KILGAT, KILCHAT, cligner les yeux. B.
KILIA, faire des cercles. B.
KINEL, race, postérité, descendans. I.
KIRK, Église. G.
KISIDIC, homme ou femme qui se plaint souvent pour peu de mal. B.
KIVIS. E-KIVIS, j. trouvai, je rencontrai. B. Voyez *Cavout*.
KOS, presqu'isle. I.

L

LAB, main : Ajoûtez *Labad* en Chaldéen, tenir, prendre avec la main, saisir ; *Labad* en Syriaque, action de prendre avec la main, tenir avec la main ; *Labad*, ramasser avec ses doigts ; *Labka*, dextérité, adresse de la main ; *Labat*, tordre la main en Arabe ; *Lavas* en Hébreu, pétrir ; *Lia* en Islandois ; *Lewjan* en Gothique ; *Liwn* en Théuton ; *Liefern* en Allemand, donner ; (on donne avec la main) *Labor* en Latin, travail qui se fait avec la main ; *Lawan*, se battre, se donner des coups de poing en ancien Saxon ; *Lafam* en Runique, la paume de la main. Voyez *Lam*, *Lav*, *Llaw*.

LABASK : Ajoûtez *Labasé* en Hébreu, en Chaldéen, en Syriaque, en Éthiopien, se vêtir.

LABEA, feu : Ajoûtez *Libun* en Chaldéen, couleur de feu ; *Liben*, enflammé, ardent, rendre ardent, mettre en flamme dans la même Langue ; *Lebenia* en Syriaque, ardent, en feu ; *Lebinah* en Hébreu ; *Libunah* en Chaldéen ; *Lebono* en Syriaque ; *Lebonah* en Samaritain ; *Lebonah* en Arabe, encens ; *Leboni* en Éthiopien, storax espèce d'encens. Il paroit que l'encens a pris son nom de ce qu'on le brûloit pour en sentir l'odeur ; c'est ainsi que le mot Latin *Thus* vient du Grec *Thuos*, qui signifie parfum que l'on brûle. *Laban* en Hébreu ; *Lebena* en Chaldéen ; *Leban* en Samaritain ; *Laban* en Arabe, brique pierre cuite, ainsi nommée de *Lab* ou *Leb* qui aura signifié feu. Les termes qui signifient feu, ardeur au propre, se mettent aussi dans toutes les Langues au figuré ; ainsi *Lab*, *Leb* ont signifié amour, désir, amitié ; *Liebe* en Allemand ; *Liubi* en Théuton ; *Lufe* en ancien Saxon, amour, amitié ; *Lieb* en Allemand ; *Lief* en Flamand ; *Leefs* en Anglois ; *Liobo* en Théuton ; *Leofan* en ancien Saxon ; *Liuba* en Gothique, aimé, cher, chéri ; *Liufur* en Islandois, agréable, qui plaît. Le cœur étant le siège du désir, de l'amour, de l'amitié, *Leb* a signifié cœur en Hébreu, en Samaritain, en Chaldéen, en Syriaque, en Éthiopien, en Arabe. Le cœur étant le principe de la vie, on a étendu ce terme à signifier vie ; de là *Leib* en Allemand ; *Libains* en Gothique ; *Lif* en ancien Saxon, en Suédois & en Islandois ; *Lib* en Théuton ; *Lyfe* en Anglois ; *Liff* en Danois ; *Leben* en Carniolois ; *Leuen* en Flamand, vie ; *Liban* en Gothique ; *Leben* en Allemand ; *Lifa* en Runique ; *Lessue* en Danois ; *Live* en Anglois ; *Leven* en Flamand ; *Leben* en Théuton ; *Libban*, *Lysian* en ancien Saxon ; *Lyfwa* en Suédois, vivre.

LABISTREN : Lisez *Lubistr*, singulier *Lubistren*.

LAC, lieu : Ajoûtez *Laga*, refuge, lieu de refuge, asyle ; *Loch*, ce qui est couvert avec des planches ; *Labb* ou *Lach*, maison ; *Lac*, asyle, refuge en Arabe ; *Legin*, grenier ; *Lazab*, fermer en Chaldéen ; *Lagat* en Éthiopien, cabane, chaumière ; *Luage* en Théuton, caverne ; *Loch* en Allemand ; *Loh* en Théuton, cachette. Voyez *Leach*, *Loch*.

LAC, LACH, étang : Ajoûtez *Lacha* en Arabe, humeur, liqueur, eau ; *Lachach*, pleuvoir ; *Lachat*, eau dans la même Langue ; *Lachacha* en Éthiopien, humecter, mouiller ; *Lachab*, pleurer, répandre des larmes dans la même Langue ; *Lacho* en Allemand, marais, étang ; *Lacuna* en Latin, mare ; *Laka* en Islandois, fonte de neige.

LACAYOA, laquais : corrigez *Malach* en Hébreu, envoyer, & lisez *Malach* en Hébreu, en Samaritain, en Chaldéen, en Éthiopien, en Arabe ; *Malacho* en Syriaque, envoyé. La racine de ce mot est *Lach*, envoyer ; *Lachahh*, envoyé en Arabe.

LACH, lac. I. Voyez *Lac*.

LAGADAD : lisez *Lagadat*.

LAGADEN, source ou fontaine d'eau vive, étang ; lac. B. Ce mot paroit formé de *Lagad*, œil, parce que les sources ou fontaines sont comme des yeux à la terre. Les Hébreux y voyoient la même ressemblance, car *Hhhin* signifie en cette Langue œil, fontaine, piscine.

LACHEN. Voyez *Laken*.

LAMGROAS, croix processionale, & se dit de celles qui sont élevées sur les chemins & ailleurs. B. Voyez *Croaz*.

LAMHA, main. I.

LAMP, lampe : Ajoûtez *Lamphad* en Chaldéen, lampe flambeau ; *Laphed*, luire en Chaldéen dans la conjugaison *Hitphael* ; *Liom* en Islandois, lumière, éclat.

LAN, pleine mer. B.

LAND, Église, Temple, Chapelle, lieu sacré, monastère. I. C'est le même que *Lan*.

LAND, terre, pays. I. *Land* en Gothique, en ancien Saxon, en Théuton, en Allemand, en Flamand, en Anglois, terre, pays.

LANDREAD, convalescent : Ajoûtez *Len*, foiblesse en Chinois.

LANHU, étendre. I.

LANO. Ajoûtez B.

LAPP, lèvre : Ajoûtez *Lahhhap* en Arabe, baiser ; *Laph* en Arabe, lécher, & *Laban*, ce que l'on peut lécher en une fois ; *Lap* en Tonquinois, balbutier ; *Lahhh*, *Lahhhab*, lécher en Syriaque.

LAR, superflu : Ajoûtez *Laird*, *Lord*, Seigneur en Écossois.

LAS, verd : Ajoûtez *Lahh* en Hébreu & en Chaldéen, verd ; *Las* en Arabe, espèce de pois ou de fèves vertes ; *Lazur* en Syriaque ; *Lazir* en Arabe & en Persan, bleu.

LATH, cellule. I. Effacez.

LAUNSIGH, lance. I. Voyez *Lance*.

LAZRA, voler, dérober. B.

ET CORRECTIONS.

LE, veau, petit bœuf. I.
LEABRAN, petit livre. I.
LEACH, pierre. I.
LEAH, lait. B.
LEE, veau. I. Voyez *Le*.
LECHESTR HOUMAR: *Houmar* est le mot François.
LEGUEA, loi, &c. Ajoûtez *Lê* en Tonquinois ; *Lệ*, coûtume dans la même Langue ; *Lie*, loi en Chinois.
LEMN, forêt : Ajoûtez *Lin*, forêt en Chinois.
LEN, garçon célibataire : Ajoûtez *Lang* en Chinois, homme.
LENIGH, chemise. I.
LEOU, lion : Ajoûtez *Leo* en ancien Saxon ; *Law* en Sorabe ; *Louwo* en Théuton, lion ; *Lavahhh* en Hébreu & en Chaldéen, dévorer, engloutir ; *Leon* en Chaldéen, lion ; *Lijn* en Éthiopien, lion.
LET, demi, &c. Ajoûtez *Lati* en Arabe, être petit, être bas ; *Letan* en Arabe, ignoble ; *Latahhh* en Arabe, petitesse, qualité d'être menu, d'être mince, d'être délié, maigreur ; *Lataph* en Arabe, être menu, être petit, être mince ; *Latas* en Hébreu & en Chaldéen, rendre aigu ; *Latiffo* en Syriaque, aigu ; *Lata* en Arabe, être défectueux, manquer ; *Latabh*, dépouiller, enlever, arracher, avoir faim, faim, famélique, malheureux ; *Lati* en Arabe, mal, calamité, malheur, mauvaise fortune ; *Latan* en Arabe, indigence ; *Leid* en Allemand & en Théuton, mal, douleur, dommage ; *Leiden* en Allemand ; *Lidon*, *Lithan* en Théuton ; *Lyden* en Flamand ; *Lyda* en Suédois ; *Liota* en Islandois, souffrir, recevoir du dommage ; *Lict*, maladie, malade en Tonquinois.
LETH, moitié. I.
LETHAN, large. I. Voyez *Letan*.
LEVA, dévorer, &c. Ajoûtez *Lavah* en Hébreu & en Chaldéen, dévorer.
LEER, larron. B.
LIA, arbre : Ajoûtez *Lin*, champs plantés d'arbres, forêt en Chinois.
LIACH, blanc, grisâtre, de couleur de cendre, chenu. I.
LIAH, pierre. B.
LIASS, puivis. E.
LIBISTROY : Lisez, crotté.
LICIOU : Lisez *Ligeou* pour *Ligeo*.
LIKET, loquet. B. Ajoûtez, De là ce mot.
LIN, lit de rivière. I. *Lim*, gouttière qui découle l'eau en Chinois.
LIN, lin : Ajoûtez *Lin* en ancien Saxon, lin, & *Linen*, linge ; *Leina* en Gothique, fuaire ; *Lin*, lin en Danois ; *Lint*, *Linnen*, linge en Anglois ; *Lein* en Allemand, semence de lin, toile de lin, & anciennement lin, *Lin* en Arabe, mou, doux au toucher.
LISKIDIC. Ajoûtez, cuisant : Il se dit des douleurs cuisantes & très-sensibles. B.
LIT, joie &c. Ajoûtez *Li* en Chinois, cérémonie, solemnité.
LIURÉE, le même que *Livrée*. *Lora* dans les anciennes chartes Latines, & *Loërre* en vieux François.
LIVREH, *LIVRIS*, *LEAH-LIVREN*, *LAIS-LIVRIS*, lait doux tout récemment tiré de la bête. B.
LIWEC, *LIWOG*, coloré. B.
LIK, eau : Ajoûtez *Lieu* en Chinois, eau, eau qui coule abondamment, devenir liquide, être liquide.
LOC, lien : Ajoûtez *Lo*, contenir en Chinois. Voyez *Loh*.

LONN, plaisanterie, &c. Ajoûtez *Lo* en Chinois, joie, joyeux.
LUA, gai. I.
LUBH, herbu. I.
LUCHA : Lisez, *Luchet* ou *Luhet*, éclair.
LUCHET, homme qui est dans l'erreur, égaré, trompé, & qui agit sans connoissance certaine, sans jugement & en étourdi. B.
LUGAIT, gai. I.
LUGH, le même que *Lubh*. I.
LUNGA, vaisseau, navire. I.
LYES, plusieurs, &c. Ajoûtez *Li*, gain, profit ; accroissement, & *Lie*, ordre, suite de choses ou de personnes en Chinois.
LYN, eau, rivière. I. Voyez *Lin*, *Linn*, *Ly*.

L L.

LLACC, délié, &c. Ajoûtez *Lacha* en Arabe ; s'arrêter, retarder, suspendre ce que l'on fait, le faire lentement ; *Lakni* en Chaldéen, mou ; *Lakas* en Arabe, souffrir une foiblesse de cœur ; *Lakats* en Arabe, avoir peu de courage, souffrir une foiblesse de cœur ; *Lakats* en Hébreu & en Chaldéen, tarder, tard ; *Lakoſt* en Syriaque, tarder, tard ; *Lah* en Hébreu, être fatigué, être las ; *Lai* en Chaldéen, las, fatigué ; *Lah* en Syriaque, fatiguer ; *Lao*, fatigué, lassé, las dans la même Langue ; *Lai* en Arabe, lent ; *Lahah* en Chaldéen, être fatigué, être las, tardif. Voyez *Lluas*.

LLAD, tuer, &c. Ajoûtez *Ladah* en Arabe, être soldat, se battre de l'épée avec vaillance ; *Ladam* en Arabe, battre, fraper ; *Ladar* en Syriaque, chasseur de lions ; *Latha* en Arabe, fraper, plaie ; *Lathama*, cicatrice, meurtrissure ; *Latahhh*, être mort ; *Latab*, percer d'une lance ; *Latahh*, fraper ; *Latam*, percer d'une lance dans le gosier, plaie, action de fraper, rompre, fraper ; *Lataf*, briser dans la même Langue ; *Lathin* en Chaldéen, faulx, & *Lateris*, satellite ; *Latam* en Éthiopien, briser, broyer, mettre en poudre ; *Latahh* en Hébreu, mâcher, & en Arabe, mordre, fraper ; *Leiten* en Allemand ; *Overlyden* en Flamand, mourir, (*Over* préposition superflue) *Lido* en Lombard ; *Lidu* en Islandois, mort substantif, & *Lidin*, mort adjectif.

LLAI, plus petit, &c. Ajoûtez *Lai* en Arabe, étroit, rétréci, pauvre.

LLAITH, eau, &c. Ajoûtez *Lahh* en Hébreu, humide, humidité ; *Lahhah* en Chaldéen, humeur, liqueur, humidité ; *Lahhhah* en Éthiopien, humecter, mouiller ; *Lahh* en Arabe, pleuvoir ; *Lahhet*, *Lahhhith* en Arabe, eau ; *Latet*, mouiller ; *Latee*, mouiller, être mouillé ; *Lat*, mouiller ; *Lati*, mouillé, humectation, action de mouiller ; *Latan*, humeur, liqueur, eau dans la même Langue ; *Latas* en Chaldéen, mouiller.

LLEN, lettres, &c. Ajoûtez *Lun*, discours, raisonner, instruction ; *Lan*, voir en Chinois.

LLOSG, chaleur, &c. Ajoûtez *Lus* en Samaritain, brûler ; *Luhhh*, brûler ; *Like*, ardeur, flamme du feu ; *Lahhhag*, brûler, incendie ; *Lakats*, brûler en Arabe ; *Lachas* en Samaritain, enflammer, brûler ; *Lokot* en Syriaque, incendie, embrasement.

LLUC, lumière : Ajoûtez *Lioth* en Théuton ; *Lioos* en Islandois, lumière.

LLWYBR, chemin, &c. Ajoûtez *Lu* en Chinois, chemin.

ADDITIONS

M

MABDEN, fils de l'homme, signifie quelqu'un ; & *Goat-Mabden*, sang humain. B. Voyez *Mab*.

MAC, fils : Ajoûtez *Mach*, tettant ; *Machag*, engendrer ; *Machae*, engendrer ; *Machatz*, accoucher, accouchement ; *Machal*, se marier, prendre femme ; *Machan*, bête pleine, bête qui porte un petit ; *Moko*, petit chevreau qui tette sa mere ; *Makahhh*, verbe qui désigne l'action d'un petit animal qui tette sa mere en Arabe ; *Machatz* en Éthiopien, accouchement ; *Machen* en Allemand ; *Mahen* en Théuton, engendrer, enfanter ; *Maoc* en Tonquinois, naître ; *Mage* en Théuton, enfant, ainsi qu'il paroit par un ancien glossaire qui rend le mot *Pædagogus* par *Mage-Zogo*.

MACC, grand. I.

MACH, plaine, champ, campagne, terre. E.

MACHA, MACHAINA, fouler, &c. Ajoûtez *Macha* en Hébreu, en Samaritain, en Chaldéen, en Syriaque, fraper, blesser ; *Machas* en Arabe, battre, fraper ; *Machal* en Syriaque, abbaisser, humilier ; *Machats* en Hébreu, fraper, briser, blesser ; *Machats* en Samaritain, action de nuire, de causer du dommage ; *Machak* en Hébreu & en Chaldéen, couper, raser ; *Machak* en Samaritain & en Arabe, perdre, abolir ; *Mach* en Chaldéen, comprimer, abbaisser, fouler, humilier ; *Macho* en Syriaque, né de bas lieu, abject, vil ; *Machoto*, abbaissement en Syriaque ; *Macac* ou *Mac* en Éthiopien, détruire, désoler ; *Macac* en Hébreu, déchirer, trouer, blesser ; *Mac*, faulx instrument à couper ; *Mac*, brisé I. ; *Mach* ouverture en Tonquinois ; *Macan* en Tonquinois, couper, manger ; *Mais* en Runique, blesser.

MACHA, corneil : Lisez, corneille.

MACHAIRA : Ajoûtez *Mechera* en Hébreu, épée. *Génèse* 49. selon le Rabbi Salomon.

MACHTA, grand. I.

MACT, grand. I.

MAD, bon, &c. Ajoûtez *Madi*, commode, bon en Arabe, & *Mad*, bienfait, secours ; *Mado* en Syriaque, délivrance, libérateur ; *Madach* en Arabe, beauté, louange, grand present, grand bienfait, assister, aider ; *Madiin*, les plus riches des Arabes ; *Madi*, bon, excellent dans la même Langue ; *Medila* en Chaldéen, richesses ; *Modomo* en Syriaque, richesses, abondance de bien ; *Madar* en Arabe, gras ; *Madas*, donner, & *Mahhaih*, la bonté de la constitution du corps ; *Mathu* en Chaldéen, miséricorde, penchant à faire du bien ; *Mathu* en Éthiopien, donner ; *Matahhh* en Arabe, bon ; *Mathar* en Arabe & en Hébreu, être doux au goût ; *Mathar* en Arabe, abondant ; *Matag* en Arabe, donner libéralement, donner des alimens par charité ; *Matu* en Arabe, avoir toutes choses en abondance ; *Mateli*, bon, excellent en Arabe ; *Mathenem* en Samaritain, don ; *Matahh* en Arabe, recevoir de l'utilité, du profit de quelque chose, en jouir, être riche ; *Matak* en Hébreu & en Chaldéen, doux au goût ; *Mahhhad*, gras en Arabe ; *Madjelis* en Malaye, beau ; *Mat*, agréable, cher en Tonquinois ; *Mat*, miel ; *Mut*, pulluler, être abondant dans la même Langue ; *May* en Tonquinois, félicité, bonheur.

MAEL, Seigneur, Roi, couronné, tondu, chauve. I. Voyez *Mal*, *Moel* Gallois.

MAENGLEUSI, tirer la pierre d'une carrière. B.

MAGA, nourrir, &c. Ajoûtez *Magad* en Chaldéen, armoire dans lequel on cache les alimens ; *Magad* en Samaritain, armoire dans lequel on cache les alimens, grenier, lieu préparé pour cacher le grain & les fruits de la terre ; *Magisa* en Chaldéen, aliment, dîner, plat, assiette, écuelle dans lesquels on met les alimens ; *Magis* en Grec, écuelle, plat ; *Magahhh* en Arabe, manger, donner à manger ; *Magiros* en Chaldéen, cuisinier ; *Magirion*, cuisine, grenier dans la même Langue ; *Magir* en Syriaque, cuisinier ; *Maccan*, manger en Malaye ; *Maccannan*, aliment dans la même Langue ; *Mastach* en Éthiopien, manger. Il y a apparence que ce terme avoit la même signification en Hébreu, puisque *Mascachac* signifie aliment, ce dont on se nourrit : *Lévitique*, c. VII, v. 35 ; *Nombres*, c. XVIII, v. 8. *Maschan* en Arabe, aliment ; *Machan*, *Machai*, viande en Tartare Mogol & Calmoucq ; *Me*, froment ; *Mien*, gâteau, masse de froment en Chinois ; *Mama* en Malaye, manger ; *Mais* en Indien & en Américain, froment ; *Maccan*, manger en Langue de Ternate.

MAGII, parvis. E.

MAGH, champ, campagne, plaine, terre, prairie. E.

MACH, dehors. I.

MAGU, nourrir, &c. Ajoûtez *Mag* en Allemand & en Théuton ; *Maga* en ancien Saxon, parent, c'est-à-dire, pere ou mere. Voyez *Mac*.

MAHAGNEIN, mutiler. B.

MAIDIIN, fille : Ajoûtez *Bath* en Hébreu & en Chaldéen, fille, (le *b* & l'*m* se mettent l'un pour l'autre ;) *Magd* en Allemand ; *Magath* en Gothique ; *Maid*, *Maiden*, *Maden* en ancien Saxon ; *Magad* en Théuton ; *Maagdt* en Flamand ; *Maid* en Anglois ; *Moeda* en Malaye en Persan, fille ; *Batula*, je marie en Tartare Mogol & Calmoucq.

MAIL, Seigneur, Roi, couronné, tondu, chauve. I. Voyez *Mal*, *Moel* Gallois.

MAL, tête. E. *Mal*, *Mali*, Seigneur en Arabe. Ces termes parmi les Maures sont un nom de dignité & un titre des Rois ; *Molia* en Chaldéen, tertre ; *Mali* en Arabe, Prince de la Nation ; *Malts* en Syriaque, gouverneur, préposé ; *Mala* en Arabe, dominer. Voyez *Mal* Gallois & *Bal*.

MALL, mauvais, &c. Ajoûtez *Malag* en Chaldéen & en Syriaque, arracher les plumes, les poils, les crins ; *Malad* en Arabe, mort substantif, mentir, mensonge ; *Malaz* en Syriaque, nuire, fraper ; *Malac* en Arabe, enlever ; *Malach* en Éthiopien, arracher, déraciner, dépouiller ; *Melach* en Chaldéen, corruption, habillement usé ; *Malac* en Arabe, arracher, enlever ; *Malath* en Éthiopien, arracher, perdre ses cheveux, sa barbe ; *Malas* en Arabe, couper, retrancher, pourrir, avoir quelques défauts ; *Mahhh* en Éthiopien, déchirer ; *Malahhh* en Arabe, dépouiller une brebis de sa peau ; *Malatz* en Arabe, tomber, chûte, avortement ; *Malat* en Arabe, langueur ; *Mahhhas* en Hébreu & en Chaldéen, prévarication, péché, action mauvaise ; *Mahhhal* en Éthiopien, mauvais, méchant ; *Mahhhali* en Arabe, mauvais, méchant, sujet au mal ; *Mahhhalis*, méchant, malheureux,

ET CORRECTIONS.

calamité; *Mahbhal*. affliger quelqu'un, lui faire soutfrir quelque chose; *Mal* en Allemand, tache, souillure, cicatrice; *Mal* en ancien Saxon, tache, souillure; *Anmal* en Théuton, stigmate, plaie; *Malam* en Malaye, nuit défaut du jour; *Malam*, erreur en Tonquinois; *Mlat*, insipide, mal préparé, vil, méprisable parlant d'un aliment, foible, sans force parlant du vin dans la même Langue; *Mo* en Chinois, mauvais génie. En Patois de Franche-Comté on dit *Mau* pour mal.

MALU, moudre, &c. Ajoûtez *Malal* ou *Mal* en Hébreu & en Chaldéen, émier, égruger, broyer; *Malag* en Syriaque, émier, égruger; *Maltita* en Chaldéen, ver qui ronge; *Malat* en Éthiopien, froisser un membre; *Malasti* en Syriaque, froissement; *Malos* en Arabe, action de polir, d'enlever en frottant les parties inégales; *Malak*, rompre, déchirer, briser; *Malak* en Arabe, fraper, frotter; *Malas* en Éthiopien, polir; *Mahhhal* en Arabe, couper. De là *Mailler*, battre, fraper, froisser.

MAN, mere: Ajoûtez *Mamme* en Grec; *Mamma* en Latin; *Memme*, *Mamme* en Allemand; *Ma* en Malaye, mere.

MAN, homme: Ajoûtez *Mani* en Arabe, engendrer, former un homme, fœtus, homme formé dans le sein de la mere; *Monozo* en Syriaque, fils de l'alliance, homme allié; *Man* en Syriaque, de moi; *Man* en Syriaque, en Éthiopien, en Arabe, qui pronom relatif personnel, quiconque, l'homme qui, tout homme qui; *Almanah*, veuve en Hébreu; (je conjecture que ce mot est formé d'*Al* particule privative en Hébreu & de *Man*, homme) *Manusia* en Malaye, homme; *Maniocca* en Langue de Tartare, épousailles; *Mandu* en Tartare Mogol & Calmoucq, nous; *Menh*, homme, femme, corps d'homme, corps; *Men*, petit enfant; *Manh*, fort, vaillant, robuste en Tonquinois; *Man* en Chinois, homme barbare, vassal, sujet; *Mien*, tête, visage dans la même Langue; *Madr* en Islandois, homme. Il paroit que ce peuple disoit anciennement *Mandr* ou plutôt *Man*, puisque *Madr* fait *Mans* au génitif, & à l'accusatif *Man*: D'ailleurs dans la même Langue, une fille forte, qui a le cœur d'un homme, s'appelle *Hoskman*.

MAN, semblant, &c. Ajoûtez *Mon* en Hébreu & en Samaritain, image, figure, fantôme, spectre, représentation, ressemblance, idée; *Min* en Chaldéen, apparence, espèce; *Min* en Hébreu & en Chaldéen, ressemblance; *Min* en Arabe, semblant, dissimulation; *Man* en Syriaque, pièce de monnoie sur laquelle il y a quelque figure; *Mannah* en Arabe, pensée, image spirituelle de quelque chose; *Mien* en Chinois, visage. La lune nous présentant une figure humaine, aura donné occasion aux Allemands d'appeller cet astre *Mon*, aux Goths *Mena*, aux anciens Saxons *Monna*, aux Théutons *Manno*, aux Flamands *Maan*, aux Anglois *Moon*, aux Lappons *Manna*, aux Tartares de Crimée *Minne*, aux Danois *Maane*, aux Grecs *Mens*, & dans le dialecte Dorique *Mana*. J'appuie encore ma conjecture sur ce que le Latin, l'Espagnol, l'Italien, l'Esclavon *Luna*, le François *Lune* viennent du terme Celtique *Lun* qui signifie représentation, image, lune. De *Mon*, *Men*, *Man*, lune, sont venus l'Allemand *Monat*, le Gothique *Menath*, l'ancien Saxon *Monath*, le Théuton *Maaned*, le Cimbrique *Monat*, le Danois *Maaned*, l'Islandois *Maanadur*, l'Anglois *Monath*, le Flamand *Maend*, le Grec *Men*, mois, parce que le cours de la lune forme les mois. Voyez *Mis*, Voyez *Man*, homme.

MAN, montagne: Ajoûtez *Mani* en Éthiopien, le premier, le Supérieur d'un monastére.

MAN, lieu, habitation: Ajoûtez *Man*, habitation; *Manahhhi*, forteresse en Arabe; *Min*, Province en Chinois; *Manna*, adverbe de lieu en Malaye; *Man* en Tonquinois, courtine étoffe avec laquelle on se fait une espèce de tente. Voyez *Men*.

MAN, bon, &c. Ajoûtez *Man*, bienfait; *Manach*, donner, faire des presens, don; *Manachah*, don, present en Arabe; *Manahh* en Éthiopien, don; *Manis* en Malaye, doux au goût; *Mendu* en Tartare, bien portant.

MÀN, petit, &c. Ajoûtez *Min* en Hébreu, moins; *Manano* en Syriaque, menu, méprisé; *Manan* en Éthiopien, méprisé, vil; *Man* en Arabe, diminuer, affoiblir, couper, rompre; *Manah* en Hébreu, part, partie; *Manaho* en Syriaque, part, partie; *Man*, *Mand* dans la Saxe; *Mondoh* en Théuton, adverbe qui marque la diminution; *Mein* en Théuton, mauvais, méchant; *Menda* en Latin, faute, défaut. Voyez *Man*, sans, *Manc*.

MANC, manchot: Ajoûtez *Mank* en Allemand, manquant.

MAND, grand: Ajoûtez *Min*, commandement en Chinois.

MANN, panier, &c. Ajoûtez *Man* en Syriaque & en Chaldéen, vase, vaisseau; *Man* en Samaritain, vase, vaisseau, panier; *Mahhhan* en Arabe, marmite, plat; *Maund* en Anglois, corbeille, panier.

MANTELL, manteau, &c. Ajoûtez *Mandua* en Éthiopien; *Mandue*, *Manduas* en Grec, habillement, habit militaire; *Mano* en Syriaque, habillemens propres; *Mante* en François, longue robe.

MAOL, Seigneur, Roi, couronné, tondu, chauve. I. Voyez *Mal*, *Moel* Gallois.

MAOUDEN, le même que *Mouden*. B.

MAOUES, femme. B.

MAOUT, coq de Paroisse. B.

MAR, grand: Ajoûtez *Mar* en Samaritain, Seigneur; *Mar* en Éthiopien & en Syriaque, titre d'honneur que l'on donne aux Docteurs; *Mara* en Hebreu dans la conjugaison *Hiphil*, être élevé; *Mar* en Arabe, montagne.

MAR, mer, &c. Ajoûtez *Mar*, couler, flot, onde; *Mahhar*, nager, vaisseau qui flotte sur la mer en Arabe.

MAR, âpre au goût: Ajoûtez *Amara* en Malaye; être aigri parlant d'un homme.

MARCH, cheval: Ajoûtez *Mor* en Samaritain, poulain; *Mahar*, poulain, poulain de trois ou quatre ans; *March*, envoyer paître les jumens en Arabe, & *March*, cheval, puisqu'on trouve dans le Dictionnaire Arabe, *March equus cujusdam Marae*, cheval qui court souvent; *Marh*, pousser un cheval & l'agitation des pieds d'un cheval; *Marak*, cheval qui commence à engraisser.

MARCH, limites, &c. Ajoûtez *Marak* en Chaldéen, finir, terminer; *Maras* en Arabe, division séparation.

MARCHADWRES, négoce, commerce, trafic. B.

MARCHUIR, campagne, champ. I. C'est le même que *Machaire*.

MARUU, tuer, faire mourir; *Marrif*, *Marf*, *Maru*, mort adjectif. I. Voyez *Maru*.

MAT, bon: Ajoûtez *Matok* en Hébreu; *Matak* en Chaldéen, doux au goût, agréable au goût.

ADDITIONS

MAUCT, grand. I.
MAUCTAN, grand. I.
MAUET, grand. I.
MAWR, grand, &c. Ajoûtez *Moura*, *Moer* en Malaye, abondant.
MEAN, roche. B.
MEDHOIN, lit de fleuve. E.
MEILLOUR, meûnier. B.
MEL, tête. E. Voyez *Mal* Gallois & *Bal*.
MELCONI, mélancolie, état d'un homme rêveur, qui paroit triste ; *Melconia*, être ou devenir mélancolique. B.
MELENNA, devenir ou rendre jaune & blond. B.
MELIN, meule, moulin : Ajoûtez *Molendinum* en Latin ; *Molinum* en Latin barbare, moulin.
MENDT, quantité : Ajoûtez *Man* en Allemand, en Théuton, en ancien Saxon, plusieurs, grand nombre, le grand nombre ; *Manag* en Gothique ; *Menig* en Flamand ; *Mang* en ancien Saxon ; *Mani* en Anglois, plusieurs, ce qui est en grand nombre ; *Mein* en Allemand, public, ce qui est commun à plusieurs ; *Mene* en ancien Saxon, commun ; *Menge* en Allemand ; *Menigi* en Théuton, multitude ; *Meingi* en Islandois, multitude d'hommes ; *Min*, peuple ; *Men*, plusieurs, en grand nombre, marque du plurier en Chinois.
MERCA, marquer. B. Voyez *Merc*.
MERN, fer. I. C'est le même qu'*Ern*.
MERNAN, MERNIN, MERNOC, de fer. I.
MESK, mélange, &c. Ajoûtez *Miscerah* en Hébreu, mélange ; *Masach* en Hébreu ; *Mezeg* en Punique ; *Micszam* en Polonois ; *Michati*, *Misyti* en Bohémien ; *Meshati* en Carniolois ; *Meishati* en Esclavon ; *Mixe* en Anglois ; *Misken* en Théuton ; *Mischen* en Allemand ; *Mengen* en Flamand ; *Misgo* en Grec ; *Mesler* en François ; *Misceo* en Latin, mêler ; *Meg* en Hongrois, mêlé ; *Musca*, *Masak* en Arabe, mêler.
METH, défaut, &c. Ajoûtez *Met* en Hébreu, en Chaldéen, en Samaritain, en Ethiopien, en Arabe ; *Mi* en Chinois, mort adjectif ; *Meto* en Syriaque ; *Mattu* à Malaca, mort substantif ; *Mat* en Tonquinois, mort adjectif, perdre ; *Matti* en Malaye, mort adjectif ; *Mo*, fin en Chinois.
MEZEL, maille : Ajoûtez petite monnoie.
MIANIGH. CLASS-MIANIGH, carrière. I. A la lettre, fosse de pierres. Voyez *Mean*.
MIBIEN ; plurier de *Mab*, fils. B.
MIBILIEZ, enfance, adolescence, adresse, industrie. B.
MIC, le même que *Mac*. I.
MIL, guerre : Ajoûtez *Milu* en Hébreu, forteresse ; *Milad* en Arabe, forteresse ; *Malaz* en Syriaque, fraper ; *Malahh* en Éthiopien en Arabe, tirer l'épée ; *Malat* en Éthiopien, froisser un membre ; *Malam* en Chaldéen, terreur ; *Malahhh* en Arabe, conspiration contre l'ennemi ; *Malak* en Samaritain, tirer l'épée ; *Malak* en Arabe, fraper ; *Malat* en Éthiopien, vibration de l'épée ; *Malat* en Chaldéen, action de Seigneur ; *Milhhamah*, guerre, combat en Hébreu ; *Mil* en Syriaque, soldat.
MIL, mille : Ajoûtez *Mil* en Chaldéen ; *Milh* en Arabe, mil & un mille de chemin.
MILLIGAT ; singulier *Milligaden*, imprécation. B.
MILLISI, maudire. B.
MIS, mois : Ajoûtez *Miscecz* en Dalmatien ; *Miesiacz* en Polonois ; *Mesic* en Bohémien ; *Mesiz* en Lusacien, lune : Ces Peuples se servent du même mot pour désigner la lune & le mois, parce que la lune forme le mois par son cours ; *Moh* en Persan, mois ; *Irahh* en Hébreu & en Chaldéen ; *Orahh* en Éthiopien ; *Yve*, *Hoei* en Chinois, lune, mois. Voyez *Man*, semblant, &c.
MOAL, homme qui a les cheveux blancs. Lisez B.
MOCCH, grand. I.
MOCH, vîte, &c. Ajoûtez *Mahar* en Hébreu & en Chaldéen, se hâter ; *Maher*, agile, prompt, vîte, & effacez *Machir*.
MOCHOEMOC, plus beau. I. Voyez *Mochaen*.
MOCT, MOCTAN, MOCHTA, MOCHTAN, grand. I.
MOCU, le même que *Moc*, fils, &c. I.
MOEL, MOL, Seigneur, Roi, couronné, tondu, chauve. I. Voyez *Mal*, *Moel* Gallois.
MOIN, tout métal fossile brut ou non préparé. G.
MOL, chauve : Ajoûtez *Maloss* en Arabe, pelé, sans poil.
MOLLIGH, louange. I. Voyez *Moli*.
MON, colline, montagne. Ajoûtez : Voyez *Podium*.
MON, main : Ajoûtez *Monara*, travailler en Langue de Ternate.
MOR, grand. E.
MOR, noir : Ajoûtez *Mouron* en Chaldéen ; *Mauros* en Grec, noir ; *Marah* en Arabe, œil vicié à cause d'un colyre noir ; *Morok* en Éthiopien, pays brûlé par les ardeurs du soleil.
MOR, mûre fruit : Ajoûtez *Moros* en Chaldéen, mûre fruit.
MORAN, MOREN, MORIN, grand. I.
MORGOULOU, huile de poisson : Ajoûtez de mer, que l'on brûle dans les lampes. B.
MOROUC'H, marsouin poisson de mer. B. Ce mot est formé de *Mor*, mer, & *Houch*, cochon. Voyez *Morhwch*.
MOTA, A. M. Cour, Sénat, assemblée, Parlement. De *Mute*.
MOTA, A. M. château, forteresse, fort, maison seigneuriale. Voyez *Podium*.
MOTA, montagne. Ajoûtez : Voyez *Mott*, *Motteen*, *Mottenn*.
MOTT, éminence. Ajoûtez : Voyez *Mota*, *Mottenn*, *Podium*.
MOTTENN, éminence, motte. Ajoûtez : Voyez *Mota*, *Mott*.
MOUELTRET, humidité qui cause la moisissure. B.
MOUNEIZ, monnoie B.
MOUST, moût : Ajoûtez *Moz* en Arabe, espèce de vin doux, & *Mozogah*, échanson ; *Mozog* en Syriaque, boisson ; *Mazag* en Arabe, terme qui désigne la production des raisins . mélange que l'on fait du miel ou de quelqu'autre chose avec le vin ; *Mozagan* en Arabe, raisin desséché au soleil pour le rendre plus doux ; *Mozar*, espèce de boisson en Éthiopien & en Arabe.
MU, le même que *Mo*. I.
MUCH-ALLIGH, écho. I.
MUCHT, MUCHTI, grand. I.
MULLAGTH, malédiction. I.
MULLIGH-CNUCK, sommet de montagne ; *Mulligh-Iycin*, haut de la tête. I. On voit par là que *Mulligh* a signifié cime, sommet, le haut.
MUR, muraille, &c. Ajoûtez *Mur* en Arabe, enceindre, enfermer ; *Marag* en Éthiopien, couvrir une muraille de plâtre, de chaux ou de mortier ; *Marad* en Syriaque, fortifier, forteresse ; *Moren* en Chaldéen, forteresse, palais ; *Moron* en Syriaque, cellier.
MUTA, A. M. Cour, Sénat, assemblée, Parlement. De *Mute*.

MUTE ;

Mute, Cour, Sénat, assemblée, Parlement. E. *Gemote*, assemblée en ancien Saxon.
Mwyn, débonnaire, &c. Ajoûtez *Min*, affable, populaire en Chinois.
Muz, cacher : Ajoûtez *Mus* en Hébreu, se retirer, s'en aller ; *Mus* en Arabe, asyle, refuge
Mynnan, chat : Ajoûtez *Mannl*, chat sauvage *My*, matou, chat en Tartare Mogol & Calmoucq.

N

Na, non : Ajoûtez *No* en Espagnol & en Italien ; *Ni*, *Nein*, *Nicht* en Allemand ; *Nic* en ancien Saxon ; *Niga*, *Niut* en Théuton ; *Niet*, *Neen* en Flamand ; *Ney* en Danois ; *Ne* en Esclavon & en Dalmatien ; *Nie* en Polonois ; *Nic* en Bohémien ; *Nem* en Hongrois ; *Nugo* parmi les Sauvages d'Amérique ; *No*, *Non* en Georgien, non particule négative ; *Noa* en Hébreu dans la conjugaison *Hiphil*, fait *Nia*, & signifie nier, refuser ; *Ni* en Arabe, délai ; *Neka* en Suédois ; *Neita* en Islandois ; *Nier* en François, nier, refuser ; *Nana* en Arabe, empêcher, défendre ; *Nas* en Hébreu, en Chaldéen, en Samaritain, mépriser ; *Nas* en Éthiopien, défaut de courage, manque de cœur ; *Nas* en Arabe, manquer, être absent ; *Nag*, nier, défendre ; *Nahi*, empêcher, défendre ; *Nahats* ou *Nhats*, s'opposer à quelqu'un ; *Naza*, opposition, division entre des hommes ; *Naco*, empêcher ; *Nacaz*, terme pour réprouver ; *Nacahhh*, repousser. *Nakach* marque le défaut ; *Nakats*, manquer, défaillir en Arabe ; *Nio*, contraire, opposé en Chinois.

Nach, haut, &c. Ajoûtez *Nasas* ou *Nas* en Hébreu, élever ; *Nasa* en Chaldéen, élever ; *Natsahh* en Syriaque, surpasser, être supérieur ; *Nasaz*, être élevé, être plus haut, élever ; *Nasaz*, être élevé, être haut en Arabe ; *Nasi* en Éthiopien, être élevé, s'élever ; *Nagad* en Hébreu, Prince, & en Arabe la partie la plus élevée de quelque chose ; *Nagas* en Samaritain, donner une préfecture, une intendance ; *Nagas* en Éthiopien, règner ; *Negus*, Empereur dans la même Langue ; *Nagat* en Arabe, tumeur, élévation ; *Nachu*, orgueil, hauteur, faste en Arabe ; *Nachas*, toît la plus haute partie de la maison en Éthiopien ; *Nogen*, maître, seigneur en Tartare Mogol & Calmoucq ; *Naic* en Malaye, monter, croître, grandir, en haut ; *Nang*, grand dans la même Langue ; *Nach* en Allemand, particule qui marque l'augmentation ; *Naezhes* en Esclavon ; *Na*, *Nad* en Polonois ; *Na* en Lusacien ; *Nad* en Bohémien, dessus, au-dessus ; *Nac*, Royaume en Tonquinois ; *Na*, amour, tendresse d'un supérieur envers un inférieur ; *Nay*, haut, élevé dans la même Langue ; *Naic*, monter, en haut en Malaye ; *Nadje*, surpasser, porter plus haut ; *Nidschi*, voler en l'air ; *Nogen*, maître, seigneur en Tartare Mogol & Calmoucq.

Nam, exception : Ajoûtez *Nama* en Arabe, verbe qui marque la diminution, l'imperfection ; *Namal* en Hébreu, couper, & en Arabe, fissure, coupure ; *Namar* en Arabe, cicatrice ; *Nemen* en Théuton ; *Niman* en Gothique & en ancien Saxon ; *Nama* en Islandois ; *Namare* en Latin barbare, enlever ; *Nam* en Islandois, action d'enlever ; *Nama* en Théuton, proie, ce qu'on enlève ; *Neme* en ancien Saxon, rapine ; *Nan*, malheur en Tonquinois ; *Nam*, erreur dans la même Langue.

Nanoa, nain, &c. Ajoûtez *Nanas* en Chaldéen & en Samaritain, nain ; *Nang*, petit en Tonquinois.

Nant, eau, &c. Ajoûtez *Nass* en Allemand ; *Naz* en Théuton ; *Nas* en Flamand, humide ; *Natjan* en Gothique ; *Netzen* en Théuton ; *Netzen* en Allemand ; *Notizo* en Grec, arroser, humecter ; *Nami* en Japonois, flot, onde. Voyez *Naoz*, *Ner*.

Nar, nain, &c. Ajoûtez *Nahhar* en Hébreu, petit enfant, enfant, soit par l'âge, soit par le jugement ; *Nahhhar* en Chaldéen, enfant, petit garçon ; *Nahhhar* en Arabe, petit d'animal.

Narra, fou : Ajoûtez *Nar* en Hébreu, mépriser ; *Nara* en Chaldéen, folie.

Naw, neuf nombre : Ajoûtez *Niew* en Chinois ; *Noukos* en Tartare, neuf.

Ne, non : Ajoûtez *No* en Italien & en Espagnol ; *Ney* en Danois ; *Ne* en Esclavon & en Dalmatien ; *Nie* en Polonois ; *Nic* en Bohémien ; *Nem* en Hongrois ; *Nein* en Allemand ; *Neen* en Flamand ; *Ni* en Théuton, en Allemand & en Gothique ; *Nicht* en Allemand ; *Nithau* en Gothique ; *Nice* en ancien Saxon ; *Niga*, *Niut* en Théuton ; *Niet* en Flamand ; *Ney* en Suédois ; *Nugo* chez les Sauvages de l'Amérique, non. Voyez *Nen*, *Non*.

Nean, nage, B.

Nearglann, pointe. E.

Nech, haut, &c. Ajoûtez *Noch* en Éthiopien, être élevé, être haut, être long ; *Necho* en Arabe, élévation ; *Naic*, monter, croître, grandir en Malaye ; *Noc* en Tonquinois, faîte, cime.

Nech, chagrin, &c. Ajoûtez *Neged* en Arabe, chagrin, tristesse ; *Negabhh* en Hébreu, plaie de l'ame, douleur, affliction ; *Negar* en Éthiopien, opprobre, contradiction ; *Nagas* en Hébreu, être dans l'oppression ; *Nachah*, repousser quelqu'un d'une manière honteuse ; *Nachat*, diffamer, charger de reproches ; *Nuchas*, tourmenter, affliger, être fâcheux en Arabe ; *Nachats* en Hébreu, importun ; *Naco* en Syriaque, nuire, opprimer, blesser, dommage ; *Naca* en Arabe, nuire, être dans la douleur ; *Nacahen* en Samaritain, nuire ; *Nacah* en Hébreu, fraper, blesser, tuer ; *Naci* en Éthiopien, en Arabe, nuire, dommage, blesser ; *Nakam* en Arabe, affliction, malheur, peine, vengeance ; *Naci* (prononcez *Naki*) en Arabe, opprimer, blesser, tuer ; *Nakam* en Hébreu ; *Nekam* en Éthiopien ; *Nakam* en Syriaque & en Samaritain, vengeance ; *Nakas* en Samaritain, être tué ; *Nakaph* en Hébreu, fraper, tuer ; *Nakaph* en Arabe, fraper avec une lance, tuer ; *Nekas* en Chaldéen, fraper ; *Nahas* ou *Nhac* en Éthiopien, être dans l'angoisse ; & en Arabe, affliger, causer de la peine à quelqu'un ; *Neikos*, querelle, dispute, guerre ; *Neikeo*, quereller, contester, couvrir d'infamie, de déshonneur, de honte ; *Nekus*, mort adjectif en Grec ; *Nacal* en Malaye, pétulant, insolent.

Neemp, quiconque. B.

Nef, ciel : Ajoûtez *Nebu* en Esclavon ; *Nebo* en

Polonois ; *Nebe* en Dalmatien ; *Nebe* en Bohémien ; *Nebio* en Sorabe, ciel ; *Nafa* en Arabe ; *Nibba* en Hébreu, être élevé ; *Nab* en Arabe, s'élever, s'enorgueillir ; *Naba* dans la même Langue, être élevé ; *Naboga* en Chaldéen, faste qui s'augmente, ambition, orgueil ; *Nabagh* en Arabe, colline, tertre, élevé ; *Nabag* en Syriaque, pousser en haut ; *Naboh* en Arabe, la partie la plus élevée d'un terrein ; *Nabah*, être élevé, être haut ; *Nabaz*, ce qui est au-dessus ; *Nabal*, exceller, être au-dessus ; *Nabahhh*, dignité, éminence dans la même Langue ; *Nabar* en Ethiopien, être assis dans un haut thrône ; *Nabar* en Samaritain, hauteur, élévation ; *Nabar* en Arabe, élever ; *Nuph* en Hébreu, élévation.

NEIN LEIN : Lisez *Nein*, *Lein*.

NER, noble. I. Voyez *Nar*, Seigneur.

NERTH, force : Ajoûtez *Nar* en Syriaque, en Chaldéen, en Ethiopien, détruire, renverser ; *Nara* en Arabe, donner de la force ; *Nar*, mettre en fuite ; *Naras*, très-bon dans la même Langue ; *Neren* en Allemand ; *Neran* en ancien Saxon ; *Nerian* en Théuton, délivrer, arracher du péril, ce qui est le propre de la force ; *Nara* en Latin barbare, délivrance ; *Nerve* en Allemand ; *Neuron* en Grec, nerf. Voyez *Ners*, *Nerh*, *Nero*, *Nervenn*.

NÊS, proche, *&c.* Ajoûtez *Nahaz* ou *Nhaz* en Arabe, être auprès, être proche.

NESSA, le même que *Neafa*. I.

NEU, neuf, neuve : Ajoûtez *No*, *Nu* en Tonquinois, pousser de nouvelles fleurs, de nouveaux rameaux ; *Nub* en Hébreu & en Chaldéen, pousser de nouvelles fleurs ; *Nuts* en Hébreu & en Chaldéen, pousser de nouvelles fleurs.

NICOL, licou. B. De là ce mot, parce que l'*n* & l'*l* se mettent l'une pour l'autre.

NIEZ, niéce. Ajoûtez : De là ce mot.

NOA, A. M. noue en François, *&c.* Ajoûtez : Voyez *Naoz*.

NOD, élevation : Ajoûtez *Ned* en Hébreu, élevation, monceau, tas.

NOS, nuit : Ajoûtez *Nuch* ou *Noch* en Hébreu, en Samaritain, en Chaldéen ; *Nocho* en Syriaque, repos : La nuit est le temps du repos.

O

OB : Ajoûtez *Hhhoph* en Hébreu, en Chaldéen, en Ethiopien ; *Hhhopho* en Syriaque, oiseau ; *Hhhoph* en Arabe, voler : L'oiseau a sûrement tiré son nom primitif de ce qu'il s'éleve en l'air.

OBER, faire : Ajoûtez *Peri* en Hébreu & en Ethiopien, fruit production d'un arbre ; *Pharahh* en Hébreu, germer, pulluler ; *Pharahho* en Ethiopien, petit d'animal ; *Pharahh* en Arabe, pulluler, être pleine parlant d'une femelle d'animal, faire des petits ; *Bahri*, je produis en Tartare Mogol & Calmoucq.

OCH, vôtre. B.

OCH, plus marque du comparatif : Lisez, *Och* est une diction qui sert de terminaison aux adjectifs pour en faire les comparatifs.

OD, sur : Ajoûtez *Od* en Allemand, excellent, éminent ; *Od* en Allemand, *Aud* en Islandois & en Gothique ; *Ot* en Théuton, richesses ; *Otto* en Théuton, excellent.

OED, âge, *&c.* Ajoûtez *Hhheth* en Chaldéen & en Arabe, de temps en temps ; *Oedur*, jour, temps en Tartare Mogol & Calmoucq ; *Zeit* en Allemand ; *Zit* en Théuton ; *Tid* en ancien Saxon, temps ; *Hat* en Malaye, espace de temps ; (l'ancien Saxon, le Théuton & l'Allemand sont des Langues formées de la Celtique) *Weder*, (prononcez *Oueder*) en ancien Saxon ; *Uneter* en Théuton ; *Wetter* en Allemand, temps constitution de l'air : Ces Peuples se sont servis du terme qui signifioit temps pour marquer la constitution de l'air : *Temps* dans notre Langue signifie de même la durée du temps & la constitution de l'air ; *Aiter* en Grec ; *Æther* en Latin, la constitution de l'air ; *Aidios* en Grec ; *Æternus* en Latin ; *Eterno* en Italien ; *Éternel* en François, ce qui dure toujours.

OEN, agneau : Ajoûtez *Tson*, *Tsen* en Hébreu, en Chaldéen ; *Tsen* en Arabe, brebis, troupeau de brebis, de chevres, de petits animaux domestiques ; *Ana* ou *Ona* en Hébreu de Rabbin, menu bétail ; *Ana* en Chaldéen, brebis ; *Tsani*, *Anage*, *Genas* en Arabe, brebis ; *Annas*, brebis ; *Amnos*, *Arni*, agneau en Grec ; *Koin*, *Choim* en Turc ; *Chien* en Tonquinois, brebis ; *Agnos* en ancien Latin ; *Agnus* en Latin ; *Agnello* en Italien ; *Agneau* en François ; *Agnez* en Croatien ; *Jagnier* en Esclavon, agneau ; *Yam*, brebis, chevre, bélier ; *Xien*, brebis en Chinois ; *Gama*, chevre ; *Giama*, bouc ; *Choy*, mouton en Tartare Mogol & Calmoucq ; *Hamal* en Arabe ; *Ram* en Flamand ; *Ramme* en Anglois ; *Oven* en Esclavon, bélier ; *Hammel* en Allemand ; *Hamel* en Flamand, en ancien Saxon ; en Théuton ; *Ouen* en Esclavon, mouton ; *Arni* en Géorgien, agneau. Voyez *On*. Il paroit qu'*An*, *En*, *On* ont originairement signifié agneau, brebis, mouton, bélier, toute sorte de menu bétail domestique : Dans la suite un Peuple a inséré une lettre, un autre Peuple en a inséré une autre ; d'autres Nations ont préposé la lettre sifflante *Ts* ou *Z*, d'autres quelqu'autre lettre, chacune suivant son génie & son goût : Enfin dans quelques Pays on a changé l'*n* en *m*. Nous ne parlons pas des terminaisons différentes que divers Peuples ont ajoûtées à ce mot, parce que les terminaisons doivent être comptées pour rien lorsqu'il est question d'étymologie.

OG, fils, *&c.* Ajoûtez *Okin*, fille en Tartare Mogol & Calmoucq.

OG, œil : Ajoûtez *Oigilops* en Syriaque ; *Aigilops* en Grec, vice de l'œil ; *Agal* en Samaritain, il a été vu ; *Ognonofotios* en Syriaque, lecteur ; *Ogob* en Syriaque, manifestation de Dieu ; *Ogah*, vûe, regard ; *Ogahh*, se faire voir en Arabe ; *Agoi* en Ethiopien, faire voir ; *Okneg*, cœur qui a des yeux ; c'est une expression figurée pour marquer un esprit qui fait attention ; *Okaf*, œil qui pleure ; *Okat*, taye maladie des yeux ; *Oki*, garde, prendre garde, observer en Arabe ; *Aigar* en Chaldéen ; *Aigmono* en Syriaque, fontaine ; (les Orientaux exprimoient par les mêmes termes les yeux & les fontaines ; *Hhhain* en Hébreu, en Chaldéen, en Syriaque, en Samaritain, en Ethiopien, en Arabe signifie œil & fontaine) *Hogoq* en Syriaque, voir un fantôme ; *Hogoh* en Syriaque, lire ; & *Hogoro*, collyre remède pour les yeux ; *Achan* en ancien Egyptien ; *Ygata* en Hochelagois ; *Auge*

ET CORRECTIONS. xxj

en Gothique, œil ; *Ho* en Tonquinois, vûe.
OL, tout : Ajoûtez *Col* en Hébreu, en Samaritain, en Chaldéen, en Syriaque, en Arabe, en Ethiopien, tout ; *Oulang*, sans cesse, toujours en Malaye ; *Koel* en Géorgien, tout ; *Koloh*, ample, large ; *Kulla*, loin en Tartare Mogol & Calmoucq.
OLLINIGH, accomplir, achever, perfectionner. I. Voyez *Oil*.

OR, bord, &c. Ajoûtez *Ori* en Arabe, bord ; *Orion* en Chaldéen, terme, limite, fin ; *Oyro*, proche, près en Tartare Mogol & Calmoucq. Voyez *Ar*.
ORZ, pilon à piler, maillet, gros marteau de bois, masse de carriers. B. Voyez *Herz*.
OVAT, augée. B. Voyez *Off*.

P

PADUT, perdurable. B.
PÀL, palet. B. Voyez *Paled*. Effacez cet article & mettez *Pâl*, *Man-Pàl*, palet, pierre à jouer ; *Pal*, lieu d'où l'on jette son palet vers le maître ; *Palett*, palet. B.
PAL, pieu : Ajoûtez *Pel*, aigu en Chaldéen ; *Pal* en Arabe, aiguiser ; *Pelec*, bâton en Hébreu & en Chaldéen ; *Palat* en Arabe, pieu ; *Palom* en Chaldéen, fortifier, fermer ; *Palak* en Arabe, poutre.
PALEN, couverture de lit. &c. Ajoûtez *Palion* en Chaldéen, manteau, voile de femme ; *Palas* en Syriaque, manteau.
PALEVARS : Effacez quatre.
PAN, pain : Ajoûtez *Pen* a signifié pain en Malaye, puisque *Pentsjarian* signifie en cette Langue chercher sa vie ou ce qui est nécessaire pour vivre, & que *Tsjari* signifie chercher ; *Ban* qui est le même que *Pan*, paroit avoir signifié en Malaye toute sorte d'alimens, grains, pain, viande ; *Bangsal*, grenier ; *Bandari*, économe, celui qui a soin de la dépense ; *Bankey*, corps mort d'homme ou de bete ; *Bantang*, mettre sur table ; *Bante*, tuer une bête en Malaye ; *Pandokin*, hôtellerie, cabaret ; *Panak*, *Panag*, nourrir délicatement en Hébreu & en Arabe. On voit par *Pandochrion*, que *Pan* a signifié chez les Grecs alimens en général ; *Bani* en Géorgien, pain. Voyez *Pancz*.
PAN, étoffe, &c. Ajoûtez *Phang* en Tonquinois, piéce d'étoffe, de soie ; *Phen*, natte dans la même Langue ; *Pinah*, étoffe, drap en Chaldéen.
PANES, PANESENN, panais : Lisez *Panes*, panais ; singulier *Panesen*. *Panesee*, champ semé de panais ; *Panesennec*, cheval, ou autre grosse bête engraissée de panais pour être mieux vendue. On donne cette épithéte aux hommes qui mettent toute leur attention à se bien nourrir, ensorte que n'ayant soin que du corps, leur esprit devient pesant & stupide. On traite de même les écoliers paresseux & trop endormis. Je trouve *Panesennee* dans les amourettes du vieillard au sens de stupide & d'esprit pesant & lent à comprendre. B. Cet article *Panessa* signifie aller chercher des panais. B. Cet article est pris de Dom Le Pelletier. Voyez *Panais*, *Pannys*.
PANN, gras, il se dit des grains en herbes ; *Segal Bann*, seigle gras ; *Gwiniz Bann*, froment gras. Ajoûtez : Ce terme de l'agriculture marque du bled qui produit trop d'herbes & peu d'espérance de grain. *Pann* signifie aussi maigre en parlant des terres ensemencées. B.
PAO, patte. B. Voyez *Pawo*. Lisez *Pau*.
PARC, parc. &c. Ajoûtez *Pharak* ou *Park* en Hébreu, en Chaldéen, en Samaritain, en Syriaque, en Arabe, séparer, sauver, mettre en sûreté.
PARTH, part : Ajoûtez *Pharat* ou *Part* en Chaldéen, briser, rompre, morceau, partie ; *Pharato*

ou *Parto* en Syriaque, morceau, partie ; *Pharat* ou *Part*, mettre en morceaux, diviser par parties en Arabe ; *Pharath* ou *Parth* en Hébreu & en Chaldéen, partie, parcelle ; *Phat* en Tonquinois, couper ; *Patta* en Malaye, couper en morceaux, mettre en parties.
PAS, pas, &c. Ajoûtez *Pas*, pas en Allemand ; *Pechi* ou *Pesi* en Géorgien, pied ; *Peghi* en Malaye, aller, marcher, & *Passang*, courante, coulante en parlant de l'eau dans la même Langue ; *Pa* en ancien Persan, pied.
PAT, abondant, &c. Ajoûtez *Fett* en Allemand ; *Fat* en ancien Saxon ; *Feet* en Suédois ; *Fet* en Théuton ; *Feit* en Islandois ; *Vet* (prononcez *Fet*) en Flamand, gras ; *Pad* en Ethiopien, être abondant, rendre abondant ; *Padah*, combler, comble ; *Padan*, engraisser ; *Padahhh*, augmentation en Arabe, *Patha* en Chaldéen, dilater, étendre ; *Pathahh*, élargir, rendre large, largeur ; *Patham*, engraisser ; *Pathim*, gras en Hébreu ; *Pathom* en Syriaque, engraisser ; *Patomo*, graisse dans la même Langue ; *Pathahhh* en Arabe, remplir ; *Pataco*, lourd, grossier, pataud ; *Patado*, *Patan*, paysan, pataud en Espagnol.
PAU, patte, &c. Ajoûtez *Pahhhal* en Hébreu ; *Poieo* en Grec ; *Poeo* dans le dialecte Attique, faire, agir : (C'est avec les mains qu'on agit ;) *Po*, distribuer, donner, briser ; *Piao*, faire signe avec la main de s'en aller ; *Pao*, *Pu*, aider ; *Pa*, tenir, & *Pan*, main en Chinois.
PEACADH, péché, &c. Ajoûtez *Pechas* en Arabe, crime, péché, action mauvaise ; *Pechis* en Chaldéen, être courbé, n'être pas droit.
PEALIG, bassin. I. Voyez *Pilic*.
PECG, poix : Ajoûtez *Zphat* en Hébreu, en Chaldéen, en Syriaque ; *Zphe* en Arabe ; *Pisa* en Géorgien ; *Pese* en Ethiopien, poix.
PECHER, pécheur. B.
PED, pied : Ajoûtez *Pegi*, marcher en Malaye.
PEL, peau : Ajoûtez *Pi* en Chinois, peau.
PEN, tête : Ajoûtez *Pen* en Malaye, chef, principal, premier, puisque *Pendapor* signifie en cetta Langue le chef des cuisiniers ; *Dapor*, cuisinier. *Pen* dans la même Langue signifie autorité, puissance, puisque *Penjouro* signifie commander avec puissance, avec autorité ; *Jouro*, commander ; *Pinjir*, bord, extrémité ; *Pining*, douleur de tête ; *Pante*, bord de la mer dans la même Langue ; *Puen*, principe, commencement, principal fondement ; *Pien*, mettre un terme en Chinois. Par une semblable façon de parler, on s'est servi parmi nous du terme chef qui signifie tête pour désigner cap, source, embouchure. *Chef-Allier* est un village dans le Languedoc qui a pris ce nom de ce qu'il est tout près de la source de l'Allier. *Chef-Boutonne* est une ville dans le Poitou qui a pris son nom de la source de la Boutonne. *Chef-De-Caux*

est un village de Normandie qui a pris son nom du cap voisin qui est quelquefois nommé *Chef-de-Seine*, parce qu'il est à l'embouchure de la Seine.

PENSE, par crase pour *Penaet-Se*, comment cela. B.

PERS, livide, meurtri. B.

PERSET, devenu bleu, devenu livide. B.

PES, piéce, &c. Ajoûtez *Phat* en Tonquinois, couper; *Patta*, couper en morceaux en Malaye; *Petsja*, briser, rompre; *Pissau*, couteau dans la même Langue; *Peiteria* à Malaca; *Potos* dans l'Isle de Java, briser, rompre; *Fetz*, piéce, morceau en Allemand; *Pecia* en Latin barbare, piéce, morceau; *Glphisota* en Théuton, brisées, rompues; *Gi*, particule paragogique en cette Langue.

PES, pois: Ajoûtez *Phisono* en Syriaque, pois.

PESK, poisson: Ajoûtez *Piskjo* en Chaldéen; *Piskenit* en Syriaque, vivier, réservoir, étang où l'on garde du poisson; *Fyan* en Langue de Madagascar; *Pira* en Brésilien; *Peixes* en Portugais, poisson.

PEUL, le même que *Pell*: Lisez le même que *Paol*.

PEUL. Voyez *Peulvan*.

PEWTNER, bourse: Ajoûtez *Pao* en Chinois, ce dans quoi on met son argent.

PEZELL: Lisez *Lour-Pezell*, ladre pourri, &c.

PIB, canal, &c. Ajoûtez *Bibir*, levres en Malaye; *Bissurh*, flûte en Tartare Mogol & Calmoucq; *Piskur*, trompette dans la même Langue; *Bib* en Chaldéen, canal; *Bibo* en Syriaque; *Bibib* en Arabe, canal; *Biza*, mammelle en Chaldéen; *Bebio* en Syriaque, aqueduc; *Pip*, coulement d'eau en Arabe.

PIBID: &c. Lisez *Pisis* pour *Pisic*.

PIG, aiguillon: Ajoûtez *Biss* en Arabe, épée; *Bekahhh*, coupé en Hébreu & en Chaldéen; *Bikirot* en Hébreu & en Chaldéen, flagellation; *Bakar* en Arabe, fendre, couper, piquer, percer; *Bigo* en Syriaque, l'action de poindre d'une source; *Bagahh* en Arabe, couper avec l'épée; *Pig*, *Pigi* en Hébreu; *Pege* en Grec, source, eau qui point hors de la terre; *Pid* en Chaldéen, les combats des cocqs à coups de becs; *Pocoto* en Syriaque, lance, bistouri; *Pica* en Arabe, piquer, ouvrir une ulcére; *Pakahh* en Hébreu, ouvrir; *Pikuhh* en Chaldéen, ouverture; *Pakahh* en Arabe, ouvrir & *Pakas*, fendre; *Pakahhh* en Chaldéen & en Syriaque, fendre, couper; *Pakahhh* en Ethiopien, fraper quelqu'un d'une épée; *Paker* en Arabe,

trouer; *Bakas* en Arabe, fraper d'une épée; *Spiculum* en Latin, javelot, pointe de fléche, de lance, aiguillon d'une abeille; *Pacou*, clou en Malaye; *Pittsil*, picoter; *Pissau*, couteau dans la même Langue.

PIIEST, ver de terre. I.

PILL, grosse piéce de bois courte & équarrie. B.

PILL, château: Ajoûtez *Pi*, fermer en Chinois.

PILL, abondant, fertile, gras: Ajoûtez *Pil* en Arabe, gras; *Pilaro*, mettre en tas en Italien; *Pils*, tas, monceau en Anglois; *Pilli* en Malaye, choisir, prendre meilleur. Voyez *Puill* qui est le même mot.

PIN, agréable, &c. Ajoûtez *Pien* en Chinois, commodité, utilité.

PLAUINK, planche. I. Voyez *Plange*.

PLEISK, peau ou écorce des fruits. I. Voyez *Plusk*.

PLL, souche, tronc, &c. Lisez *Pill*.

PLU, plume: Ajoûtez *Lu* en Chinois, plume; ailes.

PODIUM, montagne: Ajoûtez *Peu*, magnifique, illustre, grand, Seigneur; *Feu*, colline; *Pu*, Président; *Poy*, particule qui marque le pluriel, la multitude en Chinois; *Pho*, Seigneur, titre d'honneur en Tonquinois; *Por*, élevé; *Empor*, au-dessus en Allemand.

POES, repos; *Donar Poes*, terre en friche; *Poezein*, cesser. B.

POL, poulain: Ajoûtez *Palo* en Arabe; *Polah* en Chaldéen, poulain.

POT, pot, &c. Ajoûtez *Petilah*, petit panier, petite corbeille; *Potilik*, petit vase, plat, bassin en Chaldéen; *Pitas*, *Podas* en Chaldéen; *Pitos* en Grec, grand vaisseau, grand tonneau; *Pitelo* en Arabe, gousse; *Petor* en Arabe, grand plat, bassin; grande coupe de vin dont on se sert pour remplir les verres; *Fodr* en Gothique & en Danois; *Fodder* en ancien Saxon; *Voeder* (prononcez *Foeder*) en Flamand, fourreau; *Pitti* en Malaye, corbeille, panier, cassette; *Podsalga*, je tire du tonneau en Tartare Mogol & Calmoucq; *Salga*, tirer. Voyez *Bota*.

POUCHEDEN: Lisez *Pouchet*; singulier *Pouchedin*, bougette, &c.

POURCHEN, tente dans une plaie. B.

PRIET: Lisez *Prieta* pour *Prietu*.

PUILL, dru, menu. B.

Q

QUEA, vas impératif d'aller. B.

QUENET, beauté. B. Voyez *Kened*.

QUEREE, cordonnier. B.

QIFFIGER, tanneur. B.

QUIGOUR, boucher. B.

QUINIDEN. Voyez *Kesnidun*.

R

RABBAIGH, détruisant. I.

RAN, morceau, &c. Ajoûtez *Ranak* en Chaldéen, doloire, *Rinnorio* en Syriaque, espèce d'épée; *Ronak* en Arabe, pointe, tranchant de l'épée; *Rein* en Allemand, châtré, coupé; *Run* en Gothique; *Ren* en Suédois; *Ruin* en Flamand, châtré, coupé; *Ran* en Tonquinois, couper, interrompre; *Rang*, dent, ce dont nous servons pour couper & broyer la nourriture; *Ranh*, diminuer; *Ron*, petite épée dans la même Langue; *Romba* en Malaye, briser.

RASCIA, A. M. eau dormante: Ajoûtez *Raits* en Arabe, faire séjourner l'eau sur un terrain; *Rata* en Arabe, lac, citerne, puits; *Resul* en Chaldéen & en Syriaque, oisif.

RE, trop, &c. Ajoûtez *Rit* en Arabe, rétablir, renouveller, faire une seconde fois la chose; *Rib* en Arabe, plusieurs fois; *Rob* en Hébreu, en Chaldéen, multitude; *Robh* en Arabe, multiplier; *Rab*, multiplier; *Rega*, réitérer; *Rais*, grand nombre, grande quantité; *Rehh*, ample, large plus ample dans la même Langue; *Rihh* en Syriaque.

ET CORRECTIONS.

Syriaque, dilater, étendre; *Ribh* en Samaritain, largeur, amplitude, abondance; *Rahb* en Arabe, ample; *Raim*, redondance, excès; *Ris*, *Rais*, supérieur, plus élevé en Arabe; *Ribhh*, augmenter, croître, regorger, être trop plein, être superflu, trop abondant; *Rir*, gras, fertile en Arabe, & *Ris*, grand nombre, grande quantité, fertilité, abondance, richesses; *Refal* en Samaritain, surabondant; *Retafs* en Arabe, terre qui produit du foin en abondance; *Ribe* en Chaldéen, qui réitère, qui répète.

REAC, rivière: Ajoûtez *Rego* en Syriaque, mouiller, humecter; *Roik* en Arabe, cours d'eau; *Rahhats* ou *Rachats* en Hébreu, en Chaldéen & en Arabe, se laver; *Rahbas* ou *Rachas* en Syriaque, sourdre; *Rahhas* ou *Rachas*, être mouillé, être humide; *Raca*, coulant en Arabe; *Refis* en Hébreu & en Arabe, goutte, pluie; *Resfo* en Syriaque, rosée, aspersion, gouttière; *Rasahh* en Arabe, couler; *Rasom* en Syriaque, couler; *Rahh* en Samaritain, laver; *Ras* en Arabe, mouiller, humecter, arroser.

RED, course, &c. Ajoûtez *Redo* en Syriaque, marcher, & *Redio*, course; *Radi* en Arabe, verbe qui marque la marche d'un cheval qui va bon pas, verbe qui marque la course d'un animal à son étable; *Ruts* en Hébreu & en Éthiopien; *Reis* en Chaldéen, lice, carrière, endroit où l'on court; *Riuts* en Éthiopien, cheval destiné à la course, & *Riatse*, maître des chevaux; *Rahhhat* en Samaritain, courir; *Rahhhat* en Arabe, qui se hâte, *Rats*, courir avec impétuosité en Arabe; *Ratsa*, courir en Hébreu; *Reto* en Syriaque; *Rati* en Arabe, marcher; *Ruz* en Hébreu, courir; *Rud* en Éthiopien, se jetter sur quelqu'un avec impétuosité; *Redi*, coureur en Syriaque; *Redaph* en Hébreu & en Chaldéen, suivre, poursuivre; *Redaph* en Chaldéen, cours vîte & impétueux de l'eau; *Rodopho* en Syriaque, celui qui poursuit; *Radaf* en Arabe, suivre, poursuivre; *Ratsa* en Hebreu, courir; *Rad* en Allemand; *Rado* en Théuton; *Rath* en ancien Saxon, vîte adverbialement, promptement; *Rad* en Allemand; *Hrad* en ancien Saxon; *Rado* en Théuton; *Rad*, *Ras* en Flamand; *Radios* en Grec, vîte adjectivement; *Rad* en Allemand, course, coureur; *Ras* en Islandois; *Rafs* en ancien Saxon, course. Voyez *Red*, rivière, &c. & *Rheda*.

RED, rivière, &c. Ajoûtez *Reda* en Chaldéen, fleuve, rivière, coulant d'eau; *Redo* en Syriaque, faire couler; *Redio*, fleuve, rivière, ruisseau dans la même Langue; *Rets* en Éthiopien, canal d'eau; *Rteb* en Syriaque, humecter, mouiller, & *Ratebo*, humeur, liqueur; *Reteb* en Éthiopien, humidité; *Rteb* en Arabe, mouiller, rendre humide; *Ros* en Tonquinois, verser, faire couler.

R..., goutte sciatique. B.

R..S, durée, l'espace de temps que les choses durent & subsistent dans leur état: Il se dit particulièrement de la vie de l'homme. On emploie au même sens *Remfs*, verbe qui signifie durer, vivre, subsister, régner; *Remfs-Hir*, vivre, régner, durer longuement. B.

REN, REEN, règne: Ajoûtez *Ran* en Arabe, régner, dominer, gouverner, Prince, Gouverneur, Chef; *Ranan* ou *Ran* en Hébreu, en Syriaque, en Éthiopien, vaincre, dompter, soumettre; *Reno* en Syriaque, soin, sollicitude; *Ran* en Arabe, considérer avec soin; *Rend* en Hongrois, ordre. Voyez *Reen*.

REN, courant d'eau, &c. Ajoûtez *Ranb*, ruisseau, rigole d'eau; *Ron*, couler en Tonquinois; *Rints*, pluie en Malaye.

RENN, quart, quarteron, quatrième partie d'une certaine mesure de grain; *Ranhat*, le contenu de cette mesure. B.

RHAG, Roi: Ajoûtez *Ran*, commander, faire des loix; *Rat*, marque du superlatif en Tonquinois; *Rou* en Arabe, Prince; *Rike* en Cymbrique, Royaume; *Arraj* en Arménien, Roi. Voyez *Rhi*, *Righe*.

RHAIR, penchant à dérober, &c. Ajoûtez *Ra'p*, action de ravir; *Rap*, rets filet pour prendre des oiseaux en Tonquinois; *Rip*, tenailles dans la même Langue.

RHEDA, espèce de voiture ou char Gaulois: Ajoûtez *Riterah*, *Retac*, *Ridon* en Chaldéen; *Redon* en Éthiopien; *Redai* en Grec, char.

RHEITH, droit: Ajoûtez *Retahhh*, être droit en Éthiopien.

RHIF, membre: Lisez nombre.

RHIU, ruisseau: Ajoûtez *Ruh* en Hébreu, qui est arrosé; *Ri*, *Ruih* en Hébreu; *Riui* en Chaldéen, action d'arroser; *Ruh* en Arabe, mouiller, arroser; *Rua* en Tonquinois, laver, tortue d'eau douce; *Rvi* en Géorgien, conduit d'eau, canal d'eau, aqueduc.

RHUDD, rouge: Ajoûtez *Radehhh* en Arabe, saffran, tache de sang, de saffran; *Rutis* en Syriaque, nitre rouge; *Romach* en Arabe, poulain rouge; *Romono* en Syriaque, orange; *Romie* en Arabe, rubis pierre précieuse de couleur rouge; *Ronomos* en Syriaque, garance plante dont on se sert pour teindre en rouge; *Rok*, cracher du sang, & *Rokoz*, crachement de sang en Syriaque; *Rokin* en Arabe, saffran; *Rod* en Théuton; *Red* en ancien Saxon; *Eruthros* en Grec, rouge; *Rusilus* en Latin, roux; *Rod* en Islandois, rougeur; *Rotem* en Hébreu, brûlant; *Romolo* en Syriaque, feu parmi les cendres; *Romats* en Hébreu, charbon allumé; *Remats* en Arabe, brûlé, brûlant; *Roi* en Syriaque, orange fruit roux; *Ron* en Grec, orange fruit roux; *Urodon* en Chaldéen; *Orodo* en Syriaque, rose; *Urad* en Arabe, être de couleur de rose, être rouge; *Urod*, rose dans la même Langue, rouge. Voyez *Ru*, *Rub*, *Ruib*, *Rugh*, *Ruib*.

RHUT, rue plante. Ajoûtez Voyez *Ru*.

RHWNSI, cheval coupé. G.

RHYS, ordre: Ajoûtez *Ris* en Arabe, ranger, mettre en ordre.

RIGH, courir. I.

ROCH, roc, &c. Ajoûtez *Rots*, pierre en Allemand. Les anciens Danois appelloient *Rois* les sépulcres des Rois, à cause qu'ils les entouroient de pierres d'une hauteur prodigieuse.

ROGET, déchiré. B.

ROIN, crin coupé ou arraché. I.

ROS, cap, promontoire: Ajoûtez *Ro* en Tonquinois, enflure, tumeur, élévation; *Roken* en Théuton; *Ruck*, *Rusken* en Allemand, sommet de montagne; *Reisen* en Allemand; *Reisan* en Gothique; *Risan* en ancien Saxon; *Risa* en Islandois; *Reesa* en Suédois; *Rise* en Anglois, se lever, s'élever; *Ries* en Allemand, montagne; *Ries* en Allemand; *Rife* en Théuton; *Reus* en Flamand; *Risur* en Islandois; *Risus* en Latin barbare, géant, homme d'une taille fort élevée.

ROSSINCE, souci herbe & fleur. B.

ROUANTELEZ, royaume. B.

ROUIGNUS, galeux, qui a la rogne. B.

ADDITIONS ET CORRECTIONS.

RU, rue plante : Ajoûtez, Voyez *Rhut*.

RUB, rouge : Ajoûtez *Rabil*, rougeur en Arabe.

RUILHOM. Ajoûtez : C'eſt ainſi que le Pere de Roſtrenen explique ce mot. Dom Le Pelletier met *Ruill*, ſingulier *Ruillen*, cercle de fer placé ſur le bout de l'eſſieu de la charrette, entre le moyeu de la roue & la cheville qui le retient. Ce cercle eſt mobile, & le même que d'autres nomment *Rill*. B.

S

SAC, ſaccagement : Ajoûtez *Sachach*, fraper en Arabe ; *Sachab*, piller en Hébreu ; *Sachat*, maſſacrer en Hébreu & en Arabe ; *Sachaph*, renverſer, détruire en Hébreu, en Chaldéen & en Syriaque ; *Sachaph*, brûler en Arabe ; *Sachat*, perdre, détruire en Arabe ; *Sacan*, piller en Syriaque & en Arabe ; *Sacaph*, dévaſter, ſaccager, ravager en Chaldéen & en Samaritain ; *Sackmann* en Allemand, larron, brigand ; *Scach* en Allemand, en Théuton ; *Skaak* en Iſlandois ; *Scachus* en Latin barbare, pillage, rapine, vol, brigandage ; *Schacher* en Allemand ; *Scahari* en Théuton ; *Sceaeere* en ancien Saxon, pillard, brigand, larron ; *Schacken* en Allemand & en Flamand, ravir, piller ; *Sacamane*, pillage en Eſpagnol ; *Saccomanno* en Italien, ſac, pillage ; *Sakan* en Gothique, contredire, s'oppoſer, être adverſaire ; *Sach* en Théuton & en Allemand ; *Sac* en ancien Saxon ; *Sak* en Iſlandois, diſpute, querelle ; *Sak* dans la Souabe, épée ; *Sage* en Allemand ; *Sagene* en ancien Saxon, épée ; *Sage* en Grec, armure. Voyez *Saqueoa*.

SALKNIS, craſſe, ordure. Ba. Liſez I.

SAMA, charger mettre la charge. B.

SCLIFORT : Liſez *Selipart*.

SCOANEN, SCOENEN, en y ajoûtant *Laes*, eſt la crême du lait. B.

SCRIBANB, étrille. I.

SEADE, voici : Il eſt auſſi ſynonime du premier *Sea*. B.

SERRA, montagne, &c. Ajoûtez *Zerohh* en Arabe, petite colline ; *Zaromo* en Syriaque, celui qui eſt conſtitué en autorité.

SEUZL ſert auſſi d'adverbe en ces phraſes : *Seuzl Ma Teras*, dès qu'il vint, auſſitôt qu'il vint ; *Seuzl Braſoc'hew A Poan*, *Seuzl Braſoch Ew E Mat*, tant plus grande eſt ſa peine, tant plus il a de bien. Le nouveau Dictionnaire porte *Seul Muy*, tant plus : Dans la deſtruction de Jéruſalem je lis *Gradiff Seul A Guiry*, fais-moi ce que tu voudras, c'eſt-à-dire, autant que tu voudras. B. Cet article eſt pris de Dom Le Pelletier.

SIE, nouvelle ou choſe qui ſe dit ou qui ſe ſçait depuis peu. I.

SKIALIGH, nouvelles ou bruits qui courent. I.

SLOGIGH, avaler. I.

SNAIDH, aiguille. I. Voyez *Snad*, *Nadot*.

SOLEM, SOLENN, SOLEZM, myſtérieux. B.

SOUIL, aller, marcher. I.

SPISSA, nouer, ou plutôt rejoindre deux cordes en entrelaçant les cordons des bouts les uns dans les autres. B.

SPLAUNK, clair, plein de lumière. I. Voyez *Splan*.

STANQUAFF, boucher, fermer. B.

RECUEIL

Des mots qui paroissent avoir fait partie de la Langue primitive.

ON a prouvé que la Langue primitive n'a pas été anéantie à Babel, mais qu'elle s'est conservée avec des inflexions ou terminaisons différentes dans les anciennes Langues. Ainsi, pour retrouver le premier Langage du Genre-humain, il ne faut que recueillir les mots qui dans ces anciennes Langues ont la même signification, ou des significations analogues. Il se présente dans le Dictionnaire Celtique environ trois cens expressions de cette espèce, ce qui fait une portion très-considérable de la Langue primitive. On a cru faire plaisir au Lecteur de réunir tous ces termes, & de les placer ici suivant l'ordre alphabétique. Pour les vérifier il faudra recourir aux articles du Dictionnaire que l'on cite, & aux Additions que l'on a faites à la plûpart.

Première partie des Mémoires sur la Langue Celtique, f. 1, 2, 3.

A

A, AH, ACH, AC, AG, eau en général, toute pièce d'eau, mer, fleuve, rivière, ruisseau, torrent, fontaine, source, lac, marais, mare, étang. Voyez *A*, *Ach*, *Aches*, *Ag*, *Ab*.

AB, PAB, PAP, pere, Seigneur. Ab aura d'abord signifié pere; & comme les peres ont été les premiers Seigneurs, il aura aussi signifié Seigneur. Voyez *Ab*.

ABAL, AFAL, AMAL, AVAL, BAL, FAL, MAL, pomme. Voyez *Abal*.

AC, AG, pointe, aiguillon, taillant, ce qui aiguise, ce qui coupe, ce qui pique. Voyez *Ac*, *Acara*, *Accare*, *Acilus*, *Acota*, *Acsium*, *Aier*, *Agacz*, *Awch*, *Ega*, *Dac*, *Dag*, *Hach*.

ACH, AHH, famille, race, lignée, parenté, parens en tous dégrés, généalogie, arbre généalogique, tribu, peuple, nation, ami, amitié, liaison, union. Ach ou Ahh aura d'abord signifié parenté, parens, famille, race, lignée; une famille en s'augmentant a formé une tribu ainsi qu'on le voit dans l'Histoire du Peuple d'Israël & dans celle d'Irlande : De la tribu par la suite des temps est venu un Peuple, une Nation. L'amitié donnant les mêmes droits sur le cœur que la parenté, on aura étendu ce terme à signifier ami, amitié, ensuite union, liaison en général. Voyez *Ac* conjonction copulative; *Ac*, fils; race; *Ach*, généalogie, &c. *Ach*, nation, &c. *Achen*, *Ag* conjonction copulative; *Ag*, fils; *Ahacoac*, *Ahsidea*, *Aice*, *Aizpa*, *Aizta*, *As*, pere; *As*, tige; (le *ch* & l's se mettent l'un pour l'autre.)

ACH. Voyez *A* dans ce Recueil.

AER, AR, AIR, air, vent, souffle, odeur. Voyez *Aer*, *Awyr*.

AF. Voyez *Of* dans ce Recueil.

AFAL. Voyez *Abal* dans ce Recueil.

AG. Voyez *A* dans ce Recueil.

AG. Voyez *Ac* dans ce Recueil.

AH. Voyez *A* dans ce Recueil.

AHH. Voyez *Ach* dans ce Recueil.

AL, EL, OL, hauteur, élévation, montagne, colline, cime, sommet, faîte, pointe, sur, dessus, au-dessus, grandeur, haut, élevé, grand, suprême, supérieur, plus haut, excellent, très-grand, Dieu. Al aura d'abord signifié hauteur, élévation, tout ce qui est haut, tout ce qui est élevé au propre & au figuré, ce qui est le plus haut, le plus élevé au propre & au figuré; ce qui aura fait employer ce terme pour désigner Dieu, qui est le plus grand de tous les êtres. Voyez *Al*, *El*, *Ol*.

AIR. Voyez *Aer* dans ce Recueil.

AIR. Voyez *Guir* dans ce Recueil.

AM, MAM, MA, mere. Voyez *Ama*, *Ana*; *Mam*, *Maithir*.

AMAL. Voyez *Abal* dans ce Recueil.

AN, EN, IN, ON, ame. Voyez *Ane*.

AN, EN, IN, ON, UN, particule privative, négative, non, sans. Voyez *En*.

AND, grand, haut, élevé au propre & au figuré. Voyez *And*, *Andi*, *Ant*, *Hen*, *Hend*.

AR, ER, terre. Voyez *Ar*, terre; *Ar*, labourage; *Er*, *Ter*.

AR, ER, OR, ARD, hauteur, élévation, montagne, colline, tertre, cime, sommet, faîte, pointe, sur, dessus, au-dessus, haut, élevé, eminent, suprême, grand, Grand de l'État, Seigneur, Préposé, Prince, Roi, Souverain, roc, pierre. Les rocs étant ordinairement plus élevés que la terre, on se sera servi du terme Ar pour les désigner, ensuite pour marquer toute pierre en général. Voyez *Ar*, *Ard*, *Er*, *Or*.

AR, lent, tardif. Voyez *Ar*, lent.

AR. Voyez *Aer* dans ce Recueil.

ARD. Voyez *Ar* dans ce Recueil.

AS. Voyez *Es* dans ce Recueil.

AS. Voyez *Ach* dans ce Recueil.

AT, pere. Voyez *At*.

AV. Voyez *Of* dans ce Recueil.

AVAL. Voyez *Abal* dans ce Recueil.

B

BAB, MAB, enfant. Voyez *Bab*, *Mab*. Le *b* & l'*m* dans toutes les Langues Orientales sont des lettres qui marquent la dépendance qu'un effet a de sa cause; ainsi *Bab*, *Mab*, formés de *B Ab*, de *M Ab*, pere, marquent que l'enfant est une production du pere.

BAL, BEL, BOL, BUL, haut, élevé, grand, long, dessus, sur, suprême, tête, chef, Roi,

Prince, Commandant, Seigneur. Voyez les deux premiers articles de *Bal*, *Bel*, haut ; *Bol*, sommet ; *Bul* le même que *Bal*.

BAL, fortification, rempart, murailles, demeure, habitation, village, ville. Voyez *Bal*, *Bala*, *Balt*.

BAL, PAL, couverture, tout ce qui couvre, tout ce qui enveloppe. Voyez *Bal*, *Pallen*, *Pallin*, *Palaeq*.

BAL. Voyez *Abal* dans ce Recueil.

BALL, FALL, MALL, défaut, vice, manquement. Voyez *Ball*, *Aball*, *Fall*, *Foll*, fou ; *Foll*, défaut ; *Ffail*, *Ffaell*, *Ffail*, *Mall*.

BAN, BEN, BON, élevé, haut, montagne, colline, élévation, hauteur, Seigneur, Prince, Roi. Voyez *Ban*, élevé ; *Bann*, montagne ; *Ben* le même que *Pen* ; *Benn*, tête ; *Bonn* le même que *Bann*.

BAN, habitation, maison, village, bourg, ville. Voyez *Ban*, bourg, & *Benn* le même que *Mann*.

BAN, blanc. Voyez *Ban*, blanc.

BAR, BER, hauteur, élévation, colline, montagne, faîte, cime, sommet, long, grand, haut, élevé au propre & au figuré. Voyez différens articles de *Bar*, *Ber*, élévation ; *Burua*.

BAR, BER, BIR, PAR, pointe, lance, fleche, épée, aiguillon. Voyez différens articles de *Bar*, *Ber*, broche ; *Bir*, fleche ; *Par*, lance.

BAR, BER, PAR, PER, faire, agir, opérer, produire, action, opération, œuvre, fils. Voyez *Bar*, fils ; *Bar*, faire ; *Ober*.

BAR, BER, feu au propre & au figuré. Voyez *Bar*, verve ; *Bar*, colere ; *Bar*, tout ce qui arrive subitement, avec impétuosité & violence ; *Bara*, grande colere ; *Barad*, *Bero*, *Bervi*, *Bor*.

BAS, bas, profond, petit, vil, méprisable, mauvais, méchant, tout ce qui a quelque défaut, tout ce qui a quelque imperfection, pauvre, indigent, misérable, défaillance, manquement, défaut, extafe, syncope, mort, trépas, angoisse, tourmente, ennui, fâcherie, désert, agreste, sauvage, grossier, impoli, excrément, fiente. Voyez différens articles de *Bas* & *Bos*, à cause de la substitution réciproque des voyelles.

BAT, BET, BIT, BOT, BUT, maison, demeure, habitation, logement. Voyez le premier chapitre du premier tome des Mémoires sur la Langue Celtique.

BEC, PEC, PIC, cap, cime, le haut, élévation, montagne, colline, pointe, extrémité pointue, bec, tête, bouche, face, visage, museau, gueule. Voyez *Bac*, *Bec*, *Becq*, *Becq*, *Big*, *Pec* ; & à cause de la substitution réciproque des voyelles, les différens articles de *Pic*, *Picq* & de *Pig*.

BEL. Voyez *Bal* dans ce Recueil.

BEN. Voyez *Ban* dans ce Recueil.

BER. Voyez *Bar* dans ce Recueil.

BER. Voyez *Bar* dans ce Recueil.

BER. Voyez *Bar* dans ce Recueil.

BERG, montagne, colline, lieu élevé, roc élevé, élevé, haut au propre & au figuré. Voyez *Berg*.

BET. Voyez *Bat* dans ce Recueil.

BIR. Voyez *Bar* dans ce Recueil.

BIT. Voyez *Bat* dans ce Recueil.

BOD, maison, habitation. Voyez *Bod*, habitation ; & tous les mots auxquels on renvoye dans cet article.

BOD. Voyez *Pot* dans ce Recueil.

BOL. Voyez *Bal* dans ce Recueil.

BON. Voyez *Ban* dans ce Recueil.

BOT. Voyez *Bat* dans ce Recueil.

BOT. Voyez *Pot* dans ce Recueil.

BOT. Voyez *Pot* dans ce Recueil.

BOURG, BURG, bourg, ville, village, habitation. Voyez *Bourch*, *Bourcq*, *Bourg*, *Burg*, *Bwrg*.

BRAC. Voyez *Rac* dans ce Recueil.

BRAG. Voyez *Rac* dans ce Recueil.

BREG. Voyez *Rac* dans ce Recueil

BU, bœuf, vache. Voyez *Bu*. Ce nom du bœuf est une onomatopée, ou nom formé sur le cri de cet animal.

BURG. Voyez *Bourg* dans ce Recueil.

BUT. Voyez *Bat* dans ce Recueil.

BUT. Voyez *Pot* dans ce Recueil.

C

CAB, tête, chef. Voyez *Cab*, tête.

CAB, habitation. Voyez *Cab*, habitation.

CER. Voyez *Car* dans ce Recueil.

CAER. Voyez *Car* dans ce Recueil.

CAL, couper. Voyez *Cal*, couper.

CAL, COL, tête, sommet, cime, faîte, élévation, haut, élevé. Voyez *Càl*, *Bal*, *Calad*, petite bosse ; *Col*, sommet ; *Collina*.

CAL, fermer, enfermer, envelopper, couvrir, enceinte, enclos, muraille, habitation, demeure, maison, forteresse, ville, tout ce qui enferme, tout ce qui couvre, tout ce qui enveloppe, tout ce qui contient, vase, vaisseau en général. Voyez *Cal* le même que *Caell*, *Cel*, *Gueil*, *Kael*, *Kil*, *Kill*.

CAL, pierre, caillou, roc. Voyez *Callestr*, *Calch*, chaux, tuf : Le tuf est une pierre ; la chaux est une pierre calcinée.

CALH, chaud. Voyez *Calh*.

CAM, marche, pas, marcher, aller. Voyez *Cam*, dégré, marche, pas.

CAM, courbe, courbé, tortu, tortueux, sinueux, non droit, injuste, mauvais, courbure, tortuosité, injustice, injure, iniquité, méchanceté. Voyez *Cam*, courbure ; *Camel*.

CAM, enceinte, enclos, habitation, maison, village, ville. Voyez *Cam*, habitation ; *Cham*.

CAN, tête, sommet, cime, faîte, élévation, colline, montagne, sur, dessus, haut, élevé, grand, Roi, Souverain, Prince, Gouverneur, Seigneur. Voyez *Can*, tête.

CAN, chant, cantique, chant mélodieux, son mélodieux. Voyez *Can*, chant.

CAN, blanc, beau, agréable, bon, brillant, le brillant, éclat. Voyez *Can*, blanc ; *Cann*, blanc ; *Gantae*, *Cain*.

CAN, canal, lit d'une rivière, d'un ruisseau, le courant d'une rivière, conduit, tuyau, tube, gouttière, sillon, val entre deux montagnes. Voyez *Can*, canal, & *Cana*.

CAN, vase. Voyez *Can*, vase ; *Canna*.

CAN, ce qui contient, ce qui renferme, ce qui couvre, ce qui garantit, coque, enveloppe, habit, habitation. Voyez *Can*.

CAN, jonc, roseau. Voyez *Cana*, *Canab*, *Canabera*, *Canna*, *Canen*.

DE LA LANGUE PRIMITIVE.

CAP, tête, chapeau, bonnet, capuce, capuchon, chaperon, cape, manteau, robe, habillement. Voyez *Cap*, chapeau ; *Cap*, cape.

CAP, HAP, prise, saisie, prendre, saisir. Voyez *Cipio*, *Happa*.

CAR, CÆR, CAER, GAER, CER, KER, CIR, KIR, COR, COUR, CUR, enceinte, ce qui est enclos, ce qui est enfermé, habitation, maison, ville, forteresse. Voyez les pages seconde & troisième du premier volume des Mémoires sur la Langue Celtique, *Gaer*, *Gardd*, *Kaer*, *Kir*.

CAR, près, auprès, proche, parent, ami. Voyez *Câr*, près.

CAR, viande, nourriture, aliment. Voyez *Car*, viande.

CAR, pointe, brisure, coupure, piquer, percer, briser, couper. Voyez *Car*, pointe.

CAS, lieu, demeure, habitation, cage, étui, boëte, caisse, couverture, habit. Voyez *Cas*, lieu ; *Cass*, cassette ; *Casale*, *Cassella*.

CAT, chat. Voyez *Cat*, chat.

CATT, parcelle, morceau. Voyez *Catt*, parcelle.

CAV, cave, creux. Voyez *Cav*.

CEL, CELL, CIL, habitation, logement, enclos, cachette, cellier, tout lieu fermé. Voyez *Cel*, *Cell*, *Caell*, *Cal*, habitation ; *Cil*.

CELL. Voyez *Cel* dans ce Recueil.

CEN, vieillard. Voyez *Hen*.

CEN, voir, connoître. Voyez *Cen*.

CER. Voyez *Car* dans ce Recueil.

CHEN. Voyez *Hen* dans ce Recueil.

CHOM, COM, habitation en général. Voyez *Chom*, demeure ; *Com*, domicile.

CHOR, CHOUR, CHOUER, ruisseau, eau. Voyez *Chouer*.

CHOUER. Voyez *Chor* dans ce Recueil.

CHOUR. Voyez *Chor* dans ce Recueil.

CIL. Voyez *Cel* dans ce Recueil.

CIL, vîte, rapide. Voyez *Cil*.

CIR. Voyez *Car* dans ce Recueil.

CO, COC, COCH, COH. Je crois que *Co* a signifié feu dans la Langue primitive, & *Coe*, l'action du feu, la couleur du feu, la chaleur du feu. Voici mes raisons. 1°. *Coc* signifie brûler, chauffer, cuire, cuisinier. Ce terme est nécessairement formé de *Co*, qui doit avoir signifié feu, puisque toutes les significations de *Coc* y ont un rapport essentiel. 2°. *Go* signifie maréchal, forgeron, & *Goi*, digérer ; (la digestion est la coction intérieure ; le *c* & le *g* se substituent dans toutes les Langues.) 3°. *Gor* signifie feu, chaleur, lumière, jour. 4°. *Coch*, *Coh* signifient rouge ; (c'est la couleur du feu.) Voyez *Coch*, *Coh*, *Cog*, *Go*, *Goi*, *Gor*, *Gwres*, *Gwr*, *Flam*, *Berw*.

COC. Voyez *Co* dans ce Recueil.

COCH. Voyez *Co* dans ce Recueil.

COH. Voyez *Co* dans ce Recueil.

COL. Voyez *Cal* dans ce Recueil.

COM, particule qui marque la société. Voyez *Com*, particule qui marque la société.

COM. Voyez *Chom* dans ce Recueil.

CON, montagne, élévation, élevé au propre & au figuré. Voyez *Con*, montagne.

COP, cime, sommet. Voyez *Coppa*, & *Cap*, tête.

COP, COUP, CUP, coupe, gobelet, vase à boire. Voyez *Cuppan*.

COR. Voyez *Car* dans ce Recueil.

CORN, corne, trompette. Voyez *Corn*.

COT, COUT, CUT, chaumière, maison, habitation en général. Voyez le second *Cot*, *Cutt*, *Cwtt*, chaumine.

COUP. Voyez *Cop* dans ce Recueil.

COUR. Voyez *Car* dans ce Recueil.

COUT. Voyez *Cot* dans ce Recueil.

CRI, cri, appel. Voyez *Cri*.

CUP. Voyez *Cop* dans ce Recueil.

CUR. Voyez *Car* dans ce Recueil.

CUT. Voyez *Cot* dans ce Recueil.

D

DA, bon, agréable. Voyez *Da*, bon.

DAG. Voyez *Dag* dans ce Recueil.

DAG, DAC, dague, poignard, épée, lance, couteau, tout ce qui pique, tout ce qui perce, tout ce qui coupe. Voyez *Dag*, dague.

DAL, DOL, vallée. Voyez *Dal*, vallée ; *Dol*, vallée.

DAL, TAL, portion, partie, partage, partager, couper, briser, rompre. Voyez *Dal*, portion ; *Dala*, couper ; *Tailha*.

DAN, DON, vallée, profond, bas, sous, dessous, au-dessous. Voyez *Dan*, vallée ; *Don*, profond.

DAN, DEN, DIN, DON, DUN, TIN, TUN, élévation, hauteur, haut, élevé au propre & au figuré, Seigneur, Prince, Souverain, Dieu, ville, maison, habitation. Voyez la seconde page du premier tome des Mémoires sur la Langue Celtique, & dans le Dictionnaire Celtique les articles *Dan*, *Din*, *Don*, *Dun*, *Tin*.

DAN, TAN, SAN ou ZAN, dent. Voyez *Dant*.

DAN. Voyez *Den* dans ce Recueil.

DAR, dard, javelot, lancer, jetter, impétueux, rude, &c. Voyez *Dard*, *Dar*, turbulent, & *Tar* en deux articles.

DAR. Voyez *Dor* dans ce Recueil.

DEN. Voyez *Dan* dans ce Recueil.

DEN, forêt. Voyez *Den*, bois.

DEN, DAN, homme. Voyez *Den*, homme.

DER, rude, féroce, mauvais. Voyez *Dor*, fort.

DIN. Voyez *Dan* dans ce Recueil.

DOL. Voyez *Dal* dans ce Recueil.

DOM, habitation. Voyez *Dom* le même que *Tuaim*.

DOM, TOM, boue, limon, ordure, fiente d'animaux, excrément, vil, méprisable. Voyez *Dom*, *Cler Y Dom*, *Tom*, boue.

DON. Voyez *Dan* dans ce Recueil.

DON. Voyez *Dan* dans ce Recueil.

DOR, DAR, TOR, habitation, habiter. Voyez *Dor*, habiter ; *Tor*, habiter.

DOR, TOR, porte. Voyez *Dor*, porte ; *Tor*, porte.

DOR, DOUR, eau. Voyez *Dor*, eau ; *Dour*, eau ; *Or*, rivière.

DOR, TOR, hauteur, élévation. Voyez *Dor*, élévation ; *Tor*, élévation ; *Or*, sur, dessus.

DOUR. Voyez *Dor* dans ce Recueil.

DU, deux. Voyez *Dau*, deux ; *Du*, deux.

DU, TU, noir. Voyez *Du*, noir ; *Tu*, sombre.

DUN. Voyez *Dan* dans ce Recueil.

TOME II.

E

ED, ET, OED, âge, temps. Voyez *Oed*, âge; *Oad*, *Oat*.
EL. Voyez *Al* dans ce Recueil.
EN. Voyez *An* dans ce Recueil.
EN. Voyez *An* dans ce Recueil.

ER. Voyez *Ar* dans ce Recueil.
ER. Voyez *Ar* dans ce Recueil.
ES, AS, TES, feu, chaleur. Voyez *Tes*, chaleur; *Es* le même que *Tes*; *As* pour *Ias*; *Ias*.
ET. Voyez *Ed* dans ce Recueil.

F

FAL. Voyez *Abal* dans ce Recueil.

FALL. Voyez *Ball* dans ce Recueil.

G

GAER. Voyez *Car* dans ce Recueil.
GAIR, AIR, GUER, parole, parler, cri, crier. Voyez *Gair*, & *Air* le même que *Gair*.
GAL, le même que *Cal*, tête, &c. Voyez *Gallt*, *Bal*.
GARR, jambe. Voyez *Garr*.
GEN. Voyez *Geni* dans ce Recueil.
GENI, naître; *Gen*, né, engendré, fils. Voyez *Geni*.
GER, petit. Voyez *Ger*, petit, & *Gerr*, petit.
GLAS, LAS, verd, bleu. Voyez *Glas*, verd; *Las*, verd.
GO. Voyez *Co* dans ce Recueil.
GOR, élévation au propre & au figuré. Voyez *Gor*

préposition qui en composition signifie sur, au-dessus.
GOR, feu, chaleur, lumière, jour. Voyez *Gor*, chaleur; *Gwres*.
GUER. Voyez *Gair* dans ce Recueil.
GUEZ, HEZ, arbre, forêt, bois substance de l'arbre. Voyez *Guez*, arbres; *Hez* le même que *Guez*.
GUR, UR, homme. Voyez différens articles de *Gwr*, différens articles de *Gwr*, *Wr*, homme.
GWIN, WIN, OUIN, VIN, vin. Voyez *Gwin*, vin.
GWIRD. Voyez *Ir* dans ce Recueil.

H

HAM, HEM, HOM, HAN, domicile, habitation, maison, ceux qui demeurent dans la maison, assemblée d'hommes, peuple. Voyez le premier *Ham*, le premier *Heim*, *Hom*.
HAN. Voyez *Ham* dans ce Recueil.
HAP. Voyez *Cap* dans ce Recueil.
HARD, hardiesse, courage, hardi, courageux, fort, violent, rude, dur, difficile, mauvais. Voyez *Hard*, hardiesse; *Hardd*, dur.
HAUL, HEAUL, HEOL, HEIL, SOL, SUL, soleil, feu, lumière. Voyez *Haul*, soleil; *Sul*, soleil.
HEAUL. Voyez *Haul* dans ce Recueil.
HEIL. Voyez *Haul* dans ce Recueil.

HEM. Voyez *Ham* dans ce Recueil.
HEN, CHEN, KEN, SEN, vieux, ancien, vieillard, âgé. Voyez *Hen*, vieux; *Sen*, vieux.
HEOL. Voyez *Haul* dans ce Recueil.
HEZ. Voyez *Guez* dans ce Recueil.
HOCH. Voyez *Hwch* dans ce Recueil.
HOL, trou, fente, ouverture. Voyez *Hole*, *Hollt*.
HOM. Voyez *Ham* dans ce Recueil.
HOS. Voyez *Hwch* dans ce Recueil.
HWCH, HWS, HOCH, HOS, MOCH, MOS, SWCH, SOCH, SWS, cochon. Voyez *Hwch*, cochon; *Houch*, *Hoch*, *Moch*, cochon; *Swch*, cochon.
HWS. Voyez *Hwch* dans ce Recueil.

I

ISLE. Voyez *I*, isle.
I, oui, particule pour affirmer, pour acquiescer, pour consentir, pour marquer que l'on veut quelque chose. Voyez *Y*, oui.
IN. Voyez *An* dans ce Recueil.

IN. Voyez *An* dans ce Recueil.
IR, IRD, VIRD, GWIRD, verd. Voyez *Ir*; crud; *Gwyrd*.
IRD. Voyez *Ir* dans ce Recueil.

K

KEN. Voyez *Chen* dans ce Recueil.
KER. Voyez *Car* dans ce Recueil.

KIR. Voyez *Car* dans ce Recueil.

DE LA LANGUE PRIMITIVE.

L

LAB, LEB, feu, chaleur, ardeur au propre & au figuré, défir, amour, amitié, cœur. Voyez Labea.

LAB, LAV, main. Voyez Lab le même que Lav, Lam, main ; Lav, main.

LAC, LOC, LACH, LOCH, LUCH, lac, étang, mer. Voyez Lac, étang ; Loc, lac ; Loch, lac ; Luch, lac.

LAC, LEC, LOC, lieu, demeure, habitation. Voyez Lac, lieu ; Lech, lieu ; Loc, lieu ; Locc, lieu ; Loch, logis ; Log, loge ; Lug, tour.

LAC, LAS, lâche, pareffeux, fainéant, mou, abattu, fatigué, las. Voyez Llacc, Llaes.

LACH. Voyez Lac dans ce Recueil.

LAI, LAID, LED, LET, LAIT, LIT, petit, bas au propre & au figuré, tout ce qui eft défectueux, tout ce qui eft imparfait, tout ce qui eft mal, Voyez Llai, plus petit ; Laidoa, Lled en différens articles ; Let, demi ; Littel, Litil, Llyth.

LAID. Voyez Lai dans ce Recueil.

LAIT. Voyez Lai dans ce Recueil.

LAITH, eau, liqueur, humidité, humide, liquide, mouillé, marécageux, boueux, arrofé, mouiller, arrofer. Voyez le premier Llaith, Llaid.

LAP, LIB, LIP, levre. Voyez Lapp, Libar.

LAS. Voyez Glas dans ce Recueil.

LAS. Voyez Lac dans ce Recueil.

LAV. Voyez Lab dans ce Recueil.

LEB. Voyez Lab dans ce Recueil.

LEC. Voyez Lac dans ce Recueil.

LED. Voyez Lai dans ce Recueil.

LET. Voyez Lai dans ce Recueil.

LEV, lion. Voyez Leon ; Lew, lion.

LIB. Voyez Lap dans ce Recueil.

LIN, lin. Voyez Lin, lin.

LIP. Voyez Lap dans ce Recueil.

LIT. Voyez Lai dans ce Recueil.

LOC. Voyez Lac dans ce Recueil.

LOCH. Voyez Lac dans ce Recueil.

LOG, LUG, chaleur, ardeur, lumière. Voyez Llofg, Llûg, lumière.

LUCH. Voyez Lac dans ce Recueil.

LUG. Voyez Log dans ce Recueil.

M

MA. Voyez Am dans ce Recueil.

MAB. Voyez Bab dans ce Recueil.

MAC, enfant, le petit d'un animal. Voyez Mac, fils.

MAC. Voyez Mag dans ce Recueil.

MACH, action de fouler, d'affaiffer, d'écrafer, d'accabler, de bleffer, de brifer. Voyez Macha, fouler.

MAD, bon, bien, beau, agréable. Voyez Mad, bon ; Mat, bon.

MAG, habitation, maifon. Voyez Magus.

MAG, MAC, nourriture, aliment. Voyez Maga, nourrir ; Magu, nourrir.

MAL, MEL, MIL, MOL, MUL, tête au propre & au figuré, Roi, Prince, Seigneur. Voyez Bal, Mael, Seigneur ; Mal, tête.

MAL, action de moudre, de broyer, d'émier, de mettre en piéces. Voyez Malu, Melin, meule.

MAL. Voyez Abal dans ce Recueil.

MALL. Voyez Ball dans ce Recueil.

MAM. Voyez Am dans ce Recueil.

MAN, MEN, lieu, habitation en général. Voyez Man, lieu, habitation ; Men, habitation.

MAN, MEN, MON, MUN, colline, montagne, élévation au propre & au figuré. Voyez Man, montagne ; Men, montagne ; Mon, montagne ; Mant, Mun, montagne ; Mund, montagne ; Mend, montagne ; Munoa, colline.

MAN, homme, image, repréfentation de l'homme, fantôme, femblant, mine, apparence, figure. Voyez Man, homme ; Man, femblant.

MAN, bon, bien. Voyez Man, bon, bien.

MAN, MIN, petit, mince, menu, délié, fubtil. Voyez Man, petit ; Min, petit.

MANN, panier, vafe, vaiffeau. Voyez Mann, panier.

MANT, manteau, robe longue, robe. Voyez Mantell.

MAR, MER, MOR, MUR, mer, lac, marais, eau. Voyez Mar, mer ; Mer, eau ; Mor, mer ; Muir, mer ; Mur, mer.

MAR, MER, MOR, grand, élevé au propre & au figuré. Voyez Mar, grand ; Mer, grand ; Mor, grand.

MAR, MARH, MARCH, cheval. Voyez March, cheval.

MARC, marque, figne, caractére, borne, limite frontiere d'un Pays. Voyez Marc, caractére ; Marc, borne ; March, frontières ; March, limites ; Mars, frontières.

MARCH. Voyez Mar dans ce Recueil.

MARH. Voyez Mar dans ce Recueil.

MATH, METH, MITH, mort fubftantivement & adjectivement. Voyez Meata, Meetu, Meth, défaut.

MEL. Voyez Mal dans ce Recueil.

MEN. Voyez Man dans ce Recueil.

MEN. Voyez Man dans ce Recueil.

MER. Voyez Mar dans ce Recueil.

MER. Voyez Mar dans ce Recueil.

MESG. Voyez Mesk dans ce Recueil.

MESK, MESG, MISK, MISG, mélange. Voyez Mesk.

METH. Voyez Math dans ce Recueil.

MIL, guerre, combat. Voyez Mil, guerre.

MIL, mil, mille. Voyez Mil, mille.

MIL. Voyez Mal dans ce Recueil.

MIN. Voyez Man dans ce Recueil.

MIS, mois. Voyez Mis.

MISG. Voyez Mesk dans ce Recueil.

MISK. Voyez Mesk dans ce Recueil.

MITH. Voyez Math dans ce Recueil.

MOCH. Voyez Hwch dans ce Recueil.

MOL. Voyez Mal dans ce Recueil.

MON. Voyez Man dans ce Recueil.

MOR. Voyez Mar dans ce Recueil.

MOR. Voyez Mar dans ce Recueil.

MOR, noir, mûre fruit noir. Voyez Mor, noir ; Mor, mûre fruit.

MOS. Voyez Hwch dans ce Recueil.

MOSS, marais. Voyez Mofs, Mouts, humide.

Moust, moût. Voyez *Moust*.
Mul. Voyez *Mal* dans ce Recueil.
Mun. Voyez *Man* dans ce Recueil.

Mur, muraille, mur. Voyez *Mur*, murailles.
Mur. Voyez *Mar* dans ce Recueil.

N

Na, Ne, Ni, Nac, Nach, Nag, Nah, non, négation, refus. Voyez *Na*, non; *Nae*, non; *Nach*, non, nier; *Nag*, non; *Nah*, négation; *Ne*, non; *Nen*, non; *Ni*, non; *Non*, non.
Na, Nan, Nant, eau, rivière, ruisseau. Voyez *Nant*, eau; *Nantoide*.
Nab, Neb, Naf, Nef, Seigneur, élevé au propre & au figuré, ciel. Voyez *Nabuffi*; *Neb*, ciel; *Naf*, Seigneur; *Nef*, ciel.
Nac. Voyez *Na* dans ce Recueil.
Nach, Nech, haut, le haut, élévation, montagne, cime, élevé au propre & au figuré. Voyez *Nach*, haut; *Neach*, haut; *Nagufia*, Supérieur; *Nech*, haut.
Nach. Voyez *Na* dans ce Recueil.
Naf. Voyez *Nab* dans ce Recueil.
Nag. Voyez *Na* dans ce Recueil.
Nah. Voyez *Na* dans ce Recueil.
Nam, exception, faute, défaut, imperfection, coupure, mutilation. Voyez les trois articles de *Nam*.

Nan, nain, petit. Voyez *Nanos*.
Nan. Voyez *Na* dans ce Recueil.
Nant. Voyez *Na* dans ce Recueil.
Nar, enfant soit par l'âge, soit par le jugement. Voyez *Nar*, nain; *Narra*, fou.
Naw, neuf nombre. Voyez *Naw*, neuf.
Ne. Voyez *Na* dans ce Recueil.
Neb. Voyez *Nab* dans ce Recueil.
Nech, Nich, neige. Voyez *Snech*.
Nech, chagrin, peine d'esprit, affliction. Voyez *Nech*, chagrin.
Nech. Voyez *Nach* dans ce Recueil.
Nef. Voyez *Nab* dans ce Recueil.
Ner, eau, rivière. Voyez *Ner*, eau.
Ner, force, vigueur, puissance, violence. Voyez *Ners*, *Nerth*, *Nerh*.
Nes, proche, prochain, voisin, auprès, près. Voyez les deux premiers articles de *Nes*.
Neu, neuf, neuve. Voyez *Neu*, neuf, neuve.
Ni. Voyez *Na* dans ce Recueil.
Nich. Voyez *Nech* dans ce Recueil.
Nos, nuit. Voyez *Nos*, nuit.

O

Ob. Voyez *Ub* dans ce Recueil.
Och, élevé. Voyez *Och*, élevé.
Od, sur, dessus, élevé, éminent, qui surpasse, excellent. Voyez *Od*, sur; *Ot*, excellent.
Oed. Voyez *Ed* dans ce Recueil.
Of, Af, Av, oiseau. Voyez *Afais*, *Aveis*, *Ob*.
Og, œil. Voyez *Og*, œil.
Ol. Voyez *Al* dans ce Recueil.

Ol, tout. Voyez *Ol*, tout.
On. Voyez *An* dans ce Recueil.
On. Voyez *An* dans ce Recueil.
Op. Voyez *Ub* dans ce Recueil.
Or. Voyez *Ar* dans ce Recueil.
Or, Ur, feu. Voyez *Gor*, *Wres*.
Ouin. Voyez *Gwin* dans ce Recueil.

P

Pab. Voyez *Ab* dans ce Recueil.
Pal, pieu. Voyez *Pal*, pieu.
Pal. Voyez *Bal* dans ce Recueil.
Pan, pain. Voyez *Pan*, pain.
Pan, étoffe. Voyez *Pan*, étoffe.
Pap. Voyez *Ab* dans ce Recueil.
Par. Voyez *Bar* dans ce Recueil.
Parc, parc, enclos. Voyez *Parc*, parc.
Parth, part, partie. Voyez *Parth*, part.
Pas, pas, démarche. Voyez *Pas*, pas.
Pat, abondant, riche, fertile, commun. Voyez *Pat*, abondant.
Pec. Voyez *Bec* dans ce Recueil.
Pecg, poix. Voyez *Pecg*.
Pen, Pin, tête au propre & au figuré, montagne, colline, élévation, faîte, cime, fin, extrémité, principe, commencement. Voyez les deux premiers articles de *Pen*, les quatre articles de *Penn*; *Pin*, cime.
Per. Voyez *Bar* dans ce Recueil.
Pes, pièce, partie, morceau, fragment. Voyez *Pes*, piéce.
Pesk, Pesq, Pisc, poisson. Voyez *Pesk*.

Pesq. Voyez *Pesk* dans ce Recueil.
Pib, canal, conduit, tuyau. Voyez les trois articles de *Pib*.
Pic, Pig, pointe, aiguillon. Voyez tous les articles de *Pic* & les trois premiers de *Pig*.
Pic. Voyez *Bec* dans ce Recueil.
Pig. Voyez *Pic* dans ce Recueil.
Pill, abondant, fertile, gras. Voyez *Pill*, abondant.
Pin. Voyez *Pen* dans ce Recueil.
Pisc. Voyez *Pesk* dans ce Recueil.
Pod, montagne, colline, élévation. Voyez les trois premiers articles de *Podium*.
Pot, Bot, pot, vase, vaisseau en général. Voyez *Pot*, pot; *Bota*, petite outre; *Bota*, grande bouteille.
Pot, Put, But, Bot, Bod, fond, profond, creux, fosse. Voyez *Bod*, profond; *Bod*, fond; *Bot*, trou; *But*, but; *Put*, fosse. Voyez aussi *Bota*, grande bouteille. Les vases ou vaisseaux sont creux & plus ou moins profonds.
Put. Voyez *Pot* dans ce Recueil.

R

DE LA LANGUE PRIMITIVE. xxxj

R

R A, R E, R I, R O, R U, R AC, R EC, R IG, R ED, R OD, R UD, R UST, R OT, R UT, eau coulante, rivière, ruisseau, torrent, flux, écoulement de liqueur, course, vent qui est une course ou écoulement de l'air, marche précipitée, marche, voiture, roulement, char, chariot, roue, pied, route, chemin, trace, vestige, violent, roide, impétueux, véhément, fougueux, vîte, prompt, rude, brusque, furieux, fortement agité, fureur, violence, impétuosité, vîtesse, promptitude, &c. Voyez *Rabia, Reac*, plusieurs articles de *Red, Rheda, Rhedec, Rhedeg, Rheden*, courir; *Rhiu, Rhiw*, fleuve; *Rhod, Rhodio, Rhot, Rhota, Ri*, ruisseau; *Ridecc, Rie, Rig*, rivière; *Riolenn, Rioth, Rit*, roue; *Ritho, Riv*, ruisseau; *Ro*, rivière; *Rod, Rol, Rollad, Rolli, Rot*, rivière; *Rot*, roue; *Rond, Ront, Ru*, rue; *Ru*, ruisseau; *Rust, Rut*, ruisseau; *Ruten*.

R AB, R AP, R OB, prendre, voler. Voyez *Rhaib*; *Rob*, proie; *Raba*, dérober.

R AC, R AG, R AS, R EG, B R AC, B R AG, B R EG, briser, couper, diviser, action de couper, de briser, de diviser. Voyez *Brac* synonyme de *Breg*; *Breg*, action de rompre; *Rac*, coupé; *Rag*, coupé; *Reg*, coupé; *Reghi*.

R AC. Voyez *Ra* dans ce Recueil.
R AG. Voyez *Rac* dans ce Recueil.
R AN, R ON, R UN, morceau, fragment, partie. Voyez *Ran*, morceau; *Roinn, Rona*, mettre en piéces; *Runnadh*.
R AP. Voyez *Rab* dans ce Recueil.
R AS. Voyez *Rac* dans ce Recueil.
R E, R I, R O, beaucoup, grande quantité, excès, abondance, trop, très marque du superlatif, plusieurs, marque de la pluralité. Voyez *Re*, trop; le premier *Rhy*; *Ric*, fort; *Ro*, premier; le dernier *Rho*.
R E. Voyez *Ra* dans ce Recueil.
R E. Voyez *Rhag* dans ce Recueil.
R EC. Voyez *Rac* dans ce Recueil.
R ED. Voyez *Ra* dans ce Recueil.
R EG. Voyez *Rac* dans ce Recueil.
R EN, R IN, R ON, courant d'eau, eau coulante, rivière, ruisseau. Voyez *Ren*, courant d'eau; *Rin*, rivière; *Rin*, ruisseau; *Rom, Ron*, rivière.
R HAG, R HIG, R E, R I, R O, R HWY, R HY, Roi. Voyez *Rhag*, Roi.
R HIG. Voyez *Rhag* dans ce Recueil.
R HWY. Voyez *Rhag* dans ce Recueil.
R HY. Voyez *Rhag* dans ce Recueil.
R I. Voyez *Ra* dans ce Recueil.
R I. Voyez *Re* dans ce Recueil.
R I. Voyez *Rhag* dans ce Recueil.
R IC, R ICH, riche, abondant, puissant. Voyez *Ric*, fort; *Re*, trop; *Rhi*, Roi; le premier *Ry, Ryk*.
R ICH. Voyez *Ric* dans ce Recueil.
R IG. Voyez *Ra* dans ce Recueil.
R IN. Voyez *Ren* dans ce Recueil.
R O, R U, R OD, R UD, R US, R UT rouge, roux, jaune. Voyez *Roe*, roux; *Rus*, rouge; *Ruth*, rouge; *Ruz*, rouge; Voyez encore *Rhos*, rose: Cette fleur a ti. nom de sa couleur rouge.
R O. Voyez *Ra* dans ce Recueil.
R O. Voyez *Rhag* dans ce Recueil.
R OB. Voyez *Rab* dans ce Recueil.
R OC, roc, rocher, pierre. Voyez *Roc*, roc; *Roch*, roc.
R OD. Voyez *Ra* dans ce Recueil.
R OD. Voyez *Ro* dans ce Recueil.
R ON. Voyez *Ran* dans ce Recueil.
R ON. Voyez *Ren* dans ce Recueil.
R OS, cap, promontoire, hauteur, élévation. Voyez *Ros*, promontoire; *Ross*, promontoire.
R OT. Voyez *Ra* dans ce Recueil.
R U. Voyez *Ra* dans ce Recueil.
R U. Voyez *Ro* dans ce Recueil.
R UD. Voyez *Ra* dans ce Recueil.
R UD. Voyez *Ro* dans ce Recueil.
R UN. Voyez *Ran* dans ce Recueil.
R US. Voyez *Ro* dans ce Recueil.
R UST. Voyez *Ra* dans ce Recueil.
R UT. Voyez *Ra* dans ce Recueil.
R UT. Voyez *Ro* dans ce Recueil.
R UZ. Voyez *Ro* dans ce Recueil.

S

S AB, S AF, S AM, S AP, S AV, graisse en général, beurre, graisse, huile, savon, onguent, tout ce qui est propre à oindre. Voyez *Salbona*; *Saim*, graisse.
S AC, sac, valise, besace, poche, bourse. Voyez *Sac*, sac.
S AC, saccagement, sac. Voyez *Sac*, saccagement.
S AF. Voyez *Sab* dans ce Recueil.
S AIB, S AITH, sept. Voyez *Saith*, sept.
S AITH. Voyez *Saib* dans ce Recueil.
S AL, habitation, grande place couverte. Voyez *Sal*, manoir; *Cal* le même que *Cael*.
S AL, sel. Voyez *Sal*, sel.
S AM. Voyez *Sab* dans ce Recueil.
S AN. Voyez *Dan* dans ce Recueil.
S AP. Voyez *Sab* dans ce Recueil.
S AR. Voyez *Ser* dans ce Recueil.
S AV. Voyez *Ser* dans ce Recueil.
S AV. Voyez *Sab* dans ce Recueil.
S CAFF, S CIFF, barque, bateau, vaisseau, navire. Voyez *Scaff*, barque.
S CAL, S COL, échelle, dégré. Voyez *Scal, Scala*.
S CIFF. Voyez *Scaff* dans ce Recueil.
S COL. Voyez *Scal* dans ce Recueil.
S E, S EI, six. Voyez *Se*, six.
S ECH, S IC, S YCH, sec, aride, desséché. Voyez *Sech*, sec.
S EI. Voyez *Se* dans ce Recueil.
S EN, tête, élévation, haut au propre & au figuré. Voyez *Sen*, tête.
S EN. Voyez *Hen* dans ce Recueil.
S ER, S AR, montagne, colline, élévation, hauteur, haut, élevé au propre & au figuré. Voyez *Serra*, montagne.
S ER. Voyez *Ser* dans ce Recueil.
S I, S Y, défaut, imperfection, manquement, défectuosité, vice, tache, macule. Voyez *Si*, défectuosité, *Sy*, tache.

TOME II. h

RECUEIL DES MOTS DE LA LANGUE PRIMITIVE.

S u c. Voyez Sech dans ce Recueil.
S o b, S o f, S o p, S o u b, S o u f, S o u p, action de tremper, d'imbiber, d'humecter, de plonger. Voyez Sub.
S o c h. Voyez Hwch dans ce Recueil.
S o f. Voyez Sob dans ce Recueil.
S o l, fol, fond, la partie la plus baffe, ce fur quoi l'on marche. Voyez Sol.
S o l. Voyez Haut dans ce Recueil.
S o n, fon, bruit. Voyez Son.
S o p. Voyez Sob dans ce Recueil.
S o u. Voyez Su dans ce Recueil.
S o u b. Voyez Sob dans ce Recueil.
S o u f. Voyez Sob dans ce Recueil.
S o u p. Voyez Sob dans ce Recueil.
S p i, vûe, action de regarder, d'obferver, attention. Voyez Spi.
S t a n, T a n, terre, pays, région, habitation. Voyez Stan, région; Tan, terre.
S t e r, rivière, ruiffeau, eau coulante. Voyez Ster.
S t a r, S e r, étoile, aftre. Voyez Star, étoile.
S u, feu, incendie. Voyez Sua.
S u, S o u, eau. Voyez Swi.
S u c, montagne, colline. Voyez Succus.
S u c, S u g, fuc, jus. Voyez Sug.
S u g. Voyez Suc dans ce Recueil.
S u l. Voyez Haut dans ce Recueil.
S u m, tête, fommet, cime, faîte, extrémité, hauteur, élevation, &c. Voyez Swm.
S u r, âpre, acre, acide, aigre au propre & au figuré. Voyez Sur, âpre.
S w c h. Voyez Hwch dans ce Recueil.
S w s. Voyez Hwch dans ce Recueil.
S y. Voyez Si dans ce Recueil.
S y n, penfée, fentiment. Voyez Synio, fentir.

T

T a, T e, T i, T u, toi. Voyez Ti, toi.
T a d, T a t, pere. Voyez Tud, pere; Tat, pere; At, pere.
T a l. Voyez Dal dans ce Recueil.
T a l, T e l, haut, élevé, grand au propre & au figuré. Voyez Tal, front; Til, haut.
T a m, morceau, pièce, partie. Voyez Tam, morceau.
T a n, feu. Voyez Tan, feu.
T a n. Voyez Dan dans ce Recueil.
T a n. Voyez Stan dans ce Recueil.
T a p. Voyez Top dans ce Recueil.
T a r, T o r, taureau, bœuf. Voyez Taro, taureau.
T a r, T e r, pièce, morceau, partie, rompre, caffer, brifer. Voyez Tar, pointe; Terri, Dard, Torr, fraction.
T a r, fraper. Voyez Taro, fraper; Dard.
T a r g, bouclier. Voyez Targ.
T a s, vafe, tout ce qui eft propre à contenir quelque chofe. Voyez Tass.
T a t. Voyez Tad dans ce Recueil.
T e. Voyez Ta dans ce Recueil.
T e c, toit, couvert, couverture, maifon. Voyez Tec, toit.
T e c h, fuite. Voyez Tech, fuite.
T e l. Voyez Tal dans ce Recueil.
T e n, mince, grêle, menu, délié, peu épais, peu ferré, effilé, petit. Voyez Tenan.
T e p. Voyez Top dans ce Recueil.
T e r. Voyez Tar dans ce Recueil.
T e s. Voyez Es dans ce Recueil.
T e t h, mammelle. Voyez Teth, mammelle.
T i. Voyez Ta dans ce Recueil.
T i, maifon, habitation. Voyez Ti, maifon; Tij.
T i n. Voyez Dan dans ce Recueil.
T o, toit. Voyez To, toit.
T o l l, T o u l l, T u l l, trou, creux, ouverture. Voyez Tol, trou; Toll, trou; Toull, Twll.
T o m. Voyez Dom dans ce Recueil.
T o n, ton, fon, bruit, éclat. Voyez Ton, ton.
T o p, T e p, T a p, T u p, fommet, faîte, cime, élevation. Voyez Topp, fommet.
T o r, T u r, tour. Voyez Thor.
T o r, T u r, tourterelle. Voyez Turtur.
T o r. Voyez Dor dans ce Recueil.
T o r. Voyez Dor dans ce Recueil.
T o r. Voyez Dor dans ce Recueil.
T o r. Voyez Tar dans ce Recueil.
T o u l l. Voyez Toll dans ce Recueil.
T r a c, T r e c, T r a s, T r e s, trace, pifte, veftige, chemin. Voyez Trece.
T r a s. Voyez Trac dans ce Recueil.
T r e, T r i, trois. Voyez Tri, trois.
T r e c. Voyez Trac dans ce Recueil.
T r e d, T r e t, T r i t, T r o t, pied. Voyez Troed, Trecz.
T r e s. Voyez Trac dans ce Recueil.
T r e t. Voyez Tred dans ce Recueil.
T r i. Voyez Tre dans ce Recueil.
T r i t. Voyez Tred dans ce Recueil.
T r o t. Voyez Tred dans ce Recueil.
T u, T u d, T u r, terre, pays, contrée, lieu, place, maifon, habitation. Voyez Tu, lieu; Tud, terre.
T u. Voyez Du dans ce Recueil.
T u. Voyez Ta dans ce Recueil.
T u d. Voyez Tu dans ce Recueil.
T u l l. Voyez Toll dans ce Recueil.
T u n. Voyez Dan dans ce Recueil.
T u p. Voyez Top dans ce Recueil.
T u r. Voyez Tor dans ce Recueil.
T u r. Voyez Tor dans ce Recueil.
T u t. Voyez Tu dans ce Recueil.

U

U b, O b, O p, U p, haut, élevé, élevation, élevation de la voix, exclamation. Voyez le premier Wb.
V i n. Voyez Gwin dans ce Recueil.
V i r d. Voyez Ir dans ce Recueil.
U n, un. Voyez Un, un.
U n. Voyez An dans ce Recueil.
U p. Voyez Ub dans ce Recueil.
U r, ville, village, habitation. Voyez Ur, demeure; Uria, cité.
U r. Voyez Or dans ce Recueil.
U r. Voyez Gur dans ce Recueil.

Fin du Recueil des Mots de la Langue Primitive.

www.ingramcontent.com/pod-product-compliance
Lightning Source LLC
Chambersburg PA
CBHW071418300426
44114CB00013B/1299